ISBN 978-0-666-89047-4
PIBN 11299162

1 MONTH OF
FREE
READING

at
www.ForgottenBooks.com

By purchasing this book you are eligible for one month membership to ForgottenBooks.com, giving you unlimited access to our entire collection of over 1,000,000 titles via our web site and mobile apps.

To claim your free month visit:
www.forgottenbooks.com/free1299162

LE MAGASIN

PITTORESQUE

PUBLIÉ, DEPUIS SA FONDATION, SOUS LA DIRECTION DE

M. ÉDOUARD CHARTON.

TRENTE ET UNIÈME ANNÉE.

1863

PRIX DU VOLUME BROCHÉ, POUR PARIS.	6 fr.
POUR LES DÉPARTEMENTS .	7 fr. 50
PRIX DU VOLUME RELIÉ, POUR PARIS.	7 fr. 50
POUR LES DÉPARTEMENTS.	9 fr. 50

PARIS

AUX BUREAUX D'ABONNEMENT ET DE VENTE
29, QUAI DES GRANDS-AUGUSTINS, 29

M DCCC LXIII

MAGASIN PITTORESQUE

A CINQUANTE CENTIMES PAR LIVRAISON MENSUELLE.

XXXIᵉ ANNÉE. — 1863.

LE MARIAGE DE MARIE DE MÉDICIS.

Musée du Louvre. — Le Mariage de Marie de Médicis, par Rubens. — Dessin de Chevignard.

Rubens était arrivé au plus haut degré de la réputation; il avait reçu toutes sortes de distinctions et d'honneurs des princes dont il avait visité la cour; revenu à Anvers, sa ville natale, il continuait d'y exercer son art en jouissant, avec une magnifique libéralité, de la grande fortune que ses travaux lui avaient acquise, lorsqu'il fut invité, en 1620, à venir à Paris décorer de peintures la grande galerie du palais du Luxembourg. Marie de Médicis [1], après de longues discordes, venait de se réconcilier avec le roi Louis XIII, son fils, et allait désormais habiter ce palais récemment achevé. Elle souhaita que les appartements, et particulièrement la grande galerie attenante à sa chambre, fussent décorés par la main d'un peintre illustre. Le baron de Vicq, ambassadeur à la cour de France de l'archiduc Albert et de l'infante Isabelle, qui gouvernaient alors les provinces flamandes, proposa à la reine de confier ce travail au grand artiste d'Anvers. Rubens, mandé à Paris, se mit en route aussitôt et fut reçu par la reine de la manière la plus flatteuse. Elle lui demanda de retracer en vingt et un grands tableaux les principaux faits de son histoire. Rubens peignit à Paris, en 1621, les esquisses de tous ces tableaux; mais ce fut à Anvers qu'il les exécuta avec l'aide de ses plus habiles élèves. Il revint à Paris, au mois de février 1625, apportant ces immenses toiles que l'on peut voir aujourd'hui au Musée du Louvre, où elles ont été transportées lorsque la galerie qu'elles décoraient au palais du Luxembourg fut remaniée et en partie détruite pour faire place à l'escalier qui conduit actuellement au Sénat. Rubens s'était réservé de mettre la dernière main à ses tableaux lorsqu'ils seraient en place; il désirait surtout, avant de terminer les nombreux portraits qui font partie de ces vastes compositions, revoir quelques-uns des modèles. Quand il eut enfin achevé cette grande entreprise, il fit encore, à la prière de Marie de Médicis, le portrait de cette princesse en Bellone, ainsi que ceux de son père François de Médicis et de sa mère Jeanne d'Autriche, grande-duchesse de Toscane; puis il voulut faire le portrait du baron de Vicq, à qui, dès 1621, il avait témoigné sa reconnaissance en lui envoyant un tableau représentant la Vierge et l'Enfant Jésus. Le portrait du baron de Vicq appartient, depuis 1850, au Musée du Louvre.

Le tableau que représente notre gravure est le cinquième de toute la suite. Il a pour sujet la cérémonie du mariage de la reine, qui fut célébré le 15 octobre 1600, à Florence, dans l'église de Sainte-Marie des Fleurs. Henri IV faisait alors la guerre au duc de Savoie; ce fut le grand-duc de Toscane, Ferdinand, oncle de Marie de Médicis, qui épousa la princesse au nom du roi, par procuration, et c'est lui qu'on voit en face d'elle dans le tableau. Debout derrière eux est le cardinal Pierre Aldobrandini, par qui fut donnée la bénédiction nuptiale. Derrière la reine se tiennent Christine de Lorraine, grande-duchesse de Toscane, et Éléonore de Médicis, duchesse de Mantoue. Du côté du grand-duc, on voit Roger de Bellegarde, grand écuyer de France, porteur de la procuration de Henri IV, et le marquis de Sillery, qui avait conduit les négociations du mariage. Enfin une figure d'enfant qui tient un flambeau et porte la robe de la reine personnifie l'Hymen; car Rubens, dans ce tableau comme dans toute l'histoire de Marie de Médicis et dans la plupart de ses grandes compositions, a mêlé l'allégorie aux faits de l'histoire et introduit les divinités païennes jusque dans le sanctuaire d'une église chrétienne. Aucun peintre n'a moins tenu compte des nécessités ou des simples convenances du sujet qu'il se proposait de traiter; se laissant aller indifféremment ou l'emportaient les qualités et les défauts de son puissant génie, pourvu que sa composition eût l'abondance, la pompe et l'éclat qui plaisaient à son imagination, il lui importait peu de choquer la vraisemblance ou de compromettre la dignité de la pensée. Assurément

[1] Voy., sur Marie de Médicis, t. Ier, 1833, p. 289, et sur Rubens, la Table des vingt premières années.

ce génie païen que l'on voit au pied de l'autel trouble singulièrement l'impression morale de cette scène historique; l'attitude du grand écuyer n'est point celle qui convient, dans un pareil moment, à l'envoyé d'un roi de France; cette guirlande de légumes suspendue aux colonnes du temple est d'un goût déplorable; mais quelle finesse et quelle solidité dans les têtes! avec quelle habileté la lumière est distribuée! comme toutes les parties de ce tableau, figures et accessoires, dont l'importance respective est peut-être mal observée, sont à leur place et avec leur juste valeur, si l'on ne veut considérer que l'effet pittoresque! Rubens est peintre uniquement, et c'est cet effet seulement qu'il veut atteindre et à quoi il fait tout contribuer.

Marie de Médicis avait le projet de faire construire dans un palais une seconde galerie parallèle à la première, et où Rubens devait représenter l'histoire allégorique de Henri IV, en pendant à celle de la reine. Le grand peintre commença même à travailler à cette nouvelle série de compositions; mais des intrigues de cour traversèrent ces projets. Dans des lettres de Rubens qui ont été publiées il y a quelques années, on trouve des allusions continuelles à ce travail, qui lui a été demandé et qu'on essaye de lui ravir. Il avait été averti par l'ambassadeur de Flandre que le cardinal de Richelieu, puissant déjà, voulait lui opposer un peintre italien, le Joseppin, dans le même moment où, pour mieux le tromper, il lui écrivait qu'il « voulait avoir deux tableaux de sa main. » Aucun des deux peintres ne fut chargé d'exécuter ces peintures; la galerie ne fut même pas construite. La reine mère partit bientôt pour l'exil, où elle devait misérablement terminer sa vie.

LES CLOCHES D'ACIER.

Depuis dix ans environ s'agite sérieusement la question de remplacer les cloches de gros calibre en bronze par des cloches en acier fondu. La première apparition de ce nouveau produit a eu lieu à l'Exposition internationale de Paris, en 1855, et depuis lors les progrès réalisés dans cette branche d'industrie ont de plus en plus montré sa supériorité sous tous les rapports. C'est une question, comme l'on dit, à l'ordre du jour.

Les cloches tirent leur puissance, c'est-à-dire la longue portée de leur son, du degré d'élasticité de la matière combinée à la grandeur de la masse métallique mise en vibration. Jusqu'à ces derniers temps, pour atteindre le mieux possible ce résultat, on s'était exclusivement servi d'un alliage formé de 78 parties de cuivre rouge et 22 parties d'étain, alliage vulgairement nommé potin, ou métal de cloche. C'est un composé d'un ton gris, très-dur; non malléable, et partant assez fragile. Son prix, élément capital de la question, s'éloigne peu de 3 fr. 50 cent. le kilogramme, valeur moyenne des métaux qui servent à le produire. C'est une valeur considérable et qui fait des cloches de gros calibre un objet très-dispendieux. Or, en substituant à cet alliage l'acier fondu, on entre dans le domaine du fer, métal au contraire très-peu coûteux, et l'on ouvre ainsi à cette branche de l'industrie du fondeur une voie pleine d'avenir.

Toute la difficulté réside dans la fusion en grand de l'acier qui ne peut s'opérer en tous lieux, qui exige une très-haute température, et qui dévore, par ses scories, les fourneaux les plus réfractaires. C'est à point qu'en France, pays où se fait la plus grande consommation de ces instruments, il n'existe encore aucune fonderie de cloches en acier; il faudrait les tirer d'Angleterre ou d'Allemagne.

Les principaux avantages des cloches en acier fondu sur les cloches en bronze sont : qu'à égalité dans la portée et l'intensité du son, elles exigent moitié moins de matière, et que l'acier convenable coûte 40 pour 100 de moins que l'autre métal. Si les cloches en acier sont beaucoup plus minces, loin d'être plus fragiles, elles résistent plus à la casse et leur son est tout aussi harmonieux.

Ces données résultent des travaux exécutés dans la maison Taylor, Vickers et Cⁱᵉ, de Sheffield, qui fabrique couramment des cloches d'acier depuis le diamètre de 12 pouces anglais jusqu'à celui de 8 pieds et au delà; elle en vend déjà plus de six cents chaque année. Le poids et le prix des nouvelles cloches, par rapport aux cloches en potin, peuvent s'établir ainsi : — Cloche en acier du plus grand modèle : *8 pieds 6 pouces;* poids, 7 000 kilogrammes; prix, 16 000 francs. Cloche en bronze de même diamètre : 14 000 kilogrammes; prix, 50 000 francs, c'est-à-dire largement trois fois plus.

Dans ces circonstances, voyons quel parti il conviendrait de prendre en France, et quels seraient les avantages qui pourraient résulter de ce changement.

Naturellement on serait d'abord obligé de s'adresser à l'Angleterre ou à l'Allemagne, et il serait prudent de ne faire venir d'abord que des jeux ou carillons d'un calibre moyen, qu'on pourrait alors soumettre à de rudes épreuves, afin de constater leur résistance, attestée, du reste, par les certificats nombreux de membres du clergé reproduits dans le prospectus des fabricants anglais.

Le métal des anciennes cloches, étant propre à servir avec addition de cuivre pour diverses industries courantes, et possédant une valeur intrinsèque de 3 francs environ par kilogramme, serait plus que suffisant pour payer l'établissement de cloches en acier plus légères et ne chargeant pas autant les charpentes; de sorte qu'il est vrai de dire qu'à la faveur de cette invention tout village pourrait même, sans bourse délier, changer sa cloche *fêlée* contre une cloche neuve plus puissante; sans compter que les prix indiqués ci-dessus, loin d'être modérés, sont presque le double de la valeur réelle de l'acier fondu propre à cet emploi.

Après la question d'aptitude et de dépense qui semble déjà résolue, il reste la question de durée qui ne peut être jugée en aussi peu de temps; mais on peut la pressentir. Il existe deux causes de destruction différentes, l'une provenant de l'action de l'air humide qui engendre la rouille, et l'autre du choc du battant qui, à la longue, creuse son empreinte sur deux bords opposés de la cloche, et peut la mettre hors de service.

Sous ces deux rapports, le métal de cloche a fait ses preuves depuis bien longtemps; c'est l'alliage de métaux communs qui s'oxyde le moins, et sa résistance à la déformation est considérable, puisque nous avons établi en commençant que c'était un composé excessivement dur, assez fragile et dépourvu de malléabilité, tous caractères particuliers aux corps que la percussion ne déforme pas.

L'acier est, dans le fait, un métal très-oxydable si l'on veut parler de pièces polies exemptes de tout enduit et exposées pendant très-longtemps dans un lieu humide et à un air confiné; mais quand il s'agit de grosses masses exposées à l'air incessamment renouvelé, c'est l'air sec qui domine, et il a très-peu de prise sur l'écorce de l'acier fondu; d'autant mieux qu'un simple frottis de suif suffirait, au moyen du plus simple entretien, pour conserver les cloches intactes à travers les siècles : il n'y a rien à craindre de ce côté.

La seconde question, qui paraît moindre, est, au contraire, plus grave. L'acier fondu, tel qu'il convient à une cloche, ne peut être de l'acier fortement trempé, ce qui le rendrait trop fragile, il est nécessaire cependant que cet acier possède une certaine trempe, approchant de celle d'un ressort et maintenant son élasticité et sa ténacité au plus haut degré, sans lui faire encourir le danger de la casse. Il doit donc exister dans la fabrication de ces nouvelles cloches des moyens particuliers pour leur communiquer une trempe modérée et uniformément répartie; autrement leur sonorité ne serait que médiocre, et le battant ne manquerait pas d'y creuser rapidement son empreinte. On sait assez, en effet, que l'acier non trempé est malléable, bien qu'assez dur; et qui dit malléable dit susceptible de se déformer sous un choc quelconque proportionnellement à l'intensité et à la répétition de ce choc. Or la destination des cloches les soumet précisément à des coups aussi rudes que répétés, qui limiteraient sensiblement, par ce seul fait, leur durée, si le métal n'était pas durci suffisamment. Il faut donc, en définitive, arriver à un juste tempérament. C'est là le problème capital, et les expériences faites en Angleterre et en Allemagne paraissent indiquer qu'il est suffisamment résolu.

LA SOLOGNE.

On regrette d'être obligé d'avouer qu'il existe encore au dix-neuvième siècle, en France, quelques contrées malheureuses frappées de stérilité depuis plusieurs siècles par des causes demeurées inconnues. A l'infécondité du sol s'ajoutent des influences insalubres qui en déciment les habitants. Ce sont : les *Landes,* dans la Gascogne, qui représentent 450 000 hectares; la *Dombes,* dans le département de l'Ain, 90 000 hectares; le *Forez,* dans la Loire, 100 000 hectares; la *Brenne,* dans l'Indre, 105 000 hectares; et la *Sologne,* dans les départements du Loiret, du Cher et de Loir-et-Cher, comprenant 460 000 hectares.

Il y a vingt ans, le voyageur qui se rendait à Paris, venant du midi de la France, traversait, de Vierzon à Orléans, une contrée désolée, sur une route difficile, sablonneuse, déserte. On ne voyait au loin ni château, ni ferme, ni village; quelques misérables masures isolées, perdues le long de cette triste route; quelques arbres rabougris, fermant un horizon monotone et désolé. Les chevaux traînaient péniblement, au pas, la lourde diligence engagée dans le sable. Ce trajet pénible à travers la Sologne durait onze heures. Il est aujourd'hui d'une heure et demie en chemin de fer.

La Sologne est cette partie de l'ancienne province de l'Orléanais comprise entre Orléans et Vierzon, entre le Cher et le val de la Loire, depuis Blois jusqu'à la hauteur de Gien environ; elle comprend 110 communes. La population moyenne de la Sologne est de 20 habitants par hectare; tandis que la moyenne pour toute la France est de 69 habitants.

Le sol de la Sologne est siliceux ou silico-argileux; c'est un sable fin, compacte, dont la couche plus ou moins profonde repose sur un sous-sol argileux imperméable. Toutes les cultures, les racines surtout, pourraient y réussir après que le sol aurait été assaini, amendé et fumé.

Le climat de la Sologne est celui du centre de la France, mais probablement plus humide à cause de l'évaporation des eaux retenues à la surface du sol par l'imperméabilité du sous-sol et par de trop nombreux étangs. Les surfaces envahies par les eaux d'une manière permanente, étangs, mares et marécages, sont évaluées à 15 000 hectares! Il faut ajouter d'innombrables flaques d'eau qui restent sur le sol après une abondante pluie et passent peu à peu dans l'atmosphère.

Les maisons peu aérées, mal closes, assises sur un sol humide, dépourvues de caves, presque démeublées, attestent la misère des habitants. On rencontre fréquemment, au milieu des landes, des huttes de sauvages, bâties par l'ouvrier lui-même, où il vit avec sa femme et où naissent des enfants condamnés d'avance à-une mort prématurée.

Le système de culture appliqué aux terres qui peuvent être cultivées est l'assolement biennal, appliqué dans les contrées les plus arriérées. Un domaine de 200 hectares en possède à peine 80 en culture; le reste comprend 80 à 90 hectares de landes incultes, un pré de 1 à 2 hectares, un taillis médiocre, et un ou deux étangs. La moitié des 80 hectares reste en jachères; sur l'autre moitié on fait une récolte d'hiver, c'est-à-dire un seigle, et une récolte

Paysage de la Sologne, près de la Main-Ferme (Loiret). — Dessin de Grandsire.

de printemps, c'est-à-dire une avoine ou un sarrasin. Une ferme de ce genre peut élever 4 ou 5 pauvres chevaux ou 8 à 10 bœufs de petite taille, et 6 ou 8 maigres vaches. 200 moutons de la race sobre et rustique de la Sologne permettent d'utiliser les pâturages des landes sauvages.

La ferme que représente notre dessin appartient à la petite culture par propriétaire et est une de celles qui sent en progrès. Dans les cantons où la propriété est ainsi répartie entre les mains de petits propriétaires, l'amélioration du sol est assez rapide; les fourrages artificiels, les racines, les légumes secs, occupent le sol dans une forte proportion. Là commence à régner l'aisance, et la fièvre a disparu.

Le système d'amodiation parcellaire est répandu à peu près partout. Dans chaque domaine, on trouve de petits hameaux formés de chaumières; un modeste jardin et quelques arès de terre sont attachés à chaque foyer. On loue ces maisonnettes aux ouvriers, qui contractent l'obligation de travailler exclusivement pour la ferme, tandis que la ferme s'engage à leur fournir régulièrement de l'ouvrage. C'est une espèce de domesticité indépendante qui pourrait avoir, si elle était bien comprise, de sérieux avantages ; elle rend à la vie de famille les serviteurs de la ferme.

On a depuis longtemps songé à restituer à la culture régulière les landes de la Sologne. La première idée fut d'appliquer le reboisement à ce sol dénudé. On avait com-

Cour de la Main-Ferme, en Sologne. — Dessin de Grandsire.

mencé en 1780 des plantations de pins. Cette idée a été reprise en 1820. Le pin, pendant sa végétation, enrichit le sol et modifie légèrement sa composition par la chute périodique de ses aiguilles : il donne un produit en argent au bout d'une vingtaine d'années, lorsque vient le moment de dépouiller la terre de ses bois afin d'y mettre la charrue.

La grande culture tend aussi à transformer peu à peu la Sologne et à la faire rentrer parmi les sols fertiles. La première impulsion a été donnée par l'achat et l'exploitation des domaines impériaux de Lamotte-Beuvron et de la Grillère, qui imprimèrent un essor durable à la culture améliorante, en réhabilitant le progrès au sein d'un pays paralysé par la misère et l'ignorance. Des propriétaires riches et intelligents ont eu le courage de venir s'établir en pleine Sologne, et donnent un exemple des progrès que l'on peut réaliser en appliquant avec prudence et discernement le capital à l'amélioration lente et progressive du sol.

Pour assurer l'assainissement et la viabilité de la Sologne, on paraît avoir en vue les moyens suivants : le curage des cours d'eau ; la canalisation du Beuvron jusqu'à Lamotte, et la construction de nombreuses routes agricoles.

L'imperméabilité du sous-sol transforme les terres en marécages : il faut faciliter l'écoulement des eaux. Les terres manquent d'un élément indispensable de fécondité, l'élément calcaire : il faut leur restituer le calcaire qui leur manque. La marne fait des prodiges dans les sols sablonneux ; des marnières assez nombreuses ont été découvertes sur les confins de la Sologne et même dans l'intérieur du pays : les routes agricoles serviront à rendre possible le transport de ces marnes, ainsi que la distribution de celles que le chemin de fer du Centre dépose à prix réduit sur les gares de son parcours.

Dans les terrains argileux, la chaux, employée en compost, c'est-à-dire mélangée avec de la terre végétale, produit aussi de merveilleux effets ; le phosphate de chaux, le noir animal, sont employés avec succès au défrichement des landes incultes ; les chemins rendront facile l'arrivée des amendements et assureront la circulation des produits.

LA PRIÈRE DES TRÉPASSÉS

SELON LE RITUEL ÉGYPTIEN.

Un papyrus d'une certaine étendue découvert à Thèbes, dans les tombeaux des rois, lors de la grande expédition d'Égypte, avait dès cette époque attiré l'attention des savants ; car, bien que l'on ne fût pas encore en état de le déchiffrer, les peintures dont il était orné montraient assez que son texte devait rouler sur les cérémonies funèbres et sur les migrations de l'âme après la mort. Un papyrus semblable, mais plus complet et en meilleur état, se rencontra dans le Musée de Turin ; et y devint l'objet d'un examen attentif de la part de Champollion, et postérieurement de Lepsius. Comme l'avait bien aperçu Champollion, ce manuscrit est un rituel funèbre ; et depuis qu'il est connu, on s'est aperçu que tous les papyrus déposés dans les collections de l'Europe et se rapportant au même sujet ne sont que des extraits plus ou moins développés du même ouvrage. Nous possédons donc bien là le rituel canonique. Les observations de Lepsius sur l'exemplaire de Turin prouvent qu'il appartient à la dix-huitième ou à la dix-neuvième dynastie ; ce qui prouve que le rituel en question était en usage chez les Égyptiens tout au moins dans la quinzième ou seizième siècle avant l'ère chrétienne, autrement dit, avant la naissance de Moïse, et il est même à croire que sa rédaction remonte à une époque encore plus reculée, car on y découvre les apparences d'une compilation faite sur des monuments plus anciens.

Le livre se partage en cent soixante-cinq sections, dont les quinze premières, sous un titre commun, forment un ensemble qui renferme à peu près tout ce qu'il y a d'essentiel dans les suivantes. Le titre est ainsi conçu : « Ici commencent les chapitres de la glorification dans la lumière » d'Osiris. » L'illustration de cette partie est la représentation des funérailles du corps, et au-dessus se distingue le trépassé offrant à Dieu ses prières. Comme l'a justement relevé Lepsius, c'est donc le trépassé lui-même qui est la personne agissante et en quelque sorte l'officiant. C'est en son nom que sont prononcées toutes les paroles : aucune forme ne saurait exprimer d'une manière plus saisissante la réalité de la vie d'outre-tombe. C'est le reflet de ce qui se passe au même moment dans le monde

invisible, et, pour ainsi dire, la représentation sur la terre du drame céleste. Il est bien digne également d'attention de voir le trépassé laisser de côté toutes ces divinités inférieures dont la mythologie encombrait les temples et qui n'étaient relatives qu'à la vie d'ici-bas, et s'adresser directement, face à face, à l'Être souverain. L'âme, une fois détachée de son corps, ne connaît plus d'autre maître que ce père céleste. « J'ai marché à travers les ténèbres vers mon père Osiris. Je suis son bien-aimé. Je suis venu pour voir mon père Osiris. J'ai percé le cœur de Sut (le principe du mal). Je fais les choses de mon père Osiris. J'ai ouvert toutes les portes dans le ciel et sur la terre. Je suis son fils bien-aimé. Je sors de la mort en esprit instruit. » (Chap. 73).

La prière ou plutôt la déclaration contenue dans le cent vingt-sixième chapitre constitue un morceau encore plus remarquable. C'est un des résumés les plus généraux de la foi égyptienne ; car, en raison même de son objet, qui est la justification de l'âme devant son juge naturel, on y trouve les idées relatives à la perfection de la vie céleste, en même temps que les idées relatives à celle de la vie terrestre. C'est, en effet, par celle-ci que l'on mérite de parvenir à la première. Ce morceau a été communiqué au public pour la première fois dans l'ouvrage sur l'Égypte du savant et regrettable Bunsen, qui avait prié M. Birch, conservateur du Musée britannique, de lui en faire dans ce but une traduction ; et celui qui écrit ces lignes n'oubliera jamais que, se trouvant chez M. Bunsen au moment où l'on venait de lui remettre le précieux manuscrit, il partagea avec lui l'émotion profonde et légitime causée par la lecture de ce texte empreint d'un sentiment si antique, si moral, si religieux.

L'âme est arrivée devant le tribunal où Dieu lui-même, entouré des quarante-deux juges célestes, doit prononcer son admission parmi les bienheureux, et elle s'exprime ainsi :

« O grand Dieu ! Seigneur de vérité ! je suis venu à toi, Seigneur ! je suis venu moi-même pour recevoir tes grâces. Je te connais. Je connais ton nom. J'ai connu les noms des quarante-deux divinités qui siègent avec toi au tribunal des deux vérités, vivant pour atteindre les méchants, nourries loin d'eux, au jour de rendre compte des paroles, devant l'Être bon, le justifié. Ordonnateur des esprits, Seigneur de la vérité, voilà ton nom.

Et vous, maîtres de la vérité, laissez-moi vous connaître. Je vous ai apporté la vérité. Effacez mes fautes. Je n'ai commis aucun mal secrètement contre l'humanité. Je n'ai affligé personne. Je n'ai pas dit de mensonge devant le tribunal de vérité. Je n'ai pas eu d'accointance avec le mal. Je n'ai fait aucune chose mauvaise. Je n'ai pas imposé au travailleur au delà de sa tâche journalière. Je n'ai pas laissé mon nom s'approcher de la barque (Je ne me suis pas embarqué sur la mer ?)... Je n'ai pas été paresseux. Je n'ai pas failli. Je n'ai pas pris de relâche. Je n'ai pas été faible. Je n'ai pas fait ce qui déplaît aux dieux. Je n'ai pas calomnié l'esclave devant son maître. Je n'ai pas sacrifié (les prêtres seuls avaient ce droit). Je n'ai pas fait pleurer. Je n'ai pas été homicide. Je n'ai donné l'ordre de frapper personne furtivement. Je n'ai fait injure à personne. Je n'ai pas changé les mesures du pays. Je n'ai pas insulté aux images des dieux. Je n'ai pas dérobé le linceul des morts. Je n'ai pas commis d'adultère. Je n'ai pas craché contre les prêtres du Dieu de mon pays. Je n'ai pas falsifié les mesures. Je n'ai pas jeté par terre le poids de la balance. Je n'ai pas fraudé sur le poids de la balance. Je n'ai pas retiré le lait de la bouche des nourrissons. Je n'ai pas chassé les animaux sauvages dans leurs pâturages. Je n'ai pas pris les oiseaux sacrés.

Je n'ai pas pêché les poissons typiques. Je n'ai pas arrêté l'eau courante. Je n'ai pas séparé l'eau de son courant. Je n'ai pas éteint la lumière à son heure. Je n'ai pas enlevé aux dieux leurs offrandes. Je n'ai nui à la manifestation d'aucun dieu. Je suis pur ! je suis pur ! je suis pur ! je suis pur ! »

Telles sont les paroles que le fidèle devait se sentir en état de venir articuler un jour en personne devant le tribunal de Dieu. C'est l'âme elle-même qui était chargée de décliner ses titres. La religion s'en remettait à elle. L'impression produite par cette institution devait être vive. Au moment de se laisser tenter par la paresse, par la fraude, par la violence, par le mensonge, l'homme était porté à réfléchir et à se dire : « Comment pourrai-je prononcer les paroles du rituel ? » Il se rappelait involontairement le formulaire récité solennellement à chaque cérémonie funèbre, et qui ne pouvait manquer d'être présent à sa conscience comme à la mémoire de tous. Hors de cette condition, nul espoir d'être admis à la vie céleste, et la vie d'épreuve et de misère recommençait jusqu'à ce qu'enfin l'âme se fût mise en droit de rendre d'elle-même le témoignage voulu. N'y avait-il donc pas possibilité de racheter ses fautes par l'expiation et le repentir, et de se réhabiliter sans avoir besoin de repasser par une nouvelle existence ? C'est ce que, dans l'état actuel de nos connaissances sur l'Égypte, on ne saurait décider sûrement, bien qu'il faille avouer que les textes que nous venons de citer paraissent assez clairement opposés à cette croyance consolante.

Du reste, Osiris, pour admettre l'âme dans son divin royaume, n'exige pas une innocence absolue, car on la voit demander à ses juges d'effacer ses fautes ; mais s'il n'est pas nécessaire qu'elle soit exempte de toute faute, il l'est du moins qu'elle soit exempte de tout crime, et l'on voit reparaître ainsi cette différence légitime entre les actes coupables que le christianisme a également consacrée. Quelques articles de ce code de morale, que l'on peut surnommer le Décalogue égyptien, sont particulièrement délicats. On ne peut s'empêcher d'être touché de la défense d'imposer au travailleur au delà de sa tâche, de celle de calomnier l'esclave devant son maître, ou encore de celle de faire pleurer. Il y a là un sentiment élevé d'humanité. Les préceptes touchant la mansuétude à l'égard des animaux sont également d'une haute moralité, et la défense d'ôter le lait de la bouche des nourrissons rappelle celle que fait Moïse d'ôter les épis de la bouche du bœuf qui foule les gerbes dans l'aire. On observera qu'il n'y a rien de spécial touchant les devoirs envers les parents, et peut-être est-il permis d'attribuer cette lacune au même sentiment qui avait porté Solon à exclure de son code le parricide ; car on sait que le culte de la famille, même en remontant aux ancêtres, était un des traits caractéristiques des mœurs de l'Égypte. Du reste, si toutes les fautes ne sont pas textuellement indiquées dans cette récapitulation de conscience que Champollion nommait une confession négative, du moins y sont-elles toutes implicitement comprises. La préparation à la vie céleste y est représentée par la victoire sur toutes les mauvaises passions. Dans une des hymnes, l'âme prononce, en parlant de la vie terrestre, ces belles et significatives paroles : « J'y suis venue en faucon et j'en sors en phénix. »

Rien dans la théodicée des Grecs et des Romains n'approche de la profondeur avec laquelle sont indiquées dans celle-ci la différence de la condition des bons et des méchants dans l'autre vie. C'est la privation de Dieu qui en fait le fond. À cet égard, le rituel des morts n'est qu'un développement de l'inscription déchiffrée sur une sépulture royale de la vingtième dynastie. « Ils n'appartiennent pas à ce grand Dieu. Leurs yeux ne sont pas rafraîchis par les rayons de son disque. Leurs âmes ne sont pas illuminées dans le monde qu'ils habitent. Ils n'entendent pas la voix du grand Dieu qui est élevé au-dessus de leurs voies. » Et pour les justes : « Ce grand Dieu parle avec eux, et ils lui parlent. La splendeur de son disque les éclaire. Il est dans leurs voies. » La théologie chrétienne la plus pure fait la même leçon.

« Quiconque a médité sur les mystères de la création et particulièrement de l'Esprit, dit à ce sujet avec une haute raison M. de Bunsen, et qui n'ignore pas les réflexions et les idées des plus grandes intelligences des temps passés sur le même sujet, loin de voir dans ces croyances un non-sens ou une impiété, les contemple avec respect comme les aspirations des plus purs instincts de notre race, se reliant aux vérités religieuses, à la philosophie spiritualiste et à la foi des âges modernes. »

— Un bon juge a tort de se vanter de son pouvoir : il ne peut rien que ce qu'il peut justement. Il n'a pouvoir que de faire valoir les lois en y obéissant lui-même le premier.

— C'est beaucoup de bien apprendre à ne se reposer pas oisivement.   QUESNEL.

FAIRE FORTUNE AVEC UNE SOURIS MORTE.

Des marchands indiens causaient du commerce et de ses chances.

— Ce n'est pas grande merveille, dit l'un d'eux, qu'un homme fasse fortune lorsqu'il débute dans les affaires avec un capital suffisant ; moi, qui n'avais rien, je n'ai pourtant pas trop mal réussi. Voici mon histoire :

Mon père mourut avant ma naissance, et aussitôt de mauvais parents dépouillèrent ma mère de tout ce qu'elle possédait. Elle se réfugia chez une de ses amies presque aussi pauvre qu'elle. Ce fut là que je naquis. Longtemps nous vécûmes d'aumônes ; mais lorsque je commençai à grandir, ma mère, malgré sa pauvreté, parvint à me faire donner un peu d'instruction. Quand je sus lire, écrire et compter, elle me dit :

« Tu es le fils d'un marchand. Il faut donc, mon fils, que tu commences dès maintenant à faire du commerce. Va trouver le changeur Visikala : c'est le plus riche marchand de la ville, et je sais qu'il aime à faire des avances à des jeunes gens pauvres, fils de marchands et de race même ruinés à lui faire un emprunt. »

J'allai chez le changeur ; mais ce fut pour l'entendre répondre avec dédain, à moi, fils de marchand :

« Tu vois bien à terre cette souris morte : eh bien, un homme qui aurait de la chance ferait fortune rien qu'avec cela. Si je te prêtais une bonne somme, je crois que j'en attendrais longtemps l'intérêt ; tu ne serais peut-être pas même en état d'en faire le compte. »

Je levai fièrement les yeux vers le changeur : « Je prends cette souris, lui dis-je. C'est un capital que tu me prêtes. » Et après lui avoir signé un reçu, je partis avec ma souris, tandis qu'il riait à mes dépens.

Je vendis la souris deux poignées de pois à un marchand qui la donna à manger à son chat. Je pilai ces pois, je pris une cruche d'eau, et, sortant de la ville, j'allai m'installer au bord d'un chemin, à l'ombre, sous un arbre. Passent des porteurs de bois bien fatigués ; je leur offre très-poliment de l'eau fraîche à boire et des pois ; chacun d'eux, en retour, me donne quelques morceaux de bois que je mets sur mon dos et que je vais vendre au marché.

Avec le prix, j'achète un peu plus de pois, et le lendemain je reviens attendre les porteurs et je recommence le même commerce.

Je persévérai longtemps. Quand j'eus ainsi mis de côté un petit capital, j'achetai, trois jours de suite, tout le bois que ces gens portaient. Tout à coup survinrent de grandes pluies qu'on ne prévoyait pas. Le transport des bois devint impossible; j'en profitai pour vendre le bois que j'avais en réserve quelques centaines de panas. Avec cet argent, j'ai monté une petite boutique : je n'ai pas mal mené mes affaires, et peu à peu je suis devenu riché. Alors j'ai fait faire une souris en or, et je l'ai envoyée au changeur Visikala comme remboursement de son prêt; il m'a donné sa fille en mariage. Je suis connu sous le nom de Mûshaka (la Souris). Vous voyez donc qu'avec rien j'ai pu faire fortune. (¹)

LE MUSÉE DE PESTH.

Le Musée de Pesth se compose de collections d'histoire naturelle, d'une bibliothèque de 120 000 volumes, et de galeries d'antiquités, de sculptures, de peintures, et de curiosités de diverses sortes. Fondé en 1802, par le comte Francis Szechienyi, qui fit don à la ville de sa bibliothèque et de sa belle collection de monnaies d'or, d'argent et de bronze, il a été successivement agrandi par les libéralités de plusieurs citoyens, notamment par celles de l'archevêque d'Erlau, Ladislas Pyrker, et du professeur Piller.

Parmi les tableaux, les plus curieux paraissent être le portrait de Jean Ziska (¹), de Mathias Corvin, roi de Hongrie; quelques peintures par Marco Basaiti, Gentile Bellini, Bonifazio Bembi, Lucas Kranach, et des toiles modernes qui font connaître les artistes hongrois contemporains : MM. Charles Karoly, Markò et Miklos Barabas, Lieder, Grimm, Giergi, Brocki, etc.

Dans la galerie des antiques, on voit des sculptures romaines, des poteries, des bronzes, des bijoux, des meubles, des instruments de musique rares. Un des objets les plus intéressants est un vase antique en verre soufflé, dont le couvercle porte des groupes de petits oiseaux, et dont le centre est entouré de lettres grecques formant des espèces de petites anses.

La collection des armes du moyen âge et de la renaissance est riche en œuvres d'orfévrerie et de joaillerie, et

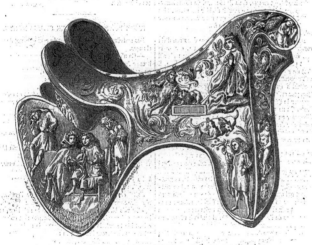

Selle en ivoire sculpté, conservée au Musée de Pesth, en Hongrie. — Dessin de Lancelot.

en curiosités d'art et d'histoire. On trouve là beaucoup d'indications précieuses sur les coutumes des vieux Hongrois, et sur les rapports de leurs artistes et de leurs artisans avec ceux de l'Orient : on s'instruit beaucoup rien qu'à observer les coupes, les aiguières, les ceintures, les bracelets, les colliers des magnats, où des pierres de différentes couleurs sont habilement assorties avec l'or et des émaux éclatants. Entre autres souvenirs historiques, on remarque le sabre et la hache de combat de Zakoczy, prince de Transylvanie, les armes de Stephen Bathory, le bâton de maréchal de Nicolas Pálffy, le gobelet de Mathias Corvin, la selle de Louis II, et cette autre selle d'ivoire, représentée par notre gravure, qui a, dit-on, appartenu à l'empereur Sigismond le Prodigue, et a certainement servi, si peu commode qu'elle dût être; car ses dessins niellés ont été presque entièrement effacés par le frottement.

(¹) Conte écrit par Sri Somadeva Bhotta, de Cachemire.

(¹) Voy. t. XI, 1843, p. 132.

QUELQUES MOUTONS ÉTRANGERS
DE LA MÉNAGERIE DU MUSÉUM.

Muséum d'histoire naturelle ; Races ovines. — Dessin de Freeman.

Les moutons domestiques qui nous fournissent aujour-d'hui leur viande et leur laine sont tous issus d'une espèce sauvage jusqu'ici inconnue, soit qu'elle n'ait pas encore été découverte, soit qu'elle ait été anéantie ; mais, à coup sûr, c'est parmi les espèces de mouflons qu'il faut cher-cher les parents de nos moutons.

Les différences qu'ils présentent entre eux sont très-grandes et portent sur presque tous leurs caractères : aussi le nombre des races, des variétés de moutons est-il pour ainsi dire illimité, chaque pays en ayant souvent plusieurs très-distinctes. On peut voir dans les bêtes ovines les proportions varier, les prolongements frontaux manquer ou prendre les formes les plus dissemblables, le chanfrein devenir droit ou concave au lieu de rester convexe, la laine varier dans sa nature, dans sa longueur, disparaître même et être remplacée par un pelage ras en tout pareil à celui des mouflons.

Dans la gravure qui accompagne cette note, nous avons figuré quelques-unes des races les plus dissemblables, profitant de leur présence à Paris pour les faire connaître.

Les différences que nous sommes à même d'observer dans les races ovines sont dues à deux ordres de causes. Nous devons les races naturelles, — c'est-à-dire celles à la constitution desquelles l'homme n'a pris qu'une part indirecte, celles qu'il a laissées se produire auprès de lui sans en avoir conscience, aux influences ambiantes, — c'est-à-dire au climat, à l'altitude des lieux habités et à la manière de vivre. Au contraire, c'est à l'action intelligente et éclairée de l'homme, à des soins raisonnés, poursuivis pendant de longues suites d'années, qu'est due la formation des races artificielles, qui sont, pour ainsi dire, établies de toutes pièces dans un but déterminé, et ne sont conservées que grâce au traitement intelligent et judicieux dont elles sont l'objet.

Dans notre gravure, nous voyons des représentants de ces deux sortes de races : le mouton dit morvan, le mouton d'Abyssinie, nous offrent d'excellents exemples de races naturelles que l'homme a laissées se former auprès de lui; le mérinos d'Espagne, et mieux encore les modernes races de boucherie créées en Angleterre, nous fournissent des types remarquables de races artificielles.

Le mouton dit morvan, que les naturalistes désignent sous le nom de mouton à longues jambes (*Ovis longipes*), est peut-être, de tous les moutons, celui dont les caractères s'éloignent le plus de ceux que nous sommes habitués à attribuer aux espèces ovines. Haut sur jambes, osseux, ses proportions et ses formes rappellent plus la chèvre que le mouton; son cou et ses épaules portent une épaisse crinière qui achève de lui donner un aspect étrange; ses cornes, contournées horizontalement en spirale, sont en général assez peu développées, et manquent le plus souvent à la brebis. Les animaux de cette race ne portent pas de laine; ils sont couverts de poils courts, comme les mouflons, dont ils se rapprochent encore par la brièveté de leur queue. Leur chanfrein est busqué.

Ce curieux mouton se rencontre dans toute l'Afrique centrale, depuis le pays des Touaregs jusqu'à celui des Hottentots, de la côte orientale à la côte occidentale. Une variété d'une grandeur colossale (1m,30 au garrot) habite l'Inde, où elle joue le même rôle que la variété africaine. Ce mouton sans laine donne à ses possesseurs du lait et de la viande; la nature ne lui a pas donné de toison : il n'en pouvait avoir besoin dans les chaudes régions où on le rencontre.

Un corps blanc, une grosse queue charnue, une tête petite et noire, des oreilles courtes, caractérisent le mouton d'Arabie et d'Abyssinie (*Ovis melanocephala*), qui est, comme le précédent, dépourvu de laine. Autant les formes du mouton morvan sont maigres et osseuses, autant celles du mouton à tête noire sont lourdes et empâtées. La peau, dans cette race, forme sous le cou un rudiment de fanon qui rappelle jusqu'à un certain point celui des bœufs.

Le mouton de Caramanie (Asie Mineure) appartient à la race ovine dite à large queue (*Ovis lati ou crassicauda*). De forte taille, bien conformée, de couleur blanche, marquée de noir autour des yeux et aux quatre pieds, le corps

couvert de laine, cette race présente des cornes horizontalement enroulées en spirale qui acquièrent un volume considérable. La queue atteint parfois, dans les moutons de Caramanie, des dimensions énormes. Au lieu de ne descendre que jusqu'au jarret, comme chez d'autres moutons à queue adipeuse, elle tombe assez bas pour traîner à terre, au point que l'on est obligé de la placer sur une planche portée sur des roulettes et attachée aux reins de l'animal (¹). La graisse qui donne à la queue son volume est un mets fort estimé des habitants des pays où se trouvent ces singuliers animaux; elle est d'un goût fort délicat que nous ne saurions mieux comparer qu'à celui de la moelle de bœuf; conservée, cette graisse sert à accommoder les mets et remplace le beurre que nous employons usuellement.

Les moutons à grosse queue sont fort répandus en Afrique, dans l'Inde, à Madagascar; on en rencontre aussi quelques variétés dans la Russie méridionale.

Suivant les localités, ces animaux prennent certains caractères fixes et constituent de véritables races très-distinctes; parmi celles-ci, une des plus curieuses est celle des moutons à quatre cornes que nous avons figurée; l'animal qui a été représenté est originaire d'Algérie, où ce curieux dédoublement des prolongements frontaux se rencontre assez souvent.

Les moutons de Lietenburg et ceux des steppes hongroises ont entre eux les plus grands rapports; tous deux, originaires du même royaume, se rapprochent par la nature de leur toison; ils produisent une laine grossière, à mèches démesurément longues et très-frisées. Aussi ces mèches, au lieu de former une toison comme celles que nous voyons le plus souvent, retombent-elles à droite et à gauche de la ligne médiane du dos, superposées les unes aux autres comme les tuiles d'un toit. La longue laine de ces moutons cachant une partie de leurs membres, ils semblent très-près de terre. Ils sont d'ailleurs bien faits et justement estimés pour la qualité de leur chair.

Les bêtes ovines de Lietenburg vivent dans les plaines occidentales de la Hongrie, tandis que le mouton des steppes occupe les confins orientaux du pays; ces deux races diffèrent entre elles par les cornes : celle de Lietenburg porte des prolongements frontaux très-développés et enroulés horizontalement en spirale; celle des steppes hongrois, et mieux encore celle de Vatachie, a ses cornes presque verticales et enroulées de telle sorte qu'elles ont l'aspect d'une corne tordue sur elle-même, l'axe de la spirale se trouvant dans la corne même au lieu d'être placé dans l'intervalle que laissent entre eux les différents tours de la corne enroulée, comme dans les quelques races dont nous avons parlé jusqu'ici.

Le mouton de Seeland, dépourvu de cornes, est remarquable surtout par la largeur, l'empâtement, pour mieux dire, de son chanfrein, fortement busqué. Originaire de l'île de Seeland, en danois *Sialland*, cette race ovine, de grande taille, nous fournit un excellent exemple de ce que sont les moutons des pays humides et bas; tout en elle trahit son origine, car ses formes sont lourdes, ses os gros, sa laine commune et sèche; cette conformation permet de supposer que la viande de ces animaux est sans saveur et sans qualité.

Le mérinos d'Espagne que nous avons fait dessiner provenait de ces troupeaux transhumans qui passent l'hiver dans l'Estramadure et l'été sur les montagnes du Léon ou des Asturies; cette race ne diffère par aucun caractère essentiel de nos races mérinos françaises. La taille est un

(¹) Voy. notre volume des *Voyageurs anciens*, p. 81.

peu moindre que celle de nos gros animaux de Rambouillet; sa conformation n'a pas été perfectionnée au même degré, mais la qualité de la laine ne laisse rien à désirer. Les laines espagnoles continuent à tenir dans l'industrie le haut rang qu'elles avaient atteint alors que l'Espagne produisait presque seule les belles laines fines; aujourd'hui que les moutons mérinos sont répandus sur tout le globe, que l'acclimatation en a été faite en Australie, dans l'Amérique du Sud et presque partout, il n'est pas sans intérêt de considérer un de ces représentants des troupeaux espagnols, de ces troupeaux d'où sont sortis les animaux qui ont enrichi leurs inappréciables toisons par l'agriculture de tous les pays.

Nous regardons d'ailleurs comme d'un grand intérêt de pouvoir, lorsque l'occasion s'en présente, étudier et montrer les différentes formes auxquelles sont arrivées les espèces sujettes à l'action de l'homme. Aussi ne saurions-nous trop féliciter le Muséum d'histoire naturelle et le Jardin zoologique d'acclimatation du bois de Boulogne, qui poursuivent avec zèle la formation d'une collection d'animaux domestiques de tous les pays. Ce n'est qu'en comparant ce que sont devenus les animaux soumis à l'homme que nous pourrons mesurer l'intensité de l'action que nous avons sur la nature : « L'homme, dit Buffon, ne sait pas assez ce que peut la nature et ce qu'il peut sur elle. »

L'ART DE PATINER.

Faites choix d'une paire de patins bien proportionnés à la largeur et à la longueur de votre pied, d'une solidité à toute épreuve, et dont la garniture, faite en bandes de cuir, soit aussi simple que possible, très-forte, et toujours bouclée avec le plus grand soin.

La garniture à l'anglaise est très-solide, mais compliquée. La monture à la parisienne n'est autre chose qu'un soulier qui a pour semelle le bois et le fer du patin.

En commençant, on doit préférer des patins bas, épais, et dont le fer, court de bec, peu long, sera large à sa base : on aura ainsi plus de chance de garder l'équilibre, et on s'exposera moins à accrocher les autres et soi-même.

Les patins dont les fers sont courbés et cannelés en dessous donnent aussi plus de solidité au patineur, mordent mieux la glace et surtout le verglas, mais ils n'aident pas à glisser avec aisance et vitesse, particulièrement quand la glace est fatiguée et neigeuse.

Tout fer de patin a deux carres ou angles : la carre qui est en dedans des pieds, la carre qui est en dehors.

Le coup de patin, quel qu'il soit, s'exécute toujours sur une des carres du patin.

Mais avant de faire un coup ou un pas de patin, il faut savoir marcher sur la glace.

Quand on descend pour la première fois sur la glace avec des patins, on ne doit avoir d'abord qu'une seule préoccupation : se maintenir en équilibre.

Dans ce but, après avoir attaché ses patins très-attentivement, de manière à ce qu'ils fassent étroitement corps avec les pieds et obéissent à leurs moindres impulsions, il faut prendre l'attitude suivante :

Se dresser sur ses patins sans roideur, le corps penché et porté en avant, les genoux un peu ployés, les deux pieds en dehors.

Une fois posé ainsi, on essaye de faire de très-petits pas en avant.

Après s'être rompu à cette marche pendant quelque temps, on rentre peu à peu la pointe des pieds en dedans, et l'on continue le même exercice, sans jamais oublier que les pieds sont privés d'articulation à la naissance des orteils, et qu'on ne peut agrandir ses pas qu'en glissant à l'aide d'un petit élan de l'un des pieds, que l'on ramène de suite au corps sans lui laisser toucher la glace.

En somme, agrandir ses pas de plus en plus sans perdre l'équilibre, chercher son aplomb dans de très-petits mouvements sous son centre, voilà tout ce qu'on devra tenter pendant quelque temps.

Il ne faut pas adopter, pour glisser, un pied de préférence à l'autre.

Dès qu'on aura acquis suffisamment d'aplomb et de hardiesse, on s'essayera à glisser d'un pied en avant du côté de la carre du dedans; c'est ce qu'on appelle faire un dedans en avant. C'est le pas le plus naturel.

Tout l'art de patiner dérive de quatre pas élémentaires, qui sont le dedans et le dehors en avant, et le dedans et le dehors en arrière.

Pour exécuter le dedans en avant, il faut se préparer à former une ligne courbe, surtout vers le bout qui doit la terminer; c'est-à-dire qu'après avoir pris l'élan convenable du côté où l'on veut aller, on se jettera doucement sur le pied choisi pour tracer cette courbe, et qui, relativement au corps qu'il porte, sera tourné en dehors. Ce pied qui a donné l'élan restera ensuite derrière, la pointe basse. Les genoux devront être bien tendus et tournés un peu en dehors. Dans cette attitude, on se laisse aller aussi longtemps que l'on a d'élan, à la fin duquel on rapetisse son cercle, que l'on termine ou recommence à volonté.

Cette pose du dedans est la même que l'on a en faisant un dehors en avant sur l'autre pied. Il n'y a qu'un changement de jambe qui différencie la situation du dedans et celle du dehors. Pour exécuter un dedans, il faut avoir le pied en dehors; et pour faire le dehors, il faut le tenir en dedans.

Ainsi, lorsque l'on veut faire un dehors en avant, on se donne l'élan convenable pour former aussi une courbe sur la carre du dehors; c'est-à-dire encore que la jambe droite, si c'est elle qui l'exécute, doit parcourir un demi-cercle qui finisse à droite, en observant que le pied qui pousse doit rester en arrière, la pointe basse à trois ou quatre pouces de hauteur de la glace, la cuisse faiblement appuyée contre l'autre, et surtout le genou tendu, car il est préférable de traîner le pied (ce qui pourtant n'est pas beau) que de ployer le genou ; c'est ce qu'en terme de patin l'on appelle donner de l'éperon, et, à vrai dire, rien n'est pas plus désagréable à l'œil. En même temps le corps doit se pencher mollement en avant, et se tourner un peu en dehors, ainsi que les deux bras, le gauche plus élevé que l'autre, mais tous les deux étendus également, les mains ouvertes, comme pour embrasser quelqu'un bras dessus, bras dessous.

Quand on aura exercé ce dehors à droite, et dans l'attitude qui vient d'être indiquée, on l'exécutera à gauche dans la position opposée, c'est-à-dire que l'on se poussera du pied droit pour glisser sur le gauche, le corps porté en avant et penché dans l'intérieur du cercle, les bras étendus et ouverts de ce côté.

Quand on est parvenu à exécuter le pas de dehors selon les principes et avec facilité, les autres pas ne demandent ordinairement plus que peu d'étude.

C'est ne savoir patiner qu'à moitié que d'être inhabile à exécuter en arrière tous les pas qu'on sait faire en avant.

Pour patiner en arrière, on place la pointe des pieds en dedans, on porte en arrière le bas du corps, on se tient cambré, le buste droit, la tête haute, et, dans cette position, on s'essaye encore à faire d'abord de petits pas en arrière.

Quand on aura acquis de la hardiesse à ce premier exercice, on tentera, au lieu de marcher, à se pousser sur les deux pieds en même temps, les pointes en dedans pour prendre élan, et tout en se glissant l'on ramènera les ta-

Les patineurs en 1813. — Le pas de dehors en avant.

lons l'un vers l'autre; ensuite, au moment où ils seront prêts à se toucher, on les écartera de nouveau pour recommencer encore, de manière à former toujours des espèces d'ovales enfilés en chapelet.

Après de longs exercices pour se perfectionner dans ce pas, et dès qu'on y aura saisi un certain aplomb, il faudra essayer d'aller sur un pied par le moyen du même élan;

Dehors en arrière.

ce qui est assez facile en portant le corps avec précaution sur une jambe, l'autre levée derrière.

Une fois familiarisé avec ces deux ou trois façons d'al-

ler en *arrière*, qui conduisent à toutes les autres, on pourra étudier le pas de dehors en *arrière*.

Pour ce dernier pas, il faut glisser avec courage en *arrière* sur les deux jambes, la tête tournée sur l'épaule du côté où l'on veut aller : ainsi l'élan pris, la tête par exemple à droite, on jette son pied gauche avec force derrière soi. Au même moment le corps s'abandonne sur la carre du *patin* du côté droit, les genoux tendus, les deux bras ouverts, les mains de même. Puis, la tête, qui était à droite en prenant l'élan, doit se tourner subitement à gauche, les yeux portés en avant du chemin que l'on doit parcourir, pour éviter tout danger.

Il faut avoir soin, quand on veut continuer les *dehors en arrière*, comme quand on les multiplie en avant, de ne pas attendre que l'élan soit sans vigueur pour le reprendre sur l'autre jambe.

Le *dedans en arrière* est le moins aisé et le plus circonscrit des quatre principaux pas, soit que cela vienne de la difficulté de lui donner un grand élan, ou de celle de garder longtemps sur la carre un équilibre gracieux.

On peut prendre élan, pour former un *dedans en arrière*, de la même façon que pour faire un *dehors* de ce côté.

Révérence en ligne directe.

Ainsi, en supposant que l'on veuille l'exécuter sur la jambe droite (celle que j'ai toujours adoptée jusqu'à présent pour démontrer un pas), l'on portera son corps en arrière sur les deux jambes, en s'y poussant vivement; et quand on se sentira assez d'élan, on lèvera la gauche, en se laissant glisser sur l'autre, les pieds et les cuisses écartés à l'ordinaire, le haut du corps porté sur la jambe qui glisse, et penché en avant, les bras tendus, les mains toujours ouvertes.

Lorsque l'on veut se reprendre sur l'autre jambe, on la passe derrière après s'en être servi pour se donner élan; ensuite on s'y pose de même en situation.

On peut encore se servir de la révérence pour se placer sur l'attitude de *dedans*; ainsi, après avoir fait la révérence à gauche, on portera son corps sur le pied droit.

Les règles qui précèdent ne doivent être considérées, en réalité, que comme des indications propres à donner une idée générale de l'art de patiner. Quoique, si elles sont bien observées, elles puissent suffire à la rigueur pour enhardir les essais, elles ne peuvent tenir lieu cependant de l'exemple et des leçons pratiques d'un patineur exercé.

Si, en patinant, on veut déployer de la grâce, il y a beaucoup d'étude à faire pour la pose des bras, qu'on peut tenir, soit toujours *fixés*, sans variations, sur une partie de son corps (par exemple croisés sur la poitrine, ou derrière le dos, ou les mains dans les poches, etc.), soit associés aux divers mouvements du corps avec abandon.

Les mains doivent presque toujours rester ouvertes.

Il faut éviter, autant que possible, de porter des vêtements trop flottants et qui pourraient nuire à l'aplomb du corps.

Ce serait entrer ici trop avant dans les finesses de l'art de patiner que d'enseigner les pirouettes, les crochets ni les mille pas composés auxquels se complaisaient les anciens patineurs émérites, tels que la Révérence, le Pas de huit, la Renommée, le Dehors croisé, le Manége, le Manége supposé, les Olivettes, la Bouline hollandaise, le Saut de Zéphyre, le Pas d'Apollon, le Courtisan, le beau Narcisse, le Lourdeau, la Nymphe, le Postillon embourbé, le Roi de Rome, l'Écrevisse, l'Adonis, le Pas débité,

Le pas d'Apollon.

l'Anglaise, la Vénus, la Chinoise, le Pas chéri, la Couleuvre, la Valse, le Rétif, le Casse-Cou, la Navette, le Pas de chasse, les Tourtereaux, la Guirlande, la Guirlande croisée, etc.

Qui voudra s'initier à toutes ces figures pourra les étudier dans un petit livre assez rare imprimé en 1813, et qui se vendait alors chez son auteur, Jean Garcin, au troisième étage de la maison n° 74 de la rue Saint-André-des-Arts [1]. C'est à cet ouvrage que nous avons emprunté les conseils qui précèdent et les gravures ci-jointes, où sont représentés les costumes et quelques poses des patineurs émérites sous l'empire. M. J. Garcin avait dédié son ouvrage à Mlle Gosselin aînée, première danseuse de

l'Académie impériale de musique. « Le talent que vous possédez avec tant de gloire, lui dit l'auteur, et qui sympathise si bien avec celui qui se trouve décrit dans ce livre, semble exiger, pour le garantir de l'indifférence

Le pas d'Adonis.

» du public, que j'implore votre protection en sa faveur. »

Il semblerait cependant que le public du premier empire

La Glacière en 1813 [2].

était moins indifférent qu'on ne l'est aujourd'hui à l'art de patiner. M. Garcin, du moins, affirme lui-même, dans

[1] « *Le Vrai patineur*, ou Principes de l'art de patiner avec grâce, » précédé de réflexions et de remarques critiques sur la manière de » quelques patineurs inélégants, ainsi que sur les différentes formes » de patins, le choix que l'on doit en faire, et les variations dont cette » chaussure est susceptible ; le tout orné de gravures représentant les » principales attitudes du patineur. »

[2] La Glacière était un joli vallon, situé à proximité des anciennes barrières Saint-Jacques et d'Italie ; il dépendait du Petit-Gentilly. La

son avant-propos, que quoique Paris soit situé dans un climat qui permet peu de patiner souvent, c'est la ville du monde où les patineurs ont la meilleure grâce.

« Beaucoup de personnes, il est vrai, surtout celles » du Nord, imaginent que courir, aller vite, ou faire de » longues courses sur la glace, c'est savoir bien *patiner;* » il est bon de leur apprendre qu'ici nous ne faisons pas » grand cas de ce savoir; que même nous ne donnons pas » le titre de *patineur* à ceux qui n'ont d'autre talent que » celui-là, qui d'ailleurs peut s'acquérir en peu de temps, » et que nous abandonnons aux laitières et marchandes de » nos provinces septentrionales. »

M. Garcin donne ensuite, dans un style aujourd'hui hors de mode, un tableau, animé de ce qu'étaient, vers 1813, les réunions du canal ou fossé de l'Arsenal, « où les hom- » mes de toutes les classes et distinctions, entremêlés et » pour ainsi dire confondus sans déguisements, luttent » ensemble d'agilité, de force et de talent ; où l'on voit » l'illustre comte se précipiter au pied de son valet de » chambre, qui, très-empressé à le relever, y réussit as- » sez comiquement, si toutefois il ne lui fait pas répéter » sa chute en tombant lui-même sur son maître; où l'é- » légant myope, un peu transi de froid, la lorgnette à la » main, voit, sans s'y attendre, une partie de son frac » en lambeaux et emporté au bout du *patin* du mauvais » apprenti qui l'a si bien équipé : ici, c'est un gros réjoui » qui, au moment d'une forte gaieté, reçoit un coup de » bambou du *patineur* qui s'en servait pour rattraper l'é- » quilibre, et qu'il ne retrouve pourtant que lorsque, » tombé à plat, il voit voler son balancier loin de lui, » bondissant encore sur la tête des joyeux spectateurs ; » là, c'est un traineau aux flancs larges et massifs qui, » poussé par vingt bruyants forcenés, renverse ou froisse » vivement dans sa course indomptable tout ce qu'il ren- » contre : partout on entrevoit la famille nombreuse des » humbles sellettes, armée de deux picots ferrés, circu- » lant dans la foule et harcelant de toutes parts, ou in- » quiétant l'aimable *patineur* au gilet rouge : enfin, sans » détailler les chars de la Panurge, les cygnes aux ailes ar- » gentées, les gondoles légères, le crocodile à gueule » béante, et tous les monstres épouvantables qui con- » trastent souvent si bien avec les beautés qui les guident, » l'on voit encore cette scène varier dans l'horizon par » des tentes et des abris de toutes couleurs qui s'y dé- » ploient galamment; des groupes de marchands ambu- » lants; des monceaux de neige plaisamment couronnés.

Bièvre s'y promène en plusieurs bras. L'hiver, au moyen d'une vanne, on inondait les prairies. L'eau, y étant peu profonde, gelait facilement et formait de vastes étendues de glace qui était recueillie et conservée dans une *glacière* pour la consommation de Paris. Ces plaines de glace furent longtemps le principal rendez-vous des patineurs pari- siens; on n'avait guère à y redouter qu'un bain de pieds un peu froid. Plus tard, des habitations ont envahi une partie du vallon et ont con- stitué un village appelé la Glacière; les prairies ont été coupées par des murs de clôture. On y recueille encore de la glace; mais les pa- tineurs élégants se portent maintenant aux étangs artificiels du bois de Boulogne, pompeusement décorés du nom de lacs.

Le village de la Glacière, compris en 1840 dans l'enceinte fortifiée, a été, en 1860, annexé à Paris; il fait partie du treizième arrondisse- ment, où il constitue le quartier dit la Maison-Blanche.

La Gare est un bassin rectangulaire formé par une dérivation de la Seine, avec laquelle il communique au moyen d'un canal décrivant une courbe. Cette gare, établie en 1769, devait avoir plus d'étendue. Les travaux furent arrêtés par le refus que fit le Parlement d'enregis- trer les lettres patentes qui les avaient ordonnés. On la nomme ac- tuellement *gare Trioson*. La gare a donné son nom au quai où elle est située, et à un village qui s'est créé autour de la gare et le long du quai; village et quai sont, depuis 1860, compris dans le treizième arrondissement de Paris, quartier de la Gare.

Le canal, aujourd'hui *gare de l'Arsenal*, est l'ancien fossé de l'Ar- senal et de la Bastille, qui avait été destiné à devenir et est effective- ment devenu le bassin inférieur par lequel le canal Saint-Martin com- munique avec la Seine.

» des allées de glisseurs prolongées en double et triple » rang ; enfin, un peuple de quarante à cinquante mille âmes » occupant ou entourant ce joyeux rendez-vous d'hiver. »

L'ouvrage de M. Garcin se termine par quelques observa- tions, les unes curieuses, les autres utiles. Il nie que jamais patineur ait jamais écrit, d'un seul élan et d'une seule course, son nom sur la glace. Un nom, ne fût-il que de deux lettres, il faudrait au moins deux élans, et l'on ne peut re- prendre le second élan sans poser le pied qui n'a pas tracé la première lettre. Il invite les patineurs à toujours regarder un peu au loin dans la direction où ils se dirigent, et le plus vivement ou le plus rapidement possible à leurs pieds ; — à ne pas faire de pas qui exigent un grand élan, s'ils ne sont pas en ligne directe et presque dépourvus de carré, quand il y a beaucoup de personnes avec eux sur la glace; — à n'aller patiner que lorsque le thermomètre a baissé constamment de deux degrés au-dessous de zéro pendant deux jours consécutifs. — Il ajoute cet avis :

Si l'on tombe dans un trou et que l'on ait au plus de l'eau jusqu'à la ceinture, il est imprudent, pour s'en reti- rer, de poser les mains et les pieds sur les bords. Il faut, à l'aide d'un élan, appuyer ses mains le plus loin pos- sible, puis les chasser légèrement par les genoux qui les remplacent et ne doivent même servir qu'à augmenter l'impulsion nécessaire pour se jeter à plat ventre hors d'embarras, les bras et les jambes écartés. On se traine ainsi assez loin pour se relever sans avoir besoin de se- cours.

AMOUR DE PASCAL POUR LA PAUVRETÉ.

Il avait un amour si grand pour la pauvreté, qu'elle lui était toujours présente; de sorte que dès qu'il voulait en- treprendre quelque chose, ou que quelqu'un lui demandait conseil, la première pensée qui lui venait à l'esprit, c'était de voir si la pauvreté pouvait être pratiquée. Une des choses sur lesquelles il s'examinait le plus, c'était cette fantaisie de vouloir exceller en tout, comme de se servir en toutes choses des meilleurs ouvriers, et autres choses semblables. Il ne pouvait encore souffrir qu'on cherchât avec soin toutes ses commodités, comme d'avoir toutes choses près de soi... et mille autres choses qu'on fait sans scrupule, parce qu'on ne croit pas qu'il y ait du mal. Mais il n'en jugeait pas de même, et nous disait qu'il n'y avait rien de si capable d'éteindre l'esprit de pauvreté comme cette recherche curieuse de ses commodités, de cette bienséance qui porte à vouloir toujours avoir du meilleur et du mieux fait; et il nous disait que, pour les ouvriers, il fallait toujours choisir les plus pauvres et les plus gens de bien, et non pas quelqu'un qui n'est jamais nécessaire, et qui ne saurait jamais être utile... Cet amour qu'il avait pour la pauvreté le portait à aimer les pauvres avec tant de tendresse qu'il n'a jamais pu refu- ser l'aumône, quoiqu'il n'en fît que de son nécessaire, ayant peu de bien, et étant obligé de faire une dépense qui excédait son revenu, à cause de ses infirmités. Mais lorsqu'on lui voulait représenter cela, quand il faisait quelque aumône considérable, il se fâchait et disait : « J'ai remarqué une chose, que quelque pauvre qu'on soit, on laisse toujours quelque chose en mourant. » Ainsi il fer- mait la bouche... Il m'exhortait avec grand soin à me con- sacrer au service des pauvres, et à y porter mes enfants. Et quand je lui disais que je craignais que cela ne me dé- tournât du soin de ma famille, il me disait que ce n'était que manque de bonne volonté, et que comme il y a divers degrés dans cette vertu, on peut bien la pratiquer en sorte que cela ne nuise pas aux affaires domestiques... Il nous disait encore que la fréquentation des pauvres est entièrement utile, en ce que voyant continuellement les misères dont ils sont accablés, et que même dans l'extrémité de leurs maladies ils manquaient des choses les plus nécessaires, qu'après cela il faudrait être bien dur pour ne pas se priver volontairement des commodités inutiles et des ajustements superflus. (¹)

La vraie force des honnêtes gens, c'est leur estime; qu'ils la gardent pour la justice et la légalité.   LABOULAYE.

Il en est du cerveau comme d'un tonneau où une liqueur fermente : tout est à craindre si vous y laissez du vide.
                                                                    JEAN-PAUL.

LE PÈRE PINGRÉ.

Le P. Pingré était un docte génovéfain dont le nom, vénéré de quelques savants, échappe complétement au souvenir des gens du monde; mais, toujours prêt, comme l'abbé de la Caille, dès qu'il s'agissait d'un calcul géographique à vérifier, d'une observation astronomique à faire, il s'en allait résolûment au bout du monde et revenait après quelques mois à sa vieille abbaye, sans exiger aucune récompense, sans songer qu'on pouvait mettre même son nom dans la gazette. En 1772, son beau ebronomètre lui fut volé au sortir de l'Académie. Après la perte d'un perroquet qu'il avait rapporté d'Afrique, et auquel il consacra des vers fort passables pour des vers d'astronome, ce vol fut, à coup sûr, ce qui l'affligea le plus durant le cours de ses longues pérégrinations. Il faut être astronome, il faut être le P. Pingré pour terminer ainsi une relation de voyage : « Tel jour nous avons quitté l'Espagne, et nous mettons le pied sur le territoire français. Ainsi nous sommes rentrés en France 4 an 3 mois 18 jours 19 heures 53 ¹/₄ minutes après l'avoir quittée. »

FONTARABIE.

Lorsqu'on va de France en Espagne, il est rare qu'on ne visite pas Fontarabie, ou plutôt *Fuenterabia*, comme disent les Espagnols. On s'arrête à Béhobie, d'où l'on se dirige vers Hendaye. Ce groupe de maisons est le dernier village français de la frontière. Il est situé sur la rive droite de la Bidassoa, dans l'angle qu'elle forme avec la mer, et tout à fait en face de Fontarabie, qui est à l'angle opposé. On sait qu'Hendaye doit une assez grande célébrité à ses eaux-de-vie. Il y a bien longtemps qu'on n'en fait plus dans ce malheureux village; mais enfin la renommée lui reste : c'est tout ce qu'il a conservé du passé. Florissant autrefois, comme Fontarabie, sa rivale et son ennemie, comme elle aussi Hendaye est considérablement déchu. Bombardées en 1794, ses maisons sont demeurées telles que les a laissées le canon espagnol de Fontarabie. Les unes n'ont que la façade, d'autres n'ont plus que le rez-de-chaussée; quelques-unes n'ont qu'un pan de mur, dont les déchirures se dessinent sur l'horizon. Les pierres gisent çà et là recouvertes d'herbe et de fleurs des champs. La nature aime à parer les ruines. « Où le canon a fait un trou, dit un poète, elle met une touffe de fleurs. »

Des bateaux vous transportent d'Hendaye à Fontarabie. Là vous traversez quelques champs de maïs, et vous vous

(¹) *Vie de Pascal*, par Mᵐᵉ Périer, sa sœur.

trouvez au pied de l'éminence sur laquelle est bâtie la ville espagnole, d'où s'élève le clocheton gracieux d'une église.

Fontarabie n'est plus aujourd'hui qu'une très-petite ville; mais de coquettes et solides habitations attestent sa splendeur passée et son ancienne importance. On ne voit plus que des fragments de ses défenses d'autrefois détachés par la mine, et qui ont roulé de ci, de là, et à travers lesquels il faut marcher pour pénétrer jusqu'aux rues habitées.

Par sa situation sur les limites tracées entre la France et l'Espagne, Fontarabie était placée mieux qu'aucune autre ville pour être témoin des combats qu'Espagnols et Français se livraient souvent sur cette frontière. A diverses reprises, Fontarabie a même joué un rôle assez actif dans ces combats, et l'assaut qu'elle soutint en 1638 est surtout resté célèbre.

A cette époque, le cardinal de Richelieu, ayant résolu de diriger les forces du royaume vers les Pyrénées, crut que l'opération la plus importante était la prise de Fontarabie. Il la confia, en conséquence, au prince de Condé et à Escoubleau de Sourdis, archevêque de Bordeaux, qui devait amener devant la place la flotte française. Ce dernier, ayant défait la flotte espagnole dans la rade de Gattari, se rendit donc à son poste. Mais cette première victoire n'était qu'un augure trompeur; bientôt la mésintelligence, la jalousie de pouvoir entre les chefs, l'incapacité, la faiblesse, et aussi la trahison, firent tourner la fortune contre nos armes. Le duc de la Valette fut celui dont le mauvais vouloir, nous dirons même l'infamie, rendit le plus inévitable l'insuccès de l'armée française; irrité de ce qu'on l'avait forcé de céder de son côté la conduite de l'assaut à l'archevêque, ennemi personnel de d'Épernon, son père, il se retira à la distance d'une lieue, et, de même que son collègue Saint-Simon, il refusa de porter du secours au prince qui lui en envoyait demander. Le soir il défila, sans avoir combattu, avec les fuyards des autres quartiers. Le quartier de Grammont abandonna aussi, sans avoir été attaqué, une redoute qu'on lui avait confiée. Diverses particularités autorisèrent d'ailleurs à croire que les ennemis étaient bien avertis de tout ce qui se passait parmi les assiégeants. Aussi l'amiral de Castille, qui vint le 7 septembre attaquer les lignes des Français pendant qu'ils livraient un assaut, n'eut-il pas beaucoup de peine à les forcer. Deux mille hommes furent tués, cinq ou six cents furent faits prisonniers, et un grand nombre de drapeaux tombèrent au pouvoir de l'ennemi. Dès le lendemain, il n'y avait plus un seul Français sur le territoire de l'Espagne.

La France fut heureuse dans une expédition qu'elle tenta en 1719 contre Fontarabie. Le régent ayant, par le traité de la quadruple alliance, déclaré la guerre à l'Espagne, le maréchal de Berwick, chargé du commandement en chef de l'armée, entra immédiatement en campagne. Le 27 mai 1719, il était devant Fontarabie, dont il mena le siège avec assez d'habileté pour que la ville capitulât le 16 juin suivant.

Les rives de la Bidassoa virent encore d'autres combats lors de la révolution. Quand on visite la ville, il semble qu'elle vienne d'être emportée d'assaut la veille, et pourtant soixante-huit années se sont écoulées depuis la prise de cette place, brillante action qui commença la gloire du général Lamarque.

Voici le fait tel que l'a raconté Barrère dans la séance de la Convention nationale du 21 thermidor (8 août 1794) :

« Le 14 thermidor (31 juillet 1794), Garreau, représentant du peuple, marcha vers Fontarabie avec trois cents hommes, braves soldats. Lamarque, adjoint à l'état-major, capitaine de grenadiers, celui-là même qui est en ce moment à votre barre, porteur des drapeaux espagnols, commandait cette troupe républicaine. Les soldats prennent un poste au-dessus de Fontarabie, après avoir essuyé une décharge à mitraille qui tua trois hommes à côté de Garreau. Celui-ci, maître de la hauteur, fait sommer Fontarabie de se rendre. Lamarque entre dans la ville en qualité de parlementaire, et menace de l'assaut si elle ne se rend dans quelques heures. Le conseil de guerre était assemblé; on délibère, mais le temps s'écoule. Lamarque retourne près de Garreau, qui le renvoie avec une nouvelle sommation. Cette fois, six minutes seulement sont accordées, après lesquelles la ville sera prise et la garnison passée au fil de l'épée.

» Il y avait dans la place huit cents Espagnols défendus par cinquante bouches à feu. Mais la peur présidait le conseil de guerre. Le commandant, d'ailleurs, fatigué du bombardement qui avait détruit une partie de la ville, s'est rendu prisonnier de guerre, ainsi que la garnison, abandonnant drapeaux, armes, artillerie et munitions. On ne saurait peindre leur étonnement quand ils ont vu qu'ils s'étaient rendus à trois cents républicains. Ils croyaient avoir affaire à plus forte partie. »

Depuis cette époque, nos armes ont cessé de troubler Fontarabie, qui n'est plus pour un Français qu'un objet de curiosité, une ruine intéressante et pittoresque.

La grande rue de la ville aboutit à une porte jadis crénelée, et s'élève en suivant une pente assez rapide jusqu'à l'église, derrière laquelle on voit encore le palais qu'habita Jeanne la Folle. Sur ce plan incliné qu'évite l'édilité moderne, les maisons s'étagent avec une variété de lignes vraiment charmante, et qui fait souvenir des villes les plus espagnoles de la Péninsule.

L'église diffère peu des autres églises d'Espagne, c'est-à-dire que ses chapelles sont ornées de clinquant et de sculptures en bois doré. Quant aux vêtements sacerdotaux, ils sont d'une magnificence peu commune. Mais ce

Fontarabie. — Dessin de Thérond, d'après une photographie de M. Labrador.

qu'il y a surtout de remarquable ici, c'est le magnifique coup d'œil dont on jouit du balcon de la sacristie; car, située sur un des points les plus élevés de la ville, qui elle-même est placée sur une hauteur, l'église domine un horizon immense. La mer à l'infini, l'embouchure de la Bidassoa, en cet endroit fort large, les îles dont elle est parsemée, les montagnes, l'Espagne au loin, la France de l'autre côté du fleuve, l'ancien couvent des Capucins sur la route d'Irun, à peu de distance de la ville, et dont les bâtiments se dessinent harmonieusement sur un fond de verdure, tout cela forme un ensemble enchanteur.

C'est dans l'église de Fontarabie que, le 3 juin 1760, l'évêque de Pampelune officiant, don Luis de Haro épousa, pour Louis XIV, et en présence de toute la cour, l'infante Marie-Thérèse.

L'AUMONE AU VILLAGE.

Composition et dessin de Charles Jacque.

— Est-on charitable en ce pays? demandais-je à un ami qui est maire de son village?

— Pas autant qu'il le faudrait, me fut-il répondu; en général on ne refuse pas, mais on n'invite pas à demander; or demander est plus difficile que donner. Il y a ici une pauvre jeune femme que la mort d'un mari laborieux a laissée sans ressources; elle est délicate et ne peut travailler à la terre; encore l'été glane-t-elle un peu; mais l'hiver elle en est réduite à coudre presque pour rien des chemises de grosse toile, le plus souvent à ne rien faire. Rarement, traquée par la faim et le froid, elle se hasarde dans le village et soulève d'une main timide le loquet des fermes; sa petite fille est avec elle, grelottant sous la bise. On leur coupe un morceau de pain, et elles n'osent pas demander une place dans l'âtre; ce pain de l'aumône indifférente est indigeste et dur; les malheureuses le trempent de leurs larmes; elles en partagent la dernière miette avant d'affronter de nouveau la charité refrognée. Lorsque je fais ma tournée dans la campagne, j'essaye d'adoucir les cœurs; je dis aux jeunes mères : « La pauvrette a une jolie petite fille qui jouerait bien avec les vôtres. » Quelques-unes s'indignent, et je leur tourne le dos; la plupart, intimidées, honteuses de leur répugnance, disent que l'enfant est sauvage et la mère orgueilleuse. « Croyez-moi, toutes deux sont craintives; elles fuient devant la main qui leur montre la porte en leur jetant un morceau de pain; on ne leur laisse pas le temps de dire merci; et les pauvrettes vont se cacher dans leur triste asile, défendues au moins contre le dédain par des murs lézardés et un chaume pourri. Lorsque vous apprivoisez des oiseaux, que d'avances ne leur faites-vous pas? C'est de l'échaudé, du biscuit pour aiguiser leur bec, du plantain que vous cueillez vous-mêmes; ce sont des caresses légères, maternelles, amoureuses; encore s'envoleraient-ils si vous ne preniez soin de leur rogner les ailes. Comment étonnez-vous que des êtres humains, doués de raison et de dignité personnelle, soient éloignés par votre réserve et votre froideur! Il faut de la douceur pour apprivoiser les âmes; l'affection d'une mère reconnaissante, le sourire d'un enfant, croyez-moi, valent bien la chanson d'un oiseau. Cette fierté qui vous choque doit au contraire exciter votre zèle; n'est-ce pas le seul bien qui reste à ces femmes, le seul degré qui sépare la misère de l'avilissement? Cette fierté vous permet encore de les traiter en sœurs; si vous la brisez, elles ne seront plus que des mendiantes hébétées et serviles. Mais, pendant qu'il en est temps encore, arrêtez-les sur la pente de l'humiliation, portez une part de leur fardeau, de peur qu'elles ne succombent. Plus tard, il vous sera plus difficile, plus répugnant peut-être d'accomplir le tendre précepte : Aimez le prochain comme vous-mêmes; aimez-vous les uns les autres! » Au moment où je crois avoir gagné la cause de mes protégées, le mari survient et dit avec un respect ironique : « M. le maire parle vraiment comme M. le curé. » Et j'ai perdu ma peine. Je m'en vais alors à la chaumière, et je console la mère et l'enfant; la petite sait déjà lire, la mère a obtenu le matin, d'un fermier qui tuait un porc, quelques menus morceaux; elles viennent de manger à leur faim, et leurs joues ont repris couleur. Il y a en elles un charme, et je les aime mieux que toutes les fermières et tous les enfants du pays.

— Vous me dites, que vous allez de maison en maison, cherchant à convertir les femmes à la charité; mais n'avez-vous aucune prise sur les hommes, sur les paysans riches?

— Cela dépend absolument des caractères et des tempéraments. Ceux qui sont d'une nature débonnaire et confiante se montrent charitables pour suivre leur penchant ou mes conseils. Mais la plupart ne comprennent rien à mes raisons; le curé a peut-être plus d'empire, lorsqu'il dit au nom de la foi : « Aimez-vous les uns les autres! » Cependant quelques-uns saisissent la vérité de ce principe : « Faites à autrui ce que vous voudriez qu'on vous fit. » Seulement ils n'en comprennent que l'utilité pratique; le sens vrai, profond, leur échappe. En vain je leur dirais que la société a pour but la protection mutuelle et la conservation de l'espèce; que la vie humaine est sacrée; qu'un pauvre mort d'inanition accuse l'humanité qui n'a pas su le nourrir; qu'on pèche par omission comme par action et qu'il faut aller au-devant des misères timides. Il n'y a là pour eux que de belles paroles; la conclusion même leur déplaît. « Nous ne pouvons pourtant, disent-ils, nous déranger pour des vagabonds, des paresseux, des mendiants; nos champs, nos métiers, nos familles nous réclament. Que ceux qui ne gagnent pas leur pain restent au moins un pas pour l'obtenir; tant que nous aurons un morceau de trop pour nous-mêmes, nous le leur donnerons; nous ferons même plus : toutes les fois que nous cuirons le pain,

nous ajouterons tant de livres pour eux. » Tel est le suprême effort de la charité dans nos campagnes, et jusqu'à présent je n'ai pu rompre encore les barrières étroites de l'égoïsme. Mais je ne désespère pas, à mesure que l'instruction, gagnant les profondeurs des masses, fait pénétrer un demi-jour dans les esprits, ceux que le cœur ne porte pas au dévouement saisissent mieux l'ensemble des nécessités et des lois sociales. On arrive à sentir que les pauvres et les malheureux ont aussi le droit de vivre.

— Certes, ils ont acquis ce droit en naissant. Mais il faut prendre garde aussi qu'à moins d'imbécillité ou de faiblesse avérée, ils ont, s'ils veulent faire valoir leur droit, un devoir à remplir; il faut que l'aumône intelligente n'encourage pas la paresse. Il faut que des certificats de vertus apparentes n'attirent pas sur quelques hypocrites la bienfaisance qui doit surtout favoriser le travail, l'infirmité, la maladie. C'est ainsi que, dans les villes, fourmillent les mendiants de profession qui tendent à la pitié des passants une main pleine de force; c'est ainsi que beaucoup de malheureux bien plus à plaindre gisent dans des trous infects, et, faute de protection, faute de souplesse bien souvent, n'obtiennent pas les secours qu'ils méritent. Cependant, jusqu'au jour où tous les infirmes sans parents et sans ressources seront nourris dans des hôpitaux; où tous les pauvres capables de gagner leur vie trouveront le travail qu'ils réclament ou qu'ils fuient; jusqu'à l'heure où les associations bienfaisantes n'auront qu'un poids et qu'une mesure, il ne peut être que salutaire et honorable de donner à qui demande, certain que l'on est d'obliger un plus malheureux que soi. Soyons donc toujours prêts à faire l'aumône à toute misère, car la société se doit à elle-même d'empêcher, lorsqu'elle le peut, la mort d'un de ses membres, si indigne soit-il de la pitié qu'il sollicite; quoi qu'il puisse arriver, ne craignons pas de rendre service à un ingrat. La charité n'est pas infaillible, mais ses erreurs sincères ne seront jamais cause de repentir ni de remords.

CARTES CÉLESTES (¹).

Le ciel nous offre, dans une nuit claire et sans lune, une grande variété d'astres dont l'éclat est très-inégal, depuis les étoiles de première grandeur jusqu'à celles de sixième grandeur, que les yeux privilégiés peuvent distinguer dans les circonstances les plus favorables. Le télescope continue ensuite cette graduation pour les étoiles invisibles à l'œil nu. Comme ces astres gardent entre eux les mêmes positions relatives, on les a groupés d'après des divisions souvent assez bizarres qui ont reçu le nom de constellations. Les noms de ces diverses régions étoilées ne sont pas moins arbitraires que le choix qui a présidé à leur réunion en plusieurs espaces circonscrits. Les noms des personnages, des animaux et autres objets, des figures mythologiques, qui ont été attribués aux diverses constellations, n'ont souvent aucun rapport avec la configuration des astres qui forment le groupe. Mais

(¹) La suite des articles que nous commençons aujourd'hui sous le titre de *Cartes célestes* est le complément nécessaire de nos études précédentes sur la construction des observatoires d'amateurs et sur l'emploi des télescopes. Au moyen de douze planches, nous donnerons un tableau du ciel qui facilitera la recherche des astres et mettra tout lecteur un peu attentif à même de lire au firmament, pour ainsi dire, « comme dans un livre. » Ces douze planches, dessinées par un habile observateur, M. Bullart, paraîtront toutes dans les limites du présent volume. Le texte, rédigé pour notre recueil par M. Bablnet, de l'Institut, étant entièrement entre nos mains, il n'y a pas lieu de craindre une de ces interruptions auxquelles nous ne nous résignons jamais qu'avec peine, lorsqu'elles nous sont imposées par des circonstances plus fortes que notre volonté.

l'antiquité de ces dénominations les rend vénérables, et l'on a la certitude historique que les Égyptiens, les Grecs et les Romains ont contemplé ces constellations au même point de vue que nous. Un grand nombre de beaux vers font allusion au ciel étoilé. Enfin les changements mêmes que les siècles ont amenés dans les relations des saisons avec les diverses étoiles du ciel au milieu desquelles le Soleil se trouve au printemps, dans l'été, à l'automne et dans l'hiver, sont très-importants à noter. Ainsi, les premiers astronomes avaient le printemps quand le Soleil arrivait au milieu des étoiles du Bélier. Maintenant pour la même saison, c'est au milieu de la constellation des Poissons que se trouve l'astre qui donne à la terre la fécondité et la vie.

Il est nécessaire de rappeler que l'on ne peut fixer les planètes, comme les étoiles, sur les cartes célestes, car leur position dans le ciel varie continuellement.

Les planètes suivent à peu près dans le ciel la même route que le Soleil et la Lune, et visitent les mêmes constellations. Mercure, Vénus, Mars, Jupiter et Saturne, sont les seules visibles à l'œil nu. On les distingue des étoiles en ce que celles-ci ne brillent pas d'une lumière calme comme les étoiles. Les étoiles scintillent continuellement, surtout quand elles sont près de l'horizon. Comme les planètes peuvent être prises pour des étoiles et fausser l'aspect des constellations zodiacales, il est bon, pour reconnaître les diverses constellations, de partir des étoiles du nord, comme la Grande-Ourse, la Petite-Ourse, Cassiopée, le Dragon, pour marcher ensuite vers d'autres groupes d'astres qui sont à droite, à gauche, en dessus, en dessous des constellations qu'on vient de reconnaître. Ainsi, on cherchera le Lion au-dessous de la Grande-Ourse, le Dragon autour de la Petite-Ourse, et Andromède au-dessous de Cassiopée.

Parmi tous ces astres innombrables ou soleils, qu'il ne faut donc pas confondre avec les planètes, on observe des étoiles brillantes ou faibles d'éclat, colorées de diverses nuances ou parfaitement blanches, constantes dans leur éclat ou variables suivant des périodes plus ou moins longues, enfin des étoiles temporaires, c'est-à-dire qu'après avoir subitement brillé d'un éclat très-vif dans une région où il n'y avait précédemment aucune étoile, ces derniers astres récemment éclos pour nous s'affaiblissent d'éclat et disparaissent complètement.

Il y a de plus, mais seulement pour le télescope, des étoiles doubles qui paraissent n'en faire qu'une à la vue simple, mais qui se décomposent en deux, trois ou même un plus grand nombre quand la vision est aidée par des moyens artificiels.

Les cartes célestes enregistrent encore les amas d'étoiles plus ou moins rapprochées, les nébuleuses où les étoiles sont tellement serrées qu'elles ne présentent à l'œil et au télescope qu'une petite tache de lueur blanchâtre, comme les diverses parties de la Voie lactée, dont la pâleur diffuse résulte de même d'un immense amas de points lumineux formant une lueur continue par suite de la trop grande proximité des innombrables points lumineux qui la composent.

La Voie lactée, qui ne nous apparaît à Paris que dans les nuits les plus sereines et en se mettant à l'abri des mille lumières artificielles qui font qu'il n'y a pas de nuit pour cette belle capitale, cette Voie lactée qui occupe le ciel tout autour de nous, doit être considérée comme l'amas innombrable de soleils dont le nôtre fait partie. Cet amas est de forme irrégulière. En compter les étoiles, ce serait épuiser la puissante numération décimale qui, en quelques chiffres, représente le nombre de grains de sable que contiendrait la terre si elle était tout entière un amas

de petits grains tels que ceux des déserts et des grèves de l'Océan.

Enfin le ciel nous offre plusieurs milliers de voies lactées, ou nébuleuses, ou amas d'étoiles, qui, échelonnées l'une derrière l'autre, nous donnent l'idée de l'infini de l'infini.

Parmi les auteurs anciens qui ont décrit les constellations, on cite le grec Aratus, traduit en latin par Cicéron et par Germanicus César, et, ce qui est plus honorable encore, commenté par le grand Hipparque. Il y a aussi le poème latin de Manilius, à peu près tout mythologique. Enfin Hipparque vint et fit un vrai catalogue d'étoiles par constellations. C'est de lui que Pline a dit : « Il osa nombrer les étoiles pour la postérité, chose qui serait même pénible à un Dieu, laissant ainsi le ciel en héritage à tous les mortels. » C'est très-éloquent ; mais quand on compare le pauvre millier d'étoiles enregistrées par Hipparque avec les centaines de milliers d'étoiles de nos catalogues modernes, on est bientôt convaincu que la réalité modeste des travaux de nos jours est infiniment au-dessus de ce que préconisait l'emphase poétique de l'écrivain qui le premier appela un ouvrage : l'Histoire de la nature (Histoire naturelle).

Le nombre des constellations est variable suivant les divers auteurs. Plusieurs astronomes, et Lalande entre autres, s'étaient arrogé le droit d'introduire de nouvelles divisions dans le ciel. Ces constellations, faites la plupart du temps aux dépens des petites étoiles perdues entre les grandes constellations anciennes, étaient plutôt la honte que l'honneur de ceux à qui elles étaient dédiées. Il n'y avait pas jusqu'au chat de Lalande qui n'eût usurpé une place dans le ciel. Les seules constellations nouvelles qui aient survécu sont celles que Lacaille, au milieu du siècle dernier, établit dans le ciel austral après son célèbre voyage, où il enregistra huit mille étoiles invisibles en Europe.

Quand on veut apprendre à reconnaître les étoiles et les appeler par leur nom, il faut commencer par les constellations voisines du pôle ; car   u   celles qui avoisinent l'équateur, il arrive souvent qu'une planète telle que Mars, Jupiter, Saturne, vient briller au travers des étoiles équatoriales et dérange l'aspect de ces constellations.

Un jour un amateur (pas fort) accourut me dire qu'il venait de découvrir une très-belle étoile tout à fait nouvelle dans la constellation du Lion ; il me tira de force de mon cabinet pour me rendre témoin de ce prodige. C'était Mars qui, en effet, était fort brillant. Je lui dis que malheureusement la découverte de cet astre remontait à Adam, c'est-à-dire au premier œil humain qui se fût ouvert pour contempler la voûte céleste.

Remarquons, avant d'entrer dans le détail de nos constellations, que tandis que les voyageurs sont obligés de parcourir la terre et de se déplacer pour explorer les diverses régions, le mouvement de la sphère céleste, qui pousse les astres d'orient en occident, amène sous les yeux d'un observateur assis dans un belvédère les diverses régions du ciel étoilé. Une fatalité irrésistible semble faire surgir de l'orient tous les astres qui, suivant l'expression d'Homère, servent de couronne au ciel, tandis qu'à l'occident ils disparaissent sous l'horizon. En un mot, la nature complaisante semble dire à l'homme, pour les astres : « Contemple, et contemple sans peine ! »

DESCRIPTION DES PLANCHES.

Nos deux premières planches comprennent la partie du ciel qui avoisine le pôle que nous voyons élevé dans cet hémisphère.

La petite constellation qui porte le n° 1 dans la première planche est la Petite-Ourse, constellation ainsi nommée par Thalès, et qui comprend sept étoiles à peu près

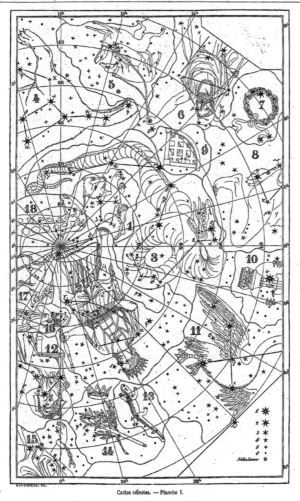

Cartes célestes. — Planche I.

disposées comme les sept étoiles de la Grande-Ourse, dé-
nommées ainsi de temps immémorial et expressément appelées dans Homère l'Ourse ou le Chariot.

Dans la Petite-Ourse, on voit près du pôle une belle
étoile de seconde grandeur qu'on appelle l'étoile polaire,
et autour de laquelle les étoiles environnantes semblent

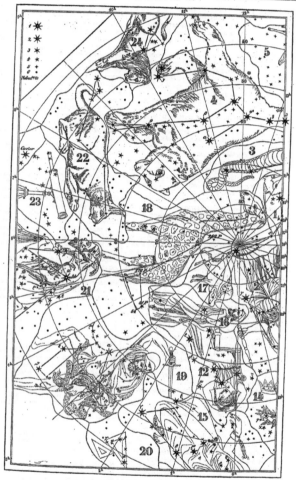

Cartes célestes. — Planche II.

tourner. Les Grecs appelaient cette étoile Cynosure (Queue du Chien). Elle n'était pas l'étoile polaire à l'époque où furent bâties les pyramides d'Égypte, ni même du temps où Eudoxe fit la première description grecque du ciel étoilé. C'était alors l'étoile du Dragon marquée α (alpha), qui dans la constellation n° 3 de la planche première est voisine de la tête de la Petite-Ourse. Au reste, il est fort singulier qu'on ait donné une longue queue à l'ourse, qui, dans la réalité, en est à peu près dépourvue. Mais ici et ailleurs il ne faut pas chicaner sur l'analogie qu'il peut y avoir entre l'aspect des étoiles et le nom qu'on a donné à leur ensemble.

Une seconde belle étoile de seconde grandeur est marquée β (béta) dans la même constellation. Elle est rougeâtre, et d'après mes observations elle est tantôt plus, tantôt moins teinte de cette couleur. Elle est d'un rouge variable. Au reste, il faut observer que dans Paris, au milieu des lumières du gaz, des lampes, des bougies, qui sont rouges, la couleur des étoiles rouges ne frappe pas beaucoup les yeux. C'est en pleine campagne, loin des lumières artificielles, qu'il faut juger de la couleur des astres. Sirius, la plus belle étoile du ciel, qui est d'un blanc parfait, paraît bleue par contraste sur les places et dans les rues de Paris, de même que le reflet de la Lune, dans les eaux des ruisseaux éclairés par les réverbères, paraît aussi d'un bleu assez intense.

Le lecteur remarquera près de la polaire marquée α, la petite étoile voisine marquée δ et qui est à droite du pôle, tandis que la polaire est en dessous et un peu à gauche. Cette étoile sert souvent aux astronomes en place de la polaire, car elle n'est pas fort distante du pôle.

Avec un télescope on distingue auprès de la brillante polaire une toute petite étoile qui paraît ne se trouver que fortuitement à une grande distance derrière la polaire. Il arrive assez souvent, comme nous le verrons plus tard, que deux étoiles voisines sont liées entre elles et qu'elles tournent l'une autour de l'autre dans des périodes de temps qui varient depuis un tiers de siècle jusqu'à douze siècles entiers.

Passons à la Grande-Ourse, marquée du n° 4 sur nos deux premières planches.

On voit dans cette constellation sept étoiles marquées α, ε, γ, δ, ε, ζ, η, que souvent les auteurs indiquent comme étant toutes les sept de seconde grandeur, quoique la quatrième du carré, savoir δ, soit à peine de la troisième grandeur.

Comme il faut toujours prévenir l'introduction des idées fausses, nous dirons que le mot de grandeur par rapport aux étoiles signifie purement éclat, sans aucun sens relatif aux dimensions de ces astres, lesquelles nous sont complètement inconnues. Ainsi, étoile de première, de seconde grandeur, signifie simplement étoile plus ou moins brillante.

Les deux étoiles α et ε, qui sont les plus éloignées de la queue, servent par alignement à trouver la polaire, car on voit (pl. I et II) qu'en allant de ε vers α et en prolongeant la ligne directe, on vient passer près de la polaire dans la Petite-Ourse. Cet alignement est connu de tout le monde, et dans un ciel parsemé de nuages il est souvent fort utile.

L'Ourse est figurée avec trois pieds qui posent et un quatrième qui est relevé. Chacune des trois empreintes des pieds est caractérisée par deux étoiles voisines (pl. II). La plus basse des deux étoiles du pas de derrière est une double au télescope, et les deux petites étoiles dont elle est composée tournent l'une autour de l'autre dans une période d'un peu plus de soixante ans. C'est la première étoile double dont on ait déterminé la période, et cette détermination est due à un astronome français, le modeste Savary, qui ne poursuivit point ultérieurement la carrière qu'il avait ouverte aux astronomes. Mais l'honneur lui reste entier et personne ne le lui conteste ; car il est plus facile d'allumer mille flambeaux à la flamme d'un premier flambeau, que de faire naître l'illumination de ce premier.

L'étoile ζ, au milieu des trois qui forment la queue de la Grande-Ourse, est accompagnée d'une petite étoile que les bonnes vues distinguent assez facilement. Quand on fait de l'Ourse un Chariot (qui alors marche à reculons), ces trois étoiles sont les trois chevaux du char et la petite qui est au-dessus de celle du milieu s'appelle le Postillon. La grande étoile du milieu a encore une autre particularité. Le télescope nous la montre double et composée de deux brillantes étoiles très voisines. C'est la plus belle étoile double de notre hémisphère. Mais les deux étoiles qui la composent ne tournent point l'une alentour de l'autre. Dans le champ du télescope, il y a encore une autre étoile dont les auteurs parlent peu et qui a causé une pénible déception à plusieurs amateurs, qui m'annonçaient avec empressement cette découverte et qui étaient obligés de renoncer à leurs droits de premiers inventeurs. Je leur répondais : « Vous n'en avez pas moins le mérite, quoique vous n'en ayez pas le profit. »

Le Postillon, qui n'est pas marqué d'une lettre grecque, a été nommé par les Arabes Alcor.

Tout amateur exercé à reconnaître les constellations trouvera en chaque saison l'heure écrite dans le ciel par la position de l'une des Ourses par rapport à l'étoile polaire : ainsi, en vingt-quatre heures, la Grande-Ourse est tantôt en dessous du pôle, tantôt à côté, tantôt en dessus, et puis de l'autre côté. Un coup d'œil jeté vers le nord, à une ou deux heures de distance, montrera un grand changement dans la hauteur de la constellation : c'est comme une grande aiguille d'horloge dont le pivot serait au pôle et dont les deux premières étoiles de la Grande-Ourse, α et ε, par exemple, marqueraient l'extrémité.

La constellation n° 2 est Céphée, ainsi nommée d'un roi d'Éthiopie, qui avait pour femme Cassiopée, n° 12, et pour fille Andromède, n° 15, laquelle fut délivrée par le héros grec Persée, n° 19 (pl. II). L'histoire de toute cette famille se rapporte sans doute à la transmission des notions astronomiques arrivant de la Nubie et de l'Égypte aux Grecs.

L'étoile la plus brillante de Céphée, α, est à peine de seconde grandeur ; ε est télescopiquement double et δ est une étoile d'éclat variable, mais pas autant que la seconde étoile de Persée, savoir Algol, que nous allons retrouver tout à l'heure. Il y a aussi dans Céphée une petite étoile de couleur grenat, très-difficile à trouver autrement qu'avec des instruments d'observatoire, et que je n'ai jamais eu l'occasion de voir.

Le Dragon, n° 3, est une constellation sinueuse célèbre parce qu'autrefois l'étoile α, dont l'éclat semble aller en diminuant de siècle en siècle, était l'étoile la plus voisine du pôle. Les ouvertures plongeantes ménagées dans toutes les pyramides sont constamment percées dans la direction de cette étoile, circonstance qu'on ne peut attribuer au hasard. La plus brillante du Dragon est l'étoile γ, mal marquée dans notre planche I. C'est, dans la tête du Dragon, celle qui est la plus voisine du chiffre de division 50. Cette étoile passe presque au zénith de Londres, et les astronomes l'ont beaucoup observée pour mesurer le déplacement annuel des étoiles, qui provient du mouvement de la Terre combiné avec le mouvement de la lumière : c'est ce qu'on nomme l'aberration. L'autre brillante β, qui est au-dessus d'elle, surpasse à peine la troisième grandeur, tandis que γ est une de la troisième et la seconde.

Le n° 5 est la constellation des Chiens de chasse, et la plus brillante du collier de l'un des Chiens est une belle étoile double, facile à dédoubler au télescope. Les deux étoiles sont inégales et ne tournent point l'une autour de l'autre. Cette étoile double porte le n° 12 dans les catalogues, car cette constellation n'a point de lettres grecques. Le dessin représente, près du chiffre 5 et allant vers l'étoile du bout de la queue de la Grande-Ourse, un petit amas rond d'étoiles. C'est une nébuleuse qui ne se voit qu'au télescope, mais dont les étoiles se sont rapprochées en marchant en spirale, ce qui a dû exiger tant de milliers de millions de milliards de siècles que l'imagination ne peut atteindre à se figurer de si vastes périodes de temps. Les stratifications de la croûte de notre globe nous rejettent déjà à une époque bien antérieure au temps présent; mais on peut dire que pour produire de tels effets entre les étoiles d'une même nébuleuse, il a fallu une durée comparativement à laquelle toute la série des temps historiques où même des âges géologiques ne serait qu'un battement d'une de nos horloges à secondes.

La constellation n° 6 est la partie supérieure du Bouvier, dont la main gauche tient en laisse les deux Chiens de chasse. Ce qu'il y a de plus remarquable dans le Bouvier, c'est l'étoile de première grandeur Arcturus, qui ne fait point partie du dessin de la figure. Ces étoiles, les anciens les nommaient *informes*. Arcturus était, pour les anciens, une étoile de funeste influence; elle est rougeâtre, et c'est, suivant sir John Herschel, la plus brillante de notre hémisphère nord. Après Arcturus, il y a l'étoile de seconde grandeur ε qui est à la ceinture.

La constellation n° 7 est la Couronne boréale, remarquable par une belle étoile de seconde grandeur qui est la Perle.

Le n° 11, ou le Cygne, formé une croix dont la tête, qui marque aussi la queue du Cygne, est une étoile très-brillante et presque première grandeur. Tous les efforts que l'on a faits pour mesurer la distance de cette étoile ont été infructueux. Elle est donc à une distance prodigieuse de nous, et par suite son éclat, sa lumière et probablement ses dimensions doivent être énormes. C'est auprès de l'étoile ε, dans l'aile gauche de l'oiseau, que se trouve la fameuse étoile n° 61 du Cygne, la première dont on ait mesuré la distance à notre Soleil. C'est à Bessel que revient dû ce chef-d'œuvre de difficulté vaincue. On a trouvé depuis un très-petit nombre d'autres distances d'étoiles; car ces astres sont à de telles distances qu'aucune des lignes planétaires ne peut servir de base pour une détermination exacte de leur éloignement.

Le bec du Cygne est une belle étoile double, facile à décomposer au télescope; la plus brillante des deux est jaunâtre; la petite est d'un beau bleu que les astronomes qualifient bleu de saphir; mais, en général, ils sont portés à exagérer la richesse des teintes des étoiles colorées.

A côté du Cygne est la petite constellation très-inoffensive du Lézard, au n° 13. Il n'y a rien à en dire. La plus brillante de ses étoiles arrive à peine à la quatrième grandeur. Elle est cependant d'origine antique et doit être conservée.

Le n° 14 de la planche I était une petite constellation introduite en l'honneur de Frédéric, roi de Prusse, et appelée le Sceptre de Brandebourg. On avait pris quelques petites étoiles à Andromède et au Lézard. On a supprimé cette constellation des plus inutiles. Il faut en dire autant du n° 16, que Lalande avait dédié à l'astronome Messier, et qui, aux dépens des petites étoiles de Cassiopée, représente un messier ou garde des moissons. Même sort pour le Renne, n° 17, qui devait rappeler, suivant Lalande, le voyage au pôle de Maupertuis et de ses compagnons.

La belle constellation de Cassiopée, n° 12, présente cinq étoiles formant un W irrégulièrement ouvert. Les trois brillantes les plus rapprochées offrent α pour la plus basse dans la carte. C'est une étoile variable d'éclat. Si l'on complète une losange sur ces trois étoiles en en mettant une quatrième qui soit autant au-dessus de β et de γ que α est au-dessous, cette quatrième occupera la place

de la fameuse Pèlerine, qui brilla tout à coup d'un éclat supérieur à toutes les autres étoiles du ciel, en 1572, et s'éteignit après quelques mois d'une lumière qui allait sans cesse en s'affaiblissant. Il y a dans la figure une petite étoile marquée à tort η (*éta*), c'est χ (*kappa*) qu'il faut lire, et c'est tout près de cette étoile, qui est de quatrième grandeur, qu'il faut placer la Pèlerine. Tycho-Brahé fut un des premiers qui la virent à son apparition subite. Ce fut lui qui l'observa constamment. Elle était parfaitement fixe dans le ciel. On ne manqua pas de rapporter cette singulière apparition au massacre de la Saint-Barthélemy, qui avait eu lieu quelques mois plus tôt. Les anciens historiens parlent assez confusément d'apparitions d'astres temporaires dans la même région du ciel. Il se pourrait donc que la Pèlerine fût une étoile entourée d'anneaux opaques, qui circuleraient alentour et qui ne nous montreraient l'étoile centrale que quand les brisures des anneaux livreraient passage à sa lumière de notre côté.

On a fait des cinq étoiles de Cassiopée le profil d'une chaise, et il ne reste pas, pour la figure de la reine d'Éthiopie, une seule étoile brillante. On pourrait appeler cette constellation la Chaise-Vide. Pour Céphée, Cassiopée et Andromède, les anciens dessins des constellations représentent des personnages plus que basanés, et à lèvres épaisses. Ce fut cependant en Palestine, à Jaffa, qu'Andromède fut exposée au monstre marin. Comment un héros grec s'allia-t-il à une princesse nubienne?

Auprès de Cassiopée est la belle constellation d'Andromède, n° 15 (planches II et III). C'est une femme couchée et enchaînée. Trois étoiles, α, ζ et γ, de la seconde grandeur, vont de la tête au pied de la figure. La première, α, a été longtemps mise au rang des étoiles de première grandeur. Son éclat, qui va sans doute en s'affaiblissant, est maintenant au second rang. Cette étoile est commune à Andromède et à Pégase. Elle porte la lettre α pour Andromède et la lettre δ pour le carré de Pégase. Au-dessus de celle du milieu, β, sont deux étoiles qui conduisent à une nébuleuse allongée, marquée sur la carte à la plicature du bras droit de la figure. Cette nébuleuse célèbre est visible à l'œil nu, et; comme le dit sir John Herschel, les observateurs la prennent continuellement, par erreur, pour une comète. Un jour qu'un des astronomes de nos places publiques invitait les passants à venir contempler la comète de M. Faye, que je jugeais devoir être difficile à apercevoir, je m'approchai du détaillant d'astronomie populaire et je vis qu'il donnait au public la brillante nébuleuse d'Andromède en place de la curieuse, mais faible comète périodique qui a fait grand honneur à celui qui l'a trouvée. Le public, au total, n'avait pas à se plaindre, puisqu'on lui montrait mieux que ce qu'il demandait. Ce qu'il y a de plus curieux dans Andromède, c'est l'étoile du pied ou γ. Elle est double et montre au télescope une petite étoile accompagnée d'une petite étoile d'un vert pur, suivant l'amiral Smith, mais plutôt bleue, suivant Struve et Herschel. La couleur orange de la grande étoile tend, par contraste, à rejeter la couleur de la petite vers le bleu. Je crois donc qu'en réalité elle est verte. On l'a toujours jugée ainsi. La grande et la petite étoile sont immobiles et ne tournent pas d'un mouvement de rotation analogue à celui de l'étoile ξ du pied de la Grande-Ourse; mais ce qui est le plus curieux, c'est qu'en faisant usage d'un télescope d'un pouvoir très-grand, on a vu que la petite étoile se composait elle-même de deux autres, qui tournaient l'une autour de l'autre et dans une période assez courte. γ d'Andromède est donc, en réalité, une étoile triple, formée d'une brillante étoile fixe et de deux petites étoiles liées entre elles par l'attraction et révolutives autour de leur centre commun de gravité.

La suite à une autre livraison.

CETTE

(DÉPARTEMENT DE L'HÉRAULT).

Cette vue est prise d'une des villas ou *baraquettes* construites en grand nombre sur la pente orientale de la montagne de Cette, appelée montagne Saint-Clair. A travers de superbes pins d'Italie, on aperçoit au second plan une partie de la ville, et plus loin, l'entrée du port, le môle, terminé par le vieux et le nouveau phare, et enfin la grande digue, connue vulgairement sous le nom de brise-lames, qui couvre et protège les passes de l'avant-port de l'est à l'ouest. On comprend bien tout le plaisir qu'éprouve, dans la contemplation de ce beau paysage, le négociant cettois qui vient à sa baraquette se délasser le dimanche des soucis et des travaux de la semaine.

L'origine du port de Cette ne remonte pas au delà de l'année 1666, daté à laquelle fut décidé l'établissement d'un port au lieu qu'il occupe, sur les côtes du golfe du Lion.

Avant l'année 1666, il existait un *grau* ou communication des eaux entre l'étang de Thau et la mer, ce qui avait déterminé à s'établir, sur l'emplacement de la ville actuelle de Cette, quelques pêcheurs qui s'étaient fixés au quartier qui a conservé le nom de Bourdigue, et où l'on trouve encore un grand nombre de familles se bornant à l'industrie de la pêche dans les eaux de l'étang de Thau et de la mer.

Environnée d'eau de tous côtés et reliée seulement au continent par des langues de sable, la ville de Cette est assise sur une presqu'île; non loin se trouve Balaruc-les-Bains, dont les eaux thermales salines sont très-efficaces pour les paralytiques et les blessés; dans les environs est l'abbaye de Valmagne. (Voy. la table des vingt premières années.)

Antérieurement à la révolution de 1789, Cette a été appelé Port-Louis et Port-Saint-Louis.

La montagne au pied de laquelle la ville a été fondée, haute de 182 mètres et ayant la forme d'une monstrueuse baleine, était dans les temps anciens un remarquable point

Vue prise de la montagne Saint-Clair, à Cette. — Dessin de J.-B. Laurens.

de reconnaissance au milieu des côtes basses qui l'avoisinent, pour les navigateurs qui s'aventuraient sur le littoral du Languedoc. Aussi lui avaient-ils donné différents noms; elle était connue sous celui de mont Sète ou Sigion; Strabon l'appelle *mons Sigius;* Ptolémée la désigne par le nom de *mons Setius*, qui lui a été également conservé par l'Histoire générale du Languedoc. Ces appellations n'ont pas prévalu; une chapelle dédiée à Saint-Clair, bâtie sur le sommet de la montagne par les soins de la famille de Montmorency, a changé définitivement son nom. Cette montagne était autrefois couverte de bouquets d'arbres que des déprédations nombreuses ont fait presque totalement disparaître.

Cette est le centre du commerce des vins du Languedoc. Les débouchés faciles assurés à ces produits de la propriété territoriale par l'ouverture des voies ferrées, l'élè-

vent rapidement au rang des grandes villes. Tête de ligne du chemin de fer du Midi et du Grand-Central dès que cette voie aboutira à la mer, elle partage déjà avec Marseille la tête de la ligne partant des eaux de la Méditerranée et s'étendant sur Paris et vers l'est. Elle est dès lors en communication avec toute la France. Son vaste port que l'on peut développer à volonté sans faire de grandes dépenses, tous ses magasins placés de niveau sur les quais, les embarcadères des chemins de fer munis de quais spéciaux, reçoivent directement les marchandises qui arrivent par mer.

Elle est percée de canaux navigables dans tous les sens, présentant une étendue de quais de plus de douze kilomètres.

En 1830, on comptait à peine dans Cette 10 000 habitants; en 1862, la ville est déjà peuplée de plus de 30 000 âmes.

LA LEÇON DE DANSE.

Une première leçon de menuet, par Canot. — Dessin de Bocourt.

LE JEUNE MAITRE DE DANSE. En position, Mademoiselle ! Placez mieux votre tête, plus droite. Les épaules en arrière, les bras étendus, les coudes en dedans. Tenez votre robe avec le pouce et le doigt suivant. Ne l'étalez pas trop ; ne la tenez pas non plus trop serrée.

Bien ! un peu trop de roideur ; nous corrigerons cela. Quand nous saurons parfaitement le pas, nous chercherons la grâce, l'agrément. Ne rions pas. Ceci est un pas sérieux. Le menuet n'est pas la gavotte ; c'est une danse grave et noble, la danse des princesses et des reines. Il y a des ignorants qui vous diront, Mademoiselle, que le me-

nuet nous vient du Poitou ; c'est à faire pitié ! Le menuet vient de l'Olympe, Mademoiselle ; les dieux n'en connaissaient point d'autre. Une demoiselle de votre rang ne peut pas avoir de plus haute ambition que de danser le menuet devant le roi. Au dernier bal, le roi a daigné dire, en voyant Mlle Adélaïde de la Popinière danser le menuet : « Voilà une belle personne ! » Le roi était sous l'illusion du menuet. Mlle de la Popinière est beaucoup moins belle que vous le serez dans deux ou trois ans ; mais elle danse admirablement le menuet.

Il n'y a que les sots qui se moquent de la profonde réflexion de notre maître, M. Marcel : « Que de choses dans un menuet ! » Oui, oui, que de choses ! Il y a plus de philosophie dans ce seul pas que dans tous les livres de M. votre frère ; et, comme le dit excellemment M. Dorat dans son beau poëme de la Danse :

> Des éléments de l'art connaissez l'importance;
> Formez vos premiers pas sous un maître qui pense.

Toutes les bonnes ou les mauvaises qualités du caractère se manifestent clairement, aux yeux de qui observe bien, par la seule manière dont une demoiselle danse le menuet.

Vous commencez vos leçons dans un bon moment, Mademoiselle. Nous sommes en pleine révolution : nous abandonnons tout à fait l'ancienne forme, l'S, Vieux système ! M. Pécourt a changé cela. Le pas se fait maintenant en Z. Grand avantage pour vous, Mademoiselle : Les dames n'ont pas le courage de se remettre à l'étude ; et on ne voudra plus regarder que vous. Ayez de la volonté, Mademoiselle. Étudiez, réfléchissez, exercez-vous dans l'intervalle des leçons. Vous avez tout ce qu'il faut pour réussir.

Continuons, et écoutez-moi bien. Certains maîtres vous enseigneraient qu'il n'y a qu'un pas dans le menuet : il y en a quatre, c'est-à-dire trois mouvements et un pas marché sur la pointe du pied. Faites comme moi. Regardez bien. D'abord un demi-coupé du pied droit. — Pas, pas ainsi ; recommencez. — Bien ! Maintenant, un du pied gauche. Très-bien. — Un pas marché du pied droit, sur la pointe. Recommencez. Trop de roideur, beaucoup trop !

> Que votre corps liant n'offre rien de pénible,
> Et se ploie aisément sur le genou flexible.

Voilà les vers qu'il faut graver profondément dans votre mémoire, Mademoiselle ; je vous les donnerai par écrit.

> Que chaque mouvement soit naturel et libre;
> Soumettez votre corps aux lois de l'équilibre.

Poursuivons. Laissons doucement poser notre talon droit à terre pour laisser ployer le genou, qui, par ce mouvement, fait lever la jambe gauche et permet de la passer en avant en faisant un demi-coupé échappé, ce qui est le troisième mouvement de ce pas du menuet et le quatrième pas de l'ensemble.

Assez bien. Encore une fois. Doucement ! pas de précipitation et toujours en mesuré !

> Que vos pas soient précis; d'une oreille sévère,
> Calculez chaque temps, sans jamais vous distraire.

Au premier balancé, il faut effacer l'épaule droite, ce qui fait avancer la gauche par opposition au pied.

> Que l'épaule s'efface, et que chaque partie,
> En paraissant se fuir, soit pourtant assortie.

En achevant le balancé, faites une légère inclination de tête, sans affectation. Très-bien. Vous devez être fatiguée. C'est assez ce matin. La prochaine fois, nous répéterons ce commencement avec M. votre frère.

Mademoiselle, votre très-humble serviteur !

Et le jeune professeur salue, glisse et disparaît comme s'il avait des ailes, au grand soulagement de la jeune fille, qui, cependant, va désormais rêver souvent tout éveillée des bals de la cour, des sourires du roi et du dépit mal déguisé des grandes dames.

Il est historique qu'il y eut un moment du dernier siècle où les enfants arrivèrent à un tel degré de perfection dans l'art de la danse que les dames jouèrent prises de découragement.

« Ces petites créatures, dit Mercier dans son *Tableau de Paris* (¹), déploient tant de grâce et de légèreté qu'il n'est plus permis de se présenter après elles. On s'excuse parce qu'on sent qu'on n'atteindrait pas à ces attitudes lé-

(¹) T. VII, p. 270, *Bals d'enfants.*

gères et naïves ; et la mère, à vingt-huit ans, n'ose pas jouter avec sa fille. »

L'auteur de l'estampe que nous avons reproduite, Pierre-Charles Canet, était né vers 1710. Comme Watteau et plusieurs autres peintres français, il avait été chercher fortune en Angleterre ; il y séjourna vers 1740. Il mourut en 1777. Son frère, Philippe Canot, était aussi un artiste de quelque talent.

LA MORT D'UN ROUGE-GORGE.

Devant la maison des champs que j'habite s'élève un beau tilleul dont les branches, élégamment élancées de tous côtés, se couronnent de fleurs au printemps, répandant autour de l'arbre reverdi une atmosphère balsamique qui parfume ma chambre lorsque la fenêtre en est ouverte. Sous son feuillage butinent des abeilles ; leur bourdonnement sourd est dominé par les accents joyeux d'oiseaux divers ; j'aime à suivre dans ses habitudes ce petit peuple ailé : des fauvettes poursuivent des moucherons ; des mésanges, agitant précipitamment leurs ailes, se tiennent suspendues et comme immobiles dans l'air, puis fondent tout à coup sur la proie longtemps épiée ; le pinson, réjoui par les premiers beaux jours, fait retentir sa voix perçante, sonnant de triomphantes fanfares pour célébrer la fuite des hivers. Tout est parfum, mouvement, joie, sous l'odorante et fraîche ramée du tilleul.

Au printemps passé, j'avais remarqué un couple de rouges-gorges emportant à certain endroit de l'arbre des brins de paille et de mousse ; il était facile d'en conclure que les deux charmants oiseaux y construisaient leur nid, et je pus m'en convaincre alors que, passant sous ses branches, je vis placé à la bifurcation de deux d'entre elles le frêle édifice, qui, voilé par le feuillage, enveloppé de fraîcheur et d'ombre, se balançait au souffle du vent. Je fus successivement témoin des tendres soins du couple ailé pour sa progéniture, lui apportant de petits insectes, toujours trop lents à parvenir au nid, dont les cris appelaient sans cesse une nouvelle pitance.

Quand les plumes leur furent venues, j'admirai comment leurs parents s'y prirent afin de leur enseigner à faire usage de leurs ailes ; comment ils les excitaient de la voix, les appelaient de branche en branche, ayant soin de leur faire toujours parcourir de plus longs espaces, en leur montrant la becquée appétissante et en les forçant à voleter jusqu'à elle, et comment enfin ils les entraînèrent un jour loin du tilleul natal, qui avait été jusque-là le seul théâtre de leur apprentissage.

Depuis, je vis la famille sortir au point du jour de la ceinture touffue qui enveloppait sa demeure, puis s'élever de rameaux en rameaux jusqu'au sommet du tilleul, et de là prendre son essor pour aller picorer dans les champs voisins. Parfois l'oiseau le plus faible, le plus fatigué ou le plus accablé de la chaleur du jour revenait se reposer un instant dans le nid, puis en repartait bientôt pour aller rejoindre les siens, qui tous ensemble rentraient le soir sous la feuillée du tilleul pour dormir, les uns dans le nid, les autres alentour.

L'automne survint : les feuilles du tilleul, atteintes par les premières gelées, jaunirent, puis tombèrent en tournoyant, et le nid apparut alors solitaire au sein de l'arbre découronné : chacun des membres de la communauté se choisit sans doute un autre asile mieux abrité contre la rigueur du froid et les regards de l'homme : un seul pourtant continua à se glisser précipitamment chaque soir dans ce premier séjour de sa vie, qu'il ne pouvait se résoudre à quitter ; je le voyais se placer dans le nid qui lui était si

cher ; sa tête mignonne, qui en dépassait le bord, se dessinait quelques instants sur le bleu du ciel ou sur la teinte
sombre d'un nuage, puis, alourdie insensiblement par le
sommeil, elle s'affaissait et disparaissait sous son aile.

La stérile nudité de cette demeure aérienne, la solitude
du chétif oiseau au sein de cette nature inclémente, tout
cela me serrait le cœur et y faisait naître mille pensées
tristes à l'occasion de ce petit abandonné, éloigné maintenant de tout ce qui lui avait fait l'existence si douce.

- Une nuit, l'intensité du froid fut si grande que je ne le
vis ni sortir de son nid le matin ni s'y réfugier le soir ;
hélas ! je conçus des craintes sur son sort qui ne se trouvèrent que trop fondées : ayant prié le jardinier de monter
sur le tilleul et de m'en rapporter le nid, le pauvre oiseau
s'y trouva couché sur le flanc ; ses pattes crispées étaient
cachées dans les plumes de son ventre ; et il avait péri
glacé là où il avait cru pouvoir retrouver encore le duvet
soyeux du sein maternel, qui l'y avait si longtemps ré-
chauffé. Il était mort à la place même où il avait reçu la
vie, et son berceau fut sa tombe. Je l'avouerai sans honte,
mon cœur s'émut à ce spectacle na_{vran_t}. Que d'autres
petits orphelins sont aussi exposés à mourir ainsi au lieu
de leur naissance ! Le petit rouge-gorge m'a rappelé plus
d'une fois aux devoirs de la charité, et c'est, je crois, ce
qu'a voulu la Providence en déroulant à nos yeux ces tableaux divers de la nature, qui tous contiennent des enseignements à notre usage.

Les hommes sont, en général, d'une étrange nature.
Dès qu'un lac s'est congelé, ils s'y abattent par centaines
et s'amusent sur sa glissante surface. Quel est celui auquel
il vient à l'esprit d'examiner la profondeur de l'eau et de
rechercher quelles espèces de poissons se meuvent en tous
sens sous la glace ? Niebuhr découvre un traité de commerce entre Rome et Carthage d'une date fort ancienne,
d'où il résulte que l'histoire entière de Tite-Live sur l'é-
poque primitive du peuple romain n'est qu'un tissu de
fables. Ce traité permet de constater que Rome jouissait
déjà de fort bonne heure d'une civilisation plus avancée
qu'il ne ressort de l'ouvrage de Tite-Live. Mais si vous
croyez que l'exhumation de ce document amènera une
grande réforme dans l'enseignement de l'histoire romaine,
tel qu'il a été jusqu'à aujourd'hui, vous êtes dans l'erreur.
Rappelez-vous toujours l'étang gelé.

Entretiens de Gœthe avec Eckermann.

COLLECTION CAMPANA.
V. les Tables du tome XXX.
OBJETS EN BRONZE ET EN ARGENT.

Les objets antiques que l'on voit groupés à la page 28
font tous partie des collections vendues, en 1861, au gouvernement français par le gouvernement romain, et proviennent, à l'exception de la ciste représentée figure 2,
acquise à part, des galeries du marquis Campana.

Un seul de ces objets n'est pas en bronze : c'est un *strigile* en argent, que représente la figure 1. On appelait
strigile, chez les Romains, un instrument, également en
usage dans l'ancienne Grèce, dont on se servait, soit au
bain, soit au gymnase, pour enlever l'humidité répandue
à la surface du corps à la suite du bain de vapeur ou
d'exercices violents, ou encore l'huile et le sable fin dont
se frottaient les lutteurs. Cet instrument consistait, comme
on voit, en une lame recourbée, munie d'une poignée et
creusée de telle sorte que l'humidité ou la sueur pouvait
y couler comme par un canal. La plupart des strigiles que

l'on a découverts jusqu'à présent, moins précieux que celui-ci, sont en bronze. On en faisait aussi en fer.

La figure 2 représente une *ciste*, la plus importante de
de celles qui étaient exposées l'an dernier au palais des
Champs-Élysées. Le mot *ciste* s'appliquait, chez les Grecs
et chez les Romains, à toutes sortes de paniers ou de
boîtes de forme cylindrique ; mais il désigne aussi plus particulièrement des coffres de la même forme, en bronze et
recouverts d'un couvercle auquel une ou plusieurs figurines servent de poignée ; coffres que l'on a trouvés à peu
près tous (on en connaît jusqu'ici fort peu) dans les environs de Palestrina, l'ancienne Préneste. On a longtemps
cru que ces cistes étaient les corbeilles mystiques qui cachaient aux yeux profanes les objets dont on faisait usage
dans les cérémonies du culte de Bacchus et de Cérès ; depuis que l'on en a découvert un plus grand nombre contenant généralement des objets à l'usage des femmes, on
incline à croire que ces coffres renfermaient des présents
de noce. La ciste qui est ici figurée est très-remarquable
par la beauté des statuettes de Bacchus et de deux femmes
qui la surmontent, et par celle de dessins gravés au trait
sur la feuille de bronze qui forme la paroi du coffre. Ces
dessins sont distribués en trois zones. Le sujet de la zone
centrale, de beaucoup la plus large, est le sacrifice fait
par Achille de jeunes guerriers troïens aux mânes de Patrocle. Achille est assis et se retourne vers l'ombre de son
ami. Dans la zone inférieure on voit Patrocle succombant
sous les coups d'Hector ; et dans la zone supérieure, le
héros grec couché sur le lit funèbre.

On voit, figure 3, un de ces candélabres à longue tige
en usage chez les Grecs, les Étrusques et les Romains,
assez élevés pour qu'en les posant sur le sol on pût recevoir
la lumière d'une lampe à huile placée sur le plateau rond
qui termine l'extrémité supérieure. Ces candélabres avaient
des formes très-variées ; le plus souvent ils imitaient la
tige d'une plante, ou bien encore, comme dans le présent
exemple, une colonne avec son chapiteau. Ce chapiteau est,
comme on voit, surmonté d'un vase élégant, et le pied est
formé par trois panthères d'une remarquable beauté.

Des deux casques ici gravés, l'un est de travail gréco-
étrusque, l'autre est romain. Le premier (fig. 4) peut
donner une idée du goût exquis que les artistes grecs de
l'Italie, aussi bien que ceux de la Grèce même, apportaient dans la composition et dans l'exécution de tous
leurs ouvrages. Les casques des Grecs étaient de formes
très-diverses, et tous n'avaient pas, sans doute, l'élégance
et la richesse de celui-ci. Toutefois il est certain que,
même à une époque reculée, les chefs, les principaux
combattants, mettaient beaucoup de recherche dans cette
partie de leur costume de guerre. Le casque des temps
héroïques, comme on le voit par de nombreuses peintures
de vases, avait un masque immobile qui s'adaptait entièrement au visage lorsqu'on l'enfonçait au moment du combat. Des ouvertures permettaient alors de voir et de respirer ; avant et après le combat, on remontait le casque
de manière que le bas du masque couvrît seulement le
front. Plus tard, on renonça à cette forme de casque pour
en adopter une plus commode. Le masque fut remplacé
par une visière, quelquefois mobile, plus souvent fixe, nue
ou décorée de quelque figure d'ornement en relief, comme
dans l'exemple que nous avons sous les yeux, où l'on voit
une tête de Méduse du travail le plus délicat. Le cimier
était ordinairement surmonté d'une crinière, d'une aigrette ; ici il se termine en crête de coq ; un appendice en
gouttière protégeait la nuque ; enfin, comme le montre la
figure, des mentonnières étaient attachées de chaque côté
du casque par des charnières ; on les fixait sous le menton
par un fermoir ou un bouton.

Antiques de la collection Campana.

1. Strigile d'argent. — 2. Grande ciste de bronze. — 3. Partie supérieure et partie inférieure d'un candélabre. — 4. Casque grec.
5. Casque de légionnaire romain.

Chez les Romains, les casques des généraux ressemblaient, à peu de chose près, à ceux que nous venons de
décrire; mais ceux des simples soldats étaient dépourvus
de cimier et d'aigrette. Le casque que représente la
figure 5 est celui d'un légionnaire romain, conforme à
ceux que l'on voit dans le bas-relief de la colonne Trajane.

C'est un exemple peut-être unique d'un casque de ce genre conservé tout entier; et on s'étonne que la doublure intérieure, consistant en une calotte de fer, n'ait pas causé, comme il arrive presque toujours, par son oxydation, la destruction du reste de l'arme, qui est en bronze.

HENRI FUSELY.

C'est une assez singulière histoire que celle du peintre Henri Fusely. Il naît à Zurich vers 1741. Son vrai nom était Fuessly; son père était peintre. Dans sa première jeunesse, ami intime de l'excellent Lavater (¹), il écrit avec lui un pamphlet où il dénonce les prévarications d'un des baillis de la république. Cette audace, inspirée par un sentiment généreux, excite contre lui les animosités du patriciat et l'oblige à s'exiler. Il visite, en compagnie de Lavater, Vienne et Berlin. Vers ce temps-là, on conçoit l'idée d'établir des communications suivies entre les littérateurs de l'Allemagne et ceux de l'Angleterre. Fusely, plein d'ardeur, et déjà en évidence comme auteur d'une traduction des drames de *Lear* et de *Macbeth*, qu'il a illustrée de dessins dont la hardiesse et l'originalité ont soulevé de vives discussions, se propose pour aller nouer

Les Sorcières de *Macbeth*, par Fusely. — Dessin d'Eustache Lorsay.

(*Une lande déserte. Macbeth et Banquo entrent.*) — BANQUO. Quels sont ces êtres-là? Quels visages flétris! quels misérables haillons! On ne dirait point des habitants de la terre; cependant elles semblent vivre... Êtes-vous des créatures vivantes ou des spectres? Vous paraissez m'entendre. Pourquoi chacune de vous pose-t-elle ainsi son doigt osseux sur sa lèvre ridée?... — MACBETH. Parlez, si vous pouvez. Qui êtes-vous? — PREMIÈRE SORCIÈRE. Salut, Macbeth, salut à toi, thane de Glamis. — DEUXIÈME SORCIÈRE. Salut, Macbeth, salut à toi, thane de Cawdor. — TROISIÈME SORCIÈRE. Salut, Macbeth, tu seras roi! (²)

à Londres les relations qui doivent désormais exciter une émulation féconde entre les deux pays. Il est présenté à sir Robert Smith, ambassadeur anglais près la cour de Prusse, et son enthousiasme séduit le diplomate. Il part. Lavater, en lui faisant ses adieux, lui remet une carte sur laquelle il a écrit : « Fais seulement la dixième partie » de ce que tu peux faire. — Attache ce conseil à ton » oreiller, ajoute le célèbre physionomiste; applique-toi à » le suivre, et je te promets que tu n'auras pas à attendre » longtemps la gloire et la fortune. »

A Londres, Fusely se sent d'abord saisi de tristesse. Il se croit perdu au milieu de la vaste métropole de l'Angleterre. Cette multitude d'indifférents qui glissent comme des ombres autour de lui glace son ardeur. Il demande à un homme qui passe le chemin de la poste aux lettres :

son accent étranger fait rire niaisement cet Anglais peu courtois. Fusely s'irrite et, retrouvant sa verve, exhale son indignation dans un flot de malédictions poétiques empruntées au vocabulaire du vieux Shakspeare. Un gentilhomme, surpris de cette éloquence archaïque, s'arrête, sourit, demande le sujet de la querelle. Une conversation s'engage alors moitié en anglais, moitié en allemand. Fusely se fait comprendre et est tout réconforté par l'amabilité du gentilhomme. Il trouve à la poste des lettres pour quelques libraires en renom, est bien accueilli, et se met au travail. Que fait-il pour remplir sa mission? On ne le voit pas bien; mais on sait qu'après avoir été pré-

(¹) Voy. la Table des vingt premières années.
(²) Ces trois sorcières sont les trois voix de l'ambition, qui, entendues dans la solitude, entraîneront bientôt Macbeth au crime.

cepteur dans une famille, il entreprend, avec une intrépidité rare, d'écrire en anglais des articles de revue, des
brochures, et la traduction d'un des ouvrages de Winckelmann. Son style n'est pas pur; mais il est vif, passionné,
enthousiaste, et le signale à l'attention des lettrés. Il se
jette dans les querelles littéraires et philosophiques du
temps, attire sur lui la colère de certains partis, se concilie la sympathie de quelques autres, et arrive ainsi à
se donner lui-même des lettres de naturalisation. En
même temps, il reprend, aux heures de loisir, son crayon
qui lui a déjà valu quelques encouragements à Zurich et
à Berlin. Une fois, il ose frapper à la porte de sir Josuah
Reynolds, et soumettre quelques-uns de ses dessins à l'illustre peintre[1].

— Combien de temps avez-vous étudié en Italie? lui
demande sir Josuah.

— En Italie? je ne la connais pas. Je n'ai jamais étudié qu'à Zurich, dans l'atelier de mon père.

— Jeune homme, reprend Reynolds, si j'étais l'auteur
de ces dessins, et si l'on m'offrait dix mille livres (deux
cent cinquante mille francs) de rente avec défense de me
faire peintre, je rejetterais rentes et défense avec mépris.

Ces paroles sont pour Fusely un oracle, un jet de lumière qui éclaire tout son avenir. Il a trente ans, il se
voue à l'étude de la peinture, et justifie bientôt, près des
amateurs, l'opinion de Reynolds par quelques compositions
qui, pour être fortement empreintes d'esprit germanique,
ne lui en sont pas moins favorables; puis il va résolûment
continuer son apprentissage à Rome, où il dessine et
peint pendant huit années consécutives. Dans cet intervalle, il envoie à l'exposition de Londres quelques tableaux,
entre autres une scène tirée de Macbeth et la « Mort du
cardinal Beaufort. »

Sa réputation est déjà presque à demi faite lorsque, dans
le cours de l'année 1778, il revient se fixer en Angleterre. Il a en lui-même une confiance imperturbable. Ses
maîtres éminents se partagent la faveur publique. Il voit
les premières places occupées dans chacun des genres de
l'art par des hommes dont il apprécie le mérite, peut-
être la supériorité. Il ne faut pas qu'il songe à faire le
portrait mieux que Reynolds, le paysage mieux que Wil-
son et Gainsborough, à traiter les sujets religieux et historiques avec plus de succès que West et Barry. D'autre
part, il n'est pas homme à se contenter d'un second rang.
Il veut être le premier, et, résolu à le devenir, dût-il
être seul dans sa voie, il prend le parti d'inaugurer un
genre qu'il appelle le genre « poétique ». Sa témérité n'eût
pas réussi en France. Mais, à cette époque, l'aristocratie
anglaise était loin d'avoir, en fait d'art, les lumières qu'elle
a su acquérir depuis par de très-fréquents voyages en
Italie et l'importation dans ses galeries d'un nombre considérable de chefs-d'œuvre des meilleures écoles de l'Europe. Fusely flattait d'ailleurs l'amour-propre national en
s'annonçant comme un admirateur frénétique de Shakspeare et de Milton, dont il voulait, disait-il, traduire aux
yeux les créations gigantesques dans le style de Michel-
Ange.

Ce ne fut point cependant aux deux grands poètes anglais qu'il emprunta l'inspiration de celui de ses tableaux
qui le rendit tout d'un coup populaire. En 1782, il exposa le « Cauchemar ». C'est peut-être la seule œuvre de
Fusely que la gravure ait fait pénétrer jusqu'en France,
si longtemps fermée à tous les peintres anglais. Nos lecteurs ont dû apercevoir quelque part cette étrange composition. Un monstre noir, hideux, roulant des yeux blancs
effroyables, est accroupi sur la poitrine d'une jeune fille
vêtue de blanc, et dont la tête penchée hors de la couche

[1] Voy. la biographie de Reynolds, t. XXV, 1857, p. 385.

exprime l'angoisse. Est-ce beau? Non, certainement. Mais
l'effet est saisissant, et même aujourd'hui, si l'on exposait
en France le « Cauchemar », on peut croire que les trois
quarts des personnes qui visitent nos Salons se presse-
raient pour le contempler, tandis que les rares connaisseurs s'en détourneraient à première vue pour jouir à
l'aise, en un angle désert, de quelque modeste étude où se
révélerait un goût pur et l'amour du vrai beau. En Angleterre, un habile graveur, Raphaël Smith, s'empressa
de donner satisfaction à l'avide curiosité du public en reproduisant le « Cauchemar » dans une estampe à l'aqua-
tinte, qui fit gagner en peu de mois cinq cents guinées à
l'éditeur. « Le génie extraordinaire et tout particulier qui
» respire dans cette peinture, dit un biographe anglais de
» Fusely, fut universellement compris, et jamais peut-être
» une peinture ne causa une émotion plus profonde dans
» notre pays. » Nous avons vu de ces succès en France;
mais il s'en faut tellement que nous puissions considérer
comme fondé l'enthousiasme des contemporains de Fusely,
qu'au moment de choisir une de ses œuvres pour donner
une idée de son talent à nos lecteurs, nous n'avons pu
nous décider à mettre sous leurs yeux cette jeune fille
écrasée par une affreuse bête sans nom, et il nous semble
que c'est déjà beaucoup de leur montrer les trois « Sorcières ». Aucune tentative n'est sans doute interdite à
l'art; mais le laid, quoi qu'aient prétendu certaines théories, ne produira jamais l'effet du beau, même grâce à la
magie du pinceau le plus habile, à moins qu'en passant
de la réalité dans l'art il ne cesse d'être lui-même. Quant
à l'horrible, c'est autre chose; traduit par le génie, il
peut être sublime, et il est permis de citer, comme exemple, certaines parties du Jugement dernier de Michel-
Ange. Fusely aspirait, il est vrai, à être le Michel-Ange
de l'école anglaise; mais ce n'est pas assez de la volonté
et du talent pour jouer avec bonheur un si grand rôle.
En l'absence des peintures mêmes de Fusely, si l'on veut
mesurer la distance qui le sépare de son maître, il peut
suffire de comparer ses « Sorcières » aux « Parques » de
l'immortel Florentin que connaissent bien nos lecteurs[1].
L'impression que produisent les Parques, au palais Pitti,
est très-puissante : plus on les regarde et plus on se sent
le cœur saisi et glacé par la pensée solennelle de l'inexo-
rable destin. Il y a dans la grandeur supérieure des figures
de vieilles femmes si froides et si terribles. On pourrait
répondre, pour la défense de Fusely, que les Parques
sont, après tout, de la race et du sang des dieux; tandis
que les Sorcières de Shakspeare ne sont que des larves
sorties des mauvais rêves du moyen âge. Mais qui n'est
persuadé que Michel-Ange n'eût très-bien su donner à
ces sauvages apparitions quelque chose de la grandeur
mystérieuse qui nous agite si profondément quand nous
contemplons les damnés et les démons de son enfer? Quoi
qu'il fasse, Michel-Ange commande l'admiration; un
peuple dont le goût n'est pas encore cultivé ni éclairé
ne parvient qu'à étonner. Or un peuple dont le goût n'est pas encore
suffisamment cultivé et éclairé confond aisément ces deux
natures d'émotions.

La suite à une autre livraison.

UN ÉPISODE
DU SIÈGE DE SAINT-JEAN-D'ACRE.

Dieu a permis, pour l'honneur de l'humanité, que le
bien et le mal fussent tellement mélangés ici-bas qu'il
arrive parfois qu'un acte de barbarie devient l'occasion
d'un acte de charité. De tels exemples valent qu'on les

[1] Voy. t. XII, 1844, p. 309.

recueille, quel que soit le camp où ils se sont accomplis.

Daniel Bryan, vieux marin irlandais, servait sous sir Sidney Smith, à bord du vaisseau-amiral *le Tigre*, lors de la campagne de Syrie, en 1799. Pendant le siège de Saint-Jean-d'Acre, ce brave vétéran demanda à plusieurs reprises d'être employé à terre. Comme il était âgé et un peu sourd, on ne donna pas suite à sa requête. Au premier terrible assaut que les Français livrèrent à la place, un de leurs généraux fut tué et resta parmi les morts. Les Turcs tranchèrent la tête de ce malheureux officier, et après avoir inhumainement mutilé le corps à coups de sabre, ils le laissèrent nu, exposé à devenir la pâture des chiens errants. Au bout de peu de jours, ce cadavre en putréfaction offrait un spectacle hideux, effrayant mémento des horreurs de la guerre. Quand les matelots détachés à terre revinrent à bord, on leur demanda si le corps du général était toujours là et, sur leur réponse affirmative, Daniel s'écria : « Que ne l'avez-vous enterré ! — Ma foi ! allez-y vous-même et chargez-vous-en. — C'est ce que je ferai, sur mon âme ! dit Daniel, car j'ai été prisonnier des Français, et je les ai toujours vus respecter les ennemis morts et leur faire d'honorables funérailles, tandis que les Turcs laissent pourrir des chrétiens comme des bêtes immondes. »

Le lendemain, ayant obtenu la permission d'aller visiter la ville, Daniel revêtit ses plus beaux habits et partit dans le canot avec le chirurgien de marine. Une heure ou deux après, Daniel entrait dans une salle de l'hôpital, et de sa façon ronde et brusque il dit au chirurgien, qui pansait les Turcs blessés : « Voilà ma besogne faite ; j'ai enterré le général, et à présent je viens voir les malades. » Préoccupé de la peur que le marin n'attrapât la peste, l'officier de santé lui ordonna de sortir et prit peu garde à ses paroles ; mais les hommes qui montaient le canot l'avaient vu à l'œuvre, et racontèrent comment la chose s'était passée. Le vieux Daniel s'était procuré une pioche, une pelle et une corde. Il avait insisté pour qu'on le descendît par une des ouvertures pratiquées dans la muraille, tout près de la brèche. Quelques-uns de ses compagnons voulaient le suivre : « Non, non, leur dit-il, vous êtes encore trop jeunes pour mourir d'une balle ; moi, je suis vieux et sourd, la perte ne sera pas grande. » Persistant malgré la fusillade, Daniel fut suspendu et descendu au pied de la brèche, avec ses outils sur le dos. Comme ce n'était pas le moindre, fut d'écarter les chiens. Les Français l'avisèrent et le canonnèrent en joue. Ils allaient faire feu, lorsqu'un officier, devinant les pieuses intentions du marin, fit relever les fusils. Le cliquetis des armes, le tonnerre de la canonnade cessèrent un moment. Il se fit un silence solennel, et le digne homme put accomplir sa tâche. Il creusa la fosse, y coucha le cadavre, le recouvrit de terre, plaça une grosse pierre à la tête, une autre aux pieds, et, tirant de sa poche un morceau de craie, il écrivit sur cette tombe improvisée : « Ci-gît un brave ! » Il fut hissé sur le rempart avec sa pelle et sa pioche, et le feu recommença.

Informé de cet incident, sir Sidney manda le vétéran dans sa cabine. « Eh bien, Daniel, lui dit-il, j'apprends que vous avez donné la sépulture au général français ? — Oui, amiral. — Y avait-il quelqu'un avec vous ? — Oui, amiral. — On m'avait dit que vous étiez seul ? — Oh ! que non — Et qui donc était avec vous ? — Un fier compagnon, amiral : le bon Dieu. »

LE COMMERCE DES FLEURS EN HOLLANDE.

On vend chaque année, en Hollande, pour plus de six millions de fleurs. On cite des cultivateurs qui se font un revenu annuel de plus de 20 000 florins (plus de 40 000 fr.)

par la seule vente des oignons. Harlem et Noordwyk sont les centres de ce commerce. Les fleurs qui se vendent le plus sont les tulipes, les jacinthes, les lis, les renoncules, les anémones, les crocus, les roses et les soucis.

L'ÉCLIPSE DE SOLEIL DU 18 JUILLET 1860.

A dix-huit mois d'intervalle, on a eu l'occasion d'étudier deux éclipses totales, celle du 18 juillet 1860 et celle du 31 décembre 1861. La seconde, qu'il fallait aller observer dans les profondeurs du Sahara, n'a pas été l'occasion d'études très-profitables à la science. Il en a été autrement de la première, que des amateurs et des astronomes de tous les pays civilisés ont observée le long d'une ligne immense, depuis l'Amérique jusqu'à l'Éthiopie. Jamais ce phénomène n'a été étudié avec plus de soin ; jamais les différentes hypothèses que les savants ont mises en avant pour rendre compte des différentes circonstances d'une éclipse n'ont été soumises à des épreuves plus multipliées. L'une des descriptions les plus intéressantes est celle que l'on doit à M. Aguilar, directeur de l'Observatoire de Madrid, et à M. Secchi, directeur de l'Observatoire romain, qui avaient choisi leur station au *Desierto de las Palmas;* le premier dans une plaine sur le bord de la mer, le second sur le sommet de la montagne San-Miguel.

Les astronomes, leurs assistants et la foule que leur présence avait attirée, virent successivement la lumière du soleil s'atténuer jusqu'à ce qu'ils aperçussent le cône d'ombre s'approcher à grands pas.

Parmi ces observateurs, les uns ont comparé ce phénomène à l'arrivée d'une pluie de poussières colorées, chassées par un vent violent ; d'autres ont cru voir la couleur du jour mourant prendre des teintes de différente nature, ce qui pourrait tenir à la présence d'une atmosphère régnant autour de la lune, et décomposant les rayons solaires qui la traversaient ; ceux-ci ont vu des franges colorées se mouvoir rapidement à la surface de murs blancs dans le sens de l'ombre lunaire ; ceux-là ont prétendu que différentes taches qui couvraient la surface du soleil ne disparaissaient pas derrière le disque de notre satellite avant de pâlir et changer de teinte.

Une des particularités les plus généralement admirées du spectacle qu'offrait alors la nature, c'est l'énergie avec laquelle la lumière du soleil lutta contre les ténèbres tant qu'il resta un morceau du disque découvert.

Aussi le phénomène de l'obscurité totale arriva-t-il avec une soudaineté véritablement extraordinaire, qui arracha aux observateurs des cris de surprise. Malgré la diminution progressive de la lumière, on éprouva la même sensation que si l'on avait été brusquement plongé dans une obscurité totale.

Pendant quelques instants, les yeux encore éblouis par la lumière du jour ne virent aucun des objets environnants : aussi les astronomes du *Desierto de las Palmas* furent-ils obligés de se servir des lumières qu'ils avaient préparées pour lire l'heure à leurs chronomètres, jusqu'à ce que leur rétine eût recouvré toute sa sensibilité première.

Autour du disque obscur de la lune régnait une espèce d'atmosphère d'un blanc uniforme et émettant une lumière douce qu'on pouvait contempler sans éprouver la moindre fatigue. Cette première zone lumineuse, de forme symétrique et en quelque sorte bien définie, se détachait sur une seconde partie plus vaporeuse et à contours incertains qui allait en s'affaiblissant, en s'éloignant de la première.

L'appréciation de la couleur de ces couronnes est une

chose si délicate que tandis que beaucoup d'observateurs l'ont comparée à une teinte blanc de perle ou de nacre, les autres lui ont attribué une légère teinte jaune. Il en est de même de l'appréciation de la grandeur relative rapportée à celle du disque lunaire.

On n'a pas même pu déterminer avec certitude si cette auréole était centrée sur le disque du soleil ou sur celui de la lune; du reste, les deux centres se trouvent trop voisins l'un de l'autre, au moment où commence la phase de la totalité, pour qu'il y ait à espérer jamais une grande certitude à cet égard.

Cependant cette détermination semble à peu près le seul moyen qu'auraient nos astronomes de décider si les couronnes sont dues à la présence d'une atmosphère solaire ou, au contraire, d'une atmosphère lunaire dont l'existence se manifesterait d'une manière aussi remarquable qu'inattendue.

Des rayons divergents, faisceaux mystérieux projetés comme au hasard par la force lumineuse de l'astre se révoltant contre ces ténèbres passagères, se détachaient à droite et à gauche. Ces traits égarés n'ajoutaient pas beaucoup à la clarté totale, mais donnaient un air fantastique à tout le spectacle admirable que l'on avait alors devant les yeux, et jetaient une teinte de poésie sur l'ensemble du phénomène. Mais ces rayons n'avaient probablement rien de réel; c'étaient, suivant toute apparence, de simples illusions d'optique produites par les montagnes qui dentellent les bords du disque lunaire.

En effet, au même instant, dans la station voisine de Tarazona, on observait un aspect bien différent.

M. Secchi a, du reste, obtenu une divergence analogue en présentant un petit disque dentelé à un faisceau de rayons lumineux qui traversait une chambre obscure. Lorsqu'on plaçait l'œil dans la direction de la ligne cen-

Observations faites à la station du *Desierto de los Palmas*. Dessin de Gagniet.

Observations faites à Tarazona. — Dessin de Gagniet.

trale du disque de cette petite éclipse artificielle, on voyait une irradiation très-nettement dessinée.

Mais la partie la plus curieuse de tout le spectacle était la présence de protubérances rosacées, dont personne n'est encore parvenu à expliquer la nature d'une manière satisfaisante, et qui débordaient à droite et à gauche du disque lunaire, comme on le voit sur les deux figures. Ces dentelures singulières se reproduisaient, à peu près identiques dans leur disposition générale, aux différentes stations; mais tous les observateurs n'en ont pas aperçu le même nombre. On en a vu quelques-unes surgir avec une rapidité qui tenait du prodige. La majeure partie des astronomes ne leur ont pas attribué d'existence réelle, et les ont considérées comme de simples jeux de lumière. Cependant il est incontestable qu'elles laissaient des traces sur les nuages photographiques de l'éclipse.

Sont-ce de hautes montagnes du disque solaire, comme on l'a supposé d'abord? Sont-ce, au contraire, des nuages roses flottant dans l'atmosphère solaire, comme le pré-

tendait Arago? Il a été impossible jusqu'ici de résoudre ces intéressants mystères.

Les montagnes, la mer, que M. Aguilar avait en face de lui, étaient elles-mêmes éclairées par une lumière identique à celle dont on se sert dans quelques théâtres pour simuler les effets de lune.

Mais, tandis qu'on épiait avec avidité toutes ces apparences, le temps s'écoulait avec une rapidité prodigieuse. Les astronomes, plus habitués par profession à évaluer exactement le temps, croyaient que deux minutes seulement s'étaient écoulées lorsque les premiers rayons du soleil vinrent les avertir que l'apparition tirait à sa fin. Bientôt couronnes, auréoles, protubérances rosacées, tout disparut à la fois, et quel que fût le regret de voir s'évanouir tant de splendeurs, on se sentit soulagé comme d'une oppression pénible à la renaissance de la nature, qui semblait ensevelie dans un profond sommeil depuis le moment où l'astre du jour avait disparu derrière notre obscur satellite.

CAMPE.

Campe. — Dessin de Chevignard, d'après une estampe allemande.

Joachim-Henri Campe, surnommé le Berquin allemand à une époque où ces rapprochements jouissaient d'une certaine vogue, naquit en 1746, à Deensen, dans le Brunswick. Ce n'est pas lui qu'il faudrait opposer à Berquin, mais plutôt Weiss, dont les gracieuses compositions furent une source à laquelle le littérateur français eut le bon goût de puiser abondamment. Campe n'est pas seulement un écrivain; il a pris rang parmi les réformateurs de l'éducation et a servi cette cause de plus d'une manière.

Il étudiait encore la théologie à l'Université protestante de Halle lorsqu'il fit un premier apprentissage de l'enseignement; mais sa vocation ne se décida que plus tard. Nommé en 1773 aumônier d'un régiment prussien à Postdam, il vit son ministère impuissant contre l'ignorance et les désordres qu'elle engendre, et une triste expérience de trois ans le décida à résigner ses fonctions. Ce fut pour reporter toutes ses pensées sur les vices de l'éducation. Réorganiser l'enseignement populaire était travailler sûrement à la régénération morale de l'Allemagne; il assigna

cette tâche à sa vie. Au même moment, Pestalozzi [1], âgé de trente ans comme Campe, marié à Zurich avec la fille d'un fabricant, se sentait pris de pitié pour la misère des ouvriers et de leurs familles; décidé au sacrifice de sa fortune, insensible aux railleries de ses compatriotes, il recueillait cinquante enfants abandonnés, devenait leur instituteur et leur père, et jetait dès lors les bases d'une méthode féconde pour l'avenir.

Campe, du moins, ne devait pas trouver l'Allemagne défavorable à ses vues. Dans ce réveil tardif mais si brillant du génie germanique au dix-huitième siècle, le Traité de Locke sur l'éducation et surtout l'*Émile* de Rousseau ont inspiré une sympathie profonde. Un des hommes les plus remarquables de ce temps, Basedow, inspiré par un amour ardent de l'humanité, a conçu des plans gigantesques; il en réclame l'exécution immédiate. A ses yeux, l'humanisme a fait son temps; au lieu de renfermer la jeunesse dans le

[1] Voy. la Table des vingt premières années.

cadre consacré de l'antiquité profane, il faut avant tout l'intéresser aux objets du monde réel : histoire, géographie, sciences naturelles, technologie. Pour elle aussi doivent s'abaisser les vieilles barrières qui séparaient jadis les nationalités. Une éducation cosmopolite la mettra en communication immédiate avec la grande famille humaine. « Le gain de notre instruction est d'en être devenus meilleurs », disait Montaigne : telle fut la formule de Basedow. Il entreprenait d'exposer dans un recueil méthodique toutes les connaissances nécessaires au premier âge, et n'y ménageait ni la peine, ni la dépense; le fameux Chodowiecki se chargeait de graver cent planches pour illustrer cette encyclopédie; les souverains eux-mêmes, gagnés par son prosélytisme fervent, contribuaient aux frais de cette publication, qui s'élevèrent à la somme énorme, surtout pour l'époque, de 15 000 thalers (75 000 écus). Le prince d'Anhalt lui accorda son patronage pour fonder à Dessau un institut modèle connu sous le nom singulier de Philanthropin. L'Allemagne tout entière était appelée à lui fournir des collaborateurs; Campe répondit à cet appel. Entre eux il y avait communauté de vues, et ajoutons communauté d'erreurs : l'exagération du système aboutissait chez tous les deux à des jugements téméraires portés contre l'humanisme ou étude de l'antiquité classique. Mais Basedow était ce personnage bizarre, désordonné, violent, despotique, dont Gœthe encore fort jeune subit l'incommode compagnie pendant un voyage de quelques jours et retraça la curieuse physionomie dans une page intéressante de ses Mémoires. Étant de cette humeur, il pouvait indiquer la voie, non la frayer avec patience. Campe resta bientôt seul à la tête du Philanthropin; puis, afin d'agir avec une entière indépendance, il alla fonder à Hambourg une maison particulière organisée sur un plan analogue (1776). A défaut des souvenirs qui naguère survivaient encore dans la tradition de quelques familles, les livres peuvent nous redire le doux ascendant qu'il sut prendre sur ses élèves, le viril usage qu'il fit de son autorité.

Le plus populaire de ses écrits, celui qui a été imité ou traduit dans toutes les langues, même en latin, même en grec moderne et en turc, Robinson le jeune, semble dû à l'inspiration de Rousseau, qui déclare que le merveilleux récit de Daniel Foë fournit le plus heureux traité d'éducation naturelle. « Il sera, ajoute l'auteur de l'Émile, le texte auquel tous nos entretiens sur les sciences naturelles ne serviront que de commentaires. Il servira d'épreuve à l'état de notre jugement, sa lecture nous plaira toujours. » Les voyages, les aventures de Robinson étaient un thème heureux, en effet, pour amener l'exposition des premières notions scientifiques, des principales vérités morales. Dans le cadre du dialogue familier, forme préférée par l'expérience de Campe, ces digressions arrivent sans effort; l'intelligence enfantine trouve à reprendre haleine, à se recueillir par instants; elle s'intéresse à une espèce de drame intime où des intelligences également enfantines vont au-devant de la leçon, essayent de se donner carrière. Le ton peut, dans la bouche de tels interlocuteurs, s'abaisser à tous les degrés de la naïveté; l'auteur, représenté directement par un seul personnage, tient en réserve une autorité qu'il compromettrait à jouer un rôle invraisemblable.

Les traductions défigurent un style qui passe en Allemagne pour un modèle de pureté et de simplicité; la douceur insinuante, le naïf entraînement du langage, disparaissent dans une sèche analyse; ce sera à peine faire entrevoir le talent de Campe que de résumer en quelques lignes une des plus émouvantes scènes de son livre.

Robinson et Vendredi sont en pleine mer, emportés par la dérive par un courant irrésistible, sans vivres, sans boussole. A ce propos, l'aîné des enfants s'est chargé d'expliquer aux plus jeunes l'emploi de l'aiguille aimantée; lui-même avait provoqué une autre démonstration. Peu à peu le ton s'élève, l'intérêt dramatique monte à son comble, et au drame se mêle, pour lui prêter, pour en emprunter un caractère saisissant, le plus sublime enseignement moral. Vendredi, livré au désespoir, a laissé aller ses rames; les yeux tristement fixés sur son maître, il lui demande s'il ne vaut pas mieux se jeter par-dessus le bord, en finir avec le malheur. Des paroles pleines d'une douce onction, des reproches sévèrement affectueux, communiquent de nouveau à cette âme chancelante la sérénité religieuse que Robinson doit à tant d'années d'épreuves et de solitude. Les chances de salut disparaissent une à une, qu'importe! Ces deux hommes ramant toujours dans l'immensité de l'Océan n'y sont plus seuls. « C'est notre devoir, dit Robinson; aussi longtemps qu'une étincelle de vie reste en nous, nous devons faire notre possible pour l'entretenir. Et alors nous pouvons, s'il en doit être ainsi, mourir avec la conviction consolante que Dieu l'a voulu. Et sa volonté, cher Vendredi, poursuivit-il d'une voix plus forte et avec feu, sa volonté est toujours bonne, toujours bonne et sage, même quand faibles vermisseaux nous ne la pouvons comprendre. » Cependant le canot tournoie, leurs bras tombent de fatigue, et la dernière cime qui pointait encore de l'île lointaine va se perdre derrière l'horizon. « Mais quand toute ressource terrestre a disparu, dit le père en son nom cette fois, quand la détresse du malheureux est montée à son comble, et que nulle voie de salut ne semble rester, alors, chers enfants, alors la main de la Providence vient nous secourir par des moyens que nous n'avions pas soupçonnés. En effet, au milieu de ces angoisses éclate soudain le cri de Robinson : « Courage, Vendredi, Dieu veut que nous vivions! » L'œuvre originale de Foë, « cette exhortation au travail et à l'espérance en Dieu » (Villemain), ne présente rien de plus élevé.

Pourquoi hésiter maintenant à montrer Campe joignant l'exemple au précepte afin de faire passer dans les habitudes de la conscience la soumission aux humbles obligations de chaque jour, le renoncement scrupuleux aux mille petites faiblesses des sens? Aussi quelle candeur n'a-t-il devant certains traits qui semblent empruntés à sa vie intime. Témoin cette charmante leçon de sobriété dans laquelle le père reconnaît de bonne grâce avoir fort mal à propos contracté dans sa jeunesse l'habitude du café, du thé, de la bière, voire même celle du tabac; si bien qu'il est tyrannisé par une foule de besoins, condamné à mainte incommodité. Mais sa résolution est arrêtée. — « A partir d'aujourd'hui, déclare-t-il, je ne prends plus de tabac, je ne fume plus; à partir d'aujourd'hui, je ne bois plus de thé, plus de café, plus de bière; quant au vin pur, je n'en userai plus que rarement et seulement pour me fortifier l'estomac. Il m'en coûtera, parce que l'habitude date de loin et je suis déjà vieux; n'importe! je n'en serai que plus aise d'avoir tenu ma résolution. Le monde va jaser; l'un dira : Il veut se singulariser, il veut singer Diogène; et l'autre : C'est un maniaque, il trouve plaisir à se tourmenter lui-même. Ainsi diront les bonnes gens; mais, chers enfants, quand on veut faire une chose bonne devant Dieu et devant sa conscience, on n'a pas à se demander ce qu'en dira le monde..... »

L'homme qui savait ainsi s'entretenir avec l'enfance fût bien réellement l'un de ces maîtres que Rousseau déclare presque introuvables, et il ne se borna pas à l'éducation d'un élève de choix, il se prodigua à tous. Mais au prix de quelles fatigues, c'est ce que prouva bientôt l'épuisement de sa santé. A bout de forces, il dut, en 1783, adresser à ses élèves un adieu sans retour, afin d'aller se reposer à la campagne. Se reposer, c'était pour lui se consacrer exclusivement aux travaux littéraires. Après quatre années de retraite, il accepta le titre de conseiller des écoles à Brunswick; le prince régnant avait fait appel à ses lumières pour diriger la réforme des études : si l'opposition systématique contraria plusieurs fois son zèle, du moins une popularité justement acquise le mettait au-dessus de toutes les attaques. L'Allemagne ne fut pas seule à apprécier ses services : aux premiers jours de la révolution française, il fit un voyage à Paris, et l'Assemblée nationale, heureuse de reconnaître par une espèce d'adoption son dévouement à de généreuses idées, lui décerna le titre de citoyen français. Il se passionna, du reste, pour ce grand mouvement national, enthousiasme durable que ses compatriotes ne partagèrent qu'un instant. Ses lettres écrites de Paris pendant la révolution ne furent point à l'abri des critiques, mais on se montra sévère pour ses opinions sans que les sentiments unanimes inspirés par son caractère fussent en rien altérés. Après avoir quitté la France, il redoubla d'activité, multipliant les éditions de ses ouvrages, à la fois auteur et éditeur, car il était à la tête de la librairie d'éducation de Brunswick, et bientôt même il devint l'acquéreur de cet important établissement. Entre ses mains et celles de son gendre Wiewig, l'entreprise fut une des plus florissantes de ce genre, en dépit même de la crise terrible que l'Allemagne, tant de fois envahie par nos armes, eut à subir au commencement de ce siècle. Le succès de ses livres était pour beaucoup dans cette prospérité : à l'exception de ses lettres sur la révolution et d'un dictionnaire allemand, immense travail philologique dont la publication compromit à la fois sa fortune et sa santé, il n'écrivit qu'en vue de l'enfance ou de la jeunesse. La collection complète de ces derniers ouvrages forme trente-sept volumes et comprend, outre Robinson le jeune : — Colomb, ou la Découverte de l'Amérique; — les Aventures de Fernand Cortès; — les Aventures de Pizarre; — la Petite Bibliothèque des enfants; — la Bibliothèque instructive et géographique des jeunes gens; — le petit livre de morale à l'usage des enfants; — le recueil des différents mémoires sur l'éducation; — les Éléments de psychologie, ou Leçons élémentaires sur l'âme; — les relations de voyages; — Théophron, ou le Guide des jeunes gens.

Pour qui assigne aux travaux littéraires un mobile plus élevé que le désir de faire quelque bruit autour d'un nom, ce ne fut pas mal user d'un talent incontesté que de le dépenser sans réserve à une série d'ouvrages aussi modestes. La bibliothèque de l'enfant n'est pas chose à sacrifier; elle réclame sa part de chefs-d'œuvre. Croit-on qu'à ce besoin suffisent les intelligences médiocres, les consciences peu scrupuleuses? « Cet esclave n'est bon à rien, faisons-en un pédagogue. » Pourquoi ce trait satirique d'un ancien retombe-t-il sur nous, qui regardons une tâche délicate entre toutes comme le pis aller d'un métier, la pure besogne du manœuvre? Produire ces trop rares chefs-d'œuvre est pourtant le tour de force, disons mieux, l'inspiration d'une tendresse qui d'instinct devine la mesure dans laquelle elle dispensera l'austère nourriture de l'âme, ingénieuse à la faire désirer, à la varier sans cesse, parfois la déguisant à demi, ne consentant jamais à l'altérer par un mélange énervant. Ce fut le secret de Campe et de quelques autres faciles à compter. Gœthe disait de son propre père qu'il tenait de la nature une inclination naturelle pour l'enseignement, toujours prêt à apprendre aux autres ce qu'il savait lui-même. Peut-être cette aptitude à l'égard surtout de la première enfance est-elle plus spé-

ciale au caractère germanique; peut-être faudrait-il reconnaître comme un trait national ce don de la candeur naïve qui, rapprochant les âges, communique aux accents de la maturité un charme tout-puissant sur des intelligences écloses de la veille.

Les dernières années de Campe furent attristées par la maladie, par la douleur profonde que lui causaient les maux de sa patrie. Le corps électoral du royaume fondé par Jérôme Bonaparte l'appela à siéger dans les états de Westphalie pour l'ordre des savants. Sa circonspection lui interdit toute démonstration hostile; mais il ne se rallia point au régime de la conquête. S'il vécut assez pour en voir la fin, il était depuis longtemps atteint mortellement lorsque vint son heure, le 22 octobre 1818. Conformément à ses vœux, on l'enterra sans pompe dans ce jardin voisin de Brunswick où s'étaient écoulés ses derniers jours, où plus d'une fois sans doute sa noble figure avait présidé à quelque réunion de famille, comme celle qui est au début de Robinson le jeune.

« GOTTLIEB. Ici, père? — LE PÈRE. Oui, sous ce pommier. — NICOLAS. Oh! c'est charmant. — TOUS. Charmant! charmant! — LE PÈRE. Mais que vous apprêtez-vous à faire tandis que je vous raconterai? Vous n'avez pas envie de rester ainsi désœuvrés? — JEAN. Si nous avions seulement de quoi nous occuper! — LA MÈRE. Voici des pois à écosser, voici des épis de maïs à égrener; qui en a envie? — TOUS. Moi, moi, moi! — GOTTLIEB. Moi et Charlotte; toi aussi, Fritz : nous voulons écosser des pois, n'est-ce pas? — CHARLOTTE. Non; s'il te plaît, je ferai ce cordonnet, comme ma mère me l'a appris. — GOTTLIEB. Eh. bien, à nous deux. Viens, Fritz, assieds-toi. — L'AMI R. Je travaille avec vous. (Il s'assied près d'eux sur le gazon.) — L'AMI B. Et moi avec les autres; voulez-vous de moi? — THIERRY. Volontiers, volontiers. Il y a encore de la place. Maintenant, au plus habile! — LE PÈRE. Asseyez-vous ainsi en cercle, afin de voir le soleil se coucher; ce sera aujourd'hui un beau spectacle. »

Basedow, terminant sa carrière à la fin du dix-huitième siècle sa carrière de bruyante philanthropie, exigeait que son corps fût disséqué pour servir à l'instruction de ses semblables. Campe, inspiré par sa douce charité, voulut que la somme nécessaire à de somptueuses funérailles fût partagée entre les pauvres, aumône matérielle faite encore une fois en son nom, tandis que deux mille exemplaires de son Théophron, distribués aux enfants indigents, leur seraient un legs de sa pensée.

LES TIMBRES-POSTE.

Suite. — Voy. les Tables du tome XXX.

ROYAUME DES PAYS-BAS.

(5 timbres, 1 type.)

La loi de la réforme postale est du 12 avril 1850, mais l'affranchissement par timbres-poste n'a commencé que le 1er janvier 1852.

La loi de 1850 avait fixé le port de la lettre simple de 15 grammes à 5, 10 et 15 cents, suivant la distance; la taxe postale a été réduite, en septembre 1855, à 5 cents pour un rayon de 30 kilomètres et 10 cents pour un rayon de plus de 30 kilomètres. Le projet de loi portant une taxe uniforme de 5 cents a été adopté en 1860 par la seconde chambre et rejeté en 1861 par la première chambre.

La taxe est la même pour les lettres affranchies et non affranchies.

Le nombre des lettres a été, en 1848, sous l'ancienne

loi, de 6 157 856; en 1852, sous la nouvelle loi, de 12 308 410; en 1856, sous la loi modifiée, de 16 125 116; et en 1860, de 19 057 326.

L'augmentation des correspondances a été : à cinq ans de distance, de 1860 sur 1855, de 29 pour 100, et de la période triennale de 1858-60 sur celle de 1855-57, de 15 pour 100.

La population des Pays-Bas était de 3 324 135 habitants en 1860; le nombre moyen de lettres par habitant a donc été de 6 dans cette année.

On a affranchi, en 1848 et en 1852, 14 lettres sur 100; en 1856, 16, et en 1860, 19 sur 100.

Il a été vendu, en 1860, 3 653 662 timbres-poste, savoir : 1.897 341 de 5 cents, 1 618 051 de 10 cents, et 138 270 de 15 cents.

Les timbres-poste sont restés les mêmes depuis 1850. Ils présentent le portrait du roi Guillaume III, dans un cadre ovale et orné, la tête tournée à droite. On lit en haut : *Post Zegel*, et au bas la valeur en chiffres. Le timbre a 20ᵐᵐ sur 18; il est rectangulaire, gravé, imprimé en couleur sur papier blanc.

N° 74.
(Pays-Bas.)

5 cents (0f.1058) (¹), — 1° bleu foncé; 2° bleu ciel (n° 74).
10   (0f.2116),   — rouge.
15   (0f.3174),   — orange.

Il existe un timbre d'essai de 5 cents noir.

Les timbres-poste sont faits à l'hôtel royal des Monnaies d'Utrecht.

L'usage des timbres-poste a été introduit en 1861 dans la Guyane hollandaise.

ROYAUME DE BELGIQUE.

(8 timbres, 3 types.)

Les timbres-poste ont été créés en Belgique, par la loi du 24 décembre 1847; mais l'affranchissement des lettres n'a été mis à exécution qu'en vertu de la loi du 22 avril 1849, et l'emploi des timbres-poste a commencé le 1ᵉʳ juillet 1849.

Les lettres simples ne doivent pas peser plus de 10 grammes. Pour l'intérieur, le port des lettres simples affranchies est de 10 centimes pour une distance de 30 kilomètres au plus, et de 20 centimes pour une plus grande distance. Les lettres non affranchies payent une taxe fixe et supplémentaire de 10 centimes. Les journaux et les imprimés de et pour l'intérieur doivent être affranchis et payent 1 centime par feuille.

Le nombre des lettres, distribuées et expédiées a été de 10 137 247 en 1849, de 15 673 648 en 1853, et de 21 797 152 en 1859. Dans ce dernier chiffre, les lettres de et pour l'intérieur figurent pour 16 223 948, et celles de ou pour l'étranger, pour 5 573 204.

Le nombre de journaux et d'imprimés a été, en 1853, de 18 380 000, et, en 1859, de 34 200 140.

L'augmentation des lettres a été, à cinq ans de distance, de 1859 sur 1854, de 26 pour 100; de la période triennale de 1857-59 sur celle de 1854-56, de 14 pour 100, et de la période quinquennale de 1855-59 sur celle de 1850-54, de 42 pour 100.

La population de la Belgique était de 4 671 187 habitants en 1859; le nombre moyen de lettres par habitant a été de 2 en 1849, de 4 en 1856 et de 5 en 1859.

Environ 90 lettres sur 100 sont affranchies.

On a vendu, en 1859, 10 278 973 timbres de 10 cen-

times, 7 359 905 timbres de 20 centimes, et 1 188 403 timbres de 40 centimes.

En 1859, le produit des lettres a été de 3 696 999 fr. 17 c.; celui de tout le service des postes, de 4 366 474 fr. 37 c., et le produit général net, de 1 366 576 francs.

Il existe dans les collections des timbres d'essai belges : les uns, de 10 centimes, aux armes du royaume, gaufrés, le dessin ressortant en blanc sur bleu; les autres, sans indication de valeur, bleus, portant le portrait du roi.

Les timbres créés et émis en 1849 ont 22ᵐᵐ sur 18ᵐᵐ.5; ils sont rectangulaires, gravés, imprimés en couleur sur papier blanc; ils sont à l'effigie du roi Léopold Iᵉʳ, dont la tête est de trois-quarts et tournée à droite. En haut, *Postes* et la valeur en chiffres; en bas, la valeur en lettres.

10 centimes, — brun-sépia foncé.
20   — bleu (n° 75).

Les timbres actuels portent aussi le portrait du roi Léopold Iᵉʳ, mais placé dans un cadre ovale qui cache une partie du buste. Ils ont 21ᵐᵐ.5 sur 18; ils sont rectangulaires, gravés et imprimés en couleur sur papier blanc.

Le premier timbre de ce modèle qui ait été émis est celui de 40 centimes, créé le 1ᵉʳ octobre 1849, au moment de la mise à exécution de la convention additionnelle conclue avec la France le 27 avril 1849.

N° 75.   (Belgique.)   N° 76.

CRÉATION DU 1ᵉʳ OCTOBRE 1849, EN VERTU DE LA LOI DU 22 AVRIL 1849.

Émission des 18 et 22 octobre 1849.

40 centimes, — rouge.

Émission du 10 août 1850.

10 centimes, — brun-sépia.
20   — bleu (n° 76).

CRÉATION, PAR ARRÊTÉ ROYAL, DU 22 MARS 1861.

Émission du 1ᵉʳ juin 1861.

1 centime, — imprimé en vert sur papier verdâtre.

Ce dernier timbre sert à l'affranchissement des imprimés.

Les timbres-poste sont fabriqués par l'État à Bruxelles.
La suite à une autre livraison.

─────────

CHARTRES.

Voy. la Table des vingt premières années.

Chartres se divise en haute et basse ville. La haute ville est seule connue des voyageurs; c'est là que se dresse ce gigantesque monument de la piété de nos pères, l'église Notre-Dame, chef-d'œuvre célèbre, but d'une curiosité toujours nouvelle depuis cinq siècles et qui n'est jamais déçue(¹). La ville basse, bien qu'elle ne possède rien d'aussi remarquable, mérite cependant, à plus d'un titre, d'être visitée. Sans parler de son église Saint-Pierre, qui, par la hardiesse de sa nef et l'élégance de ses vitraux, suffirait pour faire la renommée d'une ville; sans rappeler même les splendides émaux de Léonard Limousin, les plus beaux assurément que l'on connaisse; sans citer, enfin, la porte Guillaume, ce reste encore imposant des fortifications du

(¹) 1 florin des Pays-Bas = 100 cents = 2f.12.

(¹) Voy. tomes IV, VII et XIX.

douzième siècle (¹), la basse ville, avec ses rues sinueuses, ses maisons en bois surplombant le pavé des rues, ses tertres aux cent marches, son église et sa fontaine Saint-André, est, pour l'archéologue, un sujet intéressant d'étude. Que le voyageur oublie un instant le mouvement du dehors, et, sans s'attacher à ce qui vit autour de lui, qu'il ne regarde que ces maisons et ces édifices, et il se transportera facilement par la pensée en plein moyen âge. L'Eure ne porte plus, il est vrai, les nombreux bateaux qui appartenaient au *métier de la rivière*, mais elle est

Une vue de Chartres : le cours de l'Eure dans la basse ville. — Dessin de Thérond.

encore bordée des planches du quinzième siècle où les blanchisseuses battent le linge, où les tanneurs travaillent les peaux. L'air est imprégné d'une sorte de senteur toute particulière, où l'odeur de la tannerie se mêle confusément aux parfums des jardins. C'est là que commença la famille d'Aligre, et sans doute en cherchant avec un peu de soin on retrouverait parmi ces vieilles maisons celle où le chancelier de France venait visiter ses aïeux.

(¹) Voy. t. XVIII, 1850, p. 16.

OBSERVATIONS ASTRONOMIQUES.

FÉVRIER.

Ce mois présente une particularité que les astronomes et les physiciens ne nous semblent pas avoir fait ressortir jusqu'ici d'une manière suffisante. Tout le monde sait que la température s'élève ou s'abaisse à raison de la plus ou moins grande obliquité des rayons solaires, combinée avec le séjour plus ou moins long du soleil au-dessus de l'horizon. Mais ce qu'on sait moins généralement, c'est que la plus forte chaleur a lieu environ deux heures après midi, point de culmination du soleil, et environ deux mois après le solstice d'été, de même que les journées les plus froides se font remarquer environ deux mois après le solstice d'hiver : elles coïncident par conséquent avec le mois de février, l'un des deux mois ajoutés par Numa au calendrier de Romulus.

Du 10 au 25, le mois de février pourra être propice aux observations de la voûte étoilée. L'intervalle indiqué est celui du dernier au premier quartier de la lune. Car, dans tous les autres moments, l'éclat emprunté de notre satellite efface celui de la plupart des astres; pendant la période de la pleine lune (le 3 février), on ne verra même guère scintiller que les étoiles de première grandeur.

Orion trônera encore parmi les constellations : c'est la plus belle de notre ciel. Elle est facile à reconnaître aux trois étoiles (dites les Trois-Rois) assez rapprochées qui forment le baudrier, ainsi qu'aux quatre étoiles qui indiquent, les deux supérieures, les épaules, et les deux inférieures, les pieds de l'intrépide chasseur que la mythologie a relégué parmi les astres. L'imprudent, qui avait offensé Diane, est suivi de son chien, dont la gueule est marquée par la plus belle de nos étoiles, Sirius. Les anciens l'appelaient Canicula. Six mois plus tard, elle se trouvera plongée dans les rayons du soleil ; c'est le moment des plus fortes chaleurs, l'époque de la canicule. Sirius a été récemment mis au nombre des étoiles doubles, grâce à la puissance et à la netteté des télescopes de M. de Foucault.

Un des phénomènes les plus splendides que nous puissions recommander aux amateurs d'observations astronomiques, c'est la nébuleuse d'Orion. On la voit très-bien avec un grossissement de quatre-vingts à cent fois. Il suffit, pour cela, de pointer la lunette dans un petit groupe d'étoiles de quatrième ou de cinquième grandeur, situé un peu au-dessus de la seconde étoile du baudrier et tout près de l'étoile marquée θ sur les cartes célestes. Cette nébuleuse fut découverte en 1656, par Huygens, émerveillé d'un spectacle aussi inattendu : « On aurait cru, dit-il, qu'il y avait une ouverture du ciel qui donnait le jour sur une région plus brillante. » Elle se présente, en effet, sous forme d'une lueur étendue, calme, inégale, qui n'a rien de commun avec la lumière scintillante des étoiles qui brillent aux environs et qui se trouvent sans doute sur des plans comparativement très-rapprochés de nous. On dirait un nuage phosphorescent à contours irréguliers, capricieux, ou un fragment de l'empyrée, de cette sphère ignée dont nous parlent les anciens dans leurs cosmogonies.

Qu'est-ce que la nébuleuse d'Orion? Est-ce une masse centrale autour de laquelle gravitent des mondes, y compris peut-être le nôtre? Ou bien est-ce un de ces univers qui, vus à travers les brèches du nôtre (notre ciel lui-même, avec ses innombrables étoiles, n'est qu'une nébuleuse), ne paraissent que de petits nuages blancs? Voilà ce qu'il n'est guère possible actuellement de décider. La question est d'autant plus embarrassante que cette nébuleuse n'a point pu encore, à l'aide des télescopes les plus

puissants, être résolue en un amas stellaire, comme l'ont été la plupart des nébuleuses, réputées irréductibles avant W. Herschel.

Nous devons dire la même chose de la nébuleuse qui se voit dans la constellation d'Andromède, tout près de l'étoile de troisième grandeur marquée ν. Elle fut découverte en 1612, par Simon Marius, qui en compara la lumière à celle d'une chandelle vue à travers une mince lame de corne. La comparaison est parfaitement exacte. Cette nébuleuse, qui, quoi qu'on en ait dit, ne s'aperçoit pas à l'œil nu, est beaucoup plus petite et plus régulière que celle d'Orion. Elle a la forme d'un fuseau; sa longueur est de deux degrés et demi, et sa largeur d'un degré.

Des points les plus distants que l'œil humain puisse atteindre, revenons aux plans les plus rapprochés de nous. Mars brillera encore parmi les planètes visibles dans le mois de février. Sa lumière est à peu près aussi rouge que celle d'Aldébaran, ou de l'œil du Taureau. C'est une étude comparative que chacun pourra faire aisément, car Aldébaran est une étoile de première grandeur. Le 23 aura lieu un phénomène d'occultation : la lune passera devant le disque de Mars.

Cette planète offre un intérêt particulier à l'historien de la science. C'est par les observations de la variation très-sensible de son diamètre que Képler est arrivé à découvrir les lois qui portent son nom et qui forment la base de l'astronomie. Il nous apprend lui-même que toute son attention était dirigée sur cette planète : « C'est, ajoute-t-il, par les mouvements de Mars qu'il nous faut arriver à connaître les secrets de l'astronomie ou les ignorer perpétuellement. » En effet, Mars est d'abord de toutes les planètes celle qui, dans sa marche révolutive, s'écarte le plus du cercle, courbe sacrée à laquelle Copernic lui-même n'avait pas osé toucher; puis son orbite est la plus rapprochée de l'orbite terrestre : la Terre est fort près de Mars quand elle passe entre lui et le Soleil dans les oppositions, tandis qu'elle s'en éloigne trois fois plus dans les conjonctions, quand c'est le Soleil qui se trouve entre elle et Mars. De là des variations d'aspect particulièrement propres à mettre en évidence la forme de l'orbite et les lois du mouvement réel de Mars. Quant aux autres planètes alors connues, leurs orbites différent si peu du cercle que la nature de la courbe (ellipse) qu'elles décrivent en réalité n'aurait jamais pu être reconnue avec certitude par des investigations immédiates.

IDÉE D'UNE RÉFORME DES MUSÉUMS.

Nos galeries, nos herbiers, nos armoires vitrées, ne sont guère propres à inspirer l'amour de la nature, ni même à la faire comprendre. On étudie mal la vie dans les collections où règne la mort. Des peaux de mammifères ou d'oiseaux empaillés, des insectes méthodiquement rangés dans des boîtes, des cristaux brisés, voilà tout ce qu'aperçoit le curieux; l'ignorant qui veut s'instruire, dans ces édifices pompeusement décorés du nom de Muséums. Partout la vie est absente, partout le plan de la nature est brisé.

Pourquoi ne pas nous montrer les animaux dans le rôle et à la place où Dieu les a mis? Qu'on nous fasse voir le ver à soie sur le mûrier, le chêne ou le ricin; qu'on en présente les développements, qu'on en étale les admirables produits. Que d'habiles préparateurs nous montrent les abeilles ouvrières travaillant à la construction des gâteaux ou des alvéoles, les cristallins fixées aux feuilles du nopal; que des dispositions du même genre accompagnent chaque groupe d'animaux ou de plantes; nous n'aurons plus alors devant les yeux de vaines apparences, mais des réalités qui feront naître en nous de salutaires réflexions.

La peinture, la sculpture, l'histoire naturelle, pourraient aussi s'unir pour nous donner une idée des productions de chaque climat, et réaliser les descriptions des savants explorateurs des contrées lointaines. Ces galeries, que la science et l'art pourraient aujourd'hui si facilement créer, serviraient à propager le goût des sciences et l'amour de la nature. [1]

On a dit que la vengeance est le plaisir des dieux. Il n'y a rien d'impossible : c'étaient généralement de mauvais drôles.   JULIEN TRAVERS.

UN RÉVEIL-MATIN.

Lorsque Alexandre de Humboldt eut traversé le rio Uritocu dans le pays de Venezuela, il alla se reposer sous un de ces toits modestes, mais souvent parés de la végétation la plus luxuriante, comme on en rencontre seulement au sein des solitudes américaines. Quelques jours auparavant, son hôte, D. Miguel Cousin, « couché avec un de ses amis sur un banc couvert de cuir, avait été éveillé de grand matin par de violentes secousses et par un bruit épouvantable. Des mottes de terre étaient lancées au milieu de la cabane; bientôt un jeune crocodile de deux à trois pieds de long sort au-dessous du lit, se jette sur un chien qui couchait sur le seuil de la porte, le manque dans l'impétuosité de son élan et se sauve vers la plage pour y gagner la rivière. En examinant l'endroit où la barbacoa était placée, on reconnut facilement la cause d'une aventure si bizarre; on trouva la terre remuée à une grande profondeur : c'était de la boue desséchée qui avait recouvert le crocodile dans cet état de léthargie ou de sommeil d'été qu'éprouvent, au milieu des llanos, plusieurs individus de cette espèce pendant l'absence des pluies. Le bruit des hommes et des chevaux, peut-être même l'odeur du chien, l'avaient réveillé. Souvent les Indiens trouvent d'énormes boas qu'ils appellent uji, ou serpents d'eau, dans le même état d'engourdissement; il faut, dit-on, les irriter ou les mouiller d'eau pour les ranimer. » (Voyages au nouveau continent, t. VI, p. 152.)

LA PIERRE DU CALENDRIER MEXICAIN.

Les dieux de l'antique Tenochtitlan (voy. t. XXI, 1853, p. 83-123) étaient pour ainsi dire oubliés; on les croyait effacés du souvenir des Indiens; la plupart des derniers monuments qui attestaient la magnificence de Montezuma n'existaient que dans quelques mémoires, lorsqu'en 1790 on ordonna des fouilles indispensables pour réparer la cathédrale de Mexico. Lorsqu'on eut creusé à environ 12 mètres, dans le voisinage du Sagrario (voy. t. XXIX, 1861, p. 29), des masses d'une extrême dureté repoussèrent les outils des ouvriers. On venait de mettre à découvert deux pierres énormes de porphyre et une grande idole à l'aspect redoutable, dont la solidité séculaire avait fatigué sans doute le zèle iconoclaste de Zumarraga. L'une de ces pierres, taillées régulièrement, était un Zodiaque merveilleusement sculpté; le second monument, un horrible instrument de supplice. Les objets exhumés furent laissés à la surface du sol. Dans la nuit qui suivit le jour de curieuses exhumations, l'idole de Teoyaomiqui, la terrible déesse, fut mystérieusement couronnée de fleurs.

[1] Ernest Faivre, Œuvres scientifiques de Gœthe analysées et appreciées, p. 337. — Paris, 1862.

On craignit ces souvenirs impies, on en fut même effrayé : la déesse de la mort, trouvée la veille, retourna au sein de la terre (dont elle fut tirée plus tard); quant aux deux pierres sculptées, elles n'excitèrent qu'un médiocre intérêt; on les laissa en vue de tous, non loin du parvis du temple. Ces débris de l'antiquité aztèque avaient été découverts en présence des citoyens de Mexico; on les eût détruits sans l'heureuse intervention d'un chanoine de la cathédrale, M. Gamboa, homme instruit, dont Humboldt a conservé le nom.

Heureusement aussi vivait à cette époque, dans la capitale du Mexique, un savant modeste qui s'était occupé en silence de sciences exactes et surtout d'astronomie. Aidé de la lecture de Torquemada, et peut-être de Fabregat, il examina la pierre du calendrier mexicain et publia bientôt ses observations [1].

D. Antonio de Leon y Gama avait multiplié à ce sujet les recherches utiles et s'était appuyé d'ingénieuses observations; mais il était parti d'un point erroné, et par cela seul ses calculs avaient dû être recommencés : on les a rectifiés depuis.

On a fait observer, il y a déjà longtemps, la curieuse similitude qui existe entre les divers calendriers des nations civilisées de l'Amérique; à quelques légères modifications près, celui des Mayas du Yucatan et celui des Aztèques étaient pareils. Un habile voyageur, qui ne se montre étranger à aucune branche des sciences, a résumé d'une manière précise la façon dont ces peuples mesuraient le temps [2]. « Ils avaient la même année solaire de trois cent soixante-cinq jours, divisée d'abord en dix-huit mois de vingt jours chacun, avec cinq jours complémentaires, dit ce savant, puis en vingt-huit semaines chacune de treize jours, avec un jour additionnel : c'était par une combinaison identique de ces deux séries qu'ils fixaient les jours de l'année; enfin leur cycle, suivant aux mêmes calculs, se résumait en une période de cinquante-deux ans. Cet accord singulier prouve évidemment que, malgré la différence du langage et celle du régime politique, ils avaient puisé à une source commune les principes de leur civilisation. On peut, en effet, rencontrer chez des nations d'origine différente, mais ressentant des besoins et subissant des influences analogués, plusieurs traits de ressemblance dans les institutions et dans les mœurs; mais un calendrier est une œuvre savante, fondée sur des calculs, des symboles, des signes de convention : ici la concordance ne saurait être l'effet du hasard. » On ne peut dire mieux, et dans ses conclusions nettement formulées M. Arthur Morelet se montre complètement d'accord avec Stephens et l'habile Prescott; ce dernier, si on se le rappelle, manifeste la plus vive admiration pour le calendrier de l'antique Tenochtitlan.

[1] Descripcion de las dos piedras que con orasion del nuevo empedrado que se está formando se hallaron en ella. La seconde pierre dont il est fait mention était celle des sacrifices (piedra de los sacrificios). Elle est de forme cylindrique; Humboldt lui donne trois mètres de largeur et onze décimètres de hauteur. Elle est entourée d'un relief dans lequel on reconnaît vingt groupes de deux figures qui sont toutes représentées dans la même attitude : une de ces figures est constamment la même : c'est un guerrier, peut-être un roi; sa main est appuyée sur le casque d'un homme qui lui offre des fleurs comme un gage de son obéissance. — Voy. Vues et monuments de la Cordillère.

[2] Arthur Morelet, Voyage au Yucatan, t. Ier, p. 192. — Voy. également, et pour obtenir les mêmes conclusions, l'abbé Brasseur de Bourbourg, Histoire des nations civilisées du Mexique, t. III, p. 458. « L'identité qui existe entre les divers calendriers du Yucatan, de Chiapas, de Guatemala, de Nicaragua, d'Oaxaca, et celui du plateau aztèque, est une des preuves les plus convaincantes de l'identité de leur civilisation. » Dans le travail sérieusement étudié qui amène ces conclusions, on trouvera, du reste, des renseignements précieux sur l'art de mesurer le temps parmi les nations de l'Amérique.

Lorsque M. Paul de Rosti obtint avec tant de peine l'image photographique de ce précieux monument, encastré dans un des murs latéraux de la cathédrale et ainsi exposé aux injures de l'air, il remarqua avec regret, à sa surface des signes visibles de dégradation. Il est vraiment déplorable qu'une pièce archéologique de cette valeur ne soit pas conservée dans un musée, ou qu'un abri convenablement dressé ne la préserve point d'une lente destruction. Sur les observations du jeune voyageur hongrois, l'autorité locale avait promis de s'en occuper; il n'a été tenu nul compte de l'avis, et lorsque M. Charnay voulut enrichir son grand ouvrage sur le Mexique du curieux basrelief que nous reproduisons, il éprouva les mêmes difficultés que son prédécesseur et constata la même incurie.

Le Zodiaque aztèque n'est pas d'un transport facile, à la vérité, car il peut avoir en carré une étendue de 4 à 5 mètres, et a été taillé dans une sorte de porphyre obscur d'un poids considérable. M. l'abbé Brasseur de Bourbourg en a donné une explication complète, à laquelle nous renvoyons les hommes spéciaux. Après avoir dit qu'il présente à sa surface « plusieurs séries de figures gravées en relief dans une suite de cercles, dont le plus grand peut mesurer 14 pieds de diamètre, ayant au centre une image monstrueuse du soleil », il fait observer que l'artiste, guidé par le savant, y a réuni en partie les fastes religieux des Mexicains. On y voit, dit-il, « marquées leurs fêtes principales, ainsi que le temps exact de l'année où elles devaient se solenniser. » On y pouvait observer également « les équinoxes et les solstices, de même que le passage du soleil par le zénith de Mexico. Ce morceau colossal servait en même

La Pierre du calendrier mexicain. — Dessin de Pellmann, d'après une photographie de M. P. de Rosti.

temps de cadran solaire, lequel signalait non-seulement le midi, au moyen des ombres verticales et parallèles données par des gnomons qui s'y trouvaient placés, mais en outre indiquait les différentes heures du matin et du soir auxquelles les prêtres devaient célébrer leurs rites et offrir les sacrifices journaliers. Cette pierre était donc la réduction de la moitié de l'écliptique ou mouvement propre du soleil du couchant au levant, suivant l'ordre des signes, du premier point du Bélier au premier point de la Balance, ainsi que du mouvement diurne d'orient en occident, depuis le lever jusqu'au coucher; aussi peut-on la considérer comme le monument le plus précieux de l'antiquité mexicaine. »

L'auteur du *Cosmos* et M. Nebel ont donné tour à tour des représentations du Zodiaque mexicain. Nebel a fait tout ce que pouvait faire un dessinateur consciencieux; mais la photographie dont nous offrons une copie fidèle prouve combien le graveur du livre de Humboldt s'est éloigné de la vérité.

Typographie de J. Best, rue Saint-Maur-Saint-Germain, 15.

UN POÊLE A AUGSBOURG.

Un Poêle en terre cuite, à Augsbourg (Bavière). — Dessin de Lancelot.

A côté de la *Salle d'or* (ancienne salle du conseil), que l'on ne manque pas de faire voir aux étrangers qui visitent l'hôtel de ville d'Augsbourg, sont quatre autres salles beaucoup plus petites qu'on appelle les *Chambres des princes*, parce qu'elles furent habitées, en 1653, lors de l'élection de l'empereur Ferdinand IV, par les quatre princes électeurs de Mayence, de Cologne, de Trèves et du Palatinat. Les peintures et les sculptures décoratives de la Salle d'or, plus riches que vraiment belles, ne font pas de tort aux remarquables boiseries de ces salles latérales, ni surtout aux magnifiques poêles qui en sont la curiosité la plus remarquable. Ces poêles furent fabriqués à Landsberg, en Bavière, par Wilhelm Vogt : il n'est pas sans intérêt de pouvoir mettre le nom d'un artiste célèbre en ce genre à de si beaux exemples d'une fabrication propre à l'Allemagne, qui en fit un art à l'époque où le luxe s'introduisit dans l'intérieur des habitations. Les poêles d'Allemagne étaient renommés même à l'étranger. On les trouve mentionnés en France dès le quinzième siècle, et c'est aussi d'Allemagne que nous vinrent les premières plaques de faïence ornées de bas-reliefs émaillés, destinées à servir de revêtement à des poêles.

Le poêle que reproduit notre gravure, le plus beau des trois que l'on voit dans les Chambres des princes à l'hôtel de ville d'Augsbourg, est frotté à la mine de plomb, selon l'habitude très-répandue en Allemagne ; mais il est peu probable qu'il en fût ainsi autrefois. L'artiste qui a composé ce petit édifice d'une architecture si bien pondérée, qui a dessiné et modelé avec tant de soin les figures et les ornements qui le décorent, n'en avait pas sans doute détruit l'effet à plaisir, en passant sur le tout ce vernis métallique qui rend toutes les ombres noires, fait miroiter toutes les saillies et ne laisse au regard aucune tranquillité.

MON VIEUX JACOB ([1]).

NOUVELLE.

Il m'a semblé que quelque chose remuait dans ce coin obscur de la chambre... Étrange illusion ! Souvent je vois ainsi apparaître devant moi, à mes heures de rêverie solitaire, ceux que j'ai aimés, tels que je les ai connus aux jours passés.

Vraiment, en ce moment je crois voir, comme autrefois, s'avancer, s'approcher lentement certain petit homme dont le visage, depuis bien des années, ne s'était pas présenté devant moi.

— Te voici donc ! Bonjour, mon vieux Jacob. Tel je te laissai le jour où pour la dernière fois tu me souhaitas bon voyage, tel je te retrouve. Mais toi, pourrais-tu reconnaître aussi ceux que tu as connus autrefois ? Et te rappelles-tu cette maison et ce palier du premier étage, où tu cirais les souliers et décrottais les pantalons d'un habitant de la seconde chambre, tout en murmurant : « Que je voudrais qu'il prît plus souvent des voitures ! » Et puis, mon vieil ami, seize marches plus haut, — comme pénible pour tes jambes trop sensibles aux rhumatismes, — seize marches plus haut, cette chambre à droite ?...

Reconnais-tu encore celui qui l'habitait, bien qu'il ait un peu vieilli ? C'est qu'aussi, Jacob, il s'est écoulé treize ans bien comptés depuis la première fois que je te vis, et douze depuis la dernière. « Il fait maigre chère », pensais-tu sûrement, tandis qu'humblement tu disais : « Qu'y a-t-il pour votre service, Monsieur ? » Monsieur ! vois-tu, vieux Jacob, tu as été le premier, tout à fait le premier, assez avisé pour comprendre qu'un jeune homme de dix-sept ans est enfin un *monsieur* ([2]). Merci, Jacob, de ce

(¹) Traduit du hollandais. L'auteur de cette nouvelle, que nous avons dû réduire en quelques endroits, est M. J. Cremer. (Voy. t. XXX, 1862, p. 34.)
(²) *Menheer*. C'est le nom qu'on donne, en Hollande, aux hommes ; on appelle un jeune homme *Jongheer*.

que tu me donnas du *monsieur* ce jour-là. Je te le jure, cela ne me fit pas seulement plaisir, cela me fit du bien. J'en fus tout enhardi. J'étais alors livré seul à moi-même, dans une chambre garnie. Je pouvais, il est vrai, compter sur la bourse de mes parents, et, sous ce rapport, je n'étais pas dépourvu de toute aide. Mais, loin d'eux, quoique leurs bons conseils et leurs tendres recommandations fussent présents à mon esprit, un encouragement m'était bien nécessaire pour relever mon peu d'assurance, et cet encouragement, c'est toi qui me le donnas, vieux Jacob, avec ce nom de *monsieur* si harmonieux et si flatteur pour mon oreille.

J'étais, vois-tu, un enfant bien timide encore, et tous ceux qui étaient en relation avec moi n'avaient pas encore eu l'idée, — même l'employé du chemin de fer, même le propriétaire de ma nouvelle chambre, — de m'appeler autrement que *jeune homme*, ce qui me paraissait humiliant et diminuait quelque peu l'importance de ma personne. Mais dès que tu m'eus appelé « Monsieur », je fus tout à fait persuadé que je n'étais plus un enfant, et, l'instant d'après, j'arpentais ma chambre avec une certaine dignité.

Où était ma petite valise ? Je la cherchai, puis je tirai la sonnette ; réellement, j'eus le courage de tirer la sonnette. C'était la première fois que cela m'arrivait de déranger qui que ce fût pour mon service personnel. Sans toi, Jacob, je serais descendu pour expliquer mon embarras à la maîtresse de la maison ; mais alors, alors, je sonnai ! et lorsque j'entendis les pas précipités sur l'escalier, je toussai bruyamment pour me donner une contenance.

— Où est ma valise, Mademoiselle ? dis-je d'une façon aussi imposante que possible.

— Votre valise, Monsieur, votre valise ? je n'en sais rien. Je vais voir.

Et *klit, klat, klat*, les mules de sonner sur l'escalier.

Vois-tu, vieux Jacob, tu m'aidas à remporter cette première victoire, après laquelle la seconde, puis la troisième, furent faciles.

Que n'es-tu là en réalité, vieux Jacob ! Que ne puis-je te voir assis près de moi, tandis que j'essaye de te faire connaître à ceux qui veulent bien m'écouter ! Mais je leur dois d'abord ton signalement.

Tes cheveux, je n'ai rien à en dire. Tu portais invariablement une petite perruque d'un jaune carotte, retroussée par derrière et bouclée en forme de virgule.

Ton front, je ne l'ai vu qu'une fois, et encore par accident. Un jour que j'arrivais sans que tu m'attendisses, ton chapeau rougi, que tu avais trop enfoncé sur ton front, emporta, dans la précipitation à le retirer, la perruque jaune avec lui ; et ce moment fut trop rapide pour me permettre d'examiner le front, qui cependant faisait partie d'un crâne que je jugeai devoir être nu.

Tes yeux, quand même on devrait me condamner au pain et à l'eau, je n'en pourrais déterminer la couleur. Eh ! quand aurais-je pu les bien examiner ? Le plus souvent, je faisais encore les paresseux derrière les rideaux de mon lit, lorsque toi, pauvre diable, tu attendais sur le seuil de la porte mes lettres pour la poste ou les autres commissions que je pouvais avoir à te donner.

Et quand, pour la seconde fois, tu venais « chercher mes ordres » vers le milieu du jour, et qu'après ton *toc-toc* accoutumé je te criais : « Entrez ! » je ne regardais pas tes yeux ; mais, feignant d'être absorbé dans quelque livre d'étude, je te disais brièvement, et sans lever la tête, comme si je n'eusse pas eu une minute à perdre :

— Pour dix sous de cigares, et des forts !

— Rien de plus, Monsieur ?... Rien de plus, Monsieur ?

—Quoi?... Non, Jacob, non, des cigares et rien de plus.

Et toi, tu regardais mes pieds, pour t'assurer, sans doute, de l'effet resplendissant de ton cirage. Je me tournais vers toi à l'instant où tu faisais volte-face, et je voyais ta perruque, ta redingote couleur de mélasse, ton habit râpé, présent du respectable député notre voisin, ton pantalon d'été... et d'hiver, hélas ! — tes souliers qui paraissaient soutenir depuis longtemps une gageure avec les pavés de la rue. Je voyais tout cela fort bien, et aussi comme tu étais maigre, et petit, et courbé; mais en vérité je ne voyais pas tes yeux.

Ton nez, ta bouche... Jacob, ne te fâche pas ! Ton nez ressemblait assez à un bouchon auquel on aurait voulu, en le taillant, donner une forme convenable; ta bouche me faisait l'effet de l'ouverture d'une tirelire, d'une très-petite tirelire, où rarement il entre quelque chose, et jamais de grosse mohnaie.

Personne, mon vieil ami, ne je reconnaîtra sans doute à ce signalement; mais il n'en est pas moins fidèle : n'est-ce pas là, du reste, le sort de tous les signalements?

Jacob et moi, voyez-vous, lecteur, nous ne nous sommes jamais dit un seul mot désagréable. Jacob nettoyait les habits et les souliers de « monsieur », faisait de temps en temps une commission pour « monsieur », — quand « monsieur » ne préférait pas les faire lui-même, — et « monsieur » lui donnait le lundi matin deux pièces de cinq stuivers (¹), non qu'il fît partie de la société qui paye les ouvriers le lundi plutôt que le samedi, mais parce qu'il ne voyait jamais Jacob le soir. Jacob disait enfin : « Rien de plus pour votre service, Monsieur? » puis il descendait l'escalier comme s'il en eût compté les marches.

Vivait-il ainsi cela? Aucun lecteur naturellement n'est assez simple pour faire cette question. Cependant lorsque, calculant dans ma tête, j'eus additionné avec mes dix stuivers le florin donné par le député et les trois pièces de cinq stuivers que Jacob recevait d'un autre locataire (²), ce fut précisément la question que j'adressai à notre bienveillante hôtesse. Et le peu que j'appris d'elle en réponse à ma question, je vais vous le raconter.

De ses aventures avant l'âge de dix-huit ans, jamais Jacob Stip n'avait pu nous vouloir parler. Enlevé par la conscription sous l'empire, il avait été incorporé dans la grande armée avec le grade de tambour, et sa petite taille l'avait toujours fait rester à l'avant-garde. On eût pu le deviner au ran-tan-plan qu'il tambourinait toujours machinalement sur la porte. Quant à prendre du goût au métier, c'est à quoi il n'avait jamais pu parvenir. Il avait, pour sa part, trop peu de sang dans les veines pour ne pas trouver profondément regrettable qu'une si grande quantité de ce précieux liquide fût inutilement versée. Et puis, il n'avait jamais pu acquérir ce je ne sais quoi de martial que les troupiers jugent indispensable : premièrement, parce qu'il était trop petit; deuxièmement, parce que ni frictions ni rasoirs n'avaient réussi à lui procurer les moustaches farouches qui sont pour un grenadier la plus glorieuse partie de lui-même ; troisièmement, parce qu'il ne savait ni faire rouler les r, ni parler avec aplomb l'argot des casernes.

Quelles campagnes Jacob Stip avait-il faites tambour battant? C'est ce qu'il n'était pas facile de savoir. Il en parlait fort peu, si ce n'est pour dire qu'il n'avait été bien reçu nulle part, et il arrivait de suite au dénoûment.

— Me voilà-t-il pas qu'à Louvain, disait-il, une misérable balle de fusil, par hasard, tout à fait par hasard, siffle le long de ma main gauche et m'emporte la plus

(¹) Le stuiver ou sou hollandais vaut à peu près 12 centimes.
(²) Ce qui faisait 2 florins et 5 sous, c'est-à-dire 4 fr. 80 cent. Le florin de Hollande vaut environ 2 fr. 12 cent.

grande partie de mes trois derniers doigts. On me conduit à l'hôpital, je suis retraité, et voilà.

Stip, avec trois doigts de moins et une pension qui montait à une centaine de florins, retourna à la Haye, sa ville natale.

Ses parents étaient morts dans l'intervalle, et la seule personne qui se souvint du petit Jacob Stip fut Sarah Grotendank, la blanchisseuse. Sarah avait encore un coin disponible dans sa maison; Jacob voulait-il s'en contenter et lui payer un florin et demi par semaine? elle consentait volontiers à l'héberger. Jacob, oublié de tout le monde, excepté de la blanchisseuse et de la patrie reconnaissante (ne l'avait-elle pas pensionné pour ses roulements de tambour et les trois doigts enlevés à son service?), accepta avec plaisir l'offre de Sarah et alla occuper le coin où l'on voulait bien l'abriter.

Ce qui avait toujours le plus tourmenté mon bon Jacob, et ce qui lui causait maintenant encore les plus douloureuses angoisses, c'était la pensée d'être une créature inutile en ce monde. Ses parents ne s'étaient point trop affligés lorsqu'on avait trouvé à leur petit Jacob la taille convenable pour en faire un tambour. Ils l'avaient laissé aller, comme ils l'avaient laissé grandir, — si toutefois cela s'appelle grandir, — à la garde de la Providence. La Providence avait veillé sur l'enfant, et, grâce à Dieu, s'il était resté ignorant et maladroit, non par sa faute, mais par celle de ses parents, du moins il n'était point devenu un mauvais sujet.

Et vraiment c'était grand dommage qu'il ne fût pas plus habile, car notre petit homme ressentait douloureusement sa nullité. A mesure qu'il avançait en âge, ce sentiment lui devenait de plus en plus pénible.

Un tambour, selon Jacob, était comme un zéro dans un nombre. Tout le département de la guerre n'était, selon lui, qu'un nombre néfaste dans le grand-livre de l'État. Un tambour retraité, avec trois doigts de moins que le reste des hommes, il l'appelait un zéro hors de nombre. C'était cette notion des nombres et l'avait éclaircie par quelques exemples appropriés à sa situation :

— Vois-tu, tapin, lui disait-il, voici 1, 2, 3, 4, 5, 6, 7, 8, ce sont tes camarades ; 9, c'est le caporal, et le zéro, c'est toi. Aujourd'hui tu fais des roulements, bien! tu es zéro dans un nombre. Mais quand tu seras hors de l'armée, tu seras un zéro tout seul, rien du tout.

— Merci, caporal, avait répondu Jacob ; et la métaphore chiffrée était restée gravée dans sa mémoire, avec les commentaires que ses propres découvertes n'avaient pas manqué de lui suggérer. En arrivant chez Sarah Grotendank, il était bien décidément un zéro hors de nombre.

Le tambour retraité fumait et se promenait du matin au soir. Il eût bien voulu être manœuvre ou porteur de tourbes; mais, vu l'absence de ses trois doigts, personne ne pouvait l'employer, et, faute d'autre travail, il se promenait.

La suite à la prochaine livraison.

LA PHOTOGRAPHIE.

Premier article.

La photographie est, pour l'homme de loisir, une intéressante distraction ; pour le voyageur, un moyen de fixer ses souvenirs avec une vérité saisissante ; pour l'adolescent, une occasion d'exercer les connaissances en physique et en chimie qu'il a acquises pendant le cours de ses études. Les femmes mêmes parfois bravent quelques taches à leurs mains pour le plaisir de se donner, à l'aide d'un rayon de soleil, les portraits fidèles de la famille.

L'installation coûteuse et compliquée des ateliers publics de photographie ne doit pas inquiéter les amateurs. On peut aisément photographier à beaucoup moins de frais. Peut-être même aurions-nous dû indiquer en commençant les moyens les plus simples et les moins dispendieux de se livrer à ce genre de divertissement utile. Nous avons vu de jolis portraits qu'on obtenait à l'aide d'un petit appareil grand comme une souricière, et de produits qui étaient au large dans un des tiroirs d'une petite commode. Nous viendrons à ce genre d'opérations. Mais il nous a paru qu'il y avait, en somme, avantage à donner, dès le début,

une idée plus générale, et, en représentant un aménagement de quelque importance, à offrir tout d'abord un modèle à peu près complet, que l'on n'imitera, si l'on veut, que dans ses parties essentielles.

Commençons donc par quelques indications sur l'établissement d'un bon laboratoire.

I. — LE LABORATOIRE.

Il est peu de maisons, surtout en province, où l'on ne puisse disposer d'un cabinet : cela suffit, pourvu que ce

PHOTOGRAPHIE : FIG. 1. — Cabinet laboratoire pour la production des surfaces sensibles.

cabinet ait une fenêtre, petite ou grande, qui ne soit pas placée trop haut ; même sans cette condition, elle aurait son utilité. Si la fenêtre regarde le nord, c'est tant mieux. Quelle que soit sa direction, il faut la couvrir entièrement, à l'exception d'un carreau de 30 à 40 centimètres de côté, avec du papier épais, collé, ou avec une étoffe opaque choisie de manière à intercepter absolument la lumière.

Le carreau libre sera fermé à l'aide d'une étoffe jaune-orange ou rouge, transparente ; mieux encore, au moyen d'une ou deux feuilles de papier jaune-orange collées l'une sur l'autre si une seule est trop mince. Il est indispensable que le laboratoire soit éclairé seulement par cette lumière jaune, qui ne doit pas être assez intense pour empêcher de distinguer parfaitement les objets.

Dans ce cabinet, des tables ou des planches seront clouées aux murs en quantité suffisante pour qu'il soit facile d'y placer les cuvettes, flacons, entonnoirs nécessaires : plus on se ménagera ainsi d'espace, mieux cela

vaudra pour le succès des opérations. On y transportera également une fontaine filtrante ou des vases pouvant contenir une certaine provision d'eau.

Si l'on s'occupe de paysage, il faudra bien, à cause de la nécessité de chercher des modèles au loin, simplifier, autant que possible, les éléments du laboratoire, quoique, même alors, une installation large et commode valût mieux. Pour le portrait ou les reproductions d'autres objets mobiles, on devra se choisir, en dehors du laboratoire, un coin dans un jardin, un enclos, où l'on pourra poser son modèle sans être dérangé, une chambre même, pourvu qu'elle soit éclairée par grande fenêtre qui, au moment de la pose, ne soit pas sous la lumière du soleil.

Cette installation n'exige d'ailleurs aucun préparatif.

Si l'on a à sa disposition du verre jaune-orange, comme cette substance laisse passer beaucoup plus de lumière que le papier, on pourra réduire l'ouverture du carreau libre à un carré de 1 à 2 décimètres au plus de côté.

. La lumière jaune étant celle qui, dans le spectre solaire, a le moins d'action, une action presque nulle sur les substances sensibles, on peut, avec son aide, opérer sans crainte d'accident, absolument comme on le ferait dans l'obscurité : les rayons jaunes équivalent à l'obscurité pour la photographie. Le point principal est de se dispenser de l'usage des lumières artificielles, qui sont d'un maniement peu commode et souvent dangereux ; car si l'on veut se servir de produits à base d'éther, il est essentiel d'être averti que l'éther, en se vaporisant dans l'air atmosphérique, forme un composé qu'une lumière peut enflammer en produisant une détonation dangereuse. .

Pour éviter ces accidents, on installe dans les grands ateliers, lorsqu'ils doivent servir le soir à des préparations, une hotte de tirage que l'on voit au fond, à droite de la gravure (fig. 1). Cette hotte communique à une cheminée, et enlève, au fur et à mesure de leur formation, les vapeurs d'éther ou d'autres corps qui se produisent dans le laboratoire.

Au fond, à gauche, on aperçoit : — le carreau jaune ; —

Fig. 2. — Cabinet laboratoire pour le fixage.

dans l'intervalle qui le sépare de la hotte, une fontaine en gutta-percha qui contient de l'eau destinée au lavage des épreuves négatives, que l'on prépare en face du carreau et au-dessus de la grande cuvette dont on voit le côté ; — enfin, le tube de décharge conduisant les eaux dans un baquet placé sous la table.

Évidemment tout cela peut être simplifié : pour cuvette on peut prendre un grand plat en terre vernissée, comme on en trouve partout ; pour fontaine, une cruche de grès ; et pour baquet, un seau de bois.

À droite du cabinet obscur, on voit sur les tablettes et au-dessous des boîtes contenant des provisions de glaces neuves ou couvertes d'images, des flacons qui contiennent les préparations, et en haut des châssis dont nous expliquerons plus loin l'usage. Il y a même des tiroirs sous les planches pour serrer les petits objets qui pourraient être égarés et faire faute au moment du travail.

Ordre et propreté est une devise qu'il faudrait inscrire aux quatre coins du cabinet laboratoire. C'est le secret de la réussite en bien des choses, de l'aisance dans beaucoup de familles ; mais ce secret, souvent on ne l'apprend que peu à peu et à ses dépens. En photographie, l'ordre et la propreté sont absolument nécessaires dès le début. On n'obtient pas le moindre résultat si l'on manque de ces deux grandes qualités.

La figure 2 représente un cabinet laboratoire qui sert spécialement au fixage des épreuves développées. Comme les agents de fixage sont délétères pour les surfaces sensibles, il est tout naturel, quand on fait un grand nombre d'épreuves, de séparer ces deux classes de produits.

Pour nous, simples amateurs qui n'en faisons pas la même consommation et qui, la plupart du temps, opérons nous-mêmes, nous nous contenterons de reléguer les cuvettes à fixage par terre, à un bout du cabinet ; et, pour seul luxe, si nous le pouvons, si nous nous laissons entraîner à une installation luxueuse, nous les enferme rons dans une case à part, au moyen d'une cloison en bois ou même en papier goudronné tendu sur des ficelles. La seule chose indispensable, c'est l'isolement des produits.

Dans la figure 2, on voit, à gauche de l'armoire fermée, des produits chimiques. Il est toujours bon d'avoir une cassette, une petite armoire, un tiroir fermant à clef pour y enfermer les produits qui ne doivent pas rester sous la main de tout le monde, car plusieurs sont ou peuvent devenir dangereux pour l'ignorant ou l'imprudent.

Il faudra se procurer une petite balance munie de ses poids, et une grande bouteille ou cruche pour conserver la provision d'eau distillée.

Ces préparatifs du laboratoire étant faits le plus simplement possible et sans grandes dépenses, il faut s'occuper de l'instrument utile, indispensable, la chambre noire. *La suite à une prochaine livraison.*

DE L'ACCROISSEMENT NOCTURNE
DE LA TEMPÉRATURE DE L'AIR AVEC LA HAUTEUR
DANS LES COUCHES INFÉRIEURES
DE L'ATMOSPHÈRE.

A mesure qu'on s'élève dans l'atmosphère, soit en ballon, soit en montant sur une montagne, la température décroît avec la hauteur, c'est-à-dire que le froid devient de plus en plus vif. Tout le monde connaît les conséquences immenses de ce décroissement pour la physique du globe. Le climat plus âpre des pays de montagnes, leur végétation toujours plus septentrionale que celle de la plaine, les glaciers et les neiges éternelles qui persistent pendant toute l'année sur les hautes sommités des Alpes, des Pyrénées, du Caucase, etc., etc., tous les grands traits, en un mot, de la climatologie des montagnes dépendent de cette loi unique. Ce décroissement varie suivant les saisons et même suivant les heures du jour; il est beaucoup plus rapide en été, où il suffit quelquefois de s'élever de 140 mètres pour que le thermomètre baisse d'un degré centigrade; mais en hiver il arrive souvent qu'une différence de niveau de 300 mètres et plus correspond à une différence d'un degré thermométrique. On a même observé des périodes où il faisait aussi chaud sur la montagne que dans la plaine. Ainsi donc les hivers sont relativement moins froids sur les montagnes que les étés. Si la différence était la même dans les deux saisons, beaucoup de points habitables et habités ne seraient certainement pas.

Je passe maintenant à l'examen du phénomène qui fait le titre de cet article. Quoique se manifestant sur une échelle beaucoup moindre que le décroissement général de la température avec la hauteur, quoique limité à la couche inférieure de l'atmosphère, il n'en joue pas moins un rôle considérable dans l'économie de la nature; car tous les êtres organisés, les plantes, les animaux et l'homme lui-même, vivent pour ainsi, dire au fond de l'océan atmosphérique. Tout ce qui se passe dans la couche gazeuse qui nous entoure et nous pénètre a une importance extrême; les effets de ses variations sont immédiats, tandis que nous ne ressentons que le contre-coup des phénomènes qui se manifestent dans les hautes régions atmosphériques. Pendant le jour, tant que le soleil est au-dessus de l'horizon, le décroissement général de la température dont nous avons parlé commence à partir du sol; ainsi il fait *moins chaud* à 25 mètres qu'à 1 mètre au-dessus de la terre, à 50 mètres qu'à 25 mètres, et ainsi de suite; mais dès que le soleil est descendu au-dessous de l'horizon, les conditions sont changées, la température croît avec la hauteur, c'est-à-dire qu'il fait *plus chaud* à 25 mètres au-

dessus du sol qu'à 1 mètre, à 50 qu'à 25, et ainsi de suite jusqu'à une limite très-variable suivant une foule de circonstances qu'il serait trop long d'énumérer. A partir de cette limite, le décroissement dont nous avons parlé au commencement de cet article succède à l'accroissement dont il vient d'être question et se continue jusqu'aux régions les plus élevées de l'atmosphère.

Cet accroissement nocturne de la température varie suivant l'état du ciel. Quand le ciel est serein et l'air tranquille, cet accroissement est très-rapide. Ainsi, pendant les nuits sereines de l'hiver ou de l'été, deux thermomètres, dont l'un sera placé à 0m,05 au-dessus du sol et l'autre à 2 mètres, accuseront souvent 1 degré centigrade de différence, quelquefois même on pourra constater un écart de 1 degré pour 1 mètre de différence de niveau. Des thermomètres échelonnés jusqu'à 50 et souvent jusqu'à 100 mètres accuseront toujours des températures croissantes avec la hauteur, quoique moins rapidement que dans le voisinage du sol. D'une manière générale, on peut dire qu'il y a 3 degrés centigrades de différence pour une hauteur de 30 mètres. Aussi dans la nuit fait-il plus froid dans les bas-fonds, dans les dépressions du sol que sur les hauteurs. Vulgairement on attribue cette différence à l'humidité; on remarque que les brouillards se condensent dans les vallées et les dépressions du sol, mais on prend ici l'effet pour la cause : c'est parce qu'il fait plus froid dans la vallée que le brouillard s'y condense, et nous y percevons la sensation du froid humide qui disparaît, à mesure que nous montons sur une tour ou sur une colline.

Quand le ciel est couvert, nuageux ou agité par le vent, l'accroissement persiste encore, mais il est beaucoup moindre, et la température est quelquefois la même ou sensiblement la même près du sol et à 30 ou 50 mètres au-dessus.

Il serait peu logique de nous en fier à nos sensations pour apprécier les différences de température dont je parle; elles nous tromperaient souvent : en effet, quand on éprouve la sensation du froid, que se passe-t-il? Pour éviter cette impression pénible, l'homme a soin de couvrir son corps de vêtements qui ont pour but de retenir et d'enfermer la couche d'air que son corps échauffe; tant que cette couche d'air est à 25 ou 30 degrés, la plupart des hommes n'éprouvent pas la sensation du froid; ils la ressentent dès qu'elle s'abaisse au-dessous de ces températures. Mais elle peut s'abaisser pour deux causes très-différentes : 1° parce que l'air environnant étant trop froid et le vêtement insuffisant, la couche d'air enfermée est refroidie par l'air extérieur; 2° lorsque l'air extérieur, sans être très-froid, se substitue à la couche d'air échauffée, c'est-à-dire lorsque l'air est en mouvement, en d'autres termes, lorsqu'il fait du vent. Alors nos vêtements sont traversés sans cesse par l'air extérieur, et nous ne pouvons conserver autour de nous la couche d'air que notre corps a échauffée. Un thermomètre, au contraire, accuse la température indépendamment de l'agitation de l'air. Il arrive donc souvent qu'un observateur n'éprouve pas de sensation du froid dans une vallée où le thermomètre sera, je suppose, à zéro, tandis qu'il trouvera que l'air est très-froid sur une colline où le thermomètre sera à 5 ou 6 degrés au-dessus de zéro. Pourquoi? Parce que dans la vallée il était à l'abri du vent et conservait autour de son corps la couche d'air qu'il avait échauffée, tandis que sur la colline le vent, traversant ses vêtements, renouvelait sans cesse la couche d'air.

Les végétaux ne se trouvent pas dans les mêmes conditions que l'homme ou les animaux; ils ne sont pas producteurs de chaleur et n'échauffent point une couche d'air destinée à les protéger contre le froid extérieur : aussi sont-ils très-sensibles aux différences de température dont nous avons parlé. Les effets de la *lune rousse*, à laquelle le préjugé attribue les effets dus à l'abaissement de la température près du sol, s'expliquent parfaitement dès que cette notion est acquise. Au premier printemps, lorsque les végétaux hâtifs, tels que les amandiers, les pêchers, les abricotiers, commencent à fleurir; plus tard, lorsque la vigne développe ses tendres bourgeons, quelles sont les craintes des cultivateurs? Ils redoutent les nuits calmes et sereines : en effet, c'est pendant ces nuits que l'air se refroidit le plus dans le voisinage du sol, et que bourgeons et fleurs peuvent geler. Il n'est point de jardinier qui n'ait vu ses arbres fruitiers ou ses vignes souffrir dans les bas-fonds, tandis qu'ils étaient épargnés sur les hauteurs. Tous ceux qui observent avec soin ont constaté que les branches les plus rapprochées du sol sont toujours celles qui souffrent le plus, même lorsqu'elles semblent protégées par celles qui les recouvrent. On voit des végétaux exotiques délicats périr dans les parties basses d'un jardin, tandis qu'ils résistent dans les parties élevées. A la suite de tous les hivers rigoureux, des arbres soi-disant acclimatés succombent; mais ce sont toujours ceux que l'on avait plantés dans des lieux bas qui ont péri les premiers. En Provence et en Languedoc, le mal se montre souvent sur une grande échelle : les oliviers de la plaine périssent; ceux qui sont sur des collines sont à peine touchés dans leurs extrémités.

La science n'exige pas la foi; son devoir est d'expliquer tout ce dont elle peut rendre compte aux savants et à ceux qui désirent le devenir. Essayons donc de nous rendre compte de l'accroissement nocturne de la température avec la hauteur. On se tromperait si l'on croyait que le soleil échauffe l'air directement. Les astronomes ont prouvé qu'en traversant toute l'épaisseur de l'atmosphère, qui est de 120 000 mètres, un rayon solaire abandonne seulement à l'air un tiers de sa température. Mais c'est le sol que le soleil échauffe fortement, et à son tour ce sol échauffé communique sa température à la couche d'air qui le baigne. Cette température se propage en s'affaiblissant de bas en haut; de là le décroissement de la température avec la hauteur, à partir du sol, pendant le jour. La terre joue donc le rôle d'un immense poêle qui commence par s'échauffer lui-même avant d'échauffer l'air de l'appartement dans lequel il est placé. Mais lorsque le soleil n'est plus au-dessus de l'horizon, le sol ne s'échauffe plus; il se refroidit, au contraire, par rayonnement, c'est-à-dire qu'il émet de la chaleur et perd, par conséquent, celle qu'il a acquise pendant le jour. Quand le ciel est couvert de nuages, le rayonnement calorifique ou, en d'autres termes, le refroidissement de la terre n'est pas très-intense; cette couche de nuages est une protection, un véritable vêtement pour la terre. En outre, la température de ces nuages, quoique généralement plus basse que celle de la terre, ne l'est point assez pour que l'échange de chaleur se fasse au détriment du sol, surtout pendant l'hiver; mais lorsqu'il n'y a pas de nuages au ciel, lorsque l'écran qui sépare la terre des espaces célestes n'existe pas, lorsque le ciel est serein, en un mot, alors le rayonnement terrestre est énorme et la déperdition de chaleur considérable. En effet, c'est avec les espaces célestes qu'il y a échange de température, et les estimations les plus modérées établissent que cette température doit être de 60 degrés au-dessous de zéro. On conçoit dès lors combien la surface de la terre doit se refroidir pendant les longues nuits sereines de l'hiver. Revenant à notre comparaison familière, nous dirons que la terre se comporte comme un gros poêle de fonte qu'on

chaufferait pendant le jour, mais dont le feu serait éteint toute la nuit. Quelles seront les sensations de la main qui touchera ce poêle? Pendant le jour, celle d'une douce chaleur; pendant la nuit, celle du froid. Ce que la main éprouve, l'air le ressent aussi, c'est-à-dire qu'il s'échauffe pendant le jour au contact de la terre chaude et se refroidit la nuit au contact de la terre froide. Ce refroidissement se propage jusqu'à une certaine hauteur dans l'atmosphère; mais on comprend que la tranche qui touche le sol soit la plus refroidie, et c'est ce qui a lieu en effet : à mesure qu'on s'élève, le froid terrestre se fait pour ainsi dire moins sentir, et, par conséquent, la température s'accroît. La théorie explique donc ce que l'expérience avait constaté, et l'homme peut appliquer utilement ces notions acquises.

L'habitation des bas-fonds est contraire aux lois de l'hygiène, parce que le froid y est plus vif en hiver et l'air plus humide en été; la chaleur s'y concentre, parce que la ventilation est moindre. Ainsi, dans une vallée, le climat est plus extrême que sur la colline voisine, et les différences sont de l'ordre de celles qu'on ne saurait négliger. Pour les plantes, jamais un bon jardinier ne compromettra une plante délicate en la plantant dans un bas-fond; il la placera sur le versant méridional d'une colline, car il sait que dans les bas-fonds les plantes souffrent du froid et de l'humidité en hiver, et de la chaleur en été. Pendant l'hiver de 1860-1861, qui a été très-rigoureux en Angleterre, on a remarqué que les arbres exotiques hasardés en pleine terre avaient péri principalement dans les vallées et les plaines, et c'est aussi dans ces localités qu'on a noté les températures les plus basses. On a également constaté qu'une plante périra dans un jardin et ne périra pas sur la terrasse de la maison voisine. Il y a plus, les différentes parties d'un végétal ne sont pas exposées aux mêmes températures pendant une nuit sereine. Un grand arbre traverse pour ainsi dire plusieurs zones de chaleur relative fort différentes. Les racines plongent dans la terre, dont la température est plus élevée que celle de l'air; la zone la plus froide correspond à la partie inférieure du tronc, tandis que la cime s'élève dans une région de plus en plus tempérée. Il en résulte que les extrémités des branches, qui en sont les parties les plus délicates, en sont aussi les moins exposées. Ainsi, par une heureuse disposition de la nature, les parties les plus délicates, racines et bourgeons, sont pour ainsi dire soustraites au froid, tandis que le tronc seul, qui est moins sensible à la gelée, traverse la zone où le thermomètre descend le plus bas. Dans le jour, c'est l'inverse : c'est au pied du tronc, s'il n'est pas ombragé, qu'on constatera la plus forte chaleur, tandis que la cime s'élève dans une région plus tempérée.

AÉROLITHES MICROSCOPIQUES.

Jusqu'à ce jour, les savants et le public se sont presque exclusivement occupés des aérolithes se précipitant à la surface de la terre avec le bruit et l'éclat des tonnerres. Cependant, tous les corps qui sont arrachés aux espaces planétaires par l'attraction de notre sphère sont loin d'atteindre les dimensions aussi considérables que celles des blocs formidables dont la chute est enregistrée par la météorologie populaire.

Pendant que le navire américain *Josiah-Bates* naviguait dans les eaux indiennes au sud de Java, une pluie de petites pierres très-fines, ressemblant beaucoup à des excréments d'oiseaux, tomba subitement sur le pont, sans qu'aucun autre phénomène permît d'expliquer une circonstance aussi singulière. Le capitaine du *Josiah-Bates*,

M. Callam, homme instruit et actif, se rendit exprès à Washington pour montrer au lieutenant Maury les objets qu'il avait recueillis en pleine mer. Celui-ci, se sentant in-

Groupe d'aérolithes recueillis sur le pont du navire américain le *Josiah-Bates*, dans la mer des Indes. — Grandeur naturelle.

capable d'expliquer leur origine, les transmit au naturaliste prussien Ehrenberg, qui habite Berlin.

Ce savant soumit les fragments à l'analyse d'un puissant microscope, et arriva à reconnaître qu'il avait devant lui des objets doués de la structure la plus étrange. Ils offraient l'aspect d'une matière primitivement liquide, qui aurait été solidifiée pendant sa chute et qui serait arrivée à l'état solide avant d'atteindre la surface de la terre.

Mlle Ehrenberg a eu la patience d'exécuter, sous les yeux de son père, les dessins que nous reproduisons et qui représentent les formes les plus saillantes de ces aérolithes microscopiques.

La plupart de ces gouttelettes solidifiées sont creuses et comparables à des montgolfières. Cependant l'analyse chimique n'y découvre que du fer mélangé avec un peu d'oxyde ou plutôt d'oxydule. « Il est impossible de ne pas être frappé, dit le baron Reichenbach dans les *Annales de Poggendorf*, de la surprenante analogie que présentent ces particules avec les résidus de la combustion

d'un fil d'acier brûlant au milieu d'un flacon rempli de gaz oxygène. »

En effet, dans cette expérience remarquable, qu'on peut facilement exécuter dans tous les laboratoires, on obtient de petits fragments très-ténus, lesquels, placés sous le microscope, offrent tous les caractères des aérolithes de M. Callam.

La seule différence notable, c'est que les ampoules provenant de la combustion de l'acier ont des dimensions incomparablement moindres que celles dont le *Josiah-Bates* a été aspergé. On a calculé que chacun des fragments de poussière n'avait, en moyenne, qu'un trois-millième de ligne de diamètre. Une ligne cube d'acier suffit donc pour en produire à lui seul 27 000 millions !

Cette excessive division du métal amené à l'état de liquéfaction et d'incandescence par l'énergie de la réaction chimique dont le flacon d'oxygène est le théâtre, constate la production d'un phénomène d'optique trop curieux pour que nous ne le signalions pas au moins en passant. Comme chaque parcelle d'acier, quelque petite qu'elle puisse être, a produit sa lueur, et comme la combustion s'accomplit au milieu d'un jet d'étincelles très-vives, mais en nombre assez restreint, on est conduit à reconnaître que l'impression d'une étincelle unique est produite par la simultanéité de plusieurs milliers de petites incandescences !

Mais pour revenir au sujet qui nous occupe, il est évident que la nature a répété cette expérience sur une échelle immense dans les régions supérieures de l'atmosphère, et l'explication de la chute des aérolithes du *Josiah-Bates* est très-simple.

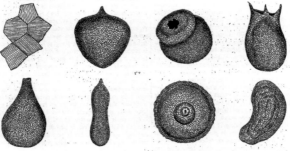

Différentes formes des aérolithes de la mer des Indes vus au microscope.

Supposons qu'une masse de fer météorique d'un volume comparable à celles qu'on a ramassées à Mexico, à Tucuman, au Brésil, au Sénégal, pénètre dans l'atmosphère avec une vitesse comparable à celle que possède la terre dans son orbite.

Le frottement de la surface sur les molécules d'air est tellement énergique que la masse devient incandescente et que la portion superficielle entre en fusion.

Si ce phénomène a lieu dans un point du ciel qui ne soit pas éclairé par les rayons solaires, on peut voir un globe de feu, dont les dimensions atteignent quelquefois celles de la pleine lune, se déplacer avec une grande vitesse dans les régions supérieures de l'atmosphère. Si le phénomène a lieu en plein jour, il ne laissera de traces que sur les points du globe où il tombera quelque chose.

Mais, dans tous les cas, la masse de fer météorique devra laisser tomber le long de son parcours des gouttelettes de fer fondu qui auront pris, en tombant, une forme analogue à celle des fragments ramassés par M. Callam.

Un météore a donc dû passer précisément au-dessus du navire américain, dont l'équipage n'a vu aucun phénomène lumineux, mais qui s'est trouvé là, à point nommé, pour recueillir les traces du passage de ce corps céleste.

Peut-être ce météore, dont le sort nous est inconnu, a-t-il pu échapper à l'aspiration du sphéroïde terrestre. Peut-être a-t-il continué sa route, après avoir abandonné une portion de sa substance. Qui sait si le bloc qui a aspergé le pont du *Josiah-Bates* d'une pluie de morceaux de fer ne circule pas paisiblement autour du soleil !

... compli de gaz

...ville, qu'on peut
...ures, en obtient
...ogels, placés sous le
...ets des aérolithes de

...que les ampoules pro-
...ent des dimensions in-
...dent le Jovial-Bolen
...un des fragments de
...'un trois-millième de
...d'acier suffit donc pour
...ces!

...il attend à l'état de li-
...l'étenque de la rétention
...est le théâtre constate
...quelque temps cuvient, pour
...tous en passant. Comme
...tite qu'elle puisse être,
...combustion s'accompli
...rives, mais en nombre
...vocualaire que l'impres-
...aire par la simultanéité
...fulescences!

...vous occupe, il est évi-
...e expérience sur une
...supérieures de l'Atmo-
...te des aérolithes des Jo-

...sue de fer météorique de-
...son parcours des goutte-
...is, en tombant, une forme
...corrodée par M. Cailon.
...er précisément, au-dessus
...ipage s'il a vu aucun phé-
...'est trouvé là, à point
...s du passage de ce corps

...e sort tous est inconnu,
...des sphérride terrestre
...te, après avoir abandonné
...ui sait si le bloc qui a en-
...d'une pluie de menaces
...et retour du soleil!

L'HÔTEL DE VILLE DE PARIS.

Voy. la Table des vingt premières années.

Vue de la place de l'Hôtel-de-Ville de Paris. — Dessin de Thérond.

Quel esprit attentif, observateur, aidé d'une mémoire tenace, pourrait aujourd'hui rétablir le détail des ruelles qui séparaient jadis le Louvre de l'hôtel de ville? Le Paris d'il y a dix ans n'a pas laissé plus de traces que le Paris du treizième siècle; il est tombé dans le passé aussi bien que Ninive et Babylone; c'est maintenant le domaine des archéologues, *tanta regna* (royaume vide) où les antiques bourgeois en longues houppelandes, les hacquebuliers de Charles IX, les conventionnels aux gilets croisés, coudolent innocemment, — ce sont tous des ombres, — les gardes nationaux paisibles et éloignés qui marchent à pas inégaux, sous l'hôtel de ville, à gauche, et sans jamais dépasser le bas-relief équestre de Henri IV. On a peine à se persuader que la place de Grève, telle que nous la traversons tous les jours, vaste, régulière, aérée, répondant par une ligne d'édifices convenables à la masse imposante de l'hôtel de ville, embellie de perspectives largement ouvertes sur le flanc septentrional de Notre-Dame et la tour Saint-Jacques la Boucherie, ait été créée de toutes pièces il y a moins de dix ans; cependant rien n'est plus certain; le sol a été déblayé de vieilles maisons, nivelé, macadamisé; le quai, successivement élevé; le pont d'Arcole, élégamment reconstruit. L'hôtel de ville même, d'architecture si uniforme, n'a guère été achevé qu'en 1853.

Il est à peu près admis que l'administration communale des cités gauloises, organisée par les empereurs romains, a persisté durant les siècles de barbarie; devenue, sous le régime féodal, la sauvegarde des citadins ou bourgeois, toujours plus libres que les habitants des campagnes, elle apparut dans toute son utilité au temps de Louis le Gros, lorsque se manifestèrent les premiers symptômes de l'émancipation populaire. A Paris, durant les dix premiers siècles de notre ère, l'administration communale semble avoir appartenu à une compagnie de négociants nommés les Navigateurs ou *Nautes* parisiens, qui reparaît dans la première moitié du douzième siècle, sous le nom de confrérie des Marchands de l'eau; ils avaient le droit exclusif de la navigation de la Seine depuis Mantes jusqu'à Auxerre; et l'extension de leurs privilèges était favorisée par les rois, qui savaient tirer parti de l'amitié des Parisiens. Tout le commerce des villes voisines achetait la protection des Marchands de l'eau et ne cessait d'accroître l'importance de la *hanse* parisienne. Cette riche société jouissait d'attributions nombreuses, toutes relatives à l'administration municipale: surveillance, jaugeage et mesurage de toute marchandise déposée au port de Grève; pavage des principales rues, entretien des chaussées, quais, ponts et fontaines. Philippe-Auguste lui concéda l'inspection des poids et mesures et la police des crieurs, qui, selon un tarif fixé par l'usage, faisaient connaître le prix des denrées, la mort des citoyens, etc. La bienfaisance publique, organisée en grande partie par les magistrats municipaux, leur fut entièrement confiée au seizième siècle. La prérogative la plus antique et la plus onéreuse des Marchands était la répartition de la taille: comme Paris était exempt de toute autre corvée féodale, les rois, qui cherchaient sans cesse des moyens d'augmenter l'impôt sans s'aliéner Paris, étaient bien aises de rejeter sur les Marchands une part de leur responsabilité. Le premier des magistrats municipaux, nommé par les plus riches habitants, préposé à la voirie, aux approvisionnements, à la perception des revenus de la ville, à la garde des remparts, devint rapidement un puissant personnage, capable de tenir tête aux rois; il est même surprenant que, maîtres de Paris, quelques prévôts des marchands n'aient pas eu l'idée de remplacer la dynastie régnante. Mais il n'y a eu qu'un Étienne Marcel. La plupart des prévôts ont préféré une renommée moins bruyante,

fondée sur des travaux utiles; citons les plus connus: Étienne Barbette; Jean Popin, qui fit établir le premier abreuvoir public, 1293; Étienne Marcel, 1358, sur lequel on doit consulter, de préférence à tout autre, le livre de M. Siméon Luce; Jean Jouvenel des Ursins; Garnier de Saint-Yon, 1422; Nicolas Viole, 1494, correcteur des comptes, chef d'une famille dont le nom a donné lieu à ce proverbe: *Le Parlement n'a jamais dansé sans Viole;* Guillaume Budé, savant illustre, 1522; de 1538 à 1580, trois de Thou, dont le dernier est l'historien; en 1588, le tapageur la Chapelle-Marteau; en 1650, le frondeur Broussel. Dans les deux siècles suivants, quelques prévôts ont laissé leur nom à des édifices et à des rues, entre autres Lepelletier et Caumartin. Quatre échevins élus pour deux ans et renouvelés par moitié le 16 août de chaque année; vingt-quatre conseillers de ville régulièrement constitués déjà en 1296; un clerc greffier, un receveur, un procureur; les gardes jurés et les syndics des six corps de métiers; les juges consuls; et les quarteniers, chefs des milices bourgeoises: telle était, avant 1789, la hiérarchie des officiers préposés à l'administration des finances, du commerce, des industries et de la police urbaine.

La maison où se réunissait l'antique société des Marchands, siège d'un véritable tribunal, s'appelait le *Parloir aux Bourgeois;* elle était située avant le douzième siècle, dans la rue Saint-Jacques, près de la rue des Grès, et touchait au couvent des Jacobins. Le Parloir fut ensuite transporté sur la rive droite. Au commencement du quinzième siècle, il existait encore une maison de ce nom, tenant aux murs du grand Châtelet. C'est Étienne Marcel qui installa le pouvoir municipal sur la place de Grève, dans la *Maison aux Piliers.* M. le Roux de Liney a trouvé dans un procès-verbal de séance en 1529 la première mention, ou plutôt le premier projet de notre hôtel de ville. Les négociations pour l'achat de bâtiments voisins de la Maison aux Piliers, désormais trop étroite, ne furent pas menées si avant le 15 juillet 1533, jour où la foule acclama la pose de la première pierre. Cent ouvriers, durent obéir entièrement à l'architecte italien Domenico Boccador de Cortone, auteur des plans, et rémunéré par un traitement de 250 livres. En juin 1534, le prévôt et les échevins traitèrent avec Thomas Chocqueur, tailleur d'images, à raison de 4 livres la pièce.

La première phase de la construction s'arrête en 1541. A cette époque, l'hôtel de ville se compose de trois corps de bâtiments. La façade, qui existe encore au centre de l'édifice que nous voyons aujourd'hui, présente un rez-de-chaussée surmonté d'un étage. A droite, un pavillon de deux étages domine l'arcade Saint-Jean. La cour intérieure, élevée de quatre mètres au-dessus de la place, est bornée à gauche par les murs de l'hospice du Saint-Esprit. Trois portes conduisent, celle du milieu à la cour, par un escalier droit; les deux autres à la chapelle du Saint-Esprit et à la rue du Martroi. Les appartements, richement décorés de peintures et d'arabesques, recevaient déjà les rois pour des repas solennels et des fêtes municipales. En 1558, Henri II y vint avec sa cour assister à une représentation organisée par le poëte Jodelle. On conte que Jodelle avait pris le rôle d'Orphée, et qu'au moment où son chant, par l'intermédiaire de machines ingénieuses, devait attirer des rochers, à plus forte raison l'admiration des gens d'esprit, les nobles spectateurs éclatèrent d'un fou rire: le machiniste avait mal compris Orphée; les mots l'avaient trompé; les accents du poëte émouvaient non pas des rochers, mais de nombreux *clochers* en carton.

Après la pacification qui suivit l'entrée de Henri IV à Paris, les travaux de l'hôtel de ville, abandonnés durant les guerres de religion, furent repris tardivement, mais continués presque sans interruption jusqu'à l'achèvement de l'édifice. En juin 1605, Marin de la Vallée, juré du roi en l'office de maçonnerie, à Paris, rue Beaubourg, entreprit ce qui restait à faire. La façade, terminée en 1608, reçut au-dessus de la grande porte un bas-relief en pierre de Tréey sur marbre noir, dû au ciseau de Pierre Biard, élève de Michel-Ange; l'artiste avait représenté Henri IV à cheval. De 1609 à 1612, l'hôtel de ville s'enrichit d'une cloche, œuvre d'Antoine Lemoyne, fondeur de l'artillerie, et d'une horloge fabriquée par Jean Lintlaër, maître de la pompe du roi. En 1618, Marin de la Vallée obtint une nouvelle adjudication, et dix ans après il put s'attribuer par une inscription l'achèvement de ce grand ouvrage. Mais il est évident que les plans de Boccador avaient été fidèlement suivis. C'est au talent de Boccador qu'il faut rapporter l'élégance et l'originalité des deux étages d'arcades qui entourent et décorent la cour centrale. La grande salle du Trône était éclairée par dix belles fenêtres; Pierre Biard, Thomas Boudin et Antoine Bornat y avaient sculpté deux grandes cheminées. Jean Goujon travailla aux boiseries, et on lui attribue, à tort croyons-nous, les sculptures en bois de la salle du Zodiaque. En certaines occasions, l'hôtel de ville était garni de riches étoffes. Le tapissier ordinaire de la ville recevait par an 100 livres tournois pour tendre à la mi-août la grande salle et les banquettes destinées aux électeurs, et, le jour de la Fête-Dieu, appendre sur la façade, depuis Saint-Esprit jusqu'à Saint-Jean, de belles tapisseries en point de Bruxelles. Et la somme n'était vraiment pas forte, si l'on considère les risques; les tentures pouvaient quelquefois recevoir des taches de sang. Durant la Fronde, une scène terrible se passa dans l'hôtel de ville, inopinément, sans raison et sans but. Après la défaite de la porte Saint-Antoine, 26 juin 1652, le parti des princes, se défiant sans doute de l'administration municipale, fit prendre et piller l'hôtel de ville. Le cheval de la statue de Henri IV, au-dessus de la grande porte, fut brisé par un violent incendie; on compta les morts et les blessés par centaines. Beaufort, qui regardait de sang-froid cette action, « l'une des plus farouches, des plus brutales et des plus lâches qu'on ait vues en France », n'arrêta le désordre que durant la nuit. Louis XIV, rentré dans Paris, fit placer dans la cour du Boccador des inscriptions rappelant la victoire du parti royal; lui-même, sceptre en main, foulant aux pieds la Discorde, fut établi au milieu de la cour; une autre statue du roi, en manteau romain, œuvre de Coysevox, remplaça la première.

Durant le dix-huitième siècle, l'idée vint de transporter l'hôtel de ville, d'abord dans l'hôtel Conti, où fut placée la Monnaie en 1771, puis sur le terre-plein du Pont-Neuf (1783). Il est à croire que le gouvernement commençait à trouver le siège de l'autorité municipale trop éloigné des Tuileries et du centre. Cependant on ne prit pas de décision, et des réparations de toute nature s'accomplirent durant onze ans par les soins du prévôt Turgot, père du ministre. On sait le rôle que remplit l'hôtel de ville dans la révolution. L'hôtel de ville perdit malheureusement alors les peintures de Mignard, Porbus de Troyes, Largillière, Vanloo et Boulogne; et la série des portraits de gouverneurs, prévôts, échevins, remontant jusqu'au seizième siècle. La statue de Louis XIV en Romain fut jetée dans une cave, et les inscriptions de la cour arrachées. La bibliothèque léguée à la ville par M. Moriau, procureur à l'hôtel de ville, ouverte à l'hôtel Lamoignon le 13 avril 1763, transférée ensuite rue Saint-Antoine, nommée en 1793 Bibliothèque de la commune, fut dispersée sous le Directoire. Elle a été depuis imparfaitement remplacée. Ses débris ont été en partie recueillis à l'Institut.

Avec l'empire revinrent les projets d'agrandissement et de changement; la préfecture, établie à l'hôtel de ville en 1802, s'y trouvait à l'étroit. Le gouvernement songeait à reconstruire l'hôtel au fond de la place, la façade vers la Seine. On conserve aux Archives générales du département le programme d'un concours pour le choix d'un projet (1815). La restauration se contenta, en 1823, lorsque le duc d'Angoulême revint du Trocadéro, d'élever sur l'emplacement de l'église Saint-Jean une vaste salle provisoire. M. de Bondy, 1832, et M. de Rambuteau, 1834-35, confièrent à M. Godde, architecte, le soin d'isoler l'hôtel de ville et de le doubler sur les côtés. M. Lesueur fut adjoint à M. Godde; les travaux, commencés le 20 août 1837, furent achevés en 1846 à l'extérieur, à l'intérieur en 1853 seulement. Plus récemment encore a été nivelée la place de Grève. Nous avons tous vu construire les bâtiments destinés à l'Assistance publique et à la Caisse de Poissy, et, sur la place Loban, la grande caserne Napoléon, qui communique par un souterrain à l'hôtel de ville. Rien n'a plus changé que l'aspect des environs de l'hôtel de ville. La Grève, déjà siège d'un marché important avant le douzième siècle, était, au seizième, divisée en deux places: l'une, petite et située sur le même plan que l'hôtel de ville, dite place des Canons; l'autre, plus grande, descendant vers la Seine, terminée en bas par le port, en haut par un mur-parapet. Derrière l'aile droite de l'édifice était située l'église Saint-Jean, célèbre depuis qu'on y avait déposé, en 1290, une hostie profanée par un juif de la rue des Billettes; elle fut détruite en 1791, avec les tombeaux de Loisel et de Vouet. L'hôpital et la petite chapelle du Saint-Esprit ont été démolis plus anciennement. Des bourgeois charitables les avaient fondés, vers 1362, pour recevoir des enfants orphelins. Il ne reste maintenant rien de tout cela que des noms donnés à quelques parties des bâtiments. La lanterne où fut pendu le marquis de Favras était à peu près au milieu de la nouvelle place, dans l'axe de l'avenue Victoria. Traces de superstitions naïves, de charité, de crime populaire, tout a disparu; mais le quai de Grève et l'hôtel de ville transformés conservent encore leur caractère traditionnel. C'est toujours le port où aborde le vaisseau d'argent, dont la devise est: Fluctuat, non mergitur, nef symbolique de l'instinct national et de la volonté de la France.

Le rectangle allongé que forme le moderne hôtel de ville a 120 mètres de façade, 80 de côté; huit pavillons introduisent quelque variété dans les lignes uniformes; il y en a quatre placés aux angles et qui dominent d'un étage le reste de l'édifice. Entre les deux pavillons d'angle, sur la place de Grève, se déploie une noble façade parfaitement homogène; le style de Henri IV a été imité si bien qu'on ne distingue pas la façade du corps du palais de ses prolongements modernes. L'architecture des pavillons d'angle se rapporte plutôt à la renaissance italienne. Deux cours nouvelles ont leur entrée par les deux grandes arcades Saint-Jean et du Saint-Esprit: celle de droite est la cour du préfet; celle de gauche, la cour des bureaux. Au milieu, l'ancienne cour, ou cour d'honneur, présente la riche et splendide perspective de ses deux grands escaliers à rampe droite, et de ses galeries supérieures soutenues par des colonnes de marbre. Les appartements destinés aux réceptions et aux fêtes resplendissent de luxe; il faut les voir éclairés de bougies et de lustres sans nombre, contenant à peine la foule, malgré leur immensité, lorsque la ville de Paris reçoit quelques hôtes de distinction, comme la reine Victoria ou le grand-duc Constantin. On va et on revient sans cesse par de grands couloirs bordés de fleurs, par des escaliers de marbre; on traverse les trois salons de réception du préfet, communiquant par trois grandes arcades, et décorés par Chopin, Hesse, Picot et Vauchelet; le salon Jaune, la salle des Banquets aux frises peintes par Jadin, la salle des Cariatides, l'une des plus séduisantes. Aux deux extrémités, on admire Delacroix dans le salon de la Paix, rue de Rivoli, et Ingres dans le salon Napoléon, sur le quai. Quant à la galerie des fêtes, que Henri Lehman a rapidement ornée de cent quatre-vingts figures, elle a treize fenêtres en arcades sur la rue Lobau, en face de la caserne; sa longueur est de 48 mètres; sa voûte est soutenue par des colonnes dégagées.

Lorsqu'on sort ébloui, enivré de tant de splendeurs, on n'a qu'une lecture à faire pour rentrer dans le sens vrai des choses : il faut ouvrir les *Chants du crépuscule*, et lire la pièce qui commence par ce vers :

Ainsi l'hôtel de ville illumine son faîte...

DERNIER DON DE LAVATER A SES AMIS.

Extraits.

— Soyez toujours vrais, toujours sincères, toujours calmes, toujours fermes et toujours les mêmes.

— Celui qui respecte l'humanité dans l'homme n'agira jamais sans sagesse, jamais sans bonté. Tout ce qui s'appelle péché ne s'appelle ainsi que parce que l'humanité en est avilie. Celui qui honore l'humanité dans les autres et en soi améliore incessamment et soi-même et les autres. Celui qui a perdu le respect pour l'humanité a perdu bien des forces sacrées et bienfaisantes. Hélas! il n'osera jamais entreprendre quelque chose de grand, il aura rarement la force de ne pas se conduire bassement lorsque ses passions l'entraîneront.

— L'égoïsme est l'ennemi mortel de l'humanité, le poison de toute vertu, la peste de l'amitié, la perte de tout ce qu'il y a en nous de grand, et de beau, le tombeau de toute religion. Toute perfection morale et religieuse consiste dans le désintéressement.

— Celui qui court après la louange fuit la louange; les éloges de la raison et de la justice s'éloignent de lui. Sois digne d'éloge, et sois indifférent pour la gloire! celui qui la mérite l'obtient toujours.

— Qu'y a-t-il de plus respectable qu'un homme sage et bon, qui, par vertu, parle avec courage, et se tait par humanité là où il aurait le droit et la force de parler, mais où ses paroles pourraient blesser sans amélorer?

— Apprends de ceux qui donnent le plus noblement l'art difficile de donner avec délicatesse, et de ceux qui pardonnent avec le plus de générosité l'art plus difficile encore de pardonner généreusement!

— Nous sommes tous pauvres de temps, avides de temps et prodigues de temps. Je n'ai vécu que lorsque, par une sage parcimonie de temps, j'ai inspiré à quelques amis une plus grande activité, une plus grande intensité de vie.

— Celui qui médite sur ses progrès moraux et intellectuels est forcé de reconnaître une sage loi qui l'a élevé pour un but prémédité. Celui qui reconnaît cette vérité reconnaîtra aussi qu'il ne cesse de se trouver sous cette loi, qu'elle lui fait faire constamment quelques progrès. Je ne puis jamais douter d'une providence qui conduit tout vers le mieux.

— Sois une lumière et ne cherche point à le paraître! Sois bon et ne demande jamais quel jugement on porte de ta bonté.

— L'impartialité la plus sévère doit être partiale pour celui qui aime la vérité, respecte le droit, souffre innocemment, hasarde quelque chose pour le bien, et qui est méconnu et persécuté par l'envie et par les passions.

— La légèreté enfante plus de vices que la passion. Peu

d'hommes sont vicieux par passion, la plupart épousent en riant un vice dont des pleurs sans nombre ne peuvent plus les délivrer.

— Réjouis tant que tu peux, afflige le moins possible. Ne réjouis jamais de manière que la joie puisse être suivie de douleur. N'afflige jamais sans qu'il résulte du bien de l'affliction.   *La suite prochainement.*

SUR LA RHÉTORIQUE USUELLE.

On n'attache communément l'art de la rhétorique qu'à la composition des discours solennels, harangues, prédications, plaidoiries; mais il y a un autre genre de discours qui ne joue pas un moindre rôle dans les relations humaines et qui n'aurait pas moins à gagner si l'on venait à éclairer les hommes à son sujet par quelques principes formels : ce sont les discours familiers. Ils forment la substance de la conversation, et c'est non-seulement par la conversation que s'établissent nos communications de société les plus agréables, mais c'est par elle que se résolvent les affaires les plus importantes touchant nos biens et nos personnes; et, en dehors même de la vie privée, c'est par elle aussi que se traitent communément de la manière la plus sérieuse et la plus décisive, loin de l'appareil des assemblées, les questions capitales de l'administration et de la politique.

Aussi la supériorité des hommes les uns à l'égard des autres ne provient-elle souvent que de la différence de leur habileté dans cette branche si négligée. Elle est bien plus fine et plus délicate que celle qui se cultive dans les écoles; car, au lieu de se borner à la disposition générale des mouvements et des arguments, elle nous apprend à varier notre langage selon les individus, et à chercher le secret des profondeurs les plus intimes de leur caractère et de leur esprit, où se découvrent les voies qu'il convient de suivre pour réveiller au mieux leur conscience et insinuer en eux les rayons de vérité que nous avons à cœur de leur faire partager. Malheureusement, chacun est réduit à s'instruire là-dessus de lui-même et comme il peut; et, malgré les inconvénients qui en résultent au grand détriment de toute l'existence, il arrive trop souvent qu'on ne s'y instruit pas du tout.

Il faut sans doute se garder d'attribuer ici à l'éducation plus de vertu qu'elle n'en saurait avoir. Comme c'est le naturel qui donne à la conversation son charme principal, rien ne serait plus chimérique que de vouloir y suppléer par l'artifice des préceptes et des exercices. Mais quand on ne se proposerait que de développer ce précieux naturel en chaque esprit tel qu'il y existe de naissance, et de le rendre sensible à lui-même, ce serait déjà une tentative considérable et dont les fondements sont parfaitement assurés. Dans tous les autres arts, en effet, on ne fait guère non plus qu'aider le naturel par certaines règles, tout en le fortifiant par le travail. On ne manquerait donc pas de préparer de grands progrès à la société si l'on s'appliquait à diriger d'une manière spéciale l'attention de la jeunesse sur cet important objet. Bacon, un des perçant génie, avait bien senti que la méthode suivie dans les humanités restait bien loin de satisfaire sur ce point à ce que demanderait une bonne et complète éducation. « Cette partie de l'éloquence, dit-il dans son beau Traité de l'accroissement des sciences, je veux parler de celle qui est en usage dans la politique, dans les affaires, dans les entretiens particuliers, manque presque toujours aux plus grands orateurs, parce que, courant toujours après les ornements et les formes élégantes, ils n'acquièrent point ce tact fin et prompt qui met en état d'ajuster sur-le-champ ses expressions à chaque individu, ce qui vaudrait mieux que leurs plus grandes phrases. » Aussi réclamait-il de tous ses vœux un traité spécial sur cette matière, qu'il proposait de caractériser par le nom spécial de *Prudence dans la conversation*.

LE VARAN DU NIL.

Les varans sont, après les crocodiles, les plus grands des sauriens. Le varan du Nil, qui se trouve non-seule-ment dans ce fleuve, mais aussi dans les rivières du Sénégal et dans celles du cap de Bonne-Espérance, a environ quatre pieds de longueur.

Ce reptile a les membres bien développés, les cinq doigts séparés les uns des autres dès la base et armés d'ongles crochus, comprimés, très-acérés.

La tête a la forme d'une pyramide à quatre faces. On voit sortir de la bouche une langue charnue, très-extensible, cylindrique dans les trois quarts de son étendue, et se terminant par deux pointes coniques, recouvertes d'un épiderme corné. Ces deux pointes peuvent s'écarter l'une

Le Varan du Nil. — Dessin de Freeman.

de l'autre, comme si la langue était fendue dans toute sa longueur.

La queue, plus longue que tout le reste du corps, est fortement aplatie de droite à gauche et surmontée d'une crête saillante.

Les parties supérieures du corps sont d'un gris verdâtre piqueté de noir et marqué, à partir des épaules jusqu'à la racine de la queue, de sept ou huit rangs transversaux d'ocelles jaunâtres. Les parties inférieures sont d'un gris plus clair, nuancé sur les flancs de taches foncées.

Les varans courent avec vitesse, mais leur course est sinueuse, comme celle des serpents. Ils se nourrissent de gros insectes, de jeunes tortues, de caméléons, de poissons; ils attaquent même, dit-on, les quadrupèdes de moyenne taille qui viennent boire au bord des rivières ou des lacs.

MON VIEUX JACOB.

NOUVELLE.

Suite. — Voy. p. 42.

Jacob approchait alors de la quarantaine, et la veuve
Sarah avait une Gritie [1] dont les trente-quatre ans venaient de sonner. Quand il faisait mauvais temps, Jacob
restait à la maison, regardant, sans dire mot, dans l'eau
écumante, les bras maigres de Sarah Grotendank et les bras
rouges de sa fille Gritic, qui, un jour comme l'autre, sa-
vonnaient du linge.

Vers le cinquième automne que Jacob passait sous le
toit de Sarah, une pensée hardie traversa, un jour, pour la
première fois son esprit. Vraiment, Gritie avait si bonne
mine! Et, pendant ces cinq années, elle avait si souvent
regardé Jacob à travers la vapeur de son eau de savon!
Lorsqu'elle parlait de ses voisines et contait l'histoire de
quelque mariage, la mère clignait de l'œil vers son locataire et disait :

— Une drôle de fille que la Gritie!

Stip faisait-il, dans sa simplicité, quelque remarque sur
les bras de Gritie ou sur son activité, la mère clignait de
l'œil vers sa fille et disait :

— Oh! ce Stip, ce Stip! toujours à conter fleurette. Je
ne sais pas; Stip, mais je crois qu'il faudra bientôt nous
séparer.

De cela, mon Jacob n'avait pas la moindre envie. Et
c'est ainsi que, lorsque ses quarante ans eurent sonné, il
se trouva marié, marié à Gritie Grotendank.

Pauvre Jacob! tu sentais aussi le besoin d'un attachement en ce monde, d'un être qui te parlât d'affection, qui
passât autour de ton cou son bras, rouge ou non, et qui
pressât tendrement ta main. D'ailleurs n'avais-tu pas un
revenu annuel de cent florins gagnés tambour battant? Et
puis Gritie pouvait continuer à blanchir; la mère Sarah
elle-même n'était pas encore si vieille et gagnait son pain.

Un peu plus d'un an après leur mariage, il fallut que
Gritie cessât de savonner... Gritie donna à son mari un
petit Stip, vrai portrait de son père, si ce n'est que le
bambin avait tous ses dix doigts. Ah! que Jacob Stip
était heureux, et qu'il se trouvait riche! Il aurait bien
voulu battre le rappel dans le quartier pour rassembler
tout le voisinage et faire éclater la joie qui l'étouffait.

— Comment ça va-t-il, la mère? Comprenez-vous bien,
grand'mère? voilà un enfant d'elle et de moi! Mon Dieu!
je ne savais pas que l'on pût être si heureux dans ce
monde! Mais chut! il ne faut pas faire de bruit autour
d'une accouchée.

Gritie ne put quitter le lit pendant bien des semaines
après l'arrivée du petit Stip. Jacob, qui dans les derniers
temps avait essayé, pour gagner davantage, de fabriquer
des filets, et qui les vendait à peu près pour rien, mit sa
navette de côté.

Le bon Jacob se dévouait, en vérité, comme une femme.
La nécessité aidant, il se servait de telle façon de ses mains
mutilées qu'à la fin il en était venu à se demander si
l'homme a besoin de dix doigts, quand sept lui seraient, après tout, suffisants.

Enfin, après deux mois Gritie se remit à savonner, et
tout reprit au logis son ancienne allure. Seulement Jacob
mangeait souvent un morceau de pain noir de moins pour
que sa femme n'en manquât jamais. Quant au marmot,
qui ne donnait encore que de la joie, la tirelire de la grand'-
mère, où, selon Gritie, il y avait bien cinquante florins,
avait fourni à ses premières dépenses.

[1] Abréviatif de Marguerite.

Mais Gritie n'en resta pas à un petit Stip. Deux ans
après, elle mit au monde une frêle petite Sarah, et les
bras maigres de la grand'mère, hélas! ne rendaient plus
de service. Ils avaient enfin trouvé le dernier repos. C'est
à cette époque de sa vie que notre ami se décida à s'offrir
comme *oppasser* [1], fonction qu'il exerçait au moment
où il jugea à propos de m'élever au rang de « monsieur. »

Avec ses rhumatismes qui allaient en augmentant, le
pauvre Jacob avait bien de la peine à contenter les messieurs qui l'employaient. Déjà durant six années il en avait
honnêtement et fidèlement servi trois, aussi honnêtement
et fidèlement qu'il avait servi sa patrie. Comment se faisait-il donc que moi aussi je pusse disposer de lui comme
oppasser? Reculez avec moi, lecteur, de quelques jours.

C'est le soir de la Saint-Nicolas [2]. Naturellement le
temps est humide et froid; car d'aussi loin que je me
rappelle, le soir de la Saint-Nicolas le temps a toujours été
humide, froid ou neigeux, ou tout ce que l'on voudra,
excepté beau. Tournons la grosse tour de l'église; suivons ces rues à droite, à gauche, puis encore à droite et
encore à gauche. Nous arrivons enfin à l'entrée d'une
ruelle. La cinquième maison à gauche est celle de Stip,
l'ex-tambour. Là réside la pauvreté, mais là l'ordre règne
aussi. Près d'une petite lampe économique, mère Gritie
ravaude des bas de laine. Le garçon de dix ans, Gilles,
se tient près de la table et lit à haute voix et bien couramment le livre le plus avancé de l'école gratuite, pendant
que sa sœur étire avec un couteau ébréché les attaches
des cols et des chemisettes que la mère doit reporter propres à domicile le samedi.

La porte s'ouvre : c'est Jacob.

— Il fait froid dans la rue, dit-il. L'épaule du baudrier
me tire terriblement... Pas un temps à sortir pour son
plaisir.

Trois visages dans la chambre regardent le père d'un
air interrogateur.

— Ne pas sortir!... un soir de Saint-Nicolas?... demande la mère; mais, Stip, c'est comme si tu voulais priver les enfants de tous les plaisirs... Quand ils étaient
petits, nous les prenions sur nos bras, et maintenant qu'ils
sont grands et qu'ils marchent; tu veux les garder à la
maison!... C'est encore comme l'an dernier, à cause du
mauvais temps. Je ne te reconnais plus.

— C'était bon quand ils étaient petits, dit Jacob.

— Mais à présent qu'ils comprennent mieux, pourquoi
rester à la maison?

— Qu'ils comprennent mieux!... hum! répète le père.
Et il ajoute plus bas : — Regarder et admirer, c'est amusant; mais regarder et admirer, savoir ce qui est bon et
n'y point goûter, c'est... ce n'est pas amusant. Et
cela s'appelle aller à l'église des tentations.

— Ah! va te promener avec tes tentations! répond
Gritie.

— Dis-tu quelque chose, femme?

Gritie se lève, va rapidement à son mari; son visage
a pris une expression plus douce :

— Je ne pensais pas à ce que je disais, Jacob; voici ma
main. Mais, vois-tu, ajoute-t-elle de façon à n'être pas
entendue de sa petite famille, rester à la maison, ça me
semble trop dur. Combien conduisent leurs enfants, pour
voir seulement, qui n'ont pas un *stuiver* à dépenser! Et
toi donc, Jacob, tu pourrais bien disposer de deux

[1] L'*oppasser* demeure chez lui et va remplir les fonctions de domestique chez plusieurs personnes, à différentes heures de la journée.
[2] Il est bon de rappeler ici que la veille de la Saint-Nicolas équivaut, en Hollande, à notre matin du premier de l'an; c'est l'époque
où l'on se fait des présents. Ce soir-là, les magasins sont dans tout
leur éclat, et les rues très-fréquentées. — Voy. t. XXIX, 1861, p. 68.

doubles *stuivers?*... Non?... Bonté du ciel !... Alors, je ne sais plus où passe l'argent. Si je fais le compte, il te reste... oui, tu as beau t'impatienter ! il doit te rester quelque chose, si tu as autant d'économie que moi. Pour le ménage, j'ai trois florins et demi par semaine ; mais le reste de ce que tu gagnes... te glisse-t-il donc entre les doigts ? Tu es trop honnête, Jacob, pour prendre ton plaisir aux dépens de ta femme et de tes enfants. Je sais que tu as beaucoup à payer et que tout est cher ; seulement, tu pourrais bien épargner quelque petite chose pour le plaisir de tes enfants... je ne parle pas de ta femme. Pourtant je me disais : Jacob m'apportera bien un rideau neuf à la Saint-Nicolas... quoi ! pas seulement pour eux deux pauvres doubles stuivers !

— Enfants, avez-vous donc bien envie de sortir ? demande Jacob.

— Ah ! oui ! répond le duo.

— Et vous ne demanderez rien de toutes les bonnes choses que vous verrez ?

— Oh ! bien sûr, père.

— A la bonne heure, dit Jacob, tout en haussant un peu les épaules.

Que c'est beau les boutiques ! que c'est beau ! Que ces bonshommes de pain d'épice sont brillants sous leurs dorures ! Ils ressemblent à des ambassadeurs en costume de gala. « Tout cela est pour les enfants », dit le fascinant étalage de petits chevaux, de charrettes, de chiens, de chats, de sabres, de fusils, de bottes à jeux, de poupées mécaniques. Tout cela est pour les enfants! et les enfants se pressent contre la devanture.

Le petit Gilles tient son père par la main. Gilles est un garçon vif, intelligent, plein d'émulation, presque toujours de bonne humeur ; mais, pour le moment, il bâille piteusement. Critie suit avec Sarah ; elle l'a prise dans ses bras.

Stip se sent tiré par son habit.

— Ne peux-tu pas leur acheter un Nicolas de pain d'épice ?...

— Je t'avais pourtant prévenue, Gritie... je ne peux pas. Vrai, je ne peux pas !

— Avare ! dit la mère. C'est une honte ! alors elle retourne à la maison.

La sueur couvre le front du pauvre père. Déjà cent fois il a tourné et retourné les sous et les *cents* [1] au fond de sa poche.

— Non, non ! se dit-il, ça ne se peut pas. — Mère !

— Que veux-tu?.

— Ne te fâche pas, Gritie. Retourne tranquillement à la maison avec Sarah. M. Van-Thignen, m'a dit de retourner chez lui ce soir. Il ne dit jamais ça : comprends-tu ? J'irai avec Gilles. Qui sait?... Allons, à tantôt. Adieu, Sarah ! adieu, petite !

Et il murmure en lui-même : — Avare !... Elle me reproche de ne rien acheter aux enfants !

Jacob, tout en menant Gilles tristement par la main, arrive bientôt à la maison de son bourgeois.

— Que venez-vous faire, vous ? demande la servante Bettie [2], qui ouvre la porte de fort mauvaise humeur, parce qu'elle ne peut sortir.

— Monsieur m'a dit de revenir.

— A vous?... Ah ! oui, vous pourrez bien repasser les couteaux. Venez avec moi.

— Volontiers, si ça peut vous faire plaisir. Irez-vous dire à monsieur ?...

— A monsieur ? Il est sorti.

— Ah !... et madame ?

— Eh bien, madame se dandine dehors à son bras.

— Sortie !... tous les deux sortis !

Et Jacob se met à repasser les couteaux.

— Et n'ont-ils rien dit ?

— Ils ont dit qu'ils reviendraient tantôt, et que si l'on apportait des paquets je devais les mettre soigneusement dans la chambre à côté. Dites donc, il est bien venu quelque chose : toute une boîte de chez le pâtissier. Oh ! Dieu, qu'elle sent bon ! J'ai regardé dedans, elle est toute pleine de lettres en pâtisserie [1]... Voulez-vous la voir aussi ?

La voilà partie. Gilles suit Bettie des yeux. Jacob continue à repasser ses couteaux ; mais il ne pense qu'à une chose : N'a-t-on rien dit pour lui ?

— Là, vieux tapin, crie Bettie en revenant avec une boîte d'une grosseur respectable. Là, regardez-moi ça, et sentez-moi ça un peu !... L'eau en vient à la bouche, pas vrai ? Qu'en dis-tu, toi, petit ? S'en donnent-ils, hein ! se régalent-ils de bonnes choses, tandis que nous, pauvres gens, nous nous fatiguons à repasser les couteaux et à laver les assiettes ! Cependant on aime ce qui est bon tout aussi bien qu'eux, n'est-ce pas, mon garçon ? — Après tout, ajoute la servante avec un air de finesse, mon avis est qu'il ne faut pas se laisser priver de tout et que celui qui n'est pas le plus fort doit chercher à être le plus malin ; est-ce vrai, ou non?

Jacob ne dit mot et continue à repasser ses couteaux.

— Quand je rognerais un morceau de cet N, ou de cet M, on ne le verrait pas. Et vous, mon vieux?...

— Je n'en ferais rien, dit Jacob.

Une clef tourne dans la serrure de la porte d'entrée.

— Eh, bon Dieu ! les voilà ! s'écrie Bettie en rougissant. Et elle cache précipitamment la boîte sous une armoire.

— N'est-il rien venu, Bettie ?

— Oh ! mon Dieu, non, Madame.

— Rien du tout ?

— Non ; rien du tout, Madame.

— C'est singulier ! Qui fait ce bruit ?

— Jacob, Madame.

— Ah ! c'est juste. Jacob, voulez-vous entrer?

— Avec votre permission, Madame. Qu'y a-t-il pour votre service, Madame ?

— Jacob, vous ne pouvez sans doute pas fêter beaucoup la Saint-Nicolas avec vos enfants ?

— Cela est vrai, Madame.

— Eh bien, tenez... Monsieur est content de vous ; voici un paquet que nous avons préparé pour vous : nous avons l'espoir qu'à l'avenir vous serez toujours de votre mieux pour nous contenter.

Comme la physionomie de Jacob s'éclaircit ! Quelle radieuse expression sur le visage ordinairement si placide du petit homme ! Que son sourire est reconnaissant ! que sa voix est émue !

— Dieu vous récompensera, Madame. Demander, je ne le fais jamais, car, Dieu merci ! nous ne sommes pas dans le besoin. Mais à la Saint-Nicolas, pour les enfants, c'est autre chose. Maintenant, je remercie Monsieur et Madame de tout mon cœur, et s'il peut être agréable à Monsieur et à Madame que je vienne garder les enfants le dimanche, je suis à leur disposition.

— Madame, dit la servante qui entre en ce moment, voici ce qui vient de chez le pâtissier. On demande si cette boîte est venue pour vous. J'ai bien grondé le garçon de ce qu'il venait si tard.

— Ce n'était pas très-nécessaire. Posez la boîte à terre, Bettie.

— Ah bien! je disais tantôt à Jacob : Est-ce assez se moquer de madame! Si ce n'est pas une honte à ce pâtissier d'avoir fait attendre madame si longtemps!

Bettie n'avait déjà que trop parlé; elle quitta la chambre en rougissant. Heureusement pour elle, madame n'y fit pas attention.

Jacob, après avoir été chercher à la cuisine son petit garçon, afin de lui faire remercier monsieur et madame, prit enfin congé en prononçant son inévitable :

— Rien de plus pour votre service?

La suite à la prochaine livraison.

ANCIENS FESTINS DE LA GÉORGIE
ET DE LA PERSE.

En 1665, Chardin arrivé à Tiflis, constata l'influence croissante des mœurs de la Perse dans cette capitale de la Géorgie. Il assista à un festin royal où dominaient les habitudes musulmanes; bien que le seigneur qui le donnait fût chrétien, les femmes s'en trouvaient exclues. C'était un repas de noce. « Le prince, dit Chardin, était au fond sur une estrade plus élevée que les autres et couverte d'un dais fait en dôme; son fils et ses frères étaient à sa droite. » Le festin, d'ailleurs très-silencieux, fut démesurément long. L'attention du voyageur se porta sur un buffet chargé « d'environ cent vingt vases à boire, tasses, coupes et cornes; soixante flacons et douze brocs.

Les brocs étaient presque tous d'argent, les flacons étaient d'or lisse ou émaillé, d'autres couverts de pierreries, et d'autres d'argent. Les cornes étaient garnies à l'instar des plus riches tasses. »

Les joyeuses et étranges réunions auxquelles présidait le roi de Perse, schah Abbas II, précisément à la même époque, contrastent singulièrement avec ce silencieux repas de noce. Tavernier, le joaillier voyageur, partageait la faveur de ce prince avec l'habile Chardin, dont ses récits confirment souvent l'exactitude. Chaque marché qu'il concluait avec le schah était suivi d'un splendide festin, dont on parlait dans tout Ispahan. Un artiste français qu'on ne connaît plus guère aujourd'hui, mais dont on estimait jadis le talent, Daulier-Deslandes, nous a conservé l'amusant récit d'une fête qui commença, dit-il, dès les neuf heures du matin, dans le palais du roi. Un Arménien, voulant faire sa cour à schah Abbas, lui avait fait cadeau d'une épinette; il fallait quelqu'un pour en tirer parti; on se rappela à propos les talents de l'artiste parisien, qui logeait en ce moment au couvent des Augustins, dont le père Raphaël était supérieur. Un sophi courut le chercher et le prit en croupe, bien qu'il n'eût point dîné, et l'amena au palais, où on ne lui laissa guère le temps de se dédommager.

« La salle où se faisoit le festin estoit fort grande, peinte à la moresque, dit-il... Je fis trois profondes inclinations, comme l'on m'ordonna, et puis m'allay mettre entre nos Francs, qui estoient à deux pas du roy, assis

Un festin à Tiflis, en 1665. — D'après Chardin.

sur le tapis comme des tailleurs. Le roy avoit le dos contre la muraille et estoit à plat comme les autres. Son habit n'estoit pas fort riche; il avoit les pieds nus; et, sur sa teste, un bonnet à la persienne, tel que l'on en porte à la campagne dans le pays. Le révérend père Raphaël estoit assis auprès de luy à son costé gauche. Il se fit dire qui j'estois; puis il me commanda de jouer de l'épinette que l'on m'apporta. J'obéis aussitôt et me mis à toucher ou plustôt à brouiller quelques accords qui, nonobstant que l'épinette ne fût pas d'accord et que je ne jouasse rien qui vaille, ne laissèrent pas de plaire au roy, qui dit que cela alloit bien; mais comme je sçavois le contraire et que le bruit que nous faisions m'empeschoit de m'entendre, je m'avisay de chanter des chansons à boire. »

La musique, au surplus, ne manquait pas au festin : « Les musiciens y faisoient de leur mieux; les instruments dont ils animoient la fête étoient certaines espèces de luths qu'ils touchent assez passablement, et leurs violons à une corde, desquels ils soutenoient les voix qui n'étoient point désagréables. »

Toutes les folies que purent imaginer l'artiste français et ses compagnons furent bien reçues ce jour-là. « Le roy fit donner à l'un d'entre eux une bourse de cinquante tomans, qui valent environ deux mille deux cent cinquante livres. » Mais tout ne se passa pas toujours aussi bien. Schah Abbas prétendit que les chrétiens qui l'amusaient se fissent musulmans. Daulier-Deslandes résista aux propositions et sut s'esquiver à propos. Il visita ensuite les ruines de Tchelminar, et revint à Paris, où il dédia son livre « aux honnestes gens. » Ce livre parut en 1653, sous le titre de *Beautés de la Perse.*

ARY SCHEFFER.

Voy. tome XXX, 1862, page 1.

Ary Scheffer. — Dessin de Chevignard, d'après une photographie communiquée par MM. Dusacq et Cⁱᵉ, éditeurs de la belle gravure de Saint Augustin et sa mère.

Ary Scheffer naquit en Hollande, à Dordrecht, en 1795. La Hollande venait d'être conquise par l'armée de Piche-gru et formait huit nouveaux départements de la répu-blique française. Ary Scheffer était donc Français par sa naissance, comme il l'a été par son choix, par le caractère de son talent, par sa vie tout entière.

Cependant son enfance se passa dans sa ville natale, et il y reçut ses premières leçons. Son père était un peintre de talent qui mourut jeune, laissant trois orphelins; sa mère, femme pleine d'intelligence et de courage, dirigea seule son éducation et celle de ses frères, et sut faire de ses trois fils des hommes de cœur et de talent. Ary était l'aîné. Il avait donné déjà des preuves non douteuses de sa vocation d'artiste; dès l'âge de douze ans, il avait ac-quis assez d'habileté pour peindre un tableau dont les figures étaient de grandeur naturelle et qui eut, en 1807, les honneurs de l'exposition publique d'Amsterdam. A ce précoce talent, il fallait un autre enseignement que ceux qu'il pouvait trouver à Dordrecht; Mme Scheffer rassembla le peu de ressources qui restaient à sa famille, et conduisit à Paris ses trois enfants.

C'était l'époque où David exerçait sur l'art un empire absolu. Tout ce qui ne s'était pas plié à sa forte mais étroite discipline était alors dédaigné ou méconnu. Greuze venait de mourir oublié; Prudhon vivait misérable; Géricault, qui avait exposé au Salon de 1812 son *Hussard*, un chef-d'œuvre, découragé, se faisait soldat. La même année, Scheffer, après avoir fréquenté les principaux ateliers, fait connaissance avec quelques-uns des élèves de David, et visité Prudhon, se décida à entrer dans l'atelier alors en vogue de Pierre Guérin. C'est dans cet atelier, sous ce maître dont les principes étaient déjà ébranlés et qui tolérait dans ses élèves une indépendance qu'il ne s'accordait pas à lui-même, que commençait à germer l'opposition devenue quelques années plus tard une lutte ardente contre l'école de l'empire. Scheffer y prit part, non-seulement par ses exemples, mais par l'influence naturelle que lui donnaient sa grande intelligence et l'autorité d'un caractère supérieur à ses œuvres. Quinze ans après, à l'occasion du Salon de 1828, dans un écrit conservé par M. Louis Viardot, son ami, il jugeait ainsi lui-même l'école et le mouvement qui avait rompu les barrières où elle s'était volontairement enfermée. Une « période de cinquante ans, disait-il (de 1778 à 1828), embrasse la vie tout entière de l'école classique, depuis sa naissance au sein d'une réaction contre le faux goût, la futilité, l'incorrection et l'indécence, jusqu'à sa décrépitude. Cette école, durant ses années de virilité, ne l'a cédé à aucune autre; elle a marché avec une fermeté admirable vers le but exclusif que sa tendance lui assignait; elle l'a atteint si parfaitement qu'elle a fait un moment illusion sur tout ce qu'elle laissait en arrière, et par la puissance du talent, par l'attrait de la nouveauté, elle a conduit toute une génération à n'aimer, en peinture, que la correction des contours, à être sensible, en fait de beauté, qu'au type des statues et des bas-reliefs antiques. Tout cela ne pouvait durer qu'un temps, parce que l'art de peindre, loin d'avoir pour bornes un certain type de dessin, ne se borne pas au dessin lui-même; qu'il renferme encore le coloris, l'effet, la reproduction fidèle des passions, des lieux, des temps; que l'histoire tout entière, et non pas seulement quelques siècles, entre dans son domaine. Après avoir contemplé jusqu'à satiété des figures grecques et romaines, le public blasé sur ce plaisir ne pouvait manquer de ne désirer d'autres... D'ailleurs, ceux qui déplorent la dépravation du goût ont tort de l'imputer soit au public, soit aux artistes de la génération nouvelle. Est-ce la faute des uns et des autres si l'auteur de *la Mort de Socrate* a terminé sa longue carrière par le tableau de *Mars, Vénus et les Grâces*? si les auteurs d'*Atala* et de *Marius Sextus* ont produit, sans se douter qu'ils rétrogradaient vers le siècle des mignardises, *Pygmalion*, *l'Aurore et Céphale*? De bonne foi, pouvait-on prendre à ce point pour la continuer une école qui, dans les ouvrages mêmes de ses créateurs, donnait de pareils signes de décadence? Si rétrograder vers 1790 ou 1800 était une chose impossible pour David ou pour Girodet, elle devait l'être bien plus encore pour les élèves de leurs élèves. En fait d'art, on peut retourner à plusieurs siècles en arrière; on ne recule pas à trente ou à quarante ans. Dès qu'une école est tombée au-dessous d'elle-même, il n'est pas donné à celle qui la suit de ramener les beaux jours de la première. C'est une nouvelle ère qui commence, une nouvelle génération qui s'élève pour suivre le même chemin que celles qui l'ont précédée, pour suivre les mêmes vicissitudes de faiblesse, de vigueur et d'épuisement. »

Déjà, au Salon de 1817, on pouvait pressentir le mouvement qui se préparait; à celui de 1819, la révolution éclata. Géricault, qui avait repris ses pinceaux, exposa son *Radeau de la Méduse*; Delacroix, sa *Barque du Dante*; Scheffer, ses *Bourgeois de Calais*. Ce dernier tableau n'était pas, comme les deux autres, l'œuvre d'un novateur bien convaincu. « Ni l'exécution matérielle, ni le dessin, ni la couleur, dit M. Vitet (¹), n'affectaient grand désir d'innover : on eût dit au premier aspect un de ces tableaux d'histoire comme alors on en faisait tant; mais plus on regardait, moins on trouvait qu'il ressemblât aux autres. Certaines physionomies, certaines attitudes, révélaient chez le peintre un don particulier qui le distinguait de la foule, le don d'exprimer la pensée et de faire lire dans l'intérieur des âmes. » Le tableau fut vivement critiqué. Scheffer a raconté lui-même (²) de quel découragement il fut saisi en lisant dans un journal qu'il avait fait l'œuvre non-seulement d'un mauvais artiste, sans talent et sans savoir, mais d'un mauvais Français. « J'étais, dit-il, très-pauvre, très-ignoré, et je restai anéanti sous l'anathème. Je fus bien étonné quand mon maître (Guérin) m'annonça que M. Gérard désirait connaître le jeune auteur du malheureux tableau. Je me rendis chez lui; il me reçut avec une bienveillance digne, loua beaucoup la composition du tableau et l'expression des têtes, tout en me donnant des avis très-sévères sur l'exécution et la couleur; puis il me demanda ce que j'allais entreprendre de nouveau. Je disais la vérité en lui répondant que, sans ses encouragements, j'allais quitter la carrière des arts, et que j'étais trop pauvre pour entreprendre un autre tableau. Il m'engagea à prendre patience et à revenir le voir dans quelques jours. Quand je me rendis chez lui, il me remit une lettre de commande pour un tableau de 3 000 francs qu'il venait d'obtenir pour moi du préfet de la Seine : dans ce moment, c'était presque une fortune. Plus tard, il me fit une commande d'autres tableaux; enfin c'est lui qui je dois d'avoir été choisi, en 1821, comme maître de dessin des enfants de M. le duc d'Orléans. » On sait quels liens étroits s'établirent entre l'artiste et les jeunes princes dont l'instruction lui était confiée, et l'amitié que lui voua particulièrement le jeune duc de Chartres, fils aîné de Louis-Philippe.

Avec le don de l'expression, qui à le plus puissamment agi sur le public et qui a surtout contribué à rendre les œuvres de Scheffer populaires, l'artiste en possédait un autre, la composition, qui n'est pas moins nécessaire pour prendre rang parmi les peintres dans notre pays. Ces deux dons, on les trouve réunis dans un grand nombre de tableaux de dimension médiocre qu'il peignit vers cette époque, représentant de petits drames familiers, des scènes doucement émouvantes, des épisodes des dernières campagnes de l'empire. La gravure et la lithographie en ont partout répandu des reproductions. Tout le monde connaît *la Veuve du soldat*, *la Famille du marin*, *le Retour du conscrit*, *la Sœur de charité*, *les Enfants égarés*, *les Orphelins sur la tombe de leur mère*, *l'Incendie de la ferme*, *le Baptême*, *les Pêcheurs pendant la tempête*. Le succès de ces compositions n'était pas dû seulement à une faveur passagère, au goût du jour, ou au choix de sujets qui faisaient frémir la fibre encore douloureuse du patriotisme. Il faut y reconnaître un autre genre d'habileté, l'art de grouper des figures avec goût et avec clarté, de les faire parler par le geste, de donner à chacune l'expression qui lui convient et de leur donner toutes une émotion communicative. La *Scène d'invasion en 1814*, que l'on a revue

(¹) Dans la notice placée en tête de l'œuvre photographique d'Ary Scheffer.

(²) Dans une lettre adressée à M. Ch. Lenormant, à l'occasion de son *Essai sur François Gérard*.

à l'exposition des œuvres d'Ary Scheffer, faite à Paris après sa mort, est, parmi ces compositions, une des plus heureuses. Elle était bien choisie pour montrer l'esprit qu'il mettait dans leur conception, le soin qu'il apportait à en choisir tous les détails, aussi bien que la verve avec laquelle il les exécutait.

Le goût public s'était attaché à ces petits poëmes aimables ou pathétiques, et le succès en était assuré. « Scheffer s'arrêta quelques années, dit M. Viardot [1], dans ce genre modeste et secondaire, sans doute, mais qu'il avait créé, qui était de lui, qui était alors lui-même. Il s'y trouvait retenu par son goût, par le succès, par des commandes nombreuses... enfin par le besoin impérieux de rendre son pinceau productif et de lui faire rapporter beaucoup d'argent. Scheffer n'était pas devenu seulement le père de sa famille; il était dès ce temps, il fut toute sa vie, une sorte de trésor commun où venaient puiser dans leurs besoins ses amis, ses confrères, où venaient puiser toutes les infortunes. Jamais il ne sut refuser un secours ou un service Mais, en outre, son intime liaison avec le général Lafayette et les chefs de l'opposition libérale, à laquelle il appartenait avec conviction et dévouement, l'avait jeté dans les tentatives qui précédèrent le triomphe de 1830. Il y engagea sans marchander ses bénéfices passés, ses bénéfices à venir; il y engagea toute sa fortune, c'est-à-dire son talent et son travail. »

C'est vers le même temps que Scheffer peignit les portraits de plusieurs des hommes les plus éminents du parti libéral, Lafayette, Dupont de l'Eure, Destutt de Tracy, Béranger, Laffitte, Odilon Barrot, etc. Par son frère Arnold, rédacteur et gérant du National, il se trouvait aussi en relation avec Armand Carrel et avec M. Thiers, qui, dans ses comptes rendus des expositions, se montra un des plus vifs partisans de la nouvelle école, et qui accorda à Scheffer des éloges presque sans restriction, lorsqu'au Salon de 1824 il exposa de nouveau un grand tableau, la Mort de Gaston de Foix. Ce tableau, actuellement au Musée de Versailles, est une peinture vigoureuse qui ne manque pas d'éclat ni de poésie; mais, il faut bien le dire, ce qui faisait alors battre les mains à plus d'un admirateur passionné, c'étaient surtout les libertés que s'était accordées le jeune artiste et les négligences volontaires de l'exécution.

Ces défauts si sensibles aujourd'hui rencontrèrent dès cette époque des critiques que Scheffer sut écouter. « C'était un de ses dons, dit M. Vitet, don précieux dans les arts comme à la guerre, cette promptitude que d'un coup d'œil voit une fausse route, et qui, sans marchander, s'en détourne à l'instant... Au plus fort de sa vogue, il fut pris d'un immense regret de lui appeler son éducation manquée... Scheffer était, on peut dire, aux prises avec lui-même, se livrant les plus grands combats, se soumettant aux plus rudes épreuves qu'aucun maître peut-être n'ait jamais acceptées au delà de la première jeunesse. » On était alors au plus fort de la guerre de l'indépendance grecque, qui passionnait toutes les âmes libérales. Scheffer préparait le tableau des Femmes souliotes se précipitant du haut d'un rocher pour échapper aux outrages et à l'esclavage des Turcs. Ce tableau, que l'on peut voir aujourd'hui au Musée du Luxembourg, fut exposé au Salon de 1827 et marqua un pas décisif dans la carrière du peintre. Il y abandonnait, en effet, les procédés violents, les tons heurtés, les empâtements outrés, justement reprochés aux adeptes exagérés de la nouvelle école, qui faisaient consister tout le talent dans le défaut de mesure; toutefois quelques-uns de ses amis qui lui croyaient d'autres aptitudes, regrettaient qu'il n'eût pas encore renoncé « aux recettes toujours un peu factices des coloristes de profession. » Ils se rappelaient, en présence de l'œuvre terminée, l'ébauche qu'ils avaient vue naguère dans l'atelier et qui leur semblait supérieure. « S'il eût été possible de monter le tableau de ton sans rien détruire du premier effet, il en serait résulté une œuvre irréprochable. » Mais à ceux qui lui conseillaient de s'en tenir à ce qu'il avait fait, Scheffer répondait : « En rester là! autant vaudrait n'avoir pas commencé. Ce n'est pas seulement pour grandir mes figures que je quitte les petites toiles, c'est pour peindre autrement. Si je m'en tiens à cette préparation, on me dira qu'en grand comme en petit je ne fais toujours que de l'aquarelle. Je veux serrer de près la forme, accuser non-seulement les contours, mais les reliefs. » [1]

La forme, le contour, le modelé, Scheffer sentait bien que toutes ces qualités lui manquaient encore; les acquérir allait être désormais l'objet de sa constante préoccupation, le but de ses plus laborieux efforts; non qu'à partir de ce moment il ait quitté sans retour la voie où il s'était engagé avec toute une génération d'artistes : plusieurs années encore, et dans plus d'un tableau, il s'essaya à cette peinture romantique qui lui avait semblé d'abord la plus propre à rendre les motifs qui plaisaient davantage à son esprit. Sa pensée était toute littéraire, et de bonne heure s'était nourrie des poëtes étrangers; alors adoptés par le goût qui régnait dans les lettres. Il peignit le Giaour et la Médora de Byron; Walter Scott lui fournit le sujet de Jeannie Deans en prison; à Bürger il emprunta sa Lénore; Schiller lui inspira le Larmoyeur et le Coupeur de nappe, une de ses meilleures compositions; et il traduisit de Dante, avec un remarquable discernement de ce qui convient à la peinture et à la poésie, l'épisode de Francesca de Rimini; les œuvres de Goethe surtout furent pour lui une source à laquelle il ne cessa de puiser; il suffira de nommer les Mignon, le Roi de Thulé, et surtout ces deux figures de Faust et de Marguerite, qu'il suivit dans toutes les phases de leur existence légendaire, et qui furent pour lui, jusqu'à la fin de sa vie, comme des enfants adoptifs plus tendrement aimés, plus souvent caressés que tous les autres. Cependant son talent se transformait d'année en année, et les visions inspirées par les poëtes ne lui apparaissaient plus sous les mêmes formes. Tel tableau dans lequel, au début, il avait pris pour guides les maîtres du romantisme, terminé ou reproduit quelques années plus tard, ne se ressemblait plus à lui-même. C'est ainsi qu'un second tableau du Larmoyeur, peint en 1850, et actuellement en Hollande, diffère entièrement, de faire et d'aspect; du tableau peint en 1834, et qui est conservé au Musée du Luxembourg, et qui est malheureusement gravement altéré par suite de la mauvaise qualité des matériaux. « L'original du tableau de Francesca de Rimini, qui appartenait à M. le duc d'Orléans, dit M. Vitet, et qui parut à la vente de sa galerie, n'était pas non plus dans un état de parfaite conservation. Scheffer a eu le courage, comme pour le Larmoyeur, de faire une répétition entièrement peinte de sa main [2]. Il faut voir cette Francesca nouvelle pour sentir ce que l'œuvre a gagné dans ce second enfantement, tout ce que vingt ans d'études, de réflexion, d'expérience, ont ajouté de délicates nuances et d'heureux traits d'expression à ce fonds déjà si riche. Scheffer ne s'est guère copié lui-même. Il préféra toujours ajouter, corriger, étudier à nouveau. Jamais content de ce qu'il avait fait, recommencer par espoir de mieux faire était un bonheur pour lui. »

La fin à une autre livraison.

[1] M. Vitet, ibid.
[2] Ce tableau appartient à la fille de Scheffer, Mme Marjolin.

[1] Gazette des beaux-arts du 1er février 1850.

L'AQUARIUM DU JARDIN D'ACCLIMATATION.
Voy. t. XXVII, 1859, p. 2.

Si les sciences naturelles, après un temps d'arrêt assez long, ont fait des pas de géant depuis le commencement de notre siècle, c'est en partie parce que l'esprit humain, comprenant l'insuffisance des moyens dont il avait pu disposer jusqu'à ce jour, s'est appliqué à trouver des appareils nouveaux qui permissent aux savants de pousser plus loin leurs recherches en s'appuyant sur les bases solides de l'expérience. Parmi tous ces moyens de progrès, nul n'occupe peut-être une place destinée à plus d'avenir que l'aquarium, à en juger par le nombre de découvertes intéressantes dont il est chaque jour l'instrument. Il est venu, en quelques années, dévoiler tout un monde jusqu'alors inexploré. Grâce aux parois transparentes de ses cuves de cristal, nous pouvons admirer les brillantes couleurs des poissons, couleurs qui se ternissent au simple contact de l'air; les formes gracieuses des zoophytes, qui ne sont plus hors de l'eau que des masses informes; l'élégance et la variété de la végétation sous-marine, complètement inconnue. A combien de scènes de mœurs, ensevelies jusqu'alors dans les profondeurs de l'Océan, l'aquarium nous a initiés! elles ont même leur côté poétique. Quoi de plus dramatique que les luttes et les combats de ces crustacés à mine inflexible? Quoi de plus touchant que l'affection qui semble unir le bernard-l'ermite à l'anémone parasite, qu'il transporte partout avec lui? Quoi de plus original que ces mol-

Vue de l'Aquarium du Jardin d'acclimatation. — Dessin de Freeman.

lusques qui emmènent dans toutes leurs pérégrinations les plantes qui croissent sur leurs coquilles comme pour leur permettre de voyager continuellement à l'ombre?

Ce furent principalement les découvertes de Priestley sur l'échange d'acide carbonique et d'oxygène qui a lieu entre les animaux et les plantes qui suggérèrent l'idée de peupler des uns et des autres un bassin, de manière à ce qu'ils pussent échanger réciproquement les gaz indispensables à l'entretien de la vie organique. Divers savants appliquèrent successivement ces principes jusqu'en 1858, époque à laquelle MM. Warington et Gosse achevèrent de perfectionner l'aquarium. La collection de M. Gosse forma le noyau du premier aquarium public, celui du Jardin zoologique de Londres, qui, après avoir été entretenu pendant un certain temps avec beaucoup de soin, est, hélas! bien négligé aujourd'hui et a cédé le premier rang au nouvel aquarium du Jardin d'acclimatation de Paris. Celui-ci se compose de quatorze cuves en ardoise, dont le devant seul est formé par une glace, de sorte que la lumière ne pénètre dans la pièce où les cuves se trouvent disposées qu'après avoir traversé l'eau, qu'elle éclaire de cette façon à merveille. Des fragments de rocher, des galets, du gravier, ont été groupés avec beaucoup d'art, et dessinent des paysages sous-marins d'autant plus intéressants qu'ils nous retracent plus fidèlement les beautés d'une nature qui semblait destinée à demeurer à jamais soustraite aux regards de l'homme. Il nous est impossible de viser ici à tout décrire, d'autant que la collection s'accroît chaque jour; mais nous

signalerons cependant d'une manière spéciale quelques-unes des espèces les plus curieuses.

Les *anémones de mer*, ou *actinies*, occupent une place importante dans la collection; il y en a de toutes les formes et de toutes les couleurs; les plus communes sont loin d'être les moins jolies : ainsi l'anémone lisse, que l'on trouve en grandes quantités sur nos côtes, forme, lorsqu'elle est repliée, un petit mamelon d'un brun rougeâtre, et lorsqu'elle se déploie, on voit ses tentacules roses partir du centre d'une couronne de points bleus qui circonscrivent son bord supérieur, et qu'elle découvre alors. L'aquarium possède dans ce moment une fort belle collection d'anémones à gros tentacules qui viennent des côtes de l'Angleterre et des environs de Dieppe. C'est l'une des plus grosses espèces qui habitent nos côtes, et les individus varient con-

sidérablement de couleur; on en voit de toutes les nuances du blanc, du rouge et du violet. En se déployant, leur tronc et leurs tentacules se remplissent d'eau et se gonflent; dans cet état, elles deviennent presque transparentes et peuvent acquérir un assez fort volume. En se repliant, elles lancent cette eau au dehors en jets souvent très-énergiques, et alors s'aplatissent sur leur base et se dissimulent contre la surface du rocher auquel elles adhèrent. De plus, leur tronc est couvert de tubercules sur chacun desquels s'accole un grain de sable ou un morceau de coquille, ce qui contribue à les dissimuler davantage; mais dans l'aquarium, où peut-être elles allonge et retire tour elles négligent cette précaution ou perdent cette habitude. Cette espèce est, dit-on, très-bonne à manger, et M. Gosse, qui en a goûté, en fait le plus grand éloge. Il suffit, dit-il

Un des cadres de l'Aquarium. — Dessin de Freeman.

dans ses *Rambles on the Devonshire Coast*, de les faire bouillir pendant dix minutes; elles prennent de la consistance et une teinte rosée des plus appétissantes; et peut-être quelques-uns de nos lecteurs ne manqueront-ils pas d'essayer cette recette à la prochaine saison de bains de mer.

On avait dernièrement placé dans l'une des cuves des œufs de seiche qui forment une grappe de raisin gélatineuse; l'éclosion se fit au bout de quatre-vingt-dix-neuf jours, et l'on put voir les petits céphalopodes se promener avec une vivacité extraordinaire dans toutes les parties de la cuve et allonger leurs tentacules en tous sens pour chercher leur proie. Les variétés de seiches sont nombreuses; l'une des plus jolies à étudier dans l'aquarium est la petite sépiole. Son corps transparent change à chaque

instant de couleur et prend toutes les teintes irisées du plomb fondu qui se refroidit; ses grands yeux brillants ressemblent à deux diamants, et elle allonge et retire tour à tour les huit tentacules dont sa bouche est garnie. La sépiole a, outre ces huit tentacules, deux autres bras beaucoup plus longs, mais qu'on ne voit pas d'ordinaire, parce qu'elle les porte roulés sur eux-mêmes à l'entrée de sa bouche, comme la trompe d'un papillon. Ces bras ne lui sont pas seulement utiles pour saisir sa proie, mais pour se creuser un trou dans le sable, trou dans lequel elle s'enterre pour attendre ses victimes, laissant sa tête seulement dépasser. Elle creuse généralement ce trou à l'aide d'un violent jet d'eau qu'elle dirige sur le sable fin de manière à le chasser tout autour d'elle; mais lorsqu'une pierre trop grosse vient arrêter le travail, la sépiole la prend avec ses deux bras et la lance en dehors; elle peut alors continuer à s'ensevelir.

L'un des hôtes les plus curieux de l'aquarium est dans ce moment l'hippocampe ou cheval marin. Ce n'est pas un animal gigantesque, comme le croyaient certaines personnes qui, ayant lu naguère dans les journaux que l'hippocampe était le cheval que la mythologie attelait au char de Neptune, demandaient aux gardiens du jardin où était son écurie. C'est un petit poisson de 10 centimètres de long environ, composé d'une série d'anneaux cartilagineux reliés les uns aux autres, et dont la cambrure rappelle assez l'encolure du cheval; sa queue est prenante comme celle des singes du nouveau monde, et il s'en sert comme d'une ancre pour se fixer aux anfractuosités de rocher ou aux tiges des végétaux; le mouvement de ses yeux est indépendant; il peut regarder à la fois en avant et en arrière, comme le caméléon, dont il se rapproche, du reste, par ses couleurs changeantes; enfin ses nageoires pectorales, placées au sommet de sa tête comme une paire d'oreilles, complètent sa ressemblance avec le noble solipède. Le mâle de l'hippocampe possède une poche abdominale comme la sarigue ou le kanguroo femelle, et sa compagne dépose ses œufs dans cette poche. Ils y sont fécondés et ils y éclosent, et cette particularité curieuse a fait donner à l'hippocampe et aux autres poissons de sa classe le nom de poissons marsupiaux. Le mâle ne se contente pas seulement de couver sa progéniture, mais il la conduit comme une poule ses poussins et guide ses premiers coups de nageoire dans le monde aquatique.

La faune terrestre ayant été connue longtemps avant la faune aquatique, beaucoup des animaux de cette dernière portent des noms qui ont déjà leur emploi dans nos bois et dans nos plaines, et qu'une analogie souvent bien imparfaite a fait donner aux animaux d'eau. Ainsi le lièvre marin n'est ni un rongeur ni même un quadrupède, mais une limace ventrue, noire et orange, de la grosseur du poing, et ce n'est pas la rapidité de sa course qui lui a fait donner le nom de l'hôte léger de nos guérets, mais bien deux tentacules allongés et creusés en cornet qui se trouvent placés sur le sommet de sa tête et qui rappellent les oreilles de notre quadrupède. On en a dernièrement envoyé plusieurs de Lorient, et on peut les voir se promener dans l'aquarium, où elles vivent de fucus dont elles dévorent de grandes quantités. Les branchies au moyen desquelles elles respirent sont placées sur le dos et recouvertes par un petit manteau de l'épaisseur duquel est placée une de ces coquilles fines et transparentes que l'on ramasse si souvent au bord de la mer, et auxquelles on donne vulgairement le nom de *pelure d'oignon*.

La mer a ses animaux térébrants et fouisseurs tout comme notre sol; tous ces petits tubes membraneux et flexibles dont le sol de quelques-uns des bacs de l'aquarium est hérissé appartiennent aux nasses, qui passent la plus grande partie de leur vie ensevelies dans le sable. Ce sont de petits mollusques à coquille conique, pourvus d'une longue trompe au moyen de laquelle ils entretiennent un courant d'eau continuel autour de leurs branchies. Mais les nasses au moins sont libres et peuvent sortir de terre à volonté, poursuivre leur proie et changer de domicile; les pholades, au contraire, s'enterrent toutes jeunes dans les bancs de craie et y restent prisonnières, car elles grossissent dans la prison qu'elles se sont creusée en naissant et dont l'ouverture ne laisse plus passer que leur siphon aspirateur.

Les forêts sous-marines, enfin, possèdent des animaux sylvicoles qui vivent continuellement perchés sur leurs branches. Tel est un crabe très-remuant qui pourrait lutter avec le meilleur gymnasiarque par la hardiesse avec laquelle il passe d'une plante à une autre, et qui a le privilège de captiver habituellement bon nombre de spectateurs de ses exercices. En un mot, la vie est partout dans les cuves de l'aquarium, et sous les formes les plus diverses et les plus originales.

La classe des poissons n'a pas été jusqu'à présent fort bien représentée, parce que leur transport demande de très-grandes précautions; mais on peut cependant dès aujourd'hui en étudier plusieurs espèces curieuses. L'aquarium possède des blennies, des labres, des soles, des muges ou mulets, etc. Tous ces poissons, lorsqu'ils sont de petite taille, y sont parfaitement à leur aise, et leurs habitudes ne se ressentent pas trop de la captivité. Aussi, malgré la masse considérable de faits dont il a déjà enrichi la science, l'aquarium est-il appelé à devenir encore l'instrument de nombreuses découvertes et d'observations intéressantes. Il n'est guère moins indispensable dorénavant au malacologiste et à l'ichthyologiste que la loupe ou le microscope, et il serait même utile, dans l'intérêt du public, que l'on construisît en France des aquariums d'appartement, comme ceux dont on se sert déjà à Londres.

MON VIEUX JACOB.

NOUVELLE.

Suite. — Voy. p. 42, 54.

Mon bon Jacob! qu'il marche à présent rapidement dans la rue avec son Gilles!

— Allons, vite, mon gars, tu auras aussi quelque chose!

Toutes les boutiques lui paraissent belles! Tous les gens riches lui semblent bons! Qu'il est content de s'être laissé appeler avare, et de n'avoir pas eu la faiblesse de céder!

— Allons, Gilles, avançons.

Enfin ils ont atteint la porte de la ruelle et la cinquième maison à gauche. La porte s'ouvre.

— Eh bien! la mère, eh bien! crie la voix joyeuse de l'heureux Stip; et il dépose sur la table le volumineux paquet.

Il se laisse tomber sur une chaise; ses petites jambes malades de rhumatismes sont bien fatiguées.

— Eh bien! que c'est que cela? dit lentement Gritie, tandis qu'elle porte sa main au-dessus de ses yeux, moins pour les préserver de la lumière que pour cacher son léger dépit d'être obligée de renoncer à sa ferme résolution de ne pas adresser un seul mot de toute la soirée à son avare époux.

— Cela vient de mon bon bourgeois du Hantstraat et de sa femme; une Saint-Nicolas pour les enfants et peut-être aussi quelque chose pour nous. Je le pensais bien. Où est notre Sarah?

— Sarah? eh bien! elle s'est endormie de plaisir.

Jacob se lève de nouveau, court au coin de la chambre où dort la petite: il faut qu'elle prenne sa part de la joie commune. La fillette a déjà entendu de quoi il s'agissait. Elle est assise sur son petit lit et fixe des yeux brillants sur la table et sur le paquet que le père a apporté.

Qui ne prendrait part à la joie du bon Jacob! à la joie de voir ses enfants heureux une fois; au bonheur du petit garçon et de sa sœur qui reçoivent si rarement quelque chose qui ne leur soit pas indispensable; à la joie aussi de la mère qui ne peut plus garder son air morose!

Voyez tous leurs yeux attentifs, tandis que Jacob est occupé à dénouer les cordons; car, malgré son impatience, il ne veut point les couper.

Enfin le grand papier est déployé. Jacob prend le premier objet qui frappe sa vue, et étale devant tous ces regards avides un vieux pantalon noir de M. Van-Thienen, limé, troué aux genoux et en plus d'un autre endroit.

— Ça, c'est pour le père, dit Sarah.

— Voici autre chose! reprend gaiement Jacob qui paraît enchanté du misérable cadeau, quoique la première vue l'ait quelque peu désappointé.

— Voici autre chose! un rouleau entouré d'une bande. On la dénoue encore. Les yeux recommencent à briller... Ce sont deux chemises de femme, depuis plusieurs années mises en non activité par Mme Van-Thienen.

— Tu pourras encore t'en servir, la mère, dit Stip.

Gritie examine les chemises et prend un air de dégoût. C'est la première fois qu'elle portera du linge usé par une autre.

— Des chemises! dit Gilles, dont le visage n'exprime pas du tout le ravissement.

— N'y a-t-il rien pour moi? demande Sarah.

— Attends donc, reprend Jacob; et sa main tremble un peu tandis qu'il saisit une boîte carrée qui doit renfermer le Saint-Nicolas de sa petite famille.

La boîte de carton tombe en morceaux. Les yeux brillent encore une fois, mais comme s'ils reflétaient la dernière étincelle d'un feu d'artifice manqué... Sept petits bonshommes de pain d'épice sur la table, et trois lettres impairs, une blouse écossaise, verte et rouge, pour un enfant de cinq ans, largement imbibée au côté droit de ce liquide avec lequel les écoliers tachent leurs cahiers et leurs livres; puis encore, trois paires de souliers d'enfants, troués par-ci par-là, très-usés partout, trop petits pour Gilles, trop petits pour Sarah.

Serait-ce tout?... Oui, c'est tout!

— Ah! par exemple! s'écrie Gritie au comble de la colère; les avares! les misérables avares! Si ce n'est pas une honte!... (¹)

— Allons, tais-toi, femme, dit Jacob; c'est du bien donné, vois-tu. Si ce n'était pas le Saint-Nicolas, et si nous ne nous étions pas tant monté la tête, peut-être serions-nous encore satisfaits... Et il ajoute quelque chose d'inintelligible, quoiqu'un certain pli autour de sa bouche témoigne assez de son désappointement.

— Qu'y a-t-il donc pour moi? demande Sarah la larme à l'œil.

— C'est vrai. Qu'y a-t-il pour eux, les innocents? s'écrie la mère. Fallait-il donc réveiller cet agneau pour lui faire cette belle surprise? Tas de guenilles, va! Porte-moi tout cela chez Salomon le juif; il t'en donnera cinq sous. Allons, petite, va dormir.

Elle prend Sarah qui commence à pleurer, l'embrasse pour la consoler; l'enfant pleuré de plus belle, et on la reporte dans sa couchette.

Vous auriez été certainement pitié de mon pauvre Jacob si vous l'aviez vu regarder d'un œil si triste et singulier présent de Saint-Nicolas; encore plus, si vous aviez entendu les maussades réflexions que grommelait la mère Gritie. Gritie parlait toujours d'un ton piqué des économies de Stip. Il avait beau lui dire que la moindre petite dépense lui était impossible, elle pensait qu'il pourrait bien de temps en temps faire quelque chose de plus pour le ménage, pour elle ou pour les enfants; quant à des friandises, elle n'en parlait même pas. Elle avait cependant bien compté que ce soir-là Stip se serait mis en frais de générosité. C'était une déception. Et la charmante surprise qu'elle

s'était un instant promise s'était changée en mécompte d'autant plus grand. Gritie avait l'humeur variable comme un jour d'avril; toutefois, disons-le à son honneur, si en ce moment elle était si fort irritée, c'était beaucoup moins en pensant à elle qu'à ses enfants.

Stip paraît plongé dans de tristes réflexions. Gilles semble comprendre ce qu'éprouve son père. Il va auprès de lui, pose la main sur son épaule, et dit naïvement:

— Ce n'est rien, père; Joses Murf m'a promis une image, je la donnerai à Sarah. Pour moi, on m'a dit à l'école que je vais passer aux additions de fractions.

— Vraiment, petit? dit Stip; tu es un bon garçon, va. Il murmure tout bas: — Salomon! — et puis: — Je ne peux pourtant pas endurer ça! Tant pis! Il le faut.

Il saisit le pantalon de M. Van-Thienen et les petits souliers, met son chapeau, dit adieu à Gritie, et quitte le logis. Mais il ne tarde pas à revenir. Salomon lui a donné les moyens de tout réparer. Pour toutes « ces vieilles loques », il a payé vingt-sept cents (¹). Stip avec son trésor a couru chez le pâtissier... Voici maintenant dix petits bonshommes de pain d'épice sur la table, et trois lettres en sucre: un M, un S et un G.

La figure de Gritie s'éclaircit comme une sombre journée que ranime tout à coup le soleil de novembre: Gilles reçoit sa part avec une joie enfantine. Sarah, que sa mère vient de réveiller, grignote ses bonshommes avec des yeux à moitié fermés, et Jacob, mon vieux Jacob! il rit de nouveau; il rit de tout son cœur. Ils ont quelque chose, et pourtant il est resté fidèle à ses principes d'économie.

Mais n'avais-je pas promis de vous dire comment je rencontrai Jacob congédié par son troisième bourgeois, et comment il me fut ainsi possible de l'avoir à mon service? Eh bien, on ne manqua pas de s'apercevoir chez M. Van-Thienen que Jacob venait toujours travailler vêtu de son ancien pantalon gris, et jamais du pantalon noir qu'il avait reçu. Un jour son bourgeois lui dit:

— Pourquoi ne portes-tu pas mon pantalon, dis?

— Pour parler vrai, je ne puis pas, Monsieur.

— Et pourquoi?

Jacob raconta brièvement ce qui s'était passé. Son récit fut quelque peu embarrassé; il le termina par sa formule habituelle:

— Y a-t-il quelque chose pour votre service, Monsieur?

— Pour mon service! Pour mon service!... Il y a que tu n'as plus besoin de revenir, entends-tu? Je ne veux pas de brocanteur dans ma maison. Et, par-dessus le marché, la pauvre Bettie en a eu de belles sur le dos, à cause de toi... Comprends-tu ce que je veux dire? Je n'aime pas non plus les voleurs de lettres: voilà ce qui te revient; va-t-en!

Mon vieux Jacob, un voleur de lettres!

Il ne se défendit pas. Il s'en alla, et lorsque le jour suivant il revint servir le député et qu'il apprit en passant de l'hôtesse qu'elle avait un jeune locataire de plus au second étage, il me demanda si je voulais bien lui donner des ordres, et ce fut alors qu'il m'éleva au rang de monsieur...

La fin à la prochaine livraison.

TALISMAN DE CATHERINE DE MÉDICIS.

Il existe un certain nombre d'exemplaires de la singulière médaille reproduite page 64. On en peut voir plusieurs au cabinet des médailles de la Bibliothèque impériale.

(¹) Il ne faudrait pas juger du caractère hollandais par ce trait d'avarice. Il n'est pas de pays où la bienfaisance publique et privée soit exercée avec plus de générosité et de sagacité. Toutefois, là comme partout, il se trouve aussi des personnes qui s'imaginent faire acte de charité en donnant... ce qui ne vaut plus rien.

(²) Environ 60 centimes.

En 1848, on en trouva un dans les environs de la ville de Bayeux, et il est probable que l'on pourrait en rencontrer d'autres encore.

Ce n'est pas une médaille frappée; c'est un talisman coulé en bronze vers le milieu du seizième siècle. A plusieurs époques, on a essayé de donner des explications tirées de quelques circonstances historiques, ou des figures et des caractères bizarres que présentent la face et le revers. La plus ancienne se trouve dans un petit livre imprimé à Londres en 1696, sous ce titre : *l'Art d'assassiner les rois, enseigné par les jésuites à Louis XIV et à Jacques II.* On y lit que Catherine de Médicis, lorsqu'elle fut contrainte d'abandonner au prince de Condé le maniement des affaires du royaume, « fit appeler
» M. de Mesme, lui confia une boîte d'acier bien fermée
» à clef; et lui dit que la guerre civile lui donnant de
» mauvais présages de sa destinée, elle avait jugé à pro-
» pos de lui remettre entre les mains ce sacré dépôt,
» qui était le plus riche trésor qu'elle eût dans le monde,
» avec ordre de ne l'ouvrir jamais ni ne la donner à per-
» sonne, à moins que ce ne fût par son commandement
» signé de sa propre main; et engagea M. de Mesme à
» faire serment qu'il tiendrait parole, sur peine d'encourir
» sa haine et son indignation. Cette reine étant morte sans
» retirer la boîte des mains de M. de Mesme, et celui-ci
» étant pareillement décédé, les héritiers de M. de Mesme
» la gardèrent longtemps dans leur famille sans l'ouvrir.
» Cependant le temps qui fait oublier toutes choses rendit
» les enfants de M. de Mesme assez curieux pour l'ouvrir,
» dans la pensée d'y trouver un trésor inestimable. La
» boîte étant ouverte, on trouva avec le dernier étonne-
» ment une chose qui fait horreur : c'était une médaille de

Talisman de Catherine de Médicis.

» cuivre, ovale, en forme de bouclier ou de rondache, sem-
» blable à celle que les anciens Romains consacraient à
» leurs faux dieux. La gravure de cette médaille repré-
» sentait Catherine de Médicis étant à genoux en forme
» de suppliante, faisant offrande au démon... Cette prin-
» cesse avait à ses côtés ses trois fils, Charles, Henri et le
» duc d'Alençon, avec cette devise en français : *Soit, pourvu
» que je règne.* »

Plus tard, Bayle ayant contesté l'existence de la médaille et traité de conte le récit qu'on vient de lire, les éditeurs du *Journal de Trévoux* reprirent l'examen de cette affaire. La médaille se retrouva chez le président de Mesme. A la vérité, Catherine de Médicis ne s'y trouvait pas représentée, non plus que ses trois fils; mais on avait pu prendre pour son image la figure de femme à tête d'oiseau, qui présente un miroir au monarque couronné assis sur un trône, dans lequel on voulut reconnaître le roi Henri II; dans les lettres F, K, H, A, P, M (sur l'exemplaire trouvé près de Bayeux on lit M, G) couronnées, on pouvait voir les initiales de Catherine, des trois rois François II, Char-

les IX, Henri III, et du duc d'Alençon ses fils, et de Marguerite, femme de Henri IV. Quant aux noms de forme hébraïque et aux signes bizarres que l'on y remarquait en outre, on pensa, avec toute apparence de raison, qu'ils n'avaient aucun sens et n'avaient été mis là que pour donner à ces emblèmes un air plus mystérieux encore. Le père Menestrier, dans une savante et ingénieuse dissertation insérée aux Mémoires de Trévoux, établit à son tour que le monument était, non une médaille, mais un talisman, que Catherine de Médicis ne l'avait point fait frapper, et qu'on n'y voyait aucune apparence de culte rendu au démon. Il soutint en outre que ce talisman avait été fait par Jean Fernel d'Amiens, premier médecin de Henri II, qui avait reçu de grands bienfaits de Catherine. Il aurait présenté cette médaille à la reine sous forme d'étrennes, parce qu'elle aimait les images symboliques, et que dans la plupart des fêtes qu'elle donnait à la cour elle faisait distribuer des médailles de cette sorte. Il serait peu intéressant de rapporter tous les raisonnements accumulés par le savant jésuite dans sa dissertation. Il suffira de dire que dans les figures de la face il reconnaissait Catherine de Médicis et le roi Henri II, son époux, et dans celle du revers la célèbre Diane de Poitiers, duchesse de Valentinois. La dernière personne qui se soit occupée de cette médaille à l'occasion de la découverte faite d'un nouvel exemplaire près de Bayeux, M. Lambert, bibliothécaire de cette ville, s'est rangé à l'opinion du père Menestrier, en ajoutant quelques observations nouvelles à celles de cet auteur.

THONG-TSIÈN

(MONNAIE DE CUIVRE).

Les Chinois n'ont qu'une seule monnaie portant une empreinte officielle; c'est le *tsièn*, appelé *cache* dans les cinq ports, et *sapeca* à Macao comme à Manille.

Le cache est coulé et fait avec un alliage composé le plus souvent de 79 cuivre, 10 plomb, 7 zinc et 4 étain. Le trou du milieu sert à enfiler ces petites pièces et à les réunir par centaines; chaque centaine vaut 45 centimes environ.

Sur la face des *tsièn*, fondus sous le règne de Tao-kouang, qui a précédé l'empereur actuel, on lit : *Taou-kouang thong-p'ao*, monnaie de Tao-kouang (*thong-p'ao* signifie littéralement chose précieuse qui pénètre, circule partout).

Au revers est écrit en mantchou : *Kouang-paou* (chose précieuse (monnaie) de Kouang, c'est-à-dire de la ville de Canton, ou fabriquée dans la ville de Canton).

CATHÉDRALE DE BALE.

Voy., sur cet édifice, t. XI, 1843, p. 153.

Une vue de la cathédrale de Bâle. — Dessin de Stroobant.

La cathédrale de Bâle est construite sur un plateau qui domine le Rhin, à peu de distance du pont qui unit les deux parties de la ville, le grand et le petit Bâle. C'est sur ce même plateau que s'élevait sans doute, au temps des Romains, habiles à choisir de semblables positions militaires, le château fort qui fit donner à la ville son nom de *Basilea*. Des restes de murailles et des antiquités romaines qui y furent trouvées à deux reprises, en 1786 et en 1838, ont autorisé à penser que la cathédrale avait été bâtie dans l'enceinte de l'ancienne forteresse. Aucune des personnes qui ont visité Bâle ne peut avoir oublié la terrasse plantée de marronniers qui s'étend derrière l'abside de la cathédrale jusqu'au bord du plateau, d'où la vue s'étend sur la ville et sur le fleuve jusqu'aux montagnes de la Forêt-Noire. Des bancs sont disposés le long des parapets, et l'on peut, après avoir contemplé ce beau spectacle, s'y reposer et jouir de la pureté de l'air et de la fraîcheur de l'ombre. De là on aperçoit, à travers les troncs et le feuillage, les puissants contre-forts de l'abside qui s'élèvent par ressauts successifs jusqu'à la partie supérieure du chevet et l'élégante galerie romane qui en suit tout le tour. Les contre-forts sont une addition postérieure qui marque l'époque de la seconde construction de l'église, dans le style gothique, au quatorzième siècle.

L'intérieur de la cathédrale, qui appartient, comme l'abside, à l'ancienne construction commencée au onzième siècle et terminée au douzième, a été restauré dans ces dernières années avec beaucoup d'intelligence et de goût.

PROPORTION DES ORAGES SUR LE GLOBE.

Les chiffres suivants, qui désignent la moyenne des orages dans une année, peuvent donner une idée de leur distribution générale sur la surface du globe :

Nertschinsk en Sibérie (à 51 degrés de latitude), 2 ; le Caire, 4 ; Stockholm, 9 ; Pétersbourg, 9 ; Pékin, 6 ; Londres, 9 ; Athènes, 11 ; Paris, 14 ; Toulouse, 15 ; Strasbourg, 17 ; Berlin, 18 ; Smyrne, 19 ; Buenos-Ayres, 23 ; Québec, 24 ; Guadeloupe, 37 ; Maryland, 41 ; Rome, 43 ; Janina, 45 ; Rio-Janeiro, 50 ; Calcutta, 60.

LE PHARE ET LA NUIT.

La nuit disait au phare :

— A quoi sers-tu? Vois, la mer est calme, aucun danger ne menace le navire. Le pilote dort.

Le phare répondit :

— Le pilote est libre de veiller ou de dormir. Mon devoir, à moi, est de lui montrer à toute heure les écueils et le port dans les ténèbres.

Ainsi la vérité brille d'un éternel éclat au-dessus de nos têtes. Si nous fermons les yeux et si nous nous égarons, n'accusons que nous-mêmes.

MON VIEUX JACOB.

NOUVELLE.

Fin. — Voy. p. 42, 54, 62.

Je le vois encore marcher à côté de moi dans la rue.

Il porte ma valise brune dans la main droite et ma caisse de bois sous le bras gauche.

— Arriverons-nous encore à temps, Jacob?

— Si Monsieur s'est réglé sur la grande horloge, nous arriverons.

— Et s'il était trop tard?

— Alors Monsieur n'arriverait pas où il désire aller.

— Cela me chagrinerait beaucoup. Pourtant il n'y aurait pas de ma faute.

— Serait-ce de la mienne, Monsieur?

— Je ne dis pas cela non plus, Jacob. Le déjeuner a peut-être duré trop longtemps.

— Encore ce coin à tourner.

— Marchons plus vite, Jacob.

— Mieux vaut se dépêcher que... Voici le dernier coup de cloche.

— Heureusement, nous y voilà ! Tiens, encore une pièce de cinq sous. Porte-toi bien.

— Plus rien pour votre service, Monsieur? Portez-vous bien. Bon voyage !

« Bon voyage ! » ce furent les derniers mots que j'entendis de la bouche de mon vieux Jacob; les derniers mots de notre dernier, de notre plus sérieux entretien; oui, vraiment, le seul qui ait mérité le nom de sérieux.

Sérieux?... Pourquoi ? — Ne devinez-vous pas, lecteur? « Bon voyage ! » ce furent les dernières paroles qu'il m'adressa... Lorsque, revenu, six semaines après, je priai mon hôtesse d'avertir Jacob de mon retour, elle leva tristement les yeux, et me dit avec émotion :

— Eh ! ne savez-vous donc pas que le pauvre Jacob est mort? Il n'y a pas quinze jours, il était encore là-haut sur le palier à cirer les bottes de M. Van-N..., et aussi bien portant que vous l'êtes en ce moment. Le lendemain matin, sa femme venait dire en pleurant qu'elle l'avait perdu. Le rhumatisme était tombé sur le cœur. Ah ! mon Dieu ! j'en étais tellement impressionnée que de tout le jour je n'ai pu manger. Hélas ! à quoi tient la vie!...

Jacob mort ! Mon bon Jacob mort ! répétai-je lentement.

Un tambour mis à la retraite, qui n'a que sept doigts, qui n'est propre à rien, qui se marie, a des enfants, se fait oppasser, qui est avare avec les siens, et qui meurt à la fin de l'histoire... est-ce là votre héros? — Silence, lecteur, je vous en conjure; silence ! Je crois que ce pauvre Jacob est encore dans ma chambre. Ne vous étonnez pas si je ne parle de lui qu'avec respect, avec admiration. Lecteur, mettez, comme moi, chapeau bas ! Je vais vous dire maintenant ce qu'il a fait de grand et de noble.

Il fumait sa pipe du matin au soir; c'était sa suprême jouissance, son unique plaisir. Lorsqu'il eut un fils, il ne fuma plus ni le matin ni le soir, pas même une seule pipe. De temps en temps Jacob prenait, c'était une habitude de vieille amitié, chez Gérard Horst, un camarade du 30e régiment, un demi-verre, voire même quelquefois un verre entier de genièvre. Lorsque Gritie lui eut donné un fils, Gérard ne versa plus à Jacob ni verre ni demi-verre.

Lorsqu'il faisait beau le dimanche, Jacob conduisait la vieille Sarah et sa fille à une auberge de campagne, où l'on buvait une cruche de bière. Pleuvait-il, il les régalait de sucre d'orge et quelquefois aussi de gâteau croquant.

Gritie tenait assez aux apparences. Dans les premiers mois de son mariage, elle fit la remarque que le rideau de la cheminée était bien passé. Bientôt après, Jacob apporta quelques aunes de serge. Elle ne pouvait parler de giroflées ou de balsamines sans que Jacob n'apportât quelques instants après les fleurs désirées par sa chère femme pour en parer sa fenêtre. Lorsque Gilles fut au monde, le père trouva qu'il était inutile d'aller boire de la bière à l'auberge; il ne régala plus de sucre d'orge ni de gâteau croquant; et, pour toute dépense de « luxe », devint sourd, mais sourd comme un pot.

Ce n'était pas avarice, c'était prévoyance, c'était sacrifice.

Il en coûta bien des sueurs au malheureux Jacob ; il dut se livrer bien des combats depuis la naissance de son premier enfant jusqu'au jour où il mourut. Il fallut ces dix années pour mener à bien ce qu'il s'était juré d'accomplir avec l'aide de Dieu.

Attendez ! Cinquante-deux fois par année, il portait un florin, cent cents, à la caisse d'épargne, cent cents épargnés, disputés, rognés sur ses propres jouissances et celles de ses bien-aimés. Respect à mon vieux Jacob ! il fut fidèle à son serment jusqu'au bout !

L'argent si régulièrement porté à la caisse d'épargne devait en dix années, avec les intérêts composés, produire une somme assez rondelette.

Cette somme devait donner à ses chers enfants, à son fils surtout, ce dont leur père avait été toujours privé : le moyen d'acquérir un peu plus d'instruction, d'atteindre un degré de développement plus élevé.

C'est au directeur de l'école gratuite que Jacob avait confié l'accomplissement de son ardent désir. Celui-ci n'avait pu rejeter une tutelle que Jacob l'avait si instamment prié d'accepter au cas où, comme il le disait, « il recevrait inopinément sa feuille de route. »

Le directeur à tenu sa promesse.

La fortune du pauvre homme a déjà porté des fruits

bénis. Sarah, qui a bientôt dix-huit ans, est troisième maîtresse à la salle d'asile de la ville, et Gilles, le fils du pauvre *oppasser*, est premier sous-maître, plein d'ardeur à l'étude, dans un institut de premier ordre.

Vieil ami, digne homme! personne ne t'appellera plus brocanteur, homme avide, avare. Ta Gritie même, qui jadis ne comprenait pas que tu pusses lésiner autant sur les choses les plus nécessaires, et peut-être eût traité de sotte et de ridicule ta façon d'agir, aujourd'hui ta Gritie bénit ton courage et ta prudence.

Pauvre Jacob! honnête homme! pére dévoué! beaucoup feraient-ils ce que tu as fait? Chaque soir encore, Gilles et Sarah remercient le bon Dieu de t'avoir eu pour père. Et moi, pauvre Jacob maintenant riche dans le ciel, moi, je ne pense pas à toi sans respect et sans te remercier du fond du cœur, de ce que tu daignas un jour te mettre à mon service.

C'EST UN FAIT.

On cite souvent ce mot célèbre d'un philosophe dont plusieurs d'entre nous ont été les contemporains :

« Rien n'est bête comme un fait. »

Que voulait dire par là cet homme d'un bon sens si supérieur? Assurément il connaissait, plus que personne, l'importance ou, pour mieux dire, la nécessité des faits. Les faits sont la base de toutes nos études, de toute notre expérience, de tout notre savoir. Mais le jour où il prononça ces paroles, il cédait sans doute à un mouvement bien légitime de dépit contre ceux qui croient pouvoir détruire toute espèce de raisonnements rien qu'en leur opposant des faits.

« C'est un fait! » disent-ils; et il leur semble qu'après cette simple affirmation on ne doit plus rien avoir absolument à leur répondre.

La vérité cependant est qu'un fait, même très-réel, ne prouve le plus souvent rien autre chose que lui-même.

Le savant, habitué à ne rien conclure précipitamment d'aucun fait, comprend bien le mot de notre philosophie. Il sait, par expérience, quel immense intervalle sépare l'observation d'un fait du jugement que l'on en doit légitimement tirer. Il n'ignore point qu'entre la connaissance d'un fait et l'application qui peut en résulter, il y a presque toujours un abîme.

Un des plus vastes esprits du commencement de ce siècle (¹) a vivement peint la situation de l'homme judicieux en présence d'un fait nouveau.

Cet homme est un savant : ses yeux, ses sens, viennent de saisir un fait, un phénomène. Il est là! Bien; mais quelle conclusion va en tirer son jugement?

— Soyons calme, se dit cet homme. Ne nous laissons pas troubler. Soyons en méfiance des fausses conclusions. Prenons garde de nous égarer.

Mais; au même instant, il sent en lui s'agiter et venir comme à l'assaut une foule d'ennemis de la vérité.

Voici d'abord l'imagination : elle s'élance pour s'emparer du fait; elle veut le toucher de sa baguette et le transformer aussitôt en un édifice merveilleux. — Arrière, mon imagination! nous ferions un château en Espagne!

L'impatience; la précipitation, arrivent à la suite. — Puisque c'est un fait, il faut bien en tirer quelque chose. — Arrière, arrière!

— Cependant, objecte le désir de la célébrité, si je tarde à proclamer ce fait et à en démontrer l'importance, un autre me devancera et me ravira tout l'honneur qui

(¹) Gœthe; trad. Porchat, t. XXX, p. 20.

doit m'en revenir. — Arrière, mon orgueil! ton heure n'est pas venue.

— Tout cela est fort bon, insinue un autre ennemi; mais, après tout, je ne suis ni un enfant, ni un novice. Ce fait confirme des idées que j'avais déjà depuis long-temps; c'est simplement une pierre de plus qui vient s'ajouter à mon système. Voilà qui est bien évident !

— Évident! Quel avantage trouverais-tu à te tromper ainsi toi-même? Ne suffit-il pas souvent d'une seule pierre mal placée pour faire écrouler la construction en apparence la plus solide? Qui sait si, au contraire, ce fait n'est pas destiné à détruire ton système et à t'obliger à en chercher un autre! A bas l'entêtement, les idées arrêtées, les opinions préconçues, à bas!

— Oui, mais avec toutes ces hésitations et tous ces excès de prudence, on n'en finirait jamais. La vie est courte. Si je me trompe dans l'application de ce fait, eh bien! j'en serai quitte pour l'avouer et chercher ensuite une autre application. — Ah! perfides suggestions de la paresse, de l'empressement de jouir, arrière, arrière!

Un fait, si positif qu'il paraisse, doit être observé avec calme, longuement, considéré sous ses divers aspects, et quand enfin il n'est plus possible de concevoir le moindre doute sur sa réalité, il ne faut pas oublier qu'on ne possède encore qu'un fait matériel et qu'on ne saurait parvenir à en connaître et à en utiliser la valeur définitive qu'après l'avoir de nouveau observé dans ses rapports et son union avec d'autres faits opposés ou semblables.

Cette méthode sévère ne convient pas aux esprits impatients ou légers. Elle n'est cependant pas moins indispensable dans l'ordre moral que dans l'ordre scientifique.

Une personne exprime une pensée blâmable ou commet une mauvaise action.

L'esprit léger s'écrie aussitôt : — Voilà une méchante personne, et digne de mépris !

Mais, en supposant qu'on ait soi-même bien entendu de ses propres oreilles, ou bien vu de ses propres yeux, il faudrait encore se contenter de dire, comme l'enseigne Épictète, non pas que la personne est méchante, mais que la pensée est blâmable ou l'action mauvaise, car c'est tout ce que l'on est en droit de penser. Est-il juste et sensé de condamner toute la vie ou le caractère entier d'une personne sur une seule pensée ou sur un seul fait?

Quand, pour contredire une opinion, vous dites : « C'est un fait! » on est autorisé à vous répondre : — Il est possible que ce soit un fait, et je ne doute pas qu'il soit tel à vos yeux. Toutefois, je ne peux qu'il n'ait pas été assez bien observé. Avant de lui sacrifier mon doute ou ma conviction, il me serait nécessaire de m'assurer qu'il a été observé dans toutes les conditions propres à établir la certitude, ou de l'étudier moi-même, et d'en constater la vraie signification. En tout cas que ce qui n'est pas matière de foi, je ne saurais être obligé d'accepter comme un moyen décisif de persuasion un fait admis par l'opinion commune ou par celle de quelques hommes considérables; car il y a beaucoup d'erreurs qui ont cours dans l'opinion commune, et les hommes les plus éminents ne sont pas infaillibles dans leurs témoignages. Je n'en est tout autrement si vous m'opposez des raisonnements aux miens : nous sommes à tous deux sur un terrain libre, où nous cherchons mutuellement à nous convaincre à l'aide de nos propres réflexions. L'un de nous ne peut avoir la prétention de contraindre l'autre et de l'obliger au silence en coupant court à toute recherche de la vérité sur le sujet en discussion par une affirmation quelconque. Un fait jeté tout à coup à la traverse est, pour ainsi dire, une arme déloyale, si l'on prétend lui attribuer la valeur d'un argument. Selon les circonstances; la politesse m'empêchera de contester ce fait, ou je soupçonnerai que c'est un moyen suggéré par l'épuisement des forces ou le désir de ne pas aller plus avant. C'est en ce sens que l'on peut comprendre le mot : « Rien n'est bête comme un fait. »

Combien de fantômes ont été pris pour des faits ! « C'est un fait ! » n'a-t-il pas été en tout temps un des grands arguments des calomniateurs et des superstitieux? Le nombre des faits affirmés est infini ; mais il y a bien peu de faits avérés, et dont la valeur et l'usage aient été jusqu'ici définitivement appréciés et démontrés par l'intelligence humaine.

OBSERVATIONS ASTRONOMIQUES.

MARS.

On ne doit pas renoncer à l'espérance d'obtenir des efforts réunis de l'expérience et de la science, des indications rationnelles sur l'état futur du temps.

En Angleterre; une institution (le *Meteorological Board*),

présidée par l'amiral Fitz-Roy, a déjà rendu, sous ce rapport, quelques services réels à la navigation, au moyen d'un vaste réseau de télégraphie électrique. Qu'un vent quelconque arrive à portée des côtes britanniques, aussitôt l'électricité mise en jeu prévient les marins de sa direction. Le fluide de Volta devance la vitesse des orages. Une extension du service météorologique en dehors des limites du Royaume-Uni permettrait d'étendre l'effet de ces prévisions plus loin encore. De même en ce qui se rapporte au changement de temps, c'est-à-dire au passage du beau fixe au variable, du sec à l'humide, etc., le *Meteorological Board* publie tous les jours des prévisions pour le lendemain et le surlendemain. Quoique les savants anglais ne puissent prétendre à l'infaillibilité, leurs prédictions se vérifient assez souvent pour avoir déterminé nos astronomes à les suivre dans la même voie.

Nous avons déjà engagé les amateurs zélés à utiliser les nuits d'hiver pour scruter les profondeurs du ciel et y chercher si quelque astre errant ne s'avance pas vers les plages que parcourt modestement notre globe. Les observatoires privés et publics se multiplient dans les

Aspect de Mars un peu avant l'opposition.

Aspect de Mars pendant l'opposition.

rudes climats du Nord et dans le monde austral. Les deux dernières comètes ont été découvertes plusieurs fois, et, pendant que les savants européens se disputaient l'honneur de leur imposer un nom, survenait un nouveau prétendant dont les droits, quoique lointains, étaient pourtant les meilleurs.

La planète à laquelle le mois de mars est consacré a préoccupé, au mois d'octobre dernier, tous les astronomes du monde. Ceux de nos lecteurs qui ont eu l'occasion de diriger vers elle un télescope d'un pouvoir suffisant ont dû apercevoir assez nettement des apparences analogues à celles que nous reproduisons.

Les deux figures jointes à cet article représentent chacune un hémisphère pouvant donner une idée du relief probable des continents et des mers de Mars. Hâtons-nous de dire que les meilleurs télescopes ne montrent pas les choses avec la précision que l'artiste est malgré lui obligé de donner au dessin. Des marbrures bleuâtres, rendues ici par des ponctuations, semblent indiquer la présence d'océans. Des taches rougeâtres, représentées par des traits plus fermes, paraissent occasionnées par la réflexion de la lumière sur des parties solides.

On suppose aussi que les taches blanchâtres qui apparaissent périodiquement au pôle non éclairé sont produites par de prodigieux amas de glaces ou de neiges. Chaque fois que les rayons directs du soleil viennent réchauffer ces contrées, le cercle supérieur diminue de dimensions, comme celui qui entoure le pôle de notre globe dans les mêmes circonstances.

Mars paraît être constitué d'une manière analogue à notre terre. (Voy., sur cette planète, la Table des vingt premières années.)

GREUZE.

Voy., sur Greuze, t. XXIX, 1861, p. 157, et la Table des vingt premières années.

Le célèbre amateur Mariette a écrit sur Greuze la note suivante : « Jean-Baptiste Greuze, né à Tournus, en 1728, travaille à Paris et s'y distingue par un excellent goût de couleur. Il a choisi pour son genre celui des bambochades et tâche d'y mettre de l'intérêt, ce qui fait que ses tableaux sont fort goûtés. Les connaisseurs trouvent leur compte dans la façon dont ils sont peints. La multitude est touchée du choix du sujet, qui se rapproche de nos mœurs et qui lui sert d'entretien. Il a fait le voyage d'Italie en 1756 voyage qui, en vérité, lui était assez inutile et où la vanité dut avoir la principale part. »

Cette note courte et judicieuse, comme toutes celles où Mariette a résumé son opinion sur les artistes, renferme, en quelques lignes, une excellente appréciation du talent du peintre et de son caractère. Le voyage que Greuze fit en Italie en 1756, et dont une curiosité bien naturelle fut sans doute le motif plus encore que la vanité, ce voyage lui fut peu profitable et altéra même un moment son originalité. Au Salon de 1757, il n'exposa que des sujets italiens. Il lui fallut ensuite quelques efforts pour redevenir lui-même; mais il y parvint et ne songea plus à l'Italie. Ce n'est pas ce que paraît avoir attendu de lui l'Académie de peinture, l'agréant parmi ses membres deux ans auparavant. Voici ce qu'on lit, en effet, dans le *Nécrologe* de 1768 (¹) : « ... Avant son retour en France et dans le temps même qu'il était encore en Italie, M. l'abbé Gougenot fut élu membre de l'Académie royale de peinture et de sculpture en qualité d'honoraire associé libre. L'Académie voulut principalement par là lui marquer, en quelque sorte,

sa reconnaissance de ce qu'il s'était chargé de conduire en Italie M. Greuze, dont les talents, si connus aujourd'hui, ne faisaient alors que d'éclore et venaient de lui mériter le titre d'agréé. » Les Académies demandent parfois à leurs élus tout autre chose que ce qu'ils savent faire, et ceux-ci, même quand ils ont brigué les votes, n'ont pas toujours pour leurs confrères toute la déférence que ceux-ci attendaient. Greuze avait été agréé, mais non pas reçu académicien, sur la présentation de son tableau de *l'Aveugle trompé* (gravé par Lebas), et il avait

Musée de Montpellier. — *Le Petit Paresseux*, par Greuze. — Dessin de Calon.

constamment refusé de présenter le tableau exigé par les règlements pour être reçu définitivement. Après plusieurs avertissements inutiles, l'Académie lui interdit son exposition. Enfin, en 1769, il se décida à envoyer un tableau composé dans le genre historique, afin d'avoir droit à, toutes les dignités du corps et dans l'espoir d'obtenir le titre de professeur. Le sujet qu'il avait choisi, en dehors de toutes ses habitudes, était *l'Empereur Sévère reprochant à Caracalla son fils d'avoir voulu l'assassiner*. On peut voir ce tableau aujourd'hui au Musée du Louvre, où il fut apporté de Meudon en 1848; il faut bien reconnaître qu'il n'était pas fait pour réparer le tort que Greuze s'était causé à lui-même par ses retards, par ses succès

et par cette vanité d'enfant que lui reprochait son ami Diderot. Mais c'est dans Diderot qu'il est curieux de lire l'histoire des démêlés de Greuze avec l'Académie.

« Il faut que vous sachiez d'abord, dit-il, que les tableaux de cet artiste faisant dans le monde et au Salon la sensation la plus forte, l'Académie souffrait avec peine qu'un homme si habile et si justement admiré n'eût que le titre d'agréé. Elle désira qu'il fût incessamment décoré de celui d'académicien : ce désir et la lettre que le secrétaire de l'Académie, Cochin, fut chargé de lui écrire en conséquence, sont un bel éloge de Greuze. J'ai vu la lettre, qui est un modèle d'honnêteté et d'estime; j'ai vu la réponse de Greuze, qui est un modèle de vanité et d'impertinence : il fallait appuyer cela d'un chef-d'œuvre, et c'est ce que Greuze n'a pas fait,

(¹) Page 165.

» Cet artiste, qui ne manque pas d'amour-propre, et en qui il est très-bien fondé, s'était proposé de faire un tableau historique... Le jour vint où ce tableau, achevé avec le plus grand soin, prôné par l'artiste même comme un morceau à lutter contre ce que le Poussin avait fait de mieux, vu par le directeur et quelques commissaires, fut présenté à l'Académie. Vous vous doutez bien qu'il ne fut pas examiné avec les yeux de la bienveillance; Greuze avait montré depuis si longtemps un mépris si franc et si net pour ses confrères et leurs ouvrages!

» Voici comment la chose se passa dans ces circonstances. L'Académie s'assemble; le tableau est exposé sur un chevalet au milieu de la salle; les académiciens l'examinent : cependant l'agréé, seul dans une autre pièce, se promène ou reste assis en attendant son jugement! Greuze, ou je me trompe fort, n'était pas fort inquiet du sien.

» Au bout d'une heure, les deux battants s'ouvrirent. Greuze entra; le directeur lui dit : « Monsieur, l'Académie » vous reçoit; approchez et prêtez serment. » Greuze, enchanté, satisfait à toutes les cérémonies de la réception. Lorsqu'elle est finie, le directeur lui dit : « Monsieur, l'Aca-» démie vous a reçu, mais c'est comme peintre de genre; » elle a eu égard à vos anciennes productions, qui sont » excellentes, et elle a fermé les yeux sur celle-ci, qui » n'est digne ni d'elle ni de vous. »

» Dans cet instant, Greuze, déchu de son espérance, perdit la tête, s'amusa comme un enfant à soutenir l'excellence de son tableau, et l'on vit le moment où Lagrenée tirait son crayon de sa poche afin de lui marquer sur la toile même les incorrections de ses figures.

» Qu'aurait fait un autre? — Un autre, moi, par exemple, continue Diderot, aurait tiré son couteau de sa poche et aurait mis le tableau en pièces; ensuite il aurait passé la bordure autour de son cou, en l'emportant avec lui; il aurait dit à l'Académie qu'il ne voulait être ni peintre de genre, ni peintre d'histoire; il serait rentré chez lui pour y encadrer les têtes merveilleuses de Papinius et du sénateur, qu'il aurait épargnées au milieu de la destruction du reste, et aurait laissé l'Académie déshonorée. Oui, mon ami, déshonorée; car le tableau de Greuze, avant d'être présenté, passait pour un chef-d'œuvre, et ses débris qu'il en aurait conservés auraient perpétué ce préjugé à jamais : ces débris superbes auraient fait présumer la beauté du reste, et le premier amateur les aurait acquis au poids de l'or. [1]

» Greuze, au contraire, demeura convaincu du mérite de son ouvrage et de l'injustice de l'Académie, s'en revint chez lui essuyer les reproches emportés de la femme la plus violente, laissa exposer son tableau au Salon, et donna le temps à ses défenseurs de revenir de leur erreur, et de reconnaître qu'il avait maladroitement offert à ses confrères irrités l'occasion la plus éclatante de lui rembourser en un instant, et sans blesser les lois de l'équité, tout le mépris qu'il leur avait marqué. »

Greuze se retira de l'Académie, et n'envoya plus ses ouvrages aux expositions publiques que lorsque la révolution eut ouvert à tous les artistes les portes du Louvre. Il renonça en même temps aux sujets historiques et revint aux bambochades. Il ne faudrait pas croire que ce mot employé par Mariette eût rien de dédaigneux pour le peintre, ni qui pût rabaisser l'estime qu'on faisait de lui. « On appelle ainsi, dit un dictionnaire du temps [2], des tableaux où le peintre a représenté des scènes gaies et champêtres, des foires, des tabagies et autres sujets ré-

jouissants. » Le mot, on le voit, était reçu dans la langue des arts; on s'en servait pour désigner les tableaux de genre hollandais dont le peintre Pierre de Laar, dit le Bamboche, avait particulièrement contribué à mettre à la mode au siècle précédent. Le genre devint tout à fait français au dix-huitième siècle, et plus que tout autre Greuze, comme le dit Mariette, y sut mettre de l'intérêt, et toucher le public par le choix des sujets, en même temps qu'il charmait les connaisseurs par la façon dont il les peignait. De nos jours, on n'admire plus au même degré ces scènes familières dans lesquelles Greuze mettait en pratique les préceptes du drame que Diderot tentait d'introduire au théâtre; mais on n'a point cessé de goûter ses portraits, ses têtes de femmes et d'enfants, toujours pleines de vie et d'un excellent goût de couleur. »

Le tableau du Musée de Montpellier que reproduit notre gravure est de la meilleure manière de Greuze, vivement et grassement peint, et d'une transparence de couleur que n'ont pas toujours les jolies têtes de cet artiste aujourd'hui de nouveau si recherchées et parfois si follement payées.

LES TIMBRES-POSTE.

Suite. — Voy. p. 36.

ROYAUME-UNI DE LA GRANDE-BRETAGNE ET D'IRLANDE.

Au commencement de l'année 1837, M. (maintenant sir) Rowland Hill présenta, dans une brochure qui est restée célèbre, un plan de réforme postale fondé sur les principes suivants : taxe uniforme au poids, sans égard à la distance; taxe modique : 1 penny par lettre de demi-once et au-dessous, et 1 penny par chaque demi-once d'excédant; affranchissement obligé des lettres au moyen de timbres mobiles, de feuilles ou d'enveloppes timbrées.

Une première étude, faite par une commission royale, fut sans résultat; mais la Chambre des communes fut saisie de ce projet, appuyé auprès d'elle par 320 pétitions portant 38 709 signatures; elle nomma, le 27 novembre 1837, un comité pour l'examiner. Une enquête fut ouverte le 3 juillet 1838 : le comité entendit, outre les personnages officiels et les fonctionnaires de l'administration des postes, quatre-vingt-trois témoins pris dans l'industrie, le commerce et les diverses classes de la société; il tint soixante-deux séances et déposa un rapport favorable dans la séance du 13 août 1838. Il recommanda, entre autres amendements, de laisser la liberté d'affranchir les lettres et de frapper d'une taxe plus forte les lettres non affranchies.

Une association se forma alors pour obtenir du Parlement l'adoption du plan de M. R. Hill. Un comité [1], composé de douze des principaux négociants de Londres, prit la direction de l'agitation; la première liste de souscription monta à 19 825 francs.

Ce comité publia de nombreux mémoires et répandit par milliers le modèle d'une pétition aux Lords et aux Communes; il eut son journal : the Post circular, ou Advocate for a cheap, swift and sure post (la Circulaire de la poste, ou l'Avocat d'une poste à bon marché, rapide et sûre). Les pétitions furent déposées jusqu'au 20 juillet 1839 : le comité en présenta 2 007, portant 262 809 signatures, à la Chambre des communes, et autant à la Chambre des lords.

Quelques-unes des publications du comité sont curieuses. Une des plus répandues fut « Une scène au château de Windsor entre la reine, lord Melbourne, lord Lichfield (directeur général des postes) et M. Rowland Hill »; on la vendait au prix de 8 fr. 75 c. le mille. Une autre, très-singulière, est intitulée : « Exemples des taxes postales en 1839, pour être conservés parmi les curiosités des musées. » Ailleurs, on lit ces faits saisissants : « Un pli du poids de 4 onces paye, d'Exeter à South-Zeal (18 milles de distance), 1 penny, et d'Exeter à Honiton (16 milles), 6 shillings 8 pence (80 fois plus). Une lettre de 3 onces de Renfrew paye, jusqu'à Lochwinnock (14 milles), 1 penny, et jusqu'à Pollockshaws (7 milles), 4 shillings... »

Voici une affiche :

« Mères et pères qui désirez avoir des nouvelles de vos enfants absents !

» Amis qui êtes séparés et qui voulez vous écrire !

» Émigrants qui n'oubliez pas la mère patrie !

» Fermiers qui avez besoin de connaître les meilleures places pour la vente de vos produits !

» Négociants et marchands qui désirez que les commissions et l'argent vous arrivent promptement et à bon marché !

» Ouvriers et laboureurs qui voulez savoir où trouver de bon ouvrage et de gros salaires !

» Appuyez le rapport de la Chambre des communes par vos pétitions en faveur d'un port uniforme d'un penny.

» Que chaque cité, ville et village, chaque corporation, chaque société et congrégation religieuse, pétitionne, et que chacun, dans le royaume, signe son nom ou sa marque sur une pétition.

» Ceci n'est pas une question de parti politique.

» Lord Ashburton, un conservateur et un des plus riches seigneurs du royaume, a dit ces paroles significatives au comité de la Chambre des communes : « La taxe postale est une des pires taxes. C'est taxer la conversation » de gens qui sont à quelque distance les uns des autres. » La communication, par lettres, de personnes qui sont » éloignées est la même que la communication, par la » parole, de celles qui habitent la même ville... »

Le Parlement se prononça, dans la session de 1839, en faveur du projet de M. R. Hill, amendé par le comité, et le nouveau système fut mis en vigueur à partir du 10 janvier 1840.

M. R. Hill avait annoncé que la réforme postale aurait pour effet de quintupler la quantité des lettres, qui était alors de 76 millions; que le produit net ne décroîtrait que de 300 000 livres sterling, et serait de 1 347 000 livres. Ce dernier résultat était obtenu dix-huit ans après : en 1858, le revenu net des postes était de 1 330 000 livres, et le nombre des lettres s'était élevé à 523 millions.

L'Angleterre dut cette grande réforme à l'intelligence et à l'énergie d'un simple particulier; elle voulut reconnaître ce service. Une souscription nationale, dont le produit devait être offert à M. Rowland Hill, fut ouverte; on n'y reçut aucune somme de plus de dix guinées, et le montant fut de 15 725 livres 4 shillings 8 deniers et demi (près de 400 000 francs).

Depuis le statut de la reine Anne, promulgué en 1710, jusqu'en 1837, le port des lettres a presque triplé. La lettre simple payait, pour une distance de 80 milles, par exemple : 3 pence de 1710 à 1784, 4 pence de 1784 à 1797, 6 pence de 1797 à 1805, 7 pence de 1805 à 1812 et 8 pence de 1812 à 1836.

Les nouvelles taxes postales furent fixées par un arrêté du 26 décembre 1839. Le port, dans tout le Royaume-Uni, fut réduit, pour la lettre simple pesant demi-once (14 gr. 17), affranchie, à 1 penny; non affranchie, à 2 pence. Le port augmente de 1 penny par demi-once pour les let-

tres affranchies, et de 2 pence par demi-once pour les lettres non affranchies.

Les membres du Parlement avaient obtenu, vers 1635 ou 1642, le privilège du transport gratuit des lettres qu'ils écrivaient ou qui leur étaient adressées. Jusqu'en 1764, toute lettre dont l'enveloppe portait la signature d'un membre du Parlement était franche de port. Les enveloppes de lettres signées en blanc devinrent l'objet d'un véritable commerce, et un grand nombre portaient même des signatures contrefaites : on évaluait à 450 000 francs en 1716, à 1 million en 1730 et à 4 250 000 francs vers 1760, la perte que le droit de franchise causait au Trésor. Il fut restreint en 1763, en 1784 et en 1795, et aboli en 1840. Le nombre des lettres de membres du Parlement jouissant de la franchise était de 2 028 000 en 1810 et de 3 085 000 en 1837.

La quantité des lettres circulant était de 75 908 000 en 1839, de 168 768 000 en 1840, de 277 392 000 en moyenne par an de 1841 à 1850, de 469 532 000 en moyenne par an de 1851 à 1860, et de 593 240 000 en 1861.

L'augmentation a été, de la période décennale de 1851-60 sur celle de 1841-50, de 69 pour 100, et de l'année 1861 sur l'année 1840, de 250 pour 100.

L'accroissement annuel du nombre des lettres a été, en moyenne, de 5 3/4 pour 100 de 1852 à 1856, et de 4 1/2 pour 100 de 1857 à 1861.

La population du Royaume-Uni était de 29 307 199 personnes en 1861; le nombre moyen de lettres par habitant et par an était de 20 en 1861; il était de 16 en 1854. Mais, tandis que l'Anglais reçoit en moyenne 24 lettres par an et l'Écossais 18, l'Irlandais n'en reçoit que 9.

Le mouvement des correspondances marque autant le degré d'activité commerciale que celui de l'instruction : on compte par personne 26 lettres à Liverpool, 30 à Birmingham, 31 à Manchester, 33 à Bristol, 40 à Dublin, 43 à Édimbourg et 47 à Londres.

Le nombre des lettres de Londres pour Londres a été de 68 086 000 en 1861. Il formait en 1839 presque le cinquième; il forme à présent le dixième du nombre total.

La petite poste de Londres a été établie, en 1683, par un tapissier, Robert Murray.

Le nombre de valentines est d'environ 1 200 000. On appelle valentines les papiers enjolivés sur lesquels les amis et les amants écrivent aux personnes qu'ils aiment le jour de la Saint-Valentin.

Moins de 1 pour 100 des lettres mises à la poste en Angleterre ne sont pas affranchies.

Le nombre des journaux était estimé à 44 500 000 en 1837; il a été d'environ 75 millions en 1861.

Le revenu net annuel des postes a été de 2 millions de francs en 1757, de 4 millions de 1757 à 1786, de 21 millions de 1787 à 1816, de 35 millions de 1817 à 1836, de 42 millions en 1838, de 13 millions en 1840, de 19 millions de 1841 à 1850, de 31 millions de 1851 à 1860, et de 38 millions en 1861.

Une loi du 17 mai 1862 a autorisé le gouvernement à établir des caisses d'épargne dans les bureaux de poste. Ce projet, dû à l'initiative de M. Sikes, d'Huddersfield, avait déjà été proposé au Parlement, en 1806, par M. Whitbread. Il y a dans le Royaume-Uni 638 anciennes caisses d'épargne; du 16 septembre 1861 au 31 mars 1862, la poste en avait ouvert 2 532 nouvelles, dans lesquelles 92 000 personnes avaient déjà déposé près de 20 millions de francs.

La suite à une autre livraison.

VASE GREC A DOUBLE TÊTE

REPRÉSENTANT ALPHÉE ET ARÉTHUSE.

Les Grecs variaient à l'infini les formes de leurs vases, particulièrement celles des vases à boire. A côté de coupes et de tasses, dont toute l'élégance consistait dans la pureté du contour jointe à une appropriation parfaite de ces objets à leur usage, il y en avait de formes singulières et quelquefois bizarres, véritables amusements où se jouait la fantaisie de l'artiste, mais où la beauté était rarement oubliée. Tels sont ces vases imitant des têtes d'hommes ou d'animaux, ou même le corps d'animaux tout entiers, biches, cerfs, panthères, canards, coqs, etc. On en voit dans la collection Campana qui représentent, l'un un nègre accroupi, l'autre un acteur comique assis les jambes croisées, un troisième une figure de pygmée étouffant une grue, un autre encore un crocodile dévorant un homme. Plusieurs, parmi les plus beaux, sont formés par deux têtes adossées, comme celui que l'on voit ici reproduit. La partie supérieure de ce vase a la forme d'un canthare ou gobelet à deux anses, et les deux têtes qui servent de support sont celles du fleuve Alphée et de la nymphe Aré-

Vase grec : figure d'Aréthuse. — Dessin de Chevignard.

thuse, figures que l'on trouve souvent réunies dans les monuments, comme elles le sont dans la Fable.

On contait que le fleuve Alphée, un des plus importants de ceux qui arrosent le Péloponèse, épris d'une nymphe de Diane, Aréthuse, l'avait suivie, à travers la Méditerranée, jusqu'en Sicile, où ses eaux se confondirent avec celles de la fontaine qui porta depuis le nom de cette nymphe. Cette fable gracieuse enveloppe la vérité, comme toutes celles de la Grèce : l'Alphée était honoré d'un culte dans l'Arcadie et dans l'Élide, et ce culte fut porté par des colons en Sicile avec celui de Diane Artémis.

Le profil de la tête de femme dont on voit ici la face rappelle les magnifiques médaillons de la ville de Syracuse, où est figurée Artémis, déesse protectrice de la ville ainsi que de la petite île voisine d'Ortygie, où coulent les eaux d'Aréthuse. On ne saurait trop y admirer la largeur du style, la finesse de l'exécution, le goût des ornements et l'habileté avec laquelle toutes les parties sont ajustées. La tête d'Alphée n'est pas moins belle que celle d'Aréthuse. Ce vase appartient à la plus brillante époque de l'art grec.

Typographie de J. Best, rue Saint-Maur-Saint-Germain, 15.

JEAN ZOFFANY.

Le Porteur de lièvre, tableau de J. Zoffany, gravé en manière noire par Earlom. — Dessin de Pauquet.

Voyez le grand embarras de ce bonhomme! L'adresse de la maison où il doit porter ce lièvre est sortie de sa faible mémoire : on avait eu soin cependant de l'écrire sur un papier attaché aux pattes de l'animal; mais écriture et lettres moulées n'ont jamais été que d'inextricables hiéroglyphes pour le pauvre hère. Son ignorance le met à la merci de deux écoliers espiègles qui peut-être vont le faire marcher bien longtemps le dos tourné à son vrai chemin.

L'ignorance expose les naïfs à être dupes et elle irrite les méfiants. A qui fait-elle du bien?

Est-ce la moralité que le peintre a voulu illustrer? On peut douter qu'il en ait eu l'intention. Moraliser n'est ni l'habitude, ni absolument le devoir des peintres. Il est probable qu'en composant cette scène l'artiste n'en avait en vue que le côté comique. Si quelque anecdote lui a servi de motif, on en aura perdu le souvenir. Laissons donc l'imagination du lecteur s'exercer à son aise sur le sujet du tableau, et ne parlons que de ce que nous savons sur la vie et le talent du peintre.

Il était étranger, non pas Italien, mais Allemand, comme Fusely (voy. p. 29) était Suisse, et toutefois il compte parmi les notabilités de l'école anglaise.

L'Angleterre voyait assez souvent débarquer ainsi sur ses côtes des artistes venant de tous pays et ayant grande envie de faire une ample récolte de ces guinées qui, selon le témoignage des historiens les plus dignes de foi, pleuvaient en cette île merveilleuse sur les gens habiles à peindre le portrait. Les succès multipliés des portraitistes chez nos voisins semblent, en effet, prouver la préférence qu'on y a accordée jadis à ce genre de peinture. On sait combien Holbein y fut employé et largement rémunéré; Van-Dyck, le chevalier Lely et Kneller y trouvèrent de même le plus généreux accueil et l'occasion d'amasser de grandes richesses, malgré la faste de leur dépense. D'autres portraitistes étrangers, moins célèbres, sans y faire une figure aussi extraordinaire et une fortune aussi brillante, réussirent cependant à tirer un assez beau parti de leurs talents. Il faut mettre au nombre de ces derniers le peintre qui donne lieu à cet article.

Jean Zoffany naquit, en 1733, à Ratisbonne, où son père était ébéniste et architecte du prince de Taxis. Il apprit les principes de son art chez un peintre médiocre, nommé Speer. Après avoir quitté cet atelier, il voyagea en Italie, où les études qu'il fit d'après les grands maîtres, surtout ceux de Rome, lui devinrent très-utiles et hâtèrent ses progrès. L'électeur de Trèves, passant à Ratisbonne quelque temps après que le jeune Zoffany fut revenu dans cette ville, l'emmena avec lui à Coblentz pour y peindre la chapelle de son château, le nomma son peintre, et lui accorda le logement et des pensions attachés au titre. Grâce à ces avantages, et à un caractère doux et affable, notre artiste aurait pu passer ses jours tranquillement à la cour électorale; mais, pour son malheur, il avait épousé, comme on le dit d'Holbein, une femme dont l'humeur chagrine et acariâtre ne lui laissait aucun repos. La patience de Zoffany fut poussée à bout, et, de même qu'Holbein, autant pour se séparer de sa Xantippe que pour essayer ses forces sur un plus grand théâtre, il prit le parti d'aller à Londres.

Ses espérances y furent d'abord déçues; sans secours et sans patrons, il eut toutes les peines du monde à subsister. Il fut obligé d'entrer au service d'un de ces peintres de portrait à la mode, qui ne peignaient que les têtes et les mains dans leurs tableaux, et payaient des artistes pour les draperies et les autres accessoires. Il y travailla pour un mince salaire, jusqu'à ce que le fameux Garrick, ayant vu le portrait du comte de Barrymore et appris qu'il était de Zoffany, souhaita de connaître l'artiste allemand, et lui fit l'honneur de se faire peindre par lui. Zoffany répondit brillamment à cette confiance, et bientôt tout ce qu'il y avait d'illustre dans la haute société de Londres voulut également exercer son pinceau. Sa fortune dès lors fut assurée. Sa réputation bien établie s'accrut par d'autres œuvres. Quelques-unes parurent même si remarquables que le roi Georges III le fit venir à sa cour pour faire son portrait, ceux de la reine et de la famille royale. En 1773, il exécuta le grand tableau connu sous le titre de *l'Académie royale de peinture*, et qui est aujourd'hui dans la collection de la reine d'Angleterre : il représente la réunion des artistes qui étaient alors membres de l'Académie royale de peinture établie à Londres en 1768. Les

personnages sont au nombre de trente-six, assemblés dans une salle de Somerset-House, où l'on dessine d'après le modèle. L'auteur s'est peint parmi tous ces portraits en pied, ayant été lui-même l'un des premiers académiciens nommés par le roi.

La fortune de Zoffany était alors assez considérable pour lui permettre de suivre le penchant qu'il avait de revoir sa patrie. En 1777, il visita sa ville natale et se rendit de là à Vienne, où il fit, outre le portrait de l'impératrice Marie-Thérèse, un grand tableau de famille représentant le grand-duc Léopold de Toscane, Marie-Louise son épouse, et leurs enfants, cinq princes et trois princesses. L'impératrice voulut attacher Zoffany à sa personne; mais cet artiste ne put se résoudre à rester en Autriche. Il retourna à Londres et passa aux Indes orientales, en 1782. Il y fut fort occupé par les princes indiens, qui l'employèrent à peindre les portraits qu'ils donnaient en présent aux grands seigneurs d'Angleterre. Il y fit encore deux grands tableaux en pendant : ils représentent, l'un, *l'Ambassade d'Hyderbeck* venant présenter ses hommages au lord Cornwallis, à Calcutta; et l'autre, *le Combat de coqs*, à Lucknow, dans la province d'Oude, en présence du colonel anglais Mordaunt et du nabab d'Arcot. Ces deux riches compositions, ainsi qu'une troisième, *la Chasse au tigre*, près de Chandernagor, dans le pays de Bengale, intéressent surtout par les nombreux personnages qui sont autant de portraits, et par les fonds de paysage peints d'après nature. On en trouve les estampes gravées en manière noire par A. Earlom.

Zoffany mourut millionnaire aux Indes, en 1788. Plusieurs graveurs distingués, tels que Houston, Earlom, Dixon, Ardell, Finlayson, Haid et autres, ont travaillé en manière noire d'après ce peintre; et il a gravé lui-même quelques pièces à l'eau-forte. Quoiqu'il se soit principalement attaché au portrait, il ne s'y est pas livré exclusivement. On a de lui plusieurs tableaux de genre dont les reproductions gravées ont encore aujourd'hui, comme le *Porteur de lièvre*, une valeur dans le commerce, et qui ne sont pas dépourvus de mérite.

> Ton cœur saigne, tu pleures, tu cries : réjouis-toi, tu es un homme.　　　　　　　　　　　　ÉMILE SAISSET.

UN PRESBYTÈRE SUÉDOIS

AU DIX-HUITIÈME SIÈCLE.

Souvenirs de Sam' Odman ([1]).

ENFANCE. — ANECDOTES. — ÉTABLISSEMENT.

L'auteur de ces Mémoires idylliques, Samuel Wiesel, professeur de l'Académie d'Upsala, docteur en théologie, membre de l'ordre royal de l'Étoile polaire, et de presque toutes les académies et sociétés littéraires de la Suède et de l'étranger, théologien et psalmiste distingué, était un homme assez singulier. Atteint, vers quarante ans, d'une fièvre tierce persistante, il était saisi d'un nouvel accès dès qu'il mettait le pied hors de sa chambre. Il résolut alors de ne plus la quitter, et il se tint parole jusqu'à sa mort, à l'âge de près de quatre-vingts ans. Il avait ainsi passé près de quarante ans prisonnier volontaire, mais en bonne santé, toujours gai, doux, affable et indulgent, travaillant et fumant du matin jusqu'au soir.

Samuel Wiesel, — prévôt et curé de la paroisse de Wieslanda, diocèse de Wexio, district d'Acibo et gouvernement de Kronoberg, province de Smaland, — ne s'est pas, à

([1]) Traduit du suédois par G.-C. Norling.

vrai dire, distingué pour avoir pris part aux affaires de l'État et de l'Église. Sa biographie est surtout curieuse par les renseignements qu'elle fournit sur l'histoire de la vie privée en Suède, depuis le seizième siècle jusqu'à la fin du dix-huitième.

Le fondateur, pour ainsi dire, de la maison de Wiesel, Harald Almosius, était déjà, au commencement de 1600, pasteur de Wieslanda. Il laissa un fils unique, notre Samuel, qui échangea son nom d'Almosius contre celui de Wiesel, composé avec la première syllabe du nom de la paroisse de Wieslanda, où il était né. Le petit-fils d'Almosius, Élias Wiesel, fut nommé pasteur de Wieslanda en 1682, et le gouvernement de la cure resta entre ses mains et celles de son fils pendant vingt et une années consécutives.

Samuel Wiesel, né en 1622, commença de bonne heure ses études. A l'âge de dix ans, il fut envoyé à l'école de Wexio avec son précepteur Odelin. Le prévôt racontait encore dans sa vieillesse la manière inhumaine dont il y avait été traité.

Une petite anecdote en fera juger. A cette époque, la mode n'était pas encore venue de porter des boutons aux poignets de la chemise. C'était l'un des devoirs du précepteur de coudre lui-même tous les dimanches les poignets aux bras de son élève. Un jour il arriva qu'Odelin, un peu pressé sans doute, cousut l'étoffe à la peau même de Samuel, et le pauvre garçon n'osa pas exprimer une plainte!... La piqûre était si profonde qu'il se forma un abcès, et le prévôt montrait souvent la cicatrice aux écoliers qui, leurs poignets ornés de boutons, venaient quêter dans sa paroisse, près des paysans, le soi-disant *djeknehjelp*, espèce de contribution volontaire pour leur entretien au gymnase.

Bien que le père de Samuel fût riche, les mœurs du temps étaient si rigides qu'aux vacances de Pâques et de la Pentecôte le précepteur et l'élève étaient obligés de faire à pied tout le chemin, d'à peu près trois milles de Suède (environ 24 kilomètres), qui les séparait de la maison paternelle, et portaient eux-mêmes leur valise sur le dos.

En 1716, le jeune Wiesel, à l'âge de dix-sept ans, fut envoyé à l'Université de Lund après avoir prononcé, devant l'évêque David Lund, au gymnase de Wexio, un discours grec qui lui valut la protection particulière de ce prélat.

Le roi Charles XII, alors de retour en Suède, résida pendant l'automne à Lund. Il assistait parfois aux exercices de l'Académie, et il y remarqua le jeune Wiesel, qui, comme un autre Saül, était à tête au-dessus de ses condisciples. Charles enrôla lui-même plusieurs étudiants, qui furent sur place nommés lieutenants; lorsqu'il fut parti, il se souvenant du *long Smalandais*, comme il l'appelait, il expédia plusieurs messages avec l'ordre de l'enrôler. Samuel refusa. Toutefois, un des professeurs, ayant entendu de la bouche même du roi que le *long Smalandais* serait bon gré mal gré métamorphosé en militaire, il en avertit le père Almosius. Celui-ci dépêcha sur-le-champ son sacristain à Lund pour emmener en secret son fils bien-aimé, et le fit tout de suite ordonner prêtre sous sa propre caution, le candidat n'ayant que dix-huit ans. L'évêque Lund daigna même constituer le jeune Wiesel suffragant de son père, et, en vertu de cette constitution, le *long Smalandais* resta toute sa vie curé de Wieslanda, sans qu'à la mort d'Almosius, en 1731, il fût question ni de requête ni de mandat.

LA MAISON ET LES MEUBLES.

Le pasteur Wiesel avait épousé une Littorin de Liunga et reçu en héritage la maison de son père telle qu'elle était, avec le mobilier et les ustensiles de ménage. Ces meubles dataient déjà du siècle précédent et s'étaient transmis de père en fils. Ils furent soigneusement conservés par Wiesel, qui garda également jusqu'à sa propre mort (1773) les mœurs et les usages de la reine Christine, sans rien vouloir sacrifier aux habitudes modernes.

La maison avait été bâtie en 1650; elle existe encore, et, selon toutes les apparences, c'est, après la grange où Gustave Wasa battit le blé, la maison de bois la plus ancienne de la Suède. Elle consiste en deux grands compartiments, dont l'un contient cinq chambres.

La salle de poêle commune, avec de petites fenêtres sur trois côtés, est spacieuse et claire : son toit supporte un haut grenier à solives. Au fond de la salle, entre les fenêtres, est suspendu un miroir d'une surface de près de deux mètres carrés. La glace ne flatte guère ceux qui s'y regardent. Une blonde s'y trouve brune et une brune noir-jaunâtre, ce qui prouve que l'art d'étamer était alors dans l'enfance. Mais le cadre est un chef-d'œuvre. Il représente en bas-relief de charmants génies mêlés d'ornements fantastiques sculptés à la main. La dorure est bien conservée : le vieux temps n'en était pas avare. Sous le miroir est placée une petite table vernie en blanc, où sont collées des fleurs de papier. Les pieds de cette table sont des chefs-d'œuvre en forme d'arcs et artistement taillés en feuillages; ils sont unis par des barres croisées qu'ornent au centre des bouquets de fleurs argentées. Il n'est pas à présumer que cette table ait été faite pour une maison de pasteur, car le comte Pierre lui-même (Brahe) n'aurait pu en avoir une plus magnifique à Wisingsborg. L'ouvrage n'a pas non plus la bordure qui appartenait à l'antique. La tout trahit un goût particulier, et c'est sans doute une acquisition faite à l'encan.

Comme il n'est permis de rien placer sur cette table de parade, on l'a entourée de chaque côté d'un guéridon colossal à pieds argentés. Ces guéridons portent une paire de grands chandeliers de laiton à tuyau en spirale, assez grands pour servir de candélabres de Noël sur un autel.

La plus belle pièce du mobilier est ensuite un espèce de bureau de chêne incrusté de bouleau avec une petite armoire au-dessous. On y voit un grand nombre de petits tiroirs de tous les côtés; quelques-uns, soigneusement cachés, ne peuvent s'ouvrir qu'à l'aide de ressorts secrets; leurs bordures sont noires; on les ouvre au moyen de boutons de même couleur.

Il ne faut pas oublier un immense garde-manger, où l'on conservait de grandes cruches à miel, des pots de fruits confits; des myrtilles ou airelles rouges (*Vaccinium vitis idœa*); des « hiortrons » (*Rubus chamæmorus*), fruit du genre des framboises, qui croît dans les forêts marécageuses et se confit au miel; des airelles au naturel, sans sucre, et que l'on mangeait avec le rôti; des concombres confits avec des feuilles de cerisier, des poires à moutarde, des betteraves au cumin, des tiges de pourpier, etc.; enfin toutes les bonnes choses qui faisaient jadis la chère d'apparat des presbytères : elles étaient servies à l'avance sur des assiettes de verre et prêtes à être placées sur la table.

Le buffet est aussi très-remarquable. Il se compose de deux étages.

Le premier étage contient divers ustensiles pour la table : des couteaux à tranches de facture hollandaise, venus sans doute de Lubeck. Les lames en sont d'un travail exquis, ornées d'inscriptions hollandaises gravées, souvent très-comiques; la pointe est arrondie. Les fourchettes sont d'une longueur excessive, de sorte qu'il n'y avait pas de rôti si épais que la fourchette n'atteignît au fond du plat. Tout était de grande dimension; il paraît qu'à cette époque on ne se fût pas contenté des tranches minces et transparentes qu'on sert de nos jours.

L'étage supérieur du buffet contient une collection très-curieuse de vases des deux derniers siècles. Voici d'abord une espèce d'écuelle travaillée au tour, et recouverte d'un vernis très-épais. A l'intérieur sont dessinées des arabesques larges de deux pouces à peu près, puis gravées des inscriptions en caractères gothiques, où l'on peut encore lire ces mots : *Ora pro nobis. S. Brigitta, ora... gratia plena,* etc., etc. Tous les dessins étaient dorés, et il est probable que ces écuelles, faites à l'étranger, venaient des pays catholiques ; le bois en est de hêtre ou d'aune ; elles sont minces et légères comme du papier, et contiennent un litre et demi de France environ.

Mentionnons enfin une corne à boire d'Abyssinie, qui est des plus précieuses. Les bords en sont entourés d'une charnière d'argent massif reliée à l'extrémité par une chaîne d'argent. Cette corne est si transparente, qu'elle permet de voir la boisson en la tenant exposée à la lumière. Elle était réservée pour la fin des repas.

La suite à la prochaine livraison.

SIXFOUR,
DIT L'ANCIEN TOULON.

La rade de Toulon, l'une des plus belles de la Méditerranée, a l'aspect d'un vaste port naturel, fermé par des montagnes ; son étroite entrée à l'orient est défendue par de nombreuses fortifications, et la ville, son port, ses arsenaux, sont situés au fond de cette rade, au pied de hautes collines dénudées qui s'élèvent au nord. Lorsqu'en passant devant Toulon on navigue vers l'ouest, dans la petite rade, on voit bientôt à la gauche, au bord de la

Vue de Sixfour. — Dessin de Lancelot, d'après un croquis de M. Albert Lenoir.

mer, un gros bourg qu'on nomme la Seyne. Habité d'abord par quelques pêcheurs, ce lieu se peupla plus tard aux dépens de plusieurs villages voisins et particulièrement de Sixfour, situé sur une montagne, à quelques milles de distance, dans une position aride et sauvage.

Sixfour est considéré, par les gens du pays, comme l'ancien Toulon. On y a trouvé quelques inscriptions romaines. Quoi qu'il en soit, ce lieu offre aujourd'hui un certain intérêt à cause de ses ruines nombreuses, par suite de la retraite volontaire des habitants qui se sont rapprochés de la rade pour y jouir des avantages de la mer et du voisinage de Toulon.

De la Seyne on se dirige vers Sixfour par une route plane d'abord, mais qui peu à peu devient difficile et montueuse ; des roches multipliées, une végétation abondante et livrée à elle-même, la rendent très-pittoresque ; on arrive bientôt à un point de la route d'où l'on aperçoit entièrement Sixfour, sur la montagne rocheuse, par-dessus des touffes de verdure auxquelles se mêle le pin parasol. La route fait ensuite un détour vers le nord et conduit dans une vallée sauvage qu'enveloppent des roches blanches et sèches, entièrement dépourvues de végétation. Là s'élève une grande église en ruine : tous les toits sont détruits, ce qui reste encore debout est d'une architecture simple et du style ogival, particulier aux contrées méridionales de la France ; la porte de l'édifice a été reconstruite à l'époque de la renaissance et avec un certain luxe. Près de cette ruine s'élève un campanile isolé qui est de peu d'intérêt.

De cette triste vallée on se dirige, au midi, vers Sixfour

entièrement abandonné, si ce n'est de quelques malheureux qui vivent dans les débris de maisons s'écroulant de toutes parts. Les murs déchirés, ne pouvant plus supporter les planchers, s'affaissent les uns sur les autres.

Au milieu de ce désordre, on est surpris de voir une église assez bien conservée, et où, sans doute, à certain jour de l'année, une cérémonie religieuse appelle les habitants des environs à venir y prier sur les tombes.

Le site le plus pittoresque de Sixfour est au midi, du côté opposé à l'église. Après avoir suivi une longue rue bordée de ruines, on arrive à une porte surmontée d'un énorme linteau en pierre; de là, un beau spectacle se déroule aux yeux du voyageur. On aperçoit, depuis l'horizon jusqu'aux rochers à pic que couronnent les ruines, une chaîne de montagnes découpées à leur base par de nombreuses anfractuosités; la mer y pénètre en formant, au

Une Porte à Sixfour. — Dessin de Lancelot, d'après un croquis de M. Albert Lenoir.

milieu de roches énormes et blanchies, de petits ports naturels que la disposition trop sauvage des lieux ne permet pas d'aborder; les gorges d'Ollioules dominent cet ensemble, et, au premier plan, le regard se repose sur deux chapelles abandonnées et sur d'anciennes tours de fortification et de vigie, enveloppées d'une végétation admirable.

UNE PRÉDICATION DE Mᵐᵉ DE KRUDENER.

Voy., sur Mᵐᵉ de Krüdener, t. XXX, 1862, p. 46.

Par une belle nuit d'été, je me promenais le long du fleuve, lorsque je vis passer une calèche où se tenait, à côté d'un jeune homme, une vieille dame en robe de soie grise. Sans savoir que c'était Mᵐᵉ de Krüdener, j'éprouvai à la vue de cette personne une impression singulière. Un instant après, la voiture s'arrêta, et la vieille dame descendit en s'appuyant sur le bras de son cavalier. Quoique me tenant à distance, j'eus bientôt compris pourquoi elle mettait pied à terre. Une compagnie de jeunes filles était là, au bord de l'eau, occupée à laver du linge; et Mᵐᵉ de Krüdener, en les apercevant, n'avait pu résister au besoin de leur parler. Elle s'avança donc au milieu des joyeuses villageoises qui ouvraient de grands yeux ébahis, monta sur un banc qui se trouvait là tout exprès pour lui servir de chaise, et de cette position élevée, dominant tout son monde, commença un discours dont je me rappelle parfaitement l'exorde et les points principaux.

« Que faites-vous là? » s'écria-t-elle dans le dialecte des gens de la campagne et d'une voix tonnante.

Les jeunes filles s'entre-regardèrent en riant et répondirent qu'elles lavaient leur linge.

« Très-bien, reprit Mᵐᵉ de Krüdener, vous lavez vos hardes terrestres; mais ne pensez-vous point aux taches de votre âme, à ces souillures du vêtement céleste qui vous plongeront un jour dans la confusion et le désespoir, si vous paraissez devant Dieu sans les avoir lavées? Vous ouvrez de grands yeux, et vous avez l'air de me demander avec étonnement comment je puis savoir que vos vêtements célestes ont des taches; croyez-moi, je le sais, et à n'en pas douter. Nos âmes, à tous, tant que nous sommes, les meilleures même et les plus nobles, ont des taches; c'est pourquoi il nous est ordonné de veiller incessamment à notre purification et de faire disparaître les souillures de notre âme comme vous faites disparaître celles de vos vêtements. Négligez ce soin, et Dieu vous punira dans le ciel; comme vos maîtres vous puniront sur la terre si vous négligez l'autre. Mais le châtiment de Dieu est bien autrement terrible que celui des hommes, et le ciel est plus haut que la terre. »

Ainsi se continua ce sermon d'une éloquence à la fois mystique et familière, empruntant aux choses de la vie quotidienne des métaphores à la portée des plus simples esprits.

L'effet fut prodigieux. A mesure que parlait Mᵐᵉ de Krüdener, ces pauvres filles passaient d'une sorte d'étonnement stupide à l'intelligence du discours, à un recueillement plein de sensibilité. Peu à peu, on les vit abandonner leur travail, se rapprocher, et finir par tomber tout en larmes aux genoux de la noble femme, qui, du haut de son escabeau de granit, leur souriait avec amour, en étendant au-dessus de leurs têtes ses mains pour les bénir. (¹)

────────────

LA FONTAINE ET LA FOURMI.

Des amis avaient mené M. de la Fontaine à la campagne pour quelques jours : une fois on l'attend vainement pour se mettre à table; il n'arrive qu'après le dîner. On lui demande d'où il vient. — « Je viens, dit-il, de l'enterrement d'une fourmi; j'ai suivi le convoi jusqu'au cimetière, et j'ai reconduit la famille jusque chez elle. » (²)

────────────

LA PHOTOGRAPHIE.

Suite. — Voy. p. 43.

II. — CHAMBRE NOIRE. — LE PIED. — L'OBJECTIF.

Sans qu'il soit nécessaire de faire emplette d'un instrument aussi complet que celui dont nous donnons le dessin, il est cependant utile de choisir un appareil assez bon pour qu'on ne soit pas arrêté dans les opérations au bout d'un très-court laps de temps. Du reste, la vogue toujours croissante de la photographie a fait créer des fabriques d'instruments, chambres noires, pieds, etc., établis à très-bon compte, avec une solidité moyenne et suffisante, et qui ne diffèrent guère les uns des autres : leur prix d'achat est, en général, modéré.

Autant que possible, on choisira sec et exempt de nœuds le bois qui composera la chambre noire; on tâchera qu'il soit débité depuis le plus de temps possible, afin qu'il

(¹) M. de Sternberg, cité par l'auteur des *Salons de Vienne et de Berlin.*

(²) Auger, *Vie de la Fontaine.*

n'obéisse pas aux influences atmosphériques de chaleur et d'humidité, et n'ait pas l'inconvénient de se fendre et de se tourmenter.

La chambre noire (fig. 3, 4 et 5) que nous avons dessinée comporte tous les perfectionnements utiles; elle est, en outre, de grande taille et se compose de deux ou trois tiroirs rentrant l'un dans l'autre. Cette combinaison, imaginée pour permettre sur une même chambre noire l'usage d'objectifs différents à long et court foyer, est inutile au modeste amateur. Il n'a qu'un objectif ou deux de même foyer; nous les examinerons tout à l'heure : aussi sa chambre noire n'a-t-elle qu'un seul tiroir (c'est tout ce qu'il faut); elle n'a point par devant (fig. 4) des planchettes de rechange pour des objectifs divers : tous deux se montent sur le même pas de vis.

A la face opposée à celle qui porte l'objectif, on voit (fig. 3) une glace dépolie marquée de raies au crayon, figurant des rectangles tracés sur le prolongement des mêmes diagonales : ce sont les grandeurs diverses adoptées par l'usage pour la dimension des images photographiques. Ces dimensions correspondent au pouvoir optique des divers objectifs; on les désigne ainsi :

1/1 = Plaque entière ou normale	18 × 24.
1/2 = Plaque demi	13 × 18
1/3 = Plaque tiers	12 × 16
1/4 = Plaque quart	10 × 13
Etc., jusqu'au 1/12 et 1/16.	

Au-dessus de la plaque entière ou normale, on désigne les grandeurs par le nombre de centimètres des côtés du rectangle : 21 × 27, 25 × 30, 30 × 40, etc. Remarquons en passant que, dans une certaine limite de petitesse, un objectif donné, 1/3, par exemple, pourra produire 1/3, 1/4, 1/5, peut-être 1/6, certainement moins net, mais il ne pourra pas faire 1/2, plaque entière.

La glace dépolie (fig. 3) est montée sur un châssis mobile, que l'on remplace à certain moment par un autre châssis semblable comme contour, mais creux, et contenant dans son intérieur la surface sensible destinée à recevoir l'impression lumineuse.

Un voile opaque (fig. 4) est attaché à la chambre noire et sert à couvrir la tête de l'opérateur pendant certaines opérations que nous décrirons plus loin, quand nous traiterons de la *mise au point.*

Le mouvement du tiroir dans la chambre est à frottement doux. Quand il s'agit d'une glace 1/4 ou 1/3, comme celle qui suffit à notre rôle d'amateur, ce mouvement s'exécute toujours avec facilité, surtout en frottant les angles avec du savon bien sec; mais lorsqu'il s'agit de faire mouvoir une chambre volumineuse, comme celle des figures 3 et 4, on est obligé d'adopter un mécanisme plus compliqué.

On voit à l'arrière, près de la glace dépolie, deux boutons de vis sur la planchette horizontale qui relie la chambre au pied : l'un de ces boutons porte un pignon denté, engrenant à une crémaillère fixée dans la tablette; le pignon tient au tiroir; il approche ou éloigne celui-ci quand on le fait mouvoir. A côté est un second bouton d'arrêt lorsqu'on a obtenu la position voulue.

Le pied que nous représentons (fig. 3) est ce qu'on nomme un pied d'atelier. Nous décrirons les pieds et les appareils de campagne. Un bon pied est assez difficile à faire : il doit unir beaucoup de fixité à une mobilité complète dans tous les sens.

Notre modèle répond à peu près à tous les besoins : le mouvement de translation générale est rendu par des trois roulettes libres, une sous chaque pied; le mouvement vertical, par l'engrenage à manivelle, semblable à celui des instruments d'astronomie. L'axe de la manivelle porte un fragment de vis sans fin, commandant une roue dentée fixée à un second axe perpendiculaire au premier ; celui-ci porte à chaque extrémité un pignon engrenant dans deux crémaillères fixées aux deux grands montants verticaux. On arrête le mouvement par une vis de pression située entre les deux tablettes. Le mouvement d'inclinaison dans le plan vertical est donné par une vis sans fin, engrenant dans une crémaillère courbe fixée à l'un des deux demi-cercles, tandis qu'une vis de pression sur l'autre arrête le mouvement ; enfin le mouvement azimuthal, ou dans le plan horizontal, est donné par une double tablette. Celle à laquelle tiennent les demi-cercles porte à l'avant un axe fixé dans la supérieure, et à l'arrière une fente circulaire où passe une vis de pression.

On fixe la tablette inférieure de la chambre à la tablette supérieure du pied par une petite presse à main.

Un pied de cette sorte est commode, mais n'est pas indispensable ; on peut parfaitement opérer au moyen du pied à trois branches ployantes, dit pied de campagne, que nous verrons plus loin (fig. 19), et que les fabricants d'appareils photographiques vendent à très-bon marché en même temps que la chambre noire (¹).

L'objectif, cet œil de la photographie, mérite aussi qu'on le choisisse avec le plus grand soin : on en construit de mille formes et de mille manières ; les meilleurs sont jusqu'à présent les objectifs allemands : on peut l'avouer sans que notre amour-propre national en doive souffrir, car la supériorité de ces instruments tient surtout à celle des verres, et la nature ne nous a pas accordé de matières premières aussi pures que celles de la Bohême. On fait aussi de bons objectifs en France ; mais, comme rapidité d'impression et comme pureté, on est encore obligé de préférer les allemands ; seulement leur prix est exagéré. Pour commencer à faire de la photographie, ce serait une folie d'acheter un objectif aussi cher que le sont les instruments étrangers ; il vaut mieux choisir un bon objectif français, de grandeur assortie à la chambre noire ($^1/_4$ ou $^1/_3$) que l'on achète, et d'une longueur de foyer plus petite, *pour les objets à l'infini*, que la longueur du tirage de la chambre noire.

Il ne faut pas chercher à faire d'économie dans le choix de cet instrument ; quelques francs de plus ou de moins font une énorme différence sur la fabrication, et, partant, sur la bonté des objectifs. Or on doit bien se pénétrer de cette vérité que si l'objectif est mauvais, le travail ne peut être bon.

On se munira d'un objectif *double* ou à *verres combinés* pour faire les portraits, et d'un objectif *simple*, conique, de même longueur de foyer, pour faire les paysages et les reproductions. Si l'on choisit une chambre noire $^1/_4$ et un objectif double $^1/_3$ pour faire les portraits (c'est déjà une grandeur raisonnable pour un amateur), on pourra prendre un objectif simple, seulement $^1/_4$, mais de même foyer que le double ; il coûtera moins cher et couvrira encore parfaitement la glace dépolie de grandeur $^1/_3$.

Le but de l'objectif est de recevoir les rayons lumineux réfléchis par les objets extérieurs ou émanant d'eux, de les faire converger suivant certaines règles, et de les amener à un *point* ou *foyer* commun, où ils produisent une *image très-nette*, mais plus petite et *renversée*, de ces mêmes objets.

La glace dépolie (fig. 3), qui garnit l'arrière de la chambre noire, est la surface sur laquelle on reçoit ces rayons convergents, et c'est à travers sa substance qu'on voit l'image obtenue.

(¹) Il faut avoir soin de prendre ce pied assez élevé pour que la chambre noire se trouve solidement placée à peu près à hauteur de l'œil de l'opérateur debout.

III. — MISE AU POINT OU AU FOYER.

L'opération très-importante pour laquelle on fait avancer ou reculer cette glace par le bouton dont nous avons parlé plus haut, de manière à trouver le *maximum de netteté de l'ouvrage*, se nomme la *mise au point* ou au *foyer*.

Il serait impossible, sans entrer dans des démonstrations mathématiques, d'expliquer la marche exacte des rayons lumineux dans les objectifs. Il suffit de remarquer que si nous remplaçons *après la mise au point*, et sans rien changer à l'allongement de la chambre, la glace dépolie par une surface sensible, celle-ci recevra l'impression lumineuse des objets eux-mêmes et en gardera l'empreinte.

Ici se présente un phénomène très-intéressant. Parmi les lumières de toutes couleurs qu'envoient les objets extérieurs à l'objectif, il existe une *lumière obscure* que nous ne voyons pas et qui a sur la surface sensible une bien plus grande action que la *lumière visible*.

Ces rayons, appelés *rayons chimiques*, traversent les verres comme les autres, mais ne se réunissent pas au même point que les rayons visibles. Il arriverait donc, si les opticiens n'étaient parvenus à corriger ce défaut, que, quoiqu'on eût parfaitement mis au point sur la glace dépolie avec les rayons visibles, on n'obtiendrait qu'une image troublée ou *flou* sur la substance sensible mise à la même place, et l'on ne pourrait trouver que par tâtonnement le *foyer invisible* ou *chimique*, précisément le plus actif des deux.

Il importe donc beaucoup, en choisissant un objectif, de s'assurer qu'il ne forme qu'un seul foyer, c'est-à-dire que les rayons chimiques se réunissent dans le même plan que les rayons visibles.

Les objectifs qui servent pour le portrait et les reproductions portent le nom d'objectifs doubles parce qu'ils sont composés d'un double, système de verres. Pour le paysage, on emploie les verres simples ou des objectifs orthoscopiques qui, quoique doubles, ont un système convergent et un divergent accouplés.

Dans tous les objectifs, simples ou doubles, on augmente la finesse de l'image obtenue en interposant des *diaphragmes* sur le trajet des rayons lumineux ; ce sont des plaques opaques en métal, percées à leur centre d'ouvertures de plus ou moins grands diamètres. Ces plaques ont pour objet d'éliminer les rayons marginaux et de ne laisser passer que le pinceau central. En effet, l'homogénéité des verres n'est jamais absolue, et même en raison de leur courbure, abstraction faite de la matière, les rayons qui passent vers les bords tendent à se disperser inégalement et, par suite, à déformer l'image. Mais plus on resserre l'ouverture, moins on reçoit de lumière, plus par conséquent on diminue l'action utile sur la couche sensible. Il est donc évident qu'à éclairage égal, pour obtenir la même intensité d'impression, le temps de pose devra augmenter en proportion de la petitesse de l'ouverture du diaphragme.

Dans la figure 6, on voit un diaphragme antérieur, tel qu'il est monté sur les objectifs allemands. Nous croyons que la manière la plus efficace est de le placer, en général, *entre* les deux systèmes de verres et très-près de la surface postérieure du système antérieur. On peut facilement exécuter cette amélioration soi-même en découpant des rondelles de carton percées au centre, et en les entrant à frottement contre les parois intérieures du tube ; elles y tiennent suffisamment. Nous verrons plus tard comment on place les diaphragmes des objectifs simples et des objectifs orthoscopiques.

Pour *mettre au point* facilement, on s'entoure la tête

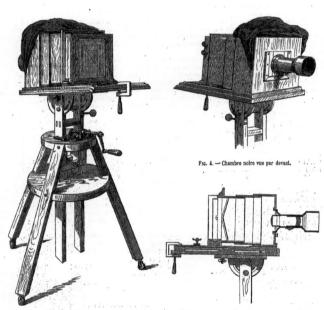

Fig. 4. — Chambre noire vue par devant.

Fig. 3. — Chambre noire sur son pied d'atelier.

Fig. 5. — Coupe de la chambre noire et de l'objectif

du voile noir attaché à la chambre (fig. 4); de cette manière, on n'admet sur la glace dépolie d'autre lumière que celle qui vient de l'intérieur et traverse l'objectif; l'image

Fig. 6. — Obturateur et diaphragme.

apparaît alors dans tout son éclat, et la mise exacte au point est plus facile et plus précise.

La plaque à bouton qui sert à fermer la partie an-

térieure de l'objectif (fig. 6) porte le nom d'obturateur.

Lorsque nous avons dit que les objets extérieurs se peignaient très-nettement au foyer de l'objectif, cela n'est vrai que dans une certaine limite et, surtout avec les objectifs doubles, pour des objets situés à peu près dans un même plan parallèle à la glace dépolie. Or, quand nous faisons le portrait d'une personne assise, si nous mettons au point la figure, les genoux, qui sont en avant, ne produiront pas une image nette. Il faudrait, pour que tout fût également au point, que la glace dépolie fût parallèle au plan oblique touchant le front et les genoux.

On arrive à ce résultat (fig. 5) au moyen de la combinaison indiquée en coupe à l'arrière de la chambre noire. On voit (fig. 6), sur le côté, les deux boutons de vis qui servent à opérer et maintenir ces mouvements. La glace dépolie est placée dans un châssis mobile autour d'un axe horizontal; sa marche en avant ou en arrière jusqu'aux tringles d'arrêt formant un K est commandée par une petite crémaillère dont le pignon porte le bouton supérieur. L'inférieur est une vis de pression qui arrête le mouvement et fixe le cadre dans la position d'obliquité choisie. Le châssis portant la surface sensible et se mettant à la place de la glace dépolie garde donc l'obliquité convenable pour que toutes les parties du modèle soient nettes.

La suite à une autre livraison.

LE VILLARD DE LANS
(ISÈRE).

Le Villard de Lans. — Dessin de J.-B. Laurens.

Si de Grenoble on regarde vers l'occident, on aperçoit une montagne d'une belle forme appelée le Saint-Nizier.

Les escarpements de cette montagne sont tels qu'on ne peut concevoir le projet de les gravir pour voir ce qui est der-

rière; mais il est facile de tourner la montagne vers le
nord en passant par le joli village de Sassenage. La montée
est longue, l'aspect du paysage assez monotone, et les
gorges d'Engins, où l'on arrive après plusieurs heures de
marche, n'offrent aux yeux que des formes lourdes, sans
ressources pour le paysagiste. Au sortir de ces gorges on
est sur le plateau, derrière le Saint-Nizier, au milieu
de prairies assez vastes, encaissées dans des rochers à
pentes douces couvertes de bouquets de bois de sapins. Les
quelques arbres qui bordent les chemins et les prairies
sont des frênes dévorés et défigurés par les chèvres, qui
aiment leur feuillage. En somme, l'on n'est charmé par
aucune heureuse combinaison de formes; mais au delà de
ces pâturages, qui s'étendent sur une longueur de 9 à 10 kilomètres, apparaît le bourg du Villard-de-Lans. La vue
d'immenses blocs de rochers venus et poussés de la crête
du Saint-Nizier, encore assez éloignée, laisse au choix
du peintre et du géologue plus d'un sujet d'étude. Ce
n'est pas là cependant que se trouve le point le plus intéressant à voir. Nous pouvons nous y laisser conduire par
un touriste du pays, M. Macé, auteur des *Excursions
dans les environs de Grenoble :*

« Descendant alors un chemin très-rapide, on ne tardera pas d'arriver sur le bord de la Bourne, qu'on fran-
chira sur un pont de bois d'une rusticité tout à fait primitive. Suivant alors, en laissant à droite une scierie
assez considérable, la rive droite de la Bourne, on arrivera
bientôt à un des plus beaux points de vue qu'on puisse
rencontrer dans ces montagnes. Sous les pieds des voyageurs, à quelque profondeur, la Bourne coule avec lenteur
et forme un bassin d'une eau parfaitement limpide dans
laquelle on voit se jouer des centaines de truites; plus
près, un moulin rustique dont les roues sont mues par
une partie des eaux si calmes et si limpides de la Bourne;
au delà, sur l'autre rive, un bois de sapins en amphithéâtre,
en avant duquel se dresse une pyramide de rochers d'un
admirable effet, paysage qui ferait la réputation et la fortune d'un bon peintre de Paris, s'il le reportait sur la
toile pour une de nos expositions annuelles. »

Notre gravure reproduit le site décrit par le professeur
de littérature dauphinois. Ce site lui a paru original et
même un peu étrange; mais offre-t-il cette juste mesure
de variété qui ne détruit pas l'*unité*, condition première
de toute œuvre excellente? L'artiste qui a bien voulu nous
en envoyer le dessin pense que non; et, tout bien considéré, il recommande médiocrement à ses confrères le
plateau du Villard-de-Lans. Le titre principal de cette
contrée à une certaine célébrité doit rester dans les fromages qu'on y confectionne, et qui sont appréciés dans le
commerce sous le nom emprunté de fromages de Sassenage.

ARY SCHEFFER.
Fin. — Voy. p. 52.

Ce désir de la perfection qui appartient aux vrais artistes, cette volonté de réaliser l'idéal entrevu dans une
forme toujours plus noble et plus pure qui soutint Scheffer
jusqu'au terme de sa carrière; et qui fit en même temps
son tourment parce qu'il sentait mieux, à chaque pas fait
en avant, ce qui manquait à ses études premières, on peut
les observer dans toute la suite de ses ouvrages, mais on
les voit plus particulièrement marqués dans la série nombreuse de ses compositions empruntées au *Faust* de Gœthe;
toute sa vie elles ont été occupé sa pensée. Le premier *Faust*
et la première *Marguerite* parurent au Salon de 1831 ; le
public fut aussitôt frappé du caractère de cette nouvelle
œuvre. « Depuis les *Femmes souliotes*, Scheffer n'avait rien

exposé; c'était son nouveau programme. Avec deux simples
figures, chacune isolée dans son cadre, presque sans accessoires, deux portraits pour ainsi dire, il faisait lire
clairement, à première vue, sans le secours du travail, tout
ce que la plus fine analyse, la plus pénétrante psychologie
auraient pu découvrir au fond de ces deux âmes. » Il en
est de même des deux figures de jeune fille, *Mignon regrettant la patrie* et *Mignon aspirant au ciel*, qui, l'une et
l'autre, émeuvent si profondément que, quoique très-peu
de personnes connaissent l'héroïne du *Wilhem Meister* de
Gœthe, le succès des deux gravures qu'Aristide Louis a
faites d'après ces peintures ne s'est point affaibli. Cette
intensité d'expression qui parut alors quelque chose de
nouveau, c'était, dans un cadre à peine agrandi, le talent
qu'on avait eu déjà si souvent l'occasion de reconnaître
dans les précédents ouvrages du peintre et qui en avait
déterminé le succès; mais cette concentration de l'expression sur une simple figure à peine entourée de quelques
accessoires sans exagération, sans gestes outrés et presque
sans efforts, tant de sobriété dans les moyens et de puissance
dans l'effet obtenu, voilà ce qui parut inattendu et ce que
les premières œuvres de Scheffer ne faisaient pas en effet
espérer. En ne conservant que ce qu'il y avait en lui de
meilleur, en se débarrassant, comme d'un bagage inutile,
de toute qualité d'emprunt, il venait de faire une œuvre
de style. Plus d'un chemin jusqu'à cette région
élevée de l'art : coloriste ou dessinateur, peintre, musicien
ou poëte, il n'importe quelle est la manière de sentir et
de rendre le beau; ce qu'il faut pour y atteindre, c'est
qué l'artiste soit épris, en effet, pour le beau d'une passion
sincère et qu'il reste fidèle à lui-même. Scheffer a été supérieur toutes les fois qu'il n'a essayé de mettre dans ses
tableaux que ses qualités naturelles, le sentiment, l'expression, la composition; il a été faible et incertain lorsqu'il a voulu y joindre des qualités avec lesquelles il n'était
point né et qu'il s'efforçait trop tard d'acquérir. « Il faut
s'entendre, dit fort justement M. Charles Blanc [1], sur le
dédain prétendu d'Ary Scheffer pour les pratiques du métier. Bien qu'il ait toujours subordonné les moyens d'exécution au but de l'art, Scheffer a toujours été grandement
en peine du procédé. Aux diverses époques de sa carrière,
il était préoccupé de quelque illustre manière de peindre.
Tantôt il s'éprenait de Rembrandt et de ses mystérieuses
manipulations; tantôt il était dominé par la peinture si
légère, si limpide et si souple de M. Ingres. Je l'ai vu un
jour en extase devant un superbe portrait de Ferdinand
Bol, qui certainement aura influencé pendant quelque
temps... Il passait d'un extrême à l'autre, constamment
préoccupé de la façon dont il allait rendre ses sentiments
et ses idées... Est-ce là le fait d'un peintre-né? Il y en a
peu d'exemples dans l'histoire de l'art. En général, les
vrais peintres trouvent promptement et directement le
moyen d'exprimer ce qu'ils ont dans l'imagination ou dans
le tempérament. Ils peuvent changer plusieurs fois de
manière dans le cours de leur vie, mais la seconde n'est
jamais qu'un développement logique de la première. Jamais il ne leur arrive d'abdiquer la personnalité de leur
génie et d'en devenir méconnaissables. Raphaël est allé,
par exemple, de la sécheresse péruginesque à la fière ampleur de Michel-Ange; mais il n'a pas cessé un moment
d'être Raphaël. »

Comme il avait passé des petits drames de la vie réelle
à l'interprétation des poëtes, du monde tel qu'il est au
monde de la fiction, Ary Scheffer, dont la pensée et le talent étaient constamment dirigés vers les régions les plus
élevées, ne pouvait manquer de passer aussi de l'idéal

[1] *Histoire des peintres de toutes les écoles*, ARY SCHEFFER.

poétique à l'idéal religieux. Toutefois, ce ne fut pas sans crainte qu'il aborda ces sujets sacrés où se sont éprouvés les plus hauts génies, et pour lesquels ce n'est pas trop de réunir toute la beauté de la forme à toute la puissance de l'expression. C'est en 1836 seulement qu'il peignit son premier tableau en ce genre, le *Christ consolateur*, ouvrage habile, ingénieux, et dont la conception était certainement très-élevée, mais, de l'avis même des plus chaleureux admirateurs de l'artiste, ouvrage d'une incontestable froideur. On peut dire autant du *Christ rémunérateur*, qui suivit de près le premier et qui en est le pendant. Ces deux tableaux (on commençait déjà à le murmurer) parlaient un autre langage que celui de la peinture, et, pour le comprendre, les initiés eux-mêmes ne se passèrent pas toujours d'explications. Il faut en dire autant de *l'Enfant charitable*, gracieuse interprétation de la touchante légende du Goetz de Berlinchingen de Goethe, mais qui ne produit tout son effet sur l'esprit des spectateurs que lorsque le sujet leur est expliqué. Scheffer, avec sa finesse et son tact habituels, avait devancé même les amis dans leurs critiques. Il avait promptement renoncé à la peinture symbolique et métaphysique, et se préparait à des œuvres nouvelles en peignant comme des études, sans parti pris et sans système, ses *Bergers conduits par l'ange*, ses *Rois Mages*, son *Christ au jardin des Oliviers*, son *Christ portant la croix*. Dix ans après le *Christ consolateur*, au Salon de 1846, dernier Salon où il exposa, Scheffer montrait enfin tout ce qu'il pouvait faire dans cette étonnante composition de *Saint Augustin et sainte Monique*[1], qui, sans le secours d'aucune des habiletés et des ressources connues du métier, captive et ravit l'esprit. « À quoi bon s'écrier : Ce n'est pas de la peinture ! C'est bien mieux, dit M. Vitet, puisque l'extase de cette sainte femme se communique en quelque sorte à ceux qui la contemplent ; puisque vous sentez comme entraîné par elle, comme emporté avec son fils vers ces régions éthérées où s'élève son âme ; puisque vous assistez, par reflet dans ses yeux, à un spectacle sublime dont elle est enivrée. Ajoutez aux joies du ciel certains sentiments de la terre, que Scheffer excelle à faire comprendre, le bonheur, la reconnaissance de cette mère qui tient son fils contre son cœur, et qui sent qu'il s'émeut, se détache, s'ébranle, commence à quitter la terre et va la suivre dans son vol ; puis, chez le fils, la foi naissante et déjà ferme, tant de respect et tant d'étonnement, tant d'ardeur soumise et domptée, toutes ces confessions, en un mot, résumées en trois coups de pinceau !... En faveur de ce qui s'y trouve n'oublie-t-on pas ce qui peut y manquer ? »

Scheffer a produit par la suite des œuvres plus remarquables par l'exécution et plus achevées : les *Saintes femmes revenant du tombeau* sont d'une peinture plus solide ; dans le *Premier baiser donné par Jacob à Rachel*, les figures ont un contour plus parfait ; dans le *Christ au roseau*, le coloris est plus brillant, la chair plus vivante ; mais nulle part l'artiste n'a résumé mieux que dans le *Saint Augustin et sainte Monique* tout ce qu'il avait en lui ; nulle part les défauts aussi bien que les qualités de son talent ne l'ont mieux aidé à s'exprimer lui-même. Quelques personnes cependant ont mis au premier rang le *Christ et Satan sur*

[1] Voy. la gravure de ce tableau que nous avons publiée (t. XXX, 1862, p. 1), d'après la belle planche en taille-douce due au burin de M. Beaugrand et éditée par MM. Dusacq et Cie, qui ont aussi la propriété de la plupart des autres œuvres d'Ary Scheffer. Cette scène touchante de la vie de saint Augustin est devenue rapidement populaire : c'est une de celles que l'on voit avec le plus de plaisir, sous les regards des familles, dans les habitations les plus somptueuses comme dans les demeures les plus modestes. Cette planche manquait de pendant : les éditeurs viennent de faire graver dans les mêmes dimensions le *Christ au jardin des Oliviers*.

la montagne, œuvre considérable, en effet, par la pensée et par l'expression, mais où l'on sent trop le labeur. Il faut avouer, toutefois, que dans ce tableau, comme dans le *Christ pleurant sur Jérusalem*, comme dans le *Christ au roseau*, l'artiste a vraiment trouvé des traits, un type, pour peindre l'Homme-Dieu, grand problème que deux ou trois tout au plus, parmi les plus grands maîtres, ont su résoudre.

La révolution de 1830, en plaçant sur le trône le duc d'Orléans, dont les enfants étaient les élèves et devinrent les amis de Scheffer, donna au peintre une influence dont il ne fit jamais le plus noble usage. Il s'en servit pour soulager les infortunes, non-seulement des artistes malheureux, mais de quiconque s'adressait à lui. Sa position au sein de la famille royale, on l'a dit, était celle d'un ami qui a ses petites entrées et qui ne désire pas les grandes. « Sous sa direction, la princesse Marie, l'auteur d'une statue de *Jeanne Darc* devenue populaire, s'essayait à la sculpture. Scheffer lui-même se fit une fois statuaire. Ce fut lorsque, en 1839, il perdit sa noble mère et voulut lui élever un tombeau de ses mains ; animé d'une pieuse ardeur, il réussit à donner au marbre l'expression et le sentiment qu'il avait su jusque-là trouver avec le pinceau. Après la révolution de 1848, fidèle à toutes ses convictions, à toutes ses amitiés, il alla fréquemment en Angleterre visiter les princes exilés. C'est à Claremont qu'il fit le portrait de la reine Marie-Amélie, que l'on a tant admiré à l'exposition posthume de ses œuvres. Il était déjà profondément atteint et presque mourant du mal qui devait l'emporter, lorsqu'il apprit, en 1858, la nouvelle de la mort de la duchesse d'Orléans[1]. « Nous partirons dans deux heures, dit-il à sa fille », comme s'il venait de se résoudre au dernier effort de sa vie. Mme Marjolin accompagna son père au convoi de la princesse. À Londres, on crut un moment que Scheffer allait expirer ; mais il voulait revoir la France, et il retint la vie. À Argenteuil, où il s'était établi pour la belle saison, il eut une lueur de convalescence, après laquelle il sentit venir sa fin. Il dit alors à son gendre : « René, laissez-moi peindre ; je m'arrangerai un chevalet sur mon lit. » Mais il ne peignit plus, et il expira le 15 juin 1858.

LES BOHÉMIENS OU ZINGÁNES.

Les types de bohémiennes que nous devons à M. Th. Schuler ont été dessinés d'après nature, dans le Bærenthal (vallée des Ours), sur l'extrême frontière des départements de la Moselle et du Bas-Rhin. L'artiste aurait voulu nous donner le portrait d'une reine, telle que les tribus bohémiennes en conservent encore ; mais, malgré ses actives recherches, il n'a pu en découvrir. Ce sont donc là de simples diseuses de bonne aventure ; encore le paysan alsacien commence-t-il à perdre son antique confiance dans leur science divinatrice ; elles en sont réduites à se tirer les cartes et à interroger les lignes de leurs propres mains, quand elles ne vont pas poser dans les ateliers de peintres : c'est un métier qui convient à leur paresse exemplaire.

Les campements en plein vent, si pittoresques, avec la charrette et le petit cheval, deviennent de jour en jour plus rares. Harcelés par les gendarmes, traqués par la civilisation qui ne s'accommode pas de leurs habitudes errantes, les bohémiens se soumettent de mauvaise grâce à l'uniformité qui est la loi de la vie moderne. Le Bærenthal est un de leurs principaux refuges ; ils y vivent comme

[1] Ces détails sur les derniers moments d'Ary Scheffer sont empruntés à l'*Histoire des peintres*, de M. Charles Blanc.

le reste des habitants, mais dans un quartier à eux; leurs petites maisons sont d'une malpropreté inouïe. Leur temps se passe à ne rien faire, où bien à pêcher dans les petits ruisseaux au moyen de fourchettes dont l'usage leur est particulier. Ils sont pour la plupart musiciens ambulants et gagnent quelque argent dans les kermesses. Parmi les

traditions antiques peu à peu effacées, les femmes ont conservé l'habitude de porter les petits enfants sur le dos, dans un lambeau de couverture ou de drap noué au-dessus du sein. Mais le type même disparaît avec les coutumes; les bohémiens sont bien déchus de cette fierté farouche qui leur défendait de frayer avec un chrétien. Ils en arri-

Bohémiennes du Bærenthal (Moselle et Bas-Rhin). — Dessin de Th. Schuler.

vent à laisser baptiser leurs enfants dans la religion du village où ils sont nés, quitte à ne leur en parler jamais; car si leur sang s'épuise ou se mélange, si leur esprit de caste s'affaiblit, il reste à peu près évident qu'ils garderont jusqu'au dernier jour cette incrédulité obstinée dont se vantait leur ancêtre Ayraddin, si poétiquement dessiné par Walter Scott dans son Quentin Durward.

La France est l'un des pays où les bohémiens sont le

moins nombreux. En Hongrie, en Turquie, en Moldo-Valachie, on les rencontre par tribus toujours adonnées à la musique, à la danse et à la paresse. Ils sont aussi chaudronniers, ravageurs sur les rivières de Transylvanie, et maréchaux ferrants. Ils se connaissent en chevaux; en Espagne, où leur nombre s'élève à cinquante mille environ, partout établis, comme à Cordoue et à Séville, dans des quartiers séparés où ils vivent à demi sédentaires, leur métier est en général le maquignonnage, et leur nom le synonyme de fripon et de voleur; ils excellent à parer les tares de l'animal, à poser des dents postiches, et méritent d'être admirés par leurs confrères des autres pays. Leurs femmes, diseuses de bonne aventure, trouvent encore créance chez les paysans des Pyrénées, dont les disposi-

tions au crétinisme ne sont que trop connues; il paraît toutefois, selon certains auteurs, que leurs mœurs valent mieux que leur réputation. L'Angleterre et la Russie ont essayé de civiliser leurs bohémiens et semblent y avoir quelquefois réussi; mais peut-être des conversions isolées ont-elles donné lieu à trop d'espérances, et l'on ne parle

Famille de bohémiens du Bœrenthal (Moselle et Bas-Rhin). — Dessin de Th. Schuler.

plus guère de l'association anglaise formée en 1827 par un philanthrope pour l'amélioration du sort des bohémiens.

Il faut dire que, malgré des recherches actives, la science moderne n'a, sur l'origine, les idées et les croyances de ces tribus errantes, aucun document certain. Il n'y a qu'un fait évident, c'est leur éloignement pour notre vie et nos sentiments. On sait que leurs peuplades, surtout en Allemagne, reconnaissent des chefs, rois, voïvodes ou ducs;

mais quelles inductions tirer de ce rudiment d'organisation sociale? Toutes les hordes sauvages se donnent des maîtres, aussi bien que les nations civilisées. Le fond de leur langue, habilement dégagé par plusieurs savants des emprunts faits à tous les pays qu'ils ont traversés, appartient, selon Grellmann (*Histoire des bohémiens*, Leipsick, 1783) et Marsden (*Archéologie anglaise*, t. VII), aux idiomes primitifs de l'Inde et de la Perse; c'est ce qui paraît établi dans un vocabulaire où Vali, prédicateur protestant du dernier siècle, a recueilli environ un millier de mots dont le radical est sanscrit ou zend. Cependant, d'après Klaproth, le conte a laissé dans leur idiome des traces presque aussi sensibles. Eux-mêmes se croient originaires d'Égypte, et le nom de Rômichâl qu'ils se donnent vient peut-être des bords du Nil (*Rômi*, homme, et *Châl* ou *Châr*, Égypte). Une chanson populaire des bohémiens d'Espagne fait allusion à leur séjour prolongé dans cette contrée de Châl : « O pays de Châl, patrie où nous vivions dans la plénitude des jouissances, sans travailler!... Nos chevaux, qui n'auraient dû s'abreuver que dans un seul fleuve, celui qui brille à travers Châl, sous le doux regard du soleil, sont maintenant forcés de boire dans toutes les rivières, hormis celle-là ! » Égyptiens, Gypsies, tel fut d'abord leur nom; dans l'hypothèse de leur origine égyptienne, ils auraient fui devant l'invasion des Arabes, peuple qu'ils détestent et dont aucun mot n'est passé dans leur langue. Mais il est plus probable que leur séjour en Afrique ne fut que transitoire; j'ai lu quelque part qu'ils pourraient bien être « les descendants des soldats de Cambyse demeurés en Abyssinie et en Éthiopie. » Ou bien encore ils viendraient des bords de l'Euphrate : ce seraient les habitants de Théodosiopolis et Molitène, transplantés en Thrace par Constantin Copronyme, en 755; ils auraient élu un chef nommé Athingan, et de là leur nom de Zinganes, Ziganes, *Zingari* en italien, *Zigeuner* en allemand, *Ciganos* en portugais. Les Persans appellent les bohémiens *Zangui*; et la Perse, pays riche en chevaux, a dû plaire à ces habiles maquignons.

Mais l'opinion la plus accréditée, celle de Marsden et de Georges Borrow, voit dans les Zinganos un débris de la caste *Çoudri*, condamnée dans l'Inde aux métiers les plus infimes, ou plutôt les antiques Parias, exclus des sacrifices et de la société brahmanique : ainsi s'expliquerait ce manque de religion si frappant chez eux et la défiance qui les éloigne de toutes les races. Quant à l'astrologie et aux sciences magiques dont ils font profession, ils auraient pu les trouver partout sur leur chemin, soit dans l'Inde, soit en Perse où régnait le culte des astres, soit enfin en Égypte. Dispersés par les invasions de Tamerlan, vers 1398, ils apparaissent en Hongrie, en Bohême, en Allemagne, dans l'année 1417, et peu après se répandent à l'occident. Selon Pasquier, ce fut en 1427 que douze penanciers ou pénitents, qui se qualifiaient de chrétiens de la basse Égypte, chassés par les Sarrasins, vinrent à Rome et se confessèrent au pape, qui leur enjoignit pour pénitence d'errer sept ans par le monde, sans coucher dans un lit. Il y avait parmi eux un duc et dix hommes de cheval; leur suite était de cent vingt personnes : arrivés à Paris, on les alla voir en foule. Ils avaient aux oreilles des boucles d'argent et les cheveux noirs et crépés; leurs femmes étaient laides, voleuses, diseuses de bonne aventure. L'évêque les contraignit de s'éloigner, et excommunia ceux qui les consultaient. Depuis ce temps, la France fut infestée de vagabonds de la même espèce, tour à tour excommuniés et bannis sous peine des galères. Rappelons brièvement les rigueurs de Charles-Quint, de Philippe II, de Henri VIII (1531); les lois portées contre ces malheureux en Italie, en Danemark, dans les Pays-Bas, surtout en Allemagne; chez nous, enfin, l'article 103 de l'édit d'Orléans, publié le 3 septembre 1561, et des ordonnances cruelles de 1612 et 1666. Il appartenait à Louis XIV, l'inventeur des dragonnades, de condamner ces bohémiennes à la peine du fouet. Comment ces êtres ainsi traqués ne détesteraient-ils pas la société qui les méprise? Ils mourront sans se fondre en elle.

UN PRESBYTÈRE SUÉDOIS

AU DIX-HUITIÈME SIÈCLE.
Suite. — Voy. p. 74.

LA MAISON ET LES MEUBLES.
Suite.

Dans cette collection se trouvaient aussi des vases connus sous le nom de *floribus*. C'étaient des tubes en verre, longs de deux aunes et terminés à leur extrémité par une ou plusieurs boules. On remplissait seulement la boule de liquide, dont on ne buvait que peu, car le buveur ne pouvait se tenir longtemps dans la position nécessaire. Si quelqu'un ne connaissait pas la manœuvre portait l'instrument à sa bouche comme une trompette, il n'en absorbait pas une goutte, l'air renfermé dans le tuyau s'opposant au passage de la boisson. Il fallait placer le tube entre les dents, en élevant la lèvre supérieure pour que l'air y pût suffisamment pénétrer; alors le courant d'air montait, et la bière descendait.

On remarquait un vase où il n'y avait d'autres ouvertures que de petits trous ou tuyaux dont quelques-uns étaient bouchés en dedans. Quand le buveur novice se mettait à la bouche un tuyau bouché, il ne tirait pas à lui une goutte du liquide, mais son visage était inondé par la bière que versait quelque tuyau voisin qui était ouvert. Il fallait donc chercher ce dernier et couvrir même avec les doigts tous les trous, à l'exception de celui par lequel on buvait.

Il y avait aussi une grande quantité de gobelets d'argent, de grandeurs et de formes diverses. Les degrés de capacité en étaient indiqués, à l'intérieur, par de petits boutons dorés. On appelait ces boutons *palar*, et boire d'un bouton à l'autre, c'était *pala*. Après quelques essais, la bouche s'accoutumait à boire juste à l'intervalle de deux boutons. On ne se livrait au *palming* (c'est-à-dire à cette façon de boire) qu'après la nappe ôtée et quand les dames s'étaient éloignées.

Dans les circonstances solennelles, on hachait très-menu de tendres ramées de genévrier que l'on parsemait en forme de festons sur le plancher de la salle. Devant chaque chaise on dessinait ainsi un demi-cercle, et devant la table une arène faite avec une fleur. C'était là une coutume antique où les filles trouvaient une occasion d'exercer leur goût. Ces dessins ressortaient agréablement sur un plancher blanc comme la neige.

Ajoutez aux vases de porcelaine, où l'on mettait des fleurs en papier, des portraits de famille peints à l'huile ornant les parois, et vous aurez une idée de la salle de réception d'un honnête pasteur au dix-septième siècle.

LA CHAMBRE DES ÉTRANGERS.

Au presbytère, il y avait une chambre destinée aux étrangers, située dans un pavillon séparé, à vestibule ouvert et à colonnes. Quelquefois, pendant l'été, on y *paladait* (buvait), et par l'ouverture on jouait aux quilles sur une arène faite à ce dessein. Une *pal* était l'amende imposée pour chaque coup manqué.

De ce portique on passait à la chambre des étrangers par une porte sans panneau, semblable à une porte de grange, avec un seuil monstrueux. A l'extérieur, la porte était munie d'une immense poignée en fer et défendue par un grand cadenas à bascule. Le panneton de la clef, de 6 pouces de longueur, avait des râteaux innombrables. Il n'y avait pas dans tout le diocèse une clef de sacristie aussi ingénieuse. A l'entrée, on découvrait d'abord une fenêtre bâtarde oblongue, à trois petites vitres par lesquelles personne ne se serait avisé de pénétrer. Pour plus de sûreté, elles étaient toutefois défendues par des grilles de fer. Peu de prisonniers sont, par le temps qui court, aussi bien enfermés que les hôtes de ce temps-là. Il y avait dans cette chambre, trois lits de chêne à pieds d'une hauteur extraordinaire et à solides fonds de bois. Les garnitures du lit consistaient en trois matelas du duvet le plus mollet, couverts de drap de Hollande superfin, ferme comme la peau et doux comme la soie. Bien secoués, ces matelas s'enflaient tellement qu'ils montaient jusqu'au plafond; mais le dormeur y enfonçait bien vite et était couché tout aussi durement que sur le plancher. C'était le goût du temps. Le troisième matelas servait de couverture. On transpirait, dans ces lits, à ne pas y tenir, surtout si l'on avait *palaté* diligemment (bu beaucoup de bière). Mais il y avait aussi, au niveau du plancher, un foyer monstrueux devant lequel on pouvait se sécher. Les chaises étaient très-hautes, jamais rembourrées; il n'y avait qu'une table d'ardoise noire dans un cadre à carreaux sur un fond blanc. Sur chaque carreau on voyait une figure incrustée, à peu près comme les dragons chinois qui ornent les antiques tasses à thé. On s'en servait pour jouer.

LA CHAMBRE COMMUNE. — LA CHAMBRE DE TRAVAIL.
EMPLOI DU TEMPS.

Une autre salle, dans le corps de logis, portait le nom modeste de *hvardagsstuga* (poêle, chambre du ménage, c'est-à-dire de tous les jours). Le prévôt, ses enfants et les domestiques y prenaient leurs repas à la même heure, mais à des tables séparées.

Le meuble principal était une grande table ovale, couverte d'une peau de bœuf fixée aux bords par des clous de laiton, qui, en même temps, portaient aussi un feston rouge tout autour de l'ovale. Cette nappe était extrêmement forte. Sur la table des domestiques on se servait de morceaux de planches au lieu d'assiettes. Ces planches étaient fixées à la table par un clou.

Les frères du prévôt couchaient dans la même chambre que les serviteurs. C'était là que se faisaient les travaux domestiques; pendant l'hiver on y voyait beaucoup de quenouilles, et pendant l'été des métiers de tisserand.

Chacun avait sa besogne et chaque besogne son temps. A quatre heures du matin, une horloge à réveil sonnait la première diane. On entendait retentir le nom du prévôt, et dix minutes après tout était en mouvement. Le déjeuner, préparé le soir précédent, était distribué entre toutes les personnes de la maison; puis on entendait les domestiques battre le grain dans l'aire et sept quenouilles bourdonner autour d'un grand feu que le plus jeune des servantes devait entretenir de bûches de sapin. Pour n'être point surpris par le sommeil au bourdonnement assoupissant des quenouilles, on chantait des psaumes du matin; après l'entrée de l'Avent, c'étaient les psaumes de Noël, et le chant durait tout le jour pendant le travail. Le souper fini, on faisait une prière commune; tous les feux étaient éteints et la maison entrait en repos.

La suite à une prochaine livraison.

OBSERVATIONS ASTRONOMIQUES.

AVRIL.

Lorsque la Lune passera au méridien pour la première fois de ce mois, elle sera dans le treizième jour de son âge, et par conséquent aura presque atteint la période de son plus grand éclat. Ce jour-là, notre satellite reste longtemps au-dessus de l'horizon, car il se lève à 3 h. 52 m. du soir, c'est-à-dire 2 h. 36 m. avant que le Soleil ne disparaisse au-dessous de l'horizon. D'autre part, il se couche à 4 h. 2 m. du matin, c'est-à-dire seulement 1 h. 39 m.

avant que l'astre du jour ne nous envoie ses premiers rayons. Cependant les amateurs qui désirent se donner le plaisir instructif de comparer l'aspect des parties centrales du disque lunaire avec les magnifiques planches de sélénographie que M. le Vengeur d'Ornant a publiées en Angleterre ne doivent pas se presser, car c'est seulement quand la ligne d'ombre s'approche des hautes montagnes qui hérissent la surface de la Lune que nous pouvons admirer dans tout leur éclat ces disques entourés d'une si curieuse dentelure de rochers. Alors les ombres portées par le Soleil se détachent avec une vigueur inusitée, et l'œil a le plaisir de reconnaître dans l'image télescopique les contours et les reliefs que le dessinateur s'est exercé à rendre.

Le 29 et le 30 mars dernier, nous avons vu la Lune occulter deux étoiles de sixième grandeur. Notre ambitieux satellite va continuer à s'attaquer à des astres de cet éclat, car il fera encore disparaître cinq étoiles derrière son disque avant que nous n'entrions dans une autre lunaison.

Nous citerons les deux premières, qui appartiennent toutes deux à la constellation du Lion, parce que la Lune se trouve précisément dans cette région du ciel au moment où elle se lève le 1er avril, et que par conséquent cette double occultation inaugure pour ainsi dire le mois. Nous ne passerons pas non plus sous silence les deux occultations de deux étoiles de sixième grandeur, appartenant à la constellation du Capricorne. Ce double phénomène, qui arrive onze jours après, c'est-à-dire le 12, à 2 h. 34 m. du matin, est remarquable en ce que la seconde occultation commence juste au moment où la première finit. On peut donc voir une étoile disparaître derrière le disque pendant que l'autre reparaît.

La lunaison suivante, qui n'est autre que la fameuse Lune rousse, commence le 18 mars. Cette nouvelle période se recommande par deux occultations d'étoiles d'éclat un peu plus grand, de quatrième et de cinquième grandeur. Ces phénomènes ont lieu à trois jours de distance, l'un le 26 et l'autre le 29 avril, quelques jours par conséquent avant que la Lune ne soit pleine. C'est comme un prélude à l'éclipse du Soleil lui-même, qui aura lieu, comme nous le verrons, en mai.

Au moment où, après avoir caché x de l'Écrevisse, la Lune vient se placer devant ω du Lion, les influences que les grandes planètes peuvent exercer sur la Lune semblent se neutraliser, car Vénus et Mars, qui se trouvent tous deux à l'ouest de la Lune, vont en s'éloignant à grands pas. Au contraire, Saturne et Jupiter, qui sont à l'est, vont en s'en rapprochant d'une manière très-sensible. Deux situations inverses provoquent naturellement deux mouvements relatifs en sens contraires. L'occultation de ω du Lion a cela de particulier qu'elle dure exactement une heure sidérale, ce qui correspond à environ 61 minutes de temps moyen, comme nous l'avons déjà fait remarquer.

Nos lecteurs ont souvent observé avec quelle rapidité la Lune semble grandir à mesure qu'elle s'approche de l'horizon. De nombreuses explications ont été proposées pour expliquer un fait qui surprend toujours les spectateurs. L'on sait que l'astre ne s'éloigne ni ne s'approche, et personne n'est assez simple pour s'imaginer que son diamètre se dilate par quelque procédé mystérieux. Peut-être cet effet est-il de même nature que le phénomène instinctif qui fait que nous redressons par la pensée les images peintes renversées sur le fond de notre rétine. Comme la voûte du ciel nous paraît surbaissée, les objets nous paraissent s'éloigner de nous en descendant à l'horizon. Nous en concluons qu'ils ont grossi, quoique la grandeur réelle de leur diamètre apparent ne soit pas altérée, ce qui est évident pour la Lune, dont les dimensions angulaires restent invariables.

PAPEGAI EN VERMEIL.

Nos lecteurs savent que le jeu du papeguay ou papegault était un tir à l'arc, à l'arbalète ou à l'arquebuse, où nos pères exerçaient leur adresse en visant un oiseau suspendu ou placé à l'extrémité d'un mât (voy. t. X, 1842, p. 383). L'oiseau était d'abord vivant. On le remplaça plus tard par son effigie en carton, en bois ou en métal. D'après l'étymologie, il semble que ce devait être un perroquet, que les Espagnols appellent *papagayo* et les Italiens *papagallo*. Mais quoique le nom du jeu soit resté toujours le même dans l'usage, on pouvait bien prendre pour but tout autre oiseau, le coq, par exemple.

Le papegai en vermeil que nous reproduisons a été acheté en Allemagne, quoiqu'il soit d'origine néerlandaise. Il est d'une dimension double de notre dessin et a dû servir à la

Papegai en vermeil, dans la collection de M. Maxime du Camp; demi-grandeur de l'original. — Dessin de Boccurt.

compagnie de l'arc d'Adenberghe, moins comme but de tir que comme insigne porté dans les grandes cérémonies. Sur l'inscription de l'espèce de médaille qu'il porte à son bec, on remarque la date de 1528 (le 2 est mal formé sur la gravure). L'oiseau pèse 230 grammes; la chaîne, 125.

Voici la traduction littérale de l'inscription en patois hollandais gravée autour de la médaille :

HORT DUSSE VOGEL THO DE BURSCHAP THO
Appartient cet oiseau à la Société de

WESTENVELDE THON ALDENBERGE.
Westenfelde à Aldenberghe (*g* dur).

Les lettres du chiffre qui est au milieu signifient : B., *Burschap* (société); W., *Westenfelde*.

ERMENONVILLE
(OISE).

Un fossé du château d'Ermenonville. — Dessin de Philippoteaux.

« Les arbres, les arbrisseaux, les plantes, sont la pa- | l'aspect d'une campagne nue et pelée qui n'étale aux yeux
rure et le vêtement de la terre. Rien n'est si triste que | que des pierres, du limon et des sables; mais, vivifiée par

la nature et revêtue de sa robe de noce, au milieu du cours des eaux et du chant des oiseaux, la terre offre à l'homme, dans l'harmonie des trois règnes, un spectacle plein de vie, d'intérêt et de charmes, le seul spectacle au monde dont ses yeux et son cœur ne se lassent jamais.» (Rousseau, *Rêveries*, septième promenade.)

Celui qui sentit avec tant de délicatesse et d'amour l'attrait, la leçon de la verdure et des eaux, ne pouvait mieux abriter sa vieillesse inquiète que dans la vallée d'Ermenonville. Où trouver plus près de Paris un coin de l'univers plus éloigné de la vie mondaine? Où rencontrer ailleurs des bois, des lacs, des îles, ces contrastes d'aridité désolée et de solitude vivante, l'immensité figurée, pour ainsi dire, dans un cadre restreint? En quel pays se réfugier pour mieux posséder à soi seul et creuser son rêve?

Ermenonville, à 12 kilomètres de Senlis et 36 environ de Paris, sur un petit affluent de la Nonette, semblé avoir été de bonne heure le centre d'un riche domaine; c'est ce qu'indique son nom : ferme ou résidence d'Ermengon. La famille de ce premier maître, petit seigneur féodal, put-elle s'y maintenir longtemps? c'est ce qui importe peu. D'ailleurs aucun débris du moyen âge ne peut nous éclairer sur cette obscure question, qui entraînerait sans doute à plus de recherches qu'elle n'en mérite. Un château, dont il ne reste pas de traces aujourd'hui, fut le séjour momentané de Gabrielle d'Estrées. En 1603, Henri IV le donna à son ami et serviteur de Vic, gouverneur de Calais, pour sa vaillance à la journée d'Ivry. Lorsque Rousseau consentit à s'y fixer, quelques mois avant sa mort (20 mai 1778), Ermenonville appartenait à la famille de Girardin ou Gérardin; c'est l'hôte de Rousseau, le marquis de Gérardin, qui, mettant à profit les formes heureuses du terrain, dessina le parc à la manière anglaise, ou plutôt selon les principes qu'il a donnés lui-même dans son traité *De la composition des paysages*. Les contemporains furent séduits par la riante *Arcadie*, le *Désert*, le *Bocage*; par les contrastes entre de riches prairies boisées et des rochers sauvages semés par la nature au milieu de terres sablonneuses; ici l'île des peupliers, la plus grande d'un petit archipel; là des genêts, des genévriers, de hauts sapins, des cèdres, cascades naturelles, pièces d'eau irrégulières; fabriques heureusement disséminées dans la verdure et couvertes, selon le mode du temps, de quatrains, de huitains en l'honneur de Gabrielle ou des de Vic; un *Ermitage*, une *Salle de danse*, la chaumière du charbonnier, un autel dédié à la *Rêverie*, une pyramide à la gloire de Virgile, Gessner et Thompson, enfin le temple de la Philosophie commencé par Rousseau, Montesquieu, Penn, Voltaire, Descartes, Newton, et légué aux sages futurs. M. de Girardin avait partout marié l'art à la nature, sans jamais étouffer celle-ci; au contraire, il avait fait graver quelque part cette sentence de Montaigne : «Ce n'est pas raison que l'art gagne le point d'honneur sur notre grande et puissante mère nature.» Montaigne était, avec Jean-Jacques, le philosophe aimé de M. de Girardin, et dans le temple on lisait cette dédicace : «... A Michel Montaigne, qui a tout dit.» «Les promenades dans ce beau lieu, lit-on dans une notice écrite peu après la mort de Rousseau, ne sont pas moins agréables à l'oreille qu'aux yeux. M. de Girardin a des musiciens qui concertent, tantôt dans les bois, tantôt sur le bord des eaux ou sur les eaux mêmes, et qui se rassemblent, lorsque la nuit est venue, pour exécuter la meilleure musique dans une pièce voisine du salon, où la compagnie converse sans en être incommodée. La franchise et la liberté, la simplicité dans les manières comme dans les habillements, se trouvent là plus que partout ailleurs. Mme de Girardin et ses filles,

vêtues en amazones d'étoffe brune, ont un chapeau noir pour coiffure. Les garçons ont l'habillement le plus simple, etc. »

Le parc a été conservé dans ses parties les plus importantes. Il confine au village, qu'on ne voit pas cependant, et entoure de trois côtés le château, dont la construction, qui paraît remonter au commencement du règne de Louis XV, est très-simple; bâti en pierres de taille, il est cantonné de deux tours façon reine Blanche, tours crépies en plâtre et ajoutées dans le dernier siècle, pour la plus grande gloire du pittoresque. La route coupe le parc en deux parties et a masqué habilement, si bien que les rares passants, dont on ne voit guère que le buste, semblent gagés pour animer la vue du parterre. Au delà de la route et devant la façade antérieure, le terrain qui s'élève en pente douce offre à la vue de grandes pelouses encadrées par de beaux arbres et animées par une cascade au centre d'un hémicycle de verdure. Au sommet et vers la gauche de cet horizon prochain, le *Temple*, ou la ruine factice d'un temple circulaire, est entouré d'essences variées; du pied de ce sanctuaire, qui fait songer aux *templa serena* de Lucrèce, de nouvelles perspectives se découvrent : à gauche, au milieu d'un lac aux eaux dormantes, l'île des peupliers et le cénotaphe antique où furent déposés les restes de Rousseau (on sait que, sous prétexte de Panthéon, le corps a été enlevé et a disparu); à droite, derrière de grands rideaux de verdure, la maisonnette du philosophe, chaumière pieusement entretenue dans un état de ruine apparente, se dresse sur une colline de sable au milieu de pins et de mélèzes, dominant le *Désert* aimable où pullulent les lièvres. La façade postérieure jouit d'une perspective aussi étendue que l'autre est relativement bornée, et il y a là un contraste bien entendu. Une rivière partant des fossés irréguliers serpente à perte de vue dans une prairie qui rappelle et surpasse en fraîcheur le fameux tapis vert de Versailles. Des groupes d'arbres savamment disposés encadrent la prairie et rompent à l'horizon les lignes monotones des plaines. La rive droite de la rivière est bordée d'arbres gigantesques, épandant et mirant leur ombre dans une eau transparente; on ne peut dire les précautions minutieuses qui sont prises chaque jour pour conserver la limpidité de l'eau. Des vannes qu'on ne lève qu'à la tombée de la nuit sont chargées de retenir et de cacher aux yeux les impuretés qui pourraient déparer la rivière et en obscurcir le cristal. Ce parc immense, cette création princière, est religieusement entretenu par le fils ou le petit-fils du fondateur; il y a bien quelque part un grand lac que l'on cultive, mais les niveaux écrite sont intactes et les eaux peuvent y être amenées. Ce n'est que par un tour de force, par une abnégation qui trouve en des souvenirs sacrés sa force et sa récompense, qu'un particulier peut conserver Ermenonville dans sa beauté première, en présence des tentations d'un morcellement qui quadruplerait sa fortune. Espérons qu'un noble esprit de famille, animant longtemps encore les descendants du marquis de Girardin, gardera pour la postérité ce modèle varié, gracieux, mélancolique, imposant tour à tour, et qui ne sera pas dépassé.

CARTES CÉLESTES.

Suite. — Voy. p. 18.

Planche II (suite). — Le n° 22 de la planche II est le Lynx, qui vaut la Girafe pour l'insignifiance des étoiles; puis au n° 24, entre la Grande-Ourse et le Lion, est le

Petit-Lion, dont il n'y a rien à dire. Au n° 6 de la première carte est le Quart de cercle mural, entre le Dragon et la Couronne. Cette petite constellation a été, à juste titre, complétement supprimée. Quant au Triangle, ou plutôt aux deux triangles marqués du n° 20, c'est une constellation ancienne dont on ne voit pas non plus la nécessité, et dont les étoiles petites et en petit nombre auraient bien pu être annexées à celles qui sont voisines du pied d'Andromède. La plus brillante des Triangles est un peu au-dessus de la quatrième grandeur. On a supprimé le Télescope, n° 23, au-dessus du Lynx; il ne reste donc plus, pour les deux premières planches, qu'à parler de la belle constellation de Persée, qui est dans le voisinage d'Andromède et au n° 22.

La plus brillante étoile de Persée, marquée α, fait la continuation des trois étoiles d'Andromède, ce qui donne quatre brillantes étoiles de seconde grandeur dans la même ligne légèrement courbée et avec des distances à peu près égales. Si on prend le carré de Pégase, dont la tête d'Andromède fait partie comme analogue au carré de la Grande-Ourse, les deux dernières d'Andromède et la brillante de Persée formeront comme la queue d'une grande figure à sept étoiles, qui ressemblera en grand aux deux Ourses. L'étoile de seconde grandeur β de Persée, ou la tête de Méduse, est remarquable pour la variabilité de son éclat. Sa lumière se réduit tout à coup de la seconde à la quatrième ou cinquième grandeur, et, après quelques heures, elle reprend son rang parmi les étoiles brillantes. C'est sans doute quelque corps opaque qui circule alentour, et qui, pendant quelques heures, nous cache en partie cette étoile; c'est à-peu près tous les trois jours (un peu moins) qu'a lieu cet abaissement d'éclat. On observe dans cette période un léger défaut de régularité qui convient bien à un corps circulant autour d'un autre doué d'attraction. Si, pour un corps céleste, la Lune passait devant la Terre, le moment du passage varierait avec les nombreuses irrégularités du mouvement de la Lune, et on peut en dire autant du corps opaque qui circule autour de l'étoile β de Persée, dont le nom spécial est Algol. On a beaucoup étudié depuis quelque temps les périodes de variabilité de ces étoiles dites changeantes.

La figure de Persée tient une épée haute dont la poignée est au-dessus de sa tête. C'est à la garde même de cette épée que l'œil aperçoit une blancheur résultant d'un ou plutôt de deux amas d'étoiles qui, avec le secours du télescope, forment un des plus beaux spectacles du ciel. Ce sont comme de nombreuses étoiles de première grandeur, très-voisines les unes des autres et éblouissant l'œil de leur éclat. Le groupe est partagé en deux amas distincts qui rivalisent de richesse lumineuse.

Les deux planches que nous venons de passer en revue nous montrent toutes les constellations qui entourent le pôle boréal.

La constellation n° 18 est la Girafe, ou plutôt c'est un espace vide dans le ciel, sans étoiles brillantes; celles qui ont le plus d'éclat ne dépassent pas la quatrième grandeur. Dans ce grand espace céleste, on pourrait dessiner tout autre chose qu'une girafe, et je pense qu'on pourrait tout aussi bien n'y rien dessiner du tout. Il y a dans la Girafe une assez belle nébuleuse, mais fort difficile à trouver dans cette région déserte du ciel. Dans la planche II, elle est au-dessus des deux petites étoiles marquées sur la cuisse gauche de devant de l'animal.

Nous avons fait le tour du ciel, dans les deux premières planches, en prenant pour centre le pôle, et nous allions à peu près jusqu'à moitié distance du pôle à l'équateur. La plupart des constellations comprises dans ces deux planches sont visibles toute la nuit sur l'horizon de Paris.

Les plus remarquables, dont on doit connaître la configuration pour trouver les autres, sont : la Petite-Ourse, la Grande-Ourse, le Dragon, Céphée, Cassiopée, Andromède et Persée. Nous allons maintenant faire le tour du ciel par bandes d'une certaine largeur, et il en faudra quatre à la suite l'une de l'autre pour remplir l'espace céleste compris entre les limites des deux premières planches et l'équateur. Ce sera donc la moitié du ciel. Mais les constellations du ciel austral nous intéressent beaucoup moins que celles du nord et ont été bien moins étudiées, ce qui nous permettra de ne pas nous y arrêter autant.

Planche III. — Cette planche nous offre une grande et belle constellation, n° 37, Pégase ou le Grand-Cheval. C'est, comme Hercule, une figure renversée ayant les pieds en haut et les ailes en dessous. Quatre belles étoiles de seconde grandeur forment un carré qui est le corps de l'animal, auquel il manque la partie postérieure. Notez que l'étoile α d'Andromède est commune à Pégase et à Andromède, que pour Pégase c'est δ. Il en était déjà ainsi du temps de Ptolémée. Donc la quatrième de Pégase est la première d'Andromède. C'est, au reste, la plus brillante des quatre. Il faut noter ensuite l'étoile marquée ε à la bouche du cheval. Elle se voit de bonne heure dans le crépuscule. Un peu plus à droite, une petite constellation, n° 37, est le Petit-Cheval, dont on ne dessine que la tête. Ptolémée appelle cette constellation section du Cheval, c'est-à-dire partie coupée ou détachée du Grand-Cheval. Cette constellation n'a que quatre ou cinq étoiles peu brillantes.

Cette planche servira à reconnaître ce que nous avons déjà dit d'une figure à sept brillantes étoiles analogue aux deux Ourses. On prendra d'abord le carré de Pégase avec α d'Andromède; pour faire une grande queue, on suivra les deux autres étoiles β et γ d'Andromède; puis on aura l'étoile α de Persée. Ce seront sept étoiles de seconde grandeur.

En suivant dessous, nous trouvons, n° 41, les Poissons, qui touchent l'équateur au point où passe le Soleil au moment de l'équinoxe du printemps. Autrefois cette place était occupée par le Bélier, qui maintenant, en regardant vers le nord, est plus à gauche. En général, toutes les constellations se déplacent par rapport à l'équinoxe. Il n'y a de remarquable dans cette constellation, assez peu brillante, que l'étoile qui joint les deux liens où sont attachés les deux Poissons. C'est une étoile de troisième grandeur qui semble de siècle en siècle diminuer d'éclat. Cette étoile est double et peu remarquée en général. Elle est très-peu au-dessus de l'équateur et pourrait servir à l'indiquer dans cette région du ciel.

Vient ensuite le Bélier, n° 42. C'est une figure complète d'animal; mais, excepté les étoiles de la tête, toutes les autres sont à peine de quatrième grandeur; l'étoile α est de seconde grandeur. L'autre corne, β, est de troisième grandeur; mais, de plus, il y a près de β une troisième étoile presque de troisième grandeur omise dans le dessin que nous avons sous les yeux. En regardant la figure dans le sens des lettres et des chiffres, le Bélier étant au-dessous des Poissons, cette étoile γ serait à droite et un peu au-dessus de β. Au n° 24, entre le Bélier et Persée, est un petit assemblage d'étoiles faibles qui a été supprimé comme une constellation inutile, et qui portait le nom de Mouche, d'Abeille ou de Fleur-de-Lis.

Planche IV. — A la suite du Bélier, et sur la route annuelle du Soleil dans le ciel, nous trouvons le Taureau, brillante constellation qui ne comprend que la partie antérieure de la figure. D'après cela, suivant Ovide, ce pourrait tout aussi bien être une vache qu'un taureau. Le Taureau a une étoile rougeâtre de première grandeur qui s'appelle, en arabe, Aldébaran (ou l'Œil du Taureau). Les étoiles

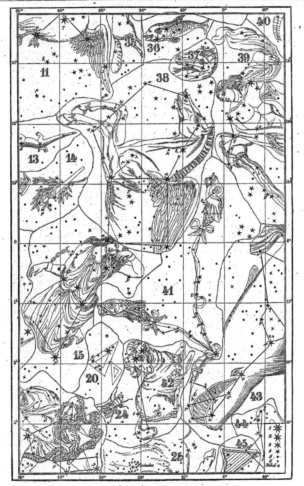

Cartes célestes. — Planche III.

voisines, appelées Hyades, forment une espèce de triangle qui fait la face de l'animal. Deux cornes d'inégal éclat sont dirigées vers les pieds du Cocher, qui porte le n° 21; et même l'étoile β, qui termine la corne boréale, appartient en commun au Cocher et au Taureau. Pour le Cocher, c'est l'étoile γ ou la troisième d'éclat. Ainsi β du

Cartes célestes. — Planche IV.

Taureau et γ du Cocher sont la même étoile, de même que α d Andromède et δ de Pégase. A cette question : Quelle différence y a-t-il entre la première d'Andromède et la quatrième de Pégase? on peut répondre : La même différence qu'entre la seconde du Taureau et la troisième du Cocher. On connaît aussi cette anecdote : Un voyageur autrichien, étant sur la place Saint-Marc, à Venise, disait ironiquement à un Vénitien : « Auriez-vous la bonté de me dire dans quelle forêt se trouvent vos lions ailés ? » Le Vénitien répliqua : « Précisément dans la même forêt où se trouvent vos aigles à deux têtes ! »

Sur le cou du Taureau remarquez un amas de petites étoiles, où l'œil distingue cinq petites étoiles qui sont voisines d'une étoile de troisième grandeur, qui est *η* du Taureau. On prétend que du temps de la guerre de Troie on en voyait sept ; les vues perçantes ont encore cet avantage, mais le télescope en montre au moins une trentaine. J'ai beaucoup cherché dans les anciens dessins de ce petit groupe s'il y avait eu un déplacement indiquant que deux de ces astres voisins tournaient révolutivement ; je n'ai rien trouvé de pareil, et, comme, sans doute, l'idée d'une pareille vérification est venue à bien d'autres personnes et qu'on n'a point indiqué de système double, on peut croire qu'il n'existe aucun lien physique entre les étoiles des Pléiades. Les Pléiades sont mentionnées dans Homère, avec le Bouvier et l'Ourse.

Après le Taureau, mais hors de la ligne que suit le Soleil dans le ciel, on voit au sud la brillante constellation d'Orion, la plus splendide du ciel (n° 46). C'est un héros armé d'une massue et qui, présentant au Taureau son bras gauche garanti par une peau de lion, se dispose à frapper un grand coup sur la tête de l'animal qui baisse ses cornes vers lui. Cette figure nous offre quatre étoiles brillantes formant un carré allongé. L'épaule droite, *α*, est de première grandeur et un peu variable. Le pied gauche, *β*, ou Rigel, est encore plus brillant. L'épaule droite, *γ*, est de seconde grandeur ; et la quatrième du carré long, *κ*, qui marque le pied droit, est entre la troisième et la quatrième grandeur. Au milieu de cet espace se présentent obliquement trois étoiles de seconde grandeur, également espacées, qui forment le Baudrier d'Orion. En France, on les désigne souvent sous le nom des Trois-Rois, de même que les Pléiades portent le nom de Poussinière ou Nichée de Poussins. A la garde de l'épée d'Orion est une lueur blanchâtre visible à tous les yeux et qui est la plus brillante de toutes les nébuleuses du ciel. Au milieu de cette nébuleuse, que les plus forts télescopes n'ont pu encore résoudre en étoiles distinctes, est un espace obscur occupé par quatre petites étoiles très-voisines, que l'on désigne sous le nom de Trapèze d'Orion. Près de ces quatre, on est parvenu à en reconnaître encore trois autres (l'une d'elles en l'année 1862), qui sont d'une petitesse extrême, et qui servent à essayer le pouvoir des télescopes et à reconnaître le degré de sérénité et de transparence de l'air. L'étoile *α* s'appelle quelquefois Betelgeuze, mot corrompu de l'arabe et qui signifie l'Épaule du Géant. Théocrite parle de la brillante épaule d'Orion. Cette constellation d'hiver était regardée comme sinistre pour les marins. Homère dit la fougue d'Orion. Les plus anciens auteurs en ont fait mention, et notamment le livre de Job. En 1807, au moment où Napoléon Ier était fort populaire en Allemagne, les étudiants de Leipsick proposèrent de donner son nom à cette constellation.

On voit sur la planche IV, au n° 45, une constellation supprimée qui s'appelait la Harpe de Georges III. Ce souverain, qui protégea noblement l'astronomie, et qui fournit à William Herschel plus d'un million de francs pour élever ses gigantesques instruments, méritait mieux qu'un pauvre ensemble d'étoiles insignifiantes. Étant, en 1829, à Slough, près de Windsor, au sommet d'un des télescopes d'Herschel qui dépassait de beaucoup la maison qu'avait illustrée ce grand observateur, je voyais les tours normandes de la résidence royale de Georges III, bâties avec la pierre des environs de Caen, et placées

dans une de ces positions militaires que, là comme ailleurs, les conquérants normands savaient occuper. La veuve du grand astronome habitait encore Slough ; mais le grand télescope était conobé au milieu du jardin, pour ne plus se relever. Herschel le fils, non moins célèbre que son père, n'habite plus cette résidence ; mais déjà, en 1829, le successeur de Georges III n'avait pas hérité de son amour pour l'astronomie.

Après Orion, au n° 47, est une Licorne, aussi grande et aussi insignifiante que la Girafe, mais qu'on n'a jamais pensé à supprimer.

Après Orion et la Licorne est Procyon, ou le Petit-Chien, n° 48, qui n'a guère que deux étoiles ; mais l'une d'elles est de première grandeur. Procyon est à peu près dans la ligne des deux épaules d'Orion. Comme on ne compte dans le ciel tout au plus que vingt étoiles de première grandeur, cette petite constellation est fort remarquée, et on doit la noter comme point de repère pour indiquer les autres astérismes.

Au nord du Petit-Chien et d'Orion sont les deux Gémeaux, Castor et Pollux, n° 26. *α* ou Castor est une belle étoile double, qui était autrefois plus brillante que *β* ou Pollux ; mais aujourd'hui Pollux est plus brillant, et on le met quelquefois au rang des étoiles de première grandeur. Nul doute que cette étoile n'ait augmenté d'éclat depuis les temps anciens. Les Gémeaux ont été beaucoup étudiés par les astronomes, parce qu'ils sont sur la route du Soleil. Castor est le plus septentrional des deux Gémeaux. Les deux étoiles dont se compose Castor tournent autour l'une de l'autre dans une période d'environ deux siècles et demi. Nous reviendrons sur ces périodes d'étoiles, qui marquent le temps dans le ciel comme les horloges sur la terre.

Au n° 23 de cette planche, le Télescope, qui, comme nous l'avons déjà dit, a été supprimé.

Enfin vient le Cancer ou l'Écrevisse, n° 25, qui n'a aucune étoile brillante, mais bien un amas très-remarquable de petites étoiles, amas que les anciens désignaient sous le nom de nébuleuse du Cancer. On appelle aussi quelquefois cet amas l'Étable de moutons ou la Ruche d'abeilles. Près de cet amas sont deux étoiles entre lesquelles le Soleil passait autrefois. Ce sont les deux Anes, qui n'ont plus rien de remarquable.

LES CAVEAUX DE LA BANQUE D'ANGLETERRE.

ANECDOTE.

Les caveaux de la Banque d'Angleterre, à voûtes de pierre surbaissées, se succèdent ou s'embranchent les uns aux autres comme les galeries souterraines dans la crypte d'une église romane. Des becs à gaz y brûlent toute la journée et se confondent avec la faible clarté qui pénètre par de rares ouvertures. Sous ces voûtes en plein cintre luit aussi ce que les anciens alchimistes appelaient du soleil solidifié. De petits chariots à quatre roues en fer sont rangés contre les murs et chargés de massifs lingots qui, par la forme et l'épaisseur, ressemblent à des briques d'or. Ce que ces voûtes muettes, obscures, voient passer de richesses est incalculable. Des grilles et d'autres moyens de défense protègent, tant à l'extérieur qu'à l'intérieur, ces casemates de l'or. On raconte cependant qu'une fois toutes ces mesures de précaution faillirent être mises en défaut.

Un jour vint le directeur de la Banque reçurent une lettre anonyme donnant avis que quelqu'un avait trouvé le moyen de pénétrer dans les caveaux. On crut à une mystification. Mais cette lettre fut suivie d'une seconde, puis d'une troisième, dans laquelle l'inconnu proposait aux directeurs de les rencontrer en personne dans « la chambre des trésors », à l'heure qu'ils voudraient bien indiquer..

Cette fois la curiosité fut vivement excitée. On répondit à l'étrange correspondant par la voie qu'il avait spécifiée lui-même, et on lui désigna l'heure de minuit. Des députés de la Banque, lanterne en main, se rendirent dans les caveaux, s'y renfermèrent et attendirent là visite de l'être mystérieux. A minuit, on entendit un bruit sous terre. Quelques dalles du pavé massif se soulevèrent, et l'on vit apparaître un homme. Il déclara avoir eu connaissance d'un ancien égout d'eau de pluie qui passait sous la salle, et c'était à travers cet égout qu'il avait su se frayer un chemin. On vérifia le fait, et on récompensa l'honnêteté de cet homme. Aujourd'hui il n'existe plus de conduit souterrain, et la nuit une garde composée de soldats et de policemen veille comme le dragon antique autour de la toison d'or. (1)

Il ne faut pas se dégoûter des principes à cause des malheurs. La vérité, et par conséquent la liberté, seront toujours la seule force des honnêtes gens.

Mme DE STAEL.

COMMENT LES ARABES DU DÉSERT
RÈGLENT L'EMPLOI DU TEMPS.

M. Biot était un de ces esprits éminents qui ne reculent jamais devant aucun des faits dont l'histoire de la science peut s'accroître. Ses grands ouvrages sont connus de tous. On se fait difficilement une idée de la multitude de dissertations dont il a enrichi les Mémoires des académies. Ceux qui ont été tirés à part, dans le format in-quarto, dépassent soixante-dix, et, sur ce nombre, plusieurs formeraient de véritables traités spéciaux. L'un d'eux nous a paru renfermer les renseignements les plus curieux sur les *Restes de l'ancienne uranographie égyptienne.*

« M. Mariette m'a raconté une foule de traits qui montrent à quel degré les Arabes des déserts de l'Égypte sont experts dans les pratiques de l'astronomie primitive, qui était celle de leurs ancêtres. Sans aucune notion de la science moderne, ne sachant ni lire, ni écrire, n'ayant aucun usage des instruments astronomiques, pas même des montres, qui d'ailleurs seraient bientôt hors d'état de leur servir dans l'atmosphère poudreuse où ils vivent, le ciel toujours étincelant au-dessus de leur tête est la seule horloge qu'ils puissent consulter. Or, une pratique constante, guidée vraisemblablement par les traditions qui se sont conservées parmi eux d'âge en âge, les y a rendus si habiles que, sans autre secours que leurs yeux, ils savent parfaitement régler leurs travaux, leurs repas et tous les détails de la vie, pendant le jour, par les hauteurs du soleil et la longueur des ombres; pendant la nuit, par la hauteur de la lune, et les levers et les couchers des étoiles ou des groupes d'étoiles qui leur sont connus. Leur expérience dans ce genre de détermination est telle que M. Mariette pouvait compter sans faute sur leur exactitude pour le réveiller à telle heure de la nuit qu'il leur indiquait, et cela avec autant et plus de sûreté que s'il s'en était lié à sa montre, qu'il ne pouvait maintenir sans dérangement. » (P. 56.)

(1) Esquiros, *l'Angleterre et la vie anglaise.*

FRANÇOIS QUESNAY.

François Quesnay naquit le 4 juin 1694, à Merey, près de Versailles. Il était fils d'un honnête avocat de Montfort-l'Amaury, dont les constants efforts tendaient à réconcilier les plaideurs. Sa mère dirigeait seule le petit domaine rural de la communauté. Grâce aux exemples de ses parents, Quesnay apprit de bonne heure à aimer la vérité et le travail. Tout enfant, il fit ses premières études agricoles avec son jardinier, et se passionna pour la *Maison rustique* de Liébaut. Plus tard, pour se procurer des livres, il se levait avec le soleil, venait à pied à Paris, s'en retournait de même, et, ses vingt lieues lestement faites, rentrait le soir au logis avec quelque monnaie de moins, mais avec un moyen d'étude de plus.

Entraîné par un goût décisif, il voulut apprendre la médecine et reçut les leçons du chirurgien de son village. On ne sait pas jusqu'à quel point le maître fut très utile à l'élève, mais il est certain que l'écolier rendit grand service au professeur. A quelques années de là, en effet, le brave chirurgien de Merey, voulant régulariser une fausse situation et obtenir des lettres de maîtrise et le diplôme dont il s'était passé jusqu'alors, ne trouvait rien de plus profitable que de se servir des cahiers de son ex-disciple dans son propre examen, et d'obtenir ainsi, avec force louanges, le grade qu'il sollicitait.

Quesnay vint demander à l'Hôtel-Dieu de Paris, où il réussit à se faire admettre comme élève, le complément de science nécessaire à sa future profession. En 1718, il alla s'établir comme chirurgien à Mantes, se fit remarquer par quelques cures heureuses, et fut présenté par le maréchal de Noailles à la reine, qui était alors à Maintenon. Dix ans après environ, Quesnay était remarqué des maîtres de l'école de Paris par sa triomphante réfutation d'un traité sur la saignée de Silva, médecin en renom de la capitale. Ce succès attirait plus tard sur lui l'attention de la Peyronie, premier chirurgien du roi, qui le faisait nommer chirurgien ordinaire de Louis XV, puis secrétaire perpétuel de l'Académie de chirurgie, qu'il venait de fonder (1731). Quesnay quittait bientôt Mantes et venait se fixer à Paris, chez le duc de Villeroy, son client et son ami. Sa vie dès lors n'était plus que l'incessant emploi d'une activité passionnément appliquée à l'utile et au bien. Chirurgie et médecine, science économique et agricole, Quesnay trouvait moyen de tout mener de front. Ressentant même les premières atteintes de la goutte, maladie héréditaire dans sa famille, et craignant de perdre l'habileté manuelle indispensable à sa profession, il passait, à quarante ans, un dernier examen, obtenait le diplôme de docteur en médecine et achetait la survivance de la charge de premier médecin du roi. Ce renoncement nécessaire à la chirurgie ne le rendit pas ingrat envers la science qui l'avait illustré; et l'on vit Quesnay médecin continuer, par sa parole et ses écrits, à défendre et à relever la profession chirurgicale, séparée alors de la médecine et volontiers rabaissée par le corps médical, qui se plaisait encore à l'assimiler à l'art du perruquier.

Premier médecin, aimé et anobli par Louis XV qui se plut à choisir pour lui les armes de son blason, trois fleurs de pensée avec cette devise : *Propter cogitationem;* logé dans le palais même, il aurait pu aisément faire sa fortune et celle de ses enfants (il avait un fils et une fille). Mais, dépourvu de toute ambition, tandis qu'autour de lui les courtisans pourvoyaient leurs familles de charges lucratives et honorifiques, Quesnay éloignait son fils de Versailles et le mettait à la tête d'une exploitation rurale, disant que là « il ne pourrait s'enrichir que d'une manière » utile à la patrie; car, ajoutait-il, le bonheur de mes

» enfants doit être lié à la prospérité publique. » C'est donc en toute justice que Marmontel écrivait en parlant de lui : « Tandis que les orages se formaient et se dissipaient au-dessus de l'entre-sol du docteur, celui-ci griffonnait ses axiomes et ses calculs d'économie rustique, aussi tranquille, aussi indifférent à ces mouvements de la cour que s'il eût été à cent lieues de distance. »

Quesnay peut être regardé comme le chef de l'école dite des physiocrates, c'est-à-dire des économistes qui, partant de ce principe que la matérialité est le caractère fondamental de la richesse, proclamaient la prépondérance de la terre et de l'agriculture. Résumons sa doctrine en quelques lignes empruntées à l'excellente notice que M. Eug. Daise a placée en tête de son étude sur Quesnay :

« L'homme, dit-il, tire la matière de la terre par le travail; mais le travail supposant lui-même la subsis-tance et l'entretien du travailleur, il en résulte que si la terre ne produisait rien au delà des besoins de ceux qui l'exploitent, l'existence de ceux qui ne l'exploitent pas cesserait d'être possible. Or, Quesnay vit dans ce fait la preuve que le travail agricole, considéré au point de vue social, présente un caractère qui ne se retrouve pas dans le travail industriel. Il en conclut que le premier est le principe du second, et que celui-ci ne peut se développer que proportionnellement à la puissance de l'autre; enfin que cet excédant de rapport de la terre, auquel il donne le nom de produit net, est la source où s'alimentent l'industrie, le commerce, etc. »

Et de là Quesnay et ses disciples, Dupont de Nemours, Mercier-Larivière, Turgot, Morellet, Mirabeau le père, etc., concluaient que l'industrie agricole est la seule industrie utile par opposition aux autres industries qu'ils

Quesnay. — Dessin de Chevignard, d'après une estampe du dernier siècle.

déclaraient stériles. — Il était réservé au célèbre économiste écossais Adam Smith de renverser cet ingénieux paradoxe, de démontrer que la transmutabilité et l'échange des matières premières constituent aussi une richesse, et de replacer dans le travail même la source des richesses des nations.

Quesnay popularisa d'ailleurs son système dans ses articles de l'Encyclopédie, sous le titre de Fermiers et grains, dans son Tableau économique et dans ses Maximes, publications un peu confuses, il faut bien le dire, et que les commentaires postérieurs de ses élèves ont eu peine à élucider.

Quesnay répondait au Dauphin père de Louis XVI, qui se plaignait par avance des embarras de la royauté :

— Monseigneur, je ne trouve pas cela.

— Et que feriez-vous si vous étiez roi? répliquait son illustre interlocuteur.

— Monseigneur, je ne ferais rien.

— Et qui gouvernerait?

— Les lois.

Mais un jour, chez Mme de Pompadour, un courtisan prétendant que « la hallebarde menait le royaume. » : — Et qui est-ce qui mène la hallebarde? reprit Quesnay; l'opinion.

Il vécut jusqu'en 1774. A son lit de mort, son domestique fondait en larmes : « Console-toi, lui dit son maître, je n'étais pas né pour ne pas mourir. »

L'ÉGLISE DE LA SANTISSIMA,

A MEXICO.

Portail occidental de la *Santissima Trinidad*, à Mexico. — Dessin de Lancelot, d'après une photographie de M. D. Charnay.

En 1526, les tailleurs établis dans la ville de Mexico obtinrent des alcades de la cité chrétienne un emplacement sur lequel ils fondèrent un ermitage et un lieu de refuge pour les gens pauvres appartenant à leur profession que les circonstances avaient mal servis, ou pour ceux qui s'étaient mis follement au service des compagnons de Cortez. Il fallait bien habiller richement tous ces conquérants cousus d'or, mais qui, en vrais don Juan, payaient assez mal leurs dettes.

Une petite église s'était élevée; au bout d'un certain nombre d'années, une confrérie l'adopta, et lui donna le nom de *Santissima Trinidad*. En 1568, une veuve, nommée doña Francisca, avec ses cinq filles, s'en alla demander asile à l'ermitage de la *Santissima*; elle y fonda, non pas un couvent, mais ce que l'on appelait alors un *beaterio*. Cette veuve avait autant de fortune qu'elle avait de dévotion; elle acheta certaines propriétés adjacentes, et l'archevêque de Mexico voulut bien permettre que, dans l'ermitage des malheureux tailleurs qui avaient transformé en élégants ces terribles héros qu'on appelait Alvarado, Sandoval ou Olid, on laissât s'établir une congrégation de femmes béates qui se changèrent bientôt en clarisses.

L'église ne remonte qu'aux premières années du dix-huitième siècle. Les bâtiments de la pieuse institution primitive étaient tombés en ruine lorsque la congrégation de San-Pedro, succédant aux clarisses, se trouva trop à l'étroit et fit l'acquisition de nouveaux terrains.

Les travaux de l'église ne commencèrent qu'en 1755. Cet édifice fut construit dans le style bizarre connu à Mexico sous le nom assez expressif de *churriguerezco*, du nom de son inventeur l'architecte espagnol Churriguero [1].

Churriguero s'était, comme on voit, fait une manière essentiellement à lui, qu'on ne saurait à coup sûr préconiser, mais qui s'identifiait à merveille avec le goût des populations mélangées dont il fallait intéresser les imaginations bizarres. Pour le seconder dans son œuvre, il dut avoir recours à don Antonio-Jozé Narvaez. L'église de la *Santissima* fut inaugurée le 17 février 1783. Un siècle tout au plus après les premiers travaux, un tremblement de terre ruina si complètement l'édifice qu'il fallut fermer l'église aux fidèles; mais, grâce au zèle d'un ecclésiastique habile et instruit, don Pablo Torrez Vidal, tout fut bientôt réparé et achevé.

Le vaisseau de l'église mesure 25 varas ¹/₂ de long sur 14 de large; elle en a 24 dans la portion occupée par le *crucero*. On lui accorde 44 varas de hauteur jusqu'à la *linternilla*. Elle s'étend de l'orient au couchant. Le portail, figuré page 97, regarde l'ouest. On distingue, à la partie centrale de l'église, un bas-relief d'un goût fort douteux, représentant la Trinité avec les insignes qui rappellent l'apôtre saint Pierre, sous la dénomination duquel se trouve la congrégation actuelle.

UN PRESBYTÈRE SUÉDOIS
AU DIX-HUITIÈME SIÈCLE.
Suite. — Voy. p. 74, 86.

LA FÊTE DE NOËL.

L'ordre était si parfaitement observé chez l'honnête pasteur que sa maison ressemblait à un mécanisme d'horloge perpétuelle. Il y avait un rouage particulier pour la fête de Noël.

La veille de ce grand jour, on s'assemblait autour d'un large chaudron dans lequel étaient bouillis des jambons, des poitrines de bœuf, etc., etc. Le repas consistait en pain

(¹) Voy. Manuel de Orozco y Berra.

frais imbibé de graisse. A deux heures, l'étuve était chauffée pour un véritable bain finnois. Les domestiques se baignaient à la première chaleur, que l'on croyait la moins salutaire. Venaient ensuite le prévôt et sa famille. On se déshabillait et on mettait ses habits hors de la porte en plein air. Des seaux d'eau froide étaient versés sur le four rougi à blanc, d'où s'élevait aussitôt une vapeur bouillonnante. Après quelques minutes, le corps nu étendu sur une planche commençait à transpirer fortement. Alors on donnait au baigneur un faisceau de tendres branches de bouleau mouillées dans de l'eau tiède, dont il se flagellait jusqu'à ce que sa peau fût rouge comme une écrevisse cuite. Cela fait, un domestique, avec ses mains rudes, achevait le lavage de tout le corps, et versait enfin sur la tête du patient un puisoir d'eau chaude. Ce n'était pas, comme l'on voit, un bain de plaisir et de délices. On reprenait ses habits, qui avaient été exposés à un froid de 12 à 16 degrés Celsius, et l'on s'en allait se coucher tout habillé. Une transpiration légère s'ensuivait, et l'on se rafraîchissait avec une bonne vieille bière de mars mêlée de miel et anisée, où trempaient de petits morceaux de pain de Noël. A cinq ou six heures du soir, on faisait un grand feu flamboyant, et on couvrait en même temps, à six pouces d'épaisseur, tout le plancher d'une couche de paille de seigle, qui restait là jusqu'à ce que l'Épiphanie fût passée. Ensuite tout le monde s'habillait comme pour une noce. Le prévôt et sa femme étaient les hôtes, les enfants et les domestiques les convives. Sur les tables servies, on allumait une chandelle pour chaque personne. Le prévôt prononçait un petit discours en demandant au ciel des fêtes heureuses. La prévôte présentait le pain et le prévôt l'eau-de-vie. On faisait la prière commune, et on se mettait à table comme aux agapes de la première Église. Une joie tranquille rayonnait sur tous les visages. Le premier mets était un poisson poivré trempé dans de la lessive. Puis on versait la soupe de Noël : c'était du lait où l'on avait fait bouillir un dos de porc frais. Après le souper venait le gruau de Noël; en usage dans toute la chrétienté, parsemé d'anis, de sucre et de raisins. Au milieu était un petit trou rempli de beurre qui fondait. Tous mangeaient au plat, et il était permis à chacun de tremper la cuiller au centre, appelé *smorhalan*, c'est-à-dire le trou au beurre. Le rôti était un carré de porc grillé, et le repas finissait par une tarte. A la table des domestiques était servie de même; mais il y avait, de plus, un plat de fèves communes bouillies, sur lesquelles on avait versé la graisse écumée. Ce plat signifiait qu'on ne devait pas manger tellement qu'on ne pût encore prendre une fève après le dîner. Chacun en prenait une, en effet, avant de se lever de table.

Tout terminé, on chantait : « Béni sois-tu, ô Christ ! » et on faisait de nouveau une prière commune. Les chandelles étaient éteintes, à l'exception de celles du prévôt et de sa femme, qui brillaient toute la nuit, mais que l'on plaçait au fond d'un chaudron de cuivre pour prévenir tout danger d'incendie. Il n'était pas permis de moucher ces chandelles. Une tradition portait que si on les laissait brûler sans être mouchées, la flamme se partageait en deux au moment où était né le Sauveur. Souvent quelques curieux veillaient pour voir le prodige.

Les cloches commençaient à se faire entendre dès deux heures du matin. La seconde fois, on les sonnait à trois heures. A quatre heures, on chantait les matines. Comme il ne tombait que très-rarement de la neige en cette saison, la jeunesse de la paroisse se rendait à l'église à pied. Dans chaque habitation, on avait préparé une torche monstrueuse appelée *tanné*, qu'on portait allumée devant les piétons. C'était un très-beau spectacle que ces lumières s'approchant de tous les côtés, suivies de gens joyeux. Devant l'église, on formait de toutes les torches un bûcher formidable : toute la place paraissait en flammes.

Le service divin fini, on rentrait à la maison, on se mettait à table, puis un bon sommeil dédommageait du réveil matinal.

Vers le milieu du jour, les invités arrivaient en grand costume. Des danses diverses alternaient avec des jeux aux gages touchés. On dansait en chantant des noëls. Le chant ne consistait pas seulement en sons, mais en paroles accompagnées de gestes. Les danses étaient des branles où certaines personnes agissaient tour-à-tour. Par exemple, on représentait une demande en mariage ; la demoiselle feignait la répugnance, l'hésitation, la crainte ; puis on finissait par la noce : il y avait ainsi beaucoup de couples mariés pour rire. Sur l'air de la *Folie d'Espagne*, on dansait un branle où les hommes avançaient toujours à droite et les dames à gauche : à chaque rencontre, ils se prenaient par le bras et faisaient un demi-tour. Une autre danse représentait l'action de tisser. La société se partageait en couples qui se glissaient, tantôt les mains levées, tantôt les têtes baissées, au-dessous des mains des couples correspondants. Cela devait figurer l'ouverture de la trame. Entre chaque paire, les enfants couraient comme des navettes de tisserand Dans les intervalles de repos, on jouait assis de cent manières différentes : tantôt c'étaient des gages touchés, qui, toujours gardés par « madame la prévôte », n'étaient dégagés que par une prompte soumission à des arrêts souvent ingénieux ; tantôt c'étaient des questions chuchotées, auxquelles on se faisait à droite et à gauche des réponses sans savoir de quoi il s'agissait. Le prévôt assistait à tous ces jeux.

La suite à la prochaine livraison.

DÉVOUEMENT ET TENTATION.

CONTE INDIEN.

Il y avait une fois un jeune homme nommé Rureu : c'était le fils d'un père vertueux. Un jour qu'il errait au hasard, il rencontra une jeune fille d'une beauté merveilleuse. Dès qu'il sut quel était son père, il alla la demander en mariage, et le père la lui accorda.

La veille des noces, la jeune fille se promenait dans son jardin, lorsqu'un serpent caché sous l'herbe la mordit au pied. Aussitôt sa jambe devint bleue, et elle sentit le froid de la mort. Quelques instants après, elle n'était plus.

Rurou s'abandonnait au désespoir, quand il entendit une voix du ciel qui lui disait :

— Brahmape ! si tu veux faire revivre ta fiancée, tu le peux : donne-lui la moitié de tes jours, et elle va renaître à la vie.

Et Rureu donna la moitié de ses jours.

La jeune fille revint à la vie, et elle fut l'épouse de Rurou.

Ils vivaient heureux, lorsque la peste vint à désoler la ville. Rurou en fut atteint ; il allait mourir, lorsque sa jeune femme, qui ne le quittait pas, entendit une voix descendant du ciel qui disait :

— Femme, si tu veux donner ta vie pour Rurou, il vivra, et après ta mort il choisira une autre épouse.

La jeune femme répondit :

— Rurou est mon époux, mon maître, mon second père. Je n'ai pas besoin de lui donner ma vie, elle est à lui ; prends-la, et qu'il soit sauvé. Mais pourquoi, ô Dieu, m'avoir dévoilé qu'après moi il choisirait une autre épouse ?

Alors la voix du ciel, éclatant comme un tonnerre, lui dit :

— Femme, n'accuse pas le maître du ciel et de la terre ! J'ai voulu te tenter, et tu n'as point succombé. Ton époux vivra, et tu vivras avec lui, et il n'aura jamais d'autre épouse que toi.

LES ARBRES COURTISANS.

Le duc d'Antin faisant voir à un étranger les beautés de Marly, entre autres les deux premières allées du jardin, dont les arbres, courbés en arc, formaient comme autant de portiques et de berceaux, il lui demanda ce qu'il en pensait. « Cela me paraît admirable, répondit l'ambassadeur : en France, tout plie aux volontés du roi, jusqu'aux arbres. » [1]

Le vrai libéral cherche à produire, par tous les moyens qui sont à sa disposition, autant de bien qu'il lui est possible ; mais il se garde de vouloir extirper à l'instant, par le fer et le feu, des imperfections souvent inévitables. Il met ses soins à faire disparaître peu à peu et par des gradations habilement ménagées les vices dont la masse est affectée, évitant de détruire en même temps, comme cela arrive souvent par l'emploi de mesures violentes, une somme presque aussi forte de biens.

Entretiens de Gœthe avec Eckermann.

LE CLAPS DE LUC,

PRÈS DE DIE

(DÉPARTEMENT DE LA DROME).

Les mots *claps*, *clapas*, *clapier*, signifient, dans les idiomes du midi de la France, *tas de pierres*. Luc, du latin *Lucus* (bois), est le nom de divers villages près desquels on voit encore aujourd'hui des forêts. Le Luc des environs de Die est le *Lucus Augusti*, municipe des Voconces, qui existait dès les premiers temps de l'empire romain. Après avoir beaucoup souffert successivement des exactions, des guerres et de toutes les misères des temps de décadence et de barbarie, la ville romaine, dont quelques bas-reliefs, autels, etc., attestent l'importance, s'est transformée en un village de cinq cents habitants.

En l'année 1442, c'est-à-dire à une époque qu'on peut dire très-récente lorsqu'il s'agit de phénomènes géologiques, le lit de la Drôme fut barré subitement par un éboulement de rochers énormes. A voir notre dessin (p. 100), et même en observant ces rochers dans la nature et en aval seulement, on croirait qu'ils ont été précipités de quelque hauteur verticale ; tandis qu'en regardant du côté oriental, on dirait que c'est une partie supérieure des roches calcaires stratifiées qui a glissé sur la partie inférieure comme sur un plan incliné.

Le souvenir de ce terrible événement se trouve consigné dans une supplique adressée au dauphin Louis, depuis Louis XI, par les habitants du Luc et de six ou sept villages des alentours. Voici ce que nous y lisons : « Il tomba, » près et au-dessous du châtel de Luc, une montagne, » laquelle étoupa, retrancha et empêcha le cours de la » rivière de la Drôme, tellement qu'il se forma un grand » lac qui, contenant plus d'une lieue de pays et durant » depuis ledit châtel jusqu'à Roche-Arianne, noya et » dépérit les habitations, terres, possessions, vignes et » héritages desdits suppliants, entre autres de ceux de » Luc et de Roche-Brianne, au point qu'ils n'eurent dès

[1] Tallemant des Réaux.

» lqrs où ils prissent blé, vin et autres choses pour sub-
» stanter leur vie et leurs ménages. » La demande pres-
sante de ces habitants, leurs instances et le tableau déchirant de leur position, ne purent leur procurer qu'une
réduction de six feux sur huit, auxquels ils étaient assis et
imposés. Ce dégrèvement ne leur fut même accordé que
par une ordonnance de Grenoble du 18 mars 1450.

Le lac formé par le barrage des eaux de la Drôme

devint par la suite la propriété de chartreux qui en commencèrent le dessèchement en 1788.

En 1805 seulement on traça un chemin de piéton à travers ce chaos de rochers qui constitue le claps et occupe
une étendue de près de 900 mètres. Aujourd'hui ces
masses gigantesques sont traversées par la grande route
qui mène de Gap à Valence; ceux qui aiment les curiosités
pittoresques de la nature peuvent aller bien facilement

Le Claps de Luc (Drôme). — Dessin de J.-B. Laurens.

jouir de l'aspect imposant et singulier du claps de Luc. Du
pont de Livrou, station du chemin, jusqu'à Die, la vallée
de la Drôme offre beaucoup d'autres sites intéressants.

LE CALICE DE PEDRO DE LUNA.

Tortosa est une ville de la Catalogne située sur l'Èbre,
à quarante kilomètres environ de l'embouchure de ce fleuve.

On conserve, dans le trésor de la cathédrale de cette
ville, entre autres objets précieux, un calice d'or de style
ogival, que l'on dit avoir appartenu au fameux Pedro de
Luna, l'antipape Benoît XIII.

Nos lecteurs savent que ce vieillard énergique, mais
singulièrement obstiné, déposé par cinq conciles qui le
déclaraient ennemi de la paix universelle, refusa jusqu'à
son dernier jour de reconnaître sa déchéance, et qu'avec
lui finit enfin le schisme d'Occident. En ceignant la tiare, il
avait cependant juré de travailler à l'extinction du schisme
et même de renoncer au pouvoir si l'intérêt général l'exigeait. Malgré ses serments, et en dépit des représentations les plus pacifiques et des tentatives les plus conci-
liantes, il donna au monde le triste spectacle de ce que
peut l'entêtement joint à l'égoïsme. Désavoué par le clergé
et la catholicité, assiégé dans Avignon par les armées de
Charles VI, relégué en Aragon, sa patrie, il ne cessa de
fulminer l'anathème et de souffler partout la discorde. A
quatre-vingt-dix ans il mourait insoumis, ordonnant aux

deux seuls cardinaux qui lui restaient de perpétuer le
schisme après sa mort.

La ténacité, la fierté de race et de caractère de cet
homme sont bien l'expression de l'esprit national des
Aragonais, dont le proverbe dit : « Donnez un clou à l'A-
ragonais, il enfoncera avec sa tête plutôt qu'avec un
marteau: » Aussi le nom du célèbre antipape est-il resté
populaire parmi eux : ils sont fiers de leur Papa Luna,
qu'ils regardent comme un grand homme et une victime
illustre. Ils oublient assez facilement sa mauvaise cause
en faveur du relief qu'il semble avoir donné aux derniers
temps de leur indépendance nationale, dont le souvenir
est toujours si cher aux peuples qui l'ont perdue. Mais c'est
dans de semblables circonstances surtout qu'il faut se défier
des attributions des objets d'art anciens, l'opinion populaire
étant toujours disposée à rattacher aux seuls noms célèbres
conservés par la tradition toutes les choses dont l'origine
est obscure. Ici, toutefois, on n'a aucun motif sérieux de
ne pas croire que ce calice ait été l'un de ceux que le vieux
pape déchu élevait d'une main peu disposée à bénir ses
ennemis.

Par son style, en effet, le calice de Tortosa rappelle la
transition du quatorzième au quinzième siècle, temps où
vivait l'antipape Luna. A cette époque, l'art ogival décli-
nait; il perdait cette sève vigoureuse, cette originalité de
source qui exprimaient le beau par l'heureuse proportion
des lignes, l'élégante simplicité et la convenance des ornements. L'art jeune et vivace, le bel art, traduit sa

pensée d'un seul jet; se sentant fort, il va droit au but, mais toujours avec grâce et majesté. Par malheur, il ressemble le plus souvent à ces plantes d'une beauté rare, qui non-seulement ne peuvent conserver longtemps la pléni-

tude de leur fleuraison, mais encore dégénèrent dès qu'on les transporte en des climats étrangers.

L'art ogival est bien certainement d'origine française et, qui plus est, né dans l'Ile-de-France : « Cela étant.

Le Calice de Pedro de Luna, dans la cathédrale de Tortosa (Espagne). — Dessin de Montalan, d'après M. Dupolet.

dit M. Cahier, le savant auteur des Mélanges d'archéologie (dans une lettre qu'il veut bien nous adresser au sujet de ce calice), on doit comprendre comment cet art a dû perdre la plénitude de sa séve dès qu'il a été transplanté. Les peuples du Nord le copient ou le remanient passablement, sans néanmoins se l'approprier puissamment... Mais au Midi, c'est une importation plus ou moins artificielle,

même dans le midi de la France; et l'Espagne, qui ne se soucie pas d'avouer tout ce que nous avons fait chez elle, n'a pas su le conserver dans sa vraie vie. Cela seul montrerait que ce n'était pas un produit indigène. On imitait sans savoir développer. »

Le calice de Tortosa n'est pas, en effet, irréprochable; mais qu'il soit d'importation française ou d'imitation

espagnole, il n'en est pas moins intéressant au point de
vue de l'étude historique de l'art. On y voit le mélange
des différentes phases-d'un même art, ou une réminiscence des anciennes manières : les figures d'apôtres, le
crucifiement, ciselés sur la coupe.et le pied, semblent révéler une main ou un style primitifs, tandis que le reste sent
déjà un peu l'afféterie et la recherche d'un art mal compris
ou épuisé. Élégant dans sa forme et son ensemble, on peut
surtout lui reprocher d'être trop surchargé de petits détails
qui nuisent à l'effet général.

Parmi les autres richesses du trésor de Tortosa, on voit
plusieurs objets d'origine arabe, notamment des vases d'argent et des coffrets de marqueterie d'un beau travail. Ces
œuvres sont surtout dignes d'être étudiées en ce qu'elles
portent aussi l'empreinte d'une transition entre deux arts
bien différents : l'art oriental qui s'en allait avec les Arabes
vaincus, et l'art d'Occident qui revenait avec les Espagnols
rentrés en possession du sol de leurs pères. On y voit
mêlées aux méandres moresques, des figures d'hommes et
d'animaux, genre d'ornement que ne comportent pas les
arabesques de pure invention mahométane. C'est ainsi que
l'art du vainqueur et celui du vaincu finissent toujours par
s'unir ou se subir mutuellement, de même que les caractères et les lois : la plus forte des deux individualités, domine et survit la dernière.

LES NOUVEAUX MÉTAUX.

Premier article.

Les métaux sont au premier rang des matériaux de
toute espèce mis en œuvre par l'industrie humaine. Leur
ténacité, jointe à leur malléabilité, a permis tout d'abord
de s'en servir pour fabriquer des instruments de guerre,
d'agriculture, de chasse, de pêche, qui répondaient aux
besoins les plus urgents des peuples.

La première pensée de l'homme a été de façonner la
pierre en instruments tranchants susceptibles de diviser la
matière à son gré; mais en substituant aux pierres les
métaux, il a réalisé un immense progrès.

Ce qui a retardé leur emploi, c'est qu'ils se rencontrent
rarement à l'état naturel. Dans les temps anciens, l'or-et
l'argent présentaient seuls cet avantage, qui est le résultat
de leur inaltérabilité, et c'est cette même inaltérabilité
qui leur a valu la dénomination de métaux précieux. Le
mercure et le cuivre se trouvaient aussi quelquefois à l'é-
tat *natif;* mais tous les autres métaux, dissimulés à l'é-
tat terreux ou pierreux, nécessitaient un travail d'extraction plus ou moins compliqué, dont le début se perd dans
la nuit des temps.

En somme, vers la fin du siècle dernier, qui a marqué
le premier essor de la science chimique, nos connaissances
se réduisaient à celles des neuf métaux classiques, savoir :
l'or, l'argent, le mercure, le cuivre, le fer, le plomb, l'é-
tain, l'antimoine et le bismuth, auxquels ne tardèrent pas
à s'ajouter successivement l'arsenic, le nickel, le cobalt,
le manganèse, le zinc, le cadmium, etc. Si bien que la
science parut dès lors entrer dans une série pour ainsi
dire illimitée, qui présente aujourd'hui une série totale de
cinquante et un métaux qu'il suffira, pour le moment, de
ranger par ordre alphabétique; nous aurons ainsi : l'aluminium, l'antimoine, l'argent, l'arsenic, le barium, le
bismuth, le cadmium, le calcium, le cérium, le chrome,
le cobalt, le cæsium, le cuivre, le didyme, l'erbium, l'é-
tain, le fer, le glucinium, l'ilménium, l'iridium, le lan-
tane, le lithium, le magnésium, le manganèse, le mercure, le molybdène, le nickel, le niobium, l'or, l'osmium,
le palladium, le pélopium, le platine, le plomb, le potas-

sium, le rhodium, le rubidium, le ruthénium, le sodium,
le strontium, le tantale, le terbium, le thalium, le tho-
rium, le titane, le tungstène, l'uranium, le vanadium,
l'yttrium, le zinc et le zirconium.

Il serait curieux d'exposer le parti que l'industrie humaine a déjà su tirer de cette richesse métallique due, en
majeure partie, au dix-neuvième siècle, en montrant comment chaque métal possède des aptitudes particulières :
les uns se distinguant par la rigidité, la ténacité, la malléabilité, la ductilité ou la fusibilité; les autres par l'inaltérabilité ou l'infusibilité; chaque propriété, qui est un
défaut dans certains cas, donnant une qualité pour d'autres applications, ou du moins se traduisant en facilité de
fabrication; mais un tel exposé deviendrait un livre, et
d'ailleurs une grande partie des faits dont il s'agit est assez généralement connue. Il suffira donc, pour atteindre
notre but, de classer nos acquisitions en plusieurs catégories, qui faciliteront l'intelligence de l'ensemble.

Du jour où l'on a soupçonné que chaque substance terreuse représentait l'oxyde d'un métal, on s'est efforcé de
réduire les terres à l'état métallique. On y a réussi dans
les laboratoires par l'emploi de la pile voltaïque; et, le
fait une fois démontré, on a eu recours aux procédés
ordinaires de la métallurgie, afin de produire le même
effet sur une plus large échelle. C'est ainsi qu'on a obtenu
toute une classe de métaux inconnus jusqu'alors : le potassium, le sodium, le calcium, le magnésium, le barium, le strontium, etc. En opérant par la pile, on formait à grand'peine un simple globule, tandis qu'en y
substituant l'action du feu on a pu volatiliser ces mêmes
métaux, les distiller, pour ainsi dire, et les condenser dans
des récipients.

On s'est dit aussitôt : — A quoi bon tous ces métaux qui
prennent feu au contact de l'air et de l'eau pour retourner
à l'état terreux; si ce n'est comme objet de curiosité ou
pour produire un feu d'artifice? — Mais dans les sciences
tout fait nouveau possède une portée inaperçue d'abord,
qui, tôt ou tard, porte des fruits. Le potassium et le
sodium ont servi, en effet, en premier lieu, à isoler le
silicium et le bore, et aujourd'hui le sodium extrait du
carbonate de soude sert à préparer industriellement l'aluminium.

Il faut ranger dans une autre catégorie les métaux de
la famille du platine. Ceux-ci étant, au contraire, inoxy-
dables, ils se présentent naturellement à l'état métallique; mais leur caractère réfractaire faisait qu'on ne pouvait les fondre pour les travailler. On les trouve en grains
souvent aussi durs que l'acier trempé, et, pour les isoler
les uns des autres, il a fallu employer le procédé inverse,
c'est-à-dire les dissoudre par les acides, puis les ramener
de nouveau, mais isolément, à l'état métallique. C'est
ainsi, cette fois, qu'on a découvert le palladium, le platine,
le rhodium, l'iridium, l'osmium, etc. Le palladium seul
a pu d'abord être fondu; mais on est parvenu à transformer le platine en lames minces et en fils très-déliés sans
le fondre; aujourd'hui on les fond tous, à l'exception de
l'osmium, qui présente une grande analogie avec le carbone.

Il serait difficile d'énumérer tous les avantages que les
recherches de laboratoire et certaines opérations manufac-
turières ont retirés de l'emploi de vases en platine; on leur
doit en bonne partie la précision des analyses, et ils ont
servi exclusivement, jusqu'à ce jour, à la concentration de
l'acide sulfurique, qui forme en quelque sorte le point de
départ de toutes les transformations chimiques.

Par ce premier aperçu, on prendra déjà une idée de la
variété des usages auxquels se prêtent les corps métalliques; ils représentent à eux seuls la totalité des corps

simples, à l'exception de quatorze corps dits *métalloïdes* ou *minéralisateurs*; et de leur combinaison mutuelle résultent les substances si variées du règne minéral, qui pourront, à l'occasion, nous fournir le sujet de considérations intéressantes.

SAUVAGE DU CANADA ANOBLI PAR HENRI IV.

Tel était encore, au commencement du dix-septième siècle, l'empire des idées féodales que Henri IV ne crut pouvoir mieux récompenser un sauvage de l'Acadie qu'en lui accordant des lettres de noblesse. Ce brave chef avait expulsé du territoire français quelques Indiens ennemis. Son petit-fils *Sagaino*, que Dierville connut, était donc gentilhomme et aurait eu le droit d'entrer, tout peint et tatoué, dans les carrosses du roi. On lui rendait, du moins, tous les honneurs possibles lorsqu'il venait avec les siens dans quelque fort possédé par la France, et il avait une plus abondante ration d'eau-de-vie que les autres sauvages.

LES POUSSIÈRES DE L'ATMOSPHÈRE.

Notre atmosphère contient, outre les gaz de l'air et la vapeur d'eau, une immense quantité de corpuscules qui y restent en suspension pendant un temps plus ou moins long. Quelques savants s'en sont récemment occupés, et leurs recherches constituent désormais un nouveau chapitre de la météorologie.

Il suffit d'indiquer d'abord ces atomes légers qui étincellent dans un endroit obscur traversé par un rayon de lumière. Chacun a observé leurs reflets changeants et leurs continuels mouvements. En les examinant au microscope, on y reconnaît d'ordinaire les fragments des corps qui se trouvent à la surface du sol et que l'agitation de l'air enlève. Près de nos demeures, ils sont naturellement plus variés et plus abondants que sur mer et au sommet des montagnes. Un catalogue de ces particules serait en quelque sorte le sommaire de tout ce dont nous nous servons pour nos besoins ou nos plaisirs. Le savant directeur du Musée d'histoire naturelle de Rouen, M. F. Pouchet, qui a analysé l'air au moyen du microscope dans les contrées les plus diverses du globe, a rencontré presque partout la farine du blé. « Cette base de notre alimentation, dit-il, partout employée, est partout disséminée dans l'air. A l'aide de ce fluide, elle pénètre dans les lieux les plus retirés de nos demeures et de nos monuments. J'en ai découvert dans les plus inaccessibles réduits de nos vieilles églises gothiques, mêlée à la poussière noircie par six ou huit siècles d'ancienneté; j'en ai aussi rencontré dans les palais et les hypogées de la Thébaïde, où elle datait peut-être de l'époque des Pharaons. Dans les villes, c'est un des plus abondants corpuscules de l'air; en le traversant, la neige qui tombe et l'insecte qui voltige en recueillent énormément. J'en ai compté jusqu'à quarante et cinquante grains sur les ailes d'une mouche. »

Parmi les chimistes qui ont étudié soigneusement les débris organiques et inorganiques suspendus dans l'atmosphère, nous citerons M. Barral, qui constate leur favorable influence sur la vie des plantes. Suivant lui, l'air à l'état de pureté, que l'on réalise quelquefois dans les laboratoires, frapperait la terre de stérilité. Peut-être est-il nécessaire au maintien de la vie sur notre planète qu'une foule d'impuretés soient incessamment transportées par les vents des lieux où elles se produisent vers les terrains où des germes les attendent pour être fécondés.

Par une méthode d'une extrême sensibilité, on est par-

venu à reconnaître la présence de molécules de sel marin dans toutes les parties de l'atmosphère. Il ne faut point s'en étonner, puisque la surface de la terre est plus qu'aux deux tiers couverte par l'Océan. Le choc incessant des vagues produit continuellement des gouttelettes d'eau salée qui sont enlevées par les courants aériens et abandonnent de la poussière de sel en s'évaporant. La présence de cet élément dans l'air a fait penser qu'il est peut-être destiné à fournir aux êtres d'organisation inférieure les sels que les animaux supérieurs et les plantes enlèvent au sol. On a constaté la présence du sel dans plusieurs analyses d'eau de pluie; les pluies salées ont, du reste, été signalées dans l'antiquité par Pline.

A certaines époques de l'année, les navigateurs de l'océan Atlantique voient tomber, dans le voisinage des îles du Cap-Vert, une poussière fine, de couleur rouge, qui couvre bientôt les voiles et le gréement. L'air s'obscurcit légèrement en prenant une teinte rougeâtre, ce qui a fait donner au phénomène le nom de *brumes rousses* (*red fogs*). Les vents alizés sont appelés, en allemand, *passat winde*, vents de passage; d'où la désignation de *passat staub* pour la poussière qui tombe, surtout dans la zone septentrionale de ces vents. Quelquefois, néanmoins, elle apparaît plus au nord, dans la Méditerranée, principalement autour de la Sicile, en France, en Angleterre, et jusque dans la Péninsule scandinave. On l'a observée sur les côtes de Syrie, dans la Mésopotamie, le Béloutchistan et la Chine. De nombreux échantillons ont été analysés par un éminent micrographe, le professeur Ehrenberg, de Berlin. Il a reconnu qu'ils étaient tous de composition identique et presque entièrement composés d'infusoires appartenant aux polygastriques et aux polylitharies. On y trouve, en outre, quelques parties molles de plantes, du sable quartzeux et de l'argile. Les formes organiques proviennent, sans exception, d'espèces terrestres vivant dans l'eau douce. Un certain nombre d'entre elles, pourvues de carapaces siliceuses, pouvaient avoir vécu dans l'atmosphère; mais, en général, on ne trouvait que des débris. Nos lecteurs peuvent se faire une idée de l'extrême petitesse de ces organismes en se rappelant le fait, souvent cité, de la présence de 187 millions de carapaces d'infusoires dans un grain de tripoli. Une carte construite par M. Ehrenberg, et que nous reproduisons en partie, donne le relevé de toutes les pluies de poussière observées jusqu'ici. Nous n'indiquons ni celles de l'Asie centrale, très-vaguement connues; ni trois observations de l'Amérique du Nord qui datent du siècle dernier. Les espaces pointillés sont ceux dans lesquels le phénomène se présente le plus fréquemment. Quelques-uns des points indiqués se rapportent à des cas de grêle et de pluie rougeâtre. Il nous paraît évident que c'est de la poussière rouge mélangée à l'eau atmosphérique qui a donné lieu à ce dernier phénomène, souvent mentionné dans les récits légendaires de pluies de sang.

A quelles régions les vents enlèvent-ils ces poussières? On a cru longtemps que c'était aux déserts de l'Afrique; mais un assez grand nombre d'échantillons apportés par les voyageurs de différents points de ce continent, marqués sur notre carte, n'ont rien présenté de semblable, pour la composition, à ceux qui ont été recueillis dans l'atmosphère. Au contraire, des boues séchées rapportées de lieux situés entre l'Amazone et l'Orénoque, dans l'Amérique du Sud, renfermaient précisément les mêmes infusoires qui ont été reconnus dans les poussières.

On n'a observé le phénomène aux îles du Cap-Vert qu'à certaines époques, au printemps et à l'automne, vers les équinoxes, dans un intervalle de temps qui varie de trente à soixante jours. M. Ehrenberg en concluait que les nuages de poussière sont entraînés par des courants constants de l'atmosphère passant au-dessus de la région des vents alizés en subissant des déviations partielles et périodiques.

Le savant météorologiste américain F. Maury venait de formuler son système de circulation générale des vents lorsqu'il eut connaissance des recherches de M. Ehrenberg. Il vit aussitôt qu'il pouvait y trouver une vérification expérimentale, et que les poussières servent à *étiqueter* les courants aériens, comme les bouteilles abandonnées par les marins dans des lieux déterminés révèlent les circuits des courants océaniques. Dans ce système, que nous ferons connaître avec plus de détails, les vents alizés de chaque hémisphère s'élèvent dans la zone équatoriale pour passer, comme courants supérieurs, au-dessus des alizés de l'autre hémisphère et redescendre sur la surface terrestre au delà du cercle tropical. La zone intermédiaire se déplace du nord au sud et du sud au nord en suivant la marche du soleil. Cette zone est une région de très-fortes pluies, tandis que la présence des vents alizés produit la séche-

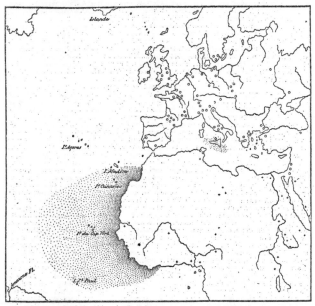

Pluies de poussière. — Fragment de la carte dressée par M. Ehrenberg. — Les parties pointillées et les signes ° ₀ ° indiquent les pluies de poussière rouge; les signes ✛ ✛ ✛ indiquent les régions du continent d'Afrique dont les terrains ont été analysés.

resse. C'est durant leur règne que les poussières d'infusoires qui couvrent les plaines desséchées du bassin de l'Orénoque ou de l'Amazone sont enlevées par les alizés du sud-est et transportées dans l'hémisphère septentrional. Dans une de ses relations de voyage au Brésil, M. de Humboldt fait très-bien comprendre comment ces poussières sont soulevées jusque dans les hautes régions de l'atmosphère : « Quand, par un soleil vertical, dit-il, sous un ciel sans nuage, le tapis d'herbes se carbonise et se réduit en poussière, on voit le sol durci se crevasser comme sous la secousse de violents tremblements de terre. Si, dans ce moment, des courants d'air opposés viennent à s'entrechoquer et déterminer par leur lutte un mouvement giratoire, la plaine offre un spectacle étrange. Pareil à un nuage conique dont la pointe rase le sol, le sable s'élève au milieu du tourbillon raréfié chargé de fluide électrique; on dirait une de ces trombes bruyantes que redoute le navigateur expérimenté. La voûte du ciel, qui paraît abaissée, ne reflète sur la plaine désolée qu'une lumière trouble et opaline. Tout à coup l'horizon se rapproche et resserre l'espace comme l'âme du voyageur. Suspendue dans l'atmosphère nuageuse, la poussière embrasée augmente encore la chaleur suffocante de l'air... »

Des poussières noirâtres tombées sur le pont d'un navire américain, dans l'océan Pacifique, et dont il a été question précédemment (p. 47), paraissent avoir une tout autre origine, et se rattacher aux aérolithes qui traversent si fréquemment le ciel.

Typographie de J. Best, rue Saint-Maur-Saint-Germain, 15.

LE MARTIN-CHASSEUR, LE GOÙRA COURONNÉ ET LE PAON SPICIFÈRE.

Jardin d'acclimatation. — Le Martin-Chasseur, le Goura couronné et le Paon spicifère. — Dessin de Freeman.

Le martin-chasseur d'Australie est l'un des types les plus intéressants de cet étrange pays. Qu'il est loin de notre petit martin-pécheur qui émaille si gracieusement nos cours d'eau de son plumage diamanté! Celui-ci, véritable bijou; celui-là, malgré certains airs de famille, espèce lourde et presque grotesque, qui rappelle les ébauches du monde antédiluvien. Quel bec disproportionné ! quelle tête colossale et quelles petites ailes ! quelles pattes écourtées pour les porter ! Aussi rien de plus comique que de voir cet oiseau sautiller; on dirait Sisyphe poussant son rocher. Son aspect singulier provoque souvent chez les visiteurs un franc éclat de rire; mais c'est alors que l'étonnement redouble : l'oiseau fait écho, car le moindre bruit le met en gaieté, et du fond de son bec largement ouvert sortent les sons les plus incohérents; on peut les comparer à un braiment entrecoupé. Les colons qui l'entendirent les premiers ne pouvaient d'abord attribuer ces rires convulsifs à un oiseau, et, séduits par l'analogie, ils lui donnèrent le nom d' « Ane rieur », *Laughing jackass*. C'est également son cri qui, dans la langue indigène, a servi à le désigner sous le nom de « Gogoberamot », qui, prononcé à la façon gutturale des naturels, devient l'onomatopée de son chant. Le martin-chasseur se montre surtout bruyant à l'aube du jour et au crépuscule du soir; le premier levé, il salue le premier les rayons du soleil, et donnant à toute la nature le signal du réveil, il remplace, pour le hardi pionnier de ces contrées sauvages, le coq de nos basses-cours, d'où son autre nom d'« Horloge du colon » (*Seller's clock*).

Joignant le courage à un naturel doux et inoffensif, confiant d'ailleurs dans son bec redoutable et dans la solide structure de sa charpente, le grand martin-chasseur ne semble redouter aucun danger. Il s'approche hardiment des habitations des hommes; il aime à venir, le soir, inspecter de son œil curieux les tisons pétillants du bivouac du voyageur, et quand il a bien tout regardé, examiné du haut de la branche où son vol silencieux lui a permis d'établir son observatoire sans que l'on se doute de sa présence; quand il a écouté avec une gravité imperturbable les rêves de fortune du chercheur d'or, la chanson du berger exilé loin de sa terre natale, ou les sombres complots des *convicts* évadés, alors son cri bruyant fait explosion au milieu de l'assemblée, et il rit de l'émotion qu'il a causée par cette interruption subite. Hélas ! pauvre âne rieur, il paye souvent de sa vie cette plaisanterie importune; et passe dans la marmite qu'il contemplait un instant auparavant sans y soupçonner son tombeau.

Du reste, c'est un utile oiseau que le martin-chasseur, grand destructeur de reptiles et d'insectes. Malheur aux lézards et aux serpents que son œil perçant a découverts ! en quelques coups d'aile il est sur eux, et son long bec va les chercher jusqu'au fond de leur retraite. Une fois aperçus, leur perte est certaine; le martin-chasseur ne leur donne pas le temps de se reconnaître : il les saisit, les secoue comme le terrier secoue un rat tombé sous sa dent, et il ne lâche prise que lorsqu'il leur a brisé tous les os contre une branche d'arbre ou un rocher. La malheureuse victime, devenue presque informe, descend, la tête la première, dans les profondeurs du vaste gosier de maître martin, qui pourrait bien alors rire tout de bon, tant il semble fier de son triomphe et de son habileté. Toutefois, le martin-chasseur ne recherche pas toujours d'aussi brillants exploits, et, nouveau Cincinnatus, il se repose quelquefois de ses triomphes en suivant la charrue du laboureur pour ramasser les vers que le soc retourne.

L'instinct qui fait du martin-chasseur l'ennemi juré des serpents le rend un des auxiliaires les plus précieux que l'homme puisse trouver pour se débarrasser de ces hôtes dangereux. On a songé, avec raison, à l'introduire à la Martinique pour combattre le terrible bothrops, la vipère à fer de lance; et aussi est-ce comme auxiliaire de l'agriculture que le martin-chasseur d'Australie trouve sa place dans la collection d'animaux utiles du Jardin d'acclimatation.

Destiné à vivre au milieu de solitudes sèches et arides, où précisément sa proie venimeuse abonde, cet oiseau ne ressent presque jamais les atteintes de la soif, et même, en captivité, l'eau limpide de sa baignoire l'invite rarement à descendre s'y rafraîchir.

Il ne se rencontre que dans une portion fort restreinte de l'Australie, entre le golfe de Spencer et la baie de Moreton, l'extrémité sud-est, en un mot, de ce vaste pays. Il ne se trouve ni dans la terre de Van-Diemen, ni dans l'Australie occidentale, où il est remplacé par d'autres grands alcyons. Sur la côte nord, deux grandes espèces de martins-chasseurs, beaucoup plus belles de plumage que celle-ci, se partagent ses fonctions de tueur de serpents. Ces variétés sont : le « Dacelo cerf » et le « Dacelo de henach. » Le bleu et le blanc dominent dans leur plumage, tandis que celui qui nous occupe n'a qu'un costume brun et noir, fort agréablement nuancé de blanc, il est vrai. C'est pendant les mois d'août et de septembre qu'il fait sa ponte dans un trou d'arbre, généralement dans un de ces gommiers (*Eucalyptus*) qui font partie de la décoration végétale de l'Australie. Dans le trou qu'il a choisi pour élever sa famille, il ne construit pas le moindre nid; la femelle pond deux gros œufs, d'un blanc pur et nacré, sur le bois vermoulu, et lorsque les petits ont vu le jour, les parents les surveillent avec soin, éloignant à coups de bec tout importun visiteur. Les jeunes croissent rapidement, et un mois après leur naissance on ne peut les distinguer des adultes. Mâles et femelles ont, du reste, le même plumage; la teinte générale des premiers est seulement un peu plus foncée. Ils se réunissent alors en troupes, et l'on peut en voir dix ou douze perchés l'un contre l'autre sur la même branche d'arbre. Quelque objet nouveau ou étrange vient-il à exciter les éclats de rire de l'un d'eux, ils font tous à l'envi résonner les échos des bois comme un chœur fantastique.

En Australie, les colons apprivoisent le martin-chasseur, qui, une fois privé, s'éloigne peu des habitations de son maître. Il fait une guerre continuelle à tout menu gibier, et guette silencieusement les souris à l'entrée de leur trou, tout comme le ferait un chat. Introduit depuis longtemps en Angleterre, il a figuré d'abord dans les ménageries de lord Derby, à Knowsley, puis au jardin zoologique de Regent's-Park, sans s'être jamais reproduit, cependant, en captivité. Ceux du Jardin d'acclimatation sont, croyons-nous, les premiers qu'on ait vus vivants en France.

Nous signalerons encore, parmi les récentes acquisitions au Jardin d'acclimatation, le goura ou pigeon couronné des Moluques, dont le chant singulier, tout autant que les formes gracieuses, attire l'attention des visiteurs. Ce chant ressemble au soupir profond et sonore d'une personne dans la douleur; quand, assis auprès de la volière où se trouvent ces oiseaux, on l'entend pour la première fois, le son semble sortir de dessous terre, et l'on se demande si c'est bien la voix de l'oiseau qu'on a sous les yeux, et qui, à chaque intonation, fait avec sa tête une profonde salutation. On dirait une sonore comme les dernières vibrations d'un gong, qui s'entend de fort loin et à laquelle l'imagination prête facilement une origine surnaturelle : aussi comprenons-nous la terreur des matelots de Bougainville qui, débarquant sur l'une des Moluques, crurent entendre de longs gémissements sortir des arbres, comme de la forêt enchantée du Tasse :

> Allor quasi di tomba, uscìr ressente
> Un indistinto gemito dolente...
>
> (Canto XIII, XLI.)

Les habitants des Moluques donnent à ce bel oiseau le nom de « Maluta »; les Papous l'appellent « Manipi »; c'est le *Goura coronata* des naturalistes. Il est presque de la grosseur d'un dindon, et se rapproche beaucoup des hoccos par les formes. Il a le bec d'un pigeon, et serait très-bien classé parmi les pigeons terrestres, ou *Colombi-Gallines*, sans la longueur de sa queue. Il s'éloigne aussi de ce genre par ses mœurs, vivant moitié à terre, moitié dans les arbres, où il construit un nid plat avec de petites baguettes, comme le ramier sauvage; son plumage, d'un gris-bleu ardoisé, est d'un ton très-fin et délicat; les petites et moyennes couvertures des ailes sont, à leur extrémité, de couleur brun-marron, et on remarque une bande blanche transversale sur les grandes couvertures alaires. Sa tête est surmontée d'une large huppe verticale et comprimée, composée d'une infinité de baguettes très-minces, munies de barbes soyeuses et désunies: il ne peut la rabattre complètement; les premières plumes seules peuvent se coucher légèrement sur les autres. Dans l'île de Jobie existe une seconde espèce de goura beaucoup plus belle que le goura couronné; chaque baguette de sa huppe est terminée par un petit miroir, comme les yeux d'une queue de paon; son poitrail est d'un brun pourpre, et elle a sur l'aile une grande tache grise. Cette espèce a été dédiée à la reine Victoria.

Les Hollandais ont depuis longtemps introduit le goura en Europe, et il supporte assez bien le climat de nos contrées. Il s'est souvent reproduit en Angleterre, construisant son nid en plein air, sur un arbre vert, dans les volières du jardin zoologique de Londres, où l'on obtint même plusieurs fois (1849-1850) des métis du goura couronné et du goura Victoria, fort beaux oiseaux, possédant les caractères de l'une et de l'autre espèce. Jusqu'à présent, en captivité, ils n'ont pondu qu'un seul œuf, et les voyageurs ne nous disent pas s'il en est de même à l'état sauvage. A Java, les Hollandais en élèvent dans leurs basses-cours, les nourrissent avec du maïs et les apprivoisent facilement: ce sont des oiseaux d'un caractère doux et mélancolique; ils remuent peu dans leur volière et passent une partie du jour immobiles à terre ou sur leurs perchoirs. Leur peu de fécondité s'oppose à ce que ce soient jamais des oiseaux domestiques; mais comme oiseaux d'ornement, ils méritent toute l'attention des amateurs.

La collection du Jardin d'acclimatation compte aussi, parmi ses récentes et précieuses acquisitions, une espèce de paon jusqu'ici assez rare: c'est le paon spicifère. Depuis le temps où Élien estimait une paire de paons à mille drachmes, huit cents francs environ (liv. V, ch. xxx), ces beaux oiseaux sont devenus si communs qu'ils n'attirent plus l'attention. C'est que le paon ordinaire s'est si bien acclimaté chez nous que, dans tous les lieux où il a pu trouver une protection convenable, il vit aussi à l'aise que le faisan. Espérons qu'on en pourra dire autant du nouveau paon spicifère, qui l'emporte de beaucoup sur son congénère par l'éclat de son plumage. Déjà signalée du temps d'Aldrovande, d'après un dessin du seizième siècle envoyé au pape par un empereur du Japon, cette espèce n'a été réellement introduite en Europe que depuis quelques années. Lord Derby en possédait plusieurs, qui lui avaient été envoyés de Calcutta sous le nom de paons de Burmah. Les Hollandais, par leurs relations fréquentes avec les îles de la Sonde, ont souvent aussi possédé cet oiseau, et à Anvers notamment on a obtenu de fort beaux métis avec le paon ordinaire, métis qui font également partie aujourd'hui de la collection du Jardin d'acclimatation.

Le spicifère est de la même taille que notre paon vulgaire, mais ses formes sont beaucoup plus grêles et plus élancées. La huppe dont sa tête est ornée donne à sa physionomie un caractère tout spécial. Elle est en forme d'épi

assez touffu, dirigée en avant et composée de dix plumes étagées, dont on a comparé la disposition à celle des plumes de la queue de la mésange à longue queue. L'œil est entouré d'un large espace dénué de plumes, à peu près comme chez les faisans, et un autre espace nu contourne l'oreille. La peau de ces parties dénudées est d'un jaune-orange magnifique. Les plumes du col et du dos sont disposées en écailles, comme sur le dos du faisan doré, et d'un vert lustré à reflets bleuâtres. Les miroirs de la queue sont beaucoup plus grands que chez le paon ordinaire. Le vert est la teinte générale du plumage de ce bel oiseau, mais un vert clair, brillant et nacré, d'une teinte toute particulière. La femelle n'est pas privée de couleurs comme la paonne, mais elle est presque aussi vivement nuancée que le mâle, et, sans l'absence des longues plumes dorsales, ou pourrait, à première vue, les confondre. Aussi les premiers individus que l'on a possédés ont-ils longtemps été regardés comme de jeunes mâles. La voix de ce paon diffère essentiellement de celle du paon ordinaire; mais elle est malheureusement aussi désagréable, et c'est à tort qu'on lui a d'abord donné le nom de *Musicus;* comme le paon ordinaire, il fait payer aux oreilles le plaisir dont les yeux ont joui.

UN OUVRIER

DEVANT LE JURY D'EXPOSITION.

A l'une des premières expositions de l'industrie, un habile ouvrier anglais, nommé Boulton, présenta une aiguille de sa façon. Les commissaires, n'y voyant rien d'extraordinaire, refusèrent de l'admettre. Cependant, sur l'insistance d'un ami de l'ouvrier, ils cédèrent. Vers la fin de l'exposition, lorsqu'il s'agit de répartir les médailles, un des membres du jury des récompenses se récria en voyant figurer sur la liste le nom de Boulton.

— Quels sont donc les mérites de sa merveilleuse aiguille? dit-il. Quant à moi, j'avoue que je n'ai pu les découvrir.

Appelé à faire valoir ses titres, M. Boulton pria le jury de vouloir bien examiner l'aiguille à la loupe, afin de s'assurer s'il y avait quelque irrégularité ou quelque rugosité à la surface.

— Pas la moindre, répondit un des jurés: son seul mérite me paraît être son extrême poli.

— Je vais maintenant vous montrer ses mérites cachés, dit l'ingénieux ouvrier, et si je vous prouve que je n'ai pas en vain sollicité l'attention du jury, peut-être, à l'avenir, jugera-t-il moins vite sur l'extérieur.

Il dévissa l'aiguille, qui en contenait une autre d'un fini admirable, et, aux yeux des juges étonnés, il tira successivement jusqu'à six très-belles et très-fines, enfermées les unes dans les autres comme autant d'étuis, chefs-d'œuvre de patience et d'adresse. Il va sans dire que Boulton eut le prix.

La langue est souvent comme une pompe qui vide le cœur sans le purifier ni le remplir.   QUESNEL.

PEINTURES MURALES

A L'INTÉRIEUR DES HABITATIONS GRECQUES ET ROMAINES.

Nous avons déjà dit ([1]) que la peinture murale fut employée chez les Grecs, comme chez les Romains, à la

([1]) Voy. t. XXX, 1862, page dernière.

décoration des habitations particulières, et que nous pouvons encore juger de ce qu'était cet art chez les anciens par des restes de peintures qui ont subsisté jusqu'à nos jours. A peu près tous ceux qu'on a retrouvés appartiennent, il est vrai, à l'époque romaine; mais les Romains ne faisaient qu'imiter les Grecs, ou, pour mieux dire, ce sont des artistes grecs qui, à Rome même, aussi bien que dans les villes grecques d'Herculanum et de Pompéi, ont exécuté ces peintures dans le goût et de la manière qui étaient en usage dans leur pays. Des peintures murales décoraient déjà les maisons des riches Athéniens à l'époque de la guerre du Péloponèse. Ces peintures, dues quelquefois aux plus habiles artistes, représentaient des sujets historiques ou mythologiques; d'autres fois, elles consistaient en purs ornements du genre de celles qu'on appelle *arabesques* de nos jours. Peintures historiques et peintures de décor furent introduites à Rome aussitôt que le luxe et les arts de la Grèce y pénétrèrent; elles y furent de plus en plus employées et, des palais, descendirent dans les habitations les moins riches de Rome et des autres villes de l'Italie, à mesure que le luxe fit des progrès. On com-

mença, d'après le témoignage de Vitruve, par appliquer aux murailles des teintes plates imitant les différentes variétés de marbres; puis des compartiments décoratifs diversement colorés; ensuite des représentations d'édifices avec leurs colonnes, leurs toits proéminents; dans les endroits spacieux, des façades de théâtres; dans les promenoirs, dont l'étendue en longueur était considérable, des paysages représentant des ports, des promontoires, des rivages, des fleuves, des fontaines, des canaux, des temples, des bois, des montagnes, des troupeaux, des bergers; dans quelques lieux, enfin, dit Vitruve, on fit « de la grande peinture, c'est-à-dire des figures de dieux ou le développement de certaines fables, et non moins souvent les batailles troïennes ou les voyages d'Ulysse. » Ce fut au temps d'Auguste qu'un peintre nommé Ludius, à l'imitation de ce qui se pratiquait depuis longtemps chez les Grecs, commença à peindre dans les maisons de Rome des paysages, des marines et des scènes familières. Le goût des ornements fantastiques, des arabesques, domina un peu plus tard; puis, lorsque ces applications de la peinture murale se furent multipliées en Italie, même dans des

Collection Campana. — Peinture antique. — Dessin de Chevignard.

maisons d'ailleurs peu opulentes, les dorures, les compartiments de marbres précieux et les mosaïques, modes de décoration plus dispendieux, partant moins accessibles à tout le monde, envahirent, dans les riches demeures, les parois des appartements.

LE CHATEAU DE JOSSELIN
(MORBIHAN).

Josselin, petite ville du Morbihan, sur la rivière d'Oust, à douze kilomètres de Ploërmel, possède un des plus beaux châteaux gothiques de la Bretagne. Derrière ce précieux reste de notre architecture nationale se dresse, dans le passé, l'ombre d'une forteresse féodale plus ancienne. L'histoire de Josselin se lie intimement à l'histoire de Bretagne et à la biographie d'une famille célèbre qui s'est perpétuée jusqu'à nos jours, en maintenant sa devise célèbre : *Roi je ne puis, prince ne daigne, Rohan je suis!*

L'an 1008, Guéthenoc, vicomte de Porhoët, de Rohan et de Guéménée, s'établit à Josselin et y fonda un château. Peut-être, du temps de Guéthenoc, cette résidence n'avait-elle pas encore de nom; peut-être aussi le nom de

Josselin, que portèrent plusieurs descendants de Guéthenoc, leur était-il transmis par des ancêtres dont l'histoire a perdu la trace. Au douzième siècle, la ville et le château furent assiégés et pris d'assaut par les Anglais; Henri II Plantagenet, après avoir outragé la fille du comte Eudon, détruisit la forteresse de fond en comble (1168-1175). Ce ne fut que vers le commencement du quatorzième siècle que Josselin se releva de ses ruines. En 1354, le maréchal de Beaumanoir, qui s'y était réfugié, en sortit pour combattre les Anglais; la lande de *mivoye* (mi-chemin), entre Josselin et Ploërmel, vit le célèbre combat où trente Bretons demeurèrent vainqueurs de trente Anglais.

Le château n'eut pas de possesseur plus illustre que le connétable Olivier de Clisson, qui l'avait reçu en dot de sa femme Marguerite de Rohan. Ce rude guerrier se plut à l'embellir, à le fortifier, et l'augmenta d'un formidable donjon; il en fit ainsi une retraite imprenable et put y braver l'armée de Montfort, duc de Bretagne. Assiégé en 1393, il s'évada de nuit pour chercher des renforts et laissa à sa femme la garde de la place; Marguerite de Rohan repoussa tous les assauts et força le duc à lever le siège; seulement, pour ménager la vanité de son suzerain, qui ne voulait pas s'avouer vaincu par une femme, elle lui permit de franchir le pont-levis seul et à cheval, et lui présenta les clefs qu'elle reprit à la porte. La guerre continua, « si felle et si crueuse que les parties, quand ils se trouvoient sur les champs, combattoient jusques à outrance et ne prenoient nulli à merci. Si se porta si bien messire Olivier en celle guerre que le duc ne conquit rien sur lui, mais il conquit sur le duc; et prit par deux fois toute sa vaisselle d'or et d'argent et grand'foison d'autres beaux joyaux, lesquels il tourna tout à son profit. » (Froissard.) Clisson était allié, par sa fille, aux enfants de Charles de Blois, tué à la bataille d'Auray, ennemi et compétiteur de Montfort; sa cause aussi était juste; il ne faisait que se défendre contre l'ami et le protecteur de Pierre de Craon, son assassin. Le duc ne trouvait guère de partisans : « tous les seigneurs de Bretagne s'en dissi-

muloient. Et les cités et les bonnes villes avoient bien dit au duc que vivre et marchander les convenoit, quelque guerre ou haine qu'il eût au seigneur de Clisson; et que cette guerre en rien ne leur touchoit; si ne s'en vouloient point mêler. »

Sentant donc son adversaire appuyé ouvertement ou en secret par le duc d'Orléans, par les barons de Bretagne, comptant peu lui-même sur son ami le duc de Bourgogne et ses alliés les Anglais, vieux d'ailleurs et las de batailler vainement, Montfort décida « qu'il briseroit son cœur sans nulle dissimulation et feroit paix ferme et entière à messire Olivier. » Il prit donc « une feuille de papier de la grand'forme et, si doucement et amiablement comme il put et sçut », il dicta une lettre où il demandait une en-

Le château de Josselin, dans le Morbihan. — Dessin de Clerget.

trevue, promettant que « les choses descendroient en tout bien. » Le messager risquait sa vie, car, deux ans auparavant, il ne fût pas venu à Chastel-Josselin « un homme de par le duc, qui tantôt n'eût été mort ou mis en prison douloureuse. » Mais celui-ci fut bien reçu dans l'antre du vieux lion; il en sortit avec une lettre réservée et définie. Clisson ne pouvait croire aux bonnes intentions de celui qui lui avait voulu tant de mal, et demandait, avant d'abandonner ses bonnes murailles, qu'on lui remît en otage l'héritier de Bretagne, un enfant de sept ans. Le duc ouvrit le message; « quand il vit le contenu, il pensa un peu, et puis dit : — Je le ferai. Au cas que je traite amoureusement à lui, toute conjonction d'amour y doit être. » Il fit aussitôt venir le vicomte de Rohan, parent de Clisson, et lui dit : « Vicomte, vous mènerez mon fils à Chastel-Josselin et le laisserez là, et m'amènerez messire Olivier de Clisson, car je me veuille accorder avecques lui. » Clis-

son ne voulut pas être en reste de générosité : « En bonne paix, concorde et amour, dit-il, ne doit avoir nul ombre de trahison ni dissimulation, mais doivent les cœurs concerdans être tout d'une unité. » Et il ramena l'enfant à Vannes, où le duc le reçut dans une église. Longtemps les deux ennemis se parlèrent à cœur ouvert dans un bateau, à l'embouchure d'une rivière qui coulait dans le jardin d'un couvent; ils arrêtèrent les bases d'un traité qui fut bientôt signé, par Clisson, à Rieux, le 20 octobre 1395, et par son gendre, le comte de Penthièvre, à Guingamp, le 25 du même mois.

La réconciliation fut si complète que le duc, en mourant (1399), voulut confier à Clisson la tutelle de ses enfants. Ils étaient en bonnes mains, et le vieux connétable sut les défendre même contre sa propre famille. On raconte que sa fille, comtesse de Penthièvre, peu soucieuse du traité de Guingamp, et les yeux toujours tournés vers la couronne ducale, lui proposa de faire disparaître ses pupilles. Olivier, qui était couché, sortit subitement de son lit et, saisissant une hallebarde, courut droit à sa fille. Il l'en aurait percée si elle ne s'était dérobée au coup par une fuite précipitée; encore se cassa-t-elle une jambe dans l'escalier. Ainsi cette mauvaise pensée la condamna à boiter toute sa vie. Clisson mourut au Chastel-Josselin en 1407, et fut enterré dans la chapelle. De son magnifique tombeau il ne reste qu'une table de marbre noir qui formait le dessus du sarcophage; on y lit cette épitaphe en caractères gothiques carrés :

CI-GIST NOBLE ET PUISSANT SEIGNEUR, MONSEIGNEUR
OLIVIER DE CLISSON
Jadis connétable de France
Seigneur de Clisson, de Porhouët
de Belleville et de la Garnache (¹)
Qui trespassa en avril, le jour de St Jorge
L'an M CCCC et VII.
Priez Dieu pour son âme, amen.

Sur cette table étaient placées les statues d'Olivier et de sa femme, que l'on voit encore, très-mutilées, dans la sacristie. Ces statues présentent d'excellents modèles du costume à la fin du quatorzième siècle. Clisson, la tête découverte, est armé de toutes pièces; il porte, par-dessus la cuirasse, une courte cotte d'armes ample et flottante; son épée est suspendue à son côté par un baudrier à demi déceint. Les lames articulées que l'on remarque, en petit nombre, à ses brassards et à ses cuissards, n'atteignent pas encore la perfection que sut leur donner le siècle suivant. Marguerite de Rohan a les cheveux tressés et maintenus à droite et à gauche par un réseau orné de perles; sa coiffure est assez haute et carrée; sa robe, longue; ses manches, longues aussi et serrées; son surcot, fourré d'hermine.

Le château de Josselin, pris par les ligueurs en 1589, démantelé dix ans après par Henri IV, perdit le donjon de Clisson. Il appartient aujourd'hui à M. de Rohan, qui l'a fait récemment réparer. Le principal corps de logis est parfaitement conservé; on doit surtout admirer la façade sur la grande cour, où se déploie toute la richesse du gothique flamboyant contenu encore par le goût de la grande époque. La façade ne présente que deux ordres reliés par une grande balustrade à jour, qui dissimule le chéneau et s'appuie sur des gargouilles variées. Le rez-de-chaussée est relativement simple; on y remarque deux moyennes portes jumelles sarmontées de deux petites fenêtres. La disposition des étages est originale et difficile à décrire; un premier rang de croisées, ouvertes dans le mur du rez-de-chaussée, coupe la balustrade et s'engage à demi dans les hautes lucarnes ornées qui couronnent l'édifice, de sorte que les balcons, au lieu d'être placés devant les fenêtres, se trouvent entre elles. Dans la balustrade sont découpées à jour de grandes lettres qui forment une devise : A plus, a moins. Les lucarnes, très-avancées sur la toiture, sont terminées par un angle aigu, dont les côtés se rejoignent et s'élèvent en haute tige très-ornée, entre deux pyramidions élégants. Au dehors, le corps de logis que nous décrivons est flanqué de tours; les murs, surmontés de créneaux et de mâchecoulis, se mirent dans la rivière d'Oust. On y montre encore le logis de Clisson et l'escalier où sa fille se cassa la jambe.

BELLE RÉPONSE DU MARÉCHAL FABERT.

On pressait fort Fabert de se faire faire des lettres de noblesse, prétextant que le roi le voulait faire chevalier du

(¹) Ce titre de la Garnache se perpétua dans la famille de Rohan. Saint-Simon mentionne une demoiselle de la Garnache qui obtint un titre de duchesse sans pairie.

Saint-Esprit dès qu'il serait anobli. — Votre Majesté, dit-il au roi, sait que je ne suis pas né gentilhomme. Je puis l'être maintenant que je suis maréchal de France; mais mon père était libraire à Metz, et j'ai moi-même vendu des almanachs. Après cela, irai-je me déshonorer en me faisant passer pour noble? — D'autres le font bien, dit le roi. — Je ne suis l'exemple de personne en cela, répliqua Fabert. Je me contente de l'honneur que Votre Majesté m'a fait de me donner le bâton de maréchal, que j'ai peut-être mérité par mes services; mais il ne sera jamais dit que pour être chevalier de l'ordre j'aie fait un mensonge ou une fausseté.

On l'en loua, même à la cour.

UN PRESBYTÈRE SUÉDOIS
AU DIX-HUITIÈME SIÈCLE.

Suite. — Voy. p. 74, 86, 98.

Il y avait encore, chaque année, deux grandes fêtes où jeunes et vieux aimaient à se trouver réunis au presbytère. L'une de ces fêtes était l'Ostmotet, c'est-à-dire « assemblée pour la confection du fromage. » La partie du village la plus voisine de l'église était convoquée au presbytère la veille de la Saint-Jean. A deux heures, on voyait venir de tous côtés les filles de la contrée, avec leurs tinettes sur leurs têtes. Les tinettes étaient propres; blanches comme la neige, et couronnées de feuilles de chêne. Les filles de Warend, au profil ovale, comme les jeunes Grecques, étaient habillées seulement de chemises blanches aussi longues que des robes. Cette chemise-robe, serrée au milieu par une écharpe, était ornée d'une sorte de petit collet attaché sur la poitrine au moyen d'une agrafe d'argent. On passait par une écumoire le lait dans de grandes cuves, et, après un bon repas, on ouvrait un bal dans le Sockenstuga, maison voisine de l'église, où s'assemblent les marguilliers et les paroissiens. Les jeunes gens étaient vêtus de gilets de peau de chamois piqués à l'aiguille et de culottes de peau de bouc surjetées; leurs jarretières bigarrées; à grandes houppes de toutes les couleurs possibles, étaient agrafées à leurs genoux. On dansait jusqu'à ce que le soleil avait reparu et qu'il était temps de se séparer. Alors commençait le travail. Les fromages étaient préparés par les mains de la prévôté elle-même, et les jeunes filles pouvaient reprendre le petit-lait qui restait dans leurs tinettes; puis elles retournaient, satisfaites, à leurs maisons.

L'autre fête avait lieu à l'occasion des soirées du houblon. Dans la province de Kronaberg, on cultive beaucoup de houblon, et au mois de septembre l'épluchement du houblon est l'occupation principale de tous les presbytères. A la chute du jour, on allumait un feu monstrueux, et les domestiques apportaient un tas immense de ramées de houblon. En quelques minutes, tout le monde était à la besogne. De temps à autre on versait de la bière. Chacun était obligé de raconter des histoires vraies ou imaginaires. Le prévôt commençait, puis l'adjoint; les filles, les domestiques et les servantes prenaient la parole à leur tour. On s'y était préparé, et l'on avait lu ou entendu dire d'intéressant dans le cours de l'année, on le réservait pour les soirées du houblon. Dans ces récits, l'esprit du peuple s'exprimait librement, et l'on pouvait tirer mainte réflexion utile. Il y avait des histoires de méchantes belles-mères qui tyrannisaient leur belle-fille pour favoriser leur propre fille, laquelle pourtant ne se mariait jamais. Les riches étaient le plus souvent victimes de leur avarice; les pauvres, au contraire, devenaient heureux. Parfois c'étaient des légendes de moine, dans lesquelles saint Pierre était très-occupé à répandre ses dons : la plupart de ceux qui l'imploraient formaient des vœux imprudents ; c'est pourquoi leurs prières tournaient à mal. On avait aussi recours aux temps fabuleux où les bêtes pouvaient parler et délibéraient sur la conduite de leurs maîtres. Enfin on entendait aussi les traditions des fées de bois et des lutins.

Ajoutons quelques traits au portrait du prévôt.

Il n'était pas très-savant ; mais c'était un pasteur véritable, vouant toute sa vie à sa paroisse. Il avait à cœur de veiller à la moralité et au bonheur de sa paroisse, de remplir ses devoirs comme père de famille, de payer les impôts, et d'obéir à son évêque. Sur sa table on voyait toujours le livre de prières de Fretsch, une paire de lunettes, et un canif dont il ne se servait jamais. Dans sa jeunesse, il avait écrit beaucoup de sermons. Dans sa vieillesse, il les corrigeait, et cherchait des sujets nouveaux ou pour le moins une manière nouvelle de traiter les sujets anciens. Ses discours étaient édifiants et clairs. Il était dans sa chaire comme un père au milieu d'une foule d'enfants. Jusqu'à ses dernières années, il faisait lui-même ses examens de catéchisme annuels, bien que la paroisse fût d'une très-vaste étendue. Les voitures à roues n'étaient pas alors en usage. Le prévôt, sa femme et ses filles, montaient à cheval toutes les fois qu'il fallait faire quelque voyage.

Élevé sous le despotisme, il l'avait vu mener le royaume à deux doigts de sa ruine. Il avait vécu sous deux guerres malheureuses, qui avaient fait augmenter les impôts. Il pensait que ce qu'il y avait de mieux était le gouvernement libre des États. Il évitait, toutefois, les discussions sur ce sujet. Quand ses convives commençaient à s'y engager, il demandait à haute voix les *snippskalar*, qui faisaient aussitôt diversion. Si l'on y revenait, il portait ce toast : « A la santé de ceux qui portent l'épée, de ceux qui enseignent la parole, de ceux qui exercent le commerce, de ceux qui mènent la charrue ! » Ce toast était sa confession politique ; il rendait un égal hommage à chacun des États.

Il ne correspondait avec aucune autre personne qu'avec le prévôt du district. Une main de papier lui suffisait pour deux ans. *La fin à une autre livraison.*

AUGUSTE-GUILLAUME SCHLEGEL.

A prendre les expressions les plus élevées de leur génie propre, ni la France, ni l'Angleterre, ni l'Italie, n'ont assurément rien à envier à l'Allemagne. Je ne sais cependant si ces trois nations, qui personnifient chacune une des forces vives de la civilisation moderne, présentent dans leur histoire une période comparable à ces quarante années (de 1780 à 1820), où l'Allemagne occupe toute ensemble l'Europe les plus hauts sommets de la littérature, de la critique et de la philosophie. La France est tout entière à l'action ardente de la révolution et de l'empire, et, Voltaire mort, elle ne recommence à penser et à écrire qu'avec le mouvement romantique de la fin de la restauration. Étranges destinées des peuples ! réciproques et admirables échanges ! Il semble que l'Allemagne ouvre à notre détriment l'ère nouvelle que nous avions préparée, et qu'elle construise sans fatigue son monument sur le terrain qu'a déblayé le dix-huitième siècle français. Fut-il jamais, d'ailleurs, plus beau concert de génies et de talents distingués dans toutes les branches où l'esprit humain se développe, s'interprète et se crée lui-même? Quels noms que ceux-ci, se produisant tous à la même heure ou se succédant de si près qu'il semble que ce soit la même personnalité qui, sous des masques différents, continue ses évolutions : Klopstock,

Lessing, Wieland, Herder, Gœthe, Schiller, Kant, Fichte, Schelling, Hegel, et tant d'autres que j'oublie ! L'épopée, l'histoire, la poésie, le drame, le roman, la philosophie, tous, à leur point de vue, s'emparent de l'âme humaine avec une telle autorité qu'on serait tenté parfois de réclamer contre cette possession jalouse, si l'on ne savait dans quelle admirable et réciproque dépendance vivent toutes ces études, ces interprétations spéciales.

Ces époques de rénovation, où chaque production nouvelle d'un esprit créateur tient tout un pays attentif, sont des plus favorables à la critique, qui y trouve l'occasion de montrer dans quelle large mesure elle peut non-seulement interpréter les œuvres d'autrui, mais faire elle-même œuvre propre et véritable de création. Cette belle période allemande eut donc aussi ses critiques hors ligne : Kant, Lessing, Schlegel, et le plus illustre de tous, l'Apollon et le Jupiter de cet olympe, Gœthe.

Auguste-Guillaume Schlegel ; dont on voudrait ici plus spécialement s'occuper, et qu'il ne faut pas confondre avec son frère Frédéric, dont la vie est moins belle et moins bien remplie sous tous les rapports, était fils d'un pasteur de Hanovre, Jean-Adolphe, auteur de *Cantiques sacrés* qui obtinrent un certain succès. Le jeune Guillaume, né à Hanovre le 5 septembre 1767, fit d'excellentes études classiques à l'Université de Gœttingue, sous la direction du célèbre professeur Heyne. A dix-huit ans, il avait déjà composé une *Histoire de la poésie allemande*, qu'il lut en public dans une solennité scolaire, et un mémoire intéressant sur la géographie d'Homère. Il avait au suprême degré cette patience et cet amour pour ainsi dire matériel des textes qui sont le mérite nécessaire du philologue et de l'érudit. Ce fut lui qui rédigea pour son professeur Heyne l'*Index* de sa belle édition de Virgile, œuvre difficile et minutieuse que les lettrés seuls sont en mesure d'apprécier, et que Guillaume Schlegel sut encore féconder par d'ingénieux rapprochements.

Cependant ces paisibles et lents travaux ne l'occupaient pas seuls. Le jeune Schlegel rêvait d'études, je ne dirai pas plus sérieuses, mais plus nobles, plus indépendantes, subordonnées à la seule inspiration, et qui le missent en commerce direct avec la Muse. Déjà il s'était lié avec Burger, l'auteur de la ballade si populaire de *Lénore*, et sans doute il avait communiqué à son ami plusieurs fragments où se manifestait une imagination déjà maîtresse d'elle-même, lorsque les nécessités, les tristes nécessités de la vie matérielle l'obligèrent de se rendre à Amsterdam, où il entreprit l'éducation du fils d'un banquier. Amsterdam, toute pleine des traditions du dix-septième et du dix-huitième siècle, était une ville toute française, où Guillaume Schlegel put prendre certaines habitudes d'ordonnance et de clarté qui font trop souvent défaut au génie allemand. D'ailleurs il put voir bientôt de ses propres yeux ce qu'était l'esprit français dans toute sa vivacité, dans l'expansion généreuse qui suit l'ivresse de la victoire, car il était encore à Amsterdam lorsque les Français y entrèrent après la campagne de Pichegru.

Schlegel ne tarda pas à revenir en Allemagne, et s'établit à Iéna, où il écrivit de belles imitations de Dante qui furent insérées dans le recueil intitulé *les Heures*. Puis il commença ces traductions célèbres de Shakspeare et de Calderon malheureusement incomplètes, mais où l'interprète (et on ne saurait faire de lui un meilleur éloge) égala souvent le modèle, rendant exactement, dans toutes leur complaisante, il est vrai, toutes les nuances du texte, et pénétrant dans les replis les plus secrets d'une pensée dont parfois l'écrivain lui-même n'a eu qu'une perception insciente et obscure. *Richard III* fut la dernière tragédie de Shakspeare traduite par Schlegel et publiée en 1810. A cette époque, son nom remplissait déjà toute l'Allemagne. Avec son frère Frédéric, il avait fondé un recueil, *l'Athénée*, qui se proposait de traduire les aspirations de tout genre du Jeune esprit germanique. Il avait ouvert à Berlin (1801), puis à Vienne (1808), des cours de littérature où il avait pris surtout le théâtre ancien pour l'objet d'une critique entièrement nouvelle et répondant aux nouvelles idées littéraires de l'Allemagne. Enfin il était intimement lié avec Gœthe et Schiller. Chez lui se réunissaient fréquemment Schelling, Fichte, Tieck, et cet esprit si ardent et si original, le baron de Hardemberg, qui se cachait sous le pseudonyme bientôt illustre de Novalis. En 1811, Frédéric Schlegel publia son *Cours de littérature*, où pour la première fois peut-être se trouva exposée une théorie du genre romantique. Il semble que Guillaume ait voulu joindre l'exemple au précepte, en faisant paraître cette *Anthologie* italienne, espagnole et portugaise, où étaient traduits avec une rare fidélité d'esprit et de style les plus beaux morceaux de Tasse, de Pétrarque, de Cervantes et de Camoëns. Quant aux poésies sorties de son propre cerveau (j'emploie cette expression à dessein), elles n'ont sans doute ni l'émotion de Klopstock, ni la douceur de Novalis, ni l'ardente inspiration de Schiller, ni l'ampleur sereine de Gœthe. Mais si on ne trouve pas dans Guillaume Schlegel le poète inspiré, le *vates*, on est en présence d'un écrivain de premier ordre et d'un goût parfait. Dans ses poèmes *d'Arion* et de *Pygmalion*, il a rendu exactement, et par le seul fait de sa volonté, l'ardeur et la simplicité antiques. *Tristan* est également une belle imitation de poésie chevaleresque. Néanmoins Schlegel ressemble un peu à son Pygmalion : ses poèmes sont d'admirables statues de marbre auxquelles manque le feu sacré.

C'est à cette époque qu'il faut placer les relations des Schlegel, surtout de Guillaume qui lui fut particulièrement attaché, avec M⁽ᵐᵉ⁾ de Staël. Elle vint d'abord en Allemagne, où elle recueillit de tous côtés des éléments pour son fameux livre; plus tard, lorsqu'elle fut obligée de quitter Coppet, Guillaume l'accompagna en Suède. Un intérêt littéraire l'y attirait également : l'étude des *sagas* et des traditions scandinaves. On sait que ce fut lui qui

Auguste-Guillaume Schlegel. — D'après le médaillon de
David d'Angers.

rendit en même temps à la science, à l'art et à l'histoire, l'Iliade du moyen âge, cette terrible épopée des *Niebelungen*, dont la date d'ailleurs ne semble pas remonter

au delà du treizième siècle, bien que l'action se passe au cinquième, car on attribue ce poème au minnesinger Henri d'Offerdingen.

En 1813 et 1814, Guillaume Schlegel suivait à l'armée le prince royal de Suède, et ce fut lui qui rédigea les proclamations de Bernadette contre la France. Pendant ce temps, son frère Frédéric, qui plus tard devait être le confident du prince de Metternich, rivalisait d'inspiration patriotique avec Théodore Kœrner, et composait des dithyrambes qui lui valaient le surnom de Tyrtée de l'Allemagne. Quand les Bourbons furent rétablis, Guillaume ramena M⁽ᵐᵉ⁾ de Staël en France, puis il se rendit en Italie, où il se livra à l'étude des antiquités romaines et étrusques. Tout attirait, d'ailleurs, ce vaste esprit, curieux des origines de toute littérature, et de ces tentatives confuses où le génie d'un peuple se cherche lui-même et essaye d'assouplir la langue rude et indécise qui enchaîne sa pensée. C'est ainsi que Guillaume Schlegel (nommé en 1818 professeur de littérature à Bonn) étudia les origines de la littérature provençale, où il se montra aussi versé que Fauriel, et où il apporta un esprit philosophique qui manquait à l'un de ses contradicteurs et prédécesseurs à la fois dans la même matière, Raynouard, l'auteur des *Templiers*.

Au reste, ce n'était pas la première fois que Guillaume Schlegel avait maille à partir avec ses collègues en critique. Sa *Comparaison entre la Phèdre de Racine et celle d'Euripide* excita en France un véritable scandale. On sait quels préjugés invincibles et, disons-le, très-peu logiques conservaient la plupart des écrivains allemands contre la littérature française. Schiller, qui était loin d'avoir le goût exquis de Gœthe, et qui se fâcha presque lorsque celui-ci composa sa traduction du *Mahomet* de Voltaire, fut cependant amené à traduire la *Phèdre* de Racine; et, dans cette lutte corps à corps avec un grand poète, il dut nécessairement découvrir et reconnaître toutes les qualités qu'il avait jusque-là méconnues avec l'autant plus d'injustice qu'elles se rapprochent singulièrement des siennes propres.

Telle fut, on le voit, l'œuvre critique et féconde de Guillaume Schlegel, se proposant constamment de remonter aux maîtres et aux sources, n'admettant point de genre factice et capricieusement limité par le premier grammairien venu, ne prenant point pour type absolu le procédé de tel peuple, de telle époque, de telle civilisation, mais acceptant au même degré toutes les littératures diverses, comme les expressions successives et nécessaires de la pensée humaine : œuvre admirable, dignement couronnée enfin par l'étude de la littérature indienne, par la traduction du *Ramayana* (1823) et de l'*Hithopadesa* (1832). Le sanscrit était pour ainsi dire chose nouvelle pour l'Europe savante, sauf l'Angleterre. Frédéric Schlegel avait précédé son frère dans cette voie. Il s'était lié à Paris avec le savant Hamilton, très-versé dans la connaissance du sanscrit, et dès 1808, il avait composé un livre sur *la langue et la sagesse des Indiens*. En publiant une traduction latine du Ramayana, dont Carey et Marshman n'avaient, en 1819, donné qu'une version anglaise, Guillaume Schlegel rendait un immense service à la science et à la philosophie : il *vulgarisait*, pour employer un mot de notre temps. C'est de cette époque, en effet, que datent ces belles études d'exégèses et de comparaisons entre les civilisations sémitiques et indo-européennes, qui sont devenues la base indispensable de tout système d'histoire et de philosophie, et certes la rapide développement qu'elles ont pris est dû en grande partie à l'autorité et à l'initiative du grand critique allemand.

Auguste-Guillaume Schlegel est mort à Bonn, en 1845, à l'âge de soixante-dix-huit ans.

LES INDIENS MEUNITARRIS. — LEURS DANSES ET LEURS JEUX.

Guerrier meunitarri costumé pour la danse du chien. — Dessin de Charles Bodmer, d'après nature (¹).

Si vous consultez une bonne carte de l'Amérique du Nord, vous trouverez le nom des sauvages Meunitarris ou Gros-Ventres inscrit au sud du Missouri, environ vers le 46ᵉ degré de latitude et entre les degrés 100 et 105 de longitude. Plusieurs esquisses dessinées sur bois pour notre recueil, par M. Charles Bodmer, qui a exploré l'in-

térieur de l'Amérique du Nord pendant trois années, de

(¹) M. Charles Bodmer a fait ce dessin, dans sa demeure de la forêt de Fontainebleau, d'après une des planches de son bel atlas joint au *Voyage dans l'intérieur de l'Amérique du Nord* exécuté, pendant les années 1832, 1833 et 1834, par le prince Maximilien de Wied-Neuwied; 2 vol. — Paris, Arthus Bertrand.

1832 à 1834, en compagnie du prince Maximilien de Wied-Neuwied, nous permettront d'entrer dans quelques détails sur la vie, le caractère et les mœurs des Indiens en général, et des Meunitarris en particulier. Il y a bien des préjugés dont il faudrait se défaire au sujet de ces pauvres peuplades qui dépérissent successivement au contact de notre civilisation. Ces hommes qui ne nous inspirent guère que de l'étonnement et une sorte de pitié moqueuse sont, comme nous l'avons déjà indiqué quelquefois, plus semblables à nous que nous ne le pensons. M. Jules Remy nous disait naguère qu'il a causé, dans la Polynésie, avec des vieillards nus et tatoués, dont la gravité et la haute raison auraient fait honte à beaucoup de nos contemporains français qui brillent même le plus dans les salons par la vivacité de leur esprit. Le prince Maximilien de Wied-Neuwied rend un témoignage presque semblable en parlant des Meunitarris et des Mandans : « Beaucoup d'entre eux, dit-il, nous montraient un grand désir de s'instruire, et des dispositions à saisir des choses d'un ordre élevé. Les mauvais exemples qu'ils reçoivent trop souvent des blancs qui habitent leur pays, et qui n'ont d'autre but que de gagner de l'argent, ne sont certes pas faits pour nous attirer de leur part un grand respect et les rendre meilleurs ; et si on ne les a pas trouvés favorablement disposés pour la religion chrétienne, c'est, en grande partie, la faute des blancs qui se disant chrétiens et qui sont souvent plus immoraux que les Indiens les plus grossiers. On a déjà donné, dans plusieurs ouvrages américains et étrangers, des preuves frappantes de l'esprit des Indiens et de la manière saine dont ils jugent les circonstances de la vie : on est souvent embarrassé pour répondre aux questions si justes qu'ils vous adressent. Quelques-uns d'entre eux discutaient avec une véritable passion sur des sujets très-élevés ; ils nous demandaient nos idées sur les divers corps de la terre et sur l'origine de l'univers ; ils avouaient franchement que l'explication absurde qu'ils en donnaient ne les satisfaisait point. »

Nous ferons, peu à peu, plus ample connaissance avec les Meunitarris. Aujourd'hui nous ne parlerons que de leurs danses, à propos de ce personnage singulier dessiné par M. Charles Bodmer, et qui peut-être existe encore. Il s'appelle Pehriska Zuhpa. Il se prépare à figurer dans la danse symbolique du chien, et il s'est revêtu du costume exigé en pareille circonstance. Le costume nous paraît bien ridicule ; mais ceux de nos fous qu'on voit aller chaque année aux danses du carnaval sont-ils beaucoup moins ?

Une page détachée du journal de M. Charles Bodmer décrit ainsi les diverses parties du déguisement de Pehriska Zuhpa :

« Coiffure en plumes de corbeau et de pie, au bout desquelles sont collés des morceaux d'hermine ou de duvet ; — une espèce de crinière en plumes de dindon sauvage placée derrière la tête. Chacune de ces plumes, rangées symétriquement, est séparée par un petit bâton orné de crins de cheval teints en rouge ; — un morceau de drap rouge attaché au cou pend sur le dos et traîne jusqu'à terre. — Au cou est suspendu le sifflet de guerre, formé d'un os richement orné de franges en cuir. — Dans la main droite, on remarque un instrument formé de sabots de jeunes antilopes, dont le bruit sert à marquer la mesure ; l'extrémité en est ornée d'une plume d'aigle ; le manche de cuir est ornementé ; — la main gauche porte un arc et des flèches. — Pantalon en peau de daim, richement orné de franges coupées dans la même peau et pendantes le long de la couture en dehors des jambes. — Chaussures ou moccasins ornementés ; queues de loup traînant aux talons. — Torse nu. — Le visage est peint en vermillon et en noir. »

La danse du chien n'est pas peu de chose. Ne la danse pas qui veut. Il faut être un vaillant guerrier pour être autorisé à prendre part à cette espèce de pantomime dont le sens ne paraît pas bien connu.

Les danses des Indiens sont presque synonymes de bandes ou de confréries. Chez les Meunitarris et les Mandans, leurs voisins, on compte un grand nombre de danses ou bandes, et chacune d'elles se distingue par des règlements et des signes particuliers.

Telles sont : — la danse ou bande des *chiens fous*, ou *chiens dont on ne sait pas le nom*, composée de jeunes gens de dix à quinze ans, qui portent pour signe un aileron d'oie sauvage : ils ont, comme toutes les autres bandes, un chant particulier pour accompagner leur danse ; — la bande du *corbeau*, composée de jeunes gens de vingt à vingt-cinq ans : chacun d'eux porte pour signe une plume de corbeau et deux ailerons d'oie attachés ; — la bande des *soldats* : les insignes sont deux longs bâtons droits, entourés de peau de loutre, et auxquels sont suspendues des plumes de hibou ; — la bande des *menissochaté* ou des *chiens* : c'est celle à laquelle appartient notre personnage ; — la bande des *bisons* ou des *loups* : ils portent, en dansant, la peau de la tête d'un bison, avec sa longue crinière et ses cornes ; — la bande des *chevreuils à queue noire*, composée d'hommes âgés de plus de cinquante ans, et qui dansent gravement. Deux femmes appartiennent, par exception, à cette bande, et servent aux vieillards, pendant la danse, de l'eau fraîche et des mets cuits.

Il faudrait citer encore la danse du *scalp* ; celle de la *tête à demi tondue* ; où peuvent entrer les plus pauvres gens ; la danse des *vieux chiens*, des *bœufs* ; la danse *chaude*, où il faut trépigner dans un cercle de charbons ardents et tremper les mains dans une marmite d'eau bouillante pour en retirer des morceaux de viande.

Les femmes, de leur côté, ont aussi leurs associations ou danses : la danse du *fusil*, de la *rivière*, du *foin*, de la *vache blanche*.

Ces sociétés donnent lieu à beaucoup de fêtes, de chants et de musique. Il est probable qu'elles avaient un but sérieux, et qu'on n'était admis autrefois dans chacune d'elles qu'en subissant certaines épreuves. Mais les mœurs ont dégénéré. Aujourd'hui on achète le droit d'admission : « Père, je suis pauvre, je voudrais bien acheter de toi », dit celui qui désire entrer dans une danse. Si son offre est agréée, il faut qu'il apprenne le chant et les pas qui sont particuliers à la bande. Quelquefois une tribu vend à une autre, en bloc, toute une danse, et alors n'a plus le droit d'en conserver l'usage. Il se peut que la tradition de ce que signifiaient ces danses soit à peu près effacée. Les voyageurs n'y voient guère que des divertissements auxquels les Meunitarris en ajoutent beaucoup d'autres, par exemple, une sorte de jeu de billard, le cerceau, la balle de cuir que les femmes lancent et font tomber alternativement sur leur pied et sur leur genou sans la laisser tomber à terre. La balle, que les Meunitarris appellent *mah-uh-tappen*, est souvent artistement couverte de piquants de porc-épic coloriés. Les enfants jouent à l'*assé*, qui n'est autre chose que notre volant. Les jeunes gens luttent dans des courses assez semblables à notre jeu de barres.

UN CONCERT SOUS LOUIS XIV.

L'étiquette des cours roidit les naturels les plus enjoués, glace tous les mouvements du corps ou de l'esprit et pose au cou des femmes un carcan invisible. Voyez ces princesses aux hautes chevelures, aux corsages roides et sans forme humaine, toutes portant, du même air résigné, le même collier, le même manchon. La première est très-fatiguée de ses bras et n'ose pourtant changer de position : elle se garderait bien surtout d'appuyer trop sa main gauche sur l'éventail où elle l'a posée; quant à son bras droit, immobile aussi, engourdi, il pend le long de sa robe. La troisième semble marquer la mesure avec sa main, ce qui ne serait pas de bon goût aujourd'hui. Aucun dos ne touche le dossier des chaises. Devant le cercle dont la gravure ne nous montre que la partie gauche est placée une simple table carrée à pieds tors, à lambrequin découpé, d'où s'élève un grand flambeau à huit ou dix branches et à deux étages. Dans une tribune ouverte dans le mur au-dessus des armes royales, un musicien et une chanteuse, séparés par un chef d'orchestre, s'évertuent l'un de son flageolet, l'autre de sa voix ; en arrière sont groupés trois ou quatre choristes. Tout cela respire un ennui mortel. Il est vrai que la musique du temps n'était pas riche en modulations imprévues, en chansons voilées d'instruments qui répondent à la voix et achèvent les mélodies; les recueils d'airs de cour de Lambert, Boisset, Cambert, etc., n'offrent qu'une sorte de plain-chant monotone adapté à des paroles oiseuses. Et cependant la musique avait déjà ses dilettanti et ses enthousiastes. Les princes italiens la mêlaient depuis longues années à toutes leurs fêtes, et les seigneurs de Provence s'exerçaient eux-mêmes à l'art des troubadours. Le bon roi René, le berger et le peintre, était aussi compositeur. François Ier aima les concerts et réunit une musique de chambre et une musique de chapelle; ses enfants héritèrent de ses goûts; Henri III surtout, organisation très-fine, sinon très-forte, encouragea le compositeur Claudin. Louis XIII renchérit encore sur ses prédécesseurs : enchanté d'un nommé Dumanoir, il le fit, par lettres patentes, roi des violons, avec pouvoir de donner, moyennant dix livres, des lettres de maîtrise pour former, en province, des corps d'instrumentistes. Bourdelot, qui écrivait l'histoire de la musique au dix-huitième siècle, parle d'un petit livre d'airs composés par Louis XIII, et qu'un amateur avait fait chanter par curiosité dans un concert en 1672.

Louis XIV apprit de bonne heure la guitare, et ce serait « une louange infiniment au-dessous de Sa Majesté comme de dire qu'en dix-huit mois elle égala son maître », un Italien attiré par le cardinal Mazarin. Il savait la musique « en perfection », et distinguait, dans une troupe de musiciens, celui qui faisait un faux ton. Ses musiques de chambre et de chapelle passaient pour les meilleures d'Europe; au commencement de son règne, elles étaient presque entièrement composées d'Italiens que le cardinal avait fait venir de leur pays. Cependant elles jouaient souvent les œuvres de compositeurs français, comme Cambert, auteur d'une pastorale, et Lambert, maître de la musique, un des hommes « qui perfectionnèrent la manière de bien chanter... la finesse et la délicatesse des ports de voix, des passages, des diminutions, des tremblements, des tenues, etc. »

On peut citer, parmi les fêtes où la musique joua un grand rôle, la grande réception de Vaux-le-Vicomte, en 1660; un orchestre caché dans une tribune faite exprès atténua l'ennui du souper, et dispensa les invités d'une conversation vide. Le prince de Condé eut aussi des intermèdes de voix et d'instruments lorsqu'il reçut le roi à Chantilly; après la naissance du Dauphin. « Mais il faut avouer qu'il ne s'est jamais rien fait qui approchât de la magnificence des fêtes de Versailles, en 1665 », à l'occasion du mariage de Monsieur avec Henriette d'Angleterre. Il y eut une collation accompagnée de « machines et de récits de musique. » On vit d'abord entrer une troupe de trente chanteurs, puis les quatre Saisons portant les mets

les plus délicieux. Les douze Signes du Zodiaque dansèrent une entrée de ballet autour des Saisons magnifiquement personnifiées : le Printemps montait un cheval d'Espagne, et son habit vert resplendissait de broderies et de fleurs au naturel ; l'Été, couronné de gerbes, mangeait des cerises sur le dos d'un éléphant; un chameau portait l'Automne, et un ours était la monture de l'Hiver. Ce n'est pas tout. Le dieu Pan et Diane dansèrent un pas, accompagnés de sylvains et de nymphes chantant, « avec une agréable symphonie de flûtes et de musettes. » On nous dit qu'on a dernièrement vu à Paris, dans un opéra moderne, un ballet analogue : est-ce un souvenir des fêtes de Versailles? N'oublions pas que le festin du soir fut toujours réjoui de différents concerts.

Voici quelques indications recueillies dans les Mémoires de Dangeau sur les petits concerts familiers et pareils à celui que représente notre gravure : « Le 14 novembre 1684, au souper du roi, il y eut un petit concert de trois luths-téorbes, qui sont les instruments fort ressemblants aux archiluths d'Italie (mandolines à très-long manche). — Le 3 mai 1700, le soir, on chanta, chez Mme de Maintenon, le motet qu'a fait M. le duc de Chartres. Mme la princesse de Conti, qui y chantait, voyant quelque courtisan qui était entré, pria le roi de le faire sortir, disant qu'elle ne voulait pas chanter devant ceux à qui elle n'était pas accoutumée. » Et le courtisan sortit. « 28 octobre 1704 : le soir, on chanta chez Mme de Maintenon une ode de l'abbé Genest à la louange du roi. La musique est de Lalande, et le roi la trouva si bonne que, quand elle fut finie, il la fit recommencer. 14 septembre 1712 : le soir, grande musique chez Mme de Maintenon. Le maréchal de Villeroy a permission d'entrer dans ces musiques-là. » C'était une grande faveur, rarement accordée aux plus grandes charges de l'État; Mme de Maintenon était sûre du maréchal, qui rappelait au roi sa jeunesse. « L'année suivante, les musiciens jouèrent Georges Dandin. » Le 23 février 1713, il y eut musique le soir, et « M. de Torcy y mena le cardinal de Polignac, qui présenta sa calotte au roi, et le roi la lui mit sur la tête; le soir, on chanta le prologue et le premier acte d'Atys. Ces petites musiques amusent fort le roi, qui s'y connaît parfaitement bien. »

Saint-Simon va maintenant accentuer la physionomie musicale du roi et de sa favorite. « Mme de Maintenon cherchait fort à amuser le roi chez elle par des dîners, des musiques, quelque jeu dans leur intrinsèque. Les parties particulières (1713) devinrent de plus en plus fréquentes. Dîners. musiques, scènes de comédie, actes d'opéra, loteries toutes en billets noirs ; mêmes dîners à Marly, quelquefois à Trianon, et toujours le même très-petit nombre et les mêmes dames, toujours le maréchal de Villeroy aux musiques et aux pièces ; très-rarement M. le comte de Toulouse qui aimait la musique, presque jamais M. du Maine, et nul autre homme, sans aucune exception, que, ces moments, le capitaine des gardes en quartier, quand il venait dire au roi que son souper était servi, et que la musique n'était pas achevée. » Et ailleurs : « L'ennui gagnait le roi chez Mme de Maintenon, dans les intervalles de travail avec ses ministres. Le vide qu'y laissait la mort du Dauphin ne se pouvait remplir par les amusements de ce très-petit nombre de dames qui étaient quelquefois admises. Les musiques, qui y devenaient fréquentes, par cela même languissaient. On s'avisa de les réveiller par quelques scènes détachées des comédies de Molière, et de les faire jouer par des musiciens du roi vêtus en comédiens. Mme de Maintenon, qui avait fait revenir le maréchal de Villeroy sur l'eau pour amuser le roi par les vieux contes de leur jeunesse, l'intro-

duisit seul aux privances de ces petites ressources, pour
les animer de quelque babil. C'était un homme de tout
temps dans sa main, et qui lui devait son retour. Mme de
Maintenon ne songea donc plus qu'à le mettre à toute
portée de s'en pouvoir servir. » Quelle grandeur mes-
quine! quel isolement forcé! Comme on entrevoit la politique tortueuse et basse, les misérables intrigues qui
circonvinrent les vingt dernières années du roi-soleil,
semblables à ces brumes grises où l'automne ensevelit le
couchant!

Vers la fin du dix-septième siècle, la musique de la
chambre du roi comprenait : deux surintendants ; deux
maîtres et deux compositeurs ; deux hautes-tailles ou
hautes-contre servant par semestre ; deux basses-tailles
et deux de renfort ; un clavecin ou épinette ; deux petits
luths ; deux violes ; un téorbe ou une flûte ; deux dessus
de violon et deux basses ; deux basses de viole, dont une
était une demoiselle Sercamanan ; trois flûtes de la chambre. Les deux surintendants étaient : Michel-Richard de
Lalande, pourvu le 9 janvier 1689, et J.-B. Lulli,
pourvu le 7 février 1696. De Lalande occupait en outre,
à lui tout seul, les deux emplois de maître et les deux

Un Concert sous Louis XIV (estampe de la collection Fontette, à la Bibliothèque impériale de Paris).— Dessin de Yan' Dargent.

charges de compositeur ; ses cinq offices lui valaient près
de onze mille livres par an ; il avait encore une pension de
douze cents livres pour lui, une autre de seize cents pour
sa femme ; ses deux filles touchaient mille livres chacune,
à cause de leur mérite et du service qu'elles rendaient de
temps en temps à la musique de la chapelle.

La grande bande de vingt-quatre violons, à trois cent
soixante-cinq livres de gages chacun, se composait de dix
dessus, deux hautes-contre, trois tailles, deux quintes et
sept basses. Cette bande obtenait en outre quelques largesses en jouant au retour des voyages de Fontainebleau.
Quelquefois on y joignait, lorsqu'il en était besoin, les
« quatre trompettes des plaisirs du roi. »

D'autres violons, dits du cabinet ou petits violons, au
nombre de vingt-cinq, suivaient le roi dans ses voyages. «Ils
servaient dans tous les divertissements de Sa Majesté, tels
que sérénades, bals, ballets, comédie, opéra, appartements
et autres concerts particuliers qui se font tant au souper
du roi que dans toutes les fêtes magnifiques qui se donnent
sur l'eau ou dans les jardins. Ils se trouvent aussi aux
sacres, aux entrées de ville, aux mariages, aux pompes
funèbres et autres solennités extraordinaires. On compte
parmi eux huit dessus de violon, trois dessus de haut-
bois, deux hautes-contre, trois tailles, deux quintes, cinq
basses et deux bassons. »

Mentionnons en terminant un privilége singulier des
musiciens du roi. « Pour montrer la grandeur de nos rois
et fils de France par-dessus les autres princes souverains,
quand la musique de la chambre va chanter par ordre du
roi devant les princes du sang (excepté les fils de France)
et devant les princes étrangers, quoique souverains, si ces
princes se couvrent, la musique se couvre aussi. Cela se
fit de la sorte devant M. le duc de Lorraine, à Nantes, en
1626, et à Perpignan, en 1642 ; un certain prince, averti
de ce privilége, aima mieux entendre la musique découvert. La même chose s'est observée depuis devant les
princes de Modène et de Mantoue, au palais Mazarin, en
présence de feu M. le cardinal. »

UN SOUVENIR DE JEAN GOUJON.

Lorsque, pendant la révolution, on détruisit, dans un intérêt de salubrité, le vieux cimetière des Innocents, il arriva qu'un jour un artiste, M. Droz (¹), passant au milieu des tombes de tous âges qui allaient céder la place aux vivants, aperçut, au milieu des débris d'un petit monument d'apparence fort ancienne, un charmant bas-relief.

Musée de la Renaissance, au Louvre. — Bas-relief attribué à Jean Goujon. — Dessin de Mettay.

C'était une tête de jeune fille sculptée de main de maître, celle même que nous reproduisons ici, et que l'on peut voir au Louvre, dans une des salles de la Renaissance, où on l'a placée sous le nom patronymique de Jean Goujon.

L'artiste demanda grâce à l'ouvrier démolisseur pour ce chef-d'œuvre; mais le pauvre homme, à tort ou à raison, craignait de se compromettre en n'exécutant pas à la lettre les ordres qu'on lui avait donnés : il se croyait obligé de tout détruire. Cependant l'artiste insista et fit si bien

(¹) Droz, mort en 1823. Associé aux travaux de James Watt et de Boulton, en Angleterre, pour les machines et le monnayage, il fut appelé par le Directoire à la direction de la monnaie des médailles; toutes les médailles historiques du premier empire sont sorties de ses ateliers.

qu'il sauva l'œuvre. De plus, il emmena l'ouvrier dans son atelier et l'y garda sa vie durant. Il n'était pas douteux que le médaillon ne fût une œuvre et un souvenir de J. Goujon ; une dalle funéraire placée sous l'image portait le nom de *Marie Goujon*, écrit en vieux caractères, et au-dessus on lisait une date du seizième siècle, se rapportant parfaitement à l'époque où vivait le grand artiste. Malheureusement cette dalle a été perdue depuis ; mais un de nos contemporains, frère de Droz, et statuaire à Paris, de qui nous tenons ce récit, se rappelle parfaitement avoir vu la dalle et l'inscription dans l'atelier des médailles.

Le médaillon seul nous reste, et c'est le principal, car il suffit de le voir pour être persuadé qu'il est incontestablement une œuvre de J. Goujon. C'est l'un des ouvrages les plus délicats de ce ciseau qui excellait dans l'art du bas-relief ; on y trouve toute sa sobriété dans les draperies, le développement modéré qu'il savait leur donner tout en leur conservant la grâce, l'ampleur, et cet effet doux, produit par la faible saillie des parties accessoires, qui ne fait que mieux ressortir la rondeur et le relief.

La tête a la grâce et le charme qui respirent dans tous ses ouvrages, et qui sont tellement propres à son génie que, dans ses œuvres, les figures de femmes sont de beaucoup supérieures à celles d'hommes.

La pose de la tête et son genre de coiffure se retrouvent presque identiquement reproduits dans plusieurs de ses autres bas-reliefs ; c'est à croire qu'elle leur a servi de modèle.

Les traits ont cette réalité d'expression, cette vérité de nature, qu'on trouve seulement dans un portrait fidèle : « Tout y est traité avec amour, nous dit M. Droz, et la main seule d'un père a dû modeler ce cou qui semble respirer, cette oreille qui semble entendre. »

Ainsi ce médaillon serait bien véritablement un souvenir touchant du grand artiste dont le nom est une de nos gloires nationales. Il ornait sans doute le dernier asile d'une fille chérie. Ne semble-t-il pas qu'après une longue séparation, après bien des périls et des hasards, son doux génie l'ait rappelée près de lui, au milieu de ses œuvres et sous l'abri du palais qu'il a immortalisé de sa main ?

UN PRESBYTÈRE SUÉDOIS

AU DIX-HUITIÈME SIÈCLE.

— Fin. — Voy. p. 74, 86, 98, 110.

Dans le regard du pasteur se lisait sa parole, on lisait l'intégrité, l'affabilité. Il lui répugnait de dire un mot dur s'il n'y était pas forcé. Il était bien aimé de ses auditeurs, qui l'appelaient *kare far* (bon père), comme ils appelaient la prévôte *kara mor* (bonne mère).

On aurait pu supposer qu'il était avare, parce qu'il ne renonçait à aucun de ses petits émoluments ; mais le revenu de la cure était très-médiocre, et le peu de blé qu'il avait de reste, il le vendait à perte aux pauvres de sa paroisse (pour 4 *daler* d'argent, c'est-à-dire à peu près 2 francs et demi le tonneau) ; seulement il exigeait le payement en argent véritable, car jamais on ne parvint à lui persuader que des billets de papier fussent de l'argent. Cette doctrine de transsubstantiation dépassait son horizon.

Sa maison était bien approvisionnée, tout en portant l'empreinte d'une certaine frugalité antique. Ses enfants mangeaient ordinairement avec des cuillers de bois de poirier. Ce n'était point par avarice : c'était l'usage. Jamais on ne vit de café chez lui. Il y avait bien du thé, mais seulement pour les dames étrangères. Un quart de livre durait quatre ans. Son compte d'épiceries était fixé à 6 daler d'argent par an, y compris deux livres de sucre. Chez le marchand de comestibles, il ne prenait que du poisson pour Noël, du sel et du hareng. Mais son bétail, son jardin, ses abeilles, sa pêche, etc., lui fournissaient en abondance des mets variés pour sa table. Il faut ajouter que la générosité de la paroisse y contribuait aussi pour beaucoup. Tous les dimanches on lui apportait toutes sortes de victuailles, en échange desquelles chacun recevait un pain blanc frais.

Il avait pour les procès une horreur invincible. A l'âge de soixante-dix ans, le gouverneur de la province le pria d'assister à une taxation dans Alfvestad, où le juge de district tenait les assises. Il répondit poliment, mais en suppliant, comme une faveur, qu'on daignât épargner à ses cheveux blancs la honte de se montrer en cour d'assises. Le gouverneur trouva cette demande si originale qu'il résolut de se rendre lui-même chez le prévôt et de faire la connaissance d'un ecclésiastique qui marquait une telle aversion pour les procès. Il insista, et il n'y eut pas moyen d'échapper. Le prévôt prit son parti, chaussa ses bottes, mit ses éperons, monta à cheval, et se mit en chemin accompagné de son sacristain. Ils avaient fait le chemin si vite qu'ils arrivèrent les premiers au rendez-vous. Le gouverneur eut le plaisir de voir à la fois le prêtre et le sacristain les plus « grands » de tout le diocèse. Ce lui fut une satisfaction de consulter un pasteur qui connaissait si bien les besoins économiques de sa paroisse dans tous leurs détails. Plusieurs ordonnances utiles en furent la conséquence. En partant, tous admirèrent l'adresse du prévôt à sauter sur un coursier fringant, à s'y tenir ferme comme un écuyer et à disparaître en plein galop.

Nous avons à faire un petit aveu qui nous coûte ; mais nous voulons tout dire. La seule chose sérieuse que l'on eût à reprocher au bon pasteur, c'est que personne ne sortait guère de chez lui sans chanceler un peu sur ses jambes ; c'était là le péché originel de la maison. Quant à lui personnellement, il était bien l'homme le plus sobre qu'on eût jamais vu. Seul, il ne buvait que de la petite bière. Aux invitations du voisinage, il ne prenait que le strict nécessaire.

Souvent il avait dit qu'il ne manquait à son bonheur terrestre qu'un fils pour successeur. A la troisième grossesse de sa femme, il espérait voir son souhait accompli. Les fonctions de sa charge l'ayant obligé de quitter la maison, il rencontra au retour une servante. Il lui demanda comment était sa femme.

— Bon, dit-elle ; notre chère mère est accouchée.

— Une fille encore ? s'écria-t-il avec quelque chaleur.

— Non, répondit la servante.

— Enfin donc j'ai un fils !

— Ce n'est pas cela non plus, répliqua-t-elle ; notre chère mère a mis au monde deux filles.

Il décida que l'aînée des deux jumelles lui ferait présent de son premier fils. Il la plaisanta bien des fois à ce sujet pendant qu'elle grandissait. Mariée, elle eut le bonheur de satisfaire à son désir. C'était ma mère ; ce fils fut élevé comme le fils de la maison, et c'est pourquoi il connaît si bien le presbytère.

Les sept filles de mon grand-père devinrent toutes prévôtes et femmes de pasteurs, toutes des mères excellentes et fécondes. En 1760, tous leurs enfants, au nombre de quarante-deux, étaient assemblés chez le prévôt. Elles vivaient heureuses et tendrement unies. En partageant l'héritage, elles convinrent qu'aucune n'aurait la corne dont on a parlé plus haut, mais qu'elle resterait le point de ralliement des enfants du prévôt. Ma mère la reçut la première, et tous furent invités à boire à la mémoire du grand-père à la Saint-Jean prochaine. Après la fête, la corne fut remise à une autre fille, qui invita la famille

pour l'année suivante, et l'on continua ainsi de suite, jusqu'à ce que la famille fût à peu dispersée, ou par la
mort, ou par sa division en plusieurs branches.

Jamais le prévôt n'avait été malade. Il s'éteignit insensiblement, et resta au lit un an, sans fièvre et sans
ressentir la moindre douleur, en pleine possession de tous
ses sens, toujours gai et affable. Il fut remplacé par l'aîné
de ses gendres, et jusqu'à ce jour la cure est restée, sans
interruption, dans sa famille.

SUR LES HABITANTS DE LA LUNE.

Si nous ne pouvions nous approcher de la mer, et qu'il
ne nous fût permis de la contempler que dans le lointain,
et que quelqu'un vînt à nous raconter que ses eaux sont
amères, salées, non potables; que dans ses profondeurs
s'agitent une multitude de grands animaux, même de
colosses, qui usent de l'eau de la même manière que nous
usons nous-mêmes de l'air, nous penserions entendre là
des contes et des chimères : c'est exactement ce qui nous
arrive quand nous refusons de croire qu'il y ait dans la
lune des êtres vivants. J'imagine même volontiers que
ceux qui habitent cet astre doivent éprouver encore plus
de peine à se persuader que cette terre, qu'ils regardent
sans doute comme la lie et le sédiment de l'univers, qui
ne leur apparaît qu'entourée de tant de nuées et de vapeurs, lieu bas, sans lumière propre, sans mouvement,
soit en état de produire et de nourrir des animaux doués
de mobilité, de respiration, de chaleur; et s'ils avaient
jamais ouï réciter ces vers d'Homère : « Séjour horrible,
» ténébreux, effroi des dieux, aussi reculé dans la pro-
» fondeur que le ciel est élevé dans la hauteur », ils
supposeraient que ces vers sont relatifs à la terre; que
c'est ici-bas que se trouvent l'Enfer et le Tartare, et
que c'est, au contraire, la lune qui est la véritable terre,
également distante des régions supérieures et de cette
région inférieure dans laquelle nous sommes.

PLUTARQUE.

Le front de l'envieux ne s'éclaircit pas même dans le
succès; son triomphe est pire que celui de la haine.

JULIEN TRAVERS.

Nous sommes moins sensibles à la jouissance du bien
qu'à l'épreuve du mal. D'où vient cela? C'est que nous
sommes nés non pour le mal, mais pour le bien.

A. G.

LES TIMBRES-POSTE.

Suite. — Voy. p. 35, 70.

ROYAUME-UNI DE LA GRANDE-BRETAGNE ET D'IRLANDE.
Suite. — Voy. p. 70.

TIMBRES PROPOSÉS ET ESSAIS.

M. Charles Whiting, imprimeur à Londres, avait proposé à l'administration des postes, en mars 1830, de faire
et de mettre en vente, au prix de la taxe postale, des enveloppes ou des bandes timbrées, qu'il appelait go-frees,
qui auraient servi à expédier franco par la poste les imprimés non reliés.

M. Stead, de Yarmouth, avait, plusieurs années avant
1837, conseillé l'emploi de papier à lettres portant un
timbre fixe de valeur égale à la taxe postale.

M. Rowland Hill s'était d'abord arrêté, en 1837, au
papier à lettres timbré, en demi-feuille in-4° (stamped
cover), et portant explication de la manière de s'en servir.
Il indiqua plus tard (7 février 1838), comme devant être
d'un usage plus commode, un petit morceau de papier, de
la grandeur d'un half penny, gommé au revers, sur lequel
on graverait ou la vignette du timbre, ou les instructions
pour son emploi, ou les armes royales, ou une légende
quelconque.

De son côté, M. Richard Cobden, rappelant au comité
des Communes qu'à New-York les marchands d'eau
de Seltz, les entrepreneurs d'omnibus, les maisons de
bains, etc., vendent de petits billets d'abonnement, recommandait l'emploi d'un cachet de ce genre, de $^3/_4$ ou
$^1/_2$ pouce anglais carré, gravé et gommé (7 mai 1838).

D'après l'arrêté du ministre des finances du 26 décembre 1839, l'affranchissement peut avoir lieu en se
servant, comme M. Rowland Hill et ses amis le demandaient [1] :

1° De papier à lettres timbré, en demi-feuille in-4°
(stamped cover);

2° D'une enveloppe timbrée (stamped envelope);

3° D'un timbre mobile, gommé (adhesive stamp, stamped label ou postage label);

4° D'un timbre imprimé au bureau du timbre sur un
papier quelconque (suivant le conseil donné par M. John
Wood, ancien président de l'administration du timbre).

Pour rendre la contrefaçon du papier timbré plus difficile, on adopta un papier particulier, fabriqué dans le
Hertfordshire par M. John Dickinson; dans la pâte de ce
papier sont placés parallèlement des fils de soie ou de lin
de différentes couleurs.

Plusieurs vignettes furent proposées en 1838 et 1839.

Le premier timbre (stamped cover) fut présenté, le
7 février 1838, au comité de la Chambre des communes
par M. Rowland Hill (1er rapport, page 14). Nous ne le
connaissons pas.

Il faut expliquer qu'il y a deux sortes d'enveloppes :

La première (cover) est une demi-feuille de papier format in-4°, qui est pliée comme une lettre. La face extérieure est couverte, en tout ou en partie, d'une vignette
gravée, principalement près de l'endroit qui doit recevoir
l'adresse; la face intérieure est ordinairement blanche et
l'on peut y écrire la lettre.

La seconde (envelope) est la même demi-feuille de papier découpée et façonnée en enveloppe.

On a commencé par les covers.

Après les covers de M. Rowland Hill viennent ceux de
M. Charles Whiting, imprimeur, qui les soumit au comité des Communes, le 21 juin 1838 (2e rapport, page
394). Le papier portait une vignette gravée et imprimée
en couleur. On lisait sur l'un de ces covers : Post office, printed matter under one ounce, price 3 d.; et sur
l'autre : Post office, written matter under one drachm,
price 2 d.

M. Whiting recommandait l'impression à deux ou plusieurs couleurs avec des presses à la Congrève.

Il voulut montrer qu'il était possible d'avoir un papier
timbré dont la contrefaçon fût trop difficile pour qu'elle
fût à craindre; il publia une vignette faite avec la machine
à guillocher. Cette vignette a paru dans le Post circular
du 30 avril 1839, imprimée en bleu, et fut tirée à part,
imprimée en lilas, avec cet encart, sous forme de cover; la
face intérieure portant un chaleureux appel en faveur de

[1] Facts and reasons in support of Mr Rowland Hill's plan for
a universal penny postage. By W. H. Ashurst. London, 1838,
in-8. — On the Collection of postage by means of stamped covers,
by Rowland Hill. London, 1839, in-8

la réforme postale. La feuille a 0ᵐ.258 sur 0ᵐ.204, et la vignette 0ᵐ.074, sur 0ᵐ.106. Cette vignette porte, en haut, au milieu, *V. R.* en lettres anglaises majuscules entrelacées; à gauche, *Post office;* à droite, *Permit;* en bas, *Price 1 d.* — *Matter not to exceed in weight* — *1/2 ounce* (n° 77).

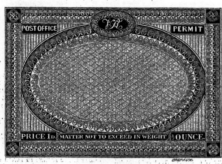

Nᵒ 77. — Enveloppe (*cover*) Whiting, 1839.

C'est à la même époque, mais un peu après, que M. Whiting fit un essai de timbre mobile. Ce timbre est carré; il a 0ᵐ.024 de côté; le dessin est gravé, imprimé en bleu foncé sur papier blanc, et couvert en certaines places par quatre flammes rouges disposées en croix de Malte et quatre autres flammes rouges disposées en croix de Saint-André. Au centre, la couronne royale; à gauche et à droite, les lettres *V. R.;* dans la bordure de l'ovale, en haut, *Principle suggested;* en bas, *Beaufort house;* aux angles, *A. 3.* et *C. W.* (n° 78). Beaufort house est

Nᵒ 78. — Timbre Whiting.   Nᵒ 79. — Anonyme

le nom de l'hôtel, dans le Strand, dans lequel M. Whiting avait établi son imprimerie.

D'un autre côté, en 1838 ou en 1839, un anonyme faisait distribuer une note imprimée (1 feuillet in-8, sans lieu ni date), dans laquelle il déclare que les *enveloppes* ne sont pas nécessaires, que les lettres peuvent être écrites sur la feuille même de papier timbré, et qu'une autre sorte de timbre serait préférable. Il propose un petit cachet, gommé au revers, qui serait collé sur l'adresse de la lettre et que la poste frapperait d'une estampille pour l'oblitérer.

Ces timbres sont carrés et ont 0ᵐ.020 de côté; ils sont imprimés typographiquement en lettres, en noir sur papier blanc. Il y en a quatre qui portent les inscriptions suivantes :

Post office. Under half ounce weight, one penny.
Post office. Under one oz. weight, 2 d. (nᵒ 79).
Post office. Under two oz. weight, 4 d.
Post office. Under three oz. weight, 6 d.

M. Rowland Hill n'avait d'abord songé qu'au papier à lettres timbré, et l'administration des postes devait naturellement fabriquer et façonner elle-même ce papier; les

fabricants de papier et les papetiers s'alarmèrent de ce projet, le combattirent et attaquèrent en même temps le système de l'affranchissement au moyen de timbres. La défense ne fut pas moins passionnée, mais elle s'appliqua à établir que M. Rowland Hill avait recommandé également l'emploi de petits timbres mobiles, gommés au revers. On insista sur les avantages de ces petits timbres, notamment pour l'envoi et le payement de sommes minimes. Ces discussions eurent lieu en 1839, et c'est à leur occasion qu'on proposa plusieurs timbres.

Le premier, qui accompagnait une réponse adressée aux fabricants de papier et aux papetiers (1 feuille in-4°), a 0ᵐ.034 de côté; il est gravé, imprimé en noir et rouge sur papier blanc, dessin guilloché. Dans le carré est inscrit un ovale qui est coupé à intervalles égaux par seize flammes rouges. On lit, sur la bordure ovale : *Post office permit.* — *To carry matter not exceeding in weight;* — et au centre : *1/2 ounce — 1 d.* (nᵒ 80). Ce timbre sort de l'imprimerie de M. Whiting.

Nᵒ 80.   Autres timbres Whiting.   Nᵒ 81.

Un autre timbre, qui a probablement la même origine, a 0ᵐ.032 sur 0ᵐ.0315; il est gravé, imprimé en couleur sur papier blanc. Nous en connaissons quatre : 1° fond rouge, lettres bleues; 2° fond noir, lettres rouges; 3° fond bleu, lettres rouges; 4° fond vert, lettres rouges. Le dessin est guilloché, un ovale est inscrit dans un carré. Le timbre porte : *Post office. Not to exceed half ounce, 1 penny;* aux quatre coins, le chiffre *1;* à droite et à gauche, *V. R.* (n° 81).

La suite à une prochaine livraison.

LES MOUTONS.

Voy. t. XXX, 1862, p. 348.

Les Moutons. — Composition et dessin de Ch. Jacque.

Ces bêtes si timides ont parfois des instincts de révolte; lorsqu'un chien étranger s'approche du troupeau, les têtes se relèvent, on cesse de brouter; l'herbe pend de chaque côté des mâchoires qui l'oublient. Tout se range en bataille, et, frappant la terre du pied, l'armée inoffensive s'avance lentement d'abord, puis plus vite; et si le berger n'accourait, il ne pourrait bientôt plus rattraper ses moutons emportés par un élan aveugle. Si nous n'avions nous-même vu plusieurs fois cette attitude belliqueuse et cet enthousiasme bizarre, nous aurions pu citer les moutons de Panurge. Il faut voir là un reste du caractère primitif et de la vigueur native; comme les buffles, les brebis devaient marcher, tête baissée contre l'ennemi et enfoncer tous les obstacles; elles joignaient la ténacité à la furie. Le bélier n'a-t-il pas donné son nom à une machine de siége? n'a-t-il pas, au temps de la guerre de Troie, sauvé Ulysse et ses compagnons dans l'antre de Polyphème? Homère pouvait aussi bien choisir des taureaux et des génisses, mais il a pensé que le bélier était assez robuste pour porter un homme attaché sous son ventre. La mythologie égyptienne a fait du bélier l'emblème de la force, la figure du dieu suprême; Ammon est un sphinx au corps de lion et à la tête de bélier; entre ses cornes rayonne le disque du soleil. Il est vrai que l'Égypte possède encore une race de béliers magnifiques, gros comme des ânes, et qui ont pu, dans les temps antiques, mériter des autels. Aujourd'hui encore l'agneau est un symbole religieux, et s'il représente la douceur et le pur amour, il est aussi un idéal de force spirituelle, de toute-puissance morale.

Dans les plaines de la Chaldée et de l'Arabie, les moutons voyagent par troupes immenses, entraînant à leur suite vers de nouveaux pâturages les bergers, les patriarches; ils dispensent les nomades du travail de la terre, et leur laissent le temps d'étudier le ciel. Aussi les antiques astronomes, par reconnaissance, ont-ils placé *Aries* parmi les signes du Zodiaque. C'est le mouton qui entraîne Abraham jusqu'en Égypte; car, sans lui, Abraham, contraint de semer pour se nourrir, serait demeuré sédentaire : le mouton n'est donc pas étranger au séjour des Hébreux en Égypte, et à tout ce qui s'en est suivi. Si l'on conteste son influence sur le sort des nations, on ne peut nier qu'il ait imprimé un tour particulier aux idées et à la vie de ceux qui l'approchent : que de sciences, que de superstitions, que de théories séduisantes ont créées les pâtres dans leurs heures de loisir et de rêveries!

Lorsque les peuples se furent assis, quand les limites des races et des empires furent à peu près tracées, les bergers durent restreindre leurs voyages. Ils perdirent de leur importance; on ne vit plus de rois pasteurs. Toutefois, en certains pays, les moutons ont conservé, depuis l'antiquité jusqu'à nos jours, des lois et des mœurs particulières. Il serait facile de trouver, dans les poëtes latins ou les écrivains spéciaux de l'antiquité, l'organisation des troupeaux nomades de la Pouille; un pays, sous le nom de *Tavoliere di Puglia*, est réservé aux moutons dans le royaume de Naples : c'est une longueur de soixante-dix milles sur trente milles de large, divisée par Alphonse d'Aragon en un certain nombre de postes fixes ou bergeries, avec une portion de terre qui n'est jamais mise en culture; entre la Pouille et les montagnes sont réservés des pâturages d'automne (*riposi*). Le même Alphonse fixa trois chemins pour le passage de l'Abruzze à la Pouille; il imposa, comme avaient fait les Romains, sur les troupeaux voyageurs une rétribution modique qui devint un des plus importants revenus du patrimoine royal. Le percepteur de cet impôt, le *doganiere*, protégeait les bergers et formait, avec quelques autres officiers, le tribunal di *Foggia*. En 1787, le *Tavoliere* contenait six à sept cent mille hectares.

La *Mesta* d'Espagne est le vrai code des moutons nomades; deux forts volumes in-4° de priviléges, droits, statuts, lois, décrets, etc., leur donnent le pouvoir d'opprimer impunément tous les propriétaires fonciers. Dans ce système, le berger est membre d'une association redoutable et tient sa place dans une organisation parfaitement liée. Des troupeaux de vingt mille têtes, de soixante mille, exigent, en effet, le concours de plusieurs conducteurs; un chef, nommé *mayoral*, et un sous-chef, nommé *rabadan*, rendent compte au maître, savent les lois, instruisent les bergers, soignent les animaux. Le *mayoral* de vingt mille bêtes a jusqu'à cent bergers sous ses ordres; il y a plus de cent troupes pareilles : c'est une armée sans cesse en guerre contre les loups qui la suivent et contre les riverains dont ils écorpent les prairies. Quittant l'Estramadure, l'Andalousie et la Manche, etc., où ils ont hiverné, pour les montagnes de Léon, de Castille, d'Aragon, des Asturies, quatre millions et demi de moutons parcourent deux fois par an l'Espagne, sur un espace de deux à trois cents lieues; ils marchent de trente à cinquante jours à chaque voyage, par des chemins qui leur sont réservés; et jamais routes triomphales n'ont été aussi majestueusement larges, car elles mesurent quelquefois trente-deux mètres. Par un abus inouï, ce sont les intéressés, les plus grands propriétaires de moutons qui sont institués législateurs et juges dans tout ce qui concerne les pâturages et les troupeaux.

Il y a aussi en France quelques troupeaux voyageurs, mais sans organisation qui les mette au-dessus du droit commun. Ceux de la Crau se réunissent en compagnie de dix à vingt mille sous la garde de *bailes*, qui élisent un baile comptable à qui l'on associe un écrivain (*escrivan*). Par des chemins spéciaux, *drayes* ou *carraires*, les troupes ou *escabouets* d'environ deux mille têtes marchent vers les Alpes, sous la conduite de six hommes et deux ou trois chiens; des *menoums*, chèvres et boucs, guident chaque *escabouet*, selon le vers de Virgile :

> L'homme de mon troupeau, mon bouc, s'est égaré!

Le baile comptable marche avec plusieurs centaines d'ânes portant la *robbe*, les bagages; c'est le quartier général où tout répond.

Plus nous irons, moins les moutons conserveront le privilége de faire un corps dans l'État, moins ils tiendront de place apparente dans l'économie politique; mais ils ne perdront rien de leur importance dans l'économie sociale; l'alimentation publique les réclame à grands cris, et j'ai compté, dans un livre de cuisine, jusqu'à cinquante manières d'accommoder leur viande; quant à leur laine, comment l'homme pourrait-il s'en passer? Les cultivateurs les plus ingénieux s'étudient constamment à maintenir les plus belles et les plus utiles variétés, à créer des races nouvelles : l'un améliore la chair, diminue le poids des os, obtient un engraissement rapide; d'autres cherchent à embellir la toison. L'Espagne, la Saxe, l'Angleterre, la France, se disputent l'honneur de fournir les laines les

plus moelleuses ou les plus brillantes. Nos races de Rambouillet et de Mauchamp, longtemps confiées à un agronome [1] dont la perte a été vivement sentie, sont soignées dans des établissements publics et partout renommées; l'Angleterre et le Portugal viennent nous les emprunter.

Il n'est rien qui ne serve dans le mouton. Sa graisse nous éclaire; ses os polissent le marbre; ses intestins préparés en cordes résonnent sous l'archet et interprètent les mélodies les plus suaves. Les lettres lui doivent les églogues et les pastorales; et, pour terminer, espérons que nos lecteurs lui sauront gré de tous les dessins aimables où un crayon habile a su rendre sa physionomie et saisir ses attitudes.

ANTIQUITÉS ANTÉDILUVIENNES.

Voy. t. XXIX, 1861, p. 302.

C'est dans le bassin de la Somme, aux environs d'Abbeville, que des témoignages authentiques de la présence de l'homme ont été découverts pour la première fois dans des terrains appartenant incontestablement à la période appelée généralement diluvienne. L'honneur de cette belle découverte appartient à un archéologue de cette ville, M. Boucher de Perthes. Divers travaux, les fortifications, le chemin de fer, un canal, ayant occasionné des fouilles considérables, M. Boucher de Perthes, avec une persévérance dont la science ne saurait lui être trop reconnaissante, profita de ces circonstances pour se livrer à une inspection minutieuse de tous les objets mis au jour par la pelle et la pioche des ouvriers. Ses peines furent récompensées. Dans le banc inférieur, parfaitement caractérisé comme diluvien par les ossements d'espèces perdues, particulièrement d'éléphants et de rhinocéros, qui s'y trouvaient enfouis, se rencontrèrent des haches et autres instruments de silex grossièrement taillés, mais accusant, d'une manière qui ne saurait laisser aucun doute, la présence de l'homme à cette époque.

Il suffit de jeter les yeux sur l'ensemble des terrains pour comprendre que les objets dont il s'agit n'ont pu s'y introduire après coup. Ces terrains sont nettement stratifiés sur dix à douze mètres d'épaisseur, et c'est dans les lits inférieurs que se trouvent les haches. Il est visible que ces lits sont encore tels qu'ils étaient au moment de leur formation, quand les eaux entraînaient pêle-mêle le sable et les ossements d'espèces perdues; ils n'ont point été remaniés par des inondations postérieures, car s'ils l'avaient été on y trouverait, outre les ossements d'espèces perdues, les ossements des espèces qui caractérisent les époques suivantes, et qui se rencontrent effectivement dans les lits déposés au-dessus de ceux-ci; et c'est ce qui n'a pas lieu. Donc ces lits sont purement diluviens. D'autre part, les haches n'ont pu s'y introduire, après coup, par enfouissement, car elles n'auraient pu arriver à cette profondeur que par une espèce de canal qui aurait coupé tous les lits superposés, et dont la trace serait aujourd'hui encore parfaitement visible. De plus, dans cette hypothèse, il est évident que l'on devrait trouver des haches dans tous les lits, aussi bien que dans ceux d'en bas, et c'est ce qui n'est pas. Enfin, on est allé jusqu'à dire que les haches avaient pu être enfouies malicieusement par les ouvriers, avertis de la recherche qui s'en faisait. Assurément il est arrivé plus d'une fois à des archéologues d'être victimes de duperies de ce genre; mais ici la fraude n'était pas possible. Avant d'enfouir ces haches, il aurait fallu les avoir; or, elles n'ont pu être faites par les ouvriers, car

[1] M. Élisée Lefèvre, directeur de la bergerie impériale de Gevrolles.

leur surface est revêtue d'une sorte de patine causée par l'action des siècles; et elles n'ont pas été non plus prises par eux dans les alluvions supérieures, où l'on en découvre en effet, car les haches antédiluviennes sont d'un travail particulier, qui diffère essentiellement de celui des âges postérieurs.

Ainsi, il est acquis que les grandes inondations par lesquelles, à des époques reculées, le bassin de la Somme

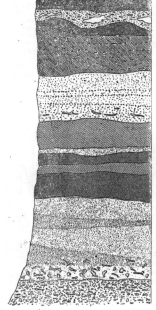

Torre végétale.
Argile brune.

Silex et craie roulés.

Argile brune.

Argile et silex brisés.

Sable marneux mêlé de petits lits de craie roulée, et gravier avec ossements.

Glaise blonde.

Sable blond.
Glaise grise.
Glaise et sable ocreux.

Glaise grise.

Veine ocreuse.

Sable gris et sable blanc coquilliers, ossements fossiles, haches et instruments.

Silex roulés et brisés.

Coupe des carrières de Menchecourt, près d'Abbeville, dans lesquelles s'est faite la première découverte des monuments antédiluviens. — Échelle de 15mm pour mètre.

s'est rempli de dépôts de sable siliceux et de silex brisés, ont ramassé à la surface de la terre, en même temps que les cadavres et les ossements des grands quadrupèdes dont les races ont aujourd'hui complètement disparu, des haches de pierre et d'autres instruments, et que, par conséquent, l'homme habitait déjà l'Europe quand ces animaux y vivaient, et qu'il y a été témoin des importants cataclysmes dont il s'agit.

Cette conclusion, si importante et si opposée en même temps aux idées qui avaient eu cours jusqu'alors, avait besoin, pour prendre racine, d'être sévèrement contrôlée. C'est un avantage qui ne lui a pas manqué. En 1859, M. Falconet, vice-président de la Société géologique de Londres, s'étant mis au courant des découvertes d'Abbeville, en fit part à la Société, et détermina ainsi de nombreuses visites de géologues anglais dans le bassin de la Somme. Le 29 mai, une commission déléguée à cet effet

fit ouvrir en sa présence de nombreuses tranchées, et consacra plusieurs jours à leur étude. « Les résultats, dit M. Boucher de Perthes, ne furent pas moins concluants que les premiers. Ces messieurs retirèrent eux-mêmes des bancs ouverts devant eux de beaux échantillons fossiles et des haches nettement travaillées. Le chef de l'école géologique d'Angleterre, sir Charles Lyell, ne pouvait pas laisser passer cette question sans émettre son avis. Le 26 juillet 1859 il arriva à Amiens, et le lendemain à Abbeville. Comme les savants qui l'avaient précédé, il reconnut l'ancienneté géologique des bancs, leur état vierge, la présence de l'éléphant fossile et celle des silex taillés. Il rendit compte de ce voyage dans un discours prononcé, en septembre, dans le meeting de l'Association britannique. » La France ne pouvait rester en arrière. Sur les instances de M. Geoffroy Saint-Hilaire, qui depuis longtemps avait admis la vérité des observations dont il s'agit, M. Gaudry, aide-naturaliste du Muséum, se rendit au mois d'août à Amiens et à Abbeville, et, après une sérieuse investigation des bancs diluviens, il lut à l'Académie des sciences un mémoire dont les conclusions étaient : « 1° Nos pères ont été contemporains du *Rhinoceros trichorinus*, de l'*Hippopotamus major*, de l'*Elephas primigenius*, du *Cervus somonensis*, d'un grand bœuf, etc., toutes espèces aujourd'hui détruites ; 2° le terrain nommé *diluvium* a été formé, au moins en partie, après l'apparition de l'homme. »

La suite à une prochaine livraison.

LA NYMPHE A LA COQUILLE, DE COYSEVOX,
DANS LE PARC DE VERSAILLES.

Dans cette imitation de l'antique, d'après la Vénus à la coquille, du Louvre, Coysevox a su rester lui-même, c'est-à-dire homme de tact et d'inspiration, et éviter le mauvais goût de plus d'un sculpteur de son temps. Legros, par exemple, ayant à faire des copies d'antiques pour le parc de Versailles, et prenant leur admirable simplicité pour de la froideur, les contourna et les gonfla au point d'en faire parfois de ridicules pastiches.

Au contraire, Coysevox, à part les développements et amplifications nécessaires à son œuvre pour en faire un sujet de décoration approprié à la place qu'elle occupe, a conservé la simplicité charmante du modèle, en lui donnant même plus d'abandon, de grâce et de *farniente* dans la pose, plus de moelleux dans les contours : ce n'est plus, il est vrai, une divinité antique ; c'est une charmante divinité du siècle de Louis XIV en tenue mythologique et maintien champêtre.

Quant à la statuette du Louvre, « sa conformité d'attitude avec la célèbre *Joueuse d'osselets* ne permet guère

La Nymphe à la coquille, par Coysevox, dans le parc de Versailles. — Dessin de Renaud.

de lui attribuer une autre action ; mais l'air idéal de la tête qui, du reste, est rapportée, et les testacés qui jonchent le sol, semblent donner à cette statue un caractère mythologique qui, lors de la restauration du bras droit, suggéra l'idée de mettre dans la main une coquille au lieu des osselets. Cette statue se trouve représenter ainsi une nymphe plutôt qu'une Vénus. » (De Clarac.)

CARTES CÉLESTES.
Suite. — Voy. p. 18, 90.

Planche V. — Nous voici au vrai Lion, n° 28. L'étoile α est Régulus ou le Cœur du Lion de première grandeur. L'étoile β, qui est à la queue du Lion et tout près de la tête de la Vierge, était de première grandeur du temps de Ptolémée ; elle n'est plus aujourd'hui que de seconde. Les Arabes la nommaient Sareah. En remontant de Régulus à la tête et au mufle du Lion, on passe par une très-brillante étoile qui est presque de première grandeur et marquée γ.

C'est l'étoile favorite de M. Struve, qui l'a beaucoup observée comme étoile double révolutive. On estime la durée de sa révolution à mille ans. La grande étoile est de seconde grandeur et la petite de quatrième, et l'éclat de la brillante rend les mesures de position très-incertaines. Du temps de Virgile et d'Horace, le Soleil était dans le Lion à l'époque des chaleurs malsaines de l'Italie. Les poëtes ne tarissent pas sur l'influence désastreuse du Lion lorsqu'il *reçoit en fureur le Soleil aux rayons perçants.* Aujourd'hui le Soleil est au milieu des étoiles du Lion à la fin de l'été, et l'automne commence dans la Vierge, tandis qu'autrefois c'était dans la Balance qu'était l'équinoxe d'automne. Tout a rétrogradé d'une constellation. Dans quatorze mille ans d'ici, les constellations d'hiver seront les constellations d'été, et le Soleil, qui nous donne les chaleurs estivales quand il est dans les Gémeaux, nous les donnera quand il sera dans le Scorpion, lequel occupera dans notre ciel d'Europe la place que les Gémeaux y occupent aujourd'hui. Comme la configuration des étoiles n'a souvent aucun rapport à la figure qu'elles sont censées représenter,

Cartes célestes. — Planche V.

on dit souvent que les étoiles du Lion représentent une
faucille de moissonneur dont le manche va de la queue
du Lion au cœur, qui est Régulus, et dont le fer suit en

ligne courbe les étoiles de la tête. Après le Lion, et au-
dessus de la route du Soleil, dont les constellations forment ce qu'on appelle le Zodiaque, on trouve une grande

quantité de petites étoiles, n° 29, dont le galant astronome Conon fit une constellation appelée Chevelure de Bérénice. Cette Bérénice, femme et sœur d'un Ptolémée, avait consacré sa chevelure dans un temple en faisant un vœu pour son époux. La chevelure ayant été dérobée, et ce fait excitant beaucoup de bruit à la cour, Conon prétendit que cette belle chevelure avait été placée au ciel après le Lion et à côté de la Vierge. Le nom de Bérénice s'écrit *Béronice* ou *Béronique* en grec, et comme le *b* se prononçait *v*, c'est le nom actuel de Véronique que représente le nom de la reine d'Égypte. Entre la Chevelure de Bérénice ou Véronique et la Vierge, et dans l'aile droite de cette dernière figure, toute la région céleste est criblée de petites nébuleuses dont quelques-unes offrent de singulières conglomérations quand on les observe avec de puissants télescopes. Il semble que les étoiles de ces nébuleuses se soient rapprochées en roulant autour de la masse stellaire en spirale, ce qui a dû exiger un temps si long que notre imagination est tentée d'y voir l'éternité du passé, tout aussi difficile à concevoir que l'éternité de l'avenir. Il n'y a aucune étoile brillante dans cette constellation.

Au n° 30 de cette même planche, est une longue constellation, la Vierge, couchée le long du Zodiaque, et dont le Soleil parcourt une petite partie avant l'équinoxe d'automne et l'autre partie après. L'étoile γ, au milieu du bras gauche, est une belle étoile double, dont la période a fort exercé les astronomes et les calculateurs. Vers 1836, une des deux étoiles a passé devant l'autre, en sorte qu'on ne voyait plus qu'une étoile simple; depuis elles se sont séparées de nouveau. Elles sont liées entre elles et font leur révolution à peu près en un siècle et demi.

Mais l'étoile principale de la Vierge, celle que, dans l'ancien vocabulaire astronomique, on appelait la *claire* de la Vierge, est l'Épi ou α que la Vierge tient de sa main gauche. Cette étoile était autrefois au-dessus de l'équateur, marqué ici par la ligne O, et c'est par son moyen qu'Hipparque découvrit que le ciel étoilé tournait sur lui-même en vingt-cinq ou vingt-six mille ans, de manière que les constellations zodiacales se succèdent l'une l'autre sur notre horizon en se transportant dans le sens de la marche du Soleil. La Balance, avant notre ère, était à la place qu'occupe maintenant la Vierge, de même que, vers l'autre équinoxe, les Poissons sont venus remplacer le Bélier, faussant ainsi tous les beaux vers des poètes, qui nous représentent le Bélier avec ses cornes d'or ouvrant l'année au printemps, et la Balance faisant les nuits égales aux jours au commencement de l'automne. C'est ce que fait la Vierge maintenant.

La suite à une autre livraison.

LE MARIAGE IN EXTREMIS.

1594.

Vers la fin du seizième siècle, avant que la mort d'Élisabeth eût réuni sous un seul roi (Jacques VI d'Écosse, Ier d'Angleterre) les deux royaumes ennemis, la frontière qui les séparait, arène de déprédations continuelles, était habitée par des clans guerriers, dont les chefs turbulents ne vivaient que de rapines, ayant pour liste civile le butin et le pillage. De nombreux forts hérissaient cette lisière, et de ces sauvages repaires de marauders, le plus pittoresque, je crois, est la tour, encore debout, qui domine l'étroite vallée de Harden (le ravin du Lièvre), gorge étroite, sombre, profonde, au fond de laquelle se précipite un ruisselet des montagnes qui va se perdre

dans la rivière de Borthwick, tributaire elle-même du Teviot. Le château, perché au bord d'une saillie de rocher, surplombe le précipice, et de ses fenêtres en ruine on distingue, loin au-dessous de soi, les nids de corbeaux accrochés aux cimes d'ormes décrépits, dont les racines plongent dans le torrent qui gronde au bas.

C'est dans cet âpre séjour que le laird de Harden, le vieux Watt, héros de tant de chants populaires, conduisit, en 1567, sa belle fiancée, Marie Scott, dont la grâce et les charmes ont été célébrés dans les poésies qui chantaient les vertus martiales de son maître et seigneur. Marie était surnommée la *Fleur de Yarrow*, et l'on assure qu'elle dut ce nom et sa renommée à la reconnaissance d'un captif anglais, dont elle, enfant, qu'elle avait arraché à la rude pitié des marauders de son clan, au retour d'une de leurs sanglantes excursions dans le Cumberland. Le petit étranger grandit sous sa protection, et passe pour être l'auteur des meilleures chansons des *borders*, paroles et musique.

On dit que lorsque le dernier bœuf dérobé dans les pâturages anglais était dévoré, la Fleur de Yarrow plaçait sur la table de son époux un plat couvert, renfermant une paire d'éperons fourbis à neuf : avis au mari qu'il les fallait chausser et pourvoir au prochain repas.

Un matin, le pâtre qui conduisait aux champs les troupeaux du village, en chassant les animaux devant lui, s'avisa d'appeler « la vache de Harden ! » Le vieux chef l'entendit. « La vache de Harden ! répéta-t-il. En sommes-nous donc descendus là ? Par ma foi, ils diront bientôt « les » « troupeaux de Harden ! » En conséquence, il donna du cor, réunit ses guerriers, partit à leur tête, et reparut le lendemain, suivi de couples de génisses et d'un beau taureau moucheté. Chemin faisant, avant de traverser la frontière, il passa, de hasard, devant une superbe meule de foin. C'était juste l'affaire pour nourrir son nouveau bétail ; aussi le prévoyant seigneur s'arrêta-t-il ; mais les moyens de transport manquant, il fut contraint de prendre congé de la regrettable provende, et, poussant un profond soupir, lui lança en s'éloignant une apostrophe devenue proverbiale : « Sur mon âme ! si tu avais seulement quatre pattes, tu ne resterais pas là longtemps ! » s'écria-t-il. Comme le dit Froissart d'une autre horde de brigands féodaux : « Rien ne leur manquait, sauf ce qui se trouvait être trop lourd ou trop chaud. »

Le mariage du jeune et bel héritier de ce Watt si peu scrupuleux fut des plus singuliers. William Scott de Harden, c'était son nom, suivant les errements de ses aïeux, guerroyait et s'approvisionnait en deçà comme au delà des frontières. Il venait de faire une fructueuse expédition sur les terres d'un de ses voisins, le lord trésorier d'Écosse sir Gédéon Murray, lorsque ses gens, qui revenaient avec lui, furent surpris, attaqués ; chargés de dépouilles, ils ne se purent bien défendre, et le jeune chef, tombant dans les mains de ceux qu'il venait de piller, fut conduit, chargé de fers, au château d'Ellisbank. maintenant tas de ruines écroulées sur les bords de la Tweed.

Du haut de la terrasse, sir Gédéon, à côté de sa châtelaine, regardait arriver son prisonnier, que ses gardes amenèrent enchaîné jusque sous un grand arbre servant de gibet, dont les branches patibulaires ombrageaient la porte de la forteresse.

— Que comptez-vous donc faire de ce jeune homme ? demanda à son époux la dame qui contemplait le beau prisonnier.

— Ce que je compte en faire ? repartit le féroce baron ; je compte le pendre bel et bien, sur l'heure, comme un brigand pris en flagrant délit.

— Cela n'est pas digne de votre bon sens, sir Gédéon, reprit sa femme. Si vous mettez à mort ce jeune chef, vous commencez une sanglante et interminable lutte avec son clan, puissant et nombreux. N'est-ce pas, d'ailleurs, le pire usage qu'on puisse faire d'un homme que de le pendre? Celui-là est jeune et bien fait, et nous avons trois filles à établir. Croyez-moi, agissez avec plus de prudence, et mariez-le à votre troisième fille, Meg à la grande bouche.

Le laird trouva l'avis sensé, car cette Marguerite à la grande bouche était si laide qu'il y avait peu de chances qu'elle pût trouver un mari. L'alternative fut donc offerte au pauvre captif, et d'abord acceptée avec joie; mais quand il vit la belle, il se retourna vers l'arbre; à l'aspect de la corde, il fit de nouveau un pas en arrière, puis une nouvelle révolution en avant; enfin il ne se décida qu'après maintes hésitations à devenir l'époux fortuné de Marguerite Murray. Le contrat de mariage, écrit au moment même sur le parchemin d'un tambour, est encore dans les archives de la famille de Buccleugh. On assure que, devenue femme de Scott de Harden, Marguerite se montra tendre, affectionnée, intelligente, et fut une excellente épouse. Mais Walter Scott, le grand romancier, l'un de ses descendants, laisse entendre que les traces de la grande bouche furent visibles, chez les femmes de cette famille, durant plusieurs générations.

LE DÉCALOGUE DE LINNÉ [1].

1. Crois fermement, suivant ce qu'enseignent et le spectacle de la nature et l'expérience, en un Dieu qui a créé, conserve et gouverne le monde, qui voit, entend et sait tout, et en présence duquel tu es sans cesse.

2. Tu ne prendras jamais Dieu pour témoin dans une cause injuste.

3. Considère les desseins de Dieu dans la création. Crois que Dieu se conserve et te conduit chaque jour, que tout mal et que tout bien dérivent de sa loi sainte.

4. Ne sois pas ingrat, afin que tu vives longtemps sur la terre.

5. Garde-toi du meurtre. La faute dont les traces sont ineffaçables ne peut être pardonnée. Le meurtre n'est pas réparable, sinon par le meurtre.

6. Aie du respect pour la femme. Et toi, femme, ne trahis pas le cœur de l'homme.

7. Repousse le gain illicite.

8. Sois homme d'honneur et de parole sûre, chacun t'aimera.

9. Tu ne tendras pas de piége à ton prochain, de peur d'y tomber toi-même.

10. Ne cherche pas à fonder ton bonheur sur de viles intrigues,

JACQUES ARGYROPOULOS.

Jacques Argyropoulos, l'une des plus pures illustrations de la Grèce moderne, naquit au Phanar, le 24 février 1774, d'une famille ancienne émigrée en Occident après la prise de Constantinople en 1453, et qui revint plus tard se fixer en Turquie. Un membre de cette famille, Jean Argyropoules, est cité au nombre des principaux auteurs de la renaissance en Italie, où il enseigna avec éclat la philo-

[1] Extrait de la *Nemesis divina*, manuscrit de Linné trouvé, vers 1810, dans la bibliothèque de feu le docteur Oerell, et conservé aujourd'hui à la bibliothèque de l'Université d'Upsal. C'est un recueil de conseils adressés par Linné à son fils. — Voy., sur la vie de Linné, la Table des vingt premières années.

sophie à Florence et à Rome, et devint, au dire de Facciolati, recteur de l'Université de Padoue. Le goût des sciences et des lettres se transmit comme un héritage parmi ses descendants. A trente ans, Jacques Argyropoulos, continuant les traditions et la renommée de son ancêtre, s'était fait remarquer parmi cette pléiade d'écrivains et d'hommes politiques sortis du Phanar, et qui, mêlés dans toutes les négociations de la Porte avec les puissances européennes, formaient à Constantinople comme le trait d'union entre l'Orient et l'Occident. Comme tous les Grecs instruits de cette époque, il parlait et écrivait avec une égale facilité le turc, l'arabe, le persan, et les principaux dialectes de l'Europe, le français, l'italien, le russe, etc. A Paris, il n'eût point paru déplacé à l'Académie. Les effendis de Stamboul dissertaient avec lui comme avec un des leurs. La plupart des charges où un chrétien pouvait aspirer à cette époque, il les avait remplies tour à tour : d'abord secrétaire du patriarcat, agent (*kapou-kiaia*) des princes de Valachie et de Moldavie, enfin chargé d'affaires de la Porte à Berlin.

Il se trouvait depuis trois ans dans cette capitale lorsque Napoléon y entra en vainqueur après Iéna. L'empereur, touché à cette époque d'une vive sollicitude pour l'empire ottoman, qu'il devait sacrifier quelques mois après aux intérêts mobiles de sa politique, apprenant que l'envoyé de la Porte était sur le point de partir, lui remit une lettre pour le sultan Sélim, ainsi que le brevet de grand-croix de la Légion d'honneur, qu'il envoyait à son ambassadeur à Constantinople (Sébastiani). Par une distinction toute nouvelle, flatteuse pour l'ambassadeur, et qui était en même temps une cajolerie à l'adresse du sultan, il exprimait le désir que ce dernier, comme son *alter ego*, remît le brevet à celui à qui il était destiné. La cérémonie eut lieu avec une certaine pompe au *yali* (résidence d'été) impérial d'Aïnali-Kavak, en présence du prince Charles Callimachi, grand drogman de la Porte, et de Jacques Argyropoulos. Sélim prit le brevet et le présenta lui-même à l'ambassadeur en ajoutant la formule de politesse turque : « Dieu fasse qu'il vous soit de bon augure! »

De grands événements, que nous n'avons pas à raconter ici, suivirent de très-près à Constantinople. La Porte, à l'instigation de Sébastiani, dont l'influence régnait alors sans partage, déclara la guerre à la Russie et à l'Angleterre. L'escadre britannique qui menaçait Constantinople fut contrainte, devant l'attitude résolue des Turcs, de repasser précipitamment les détroits. Argyropoulos prit une part notable dans ces événements, ainsi que dans les négociations qui en furent la suite, principalement à l'époque de la constitution provisoire des îles Ioniennes sous le protectorat de la Russie et de la Turquie.

Plus tard (je ne saurais fixer au juste la date), Argyropoulos devint grand interprète de la Porte. Un petit opuscule, très-peu connu en Occident, inséré dans le *Logios Hermès* (Mercure savant) de 1818, sous ce titre : *Catalogue chronologique des grands interprètes orthodoxes de l'empire ottoman* (en grec moderne), montre quelle était l'importance de cette charge, qui, depuis Panajotis et Maurocordato, les premiers titulaires [1], était devenue en quelque sorte l'apanage des grandes familles du Phanar. Le grand interprète avait non-seulement la direction des affaires étrangères sous l'autorité nominale du reiss-efendi (ministre des relations extérieures), mais encore la haute main dans toutes les affaires des Grecs établis en Turquie. Une telle situation permettait à Argyropoulos de servir utilement les intérêts de sa nation, et il n'y faillit point, non plus que ses devanciers. Plusieurs écoles, des hospices et autres établissements de bienfaisance furent fondés ou

[1] Voy. t. XXVI, 1858, p. 361.

améliorés par lui dans toute l'étendue de la Grèce turque; il obtint pour les négociants grecs des lettres de privilèges (*bérats*) qui les assimilaient, sous le rapport commercial, aux sujets des puissances européennes les plus favorisées, au prix d'une modique rétribution fiscale, et seconda puissamment, par tous les moyens, cet élan vers le progrès qui s'était emparé des Grecs vers la fin du dernier siècle et qui les acheminait à la conquête de leur indépendance. Les puissances étrangères, que l'on voit déjà, peu après la mort de Soliman, chercher à l'envi à faire prédominer leur influence à Constantinople, tentèrent en vain de se l'attacher. Il repoussa toutes les offres brillantes qui lui furent faites pour se vouer au développement moral et littéraire de sa nation.

C'est dans cette vue et pour servir à l'instruction des jeunes Grecs qu'il publia sa traduction de l'*Esprit des lois*, citée par Rizos-Néroulos, dans son *Cours de littérature grecque moderne*, comme un modèle d'élégance. Il n'est pas moins célèbre par ses autres écrits, composés en langue turque. Son *Histoire de Russie*, imprimée en 1829 à Boulac (Alexandrie), par ordre de Méhémet-Ali, et à l'insu de l'auteur, est considérée comme un ouvrage classique, et Réchid-Pacha ne cessait d'en recommander la lecture et l'étude aux jeunes employés du *Terdjuman odaçi* (Bureau des traducteurs), cette pépinière d'hommes d'État et de diplomates ottomans. Il composa également en turc un traité de géographie qui a eu trois éditions, et divers opuscules de circonstance, entre autres un mémoire sur

Jacques Argyropoulos. — Dessin de Chevignard, d'après une esquisse communiquée par M. Ubicini.

la légalité des quarantaines au point de vue de la loi musulmane, qui prépara l'introduction du régime sanitaire en Turquie.

Lors de la catastrophe de 1821, Argyropoulos, que son patriotisme et ses opinions libérales faisaient soupçonner de complicité avec les hétairistes, fut jeté en prison avec plusieurs membres de sa famille, puis transféré dans une ville de l'Anatolie où il fut interné. Son exil dura sept ans. Les événements avaient marché durant cet intervalle. La Grèce, aux trois quarts libre, était à la veille de faire reconnaître son indépendance. Argyropoulos comprit que sa place n'était plus à Constantinople, mais à Athènes. Aussi, lorsque le sultan Mahmoud l'eut désigné, en 1829, pour aller à Saint-Pétersbourg régler avec la cour de Russie les suites du traité d'Andrinople, il n'hésita pas à quitter

la haute position qui venait de lui être rendue, et s'embarqua secrètement sur un bâtiment français qui le conduisit en Grèce. Là, sans se mêler aux luttes politiques, il continua à servir sa patrie par ses travaux et surtout par son exemple. Son antipathie pour les Bavarois, le mariage de sa fille avec Alexandre Maurocordato, l'ancien président du conseil exécutif, devenu sous le roi Othon le principal chef de l'opposition, lui suscitèrent de continuelles tracasseries de la part du gouvernement. Il mourut à Athènes le 16 avril 1850, âgé de soixante-seize ans, laissant dans tout l'Orient la réputation d'un savant et d'un sage, le *sophos* des anciens. Ses *Mémoires*, encore inédits, promettent des révélations curieuses et d'un grand intérêt sur les événements auxquels il a été mêlé dans le cours de sa longue carrière.

LES GAUDES ET LE MAÏS.

Les Gaudes. — Dessin et gravure de Ch. Jacque.

« Dans la Bourgogne chaude, celle qui avoisine Mâcon, nous disait l'auteur du dessin que nous reproduisons, et surtout dans les régions sauvages, les paysans font, avec la farine du maïs, une bouillie cuite qu'ils mangent surtout le matin. Dans les chaumières pauvres de ces contrées si riches, où la cherté des fermages rend improductif le plus horrible labeur, il est très-touchant de voir les familles patriarcales se réunir, et prendre en silence cette nourriture modeste. L'habitude et l'amour des traditions locales donnent aux *gaudes*, c'est le nom de ce mets national, une valeur sans doute un peu exagérée; les bonnes faiseuses sont citées dans le village. Je me serais, je l'avoue, aisément acclimaté au milieu de ces braves et

excellentes gens, qui rappellent encore l'adorable portrait qu'en fait Sterne dans le *Voyage sentimental;* leur bonne hospitalité m'a rendu plus pénible l'égoïsme qui étouffe la cordialité dans d'autres contrées de la France. J'ai réussi depuis à me faire accommoder des gaudes, et je les aime en souvenir d'eux. »

Des souvenirs personnels nous permettent d'ajouter à ce renseignement une comparaison toute naturelle entre les gaudes du Mâconnais et la *pâte* du Bigorre. C'est aussi une bouillie de maïs et un mets national. Dans les Pyrénées, la pâte est la principale nourriture des manouvriers. Chez uns de nos amis, propriétaire d'une métairie, on la faisait deux fois par jour, et souvent, pour la rendre meilleure, la maîtresse la détrempait elle-même. Les plus pauvres délayent la farine crue dans l'eau froide ou chaude, et de cette façon, selon M. le docteur Costallat, de Bagnères, la pâte est malsaine et peut donner à ceux qui s'en nourrissent une très-laide maladie de peau, trop connue sous le nom de *pellagre*. Le mieux est de tourner la farine dans du lait chaud, après l'avoir fait légèrement roussir au feu. La pâte épaissie, coupée par morceaux, jetée dans la friture et mangée chaude, est l'un des meilleurs gâteaux à thé que nous connaissions. Au reste, le maïs est de plus en plus employé désormais dans la cuisine et la pâtisserie.

Dans les Pyrénées et le Languedoc, la pâte se faisait primitivement avec la farine de millet; elle se nommait *millas* : à en juger par le *millassou*, sorte de baba très-fin que l'on trouve chez les pâtissiers de Bagnères, elle ne le cédait en rien à la bouillie de maïs. Le millassou a quelque analogie avec le gâteau de riz; le millet s'y trouve en grains et simplement crevé. Maintenant le maïs a envahi toute la vallée de Campan, et c'est à peine si le guide nous montrait de place en place un petit champ de millet; bientôt cette culture en décadence aura disparu, et les oiseaux seront seuls à connaître le goût délicat du grain de mil. Mais ne pensez pas que nous gardions rancune au maïs pour si peu; il a trop de qualités pour craindre la comparaison avec les autres végétaux alimentaires, et le blé seul l'emporte sur lui par la finesse de son goût, la ductilité et la légèreté de sa farine. On ne fait guère de pain avec le maïs sans y joindre du froment pour le quart ou pour la moitié. Toutefois, le maïs peut suffire à la nourriture de l'homme, grâce aux fortes proportions d'azote que renferme son grain. Sous forme de gaudes, pâte, *polenta*, il nourrit quelques régions de la France, de l'Italie, de l'Espagne, de l'Égypte, de l'Amérique et de l'Asie. Avant maturité complète, il se mange cuit ou rôti. Il se boit aussi, et fournit aux Mexicains une liqueur estimée, la *chicha*; sa tige, en supprimant la fructification, suppléerait la canne à sucre. Les enveloppes de ses épis font des paillasses, et ses feuilles fournissent un papier à écrire qui est de bonne qualité sans devenir jamais très-blanc. Pour le rendement, il est supérieur au blé; en Pensylvanie, sa tige atteint cinq mètres de hauteur, et chaque épi compte huit ou dix rangées de cinquante à soixante grains chaque. Chez nous, il ne s'élève qu'à un ou deux mètres. Il produit, en Amérique, jusqu'à cent vingt-neuf hectolitres par hectare, cinquante-huit en Toscane, et en France quarante, quand le froment n'en donne guère plus de vingt-cinq. Sa culture, à vrai dire, exige de grands soins; il risquerait de ne pas mûrir si l'on n'ôtait pas les feuilles qui entourent l'épi; il se brise sous le vent et ne se relève plus. Rien n'est triste comme un champ de maïs encore vert, couché par la tempête, et qui se fane et pourrit; mais aussi quelle moisson plus belle que ces gros thyrses de grains solides, vraiment dorés, et non plus fauves comme nos épis! Un poète dira qu'il manque au maïs ce frémissement de nos blés sous la brise et les ondes qui s'y dessinent soudain; que les jolis œillets lilas dont se couvrent les berges dans la vallée de l'Adour n'égalent pas en gaieté les coquelicots et les bluets. Mais, pour couper court aux critiques, nous dirons que le maïs pousse où le blé vient mal. Il règne seul, avec le riz, sur la zone torride, et s'avance assez loin dans la zone tempérée. Dans l'est de la France, on le trouve au 45ᵉ degré de latitude nord.

L'Amérique et l'Asie se disputent l'honneur d'avoir produit le maïs. La question est encore pendante, ou plutôt le différend doit être divisé par la moitié. Si les premiers conquérants du Mexique ont assisté aux longues processions des prêtres aztèques bénissant le maïs, un auteur chinois du quinzième siècle le décrit comme une plante indigène. Les Tartares le connaissaient depuis longtemps sous le nom de *maï-se-mi*, et il est probable que les Turcs envahisseurs l'ont apporté en Natolie; c'est ce que semble démontrer le nom adopté par les Italiens et beaucoup d'autres à leur suite : *grano turco*, blé de Turquie. Il paraît avéré aussi que l'Inde cultivait le maïs, aussi nommé blé d'Inde. Enfin l'Afrique veut entrer en ligne avec l'Asie et l'Amérique; l'Égypte, le Sénégal, et sans doute les régions encore inexplorées de la zone torride, vivent en partie de maïs : un voyageur en a trouvé des grains à Thèbes, dans le cercueil d'une momie.

OBSERVATIONS ASTRONOMIQUES.

MAI.

Dans un lieu déterminé, les éclipses de Soleil sont beaucoup plus rares que les éclipses de Lune, et cependant, dans chaque période de dix-huit ans, il y a pour la Terre entière quarante et une éclipses de Soleil et vingt-neuf éclipses de Lune. Cette contradiction apparente s'explique, suivant Arago, de la manière la plus naturelle; les éclipses de Lune étant visibles sur plus de la moitié de la surface de la Terre, tandis que les éclipses de Soleil ne le sont que sur une zone très-peu étendue; comme on peut le voir sur le dessin que nous donnons page 131; et cependant nous avons dû exagérer énormément les proportions de la zone plongée dans l'ombre de la Lune, pour permettre au lecteur de voir bien distinctement la forme des diverses courbes tracées par les différentes phases de l'obscurcissement à la surface de la Terre.

L'année 1863 est un peu au-dessus de la moyenne pour son contingent d'éclipses, qui varie, d'une année à l'autre, depuis sept jusqu'à deux. Mais elle est très-remarquable par la singulière distribution des quatre phénomènes que l'on observe successivement. En effet, nous aurons à décrire deux éclipses de Soleil et deux éclipses de Lune : chacune des deux éclipses de Lune arrive précisément quatorze jours après l'éclipse de Soleil qui la précède. En 1863 nous aurons donc deux fois la représentation des phénomènes qui se passeraient à chaque lunaison si la Lune se mouvait à très-peu de distance du plan de l'écliptique, ou, en d'autres termes, si le plan de son orbite était très-peu incliné sur le nôtre.

La première éclipse de Soleil de l'année 1863 sera visible à Paris, le 17 mai, à partir de 5 h. 58 m. du soir. Sa plus grande phase aura lieu à 6 h. 42 m. Mais en ce moment même l'obscurcissement n'offrira rien de bien remarquable, car la grandeur de l'éclipse pourra être représentée par 259 centièmes, le diamètre du Soleil étant pris pour unité. Il n'en est pas de même partout, et aux points terrestres situés dans une position plus avantageuse l'éclipse atteindra la grandeur de 86 centièmes, c'est-à-dire que l'obscurcissement dépassera l'effet produit par les plus gros nuages.

La portion de la Terre qui servira de théâtre à ce phénomène sera la partie septentrionale de l'Amérique du Nord, de l'Asie, l'Europe occidentale tout entière, excepté le sud de l'Espagne, et enfin le nord de l'Algérie.

Comme l'a très-bien fait remarquer M. Faye, Paris n'est plus un lieu propice pour se livrer à des observations sur la lumière zodiacale. La quantité de lumière que les usines, les gares, les magasins multipliés, les rues élargies et les boulevards nouveaux projettent de tous côtés prive presque complètement les habitants de la capitale d'un phénomène déjà trop rare dans nos climats. Cependant les personnes qui voudront fuir pendant quelques jours les embellissements de la capitale pourront peut-être contempler cette lueur poétique dans les brillantes nuits de mai.

Les contrées les plus favorablement situées pour la contemplation de ces feux admirables, ce sont, sans contredit, les hauts plateaux mexicains. En effet, à une altitude de plus de mille mètres, au-dessus de deux océans, les amis de la nature se trouvent placés sur une espèce d'observatoire naturel. Après avoir suivi la lumière zodiacale

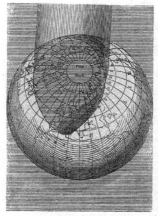

La Terre sous l'éclipse de Soleil du 17 mai 1863.

jusqu'à ce qu'elle disparaisse dans le Pacifique, ils peuvent la voir surgir des eaux du golfe, faisant ainsi deux observations dont on ne peut jouir qu'à six mois d'intervalle dans nos climats. Espérons que quelques-uns de nos officiers de l'armée du Mexique voudront utiliser leur voyage en étudiant un des plus beaux et des plus mystérieux phénomènes que nous offrent les cieux. « Je ne comprends pas (a dit, il y a plus de cent ans, Mairan) par quel sort un objet qui touche de si près à l'astronomie moderne et à la physique céleste a été jusqu'à ce point négligé par les astronomes et les auteurs météorologiques. »

LES ANIMAUX DOMESTIQUES.
Premier article.

On compte, pour porter l'évaluation au plus haut, quarante-sept espèces d'animaux domestiques. A première vue, en considérant que plus de cinquante mille espèces d'animaux sauvages partagent avec nous le séjour de notre globe, on pourrait croire que nous n'avons que médiocrement utilisé les ressources que nous offrait la nature; mais en réfléchissant à la multitude des variétés que nous avons su tirer de ce petit nombre de types primitifs, à l'énorme prépondérance que nous avons donnée à leur population comparativement à la population libre, enfin à la quantité et à la diversité des services auxquels nous les avons adaptés et habitués, on change bientôt d'avis et l'on s'incline

sans réserve devant l'admirable inspiration de nos ancêtres. Non-seulement ils ont eu l'idée d'adoucir les aspérités de la vie terrestre en y appliquant les animaux, mais ils ont réussi, au milieu de la foule confuse dont ils étaient entourés, à mettre justement la main sur les types qui, par la domestication et les modifications qui s'ensuivent, étaient les plus propres à devenir utiles. Bienfaiteurs inconnus des premiers âges, on comprend qu'ils aient été divinisés par la postérité reconnaissante à l'égal des exterminateurs des espèces hostiles.

Malgré tant de lumières, qui n'ont cessé depuis lors de se développer, il est bien remarquable, en effet, qu'il ne se soit rien ajouté d'essentiel au fonds primitif. Aujourd'hui même que la question s'est posée dans toute son étendue, il s'agit bien moins d'acquérir des espèces nouvelles que d'améliorer, de varier, de propager d'une contrée à l'autre les espèces primordiales. Les problèmes du perfectionnement des races et de l'acclimatation possèdent partout la supériorité sur celui de la domestication proprement dite, tout ce que ce dernier problème renferme de capital étant réellement accompli depuis le commencement.

La comparaison du chiffre des espèces domestiques avec le chiffre des espèces sauvages cache donc une illusion. Ce qui nous reste à conquérir, si avantageux que ce puisse être, n'aura jamais qu'une valeur de second ordre en regard de ce que nous avons rencontré dans l'héritage de nos pères. Hors de là, l'imagination peut prendre son vol, atteler à nos chars, comme au temps de Bacchus, les tigres et les lions; nous poser, comme Ganymède, entre les ailes de l'aigle, ou, comme Amphion, sur la croupe du dauphin; plus encore, discipliner le règne animal tout entier et le ramener, comme dans l'Éden, aux pieds de l'homme. Mais il suffit, pour voir le rêve se dissiper, de mettre le pied sur le terrain scientifique : un simple coup d'œil sur le règne animal dans ses rapports avec l'homme fait sentir immédiatement l'étroitesse des limites dans lesquelles doit se renfermer l'expérience. Quoi qu'il arrive, le nombre des espèces utiles formera toujours, en regard des espèces indifférentes ou nuisibles, l'imperceptible minorité.

Ces conclusions ont assez de valeur pour mériter d'être justifiées. Outre son intérêt philosophique, l'étude du règne animal dans ses rapports avec l'homme satisfait d'ailleurs à la plus légitime curiosité. Nous vivons au milieu des animaux domestiques, nous avons affaire à eux tous les jours pour les services les plus élevés comme les plus familiers, et leur histoire nous est à peine connue. Nous ignorons communément en quel siècle, en quel pays l'homme a noué pour la première fois des relations suivies avec eux, et nous ne savons pas mieux ce qu'il nous est permis d'attendre de l'avenir que ce dont nous avons été gratifiés par le passé. Il est temps, cependant, de faire entrer ces données dans le domaine des connaissances vulgaires, et pour y réussir il n'y a pas de méthode plus simple ni plus sûre que de suivre pas à pas, de classe en classe, le système général des animaux. C'est ce dont nous allons donner l'exemple dans de rapides esquisses, que nous abordons sans autre préambule (¹).

L'ordre des carnassiers n'a jusqu'ici fourni à l'homme que trois espèces : le chien, le chat et le furet.

Le chien. — C'est le chien qui a le plus d'importance. Il est notre ministre à l'égard des autres animaux, tant pour conduire et protéger ceux qui nous appartiennent que pour nous aider à dépister et à capturer ceux qui sont

(¹) On reconnaîtra sans peine que le fonds de ces études a été puisé dans les travaux du savant zoologiste Isidore Geoffroy Saint-Hilaire, dont la perte est si universellement regrettée : c'est à sa vigoureuse initiative que toutes les questions d'acclimatation et de domestication doivent l'éclat avec lequel elles se présentent de nos jours.

libres. Il est même notre auxiliaire à l'égard de nos semblables, et garde avec vigilance et courage nos biens et
nos personnes. Il s'attache si étroitement à son maître
qu'il lui offre tout au moins les apparences d'un ami, et
dans bien des cas c'est là son unique rôle. Enfin il se prête
à tant d'emplois que, sous les latitudes où la nature se refuse à l'entretien des autres animaux domestiques, il résume à lui seul tous leurs services, et dans des conditions
de sobriété et de résistance aux intempéries pour lesquelles
il est sans égal. Compagnon des misérables nomades qui
hantent ces contrées, il les nourrit de sa chair, les habille
de sa peau, et use ses forces à les charrier sur la neige.

La race canine paraît avoir été assujettie pour la première fois en Orient et dès la haute antiquité. On trouve
témoignage de sa présence dans les plus anciens monuments, ceux de la Chine, de l'Inde, de la Perse, de
l'Égypte; et comme les livres chinois le rangent parmi
les animaux importés de l'étranger, on peut déjà conjecturer de là qu'il est vraisemblablement originaire de l'Asie
centrale. Sa présence chez tous les peuples de la terre,
même les plus sauvages, est aussi un indice de l'ancienneté
de sa domestication, et l'on peut croire qu'il remonte aussi

Le Chacal d'Algérie (*Canis aureus*).

loin dans les âges du monde que les premiers chasseurs
et les premiers pasteurs.

De quel type est-il issu? On s'était longtemps imaginé,

Le Chacal du Cap (*Canis mesomelas*).

sur la foi de Linné et de Buffon, qu'il devait provenir d'un
type sauvage particulier qui, aujourd'hui, ne se retrou-

verait plus nulle part. Mais les investigations de la science
moderne ne permettent pas de douter qu'il ne provienne

Le Chacal d'Abyssinie (*Canis simensis*).

tout simplement du chacal. Le chacal est très-commun
dans les pays où l'on est conduit à chercher l'origine du
chien; il s'apprivoise avec la plus grande facilité; s'attache aussi fidèlement que le chien à son maître; ressemble tout à fait pour les formes, les couleurs, la voix,
l'intelligence, l'ensemble des habitudes, aux races canines
qui n'ont été que peu modifiées par la culture, à tel point
même que, dans certains pays, chiens et chacals semblent
encore ne faire qu'un; enfin il s'allie sans difficulté avec
le chien en produisant des métis féconds. La diversité des
espèces de chacals se rapporte aussi assez justement à certaines diversités primitives des races canines. Ainsi le chien
des Hottentots est très-voisin du chacal *mesomelas*, qui vit
à portée de ces peuplades; le chien des Américains est
également très-voisin du chacal crabier, qui appartient au
même continent; enfin le levrier, déjà familier à l'antiquité
égyptienne, ressemble d'une manière frappante au chacal
simensis, récemment découvert par les voyageurs dans les
montagnes de l'Abyssinie. Il est évident qu'il ne saurait y
avoir là de simples coïncidences.

Quelles que soient les diversités qui procèdent de l'origine, il est incontestable que celles qui proviennent de
l'action exercée par l'homme sur le fond même de la race
sont plus sensibles encore. Il semble que, comme aucune
espèce ne soumet plus complètement tous ses actes à la
volonté de l'homme, aucune non plus ne soit plus disposée
à se modifier jusque dans son organisme et ses instincts
sous l'influence du régime qu'il plaît à ce maître souverain
de lui imposer. Certaines races de chiens, pour ne parler
que de la taille, sont deux cents fois supérieures en volume à certaines autres; et si, au lieu d'être à l'état de
domesticité, toutes ces races se présentaient à nos yeux à
l'état sauvage, il est hors de doute que l'on verrait les
naturalistes les ranger, dans leurs classifications, non pas
comme les variétés d'une seule espèce, mais comme une
série formant au moins une tribu. « Les différences apparentes, dit Cuvier, sont plus fortes que celles d'aucunes
espèces sauvages d'un même genre naturel. »

Le chat. — Le chat domestique, incomparablement
moins utile à l'homme que le chien, est aussi moins ancien et moins généralement répandu. Il n'a guère d'autre
emploi que d'animer nos demeures, tout en nous délivrant,
grâce à un reste d'instinct carnassier, des petits rongeurs
qui n'y prennent résidence que pour y vivre à nos dépens.
On a cru pendant longtemps qu'il provenait du chat sauvage de nos forêts, et c'est une erreur qui a été accréditée
par Cuvier lui-même. Mais une étude plus approfondie a

constaté entre les deux types des différences qui ont forcé de renoncer à ce sentiment. Notre chat est, selon toute vraisemblance, originaire d'Afrique. Les Égyptiens en possédaient une espèce exactement semblable, et comme ils s'en servaient, outre les usages communs, pour en faire un des symboles de leur culte, on en retrouve dans leurs sépultures sacrées des individus parfaitement conservés, avec lesquels la comparaison est facile. Or, d'une part, ces animaux sont les mêmes pour la coloration et pour la taille qu'un grand nombre de ceux qui habitent encore aujourd'hui nos maisons, et, de l'autre, il existe à l'état sauvage, en Nubie et en Abyssinie, une espèce particulière récemment découverte, le chat ganté, qui est manifestement la souche d'où proviennent les momies de la vallée du Nil. Donc c'est de cette contrée que le chat, par les communications de peuple à peuple, est arrivé peu à peu jusqu'à nous.

Rien n'assure toutefois que le chat des parties orientales de l'Asie, encore fort peu connu, provienne de la même souche. On sait que la Chine en possède deux races notablement différentes de la nôtre, laquelle n'a jamais varié entre nos mains que dans des limites fort étroites : l'une à queue courte, l'autre à oreilles tombantes. Peut-être ces deux races sont-elles dérivées directement d'espèces sauvages asiatiques sur lesquelles nous n'aurions pas plus de lumières que nous n'en avions, il y a quelques années, sur le chat ganté.

Le Chat ganté (*Felis maniculata*).

Le furet. — Le furet n'a qu'un rôle plus restreint encore que celui du chat. Aussi sa domestication est-elle moins ancienne. Elle remonte, selon toute apparence, aux derniers temps de la république romaine, alors que l'ex-

Le Putois (*Mustela putorius*).

cessive multiplication des lapins dans le midi de l'Europe fit chercher contre eux, au dire de Strabon, tous les moyens possibles de destruction.

Cet animal est tellement voisin du putois, tant à l'intérieur qu'à l'extérieur, que l'on ne peut guère douter qu'il n'en soit dérivé. Aussi a-t-on complétement renoncé à l'opinion de Buffon, qui le rapportait à une espèce africaine d'un genre tout différent, celui des mangoustes, aussi bien qu'à l'opinion d'autres naturalistes qui en cherchaient la souche dans une espèce sauvage qui n'aurait point encore été découverte.

C'est à ces trois termes que se réduisent jusqu'ici nos conquêtes dans l'ordre des carnassiers. Peut-être est-il permis, sans trop donner à l'imagination, de se représenter que la postérité pourra en ajouter quelques autres : le phoque, dont les mœurs sont si douces et qui s'apprivoise au point de devenir aussi obéissant que le chien ; la loutre, propre à jouer le même rôle pour la pêche d'eau douce que le phoque pour la pêche maritime, et déjà employée à cet usage dans certaines contrées de l'Orient, sans y avoir cependant donné naissance à une race domestique ; le guépard, charmant animal, parent lointain du chat, susceptible comme lui de soumission, et qui, dans l'Asie occidentale, est fréquemment dressé pour la chasse par les Persans et les Arabes. Que l'on fasse quelques pas de plus, que l'on amène ces animaux à se multiplier pendant une certaine suite de générations dans nos maisons, où dès à présent ils se montrent si disposés à vivre, et de nouvelles races domestiques auront pris place sous nos lois. Mais dussent-elles se produire en effet, il est évident qu'en comparaison de la race canine, qui revêt des formes si multiples et se prête à des services si divers, ces nouvelles races ne seraient jamais que subordonnées et ne déposséderaient pas de sa prééminence celle qui jouit de l'avantage d'avoir été domestiquée la première.

LES NOUVEAUX MÉTAUX.

Deuxième article. — Voy. p. 102.

Les nouveaux métaux se distinguent des métaux anciennement connus par la difficulté de leur extraction, qui, le plus souvent, met obstacle à leur emploi. Leur conservation à l'air étant même communément difficile, leur existence est en quelque sorte éphémère, et ils ne présentent guère qu'un intérêt purement scientifique : c'est pourquoi, dans un résumé de quelques lignes, il devient inutile d'exposer l'histoire de chacun d'eux ; il vaut mieux en faire un choix, en se réservant de fixer l'attention sur les méthodes générales qui ont servi à leur extraction.

Il est digne de remarque que l'accroissement de nos acquisitions en métaux nouveaux a presque toujours été la conséquence d'un principe de découverte récente. Dès qu'on eut constaté l'aptitude de la pile voltaïque à détruire les plus puissantes combinaisons, en ralliant à chacun de ses pôles chacun de leurs éléments désunis, on se hâta de soumettre à son action les terres alcalines que l'on soupçonnait déjà de n'être que les oxydes de différents métaux. C'est ainsi qu'en Angleterre Davy réussit, aux applaudissements du monde savant, à en retirer des globules métalliques brillants. Son procédé consistait tout simplement à creuser une cavité dans une masse de l'une de ces terres, en ayant soin de faire plonger le fil de la pile du côté négatif dans un peu de mercure remplissant la cavité, tandis que le fil positif était mis en communication avec un point quelconque de la périphérie, naturellement mouillée par la propriété déliquescente de ces substances. Il en résultait un amalgame qui, après la volatilisation du mercure en vase clos, laissait un bouton du nouveau métal.

Par ce procédé, on obtint d'abord le potassium et le sodium, métaux si étonnants par leur éclatante blancheur, leur légèreté, leur fusibilité et leur combustibilité dans l'eau.

La pesanteur spécifique du potassium est seulement de 0,865, bien que son poids atomique soit de 4,89, supérieur, par conséquent ; à celui de la plupart des métaux usuels, fer, cuivre, zinc, etc., qui ont une pesanteur spécifique huit fois plus forte. C'est là, dans l'ordre chimique, un fait extraordinaire qui prouve que les atomes de ce métal sont deux fois plus espacés entre eux, et qui justifie sa grande énergie chimique en même temps que la vaste étendue de la sphère d'activité de ses atomes. Le sodium, dont la pesanteur spécifique est 0,972, est presque aussi léger, mais son poids chimique est 2,87, presque deux fois moindre. La pesanteur spécifique du lithium est 0,593, mais son poids atomique est seulement 0,81.

A la réduction par la pile des principaux oxydes alcalins a succédé leur réduction par le fer d'abord et par le carbone ensuite ; mais la pile, le fer et le carbone se sont trouvés impuissants à réduire les terres hydratées insolubles dans l'eau et infusibles à l'état anhydre, comme les oxydes de magnésium, de glucinium, d'aluminium, etc. C'est pourquoi on a imaginé un procédé nouveau, qui a permis d'obtenir, par l'emploi du sodium et du potassium eux-mêmes, tous les métaux et métalloïdes jusqu'alors irréductibles. Ce procédé a consisté à substituer aux oxydes les chlorures qui, par leur fusibilité, donnaient prise à toutes les réactions. En effet, le sodium et le potassium, calcinés avec un chlorure quelconque, s'emparent du chlore et isolent toujours le métal ou le métalloïde qui s'y trouvait combiné. C'est ainsi qu'on a obtenu le glucinium, le silicium, le bore, le barium, le magnésium, l'aluminium, etc. Ces deux derniers métaux sont encore remarquables, comme le potassium, par leur légèreté ; mais, de plus, ils fondent seulement à la chaleur rouge : ils sont doués de malléabilité et sont assez ductiles pour être étirés en fils très-fins. Le magnésium est inattaquable à l'eau bouillante, et ses fils ont déjà été employés utilement comme combustible pour produire une lumière éclatante. Quant à l'aluminium, sa fabrication et ses emplois ont déjà acquis assez d'extension pour que nous le détachions de cet ensemble afin de lui consacrer un article spécial.

Après un tel succès, les chimistes pensaient n'avoir plus de métaux nouveaux à découvrir : ils avaient réduit toutes les substances du règne minéral, ou du moins ils le croyaient, tant ils étaient loin de se douter qu'il allait bientôt surgir une nouvelle méthode d'analyse qui devait les convaincre, par la vue même, de l'existence d'autres métaux nouveaux très-répandus dans la nature, mais en quantité si minime que les réactifs ordinaires et la balance de précision se trouvaient incapables de les faire soupçonner.

Cette nouvelle méthode a pris le nom d'analyse spectrale ; elle est basée sur la comparaison des rayons lumineux réfractés provenant des diverses espèces de flammes, et désignés en physique sous le nom général de spectres. Ces spectres se distinguent entre eux par la couleur et la position de certaines bandes brillantes fournies par le métal qui est introduit à l'état de sel dans la flamme, en aussi petite quantité que l'on veut. MM. Bunsen et Kirchhoff, inventeurs de cette belle méthode, avaient soigneusement établi le bilan de nos connaissances en métaux par la description du spectre particulier à chacun d'eux, lorsqu'ils s'avisèrent d'examiner, à leur tour, certains résidus d'analyses de minéraux rares : à leur grand étonnement, il y eut production manifeste de bandes brillantes se distinguant de tout ce qu'on connaissait par leur couleur et leur position, et ne répondant à aucun métal connu.

Dans ce nouveau genre de recherche, il existe une sorte d'analogie avec la méthode suivie pour la découverte de nouvelles petites planètes, qui exige qu'on ait sous les yeux les éphémérides de toutes les planètes déjà connues ; la description du spectre particulier à chaque métal constitue en effet, dans ce cas, son éphéméride.

En présence d'une raie *bleue* et d'une raie *rouge*, caractérisées à la fois par leur éclat et par leur position, MM. Bunsen et Kirchhoff ont été amenés sans hésitation à la découverte de deux nouveaux métaux, auxquels ils ont donné les noms de *cæsium* et de *rubidium*, en commémoration de la couleur de leur raie principale. Leurs sels, bien caractérisés, ont fourni la preuve que ces métaux se placent nettement dans la famille du lithium, du sodium et du potassium. Enfin l'observation d'une raie *verte* spéciale dans le spectre de la flamme alimentée par les résidus de la fabrication de l'acide sulfurique par les pyrites de fer a fait soupçonner à M. Crookes un autre corps nouveau qu'il a isolé et nommé thallium, et qu'il présenta d'abord comme un métalloïde analogue au soufre ou au sélénium. Depuis, M. Lamy a réussi à séparer ce même corps en un lingot parfaitement métallique, ayant la pesanteur, l'aspect et la consistance du plomb, mais donnant un oxyde très-caustique et très-soluble dans l'eau, que la potasse même ne peut détacher de ses combinaisons.

Ainsi s'est trouvée formée une famille de six métaux alcalins au premier degré, qui présentent la série suivante, en les rangeant suivant l'ordre de leur poids atomique :

Lithium	0,81
Sodium	2,87
Potassium	4,89
Rubidium	5,31
Cæsium	7,68
Thallium	12,75

LES DENTS D'OR DE COUPANG.

Nos lecteurs connaissent la dent fameuse de l'enfant de Silésie, la grande merveille de l'année 1593. Le docte J. Horst fit, comme on sait, un traité historique et philosophique sur cette célèbre mâchelière qu'il toucha, et dont le carat approchait du titre de l'or de Hongrie. Les savants du seizième siècle s'escrimèrent à qui mieux mieux sur ce prodige de la nature ; puis il se trouva un beau jour que c'était un produit de la charlatanerie, et qu'il fallait en faire honneur à un paysan du village de Weigelsdorff [1].

Les dents d'or de Coupang ont moins de célébrité, mais elles ont divisé aussi de fort honorables savants de notre siècle. Il ne s'agit pas cependant ici d'un fait physiologique, il est question simplement d'un produit innocent de l'art, marque distinctive de certaines dignités. Ce ne sont pas les jolies filles de Coupang (et il y en a beaucoup, dit le grave Freycinet) qui portent ces dents métalliques, ce sont les radjas souverains de ces régions. Ils se font faire, pour l'admiration de leurs sujets, des dents d'argent et des dents d'or. On les place sur le devant de la bouche, afin sans doute d'accroître ainsi le charme d'un sourire accordé par les souverains malais. Péron fut le premier à décrire ce bizarre ornement ; mais, en dépit de sa science, le dentiste le moins expérimenté de Paris en eût mieux compris que lui l'innocent artifice : il n'y vit qu'une

[1] L'enfant silésien à la dent d'or avait pour père un charpentier nommé Muller ; sa mère se nommait Hedwig, et elle était originaire du duché de Bresiau. Christophe Muller vint au monde le 22 décembre 1585. Grâce à une grossière supercherie, il fut bientôt l'objet d'une fructueuse exhibition, qu'on eut l'art, toutefois, de réserver pour les hautes sommités de l'Allemagne. Les gens de l'art y furent trompés les premiers, et la fourberie de la famille Muller se prolongea jusqu'à la fin du siècle.

application métallique, fixée au moyen d'un mastic, dont il regrettait, disait-il, de n'avoir pu découvrir la composition. Gaimard se montra plus ingénieux dans son examen. Selon lui, tout le secret se bornait à percer la dent et le métal, et à fixer celui-ci avec de petites goupilles de la même matière. « Pour obtenir plus de solidité, ajouta le savant naturaliste, on rive les pointes par derrière. » M. Duperrey faisait partie de la même expédition : il vit les dents d'or ; il les examina avec la rigueur mathématique qu'il met, comme l'on sait, dans toutes ses observations. Selon lui, on devait mettre en doute la perforation de la dent, et il pensa, non sans raison, qu'on pouvait obtenir plus simplement le même résultat en introduisant les goupilles entre la dent d'or et les deux latérales. Nous ignorons si, avec les progrès de la civilisation, les belles dames de Coupang n'ont pas empiété sur les droits des radjas.

LA PHOTOGRAPHIE ([1]).

Suite. —Voy. p. 43, 78.

IV. — DE LA PERSPECTIVE.

Il ne s'agit pas, pour obtenir un portrait, de mettre l'instrument en face du modèle et d'en faire une épreuve telle quelle. Un portrait n'est bon qu'autant que certaines règles ont présidé à sa formation. Ces règles sont la base de tous les genres de dessin, et par conséquent doivent s'appliquer à la photographie ; ce sont les *règles élémentaires de la perspective*. Sans doute, la construction elle-même de l'objectif les simplifie plus que quand nous ne sommes guidés que par notre œil pour faire obéir notre main, mais il en est qui restent indispensables et que nous allons essayer de faire comprendre.

Tout le monde sait que la perspective a pour objet de représenter sur une surface donnée, tableau, dessin, photographie, l'ensemble et les détails des objets extérieurs que la nature nous offre dispersés à des distances différentes et inégales de notre œil. Or la forme et la couleur sont les deux manières par lesquelles le monde extérieur

se manifeste à nos sens. Il faudra donc, dans la perspective, nous occuper de ces deux aspects qui donnent naissance à deux branches distinctes : — la perspective linéaire, qui applique les principes simples de la géométrie, et qui, pour la photographie, est donnée en partie par l'objectif ; — en second lieu, la perspective aérienne, dont le photographe est beaucoup plus maître, tant à cause du procédé qu'il choisit que de l'éclairage approprié dont il dispose.

Le choix de l'angle visuel (on appelle ainsi l'espace embrassé par l'œil sans déplacement sur la ligne d'horizon) est ici une donnée invariable, puisque son amplitude est fixée par l'objectif ; mais le choix de l'horizon rationnel est une donnée variable qui reste à l'artiste et qui est d'une grande importance, parce que, une fois cet horizon fixé, l'instrument donne le reste : par conséquent, si l'opérateur le fixe mal, tout est mauvais ; s'il le choisit bien, tout est bon.

La ligne d'horizon, presque toujours fictive dans le portrait, doit se trouver à la hauteur de l'œil du dessinateur, et, suivant que ce dernier monte ou descend, cette ligne s'élève ou s'abaisse avec lui.

L'œil qui dessine, pour le photographe c'est l'objectif. Par conséquent le plan d'horizon réel ou fictif passera toujours par le centre de cet instrument, et s'élèvera ou s'abaissera suivant le mouvement ou la position que nous lui ferons prendre. Fait sans discernement, le choix de l'horizon rend difformes ou désagréables, difficiles même à reconnaître au premier coup d'œil, des objets que l'objectif a reproduits cependant avec une exacte vérité.

D'autre part, le point de vue étant le sommet de l'angle optique qui embrasse un objet (l'angle optique est celui formé par les axes principaux des deux yeux lorsqu'ils sont dirigés vers un même point), il est naturellement sur une ligne passant au centre de l'objectif, et dont le prolongement peut être marqué d'avance sur la glace dépolie comme point de centre de figure, qu'il suffira de placer alors avec intelligence sur l'image du modèle pour chercher et obtenir le meilleur effet possible.

La hauteur de l'horizon étant déterminée, le point de vue peut à volonté être placé sur chaque point de son étendue ; mais, pour le photographe, il sera presque toujours

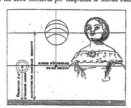

FIG. 7. — Point de vue trop en dessous.   FIG. 8. — Point de vue trop en dessus.

central, afin qu'on puisse éviter les déformations. On a ainsi le point de vue principal en face du portrait, et comme

nous avons dit que ce point est un des points de la ligne d'horizon, il s'élèvera ou s'abaissera avec elle.

delà, un modelé plein puissant, pas de miroitage, moins de poids, pas de fragilité, l'avantage de multiplier à volonté les épreuves et de les pouvoir faire aussi grandes que possible ; mais on trouve dans la photographie une moins grande certitude de durée, par suite de la nature même de la feuille de papier et des produits qui forment l'image. En somme, elle a moins d'inconvénients et plus d'avantages : elle constitue donc un véritable progrès.

Résumons-nous. Deux grandes divisions scindent l'étude de la photographie : l'*épreuve négative*, qu'on appelle aussi, quoique improprement, *cliché*, et l'*épreuve finale* ou *positive*, qui est, en définitive, le but auquel on atteint et la forme sous laquelle la photographie se présente au public.

Si le modèle est assis, le photographe debout, ou, ce qui revient au même, l'objectif à hauteur des yeux du photographe debout, l'horizon passant beaucoup au-dessus de la tête du modèle, les lignes seront déformées, et la tête vue en dessus offrira un ovale trop court et des angles trop saillants.

FIG. 9. — Préparateur nettoyant une glace.

Le même effet se produirait en sens inverse (fig. 7 et 8) si, le modèle étant debout, le photographe était assis; l'horizon étant à mi-hauteur du sujet, l'ovale et les lignes du visage seraient nécessairement raccourcis et déformés.

En général, la ligne d'horizon doit varier entre la ligne des yeux et celle des seins; plus elle est basse, plus le portrait a grand air, mais plus il tend à se déformer. Il faut ici du goût et du jugement. Il ne faut pas perdre de vue que la ligne d'horizon que l'on voit ordinairement aux environs des genoux dans les portraits photographiés n'est pas la véritable, mais l'intersection du plan de fond avec le sol. Comme le fond est indispensable, de quelque couleur qu'on le choisisse, et comme il doit venir en même temps que le portrait, il s'ensuit qu'il forme une ligne d'horizon factice et de convention, placée d'autant plus bas que le modèle est plus près de lui. Si nous opérions en rase campagne, la ligne d'horizon remonterait tellement qu'elle se confondrait avec l'horizon réel, et se trouverait couper le modèle à la hauteur exacte que nous aurions choisie.

Le choix de la ligne d'horizon est aussi important dans les portraits que dans les paysages et les diverses scènes de la nature. En général, plus on voudra de développement, plus l'horizon s'élèvera; ce qui est rationnel, puisque alors on est censé monter vers le point culminant. Cela n'est que bien rarement favorable à la photographie. En général, l'horizon placé au-dessous de la stature d'homme lui permet des effets plus gracieux.

V. — LE COLLODION. — LE LAVAGE DES PLAQUES.

Collodion. — L'on a donné le nom de *collodion* à une dissolution de coton-poudre dans un mélange d'éther et

d'alcool. Cette dissolution, de consistance sirupeuse et semblable à de la gomme, est, en quelque sorte, un papier liquide que l'on étend en couche très-mince à la surface d'une glace. Ce papier liquide contient les sels impressionnables à la lumière, est doué d'une exquise sensibilité, et, par cela même, exposé à une assez grande inconstance dans les résultats.

Cependant, avec de l'attention et de la pratique, on arrive assez vite à un ensemble de formules et de manipulations qui laissent peu de prise à l'imprévu. Il serait imprudent d'affirmer qu'en suivant les prescriptions que nous donnons aussi élémentaires que possible, on arrivera sans encombre au but; dans quelque science que ce soit, un résultat si heureux et si prompt n'est pas possible : le commençant fera des fautes; il los payera immédiatement, parce que les réactions chimiques ne pardonnent point, et s'accomplissent en dépit de nous-même. Méfiez-vous donc constamment de ce que vous manipulez, et, avant de mettre plusieurs corps en présence, réfléchissez deux fois plutôt qu'une, ce ne sera jamais du temps perdu.

Lavage des glaces. — Le nettoyage des glaces est une opération importante; car, avant toutes choses, il faut être certain que la surface sur laquelle on opérera ne sera pas une cause d'insuccès. Les glaces, qu'elles aient servi ou non, doivent être frottées doucement au moyen d'un chiffon imprégné de :

Eau....................	100 centigrammes cubes;
Cyanure de potassium....	10 grammes;
Carbonate de potasse....	15 grammes;

puis plongées dans une première eau.

Il faut éviter surtout de les froisser les unes sur les autres, parce que leur surface assez tendre se raye facilement, et qu'une surface rayée donne une image rayée au négatif. Les glaces, enduites comme nous avons dit, seront frottées soigneusement à *la main* dans cette première eau, qui devient savonneuse; puis elles seront mises dans une seconde, frottées, une seconde fois de même; ensuite dans une troisième; enfin, essuyées avec un linge de coton fin et sans peluche, et mises dans leurs boîtes.

FIG. 10 — Châssis à nettoyer les glaces.

Au moment de faire l'épreuve, on fixe la glace sur un porte-glace (fig. 10), on la frotte (fig. 9) d'un peu d'alcool contenu dans un flacon dont le bouchon est traversé d'une plume; on étend et on sèche ce liquide avec un linge de coton usé très-propre et très-mince. Alors si, en hâlant sur la surface, on voit un léger nuage formé par l'humidité se retirer également, la glace est pure et prête à servir.

La suite à une autre livraison.

LA CASCADE DE GÉHART.
(VOSGES).

La Cascade de Géhart (Vosges). — Dessin de Chauvel, d'après Bellel.

Les paysagistes contemporains font profession de s'inspirer directement de la nature; ils ont quitté les arbres de fantaisie, la verdure de convention, les moulins et les fabriques semés à tort et à travers, comme les ruines dans un jardin de Delille; cependant, ils n'en désirent pas moins atteindre le but suprême de l'art, qui est la beauté. Parmi les physionomies sans nombre des horizons, parmi les sites des vallées et des montagnes, ils cherchent et trouvent des modèles : ils composent la nature en choisissant leur point de vue; au besoin même, transposant un rocher, un bouleau, un rayon de soleil, un souvenir, ils la corrigent et se l'assimilent pleinement. Ils peuvent aussi fondre entre elles diverses études rapportées de leurs voyages; toute combinaison leur est permise, pourvu que

les éléments en soient vrais et l'aspect vraisemblable. Mais il arrive très-souvent que la nature a prévenu tous les caprices de notre imagination ; et, sans aller chercher la pureté des lignes en Italie, la bizarrerie des formes en Norvège ou en Laponie, la splendeur et l'ombre en Afrique ou en Natolie, beaucoup de nos meilleurs peintres rencontrent en France des tableaux tout prêts à être transportés sur toile ; ils explorent, qui la Normandie aux grasses collines, qui le Morvan, les Cévennes, l'Auvergne plus poétique par ses montagnes que par ses habitants, qui la chaîne encore très-inconnue des Vosges : tel Français a vu Rôme et ne connaît pas Fontainebleau ; quand on sait que les cimes des Vosges se nomment ballons, tout est dit ou à peu près. Mais espérons que, d'ici à peu d'années, les travaux des dessinateurs et des peintres répandront chez nous la connaissance de notre pays et fourniront les matériaux d'une géographie pittoresque aussi féconde en beaux sites qu'une description de l'Italie ou de la Grèce.

La cascade de Géhart est située dans la vallée des Roches, à une heure environ de Plombières, lorsqu'on s'y rend en voiture ; mais il faut y aller à pied pour goûter tout le charme de l'excursion. En sortant de Plombières par la promenade des Dames, vous laissez sur la gauche la route de Remiremont ; sur votre droite s'ouvre un sentier couvert et très-boisé, qui mène au Moulin-Joli, ou plutôt aux ruines de ce moulin, but favori des promenades de l'impératrice Joséphine : ce qui reste des bâtiments n'offre plus rien de particulier ; on voudrait là quelque roue arrêtée, des fleurs sur les murs crevassés et un vieux jardin à l'abandon, où les légumes et les roses retournent à l'état sauvage. Du Moulin-Joli, un chemin planté d'ormes, de frênes et d'érables magnifiques conduit à la vallée des Roches ; là commence le plus épais d'une vaste et grandiose forêt de sapins et de hêtres, si serrés les uns contre les autres que le jour pénètre à peine le sombre tissu des rameaux. L'artiste éminent, M. Bellel, dont nous reproduisons le dessin, nous disait : « Rien n'est beau comme l'intérieur de cette forêt. »

Après une heure de marche sous bois, vous arriver à une scierie placée sur la droite ; et là où commence la route conduisant de la vallée des Roches à l'ancienne abbaye d'Hérival, vous traversez un pont rustique ombragé, de hêtres et de mélèzes, dont les branches couvrent comme un berceau le sentier au bout duquel un poteau vous indique le chemin de la cascade.

C'est une route escarpée qui passe en face de la chute ; en été, l'on risque fort d'y chercher en vain un filet d'eau : ni la hauteur, ni la beauté de la nappe ne caractérisent la cascade ; mais le chemin est réellement merveilleux et le site a de quoi ravir l'artiste le plus exigeant. Des sapins gigantesques, les aînés de la forêt, ajoutaient encore autrefois à l'expression de solitaire majesté qui revêt ce lieu ; mais le passage de la route en a fait des mâts de vaisseau peut-être aujourd'hui échoués sur quelque bord ignoré. La cascade est couronnée par le sommet de la montagne, et entourée par la forêt immense, dont les arbres embrassent de leurs racines les blocs monstrueux de granit roux et gris.

VOYAGE AU-DESSUS DE L'ATLANTIQUE [1].

Premier article.

Mon cher ami, pourquoi me blâmer? ne suis-je pas libre d'employer ma vie de la manière où je trouve le plus de chance d'être utile à moi et aux autres? Certainement

[1] Le hasard a fait tomber la correspondance suivante entre nos mains. Est-elle réelle? est-elle imaginaire?

il est possible que j'échoue, mais je n'échouerai pas sans mérite ; car je ne survivrai pas à ma mésaventure, et ma personne même aura servi de gage au sérieux de l'entreprise où je me risque. Mais si je réussis, comme je l'espère, comme j'ai toute raison de l'espérer, quelle destinée ! J'inaugure entre les deux mondes une voie nouvelle et pleine d'avenir ; je complète l'œuvre de Colomb, et, pour mon coup d'essai, je me range d'un bond parmi les bienfaiteurs du genre humain. Oui, mon cher, voilà tout mon juste l'ambition de votre ami ; et je compte bien, avant quinze jours, vous avoir fourni la preuve qu'elle ne repose pas sur un vain rêve.

Sans doute, il eût été plus conforme aux lois de cette prétendue sagesse qui se nomme routine de continuer avec vous et nos braves camarades notre paisible et monotone existence des écoles ; mais à quel avenir cela me conduisait-il ? Je n'ai jamais eu grand goût, vous le savez, pour les professions régulières, et depuis notre sortie du lycée, tous, modèle d'ordre et de la ponctualité, vous n'avez guère cessé de me sermonner à ce sujet. Mais chacun a sa voie en ce monde, et nos instincts, interrogés en conscience, suffisent pour nous avertir quand nous nous méprenons. Pour moi, bien que jusqu'ici les circonstances ne se soient guère prêtées à mes vœux, je me sens né pour les hautes aventures, et, en m'y jetant, je ne fais qu'obéir à ma vocation vraie. La mort de ma mère, en créant le vide autour de moi, a achevé de me mettre en pleine liberté à cet égard. J'ai perdu tout ce qui me liait au monde, et je me sens seul au milieu d'une fourmilière qui ne me connaît pas. J'ai des amis ; mais, vous à part, que suis-je pour eux ? Un compagnon ; compagnon souvent maussade, absorbé, peu amusant. Et combien dureront leurs regrets ? Le temps de fumer un cigare ; et mon oraison funèbre sera bientôt faite ! Les torts ont peut-être été de mon côté, et je ne récrimine pas ; la préoccupation dans laquelle je vis m'a mis en dehors des autres, et il est naturel que l'on m'ait jugé peu sympathique, parce qu'au fond j'avais plus à cœur le service du genre humain que la satisfaction des quelques individus jetés par le hasard sur mon passage. Quoi qu'il en soit, je me sens maître de moi, et s'il me plaît d'offrir ma vie à Dieu pour un intérêt élevé, Dieu seul est mon juge. Qu'il entre dans ses plans de me faire réussir ou de me faire échouer, il ne me tiendra pas moins compte de la droiture de mon intention, et j'ai foi que mon sacrifice sera récompensé, si ce n'est dans ce monde, auquel je ne tiens pas outre mesure, dans quelque autre du moins qui le vaudra bien.

Et d'où m'est venue, après tout, l'idée à laquelle je me suis voué ? L'ai-je reçue de quelqu'un ? M'y suis-je arrêté par calcul ? Aussi loin que je puis remonter dans l'histoire de mes pensées, je la trouve présente. Du jour où j'ai entendu parler de l'ancien monde et du nouveau monde, je me suis demandé comment il pouvait y avoir deux mondes sur la terre. Si Dieu a mis ces deux continents à la surface du même globe, c'est qu'il doit exister quelque moyen commode de les réunir en un seul. De nos jours, la vapeur et l'électricité ont donné aux communications avec l'Amérique un mouvement dont je ne méconnais sans doute pas l'importance ; mais là, comme partout, il est de toute nécessité d'arriver aux méthodes rapides, et, puisque la mer ne s'y prête pas, il faut que l'atmosphère nous les fournisse. Ce n'est donc pas à la surface de la planète, comme pour les distances de terre ferme, c'est au-dessus que nous avons à chercher la voie. Et quelle différence ! Il n'y a pas ici à la créer à force de dépenses et de temps ; nous la trouvons toute préparée de la main de la nature, toute plane, toute coulante, munie même, comme les fleuves, de moteurs gratuits et d'une indéfectible énergie.

Voyez! je m'embarque demain dans les vents alizés, plus tranquille dans ma nacelle que le nabab dans son palanquin; je n'ai rien à faire qu'à me laisser porter, et dans quatre ou cinq jours au plus, Dieu aidant, je pose le pied sur l'Amérique, ayant ouvert un chemin que des milliers de voyageurs fréquenteront bientôt. Eh quoi! dira-t-on aussi à mon sujet, ce n'était pas plus difficile que cela? Non; mais, comme pour découvrir le nouveau monde, il fallait s'aviser et oser.

Voilà, mon cher ami, pourquoi je suis à Palos! Ne croyez point que ce soit par pure superstition que j'aie choisi ce point de partance : il était exactement dans les conditions que m'imposent les calculs de ma route; mais je ne nierai point que je n'aie eu pour lui une certaine prédilection poétique. Il me plaît de me sentir, dès le dé part, dans ce rapport avec l'illustre navigateur dont je me prépare à reprendre la trace, et mon imagination, si je lui permettais de telles licences, irait même, j'en conviens, jusqu'à se persuader qu'il naîtra de là quelque influence qui me portera bonheur. Du reste, mes apprêts sont entourés ici de tout le silence et de toute l'obscurité que j'ai souhaités. Ils marchent plus lentement que je ne l'aurais voulu; mais mon entourage ne s'étonne pas outre mesure, car on a déjà vu à Séville des aérostats, et il s'est accrédité ici que le mien est destiné à faire apparition dans une fête qui s'annonce pour ces jours-ci. Si donc un de ces matins on ne me retrouve plus, on pensera tout simplement que le vent a enlevé le saltimbanque avec sa machine pendant la nuit, et comme tout le monde est payé, il ne sera bientôt plus question de cette histoire. Quant à nos amis qui me croient en Bretagne, à canoter, tandis que je n'y suis allé que pour me défaire de mon petit héritage et réaliser les fonds dont j'avais besoin, il s'établira sans peine, si l'on n'entend plus parler de moi, que quelque coup de mer m'a chaviré; et ma mémoire, si vous voulez bien me garder le secret, ne tardera pas à être ensevelie aussi complètement que ma personne. J'y tiens, car l'idée que je ne trouverais peut-être que le ridicule, après avoir visé au grandiose, me serait trop dure. Je sais comment procède l'opinion : que je réussisse, je serai un génie; qu'un défaut dans l'étoffe de mon ballon vienne déjouer mes plans, je ne serai qu'un fou victime de son ambition et de sa suffisance. Aussi mon dilemme est-il inflexiblement posé : ou le néant, ou le succès; et confiant en Dieu et dans l'immortalité, je suis prêt à l'un comme à l'autre.

Mais j'espère, j'espère! Une voix secrète m'encourage; et tout à l'heure, en voyant quelques flocons chassés par le vent d'est dans les hauteurs de l'air, je tendais, comme malgré moi, mes deux mains vers le ciel, et il me semblait que je m'enlevais déjà, et que ma course solitaire et triomphante commençait.

Un petit serin presque aveugle ne se défend plus de ses compagnons de volière à coups de bec, selon l'habitude des oiseaux; mais comprenant sans doute ses coups porteraient dans le vide, il étend ses ailes et les bat vivement en tournant sur lui-même pour écarter l'ennemi; et cette tactique est si bien calculée qu'elle ne manque jamais de réussir. (¹)

LE CHATEAU DE COUCY
(DÉPARTEMENT DE L'AISNE).

Aucun reste du moyen âge ne donne de la puissance féodale une idée plus formidable que le château de Coucy; aucun ne fait mieux comprendre ce que l'histoire nous

(¹) Mme Marie Pape-Carpantier, *le Secret des grains de sable.*

raconte des hommes qui faisaient leurs demeures de semblables forteresses, incommodes voisins autant qu'ennemis redoutables, et qui se faisaient craindre parfois du roi même leur suzerain.

La masse imposante des ruines de Coucy domine encore, comme autrefois, toute la contrée. Bâti à l'extrémité d'un plateau qui s'avance, comme un long promontoire, entre la riche vallée de l'Oise et celle de l'Ailette, que sa fertilité a fait surnommer la *vallée d'Or*, le château est placé dans la situation la plus heureuse et la plus pittoresque, en même temps que dans la plus forte position militaire. Du haut de ses murs, le coup d'œil est admirable. Bornée au sud par les collines du Soissonnais et au nord par la forêt de Saint-Gobain, la vue est surtout étendue à l'est et à l'ouest : d'un côté, le regard, suivant dans la vallée le cours sinueux de l'Ailette, découvre de distance en distance des villages à demi cachés par les plis du terrain, et s'arrête au loin sur la haute tour du château de Pinon; de l'autre on aperçoit Folembray, Trosly-Loire, Saint-Paul-aux-Bois, Blérancourt, Quierzy, et à l'horizon la ville de Chauny et les clochers de Noyon. La puissance des sires de Coucy s'étendait plus loin encore. Lorsque, à la mort d'Enguerrand VII, en 1397, ses deux filles se partagèrent sa succession, la baronnie de Coucy comprenait le comté de Soissons, les terres de Coucy, Marle, la Fère, Saint-Lambert, Origny, Saint-Aubin, Saint-Gobain, le Chastellier, Ham, Pinon, Montcornet en Thiérache; cent cinquante villes ou villages à elle, et de nombreux châteaux en dépendaient. A diverses époques, les sires de Coucy avaient ajouté d'autres titres et d'autres domaines à ceux qui composaient leur bien patrimonial.

On peut faire remonter l'histoire de Coucy jusqu'à la conquête des Gaules par les Francs. Coucy se trouvait compris parmi les terres qui échurent en partage à Clovis vainqueur de Romain Syagrius, après la bataille de Soissons, en 486. Le roi franc donna ce domaine, ainsi que ceux de Leuilly et d'Anizy, à l'archevêque de Reims saint Remy, et Coucy resta la possession de l'église de Reims durant quatre cents ans. C'est au neuvième siècle que le premier château de Coucy fut construit par Hervé, archevêque de Reims, afin de défendre le pays contre les Normands, qui en avaient ravagé déjà les terres et mis la ville au pillage. Les habitants des campagnes environnantes vinrent se réfugier sous l'abri du fort; les habitations groupées alentour sont devenues la ville qui porte encore le nom de Coucy-le-Château, sans doute autrefois l'endroit le plus peuplé, n'est plus aujourd'hui qu'un village. L'église de Reims ne conserva pas le domaine de Coucy. Le château qui, dans l'intention des fondateurs, devait lui en assurer la possession, ne fit peut-être qu'en hâter la perte, en excitant l'ardente convoitise des seigneurs du voisinage, qui s'en emparèrent à plusieurs reprises. Les noms de la plupart de ceux qui possédèrent cette riche proie jusqu'au milieu du onzième siècle sont demeurés inconnus; mais on sait qu'en 1059 le château et les terres qui en dépendaient appartenaient à un seigneur du nom d'Albéric, descendant, à ce que l'on croit, des anciens comtes de Vermandois, et qui fut la souche du château de Coucy. Son petit-fils Enguerrand, le premier qui ait rendu célèbre ce nom porté par plusieurs de ses successeurs, possédait, outre la terre de Coucy, la baronnie de Boves et le comté d'Amiens; par son mariage avec Ada de Rouey, il devint encore seigneur de Marle et de la Fère. Cousin de Godefroi comte de Namur, proche parent de Baudouin du Bourg, qui fut roi de Jérusalem, le sire de Coucy était dès lors un des plus riches et des plus puissants seigneurs du royaume. La vie d'Enguerrand fut remplie par les guerres sanglantes qu'il soutint, d'abord contre son cousin le comte de Namur, dont il avait enlevé la femme, puis contre son propre fils Thomas de Marle, presque aussi puissant que lui depuis que, par son mariage, il avait ajouté à la possession des châteaux de Marle et de la Fère, qui lui appartenaient en propre, celle du château de Montaigu. Thomas de Marle avait pris une part glorieuse à la première croisade; mais, à son retour de Palestine, il s'établit dans la forteresse de Montaigu, qui passait pour imprenable, et en fit un repaire où il se réfugiait et trouvait l'impunité, après avoir désolé par son brigandage tous les pays environnants. Ses meurtres et ses déprédations soulevèrent enfin contre lui tant de haines qu'un grand nombre de seigneurs se liguèrent avec son père et réunirent toutes leurs forces pour assiéger Montaigu. Thomas craignit de ne pouvoir résister à une si formidable attaque; il sortit du château pendant la nuit, avant que les tranchées fussent achevées, et courut implorer le secours du fils du roi de France, Louis, surnommé le Gros, qui régnait déjà sous le nom de son père. Ce prince contraignit les assiégeants à se retirer. Thomas de Marle ne conserva pas longtemps le château dont la libre possession lui était rendue : son mariage avec la dame de Montaigu, sa proche parenté, qui lui avait apporté en dot ce château, étant frappé d'excommunication; il se sépara d'elle pour épouser l'héritière des seigneurs de Crécy. Ce second mariage le rendit maître des forteresses de Crécy et de Nogent (aujourd'hui Nouvion-le-Comte); il recommença aussitôt ses pillages et ses violences.

On ne peut que difficilement se faire une idée de l'atrocité des guerres de ce temps. Les récits des historiens sont remplis des vengeances exercées tour à tour par Enguerrand de Coucy et par Thomas de Marle. Le père et le fils promenaient le fer et le feu dans toutes leurs terres, rançonnant ou massacrant tous ceux de leurs malheureux vassaux qui tombaient entre leurs mains. Enfin, en 1115, un concile présidé par un légat du pape, et auquel prirent part les archevêques de Reims, de Bourges, de Sens et la plupart de leurs suffragants, s'assembla à Beauvais, déclara Thomas de Marle excommunié, dégradé des ordres de chevalerie et déchu de tous ses honneurs. Thomas, malgré cette sentence, continua de ravager les diocèses de Laon et de Reims. Sur ces entrefaites, Enguerrand vint à mourir. Thomas se hâta d'entrer en possession de l'héritage paternel; mais le roi de France, pressé par les évêques, s'était mis à la tête d'une armée; déjà il avait pris et rasé le château de Crécy. Il vint enfin mettre le siège devant Coucy, s'en empara, fit démanteler le château, et confisqua à son profit le domaine et la ville. Thomas de Marle n'obtint la restitution de ses biens qu'en affectant un profond repentir; mais, malgré ses promesses, à peine eut-il obtenu grâce qu'il se souilla de nouveaux crimes. Il fit assassiner Henri, seigneur de Chaumont, qui lui disputait le comté d'Amiens. Peu de temps après, des marchands qui passaient sur ses terres, munis d'un sauf-conduit du roi, furent dépouillés par ses ordres et faits prisonniers; Louis le Gros revint devant Coucy, annonçant qu'il obtiendrait une réparation éclatante de cette violation du droit des gens. Il était accompagné du comte de Vermandois, frère de Henri de Chaumont, et qui brûlait de le venger : Thomas de Marle, surpris dans une embuscade, reçut la mort de sa main.

Les successeurs de Thomas n'ont pas laissé dans l'histoire des traces aussi sanglantes. Enguerrand II, son fils aîné, n'est connu que par les éloges des écrivains ecclésiastiques, qui l'ont loué surtout de ses libéralités envers les églises et de la part qu'il prit à la croisade prêchée par saint Bernard; il y suivit, en 1148, le roi Louis le Jeune, et mourut en Palestine. Raoul Ier, fils d'Enguerrand, cousin germain du roi Philippe-Auguste par son alliance avec Alix sœur du comte de Dreux, périt aussi dans la terre sainte. Il laissait plusieurs enfants fort jeunes encore, et sa veuve prit l'administration de ses biens immenses pendant la minorité d'Enguerrand III. C'est à elle que la ville de Coucy dut son établissement en commune. Dès le commencement du siècle, la ville de Laon, capitale de la province, avait conquis son affranchissement par une lutte longue et héroïque. Soissons, Vervins, Bruyères, Hirson, Marle, Anizy, Crépy, Vailly et un grand nombre d'autres villes, de villages même, avaient réussi successivement à s'ériger en communes. Coucy n'avait pu même essayer de secouer la pesante domination de ses seigneurs. Grâce à la minorité d'Enguerrand III, avait su habitants obtinrent enfin, en 1197, moyennant des concessions pécuniaires, une charte de commune, copiée sur celle de Laon, qui garantissait notamment leur liberté individuelle et établissait un tribunal municipal chargé de la répression des délits; nul ne pouvait être contraint d'aller plaider devant d'autres juges, et le sire de Coucy lui-même, s'il avait quelque procès avec un habitant de la commune, devait se soumettre au jugement du maire et des jurés.

Si ces avantages n'avaient pas été accordés à la ville de Coucy par la veuve de Raoul, il est probable qu'elle ne les eût jamais obtenus de son fils parvenu à sa majorité. Enguerrand fut le plus puissant et le plus orgueilleux de ces seigneurs qui, ne pouvant consentir à reconnaître aucun pouvoir au-dessus du leur, prenaient le titre de *sires de Coucy par la grâce de Dieu*. Ce fut lui qui adopta cette devise connue :

Roy ne suis,
Ne prince, ne duc, ne comte aussy.
Je suis le sire de Coucy.

Un moment il se crut assez puissant pour pouvoir mettre la main sur la couronne de France. Il montra de bonne heure qu'il avait hérité de l'humeur guerrière de ses ancêtres. Il se ligua d'abord avec le comte de Rethel et le seigneur de Rozoy pour piller les terres qui dépendaient de l'église de Reims. En 1209, il prit part à l'expédition contre les Albigeois, et en 1214 il se signala à la bataille de Bouvines. Il eut ensuite de violents démêlés avec l'église de Laon, et se mit à ravager les terres du chapitre. Le doyen de la cathédrale ayant, par représaille, fait emprisonner quelques-uns de ses gens, Enguerrand accourut à Laon, enfonça les portes de la cathédrale et fit charger de chaînes le doyen. Il le retint deux ans dans un cachot, et ne le relâcha que lorsque l'excommunication eut été lancée contre lui par le pape Honorius. Enguerrand avait épousé successivement Eustache de Roucy, dont il s'était séparé, puis Mathilde, fille de Henri duc de Saxe et sœur d'Othon IV empereur d'Allemagne, et enfin, après la mort de celle-ci, Marie, fille du seigneur de Montmirail, qui lui apporta en dot la terre de Condé en Brie. Il recueillit ensuite par succession les seigneuries de Montmirail, Oisy, Crévecœur, la Ferté-Ancoul, la Ferté-Gaucher, avec la vicomté de Meaux et la châtellenie de Cambrai. L'éclat de ces alliances, les accroissements de sa puissance et de sa richesse, portèrent au plus haut point l'orgueil du sire de Coucy, et ce fut alors qu'il crut pouvoir s'emparer de la couronne de France en entrant dans la ligue formée, durant les premières années de la minorité de saint Louis, par un grand nombre de seigneurs. On assure qu'il avait d'avance fait fabriquer une couronne et des ornements royaux dont il se parait devant ses courtisans. Ses menées furent déjouées par la politique habile de la reine mère, Blanche de Castille, et il fut contraint de prêter serment de fidélité entre les mains du roi, qui depuis parut toujours avoir ignoré ses projets.

« C'est à l'époque des rêves ambitieux d'Enguerrand III, dit M. Viollet le Duc [1], qu'il faut faire remonter la construction du château magnifique dont nous voyons encore les ruines gigantesques. Le château de Coucy dut être élevé très-rapidement, ainsi que l'enceinte de la ville qui l'avoisine, de 1225 à 1230. Le caractère de la sculpture, les profils ainsi que la construction, ne permettent pas de lui assigner une époque plus ancienne ni plus récente (il est entendu que nous ne parlons pas ici des reconstructions entreprises et terminées à la fin du quatorzième siècle). »

Ce château ainsi reconstruit est le type le plus complet d'une résidence seigneuriale au treizième siècle, assez différente de celles des siècles précédents. Le château, du moyen âge avait commencé par être la *villa* romaine, la demeure du propriétaire rural, munie de défenses extérieures capables de résister à une attaque à main armée.

« C'étaient [1] des bâtiments isolés, destinés à l'exploitation, à l'emmagasinage des récoltes, au logement des familiers et des colons, au milieu desquels s'élevait la salle du maître ou même une enceinte en plein air, *aula*, dans laquelle se

Vue générale du château de Coucy. — Dessin de Philippoteaux.

réunissaient le chef franc et ses leudes; cette enceinte, à ciel ouvert ou couverte, servait de salle de festin, de salle de conseil; elle était accompagnée de portiques, de vastes écuries, de cuisines, de bains. Le groupe formé par tous ces bâtiments était entouré d'un mur de clôture, d'un

fossé ou d'une simple palissade. Le long des frontières ou sur quelques points élevés, les rois mérovingiens avaient bâti des forteresses; mais ces résidences paraissent avoir eu un caractère purement militaire, comme le *castrum* romain; c'étaient plutôt des camps retranchés destinés à abriter un corps d'armée que des châteaux propres à l'habitation permanente, et réunissant dans leur enceinte tout

[1] Dans son *Dictionnaire raisonné de l'architecture française*, M. Viollet le Duc, à qui nous empruntons les renseignements qui suivent, est aujourd'hui chargé de la restauration du château de Coucy.

[1] Viollet le Duc, ouvrage cité.

ce qui est nécessaire à la vie d'un chef et de ses hommes. Nous ne pouvons donner le nom de *château* qu'aux demeures fortifiées bâties pendant la période féodale, c'est-à-dire du dixième au seizième siècle, demeures d'autant plus formidables qu'elles s'élevaient dans des contrées où la domination franque conservait avec plus de pureté les traditions de son origine germanique, sur les bords du Rhin, de la Meuse, dans le Soissonnais et l'Ile-de-France, sur une partie du cours de la Loire et de la Saône...

» Le château normand, au commencement de la période féodale, se distingue du château français ou franc : il se relie toujours à un système de défense territoriale, tandis que le château français conserve longtemps son origine germanique; c'est la demeure du chef de bande, isolée, défendant son domaine contre tous et ne tenant nul compte de la défense générale du territoire...

» Il faut atteindre la fin du douzième siècle pour rencontrer le véritable château féodal, c'est-à-dire un groupe de bâtiments élevés avec ensemble, se défendant isolément, quoique réunis par une idée de défense commune; disposés dans un certain ordre, de manière à ce qu'une partie étant enlevée, les autres possèdent encore leurs moyens complets de résistance, leurs ressources en magasins de munitions et de vivres, leurs issues libres soit pour faire des sorties et prendre l'offensive, soit pour faire échapper la garnison si elle ne peut plus tenir...

» Il se fit dans la construction des châteaux, au treizième siècle, une révolution notable. Jusqu'alors, ces résidences ne consistaient que dans des enceintes plus ou moins étendues; simples ou doubles, au milieu desquelles s'élevait le donjon, qui servait de demeure seigneuriale, et la salle, quelquefois comprise dans le donjon même. Les autres bâtiments n'étaient que des appentis en bois, séparés les uns des autres, ayant plutôt l'apparence d'un cantonnement que d'une résidence fixe. La chapelle, les réfectoires, cuisines, magasins et écuries étaient placés dans l'intérieur de l'enceinte et ne se reliaient en aucune façon aux fortifications. Il semblerait qu'au treizième siècle les habitudes des seigneurs et de leurs gens, plus civilisés, demandaient des dispositions moins barbares. Au treizième siècle, les services se relient davantage à l'enceinte même, que les bâtiments intérieurs contribuent à renforcer; c'est seulement alors qu'apparaît le château sous le rapport architectonique.

» Le treizième siècle vit élever de magnifiques châteaux qui joignaient à leurs qualités de forteresses celles de résidences magnifiques, abondamment pourvues de leurs services et de tout ce qui est nécessaire à la vie d'un seigneur vivant au milieu de son domaine, entouré d'une petite cour et d'une garnison. »

La fin à une prochaine livraison.

DERNIER DON DE LAVATER A SES AMIS.

Extraits. — Voy. p. 52.

— Quel est le plus saint? Celui qui, avec une entière humilité, aime et respecte la Divinité jusque dans le dernier de ses semblables, et s'oublie à tout moment pour les autres, sans jamais se souvenir de cet oubli.

— Quel est le sage, si ce n'est celui qui sait toujours distinguer avec sûreté la bonté de la faiblesse, l'illusion de la croyance, le sentiment de l'affectation, la modestie de la timidité, l'entêtement de la fermeté, l'orgueil d'une noble confiance en soi-même?

— L'entêtement est la force des faibles. La fermeté fondée sur des principes, sur la vérité et le droit, l'ordre

et la loi, le devoir et la générosité, est l'entêtement des sages, des hommes supérieurs, des héros.

— Sois juste pour les injustes, équitable envers ceux qui ne le sont point, fidèle aux perfides, généreux pour les lâches, et tu accumules en toi une grande force pour croire à la durée de ton âme, pour te faire un Dieu bienveillant et un ciel plein d'aménité, pour espérer même là où il n'y a plus d'espoir pour les âmes vulgaires.

— Le coin dont tu marques le présent marque aussi ton avenir.

— Je n'ai point connu d'homme qui, sans croire à la Divinité et à l'avenir, fût aussi humble et aussi courageux qu'il l'eût été avec ces croyances.

— Heureux le cœur auquel Dieu a donné assez de force et de courage pour se suffire à lui-même, pour trouver son bonheur dans la simplicité et dans le bonheur des autres.

— Qu'est-ce que l'élévation de l'âme? Un sentiment prompt, délicat, sûr, pour tout ce qui est beau, tout ce qui est grand; une prompte résolution de faire le plus grand bien par les meilleurs moyens, une grande bienveillance alliée à une grande force et à une grande humilité.

— Que dois-je à mon siècle, à ma patrie, à mes voisins, à mes amis? Telles sont les questions que l'homme vertueux s'adresse le plus souvent.

— Un homme vraiment bon est inépuisable en bonne volonté et en belles pensées pour faire plaisir aux autres.

— Celui qui a le cœur bon ne se moquera jamais des fautes sans malice que fera l'homme pur, et qui lui-même ne juge pas avec sévérité.

— Ah! combien de souffrances ne s'épargnerait-on pas quelquefois par une seule abstinence, par un seul *non* répondu avec fermeté à la voix de la séduction!

— Une vie morale, spirituelle, religieuse, excite aussi dans les autres des idées morales, spirituelles, religieuses.

— Cherche à mettre dans chaque vase ce qu'il peut contenir selon sa nature; mais garde-toi de le surcharger et de le briser.

— Celui qui sait distinguer avec précision ses besoins réels de ses besoins factices, et les besoins réels des autres de leurs besoins factices, est déjà fort avancé dans la connaissance de soi-même et dans celle des hommes.

— L'homme qui aime de tout son cœur la vérité aimera encore davantage celui qui souffre pour la vérité.

— Si la vertu ne te paraît pas aimable dans ton ennemi, et le vice haïssable dans ton ami, peux-tu dire ou penser que tu aimes la vertu ou que tu hais le vice?

— L'homme vraiment grand sait placer dans le cœur et dans l'esprit de tous ceux qu'il approche des germes de vertus et d'idées que chacun développe selon ses facultés, et qui concourent toutes à l'avancement du bien de l'humanité.

— La véracité est la qualité la plus rare des hommes de génie, des savants et des gens d'esprit. Elle est en même temps la qualité la plus révérée, même par ceux qui la possèdent le moins.

— Celui qui parle toujours, et celui qui ne parle jamais, est également inhabile à l'amitié. Une belle proportion entre le talent d'écouter et celui de parler est la base des vertus sociales.

— Le véritable ami de la vérité et du bien les aime sous toutes les formes; mais il les aime davantage sous la forme la plus simple.

— Le plus grand homme est celui qui pense et qui veut le bien avec la plus grande ardeur, et qui est en même temps plus humble que tous ceux qui ne veulent pas le bien et ne sont pas capables de l'exécuter.

— Celui-là est incapable d'une action vraiment bonne, qui ne sent pas un plaisir intime en contemplant les bonnes actions des autres.

— La vie d'un homme vraiment bon consiste dans la jouissance perpétuelle du commerce des bons, dans la recherche du bien et dans la contemplation de la bonté.

— Toute sagesse, toute vertu, toute religion repose sur le principe que le bien doit faire place au meilleur, l'agréable à l'utile, le beau au sublime.

— Tout ce qui ne rend pas ton esprit et ton cœur plus forts, plus actifs et plus ardents pour le bien, ne vaut pas la peine d'être désiré avec ardeur, ni par le cœur ni par l'esprit.

— Les âmes nobles aiment l'ami futur dans l'ennemi présent.

— Ménage-toi toujours les moyens du retour vers les sentiments affectueux.

— Ne hais personne qui sait aimer et qui aime, quand même tu ne serais pas encore aimé de lui; son amour ne t'échappera pas si tu en es digne.

— Quand la Divinité a de la bienveillance pour un homme, elle lui apparaît sous les traits d'un ami fidèle.

— Comment un homme sage et humain peut-il se laisser entraîner à des jugements durs et hasardés sur des hommes sages et bons? A quoi la sagesse et la bonté seraient-elles utiles, si elles n'étaient pas employées à la défense de la sagesse et de la bonté quand cette défense est nécessaire?

— Nous ne pouvons croire aux expériences et aux projets des grandes âmes que lorsque nous en avons eu nous-mêmes de semblables.

— Demande-toi souvent si ce que tu ne crois pas ne repose pas sur les mêmes principes que ce que tu crois.

— L'homme qui, lorsqu'il est seul et sans témoins, est le même qu'en public, est presque toujours un honnête homme.

— Qui est-ce qui ne loue ou ne blâme pas quelquefois, sans s'en apercevoir, en d'autres, ses propres qualités?

— Ne crois pas qu'un livre soit bon si, en le lisant, tu ne deviens pas plus content de ton existence, s'il n'enflamme pas en toi des sentiments plus généreux.

— N'enlève à personne des opinions qui le rendent heureux, si tu ne peux pas lui en donner de meilleures.

— L'homme qui n'aperçoit pas le bien dans les autres n'est pas parfaitement bon lui-même. [1]

LES THÉÂTRES DE BERLIN
AU DIX-HUITIÈME SIÈCLE.

Sous le roi de Prusse Frédéric, qu'on appelle le Grand, il y avait trois théâtres à Berlin : l'Opéra, le Théâtre-Français, le Théâtre-Allemand. L'Opéra attirait un grand nombre de spectateurs ; on louait la beauté de sa salle, l'agrément de ses chants, de sa danse et de ses décorations. Le Théâtre-Français, selon le témoignage des voyageurs, n'offrait qu'un triste spectacle, même à ceux qui aimaient et comprenaient notre répertoire tragique et comique. Frédéric, qui désirait répandre le goût de la littérature française, lui allouait cependant chaque année une subvention considérable; mais il était peu secondé par les Berlinois, que Sa Toute-Puissante Majesté ne pouvait, après tout, contraindre à venir s'ennuyer devant des pièces

[1] Lavater n'avait fait imprimer ces sentences, écrites en allemand, que pour les distribuer à ses amis. La traduction en a été publiée seulement après sa mort, en 1805.

mal jouées; car il ne paraît pas que la troupe française eût beaucoup de mérite. Si, de temps à autre, quelque grand acteur venait de France, il ne faisait que passer et jouait plutôt à Potsdam qu'à Berlin. Lekain, par exemple, donna plusieurs représentations devant la cour. La première fois, le roi, qui l'avait observé et étudié très-attentivement, sa lorgnette constamment braquée sur lui, avait déclaré qu'il était exagéré, outré, détestable; la seconde fois, il eut la bonne foi d'exprimer quelque doute et de reconnaître certaines qualités au célèbre tragique; la troisième fois, enfin, il confessa qu'il l'avait mal jugé, et il n'en parla plus qu'avec enthousiasme. Aufresne joua aussi, et même avant Lekain, ses meilleurs rôles tragiques sur le petit théâtre de Potsdam. Ce n'était pas un acteur ordinaire : il aimait et cherchait la simplicité. Toutefois, il n'avait été d'abord que très-peu apprécié de Frédéric, qui s'était même conduit une fois vis-à-vis de lui d'une manière fort ridicule. Il l'avait fait venir dans son cabinet et lui avait demandé de réciter quelques scènes; quand l'acteur eut satisfait à son désir, Frédéric prit un volume de Racine et, à son tour, déclama une centaine de vers. Aufresne partait le soir même pour Saint-Pétersbourg ; il s'attendait à quelque marque de la satisfaction royale : ne voyant rien venir, il exprima son désappointement devant un des seigneurs de la cour, qui en alla parler au roi; mais celui-ci feignit l'étonnement et s'écria : « Quoi ! ne lui ai-je pas rendu vers pour vers, jeu pour jeu? Nous nous sommes donné le spectacle l'un à l'autre. Nous sommes quittes. » Cependant il condescendit à envoyer en présent à Aufresne le volume de Racine dont il avait daigné déclamer, plus on moins royalement, quelques scènes. L'année suivante (1775), Frédéric écrivit à Voltaire : « Nous avons eu Aufresne, dont le jeu noble, simple et vrai, m'a fort contenté. »

Le Théâtre-Allemand de Berlin n'était pas probablement de beaucoup supérieur au Théâtre-Français. Les voyageurs nos compatriotes, qui ne faisaient que l'entrevoir en traversant Berlin, et qui d'ailleurs ignoraient presque tous la langue du pays, déclarent nettement dans leurs relations que ce qu'on y jouait était le comble de l'horreur et du ridicule. Il est vrai que les Allemands jouaient déjà les pièces de Shakspeare sans les modifier, et qu'en ce temps-là Voltaire lui-même ne parlait de Shakspeare que comme d'un bouffon barbare ; aujourd'hui encore le public parisien a peine à supporter la représentation fidèle d'une seule des œuvres de ce grand génie. Les drames allemands n'étaient pas plus de nature à plaire au goût français; pour la plupart, ils étaient conçus, composés, écrits et joués avec la même liberté que les drames anglais. Parmi les acteurs allemands de Berlin, quelques-uns, cependant, avaient un talent remarquable, notamment Eckhof, mort en 1778, et que ses contemporains avaient honoré du surnom de Roscius, et d'autres, tels que Stephani, Schroder, Brockmann, etc. Iffland, né en 1759, ne débuta qu'en 1777, à Gotha, avec Beck, et ne vint jouer à Berlin qu'en 1794; à cette dernière époque, la vérité historique commençait à être beaucoup plus observée dans les costumes de théâtre en Allemagne, et on n'y aurait pas figuré les princesses et les dames de la cour d'un roi de Danemark du moyen âge avec des coiffures à la Marie-Antoinette. Il semble donc que la date de cette représentation d'Hamlet, qui avait fait assez d'impression sur le public pour mériter que le souvenir en fût conservé dans une estampe, ait dû être antérieure au séjour d'Iffland dans la capitale de la Prusse. Peut-être était-ce Eckhof lui-même qui jouait le rôle d'Hamlet. Toutefois la relation comique que fait Iffland d'une représentation d'Hamlet sur le théâtre de Gotha, en 1777, nous apprend qu'Eckhof jouait, cette fois du moins, un rôle beaucoup moins important que celui du jeune prince. Ce récit semble autoriser à croire que l'art des comédiens allemands était, en ce temps-là, un peu naïf, tout au moins sous le rapport de la mise en scène.

On donna *Hamlet*. L'acteur qui remplissait ce rôle s'arrête, glacé d'épouvante, à l'approche de l'Esprit. Eckhof, qui le représentait, entre en scène. Hamlet frissonne devant les secrets de l'éternité. L'Esprit commence à parler... quand tout à coup un bruit désagréable et monotone se fait entendre près de là, et le public de rire.

» Hamlet se retourne, et se fâche. L'Esprit regarde derrière soi de l'autre côté, et peste de toutes ses forces.

» Le machiniste, qui ignore ce qui se passe, continue, d'un mouvement uniforme, à frapper deux petites planches avec une baguette de fer qui devait imiter le balancier de l'horloge dans le palais danois.

» Le rire et la rumeur redoublent parmi les spectateurs. L'emportement d'Hamlet et de l'Esprit redouble de plus en plus. Les acteurs et les garçons de théâtre abordent brusquement le machiniste, et lui demandent ce

Une scène du drame d'*Hamlet* représenté à Berlin vers 1780. — Dessin de Lersay, d'après une estampe allemande.

(Hamlet, prince de Danemark, soupçonne la reine sa mère et le roi Claudius son oncle d'avoir mis son père à mort. Il imagine de faire jouer devant eux, par des comédiens ambulants, un drame où l'on représente un crime semblable. Au moment où, sur la scène, on verse du poison dans l'oreille du roi de la comédie pendant son sommeil, Hamlet, qui feint la folie, assis sur le plancher, au face de sa mère et de son beau-père, épie sur leurs traits l'impression morale qui doit trahir les angoisses de leur conscience.)

LE ROI CLAUDIUS. Comment appelez-vous la pièce? — HAMLET. *La Souricière*. Et pourquoi cela? dirèz-vous. Par métaphore. Cette pièce est la représentation d'un meurtre commis à Vienne. Le duc s'appelle Gonzague, et la femme Baptista. Vous verrez tout à l'heure : c'est un chef-d'œuvre de scélératesse; mais qu'importe! Votre Majesté et nous, qui avons la conscience libre, cela ne nous touche en rien... — OPHELIA. Le roi se lève! — HAMLET. Quoi! effrayé par un feu follet! — LA REINE. Qu'avez-vous, mon seigneur? — POLONIUS. Laissez là la pièce. — LE ROI. Donnez-moi de la lumière! Sortons. — POLONIUS. Des lumières! des lumières! des lumières! (Traduction de M. Guizot.)

que signifie cet affreux tapage. Il leur répond en souriant : « C'est quelque chose de très-nouveau, le mouvement du » balancier! » Cependant, quand on l'eut instruit des dispositions hostiles des premiers personnages tragiques, du rire bruyant de l'auditoire, il prévit ce qui l'attendait à la fin de l'acte. Il commença donc à se défendre; mais comme dans le feu de la discussion il n'avait pas quitté la baguette de fer, et que, sans s'en apercevoir, il frappait toujours de plus en plus fort sur l'une et l'autre planche, le scandale fut bientôt à son comble.

» Le rire ayant aussi gagné ceux qui étaient venus lui adresser des reproches, il entra en fureur et tambourina encore plus vite. L'hilarité universelle redoubla, l'Esprit

quitta la scène, et celui qui devait, sous le théâtre, représenter le vieux chercheur de trésors, jura d'une manière si terrestre que le machiniste avec son balancier et les acteurs en costume qui l'entouraient prirent simultanément la fuite. On eut beaucoup de peine à continuer la représentation.

» A la fin de l'acte, Hamlet et l'Esprit s'unirent pour prononcer l'anathème contre les fugitifs; mais ils ne tardèrent pas eux-mêmes à se quereller, parce qu'Hamlet reprochait à l'Esprit d'avoir toussé, ce qui était tout aussi répréhensible que le balancier du machiniste. Eckhof se défendait en soutenant qu'un Esprit qui peut parler peut tout aussi bien tousser... »

VISITE A GÊNES.

Une Vue dans le port de Gênes. — Dessin de Karl Girardet.

Sur la mer bleue que le soleil et la brise couvraient d'écailles dorées je regardais, depuis une heure environ, se dessiner et blanchir une ligne sinueuse : ç'était la terre d'Italie que j'allais fouler pour la première fois, plein de l'enthousiasme de la jeunesse; et bientôt l'œil distingua sur la côte élevée les palais et les jardins de Gênes. Avant d'avoir pu nous rendre un compte précis du spectacle qui nous ravissait, nous étions entrés dans le port, et le navire s'arrêtait bord à bord avec un quai de bois sans parapet. Point de police et de douaniers à subir, car nous ne faisions que relâcher à Gênes pour quelques heures. Rapidement entraîné par mon ami, qui connaissait déjà son Italie, je me dégageai des *facchini*, des *ciceroni*, des domes-

tiques d'hôtel, dont les offres de service m'étourdissaient. Nous parcourûmes d'abord à pied quelques rues, puis une voiture nous emporta de palais en palais, d'églises en villas. Le soir, à la nuit tombante, nous reprîmes la mer, et toute la journée du lendemain s'écoula vite entre le désir de Florence et le souvenir de Gênes.

Il serait aisé d'esquisser ici l'histoire de Gênes depuis les Romains et Charlemagne jusqu'à nos jours, ses victoires sur Pise, sa splendeur sous les podestats, les protecteurs, les doges, sa longue rivalité commerciale et navale avec Venise, l'humiliation que lui imposa Louis XIV, et les diverses fortunes qu'elle dut aux guerres de la république et de l'empire. On pourrait aussi énumérer les belles rues, les palais, les statues, les tableaux, et faire la topographie de la ville; mais au lieu de demander aux Guides et aux catalogues des détails qui nous ont échappé dans notre rapide visite, nous donnerons ici l'impression qui nous est restée, incomplète assurément, quelquefois vague, mais cependant spéciale et parfaitement distincte de nos autres souvenirs.

Je n'ai rien à dire des Génois, sinon que le costume du peuple a conservé des couleurs plus gaies, plus voyantes que dans notre pays; ils ont un accent particulier et une langue difficile à comprendre pour qui n'a appris que l'italien de la bonne société, c'est-à-dire le toscan prononcé à la romaine; j'ai remarqué surtout des inflexions nasales à la fin des mots. Les Génoises m'ont paru avoir beaucoup de grâce et surtout une coiffure charmante : c'est un long voile blanc qui, posé et attaché sur le front, retombe sur les épaules sans cacher la figure. Aux environs du port, la ville est très-animée, très-bruyante; mais, une certaine zone dépassée, le silence règne comme à Versailles : il n'y a personne dans les rues, si ce n'est, dans quelque enfoncement plein de fraîcheur, une vieille qui vend de belles oranges, de mauvaises pêches, du raisin à grosse peau et des bouquets de tubéreuses.

Il y a peut-être des rues grandes et larges, mais ce sont les petites qui m'ont frappé; j'en vois une surtout où le soleil ne pénètre jamais que par ricochet, et où se cachent de riches boutiques d'orfèvres; puis une autre où le jour ruisselle comme un torrent resserré entre deux murs sculptés. Les maisons peintes sont inondées d'une lumière qui ne permet pas d'abord de saisir les couleurs et les formes; ce sont des roses tendres, des verts de mer, des bleus, des rouges foncés. Tout cela jure bien un peu, mais on ne tarde pas à s'y faire, à se soucier assez peu de nos maisons blanches, grises ou noires, ternes surfaces où glisse un pâle soleil; on a plus de peine à s'habituer à l'idée que la plupart de ces maisons sont des maisons de marbre blanc. Peindre le marbre! voilà un singulier raffinement. Dans l'ombre des cours profondes on distingue de belles colonnes, des péristyles, de vastes escaliers à la fois deux et longs à monter. Quelquefois, au-dessus de la rue, joignant le premier étage de deux palais, une vaste terrasse porte un jardin suspendu, comme celui qui fait face au palais rouge où palais *Brignole-Sale.*

Ce palais rouge élève noblement sa façade de pourpre, grandie encore par l'étroitesse de la rue; l'intérieur, à peu près inhabité, étale dans de vastes salons une antique magnificence. Je me rappelle encore, dans la pièce d'apparat, deux colonnes de marbre dorées du haut jusqu'en bas. Tout est doré; mais le temps atténue l'éclat, qui blesserait les yeux. Sur les murailles donnant lumineuses se pressent les tableaux de prix, les portraits de doges, d'amiraux, de marchands illustres. Parmi tous les sculpteurs, architectes, peintres, dont les œuvres encombrent ces demeures solitaires, on nomme Michel-Ange, Puget, Rubens qui dessina tous les profils de la *via Nuova,* Titien, Véronèse; mais nul plus que Van-Dyck ne brille à Gênes par le nombre et la perfection de ses œuvres. Il apparaît ici comme le maître du portrait.

Le vaste palais Doria est construit en amphithéâtre au-dessus de la mer. Il est plus désert encore que le palais Brignole; ses escaliers sont bordés de fresques d'un goût douteux, mais d'un bel effet décoratif; à plus forte raison les appartements abondent en tableaux, en sculptures tourmentées, en colonnes. Il nous semble qu'une assez longue galerie regarde le port; la pente est coupée de terrasses où poussent de beaux arbres fruitiers. La première figue italienne que j'aie mangée me fut offerte par le gardien et cueillie devant moi sur l'arbre; elle me parut, je ne sais

trop pourquoi, meilleure que les figues d'Arles et de Mont-Maïour. La figue est, d'ailleurs, le seul fruit excellent que produise l'Italie; ni ses pommes, ni ses poires, ni ses raisins, ni surtout ses pêches, ne valent ce que nous récoltons dans notre zone tempérée de la Touraine et de l'Ile-de-France; ce n'est pas le sucre ni la mine qui leur manquent, c'est la finesse de la chair et la délicatesse de l'arome.

Après avoir visité quelques églises, entre autres l'Annonciade, trop fastueuses pour inspirer le recueillement, nous gravîmes à pied de belles avenues gardées par quelques soldats, piémontais alors, et nous entrâmes dans le jardin public de l'Acquazzola : ce lieu ressemble assez à l'intérieur du jardin de Nîmes, lorsque, ayant dépassé le bain de Diane, on monte les rampes escarpées de la Tour-Magne; mais les hauts cyprès noirs et les élégants pins parasols donnent à l'Acquazzola une physionomie italienne commune, d'ailleurs, aux parcs de Florence ou de Rome. Une esplanade ombragée couronne le jardin, presque aussi abandonnée que les palais; plus bas on rencontre encore des mendiants, des enfants, quelques uniformes, mais la plate-forme est laissée aux rêveurs et aux curieux comme nous. Quel besoin de monter si haut? Pourquoi prendre tant de peine? Un peu d'ombre et de repos, voilà ce qui suffit à de sages Génois.

Nous revînmes, à la fin du jour, dîner en face du palais rouge, sur cette terrasse dont nous avons parlé, et qui se trouvait être le jardin d'un restaurant. J'étais absorbé par la multitude de choses qui avaient tenu dans mes yeux, et je ne fis guère attention à la cuisine, qui, d'ailleurs, est partout à peu près la même sur les bords de la Méditerranée. Je cherchais à classer dans ma mémoire les rues, les palais, les églises, les jardins, sans oublier les voiles blancs des femmes et la vieille marchande de figues; mais, plus tard, Florence, Pise, Sienne, Rome, entassant dans mon cerveau leurs merveilles par-dessus le souvenir de Gênes, refoulèrent peu à peu des impressions d'abord très-vives et très-présentes. Et je suis tout heureux de consigner ici le peu qui m'est resté de la ville peinte, à la figure et à l'accueil souriants encore, habile à dérober aux regard insoucieux la solitude et la secrète tristesse d'une reine détrônée.

VOYAGE AU-DESSUS DE L'ATLANTIQUE.

Deuxième article. — Voy. p. 138.

Cher ami, votre anxiété me touche : lettre sur lettre, ce n'est guère votre habitude. Observations, questions, réprébensions, vous n'avez rien épargné, et si quelque chose pouvait m'arrêter, ce seraient vos impitoyables questions. Que je sois exalté, que je me fasse illusion sur l'effet de mon entreprise et sur ses suites, que mon œuvre, comme vous le dites, qu'un sublime original, c'est à quoi je ne répondrai point, car vous ne sauriez me comprendre à moins d'entrer dans mon enthousiasme; mais que je sois imprudent et téméraire, je le nie, car toutes les difficultés ont été méthodiquement prévues et résolues. Je ne fais, comme mon illustre devancier, que tirer et mettre à exécution les conclusions pratiques d'un argument irréfutable. Je me présente avec la fermeté d'un homme de science dans une voie qui n'a pour ainsi dire été abordée jusqu'ici que par l'imagination et l'esprit d'aventure. Je suis un soldat de la logique. Aussi mon succès ne sera-t-il au fond qu'une conquête de ma raison, et c'est ce qui en fait à mes yeux tout le mérite; car tout dévouement, pour être valable, doit être un dévouement réfléchi. Si je n'ai plus besoin désormais que de quelques jours pour atteindre mon but, pendant combien d'années y ai-je pensé et travaillé? Je suis en ce moment comme le vigneron au jour de la vendange : il n'a plus qu'à cueillir la grappe; mais au-dessous du cep combien de préoccupations et de sueurs !

Tandis que vous ne fréquentiez les cours, vous autres, qu'en vue des examens, ne les ai-je pas toujours suivis avec un sérieux qui vous émerveillait? Et qu'est-ce que j'y cherchais? Je n'y cherchais qu'une chose : les éléments de mon problème. Tout ce qui pouvait y jeter du jour, je le recueillais, je m'y attachais, négligeant le reste et ne m'inquiétant guère de demeurer, en fin de compte, en arrière de vous dans les concours. Je glanais de droite et de gauche, pour mon propre usage, les éléments d'un cours auquel, grâce à moi, il faudra bientôt donner place dans l'enseignement officiel : la nautique aérienne. Combien de sciences n'ai-je pas été obligé de suivre et de mettre à contribution ! La météorologie pour l'étude des routes; l'astronomie pour la détermination des positions; la physique, la chimie, la mécanique pour la construction et la manœuvre des appareils. Dès le principe, j'ai bien vu que c'était faire fausse route que de s'appliquer à chercher des procédés pour se diriger à volonté. La science et l'industrie n'en sont point là. Il faut attendre encore de grands progrès et, en attendant, se borner à perfectionner l'imparfaite machine que nous a donnée Montgolfier. Que ce ne soit là qu'un organisme d'ordre inférieur, ce n'est pas moins un organisme, et c'est beaucoup. Il y a dans l'Océan certains mollusques qui sont dépourvus de moyens de locomotion, mais qui, moyennant la faculté de s'alléger et de s'alourdir à volonté, montent ou descendent alternativement dans le sein des eaux, et à qui, en définitive, ce simple artifice suffit pour atteindre les courants dont ils ont besoin et accomplir par là toutes leurs migrations : ils ne marchent pas, mais ils se font porter. Voilà nos modèles. Si la navigation maritime peut imiter les poissons, la navigation aérienne, jusqu'à nouvel ordre, ne doit tendre à imiter que les méduses : le type de ses machines est une vessie natatoire. C'est de cette formule que je suis parti. Construire un organisme contractile, susceptible, par conséquent, d'une densité variable, et assez imperméable pour empêcher les déperditions de son contenu, tout était là, et c'est de quoi je suis enfin venu à bout.

Vous souvenez-vous qu'un jour, du temps où nous étions encore au lycée, je vous entraînai au Champ de Mars visiter un ballon qu'on était en train d'y construire, et dont on parlait beaucoup à cause de sa singularité et de la somme considérable qu'il devait coûter? Il était fabriqué avec des feuilles de cuivre rivées et soudées. On disait qu'une fois en l'air il y resterait tant qu'on voudrait, de sorte que ceux qui l'auraient monté, munis de provisions suffisantes et se laissant conduire au gré des vents, auraient pu flotter indéfiniment dans l'atmosphère et finir par faire le tour du monde, même par les pôles. En effet, l'enveloppe étant absolument imperméable, il n'y avait pas de raison pour que l'appareil fût jamais obligé de relâcher; et, en supposant qu'on l'eût abandonné à lui-même, il aurait constitué une espèce de petite planète d'un nouveau genre, circulant autour du globe, non d'après les lois de l'astronomie, mais d'après celles de la météorologie, ce qui eût été, à bien des égards, plus instructif encore. La vue de cette grande machine, car il avait fallu la faire colossale pour obtenir, par le volume du gaz, une compensation du poids du cuivre, m'avait enthousiasmé, si bien que mon imagination ayant pris feu, tandis que la vôtre demeurait en arrière, nous en vînmes, je m'en souviens, à nous quereller. Malheureusement, vous eûtes raison : le cuivre s'affaissa, le ballon creva, et bientôt il n'en fut plus question. Son auteur avait pourtant mis le

doigt sur la question fondamentale de l'aéronautique : l'imperméabilité. Sans l'imperméabilité, il n'y a que des jouets. Tout au plus l'aérostat peut-il être compté pour un instrument de promenade : après quelques heures de service, le voilà vide et qui retombe. La grande navigation n'est pas fondée. Or, cette question de l'imperméabilité qui, depuis cet insuccès et cette dérision, n'avait plus donné signe de vie, je l'ai reprise, je m'y suis voué pendant deux ans corps et âme, j'en ai fait, dans mon petit laboratoire, le sujet de tentatives variées; finalement, j'ai gagné la partie, et c'est pourquoi je suis ici.

Je vais partir; il se peut que je rencontre de mauvaises chances, et je ne voudrais pas que mon idée disparût avec moi : aussi, tout bien considéré, me suis-je résolu à vous en adresser le résumé. Mon idée est bien simple, et s'il faut s'étonner de quelque chose, c'est qu'elle ne soit pas venue plus tôt, soit à moi, soit à tout autre. Sauf les substances vitreuses, trop fragiles et trop difficiles à assembler, il n'y a, en effet, dans l'ordre de la nature, que les substances métalliques qui soient assez imperméables pour emprisonner comme il faut les substances gazeuses et spécialement l'hydrogène. Mais il n'est nullement nécessaire pour obtenir ce résultat de donner à l'enveloppe une épaisseur considérable : la lame la plus mince suffit, et de la non-seulement l'avantage de la légèreté, mais l'avantage plus précieux encore de l'élasticité. Au lieu de faire un ballon, comme celui du Champ de Mars, en plaques de métal, je le fais avec le tissu ordinaire de taffetas caoutchouqué; mais je revêts ce tissu d'une couche d'or. Ainsi, d'une part, je suis armé contre les jeux de la dilatation et de la contraction, et, de l'autre, je conserve tant que je le veux le principe de ma légèreté. Des ballons dorés, voilà donc, en dernière analyse, toute l'affaire. Ne me dites pas que c'est de la théorie : ce n'est plus une théorie, c'est un fait; mes essais en petit m'ont donné toutes les confirmations désirables. Sans rien céder à l'enthousiasme et en regardant les choses de l'œil le plus froid, il m'est donc permis de tenir le problème pour résolu, et je puis mettre, sans témérité, ma personne dans la balance, puisque je ne l'y mets sous la garantie formelle de l'expérience et de la science. Contraste singulier! c'est donc sur un métal placé au premier rang par sa pesanteur que va reposer notre faculté de séjourner à volonté dans les airs, et, certes, jamais ce précieux métal n'aura rendu à l'homme un plus réel service.

Je devine que vous avez déjà découvert une objection ; je vais au-devant et je reconnais tout le premier que, dans la pratique, je ne suis pas complétement en droit de considérer l'effet de la dorure comme absolu. Il ne le serait que si la feuille d'or restait continue, et il est incontestable que, par suite des mouvements de contraction et de dilatation de l'enveloppe, il ne doit pas tarder à s'y déterminer une certaine quantité de fissures qui, à strictement parler, sont autant de fuites. C'est là mon côté faible, je le sens et ne cherche point à me le dissimuler; mais si ma durée de flottaison n'est pas indéfinie, du moins faut-il convenir qu'elle est incomparablement supérieure à celle des aérostats ordinaires. C'est géométrique, car il se voit du premier coup qu'elle est à celle-ci dans le rapport de la surface totale du ballon à la surface totale des fissures. Cela me suffit parfaitement, car je n'ai pas même besoin, dans les circonstances les plus contraires, de demeurer en l'air pendant un mois, et je finis par retrouver l'Europe, où je me ravitaille. Je l'avoue donc, je paye mon tribut à la fortune, mais c'est un tribut qui, je m'en flatte, ne me ruinera pas.

Après avoir trouvé le moyen de ne pas laisser fuir le gaz, il fallait trouver celui de ne pas me perdre moi-même.

Vous savez assez sur quel principe est fondé le système actuel : pour s'élever, on jette du lest; pour descendre, on lâche du gaz; et comme les deux provisions sont limitées, on est bientôt à bout, et il faut reprendre terre. Une telle méthode est bonne pour les savants qui se contentent d'aller chercher une observation dans la nue, ou pour les aérostatiers de l'Hippodrome, qui font la traversée de Pantin ou de Montmorency. Ce n'est pas de la navigation sérieuse. Pour moi, en dépit de toutes les difficultés, je devais rester fidèle à mon principe organique. Comme je ne pouvais songer, à cause du danger des frottements, à exercer une pression directe sur l'enveloppe, il ne me restait d'autre ressource que de tourner le problème. C'est ce que j'ai fait. A mon ballon élastique, j'en conjoins un second rigide et solide, et c'est dans celui-ci qu'à l'aide d'un piston s'opèrent les condensations. Ainsi à volonté, au moyen du tuyau de communication, je soustrais du gaz à mon grand appareil, et à volonté je lui en restitue. Je suis donc le maître d'augmenter ou de diminuer mon volume sans rien changer à mon poids, et, par conséquent, de m'élever ou de redescendre. C'est par ce ballon subsidiaire que mon initiative s'exerce sur l'ensemble de mon organisme et que je lui donne la vie en lui communiquant la mienne.

Précisément parce que c'était là le point vital, c'est là ce qui m'a donné le plus de peine. La question de mécanique n'était rien; mais quand il s'agit de condenser des gaz, le métal le plus résistant l'est toujours trop peu, et, par suite, mon appareil est plus lourd qu'il ne le faudrait. Du reste, il est calculé sur des chiffres qui ont déjà pour eux la sanction d'une longue expérience; car vous comprenez que les récipients employés pour l'éclairage au gaz comprimé ont été tout naturellement les modèles du mien. Vienne le temps où la chimie nous aura donné un alliage plus solide que le bronze, nous aurons alors la pleine liberté du va, et vient dans les $z_0$ne, de l'atmosphère! Que dis-je! si la résistance est assez grande, nous ne penserons plus qu'à imiter les oiseaux : nos machines à vapeur ouvriront leurs grandes ailes, et leurs pièces seront formées de feuilles assez légères pour s'enlever sans difficulté à l'aide de la force qu'elles développent. Quelle figure feront alors nos pauvres aérostats à côté de ces locomotives aériennes? Peu importe! N'aurons-nous pas eu le mérite d'ouvrir la voie en excitant dans l'esprit des hommes la noble ambition de fréquenter les royaumes de l'air?

Vous voilà, cher ami, au courant de tout ce qu'il y a d'essentiel dans ma méthode. Vous m'enez que pour la détermination de la route je n'ai pas de différence sensible d'avec la nautique ordinaire. Théoriquement, il est évident que mon ballon est dans la même condition qu'un navire dont le pont serait très-élevé et la marche très-rapide. Et d'ailleurs, remarquez bien que comme je ne me dirige pas, ainsi que les navigateurs, vers un point désigné, il ne m'est pas aussi nécessaire qu'à eux de connaître ma position avec une exactitude géométrique. Il me suffit de savoir à peu près au-dessus de quel point du globe je me trouve et à quel moment je dois m'attendre à apercevoir la terre. Peut-être même ne ferai-je pas grand usage de mon cercle et de mon chronomètre, et serai-je amené par la pratique à me contenter des approximations que donne le loch. Je compte, en effet, comme à bord, le jeter régulièrement toutes les heures pour mesurer directement ma vitesse. Il est même indispensable, comme mon véhicule ne laisse point de sillage, que j'aie continuellement un fil à la traîne pour m'en tenir lieu et me permettre de reconnaître à la boussole le rumb que je suis. Je vais être noyé dans le vent et même dans les plus violentes bourrasques, je ne sentirai nul mouvement. C'est là, ce me semble, le su-

blime de cette navigation aérienne : flotter dans la tempête et y rester calme, n'est-ce pas la condition dans laquelle l'antiquité voyait les dieux?

Oui, me direz-vous encore, mais les dieux n'avaient pas besoin de sommeil! Eh bien, le café sera mon ambroisie; et d'ailleurs mon sommeil ne sera jamais long. J'ai statué qu'il serait coupé au moyen d'un réveil par intervalles réguliers. Outre qu'il m'importe d'avoir constamment l'œil à la manœuvre, je veux perdre le moins possible de ces heures merveilleuses dans lesquelles je vais entrer. Quelles fêtes se célèbrent déjà dans mon imagination au sujet de ces nuits incomparables dans lesquelles je m'apparaîtront plus dans l'univers que moi et les astres, mon globe d'or lui-même, aux rayons de ma lampe, se détachant sur le ciel comme un des satellites de la terre! Je vais vivre avec la planète sur laquelle la destinée nous a fait naître dans un rapport où, jusqu'à moi, nul mortel n'a vécu. Magnifique et silencieuse solitude! je vivrai déjà en dehors de la demeure des hommes, et quand je plongerai mes regards dans l'abîme, face à face avec ce monde sublunaire, je le verrai confusément rouler sous mes pieds. Un peu d'enthousiasme, cher ami, un peu d'enthousiasme ne m'est-il pas permis?

Du reste, mes apprêts son achevés. Mon ballon, solidement amarré dans un repli de terrain comme dans un port, n'attend qu'un geste pour s'élancer. Un anneau que j'ouvre avec le doigt retient tous les câbles, et je n'aurai pas, comme les marins, de longs préparatifs pour lever l'ancre. Le vent d'est a repris, et je ne saurais douter que des masses d'air qui se portent si résolument vers l'ouest n'aillent finalement tomber dans le grand courant des alizés. Bien que le vent du nord m'eût encore mieux convenu, j'accepte celui-ci; et si, comme je l'espère, il s'établit tout à fait cette nuit, dès la première heure de l'aube je partirai. Le soleil, en se levant, me verra sur les plaines liquides. Que d'émotions ces mots, maintenant qu'il n'y a plus devant moi que l'attente! Ce n'est pas sans frémissement que je vois approcher d'heure en heure la partie où je m'engage. Involontairement mes yeux se tournent en arrière et, en comparaison de nos paisibles journées du quartier Saint-Jacques, les journées si extraordinaires qui vont se dérouler me font l'effet d'un rêve. Suspendu comme l'hirondelle au-dessus de l'Atlantique, et avant quinze jours, avant huit jours peut-être, au lieu de notre obscure existence, le plus grand éclat du siècle faisant explosion sur mon nom! Ah! le bruit du vent qui monte et devient de plus en plus continu fait tressaillir tout mon être : que ne suis-je déjà dans l'empire des airs!

Adieu, cher ami; si vous ne devez plus avoir de mes nouvelles, gardez ma mémoire; croyez que, malgré mes négligences, je vous ai toujours cordialement aimé. Ces lignes vous en apportent un suprême témoignage. Au cas où je ne reparaîtrais plus, publiez les idées que j'y ai consignées : elles sont mon testament, et si le monde en a donné de servir le monde par mon dévouement, je l'aurai du moins servi par ma pensée. Un autre ramassera mon héritage, et y trouvera la gloire dont je n'aurai eu que le pressentiment. Adieu encore et au revoir, ou dans ce monde ou dans un autre.

TETZCUCO
(MEXIQUE).

Ce sol bouleversé et sillonné dans tous les sens, attestant les ravages des hommes plus que ceux de la nature, cette végétation rabougrie, ces débris d'édifices, voilà tout

La ville de Tetzcuco, dans la confédération mexicaine. — Dessin de Lancelot, d'après une photographie de M. D. Charnay.

ce qui reste de la cité splendide de Tetzcuco, que les premiers chroniqueurs du nouveau monde plaçaient fort au-dessus de Mexico, et appelaient l'Athènes américaine, de même qu'ils surnommaient son plus puissant monarque le Salomon de l'Anahuac.

Ce souverain, qui remplit de sa gloire les premières années du quinzième siècle, et dont la vie aventureuse n'est pas sans une certaine analogie avec celle du grand Alfred, se nommait Netzahualcoyotzin. Il avait donné à l'architecture de l'antique Tetzcuco un caractère de grandeur qui frappa de surprise les premiers conquérants. Si l'on en croit même un écrivain national, Ixtlilxochitl, son palais effaçait par sa splendeur celui de Montézuma. Il avait de plus fait édifier, dit-on, au delà de quarante temples remarquables par la magnificence de leur architecture.

Né le 28 avril 1402, mort en 1462, ce prince était à la fois grand poëte, grand orateur et législateur prévoyant; on cite de lui un code de quatre-vingts lois, qu'on admirait dans l'Anahuac. Trois de ses poésies nous ont été conservées dans la collection d'anciens ouvrages publiés sur l'Amérique par M. Ternaux. L'immense palais de ce souverain américain était une véritable académie. Dans la salle des Trois-Trônes, on avait réuni autour du tambour sacré (le *huehuetl*) tout ce qui pouvait servir au maintien des traditions. L'auteur ajoute : « Au couchant du palais se trouvaient une grande salle et plusieurs chambres, où se tenaient les historiens, les poëtes et les philosophes du royaume, divisés en classes, selon la science qu'ils cultivaient : on y trouvait aussi les archives royales. » A cette institution, si extraordinaire pour l'époque où elle se montrait florissante, s'ajoutait une sorte de collége royal où devaient être élevés, sous un régime sévère, les fils du souverain et les enfants de l'aristocratie : on le désignait sous le nom de *Tlacôlco*. Ce gymnase, contigu au palais, était complétement séparé d'une institution analogue réservée pour les jeunes filles. L'Europe n'a, en réalité, que des notions fort sommaires et des plus incomplètes sur les connaissances que ces peuples étaient parvenus à acquérir. Ce qu'il y a de bien positif, c'est que l'étude des sciences naturelles leur était familière. Nous savons qu'il y avait à Tetzcuco des ménageries habilement disposées, des aquariums immenses, de véritables jardins botaniques on ne peut mieux aménagés pour la propagation des plantes utiles.

Avant Netzahualcoyotzin, Tetzcuco comptait déjà plusieurs siècles d'existence. Selon la tradition, il avait été bâti sur les rives du lac qui lui avait donné son nom dès l'époque où apparurent les Toltèques, ce peuple auquel remonte tout ce qu'il y a de grand en architecture dans ces régions. Rebâti en 1301, Tetzcuco n'atteignit sa splendeur véritable que vers le milieu du quinzième siècle. Netzahualcoyotzin avait adopté une division systématique qui partageait la cité en six quartiers et affectait diverses portions de la ville à l'exercice de certains métiers.

Au lieu des maigres arbres disséminés aujourd'hui sur l'étendue de ce triste paysage, les jardins qu'avait fait planter Netzahualcoyotzin étaient environnés d'une forêt de deux mille cèdres magnifiques, que l'historien Ixtlilxochitl vit encore debout.

Mais, au dire du vieil historien indien, ces splendeurs de la nature, unies aux splendeurs de l'art, disparaissaient devant l'idée religieuse que le grand roi avait osé formuler d'une manière éclatante au milieu des Teocalis ruisselant chaque jour, comme à Mexico, du sang des victimes. Dans son vaste palais s'élevait un temple de forme circulaire, dédié *au dieu inconnu*, au dieu de paix, créateur de toute chose, auquel les hécatombes sanglantes étaient en abomination : neuf voûtes y figuraient les neuf cieux, et la dernière était couverte de constellations d'or sur un fond noir, représentant l'abîme incommensurable des cieux [1] : c'était là que le Salomon de l'Anahuac se retirait pour

prier, là qu'il engageait ses enfants à faire cesser tôt ou tard des sacrifices abominables.

Aujourd'hui, Tetzcuco n'est plus qu'une ville secondaire qui excite assez peu l'intérêt des voyageurs; elle conserve néanmoins le titre de capitale de la province à laquelle elle appartient, et l'on y compte encore une population de huit mille cinq cents habitants. Rien ne manque à ces paisibles successeurs des Acolhuas; ils ont, comme leurs valeureux ancêtres, un ciel admirable, un sol prêt à répondre par sa fertilité aux moindres efforts des travailleurs. Ce qui leur fait complétement défaut, c'est l'énergie qui pourrait leur faire acquérir un certain bien-être par l'industrie.

Les familles indiennes dont se compose la plus grande partie de cette population, et qui se sont agglomérées surtout dans les faubourgs, chôment la plupart du temps. Elles trouvaient dans le tissage de certaines toiles communes un utile emploi de leurs bras : ce mouvement s'est éteint; elles s'occupaient également, avec quelque succès, de chapellerie grossière : les produits de ce genre de manufacture, dont on regrette maintenant la durée, ont trouvé par malheur une concurrence, et le commerce avec les étrangers les a peu à peu fait disparaître. Disons plus : si l'on en rencontre, ils ne se fabriquent qu'à de rares intervalles.

Les bois qui étaient la gloire de l'ancienne cité, et qui dataient du quinzième siècle, sont tombés tout à coup, un jour, sur l'ordre du vice-roi. Il s'agissait, disait-il, en abattant ces cyprès séculaires, d'assainir un cours d'eau insignifiant. On a compté à terre, nous affirme-t-on, jusqu'à treize mille *ahuehuetes* presque tous gigantesques. Plus de beaux arbres, plus de monuments américains, tel fut, en définitive, pour Tetzcuco le résultat de la domination espagnole. La ville ne s'est jamais relevée de cette double injure faite, en deux cents ans, à la nature grandiose qui la parait et à l'art original qu'il eût été intéressant d'étudier dans ses murs.

« Avant d'arriver dans le voisinage immédiat de cette ville, dit Beulloch, on s'aperçoit déjà que l'on approche d'un lieu très-anciennement habité. On passe devant un grand aqueduc construit jadis pour apporter l'eau à la ville et servant encore actuellement au même usage, et près des ruines de plusieurs édifices de pierre d'une grande étendue. On traverse un pont, *el puente de los Bergantinos*, qui marque la place où Cortez bâtit et lança ses brigantins sur les lacs, quand il revint conquérir la capitale; mais la contrée a tellement changé d'aspect que ce pont est maintenant à une lieue et demie de l'eau : un peu plus loin, nous trouvâmes les fondations d'un bâtiment très-vaste. »

On se ferait, du reste, une idée assez peu exacte de l'étendue des anciens domaines de Netzahualcoyotzin si on les jugeait par la magnificence qu'on attribue à sa capitale. Le royaume d'Acolhuacan n'avait pas plus de soixante-dix lieues du nord au sud, en longueur; sa largeur n'excédait pas une vingtaine de lieues : ses limites furent, d'ailleurs, encore réduites par les empiétements des Mexicains. C'était par ses lois, son industrie et sa supériorité intellectuelle que brillait surtout ce petit empire et qu'il maintenait sa supériorité.

LA REINE ÉLISABETH ET SON AMBASSADEUR.

La reine Élisabeth, de parcimonieuse mémoire, proposa un jour au spirituel et habile docteur Dale de l'envoyer en Flandre en qualité de son ambassadeur; et comme elle lui

---

[1] Voy. *Histoire des Chichimèques ou des anciens rois de Tetzcuco*, par D. Fernando d'Alva Ixtlilxochitl, collection H. Ternaux. — Voy. également Kingsborough, *Antiquities of Mexico*,

t. IX. — On peut consulter avec utilité, sur l'état réel de l'ancienne cité, Prescott et l'*Histoire des nations civilisées du Mexique*, par l'abbé Brasseur de Bourbourg. Pour le nom de la cité, on a suivi l'orthographe de ce dernier.

énumérait les avantages de la position : « Vous aurez, lui dit-elle, jusqu'à vingt schellings à dépenser par jour. — En ce cas, Majesté, j'en dépenserai dix-neuf. — Et que ferez-vous du vingtième? — Je le réserverai pour Kate, Tom et Dick », désignant par ces abréviations familières sa femme et ses deux fils. La reine comprit, et augmenta le salaire, mais dans une proportion encore si minime que le pauvre docteur se trouva souvent fort empêché, entre sa haute dignité et l'exiguïté de ses ressources.

Pendant son séjour à l'étranger, il lui arriva d'expédier dans sa dépêche au secrétaire d'État deux lettres, l'une pour la reine, l'autre pour sa femme. Mais la première, qui était destinée à Élisabeth, portait sur l'adresse : « A ma très-chère femme »; et la seconde : « A Sa très-excellente Majesté. » Quand la reine ouvrit la missive, elle lut en tête : « Mon très-cher cœur »; et plus loin : « Ma très-chère âme »; et autres tendres expressions mêlées au récit de ses embarras financiers et des soucis qui en étaient la suite. La reine rit beaucoup de la méprise, et s'exécutant cette fois de bonne grâce, elle alloua sur sa cassette un surplus d'honoraires à son ambassadeur.

Au début d'une négociation diplomatique engagée entre le docteur Dale et d'autres hommes d'État, il s'éleva une discussion au sujet de la langue dans laquelle on traiterait. Le ministre espagnol opinait pour le français. « C'est logique, disait-il au docteur, puisque votre maîtresse s'intitule reine de France. — Alors, repartit le docteur, traitons en hébreu, puisque votre maître s'intitule roi de Jérusalem. »

Les notions vivantes ne s'acquièrent que par la pratique. Or c'est là le profit que l'on retire toujours de quelque tendance passionnée de pénétrer au fond des choses. Disons-le aussi : toute recherche, même quand elle n'atteint pas son but, a cela de bon que, par elle, on apprend, et l'on n'apprend pas seulement les choses, mais encore tout ce qui les constitue. *Entretiens de Gœthe avec Eckermann.*

LES ÉCHECS VIVANTS.

Dans le *Songe de Polyphile*, des nymphes, diversement vêtues, représentent les différentes pièces des échecs et jouent leur partie avec leur reine.

D'après Thingieri, le jeu des échecs vivants était en usage dans l'Italie au dix-septième siècle. Les dames se plaçaient d'un côté, les hommes de l'autre, toutes et tous vêtus selon leurs différents personnages. C'étaient des fillettes et des adolescents qui jouaient les pions. L'auteur français de *la Maison académique* (1654) proposait d'adopter ce jeu en France, et donnait à ce sujet les conseils suivants :

« Il seroit à propos que cela se fit dans une grande cour, dont un auroit noirci le pavé en quelques endroits en forme d'échiquier, ou bien on auroit étendu dessus une grande toile peinte de cette sorte. Il faudroit que tout autour il y eût des terrasses ou des échafauds pour les spectateurs, et deux tribunes aux deux côtés de l'échiquier pour monter les deux joueurs chefs, afin que de là ils vissent leurs personnages et leur commandassent de marcher. Ils seroient vêtus de blanc d'un côté et de rouge de l'autre. Il y auroit un homme vêtu en roi; il y auroit une reine, deux chevaliers et deux fous à marotte (puisque les premiers inventeurs de ce jeu n'ont pas voulu que les fous s'éloignassent de la principauté), et ceux qui seroient les tours auroient des tours en leur coiffure, ou bien leur habit représenteroit cela, comme aux personnages de ballet; et quant aux pions, ce seroient de petits garçons, afin qu'ils offusquassent moins le jeu. Les personnages marcheroient ici au commandement de leur maître; et quand ils seroient pris, ils baiseroient les mains à leur vainqueur, et se retireroient du jeu, et celui des maîtres qui auroit perdu seroit condamné, si l'on vouloit, à quelque grosse amende. Or, prenant ainsi des personnes propres à chaque sujet, et les plaçant dans une cour, ce n'est pas pour être le seul divertissement d'une compagnie qui seroit tout employée à cela, mais de quantité de gens qui les pourroient regarder. Je ne trouve pourtant point à redire qu'on le fasse ailleurs si l'on s'en veut donner la patience, et que de même on joue aussi aux dames poussées ayant placé diverses personnes dans une grande salle dont on aura rayé le plancher par grands carreaux. »

LES TIMBRES-POSTE.

Suite. — Voy. p. 25, 70, 119.

ROYAUME-UNI DE LA GRANDE-BRETAGNE ET D'IRLANDE.
Suite. — Voy. p. 70, 119.

TIMBRES PROPOSÉS ET ESSAIS. — Suite.

Le *cover* de M. Wyld date de 1838 ou de 1839. C'est une demi-feuille de papier, de 0m.220 sur 0m.188, pliée en forme de lettre : une face est blanche; l'autre présente au milieu une vignette gravée, de 0m.091 sur 0m.127, imprimée en chamois ou bistre clair. L'espace réservé pour l'adresse a un double encadrement, le premier formé par un rinceau, le second par une vigne sur laquelle quatre jeunes femmes sont appuyées. En lettres blanches gaufrées, en haut : *Postage prepaid;* en bas, *James Wyld; geographer to the Queen.* La poste devait frapper à la main ce *cover* d'un timbre humide, noir, et cette estampille devait être appliquée à l'endroit marqué par les mots *Postage prepaid.* Ce timbre d'oblitération est rond et a 0m.0275 de diamètre; au centre, *V. R.;* autour, *Cancelled. Post paid* [1]. La lettre écrite sur ou mise dans ce *cover* timbré était franche de port dans Londres (n° 82).

On donne la date de 1839 (quelques-uns assignent même celle de 1837, et d'autres celle de 1838) à deux demi-feuilles de papier Dickinson, l'une de 0m.229 sur 0m.190, l'autre de 0m.281 sur 0m.165; la première tantôt pliée comme lettre (*cover*), tantôt façonnée en enveloppe; la seconde pliée en bande (*wrapper*). Le papier présente horizontalement, dans le milieu de la feuille, dix fils de soie azurée parallèles. Une face est blanche; l'autre est couverte d'une vignette gravée, sauf à la place de l'adresse.

La feuille de 229-190mm est imprimée en jaune d'ocre ou bistre clair sur papier blanc. Le dessin guilloché la couvre tout entière, sauf l'espace réservé pour l'adresse, qui est entouré d'un cercle de 0m.132 de diamètre, coupé par quatre ovales équidistants; on lit sur deux des ovales : *London district post;* et sur les autres : *Not exceeding one ounce, one penny,* et *One penny, not to exceed one ounce.* V. R. (n° 83). Au milieu de chaque ovale, la couronne royale accotée des lettres V. R. (n° 83).

La feuille de 281-165mm est imprimée en vert clair; elle est couverte d'un dessin moiré guilloché, à l'exception de la place de l'adresse, qui est rectangulaire et qui porte les mots *Two pence.* Chaque angle est rempli par un quart de cercle dans lequel on lit : en haut, *V. R.* — *London district post;* en bas, *To carry not exceeding 6 ounces* — V. R. Enfin, tout au bas, dans le champ guilloché : *Post office cover.*

[1] Oblitéré ou annulé. Port payé.

On accorde aussi une place dans les collections, parce qu'il en a une dans l'histoire de la réforme postale en An- | gleterre, à un spécimen de *cover* publié, en 1838, par M. J. W. Parker, libraire de l'Université de Cambridge.

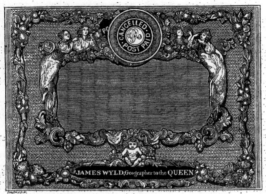

N° 82. — Cover Wyld.

C'est une demi-feuille pliée en quatre, comme une lettre, dont une face porte imprimée la liste des ouvrages publiés | par lui, et dont l'autre présente, sur un champ guilloché de couleur, un espace qui contient l'adresse imprimée de

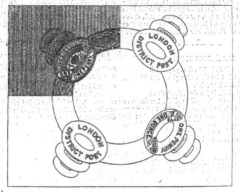

N° 83. — Cette figure, faite à la moitié de la grandeur réelle, suffit pour donner l'idée du dessin de cette curieuse enveloppe. Le guillochis n'a été reproduit que sur le quart de la figure, mais il couvre toute l'enveloppe originale, à l'exception du centre.

cet éditeur. Ce spécimen a été placé en regard de la page 30 de la première édition du mémoire de M. W.-H. Ashurst (¹).

Tous les timbres dont nous venons de parler ont été

(¹) *Facts and reasons in support of Mr Rowland Hill's plan of universal penny postage.*

faits pour éclairer la question, si débattue en 1838 et en 1839, de la réforme postale, plutôt que comme des spécimens de types proposés à l'administration des postes. Les timbres qui suivent ont, au contraire, le caractère d'essais entrepris pour ou par l'administration; ils ont été faits de 1839 à 1843.   *La suite à une prochaine livraison.*

LA FORÊT DE FONTAINEBLEAU.

Le Rageur, arbre de la forêt de Fontainebleau. — Dessin de Ch. Bodmer.

La forêt de Fontainebleau est l'école de nos paysagistes contemporains; nulle part la nature n'a rassemblé plus de sites et de modèles divers, des sables et des rochers pour les pinceaux rudes et tourmentés, des eaux pour les palettes transparentes, et par-dessus, ces feuillages sans nombre des grands arbres et des broussailles, perpétuel sujet d'étude offert à ceux qui veulent fixer sur la toile la mobile physionomie des saisons. Ajoutez-y une foule d'herbes, de plantes, de fleurs sauvages; plus de cin-

quante espèces de papillons aux noms charmants (l'*Hermione*, l'*Adonis*, l'*Artémis*, l'*Hébé*, l'*Amaryllis*, la *Fiancée*, etc.), aux couleurs plus charmantes encore; les rapides lézards verts, prismes vivants où domine l'éclat de l'or; nombre d'oiseaux de jour et de nuit, depuis l'aigle jusqu'au rossignol; enfin les cerfs, les daims, les chevreuils, les renards, etc., qui animent d'une vie mystérieuse les verdoyantes profondeurs.

La forêt de Fontainebleau, jadis appelée forêt de

Bierra, en souvenir d'un chef danois de ce nom qui la ravagea en 845, fut convertie, vers le onzième siècle, en domaine de la couronne; elle a 17000 hectares de superficie et 80 kilomètres de pourtour; les routes, les chemins, les sentiers, qui la sillonnent en tous sens, comprennent, grâce au travail obstiné de M. Dénecourt, à qui nous empruntons ces renseignements, plus de 200 myriamètres (environ 500 lieues); la diversité d'aspects qu'elle présente est due aux déchirements capricieux des eaux diluviennes. Les rochers, qui occupent au moins 4000 hectares, s'élèvent souvent à 140 mètres au-dessus de la Seine; autrefois stériles et nus, ils sont aujourd'hui couverts d'essences résineuses, pins sylvestres et maritimes, et quelques cèdres. Ce fut, dit Chateaubriand, « l'infortuné Louis XVI qui jeta des pins sur les rochers, comme un voile de deuil. » Le chêne, le hêtre, le charme et le bouleau forment les futaies, presque toutes vieilles de cent ans au moins; l'origine de certains arbres se perd dans la nuit des temps, et les plus antiques chênes atteignent jusqu'à 7 mètres de circonférence. A peu près au milieu de la forêt s'élève l'immense château; sur les lisières serpentent le Loing et la Seine, et des villas, des hameaux, des bourgades, répandus çà et là dans les vallées, parmi les bois, mêlent intimement l'humanité à la puissante végétation.

Le plus connu des villages que fréquentent les artistes et les poètes, c'est Barbison; l'excursion dont Barbison est le but, une des plus longues que l'on entreprenne à pied dans la forêt (six heures environ), nous conduira tout auprès de l'arbre que reproduit notre gravure. L'itinéraire en est tracé dans tous les guides de la forêt, et nous ne pourrions qu'égarer le lecteur parmi les sentiers, les routes nombreuses, les grès, les points de vue qui abondent entre Fontainebleau et Barbison; disons seulement qu'on sort de la ville par la barrière de la Fourche, et qu'on s'engage dans les célèbres gorges et vallons d'Apremont. Sur le haut d'un plateau, nous rencontrons d'abord une vénérable futaie aux voûtes sévères, au terrain presque nu; l'ombre impénétrable n'y laisse vivre que des mousses chétives et des champignons énormes : c'est la Tillaie, sans doute à cause des tilleuls qui la composaient quand on lui chercha un nom. Au pied du Bouquet du Roi, grand arbre remarquable par sa rectitude, se croisent six routes, qui ne nous empêchent pas; si nous savons le chemin, d'atteindre un chêne vieux de mille ans, colosse aux pieds noueux, à la tête dépouillée, et dont les flancs criblés de blessures accusent les siècles et la foudre; on l'a baptisé Pharamond. Plus loin se succèdent d'autres chênes presque aussi beaux, les Deux-Frères, l'Arbre du Christ qui ressemble à une croix, le Danaüs entouré de vigoureux rejetons qui peuvent passer pour ses cinquante filles; celui-là, dont le vaste corps est gâté par une entaille en forme de niche, a pu être jadis sacré pour les druides, et la faucille d'or a peut-être coupé le gui sur ses branches. Depuis, la statuette et le culte de Notre-Dame des Bois a remplacé le génie ou la fée celtique; fait commun et qui conduit d'ordinaire à de justes inductions sur les endroits consacrés aux divinités gauloises. Les gorges d'Apremont s'annoncent par un Désert peuplé de grès aux formes bizarres; le terrain, qui était, il y a quelques pas, uni et richement boisé, se couvre de rochers, de bruyères et d'arbres toujours verts : il est permis de regretter ici l'envahissement des pins monotones; par de légers bouleaux, des genévriers tordus s'élevaient seuls sur l'âpre montagne, le Désert rehaussait bien mieux, par le contraste de sa nudité, ce Vallon qui l'accompagne, et dont les peintres fréquentent la pelouse ombragée, étudiant tous les arbres, genévriers, charmes à l'écorce

brune, bouleaux pareils à des colonnettes d'argent, hêtres droits et forts comme des tours, et les chênes trapus que plantèrent partout en France Henri IV et Sully. C'est au milieu de ces colosses, qui tous ont leur physionomie et leur nom (le *Bélus*, le *Corrége*, le *Lantara*, le *Decamps*, le *Français*, le *Th. Rousseau*), que M. Bodmer a choisi son modèle. Le *Rageur* est vieux et tourmenté; peut-être ses rameaux inférieurs ont-ils été condamnés par la foudre à la stérilité : la sève, se retirant vers la cime, comme dans un palais incendié les habitants se réfugient au faîte, nourrit encore un beau feuillage; le *Rageur* aime l'orage et la pluie; il brave ses ennemis séculaires et déploie contre le vent ses bras dépouillés toujours disposés à la résistance. Les cerfs timides s'élancent dans la vapeur, et, au bruit de la foudre,

> On voit fuir aussitôt toute la nation
> Des lapins qui, sur la bruyère,
> L'œil éveillé, l'oreille au guet,
> S'égayaient, et de thym parfumaient leur banquet.

Il y en a deux encore qui hésitent à regagner leur souveraine cité. « Seul, le *Rageur* immobile écoute en frémissant le tonnerre qui s'approche.

Pour nous, essayons de nous réfugier à Barbison; la pluie va tomber à flots, et les bois ne pourraient nous en garantir longtemps. Nous reverrons plus tard les *belvéders*, les grottes, entre autres la caverne où Tissier, chef de brigands, instruisait sa bande à l'attaque des voyageurs. Nous avons traversé les jeunes futaies des *Mazeties*, et bientôt, au coin d'un beau feu, nous nous faisons raconter la légende de l'auberge Ganne. La renommée de Barbison ne remonte pas à plus de trente ans. Un épicier cabaretier, nommé Ganne, voyant, chaque jour de la belle saison, passer devant sa porte des hommes à grande barbe, et toute la légion des artistes chevelus, eut l'idée d'établir une pension économique où les amis de la forêt pussent trouver le vivre et le couvert : « Les premiers qui allèrent planter leur chevalet sous ce toit rustique furent bientôt suivis de camarades qui en amenèrent d'autres. La renommée et la foule firent la boule de neige, si bien que l'heure ne tarda pas à sonner où, pour avoir une place chez le père Ganne, il fallut s'y prendre à l'avance. Pour la plupart des hôtes, ce ne fut point assez de payer leurs quatre-vingt-dix francs à la fin du mois; la reconnaissance, le devoir ou l'usage, exigèrent bientôt de chacun, en guise de pourboire, une ébauche, une scène ou un sujet quelconque dans un coin de leur garni. » Au bout de trois ou quatre ans, des Anglais offraient déjà de la mesure et de ce qui la décorait une somme ronde de quinze mille francs; un peu plus tard, un lord doubla la somme, mais sans succès; la maison Ganne avec son seul étage vaut mieux que cela : ne recèle-t-elle pas les promesses qu'ont depuis tenues la plupart des talents contemporains? Ici les douze panneaux d'une armoire énorme sont couverts de peintures de MM. Ledieu; Anastasi, Ciroux. M. Diaz y a joint un *Repos dans la forêt*; c'est encore lui qui, au-dessus d'une glace fort exiguë, a entouré d'une guirlande de roses la *Clairière* et le *Cygne* de M. Français; MM. Gérôme et Bellanger ont dessiné sur la cheminée des silhouettes façon Pompéi et Herculanum. Là, une riante *Percée de forêt* de M. Huet, un paysage de M. Th. Rousseau, des fruits de M. Célestin Nanteuil, enfin diverses œuvres de M. Diaz, embellissent les autres pièces de la maison. Supposez que demain un volcan couvre de cendres la fameuse hôtellerie, et dans quelques siècles les antiquaires donneront Barbison comme spécimen du genre de décoration adopté dans toutes les maisons françaises; il faut avouer que la vérité aurait plus à souffrir de cette théorie que notre réputation. Heureux les riches qui peuvent encore livrer aux arts les murs de leurs hôtels! Les moins fortunés en sont réduits aux dorures et au papier peint.

Les premiers hôtes de Barbison y sont pour la plupart devenus locataires ou propriétaires de riantes retraites, où ils se plaisaient à passer la plus grande partie de l'année. Il serait trop long d'énumérer ici tous ceux qui, depuis le pâtre Lantara jusqu'à nos contemporains, ont recherché les environs de Fontainebleau; l'un des plus célèbres est le regrettable Decamps, dont nous avons reproduit tant d'ouvrages excellents : il a demeuré à Chailly, à trois quarts de lieues de Barbison; et la *Complainte des Bisons*(*), chanson bizarre autant par le style que par le refrain, commémore ainsi cet illustre voisinage, dans un couplet qui est maintenant, par malheur, une curiosité historique :

> Un peintre de bonne trempe
> A Chailly coule ses jours;
> Barbison demand' toujours :
> A quand Decamps en décampe?
> S'il venait à Barbison,
> Il serait roi des Bisons.

Les poëtes aussi ont fréquenté ces parages, et l'on peut déjà citer parmi les morts Hégésippe Moreau et Béranger. A force d'avoir été visitée, étudiée, aimée, la forêt de Fontainebleau a pris quelque chose d'humain. A chaque pas on y rencontre un nom connu, fièrement porté par une roche, une mare, un hêtre ou un chêne. Les patrons antiques se mêlant aux patrons nouveaux forment une sorte de mythologie capricieuse où le rêveur passe des dieux et des fées aux rois et aux artistes de tous les temps et de tous les pays. L'héroïque M. Dénecourt, qui, sacrifiant sa fortune au plaisir de tous, a tracé tant de sentiers et dégagé tant de points de vue, accroît chaque jour cette population invisible, et bientôt toutes les herbes auront un nom fameux. C'est la forêt du Tasse, où les arbres se plaignent et chantent;

> Et dans ce groupe sombre agité par le vent,
> Rien n'est tout à fait mort ni tout à fait vivant...
> Et sur vous qui passez et l'avez réveillée,
> Mainte chimère étrange, à la gorge écaillée,
> D'un arbre entre ses doigts serrant les larges nœuds,
> Du fond d'un antre obscur fixe un œil lumineux.

Et le poëte entend

> . . . . parler dans l'ombre, à demi-voix,
> Les chênes monstrueux qui remplissent les bois.

LES ANIMAUX DOMESTIQUES.

Deuxième article. — Voy. p. 131.

L'ordre des rongeurs, si nombreux cependant, n'a encore fourni que deux espèces, le lapin et le cobaye, dit vulgairement cochon d'Inde.

Le lapin n'était pas connu d'Aristote, car il n'est mentionné dans aucun des écrits de cet auteur, non plus que dans ceux de Xénophon. Il n'en est question chez les anciens qu'à partir du premier siècle de notre ère. Originairement, il existait en Espagne et peut-être dans le midi de la Gaule, et c'est de là que, vers cette époque, soit naturellement, soit par des importations, il s'était propagé dans la Provence en telle abondance qu'il y était devenu une calamité. Depuis lors, il n'a cessé d'étendre le cercle de son habitation, et, à l'état sauvage ou domestique, il est connu à présent dans toute l'Europe.

On en possède plusieurs races différentes, dont quel-

(*) Nom burlesque que se donnaient les membres de la colonie.

ques-unes sont recherchées non-seulement pour leur chair, mais pour leur fourrure. Néanmoins, quels que soient les avantages de cet animal, sa multiplication ne paraît pas augmenter dans des proportions sérieuses. Les agriculteurs préfèrent appliquer leurs ressources à l'élève d'animaux d'un plus fort volume, et la consommation du lapin, subordonnée à celle de la volaille, n'est guère qu'un objet de fantaisie.

Le Cobaye (*Cavia Aperea*).

Le rôle du cochon d'Inde est encore plus limité. On en élève plus qu'on n'en mange, et l'on ne peut regarder son entretien, du moins en Europe, que comme un jeu pour les enfants. Cet animal s'est rencontré chez les Péruviens lors de la conquête de l'Amérique, et il a été importé chez nous dès le seizième siècle. Il était déjà tel que nous le voyons aujourd'hui, ce qui fait supposer que sa domestication devait être déjà accomplie dans le nouveau monde depuis un certain temps. Son type primitif, cherché d'abord au Brésil, s'est définitivement trouvé au Pérou.

Il y a bien d'autres espèces de rongeurs qu'il serait facile de domestiquer aussi bien que ces deux-là, mais le peu de faveur que reçoivent de la part des agriculteurs le lapin et le cochon d'Inde semble former, à l'égard de leurs analogues, un précédent peu encourageant. A moins que la chair de ces autres espèces ne présente décidément des qualités supérieures qui lui fassent conquérir l'estime des gourmets, il est à craindre que, si curieuses qu'elles soient, elles n'aient bien de la difficulté à se faire adopter dans le domaine rural.

On ne peut cependant disconvenir que la diminution croissante du gibier n'augmente les chances de quelques-unes. Déjà, à plusieurs reprises, le lièvre mis au clapier

L'Agouti (*Cavia Aguti*).

et soumis à un régime spécial a paru disposé à fournir une race domestique analogue à celle du lapin, et bien précio-

rable pour la table. On s'est avisé aussi de le croiser avec le lapin, et il en est résulté des métis qui se propagent d'eux-mêmes et constituent, sous le nom de *léporides*, une race tout à fait nouvelle. M. Isidore Geoffroy Saint-Hilaire propose d'adjoindre à notre lièvre indigène, soit pour les domestiquer aussi, soit pour augmenter le nombre de nos espèces sauvages, l'agouti, qui habite les Antilles et l'Amérique méridionale, et le mara, qui habite les pampas de

Le Mara (*Mara magellanica*).

Buenos-Ayres et la Patagonie : ce sont deux animaux dont un lièvre à qui l'on aurait coupé la queue et les oreilles donne à peu près l'idée, et qui serviraient à varier les plaisirs de la chasse. Il a proposé également, comme espèce à mettre à côté du lapin, la viscache, animal qui présente

La Viscache (*Lagostomus*).

avec le premier beaucoup d'analogie, et qui vit par immenses colonies dans les mêmes contrées que le mara. Il n'est pas douteux que ces acclimatations ne soient possibles, et il est même probable que, grâce aux instances de l'illustre savant, elles seront opérées avant peu; mais quelle importance économique prendront-elles, c'est ce que le goût du public, souvent arbitraire et qui échappe à toute règle comme à toute prévision, pourra seul décider.

La domestication du cabiai paraît présenter plus de chances de succès que celle des divers rongeurs dont nous venons de parler, précisément parce que cet animal diffère beaucoup plus que les autres du cochon d'Inde et du lapin. Que l'on se représente un cochon d'Inde d'apparence grossière, de couleur brune et d'une taille pouvant aller jusqu'à 1 m,50 de longueur, et l'on aura une idée sommaire du cabiai. Il ne s'agit donc plus, comme pour les précédents, d'un animal de basse-cour, mais bien d'un véritable animal de boucherie, comme le porc et le mouton; et si sa chair est agréable, comme l'attestent tous les voyageurs qui en ont goûté, l'acquisition a des avantages évidents. En effet, le cabiai est un animal nageur, à peu près

commé le castor, vivant par petites troupes sur le bord des rivières de la Guyane et de l'Amazone, et s'y nourrissant de

Le Cabiaï (*Hydrochœrus Capybara*).

plantes aquatiques. Comme les plantes de cette nature ont aujourd'hui très-peu de valeur pour l'agriculture, il est

Le Paca brun (*Calogenys subniger*).

certain qu'un animal qui les utiliserait en les transformant en viande de bonne qualité rendrait, par là même, un très-grand service, et ne tarderait pas à prendre place dans tous les cantons que le drainage n'a point encore améliorés. Le cabiai a, d'ailleurs, le mérite commun à tous les autres rongeurs, de se multiplier rapidement et d'arriver de bonne heure à sa taille, ce qui en ferait un producteur de viande très-puissant, en même temps qu'il serait très-économique.

Le Castor du Canada (*Castor fiber*).

Le paca, autre rongeur de l'Amérique méridionale, offrirait, quoique plus petit, des avantages analogues, supérieurs même quant à la délicatesse de la chair, et si jamais

le cabiai s'introduit dans nos campagnes, il est vraisemblable que le paca l'y suivra de près.

Enfin, il y a encore une autre espèce du même ordre
dont les services seraient d'une bien supérieure importance, et dont la domestication mériterait par conséquent
de n'être pas négligée. C'est le castor. Il vivait autrefois en
Europe et s'y rencontre encore, quoique rarement, et par
conséquent il n'y aurait aucune difficulté à l'acclimater
parmi nous. C'est un animal très-sociable et qui a fort bien
vécu, pendant plusieurs années, au Muséum. Il finirait donc
sans peine par s'accommoder de la vie de nos étangs, dans
lesquels on pourrait le parquer pour l'empêcher de commettre dans les environs aucun dégât; et comme le prix
d'une seule peau va jusqu'à 300 francs, on voit que sa
fourrure payerait avec prodigalité tous les soins consacrés
à son entretien.

L'ordre des marsupiaux, si différent, au point de vue
zoologique, de celui des rongeurs, serait cependant susceptible de rendre à l'industrie agricole, à peu près les
mêmes services. Les diverses espèces qui le composent
sont aujourd'hui, à part quelques exceptions, concentrées
en Australie; mais rien ne serait plus facile que de les ha-

Le Grand Kanguroo (*Macropus giganteus*).

bituer à nos climats, et, sous ce rapport, le problème est
pour ainsi dire résolu.

Les grands kanguroos fournissent une chair d'excellente qualité, et leur poil laineux est propre à divers emplois. Le climat des parties tempérées et méridionales de
l'Europe leur convient si bien qu'ils s'y sont déjà reproduits en assez grand nombre, sans exiger des soins trop
dispendieux. On en a même déjà vu de petits troupeaux aux
environs de Paris, de Vienne, de Madrid, de Naples. Au
grand kanguroo, qui est un animal de près de deux mètres, on adjoindrait, sans plus de difficulté, les petits kanguroos, le phascolome, le phalanger, peut-être encore
quelques autres espèces, supérieures au lapin sous le rapport de leur taille et de leur fourrure, et ces animaux
rempliraient à peu près le même rôle.

L'acquisition définitive des marsupiaux est donc moins
une question d'acclimatation qu'une question d'économie
rurale. Pour ne parler que de la grande espèce de kanguroo, les agriculteurs trouveront-ils autant de profit à

en élever des troupeaux qu'à élever des troupeaux de
moutons? En admettant même que ces nouveaux troupeaux dussent être moins dociles, plus difficiles à garder,
moins sobres, ce ne serait pas un motif de condamnation

Le Phascolome (*Phascolomya wombat*).

s'il devait résulter de la faveur du public un prix de vente
supérieur pour la viande. Il faut tenir compte aussi de ce
que la multiplication de ces animaux est plus rapide que
celle des moutons, ce qui constitue un avantage notable,
compensé, toutefois, par l'infériorité de leur poil relativement à la laine. Il faut que l'économie agricole prononce,
et jusqu'à ce que la supériorité ou tout au moins l'égalité
des bénéfices soit établie, il est à croire que, sauf dans les
parcs et dans les ménageries d'amateurs, on continuera à
transformer en viande de bœuf et de mouton l'herbe des
pâturages.

Dans l'ordre des pachydermes proprement dits, nous
n'avons à compter que la race porcine. Du temps de nos
pères, les forêts primitives qui couvraient le sol de la Gaule
n'étant point encore défrichées, cette race occupait dans la
richesse agricole une place capitale. Aujourd'hui même son
importance est encore très-considérable, à cause de sa fécondité, de sa précocité et de la facilité avec laquelle elle
s'entretient et s'engraisse. Aussi est-elle abondamment
répandue non-seulement dans toute l'Europe, mais dans
presque toutes les parties du monde, et c'est une de celles
que les peuples sauvages reçoivent de nos mains le plus
volontiers.

D'après les livres chinois, la domestication du cochon
remonterait à près de cinq mille ans. On voit par l'Odyssée qu'on en faisait grand cas chez les Grecs dès les temps
héroïques, et la prohibition de sa chair par Moïse montre

Le Tapir (*Tapirus americanus*).

qu'il devait être commun, à l'époque de ce législateur, dans
l'Asie occidentale.

De quel type primitif provient-il? Il est si voisin par
tous ses traits du sanglier de nos forêts que pendant longtemps les naturalistes n'ont pas hésité à le regarder comme
en étant issu. Mais les considérations historiques ont fait

prévaloir une opinion différente. Comme les tribus celtiques ont eu leur berceau dans le milieu de l'Asie, tout porte à présumer qu'elles ont dû amener avec elles, dans les parties de l'Occident où elles se sont fixées, les animaux domestiques qu'elles possédaient à l'époque de leur migration, et par conséquent, selon toute apparence, leurs troupeaux de porcs. En effet, en comparant le cochon avec les sangliers qui se rencontrent dans les forêts de l'intérieur de l'Asie, on lui trouve encore plus d'analogies de ce côté que de celui de nos sangliers indigènes. On peut donc regarder ces animaux si utiles et si injustement méprisés comme perpétuant parmi nous la trace de l'antique origine de notre nation.

Dès à présent, la race porcine offre un grand nombre de variétés produites soit par les modifications de son type primitif, soit par son croisement avec diverses races importées de l'extrême Orient. La tendance actuelle de l'agriculture paraît être de s'attacher aux variétés de grande taille, comme produisant à meilleur marché que les variétés plus petites la chair et la graisse, et l'on est déjà parvenu, dans cette voie, à des individus de plus de six cents kilogrammes. Mais la voie inverse offre aussi des avantages particuliers, et mériterait peut-être d'être suivie. Il est incontestable qu'une race d'assez petite taille pour s'entretenir à peu près dans les mêmes conditions que le lapin serait préférable, à bien des égards, à celui-ci, et serait un véritable bienfait pour beaucoup de ménages peu aisés.

Il est aujourd'hui question d'emprunter à l'Asie, et surtout à l'Amérique, un autre pachyderme qui offre avec le précédent de grands rapports : c'est le tapir. Le régime de cette espèce serait à peu près le même que celui de la race porcine, et elle aurait sur celle-ci deux avantages : celui de sa peau, qui vaut les meilleures peaux de bœuf, et celui de sa force, qui, étant supérieure à celle du porc, lui permettrait de rendre, dans certaines limites, le service de bête de somme. Dans plusieurs provinces du Brésil, on est dans l'usage de capturer ces animaux pour les apprivoiser et de les employer en cette qualité jusqu'au moment venu de les engraisser et de les abattre; et si l'on parvenait à en faire une race domestique, il est à croire que cette race, moyennant un régime convenable, se prêterait sans peine à un accroissement de taille qui la rendrait capable d'un travail encore plus actif. Au point de vue pratique, les tapirs pourraient donc, en quelque sorte, se comparer à des ânes très-dociles, très-intelligents, et propres à la boucherie. Mais malheureusement il ne paraît pas que cette viande soit très-succulente, et jusqu'à présent on n'a pas de preuves que l'espèce ait de la propension à se reproduire chez nous et en captivité. Très-rapprochés des éléphants par l'ensemble de leur organisation, il n'est pas impossible qu'ils aient la même répugnance à se multiplier en dehors des conditions de la vie sauvage. C'est ce que de prochaines expériences ne pourront manquer de décider.

Les éléphants, si l'on s'en rapportait aux premières apparences, devraient figurer en première ligne dans la liste des animaux domestiques. Ils sont, en effet, au service de l'homme depuis la haute antiquité, associés à son activité, comme le cheval, dans la paix et dans la guerre. Mais l'homme ne possède malheureusement ici que des individus, et la race demeure libre. Sauf des circonstances exceptionnelles, elle n'est féconde que dans sa pleine indépendance, et ces colosses si parfaitement soumis à la volonté de leurs maîtres sont tous des animaux d'origine sauvage. Ils sont apprivoisés, ils ne sont pas domestiqués, et c'est une question de savoir s'ils pourront l'être jamais.

VOYAGE AU-DESSUS DE L'ATLANTIQUE.

Troisième article. — Voy. p. 138, 146.

Dimanche, 8 heures du matin. — Tout va bien! Il me semble que je rêve. Seul dans l'infini de l'azur. La mer, de la hauteur d'où je la domine, se fond de toutes parts avec le ciel, et le mouvement des flots est imperceptible. Silence et immobilité absolus. Pas même le plus léger mouvement de l'air, et si je ne mesurais ma vitesse, je me croirais cloué dans l'espace. Je marche pourtant; mon vent d'est se soutient, et, comme je l'avais bien prévu, je l'ai trouvé d'une vivacité croissante jusqu'à la hauteur de deux mille mètres, à laquelle je me tiens : là température y est agréable, la respiration facile, et en quatre heures me voici déjà, selon mon estime, à plus de quarante lieues de l'Europe.

J'ai beau chercher à regarder de sang-froid la position étrange où je me suis mis, je ne le puis encore, tant je me sens ravi. Pas là moindre appréhension n'arrive à mon cœur. Je nage dans une ivresse sereine. C'est un trouble délicieux, et mon âme, détachée de toutes les vanités du monde, monte vers Dieu et se fond en paix dans l'infini. La terre ne m'est plus rien; je me suis séparé d'elle et je la juge comme si je faisais déjà partie d'une autre région. Le but même de mon entreprise m'échappe; je ne songe plus ici à l'Amérique, ni à la gloire, ni à tous ces objets qui m'ont mis en mouvement; je suis absorbé, et le présent comble en moi toute mon ambition. Depuis que l'humanité pullule sur le globe, quel mortel s'est jamais vu tel que je suis en ce moment !

7 heures du soir. — Le soleil se couche et je suis noyé dans ses magnificences : devant moi tout le ciel est enflammé, et l'Océan qui le réfléchit semble rouler dans les profondeurs de longues vagues de feu. Quelques nuées se sont formées depuis un instant, et semblent autant de flammèches qui vont porter l'incendie de l'Occident jusque dans l'Orient. Seraient-elles l'indice d'un changement? De toute la journée rien n'a varié. Je n'ai pas cessé d'être entraîné avec la même vélocité et dans la même direction. Toujours le même bleu, le même silence, la même fixité. Je suis trop haut pour distinguer les minuties de la mer, et je ne sais par quel hasard je n'ai pas même aperçu un navire depuis l'immense lointain. Je ne m'en plains pas; il m'eût gâté ma solitude, et elle est si solennelle et si étrange que je n'ai encore pu m'en rassasier. Perdu dans une vague contemplation, mon temps s'est écoulé comme un songe dont les éclats du couchant viennent de me faire sortir. J'ai relevé ma position, et si le vent continue, je devrai passer vers minuit dans les Açores. Éclairées par la lune, et vues dans la demi-ombre, elles me donneront sans doute un beau spectacle.

10 heures. — Vaincu par le sommeil, je me suis endormi, il y a une heure, à la scintillation des étoiles. Quel réveil! nuit opaque, absolue; j'étais enveloppé dans un nuage. Tout était si noir que je ne pouvais me voir moi-même. En dehors des battements de mon cœur, le néant : sensation si profonde que je me suis plu à y demeurer un instant. Jamais je n'avais éprouvé à ce point le contraste entre la lumière et l'obscurité, entre le règne de Dieu et celui du chaos. L'âme encore toute pleine des splendeurs dans lesquelles j'avais passé tout le jour, je me sentais comme pétrifié dans l'inerte épaisseur des ténèbres. Le froid m'avait saisi et, ramassé sur moi-même, je songeais involontairement à la solitude glaciale du sépulcre. J'ai rallumé ma lampe. Mon sillage me montre que le vent a changé, et il incline maintenant au sud-est. Jusqu'à quelle latitude va-t-il me faire remonter? N'y rencontrerai-je pas des vents d'ouest? Ne serai-je pas ramené sur l'Europe?

Quel contre-temps ! Sans m'inquiéter, puisque cette possibilité était prévue, je me sens agité et contrarié. Je viens de descendre jusqu'à ce que le baromètre m'ait averti que j'arrivais au niveau de la mer : plus de brume, mais le même vent. Je me suis relevé et, à trois mille mètres, j'ai trouvé des vents d'ouest. Je n'ai donc rien de mieux à faire que de me résigner et de laisser courir.

Minuit. — Hors des nuages; ciel serein; le vent oscille et paraît tourner maintenant au nord-est. Me voilà donc de nouveau sur ma voie ! Mon âme s'élève et rend grâce à Celui qui conduit nos destinées. Je me sens sous sa main et me rappelle avec confiance cette belle parole : « Les vents sont ses ministres. » La lune se lève et me sert à rectifier ma position. Mon mouvement s'accélère de plus en plus et j'espère ne pas avoir trop de temps perdu. Si le vent se soutient, je serai en vue des Açores au point du jour.

Lundi, 4 heures. — Spectacle magnifique ! Le jour, en se levant, me laisse apercevoir à l'horizon, dans une lueur diaphane, toutes ces îles. C'est le groupe du centre. La mer en est couverte; les unes, de la hauteur où je suis, me semblent à fleur d'eau, comme des plateaux flottants; les autres dessinent sur le ciel leurs dentelures. En avant, voici Terceire, et en arrière comment ne reconnaîtrais-je pas Pico? Son volcan s'élève comme un dôme. Ces deux îles sont précisément sous le vent, et j'estime que d'ici à une heure je devrai me trouver par leur travers.

Je viens de passer, en effet, sur Pico. J'en ai rasé la cime. Mais avec quelle vitesse ! Le vent me balayait. A peine ai-je eu le temps de distinguer les âpres ravins du sommet, les belles verdures qui tapissent les pentes, les points blancs disséminés à la base et qui ont un instant ramené mes regards sur les hommes. Tout a fui en un clin d'œil comme dans un tourbillon, sauf San-Miguel qui m'échappe, j'ai de nouveau en vue l'archipel dans sa totalité, se dessinant maintenant en silhouette bleuâtre sur le ciel splendide du matin. Quelle étrange disposition de notre planète que ces terres disséminées ainsi au milieu de l'Océan ! Il me semble, dans la vague où je flotte depuis hier, que je viens de faire la rencontre d'un groupe de petites planètes circulant de conserve à travers l'espace. Qui sait si dans les champs infinis il n'existe pas, en effet, dans des proportions aussi exiguës, des astéroïdes habités ! Mes yeux s'attachent à ces terres dans un long adieu, car d'ici jusqu'à l'Amérique je n'ai plus rien à voir que l'immensité.

Midi. — Journée d'azur; je me sens soutiré en paix dans la nappe des alizés. Je me tiens à quinze cents mètres, ayant observé que le mouvement de l'air y est à son maximum : apparemment que plus près de la surface le frottement contre l'Océan le ralentit. Sa constance devient de plus en plus ferme : c'est un phénomène d'une régularité véritablement planétaire. Pourquoi la circulation de l'atmosphère n'est-elle pas conduite partout par des principes aussi simples? C'est sur elle que tout le système des communications entre les hommes ne tarderait pas à se fonder. Les vents seraient définis en chaque contrée avec la même précision que les fleuves, et le commerce y établirait avec la même tranquillité ses véhicules. Du reste, je viens de faire une expérience importante et qui décide un point de météorologie auquel la science n'atteignait jusqu'à présent que par conjecture. Je me suis élevé dans les altitudes supérieures, et je les ai trouvées sous le régime des vents de sud-ouest. Ainsi, il est incontestable que la nappe des alizés se reploie, comme on le supposait, à l'équateur, et vient retomber par en haut sur les zones tempérées. Au-dessus de cette même ligne par où je suis entraîné en ce moment loin de l'Europe, il

y en a une autre qui m'y ramènera. Patrie, je te reverrai, et au lieu de te demeurer inconnu, tu me compteras désormais.

4 heures. — Rien ne varie, et si le loch ne me montrait que je marche en réalité avec la même vitesse qu'un express, je me croirais absolument immobile. Et, en définitive, ne le suis-je pas en effet? Les vents alizés, dans leur tendance vers l'ouest, ne sont, qu'une illusion produite sur ceux qui se trouvent à la surface du globe et que sa rotation emporte à l'est avec un mouvement plus rapide que celui de l'atmosphère qui les entoure; ils s'imaginent que l'air les frappe, tandis que ce sont eux, au contraire, qui frappent l'air, comme sur un chemin de fer. Je ne marche donc pas vers l'Amérique; c'est elle qui vient au-devant de moi, et ces flots qui me paraissent depuis ce matin, au-dessous de ma barque, se précipiter vers l'est par un courant continu, s'y précipitent en effet à mon égard, comme ils le font aux yeux de ceux qui observent la terre des planètes voisines. J'assiste *de visu* à cette rotation du globe si longtemps controversée. Cette idée me ravit et m'enchaîne à ce spectacle malgré sa longue monotonie.

J'ai besoin, en effet, de tromper mon impatience : les heures commencent à prendre trop de lenteur. J'aperçois de temps en temps, dans les profondeurs de l'horizon, quelques voiles, mais je ne me donne même pas la peine de diriger vers elles mon télescope. Je me récrée plus volontiers en suivant les évolutions de quelques oiseaux qui croisent au-dessous de moi. A en juger d'après leurs ailes démesurées, ce doivent être des frégates. Je les envie, car j'en vois qui marchent de conserve avec moi et qui me devancent. Pauvre aérostat, quand sauras-tu aussi battre l'air avec de grandes ailes !

Le soleil est descendu dans les flots splendide et tranquille. La nuit est claire; l'étoile polaire, qui s'est sensiblement abaissée vers l'horizon, me confirme dans la détermination de la latitude à laquelle je suis parvenu. Au sud, je commence à distinguer avec curiosité des constellations australes que je n'avais jamais vues. Que Dieu qui gouverne ces globes immenses veuille bien, dans sa providence infinie, veiller aussi sur le globe chétif auquel est suspendu en ce moment l'avenir de la mission que j'accomplis dans l'intérêt de ce monde !

LA NOBLESSE AU PORTEUR.

Il n'est pas de pays où l'on accorde aussi facilement qu'en Autriche des titres de noblesse. En 1775, la chancellerie impériale introduisit, dans les diplômes qu'elle prodiguait, entre autres faveurs celle de se décorer à volonté de la particule : « *Item*, permettons au sieur ***, anobli par ces présentes, d'user de la particule *de* ou *à*, s'il lui plaît. » Comme elle octroyait quelquefois ces diplômes en blanc, on appela ces nouveaux anoblis la *noblesse au porteur*. [1]

COURS DU LADON.

Le Ladon est une rivière d'Arcadie. Les anciens habitants, et après eux les poètes, ont célébré dans leurs légendes ses bords protecteurs et ses naïades hospitalières. Quand le dieu Pan poursuivit la nymphe Syrinx, ce fut le Ladon qui la sauva; il la changea tout d'un coup en roseau. Pan, pour se consoler, fit de ce roseau sa première flûte.

(1) Voy. *Des distinctions honorifiques et de la particule*, par Henri Beaune; 1863.

Les Arcadiens affirmaient que leurs ancêtres étaient établis dans les vallées de l'Érymanthe et du Ladon avant que la lune eût marqué son cours dans le ciel. On retrouve fréquemment, chez les peuples de l'antiquité, cette prétention : être la plus ancienne race du monde semblait les rapprocher des dieux. Les Arcadiens, comme les Attiques, les Égyptiens, etc., se proclamaient donc autochthones; c'est-à-dire fils de la terre même qu'ils habitaient. Un mérite plus réel était leur bravoure, leur culte jaloux de la liberté, leur habile agriculture. L'élevage des chevaux et des ânes les avait rendus fameux; on recherchait leur amitié politique pour avoir la coopération de leur cavalerie; et les roussins d'Arcadie ont encore aujourd'hui le privilège de désigner les ânes, par périphrase poétique. Combien y a-t-il de contrées qui aient été plus visitées de la renommée? Bosquets et forêts, gras pâturages, champs fertiles, paysages ravissants, tout semblait donner au val du Ladon une physionomie singulière, originale : musiciens et bergers, agriculteurs et soldats, les habitants vivaient heureux. Dans les temps modernes, c'est encore un des endroits les plus riants de la Grèce. L'éloignement de la mer et des communications lui a épargné les désastres des invasions barbares, et, malgré le triste passage de la domination ottomane, le Ladon arrose encore un pays aimé du touriste. Il sert des montagnes de l'Arcadie et s'appelle aujourd'hui Rhouphia à sa jonction avec l'Alphée. Les anciens plaçaient sa source au-dessous du village de Lycouria; les modernes la placent près de Soudena, au lieu de naissance de l'affluent le plus prolongé.

Les géographes de l'antiquité n'avaient pas sur les fleuves des idées fort précises : pour nous, la source d'un grand cours d'eau est au point de départ le plus éloigné

Le Ladon, en Arcadie.

de l'embouchure, et non pas à la source de l'affluent le plus considérable; l'affluent n'est pas le fleuve. Parmi les tributaires du Ladon, Pausanias nomme l'Aoranius (aujourd'hui *Katsana*), le Tragus (*Dara*), l'Arsen (*Vefisankhi*). Ajoutons les rivières de Priolyta, de Lycouria, et les torrents des coteaux qui bordent les vallées occidentales, où le Ladon se jette dans l'Alphée, après avoir baigné de ses ondes fécondantes Leucasium, Mesoboa, Nasi, Oryx, Halus, Thaliades. Cette dernière ville honorait d'une piété particulière Cérès Éleusienne; la déesse des moissons y avait un temple. A Oncium, dans le pays de Thelpuse, on retrouve quelques ruines des temples d'Apollon Oncæate, d'Esculape enfant, et d'une autre Cérès, de Cérès Erinnyx, c'est-à-dire prise de fureur contre Neptune qui l'avait outragée. Toutes les passions avaient des autels chez les anciens. A l'entrée de la petite plaine de Clitor, sur la colline des Kalyves de Mazi, un temple d'ordre dorique montre ses ruines à côté des remparts de la ville, dont l'enceinte oblongue, irrégulière, était flanquée de tours rondes. Un village situé à une lieue de là a conservé le nom de Klitouras. Au pied des ruines jaillit encore la source Clitor, dont l'eau était si délicieuse qu'elle donnait de l'aversion pour le vin. Heureux Arcadiens, la simplicité de vos mœurs n'empêchait pas les deux mensonges de la fiction, et l'eau fraîche de votre fontaine de Clitor rendait le vin jaloux. N'était-ce point parce qu'il n'y avait pas de vignes dans vos gras pâturages? La forêt de chênes de Seron vous prêtait son ombrage; et le cœur de ses arbres pour vos manches de charrue; mais les pampres ne s'unissaient point, chez vous, aux ormes joyeux.

Les provinces arcadiennes au delà du Ladon possédaient la presqu'île comprise entre cette rivière et l'Érymanthe (*Doana*), avec une partie du mont Pholoé. Cette antique division n'a pas changé : ce sont les hermès qui semblent avoir fixé la circonscription moderne. En circulant à travers ses prairies, ses buissons de lentisques et d'arbustes, à l'ombre des bois touffus, le Ladon porte donc ses eaux dans les mêmes contrées. Quelques ruines éparses sur ses bords rappellent que le temps a son cours comme les fleuves.

ERRATUM.

Article sur la Sologne, page 3, colonne 2, ligne 46. — *Au lieu de :* 20 habitants par hectare; *lisez :* 20 habitants par kilomètre carré.

BOHÉMIENS DU BÆRENTHAL, EN ALSACE.

Voy. p 83.

Bohémiens d'Alsace péchant à la fourchette. — Dessin de Th. Schuler.

En même temps que les types des bohémiens du Bærenthal, en Alsace, que nous avons publiés pages 84 et 85, M. Th. Schuler nous a envoyé un autre groupe de ces pauvres gens qu'il rencontra dans une de ses proménades, à l'improviste, et qui lui parut d'un effet pittoresque et peu commun. Un de ces bohémiens, sa femme et leur fils, pêchaient à la fourchette dans un ruisseau murmurant et limpide, qui tombait en petites cascades entre des rochers tapissés de verdure. Ils étaient, tous trois, si attentifs, penchés vers leur proie, que, le bruit des eaux aidant, ils ne s'aperçurent point de sa présence. Il lui fut facile d'observer leur groupe sans en être aperçu, et d'esquisser

au vif leur ardeur un peu sauvage, surtout l'âpre plaisir du petit garçon à regarder et tourmenter une de ses victimes.

ANTIQUITÉS ANTÉDILUVIENNES.

Suite. — Voy. p. 122.

La découverte ne pouvait manquer de se généraliser. Il était évident que la même population qui, dans ces temps reculés, avait habité le bassin de la Somme, devait s'être étendue dans toute cette extrémité de l'Europe, et même dans les îles Britanniques, dont la séparation d'avec le continent ne s'était peut-être point encore effectuée à cette époque. Il était à croire que sur tous les points où se rencontraient les ossements des grandes espèces diluviennes, devaient se rencontrer aussi les mêmes armes primitives destinées vraisemblablement à les combattre. Il suffisait, pour y réussir, d'y regarder de plus près qu'on ne l'avait fait jusque-là. Cette conjecture si légitime ne tarda pas à recevoir la consécration de l'expérience. Un des premiers géologues anglais qui se fussent rendus à Abbeville, M. Prestwich, s'appliqua, dès son retour en Angleterre, à soumettre à une étude aussi minutieuse que celle qui s'était faite en France les terrains de transport situés près de Horne, dans le comté de Suffolk ; il y obtint les mêmes résultats : les ossements des espèces perdues mêlés avec des instruments de silex de même nature que ceux du continent. En France, des découvertes du même genre se sont faites déjà sur plusieurs points, notamment à Amiens, à Creil, et particulièrement dans les terrains diluviens de Paris, que M. Boucher de Perthes avait depuis longtemps recommandés. C'est au zèle et à la patience de M. Gosse, de Genève, qu'est due cette dernière observation, faite dans le courant de 1860, qui, en mettant en quelque sorte le phénomène sous les yeux de toute la capitale, achève de lui donner toutes les garanties d'authenticité. Elle a eu lieu dans les sablières ouvertes aux environs de l'hôtel des Invalides, rue de Grenelle et avenue de la Motte-Piquet. « J'y ai trouvé, dit M. Gosse dans son mémoire à l'Académie des sciences, des ossements fossiles et des silex taillés. La couche qui les renfermait, placée à une profondeur de 4m,50 à 5 mètres, présente une épaisseur variant de 1 mètre à 1m, 50. Les ossements fossiles que M. Lartet a eu la complaisance d'examiner se rapportent au cheval, au Bos primigenius, à un bœuf élancé analogue à l'aurochs, à un animal du genre cerf voisin du renne, à l'Elephas primigenius, et à un grand carnivore, peut-être le grand Felis des cavernes. Les silex taillés se rapportent, quant au but auquel ils ont dû être destinés, à des catégories diverses. Ce sont des pointes de flèches et de lances, des couteaux, des haches en coin et des haches circulaires ou allongées. Ces dernières, dont je n'ai trouvé encore que deux ; et les couteaux, dont le nombre dépasse déjà cinquante, suffisent amplement pour démontrer la présence de l'homme dans ces terrains diluviens. »

Dans quel humble état de civilisation devaient se trouver alors les habitants de l'Europe? La vue des instruments grossiers dont ils se servaient suffit à le montrer. Sans avoir découvert jusqu'ici aucune trace de leurs habitations ou de leurs vêtements, on peut aisément se figurer les huttes les plus simples de terre et de branchages, et le costume réduit aux peaux des animaux. Chose singulière! les fouilles, qui ont déjà amené au jour tant d'objets qui nous viennent de leur héritage, n'ont encore laissé apercevoir aucun de leurs ossements. On ignore donc à laquelle de nos races, ou, pour parler plus exactement, de nos variétés ils appartenaient. A les voir en compagnie des éléphants, des rhinocéros et des hippopotames, sous un climat dont la haute température est attestée non-seulement par la présence de ces animaux, mais par celle de certaines coquilles qui ne se trouvent plus que dans le Nil, on pourrait conjecturer qu'ils devaient être de cette race noire qui, aujourd'hui encore, sous les tropiques, vit dans les mêmes conditions qu'ils régnaient alors sous notre latitude ; et, de fait, certains crânes qui se sont rencontrés dans les cavernes paraissent se rapporter au type nègre. Ainsi cette grande race, qui avait jadis occupé presque toute l'étendue du globe, aurait été chassée peu à peu par l'effet du refroidissement général, combiné avec l'invasion des races plus avancées, qui aujourd'hui encore

ne cessent de se développer aux dépens de ces populations inférieures.

Reste la question de savoir comment il se fait que l'on n'ait pas encore découvert, au milieu de ces terrains, des ossements humains aussi bien que des ossements d'animaux. A la vérité, les recherches datent de si peu de temps que l'on ne peut pas conclure qu'il n'y ait pas du tout d'ossements; mais il est certain du moins qu'ils sont excessivement rares, et beaucoup plus qu'ils ne le devraient être en proportion de la quantité d'armes et d'instruments qui se montrent. L'hypothèse la plus plausible consisterait à penser que la coutume de brûler les corps, que nous voyons remonter à la plus haute antiquité, existait déjà dans ces temps primitifs, et que par conséquent l'inondation, en balayant les campagnes, et en y ramassant tant de débris d'animaux demeurés épars sur le sol, n'a pu y trouver que des cendres humaines, incapables de laisser dans les dépôts aucune trace appréciable. Sans doute une certaine quantité d'hommes a pu être noyée, et l'on en retrouvera tôt ou tard les restes ; mais ces restes sont naturellement bien moins nombreux que ceux des animaux et même que les instruments, et doivent par conséquent se soustraire bien plus facilement aux investigations. Cette rareté doit être un encouragement de plus aux géologues dans leurs recherches. On peut dire qu'ils ne font à cet égard que commencer. C'est assurément un grand point d'avoir démontré que le règne de l'homme sur la terre remonte à une date bien plus reculée qu'on ne l'avait cru jusqu'ici : qu'il occupait déjà l'occident de l'Europe durant des siècles où le climat, bien plus ardent que le climat actuel, était analogue à celui des zones méridionales ; qu'il y vivait en même temps qu'une multitude d'animaux dont les espèces ont successivement disparu ; non-seulement de ces contrées, mais de toute la surface du globe ; que dans cette période, les métaux n'étant point encore connus, l'état de son industrie, d'après lequel il est peut-être permis de conjecturer l'état de ses connaissances, était encore tout à fait élémentaire. Mais il n'y a pas besoin d'une longue réflexion pour se convaincre que ce n'est pas connaître l'histoire de l'homme à une époque donnée que de l'avoir déterminée sur un seul point. La condition de l'espèce humaine, bien différente à l'égard de celle des espèces animales, varie complètement d'un point à un autre. Que de différences entraîne un simple changement de latitude! Quelques degrés de plus vers le nord, et l'on passe du Louvre à la hutte du Lapon et de l'Esquimau. Qui nous assure que, dans les temps dont le bassin de la Somme nous a conservé témoignage, des inégalités, moins tranchées peut-être, mais déjà considérables toutefois, n'avaient pas commencé à se manifester? En se réglant d'après les traditions unanimes de la haute antiquité, ce n'est pas vers les extrémités de l'Europe, mais vers les régions intérieures de l'Asie qu'il faudrait diriger les investigations pour y trouver la trace des nations qui ont tenu dès leur origine la tête du genre humain. C'est là qu'a été balayé, par une crue extraordinaire, le monde antédiluvien dont il est question dans les livres hébraïques, et dans les alluvions occasionnées par le mouvement des eaux reposent encore aujourd'hui les monuments de ce stage primitif de la civilisation du globe. Un jour, sans aucun doute, des fouilles bien autrement importantes que celles qui ont amené dans ces derniers temps à la lumière les débris des antiques capitales de l'Asie nous mettront en possession de ce précieux héritage. C'est le terrain sur lequel, dans un travail sur la chronologie antéhistorique publié il y a une vingtaine d'années, M. Jean Reynaud invitait les géologues à réunir leurs efforts. « Un travail sur le déluge de Noé, disait-il, basé sur l'exploration des lacs desséchés qui occupent peut-être les vallées au-dessus du Tigre et de l'Euphrate, et sur celle des alluvions qui constituent la grande plaine où coulent ces deux fleuves, serait certainement une des plus belles applications que l'on pût faire de la géologie à l'histoire, et il n'est guère douteux que les monuments que l'on retrouverait, selon toute apparence, dans les fouilles, ne fussent de nature à fournir à la chronologie de grands secours. Figurons-nous un Herculanum antédiluvien! »

Il faut remarquer, en effet, que la période désignée par les archéologues sous le nom d'âge de pierre est manifestement indiquée dans la tradition biblique, puisque la découverte des métaux n'y est attribuée qu'à la dixième génération. Antérieurement à cette date, l'industrie humaine ne possédait donc encore que des pierres taillées; mais, à partir de là, le fer et l'airain, et les produits multiples qui en naissent, sont entre les mains de l'homme, et, par conséquent, ils doivent se rencontrer dans tous les terrains où sont ensevelis ses débris: Donc les fouilles opérées dans la région qu'habitaient les fils de Tubalcaïn doivent fournir aux géologues des monuments antédiluviens d'un art beaucoup plus avancé que ceux qui existent dans le bassin de l'occident de l'Europe.

À la vérité, les fouilles qui se font en ce moment même dans les alluvions de l'Euphrate, sur l'emplacement de Babylone, ne mettent au jour, dans les lits les plus profonds, que des haches et des couteaux en silex tout à fait analogues à ceux qui ont été recueillis dans les fouilles du bassin de la Somme et de la Seine; mais les traditions semblent indiquer que la haute Asie a précédé de beaucoup les voies de la civilisation les basses régions du Midi, tant sur l'Euphrate que sur le Gange et l'Indus; et par conséquent les découvertes faites dans les alluvions de l'Euphrate, tout intéressantes qu'elles soient, ne préjugent rien relativement à celles qui pourront avoir lieu ultérieurement dans les alluvions des bassins peu élevés et plus tempérés. Restera seulement à déterminer, et c'est un problème des plus difficiles, si les événements qui ont produit les crues extraordinaires dont nous apercevons la trace sur le cours des fleuves européens appartiennent exactement à la même date que la grande inondation dont la tradition biblique nous a conservé en traits si saisissants le souvenir.

CARTES CÉLESTES.
Suite. — V. p. 18, 90, 124.

Planche VI. — Au commencement de cette planche VI, nous retrouvons le Bouvier, avec la brillante étoile Arcturus, de première grandeur; puis la Couronne, n° 7, avec la Perle α, de seconde grandeur; puis, au-dessus de l'équateur, Hercule, n° 8, figure à genoux et la tête en bas. L'étoile α, qui est à la tête d'Hercule et près de la tête du Serpentaire, est de troisième grandeur et variable d'éclat; ensuite on voit un grand Triangle, puis deux Trapèzes ou Quadrilatères. Les étoiles du Quadrilatère supérieur sont marquées ч, Ͽ, ε et π; c'est entre ч et Ͽ, qui sont les deux plus occidentales, que se trouve une belle nébuleuse, faiblement visible à l'œil nu, mais qui devient un splendide objet dans le télescope. La nébuleuse est plus près de ч que de Ͽ. C'est un des objets célestes qui font spectacle pour les amateurs. L'étoile de la tête α est moins brillante que β, de seconde grandeur, sur le bras qui tient la massue. Toutes les autres sont au plus de troisième grandeur, quoique plusieurs auteurs mettent α de seconde grandeur, ainsi que la tête du Serpentaire qui en est voisine. La tête d'Hercule est

une étoile double, mais sans mouvement de rotation. Plusieurs auteurs anglais qualifient cette étoile double d'objet aimable. La petite étoile est d'un vert d'émeraude ou d'un bleu tirant sur le vert. Comme cette étoile n'a jamais été fort aimable pour moi, j'ai trouvé avec plaisir une note de Piazzi qui dit que la double ne se distingue pas facilement. C'est peut-être à cause de sa couleur. De plus, chose singulière, Herschel indique que la petite étoile est variable comme la grande, quoiqu'elles n'aient aucune connexion entre elles. Si l'on cherche sur la figure l'étoile μ, qui est au coude du bras qui tient un rameau entortillé de serpents, et qu'on joigne cette étoile avec π du petit quadrilatère, entre ces deux étoiles, le point vers lequel se dirige notre Soleil par son mouvement dans l'espace. Suivant M. Strave, ce point est sur la ligne de π à μ et à un tiers de la distance qui sépare π de μ, à partir de π.

Le Serpentaire, n° 33, tient à deux mains un énorme serpent qui fait, au n° 32, une constellation séparée. Rien n'est plus propre à produire de la confusion que ces deux figures enlacées qui ont chacune leurs lettres particulières. α du Serpent et α du Serpentaire sont de seconde grandeur. Le Serpentaire pose ses pieds sur le Scorpion.

Une petite constellation, n° 42 *bis*, qui s'appelait le Taureau royal de Poniatowski, a été supprimée, aussi bien que le n° 41, qui représentait l'Écu ou Bouclier de Sobieski. Les étoiles de ces tristes constellations, mises dans le ciel par flatterie, ont été rendues aux anciennes constellations dont on les avait détachées. Il y a parmi les étoiles de ce n° 41 un amas qui, vu au télescope, est le plus brillant objet du ciel. Il est difficile à trouver, à moins qu'on ne suive la Voie lactée, sur le bord de laquelle il est situé.

Cette planche comprend aussi la Lyre, remarquable par l'étoile de première grandeur Véga ou α de la Lyre. Entre β et γ se trouve une curieuse nébuleuse qui forme un anneau aplati, au centre duquel chaque étoile, et qui est, par suite, obscur. On appelle quelquefois cette nébuleuse la *nébuleuse perforée*; on en a trouvé d'autres de même aspect. Il y a aussi, dans la même petite constellation, une étoile quadruple dont les composantes sont liées entre elles et tournent autour de leur centre commun de gravité; on l'appelle la Doublement double.

Au n° 35 et à côté sont deux petites constellations peu remarquables; l'une dite le Renard et l'Oie, et l'autre la Flèche, qui, sur cette planche, n'a point de numéro, quoique l'espace qu'elle occupe soit bien circonscrit.

Au n° 34 est l'Aigle, remarquable par trois étoiles en ligne droite, dont celle du milieu est presque de première grandeur. Lorsqu'en 1602 Bayer mit des lettres grecques aux étoiles, en ayant soin, autant que possible, de mettre les premières lettres de l'alphabet grec aux plus brillantes de chaque constellation, il appela la claire de l'Aigle α, puis β et γ les deux voisines. Ainsi après α c'était β qui brillait du plus grand éclat. Aujourd'hui γ est très-supérieur à β, qui semble s'affaiblir de siècle en siècle. L'Aigle par la figure assez inutile d'Antinoüs, favori d'Adrien, s'étendait vers l'Écu de Sobieski. Plusieurs des anciens dessins ne mettent que l'Aigle dans la portion qui fait l'Écu. Sur cette planche VI il y a plusieurs nébuleuses remarquables, sans compter la Voie lactée, puis la petite constellation du Dauphin, n° 36, avec cinq étoiles, dont quatre dessinent une losange, tandis que la cinquième est à la pointe de la losange. Ce sont des étoiles de troisième à quatrième grandeur, faisant un ensemble très-distinct, que l'on compare assez justement à un cerf-volant, dont la losange fait le corps et la cinquième fait la ficelle. Il y a deux étoiles doubles, β et γ, mais peu remarquables. L'équa-

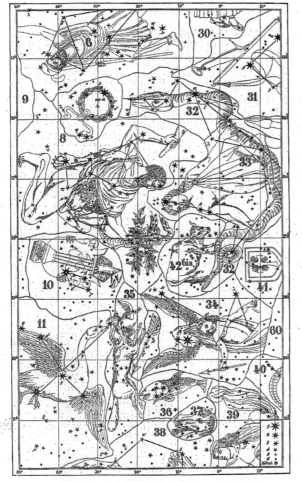

Cartes célestes. — Planche VI.

tcur passe au travers du Serpentaire, d'Antinoüs, et un peu au sud du Dauphin. Voilà pour les constellations de l'hémisphère nord. Les six autres planches contiennent les constellations de l'hémisphère sud, qui ont été moins étudiées, excepté les constellations zodiacales de la Balance, du Scorpion, du Sagittaire et du Capricorne.

LE PALAIS ÉPISCOPAL DE LIÉGE.

Vue intérieure de la cour du palais des évêques, à Liége. — Dessin de H. Clerget.

« . . . Comme j'allais de Saint-Denis à Saint-Hubert par un labyrinthe d'anciennes rues basses et étroites, ornées çà et là de madones au-dessus desquelles s'arrondissent comme des cerceaux concentriques de grands rubans de fer-blanc chargés d'inscriptions dévotes, j'ai coudoyé tout à coup une vaste et sombre muraille de pierre, percée de larges baies en anse de panier et enrichie de ce luxe de nervures qui annonce l'arrière-façade d'un palais du moyen âge. Une porte obscure s'est présentée, j'y suis entré, et au bout de quelques pas j'étais dans une vaste cour.

» Cette cour, dont personne ne parle et qui devrait être célébré, est la cour intérieure du palais des princes ecclésiastiques de Liége. Je n'ai vu nulle part un ensemble architectural plus étrange, plus morose et plus superbe. Quatre hautes façades de granit, surmontées de quatre prodigieux toits d'ardoise, portées par quatre galeries basses d'arcades ogives qui semblent s'affaisser et s'élargir sous le poids, enferment de tous côtés le regard. Deux de ces façades, parfaitement entières, offrent le bel ajustement d'ogives et de cintres surbaissés qui caractérise la fin du quinzième siècle et le commencement du seizième. Les fenêtres de ce palais clérical ont des mèneaux comme des fenêtres d'église. Malheureusement les deux autres façades, détruites par le grand incendie de 1734, ont été rebâties dans le chétif style de cette époque et gâtent un peu l'effet général. Cependant leur sécheresse n'a rien qui contrarie absolument l'austérité du vieux palais...

» La quadruple galerie qui enferme la cour est admirablement bien conservée. J'en ai fait le tour. Rien de plus curieux à étudier que les piliers sûr lesquels s'appuient les retombées de ces larges ogives surbaissées. Ces piliers sont en granit gris, comme tout le palais. Selon qu'on examine l'une ou l'autre des quatre rangées, le fût du pilier disparaît jusqu'à la moitié de sa longueur, tantôt par le haut, tantôt par le bas, sous un renflement enrichi d'arabesques. Pour toute rangée de piliers, la rangée occidentale, le renflement est double et le fût disparaît entièrement. Il n'y a là qu'un caprice flamand du seizième siècle... Le palais princier épiscopal de Liége ne fut commencé qu'en 1508, par le prince Érard de la Mark, qui régna trente-deux ans.

» Ce grave édifice est aujourd'hui le palais de Justice. Des boutiques de libraires et de bimbelotiers se sont installées sous toutes les arcades. Un marché aux légumes se tient dans la cour. On voit les robes noires des praticiens affairés passer au milieu des grands paniers remplis de choux rouges et violets. Des groupes de marchandes flamandes réjouies et hargneuses jasent et se querellent devant chaque pilier; des plaidoiries irritées sortent de toutes les fenêtres; et dans cette sombre cour, recueillie et silencieuse autrefois comme un cloître, dont elle a la forme, se croise et se mêle perpétuellement aujourd'hui la double et intarissable parole de l'avocat et de la commère...

» Au-dessus des grands toits du palais apparaît une haute et massive tour carrée en briques. Cette tour était jadis le beffroi du prince-évêque. » [1]

VOYAGE AU-DESSUS DE L'ATLANTIQUE.
Quatrième et dernier article. — V. p. 138, 146, 158.

Mardi, 8 heures du matin. — La mer commence à changer d'aspect, et il ne m'est pas difficile de deviner que je touche à ce vaste amas d'herbes flottantes que Colomb signala le premier. Depuis l'aurore, le nombre croissant des oiseaux qui viennent y chercher leur pâture m'indi-

[1] *Le Rhin*, par Victor Hugo; 1839.

quait assez ce voisinage. Quelle étendue! trois ou quatre fois celle de la France. L'Océan ne connaît rien que de grand. Les objets les plus minimes arrivent, dans son sein, à la majesté par les énormes accumulations qu'il en fait. Aussi loin que ma vue s'étend à l'avant, l'eau a perdu sa transparence et son azur. Je ne résiste pas à la tentation de descendre au niveau de la mer pour voir de près cette étrange prairie et y prendre, comme souvenir, quelques échantillons. Comment aucun gouvernement ne s'est-il encore avisé d'en faire faire une monographie détaillée? Il suffirait d'un bateau à vapeur et d'une campagne de six semaines. L'habitation étant singulière, la faune offrirait nécessairement des espèces nouvelles. N'y aurait-il pas aussi à faire des sondages pour reconnaître le dépôt qui doit s'entasser sur le fond depuis tant de siècles? la géologie y est intéressée. Mais en vain voudrais-je m'arrêter; je rase la surface comme les oiseaux qui volent autour de moi à la quête de leur proie, et pour éviter tout retard je me décide à remonter dans les zones de la grande vitesse.

2 heures. — Le temps est long. Le poids du jour me fatigue. Toujours l'amas de fucus. Tantôt je sommeille, tantôt je cherche à me distraire en feuilletant un Homère que j'ai eu la bonne idée d'emporter. Je me vois, comme Ulysse, errant sur la mer profonde sans mieux savoir que lui où ni comment j'arriverai au port. Lu à quinze cents mètres de hauteur, au milieu du canal de l'Atlantique: qui aurait jamais prédit à ce petit volume une telle fortune!

J'aperçois toujours quelques voiles à l'horizon, et il me semble qu'il y en a une à peu de distance de laquelle je dois passer. Je croise, en effet, ce navire à moins d'une lieue; on me découvre et je vois que l'on me fait des signaux. Si je ne suis pas destiné à revoir l'Europe, je crains bien que la véracité du journal de bord, à l'article qui mentionnera ma rencontre, ne soit tout aussi incriminée que s'il avait mentionné celle du fameux serpent de mer. Je salue, en agitant mon pavillon, et, comme un express qui côtoie sur une grande route une de nos vieilles diligences, je laisse la voile derrière moi.

Il se forme depuis quelque temps, dans les zones supérieures, des cirrhus; le baromètre baisse et la tension de l'électromètre augmente. Il y a, comme on dit, de l'orage dans l'air, et c'est à cette cause, sans doute, que je dois l'accablement que je commence à ressentir.

7 heures. — Le soleil s'est couché dans des nuages terribles. Ce ne sont plus les splendeurs de l'astre radieux: ce sont des tons cuivrés, un feu sombre, des lueurs étranges; on croirait voir dans le ciel le reflet des fournaises infernales. Le vent n'augmente pas, mais l'air est de plus en plus étouffant. La houle, qui, du point d'où je la regarde, ne paraît que de vagues ondulations, doit être énorme pour qui la voit de près. Les oiseaux ont disparu dans l'après-midi. Ils ne peuvent évidemment gagner, comme on le dit d'ordinaire, la terre ferme; mais j'imagine que leur instinct leur indique d'où vient la tempête et où elle va, et ils se rangent pour la laisser passer. Que ne suis-je doué comme eux! J'aviserais. Le vent dans lequel je flotte me porte-t-il à la tempête ou me fait-il fuir devant elle? Je l'ignore; mais sans doute je le saurai bientôt.

Minuit. — Ténèbres profondes; pluie et grêle; éclairs, détonations effrayantes. Une seule étoile. Je suis engagé depuis une heure dans l'ouragan. Le vent a molli; puis le calme; puis tout à coup j'ai senti mon ballon pivoter sur lui-même et s'agiter : il entrait dans le courant. J'y suis maintenant en plein, et le vent m'emporte vers le nord avec une vélocité croissante. Il m'est difficile de mesurer exactement ma vitesse, mais je ne l'évalue pas à moins de vingt-cinq ou trente lieues. Il n'y a pas de doute que je n'aie affaire à un cyclone, car après avoir commencé par incliner tant soit peu vers l'est, le courant a tourné et tend depuis quelques instants à dévier à l'ouest. Je suis donc à la périphérie d'un de ces immenses tourbillons de deux à trois cents lieues de diamètre, qui circulent avec une majesté géométrique d'un bord à l'autre de l'Océan. Malgré l'intensité de la tourmente, je suis sans alarmes. Ne sais-je pas qu'il dépend de moi de me mettre à l'abri quand je le voudrai? Les cyclones ne s'élevant point jusqu'aux zones supérieures, je n'aurais évidemment qu'à me porter dans les altitudes de cinq à six mille mètres pour me trouver au-dessus. J'y ai pensé un instant. Mais qu'y gagnerais-je? de tomber là-haut dans les vents de sud-ouest, et je serais ramené en arrière; tandis qu'au contraire le cyclone peut m'aider : puisqu'au nord de l'équateur la rotation de ces météores s'opère de droite à gauche, après avoir couru au nord, comme je le fais en ce moment, je dois être ramené à l'ouest, puis au sud, où je retomberai à peu près sur ma route. Je calcule même que, tout compte fait, grâce à la supériorité de vitesse, je gagnerai du temps et que je pourrai me trouver dès ce soir aux Antilles, où, avec les alizés, je ne serais arrivé que demain; et d'ailleurs, étant porté à l'avant du tourbillon, je ne devrai pas tarder à laisser derrière moi les phénomènes orageux qui ne se manifestent, dit-on, que dans le sillage, de sorte qu'il n'y aura pas plus d'inconvénient pour moi sur cette route que sur l'autre (¹).

Mercredi, midi. — A quelles scènes affreuses j'assiste depuis ce matin! Je suis atterré d'avoir vu tant de désastres et de n'avoir pu secourir personne. Plusieurs navires ont sombré. D'autres, que j'aperçois à l'horizon désemparés et fuyant devant la tempête, auront peut-être tout à l'heure le même sort. J'ai encore devant les yeux le tableau d'un trois-mâts qui, à ces heures, s'est englouti juste au-dessous de moi. Par un instinct que je n'ai pu maîtriser, j'ai manœuvré pour descendre vers lui; mais j'étais balayé deux fois plus vite, et j'ai passé comme la flèche à la hauteur de ses mâts où s'étaient réfugiés quelques hommes, tandis que les vagues furieuses couvraient le pont; nous n'avons pu qu'échanger un grand cri, et je n'étais pas à deux cents mètres quand la masse s'est inclinée sur le flanc et a coulé. Grand Dieu, que

(¹) Pour avoir l'idée d'un cyclone, il faut se représenter un tourbillon de vent ayant de 800 à 900 milles de diamètre et animé d'un mouvement de translation; il faut y ajouter une très-grande tension électrique, dos décharges nombreuses, une masse énorme de nuages se condensant continuellement en pluie ou en grêle, le vent augmentant de violence depuis la circonférence jusque près du centre, où se produisent tout à coup un calme plus ou moins étendu et une extrême raréfaction d'air accusée par le baromètre. La mer est bouleversée dans tous les sens par les plus hautes vagues qu'elle puisse former, et ses mouvements, propagés au loin, donnent naissance sur les rivages au terrible phénomène des ras de marée.

Les cyclones tournent au sud dans la direction des aiguilles d'une montre, au nord dans la direction contraire : c'est une loi générale. De plus, le mouvement de translation se fait en s'éloignant de l'équateur suivant une courbe parabolique dont le sommet, situé du côté de l'ouest, est tangent au méridien vers la latitude de 30 degrés dans l'hémisphère boréal, et vers celle de 26 dans l'hémisphère austral. Du point d'origine, situé par 5 à 10 degrés de latitude, le mouvement du cyclone a lieu vers l'ouest sur la première branche, et ensuite à l'est sur la seconde branche de la parabole.

La vitesse de translation est petite en comparaison de la vitesse de rotation, qui doit être près du centre de 125 à 150 milles à l'heure. Au début, le cyclone ne parcourt que deux à cinq milles à l'heure. Sa vitesse s'accroît progressivement : elle est de huit à dix milles au milieu de la course, et d'environ dix-huit à la fin. La hauteur de plusieurs de ces météores a pu être mesurée à la Réunion, car leur partie supérieure n'atteignait pas le sommet des montagnes de Salazie. On a trouvé ainsi qu'elle n'excédait pas 3 à 4 000 mètres. (F. Zurcher, *les Phénomènes de l'atmosphère.*)

vos desseins sont terribles! Combien il s'en faut que vous ayez adapté les lois de cette planète au bien-être de l'homme! La nature se change, entre vos mains, en un fouet de fureur avec lequel vous la frappez à outrance. Les vents, les flots, la foudre, tous les éléments se rassemblent à votre voix contre lui. Mon âme est toute frémissante de ces spectacles, et, tout en s'élevant vers vous au nom de tant de malheureux, elle vous bénit de la paix si extraordinaire dont vous m'avez fait jouir au sein de la tourmente. J'ai flotté et je flotte encore dans la tempête avec la même tranquillité que l'enfant dans son berceau. En voyant au-dessous de moi les infortunés dans la détresse et dans le désespoir, il me semblait que j'étais déjà dans un monde plus serein que celui de la terre, et, réfléchissant à la pensée qui m'a conduit à cette position inouïe, je me confirmais dans mon pressentiment de l'avenir réservé, dans les destinées du genre humain, à la fréquentation des sublimes régions de l'atmosphère.

D'après la hauteur du soleil que je viens de prendre dans une éclaircie, je me trouve en ce moment à peu près sous la latitude de la Guadeloupe, et je ne dois en être qu'à une cinquantaine de lieues en longitude. Ainsi, autant qu'il m'est possible d'évaluer dans des circonstances aussi difficiles le trajet que j'ai suivi, j'aurais fait plus de trois cents lieues depuis douze heures. C'est beaucoup assurément; mais il n'y a pas encore de quoi obliger l'homme à baisser pavillon devant la nature : ce n'est, en définitive, que la vitesse de la malle de l'Inde à travers la France!

La question est maintenant de sortir du cercle et de reprendre possession de ma route. La théorie m'inspire une méthode qui, je l'espère, ne se trouvera pas en défaut. Sous la latitude où je suis, le mouvement de translation des cyclones s'opère du sud-est au nord-ouest : comme depuis quelques instants je cours à l'est, je dois en conclure que j'arrive à l'arrière du tourbillon, et c'est ce dont m'avertissent d'ailleurs les murmures lointains du tonnerre que je recommence à entendre. Par conséquent, si je me soustrais actuellement à son étreinte en allant prendre refuge dans les zones supérieures, la séparation ne tardera pas à être complète, puisque je serai chassé au nord-est par le contre-courant; tandis que le météore poursuivra sa route au nord-ouest; en redescendant à une certaine lieues depuis douze heures, je me retrouverai donc plus et je retomberai tranquillement dans la nappe des alizés. Ce sera une heure ou deux de perdues, mais j'en ai assez gagné aujourd'hui pour n'avoir pas le droit de me plaindre.

4 heures. — Admirable! Ma manœuvre a réussi. Je suis en vue des Antilles. Ce sont bien elles que j'aperçois me barrant l'horizon à une vingtaine de lieues. Mes yeux les dévorent, mon cœur bat, mon âme est pleine du ciel. Avant-hier je traversais les Açores, et déjà les terres d'Amérique. Avais-je raison? La carte à la main, je cherche à m'y reconnaître : cette grande île montueuse que j'ai à l'ouest doit être la Martinique, et celle plus éloignée, dont je distingue dans le sud les dentelures, ne saurait être que la Barbade; devant moi, je vois Sainte-Lucie, Saint-Vincent et les petits îlots à la suite. On dirait une chaîne continue. Archipel incomparable, ceinture splendide du nouveau monde, qui a jamais contemplé comme moi, du haut des nuages, tes merveilleux joyaux! Avec quelle plénitude et sous quelle forme enchantée s'offre en ce moment à moi ma récompense!

Malgré tout, rien ne me garantit que je prendrai terre. Il est possible que je sois chassé par le vent à travers un des canaux. La meilleure chance serait d'arriver ici le matin, à l'heure des brises de mer. Néanmoins, comme je donne sur la ligne par une oblique, la probabilité est pour moi, et j'espère. D'ailleurs mon pis aller serait d'être obligé de continuer jusqu'au continent : petite affaire, puis-qu'en tout cas j'y serais demain matin.

Saint-Vincent, 8 heures du soir. — Mon cher ami, je n'ai que le temps de t'écrire deux lignes. Au besoin, mon journal, que je t'adresse sous la même enveloppe, te met-trait au courant de mon histoire. J'ai eu le bonheur d'être amené avant la fin du jour au-dessus de cette petite île, où j'ai pris terre sans difficulté. On m'avait vu de loin, et tu devines avec quels transports nègres et blancs m'ont accueilli. On m'a porté en triomphe jusqu'à l'habitation la plus voisine, et je n'ai pu me dispenser d'accepter la petite fête qui s'y est improvisée en mon honneur. Malheureu-sement, malgré toutes mes précautions, quelques amarres ont fléchi, et je viens de m'apercevoir que le ballon a frotté. Quel parti prendre? Il n'y a pas ici les ressources dont j'aurais besoin pour réparer les dommages de la do-rure. On me dit que je ne les trouverais qu'à la Havane. Démonter mes appareils, attendre un navire, suspendre mon retour, que de dépenses, de retards, d'embarras! La prudence dirait peut-être oui, la confiance dit non. Je me sens comme soulevé par l'enthousiasme de ma destinée. Elle m'a conduit jusqu'ici ; elle saura bien me ramener. D'ailleurs, quand il devrait s'échapper un peu de gaz du-rant cette nouvelle traversée, il m'en reste encore assez

dans mon condenseur pour y suppléer. Seulement, je me reprocherais de perdre une minute, et, malgré toutes les instances de l'excellent homme qui m'a reçu et qui se charge de te faire parvenir ce paquet, je repars sur-le-champ. Je monte aux altitudes supérieures, et les courants du sud-ouest auront bientôt fait, je l'espère, de me re-mettre en Europe. Que Dieu me protège, et cette lettre n'aura pas quitté les Antilles que je t'aurai déjà serré dans mes bras. [1]

UN CONCERT RIDICULE.

On se donnerait assurément une peine bien inutile si l'on voulait chercher quelque sens allégorique dans les travestissements de cette petite composition peu connue de Téniers. Il ne faut y voir qu'un amusement de l'esprit, une fantaisie qui ne prétend à rien de plus qu'à divertir un mo-ment le regard. La seule pensée qui puisse naître à la vue de ces musiciens grotesques, c'est qu'on est heureux de ne pas être obligé d'entendre leur charivari, ou peut-être aussi qu'on se souvient d'avoir été exposé, par mésaven-ture, à en subir de pareils, sans cependant avoir vécu dans la société des singes ou des chats. Que les amis ou voisins du peintre aient eu, de son vivant, le plaisir ou le déplaisir

Musée de Munich. — Un Concert d'amateurs, par D. Téniers. — Dessin de Pauquet.

d'y reconnaître quelques-uns de leurs traits, la chose encore ne serait pas impossible; mais, en somme, le mé-rite du tableau, qui figure avec avantage à la Pinacothèque de Munich, consiste surtout dans la vérité et la finesse des attitudes et des gestes, dans la distribution de la lumière, indépendamment des qualités de la couleur même et de la touche, dont une gravure ne saurait donner aucune idée. Il était assez d'usage autrefois d'orner les salles à manger de sujets comiques de ce genre, ainsi que de peintures de

nature morte ou de fleurs; les portraits de famille décoraient les chambres à coucher; les tableaux d'histoire étaient ré-servés pour les bibliothèques ou pour les salles de réception. De nos jours la mode est aux galeries, dont beaucoup d'a-mateurs font trafic.

[1] La correspondance s'arrête là. Faut-il en conclure que l'accident prévu et bravé se sera réalisé, et que l'aventureux jeune homme aura disparu dans les solitudes de l'Océan? Nous n'avons rien de certain à dire à nos lecteurs.

UNE MAISON DE DIJON

(CÔTE-D'OR).

La maison Milsand, rue des Forges, à Dijon. — Dessin de H. Clerget.

Dans une pièce fort platement rimée, qui a pour titre : *Blason et louenge de la noble ville de Dijon*, un poète du seizième siècle, après avoir énuméré les édifices civils et religieux que renfermait alors la vieille cité bourguignonne, arrivait à cette conclusion :

> Et ainsy Dyjon a le bruyt
> D'être j'une, sans point de tache,
> Des plus belles villes qu'on sache.

Cet éloge médiocrement poétique ne pouvait être taxé d'exagération même, avant que deux siècles de splendeur parlementaire eussent donné à Dijon les opulents hôtels de ses quartiers modernes. Le vaste palais ducal, tant d'églises et d'abbayes bâties, pour ainsi dire, mur à mur, ne laissaient au cœur de la vieille ville qu'un étroit espace pour les constructions particulières; mais, dans leurs proportions généralement modestes, ces constructions témoignaient l'aisance autant que le bon goût de ceux qui les avaient élevées.

Les générations venues depuis n'ont pas respecté tous ces monuments; l'incendie ou les architectes des Condés n'ont épargné du palais de Jean Sans-Péur que la haute tour et quelques restes précieux; des alignements impitoyables ou des reconstructions parcimonieuses ont remplacé par de maussades bâtisses des ouvrages dont les fragments subsistent seuls au fond d'une cour obscure. Néanmoins il est douteux qu'une autre ville, en France, puisse rien opposer à l'intéressant quartier qui s'étend au nord du palais et derrière Notre-Dame, cette église unique en son genre. Là dominent les habitations du moyen âge; mais l'art de la renaissance y serait suffisamment représenté quand il n'y compterait, avec l'hôtel de Vogüe inspiré par le goût le plus exquis, que la maison dite des *Cariatides* et celle dont nous reproduisons l'élégante façade.

L'artiste inconnu qui a exécuté la riche ornementation de la maison Milsand a pris soin de nous transmettre une date précise, celle de l'année 1561. Mais quelle famille a occupé la première cette demeure? quels hôtes l'ont visitée? On aimerait à voir s'y rattacher le souvenir de quelque personnage illustre; c'est un avantage qu'elle peut envier à vingt autres plus favorisées entre ses voisines. Elle n'a malheureusement pas d'histoire : le nom qu'elle porte est celui de son propriétaire actuel, et il n'a pas tenu à M. Milsand de renouer la chaîne de la tradition rompue entre lui et ceux qui l'ont précédé dans son logis déjà trois fois centenaire. Trois siècles ne suffisent pas, toutefois, à entamer les durables matériaux sortis des carrières du pays, et la maison Milsand, riante encore de jeunesse au milieu de l'antique rue des Forges, peut attendre avec patience le jour où quelque dépôt inconnu lui révélera le secret de son passé.

LES NOUVEAUX MÉTAUX.

Troisième article. — V. p. 102, 133.

ZINC.

Le zinc doit être considéré, au point de vue pratique, comme une des acquisitions du dix-neuvième siècle; mais, théoriquement, son histoire remonte plus haut. Il a été découvert ou plutôt caractérisé comme métal par Paracelse, alchimiste allemand, qui florissait au commencement du dix-septième siècle. Mais jusqu'à notre siècle il n'avait d'emploi que dans l'alliage connu sous le nom de *cuivre jaune* ou *laiton*, et déjà usuel dans l'antiquité, lequel se produisait par la fusion simultanée des deux espèces de minerais.

Les emplois industriels du zinc dérivent de ses propriétés spéciales, qui n'ont été mises en évidence qu'à la faveur de l'essor extraordinaire des connaissances chimiques au commencement du dix-neuvième siècle. La meilleure marche à suivre ici consiste donc à énumérer ces propriétés, en montrant ensuite les applications qu'on a su en faire.

Les minerais de zinc consistent en sulfure de zinc, *blende*, et carbonate de zinc, *calamine*; on grille le premier et l'on calcine le second; on les réduit en poudre; on y ajoute moitié de leur poids de houille maigre concassée; puis on les soumet à la chaleur blanche, après avoir introduit le mélange dans des cylindres en terre réfractaire posés horizontalement dans un fourneau et formant plusieurs rangées étagées les unes au-dessus des autres. Les gaz dégagés par la houille réduisent alors le zinc à l'état métallique; il se volatilise par l'effet de la chaleur, et, entraîné par les gaz, il vient se liquéfier dans les allonges qui s'adaptent en dehors du fourneau à chaque cylindre. Quand la charge est épuisée, elle est renouvelée en temps utile par l'autre extrémité des cylindres.

Le zinc est un métal d'un blanc bleuâtre, d'une dureté intermédiaire entre celles de l'étain et du cuivre, fondant un peu avant la chaleur rouge, entrant en ébullition et se distillant parfaitement en vase clos à la chaleur blanche. Coulé en lingots, sa ténacité est faible, il se rompt sous le moindre effort de flexion; il montre alors une cassure à larges paillettes miroitantes. Chauffé à 100 degrés, sa ténacité augmente tout à coup d'une façon remarquable, et, à cette température, il peut être façonné au laminoir en feuilles très-minces. C'est de cette remarquable découverte que datent les services rendus par le zinc à la grande industrie, car c'est elle qui l'a rendu maniable. Il s'allie parfaitement au cuivre, en proportions variées. Porté à une haute température, au contact de l'air, il brûle vivement en émettant une flamme d'un blanc bleuâtre caractéristique, qui dépose en abondance de l'oxyde en flocons d'une légèreté merveilleuse, auxquels les alchimistes avaient donné le nom de *laine philosophique*.

De tous les métaux usuels, le zinc est le plus oxydable; il décompose l'eau en vapeur et l'eau liquide à froid en présence des acides; en un mot, il est plus actif que le fer lui-même et le déplace de ses combinaisons.

Le zinc n'est pas assez tenace par lui-même pour être employé dans les machines; il est attaqué si facilement par les acides et les alcalis qu'il ne peut servir non plus pour les manipulations chimiques; et pour les préparations culinaires, par l'insalubrité de ses sels il est encore plus nuisible. On n'emploie ses feuilles qu'à la confection des réservoirs, des dalles et des tuyaux pour la réception et la conduite des eaux, et surtout pour la couverture des petites constructions; et l'on voit ainsi pourquoi il n'a pu devenir usuel, que lorsque le secret de fabriquer facilement ces feuilles a été trouvé.

En s'unissant au cuivre, il produit, au contraire, un alliage des plus remarquables par sa couleur, sa ténacité et sa ductilité, qui figure partout en menus objets coulés ou tournés. Cet alliage se lamine et se bat en feuilles aussi minces que l'on veut; et s'étire en fils aussi fins que des cheveux, avec lesquels on fait principalement des toiles métalliques précieuses pour la confection des tamis. La couleur de cet alliage varie depuis la couleur riche de l'or, en se nuançant de jaune de plus en plus pâle à mesure que le zinc domine. En y ajoutant quelques centièmes d'étain et de plomb, on obtient un bronze très-employé pour les objets d'art.

On a tiré un très-grand parti du pouvoir électro-positif du zinc pour la fabrication du fer galvanisé. Cette dénomination vient de la faculté que possède le zinc de préserver de l'oxydation le fer qu'il recouvre, formant ainsi un couple électrique qui rend le fer inattaquable tant que le zinc n'a pas disparu en totalité; ce qui est le contraire pour le fer étamé, dit *fer-blanc*, où l'étain aide à la corrosion du fer partout où celui-ci est à découvert, parce que le fer est beaucoup plus électro-positif que l'étain. Aussi la plus grande partie des fils télégraphiques aériens sont en fer galvanisé, et la tôle galvanisée cannelée forme des toitures légères, solides et durables.

L'action énergique de l'acide sulfurique étendu d'eau sur le zinc est la source la plus active de la force électrique. Cet emploi et le précédent montrent comment ce métal a contribué pour sa part, en s'associant au fer, à développer le service électrique, ce puissant auxiliaire des sociétés modernes.

Les planches de zinc sont fréquemment employées en imprimerie. Ce métal remplace souvent la pierre lithographique, surtout pour les grandes dimensions, par sa grande propension à prendre l'encre grasse et la facilité de se laisser creuser par les acides pour former des dessins tirant en typographie et remplaçant la gravure sur bois.

La blancheur parfaite de l'oxyde de zinc a suggéré l'idée de le substituer à la céruse dans la peinture à l'huile, afin d'éviter l'insalubrité inhérente à la fabrication des produits à base de plomb et le noircissement qu'ils éprouvent par l'action atmosphérique. Cette peinture présente moins d'opacité, de solidité et de puissance siccative; malgré cela, elle pénètre de plus en plus dans la pratique. Cet oxyde est aussi une base vitrifiable qui produit un très-beau cristal.

Le seul sel de zinc utilisé, quant à présent, dans l'industrie, est le chlorure, vulgairement *beurre de zinc*, formé par la combinaison du zinc avec le chlore. Il est employé pour faciliter la soudure, au même titre que le sel ammoniac, les corps gras ou les résines. M. Sorell, à qui l'on doit déjà la galvanisation du fer, a découvert récemment une propriété remarquable de ce chlorure, qui est de former avec l'oxyde de zinc un mastic très-solide, employé avec succès pour plomber les dents. C'est un oxychlorure. Suivant l'inventeur, en le préparant avec un excès d'eau, il peut former un enduit capable de remplacer la peinture à l'huile, présentant une grande économie, séchant à l'instant même et n'émettant aucune odeur. M. Persoz fils vient aussi de découvrir, dans ce même chlorure, la propriété singulière de dissoudre rapidement la soie, sans toucher à la laine et au coton; ce qui paraît devoir constituer un procédé propre à analyser les tissus mélangés.

Par cette revue rapide, on voit très-bien qu'en raison des applications nombreuses et récentes dont il a été l'objet, le zinc peut, comme nous le disions en commençant, être rangé, à bon droit, parmi les métaux nouveaux appartenant à notre siècle. Il offre plusieurs exemples remarquables d'applications tout à fait imprévues, qui montrent que la matière la plus vulgaire, d'abord inutilisée, peut, à un moment donné, produire des effets spéciaux qui lui appartiennent exclusivement, témoignage frappant de la perfectibilité indéfinie de l'industrie humaine.

DEUX ÉPISODES DE L'HISTOIRE MOLDAVE.

I. — ÉTIENNE LE GRAND DEVANT LE CHATEAU DE NIAMTZO.

Le règne d'Étienne le Grand marque le point culminant de l'histoire de la Moldavie. Il y avait environ un siècle, à l'époque où il ceignit la couronne des voïvodes (1456), qu'un chef roumain, Dragos, descendu des montagnes du Marmoros dans les plaines de la Dacie orientale, avait, par la réunion des petites républiques indigènes qui avaient survécu aux invasions, formé la domnie ou principauté de Moldavie [1]. Cet événement, que les chroniques nationales se sont plu à orner de circonstances merveilleuses, à l'imitation des fables qui entourent le berceau de l'ancienne Rome, ouvrit une période de guerres et d'aventures au milieu desquelles on aperçoit le jeune État s'affermir et grandir peu à peu. Le septième successeur de Dragos, Alexandre le Bon, le *Numa de la Moldavie*, acheva de l'organiser à la faveur d'une longue paix, et par ses sages établissements, prépara le règne glorieux d'Étienne.

Ce règne, que les Moldaves rappellent avec orgueil, se prolongea pendant toute la seconde moitié du quinzième siècle, à travers une longue suite de guerres coupées par de rares intervalles de paix. En butte aux attaques incessantes des Hongrois, des Polonais, des Tartares et des Turcs, Étienne, par son génie politique autant que par ses talents militaires, maintint l'indépendance et l'intégrité de sa couronne, et quand Hunyade et Scanderbeg ne furent plus, il partagea avec Mathias Corvin l'honneur de servir à l'Europe de rempart contre l'invasion musulmane.

Quarante monastères bâtis durant son règne, et dont plusieurs subsistent encore aujourd'hui, perpétuèrent le souvenir d'un nombre égal de victoires.

Tel fut, entre autres, le monastère de Rosboïeni, ou de Vale-Alba, dans la vallée du même nom, dont la fondation se rattache à l'un des plus fameux épisodes du règne d'Étienne.

C'était en 1484, trois ans après la mort du conquérant de Constantinople. Son successeur, Bayazid, déjà maître de la Thrace et de la Bulgarie, convoitait les riches provinces situées au delà du Danube. Tout à coup, dans les premiers jours du printemps, il franchit le fleuve sur un pont de bateaux, suivi d'une nombreuse armée, et, après avoir emporté d'assaut les forteresses de Kilia et de Cetate-Alba (Akkerman), nouvellement construites par Étienne, la première à l'embouchure du Daiestr; la seconde sur le delta du Danube (la Bessarabie faisait partie, à cette époque, de la Moldavie), il s'avance dans l'intérieur du pays.

Devant cette formidable invasion, les habitants éperdus se dispersent, et, abandonnant la plaine, à l'exemple de leurs ancêtres quand passait sur eux le torrent des Barbares, ils refluent vers le haut pays, que défendent des bois et des montagnes inaccessibles. Le château de Niamtzo, situé au fond d'une gorge, et protégé par une triple enceinte de murs, reçoit la mère et la famille d'Étienne, le métropolitain Théoktiste, avec le trésor et les archives de l'État. Le roi, avec ses meilleures troupes, occupe les défilés avoisinants, prêt à fondre sur les Turcs à leur arrivée. Dès que leurs premières colonnes se montrent, il roule sur elles comme une avalanche. Mais pour la première fois la fortune et le nombre trahissent son courage. Il voit tomber un à un ses plus vaillants soldats. Demeuré presque seul sur le champ de bataille, il se retire à pas lents, comme un lion blessé, et, suivi d'une faible escorte, se dirige du côté de Niamtzo. Après avoir marché toute la nuit, il arrive, au matin, couvert de sang et de boue, son panache brisé, ses armes pendantes, en vue de la forteresse, et sonne de la trompe pour qu'on lui ouvre les portes. Mais les portes restent fermées. Surpris, il interpelle à haute voix la sentinelle immobile sur les remparts, quand soudain une femme se montre sur la plate-forme, et d'une voix sévère apostrophant le fugitif: « Est-ce mon fils,

[1] Un siècle environ après la fondation de la principauté valaque par Rodolphe le Noir. (Voy. t. XXVII, 1859, p. 177.)

est-ce le vaillant voïvode Étienne que je revois en cèt état ?
Tu n'avais pas accoutumé mes yeux à un tel spectacle.
Fuis, et ne reparais devant moi, que vainqueur. J'aime
mieux que tu périsses par la main de l'ennemi que d'avoir
à te reprocher cette infamie de devoir ton salut à une
femme ! »

Ainsi parla la mère d'Étienne. Confus, la tête baissée, le
héros s'éloigne avec ses fidèles compagnons. Sur la route,
il est rejoint par plusieurs détachements, les uns sortis de
Niamtzo et envoyés par sa mère, les autres formés de fu-
gilifs échappés au désastre de Rosboïeni. Suivi de cette
petite troupe, qui grossit d'heure en heure, il marche à la
rencontre des Turcs, les bat une première fois à Negresti,
où près de cinq mille musulmans sont noyés dans la Sireth
et la Moldava, les atteint de nouveau dans les défilés de
Vaslui, où il s'empare de la tente et des trésors de Bayazid,

et les pousse l'épée dans les reins jusqu'au Danube, que
le sultan repasse précipitamment avec les débris de son
armée.

Suivant la pieuse coutume de ces temps, Étienne voulut
qu'un monastère élevé, non dans les lieux témoins de ses
derniers triomphes, mais sur l'emplacement même où ses
compagnons avaient succombé dans une glorieuse défaite,
rappelât le souvenir de ces événements. C'est depuis
cette époque que la vallée parsemée de leurs ossements
blanchis a quitté son nom de Rosboïeni pour prendre celui de *Vale-Alba*, « la Vallée-Blanche. »

La scène devant Niamtzo a fourni le sujet d'une peinture exécutée à Rome en 1812, et conservée actuellement au Musée de Jassy. M. Georges Asaki, poëte et
érudit moldave, d'après les indications duquel le tableau
original a été composé, en donne ainsi la description dans

Étienne le Grand devant le château de Niamtzo. — Dessin de Bocourt, d'après un tableau du Musée de Jassy.

ses *Nouvelles historiques*, publiées à Jassy, en 1859 :
« On voit sur les remparts la mère d'Étienne qui,
après avoir refusé à son fils l'entrée de la forteresse, lui
montre le chemin de la bataille. A ses côtés sont sa belle-
fille éplorée, l'archevêque et les soldats. Le milieu du
tableau est occupé par Étienne. Le héros est représenté
au moment où, après le refus de sa mère, il tourne bride
pour le départ. Un trompette donne le signal ; une troupe
d'archers suit le mouvement. Sur le devant, à droite, sont
les cuirassiers étrangers, nommés *pantzirs*, qui formaient
la garde et dont le chef commande la marche. A gauche
on voit des vétérans qui lèvent leurs armes menaçantes et
s'élancent en avant ; à leur côté sont deux *plaïeches*
(chasseurs des montagnes), coiffés du bonnet dace, qui,
quoique blessés, font des efforts pour se lever et suivre
leurs compagnons. Dans le lointain, sur les bords de la
rivière Niamtzo, on aperçoit l'ennemi aux prises avec les

Moldaves descendus des montagnes, dont la chaîne est dominée par le mont Pion. »

Le souvenir de cet événement s'est conservé aussi dans
une ballade populaire que les paysans de la Moldavie et
de la Bukowine chantent sur un air national, et qui paraît
remonter au temps même d'Étienne. Niamtzo est célèbre
encore dans l'histoire moldave par un siège que la forteresse, défendue par quarante soldats, soutint contre l'armée entière de Sobieski (1686), et qui a fourni au poëte
Basile Alecsandri le sujet d'un drame historique représenté à Jassy en 1857.

II. — LE TESTAMENT D'ÉTIENNE LE GRAND.

Vingt années se sont écoulées depuis l'épisode de
Niamtzo. La mère du vaillant voïvode est morte ; lui-
même touche à la limite extrême de l'âge. La fortune,
que l'on accuse de ne point aimer les vieillards, lui a

souri jusqu'au dernier jour. Il a maintenu l'indépendance de sa patrie ; les plus puissants monarques ont recherché son alliance ; une de ses filles, Hélène, s'est assise récemment sur le trône moscovite ; son nom et ses exploits ont retenti dans l'antique berceau de sa race et de sa famille, l'Italie, et le pape de Rome, Sixte IV, lui écrit, à lui, prince hérétique, en le saluant du titre de « fils chéri, véritable athlète du Christ (¹). »

Cependant, de sombres pressentiments l'assiégent. Comme Charlemagne pleurant à la vue des barques normandes, il s'attriste en songeant aux maux que les progrès des hordes musulmanes préparent à ses successeurs.

Quelle main, après lui, sera capable d'opposer une digue à ce torrent? De quelque côté qu'il porte ses regards, il n'aperçoit que des sujets d'alarmes, Un royaume trop faible pour se défendre seul, et nul secours à attendre des États voisins : l'Autriche occupée de ses dissensions intérieures, la Pologne et la Hongrie hostiles, la France et l'Angleterre indifférentes. Le moment était venu où la Moldavie, hors d'état désormais de maintenir l'intégrité de son indépendance, devait se choisir un suzerain, afin de ne pas être asservie par un maître. Étienne résolut d'aller au-devant de la nécessité qu'il ne pouvait éviter. Depuis environ un siècle la Valachie s'était placée d'elle-même,

Le Testament d'Étienne le Grand. — Dessin de Bocourt, d'après un tableau du Musée de Jassy.

en vertu d'une capitulation librement consentie, sous la protection de la Porte Ottomane, et cette condition avait paru moins onéreuse jusque-là aux Roumains que le vasselage hongrois ou polonais. Cet exemple le décida.

Au mois de juin 1504, il convoqua dans sa capitale de Suclava une assemblée des grands du royaume. À l'issue du service divin, son fils Bogdan et les principaux de sa cour étant réunis autour de lui, il leur communiqua ses intentions dans un discours mémorable que les chroniqueurs ont recueilli et qu'ils nous ont transmis sous le nom de *Testament d'Étienne.*

Le début est empreint d'une gravité sereine et semé de sentences religieuses et philosophiques, à la façon des poésies orientaux : « Ô Bogdan, ô mon fils, et vous tous, mes amis et compagnons d'armes, qui avez partagé avec

(¹) Bulle de janvier 1476.

moi tant de triomphes, vous me voyez sur le point de payer mon tribut à la nature. Toute la gloire de ma vie est comme un brillant fantôme qui se perd dans la nuit: Il n'y a point de retour pour l'homme, misérable ver de terre qui rampe quelques jours sur le sentier de la vie. La mort vient prendre ses droits; mais ce n'est pas ce qui me trouble, car je sais que l'instant de ma naissance a été le premier pas que j'ai fait vers le tombeau. Ce qui m'alarme... » Ici, au moraliste succède l'homme d'État. Le monarque esquisse à grands traits la situation critique du royaume et l'état général de l'Europe. Il montre, d'un côté, le Turc, « semblable à un lion rugissant », maître de la rive méridionale du Danube et prêt à s'élancer sur l'autre bord; de l'autre, la Valachie déjà tributaire, la Crimée mahométane, la Hongrie aux trois quarts conquise, les Polonais inconstants et hors d'état de tenir tête aux Turcs, l'Allemagne livrée à ses embarras domes-

tiques et n'ayant ni la volonté ni le pouvoir de se mêler des affaires du dehors. De là nécessité de se résigner à un mal pour en éviter un plus grand. « C'est pourquoi, ajouta-t-il, je vous exhorte, dans ces derniers
moments de ma vie, avec toute la tendresse d'un père et
d'un frère, à tâcher de faire vos conditions avec le sultan.
Si vous pouvez obtenir de lui la conservation de nos lois
ecclésiastiques et civiles, ce sera toujours une paix honorable, quand bien même ce serait à titre de fief. Songez-y
bien ; il vous sera plus facile d'éprouver sa clémence que
son épée. Que si, au contraire, il prétend vous dicter des
conditions honteuses, n'hésitez pas; mieux vaut mourir
l'épée à la main pour la défense de la religion et de la liberté que de vivre pour être les lâches spectateurs de leur
ruine. »

Le tableau qui rappelle cette scène historique se
trouve également au Musée de Jassy. Étienne est représenté au moment où il prononce ses dernières paroles. A
sa droite est assise la princesse régnante. Le grand chancelier Teutu se tient debout à sa gauche. Au milieu du
tableau, le prince Bogdan courbe le front en signe de respect et d'obéissance. Près de lui, le métropolitain Théo-
phane, en habits pontificaux, prie le ciel de bénir les vœux
du monarque. Des groupes de guerriers et de boyards
occupent le fond. Les costumes sont copiés fidèlement
d'après d'anciens originaux. Étienne porte la couronne et
les insignes royaux envoyés aux voïvodes de Moldavie par
l'empereur Paléologue. Le trône est orné d'un trophée
formé de drapeaux turcs, tartares, hongrois, etc., en témoignage des victoires remportées par Étienne :

> Stefan, Stefan, voïvoda,
> Sort tout armé de Suclava,
> Bat Tartares et Polonois,
> Bat Turcs, Russes et Hongrois.

A quelques semaines de là, le 13 juillet 1504, Étienne,

le *vaillant*, le *saint roi* Étienne, comme l'appellent indifféremment les chroniqueurs, mourut à Khotin, après un
règne de quarante-sept ans et cinq mois. Ses funérailles
furent suivies d'un jeune public de trois jours, comme
dans les grandes calamités nationales. Durant ces trois
jours, les hommes marchèrent tête nue dans les rues, et les
femmes couvertes d'un voile traînant jusqu'à terre,

Les intentions d'Étienne furent, du reste, exécutées ponc-
tuellement. Sept ou huit ans après sa mort, le grand chancelier Teutu, qui avait continué sa charge sous son successeur, se rendit, par l'ordre de Bogdan, auprès du sultan
Bayazid, et lui fit hommage, au nom de son maître, du
duché de Moldavie. Le sultan accueillit avec transport la
démarche du voïvode; et, après avoir comblé de présents
son envoyé, il lui remit une capitulation où était stipulée
l'autonomie pleine et entière de l'État moldave, C'est à
partir de cette même époque que l'on voit la Moldavie, sous
la nouvelle dénomination de *Bogdan*, d'après la coutume
invariable des Turcs de désigner les provinces nouvellement acquises par le nom du dernier possesseur, figurer
au nombre des possessions ottomanes jusqu'au jour où,
réunie à la Valachie, elle donne naissance à un État que
la généreuse assistance de la France a remis en possession de ses droits et de ses destinées.

OBSERVATIONS ASTRONOMIQUES.

JUIN.

Le 1er juin, la Lune se lève à 7 h. 45 m. du soir,
environ un quart d'heure avant que le Soleil ne descende
au-dessous de l'horizon. Une heure vingt minutes après
ce moment, notre satellite commence à entrer dans l'ombre imparfaite qui, comme on le sait, précède et enve-

Théorie des éclipses de Lune.

loppe l'ombre totale; mais ces premiers contacts, toujours
difficiles à discerner, ne seront sans doute pas visibles cette
fois à cause des lueurs projetées par le crépuscule, qui est
assez long à Paris, même à cette époque de l'année.

Lorsqu'il fera nuit, la Lune aura donc perdu une portion
de son éclat. Mais l'entrée dans l'ombre n'ayant lieu qu'à
9 h. 50 m., c'est-à-dire deux heures après le coucher du
Soleil, on pourra parfaitement distinguer, si le temps le
permet, le moment où la planète commence à se plonger
dans les ténèbres. Le phénomène de la disparition pro-

gressive durera environ une heure. C'est à partir de 11 h.
9 m. que s'accomplira cette phase si intéressante du phénomène.

En 1684, les astronomes encourrurent les plus vives
censures pour avoir prédit une éclipse totale de Soleil qui
ne fut que partielle. Il avait suffi qu'un quart du disque
échappât à leurs prédictions pour que chacun se crût en
droit de tourner en ridicule les savants et l'astronomie
même.

Cette année la Lune pourra continuer à rester visible,

sans que personne soit à blâmer et sans que l'éclipse cesse d'être totale...

En effet, l'atmosphère fait l'office d'une lentille qui concentre les rayons solaires, de sorte que la Terre porte derrière elle une espèce de queue rougeâtre plus ou moins analogue à celle des comètes. La tête de l'ombre se trouve éclairée par cette lumière d'emprunt, qui a précisément la couleur des feux du couchant. Lorsque la Lune vient s'y plonger, elle réfléchit donc une lumière réfractée plus faible que la lumière directe qui la fait ordinairement briller, et qui est douée, comme personne ne l'ignore, d'une teinte toute spéciale.

Herschel prétend même que notre satellite émet une lueur propre suffisante pour que nous ne puissions dans aucune circonstance le perdre entièrement de vue. Cependant les observations de l'éclipse de 1816 faites à Londres par MM. Beer et Madler, qui ont constaté l'obscurcissement complet de l'astre pendant quelque temps, semblent démentir l'opinion du grand astronome. Arago fait remarquer qu'on pourra très-aisément trancher la question avec un polariscope, qui, comme on le sait, est un instrument admirablement disposé pour distinguer la lumière directe de celle qui vient par réflexion.

Parmi les observations anciennes qui peuvent être répétées et qui n'ont point encore d'explication, nous citerons l'étude des teintes présentées par le satellite lorsqu'il arrive au bord de l'ombre. Il paraît qu'on a remarqué, dans certains cas, l'apparition de teintes bleuâtres. Ménier prétend avoir aperçu, en 1783, d'autres apparences véritablement extraordinaires. Il raconte que certaines portions du disque étaient éclairées de lumières de teintes tout à fait différentes les unes des autres. Ces parties diversement colorées circulaient lentement autour du centre.

A partir de minuit 9 minutes, on commencera à voir reparaître un croissant de la Lune, qui mettra 65 minutes à sortir de l'ombre. A 2 h. 13 m. du matin, notre satellite brillera encore pendant une heure avant de descendre au-dessous de l'horizon.

C'est le 21 juin, à 11 heures du soir, que commence l'été astronomique, division de l'année qui n'a rien de commun avec l'été climatérique, si ce n'est que les jours de grande chaleur ont lieu toujours dans cette période. On se tromperait si on croyait qu'il fût possible, dans l'état actuel de la science, de déterminer à l'avance les notables irrégularités des saisons.

Quatre jours avant le solstice d'été finit l'année 1279 de l'hégire, calculée suivant l'usage de Constantinople. Comme l'année des Turcs ne compte que douze mois lunaires de vingt-huit jours, un mathématicien a fait remarquer qu'il faudrait attendre soixante ou quatre-vingts siècles pour que le nombre du calendrier musulman coïncidât une seule fois avec le millésime du calendrier grégorien. Mais il est bien probable qu'avant cette époque tous les hommes auront compris qu'il ne doit y avoir qu'une manière de compter les temps, puisque la Terre tourne de la même manière pour tout le monde.

LE GÉANT TEUTOBOCHUS

ET LES PREMIÈRES ÉTUDES D'ANATOMIE COMPARÉE EN FRANCE.

Il a été deux fois question, dans ce recueil, des prétendus ossements du roi teuton défait par Marius, qui firent tant déraisonner les archéologues du dix-septième siècle (voy. t. V, 1837, p. 383, et t. VII, 1839, p. 147); nous ne reviendrons pas sur le ridicule exhibition que Mazuyer et de Bassot

en firent dans l'Allemagne quand la France fut désabusée. Mais il n'est peut-être pas inutile de rappeler que cette fourberie amena, en son temps, des discussions sérieuses dont la science réelle fit son profit. Lorsque maître Jacques Bassot eut publié sa Gigantostéologie, un anatomiste autrement habile que lui se chargea de lui répondre, bien que l'œuvre du prétentieux chirurgien eût été dédiée au roi. Ce livret parut sous le titre suivant : l'Imposture découverte des os d'humains supposez et faulsement attribuez au roi Teutobochus. Cet opuscule présente une réfutation en règle, et contient pour ainsi dire en germe les principes d'observation qui, deux siècles plus tard, devaient rendre si célèbre Georges Cuvier. Malheureusement cet esprit si judicieux, faisant tout à coup fausse route et abandonnant les calculs de l'anatomie comparée, conclut d'une manière déplorable. Le maître de la science, Gesnerus, avait déclaré, à la vue des ossements gigantesques de la caverne d'Elginborod, qu'il ne pouvait y avoir des animaux de pareille grandeur; le contredire eût été par trop audacieux : aussi le maître chirurgien français voit-il dans les ossements de Teutobochus des pierres ossenses semblables aux os humains, « os faicts, selon lui, par condensation, ce qui démontroit que c'estoient pierres ! »

POTERIES NOIRES ÉTRUSQUES.

On rencontre dans quelques grandes collections d'antiquités des poteries d'une espèce particulière qui forment une classe distincte et facile à reconnaître. Ces poteries, trouvées principalement dans les tombeaux de l'ancienne Cære (aujourd'hui Cervetri et lieux voisins), de Clusium (Chiusi), de Vulci et de Veies, sont entièrement noires, sans glaçure et couvertes seulement d'un vernis peu épais; elles ne portent aucune peinture, mais sont décorées, les unes de figures légèrement gravées avant que la terre fût durcie : telles sont celles qu'on a trouvées surtout à Veies; d'autres de figures en relief très-bas, comme celles qui ont été découvertes en grand nombre à Cervetri; d'autres encore de figures en haut relief provenant pour la plupart des fouilles faites à Chiusi. Ces figures sont celles de divinités étrusques, ou d'êtres fantastiques, tels que sphinx, centaures, chevaux ailés; de panthères, de cerfs, de rats et d'autres animaux qui paraissent être des symboles des plus anciennes croyances des Étrusques; quelquefois aussi de simples ornements, tels que des fleurs ou des masques humains. Il ne paraît pas que ces poteries soient faites d'une autre argile que les autres vases trouvés en Italie; on croit plutôt que leur couleur noire a été obtenue par un procédé particulier de cuisson. Lorsqu'on les brise, on remarque quelquefois que la terre n'est pas également noire dans toute son épaisseur, mais que le noir, plus épais vers la surface, va en s'éclaircissant jusqu'au centre, où la terre est jaune comme dans les autres poteries. D'après cette observation, des expériences ont été faites par les Italiens Depoletti et Ruspi [1], qui ont réussi à donner à des vases de terre commune l'apparence des anciennes poteries étrusques, en les faisant cuire dans de grands vaisseaux du genre de ceux que les potiers appellent gazettes, où ils étaient enveloppés de copeaux et de sciure de bois; le tout était recouvert de terre bourbeuse destinée à empêcher que la fumée ne pût s'échapper. Lorsque ces gazettes étaient mises au four, le bois se carbonisait à une chaleur toujours égale, et la fumée en pénétrant dans la terre lui donnait la couleur noire des vases que l'on se proposait d'imiter.

[1] On peut consulter à ce sujet le Bulletin de l'Institut archéologique de Rome, année 1837.

Les formes de ces vases sont très-diverses, tantôt remarquables par l'élégance et la bonne appropriation à leur usage, tantôt, au contraire, si bizarres que l'on a peine à deviner quelle pouvait être leur destination. Il est difficile de méconnaître, dans les deux vases à boire qui sont ici reproduits, une grande ressemblance avec les vases de même espèce que fabriquaient les Grecs; ils n'en diffèrent que par un peu plus d'épaisseur dans la pâte et un peu

moins de finesse dans le galbe. L'un, à deux anses, et de l'espèce appelée canthare (*cantharos*), servait de coupe ou de tasse à boire; l'autre, à une anse seulement, est un *cyathus*, dont on se servait, comme d'une grande cuiller, pour puiser dans les vases de grande dimension appelés cratères, et pour remplir les coupes des convives; on s'en servait aussi anciennement dans les sacrifices pour les libations.

Collection Campana. — Poteries noires étrusques.

Il est moins aisé de dire quels étaient précisément le nom et l'usage du troisième objet ci-dessus figuré. On en a découvert plusieurs à Chiusi, qui contenaient un certain nombre de bassins et de vases semblables à ceux qui servaient à renfermer les parfums (*unguentaria*); quelques personnes en ont conclu que la sorte de plateau creux où ils se trouvaient était un objet de toilette. D'autres ont vu dans ces vases et dans leur contenance des objets à l'usage de la table; d'autres, enfin, considèrent le brasier ou réchaud que l'on voit ici comme ayant été employé uniquement dans les cérémonies funèbres, soit pour faire brûler des parfums, soit pour conserver chauds des mets et des boissons servis dans les festins dont les cérémonies étaient l'occasion.

Ces trois objets ont été dessinés d'après des exemplaires appartenant à la collection Campana, aujourd'hui acquise à la France, collection extrêmement riche en terres noires, de cette espèce qui passe pour la plus ancienne sorte de vases étrusques. Le style du plus grand nombre est en effet très-archaïque. Cependant il n'est pas certain que ces

poteries soient toutes d'une époque très-ancienne, et c'est une question encore débattue entre les antiquaires de savoir si elles ont précédé la fabrication des vases peints italo-grecs, ou si les artistes étrusques ont continué cette fabrication jusqu'à une époque très-rapprochée de la fin de la république romaine. M. de Witte, le savant céramographe qui a rédigé la notice sur les vases du Musée Napoléon III, lors de son exposition au palais de l'Industrie, y exprime l'opinion que « la fabrication de ces vases a commencé à une époque très-reculée, qu'on en possède de très-anciens, mais que d'autres sont relativement d'un travail récent et de l'époque des urnes étrusques, quelquefois peintes (il s'agit des urnes cinéraires). On sait, ajoute-t-il, qu'en général ces urnes ne remontent guère qu'à quelques années avant l'ère chrétienne. » L'antiquité du style ne prouve pas toujours, en effet, celle des objets eux-mêmes, et quant aux vases particulièrement, on préféra toujours pour les usages du culte ceux qui conservaient les formes primitives; il dut en être de même de ceux qui servaient aux rites funèbres.

Typographie de J. Best, rue Saint-Maur-Saint-Germain, 15.

VACHES ET VACHÈRES.

Composition et dessin de Ch. Jacque.

Si peu qu'il regarde autour de lui, la nature envoie pour compagnes au promeneur solitaire des pensées qui occupent et reposent à la fois son esprit. Il peut, se livrant à tout ce qui l'attire, se disséminer dans la nature comme une volée de papillons; c'est un plaisir permis, innocent, mais ce n'est qu'un plaisir. Il peut aussi choisir à ses réflexions un objet, si humble soit-il, y diriger, y rattacher, bien que sans rigueur, la série de ses idées : alors une utilité morale vient se joindre à l'agrément de la promenade et la gymnastique de l'intelligence à l'exercice du corps. Chacun de nous peut en parler par expérience.

Un jour, en considérant la petite rivière, nous pensons aux fleuves célèbres, aux plantes aquatiques, aux poissons, aux mille usages de l'eau, à ce qui la compose, aux légendes qui l'ont personnifiée. Un autre jour, nous observons une essence d'arbre, par exemple le chêne, et de toutes parts les souvenirs nous viennent : c'est le chêne de Dodone, avec les oracles et la question de la prescience divine; c'est le chêne des druides et le gui sacré, et l'histoire de Velléda ; le chêne de saint Louis et la justice au treizième siècle ; les chênes de Sully et le reboisement de nos forêts. Un sapin nous rappelle à la fois les montagnes où il porte les nues, la mer où il soutient l'effort des vents; un petit antre nous plonge en pleine vie pastorale. Nous rêvons à Théocrite et à Virgile en voyant des bergers.

Un matin de l'automne dernier, j'étais parti « pour aller faire à l'Aurore ma cour, parmi le thym et la rosée », ne sachant trop que méditer, respirant à grands traits. Au bout d'un quart d'heure le hasard m'avait offert, imposé même un sujet qui devait suffire à ma promenade. A peine hors de la ville, un grand troupeau de vaches me força de grimper sur la berge du chemin; plus loin, de dix pas en dix pas, une vieille passait, tirant « une vache et son veau » ; dans les prés encore blancs de vapeur, de petites vachères dansaient, pour se réchauffer, autour d'un pauvre feu de feuilles sèches. Ainsi, peu à peu, je fus amené à consacrer toute ma matinée à la race bovine; non que je l'aimasse : au contraire, les bœufs m'ont toujours paru lourds, étroits de la croupe, épais du ventre, et, pour tout dire, un peu obtus; mais je ne pouvais méconnaître tous les services qu'ils nous rendent, nourrissant l'homme de leur chair et de leur lait, labourant la terre, enfin peuplant les prairies pour le plaisir des peintres.

Entre toutes les familles animales, il n'en est pas qui soit plus mêlée à la vie humaine que la race bovine. Nos ancêtres, les *Aryas* de la haute Asie, n'avaient pas de plus riches trésors que leurs troupeaux; ils combattaient pour un pâturage ou pour un taureau. « Personne, a-dit le chantre védique, ne raille ceux qui furent nos pères, qui combattirent parmi les vaches; Indra, le puissant, est leur défenseur. » Chez eux, le guerrier est « celui qui lutte pour les vaches », le roi n'a pas de nom plus noble que vacher (*yôpa*); la fille est « celle qui trait (*douhitar*) », et les langues dérivées lui ont conservé ce titre sans en connaître le sens (en grec, *thugatèr*; en allemand, *tochter*; en anglais, *daughter*). Le latin nous présente un fait analogue : *juvencus* et *juvenica* signifient à la fois jeune homme et taureau, génisse et jeune fille. Bientôt les Aryas appelèrent taureau et vache tout être fort et toute chose féconde : Indra, le dieu lumineux, est un taureau brillant que le Ciel et la Terre ont formé pour être un modèle de force; l'Aurore est une génisse éclatante. Il est peu d'hymnes védiques où ne se retrouvent « la mamelle de la nue », et « les vaches célestes, mères de la foudre et filles des vents. » La Substance qui a tout enfanté (*Aditi*) est la vache par excellence; un même mot, *mahi*, signifie la vache et la terre. Dans le dorique *gâ*, terre, il est difficile de ne pas reconnaître le sanscrit *gô*, nom générique du bœuf et de la vache.

Les peuples sémitiques ont aussi tenu la race bovine en haute estime; leur divinité solaire, Moloch, a une tête de taureau; les Juifs adorèrent le veau d'or; Joseph expliqua le songe fameux des sept vaches grasses et des sept vaches maigres.

L'Egypte, plus qu'aucun autre pays, a honoré et adoré la figure symbolique du bœuf : est-il besoin de rappeler ici le fameux Apis, qui avait à Memphis deux étables, et Onuphis et Mnévis, vivants emblèmes d'Osiris ou de Phré, génies lumineux? Hator, déesse de la fécondité, a des oreilles et des cornes de génisse, et une analogie enfantine lui donne pour diadème le croissant de la lune. Isis a une pareille coiffure. Toutes deux revêtent aussi la figure d'une génisse. Hérodote raconte, à ce propos, que le Pharaon Mycérinus ensevelit sa fille dans une statue de vache dorée, vêtue d'une housse de pourpre, couronnée du disque solaire; l'historien l'a vue et nous la décrit. Tous les ans, une fois, le cercueil divin était promené en grande pompe.

Dans la mythologie grecque, où se sont fondues les traditions indiennes et les légendes de l'Egypte, Jupiter se fait taureau pour enlever Europe; Io, sœur d'Isis, est métamorphosée en génisse; le croissant de Diane peut bien être le diadème cornu d'Hator; Junon (*Boôpis*) a des yeux de vache, ces yeux grands et doux, pleins d'un calme mystérieux, qui « regardent vaguement quelque part. » Le taureau est admis dans le ciel parmi les constellations. Mercure vole les bœufs d'Apollon; Apollon lui-même a gardé les troupeaux d'Admète; Cacus dérobe les vaches amenées de l'Ibérie par Hercule. Sous ces fables très-défigurées, à peu près incompréhensibles dans leurs détails, on entrevoit des lambeaux védiques, un écho des luttes qui éclatent entre les dieux lumineux et les nuages. Homère, attribuant à de simples mortels les aventures des dieux ou des demi-dieux, nous fait voir « les belles vaches au large front, les troupeaux d'Hélios-Hypérion, les bœufs du dieu lumineux, du Soleil qui voit et entend tout », dérobés et tués par les compagnons d'Ulysse.

L'art n'a pas moins fait usage des bœufs que les religions antiques. Partout, dans les ruines qui bordent le Nil, apparaissent le mufle et les cornes de la génisse; partout abondent les chapiteaux fermés de têtes de femmes à oreilles de vache. La Vache du statuaire Myron a été vantée de tous les écrivains grecs et latins. N'oublions pas les grands bœufs de Ninive, que nous pouvons admirer au Louvre; la tête humaine leur sied et, comme conception, ne place bien au-dessus des statues bucéphales de l'Egypte. Si nous venons aux peintres modernes, nous trouverons que les bœufs sont devenus les accessoires ou les héros presque obligés du paysage. Albert Cuyp a supérieurement rendu leur repos majestueux; Paul Potter leur a donné cette mélancolie aux approches de l'orage si bien décrite par Virgile : « La vache, levant les yeux vers le ciel, aspire l'air de ses larges naseaux. » Aujourd'hui, leurs mœurs et leurs attitudes ont été étudiées avec amour et succès par MM. Brascassat et Troyon, par Mlle Rosa Bonheur. On s'occupe d'eux un peu trop peut-être, et pas assez de ceux qui les gardent.

La littérature, comme les arts plastiques, a payé son tribut à la race bovine. Nous avons parlé des hymnes védiques; il faudrait un volume pour y recueillir tous les passages relatifs à notre sujet. Homère célèbre magnifiquement les sacrifices de taureaux et de vaches; Virgile excelle à dépeindre les génisses égarées, errantes dans les vastes forêts ou couchées dans les fleurs du printemps : il aime à dormir mollement au pied d'un arbre épais, tandis que les bœufs mugissent dans l'éloignement. Ses vers suaves, qui me revenaient par instants, donnaient quelque charme à des souvenirs plus arides; et, soutenu par leur mélodie, j'esquissais plus volontiers l'histoire légendaire de la vache, nourrice et bienfaitrice de l'humanité.

LA JUSTICE DU BOYAR.

SOUVENIR D'UN VOYAGE EN VALACHIE.

A Bukarest, j'avais fait la connaissance du boyar G..., homme d'esprit, d'un commerce facile et conteur amusant. Il était, pour le moment, ministre : chacun, en ce pays, l'est à son tour. Il lui arriva de parler un jour avec tant d'éloquence sur l'émancipation des paysans, que la chambre, entraînée, faillit voter d'enthousiasme une loi qui eût donné au serf la propriété de sa maison et de son jardin. Par malheur, le vote fut ajourné : le lendemain, mon ami n'était plus ministre. Découragé, il résolut de renoncer à la politique et d'aller chercher à la campagne une existence plus calme.

— Venez avec moi, me dit-il. Nous chasserons; vous verrez le pays; vous étudierez notre agriculture, et vous jugerez de la condition de nos paysans. Ils sont plus heureux, chez moi, que des paysans français.

Sa proposition me tenta; nous partîmes ensemble.

Il y a, en Valachie, des propriétés immenses : c'est tout un voyage que de les traverser. Lorsque le boyar me dit : « Nous voilà sur ma terre », je regardai tout autour de moi. Rien, ni arbres, ni maisons, ni vertes prairies; partout un sol en friche, couvert de broussailles et de grandes herbes desséchées. C'était le désert. Nous courions à travers ces espaces, soulevant des nuages de poussière, haletant sous le poids d'une chaleur de trente degrés.

— Mais, lui dis-je, je ne vois chez vous, en fait de moissons ou autres produits agricoles, que de la poussière et du choléra (¹). Combien vendez-vous ces denrées?..

— C'est la partie inculte de mon domaine. Je n'en ai guère plus d'un tiers en rapport. Nous manquons de bras pour cultiver.

— Et pourquoi ne donnez-vous pas à vos paysans ce que vous avez de trop? Pourquoi la chambre a-t-elle refusé, malgré votre éloquence, de concéder au paysan sa misérable bicoque et quelques pieds de terre qui actuellement ne servent à personne?

— C'est de la prudence, mon cher, et non de l'avarice. Le paysan, une fois propriétaire, pourrait bien nous refuser la corvée; et alors, comment cultiverions-nous?

Je me tus et me mis à réfléchir au contraste de la hardiesse de mon ami à la tribune et de sa timidité dans la pratique. J'en étais encore à me demander comment il pouvait être à la fois réformateur si ardent et propriétaire si routinier, lorsque nous arrivâmes à la partie cultivée de sa propriété. Quelques champs encore verts, entourés de terrains incultes, diminuaient la tristesse du paysage sans l'animer beaucoup. Pas d'arbres encore, pas de maisons, pas d'hommes! Partout le silence. Enfin j'aperçus au loin comme un bouquet de verdure. C'était là que s'élevait, sur une hauteur, l'habitation seigneuriale. Plus bas, de pauvres cabanes dessinaient sur le ciel bleu leurs blanches silhouettes : en Roumanie, une maison est blanchie intérieurement et extérieurement au moins deux fois l'année; c'est le luxe du pauvre serf, qui n'en a guère d'autre.

Nous tournons une colline sur laquelle paissent d'assez maigres troupeaux. Tout à coup, au détour du chemin, un groupe d'hommes apparaît devant nous. Quoiqu'ils tiennent leur bonnet à la main, et que leur attitude soit des plus respectueuses, ils paraissent décidés à nous barrer le passage.

— Ce sont mes paysans, dit le boyar; ma présence est nécessaire, puisqu'on guette mon arrivée.

Et il donne l'ordre d'arrêter.

— Que faites-vous ici? Pourquoi n'êtes-vous pas au travail?

(¹) Choléra, espèce de chardon très-piquant

Les paysans ont l'air embarrassé. Ils tournent gauchement leur bonnet entre leurs doigts. Quelques-uns poussent en avant un de leurs anciens, comme pour l'engager à parler. Le vieillard sort du groupe.

— Monseigneur a-t-il fait un bon voyage? dit-il.

— Merci, móchoulé (¹). Qu'est-ce que tu as à me demander?

Le paysan tousse, hésite; il ne sait par où commencer. Enfin, il se décide sur un geste d'impatience du boyar.

— Monseigneur, nous avons une grâce. Nous vous supplions humblement de nous l'accorder.

— Laquelle?

— Si Monseigneur le veut bien, nous le prierons de nous donner un autre vataye (intendant).

— Ah! ah! Pourquoi cela, je vous prie?

— Parce que celui-ci est dur et méchant. Il nous maltraite; il bat nos femmes et nos enfants; il tue nos bêtes; enfin, il nous rend la vie si dure qu'il n'y a plus possibilité de rester ainsi.

Et se tournant du côté de ses compagnons :

— Parlez donc aussi, vous autres !

C'est alors un concert de plaintes et de réclamations auquel il est impossible de rien entendre.

Le boyar leur impose silence.

— Pourquoi vous a-t-il maltraités?

— Monseigneur, voici pourquoi : il exige de nous des travaux au-dessus de nos forces; il nous impose des corvées que nous ne devons pas; et quand nous lui représentons qu'il n'en a pas le droit, il nous assomme.

— Nous y voilà, reprend le boyar. Vous êtes des paresseux, des lâches. Vous vous refusez au travail que vous me devez; et lorsque quelqu'un prend mes intérêts, vous venez me prier de le chasser ! En vérité, je serais par trop bon. Allons, faites place !

Un sourire amer effleure les lèvres du vieillard :

— Si tous les travaux qu'on nous fait faire étaient pour Monseigneur, nous ne dirions rien, car Dieu vous a mis au-dessus de nous pour nous commander et nous a faits pour vous servir. Mais domnou (seigneur) vataye exige à son profit plus de la moitié du travail. Monseigneur lui a-t-il permis cela?

Le boyar se radoucit un peu :

— Si tu me dis la vérité, justice sera faite. Où est l'intendant?

L'embarras du solliciteur paraît redoubler :

— Cliez lui, Monseigneur.

— Bien. Rassemblez-vous demain dans ma cour; j'entendrai vos plaintes et sa défense. Maintenant laissez-moi.

Personne ne bouge. Le vieux n'a pas tout dit. Il se gratte l'oreille, et faisant un effort :

— Monseigneur va trouver son vataye malade.

— Malade! Quelle maladie a-t-il?

— Monseigneur, pardon ! grâce ! Il nous avait poussés à bout, et alors...

Tous se jettent à genoux, le front dans la poussière.

— Coquins, vous l'avez battu, n'est-ce pas?

— Grâce, Monseigneur !

— Mon représentant, celui que vous devez respecter comme moi-même ! Demain, je vous infligerai la punition que mérite votre crime.

Et il ordonna au cocher de fouetter ses chevaux.

Les paysans, toujours à genoux, se traînent de chaque côté du chemin. La voiture passe au milieu de cette double haie de malheureux. J'avais le cœur serré.

— Pauvres gens! me dis-je, quelle destinée !

(¹) Móchoulé, terme dont on se sert en parlant aux vieillards; littéralement, Mon oncle.

Mon ami se mit à sourire.

— Ne vous hâtez pas de les plaindre; ce ne sont que des brutes, mais des brutes fourbes et rusées. Si on ne les domine pas par la peur, on n'en peut rien tirer. Je suis un maître trop indulgent; ils en abusent. Vous me regardez d'un air singulier!

La voiture entrait dans la cour. Mme G..., charmante, et très-joliment pomponnée, vint nous recevoir sur le perron. Je ne la connaissais pas : elle habitait la campagne depuis le commencement de l'été. Elle m'accueillit avec la grâce parfaite des femmes de ce pays-là. Un excellent souper nous attendait. De petits boyars de la province étaient accourus pour faire leur cour au Crésus de l'endroit, qui se montra bon prince et daigna même plusieurs fois s'égayer à leurs dépens. Ils s'y prêtaient de bonne grâce. Du reste,

je me serais trouvé tout à fait à mon aise au milieu de cette large hospitalité des nobles roumains si j'avais pu oublier la scène des paysans sur le chemin. Je dormis mal. La figure du vieillard revenait dans tous mes rêves. Peut-être reposait-il, sur son grabat, plus tranquillement que moi sous ma couverture de satin cerise! Qui peut dire jusqu'à quel point la servitude émousse la sensibilité humaine!

La suite à la prochaine livraison.

LE CHATEAU DE COUCY.

Fin. — Voy. p. 139.

Le château de Coucy (¹) n'est plus une enceinte flanquée enveloppant des bâtiments disposés au hasard; c'est un

Le château de Coucy. — Tour du Roi. Ruines de la chapelle. — Dessin de Philippoteaux.

édifice vaste, conçu d'ensemble et élevé d'un seul jet, sous une volonté puissante et au moyen de ressources immenses. Son assiette est admirablement choisie, et ses défenses disposées avec un art dont la description ne donne qu'une faible idée. Le château domine des escarpements assez roides, qui s'élèvent de cinquante mètres environ au-dessus de la vallée; il couvre une surface de dix mille mètres environ. Entre la ville et le château est une vaste basse-cour fortifiée (on appelait ainsi la première enceinte, au milieu de laquelle on construisait des dépendances, logements pour la garnison, magasins, écuries, etc), basse-cour dont la surface est triple au moins de celle qu'occupe le château. Cette basse-cour renfermait des salles assez étendues, dont il reste des amorces visibles encore aujourd'hui, enrichies de colonnes et chapiteaux sculptés,

avec voûtes d'arêtes, et une chapelle évidemment antérieure aux constructions d'Enguerrand III. On ne communiquait de la ville à la basse-cour ou esplanade que par une porte donnant sur la ville et défendue contre elle par deux petites tours. La basse-cour était protégée par le donjon qui domine tout son périmètre, et ses remparts flanqués de deux tours construites aux extrémités, chacune sur un des escarpements du plateau. Elles ont (ainsi que les deux autres tours qui dominent la vallée du côté du nord) deux étages de caves et trois étages de salles audessus du sol, sans compter l'étage des combles : ces tours, qui n'ont pas moins de 18 mètres de diamètre hors œuvre

(¹) Presque tous les détails qui suivent sont empruntés au *Dictionnaire raisonné de l'architecture française* de M. Viollet le Duc, que l'on ne peut trop citer en parlant du château de Coucy.

sur 35 mètres de hauteur environ au-dessus du sol extérieur, ne sont rien auprès du donjon, qui porte 31 mètres
de diamètre hors œuvre sur 64 mètres depuis le fond du
fossé jusqu'au couronnement. Outre son fossé, ce donjon
possède une enceinte circulaire extérieure ou chemise qui
le protège contre les dehors du côté de la basse-cour. Un
fossé de 20 mètres de largeur sépare le château de la
basse-cour. Un seul pont jeté sur ce fossé donnait entrée
dans le château; pour y pénétrer, il fallait franchir la porte
munie de doubles herses et de vantaux, suivre un long
passage qu'il était facile de défendre et qui devait être
garni de mâchicoulis. Des deux côtés du couloir étaient
disposées des salles de gardes pouvant contenir des postes
nombreux, et au-dessus s'élevait un logis à plusieurs
étages. Du couloir d'entrée on débouchait dans la cour du
château, entourée de bâtiments appuyés sur les courtines.
C'étaient, à l'est, des bâtiments de service voûtés, à rez-
de-chaussée et surmontés de deux étages; entre les deux

Le château de Coucy. — Tour de la Poterne. Salle des Preux. — Dessin de Philippoteaux.

tours du nord, du côté le moins accessible, étaient les appartements d'habitation, à trois étages. De vastes magasins voûtés, à rez-de-chaussée avec caves au-dessous,
occupaient tout l'intervalle compris entre les tours du côté
de l'ouest. Les voûtes de ces magasins portaient la grande
salle du tribunal, dite des Preux, parce qu'on y voyait dans
des niches les statues des neuf preux. Deux cheminées
chauffaient cette salle, largement éclairée à son extrémité
méridionale par une grande verrière ouverte dans le pignon. D'après Ducerceau, qui écrivait à une époque où le
château était encore dans son entier, la salle avait 30 toises
(environ 60 mètres) de long, y compris la tribune, sur
7 et demie de large. Cette tribune était située à l'extrémité ouest et séparée de la grande pièce par un faisceau
de colonnes. Dans l'un de ses angles, on remarque encore
la cage d'un petit escalier tournant, en pierre, dont la
voûte, bien conservée, est soutenue par six délicates nervures descendant sur de petites consoles ornées de groupes
fantastiques sculptés, et réunies au centre par une clef
fleuronnée. On appelait salle des Neuf-Preuses, à cause

des figures représentées en ronde bosse sur le manteau de sa vaste cheminée, une des salles des appartements du nord située au premier étage. Au centre de cette salle, un boudoir pris aux dépens de l'épaisseur de la courtine donnait vue sur les vallées de l'Ailette et de l'Oise, sur Noyon et Chauny, par une grande et large fenêtre. Cette pièce devait être le lieu le plus agréable du château, et sans doute celui que préférait la châtelaine de Coucy; elle était chauffée par une petite cheminée et sa voûte élégante était portée par de légères arêtes.

« Ces dernières bâtisses datent de la fin du quatorzième siècle; on voit parfaitement, dit M. Viollet le Duc, comment elles furent incrustées dans les anciennes constructions; comment, pour les rendre plus habitables, on suréleva les courtines d'un étage; car, dans la construction primitive, ces courtines n'atteignaient certainement pas un niveau aussi élevé, laissaient aux tours un commandement plus considérable, et les bâtiments d'habitation avaient une beaucoup moins grande importance. Du temps d'Enguerrand III, la véritable habitation était le donjon; mais quand les mœurs féodales, de rudes qu'elles étaient, devinrent au contraire, vers la fin du quatorzième siècle, élégantes et raffinées; ce donjon dut paraître fort triste, sombre et incommode : les seigneurs de Coucy bâtirent alors ces élégantes constructions ouvertes sur la campagne, en les fortifiant suivant la méthode de cette époque. Le donjon et sa chemise, les quatre tours d'angle, la partie inférieure des courtines, les soubassements de la grande salle, le rez-de-chaussée de l'entrée et la chapelle, ainsi que toute l'enceinte de la basse-cour, appartiennent à la construction primitive du château sous Enguerrand III. » La chapelle, dont il ne restait, avant les travaux de restauration, que des débris jonchant le sol, s'élevait sur de larges soubassements adossés aux bâtiments de l'ouest; elle communiquait de plain-pied avec la grande salle au premier étage.

« Il faut reconnaître qu'un long séjour dans un château de cette importance devait être assez triste, surtout avant les modifications apportées par le quatorzième siècle, modifications faites évidemment avec l'intention de rendre l'habitation de cette résidence moins fermée et plus commode. La cour, ombragée par cet énorme donjon, entourée de bâtiments élevés et d'un aspect sévère, devait paraître étroite et sombre. Tout est colossal dans cette forteresse; quoique exécutée avec grand soin, la construction a quelque chose de rude et de sauvage qui rappelle l'homme de notre temps. Il semble que les habitants de cette demeure féodale devaient appartenir à une race de géants, car tout ce qui tient à l'usage habituel est à une échelle supérieure à celle qui est admise aujourd'hui. Les marches des escaliers (nous parlons des constructions du treizième siècle), les allèges des créneaux, les bancs, sont faits pour des hommes d'une taille au-dessus de l'ordinaire. Enguerrand III, seigneur puissant, de mœurs farouches, guerrier intrépide, avait-il voulu en imposer par cette apparence de force extra-humaine, ou avait-il composé la garnison d'hommes d'élite?... Ce seigneur avait toujours avec lui cinquante chevaliers, ce qui donnait un chiffre de cinq cents hommes de guerre au moins en temps ordinaire. Il ne fallait rien moins qu'une garnison aussi nombreuse pour garder le château et la basse-cour. Les caves et magasins immenses qui existent encore sous le rez-de-chaussée des bâtiments du château permettaient d'entasser des vivres pour plus d'une année, en supposant une garnison de mille hommes. Au treizième siècle, un seigneur féodal possesseur d'une semblable forteresse et de richesses assez considérables pour s'entourer d'un pareil nombre de gens d'armes, et pour leur fournir des munitions et des vivres

pendant un siège d'un an, pouvait défier toutes les armées de son siècle. » [1]

Enguerrand III, après avoir vu ses projets ambitieux contre la couronne de France déjoués grâce à l'habileté de la reine mère et à la désunion qui s'était mise entre les seigneurs ligués avec lui, ne forma plus aucune entreprise. Il mourut en 1242. Un jour qu'il traversait à gué le ruisseau de Gercy, un mouvement de son cheval lui fit perdre les arçons; il tomba sur son épée, que le même choc avait fait sortir du fourreau, et fut percé de part en part. Raoul II, son fils aîné, qui lui succéda, suivit saint Louis en Palestine et périt en 1250, à la bataille de Mansourah, en essayant de sauver le comte d'Artois, frère du roi. Il n'avait pas d'enfant. Enguerrand son frère, jeune homme orgueilleux et violent, recueillit l'immense héritage de la maison de Coucy.

Il montra tout d'abord qu'il était le digne descendant de Thomas de Marle. Trois jeunes gentilshommes flamands, étudiants de l'abbaye de Saint-Nicolas aux Bois, voisine de Coucy, avaient été surpris chassant sur ses domaines, « sans chiens, dit l'historien Joinville, et sans autres engins par quoi ils pussent prendre bestes sauvages. Ainsi, come ils avoient leur proie que ils avoient levée ou bois de l'abbaye és bois Enjourant (d'Enguerrand) le seignour de Coucy, ils furent prins et retenus des serians (sergents) qui gardoient le bois. Quant Enjourant sot le fait des enfants par ces forestiers, il qui crueus (cruel) fut et sans pitié, les fit tantost pendre les enfants. » Il n'avait été touché ni de leur âge, ni de leurs prières; il ne s'était pas non plus informé de leur rang. L'un d'eux était parent du connétable de France Gilles le Brun, qui joignit ses instances à celles de l'abbé de Saint-Nicolas pour obtenir justice du roi saint Louis. « Li bon roi droiturier, continue le chroniqueur, tantost comme il sot et oy (sut et ouït) la cruauté du seigneur de Coucy, si le fist apeler et semondre que il venit à sa court pour répondre de cet fait et de cel vilain cas. » Enguerrand répondit qu'il voulait être jugé, comme baron, par les pairs du royaume; mais comme il fut prouvé qu'il n'y avait nul droit, puisqu'il ne tenait pas ses terres en baronnie, le roi le fit arrêter; now par ses barons ou par ses chevaliers, trop disposés à unir leur cause à celle du puissant seigneur, mais par ses sergents, qui l'enfermèrent dans la tour du Louvre. Au jour fixé pour entendre la justification du sire de Coucy, les barons se rendirent au palais du roi, qui présidait l'assemblée, et qui autorisa l'accusé à prendre pour conseils tous les seigneurs ses parents. A l'appel d'Enguerrand, presque tous ceux qui étaient présents se rangèrent de son côté, de telle sorte que le roi « demoura aussi comme tout seuls (seul), fors que un roi de prudhommes qui estoient de son conseil. Le roi manda eschaufez de justice faire : il estoit sentention de faire droit de lui et punir li d'autele (de pareille) mort, comme il avoit fait les enfants, sans li fléchir, et dict devant touz les barons que si il cuidoit (que s'il croyait) que notre Sire (notre Seigneur) lui seut aussi bon gré de pendre comme du lessier (de le faire pendre comme de le relâcher) il le pendist. » Cependant tous les grands réunis obtinrent, par leurs prières, qu'Enguerrand pourrait racheter sa vie moyennant une amende de 12 000 livres. Cette somme, considérable pour l'époque (environ 270 000 francs environ aujourd'hui), fut employée à fonder l'hôtel-dieu de Pontoise, à construire le couvent des Dominicains de Paris et à bâtir l'église des Cordeliers. Le sire de Coucy perdit le droit de haute justice sur ses bois et ses viviers; il s'engagea à fonder deux chapelles où l'on dirait la messe chaque jour pour les trois jeunes gens qu'il avait fait périr, et enfin à

[1] Viollet le Duc.

faire la guerre, pendant trois ans, dans la terre sainte; mais il obtint la dispense de la dernière clause du jugement moyennant 1 200 livres au profit des chrétiens d'outre-mer. Une pile en pierre, surmontée d'une croix, qui s'élève au milieu de la forêt de Saint-Gobain, à peu de distance des ruines de l'abbaye de Saint-Nicolas, et connue dans le pays sous le nom de croix des Trois-Frères ou croix Seizaine, passe pour être un monument du crime d'Enguerrand et de la justice de saint Louis. Quatre ans après la condamnation prononcée avec tant d'éclat, deux domestiques de l'abbaye de Saint-Nicolas qui avaient déposé contre le sire de Coucy furent saisis par ses hommes, conduits au château et pendus sans autre forme de procès. Enguerrand protesta que cette violence avait été commise sans son ordre; puis il assoupit l'affaire en faisant accepter aux religieux, comme indemnité de la perte de leurs serviteurs, dix muids de bois attenant aux terres de l'abbaye. Le reste de sa vie s'écoula sans événement remarquable. Il mourut fort âgé, en 1311, après avoir fait de grandes libéralités aux léproseries établies sur les terres de ses domaines, et qui étaient alors au nombre de dix.

Avec Enguerrand IV s'éteignit la première race des sires de Coucy. Son vaste héritage échut à Enguerrand et à Jean, fils de sa sœur Alix, qui avait épousé Arnoul, comte de Guines. Enguerrand eut la terre de Coucy, celles de Marle et de la Fère, les seigneuries d'Oisy et Havraincourt dans le Cambrésis, Montmirail, Condé en Brie, Châlons-le-Petit, la châtellenie de Château-Thierry et l'hôtel de Coucy à Paris. Jean obtint dans le partage des biens les châtellenies de la Ferté-Gaucher et de la Ferté-sous-Jouarre, avec la vicomté de Meaux et les terres de Boissy, Tresme, Belo et Romeny. Enguerrand V prit toute sa vie le nom et les armes de Guines, mais sa postérité reprit ceux de Coucy. Ni lui ni son fils Guillaume n'ont laissé de trace dans l'histoire. Enguerrand VI, qui lui succéda en 1335, eut à défendre ses domaines contre l'invasion des Anglais. Il les contraignit de lever le siège de son château d'Oisy; mais il ne put les empêcher d'incendier ceux de Saint-Gobain, de Marle et de Crécy-sur-Serre. Il prit une part active aux expéditions dirigées contre eux durant les années suivantes. Il était en 1346 à la bataille de Crécy, où il perdit la vie avec près de trente mille Français. Le royaume, à la suite de ce désastre, les campagnes surtout, laissées sans culture et constamment ravagées, souffrirent de la plus cruelle misère. Ce fut alors que les paysans du Beauvoisis, et bientôt ceux de tous les pays environnants, se soulevèrent, sous le nom de Jacques, contre leurs seigneurs, qu'ils accusaient de tous leurs maux. Les vengeances qu'ils exercèrent contre leurs oppresseurs furent atroces, et pendant quelque temps frappèrent toute la noblesse de stupeur; mais à leur tour les nobles unirent contre eux leurs forces, et leur firent une guerre d'extermination. Les terres de Coucy avaient été des plus maltraitées par la Jacquerie; elles furent peut-être celles où les représailles furent le plus terribles. Le jeune Enguerrand VII parcourut ses domaines à la tête d'un grand nombre de gentilshommes, faisant pendre sans miséricorde tous les gens soupçonnés seulement d'avoir pris part à la Jacquerie.

La révolte était à peine étouffée qu'Enguerrand fut envoyé en Angleterre, avec quelques-uns des principaux seigneurs du royaume, comme caution du payement de la rançon du roi Jean, fait prisonnier à la bataille de Poitiers. Il avait alors vingt ans, et réunissait toutes les qualités qui passaient alors pour celles d'un chevalier accompli. « Trop bien lui séoit à faire tout tant qu'il faisoit », dit Froissart. Le roi Édouard III, politique habile, avait intérêt à s'attacher un vassal du roi de France assez puissant pour que sa neutralité même, si la guerre recommen-

çait, fût une circonstance peut-être décisive pour le succès de ses armes. Il lui donna en mariage Isabelle, sa seconde fille. Le sire de Coucy possédait déjà en Angleterre de vastes domaines, héritage de Chrétienne de Bailleul, sa grand'mère. Le roi Édouard y ajouta la baronnie de Bedford, qu'il érigea pour lui en comté; plus tard, Guy de Blois, comte de Soissons, ayant cédé son comté au roi d'Angleterre pour prix de sa rançon, Édouard III exigea que la résignation en fût faite entre les mains du sire de Coucy, et lui en fit don en échange de la rente qu'il s'était engagé à lui payer aux termes de son contrat de mariage. À son retour en France, Enguerrand trouva ses terres presque dépeuplées. De toutes parts les paysans émigraient dans les villes et bourgs voisins pour se soustraire à la servitude personnelle à laquelle ils étaient encore assujettis dans les domaines de Coucy. Pour arrêter la dépopulation, il fut contraint d'accorder à vingt-deux bourgs et villages, au nombre desquels se trouvait Coucy-la-Ville, une charte collective d'affranchissement : il ne manqua pas de faire acheter par des sacrifices pécuniaires cette concession devenue inévitable.

La guerre ne tarda pas à être de nouveau déclarée entre la France et l'Angleterre. Pour mieux garder la neutralité entre son beau-père et son souverain, Enguerrand alla faire la guerre, en Italie, contre les Visconti au profit du pape; puis, croyant pouvoir revendiquer la succession du duché d'Autriche du chef de sa mère, fille du duc défunt Léopold, il emmena en Allemagne, avec un grand nombre de seigneurs, les bandes connues sous le nom de grandes compagnies, que la paix avait laissées tout à coup inoccupées, et qui devenaient un danger pour le pays qu'elles parcouraient en commettant toutes sortes d'exactions. Cette armée, entrant en Allemagne au milieu de l'hiver, trouva partout les terres dévastées par les habitants mêmes, qui bientôt Enguerrand ramena en France les débris de ses troupes épuisées par la fatigue, la misère et la faim. C'est peut-être en souvenir de cette expédition malheureuse et de ses espérances déchues qu'il fonda l'ordre de chevalerie de la Couronne, dont l'insigne était une couronne renversée. La mort d'Édouard III permit au sire de Coucy de se rapprocher du roi de France, Charles V, qu'il servit depuis lors avec fidélité contre les Anglais mêmes : il les repoussa de la Picardie, dont il avait alors le gouvernement. Pendant la minorité de Charles VI, il rendit un plus grand service encore à la couronne en apaisant, comme gouverneur de Paris, la formidable révolte des Maillotins, qui avait fait fuir jusqu'à Meaux la cour, l'archevêque de Paris et presque toute la noblesse. Les oncles du roi, qui par leur cupidité avaient soulevé la population, ne respectèrent pas la paix obtenue grâce à l'habileté du sire de Coucy et à l'influence qu'il avait sur l'esprit du peuple; ils se vengèrent de la peur qu'ils avaient ressentie en rançonnant les plus riches bourgeois et en faisant décapiter sur la place de Grève cent des principaux chefs de la révolte. Enguerrand prit ensuite une part glorieuse aux expéditions dirigées, à diverses reprises, contre les Flamands et contre le duc de Bretagne; il se joignit à beaucoup de seigneurs français, commandés par le duc de Bourbon, dans une croisade contre les Sarrasins d'Afrique. Puis, toujours poussé par le goût des aventures et des guerres lointaines, qu'il avait eu toute sa vie, il accompagna le comte de Nevers, fils du duc de Bourgogne, en Hongrie, où il allait combattre les Turcs. Après les plus brillants exploits, les croisés furent tous massacrés ou faits prisonniers devant Nicopoli. Enguerrand, qui s'était fait remarquer entre tous par son intrépidité, et un petit nombre des plus puissants seigneurs obtinrent la vie sauve, parce que le sultan des Turcs, Bajazet, espérait tirer d'eux de riches rançons. On les con-

duisit en Bithynie. Enguerrand était malade « et se mé-
lancolioit, dit Froissart, et avoit le cœur trop pesant, et
disoit bien que jamais il ne retourneroit en France, car il
étoit issu de tant grans périls et de dures advantures que
ceste seroit la dernière. » Il mourut le 16 février 1397.

Enguerrand VII fut le dernier des Coucy. Ses deux filles
se partagèrent sa succession. Bientôt le duc d'Orléans,
déjà tout-puissant, voyant la riche baronnie de Coucy
tombée, par la mort d'Enguerrand et de son gendre, Henri
duc de Bar, entre les mains d'une femme, entreprit de s'en
rendre possesseur. A force d'obsessions, il obtint de Marie,
veuve du duc de Bar, une promesse de vente qu'il se hâta
de convertir en un titre authentique par lequel celle-ci
lui cédait, en en conservant l'usufruit sa vie durant, la
propriété de la seigneurie de Coucy et de ses dépendances,
ainsi que celle des châtellenies de la Fère et de Marle,
chargées du douaire d'Isabelle de Lorraine, veuve du dernier des sires de Coucy, moyennant la somme de 400 000 livres (environ 3 100 000 fr.). Ce prix était évidemment
inférieur à la valeur de ces propriétés, dont un auteur
estime le revenu à 120 000 livres (environ 840 000 fr.,
ce qui représenterait aujourd'hui un capital de 16 à 18
millions de francs). Marie de Coucy mourut peu d'années
après cette vente, en 1405. Sa sœur Isabelle, à qui un
arrêt du Parlement avait adjugé la moitié de Coucy, Marle,
la Fère et Origny, le quart de Montcornet et de Pinon, et
le cinquième de Ham, mourut à son tour en 1411; laissant
une fille qui vécut peu d'années, de sorte que les parties
non vendues de la succession d'Enguerrand revinrent toutes
à Robert de Bar, fils de Marie de Coucy. Dès poursuites
furent dirigées par lui contre le duc d'Orléans, en payement d'une somme de 120 000 livres restant due sur le
prix de vente de Coucy. Ce différend se termina par une
transaction qui fit rentrer en la possession du comte de
Bar les châtellenies de la Fère et de Marle. Tous les biens
détachés de la seigneurie de Coucy passèrent ensuite dans
la maison de Luxembourg, puis dans celle de Bourbon, et
furent enfin réunis à la couronne lorsque Henri IV devint
roi de France.

Le duc d'Orléans avait fait ériger, dès 1405, la terre
de Coucy en pairie pour lui et ses descendants. Après qu'il
eut été assassiné par le duc de Bourgogne, en 1407, le
r i, que son état de démence livrait à quiconque se rendait
maître de sa personne, fit à la volonté des meurtriers de son
frère et prononça la confiscation du domaine de Coucy. Le
comte de Saint-Pol vint en son nom faire le siège du château. Ce fut durant ce siège que des ouvriers liégeois employèrent, dit-on, la mine pour la première fois en France, et
l'on ajoute que les galeries de la mine étaient constamment
remplies de curieux: aussi il arriva, un jour, qu'une des
tours de la première enceinte ensevelit, en s'écroulant, tous
les spectateurs qu'avait attirés la nouveauté de ce moyen
d'attaque. Les assiégés capitulèrent après un siège de trois
mois. Tant que dura leur longue querelle, les partisans
du duc de Bourgogne et ceux du duc d'Orléans continuèrent à se disputer la possession du château de Coucy, tandis
que ce dernier prince, fait prisonnier à la bataille d'Azincourt, demeurait captif en Angleterre. Rendu à la liberté
en 1440, Charles d'Orléans vint habiter Coucy, qu'il ne
quitta plus le reste de sa vie.

Les domaines de Coucy furent réunis à ceux de la couronne lorsque Louis d'Orléans, fils du duc Charles, monta
sur le trône sous le nom de Louis XII, puis distraits des
domaines de la couronne, en 1514, pour devenir l'apanage
de Claude de France, fille du roi, mariée au duc d'Angoulême. Ils firent retour au domaine royal dès l'année suivante, quand ce prince devint roi à son tour sous le nom
de François Ier.

Durant les guerres de religion, Coucy fut successivement
occupé par les calvinistes, qui s'en emparèrent en 1567,
puis par les troupes royales sous le règne de Henri III.
En 1576, ce prince donna le domaine de Coucy en apanage
à la duchesse d'Angoulême, sa fille. Plus tard, la ville de
Coucy prit parti pour la Ligue, tandis que le château tenait pour le roi jusqu'au moment où Lameth, qui en était
gouverneur, le remit à Henri de Navarre, devenu roi de
France. C'est à Coucy que le duc de Vendôme, fils de ce
roi, vint au monde. Coucy servit plusieurs fois, après la
mort de Henri IV, de point d'appui aux seigneurs mécon-
tents. Ils s'en emparèrent en 1615, et une seconde fois
l'année suivante, au moment de l'arrestation du prince de
Condé. Ils s'y maintinrent jusqu'à la mort du maréchal
d'Ancre, dont la faveur auprès de la régente, Marie de
Médicis, avait été la principale cause de leur mécontentement. Le duc de Luynes, le nouveau favori du roi
Louis XIII, reçut bientôt, avec le gouvernement de l'Ile-
de-France, celui de Soissons, de Chauny et de Coucy, et il
acheta celui de la Fère au duc de Vendôme. Il céda presque
aussitôt Coucy à M. de Montbazon, en échange d'autres
places.

Au moment des troubles de la Fronde, le château de
Coucy avait pour gouverneur un officier nommé Hébert,
dévoué au parti des princes. Le cardinal Mazarin le fit
sommer de rendre la place au maréchal d'Estrées, gouverneur de Laon, et, sur son refus, le maréchal vint assiéger la ville le 10 mai 1652. Une batterie dressée contre
les murs ouvrit une large brèche; néanmoins les assiégés
tinrent encore dans la ville et ne se retirèrent dans le château que le 19; au mois d'août seulement Hébert rendit
le château aux troupes royales, au moment où Mazarin
quitta momentanément la France. La disgrâce du cardinal
ne fut pas de longue durée. Aussitôt qu'il eut repris le
pouvoir, il fit démanteler les fortifications du château. Ce
fut le sieur Métezeau, habile ingénieur qui, sous les ordres
du cardinal de Richelieu, avait construit la digue de la Rochelle, qu'il chargea de consommer cette œuvre de destruction. Au moyen de la mine, Métezeau fit sauter la partie antérieure de la chemise du donjon et la plupart de celles
des autres tours, en abattit les voûtes, incendia les bâtiments du château et le rendit inhabitable. « Depuis lors,
les habitants de Coucy, jusqu'à ces derniers temps, dit
M. Viollet le Duc, ne cessèrent de prendre dans l'enceinte
du château les pierres dont ils avaient besoin pour la construction de leurs maisons, et cette longue destruction
compléta l'œuvre de Mazarin. Cependant, malgré ces causes de ruine, la masse du château de Coucy est encore debout et est restée une des plus imposantes merveilles de
l'époque féodale. Si on eût laissé au temps seul la tâche
de dégrader la résidence seigneuriale des sires de Coucy,
nous verrions encore aujourd'hui ces énormes constructions dans toute leur splendeur primitive, car les matériaux, d'une excellente qualité, n'ont subi aucune altération; les bâtisses étaient conçues de manière à durer
éternellement, et les peintures intérieures, dans les endroits abrités, sont aussi fraîches que si elles venaient
d'être faites. »

La ville de Coucy devint, sous le règne de Louis XIV,
un apanage des princes de la maison d'Orléans. Ils ne
firent rien pour réparer les ruines du château. Pendant
la révolution, le château, devenu propriété nationale, fut
cédé à l'hôtel-de-ville. Louis-Philippe d'Orléans
racheta les ruines en 1829, avec l'intention de les réparer.
Ce n'est que dans ces dernières années que la restauration du château a été commencée par un éminent archéologue et habile architecte, M. Viollet le Duc, qui l'a déjà
fort avancée.

LE GUÊPIER COMMUN.

Le Guêpier commun (*Merops apiaster*). — Dessin de Freeman.

Les *guêpiers* (voisins par leur organisation des martins-pêcheurs) semblent avoir été créés pour s'opposer à la trop grande propagation des guêpes et des abeilles. La nature, comme pour l'hirondelle et l'engoulevent, a compensé la brièveté de leurs pieds par la longueur de leurs ailes, et les a lancés, dans les contrées chaudes de l'ancien continent, à la poursuite de ces insectes. On les trouve au Sénégal, au cap de Bonne-Espérance, à Madagascar, dans l'Inde, à Java, aux Moluques, aux Philippines.

Une seule espèce, le *guêpier commun*, habite l'Europe. Belon rapporte qu'il l'a rencontré, dans l'île de Candie, en telle abondance que les enfants s'amusaient à le prendre à la ligne : une épingle recourbée, attachée au bout d'un long fil, une cigale embrochée sur l'épingle et qui n'en continuait pas moins à voler, faisaient tous les frais de cette pêche en plein air ; l'oiseau fondait sur l'appât, avalait l'hameçon avec la cigale, et se trouvait pris. Le guêpier commun habite aussi l'Italie et le midi de la France,

d'où il se répand quelquefois, par troupes de dix à douze individus, dans les pays plus septentrionaux. Buffon a vu l'une de ces bandes en Bourgogne : « Ils se tinrent toujours ensemble et criaient sans cesse, comme pour s'appeler et se répondre ; leur cri était éclatant sans être agréable, et avait quelque rapport avec le bruit qui se fait lorsqu'on siffle dans une noix percée ; ils le faisaient entendre étant posés et en volant ; ils se tenaient de préférence sur les arbres fruitiers qui étaient alors en fleur, et conséquemment fréquentés par les guêpes et les abeilles ; on les voyait souvent s'élancer de dessus leur branche pour saisir cette petite proie ailée. »

Le guêpier commun est un bel oiseau, à peu près de la taille du merle. Il a le dessus du corps d'une couleur marron, plus foncée et nuancée de vert sur la tête, plus pâle sur le dos ; les ailes d'un vert olivâtre ; la gorge d'un jaune vif avec un demi-collier noir ; le devant du cou, la poitrine et le dessous du corps d'un vert bleuâtre qui va toujours s'éclaircissant vers la partie postérieure; le bec est noir et les pieds bruns. Il fait son nid à la façon de l'hirondelle de rivage et du martin-pêcheur : avec son bec et ses pieds, il creuse un long canal oblique sur le flanc des coteaux sablonneux où poussent les plantes aromatiques aimées des abeilles, ou bien sur les berges escarpées des rivières, dont il se plaît à parcourir la surface; la femelle dépose ses œufs au fond de ce trou, sur un lit de mousse. Les petits vivent en famille avec leurs parents, jusqu'au moment où ils sont appelés eux-mêmes à se reproduire : de là, sans doute, la réputation de piété filiale que les anciens naturalistes ont faite à ces oiseaux.

LA JUSTICE DU BOYAR.

SOUVENIR D'UN VOYAGE EN VALACHIE.

Suite. — Voy. p. 179.

Le lendemain matin, un domestique vint me prévenir que son maître m'attendait dans la salle à manger. J'y trouvai mon ami en conférence avec un individu qui s'appuyait sur des béquilles. A sa mine basse, à son air patelin et obséquieux, je devinai que c'était l'intendant. Le boyar me tendit la main et congédia d'un geste ce personnage, qui se retira en entremêlant de profonds soupirs et de gémissements plaintifs ses profonds saluts et ses témoignages d'un respect servile.

— Ce méchant diable, dit G., avec une pitié dédaigneuse, ils l'ont arrangé de la belle manière! Ces coquins-là perdent tout sentiment de subordination. Je vais leur donner une leçon dont ils se souviendront. Vous allez voir.

J'allais répliquer et entamer une discussion, quand Mme G. parut, vêtue d'un élégant peignoir blanc garni de riches dentelles et de nœuds de ruban rose; un tissu léger en soie écrue, brodé de paillettes d'or, était négligemment posé sur ses cheveux noirs. Les bouts flottaient sur ses épaules. Je songeai aussitôt à m'en faire une alliée pour obtenir la grâce de ses paysans. Elle devait être sensible et bonne, et certainement mon ami ne pourrait résister à une prière de sa bouche. Je baisai la main qu'elle me présenta et, m'asseyant près d'elle à table, je cherchai à lui paraître aimable; et quand je la crus bien disposée pour moi, me tournant vivement vers son mari, je lui dis à brûle-pourpoint :

— Quelle peine comptez-vous infliger à vos paysans?

— Celle du talion, mon cher. N'est-ce pas juste? Je vais faire donner la falangue aux coupables.

— La falangue? Qu'est-ce que c'est que cela?

La femme du boyar me répondit avec un gracieux sourire :

— C'est une punition en usage chez nous : on lie le patient sur une table, et on lui administre, sous la plante des pieds, une certaine quantité de coups de bâton, vingt, trente, cent, quelquefois plus, quand la faute est grave.

Cette explication fut donnée si naturellement et avec le ton d'une si parfaite indifférence que j'en demeurai confondu.

— Sans doute, Madame, vous n'avez jamais été témoin de ce cruel spectacle?

— Comment donc! dit en riant le mari; elle s'est donné souvent ce plaisir. En mon absence, c'est elle qui gère le village, et je puis vous assurer qu'elle est plus sévère que moi.

Ma jolie voisine ne démentit point son mari. Elle répondit d'un air satisfait :

— Il le faut bien! Chez nous, les femmes ne comptent pour rien. Si nous voulons qu'on nous obéisse, il faut nous montrer plus inflexibles que les hommes.

— Permettez-moi de ne pas vous croire, Madame; pour vous faire obéir, il vous suffit de rester bonne comme vous l'êtes naturellement. En voulez-vous une preuve? Demandez pour moi à M. votre mari la grâce de ses paysans : il obéira, j'en suis certain.

La jeune femme, moitié flattée, moitié confuse, me tendit la main, et un regard suppliant qu'elle lança à son mari vint au secours de mon éloquence. Le boyar semblait embarrassé.

— Un moment! me dit-il; la chose est grave. Si je ne les punis pas, adieu à mon autorité : ils massacreront tous mes intendants, et, plus tard, qui sait s'ils ne s'en prendront pas à moi-même!

— Mais avez-vous au moins éclairci la question? Je soupçonne que votre intendant n'a que ce qu'il mérite. Il a la mine d'un franc coquin. Savez-vous de quel côté se trouve le bon droit?

— Croyez-vous donc qu'il soit si facile de savoir qui a tort, qui a raison? Vous craignez que je ne punisse des innocents; il n'y en a pas. Mon intendant les vole et me vole moi-même, je le sais bien; mais les paysans m'ont manqué en le frappant. Ce sont eux que je dois punir les premiers. Vous ne savez pas comme ces drôles-là sont hypocrites et rusés. Ils vont être ici dans une heure. Venez avec moi; vous verrez comme ils se défendront.

— Je vous préviens que je ne tiens nullement à voir donner la bastonnade. Si vous êtes dans l'intention de l'ordonner, prêtez-moi votre fusil; j'irai, pendant ce temps-là, courir vos lièvres.

— Cœur de poule! dit le boyar en éclatant de rire. Restez; pour vous plaire, je leur pardonnerai. Vous me faites commettre une imprudence.

J'avais gagné ma cause, grâce à l'intervention muette de Mme G. Elle se leva et vint embrasser son mari. Elle se chargeait ainsi de mes remerciements. Il ne me restait plus qu'à me taire et qu'à attendre. Comment le boyar allait-il s'y prendre pour me tenir sa promesse sans risquer d'ébranler son autorité? Je l'ignorais.

Un rez-de-chaussée élevé de quelques pieds au-dessus du sol, devant la façade principale une sorte de péristyle étroit, une cour commune aux maîtres et à toute espèce d'animaux domestiques, tel est le plan de la plupart des maisons de boyars. De loin, on dirait de l'architecture; de près, c'est un grossier maçonnage qui n'est ni régulier ni solide. Les colonnes supportant la galerie sont en bois recouvert de terre glaise blanchie à la chaux. Les architectes du pays, juifs ou allemands, y prodiguent des enjolivements qui rappellent de loin le style corinthien. La pluie y cause souvent des dégâts désastreux; une corniche se détache, une grande plaque de terre se détrempe, s'éboule, laissant à nu une partie de l'arbre grossièrement équarri qui forme le fût de la colonne. Pour quelques piastres, le maçon fait un nouveau chef-d'œuvre, et tout est dit. C'est du haut d'une galerie de ce genre que mon ami le boyar prononce ses sentences sans appel.

Une heure s'était à peine écoulée que nous entendîmes un murmure confus de voix d'hommes et de cris d'animaux. Un domestique vint prévenir monseigneur que ses paysans l'attendaient dans la cour.

— C'est bon, répondit-il, qu'ils attendent.

Et il continua de fumer tranquillement son tchibouk, tout en avalant, de temps en temps, une gorgée de café turc. Quand il eut savouré à loisir toutes les douceurs qui sont le complément d'un excellent déjeuner, il se leva et m'invita à le suivre.

Le spectacle qui m'attendait avait, du moins, pour moi

l'attrait de la nouveauté. Les paysans, la tête nue et révêtus de leurs habits du dimanche, étaient rangés devant la galerie. Aussitôt que le maître parut, tous se prosternèrent en lui souhaitant toutes sortes de bénédictions, en apparence très-sincères : « Monseigneur, que Dieu vous garde en bonne santé ; — qu'il vous donne tout le bonheur que vous méritez ; — qu'il vous envoie des honneurs et encore plus de richesses ; — qu'il vous fasse *voda* (1). »

Un vieillard se lève et s'approche lentement jusqu'au pied du balcon ; c'est le même qui m'a tant ému la veille. Ses cheveux blancs se confondent presque avec la blanche toison d'un bel agneau qu'il porte sur son cou, les quatre pattes ramenées sous son menton.

— Que Monseigneur accepte le plus beau de mes agneaux ; je l'ai élevé pour Monseigneur.

— Bien, répond froidement le boyar. Mets-le ici.

Le bonhomme se retire, un autre lui succède. Celui-ci est sans doute un de ceux que le seigneur autorise à chasser, car il tient à la main un lièvre superbe.

— Je me suis levé avant le jour, afin que Monseigneur puisse le manger à son dîner, dit-il d'un ton respectueux, au fond duquel perce pourtant une certaine indépendance.

— Toi aussi, Joan, lui dit le boyar, tu es mêlé là-dedans ? Mauvaise affaire !

Le chasseur dépose son présent et se retire l'oreille basse, ce qui ne l'empêche pas de lancer un regard rempli de malice à l'intendant appuyé sur ses béquilles et jouant à merveille le moribond.

Un troisième paysan présente des poulets ; un quatrième, des œufs ; un autre, des légumes. Chacun donne ce qu'il a. C'est un pêle-mêle bizarre : on nous prendrait pour des marchands de comestibles dans l'exercice de leurs fonctions. Ah ! maintenant, c'est fini. Les paysans, serrés les uns contre les autres, attendent que monseigneur daigne leur faire connaître ses intentions.

Le boyar prend un air magistral et, passant sa main blanche dans le devant de son gilet, il leur tient à peu près ce langage :

— Marauds, vauriens, c'est donc ainsi que vous respectez l'autorité de votre seigneur ! Qui est votre maître ici ?

Les paysans s'inclinent.

— Vous, Monseigneur.

— *Dine* (bien). Qui m'a mis au-dessus de vous ?

Ils se signent pieusement.

— Dieu, Monseigneur.

— *Bine*. Si c'est Dieu qui m'a mis au-dessus de vous, et personne n'en doit douter, vous devez donc m'obéir comme à lui-même. (Signes d'approbation de la part des paysans.) Puisque Dieu m'a donné autorité sur vous, ne puis-je, à son exemple, me décharger sur un autre du soin de vous commander ?

Les malheureux, qui sentent arriver la conclusion, n'approuvent plus que faiblement ; mais le boyar n'y prend pas garde. Il reprend :

— J'ai le droit de remettre mon autorité aux mains de qui bon me semble ; vous devez à mon représentant l'obéissance et le respect que vous me devez à moi-même, qui suis le représentant de Dieu parmi vous. Donc, en le battant, c'est moi que vous avez battu.

— Parbleu, dis-je à G... à voix basse, dites alors à votre intendant de vous passer ses béquilles !

— Chut ! ce n'est pas le moment de plaisanter.

Et s'adressant de nouveau à ses paysans :

— Quelle punition mérite votre crime ? Vous avez trois

(1) *Voda*, prince régnant.

juges parmi vous. Qu'ils prononcent suivant leur conscience.

Trois des plus anciens sortent du groupe et s'avancent jusqu'au pied de la balustrade. L'un d'eux est l'orateur de la veille.

— Grégori, dit le boyar à son intendant, approche.

Grégori, subitement interpellé, oublie de se servir de ses béquilles. Il ne se souvient qu'il est estropié qu'en arrivant devant son maître. Alors il recommence ses contorsions et ses plaintes.

— Que méritent ceux qui l'ont mis dans cet état ? demande le boyar.

Dès qu'on interroge trois hommes sur le même sujet, on peut s'attendre à trois avis différents.

Le premier juge, celui qui a offert au boyar un bel agneau blanc, penche du côté de l'indulgence. Selon lui, il n'y a point eu grand mal à donner au seigneur vatave une leçon méritée, puisque lui-même avait manqué à son devoir et dépassé la limite de ses droits. Il finit en demandant la grâce des coupables. Le discours du vieillard me paraît sensé ; son attitude, en le prononçant, est digne, simple et respectueuse : il a décidément toutes mes sympathies.

Le second juge, d'une physionomie infiniment moins franche, et désirant sans doute faire sa cour au boyar, se prononce pour la prison.

Le troisième paraît être dans une grande perplexité. Dans son regard, qui va du boyard à l'intendant et de l'intendant au boyar, je lis clairement cette pensée : « Domnou Grégori peut fort bien conserver ses fonctions. En parlant pour lui, je m'en fais un ami ; mais si, au contraire, monseigneur le chasse... » Un hochement de tête du paysan m'avertit qu'il vient de prendre son parti.

— Monseigneur est le maître, dit-il ; il peut faire grâce aux coupables, si tel est son bon plaisir ; mais, en bonne justice, ils méritent la bastonnade.

Un murmure s'élève dans le groupe des paysans. Alors le boyar, se tournant vers moi :

— C'est assurément le plus honnête des trois, qu'en dites-vous ?

— C'est le plus lâche. Et prenez-y garde ! si vos paysans se soulevaient contre vous, ce serait peut-être le plus dangereux.

Mon ami haussa les épaules.

— Vous êtes incorrigible. Promenons-nous un instant. Je veux vous prouver que nous n'avons rien à craindre.

— Et le jugement ?

— Ils l'attendront.

— C'est cruel. Puisque vous êtes décidé à pardonner, annoncez-leur tout de suite cette bonne nouvelle et renvoyez-les.

— Non pas. Vous voulez que je les dispense de la bastonnade, j'y consens ; mais laissez-moi, au moins, leur faire peur. Il ne faut pas qu'ils en soient quittes à si bon marché ; ils recommenceraient demain. Non, vous ne connaissez pas ces gens-là. Je vous répète qu'on ne les maintient que par la crainte et par les coups : ce sont là les seules raisons qu'ils comprennent.

La fin à la prochaine livraison.

SUR LE MIRAGE.

Voy. la Table des vingt premières années.

Pour qu'un objet soit reproduit par le mirage, il faut que son existence soit réelle au delà et à portée du lieu où il se produit. Dans la circonstance extrêmement rare, au milieu des déserts, où cet objet ne se trouverait pas en vue directe du spectateur, il faut qu'il ne soit pas à une distance qui le mette hors de portée de vue, sans quoi l'image, ordinairement affaiblie et souvent défigurée par la réfraction, serait de même inappréciable à l'œil. Aussi les mirages plus ou moins étonnants que l'on observe hors de ces conditions ne sont que des reproductions plus ou moins défigurées d'objets réellement réfléchis.

L'effet de mirage le plus ordinairement reproduit au milieu des déserts consiste dans la teinte du ciel que réfléchissent les couches d'air dilatées inégalement sur certaines parties de la surface du globe : elles ressemblent à de l'eau, par cela seul que, comme une surface liquide, ces couches d'air réfléchissent le ciel. Cependant cette similitude n'est pas parfaite en tout point ; les contours d'une surface liquide sont fixes et nettement dessinés, tandis que ceux du mirage gazeux sont moins nets et ont presque toujours une certaine mobilité, une espèce d'oscillation qui vient de ce que l'air n'est jamais d'un calme parfait. Cet effet de mirage se produit dans trois circonstances principales : Ou bien la surface réfléchissante se trouve isolée sur les plages de sable ; elle ressemble, par conséquent, à un lac ou à une mare d'eau. Ou l'effet de mirage se produit à l'horizon et se lie avec le ciel, et il n'en résulte d'autre effet que celui de faire paraître l'horizon plus bas qu'il n'est réellement. Enfin le troisième mirage de cette sorte, qui se prête à des illusions très-diverses, est celui dans lequel l'effet, se trouvant un peu au-dessous de l'horizon, ne touche le ciel que par certains points, les plus bas de la ligne d'horizon. Alors il suffit quelquefois que le spectateur se baisse ou se redresse pour que le contact ait ou n'ait pas lieu ; mais, quand il a lieu, il ne se produit pas par une jonction d'abord peu sensible, comme on pourrait le croire : malgré une ligne de séparation assez appréciable, il se produit spontanément une certaine largeur, et le ciel et son image réfléchie se marient par des contours arrondis. Je ne saurais mieux comparer l'effet de ce contact qu'à celui de deux cuillerées d'eau qui, étant versées parallèlement sur une table, viendraient peu à peu à se joindre : leur contact, au lieu de commencer d'abord par un point imperceptible, s'accomplit spontanément sur une certaine largeur, et cette jonction produit des contours semblables à ceux dont je viens de parler, bien que la cause physique de ces effets soit différente.

Les effets de mirage sont plus ou moins compliqués : tantôt on voit à l'horizon une suite de contacts du ciel avec son image réfléchie ; ils ne laissent entre eux que quelques points visibles dont les formes, plus ou moins fantasmagoriques, se prêtent à bien des illusions. Ces taches, dont la couleur est peu appréciable dans le lointain, sont pour un voyageur des rochers, pour un autre des arbres ou un paysage, pour un troisième des îles verdoyantes, etc. Quant à l'aspect verdoyant, il est probable que le grand désir qu'a le voyageur de jouir d'une verdure dont il est privé dans le désert contribue autant que l'éloignement à lui faire attribuer cette couleur aux figures vaporeuses qu'il aperçoit, surtout quand elles lui paraissent affecter des formes de végétaux. D'autres encore voient dans le contact du ciel avec son image réfléchie l'entrée d'un port de mer, et dans les points visibles de l'horizon des vaisseaux à l'ancre ou à la voile. Il est aussi question, dans je ne sais plus quelle relation, de chameaux en mouvement sur ces points ; mais je pense que des taches, oscillantes peut-être, qui ont été prises pour des chameaux au Nubié ou en Arabie, auraient pu être prises pour des éléphants au Soudan ou pour des gondoles à Venise.

Quant aux effets de mirage qui reproduisent les objets réels et non défigurés, ceux-là sont moins équivoques ; mais ils se produisent toujours en avant ou à proximité des objets mêmes. Ainsi, l'un des effets de ce genre les plus remarquables que j'aie vus, c'est le mirage d'un rang de palmiers-doums qui s'est réfléchi sur quatre et cinq rangs en avant les uns des autres. Il produisait l'aspect d'un quinconce : cependant, avec un peu d'attention, on remarquait que les rangs inférieurs, qui auraient dû paraître plus gros et plus nettement dessinés s'ils eussent été réels et en avant des autres, paraissaient, au contraire, d'une forme plus vague et de même grosseur que les plus éloignés, c'est-à-dire les plus élevés.

Dans ce même endroit, on voyait aussi des réflexions du ciel, quoique l'horizon fût borné par des montagnes. Pour que le mirage ait lieu dans cette circonstance, il faut que les couches d'air jouissent d'une grande puissance de réfraction, et cela arrive quand une brise fraîche, autant qu'elle peut l'être sous un soleil brûlant, s'arrête ou se calme sur un sol fortement échauffé. Alors il dilate vivement les couches inférieures d'air, et leur donne une puissance de réfraction qui arrive à réfléchir les rayons lumineux sous un angle plus prononcé. Il est d'autres conditions qui favorisent encore le mirage : par exemple, si, entre le spectateur et l'objet réfléchi, le sol présente un affaissement ou une concavité, alors un rayon lumineux partant de l'objet pour atteindre le bord de cette concavité peut subir une série de réfractions qui lui font décrire une courbure rapprochée de celle du sol. Dans ce cas, cette longue suite de réfractions, en s'accumulant sur le développement de la courbure, finit par réfléchir ce rayon lumineux dans une direction fortement déviée. Il résulte de là, et c'est ce qui a lieu en réalité, que le plus grand nombre des effets de mirage semble se produire uniquement sur les parties de ces concavités les plus voisines de l'observateur. Maintenant on comprendra facilement que si, devant un spectateur, il se présente plusieurs dépressions ou concavités sur le sol, chacune de ces dépressions peut produire séparément un effet de mirage. C'est ce qui paraît avoir lieu dans beaucoup de circonstances, quand le même objet est reproduit plusieurs fois ou que les réflexions du ciel se multiplient les unes devant les autres. [1]

LA LIONEDDE.

La *lionedde* est un instrument de musique en usage dans l'île de Sardaigne, et qui se compose de trois tubes en roseau percés de trous, que l'on embouche tous trois ensemble. Les joues du musicien tiennent lieu du soufflet de la cornemuse. Le plus court des trois tubes fait le soprano, le moyen le ténor et le plus long la basse.

Les dernières paroles du cardinal Wolsey furent, dit-on, celles-ci :

« Ah ! si j'avais servi Dieu comme j'ai servi mon roi, je serais plus tranquille. »

LE CONFESSIONNAL DE L'ÉGLISE SAINT-PAUL,

À ANVERS.

Cette belle œuvre de sculpture en bois, qui orne l'église Saint-Paul, à Anvers, a été longtemps attribuée à Quellin. Mais, d'après des recherches faites récemment dans les archives de l'église Saint-Paul même, on paraît incliner à croire que le véritable auteur a dû être Guillaume Kerricx,

[1] P. Tremaux, *Voyage en Éthiopie, au Soudan oriental et dans la Nigritie*, t. Ier.

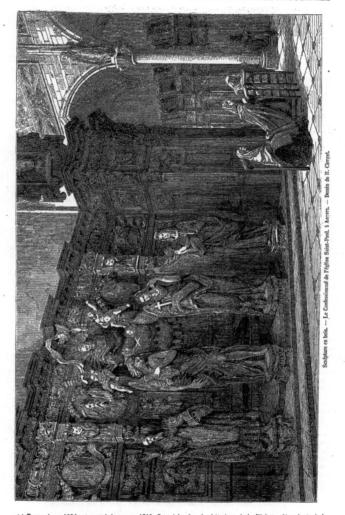

Sculpture en bois. — Le Confessional de l'église Saint-Paul, à Anvers. — Dessin de H. Clerget.

né à Termonde en 1652, et mort à Anvers en 1719. Cet artiste avait été, en 1692, prince de la Société *Violieren* (chambre de rhétorique de la *Violette*, dépendante de la corporation de Saint-Luc, célèbre confrérie de peintres).

En 1711, il fut élu doyen de la corporation. Sa pierre sépulcrale, que l'on voit dans l'église des Dominicains devant l'autel du Saint-Rosaire, est ornée des emblèmes de la mort et de la résurrection.

HENRI FUSELY.

Fin. — Voy. p. 29.

Fusely se sentit comme emporté par les succès du « Cauchemar » et des « Sorcières de Macbeth. » Sa confiance en lui-même n'eut plus de bornes. Il ne douta point qu'il ne fût réellement possédé du démon du génie. Quel ménagement les violentes fantaisies de son imagination avaient-elles à garder avec un public qui s'exaltait si facilement, sans mesure, à la seule vue du bizarre et du monstrueux? Livré à toute sa fougue, il reproduisit dans une suite nombreuse de peintures des scènes tirées de Shakspeare, de Dante, et, ce en quoi il se montra plus hardi encore, de Sophocle et de Virgile. Dans un pays d'un goût plus cultivé, le public n'eût pas tardé à se calmer, à se refroidir, et l'artiste eût été, par suite, obligé de revenir à plus de modération : il lui eût fallu chercher des moyens de s'élever dans les vraies conditions de l'art. Les critiques anglais de notre temps avouent que rien ne vint l'arrêter dans son élan intrépide au delà de toute licence poétique, et qu'il s'habitua à ne reculer devant aucune conception extravagante, pourvu qu'elle fut extraordinaire. « Il étonnait du moins, dit l'un d'eux (¹), beaucoup de ceux auxquels il ne parvenait pas à plaire. »

Sa renommée lui donnait le droit de se croire l'égal de Reynolds et de West. Il fut élu associé de l'Académie en 1788, et académicien en 1790.

En 1788, il avait épousé une jeune fille nommée Sophia Rawlins, qui lui avait servi de modèle pour plusieurs figures de ses tableaux. Ce pouvait être une imprudence : il eut le bonheur de rencontrer en elle toutes les qualités d'une épouse honnête, fidèle, patiente et discrète.

De 1790 à 1800, Fusely composa quarante-sept tableaux d'après Milton; et, comme on peut aisément le croire, les scènes sataniques du Paradis perdu furent celles qui l'inspirèrent le mieux.

Il n'aimait pas à peindre sur commande; une seule fois il consentit à faire une suite de dessins pour de grandes éditions de Shakspeare et des Écritures saintes.

Un fait notable, mais dont on pourrait citer d'autres exemples même de nos jours, est que cet artiste, qui semblait ne point se proposer pour but la vraie beauté dans ses peintures, était cependant capable de la sentir et de l'aimait dans les grandes œuvres de la poésie. L'un des esprits les plus délicats de l'Angleterre, l'auteur de « la Tâche » (the Task), Cowper, raconte dans sa correspondance que Fusely lui donna de très-bons conseils pour la traduction d'Homère, et se plaît à dire qu'il le tient pour un très-habile helléniste et un homme d'un goût exquis.

Fusely improvisait quelquefois des vers grecs. « Il y a plus d'un avantage, disait-il un jour, à être instruit. Je puis parler grec, latin, français, anglais, allemand, danois, hollandais, islandais et espagnol; de manière que ma folie ou mes emportements ont toujours pour s'exprimer neuf langues à leur service. »

Appelé à remplacer Barry comme professeur de peinture, il prononça, en 1801 et pendant les années suivantes, devant une assemblée nombreuse, neuf discours dont six ont été imprimés. Il parlait avec chaleur et produisait une vive impression sur les auditeurs. Ces neuf discours traitent de l'art ancien, de l'art moderne, de l'invention, de la compo

(¹) Allan Cunningham.

sition, de l'expression et du clair-obscur. On considère les trois premiers comme très-supérieurs aux autres. Celui qui a pour sujet l'invention est tout empreint de l'originalité de son caractère.

En 1802, il vint à Paris, où il étudia notre Musée du Louvre, si riche alors en chefs-d'œuvre empruntés à l'Allemagne et à l'Italie.

Le public lui resta fidèle. On plaisantait seulement quelquefois sur son penchant pour le terrible, et on le surnommait le peintre ordinaire du diable : il en riait. « Oui, disait-il, il a assez souvent posé pour moi. »

Un jour, à table, un convive lui dit : « Monsieur Fusely, j'ai acheté un de vos tableaux. — Quel en est le sujet? — Le sujet! en vérité, je ne sais pas diable ce que c'est. — Eh! c'est peut-être le diable même, reprit Fusely; je l'ai peint souvent. »

Après la mort du sculpteur Wilton, il fut nommé directeur (keeper) de l'Académie royale. C'était une fonction largement rétribuée; il y rendit de vrais services. On cite quelques-uns de ses conseils aux élèves. Passant une fois devant l'un d'eux qui ne travaillait point et regardait en l'air : « Que voyez-vous? lui demanda-t-il. — Rien, répondit l'élève troublé. — Rien! jeune homme, s'écria Fusely; rien! Je vous dis que vous devez voir quelque chose, l'image de ce que je peins, et plût à Dieu que j'eusse le pouvoir de peindre fidèlement ce que je vois! »

Dans la dernière partie de sa vie, Fusely a peint divers sujets tirés de la religion scandinave, de la mythologie grecque, de Théocrite, etc.

En 1817, il reçut le diplôme de première classe de l'Académie romaine de Saint-Luc.

Il mourut le 16 avril 1825, à l'âge de quatre-vingt-quatre ans. « J'ai été heureux, disait-il, car j'ai toujours joui d'une bonne santé et fait ce qui me plaisait le plus. »

Ceux qui redoutent les lumières comme un danger pour les peuples ressemblent aux personnes qui craignent que la foudre ne tombe sur une maison par les fenêtres, tandis qu'elle ne pénètre jamais à travers les carreaux, mais par leur encadrement de plomb ou par le trou des cheminées qui fument.

JEAN-PAUL.

TRAITÉ DE BRÉTIGNY.

La paix de Brétigny, qui mit fin, en 1360, à la fatale guerre du roi Jean contre l'Angleterre, est un des plus grands faits du quatorzième siècle, et aucun des détails qui concernent cet événement ne semble indigne de l'histoire : on nous pardonnera donc de rappeler à ce sujet quelques passages extraits des registres capitulaires du chapitre de Notre-Dame de Chartres.

Le lieu même où fut signé ce traité a été longtemps l'objet de vifs débats. Jusqu'à ces dernières années, la plupart des historiens voulaient voir le Brétigny du traité de 1360 dans une petite commune située auprès d'Arpajon (autrefois Châtres), dans le département de Seine-et-Oise. Aujourd'hui la question est jugée, et c'est bien établi par des documents authentiques que la paix fut signée dans le petit château de Brétigny, hameau à 1 500 mètres de Sours, gros bourg éloigné lui-même de neuf kilomètres de la ville de Chartres. Du petit château de Brétigny, converti en grange, il reste à peine quelque porte massive; mais le souvenir du fait est encore vivant dans l'esprit de tous les habitants du pays. On a répété souvent, dans quelques années, ce passage de Froissart où il raconte que le roi d'Angleterre, épouvanté par un orage terrible, tourna les yeux vers

Notre-Dame de Chartres, dont on apercevait les clochers du lieu où il était campé, et promit à la Vierge, si elle le sauvait du péril, de faire la paix avec le roi de France, qu'elle semblait avoir pris sous sa protection.

C'est bien ainsi que les faits se passèrent, suivant le récit contemporain des registres capitulaires, et ils nous confirment de plus, ce que nous apprend encore Froissart, qu'une fois la paix faite, le roi d'Angleterre vint dans la cathédrale de Chartres remercier celle dont il avait imploré l'assistance. « Le 7 mai 1360, disent-ils, le chapitre, sur la prière à lui adressée par le chancelier du régent de France, Simon de Bucy, et Jean, doyen de l'église de Chartres, ordonna de tirer la sainte châsse du lieu où elle avait été cachée à cause des guerres, et de la remettre en sa place accoutumée pour la montrer au roi d'Angleterre et à ceux de ses chevaliers qui doivent l'accompagner dans le voyage qu'Édouard a l'intention de faire cette semaine même au sanctuaire vénéré de la Mère de Dieu. »

Comme on le voit, ce fait de la signature du traité de paix à Brétigny près Sours ne saurait présenter l'ombre d'un doute; voici, d'ailleurs, un autre extrait de ces registres capitulaires qui renferme des renseignements encore inédits sur la présence à Brétigny des hôtes illustres dont le passage en ce lieu a popularisé le nom de ce pauvre hameau :

« L'an 1360, le jeudi septième jour du mois de mai, fut faite la paix entre les rois de France et d'Angleterre, et jurée à Sours par ledit roi d'Angleterre, en présence de l'abbé de Cluny; de Simon de Langers, maître de l'ordre des Frères prêcheurs; du légat de notre saint-père le pape et du conseil de France, à savoir : de Jean de Dormans, évêque de Beauvais, chancelier du régent; de Robert de la Porte, évêque d'Avranches, chancelier du roi de Navarre; de Jean d'Anguerant, doyen de l'église de Chartres; d'Étienne de Paris, de Pierre de la Charité, du comte de Tancarville, de Boucicaut', de Simon de Bucy, de Guillaume de Dormans et de plusieurs autres.

» Et pour arriver à l'exécution de cette paix, on publia une trève dent la teneur suit :

« Edward, par la grâce de Dieu, roy de France et d'Angleterre et seigneur d'Irlande, à tous justiciers, capitaines, et à tous nos sujets féaulx et obéissans qui cette lettre verront, salut :

» Sçavoir faisons que entre nous, pour tous nos sujets, adhérens, aliez, aidans et amis d'une part, et nostre cousin de France et les siens d'autre part, sont prinses et accordées bonnes trèves et légaux jusqu'à la Saint-Michel prochainement venant, et de celuy jour jusques à un an ensuivant qui finira le jour de la Saint-Michel 1361, pour l'accomplissement et exécution de bonne paix entre nous et nostre dit cousin, les sujets, adhérens, aliez,' aidans et amis dessusdiz. » Pour quey vous mandons et commandons étroitement et à chacun de vous que lesdites trèves faciez crier et publier partout, et icelles tenir et garder fermement comme en temps de bonne paix, sans rien faire ou souffrir esire fait au contraire.

» Donné sous nostre privé seel, à Sours devant Chartres, le 7e jour de may, l'an de nostre règne de France vingt-premier et d'Angleterre trente-quatre. »

LA PHOTOGRAPHIE.

Suite. — V. p. 43, 78, 135.

VI. — CHASSIS NÉGATIF. — COLLODION. — BAIN D'ARGENT.

Châssis négatif. — La figure 11 représente la face postérieure du châssis négatif à collodion; la porte en est retirée pour laisser voir les feuillures intérieures sur lesquelles se place la glace recouverte de la couche sensible. Le volet antérieur est fermé, et on aperçoit plusieurs cadres retenus par des taquets et permettant de se servir, avec le même châssis, de glaces de plusieurs dimensions.

Les figures 12 et 13 montrent, au contraire, le volet

FIG. 11. — Châssis négatif à collodion; face postérieure.   FIG. 12. — Le même; en coupe.   FIG. 13. — Le même; face-antérieure.

antérieur ouvert. Dans la figure 13, on voit les coins en ivoire ou en verre qui isolent la glace, et le ressort placé sur la porte pour maintenir cette glace appuyée contre les feuillures et les coins.

Composition du collodion; Extension de la couche. — Il est inutile que l'amateur cherche à faire le coton-poudre lui-même. C'est une opération chimique délicate, quoique simple; il vaut mieux se procurer du coton-poudre bien préparé et se souvenir que c'est un corps *éminemment explosible*, par conséquent *dangereux* au même degré que la poudre. Il faudra donc tenir ce corps dans un flacon à large ouverture, fermé, et ne le garder que le moins longtemps possible en cet état. Transformé en collodion, il expose à moins de danger, et ne risque pas de se décomposer spontanément. Mettez à dissoudre dans :

Éther sulfurique à 62 degrés....... 100cc
Coton-poudre................... 3gr

Une partie seulement du coton fondra en agitant; ajoutez alors de l'alcool à 40 degrés, peu à peu, et le moins possible, jusqu'à ce que vous voyiez que les fibres seules les plus épaisses ne se dissolvent plus. Laissez reposer deux ou trois jours ce collodion épais, et décantez.

Préparez en même temps la *liqueur sensibilisatrice* suivante :

Iodure de cadmium............. 7gr,50
Bromure de cadmium........... 1gr,25
Chlorure de cadmium........... 0gr,25
Alcool à 40 degrés............. 100cc

Pour composer le *collodion photographique*, mesurez à l'éprouvette graduée :

Collodion épais ci-dessus 100cc
Éther sulfurique à 62 degrés. 100cc
Liqueur sensibilisatrice . . . .   20 à 25cc

Fɪɢ. 14. — Extension du collodion; premier mouvement.

Agitez et conservez à l'obscurité. Ce collodion est plus
sensible trois ou quatre jours après sa préparation que le
lendemain.

Les figures 14 et 15 donnent une idée exacte de la
manière dont on coule la couche de collodion à la surface
de la glace, et dont on renverse le surplus dans le flacon.
Ces opérations doivent se faire sans temps d'arrêt, sans se
presser néanmoins, et, autant que possible, à l'abri de la
poussière. Il faut éviter que les mouvements brusques ne
fassent revenir le collodion sur lui-même, ce qui produit
des bourrelets, rides et inégalités dans la couche.

Ceci fait, on laisse quelques secondes la surface enduite
de collodion se raffermir, et on plonge la glace au bain
d'argent, la couche en dessus, comme nous la voyons dans
la figure 16.

Dans la position indiquée par cette figure, si on laisse
retomber rapidement la glace et la cuvette, il est facile de
se rendre compte que le liquide couvrira en nappe et sans
temps d'arrêt la surface du collodion.

Bain d'argent. — Dissolvez dans un flacon contenant :

Eau distillée 100gr
De l'azotate d'argent cristallisé 10gr

Quand l'azotate sera dissous, versez dans le flacon qui
le contient, et goutte à goutte, la *liqueur sensibilisatrice;* il se produit un abondant précipité jaunâtre qui se
dissout en agitant. On arrête l'addition des gouttes de
liqueur lorsque le précipité ne se dissout plus. On filtre le
bain avant de le verser dans la cuvette. La glace étant
plongée dans le liquide, comme nous l'avons dit tout à
l'heure, on s'apercevra, en la soulevant de temps en

Fɪɢ. 15. — Extension du collodion; deuxième mouvement.

temps au moyen du crochet d'argent représenté dans la
figure 16, que la surface du collodion devient complè-

Fɪɢ. 16. — Mise au bain d'argent.

tement et également mouillée, et que le bain ne se retire plus par places comme sur une surface grasse. C'est
le moment où la combinaison est effectuée : on retire la
glace avec le même crochet passé dessous; on la laisse
égoutter un instant, et on la met dans le châssis (fig. 11).

Il est bon de placer par derrière, à sa partie inférieure,
une bande de papier buvard pour absorber l'excès de nitrate qui, s'accumulant vers le bas et dans la feuillure
du châssis, le détériorerait et le mettrait promptement
hors de service.   *La suite à une autre livraison.*

UNE SCÈNE D'OPÉRA.

Scène de l'intermède musical *Lock and Key*. — Dessin de Staal, d'après une gravure de Thomas Lupton.

Que se disent-ils? Que signifie cette clef? Ce vieux monsieur, richement vêtu, paraît bien attentif. Les deux jeunes femmes que l'on voit plus loin n'ont pas l'air de s'intéresser moins à ce que dit ce jeune homme, quelque petit noble campagnard sans doute. Cherchez, devinez; peut-être trouverez-vous une explication plus agréable et moins commune que celle que nous sommes réduit à vous donner.

L'estampe anglaise en manière noire, modèle de notre gravure, est une des meilleures œuvres d'un graveur moderne peu connu en France, Thomas Lupton; elle est remarquable par des qualités d'éclat et de vigueur assez rares dans ce genre, où il est difficile d'éviter la mollesse et la monotonie. A ces titres surtout elle méritait d'être re-

produite; car il faut bien avouer qu'elle ne représente rien de bien digne d'autant de travail et d'art. Il ne s'agit, en effet, que d'une des scènes bouffonnes d'un petit opéra comique intitulé *la Serrure et la Clef* (Lock and Key). Le nom de l'auteur, Prince Hoare, n'avait peut-être pas jusqu'à ce jour traversé la Manche. Voici le sujet de la pièce; c'est un des plus communs sur les théâtres de toutes les nations. Ce vieil homme, M. Brummagem, est un personnage ridicule qui, quoique roturier et sans aucun goût, affecte d'être noble et d'aimer les beaux-arts, travers attrayants pour les sots, et que ni la satire ni la comédie ne parviennent à effacer des mœurs. M. Brummagem est de plus un menteur sans vergogne. Il a une pupille, Laura, et il veut (banalité théâtrale) la marier contre son gré à un hidalgo qui a beaucoup de rentes et non moins d'années. Pour s'assurer de son obéissance, il l'a (autre banalité) enfermée dans une chambre qui a pour porte une grille de fer. Le jeune homme assis près de lui, Ralph, est un rusé valet de chambre déguisé qui s'est présenté comme l'intendant de l'hidalgo, et qui, sous prétexte de raconter une aventure de la jeunesse de son maître, arrive à soustraire la clef de la porte grillée, la passe à la camériste que l'on voit derrière le fauteuil, et favorise ainsi la fuite de la pupille et son mariage avec un jeune officier de marine. Il n'y a guère d'invention en tout cela, et encore moins de morale. Cependant ce petit intermède musical est resté au répertoire de plusieurs théâtres de Londres depuis le dernier siècle, et l'on cite un acteur, Munden, qui s'était fait une sorte de célébrité dans le rôle de Brummagen. Peut-être la musique était-elle assez spirituelle pour justifier une fois de plus le mot de Beaumarchais : « Ce qui ne vaut pas la peine d'être dit, on le chante..»

LA JUSTICE DU BOYAR.

SOUVENIR D'UN VOYAGE EN VALACHIE.

Fin. — Voy. p. 179, 186.

Cependant une grande agitation règne dans le groupe des paysans. Quelques-uns se sont rapprochés de l'intendant, qui ne sait trop quelle contenance prendre.

— Regardez donc votre Grégori, dis-je au boyar. Il nage entre deux eaux : il voudrait bien être insolent, mais il n'ose. Vous allez faire justice de ce coquin, j'espère?

— A la première occasion, je m'en débarrasserai ; mais aujourd'hui je le maintiens. Il ne faut jamais donner gain de cause aux paysans. Du reste, soyez tranquille; je vais lui donner à réfléchir. J'ai une idée.

Et s'arrêtant :

— Écoutez-moi, vous autres, dit-il, Grégori, qui sont ceux qui t'ont battu?

— Petraki, Ianko et Adam, Monseigneur.

— Petraki, Ianko et Adam, approchez, s'écrie le boyar.

Trois jeunes gens s'avancent tête basse devant leur seigneur.

— C'est vous qui avez mis mon intendant dans cet état? Comment, Petraki, toi que je croyais un garçon sage et que je voulais exempter du service militaire, tu te révoltes contre mon autorité! Tu seras soldat, mon garçon.

Celui à qui s'adressent ces paroles est un charmant adolescent à l'œil timide, à la blonde moustache. Pour toute réponse, il incline la tête et laboure la terre du bout de sa sandale. Mon vieil ami, le juge indulgent, se charge de sa défense.

— Monseigneur, cet enfant est doux comme l'agneau couché à vos pieds; mais, dame! il aime sa mère, et monseigneur le vatave a frappé injustement cette femme, la plus respectable du village.

— Est-ce vrai, Grégori?

La figure de l'intendant prend un ton de cire jaune.

— Ce n'est pas vrai, Monseigneur! Si cette femme est malade, ce n'est pas des coups que je lui ai donnés. Ils ont formé un complot contre moi.

— Et toi, Ianko, que t'a donc fait mon intendant pour que tu aies osé le frapper?

— Monseigneur, répond Ianko d'un ton décidé, j'ai une sœur. Je l'ai mariée l'année dernière à Adam, que voici; vous le connaissez, c'est votre meilleur laboureur. Ce mariage ne plaisait point au seigneur vatave. Était-ce une raison pour tuer l'enfant que Roxandre portait dans son sein?

— Comment l'a-t-il tué? demande tranquillement le boyar.

— D'un coup de pied, Monseigneur.

— Cela est-il vrai, Grégori?

Des gouttes de sueur perlent au front de l'intendant.

— Que Dieu me fasse à l'instant tomber la langue s'il y a un mot de vrai dans tout cela. Ils vont me rendre responsable de toutes leurs maladies : ils ont résolu de me perdre. Heureusement, Monseigneur me connaît.

— A ton tour, Grégori, quelles sont les plaintes que tu as à m'adresser?

L'intendant semble respirer plus librement. Enfin il va prendre sa revanche. Son œil fauve vient de lancer un éclair de sinistre augure.

— Moi, dit-il, je ne me plains pas du mal qu'ils m'ont fait ni des souffrances que j'endure; je ne me plains que de voir Monseigneur mal servi. Monseigneur est trop bon; on le sait, et on en abuse. Tout est en souffrance sur sa terre : le labour ne se fait pas en temps convenable ; le binage du maïs est en retard; ils refusent les jours de charroi auxquels ils sont obligés par le règlement pour le transport du bois, de l'eau-de-vie, et pour l'entretien des chaussées. On n'en peut rien obtenir. Ce sont des paresseux, des ivrognes. Monseigneur comprendra qu'avec de pareilles gens je suis bien embarrassé. À qui s'en prendra-t-on si le travail n'est pas fait? A moi; et par la douceur je n'en puis rien tirer. D'un autre côté, si je me montre sévère dans l'intérêt de Monseigneur, je suis condamné comme coupable. Que faire?

Un murmure menaçant s'élève du milieu des groupes. En mettant l'intérêt du juge dans la balance, Grégori était sûr de la faire pencher de son côté.

— Il y a du vrai dans ce qu'il raconte, me dit le boyar. Déjà je craignais pour mes protégés, quand une phrase du vieux juge campagnard vint tout changer.

— Plus de dix stingennes de bois ont été charroyées par le village. Où sont-elles? Domnou vatave les a vendues à son profit. Quand il nous a ordonné d'en amener d'autres, nous nous y sommes refusés, ne devant pas deux journées de charroi. Alors le vatave a frappé. Nous allions lui obéir pour éviter de plus grands malheurs, quand nous avons appris que Monseigneur revenait parmi nous.

L'intendant s'agite; son visage devient livide; le maître le regarde un instant avec ironie. L'accusation du vieillard fait contre-poids à celle de l'intendant. Aussi le boyar se tournant vers moi :

— Quand je vous disais, mon cher, qu'avec ces gens-là il est impossible de savoir la vérité! Nous les écouterions jusqu'à demain qu'ils auraient des accusations à fournir les uns contre les autres, et, à la fin, l'affaire serait plus embrouillée qu'au commencement. J'aime mieux ne pas soulever le voile, car ce que je verrais derrière m'irriterait encore plus. Je m'en tiens là et à l'idée dont je vous parlais tout à l'heure.

Et se tournant du côté de ses paysans :

— Vous êtes tous des chenapans et des vauriens. Voici ma sentence :

Petraki, Ianko et Adam seront amenés demain à midi dans cette cour. Grégori les liera sur des tréteaux et leur administrera à chacun vingt-cinq coups de falangue pour l'avoir si indignement traité.

Jamais je n'oublierai l'horrible expression de joie qui vint éclairer la jaune figure de l'intendant, tandis qu'un soupir plaintif s'échappait de la poitrine des trois pauvres jeunes gens.

— Ah! dis-je au boyar, vous m'avez trompé!

— Laissez donc! Grégori viendra demander leur grâce.

— Lui? vous plaisantez. Regardez donc cette affreuse figure!

— Il y viendra, vous dis-je. Ceci fait, ajouta le boyar en élevant la voix, vous mettrez à leur place maître Grégori; Petraki, Ianko et Adam devront lui appliquer chacun vingt coups de falangue pour m'avoir volé. C'est peu; mais je suis indulgent. Maintenant, que je n'entende plus parler de vous d'ici à demain.

Mon ami m'entraîna au salon en riant. Il conta son stratagème à sa femme, qui le trouva fort spirituel et en rit aussi de bien bon cœur. Moi-même j'en eusse peut-être ri tout le premier si je n'avais vu, au fond de cette comédie, la destinée de plusieurs millions d'hommes livrée au caprice et à la fantaisie.

Quelques heures plus tard, l'intendant demandait à parler à monseigneur. On le fit entrer. Il n'avait plus de béquilles.

— Que veux-tu? lui dit son maître.

— Monseigneur, je viens vous demander une grâce.

— Laquelle?

— Celle de Petraki, de Ianko et d'Adam. Ils m'ont maltraité, c'est vrai; mais je ne suis pas méchant; je serais fâché que Monseigneur m'obligeât à leur donner seulement un coup de bâton.

— Te voilà bien radouci. Sors; je réfléchirai à ta demande.

L'intendant se retira à reculons. A la porte l'attendaient trois hommes, qui entrèrent aussitôt. Tous les trois se mirent à genoux devant leur maître.

— Que voulez-vous?

— Monseigneur, daignez nous accorder la grâce du domnou vatave. Il est vrai qu'il nous a quelquefois maltraités; mais au fond c'est un bon homme. Nous avons eu tort d'oublier que c'est le représentant de Monseigneur.

— Allez; je verrai cela.

Quand ils furent sortis : — Eh bien! que vous disais-je? Avouez que je suis le meilleur des maîtres.

— Je ne dis pas le contraire. Cependant...

— Quoi! vous n'êtes pas content?

— Non.

Vous êtes difficile. Voudriez-vous que je me fisse fouetter par mes paysans?

— Je voudrais que vos paysans et vous, vous fussiez jugés par des lois équitables, les mêmes pour tous.

— Vous en demandez trop pour le moment. On n'a pas bâti Paris en un jour. Avant de nous occuper de cela, nous avons mille choses à faire; une armée à organiser, des uniformes à inventer, des routes à tracer.., après cela, nous verrons ce qu'il y aura à faire pour le peuple.

ORGUEIL NOBILIAIRE.

Le cardinal de la Rochefoucauld faisait de grandes aumônes sans ostentation. Il donna plus de quarante mille francs à l'hôpital des Incurables; et ce qui est encore plus beau, ajoute Tallemant des Réaux, il fit casser une statue où l'on avait mis ses armes. Il avait une sœur qui n'était pas si humble que lui; elle disait au duc son neveu : « Mananda! [1] mon neveu, la maison de la Rochefoucauld est une bonne et ancienne maison; elle était plus de trois cents ans devant Adam. — Oui, ma tante; mais que devînmes-nous au déluge? — Vraiment voire! Le déluge? disait-elle en hochant la tête, je m'en rapporte (je n'y ai pas confiance). » Elle aimait mieux douter de la sainte

[1] Interjection fort en usage au quinzième et au seizième siècle.

Écriture que de n'être pas d'une race plus ancienne que Noé. [1]

CARTES CÉLESTES.

Suite. — Voy. p. 18, 90, 124, 163.

Planche VII. — La Balance, n° 31, est, pour le Zodiaque, la première des constellations de l'hémisphère austral, c'est-à-dire au-dessous de l'équateur. Les deux étoiles principales α et β étaient autrefois considérées comme les pinces du Scorpion, qui faisait à lui seul deux des douze constellations du Zodiaque; α et β sont de seconde grandeur. C'est dans cette constellation que le Soleil était autrefois au moment de l'équinoxe. Maintenant c'est dans la Vierge que les jours sont égaux aux nuits et que commence l'automne, en dépit des beaux vers de Virgile, qui, en général, ne se montre pas très-fort en astronomie.

Après la Balance vient le Serpentaire, n° 33, dont nous avons parlé, et qui est traversé par l'équateur. Près du pied gauche et dans le voisinage de θ est la place où apparut, en 1604, l'étoile temporaire observée par Képler, et qui a disparu complétement. Au-dessous est le Scorpion, qui a une étoile de première grandeur appelée Antarès ou le Cœur du Scorpion. La lettre α qui marque cette étoile est omise dans notre dessin. Les étoiles β, δ, avec quelques autres, dessinent une ligne courbe entre la Balance et le Scorpion et avec l'étoile α, et elles forment une espèce de râteau qui caractérise le cœur et la tête du Scorpion; la queue de la figure se prolonge vers le sud et se recourbe vers le nord. β et δ sont de belles étoiles de seconde grandeur; il y en a encore d'autres aussi brillantes dans la queue, mais elles sont tellement basses dans notre hémisphère qu'elles n'ont pas été classées à leur véritable éclat.

On voit sur cette planche, au n° 55, le Loup qui est censé être percé de la lance ou épieu que tient le Centaure, et qui faisait partie du Centaure dans les anciennes cartes. Ce Loup ou tout autre animal est désigné sur ces anciennes cartes par le nom de *la Bête que tue le Centaure;* il n'y a rien à en dire. Au n° 57 est une Équerre avec une Règle, constellation inutile et supprimée, aussi bien que le Télescope n° 58. Au n° 59 est la Couronne australe, que plusieurs auteurs n'admettent pas. Au n° 60 est l'importante constellation du Sagittaire, qui est sur la route du Soleil et qui représente un Centaure armé d'un arc et d'une flèche. L'étoile σ, à l'épaule du bras droit qui tient l'arc, est de seconde grandeur; au haut de l'arc, et un peu au-dessus, est un bel amas d'étoiles dit nébuleuse du Sagittaire, que le télescope sépare en une myriade de points lumineux qui donnent l'idée d'un tas de blé dont chaque grain serait changé en un ver luisant. Du sommet d'un des télescopes d'Herschel, qui dépassait de beaucoup l'humble maison du grand homme, j'ai vu, en 1820, ce bel amas stellaire. Il était impossible de retenir un cri d'admiration à la vue de ce *glorieux objet*, et la réflexion qui disait : Voilà que millions de soleils dont chacun peut rivaliser avec le nôtre, cette réflexion, dis-je, bien loin de refroidir l'enthousiasme, y ajoutait encore.

Au n° 62 est un Microscope dont nous n'avons rien à dire. Le n° 40 est le Capricorne, qui marquait autrefois le moment où le Soleil, après s'être abaissé le plus possible vers le sud, commençait à revenir vers nous; c'est ce qui a lieu maintenant dans le Sagittaire. L'étoile principale α est double, et avec une simple lorgnette d'opéra elle se dédouble facilement, et même pour plusieurs personnes cela se fait à la vue simple. Cette constellation, en France,

[1] Tallemant des Réaux.

Cartes célestes. — Planche VII.

quand elle est visible le soir, nous annonce l'automne. | corne, chez les anciens, était la constellation des tempêtes;
L'étoile α, comme sa voisine β, est de troisième grandeur, | les poëtes ne tarissent pas sur sa funeste influence.
ainsi que δ qui est dans le nœud de la queue. Le Capri- | Nous retrouvons sur cette planche, n° 41, l'Écu de So-

bieski, qui est définitivement admis par la plupart des auteurs, et contient de brillants amas d'étoiles qui semblent
détachés de la Voie lactée.

La suite à une prochaine livraison.

UN TORSE GREC.

Le beau torse dont on voit ici le dessin faisait partie
des collections du marquis Campana, acquises en 1861 du
gouvernement romain et exposées l'année dernière au palais de l'Industrie. Ce torse avait été placé, comme une
des plus belles pièces du Musée, dans le grand salon d'honneur. C'est, en effet, un morceau que la largeur et la simplicité de son style, et la fermeté du travail, peuvent faire
considérer comme une production de l'art grec à une époque encore voisine du grand siècle des Phidias et des Polyclète. Quelques personnes ont cru reconnaître dans ce fragment la figure mutilée d'un *Thésée;* d'autres y ont vu un
Actéon. Une désignation si précise appliquée à ce marbre

Musée Campana. — Un Torse en marbre. — Dessin de Chevignard.

qu'aucun attribut ne fait reconnaître, et dépourvu, à ce qu'il
semble au premier aspect, de tout caractère spécial, pourra
paraître bien hasardée à ceux de nos lecteurs qui ne sont pas
encore familiarisés avec les œuvres de l'art antique; mais
elle surprendra moins ceux qui savent avec quelle netteté
et quelle sûreté les grands sculpteurs de la Grèce avaient
déterminé les types des divinités et des héros. En cela ils
ne faisaient que suivre les indications de la poésie, et comme

les poètes eux-mêmes. ils fixaient, mais dans un contour encore plus arrêté, les formes ébauchées par l'imagination populaire. On peut dire avec vérité que ce peuple si merveilleusement doué par la nature avait préparé d'avance pour ses artistes la matière qu'ils devaient mettre en œuvre.

Au symbolisme primitif succéda un art savant et pur qui réduisit l'entassement des grossiers attributs à quelques accessoires, élégants ornements de la forme humaine, au moyen de laquelle on savait tout exprimer. Chaque mouvement et chaque attitude eut une signification précise et constante; chaque partie du corps fut traitée d'une façon particulière, en rapport non-seulement avec le sexe, l'âge, le caractère général de la figure, mais avec l'action où elle était représentée, les mouvements dont elle était agitée et le lieu même de la scène. Lorsque les types des divinités et des principaux personnages de la Fable eurent été ainsi constitués, ils furent reproduits par les artistes, sans servilité, mais aussi sans désir d'innover au prix de quelque trait caractéristique qu'il eût fallu négliger. Aussi les figures des dieux et des héros de la mythologie grecque sont-elles reconnaissables encore aujourd'hui, avec plus ou moins de clarté et d'évidence, selon qu'il nous en est resté un nombre plus ou moins grand de représentations. Les héros nous sont en général moins bien connus que les dieux, parce que nous possédons moins de monuments où ils se trouvent figurés. La plupart des monuments sculptés où on les rencontre sont des bas-reliefs appartenant à des sarcophages d'une époque de décadence, où l'exactitude du caractère a été sacrifiée à des exigences particulières. Il nous semble donc, à vrai dire, assez malaisé de décider quel personnage de la Fable il faut reconnaître dans ce fragment de la collection Campana, qui ne représente sûrement point un dieu, mais qui n'est peut-être ni un Thésée, ni un Actéon.

OBSERVATIONS ASTRONOMIQUES.

JUILLET.

Nous ne pouvons pas donner de conseils pour guider les personnes qui veulent bien nous faire l'honneur de suivre nos avis dans l'art de la découverte des comètes; car il est difficile, même aux astronomes de profession de nos latitudes moyennes, de prétendre à l'honneur d'attacher leur nom à ceux de ces astres qui jouissent de quelque éclat. Presque toujours, dans ces dernières années, un observateur de l'hémisphère austral est venu réclamer la bonne fortune d'avoir aperçu le premier ces globes de feu qui se montrent dans le ciel des antipodes avant de poétiser nos nuits.

Les dessins suivants, exécutés d'après M. Chacornac, donneront une idée de la variété d'aspect qu'offrent les différentes parties de cette nébulosité diaphane qui semble projeter des torrents de lumière, comme le ferait une immense lentille circulant autour du Soleil.

Nous souhaitons vivement qu'une nouvelle apparition, toujours instructive même pour les gens qui sont privés du secours des instruments d'optique, vienne donner un nouvel attrait au goût des études d'astronomie, et populariser les résultats de cette belle science.

La découverte des petites planètes est plus facile que celle des comètes : presque toutes celles qui sont venues successivement enrichir nos éphémérides sont dues à des hommes qui faisaient leurs premières armes dans l'astronomie-observatrice. Le supplément au *Nautical Almanach* de 1863 contient une table qui sera très-utile pour tous les observateurs voués à cette intéressante étude : c'est la détermination des diamètres apparents de ces petits astres pour tous les mois de l'année. La comparaison de ces grandeurs angulaires calculées avec celles qu'on peut observer directement lorsqu'on possède une assez grande habitude du maniement des instruments d'astronomie, est le moyen le plus simple que l'on ait pu imaginer pour vérifier les éléments de ces orbites entre-croisées.

Un véritable événement astronomique serait la découverte d'une méthode qui réduirait la mesure de la distance de la Terre au Soleil à d'autres éléments que la parallaxe : aussi le monde savant a-t-il accueilli, il y a environ un an, avec la plus grande satisfaction l'annonce d'une mesure directe de la vitesse de la lumière par M. Léon Foucault; la mesure de cette quantité permet de déterminer par des données astronomiques très-simples la valeur du grand axe de l'orbe terrestre. La science astronomique est comme une espèce de mécanisme dont toutes les parties sont solidaires; chaque amélioration dans l'un des organes oblige de les retoucher tous successivement : aussi les astronomes sont-ils constamment occupés à ce travail de refonte incessante.

C'est le 28 juillet que Vénus arrive à sa conjonction inférieure, époque critique de sa course où se produisent les passages sur le Soleil, beaux et rares événements astronomiques dont toute la science se préoccupe bien avant les trop courts instants où les observations peuvent s'effectuer. Quoique ne se trouvant pas placée dans une de ces situations intéressantes, Vénus n'en est pas moins digne de fixer le télescope des observateurs désireux de faire progresser la science, car à cette époque de l'an-

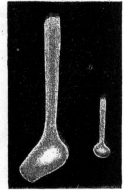

Comètes dessinées par M. Chacornac.

née la partie éclairée du disque commence à être très-faible, et c'est sur la partie obscure que l'on voit figurer les éclairs mystérieux que plusieurs astronomes attribuent à la même cause que nos aurores boréales.

N'omettons point de faire remarquer que c'est dans le mois de juillet que commence la troisième année de la 660e olympiade. Si jamais la Grèce régénérée veut restaurer ces jeux sous une forme moderne, elle pourra, grâce à l'astronomie, renouer la chaîne des temps anciens à celle des siècles futurs, car l'on a conservé le comput de la grande solennité nationale de la race intelligente à laquelle nous devons tant de progrès.

Le 21 juillet, Vénus se présente au méridien à 3 h. 5 m. du soir, c'est-à-dire environ trois heures après le Soleil, qui passe à midi 0 minutes au méridien. Il ne faut donc pas s'étonner de voir apparaître au couchant une étoile qui semble lutter avec succès contre les feux du crépuscule, et qu'une lunette nous montrera comme une lune un peu échancrée, mais ayant la concavité de son croissant dirigée vers le Soleil.

Par une coïncidence assez remarquable, au moment où l'astre est en opposition, il se trouve précisément dans le plan de l'écliptique. On exprime ce fait en disant que l'élongation a lieu lorsque Vénus est dans la ligne des nœuds; mais comme l'écliptique est un plan imaginaire, la circonstance que nous venons de signaler n'exerce aucune influence sur l'aspect présenté par ce phénomène. Les observateurs ne verront pas plus l'écliptique que les passagers ne voient la ligne du fameux baptême dont la tradition finira par se perdre avec les progrès de la navigation.

LES LARMES DU PEINTRE.

Apelles ayant appris que son enfant, sa joie, ses délices, venait de mourir par un destin prématuré, ordonna, quoique l'image de la mort dût l'émouvoir bien tristement, qu'on apportât au milieu de sa chambre ce corps inanimé.

Alors il prépara ses couleurs, saisit ses pinceaux, et dit : « O mon enfant, accepte ce tribut du chagrin d'un père! » Et, fidèle à un double devoir, à ses sentiments et à son art, il ferma les yeux de l'enfant et retraça son visage dans cet état sur sa toile.

Il peignit, lugubre artiste, le front, les cheveux du pauvre petit, et sa bouche aux lèvres encore rougissantes. Courage, père! continue de payer la dette de ton cœur affligé; ta main n'a pas mis la dernière touche à ton ouvrage.

Il voit sur la figure de l'enfant un léger sourire errer autour de ses lèvres; il voit de gracieuses rougeurs couvrir ses deux joues, et il transporte sur la toile ces tendres grâces, ces doux charmes et ces muets sourires; enfin, il va jusqu'à ce qu'on ne puisse pas distinguer la copie du modèle.

Maintenant, arrête, ô sombre artiste! cesse en peignant de marquer ta douleur; l'image de ton fils est vivante, vivante pour longtemps. Oui, elle vivra, et toi aussi tu vivras par une louange éternelle, père et peintre jamais surpassé ni en art ni en tendresse! [1]

Les bruits de la rue sont l'emporte-pièce de la vie de l'homme studieux.   ARTHUR SHOPENHAUER.

MON AIGUILLE.

Mon aiguille, n'aurai-je donc jamais pour toi une parole d'affection et de gratitude? Me contenterai-je de te réclamer tes services à chaque instant du jour, sans paraître t'en savoir gré? Te considérerai-je comme ces amis sur lesquels on compte tellement qu'on ne les récompense ni par un sourire satisfait ni par un mot amical? Et cependant, dis-moi, ma précieuse servante, ma fidèle compagne, mon aide, mon instrument actif et soumis, intelligent et docile, à quel labeur t'es-tu jamais refusée pour moi? Je regarde ce qui me couvre, ce qui me pare, ce qui décore mon cabinet; la robe que je porte, la batiste brodée de mon mouchoir, le tabouret où mes pieds reposent, les

[1] William Cowper.

blancs rideaux de mousseline qui tempèrent le jour du dehors... Mon aiguille, tu as contribué à tous ces conforts et à toutes ces nécessités! Tu m'as prêté ton secours pour confectionner le grossier vêtement du pauvre; tu t'es appliquée au manteau de satin rose dont ma petite-fille revêt sa poupée avec tant d'orgueil. Auxiliaire indispensable de la charité, amie de la causerie intime, dis-moi, depuis que mes doigts inhabiles essayèrent de te faire glisser dans le morceau d'étoffe que m'abandonnait ma mère, jusqu'à cette heure où, presque enroidis, ils ne savent plus te manier avec adresse et diligence, ensemble que n'avons-nous pas fait! ensemble que n'avons-nous pas écouté et vu, moi, la tête baissée sur ta marche régulière, palpitante quelquefois, te poussant avec ardeur, avec joie, avec émotion, mais te poussant toujours, et toi devinant peut-être, à l'attouchement de ma main, ce qui m'agitait le cœur!

Discret témoin de tant d'entretiens dont le souvenir m'est demeuré cher, de tant de lectures faites au coin du feu par une voix amie, de tant de conseils demandés et reçus, d'aveux à demi proférés, d'heureux sourires et de larmes qui sont parfois tombées jusque sur ton acier brillant, tu es plus encore, mon aiguille! Tu es une arme; oui vraiment, une arme bienfaisante : avec toi l'on combat la misère, avec toi l'on pare à ses tentations; par toi l'on a du pain pour ses enfants, par toi surtout l'on conjure et l'on chasse les mauvaises pensées. Soutien du pauvre, refuge du riche contre l'oisiveté, ingénieux talisman entre les mains de quiconque cherche à repousser le mal! ah! lorsqu'on te tire avec une active persévérance, comme la tête se calme, comme l'esprit devient accessible aux idées saines et bonnes! As-tu conscience, mon aiguille, de tous les bienfaits que ta présence rappelle? T'a-t-on raconté toutes les misères que tu as secourues, les heures solitaires que tu as remplies, les loisirs que tu as charmés, les aumônes que tu as favorisées, les convoitises, les désirs frivoles bannis sous ton influence? Ah! si tu l'apprenais, quels mémoires tu pourrais écrire! que d'histoires te mettraient en honneur, que d'histoires touchantes, utiles et morales dont tu fus le secret agent!

Mais que peu ou beaucoup te vénèrent, qu'on t'accorde plus ou moins d'estime, humble et grande ouvrière, mon respect pour toi n'en saurait être altéré. Oui, toi qui fais si peu de bruit, si peu d'éclat et tant de bien, reçois mon hommage de femme et d'amie, ma modeste aiguille!

LES TIMBRES-POSTE.

ROYAUME-UNI DE LA GRANDE-BRETAGNE ET D'IRLANDE.
Suite. — Voy. p. 35, 70, 119, 151.

TIMBRES PROPOSÉS ET ESSAIS. — Suite.

Après l'adoption du plan de M. Rowland Hill par le parlement, le ministre des finances invita le public à lui adresser des projets pour le dessin et la confection des timbres-poste, et promit des prix aux auteurs des projets. Le ministère reçut environ trois mille projets, dont l'examen fut le premier devoir de M. Rowland Hill, qui venait d'être attaché à l'administration des postes. Beaucoup de dessins et d'essais de timbre et d'enveloppe ont été présentés à l'appui de ces projets; ils ont, en général, peu d'intérêt, et nous n'en citerons que quelques-uns, imprimés en relief, parce qu'ils ont, à l'origine, arrêté plus particulièrement l'attention.

Un de ces essais, le plus ancien, dit-on, est un timbre ovale, pour cover ou enveloppe, qui a 0m.033 sur 0m.030. Dans un large encadrement guilloché, en haut duquel est le mot *Paid*, se trouve l'effigie de la reine Victoria, non couronnée, la tête tournée à droite. L'exemplaire que M. O. Berger-Levrault possède est gravé, gaufré, imprimé sur papier blanc. Il paraît que ce timbre, qui était destiné au *cover* de 1 penny, devait être imprimé en vert, le dessin gaufré devant ressortir en blanc sur le fond vert (n° 84).

Un second timbre, communiqué par la même personne, est à peu près pareil, mais le buste de la reine est seul en relief; le guillochis de l'encadrement n'est pas en relief comme dans le timbre précédent. La tête de la reine, tournée à droite, n'est pas couronnée. Aucune inscription; en haut, un espace vide. Le timbre, ovale, a 0m.0385 sur 0m.035; il est imprimé en noir sur papier mi-blanc.

Le troisième timbre, pour enveloppe, est ovale; il a 0m.032 sur 0m.020. Il est gravé, gaufré, imprimé en noir

N° 84.   N° 85.

sur papier blanc; le dessin gaufré ressort en blanc sur le fond noir. L'effigie de la reine couronnée, la tête tournée à gauche, est dans un encadrement guilloché, sur lequel il y a : en haut, *Postage 1 d : half oz :* et en bas, un petit bouquet formé par la rose, le trèfle et le chardon. Il existe un timbre tout à fait pareil, gaufré, imprimé en bleu-ciel sur papier blanc (n° 85).

Le quatrième timbre, pour enveloppe, est ovale; il a 0m.026 sur 0m.023; il est gravé, gaufré, imprimé en marron sur papier blanc; le dessin ressort en blanc sur le fond marron. L'effigie de la reine couronnée, la tête tournée à gauche, est dans un cadre guilloché, sur lequel on lit, en haut : *Postage, one penny.* Cette effigie présente le type qui a été adopté pour les timbres d'enveloppe (n° 86). On

N° 86.   N° 87.

trouve des exemplaires de ce timbre imprimés en rouge brun.

Nous arrivons enfin au timbre mobile qui a été émis en 1840, et qui a été fabriqué par MM. Bacon et Petch. Ce timbre est rectangulaire, il a 0m.0225 sur 0m.019, et porté l'effigie de la reine couronnée, la tête tournée à gauche; en haut, *Postage;* en bas, *One penny.* Le cadre a un petit carré à chaque angle; dans chaque angle supérieur, une petite rosace; dans chaque angle inférieur, une lettre. Ce timbre est imprimé en rouge brique ou en rouge amarante sur papier blanc. On connaît dix essais de ce timbre, imprimés en noir, en brun rougeâtre foncé ou marron, en rouge brun, en rouge brique, en rouge amarante, en rose hortensia, en brun et rose [1], en lilas foncé, en gris

[1] Fond brun rougeâtre; modelé de la tête (lignes et ombres), rose. Exemplaire de M. G. Herpin.

violacé, en gris cendré, sur papier blanc. Les petits carrés des angles sont vides et blancs; la couleur a été enlevée d'un coup de pouce sur la planche, avant le tirage, à l'angle droit supérieur. Ces épreuves avec coin effacé sont rares; elles ont servi à juger de l'effet des différentes couleurs.

L'administration des postes a fait, en 1860, des essais d'un timbre de 3 halfpence : le timbre mobile a été fait par et chez MM. Perkins Bacon et Cie, et le timbre d'enveloppe, à Sömerset House.

Le premier (0m.0225 sur 0m.019), dentelé, reproduit, pour l'effigie de la reine, le type des timbres de 1 penny et de 2 pence; seulement l'effigie est placée dans un cadre triangulaire sur lequel on lit : *Postage. Three halfpence.* Une lettre remplit chaque carré d'angle (n° 87). La couleur est celle du timbre de 1 penny.

Le second (0m.0295 sur 0m.025) porte l'effigie des timbres d'enveloppe, mais le timbre est triangulaire; aux angles sont de petits cercles dans lesquels sont marqués, en chiffres, le jour, le mois et l'année du tirage du timbre (mars ou avril 1860) (n° 88). Ce timbre est gaufré, imprimé en rose, sur papier blanc; le dessin gaufré ressort en blanc sur le fond rose qui est le même que celui du timbre d'enveloppe de 1 penny. Le buste porte à la tranche la marque 1 W.W. Ces lettres sont les initiales du graveur, W. Wyon. Nous avons vu de ce timbre une épreuve, sans chiffres de date, imprimée en jaune sur papier blanc.

Il existe des épreuves d'essai du timbre d'enveloppe de 3 pence, sans chiffres de date, imprimées en brun chocolat sur papier blanc.

N° 88.   N° 89.

Le dernier timbre d'essai que nous connaissions appartient à la série des timbres gravés et imprimés par MM. Thomas de la Rue et Cie. Il date du mois de septembre 1861. C'est le timbre de 3 pence. Il est en tout pareil au timbre actuel, et la seule différence qu'il présente consiste dans la présence d'un pointillé très-fin dans le champ, sur lequel se détache le cartouche ovale qui porte l'effigie de la reine.

Il reste à parler d'un timbre proposé, gravé en taille-douce et imprimé par MM. Bradbury Wilkinson et Cie, de Londres. Ce timbre est rectangulaire, il a 0m.024 sur 0m.0205. Il est gravé, imprimé en couleur sur papier blanc. Il en existe trois tirages : rouge vif, bleu, vert. Ce timbre présente, dans un cadre rond, le buste d'une jeune fille vue de face; en haut, *Postage;* en bas, *Three pence* (n° 89).

On place dans les timbres d'essai des timbres officiels, de 1 penny et de 2 pence, qui ont été piqués ou percés à la machine, avant que l'administration des postes eût traité avec l'inventeur, M. Henry Archer. La machine a été inventée dans l'automne de 1847. Dans les essais de cette machine qui furent faits en 1850 à Somerset House, 5 000 feuilles de timbres furent piquées. Les unes furent distribuées aux membres du parlement, et les autres furent envoyées dans les bureaux de poste de quelques villes de province [1]. *La suite à une prochaine livraison.*

[1] *Enquête,* p. 12 et 13.

SALON DE 1863. — PEINTURE.

Salon de 1863; Peinture. — Jeune fille de Galinaro, par A. de Curzon. — Dessin de A. de Curzon.

« Il a fait le voyage d'Italie. » Cette mention que l'on retrouve sans cesse, souvent réduite à ces seuls mots, dans les notices écrites sur les artistes des deux derniers siècles, est encore pour ceux du nôtre, et restera longtemps sans doute, un des traits les plus significatifs à signaler dans la vie des architectes, des sculpteurs, des peintres surtout que la fortune a fait naître de ce côté des Alpes. L'Italie demeure la terre classique des arts, non-seulement à cause de ses grands souvenirs, de ses monuments et de ses musées, les plus riches en chefs-d'œuvre qu'il y ait au monde, mais parce qu'à tous les beaux ouvrages que tant de siècles y ont amassés, la terre elle-même, le ciel qui l'éclaire, les populations qui l'habitent, ajoutent d'autres modèles toujours vivants et toujours nouveaux. La Grèce est trop loin, elle a trop longtemps subi la barbarie, elle a été trop de fois dépouillée, et au profit de l'Italie elle-même, pour le lui disputer, et dans les autres contrées où les peintres vont essayer de renouveler leur palette ou leur inspiration, si l'on trouve également d'imposantes ruines ou de nobles édifices encore debout, des sites pittoresques, une belle race, un ciel limpide, une lumière éclatante, aucune n'offre comme l'Italie, constamment rapprochés pour se prêter un mutuel secours, les exemples de l'art et ceux de la nature, les enseignements que l'on puise dans la contemplation des antiques. modèles et ceux que le spectacle de la vie présente de tous côtés. A quoi bon protester, comme le font quelques personnes, contre ce culte, traité d'idolâtrie, que les artistes professent pour l'Italie et qui se transmet de génération en génération? Comment ne seraient-ils pas tous attirés vers le pays où se trouve réuni tout ce qu'ils admirent et tout ce qu'ils vénèrent? Ce culte est durable parce qu'il est sincère et qu'il est mérité. Assurément il ne suffit pas d'avoir visité cette terre sainte de l'art pour recevoir le talent comme une grâce du ciel; mais quel est l'homme vraiment doué qui n'ait senti ses forces grandir après avoir respiré cet air vivifiant? Quel est le talent vraiment robuste et original qui ait perdu quelque chose de lui-même pour avoir pendant un temps vécu au milieu de la plus riche nature et dans la fréquentation des plus nobles génies? Tel n'était appelé que par le désir de voir une fois au moins des œuvres sans cesse vantées, ou par le besoin de rafraîchir son esprit et de retremper son imagination au milieu des brillants tableaux de la vie et des paysages italiens, qui s'est senti renouvelé, en effet, par une séve puissante, et a produit par la suite des œuvres auxquelles son ambition n'avait point visé jusqu'alors; tel ne cherchait que l'art savant, le grand style, les sites majestueux, Raphaël, Michel-Ange, les marbres antiques, qui, tout d'abord épris de grâces familières qu'il n'avait pas soupçonnées, ne s'est plus soustrait à leur charme. Les meilleurs et les plus heureux se sont instruits à ces deux écoles et ont tour à tour vivement senti ces beautés diverses, et cette double influence est visible dans leurs ouvrages, comme dans la charmante peinture de M. Alfred de Curzon que nous reproduisons.

LES NOUVEAUX MÉTAUX.

Quatrième article. — Voy. p. 102, 133, 170.

L'ALUMINIUM ET LE BRONZE D'ALUMINIUM.

Du moment où l'on a reconnu que toutes les substances terreuses étaient des oxydes de métaux, il est devenu intéressant d'isoler ces métaux et de constater leurs propriétés, surtout pour ceux qui se présentent naturellement en grande abondance. A cet égard, l'alumine (oxyde d'aluminium) se trouvait au premier rang, car il est difficile de rencontrer une terre qui ne contienne de l'alumine. Après la silice, qui l'accompagne presque toujours, l'alumine est le corps le plus répandu à la surface du globe, et le radical de la silice ayant été reconnu pour un métalloïde plutôt que pour un métal, les composés calcaires seuls pourraient être comparés à l'alumine, à cause de leur prédominance dans les dépôts les plus récents.

Contrairement à la grande majorité des oxydes métalliques, l'alumine ne donne son métal ni sous l'action de l'hydrogène, ni sous celle du carbone. Les minerais de fer, qui sont rarement exempts d'alumine, produisent au haut fourneau une fonte contenant du carbone et du silicium; et il est sans exemple qu'on y ait trouvé de l'aluminium; donc l'alumine n'y est pas décomposée. Il faut que l'aluminium soit combiné au chlore pour qu'on puisse le déplacer de sa combinaison par le potassium ou le sodium; c'est déjà une opération qui diffère beaucoup des opérations métallurgiques ordinaires, et qui appartient à la chimie scientifique. Il y a trente ans, en effet, M. Wœhler, célèbre chimiste allemand, effectua cette réaction avec succès; mais il avait complétement méconnu les propriétés du métal, n'avait pas réussi à le fondre en culot et l'avait déclaré infusible: il n'était, en réalité, arrivé qu'à une matière pulvérulente éminemment oxydable et qu'il était impossible d'agglutiner à cause de l'interposition accidentelle de son oxyde, qui est infusible.

En 1854, M. Henri Deville s'est proposé d'étudier de nouveau cette question. A son grand étonnement, il a obtenu dès son premier essai des globules métalliques très-malléables et fusibles au rouge naissant. En voulant les réunir en culot, à l'aide d'un flux vitreux, il ne put y réussir, par la raison que le métal s'y maintenait suspendu sans aucune tendance à gagner le fond du creuset, sa densité étant égale à celle du flux lui-même: de là cette autre observation remarquable, que la densité de l'aluminium est 2,5, précisément égale à la densité moyenne du verre. M. Deville n'obtint son premier culot qu'en alliant l'aluminium au plomb et en lui faisant subir une coupellation, ce qui

déjà lui montra que ce métal n'était pas aussi combustible qu'on l'avait pensé d'abord.

M. Deville s'empressa, on le comprend, de soumettre le nouveau métal à l'action des acides. C'est alors qu'il constata son inaltérabilité dans l'acide nitrique concentré bouillant, qui dissout tous les métaux d'un emploi courant, à l'exception de l'or et du platine. Cette inaltérabilité constitue encore pour l'aluminium un caractère distinctif, dont il ne faut rien conclure cependant quant à l'action des autres acides.

En résumé, le savant chimiste reconnut que l'aluminium est un métal d'un blanc bleuâtre intermédiaire entre la couleur de l'étain et celle du zinc, fusible au rouge naissant, un peu moins dur que le zinc, mais très-malléable et très-ductile à toute température, et se forgeant bien à la température du plomb fondant. Il se dissout avec une rapidité sans pareille dans l'acide chlorhydrique, et décompose l'eau et l'oxyde dans les alcalis caustiques. Sa densité est quatre fois moindre que celle de l'argent. Il est d'une sonorité merveilleuse.

L'aluminium se fabrique au moyen de la décomposition du chlorure double d'aluminium et de sodium par le sodium. A cet effet, on forme un bain du chlorure double sur la sole d'un four à réverbère chauffé au rouge vif, et l'on introduit le sodium en morceaux par une ouverture pratiquée au milieu de la voûte du four. Il s'établit aussitôt une réaction énergique accompagnée d'explosions multipliées, et il en résulte de l'aluminium qui s'agglomère et finit par gagner le fond du flux transformé presque totalement en chlorure de sodium. L'opération terminée, on fait écouler le tout dans un cylindre en fonte où le flux se fige, et en le brisant on trouve au fond un disque d'aluminium de 4 ou 5 kilogrammes.

Le chlorure double se prépare en soumettant à un courant de chlore un mélange d'alumine pure, de charbon et de sel marin, façonné en boules grosses comme le poing, et maintenu à la température du rouge vif dans des cylindres en terre disposés dans un four.

La malléabilité de l'aluminium est comparable à celle de l'or, de l'argent et du platine, puisqu'on a réussi à le battre en feuilles comme ces métaux nobles, et l'on commence à l'employer en place d'argent pour les lettres des enseignes; il conserve son éclat bien plus longtemps que l'argent, n'étant nullement noirci, comme celui-ci, par les émanations sulfureuses. On peut le tirer en fils si fins qu'on a imaginé d'en faire de la passementerie, usage qui se concilie assez bien avec sa légèreté.

L'aluminium pur présente toujours une texture moutonneuse qui l'empêche de prendre un beau poli; en l'alliant avec 1 ou 2 pour 100 de cuivre, il devient plus compacte, et il se coulant dans cet état il produit des objets d'art d'un blanc perlé qui prennent un mat supérbe par l'action de l'acide nitrique ou de l'acide phosphorique, et présentent des tons très-harmonieux à la retouche du sculpteur. Il y a là une ressource précieuse pour l'ornementation. Cependant l'aluminium doit être plutôt considéré comme un métal destiné aux alliages, du moins quand sa légèreté n'est pas le motif principal de son emploi.

En fait d'alliages des métaux précieux, on a obtenu des résultats inattendus et nullement avantageux. Avec l'argent, l'aluminium produit un composé dépourvu d'éclat, de sonorité, qui se ternit très-vite; l'or semble refuser de s'allier avec lui et revient toujours à la surface, si minime que soit sa proportion, particularité dont on pourra profiter pour donner aux fontes d'aluminium une couleur chaude; avec le platine, il donne un alliage cassant. Heureusement il produit avec le cuivre les résultats les plus beaux et de plus très-variés suivant les proportions. 10 par ties d'aluminium et 90 parties de cuivre forment un alliage couleur d'or et plus résistant que le cuivre. Avec 15 parties d'aluminium et 85 parties de cuivre, l'alliage est moins jaune, mais sa cohésion est excessive. Au delà de 15 pour 100 d'aluminium, l'alliage devient blanc peu à peu et cesse d'être malléable. A 25 pour 100 d'aluminium, l'alliage, tout à fait blanc, est dur comme de l'acier trempé et se brise comme verre. Les deux premiers alliages ont la couleur et les propriétés du bronze à base d'étain, mais avec des qualités bien supérieures sous plusieurs rapports; c'est ce qui leur a fait donner avec raison le nom de bronze d'aluminium. Cet alliage constitue une conquête précieuse pour l'industrie, comme on va en juger par les détails suivants.

Le bronze d'aluminium, en raison de ses qualités déjà constatées, peut être considéré comme l'alliage le plus remarquable qu'il existe. Il ne demande qu'à être connu, employé et apprécié. Sa préparation présente déjà un phénomène inusité. En effet, sa combinaison avec le cuivre constitue une véritable combinaison chimique par l'intensité extraordinaire de la chaleur qui se développe et par l'homogénéité de l'alliage qui en résulte. Ce que les physiciens nomment le calorique spécifique, c'est-à-dire la quantité totale de chaleur contenue dans la substance pour un degré donné de température, correspond pour l'aluminium à un chiffre élevé, et, à cause de cela, il est de tous les métaux le plus long à s'échauffer et à se refroidir; cependant, quand après avoir retiré du feu un creuset plein de cuivre rouge en fusion on y plonge le lingot d'aluminium destiné à former l'alliage, au lieu de figer le cuivre, comme le ferait tout autre métal, en se fondant, la température s'élève jusqu'au blanc éclatant et le creuset lui-même arrive quelquefois à l'état pâteux : c'est l'effet de la chaleur dégagée par la combinaison des deux métaux; aussi suffit-il de brasser vivement le mélange, qui en ce moment possède une fluidité extrême, pour qu'il atteigne un état d'homogénéité parfaite qu'il ne perd plus désormais.

A cause de la fixité des deux métaux qui le composent, l'alliage peut être versé très-chaud dans les moules, et par conséquent très-fluide, ce qui lui permet de rendre les finesses de la forme avec la plus grande fidélité. Il est exempt du défaut de liquation (séparation spontanée des métaux alliés) qui est particulier aux autres bronzes. Le bronze d'aluminium se forge et se lamine parfaitement, ce qui n'a pas lieu avec le bronze à base d'étain. Quand, après avoir allongé un lingot au rouge naissant, on le rompt à l'étau, après l'avoir entaillé, il présente tout à fait le grain d'un acier nerveux, sauf la couleur qui est d'un jaune nankin doré. Il ne le cède à aucun métal pour la ténacité. Celle du bronze des canons n'atteint que les $^3/_5$ de celle du fer doux, tandis que celle du bronze d'aluminium a été trouvée sensiblement égale à celle du meilleur acier non trempé. Enfin il présente une belle couleur dorée, et sa compacité permet de lui donner un poli incomparable.

Par sa ténacité réunie à son moelleux et à son éclat, le bronze d'aluminium marque sa place dans la grande industrie comme dans l'orfèvrerie, dans la bijouterie et l'horlogerie. Il est au premier rang pour les coussinets et les glissières. Un pignon coulé en bronze d'aluminium est plus résistant que son pareil en acier forgé, car il prend du nerf sous l'effort de la fatigue; c'est la seule matière qui permette de fabriquer des couverts coulés plus minces que les couverts forgés : les fourchettes, par exemple, sont aussi rigides que celles d'acier forgé, et la répugnance qu'on pourrait avoir à se servir de couverts de cette sorte se dissipera bien vite. En s'en servant, on croit avoir en main un objet en vermeil; d'ailleurs ils n'ont aucune odeur de cuivre, et, en réalité, cet alliage ne

dégage pas plus de cuivre, en toute circonstance, que l'argenterie.

Les flambeaux coulés en bronze d'aluminium ont une apparence magnifique, un éclat étincelant; quand on les a polis avec la poudre de rubis, ils ont tout à fait le lustre de l'or, et si au premier moment leur couleur est plus pâle, au bout de quelques jours ils prennent une patine d'un jaune pur qui rend l'illusion complète. Par conséquent, pour les églises, pour les salons, et partout où le laiton est employé maintenant, l'éclat de ce bronze apportera un air de richesse qu'on ne saurait se figurer qu'après l'avoir vu.

Sa valeur intrinsèque sera peut-être un obstacle à son emploi pour les grosses pièces. A l'état brut, il vaut encore de 12 à 15 francs le kilogramme; mais pour les chaînes, les boîtes de montres et les menues pièces d'horlogerie, il va devenir un métal précieux. Tout cela a été compris en Angleterre, où il se fait déjà un emploi d'environ mille kilogrammes de bronze d'aluminium par jour.

L'histoire de l'aluminium est un nouvel exemple d'une découverte purement scientifique arrivant peu à peu à produire son effet dans l'industrie générale, et la plus grande part du mérite appartient ici encore aux savants français.

LA FEMME DU PÊCHEUR.

« J'ai vu, à Guisseny, dans le Finistère, une femme de pêcheur, entourée de ses petits enfants, folle de désespoir devant une épave qui venait battre le rocher où elle priait... C'est ce que j'ai essayé de peindre. »

Ces lignes sont extraites d'une lettre où l'artiste, M. Yan' Dargent, exprime avec une touchante vivacité les sentiments de sympathie et, pour ainsi dire, de respect qu'il a maintes fois éprouvés, sur nos rivages de l'ouest, au tableau de la vie rude, laborieuse, agitée, dramatique, des familles de pêcheurs. Le sort des femmes surtout l'a vivement ému : leur part d'épreuves est de beaucoup la plus lourde. On a dit que « l'émotion du danger soulevé le poids de la douleur. » Cela n'est vrai que du danger que l'on affronte soi-même. Lorsque vient la tempête, le marin qui lutte contre les fureurs, avec l'énergie de toute sa volonté et l'effort héroïque de toutes ses facultés, ne sent, au milieu de ses grands dangers, sa pensée s'échapper que par éclairs rapides vers sa pauvre chaumière : l'action le possède, la terrible tragédie le fascine; un serrement de cœur, un sanglot, un cri étouffé, un vain élan des bras, c'est tout ce que, le plus souvent, lui permettent, au moment suprême, le souffle puissant qui renverse sa barque, la masse d'eau qui le précipite, le gouffre qui l'engloutit, la mort qui le saisit au fond! Mais combien plus affreuse est l'attente de la pauvre femme qui, aux premières menaces du ciel et de la vague, sort avec ses enfants, accourt au rivage et interroge avec angoisse tous les points de l'horizon : ses yeux cherchent à percer l'espace... rien ne paraît; tous les éléments se conjurent contre son espérance; chaque flot grandit et se dresse comme un ennemi, comme un monstre qui, après l'avoir défiée, retourne et s'éloigne peut-être pour aller dévorer la frêle barque invisible. Que faire? que devenir? Aucune forêt de lances et d'épées, aucun rempart de flammes furieuses, n'aurait le pouvoir de l'arrêter. Mais, la pauvre et faible créature! contre cette mer, contre cette immensité, contre cette convulsion épouvantable de la nature entière, si grands, si surhumains que soient son courage, son amour, elle a l'accablante conviction de son impuissance absolue; ses cris se perdent dans le tumulte affreux; personne ne l'entend; sa course éperdue sur les roches les plus élevées ne jette dans ses sens qu'un désordre stérile. A quoi bon toute cette agitation désespérée qui ajoute encore à l'effroi de ses enfants? Le plus sage parti pour elle est encore de se maîtriser, de se recueillir. Elle n'a réellement qu'une seule ressource : la confiance en Dieu, la soumission à sa volonté, la prière.

Salon de 1863 ; Peinture. — La Femme du pêcheur, par Yan' Dargent. — Dessin de Yan' Dargent.

Qu'elle prie, qu'elle implore Celui seul qui, plus fort que les tempêtes, les soulève et les apaise à son gré! Qu'elle prie avec toutes les forces de son âme! L'émotion de la prière aura seule la vertu de tenir à distance d'elle la folie de la douleur, et si son pressentiment, hélas! ne l'a pas trompée, si cette épave est un témoignage irrécusable de son malheur, elle conservera du moins à ses enfants l'un de leurs soutiens.

UN PAYSAGE EN AUVERGNE.

Ce tableau est inscrit, dans le livret officiel, sous ce simple titre : « Solitude; paysage composé. » Ce n'est pas cependant l'œuvre de la seule imagination du peintre,. et l'on en pourrait certainement trouver, sinon exactement le modèle, au moins le motif, le caractère et l'impression poétique, aux environs de Chateldon, en Auvergne. Nous savons, en effet, que M. Bellel habitait, l'été dernier, cette petite ville, située au fond d'une jolie vallée que dominent de toutes parts de hautes montagnes. Les ruines d'un vieux château construit, dit-on, sous le règne de Louis le Gros, les pans épais d'anciennes murailles où, suivant la tradition, l'on voyait autrefois apparaître les noires silhouettes gigantesques des seigneurs de Chateldon bardés de fer, conservent à la modeste et paisible cité un trait d'ancienne physionomie, un air de légende suffisant pour qu'elle ne discorde pas avec les beautés solennelles qu'elle semble avoir pour principale destination de contempler. Ainsi que quelques autres artistes, estimés de notre temps, M. Bellel aime l'Auvergne. Les scènes imposantes de ce sol bouleversé par les révolutions intérieures de notre globe l'intéressent et l'inspirent; son crayon et son pinceau savent en exprimer l'originalité et la grandeur.

Salon de 1863 ; Peinture. — Un Paysage, par Bellel. — Dessin de Bellel.

Il est d'une école de paysagistes dont M. Aligny a été l'un des maîtres, et où l'on s'étudie à reproduire les aspects sérieux et sévères de la nature, ceux qui élèvent l'esprit et le disposent aux saines et fortes méditations. Ce n'est peut-être pas aujourd'hui la meilleure voie pour parvenir à la popularité. Le nombre des personnes qui cherchent des distractions dans les expositions périodiques de peinture et de sculpture s'est accru plus rapidement que le goût et l'instruction nécessaires pour juger les œuvres d'art [1]. Or la plupart de ces nouveaux spectateurs sont surtout captivés, soit par les paysages de contrées lointaines, d'Afrique ou d'Asie, qui les étonnent et les éblouissent, soit, au contraire, par les toiles qui replacent sous leurs yeux, comme de simples miroirs, les détails gracieux de leurs promenades les plus familières. Ce n'est pas un mal. La plupart des artistes qui doivent à l'heureux choix de sujets de ce genre des succès populaires se distinguent aussi par des qualités d'un ordre élevé au moins dans l'exécution, de manière qu'ils plaisent aux vrais amateurs, et qu'en même temps ils initient le public à un sentiment de l'art supérieur à ce que lui font éprouver les peintures sans conscience ou sans goût, mélodramatiques ou grotesques, qui ne donnent satisfaction qu'aux instincts les plus vulgaires.

[1] Voy. t. XXV, 1857, p. 348, 369, 395, le Public et les œuvres d'art.

RELIGION DE L'ANCIEN MEXIQUE [1].

SACRIFICES HUMAINS. — CÉRÉMONIES GRANDIOSES OU TOUCHANTES MÊLÉES A CET HORRIBLE USAGE. — LA FÊTE DU FEU NOUVEAU. — LA FÊTE DU DIEU TEZCATLIPOCA.

C'est un fait que jamais il n'y eut tant de sacrifices humains que sous le dernier des Montézuma. Ce prince superstitieux, dominé par les prêtres ou tourmenté par de sinistres pressentiments dont il croyait conjurer la menace à force de sang répandu sur les autels, ne se lassait pas

[1] M. Michel Chevalier nous autorise à reproduire ce passage d'un livre qu'il a publié par les soins de la maison Hachette, et qui a pour

d'augmenter le nombre des victimes. Les compagnons de Cortez eurent la patience ou le courage de compter les crânes disposés en trophées dans les enceintes de quelques-uns des temples; ils en trouvèrent une fois 136 000. L'estimation la plus modérée est qu'à l'arrivée des Espagnols, tous les ans 20 000 personnes étaient immolées. Lors de l'inauguration du grand temple du dieu Huitzilopotchli, à Mexico, en 1486, trente-trois ans avant la conquête, 70 000 victimes, ramassées pendant plusieurs années dans toutes les parties de l'empire, furent égorgées une à une. La boucherie dura plusieurs jours sans relâche; la procession de ces malheureux occupait quatre milles de long.

Les victimes étaient les criminels, les rebelles; quand une ville avait manqué à sa fidélité envers le souverain, on la taxait à un certain nombre de personnes, hommes, femmes et enfants. Mais c'était la guerre qui contribuait le plus à alimenter les sacrifices. Dans un entretien avec Cortez, l'empereur, interrogé par le conquistador sur le motif qu'il pouvait avoir eu pour ne pas en finir avec les Tlascaltèques, qui refusaient de reconnaître sa suzeraineté, répondit qu'en cessant la guerre avec eux on eût été embarrassé pour se procurer des victimes en nombre suffisant pour honorer les dieux.

Provenant de nations dont les croyances étaient semblables, les victimes subissaient leur sort sans se plaindre. Les populations les regardaient comme des messagers députés vers la Divinité, qui les accueillait favorablement pour avoir souffert en son honneur. Elles les priaient de se charger de leurs réclamations près des dieux, de leur rappeler leurs affaires. Chacun leur confiait ses vœux, en leur disant : « Puisque tu vas retrouver mon dieu, fais-lui savoir mes besoins, afin qu'il y satisfasse. » On les parait, on leur faisait des présents avant l'immolation. Dans certains cas, il y avait au temple une fête mêlée de danses auxquelles le captif prenait part, et au moment suprême on lui disait le message le plus important qu'il eût à remplir près des dieux.

Dans les conquêtes des Mexicains, on rencontre, même à côté des réserves faites pour les autels des dieux, de nombreux traits de clémence. Le récit des agrandissements successifs de l'empire aztèque, par Tezozomoc, que M. Ternaux a publié en français, montre que ce n'étaient point des vainqueurs impitoyables. Ils donnaient à leur générosité quelquefois des formes étrangement naïves, comme ont pu le faire souvent les barbares envahisseurs de l'empire romain au moyen âge. En voici un exemple : il s'agit de la conduite de l'empereur Axayacatl, père de Montézuma, après l'assaut de la ville de Tlatelolco, envers les vieillards, les femmes et les enfants. Les guerriers de Tlatelolco avaient affecté, pendant le siège, beaucoup d'arrogance.

« Axayacatl et les principaux chefs mexicains, dit Tezozomoc, allèrent alors chercher les vieillards, les femmes et les enfants, qui s'étaient cachés au milieu des roseaux, et dont une partie s'étaient enfoncés dans les marécages jusqu'à la ceinture, quelques-uns même jusqu'au menton, et leur dirent : « Femmes, avant de sortir de l'eau, il faut, » pour nous montrer votre respect, que vous imitiez le cri » des dindons et des autres oiseaux du lac. » Les vieilles femmes se mirent alors à crier comme des dindons, et les

jeunes comme les oiseaux que l'on appelle cuachil ou yacatzintli, de sorte qu'elles firent un tel bruit que l'on eût dit que le marais était réellement rempli d'oiseaux. Axayacatl leur permit ensuite de sortir du lac, et les remit en liberté. »

Voici un autre exemple des ménagements qu'ils observaient envers les vaincus et des chances de salut qu'ils offraient aux plus braves des prisonniers :

« Il existait au milieu de toutes les places de la ville des constructions circulaires, en chaux et en pierres de taille, de la hauteur de huit pieds environ. On y montait par des gradins; au sommet était une plate-forme ronde comme un disque, et au milieu une pierre ronde scellée ayant un trou au centre. Après certaines cérémonies, le chef prisonnier montait sur cette plate-forme; on l'attachait par les pieds à la pierre du milieu, au moyen d'une petite corde; on lui donnait une épée, une rondache, et celui qui l'avait pris venait le combattre; s'il était de nouveau vainqueur, on le regardait comme un homme d'une bravoure à toute épreuve, et il recevait un signe en témoignage de la vaillance qu'il avait montrée. Si le prisonnier remportait la victoire sur son adversaire et sur six autres combattants, de sorte qu'il restât vainqueur de sept en tout, il était délivré, et on lui rendait tout ce qu'il avait perdu pendant la guerre. Il arriva un jour que le souverain d'un État nommé Huecicingua (Huexotzingo) combattant avec celui d'une autre ville nommée Tula, le chef de Tula s'avança tellement au milieu des ennemis que les siens ne purent le rejoindre. Il fit des prouesses admirables; mais les ennemis le chargèrent avec tant de vigueur qu'ils le prirent, et le conduisirent chez eux. Ils célébrèrent leur fête accoutumée, le placèrent sur la plate-forme, et sept hommes combattirent contre lui. Tous succombèrent l'un après l'autre, quoique le captif fût attaché suivant l'usage. Les habitants de Huexotzingo, ayant vu ce qui s'était passé, pensèrent que, s'ils le mettaient en liberté, cet homme, étant si brave, n'aurait point de repos jusqu'à ce qu'il les eût tous détruits. Ils prirent donc la résolution de le tuer. Cette action leur attira le mépris de toute la contrée; ils furent regardés comme des gens sans loyauté et des traîtres pour avoir violé, dans la personne de ce seigneur, l'usage établi en faveur de tous les chefs. » [1]

À côté de ces sacrifices atroces, on trouve dans la religion même des Mexicains des traits qui annoncent un sentiment profond d'humanité. En regard de leur conception de la vie future, ces immolations, exécutées sur la plus grande échelle au nom de la religion, font un contraste épouvantable. Le bûcher cache au moins la victime dans des flots de fumée. Ici l'offrande était une effusion de sang; le sang était répandu, étalé, on en faisait parade à la face du soleil, sous les regards attentifs d'une foule immense. Conduite par les prêtres processionnellement, à pas lents, au son de la musique et des chants du rituel, la victime gravissait une pyramide qui formait la base du temple et dont on faisait le tour à chacune des trois ou quatre terrasses qui la partageaient en étages. La pierre du sacrifice était tout en haut, en plein air, entre les deux autels où brûlait nuit et jour le feu sacré, devant le sanctuaire, en forme de tour élancée, qui recélait l'image du dieu. Le peuple, assemblé au loin, contemplait dans un profond silence, sans en perdre aucun détail, cette scène terrible. La victime, enfin, après des prières, était étendue sur la pierre fatale. Le sacrificateur, quittant la robe noire flottante dont il était ordinairement vêtu pour un manteau rouge, plus approprié à sa suprême fonction, s'approchait armé du couteau d'itzli, lui

titre : le Mexique ancien et moderne. L'histoire du Mexique depuis sa conquête par Fernand Cortez et surtout depuis le commencement du siècle, ainsi que l'exposé des ressources qui distinguent cette admirable contrée, occupent la majeure partie du livre. L'auteur cependant a consacré une suite de chapitres à la description de l'antique civilisation du pays. La religion sanguinaire des anciens maîtres du Mexique, les Aztèques, y est exposée avec quelque détail. C'est de là qu'est tiré le passage qu'on va lire.

(1) Collection Ternaux-Compans.

ouvrait la poitrine, en retirait le cœur fumant, barbouillait de sang les images des dieux, versait le sang autour de lui, ou en faisait, avec de la farine de maïs, une horrible pâtée. Voilà ce qui s'alliait pourtant avec la passion des fleurs et avec les idées les plus pures; voilà ce dont on venait repaître ses yeux cinquante fois par an, après s'être, la veille ou le matin, balancé dans une atmosphère embaumée, au milieu d'une végétation riante, sur les eaux du lac, à bord des chinampas!

Diverses circonstances redoublent la stupeur que causent de telles pratiques de la part de ces peuples et forcent à admettre qu'elles devaient procéder, sans préjudice d'autres mobiles, de la doctrine de l'expiation interprétée par l'effroi : la peur est féroce mille fois plus que le courage. A côté de ces cérémonies de sang, le culte des Aztèques en présentait d'autres d'une candide innocence; on eût dit le doux et tendre Abel honorant le Très-Haut. C'étaient des processions entrecoupées de chants et de danses où les jeunes gens des deux sexes rivalisaient de parure et de beauté, et déployaient une agilité extraordinaire. Des jeunes filles et des enfants, la tête ceinte de guirlandes de fleurs, la joie et la reconnaissance sur le visage, portaient pieusement des offrandes de fruits, prémices de la saison, et d'énormes épis de maïs, qu'on déposait, en brûlant des parfums, devant les images des dieux. Si des victimes étaient immolées alors, c'étaient des oiseaux, particulièrement des cailles. Tel était le caractère du culte des Toltèques, sur la civilisation desquels les Aztèques étaient venus se greffer à leur tour. Quelques cérémonies des Toltèques étaient ainsi demeurées intactes, sans que la main violente de leurs successeurs y mît son empreinte; elles restaient comme une protestation des meilleurs instincts de la nature humaine contre celles qui étaient sorties de l'imagination des Aztèques.

Ces inventions d'un mysticisme affreux étaient arrangées avec beaucoup de pompe et d'art. Chacun de ces sacrifices sanglants formait un drame qui représentait quelqu'une des aventures du dieu auquel il était consacré, et d'où ressortait une moralité. Dans le nombre on pourrait signaler des solennités dont, à coup sûr, le spectacle révolterait les hommes de notre siècle, à cause de la tragédie qui les terminait, mais dont il est impossible de lire la description sans en admirer la majesté, le sens profond et, je ne puis trouver d'autre expression, l'élégance. Telle était celle du *Feu nouveau*; telle, mieux encore, la fête du dieu Tezcatlipoca, générateur de l'univers, âme du monde.

D'après la cosmogonie des Aztèques, le monde avait éprouvé quatre catastrophes où tout avait péri. Ils en attendaient une cinquième au terme de leurs cycles de cinquante-deux ans, où tout devait de même disparaître, jusqu'au soleil devait être effacé des cieux. A l'achèvement du cycle qui, de même que la fin de l'année, concordait à peu près avec le solstice d'hiver, ils célébraient une fête commémorative de la fin et du renouvellement qu'avait quatre fois subis le monde, et destinée à conjurer le cinquième cataclysme dont le genre humain, la terre et les astres eux-mêmes, sans excepter celui qui sert de foyer à l'univers, étaient menacés d'un cruel arrêt des dieux. A cette fin, les cinq jours par lesquels se fermait l'année étaient consacrés à des manifestations de désespoir. On détruisait les petites images des dieux qui ornaient les maisons et les protégeaient; comme les dieux lares, les anciens. On laissait mourir les feux sacrés, qui brillaient sur la pyramide de chaque *teocalli* (temple); on cessait d'allumer le foyer domestique; on brisait ses meubles, on déchirait ses vêtements. Tout prenait l'aspect de la désolation pour la venue des mauvais génies qui projetaient de descendre sur la terre.

Le soir du cinquième jour, les prêtres, emportant les ornements de leurs dieux, s'en allaient en procession jusqu'à une montagne éloignée de deux lieues, menant avec eux la plus noble victime qu'ils pussent trouver parmi des captifs. Sur le sommet, on attendait en silence le moment où la constellation des Pléiades, qui jouait un rôle dans la cosmogonie des Aztèques, s'approchait du zénith; c'est à cet instant qu'on sacrifiait la victime. On enflammait, par frottement, des bois placés sur sa poitrine béante : c'était le *feu nouveau*, dont aussitôt on communiquait la flamme à un bûcher funèbre sur lequel la victime était consumée. Dès que le bûcher embrasé flamboyait au loin, des cris d'allégresse s'élevaient vers le ciel, des collines du voisinage, des sommets des temples, des terrasses des maisons, où toute la nation réunie, debout, les regards tournés dans la direction de la montagne, attendait avec anxiété l'apparition de ce signal de salut. Du bûcher sacré, des courriers partaient à toute vitesse, tenant des torches ardentes pour distribuer le feu nouveau qui, sur leurs pas, aussitôt éclatait de toutes parts sur les autels et dans les maisons. Peu d'heures après, le soleil se levant sur l'horizon annonçait aux hommes que les dieux les prenaient en pitié, et que, pour la durée d'un cycle encore, le genre humain était à l'abri de la destruction; mais, pour se racheter pendant le cycle d'après, il fallait que les peuples, durant les cinquante-deux ans qui leur étaient accordés, demeurassent fidèles à la loi venue des dieux. Les jours intercalaires qui suivaient, au nombre de douze ou treize, étaient consacrés à des fêtes. On réparait les maisons, on remontait les ménages en ustensiles, on se faisait de nouveaux vêtements, et on rendait grâces au ciel.

La fête du dieu Tezcatlipoca était d'un différent caractère. La mythologie aztèque le figurait sous les traits d'un homme à l'éternelle jeunesse, d'une beauté accomplie. Un an d'avance, on choisissait parmi les captifs celui qui était le plus beau, en prenant garde qu'il n'eût aucune tache sur le corps. De ce jour, le dieu était personnifié en lui, et des prêtres attachés à sa personne s'appliquaient à le façonner, afin qu'il eût une tenue pleine de dignité et de grâce. On l'habillait avec élégance et splendeur. Il vivait au milieu des fleurs, et les parfums les plus exquis brûlaient à son approche. Lorsqu'il sortait, il avait à son service des pages ornés avec une royale magnificence. Il allait partout en toute liberté, s'arrêtant dans les rues ou sur les places publiques pour jouer d'un instrument qu'il portait, quelque mélodie qui lui plaisait, et alors la foule se prosternait devant lui comme devant le Grand Esprit de qui tous les êtres tiennent le souffle vital.

Cependant le jour du sacrifice arrivait; l'appareil des délices s'évanouissait subitement autour de lui. Une des barques d'apparat de l'empereur le conduisait sur la rive du lac, à une lieue de la ville, au pied de la pyramide consacrée au dieu dont il avait été l'image. La population de la capitale et des environs était rangée tout alentour. Il gravissait lentement en tournant, selon l'usage, les étages du teocalli, et faisait des stations à chacune desquelles il se dépouillait de quelqu'un de ses brillants insignes, jetait quelques-unes des fleurs dont sa personne était ornée, ou brisait l'un des instruments sur lesquels il avait fait entendre ses accords. Au sommet de la pyramide, il était reçu par six prêtres, tous, un seul excepté, vêtus de noir, avec leurs longs cheveux épars. Le sacrifice se consommait : le cœur de la victime, présenté d'abord au soleil, était mis aux pieds de la statue du dieu. Puis les prêtres, s'adressant à la foule, tiraient de ce mythe ensanglanté de solennels enseignements, disant que c'était l'emblème de la destinée de l'homme, auquel tout semble sourire au début de la vie, et qui souvent termine sa carrière dans le deuil ou par un désastre, et répétant à leur auditoire cet adage consacré en tout lieu par la sagesse des nations, et cependant toujours prompt à s'effacer de la mémoire des hommes, que la prospérité la plus éclatante touche souvent à la plus sombre adversité.

LES BOITIERS.

Après une longue promenade dans la forêt de Bersay, la plus belle du département de la Sarthe, et peut-être même de la France, j'arrival au milieu d'une *vente*; on donne ce nom à la coupe en exploitation.

Les chênes centenaires, aux troncs droits comme les mâts d'un navire, sont là gisants, couchés sur le gazon; leur écorce lisse montre quelle sève vigoureuse s'élevait de la racine au sommet; c'est presque avec un serrement de cœur que l'on voit tomber ces géants si pleins de vie; les fleurs qui couvrent le sol se courbent comme éblouies du jour qui vient les visiter pour la première fois. Au calme habituel de cette retraite a succédé l'activité du travail. Des chants joyeux retentissent; le grincement de la scie, les coups de la hache, sont renvoyés par l'écho et semblent se multiplier en rebondissant de vallée en vallée.

Dans une vente, le bois se débite sous toutes les formes.

Ici, le charpentier l'équarrit; là, le fendeur est entouré d'énormes billes qu'il divise en merrain pour fabriquer les tonneaux, en lattes, en bardeaux, en feuilles minces et flexibles pour servir à faire des seaux; plus loin se trouve l'atelier des *boitiers*. Leurs cabanes, adossées à quelques gros chênes, sont construites avec des branchages de rebut, et couvertes de mousse et de coquilles. Rien de plus nécessaire que ce genre d'ouvriers, qui, avec un très-petit nombre d'outils d'une simplicité toute primitive, façonnent les objets de ménage les plus indispensables à la campagne. Le bois de *routeau* est le seul qu'ils emploient.

Les boitiers fabriquent le plat pour façonner le beurre, la pelle pour remuer le blé, la boîte pour conserver le sel, la sébile qui contient la maigre pitance du journalier, le fuseau, l'attelle et la sellette du harnais de charrette, le soufflet, le godet. Pour donner une idée du travail des boitiers, il suffit de prendre comme exemple la fabrication du godet, ce simple ustensile que l'on trouve dans toutes les cuisines.

Un godet, qui se vendra quarante centimes, passe successivement dans les mains de cinq ouvriers : d'abord le fendeur, à l'aide de la *babou* (fig. 6), frappe sur le *départoir* (fig. 5), divise les grumes en plusieurs quartiers; le bûcheur, avec la *hache* (fig. 2), donne la première façon; le tourneur s'empare du morceau de bois et, le montant sur

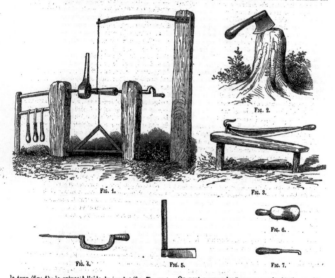

Fig. 1.   Fig. 2.   Fig. 3.   Fig. 4.   Fig. 5.   Fig. 6.   Fig. 7.

le tour (fig. 1), le creuse à l'aide du *crochet* (fig. 7); un coup de maillet détache le milieu où le mandrin était fixé; le pareur, avec le *paroir* (fig. 3), donne le fini nécessaire en faisant disparaître les coups de hache; et enfin, le perceur, avec le *vilebrequin* (fig. 4), dont tout est en bois à l'exception de la mèche, percé un conduit qui amène en dehors l'eau contenue dans le corps du godet.

On peut comprendre, par ce peu de détails, combien cette industrie des boitiers, si modeste à première vue, a cependant d'importance dans le pays, en raison du nombre de pauvres familles auxquelles elle donne du pain. L'ouvrier boitier peut gagner de 1 fr. 50 c. à 2 francs par jour; de plus, les copeaux lui appartiennent, et il chauffe ainsi sans frais son petit ménage.

...ar est entouré d'é-
... pour fabriquer les
... et feuilles minces et
...x; plus loin on trouve
...s, déversées à quelques
... branchages du robot,
...t. Rien de plus inou-
...té, avec un très-peti
...té primitive, façonne
...ssibles à la campagne.
... emploient.
...sur façonner le beurre,
... pour conserver le sel,
...bune du journalier, le
...arrosés de charrette, le
...dée du travail des hot-
...somple la fabrication du
... a trouve dans toutes les

...sta continues, pense suc-
...cg ouvriers : d'abord la
...frappe sur le déportoir
...ivers quartiers; le bâ-
...u la première fusse; le
...bois et, le montant sur

Fig. 5

Fig. 7

...u peu de détails, combien
...modeste à première vue, a
...pays, en ruines de pierre
...elle d'une de pain. L'oi-
...r. 30 c. à 2 francs par jour;
...rationnel, et il chauffe aussi

LE CHATEAU DE TUTBURY,
DANS LE COMTÉ DE STAFFORD
(ANGLETERRE).

Ruines du château de Tutbury. — La porte de Jean de Gand [1]. — Dessin d'Edwin Toovey.

En février 1569, Marie Stuart fut transportée de Bolton au château de Tutbury, dans le comté de Stafford. Le 10 de ce mois, la malheureuse reine d'Écosse terminait une de ses lettres à Élisabeth par ces mots : « Il vous playra excuser si j'escriptz si mal, car le logis, non habitable et froid, me cause rhume et dolleur de teste. Votre affec-

[1] Jean de Gand, duc de Lancastre, troisième fils d'Édouard III.

tionnée bonne sœur et cousine, Marie, R. » Élisabeth ordonna ensuite de transférer la captive à Wingfield, dans le comté de Derby; mais elle ne l'y laissa que cinq mois, et la fit ramener, le 21 septembre, à Tutbury. Le 14 novembre, on en retira précipitamment Marie et on la conduisit à Conventry, de peur qu'elle ne fût enlevée par les comtes de Northumberland et de Westmoreland. Le 2 janvier 1570, elle fut de nouveau enfermée à Tutbury, où elle séjourna jusqu'à la fin de mai. A cette prison succédèrent les châteaux de Chatsworth, Sheffield, Wingfield. Le 12 ou le 13 janvier 1585, Marie Stuart écrivait encore à Élisabeth : « Madame ma bonne sœur, pour vous complaire, comme je désire, en toutes choses, je pars présentement pour m'acheminer à Tutbery... Preste à entrer en mon cosche, je vous bayse les mayns. » L'ambassadeur de France Castelnau obtint, en septembre, que la reine d'Écosse fût retirée de ce château, délabré et insalubre, dont le séjour lui était insupportable ; elle fut transférée à Chartley, château du comté d'Essex, et de là, l'année suivante, au château de Fotheringay, dans le comté de Northampton, où elle fut décapitée le 8 février 1587.

Ce vieux château de Tutbury, froid, humide, sombre, mal clos, construit, dit-on, dans les premiers temps de la période saxonne, était habité par Hugho d'Albrinius lors de la conquête normande. Donné par Guillaume à Henri de Ferrers, qui le fit reconstruire sur un plan plus vasto, Tutbury resta en la possession de cette famille jusqu'à la rébellion de Robert de Ferrers, comte de Derby, et des autres barons, sous Henri III. Il fut pris alors par le prince Édouard et donné au duc de Lancastre.

Depuis longtemps le château est en ruine. La petite ville qu'il protégeait jadis, située au bord de la Dove, ne compte pas plus de dix-huit cents habitants dont l'industrie consiste principalement en verreries et en manufactures de coton.

La vie religieuse doit être à la vie ordinaire ce que l'harmonie est à la mélodie, qu'elle relève et qu'elle soutient. — SCHLEIERMACHER.

CE QU'ÉTAIENT LES IMPÔTS

AU DIX-HUITIÈME SIÈCLE.

LA TAILLE. — LA CAPITATION. — LE VINGTIÈME. — LES AIDES. — LES DOUANES. — LA GABELLE. — LES DROITS FÉODAUX. — LA CORVÉE. — LA DIME. — LA MILICE.

En première ligne vient la *taille*, l'impôt foncier, qui porte sur la terre roturière, et dont sont exemptes de droit les terres nobles et ecclésiastiques. Non-seulement la taille est lourde, mais elle varie chaque année et laisse le contribuable dans l'incertitude de ce qu'il devra payer l'année suivante. Elle est de plus très-mal répartie : l'absence de cadastres bien faits ne permet pas qu'elle soit proportionnée à l'étendue et à la valeur des terres. Autre abus : elle s'étend aux bestiaux, aux attelages, aux instruments de travail; il y a donc intérêt à consacrer à la culture le moindre capital possible. C'était encourager à cultiver misérablement ou à feindre la misère; triste nécessité!

La manière dont la taille se percevait était vraiment barbare. La contribution de chaque paroisse une fois déterminée, l'intendant désignait parmi les plus aisés un *collecteur* pour en répartir la charge entre tous les habitants et la recueillir. Mais comment le malheureux aurait-il pu évaluer exactement le bien de chacun et régler les parts avec justice? Comment ne se serait-il pas montré facile avec ses parents, ses amis, ses voisins, sévère pour les autres, inique par sentiment de haine ou de vengeance? Il ne peut s'acquitter de cet odieux emploi qu'avec une escorte d'huissiers et de garnisaires. Ajoutez qu'il est responsable du recouvrement de l'impôt sur tous ses biens, et même par corps. Il aura beau se montrer impitoyable, il n'y a pas moyen souvent d'échapper à la ruine; il sera à la fois tyran et victime. Et quels détestables effets avait ce mode de perception pour la morale publique! « Chaque contribuable avait un intérêt permanent à épier ses voisins et à dénoncer au collecteur le progrès de leur richesse; on les dressait à l'envi à la délation et à la haine. »

A la taille s'ajoutaient la *capitation* et le *vingtième*. La capitation était un impôt personnel qui embrassait toutes les classes, la noblesse et le clergé aussi bien que la bourgeoisie et le peuple. Mais dans ce temps de priviléges, les puissants savaient s'y soustraire de mille façons. Elle pesait d'autant plus sur les petits.

Le vingtième était un impôt sur les revenus de toute espèce, fonciers, mobiliers, industriels. Il s'aggrava, comme tous les autres impôts, sous Louis XV. On payait un vingtième en 1748; on en paya un second en 1756, un troisième de 1760 à 1763. Les privilégiés, comme toujours, trouvaient des accommodements avec le fisc.

Voilà pour les impôts directs. Au moins les impôts indirects sont-ils établis de manière à ménager le paysan? Nullement; ils sont multipliés et excessifs. Le gouvernement s'obstine à ne pas comprendre que les populations consomment d'autant plus que les objets de consommation arrivent plus à leur portée par l'abaissement des droits; que mieux nourries, mieux vêtues, plus heureuses en un mot, elles produisent davantage, et que le trésor profite doublement du progrès de la consommation et du progrès de la production. Loin de là, d'une part les *aides*, qui représentent nos impôts indirects, compliqués à l'infini, de l'autre les douanes intérieures, qui séparent encore beaucoup de provinces françaises comme autant de pays ennemis, augmentaient dans une proportion considérable la valeur première des produits du sol et de l'industrie. Ces taxes, ces droits de douane étaient comme autant de barrières opposées à la circulation active des objets les plus nécessaires à la vie; ils empêchaient que d'un bout du royaume à l'autre il ne s'établît un prix moyen, accessible au consommateur, profitable au producteur. Prenons pour exemple les boissons, le plus important des produits que frappaient les aides; voici ce que nous voyons. Les vins, qui se donnaient dans l'Anjou et l'Orléanais à un sou la mesure et même moins, c'est-à-dire près de pays le vigneron, se vendaient vingt et vingt-quatre sous dans la Picardie et la Normandie, et encore n'y avait-il pas trop à gagner pour le marchand; on n'aurait pu mieux s'y prendre si l'on s'était proposé d'organiser la misère.

Et l'impôt sur le sel, l'odieuse *gabelle*! Rien de plus tyrannique ne peut se concevoir. Voilà un produit de première nécessité qui peut être livré à très-bas prix en France avec le développement de nos côtes et de nos marais salants; mais cette *manne dont Dieu a gratifié le genre humain*, comme disait Vauban, il faut que le consommateur, par les exigences du fisc, la paye jusqu'à vingt-cinq sous la livre; il y a plus : on est forcé d'en acheter une quantité déterminée et de renouveler tous les trois mois sa provision, qu'elle soit épuisée ou non. Il fallait une pénalité rigoureuse jusqu'à la cruauté pour maintenir un impôt aussi inique.

Ce n'était pas tout que d'être quitte envers le roi; venaient les obligations envers les seigneurs. Nous ne parlons pas des rentes foncières, des redevances en argent ou en nature, et dont il n'était pas permis de se racheter, qui par toute la France grevaient les terres roturières, mais des droits féodaux, utiles ou honorifiques, qui n'avaient plus maintenant de raison d'être. Autrefois, en effet, le seigneur était un souverain sur ses terres, il conduisait ses vassaux à la guerre, il leur rendait la justice, il les gouvernait; s'il était souvent un maître dur, il vivait au milieu d'eux, il avait avec eux mille intérêts communs. Mais, au dix-huitième siècle, le seigneur n'a plus de pouvoir politique; il vit à l'armée, à la cour, à Paris; il dépense sa fortune partout ailleurs que sur ses terres. Il ne peut avoir de sollicitude pour le paysan qu'il ne connaît pas; il n'a de rapports avec lui que par l'entremise de son intendant et exige à la rigueur ses revenus. Et l'intendant a l'occasion belle pour abuser et usurper. Les tribunaux, composés de privilégiés plus soucieux de leurs priviléges que de la justice, donnent bien rarement raison au paysan. Les seigneurs, du reste, ce ne sont même plus, pour la plupart, les représentants des vieilles familles, mais des bourgeois enrichis, des gens de finance qui ont acheté leur noblesse, et qui, n'entendant pas qu'elle leur coûte trop cher, demandent à leurs nouveaux droits seigneuriaux le plus gros intérêt possible de leur argent.

Quelque condamnés qu'ils soient par la justice, ils persistent donc, ces droits féodaux. Les corvées seigneuriales n'ont pas encore disparu, non plus que les droits de péage sur les chemins; partout des taxes se prélèvent sur les foires et sur les marchés; partout se payent les *lods* et *ventes*, lorsque des terres changent de mains dans les limites de la seigneurie; presque partout il faut moudre son blé au moulin du seigneur, vendanger à son pressoir, ou payer pour se racheter; au seigneur le droit de colombier et de garenne, à lui le droit exclusif de la chasse. Et à quels odieux et barbares abus avait conduit ce droit funeste! libre aux bêtes fauves de ravager les cultures : le paysan ne peut les écarter qu'avec des pierres et le bâton; qu'il tire un coup de fusil ou tende des lacets, il affronte les plus terribles châtiments. L'amende, le carcan, le fouet, la flétrissure, les galères, toutes les peines sont accumulées contre le misérable qui prétend défendre sa récolte et s'expose à gêner les plaisirs féodaux. Il peut, il est vrai, entourer ses champs de murailles; mais le jour où il plaît au seigneur de chasser, il faut en abattre une partie. Il a pour consolation de suivre la chasse, de voir les chiens, les chevaux, les piqueurs lâchés à travers ses vignes ou ses moissons. S'il s'agit du parcours des chasses royales, il n'est même pas permis d'élever des murs, ni d'arracher les chardons et les mauvaises herbes, ni de faucher avant la Saint-Jean, par sollicitude pour l'éclosion des couvées, ni d'arracher les chaumes avant le 1er octobre, dans l'intérêt des perdrix et des cailles; les façons que demande la terre en temps opportun, la rentrée des fourrages, tout est sacrifié au gibier du roi.

Quelques mots suffiront pour la *dime*. Le clergé la prélevait *en plus* de tous les autres droits féodaux dont il jouissait. Il est vrai que cet impôt, prélevé en nature, n'atteignait jamais le dixième du produit; il n'en était guère que le douzième, le treizième et même le vingtième. Nulle part les nouvelles cultures n'y étaient sujettes, comme les pommes de terre, le trèfle, les choux. Dans beaucoup d'endroits les prairies en étaient exemptes, de même que les vers à soie. Les vaches ne payaient rien; les agneaux, du douzième au vingtième; la laine, rien (¹). Mais bien que modérée, la dime était pesante encore pour ceux qu'accablaient déjà tant d'autres impôts.

A cette longue énumération de charges il faut joindre en plus la *corvée royale* et la *milice*. On avait senti, au dix-huitième siècle, le besoin de grandes routes qui missent en

rapport toutes les principales villes. Elles devaient servir au paysan moins qu'à personne, attaché qu'il était par la misère à sa glèbe natale. On ouvrit ces routes, *les chemins du roi*, on les entretint à l'aide de la corvée seule. Ce ne fut pas le moins ruineux des impôts. Ces corvées tombaient souvent mal à propos pour les travaux des champs; elles entraînaient de grands frais, des pertes d'animaux; néanmoins, il n'y avait pas d'indemnité. Puis, comme le moyen paraît commode, on y a recours pour tous les travaux publics. Elle sert à bâtir des casernes, à transporter les forçats dans les bagnes et les mendiants dans les dépôts de charité; elle charroie les effets militaires toutes les fois que les troupes changent de place. On donne bien un salaire pour ces sortes de corvées; mais il est fixé par l'intendant de la province, et toujours très-bas; il n'est pas pour le corvéable une compensation de sa peine, de son temps, de sa dépense. Que le paysan n'ait pas succombé sous le poids, c'est ce qu'il faut le plus admirer.

Vient enfin la *milice*. Le service militaire portait presque sur les seuls paysans, et sur les plus pauvres. On peut être requis jusqu'à quarante ans si l'on ne se marie. Il y a bien le tirage au sort comme aujourd'hui; mais a-t-on un gros numéro, c'est peu de chose. La faveur qui s'exerce ouvertement et sans recours possible force le plus souvent d'épuiser la liste. Soyez au service d'un gentilhomme ou d'une abbaye, si vous voulez rester au village. En vain auriez-vous quelque épargne lentement amassée pour ce jour de crise dans la vie du travailleur : il est défendu de se racheter. Il faut donc partir, sans avoir rien à attendre à l'armée, quels que soient votre courage, votre dévouement, vos aptitudes militaires. Au gentilhomme seul il appartient de commander. Aussi comment s'étonner qué cet impôt du sang soit détesté dans les campagnes, et que pour y échapper les jeunes paysans fuient dans les forêts, dans les montagnes, dans les marécages, ou se mutilent volontairement, ou résistent à force ouverte à la maréchaussée! Ils vont courir d'eux-mêmes aux armes tout à l'heure, et se montrer les premiers soldats du monde à l'appel de la patrie en danger. Mais la patrie n'était plus là terre de servitude.

A quelques années de là, sous le règne de Louis XVI, un agriculteur anglais, esprit sensé et excellent observateur, Arthur Young, parcourait la France, monté sur sa grande jument borgne, son seul compagnon de voyage, nous dit-il, et s'enquérait par lui-même de tout ce qui intéressait sa profession. Il voyageait pour la *charrue*, avec cette satisfaction de juger que la palme devait être donnée à la charrue anglaise. En Angleterre, il a vu le paysan n'obéissant qu'à ce qu'il croit le juste, supérieur à la contrainte, se glorifiant de surveiller ses droits, apprenant à vénérer son titre d'homme : il s'étonne de le voir chez nous désarmé contre l'injustice, pliant sous la faix, entravé par des réglements iniques. Il s'afflige de l'état des campagnes; presque en tous lieux ce sont des femmes courbées, flétries avant l'âge, aux traits durs, qui portent de lourds fardeaux. Les maisons sont sans vitres aux croisées et ne s'aèrent que par la porte. De toutes parts des terres abandonnées et incultes, et surtout auprès des châteaux des grands seigneurs, « qui ont une malheureuse préférence à s'entourer de bruyères, de landes, de déserts, de fougeraies, de forêts bien peuplées de cerfs, de sangliers et de loups, au lieu de fermes propres et bien cultivées, de chaumières avenantes et de gais paysans. » Bien peu, parmi les nobles, ont souci de l'agriculture. Ce n'est pas auprès d'eux que notre voyageur pourrait s'instruire; ils le renvoient à leurs régisseurs, chargés de conduire leur hôte chez leurs fermiers. « Chez un noble de mon pays, observe l'Anglais, on eût, à cause de moi, invité à diner trois ou quatre fer-

(¹) A. Young, *Voyage en France.*

miers qui se seraient assis à table à côté de dames du premier rang. » S'il y a quelque exposition d'instruments aratoires, c'est sous verre, à la Bibliothèque du roi, à Paris, qu'il faut aller voir ces manières de *joujoux*. (1)

UN SIFFLET DU SEIZIÈME SIÈCLE.

Sifflet en argent du seizième siècle. — Dessin de Montalan.

Les peintures du seizième siècle reproduisent souvent des sifflets pareils à celui que nous figurons ici, et qui n'é-

(1) Extrait d'un livre bien fait et très-instructif : *les Grandes époques de la France*, par M. Hubault, professeur d'histoire au lycée Louis-le-Grand, et M. Marguerin, directeur de l'École Turgot. 1862.

taient pas toujours des sifflets de chasse, mais servaient quelquefois dans la vie ordinaire ; les nobles portaient des instruments de ce genre attachés à une chaîne qui pendait sur la poitrine. Parmi les modèles qu'Aldegrever exécuta pour les orfévres se trouvent plusieurs de ces sifflets. Celui dont nous offrons un dessin est un sifflet de chasse de la seconde moitié du seizième siècle, et qui se trouve au Musée germanique de Nuremberg. C'est un objet assez rare en son genre. Il est en argent ; il n'y a de doré que la croix qui surmonte la chaîne. Le sifflet est formé d'un petit tuyau par lequel on souffle dans l'ouverture d'une boule creuse ; ce tuyau et cette boule sont mis en position convenable au moyen de la tête et de la queue d'une sirène placée en dessous et ornée de cinq pendeloques. La sirène porte dans sa main gauche un peigne ; dans sa droite, elle avait un miroir, qui manque à l'instrument actuel ; on l'a restitué dans le dessin, ainsi que deux ou trois des glands ou pendeloques qui avaient été enlevés.

M. le comte César Palavicini, de Munich, possède un sifflet à peu près de même forme en argent, or et pierres précieuses. A la place de la sirène, c'est une branche avec ses feuilles et, de plus, un gros fruit, qui remplit le même office que la boule décrite ci-dessus. Le bois de la branche constitue le corps du sifflet. Dans quelques chemins de fer, les conducteurs de trains emploient des sifflets taillés dans le même genre, parce que le son qui s'en échappe est plus fort et plus retentissant. Le même amateur a dans sa collection un autre sifflet de chasse qui représente un crocodile en or fin, orné de pierres précieuses, au cou une perle d'Orient, sur la tête un rubis, et sur le corps un médaillon renfermant un rubis, trois turquoises et des émaux. On souffle dans la gueule de l'animal, qui a en dessous un trou pour laisser passer l'air.

CATHÉDRALE DE BRUNSWICK (1).

La cathédrale de Brunswick, dédiée à saint Blaise, est extérieurement de peu d'apparence : c'est Henri le Lion, duc de Bavière, fils de Henri le Superbe, qui la fit construire à son retour de Palestine, entre 1172 et 1188 ; elle a été incendiée plusieurs fois. On n'a pas eu, sans doute, assez d'argent ou de zèle pour la restaurer dignement : elle reste mutilée. Ses tours ne sont pas bien hautes ; elles datent du treizième siècle, et ne font pas grand honneur à cette belle époque de l'art. L'intérieur de l'édifice, en partie de style roman, est au contraire d'un effet qui intéresse et qu'on n'oublie pas. On arrive par un escalier à double rampe au chœur, orné de peintures murales des douzième et treizième siècles, découvertes en 1845. Au-dessus des premières marches, cinq colonnes de bronze supportent la table de l'autel, qui est d'un beau style. Auprès, une pierre tombale décorée de deux figures en haut relief couvre les restes de Henri le Lion et de sa femme Mathilde. C'est ce prince aventureux, fondateur de la ville de Munich, qui a fait don à l'église du can-

(1) Le duché de Brunswick, État de la Confédération germanique, est situé entre les États de Prusse, de Hanovre, d'Anhalt et de Hesse. La population est d'un peu plus de 261 000 habitants.

délabre colossal à sept branches, enrichi d'émaux, qui est l'ornement le plus original de l'église. On remarque au-dessus du portail septentrional un blason où l'on a consa-cré allégoriquement le souvenir fabuleux du lion fidèle qui vint chercher le prince Henri après sa mort.

La crypte, construite en 1681, sert de sépulture à la

Le Chœur de la cathédrale de Brunswick. — Dessin de Stroobant.

famille ducale de Brunswick. Neuf de ces ducs sont morts sur les champs de bataille. C'est aussi là que repose Caroline de Brunswick, fille du duc qui a envahi la France en 1792, et trop fameuse épouse de Georges IV, roi d'Angleterre.

LES LÉPORIDES.

On a donné le nom de Léporides à une race nouvelle d'animaux très-intéressante à plusieurs titres. C'est une race obtenue par artifice et en quelque sorte contre le vœu de la nature. Elle est le résultat d'un croisement opéré entre le lièvre et le lapin ; elle participe à certains égards de ces deux types et se propage d'ellé-même comme toutes les espèces d'animaux.

Ce croisement est extrêmement difficile et avait souvent été tenté sans succès. Buffon, qui en sentait toute l'importance, s'y était appliqué à diverses reprises, mais ses expériences n'avaient servi qu'à constater une fois de plus l'antipathie profonde qui sépare les espèces. Il avait eu beau faire élever ensemble dès leur jeune âge des lièvres et des lapins, afin de les habituer les uns aux autres, rien n'avait pu triompher de l'opposition des instincts qui, se traduisant en combats continuels, n'avait pas tardé à amener la mort de l'une des deux parties. Il semblerait, en effet, que la nature, voulant éviter la fusion de ces deux espèces si voisines, ait pris d'avance ses dispositions à leur égard en créant entre elles une animosité particulière qui autrement serait inexplicable. Entre d'autres espèces aussi rapprochées l'une de l'autre que celles-ci, et par exemple entre l'âne et le cheval, la même antipathie n'a pas été instituée parce que le même danger n'était pas à craindre, les produits de ces autres unions ne jouissant pas de fécondité et ne pouvant, par conséquent, former le principe d'une race permanente. Mais ici, comme ayant pressenti que les métis devaient être féconds, la nature s'est d'autant plus appliquée à les empêcher de naître, et s'ils sont nés néanmoins, c'est par surprise en quelque sorte et contre son gré : nouvel exemple de cette singulière prévoyance, qui se cache si souvent dans le mystère de ses ordonnances et dont nous ne découvrons presque jamais le secret qu'après coup.

Dans une entreprise où Buffon avait échoué, il n'était guère à espérer que d'autres pussent arriver à réussir ; cependant, comme, dans les expériences sur les animaux, le succès dépend souvent de circonstances fortuites qu'il est impossible de définir et surtout de préciser, à volonté, la partie, malgré l'autorité de l'illustre naturaliste, ne pouvait être considérée comme perdue. En effet, à peine quelques années s'étaient-elles écoulées depuis ses travaux sur cette question qu'un abbé, sans se douter d'abord de l'importance de sa conquête, atteignait le but. En 1773, près d'Oneglia, dans la rivière de Gênes, l'abbé Domenico Gagliani, ayant reçu une hase toute jeune, eut l'idée de l'élever avec un petit lapereau du même âge. Les animaux, au lieu de se battre, s'accoutumèrent l'un à l'autre, et après quelques mois la femelle mit bas, et sa fécondité se maintenant, l'abbé se vit bientôt en possession d'un certain nombre de métis. Il en fit tuer un, et ayant reconnu que sa chair avait les qualités de celle du lièvre, et même avec quelque chose de plus délicat, il prit plaisir à garder cette race et à s'en faire honneur auprès de ses amis. Un des naturalistes de ce temps, l'abbé Amoretti, ayant eu connaissance de la chose et l'appréciant à un point de vue plus sérieux que son confrère, se rendit à Oneglia pour y étudier ces animaux, et publia à Milan, en 1780, le résultat de ses observations. Le monde savant les jugea du plus haut intérêt, et elles furent dès lors rangées au nombre des éléments zoologiques les plus précieux.

Malgré tant de raisons qui devaient porter à la conservation de cette race précieuse, elle disparut. L'abbé Gagliani en avait-il gardé le monopole et s'éteignit-elle, faute de soins, à la mort de son propriétaire? On l'ignore. En résumé, elle n'existait plus que dans les annales de la science, et malgré les efforts tentés pour déterminer entre les deux espèces un nouveau croisement, on pouvait craindre d'avoir à la ranger parmi les races perdues, lorsqu'en 1850, à Angoulême, le croisement se réalisa de nouveau. Ce n'était plus tout à fait le même : c'était celui du lièvre mâle et de la lapine. Aussi les produits étaient-ils différents de ceux qui avaient été décrits par l'abbé Amoretti. Dans ceux-ci, le pelage se rapprochait de celui du lapin, et il y avait des individus blancs, noirs, tachetés; mais par contre la chair se rapprochait beaucoup de celle du lièvre. Dans la race d'Angoulême, c'est l'inverse : la chair ne diffère que très-peu de celle du lapin, tandis que le pelage offre, au contraire, les plus grands rapports avec celui du lièvre, tant pour la couleur que pour la nature du poil. Mais le fait capital, c'est que cette race, comme celle d'Oneglia, paraît douée de la même fécondité qu'une race naturelle. Cette fécondité est d'ailleurs aussi grande que celle du lapin, car il n'est pas rare de voir des portées de dix à douze petits. Non-seulement les animaux se reproduisent entre eux sans difficulté, mais ils se reproduisent sans plus de difficulté avec les deux espèces primitives ; de sorte que l'on peut à volonté augmenter des produits la proportion du sang du lièvre ou la proportion du sang du lapin. Si l'on vise aux qualités de la chair, il faut se rapprocher du premier, et du second si l'on vise au pelage et à la fécondité.

Voilà le côté pratique de la question, et M. Roux, l'heureux créateur de cette race curieuse, a pu en apprécier toute l'importance, car elle est devenue pour lui une source fructueuse de revenu. Il s'en vend tous les ans plus d'un millier sur le marché d'Angoulême, et le prix se maintient toujours à peu près au double de celui du lapin. L'expérience, à cet égard, est suffisante, et il s'ensuit incontestablement que la race nouvelle a tendance à éliminer partout des basses-cours la race des lapins, car l'élevage n'est pas plus dispendieux, tandis que les avantages sont supérieurs.

Mais le côté pratique n'est pas tout, et il s'y joint un côté scientifique des plus importants. La question des races métisses est devenue une des plus instantes de la science, surtout depuis que l'on a senti ses rapports avec l'ethnologie. D'un fait en apparence aussi obscur que le croisement de deux animaux vulgaires sous la grille d'un clapier peuvent ressortir des lumières du plus haut prix pour l'histoire du genre humain ; et peut-on s'en étonner quand on se rappelle que c'est sur l'observation de la chute d'une pomme que le génie de Newton a découvert les lois du système du monde? Quoi qu'il en soit des ressources que la suite des études sur la race nouvelle est susceptible d'apporter à la théorie générale des races croisées, il est certain qu'elle a déjà fourni matière à des considérations d'un très-haut prix, particulièrement de la part de M. Broca, l'un de nos anthropologistes les plus distingués. Malheureusement, jusqu'ici M. Roux s'était strictement réservé le monopole de ses animaux, et M. Broca, pour les observer, s'était vu obligé à faire plusieurs voyages à Angoulême. Ses tentatives, aussi bien que celles d'autres naturalistes, pour reproduire le croisement obtenu par M. Roux n'avaient pas eu plus de succès que celles de Buffon, et il était même à craindre que les métis d'Angoulême ne fussent exposés à disparaître quelque jour comme ceux d'Oneglia. Mais, depuis peu, le Jardin d'acclimatation au bois de Boulogne a réussi à se procurer deux paires de ces précieux animaux, et l'on peut espérer que non-seulement les léporides vont désormais se propager dans toutes les parties de notre territoire, à la grande satisfaction des amateurs, mais que leur race deviendra, dans le sein de l'établissement dont il s'agit, l'objet des études diverses auxquelles elle fournit une base si favorable. La question principale est de connaître les variations qu'elle est exposée à subir par une longue suite de générations, et quels sont les retours accidentels à l'un ou à l'autre des types primitifs qui peuvent se manifester de temps à autre dans le cours de la série.

LE COMTE D'AVERSA.
ANECDOTE.

La chronique du Mont-Cassin, parmi les différents traits de son histoire, en renferme un fort singulier et qui est relatif à la personne de l'abbé Desiderio, élevé depuis au pontificat sous le nom de Victor III.

Elle rapporte qu'un comte d'Aversa appelé Richard, un de ces aventuriers normands dont l'ambition ne se reposait jamais et ne rêvait qu'entreprises extraordinaires, se rendait souvent près de Desiderio, ainsi que le faisaient les autres seigneurs du pays, et aimait à le consulter. Quoique ambitieux, Richard était plein de piété, et les idées superstitieuses exerçaient sur l'empire sur son esprit : ainsi le voulaient les temps barbares au milieu desquels il vivait. En raison de cette disposition de caractère, il abandonnait souvent la pompe de sa cour, la foule de ses palais, le bruit des armes, et, seulement suivi de quelques écuyers, montait au monastère célèbre pour demander à Desiderio ses prières et ses conseils.

Un jour il lui parla en ces termes :

— Mon père, vos admonitions ne suffisent pas à me donner la paix, et vos préceptes ne m'aident pas beaucoup à reconnaître sûrement la route du bien au milieu de cette forêt obstruée d'événements et de passions où me fait errer mon étoile. Vos pensées diffèrent trop des miennes, et souvent, dans un seul jour, les variations de la fortune m'obligent à changer d'intention et d'acte. Donnez-moi donc, ô saint homme, un moyen et un signe aussi sûrs que prompts de reconnaître la justice d'une action, et de savoir, en quoi que ce soit que j'entreprenne, si je suis susceptible de causer un long et grave dommage à mon âme.

L'abbé fut très-étonné de cette demande. Il s'excusa de son mieux et parvint difficilement à persuader le comte qu'il n'avait pas la vertu de donner à un autre ce dont il manquait lui-même. Richard, avec la présomption d'un prince et l'obstination d'un soldat, renouvela plusieurs fois sa requête, mêlant souvent à ses sollicitations des paroles d'impatience et de mépris.

Pour le contenter, le bon Desiderio alla ouvrir une armoire, et en tirant un anneau de jaspe antique, très-noir, il le lui présenta et lui dit :

— Seigneur, prenez cet anneau et tâchez de le conserver toujours sur vous, au doigt ou autrement. C'est tout ce que j'ai pu garder de la principauté de Bénévent et des richesses de mon père Agiluf, et cependant je m'en prive et m'en dépouille en votre considération. Dans les cas ordinaires de la vie, dans tous ceux où un homme sensé voit clairement ce qu'il faut faire, l'anneau ne vous montrera rien ; mais dans les cas extraordinaires, dans ceux où votre pensée sortant de la prudence vous inclinerait à prendre quelque résolution contraire à la sainte loi de Dieu, vous verrez la pierre noire se couvrir de taches de sang et les taches grandir en raison de la malignité de vos desseins, et nul argument ne saurait les faire disparaître.

Le comte d'Aversa fut très-satisfait de l'offre et de la parole de l'abbé. Il prit l'anneau, le mit à son doigt, et partit après avoir chaudement remercié Desiderio et promis de grands dons à son abbaye.

Plusieurs mois s'écoulèrent ; mais pendant ce temps Richard ne put goûter un seul jour de repos et de tranquillité. Toujours éperonné du désir d'égaler les exploits de son frère Guiscard, il avait, au moyen des armes et aussi de l'astuce, agrandi ses États. Déjà Salerne, Capoue,

Aquino et les plus gros territoires des environs de Rome, étaient rangés sous ses lois. Un jour, prenant avec lui une partie de ses meilleures lances, il se dirigea vers le Mont-Cassin. Les sentiers de la montagne resplendirent d'un éclat d'armes inaccoutumé ; les cimes solitaires des Alpes retentirent du bruit peu habituel des trompettes. Richard, arrivé au monastère, se fit conduire devant l'abbé et lui adressa ces paroles d'un ton et d'un air qui étaient rien moins que bénins :

— Mon père, ou l'enchantement de votre anneau est rompu, ou il n'a jamais dit vrai, ou vous avez méchamment et frauduleusement mis fin à mes importunités. Voilà ce qui m'est arrivé. Ayant eu besoin de beaucoup d'argent pour abaisser l'orgueil de mes ennemis, je songeai, il y a peu de temps, à imposer de nouveau les habitants de Salerne ; mais comme cette commune avait été taillée très-durement lorsqu'elle tomba en mon pouvoir, non par le fait de ma volonté, mais par suite de sa résistance, j'avoue que j'hésitai fort entre l'ambition de mes desseins et le devoir de la justice et de la miséricorde. Nombre de fois alors je regardai l'anneau, mais je n'y vis apparaître aucune tache de sang : aussi ordonnai-je à mes officiers de frapper l'impôt et d'en recueillir l'argent. Cependant je n'en suis pas plus tranquille. La conscience me tourmente et me mord tellement le cœur que voici deux nuits que je me réveille aux cris et lamentations de ces malheureuses gens : il semble que je les entends vomir contre moi de féroces imprécations, et que leur voix excite le tonnerre à gronder dans les cieux comme si leur voix répondait la justice divine.

Ainsi parla Richard, en présentant à Desiderio un visage plein d'angoisses et de menaces.

L'abbé l'écouta humblement et sans crainte ; puis, se jetant à ses pieds, il lui dit :

— O puissant et clément seigneur, comment pouvais-je vous montrer d'une façon plus vive et plus certaine que notre meilleur guide, dans l'œuvre de la vie, est la conscience, la conscience aidée de la prière et du constant désir du bien ? Hélas ! qui vous a appris que l'anneau mentait, si ce n'est la voix secrète qui vous avertissait de votre mauvaise action ? [1]

PAYSAGE.
EFFET DE GIVRE.

Le sujet du tableau que reproduit la gravure suivante nous remet en mémoire quelques vers de Chênedollé, poète estimé du commencement de ce siècle, mais d'une école qui a beaucoup vieilli. Chênedollé aimait la nature, et il s'étudiait de bonne foi à exprimer sincèrement dans ses vers les émotions qu'elle lui faisait éprouver. Mais, que l'on soit poète ou peintre, si l'on n'est pas doué d'une originalité très-puissante, on se met toujours un peu plus ou un peu moins, même sans le vouloir et le savoir, au point de vue des maîtres que les contemporains applaudissent ; on sent comme eux, on taille sa plume ou son crayon à leur exemple. Qui ne reconnaîtra que Chênedollé, dans les vers suivants, échappait beaucoup moins qu'il ne le croyait à l'influence de Delille ?

Soudain l'âpre gelée, aux piquantes haleines,
Frappe à la fois les prés, les vergers et les plaines,
Et le froid Aquilon, de son souffle acéré,
Poursuit dans les bosquets le Printemps éploré.
C'en est fait ! d'une nuit l'haleine empoisonnée
A séché dans sa fleur tout l'espoir de l'année.
Le mal se cache encor sous un voile incertain ;
Mais quand l'aube eut blanchi les portes du matin,

[1] Terenzio Mamiani, *Dialogues philosophiques.*

Que son premier rayon éclaira de ravages!
Tout du fougueux Borée attestait les outrages:
Le fruit tendre et naissant que septembre eût doré
Par le souffle ennemi s'offre décoloré;
La vigne, autre espérance, en proie à la froidure,
A du pampre hâtif va mourir la verdure;
L'épi, dans ses tuyaux vainement élancé,
Est frappé par le givre et retombe affaissé;
Le pommier, que paraît sa fleur prématurée,
A vu tomber l'honneur de sa tête empourprée;
Et, plus honteux encor, de ses bouquets flétris
L'arbre de Cérasonte a pleuré les débris.

Nous sommes si loin aujourd'hui de ces formes de la poésie qui florissait sous le premier empire, que plus d'un de nos lecteurs demandera peut-être ce que c'est que l'arbre de Cérasonte : c'est simplement le cerisier.

On admet difficilement aujourd'hui ce procédé qui consistait à regarder la nature à travers le prisme mythologique des poëtes grecs et romains. Le principe dominant est qu'un artiste doit « être soi », sentir directement et simplement avec son âme et n'exprimer que ce qu'il sent. Rien de mieux : on ne peut qu'approuver cette tendance nouvelle et l'encourager. Il est facile seulement de s'apercevoir qu'en poésie comme en peinture cette règle d'émancipation ne profite guère qu'à quelques individualités originales et vigoureuses. Depuis qu'elle a définitivement prévalu par réaction contre les écoles, on remarque, par exemple, que la plupart des peintres n'usent de leur entière liberté qu'avec une timidité extrême, et que, sciemment ou non, ils se groupent derrière différents maîtres grands ou petits. Tel paysagiste sort de Paris, marche longtemps, s'enfonce dans la forêt, arpente la plaine : le voilà seul devant la nature, il le croit du moins; mais il se trouve qu'il y a près de lui un personnage invisible, M. Rousseau, M. Daubigny, M. Français, M. Desgoffe, ou tout autre, qui le dirige sans qu'il s'en doute, dans le choix du site, de la perspective, de l'heure, de la lumière, et, bien plus, qui guide sa main et trempe son pinceau çà et là sur sa palette. Il s'indignerait peut-être si on le lui disait; il a bien la certitude qu'il s'est senti vraiment ému! pourquoi non? Mais là même, dans le for intérieur, le sentiment du maître s'était glissé et avait fait vibrer secrètement sa corde intime à l'unisson de la sienne. Si cependant l'on aperçoit qu'on est disciple malgré soi, si l'on s'en chagrine, si l'on est très-résolu à se défendre de toute sympathie pour un artiste quelconque, il se peut que l'on réussisse enfin à « être soi. » En sera-t-on plus fort? Peut-être. Tel a la force d'être un bon disciple qui, réduit à sa propre individualité, n'est plus qu'insignifiant. Certes, il serait bien désirable qu'il n'y eût que des maîtres. La probabilité toutefois est que les écoles n'ont mérité d'être dissoutes que parce qu'elles étaient devenues envahissantes et qu'elles s'éloignaient de la nature. Il semble bien que dans les arts comme dans les sciences et, pour mieux dire, dans tous les autres modes de l'activité humaine, nous sommes destinés à nous avancer par groupes que forment

Salon de 1863; Peinture. — Un Effet de givre dans la vallée de Montigny, par Dom. Grenet. — Dessin de Dom. Grenet.

des analogies et des attractions naturelles, les plus forts devant aider les plus faibles et leur communiquer un peu de leur force.

L'auteur de « l'Effet de givre » est jeune et à ses débuts. Que sera-t-il? Nul ne saurait encore le prévoir. On le sent habile déjà et tout animé d'une confiance généreuse qui lui sera funeste ou favorable, selon le degré de sa force réelle, selon le courant vers lequel il se portera ou sera porté. Jamais il ne fut plus nécessaire qu'à notre époque d'être à la fois intrépide et prudent, de regarder en même temps très-loin, très-haut et à ses pieds. Il faut savoir emprunter aux traditions la part que l'on se sent propre à s'en assimiler; il faut espérer, se confier, mais ne point se surfaire soi-même; ne point s'enivrer de ces belles et hardies aspirations de la jeunesse qui ne sont pas toujours nécessairement celles du génie; ne pas avoir honte de chercher et d'écouter les conseils même sévères, et se garder des engouements de la foule; car il n'est pas aisé de déterminer aujourd'hui ce que signifient ces mots : « le goût public. »

LES CERFS.

Cerf faisant ses bois (¹). — Dessin de Charles Bodmer.

Le cerf est le type et le nom générique d'une nombreuse famille, célèbre par la légèreté de sa course, la douceur de ses mœurs et la grâce de ses allures; sa timidité même l'a préservé de la servitude où sont tombés des animaux bien plus vigoureux que lui, tels que le taureau et le cheval. Il ne serait pas, toutefois, incapable de domesticité; le renne, son proche parent, est, comme l'on sait, le plus utile serviteur des Lapons : le rènne traîne des chariots, porte de lourdes charges, nourrit ses maîtres de son lait et de sa chair, et les habille de sa peau. Mais le cerf a jusqu'ici évité le joug de l'homme; sans doute, il s'est trouvé à côté de lui, dans presque tous les pays qu'il habite, des animaux plus forts et dont la possession a paru plus désirable aux premiers dompteurs des êtres terrestres. Il doit à la liberté d'avoir gardé sa beauté première, ses formes élancées et ces « jambes de fuseaux » dont parle la Fontaine; autrement il fût devenu une bête de boucherie; il serait soumis aux expériences de ceux qui déforment les animaux pour les engraisser; bien plus, il aurait perdu ce fumet de venaison qui lui donne tant de prix, en tant que gibier. Ainsi, tout est pour le mieux dans sa destinée, puisque l'homme et lui-même y trouvent également leur compte.

D'ailleurs, s'il ne nous est pas soumis, il nous sert cependant; s'il nous craint, il n'a point de haine pour nous; inoffensif ornement de nos forêts, il côtoie de près la vie humaine et s'y mêle quelquefois, le plus souvent pour son malheur. Témoin le cerf de Virgile, au septième livre de l'Enéide, qui fut blessé par Iule : « C'était un cerf aux belles formes, aux bois élevés. Arraché au sein de sa mère,

et nourri par les fils de Thyrrée, berger du roi Latinus, il reconnaissait leur voix; leur sœur Sylvie aimait à le soigner, à parer ses cornes de souples guirlandes; elle peignait sa fourrure et le baignait dans une pure fontaine; docile aux caresses, commensal de ses maîtres, il errait tout le jour dans les forêts, et, le soir, retrouvait dans l'ombre le chemin de la maison aimée. C'est lui que les chiens d'Iule surprirent dans ses courses lointaines, comme il sortait du fleuve paisible et cherchait la fraîcheur sur l'herbe de la rive. Le chasseur, animé par l'espoir d'un butin si glorieux, tend son arc et vise le fugitif; une furie guidait sa main, et la flèche vint à grand bruit s'enfoncer dans le flanc de la victime. Le cerf blessé se réfugie sous le toit de son maître, tout sanglant, et remplissant l'étable de ses plaintes; on dirait qu'il implore le secours de sa maîtresse. » Il trouva des vengeurs; aux cris de Sylvie, tout le hameau s'arma de haches et d'épieux pour châtier l'audace des chasseurs. Cette futile querelle ouvrit la guerre entre les Troiens et les Latins, et ne fut pas étrangère à l'accomplissement des destinées de Rome.

De tout temps les hommes ont connu et chassé le cerf; on lit dans le drame indien de Sacountala beaucoup de vers pareils aux suivants, où sont heureusement décrits les mouvements d'un cerf ou d'une gazelle : « Voyez-le maintenant replier gracieusement son cou pour jeter un regard sur le char qui le poursuit; son corps se pelotonne

(¹) Le cerf, lorsque son bois est tombé, se cache aux lieux les plus sombres, comme s'il sentait quelque honte ou son impuissance à se défendre.

et se raccourcit pour éviter la flèche qui va tomber sur lui; il court, semant sur la route l'herbe à demi mâchée qui échappe à sa bouche entr'ouverte : voyez! ses bonds légers semblent voler sur l'air et ne pas toucher au sol. » Est-il une plus délicate peinture de cette légèreté qui faillit lasser Hercule, lorsqu'il poursuivit une année entière la biche du Ménale? Le malicieux Eurysthée avait inventé pour le vainqueur de l'Hydre fh plus dure des épreuves; il pensait bien que le héros était plus vigoureux qu'agile. Hercule fut réduit à blesser la biche aux pieds d'airain, aux cornes d'or, et bien qu'il l'eût prise vivante, son tyran l'accusa de supercherie et refusa de compter cette victoire au nombre des douze travaux. La biche du Ménale avait quatre sœurs qui formaient l'attelage de Diane; elle seule avait échappé à la déesse.

La chasse au cerf n'était pas moins aimée des Romains que des Grecs; on le tuait à coups de flèches ou d'épieux; on le prenait vivant à l'aide de filets. Les empereurs en faisaient venir d'innombrables quantités pour peupler les forêts factices des cirques, où tous les spectateurs étaient admis à se choisir une proie. Quelquefois on livrait des cerfs aux bêtes, comme les martyrs et les criminels, c'est-à-dire qu'on lâchait sur eux des lions et des léopards. Ainsi le peuple romain s'initiait et se plaisait aux mœurs et aux appétits féroces des bêtes fauves; le sens moral et le respect de la vie humaine se perdaient, au grand profit du maître; la cruauté sans raison devenait, aux yeux de tous, l'apanage et le droit des puissants.

Les races germaniques égalèrent ou dépassèrent dans l'amour et dans l'art de la vénerie et l'Assyrien Nemrod et le Perse Darius, les rois de l'Inde, les héros grecs et les sénateurs romains. C'était pour elles une image de la guerre, un exercice noble par excellence et privilégié. Les barons suzerains du sol s'étaient exclusivement attribué les plaisirs et les profits de la chasse; ils couraient par monts et par vaux, ravageant les terres de leurs serfs, sonnant du cor, et traînant avec eux

Chiens, chevaux et valets, tous gens bien endentés...
Adieu chicorée et porreaux!
Adieu de quoi mettre au potage!

Et la Fontaine ajoute : « Ce sont là jeux de prince! » - « Ils ne plaisent qu'à ceux qui les font », dit encore le proverbe. Pour certains rois, la chasse fut une frénésie : Charles IX y portait la fièvre et la folie qui le rongeaient sans trêve; Louis XIII, le désespoir d'un esprit faible ennuyé de lui-même; Louis XIV, toute la solennité dont il entourait les moindres actes de sa vie. Nous avons ici même (t. XXVIII, 1860, p. 307) donné une idée des dépenses énormes qu'entraînait la mort d'un malheureux cerf, d'un pauvre petit lièvre; chevaux, meutes, oiseaux, veneurs, louvetiers, capitaines et lieutenants, valets de toute sorte, dévoraient, sans utilité aucune, leur part de l'argent que la France confiait au roi. Le cerf tenait toujours le premier rang parmi les gibiers; on le chassait en cérémonie; quand la bête était à bout de forces, Louis XIV quittait son carrosse et montait à cheval pour le laisser-courre; puis il recevait le pied droit du cerf abattu. Que des veneurs de profession, des savants en high-life, racontent les tristes péripéties de la curée chaude, de la curée aux flambeaux, et tout ce qui suit l'agonie de la victime; nous ne voyons, nous, que la barbarie d'un meurtre inutile : non que nous soyons pythagoricien au point de proscrire le gibier de nos tables; mais nous n'approuvons pas ces tueries insensées dont la mode dure encore, et qui rappellent les chasses des cirques romains. Retourne-toi donc, pauvre bête sans défense; puisque

Tes larmes ne sauraient te sauver du trépas,
ne meurs pas sans lutte et déchire de ton bois les chiens

et les hommes! La Société protectrice des animaux t'abandonne à toi-même. Au moins, quitte les pays où tu es traqué sans pitié; nos forêts décimées n'ont plus de retraites assez sûres pour ta vie innocente : recule devant l'homme. Mais l'homme envahit la terre, et toutes les races sauvages disparaîtront peu à peu; la mort seule les délivrera de la guerre qui les harcèle. Déjà le gibier nous manque; il n'y a plus de cerfs que dans les grandes forêts ou dans les parcs fermés où on les rassemble à grands frais. C'est là, dans les clairières silencieuses, que l'on aperçoit de loin leurs cornes pareilles à des rameaux; et, soit que jeunes ils manquent encore de bois, soit qu'ils portent fièrement un double diadème garni de six andouillers, soit qu'ils se livrent entre eux, en l'honneur d'une biche voisine, des combats sanglants, soit qu'ils fuient les chiens, s'élancent à la nage dans les étangs ou bravent le chasseur, leur repos ou leur course sont toujours pour les peintres des sujets heureux qui animent et varient le paysage. Les cerfs ont plu de même aux poëtes, et nous pourrions ajouter bien des citations aux traits que nous empruntions plus haut à Kalidasa, à Virgile et à la Fontaine. La symbolique religieuse ne s'est pas autant inspirée du cerf que du bélier et du bœuf : ni l'Égypte, ni la Grèce, n'ont adoré le cerf; toutefois, il n'a pas toujours été rabaissé au rôle d'attribut de salle à manger : compagnon favori de Diane, on peut dire qu'il a partagé ses autels; et sur les médaillons antiques il indique Éphèse et les autres villes consacrées à Diane. Enfin, ces paroles du Psalmiste : « Comme le cerf désire la source, ainsi mon âme désire Dieu », ont donné à la figure du cerf un sens mystérieux. Pour les premiers chrétiens, le cerf à la fontaine fut l'emblème du baptême; le moyen âge en fit l'ennemi du serpent, le représentant du Christ : c'est ainsi que, dans la vision de saint Hubert, évêque chasseur du septième siècle, le cerf porte au-dessus du front une croix ou une auréole.

LES MUD-LUMPS

(VOLCANS DE BOUE DU MISSISSIPI.)

Parmi les phénomènes les plus remarquables de l'embouchure du Mississipi, il faut citer l'apparition soudaine ou graduelle de ces monticules de boue (mud-lumps) qui s'élèvent, au grand danger des navires, soit au milieu de la barre elle-même, soit dans son voisinage immédiat. Semblables à ces volcancitos de Turbaco qu'ont si bien fait connaître les ouvrages de Humboldt, les mud-lumps du Mississipi apparaissent en général sous la forme de cônes isolés, laissant échapper un filet d'eau boueuse par leur orifice terminal; plusieurs offrent aussi une surface irrégulière sur laquelle se montrent çà et là des cratères latéraux, les uns en pleine activité, les autres abandonnés par les sources qui en jaillissaient auparavant. La hauteur des mud-lumps varie comme leur forme. La plupart restent cachés au fond des eaux et n'atteignent même pas de leur sommet le niveau du fleuve ou de la mer; d'autres, qui ressemblent de loin à des troncs d'arbres échoués, dressent à peine leur tête au-dessus des flots; enfin les plus considérables s'élèvent à la hauteur de 2, 3 ou même 6 mètres, et leur base couvre une superficie d'un ou de plusieurs hectares. Dans l'opinion de M. Raymond Thomassy [1], les bouches du Mississipi devraient probablement à l'un de ces hauts monticules le nom de Cabo de Lodo (Cap de la Boue), que leur avait donné le pilote espagnol Enriquez Barrato.

Les mud-lumps n'ont pas été formés par les atterrisse-

[1] Géologie pratique de la Louisiane.

ments du fleuve, ainsi que plusieurs géologues l'avaient d'abord supposé : la grande élévation de quelques monticules au-dessus des crues et des marées suffit pour rendre cette hypothèse inacceptable. La brusque apparition de la plupart des volcans de boue, les ancres de navires et les débris de cargaisons qu'on a trouvés sur leur surface, leur forme conique, leur cratère terminal, et toutes ces sources « qui semblent jaillir comme d'un crible sous-marin », indiquent, au contraire, l'existence d'une force souterraine toujours à l'œuvre pour soulever la zone des barres. MM. Humphreys et Abbot, dont l'opinion est partagée par la plupart des géographes qui ont étudié la question, pensent que cette force souterraine provient de la formation constante de gaz hydrogènes dans les alluvions du Mississipi. D'après les rapporteurs de la commission, les grandes masses de produits végétaux, troncs d'arbres, branches, feuilles et graines, qu'apportent les eaux du fleuve, et qui s'arrêtent sur la barre pour être ensuite recouvertes et comme emprisonnées par une couche de boue, entrent en fermentation et produisent des gaz qui finissent par gonfler leur couvercle, le boursouflent en une multitude de cônes, et s'échappent dans l'air après avoir percé le sol qui les retenait captifs. Cette hypothèse explique d'une manière suffisante le soulèvement du sol et l'existence de ces gaz inflammables qui se dégagent parfois du cratère des *mud-lumps* ; mais elle nous laisse ignorer pourquoi des sources de boue jaillissent de la plupart des monticules, et comment cette boue, épanchée sur le flanc des cratères, se transforme en une argile dure et compacte, bien différente des vases du Mississipi. M. Thomassy, qui a visité plusieurs *mud-lumps* et leur consacre un chapitre important dans sa *Géologie de la Louisiane*, cherche à résoudre ces difficultés en proposant une nouvelle hypothèse des plus ingénieuses. D'après lui, les monticules des barres ne seraient autre chose que des orifices de véritables puits artésiens formés naturellement par une nappe d'eau souterraine qui descendrait des plateaux de l'intérieur et coulerait au-dessous du Mississipi, en délayant les matières argileuses des couches superposées. Cette explication séduisante est peut-être la vraie, cependant elle ne me semble pas résoudre toutes les difficultés du problème : elle ne fait pas comprendre pourquoi la plupart des sources de boue sont saturées de sel et accompagnées d'un dégagement de gaz inflammable. On le voit, la question scientifique soulevée par la formation des *mud-lumps* est loin d'être résolue et doit encore rester à l'étude ; mais sans attendre le résultat des recherches géologiques, les ingénieurs ont été assez heureux pour découvrir un moyen facile de sauvegarder les intérêts de la navigation. Quand un cône d'argile fait son apparition sur la barre, on y introduit une charge de poudre et on le fait sauter. C'est ainsi qu'en l'année 1858 on débarrassa la passe du sud-ouest d'un *mud-lump* qui formait une île considérable : une seule charge de poudre suffit pour tout anéantir. L'île s'affaissa tout à coup : à sa place s'ouvrit une large dépression, dont la circonférence ressemblait à un cratère volcanique ; une énorme quantité de gaz hydrogène se dégagea et remplit l'atmosphère. [1]

LES SAUVAGES.

Voy. p. 113.

MATO-TOPE (LES QUATRE-OURS), CHEF MANDAN.

Les Mandans sont les voisins des Meunitarris. Ils habitent deux villages situés près du fort Clarke, au bord du

[1] Élisée Reclus, *Rapport* à la Société de géographie de Paris.

haut Missouri, et qu'on appelle l'un « le village du Midi » (*Mih-Toutta-Hang-Kouchi*), l'autre « le village de Ceux qui se retournent » (*Rouhptare*). Ces deux groupes comptaient, vers 1836 : le premier, 65 cabanes et 150 guerriers ; le second, 38 cabanes et 83 guerriers ; en totalité, une population de neuf cents à mille âmes. A la fin du dernier siècle, les villages mandans étaient encore au nombre de treize ; avant la fin du nôtre, il n'en existera plus un seul.

Robustes, bien faits, courageux et fiers, les Mandans se donnent tout simplement le nom d'« hommes » (*Numangkake*). Leur couleur est d'un beau ton brun, quelquefois cuivré. Les jeunes gens aiment la parure ; ils portent de petits miroirs encadrés, suspendus à leurs poignets par un ruban rouge ou un cordon de cuir. Ils divisent leurs cheveux par une raie transversale. Ils ont des tresses plates tombant le long des tempes, et d'où pendent deux morceaux de cuir ou de drap garnis de grains de verre blancs ou bleu clair et noués au milieu avec du fil de laiton : on appelle cet ornement *pehriska-zoupe* ; un autre ornement en petits morceaux de bois et fils de métal tombe de la partie postérieure de leurs cheveux. Les jours de fête, ils se font des coiffures en brillants plumages, auxquels les guerriers ajoutent des signes en bois pour indiquer leurs hauts faits ou leurs blessures. Ils se décorent souvent la poitrine et le cou d'un collier de rangs de verroteries, de dents d'elk ou de griffes d'ours, longues et blanchâtres aux pointes. Un étranger ne peut payer un de ces colliers moins de soixante francs. Ils ont aux doigts des anneaux. Leur principal vêtement est une robe de bison tannée du côté de la chair, couverte de peintures le plus souvent commémoratives des événements notables de leur vie. Leurs culottes en cuir sont brodées et coloriées. Leurs souliers de peau de cerf ou de bison, ordinairement simples, sont, quand ils veulent se parer, brodés de piquants de porc-épic, de grains de verre, etc. Les femmes portent par-dessus leurs pantalons de longues robes en cuir, à manches ouvertes, et une ceinture autour du corps.

Les Mandans sont hospitaliers. Ils ne vivent pas de chasse seulement ; ils cultivent le maïs, les fèves, la citrouille, le soleil et le tabac. Rien ne permet de supposer que cette race ait jamais été anthropophage.

Ils aiment beaucoup leurs enfants, mais ils les élèvent assez mal, n'ayant qu'un but, celui de développer chez eux le sentiment de l'indépendance et l'énergie de la volonté. Les mères et même les pères poussent ce système d'éducation quelquefois jusqu'à se laisser frapper impunément par leurs jeunes fils, et ils disent alors : « Celui-là sera un jour un brave guerrier. »

Les femmes ont de grands privilèges : c'est à elles qu'appartiennent tous les chevaux que les jeunes Indiens prennent à la guerre. De leur côté, elles se dépouillent sans regret de tout ornement que viennent à désirer leurs frères.

Les Mandans et les Meunitarris ont beaucoup de mémoire. Quelques-uns peuvent raconter toute l'histoire de leur nation sans commettre la moindre erreur. Leur susceptibilité morale est parfois extrême. On en cite qui se sont suicidés parce qu'ils ne pouvaient épouser la femme qu'ils aimaient ou parce qu'il y avait une tache ineffaçable à leur réputation. Le docteur Morse rapporte l'exemple de l'un d'eux qui se tua parce qu'on l'avait accusé de lâcheté, après que sa mère eut souffert la mort pour lui.

Le prince Maximilien de Wied-Neuwied dit qu'il n'a jamais été témoin de disputes parmi les Mandans et les Meunitarris. « J'y ai vu, au contraire, dit-il, beaucoup plus d'union et de tranquillité que dans l'Europe civilisée. Si l'homme, dans toutes ses variétés, n'a pas reçu du Créateur des facultés égales, je suis au moins convaincu que les (Indiens) Américains ne sont pas, à cet égard, au-dessous des blancs. Il parle avec éloge de plusieurs chefs, et notamment de Mato-Tope, dessiné ici d'après nature par M. Charles Bodmer, qui nous donne sur cet Indien les notes suivantes :

Mato-Tope, chef mandan. — Dessin de Charles Bodmer, d'après nature.

« Homme de beaucoup d'intelligence et d'un grand courage, dit M. Bodmer; — moyenne taille; — costume de parade que ces Indiens portent en guerre lorsqu'ils combattent à cheval. — Figure peinte en noir et rouge imitant le sang qui coule; — sur le côté des joues, des raies rouges en zigzag figurant la foudre. — Le tour des yeux rouge; — cheveux roides en bandes lisses tombant de chaque côté de la figure. — Du sommet de la tête jusqu'aux pieds, une crinière de plumes d'aigle maintenues perpendiculairement à une bande de drap rouge et de cuir attachée à la coiffure, formée d'un morceau de drap rouge sur lequel sont attachés des boutons de cuivre ; — le dessus de la tête recouvert d'hermine tombant de chaque côté sur la poitrine ; — plumes de hibou découpées placées derrière les oreilles ; — deux cornes de bison amincies, ornées à leurs extrémités de crins rouges ; un fil tendu d'une pointe à l'autre pour les soutenir. — Chemise en peau de mouton sauvage tannée, dont le poil est ménagé sur le bord. —

Les manches, les épaules et le revers rabattu sur la poitrine, richement ornés de broderies en porc-épic, de queues d'hermine, de crins de différentes couleurs et de cheveux humains, trophées d'ennemis, qui pendent sur l'emmanchure des épaules et sur la couture des manches ; — sur le devant de la chemise sont figurées les blessures données ou reçues. — Pantalon de peau peint et brodé, mocassins de même, avec queue de loup traînant après les talons. — Lance ornée

Fac-simile d'une peinture de Mato-Tope, chef mandan. — Dessin de Charles Bodmer.

d'une chevelure humaine tendue sur un cercle ornementé ; plumes d'aigle sur toute la longueur de la lance. »

Quant à la peinture sur manteau de cuir exécutée par Mato-Tope, voici ce qu'en dit M. Charles Bodmer :

« Cette peinture représente un combat singulier dans lequel Mato-Tope tue son adversaire. — Mato-Tope, étant en excursion avec une partie de ses guerriers, rencontre des cavaliers chayennes, ses ennemis les plus acharnés ; le chef de ces derniers s'avance en faisant signe qu'il veut parlementer : il demande si le célèbre Mato - Tope est

parmi eux. Sur la réponse affirmative, le Chayenne répondit qu'il ne souffrirait pas de rival comme Mato-Tope, et que si ce dernier le voulait ils combattraient en présence de leurs troupes. — Il descendit de cheval ; — tous deux marchèrent l'un vers l'autre en déchargeant leurs fusils, qu'ils jetèrent bientôt pour prendre l'arme blanche. — Le Chayenne, grand et fort, se servit de son couteau à scalper ; Mato-Tope, plus petit mais plus leste, de sa hache de guerre : — dans la lutte, il saisit par la lame et en se coupant les doigts le couteau de son adversaire, avec lequel il le tua,

puis le scalpa. — Le Chayenne mort, ses cavaliers prirent
la fuite. — En mémoire de ce fait d'armes, le chef mandan porte un petit couteau attaché à sa coiffure. — Entre
autres combats, il représente celui-ci peint sur son manteau
semblable au fac-simile.

CHARLES II ET SON PRÉDICATEUR.

Le prodigue Charles II demandait un jour à Stillingfleet, docteur en théologie et célèbre prédicateur, pourquoi
il lui voyait lire ses sermons, quand on lui avait assuré
que partout ailleurs qu'à la chapelle royale il prêchait d'a-
bondance. — Le docteur répliqua que devant une si noble
assemblée, composée d'esprits supérieurs, et surtout en
présence d'un prince aussi sage que grand, il n'oserait
jamais s'en fier à lui-même. Cette réponse satisfit pleinement le prince. « Mais, reprit Stillingfleet, Sa Majesté
daignerait-elle me permettre une question? Pourquoi lit-
elle ses discours, quand elle ne peut avoir pour le faire
les mêmes raisons que moi? — Eh bien, reprit le roi,
voilà une question judicieuse, et j'y répondrai de même. La
vérité est que je leur ai tant et tant demandé d'argent, et
tant et tant de fois, que j'ai honte de les regarder en face. »

AUX PIGEONS?

Si, dans un navire faisant la traite, les malheureux
nègres entassés à fond de cale, privés d'air, meurtris par
leur chaînes, réussissent par grand hasard à se rendre
libres de leurs mouvements et s'élancent sur le pont, aussitôt le capitaine négrier averti crie: « Aux pigeons! » Alors
les hommes de l'équipage se saisissent de sacs contenant
de petits tétraèdres en fer aux pointes acérées, aux arêtes
tranchantes, et les lancent à profusion sur le navire, sous
les pieds nus et bientôt ensanglantés des nègres, qui, surpris par cette atroce douleur, n'osent plus faire un pas, et
sont ainsi facilement garrottés, battus et replongés dans
leur prison.

On donne le nom de tétraèdre à tout corps pointu de
tous côtés et présentant quatre faces dont la réunion des
bords forme une arête. Chaque base ou face présente
trois pointes qui se dirigent de biais, obliquement, vers les
pointes des autres faces, et, les rencontrant à leur extrémité, forme avec elles ce qu'on appelle un angle solide. [1]

LES TIMBRES-POSTE.

ROYAUME-UNI DE LA GRANDE-BRETAGNE ET D'IRLANDE.

Suite — Voy. p. 35, 70, 119, 151, 199.

TIMBRES USITÉS.

(27 timbres, 7 types; — 17 enveloppes, 5 types.)

Le port des lettres du poids de demi-once et au-dessous,
dans tout le Royaume-Uni, a été réduit à 1 penny, à partir
du 10 janvier 1840.

Un arrêté du ministère des finances, en date du 26 décembre 1839, avait réglé les conditions de l'affranchissement
au moyen de timbres-poste, soit mobiles, soit imprimés
sur papier à lettres ou sur des enveloppes.

Ce n'est qu'en 1859 que l'administration des postes a
commencé à considérer les timbres-poste comme un papier-
monnaie payable en argent, à présentation et au porteur.

[1] Mme Marie Pape-Carpantier a publié, sous le titre de : le Secret des grains de sable, un livre où l'enseignement des formes
géométriques est présenté d'une manière agréable et nouvelle.

Elle n'a autorisé, en 1859, l'échange des timbres-poste
contre l'argent que dans les bureaux de poste de Londres
et avec un escompte de 2 1/2 pour 100, le montant mini-
mum de cet escompte étant de demi-penny. On ne reçoit
les timbres qu'en feuilles ou en bandes, et pas moins de
deux timbres adhérant l'un à l'autre. On a étendu cette
faveur, en 1860, aux principaux bureaux de poste de
l'Angleterre et du pays de Galles, et à ceux de plusieurs
villes d'Écosse et de la ville de Dublin. On a présenté en
1860, aux bureaux de Londres, plus de 7 millions de
timbres, et en 1861 on a payé en argent, à Londres seulement, pour 41 000 livres sterling (1 025 000 francs), en
échange de timbres.

Ces échanges ont pour but de faciliter la remise de petites sommes en timbres-poste par la poste, et de diminuer l'envoi de pièces de monnaie dans les lettres, cette
dernière habitude étant une cause de détournement des
lettres.

Les timbres et les enveloppes timbrées d'Angleterre ne
sont valables que pour les lettres destinées au Royaume-
Uni et mises aux bureaux de poste du Royaume-Uni, de
Malte, de Gibraltar, de Constantinople, d'Alexandrie, du
Caire, de Suez, de Buenos-Ayres, de Lagos et de Fer-
nando-Po.

Dans l'année du 1er avril 1859 au 31 mars 1860, il
a été vendu les quantités de timbres-poste ci-après :

Timbres de	Mobiles.	Imprimés sur des enveloppes.
1 penny	517 495 680	20 053 878
2 pence	8 943 840	44 774
3 pence	»	101 554
4 pence	5 364 500	20 143
6 pence	5 371 160	9 299
1 shilling	1 906 340	10 615

Timbres.

Il paraît que la première émission de timbres a eu lieu
le 13 mai 1840.

Le type de cette époque a été conservé sans altération,
jusqu'à ce jour, pour les timbres de 1 penny et de 2 pence.

Timbres de 1 penny et de 2 pence.

Le timbre est rectangulaire, il a 23mm sur 19. L'effigie
de la reine Victoria, la tête couronnée et tournée à gauche,
est placée dans un cadre rectangulaire et se détache sur
un fond très-finement guilloché. Les lignes qui forment la
bordure du cadre présentent, à leur intersection, quatre
petits carrés qui sont vides dans les timbres d'essai dont un
coin est effacé, et qui sont remplis comme nous le disons
ci-après.

Le timbre est gravé, imprimé en couleur sur papier
blanc.

MM. Bacon et Petch, et leurs successeurs, MM. Perkins, Bacon et Cie, ont toujours imprimé les timbres de
1 penny et de 2 pence sur papier blanc. Cependant on
trouve beaucoup de timbres de 1 penny, surtout parmi
les timbres imprimés jusqu'en 1854, dont le papier est
azuré, et quelquefois fortement azuré. Si l'on en remarque
dont le papier n'est bleuâtre que partiellement, et dont le
milieu est resté blanc, il y en a d'autres dont la couleur
azurée est si égale et si franche qu'on ne s'expliqué pas
qu'elle soit accidentelle. Quoi qu'il en soit, on attribue à
l'encre d'impression cette coloration de papier qui, dans
les timbres de 2 pence, est assez rare et d'ailleurs différente.

Le papier a en filigrane diverses marques : sur les timbres de 1 penny et de 2 pence, la couronne royale d'An-

gleterre, qui est à peu près au milieu de chaque timbre; sur le timbre de 4 pence, une jarretière bouclée; sur les timbres de 3 et de 6 pence et de 1 shilling, la rose, le trèfle et le chardon.

La feuille de papier (*sheet*) (prenant la feuille de timbres de 1 penny pour exemple) présente un encadrement en filigrane, interrompu de chaque côté par le mot *Postage;* elle a 527ᵐᵐ sur 270, et contient vingt rangées chacune de douze timbres. Le prix de la feuille de timbres de 1 penny est, par conséquent, de 1 livre sterling, et celui de la rangée (*row*) est de 1 shilling.

Les lettres qui sont imprimées à l'angle du timbre indiquent la place qu'il occupe sur la feuille; voici l'ordre des lettres sur la feuille de timbres de 1 penny :

	1ʳᵉ colonne.	2ᵉ col.	3ᵉ col.		11ᵉ col.	12ᵉ col.
1ʳᵉ rangée.	A.A.	A.B.	A.C.	. . .	A.K.	A.L.
2ᵉ *id.*	B.A.	B.B.	B.C.	. . .	B.K.	B.L.
3ᵉ *id.*	C.A.	C.B.	C.C.	. . .	C.K.	C.L.
. . .	. . .	. . .	. . .		. . .	. . .
19ᵉ *id.*	S.A.	S.B.	S.C.	. . .	S.K.	S.L.
20ᵉ *id.*	T.A.	T.B.	T.C.	. . .	T.K.	T.L.

Le type des timbres de 1 penny et de 2 pence a été dessiné et gravé sur acier par Heath; la gravure a été payée 60 guinées.

M. Edwin Hill a expliqué, dans l'enquête de 1852, le procédé d'impression de ces timbres [1].

M. Ch.-M. Archer a déclaré, le 27 avril 1852, au comité de la Chambre des communes, qu'il avait découvert un procédé certain d'imitation des timbres par voie de transport, et qu'à la suite des communications qu'il avait faites à ce sujet à l'administration des postes, celle-ci avait, en mars 1852, apporté des changements aux timbres-poste (*altered or introduced devices into the postage stamps*). Nous ignorons quels ont été ces changements.

Les timbres de 1 penny et de 2 pence ont été émis ensemble, en 1840.

On a émis, en même temps qu'eux, un timbre de 1 penny, imprimé en noir sur papier blanc, portant les lettres V. R. aux angles supérieurs (V. à gauche et R. à droite) et les lettres d'ordre aux angles inférieurs.

Les timbres marqués des lettres V. R. étaient remis aux ministères pour l'affranchissement des correspondances officielles; leur emploi a été de courte durée.

Les premiers timbres de 1 penny et de 2 pence avaient de petits fleurons aux angles supérieurs.

Les timbres de 1 penny et de 2 pence étaient imprimés à l'origine par MM. Bacon et Petch, de Londres; le premier traité est du 13 avril 1840, le second du 5 mai 1843, et ce traité a été renouvelé le 1ᵉʳ juillet 1851. Les timbres sont encore imprimés par cette maison, aujourd'hui Perkins, Bacon et Cⁱᵉ.

Timbre de 1 penny [2].

Le timbre de 1 penny a été d'abord imprimé en noir sur papier blanc. Il a été émis en avril ou mai 1840, et n'a servi que pendant dix mois environ.

Il a été remplacé en février ou mars 1841 par le timbre rouge-brique, qui était également imprimé sur papier blanc; mais le papier de la plupart des timbres non piqués, et de beaucoup de timbres piqués jusqu'en 1856, est devenu azuré.

Les tirages ont présenté, de 1853 à 1855, des différences de couleur très-marquées, et il est à remarquer que c'est après cette période que la couleur primitive rouge-brique a été remplacée par la couleur actuelle lie-de-vin ou rouge-amarante foncé. Nous citerons des timbres brun foncé en marron, chocolat rougeâtre, rouge-brun, rouge-orangé, orangé, rouge-groseille, rouge-amarante, rose pâle; ils sont tous piqués (1854-55).

Le type du timbre de 1 penny n'a pas changé.

Timbre de 2 pence.

Il a commencé par être imprimé en bleu très-foncé sur papier blanc; peut-être a-t-il d'abord été imprimé en noir, comme le timbre de 1 penny, et l'impression en bleu très-foncé a-t-elle remplacé, au bout de très-peu de temps, l'impression en noir. Quoi qu'il en soit, ce timbre il a été émis en avril ou mai 1840.

Dix mois après, en mars 1841, il était imprimé en bleu un peu plus clair, et toujours sur papier blanc. On a de cette époque des timbres bleu-ciel. La couleur qui fut adoptée est le bleu franc foncé; elle a varié, de 1841 à 1858, du bleu très-foncé, presque noir, au bleu très-pâle; elle est assez uniforme depuis lors.

Un autre changement était apporté en même temps (1841) au timbre. Ce changement consiste dans l'addition, sur la planche, de deux lignes blanches, l'une en haut, au-dessous du mot *Postage*, l'autre en bas, au-dessus des mots *Two pence*.

Il existe de ce type des timbres authentiques de 2 pence (avec les deux barres blanches et les fleurons aux angles supérieurs), qui font exception :

1° Imprimés en noir sur papier blanc, non piqués, oblitérés (l'estampille d'oblitération est toujours rouge);

2° Imprimés en bleu verdâtre ou vert bleuâtre sur papier blanc, piqués, oblitérés.

Il a été fait au timbre de 2 pence un autre changement en 1858. On a remplacé les fleurons des angles supérieurs par des lettres, et l'on a gravé, au milieu de l'encadrement guilloché, à droite et à gauche, le numéro de la planche : 7, 8, 9. Les timbres de 1859 et de 1860 ont été tirés sur la planche 7; ceux de 1860 et 1861 sur la planche 8 (n° 90), et ceux de 1861 à ce jour sur la planche 9, qui est la neuvième gravée depuis 1841.

N° 90. (Angleterre.)

Timbres piqués ou dentelés [1].

M. Henri Archer inventa, dans l'automne de 1847, la machine à piquer les feuilles de timbres-poste.

La Chambre des communes nomma, le 22 mars 1852, un comité de faire une enquête sur les procédés de gravure, d'impression et de gommage des timbres, et sur l'avantage que l'emploi de la machine de M. Archer pourrait offrir. Le comité tint douze séances et déposa son rapport le 21 mai 1852. Il conclut à l'achat et à l'usage de l'invention de M. Archer.

Il ne paraît pas que l'administration des postes se soit empressée de se servir de cette machine, car les premiers timbres piqués que nous connaissons sont du mois de novembre 1854.

Mais il existe des timbres de 1 penny et de 2 pence piqués, qui ont été livrés au public en 1850. Dans les essais de la machine qui furent faits à Somerset House, 5 000 feuilles de timbres furent piquées. Les unes furent mises en distribution dans les bureaux de poste des deux

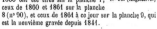

---

[1] *Report from the select committee on postage label stamps...* Voir entre autres les pages 64 et 65.

[2] 1 livre sterling = 20 shillings = 25 francs — 1 shilling = 12 pence ou deniers = 1f.25. — 1 penny ou denier = 0f.1042.

[1] On appelle indifféremment *piqués* ou *dentelés* les timbres autour desquels des lignes de petits trous ont été faites à la machine, ce qui permet de les détacher des feuilles sans avoir besoin de ciseaux.

chambres du parlement, et les autres furent envoyées dans quelques villes de province ([1]).

Timbres gaufrés.

Les timbres gaufrés ont été émis en 1842 ou en 1843; ils ont été employés jusqu'en 1855. On les trouve encore fréquemment sur des lettres des mois de mai et juin 1855. Ils ont été imprimés à Somerset House, par l'administration de l'*Inland revenue*.

Aucun d'eux n'est dentelé.

Le timbre est octogone; celui de 6 pence a 28ᵐᵐ sur 25, les timbres de 10 pence et de 1 shilling ont 27ᵐᵐ sur 24. La tête de la reine, couronnée et tournée à gauche, est dans un cadre guilloché, sur lequel on lit : *Postage* (à gauche), et la valeur en lettres. Sur le timbre de 6 pence, le bas du cadre est occupé par un petit bouquet formé des plantes nationales, la rose, le trèfle et le chardon.

A la tranche du buste de la reine sont les initiales du nom du graveur, feu W. Wyon, de l'Académie royale. Ces lettres sont précédées ou suivies d'un chiffre qui est probablement le numéro de la matrice. Les timbres de 6 pence portent le n° 1 ou le n° 2; ceux de 10 pence, le n° 1 après les lettres ou le n° 2 avant les lettres.

Ces timbres sont gravés, gaufrés, imprimés en couleur sur papier blanc; l'effigie et le dessin se détachent en blanc sur le fond de couleur.

Le papier sur lequel les timbres de 10 pence et de 1 shilling sont imprimés a deux fils de soie de couleur, parallèles, tendus verticalement dans la pâte, suivant le procédé de Dickinson.

> 6 pence (0f.6250), — violet.
> 10 (1f.0416), — brun rougeâtre ou marron.
> 1 shilling (1f.2500), — vert clair.

Timbres de 3 pence à 1 shilling.

La série de ces timbres remonte à l'année 1855. Le type a été gravé par MM. Thomas de la Rue et Cⁱᵉ, et les timbres sont imprimés dans l'établissement de ces célèbres manufacturiers.

La gravure est faite sur acier, reproduite sur cuivre par le galvanoplastie, et imprimée avec la presse typographique et de l'encre fugitive. On compte 240 timbres par feuille.

Le timbre a 22ᵐᵐ.5 sur 19; il est rectangulaire.

Le buste de la reine est dans un cadre dont la forme varie selon la valeur du timbre : ce cadre est rond pour les timbres de 4 et de 6 pence, rond avec neuf lobes arrondis pour le timbre de 9 pence, ovale pour celui de 1 shilling, ovale et resserré à la partie inférieure ou ovale avec trois espèces de lobes pour celui de 3 pence. La tête de la reine est couronnée et tournée à gauche.

Ces timbres sont imprimés en couleur sur papier blanc glacé.

Ces timbres sont tous dentelés.

Le papier a en filigrane, sur le timbre de 4 pence, une jarretière bouclée, en ovale; sur les autres timbres, les fleurs héraldiques du Royaume-Uni, la rose, le trèfle et le chardon.

MM. de la Rue et Cⁱᵉ ont toujours imprimé les timbres sur papier blanc. Un certain nombre de lettres de Londres, de septembre 1855 à janvier 1856, ont été affranchies avec des timbres de 4 pence dont le papier est azuré; on ignore si le papier était de cette couleur ou si la coloration est accidentelle.

1855-1856.

MM. Thomas de la Rue et Cⁱᵉ ont commencé à imprimer :

[1] Enquête, p. 12 et 13.

Les timbres de 4 pence, le 13 juillet 1855;
Les timbres de 6 pence, le 29 mars 1856;
Les timbres de 1 shilling, le 27 juillet 1856.

> 4 pence (0f.4166), — rose vif (quelquefois rose pâle).
> 6 (0f.6250), — violet clair (quelquefois lilas) (n° 91).
> 1 shilling (1f.2500), — vert clair.

Ces couleurs présentent des degrés différents d'intensité.

N° 91. Angleterre. N° 92.

1861-1862:

On a apporté un changement dans le dessin des timbres; on a dessiné aux quatre coins de petits carrés destinés à recevoir les lettres qui marquent la place du timbre sur la feuille.

Deux timbres nouveaux, créés en 1861, ont ces lettres aux quatre coins : MM. de la Rue et Cⁱᵉ ont commencé à imprimer le timbre de 3 pence le 17 octobre 1861, et le timbre de 9 pence le 14 novembre 1861.

L'impression des nouveaux timbres de 4, 6 pence et 1 shilling, avec lettres aux coins, a commencé : pour les timbres de 6 pence, le 17 octobre 1861; pour ceux de 4 pence, le 29 novembre 1861, et pour ceux de 1 shilling, le 8 mai 1862.

Les lettres sont dans les petits carrés aux quatre coins, mais le timbre de 1 shilling porte deux petits carrés de plus, placés à droite et à gauche dans le cadre ovale, et qui contiennent le numéro de la planche. De petits traits seront gravés plus tard dans les carrés d'angles du timbre de 6 pence, et indiqueront le numéro de la planche.

> 3 pence (0f.3125), — rose vif (la couleur de l'ancien timbre de 4 pence) (n° 92).
> 4 (0f.4166), — vermillon ([1]).
> 6 (0f.6250), — violet clair.
> 9 (0f.9375), — bistre brunâtre ou brun clair.
> 1 shilling (1f.2500), — vert clair.

Il existe huit autres types de timbres anglais, gravés et imprimés par MM. Thomas de la Rue et Cⁱᵉ, à partir du mois d'octobre 1853, mais aucun de ces timbres ne se rapporte au service des postes et des télégraphes. On peut en juger par leurs noms : *Admiralty court*, *Chancery court*, *Matrimonial court*, *Probate court*, *Foreign bill*, *Inland revenue*, *Receipt*, *Irish petty sessions*.

La suite à une autre livraison.

([1]) On voit chez les bijoutiers de Paris les timbres de 3 et de 4 pence peints sur émail. L'idée est venue de faire servir des timbres-poste à l'ornement d'épingles de cravate ou de châle, et il a été, un jour, de mode de les porter. On s'explique cette fantaisie quand on considère combien le goût des collections de timbres-poste s'est répandu et quelle ardeur on met aujourd'hui à la recherche de ces petites estampes. Ce goût, devenu si vif, a déjà fait le sujet de caricatures et de scènes de comédie. En France, en Belgique et en Angleterre, un commerce s'est établi qui a acquis une certaine importance. La contrefaçon des timbres est active. La revue mensuelle qui a été fondée à Londres sous le titre de *the Stamp Collector's Magazine* (le Magasin du collectionneur de timbres) a réuni, dès le premier jour, un grand nombre d'abonnés. Une quinzaine de catalogues et plusieurs sortes d'albums sont en vente; un seul fabricant, M. Schloss, a fabriqué près de 9 000 albums.

Les épingles d'or et d'émail présentent différents dessins de timbres : Autriche, 3 kreuzer, de 1850; Belgique, 40 centimes; Espagne, 12 cuartos, de 1860; États-Unis, 1 cent; France, 5, 10 et 20 centimes; Grande-Bretagne, 3 et 4 pence; Italie, 5 et 40 centimes; Prusse, 1 gros d'argent, de 1856, et 1 gros actuel; Russie, 10 copecks.

UN BAS-RELIEF FLORENTIN DU QUINZIÈME SIÈCLE.

Musée du Louvre; collection Campana. — Bas-relief du quinzième siècle attribué à Mino da Fiesole. — Dessin de Chevignard.

L'école de sculpture florentine du quinzième siècle est peu connue en France; c'est en Italie qu'il faut aller étudier ses ouvrages, dans les églises et dans les palais, où ils occupent encore, pour la plupart, les places mêmes auxquelles ils étaient destinés dès l'origine. Ces œuvres de marbre ou de bronze ne se détachent pas du mur et ne voyagent pas avec la même facilité qu'une toile ou un panneau peint : aussi, tandis que les tableaux des écoles italiennes remplissent les musées et les galeries particulières de tous les pays de l'Europe, c'est à peine si l'on y peut juger de la sculpture contemporaine par quelques rares morceaux. Le charmant buste de Béatrix d'Este, du Musée du Louvre, dont l'auteur est inconnu ; la Tête de jeune fille, par Mino da Fiesole, que possède le cabinet des médailles et antiques de la Bibliothèque impériale; quelques terres cuites émaillées des della Robbia, que l'on peut voir au Louvre et au Musée de Cluny : voilà à peu près, à Paris, tous les modèles d'après lesquels celui qui veut connaître l'ancienne sculpture florentine peut s'en former une idée, à moins qu'il n'ait le rare privilège de pénétrer dans les cabinets d'amateurs, en petit nombre d'ailleurs, parmi lesquels nous pouvons citer M. Gabriel de Vendeuvre et M. Eugène Piot, qui possèdent l'un et l'autre d'admirables ouvrages de Donatello; M. His de la Salle, chez qui nous avons vu une Tête d'enfant attribuée à Desiderio da Settignano; M. Thiers, M. de Férol, et quelques autres, A ce dernier appartient un bas-relief de Rossellino qui n'est pas sans rapport avec celui que l'on voit ici reproduit, et dont le sujet est le même.

L'acquisition faite par le gouvernement français, en 1861, des collections du marquis Campana, a accru de quelques pièces le trésor de nos collections publiques, si riche d'ailleurs, mais un peu trop modique quant à cette partie de l'art de la renaissance. Des œuvres attribuées à Lorenzo Ghiberti, à Donatello, à Verrochio, à Luca della Robbia, à Mino da Fiesole, à Rossellino, à Benedetto da Majano; d'autres encore qui, pour n'être pas pourvues par l'ancien possesseur de noms d'auteurs quelquefois hasardés, n'en sont pas moins belles ou moins intéressantes : telle était, indépendamment des œuvres appartenant à d'autres époques, la part de la sculpture italienne dans ce musée que tout le monde a pu voir exposé, l'an dernier, au palais des Champs-Élysées. Le bas-relief en marbre dont nous donnons un dessin occupait, à juste titre, une des places d'honneur dans le salon réservé à la sculpture moderne. Primitivement attribué à Donatello, il a été restitué, dans le catalogue, avec beaucoup d'apparence de raison, à Antonio Rossellino ; d'autres y ont vu un ouvrage de Mino da Fiesole; mais c'est la conséquence nécessaire de la rareté des œuvres de l'école florentine du quinzième siècle en France, que peu de personnes y puissent discuter en connaissance de cause une semblable attribution. Quoi qu'il en soit, ce bas-relief est un excellent spécimen des qualités propres à cette école, en même temps qu'un très-heureux exemple d'une composition reproduite à l'envi par les sculpteurs aussi bien que par les peintres de cette époque.

On a fait remarquer avant nous les rapports étroits qui unissent en Italie, au quinzième siècle, comme en d'autres pays et en d'autres temps, les deux arts de la peinture et de la sculpture. Mais il y a quelque chose de plus à signaler ici que cette affinité. En effet, les bas-reliefs si nombreux représentant la Madone et l'Enfant Jésus, et d'autres sujets de sainteté, à peu près dans les mêmes attitudes, les mêmes dispositions, le même style que les peintures du temps, étaient, à proprement parler, des tableaux de marbre ou de bronze, et destinés, comme ceux que l'on peignait sur bois à la même époque, à décorer l'autel de quelque chapelle ou de quelque oratoire. Bien souvent même les deux arts s'unissaient, se mêlaient pour mieux dire, sans se nuire l'un à l'autre : la pierre était coloriée, le tableau prenait du relief. Avec un goût et un sentiment exquis de ce qui convient à chaque art, les artistes, dont plus d'un était à la fois peintre, sculpteur, architecte, ne perdaient jamais de vue la place que leurs ouvrages devaient remplir et décorer, et trouvaient à cette place même les conditions dans lesquelles ils pouvaient produire leur effet. Celui qui est ici reproduit n'a évidemment jamais reçu au-

cun enduit de couleur. L'artiste qui a sculpté ces figures avec tant de finesse et de précision, une imitation si vraie et si délicate de la nature, un goût si exquis dans les ajustements comme dans le choix des ornements, n'a eu garde d'altérer la pureté de la belle matière qu'il mettait en œuvre, et l'on peut dire qu'il a laissé au marbre sa fleur.

UNE MOUCHE.

Le mois de mai se levait, et des millions de jeunes vies se réjouissaient au soleil; c'était un cantique d'allégresse chanté par la nature entière, depuis le moucheron dont les deux ailes font à peine vibrer l'air jusqu'au chœur victorieux des oiseaux. Le printemps avait touché toute chose de son doigt générateur; le pommier étalait ses rameaux blancs dans les prairies, et si vous écartiez le brin d'herbe vous trouviez une petite fleur qui semblait dire : Moi aussi j'ai été appelée, et je suis heureuse comme le pommier. Mais non, les enfants de la nature ne se comparent pas entre eux; ils jouissent sans se demander si leur voisin a plus ou moins en partage. Qu'importe à la pâquerette de fleurir au pied du rosier! elle ne s'informe pas si la rose a reçu plus qu'elle. Et qui n'a pas aimé le pinson pour sa naïve simplicité, lorsqu'il lance sa ritournelle un peu monotone après la note triomphante du rossignol? Il est heureux; il chante, sans prendre garde si d'autres le font mieux que lui. De là vient la merveilleuse harmonie de la création; de là vient qu'il n'y a point de ton faux, parce qu'il n'y a ni vanité ni gaucherie. Réjouissons-nous-en, car il serait bien triste si ses enfants faisaient comme les enfants des hommes; si la marguerite disait : « Je me cacherai pour fleurir, parce que la rose est plus belle que moi » ; ou le pinson : « Je me tairai désormais, car j'ai entendu chanter le rossignol. » O mois de mai, que tu serais changé si tes créatures avaient voulu prendre exemple sur l'homme !

Peut-être se disait-il ces choses, ce vieillard assis sur un banc adossé au mur d'une maison. Il contemplait avec une profonde réjouissance cette résurrection à laquelle il échappait, lui, chargé d'années et se traînant avec peine, mais qui lui parlait d'une autre résurrection prochaine et désirée. Il fut distrait de ses pensées par la vue de son petit-fils qui s'amusait à poursuivre un insecte ailé. L'enfant fermait soudain la main, se flattant d'y enfermer sa proie; mais il n'avait pas encore réussi à la surprendre, lorsque son aïeul l'appela et lui dit :

— Mon enfant, désires-tu ôter la vie à cette créature au moment où elle en est si heureuse?

— Oh! non, grand-père; je le faisais en jouant.

— C'était un jeu cruel.

— C'est vrai; mais il n'y en a tant!

— Et tu supposes peut-être que dans ces millions d'existences il y en a une inutile, et que l'homme, qui ne peut la donner, a le droit de la retrancher. Mon enfant, ne prends jamais ce que tu ne peux pas rendre : ceci est un conseil qui embrasse un vaste ordre de choses; souviens-t'en lors même qu'il ne s'agirait que de la vie d'un atome. Je sais que la jeunesse est bien légère et bouleverse d'un coup de main ce qui inspire notre respect, à nous autres vieillards. Qu'est-ce qu'une vie de plus ou de moins, quand on est jeune? Un moucheron vient se poser sur votre main, un geste insouciant... mort le moucheron! N'est-ce pas cela? Mais quand on est vieux on le laisse vivre... La réflexion, l'expérience surtout, donnent du poids à toute chose; tout compté sur la fin des ans. Ce n'est pas un sermon que je te fais, cher enfant, ajouta l'aïeul avec un bon sourire, en voyant la figure du petit garçon devenue sérieuse; à ton âge, j'étais plus léger, plus égoïste que toi ; j'aurais marché de mes deux pieds sur des fourmis pour arriver plus vite à l'autre bout du jardin. Écoute ce qui m'arriva.

Un jour, un beau jour de juillet, où le soleil entrait par portes et fenêtres et enveloppait tout de son ardeur, afin de lire avec autant de douceur et de plaisir que possible certaine histoire captivante, j'avais fermé les volets de ma chambre, et, la tête dans une main, je tournais les feuillets de mon livre. Mais le soleil de juillet ne se laisse pas aisément mettre à la porte, et de vigoureux rayons, faisant leur chemin par les moindres interstices, venaient frapper les parois et réjouir infiniment une petite mouche qui n'avait pas vu sans regret, j'en suis sûr, expulser cette radieuse clarté. Elle bourdonnait donc dans sa joie, et ce bruit, qui troublait mon parfait repos, m'importunait déjà ; mais quand elle s'avisa de me prendre pour but, résolue à ne pas me laisser lire en paix ; quand, chassée de ma joue, elle se réfugiait sur ma main, j'en vins aux gestes les plus furieux pour l'éloigner. Je ne sais ce qui rend les mouches si taquines, celle-ci était décidée à me chercher querelle, et moi à l'exécuter à la première occasion. La pauvre créature eut le malheureuse inspiration de s'arrêter sur la page de mon livre : pan ! je le ferme... Lorsque je le rouvris, la petite mouche était morte. Je ne puis te dire ce qui se passa en moi à la vue de cette innocente bête si légèrement, si inutilement exterminée ; mais sûr, ce fut du remords. Tu ris, mon ami ; je ne plaisante pas : en présence de ce corps inanimé, un instant avant si leste et si vif, de ces pauvres ailes froissées qui l'avaient rendue si heureuse en la transportant où son désir l'appelait, mon cœur se remplit de tristesse. Ma disposition physique me préparait-elle, ce jour-là, à l'attendrissement ? Beaucoup l'auraient dit, sachant quel insouciant garçon j'étais ; il me semble, à moi, que ce sentiment était très-naturel, et que la réflexion seule pouvait bien le faire naître. Quoi qu'il en soit, je regrettai le sacrifice de cette vie et je me promis de ne plus jamais détruire ce que je ne pourrais pas donner.

Cette résolution m'arrêta souvent au moment de commettre des actes irréfléchis. Jeune écolier, n'arriva de supporter le poids des fautes de mes camarades plutôt que de les dénoncer ; car alors, disais-je, comment réparer le mal que je leur ferais ? Plus tard, j'appris à ne pas enlever des illusions douces et salutaires, croyances au bien qu'un mot imprudent peut faner et que rien ne fera revivre. Ce souvenir m'enseigna encore à souffrir et à pardonner, par la pensée que moi j'avais fait un mal qui, bien que sans grande conséquence, n'en avait pas moins été irréparable ; et lorsque j'étais victime de quelque mauvaise intention, je pensais à la mouche.

Ici le vieillard s'arrêta de parler et embrassa son petit-fils au front. N'est-ce pas toujours ainsi que se termine la leçon de l'aïeul ?

REGALIA.

Les *Regalia*, ou joyaux de la couronne d'Angleterre, transportés à la Tour de Londres probablement au temps de Henri III, avaient d'abord été placés dans un petit bâtiment sur le côté méridional de la tour Blanche [1]. On les déposa ensuite dans la tour Martin, qui prit, depuis lors, le nom de tour des Joyaux (*the Jewel Tower*). Enfin, à la suite d'un incendie, il y a vingt ou vingt-cinq ans, on les enferma provisoirement dans la maison du gouverneur, d'où ils passèrent, en 1842, dans une construction nouvelle qui leur était destinée (*the New Jewel House*), et où l'on a imité le style des Tudor.

[1] Voy., sur la Tour de Londres, la Table des vingt premières années.

Avant le règne de Henri III, on conservait les joyaux dans la trésorerie du Temple, quelquefois dans des édifices religieux. Les rois, lorsqu'ils voyageaient, les emportaient avec eux.

Vers 1270, les Regalia étaient à Paris, dans le Temple, sous la garde de Marguerite, reine de France. Bientôt après ils furent mis en gage chez des marchands français qui fournirent à Henri III les sommes d'argent dont il avait besoin pour comprimer la révolte des barons. En 1272 on les reporta à Londres, et on en dressa, à cette occasion, un inventaire que l'on consulte aujourd'hui avec intérêt.

Édouard III emprunta aussi de l'argent aux marchands de Flandre sur sa couronne et ses joyaux. Henri V engagea son grand collier, le *Pusan*, au maire et à la commune de Londres. Henri VI se vit plusieurs fois dans la même nécessité.

La charge de gardien des Regalia a toujours été tenue à grand honneur. Sous Édouard III, elle fut confiée à Jean de Flete et à Jean de Mildenhall, et, sous Henri VIII, au fameux Thomas Cromwell, créé plus tard comte d'Essex. Outre la garde de ces richesses, le « maître ou trésorier des joyaux », comme on l'appelait, était chargé d'acheter et de garder l'argenterie royale, de traiter avec les orfèvres et les joailliers de la cour, de fournir la vaisselle plate aux ambassadeurs et aux grands officiers de l'État. Il avait un logement dans toutes les résidences du roi. Sous Charles II, les profits du maître et trésorier des joyaux s'élevaient à la somme annuelle de 1300 livres (32 773 francs). On lui allouait pour sa table quatorze plats, avec la bière, le vin, etc. ; il avait, de plus, une gratification de 100 livres à Noël, et de 300 lorsqu'il portait des présents aux ambassadeurs ; 28 onces de vermeil ; les bourses dans lesquelles les lords faisaient leur présent d'or annuel au roi, et chacune d'elles était évaluée à 30 ou 40 livres ; d'autres gratifications, selon les circonstances. Dans les processions, il avait rang immédiatement après les conseillers privés. Aux couronnements il portait une robe écarlate, et s'asseyait à la table des barons au banquet de Westminster-Hall. Lorsque le roi, en grand costume, ouvrait ou fermait le Parlement, il plaçait la couronne sur la tête de Sa Majesté et l'en retirait. Mais ces privilèges ne durèrent que peu de temps, et presque tous avant la fin même du règne de Charles II furent, sur les instances du chancelier Hyde, abolis ou partagés entre diverses autres charges ; la plupart furent absorbées notamment dans celle du lord chamberlain. Alors le maître des joyaux offrait de faire voir les Regalia moyennant un prix d'entrée. Il ne logeait pas à la Tour, et s'y faisait remplacer par une personne de confiance. Sir Gilbert Talbot avait la charge, et c'était un vieux serviteur de sa famille, Talbot Edwards, qui gardait réellement les Regalia lors de la fameuse tentative de vol par Blood, en 1693. Nous avons raconté en détail cette aventure dans notre premier volume (1833, page 339). Blood était un scélérat de la pire espèce. Charles II non-seulement lui fit grâce ; mais l'enrichit. Ce détestable roi avait-il été intimidé par certaines menaces mystérieuses de Blood, ou cet homme était-il un instrument utile entre les mains de quelques-uns des puissants seigneurs de cette honteuse époque de l'histoire d'Angleterre ? C'est ce qu'on n'a jamais su d'une manière certaine.

Il serait long de décrire tous les objets précieux dont se compose le trésor de la Tour. Voici ceux qui méritent le mieux l'attention :

Les couronnes. — La première sert au couronnement des rois ; on l'appelle *couronne de Saint-Édouard*, en mémoire de celle d'Édouard le Confesseur, volée sous Charles Ier. Elle a été faite pour le couronnement de Charles II : elle est formée de quatre croix et d'autant de fleurs de lis

d'or qui s'élèvent d'un cercle surmonté d'un globe d'or;
elle est tout étincelante de perles, de diamants, de rubis,
d'émeraudes et de saphirs. — La *couronne d'État*, que
porte le souverain quand il se rend en personne au Parlement. Elle date aussi du règne de Charles II. Ses ornements les plus remarquables sont un rubis très-précieux
et une émeraude qui a sept pouces (anglais) de circonférence. — La *nouvelle couronne d'État*, faite pour la reine
Victoria. Au centre de la croix est un saphir d'un prix inestimable, et sur le devant de la couronne un rubis en forme
de cœur qui a, dit-on, appartenu à Édouard, le prince Noir.
— La *couronne du prince de Galles*, en or. On la place,
aux jours de cérémonie, dans la Chambre des lords, de-

vant le siège occupé par l'héritier présomptif. — Le *diadème d'or* (Circlet of gold) *de la Reine*, porté par la reine
Marie, épouse de Jacques II, lors de son couronnement.
— La *couronne de la Reine*, qui sert spécialement au couronnement des reines. — La *couronne riche de la Reine*,
que la reine porte à son retour de Westminster-Hall, après
la cérémonie du couronnement.
　　L'*orbe* ou globe d'or que le roi porte dans sa main droite
pendant le couronnement, et dans sa main gauche au retour
de Westminster-Hall. C'est une boule d'or de six pouces de
diamètre, entourée d'un cercle de diamants et surmontée
d'une énorme améthyste supportant une croix d'or tout
incrustée de pierreries.

Les *Regalia*, ou Joyaux de la couronne, dans la Tour de Londres (ancienne salle) (*). — Dessin de Thérond.

L'*ampoule* ou l'*aigle d'or* aux ailes déployées, contenant
l'huile sainte dont on se sert pour le couronnement. On
verse l'huile par le bec de l'oiseau dans une cuiller d'or.
Ce joyau passe pour être du douzième siècle.
　　La *Curtana*, ou *épée de miséricorde*, que l'on porte nue
devant le roi, entre les deux épées de justice, lors du couronnement. Elle est en acier doré. Des deux épées de justice, l'une, emblème du pouvoir spirituel, a la pointe
émoussée; l'autre, emblème du pouvoir temporel, a la
pointe très-acérée.
　　Le *bâton de Saint-Édouard*, ou le sceptre, bâton d'or
haut de quatre pieds, à manche d'acier, et surmonté d'un
globe et d'une croix.
　　Le *sceptre du Roi avec la colombe*, ou la baguette d'é-
quité (*Rod of Equity*), également d'or, est surmonté d'une
petite croix sur laquelle est posée la colombe avec les ailes
ouvertes, emblème de miséricorde; un autre semblable,

découvert en 1814 derrière une vieille boiserie de la Tour,
a, dit-on, servi à la reine Marie, épouse de Guillaume III.
　　Le *sceptre du Roi avec la croix*, ou sceptre royal, orné
d'un très-grand nombre de pierres précieuses.
　　Le *sceptre d'ivoire*, fait pour Marie d'Este, femme de
Jacques II.
　　Les *armilles*, ou bracelets d'or et ornés de perles, portés
aux couronnements.
　　Les *éperons royaux*, en or, que les lords Grey de Ru-
then ont le privilège de porter aux couronnements, à titre
de descendants des comtes d'Hastings.
　　La *salière d'État*, modèle en or de la Tour de Londres;
des fonts baptismaux d'argent doré; une fontaine d'argent, don de la ville de Plymouth à Charles II; un service

(*) L'artiste nous paraît avoir commis un anachronisme de costume.
Les dames ne s'habillaient pas ainsi lorsque les *Regalia* étaient placés
dans la tour Martin.

de communion d'argent doré d'un très-beau travail, et dont la pièce principale est décorée d'un bas-relief représentant la Cène; douze salières d'or, œuvres d'art; deux grands « pots du couronnement », d'or massif; un service de table en argent; etc. .

LES CLIPPERS (¹).

L'origine du clipper, toute moderne, ne remonte qu'à la découverte de l'or en Californie. On sait quels énormes bénéfices assurait, à cette époque, à tout bâtiment son arrivée à San-Francisco, lorsqu'il y apportait avant ses concurrents quelques-uns des objets dont avait besoin l'aventureuse population des chercheurs d'or. Par contre, tout

retardataire, trouvant le marché encombré, ne pouvait vendre sa cargaison qu'à vil prix. Il y avait dès lors urgence à n'employer que des navires d'une excellente marche. On pouvait, il est vrai, se servir de bateaux à vapeur; malheureusement, l'emploi de la vapeur est encore fort coûteux; et comme en marine commerciale le problème à résoudre n'est pas seulement d'aller vite, mais de naviguer en même temps à bon marché, ce fut nécessairement vers l'amélioration du navire à voiles que dut se tourner l'esprit des constructeurs. Leurs efforts ont été pleinement couronnés de succès par l'invention du nouveau bâtiment dont nous offrons le dessin à nos lecteurs.

Les différences qu'on pourrait signaler entre les clippers et les autres voiliers sont nombreuses; la première de toutes consiste assurément dans la longueur, puisqu'à largeur égale

Un clipper américain. — Dessin de Lebreton.

les clippers sont *au moins* d'un tiers plus longs que les autres. La comparaison des lignes d'eau des deux espèces de bâtiments ne montre point qu'ils soient plus fins que les anciens navires dans les parties inférieures de la carène. On trouve même qu'ils sont en général un peu plus renflés. Mais il n'en est pas de même aux environs de la flottaison; leur affinement devient excessif à partir de la flottaison, et cela jusqu'au plat-bord. Dans les anciens navires à voiles, au contraire, toute la partie de la proue située au-dessus de l'eau est extrêmement renflée, ce qui réduit singulièrement leur vitesse lorsqu'ils se meuvent dans une mer agitée (*).

Les autres caractères des clippers sont beaucoup moins prononcés que les précédents. Quelques-uns de ces bâtiments ont le maître couple fin; d'autres ont le maître couple plein. Certains clippers ont le déplacement de l'avant

supérieur à celui de l'arrière; d'autres, et c'est le plus grand nombre, ont le déplacement de l'arrière supérieur à celui de l'avant, et le centre de volume de carène en arrière du milieu.

Relativement à la mâture, les mêmes variétés se présentent. On rencontre des clippers qui sont mâtés en trois-mâts; d'autres sont mâtés en brig, d'autres en goëlette, etc. Ces bâtiments portent les noms respectifs de *clippers-ships, clippers-brigs, clippers-schooners,* etc.

Les caractères les plus saillants des clippers américains consistent donc, si on les compare aux navires ordinaires, en ce qu'ils ont une plus grande longueur que ces derniers, et qu'en même temps ils sont plus aigus aux extrémités de la flottaison. Ces deux caractères concourent à diminuer leur résistance, le second faisant surtout sentir son influence dans les gros temps. Leur action simultanée explique très-bien comment, toutes choses égales d'ailleurs, les clippers peuvent présenter une vitesse moyenne plus élevée que les navires ordinaires. En comparant, pour de longs parcours, les moyennes de traversée des clippers avec celles d'un navire à vapeur, il se trouve qu'elles sont ce que 5 est à 7.

(¹) *Clipper* paraît dériver du verbe anglais *to clip*, tondre, rogner. On donnait autrefois le nom de *clipper* au cheval qui, en Angleterre, remportait le prix de la course.

(*) Voy. notre *Vocabulaire pittoresque de marine*, Table des vingt premières années.

On s'explique, dès lors, la faveur dont les clippers jouissent en Amérique, surtout pour le transport des marchandises de prix.

Parmi les clippers les plus célèbres, on cite le *Great Republic*, construit à Boston par M. Donald Mac-Ilay. Ce navire, enregistré pour un tonnage de 4555 tonneaux, est le plus grand navire à voiles qui existe au monde. Il porte quatre mâts verticaux; sa longueur à la flottaison en charge atteint 95^m,75; sa largeur hors bordages, 16^m,15, et la profondeur de sa cale, 9 mètres.

La première traversée du *Great Republic* a eu lieu entre New-York et Londres, et s'est effectuée en 14 jours. La distance, mesurée sur la carte, étant de 3240 milles marins, cela fait ressortir une vitesse moyenne de 9^{nœuds},6 en bonne route. Malgré ce chiffre élevé, le *Great Republic* n'est pas considéré aux États-Unis comme un des navires de plus grande marche. Le *Sovereign of the Seas*, de 2421 tonneaux, jouit, sous ce dernier rapport, d'une réputation plus générale. Si l'on en croit les publications américaines, ce navire aurait réalisé, pendant ses 228 premiers jours de mer, une vitesse moyenne de 7^{nœuds},5, même démâté de ses trois mâts de hune qu'il a dû réparer tout en voyageant.

Le *Sovereign of the Seas* mesure 78^m,64 de longueur à la flottaison, et une largeur extrême de 13^m,41. Son équipage se monte à quarante-quatre personnes, tout compris.

Le *Flying Cloud* est un autre clipper également célèbre aux États-Unis. On lui attribue une traversée de New-York à San-Francisco effectuée en 89 j. 21 h. La distance étant de 13 380 milles marins, cela fait ressortir une vitesse moyenne de 6^{nœuds},7, chiffre élevé si l'on considère que le navire a eu à doubler le cap Horn et à traverser deux fois les calmes de l'équateur. On dit que, pendant ce voyage, le *Flying Cloud* a maintenu pendant vingt-quatre heures une vitesse moyenne de 15^{nœuds},4.

On peut citer encore, parmi les clippers célèbres, le *Red Jacket* et le *Lightning*, l'un de 68^m,60 de long, l'autre de 69^m,60. Le premier a effectué deux voyages entre Liverpool et l'Australie en 69 jours et demi et 73 jours et demi. Le second, construit à Boston, en 1854, a été, comme le *Red Jacket*, attaché à une ligne régulière de paquebots à voiles entre Liverpool et l'Australie. Ses quatre premiers voyages ont eu pour durées respectives 77 jours, 64 jours, 75 jours et 65 jours. La vitesse moyenne résultante, pendant ces 281 jours de mer, ressort au chiffre de 7^{nœuds},5 en bonne route.

LA PHOTOGRAPHIE.

Suite. — Voy. p. 43, 78, 135, 191.

LA POSE DU MODÈLE. — OPÉRATIONS APRÈS LA POSE.

Pose. — C'est à ce moment qu'il faut appeler à son aide toutes ses connaissances artistiques. Le dessin, la perspective, doivent aider à trouver, pour le modèle, s'il s'agit d'un portrait, une pose heureuse quoique simple; s'il s'agit d'un paysage, un point de vue sagement choisi. Il faut recourir, pour cette étude, aux ouvrages qui traitent de cette matière.

Pendant que la glace est dans le bain d'argent, on prend soin de disposer le modèle, parce que la surface, une fois sensibilisée, ne peut attendre plus de cinq minutes sans danger de taches. C'est plus de temps qu'il n'en faut. On doit remarquer que dans la série des opérations photographiques il s'agit d'aller vite, et cependant *sans se presser*, résultat auquel on arrive par le soin, la présence d'esprit, l'adresse et l'ordre.

Il est impossible de donner, même approximativement,

une évaluation du temps d'exposition; mille causes le modifient continuellement : la couleur, la qualité de la lumière ambiante; la couleur, l'éloignement du modèle; le foyer; le diamètre de l'objectif, l'ouverture du diaphragme; la rapidité et la sûreté des opérations; la puissance du développement, etc., telles sont les principales causes de variation de la durée de la pose. Quelques essais en apprennent plus que tous les discours du monde. Il faut commencer par poser trop peu, une ou deux secondes, par exemple, faire quelques épreuves en augmentant régulièrement la durée, et se fixer au temps qui a fourni la meilleure image, vigoureuse et abondante en détails.

Développement de l'image. — Le châssis négatif étant rapporté dans le cabinet obscur, on en sort la glace avec précaution et l'on verse rapidement à la surface un flot du liquide suivant, contenu dans un verre à expériences.

On a eu soin, depuis quelques jours, de mettre dans un grand flacon assez de protosulfate de fer, ou *couperose verte*, pour qu'en le remplissant d'eau il reste au fond un peu de ce sel non dissous : c'est ce qu'on appelle une *solution saturée*.

Prenez alors pour le développement de l'épreuve le mélange suivant :

Eau saturée de protosulfate de fer..	50^{cc}
Eau distillée	400
Alcool à 36 degrés................	25
Acide acétique cristallisable.......	45

filtrez le tout, et ne craignez pas d'en couvrir abondamment la surface à développer.

Lorsque l'épreuve, après s'être complétée dans ses détails, restera stationnaire, ajoutez à la solution, dans le verre, quelques gouttes d'une solution d'azotate d'argent à 2 pour 100. Les noirs prendront de l'intensité, et vous arrêterez l'épreuve à être complétée et vigoureuse dans toutes ses parties.

Lavage. — A ce point des opérations, il faut laver abondamment la surface du collodion pour la débarrasser du liquide acide qui l'inonde, et qui décomposerait les corps alcalins qui doivent servir au fixage.

On voit dans la figure 1 (p. 44), au-dessous de la petite fenêtre garnie de verre jaune, la grande cuvette au-dessus de laquelle se fait le développement, la glace étant tenue dans la main, ou, si elle est trop grande, posée au milieu sur un support. A droite est le flacon laveur, dont le détail s'aperçoit encore mieux dans la figure 2 (p. 45), entre les balances et la cuvette au-dessus de laquelle se fait le fixage. C'est un flacon ordinaire, dont le bouchon est traversé par deux tubes recourbés dont l'un gagne le fond du vase pour y amener l'air nécessaire à l'écoulement, et dont l'autre, par lequel sort l'eau, traverse seulement le bouchon. Ce flacon laveur sert constamment : avant, après le fixage; avant, après le renforcement. Il fournit un jet continu, sans secousses, d'une roideur moyenne, déterminée, du reste, par la grandeur du vase, et qui permet, si l'eau est exempte de corps étrangers, de ne jamais entamer la couche de collodion.

L'épreuve étant développée et lavée au-dessus du grand plat verni qui sert à recevoir les eaux de lavage, on la met au-dessus de la cuvette de fixage, dans le petit compartiment que l'on a disposé à cet effet à l'extrémité du cabinet obscur. Là on verse sur la surface du collodion une couche suffisante d'hyposulfite de soude ou d'eau contenant 2 à 3 pour 100 de cyanure de potassium. Le sel jaune d'iodure d'argent qui rendait la couche demi-opaque étant enlevé complétement et partout, il faut laver encore abondamment, et, comme l'épreuve s'est affaiblie, procéder, s'il est nécessaire, à son renforcement.

Renforcement. — Le plus simple consiste à verser sur

l'image une solution de bichlorure de mercure à 1 pour 100 dans l'eau distillée.

Ce corps, de même que le cyanure de potassium, est un *poison très-violent*, et ne doit être manié qu'avec précaution On répand ce liquide rapidement et également à la surface de l'épreuve; elle noircit immédiatement sous son contact. On rejette la solution, et on examine en transparence si le renforcement est suffisant, c'est-à-dire si les lignes sont noires et bien opaques. Si ce résultat n'est pas atteint, on lave et on reverse une nouvelle couche de solution de bichlorure. On lave avec soin.

L'action de ce renforcement ne doit pas être prolongée, parce que l'image blanchirait; si cet accident arrivait, on la laverait abondamment, puis on la porterait au-dessus de la cuvette de fixage et on la couvrirait d'un seul coup avec la solution d'hyposulfite. L'épreuve prendrait immédiatement un ton noir très-intense. C'est même le moyen d'obtenir le renforcement le plus fort possible sur une épreuve trop faible.

Gommage et vernis. — L'épreuve étant parfaitement développée, fixée, renforcée et lavée : pendant qu'elle est encore humide, versez à sa surface un mucilage de gomme arabique à 10 pour 100. Dressez la glace alors contre un mur sur des feuilles de papier buvard.

Lorsque l'épreuve est entièrement sèche, on fait tiédir la glace au-dessus de quelques charbons enflammés, et l'on y verse, comme du collodion, une couche de vernis que l'on peut faire soi-même en se procurant les substances suivantes :

Mettez un matras en verre, sur un fourneau au bain-marie : .

Alcool à 36 degrés...................	100gr
Gomme laque blanche pulvérisée....	4
Benjoin choisi....................	2
Gomme élémi....................	2
Sandaraque pulvérisée............	2
Camphre......................	0,50
Térébenthine de Venise............	0,50

Ajoutez quelques morceaux de verre cassé très-fin, et faites bouillir au moins une heure, en remplaçant l'alcool évaporé. Le verre pilé a été ajouté pour empêcher les résines d'adhérer au vase, surtout quand on n'emploie pas le bain-marie; si on l'emploie, on peut se passer de cette addition.

On laisse reposer douze heures, et l'on décante la partie claire pour l'usage.

Accidents. — Le nombre des accidents qui embarrassent la marche des opérations est considérable. Tantôt ce sont des taches, des points, des rides de diverse nature et de diverses couleurs; tantôt pas d'image, ou une image terne, voilée et incomplète. Il faut encore, pour apprendre à remédier à tout cela, recourir aux ouvrages spéciaux.

Images amphipositives. — Ces images, singulier jeu du développement appliqué sur la couche du collodion impressionnée, ont été étudiées pour la première fois et décrites par M. H. de la Blanchère, dès 1856. Elles consistent en ce que l'image, au lieu de se développer négativement, apparaît *positive par transparence* ou transmission de la lumière, et en même temps *positive par réflexion*. L'étude de ce phénomène curieux, continuée maintenant par les opérateurs anglais et français, doit conduire à des faits intéressants pour le mode de formation des épreuves photographiques, mais ne peut trouver place dans ces études élémentaires.

ALBUMINE NÉGATIVE.

Lavage et choix des glaces. — Les glaces qui servent dans le procédé à l'albumine négative sont les mêmes que celles qu'on emploie pour le collodion. Les bords doivent en être rodés avec soin pour assurer l'adhérence de l'albumine que l'on fait déborder. Il faut que le lavage de ces glaces soit rigoureusement fait; leur séchage, qui doit être suffisant, est cependant d'une importance moindre que pour le collodion; mais il est bon que le dernier nettoyage soit opéré avec un mélange de craie, d'ammoniaque et d'alcool, afin d'être sûr que la surface de la glace est parfaitement dégraissée.

La suite à une prochaine livraison.

UN BOUDIN DE CENT AUNES.

Ce boudin monstre figurait dans une fête villageoise donnée à la cour de Vienne en 1612, et qu'on trouve décrite dans le *Mercure français* (qu'il ne faut pas confondre avec le *Mercure de France*). Le sujet de cette fête était pastoral. Un jeune paysan et une gracieuse paysanne venaient de s'unir et se disposaient à faire leur repas de noce; c'était une sorte de contraste opposé aux magnificences chevaleresques qu'on avait fait passer auparavant sous les yeux des souverains; mais, loin d'imiter les bergeries poétiques de Racan, le goût allemand se plaisait à exagérer dans le détail la rusticité de la vie villageoise. Les cent aunes de boudin, habilement cousues ensemble, formaient une immense spirale, et ce fut le morceau qui excita le plus l'hilarité de la noble assemblée.

CARTES CÉLESTES.
Suite. — Voy. p. 18, 90, 124, 163, 195.

Planche VIII. — Le n° 39 est le Verseau, où le Soleil arrive à la fin de l'hiver. Il tient une urne d'où s'échappe un courant d'eau qui arrive au Poisson austral, n° 61 : cette dernière constellation possède une étoile de première grandeur que l'on voit très-bien en Europe; les Arabes l'appellent *Fomahaut* ou *Fom-al-haut*, littéralement Bouche du Poisson. Les étoiles du Verseau n'atteignent qu'à la troisième grandeur; elles annonçaient autrefois les pluies de la fin de l'hiver. Cette figure, qui se confond avec la queue du Capricorne, a été peu étudiée; il s'y trouve cependant trois étoiles doubles, et spécialement l'étoile ψ qui, sur notre planche, est marquée à tort π, et qui offre au télescope deux étoiles égales de quatrième grandeur. C'est dans le Verseau que la planète Neptune a été vue pour la première fois en 1846.

L'Atelier du sculpteur, n° 65, et la Machine pneumatique, n° 67, sont deux constellations de Lacaille, suivies du Fourneau chimique, n° 68, dont les étoiles n'offrent rien de remarquable.

La Baleine, n° 43, a deux étoiles de seconde grandeur, savoir, β près de la queue et α à la bouche; l'étoile α est près de l'équateur et un peu au-dessus : près de l'œil est l'étoile ο (*omicron*), qui est variable et qui devient invisible tous les onze mois; à son plus grand éclat elle est de seconde grandeur : elle est appelée *Mira Ceti*, la Merveilleuse de la Baleine; l'étoile α est à la tête et β est la queue. Le mot arabe *deneb*, qui veut dire queue, s'applique aussi à la queue du Lion, *Sarcah*, et à la claire du Cygne, que plusieurs auteurs désignent par le mot seul de *Deneb* ou Queue, sans y ajouter le nom de l'oiseau, qui, chez les Arabes, est une poule et non un cygne. La figure de notre planche représente assez bien une baleine, tandis que dans les anciennes cartes la figure fantastique qui est dessinée dans cet espace céleste ne ressemble pas plus à une baleine que le dauphin *officiel* à queue recourbée ne représente le cétacé peu flexible de la Méditerranée. Cette planche, comme la précédente, n'a qu'une étoile de première grandeur, savoir le

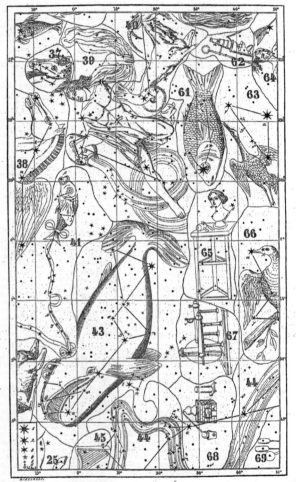

Cartes célestes. — Planche VIII.

Poisson austral ou Fomahaut; la planche n° 7 n'avait qu'Antarès ou le Cœur du Scorpion. En général, pour le ciel entier le nombre des étoiles de première grandeur ne dépasse pas vingt, sur lesquelles il y en a trois ou quatre qui sont invisibles en Europe.

La suite à une autre livraison.

ORPHÉE.

Salon de 1863; Peinture. — Orphée, par Français. — Dessin de Français.

Le tableau de M. Français est visiblement inspiré de l'*Orphée* de Gluck, repris, dans ces dernières années, au Théâtre-Lyrique avec tant de succès, et particulièrement des scènes du premier acte, où l'on voit les compagnes d'Eurydice venir tour à tour, au déclin du jour, pleurer auprès de son tombeau. Leurs chœurs plaintifs précèdent Orphée lui-même, dont la douleur s'exhale avec des accents si tendres et si passionnés. On ne peut avoir assisté à ce spectacle sans conserver un profond souvenir non-seulement de la musique, douce, grave, émouvante, mais de la fable poétique à laquelle cette musique est si bien adaptée, et du décor même, que l'on pouvait croire imité de quelque peinture de M. Corot, ou peut-être de M. Français. Qui s'étonnerait que tant de vives impressions agissant à la fois aient fait rêver les peintres aussi bien que les poètes et les musiciens? Ne puisent-ils pas tous aux mêmes sources? Les sentiments qu'ils expriment par le rhythme et l'harmonie des sons, des formes, des couleurs, du langage, n'est-ce pas la nature qui les inspire tous? Une sympathie s'éveille dans les âmes au spectacle de l'univers; elles s'émeuvent des joies et des douleurs que d'autres ont ressenties, et, à toutes les impulsions, elles résonnent comme autant de lyres qui seraient montées sur des modes différents.

> Combien c'est vrai que les Muses sont sœurs!
> Qu'il eut raison, ce pinceau plein de grâce
> Qui nous les montre, au sommet du Parnasse,
> Comme une guirlande de fleurs!
>
> (Alfred de Musset.)

La légende d'Orphée, une des plus belles et des plus poétiques que nous ait transmises l'antiquité, est aussi une de celles qui nous instruiraient le mieux, si nous étudiions attentivement son fond primitif et ses transformations, et ce que les anciens ont pressenti de cette parenté des êtres aussi bien que de la vie nouvelle que l'art communique à toutes choses. La partie la plus populaire de cette légende (grâce aux vers de Virgile, elle est dans toutes les mémoires) est le récit touchant de la mort d'Eurydice, pleurée par le poète, suivie par lui jusque dans les enfers, et arrachée, mais pour quelques instants seulement, au destin. La science moderne, qui a pénétré si avant dans la connaissance des anciens mythes, en les rapprochant et en les éclairant l'un par l'autre, s'est surtout attachée à cette partie de la fable d'Orphée, et elle y a retrouvé une fois de plus le symbole des vicissitudes des saisons, modifié par quelques influences locales. Il en est d'autres dont la signification plus profonde et plus couverte est aussi plus difficile à saisir et à développer. Comme le sens poétique a eu plus exclusivement part à leur création, il faut pour les expliquer plus de poésie, et ce sont précisément celles qui nous montrent l'empire que toutes les puissances de la nature exercent sur l'âme du poète et la force avec laquelle le poète s'empare de tout ce qui l'entoure, soumettant toutes les créatures qui peuplent la terre, le ciel et les eaux, les rochers mêmes et les insensibles éléments, et les pliant à tous les mouvements de son cœur. N'y a-t-il pas encore un enseignement élevé, enveloppé de poétiques symboles, dans ce que l'on raconte de la mort d'Orphée déchiré par les Ménades en proie à la fureur des instincts grossiers et aveugles un moment réveillés, et du prodige qui fit survivre les chants du poète à lui-même? Ses membres dispersés et sa lyre, flottant sur les eaux allèrent les répéter aux rivages lointains. A Lesbos, où ils furent recueillis, les musiciens et les chanteurs étaient les plus renommés de la Grèce; à Antissa, où Orphée avait un temple, les rossignols même chantaient, dit-on, avec plus de douceur qu'en aucun autre lieu du monde.

OZYMANDIAS.

Je fis rencontre d'un voyageur qui revenait d'une terre antique et qui me dit : « Il y a dans le désert, allongées sur le sol, deux énormes jambes de pierre, sans corps. Auprès d'elles, enfoncée à demi dans le sable, gît une tête d'homme endommagée, dont les sourcils froncés et les lèvres ridées expriment le sourire railleur du froid commandeofent, et témoignent que l'artiste qui la sculpta sut bien lire la passion du pouvoir empreinte sur ces choses inanimées et survivant encore à la main qui s'en joua et au cœur qui s'en reput. Sur le piédestal apparaissent ces mots : « Mon nom est Ozymandias, roi des rois ; considère mes ouvrages, ô puissant du monde, et désespère ! » Voilà pourtant tout ce qui reste d'Ozymandias et de ses œuvres, et autour des débris de sa ruine colossale les sables du désert, nus et aplanis, s'étendent solitairement dans un espace sans bornes.   SHELLEY.

LA PHOTOGRAPHIE.

Suite. — Voy. p. 43, 78, 135, 191, 230.

ALBUMINE NÉGATIVE.

Suite.

Préparation de l'albumine. — C'est la préparation au moyen des œufs frais qui est employée en photographie : on met les blancs d'œufs, privés de jaune, dans un vase de terre vernie ou de porcelaine; on les bat, au balai d'osier jusqu'à ce qu'on obtienne une mousse épaisse et consistante; ceux qu'on appelle des œufs en *neige*. Il faut descendre le vase dans la cave, le couvrir d'un linge humide et le laisser reposer douze heures.

Pendant ce repos, on fait la solution suivante :

> Eau distillée 50gr
> Iodure d'ammonium 20
> Iode pur 1

On la mêle à un litre d'albumine lorsqu'elle est claire et déposée sous la mousse; on ajoute 10 grammes de miel blanc, on mélange les deux liqueurs en agitant doucement, et on laisse reposer vingt-quatre heures. On filtre alors sur un tampon de coton, et l'on en remplit complètement de petits flacons isolés. Cette albumine se conserve bonne tant qu'elle reste transparente dans les flacons.

Albuminage. — Quand on projette doucement l'haleine à la surface de la glace, il s'y dépose une couche d'humidité suffisante pour permettre l'extension de l'albumine, qu'on verse comme du collodion (fig. 14 et 15); on chasse brusquement l'excès dans un flacon surmonté d'un entonnoir garni de coton, on égoutte, et l'on place verticalement la glace sur un de ses angles, le long d'un mur, sur un coussin de papier buvard.

La couche d'albumine ayant séché naturellement, ce qui demande vingt-quatre heures, il faut la coaguler en la chauffant au-dessus d'un réchaud rempli de charbons allumés. Il est important que la chaleur de la glace ne dépasse pas celle que la main peut supporter sans douleur, c'est-à-dire + 60° environ.

Cette dessication amenant une tendre légère général dans la couche d'albumine, on lui restitue son homogénéité en projetant l'haleine à sa surface avant de renfermer les glaces, refroidies dans la boîte qui doit les préserver de la poussière et de l'humidité.

Bain d'argent sensibilisateur. —

> Eau distillée 100gr
> Azotate d'argent cristallisé 10
> Acide acétique cristallisable 8

Plongez-y la glace lorsque la couche d'albumine est parfaitement sèche; retirez au bout de vingt-cinq à trente secondes, lavez abondamment et remettez à sécher verticalement sur du papier buvard neuf : toutes ces opérations se font dans le cabinet obscur.

Les glaces ainsi sensibilisées se conservent presque indéfiniment à l'abri de la lumière et de l'humidité.

Temps de pose. — L'albumine ne servant que pour la reproduction des paysages et des objets immobiles, on pourra fortement diaphragmer l'objectif afin d'obtenir toute la netteté possible, et ne pas craindre d'augmenter ainsi le temps de pose; il est en moyenne de cinq à quinze minutes pour un paysage.

Développement de l'image. — Plongez la glace dans une cuvette en porcelaine remplie d'eau distillée tiède contenant en dissolution 0gr,25 d'acide gallique par litre; en ayant soin de maintenir la température de la cuvette à l'aide d'un réchaud de feu peu actif ou d'un bain-marie. Au bout de quelques heures l'épreuve aura apparu. Il est bon de sortir de temps à autre la glace du bain et de la laisser exposée à l'air une ou deux minutes, ce qui favorise la production de l'image. Lorsque celle-ci est bien dessinée dans toutes ses parties, on ajoute au bain quelques gouttes de solution neutre à 4 pour 100 de nitrate d'argent fondu, on replonge la glace et on laisse l'image en repos se développer, en veillant pour l'arrêter, lorsqu'il en est besoin, par un lavage à l'eau pure.

Fixage. — On couvre la couche lavée d'une solution d'hyposulfite à 30 pour 100 que l'on renouvelle trois ou quatre fois; en dix à quinze minutes, la glace étant débarrassée de ses sels sensibles, l'épreuve devient transparente. On lave abondamment et on laisse sécher la glace, placée verticalement sur du papier buvard.

Accidents. — L'accident le plus ordinaire est le dépôt de réductions moirées métalliques à la surface de l'albumine lors du développement. Lorsqu'elles sont légères et qu'elles viennent de se former, on peut les enlever en frottant légèrement avec un petit tampon de coton mouillé; si elles résistent à cette action mécanique, il faut essayer de les dissoudre en versant à la surface de la glace une partie de développement au sulfate de fer (voy. *Collodion*), mélangée au *moment même* avec une partie du bain d'hyposulfite d'or et de soude employé pour le virage des positifs (voy. *Virage*). Nous ne parlons pas des traces de poussière que l'on s'attachera toujours à éviter par un nettoyage soigneux du cabinet obscur, et qui formeraient sur l'épreuve des taches ou des points noirs.

Le procédé par l'albumine est surtout utile pour la production des épreuves positives transparentes pour le stéréoscope, et des négatifs qui servent à imprimer les épreuves destinées à cet instrument.

PAPIER NÉGATIF.

Choix du papier. — L'idée de se servir de papier comme surface sensible, due aux Anglais, a coïncidé avec l'invention française du daguerréotype. Le procédé qui en a découlé n'est devenu réellement pratique que du jour où l'emploi de la cire a permis l'usage des feuilles sensibles impressionnées à sec.

Il est très-difficile de trouver un papier négatif exempt de taches, de trous et d'inégalités dans son épaisseur; il faut d'ailleurs qu'il soit à la fois mince et résistant.

On marquera l'envers de chaque feuille, qu'il est facile de reconnaître en regardant la feuille sous un jour frisant : le côté où paraît le tracé de la toile métallique sur laquelle le papier a été fait, est l'envers.

Cirage de la feuille. — Il faut se procurer de la cire vierge très-pure; placer la feuille négative sur un matelas

de papier buvard neuf; faire chauffer un fer à repasser ordinaire dont la surface soit très-propre, l'enduire de cire, et en le passant sur la feuille l'imbiber très-également. On place alors cette feuille entre deux papiers buvards, et à l'aide du fer chaud on fait dégorger l'excédant de cire qui quitte la feuille négative pour imbiber le papier buvard.

Ioduration. — Dans un litre d'alcool faites bouillir 15gr de cire coupée en petits morceaux, laissez refroidir et filtrez. La cire décomposée laissera dissoudre une portion soluble appelée *ceroléine*. Les portions insolubles (*cerine* et *myricine*) resteront sur le filtre et serviront à cirer le papier.

Prenez : Alcool céroléiné, ci-dessus........ 100gr
    Iodure de potassium............. 2,50
    Bromure de potassium.......... 0,25

Mettez cette liqueur dans une cuvette plate de porcelaine et couvrez-la d'un verre plan; immergez-y sans bulles d'air les feuilles cirées dix minutes, ce qui se fait très-facilement en les plongeant obliquement, et prenez garde de ne pas produire dans les feuilles des cassures qui se traduiraient sur l'épreuve par des raies ou des étoiles noires.

La feuille, étant retirée du bain alcoolique, est transparente; mais on la suspend, et au moment de l'évaporation, qui est rapide, la saponification de la cire devient visible, et l'ioduration se manifeste par un ton blanc laiteux, translucide et d'un grain toujours très-fin. Ce papier se conserve plusieurs mois sans altération.

Sensibilisation. — Composez le bain suivant :

Eau distillée.................. 100gr
Azotate d'argent cristallisé 8
Acide acétique cristallisable...: 9

Plongez les feuilles une à une dans ce bain, qui doit être assez abondant pour les recouvrir parfaitement; évitez les bulles d'air entre les feuilles et à leur surface, et laissez-les au moins vingt minutes dans le liquide. Évitez de toucher les angles des feuilles avec des doigts chargés de matières étrangères; les taches sont toujours à craindre, et la plus minutieuse propreté est de rigueur. Ayez, à côté de la cuvette au bain d'argent, deux autres cuvettes remplies d'eau distillée en quantité au moins égale à celle du bain. Sortez une feuille l'une après l'autre, laissez-les égoutter un moment au-dessus du bain, et mettez-les dans la première cuvette d'eau distillée : il faut qu'elles restent dans cette cuvette environ dix minutes; vous les transporterez ensuite dans la seconde et les y laisserez au moins autant de temps, puis vous les sortirez enfin les unes après les autres, et, les plaçant successivement entre du papier buvard neuf, vous éponjerez l'eau qui couvre leur surface. Vous les mettrez enfin dans un troisième papier buvard neuf, où elles achèveront de sécher doucement.

Il est entendu que toutes ces opérations se font à l'abri de la lumière, ou dans un endroit éclairé par des rayons jaunes.

Les feuilles ainsi sensibilisées se conservent deux ou trois jours dans un cahier de papier buvard renfermé dans un étui ou un portefeuille noir.

Le châssis négatif qui sert à exposer ces feuilles se compose de deux glaces juxtaposées, entre lesquelles on place la feuille de papier sensible qui reçoit l'impression lumineuse à travers la glace antérieure. Il est donc important que celle-ci soit choisie très-pure, très-blanche et le plus mince possible.

Temps de pose. — L'espace de temps nécessaire pour impressionner une feuille dépend : de la puissance particulière de l'objectif, de l'ouverture du diaphragme qu'on a choisi, de la quantité et de la qualité de la lumière ambiante, de la nouveauté de l'impressionnement de la feuille, et de la couleur des objets à reproduire. Faire l'énumération de ces causes diverses, c'est dire qu'aucune règle fixe ne peut être indiquée. Il faut opérer, tâtonner, se tromper quelquefois avant de réussir.

Développement de l'image. — Plus tôt on fait apparaître l'image après l'impressionnement de la feuille, plus on a de chances d'éviter les insuccès. En général, c'est une opération qu'il faut faire le soir, après une journée bien remplie de courses photographiques ; car le temps de pose est relativement long quand on se sert du papier ciré, principalement employé pour le paysage et les objets inanimés. Au moment où l'on a sorti les feuilles sensibilisées des deux eaux de lavage, on a dû ramasser ces deux eaux ensemble dans un grand flacon. Ces eaux, qui contiennent une quantité de nitrate d'argent proportionnelle à la surface de la feuille qu'elles ont lavée, serviront dans l'opération qui doit faire apparaître l'image.

Prenez une cuvette de porcelaine parfaitement nettoyée, faites-y filtrer une portion d'eau de lavage suffisante pour former une couche d'un centimètre d'épaisseur. Mettez dans l'entonnoir, en même temps que la première portion d'eau, une quantité approximative d'acide gallique qui représente environ 1 gramme pour 100 d'eau. Nous nous abstenons à dessein de donner un poids exact : moins on mettra d'acide gallique, *pourvu que l'image apparaisse et se développe*, plus on sera sûr d'éviter les taches et les réductions.

Il faut plonger dans ce bain la feuille à développer rapidement et sans bulles d'air, prendre garde qu'elle n'émerge, et remuer la cuvette de temps en temps, en évitant de toucher la feuille trop souvent par les angles. L'épreuve apparaît ordinairement noire sur un fond jaune ; elle se complète peu à peu, d'une manière lente mais continue. Si le développement se ralentit, on ajoute quelques gouttes de solution faible de nitrate d'argent à 4 pour 100. Si l'opération marche bien, le bain doit conserver sa limpidité et se teignant légèrement en jaune. Si l'on voit des moirures d'argent métallique se développer à sa surface, il faut faire sortir l'épreuve avec précaution, parce que si des moirures d'argent métallique s'attachaient à sa surface, elles y adhéreraient et l'épreuve serait perdue ; puis on la plonge dans une cuvette contenant un bain semblable, mais plus faible. Le développement de l'image continue dans ce second bain. On peut, pour sortir la feuille du bain sans enlever de moirures, appliquer d'abord à la surface du bain une feuille de papier buvard et la relever vivement avec l'argent qui s'y est attaché.

Fixage. — Préparez dans une cuvette placée le plus loin possible de celle où doit se faire le développement de l'image la solution suivante :

Eau ordinaire filtrée 400gr
Hyposulfite de soude 25

Lorsqu'en regardant en transparence la feuille négative l'image paraît complète, et plutôt trop chargée de détails, sortez-la du bain où elle s'est développée et plongez-la quelques minutes dans une grande bassine pleine d'eau ordinaire. Elle peut sans inconvénient y rester une minute. Vous la mettez alors dans le bain d'hyposulfite, et vous voyez peu à peu les sels d'argent sensibles que décèle leur couleur jaune se dissoudre par places, et l'image rester intacte et vigoureuse sur une feuille parfaitement transparente. Lavez à plusieurs eaux, égouttez, et laissez sécher dans un cahier de papier buvard neuf. Rappelons encore que toutes ces opérations ont dû se faire à l'abri de la lumière.

Recirage de la feuille. — La feuille négative qui porte l'image étant sèche, approchez-la avec précaution d'un feu clair de charbon, afin de refondre et de réviviifier la cire qu'elle contient. Cette opération terminée, le négatif est prêt à donner des épreuves positives.

Accidents. — Il serait très-difficile de faire un recueil exact de tous les accidents qui peuvent arriver en suivant une méthode qui paraît si simple : presque tous viennent du défaut de propreté ou d'une mauvaise appréciation du temps nécessaire à la pose. Si l'épreuve vient trop vite et sans opposition des ombres aux lumières, le temps de pose a été trop prolongé : il sera très-difficile, sinon impossible, même en augmentant la dose d'argent du bain révélateur, d'empêcher l'épreuve d'être grise. Si le développement se fait très-lentement, ce sera le signe que le temps de pose n'a pas été assez long ; il faudra alors laisser la feuille longtemps sous l'action de l'acide gallique, et il en résultera que sa surface se couvrira de réductions, et que le précipité qui forme l'image sera grenu et sans finesse.

La suite à une autre livraison.

UNE SCÈNE CHAMPÊTRE EN ÉGYPTE.

« Nous avions chassé toute la matinée, nous écrit un de nos amis voyageant en Égypte, et nous nous disposions à regagner notre barque amarrée au bord du Nil, quand, longeant un petit canal dominé par de hautes levées, nous entendîmes à nos oreilles un sifflement aigu analogue à celui que produirait une balle, et, arrivés sur le revers des talus, nous vîmes se développer sous nos yeux un spectacle assez étrange.

» Devant nous s'étendaient de vastes champs de *sorgho*, mer de verdure qui se perdait à l'horizon, et de laquelle émergeaient, par places, tantôt des buttes de terre, tantôt des échafaudages en bois de dattier, occupés par des enfants qui chassaient, au moyen de frondes, des bandes d'oiseaux, étourneaux, pigeons, passereaux, qui venaient s'abattre sur les moissons. C'était un des projectiles adressés à ces nombreux pillards que nous avions entendu siffler à nos oreilles. »

Le tableau de M. Berchère nous offre une scène semblable à celle que nous décrivait le voyageur. Des enfants nus, montés sur des troncs de palmiers assemblés et reliés entre eux par des cordes, surveillent d'un œil attentif le domaine qui leur est confié. Le temps est morne, pesant ; la chaleur du plein midi rayonne sur le paysage et, neutralisant les ombres et les lumières, enveloppe tous les objets d'une espèce de brume grise et chaude particulière aux pays voisins de l'équateur et des tropiques. Des bandes d'oiseaux, si nombreuses qu'elles ressemblent à des nuages de poussière, s'élèvent des moissons, pointent dans le ciel, et cherchent à se mettre hors de la portée des frondeurs.

Le sorgho dourrah (*Andropogon sorghum*) est une plante de la famille des graminées que l'on cultive dans l'Inde, en Égypte et dans tout l'intérieur de l'Afrique : il sert de base à la nourriture du peuple et des nomades. Hérodote nous dit que le pain que l'on tire du dourrah s'appelait *cyllète*, et l'on a trouvé dans les tombeaux plusieurs pains de formes et d'espèces différentes. La tige est un chaume fistuleux présentant de distance en distance des nœuds d'où partent des feuilles alternes engaînantes ; elle porte à son extrémité une fleur disposée en épi, et un fruit (caryopse) enveloppé d'une gaîne et qui s'épanouit en grappe à sa maturité, offrant de nombreux grains plus gros que ceux du millet et d'une couleur de blé frappé de rouille. La tige atteint dix ou douze pieds de hauteur, et le port de la plante est en tout semblable à celui du maïs.

On sème le dourah à la fin de mars, et de là lui vient le nom de *seyfy* (été). On fait à la pioche des trous de quelques pouces de profondeur dans lesquels on dépose trois ou quatre grains seulement, puis on prend soin d'arroser tous les jours. On coupe le dourah à la faucille dans le courant de juillet, et après la moisson on le fait fouler par des bœufs sur une aire établie en plein champ, puis on le crible avant de le rentrer.

Salon de 1863; Peinture. — Enfants qui gardent les moissons, par Berchère. — Dessin de Grenet.

OBSERVATIONS ASTRONOMIQUES.

AOUT.

M. Faye a inventé une disposition mécanique pour faire suivre, pendant quelques secondes, l'image d'une étoile par une plaque sensibilisée sur laquelle l'astre vient se peindre lui-même. Les fils du réticule peuvent être éclairés par une lumière artificielle, de manière à rendre l'intervention de l'observateur inutile dans les cas où l'on veut obtenir le dernier degré de précision. Mais aucun perfectionnement des arts ne peut dispenser le savant de se mettre lui-même en rapport direct avec le monde extérieur. Ces inventions ingénieuses de M. Faye ne dispensent pas plus l'astronome de placer son œil à l'oculaire des télescopes que l'usage des télescopes eux-mêmes ne lui avait épargné la peine de se servir de ses yeux et d'inspecter la voûte étoilée comme le faisaient les Chaldéens.

Un amateur des beaux spectacles qu'offre la nature ne

peut dédaigner d'observer le ciel pendant les nuits voisines du 16 août, qui sont indiquées à l'avance pour le retour périodique des étoiles filantes. Ces observations deviennent chaque année de plus en plus intéressantes, et nous approchons de l'époque où les apparitions vont se manifester avec une recrudescence remarquable. Peut-être les personnes qui voudront bien disposer de leurs nuits en août 1863 assisteront-elles à un de ces magnifiques feux d'artifice naturels dont Humboldt et Bonpland ont laissé la poétique description. L'an dernier, à l'Observatoire du Luxembourg, le nombre horaire moyen des étoiles apparues a été de quarante-huit.

Le mois d'août offrira huit occultations d'étoiles appartenant toutes à la sixième grandeur, excepté x des Poissons, qui est intermédiaire entre la cinquième et la sixième. Quoiqu'une étoile de sixième grandeur n'égale pas la trois-centième partie de l'éclat de Sirius, ces phénomènes sont dignes d'être notés, parce que quatre fois dans le même mois, une étoile vient s'approcher assez de la Lune pour être visible dans le champ du même télescope, après quoi on la voit s'en écarter aussitôt. On trouve dans la *Connaissance des temps* l'indication des points du disque lunaire où la disparition aura lieu.

Ces occultations sont diverses d'aspect, suivant que l'étoile est éclipsée par le bord obscur de la Lune ou par le bord éclairé. Lorsqu'elle disparaît dans le bord obscur, on dirait qu'un bras invisible vient de l'éteindre. Malheureusement, l'éclat que notre satellite rayonne autour de lui empêche presque toujours de suivre à l'œil nu ces curieuses apparences.

Le 3 du mois d'août, dans des régions plus favorisées que les nôtres, les amateurs pourront observer à la fois le commencement et la fin d'une même éclipse du troisième satellite de Jupiter. L'entrée dans l'ombre aura lieu à 1 h. 6 m. du matin, et la sortie à 3 h. 12 m.; de sorte que le phénomène aura duré en tout 2 h. 6 m. A 8 heures du soir, les quatre satellites seront dans la partie supérieure de leurs orbes et distribués de manière que les deux premiers soient à l'orient et les deux derniers à l'occident; A ce moment, tous les quatre iront en s'éloignant de l'astre.

Si le lendemain, à la même heure, on regarde les mêmes objets célestes, on aura un spectacle bien différent. Les quatre petites lunes brilleront encore dans le firmament, mais toutes quatre seront placées à l'orient de la planète. Trois d'entre elles se trouveront encore dans la partie supérieure de leur cercle, et sembleront, par conséquent, se rapprocher de leur planète; seule, la seconde sera déjà parvenue dans la partie inférieure et paraîtra faire des efforts inutiles pour échapper à son attraction.

Les plus fortes marées de 1863 auront lieu le 30 août. Elles pourront entraîner de grands désastres si l'action des vents vient aider à celle de l'attraction lunaire sur les eaux de l'Océan. La différence entre le niveau de la basse mer et le niveau de la haute mer sera, à Granville, d'après les calculs de M. Laugier, de près de 14 mètres. Le poids des eaux soulevées sur cette rive est donc de 14 milliards de kilogrammes par kilomètre carré de surface.

LES VACANCES.

J'aime à voir un brave écolier s'ébattre et jouir de ses vacances. Nul aspect ne m'est plus agréable que celui d'un heureux, robuste, viril adolescent, la main ouverte, la poitrine épanouie, le cœur généreux. La bonne humeur, la joie, rayonnent sur son honnête visage : satisfait et satisfaisant, ardent, actif, reconnaissant des services et tout

prêt à en rendre; exerçant dans toute son étendue le noble privilège de la jeunesse : être heureux et jouir. Chantez, joyeux esprits, tandis que le printemps dure! Fleurissez tandis que le soleil brille, charmantes fleurs de la jeunesse!

THACKERAY.

CONSPIRATION ET MORT DE MANLIUS.

Suite et fin. — Voy. t. XXIX, 1861, p. 321.

Les difficultés intérieures, aggravées d'une guerre avec les Volsques, décidèrent le sénat à nommer un dictateur, Cornelius Cossus. Pendant qu'on se battait presque aux portes de Rome, la fermentation croissait dans l'enceinte des murs; Manlius acquérait des partisans par des bienfaits habiles; il payait les dettes de ceux que, selon la loi, les créanciers voulaient tenir en prison. Un centurion connu par ses belles actions à l'armée avait été condamné pour dettes; Manlius voit qu'on l'emmène, envahit le Forum avec sa faction, accuse la superbe des nobles, la cruauté des préteurs, rappelle les misères du peuple, le mérite et le malheur du centurion : « Mais, dit-il, j'aurais vainement de ce bras sauvé le Capitole, si je laissais sous mes yeux traîner en servitude un de mes compagnons d'armes, enlevé comme par des Gaulois vainqueurs »; et, devant tous et sur l'heure, il paya le créancier. Celui qu'il a délivré s'écrie : « Dieux et mortels, bénissez le père du peuple! Tandis que je combattais pour nos pénates renversés, ma dette croissait, et je payais sans l'avoir; le principal disparaissait sous les intérêts accumulés; j'étais écrasé sous l'usure. Lumière du jour, Forum, visages amis, liberté, tout m'était rendu; Manlius m'a tout rendu, il m'a rendu la vie; à lui ce qui me reste de sang et de courage! A lui ce que je dois à la patrie, aux dieux de Rome et du foyer domestique! » Et Manlius : « Nul de vous, citoyens, tant que j'aurai un as, ne payera sa dette de sa liberté! » C'est ainsi qu'il allumait l'enthousiasme et se préparait l'appui des masses. En outre, il formait chez lui des conciliabules où il ne cessait de répéter que le sénat, non content de posséder toutes les terres conquises par le sang du peuple, voulait accaparer la fortune publique; il alla jusqu'à répandre, à tout hasard, que le sénat cachait et gardait l'or destiné aux Gaulois, trésor qui suffisait à éteindre tente dette, rançon volontairement versée qui, restée sans emploi, devait être rendue, répartie entre les donateurs et non assimilée à un impôt. Et comme la foule demandait, pleine d'espoir, où le sénat enfouissait un pareil vol, il promettait des indications précises, en temps et lieu.

La situation parut alors si tendue que le dictateur quitta l'armée, accourut à Rome, descendit avec le sénat en corps dans le champ des comices, et fit appeler Manlius à son tribunal; bientôt, chacune entourant leur chef, la plèbe et la noblesse furent en présence; les deux partis se mesuraient des yeux. Au milieu d'un silence solennel, le dictateur parla : « Puissent le sénat et le peuple être en tout temps d'accord, comme ils vont l'être aujourd'hui sur tout ce qui te concerne et sur ce que je te demanderai! Je vois que, de bonne foi sans doute, tu as fait espérer aux débiteurs une libération complète, à l'aide de l'or gaulois caché par les premiers de l'État. Eh bien, je ne veux pas arrêter l'effet de tes promesses; hâte-toi, Manlius, je te le conseille, hâte-toi d'éteindre la dette du peuple; nomme, il est temps, ces recéleurs d'un vol clandestin, qui couvent le commun trésor! Si tu ne le fais, c'est qu'ils t'ont donné ta part, ou bien que tu ne les connais pas; et moi, je t'enverrai en prison, car je ne souffrirai pas que des indices faux, que de mensongères espérances agitent la multitude. »

A ces menaces calmes et mesurées, Manlius opposa des récriminations violentes : « Ce n'est pas, je le savais bien, contre les Volsques et les Latins, comme de prétexte de guerre, c'est contre moi, contre le peuple romain, que le sénat a créé un dictateur; et maintenant, pour nous attaquer, on abandonne une guerre feinte! Cornelius, et vous, pères conscrits, vous déplaît-il tant que cette foule s'attache à mes côtés? Enlevez-la-moi par des bienfaits; que votre superflu soulage les misères! Mais non, ne donnez rien : déduisez seulement de la dette les intérêts accumulés, dégagez le principal, et je n'aurai plus de cortège, ou tous en auront comme moi! Mais j'ai tort, direz-vous, de m'ériger en sauveur unique; avais-je tort sur le Capitole? Ce que j'ai fait pour tous alors, selon mes forces, je le fais maintenant pour chacun. Quant à l'or gaulois, pourquoi demander ce que vous savez? Pourquoi ordonner de faire tomber de votre sein ce que vous pouvez déposer vous-mêmes? Suis-je ici pour vous dévoiler le secret de vos rapines, et n'est-ce pas vous qu'il faut contraindre à les produire au grand jour? »

Cornelius ne faiblit pas devant cette jactance; il somma Manlius de prouver la vérité ou d'avouer la fausseté de ses allégations contre le sénat, et, sur sa réponse évasive, l'envoya en prison. Déjà saisi par le licteur, en appelant invoqua vainement les dieux habitants du Capitole; ceux dont il avait préservé les temples ne lui furent d'aucun secours. Le peuple, atterré par le déploiement de la force dictatoriale, n'osa lever les yeux ni remuer; le lendemain seulement, la foule, vêtue de deuil, encombra les abords de la prison. Quand le dictateur triompha des Volsques, des hommes à longue barbe, à tuniques brunes, demandèrent pourquoi Manlius ne marchait pas devant le char comme les autres vaincus. La dictature abdiquée donna un libre cours aux discours séditieux jusqu'alors contenus par la terreur. Partout des orateurs s'élevaient contre la lâcheté de la multitude, qui pousse ses amis à des sommets glissants et les abandonne dès qu'ils perdent pied; ils citaient la ruine de Sp. Cassius, qui appela le peuple au partage des terres conquises; de Sp. Mélius, qui défendait à ses frais les citoyens contre la famine : comme eux, Manlius est trahi. Quoi! pour n'avoir pas voulu parler sur un signe du dictateur, un homme consulaire, un héros, presque un demi-dieu, égalé à Jupiter par le surnom de Capitolin, ne sera plus qu'un menteur intimidé? Et il traînera sa vie, ce sauveur, dans les ténèbres où règne le caprice du bourreau? Ainsi donc, il sera seul il aura pourvu au salut de tous, et tous ne feront rien pour lui!

Ces invectives n'étaient pas sans effet; les portes de la prison, menacées par le peuple, furent ouvertes par un sénatus-consulte. Mais la délivrance de Manlius ne mit pas fin à la sédition; elle lui donna un chef. Le combat devint imminent. D'un côté, les patriciens plaçaient au tribunal militaire six de leurs hommes les plus sûrs et les plus illustres, et parmi eux Camille; de l'autre, Manlius conférait avec les meneurs du peuple et agitait nuit et jour des plans de révolution; piqué au vif par son récent affront, enhardi par la retraite du dictateur, qui n'avait pas osé lui envoyer un meurtrier, comme Cincinnatus fit pour Mælius; à la fois enorgueilli et exaspéré, il attisait le feu qu'il avait allumé. « Jusques à quand, disait-il au peuple, ignorerez-vous vos forces? les animaux eux-mêmes connaissent les leurs et la nature le veut. Comptez-vous donc. Si vous deviez attaquer vos adversaires à nombre égal, n'ai-je pas raison de le croire? vous combattriez pour la liberté plus vivement qu'ils ne défendraient leur tyrannie; mais autant vous étiez de clients, autant vous serez d'en-

nemis pour un seul. Déclarez la guerre, et vous aurez la paix; qu'ils vous voient prêts à la violence, ils vous feront justice : il faut oser en masse ou souffrir isolément. Quand vous me regarderez d'un œil effaré! Pour moi, je ne manquerai à aucun de vous; faites que la fortune m'accompagne désormais. Résolution et confiance! N'avez-vous pas jusqu'ici obtenu ce que vous avez demandé? Un effort de plus, et vous aurez moins de peine à créer un pouvoir qui commande au sénat que vous n'en avez eu à vous donner des chefs qui résistassent aux volontés patriciennes. Pour que les plébéiens puissent lever la tête, il faut faire table rase des dictatures et des consulats. Commencez par attaquer la loi sur les dettes; je suis et serai le patron du peuple; c'est un titre que me donnent mes services. Mais vous, revêtez votre chef de quelque insigne de commandement ou d'honneur, et il sera plus puissant à réaliser vos désirs. »

Manlius prétendait ouvertement à la royauté, et le sénat allait se décider à quelque coup d'État, lorsque les tribuns du peuple, qui s'étaient ralliés au gouvernement, ouvrirent l'avis de citer l'agitateur devant le peuple, et, changeant ses accusateurs en juges, de dénoncer ses projets de tyrannie; la haine de la royauté réveillera la défiance contre un patricien, et l'amour de la liberté affermira la domination du sénat. Manlius comparut, amenant avec lui près de quatre cents hommes, dont il avait payé les dettes et racheté les biens; il rappela ses services et ses récompenses, trente ennemis tués, deux couronnes murales, huit civiques; il découvrit sa poitrine couverte de nobles cicatrices; enfin, se tournant vers le Capitole, il invoqua la faveur de Jupiter et la reconnaissance des Romains : « Regardez la citadelle, s'écria-t-il, et jugez-moi. » Sa défense fut si belle, si entraînante, que les tribuns craignirent un acquittement; ils remirent le jugement, et eurent soin de réunir le peuple dans un lieu d'où on ne voyait pas le Capitole. L'accusation triompha, et les juges condamnèrent à regret Manlius. Il fut précipité du haut de la roche Tarpéienne; et jamais endroit de la terre ne réunit, pour un seul homme, tant de gloire et tant de misère. Manlius fut noté d'infamie, sa maison du Capitole démolie, son nom interdit à tout citoyen; mais le peuple, toujours trop tard, se repentit de sa mort comme de son emprisonnement, et une peste qui survint fut attribuée à la colère des dieux irrités de voir le Capitole souillé du sang de son sauveur.

DU CALME NÉCESSAIRE A LA STATUAIRE.

La figure en bronze que M. Salmson a exposée au Salon de cette année, sous le nom de la Dévideuse, n'est peut-être pas une de celles qui attirent le plus les regards de la foule, mais elle est de celles que les artistes et les connaisseurs ont le plus remarquées et auxquelles ils reviennent le plus volontiers. Une jeune fille assise, modestement vêtue d'une tunique dont les plis serrés l'enveloppent presque entièrement, pelotonne autour d'une étoile le fil des écheveaux placés dans une corbeille à côté d'elle. Le sujet, comme on voit, est fort simple, et la composition de la figure aussi bien que son exécution répondent à cette simplicité. Il n'y a là rien qui puisse exciter une curiosité banale, aucune séduction grossière ou frivole, aucun de mouvements violents qui appellent et retiennent forcément l'attention; mais une attitude gracieuse, un geste vrai, des lignes harmonieuses, la pureté du goût, le calme dont l'impression se communique à l'esprit du spectateur : que faut-il de plus à l'œuvre du statuaire pour produire tout son effet? Ce sont là peut-être, dans les incomparables modèles que nous a légués l'antiquité, les qualités les plus frappantes, et celles aussi qui tiennent le plus au fond de l'art et au génie même qui inspirait les grands artistes de la Grèce. Non que la passion soit absente de leurs œuvres, et qu'elle ne se manifeste quelquefois avec beaucoup de vivacité; mais il semble que dans ces œuvres si mesurées l'âme conserve toujours l'équilibre au milieu des mouvements violents qui l'agitent, et que la sobriété du geste et de l'expression rende cette sérénité visible dans les corps.

Schelling a dit, en parlant de la statuaire antique, dans son discours sur les arts du dessin, si profond et parfois si éloquent [1] : « Les passions doivent être tempérées par la beauté même... De même que la vertu ne consiste pas dans l'absence de passions, mais dans la force de l'esprit qui les maîtrise, de même ce n'est pas en les écartant, ou en les amoindrissant, que l'on produit la beauté, mais par l'empire qu'exerce la beauté sur elles. La force des passions doit, par conséquent, se montrer. Il doit être visible qu'elles peuvent se soulever dans toute leur violence, mais qu'elles sont maintenues par l'énergie du caractère et qu'elles viennent se briser contre les lois d'une inébranlable beauté, comme les eaux d'un fleuve qui remplit ses bords, mais ne peut les inonder... Pour la sculpture, comme elle représente ses idées par des formes corporelles, le point le plus élevé paraît devoir consister dans le parfait équilibre entre l'âme et le corps. Si elle donne à ce dernier la prépondérance, alors elle tombe au-dessous de son idée. Mais il semble tout à fait impossible qu'elle élève l'âme aux dépens de la matière, puisque ainsi elle se dépasserait elle-même. Le parfait sculpteur, il est vrai, comme le dit Winckelmann à propos de l'Apollon du Belvédère, ne prendra pas pour son œuvre plus de matière qu'il n'en a besoin pour son but spirituel; mais aussi, d'un autre côté, il ne mettra pas dans l'âme plus de force spirituelle que la matière n'en peut exprimer; car son art consiste précisément à exprimer le spirituel d'une manière toute corporelle. La

Salon de 1863; Sculpture. — La Dévideuse, par Salmson. — Dessin de Chevignard.

sculpture ne peut donc atteindre à son véritable point de perfection que dans des natures telles qu'en vertu de leur essence même elles soient en réalité, à chaque instant, tout ce qu'elles peuvent être d'après leur idée ou leur âme; par conséquent, dans des natures divines. Ainsi, quand même il n'y aurait eu auparavant aucune mythologie, l'art y serait arrivé de lui-même et aurait inventé les dieux, si elle ne les avait pas trouvés déjà existants... La loi de la mesure dans l'expression et dans la passion est une loi fondamentale qui doit s'appliquer non-seulement aux passions inférieures, mais, s'il est permis de parler ainsi, aux passions élevées et divines dont l'âme est capable, dans le ravissement, dans la méditation, dans la prière. Et puisque les dieux seuls sont affranchis de ces passions, par ce côté aussi la sculpture est éminemment propre à la représentation des natures divines. »

[1] Écrits philosophiques de Schelling, traduits par Ch. Bénard. Paris, 1847.

Typographie de J. Best, rue Saint-Maur-Saint-Germain, 15.

LUTTE DE L'ANGE ET DE JACOB.

Fresque de M. Eugène Delacroix, dans l'église Saint-Sulpice, à Paris. — Dessin de Bocourt.

Lorsque Jacob eut soustrait, par supercherie, la bénédiction paternelle à son frère Ésaü, on sait qu'il se réfugia en Mésopotamie, à Haran, chez Laban, son oncle maternel, pour fuir la vengeance de son frère. Beaucoup d'années après, devenu doublement gendre de Laban et riche en troupeaux, il voulut retourner dans sa patrie, désirant s'y réconcilier avec Ésaü. Ce fut pendant son voyage vers la terre de Seïd, au pays d'Éden, que survînt l'événement mystérieux choisi par M. Eugène Delacroix pour sujet de la peinture à fresque que notre gravure reproduit.

Voici le passage de la Genèse où la lutte est décrite :

« ... Il prit, dans ce qu'il avait amené, des présents pour Ésaü, son frère :

» Deux cents chèvres, vingt boucs, deux cents brebis et vingt moutons;

» Trente chameaux avec les petits, quarante vaches, vingt taureaux, vingt ânesses avec dix petits.

» Et il les envoya par ses serviteurs... Ses présents le précédèrent... Et, s'étant levé de grand matin... il franchit le passage de Jacob.

» Et, ayant fait passer tout ce qu'il possédait,

» Il demeura seul, et voilà qu'un homme lutta avec lui jusqu'au matin.

» Cet homme, voyant qu'il ne pouvait le surmonter, lui toucha le nerf de la cuisse, qui se sécha aussitôt.

» Et il lui dit : Laissez-moi aller, car l'aurore commence déjà à paraître. Jacob lui répondit : Je ne vous laisserai point aller que vous ne m'ayez béni.

» Cet homme lui demanda : Comment vous appelez-vous? Il lui répondit : Je m'appelle Jacob.

» Et le même homme ajouta : On ne vous nommera plus à l'avenir Jacob, mais Israël; car si vous avez été fort contre Dieu, combien le serez-vous davantage contre les hommes?

» Jacob lui fit ensuite cette demande : Dites-moi, je vous prie, comment vous vous appelez? Il lui répondit : Pourquoi demandez-vous mon nom? Et il le bénit en ce même lieu.

» Jacob donna le nom de Phanuel à ce lieu-là, en disant : J'ai vu Dieu face à face, et mon âme a été sauvée.

» Aussitôt qu'il eut passé ce lieu qu'il venait de nommer Phanuel, il vit le soleil qui se levait; mais il se trouva boîteux d'une jambe.

» C'est pour cette raison que jusqu'à aujourd'hui les enfants d'Israël ne mangent point du nerf de la cuisse des bêtes, se souvenant de celui qui fut touché en la cuisse de Jacob et qui demeura sans mouvement. »

Quel est le sens de ce passage? Doit-on comprendre qu'il n'y a agit que d'une lutte morale, d'un combat dans l'intérieur de la conscience? Sans doute; mais cette question était sans aucun intérêt pour le peintre, qui, ne pouvant figurer rien d'immatériel, a dû se proposer de traduire à la lettre le texte saint. Il y avait, du reste, plusieurs manières de concevoir le sujet. L'artiste, s'il l'eût voulu, aurait peint, par exemple, cette terrible rencontre de Jacob avec « l'homme inconnu » dans le fort de la lutte, au milieu de ténèbres profondes, sillonnées seulement par quelques éclairs ou par une lumière étrange rayonnant du divin assaillant. Ce n'eût pas été une difficulté pour M. Eugène Delacroix. S'il a préféré représenter la fin de la lutte et le lever du jour, c'est peut-être que les scènes nocturnes conviennent peu aux intérieurs de nos églises du Nord. Le célèbre Martyre de saint Pierre doit en grande partie son effet à la terreur sombre de sa forêt et de la nuit; mais il est à Venise. La fresque de M. E. Delacroix est, au contraire, si lumineuse que la plupart des autres peintures de Saint-Sulpice paraissent noires en comparaison. On est saisi tout d'abord par ce qu'il y a de puissance et de grandeur dans l'ensemble de l'œuvre. Tout y est force et mou-

vement : sur la route, à droite et aux derniers plans, ces troupeaux qui s'avancent rapidement, en tumulte, dans des flots de poussière (ce qu'on ne peut voir dans la gravure); ces arbres gigantesques qui tordent leurs branches vigoureuses; et là, dans la solitude, près d'un ruisseau, la violente énergie de Jacob qu'un toucher du doigt va subitement arrêter; tout concourt à faire dominer le vague sentiment d'une lutte héroïque et surhumaine. Et c'est ainsi que M. Eugène Delacroix semble entendre le but de son art. Il veut qu'on soit ému avant tout par l'effet général de ses œuvres, et, s'il le juge nécessaire, il sacrifie même à cette intention des détails qui lui paraissent d'un intérêt, sous ce rapport, secondaire. Qui ne peut se plaire, à ce point de vue, devant ses tableaux ne saurait le bien juger et se rendre compte de la véritable nature de sa supériorité. C'est, il faut le reconnaître, un des peintres de notre temps que l'on a critiqués le plus. Un fait cependant domine : depuis plus de trente ans, M. E. Delacroix est et reste célèbre; les artistes, même ceux qui sont le plus opposés à sa manière et qu'irrite en quelque sorte le caractère de son dessin, sont unanimes pour le considérer comme s'élevant de beaucoup au-dessus de la foule de ces talents agréables qu'on regarde en passant, qui ne laissent aucun souvenir, et dont personne ne prend la peine de contester la médiocrité. Lorsqu'on n'est pas artiste, avant de condamner un homme de cette valeur, il faut réfléchir que nul ne saurait conserver si longtemps une grande renommée sans la mériter par quelques qualités supérieures. Qu'on l'aime ou non, on ne peut contester que M. E. Delacroix ne soit un maître.

BOGISLAS LE GRAND, DUC DE POMÉRANIE,

ET LE PAYSAN HANS LANG.

(1474.)

ANECDOTE.

> « Dans cette maison, Hans Lang accueillit jadis le
> » duc Bogislas qui eût été perdu sans lui; il le nourrit,
> » l'abreuva, jusqu'au jour où celui-ci obtint la cou-
> » ronne et la principauté. » (Inscription gravée sur
> une maison de paysan, à Lauzig, près de Rügenwald
> en Poméranie.)

I.

—Dis-moi, quel est ce garçon qui se prend aux cheveux avec ces jeunes vauriens? Peste! comme il se met en garde! Entends-le souffler, grincer de colère. Ses coudes sortent de ses manches, ses pieds percent ses souliers. Vrai garnement, désespoir d'une famille!

Ainsi, tout en sellant son bidet sur la place de Rügenwald, le paysan Lang questionnait son hôtelier, qui répondait en soupirant :

— C'est le duc Bogislas; nul n'a souci de lui, ni parent, ni chevalier, ni prêtre : aussi chaque jour court-il la ville avec son frère, sans cesse bataillant, mangeant où il peut, paraissant à peine au château.

Et le paysan, étonné, de dire :

— Réponds sérieusement : c'est là le duc Bogislas? Quel crève-cœur! Personne n'a souci de lui, dis-tu? Parle, ami; comment cela se peut-il?

— Écoute, répliqua l'autre, car nous sommes seuls. Depuis que la mère a laissé son époux à Wolgast pour vivre ici avec le traître Massow, les jeunes princes lui sont une épine au cœur; elle semble souhaiter leur mort; elle les traite moins doucement tous deux qu'on ne traite une bête aimée. Ils passent souvent la nuit dans les écuries, sur la paille nue, à moins qu'un valet compatissant n'étende sur eux son manteau. Mais la crainte ferme la bouche à tous, petits et grands. On sait quelle femme est la mère, quel misérable est le favori.

Le paysan courroucé jette la selle à terre, va et vient à grands pas, remué jusqu'au fond du cœur, puis s'arrête subitement; et, soulevant son bonnet, porte les yeux au ciel, tandis que ses lèvres murmurent une prière; après quoi il s'avance d'un air résolu.

— Duc Bogislas! crie-t-il; duc Bogislas, cher prince, écoute un mot.

— Paysan, que veux-tu? Vite! celui que je poursuis ne s'arrête pas à m'attendre.

— Laisse-le courir; duc Bogislas, ne songes-tu pas que tu es un prince, déjà presque un homme? Hélas! comme tu te conduis! Tu n'as donc plus de mère? Regarde tes coudes et tes pieds!

— Chien de paysan, que t'importe!

Et il le frappe au visage, si fort que le sang jaillit, et il poursuit sa course dans la rue voisine.

Cependant le noble cœur ne se rebute pas.

— Garde le cheval, dit-il à l'hôte; je veux voir où il est : j'ai bonne idée de lui, si mal qu'il me traite.

— Duc Bogislas, approche encore une fois; ne crains rien, ce que tu m'as fait est oublié.

Et il attend tranquillement, essuyant son visage de sa manche, pendant que le jeune homme s'approche d'un air railleur et dit : — Fou, que veux-tu?

— Mon duc, laisse-moi devenir ton paysan; laisse-moi te faire un présent : je veux t'habiller comme tu dois l'être; voudrais-tu mendier ce service à Massow? Je n'ai pu me résigner à te voir au milieu des vagabonds et te conduisant comme eux. Si personne n'a pitié de toi, c'est le vieux pay-san Lang qui prendra soin de toi, dût-il être un peu plus pauvre.

Le jeune homme tout troublé demeure tremblant, pâle, versant un torrent de larmes; avec un soupir, il dirige ses regards sur le château puis pleure encore plus amèrement, incapable de prononcer une parole.

— Je sais ce que tu veux me dire: Silence! Résigne-toi, souffre en patience, et que Dieu pardonne à tes bourreaux.

Il l'emmène dans la ville, lui achète un pourpoint, un manteau, de belles bottes, un chapeau à plumes, éperons, et ajoute noblement :

— Dussé-je expier ce que je fais, je le ferai néanmoins; si je pensais comme tout le monde, tu serais sans doute perdu... Duc Bogislas, dorénavant ne te querelle plus, ne te bats plus; comporte-toi en prince, ne te commets pas avec Pierre et avec Paul, ne mange pas chez tous les bour-geois; si tu as faim, viens chez moi; il y a un mille d'ici à Lauzig. Je te laisse mon cheval; je vais charger l'hôte de le soigner... Et, pendant que j'y songe, où en es-tu de ton linge et de tes bas?... Pourquoi soupirer, mon fils? ma vieille ménagère y avisera... Maintenant, jeune homme, tu as seize ans, tu es prince, ne l'oublie pas: encore une fois, viens bientôt me trouver.

Bogislas, qui jusque-là était resté comme foudroyé, se redresse et saisit la rude main du vieillard :

— Puisse Dieu te récompenser à ma place! mes larmes te montrent mon repentir. Hans Lang, cher père, encore une prière : si mon frère a faim, peut-il m'accompagner?

— Qu'il vienne également; c'est parler en noble cœur. Si je le pouvais, je l'habillerais aussi... Je verrai dans l'an-née. Venez seulement.

Il dit, et s'éloigne pendant que le jeune homme, d'un air pensif, le suit du regard.

II.

Le vieux paysan travaillait dans son jardin derrière sa maison; tout à coup il jeta sa bêche, ses yeux s'animèrent :

un jeune cavalier à la taille élancée courait à travers le bourg.

— C'est Bogislas! cria-t-il joyeusement; ce doit être le duc Bogislas! Vois, femme, comme il se tient à cheval! Dieu le garde, car c'est une belle âme. Duc Bogislas, sois le bienvenu. Mais pourquoi y a-t-il longtemps déjà que tu n'es venu? chaque jour je t'attendais. Où est ton frère, que je te vois sans lui?

Le jeune homme dit d'un air de mystère :

— Viens plus près de la haie; à toi seul je puis confier ce qui est arrivé.

Et, se baissant sur son cheval, il serre là main du vieillard :

— Casimir a été assassiné aujourd'hui.

— Mon fils, tu as perdu le sens.

— Plût au ciel, hélas! hier encore il était bien portant; aujourd'hui il est mort. Massow prétend qu'il a été frappé d'apoplexie; mais le fou de la cour dit qu'on l'a étranglé. Et maintenant je suis aussi attendu au château; ma mère, qui ne s'occupe jamais de moi, me fait appeler par le chance-lier : elle est triste, me mande-t-elle. Dois-je m'y rendre?

— Il faut obéir, Bogislas; qui sait si le fou dit la vérité, et si elle ne te désire pas réellement? son cœur de mère s'est peut-être ému. Ne montre pas de mauvais vouloir; nie l'obéissance d'un fils; mais il est bon que tu m'aies près de toi. — Jean, selle promptement la jument blanche.

— Je me tiendrai au château, et si l'on porte la main sur toi, tu crieras de toutes tes forces et tireras ton épée; j'accourrai et te défendrai de mon mieux, tout vieux que je suis.

— Non, Hans Lang; je ne souffrirai jamais que tu t'ex-poses.

— Silence! tu ne sais comme tes paroles me fendent le cœur. Quoi! je laisserais périr la dernière espérance de la Poméranie! Que je serve de pâture aux vers aujourd'hui plutôt que demain, peu importe!... Femme, donne-moi mon épieu; le jeune homme est seul; il y a là un sanglier dan-gereux.

Ils se dirigent à la hâte vers la ville, et d'abord le pré-voyant paysan s'adresse à l'hôtelier :

— Cher hôte, tu me sembles bien disposé pour le duc; écoute et sois discret : tous deux nous allons de ce pas au château; si avant ce soir nous ne sommes de retour ni l'un ni l'autre, dépêche un messager à Wolgast et à Barth; fais dire à notre prince que c'en est fait aussi de Bogislas... Maintenant, jeune homme, marchons; j'espère que tes craintes ne se vérifieront pas, et j'ai confiance dans le ciel; que ton air et ton maintien ne laissent percer aucune dé-fiance, mais prête à toute chose une attention scrupuleuse. Entré, ajoute-t-il, voici la porte; Dieu est présent, même ici.

Respirant à peine, il le regarde qui s'avance, s'assied lui-même dans un réduit destiné au lévrier favori de la du-chesse, et caresse l'animal pour s'en faire tolérer; il est immobile, adossé contre la muraille. Les gens passent de-vant lui; il feint de dormir, mais veille jusqu'à l'approche de la nuit.

Bogislas ne revient pas; pourtant aucun cri de détresse : le cœur du paysan n'en est pas moins serré comme dans un étau. Enfin la porte s'ouvre, et avec un regard de demi-défiance, mais d'une voix affectueuse, l'adolescent crie en se retournant vers la salle :

— Je reviens, ma mère; je veux seulement me faire verser un verre de bière, car je meurs de soif.

Il tenait à la main une tranche de pain avec du beurre. Le fou, qui l'a suivi, lui glisse un mot à l'oreille :

— Mort!

— Mort? reprend Bogislas.

Et le fou, mettant un doigt sur sa bouche :

— Ne mange pas, il y a du poison. Jette au chien.

Le prince obéit.

— Bogislas, ton père est mort; donc tu dois mourir aujourd'hui, comme est mort ton frère.

Puis, jetant sur lui un long regard de commisération, il s'éloigne en fredonnant.

Le vieillard, à qui sa fidélité a donné des oreilles, dit à demi-voix :

— Hors d'ici, par la porte de derrière; fuyons dans la campagne; je reviendrai prendre les chevaux

Et il montre le chien déjà gisant dans l'agonie.

Comme deux malfaiteurs, ils se glissent jusqu'à la porte par un passage obscur. On entend un bruit de pas et la voix de Massow qui crie : « Bogislas! Bogislas! » Ils se blottissent dans l'ombre. Massow arrive à pas précipités, prête l'oreille, et, comme il n'entend rien, revient en maugréant. « Bogislas! Bogislas! » entend-on de nouveau dans le noir château.

— Viens, murmure Lang, ne perdons pas un instant; mais sans courir, notre hâte pourrait éveiller les soupçons. On ne nous reconnaîtra pas, car la nuit gagne.

Ils traversèrent un pont, atteignirent la campagne et s'enfoncèrent dans un massif de buissons.

— Attends ici, Bogislas; jusqu'à ce que je ramène les chevaux. Je puis ne pas revenir, cher fils; alors, adieu! Prends cet argent, et tu achèteras une monture dans le village voisin. Tu as entendu que ton père était mort; tu es maintenant le souverain de ce pays. Cours de ce pas à Barth : Wardislas, ton vieil oncle, est un prince honnête; passe dans les villes, dans les bourgs, dans les cloîtres; et partout demande l'escorte due à ton rang.

Il rentra furtivement dans la ville, et revint bientôt tenant un cheval de chaque main :

— Pars, maintenant; la nuit te protège. La ville est pleine de gens qui te cherchent; prends ma jument, car elle est plus agile.

— Tu viens avec moi, mon père?

— Non; je suis vieux et faible, je ne pourrais t'être utile et je retarderais ta fuite.

— Mais Massow assouvira sûrement sa vengeance sur toi si tu restes à le braver.

— Je me tiendrai caché une couple de jours, et quand de la ville voisine tu le menaceras de ta colère, il ne s'inquiétera plus de moi, et comprendra que ton tour est venu de régner. Je te remets entre les mains du Seigneur; adieu, mon fils, assure le bonheur de ton pays.

Le jeune homme s'éloigna; le vieillard resta, écoutant avec inquiétude aussi longtemps que le trot du cheval retentit dans l'obscurité.

III.

Rügenwald est en fête; la foule encombre la ville : échevins et bourgeois, moines et religieuses, poussent des cris de joie; vêtu de pourpre et d'hermine, le plus beau des adolescents s'avance sur un genêt andaloux, ayant à son côté Louis, évêque de Cammin; il est suivi de cent comtes, de cent barons; les chevaux se pressent contre les chevaux; la bannière princière flotte sur son escorte : « Vive Bogislas! Vive le duc! » ainsi l'acclame la multitude de rue en rue; prêtres et peuple, épouses du Seigneur et épouses des hommes, le saluent également. Et cependant ses regards parcourent la foule, comme s'il cherchait quelqu'un qu'il ne trouve pas. Enfin il fait un signe à son page; on lui amène une humble jument sur laquelle il s'assied en demandant :

— Mon père Hans Lang n'est donc pas ici?

— Nul ne l'a vu.

— Eh bien, donc, suivez-moi au château.

Les portes s'ouvrent devant les hérauts d'armes, et voici qu'à l'endroit où l'on voyait jadis le chien de la princesse on aperçoit le vieux paysan Lang essuyant ses yeux humides. Le jeune homme s'élance à terre, et, devant le peuple, devant les chevaliers, devant toute la foule, se jette dans les bras du pauvre vassal. On se presse; tous ceux qui peuvent voir regardent en criant, en applaudissant, puis se taisent pour écouter :

— Merci, vieux père; dis-moi maintenant ce qui te manque. Comment dois-je te récompenser? Tu es libre à cette heure; mais que veux-je faire qui soit digne de toi et de moi?

Le noble paysan recule confus et réplique :

— Bogislas, quelles paroles! Veux-tu donc me mortifier? Ce que j'ai fait, je l'ai fait pour l'amour de Dieu. *Je n'accepte pas non plus la liberté, ni pour moi ni pour les miens : la liberté est un bien qui coûte cher; rarement profitable au paysan, elle le conduit seulement à l'insolence; si les gens veulent se contenter de leur sort, ils n'ont pas de meilleur état* (¹). Renonce donc à tes présents dangereux... Mais voici ma main. Si, lorsque je reviendrai à Rügenwald, je puis, comme avant, te servir de mes conseils, je le ferai volontiers, car à la cour on refuse souvent la vérité aux grands... si, au contraire, je ne dois plus parler, c'est bien encore.

— Non, tu restes à jamais mon sage conseiller; et pour t'en donner une preuve publique, je te consulte ici même. Ma mère, dans sa fuite, a été prise avec Massow; dis-moi, dois-je écouter mes ministres et me venger?

— Elle a assez de sa honte et de ses remords; laisse-la partir et songe au commandement de Dieu.

— Chancelier, écoute cette sentence : déclare à ma mère qu'elle peut aller où bon lui semblera.

Il dit et, au bruit des applaudissements, entre tenant sa main dans la main du paysan. (²)

UNE SCULPTURE SUR BOIS,
PAR M. E. KNECHT.

Un lapin et un perdreau pendent mélancoliquement l'un à côté de l'autre, innocentes victimes de la chasse, liés à la même branche de chêne, qui leur sert ainsi d'ironique couronne. Une mouche vient bourdonner, un oiseau vient becqueter : ils représentent la vie, comme le lapin et le perdreau représentent la mort. Cette œuvre intéresse surtout quand on songe à l'espèce d'indifférence dans laquelle est tombé aujourd'hui l'art que pratique M. E. Knecht, et qu'avant lui avaient pratiqué avec bonheur les Berruguete et les Verbruggen, les Montañes et les Cornejo-Duque, ceux à qui l'on doit les merveilleux confessionnaux de l'église Saint-Loup à Namur, et la curieuse cheminée du Franc à Bruges. La mode n'est plus à ces chefs-d'œuvre de sculpture, pour lesquels les artistes ne manqueraient pas plus aujourd'hui qu'autrefois. Le bas-relief de M. Knecht témoigne de beaucoup de patience, et pour fouiller ce bloc de tilleul il a dû casser plus d'une gouge et plus d'un ciseau. Feuilles de chêne garnies de leurs glands, épillets garnis de leurs glumes, brindilles de joncs, vrilles de liserons, coquelicots, etc., tout cela a l'accent de la vérité, et une allure rustique et sincère qui repose agréablement le regard.

(¹) Les paroles soulignées sont textuellement la réponse du paysan, telle qu'elle est rapportée par les historiens de la Poméranie; et de cette leçon d'humilité, qui pourra plaire aux partisans de l'autorité absolue, nous n'acceptons que la responsabilité historique.

(²) Traduit de Wilhelm Meinhold.

Ce qu'il faut louer aussi dans cette œuvre, c'est la vérité avec laquelle le sentiment de la mort y est exprimé ; car là est le point délicat de l'art : la mort a ses naïvetés et ses exigences que l'artiste doit saisir et fixer dans son œuvre, sous peine de rester vivant ; n'est pas mort qui veut. Aussi, combien, dans ces sortes d'ouvrages, voit-on de pauvres animaux qui semblent impatients de reprendre leur vol ou leur course, comme fatigués d'un rôle qui leur est imposé ! Ici, au contraire, personne ne *fait le mort*. Flancs étirés et flétris, membres roidis ou incertains dans le vide et ce-

Une Sculpture sur bois, par M. E. Knecht ([*]). — Dessin de Thérond.

pendant n'y cherchant plus de point d'appui, têtes et oreilles abandonnées, poils et plumes troublés, tout est sincère, naturel, et rien ne songe plus à vivre.

Mais est-ce là tout, et suffirait-il pour plaire de montrer les choses dans leur réalisme absolu ? Non, la nature seule sait faire le *beau désordre* sans y penser. Pour nous qui ne pouvons atteindre la nature, notre désordre doit être un *effet de l'art*, sous peine de rester brutal et obscur. Aussi, voyez comme l'artiste de goût sait grouper ses sujets d'une manière harmonieuse, et choisir dans le naturel la face la

([*]) Ce bas-relief a été exposé à Londres en 1862, et l'auteur a obtenu une médaille.

plds agréable. Mais avec cela doit-il se consumer à rechercher l'imitation exacte et scrupuleuse des moindres détails ; à fouiller consciencieusement chaque poil, chaque plume, chaque ride ? Il pourra faire des prodiges d'habileté ; mais en cherchant à imiter une chose inimitable quand même, il fera l'aveu de notre impuissance humaine et nuira à l'ensemble de son œuvre : elle perdra cet aspect large, grandiose, que donne l'heureuse répartition des masses d'ombre et de lumière ; car celle-ci sera brisée, réfractée et comme ternie par cette multitude de coups de burin qui l'empêchent de se réunir et de se fondre. Il sera au-dessous de la nature sous tous les rapports, faute d'en avoir compris le grand côté.

Faisons donc la part de l'impossible, et marchons avec intelligence et génie dans la voie du possible.

Les Anglais font un grand usage, pour leurs salles à manger de campagne, des reliefs de bois sculpté représentant des sujets de chasse. Ces sujets conviennent à leur sentiment vrai de la villégiature. Mais si, de l'aveu de tous, ils sont encore inférieurs à nous pour ces sortes d'objets et tout ce qui concerne l'art et le goût, n'est-ce pas en grande partie parce qu'ils ignorent ou négligent ces grands principes : harmonie des ensembles, sobriété des détails, convenance des ornements ?

LE VOYAGE DE PARIS A SAINT-CLOUD

PAR TERRE ET PAR MER.

— Qui n'a lu le *Voyage de Paris à Saint-Cloud par terre et par mer ?*

— Nous, répondirent plusieurs jeunes gens qui m'écoutaient avec bienveillance.

— Au fait, me dis-je, combien d'ouvrages connus, et cités à tout propos ou hors de propos du temps où j'étais jeune, sont maintenant tout à fait oubliés ! Et rien n'est plus naturel. Le *Voyage à Saint-Cloud*, par exemple, était une satire de l'ignorance des bourgeois parisiens au dix-huitième siècle ; mais tout a changé depuis. Les bourgeois d'aujourd'hui sont bien plus avisés que ne l'étaient nos pères. Il n'y a pas de comparaison à faire, vraiment. Ils sont instruits, ils voyagent. Saint-Cloud, il s'agit bien de Saint-Cloud ! C'est un jeu pour eux d'aller, pendant la belle saison, à Dieppe ou au Tréport. Quelques-uns ont été à Londres. J'en sais même qui, depuis quinze ou vingt ans, méditent de visiter les bords du Rhin et la Suisse. Ils finiront par y aller.

Songeant ainsi, je tirai de ma bibliothèque l'innocente facétie de Balthazar Néel [1], et j'en lus quelques passages à mes jeunes amis, en y mêlant çà et là, comme on verra, un peu de commentaire.

« Il n'y a rien de si sot et de si neuf, dit l'auteur, qu'un Parisien qui n'est jamais sorti des barrières. S'il voit des terres, des prés, des bois et des montagnes qui terminent son horizon, il pense que tout cela est inhabitable : il mange du pain et boit du vin à Paris, sans savoir comment croît l'un et l'autre. J'étais dans ce cas avant mon voyage ; je m'imaginais que tout venait aux arbres ; j'avais vu ceux du Luxembourg rapporter des marrons d'Inde, et je croyais

[1] Le *Voyage de Saint-Cloud par mer et par terre* (tel est le titre de la première édition, 1748) a pour auteur Louis-Balthazar Néel, de Rouen, mort en 1754. Lottin l'aîné, imprimeur et libraire, a donné, en 1760, une nouvelle édition de cet opuscule, en y ajoutant une suite de sa façon (le Retour par terre), qui est loin de valoir la plaisanterie de Néel.

Les éditions postérieures ont pour titre : *Voyage de Paris à Saint-Cloud par mer, et retour de Saint-Cloud à Paris par terre.* L'ouvrage devient rare.

qu'il y en avait d'autres, dans des jardins faits exprès, qui rapportaient du blé, du raisin, des fruits et des légumes de toutes espèces... »

Voilà un ignorant ! Interrogez aujourd'hui un bourgeois de Paris, dans la campagne, sur les plantes et les arbres, il ne manquera pas de vous dire le vrai nom d'un seul, non pas seulement du peuplier, du chêne ou de la vigne, ou de ceux qui sont trop facilement reconnaissables, dans le moment même, à leurs fruits, mais aussi de tous les autres.

« Je croyais que la Seine fournissait la morue, le hareng saur, le maquereau et tout ce bon poisson qu'on vend à Paris... »

Quelle ineptie ! Un Parisien, aujourd'hui, vous dira même quels sont les poissons qui ne viennent, à proprement parler, ni de la Seine, ni de la mer, mais de cette partie intermédiaire où les eaux salées de l'Océan se mêlent aux eaux douces du grand fleuve qui coule entre nos quais.

« Je croyais, enfin, que les fermiers généraux faisaient l'or et l'argent, et le roi la monnaie, parce que j'ai toujours vu un suisse de sa livrée à la porte de l'hôtel des Monnaies de Paris. »

D'où viennent l'or et l'argent ? Qui les vend ? qui les achète ? Sous quelle forme arrivent-ils à l'hôtel des Monnaies, et là que se passe-t-il ? Combien fabrique-t-on de pièces par an, et que coûte la fabrication ? Quels sont les nouveaux procédés ? Est-il un bourgeois de la grande ville qui ne sache aujourd'hui tout cela sur le bout de son doigt ?

« Puisque je parle du roi, je ne saurais me dispenser de dire ce que j'en ai toujours pensé, si jeune que j'ai été. Sur le portrait que l'on m'en avait fait, je me le figurais aussi puissant sur ses sujets que l'est sur ses écoliers un régent de sixième, qui peut leur donner le fouet ou des dragées, suivant qu'ils l'ont mérité. La première fois que je le vis, ce fut un jour de congé, au petit Cours, où il passait en allant à Compiègne ; je n'avais pas plus de dix ans pour lors. A sa vue, je me sentis intérieurement ému d'un certain sentiment de respect que lui seul peut inspirer et que personne ne saurait définir. Je trouvais tant de plaisir à le considérer qu'après l'avoir vu bien, mon âise dans un endroit je courais vite à un autre pour le revoir encore, de sorte que j'eus la satisfaction de le voir sept fois ce jour-là ! »

Nous ne répétons cet aveu humiliant qu'avec un peu de rougeur, et nous avouons que cela peut paraître très-exagéré et presque incroyable. Mais il faut noter qu'on écrivait ces lignes en 1748, c'est-à-dire il y a plus de cent ans ; qu'il est survenu depuis une grande révolution, et qu'enfin l'auteur a soin de dire qu'il ne s'agit que de la curiosité puérile d'un petit écolier de dix ans. Il est intéressant, après tout, de constater la profonde différence des mœurs de ce temps-là et du nôtre : nous avons infiniment gagné en dignité.

« ... Pensant très-sérieusement que je n'avais plus que huit jours pour me disposer à partir, je commençai par faire blanchir tout mon linge, que j'étageai dans une malle avec quatre paires d'habits complets de diverses saisons, deux perruques neuves, un chapeau, des bas et des souliers aussi tout neufs ; et comme j'avais entendu dire qu'en voyage il ne fallait s'embarrasser de bagage sur soi que le moins qu'on pouvait, je mis dans un grand sac de nuit tout mon nécessaire, savoir : une robe de chambre de callemandre rayée, deux chemises à languettes, deux bonnets d'été, un bonnet de velours en aurore brodé en argent, des pantoufles, un sac à poudre, ma flûte à bec, une carte géographique, mon compas, mon crayon, mon écritoire, un sixain de piquet, trois jeux de commette [1], un jeu d'oie et mes

[1] Voy. Boiste, au mot COMÈTE. C'était un jeu de cartes.

fleurés; je no réservai pour porter sur moi que ma montre à réveil, mon flacon à cuvette plein d'eau *sans pareille*, mes gants, des bottes, un fouet, ma redingote, des pistolets de poche, mon manchon de renard[1], mon parapluie de taffetas vert, ma grande canne vernissée, et mon couteau de chasse à manche d'agate.

» ...Je fis un testament olographe, que j'écrivis moi-même à tête reposée, en belle écriture, moitié ronde et moitié bâtarde; je fus faire mes adieux à tous mes voisins, mes parents et mes amis, et je payai tout ce que je devais dans le quartier, à ma blanchisseuse, à mon perruquier, à ma fruitière et aux autres.

» ...Quand je fus à la veille de partir, quoique l'on m'eût assuré que je trouverais des vivres dans le navire sur lequel je devais m'embarquer pour aller à Saint-Cloud, je fis toujours, par précaution, acheter un grand panier d'osier fermant à clef, dans lequel je fis mettre un biscuit de trois sols du Palais-Royal (car j'ai retenu de quelqu'un qu'il ne fallait jamais s'embarquer sans biscuit), un petit pain mollet du pont Saint-Michel, une demi-bouteille de bon vin à dix, deux grosses bouteilles d'eau d'Arcueil à la glace, une livre de cerises et un morceau de fromage de Brie... »
La fin à la prochaine livraison.

DE L'INFLUENCE DES MÈRES.

Je regarde comme incontestable que si l'on connaissait tous les hommes éminents par l'honnêteté et la vertu, on en trouverait toujours neuf sur dix qui en sont redevables à leurs mères. On ne réfléchit pas assez généralement sur ces vérités : — Qu'une jeunesse innocente et sans tache est de la plus grande importance pour la vie de l'homme; — Que presque tous ceux qui ont eu cet avantage en ont été redevables surtout à leurs mères; — Que la perfection et le bonheur de l'humanité ont pour principales bases le bon sens et la vertu des femmes.
ISELIN cité par JAHN, *Essai historique sur l'Allemagne.*

Gœthe m'a montré un fauteuil vert qu'il s'était fait acheter à un encan ces jours derniers.

« J'en userai peu ou pas du tout, m'a-t-il dit; je m'assieds toujours sur ma vieille chaise de bois, à laquelle j'ai fait ajouter depuis quelques semaines seulement un dossier pour appuyer ma tête. Un entourage de meubles commodes et artistement travaillés arrête court ma pensée, et me plonge dans un état de bien-être passif. Si l'on n'y a été habitué dès sa jeunesse, les appartements somptueux et les ameublements de luxe ne conviennent qu'aux gens qui n'ont et ne se soucient d'avoir aucune idée. »
Entretiens de Gœthe avec Eckermann.

OBSERVATIONS ASTRONOMIQUES.
SEPTEMBRE.

C'est le 23 septembre, à 1 h. 27 m. du soir, que le Soleil passe par l'équinoxe d'automne, et que nous entrons dans l'automne astronomique de 1863.

Le commencement de l'année républicaine était réglé sur le passage du Soleil au point équinoxial, et, par conséquent, arrivait tantôt le 22, tantôt le 23 septembre, et

(1) Voy., dans notre *Histoire de France*, t. II, p. 470, une vue intérieure du club des Jacobins où les citoyens portent des manchons. C'était encore un usage assez commun, sous la restauration, dans certaines villes de province.

le nombre des jours supplémentaires variait de cinq à six, suivant les années. Les intercalations d'années bissextiles qui en résultaient étaient évidemment moins simples que celles du calendrier grégorien, et les législateurs qui ont cru devoir revenir sur la réforme n'ont pas manqué d'insister avec beaucoup d'énergie sur cette circonstance.

Il y a précisément trois ans qu'éclatait la plus splendide aurore boréale dont l'histoire de la météorologie ait gardé le souvenir. Non-seulement les feux de ce météore ont été visibles dans toutes les latitudes moyennes, mais encore ils sont descendus jusqu'à l'horizon de la Havane. En même temps que cette fête de la nature arctique égayait les champs glacés du Spitzberg et du Groënland, les habitants des terres antarctiques voyaient apparaître une aurore australe également exceptionnelle par son intensité. C'est la première fois que l'expérience a démontré d'une manière irrécusable la corrélation intime de deux phénomènes météorologiques qui se produisent à plus de 40 000 kilomètres l'un de l'autre, et dont la disposition offre si peu d'analogie. Car on ne retrouve plus dans les aurores du pôle sud l'arcade polaire et les rayons divergents qui semblent en sortir[1] ; au lieu de partir d'un cercle unique, les traits de feu qui sillonnent la voûte céleste descendent d'un point situé vers le zénith et forment au-dessus des observateurs comme un vaste berceau de lumière.

Il existe donc, entre les deux aurores qui apparaissent aux deux extrémités du monde, la même différence qu'entre les deux lueurs qui surgissent aux deux pôles d'un tube de Geissler.

Cependant, est-ce que les couches supérieures, où l'air est raréfié, ne sont pas aussi bien conductrices que l'enveloppe même de la Terre? Est-ce que les couches intermédiaires ne sont pas suffisamment isolantes pour représenter le verre qui sépare les enveloppes métalliques? Est-ce que la décharge n'a pas lieu comme dans un tube de Geissler, le circuit se complétant d'une part par l'axe du monde et de l'autre par les régions équatoriales où la lumière disparaît, nouvelle analogie frappante de vérité entre le calme de ces régions et la zone obscure qui sépare l'une de l'autre les deux moitiés du tube? Lorsque l'une apparaît, l'autre surgit immédiatement après ; mais l'étincelle d'induction est modifiée d'une manière différente à chacune des deux extrémités. Les deux lueurs artificielles qui sont séparées par une distance de quelques centimètres de tube ne se ressemblent pas plus que les deux aurores brillant simultanément aux deux extrémités du monde; mais, comme les lumières du ciel, elles proviennent d'un orage unique excité dans un seul et même appareil. Quel rapport devra-t-on établir entre une bouteille de Leyde et le globe terrestre, entre les fils conducteurs et les molécules de vapeur d'eau qui sont en suspension dans l'atmosphère? Le physicien allemand a trouvé le moyen de donner à la fois rendez-vous aux lueurs australes et boréales au fond d'un même tube, qu'un enfant peut tenir dans sa main et qu'une jeune fille pourrait porter sur son front, car la décharge du plus redoutable appareil de Rhumkorff devient tout à fait inoffensive en passant par ce vide qu'elle illumine de teintes si remarquables. On peut lui donner la forme de rubis, d'escarboucles, de rubans de feu qui répandent une lueur douce et phosphorescente. La flamme électrique ne se répand point au dehors; c'est à peine si l'on sent une très-légère décrépitation en serrant entre les doigts ce bel appareil, qui peut expliquer si complètement tant de mystères.

Nous engageons les stationnaires de nos lignes télégraphiques à surveiller avec le plus grand soin l'intensité des

(1) Voy. t. X, 1842, p. 100.

courants qui circulent à la surface du globe pendant que les deux bouts du ciel s'illuminent, et qui semblent suivre la direction des méridiens magnétiques.

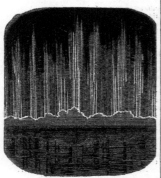

Aurore australe.

Il n'est pas toujours possible de suivre dans le ciel la magnifique rotation des rayons de l'aurore qui frappe d'un étonnement si irrésistible les voyageurs des régions polaires; mais il n'y a pas de climat où les perturbations magnétiques ne fassent sentir leur effet d'une manière quelconque.

La généralité de ce phénomène prouve que l'aurore s'élève, pour ainsi dire, à la dignité d'un événement astronomique : alors notre sphère s'illumine; elle prend temporairement un éclat beaucoup plus faible, et toutefois essentiellement analogue à celui du Soleil dans les circonstances ordinaires.

Il a fallu des millions d'années d'observations superposées, non-seulement pour que les astronomes arrivent à se faire une idée exacte d'un des phénomènes les plus grandioses de la nature terrestre, mais pour qu'ils puissent se faire une idée de son importance cosmique.

LE GROUPE GAULOIS
DE LA VILLA LUDOVISI, A ROME.

Ce groupe, autrefois désigné, fort mal à propos, sous le nom de *Pœtus et Arie*, offre un sublime commentaire du passage de Lucain sur la croyance des Gaulois à l'immortalité, commentaire taillé dans le marbre par un artiste grec, probablement longtemps avant Lucain. C'est un héros gaulois tuant sa femme et se tuant lui-même pour ne pas tomber avec elle au pouvoir de l'ennemi vainqueur. La femme expire; sa belle tête à la riche chevelure s'incline sur son épaule; les yeux qui s'éteignent, la bouche entr'ouverte, les pieds crispés, annoncent le dernier spasme de l'agonie; mais l'ensemble de l'attitude et de la physionomie exprime la sérénité de la mort volontaire : elle n'a pas fait un mouvement, même instinctif, pour se dérober au coup attendu et appelé; son bras droit est pendant; son mari la retient par l'autre, comme pour l'empêcher de s'affaisser contre terre et l'emporter avec lui où il va. Tout le mouvement de l'homme est magnifique; il vient de retirer le fer du sein de sa femme pour le plonger dans le sien, et son grand geste, ramenant le fer avec impétuosité de haut en bas, va, de la pointe mortelle, chercher un passage, entre la gorge et la clavicule, jusqu'à son cœur. Sa face de lion à la flottante crinière est un chef-d'œuvre d'expression à la fois bien plus complexe et moralement bien plus élevée que celle du *Laocoon* si vanté. La violence qu'il vient de se faire à lui-même, la douleur du coup qu'il vient de porter, la joie de celui qu'il porte, l'indignation de la défaite et de l'honneur réduit à se réfugier dans la mort, la confiance dans la vie nouvelle qui va s'ouvrir, se révèlent sur ce visage dans une lutte sublime. La lutte n'est que sur le visage ; un seul sentiment règne dans l'ensemble et du corps et du geste. Le corps entier s'élance en avant, ou plutôt en haut. La jambe gauche porte en avant; la droite s'allonge en arrière, le talon levé et les doigts appuyant fortement sur le sol; il semble chercher un appui sur la terre, afin de prendre son élan pour la quitter; le court manteau qui flotte sur son épaule semble l'aile de l'aigle battant l'air pour prendre le vent. On dirait qu'il se hâte de répondre à l'appel du conducteur des âmes, et qu'avec lui il entre déjà dans l'immortalité.

C'est incomparablement le monument figuré le plus important qui subsiste de la tradition celtique, admirablement interprétée par le génie sympathique de l'art grec.

Groupe gaulois, sculpture romaine. — Dessin de Renaud.

On peut voir deux belles copies de ce groupe, l'une en bronze dans la salle d'entrée du Corps législatif, l'autre en marbre au parc de Versailles.

LES SAUVAGES.

Suite. — Voy. p. 113, 249.

— Dessin de Renaud.

de ce groupe, l'une et Corps figuraient, l'autre

Idoles des-Indiens, sur les bords du Missouri. — Dessin de Charles Bodmer.

Les sauvages de l'Amérique croient, avec tout le genre humain (sauf de très-rares exceptions individuelles), à Dieu et à l'immortalité. Les tribus des bords du Missouri, et particulièrement les Mandans et les Meunitarris, honorent en première ligne le « Seigneur de la vie », *Ohmahouk-Noumackchi*. C'est lui qui a créé la terre et les hommes. Ils vénèrent ensuite le premier homme créé,

Noumank-Machana ; Dieu lui a accordé une grande puissance, et s'entretient souvent avec lui de ce qui intéresse les autres hommes. Il y a un mauvais génie, le *Vilain* de la terre (*Omahauk - Chiké*), mais il n'a qu'un pouvoir secondaire. Trois autres êtres surnaturels reçoivent aussi les hommages de ces Indiens. Le premier, *Hokanka-Tauihanka*, habite l'*étoile de Vénus :* c'est un dieu protecteur. Le deuxième marche sans cesse sur la terre, comme le juif errant : on l'appelle le Loup menteur des prairies (*Chehèque*). Le troisième, *Ochkih-Heddé*, ne paraît que dans les rêves. Le soleil est considéré comme le maître de l'habitation du « Seigneur de la vie » ; on lui fait des offrandes et on lui adresse des prières. La lune est aussi l'objet d'un culte. C'est là, disent ces sauvages, qu'habite « la Vieille qui ne meurt jamais. » Qu'est-ce que cette Vieille? Le prince Maximilien de Wied-Neuwied n'a pu obtenir d'explication bien précise à cet égard. La Vieille a trois fils (le Jour, la Nuit et le Soleil), et trois filles logées dans des étoiles : l'étoile du matin, l'étoile du soir, et la *Citrouille barrée* qui tourne autour de l'étoile polaire.

Ces sauvages mêlent dans leur croyance la médecine et la religion. Le temple et la loge de la médecine sont une même chose. Ils ont aussi une arche sainte.

Aux environs des villages, ils attachent à de grandes perches des figures composées de peau, de gazon et de branchages, qui sont supposées représenter, ce semble, le Seigneur de la vie et le premier homme. Lorsque ces Indiens éprouvent de grandes douleurs ou sont tourmentés de violents désirs, ils viennent solitaires au pied de ces idoles, les prient, les supplient, pleurant et gémissant, quelquefois jour et nuit, pendant des semaines entières.

Ils suspendent aussi à des perches semblables des offrandes, et notamment des peaux de génisse blanche qui sont estimées à très-haut prix.

LE VOYAGE DE PARIS A SAINT-CLOUD

PAR TERRE ET PAR MER.

Fin. — Voy. p. 246.

« Enfin, le grand jour de mon départ arrivé (c'était un dimanche, veille de la Saint-Jean, et je m'en souviendrai tant que je vivrai), mon régent, de qui j'avais été prendre congé, voulut me venir conduire avec ma mère et mes deux tantes, qui, pour être levées plus matin, avaient passé la nuit dans ma chambre.

» Nous primes deux carrosses, un pour nous et l'autre pour mon équipage; tous mes voisins étaient aux portes et aux fenêtres pour me dire adieu et me souhaiter un bon voyage. Je laissai à une de mes voisines mon beau chat chartreux, et à une autre mon petit serin gris, et nous fûmes au Saint-Esprit entendre la sainte messe... Je dis adieu à la Grève et au grand Châtelet, par où nous passâmes; à la Vallée, au pont Neuf, à la Samaritaine, au cheval de bronze, au Gros-Thomas, aux Quatre-Nations, au vieux Louvre, au port Saint-Nicolas, et enfin à tous les endroits remarquables de ma route. Nous arrivâmes insensiblement au pont Royal, où nous vîmes beaucoup de monde assemblé, ce qui nous fit penser qu'on ne tarderait point à partir. »

Il convient d'interrompre ici la narration de notre jeune voyageur pour donner aux lecteurs quelques éclaircissements archéologiques.

« Nous fûmes, dit-il, au *Saint-Esprit* entendre la sainte messe. » Il s'agit ici de la chapelle de l'hôpital du Saint-Esprit, situé au nord de l'ancien hôtel de ville de Paris, fondé en 1362 par des bourgeois de Paris pour de pauvres orphelins, supprimé en 1790, démoli en 1810 pour faire place à l'hôtel du préfet de la Seine, hôtel qui lui-même a disparu pour de nouveaux agrandissements du palais municipal, en 1841. Alors aussi furent détruits les derniers vestiges de l'hôpital.

L'auteur part de la rue Geoffroy-l'Asnier, où il demeurait, et qui s'étend du quai de la Grève à la rue Saint-Antoine. On remarque au numéro 20 de cette rue un hôtel du dix-septième siècle, ancienne propriété de la famille de Montmorency, dont on voit encore les armoiries. Notre auteur traverse ensuite la place de *Grève*, aujourd'hui de l'Hôtel-de-Ville, passe devant le grand Châtelet, situé sur la place qui en a gardé le nom et détruit en 1802; il suit la *Vallée*, c'est-à-dire le quai de la Mégisserie, dont la partie occidentale s'appelait d'abord la *Vallée de Misère*, puis par abréviation la *Vallée*. Là se tenait le marché à la volaille, transféré en 1843 dans une halle construite sur l'emplacement du couvent des Grands-Augustins, où l'a suivi l'ancienne dénomination populaire. La *Samaritaine* était un bâtiment, contenant une machine hydraulique, une fontaine et une horloge, élevé sur le pont Neuf (nous l'avons représentée t. III, 1835, p. 260). Le *cheval de bronze* était une désignation vulgairement employée pour indiquer la statue équestre et en bronze de Henri IV sur le terre-plein du pont Neuf. Le voyageur entend, sans aucun doute, par le *Gros-Thomas*, l'établissement du docteur Thomas, qu'on voyait, depuis 1711, vis-à-vis la statue de Henri IV, et que nous avons aussi reproduit d'après une ancienne estampe (t. IX, 1841, p. 352). L'embarcadère du bateau de Saint-Cloud, qu'on nommait la *Galiote*, était situé au bas du pont Royal, sur la rive droite de la Seine.

Maintenant laissons le voyageur poursuivre le récit de ses émotions :

« Le cœur me battit extraordinairement à la vue du navire. Celui qui était en charge pour lors se nommait le *Vieux-Saint-François*, commandé par le capitaine Duval, homme fort expérimenté dans la marine. Je fus embarquer tout mon bagage : on n'attendait plus que le vent de huit heures et demie pour tirer la planche et *pousser hors*.

» Non, rien ne me dégoûterait tant des voyages que les adieux qu'ils occasionnent, et surtout quand il les faut faire à des gens qui nous touchent de si près qu'un régent de rhétorique, une mère et deux tantes. Je tremble encore quand je me représente que nous restâmes muets tous les cinq pendant quelque temps; que tous les quatre avaient leurs yeux humides fixés sur les miens, qui fondaient en eau; que je les regardais tous, les uns après les autres ; que le cœur de ma pauvre bonne femme de chère méró creva le premier; que nous pleurions à chaudes larmes tous les cinq, sans avoir la force de nous rien dire; que nous en vînmes tous à la fois aux plus tendres embrassements, ce qui faisait le plus triste groupe du monde... Cependant le pilote Montbaron jurait après ma lenteur; on n'attendait que moi pour lever la fermure et démarrer : il fallut nous séparer malgré nous. La mère du capitaine Duval m'arracha des bras de mon régent, de ma mère et de mes deux tantes pour me pousser à bord; elles n'eurent que le temps de me couler dans mes poches chacune une pièce de six sols, et de me promettre une messe sous la condition expresse de leur rapporter à chacune un singe vert et un perroquet gros bleu, et je m'embarquai. »

Que l'on rie si l'on veut, l'apostrophe de ce jeune voyageur du dix-huitième siècle nous touche. Oui, dirai-je moi-même aujourd'hui, ce qui peut le plus faire hésiter à entreprendre un voyage, c'est l'angoisse des séparations. Le but ne fût-il plus éloigné que Rouen ou Dieppe, je ne saurais attacher mon dernier regard sur les figures que j'aime sans me sentir aussi « le cœur prêt à crever. » Et vraiment je n'en ai aucune honte. J'imagine, d'ailleurs, que ceux qui éprouvent moins de peine à s'éloigner de leur famille ont aussi moins de bonheur à la revoir au retour. C'est une compensation. Je ne suis pas né pour être voyageur, s'il faut absolument, pour se mettre en route, se draper d'un manteau d'insensibilité; jamais ce ne sera là un vêtement à mon usage.

« Le navire, continue le jeune Parisien, fut mis à flot; je le sentis à merveille par un ébranlement qui m'effraya, parce qu'il me surprit. Un petit vent du sud nous poussait. L'odeur du goudron commença tout d'un coup à me porter à la tête; je voulus me retirer plus loin pour l'éviter, mais je fus bien étonné quand, voulant me lever, il me fut impossible de le faire. Je m'étais malheureusement assis sur un tas de cordages, sans prendre garde qu'ils étaient nouvellement goudronnés : cette aventure ne déplut qu'à moi seul, car de tous les spectateurs il n'y avait que moi qui ne riais pas.

» Cependant nous rangions le nord en dérivant jusqu'à la hauteur d'un port que l'on me dit être celui de la Conférence. A l'opposite était ce que nos géographes de Paris appellent la Grenouillère : j'entendis effectivement le coassement des grenouilles. Nous dépassâmes le pont Tournant et le petit Cours d'un côté de la terre, et de l'autre les Invalides et le Gros-Caillou.

» Nous fîmes ensuite la découverte d'une grande île déserte sur laquelle je ne remarquai que des cabanes de sauvages et quelques vaches marines entremêlées de bœufs d'Irlande. Je demandai si ce n'était pas là ce qu'on appelait dans ma mappemonde l'île de la Martinique, d'où nous venaient le bon sucre et le mauvais café : on me dit que non, et que cette île s'appelait l'île des Cygnes. Je parcourus ma carte ; et comme je ne l'y trouvai point, j'ai fait la note suivante. — J'ai observé que les pâturages doivent être excellents, à cause de la proximité de la mer; que si cette île était labourée, elle produirait de fort joli gazon et bien frais; que c'était de là, sans doute, que l'on tirait ces beaux manchons de cygne qui étaient autrefois tant à la mode, et que, quoiqu'il n'y eût pas un arbre, il y avait cependant bien des falourdes et bien des planches entassées les unes sur les autres à l'air. J'ai tiré de là une conséquence que la récolte du bois et des planches était déjà faite dans ce pays-là, parce que le mois d'août y est plus hâtif que le mois de septembre à Paris... »

Qu'on nous permette quelques lignes de commentaire. Le port de la Conférence, situé au bas du quai actuel des Tuileries, tirait son nom de la porte de la Conférence, placée sur ce quai, près de Solférino et de la Concorde, et ainsi appelée en souvenir d'une conférence ou colloque qui eut lieu, après la journée des Barricades de 1588, entre les insurgés parisiens, qui voulaient poursuivre Henri III, et le grand prévôt François de Richelieu, qui réussit à les retenir et donna au roi le temps de se tirer à Saint-Cloud.

La Grenouillère, ou le quai de la Grenouillère, était située sur la rive gauche de la Seine, en aval du pont Royal. C'était un endroit marécageux, peuplé de grenouilles, d'où lui vint son nom. En 1705, un ordre royal prescrivit la construction du quai actuel, qui fut nommé d'Orsay, en l'honneur de M. Boucher d'Orsay, alors prévôt des marchands. En 1769, la continuation en fut ordonnée jusqu'aux Invalides sous la dénomination de quai Condé, qui n'a point été usitée. Sous le premier empire, le quai d'Orsay fut appelé quai Bonaparte.

Le pont Tournant était un pont jeté sur les fossés qui défendaient le jardin des Tuileries du côté de la place Louis-Quinze (de la Concorde), et que l'on pouvait tourner sur lui-même pour intercepter le passage. On appelle encore la grille qui l'a remplacé grille du Pont-Tournant.

L'île des Cygnes, située au-dessous du pont actuel de la Concorde, près de la rive gauche, y a été réunie en 1780. Elle était formée de deux îles dites des Vaches et des Treilles, dont fort anciennement on n'avait fait qu'une

seule. Des cygnes que l'on y avait laissés en liberté lui donnèrent leur nom. La rue actuelle de l'Île-des-Cygnes, qui débouche sur le quai d'Orsay, en indique encore la position. Au mois d'août 1572, onze cents cadavres provenant des massacres de la Saint-Barthélemy, et jetés à la Seine, vinrent s'échouer sur les bords de cette île. On les fit enterrer sur les rives voisines par les fossoyeurs de l'église des Innocents.

Reprenons le récit.

« A deux pas de là, sur un banc de sable vers le midi, nous avons vu les débris d'un navire marchand que l'on nous a dit avoir fait naufrage l'hiver dernier, chargé de chanvre... Nous faisions toujours route, et nous cinglions en louvoyant le long du rivage, qui était couvert de pierres de Saint-Leu, que je prenais de loin pour du marbre d'Italie, lorsque pour suppléer au défaut de marée et au vent contraire notre pilote, prudent et sage parce qu'il était encore à jeun, a jeté un câble à terre, qui sur-le-champ m'a paru être attaché à un charretier et à deux chevaux.

» ... Sur la pente douce et agréable d'une colline qui borde le rivage du côté du nord s'élèvent des maisons sans nombre, plus jolies les unes que les autres, qui forment la perspective d'une grosse ville que nous longions de fort près, lorsque j'aperçus à l'une de ses extrémités deux gros pavillons octogones à la romaine, ornés de girouettes percées d'un écusson respectable, et aboutissant à une terrasse qui règne le long d'un parterre charmant. Je faisais observer à un abbé qui était venu se mettre à côté de moi qu'apparemment, dans le temps des croisades de la terre sainte, cette ville avait manqué d'être prise d'escalade, du côté de la mer, par les Turcs, puisque les échelles y étaient encore restées attachées aux murs; ou que c'était peut-être ce que nos plus grands voyageurs ont nommé les échelles du Levant; mais il me dit que ce village s'appelait Chaillot; que ces pavillons avaient été bâtis par Son Altesse Royale, et que ces échelles servaient aux blanchisseuses du pays pour aller laver leur linge...

» Au bout des murs de Chaillot, et sur le même profil, en règne un autre fort long et fort haut, qui renferme un grand clos, de beaux jardins, et un gros corps de logis percé de mille croisées antiques, et adossé à une église fort haute, dont la pointe du clocher semble se perdre dans les nirs. J'ai d'abord imaginé que ce pouvait être cette superbe chartreuse de Grenoble dont j'ai tant entendu parler à ma pauvre tante Thérèse, qui a manqué d'y aller en revenant un jour de Saint-Denis; mais une dame à laquelle je me suis adressé pour savoir ce que c'était me dit que c'était le couvent des Bons-Hommes de Passy; que c'était le seul qu'il y eût au monde; que, quoique la maison me parût très-considérable; elle était cependant très-mal remplie, par la difficulté de la recruter et trouver des sujets qui conviennent à pareille institution; qu'au contraire l'on n'a pu trouver de terrain assez étendu pour y établir un pareil couvent de bonnes femmes; et enfin elle me dit là-dessus tout ce que l'esprit de parti lui suggéra. »

Les échelles du devant étaient, à proprement parler, des escaliers servant aux blanchisseuses pour descendre à la Seine. On sait que faire échelle, en termes de marine, signifie arrêter le navire aux villes principales situées sur sa route. On dit aussi, dans le même sens, faire escale ou bien relâcher.

Le couvent des Bons-Hommes de Passy, bâti au seizième siècle, sur l'emplacement d'une ancienne chapelle de Notre-Dame de Toutes-Grâces, dont il porta d'abord le nom, a été supprimé en 1790, puis démoli en partie. Quelques constructions furent conservées et employées à la raffinerie de sucre de MM. Delessert.

« En tournant les yeux de côté et d'autre, sur tous les

différents climats que je pouvais découvrir à perte de vue, j'aperçus sur notre droite un palais enchanté, qui me parut bâti par la main des fées, et plus loin un autre palais beaucoup plus considérable, tant pour l'étendue des bâtiments que pour l'immensité des jardins : ce fut pour le coup que je crus être près de Constantinople, et que c'était là le sérail du Grand Seigneur. Mais un de nos matelots m'apprit que de ces deux maisons la première appartenait à Mᵐᵉ de Sessao, et la seconde à M. Bernard; puis il me demanda si je n'allais pas à Auteuil, ce qui me donna la curiosité de m'informer de ce que c'était qu'Auteuil. On me répondit qu'Auteuil était cette ville que je voyais devant moi; que MM. de Sainte-Geneviève en étaient seigneurs et y avaient une fort jolie maison; que bien des bourgeois de Paris y en avaient aussi; qu'il y avait un fameux oculiste, nommé Gendron, que l'on venait y consulter de bien loin.

— Il faut avouer, m'écriai-je alors, que si le cœur de la France est bien bâti, les frontières sont bien gaies et bien bâties aussi ! Non, la belle rue Trousse-Vache, où demeure ma mère à Paris, n'a rien de comparable à tout cela.

» ... Sur la rive opposée, en tirant au sud-ouest, est une petite masure isolée, dont l'exposition heureuse, quoique très-retirée, semble annoncer une de ces retraites que se choisissaient autrefois les saints anachorètes. Au milieu de quelques arbres mal dressés, et plantés au hasard, rampe humblement un petit corps de logis dont la simplicité fait tout l'ornement : je me trompe fort si ce n'est point là qu'était, au temps jadis, ce fameux désert où saint Antoine fut tant tourmenté par le malin esprit, car on voit encore à quelque distance de là un moulin sous lequel il y a un toit à porcs : le tout compose un ensemble charmant... Quelqu'un qui me vit attentif à examiner un lieu que je

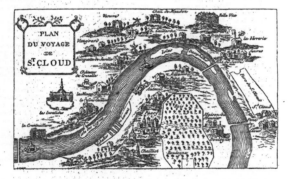

paraissais avoir regret de perdre de vue satisfit ma curiosité en me disant : « Eh bien, Monsieur, vous considérez » donc cette fameuse guinguette autrefois si fréquentée ! » Mais tout est bien changé. Bréant est mort, et le Moulin » de Javelle que vous voyez aujourd'hui n'est que l'ombre » de celui que j'ai vu de mon temps. — Qu'appelez-vous » Moulin de Javelle, Monsieur? lui repartis-je. Est-ce que » c'est là ce Moulin de Javelle dont j'ai vu l'histoire à la » Comédie française? — Oui, Monsieur, me dit-il, c'est lô » même. »

» Un peu plus loin, comme je regardais sur le tillac avec ma longue-vue pour reconnaître deux villes peu éloignées l'une de l'autre, qui me semblaient border la pente d'une longue colline sur le sommet de laquelle il y avait la moitié d'un moulin à vent, je demandai leur nom au mousse du navire, qui se trouvait pour lors près de moi. Il me répondit que c'était Vaugirard et Issy... Presque aussitôt après, regardant de la poupe, où j'étais, à la proue, je découvris une seconde île beaucoup plus considérable que celle que nous avions déjà passée : je ne vis dessus ni maisons, ni gens, ni bêtes, pas même un clocher. Nous la laissâmes sur notre gauche, et je la jugeai une de ces îles de la mer Égée qui sont si remplies de serpents et de bêtes venimeuses que jamais Paul Lucas n'osa y aborder. Je vis effectivement plusieurs perdrix sauvages qui volaient pardessus sans s'y arrêter, et de petits animaux gros comme des chats qui, à notre vue, se sauvaient dans des trous

qu'ils avaient pratiqués sur les berges de cette île, dans les buissons; les perroquets y sont noirs et ont le bec jaune. J'observai ensuite qu'elle avait été sciée par un bout, afin de former un détroit. Tout autre que moi aurait pris ce détroit pour celui de Gibraltar, ou tout au moins de Calais; mais quand on sait un peu sa carte, on ne se trompe guère. Tout d'un coup notre chaloupe prit le large; elle était chargée de voyageurs dont les uns allaient, à ce qu'on m'a dit, au château Gaillardin, aux Molineaux, à Meudon, etc., et les autres conduisaient des enfants à Clamart, où j'appris qu'il y avait une pension fort renommée pour l'éducation et l'instruction de la jeunesse. Nous passâmes ensuite en vue d'un endroit assez joli que l'on appelle Billancourt. Je n'y remarquai rien qui fût digne de la curiosité d'un voyageur, sinon que ce pays-là me parut ne produire guère d'hommes, parce que je n'en vis qu'un seul. »

Le village d'Auteuil, comme celui de Passy, a été annexé à Paris en 1860. Tous deux font partie du seizième arrondissement de Paris.

La rue Trousse-Vache, qui portait le nom d'une ancienne famille de bourgeoisie parisienne, est devenue la rue de la Reynie.

Le Moulin de Javelle, ou de Javel, était, au siècle dernier et même au commencement du nôtre, une guinguette fort en vogue. La petite comédie de Dancourt où le voyageur avait appris son histoire avait été représentée pour la première fois en 1695. Il n'est pas sans vérité de dire qu'au Théâtre-Français on apprenait de l'histoire. Les bourgeois du dix-huitième siècle ont fait une partie de leur éducation en allant y écouter Corneille et Racine. *Cinna* ou *Mithridate* étaient, pour beaucoup d'entre eux, comme des points de départ pour des curiosités sérieuses.

Il existe encore un *quai de Javel*, sur la rive gauche de la Seine, dans l'ancien village de Grenelle, qui forme en partie aujourd'hui le quinzième arrondissement.

L'*île* dont parle le voyageur, appelée aussi *île des Cygnes*, est celle sur laquelle s'appuie le milieu du pont de Grenelle.

Le *château Gaillardin* n'a pas laissé de souvenir. On ne va pas moins aujourd'hui qu'au dernier siècle se promener, en été, de Paris aux *Moulineaux*, à *Meudon* et à *Clamart*, mais on s'y rend par le chemin de fer.

Billancourt est un hameau, jadis dépendant d'Auteuil,

Voyage de Paris à Saint-Cloud par terre et par mer : le Départ. — Dessin de Stop.

placé maintenant en dehors des fortifications de Paris. L'observation du voyageur qu'il ne devait y naître que très-peu d'hommes, parce qu'il n'en vit qu'un seul en passant, n'est pas d'une naïveté si incroyable qu'elle le paraît. D'illustres navigateurs ont, par exemple, attribué des populations immenses à Taïti, seulement parce qu'ils avaient compté beaucoup d'insulaires sur le rivage.

« A mesure que je m'éloignais de Paris, la chaleur augmentait à un point que j'estimai que nous devions être pour lors sous la ligne, ou du moins à côté. Je n'y pouvais plus tenir, et déjà je m'apprêtais à descendre dans le fond, lorsque j'aperçus un pont sur lequel passaient différentes voitures : je le pris d'abord pour ce fameux *Pont-Euxin* qui traverse la mer Noire; mais un murmure confus parmi tous nos voyageurs et nos matelots me fit comprendre que

nous allions aborder. Effectivement, nous lançâmes *debout à terre*; on mit la planche, et le monde sortit. Je demandai si c'était là la *ville de Saint-Cloud*; on me dit que non, et que c'était le port de Sèvres; mais que Saint-Cloud n'en était pas éloigné, et on me le montra. Je pris congé du capitaine et de sa femme, et je sortis le dernier. »

Le reste est rapidement raconté. Le novice voyageur traverse le pont de Sèvres et gagne à pied Saint-Cloud, dont il décrit le parc avec un enthousiasme mythologique qui sent les fraîches impressions d'une classe de rhétorique. Il passe neuf jours dans cette ville, puis revient à Paris par le bois de Boulogne, l'Étoile et les Champs-Élysées.

Il n'y a que peu de chose à dire sur les lieux que nomme la carte et qui ne sont point cités dans les lignes précédentes.

Le *pont Rouge*, dont ne parle aucune ancienne description de Paris, était une passerelle de bois, peinte en rouge, qui conduisait à l'île des Cygnes. Le plan dit de Turgot (1739) représente ce pont et le nomme *pont de l'Ile-des-Cygnes*.

La *Maison-Blanche* était sans doute une guinguette. Il s'en trouvait une autre, du même nom, du côté de Gentilly, autour de laquelle se forma une espèce de village qui a été annexé à Paris en 1860·

Bellevue était un château, aujourd'hui détruit, qui devint le centre d'un village dépendant de Meudon.

Brimborion était un petit château bâti, près de Bellevue, pour Mme de Pompadour, par Louis XV.

Les *isles Dauphines* forment aujourd'hui l'*île Seguin*.

Le *Point-du-Jour*, dépendance d'Auteuil, est en partie annexé à Paris.

Il faut remarquer, du reste, que le géographe qui a tracé la carte ne s'est cru obligé d'observer aucune proportion. Il suffit de comparer l'importance donnée au château de Bellevue et l'insignifiance du château de Meudon pour en être bien convaincu.

La réception du voyageur dans la rue Géoffroy-l'Asnier est digne de son odyssée :

« Les voisins étaient aux portes et aux fenêtres pour me voir arriver. Je les ai salués et embrassés tous, les uns après les autres; ils m'ont félicité sur mon heureux retour, et j'ai répondu à leurs compliments du mieux qu'il m'a été possible. Après avoir été voir mon chat et mon serin, qui à peine me reconnaissaient, j'ai envoyé dire par mon Savoyard, à ma mère et à mes deux tantes, que j'étais arrivé; et me voilà.

» Le lendemain matin, je reçus la visite de cinquante de mes amis, tous écoliers ou ex-écoliers comme moi, auxquels je fus obligé de faire une relation en gros de mon voyage; de mes remarques et de mes aventures : ils y prirent tant de plaisir qu'ils m'ont engagé à la donner détaillée au public, et la voilà. »

Nous n'avons guère fait que résumer la relation, et

quoiqu'elle y perde, il n'est pas besoin de plus pour que l'on puisse comprendre ce qui a fait le succès de cette innocente satire. Aujourd'hui, si on voulait l'imiter, il faudrait écrire un voyage à Londres ou même à Chamounix. Le voyage serait plus long, mais l'esprit du voyageur serait peut-être tout aussi court. Ce serait un problème intéressant à se proposer que de rechercher si, depuis un siècle, certaines classes de la société ont beaucoup gagné en instruction. Une partie de la bourgeoisie, petite ou grande, se complaît trop dans sa douce aisance matérielle, lit peu, tranche sur tout avec une imperturbable assurance, vit de lieux communs, et ne semble pas même avoir le soupçon qu'elle ait rien à apprendre. Qui sait si l'on ne trouverait pas, rue Géoffroy-l'Asnier, quelque petit-fils du héros du Voyage à Saint-Cloud tout à fait digne de la célébrité comique de son ancêtre !

LES TIMBRES-POSTE.

ROYAUME-UNI DE LA GRANDE-BRETAGNE ET D'IRLANDE.

Suite. — Voy. p. 35, 70, 119, 151, 190, 222.

Enveloppes.

Les premières enveloppes n'ont pas été mises en vente le 10 janvier 1840, le jour même où le port des lettres du poids de demi-once et au-dessous, dans tout le Royaume-Uni, était réduit à un penny. Les enveloppes n'ont été livrées au public qu'à la fin du mois d'avril 1840 (on a cité à ce sujet la date du 27 avril et celle du 6 mai). MM. William Clowes et fils, de Londres, ont commencé à les imprimer dans le milieu du mois de février 1840.

La première enveloppe a été livrée au public sous deux formes, sous la forme de *cover* et sous celle d'enveloppe proprement dite. Le public a d'abord préféré les *covers*; il en abandonna peu à peu l'usage, et celui des enveloppes a prévalu définitivement.

POSTAGE ONE PENNY.

No 93. — Angleterre.

Le *cover* est une demi-feuille de papier, ayant à peu près 230mm sur 210 (¹), pliée en quatre comme une

(¹) 232mm sur 212 à 224mm sur 195.

lettre. L'une des faces est blanche et servait souvent à écrire la lettre; on y imprimait aussi des prospectus de compagnies, des prix courants, des annonces. L'autre face a dans le milieu, mais plus rapproché du bord droit, un espace rectangulaire, de 84mm sur 131, qui porte une vignette et qui est destiné à recevoir l'adresse (n° 93). A droite, on a tracé au pointillé, au moyen de la machine à guillocher, le mot *postage* sur un réseau de mailles très-fines. En haut et en bas, deux bandes rectangulaires présentent, imprimés sur deux colonnes, des renseignements sur les taxes postales et sur le prix des timbres et des enveloppes.

L'enveloppe est la même demi-feuille, sur laquelle on n'a pas imprimé les renseignements dont nous venons de parler, et qui est découpée et façonnée pour former une enveloppe proprement dite.

M. Rowland Hill avait conseillé de faire les enveloppes de moitié moins grandes que les *covers;* les uns et les autres sont de même grandeur.

Des fils de soie de couleur sont tendus parallèlement et verticalement dans la pâte du papier, suivant le procédé de Dickinson : à gauche trois fils, et à droite deux; les premiers de soie rouge virée avec de la soie blanche, les seconds de soie bleue virée également avec de la soie blanche.

La vignette a été dessinée par M. W. Mulready, de l'Académie royale, peintre très-renommé en Angleterre; elle représente l'Angleterre appelant à elle le commerce du monde. La gravure est de M. John Thompson.

Les enveloppes de 1 penny sont imprimées en noir, et celles de 2 pence sont imprimées en bleu clair, sur papier blanc. On a tiré des épreuves, les unes sur papier de Chine, les autres sur papier de couleur, mais avant de graver le mot *Postage* et la valeur de l'enveloppe. L'im-

pression a été faite par MM. William Clowes et fils, à Londres.

L'impression a duré six mois environ, jusqu'en août ou septembre 1840. Ces enveloppes ont cessé d'être mises en vente à la fin de l'année 1840; mais celles dont le public était détenteur ont continué à être reçues à la poste : aussi l'on en voit qui portent le timbre de la poste d'août 1848, de janvier 1844, etc. Le gouvernement a fait détruire d'assez grandes quantités de ces enveloppes qui étaient restées dans les magasins.

En 1839, quand le Parlement eut adopté le plan présenté par M. Rowland Hill, le ministère des finances invita le public à lui soumettre des projets pour la confection et le dessin des timbres, et promit des prix aux auteurs des meilleurs projets; trois mille projets furent envoyés. Les artistes anglais, qui excellent dans la caricature politique, ne pouvaient manquer une aussi belle occasion; ils dessinèrent pour les enveloppes un grand nombre de scènes bouffonnes, mythologiques, grotesques ou satiriques. La plupart de ces dessins sont au trait et lithographiés.

L'adoption du dessin de M. Mulready n'arrêta pas la verve satirique des dessinateurs, et la vignette officielle leur fournit matière aux plus plaisantes caricatures. M. J.-E. Gray en a indiqué plusieurs dans le *Hand Catalogue.*

Nous donnons ci-après le dessin d'une de ces enveloppes qui a passé de la collection de M. Feuillet de Conches dans celle de son jeune parent M. Victor Egger (n° 94).

La reine Victoria est au centre : elle porte au cou le

N° 94. — Angleterre.

portrait du prince Albert, *a*; à ses pieds, un lion qui a le masque de Daniel O'Connell, *b*, est couché sur un rocher (la pierre de Blarney) (¹). La reine écarte, à gauche, deux personnages qui s'approchent du roi de Hanovre, *d*, qui était considéré comme l'incarnation du vieux torysme : l'un, qui parle au roi, est Robert Peel, *c*; l'autre, plus rapproché de la reine, est sir James Graham, qui avait passé des libéraux aux torics; à droite, le duc de Wellington, *h*, porté par lord Brougham, *i*; Burdett qui les précède, *j*. Au-dessous, à gauche, la duchesse de Kent, *f*, et la reine

(¹) *Blarney* a le sens trivial de *blague.* On a coutume, en Irlande, de dire d'un flatteur qu'il a baisé la pierre de Blarney.

Adélaïde, veuve de Guillaume IV, *e*; à droite, le prince Albert. Au bas, d'un côté, lord Palmerston, *g*, qui arrange une caisse d'opium, est poussé hors de son siége par un Chinois; de l'autre, lord Melbourne (le plus à droite), *m*, lord John Russell (au milieu) et M. Spring Rice, chancelier de l'Échiquier dans le ministère de lord Melbourne (à gauche du groupe), *l*, font avaler à John Bull des liasses de papier.

Le dessin a été fait sur pierre par Madeley, probablement un pseudonyme, et publié le 8 juin 1840.

On lit sur un des angles qui servent à fermer l'enveloppe : *N° 4 rejected design's for the postage envelope.*

L'enveloppe a 80ᵐᵐ sur 126; elle est lithographiée et imprimée en noir sur papier blanc.

De nouvelles enveloppes furent livrées au public le 29 janvier 1841. Elles étaient de 1 penny et de 2 pence.

Cette fois, l'enveloppe est découpée, pliée et façonnée; le papier est blanc. Un timbre ovale est imprimé en relief à droite, à l'angle supérieur de l'enveloppe. A la place où un peu au-dessus du timbre, le papier porte deux fils de soie parallèles, l'un bleu ou bleu viré blanc, l'autre jaunâtre. Le papier d'enveloppe, avec le timbre de 2 pence, a même quelquéfois quatre fils de soie, bleu, jaune, bleu, jaune, ou rouge-amarante, jaune, rouge-amarante, jaune.

Le timbre a 28ᵐᵐ sur 25.

Il est gravé, gaufré, imprimé en couleur sur papier blanc; le dessin ressort en relief et en blanc sur le fond de couleur, qui a été, d'abord brun rougeâtre ou marron, ensuite rose pâle ou rose-hortensia, pour le timbre de 1 penny, et bien clair pour le timbre de 2 pence.

Le buste de la reine, d'un profil très-fin, est placé dans un cadre guilloché. La tête est couronnée et tournée à gauche. Le type est celui d'un timbre d'essai dont nous avons parlé plus haut (nᵒ 86).(¹)

Les chiffres placés à la tranche du buste précédent toujours les lettres W. W.; les timbres de 2 pence portent le numéro 2 ou le numéro 4, et ceux de 1 penny ont des numéros différents : 23, 63, 78, 87, etc.

On lit, à l'exergue, les mots Postage: One penny ou Two pence, placés en haut sur les timbres de 1 penny, et en bas sur ceux de 2 pence.

Ces timbres ne portent pas de date.

Deux des timbres mobiles gaufrés de 1842, ceux de 6 pence et de 1 shilling, ont été imprimés sur enveloppes de papier blanc, comme les précédents, le premier en violet et le second en vert clair. Tous les deux sont octogones et sans date; le premier a 28ᵐᵐ sur 25, le second 27ᵐᵐ sur 24.

Nous ignorons à quelle époque la date de l'impression des timbres d'enveloppe a été ajoutée à la matrice. Les chiffres marquent à gauche le jour, au milieu le mois, et à droite l'année. Il est probable que ce changement a été fait en 1858; il existe des timbres de 4 pence de mars 1858 et de 6 pence de juin 1858.

C'est à cette époque que les timbres de 3 et de 4 pence ont été créés. Le timbre de 3 pence est principalement

Nᵒ 95. — Angleterre.

employé pour l'affranchissement des journaux expédiés au loin; il est le plus souvent imprimé sur bandes ou covers; il a 28ᵐᵐ sur 28ᵐᵐ.5, et celui de 4 pence a 27ᵐᵐ de diamètre.

1 penny	(0ᶠ.1042), ovale,	—	brun foncé.
			rose.
2 pence	(0ᶠ.2083), ovale,	—	bleu clair.
3	(0ᶠ.3125), trilobé,	—	rose vif (nᵒ 95).

(¹) Le timbre d'essai a 26ᵐᵐ sur 23; le timbre actuel a 28ᵐᵐ sur 25. Les lettres de l'exergue ont 2ᵐᵐ.5 de haut sur le premier et 2ᵐᵐ à peine sur le second. Dans le timbre actuel, il existe à la tranche du buste des lettres et des chiffres qui ne sont pas dans l'essai.

4 pence	(0ᶠ.4167), rond,	— vermillon.
6	(0ᶠ.6250), octogone,	— violet.
1 shilling	(1ᶠ.2500), octogone,	— vert clair.

Ces timbres sont imprimés indifféremment sur papier blanc ou azuré; on a même fait quelquefois usage de papier d'un bleu foncé, et la couleur du timbre, étant modifiée par celle du papier, est devenue tout autre : sur le papier bleu, le timbre de 1 penny est lilas et celui de 3 pence est rouge-brun.

Il existe des enveloppes qui portent deux timbres de 1 penny. Il ne faut pas s'en étonner. Le public a le droit de faire imprimer à Somerset House, en se soumettant à certaines conditions, sur toute espèce de papier, des timbres d'une valeur égale à l'un ou l'autre des timbres-poste actuels ou à plusieurs d'entre eux (can be embossed with stamps of equal value to any of the postage stamps above mentioned, or to a combination of any of them). On voit, d'après cela, qu'il peut se produire des enveloppes, soit avec deux timbres de 4 pence, soit avec un timbre de 6 pence et un de 4 pence, etc., etc.

On trouve des enveloppes des différentes valeurs imprimées en relief, mais sans couleur. Cette circonstance est accidentelle : deux feuilles, au lieu d'une, ont été placées sous le balancier, et la feuille de dessous a bien été gaufrée, mais n'a pas été imprimée en couleur.

On paraît avoir renoncé à l'emploi de papier garni de fils de soie, de couleur par le procédé de Dickinson. Cependant, en 1860, l'administration des postes vendait encore des enveloppes de 1 penny dont le papier portait les deux fils de soie, l'un bleu et l'autre jaune.

Les chiffres qui accompagnent les lettres W. W., à la tranche du buste de la reine, varient suivant la valeur du timbre; exemples :

1 penny : 1859, 102; 1860, 95, 96; 1861, 85, 88, 95, etc.; 1862, 88, 95, 99, 100, etc.;

2 pence : 1861 et 1862, 2;

3 pence : 1860, 1861 et 1862, 1 après les lettres;

4 et 6 pence : 1860, 1861 et 1862, 2;

1 shilling : 1862, 3 après les lettres.

Les premières enveloppes, celles de 1840, se vendaient, au bureau de poste, ¹/₄ penny en sus de la taxe; ainsi : l'enveloppe de 1 penny, 1 ¹/₄ penny, et celle de 2 pence, 2 ¹/₄ pence. Mais, aux bureaux du timbre, à Londres, à Dublin et à Édimbourg, les deux rames ou 960 covers de 1 penny se vendaient 4 liv. 7 shill., et les 960 enveloppes (non façonnées), 4 liv. 5 shill.; la rame ou 480 covers de 2 pence, 4 liv. 3 shill. 6 pence; et les 480 enveloppes, 4 liv. 2 shill. 6 pence.

On ne vend aujourd'hui, dans les bureaux de poste, que des enveloppes de 1 penny, et au prix de 1 ¹/₄ penny l'une ou de 1 shill. 1 ¹/₄ penny la douzaine.

On peut faire timbrer toute espèce de papier ou d'enveloppe en s'adressant à Somerset House (Office of the Inland Revenue). Cela est fait à des conditions que l'on trouve mentionnées aux pages 14 et 15 du British Postal Guide. On n'a à payer que 1 shilling en sus de la valeur des timbres, par chaque format différent de papier, quand le montant des timbres ne s'élève pas à 10 livres sterling; au-dessus de cette somme, on ne paye que les timbres. L'administration ne timbre pas de papier de couleur.

Les timbres gaufrés sont sur les enveloppes à Somerset House, dans les ateliers du gouvernement, et les enveloppes sont faites par MM. Thomas de la Rue et Cⁱᵉ.

La machine à plier les enveloppes a été inventée, en 1844, par M. Edwin Hill et M. Warren de la Rue, et perfectionnée par ce dernier en 1849. Elle plie et gomme 3600 enveloppes par heure.

La suite à une autre livraison.

HALÉVY.

F. Halévy. — Dessin de Rousseau, d'après une photographie de Carjat.

Jacques-Fromental-Élio Halévy est né à Paris, rue Neuve-des-Mathurins, le 27 mai 1799 (an 7). Ses parents étaient israélites. Son père, né à Furth, près de Nuremberg, était très-instruit dans les écritures talmudiques et célèbre parmi ses coreligionnaires comme poète hébraïque.

Une circonstance heureuse ouvrit de bonne heure à Halévy la voie où le portait sa vocation. Il avait été placé, avec son frère Léon, dans une petite école de l'enclos du Temple. Or, le fils du maître, nommé Cazot, était répé-

titeur de solfège au Conservatoire de musique ; il remarqua les dispositions musicales d'Halévy, qui n'avait alors que dix ans, et le fit entrer (en 1809) dans sa classe du Conservatoire. Les progrès de l'enfant furent rapides sous la direction des maîtres illustres de ce temps, Méhul, Cherubini, Berton. Ce dernier enseignait l'harmonie ; Cherubini était professeur de composition ou, comme l'on disait alors, de style.

En 1819, Halévy, âgé de vingt ans, remporta le grand prix de Rome ; avant son départ, il fit exécuter dans le temple israélite, pour la mort du duc de Berry, un *De profundis* à grand orchestre où l'on remarqua un sentiment religieux qui annonçait un maître.

Tout en étudiant à Rome et à Naples, le jeune lauréat composa divers morceaux, entre autres des airs de ballet pour le théâtre Saint-Charles, des *canzonette* en dialecte napolitain. A Vienne, où il séjourna en 1822, il composa le finale d'un grand opéra italien, *Marco Curzio*, une ouverture à grand orchestre, et un psaume également à grand orchestre et à deux chœurs. Il eut le bonheur de connaître Beethoven, et « il conserva toute sa vie, dit son frère Léon, un souvenir d'attendrissement et d'admiration pour le grand artiste qu'il avait vu triste, pauvre, dans un réduit champêtre près de Vienne, travaillant toujours, et tirant de son piano des sons qu'il n'entendait plus. » ...

De retour à Paris, Halévy composa pour premières partitions celles de *le Jaloux et le Méfiant*, opéra-comique; de *Pygmalion*, sur des paroles de MM. Patin et Arnoult, et d'*Erostrate*. Ces trois opéras ne furent pas joués. Cependant le mérite du jeune compositeur était dès lors reconnu. Il était professeur au Conservatoire, et, en 1826, année où il eut le malheur de perdre son père (sa mère était morte jeune), il était aussi accompagnateur et chef du chant au Théâtre-Italien. En 1829, il fut appelé à partager avec Hérold les fonctions de chef du chant à l'Opéra. Il avait déjà fait représenter, à l'Opéra-Comique, *l'Artisan* (1827), *le Roi et le Batelier* (1828), *le Dilettante d'Avignon*, son premier succès; *la Langue musicale*, *les Souvenirs de Lafleur*; à l'Opéra, *la Tentation* (opéra-ballet), en collaboration avec M. Gide; *Manon Lescaut* (ballet), *Ludovic* (opéra inachevé de Hérold). Mais son œuvre capitale, celle qui l'éleva définitivement à la célébrité, fut *la Juive*, représentée à l'Opéra le 23 février 1835. La même année, sa partition de *l'Éclair* (16 décembre), à l'Opéra-Comique, eut aussi un grand succès.

L'année suivante, Halévy fut élu membre de l'Académie des beaux-arts, en remplacement du professeur Reicha.

En 1838, il fit représenter à l'Opéra *Guido et Ginevra*, que les musiciens n'estimèrent pas inférieur à celui de la *Juive*.

Il faut citer ensuite l'opéra-comique des *Treize*, du *Shérif* (1839), l'opéra du *Drapier* (1840), *le Guitarrero* (1841), *la Reine de Chypre* (1841), *Charles VI* (1843), *le Lazzarone* (1844), *les Mousquetaires de la reine* (1846), *le Val d'Andorre* (1848), *la Fée aux roses* (1849), *le Prométhée enchaîné* (scènes lyriques, 1849), *la Tempesta* (à Londres, 1850), *la Dame de pique* (1850), *le Juif errant* (1852), *le Nabab* (1853), *Jaguarita l'Indienne* (1855), *Valentine d'Aubigny* (1856), *la Magicienne* (1858), *Noé* (opéra inédit et inachevé). Nous omettons les compositions non destinées au théâtre, les cantates, comme *les Plages du Nil* (1856), les morceaux de musique religieuse, etc.

Parmi ces diverses œuvres, il est inutile de rappeler avec quels applaudissements quatre surtout furent accueillies : *la Reine de Chypre*, *Charles VI*, *les Mousquetaires de la reine* et *Jaguarita*. Ces opéras restent, avec la *Juive*, *l'Éclair* et *Guido et Ginevra*, les titres à la renommée qui assurent le mieux à leur auteur une place parmi les premiers compositeurs dont la France s'honore.

Halévy, comme musicien, était doué d'un génie qui ne saurait être contesté; mais il était aussi, à bien d'autres égards, un homme remarquable. Nous l'avons connu, et nous avons toujours été charmé des rares qualités de son caractère autant que de celles de sa haute intelligence et de la droiture de sa raison. Il était bienveillant, très-sensé, très-instruit, d'un entretien intéressant, agréable, et où se révélait sa force intérieure avec simplicité et sans le moindre indice d'orgueil.

Nommé, en 1854, secrétaire perpétuel de l'Académie des beaux-arts, il a prouvé dans cette fonction difficile, et en écrivant les *Éloges* de plusieurs de ses confrères, qu'il ne s'était pas tout enfermé dans les études spéciales de son art, et qu'il s'était fortifié et orné l'esprit par la lecture des chefs-d'œuvre de l'antiquité et des temps modernes. On n'oubliera point son livre des *Souvenirs et portraits*, ses *Derniers souvenirs*, son *Étude sur la vie et les œuvres de Cherubini*, ses *Origines de l'opéra en France*, sa vie de *Britton le charbonnier*, de *Gregorio Allegri* ou *les Miserere de la chapelle Sixtine*, de l'organiste *Frehberger*, ses articles de la *Biographie universelle*, son travail sur le diapason, ses *Leçons de lecture musicale*, etc.

Son frère, M. Léon Halévy, homme de lettres dans le sens le plus élevé et le plus honorable de cette qualification, a écrit une notice biographique [1] qu'il faut lire si l'on veut avoir une idée complète et juste de son illustre aîné. Il raconte d'une manière touchante la mort de F. Halévy au milieu de sa famille, à Nice, le 17 mars 1862.

« L'un de ses derniers caprices de malade fut une riante fantaisie musicale. Un matin, il demanda tout à coup la *Donna del lago*, de Rossini, et la *Serva padrona*, de Pergolèse (on ne songeait pas encore, à Paris, à la reprise de ce charmant opéra). Il fallut qu'à l'instant même on lui cherchât les partitions chez les marchands de musique de Nice. On les lui apporta; il se mit lui-même au piano, et il accompagna quelques airs de Pergolèse que lui chanta l'aînée de ses filles.

» Peu de jours avant sa mort, quelques paroles qui semblaient l'effet d'un délire passager n'étaient que le résultat d'une modification soudaine dans sa manière de s'exprimer et de sentir. Lui qui, d'habitude, avait toujours mieux aimé parler littérature, philosophie, peinture, politique même, que parler musique, dans les derniers temps, au contraire, il employait de préférence les expressions et les images qui rappelaient l'art qu'il avait tant aimé, tant illustré. Un soir, il cherchait à prendre un livre placé sur une table un peu trop loin de sa main pour qu'il pût l'atteindre sans un effort qui l'eût fatigué : « N'est-ce pas que » je ne fais rien *dans le ton*? dit-il à sa fille qui lui donna » le livre... Conviens-en, ma chère Esther, je ne fais plus » rien *dans le ton*. » Le matin même de sa mort, il fit une application plus imprévue, plus bizarre et cette langue encore à un langage musical qui lui redevenait cher et familier. Il était assis sur son divan; il voulut s'y étendre et reposer sa tête sur l'oreiller. Mais il n'y serait pas parvenu de lui-même, et il fallut l'aider : « Couchez-moi en » *gamme*, dit-il à ses deux filles. Elles le comprirent; elles l'inclinèrent lentement, doucement, et comme en mesure, et, à chaque mouvement, il disait en souriant : « *Do, » ré, mi, fa, sol, la* », jusqu'à ce que sa tête reposât sur les coussins. Ces notes, dont il avait fait un si merveilleux usage, lui avaient servi une dernière fois, mais pour reposer sur un oreiller sa tête mourante à l'aide de ses deux filles chéries.

» Le soleil, ce jour-là, fut l'un des plus beaux qui se fût levé sur Nice; il entrait à pleins rayons par la fenêtre, près de laquelle il avait voulu qu'on le plaçât. Les enfants d'une dame polonaise qui habitait aussi la villa jouaient à quelque distance dans le jardin, et si, de temps à autre, leurs rires joyeux n'eussent monté jusqu'à lui, si les oiseaux n'eussent chanté, rien n'eût troublé cette indéfinissable harmonie du silence qui s'exhale d'un beau ciel par une douce matinée de printemps. A contempler cette figure sereine, qui reposait, pâle et calme, sur ce canapé inondé de lumière et vers lequel s'élevait le parfum

[1] *F. Halévy, sa vie et ses œuvres;* — Récits et impressions personnelles; — Souvenirs. — 2e édition, 1863. Paris, Heugel.

des citronniers et des fleurs, personne n'eût songé à la mort, à moins qu'on ne se fît rappelé cette parole du Psalmiste : *Qu ne verra point la tombe, quand on verra les bons qui meurent.* C'est ainsi que le maître aimé s'acheminait vers ce champ du repos que l'Italie nomme *le champ sacré*, que nous appelons tristement le cimetière, et que les Hébreux n'ont jamais appelé que de ce nom consolateur : *la maison des vivants.* »

Voici encore quelques lignes où M. Léon Halévy apprécie admirablement à la fois son frère et son art :

« Je lui ai toujours vu pratiquer son art avec un respect de lui-même, une foi et une ferveur qui auraient ajouté, s'il était possible, à l'idée que je me suis toujours faite de l'excellence et comme de la sainteté de la musique : art tout idéal qui puise tout en lui-même et n'emprunte rien à la matière; qui sait peindre, et qui n'a ni la couleur ni le pinceau ; qui reproduit sans le modèle; qui est la science des sons, et qui s'élève à mesure qu'il se rapproche de l'homme moral, comme il s'abaisse s'il veut imiter le bruit matériel; art divin qui exalte l'homme ou qui l'apaise, qui s'associe aux fêtes de la liberté, aux douleurs et aux joies de la patrie, entoure le pays de défenseurs, les temples de pompe et d'éclat, et, s'il se livre quelquefois aux serviles adulations, est plutôt complice que coupable. C'est parce qu'Halévy comprenait bien la haute mission du musicien qu'il ornait sans cesse de conquêtes nouvelles son intelligence et son esprit ; et il dut sans doute à l'amour et à l'étude de cette langue universelle, qui unit et qui rapproche, ce don merveilleux et comme cette science innée des langues qui divisent et qui séparent. »

Parmi les fragments de F. Halévy cités dans cette belle notice inspirée par l'amour fraternel, mais où l'éloge n'a jamais rien d'exagéré, il en est un encore que nous ne pouvons résister au désir de faire connaître à nos lecteurs :

« Après avoir exposé que chaque peuple a possédé d'abord une musique qui lui était propre, sa musique nationale, sa musique *maternelle*, Halévy ajoute :

« Faites entendre les airs écossais les plus chéris des
» *highlanders* aux *lazzaroni* de Naples ou de Palerme, ils
» n'y trouveront que des intonations incompréhensibles,
» barbares. Ce qui est populaire a des racines profondes et
» se transplante difficilement. Et puis, il faut le temps de
» l'acclimatation. Il n'y a pas longtemps que les Italiens
» n'admettaient pas les compositeurs allemands, qui le leur
» rendaient bien, ni les compositeurs français, plus tolé-
» rants cependant, et dont le cœur ne garde pas de ran-
» cune; car si le musicien français se montre parfois,
» comme musicien, sceptique, exclusif et railleur, comme
» Français il est curieux, ami de la nouveauté, éclectique
» et hospitalier. Les trois branches principales de la mu-
» sique européenne sont très-caractérisées; chaque peuple
» aime de préférence sa musique, parce qu'il la faite à son
» image. Une mélodie de Cimarosa est de la même famille,
» du même sang qu'une strophe du Tasse. Le Français
» aime que le chant soit transparent, qu'il laisse voir la
» pensée, qu'il en dessine le contour. La phrase allemande,
» puissante et fortement tissue, a le ton lumineux d'un
» nuage. Mais aujourd'hui l'avenir de la musique n'est
» plus douteux. L'éducation musicale se complète dans
» tous les pays et dans toutes les classes de la société. La
» France seconde ce mouvement et lui donne une impul-
» sion salutaire. L'harmonie n'est plus une science mys-
» térieuse, réservée aux habiles : elle se dévoile à tous.
» La musique sera bientôt ce qu'elle doit être, une poésie
» universellement comprise; et déjà des beautés réputées
» jusqu'à ce jour inaccessibles au vulgaire se sont ouvert
» le chemin d'intelligences étonnées et charmées de ces
» jouissances nouvelles... La peinture, l'architecture, la

» musique, tous les moyens dont l'homme dispose pour
» exprimer sa pensée ou lui donner un corps ont été
» soumis à des influences semblables, et ont reçu l'em-
» preinte profonde des époques et des races. Ces influences
» diverses n'ont jamais touché que l'aspect, L'apparence de
» l'art, sans s'attaquer au fond, qui est invulnérable, puis-
» qu'il n'est autre que la pensée elle-même et le sentiment
» poétique que Dieu a mis dans nos cœurs. Elles s'exercent
» encore aujourd'hui; mais, grâce à la facilité merveil-
» leuse des communications, elles n'ont plus rien d'exclusif;
» on les discute, mais on les admet; on les combat, mais
» on les respecte. Elles se prêtent un secours mutuel : les
» idées ont constitué à leur profit le libre échange. »

Les paroles ne sont aux actions que les éclats de la massue d'Hercule. JEAN-PAUL.

LE PORTRAIT DANS LA STATUAIRE
CHEZ LES GRECS ET CHEZ LES ROMAINS.

Une légende fait commencer l'histoire de la sculpture en Grèce par un portrait, celui que la fille d'un potier de Corinthe traça de son fiancé avant de le quitter, en suivant sur la muraille, à l'aide d'un charbon, les contours de l'ombre qu'une lampe y projetait ; le père de la jeune fille reconnut, dit-on, cette image, et remplit le contour d'argile, qu'il fit cuire pour la conserver. Ce récit n'est sans doute qu'une fable aimable, comme toutes celles dont l'imagination gracieuse des Grecs a enveloppé l'histoire de leurs origines. La vérité est que l'usage de reproduire en relief les traits de personnages connus s'introduisit en Grèce assez tard, et quand depuis longtemps la sculpture était habile à représenter les dieux et les héros en haut et en bas-relief, ou même, ce qui n'arriva que plus tard, par des statues de ronde bosse, en pied et isolées sur un piédestal. Ce ne fut qu'un demi-siècle environ avant la guerre contre les Perses que l'on commença à élever des statues aux vainqueurs des jeux Olympiques. Encore ne faudrait-il pas croire que ces statues fussent de véritables portraits, bien que destinées à conserver les traits des athlètes vainqueurs. La plastique n'était pas, à cette époque, assez avancée pour reproduire avec fidélité les traits reconnaissables d'une personne à l'exclusion de toute autre, et surtout les traits du visage; il est à croire plutôt que les efforts que l'on fit à partir de ce moment pour atteindre à la ressemblance contribuèrent aux progrès rapides de l'art; mais longtemps encore après le début du portrait dans la statuaire, on trouve mentionnées par les historiens des statues d'athlètes aux formes roides et semblables aux anciennes figures des divinités : telle était cette image du célèbre athlète Milon, que l'on voyait à Olympie, dont les pieds n'étaient pas séparés, et dont les mains étaient toutes droites. L'usage de consacrer dans les temples les statues des vainqueurs des jeux, à l'exemple de celles qu'on voyait dans l'Altis d'Olympie, se répandit dans tout le monde grec, et les maîtres les plus renommés furent occupés à ces ouvrages et leur donnèrent toute leur perfection.

Quand on sut complétement imiter la nature, on distingua deux sortes de portraits dans la statuaire : les uns, monuments destinés à perpétuer le souvenir des citoyens illustres, ne les faisaient reconnaître que par des traits généraux, par l'attitude, le geste, ou quelque attribut, comme les statues des dieux et des héros; les autres étaient leurs vivantes images. Cette distinction est bien marquée dans un passage de Pline où cet auteur, parlant des vainqueurs d'Olympie, dit qu'il était d'usage de consacrer les statues de tous ceux qui avaient remporté une victoire dans les jeux; mais à ceux qui avaient vaincu trois fois on élevait des statues *iconiques*, c'est-à-dire faites à leur ressemblance et d'après nature (*ex membris ipsorum similitudine expressa*).

L'honneur de semblables statues, d'abord réservé aux seuls athlètes vainqueurs, parce que leur victoire et la consécration de leur image dans le temple se liaient, comme les jeux eux-mêmes, au culte des dieux, ne s'étendit d'abord que fort lentement, et il fallut des circonstances tout à fait extraordinaires pour motiver en faveur d'autres citoyens un pareil témoignage de l'estime ou de la reconnaissance publique. Les plus anciennes statues honorifiques que l'on trouve mentionnées sont celles de Cléobis et de Biton, modèles de piété filiale, que l'on voyait à Delphes; et à Athènes, celles des vengeurs de la liberté, Harmodius et Aristogiton. Un siècle entier se passa presque avant qu'un autre citoyen reçût à Athènes une pareille récompense; s'il faut en croire Démosthènes, ce fut après le meurtre des trente tyrans qu'on érigea pour la première fois une statue à Conon. Parmi celles qu'on éleva plus tard, on cite celles de Chabrias, de Timothée, d'Iphicrate, de Philopœmen. Ces statues honorifiques élevées aux frais de l'État, après une résolution prise en assemblée publique, n'étaient pas les seules que l'on voyait dans les temples, sur les places, dans les théâtres et les gymnases, sous les portiques, dans les jardins, etc.: il était permis aux particuliers de faire exécuter à leurs frais et de consacrer dans les temples ou dans les lieux publics les images de leurs parents, de leurs amis ou de citoyens dont le souvenir leur était cher. Une pensée religieuse s'associait toujours à cet hommage rendu à la mémoire des personnes. La plupart des statues élevées dans les lieux publics étaient dédiées à une ou à plusieurs divinités, comme le déclaraient les inscriptions qu'on y voyait gravées. Toucher à ces statues pour les renverser ou pour les dégrader d'une manière quelconque était considéré comme une impiété.

A s'en tenir au témoignage des écrivains de l'antiquité (car un bien petit nombre des monuments eux-mêmes ont subsisté jusqu'à nous), on peut encore juger de la profusion avec laquelle ces portraits de marbre ou d'airain, bustes ou statues, étaient partout répandus. Au temps où Pline écrivait son Histoire naturelle qui contient tant d'indications précieuses pour l'histoire des arts, on comptait à Athènes trois mille statues; malgré les spoliations des proconsuls et des empereurs romains; on n'en comptait pas moins à Olympie et à Delphes, qui étaient des grands sanctuaires de la Grèce. « Athènes, dit l'auteur d'une belle étude sur Phidias [1], Athènes fut surtout la ville des statues: dans ces cités républicaines, et spécialement dans la plus démocratique, l'art exerçait une sorte de magistrature; les images en bronze et en marbre des hommes illustrés, en même temps qu'elles servaient de luxe sévère à la place publique, portaient dans tous les cœurs l'enthousiasme et l'émulation. L'Athénien qui se rendait de sa maison à l'assemblée du peuple rencontrait partout sur son passage les figures des divinités protectrices de la cité, celles des magistrats et des héros révérés pour leur courage et pour leurs vertus civiques et patriotiques. » Toutes les vertus, tous les succès, tous les talents, étaient l'objet de ces récompenses que l'art décernait. Elles n'étaient pas seulement le prix des services rendus à la patrie dans la politique et la guerre, de l'éclat répandu sur elle par la gloire de ses orateurs, de ses philosophes et de ses poètes; elles étaient accordées même à de moindres mérites, et parfois la grâce et la beauté suffisaient pour obtenir un pareil

[1] *Phidias, sa vie et ses ouvrages*, par L. de Ronchaud. Paris, 1861.

hommage. Périclès avait sa statue modelée par Crésilas dans l'acropole d'Athènes, au milieu des chefs-d'œuvre suscités par son génie, et Thémistocle dans le temple qu'il avait élevé à Diane; Solon avait la sienne à Salamine, Pindare à Thèbes, devant le temple de Mars; dans le temple d'Apollon, à Delphes, à côté de la statue en marbre de Lysandre, on voyait aussi la statue dorée de Gorgias, le brillant rhéteur, à l'érection de laquelle les cités grecques avaient contribué à l'envi, et celle de la belle Phryné, ouvrage de Praxitèle. L'énumération faite par un écrivain ancien des statues de femmes exécutées par des maîtres grecs à une époque assez reculée suffirait à montrer avec quelle abondance la statuaire avait multiplié partout les portraits. Et ce n'est pas seulement à Athènes, la plus religieuse des villes grecques, au dire de Pausanias, et aussi la plus artiste, ou dans les grands sanctuaires de Delphes et d'Olympie, que la piété et la reconnaissance avaient consacré ces images: il en était de même partout, même à Sparte, depuis un temps fort ancien, puisque, d'après Hérodote, on y honorait les rois morts à la guerre en leur élevant des statues honorifiques. Un semblable honneur y fut encore plus facilement accordé par la suite. Plutarque rapporte comme un fait digne de remarque que le roi Agésilas ne permit jamais à aucun sculpteur ou peintre de faire un portrait de lui, parce qu'il était boiteux et ne voulait pas que cette infirmité passât à la postérité. Des ennemis même, que Sparte savait honorer à l'égal de ses plus grands citoyens, y avaient des statues, comme Artémise d'Halicarnasse, et le Perse Mardonius dont on voyait l'image à côté de celle de cette reine sur l'une des places de la ville. Les Athéniens aussi dressèrent des statues à plusieurs étrangers, et cet honneur était envié par les plus puissants princes.

La suite à une autre livraison.

RUINES DU CHÂTEAU DE SAINT-ULRICH,

A RIBEAUVILLÉ

(DÉPARTEMENT DU HAUT-RHIN).

Lorsqu'on a traversé la petite vallée de Sainte-Marie-aux-Mines et qu'on s'est engagé sur la route qui conduit à Ribeauvillé, on se voit entouré de sites charmants et pittoresques, bien faits pour tenter le crayon de l'artiste et la plume du poète. On se rapproche des Vosges, qui se découpent à l'horizon plus vives et plus hautes, et du département du Bas-Rhin on entre dans celui du Haut-Rhin. On est à 555 kilomètres de Paris et à 86 kilomètres de Bâle.

Ribeauvillé, dont la population ne dépasse guère le chiffre de 7000 habitants, qui s'occupent des industries spéciales à l'Alsace, tanneries, filatures, toiles peintes, fabriques de kirsch-wasser, est le chef-lieu de canton de l'arrondissement de Colmar. Le nom allemand de Ribeauvillé est Rappoltzveiler, et cette petite ville le doit à une famille noble, celle des Rappoltstein (en français, Ribeaupierre), qui fut longtemps une des plus importantes de l'Alsace. Elle n'a d'intéressant, pour le voyageur, que son hôtel de ville et son église paroissiale, dédiée à saint Grégoire. Mais si l'on sort de la ville et si l'on se décide à gravir la montagne qui la domine à l'ouest, on aperçoit les ruines de trois châteaux fort curieux: le *Girsberg*, le *Saint-Ulrich* et le *Rappoltstein*. Le *Rappoltstein* est le plus élevé des trois, mais le *Saint-Ulrich* est le plus important: c'est celui que représente notre dessin.

C'est un château du treizième siècle, qui renfermait jadis dans son enceinte une chapelle dédiée à saint Ulrich, d'où son nom. Les actes du temps l'appellent tantôt *cas-*

trum majus, à cause de la superficie qu'il occupait, tantôt *castrum inferius*, à cause de sa position relativement au Rappoltstein. Il n'en reste debout que le donjon et quelques débris de bâtiments d'habitation, parmi lesquels une vaste salle dont le mur, percé de fenêtres à plein cintre géminées, permettrait de supposer que là était autrefois la chapelle dédiée à saint Ulrich. Ce qui confirmerait cette supposition, c'est la différence de niveau qui existe entre le

Ruines du château de Saint-Ulrich, à Ribeauvillé (Haut-Rhin). — Dessin de Thérond.

sol de cette salle et celui des autres parties du château.

Un ravin profond de 170 mètres environ sépare ce château démantelé de son voisin le Girsberg, qui n'offre plus qu'un amas de ruines sans caractère peut-être, mais non sans une sorte de sauvage grandeur. Les oiseaux de proie le visitent plus volontiers que les touristes, et cependant son histoire, ou, si vous voulez, sa légende, se lie intimement à celle du Saint-Ulrich, et l'on ne saurait guère parler de l'un sans parler aussi de l'autre. Ils étaient jadis habités par deux frères, grands chasseurs comme tous les nobles d'alors, qui remplaçaient volontiers les méditations pacifiques par les exercices violents. Chaque jour, au premier chant du coq, le seigneur de Saint-Ulrich bandait son arc et envoyait une flèche dans le volet de la tour qu'habitait son frère le seigneur de Girsberg, afin que le bruit le réveillât et l'avertît qu'il était temps de partir pour la chasse. Un matin; ce dernier, réveillé naturellement et étonné de ne pas entendre le signal habituel, entr'ouvrit le volet de sa tour; à ce moment son frère, qui venait d'ouvrir le sien, lui envoyait la flèche destinée à l'avertir : elle le tua.

Voilà la légende, ou, si vous préférez, l'histoire des deux châteaux voisins, le Saint-Ulrich et le Girsberg; elle ressemble à celle de beaucoup d'autres châteaux de la même époque, où les fils de la famille étaient souvent brisés d'une façon sanglante, avec cette différence toutefois qu'ici le fratricide avait été involontaire, et que le crime n'était qu'un malheur.

COURANTS DE LA MER.
VOYAGES DES BOUTEILLES.

L'étude si nouvelle et si féconde des nombreuses traces qui attestent les bouleversements dont la surface de notre planète a été le théâtre, durant les premières périodes de sa formation, nous indique l'existence de prodigieux courants causés par le déplacement des mers primitives, et transportant les énormes débris de roches que les géologues désignent sous le nom de *blocs erratiques*. Ces débris, dispersés sur une grande partie de nos continents, ont donné lieu à différentes hypothèses relatives aux révolutions du globe, et ont aidé à mieux comprendre les déluges que toutes nos traditions placent à l'origine de l'humanité.

L'Océan nous apparaît ainsi d'abord, dans sa mystérieuse et redoutable immensité, comme une cause d'imminents désastres; mais un jugement plus attentif et plus éclairé nous apprend aujourd'hui que ces changements du lit des mers préparaient à l'homme sa demeure actuelle, et qu'à une époque moins éloignée ils ont peut-être aussi favorisé la formation de l'humanité, en contraignant à de lointaines migrations les premières tribus dont les descendants ont peuplé la terre.

Le transport d'arbres déracinés, de branches, d'herbes flottantes et de débris, d'une région à l'autre de la mer, a depuis longtemps prouvé l'existence des courants de l'Océan, et montré que ce vaste amas d'eau, mis chaque jour en mouvement par les marées, devait être soumis aussi à des lois de circulation analogues à celles qui régissent la plus grande partie des phénomènes que la nature présente à notre observation.

Il est maintenant hors de doute qu'avant la découverte du nouveau monde, des indigènes d'Amérique avaient été poussés par des courants et des tempêtes jusqu'aux îles de la mer du Nord. Les habitants des Orcades avaient gardé la mémoire de ces apparitions de navigateurs inconnus, et leurs traditions, recueillies par Colomb pendant son voyage en Islande, l'affermirent sans doute, ainsi que les bois sculptés jetés par les courants sur la côte des Açores, dans sa croyance à l'existence d'un continent situé dans la partie occidentale des régions inexplorées que les géographes arabes nommaient « la mer immense et ténébreuse. »

C'est dans le cours de son troisième voyage que Colomb reconnut l'existence du grand courant qui entraîne les eaux des mers équatoriales : « Les eaux se meuvent, dit-il dans sa relation, comme le ciel, de l'est à l'ouest. » Il ajoute que « c'est dans la mer des Antilles que ce mouvement

est le plus fort. » Cette observation très-juste lui fit supposer qu'un vase de tôle qu'il avait trouvé entre les mains des habitants de la Guadeloupe pouvait provenir d'un navire entraîné par le courant équatorial, et naufragé sur les côtes d'Amérique.

Après Colomb, Anghiera reconnut que ce courant suivait les contours du golfe de Mexico et se prolongeait jusqu'à Terre-Neuve. Continuées par d'autres navigateurs, ces observations rendirent bientôt probable l'existence de l'immense circuit qui portait jusqu'aux rives de l'Irlande et de la Norvége les coquilles, les végétaux, les fruits et les graines des Antilles. Mais il fallait des observations plus nombreuses et plus exactes pour déterminer la direction de ce courant général qui tournoie dans la partie septentrionale de l'Atlantique, et qui constitue une des principales artères de la circulation de l'Océan.

Les plantes marines arrachées au golfe du Mexique et flottant à la surface ont d'abord indiqué aux navigateurs les deux grandes branches qui viennent baigner les côtes de l'Europe occidentale, l'une se dirigeant vers la mer du Nord et l'autre vers les Açores. On a retrouvé sur nos côtes septentrionales les épaves de bâtiments naufragés dans la mer des Antilles. Humboldt cite le fait d'un navire brisé sur les écueils de la côte d'Afrique, près du cap Lopez, dont quelques débris furent reconnus à la pointe nord de l'Écosse, après avoir deux fois traversé l'Atlantique : d'abord de l'est à l'ouest, en suivant le courant équatorial; puis de l'ouest à l'est, en suivant la prolongation de ce courant qui traverse le golfe du Mexique et vient aboutir dans nos mers.

Ces découvertes, dues au hasard, n'auraient probablement conduit à aucune notion précise sur les courants de l'Océan si les navigateurs n'avaient eu l'heureuse idée de renfermer dans des bouteilles cachetées l'indication du jour et du lieu où ils les jetaient à la mer [1]. Retrouvées par d'autres navigateurs ou par les habitants des côtes, ces bouteilles donnèrent des renseignements plus exacts sur la direction des courants et sur leur vitesse. Ce n'était encore, sans doute, qu'une approximation; mais, en se multipliant, ces indications permirent de tracer avec plus de certitude des directions moyennes, et servirent à établir une base expérimentale, sur laquelle on pouvait désormais s'appuyer pour proposer des théories plus rationnelles que celles imaginées par les premiers observateurs.

Le major Rennell, dans ses *Recherches sur les courants de l'Atlantique*, raconte les voyages de bouteilles flottantes retrouvées sur les rives d'Europe ou d'Amérique, et qui toutes indiquaient l'existence du courant général et circulaire, reconnu déjà en diverses parties de son cours. M. Daussy, ingénieur hydrographe, en France, et le capitaine Becher, de la marine royale, en Angleterre, ont construit des cartes sur lesquelles sont marqués les trajets d'un grand nombre de ces bouteilles, avec la double date des jours où elles ont été recueillies ou jetées à la mer. D'après ces dates, on peut supposer que quelques-unes ont fait plusieurs fois le tour de l'Atlantique.

L'usage de ces nouveaux agents laissait encore beaucoup d'incertitude sur la direction réelle des courants et sur leur vitesse dans les différentes parties de leur trajet. On ne pouvait guère connaître, dans la plupart des cas, que des directions et des vitesses probables. Mais, par l'intérêt qu'elles excitaient, ces données insuffisantes, jointes aux observations des navigateurs, devaient bientôt conduire à une recherche plus scientifique qui, en France, fut ouverte par le savant Ch. Romme, associé de l'Institut national, auteur des *Tableaux des vents, des marées et des*

[1] Voy. t. XIV, 1846, p. 124.

courants observés sur toutes les mers du globe. L'introduction de ce remarquable et très-utile travail s'ouvre par les lignes suivantes :

« Les grands mouvements de l'atmosphère et des mers commandent, comme ceux des corps célestes, l'attention et l'admiration des hommes. Ils ont en partie leur source dans des causes semblables ; ils paraissent être un des grands développements de la puissance de la nature ; et c'est à l'étude de ces mouvements, ainsi que de leurs circonstances, qu'on pourrait recourir, comme à celui du cours des astres, pour remonter aux principes généraux de l'organisation de cet univers. »

C'est avec la même hauteur de vues, la même élévation d'esprit, qu'un savant officier de la marine nationale des États-Unis, le commandant Maury, a suivi la large voie ouverte par Ch. Romme. Nous ferons connaître l'organisation et les services de la puissante association de navigateurs fondée par ce marin illustre, et grâce à laquelle la géographie physique et la météorologie de la mer sont définitivement entrées dans leur période de développement scientifique. *La suite à une autre livraison.*

PENSÉES DE LACORDAIRE (¹).

— En général, les grands hommes de l'antiquité ont été pauvres. Aujourd'hui tout le monde échoue là : on ne sait plus vivre de peu. Pour mon compte, un grand cœur dans une petite maison est toujours ce qui m'a touché davantage ici-bas.

— La lecture des chefs-d'œuvre littéraires ne forme pas seulement le goût, elle maintient l'âme à des hauteurs sérieuses. Il n'y a pas un homme remarquable qui n'ait été ami des lettres.

— A part le besoin des recherches dans un but utile, il ne faut lire que les chefs-d'œuvre des grands noms ; nous n'avons pas de temps pour le reste.

— L'amitié, le souvenir des beaux lieux, le goût des lettres, toute cette partie supérieure des jouissances de l'âme est le vestibule du temple où nous adorons Dieu.

— Les certitudes inébranlables n'habitent que des intelligences profondes et des cœurs fortement trempés par la main de Dieu. Il faut aspirer à ce but d'être des hommes de convictions fermes, pures, désintéressées. Le plus sûr moyen d'être constant à soi-même, c'est de n'avoir pas d'ambition ; et on n'a pas d'ambition quand on sait se réduire à des goûts modestes, ne cherchant le bonheur qu'en Dieu, dans l'étude et dans quelques âmes qui vous aiment.

— Le beau est l'harmonie du vrai et du bien dans une même chose, la splendeur confondue de l'un et de l'autre. Si vous rencontriez un visage où la rectitude des lignes et la grâce des contours fussent parfaites, mais sans une expression de bonté quelconque dans les yeux et les lèvres, ce serait la tête de Méduse.

— De grands coupables par l'esprit peuvent avoir des noms glorieux. Habituez-vous de bonne heure à mépriser les renommées les plus hautes quand elles ont été le fruit d'une action perverse, et à n'estimer jamais que le bien et le vrai dans l'homme qui écrit comme dans l'homme qui agit. Écrire, c'est agir.

— Un enfant ne doit ni commander, ni être obéi à tout propos, comme le sont les enfants gâtés ; mais il ne faut pas non plus qu'il soit asservi comme un esclave, et qu'il ait peur d'avoir une pensée. Un enfant qui ne délibère jamais, qui ne pense jamais, qui est passif dans tous ses actes, ne sera propre un jour qu'à obéir lâchement aux

(¹) *Lettres du R. P. Lacordaire à des jeunes gens,* publiées par l'abbé Henri Perreyne.

hommes et aux choses qui le domineront par l'effet du hasard.

— Il est probable que votre vie se passera au milieu des vicissitudes publiques les plus diverses ; vous n'y demeurerez pas indifférent, mais vous les supporterez avec courage, faisant à chaque fois dans la mesure de vos forces et de vos devoirs. Un bon citoyen, lorsqu'il aime Dieu et sa patrie, fait tout ce qu'il peut, rien que ce qu'il peut ; il est prudent sans être lâche, et, comme il est désintéressé, il se trompe rarement sur ce qu'il doit.

— On se figure aisément que les lieux nous donnent ce qui nous manque ; on appelle la règle quand on n'en a plus, et quand on en a une on la trouve incommode et sans résultat. Nous sommes ainsi le jouet de notre imagination. Tel se figure que s'il était transporté sur la montagne de Kolsim, en Égypte, au milieu du désert de saint Antoine, il deviendrait un saint ; et si Dieu, par hasard, exauçait son rêve, il ne pourrait y vivre loin des hommes plus d'une semaine, peut-être plus d'un jour.

CARTES CÉLESTES.

Suite. — Voy. p. 18, 90, 124, 163, 195, 231.

Planche IX. — Nous retrouvons, au n° 45, la Harpe de Georges III, qui est aujourd'hui supprimée, puis, au n° 44, le Fleuve Éridan, qui part du pied droit d'Orion, et qui suit une ligne sinueuse pour arriver auprès du Phénix, planche XII. A l'extrémité de ce cours d'eau se trouve l'étoile de première grandeur marquée α, et qui se nomme Achernar, c'est-à-dire la dernière du Fleuve. Comme l'Éridan part de l'étoile β d'Orion ou Rigel, on lui appartient pas cependant au Fleuve, on peut, quand on est dans l'autre hémisphère, se représenter l'Éridan comme unissant Rigel et Achernar, l'une et l'autre de première grandeur, mais surtout Rigel. Notre planche montre un Sceptre entre l'Éridan et le Lièvre. Cette petite constellation n'a point de numéro, et il n'y a rien à en dire. Le Lièvre, n° 72, qui est au-dessous d'Orion, c'est-à-dire au sud, n'a que des étoiles de troisième et de quatrième grandeur ; près de lui est la Colombe, n° 71, dont la principale étoile, α, s'aperçoit très-bien à Paris quand on est dans une station où l'horizon est tout à fait dégagé. C'est une belle étoile de seconde grandeur. Les autres étoiles sont insignifiantes.

Au n° 73 est la belle constellation du Grand-Chien, dont l'étoile β, qui est entre Sirius et le Lièvre, est de seconde grandeur, ainsi que δ, ζ et η. L'étoile ε est presque de première grandeur. En rapprochant cette constellation de celles du Petit-Chien, d'Orion et du Taureau, avec les Gémeaux au-dessus, on a une grande région du ciel peuplée d'astres splendides. Ce sont les constellations d'hiver, qui l'emportent de beaucoup sur celles d'été pour l'éclat. Cependant les étoiles les plus basses du Grand-Chien perdent un peu par leur proximité de l'horizon. Mais en Espagne et en Grèce l'étoile ε atteint presque la première grandeur. Quand Sirius scintille, et prend successivement diverses couleurs, si on donne de légers chocs au télescope on transforme l'étoile en une guirlande de mille couleurs ; c'est, du reste, ce qu'on peut faire avec toutes les étoiles de première grandeur quand elles sont près de l'horizon. Tout le monde sait que Sirius ou le Grand-Chien est la plus belle étoile du ciel.

Au n° 74 est l'Atelier de l'imprimeur, et au n° 75 la Boussole, qui a été détachée de la grande constellation du Navire, que les anciens appelaient Argo. Au n° 77 sont les Voiles du Navire, les seules étoiles de cette constellation qui soient visibles en Europe. Au n° 47 est la Licorne, dont

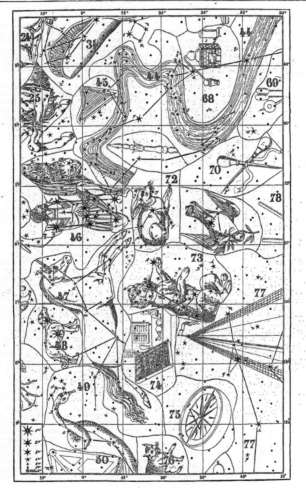

Cartes célestes. — Planche IX.

nous avons déjà parlé. On trouve aussi sur cette planche le n° 70, entre la Colombe et l'Éridan; ce sont les Outils du graveur ou les Burins, qui ont été mis là par Lacaille, dans la description du ciel austral, vers le milieu du siècle dernier. Cette constellation n'a aucune étoile brillante.

La suite à une autre livraison.

LES GONDOLIERS ET LE LIDO.

Le Départ du Lido. — Dessin de Stella.

« La gondole est une production naturelle de Venise. La lagune et la gondole sont inséparables et se complètent l'une par l'autre... La gondole, étroite et longue, relevée à ses deux bouts, tirant très-peu d'eau, a la forme d'un patin. Sa proue est armée d'une pièce de fer plate et polie qui rappelle vaguement un col de cygne courbé, ou plutôt un manche de violon avec ses chevilles. Six dents, dont les interstices sont quelquefois ornés de découpures, contribuent à cette ressemblance... Tout ce qui paraît de la gondole est enduit de goudron ou peint en noir; au milieu est posée la cabine, la *felce*, qui s'enlève facilement lorsqu'on veut lui substituer un tendelet, dégénérescence moderne dont tout bon Vénitien gémit... Mme Malibran, qui n'aimait pas à entrer dans ces petits catafalques, essaya, mais sans succès, d'én changer la couleur. Cette teinte, qui peut nous sembler lugubre, ne le paraît pas aux Vénitiens, accoutumés au noir par les édits somptuaires de l'ancienne république, et chez qui les corbillards d'eau, les draps mortuaires et les croque-morts sont rouges. » (Théophile Gautier, *Italia*.)

La gondole peut être conduite par un seul rameur, mais non sans secousse désagréable à ses hôtes; d'ordinaire elle est menée par deux hommes et devient le plus doux des véhicules. C'est ce que sait bien toute cette famille groupée sous le péristyle de son palais. Presque tous les jours, ce vieux barcarol dont le bras sert d'appui à la jeune mère, et ce jeune matelot à figure de page, dont les cheveux bouclés encadrent heureusement les traits presque féminins, promènent dans Venise, soit aux environs de la Zuecca, soit vers la rive des Esclavons et les jardins publics, la signora ou son mari avec leurs enfants. Le vieux Zambono et le jeune Campanetto joignent à leur talent de rameurs un mérite qui se perd aujourd'hui à Venise. Ils ont de belles voix et savent encore quelques fragments du Tasso alla barcarola, traduit en dialecte vénitien par Mondini, des chants de l'Arioste, et aussi quelques-unes de ces remances dont Rossini a reproduit deux couplets dans la leçon de chant du Barbier. Le timbre guttural de l'un soutient les modulations tendres de l'autre; sans être de grands virtuoses, ils ont conservé avec soin les traditions du chant des lagunes, et les cadences étranges, et le trille énergique à chaque fin de vers. Quelquefois tous deux chantent en ramant; plus souvent Zambene, dont la voix est plus rude et porte plus loin, demeure sur le rivage, et lorsque Campanetto a conduit la gondole à une distance jugée suffisante, le concert commence, à la fois duo et récitatif, et rien n'est plus doux un soir d'été.

Un beau chant alterné comme une flûte antique
S'en vient saisir votre âme et vous enlève aux cieux;
Vous pensez que ce chant, cet air mélodieux,
Est le reflet naïf de quelque âme plaintive,
Qui, ne pouvant, le jour, dans la vrie craintive
Épancher à loisir le flot de ses ennuis,
Par la douceur de l'air et la beauté des nuits
S'abandonne sans peine à la musique folle,
Et la rame à la main doucement se console.

(Aug. Barbier.)

Presque tous les poètes ont aimé le chant des gondoliers; Gœthe, qui déjà en 1786 eut de la peine à trouver des chanteurs, raconte que les femmes du Lido « ont l'habitude, quand leurs maris sont en mer, de se placer le soir sur le rivage, et de chanter avec force jusqu'à ce qu'elles saisissent de loin la voix de ceux qu'elles attendent. Nul doute qu'un tiers ne prenne grand plaisir à entendre ces voix qui luttent avec les vagues de la mer, entretien à distance entre deux personnes isolées et sympathiques. »

Mais déjà nos promeneurs se sont embarqués : avez-vous vu la servante glisser dans la gondole un panier de provisions et des bouteilles de vin de Conegliano? C'est aujourd'hui lundi, jour de fête au Lido, jour de collations bruyantes sur l'herbe ou le sable; bientôt la famille joyeuse disparaît au milieu de cent gondoles pareilles, toutes pleines de rires et d'entretiens animés : suivons la foule, nous retrouverons peut-être sur le lieu de la fête ceux que nous avons perdus de vue.

Le Lido est une étroite langue de sable coupée par trois passes fortifiées, et qui protège au nord-est l'archipel où Venise est construite; il se prolonge au sud-est et forme la presqu'île de Malamocco, où vient se briser le flot de l'Adriatique. D'un côté du Lido, la vue embrasse des lagunes et des îles, parmi lesquelles on distingue Saint-Lazare des Arméniens, siège de l'ordre savant des Mékhitaristes, et centre important d'études et de publications orientales. De l'autre côté, la mer et le ciel confondus font un horizon d'azur où brille sans cesse quelque voile d'une éclatante blancheur, oiseau familier qui voltige et se pose sur le manteau bleu de la fiancée des doges. De maigres gazons émaillent les dunes pâles, et des arbres écimés entourent des guinguettes qui sentent la friture et la joie. Durant l'été, des tentes très-improvisées abritent des baigneurs que réjouissent le soleil et la tiède fraîcheur de l'eau; peu de hardis nageurs dépassent les lignes de pieux

qui marquent sur cette mer peu profonde les canaux praticables aux bateaux de Trieste. La plage ressemble un peu à nos côtes de Royan et d'Arcachon, où le sable est d'autant moins solide qu'il est plus sec; le pied enfonce souvent jusqu'à la cheville dans ce sol friable; mais ce léger inconvénient n'a jamais amoindri la renommée poétique du Lido. C'est là qu'est venu pleurer Musset, là que le fougueux Byron, composant son Beppo, galopait sur des chevaux ardents; ce coin de terre a gardé leur empreinte à jamais. Avant eux, d'ailleurs, avant Gœthe et les grands peintres vénitiens, le Lido a vu sur ses rives basses l'armée des croisés en 1212, et dans une antiquité reculée les Troiens fugitifs qui devaient fonder Venise; l'histoire, l'art et la poésie l'ont peuplé de souvenirs.

La partie du Lido où les Vénitiens vont se promener et se divertir est située entre le port du Lido et le port de Malamocco, et se nomme Lido de Saint-Nicolas. Cette île est à environ un demi-mille de Venise; on y voit un fort très-vaste et ancien, récemment agrandi par l'Autriche. L'enceinte renferme un petit pays et une belle église dédiée à saint Nicolas. Autrefois la jeunesse vénitienne était tenue d'aller au Lido s'exercer au tir de l'arc et de l'arbalète; les nobles et les bourgeois s'y rendaient dans la semaine et la plèbe le dimanche; ceux qui manquaient à l'appel étaient frappés d'une amende proportionnée à leurs moyens. Ces exercices étaient des occasions naturelles de divertissements où s'associaient la danse et la musique. Dans les dernières années de la république, et depuis, le Lido devint un rendez-vous de plaisance; les lundis de septembre et d'octobre y attirent encore le menu peuple et les artisans. La foule, amenée par des bateaux nombreux, débarque, en chantant, des plats et des bouteilles qui composent une collation froide; les nappes sont étendues sous les vieux arbres, et dedans ou en dehors de la forteresse, en des endroits propices aux soupers champêtres. Quelques groupes entrent dans les cabarets du hameau; et partout, buvant et mangeant, hommes et femmes donnent un libre cours à l'humeur facile et plaisante des Vénitiens.

La bourgeoisie et la noblesse ne manquent pas de se porter à ces réunions joyeuses, mais seulement en spectatrices; le peuple seul est acteur, et la scène n'en est que plus vivante. C'est vraiment un tableau plein de grâce lorsque, dans ces prés, en face de la mer vêtue d'un filet d'or par le soleil qui décline, les buveurs égayés portent les derniers toasts. On chante le brindisi de Lucrèce Borgia; des chanteurs et des musiciens ambulants exécutent des morceaux d'opéra, tandis que les friturières et les marchands de sorbets arrêtent au passage les belles filles vénitiennes aux yeux vifs, aux riches chevelures, blondes ou châtaines. Plus loin la danse agite son tourbillon et la folie ses grelots. La sérénité du ciel italien atténue et ennoblit ce que la joie populaire a de trivial et d'excessif, et les flots voisins mêlent aux éclats de rire une note mélancolique. Les détails peuvent être vulgaires, mais l'ensemble est plein de poésie et d'originalité.

Près de l'endroit où les Vénitiens fêtent les lundis du Lido s'étendait un ancien cimetière de juifs; et nombre de pierres funéraires à demi enterrées dans le sable servent de tables ou de sièges aux convives insoucieux, ce qui pourrait inspirer à l'observateur philosophe certains lieux communs sur la brièveté de la vie; mais nous vous en faisons grâce, vous renvoyant au poète Horace et à bien d'autres. Dans ces derniers temps, les fêtes du Lido se sont ressenties du triste sort de la pauvre Venise; pourtant, et surtout parmi le peuple, beaucoup d'observateurs fidèles des anciennes coutumes continuent d'économiser jour par jour, sou par sou, de quoi fêter dignement les lundis du Lido. Jusqu'à une heure avancée, les échos de la lagune répètent les cris du départ et les chansons du retour. Mais les étoiles brillent et nous conseillent de rentrer au logis, sans chercher plus longtemps à rejoindre la famille heureuse dont nous avons suivi la gondole; sans doute elle sera rentrée pour coucher le petit garçon joufflu qui riait sur les bras de son père. Nous les confions sans crainte au vieux Zambono et au jeune Campanetto.

LES FEMMES TOUAREG.

AFRIQUE. — SAHARA.

La femme touareg est l'égale de son mari.

Elle dispose de sa fortune personnelle; et dans les villes, par l'addition des intérêts au capital, elle arrive à posséder presque toute la richesse. A Rhat, une grande partie des maisons, des jardins, des sources, du capital du commerce de la place appartient aux femmes.

C'est le rang de la mère et non celui du père qui assigne aux enfants leur position dans la société. Le fils d'un serf né d'une femme noble reste noble, et le fils d'un noble et d'une femme serve ou esclave reste serf ou esclave.

De cette loi curieuse découle une autre loi plus exceptionnelle encore : ce n'est pas le fils du chef, du souverain, qui succède à son père ; c'est le fils aîné de la sœur aînée du chef qui prend sa place. Ainsi, encore aujourd'hui, à Rhat, par suite de cette loi de succession, c'est le fils d'un étranger, d'un commerçant du Touat, mais d'une mère Rhatia, qui commande en ville, et il ose même quelquefois faire opposition à la volonté des chefs touareg.

Voici un témoignage encore plus remarquable de cette puissance féminine. Les Touareg sont musulmans; et l'islamisme autorise la polygamie; cependant telle a été l'influence de leurs femmes que les Touareg sont, sans exception, tous monogames.

L'historien arabe Ebn-Khaldoun nous apprend que les Touareg, après avoir embrassé l'islamisme, ont renié quatorze fois la religion nouvelle, d'où leur est venu leur nom arabe de Touareg, c'est-à-dire apostats. Il est inutile de dire que ce nom est rejeté par eux, et qu'ils n'acceptent comme leur étant propre que le titre d'Imohagh.

En se demandant le motif de si nombreuses apostasies, et en constatant encore aujourd'hui l'interdiction de la polygamie aux Touareg, n'est-on pas autorisé à conclure que les femmes ont forcé leurs maris, leurs frères et leurs enfants à n'accepter de l'islamisme que ce qui ne les concernait pas ?

En effet, quand, en deçà de la région des dunes de l'E'rg, on voit la femme arabe telle que l'islamisme l'a faite, et, au delà de cette simple barrière de sables, la femme touareg telle qu'elle a voulu rester, il semble qu'on reconnaisse dans cette dernière une inspiration du christianisme.

Les femmes nobles portent de longues chemises blanches, et par-dessus de longues blouses bleues attachées au moyen d'une ceinture ; le tout est recouvert, à la manière arabe, du haïk blanc, sur lequel se tient en laissant la figure découverte ; car, contrairement à l'usage des autres peuples musulmans, chez les Touareg les hommes sont voilés et les femmes le sont pas.

Au milieu des révolutions qui ont successivement transporté leurs tribus errantes du désert de Barka dans la Cyrénaïque, l'un des berceaux du christianisme en Afrique, jusqu'aux rives de l'océan Atlantique et jusqu'au Niger, on retrouve encore aujourd'hui, chez les femmes touareg, la tradition de l'écriture berbère, perdue pour les autres groupes de cette grande et ancienne famille.

Tandis que dans tous les États barbaresques une femme sachant lire et écrire est une exception très-rare, presque toutes les femmes touareg lisent et écrivent le berbère, et quelques-unes lisent et écrivent aussi l'arabe.

Le temps des femmes, après les soins réclamés par les enfants, dont elles dirigent l'éducation, est consacré à la lecture, à l'écriture, à la broderie, mais surtout à la musique. Chaque soir, elles se réunissent pour se livrer au plaisir de concerts donnés en plein vent, et auxquels les hommes assistent en silence. Un instrument à archet appelé amzad en temahaq, rebaza en arabe, et la voix des femmes, sont les instruments de ces concerts. [1]

Ce serait faire injure à la France que de la vouloir comparer à ce pauvre petit pays africain des Touareg. Une réflexion cependant est permise : combien de millions de femmes françaises sont évidemment inférieures en éducation et en influence morale aux femmes touareg !

LA PIE-GRIÈCHE GRISE.

Commençons par reconnaître aux pies-grièches un remarquable attachement pour leurs petits, des sentiments de famille très-développés : c'est à peu près la seule bonne qualité qu'il nous sera permis d'enregistrer à leur compte. Au temps de la ponte, elles construisent un nid en forme de corbeille, qu'elles établissent solidement sur une branche à double et triple fourche ; elles entrelacent proprement de petits rameaux, de racines flexibles, des herbes fines et longues avec de la mousse et de la laine, qui bouchent les interstices de la vannerie. Quand les petits sont éclos, les parents les nourrissent avec une diligence infatigable ; au lieu de les chasser dès qu'ils sont en état de pourvoir eux-mêmes à leurs besoins, ils continuent à les soigner ; même adultes, ils les retiennent près d'eux. La famille reste unie ainsi tout l'automne et tout l'hiver ; on voit le père, la mère et les cinq ou six jeunes percher sur le même arbre, voler ensemble, chasser de concert, vivre enfin dans une étroite et affectueuse intimité jusqu'au retour de la saison des nids ; la famille alors se dissout, mais pour former des familles nouvelles.

Cela dit, nous devons déclarer que la pie-grièche est un oiseau de guerre et de rapine, d'un naturel querelleur, agressif, et qu'on ne lui a pas fait injure en donnant son nom aux femmes qui renient leur sexe par un caractère revêche et acariâtre. Toute petite qu'elle est (les plus grosses sont de la taille de la grive, les autres à peine d'une alouette), elle s'attaque à tout le monde, même aux grands et aux forts, et réussit à s'en faire redouter ; elle donne la chasse aux pies, aux corbeaux, aux crécerelles ; elle ne craint nullement les éperviers, les milans, les buses, et chasse impunément dans leurs domaines ; bien qu'elle se nourrisse surtout d'insectes, elle est très-avide de la chair des petits oiseaux ; elle les guette, les poursuit, les précipite à terre, les saisit avec ses ongles, d'un coup de bec leur crève la tête et se met à les dépecer, à les déchiqueter par lambeaux qu'elle dévore ou donne à dévorer à ses petits. On l'a vue s'en prendre à des tourterelles, à de jeunes lapins, se hasarder même à attaquer des oiseaux en cage, s'efforcer de les tirer d'entre les barreaux.

A l'intrépidité la pie-grièche joint, dit-on, la ruse : elle sait imiter les cris et particulièrement les cris de détresse des petits passereaux pour les attirer ; ils accourent, croyant venir en aide à quelque malheureux camarade criant entre les serres de l'oiseau de proie, et ils gémissent bientôt eux-mêmes sous la griffe de leur perfide ennemie, qui, de son poste d'observation, fond droit sur eux

[1] Voyez la relation de M. Henri Duveyrier.

et les atteint jusque dans les broussailles les plus épaisses. Lorsqu'il manque son coup, le rusé chasseur remonte sur sa haute branche et recommence le même manège.

Si encore la pie-grièche ne tuait que pour se nourrir, elle ne ferait, après tout, que son métier d'oiseau de proie; mais elle est, paraît-il, possédée de la manie de détruire; elle tue pour le plaisir de tuer, ou du moins, poussant la prévoyance jusqu'à la cupidité, comme tous les avares, elle s'imagine n'avoir jamais assez; elle fait des provisions de gibier qu'elle est incapable de consommer et qu'elle laisse se perdre : sauterelles, hannetons, oiseaux, elle massacre tout ce qu'elle rencontre, et ce qu'elle ne mange pas sur-le-champ, elle l'accroche aux épines d'un arbre, d'un buisson, ou bien l'assujettit dans l'enfourchure de deux petites branches; elle multiplie tant qu'elle peut ces sortes de gibets, et prend plaisir à les visiter l'un après l'autre. Levaillant a observé cette singulière habitude chez une espèce d'Afrique, le fiscal (*Lanius collaris*); M. Selby, naturaliste anglais, l'a surprise aussi chez la pie-grièche grise (*Lanius excubitor*) : il vit un jour cet oiseau fondre

La Pie-Grièche grise (*Lanius excubitor*). — Dessin de Freeman.

sur une fauvette, la tuer et disparaître, la proie au bec, dans une haie; après quelques instants de recherche, il découvrit le petit chanteur fixé par un tendon de l'aile au piquant d'une ronce. Un autre observateur rapporte le fait suivant : « Ayant aperçu, dit-il, une pie-grièche très-affairée près d'une haie d'épines, je m'approchai, j'examinai, et je trouvai trois crapauds et autant de souris parfaitement embrochés. Comme je tenais à observer de plus près les mœurs de cet oiseau, je plaçai sur les lieux six petites trappes d'acier amorcées de souris. La pie-grièche échappa plusieurs fois au piège, ce qui me donna une haute idée de son habileté, car l'appât était enlevé sans que le ravisseur fût pris. A la fin, cependant, la dent de la trappe mordit la griffe de la pie-grièche et la retint captive. Je mis l'oiseau dans une chambre où j'avais placé un buisson d'épines, et je fournis à mon prisonnier des souris mortes. Je le vis en saisir une et la ficher sur une épine avec une dextérité merveilleuse. »

La pie-grièche grise a neuf pouces de long (0ᵐ,243); c'est la taille du merle ou de la grive. Elle est d'un joli gris cendré sur la tête et sur le dos, blanche à la poitrine et sous le ventre; un bandeau noir s'étend sur l'œil et au delà en arrière; les plumes de l'aile et celles de la queue sont noires, avec le bout (et pour quelques-unes le bord externe) peint en blanc. Le bec est fort, crochu, avec une dent très-marquée qui en aiguise encore la pointe. Cet oiseau doit être placé à la tête des passereaux dentirostres et à la suite des oiseaux de proie.

SOURCES DES BOIS.

Parfois, hors des fourrés, les oreilles ouvertes,
L'œil au guet, le col droit, et la rosée au flanc,
Un cabri voyageur, en quelques bonds alertes,
Vient boire aux cavités pleines de feuilles vertes,
Les quatre pieds posés sur un caillou tremblant.
                        (Leconte de Lisle.)

Marchons sans bruit, ou l'animal timide va s'enfuir plus vite qu'il n'est venu. Il n'a pas entendu nos pas étouffés dans l'herbe épaisse; pressé par la soif, il va s'abreuver à

Dessin de Ch. Bodmer.

la source qu'il visite chaque jour. Un chasseur cruel se hâterait d'épauler son fusil, sans pitié pour la joie innocente de sa victime, sans respect pour la source claire dont il rougirait les eaux; mais nous qui sommes contents d'observer la nature et ses hôtes, nous prendrons le crayon et l'album, essayant de saisir ces éclats de lumière qui tombent de feuille en feuille jusqu'au miroir limpide. Nous dessinerons le cerf de mémoire, car il est déjà reparti, le museau inondé de perles que le soleil dore et qui tombent une à une sur la mousse. Demain, à la même heure, au

même endroit, nous pourrons retoucher l'esquisse et fixer d'un trait définitif l'attitude élégante du buveur; car il reviendra.

Descartes, voulant faire de l'homme un être à part, refusait aux animaux tout mouvement spontané : leurs douleurs et leurs plaisirs n'étaient pour lui que des apparences; leurs instincts, que des ressorts; machines montées pour un temps plus ou moins long, enfermées dans un cercle plus ou moins restreint, tous les êtres, excepté l'homme, obéissaient aux habitudes que leur avait d'avance imposées « le Fabricateur souverain. » Le choix de leur demeure, de leur nourriture, de leur compagne, tous ces germes de conscience et de volonté qui, pour n'être pleinement développés que dans une organisation supérieure, n'en existent pas moins à des degrés divers chez toutes les formes douées de mouvement et de sensation, n'étaient considérés par le philosophe que comme les résultats d'attractions involontaires. Mais le bon sens vulgaire, non moins que les traits malins de la Fontaine, ruinèrent tout d'abord cette théorie étroite. On continua d'attribuer aux animaux des caractères, des sentiments, jusqu'à des pensées. Est-ce que les travaux des fourmis, des abeilles, des castors, et les nids des oiseaux, n'ont pas, toute proportion gardée, quelque rapport avec les industries et les entreprises humaines? Est-ce que le chien ne reconnaît pas son maître? Reconnaître, c'est se souvenir; et que serait l'intelligence sans la mémoire? Le cerf, en se dirigeant vers la fontaine, savait fort bien où il allait. « Attraction machinale », dirait Descartes. Mais, dans un désert, le cerf aurait-il eu moins soif? Pour n'être pas attiré par une source, n'en aurait-il pas moins désiré boire? Que lui servirait même d'avoir rencontré de l'eau par hasard s'il oubliait le lendemain le chemin qui l'y a conduit? Et, comme lui, tous les animaux des bois sont plus habiles à découvrir les fontaines cachées que l'abbé Paramelle lui-même, à plus forte raison que le reste des hommes.

Nous étions venus pour dessiner, et voici que nous philosophons; mille tableaux riants, mille pensées nous assiègent. C'est là source qui nous inspire. « O fontaine de Bandusia, plus claire que le cristal, tu braves l'ardente saison; la redoutable canicule ne saurait t'atteindre; aux bœufs qu'a lassés la charrue, aux troupeaux errants, tu offres ton aimable fraîcheur! » Célébrons avec Horace les lits de mousse, isolés du monde, et le bosquet où l'ombre hospitalière des pins élevés se marie aux rameaux argentés du grisard,

Où, parmi le cresson et l'humide gravier,
La naïade se fraye un oblique sentier.

C'est là qu'il passait les jours de fête, ne demandant pour être heureux qu'une source abondante auprès de la maison et du jardin, avec une forêt de peu d'arpents.

Sur un riche coteau, ceint de bois et de prés,
Avoir une maison, une source d'eau vive
Qui parle!...
			(A. Chénier.)

Quoi de plus? Les oiseaux chantent dans les arbres et le murmure de l'eau invite à ce demi-sommeil,

A ce dormir suave au bord d'une fontaine

qui plaisait tant à Virgile. Quelquefois nous pourrions désirer encore une troupe d'enfants dont les rires et les voix argentines viendraient égayer le murmure du vent, des feuilles et des eaux. Il y a une secrète affinité entre les sources et les enfants.

Les sources ont les grâces de l'enfance: elles promettent souvent plus qu'elles ne tiennent; mais leur charme n'est pas dans leur destinée inconnue, leur beauté est en elles-mêmes. Toutes, fleuves ou ruisseaux futurs, jaillissantes, frémissantes, elles courent et gazouillent et rient avec tant de fraîche bonne humeur, qu'on aime à s'asseoir sur le gazon de leurs rives et à interpréter leur langage incertain. Elles disent à celui qui doute de sa force: « Nous venons de loin, et ce n'est pas sans effort que nous sortons de terre; imite-nous: réunis tous les filets d'espoir que tu rencontres sur ton chemin; rassemble des idées, des œuvres, et jaillis tout d'un coup. » Elles disent à celui qui s'épuise en travaux opiniâtres: « Imite-nous: égaye-toi sous l'ombrage et repose-toi dans la fraîcheur avant de donner cours à tes projets nouveaux. » Près d'elles on rajeunit; elles rafraîchissent l'esprit comme la bouche. Le voyageur délassé, laissant pendre sa main dans le clair bassin, se défait de tout souci; tantôt il oeuille une véronique ou un myosotis; tantôt il regarde les petites figures que dessine dans le gravier le mouvement des eaux: ce sont d'humbles cratères avec ou sans montagne, de légers renflements circulaires et parallèles qui semblent le plan en relief d'une enceinte fortifiée, de petites collines mouvantes comme des taupinières à l'heure de midi. Il rêve, il oublie de penser, et quand il se lève pour continuer sa route, la fatigue a disparu, le voyageur est un autre homme.

Les ablutions orientales et les bains symboliques, les allégories et les fictions de l'antiquité, ces nymphes toujours belles et toujours jeunes qui servent encore de modèle aux sculpteurs, sont des hommages rendus à la salutaire influence des sources. Le christianisme primitif avait justement choisi pour emblème le sujet de notre gravure: le cerf à la fontaine, symbole de la régénération spirituelle. Les Celtes nos ancêtres rendaient aux eaux minérales et thermales un culte superstitieux; et on retrouve des traces des légendes primitives dans ces noms poétiques: fontaine des Yeux, de la Peur, de la Fièvre. Aimons, avec les sources, les ondines et les fées qui les fréquentent. Souhaitons de rencontrer sur leurs bords une vieille au chef branlant, prête à se changer pour nous en dame brillamment vêtue. Comme la jeune fille de Perrault, offrons-lui courtoisement à boire, afin qu'elle nous accorde un don précieux; et quel don? Le privilège unique de répandre à chaque parole des perles et des diamants!

SUR LA PRONONCIATION.

Nous n'avons rien sur la prononciation du français pendant le moyen âge, dans le douzième siècle et dans les siècles suivants. Cependant Génin a pu soutenir, et, je pense [1], avec toute raison, qu'un gros de cette prononciation nous a été transmise traditionnellement, et que les sons fondamentaux du français ancien existent dans le français moderne. On peut en citer un trait caractéristique, à savoir: l'e muet. Il est certain qu'il existait dans les temps les plus anciens de la langue; car la poésie d'alors, comme la poésie d'aujourd'hui, le comptant devant une consonne, l'élidait devant une voyelle.

. . . . Je tiens de feu M. Guérard, de l'Académie des inscriptions et belles-lettres, homme que l'amitié ne peut assez regretter ni l'érudition assez louer, un souvenir qui vient à point. Un vieillard qu'il fréquentait et qui avait été toute sa vie un habitué de la Comédie française, avait noté la prononciation et l'avait vue se modifier notablement dans le cours de sa longue carrière. Ainsi le théâtre, qu'on donne comme une bonne école et qui l'a été en effet long-temps, subit lui-même les influences de l'usage courant à fur et à mesure qu'il change.

L'écriture et la prononciation sont, dans notre langue, deux forces constamment en lutte. D'une part, il y a des efforts grammaticaux pour conformer l'écriture à la prononciation; mais ces efforts ne produisent jamais que des corrections partielles, l'ensemble de la langue résistant, en vertu de sa constitution et son passé, à tout système qui en remanierait de fond en comble l'orthographe. D'autre part, il y a, dans ceux qui apprennent beaucoup la langue par la lecture sans l'apprendre suffisamment par l'oreille,

[1] Cet article est extrait de la préface du *Dictionnaire de la langue française*, par Littré; ouvrage dont la publication est commencée, et qui paraît devoir être supérieur à tous les Dictionnaires de la langue que l'on possédait jusqu'à ce jour.

une propension très-marquée vers l'habitude de conformer la prononciation à l'écriture et d'articuler des lettres qui doivent rester muettes. Ainsi s'est introduit l'usage de faire entendre l's dans *fils*, qui doit être prononcé non pas *fis'*, mais *fi*; ainsi le mot *lacs* (un lien), dont la prononciation est *là*, devient, dans la bouche de quelques personnes, *lak* et même *laks'*. On rapportera encore à l'influence de l'écriture sur les droits de la prononciation l'habitude toujours croissante de faire sonner les consonnes doubles : *ap'-pe-ler*, *som'-met*, etc.

On peut citer d'autres exemples de cet empiétement de l'écriture sur les droits de la prononciation. Les vieillards que j'ai connus dans ma jeunesse prononçaient non pas *se-cret*, mais *segret*; aujourd'hui le *é* a prévalu. Dans *reine-claude* la lutte se poursuit, les uns disant *reine-claude*, les autres *reine-glaude* conformément à l'usage traditionnel. *Second* lui-même, où la prononciation du *g* est si générale, commence à être entamé par l'écriture, et l'on entend quelques personnes dire non *segon*, mais *sekon*.

Il est de règle, bien que beaucoup de personnes commencent à y manquer, qu'un mot, finissant par certaines consonnes, qui passe au pluriel marqué par l's, perde dans la prononciation la consonne qu'il avait au singulier.: un *bœuf*, les *bœufs*, dites les *beû*; un *œuf*, les *œufs*, dites les *eû*, etc.

Si l'on cherche les motifs de cette règle, on verra que, provenant dans le besoin d'éviter l'accumulation des consonnes, elle se fonde sur le plus antique usage de la langue: En effet, dans les cas pareils, c'est-à-dire quand le mot prend l's, la vieille langue efface de l'écriture et par conséquent de la prononciation la consonne finale : *le coc*, *li cos*. C'est par tradition qu'en Normandie les *coqs* se prononce *les cô*; et, vu la prononciation de *bœufs*, d'*œufs*, où l'*f* ne se fait pas entendre, c'est *cô* que nous devrions prononcer si, pour ce mot, l'analogie n'avait pas été rompue. Je le répète, dans les hauts temps la consonne qui précédait l's grammaticale de terminaison ne s'écrivait pas, preuve qu'elle né se prononçait pas.

L'ancien usage allongeait les pluriels des noms terminés par une consonne : *le chat*, *les châ*; *le sot*, *les sô*, etc. Cela s'efface beaucoup, et la prononciation conforme de plus en plus le pluriel au singulier; c'est une nuance qui se perd.

Il est encore un point par où notre prononciation tend à se séparer de celle de nos pères et de nos aïeux, je veux dire des gens du dix-huitième et du dix-septième siècle : c'est la liaison des consonnes. Autrefois on liait beaucoup moins; il n'est personne qui ne se rappelle avoir entendu les vieillards prononcer non les *Étá-z-Unis*, comme nous faisons, mais les *Étâ-Unis*. A cette tendance je n'ai rien à objecter, sinon qu'il faut la restreindre conformément au principe de la tradition qui, dans le parler ordinaire, n'étend pas la liaison au delà d'un certain nombre de cas déterminés par l'usage, et qui dans la déclamation supprime les liaisons dans tous les cas où elles seraient dures ou désagréables. Il faut se conformer à ce dire de l'abbé d'Olivet : « La conversation des honnêtes gens est pleine d'hiatus volontaires qui sont tellement autorisés par l'usage, que si l'on parlait autrement, ce serait d'un pédant ou d'un provincial. »

Dans la même vue on notera que, dans un mot en liaison, si deux consonnes le terminent, une seule, la première, doit être prononcée. Ainsi, dans ce vers de Malherbe :

La mort a des rigueurs à nulle autre pareilles;

plusieurs disent : *la mor--t--a*... mais cela est mauvais, il faut dire : *la mor a*. Au pluriel la chose est controversée; il n'est pas douteux que la règle ne doive s'y étendre : *les mor et les blessés;* mais l'usage de faire sonner l's comme

un *z* gagne beaucoup : *les mor--z--et les blessés*. C'est un fait, et il faut le constater.

Les âmes sœurs se saluent de loin.

Arthur Shopénhauer.

COLLIERS ÉTRUSQUES
DE LA COLLECTION CAMPANA.

Parmi les collections qui appartenaient autrefois au marquis Campana, et qui ont été récemment acquises à la France, celle des bijoux antiques est sans doute la plus importante et la plus précieuse: Ces bijoux, au nombre de plus de onze cents, rangés dans soixante-quatre écrins, occupaient une place d'honneur au centre du principal salon, lors de l'exposition qui eut lieu, il y a un an, au palais de l'Industrie. Ils sont entrés depuis dans le Musée du Louvre, qui peut, grâce à cet accroissement de richesses, les disputer désormais au Musée russe de l'Ermitage, au Musée de Naples, au Musée Grégorien de Rome, les plus abondamment pourvus, comme on sait, de ce genre d'antiquités. Les bijoux du Musée de l'Ermitage sont des bijoux grecs fabriqués, soit à Athènes même, soit par des artistes athéniens à Panticapée, dans le Bosphore Cimmérien (aujourd'hui Kertch en Crimée), où ils ont été découverts. Ce sont aussi des bijoux grecs provenant des fouilles faites dans l'Italie méridionale, et particulièrement à Herculanum et à Pompéi, qui forment le trésor du Musée de Naples. Au contraire, les bijoux du Musée Grégorien sont de fabrication étrusque, et c'est aussi de l'Étrurie que proviennent les plus belles pièces de la collection Campana.

Nous publions les dessins de deux colliers étrusques de cette collection. Le premier consiste en un cordon de fils d'or tressés, terminé par une agrafe, et auquel est suspendue par une bélière une tête également en or, barbue, portant des cornes et des oreilles de taureau; et dans laquelle on doit reconnaître sans doute, d'après l'analogie avec d'autres représentations symboliques, la tête de Bacchus-Hébon, le Bacchus infernal et solaire, ou celle de quelque fleuve divinisé. On se ferait difficilement, à moins d'avoir vu ce bijou, une idée juste de la finesse avec laquelle il est travaillé. La face, ciselée, est modelée avec autant de largeur et de fermeté que de délicatesse; les poils de la barbe sont imités par un granulé d'une ténuité extrême; les cheveux, par des fils d'or tournés en spirale et terminés au centre par un petit grain. La tête est ceinte d'un bandeau recouvert de granules semblables à ceux de la barbe. Cette tête est de style archaïque; mais l'archaïsme est ici volontaire, comme dans un grand nombre de monuments étrusques où l'on voit les caractères d'un art primitif imités avec une science, une fermeté, une pureté de travail et de goût qui n'appartient qu'à l'art le plus accompli. L'artiste qui l'a exécutée était sans doute Étrusque, mais de l'époque où l'Étrurie était remplie d'artistes grecs dont les artistes indigènes étaient exercés à imiter les modèles et procédés. Au surplus, l'habileté des Étrusques dans l'orfévrerie et la bijouterie, dans la fonte, dans la ciselure, dans l'émaillerie, dans la gravure, dans tous les arts qui s'appliquent au travail des métaux pour les transformer en objets d'ornement, était appréciée dans la Grèce même à l'époque la plus florissante. On vantait à Athènes, au siècle de Périclès, leurs candélabres, leurs vases d'or et de bronze doré, leurs bijoux d'or ciselé ou estampé. A Rome, leurs ouvrages de métal furent toujours estimés comme des objets rares et précieux, même à l'époque où le luxe était le plus raffiné et où les habitations des riches Romains étaient enrichies des dépouilles du monde entier.

Il est probable que la tête de Bacchus ou de fleuve suspendue à ce collier, de forme d'ailleurs très-simple, était une amulette. L'usage de porter ainsi des amulettes ou des talismans était fort répandu chez tous les peuples de l'antiquité, et particulièrement chez les Étrusques. On ne saurait dire s'il devait être porté par un homme ou par une femme. Le second collier dont nous publions la gravure paraît être évidemment un collier de femme; la composition en est assez compliquée, mais pleine d'élégance et d'un goût exquis. Comme on le voit, il est formé de deux rangées d'ornements, consistant, pour la première, en demi-olives ou rhombes alternant avec des boules, les unes lisses, les autres façonnées, entre lesquelles sont placées des bélières; à ces bélières et à l'anneau figuré en cordelé qui sépare en deux les rhombes sont suspendus des fleurons et une sorte de petits vases de forme arrondie, avec un col cylindrique uni, et des rosettes qui rattachent ces ornements à ceux de la seconde rangée. Celle-ci est formée par huit têtes ciselées (les cornes dont elles sont pourvues ont fait conjecturer qu'elles pouvaient être destinées à rappeler le mythe d'Io); ces têtes sont séparées l'une de l'autre par de petites boules, les unes granulées, les autres estampées et ciselées. Entre les boules, on voit des rosettes dont les pétales sont bordés de fils cordelés d'une grande finesse et qui portent des conques allongées. D'autres rosettes placées au-dessous des têtes servent d'anneau auquel sont attachés des glands, ou de petites amphores, qui forment comme une troisième série d'ornements. Le pendant du milieu est formé par une espèce de pomme de pin. Les pièces extrêmes de ce collier ont été perdues.

On ne saurait trop admirer, avec l'harmonieuse répartition des pièces dont se compose ce collier, la délicatesse des détails et la perfection du travail. De nombreux ouvriers de l'industrie parisienne, qui ont profité avec

Collection Campana. — Colliers étrusques. — Dessin de Chevignard.

un grand empressement de la liberté donnée à tous de voir de près et d'étudier les bijoux de la collection Campana pendant toute la durée de l'exposition aux Champs-Élysées, ne les ont pas examinés sans étonnement ni sans essayer de se rendre compte des procédés par lesquels les orfévres anciens parvenaient à fondre, à souder, à ciseler des pièces d'une ténuité presque impalpable. Quelques-uns de ces procédés, aujourd'hui perdus, semblent défier toutes les recherches. Il faut espérer que nos ouvriers, si ingénieux et si adroits, si habiles à profiter de tous les enseignements, ne borneront pas leurs efforts à la découverte des méthodes oubliées qui rendraient à leur art de précieuses ressources, mais qu'ils se pénétreront de l'esprit même de leurs antiques prédécesseurs en contemplant leurs ouvrages exécutés avec un goût si pur et une si libre invention.

LES KABILES.

Voy. t. III, 1835, p. 163.

**LEUR RACE. — LEURS MŒURS. — LEURS INDUSTRIES. — ORGANISATION POLITIQUE.
RELIGION. — LES MARABOUTS. — L'ANAYA.**

Salon de 1863; Peinture. — Déroute de Kabiles, par Gustave Boulanger. — Dessin de l'Hernault.

Le nom des Kabiles, qui devrait s'écrire, pour être conforme à la prononciation, *K'bails* ou *Kebails*, dérive du
mot *K'bila*, *Kebila*, qui signifie ligue ou confédération. Le
peuple kabile est, en effet, composé de tribus indépendantes qui forment des ligues entre elles quand elles ont

besoin d'agir dans un intérêt commun. Ces ligues ne sont
point permanentes. Presque toujours les tribus se séparent aussitôt que le danger qui les avait rapprochées a
disparu, ou que des intérêts nouveaux les divisent. Cependant des relations anciennes de voisinage ou de commerce

se sont maintenues entre quelques-unes, et elles se sont toujours réunies pour repousser les envahisseurs du dehors. Quand le dey d'Alger fut contraint de quitter le pays conquis par les armes françaises, en 1830, il dit aux officiers qui allaient y commander après lui : « Vous gouvernerez aisément les Arabes des villes, mais ne vous fiez point à leurs discours. Employez les juifs, mais en tenant toujours le glaive suspendu sur leurs têtes. Les Arabes Bédouins s'attacheront sincérement à vous par de bons traitements. Quant aux Kabiles, comment vous aimeraient-ils, eux qui se détestent entre eux? Craignez de les voir réunis contre vous ; divisez-les et profitez de leurs querelles. » Le dey d'Alger n'avait jamais exercé d'autorité souveraine sur le pays kabile; l'émir Abd-el-Kader essaya vainement à plusieurs reprises d'y faire accepter la sienne, et ce n'est que depuis peu d'années qu'il est définitivement soumis à la France, après bien des expéditions sanglantes et plus d'une révolte étouffée. C'est la première fois qu'une puissance étrangère est parvenue à subjuguer cette partie de l'ancienne population indigène ou berbère, qui avait jusque-là trouvé dans les montagnes des remparts infranchissables.

« Les *Berbères*, dit M. Jules Duval (*l'Algérie*; Paris, 1859), sont les hommes que nous appelons *Kabiles*, quand ils habitent les montagnes du littoral ; *Chaouia*, quand ils sont dans la chaîne méridionale de l'Aurès ; *Mzabites*, quand ils viennent de la ceinture d'oasis qui termine l'Algérie au sud (Ouad-R'ir, Temacin, Ouargla, Beni-M'zab) ; enfin *Touareg*, quand ils habitent le désert proprement dit. Ce sont les mêmes hommes qui sont connus dans le Maroc sous le nom de *Amazigh* (hommes libres), *Cheliah*, etc., les mêmes qui jadis se sont appelés Libyens dans l'est, Mores dans l'ouest, Numides au centre, Gétules dans le sud, et Garamantes dans les landes du désert, ce qui représente pour nous la race autochthone ou la race de première émigration, qui a peuplé le pays à des époques sur lesquelles la science discute, et qui a survécu dans toute l'Afrique septentrionale aux révolutions politiques, sociales et religieuses. Nous ne nous occupons ici que du Kabile proprement dit, principal type de la race berbère, celui qui s'est le mieux conservé. Les invasions successives des peuples conquérants l'ont refoulé dans les lieux de l'accès le plus difficile, sur les hautes montagnes, dans les vallées abruptes, où il avait échappé jusqu'à nos jours à toute domination étrangère. Bien que le massif principal qu'il occupe entre la province de Constantine et celle d'Alger s'appelle particulièrement la Kabilie, il y a en réalité autant de Kabilies que de pâtés montagneux, car partout, sur les hauteurs, se retrouvent des Kabiles. Chassés des plaines, resserrés sur d'étroites surfaces, ils ont dû modifier leurs habitudes primitives, nomades comme celles de tous les peuples à leur origine, et se sont industriés pour vivre. La tente s'est convertie en *gourbi*, cabane construite en pisé ou en pierre, le *mapalia* des Romains, et la réunion sur un point de plusieurs gourbis appartenant à une même tribu a constitué le *kebila*, d'où est venu le nom de Kabiles donné à l'ensemble des tribus berbères du littoral. Des jardins et des champs cultivés avec soin ont fourni l'alimentation qu'on ne pouvait demander à de vastes espaces. Fixé au sol par la maison, le Kabile a pu s'y fixer encore par des plantations. De beaux arbres utiles, greffés, souvent même plantés de sa main, achèvent de lui créer une patrie locale, des intérêts, des habitudes, des affections sédentaires, comme aux populations d'Europe. Des villages et des petites villes se sont fondés, image exacte, par leur défaut d'alignement, leur saleté, leur incommodité, le type brut de leur architecture, des premiers villages et des premières villes des pays aujourd'hui les

plus civilisés. Dans ces étroites limites, pressé par le besoin, le Kabile est devenu *industriel* : forgeron, maçon, taillandier, armurier, fabricant de monnaie, même de fausse monnaie. Entouré de mines, il a su en tirer parti pour son bien-être. Dans ses habitudes laborieuses, son caractère tout entier s'est empreint d'un cachet spécial ; l'homme est devenu pratique, positif, mais simple et rude, comme l'artisan sans éducation intellectuelle. Doué, par une tradition héréditaire qui est passée dans le sang et l'esprit de la race, du don de l'imagination et de l'aptitude des doigts et des mains, il n'attend, pour devenir mécanicien habile, que des maîtres et des modèles. »

Les mines de fer situées dans le voisinage de Bougie sont exploitées par la tribu des Beni-Sliman. Les fers qu'on en tire servent à la fabrication des clous, des fers de chevaux, des serrures, des instruments aratoires ; mais les Zouaoua et les Beni-Abbès qui font des canons de fusil et des platines, les Fliça qui fabriquent ces beaux sabres longs, droits, effilés, qui portent leur nom, tous ces habiles armuriers ont besoin de fers d'Europe, qui sont de qualité supérieure. Chez les Beni-Halla se fabriquent des bois de fusil en noyer, et chez les Reboula de la poudre. Les Kabiles sont aussi orfévres ; cette industrie enrichit, au centre de la Kabilie, dans un pays d'ailleurs pauvre et ingrat, les trois tribus des Beni-Rbah, des Beni-Ouacif et des Beni-Janni. Dans d'autres tribus, on fabrique des tuiles et des poteries, du savon, des selles et des harnais ; on teint et on corroie les peaux, etc. Chez toutes, les hommes et les femmes confectionnent des burnous, des haïks et d'autres tissus, non-seulement pour leur usage, mais encore, en grande quantité, pour l'exportation. Les laines, les cotonnades, les soieries, les merceries, et aussi le blé dont les Kabiles ont besoin, car leurs terres n'en produisent pas assez pour leur consommation, leur sont apportés des marchés arabes de l'Algérie, où ils vont vendre à leur tour leurs armes, leurs bijoux, leurs tissus, leurs ouvrages en bois, et enfin leurs fruits et leurs huiles que le pays produit en grande abondance. Les marchés sont nombreux en Kabilie ; ils sont désignés par le nom du jour où l'on s'y rassemble périodiquement, joint à celui de la tribu qui leur prête son territoire. Les hommes y vont non-seulement pour vendre et acheter les denrées, mais aussi pour apprendre les nouvelles, et ils y traitent en général de toutes leurs affaires.

Les marchés sont à la fois des centres commerciaux et politiques, les lieux où se rend la justice et où siégent les *djemâs*, ou conseils des tribus. Ces conseils sont formés par la réunion des *amines*, ou chefs élus de chaque village, et présidés par l'*amin-el-oumena*, ou amine des amines, nommé également pour l'élection, et qui devient le chef de toute la tribu. Il commande les guerriers et les mène au combat ; mais le gouvernement appartient en réalité à la *djemâ*, dont le chef prend l'avis sur les moindres affaires. En général, toutes les institutions sont démocratiques chez les Kabiles, à la différence des Arabes chez qui elles sont essentiellement aristocratiques. Ils n'admettent d'autre pouvoir que celui qui s'appuie sur l'élection et le suffrage universel. Le chef élu se retire de lui-même dès qu'il est devenu impopulaire. Au contraire, chez les Arabes, la tribu, composée de la réunion de plusieurs douars ou villages, est gouvernée par un cheik héréditaire ; le kaïd, chef de plusieurs tribus, était autrefois un agent du gouvernement central. Les Français nomment les cheiks aujourd'hui, aussi bien que les kaïds, et cherchent à imposer la même organisation aux Kabiles.

L'organisation politique n'est pas la seule différence que l'on remarque entre les Kabiles et les Arabes, ou, pour mieux dire, presque tout diffère entre ces peuples de races autrefois ennemies, parlant des langages distincts, et que la communauté de religion n'a même pas entièrement rapprochés. Bien qu'ayant embrassé le mahométisme, les Kabiles ont conservé une partie de leurs traditions primitives, où l'on retrouve quelques souvenirs du christianisme répandu parmi eux avant la conquête arabe au septième siècle, et de leurs coutumes ou statuts qui portent encore le nom de *kanoûn* (en grec *kanon*, règle, canon de l'Église). Ils suivent les préceptes du Coran, mais non à la lettre ni sur tous les points. Moins rigoureux que les Arabes sur les pratiques religieuses, ils sont cependant très-superstitieux. « Chose extraordinaire chez un peuple si fier, si foncièrement républicain, si fanatique de son indépendance religieuse et politique, la dévotion qu'ils refusent au Coran, les Kabiles l'accordent sans réserve à leurs marabouts. Les marabouts (du mot *m'rabeth*, lié) sont des gens liés à Dieu. Ils interviennent dans les différends entre les tribus, ils ont une influence prépondérante dans l'élection des chefs, ils commandent dans les marchés, ils sont consultés dans tous les cas importants. Cependant leur influence est toute morale, et elle varie avec l'individu. Les marabouts sont en général de race arabe, et descendent de familles expulsées d'Espagne par les chrétiens. Réfugiés en Kabilie, ils y reçurent une hospitalité généreuse, ils surent reconnaître en initiant les montagnards à leur civilisation supérieure. Comme ils n'appartiennent pas aux tribus kabiles et qu'ils en sont restés distincts jusqu'à ce jour, ils ne leur devinrent pas suspects et purent s'interposer entre elles. Les marabouts respectés vivent en général sur le peuple et par le peuple; ils habitent les *zaouïas*, vastes établissements entretenus par les impôts religieux de la *zeccat* et de l'*achour* fixés par le Coran (au centième pour les troupeaux et au dixième pour les grains), et ils sont les seuls que les Kabiles consentent à payer. La zaouïa sert à la fois d'école pour les enfants kabiles et de lieu de refuge pour les voyageurs et les pauvres, qui y sont nourris et logés pendant trois jours aux frais de la communauté. Elle renferme, en outre, une mosquée, dôme (*koubba*) qui couvre le tombeau d'un marabout vénéré dont elle porte le nom, et un cimetière. C'est à la fois une université religieuse et une auberge gratuite. On y trouve souvent des *tolbas* (de *taleb*, professeur) fort instruits et venus de loin. Les zaouïas ont, en général, des propriétés foncières protégées comme elles par le urcaractère religieux et indépendantes des tribus. » [1]

Hospitaliers, généreux, braves, les Kabiles sont supérieurs aux Arabes par leurs habitudes laborieuses et leur esprit industrieux; ils se rapprochent plus volontiers de notre civilisation en adoptant ce qu'ils y trouvent de bon. Il y a encore sous d'autres rapports, entre les deux peuples, des différences remarquables. Dans tous les pays arabes, le meurtre se rachète par la *diâ*, le prix du sang. Chez les Kabiles, le meurtrier est exilé; sa maison est détruite, ses biens sont confisqués. Là s'arrête la répression publique, la sentence prononcée par la djemâ; mais il faut que le meurtrier succombe : l'opinion exige que les parents de la victime tirent vengeance du sa mort, et cette vengeance se transmet de père en fils. « ... Les Kabiles ne coupent jamais la tête de leurs ennemis tombés dans le combat. Ils louent le vol fait à l'étranger et le flétrissent partout ailleurs. Ils prêtent leur argent à intérêt. Ils ont honte du mensonge et préviennent toujours de l'attaque. Chez les Kabiles, tout le monde peut danser; chez les Arabes, un homme ne saurait danser sans passer pour un fou. Parmi les Arabes, la perte d'un individu, bien que suivie de beaucoup de bruit, ne préoccupe que fort médiocrement; chez

les Kabiles, la mort de l'un d'entre eux suspend le travail de tout le village. » [1]

Mais ce qui frappe le plus l'étranger qui visite successivement les peuplades de l'Algérie, c'est le rôle considérable que joue la femme dans la société berbère et la liberté dont elle jouit, bien plus étendue que chez les Arabes. « Non-seulement elle va toujours visage découvert, elle se mêle aux hommes, se charge des rapports de la maison avec le dehors, mais elle est considérée; elle peut aspirer aux honneurs et au pouvoir dévolu à la sainteté. Chez les Kabiles seuls on voit des koubbas dédiées à des femmes marabouts. » [2] — « Le plus souvent elles suivent les hommes à la guerre et les excitent à la bravoure. On a même vu, à notre dernière expédition de Kabilie, une prophétesse kabile, Lalla-Fathma, relever le courage de ses compatriotes, leur communiquer son enthousiasme, ramener au combat les faibles et les découragés, et, après la défaite, prisonnière elle-même, consoler les vaincus et toiser les vainqueurs. Les marabouts ont encore institué une coutume vraiment admirable, dans un pays sans cesse en guerre et où la sécurité devenait impossible pour le voyageur : c'est l'*anaya*, dont ces fiers montagnards disent avec un attachement passionné : « L'anaya est le sultan » des Kabiles; aucun sultan du monde ne peut lui être com- » paré. Il fait le bien et ne prélève point d'impôts. Un Kabile » abandonnera sa femme, ses enfants, sa maison, mais il » n'abandonnera jamais son anaya. » L'anaya est une espèce de sauf-conduit donné par un Kabile quelconque et représenté par un objet connu pour lui appartient. Le voyageur placé sous la protection de l'anaya est en sécurité parfaite, et si une fois l'anaya venait à être violé dans une tribu, toutes les autres se réuniraient pour exterminer la tribu coupable. L'anaya étend ses effets plus ou moins loin, suivant la qualité du personnage qui le donne et en général partout ou celui-ci est connu. Accordé par un marabout, il peut servir à traverser toute la Kabilie; il suffit que son porteur se présente tour à tour aux divers marabouts des tribus qu'il parcourt : chacun, pour faire honneur à l'anaya de son prédécesseur, donnera le sien en échange. » [3]

Dans son livre sur les *Mœurs et coutumes de l'Algérie*, M. le général Daumas, auteur de tant de publications importantes sur l'Algérie, a donné des renseignements détaillés au sujet de la coutume de l'anaya. « Autant l'appui moral d'un préjugé l'emporte, dit-il, sur la surveillance de toute espèce de police, autant la sécurité de celui qui possède l'anaya dépasse celle dont un citoyen peut jouir sous la tutelle ordinaire des lois. Non-seulement l'étranger qui voyage en Kabilie sous la protection de l'anaya défie toute violence instantanée, mais encore il brave temporairement la vengeance de ses ennemis ou la pénalité due à ses actes antérieurs. Les abus que pourrait entraîner une extension si généreuse du principe sont limités, dans la pratique, par l'extrême réserve des Kabiles à en faire l'application. Loin de prodiguer l'anaya, ils le restreignent à leurs seuls amis, et ne l'accordent qu'une fois au fugitif; ils le regardent comme illusoire s'il a été vendu; enfin, ils en puniraient de mort la déclaration usurpée... Un Kabile n'a rien plus à cœur que l'inviolabilité de son anaya : non-seulement il y attache son point d'honneur individuel, mais ses parents, son village, sa tribu tout entière, en répondent aussi moralement. Tel homme ne trouverait pas un second pour l'aider à tirer vengeance d'une injure personnelle qui soulèvera tous ses compatriotes s'il est question de son anaya méconnu. De pareils abus doivent

[1] *Six semaines en Afrique*, par Ch. Thierry-Mieg; Paris, 1861.

[1] *Six semaines en Afrique.*
[2] Mac-Carthy, *Géographie de l'Algérie*; Alger, 1858.
[3] *Géographie de l'Algérie.*

se présenter rarement, à cause de la force même du préjugé ; néanmoins, la tradition conserve cet exemple mémorable. L'ami d'un Zouaoua (tribu kabile d'où nos zouaves ont tiré leur nom) se présente à sa demeure pour lui demander l'anaya: En l'absence du maître, la femme assez embarrassée donne au fugitif une chienne très-connue dans le pays. Celui-ci part avec le gage de salut. Mais bientôt la chienne revient seule : elle était couverte de sang. Le Zouaoua s'émeut; les gens du village se rassemblent, on remonte sur les traces de l'animal, et l'on découvre le cadavre du voyageur. On déclare la guerre à la tribu sur le territoire de laquelle le crime avait été commis; beaucoup de sang est versé, et le village compromis dans cette querelle caractéristique porte encore le nom de *Dacheret-el-Kelba*, village de la Chienne. L'anayá se rattache même à un ordre d'idées plus général. Un individu faible ou persécuté, ou sous le coup d'un danger pressant, invoque la protection du premier Kabile venu. Il ne le connaît pas, il n'en est point connu; il l'a rencontré par hasard; n'importe, sa prière sera rarement repoussée. Le montagnard, glorieux d'exercer son patronage, accorde volontiers cette sorte d'anaya accidentel. Investie du même privilège, la femme, naturellement compatissante, ne refuse presque jamais d'en faire usage. On cite l'exemple de celle qui voyait égorger par ses frères le meurtrier de son propre mari. Le malheureux, frappé de plusieurs coups et se débattant à terre, parvint à lui saisir le pied en s'écriant : « Je réclame ton anaya »; et la veuve jette sur lui son voile : les *zanga* lâchent prise. Il est connu dans tout Bougie qu'au mois de novembre 1833 un brick tunisien fit côte en sortant de la rade, et que les naufragés furent tous mis à mort comme amis des Français, à l'exception de deux Bougiotes, plus compromis encore que les autres, mais qui eurent la présence d'esprit de se mettre sous la sauvegarde des femmes. Chez un peuple très-morcelé, très-peu gouverné, fier et toujours en armes, où doivent abonder par conséquent les dissensions intestines, il était nécessaire que les mœurs suppléassent à l'insuffisance des moyens de police. L'anaya produit cet effet; il assoupit en outre bien des vengeances en favorisant l'évasion de ceux qui les ont suscitées; enfin, il étend sur tous les Kabiles un immense réseau de bienfaits réciproques. » — « A la lecture de ce fidèle récit, dit M. Jules Duval dans son Tableau de l'Algérie, auquel nous avons déjà emprunté quelques lignes, le lecteur saisi d'admiration se demandera sans doute quel pays civilisé serait capable de supporter une pareille institution, et il pensera qu'un peuple qui a pu l'inventer et la maintenir depuis des siècles est digne d'être l'auxiliaire de la France dans l'œuvre de régénération de l'Afrique. »

LE ROI, LE VAUTOUR ET LA COLOMBE.

CONTE INDIEN.

Il y avait une fois un roi pieux, charitable, courageux, qui accordait sa protection à toute créature vivante. Il s'appelait Sivi. Pour l'éprouver, le dieu Indra se changea en vautour et se mit à poursuivre à tire-d'aile Dharma, qui avait pris la forme d'une colombe. La colombe effrayée se réfugia sur le sein de Sivi. Alors le vautour, prenant la voix d'un homme, dit au roi :

— O roi! lâche cette colombe. C'est de la nourriture pour moi; je suis affamé. Songe qu'en me refusant tu seras cause de ma mort. Veux-tu avoir à en répondre ?

Sivi répondit :

— Cette colombe s'est réfugiée sur moi. Je ne la ren-

verrai pas. Seulement, je te donnerai de la chair, — un poids égal.

Le vautour dit à Sivi :

— C'est bien. Donne-moi de ta propre chair.

Le roi y consentit avec joie. Il coupa lui-même sa propre chair, et la mit dans une balance; mais plus il en ajoutait, plus la colombe pesait, si bien qu'enfin il monta lui-même sur le plateau de la balance, se donnant tout entier pour sauver la colombe.

Alors une voix céleste se fit entendre ;

— Parfait ! parfait ! disait-elle. C'est assez.

Et Indra et Dharma tout joyeux, quittant leurs formes de vautour et de colombe, rendirent au roi son corps rétabli et intact, et ils disparurent.

Comme nous sommes condamnés à gagner notre vie à la sueur de notre front, il faut que l'esprit travaille pour se nourrir de la vérité. Mais croyez-moi, cette nourriture des esprits est si délicieuse, et donne à l'âme tant d'ardeur lorsqu'elle en a goûté, que quoiqu'on se lasse de la chercher, on ne se lasse jamais de la désirer et de recommencer ses recherches; car c'est pour elle que nous sommes faits.   MALEBRANCHE.

MORT D'UNE RELIGIEUSE.

Pendant les trois ans que je passai au couvent, nous avons consacré une religieuse et nous en avons enterré une autre. C'est moi qui ai posé la couronne de cyprès sur le cercueil de cette dernière. Elle était la sœur jardinière et avait longtemps cultivé le romarin qu'on planta sur sa fosse. Elle avait quatre-vingts ans. Un jour la mort la toucha de son aile doucement, comme elle repiquait des marcottes de ses œillets favoris. Elle resta accroupie par terre, tenant entre ses mains les tiges qu'elle allait planter. Je fus son exécuteur testamentaire : je sortis les plantes de sa main roidie, et je les mis dans la terre déjà préparée pour les recevoir; je les arrosai avec la dernière cruche d'eau qu'elle était allée puiser à la fontaine de Sainte-Madeleine, cette bonne sœur Monique ! Comme ces œillets poussèrent bien ! ils étaient grands, épanouis, et d'un rouge foncé. Depuis, au milieu des joies de la vie, j'ai souvent pensé aux fleurs que, jeune enfant, j'avais sorties de la main glacée de la vénérable religieuse, et je souhaitais que la mort vînt aussi me surprendre plantant des fleurs, la mort, ce précurseur, ce héraut triomphant de la véritable vie, cette libératrice du poids de l'existence. [1]

LE GAGE TOUCHÉ.

M. Th. Schuler, qui aime à choisir ses sujets dans les mœurs anciennes ou modernes de l'Alsace, sa patrie, a voulu représenter ici une de ces bonnes familles bourgeoises du siècle passé, riches, donnant le ton, et comptant parfois parmi leurs membres de hauts magistrats. Ce tableau est, pour ainsi dire, le complément de l'illustration du *Lundi de Pentecôte* d'Arnold, œuvre du même artiste publiée depuis plusieurs années.

L'usage était d'aller dîner le dimanche hors de la ville, dans les jardins et les vergers, et de passer l'après-midi dans le bien-être et les divertissements.

Les anciens, d'un côté, prenaient le café après le repas ou savouraient les bons vins d'Alsace.

[1] Bettina (Mme d'Arnim).

Les jeunes gens, de l'autre, sous les yeux des parents, se livraient aux petits jeux qui étaient à la mode alors. Les gages donnés, il s'agissait de les délivrer. On choisissait le plus jeune de la société ou le plus naïf pour retirer le gage et poser la question ordinaire : « Que doit faire celui auquel appartient ce gage? » Il y avait cent manières de payer sa rançon : tomber dans le puits, faire la route de Paris, jouer au geôlier et au prisonnier, etc. C'est cette dernière scène que l'artiste a figurée. Le plus souvent, le geôlier improvisé embrassait sa prisonnière

Salon de 1863; Peinture. — Le Gage touché, tableau de Th. Schuler. — Dessin de Th. Schuler.

à travers le dossier d'une chaise qui représentait la fenêtre grillée d'un cachot. Mais l'artiste a imaginé, pour éviter de masquer l'un de ses personnages, de remplacer la chaise par un de ces cerceaux avec croix de laiton, comme les enfants en possèdent encore aujourd'hui. La complaisance de plusieurs familles de Strasbourg, qui ont conservé religieusement les souvenirs du dernier siècle, lui a permis de se procurer des modèles très-authentiques. Les habits marrons et gorge-de-pigeon, les robes à fleurs pompadour, les coiffures de velours et de dentelles,

les pots, les bouteilles, les tasses, tous les détails de son
tableau sont d'exactes copies.

Mais M. Schuler n'a pas cherché seulement la vérité
matérielle : il s'est aussi pénétré de ce que ce genre,
où s'exerce de préférence son talent, comporte de poésie, et son œuvre, aimable et gracieuse, respire la
douce et innocente familiarité des mœurs de la vieille
Alsace.

UN SONNET DE MILTON.

A CYRIACK SKINNER.

Cyriack, voilà trois ans que mes yeux, quoique clairs
pour toute personne qui les regarde, sans taches ni souillures, mais privés de lumière, ont oublié leur fonction;
voilà trois ans qu'il n'est apparu à ces orbes paresseux ni
soleil, ni lune, ni étoiles, ni homme, ni femme. Cependant
je n'en arguë rien contre la main divine et contre sa volonté, je n'en perds pas un atome de cœur et d'espoir, je
reste calme et marche droit en avant. D'où vient ma patience? me demanderas-tu. De la conscience que j'ai, ô mon
ami, d'avoir perdu les yeux en les fatiguant à la défense
de la liberté, noble tâche que je me suis imposée et que
connaît l'Europe entière. Cette pensée me conduit à travers la vaine comédie du monde, content quoique aveugle,
et ne cherchant pas un meilleur guide.

Apprendre, c'est retourner aux idées primitives et à
l'éternelle vérité qu'elles contiennent, et y faire attention.
                                                        BOSSUET.

LE PORTRAIT DANS LA STATUAIRE

CHEZ LES GRECS ET CHEZ LES ROMAINS.

Suite. — Voy. p. 259.

Il est singulier que, parmi tant de représentations de
personnages dont l'art avait conservé les traits, il ne se
trouve pas de portraits des artistes eux-mêmes : non-seulement les monuments n'ont pas subsisté jusqu'à nous,
mais encore les écrivains n'en font nulle mention. Nous
savons, il est vrai, que fort anciennement, auprès de quelques œuvres consacrées par une longue vénération, on
voyait l'image, sans doute également primitive et grossière, des artistes à qui elles étaient attribuées; mais
il n'est question dans les auteurs d'aucun portrait de statuaire du temps de Phidias ou des époques suivantes. Le
récit d'après lequel Phidias lui-même aurait placé son
portrait parmi les bas-reliefs du bouclier de sa Minerve
colossale, après que ses concitoyens lui eurent refusé l'autorisation de graver son nom sur la statue, a tous les
caractères d'une de ces légendes que l'on rencontre si
souvent dans l'histoire des artistes célèbres. Pline parle,
d'après les historiens grecs, de la statue que Silanion avait
faite d'Apollodore son contemporain, célèbre statuaire,
dont le zèle était tel pour atteindre à la perfection que
plus d'une fois il lui arriva, n'étant pas satisfait de quelqu'un de ses ouvrages, de le mettre en pièces lorsqu'il était
déjà presque achevé. C'est ce caractère, selon Pline, que Silanion avait voulu rendre dans son œuvre, et il en avait fait,
dit-il, moins l'image de l'homme que celle de son ardeur
jalouse : il ne s'agit donc point ici d'un portrait véritable.

Si l'on ne connaît le portrait d'aucun des grands statuaires de la Grèce, on possède du moins les noms de beau-

coup d'entre eux. Nous n'en ferons point ici la longue et
sèche nomenclature; il nous suffira de mentionner ceux à qui
l'on attribue quelque part dans les changements successifs
que subit l'art du portrait. On nomme Dameas comme l'auteur de la statue de Milon dont nous avons parlé, aux
formes roides et exécutée dans le style ancien avant la fin
du sixième siècle avant Jésus-Christ, et Anténor comme
celui des statues primitives d'Harmodius et d'Aristogiton
(plus tard remplacées par des ouvrages du statuaire Critias).
La statue d'un athlète vainqueur au pugilat que Glaucias
d'Égine avait figuré préludant, et par conséquent en mouvement, marque un progrès notable. Mais il faut laisser
cette période d'enfance, où l'art hésite encore et n'atteint ni
à la précision ni à la liberté qui sont également nécessaires
pour réussir dans le portrait, et passer au grand siècle de
la sculpture grecque : nous y trouverons les plus illustres
artistes occupés à des travaux de ce genre, et en recueillant
les mêmes louanges que de leurs autres ouvrages. Calamis
et Pythagore de Rhegium, qui ouvrent glorieusement
ce siècle, s'étaient rendus célèbres l'un et l'autre par des
statues dans lesquelles brillaient quelques-unes des qualités essentielles du portrait. Calamis donna de la souplesse
au marbre et à l'airain; on vantait la grâce et la délicatesse de ses statues de femmes. Lucien a loué sa Sosandre
pour la décence de son costume et la modestie de son
sourire. Pythagore de Rhegium le premier, au dire de
Pline, sut imiter avec vérité les muscles et les veines, et,
ce qui est plus important, donna à ses figures une expression qui saisissait le spectateur. Toutefois, on ne cite
de ces deux artistes aucun portrait proprement dit. Polyclète, ce rival de Phidias, qui dans l'antiquité lui a été
quelquefois préféré, Polyclète peut-être donna à cet art toute
sa perfection. Il excella surtout, dit-on, dans les figures
humaines, tandis que son rival se montra supérieur dans la
représentation des dieux. On cite de lui plusieurs belles
figures d'athlètes et le portrait d'Artémon, l'ingénieur qui
construisit pour Périclès les machines de guerre employées
dans la guerre contre Samos. Il fit encore celui d'Alcibiade,
que représentèrent aussi les statuaires Promachos, Nicera-
tos et Mielen. Crésilas était l'auteur d'une statue célèbre
de Périclès. Myron, plus que personne avant lui, fit sentir
la vie dans les corps qu'il modelait : il exécuta un grand
nombre de figures d'athlètes, parmi lesquelles il suffit de
citer le Discobole, dont on possède de belles copies antiques.

Aux grandes écoles dont Phidias et Polyclète avaient
été les chefs, l'un à Athènes, l'autre à Argos, d'autres succédèrent qui, en poussant plus loin la recherche des qualités propres au génie de la race ionienne et à celui de la race
dorienne, laissèrent dès lors entrevoir dans l'une et l'autre
tendance les penchants qui pouvaient entraîner vers la décadence à mesure que l'on s'éloignerait de la simplicité,
de la pureté et de la dignité de l'âge précédent. Scopas et
Praxitèle, les chefs de la nouvelle école attique; Silanion,
auteur d'une statue de Platon fort vantée, et son élève
Zeuxiade, qui fit un portrait de l'orateur Hypéride; Léocha-
rès, qui fit en or et en ivoire ceux de Philippe de Macédoine,
d'Alexandre, d'Olympias mère de ce prince et d'Amyntas son
grand-père (on cite aussi de lui une statue d'Isocrate);
Bryaris, qui représenta le roi Séleucus, et les artistes qui
prirent part avec Scopas à l'exécution des figures du tombeau de Mausole à Halicarnasse, furent tous, dans le
langage des anciens, sculpteurs plutôt encore que statuaires,
c'est-à-dire qu'ils taillèrent le marbre plus souvent qu'ils
ne modelèrent des statues destinées à être coulées en bronze.
Le marbre, comme attendri sous leur ciseau, prit une animation, une intensité de vie et de sentiment qui parurent
nouvelles et qui s'accordaient avec le changement des
mœurs et du goût. Il est permis de croire que ces sculp-

leurs mirent les mêmes caractères dans leurs œuvres en bronze, et particulièrement dans leurs portraits (car les portraits étaient presque toujours exécutés en cette matière). Sans doute ils y cherchèrent surtout la variété des expressions de l'âme ; au contraire, les artistes du Péloponèse, Euphranor qui modifia le Canon de Polyclète, et le chef de l'école de Sicyone, Lysippe, continuèrent les traditions de l'école d'Argos en s'attachant surtout à la pureté de la forme, à l'interprétation savante et méthodique de la beauté extérieure. Euphranor figura Philippe et Alexandre sur des quadriges ; Lysippe fut, comme on sait, le statuaire favori d'Alexandre, qui l'adopta pour ses représentations officielles. Il fit des portraits de ce prince à tous les âges et dans tous les moments de sa vie ; il en fit aussi d'Héphestion et des autres amis et généraux d'Alexandre. Dans une vaste composition, il avait figuré le roi entouré de ses compagnons de guerre ; on y voyait au moins vingt-cinq d'entre eux, ceux-là mêmes qui étaient tombés à la bataille du Granique, et les écrivains s'accordent à vanter la fidélité de ces portraits. La fidélité et la puissance de l'imitation, ce dut être l'idéal de cette école dans le portrait, comme la vérité et la pureté unies à la force ont été son idéal dans la statuaire en général. Il ne faut pas toutefois oublier que les hommes dont on vient de lire les noms, qu'ils appartinssent à l'école attique ou à celle du Péloponèse, étaient trop près encore de la plus grande époque et des plus grands artistes de la Grèce pour se former un idéal étroit et exclusif. Ce n'est pas dans les mains de tels maîtres, mais dans celles des élèves et des imitateurs inhabiles, que les systèmes s'accusent, que l'art devient manière, que les qualités comme les défauts s'exagèrent, et précipitent les écoles dans le sens où on les voyait d'abord pencher à peine.

Déjà cependant on avait vu, à Athènes même et dès avant la fin de la guerre du Péloponèse, un artiste, Démétrius, opposer un réalisme mesquin à la liberté et à la noblesse que les ouvrages de Phidias et de ses disciples montraient unies à une vérité parfaite, dans l'imitation de la nature. Trois portraits de ce statuaire sont mentionnés par les écrivains : celui de Lysimaque, prêtresse de Pallas ; celui de Simon, chevalier athénien qui composa un traité sur l'éducation du cheval, et celui du général corinthien Pellichos. La description faite par Lucien de ce dernier ouvrage atteste que Démétrius s'appliquait à reproduire la nature avec toutes ses particularités, même les moins nobles et les moins attrayantes. C'est ce que confirme un passage de Quintilien qui lui reproche de s'être plus attaché à la ressemblance qu'à la beauté. Cette fidélité scrupuleuse dans le détail, cette vérité reproduite superficielle, paraît aussi avoir été tout l'art de Lysistrate, frère de Lysippe, qui crut pousser plus loin encore l'exactitude et par là s'approcher davantage de la perfection, en se servant pour ses portraits de moulages en plâtre pris sur la nature même. Le moulage à l'aide du plâtre était en usage avant Lysistrate ; mais il eut le premier l'idée, d'après le témoignage de Pline, de prendre par ce moyen l'empreinte du visage et de faire un portrait de cette empreinte à peine remaniée.

La suite à une autre livraison.

LES PATURAGES DES ALPES.

Le nom d'*Alpe*, pris dans son sens étroit, désigne les pâturages des montagnes où les bergers conduisent le bétail pendant l'été, et où ils préparent le beurre, le fromage et le petit-lait. Ces alpes dont les arêtes des rochers forment les limites naturelles, ou qui sont séparées par de petits murs et des palissades, sont ou communes ou particulières. « Ceux qui ont part aux pre-

mières, dit Lutz (*Dictionnaire géographique et statistique de la Suisse*), ne peuvent, dans la règle, y mener que la quantité de bétail qu'ils nourrissent pendant l'hiver. La part de chaque propriétaire de bétail au produit d'une alpe se calcule de différentes manières : la plupart du temps, c'est en proportion du lait pesé ou mesuré que ses vaches fournissent à la masse commune. Ordinairement le produit d'une alpe se calcule d'après sa grandeur et sa bonté, et le nombre des vaches qu'elle peut contenir est fixé par des ordonnances. L'étendue de terrain nécessaire pour nourrir une vache dans un temps donné se nomme *stoss* dans la Suisse orientale, *rinderweide* ailleurs, *paquier* dans le canton de Fribourg. Ainsi on dit : « Cette alpe a cent *stœs* » ou *paquiers*. » Dans d'autres contrées, on se contente de dire : « On peut *estiver* (*sayen* dans les cantons allemands) » tant de vaches. » La plupart des alpes sont divisées en *staffel* (*lœger* dans le canton de Berne) ; il y en a ordinairement trois, dont le plus élevé n'est pas occupé avant le mois d'août. Le foin que l'on recueille dans les endroits inaccessibles au bétail porte le nom de *wildheu*, et ceux qui font cette récolte dangereuse s'appellent *wildheuer*. A ces hauteurs croît une herbe fine, verte, aromatique, la meilleure de toutes pour le bétail. Les montagnards de la Suisse ou du Tyrol vont la chercher jusque sur les sommets les plus abrupts, en s'aidant du bâton ferré et des crampons dont leurs chaussures sont munies. Pour cette moisson, ils se servent non plus de faux, instruments qui seraient trop incommodes sur ces pentes dangereuses, mais de petites faucilles. »

Les pâtres qui conduisent les troupeaux dans les montagnes y habitent des chalets construits en bois et dont le toit de bardeaux est chargé de grosses pierres. Dans les régions les plus élevées, ces habitations ne sont que des pierres entassées ; dans quelques endroits seulement on trouve des hangars où le bétail se réfugie pendant le mauvais temps et où l'on trait les vaches.

La rude vie des *chaletiers* a été décrite par Tschudi dans son bel ouvrage sur *les Alpes*. Les mêmes mœurs peuvent être observées dans les montagnes du Tyrol. Voici ce qu'en dit M. X. Marmier dans son *Voyage en Allemagne* : « Les hommes chargés de veiller sur les bestiaux s'installent sur les montagnes dans de misérables cabanes en bois, garnies tant bien que mal de mousse dans leurs interstices, ouvertes de plusieurs côtés et souvent encombrées de neige. Il n'y a là qu'un grand foyer carré, élevé à deux pieds du sol, qui sert à la fois d'âtre, de banc et de table. On couche sur la terre nue, et chaque samedi soir les gens du village envoient à cette colonie la provision de pain et de farine pour la semaine. A part celui qui leur apporte ces aliments, les habitants de la *senne*, c'est-à-dire du chalet, restent des mois entiers sans voir âme qui vive. Si le temps est beau, les troupeaux restent nuit et jour dehors ; mais parfois il survient des orages, des temps de pluies et de brouillards qui obligent les bergers à faire rentrer tout le bétail à l'écurie. Alors il faut pourvoir à sa nourriture ; il faut s'en aller dans les lieux les plus escarpés, jusqu'à la pointe des rocs, arracher un peu d'herbe. Dans ces pénibles entreprises, le Tyrolien prend ses chèvres pour guides. Il les suit d'un pas agile sur la pente des montagnes, au bord des ravins ; mais souvent il ne peut atteindre le point où elles s'élancent d'un bond léger. Il voit, au-dessus d'un pic aigu, une touffe épaisse de plantes fraîches, et son ardeur se ranime ; il s'y traîne et, s'aidant des pieds et des mains, se cramponne à chaque angle, à chaque saillie du roc, se hisse au sommet, et s'en revient triomphant avec sa gerbe flottante, comme s'il avait conquis la toison d'or. D'autres fois c'est sur les flancs mêmes et dans les ouvertures des rochers glissants, taillés à pic, qu'il voit ondoyer sous ses yeux cette herbe verte dont l'aspect exerce sur lui une sorte de fascination. Point de sentier pour arriver là, pas de place où poser le pied, rien qu'une muraille droite comme un rempart, et le précipice au bas. Mais le désir d'augmenter la provision nécessaire à son troupeau, peut-être aussi même l'attrait de la difficulté, l'emportent sur le sentiment du danger. Il appelle deux de ses compagnons, s'attache à une corde dont ils tiennent le bout,

Salon de 1863; Peinture. — Faucheurs des Alpes (canton d'Uri, Suisse), par Bachelin. — Dessin de Yan' Dargent.

se glisse le long de la rampe périlleuse... Hélas! chaque année quelque pauvre Tyrolien tombe victime de ces fatales imprudences, et, chose affreuse à dire, ces terribles accidents n'excitent qu'une faible émotion. Les paysans des villages vous racontent paisiblement que tel homme est tombé du haut d'un roc et a été fracassé. Si, au contraire, une vache vient à se perdre dans un précipice, ce sont des lamentations d'une douleur interminable. On parle de l'insensibilité morale que donne la fortune : la misère en produit une parfois bien triste et bien plus cruelle. »

Typographie de J. Best, rue Saint-Maur-Saint-Germain, 15.

ÉGLISE SAINT-JACQUES, À LIÉGE.

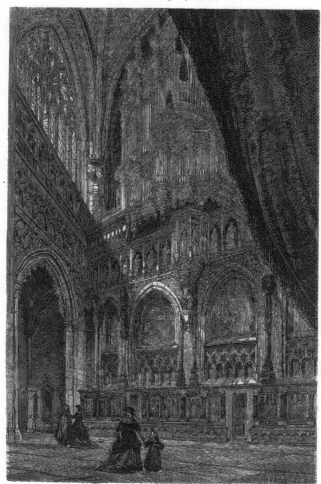

Vue intérieure de l'église Saint-Jacques, à Liège. — Dessin de H. Clerget.

Trois nefs divisent l'édifice : celle du milieu, plus vaste, plus élevée, aboutit au chœur, dépourvu de collatéraux, dont l'aire se hausse de trois marches ; les autres s'arrêtent aux transepts et sont séparées par deux rangs de colonnettes réunies en faisceaux qui s'élancent entre chaque ogive jusqu'aux nervures prismatiques de la voûte. Mais ce qui étonne, ce qui émerveille au milieu de cette disposition générale, commune à la plupart des églises liégeoises, ce qui ne saurait se décrire, c'est le sentiment délicat, l'heureux choix, la légèreté des ornements répandus sur cet ensemble. Une galerie brodée à jour circule au-dessus des ogives, parcourt le chœur, et suspend son balcon aventureux aux piliers des colonnes dont elle suit exactement les retraits et les saillies. Entre la galerie et l'arcade, au milieu d'un feuillage sculpté, jaillissent en relief des médaillons coloriés représentant des rois, des princes et des prophètes de l'Écriture. Les inscriptions empruntées à la Bible qui courent sur les murs les font reconnaître, et rappellent ces versets du Coran qui forment un des éléments décorateurs du style moresque. Ce n'est pas le seul emprunt que cette construction lui ait fait : on retrouve évidemment le goût arabe dans certains ornements qui semblent plutôt empruntés à la broderie qu'imités de la végétation.

Ce fut l'évêque Baldric qui songea à élever cette basilique. La première pierre en fut posée le 26 avril 1016, et afin de pouvoir tout de suite y officier, on construisit une petite crypte dont la dédicace eut lieu la même année. Baldric mourut l'année d'après, le 29 août 1017, laissant l'église à peine élevée au-dessus du sol. Ses successeurs Walbodon et Durand poussèrent les travaux avec activité, et Réginard l'acheva le 25 août 1030. Les bâtiments de l'abbaye furent terminés et habités à la même époque par vingt-cinq religieux voués à la règle de Saint-Benoît. A l'exception de la tour, ce temple fut reconstruit vers l'an 1522, et achevé seize ans après, pendant l'administration de l'abbé Nicolas Bolis.

En remontant vers le chevet de l'église, nous trouvons l'orgue, qui en occupe le fond, et qui s'appuie sur un prodigieux entassement de colonnettes, de niches, de statues, de pinceaux et d'arabesques. Toute cette construction, que nous n'essayerons pas de décrire, est d'une splendide couleur qui invite le pinceau de l'artiste. Le buffet, qui élève ses tuyaux jusqu'à la voûte et se termine en cul-de-lampe à la portée de la main, dessine vigoureusement les teintes foncées de ses boiseries ; les tons fauves d'une ancienne dorure font briller un rang de statuettes dans des niches revêtues de carmin ; et des deux côtés de l'instrument, des panneaux peints sur fond doré viennent compléter l'éclatant effet de cette décoration. Ces panneaux, jadis fermés, ne s'ouvraient qu'aux jours de fête, pour inonder la nef d'une sainte harmonie. Aujourd'hui leurs gonds rouillés ne permettent plus de les ébranler : ils déploient en vain leurs grandes ailes, l'orgue reste muet, et les mânes d'André Séverin se plaignent de cet obstiné silence ; car, ainsi que le dit une énigmatique épitaphe en mauvais vers, il se fit enterrer, en 1673, sous l'instrument qu'il avait construit :

André Séverin, en son art sans pareille,
Nous a fait ces orgues, l'une de ses merveilles ;
Reçut à Maestricht sa vie et son estre,
Et mourut, rempli de grâces, dans ce cloître :
Ainsi d'un destin très-heureux
Son corps repose dans ces lieux,
Et son ouvrage au milieu.

C'est sur le tombeau de cet habile facteur, au pied de cet orgue (l'une de ses merveilles), qu'il faut jeter un dernier regard sur l'église.

Considéré dans son ensemble, Saint-Jacques, à lui seul,

révèle tout entier cette beauté symbolique de l'art ogival qui procède d'un admirable accord entre la forme et la pensée. (¹)

LES LECTURES POPULAIRES.

La saine littérature populaire est presque tout entière à créer parmi nous. Son absolue nécessité ne saurait pourtant être niée, surtout en présence des productions futiles ou immorales que le bon marché répand à l'infini. Trois sortes de lectures, et par conséquent d'ouvrages, dit M. de Lafarelle, dans son livre du *Progrès social*, me paraissent convenir plus spécialement aux classes laborieuses, savoir :

1° Les ouvrages tendant à moraliser l'homme, à réformer ses vices, à corriger ses mauvaises habitudes, à lui inspirer le sentiment et l'amour de ses devoirs en tous genres. Dans cette classe se rangent en première ligne les livres de piété ou de morale, et puis encore tous les traités d'économie politique mis à la portée populaire, tous les livres, en un mot, propres à lui suggérer le goût et l'habitude de l'ordre, de l'économie, de la prévoyance, ou à lui faire respecter et chérir son pays et l'ordre social lui-même.

2° Une seconde classe de la littérature populaire embrasserait de plein droit tous les traités ou manuels élémentaires des différentes professions que les hommes des rangs inférieurs sont appelés à exercer : tels seraient les traités ou manuels des diverses branches de l'agriculture, de l'élève des bestiaux, de l'art du vétérinaire, de l'éducation des vers à soie, etc., et puis encore de tous les arts mécaniques ou autres qui composent le vaste domaine de l'œuvre manuelle.

3° Enfin il serait aussi très-heureux et très-essentiel que le peuple pût se procurer sans peine des livres de pur agrément, propres à le délasser et à le récréer sans porter atteinte à ses sentiments religieux et moraux. Les voyages de tout genre, l'histoire des peuples anciens et modernes écrite à son intention, quelques romans empreints d'une réserve et d'une prudence toutes particulières, composeraient cette troisième classe. En trois mots, moraliser, éclairer et délasser le peuple, voilà le triple objet que devrait se proposer une littérature vraiment digne d'être appelée populaire.

L'auteur voudrait que ces livres ne fussent pas donnés gratuitement, et que, pour répandre la lecture jusque dans les villages, il s'en formât des bibliothèques ou cabinets de lecture annexés à l'école primaire. Il demande aussi la création d'un journal hebdomadaire, non politique, composé d'articles répondant aux trois divisions indiquées par lui pour les livres, et rédigé, publié, propagé, non comme spéculation, mais comme œuvre sociale, avec le concours d'hommes de talent et de dévouement, des administrations et du gouvernement. (²)

Il est des jours critiques dans la vie de l'homme et dans celle de l'humanité..... Chacun de nous, quelque humble, quelque insignifiant qu'il soit, a eu son jour marqué, le jour qui a décidé de sa vie ; son jour de providence qui altéra sa position personnelle ou ses relations avec les autres ; son jour de grâce où l'esprit conquit la matière. En quelque façon que ce soit, chaque âme a, comme Jérusalem l'eut jadis, son JOUR.

Ah ! si du moins, comme dit le Christ, en ce jour qui

(¹) Extrait de *la Belgique monumentale*.
(²) Alphonse Grün, *Pensées des divers âges de la vie*, excellent livre où respirent la plus douce morale et un amour sincère de l'humanité.

t'est encore donné, tu connaissais ce qui te peut apporter la paix !   Cardinal WISEMAN.

LES ANIMAUX DOMESTIQUES.

Troisième article. — Voy. p. 131, 155.

LES SOLIPÈDES.

Nous avons deux solipèdes, l'âne et le cheval : l'un, méprisé, injurié, maltraité, type d'humiliation ; l'autre, le plus estimé de tous nos serviteurs, et, selon la belle expression de Buffon, la plus noble conquête que l'homme ait faite sur la nature.

Le cheval est, en effet, un des instruments les plus puissants de la civilisation. Plus une nation est riche et cultivée, plus elle possède de chevaux. Ils servent aux charrois de tout genre, tant pour les marchandises que pour les personnes ; ils fournissent leur force à l'industrie comme à l'agriculture, et ils s'harmonisent, grâce à la magnificence de leurs allures, avec le luxe des cours et des grandes maisons, en même temps que leur rusticité leur permet de répondre à toutes les exigences du dur laboureur ; enfin, et ce n'est pas là un de leurs moindres avantages, ils forment une puissance de guerre. Bien que leur rôle principal soit de nous aider en mettant à notre disposition leur force et leur vitesse, ils forment chez un grand nombre de peuplades asiatiques une ressource alimentaire de premier ordre, tant par leur chair que par le lait des juments ; et déjà, dans plusieurs contrées de l'Europe, on a commencé à les utiliser de la même manière. L'engrais, la peau, les crins, sont également des objets considérables ; et, si avantageux sous tant de points de vue durant sa vie, l'animal rend encore à la société des services après sa mort.

On peut croire que c'est avant tout le service militaire qui a recommandé le cheval à l'attention de l'homme. Les premiers cavaliers n'ont pu manquer de prendre promptement supériorité sur leurs voisins ; et les succès des conquérants espagnols au Mexique et au Pérou nous montrent quel prestige la présence d'un tel auxiliaire dut exercer, dans le principe, sur les imaginations. Dans l'antiquité grecque la fable des centaures en naquit, et l'on voit dans Homère en quelle haute estime étaient tenus les chevaux de bataille des héros.

La domestication de l'espèce chevaline remonte bien au delà des temps héroïques de la Grèce. La fiction mythologique qui fait honneur à la puissance de Neptune de la production du cheval signifie peut-être tout simplement que cet animal avait été importé par mer à Athènes. Les Chinois, qui, au témoignage de leurs anciens livres, l'avaient reçu également de l'étranger, l'employaient déjà dans leurs expéditions militaires plus de deux mille ans avant notre ère. Les plus anciens monuments de l'Inde, de la Perse, de l'Égypte, donnent également témoignage de sa présence. Il est remarquable que dans les livres juifs il n'en soit fait mention qu'à partir de l'époque de Joseph ; il semblerait qu'il faille en conclure que les Hébreux n'ont possédé cet animal qu'à partir de leur retour d'Égypte, l'en ayant peut-être ramené.

La patrie primitive du cheval doit être cherchée dans l'Asie centrale. C'est de là qu'il a été exporté d'une part dans l'extrême Orient, en Chine, de l'autre dans le Midi et dans l'Occident. L'espèce subsiste toujours à l'état libre dans ces contrées ; elle habite les steppes, où elle est dispersée en quantité innombrable. Il est probable que des chevaux domestiques sont venus se mêler à diverses reprises à ces troupeaux sauvages, mais le fond de la popula-

tion est certainement primitif. D'ailleurs la philologie vient ici en aide à la zoologie : on a constaté que les divers noms donnés au cheval dans les langues de l'Occident dérivaient tous du zend et du sanscrit, c'est-à-dire des langues de l'Asie centrale ; c'est donc de cet antique foyer de la grande civilisation que l'espèce nous est venue en même temps que les noms qu'elle porte encore. Sauf les régions polaires, elle couvre aujourd'hui toute la terre.

Moins beau et moins robuste que le type précédent, l'âne est plus docile et plus sobre. C'est le cheval des classes pauvres. Placée sous le coup des mauvais traitements qu'elle a supportés depuis tant de siècles, la race de l'Occident a sensiblement dégénéré ; mais dans plusieurs contrées de l'Orient l'âne jouit encore de ses caractères primitifs, et domine de beaucoup par son élégance et sa vigueur les humbles baudets de nos villages. Il serait impossible, dans les nuages où se perd la haute antiquité, de décider la question de priorité entre la domestication de l'âne et celle du cheval, et l'on peut sans trop d'erreur les considérer comme à peu près contemporaines. La différence des deux histoires repose sans doute sur la différence des deux patries. Celle de l'âne, au lieu de se trouver, comme celle du cheval, au centre de l'Asie, doit être cherchée dans le sud-ouest de cette partie du monde ou même dans le nord-est de l'Afrique. Dans ces régions, l'âne vit encore à l'état sauvage par troupes innombrables. Il a donc dû, par le fait de sa position primitive, devenir le lot des peuples sémitiques, comme le cheval est devenu celui des peuples inde-européens. Aussi en est-il parlé dans les livres des Hébreux dès le temps de la migration d'Abraham, et le trouve-t-on représenté sur les plus anciens monuments de la haute Égypte. L'étude des langues met également au sceau aux conclusions de la géographie zoologique, car elle montre que tous les noms donnés à l'âne dérivent d'un radical sémitique. On est donc aussi en droit de conjecturer, d'après cette différence d'origine, que l'âne n'a dû s'introduire en Gaule et dans le milieu de l'Europe que longtemps après le cheval, qui y était certainement arrivé avec les colonies celtiques.

Outre ces deux solipèdes sur lesquels la main de l'homme est étendue depuis si longtemps, la nature nous en offre encore plusieurs autres, soit en Asie, soit en Afrique, et notre esprit de conquête commence à se porter vers eux. Le zèbre, l'hémione, le dauw, le couagga, l'hémippe, sont même déjà sortis de leurs déserts pour attendre dans nos ménageries l'arrêt que nous allons prononcer sur les destinées de leurs races.

C'est le zèbre qui, grâce aux élégantes bigarrures de sa robe, a touché le premier les regards du monde moderne. Habitant de l'Afrique australe, son importation date des premières relations des Portugais avec ces régions. Dès le dix-septième siècle, il est fait mention de quatre zèbres que l'on attelait au carrosse du roi de Portugal ; il y a eu depuis lors plusieurs exemples du même genre, mais isolés et qui n'ont pas abouti à la création d'une race domestique.

Malheureusement, il est à craindre que la domestication n'ait pour effet de troubler la régularité de ces zébrures qui forment le plus bel ornement de l'animal, et ne le ramène ainsi à peu près à la même condition que ses deux congénères et compatriotes le dauw et surtout le couagga, qui ne diffèrent guère de lui par une robe plus simple.

Aujourd'hui, c'est du côté de l'hémione que paraissent se tourner les préférences ; on peut même dire, tant les essais sont avancés, que dès à présent nous possédons là une nouvelle race domestique. Il ne reste qu'à la multiplier et à lui faire prendre place dans les usages vulgaires. Cette belle conquête, digne de se ranger entre celle de l'âne et celle du cheval, est due à MM. Dussumier et Is. Geoffroy Saint-Hilaire : l'un, importateur et donateur au Muséum des premiers individus de cette espèce qui se soient vus en Europe ; le second, auteur persévérant des essais qui ont fini par réaliser l'acclimatation et la domestication. La race en est déjà à sa troisième génération, et de génération en génération les animaux se sont habitués de mieux en mieux à

Le Zèbre (*Equus zebra*).

la rudesse de nos hivers, sont devenus à la fois plus féconds et plus faciles à élever, et ont même gagné, grâce à leur nouveau régime, de la taille et de la vigueur. Il est à peine nécessaire d'ajouter que, malgré leur naturel impétueux, on est parvenu à les habituer à la selle et à l'attelage, et qu'ils s'y sont montrés d'un excellent service. Supérieure à la race asine sous le rapport de l'élégance aussi bien que de la force, et par conséquent de la vitesse, cette race est appelée, suivant toute probabilité, à se développer. Il n'y a d'autre obstacle que le temps nécessaire à sa multiplication, résultat qui ne saurait jamais être prompt dans la famille des solipèdes, attendu la simplicité des naissances et la durée de la gestation et de l'élevage ; mais il est aisé de tourner l'obstacle par l'importation de nouveaux individus pris à l'état sauvage, et l'on peut espérer qu'un objet de cette importance ne saurait tarder à attirer sérieusement les regards de la Société d'acclimatation.

Tous les membres de la famille des solipèdes paraissent susceptibles de se croiser entre eux suivant toutes les combinaisons imaginables, et quelques-uns de ces métis étant

Le Dauw (*Equus montanus*).

féconds, la variété irait à l'infini. Le cheval et l'âne réunis ont donné depuis longtemps le bardot et le mulet. Ces animaux participent des caractères propres à leurs deux souches. Le mulet est celui des deux qui présente le plus d'avantages ; produit de l'âne et de la jument, il se rapproche

du cheval par sa taille et sa force, de l'âne par sa dureté au travail et sa sobriété. Aussi est-il recherché dans les pays où les fourrages sont rares. Il était connu des anciens, et on le voit figurer dans Homère comme bête de trait ; mais il n'y a aucune lumière sur l'époque et le pays qui l'ont vu naître pour la première fois. Comme il est rarement fécond dans nos climats, on n'est pas en droit de le considérer comme constituant une race domestique : aussi peut-on le mettre en parallèle avec ces animaux sauvages que l'on apprivoise, mais que l'on ne multiplie pas, de sorte qu'on possède des individus sans posséder en même temps une descendance.

Mais, grâce à nos acquisitions récentes, nous avons d'autres métis de solipèdes qui, doués de toutes les conditions propres à la reproduction, forment une véritable race : ce sont principalement les produits du croisement de l'hémione avec l'ânesse ; par sa couleur, la forme arrondie de sa croupe et l'ensemble de tous ses traits, cette race se rapporte au type paternel. Elle est à la fois vaillante et élégante, et paraît destinée à prendre place d'une manière définitive parmi nos animaux domestiques. L'hémione a été également croisé avec le zèbre, le dauw et l'hémippe. Malheureusement on n'a pu jusqu'à présent réussir à le croiser avec le cheval, et cependant c'est de cette alliance qu'on serait en droit d'attendre, à en juger d'après celle de l'âne et

Le Couagga (*Equus couagga*).

du cheval, les produits les plus avantageux. Si l'on y parvient, comme il est encore permis de l'espérer, peut-être ces nouveaux mulets, plus vigoureux et plus beaux, seront-ils appelés à déposséder les anciens, et l'hémione aura ainsi acquis dans notre économie rurale une importance de premier ordre.

COUPE EN ARGENT DU QUINZIÈME SIÈCLE.

Le vase ou bocal d'argent dont nous donnons le dessin est l'œuvre d'un artiste d'Ingolstadt (ville de Bavière) de la seconde moitié du quinzième siècle, et se trouve actuellement en la possession d'un commerçant de cette ville (M. Seeholzen). A l'intérieur du couvercle, on voit les armes du premier propriétaire, ou peut-être même du compositeur de cette œuvre d'art : c'est un dragon en argent et en émail bleu, sur fond vert, dans une bordure d'or. La surface du vase et le couvercle sont couverts d'ornements gravés représentant divers animaux et des figures bizarres. Le rinceau du milieu est doré, avec des fleurs en émail rouge foncé, ou rouge clair et graines d'or, sur un fond d'argent mat ; il en est de même du rinceau qui entoure le pied ; seulement les grappes de raisin y sont d'un émail tour à tour bleu ou vert. Tous les ornements

Coupe en argent du quinzième siècle conservée à Ingolstadt, en Bavière. — Dessin de Montalan.

isolés, les bordures en saillie, ainsi que la tige qui s'élève au milieu du couvercle, jaillissant d'un enfoncement ovale, sont dorés, à l'exception pourtant du feuillage qui forme le bouton du couvercle, ainsi que des mains, de la figure et des boucliers des trois sauvages qui supportent le tout.

Un autre bocal de même genre se voit encore à Ingolstadt ; il est de la même époque et aussi d'un artiste de la ville. Il a appartenu à Hans Glatzel, qui siégeait en 1453 dans le conseil municipal et mourut en 1494; ses armes, ciselées et émaillées, ornent l'intérieur du couvercle. La statue de saint Georges forme les trois pieds du vase, dont la surface n'est qu'un composé de petites demi-boules d'argent; ce travail, au repoussé, est d'un effet charmant. Tout le reste est doré; les fleurs qui ornent le rincèau du milieu sont d'émail bleu ou rouge.

UNE NOCE CHEZ LES RÉZÈCHES.

SOUVENIR DE VOYAGE.

Pendant mon séjour en Moldavie, j'avais résolu de visiter les monts Carpathes. Plusieurs Moldaves s'étant mis de la partie, mon excursion, grâce à eux, ne compta que des incidents agréables.

Un soir, nous nous arrêtâmes dans un village dont j'ai oublié le nom, et que j'appellerai *Froumoce* (joli), en souvenir de sa position pittoresque et gracieuse. Il est coquettement assis au pied d'une montagne toute couverte d'une végétation splendide. Devant lui s'étend une vallée étroite, mais fertile et bien cultivée. Je fus étonné de trouver ce village mieux bâti et surtout beaucoup plus propre que tous ceux que j'avais vus sur mon chemin.

— Nous sommes chez des Rézèches, me dit un de mes compagnons.

— Qu'est-ce que c'est que les Rézèches? demandai-je.

— Ce sont des paysans libres et propriétaires. Quand parurent en Moldavie les décrets désastreux qui consacraient le servage, plusieurs familles de paysans aisés conservèrent leur indépendance. Ces familles se réunirent et formèrent des villages nombreux et florissants au pied des Carpathes. Les Rézèches de la plaine, isolés au milieu des grandes propriétés, furent moins heureux: leurs puissants voisins les asservirent après les avoir dépouillés. Plusieurs de ces malheureux, exaspérés par la souffrance, s'enfuirent dans les forêts et dans les montagnes, préférant à l'esclavage la sauvage indépendance du brigand. Malheur aux boyars qui se trouvèrent sur leur chemin! les bandits exercèrent sur eux de terribles représailles. Les Rézèches de la montagne, au contraire, toujours unis entre eux, ont courageusement défendu leurs droits en toute occasion. Jamais un boyar n'a pu se rendre, ici, propriétaire d'un pied de terrain. Il y en eut qui, alléchés par la richesse des villages et la fertilité du sol, essayèrent de s'y bâtir des maisons; ce fut peine perdue. Les Rézèches étaient intraitables quand il s'agissait de leur liberté; ils défaisaient pendant la nuit l'ouvrage élevé pendant le jour. Deux ou trois seigneurs entêtés perdirent la vie dans cette entreprise téméraire. Il fallut bien se résigner à laisser les paysans tranquilles.

Cette explication me donna l'envie de faire avec les Rézèches plus ample connaissance. Nous descendîmes chez le *popa* (¹), afin d'y passer la nuit. Ces braves gens ne refusent jamais l'hospitalité, et ils en remplissent les devoirs le mieux qu'ils peuvent. Nous tombâmes en pleine fête: le bon père mariait sa fille le jour suivant. On ne nous en accueillit que mieux. Nous fûmes priés aussitôt d'honorer la cérémonie de notre présence. Mes compagnons, gens du pays, ne tenaient que médiocrement à cet honneur. Pour moi, l'invitation était une bonne fortune. On promit de rester à ma prière.

Dans ce pays-là, un popa de village est simplement un paysan comme les autres, tout juste assez lettré pour dire couramment les saints offices, quand il les sait par cœur. Du reste, il se marie, laboure son champ, bêche son jardin et quelquefois, par malheur, s'enivre un peu le dimanche

(¹) *Popa*, prêtre marié du rite grec.

après vêpres tout comme le premier venu; ce qui n'empêche pas qu'on n'ait pour lui un certain respect, et que sa morale ne soit, au fond, aussi bonne qu'une autre: c'est, du moins, ce qu'on m'assure.

Je fus réveillé, le lendemain matin, par le carillon le plus étourdissant qui jamais ait frappé mes oreilles.

— Qu'est-ce que c'est que cela? demandai-je vivement.

— C'est la *toc*, me répondit l'un de mes compagnons. Et il se remit à ronfler.

Je me lève à la hâte, et je sors pour me rendre compte par moi-même de ce que c'était que la *toc*. L'église se trouvait à deux pas. Le bruit venait de là; j'y courus. Devant la porte, sous un petit toit pointu, se trouvait une planche mince, suspendue aux deux bouts par des courroies, et devant cette planche un homme tenant dans chaque main un petit marteau en bois avec lequel il frappait dessus à coups tellement précipités que j'aurais juré, si je ne l'avais vu, qu'ils étaient au moins six à la besogne. L'homme termina son vacarme par un *crescendo* qui m'obligea de boucher mes oreilles, et se mit ensuite à sonner les cloches à toute volée.

Bientôt la maison du popa se remplit de monde. Les jeunes filles se mirent à parer la mariée. Sa toilette était tout ce qu'on peut voir de plus éclatant; mais il me parut évident que le bon goût n'avait pas présidé à l'arrangement des couleurs. Le rouge y heurtait le jaune, le vert y tuait le bleu, et le ponceau s'épanouissait à côté du rose tendre. La tête portait un véritable édifice de tresses, tout un parterre de fleurs, un nombre infini de rubans flottant sur les épaules, et au milieu de tout cela un gros écheveau de fils de cuivre qui étincelaient au soleil. Tout d'abord j'eus envie de la plaindre; mais je m'aperçus bientôt que j'avais de la bonté de reste. Il n'était pas possible d'être plus fière et plus glorieuse d'un tel attirail. Elle avait beau vouloir se contenir, sa joie éclatait malgré elle dans toute sa personne. Et le marié, donc! Il apparut dans une superbe chemise d'un tissu fin et léger, ornée de broderies rouges et bleues, entremêlées de paillettes d'or, au cou, à la poitrine, aux épaules et aux manches. Combien de temps ce travail n'avait-il pas dû coûter à la jeune fiancée! car, suivant l'usage du pays, ce vêtement doit être tissé, brodé et cousu de ses mains, moitié plus longues que celles d'un homme, forment vers le haut mille plis symétriques. À — Mais, direz-vous, si le mariage est presque aussitôt célébré que décidé? Cela doit arriver quelquefois. — Lecteur, vous êtes bien naïf! Une jeune fille moldave a toujours le précieux vêtement tout prêt au fond de son coffre, à l'intention de celui qui se présentera. Mais chut! c'est un secret qu'elle me reprocherait d'avoir révélé.

Vers trois heures de l'après-midi, tous les garçons du village de Todora (c'est le nom de la mariée) se sont rangés en bataille devant sa porte, fusil en main, l'air joyeux, et en grande tenue de cérémonie: belle chemise à manches larges d'un mètre, serrée à la taille par une large ceinture de cuir; brillant gilet de peau blanche, brodé de rouge et de bleu sur toutes les coutures; pantalon de serge grise dont les jambes, moitié plus longues que celles d'un homme, forment vers le haut mille plis symétriques. À quelque distance, on aperçoit une autre troupe composée des garçons du village de Yanko (le marié). Entre les deux camps se tient fièrement le *maître des cérémonies*, armé d'un bâton court auquel sont noués des rubans et un morceau de mousseline blanche. C'est l'insigne du commandement. Au fond de la cour, et ruminant à l'ombre, des bœufs, attelés à des chars, les cornes enrubanées et fleuries.

Entrons dans la maison. Sur un divan sont entassés un nombre infini d'objets de toute espèce: fourrures, literies, linge, vêtements, et par terre des ustensiles de ménage.

Un premier monceau s'élève jusqu'au plafond; sur le second, moins haut, Todora vient monter en s'aidant d'une échelle.

Tout cela représente la dot de la mariée; plus elle est riche, plus il y a de choses. Autour du divan se tiennent debout les jeunes filles compagnes de Todora.

Un garçon vient montrer à la porte de la chambre son visage épanoui :

— Père, demande-t-il, pouvons-nous commencer?

Sur la réponse affirmative du vieillard, le jeune homme s'élance, et bientôt on entend la voix du maître des cérémonies qui ordonne à la seconde troupe d'approcher. Elle s'arrête à distance. Deux parlementaires, les deux beaux esprits du canton, sortent des camps opposés et s'avancent l'un au-devant de l'autre.

PREMIER PARLEMENTAIRE. Qui es-tu?

SECOND PARLEMENTAIRE. Je suis l'ambassadeur du chasseur Yanko, du village de Froumoce.

— Que veux-tu?

— Mon maître a entendu dire que dans ce village il existe une beauté sans pareille. Est-ce vrai?

— Toutes nos belles sont sans pareilles. Comment est celle que tu cherches?

— Celle que je cherche a la taille élancée et souple d'un jeune pin qui se balance au vent; ses yeux noirs brillent comme des étoiles; son sourire ressemble à un bouton de rose qui s'entr'ouvre; ses cheveux sont noirs comme l'aile d'un corbeau.

— Je reconnais celle dont tu parles à ce portrait; elle s'appelle Todora. Que lui veux-tu?

— Je viens la demander en mariage pour mon maître. Depuis qu'il l'a vue, il a perdu la gaieté, le boire et le manger.

— Va dire à ton maître qu'il n'a qu'à s'adresser ailleurs; nous ne céderons pas la perle de nos filles.

— Si tu ne veux pas la lui céder, il saura bien la prendre.

Aussitôt, un simulacre de combat s'engage. Les assaillants, restés maîtres du champ de bataille, entrent en foule dans la maison, en criant :

— Hourra! Elle est à nous, nous l'avons conquise!

Todora appartient au vainqueur. Elle va s'agenouiller devant son père pour qu'il la bénisse.

Le vieux popa est plus ému qu'il ne voudrait le paraître; il appuie ses deux mains sur la tête de sa fille, et dit d'une voix qu'il cherche à rendre ferme :

— Tu as été le bonheur de ma vieillesse, l'orgueil de ta mère tant qu'elle a vécu; sois la joie de ton époux. Yanko, fais ton devoir avec elle.

La fin à la prochaine livraison.

DE L'IDÉE DE DIEU.

Prenez garde qu'aux idées sublimes que vous vous faites du grand Être l'orgueil humain ne mêle des idées basses qui se rapportent à l'homme, comme si les moyens qui soulagent notre faiblesse convenaient à la puissance divine, et qu'elle eût besoin d'art comme nous pour généraliser les choses afin de les traiter plus facilement! Il semble, à vous entendre, que ce soit un embarras pour elle de veiller sur chaque individu ; vous craignez qu'une attention partagée et continuelle ne la fatigue, et vous trouvez bien plus beau qu'elle fasse tout par des lois générales, sans doute parce qu'elles lui coûtent moins de soin. O grands philosophes, que Dieu vous soit obligé de lui fournir ainsi des méthodes commodes et de lui abréger le travail!

J.-J. ROUSSEAU.

Dire que la Providence est universelle, et n'est qu'universelle, c'est dire que Dieu gouverne le monde par des lois générales, par des volontés générales, et non par des volontés particulières ; c'est dire qu'il gouverne tous les êtres par ce qu'ils ont de commun ; c'est dire qu'il n'agit que sur des qualités communes ; c'est en faire un législateur humain, un roi de la terre. Deux feuilles d'un même arbre, vues de près, ne sont pas semblables ; deux gouttes d'eau regardées avec le microscope nous présentent bientôt des différences. Les similitudes tiennent à l'imperfection de nos sens et aux bornes de notre esprit. Il ne faut pas transporter à Dieu ce qui n'est que de l'homme. Dieu connaît les êtres tels qu'ils sont en eux-mêmes, il les voit tous différents les uns des autres ; et comme la manière dont il agit sur eux varie suivant la connaissance qu'il en a, il s'ensuit que Dieu agit sur chaque être d'une manière spéciale, c'est-à-dire qu'il n'agit point par des lois générales et uniformes. LAROMIGUIÈRE.

CARTES CÉLESTES.

Suite. — Voy. p. 18, 90, 124, 163, 195, 231, 264.

Planche X. — Cette planche contient principalement la constellation de l'Hydre, qui en longueur occupe près du quart du contour du ciel ; c'est le n° 49. Au nord on voit le Sextant, n° 60 ; la Coupe, n° 51 ; le Corbeau, n° 52, et au n° 53 un oiseau à moi inconnu, et que je n'ai vu sur aucune carte. Le Sextant, quoique moderne, est retenu parmi les constellations, mais n'a aucune étoile remarquable. Le Chat, sans numéro, qui est de l'autre côté de l'Hydre, est tout à fait supprimé. On peut admirer l'importance que se donnait Lalande en fabriquant, sans consulter personne, et sans utilité pour la science, de nombreuses constellations qui troublaient toutes les nomenclatures adoptées. Au reste, ces nouvelles divisions ne portaient que sur des étoiles peu apparentes et ne débaptisaient tout au plus que quelques étoiles de quatrième grandeur.

La Coupe, n° 51, est une ancienne constellation avec une étoile de troisième grandeur. Le Corbeau, n° 52, a quatre brillantes étoiles qui forment un quadrilatère et qui sont toutes au-dessus de la troisième grandeur. γ est même côté de seconde grandeur ; mais ce qu'il y a plus remarquable, c'est qu'à la pointe sud du quadrilatère, et en dehors, se trouve l'étoile α qui, en 1600, était plus brillante que celles du quadrilatère ; elle a beaucoup diminué depuis et est passée de la seconde à la quatrième grandeur. Il y a toute une mythologie sur la Coupe, le Corbeau et l'Hydre. Mais l'étoile la plus brillante de l'Hydre est α, qui est située après le premier nœud du reptile. Cette étoile est au moins de seconde grandeur ; elle s'appelle Alphard ou le Cœur de l'Hydre. La tête de l'Hydre et le Sextant marquent l'équateur dans le ciel ainsi que les pieds de derrière du Lion. La tête de l'Hydre est sous le Cancer, et l'extrémité de la queue dépasse l'Épi de la Vierge.

Au n° 64 est le Centaure, ou plutôt la partie nord de cette constellation visible en Europe. Il y a au moins deux étoiles de troisième grandeur parmi celles que nous voyons à Paris ; mais c'est dans la planche XI que nous trouverons la constellation entière avec les brillantes étoiles qui la caractérisent.

Avant d'arriver aux deux dernières planches, qui comprennent les étoiles circompolaires du ciel austral, nous remarquerons que les quatre planches qui forment la bande du ciel qui est au-dessous de l'équateur n'offrent pas autant d'étoiles de première grandeur que les quatre précédentes. Argelander met pour le ciel visible en Europe

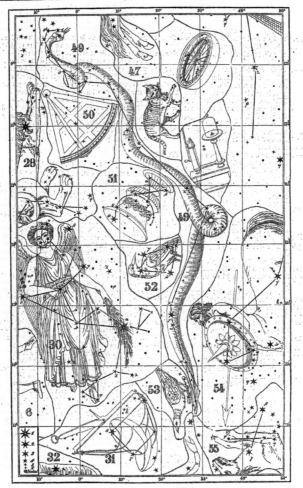

Cartes, célestes. — Planche X.

dix-sept constellations boréales, vingt équatoriales et vingt australes. Les boréales ont quatre étoiles de première grandeur, les équatoriales huit, les australes cinq; mais ce n'est pas tout le ciel. Le Centaure et le Navire nous offriront aussi quelques étoiles de premier éclat.

La suite à une autre livraison.

BOTH D'ITALIE.

Musée de Munich. — Un Paysage, par Jean Both. — Dessin de Lavieille.

Jean Both, que l'on a surnommé Both d'Italie, fut un de ces peintres du Nord, Flamands, Hollandais, Allemands, qui firent en si grand nombre, au dix-septième siècle, le voyage d'Italie, quelques-uns pour y demeurer le reste de leur vie, d'autres pour en rapporter, après un long séjour, des souvenirs et des modèles qui ne furent pas sans influence sur les artistes leurs compatriotes. On ne peut dire que cette influence qu'ils exercèrent, ni surtout celle qu'ils subirent eux-mêmes, ait toujours été très-heureuse. Comme, au siècle précédent, des peintres d'histoire ou de sainteté, venus eux aussi du Nord pour visiter la terre classique, s'étaient efforcés d'introduire dans leurs tableaux ses monuments, ses marbres antiques, le style élégant et les grandes tournures de ses peintres de la renaissance, et trop souvent avaient perdu à cette imitation quelque chose de leur sincérité première et de leurs grâces originales, leurs successeurs, à leur tour, peintres de genre et paysagistes, quand ils s'éprirent de la pure lumière et des aspects grandioses de la nature italienne, ne surent point se faire Italiens eux-mêmes : les beautés étrangères qu'ils essayèrent de s'approprier paraissent presque toujours dans leurs ouvrages artificielles et empruntées. Jean Both est un de ceux qui échappent le mieux à ce reproche. Venu jeune en Italie, il semble qu'il y ait trouvé le véritable climat de son talent, comme il rencontra dans Claude Lorrain, qui fut son maître et son ami, l'homme le plus capable d'en préparer et d'en hâter le développement.

Né à Utrecht, en 1610, il reçut, avec son frère André, les premières leçons de son père qui était peintre sur verre; puis, après avoir passé quelque temps à l'école d'Abraham Blœmaërt, qui habitait la même ville, les deux frères partirent bientôt pour Rome. Là, tandis que Jean s'attachait à Claude Lorrain et apprenait de lui à voir attentivement et profondément la nature pour y trouver la poésie, André suivait le Bamboche, ce peintre hollandais qui cultiva la peinture de genre dans la manière familière propre à son pays, avec tant de succès en Italie même, qu'il y fit école et que le nom de bambochades est resté au genre dont il avait donné des modèles. André Both n'a peint sans son frère qu'un petit nombre de tableaux. Presque toujours il a employé son talent à animer les paysages de Jean de personnages et d'animaux dessinés avec une parfaite vérité de mouvements et peints d'une touche si fine et si sûre que paysage et figures semblent être l'œuvre harmonieuse de la même main. André mettait tant d'art à subordonner à l'effet général ses figures dont ailleurs on eût remarqué tout d'abord l'esprit et l'adresse, Jean préparait si bien dans sa composition la place où elles devaient paraître avec le plus d'avantage, que, dans les tableaux qu'ils firent en commun, tout semble être venu d'un seul jet. Grâce à cette prévenante collaboration, et, comme on l'a dit spirituellement, grâce à cette amitié de leurs pinceaux, ils réussirent à balancer un moment la vogue du Lorrain lui-même. Sandrart, leur contemporain et leur admirateur, a remarqué dans son Académie de peinture que Claude Lorrain était plus habile à rendre les effets de la lumière qu'à représenter des figures humaines, tandis que les deux frères en se réunissant excellaient également dans les deux genres. Le même écrivain, qui fut peintre aussi, et qui eut dans ses voyages l'occasion de connaître bien des artistes dont le nom est resté fameux, a placé les deux Both à côté des plus illustres. Aujourd'hui encore on admire dans les galeries, même auprès des peintures éblouissantes de Claude, les paysages où Jean Both a rendu à son tour, avec tant d'éclat et de vérité, toutes les combinaisons de la lumière aux différentes heures du jour. On peut juger, d'après le beau tableau de la Pinacothèque de Munich dont la gravure accompagne cet article, du talent avec lequel il faisait contraster les plans, en jetant, par un procédé qui lui était assez ordinaire, l'ombre sur le devant de la scène, et en faisant plonger le regard jusqu'aux limites d'un lumineux horizon. On y verra également avec quel soin et quelle connaissance complète de la nature il traitait toutes les parties de ses paysages: les arbres, les terrains, les eaux, tout est peint avec la même largeur, dessiné avec la même conscience. C'est Karel Dujardin, et non André Both, qui a ajouté la figure de femme et les animaux que l'on voit au premier plan. Wouvermans, et plus tard Berghem et Poelembourg, ont peint aussi des personnages dans quelques-uns des tableaux de Jean Both.

Le Musée du Louvre possède deux tableaux de ce maître, dont l'un surtout, représentant une Vue d'Italie au soleil couchant, peut passer pour une de ses œuvres les plus importantes. On en voit d'autres dans les Musées de Dresde, de Berlin, de Vienne, d'Amsterdam, de la Haye, dans les galeries Sciarra et Doria, à Rome, et dans plusieurs collections particulières de l'Angleterre.

Jean et André Both, toujours inséparables, se trouvaient à Venise en 1650. Une nuit, au sortir d'un souper, André, retournant sur une gondole à la maison qu'ils habitaient tous deux, tomba dans un canal et s'y noya. Jean ne put se consoler de la perte de son frère. Ni la vogue qu'il avait conquise, ni l'amitié de peintres tels que Claude Lorrain, les deux Poussin, Elzheimer, Swanevelt, le Bamboche, ne purent le retenir en Italie. Il voulut retourner à Utrecht, sa ville natale. Il y retrouva Corneille Poelembourg qui avait été son camarade à l'atelier d'Abraham Blœmaërt, et qui avait depuis comme lui visité l'Italie, puis Berghem, qui était alors le peintre de paysages et d'animaux le plus renommé de la Hollande. Both devint son rival sans cesser d'être lié avec lui d'une étroite amitié. Houbraken, dans son Théâtre des peintres des Pays-Bas, raconte qu'un jour le bourgmestre de Dordrecht ouvrit un concours entre les deux maîtres, offrant, outre les 800 florins que chacun devait recevoir, un présent magnifique à celui qui ferait le plus bel ouvrage. Berghem peignit un tableau représentant des troupeaux de bœufs, de chèvres et de moutons au milieu d'un site montagneux, tableau que beaucoup de personnes considèrent comme son chef-d'œuvre. Tout le monde crut qu'il aurait le prix; mais quand le bourgmestre de Dordrecht, connaisseur aussi habile qu'il était généreux, eut vu le paysage de Both, où la noble poésie de l'Italie se trouvait unie à la plus agreste simplicité, il ne put se déterminer à choisir un vainqueur, et voulut que les deux peintres reçussent la récompense qui n'avait été d'abord destinée qu'à un seul. Mais aucun succès ne put faire oublier à Jean Both le frère si tendrement aimé qui autrefois les partageait tous. Il mourut à Utrecht dans cette même année 1650.

UNE NOCE CHEZ LES RÉZÈCHES.

SOUVENIR DE VOYAGE.

Fin. — Voyez page 286.

Cependant les jeunes gens enlèvent prestement le trousseau et le placent sur les chars attelés qui sont devant la porte. Vainqueurs et vaincus rivalisent de zèle. Les voitures chargées, l'ordonnateur vient prévenir les mariés qu'on n'attend plus qu'eux pour se mettre en route. Deux garçons d'honneur renversent une cruche pleine d'eau sur leur passage, et on monte la mariée sur un beau char tout neuf, attelé de quatre bœufs superbes : c'est encore une partie de sa dot. Les jeunes gens ont eu soin de remplir ce char de tout ce que Todora possède de plus précieux. Alors on lui présente un gâteau; elle le rompt, et en jette les morceaux par-dessus ses épaules en se tournant du côté des quatre points cardinaux. Toutes les mains se tendent; c'est à qui en attrapera une bouchée, car cela porte bonheur. Cette cérémonie achevée, les filles d'honneur mentent auprès de la mariée, et le char se met en marche, escorté des jeunes gens à cheval qui déchargent leurs armes par intervalles et remplissent l'air de leurs cris. D'autres chars, pleins de femmes et de vieillards, suivent à distance. On arrive chez le marié : c'est là que doit se faire le festin de noce. Chez les paysans roumains, ce repas a lieu avant le mariage. Le père et la mère de Yanko reçoivent Todora au seuil de leur maison; ils la bénissent et l'adoptent pour leur fille. La voilà désormais de la famille. Là, le popa abdique tous ses droits sur cette enfant qu'il a élevée avec tant d'amour et de sollicitude; elle appartient désormais à un autre, qui peut, à son gré, la rendre heureuse ou la faire souffrir.

La nuit se passe en réjouissances. Les vieilles femmes et les anciens, attablés, causent, boivent et mangent; les jeunes gens dansent des *hora* [1] et se font chanter des airs nationaux. Les paysans ne chantent pas eux-mêmes dans leurs fêtes ; ils payent pour cela des *tzigani* [2] qui gagnent leur argent en conscience. Il y en a trois à la noce de Todora. Accroupis dans un coin, les jambes repliées sous leurs longues robes, ils sont étrangers à ce qui se passe autour d'eux. Leur figure basanée garde une expression rêveuse au milieu de la joie générale. En eux, le regard seul vit. N'y cherchez pourtant pas le reflet d'une pensée ou d'un sentiment ; c'est un éclair qui passe, rayon échappé d'un foyer inconnu. On leur a dit : « Jouez une hora, noirs tzigani. » Aussitôt les instruments ont grincé. Ils vont ainsi, toujours répétant la même chose, jusqu'à ce qu'on leur dise : « Assez. » On leur apporte à manger, à boire ; ils boivent et mangent. « Et maintenant, noirs tzigani, chantez ceci ou cela. ». Ils entonnent d'une voix nasillarde et sur des notes aiguës un long récitatif qu'ils accompagnent de balancements de tête et d'affreuses grimaces.

Le popa envoie aux bohémiens un grand gâteau au fromage.

— Quand vous aurez mangé, leur dit-il, vous nous direz le chant du Rézèche dépouillé par le boyar.

Un instant après, les musiciens préludent et racontent, sur des notes lamentables, la douleur de cet homme libre à qui le seigneur a enlevé sa rézéchie (sa terre libre), dont aucun tribunal n'a écouté la plainte ; qui a vu ses enfants pleurer, sa femme mourir à la peine, et qui, furieux, désespéré, renonce à son droit, à sa terre, pour se faire brigand dans la montagne, déclarant ainsi la guerre à une société où règne l'injustice.

Comme toutes les poésies populaires, ce chant de désespoir débute par une invocation à la nature : « Verte feuille du cerisier ! » disent les chanteurs : *Frundza verde de cires!*

CHANT DU RÉZÈCHE. [3]

Que le feu consume ma rézéchie !
Je croyais qu'elle valait une boyarie,
Et elle n'est qu'une source de misère.
Pour une terre grande comme la main,
J'ai jeté mes jours au vent,
J'ai passé des années devant les tribunaux
Sans jamais gagner mon procès ;
Et pendant que je revendiquais mon droit
Mes enfants pleuraient à mon foyer,
Ma femme mourait loin de moi.
. . . .
Je renonce à ma rézéchie.
Je prends le métier de brigand.
Je me ferai justice moi-même,
Avec la lourde massue que je porte sur l'épaule.
Je choisirai pour juges dans ma cause
Les chênes de la forêt, qui sont plus droits que la justice.

Pourquoi ce chant de désespoir un jour de fête? Sans doute le tableau des souffrances de ceux de leurs frères qui furent victimes de la rapacité des seigneurs les anime contre l'injustice, et leur donne du cœur pour défendre leurs droits si on s'avisait de les attaquer.

Le lendemain matin, toute la noce se rend solennellement à l'église. Le père de Todora a invité le popa du village voisin à venir donner à sa fille la bénédiction nuptiale. C'était prudent ; les libations de la nuit ont un peu troublé les yeux du bon père. Je doute fort que le sacrement, administré par lui, l'eût été dans les règles. Avec le popa qui est à jeun, tout se passe dans l'ordre voulu. Impos-

sible de mieux nasiller et de mieux balancer la tête, ces deux accompagnements voulus du plain-chant grec. Ces cris et ces dodinements me donnent sur les nerfs, probablement parce que je n'en ai pas l'habitude : mes compagnons m'assurent que ce chant est très-joli et que ce prêtre a beaucoup de dignité. Le voilà qui fait sur les mariés de grands signes de croix avec les anneaux, qu'il échange trois fois ; puis les chants recommencent de plus belle. Deux individus viennent au secours du popa, et tous trois crient à qui mieux mieux, sans se mettre en peine de s'accorder. J'ai bien envie de sortir. Un moment de silence. Je reste. On fait de nouveaux signes de croix sur les jeunes gens avec deux espèces de tiares qu'on finit par laisser sur leurs têtes. C'est le moment solennel, le moment qui les lie à jamais l'un à l'autre. Les mariés pleurent, l'assistance larmoie. On leur donne à boire dans le même verre, puis toute la noce fait une ronde autour de la table qui a servi d'autel. Le sourire revient sur toutes les lèvres. Attention! des bonbons pleuvent de quatre côtés à la fois. Heureuse la jeune fille qui en a reçu sur la tête! elle peut compter être mariée dans l'année.

Il ne reste plus que la cérémonie du baise-main, qui dure longtemps. Les pauvres mariés ne veulent offenser personne. Ils font leur tournée en conscience. Todora vient à moi pour me baiser aussi la main. Je m'en défends par politesse, mais on m'assure que mon refus serait interprété tout autrement ; je me soumets de bonne grâce.

Nous retournons à la maison du marié, où nous attendent un nouveau repas et de nouvelles réjouissances. Mais il n'est si belle fête qui n'ait une fin. Le soir venu, toutes les jeunes filles se retirent et laissent Todora entre les mains des femmes. Celles-ci font asseoir la mariée sur un escabeau et la dépouillent de ses ornements. Fleurs, rubans, fils d'or, jonchent la terre ; on défait une à une ses belles tresses blondes ; alors une matrone roule grossièrement cette magnifique chevelure, et la recouvre d'une sorte de long voile blanc appelé *chtergar*. Todora vient de dire adieu aux vanités de ce monde et aussi à sa liberté ; sa tête couverte est un signe de sa dépendance.

Pauvre jeune fille, que l'hymen te soit léger ! que maître Yanko n'ait jamais la fantaisie de te faire sentir la pesanteur de sa main, le jour où il rentrera la tête troublée par les fumées du *rakiou* [1]!

LE CALVAIRE DE PLEYBEN

(FINISTÈRE).

Ce calvaire du cimetière de Pleyben est fait de pierre de Kersanton. Il n'est pas d'une si haute antiquité que beaucoup de voyageurs se plaisent à le croire et à le dire ; il date seulement de 1650. Les archéologues qui ne veulent juger de l'âge d'une sculpture que par les costumes des figures qu'elle représente ont été ici pleinement induits en erreur, parce que l'artiste, voulant donner à cette scène religieuse un caractère plus solennel, a emprunté les formes des vêtements à son aïeul ou à son bisaïeul. Quoique relativement moderne, et comme il peut être considéré comme un spécimen des traditions de l'art breton. Il y a peu d'années, on a dû le consolider et le réparer, mais on est resté fidèle au style de l'ensemble.

Pleyben est un gros bourg du département du Finistère, situé à l'est de Châteaulin, entre les montagnes Noires et les montagnes d'Arrés.

L'ossuaire ou reliquaire de Pleyben, très-ancien, est cé-

---

[1] *Hora*, danse nationale.
[2] *Tzigani*, bohémiens ambulants. Les esclaves portaient la même dénomination. (Voy. t. XXV, 1857, p. 297.)
[3] Fragment du *Chant du Rézèche*, poésie populaire inédite, en langue roumaine, recueillie et communiquée par M. Basile Alexandri, le plus distingué des poëtes roumains de nos jours.

[1] *Rakiou*, eau-de-vie de grain.

lèbre ; nous l'avons cité à l'occasion de celui de Plestin, que
nous avons représenté (t. VI, 1838, p. 77) et qui est à peu
près de même forme. En ces derniers temps, peut-être
lorsqu'il a servi d'école, l'ossuaire de Pleyben a été blanchi à la chaux.

L'église, où se mêlent le gothique et la renaissance,
n'est guère remarquable que par son porche de la fin du
seizième siècle que décorent les statues des douze apôtres,
par ses deux clochers, et sa haute tour carrée dont le sommet est entouré d'une balustrade à jour, de quatre clochetons, et surmonté d'une lanterne à huit pans que domine
un dôme de pierre.

Le Calvaire de Pleyben. — Dessin de Dom. Grenet.

COURONNE D'OR ANTIQUE.

Cette couronne, un des remarquables bijoux de la collection Campana, aujourd'hui au Musée du Louvre, est
entièrement en or. Toutes les parties en sont antiques ;
toutefois, il faut bien remarquer qu'elles ont été assemblées comme on le voit actuellement par un restaurateur
moderne (¹). Sur la lame d'or qui forme le bandeau ont

(¹) On l'a fait observer dans le Catalogue des bijoux du Musée
Napoléon III (écrin B, n° 2).

été appliqués divers ornements estampés : ce sont des
masques, des fleurons, des antéfixes en forme de coquille,
et des palmettes fixées sur le bord supérieur ; ces ornements rapportés cachent entièrement l'estampage primitif
de la lame de métal qu'ils recouvrent. Quelle que soit l'habileté avec laquelle on opère de semblables restaurations,
elles sont toujours très-regrettables ; car, en supposant
que l'on n'y emploie que des morceaux antiques, c'est dé-
naturer à la fois l'objet que l'on se propose de restituer
dans son entier et ceux dont on se sert pour remplacer

les parties perdues que de les accoler arbitrairement, et l'on ne peut obtenir par un pareil procédé que des résultats sans valeur. Quelle instruction peut-on tirer de la vue d'une antique ainsi artificiellement composée? La même, et avec plus de peine et d'incertitude, que l'on acquerrait par l'observation des parties séparées.

Divers monuments étrusques et grecs nous montrent des couronnes à peu près semblables à celle-ci, portées comme parures par des femmes ou des divinités. Il ne faudrait pas croire que ces couronnes fussent toujours, comme chez les modernes, une marque de l'autorité souveraine. Quelques-unes, il est vrai, se rapprochent par leur

Collection Campana. — Diadème antique en or.

forme du diadème, bandeau plus ou moins richement orné qui était l'insigne de la royauté chez les peuples de l'Orient. On voit le diadème entourant la tête des monarques de l'Égypte, de l'Assyrie, de la Perse, de l'Arménie, de la Parthie. Alexandre ceignit sa tête du diadème lorsqu'il eut fait la conquête de l'Asie, et son exemple fut imité par ses successeurs. Antoine le prit aux Ptolémées, s'en para tandis qu'il régnait en Égypte avec Cléopâtre. Ce n'est que beaucoup plus tard que le diadème, de plus en plus riche et chargé d'ornements, devint dans l'Occident la couronne qui est encore le symbole de la royauté.

LES TIMBRES-POSTE.

ROYAUME-UNI DE LA GRANDE-BRETAGNE ET D'IRLANDE.

Suite. — Voy. p. 35, 70, 119, 151, 199, 222, 254.

Enveloppes. — Suite.

Enveloppes particulières

(21 enveloppes, 7 types.)

Le public a le droit de faire imprimer, à Somerset House, les timbres gaufrés de 1 penny, 2, 3, 4, 6 pence, et 1 shilling, sur toute espèce de papier, sauf le papier trop mince et le papier de couleur. Ce papier timbré sert à faire des enveloppes, des *covers* ou des bandes; on peut aussi écrire dessus, en ayant soin de plier la lettre de façon que le timbre occupe la place convenable sur l'adresse.

De plus, on peut obtenir de l'administration, moyennant le prix de la gravure de la matrice, que le timbre porte une marque particulière.

L'administration entoure, dans ce cas, le timbre réglementaire d'une jarretière bouclée, ou plus exactement d'un cadre rond, sur lequel sont gravés le nom et l'adresse de la maison ou de la compagnie qui a commandé ces timbres pour l'affranchissement de sa correspondance et de ses imprimés.

Cette marque remplace utilement l'estampille ou le cachet, que les maisons de commerce, les établissements industriels et d'autres entreprises ont coutume d'apposer sur leurs envois pour en indiquer extérieurement la provenance.

Cette marque est la même pour tous ceux qui demandent à en avoir le bénéfice.

Le cadre a un diamètre de 38ᵐᵐ et une largeur de 3ᵐᵐ.5 à 5ᵐᵐ. Il n'a pas d'ornement. Il est de la même couleur que le timbre qu'il entoure.

MM. Smith, Elder et Cⁱᵉ, éditeurs et libraires à Londres,

Nᵒ 96. — Angleterre.

sont les premiers, et ont été longtemps les seuls, qui aient fait usage d'enveloppes et de bandes timbrées de la sorte. Ils ont même fait graver deux jarretières différentes : l'une,

pour les envois destinés au Royaume-Uni (nᵒ 96); l'autre, pour ceux qu'ils adressaient dans l'Inde (nᵒ 97).

Nᵒ 97. — Angleterre.

MM. Smith, Elder et Cⁱᵉ ont fait imprimer à leur nom, et de l'un et l'autre type, des timbres de toutes les valeurs (1 penny, 2, 3, 4, 6 pence, et 1 shilling); cependant on ne voit ordinairement que les timbres de 1 penny, 2 pence et 1 shilling, et avec la mention *East India Agents*, que les timbres de 4 et 6 pence.

Il existe beaucoup d'autres timbres de ce genre; nous citerons les plus connus :

British workman. 9, Paternoster row. London. 1 penny.

The home news. Grindlay and Cᵒ. London. 3 pence.

J. F. Pawson. 26, Bell yard, Lincoln's inn fields, W. C. 1 penny.

W. H. Smith and Son. 186, Strand. London. 1 penny, 2, 3, 4 et 6 pence.

Stevens and Norton. London, E. C. 1 penny.

Timbres de télégraphes.
(19 timbres, 5 types).

Plusieurs compagnies anglaises, établies pour la transmission des correspondances par le télégraphe électrique, ont mis en vente des timbres, semblables aux timbres-poste, pour l'affranchissement des dépêches.

La Compagnie du télégraphe du district de Londres (*London district Telegraph Company limited*) a deux timbres, appelés *message stamps :*

Imprimé en noir sur
3 pence (0f.3125), — papier jaune.
6 (0f.6250), — papier rouge-groseille (n° 98)..

Ces timbres sont lithographiés, dentelés, rectangulaires ; ils ont 32ᵐᵐ sur 26ᵐᵐ.

N° 98.   Angleterre.   N° 99.

La Compagnie du télégraphe électrique (*the electric Telegraph Company*), établie en 1846, avait d'abord cinq timbres :

Imprimé en noir sur
3 pence (0f.3125), — papier jaune-mais.
1 shilling et 6 pence (1f.8750), — papier rose pâle.
2 shillings (2f.5000), — papier bleu clair.
3 (3f.7500), — papier bleu plus foncé.
4 (5f.0000), — papier blanc.

Ces timbres sont rectangulaires, ils ont 67ᵐᵐ sur 52ᵐᵐ. Ils sont gravés, imprimés en noir sur papier de couleur, et non piqués.

Ces timbres ont été remplacés par les suivants :

Imprimé sur papier blanc
3 pence (0f.3125), — en bistre clair.
1 shilling (1f.2500), — en orange.
18 pence (1f.8750), — en rose.
2 shillings (2f.5000), — en vert.
3 (3f.7500), — en bleu (n° 99).
4 (5f.0000), — en noir.

Ces timbres sont gravés, piqués, rectangulaires ; ils ont 31ᵐᵐ.5 sur 25ᵐᵐ.5.

La Compagnie du télégraphe électrique du Royaume-Uni (*United Kingdom electric Telegraph Company limited*) a trois timbres :

Imprimé sur papier blanc
3 pence (dépêche de 5 mots), — en brun clair.
6 (dépêche de 10 mots), — en rose vif.
Imprimé sur papier blanc bleuâtre
1 shilling (dépêche de 20 mots), — en violet foncé (n° 100).

Le guillochis du timbre est différent suivant la valeur.

N° 100. — Angleterre.

Ces timbres sont gravés, imprimés en couleur sur papier glacé, dentelés, rectangulaires ; ils ont 30ᵐᵐ sur 25ᵐᵐ.

Ils sont faits par MM. Thomas de la Rue et Cⁱᵉ, à Londres.

La Compagnie du télégraphe électrique sous-marin (*Submarine electric Telegraph Company*) a trois timbres :

4 ¹/₂ pence (0f.4687).
4 shillings (5f.0000).
8 (10f.0000).

Ces timbres ont été gravés et imprimés par MM. Thomas de la Rue et Cⁱᵉ.

Enveloppes avec dessins, sans timbre-poste.

*Association pour l'*OCEAN PENNY POSTAGE.

(6 enveloppes, 5 types.)

L'idée de la taxe postale maritime d'un penny appartient à M. Elihu Burritt, le célèbre et savant forgeron américain, qui a toujours été un si ardent prédicateur de la paix.

En 1851, M. Elihu Burritt entreprit de répandre et de faire prévaloir en Angleterre ses vues sur ce point, et il organisa une *agitation* qui fut conduite avec vigueur pendant trois ou quatre années. La Chambre des communes fut saisie de cette grande réforme par M. Milner Gibson, qui est aujourd'hui président du ministère du commerce ; mais la guerre avec la Russie fit ajourner ce projet, qui n'a pas été abandonné par ses auteurs.

M. E. Burritt veut que le public ne paye qu'un penny pour le transport d'une lettre d'un port quelconque du Royaume-Uni à un port quelconque étranger auquel les paquebots anglais touchent régulièrement.

Si ce plan était adopté, le port d'une lettre simple, d'un port anglais à un port de l'autre côté de la mer, quelle que soit la distance, serait de 2 pence, savoir : 1 penny pour la taxe postale intérieure et 1 penny pour la taxe postale maritime. La lettre payerait de plus la taxe postale intérieure du pays destinataire.

Prenons pour exemple une lettre d'Angleterre pour la France :

1 penny = 10 centimes, taxe intérieure anglaise ;
1 = 10, taxe maritime ;
2 pence = 20 taxe intérieure française.
4 pence = 40 centimes.

C'est précisément la taxe actuelle. Mais on trouverait de grandes différences si l'on appliquait ce calcul aux lettres de Londres pour Calcutta, Hong-kong, New-York, Rio-Janeiro, Sydney, etc.

La réforme consiste dans l'application au transport des correspondances par mer du principe de l'uniformité de la taxe postale qui a prévalu pour les transports par terre ; uniformité de la taxe maritime quelle que soit la distance, mais progression de cette taxe suivant le poids de la lettre.

Le gouvernement anglais a fait des conventions, pour le transport des dépêches, avec les compagnies qui ont établi et exploitent des services réguliers de bateaux à vapeur dans presque toutes les directions ; il leur paye des subventions et perçoit la taxe postale. On lui a demandé de réduire cette taxe à un penny par lettre simple.

Les promoteurs de cette réforme avaient d'autres espérances : ils entrevoyaient la possibilité d'amener la plupart des États à une sorte d'uniformité du port des lettres.

Comme ils voulaient ramener de suite le port au taux le plus bas, et montrer incessamment au public la différence des taxes de chaque pays, ils conseillaient de faire publiquement la part de chaque service postal. Ils proposaient de créer un timbre d'affranchissement pour le payement de la taxe postale maritime, et toute lettre simple adressée à l'étranger aurait porté trois timbres : le timbre de 1 penny pour le port anglais, le timbre de 1 penny pour l'*Ocean Postage*, et un timbre anglais représentant le port étranger. L'adresse ci-après, tirée d'une des affiches de l'*Ocean penny Postage*, marque bien cette idée (n° 101).

Il était naturel qu'on cherchât à éviter l'embarras de ces trois timbres mobiles, et l'on pensa à remplacer l'un d'eux, celui du port maritime, par une enveloppe timbrée.

On grava des dessins d'enveloppe pour l'Association de l'*Ocean penny Postage*, on façonna des enveloppes. L'Association s'en servit pour sa correspondance et en re-

1 ½ d. U. States Inland.	1 d. Ocean Transit.	1 d. British Inland.

To any Town

in the

United States.

N° 101. — Enveloppes; Angleterre.

commanda l'usage à ses partisans; c'était pour elle un nouveau moyen de propager ses idées. Mais ces enveloppes n'avaient aucune valeur postale.

Il ne paraît pas qu'il y ait eu plus de six enveloppes de l'*Ocean penny Postage*, et même quatre seulement sont d'ancienne date et ont été plus particulièrement employées par l'Association.

1. Le paquebot à vapeur (gravé en bois). On lit sur la voile de misaine : *Ocean penny Postage;* en haut de l'enveloppe : « Le monde attend de la Grand-Bretagne le don le plus précieux, une taxe postale maritime d'un penny »; et en bas : « Pour porter la patrie partout et rapprocher tous les peuples. » (N° 102).

Ces enveloppes se vendaient 1 shilling 6 pence le cent.

N° 102. — Angleterre.

2. Le même (gravé en bois), avec la seule inscription : *Ocean penny Postage.*

Ces enveloppes se vendaient 1 shilling le cent. Elles sont devenues rares, comme les précédentes.

3. Le même (gravé sur cuivre). Sur le hunier de misaine et la misaine : « C'est un besoin pour le monde, ce serait un bienfait de l'Angleterre, qu'un *Ocean penny Postage.* » Au bas de l'enveloppe : « Tous les ports s'ouvrent devant lui (le paquebot qui porte les lettres), des amis saluent son heureuse arrivée, et il n'a pas d'ennemis. »

4. Le Matelot (gravé sur cuivre). En haut : « Angleterre! accorde ce bienfait, et sois bénie de ton bienfait. L'*Ocean penny Postage* » — ; en bas : — « unira toutes les nations avec toi par le commerce et la paix. » (N° 103.)

Les deux enveloppes suivantes ont été imprimées à Dundee; on les vendait 2 shillings le cent.

5. Cette enveloppe (gravée sur cuivre) porte, à gauche, à l'angle supérieur, la figure d'un timbre qui représente le timbre-poste maritime. A droite, la place du timbre-poste pour le port intérieur, anglais et étranger, est vide. On lit sur des banderoles : « Angleterre, le monde attend de toi une taxe postale maritime d'un penny, qui rendra frères tous ses enfants. » (N° 104.)

6. Le dessin (gravé sur cuivre) ne couvre que le dessous de l'enveloppe. Les devises ressemblent aux précédentes : « L'*Ocean penny Postage* resserrerait par le com-

N° 103. — Enveloppes; Angleterre.

N° 104. — Angleterre.

N° 105. — Angleterre.

merce et la paix l'union fraternelle des hommes. — Bénis soient les pacificateurs! — Dieu a fait du même sang toutes les nations des hommes. » (N° 105.)

Les dessins des enveloppes 3 à 6 ont été gravés sur cuivre, reportés sur pierre et imprimés lithographiquement.
La suite à une autre livraison.

LE TOMBEAU DE Mgr AFFRE, A NOTRE-DAME DE PARIS.

Tombeau de Mgr Affre, à Notre-Dame de Paris. — Dessin de Pérassin.

Denis-Auguste Affre, qui mourut si noblement sur les barricades de juin 1848, naquit loin de Paris, dans une petite ville de l'Aveyron, Saint-Rome de Tarn, en 1793. Neveu de l'abbé Boyer, qui releva le séminaire de Saint-Sulpice, le jeune Affre se trouva naturellement tourné vers l'état ecclésiastique : son oncle pouvait venir en aide à sa vocation ; il fit ses études à Saint-Sulpice et se distingua dans les diverses branches de l'enseignement religieux. Le goût de la philosophie ne le détourna pas des connaissances pratiques, si utiles dans les hauts degrés de la hiérarchie catholique ; il s'attacha surtout à l'administration diocésaine et à l'organisation des études. Tour à tour professeur de philosophie à Nantes et de théologie à Issy, grand vicaire à Luçon, à Amiens, enfin à Paris (1834), il avait attendu pour écrire que l'âge eût mûri et assuré ses opinions. Il débuta, en 1826, par un *Traité des écoles primaires*, publia, l'année suivante, son traité souvent réimprimé *De l'Administration temporelle des paroisses*, et bientôt après un *Essai historique et critique sur la suprématie temporelle du pape et de l'Église* (Amiens, 1829). L'abbé Affre était coadjuteur de Strasbourg, avec le titre d'évêque *in partibus* de Pompéiopolis, lorsque la mort de M. de Quélen, archevêque de Paris, l'appela au vicariat du chapitre métropolitain. Après de longues hésitations, le gouvernement le désigna pour le siège de Paris ; il fut sacré en 1840. On peut dire que si sa carrière fut rapide, ses succès ne furent pas au-dessus de son talent ; il se montra ferme, indépendant, zélé pour les œuvres de charité. Son *Traité de l'appel comme d'abus* (1843), sa *Lettre sur les études ecclésiastiques* (1841), où il développe un vaste plan d'études, la fondation de la maison des Carmes, et une *Introduction à l'étude philosophique du christianisme*, ouvrage dirigé contre le rationalisme moderne, témoignèrent de l'activité de son esprit et firent honneur à son épiscopat. Il était généralement aimé dans Paris. Il était de stature et de force au-dessus de la moyenne ; sa figure était grave et affable.

La révolution de février ne le trouva pas hostile ; il se souvenait sans doute du Christ disant : « Mon royaume n'est pas de ce monde » ; il s'appliqua tout entier au soin de son diocèse. L'insurrection de juin l'appela bientôt à accomplir l'un des plus beaux devoirs du prêtre, le seul devoir civique du clergé dans les discordes civiles. Il appartient aux ministres d'un Dieu clément d'intervenir dans les querelles des partis pour enseigner le respect de la vie humaine ; il appartient au pasteur, selon la tendre allégorie chrétienne, de sauver, fût-ce au prix de sa vie, le troupeau qui lui est confié. Ces préceptes étaient bien ceux de l'archevêque, et chaque fusillade, chaque coup de canon surexcitait, exaltait dans son âme une pensée généreuse. Il passa en prières, en méditations, toute la journée du 24 ; le massacre durait depuis deux mortels jours ; le lendemain, la révolte accablée sur la rive gauche grondait encore sur la place de la Bastille : quand cesserait l'effusion du sang ?

Le dimanche 25 juin, l'archevêque sortit de l'archevêché à cinq heures et demie, et se rendit chez le général Cavaignac pour demander s'il lui serait interdit d'aller au milieu des insurgés porter des paroles de paix. Le général reçut le prélat avec une vive émotion, et répondit que s'il ne pouvait prendre sur lui de donner un conseil en de telles circonstances et pour une démarche aussi périlleuse, il ne pourrait qu'en être reconnaissant, et qu'il ne doutait pas que la population n'en fût grandement émue. L'archevêque aussitôt annonça que sa résolution était prise ; il rentra quelques instants chez lui, et vers huit heures il était au pied de la colonne de Juillet. Pendant le trajet, il s'entretenait avec une grande sérénité du texte saint : « Le bon

pasteur donne sa vie pour ses brebis. » Plusieurs représentants du peuple lui offrirent de l'accompagner, mais il refusa, pensant avec raison que leur présence pourrait être nuisible ou au moins inutile ; leur autorité avait été souvent méconnue, et leur inviolabilité ne les avait pas toujours préservés des balles. Seuls, les deux grands vicaires, MM. Jacquemet et Ravinet, accompagnaient leur chef et leur ami ; devant eux marchait un parlementaire, un ouvrier portant une branche verte cueillie sur le boulevard. Le feu cessa des deux côtés, et le vénérable pasteur, avec ses deux compagnons, monta sur la barricade. Mais à peine avait-il adressé aux gens du faubourg quelques paroles pleines d'onction qu'il fut atteint d'un coup de feu isolé, parti d'une fenêtre ; aussitôt une double décharge des insurgés et des gardes mobiles se croisa au-dessus de lui. Il était tombé, les reins traversés par une balle. On ne peut accuser de sa mort la masse des insurgés ; ce furent eux qui le relevèrent, le portèrent dans leur quartier chez le curé des Quinze-Vingts ; les premiers soins lui furent donnés par un de leurs médecins. Le lendemain matin, des négociations entamées permirent de le ramener à l'archevêché. Le trajet du convoi funèbre fut, dit un journal du temps, « l'objet de démonstrations dont aucun témoin ne pourra perdre le souvenir. » D'heure en heure, cependant, l'état du vénérable malade s'aggravait. Il avait reçu les derniers sacrements avant de quitter le faubourg Saint-Antoine, craignant de rendre le dernier soupir dans le trajet. Dès le soir même, cédant à ses instances, M. l'abbé Jacquemet avait dû lui révéler la gravité de sa blessure ; et lui, sans aucune émotion ni trouble, sans regret de la vie qu'il allait perdre, il en offrait sans cesse le sacrifice à Dieu pour la France et pour son avenir. Il disait aussi : « Puisse mon sang être le dernier versé ! » Au moins lui fut-il permis de croire que son sacrifice n'avait pas été inutile ; l'insurrection ne devait pas lui survivre.

Lorsque sa mort fut connue, dans la soirée du 27, le deuil fut général. Le lendemain, on lisait partout dans les journaux les détails de sa glorieuse agonie. Sur tous les murs paraissait le décret suivant : « L'Assemblée nationale regarde comme un devoir de proclamer les sentiments de religieuse reconnaissance et de profonde douleur que tous les cœurs ont éprouvés pour le dévouement et la mort saintement héroïque de M. l'archevêque de Paris. » Enfin on résolut d'élever un monument à sa mémoire ; mais où placer sa statue ? A Notre-Dame, comme le demandait une lettre du clergé métropolitain du 17 juillet ? A l'endroit où le prélat fut blessé ? C'est ce que voulaient les pétitionnaires du faubourg. Le comité de l'intérieur, chargé de la rédaction d'un projet, proposait le Panthéon comme le plus digne sépulcre d'un grand citoyen. Après avoir entendu plusieurs discours, la majorité de l'Assemblée se décida pour Notre-Dame. Divers amendements complétèrent ainsi le texte du décret : « Un monument sera élevé sous les voûtes de l'église métropolitaine de Notre-Dame de Paris, au nom et aux frais de la République, à la mémoire de l'archevêque de Paris. Sur le monument on lira les inscriptions suivantes : LE BON PASTEUR DONNE SA VIE POUR SES BREBIS. (Saint Jean, ch. X, v. 7.) — PUISSE MON SANG ÊTRE LE DERNIER VERSÉ ! » Quant au crédit à allouer, le ministre proposa quarante mille francs ; le grand sculpteur David d'Angers pensait que vingt mille suffiraient pour une statue, mais que le reste de la somme permettrait d'ajouter des bas-reliefs. L'Assemblée vota cinquante mille francs. Il fut en outre décidé que le monument serait mis au concours.

Le 1er août 1848, un premier concours fut ouvert par le ministre de l'intérieur ; mais, le 23 janvier 1849, la commission chargée de juger déclara qu'il n'y avait pas lieu de décerner le prix ; chaque artiste, suivant librement son initiative individuelle, s'était par trop éloigné des conditions imposées par les décrets, et qui furent formulées expressément pour un nouveau concours. Le 23 novembre, la commission, à la majorité de treize voix sur quatorze, décerna le prix au projet de M. Auguste Debay, peintre et sculpteur ; elle crut devoir mentionner honorablement celui de MM. Auguste Barre, statuaire, et Baltard, architecte, dont les dispositions présentaient peut-être un aspect à la fois plus imprévu et plus vraiment funéraire que l'esquisse couronnée. Mais la statue de M. Debay prenait plus sur le fait le douloureux événement dont l'impression était vive encore ; le socle, très-simple, répondait aux vœux du clergé métropolitain, qui écrivait à l'Assemblée : « Plus le monument sera simple, mieux il nous retracera la simplicité de sa vie, et, s'il était permis de le redire, la simplicité de sa mort. »

M. Auguste Debay se mit courageusement à l'œuvre : il corrigea et refit plusieurs fois son modèle en terre ; il travailla sans relâche dans la chapelle où devait être placé le monument, à droite du chœur, entre les deux sacristies ; on dit qu'il y a perdu la santé. Après dix ans, il a enfin livré au public une œuvre considérable, sage, ferme, vraiment digne de l'homme dont elle conservera les traits à la postérité. Le monument se compose d'un sarcophage en marbre blanc veiné de gris pâle, décoré d'un bas-relief et supportant la statue couchée, en marbre de Carrare. Au-dessus, le long de la muraille, s'élève une stèle que couronnent une mitre et une palme. Sur le piédestal, en retour, du côté de la tête, en lettres creusées et dorées, est placée l'inscription suivante : « Denis-Auguste Affre, » archevêque de Paris, né le 28 septembre 1793, mort » victime de sa charité pour son troupeau, le 26 juin 1848. » La sobriété, excessive peut-être, des détails décoratifs, concentre tout l'intérêt sur la statue ; l'exécution du bas-relief lui-même est sacrifiée évidemment à dessein : il représente le commencement de la scène, l'archevêque se dirigeant vers la barricade ; des officiers qu'agite un funèbre pressentiment s'engagent à ne pas donner suite à son généreux projet ; mais lui, montrant le crucifix, semble leur répondre : « Le bon pasteur donne sa vie pour ses brebis. » A gauche, le cadavre d'un garde mobile ; devant l'archevêque, l'homme qui le précéda sur la barricade, le rameau vert à la main ; derrière le groupe d'officiers, à droite, les deux vicaires ; sur le devant, du même côté, des gardes mobiles portant un camarade blessé.

Nous laissons l'appréciation de la statue à un critique autorisé, M. Henri Delaborde :

« Renversé sur les pavés où il était venu conjurer une guerre fratricide, frappé d'un coup qu'il sait mortel, l'archevêque semble disputer aux convulsions de la souffrance les restes de cette vie qui peut empêcher d'autres crimes et désarmer encore les meurtriers. Son bras droit se roidit dans un effort suprême pour élever, pour arborer, en face des fusils qu'on recharge, le rameau d'olivier, tandis que son bras gauche, fléchissant sous le poids du corps, maintient le crucifix en contact avec ce corps qui succombe, avec ce cœur qui va cesser de battre. Les jambes, que la mort entraîne déjà, ont glissé l'une sur l'autre et s'allongent sous les plis de la soutane, dont l'effet pittoresque est rehaussé par l'extrémité flottante du manteau que soulève le bras droit. Quant aux traits du visage, ils résument et précisent avec une remarquable énergie ce combat entre la douleur physique et la volonté, ce double cri, pour ainsi dire, de l'âme et de la chair qu'ont fait pressentir l'attitude et les intentions générales. Les lèvres entr'ouvertes d'où s'échappe, en même temps que le dernier soupir, une supplication dernière, les muscles contractés du front et de la

face, le regard tourné vers le ciel comme pour en appeler à lui des fureurs humaines, tout exprime les angoisses de l'agonie aussi bien que l'ardente piété du mourant. Tout atteste ainsi l'émotion qu'a éprouvée l'artiste et la foi que lui a inspirée son sujet ; mais dans cette partie du travail comme dans le reste, nul excès de zèle ne vient compromettre les droits du goût et agiter outre mesure ou surcharger ce qu'il n'importe pas moins de traduire avec le respect du beau qu'avec le sentiment du dramatique. »

O sainte affection ! celui qui ne te connaît pas ignore les meilleures émotions du cœur, ces tendres pleurs qui humanisent l'âme, ces soupirs qui charment, ces angoisses qui exaltent ; il habite trop près de la cruauté et de l'orgueil, et n'est qu'un novice à l'école de la vertu.

THOMPSON.

LA LUNE
MANGE-T-ELLE LES NUAGES?

« La lune mange les nuages » ; tel est l'aphorisme qu'a consacré en maint canton la sagesse populaire. Il n'est personne, en effet, qui n'ait eu l'occasion d'être témoin du phénomène auquel cet aphorisme se rapporte. Le ciel se trouve chargé de légères nuées qui voilent çà et là les étoiles ; la pleine lune se lève, monte dans le ciel, et bientôt l'on voit les nuées qui flottaient au-dessous d'elle et interceptaient sa lumière s'affaiblir, se diviser et finir par disparaître entièrement en laissant le satellite de la terre rayonner sans obstacle dans la sérénité de la nuit. Que sont devenus les nuages ? La lune les a mangés.

Ce phénomène est si général qu'il doit nécessairement avoir une cause douée du même caractère de généralité. En voici une qui a réuni les suffrages de quelques physiciens, et notamment de l'illustre astronome John Herschel. Il est incontestable que la surface de la lune, lorsque cet astre est dans son plein, doit s'élever à un degré de température d'une assez grande valeur. Elle est composée de rochers qui demeurent exposés au rayonnement du soleil pendant quinze jours de suite, sans souffrir ces interruptions périodiques qui ont lieu chez nous de douze en douze heures par l'effet de la nuit : elle doit donc s'échauffer beaucoup plus que ne le fait en plein midi la surface de notre planète, et d'autant mieux qu'il y a autour de notre satellite, comme autour de notre globe, une épaisse atmosphère qui absorbe une partie des rayons solaires et en tempère, par conséquent, l'intensité naturelle. Aussi n'hésite-t-on pas à penser que la surface de la lune, dans les parties frappées par le soleil, acquiert une température d'au moins 100 degrés. A ce point de vue, cet astre peut donc être considéré, particulièrement lorsqu'il est dans son plein, comme un immense calorifère de 283 lieues de diamètre, placé à une distance d'environ 40 000 myriamètres et envoyant sur nous ses rayons à travers l'espace.

Cependant, quelques expériences que les physiciens aient tentées, ils n'ont jamais pu constater qu'il nous vienne de la lune la moindre chaleur. Non-seulement le thermomètre persiste à demeurer à la même hauteur quand on l'expose à la pleine lune ou quand on l'en sépare par un écran, mais en concentrant le rayon lunaire au moyen des plus puissants miroirs de télescope servant de réflecteurs, on ne peut pas déterminer le moindre mouvement sur un thermomètre, si sensible qu'il soit, placé au foyer de l'instrument et recevant, par conséquent, cette chaleur plus que centuplée. Aussi les physiciens, s'appuyant sur cette expérience, se sont-ils longtemps accordés à poser en principe que le lune est un astre glacé; mais l'expérience n'était pas concluante. Des observations plus délicates sur la propriété de la chaleur ont démontré que tandis que les rayons calorifiques émanés d'un foyer incandescent travern sans difficulté les couches de l'atmosphère, les rayons calorifiques émanant d'un foyer échauffé, mais pas assez pour devenir lumineux par lui-même, sont aisément absorbés par les milieux diaphanes, tels que l'air, à travers lesquels on les dirige. Ainsi, en supposant que la chaleur qui se dégage de la lune arrive à un degré sensible dans les limites supérieures de notre atmosphère, elle se perd dans le trajet et ne parvient pas jusqu'au corps de la planète. Donc les thermomètres placés au niveau du sol, même au foyer ou d'un réflecteur parabolique ou d'une lentille de verre, ne doivent accuser aucune élévation de température par le fait de leur exposition aux rayons de la lune; mais il n'en est pas de même des nuages placés dans les hautes régions de l'atmosphère : la chaleur lunaire n'est pas encore totalement absorbée quand elle arrive à leur niveau, et elle peut fort bien agir sur eux, élever leur température et finalement les mettre en vapeur.

A la vérité, il n'y a là qu'une hypothèse; mais c'est une hypothèse qui paraît avoir en sa faveur une certaine vraisemblance. Peut-être aussi la présence de la pleine lune au sommet du ciel détermine-t-elle dans l'atmosphère des phénomènes électriques qui auraient pour effet la disparition des nuages; mais cette hypothèse, qu'aucune expérience directe n'a vérifiée non plus, aurait encore moins de droit à s'attribuer le caractère scientifique. La première, jusqu'à nouvel ordre, mérite donc la préférence.

Le phénomène dont il s'agit, de quelque manière qu'il le faille expliquer, se lie d'ailleurs à une loi météorologique très-remarquable, qui a été mise en lumière par M. Arago, sur le relevé authentique des observations faites sur la pluie pendant une longue suite d'années. Ces observations s'accordent, dans quelque laps de temps qu'on les veuille prendre, à montrer qu'il tombe constamment plus de pluie aux époques de nouvelle lune qu'aux époques de pleine lune. Donc, lorsque la lune est dans son plein, il y a une cause active qui tend non pas à détruire complétement, mais à diminuer sensiblement la masse des nuages. C'est là ce qu'il y a de plus clair dans cette question, si controversée entre le peuple des campagnes et les savants, de l'influence de la lune sur la terre, et, comme on le voit, ce n'est, en définitive, que l'application du fameux principe : « La lune mange les nuages. »

LE LUXE.

L'équilibre de votre budget vous permet-il du luxe? Sachez le bien choisir : il y a un luxe qu'on peut appeler vrai et moral; un autre, faux et vicieux. D'abord, ce qui donne à l'intérieur de l'habitation un aspect agréable, ce qui fait qu'on aime à se trouver chez soi, est un luxe de bon aloi. La possession et la contemplation des œuvres d'art élèvent la pensée, entretiennent ou développent le sentiment du beau. Le bon goût dans les vêtements en fait ressortir les convenances et la propreté, ajoute la grâce à la simplicité, donne le cachet de la véritable élégance.

Le faux luxe ne vise pas à la beauté, mais à l'apparence; il ne satisfait pas une tendance noble, mais une petitesse d'amour-propre; il se soucie peu de l'art, mais beaucoup de la mode; il ne vent pas une chose parce qu'elle est belle, mais parce qu'elle est chère; parce qu'elle est agréable, mais parce qu'elle est rare. Entre tous les gens possédés par ce luxe laid et ruineux, il y a une éternelle course au clocher des vanités, des égoïsmes, des or-

gueilleuses ostentations, des excentricités de mauvais goût.

Que si, de la morale privée, on passe à la morale politique, on ne rencontre pas moins d'écueils. Réduire une société (en admettant que cela soit longtemps possible) à ne produire et à ne consommer que le nécessaire, ce serait lui enlever le sentiment de l'art, le goût naturel du bien-être, un levier d'émulation, un aliment honnête pour l'industrie, un moyen de rapprocher les fortunes, un soulagement à bien des souffrances, des gloires à la nation.

D'un autre côté, la préoccupation du bien-être et du luxe éloigne des goûts sérieux, produit des habitudes frivoles, des dissipations ruineuses, corrompt les mœurs, abâtardit les caractères, dispose les cœurs à tous les despotismes, ruine, dans le citoyen comme dans la famille, l'esprit de dévouement et de sacrifice. N'est-ce pas quand le luxe fut parvenu à son comble que le patriotisme romain s'est éteint? Et les généraux gorgés de dotations n'ont-ils pas, en 1814, abandonné la défense de la patrie, tandis que les vieux soldats de la république ne demandaient qu'à combattre l'étranger? Que de scandales, d'immoralités, de crimes, sont notoirement dus à l'amour effréné du luxe, au besoin d'y satisfaire à tout prix! Dans les pays dévorés de cette passion, n'en a-t-on pas vu les excès annoncer et précéder de peu les explosions des catastrophes sociales?

Les industries qui, spéculant sur les mauvais penchants, font de la civilisation l'art de multiplier sans cesse les besoins factices, et surexcitent les appétits de toutes sortes de luxe, les exemples et les autorités qui les favorisent, les doctrines qui les légitiment, poussent également aux abîmes. On se flatterait en vain d'arrêter tout à fait le mal; il y a des tendances fatales et des courants irrésistibles. La religion, la raison, font vainement entendre leur voix; le siècle s'amuse, se pare, et s'endort dans le plaisir : il ne se corrigera qu'à la leçon des événements terribles. [1]

PEINTURE MURALE DE L'ÉGLISE DE PÉRONNE.

On a découvert, en 1850, dans la chapelle du Sacré-Cœur de l'église de Péronne (Somme), une peinture murale cachée depuis longtemps sous un épais badigeon. Sur les côtés, en dehors du tableau, qui mesure environ 5 mètres de largeur sur 6 mètres de hauteur, on voit, à genoux, les donateurs peints de grandeur naturelle; à gauche, Jean Roussel, conseiller, lieutenant particulier, civil et criminel au gouvernement et prévôté de Péronne; à droite, sa femme Jacqueline Aubé, au-dessous, une inscription qui rappelle qu'ils ont fait exécuter cette peinture en 1601.

La composition représente la Glorification de la Vierge, que l'on voit placée au centre du tableau, entre la terre et le ciel, adorée des anges et des saints. Chaque figure est accompagnée d'une légende latine expliquant la pensée ou l'action par laquelle elle contribue à compléter la pensée générale.

A la partie supérieure on voit le Père éternel entre le Fils et le Saint-Esprit; au bas, le pécheur étendu sur son lit de mort. La pensée du moribond est la crainte de Dieu, et sa bouche implore la miséricorde du Seigneur en récitant le verset 20 du chapitre XIX du livre de Job. Sa tête repose sur les trois vertus théologales, la Foi, l'Espérance et la Charité. Son corps est couvert de bonnes pensées et de bonnes paroles; il est couché sur un matelas bourré de bonnes œuvres. Les pieds du lit s'appuient sur les quatre vertus cardinales, la Force, la Prudence, la Justice et la

[1] Alphonse Grün, *Pensées des divers âges de la vie.*

Tempérance. Près du moribond se tiennent deux religieux qui récitent les prières des agonisants, tandis qu'un troi- | sième lui présente le goupillon d'eau bénite. Un démon, qui s'est glissé auprès de lui, lui dit avec une joie féroce :

Peinture murale découverte, en 1850, dans l'église de Péronne. — Dessin de H. Renaud.

« Tu as péché, n'espère pas de pardon. » A la tête du lit, son ange gardien appelle les anges du Seigneur à prier | avec lui, tandis que de l'autre côté le saint patron invoque les autres saints.

Au centre du tableau, la Vierge, à genoux sur un nuage, implore en faveur du pécheur la sainte Trinité. Elle est entourée à droite par des anges qui disent : « Par elle, nous allons à Dieu » ; à gauche, par un groupe de saints qui chantent : « Par elle, Dieu vient à nous. » Dieu prié tout à la fois par son Fils, par le Saint-Esprit et par la Vierge, déclare enfin que le temps de la miséricorde est venu. L'archange saint Michel s'élance, met en fuite les démons, et apporte le pardon du Seigneur au moribond.

Cette pensée que la Vierge est le centre des bénédictions du ciel, que c'est à elle que l'on doit s'adresser dans la détresse, a été figurée par plusieurs peintres dans le commencement du dix-septième siècle, et nous connaissons une gravure, publiée à Rome en 1603, qui représente exactement le sujet du tableau de l'église de Péronne.

L'éducation populaire doit tendre à réaliser dans chaque individu le type du bon citoyen et de l'homme accompli. Élever nationalement les citoyens, c'est assurer la conservation du peuple futur.　　　　　　　　JAHN.

Ni la force, ni l'ascendant d'un homme supérieur, ne sont des puissances à qui appartienne la durée ; et nul état social ne peut être permanent s'il n'a ses racines et ses causes dans la société même, dans les rapports physiques et moraux dont elle est formée.　　GUIZOT.

A QUELLES HEURES DU JOUR
FAUT-IL ARROSER LES PLANTES ?

Beaucoup de jardiniers croient que l'eau peut être distribuée aux plantes indifféremment à toutes les heures de la journée. Quelques-uns préfèrent le matin : ils en donnent pour raison que les plantes, devant être stimulées par la forte chaleur qui va suivre, trouveront ainsi, autour de leurs racines, la quantité d'eau nécessaire pour remplir leurs tissus et résister à l'ardeur du soleil. Il y a du vrai dans cette explication ; mais il n'en reste pas moins que, par suite de la grande évaporation provoquée par la chaleur d'un jour d'été, l'arrosage ne produit pas tous ses effets, et qu'une notable partie de l'eau est soustraite directement de la terre sans passer par le tissu de la plante. Cette méthode a, en outre, l'inconvénient, plus grand qu'on ne le croit généralement, d'abaisser notablement la température du sol dans le temps même où les parties aériennes de la plante sont exposées à la plus grande chaleur. Cet inconvénient est évité par l'arrosage du soir. L'eau exposée au soleil pendant le jour conserve encore, à la tombée de la nuit, une certaine chaleur. D'autre part, la température de l'air s'abaisse de plusieurs degrés, ce qui, joint à l'obscurité de la nuit, ralentit ou arrête la transpiration de la plante, ainsi que l'évaporation à la surface de la terre, deux conditions qui se rapprochent de celles d'un temps pluvieux. Le sol arrosé le soir se refroidit sans doute, mais ce refroidissement concorde avec celui de l'atmosphère, et ne rompt que faiblement l'équilibre établi par la nature entre la chaleur du jour et celle de la terre pendant la nuit. (¹)

BACS ET BATEAUX DE PASSAGE.

Encore quelques années, et l'on ne connaîtra plus que de souvenir ces ingénieux appareils dont se servaient presque

(¹) *Manuel de l'amateur de jardins.* Traité général d'horticulture, par MM. J. Decaisne et Ch. Naudin. Paris, Didot, 1863.

exclusivement nos aïeux pour traverser les fleuves et les rivières et qui étaient si répandus au moyen âge. Les bacs, sans doute, offraient beaucoup d'inconvénients et ne sauraient être comparés, sous le rapport de la sécurité et de la commodité, à ces ponts de fer, si élégants et relativement si peu coûteux, que l'on voit partout aujourd'hui ; cependant ils avaient aussi leur mérite, et présentaient un notable intérêt à la fois au point de vue de l'art et à celui de la science.

Non-seulement ils faisaient bien dans un paysage, et la vue de ce bateau plat, chargé de passagers, de bestiaux et de produits agricoles, qui flottait doucement sur une eau limpide au milieu d'une nature champêtre, avait pour l'artiste un charme particulier, mais le savant pouvait encore trouver dans ce mode primitif de communication un sujet d'études intéressantes et de curieuses observations scientifiques.

Quand on voit, en effet, fonctionner un bac pour la première fois, on ne peut se défendre d'un certain étonnement. En voyant cette poulie légère qui semble courir toute seule sur ce câble suspendu en l'air, et ce bateau attaché par le flanc qui paraît lui obéir volontairement et se frayer un passage de lui-même à travers le courant du fleuve, sans le secours d'aucune force étrangère, sans voile, sans rame ni aviron, on se demande quelle peut être la force mystérieuse qui produit un effet aussi contraire à ce qu'on devrait attendre des lois de la nature, et l'on a quelque peine à se rendre compte de ce phénomène singulier.

Cette force, car il faut bien qu'il y ait une force, puisqu'il y a un mouvement, n'a rien de surnaturel, mais n'est autre chose que la force du courant qui se trouve habilement détournée et employée à se vaincre elle-même en se combinant avec la résistance que présente le câble attaché aux deux rives ; c'est-à-dire que le bac n'est qu'une application aussi simple qu'ingénieuse d'un principe de statique bien connu, le principe du parallélogramme des forces.

Comme cette application est assez curieuse pour qu'on l'étudie avec attention, nous allons essayer d'en donner ici une explication aussi claire qu'il nous sera possible.

Supposons, d'une part, un câble ou grelin HH' (fig. 1)

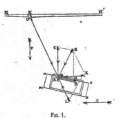

FIG. 1.

tendu en travers du fleuve et solidement fixé à ses extrémités sur chacune des rives, et supposons, d'autre part, un bac (muzz) relié à ce câble par une corde OO', qui est terminée à l'une de ses extrémités par une poulie K dont la gorge est creusée de manière à recevoir le câble, et à l'autre extrémité par une bague ou anneau en fer appelé commande, I, qui est passée sur un rouleau de bois fixé sur le flanc du bac par deux supports AB.

Pour comprendre le mouvement du bac, il suffira d'observer attentivement la manœuvre qui sera employée par le batelier.

Si le batelier, par exemple, veut faire traverser le bac dans le sens de la flèche T, il placera à l'extrémité A du rouleau, vers l'avant du bac, l'anneau I, et, soumettant son bac à l'action du courant, il lui fera prendre la position d'équilibre indiquée par la figure 1.

Or, que se passera-t-il par l'effet de cette manœuvre? La force du courant OC, agissant obliquement par rapport à la paroi du bateau, se décomposera, suivant la règle du parallélogramme des forces, en deux forces : l'une, OD, parallèle au bac et ne produisant, par conséquent, aucun effet sur lui, et l'autre, OE, perpendiculaire, qui le poussera nécessairement dans cette direction, c'est-à-dire dans un sens oblique au courant; mais, retenu par la corde OO′, le bac ne pourra pas céder complètement à l'action de cette dernière force, qui devra alors se composer avec la résistance de la corde qu'on peut représenter par la flèche OL, et donnera une résultante OX qui sera dans le sens de la trajectoire du bac T.

Le bac avancera donc en vertu de la vitesse acquise et entraînera avec lui la poulie, qui se tiendra en avant parce que, le câble n'étant pas très-tendu, elle tombera par l'effet de la pente et de son propre poids.

Seulement, arrivée au point où le câble remonte la poulie, elle restera alors en arrière, et la trajectoire changera et se transformera en un mouvement circulaire ayant la corde pour rayon ; après quoi le bac touchera la rive, sur laquelle on le fixera en abaissant l'espèce de pont-levis, ou tablier, qui se trouve à l'avant et qui sert en même temps à faciliter le débarquement et l'embarquement.

La vitesse du bac est loin d'être uniforme, car, outre les inégalités qui existent dans la force du courant, les différentes positions de la corde produisent parfois des *points morts*, que le bateau ne franchit qu'en vertu de son inertie.

On emploie aussi quelquefois un autre système pour diriger les bacs. Au lieu d'attacher le câble directeur sur les deux rives, on l'attache à un point fixe au milieu de la rivière, comme dans la figure 2.

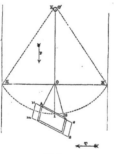

FIG. 2.

Une des extrémités du câble est solidement fixée en O′ à une pile établie au milieu du courant ou à une ancre, et l'autre extrémité est attachée en un point I au milieu

du bateau, de façon, toutefois, que le câble soit constamment hors de l'eau, sauf à le soutenir, s'il est nécessaire, à l'aide de flottours placés assez près l'un de l'autre.

En un point O de ce câble, pris à une distance de I à peu près égale à la longueur de la barque, on attache des cordeaux OA et OB qui vont s'enrouler sur deux ronets en A et en B, et l'on fait manœuvrer les cordeaux suivant le besoin, de manière à faire osciller la barque autour du point I, à varier son inclinaison par rapport au courant, et à la diriger perpendiculairement aux bords lorsqu'elle atteint les points d'arrivée H ou H′.

Pour que toutes les manœuvres s'exécutent avec facilité, il suffit que l'angle HO′H′ n'excède pas 60 degrés, et par conséquent que OO′ = HII′, largeur de la rivière.

Dans ce système, comme on le voit, la longueur du câble directeur est moindre que lorsqu'on l'attache sur les deux bords ; de plus, comme il n'est tendu que par l'action du courant contre la barque, il n'a pas besoin de résister à une traction aussi forte que celle qu'il éprouve dans le cas où le bac est retenu par deux cordes.

Il est enfin un troisième système de bac, qui est le plus élémentaire de tous. Il consiste simplement dans un cor-

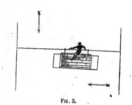

FIG. 3.

dage attaché sur chaque rive et passé sur des poulies qui sont fixées à des supports attachés au flanc du bac, et dont la gorge est creusée de façon à contenir plus que le demi-diamètre du cordage (fig. 3).

Le conducteur, tenant le cordage avec les mains, pousse le fond de la barque avec ses pieds et le met ainsi en mouvement. Il n'est pas besoin de faire observer que ce système, qui exige le secours continuel du bras de l'homme, ne peut être employé que pour traverser des eaux stagnantes ou d'un cours très-lent.

Sur le Rhône et sur la Seine, autrefois du moins, on faisait usage du premier système de bac que nous venons de décrire, et qui porte spécialement le nom de *traille*.

Sur le Pô, en Italie, on fait usage du second, qui gêne beaucoup moins la navigation.

Le troisième, ainsi que nous venons de le dire, n'est guère en usage que sur de très-petits cours d'eau.

L'invention des bacs remonte à l'antiquité ; ils paraissent avoir été connus des Romains, à en juger par ces deux vers d'Ovide :

« Nec tibi (amnis) sunt pontes, nec qua sine remigis ictu
« Concava trajecto cymba rudente velat. » (Ovide.)

(O fleuve, je n'ai pour te franchir ni pont ni barque creuse glissant sans le secours de la rame, le long d'un câble tendu d'une rive à l'autre.)

Sine remigis ictu et trajecto rudente semblent bien indiquer ici qu'il s'agit du premier système de bac dont nous venons de parler.

Les bacs, ainsi que nous l'avons dit en commençant, étaient très-employés au moyen âge. Il y avait peu de villes situées sur le bord d'un cours d'eau un peu important qui n'eussent plusieurs bacs, d'où le nom de rue *du Bac* donné à Paris et dans beaucoup de vieilles villes à des rues qui aboutissent au fleuve.

De Thou (liv. CVII de l'Histoire de son temps) dit qu'en 1593 on traversait le Rhône au moyen d'un bac et d'une corde tendue d'un bord du fleuve à l'autre.

L'étymologie du mot bac est assez obscure, comme beaucoup d'étymologies. Ménage fait dériver bac de *barca* ou *barcus*, étymologie que viendrait corroborer le nom populaire de *bar*, qui subsiste encore dans certaines contrées, notamment en Normandie.

Ducange fait venir bac de *baccus* ou *bacus*, d'où l'on a fait, dit-il, *bacula*, pour signifier une petite barque ou barquette.

Furetière prétend, d'après Isidore, mais à tort selon toute apparence, que les Latins appelaient un bac *linter*.

Ce nom était celui d'un petit bateau dont on se servait pour naviguer sur les eaux basses. Le nom de *ponto*, employé par César pour des bateaux de transport, est probablement celui qu'on appliquait aussi aux bacs. Quant au mot bac lui-même, Furetière penche à le faire venir du mot allemand *bach*, qui signifie ruisseau et rivière.

On désignait aussi un bac, au moyen âge, sous les noms de *port*, *passage*, *passe-cheval* et *gourdaine*. Il y avait une île, à Paris, qui s'appelait *l'île à la Gourdaine*, du nom du bac dont on se servait pour y aborder. C'est la même île qu'on avait appelée auparavant *l'îlot du Passeur aux vaches*.

Enfin, on appelait encore vulgairement un bac un *vat-et-vient*. (Voy. la description du bac aérien de Faust Wranczi, dit le vat-et-vient de l'île de Calypso, tiré du recueil intitulé : *Machinæ novæ Fausti Verantii siceni*, dans notre t. XVIII, 1850, p. 72.)

FIG. 4. — Un Bac aux environs de Paris, d'après une ancienne estampe. — Dessin de Gagniet.

Le passage en bac sur les fleuves et les rivières constituait un droit féodal au profit des seigneurs qui le donnaient à ferme. Ce droit s'appelait en quelques lieux *pontenage* ou *pontonage*, et celui qui l'exploitait portait le nom de *pontonnier* ou *passager*.

Le droit de bac donnait parfois lieu à de graves difficultés et à de longs procès, soit entre les seigneurs voisins, soit entre les seigneurs et leurs vassaux qui avaient racheté ce droit, soit enfin entre les différents cessionnaires.

Ces procès étaient portés devant une juridiction spéciale, celle de la vicomté de l'Eau, dont les décisions étaient quelquefois singulières.

Ainsi on voit dans les archives de la vicomté de l'Eau de Rouen, analysées par M. de Beaurepaire, qu'à la suite d'un procès entre les habitants et les trésoriers de Porte-Joie, près Pont-de-l'Arche, qui avaient racheté d'un sieur de Croixmare, seigneur de Porte-Joie, le droit de bac appartenant à celui-ci, il intervint, le 24 mars 1752, une sentence du vicomte de l'Eau qui maintint les habitants en possession d'être passés et repassés gratuitement, eux, leurs familles et leurs bestiaux, mais qui reconnut aux trésoriers le droit de jouir de tous les profits du bac les

dimanches et fêtes, de sorte que le batelier préposé par les habitants devait chaque samedi, à minuit, remettre le bac, avec les agrès nécessaires, aux mains des trésoriers de la fabrique, et ne le reprendre que vingt-quatre heures après au port de Porte-Joie.

La révolution supprima le droit de bac comme tous les autres droits seigneuriaux, mais elle ne le fit pas brusquement. Un décret en date du 15 mars 1790 commença par enlever au droit de bac son caractère féodal, tout en en laissant l'exercice aux anciens seigneurs à titre de propriété ; puis la loi du 25 août 1792 l'abolit complétement, et reconnut à tout citoyen la liberté d'établir des bacs et bateaux de passage sur tous les cours d'eau navigables.

Plus tard, on prétendit que cette liberté donnait lieu à des abus, et l'on crut, pour éviter ces abus, devoir supprimer complétement la liberté et attribuer exclusivement au gouvernement le droit d'établir et d'exploiter les bacs et bateaux, qui furent réunis au domaine public par la loi du 6 frimaire an 7.

Depuis cette époque, les bacs sont donnés à ferme par le gouvernement au moyen d'adjudications publiques, et la police en est confiée aux préfets et, sous leur direction, aux maires des communes où ils sont situés.

SALON DE 1863. — PEINTURE.

BOUCHER TURC, PAR M. GÉROME.

Salon de 1863; Peinture. — Boucher turc, par M. Gérome. — Dessin de Bocourt.

M. Gérome enferme, depuis quelques années, dans des toiles de petites dimensions des qualités de dessin et de style qui ne se déploient ordinairement à l'aise que dans la grande peinture et qui y trouvent leur meilleur emploi. Mais la distinction du style, la pureté du dessin, ne sont pas des qualités qui perdent rien à se resserrer dans d'é-troites limites : elles y restent entières, elles agrandissent le cadre, si petit qu'il soit, et relèvent le sujet le plus humble ou le plus familier. M. Gérome possède d'ailleurs

à un degré éminent le don le plus capable peut-être de rehausser le genre de peinture qu'à défaut de vastes espaces à remplir, de murailles à couvrir, il semble avoir adopté : le caractère, c'est-à-dire le talent de démêler, de saisir et de mettre en relief, dans une figure ou dans un sujet, les côtés saillants qui en font le mieux ressortir le fond caché pour des regards moins clairvoyants, les par-ticularités extérieures qui en laissent dans l'esprit l'im-pression distincte, et de graver ainsi d'un trait vif et net un type, une scène, une physionomie originale. Aussi les tableaux de M. Gérome, indépendamment du mérite de la peinture, ont-ils toujours pour le public un attrait de curiosité, et ceux dont il trouve les motifs dans les souvenirs de ses voyages sont-ils au nombre de ses meilleurs ouvrages. Assurément celui que reproduit notre gravure attire moins l'intérêt par ce qu'il représente que par les qualités que nous venons de signaler; mais il n'y a pas un seul trait banal dans ce tableau si simple d'un *Boucher turc* debout au milieu des têtes de mouton qu'il a tranchées (le mouton est à peu près la seule viande de boucherie dont on se nourrisse en Turquie). Il a fait son métier, et à présent il passera de longues heures immobile, aspirant gravement la fumée de son tchibouck ou humant à petites gorgées le café léger dont les Turcs boivent jusqu'à vingt et trente tasses par jour : « Le tabac et le café sont les coussins du sofa de la volupté », dit un proverbe turc ; ou bien, religieux comme le sont tous les musulmans, il tournera entre ses doigts les grains de son chapelet; fier et impassible, il voit tout le jour les chalands passer devant sa boutique sans faire un pas, sans prononcer une parole pour les attirer. « En Turquie, dit un voyageur [1], le vendeur marche de pair avec l'acheteur. Il y a plus, on dirait qu'il fait son métier autant pour obliger que pour s'enrichir; de fait, il ne s'inquiète pas beaucoup de sa vente, et regarde sans jalousie celle de son voisin plus favorisé. « Mon tour vien- » dra demain », pense-t-il. Lorsque la voix du muezzin se fait entendre, si le temps est mauvais, il fait ses prières et ses prosternations dans sa boutique, au milieu des allants et des venants, avec le même recueillement que s'il était dans le désert; ou bien il se rend à la mosquée voisine, laissant sa marchandise sous la seule garde de la foi publique. »

MAXIMES TURQUES [2].

— Lorsque l'un de vous sent qu'il va se mettre en colère, qu'il se taise.

— Lorsque l'un de vous se sent en colère étant debout, qu'il s'asseye; et si la colère ne le quitte pas, qu'il s'efforce de rire.

— Quand l'homme qui se met en colère dit sincèrement et avec bonne volonté : « Je me réfugie en Dieu », sa colère se calme.

— Lorsqu'une personne vous injurie en s'attaquant à votre conduite, ne l'injuriez pas en vous attaquant à la sienne : le bon procédé sera de votre côté, l'avantage sera pour vous.

— Allez à une lieue pour voir un malade, à deux lieues pour réconcilier deux personnes.

— Lorsque vous voulez dénoncer les défauts de votre prochain, commencez par compter les vôtres.

— Tout musulman qui habillera un musulman dépourvu de vêtements sera un jour vêtu par Dieu des vêtements verts du paradis.

— Dieu (qu'il soit exalté!) nourrira des aliments réservés aux élus le musulman qui aura apaisé la faim d'un musulman.

— Dieu déteste celui qui a un air rigide en présence de ses compagnons.

— Dieu hait la malpropreté et le désordre.

— Celui-là meurt avec gloire qui périt en combattant pour la justice.

— La foi religieuse de l'homme ignorant ne va pas au delà de ses clavicules.

[1] Ubicini, *la Turquie actuelle.*
[2] Extraites de *la Civilité musulmane*, par l'iman Essiyouthi, traduite par François Cadoz.

— Celui qui aura été un chef injuste subira un châtiment terrible au jour dernier.

— Lorsque l'homme meurt, ce qui vient de lui périt avec lui; trois choses exceptées : l'aumône qu'il a faite, sa science dont on retire de l'utilité, et un enfant vertueux pour lequel on adresse des vœux à Dieu.

— Le courroux céleste sera terrible contre l'homme qui aura été injuste envers celui qui n'a d'autre défenseur que Dieu.

FABRICATION DES MOSAÏQUES.

Les fabricants de mosaïques de Rome emploient 15 000 variétés de couleurs; chacune de ces variétés a 50 nuances, depuis la plus foncée jusqu'à la plus claire, ce qui fait 750 000 teintes différentes, que les artistes distinguent avec la plus grande facilité. On croirait qu'avec un choix de 750 000 couleurs il n'est pas de peinture qu'on ne puisse imiter avec exactitude; cependant les ouvriers, au milieu d'une si étonnante profusion, manquent souvent de nuances indispensables.

OBSERVATIONS ASTRONOMIQUES.

OCTOBRE.

C'est dans le mois d'octobre de l'année dernière que les amateurs d'astronomie physique ont pu étudier le phénomène si intéressant de l'opposition de Mars. En 1863, la planète n'offrira aucune circonstance extraordinaire. Quel dédommagement leur procurera l'étude des cieux? Est-ce une comète qui viendra promener majestueusement sa queue lumineuse dans nos constellations boréales? Sont-ce des bolides qui feront luire leur étincelante trajectoire sur le fond obscur du firmament? Il est difficile de le prévoir. Mais, à défaut de phénomènes particuliers, le ciel offre en toute saison, aux personnes studieuses, des sujets d'observation d'un intérêt inépuisable : indiquons aujourd'hui, comme exemple, l'exploration des montagnes lunaires, auxquelles des travaux récents ont donné un intérêt tout nouveau. Il n'est pas besoin d'être profondément versé dans la science pour trouver plaisir et profit à vérifier par soi-même les diverses assertions des « sélénographes. » Toutefois, avant de diriger sur notre satellite une lunette d'un pouvoir grossissant un peu considérable, les amateurs doivent avoir soin de consulter la meilleure carte lunaire qu'ils auront à leur disposition. Une foule de détails échapperaient à leurs observations du soir s'ils n'avaient, pendant le jour, commencé une étude théorique qui est, d'ailleurs, facile et agréable.

Nous avons très-souvent traité de la Lune dans ce recueil même [1]; mais la dimension des figures que nous avons publiées ne serait peut-être pas suffisante. La meilleure carte lunaire nous paraît être celle de MM. Mœdler et Beer, qui est lithographiée à 95 centimètres de diamètre : on en trouvera, du reste, une excellente réduction, due à M. Barral, dans le troisième volume de l'*Astronomie populaire* d'Arago, page 448. On y peut lire tous les noms des espaces appelés mers, lacs, golfes, marais, et ceux des chaînes de montagnes, parmi lesquelles sont les monts Leibniz, l'Altaï, les Cordillères, les Pyrénées, les monts Ourals, les Karpathes, le Caucase, les Alpes, etc. Les pages du livre voisines de cette carte donnent la mesure des plus hautes cimes, et si l'on veut parcourir les quarante et un chapitres consacrés par Arago à l'examen de toutes les questions qui concernent la Lune, il est impossible qu'on

[1] Plusieurs de ces articles sont dus à M. Jean Reynaud. (Voy. p. 311.)

ne se sente pas vivement intéressé par tant de curieux problèmes dont il est à peine pardonnable de ne pas avoir au moins quelque idée. N'est-il pas naturel de désirer connaître ce que les astronomes savent ou supposent au sujet de ce bel astre qui attire incessamment nos yeux et semble nous inviter à le choisir comme la première étape de nos études du ciel?

EN REGARDANT SEMER.

Il est rare, pendant les belles journées d'automne, que mon amour pour les arbres, les rivières et les prairies ne m'entraîne pas à travers champs et sans but de site en site, jusqu'à ce que la fatigue et un vieux chêne à larges racines m'aient invité à m'asseoir un moment, la tête à l'ombre et les jambes au soleil. D'ordinaire, mes pensées, mes rêveries sont toutes à l'horizon, aux contrastes du clair-obscur, aux formes de la terre et du ciel; je m'abandonne à la contemplation du monde extérieur. Mais si la charrue crie dans la terre humide, si le faucheur en repassant sa faux chante un refrain rustique, mon esprit se rapproche de l'humanité et rentre dans le labyrinthe de la vie sociale. Alors mes idées abondent, elles s'agencent mieux que dans ma chambre, où parfois même elles refusent d'entrer. C'est que les spectacles des champs offrent de tous côtés des images, des rapprochements, des exemples qui occupent et renouvellent la pensée.

Hier le ciel était gris, et la rosée à midi régnait encore dans les prés et sur les lisières des bois; le soleil ne dorait pas les rameaux jaunis des peupliers, et les feuilles des grisarts semblaient doublées d'étain. Ce n'était pas pourtant une journée sans charme; la nature était plutôt voilée que triste. Il y avait des travailleurs partout dans les champs; on semait le blé. Je regardai d'abord machinalement le petit nuage de grains lancés par jets réguliers vers la terre déjà façonnée, la charrue achevant l'œuvre du semeur, et de sillon en sillon le même travail repris sans trêve; puis divers lambeaux d'idées sans suite se présentèrent à moi, tous se rapportant, malgré leur incohérence, au même objet, aux semailles que j'avais sous les yeux. En voyant les semeurs s'essuyer le front, j'éprouvai, s'il faut tout dire, un vague sentiment de bien-être; sitôt qu'il voulut se préciser, s'exprimer, il me fit honte et je me mis à désirer de toutes mes forces le règne des semeuses à vapeur. Ce n'est pas qu'il n'y en ait quelques-unes, mais ces machines ont jusqu'ici un vice capital, la régularité; on assure que lorsque le rat des champs a retrouvé leur piste, il court de grain en grain et n'en laisse pas un seul. Au contraire, la main de l'homme, malgré la régularité du mouvement, sème assez au hasard pour dérouter l'avide recherche des rongeurs. Et encore que de blé perdu! On m'a dit que l'habitude est d'en mettre en terre quatre fois plus qu'il n'en faudrait si tout devait germer. Comment l'homme a-t-il été amené à une nourriture si difficile et si précaire? Pourquoi ne s'est-il pas contenté de la viande et des fruits? Ces interrogations et bien d'autres se succédaient sans obtenir de réponse précise. Ensuite venaient, comme dans un dictionnaire, des phrases dont le mot pain était toujours le sujet ou le centre : pain quotidien, pain des fidèles, pain céleste. De là mes idées, tout d'un coup changeant de sphère, passaient du réel au figuré : les semailles m'apparaissaient comme une parabole. La vie de l'humanité ne se soutient pas seulement par des aliments visibles; il est une nourriture intérieure, impalpable, aussi impérieusement réclamée que le pain. La faim est un mal horrible, une mort lente; et la disette morale réduit les sociétés même les mieux nourries à l'inanition, à la léthargie, à l'hébétement. Alors mes yeux se

reportèrent sur la campagne pleine de salutaires aspirations; la fatigue des semeurs ne me causait plus cette satisfaction égoïste dont j'avais rougi tout à l'heure; elle me piquait d'honneur. Une voix me disait : « Il faut semer aussi! semer dans tous les champs de l'intelligence, dans les plus ingrats comme dans les plus riches. Point de landes! point de jachères! partout la science, l'amour, la dignité humaine et la fraternité! Jusques à quand le pauvre, âme faussée par l'ignorance, portera-t-il aux heureux une aveugle envie? Jusques à quand l'homme instruit sera-t-il saisi de dégoût devant la sottise et la grossièreté des foules qui végètent dans la misère et la haine? La durée du mal est indéfinie; mais nous qui pouvons l'abréger, semons; qui ne sème pas laisse pousser l'ivraie:

» Riches d'or, semez l'aumône sans conditions pour ne pas récolter l'hypocrisie. Riches de science, répandez votre trésor et multipliez-le par des millions d'âmes; mais surtout, vous qui avez un cœur aimant et des forces pour la persuasion, renouvelez les consciences et déposez-y le germe de l'avenir. Ce siècle touche à son automne, le ciel est gris, toutes les magnificences de la civilisation sont ternies par une brume, et cependant, à l'horizon, une lumière diffuse d'espérance, dans la bise un frisson de vie et de promesse, annoncent que l'inertie des cœurs n'est pas mortelle encore. Il faut semer, l'heure est venue. Quelle honte si le retour du printemps et du soleil trouvait la terre nue et sans verdure, les sillons sans moisson!

» A l'œuvre tous! Jeunes gens, ne vous laissez pas gagner trop tôt par la soif des richesses, ne vous épuisez pas à féconder des pièces d'or; soufflez un peu sur vos cœurs qui vont s'éteindre, ou bien ils tomberont en cendres; jetez dans le monde quelques lueurs, des étincelles; semez le désir, l'ardeur des grandes pensées, des aspirations généreuses. Hommes, ne laissez pas dormir les esprits, s'engourdir la raison dans la routine des conversations banales; raisonnez sagement, philosophez, demandez-vous d'où vient l'homme et où il va, et par quelles voies; établissez pour règle de conduite absolue la vérité délivrée d'oripeaux menteurs et de paroles creuses. Semez la force juste, semez la virilité! Sinon quittez la toge et l'épée, reprenez les hochets de l'enfance, ou faites-vous tailler déjà la douillette du centenaire!

» Et vous, femmes, ne vous retranchez pas derrière vos voiles de dentelle. Ne croyez pas que votre seule destinée soit d'être admirées et de plaire; ne passez pas vos belles heures à souffler des bulles frivoles. Nous réclamons votre concours : n'y a-t-il pas aussi des semeuses? Mais prenez garde, ou vous sèmerez la zizanie. N'allez pas chercher le grain trop loin hors du cercle de la famille. Respectez ce lien, cette union des âmes qui est le charme du foyer domestique; échangez sincèrement vos pensées, vos sentiments avec ceux qui vivent près de vous, et ne les éloignez pas par une affectation d'impuissance à les comprendre qui n'est au fond qu'indifférence ou inertie. Alors les hommes s'éloigneront moins souvent de vous; ils ne vous disputeront plus l'éducation des enfants; la famille n'aura qu'un cœur et les semailles seront fécondes! »

LA TRIBUNE DES CARIATIDES, AU LOUVRE.

NOCES DE HENRI DE NAVARRE ET DE MARGUERITE DE VALOIS.

La salle des Cariatides, au Louvre, commencée par Pierre Lescot avec l'aide de Jean Goujon et de Paul Ponce Trebati, sous le règne de François Ier, n'a été achevée, on le sait (¹), qu'au commencement de ce siècle, sous l'empire,

(¹) Voy. t. XI, 1843, p. 399 et suiv.

par Percier et Fontaine. On a justement loué les deux architectes de s'être conformés en l'achevant aux indications qu'ils trouvaient dans la salle même ou dans ce qu'on avait conservé des dessins de leurs prédécesseurs. Cependant il est certain qu'ils n'ont pas tout retrouvé ou n'ont pas voulu tout reproduire. Dans la disposition de la partie supérieure de la tribune que supportent les quatre admirables cariatides de Jean Goujon, ils ont fait entrer des éléments que les artistes de la renaissance ne leur avaient point fournis, et des œuvres d'art qui devaient être employées ailleurs. On se rappelle que le grand bas-relief de bronze placé dans le cintre, et qui représente la *Nymphe de Fontainebleau*, fut exécuté par Benvenuto Cellini, par ordre de François Ier, pour le château de Fontainebleau; mais il changea de destination : Diane de Poitiers en fit la décoration de la porte de son château d'Anet; c'est de là qu'il est venu à

Paris. Les deux génies de la chasse, qui accompagnent de chaque côté ce bas-relief, sont l'œuvre d'un sculpteur moderne, Callamard, élève de Pajon. Enfin il suffit de comparer la gravure que nous publions aujourd'hui avec celle qui a paru dans un précédent volume du *Magasin pittoresque* (*), où l'on voit la tribune des Cariatides dans son état actuel, pour s'assurer que la composition des architectes modernes est bien différente de celle des grands artistes qu'ils s'efforçaient de prendre pour modèles.

Notre gravure reproduit un fragment du tableau de M. Chevignard exposé au Salon de cette année et représentant le bal qui fut donné, en 1572, dans la salle des Cariatides, à l'occasion des noces de Henri prince de Navarre et de Marguerite de Valois. Dans ce tableau, notre collaborateur a pu déployer toutes les ressources de son érudition, et il l'a fait avec autant de goût que d'intelli-

Salon de 1863; Peinture. — Fragment du tableau de M. Chevignard

gence du sujet qu'il avait choisi. Le seizième siècle, ses costumes, ses ameublements, son architecture et tous ses arts lui sont particulièrement bien connus. C'est d'après l'ouvrage de Ducerceau, *les Plus excellents Bâtiments de France*, qu'il a dessiné la tribune des Cariatides avec son élégante balustrade ornée de figures d'enfants, de guirlandes et de mascarons. Ces sculptures sont tout à fait dans le goût de Jean Goujon et complètent bien son œuvre. Si Ducerceau a pu voir la décoration de la tribune ainsi terminée, à quelle époque ce bel ensemble fut-il détruit et qui osa y porter la main ? La salle, quand on entreprit de la réparer, de l'achever, après un long abandon, était remplie de décombres parmi lesquels on trouva de beaux morceaux de sculpture, notamment un *Bacchus* et une *Cérès*, très-mutilés, que l'on a employés, en les restaurant, dans la décoration de la cheminée qui fait face, au fond de la salle, à la tribune des Cariatides. Ces deux figures ont été attribuées à Jean Goujon; elles sont au moins de son école.

La salle des Cariatides précédait, à l'époque du mariage

du roi de Navarre, les appartements de Catherine de Médicis. On l'appelait alors la *salle des gardes* ou la *grande salle basse*. Son vaste développement, sa situation, ses issues, en faisaient le lieu le plus commode et le mieux approprié pour les ballets, les mascarades et toutes les fêtes de la cour. Celles du mariage de Henri et de Marguerite durèrent quatre jours. Ce mariage, destiné, à la veille de la Saint-Barthélemy, à consacrer la réconciliation des catholiques et des huguenots, était pour les deux partis un grand événement. Il en avait été question presque dès la naissance des deux jeunes gens. Au moment de la paix de Saint-Germain, en 1570, les Montmorency, qui représentaient alors le parti de la tolérance, avaient de nouveau proposé cette union au roi Charles IX, qui s'y était montré favorable; mais ce ne fut que deux ans plus tard, après avoir été bien des fois traversé, que ce projet reçut enfin son accomplissement. Les catholiques avaient espéré quelque temps que Marguerite épouserait le duc de Guise, qui dé-

(*) Tome XI, 1843, p. 401.

clarait hautement ses prétentions, mais qui fut contraint à conclure un autre mariage; ils avaient ensuite fait entamer des négociations qui échouèrent auprès du roi catholique de Portugal. Catherine de Médicis « suivait à la fois deux projets de mariage, expression de deux politiques entre lesquelles elle se réservait de choisir. » (¹) Biron avait été envoyé à la Rochelle, la place forte du parti protestant, pour proposer à Jeanne d'Albret le mariage de son fils avec la sœur du roi. Et après bien des perplexités, la reine de Navarre s'était décidée à venir à Blois, où la cour se tenait, le 4 mars 1572; mais elle n'amenait point son fils et ne voulait le faire venir qu'à la dernière extrémité. Le roi l'accueillit avec tendresse, mais les tracasseries de Catherine lui firent bien expier les caresses de Charles IX... « Je n'ai nulle liberté, écrivait-elle à son fils, de parler au roi ni à Madame (Marguerite), mais seulement à la reine mère qui me traite à la fourche. » — « La reine mère exigeait que le cérémonial fût catholique et que le mariage fût célébré à Paris. Jeanne ne voulait pas entendre parler de messe et eût souhaité tout autre lieu que Paris, sachant bien la haine des Parisiens pour les huguenots. Mais le roi insista, Jeanne céda sur ce point, et l'on convint d'un moyen terme quant à la cérémonie. Le roi ne parlait qu'avec colère de l'obstination du pape à refuser la dispense. — « Ma tante, dit-il un jour, si monsieur le pape « fait trop la bête, je prendrai moi-même Margot par la « main et la mènerai épouser en plein prêche. » Le traité de mariage fut enfin signé le 11 avril... Pie V, qui s'était refusé à toute concession, mourut le 1ᵉʳ mai et fut remplacé par Grégoire XIII, qui, plus diplomate et moins rigide, ne repoussa pas le mariage mixte d'une manière aussi hautaine et aussi absolue. » (¹) Cependant, quand on toucha à l'épo-

représentant le Bal des noces de Henri de Navarre. — Dessin de Chevignard.

que fixée pour le mariage, le pape mit à la dispense des conditions qui équivalaient à un refus. Le cardinal de Bourbon qui devait le célébrer n'osait passer outre. « On se joua de sa simplicité : le roi feignit d'avoir reçu de Rome l'annonce que le bref arriverait en bonne forme par le prochain courrier. Sur cette assurance, le cardinal se laissa persuader de faire son office. Les fiançailles furent célébrées le 17 août au Louvre. Le lendemain, le roi de Navarre et la princesse Marguerite furent mariés par le cardinal de Bourbon, oncle de l'époux, sur un échafaud élevé devant le grand portail de Notre-Dame, avec un certain formulaire (dit Davila) que les uns et les autres n'improuvaient point. L'épousée, accompagnée du roi, de la reine mère et de tous les princes et seigneurs catholiques, alla ensuite ouïr la messe dans le chœur; le marié, pendant ce temps, se retira dans la cour de l'évêché, et les huguenots se promenèrent dans le cloître et dans la nef. » (²) Les quatre premiers jours de la semaine, du lundi 18 au jeudi

(¹) Henri Martin, *Histoire de France*, t. X.
(²) Id., ibid.

21, se passèrent en fêtes. « Dans les joutes et les mascarades figurèrent pêle-mêle, déguisés tantôt en dieux marins, tantôt en chevaliers errants, le roi et ses deux frères, le roi de Navarre, le prince de Condé, le duc de Guise et tous les jeunes seigneurs des deux religions. Les vieux huguenots voyaient ce « mélange » et ces « folâtreries » avec une répugnance et une défiance insurmontables. On avait représenté dans un des divertissements le paradis et l'enfer : trois chevaliers errants, qui étaient le roi et ses frères, défendaient l'entrée du paradis contre les autres chevaliers, les repoussaient vers l'enfer, où ils étaient traînés par les diables. On ne manqua pas « d'allégoriser » et de dire que le roi avait chassé les huguenots dans l'enfer. Le duc d'Anjou, ordonnateur des fêtes, les avait semées d'inconvenances étranges et de gaietés railleuses auxquelles les pensées qu'il portait dans son âme donnaient un caractère infernal... Des rumeurs sinistres s'élevaient de moment en moment parmi les bruits de fête... des émeutes, des meurtres avaient eu lieu à Troyes et dans d'autres villes; l'air était

(¹) Henri Martin.

comme chargé de propos menaçants. Le dimanche 17, veille des noces, toutes les chaires de Paris avaient retenti de prédications incendiaires. » (¹) Le sixième jour après les noces fut le 24 août, jour de la Saint-Barthélemy.

L'ART ET L'INDUSTRIE.

L'Exposition de 1851, qui avait si bien montré notre suprématie dans les industries qui touchent à l'art, a révélé aux autres nations que l'art est, suivant l'expression de M. Léon de Laborde, une des plus puissantes machines de l'industrie.

Nos rivaux ont vu que l'excellence de notre goût et de notre habileté est le fruit d'une étude persévérante de l'art.

L'Angleterre, l'Allemagne, l'Autriche et la Belgique ont, dès lors, entrepris avec beaucoup de résolution de mettre l'enseignement de l'art et de la science à la portée de tous les travailleurs de l'industrie.

« Le plus grand bienfait dont on puisse doter l'industrie, disait le prince Albert en 1851, c'est de donner, » par le développement et l'amélioration de l'enseignement » de l'art, un goût plus pur et plus exercé aux produc- » teurs comme aux consommateurs. »

Le département de la science et de l'art, créé en Angleterre sous l'empire de ces idées, reçoit du Parlement une subvention de plus de deux millions, et nous allons montrer ses progrès.

Le nombre des écoles anglaises de dessin était de dix-neuf avant le mois d'octobre 1852; il y a aujourd'hui quatre-vingt-dix écoles d'art, et, de plus, cinq cents écoles publiques et privées, dans lesquelles les professeurs des écoles d'art enseignent le dessin. On ne comptait que trois mille deux cent quatre-vingt-seize élèves en 1852; un enseignement plus complet a été donné l'année dernière à quatre-vingt-onze mille huit cent trente-six personnes, qui ont payé aux écoles 450 000 francs pour prix de ces leçons. Le Musée de South-Kensington, dont la richesse est due en grande partie aux prêts et aux dons, et qui coûte néanmoins 1 400 000 francs, contient cinquante-cinq mille objets; il avait reçu, en 1852, quarante-cinq mille visiteurs; six cent cinq mille y sont entrés en 1861, et deux millions huit cent mille dans les dernières années. On a envoyé successivement dans trente-sept villes un musée d'art et d'industrie qui est renouvelé après chaque voyage, et qui est formé de matériaux empruntés au musée central et appropriés à chaque cercle manufacturier; six cent quarante mille personnes, fabricants et ouvriers pour la plupart, ont visité ce musée. De semblables musées ont été fondés dans une quarantaine de villes. On commence à ressentir à peu près partout l'influence d'un plus grand nombre de professeurs de dessin et de dessinateurs de fabrique. Des fabricants de Nottingham, de Manchester, de Sheffield, de Worcester et du Staffordshire, reconnaissent que leurs meilleurs dessinateurs sortent des écoles d'art, et que, grâce à eux, le caractère général du dessin et des formes a été modifié de la façon la plus heureuse.

Avant dix ans, l'industrie anglaise aura plus d'un million de travailleurs qui auront acquis, dans plusieurs années d'école, de saines notions d'art et de science et une pratique intelligente du dessin; les musées et les collections ambulantes auront rendu familiers à plusieurs millions de fabricants et d'ouvriers les styles de tous les pays et de toutes les grandes époques, les plus beaux

(¹) Henri Martin.

types de l'ornement et les modèles les plus réputés en tous genres.

En Autriche, la Société industrielle de la basse Autriche, des comités fondés à Prague, les chambres de commerce de Vienne, de Brunn, etc., se sont également mis à l'œuvre; le dessin et les éléments des sciences sont enseignés dans plusieurs milliers d'écoles.

La Belgique, qui occupe une si grande place dans l'histoire de l'art, appliquera certainement sa puissance artiste à l'industrie, comme elle l'a fait aux quinzième, seizième et dix-septième siècles avec tant d'éclat; plusieurs causes retardent ce progrès, mais la Belgique est prête. Les rapports faits par M. Alvin, en 1853 et en 1855, sont le point de départ de nouveaux efforts. Une collection d'ouvrages sur l'art, la décoration et l'architecture, a été ouverte au Musée de l'industrie belge; l'Association pour l'encouragement et le développement des arts industriels poursuit sa tâche avec succès, et a ouvert, depuis 1853, cinq expositions et trente-trois concours; huit mille jeunes gens suivent les cours de cinquante écoles des beaux-arts, fondées pour la plupart sous le gouvernement de Marie-Thérèse; les écoles professionnelles sont nombreuses, et l'enseignement du dessin, déjà très-répandu, est à la veille de l'être davantage.

Dans le Wurtemberg, des écoles d'arts et métiers sont établies dans toutes les villes, et le dessin est enseigné dans toutes les écoles élémentaires. Une organisation aussi complète est en cours d'exécution en Prusse, en Bavière, en Saxe, dans les grands-duchés de Bade et de Hesse, et a reçu dans chacun de ces pays de très-intéressantes modifications. Schinckel et Beuth ont tracé le meilleur plan de ces écoles et de ces études.

La Russie et le Portugal préparent l'organisation d'écoles et de musées, en profitant de l'expérience et des exemples de la France et de l'Angleterre.

Ces entreprises et ces efforts méritent qu'on y prenne garde. Nous avons montré, dans notre rapport sur l'Exposition universelle de 1851, combien ils sont menaçants pour notre industrie, et M. de Laborde avait donné un semblable avertissement à la même époque et avec plus d'autorité que nous. La chambre de commerce de Lyon, seule, s'est inquiétée des développements du département anglais de la science et de l'art et des progrès des fabriques anglaises; elle a compris le sens pratique et sérieux du Musée de South-Kensington, et a fondé un musée d'art et d'industrie dans les mêmes vues, mais sur un plan qui est plus en rapport avec ses moyens et mieux approprié aux besoins des industries lyonnaises. On a applaudi à son initiative, on n'a pas suivi son exemple.

Les temps sont changés: la liberté du commerce, qui paraissait, il y a dix ans, si loin de nous, donne aujourd'hui une force nouvelle à notre industrie, et tout en s'accordant sur notre supériorité présente dans les arts industriels, on est à peu près unanime à reconnaître qu'il est nécessaire et urgent, pour la conserver, d'améliorer et de répandre l'enseignement de l'art et de la science.

Nous disons l'art, et non pas l'art industriel, comme on le dit trop souvent par abus de langage ou par erreur; l'art industriel n'existe pas.

L'art est un, et il faut l'enseigner dans ce qu'il a de plus pur et de plus élevé; la nature et le grand art grec fournissent les modèles de cet enseignement, et formeront seuls des dessinateurs artistes. Il en est de même pour la science; ce sont les principes qu'il importe le plus d'enseigner. Voilà le premier degré, la partie fondamentale et sérieuse de l'enseignement.

L'apprentissage dans l'atelier vient au second rang; l'étude des applications de l'art et de la science à l'industrie n'est en quelque sorte qu'une nouvelle forme de l'apprentissage, et il n'est utile de faire cette étude qu'en dernier lieu.

C'est par la science et l'art que l'industrie renouvelle ses forces et accomplit ses progrès; plus instruits et plus exercés, les fabricants et les ouvriers tireront un meilleur profit des conceptions du savant et de l'artiste, et l'industrie gagnera d'autant plus en originalité, en perfection et en solidité, que le goût du beau et l'intelligence des choses de la science auront pénétré plus profondément dans la nation. (¹)

(¹) Rapport de M. Natalis Rondot sur l'Exposition de 1862 (classe XXXVI).

LES ENSEIGNEMENTS DU MONDE VISIBLE.

Toutes les choses que nous voyons sont tellement le reflet et l'expression de l'intelligence, de l'ordre, de la puissance, de la sagesse, de la beauté, de la bonté la plus infinie, de Dieu, en un mot, qu'on dirait que leur unique objet est de nous le raconter. La matière ne se repose pas un seul instant sans prendre l'expression de quelque qualité immatérielle; elle ne varie ses modifications que pour varier son langage; c'est un sublime hiéroglyphe toujours en mouvement pour nous transmettre la connaissance de son Auteur, et le monde, comme l'a dit admirablement saint Paul, « est un système de choses invisibles manifestées visiblement. »

A. NICOLAS, *Études philosophiques sur le christianisme.*

LE CIEL ET L'ENFER.

Cette joie ineffable qui suit une bonne action et qui en est l'immédiate récompense; cette dignité de notre nature accrue, fortifiée et sentie; cet élan du cœur vers ce qui est en haut, c'est-à-dire vers Dieu : voilà le commencement du ciel.

Cette douleur cuisante du remords qui suit une mauvaise action et qui en est l'immédiat châtiment; cette chute, cette dégradation, cette déchéance de nous-même; ce poids qui nous attire vers ce qui est en bas, c'est-à-dire cette fuite loin de Dieu : voilà le commencement de l'enfer.

Ainsi vous demandez : — En quoi consiste l'enfer?
Et je réponds : — A être éloigné de Dieu.
— En quoi consiste le ciel?
Et je réponds : — A être rapproché de Dieu.

J'en ai pour garant Bossuet : c'est là le ciel et c'est là l'enfer.

« Ne nous imaginons pas, dit ce grand évêque autant qu'illustre philosophe, ne nous imaginons pas que l'enfer consiste dans ces étangs de feu et de soufre, dans ces flammes éternellement dévorantes, dans cette rage, dans ce désespoir, dans ces horribles grincements de dents. L'enfer, si nous l'entendons, c'est le péché même; l'enfer, c'est d'être éloigné de Dieu. » (Sermon sur la Gloire de Dieu dans la conversion des pécheurs.)

Et d'autre part : « Le ciel, écrit Bossuet, c'est de voir Dieu éternellement tel qu'il est, et de l'aimer sans pouvoir jamais le perdre. » (Catéchisme de Meaux.) (²)

JEAN REYNAUD.

Jean Reynaud est mort le 28 juin dernier. Nous publierons son portrait, nous raconterons sa vie, nous don-

(²) Nourrisson, Discours sur la vie future, prononcé à la Faculté des lettres de Montpellier.

nerons la liste de tous les articles du *Magasin pittoresque* dont il est l'auteur. Nous ne laisserons pas ignorer tout le vide que cette mort inattendue fait dans notre recueil. Nous pleurerons jusqu'à notre fin cet ami fort, tendre et fidèle qui, depuis notre jeunesse, nous avait guidé et soutenu au milieu de toutes les épreuves de notre vie. Nous ne tracerons plus une ligne ici sans souffrir de son absence et sans regretter ses conseils. Les lecteurs, en apprenant tout ce qu'ils lui doivent, s'associeront à une partie de ces sentiments. Aujourd'hui nous ne pouvons que leur dire : — Il vous aimait; c'était à vous qu'il lui était le plus doux de communiquer son savoir, ses pensées, de donner ses avis, ses encouragements. Il s'honorait de la part active qu'il avait toujours prise à la rédaction de ce modeste livre. Il était heureux d'y verser sa morale, la plus pure du monde, son érudition si solide, si variée, ses sympathies si vives, si paternelles pour toutes les âmes de bonne volonté. Que puis-je faire, hélas! dans ma douleur, sinon redoubler d'efforts pour qu'on sente que son esprit ne m'a pas abandonné et que son influence salutaire continue à vivre au milieu de nous! (¹)

Voici quelques belles lignes de Jean Reynaud que sa disparition subite nous rappelle vivement. Le titre que nous leur donnons n'a rien qui doive surprendre. Nous savons et nous sentons bien que nous ne mourrons qu'en apparence, et que ce qu'on appelle notre dernier soupir est immédiatement suivi du premier soupir d'une existence nouvelle. Jean Reynaud suppose avec grandeur que, dès notre entrée dans cette autre phase de notre vie éternelle, nous élevons notre âme et nos prières vers Dieu en regardant encore la terre et tout ce que nous continuons à y aimer :

PRIÈRE D'UN MORT,
Par Jean Reynaud.

Mon Dieu! combien la vie que vous venez d'arrêter est peu fructueuse! Les perfections que nous avons acquises ne sont que le commencement des perfections dont nous sentions notre immortelle essence qui est en nous, et nous avons confiance que nous serions devenus meilleurs si vous nous aviez fait vivre davantage. Ce que nous avons accompli par l'avancement de nos pères et pour l'amélioration de l'état général de la société terrestre n'est presque rien en comparaison de ce que nous voyons encore à tenter; et les maux que nous laissons derrière nous touchent tellement notre cœur, que la plus douce récompense que nous puissions souhaiter serait d'avoir le bonheur d'être admis par votre providence à en guérir encore. Accordez-nous donc de reprendre, dans le nouvel asile où vous nous transportez, la suite de nos travaux interrompus dans celui-ci; faites que nous ne cessions pas d'être ce que nous étions sur la terre, et que notre éloignement de cette demeure ne soit point une peine pour nous; permettez que la mort que nous venons d'éprouver ne soit qu'un simple accident, incapable de rien changer aux forces qu'en nous créant il vous a plu de mettre en nous, et laissez-nous croire que ces accroissements que nous avons pu donner ici-bas à nos vertus ne resteront pas confondus dans un commun néant avec les vains lambeaux de nos organes terrestres. Si nos labeurs ont mérité d'attirer sur nous les bienfaits dont votre toute-puissance dispose, accordez à ce que nous espérions que la position nouvelle qui nous est destinée sera supérieure à celle que nous quittons; que nous y trouverons une éducation moins lente et plus

(¹) Ces lignes ont été écrites le 29 juin; mais on sait que nous sommes obligés de préparer nos livraisons mensuelles très-long-temps à l'avance : celles de juin, juillet et août étaient, à cette époque, déjà composées et imprimées.

solide avec un savoir plus vaste, un foyer de perfectionnement plus accompli et une puissance personnelle plus
grande, une vie plus efficace à notre égard comme à l'é-
gard des autres, et des béatitudes plus vives et plus partagées. Dussions-nous même, dans cet autre séjour, être
exposés à souffrir encore des maux analogues à ceux que
causent dans celui-ci l'ingratitude, la méchanceté, l'ignorance, les misères, les infirmités, rendez-nous libres d'y
aller prendre part à cette œuvre de perfectionnement pour
laquelle la création tout entière s'agite depuis son premier
jour, et de gagner par nos efforts, grâce à ce ferme courage que vous savez entretenir en nous, un degré de perfection plus élevé, une résidence plus digne, et le contentement d'avoir ramené au bien une partie des créatures
qui sont en ce moment dans la souffrance et dans le
mal. Soyez-nous favorable, à nous qui voudrions encore
grandir, ainsi qu'à tant de nos frères que notre dévouement
pourrait encore aider; n'éteignez pas les saints transports
qu'excitent en nous la foi, l'espérance et la charité; ré-
compensez-nous, non pas en nous assurant une retraite
dans les tranquilles splendeurs de l'Empyrée, mais en
donnant libre carrière à l'impérissable activité qui est le
plus bel attribut de notre nature, puisqu'elle est le dernier
trait de la ressemblance qui nous unit à vous; et au bonheur d'obtenir daignez ajouter, dans votre grâce, le bonheur plus sublime de mériter encore! (1)

(1) *Terre et ciel*, 3e édition.

LA MAISON DE DANIEL MANIN,

A VENISE.

Voici un autre souvenir funéraire. Daniel Manin aussi
a été enlevé prématurément à ses amis (1). Il nous honorait de sa sympathie : souvent il nous parlait avec estime,
respect et affection de Jean Reynaud, qui avait pour lui les
mêmes sentiments. Sans être opposées, les voies de ces
deux hommes supérieurs étaient assez distinctes l'une de
l'autre pour qu'il soit inutile ou difficile de les comparer;
mais, à considérer seulement leurs vertus publiques et
privées, ils avaient en eux de trop grandes qualités semblables pour qu'il y ait dissonance dans la rencontre de
leurs noms. De leur mémoire il ne peut naître dans aucune
âme qu'une profonde émotion de tristesse, douce, noble
et salutaire. Quelquefois je rencontrais Manin chez Ary
Scheffer, ou bien j'allais le voir chez lui, au troisième
étage du n° 70 de la rue Blanche. Il venait à son tour
me voir, de temps à autre, au cinquième étage de la rue
Bonaparte. Depuis mon dernier voyage en Italie, j'avais
cloué sur le mur de mon cabinet un grand plan de Venise :
Manin se plaisait à le regarder; il m'y montrait du doigt
l'îlot du quartier San-Luca, où il avait si longtemps vécu
en paix avec sa femme, sa fille et son fils, dans la modeste
petite maison que représente notre gravure, près de la
vieille tour de San-Paternian. C'est là que, le 17 mars 1848,

La Maison de Daniel Manin, à Venise. — Dessin de Stella.

délivré légalement de la prison où la politique autrichienne
le tenait enfermé depuis le 18 janvier, il avait été transporté en triomphe et rendu à sa famille par le peuple vénitien. C'est là, le 24 août, après avoir exercé pendant six
mois le pouvoir suprême avec un dévouement si héroïque,
trois jours avant son départ pour l'exil, c'est là qu'il était
revenu une dernière fois et qu'il entendait le peuple, pas-

sant et repassant sous ses fenêtres, murmurer ces mots :
« Il est là-haut, notre pauvre père! Il est là-haut près de
» sa femme et de ses enfants!... Il a tant souffert pour
» nous! »

(1) Le 22 septembre 1857; il avait cinquante-trois ans. Voy. sa
biographie et son portrait dans notre t. XXVII, 1859, p. 289 et 309.

PIERRE-PAUL RUBENS,

Voy. la Table des vingt premières années, et p. 1 de ce volume.

Pinacothèque de Munich. — Portrait de Rubens et d'Isabelle Brandt sa femme, par Rubens. — Dessin de Chevignard.

Les principaux traits de la vie de Rubens sont généralement connus depuis longtemps. La biographie de ce grand peintre, un des plus puissants dans son art qui aient jamais paru, et en même temps un de ceux qui ont le mieux soutenu par la dignité de leur vie le haut rang où les plaçait l'admiration de leurs contemporains; mêlé comme diplomate à la vie publique de son temps, dont sa naissance et son talent même devaient le laisser éloigné; appelé à y prendre une part active par ses lumières, son éducation,

la distinction de sa personne et de son esprit, qui le rendaient l'égal des plus éminents personnages; visitant tour à tour l'Italie, la France, l'Espagne, la Hollande, l'Angleterre, et partout gagnant l'amitié des souverains et des hommes les plus remarquables : une pareille biographie devait tenter la plume de plus d'un historien, et il suffisait qu'elle fût exacte pour mériter l'intérêt. Aussi a-t-elle été écrite de bonne heure et souvent répétée; mais à son tour elle a profité des progrès qu'ont faits de nos jours les études historiques, du zèle croissant et du soin de plus en plus attentif avec lesquels on recherche tous les documents qui peuvent fournir sur le passé quelque lumière.

Plusieurs faits nouveaux de la vie de Rubens ont été connus, d'autres démentis ou mieux expliqués. C'est ainsi qu'il faut rectifier ce qui a été publié par un de ses premiers biographes et répété trop complaisamment par ceux qui sont venus ensuite : Rubens ne descendait point d'une noble famille de Styrie ; son aïeul n'était point un seigneur venu à la suite de l'empereur Charles-Quint et établi avec les Espagnols dans les Pays-Bas. L'illustre artiste n'avait pas besoin qu'on rehaussât l'éclat de sa renommée en lui fabriquant de faux titres de noblesse. Sa généalogie, retrouvée dans les archives d'Anvers, remonte jusqu'en 1350, époque à laquelle on trouve à Anvers même un Arnould Rubens, tanneur de son état, de qui le grand peintre est descendu directement par une lignée de tanneurs, d'épiciers et de droguistes. Son grand-père exerçait cette dernière profession, en commerce fut assez prospère pour qu'il voulût et fût en état de donner à son fils Jean Rubens, père de notre artiste, une éducation savante et libérale. Jean Rubens fit dans son pays de fortes études qu'il alla achever en Italie. Il reçut au collège de la Sapience, à Rome, le bonnet de docteur en droit civil et en droit canon ; il se maria à son retour et fut nommé, en 1562, échevin de la ville d'Anvers : il en exerça les fonctions jusqu'en 1568. Cette année est celle où furent décapités à Bruxelles les comtes d'Egmont et de Horn. Depuis deux ans les Pays-Bas soutenaient contre leurs oppresseurs religieux et politiques une guerre cruelle, et la persécution contre les personnes qui avaient, comme Jean Rubens, embrassé la religion réformée, était devenue si furieuse et si implacable que beaucoup prirent le parti de s'enfuir à l'étranger. La famille Rubens se retira à Cologne ; elle séjourna près de vingt ans tour à tour dans cette ville et dans celle de Siegen, qui en est peu éloignée. Où naquit Pierre-Paul Rubens? Il est probable qu'il vint au monde dans la dernière de ces deux villes ; car en 1577, année de sa naissance, ses parents n'avaient plus de domicile à Cologne et n'y faisaient que de courts et rares voyages ; il n'est pas impossible même, comme d'autres personnes l'ont soutenu, qu'il ait vu le jour à Anvers, où Marie Pypeling, sa mère, serait venue solliciter par Jean Rubens la permission de rentrer dans le pays enfin pacifié. Toutefois, jusqu'à présent, on n'a point suffisamment prouvé que Marie Pypeling ait fait ce voyage dans ce moment, seule circonstance qui pourrait être décisive dans le débat. Le jour où naquit Rubens n'est pas connu d'une manière plus certaine. On a toujours raconté que ce jour fut le 29 juin 1577, parce que ce jour est celui de saint Pierre et saint Paul, sous les noms desquels il fut baptisé ; mais ce récit ne repose que sur une tradition douteuse.

Ces premiers faits de l'histoire de Rubens ont excité récemment encore des débats assez vifs. Quelques années auparavant, une partie de sa correspondance, retrouvée et publiée [1], avait jeté un nouveau jour sur bien des circonstances de sa carrière de diplomate jusque-là encore enveloppées pour nous d'obscurité. Ces lettres, écrites entre les années 1619 et 1640, éclaircissent surtout ce côté de sa vie. Elles ne sont pas moins intéressantes par ce qu'elles nous font connaître des relations que Rubens entretenait avec quelques-uns des hommes les plus distingués ou les plus haut placés des pays qu'il avait visités. « En Hollande, dit M. Gachet, il avait des relations d'artiste qui deve-

naient, au besoin, des relations politiques ; nous citerons surtout ses rapports avec Baudius. En Angleterre, il était le protégé du fameux Buckingham, favori du roi Charles Ier, et il avait pour confident Balthazar Gerbier, peintre comme lui et comme lui employé souvent dans des missions diplomatiques. En Espagne, il s'était acquis l'amitié du comte duc d'Olivarez, et il le comptait parmi ses correspondants. En Italie, c'était le fameux Aléandre, si estimé de ses contemporains. Enfin, en France, dans ce pays où se trouvait la fleur du monde, à ce qu'il dit lui-même, il avait pour protectrice la reine Marie de Médicis et pour amis tous les savants les plus illustres : Nicolas Fabri de Peiresc et son frère Valavès ; les de Thou, si célèbres par la gloire littéraire et le grand malheur que leur nom rappelle ; les Dupuy leurs cousins, moins connus du vulgaire, mais aussi connus des savants ; et Aubery du Maurier le diplomate, et Rigault le commentateur, et tous les hommes de renom, enfin, qui ont fait à cette époque la gloire et la fortune de la France. » Il ne faut pas oublier, à Anvers même, le savant Geverts, auquel il devait la connaissance de la plupart des hommes éminents dans la biographie des artistes illustres. On a prétendu que Rubens n'était pas aimé de sa femme : « On a fait à ce sujet, dit M. Gachet, un roman tout entier, au moyen duquel on a prétendu expliquer le départ subit de Van-Dyck. Et puis on a dit que pour se venger de sa femme Rubens avait peint son portrait dans le fameux tableau de la Grappe de raisin, qui représente saint Michel précipitant les damnés. On a voulu voir encore la pauvre Isabelle Brandt dans le Jugement dernier qui est à Dusseldorf. Là un diable la tient dans ses griffes et l'entraîne avec lui aux enfers, tandis qu'Hélène Fourment, la seconde femme de Rubens, est placée en paradis. Ce sont là des on dit que répètent les curieux et qui deviennent des articles de foi. » Toutes ces assertions sont détruites par la lettre où Rubens exprime ses regrets avec l'accent d'une douleur si sincère et des sentiments d'une grande élévation [2] : « Vous faites bien, écrit-il à Pierre Dupuy, de me rappeler la nécessité du destin qui n'accorde rien à notre affliction et, comme il est un effet de la puissance suprême, n'a point de compte à nous rendre de ses décrets. C'est à lui qu'il appartient d'exercer sur toutes choses un pouvoir absolu, à nous de servir et d'obéir ; et nous n'avons, je pense, autre chose à faire que de rendre cet asservissement honorable et moins dur par une soumission volontaire ; mais c'est là un devoir qui ne me paraît en ce moment ni léger ni facile. Votre prudence me dit de compter sur le temps ; il fera en moi, je l'espère, ce que devrait faire la raison, car je n'ai pas la prétention d'arriver jamais à l'impassibilité stoïque. Je ne crois pas que rien de ce qui émeut l'homme justement soit peu convenable à l'homme, ni que toutes choses en ce monde soient également indifférentes, sed aliqua esse quœ potius sint extra vitia quam cum virtutibus (mais qu'il y en a quelques-unes que l'on ne peut imputer à faute, si on ne peut les compter pour vertus), et qu'il entre en notre âme

[1] Lettres inédites de Rubens, publiées par Émile Gachet ; Bruxelles, 1840. Il faut y ajouter la publication faite à Londres en 1859, sous ce titre : Original unpublished papers illustrative of the life of sir Peter Paul Rubens, etc., by W. Noël Sainsbury.

[2] Cette lettre, écrite en italien, n'a pas été traduite, dans le recueil de M. Gachet, avec toute la précision désirable.

certains sentiments *citrà reprehensionem* (que n'atteint pas
le blâme). J'ai vraiment perdu une excellente compagne,
que je pouvais ou plutôt que je devais chérir avec raison, car
elle n'avait aucun des défauts de son sexe : point d'humeur,
point de faiblesse de femme ; elle était toute bonté, tout
honneur, aimée de tous pendant sa vie pour ses vertus, et
depuis sa mort universellement pleurée. Une telle perte
me semble bien digne d'être vivement ressentie. Si le vrai
remède de tous les maux est l'oubli qu'engendre le temps,
sans doute il faut espérer son secours ; mais je trouve bien
difficile de séparer la douleur que me cause cette perte du
souvenir d'une personne que je dois révérer et honorer
toute ma vie... »

Le portrait de la Pinacothèque de Munich, où Rubens
s'est peint lui-même à côté de sa femme, n'est pas le seul
qu'il ait fait d'Isabelle Brandt. Il en existe plusieurs autres
à Munich dans la même galerie, à la Haye, à Gand, à Florence et dans quelques collections anglaises. Il a représenté aussi un très-grand nombre de fois Hélène Fourment, sa seconde femme, qu'il épousa en 1630, à l'âge de
cinquante-trois ans ; non-seulement on connaît d'elle
beaucoup de portraits, mais on retrouve ses traits dans
maint tableau. Elle n'avait que seize ans à l'époque de son
mariage. Supérieure par la beauté à Isabelle Brandt et douée
des mêmes vertus, elle ne fut pas moins tendrement aimée
de Rubens et répandit la sérénité sur ses dernières années.

On voit dans la chapelle funéraire que la veuve du
grand peintre fit construire derrière le chœur de l'église
Saint-Jacques, à Anvers, au-dessus de la tombe qui renferme ses restes, un tableau qui est une des plus admirables productions de son pinceau. Ce tableau représente
la Vierge et l'Enfant entourés de plusieurs saints dans lesquels la tradition affirme, non sans vraisemblance, qu'il
faut reconnaître les divers membres de la famille de Rubens. Lui-même s'est peint sous les traits de saint Georges,
et dans les figures de Marthe et de Marie placées auprès
de lui on retrouve les traits connus d'Isabelle Brandt et
d'Hélène Fourment.

C'est lui (le peintre Œser de Leipsick) qui m'a enseigné que la simplicité et le calme constituent l'idée de la
beauté ; d'où il suit qu'un jeune homme ne saurait être
un maître.   GŒTHE.

SUR LA PROPHÉTIE DE CAZOTTE.

Voy. t. XXX, 1862, p. 294.

EXTRAIT D'UNE LETTRE.

..... La prophétie de Cazotte est-elle authentique ?
N'est-ce pas plutôt une de ces supercheries littéraires
auxquelles le public se laisse prendre si facilement quand
elles sont appuyées par un certain air de bonne foi ? Remarquez d'abord que cette prédiction n'a paru qu'après les
événements, ce qui doit déjà la rendre suspecte ; mais voici
qui lève toute espèce de doute. On lit dans la *Biographie
générale* de Didot, article LA HARPE : « On trouve dans ses
Œuvres posthumes un beau récit intitulé : *la Vision de
Cazotte*, et qui, suivant M. Sainte-Beuve, est son chef-
d'œuvre. Jamais la Harpe n'avait donné une preuve si remarquable d'invention et de style. Sa fiction a eu l'honneur
d'être prise au sérieux et de passer pour une prophétie
authentique. »

Et en note :

« Petitot, éditeur des Œuvres posthumes, favorisa cette
erreur en supprimant un post-scriptum où la Harpe dé-

clarait que cette prophétie était supposée. (Voy. sur ce
point le *Journal de la librairie*, année 1817, p. 382, 383.) »

L'ouvrage de M. Maury et l'extrait que vous en avez
donné prouvent que le roman de la Harpe est encore pris
au sérieux, même par des hommes très-instruits.

LA MOSQUÉE DE SOERABAIJA
(ILE DE JAVA).

Un artiste de talent, M. de Molins, a exposé au Salon de
cette année un intéressant tableau peint d'après les souvenirs et les études qu'il a rapportés d'un voyage à l'île de
Java. Ce tableau représente la porte d'entrée de l'allée
(appelée dans le pays allée Sainte) qui mène à la grande
mosquée javanaise de Soërabaija, une des villes principales
de l'île, où les Européens ont des établissements considérables, et habitée aussi par les Malais, par les Chinois et
par les Arabes. Ces derniers ont aussi leur mosquée, qu'il
ne faut pas confondre avec celle-ci, car les Javanais sont
musulmans de la secte d'Ali, et ne célèbrent point leur
culte dans les mêmes temples que les mahométans proprement dits.

La porte de l'allée Sainte est un des lieux les plus fréquentés ; c'est le rendez-vous de tous les flâneurs du quartier, et aussi des mendiants et des malades, qui viennent
étaler leurs hideuses infirmités. Il faut un certain courage pour affronter la vue des cancers, des scrofules et de
beaucoup d'autres maux repoussants ; mais un artiste fait
aussi là rencontre de figures pittoresques. Lépreux et bien
portants vivent pêle-mêle, et personne ne paraît redouter
la contagion. Tous vont puiser de l'eau dans le même vase,
placé près de la porte, en ayant soin de se servir d'une cuiller de coco qui est toujours suspendue au-dessus, car le
coco passe pour avoir la vertu de ne communiquer aucune
maladie. Le vase, que l'on peut voir, dans le tableau, à
droite de l'entrée, en malai *tampatt oër* ou *guendi bessar*,
a quelque ressemblance avec certaines amphores romaines :
il est fait d'une argile poreuse qui laisse transsuder l'eau
et la rafraîchit plus encore que les cruches de Keneh en
Égypte.

Quand on pénètre dans l'allée qui conduit à la mosquée,
on rencontre à gauche un grand bâtiment de forme carrée,
surmonté d'une coupole à neuf pans peinte en rouge : c'est
là que reposent les cendres des radjas et des rhaden dont
la vie a marqué dans l'histoire du pays. « La sépulture de
l'un d'eux, le dernier défunt, nous écrit M. de Molins,
occupe, si j'ai bien compris l'explication amphigourique
du gardien, le centre du monument, immédiatement au-
dessous de la coupole. Le monument funèbre consiste en
une haute table de marbre séparée des spectateurs par une
balustrade, et sur laquelle est placé un cercueil caché par
de riches étoffes de soie brodées d'or et d'argent. La table
et le cercueil sont recouverts d'un dais également de soie,
dont la disposition rappelle celle des rideaux des lits européens. Malgré mes instances, le gardien ne me laissa prendre aucun dessin de ce tombeau. Il eût fallu recourir aux
autorités pour en obtenir la permission. Un dessin valait-il
bien ces démarches, et ne devais-je pas craindre surtout
de blesser dans ses croyances le fidèle auquel était confiée
la garde de ce lieu sacré ? »

La porte que l'on aperçoit au fond de l'allée Sainte, à
côté du minaret, donne accès au grand escalier de la mosquée. Elle présente, dans l'ensemble de son architecture,
les mêmes caractères que celle de l'entrée ; mais les détails
d'ornement ne permettent pas de douter que l'architecte
qui l'a bâtie n'ait été en constante communication avec les
Européens. Le faîte et les côtés sont décorés de trophées

de casques, de canons et d'autres armes à feu. Aux quatre angles de la corniche formant larmier, on voit encore d'autres canons et d'autres casques groupés avec des aigles, des coqs et des guirlandes de fruits et de fleurs.

Partout, dans ces sculptures, on retrouve des souvenirs du style qui prévalait en France sous Louis XIV.

L'intérieur de la mosquée est d'une extrême simplicité : c'est un bâtiment à pans coupés qui ressemble assez à un

Salon de 1863; Peinture. — Entrée de la mosquée de Soërabaija, dans l'île de Java, par M. de Molins. — Dessin de de Bar.

cirque; irréprochablement blanchi à la chaux à partir de l'escalier. Bien éloignée de l'élégance des mosquées du Caire, d'Alexandrie et des possessions françaises de l'Algérie, on ne voit dans celle de Soërabaija ni faïences ver-nissées, ni lustres, ni lampes, ni peintures, ni chaires sculptées, ni riches tapis; le sol est recouvert de simples nattes en rotin. La seule chose remarquable est le mode de ventilation : le toit, formé de plusieurs étages bâtis en retraite les uns au-dessus des autres, permet à l'air de circuler librement dans ce vaste local. C'est un avantage inappréciable sous ce climat brûlant, ou, pour mieux dire, une nécessité dans un lieu où s'entassent tous les vendredis, jours de prière, des milliers de croyants.

LA HEIDENMAUER DE SAINTE-ODILE
(BAS-RHIN).

La Heidenmauer de Sainte-Odile est un monument unique dans son genre. Son étendue et sa nature la distinguent de toutes les enceintes fortifiées connues jusqu'à présent.

Elle n'a d'analogue ni parmi celles élevées par les Romains entre le Rhin et le Danube ou sur la frontière de l'Angleterre et de l'Écosse, ni parmi ces murs gaulois formés de poutres et de pierres entrelacées, dont parle César. Cette œuvre gigantesque, construite sans régularité, couronne les cimes de plusieurs montagnes et suit dans ses capricieux détours toutes leurs sinuosités sur un développement de plus de dix kilomètres. D'effrayants précipices, des rochers arides, des broussailles et des bois touffus où l'on en suit avec peine les vestiges, au milieu d'un chaos de rocs éboulés, se succèdent par intervalles sur tout son parcours.

Le mur forme trois enceintes d'une superficie totale de

Heidenmauer de Sainte-Odile. — Un Dolmen, près du Schaffstein et du Wachstein (voy. p. 319). — Dessin de de Bar, d'après M. Charles Grad.

cent hectares, et séparées l'une de l'autre par des murs transversaux. Les assises inférieures paraissent ordinairement des masses informes qu'il est difficile de distinguer de la roche naturelle ; les autres sont grossièrement équarries : elles étaient jointes entre elles par des tenons en bois de chêne, taillés à queue d'arende aux deux bouts. On ne voit nulle trace de ciment, mais il est possible de trouver encore quelques tenons. Ces attaches de bois, les *subseus* de Vitruve, ont une longueur variant de 15 à 30 centimètres.

Sur toute son étendue, le mur a une épaisseur constante de deux mètres. Des pierres simplement superposées le remplacent en certains points ; mais sur la majeure partie de son parcours, notamment sur la face qui regarde le Rhin, il prend une tout autre apparence : une muraille aux formes classiques s'élève à la place des rochers agencés,

des masses informes superposées sans ordre. Les dimensions des pierres sont tellement considérables que souvent

Fragment du mur d'enceinte.

une seule fournit toute l'épaisseur du mur. Elles diminuent

de grandeur, suivant le degré d'assise, à mesure que l'on s'éloigne de la base. Deux blocs d'une longueur inégale occupent généralement l'épaisseur de la muraille; presque jamais il n'en a fallu un plus grand nombre. D'épaisses couches de lichens revêtent la surface de ces pierres que le temps a disjointes, et la plupart des tenons ont disparu. Les entailles, qui ont 2 centimètres de profondeur, sont au nombre de trois ou quatre sur chacune d'elles ; leur régularité, qui exigeait des instruments bien tranchants et d'une certaine précision, témoigne de l'origine romaine des parties du mur où on les rencontre.

Des éboulements successifs ont diminué de beaucoup l'élévation primitive de l'enceinte. Sa hauteur actuelle est très-variable, suivant que les assises sont des rochers plus ou moins élevés ou des blocs taillés. Plusieurs tronçons ont encore une élévation de 3 mètres; celui qui couronne la brisure du mur en face du *Stollhafen*, ainsi que quelques autres situés sur le versant ouest, sont surtout remarquables par leur conservation. Un prieur du couvent, dom Peltre, qui écrivait en 1719, dit en avoir vu des restes de la hauteur de 14 à 15 pieds.

Une voie pavée venant d'Ottrott, *la lande déserte* (ott, de *ode*, *oede*, désert; et *rott*, lande) aux larges pierres équarries, que le peuple des campagnes appelle le *chemin du Diable*, monte lentement jusqu'au sommet du plateau de Sainte-Odile et conduit à l'intérieur de l'enceinte. Là où les infiltrations séculaires des eaux et les dégâts causés par l'exploitation des forêts n'ont pas effacé les dernières traces du chemin, il offre un revêtement supérieur en pierres de taille, la *summa crusta* des voies romaines. Les couches inférieures et intermédiaires sont formées d'un mélange de mortier et de moellons, de chaux et de gravier. La voie passe au pied du Stollhafen, sanctuaire druidique autour duquel se dressait une rangée de menhirs, et qui est relié à l'enceinte par un mur en pierres de taille qui vient se briser et mourir à ses pieds.

Le contour de la Heidenmauer offre quelque ressemblance avec la bizarre découpure des ailes d'une chauve-souris monstrueuse (voy. le plan de Thomassin). Celui du mur septentrional a la forme de losange. Une ramification des montagnes dont l'enceinte couronne la crête s'avance jusqu'à quelques mètres d'une petite fortification romaine d'un travail régulier, dite le *Kaepfel*, mais on n'y voit que peu de traces d'un travail artificiel destiné à renforcer les remparts naturels que forment ces rochers.

Ce n'est qu'à 450 mètres que l'enceinte pointe que l'enceinte commence par un mur artificiel, peu conservé, formant avec le bord escarpé de la montagne un angle presque droit et suivant la partie supérieure du Hagelthal, *le val de la Grêle*. A 730 mètres du point de départ, la crête qu'il enveloppe se termine en un promontoire escarpé. Les bruyères et les ramées prennent là un tel développement qu'il devient difficile, sinon impossible, d'en découvrir les vestiges. Un profond ravin sépare la pointe du mur de deux éminences rocheuses qui portent les ruines du Hagelschlorss. Le château n'était accessible que de ce côté. Le mur décrit ensuite une courbe vers le sud-ouest.

En face des ruines du château de Dreystein, un mur transversal de 60 mètres ferme l'étranglement qui sépare l'enceinte centrale de celle du Homburger-Berg. Son nom est dérivé de Hohenburg, qui désignait pendant le moyen âge le fort de Sainte-Odile, la plus importante position de cette enceinte.

Avant d'atteindre ce plateau, le chemin pavé d'Ottrott se partage en deux embranchements, dont l'un débouche près du Stollhafen et l'autre près du mur d'intersection. Son entrée offre beaucoup d'intérêt. On voit à l'intérieur, à côté du tracé de la voie et entre cette route et le chemin plus récent qui interrompt le mur, une double rangée de grosses pierres. Ces pierres ne s'élèvent pas actuellement au-dessus du sol, mais elles paraissent avoir été les assises fondamentales d'un mur destiné, suivant Schweighaeuser, à défendre cette entrée.

L'enceinte du centre comprend des terres cultivées et des bois qui remplissent la forte dépression comprise entre le plateau du couvent et le faîte occidental. Le monastère de Sainte-Odile est bâti à l'extrémité d'une roche plate, peu large, mais longue d'environ 450 mètres, qui s'avance vers l'est. Cette roche allongée se termine en une pointe coupée à pic à la hauteur de 60 pieds. La fille d'Attic, duc d'Alsace, fonda là, au bord du précipice, une célèbre abbaye. Ses Vies, écrites au moyen âge, rapportent que les chasseurs de son père avaient découvert sur cet emplacement un château dont il ne reste plus de vestiges, mais que l'on croit avoir été construit par l'empereur Maximin Hercule, qui a souvent résidé dans les Gaules.

Tout le plateau est circonscrit par une ceinture de rochers taillés sur plusieurs points à main d'homme. Il formait à l'extrémité du compartiment central de la grande enceinte une sorte de citadelle particulière qui y était rattachée par deux bras de murs; ces branches sont fort délabrées; quelques tronçons bien caractérisés en marquent la direction, bien que celle qui rejoint le plateau vers le milieu du côté méridional soit en grande partie détruite.

Au midi, l'enceinte s'appuie sur le Mennelstein, l'une de nos plus belles chaires de Bélen. Un sentier parti du couvent côtoie une longue ligne de roches naturelles et de blocs d'une structure telle que l'on ne sait pas s'ils sont façonnés par la nature seule, ou si la main de l'homme a aidé à les tailler. Le sentier, en se dirigeant vers le sud, traverse le second mur transversal, long d'environ 150 mètres, qui forme la limite extrême de la Bloss ou enceinte méridionale.

Situé à l'extrémité supérieure du plateau de la Bloss, le Mennelstein se dresse à une élévation de 835 mètres au-dessus du niveau de la mer. Il tire son nom d'un fragment de sculpture gallo-romaine trouvé à sa proximité et semblable à celles du Donon. Les débris du mur païen prennent dans ses environs un aspect saisissant. Tous ces décombres répandus sur le versant de la montagne, recouverts de plantes parasites mêlées aux blocs éboulés, offrent une image de la nature retournant au chaos, entraînant dans sa ruine les plus fortes œuvres que la main de l'homme ait produites. Beaucoup de gens prétendent avoir vu sur ce rocher des anneaux de fer auxquels « étaient attachés les vaisseaux à l'époque où l'Alsace était encore un lac. » Cette singulière légende, dont on s'efforce en vain de deviner l'origine, est répandue dans toute la vallée du Rhin, dans la Forêt-Noire aussi bien que le long de la chaîne vosgienne.

Quelques-uns des rochers du Mennelstein portent des entailles carrées de 15 centimètres de côté, et d'autres circulaires ou figurant une pomme de pin. Dans une grotte du Meysenthal, aux environs de la Petite-Pierre, de petites excavations semblables sont disposées comme les spirales d'un serpent. Si la plupart des historiens ne dénient tout alphabet aux druides, on serait disposé à voir dans ces hiéroglyphes, assez fréquents dans les Vosges, des traces de leur ogham.

Aucun sentier ne conduit aux monuments druidiques. Le plus aisé pour y aller est de suivre le prolongement sud-ouest de la Heidenmauer en passant au Schaffstein et au Wachstein; l'un, énorme monolithe, l'autre, groupe de rochers d'apparence agencée en saillie sur la vallée de Barr. Toute cette partie du mur paraît avoir été formée d'abord de quartiers de roc sans entailles ; les pierres à cette marque sont très-rares et proviennent de retouches et de réparations.

La position verticale du Schaffstein est due sans doute à un caprice de la nature. Une espèce de rebord assez large pour s'y tenir debout règne sur le côté qui fait face au mur et a été établi de main d'homme. Comme son nom l'indique, ce bloc remplissait l'office de tour de garde ou de signal; la large traînée de pierres de taille qui le reliait à l'enceinte prouve qu'il fit partie du système de défense de la montagne.

Le dolmen que représente notre dessin est situé à vingt pas de l'enceinte, près d'une espèce de saillie à angle rentrant très-prononcé. Il consiste en deux roches parallèles dont les parois intérieures sont taillées perpendiculairement, tandis qu'une troisième roche avec des interstices aux angles la ferme d'un côté. Un autre monolithe semblable à un toit plat ou à une table les couvre à la hauteur de 2 mètres. Cette sorte de galerie a 7 ou 8 pieds de large sur 5 mètres de profondeur; l'une des pierres du monument porte à sa base une sorte de doucine ou de creux travaillé de main d'homme. Tout près se trouve une allée couverte longue de 4 mètres sur 80 centimètres d'élévation, également façonnée de roches brutes, et des cavernes naturelles découpent les grès d'alentour. La situation de ces monuments en dehors de l'enceinte prouve qu'ils ne sont pas contemporains de la construction de la Heidenmauer sur ce point de la montagne. Ils ont dû exister longtemps avant cette forteresse et appartiennent sans doute à la même ère que les *backenfelsen* du mur central.

Ce site est d'un aspect saisissant. Dressées en regard des pentes escarpées du Champ du Feu, au-dessus des profondeurs d'un ravin, presque appuyées à la vieille enceinte celtique, ces pierres exercent sur l'âme une impression profonde. Je ne puis me défendre d'un vague sentiment de crainte lorsque jo m'en approchai pour la première fois. La partie supérieure du dolmen était illuminée par une vive clarté rendue plus éblouissante par le contraste des ténèbres d'alentour. Bien que le ciel fût sans nuages, un souffle assez fort remuait la cime des pins et faisait frémir les touffes de ronces et de lierre appendues au rocher. Ce mélange d'ombre et de lumière, le recueillement, la solitude, un silence de mort interrompu à peine par la plainte du vent, donnaient au monument un aspect mystérieux. Autel ou tombeau, il semblait évoquer les images du passé avec sa sombre poésie. Ce paysage aux couleurs si sombres a également servi de théâtre aux dernières scènes du druidisme expirant, à cette époque où la puissante association, chassée des sanctuaires où elle avait si longtemps enseigné le peuple de la plaine, réduite à chercher un asile au fond des forêts les plus inaccessibles, s'attachait avec l'ardeur d'un dernier espoir à ses *caïrns* où le centurion romain élevait les statues de Mars Camul et d'Hercule Ogmius.

Au delà du dolmen, les blocs carrés deviennent plus nombreux et le mur serpente à grands replis pour étreindre la partie inférieure de la Bloss. Nul fossé ne se présente sur tout son parcours; mais là où la ligne de précipices qui l'entoure s'interrompt, le terrain est assez en pente pour qu'il devienne d'un difficile accès. On ne peut voir sans admiration cette immense muraille. Ces grandes pierres posées horizontalement, un appareil simple et majestueux, des assises si fermes quoique composées de blocs de grandeurs différentes, la belle teinte d'argent qui les distingue et leur air antique mêlé à la solitude du vallon, au calme de la montagne, font rêver des Celtes et des Romains, de même que de tant de peuples depuis longtemps oubliés.

La Heidenmauer de Sainte-Odile a été reconstruite à des époques diverses, éloignées l'une de l'autre. L'opinion généralement admise est qu'elle a servi de refuge aux populations de la plaine aux temps d'invasion. Les voies pavées qui montent vers le mur païen sont certainement l'ouvrage des Romains. Le mur a dû être rétabli au commencement du troisième siècle; on a trouvé parmi ses débris de nombreuses médailles à l'effigie de Maximien Hercule.

La conscience est le pouls de la raison qui bat et nous avertit.
COLERIDGE.

CARTES CÉLESTES.

Suite. — Voy. p. 18, 90, 124, 163, 195, 231, 264, 287.

Planche XI. — En commençant par le Centaure nous ferons le tour du pôle austral. Au n° 87 nous trouvons la Croix du Sud, assemblage brillant de quatre étoiles dont une au moins est de première grandeur. Cette constellation est moderne, et autrefois ses étoiles marquaient les pieds de derrière du Centaure. Les deux étoiles de première grandeur du Centaure α et β, qui sont à la même distance du pôle, marquaient les deux pieds de devant. Après Sirius et Canopus, l'étoile α est la plus brillante du ciel; elle se compose de deux étoiles de première grandeur qui sont liées et tournent autour de leur centre commun de gravité dans une période assez courte, mais encore mal calculée. Cette belle double étoile est de toutes celles dont on a pu mesurer la distance la plus proche de notre Soleil et de nous. Elle n'est qu'environ 225 000 fois plus éloignée de nous que le Soleil, et sa masse, que l'on a pu mesurer, est comparable à celle du Soleil. C'est un des beaux résultats de l'astronomie moderne.

Le Centaure était bien plus près de l'équateur et de l'hémisphère nord, du temps d'Hipparque, qu'il ne l'est maintenant. De même que la Vierge, à laquelle il correspend, il va constamment vers le sud, et les étoiles de la tête, visibles en Europe, s'abaissent de siècle en siècle sous notre horizon.

Entre la Croix du Sud et le pôle, il y a la Mouche ou l'Abeille australe, n° 86, et le Caméléon, n° 88. Ce Caméléon est marqué du n° 84 sur la planche XII. Le n° 89 est l'Oiseau de paradis; le n° 90 est le Triangle austral; à côté est le Compas, sans numéro, et puis l'Autel, n° 92, qui est une ancienne constellation voisine de la queue du Scorpion. Le Paon et la Grue, n° 63; près de la Grue est un poisson, la Dorade, et au n° 66 le Phénix; à côté, n° 66, est l'Atelier du Sculpteur numéroté dans la planche XII; entre la Grue et le pôle est le Toucan, n° 93. Toutes ces constellations n'ont au plus que des étoiles de seconde grandeur; le Triangle, le Paon, le Phénix, la Grue, sont dans ce cas. Entre la Dorade et le pôle est une grande nébuleuse qui semble un morceau détaché de la Voie lactée, et une autre nébuleuse, toute pareille d'éclat; mais plus petite, est entre le Phénix et le pôle : on appelle ces deux amas lumineux, parfaitement visibles à l'œil nu, les Nuages de Magellan, car ils ont été d'abord mentionnés dans le voyage de ce célèbre navigateur qui mourut aux Philippines. On a dit souvent qu'il n'avait pas achevé une circumnavigation de la terre entière; mais si l'on fait attention que, dans un précédent voyage vers l'orient il s'était avancé jusqu'aux Moluques, qui sont au delà des Philippines, on verra qu'il a bien réellement fait le tour entier de la terre et traversé tous les méridiens. Sir John Herschel, qui avait été s'établir au cap de Bonne-Espérance pour compléter la revue du ciel faite par son père, a donné une admirable étude des Nuages de Magellan. L'Octant, que l'on dessine au pôle même, et qui est sur cette planche le

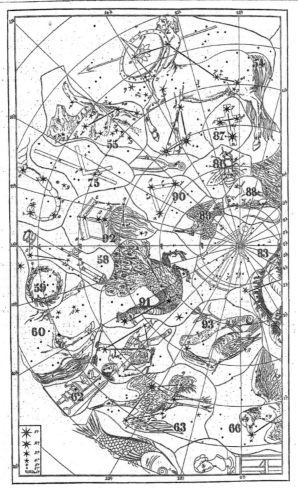

Cartes célestes. — Planche XI.

n° 83, est une constellation des moins caractérisées par ses étoiles, et l'on peut dire que le pôle austral n'a pas, comme le nôtre, une étoile polaire visible le jour et la nuit.

C'est la Croix du Sud qui est la plus voisine de ce pôle, et ensuite Canopus et Achernar.

La fin à une autre livraison.

THOMAS GRAY.

Le Tombeau du poëte Gray, à Stoke, près de Windsor. — Dessin d'Edwin Toowey.

J'étais serti de Windsor, et, pouvant disposer selon mon gré de quelques heures de loisir, je marchai au hasard dans la campagne. Bientôt j'entrai dans à un petit village (Stoke, je crois : il y a plus d'une centaine de villages anglais qui s'appellent Stoke). Arrivé près de l'humble église, j'eus le désir de visiter le cimetière : les pierres sépulcrales et les croix de bois étaient, pour la plupart, ornées de fleurs fraîchement cueillies ; les inscriptions, empruntées aux Écritures saintes, étaient bien choisies et touchantes. Quoique les noms me fussent tous inconnus, je m'intéressais à ceux qui les avaient portés plus ou moins d'années sur la terre en lisant ces paroles de douleur et d'espérance tracées par la piété de leurs familles. C'est là qu'on cesse de se sentir étranger, c'est là qu'on oublie les distinctions de nationalité et de race, là qu'on est bien véritablement pénétré de la grande vérité que nous sommes tous frères et que tous nous avons une seule et même patrie, celle où nous serons réunis dans l'immortalité. Cependant je tressaillis, j'éprouvai une plus vive émotion devant une sépulture que j'étais loin de m'attendre à rencontrer en cet endroit, celle de

Thomas Gray, l'un des poëtes les plus aimables du dernier siècle. L'inscription funéraire m'apprit que l'on avait élevé cette tombe en 1799. A cette époque, Gray était mort depuis dix-huit ans (en 1771). Il est enseveli près de sa mère et de l'une de ses tantes. Il avait pour sa mère un amour si profond que du jour où il l'eut perdue, en 1753, il ne fit que languir tristement et se désintéressa de plus en plus de tout ce qui auparavant l'attachait à la vie. Il était né à Londres, en 1716. Son père, agent de change, homme d'un caractère dur, n'avait eu que très-peu d'influence sur son éducation. Sa mère, Dorothée Antrobus, l'avait doué, au contraire, de tout ce qu'il y avait de douces sympathies dans son cœur et de nobles inspirations dans son esprit. On avait voulu faire de lui un homme de loi : ce fut impossible; il était né poëte. Dès l'enfance, il s'était montré tendre, sérieux, méditatif. Grâce à l'aisance dont jouissait alors sa famille, il lui fut possible, pendant quelques années de sa jeunesse, de voyager en Italie avec Horace Walpole, puis en Écosse et en Angleterre. Son père mourut vers 1741, ne laissant à sa mère qu'un très-médiocre revenu. Gray voulut alors se remettre aux études de jurisprudence dans l'intention d'arriver à une profession lucrative et d'améliorer la condition de sa mère; mais quelques premiers essais poétiques dont il ne put se défendre révélèrent si bien sa vocation poétique qu'aucun de ses amis n'hésita à lui conseiller de la suivre. En 1749 ou 1750, il publia son « Élégie écrite dans un cimetière de campagne »; c'est son œuvre la plus connue. Quoiqu'elle ne soit pas bien longue, on assure qu'il y avait travaillé pendant sept ans. Un grand poëme en douze chants qui eût été composé à la hâte et négligemment écrit lui aurait peut-être mérité une réputation estimable parmi les hommes de lettres : une seule petite pièce de vers, longtemps méditée et patiemment écrite et corrigée, fut suffisante pour le classer du premier coup parmi les hommes supérieurs de son temps. C'est un exemple remarquable de raison dans un jeune poëte, et qui témoigne d'un sentiment très-élevé du devoir d'atteindre d'aussi près que possible la perfection. Les autres poésies de Gray qu'on estime le plus sont des odes sur le Printemps, sur une vue éloignée du Collége d'Eton, à l'Adversité, sur le Progrès de la poésie, une autre intitulée le Barde. L'élégie « sur le cimetière de campagne », où de belles et hautes pensées s'allient à une mélancolie qui n'a rien d'affecté, fut accueillie avec la même faveur dans toute l'Europe, et on la traduisit ou on l'imita en français, en italien, en allemand et même en grec et en latin. On a dit, avec quelque vérité, que M. de Fontanes s'était fait sa réputation de poëte avec l'inspiration de Gray : il semble bien effectivement que le Jour des morts, traduction libre du « Cimetière de campagne » est resté le titre poétique le plus sérieux du célèbre grand maître de l'Université de France. Marie-Joseph Chénier, vraiment poëte, quoiqu'il le soit autrement que son frère André, a peut-être mieux réussi qu'aucun autre à faire passer dans notre langue les beautés de la célèbre élégie. Voici quelques vers de sa traduction :

Le jour fuit : de l'airain les lugubres accents
Rappellent au bercail les troupeaux mugissants;
Le laboureur lassé regagne sa chaumière;
Du soleil expirant la tremblante lumière
Délaisse par degrés les monts silencieux;
Un calme solennel enveloppe les cieux.....
    Près de ces ifs noueux dont la verdure sombre
Sur les champs attristés répand le deuil et l'ombre,
Sous ces frêles gazons, parure du tombeau,
Dorment les villageois ancêtres du hameau.
Rien ne peut les troubler dans leur couche dernière,
Ni le clairon du coq annonçant la lumière,
Ni du cor matinal l'appel accoutumé,
Ni la voix du printemps au souffle parfumé.

Des enfants, réunis dans les bras de leur mère,
Ne partageront plus, sur les genoux d'un père,
Le baiser du retour, objet de leur désir;
Et le soir, au banquet, la coupe du plaisir
N'ira plus à la ronde égayer la famille.
    Que de fois la moisson fatigua leur faucille!
Que de sillons traça leur soc laborieux!
Comme au sein des travaux leurs chants étaient joyeux
Quand la forêt tombait sous leurs lourdes cognées!
Que leurs tombes du moins ne soient pas dédaignées!...

Le poëte suppose, et rien n'est plus vraisemblable, que parmi ces hommes ignorés, ensevelis dans cet humble cimetière, plusieurs avaient été doués sans doute par la nature de grandes facultés. Élevés au sein des villes, leurs facultés auraient été développées par l'éducation, ils seraient devenus des savants illustres, des poëtes, des orateurs, de courageux citoyens :

Là peut-être sommeille un Hampden de village
Qui brava le tyran de son humble héritage,
Quelque Milton sans gloire, un Cromwell ignoré
Qu'un pouvoir criminel n'a pas déshonoré.

C'est ainsi, ajoute-t-il, qu'il y a des trésors enfouis dans l'abîme des mers et dans les profondeurs de la terre, des fleurs dont le parfum s'exhale dans la solitude des forêts et des déserts. Mais si ces villageois n'ont pas été connus, applaudis, célébrés, leur vie a été paisible et toute consacrée à d'utiles travaux.

Le sort, qui les priva de ces plaisirs sublimes,
Ainsi que les vertus borna pour eux les crimes.
    Quelques rimes sans art, d'incultes ornements,
Recommandent aux yeux ces obscurs monuments:
Une pierre attestant le nom, le sexe et l'âge;
Une informe élégie où la rustique sage
Par des textes sacrés nous enseigne à mourir,
Implorent du passant le tribut d'un soupir.

Gray imagine qu'un jeune ami du pauvre errait aux environs de ce cimetière : on le rencontrait, seul, méditant au bord du ruisseau ou dans la forêt (c'est Gray lui-même avant sa célébrité). Un jour on l'ensevelit près des villageois qu'il avait aimés et célébrés dans des vers ignorés, et on lui fit cette épitaphe :

Sous ce froid monument sont les jeunes reliques
D'un homme à la fortune, à la gloire inconnu:
La tristesse voilait ses traits mélancoliques;
Il eut peu de savoir, mais un cœur ingénu.
    Les pauvres ont béni sa pieuse jeunesse,
Dont la bonté du ciel a daigné prendre soin;
Il sut donner des pleurs, son unique richesse;
Il obtint un ami, son unique besoin.
    Ne mets point ses vertus, ses défauts en balance,
Homme; tu n'es plus juge en ce funèbre lieu.
Dans un espoir tremblant il repose en silence,
Entre les bras d'un père et sous la loi d'un Dieu.

LES TROIS BARBES ROUGES.

CONTE.

Voici un petit conte allemand qui paraîtra peut-être bien puéril, mais qui, ce nous semble, a plus de sens qu'il n'en a l'air.

Une pauvre veuve de la Franconie avait trois fils. Ce n'était aucun d'eux qui aurait, comme on dit, inventé la poudre. Ils n'avaient point de malice; ils faisaient durer leurs repas autant qu'il leur était possible, dormaient seize heures sur vingt-quatre, et le reste du temps ne savaient que faire de leurs grands bras. Un jour enfin leur mère prit la résolution de les envoyer chercher leur vie dans le monde.

— Si vous continuez, leur dit-elle, à rester ici sans rien faire, il me faudra bientôt vendre ma chaumière, mon petit jardin et ma chèvre, et alors je n'aurai plus qu'à aller de porte en porte mendier mon pain. Partez, mes enfants; vous êtes forts : vous trouverez bien à vous mettre en service dans quelque bonne maison.

Les trois jeunes gens se mirent donc en route un matin et marchèrent au hasard, tantôt à droite, tantôt à gauche, selon les chemins.

Dans l'après-midi, ils traversaient une forêt, lorsqu'ils rencontrèrent un très-grand vieillard vêtu d'une sorte de robe grise, et qui avait une longue barbe; il regardait à terre et cueillait çà et là de petites herbes. Il se dressa de toute sa hauteur quand il les entendit s'approcher.

— Où allez-vous, mes enfants? leur dit-il avec bienveillance.

— Nous cherchons des gens qui aient besoin de trois paires de bras, pour nous mettre à leur service.

— C'est bien, répondit le vieillard ; il faut travailler. Moi, je ne suis qu'un pauvre médecin, et je me sers moi-même. Mais j'ai un bon conseil à vous donner : prenez garde aux trois barbes rouges.

Les jeunes gens continuèrent à marcher.

Vers le soir, comme ils sortaient du bois, ils virent tout à coup paraître devant eux trois hommes richement vêtus, montés sur trois chevaux noirs. Ils avaient tous trois des barbes rouges.

— Où allez-vous? leur dit l'un de ces cavaliers.

Les trois frères étaient interdits et ne savaient trop ce qu'ils devaient répondre, se souvenant de l'avis du vieillard.

— Où allez-vous? Que cherchez-vous? reprit le cavalier.

Il fallait répondre, et comme ils n'avaient pas grande imagination, ils dirent encore simplement qu'ils cherchaient à se mettre en service.

— Cela se trouve bien, mes enfants, dit le deuxième cavalier : nous avons besoin de trois hommes. Suivez-nous ; vous n'aurez pas grand'chose à faire et vous serez bien payés. En un an vous gagnerez plus avec nous qu'en dix ans avec d'autres.

Les trois jeunes gens se regardèrent comme pour s'interroger.

— Dans un an, vous aurez chacun cent beaux écus d'or, dit le troisième cavalier.

Ces paroles firent lever tout d'un coup la jambe à chacun des trois frères, et ils suivirent les barbes rouges.

Bientôt ils arrivèrent aux portes d'un château qui était flanqué de trois hautes tours.

Un des cavaliers leur dit :

— Chacun de vous va monter sur une de ces tours. Il y restera jour et nuit pendant une année. On lui portera là-haut sa nourriture. Il n'aura qu'une chose à faire. Le premier, sur la tour à droite, dira une fois chaque matin ces seuls mots : « Nous sommes trois frères »; le deuxième, sur la tour du milieu, dira : « Pour un peu d'or »; le troisième dira : « Faites-nous justice. »

Les trois frères pensèrent que c'était là une manière de gagner beaucoup d'argent qui ne les fatiguerait guère, et furent très-contents d'avoir trouvé une condition où il n'était besoin ni d'adresse, ni de savoir, ni d'esprit. Et c'était là leur grande erreur, comme on va bientôt le voir! Du reste, ils s'acquittèrent en conscience de ce qu'on leur avait ordonné, ne faisant rien sur leur tour, bayant, comme on dit, aux corneilles, et ne pensant jamais à rien.

Au bout d'un an ils descendirent, on leur donna à chacun cent écus d'or et on les mit à la porte du château.

Or ils s'aperçurent alors d'une chose bien extraordinaire : c'est qu'ils n'avaient plus une seule idée dans la tête et qu'ils avaient à fait désappris de parler.

Un homme vint à passer. Il leur souhaita gaiement le bonjour et leur dit :

— D'où venez-vous, mes gars?

Le premier voulut répondre avec politesse, mais il ne put prononcer que ces mots : . .

— Nous sommes trois frères.

— Ah! ça se voit de reste à la ressemblance; mais d'où venez-vous?

Le second répondit en voulant sourire :

— Pour un peu d'or.

— Qu'est-ce que cela signifie? Vous moquez-vous de moi ? dit le passant.

— Faites-nous justice! lui cria le troisième.

— Allez, vous êtes trois fameux imbéciles! dit le passant en colère ; et il s'éloigna.

Un peu plus loin, les trois frères étant arrivés au sommet d'une petite montagne, virent au bas une scène horrible. Un homme en tuait un autre. Ils se hâtèrent de descendre; mais l'assassin se sauva, et ils n'arrivèrent que juste à temps pour entendre le dernier soupir de la victime. Tandis qu'ils la regardaient, des soldats survinrent et, ne doutant pas qu'ils ne fussent les coupables, les lièrent avec des cordes et les conduisirent à la ville voisine devant le juge.

Le juge les interrogea.

— Qui êtes-vous?

— Nous sommes trois frères, répondit le premier des trois jeunes gens.

— Malheureux, pourquoi avez-vous tué cet homme?

— Pour un peu d'or, répondit le second frère.

— Au moins, voilà de la franchise! vous êtes des coquins impudents comme je n'en ai jamais vu! Il n'y a pas besoin de plus de paroles, et je vais vous faire pendre.

— Faites-nous justice, dit le troisième frère.

— Certainement, et ce ne sera pas long.

Les trois frères furent conduits au gibet, et déjà on s'apprêtait à les suspendre en l'air. Ils auraient bien voulu parler pour se défendre, mais ils ne trouvaient pas un mot dans leur cervelle ni sur leurs lèvres.

En ce moment, le grand vieillard à la robe grise qu'ils avaient rencontré dans la forêt sortit de la foule, une petite coupe de bois à la main, et il dit au chef des soldats :

— Laissez ces pauvres diables boire un peu de ce cordial; c'est la dernière fois qu'ils boiront.

L'officier fut sensible à cette remarque.

A peine les trois jeunes gens eurent-ils goûté un peu de la liqueur que leurs langues se délièrent.

— Voici l'assassin ! s'écrièrent-ils en montrant un homme dans la foule... Et voilà les trois barbes rouges qui rient ! ajoutèrent-ils.

Les trois cavaliers à barbe rouge, entendant ces mots, s'élancèrent au galop et disparurent. Mais l'assassin qui était à pied fut pris, et, tout déconcerté, il avoua son crime.

Ainsi les trois jeunes gens furent reconnus innocents et mis en liberté.

Il y eut des bonnes femmes qui ne manquèrent pas de dire que les trois barbes rouges étaient sûrement trois diables et que le vieil homme était un bon génie. Mais d'autres dirent aussi en hochant la tête : « Voilà ce que c'est que de rester si longtemps sans penser et surtout sans parler ! »

COMMENT LE COMTE DE CAYLUS

VISITA LES RUINES D'ÉPHÈSE.

Pour visiter ces ruines, qu'il devait si bien décrire, l'intrépide antiquaire s'avisa d'un moyen étrange. C'était en 1717; il était à Smyrne : tout le monde le dissuadait de s'avancer au milieu des campagnes où s'élevait le temple fameux. Pour lui faire abandonner son projet, on lui donnait une raison excellente : un brigand impitoyable, *Caracayali*, avait élu au sein des ruines son domicile et il y demeurait avec sa bande redoutée. Le jeune Caylus écouta tout le monde; mais il se fit faire secrètement des vêtements de toile à voile; et ayant appris qu'il y avait à Smyrne deux hommes de la troupe de Caracayali, il se confia à leur bonne foi et se fit présenter à leur chef. Soit que le brigand ne vît en lui qu'un curieux des plus misérables et dont la rançon ne lui devait apporter nul profit, soit qu'il fût frappé de l'audacieuse curiosité du visiteur de ruines, loin de lui nuire, il l'aida.

CHASSE AUX BISONS [1].

C'est entre le fort Mackensie et le fort Union, sur les rives du Missouri, dans l'Amérique du Nord, que le prince Maximilien de Wied-Neuwied et M. Charles Bodmer rencontrèrent en grand nombre les bisons.

Le 14 juillet 1834, non loin du ruisseau que Lewis et Clarke appellent l'Indian-Fort-Creèk, ils virent des troupeaux de ces animaux gigantesques : plusieurs traversèrent le Missouri sous leurs yeux. On tira sur eux, deux furent tués; mais l'un d'eux était si profondément enseveli dans la boue que l'on ne put se procurer aucune partie de sa chair. Un loup blanc vint se coucher sur la grève, sans doute pour y attendre le départ des voyageurs et commencer aussitôt après un excellent repas. Le lendemain, on entendit mugir fortement les bisons et on les aperçut bientôt dans une épaisse forêt de frênes, de peupliers, de *buffaloe berries*, de cornouillers et de rosiers : ils laissaient en passant leur laine aux arbustes épineux; on en tua plusieurs.

Le 20, à un endroit où le Missouri fait un coude de quinze milles qu'on a nommé « le Grand Détour », les chasseurs qui accompagnaient le prince et l'artiste tuèrent douze bisons; mais ils n'apportèrent au bâtiment que la chair des femelles, abandonnant tout le reste aux loups, aux ours et aux oiseaux de proie.

Le 21, il fit une chaleur accablante. « Toute la prairie était jaune et brûlée; le moindre mouvement soulevait de la poussière, et il suffisait pour cela d'un loup qui trottait. Cette poussière faisait reconnaître de loin la présence des troupeaux de bisons qui en amassaient des nuages... Un peu après midi nous vîmes, debout sur la rive, un gros bison mâle qui semblait nous provoquer; il baissait la tête, et, grattant la terre avec ses pieds de devant, il faisait voler la poussière autour de lui. On débarqua les chasseurs... la chasse nous procura un bison, plusieurs oies sauvages et un *Numenius longirostris*. »

Le 24 juillet, on remarqua que des vallées ou ravins desséchés, s'ouvrant sur les rives hautes et escarpées du Missouri, étaient coupés de profonds sentiers tracés par les troupeaux de bisons, qui dirigent leur marche à travers toute la prairie, le long des chaînes de collines et des bords des rivières. On tua un bison mâle énorme qui traversait un de ces ravins à pas lents et avec une fière nonchalance.

Peu de jours se passaient sans quelque coup de ce genre. Le plus ordinairement, il fallait abandonner presque toute la proie; quelquefois on n'en prenait que la langue ou les peaux, dont on fait des robes et des couvertures. On rencontrait souvent des crânes, des os de ces gigantesques animaux blanchis par l'air.

Le 27, d'un point où l'on apercevait dans un grand éloi-

gnement les petites montagnes Rocheuses au sud-ouest, et le Muscleshell-River au sud-est, une vaste vallée verte était toute couverte de troupeaux de bisons.

Deux mois plus tard, au retour du fort Mackensie; en traversant la vallée remarquable des Mauvaises-Terres, les voyageurs virent des milliers de bisons, groupés quelquefois au nombre de cent cinquante, se poursuivant, courant ou buvant. Ils virent aussi beaucoup d'elks, de moutons sauvages et d'antilopes. « Nous tînmes en bride, dans cette occasion, notre amour pour la chasse, afin de pouvoir examiner à notre aise ces intéressantes bêtes, et notre projet fut à cet égard couronné d'un plein succès. »

Près de là, le Tea-Island ou l'Elk-Island était aussi couvert de bisons qui paissaient et par instants poussaient leurs mugissements rauques, tandis que les elks sifflaient. Ces scènes se reproduisirent souvent pendant le reste du voyage. Pendant leur séjour au fort Union, les voyageurs accompagnèrent les chasseurs demi-sang du fort dans une expédition contre des troupeaux de bisons, de l'autre côté du Missouri.

« Arrivés au haut d'une colline, nous examinâmes une vaste plaine à l'aide d'une lunette d'approche, et nous vîmes de petits troupeaux de quatre, cinq ou six bisons mâles; nous résolûmes d'attaquer les plus nombreux. Pendant que les chevaux de somme nous suivaient lentement, les chasseurs se mirent en mouvement et descendirent d'un pas rapide une pente douce entre deux collines, où nous vîmes les animaux à peu de distance de nous sur la gauche. Nos fusils armés, nous fîmes une charge de cavalerie en règle contre ces animaux, lourds à la vérité, mais qui néanmoins courent assez vite. Les cavaliers se partagèrent et suivirent les bisons, dont plusieurs furent tués par nos bons tireurs; d'autres furent seulement blessés et longtemps poursuivis avant de tomber sous les coups de ceux d'entre nous qui avaient moins d'adresse. J'avais suivi, moi troisième, dans la vallée un de ces derniers animaux, et nous tirâmes sur lui à plusieurs reprises. Il prenait souvent une attitude menaçante et nous poursuivait même à son tour pendant dix ou vingt pas; mais il recommençait à fuir aussitôt que nous nous arrêtions : ses forces ne s'épuisèrent et il ne succomba qu'après qu'on lui eut tiré au moins vingt coups de fusil.

» Les demi-sang et les Indiens ont une telle habitude de cette espèce de chasse qu'il leur arrive assez rarement d'avoir besoin de tirer plus d'un coup à un bison. Ajoutez à cela qu'ils n'appuient pas leur arme contre l'épaule, mais étendent les deux bras et tirent dans cette position peu ordinaire aussitôt qu'ils se trouvent à dix ou quinze pas de l'animal. Ils chargent leur fusil avec une promptitude incroyable, car ils ne bourrent pas, laissant au contraire la balle, dont ils gardent toujours un certain nombre dans la bouche, tomber immédiatement sur la poudre, à laquelle elle s'attache et qui la renvoie à l'instant même. Au moyen de cette grande vitesse, ces chasseurs des prairies font en très-peu de temps un vrai massacre dans un troupeau de bisons, et les animaux tués jonchent alors en foule le champ de bataille. Cette fois, le petit troupeau y périt tout entier; neuf bisons mâles étaient couchés par terre, et les chasseurs s'étaient tellement éparpillés, que nous eûmes assez de peine à nous réunir de nouveau. Je m'étais éloigné des autres cavaliers, et je continuai à courir pendant quelques milles par-dessus des collines à pente douce, jusqu'à ce qu'enfin, comme le jour baissait, j'aperçus le chasseur Marcellius qui venait de tuer un bison. Là je trouvai aussi M. Bodmer [1], qui esquissait l'animal abattu. Nous retournâmes après cela à la vallée, où nous essayâmes d'allumer

[1] Voy., sur le Bison, tome Ier, 1833, p. 189; — et tome VI, 1838, p. 117.

[1] C'est le prince Maximilien de Wied-Neuwied qui a écrit la relation du voyage.

en plein air, et malgré un vent assez fort, un feu de fiente | pas de bois, de sorte que nous jetions de la graisse et des
de bison ; mais il ne fit que fumer sans flamber. Nous n'avions | os dans le feu pour l'alimenter. Nous eûmes assez de peine

Troupeaux de bisons, près du Missouri. — Dessin et gravure de Charles Bodmer.

à faire rôtir un peu de viande , et quand il fut question de | de bison et de couvertures de laine avait été oublié, ce qui
nous coucher , je découvris que mon lit portatif de peaux | ne me fut nullement agréable par le vent froid qu'il faisait,

la pluie qui commençait à tomber, et le mauvais feu que nous avions... Le lendemain, nous déjeunâmes avec de la viande rôtie et de la moelle de bison; les chevaux furent rassemblés et sellés, et la viande des animaux tués fut attachée sur le dos des chevaux de somme. »

LES SIGNATURES AU MOYEN ÂGE ([*]).

La signature a été inventée par ceux qui ne savaient pas écrire.

On sait que le *signum* gravé sur le chaton d'un anneau porté au doigt tenait lieu de signature chez presque tous les peuples de l'antiquité. L'usage de ces anneaux remonte au delà de trois mille ans. Aman signa du seing du roi l'arrêt d'expulsion des Juifs. Les Romains appelaient cet anneau *annulus signatorius*. Sur les chatons des anneaux à signer, on figurait des sujets de toute nature. La plupart étaient gravés en creux pour donner une empreinte en relief sur la cire ; d'autres étaient faits pour être trempés dans l'encre et produire une empreinte imprimée.

À Rome, vers le temps de Cicéron, le droit prétorien exigeait, pour la validité de certains testaments, outre l'apposition du *signum*, celle de la souscription autographe du testateur et des témoins.

Au Bas-Empire, la souscription s'étendit à tous les actes, et les personnes illettrées furent autorisées à ne tracer à l'encre qu'un signe quelconque appelé *seing manuel* (*signum manuale*) pour en tenir lieu.

Aucun des rois mérovingiens de la deuxième race n'avait

su écrire. « Le mépris des nobles pour les lettres passa à tous ceux qui leur étaient inférieurs, et même jusqu'à des ecclésiastiques. Plusieurs ignoraient l'art d'écrire jusqu'à ne pouvoir signer leur nom. » (*Nouveau traité de diplomatique*, t. V.) Les rois se servirent pour signer du monogramme.

Quant à l'anneau à signer, il était resté, vers le septième siècle, à peu d'exceptions près, une prérogative de la souveraineté et de la prélature. Au neuvième siècle, les évêques cessèrent de l'apposer sur les actes publics et privés.

Les anneaux à signer s'élargirent peu à peu et se transformèrent en sceaux. Cependant, jusqu'à la troisième race, on conserva le nom d'anneau au sceau royal. D'abord on signa de l'anneau (*anuli impressione signari*) ; puis on signa du sceau (*de anulo sigillare*); enfin, au douzième siècle, on scella du sceau (*sigillo sigillare*).

Pendant les siècles de profonde ignorance, du sixième au douzième siècle, les notaires et les scribes étaient à peu près les seuls qui fussent en état de faire des souscriptions autographes.

Jusqu'au onzième siècle, on remarque des ruches au bas des diplômes impériaux et royaux : ce sont les seings des chanceliers, notaires ou scribes.

A l'exemple des papes, les cardinaux et archevêques, évêques, etc., firent précéder d'une croix leur souscription. Dans la suite, cette croix, qui n'était d'abord qu'une figure d'invocation, fut adoptée comme une vraie signature. Les rois Thierry III, Carloman et Pépin le Bref n'avaient d'autre signature que la simple croix.

756
Croix du Pape le Bref.

SEINGS OU SIGNATURES DES DIXIÈME, ONZIÈME, DOUZIÈME ET TREIZIÈME SIÈCLES.

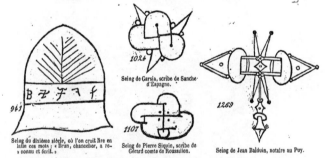

1024
Seing de Garsia, scribe de Sanche d'Espagne.

961
Seing du dixième siècle, où l'on croit lire en latin ces mots : « Brun, chancelier, a re-» connu et écrit. »

1107
Seing de Pierre Siguin, scribe de Gérard comte de Roussillon.

1269
Seing de Jean Balduin, notaire au Puy.

L'usage de signer par la croix devint de plus en plus rare à partir de la fin du douzième siècle.

Au treizième siècle, dans les pays de droit écrit, on voit reparaître, à l'occasion dans les testaments, des *seings manuels*, tracés non-seulement par des personnes illettrées, mais encore par des clercs, des médecins, des magistrats, etc.

Ces seings sont des croix, des monogrammes, des maximes, des initiales, des noms, des ornements, des attri-

buts, des armoiries, des rébus, des figures d'animaux, d'édifices, etc.

On remarque une tendance à faire pénétrer de plus en plus le nom dans les motifs des seings.

Des notaires écrivent leur nom en caractères cursifs et y joignent quelques mots de plus : c'est le *seing du nom* ou *petit seing* ; il sert à la fois de la *subscriptio* et du *signum*.

Ce seing, introduit dans la chancellerie royale sous le règne de Philippe le Bel, fut bientôt adopté par tous les notaires et par un grand nombre de fonctionnaires.

Les rois Jean et Charles V signèrent de leur nom des lettres et des actes royaux.

Ce ne fut qu'au milieu du seizième siècle que les ordonnances rendirent obligatoire la signature telle que nous l'entendons et la pratiquons aujourd'hui.

[*] Nous empruntons le texte et les dessins qui suivent à un petit ouvrage trop peu connu dont voici le titre : *De l'origine de la signature et de son emploi au moyen âge, principalement dans les pays de droit écrit*, avec quarante-huit planches; par M. C. Guigue, ancien élève de l'École des chartes. Paris, Dumoulin.

Ce livre, consciencieusement composé et digne de toute confiance, est dédié à notre ami et collaborateur M. Jules Quicherat, professeur à l'École des chartes.

QUATORZIÈME SIÈCLE.

Seing de Guillaume Sagne, notaire.

Seing de Pierre Isarne, notaire royal.

Seing de Ponçe de Cama, notaire
royal à Nîmes.

Seing de J. de Galion, notaire impérial.

Seing de Blanc Amofot, notaire en Vivarais.

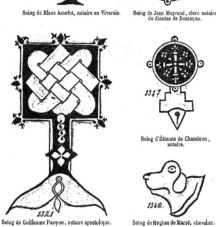

1321

Seing de Guillaume Pasquer, notaire apostolique.

Seing de Jacques-Albert Martel,
notaire impérial.

Seing de Jean Mayraud, clerc notaire
du diocèse de Besançon.

Seing d'Étienne de Chambron,
notaire.

Seing de Hughes de Marzé, chevalier.

Seing d'Adam Waguet, notaire du diocèse de Soissons.

Seing d'André Julien, notaire à Lyon.

QUINZIÈME, SEIZIÈME ET DIX-SEPTIÈME SIÈCLE.

1400

Seing de Pierre Baron, notaire impérial.

1463

Seing de Théodore Brakell, clerc du diocèse de Cologne.

15ᵉ Siècle

Seing de Pierre Gourdin, notaire à Thiers

1400

Grand seing de Guillaume Ralace, notaire à Trévoux.

1538

Seing de Jehan, chevaucheur du sieur de la Rochepot, gouverneur de l'Ile-de-France.

1489

Seing de Pierre Parenton, drapier à Paris.

1538

Seing de Jacques Deschamps, chaufournier à Asnières.

1537

Seing de Michel Lefébure, guetteur à Laon.

1580

Seing de Christophe Lambin, tambourineur à Laon.

Seing de Jean Vallier, maçon.

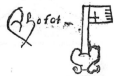

1596

Seing d'Étienne Chotot, serrurier à Saint-Germain en Laye.

Seing de Jean Duval, maître boucher à Laon.

Seing de le Fay, laboureur à Sissonne.

1623

Seing de Simon Lamour, tailleur d'habits.

1622

Seing de Sébastien de la Mare, ménestrier à Montceau-les-Loups.

Seing d'Estienne Billot, maréchal vesulu.

COURONNE FUNÉRAIRE GRECQUE
DU MUSÉE DE MUNICH.

Musée de Munich. — Couronne funéraire grecque. — Dessin de Féart.

La magnifique couronne que l'on voit ici gravée est le plus précieux bijou de la collection des antiques de Munich. Elle est faite entièrement en or; sur quelques fleurs seulement on remarque des parties d'émail bleu. Une branche de chêne garnie de son feuillage et de ses glands sert de support aux roses, aux narcisses, aux convolvulus, aux myrtes et au lierre qui s'enlacent autour de sa tige; des mouches à miel, attachées à la couronne par une mince lame d'or, paraissent voltiger autour des fleurs, et sur le devant on voit sept figures ailées, dont quatre sont nues et trois vêtues d'habillements féminins. Dans celle qui est placée au milieu, debout sur une sorte de piédestal, de savants antiquaires ont reconnu la déesse des lieux infernaux, adorée sous les noms de Cora, de Libera, de Proserpine ou Perséphoné, dont on retrouve fréquemment l'image sur les vases peints déposés dans les tombeaux. C'est, en effet, une couronne funéraire que nous avons sous les yeux;

elle fut trouvée en 1813, dans un tombeau, près d'Armento dans la Basilicate. L'inscription gravée sur la petite base qui supporte la déesse nous apprend que cette couronne fut l'offrande d'un personnage du nom de Kreithonios. La forme des caractères permet, de plus, de conjecturer qu'ils furent gravés vers l'an 400 environ. Ainsi ce bijou appartiendrait à l'époque où l'art était le plus florissant dans la Grèce, et il ne l'était guère moins dans les villes grecques de l'Italie méridionale. On peut juger, en particulier, de la perfection où il était parvenu dans le pays où la couronne du Musée de Munich a été trouvée, par les belles monnaies de Grumentum : ce nom est vraisemblablement celui de la cité antique à la place de laquelle s'est élevé depuis Armento.

On ne saurait s'étonner que les Grecs, chez qui l'usage était si répandu de se ceindre la tête soit de bandeaux, soit, en mainte circonstance, de couronnes de feuillage ou de fleurs, aient aussi quelquefois déposé des couronnes dans les tombeaux avec les restes des morts et quelques-uns des objets précieux qui leur avaient appartenu. Il en devait être ainsi particulièrement quand le défunt avait été honoré de son vivant d'une pareille récompense, ou quand il en était jugé digne après sa mort, comme cet Épinikios dont un voyageur rencontra, dans l'île de Paros, la pierre funéraire avec une inscription faisant connaître que « le sénat et le peuple lui avaient décerné les honneurs d'une couronne d'or et d'une statue de marbre. » (¹)

Ce n'est pas seulement au moment de l'ensevelissement que les anciens plaçaient sur les dépouilles de leurs parents et de leurs amis défunts des couronnes naturelles ou précieuses par la matière et le travail, qui étaient enfermées ensuite dans l'intérieur des tombeaux; ils déposaient encore sur le monument élevé à leur mémoire des couronnes d'olivier, de chêne, de laurier ou d'autres plantes ordinairement consacrées aux morts, et ils faisaient ces offrandes particulièrement aux anniversaires du jour où ils les avaient perdus. L'usage d'honorer ainsi les morts passa des Grecs aux Romains; les exemples que l'on en pourrait citer sont nombreux : il suffira de rappeler que de même qu'Alexandre avait voulu mettre des couronnes sur la tombe d'Achille et sur celle de Patrocle, Auguste, au rapport de Suétone, en voulut placer une sur celle d'Alexandre.

On peut consulter, au sujet de la couronne trouvée à Armento, la Description des objets d'or et d'argent du cabinet de Vienne, par Arneth, où le bijou de Munich se trouve aussi gravé; et Avellino, dans le tome Iᵉʳ des Mémoires de l'Académie d'Herculanum (1822).

LE JUIF BROCANTEUR.

CHANSON ALLEMANDE PAR CH. BECK.

Debout! chaque jour nouveau
T'apporte les chagrins de la veille.
Tourne pieusement vers l'orient
Ton visage pâle et flétri;
Romps une croûte de pain dur;
Peigne à la hâte tes cheveux crépus,
Saisis ton ballot de friperies :
Ta femme te présente bâton et chapeau.

Puisqu'un autre fait son négoce à cette porte,
Dirige tes pas vers la maison voisine;
Ton œil rusé parcourt toutes les fenêtres,
D'où les servantes te regardent avec mépris;
Tu montes, tu descends les escaliers;
Le carlin jappe et te mord les jambes.
Des rires grossiers s'élèvent; et toi,
Peut-être tu vas faire semblant de rire aussi.

Tu fais sonner ta monnaie dans ton gousset;
Tu reluques tantôt une dentelle de Malines,
Une bague, un tableau, une vieille rapière,
Une pendule, une fourrure.
Tu achètes avec convoitise et anxiété
Ce crucifix d'ivoire poli;
Mais il faut le cacher aux scrupules de tes frères
Et ne l'examiner qu'en secret.

Tu vas parcourant les rues,
La jambe fatiguée, le front ruisselant;
Ta semaine est trop courte,
Elle ne te donne que cinq jours de travail.
Hâte-toi, sans prendre haleine,
D'amasser ton salaire;
Ton père veut le chômage du samedi,
Ton fils veut le chômage du dimanche.

Le soir, quand tu rentres au logis,
Ta femme te questionne du regard;
Tu gardes le silence; elle sort et pleure,

(¹) Leake, *Travels in northern Greece*, III, pl. XXV.

Mais elle t'aime plus que jamais.
Elle te sert en souriant un frugal repas;
Elle t'apporte son plus jeune enfant
Qui te couvre de baisers,
Et ses petites mains interrogent tes poches.

Tu l'arranges sur son oreiller;
Une courte prière... il est endormi;
Et tu dis : « O mon cher enfant!
» Je veillerai sur toi tant que je vivrai;
» Mais quand j'aurai rejoint nos pères,
» Quand tu resteras seul, courbé sous le poids de la vie,
» Ne maudiras-tu pas les parents
» Qui t'auront donné et conservé le jour?

» Fils de Juif!... sur la terre allemande,
» Supporteras-tu ce titre comme moi?
» Tu chercheras à gagner le cœur du chrétien,
» Et tes efforts seront sans succès :
» Il t'en veut, non pas en souvenir de Jésus,
» Mais il t'en veut, d'une haine mortelle,
» Parce que ta main sait mieux que la sienne
» Se remplir d'or et de richesses.

» Il te faut incessamment trafiquer, amasser.
» L'exercice d'un métier ne t'est pas permis;
» La possession d'un champ t'est interdite;
» Tu n'as pas le droit d'instruire la jeunesse;
» Tu es exclu de toute charge ou dignité;
» Ton serment même n'est point admis;
» En vain ton bras servirait la patrie,
» Jamais une étoile ne décorerait ta poitrine.

» Comme moi, comme tes frères,
» Tu ne peux être qu'un Juif brocanteur.
» Essayeras-tu de voyager au loin?
» Ton accent trahira ton origine.
» Mais voudrais-tu délaisser ton vieux père,
» Délaisser ta pauvre mère?
» Qui donc prendrait un jour le soin
» De réunir leurs ossements? »

Il se couche accablé de fatigue;
Une courte prière... il est endormi,
Et dit en rêvant : « O mon cher enfant!
» Je veillerai sur toi tant que je vivrai;
» Mais quand j'aurai rejoint nos pères,
» Quand tu resteras seul, courbé sous le poids de la vie,
» Ne maudiras-tu pas les parents
» Qui t'auront donné et conservé le jour? »

Pauvre Juif, chaque jour nouveau
T'apporte les chagrins de la veille.
Tourne pieusement vers l'orient
Ton visage pâle et flétri.
Peigne à la hâte tes cheveux crépus,
Romps une croûte de pain dur...
Cours... Mais un autre fait son négoce à cette porte;
Dirige tes pas vers la maison voisine.

Charles Beck est né en Hongrie, en 1817, d'un négociant israélite qui l'envoya faire ses études à l'Université de Leipsick. Il débuta, à vingt et un ans, par des poésies (*les Nuits*) dont le succès fut si grand que d'imprudents amis s'empressèrent de le proclamer le premier lyrique du temps. Charles Beck, heureusement, eut le bon esprit de ne pas se laisser enivrer par ces dangereuses louanges : il consacra plusieurs années de retraite à perfectionner son talent, et reparut avec des productions nouvelles où une rare habileté de forme se joint à beaucoup de passion et d'imagination. Son meilleur ouvrage est peut-être un roman versifié : *Janko, gardien de chevaux*, où s'exprime l'attachement du jeune poète pour son pays natal. Aussi le mouvement national de la Hongrie en 1848 ne le laissa-t-il pas inactif. Celui de ses recueils d'où nous avons extrait *le Juif brocanteur* a pour titre : *les Chants du pauvre*. La situation des classes déshéritées de la société y est retracée dans une galerie de sombres tableaux dédiée à *la Maison Rothschild*. Publié en 1846, ce volume eut trois éditions dans le cours de l'année.

SUR LES MONUMENTS DE L'ÉGYPTE.

« Étrange et singulière vicissitude des choses humaines, de voir, après tant de siècles de silence, l'histoire d'événements figurés et écrits par ceux mêmes qui en ont été les acteurs reprendre vie dans les fastes du monde ! Et c'est un mérite tout particulier aux hommes célèbres de l'Égypte que, bien qu'ayant vécu dans des âges si éloignés, ils aient laissé tant de monuments, subsistant encore aujourd'hui, qui nous parlent de leur gloire ; tandis qu'en comparaison nous en avons si peu, de si clair-semés et de si incomplets, d'une si grande multitude d'autres souverains, tant d'Orient que d'Occident, moins anciens et bien plus fameux, et dont nous ne connaissons l'histoire que par l'intermédiaire des écrivains. »

« Autant le texte des inscriptions abonde en titres officiels et en locutions emphatiques d'un caractère général, autant il est insignifiant quant aux particularités que l'on désire le plus dans les monuments historiques. C'est là, malheureusement, le caractère de la majeure partie des inscriptions historiques de l'Égypte, lesquelles, bien que grandement instructives en regard du peu que nous savions de la haute antiquité de l'Égypte, ne le sont cependant pas en proportion de leur nombre et de leur développement, précisément à cause du défaut de particularités et d'indications positives. » (Rosellini, *Monumenti storici*.)

Ces deux passages de l'illustre archéologue italien, de cet ami si excellent et toujours si présent à notre souvenir, donnent une idée parfaitement exacte du double caractère des monuments égyptiens, et c'est pourquoi je les cite.

Le premier est dicté par l'enthousiasme que ressent tout homme dont l'esprit n'est ni amorti ni absorbé par la pitoyable littérature de notre temps, lorsqu'il voit des représentations figurées sur des monuments âgés de plus de trois mille ans lui retracer les exploits et les grands événements contemporains dans une écriture qui a cessé d'être en usage depuis deux mille ans. Le second est inspiré par l'amour de la vérité et résulte de la déception que l'on éprouve en arrivant à se convaincre que les plus longues inscriptions ne nous apprennent que peu de chose, et ne nous en apprendraient pas beaucoup plus alors même que notre connaissance de la langue serait plus développée. Ces deux sentiments sont justes, et tous deux ont une importance réelle pour l'histoire. [1]

LA MÈRE DE MOLIÈRE.

Marie Cressé, baptisée le 2 mai 1601, épousa, le 27 avril 1621, Jean Poquelin, tapissier. Ils habitaient une maison située à l'angle des rues Saint-Honoré et des Vieilles-Étuves, qui était connue sous le nom de *Maison des Cinges*, et qui, entièrement reconstruite, porte aujourd'hui le n° 96 sur la rue Saint-Honoré et le n° 2 sur la rue des Vieilles-Étuves. Ce fut là que naquit, le 15 juillet 1622, Molière, baptisé sous le nom de Jean. Son père n'acheta une maison située sous les Piliers des halles que le 30 mai 1633 : ce n'est point celle où l'on a placé un buste de Molière ; elle a été démolie lors du percement de la rue Rambuteau.

Marie Cressé mourut au mois de mai 1632, âgée de trente et un ans. Elle laissait trois fils et une fille en bas âge. Le fils qui devait devenir si célèbre n'avait que dix ans. Mais il paraît probable qu'elle avait assez vécu pour exercer une grande influence sur son caractère et sa volonté.

[1] Bunsen, *Egypt's place in universal history*.

Quelques détails puisés dans les inventaires faits, l'un immédiatement après sa mort, l'autre trente-sept ans après, chez son mari, qui s'était remarié en 1633, ont conduit à la faire considérer comme ayant dû être fort supérieure à son mari. On cite parmi les livres qu'elle possédait la Bible et les Vies des hommes illustres de Plutarque. De son vivant, le ménage respirait l'aisance, le bien-être, l'intelligence, l'ordre (et l'on sait que l'ordre était une des qualités remarquables de Molière). Après sa mort, tout est peu à peu négligé, abandonné dans l'intérieur de Jean Poquelin, et plus tard un inventaire très-minutieux n'y indique pas un seul livre. Peut-être l'infériorité morale du père contribua-t-elle à décider Molière à renoncer à la profession paternelle et à s'engager, en 1643, dans la troupe de « l'illustre théâtre » qui, comme on le sait, fit ses débuts dans un jeu de paume situé près de la porte de Nesle et appelé le *jeu de paume des Métayers*. [1]

L'AVOCAT DE DIEU.

Dans la société du baron d'Holbach, après un dîner fort assaisonné d'athéisme, Diderot proposa de nommer un *avocat de Dieu*, et l'on choisit l'abbé Galiani. Il s'assit, et débuta ainsi :

« Un jour, à Naples, un homme prit devant nous six dés dans un cornet et paria d'amener rafle de six. Il l'amena du premier coup. Je dis : « Cette chance est possible. » Il l'amena une seconde fois ; je dis la même chose. Il remit les dés dans le cornet trois, quatre, cinq fois ; et toujours rafle de six. « Sangue di Bacco ! m'écriai-je, les dés sont pipés. » Et ils l'étaient.

» Philosophes, quand je considère l'ordre toujours renaissant de la nature, ses lois immuables, ses révolutions toujours constantes dans une infinie variété, cette chance unique et conservatrice d'un monde tel que nous le voyons, qui revient sans cesse malgré cent autres millions de chances de perturbation et de destruction possibles, je m'écrie : « Certes, la nature est pipée ! » [2]

On demandait un jour à un pauvre Arabe du désert, ignorant comme le sont la plupart des Arabes, comment il s'était assuré qu'il y a un Dieu. — De la même façon, répondit-il, que je connais, par les traces marquées sur le sable, s'il y a passé un homme.

DASSIEUX, *Voyage en Arabie.*

Nous devons marcher en avant. Dieu a élevé notre tête pour que nous regardions vers le ciel : nous sommes une race immortelle ; notre patrie est en haut.   Voss.

MARINE.

Voy. la Table des vingt premières années.

LES NAVIRES CUIRASSÉS.

L'application de plaques de fer sur les flancs des navires dans le but de les préserver de l'atteinte de l'artillerie n'est pas un fait absolument nouveau : la première tentative de blindage qui ait été faite remonte au seizième siècle.

[1] Nous avons extrait ces documents d'un livre nouveau très-curieux intitulé « *Recherches sur Molière et sur sa famille*, par Eud. Soulié, conservateur adjoint des Musées impériaux. Paris, 1863.
[2] Cité par Auguste Nicolas, *Études philosophiques*, etc., t. 1er, p. 104, 105.

Si l'on ouvre l'*Histoire des chevaliers de Saint-Jean de Jérusalem*, par Bosio, on y trouve la description d'une galère ou caraque équipée par les chevaliers de cet ordre, et qui avait été blindée en plomb afin de mieux résister aux boulets. Construite à Nice, en 1530, cette galère, qui portait le nom de *Santa-Anna*, faisait partie de la grande escadre envoyée par Charles-Quint à Tunis pour secourir, contre Barberousse, Muley-Hassan détrôné. Le célèbre André Doria commandait cette expédition, qui se termina par la prise de Tunis.

« La caraque, dit Bosio, contribua beaucoup à la prise de la ville; elle avait six ponts, une nombreuse et puissante artillerie; son équipage se composait de 300 hommes.

Il y avait à bord une chapelle spacieuse, une sainte-barbe, une salle de réception et une boulangerie. » Quant à sa cuirasse de plomb, elle était fixée sur ses flancs par des boulons d'airain; « et, ajoute Bosio, cette cuirasse, qui ne lui enlevait rien de sa vivacité et de sa légèreté, était assez solide pour résister à l'artillerie de toute une armée, ainsi qu'on put le voir au siège de Tunis. »

Les essais de blindage qui ont suivi ont été moins heureux; on sait quel fut le peu de succès des fameuses batteries flottantes avec lesquelles le chevalier d'Arçon s'était flatté de réduire Gibraltar lors du siège de 1782. C'est seulement de 1813 que datent quelques résultats un peu sérieux. Le premier bâtiment à vapeur blindé a été con-

La Lave, batterie flottante cuirassée. — Dessin de Lebreton.

struit de l'autre côté de l'Atlantique, aux États-Unis, à l'instigation et sur les plans de l'illustre Fulton. Ce navire, décrit par l'ingénieur Marestier, lors de sa mission aux États-Unis, s'appelait d'abord le *Démologos :* on lui donna ensuite le nom de *Fulton*. Il avait 47m,60 de longueur, 17 mètres de largeur, 6m,10 de creux et 3m,05 de tirant d'eau en charge. Sa coque était construite en bois de chêne, et recouverte d'une muraille d'une épaisseur suffisante contre l'artillerie de l'époque. Il était armé de vingt canons de 32, placés dans une batterie couverte. En outre de cet armement régulier, on trouvait à bord des fours à boulets rouges, des appareils à projeter de l'eau bouillante sur les navires ennemis, des canons sous-marins, etc. Quant à la machine, elle consistait en un seul cylindre à vapeur, mettant en mouvement une roue à aubes placée au *centre du*

navire, position défavorable qui ne permit pas au bâtiment de filer plus de quatre nœuds et demi.

Le *Démologos* ou *Fulton Ier* ayant sauté par accident en 1829, on jugea nécessaire d'en reproduire le type. On construisit donc une seconde batterie flottante que l'on nomma *Fulton II*. Ce bâtiment, qui existe encore, est l'un des meilleurs marcheurs de la marine américaine; mais il n'a plus son blindage, qui lui a été enlevé lorsque ce navire est entré dans le service général.

Les deux *Fulton* ne représentent pas les seuls ancêtres des bâtiments cuirassés. En 1842, deux ingénieurs civils distingués, MM. Rébert et Edwin Stevens, reprenant l'idée de Fulton, soumirent au gouvernement américain un plan de batterie flottante qui fut agréé. Des expériences établirent dès lors qu'une muraille de fer de quatre pouces

L'Invincible, navire cuirassé. — Dessin de Lebreton.

Le Magenta, navire cuirassé. — Dessin de Lebreton.

et demi d'épaisseur pouvait résister à l'artillerie. Ordre fut donné aux deux ingénieurs de commencer leurs tra-

vaux; mais, par suite de divers incidents, le bâtiment des Stevens, longtemps connu sous le nom de *Batterie d'Ho-*

boken, du lieu où il avait été mis sur chantier, ne fut commencé qu'en juillet 1854, c'est-à-dire à la même époque que les batteries flottantes françaises; puis, les raisons de le construire n'étant pas fort urgentes, on le négligea de nouveau jusqu'au moment où la guerre ayant stimulé le gouvernement fédéral, les travaux durent être repris.

Lorsque le *Merrimac* et le *Monitor* apparurent dans les eaux du Saint-James River, les Américains n'en étaient donc pas à leur coup d'essai; et il faut leur accorder le mérite de n'avoir pas cessé de s'occuper de l'importante question des navires blindés, en pleine paix, et dès une époque où l'on ne prévoyait pas encore les remarquables progrès que devait faire l'artillerie. Ces progrès, on le sait, ont été aussi rapides que nombreux. En France, en Angleterre, aux États-Unis, l'émulation a été prodigieuse, et il n'est personne qui ne connaisse les travaux et les noms des Paixhans, des Armstrong, des Dalhgren, des Withworth, etc. Il suffira de rappeler ici l'invention qui a illustré le général Paixhans. Cette invention, qui consiste à lancer horizontalement des projectiles creux de gros calibre avec autant de justesse que des boulets pleins, doit être considérée comme le point de départ du blindage, car elle démontra l'impossibilité où se trouveraient désormais les navires en bois de résister à ces projectiles nouveaux, puisqu'un seul boulet creux, logé dans une muraille à hauteur et au-dessous de la flottaison, peut, en éclatant, produire une voie d'eau impossible à fermer, c'est-à-dire couler un navire.

La guerre de la France et de l'Angleterre alliées contre la Russie donna lieu à de nouvelles expériences qui, faites à Vincennes, eurent pour conséquence la construction des trois batteries flottantes françaises, connues sous le nom de *Dévastation*, *Lave* et *Tonnante*.

Carrés comme des galiotes hollandaises, longs de 53 mètres, larges de 14, et pesant 1 500 000 kilogrammes, ces bâtiments n'étaient pas précisément des navires. Ils n'étaient pas en état de se guider seuls, se manœuvraient difficilement, marchaient mal, et ne pouvaient embarquer qu'une très-petite quantité de provisions. Le nom de *batteries flottantes* était le seul qui leur convînt. Mais tout insuffisant qu'il est, ce genre de bâtiments peut rendre de grands services, ainsi que l'ont prouvé les trois batteries devant Kimburn: cependant il ne serait pas prudent de compter sur ces lourdes machines s'il leur fallait quitter le rivage pour aller combattre en haute mer des navires rapides, tels, par exemple, que le *Napoléon* ou l'*Algésiras*.

L'idée du blindage admise, il restait à en tirer tous les avantages qu'elle pouvait produire. On s'occupa en France de ce genre de construction avec une ardeur dont les Anglais et les Américains avaient eu jusqu'alors le privilège. La *Gloire* est la première frégate française cuirassée qui ait pris la mer.

C'est à Toulon, sous la direction de M. Dorian, ingénieur de la marine, et d'après les plans et devis de M. Dupuy de Lôme, directeur des constructions navales, qu'a été construite la *Gloire*. Commencée en mai 1858 et mise à l'eau le 24 novembre 1859, elle a été armée en août 1860.

La *Gloire* mesure 78 mètres de long et 17 mètres de large; son déplacement est de 5 620 tonneaux en charge. L'épaisseur de ses plaques varie entre 11 et 12 centimètres. Sa machine est de 900 chevaux, et son artillerie est de trente-six canons de 30 rayés. Sa mâture est très-légère, propre seulement à appuyer le navire dans les gros temps ou à regagner un port quelconque en cas d'avaries. On remarque sur son pont un blockhaus crénelé pour la mousqueterie, cuirassé, et destiné à abriter la roue, les timoniers et le commandant.

Depuis son lancement, la *Gloire* n'a pas cessé de naviguer. Elle a fait trois voyages, aller et retour, à Alger; elle en a fait un à la voile en Corse; elle a fait de très-nombreuses sorties du port de Toulon, surtout par les mauvais temps, que l'on a recherchés comme des occasions d'études et des moyens d'éprouver ses qualités nautiques. De toutes ces épreuves elle est sortie à son honneur. Il est acquis aujourd'hui que la vitesse de la *Gloire*, en calme et à toute vapeur, varie entre 12 nœuds,50 et 13 nœuds,50, soit en nombres ronds entre 24 et 25 kilomètres à l'heure. Avec la moitié des feux allumés, cette vitesse est descendue seulement à 11 nœuds; avec le quart des feux, elle a été encore de 8 à 9 nœuds. Ceci revient à dire que, marchant à toute vapeur et de beau temps, la *Gloire* peut franchir, avec son charbon, une distance de 800 lieues marines (de 20 au degré géographique); en allumant la moitié de ses fourneaux, une distance de 1 200 lieues, et de 1 600 lieues avec le quart de ses feux. Enfin, par quelque temps qu'il fasse, la *Gloire* se comporte parfaitement à la mer; ses mouvements de tangage et de roulis sont même d'une douceur remarquable, et, malgré les fatigues qu'elle a déjà subies, elle n'accuse aujourd'hui aucun mouvement d'arc dans sa coque, ni de fatigue dans sa menuiserie.

Ces beaux résultats étaient un encouragement. Bientôt le *Solferino*, le *Magenta*, la *Couronne*, l'*Invincible* et la *Normandie* furent mis à leur tour en chantier, d'où ils sortiront également réussis et prêts à se porter, en premier ordre, sur tel point du globe qui leur serait désigné.

La *Normandie*, sœur de la *Gloire*, et construite exactement sur les mêmes plans, a récemment traversé l'Atlantique avec un succès incontesté.

Les autres bâtiments cuirassés, l'*Invincible*, la *Couronne*, le *Magenta* et le *Solferino*, n'ont pas encore assez navigué pour qu'on puisse les juger en dernière analyse; mais leurs essais ont déjà suffisamment répondu à l'opinion de ceux qui, satisfaits de la *Gloire* et de la *Normandie*, auraient voulu qu'on s'en tînt à ces types excellents. La *Couronne*, qui porte comme ses pareilles 36 canons en batterie, et qui est pourvue comme elles d'une machine de 900 chevaux, diffère notamment en ce que sa coupe est en fer, ce qui lui enlève un peu de sa vitesse, bien que la longueur du bâtiment soit plus considérable que celle des autres. L'*Invincible* se fait remarquer aussi par une installation exceptionnelle. Quant au *Solferino* et au *Magenta*, ils sont, comme on le sait, munis d'un puissant éperon, d'une artillerie et d'une force motrice que n'ont pas les autres bâtiments cuirassés. Enfin des dispositions particulières dans l'armement achèvent de varier l'usage de ces navires, et d'en faire les armes les plus maniables et à la fois les plus terribles que jamais la marine militaire ait eues à sa disposition.

La suite à une autre livraison.

SUR L'ASSIETTE DES IMPOTS.

Il en est des impôts comme des fardeaux. Un homme peut porter un quintal sur ses épaules, et succombe sous le poids d'une livre placée sur son nez. FILANGIERI.

LA MER.

Les montagnes sont toutes divines; elles portent l'empreinte de la main qui les a pétries. Mais que dire de la mer, ou plutôt qu'en faut-il pas dire? La grandeur infinie de la mer ravit dès le premier aspect; mais il faut la contempler longtemps pour apprendre qu'elle a aussi cette autre partie de la beauté qu'on appelle la grâce. Homère le savait, et c'est pourquoi, s'il donnait à l'Océan des dieux terribles et des monstres, il le peuplait en même temps de nymphes et de sirènes enchanteresses. J'ai vu le jour s'éteindre au fond du golfe de Gascogne, derrière les monts Cantabres, dont les lignes hardies se découpaient nettement sous un ciel pur. Ces montagnes plongeaient leur pied dans une brume lumineuse et dorée qui flottait au-dessus des eaux. Les lames se succédaient azurées, vertes, quelquefois avec des teintes de lilas, de rose et de pourpre, et venaient mourir sur une plaine de sable ou caresser les rochers qui encaissent la plage. Le flot montait contre l'écueil, et jetait sa blanche écume où la lumière décomposée prenait toutes les couleurs de l'arc-en-ciel. Les gerbes capricieuses jaillissaient avec toute l'élégance de ces eaux que l'art fait jouer dans le jardin des rois. Mais ici, dans le domaine de Dieu, les jeux sont éternels. Chaque jour ils recommencent et varient chaque jour, selon la force des vents et la hauteur des marées. Ces mêmes vagues, si caressantes maintenant, ont des heures de colère où elles semblent déchaînées comme les chevaux de l'Apocalypse. Alors leurs blancs escadrons se pressent pour donner l'assaut aux falaises démantelées qui défendent la terre. Alors on entend des bruits terribles et comme la voix de l'abîme redemandant la proie qui lui fut arrachée aux jours du déluge. Au delà de cette variété inépuisable apparaît l'immuable immensité. Pendant que des scènes toujours nouvelles animent le rivage, la pleine mer s'étend à perte de vue, image de l'infini, telle qu'au temps où la terre n'était pas encore et quand l'esprit de Dieu était porté sur les flots. David avait aussi admiré ce spectacle, et peut-être, du haut du Carmel, son regard embrassait-il les espaces mouvants de la Méditerranée lorsqu'il s'écriait : « Les soulèvements de la mer sont admirables » (*Mirabiles elationes maris*). (¹)

LES TIMBRES-POSTE.

Suite. — Voy. p. 35, 70, 119, 151, 199, 222, 254, 293.

ROYAUME-UNI DE LA GRANDE-BRETAGNE ET D'IRLANDE.

Enveloppes. — Suite.

Associations diverses.

(7 enveloppes, 7 types.)

L'exemple donné par l'Association pour l'*Ocean penny Postage* a été suivi. On a pensé que les enveloppes peuvent servir à répandre dans le peuple les principes et les vues dont les associations libres ont entrepris la propagation.

Ces enveloppes sont couvertes de dessins qui expriment les raisons d'être, les idées et les espérances de ces sociétés d'une façon qui n'est pas sans originalité et sans vigueur. Elles n'ont aucun caractère officiel et aucune valeur postale; les auteurs de ces enveloppes ont même pris soin de laisser vide, sur plusieurs d'entre elles, la place du timbre-poste.

Les dessins de ces enveloppes sont gravés sur cuivre, reportés sur pierre, imprimés lithographiquement, et ont été tirés, pour la plupart, à Dundee, en Écosse; on les vendait de 12 à 16 shillings le mille, 2 shillings le cent. On s'en est très-peu servi, et l'usage en est abandonné.

Sociétés de tempérance. — 1. Procession de membres de sociétés de tempérance de toutes les parties du globe, portant des bannières et allant rendre hommage à la Tempérance.

(¹) Ozanam, *Pèlerinage au pays du Cid.*

2. Les charmes de la tempérance et les misères de l'ivrognerie : « Les boissons enivrantes sont le fléau de la société. » (N° 106.)

Sociétés pour l'abolition de l'esclavage. — 3. L'Angleterre protégeant les noirs; le drapeau anglais porte la devise : « Dieu a fait du même sang toutes les nations des hommes. » A droite, les souffrances des esclaves. (N° 107.)

Sociétés de la paix. — 4. Le dessinateur s'est inspiré de ces versets d'Isaïe : « Ils forgeront avec leurs épées des socs de charrue et avec leurs lances des faux. Un peuple ne tirera plus l'épée contre un peuple, et ils ne s'exerceront plus à combattre. (II, 4.) — Le loup habitera avec l'agneau; le léopard se couchera auprès du chevreau; le veau, le lion et la brebis demeureront ensemble, et un petit enfant les conduira. (XI, 6.) »

5. « L'arbitrage au lieu de la guerre. La fraternité universelle. La liberté du commerce. » (N° 108.)

Sociétés de colonisation. — 6. A gauche, les sauvages dans leurs huttes et leurs pirogues, la prédication du missionnaire. Au milieu, le temple et la ferme, le labourage et les troupeaux. A gauche, la ville, le port, la bourse, les chemins de fer et les bateaux à vapeur.

L'Exposition universelle de 1851. — 7. « L'Angleterre encourage l'industrie du globe. »

Ces enveloppes n'ont aucun rapport avec les enveloppes d'affranchissement ou enveloppes-timbres de la poste; cependant on les trouve dans beaucoup de collections de timbres-poste. C'est une bonne chose, à notre point de vue, de les y conserver, de les y placer. Les collections de timbres, qui sont aujourd'hui si répandues parmi les enfants et les jeunes gens, dans tous les pays, sont un moyen attrayant et facile d'enseignement, et ces enveloppes sont instructives, tant par leur signification morale ou économique que par l'ordre d'idées et de faits qu'elles expriment. D'ailleurs, celles dont nous venons de parler, et particulièrement celles de l'*Ocean penny Postage*, se rattachent à l'histoire des timbres-poste; ce ne sont pas des enveloppes de pure fantaisie.

Des enveloppes de fantaisie nous n'avons rien à dire.

CONTREFAÇONS, IMITATIONS, FALSIFICATIONS.

On ne connaît qu'une contrefaçon de timbres-poste anglais; elle avait eu pour auteur un maître d'école, en Irlande, et elle fut découverte sur-le-champ.

Il a été fait, en Angleterre, quelques imitations des timbres-poste, imitations grossières gravées en bois, imprimées en couleur sur papier de couleur. Nous citerons entre autres le timbre de 1 penny, imprimé en bleu foncé sur papier rose.

On a imité, dans les dernières années, les enveloppes postales primitives dont le dessin est de M. Mulready. La copie est faible, bien qu'assez grossière. La valeur de l'enveloppe a été supprimée, et le nom du graveur de l'enveloppe originale (John Thompson) a été remplacé par celui de N. Evans. Nous avons vu une de ces enveloppes portant le timbre de la poste de novembre 1862.

C'est ici le lieu de signaler un certain nombre de timbres authentiques, mais dont la couleur est singulière.

Timbres de *1 penny* : imprimés en rose sur papier jaune, non piqués, non oblitérés; en noir sur papier bleu, non piqués, oblitérés; de *2 pence* : imprimés en jaune clair sur papier blanc, piqués, oblitérés.

Les imprimeurs ont déclaré n'avoir jamais imprimé de pareils timbres, même à titre d'essai, et la couleur de ces timbres ne peut s'expliquer, pour les uns, que par la décoloration de l'encre d'impression; pour les autres, que par la teinture du papier.

La suite à une autre livraison.

No 106. — Enveloppes; Angleterre.

No 107. — Angleterre.

No 108. — Angleterre.

SEIGNI JOAN.

Salon de 1863; Peinture. — Seigni Joan, par M. Comte. — Dessin de l'Hernault.

« A Paris, en la roustisserie du petit Chastelet, au-devant de l'ouvroir d'uhg roustisseur, un facquin (homme de peine, portefaix) mangeoit son pain à la fumée du roust, et le trouvoit ainsi parfumé grandement savoureux. Le roustisseur le laissoit faire. Enfin, quand tout le pain fut baufré, le roustisseur happe le facquin au collet, et vouloit qu'il lui payast la fumée de son roust. Le facquin disoit en rien n'avoir ses viandes endommaigé, rien n'avoir du sien prins, en rien lui estre débiteur.

» La fumée dont estoit question évaporoit par dehors : ainsi comme ainsi se perdoit-elle, jamais n'aveit esté oüy que dedans Paris on eust vendu fumée de roust en rue.

Le roustisseur répliquoit que de fumée de son roust n'estoit tenu nourrir les facquins, et renioit (jurait) en cas qu'il ne le payast qu'il lui osteroit ses crochets. Le facquin tire son tribart (bâton) et se mettoit en déffense.

» L'altercation fust grande, le badault peuple de Paris accourut au débat de toutes parts. Là se trouva à propos Seigni Joan, le fol citadin de Paris. L'ayant aperçu, le roustisseur demanda au facquin : Veulx-tu sur notre différent croire ce noble Seigni Joan ? — Oui, par le sambreguoy ! respondit le facquin. Adoncques Seigni Joan avoir leur discord entendu, commanda au facquin qu'il lui tirast de son bauldrier quelque pièce d'argent. Le facquin lui mist en main ung tournois philippus ([1]). Seigni Joan le print et le mist sur son espaule gauche, comme explorant s'il estoit de poids, puis le timpoit (le faisait batre) sur la paulme de sa main gauche, comme pour entendre s'il estoit de bon alloy; puis le posa sur la prunelle de son œil droict, somme pour veoir s'il estoit bien marqué. Tout ce fust faict en grand silence de tout le badault peuple, en ferme attente du roustisseur et désespoir du facquin. Enfin le feit sur l'ouvroir sonner par plusieurs fois; puis en majesté présidentale tenant sa marotte au poing, comme si feust ung sceptre, et affublant en teste son chapperon de martres singesses à aureilles de papier fraisé à poincts d'orgues, toussant préalablement deux ou trois bonnes fois, dist à haulte voix : « La Cour vous dist que le facquin qui ha son » pain mangé à la fumée du roust, civilement ha payé le » roustisseur au son de son argent. Ordonne ladite Cour que » chascun se retiro en sa chascunière, sans despens et pour » cause. »

La sage sentence du fou Seigni Joan est rapportée par Rabelais au troisième livre de *Pantagruel*, et il n'est pas douteux qu'il a eu dessein d'opposer le bon sens spirituel de ce fou à la sottise lourde et prétentieuse, aux inepties doctoralement débitées, avec grand renfort de textes sacrés et profanes, par quelques-uns des conseillers dont Panurge, dans le même livre, va successivement prendre les avis. « J'ay souvent oüy en proverbe vulgaire, dit Pantagruel à Panurge, qu'un fol enseigne bien un saige. Puisque par les responses des saiges n'estes à plain satisfaict, conseillez-vous à quelque fol. » Et il ajoute, non sans ironie : « Par l'advis, conseil, prédiction des fols vous savez quants (combien) princes, roys et républicques ont esté conservez, quantes batailles gagnées, quantes perplexitez dissoultes (dissipées). Ja besoing n'est vous ramentevoir (rappeler) les exemples. »

Seigni Joan, s'il faut en croire les commentateurs, vivait un siècle avant Rabelais : c'était un de ces prétendus fous, fous de cour, malicieux et avisés, qui donnaient à la sagesse un tour plaisant et paradoxal, et, sous le masque de la bouffonnerie, conservaient, dans des temps et des lieux où beaucoup de vérités étaient difficiles à dire, le droit de parler de tout avec liberté, parfois avec la licence. Telle fut, à vrai dire, avec la hauteur du génie, la sagesse même de Rabelais.

AMOUR DE LA LECTURE.

Walter Scott raconte, dans son autobiographie, qu'à peine âgé de treize ans sa passion pour la lecture était sans bornes. Les ballades surtout et la poésie dramatique avaient pour lui un irrésistible attrait. Infirme et délicat à cette époque, il dormait sous l'aile maternelle. « Dans le cabinet de toilette où je couchais, écrit-il, je découvris quelques vieux volumes de Shakspeare, et je n'oublierais pas aisément l'intense joie avec laquelle, pelotonné en chemise au coin de la cheminée de ma mère, je lisais, à la clarté du feu, jusqu'à ce que le bruit des chaises remuées m'avertît que la famille avait fini de souper. Bien vite alors je me faufilais dans le petit lit où l'on me croyait endormi depuis bien longtemps...

» Ravi d'Ossian et de Spencer, lorsque la bibliothèque du docteur Blacklock me fut ouverte, je me sentis plus particulièrement ensorcelé par ce dernier, la phraséologie monotone d'Ossian m'ayant fatigué plus vite qu'on ne l'eût supposé à mon âge. Quant à Spencer, je ne m'en pouvais détacher. Peu soucieux du sens de ses allégories, je vivais

([1]) Gros tournois valant un sou ou douze deniers tournois.

avec les chevaliers, les dames, les dragons, les géants. La quantité de stances que je savais par cœur et pouvais répéter était chose incroyable. Mais cette fantasque mémoire n'était et n'est pour moi qu'une alliée traîtresse; de ma vie elle ne m'a servi que selon ses capricieuses allures. En vérité, j'aurais en le droit de répondre, à ceux qui me l'enviaient, à la façon du vieux Beattie de Mcikledale; complimenté un jour par certain prédicateur sur la puissance que devait lui donner cette merveilleuse faculté : « Eh! non, » Monsieur, répondit le vieux gentleman, ne me félicitez » point; je n'ai pas le moindre empire sur cette maudite » mémoire; elle me veut jamais retenir que ce qui plaît à » mon imagination. Tenez, vous pourriez me prêcher deux » heures, j'en répondrais, sans qu'il fût en mon pouvoir » de retenir un seul mot de tout ce que vous auriez dit. »

« Ma mémoire est précisément du même genre; elle ne se prend qu'à ce qui me charme. »

C'était à Kelso, sous un grand platane, dans ce vaste jardin désert au bas duquel deux belles rivières se rencontrent, la Tweed et le Teviot, toutes deux célèbres dans les chants populaires de l'Écosse; c'était au milieu des plus beaux sites, en vue des ruines pittoresques d'une vieille abbaye, qu'abrité par les débris croulants d'un pavillon abandonné, décombres enfouis sous des festons de plantes grimpantes, le jeune Scott passait d'entières journées. Malgré l'appétit ordinaire à son âge, il oubliait l'heure du dîner; et tandis que ses parents le cherchaient avec inquiétude, l'enfant, plongé dans ses lectures favorites, préparait sans s'en douter, au creuset de sa féconde imagination, tous ces charmants récits, toutes ces créations ravissantes qui firent les délices de notre jeunesse, et que nous relisons encore avec tant de plaisir.

LES ANIMAUX DOMESTIQUES.

Quatrième article. — Voy: p. 131, 155, 283.

Pour montrer l'importance de l'ordre des ruminants à l'égard de l'homme, il suffit de nommer le chameau, le bœuf et le mouton; les trois services essentiels des animaux domestiques y sont réunis : la force, l'alimentation, le vêtement; et cet ordre qui nous a déjà tant donné n'est pas encore épuisé.

Le chameau à deux bosses, ou chameau proprement dit, est originaire du centre de l'Asie; on l'y retrouve encore à l'état sauvage, et les anciens étaient déjà d'accord pour assigner à sa race cette patrie : aussi a-t-il reçu de Linné le nom de chameau bactrien. Nommer la Bactriane, c'est rappeler le foyer primitif de la civilisation; on comprend donc qu'il soit impossible de fixer aucune date à la domestication de cette précieuse espèce; aucune n'était plus visiblement prédestinée à l'homme, et sa conquête n'a dû offrir aucune difficulté. Plus grande et plus massive que le dromadaire, et ordinairement plus robuste, elle travaille dans le grand désert asiatique comme l'autre dans le grand désert africain; mais pour satisfaire à sa tâche elle est obligee de se prêter aux climats les plus opposés : au lieu de n'avoir affaire, comme le dromadaire, qu'à des déserts brûlants, le chameau à deux bosses foule d'une part les sables brûlants de la Perse, et de l'autre les neiges et même les terrains détrempés de la Sibérie.

Le dromadaire, caractérisé par la simplicité de sa bosse, appartient au sud-ouest de l'Asie. On ne l'y retrouve plus à l'état sauvage, et, à défaut de documents historiques, il est difficile de déterminer exactement de quelle contrée il est issu. Cependant il serait permis de croire qu'il doit provenir de l'Arabie; c'était l'opinion de Pline et d'Aristote, et toutes les présomptions s'y accordent. Il en exis :

deux variétés, l'une de formes massives, l'autre de formes sveltes. Celle-ci, désignée sous le nom de *mehari*, est une bête de course incomparable; elle fait de quarante à soixante lieues par jour. La première est surtout employée au transport des marchandises : elle porte aisément trois cents kilogrammes; sa sobriété est proverbiale : à défaut de plantes herbacées, elle mange des arbustes ligneux. Grâce aux appareils si caractéristiques connus sous le nom de bosses dont la nature les a munis, les dromadaires peuvent se contenter pour toute nourriture, pendant plusieurs jours de suite, d'absorber peu à peu la graisse qui s'est accumulée sur leur dos, et offrent ainsi les plus précieuses conditions pour la traversée des déserts.

Non-seulement les dromadaires rendent les plus précieux services pour les transports dans les contrées où les fourrages sont rares, mais leur chair est excellente, et le lait des femelles vaut le lait des vaches. Ils constituent, en outre, de véritables bêtes à laine; tellement qu'à ce point de vue on pourrait sans exagération les nommer des moutons de grande taille. Les Arabes les tondent régulièrement au printemps, et confectionnent avec le produit les étoffes destinées à leurs vêtements et à leurs tentes. Notre industrie a déjà commencé à se servir aussi de cette matière première, bien qu'elle ne présente pas en général beaucoup de finesse, et en a tiré des tissus beaucoup plus beaux que ceux des Arabes, et doués de qualités spéciales qui les feront peut-être entrer dans l'usage commun.

On comprend l'intérêt qui s'attache à la propagation de ce précieux animal dans tous les pays auxquels il peut convenir : aussi son cercle géographique ne cesse-t-il de s'étendre. Du sud-ouest de l'Asie, il s'est introduit en Égypte dès la haute antiquité, et, à la suite des Arabes, il a pénétré jusque dans le centre du continent : on l'y rencontre aujourd'hui depuis la mer Rouge jusqu'à l'océan Atlantique; mais il lui reste encore à faire des progrès vers le sud, et il n'est même pas impossible qu'il arrive un jour à être aussi commun dans l'Afrique austro-orientale qu'il l'est aujourd'hui dans l'Afrique septentrionale.

Dès le quinzième siècle, on a commencé à lui faire traverser la mer pour l'établir aux Canaries, où il a parfaitement réussi; au seizième siècle, il a été transporté en Perse; au dix-huitième, en Virginie, à Venezuela, à Cuba, à la Jamaïque. Dans ces derniers temps, deux importations considérables ont eu lieu : l'une au Brésil, où le chameau est appelé à rendre, dans certaines provinces arides et sablonneuses, les mêmes services qu'en Afrique; l'autre aux États-Unis, où il doit être employé dans les déserts qui séparent la Californie de l'Orégon. Enfin, on vient d'en transporter quelques-uns en Australie, et ils seront si bien à leur place sur ce vaste continent qui, pendant une grande partie de l'année, est aussi bien que les déserts de l'Asie et de l'Afrique sous l'empire de la sécheresse, que l'on peut s'étonner qu'il n'y aient pas été installés depuis longtemps.

Quant à l'Europe, il est douteux que ces animaux y figurent jamais ailleurs que sur quelques points exceptionnels. Partout où un bon système de viabilité est institué, le transport par voiture devenant plus économique que le transport à dos, ils perdent leurs avantages; et même pour le transport à dos, toujours nécessaire à la petite culture, le service des ânes et des mulets est préférable au leur, parce qu'il ne s'agit pas de déplacer des fardeaux considérables. Aussi les dromadaires, qui étaient communs en Espagne du temps des Mores, ont-ils disparu peu à peu de la plupart des provinces, et on ne les trouve aujourd'hui en activité que dans la province de Huelva. En Toscane, il en existe depuis le dix-septième siècle un petit troupeau, employé dans la maremme de Pise au transport des bois; mais comme il ne s'est pas sensiblement accru depuis cette

époque, on peut en conclure le peu d'étendue de son utilité. En France, on en a placé quelques-uns pour une destination semblable dans les landes de Gascogne, mais l'entreprise y a encore moins réussi. C'est dans l'Europe orientale, particulièrement dans les plaines du bas Danube, qu'ils seraient le mieux à leur place. Dès le septième siècle, ils y avaient été mis en usage par les Barbares, et il est à croire que les peuples de ces contrées, en se régénérant, ne tarderont pas à donner un rôle dans leur agriculture et leur commerce à ces importants auxiliaires.

Les lamas sont les chameaux d'Amérique. Suivant une loi commune à toutes les espèces du nouveau monde, ils sont un diminutif de leurs congénères de l'ancien. Avant la conquête, on n'y connaissait pas d'autres bêtes de somme, et l'on suppléait à leur faiblesse par leur multitude; il n'y a pas de doute qu'ils ne soient originaires des Cordillères. Leur type primitif s'y retrouve encore à l'état sauvage sous le nom de *guanaco;* on peut croire que leur domestication dans cette contrée était au moins aussi ancienne que la civilisation des Incas. Lors de la conquête, la race domestique, par suite de la longue succession des influences de l'homme, différait déjà autant de la race sauvage qu'elle en diffère aujourd'hui. On distingue du lama proprement dit, sous le nom d'*alpaca*, une race qui en est très-rapprochée par tous ses caractères, mais qui, avec une taille un peu moindre, possède une toison plus longue. Cette race est vraisemblablement issue d'un autre type, et il y a quelque vraisemblance que ce soit de la vigogne, espèce qui vit à l'état sauvage dans les mêmes lieux que le guanaco, mais qui s'en sépare très-nettement par la petitesse de sa taille, qui est à peu près égale à celle du mouton, et par la finesse incomparable de son pelage. Dans cette hypothèse, il faudrait admettre que la domestication a eu pour effet d'augmenter sensiblement la taille de la vigogne et de donner à sa toison plus de longueur en même temps qu'un peu moins de finesse. Du reste, les trois types ont une liaison si étroite qu'ils se croisent sans difficulté; et l'on a récemment obtenu en Amérique une variété d'alpaca de qualité supérieure en retrempant le sang de la race domestique dans celui de la race sauvage.

Les lamas ont le pied mieux découpé et plus flexible que les chameaux, et sont, par conséquent, d'un emploi plus sûr dans les sentiers de montagnes. Les plus robustes le sont assez pour qu'on puisse les monter, mais en général leur force demeure sensiblement au-dessous de celle de l'âne; et s'ils n'avaient d'autre mérite, ils devraient certainement céder le pas à cette dernière espèce; mais à leurs qualités comme bêtes de somme s'ajoutent leurs qualités comme bêtes à laine, bêtes laitières et bêtes de boucherie. C'est particulièrement aux alpacas qu'appartient la supériorité à cet égard. En laissant de côté les caractères zoologiques pour ne voir que le côté économique, ces animaux représentent exactement des moutons de grande taille. La consommation du lama est à peu près triple de celle du mouton, mais elle est compensée par l'abondance et l'excellence de la laine, la proportion du lait et de la chair, et enfin le service supplémentaire des transports. La laine, particulièrement celle de l'alpaca, possède une finesse et une longueur qui lui donnent une valeur supérieure aux plus belles laines ovines; elle atteint jusqu'à trente centimètres de longueur sur vingt millièmes de millimètre de diamètre : aussi en fait-on des étoffes d'un genre spécial, intermédiaires entre celles de mérinos et de soie. A ce seul titre, les troupeaux de lamas et d'alpacas mériteraient de d'être associés, dans nos montagnes surtout, aux troupeaux de moutons; et il s'y ajoute une autre considération non moins valable : c'est que ces animaux peuvent vivre à des hauteurs où l'herbe devient trop courte pour convenir aux moutons. Ils utiliseraient donc ainsi une richesse qui se développe aujourd'hui en pure perte, car elle demeure le partage de la marmotte et du chamois.

C'est par le concours de tant d'avantages que s'explique l'empressement avec lequel on commence à se porter vers

Le Dromadaire (*Camelus dromedarius*).

la propagation, partout où elle est possible, de ces excellents animaux. On peut croire venu le moment où ils appartiendront à l'Europe aussi bien qu'à l'Amérique. Dès le dix-septième siècle, des essais d'acclimatation avaient eu lieu en Espagne; mais, vraisemblablement mal dirigés, ils n'avaient pas réussi. Au dix-huitième, Buffon s'était efforcé, mais en vain, de décider le gouvernement français à les reprendre. « Ces animaux, disait-il, seraient une excellente acquisition pour l'Europe, spécialement pour les Alpes et pour les Pyrénées, et produiraient plus de biens réels que tout le métal du nouveau monde. » Au commencement de notre siècle, Mme Bonaparte, femme du premier consul, voulant donner suite à la pensée du grand naturaliste, fit arriver, par l'entremise de l'Espagne, jusqu'à Buenos-Ayres, un troupeau considérable destiné à la France; malheureusement la guerre troubla l'entreprise pacifique, et quelques individus seulement parvinrent à Cadix. Nul, dans notre siècle, n'aura eu plus d'influence sur cette question que M. Isidore Geoffroy-Saint-Hilaire, tant par ses écrits que par son activité. C'est à lui que l'on doit la création du petit troupeau du Muséum, issu d'une paire de lamas acquise en 1839, et qui a servi non-seulement à acclimater l'espèce, mais à en vulgariser la connaissance. C'est également à ses instances que l'on doit l'acquisition, faite en 1849 pour l'Institut agronomique de Versailles, du troupeau qui avait été formé à la Haye par le roi de Hollande et dont on n'a malheureusement conservé que quelques individus donnés alors au Muséum. Enfin c'est lui qui a déterminé la Société d'acclimatation à en importer dernièrement un troupeau considérable que la maladie n'a malheureusement pas épargné, mais qui sera, l'on est en droit d'y compter, prochainement remplacé et distribué dans les Alpes et dans le Cantal. L'avenir n'est pas douteux, et c'est aux essais conduits au Muséum avec tant de persévérance et de soins qu'appartiendra le mérite d'avoir provoqué ce perfectionnement de notre richesse agricole. « Les faits, dit le savant directeur de la ménagerie, ne sont pas moins décisifs en faveur de la possibilité, on pourrait presque dire de la facilité de l'acclimatation. D'un seul couple nous avons obtenu tout un troupeau, et nos individus de la troisième génération ne

le cèdent à leurs ancêtres ni pour la vigueur, ni pour la taille, ni pour la qualité de leur toison. »

L'impulsion est donnée, et l'on trouve aujourd'hui des lamas en dehors des Cordillères, non-seulement en France, mais en Angleterre, en Belgique, en Espagne, à Cuba et en Australie; dans ce dernier pays surtout, ils possèdent déjà une importance de premier ordre dans la production agricole. Peut-être le siècle qui va suivre le nôtre verra-t-il non-seulement dans les pâturages élevés des montagnes, mais dans nos plaines, leurs troupeaux devenus aussi communs que les troupeaux de moutons. Néanmoins on ne saurait se dissimuler qu'à cet égard tout n'est pas encore fait : la science a parlé, et prononcé la possibilité de l'acclimatation ; mais il reste à l'agriculture à prononcer sur la question de profit. C'est là le point suprême. Dans les conditions qui leur sont faites chez nous par le climat et les mœurs, les cultivateurs trouveront-ils aussi avantageux d'élever des lamas que des moutons ? La vente des produits payera-t-elle avec un excédant suffisant les frais d'achat et d'entretien? Le goût si insaisissable du public est un des éléments essentiels du problème, car, en définitive, pour arriver à l'équilibre entre les nouveaux et les anciens troupeaux, il faudra que le lama prenne place à la boucherie à côté du mouton ; et ce résultat si désirable est encore problématique, car l'on ne sait que trop combien les nouvelles espèces d'aliments ont toujours eu peine à s'introduire. Il s'en faut que les

Le Guanaco (*Camelus llacma*).

mouvements de la mode aient les mêmes facilités à l'égard de la nourriture qu'à l'égard du vêtement.

L'ILSENSTEIN.

L'Ilsenstein, comme la plupart des montagnes du Harz, est isolé et termine la chaîne de montagnes qui se dirige à l'est, vers les plateaux de la Thuringe. Il est en face du Broken. C'est un immense bloc de granit qui se dresse à pic à plus de cent mètres au-dessus de la vallée où coule la petite rivière l'Ilse, en formant une innombrable quantité de petites cascades qui charment par leur aspect riant au milieu de ce paysage sévère.

D'après la tradition, il y avait au sommet de l'Ilsenstein un palais enchanté, habité par un roi du Harz appelé Ilsan ; il avait une fille d'une beauté remarquable, nommée Ilse. Une méchante fée fit périr par jalousie cette charmante princesse. On la voit encore quelquefois, disent les gens crédules, se baigner dans la rivière qui porte son nom. Si elle rencontre un voyageur, elle le conduit à l'intérieur de la montagne, où elle le comble de richesses. Peut-être le sens de la légende est-il que cette montagne renferme, comme le Rammelsberg, des mines précieuses.

L'Ilsenstein, dans le Harz. — Dessin de Stroobant.

Le comte de Stolberg Wernigerode a fait élever au sommet de la montagne une croix colossale à la mémoire de ses amis tués dans la guerre de l'indépendance ; on y arrive par un sentier escarpé qui passe au travers de blocs de rochers dénudés, aux formes les plus singulières.

OBSERVATIONS ASTRONOMIQUES.

NOVEMBRE.

A partir du mois dans lequel nous allons entrer, les observateurs seront complétement privés de contempler les éclipses des satellites de Jupiter. En quelque lieu de la surface des mers qu'ils errent, les marins devront avoir recours à un autre procédé pour déterminer la longitude de leur navire. Pendant toute cette période, l'astre consacré au maître des dieux se trouve placé beaucoup trop près du foyer qui nous éclaire pour que nous puissions nous apercevoir de sa présence à l'œil nu et distinguer avec nos instruments d'optique les mouvements des petits astres qu'il entraîne avec lui dans sa course. C'est seulement dans la station opposée, lors de son opposition, que Jupiter brillera de toute sa gloire; mais au commencement de 1864 des astronomes expérimentés et convenablement placés pourront reprendre l'étude de ces instructives évolutions.

Mais l'astronomie n'a point à chômer, car, par suite d'une espèce de compensation, le mois de novembre sera particulièrement favorisé au point de vue des éclipses. Il y en aura deux, la première de Soleil, et la seconde de Lune. Il est vrai, hâtons-nous le dire, que les habitants de Paris resteront complétement étrangers à la première et ne feront qu'entrevoir le commencement de la seconde. L'éclipse de Soleil commence le 11 novembre, à six heures du matin, dans un lieu dont la longitude est de 11 degrés ouest et la latitude de 23 degrés sud. Elle finit à 7 h. 26 m., par 123 degrés de longitude et 42 degrés de latitude sud, et sera presque exclusivement réservée aux habitants du pôle sud. La ligne centrale ne parcourra que des océans glacés ou des terres presque désertes, où il ne se trouve peut-être pas un seul savant qui soit en état de faire une observation astronomique. Quatorze jours après, comme nous l'avons déjà dit, arrive la seconde éclipse de Lune, qui cette fois n'est que partielle et qui, de plus, n'est que partiellement visible à Paris. La représentation céleste est interrompue brusquement par le coucher de la Lune, qui descend au-dessous de l'horizon à 7 h. 19 m. du matin, c'est-à-dire 3 h. 26 m. avant de sortir définitivement de l'ombre de la Terre; pour en continuer l'observation, il faudra attendre 11 h. 58 m., c'est-à-dire à peu près jusqu'au moment où la Lune sera parvenue au méridien inférieur. L'entrée dans la pénombre aura eu lieu à six heures un quart du matin, c'est-à-dire une heure seulement ayant le coucher de l'astre. Les dégradations de lumière seront très-difficiles à constater, comme tous les phénomènes qui se passent loin du zénith, seul endroit où les observations puissent acquérir un degré de certitude véritablement satisfaisant.

Nous n'avons pas besoin de faire remarquer qu'il est de la plus haute importance de déterminer avec exactitude l'heure astronomique des différentes phases observées dans des lieux dont la longitude est connue avec un degré de précision suffisant. Il serait très-intéressant de pouvoir suivre une même éclipse au moyen du télégraphe électrique, dont les astronomes des divers observatoires se serviraient pour se communiquer leurs impressions.

LE MENEUR DE LOUPS.

NOUVELLE.

J'avais en ce temps-là quatorze ans. La vie de collége ne m'avait presque rien enlevé de ma foi d'enfant aux croyances gaëliques. Quand venaient les vacances, je re-gagnais chaque année le Morvan avec la même ivresse d'imagination, le même oubli des longs mois passés sur les bancs de l'école.

Vers la fin d'octobre de l'année 1837, j'avais accompagné notre vieux fermier, le père Noël, à une chasse à l'affût, et je rentrai à Glenne un peu attardé. J'entendis des bruits de voix dans l'habitation de maître François Guize, notre voisin; je m'approchai, et, par l'étroite fenêtre de la chambre commune, je vis une douzaine d'hommes, de femmes et de jeunes garçons occupés à casser des noix sur les rebords de deux ou trois futailles vides. La cassée des noix est toujours l'occasion, dans les grosses fermes, de quelque régal. Lorsque les gremillons sont triés, les ménagères apportent du vin, des gâteaux de blé ou de sarrasin cuits au four, et la nuit presque entière se passe en joyeux devis et en chansons. Il y a vingt-cinq à trente ans, les couplets de vaudevilles n'avaient pas encore envahi nos campagnes : on chantait, aux veillées, des ballades et des noëls en grande partie oubliés aujourd'hui.

Tandis que je regardais, une jeune femme achevait je ne sais plus quel refrain; j'ouvris la porte :

— Eh bien , monsieur Charlet, me dit le maître du logis, avez-vous fait bonne chasse?

— Non, le ciel était trop noir et le vent trop fort.

— Ainsi, vous n'avez pas brûlé une seule amorce?

— Si fait; en traversant le bois de la *Fau* (!), le père Noël a tiré sur un gros oiseau qui se rasait sur les feuilles mortes, dans la *charrière*, et il l'a abattu. C'était une chouette.

— Beau gibier !

— Pas si mauvais que vous le croyez, maître François, dit un petit vieillard qu'on appelait Dominique, une chouette clouée sur la porte d'une bergerie garantit les moutons de la visite du loup.

C'était le père Dominique qui venait de parler ainsi, et personne n'éleva la voix pour le contredire.

Dominique avait bien alors soixante-dix ans. Sa vie s'était écoulée sans qu'il eût exercé aucun métier d'une manière suivie. Ménétrier, bûcheron ou dépisteur, il se mêlait aussi de médecine, connaissait les plantes bienfaisantes, remettait les membres cassés ou démis et guérissait les fièvres. Il passait dans la plupart de nos hameaux pour s'entendre aux pratiques de sorcellerie. Les sorciers comptent généralement peu d'amis, bien qu'on ait souvent recours à leur science occulte. Dominique, par exception, n'était ni détesté ni même craint. On n'eut jamais, d'ailleurs, à lui reprocher ni mauvaises actions ni paroles offensantes. Il était toujours prêt à rendre service, et faisait le bien par simple bonté de nature et sans qu'il en retirât aucun profit. Je ne me semble le voir encore, son bâton de genévrier ou de houx à la main, cheminer lentement dans nos campagnes. Tantôt il enlevait de la cime des haies des nids de chenilles; tantôt il traversait les prairies pour *étauper*, en ouvrir les rigoles obstruées par des pluies d'orages, ou bien pour en relever les *bouchures* (2), quand il en voyait l'épine affaissée. Les enfants surtout le rencontraient avec joie, car il avait toujours dans ses poches de grossiers joujoux qu'il fabriquait avec son couteau. Il était sans cesse d'humeur enjouée, bien qu'il ne sût pas la veille où il coucherait le lendemain. Je ne lui connus en aucun temps d'habitation fixe. Quand il s'asseyait à la table de quelque métairie, ce n'était que pour y accepter un peu de pain. Cette misère paraissait être dans ses goûts; on eût dit qu'elle était la

(1) C'est-à-dire , le bois de la Fée. On dit dans le Morvan : la *Fée* ou la *Dame* du bois, la *combe à la Dame*, le *banc des Fées*, la *chaussée à la Dame*. Le hêtre est l'arbre des fées ; on le nomme *fau* et *foyard*.

(2) Haies sèches.

loi de sa vie. Personne ne s'étonnait de cette sobriété extrême, tant l'affectation lui était étrangère. On ne le plaignait pas non plus, car il semblait heureux et il l'était en effet.

Il avait beaucoup observé les mœurs et les habitudes des animaux ; les heures, pour moi, s'écoulaient rapidement quand il me parlait des loups et des renards, de leurs ruses de guerre et des mille expédients auxquels ils sont forcés d'avoir recours pour vivre.

Aussitôt que Dominique eut élevé la voix, l'assistance entama le chapitre des mystères nocturnes et des influences invisibles. Nous étions précisément dans le temps de l'Avent, alors que le moine bourru fait ses promenades de nuit. De joyeuse qu'elle était, la conversation devint très-grave et presque épeurée ; les propos simultanés des femmes s'arrêtèrent, les enfants cessèrent de rire et écoutèrent de toutes leurs oreilles en s'approchant de leurs parents.

On agita les plus graves problèmes ; on discuta, par exemple, la question de savoir si les revenants dansaient ou ne dansaient pas, s'il y avait des meneurs de loups, et si réellement le diable apparaissait. Un petit porcher bossu, qu'on appelait le Daudi, et qui voulait en toute occasion passer pour très-malin, prétendit avoir vu sur la chaussée de l'étang des Croix, un soir qu'il traversait la prairie qui s'étend tout auprès, une troupe de revenants en folie ; ces morts dansaient des bourrées pendant que sur leurs têtes brûlaient en flammes bleuâtres des fagots qu'ils tenaient de leurs bras décharnés.

— Pour ce qui est des revenants, dit Dominique, je n'en saurais rien dire, par la raison que je n'en ai jamais vu. Il se peut faire que le Daudi dise vrai ; pourtant aucun des vieillards que j'ai interrogés là-dessus, depuis que je suis en âge de parler, n'a vu revenir de trépassés. Quant aux meneurs de loups, c'est autre chose : il y en a, et moi qui vous parle, mes enfants, je puis mener les loups tout aussi bien qu'un autre.

Il se fit un grand silence, et chacun put entendre le vent du nord-ouest, la morvange, gémir à travers les joints des portes et des fenêtres.

Je fus le premier à parler.

— Ainsi, Dominique, vous êtes le seigneur des loups d'alentour, et vous pouvez, à l'heure de minuit, apparaître avec vos compagnons hurleurs ?

Et je le regardai en souriant, ne sachant pas trop s'il parlait sérieusement.

— Je prétends, répondit Dominique avec un grand sérieux, que je puis me promener nuitamment avec des loups.

— Quand je vous verrai, mon vieux, en société de loups ayant mine d'être vos compères, j'ajouterai foi aux paroles du Daudi, et je croirai que les revenants peuvent danser la nuit au bord des étangs.

— Mon petit monsieur, je ne crois pas que les morts reviennent. Trois pieds de terre suffisent pour nous maintenir en repos jusqu'au jour du dernier jugement. Mais il ne s'agit pour le moment que de loups. Quand il vous plaira de me voir en leur compagnie, vous n'aurez qu'à le dire.

Les casseurs de noix me considérèrent d'un œil un peu goguenard ; je me piquai au jeu et répondis vaillamment :

— Tout de suite, Dominique. Mettons-nous en route. Je suis curieux de vous voir en serviteur de Satan.

Dominique se leva et alla prendre son grand bâton et sa besace.

— Puisque vous le voulez, suivez-moi donc. Vous autres, fit-on en regardant les gens de la ferme, attendez-nous, nous ne saurions tarder. Quant à être serviteur

de Satan, vous vous trompez, Monsieur ; je mourrai en bon chrétien, comme j'ai vécu.

J'étais presque convaincu que je ne m'exposais à aucun risque, mais je n'en promenai pas moins autour de moi un regard empreint de quelque fierté. Les marteaux n'étaient plus tenus que par des mains inactives ; on portait Dominique et à moi une égale attention.

Quelques minutes après, nous prenions congé des casseurs de noix. *La fin à la prochaine livraison.*

Quand il n'y aurait pas d'autre preuve d'un souverain Être que le firmament, ce serait assez. Des étoiles à notre Père éternel, il n'y a qu'un coup d'aile.

JANE GREY [1].

LA PHOTOGRAPHIE.

Suite. — Voy. p. 43, 78, 135, 191, 230, 234.

Retouche des épreuves négatives. — Quelque soin qu'on apporte dans la préparation des épreuves négatives, il est rare qu'elles soient parfaites dans toutes leurs parties. L'une offre des à-jour, l'autre des *points opaques* qui donneront une tache blanche sur l'épreuve positive. Dans tel paysage, le ciel, devenu transparent par suite d'une pose prolongée pour obtenir les détails d'un premier plan peu photogénique, produit une teinte trop foncée et détruit l'harmonie de l'ensemble ; dans tel autre, une branche trop rapprochée, l'arrachement d'un monument, découpe le ciel d'une manière bizarre et désagréable, etc. Il a fallu remédier à tout cela ; de là est née la retouche des épreuves négatives, travail délicat et de patience pour lequel il est bon de s'installer dans un petit cabinet (fig. 17) recevant le jour par le nord.

Devant la fenêtre, on place sur la table le pupitre transparent (fig. 18) avec sa loupe, car les détails si fins fournis par la nature nécessitent ce puissant auxiliaire. Le pupitre se compose d'un châssis portant une glace étamée horizontale, et d'un second châssis à charnières soutenant un verre transparent sur lequel on appuie le négatif. Des arcs de métal et des vis de pression maintiennent l'appareil dans une position commode. On prend soin de placer entre ce verre et le négatif un carton portant une ouverture qui ne laisse arriver la lumière réfléchie que sur la partie du négatif où l'on travaille.

Un papier tendu ou une gaze montée devant la fenêtre empêche l'éclat du jour de frapper les yeux, et ne laisse arriver de lumière vive que sur la glace horizontale du pupitre.

Il va sans dire qu'il faut se munir d'une provision de pinceaux, de blaireaux, de godets, de gomme, de quelques poinçons très-aigus, de loupes et de couleurs à la gouache.

Négatifs sur papier. — La surface grasse du papier ciré rend nécessaire, pour faire les retouches aux négatifs, de composer une couleur particulière.

Broyez sur une glace dépolie, au moyen d'une molette de terre :

Peroxyde de fer, ou rouge d'Angleterre, ou chromate de plomb, ou noir d'ivoire, au choix	10 parties.
Miel blanc	2
Gomme arabique dissoute à saturation	2
Sucre candi	1

Suivant la consistance du miel, on peut varier un peu les proportions. Cette couleur au pinceau prend parfaitement sur le papier ciré : elle est un peu plus longue à sécher,

[1] Paroles citées par M. Dargaud dans son *Histoire de Jane Grey* (1863).

mais quelques jours d'exposition au soleil ou à la chaleur | La nature épaisse de ce mucilage exige des soins pour son
lui enlèvent la propriété de s'attacher et la rendent fixe. | application avec un pinceau fin dans les parties délicates.

FIG. 17. — Cabinet pour la retouche des négatifs.

Négatifs sur collodion et albumine. — Les négatifs sur
collodion doivent être d'abord soigneusement vernis. Ceux
sur albumine peuvent se passer de cette préparation. Il
s'agit de composer une couleur qui donne tous les degrés
d'opacité désirables, et qui puisse ainsi s'harmoniser avec
la valeur de l'endroit où on l'applique. On choisit deux
couleurs préparées pour la peinture à la gouache, dont
l'une, par son opacité et sa couleur, soit antiphotogénique,
telle que le jaune de chrome, par exemple, et dont l'autre
soit dans des conditions contraires, telle que le bleu de
Prusse. Il est bon que l'une et l'autre soient ce que l'on
appelle foisonnantes, et ces deux-ci le sont au plus haut
degré. Si donc nous appliquons sur un à-jour du jaune de
chrome pur, c'est l'opacité complète; mais cette opacité
diminuera proportionnellement au bleu de Prusse que nous
mélangerons. Si nous remarquons que le jaune et le bleu
donnent du vert, nous jugerons, avec un peu d'habitude, du
degré d'opacité d'une teinte donnée par son degré d'éloignement des deux extrêmes, bleu ou jaune, entre lesquels
elle est comprise.

Cette couleur doit être étendue par coups de pinceau
rapprochés et en hachures, en ayant soin de ne pas passer
qu'une fois au même endroit pour ne pas enlever la couche
dure déjà déposée. Lorsque cette couche est suffisamment
intense et homogène, on étend sur elle, avec un petit blaireau, une couche légère de vernis à négatifs qui l'empêche
de s'écailler. On pourrait, à la rigueur, mélanger de la
gouache en poudre au vernis; mais cette manière, qui
réussit bien sur quelques négatifs sur papier, produit une
couleur moins fluide, et par conséquent moins commode

FIG. 18. — Pupitre transparent et loupe pour la retouche des
négatifs.

à conduire dans les méandres microscopiques des clichés
sur collodion et sur albumine.

La suite à une autre livraison.

LA HALLE AUX DRAPS ET L'ÉGLISE NOTRE-DAME,
SUR LA PLACE DU MARCHÉ, A CRACOVIE.

La place du Marché, à Cracovie. — Dessin de Stroobant.

Onze belles rues partent de la place du Marché et divisent la ville de Cracovie en divers sens. Le monument qui se trouve au centre de la place est la halle aux draps. Au treizième siècle, le commerce de draps entre la Po-

logne et l'Orient avait déjà pris un développement considérable. Les archives font mention, en 1257, d'un vaste bâtiment servant à des magasins de draps. La tradition attribue la construction de l'édifice actuel à Casimir le

Grand. L'intérieur est en grande partie de style gothique : on y remarque des fragments d'une époque plus reculée, tandis que l'ensemble extérieur du bâtiment témoigne de restaurations modernes. A l'un des angles de la halle aux draps s'élève une tour isolée : c'est le dernier débris de l'hôtel de ville détruit en 1820 ; elle contenait une horloge d'un mécanisme curieux et la grosse cloche qui appelait au conseil les magistrats de la ville. Au sommet flotte l'aigle blanc de Pologne, les ailes étendues sur la ville ; le peuple veille avec un vif intérêt à la conservation de ce symbole national.

L'église Notre-Dame, représentée à gauche du dessin, fut commencée en 1226 et édifiée en 1307. L'architecture en est élégante ; la tour principale, d'une hauteur de 250 pieds (81m,20), est entourée de petits clochetons et surmontée d'une couronne comtale : en y faisant des restaurations, en 1843, on a découvert dans la boule qui sert de base à la flèche une boîte contenant trois parchemins du treizième siècle, sur lesquels se trouvaient inscrits des extraits de l'Évangile. L'intérieur de l'église est très-remarquable et renferme de grandes richesses. Le grand autel est un chef-d'œuvre de Fite ou Veit Stosse ; il fut commencé en 1477 et achevé en 1489 : c'est un immense retable à volets divisé en douze parties dont les sujets sont tirés de la vie de notre Seigneur Jésus-Christ ; les personnages principaux sont de grandeur naturelle et d'un fini admirable. Le trésor contient des reliques que l'on considère comme très-intéressantes sous le rapport historique : elles sont renfermées dans une armoire dont les peintures sont attribuées à Hanz de Kulmbach ; elles portent la date de 1515.

LE MENEUR DE LOUPS.

NOUVELLE.

Fin. — Voy. p. 342.

Quand nous fûmes hors de la cour, Dominique s'arrêta.

— Nous allons, nous dit-il, au Banc de la Dame ; mais il ne faut pas que nous suivions tous les deux la même route. Vous passerez par le bois de la Fau ; moi, je suivrai un chemin un peu plus court, de sorte que mes vieilles jambes arriveront là-bas en même temps que les vôtres. Quand vous serez près de la Pierre qui corne, vous n'irez pas plus loin, et lorsqu'il vous plaira de me voir apparaître, vous sonnerez dans la pierre.

Il me quitta, sur ces mots, pour entrer dans un grand pâturage. Je le suivis des yeux un instant. Il marchait d'un bon pas sur l'herbe déjà durcie par le givre. La nuit devait être bien noire dans la forêt ; mais comme il n'y avait pas, à deux lieues à la ronde, de sentier que je n'eusse suivi en compagnie de mon père ou des métayers, je m'avançai, moi aussi, d'un pied ferme. Chemin faisant, je me rappelai les contes et les légendes qu'on m'avait racontés durant mon enfance. Je pris plaisir à ressusciter ce monde de la fiction, et en entrant dans le bois, mon esprit sympathisait pleinement avec la mythologie à la fois gaélique et chrétienne de nos campagnes.

Ce fut dans ces dispositions que j'atteignis le coteau rocheux qu'on appelait le Banc de la Dame. Au bas du coteau et auprès d'un ruisseau qui coule bruyamment sur un lit de granit se trouve une pierre renversée, de forme conique, désignée dans le pays sous le nom de Pierre qui corne. La pierre est traversée par une sorte de tube qui rend, lorsqu'on y souffle d'une certaine manière, un son éclatant. Des titres du treizième siècle en font mention comme d'une curiosité connue dès lors dans la contrée depuis longtemps. On dit dans le pays que les seigneurs de Glenne, dont le château en ruine se dresse au milieu d'un taillis voisin, entretenaient en cet endroit un poste de gens d'armes et un sonneur qui embouchait la pierre pour annoncer l'approche de l'ennemi ou de troupeaux à voler.

Un vent assez vif ne tarda pas à souffler et emporta la brume qui rampait sur le sol. Derrière le Banc de la Dame le ciel devint un peu plus clair, et bientôt la lune se leva. Je pus alors entrevoir les aspérités du terrain et les broussailles qui garnissaient le fond de l'étroit vallon où je me trouvais. De tout temps ce vallon avait été inculte. Les chasseurs seuls le visitaient à la saison des bécassines et des halbrans. A cette heure de la nuit, il avait vraiment un caractère fantastique, et je compris pourquoi les anciennes superstitions en avaient fait un lieu propice aux ébats des fées. Quand j'étais enfant, nous n'abordions, mes camarades et moi, ce coin de pays qu'avec crainte.

Le chemin que Dominique avait suivi était bien plus direct que le mien. Pensant donc que le vieux sorcier devait être à son poste, je me dirigeai vers la Pierre qui corne, bien déterminé, sans trop de honte, à poursuivre l'aventure jusqu'à la fin. J'approchai mes lèvres du cornet, mais je n'en tirai que des sons inégaux et sans puissance ; je ne vis rien apparaître, je n'entendis rien non plus, sauf le sourd mugissement des cascades. Après quelques minutes d'attente, je me déterminai à souffler de nouveau dans la pierre. Cette fois, j'en tirai un son formidable qui dut faire tressaillir dans leurs fosses les songeurs des sires de Glenne. Je montai sur le granit, et mes yeux demeurèrent fixés tantôt du côté du Banc, tantôt sur la lisière de la forêt, dont les grands hêtres se dessinaient sur les nuages blancs qui filaient du côté du sud. Au bout d'un quart d'heure, je vis se mouvoir quelques ombres dans un champ de blé noir, à l'extrémité du terrain à la fois pierreux et humide que je dominais. Ces ombres s'approchèrent assez vite, et bientôt, à n'en pas douter, je reconnus Dominique : c'était bien des loups qu'il avait avec lui ; j'en comptai quatre.

— Allons, jeune homme, me dit-il d'un ton goguenard, descendez vite et suivez-nous. Minuit approche, et peut-être ne tenez-vous pas à vous trouver en ce lieu et à cette heure avec un meneur de loups.

Je le rejoignis fort étonné. Ses compagnons, lorsqu'ils me virent, se retournèrent comme pour regagner leur gîte ; mais Dominique poussa une sorte de grognement qui les fit s'arrêter, — à quelque distance de nous toutefois.

— Maintenant, lui dis-je, je suis disposé à tout croire. Faites apparaître les dames des bois et leur ménétrier au pied fourchu.

— N'en avez-vous pas assez pour aujourd'hui ? En marche, en avant ! On nous attend à Glenne ; où, s'il vous plaît, nous nous présenterons en compagnie.

Dominique, s'appuyant sur son bâton ferré, se dirigea vers le bois que j'avais traversé pour venir.

— Marchez devant, me dit-il, nous vous suivons.

Je lui obéis. Étais-je bien tranquille ? Je n'oserais l'assurer, bien qu'en rentrant à la ferme, cette nuit-là, j'eusse tout à fait l'air intrépide et dégagé. De temps en temps Dominique s'arrêtait en sifflant entre ses doigts. J'entendais nos quatre loups trotter sur les feuilles sèches, et, dans les éclaircies de la forêt, je me retournais pour regarder leurs noires silhouettes. Durant le trajet nous demeurâmes presque muets, et je cherchai vainement à deviner les moyens que Dominique avait dû employer pour se faire obéir par d'aussi étranges compères.

Quand nous fûmes à deux cents pas du domaine, Dominique me dit :

— Allez prévenir nos amis et dites-leur de sortir le plus paisiblement qu'ils pourront.

Aussitôt que j'entrai chez maître Guize, tous les regards se fixèrent sur moi.

.. — Ils sont là, dis-je à voix basse; ne faites pas de bruit.

Hommes et femmes me suivirent. L'ardente curiosité qui les animait maîtrisa leur crainte; les petits enfants eux-mêmes accoururent aux mains de leurs parents.

Il était inutile de recommander le silence aux uns et aux autres. Ils se placèrent près de la grande porte et regardèrent... Ils n'attendirent pas longtemps, De l'autre côté du chemin Dominique passa; mais les loups, cette fois, ne réglèrent pas leur marche sur la sienne : ils longèrent au galop la haie qui se dressait devant nous et disparurent.

On se hâta de rentrer à la ferme, les enfants courant les premiers. - - Eh bien! me disait-on, douterez-vous encore? Croirez-vous maintenant au moine bourru, aux fées et aux revenants? — Et chacun alors de recommencer ses histoires les plus merveilleuses, et en s'approchant de l'âtre, dans lequel on se hâta de faire briller un feu clair.

Bientôt Dominique rentra, et les lèvres se fermèrent. On le regarda timidement, comme s'il revenait de faire un voyage en enfer. Il s'amusa un peu de l'effet que produisit son apparition; mais sa bonne nature reprit bientôt le dessus, et il s'écria joyeusement :

— Maître François, ne ferez-vous pas apporter du vin ? Voyez comme ils ont besoin de se réconforter. Eh bien, mes amis, allez-vous prendre longtemps encore la chose si gravement? Calmez-vous, je ne suis pas aussi diable que j'en ai l'air.

Il leur raconta alors son amour pour les grands bois et les nombreuses amitiés qu'il y comptait. « Les louveteaux que vous venez de voir, c'est moi qui les ai élevés. Durant la grande battue qui a été faite au dernier mois de mars, leur mère a été tuée peu de jours après qu'elle eut mis bas. Les petits seraient morts sans doute, si je n'eusse pris soin d'eux, car ils n'avaient pas alors la grosseur d'un chat. Je leur portai quotidiennement leur pitance, et ils se sont si bien habitués à moi, qu'étant devenus grands ils n'ont cessé d'accourir aussitôt que je les appelais. »

Il ne me parut pas que cette explication fût acceptée comme véridique. Quant à moi, je ne l'accueillis pas sans un certain désenchantement. Il en fut ainsi plus tard pour bien des désillusions. L'imagination accueille avec bonheur d'assez mauvaise grâce le langage prosaïque du bon sens. Le peuple des campagnes ne renonce qu'avec lenteur aux croyances où, durant des siècles, son esprit s'est naïvement bercé. Dans les villages du Morvan, où vivent, en conservant le type original, les descendants des Celtes aux yeux bleus et aux cheveux roux, la religion catholique ne préside pas seule aux naissances, aux mariages et aux funérailles : plus d'un mystère de la vieille mythologie druidique s'y mêle encore avec une secrète autorité, son influence à celle du dogme chrétien.

LA SCIENCE.

La science est pour quelques hommes la grande et céleste déesse; pour le plus grand nombre, ce n'est qu'une bonne vache qui leur fournit leur beurre.

SCHILLER.

HERNANDO DE SOTO.

Hernando de Soto s'était fait redouter des terribles habitants de la Floride, parmi lesquels il se trouvait en 1542,

en s'attribuant un pouvoir magique. Ses affidés l'instruisaient par lettres, et à distance, des événements dont l'intérieur du pays était devenu le théâtre; il ne manquait pas de les raconter aux puissants Paroutiesi (c'était le titre des chefs) parmi lesquels il était accueilli, et il leur avait persuadé que son génie familier lui avait révélés. Ce génie indiscret et conteur, qu'il faisait voir aussitôt, n'était autre chose qu'une glace de Venise. Tout l'esprit de Soto ne l'empêcha pas d'aller mourir de misère sur les bords du Mississipi. Ses compagnons, aussi fourbes que lui, l'enterrèrent secrètement et plus tard l'allèrent jeter dans le fleuve, affirmant aux Indiens que son absence ne pouvait durer. Il était, ajoutaient-ils, allé causer un moment au ciel des affaires de la terre.

Ces grossiers mensonges n'ont eu, en Amérique comme ailleurs, qu'un succès éphémère : la vérité dévoilée a toujours amené tôt ou tard, de la part des sauvages, le mépris et la vengeance.

DEUX SCULPTURES ANTIQUES.

Des deux morceaux antiques qui sont ici reproduits, l'un est aujourd'hui au Musée du Vatican, dans la galerie appelée Chiaramonti, du nom du pape Pie VII, son fondateur; l'autre est conservé à Athènes, dans la cella du temple de la Victoire sans ailes, avec d'autres fragments des sculptures qui le décoraient. L'un et l'autre sont des modèles sortis des mains des maîtres de l'art, à l'époque de sa plus grande splendeur. La figure de la galerie Chiaramonti est vraisemblablement une statue de Diane ; c'est ce qu'on peut induire, bien qu'elle soit mutilée et dépourvue d'attributs, du rapprochement d'autres figures plus ou moins semblables par l'attitude, le costume et le mouvement. Ce n'est pas ici, il est vrai, la Diane chasseresse, vêtue seulement de la courte tunique dorienne, marchant libre et légère en tendant l'arc, que les œuvres nombreuses d'une période relativement récente de l'art nous ont habitués à considérer, et dont le modèle est la statue du Louvre connue sous le nom de Diane à la biche ou Diane de Versailles; un double courant de traditions a contribué à former l'idéal que les artistes ont réalisé dans le type d'Artémis ou de Diane. Tantôt elle est la déesse chasseresse et guerrière, plus semblable par son costume et sa démarche aux vierges de Sparte qu'aux jeunes filles de l'Ionie, la virile sœur d'Apollon, dont l'arc d'argent lance des traits non moins redoutables que ceux de l'arc d'or; tantôt elle est Phœbé, la divinité bienfaisante des nuits, qui rend à tous les êtres la force et la fraîcheur : sa vigoureuse jeunesse n'apparaît dans les œuvres de l'art qu'en se dérobant sous des vêtements larges et flottants; l'arc et le flambeau, ses attributs ordinaires, sont alors des symboles de lumière ou de la nièrè et de vie. Ces différentes origines restent visibles en se fondant dans beaucoup de figures qui appartiennent, comme celle-ci, aux époques de l'art le plus accompli. La Diane de la galerie Chiaramonti, comme les Dianes de l'ancien style, porte la longue tunique qui descend jusqu'à ses pieds; elle est chaussée de sandales, et non de bottines crétoises du chasseur et du voyageur; son manteau, relevé par la main qui tenait l'arc ou le flambeau, tourne autour d'elle et fait penser aux voiles de la nuit. Mais, traitées par un ciseau plus moderne, ces longues draperies, aux plis nombreux et profonds, l'entourent sans la cacher et sans alourdir sa démarche; elles flottent, rejetées en arrière par une marche rapide. Tout, dans cette figure, respire le mouvement, un mouvement plein d'ampleur, comme celui d'un oiseau au vol puissant qui fend l'air sans l'agiter de ses ailes étendues.

Plus gracieuse et plus légère est là jeune Victoire qui-délie sa sandale en reployant ses-ailes : on pourrait la comparer à un-oiseau qui s'apprête à toucher la terre. Elle était, avec les autres Victoires ses-compagnes, l'ornement de la balustrade qui s'étendait au-dessus de l'escalier des propylées, au-devant du petit temple où, selon la tradition,

la Victoire. était figurée sans ailes, parce qu'elle ne devait plus quitter Athènes. On ignore quel fut l'auteur de ces bas-reliefs, dont l'exécution est d'une exquise délicatesse et le style irréprochable, quoique moins simple et moins gran-diose que celui des sculptures du Parthénon. Ils sont, selon toute apparence, d'un temps un peu postérieur, et moins

Musée du Vatican. — Statue de Diane de la galerie Chiaramonti. — Dessin de Thérond.

anciens aussi que la frise qui court autour du temple et représente les victoires remportées par les Athéniens sur les Barbares. « Ce n'est plus la grande école de Phidias, dit M. Beulé ; mais la beauté n'a-t-elle qu'un principe et qu'un moule, dans la nature comme dans l'art ? » Le même écri-vain raconte, dans son livre l'Acropole d'Athènes, comment furent retrouvés ces marbres dont la découverte est assez récente : « Lorsque, en 1835, on détruisit la batterie qui s'élevait devant les propylées, on trouva successivement de grosses plaques de marbre d'un peu plus d'un mètre de haut, entières ou en fragments, sur lesquelles étaient sculp-tées en relief des femmes ailées. Des trous de scellement montraient que ces plaques avaient dû être unies entre elles par les côtés et fixées par en bas sur quelque surface. La tranche supérieure, au contraire, percée de petits trous ré-guliers, supportait une grille de métal à laquelle la balus-

trade de marbre servait de soubassement. MM. Hansen et Schaubert, à qui revient l'honneur d'avoir découvert et re-levé le temple de la Victoire, remarquèrent au bord de la terrasse, sur les dalles de marbre, une rainure d'un poli et d'une couleur différente ; sa largeur correspond exactement à la largeur des plaques dans lesquelles les bas-reliefs sont taillés comme dans des cadres. Il y avait, en outre, des traces de scellement, et, comme ce côté de la terrasse est précisément celui qui domine l'escalier des propylées, ils ont conclu avec raison qu'il y avait là une balustrade for-mée par une série de sculptures qui regardaient l'Acro-pole et lui servaient de magnifique décoration. »

Sur une autre plaque de marbre, la plus importante par les dimensions et la plus complète, on voit un taureau qui se cabre retenu avec effort par une Victoire, tandis qu'une autre Victoire s'élance vivement au-devant. « Que ce soit le taureau de Crète ou le taureau de Marathon, ce sera toujours un triomphe remporté par un héros athénien... Une quatrième Victoire, moins complète que les autres, se présente de profil et rappelle par sa pose la Victoire des monnaies béotiennes... Je ne décris point, continue M. Beulé, les fragments plus petits. Ces Victoires qui s'en-

volent, arrivent, se posent sur l'Acropole, délient leurs sandales, sont levées, sont assises, tendent des couronnes; représentent-elles un seul mythe, une seule action? ou bien accourent-elles des différents points du monde et viennent-elles se ranger autour de la grande Victoire, de Minerve, dont elles sont les messagères? Quand le peuple athénien

Figure du temple de la Victoire, à Athènes. — Dessin de Thérond.

monte l'escalier des propylées, lui disent-elles, par leur pose allégorique, par des inscriptions ou par la seule force de la tradition : « Je suis Marathon, je suis Salamine, je » suis l'Eurymédon; je viens de Thrace, je viens de Les- » bos, je viens de Sphactérie. » Flatteurs muets que l'on imitait moins éloquemment à la tribune du Pnyx. »

ÉCONOMIE RURALE.

LA MAISON DU CULTIVATEUR.

Fin. — Voy. t. XXX, 1862, p. 278.

Charpente et couverture. — La charpente doit être solide et présenter toujours l'inclinaison convenable pour que les eaux de pluie s'écoulent aisément sur le toit.

Dans nos départements du midi, la neige est peu abondante, les pluies persistent rarement pendant plusieurs semaines et les eaux pluviales sèchent très-rapidement.

Ces diverses conditions permettent de ne donner aux toits qu'une très-faible pente. Mais ces toits peu inclinés, d'un aspect fort agréable d'ailleurs, ne conviennent pas aux climats du Nord. Il ne faut pas craindre d'y donner trop de pente aux toits. Moins l'eau ou la neige séjourne sur un toit, moins on est exposé à voir s'y former des gouttières; et si un toit d'une grande pente coûte un peu plus cher parce qu'il offre plus de surface, il se conserve bien plus longtemps sans réparations et préserve mieux les greniers des dégradations causées par l'infiltration des eaux.

Une bonne pente à donner aux toits, c'est 1 mètre sur 1 mètre; par exemple, si un bâtiment a 15 mètres de long sur 10 de large et qu'on veuille le couvrir d'un toit à deux égouts, le faîte de ce toit devra être à 5 mètres au-dessus des gouttières. On voit que la hauteur du faîte est précisément la moitié de la largeur du bâtiment ; c'est ce qu'on appelle dans les arts de construction une pente de 45 degrés.

Avec une telle inclinaison, on aura la largeur du toit comptée suivant la pente en prenant les $7/_{10}$ environ de la largeur du bâtiment ; soit, par exemple, un bâtiment de 15 mètres de large, le toit aura 10m,50 environ, suivant la pente.

Pour qu'un toit protége suffisamment les murs, il est bon qu'il fasse saillie d'un demi-mètre à peu près, comme dans les chalets suisses.

Dans ces conditions, les eaux de pluie ne viennent pas battre constamment les murs, dont elles enlèvent aisément l'enduit. De plus, les eaux qui descendent du toit vont tomber à quelque distance du pied du mur et ne s'infiltrent pas dans les fondations, comme il arrive dans les maisons de village souvent dépourvues de chaînlattes.

Quant au choix des matériaux à employer pour la couverture, il faut se régler principalement sur les ressources de chaque pays.

La paille est abondante partout ; elle forme des couvertures légères, assez durables, qui laissent facilement couler l'eau à leur surface, et protégent également bien contre les froids de l'hiver et les chaleurs de l'été.

Malheureusement les couvertures de chaume présentent de tels dangers d'incendie qu'on a dû les proscrire presque partout ; et, dans les endroits où elles sont encore tolérées, les propriétaires de bâtiments couverts en chaume trouvent plus de difficulté à les affermer, payent plus cher pour les assurances, etc.

On conçoit, du reste, qu'on doive redoubler de précautions contre les incendies, à mesure que les dangers se multiplient par le fait des fumoirs, qui sont, à grand tort, tolérés à peu près partout. Autrefois, nos cultivateurs n'auraient pas souffert qu'on fumât dans le voisinage de leurs meules ou de leurs granges ; aujourd'hui, ils sont souvent les premiers à donner l'exemple des plus incroyables imprudences.

Puisque le chaume est destiné à disparaître, il faut recourir à d'autres matériaux.

Dans certains départements, on trouve une variété de pierre calcaire qui se divise en dalles irrégulières de 3 ou 4 centimètres d'épaisseur, dont on forme des espèces d'ardoises très-massives. Ces pierres sont désignées sous le nom impropre de *laves*, et forment de bonnes couvertures économiques dans les pays où la lave est abondante. Mais ces couvertures sont très-lourdes, elles exigent des murs épais et de fortes charpentes : aussi, comme le prix du bois augmente de plus en plus, sera-t-on forcé d'abandonner la lave, du moins pour les toits d'une portée un peu considérable.

Lorsque la tuile est bien fabriquée, et surtout quand elle est bien cuite, elle constitue de bonnes couvertures. Les tuiles creuses admettent, comme on sait, des pentes beaucoup plus faibles que celles indiquées plus haut. Répétons néanmoins, et comme principe général, qu'il faut éviter les toits à faible pente, parce que la neige ou l'eau, en y séjournant, entretient la végétation de la mousse ou des champignons qui corrodent les tuiles et retiennent l'eau comme feraient des éponges, au point de faire bientôt pourrir voliges et charpentes.

On adopte pour la tuile un grand nombre de modèles différents. Pour les constructions villageoises, on choisira toujours les plus simples et les plus économiques. Cependant certains fabricants (dans le Haut-Rhin notamment) livrent à des prix modérés des tuiles à grande surface et à

emboîtements formant rigoles, qui sont d'un excellent usage.

Dans nos départements de l'ouest, on emploie pour les constructions rurales beaucoup d'ardoises d'Angers, mais seulement de qualité inférieure. Ces ardoises forment une ressource précieuse pour tous les pays où la navigation peut les porter à peu de frais.

Dans quelques circonstances très-exceptionnelles, il peut y avoir avantage à couvrir en zinc un bâtiment rustique. Il ne faut pas croire qu'un toit de zinc très-peu incliné, presque horizontal, puisse être de bien longue durée ; ici, comme toujours, la pente doit être suffisante pour que les eaux s'écoulent promptement. De plus, le zinc doit être d'épaisseur convenable, autrement il serait bientôt percé d'une foule de petits trous.

Enfin, pour quelque hangar ou bâtiment provisoire, on pourrait employer du papier recouvert d'une couche de goudron ; mais il faut renouveler cette couche tous les ans si on veut avoir une couverture à peu près étanche.

Pour toutes les couvertures légères, ou pour les toits qui n'ont pas une grande portée, on peut employer avec beaucoup d'avantage des charpentes formées de planches mises de champ. Ces planches remplacent les chevrons ; d'autres planches également de champ, clouées sur l'une et sur l'autre chevron, servent de jambes de force.

Quant à la forme du toit, on doit presque toujours préférer le toit à deux égouts, dont la charpente est très-simple et en même temps très-solide. Le comble, à quatre égouts ou en pavillon ne convient qu'aux constructions de luxe, car il exige une charpente plus coûteuse.

Portes et fenêtres ; Escalier. — Il faut des ouvertures plus nombreuses et plus larges qu'on n'en donne d'ordinaire à l'habitation du travailleur rustique, qui a si grand besoin de santé et par conséquent d'air et de lumière.

On sait que les fenêtres à grands carreaux sont d'un prix de revient moins élevé que celles à petits carreaux. A surface égale, le verre n'est pas plus cher en grandes vitres qu'en petites, et la menuiserie est d'un prix notablement moindre pour les fenêtres à grands carreaux.

Quant au système de fermeture, si les espagnolettes de fer paraissent d'un prix trop élevé, on pourra se contenter d'une barre de bois, quoique cette barre soit sujette à se gauchir et à ne procurer ainsi qu'une fermeture très-difficile.

Il n'est pas nécessaire d'employer du chêne pour les fenêtres, les portes ou autres boiseries de la maison. Il suffit que les encadrements soient en bois dur et les rinceaux en bois blanc.

Mais il ne faut pas omettre une précaution indispensable, qu'on néglige souvent par une économie mal entendue : tout ouvrage de menuiserie doit toujours être immédiatement couvert d'une double couche de peinture à l'huile, s'il est exposé à l'air et à l'humidité. Quand il s'y forme des fentes, il faut les reboucher avec du mastic de vitrier et repeindre par-dessus quand le mastic est bien sec.

Couverte d'une bonne peinture, une porte de bois blanc dure presque indéfiniment ; bien plus longtemps qu'une porte de chêne non peinte.

Si la peinture est nécessaire pour les portes et les fenêtres, elle est à plus forte raison indispensable pour les volets.

Toute maison de village d'une construction un peu soignée doit être pourvue de volets ; en effet, outre la sécurité qu'ils offrent contre les malfaiteurs, ils protégent la maison contre les grands froids aussi bien que contre les ardeurs de l'été.

Pendant cette dernière saison, les maisons de village sont toujours assaillies d'innombrables légions de mouches ; et pour éloigner ces hôtes incommodes, il n'y a pas de meilleur moyen que d'entretenir la fraîcheur et l'obscurité en fermant exactement les volets pendant le jour.

Tout menuisier de village sait faire à peu prés une porte où une fenêtre; mais l'escalier est un écueil où viennent échouer les ouvriers ou les architectes médiocres.

Fort heureusement, l'escalier rustique est plutôt une échelle qu'un escalier. Échelle est vraiment le nom qui convient à cette œuvre d'art très-primitive, car on l'appelle ordinairement « échelle de meunier. »

Cet escalier-échelle ne doit pas être trop roide; la pente atteindra au plus 1 mètre sur 1 mètre, ou 45 degrés, comme nous l'avons dit précédemment pour le toit.

Il faut toujours avoir soin d'éclairer l'escalier par une porte vitrée, une fenêtre ou une lucarne convenablement placée. Au-dessus on ménagera un palier suffisamment large, de manière à ne pas gêner la circulation, surtout quand il s'agit de porter au premier étage ou au grenier de lourdes charges de grains, de bois, etc.

Il est rare que les constructeurs villageois abordent les difficultés de l'escalier tournant, et l'on doit s'en féliciter, car les escaliers de ce genre qu'on trouve dans les campagnes sont de véritables casse-cou.

Si vous êtes forcé de faire un escalier tournant, prenez les dimensions exactes de la cage, c'est-à-dire de l'espace qui doit soutenir votre escalier, et adressez-vous à un architecte pour avoir un bon projet qu'un ouvrier ordinaire exécutera sur les plans de l'architecte.

Puits, citernes et mares. — Toute habitation rurale doit être pourvue d'eau potable en abondance.

Souvent il suffit de creuser le sol à moins de 10 mètres de profondeur pour rencontrer une nappe d'eau vive bonne pour la boisson. Les eaux de puits ne présentent, dans ce cas, d'autre inconvénient qu'une trop grande fraîcheur; de telles eaux bues sans précaution pendant les chaleurs de l'été peuvent causer diverses maladies, et notamment gâter les dents de toute une population.

Les eaux de puits sont souvent chargées de plâtre (sulfate de chaux); souvent aussi elles sont calcaires, c'est-à-dire qu'elles contiennent de la pierre calcaire et peuvent produire de véritables pétrifications.

Dans l'un et l'autre cas, les eaux de puits durcissent les légumes et tranchent le savon, au point qu'il est à peu prés impossible de s'en servir pour la boisson, la cuisine, le savonnage ou l'arrosage du jardin.

Il est donc nécessaire, quand on n'a pas d'autre eau à sa disposition, de recueillir les eaux de pluie dans une citerne; et sous le rapport de la construction et de l'entretien des citernes, il y a de grands progrès à faire dans la plupart de nos campagnes.

L'eau de citerne est excellente pour tous les usages domestiques, quand elle est conservée dans des citernes propres et bien aérées.

Dans certaines localités qui sont absolument dépourvues d'eau de source, et où il ne pleut que rarement, on a soin de ne faire arriver l'eau de pluie dans les citernes qu'après que les toits ont été bien lavés par la pluie. On n'admet ainsi dans les citernes que des eaux parfaitement pures, qui se conservent beaucoup mieux que les eaux chargées de toutes les impuretés enlevées aux toits.

Il est bon que l'eau de citerne, et souvent même l'eau de source, soit filtrée avant d'être employée pour la boisson.

Les fontaines filtrantes, à Paris, dans les plus petits ménages, durent presque indéfiniment et ne coûtent qu'une douzaine de francs. Mais ce prix est encore trop élevé pour la plupart des villageois.

On peut remplacer à peu de frais ces fontaines par un grand pot de grés portant un robinet à sa partie inférieure. On place au fond une couche de gros gravier bien lavé,

puis du gravier plus fin, puis une couche de braise en petits morceaux, et enfin une couche de sable bien battu qui retient la braise ou l'empêche de venir flotter au-dessus de l'eau. Afin qu'en versant de l'eau brusquement dans la fontaine on ne dérange pas les couches de sable et de charbon, on recouvre la dernière couche d'un couvercle de bois percé de trous et maintenu en place par une pierre.

Quand il s'agit de clarifier de l'eau simplement bourbeuse, on peut supprimer la couche de braise. Mais si l'on veut purifier des eaux infectes provenant de citernes, de mares ou d'étangs, il est nécessaire d'augmenter l'épaisseur de cette couche, qui peut alors désinfecter l'eau de la manière la plus complète.

On doit toujours employer de la braise nouvellement préparée et provenant de bois de chêne autant que possible.

De temps en temps il est nécessaire de vider le filtre, afin de nettoyer avec soin le gravier, qui peut servir indéfiniment; mais la braise doit être renouvelée.

L'eau destinée à la boisson ne doit pas être conservée dans des tonneaux; elle y prend bientôt un goût fort désagréable, surtout dans des tonneaux de bois de chêne.

Mais pour les eaux qui servent à l'arrosage des jardins, chacun sait qu'on peut les conserver, sans inconvénient, dans des tonneaux. On peut aussi établir un petit réservoir de maçonnerie, ou même une simple mare dont le fond est formé de terre glaise bien battue et dans laquelle se rendent les eaux de pluie. Il faut alors que cette mare soit ombragée de quelques saules ou autres arbres qui se plaisent dans les lieux humides, autrement elle serait presque toujours à sec pendant l'été.

Il est nécessaire qu'une mare soit curée de temps en temps, et même tous les ans, si l'on ne veut pas qu'elle devienne un foyer d'infection pour le voisinage. Mais il s'en faut beaucoup que l'on suive cette salutaire pratique dans nos villages pourvus de mares; on prétend que si l'on cure une mare, elle laisse bientôt perdre l'eau par des fissures qui se trouvaient bouchées par les immondices. D'où l'on conclut qu'il ne faut procéder au curage que quand la mare est tout à fait encombrée.

Il peut arriver, en effet, qu'une mare ne retienne plus exactement l'eau après un curage profond. Mais alors on profitera de ce qu'elle est à sec pour la réparer avec de la terre glaise bien pilonnée.

Dans l'intérêt de la salubrité du voisinage aussi bien que pour la conservation des eaux d'une mare, on devrait toujours l'entourer d'une double rangée d'arbres aussi touffus que possible.

Mais loin de chercher quelques agréments dans les approvisionnements d'eau, les villageois se privent même du nécessaire autant qu'ils le peuvent.

Nous pourrions citer sous ce rapport quelques exemples frappants, et notamment celui-ci :

Dans notre vieille Bretagne, combien ne voit-on pas de villages, établis au bord de la mer, n'ayant pour abreuver toute la population bipède et quadrupède qu'un très-mince filet d'eau qu'on doit aller chercher à plus de deux kilomètres?

Pendant toute la journée, le chemin qui mène à la source est encombré de femmes et d'enfants déguenillés portant sur leur tête depuis un jusqu'à dix litres d'eau. Chacun fait plusieurs fois le voyage et doit attendre longtemps son tour pour puiser à la précieuse source; mais ce peuple patient et laborieux n'est pas économe de son temps.

Pour supprimer toutes ces allées et venues (qui rappellent involontairement le travail d'une fourmilière), il suffirait d'établir des citernes. Les citernes sont inconnues dans ces cantons, et ceux qui en parlent n'excitent que l'incrédulité et la méfiance.

Espérons que, les populations se déplaçant maintenant beaucoup plus facilement qu'autrefois, les villageois finiront par s'enquérir un peu de ce qui se fait dans les départements voisins, avant de décider en dernier ressort que tout est pour le mieux dans le plus beau pays du monde, c'est-à-dire dans leur village.

L'ALMANACH DU SIEUR MORGARD.

Tandis que le chanoine de Liége Matthieu Læensbergh préparait en secret les éléments de son illustre almanach, le pauvre diable que nous signalons ici, moins prudent, était en voie de se perdre (¹). Les ordonnances royales du temps de Louis XIII avaient été on ne peut plus fatales aux *devins* et *faiseurs de prognostications;* ce sont les termes employés contre ceux qui, ne se contentant pas de prédire la pluie ou le beau temps, s'arrogeaient le droit d'annoncer les orages politiques, les *effets de Mars,* comme dit fort doctement le *Mercure françois.* Au début de sa carrière, Noël-Léon Morgard avait eu la bonne fortune d'une de ces heureuses rencontres qui sont pour les astrologues, à quelque siècle qu'ils appartiennent, ce qu'un quine est à la loterie : dans une prédiction qui au fond n'avait nulle importance, il était tombé sur une vérité, et il était devenu le devin en renom, l'homme de la foule. Par une fatale méprise, un soldat avait tué son fils, croyant frapper une odieuse créature qui le détournait de son devoir; ce parricide involontaire avait été annoncé par Morgard en termes assez précis pour que la foule en eût été frappée : dès lors, notre faiseur d'almanachs ne pouvait faillir, et ses oracles étaient acceptés. Comme cela arrive toujours dans ces sortes de faits, les ordonnances répressives ne firent qu'accroître la réputation du prophète. Notre faiseur d'almanachs avait intitulé sa pronostication de 1613 *Première civile;* celle de 1614 s'appelait naturellement *Seconde civile :* ce fut celle dont l'autorité s'inquiéta. Le prophète populaire ne se contentait pas d'y annoncer des événements sans importance, il s'y attaquait sans doute à Marie de Médicis, à son fils, à plusieurs grands princes, marquant le temps, les mois, les quartiers de la lune, où devaient s'accomplir les événements funestes qu'il annonçait. Mal lui en advint, et Mazarin lui fit bien voir que son étoile ne se laissait pas si aisément éclipser. Le recueil de Morgard n'alla pas au delà de la huitaine, et déjà il avait enfanté nombre d'écrits. « Les archers du grand prevost se transportèrent au logis du maistre astrologue, et l'ayant appréhendé au corps, le menèrent à la Bastille; il passa de là à Marseille, et alla durant neuf ans ramer sur les galères du roy. »

UN ACTE DE DÉVOUEMENT.

« Le 18 janvier, dit une lettre insérée dans le *Journal de Paris* du 24 janvier 1789, la Loire, couverte de glaçons, s'est tout à coup soulevée et s'est répandue dans les campagnes environnantes. » Ces catastrophes publiques donnent presque toujours l'occasion à quelques hommes de cœur de montrer leur dévouement. Le fait retracé ici permet de nommer un intrépide jeune homme qui sauva, au risque de sa vie, toute une famille. « Au milieu des débris des maisons entraînées par les glaçons, dit encore le *Journal de Paris* (1789, p. 112), le sieur de Faucamberge, porté sur un batelet qu'il avait loué pour aller secourir ses parents, fut bientôt engagé entre deux courants;

Épisode de l'inondation de la Loire en 1789. — Dessin de Bocourt, d'après une estampe du temps

tandis qu'il lutte contre la mort qui l'environne, un malheureux fermier, au delà d'un des courants, excite sa pitié; sans songer au péril qui le presse, il vole au secours

de cet infortuné et le reçoit dans son bateau avec sa femme et ses enfants : à peine y furent-ils entrés que leur maison s'écroula. »

(¹) La tradition qui attribue au chanoine de Liége les premiers des almanachs dont la série porte le nom de Matthieu Læensbergh ne s'appuie sur aucun fait précis. On peut douter que leur véritable auteur soit connu.

Typographie de J. Best, rue Saint-Maur-Saint-Germain, 15.

LA TOUR D'ELVEN

(MORBIHAN).

La Tour d'Elven. — Dessin de Grandsire.

Non loin de Vannes, sur la route de Ploërmel, on rencontre un château dont les ruines imposantes donnent encore aujourd'hui une formidable idée de la puissance de ses anciens habitants. A la différence des autres châteaux féodaux, presque toujours élevés sur quelque cime peu accessible, celui-ci a été bâti dans un bas-fond ; mais il semble que ceux qui l'ont construit aient senti la nécessité de racheter le désavantage de cette situation par la hauteur de ses tours et par l'épaisseur de ses murailles. Le donjon, haut de deux cents pieds, étend sa vue sur tout le pays. On l'appelle aujourd'hui la tour d'Elven, du nom d'un bourg qui en est peu éloigné ; mais tel n'est pas le nom ancien de ce château, qui a eu son rôle dans l'histoire sous celui de Largoët. Bâti, en 1256, par Eudes de Malestroit, il fut démantelé, en 1495, par ordre de la duchesse Anne, lorsqu'elle fit détruire toutes les places fortes du maréchal de Rieu, son vassal révolté. Lorsque le comte de Richemont,

dernier rejeton de la maison de Lancastre, passa d'Angleterre en Bretagne après avoir vu toutes ses espérances ruinées à la bataille de Tewkesbury, il fut enfermé dans le château de Largoët par le duc de Bretagne François II, qui ne voulut pas, il est vrai, livrer au roi d'Angleterre celui qui avait reçu sa foi, mais qui ne refusa pas, cependant, de le débarrasser d'un rival dangereux en le retenant prisonnier.

Le donjon est la partie la moins ancienne du château, et la seule qui soit restée à peu près intacte. Il est certainement postérieur à la destruction de 1496. C'est une tour octogone, divisée à l'intérieur, par un mur de refend, en deux sections inégales, chacune ayant un escalier qui conduit d'étage en étage. A tous les étages, les salles des deux divisions étaient de plain-pied et réunies par des portes de communication. Les planchers ont depuis longtemps disparu, et l'on peut voir suspendues aux murs, sans appui apparent, les cheminées qui chauffaient autrefois les appartements. Au-dessus d'une de ces cheminées, il existe encore un écusson chargé de neuf besants. Ces armoiries et quelques fragments de moulures prismatiques qui annoncent la fin de l'architecture gothique sont les seuls débris d'ornements que l'on rencontre dans tout le château. Les ouvertures placées à l'intérieur sont en plein cintre; on ne voit l'arc brisé qu'aux portes des corridors qui, à tous les étages de la division principale, reliaient entre elles les profondes embrasures des fenêtres; plusieurs de ces fenêtres sont garnies de meneaux qui se coupent à angle droit; les murs sont, en outre, percés de meurtrières et armés de barbacanes. La plate-forme supérieure, encore surmontée de tourelles élevées, est munie de mâchecoulis. Les autres tours, qui sont rondes, et les murs d'enceinte, sont beaucoup moins bien conservés. Ces murs sont très-épais et revêtus de pierres de taille.

Le voyageur qui visite les ruines du château de Largoët peut voir aussi, dans le bourg voisin d'Elven, les restes d'une petite chapelle gothique abandonnée, et dans la forêt quelques pierres druidiques dont trois sont encore debout, et qui supportaient autrefois une table ronde qui n'a pas moins de douze pieds de diamètre.

PRÉCEPTES DE SCHUMANN
POUR L'ÉDUCATION DES JEUNES PIANISTES ET POUR LES ÉLÈVES MUSICIENS EN GÉNÉRAL.

En publiant, dans notre numéro de mai 1860, une notice sur Robert Schumann, un des derniers grands musiciens de l'Allemagne, nous avons transcrit, page 167, quelques-uns des préceptes que ce maître avait placés en tête d'une collection de petites pièces de piano composées pour les enfants. La sagesse et l'utilité de ces préceptes, tant pour les élèves que pour les professeurs et même pour les gens du monde qui aiment la musique, nous engagent à les publier presque tous. Nous y ajouterons une note ou une observation lorsque cela nous paraîtra nécessaire.

L'éducation de l'oreille est de la plus grande importance; cherchez de bonne heure à déterminer la note donnée par le sifflement du vent, par le chant de certains oiseaux.

Il faut certainement jouer des gammes et faire d'autres exercices pour le doigter; mais il est des gens qui pensent tout apprendre par ce moyen et passent toute leur vie à ne faire journellement que de pareils exercices. C'est comme si l'on croyait s'instruire beaucoup en s'efforçant de prononcer tous les jours l'alphabet de plus en plus vite. Le temps doit être mieux employé.

Jouez bien en mesure. Le jeu de certains virtuoses ressemble à la démarche d'un homme ivre. N'imitez pas de telles gens.

Apprenez de bonne heure les lois de l'harmonie. Ne vous effrayez pas des mots théorie, contre-point, harmonie, etc. La connaissance de ces choses vous arrivera sans peine si vous voulez bien écouter l'enseignement avec de bonnes dispositions.

Jouez toujours sérieusement; ne jouez pas avec dégoût ou comme par plaisanterie. Ne jouez jamais un morceau à moitié. La lenteur et la précipitation sont deux fautes à éviter également.

Appliquez-vous à bien jouer des morceaux faciles; cela vaudra mieux que de jouer médiocrement des morceaux difficiles.

Jouez toujours sur un instrument bien accordé.

Il ne faut pas jouer seulement un morceau avec les doigts. Il faut aussi pouvoir le fredonner. Dirigez votre éducation de telle sorte que vous puissiez non-seulement retenir dans la mémoire la mélodie d'une composition, mais aussi l'harmonie qui lui appartient.

Quand même vous n'auriez que peu de voix, exercez-vous à chanter à livre ouvert, sans l'aide d'un instrument. Cet exercice rendra votre oreille plus délicate; mais si vous avez une belle voix, ne négligez pas un instant de la cultiver et regardez-la comme l'un des plus agréables dons que le ciel ait pu vous faire.

Vous devez arriver à comprendre une composition par la simple lecture.

Quelqu'un vous présente-t-il un morceau pour la première fois en vous priant de l'exécuter, lisez-le d'abord.

Avez-vous fait votre devoir musical journalier et vous sentez-vous fatigué? ne vous efforcez pas de travailler davantage. Mieux vaut se reposer que de jouer sans plaisir et mal disposé.

Lorsque vous avancerez en âge, ne vous croyez pas obligé de jouer tout ce qui est à la mode; le temps est précieux, et il faudrait vivre cent fois plus que ne la moyenne d'une homme pour pouvoir connaître toutes les belles choses qui existent.

Avec des douceurs, des pâtisseries ou des sucreries, on ne fait pas d'un enfant un homme sain. Comme celle du corps, la nourriture de l'esprit doit être simple et forte.

La difficulté des passages se surmonte avec le temps; seulement l'habileté n'est digne d'estime qu'autant qu'elle a un but élevé.

Il ne faut pas répandre les mauvaises compositions; cherchez, au contraire, de toutes vos forces à les étouffer. Non-seulement il ne faut pas exécuter les mauvaises compositions, mais encore il ne faut pas les entendre, à moins que vous n'y soyez forcé. (¹)

Ne cherchez jamais cette habileté que l'on nomme bravoure. Tâchez de rendre simplement l'intention du compositeur; ce qui va au delà est trop souvent une exagération ridicule. Ainsi, évitez comme une faute grave de changer ou de négliger quoi que ce soit dans les œuvres des maîtres ou surtout d'y ajouter des ornements à la mode, car c'est là plus grande injure que vous puissiez faire à l'art. Quant au choix des morceaux que vous devez étudier, adressez-vous aux plus vieux. Vous épargnerez ainsi beaucoup de temps. (²)

Ne vous laissez pas tromper par les applaudissements qu'obtiennent ceux qu'on appelle grands virtuoses. L'approbation des vrais artistes doit vous être plus précieuse que celle de la foule.

Beaucoup jouer devant la foule est chose plus dangereuse que profitable. Ayez égard aux gens qui vous écoutent, mais ne jouez jamais rien que vous méprisiez intérieurement.

Du reste, en général, quand vous jouez ne vous inquiétez guère de ceux qui vous écoutent.

Ne négligez aucune occasion de faire de la musique d'ensemble : des duos, des trios, etc. Cela rendra votre jeu coulant et plein d'élan. Accompagnez aussi souvent des chanteurs.

Si nous voulons tous jouer le premier violon, nous ne pourrons former un orchestre; que chacun se mette donc

(¹) On est même forcé, par politesse, d'y applaudir; mais il y a encore un certain profit à entendre de la mauvaise musique : c'est celui d'exercer son jugement à trouver pourquoi et on quoi elle est mauvaise.

(²) Ce précepte nous paraît trop rigoureux, surtout s'il s'agit de la musique spéciale de piano, qui a été créée de nos jours. L'étude des belles œuvres de Bach, de Couperin, de Scarlatti, de Hændel pour le clavecin, ne peut dispenser un jeune pianiste de donner une grande attention à celles de Beethoven, de Weber, de Mendelssohn, de Stephen Heller et de Schumann lui-même.

à sa place. Aimez votre instrument, mais ne le regardez pas comme le premier et le meilleur. Pensez qu'il en est d'autres, et de très-beaux. Pensez aussi qu'il y a dans le chœur et dans l'orchestre des artistes qui doivent exprimer ce qu'il y a de plus sublime dans la musique.

En grandissant, fréquentez plutôt les partitions que les virtuoses.

Jouez assidûment les fugues des grands maîtres, surtout celles de J.-S. Bach. Que le *Clavecin bien tempéré* (les quarante-huit fugues et préludes) soit votre pain quotidien; par ce moyen, vous deviendrez certainement un bon musicien. [1]

Recherchez pour amis ceux qui savent plus que vous. A côté de vos études musicales, lisez les poètes pour élever votre âme. Livrez-vous à des promenades dans la campagne.

On peut apprendre beaucoup en écoutant les chanteurs et les cantatrices. Cependant ne les suivez pas en tout.

Il y a d'autres hommes au delà des monts. Ainsi soyez modestes; vous n'avez encore rien trouvé ni pensé que d'autres n'aient trouvé ou pensé avant vous, et eussiez-vous reçu le don de trouver ce que d'autres n'auraient pas trouvé, considérez-le comme un don du ciel que vous devez partager avec eux.

L'étude de l'histoire de la musique, aidée de l'audition des œuvres des grands maîtres des diverses époques, vous guérira promptement de toute suffisance et de toute vanité. [2]

Un beau livre sur la musique, c'est le livre de Justin Thibault *Sur la pureté de l'art musical* (*Ueber Reinheit der Tonkunst*). Lisez-le souvent en avançant en âge. [3]

Si, en passant devant une église, vous entendez les sons de l'orgue, entrez et écoutez. Il vous serait certainement très-avantageux de vous asseoir sur le banc d'un de ces instruments. Essayez vos faibles doigts et contemplez l'immensité de la musique.

Ne perdez aucune occasion de vous exercer. Aucun instrument ne peut, autant que l'orgue, faire justice de ce qu'il y a de vulgaire et d'impur dans un morceau.

Chantez assidûment dans les chœurs, surtout les parties intermédiaires. Cela vous rendra musicien.

Que signifient donc ces mots : *être musicien?* Vous ne l'êtes pas si, les yeux fixés avec inquiétude sur les notes, vous jouez votre morceau péniblement jusqu'à la fin; vous ne l'êtes pas si, une personne tournant par hasard deux pages au lieu d'une, vous vous arrêtez brusquement. Vous l'êtes, au contraire, si, devant un morceau nouveau, vous pressentez à chaque mesure celle qui va suivre, comme si le morceau vous était connu. — En un mot, vous êtes musicien si vous avez la musique non-seulement dans les doigts, mais aussi dans la tête et dans le cœur.

Mais comment devient-on musicien? Mon enfant, la chose principale (c'est ici la finesse de l'oreille et la force de conception) vient d'en haut, comme en toute chose; mais ce que la nature nous a donné puisse se perfectionner et s'élever. Vous deviendrez musicien non-seulement en

passant de longues journées solitaires à faire des études mécaniques, mais surtout si vous entretenez activement et de tous côtés un commerce musical, et surtout si vous vous exercez souvent dans les chœurs et dans les orchestres.

Habituez-vous de bonne heure à étudier la voix humaine dans ses quatre variétés; suivez chaque voix dans un chœur et recherchez dans quels intervalles elle déploie sa plus grande douceur ou sa faiblesse.

Étudiez assidûment les chansons populaires; elles sont le réservoir des plus belles mélodies et elles ouvrent des horizons sur le caractère des différentes nations.

Habituez-vous de bonne heure à déchiffrer les anciennes clefs. Sans cela, beaucoup d'œuvres du temps passé seront closes pour vous.

Remarquez de bonne heure le son et le caractère des divers instruments. Cherchez à fixer dans votre oreille leur couleur particulière.

Ne négligez point d'entendre de bons opéras.

Honorez les choses anciennes, mais accueillez chaleureusement les bonnes choses nouvelles. N'ayez d'avance aucune prévention contre un nom inconnu.

Ne jugez jamais une composition après une seule audition; ce qui vous plaît au premier coup d'œil n'est pas toujours le meilleur. Les maîtres veulent être étudiés. Beaucoup de choses ne deviendront claires pour vous que plus tard, en avançant en âge. [1]

En jugeant une composition, sachez distinguer si elle est du domaine de l'art ou si elle a été faite pour l'amusement du commun des amateurs. Dans le premier cas, écoutez attentivement; dans le second, ne prenez pas la peine de vous fâcher.

Mélodie! C'est là le champ de bataille des dilettanti, et certainement une musique sans mélodie est nulle; mais comprenez bien ce qu'ils appellent *mélodie*. Pour eux, c'est une phrase claire, rhythmée et facilement saisissable; mais il en est d'autres et d'une autre conception, et quand vous étudierez Bach, Mozart, Beethoven, vous comprendrez sous combien d'aspects différents se présente la mélodie, tandis que vous serez promptement fatigué de la pauvreté d'aspect de certaines œuvres de la musique italienne moderne, par exemple. [2]

Si vous composez au piano de petites mélodies, c'est bien; mais si elles viennent d'elles-mêmes, quand vous êtes loin du piano, réjouissez-vous, car c'est le sens musical intérieur qui s'élève en vous.

Les doigts devraient faire ce que veut la tête, et non la tête ce que veulent les doigts.

Ainsi, lorsque vous commencerez à composer, tâchez que votre morceau soit tout fait dans votre tête avant de l'écrire. Vous l'essayerez ensuite sur le piano. Si votre musique vient de votre cœur, elle ira au cœur des autres.

Si vous avez reçu du ciel le don de l'improvisation, vous resterez seul, cloué pendant de longues heures devant votre piano. Vous épancherez votre âme en flots d'harmonie, et, plus vous vous sentirez mystérieusement enve-

---

[1] Oui, jouez des fugues, non pour apprendre à en composer, mais au moins pour que la connaissance et l'habitude du style sévère vous préservent de la manière beaucoup trop libre dont se sert l'ignorance pour écrire des lieux communs. Dans votre jeunesse, vous n'arriverez peut-être à comprendre dans les œuvres de Sébastien Bach que leur facture savante. Dans votre âge mûr, ces mêmes œuvres seront pour votre cœur et pour votre esprit une source inépuisable des plus grandes jouissances que l'art musical puisse procurer.

[2] Malheureusement ne peut pas qui veut étudier l'histoire de l'art ni entendre les œuvres des anciens grands maîtres. Cela est au moins très-difficile.

[3] Thibault, professeur de droit romain à Heidelberg, a réuni chez lui, deux ou trois fois la semaine, et pendant près de quinze années, une société qui exécutait les plus belles compositions des anciens

maîtres italiens, belges ou allemands. Ces séances étaient la démonstration palpable des bonnes idées exposées dans son livre.

[1] On pourrait ajouter cette remarque, que le plus grand charme que puisse produire l'exécution d'un morceau de musique n'est produit qu'alors qu'il est déjà partiellement dans notre mémoire. Auparavant, ses plus grandes beautés produisent plus d'étonnement que de plaisir; plus tard, on peut en être rassasié.

[2] Ces divers préceptes relatifs aux jugements portés sur les œuvres de musique méritent une sérieuse attention. Ils doivent être médités non-seulement par les élèves désireux de devenir habiles et estimables musiciens, mais encore par les gens du monde qui, dépourvus de toute connaissance de la grammaire de l'art, et de toute érudition, jugent tout hardiment à première audition, et cela au critérium de quelques opéras à la mode, seul genre de musique qui soit connu d'eux,

loppé dans un cercle magique, plus, peut-être, le royaume de l'harmonie vous paraîtra sombre. Ce sont là les meilleures heures de la jeunesse. Évitez cependant de vous laisser aller trop souvent à l'impulsion d'un talent qui vous conduirait à dépenser vainement votre temps et votre force à évoquer des fantômes, Vous ne serez maître de la forme, vous n'énoncerez clairement votre pensée que par les signes matériels de l'écriture. Écrivez donc plutôt que d'improviser.

Acquérez de bonne heure le talent de diriger; observez souvent les bons directeurs; tâchez encore de diriger en vous-même par la pensée. Cet exercice apporte de la clarté dans l'esprit.

Étudiez sérieusement le monde, et dans tous les autres arts entourez-vous de bonnes et de belles choses.

Les préceptes de la morale sont aussi ceux de l'art.

Par la constance et l'application, vous vous élèverez de plus en plus.

D'une livre de fer, qui coûte quelques sous, on peut faire des milliers de ressorts de montre dont la valeur est ainsi mille fois plus grande. La livre de matière que vous avez reçue de Dieu, exploitez-la avec foi et courage. Sans enthousiasme, on ne crée rien de beau dans les arts.

L'art n'a pas pour but de procurer des richesses. De-

venez seulement un artiste de plus en plus grand; tout le reste viendra de lui-même.

Ce n'est que lorsque vous serez arrivé à comprendre clairement la forme d'une œuvre que son esprit vous deviendra clair.

Il n'y a peut-être que le génie qui comprenne entièrement le génie.

On pense que pour être un musicien complet il faut qu'à l'audition l'esprit puisse se représenter, comme si elles étaient écrites et devant les yeux, toutes les parties d'un orchestre compliqué. C'est, en effet, là une capacité supérieure à laquelle on doit arriver.

L'étude n'a pas de fin.

MARINE.

LES NAVIRES CUIRASSÉS.

Suite. -- Voy. p. 331.

ANGLETERRE.

La Grande-Bretagne devait nécessairement se montrer non moins vivement préoccupée que la France de l'importante question des navires cuirassés. Comme les nôtres,

Angleterre. — *Black-Prince*, frégate cuirassée. — Dessin de Lebreton.

ses essais datent de la guerre de Crimée. Prévenus de ces tentatives par le gouvernement français lui-même, et avant que la construction de la *Dévastation*, de la *Lave* et de la *Tonnante* fût décidée, nos voisins éprouvèrent d'abord quelque surprise, car le problème était alors considéré comme insoluble. Mais les épreuves du tir de Vincennes, renouvelées en Angleterre, ayant confirmé les résultats obtenus chez nous, ordre fut aussitôt donné par l'amirauté de construire des batteries semblables aux nôtres.

Stimulés depuis par l'apparition brillante de la *Gloire*, nos voisins ont fait appel à leurs constructeurs. Ceux-ci ont répondu, et aujourd'hui l'Angleterre compte dix navires cuirassés à flot : *Warrior, Black-Prince, Achilles, Northumberland, Azincourt, Minotaur, Hector, Valiant, Defence* et *Resistance.* Indépendamment de ces constructions neuves, l'amirauté a eu l'idée d'appliquer à un certain nombre de bâtiments de bois, construits pour être

des vaisseaux de ligne à voiles et à vapeur des anciens modèles, un système de blindage qui n'a pas encore été imité ailleurs. Plusieurs de ces bâtiments de bois convertis en navires cuirassés sont déjà à flot; nous en parlerons après avoir dit quelques mots de leurs aînés.

Le *Warrior*, qui est la première des frégates cuirassées que les Anglais aient mises à la mer, diffère de notre *Gloire* à beaucoup d'égards. Venus après nous et ayant commencé la construction du *Warrior* dix-huit mois après que la *Gloire* avait été mise sur chantier, les Anglais ont voulu, sans doute pour reconquérir un peu du terrain qu'ils nous avaient laissé prendre, produire quelque chose de plus considérable et de plus puissant que la frégate française. C'est ainsi qu'ils ont augmenté de plus du tiers les proportions sur lesquelles la *Gloire* avait été construite : force de machine, déplacement, longueur, etc. Ainsi la longueur du *Warrior* est de 420 pieds anglais; sa largeur, de 58; il déplace 6170 tonneaux. Sa machine est d'une force nominale de 1250 chevaux; effective, de 5560. Il file, dans une eau calme et par un beau temps, 14 nœuds, 354, soit plus de 26 kilomètres à l'heure. Il ne reste d'à peu près pareil entre les deux frégates que l'épaisseur des plaques de la cuirasse (4 pouces et demi contre 12 centimètres) et l'armement, qui consiste en trente-six pièces de canon à âme lisse, du calibre de 68 livres, contre trente-six pièces rayées, du calibre de 30, se chargeant par la culasse et lançant des projectiles de 30 kilogrammes. A cet armement on a joint six pièces Armstrong, addition que l'on pourra faire à l'armement de la *Gloire* quand on voudra.

Mais ce qui fait la grande différence du *Warrior* et de la *Gloire*, c'est la cuirasse. Tandis que notre frégate est cuirassée de bout en bout, la frégate anglaise ne l'est qu'à demi ou tout au plus aux deux tiers; elle a, avant et arrière, 167 pieds de longueur à la flottaison, et 207 pieds de tête en tête qui n'opposent à l'ennemi que des murailles de bois.

Angleterre. — *Achilles*, frégate cuirassée. — Dessin de Lebreton.

En revanche, le *Warrior* est muni à l'avant d'un éperon d'une solidité exceptionnelle, garanti à l'intérieur par huit ponts que relie entre eux un échafaudage de pièces de fer des plus grandes dimensions.

Tel est, en quelques mots, le navire que nos voisins ont donné pour rival à la *Gloire*. Toutefois la volonté de faire plus, sinon mieux que nous, a conduit les Anglais à des résultats qui sont loin d'être satisfaisants. Ainsi, le *Warrior* étant allé de Portsmouth à Lisbonne et à Cadix, on s'aperçut en route qu'il se gouvernait fort mal, qu'il roulait démesurément, etc., si bien qu'il fallut le remettre en chantier. Depuis lors, ce bâtiment n'a fait que de trop petites traversées et des essais trop insuffisants pour qu'on puisse le juger définitivement.

La précipitation avec laquelle les constructeurs anglais se sont lancés dans la voie si heureusement ouverte par nos constructeurs est visible encore en ce qui concerne le *Black-Prince*, seconde édition du *Warrior*, dont les essais n'ont pas non plus été très-heureux, bien qu'il se comporte généralement mieux que son devancier.

La *Defence* et la *Resistance* sont des navires de moindre dimension que le *Warrior* et le *Black-Prince*. Ces deux corvettes, comme on les appelle, sont percées pour vingt-huit canons et portent des machines de 600 chevaux. La *Defence*, armée la première, a fait campagne l'an dernier dans la Baltique, où elle s'est échouée dans des circonstances que nous ne connaissons pas encore. On lui trouve, d'ailleurs, les défauts de ses aînés : défaut d'équilibre, man-

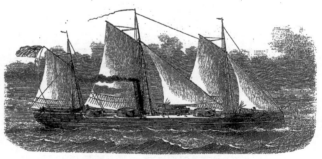

Angleterre. — *Royal-Sovereing*; application du système Coles. — Dessin de Lebreton.

que de vitesse, etc. Plus heureuse, la *Resistance* a rempli, dès le premier jour, presque toutes les conditions désirables : aussi ses constructeurs ont-ils reçu la commande du *Valiant* et de l'*Hector*. Quant au *Northumberland*, à l'*Azincourt* et au *Minotaur*, ils ne sont pas encore armés; tout ce que nous en savons, c'est qu'ils sont plus grands que le *Warrior* et entièrement cuirassés.

L'*Achilles*, que l'amirauté a construit elle-même dans son arsenal de Chatam, procède de la même inspiration. Il diffère cependant de ses aînés en plusieurs points. Son arrière est moins arrondi, et se rapproche beaucoup des formes aiguës de la *Gloire*, ses fonds sont plus plats, et il compte quatre mâts au lieu de trois.

Quant au *Royal-Oak*, au *Caledonia*, à l'*Ocean*, au *Royal-*

Alfred et *au Prince-Consort*, ce sont ces navires que nous citions tout à l'heure, et qui, destinés d'abord à être de simples navires de bois, ont été tout récemment revêtus d'une cuirasse. Chacun a donc été rallongé par le milieu de 18 à 20 pieds, a été allégé de sa seconde batterie, etc. ; grandes et graves opérations devant lesquelles on a sagement reculé en France. De plus, les Anglais ont en transformation plusieurs anciens navires de dimensions diverses (*Zealous, Circassian, Research, Enterprise* et *Favourite*), qui seront munis d'une mâture régulière, c'est-à-dire pouvant leur permettre de naviguer à la voile seulement, et qui seront blindés avec des plaques de 4 pouces et demi au moins dans toutes leurs parties vitales. On fonde, en Angleterre, de grandes espérances sur ce genre de bâtiments, qui promettent, sous des dimensions réduites, de résoudre la question de blindage pour des croiseurs.

Nous ne savons si ces entreprises réussiront ; elles dénotent, en tout cas, une intéressante recherche du mieux dont il faut tenir compte à l'amirauté, assez riche, au surplus, pour se permettre ces dispendieux essais. C'est par de tels essais qu'elle a été amenée à adopter, dans le nombre des nouveaux systèmes qui lui sont soumis chaque jour, celui du capitaine Coles, l'un de ceux qui nous paraissent offrir le plus de garanties de réussite.

Ce système, qui consiste à établir sur le pont d'un navire quatre, cinq ou six fortins blindés, armés chacun de deux pièces de fort calibre, a été, d'ailleurs, expérimenté avec le plus grand succès en Amérique. Aussi l'amirauté n-t-elle désigné, pour expérimenter ce système de coupoles, deux navires, le *Royal-Sovereing*, qui a été rasé à cet effet et sur lequel on installe en ce moment quatre de ces fortins, et le *Prince-Albert*, bâtiment à cinq coupoles, actuellement en chantier dans la Tamise.

LA COLONNE DE HAMMERFEST.

A Hammerfest, la dernière ville septentrionale de l'Europe, située sur l'île de Qualoe, au fond d'une baie, on a élevé une colonne en granit de Finlande portant un globe terrestre. C'est la marque de l'extrémité septentrionale de l'arc du méridien qui s'étend de Hammerfest jusqu'au Danube à travers la Norvège, la Suède et la Russie. Cette triangulation, la plus longue qui ait été faite sur le globe terrestre, a nécessité la coopération d'un grand nombre de géomètres et un travail incessant de trente-six années comprises entre 1816 et 1852.

LA PHILOSOPHIE D'UN ROUGE-GORGE.
APOLOGUE (¹).

— La joie que vous témoignez ne me paraît guère de saison, mon ami, disait une tortue qui, depuis bien des années, avait établi sa demeure dans le jardin d'une villa située à l'extrémité d'un faubourg. Elle s'adressait à un rouge-gorge qui, perché sur une aubépine de la pépinière, faisait entendre sa joyeuse cadence. — Quel peut être le sujet de vos chants, à une époque de l'année où moi et toutes les personnes douées d'un peu de sens, nous cherchons dans le sommeil le bienfait de l'oubli ?

— Je vous demande mille pardons, répondit le rouge-gorge ; je ne croyais pas vous déranger.

— Vous êtes donc doué de bien peu d'observation, mon ami, reprit la tortue. Voilà que, depuis ce matin, je cherche à m'introduire sous ces feuilles et ces branches sèches pour

(¹) Traduit de Mme Gatti.

essayer de me livrer au sommeil, et chaque fois qu'il commence à s'emparer de moi, votre sotte musique vient m'éveiller.

— Vous n'êtes pas trop poli, ce me semble, ma bonne dame, dit le rouge-gorge, de ne pas faire plus de cas de mon petit talent et de m'accuser ainsi, sans raison, de manquer de réflexion. Voici la première année que je passe dans ce jardin, et durant tout le printemps et tout l'été vous n'avez pas témoigné que mes chants vous fussent importuns. Comment pouvais-je deviner qu'ils vous déplairaient maintenant ?

— Votre bon sens aurait dû vous en avertir, sans que je prisse la peine de vous l'expliquer, continua la tortue. Lorsque vous avez quelque motif de joie, il est sans doute bien naturel que vous chantiez, et je ne trouve pas qu'il soit déplaisant non plus de vous entendre, vous autres petits oiseaux, dans tous les coins du jardin ; cela ravive les esprits. Je ne me plains donc pas que vos voix viennent m'éveiller lorsque l'air s'adoucit, que les plantes commencent à pousser, et qu'il est à peu près temps de sortir du sommeil qui s'empare de moi pendant l'hiver. Mais à présent qu'il n'y a plus ni fleurs ni fruits, que le peu de feuilles qui restent aux arbres sont sèches et à moitié pourries, qu'on ne rencontre pas seulement un pissenlit à manger, que le temps devient de plus en plus froid et de plus en plus humide, cette affectation de gaieté me paraît tout à fait ridicule et déplacée, car il est impossible que vous vous sentiez heureux.

— Mais, en vous faisant de nouveau mille excuses, ma bonne dame, je me sens très-heureux, bien que vous ayez l'air d'en douter, répondit le rouge-gorge.

— Quoi ! prétendez-vous dire que vous aimez le froid, l'humidité, et les arbres dépouillés, sans presque la moindre baie dessus !

— Si vous me forcez d'y penser et d'établir des comparaisons, répliqua le rouge-gorge, il se peut que je préfère la chaleur et les jours brillants de l'été ; mais pourquoi songer au passé, quand je suis satisfait du présent ? S'il ne s'offre pas une aussi grande variété de fruits pour me nourrir, j'en trouve cependant assez chaque jour, et tout le monde sait que le nécessaire vaut un festin. Quant à moi, je ne vois pas pourquoi je ne serais pas satisfait.

— Satisfait ! Quelle stupidité de ne pas demander plus que d'être simplement satisfait ! Je suis satisfaite aussi, si vous voulez l'entendre d'une certaine manière. Mais vous vous efforcez de paraître heureux, et c'est bien différent.

— Eh bien, je ne suis pas seulement satisfait, je suis heureux aussi, continua le rouge-gorge.

— C'est sans doute parce que vous ignorez ce qui vous attend, dit la tortue. Tant que la température n'est pas encore très-froide, vous pouvez ramasser des vers et trouver à satisfaire votre appétit ; mais lorsque la terre sera devenue si dure que les vers ne pourront plus remonter à sa surface et que votre bec ne pourra plus les atteindre, que ferez-vous ?

— Êtes-vous bien sûre que cela arrivera ? demanda le rouge-gorge.

— Oh ! certainement, cela ne manquera pas d'arriver cet hiver, soit dans un moment, soit dans un autre, peut-être très-prochainement, et c'est ce qui me fait désirer de découvrir un abri et de m'endormir le plus tôt possible.

— Oh bien, si le froid arrive, répondit le rouge-gorge, je m'en consolerai ; il y a encore assez de baies sur les arbres.

— Mais supposons qu'il vienne quand il n'y aura plus de baies, dit la tortue, impatientée de ne pouvoir effrayer le rouge-gorge.

— Oh ! reprit-il, si nous en sommes à faire des suppositions, je supposerai que cela n'arrivera pas, et je continuerai d'être heureux.

— Mais je dis que cela *peut* arriver ! cria la tortue.

— Et moi, je vous demande si cela arrivera, répliqua le rouge-gorge d'un ton non moins assuré.

— Vous savez que je ne puis répondre à votre question. Personne ne saurait rien prévoir à ce sujet.

— Eh bien, puisque personne ne peut rien prévoir, pourquoi s'inquiéter d'avance ? persista le rouge-gorge. S'il y avait moyen d'éviter le mal, ce serait différent, il faudrait songer à y apporter remède ; mais les choses étant ce qu'elles sont, nous n'avons rien de mieux à faire que de nous réjouir du bien-être que chaque jour apporte.

Et le rouge-gorge se mit à faire plusieurs roulades qui furent interrompues de nouveau par la tortue.

— Ne croyez pas obliger les autres à se réjouir en même temps que vous, et cessez de nous rompre ainsi les oreilles du haut de cet arbre où vous êtes perché. Encore, si les branches en étaient couvertes de baies, on pourrait vous permettre de vous réjouir de la sorte ; mais puisque tous ces fruits sont tombés ou déjà mangés, vous n'avez pas de motif de chanter là plutôt qu'ailleurs. Laissez-moi donc vous prier de vous retirer.

— Je ne demande pas mieux, répondit poliment le rouge-gorge. Je vous souhaite donc le bonjour, et, si cela peut vous être agréable, un parfait repos.

En disant ces mots, le rouge-gorge s'envola vers une autre partie du jardin où il put se divertir à son aise ; la tortue s'enfonça sous les feuilles sèches et le vieux bois, avec l'intention de prendre un bon somme.

Mais bientôt, lorsque la brume se fut dissipée et que le soleil eut paru sur l'horizon, où il demeura pendant plusieurs heures, le temps devint vraiment magnifique. La vieille tortue ne tarda pas à s'en apercevoir, et comme elle n'avait pas encore creusé un trou tout à fait à sa convenance, elle sortit de la pépinière pour se promener aux chauds rayons qui venaient ainsi réjouir la nature.

— Voilà une surprise bien agréable, remarqua-t-elle en soi-même. Mais je crains que ce beau temps ne dure pas ; tant pis. Cependant je n'irai pas me coucher encore.

Et elle se dirigea lentement du côté du potager, où elle avait l'habitude de se réchauffer au soleil près du mur de briques, ce qu'elle n'avait jamais pu faire pendant les chaleurs de l'été.

Cependant le petit rouge-gorge chantait de tout son cœur dans un coin retiré du jardin, sans crainte d'importuner personne. C'était un joli bosquet avec une pelouse de gazon au milieu et une gracieuse fontaine dont les eaux jouaient nuit et jour.

Dans les intervalles où il se reposait de ses chants, et particulièrement lorsque le soleil venait à paraître, il s'étonnait beaucoup en lui-même de toutes les choses tristes et étranges que la tortue lui avait dites.

— Quand on songe, se disait-il, qu'elle voulait se retirer dans un trou pour se livrer au sommeil, et que maintenant le soleil inonde le bosquet de ses rayons aussi doux que ceux du printemps !

S'il n'eût craint de passer pour indiscret, il serait certainement allé dire à la tortue combien cet endroit était agréable et de quelle douce température on y jouissait ; mais il n'osait pas s'y risquer.

Pourtant, en réfléchissant un peu, il lui était impossible de ne pas s'apercevoir que lui seul chantait dans le bosquet, et qu'on n'y rencontrait pas d'autre oiseau. Il n'avait pas oublié le temps où, tous les soirs, dans ce même bosquet, le rossignol faisait entendre ses mélodies si variées ; et, comme s'il en eût été frappé pour la première fois, il remarqua qu'effectivement, depuis plusieurs

mois déjà, la plaintive Philomèle avait interrompu ses chants, et qu'on ne savait même pas ce qu'elle était devenue. Cette pensée le rendit tout rêveur et lui causa peut-être un peu d'inquiétude.

Il y avait aussi le merle. Que faisait-il ? Pourquoi était-il silencieux ? Fallait-il croire, ainsi que le prétendait la tortue, que tout le monde sage songeait à s'abandonner au sommeil ?

Le rouge-gorge commençait à se tourmenter sérieusement et à voltiger de côté et d'autre dans une grande agitation. Enfin, rencontrant un merle, il le questionna à ce sujet et lui demanda pourquoi il avait cessé de chanter.

La suite à la prochaine livraison.

SIRIUS.

Sirius, assez communément connu comme l'astre principal de la constellation du Grand-Chien, est une des étoiles les plus brillantes du ciel. En hiver, se trouvant au-dessus de l'horizon pendant la nuit, il attire plus qu'aucune autre les regards par l'éclat de ses scintillations. Aussi est-ce à juste titre que les astronomes ont appliqué, dans ces derniers temps, toutes les ressources de la science à son étude. Sa parallaxe, observée d'abord par M. Henderson, avait été portée à 0",23 ; mais sur les corrections apportées par M. Peters, on s'est accordé à la réduire à 0",15. Cette parallaxe est l'élément fondamental de l'histoire de toute étoile. C'est l'angle, à peine appréciable à l'aide des plus délicats instruments que l'homme ait inventés, sous lequel la distance qui sépare la Terre du Soleil apparaîtrait à un observateur placé sur l'étoile. On comprend, sans même avoir besoin d'être versé dans la géométrie, que, connaissant la distance de la Terre au Soleil, c'est-à-dire la base du triangle formé par le Soleil, la Terre et l'étoile, et de plus le degré d'ouverture de l'angle situé au sommet, et qui est justement la parallaxe, il soit possible de déduire de là, par le calcul, la grandeur du grand côté du triangle, c'est-à-dire la distance du Soleil à l'étoile ; et il n'y a pas besoin d'entrer ici dans plus d'explications à cet égard. Ce calcul prouve que la distance de Sirius à la Terre est trois millions de fois plus grande que celle du Soleil à la Terre, qui est déjà vingt-quatre mille fois plus grande que le demi-diamètre de notre globe ; autrement dit, Sirius est à cent huit mille milliards de lieues de nous. C'est un chiffre dans lequel l'imagination se perd, et aussi trouve-t-on généralement plus commode de définir la distance par le nombre d'années que met la lumière à la parcourir. Or la lumière, en la prenant à la vitesse de 75 000 lieues par seconde, met environ vingt-deux ans pour nous arriver de Sirius ; et ainsi, lorsque nous regardons aujourd'hui cette étoile, le rayon de lumière qui nous tombe dans les yeux peut être regardé comme un émissaire parti vers 1840 de son lieu natal, et ayant employé tout l'intervalle à traverser les abîmes qui nous en séparent. Voilà des grandeurs que le génie de l'antiquité n'avait jamais soupçonnées, et avec lesquelles l'astronomie moderne nous a rendus familiers.

Pour compléter nos connaissances sur cet astre remarquable, il serait important de déterminer sa grandeur. Mais la distance est si grande qu'on n'entrevoit même pas un perfectionnement des instruments capable de permettre aux astronomes de tenter une mesure directe à cet égard. Le disque de Sirius n'est pour nos plus puissants télescopes qu'un point imperceptible dont l'éclat fait toute la valeur. Mais à défaut de la détermination de ses dimensions on a pu, du moins, s'appliquer à la détermination de l'intensité de sa lumière comparée à celle du Soleil. C'est à sir John Herschel qu'appartient la gloire de cette belle étude. Il a commencé par comparer l'étoile nommée *Alpha* du Centaure avec la pleine lune : au moyen d'une série d'observations faites avec toute la diligence possible, il a pu constater que la pleine lune envoyait à la Terre 27 000 fois plus de lumière que l'étoile en question. Ayant ensuite comparé cette étoile avec Sirius, il a vu que Sirius envoyait à la Terre quatre fois plus de lumière, c'est-à-dire environ 7 000 fois moins que la pleine lune. Restait, pour couronner le calcul, à comparer cette quantité de lumière avec la lumière du Soleil, en prenant pour intermédiaire celle de la Lune. Or il résulte des expériences faites sur ce sujet par le célèbre physicien Wollaston que la lumière du Soleil est environ 800 000 fois plus grande que celle de la pleine lune; donc elle est 22 000 millions de fois plus grande que celle d'*Alpha* du Centaure, et par conséquent environ 5 000 millions de fois plus grande que celle de Sirius. Ainsi, pour produire dans le ciel une illumination égale à celle qu'y produit le Soleil, il faudrait y réunir cinq mille millions d'étoiles d'une intensité égale à celle de l'étoile en question.

Mais sommes-nous cependant en droit de nous targuer beaucoup de notre Soleil quand nous le mettons en regard de Sirius? Ce serait trop nous hâter que de conclure d'après les chiffres ci-dessus, car pour comparer avec justice les deux astres, il faudrait commencer par voir quelle figure ferait notre Soleil si on le mettait à la place de Sirius, et quelle figure ferait à son tour Sirius s'il se mettait à la même distance de nous que le Soleil. Or, il faut aujourd'hui le reconnaître, dans une pareille permutation, notre Soleil se trouverait soumis à une grande humiliation, et il ne paraîtrait que trop à tous les yeux que son titre de roi du ciel est un titre emprunté qu'il ne doit qu'à l'ignorance des siècles qui nous ont précédés. En déterminant le chiffre de la lumière qui appartient en propre à Sirius d'après la proportion de sa distance, on arrive, en effet, au chiffre de 224 : autrement dit, si Sirius, se déplaçant, venait se substituer à notre Soleil, nous éprouverions les mêmes effets que si un groupe de 224 soleils égaux au nôtre éclatait tout à coup au milieu du ciel, tandis que notre Soleil, relégué à la distance où est actuellement Sirius, ne s'apercevrait plus qu'à l'aide du télescope. Ces résultats n'ont pas besoin de commentaire : ils donnent assez à réfléchir. (¹)

UN ORAGE SUR LE BROKEN.

De l'Ilsenstein (²) on arrive au sommet du Broken par un chemin facile et pittoresque. Cette montagne, but ordinaire des excursions dans le Harz, est jugée différemment par les personnes qui en font l'ascension: Comme au Righi, l'espoir ordinaire des touristes, c'est de voir un lever de soleil; mais si un ciel pur est favorable à ce spectacle, il est aussi des moments où l'imprévu sert parfaitement le voyageur. Partis la veille d'Ilsenburg par un très-mauvais temps, nous eûmes, le lendemain, le bonheur d'assister à un de ces spectacles curieux qui laissent une impression bien plus forte que celle de voir à ses pieds un panorama d'une grande étendue. Les nuages, qui s'étaient amoncelés dans la vallée en une masse compacte et lourde, ressemblaient à une mer formée d'immenses vagues immobiles; des courants électriques traversaient de temps en temps ces nuées, mais sans produire le moindre bruit: A ce moment le soleil se leva, et, par un contraste étrange, éclaira d'une teinte rougeâtre la partie supérieure de la montagne sur laquelle nous nous trouvions, sans rien communiquer de cette vive lumière à la masse des nuages, qui conservèrent leur teinte plombée : il semblait que tous

Un Orage sur le Broken. — Dessin de Stroobant.

les rayons lumineux vinssent un à un se briser et se décomposer à leur surface. L'effet était magique : on aurait dit deux mondes tout différents l'un de l'autre, la terre vue de quelque planète supérieure. Pour décrire avec fidélité ce que nous éprouvions en ce moment, il eût fallu le génie d'un Dante ou d'un Milton.

(¹) Jean Reynaud (article inédit).
(²) Voy. p. 341.

LES FAUX-MONNAYEURS.

Salon de 1863 ; Peinture. — Les Faux-Monnayeurs, par M. Lischaner, de Dusseldorf. — Dessin de Bocourt.

Ces deux hommes, retirés loin des regards, dans ce sous-sol mal pavé, entourés de matras, d'alambics, de fourneaux, d'instruments de toute sorte propres à fondre et à mélanger les métaux, ont un aspect étrange. Appartiennent-ils à cette classe fantastique d'expérimentateurs dont Nicolas Flamel est le patron? Ce vieillard à la tête inquiète et son acolyte cherchent-ils la pierre philosophale au fond de leur cornue? Attendent-ils la conjonction de Mercure et de Saturne pour accomplir le dernier acte de la transformation des métaux?

Regardons de plus près ces travailleurs souterrains. Leur figure n'est pas bonne, leur œuvre doit être mauvaise. Le plus vieux tient un coin de monnayeur, dont le marteau de son compagnon, à défaut de balancier, doit frapper l'empreinte sur quelque rondelle de métal doux.

Leur mystérieux travail est interrompu par des pas au dehors et les grognements d'un chien qui paraît, à sa mine et à sa taille, avoir été placé là pour étrangler au besoin un importun. Les deux physionomies se sont couvertes de terreur et de haine. Le plus jeune de ces ouvriers de nuit s'apprête à frapper de mort les visiteurs inconnus. Leur œuvre est donc une œuvre de crime, l'artiste l'a parfaitement indiqué ; ce sont là des faux-monnayeurs.

Qui a pu amener ces deux hommes à se trouver dans une aussi terrible position?

Ce compagnon au tablier de cuir, dont les jambes sont garnies de houseaux de laine, n'était pas né pour le meurtre qu'il semble prêt à commettre. C'était un ouvrier forgeron, habile et insouciant de la fatigue, faisant naguère un honnête usage de ses bras nerveux, construits pour battre joyeusement le fer et faire jaillir les étincelles dans l'atelier. Son apprentissage s'est achevé dans une des grandes forges du Jura. Avant d'avoir des motifs de rougir de son

nom, il s'appelait Jean Lepreux. Grâce à son activité et à sa vigueur, appréciées de tous les maîtres de la contrée, Jean ne chômait jamais d'ouvrage.

Cette lutte avec le fer et le feu, bruyante comme la bataille, et comme elle pleine d'émotion et de danger, lui plaisait et l'exaltait. Il mettait une sorte d'orgueil à cette manifestation de la force qui faisait obéir la matière rebelle aux énergiques directions de son marteau. A vingt-cinq ans, le hardi garçon n'était plus un simple ouvrier ; son ardeur intelligente l'avait fait recevoir contre-maître dans une usine située sur les bords pittoresques de la Louve, où sa carrière se dessinait de mieux en mieux.

Jean Lepreux, dont les besoins étaient fort restreints, avait déjà quelques économies ; il songeait à prendre femme, à posséder, lui aussi, sa maisonnette à volets verts et son carré de légumes descendant vers la rivière, en face de belles collines chargées de merisiers, de bouleaux et de sapins. Assurément les vilaines passions ne seraient pas venues l'assaillir au milieu de cette sereine et lumineuse nature ; il aurait vu sans impatience grandir son bien-être en même temps que ses enfants.

Tels étaient ses projets d'avenir, quand vint à l'atelier un ouvrier fanfaron et hâbleur qui avait travaillé quelques années à Besançon. Le nouveau venu se mit à raconter avec emphase les plaisirs de la petite capitale. Il exagérait la munificence des patrons des villes, la facilité de la tâche qu'ils exigeaient et la fréquence des gratifications qu'ils accordaient. Il ne tarissait pas sur les possibilités d'y faire rapidement son chemin, et citait à cet égard des exemples éblouissants.

On riait en général des amplifications dorées du conteur. Une objection, bien naturelle d'ailleurs, à opposer à ses récits, c'est qu'avec de semblables moyens d'avancement et de fortuné, il était surprenant qu'il eût quitté la ville à peu près sans un sou. On pouvait aussi lui répondre que si l'argent était plus aisé à gagner dans les grands centres, il s'y dépensait plus facilement.

Les imaginations de ce causeur finirent à la longue par faire une assez vive impression sur l'esprit aventureux de Jean Lepreux. A travers les grossissements de ces récits, il crut comprendre qu'à Besançon il y avait moyen de doubler les profits de son travail ; l'argent lui sembla trouver plus lestement l'entrée de la poche là-bas qu'à la campagne. Il continuait à placer sur les bords de la petite rivière la réalisation de ses rêves de bonheur ; mais il comptait aller chercher à la ville le moyen de rapprocher l'heure où il ferait figure dans le pays.

Jean devint distrait ; l'envie d'un gain facile le mordit au cœur. Il cessa d'accompagner en chantant la mélopée régulière de l'enclume, et songea à courir les aventures.

— Ah ! disait-il souvent, si le fer que je bats maintenant pouvait se changer en or !

L'imprudent en arriva peu à peu à regarder passer avec jalousie la calèche dont il avait forgé l'essieu. Bref, il partit un beau jour, plein d'espoir et d'ambition, pour la ville où, comme on le devine, il ne tarda pas à se désenchanter. Mais, au lieu de revenir tranquillement à son usine des rives de la Louve, il s'obstina à s'abreuver de pensées amères ; l'envie entra en lui, comme le ver dans le fruit mûr. Le luxe le fascinait ; la soif de l'or lui donnait le vertige ; sa figure loyale et franche s'assombrit et se rida de soucis précoces.

Un jour qu'il longeait le Doubs, en proie à sa dangereuse folie, Jean laissa échapper son souhait habituel :

— Ah ! si le fer que je bats en douze heures seulement pouvait se changer en or !

— Pour cela, mon garçon, il n'y a qu'à vouloir, dit une voix railleuse auprès de lui.

Jean tressaillit, et, se retournant, il reconnut un vieux réfugié qu'il avait vu plusieurs fois chez ses nouveaux patrons. La figure de son interrupteur, habituellement dure et mauvaise, grimaçait un sourire en le regardant. La réputation de cet étranger était louche comme son regard ; il passait pour faire l'usure, et péchait, disait-on, en eau trouble. On le soupçonnait de n'avoir pas d'autre patrie sur un simple caprice à un âge si avancé. Cependant le forgeron était muet de surprise ; il s'était cru seul, et ne pensait pas avoir souhaité à haute voix. Au moyen âge, son imagination eût facilement reconnu le diable dans cet étrange survenant.

— Oui bien, mon garçon, continua le personnage satanique, il n'y a qu'à vouloir... pas davantage.

— Comment cela ?... Il n'y a qu'à vouloir pour changer mon fer en or ?

— Sans doute, mon ami, cela s'est vu, cela s'est fait maintes fois... Oui, oui, il n'en faut pas douter, et moi qui vous parle, j'en ai la recette.

— Vous ! s'écria Jean, en reculant comme un pêcheur novice devant la tentation ; vous faites de l'or avec du fer ?

— Et avec bien d'autres choses, mon garçon, et si vous voulez vous engager à mon service, avant un an je vous fais riche.

Les yeux du contre-maître s'animèrent :

— Assurément, si vous me donnez une caution, je veux dire une garantie solide de votre fidélité, de votre discrétion, de votre zèle, vous pourrez bientôt avoir des forges à vous, où l'on travaillera pour vous ; vous pourrez choisir pour femme une héritière de grande maison ; vous aurez une ferme pour passer la canicule, un bois pour y chasser le chevreuil et le coq de bruyère, un grenier et une cave

bien garnis qui vous permettront de recevoir vos admirateurs et vos amis.

Cette énumération des joies matérielles de la vie ravivait l'ardente ambition de Jean Lepreux, en donnant un corps palpable à ses désirs vaguement formulés.

— Oui, l'or donne tout cela, se dit-il ; il me faut de l'or !

La caution demandée n'était pas, il est vrai, de livrer son âme, ce que Satan n'eût pas manqué d'exiger très-crûment au temps passé ; au fond, c'était bien la même chose : il allait engager le salut de son âme et renoncer à la tranquillité de son corps. En apparence, il ne s'agissait que d'une simple signature sur du papier timbré ; le malheureux n'hésita pas : il accepta quelques avances en bon or sonnant, et se voua à l'œuvre criminelle de contrefaire les monnaies de l'État.

La rencontre n'avait pas été fortuite ; depuis quelque temps, le vieillard suspect, qui cherchait un ouvrier habile et robuste, un compagnon décidé à s'enrichir coûte que coûte, avait jeté ses vues sur le forgeron du Jura. Son œil perçant comme un scalpel comprit vite l'appétit de richesses qui travaillait ce jeune homme ; il sentit que Jean Lepreux mettrait à son service toutes les forces de son bras et toute l'énergie de sa volonté. Il se mit à le suivre, de ce pas prudent de l'espion qui se dérobe ; il tournait autour de sa proie, guettant l'occasion de la saisir, imitant la prudence de la chouette qui semble mettre une sourdine à ses ailes pour procéder à ses razzias nocturnes.

Plusieurs fois il avait été sur le point de l'aborder ; ce jour-là, enfin, la solitude et l'exclamation du pauvre fou livré à toutes les excitations de la convoitise s'étaient réunies pour déterminer l'attaque. La victoire avait immédiatement suivi.

Quelques semaines après cette fatale rencontre, les deux complices étaient installés dans la cave où nous les surprenons, travaillant avec zèle à perpétrer le vol public qui constitue l'industrie des faux-monnayeurs. Pour mieux dérouter les recherches, ils avaient transporté leurs fourneaux et leur enclume près de la frontière suisse, à quelques kilomètres de Pontarlier.

Jean Lepreux passait désormais toutes ses nuits à cette diabolique besogne. Avec très-peu d'or et d'argent, il donnait la couleur et le poids de ces précieux métaux à d'habiles mélanges de plomb, d'étain, de cuivre, de platine, de bismuth et d'antimoine. Déjà les pièces frauduleuses obtenues par l'art criminel du vieux réfugié inquiétaient le commerce et la finance. On était d'abord parti qu'elles provenaient d'Allemagne ou de Suisse, et l'on surveilla la frontière ; mais la profonde expérience du vieillard au regard louche savait dépister toutes les enquêtes. Grâce à ses criminelles relations, leur industrie prospérait, le vil métal se changeait, à vue d'œil, en louis de poids et en écus.

A mesure qu'il s'enrichissait, cependant, Jean Lepreux perdait le repos. Son nouveau travail n'avait plus, comme l'autre, des trêves de paix et de contentement. Il ne dormait plus, ne causait plus, ne riait plus ; son formidable appétit l'avait quitté. Sa seule compagnie était celle de l'odieux complice, auteur de sa perte. Les perquisitions opérées par la douane et la gendarmerie le remplissaient de continuelles alarmes ; le moindre bruit le faisait tressaillir.

S'il était surpris avant d'avoir atteint le but que la cupidité du réfugié reculait sans cesse, il s'agissait pour lui des galères à perpétuité. Lui dont la mère vivait encore, et que ses anciens compagnons s'étaient habitués à estimer, il courait, chaque jour, le risque d'être attaché à la chaîne infâme. Quand cette pensée lui revenait, Jean Lepreux suspendait son travail et songeait à s'enfuir ; et il l'eût fait si son patron de crime ne l'eût lié par un acte dont le pauvre diable s'exagérait l'importance. Les éclats de colère et les sanglants reproches s'échangeaient fréquemment entre les deux associés; ils se lançaient à tout propos des regards de rancune et de haine : une telle vie eût été intolérable à d'honnêtes gens.

Dans les instants où Jean Lepreux se montrait décidé à en finir, le cupide vieillard énumérait les profits déjà réalisés; il repassait, devant les yeux de l'ambitieux forgeron, les joies que lui ouvrirait bientôt son opulente part de gain.

— La fortune est là, disait-il, prochaine, assurée, brillante, si tu persévères. Que crains-tu avec moi? Je suis prudent; personne n'arrivera jamais à découvrir nos traces. Jean secouait la tête d'un air de doute.

— Non, personne, à moins que je ne les leur indique moi-même. Si tu cherches à fuir, je te perds; j'ai entre les mains de fausses traites signées de ton nom.

Et Lepreux, rendu à sa cupidité et talonné par la peur, se remettait fiévreusement à la besogne.

Comment la gendarmerie parvint-elle à découvrir cette retraite si bien cachée au dire du vieillard? Quelque chasseur attardé avait-il entendu le bruit du marteau, avait-il vu glisser un traître rayon de lumière à travers l'obscurité de la nuit? Jean Lepreux avait-il en un moment d'égarement à voix haute? Quelque intermédiaire, mécontent du prix de ses périlleux services, aurait-il suivi les prudents méandres du vieux réfugié? Quoi qu'il en soit, l'autorité avait été prévenue. Par une nuit sans étoiles, une brigade de gendarmes s'avançait à pas de loup, afin de s'emparer de nos faux-monnayeurs.

— Entendez-vous? dit le forgeron. On vient, voici des pas qui s'approchent...

— Chut! fit le vieillard; ce n'est rien.

Le chien fit entendre de sourds grognements.

— Douro sent le danger; nous sommes perdus.

— Chut, Douro! chut!... Ici, ici, Douro!

— S'ils viennent, je tue ce que je peux! reprit Lepreux d'un ton d'épouvante, en levant sa masse à frapper les écus.

— Pas d'imprudence! murmura le réfugié en retenant le bras de son acolyte. Pas de bruit... ce n'est rien... Et tenez, les pas s'éloignent...

Ils écoutèrent un moment, pleins d'angoisse.

— Non, non, ils viennent... les voici.

— Ce sont des passants; ne bougez pas...

Nouveau silence... le bruit des pas avait cessé ; mais le chien s'agitait et montrait les dents. Lepreux commençait à se rassurer, lorsqu'un coup de hache fit brusquement voler la porte; le chien, qui s'était élancé, reçut un coup de feu dans l'oreille, et trois carabines braquées sur les faux-monnayeurs atterrés les firent renoncer à la défense. Le reste se devine.

Le bagne, cet enfer de la terre, reçut deux damnés de plus. La mère de Jean Lepreux mourut de honte et de misère, et le nom de l'infortuné qui avait descendu aussi rapidement les degrés de l'échelle sociale fut maudit par ses compagnons.

Quand la justice disparaît, il n'y a plus rien qui puisse donner une valeur à la vie des hommes.

EMMANUEL KANT.

CÉCILE FREY.

Cécile Frey est un de ces hommes qui, après avoir joui, de leur vivant, d'une réputation supérieure peut-être à leur mérite, sont, comme par une sorte de compensation, jetés trop complètement dans l'oubli par la postérité. Né sur les bords du Rhin, et venu à Paris dès le commencement du dix-septième siècle, il y obtint au concours la chaire de philosophie du collège de Montaigu. Philologue distingué, mais trouvant trop difficilement à vivre avec les ressources de son service, il prit ses grades en médecine et professa cette science, en 1622, au collège de Boncourt, aujourd'hui l'École polytechnique. Il était médecin de la reine mère, Marie de Médicis, en l'honneur de laquelle il composa un poème dont tous les mots commencent par la lettre M. Ce poème a pour titre : « Mariæ Medicis augustæ » reginæ elogia in dictionibus quæ omni ab initiali regii » nominis et cognominis littera M incipiunt, ad historiæ » fidem, pietasque in Mariali tabellas concinnata; 1628. » Il est probable que la facilité de Frey pour ce genre futile et d'autres genres analogues, tels que les anagrammes, les échos, etc., ne contribua pas moins à l'éclat de sa renommée que la grande variété de ses connaissances, car on trouve de lui un assez grand nombre de pièces dans le même goût.

S'il s'en était tenu à ces jeux d'esprit, son nom serait à juste titre abandonné dans les ossuaires de l'histoire; mais parmi les résumés de ses cours publiés après sa mort sur les cahiers et par les soins de ses élèves, on trouve des travaux incomparablement plus valables, bien qu'empreints trop souvent d'un défaut de critique qui va jusqu'à la crédulité la plus naïve. L'un de ces cours, recueilli en 1625, est consacré à la philosophie druidique. Ces leçons, empreintes d'un sentiment patriotique des plus élevés, constituent peut-être le titre le plus sérieux de Cécile Frey. Il avait vu de loin et très-nettement la valeur de la tradition celtique bien avant les Pezron, les Pelloutier et tous ceux que l'on doit regarder comme les initiateurs du dix-neuvième siècle dans cette direction si féconde. Son traité est assurément fort imparfait, et il s'en faut que l'on puisse le considérer comme un chef-d'œuvre. Mais malgré ses lacunes, ses confusions, ses erreurs, il ne jouit pas moins du droit de priorité et mérite, par conséquent, de figurer au premier rang dans les préliminaires de la renaissance celtique.

Il se compose de treize chapitres, correspondant vraisemblablement à un même nombre de leçons et renfermés dans un fascicule de vingt-huit pages. La préface, qui est de la main de l'auteur, tandis que le traité lui-même est rédigé par un de ses élèves, est dans sa brièveté d'une ferme éloquence et forme une digne ouverture aux études celtiques.

Si Frey n'a pas réussi à toucher le but, du moins faut-il lui reconnaître la gloire d'avoir indiqué et d'en avoir pressenti toute la valeur. Voici la traduction littérale de cette préface :

« Il est honteux de chercher au dehors ce que l'on possède chez soi : nous nous appliquons tous, d'une manière assidue, aux philosophes grecs et latins; pourquoi donc la philosophie des Gaulois demeure-t-elle négligée chez les Gaulois? Nous admirons donc plus les choses étrangères que celles qui sont nées avec nous. Pour moi, je veux rassembler dans ce fascicule la philosophie celtique disséminée dans les restes de l'antiquité; non pour paraître en savoir plus que les autres, mais pour montrer que nos ancêtres en ont su plus que les autres et avant les autres. Il est agréable de connaître les actions des anciens capitaines : j'espère qu'il ne sera pas désagréable de connaître la sagesse des plus anciens des héros. »

La préface est faite, mais l'œuvre est encore bien éloignée de l'être, et le programme tracé par Frey de main de maître est toujours à remplir.

Frey est mort de la peste, à Paris, en 1631, âgé d'environ cinquante ans.

Sa mémoire, bientôt effacée, malgré un article du Dictionnaire de Moréri sur ses acrostiches, a été plus dignement relevée, en 1760, par un savant de Gœttingue qui a publié sur sa vie et son Traité des druides un petit ouvrage intitulé : « Diatribe de Jani Cœcilii Freii philosophia druidum ejusque et opusculis. »

L'ILE MAURICE
(ILE DE FRANCE).

Bernardin de Saint-Pierre arriva dans l'île de France, avec le titre d'ingénieur, au mois de juillet 1768. Il avait alors trente et un ans. De retour à Paris, en 1771, il fit imprimer le récit de son voyage. Ce livre eut peu de succès. D'Alembert lui avait procuré à grand'peine un libraire qui

Une Mosquée à Port-Louis, dans l'île de France (Maurice). — Dessin de Karl Girardet, d'après M. Erny.

ne lui paya son manuscrit qu'en injures. Le public resta froid, et ne parut comprendre le mérite supérieur du style de Bernardin que lors de la publication des *Études de la nature*, en 1784. Quant au roman de *Paul et Virginie*, qui parut en 1788, on se rappelle qu'il fut accueilli avec tant d'enthousiasme qu'on en fit plus de cinquante contrefaçons en une seule année. Aujourd'hui on aime à relire le *Voyage à l'île de France*. Il est survenu, sans doute, bien des changements depuis un siècle dans ce petit pays lointain. Il n'appartient plus à la France. Les nègres y sont émancipés. L'Angleterre commence, dit-on, à y construire un chemin de fer qui ne laissera plus d'excuse à l'indolence créole. On prétend même que cette indolence n'existe que dans l'imagination des Européens. Il est du moins certain que l'industrie de l'île Maurice est bien autrement active qu'en 1788, et que la population, plus mélangée, ne doit plus avoir la

même physionomie. Bernardin de Saint-Pierre ne paraît pas avoir vu dans l'île un seul Chinois. Maintenant on rencontre, à chaque pas, dans Port-Louis, les fils du Céleste Empire, avec leurs parasols, leurs bourses de cuir, leurs bottes carrées qu'ils portent à la manière de seaux d'eau; ils envahissent presque tous les services du petit commerce; ils monopolisent l'épicerie en détail. On ne dit pas aux domestiques : « Allez chez l'épicier »; mais : « Allez chez le Chinois. » Les Malais, les Malgaches, les Indiens, les Parsis, circulent dans les rues et pratiquent avec la même liberté leur religion et leur industrie. Le culte mahométan a deux mosquées. Des docks, des hangars de fer, des bureaux, ont été bâtis en ces derniers temps sur le port, et, si nous en croyons un voyageur, pendant tout le jour les quais, la rue Royale, la rue et la place du Gouvernement, sillonnés de cabriolets, animés par les groupes affairés qui vendent ou achètent, bourdonnent comme une ruche. Les boutiques sont achalandées, les maisons bourgeoises élégantes et confortables ; le théâtre est fréquenté ; les plaisirs, bals, soirées, concerts, sont nombreux. Bernardin de Saint-Pierre disait : « Les gens oisifs se rassemblent sur la place à midi et au soir ; là on agiote, on médit, on calomnie... Les rues et les cours ne sont ni pavées ni plantées d'arbres ; les maisons sont des pavillons de bois que l'on peut aisément transporter sur des rouleaux : il n'y a aux fenêtres ni vitres, ni rideaux ; à peine y trouve-t-on quelques mauvais meubles... Faute de chemins, il ne peut y avoir de voitures roulantes... On est d'une insensibilité extrême

pour tout ce qui fait le bonheur des âmes honnêtes. »

Tous ces traits pouvaient être vrais au dix-huitième siècle : ils se sont en partie effacés sous l'influence de la civilisation du nôtre. L'auteur de *Paul et Virginie* serait donc, sans doute, fort dépaysé dans la ville, mais il n'aurait rien à effacer de ses belles descriptions de la nature.

« On trouve le long des ruisseaux, au milieu des bois, des retraites d'une mélancolie profonde. Les eaux coulent au milieu des roches, ici en tournoyant en silence, là en se précipitant de leur cime avec un bruit sourd et confus. Les bords de ces ravines sont couverts d'arbres d'où pendent de grandes touffes de scolopendres et des bouquets de lianes

Un Paysage dans l'île de France (Maurice). — Dessin de Karl Girardet, d'après M. Erny.

qui retombent suspendus au bout de leurs cordons. La terre aux environs est toute bossue de grosses roches noires, où se tapissent loin du soleil les mousses et les capillaires. De vieux troncs, renversés par le temps, gisent couverts d'agarics monstrueux ondoyés de différentes couleurs. On y voit des fougères d'une variété infinie ; quelques-unes, comme des feuilles détachées de leur tige, serpentent sur la pierre et tirent leur substance du roc même ; d'autres s'élèvent comme un arbrisseau de mousse, et ressemblent à un panache de soie. »

Et ailleurs : « ... Au fond coulent, sur un beau sable, plusieurs ruisseaux ; des monticules s'élèvent les uns derrière les autres en amphithéâtre ; ils étaient couronnés de bouquets d'arbres, les uns en pyramide comme des ifs, les autres en parasol ; derrière eux s'élançaient quelques têtes de palmistes, avec leurs longues flèches garnies de panaches. Le murmure des sources, le beau vert des flots marins, le souffle toujours égal des vents, l'odeur parfumée des veloutiers, cette plaine si unie, ces hauteurs si bien ombragées, semblaient répandre autour de moi la paix et le bonheur. J'étais fâché d'être seul : je formais des pro-

jets ; mais, du reste de l'univers, je n'eusse voulu que quelques objets aimés pour passer là ma vie. »

LA PHILOSOPHIE D'UN ROUGE-GORGE.

APOLOGUE.

Suite. — Voy. p. 358.

Le merle le regarda d'un air étonné.

— Qui est-ce qui chante pendant le triste automne et le plus triste hiver? demanda-t-il. Vraiment, je ne connais que vous d'assez hardi et d'assez étourdi pour cela. Peut-être encore l'alouette ; mais elle mène une vie si étrange, là-haut dans le ciel ou bien dans les endroits solitaires, que personne ne peut la prendre pour modèle. J'avoue qu'il m'est impossible de comprendre que vous puissiez chanter comme vous le faites, dans une saison où toute créature sensée doit avoir des craintes pour l'avenir. Il me semble qu'il faut attribuer une pareille disposition à une ignorance et à une légèreté dont vous n'avez pas encore eu l'occasion de vous corriger.

— Il serait plus charitable de l'attribuer à une joyeuse acceptation de tout ce qui nous arrive, répondit le rouge-gorge en agitant ses plumes comme il parlait. Je me réjouis du bienfait que chaque jour amène, et je ne désire jamais rien de plus. Vous, au contraire, qui craignez toujours pour l'avenir et qui souhaitez que le présent soit tout autre qu'il n'est, vous perdez tout ce qu'il pourrait vous procurer de jouissance. Vous trouvez que c'est sage; quant à moi, il me semble que c'est folie et ingratitude.

En disant ces mots, le rouge-gorge s'envola le plus vite qu'il pût; car, pour dire la vérité, il sentait que sa dernière réflexion était un peu impertinente. Il était trop jeune pour donner ainsi des leçons à des personnes plus âgées que lui; mais le rouge-gorge est d'un caractère assez vif. Il faut avouer aussi qu'il avait été insulté; mais quand on a la raison de son côté, pourquoi se montrer impertinent et agiter ses plumes avec colère?

Et le rouge-gorge croyait de bonne foi avoir raison. Mais qu'il est donc difficile de résister à de malignes insinuations, même lorsque nous les reconnaissons pour telles et que nous voudrions nous en détourner!

Ce qu'il y a de certain, c'est que notre pauvre petit ami perdait un peu courage à mesure que l'hiver avançait. Il chantait bien encore tous les jours, il est vrai, et aurait défendu ses opinions contre quiconque eût voulu les combattre; mais il était évidemment troublé, et pensait beaucoup trop, pour conserver la paix de l'esprit, à tout ce que la tortue et le merle lui avaient dit.

Lorsque le froid augmenta, il devint de plus en plus triste; non que par lui-même le froid fût réellement insupportable, mais il craignait de voir arriver les froids plus intenses qu'on lui avait prédits, et, tout en sautillant autour de la fontaine, sur le gazon où il ramassait des vers, il aurait volontiers laissé tomber une larme de son brillant œil noir, car il songeait qu'un jour viendrait peut-être où la terre serait si dure que les vers ne remonteraient plus à sa surface, et que son bec ne pourrait les atteindre. Bref, si le petit rouge-gorge fût demeuré longtemps dans cette disposition d'esprit, le désir de s'endormir comme la tortue n'aurait certainement pas manqué de s'emparer de lui, et l'on n'eût plus entendu de chant, cette année-là, aux alentours de la maison de campagne.

Mais, s'ils sont quelquefois un peu hardis et impertinents, les rouges-gorges sont de courageux petits êtres, et, par une brillante matinée, notre ami eut la pensée d'aller consulter une vieille alouette qui fréquentait un bosquet éloigné. Il rencontra sur son chemin plusieurs de ses sœurs qui chantaient bien haut dans le ciel au-dessus des champs, de sorte qu'en arrivant près du bosquet toutes ses inquiétudes s'effacèrent, et il se trouva de la plus belle humeur du monde. Et c'était fort heureux, car en approchant davantage il entendit la vieille alouette chanter d'une manière si plaintive que quiconque l'eût écoutée longtemps eût été pris du besoin de pleurer. Lorsqu'il la complimenta sur sa voix, elle parut peu sensible à ses louanges et lui confia que, bien qu'elle se crût obligée de chanter et de se montrer reconnaissante tant qu'une fiche de consolation lui restait, elle était loin d'être aussi heureuse qu'elle paraissait l'être, s'attendant chaque jour à mourir de faim.

— Car, disait-elle, lorsque la terre est couverte de neige, on ne peut guère espérer de trouver à manger un morceau de toute la journée.

— Mais je croyais qu'il y avait déjà plusieurs années que vous demeuriez ici, répondit le rouge-gorge, qui avait repris son enjouement et redevenait tout à fait raisonnable.

— Oui, sans doute, répondit l'alouette avec un soupir.

— Cependant vous n'êtes pas morte de faim l'hiver dernier, remarqua le rouge-gorge.

— Il paraît que non, dit l'alouette aussi gravement que possible et en soupirant de nouveau.

Les yeux du rouge-gorge pétillèrent de malice, car il avait un bon fonds de gaieté, et il ne put s'empêcher de sourire en lui-même quand il entendit l'alouette convenir d'un ton solennel qu'elle était en vie.

— Vous n'êtes pas morte non plus l'hiver avant l'hiver dernier? demanda-t-il encore.

— Non, murmura l'alouette.

— Ni l'hiver avant celui-là? continua l'impertinent rouge-gorge.

— Mais non, certainement, puisque vous me voyez ici, répondit l'alouette avec impatience.

— Eh bien, comment faisiez-vous lorsque la terre était couverte de neige et qu'il n'y avait pas de quoi manger?

— Je ne vous ai pas dit que pendant les hivers qui ont précédé celui-ci on manquât absolument de quoi manger, répondit l'alouette d'un ton de mauvaise humeur, car elle ne voulait pas être contrariée dans sa manière de penser. On trouvait bien toujours quelques petits brins de quelque chose, mais ce n'est pas une raison pour que cela arrive encore; c'était un pur hasard.

— Ah! ma vénérable amie, s'écria le rouge-gorge, pourquoi n'avez-vous pas confiance en la bonne chance qui vous a favorisée déjà si souvent?

— Je ne suis pas sûre qu'elle vienne toujours à mon secours, murmura tristement l'alouette.

— Mais lorsque cette bonne chance vous amène une suite de jours pleins de miséricorde, pourquoi les assombrir tous par vos craintes pour l'avenir?

— Je pense que c'est une faiblesse, répondit l'alouette. J'aviserai à ce que je dois faire pour me trouver plus satisfaite à l'avenir. Vous êtes bien sage, petit oiseau, et votre sagesse vous rendra heureux pendant l'année tout entière.

Et l'alouette s'envola en décrivant plusieurs cercles et chantant vigoureusement. Il y avait bien encore un peu de mélancolie dans sa voix; mais cela pouvait tenir à un reste d'habitude, car le chant était réellement plus franc et plus clair.

— Voilà qui est mieux déjà, s'écria le rouge-gorge. Quant à moi, si jamais je me sens disposé à la tristesse, je songerai à tout ce que vous venez de me raconter des hivers précédents, *pendant lesquels vous rencontriez toujours quelque petite chose pour vous nourrir.* Comme c'est consolant!

— Et dire que j'ai contribué à consoler quelqu'un! dit l'alouette. Je dois donc essayer de me consoler moi-même.

— Eh! oui, assurément! s'écria le rouge-gorge. À quoi bon donner des avis que vous ne suivrez pas vous-même?

En disant ces mots, le rouge-gorge chanta un joyeux adieu et retourna dans la pépinière, où il avait trouvé pour passer l'hiver une demeure tout à fait confortable dans le creux d'un mur couvert de lierre.

La semaine suivante, tandis que le rouge-gorge était dans une de ses humeurs les plus enjouées et qu'il chantait de tout son cœur, sans plus rien ressentir de ses anciennes inquiétudes, et rempli de reconnaissance pour ce qui lui était accordé chaque jour, la tortue vint le surprendre tout à coup en l'abordant.

A sa voix, il demeura interdit, craignant une autre réprimande de la part de sa vieille amie. Mais il se trompait. La tortue sortait d'un trou qu'elle avait creusé avec ses pattes d'une manière très-industrieuse. Ce trou était dans un coin rempli de pierres qu'on y avait laissées depuis des années, et l'entrée en était presque fermée par une des plus grosses. Le vent avait apporté une quantité de feuilles sèches dans cette direction, et il en était entré beaucoup dans la demeure de la tortue, comme pour lui former tout exprès un lit bon et chaud.

— Approche, petit oiseau, dit-elle du ton le plus amical. Le rouge-gorge obéit à l'instant.

— Ah! ne crains rien, je suis complétement satisfaite maintenant. Vois quelle jolie demeure je me suis faite ici sous terre. Regarde, regarde! As-tu jamais rien vu d'aussi confortable? Entre : est-ce qu'il n'y a pas assez d'espace?

Le rouge-gorge entra, et fut surpris de voir quelle spacieuse demeure son amie s'était creusée. Il convenait qu'il n'était guère possible d'en trouver une plus commode.

— Qui n'aurait pas envie de se livrer au sommeil en voyant ce bon lit de feuilles? demanda la tortue. Qu'en pensez-vous, mon petit ami? Mais il n'est pas nécessaire que vous parliez; je devine votre réponse dans vos yeux. Vous n'êtes pas d'avis de vous endormir. Bon, bon, nous avons chacun notre manière de vivre, et la vôtre est, après tout, une assez agréable folie, quand elle ne trouble pas le repos des autres. Vous ne m'importunerez plus cette année, car j'ai achevé de prendre toutes mes dispositions, et je serai bientôt plongée dans un sommeil si profond qu'il me sera impossible d'entendre vos chants. C'est un bon lit, pas si bon peut-être que les sables brûlants de mon pays natal; mais la terre, même ici, est plus chaude à l'intérieur que ne peuvent se l'imaginer les gens qui n'en connaissent que la surface humide. S'il n'en était ainsi, les boules-de-neige et les plantes de safran périraient certainement pendant l'hiver. Eh bien, je vous ai appelé pour vous dire adieu, vous montrer ma demeure, et vous demander de vous souvenir de moi au printemps si, bien entendu, vous survivez aux terribles froids qui vont venir. Vous ne songez plus à ma mauvaise humeur de l'autre jour, n'est-ce pas? J'ai quelquefois un ton un peu aigre, et vous m'aviez dérangée dans mon sommeil, ce que personne ne peut supporter. Mais vous me pardonnez et vous n'y penserez plus, n'est-ce pas, petit oiseau?

Le bon petit rouge-gorge exprima ses sentiments affectueux de mille manières plus gracieuses les unes que les autres.

— Vous ne m'oublierez donc pas au printemps, ajouta la tortue; vous viendrez vous percher sur le laurier, et vous chanterez jusqu'à ce que je m'éveille; pas avant que le temps ne se soit adouci et que les plantes ne soient devenues plus succulentes, bien entendu; mais vous pourrez venir alors quand il vous plaira. Et maintenant, adieu. Je sens quelque chose dans l'air qui nous annonce de la neige et de la gelée. Votre folie est une agréable folie, mais je souhaite qu'elle ne vous coûte pas cher. Adieu.

La fin à la prochaine livraison.

CARTES CÉLESTES.

Fin. — Voy. p. 18, 90, 124, 163, 195, 231, 264, 287, 319.

Planche XII. — Sur cette planche, l'Hydre australe (n° 81), le Poisson volant (n° 85), la Dorade (n° 79), l'Atelier du peintre (n° 78), le Réticule astronomique (n° 80), la Pendule astronomique (n° 69) et la Machine électrique (n° 67) occupent des espaces que les anciens avaient laissés vides à cause du manque de brillantes étoiles. C'est Lacaille qui a mis dans le ciel tous ces instruments d'astronomie et de physique; il ne voulait flatter aucune puissance par des constellations qui auraient rappelé encore plus la servilité de l'astronomie que la protection des hommes puissants; il ne suivit point l'exemple de Flamsteed, d'Hévélius et même du grand Herschel, dont

personne ne sera tenté de blâmer la reconnaissance envers Georges III. Il ne nous reste donc qu'à parler du Navire ou Argo (n° 77). Cette constellation contient une étoile de première grandeur, α ou Canopus, qui est visible à Cadix, à Alger et dans la Grèce méridionale. Après Sirius, Canopus est de beaucoup la plus brillante étoile du ciel. Les Arabes disaient que l'aspect de cette étoile inspirait la gaieté. Je crois que tous les astronomes qui ne quittent pas l'Europe, et qui n'atteignent que Cadix, ou Gibraltar, ou le cap Matapan, doivent voir Canopus avec curiosité et plaisir. M. Arago, qui avait été assez au sud pour que Canopus fût sur l'horizon, regrettait de n'avoir pas vu ce bel astre. En partant de Canopus et allant vers le pied de derrière du Centaure, on passe par une double série de brillantes étoiles. La plus éloignée de Canopus, dessinée tout près de l'extrémité des crins de la queue du Cheval, est l'étoile η (êta), qui se distingue par des paroxysmes d'éclat et d'affaiblissement qui la font passer de la troisième grandeur à un éclat égal ou même supérieur à celui de Canopus. Cette singulière étoile changeante a sans doute autour d'elle des corps opaques qui circulent dans des périodes variables, et quand par leurs positions ils nous découvrent le soleil qu'ils entourent, celui-ci, qui est très-brillant, nous paraît comme une étoile hors ligne pour l'éclat. On n'a pas encore observé assez longtemps cette étoile pour se faire une idée de la rotation des masses nébuleuses qui tantôt s'interposent entre elle et nous et tantôt la laissent à découvert. Si la Pèlerine qui a paru dans Cassiopée en 1572 est de ce genre, il faut admettre que les masses circulant alentour peuvent cacher pour longtemps toute la lumière de l'astre, tandis que pour η du Navire il n'y aurait qu'une portion de la lumière interceptée. Avec le temps et l'observation, nous saurons. Avis à la postérité.

La marche du Soleil ou l'écliptique n'est point marquée sur nos planches; il nous suffira de rappeler qu'à partir de l'équinoxe du printemps, qui a lieu dans les Poissons, le Soleil passe dans le Bélier, puis dans le Taureau, dans les Gémeaux, dans le Cancer, dans le Lion, et enfin dans la Vierge, où a lieu l'autre équinoxe, celui d'automne. Le Soleil, ensuite, pendant l'automne et l'hiver, traverse et suit la seconde moitié de la Vierge, la Balance, le Scorpion, le Sagittaire, le Capricorne et le Verseau. Pour les anciens, qui n'avaient pas les divisions mathématiques de la sphère, les étoiles étaient des points fixes dans le ciel, chaque saison était caractérisée par les étoiles au milieu desquelles se trouvait le Soleil au moment où il produisait les diverses saisons. Il en était de même de la Lune, et ils avaient appelé Maisons ou Stations de la Lune les divers groupes qui recevaient cet astre aux divers instants de la lunaison. De plus, pour la Lune et pour les planètes, on admettait que ces astres errants empruntaient quelque chose de la nature des constellations qu'ils occupaient ; ainsi Vénus, planète bénigne, l'était encore plus quand elle se trouvait dans les Gémeaux ou dans la Vierge. Mars et Saturne, planètes de mauvaise influence, exerçaient une action encore pire quand ils étaient dans le Scorpion ou le Cancer. Le calcul de l'ascendant qui présidait à une naissance entrait dans la science des astronomes les plus sérieux, et souvent un personnage à qui l'on avait prédit telle ou telle destinée la réalisait lui-même par la croyance où il était qu'il était appelé à suivre telle ou telle carrière de profession ou d'ambition. Le Bas-Empire nous fournit de nombreux exemples d'ambitieux qui n'ont cherché à s'emparer du trône que parce que des astrologues leur avaient prédit qu'ils réussiraient dans de semblables tentatives : aussi était-ce un crime de lèse-majesté que de faire de pareilles prédictions. Un souverain grand astronome, Ulugh-Beg, à qui nous devons d'excellentes tables astro-

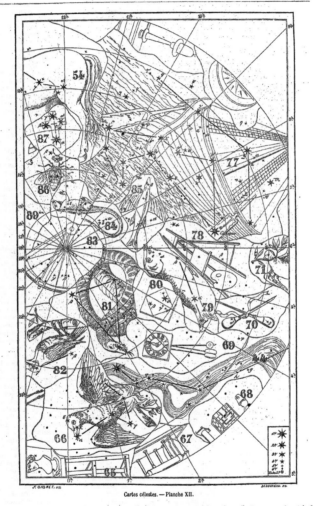

Cartes célestes. — Planche XII.

nomiques, avait cru voir dans les astres que son fils aîné le détrônerait. Il écarta de lui le jeune prince et le compromit dans des entreprises périlleuses où il s'aguerrit, et, se sentant enfin en force, il attaqua son père et le fit périr. C'était ici, comme dans bien d'autres cas, la prévision du malheur qui en provoquait l'accomplissement.

LE HIRSCHENSPRUNG, OU SAUT DU CERF,

DANS LE VAL D'ENFER

(FORÊT-NOIRE).

Voy. notre tome X (1842), p. 41.

Le val d'Enfer, dans la Forêt-Noire. — Dessin de Stroobant.

Le val d'Enfer est le chemin que l'on suit pour entrer dans la Forêt-Noire en venant de Fribourg. Ce val et cette forêt n'ont, comme on sait, rien de terrible, et ne doivent leur nom qu'à l'épaisseur de leurs ombrages et à l'aspect pittoresque encore plus que sauvage de leurs rochers. C'est à partir du château de Falkenstein que la vallée commence à se resserrer. Un joli ruisseau coule au fond, arrosant une bande de prairies de plus en plus étroite entre les collines boisées. Peu à peu les parois du roc se rapprochent, se dressent, surplombent sur l'étroit défilé et,

dans un espace de quinze mètres environ, laissent à peine pénétrer la lumière du soleil : on appelle cet endroit le *Hœllenpass*, ou passage de l'Enfer proprement dit, et l'on a donné le nom de *Hirschensprung*, ou saut du Cerf, à un sommet escarpé d'où l'on prétend que des cerfs poursuivis se sont quelquefois élancés de l'autre côté du précipice ; mais ces récits sont traités de fables par plus d'un voyageur et mis sur le compte de l'imagination populaire.

Le val d'Enfer a été illustré par les armes françaises. On prétend que le maréchal de Villars, en 1703, ne voulut point s'y aventurer avec son armée, disant « qu'il n'était point assez diable pour le tenter. » Mais, en 1796, le général Moreau osa·y conduire la sienne, lors de « cette retraite habile et triomphante qui l'a placé, plus que ses victoires mêmes, au rang des grands capitaines. » (Mémoires sur Carnot, par son fils.) Pressé par des forces supérieures et repoussé des frontières de l'Autriche et de la Bavière jusque sur les bords du Rhin, il échappa aux armées de l'archiduc Charles et du général Latour, entre lesquelles il se trouvait placé, battit les Autrichiens commandés par ce dernier, et, respectant la neutralité de la Suisse, traversa le val d'Enfer pour atteindre la Forêt-Noire avec son armée en bon ordre.

LA PHILOSOPHIE D'UN ROUGE-GORGE.

APOLOGUE.

Fin. — Voy. p. 358, 365.

La vieille tortue se hâta d'entrer dans son trou, dont l'ouverture ne tarda pas à être complétement interceptée par les feuilles que le vent poussait de ce côté.

Elle ne s'était pas trompée dans ses pronostics. La soirée fut sombre, brumeuse, suivie d'une nuit très-froide, et vers le matin les nuages surchargés de neige commencèrent à laisser tomber une partie de leur fardeau. A mesure que le jour avançait, les flocons devenaient plus épais; et comme il ne paraissait pas un seul rayon de soleil pour les faire fondre, la campagne fut bientôt couverte comme d'une immense nappe blanche qui éblouissait les yeux.

Le moment de l'épreuve était donc arrivé pour le pauvre petit rouge-gorge, car il est aisé de faire le fanfaron aussi longtemps que le soleil brille un peu; mais quand la tempête gronde, c'est alors qu'on reconnaît de quelle trempe sont les principes.

— Il y a encore des baies sur les arbres, remarqua-t-il d'un ton enjoué, en apercevant près de la petite grille de la pépinière un houx chargé de son magnifique fruit rouge.

Et lorsqu'il en eut suffisamment becqueté, il fit monter vers le ciel froid et nébuleux un chant plein de gratitude. Ensuite il se retira, aussi satisfait et aussi heureux que jamais, pour passer la nuit dans le gîte qu'il s'était choisi au milieu des branches de lierre.

Ce temps rigoureux dura plusieurs semaines sans interruption. Un grand nombre d'oiseaux venaient aussi manger les fruits du houx, qui disparaissaient avec une étonnante rapidité, d'abord d'une branche, et puis d'une autre. Cependant le rouge-gorge chantait toujours et faisait entendre un cantique d'actions de grâces après chaque repas. C'était son habitude. Les autres oiseaux se moquaient bien quelquefois de lui, mais les railleries ne le touchaient point. Il avait conservé tout son courage et se sentait armé d'une invincible espérance contre les coups de l'adversité. Quelques sottes plaisanteries ne pouvaient pas ébranler un cœur ainsi préparé à tout supporter avec joie.

— Eh bien, mes chants sauront encore éveiller la vieille tortue, se répétait-il parfois en regardant la demeure souterraine où son amie dormait, et en pensant au printemps qui devait venir faire pousser les plantes pleines de suc et amener des jours plus doux avec toutes sortes d'autres jouissances.

Nous ne prétendrions pas cependant que notre ami ne parût jamais triste quand, après avoir rêvé à toutes ces belles choses pendant le jour, il éprouvait tout à coup le soir une sensation de froid qui roidissait tous ses membres et le forçait de se retirer dans sa demeure de lierre pour s'y réchauffer un peu.

Enfin, le temps neigeux, qui avait duré plusieurs se-

maines, fut remplacé par une quinzaine de jours plus clairs, bien que froids et humides, pendant lesquels les oiseaux jouirent d'une grande liberté et trouvèrent plus de choses pour se nourrir. Le rouge-gorge se promena de nouveau, en sautillant, sur le gazon autour de la fontaine, et ramassa des vers et des graines. Ce changement dans la température lui causait tant de joie qu'il se persuadait presque que l'hiver touchait à sa fin, et, perché sur le laurier qui était près du trou de la tortue, il faisait entendre les chants d'une joie anticipée. Mais le plus terrible de tous les tourments, celui de l'espérance trompée, était encore là menaçant.

O vous, nuages sombres, pourquoi, au temps des joyeuses fêtes de Noël, demeurez-vous suspendus au-dessus de la terre comme un voile lugubre? Pourquoi les champs se sont-ils revêtus de leur blanc linceul, et les arbres de leurs haillons de neige? Pourquoi les eaux ne coulent-elles plus, et s'arrêtent-elles immobiles au moment où toute créature humaine veut se réjouir et goûter le bonheur? Pourquoi, si ce n'est pour éveiller la compassion et la miséricorde dans tous les cœurs, pour avertir chacun de nous que l'heure est venue de vêtir ceux qui sont nus, de donner à manger à ceux qui ont faim et de consoler les affligés?

La rigueur du froid s'accroissait d'une manière désolante, et pendant deux jours le rouge-gorge ne quitta point son trou couvert de lierre. Cependant la faim le contraignit d'aller chercher de quoi manger sur le houx qui était près de la petite grille. Les feuilles armées de piquants étaient chargées de neige, et tout un côté de l'arbre paraissait dépouillé de ses branches. Était-ce un effet de l'imagination du rouge-gorge, ou bien l'arbre était-il réellement mutilé? Il sauta d'un blanc rameau à l'autre, et fut obligé de reconnaître qu'on en avait coupé plusieurs. Il regarda dessous, puis dessus, becqueta les feuilles et en fit tomber de petits flocons de neige; mais nulle part, nulle part, il ne put trouver la moindre baie. Il s'envola tout inquiet, et aperçut au même moment un monceau de branches de houx et de laurier que l'on avait coupées et mises de côté pour orner l'intérieur de l'habitation. Il y trouva deux ou trois baies, de jolies baies bien rouges et bien mûres; et semblables à celles qu'il avait becquetées tout dernièrement sur l'arbre même, et puis le jardinier vint tout enlever. Le pauvre rouge-gorge le suivit, et ne le quitta qu'après l'avoir vu entrer dans la maison avec sa charge. Les portes inhospitalières se fermèrent contre le pauvre oiseau, sans que personne remarquât l'œil fixe et inquiet de l'infortuné qui venait de voir disparaître sa dernière ressource.

— J'ai mangé, je dois être reconnaissant, se dit-il d'un ton résolu en s'envolant de la maison pour retourner au houx sur lequel, depuis quelque temps, il avait reporté toutes ses espérances. Et du milieu des branches nues et complétement dépouillées il fit entendre, comme par le passé, un cantique de joyeuse action de grâces pour ce qu'il venait encore de trouver.

Pendant que le doux chant du petit oiseau, peu rassasié, s'élevait dans l'air, pas le plus petit souffle de vent ne vint à passer, pas une feuille ne tremblà, aucun bruit n'interrompit le silence de cette sombre et calme après-midi d'hiver, si ce n'est lorsque, de temps à autre, la neige tombait de quelque branche trop chargée. Que disait donc ce chant? Oh! bien certainement, cette pure et claire mélodie, ces notes solitaires, au sein d'une nature désolée, avaient un sens : elles s'élevaient comme une douce protestation contre les tentations du désespoir et comme un pressentiment de jours plus heureux.

Le propriétaire de la petite villa rentrait en cet instant

chez lui. Ce jour était particulièrement triste pour le pauvre homme. C'était l'anniversaire de celui où sa femme avait été couchée dans sa tombe, et depuis cet événement deux de ses fils s'étaient embarqués pour une terre lointaine. La pensée de la fête de Noël, sa tendresse pour les enfants qui entouraient encore son foyer, ne suffisaient pas pour dissiper son chagrin.

Tout à coup, cependant, son regard vague et distrait se ranime. Qu'a-t-il entendu? Il passe le long de la pépinière, sur la limite du parc; il est près de la petite grille, dans le voisinage du houx. Il s'arrête, il lève ses yeux troublés, et une larme bienfaisante s'en échappe et descend lentement sur sa joue. Belle, tendre et émouvante, la voix du rouge-gorge a charmé son oreille et pénétré jusqu'à son cœur. Chante, chante encore du haut de ton arbre dépouillé, ô petit oiseau qui nous conseilles la joie et l'espérance! Fais-nous entendre cette musique céleste qui exprime la douce résignation aux épreuves du moment; lorsqu'il te voit si confiant en Celui qui certainement nous protége, si exempt de tout souci, si calme et si heureux au milieu des souffrances de l'hiver, l'homme peut-il perdre tout courage, et ne doit-il pas porter ses regards au delà des nuages, vers un ciel plus serein?

Pauvre innocent petit oiseau! il chanta sa jolie chanson jusqu'à la fin, puis s'envola. Mais le souvenir des baies suspendues aux branches de houx qu'il avait vu emporter dans la maison l'amena de nouveau près des portes et des croisées. Il regardait çà et là avec une curiosité inquiète. Peut-être apercevait-il, à travers les vitres, quelques-uns de ces jolis fruits? C'est ce que personne ne saurait dire. Mais il est certain que s'il fut soumis à cette épreuve elle ne fut pas de longue durée, car bientôt la croisée s'ouvrit, et une main compatissante laissa tomber quelque chose sur le bord extérieur. La croisée se referma, et la personne qui était dans l'intérieur se retira au fond de l'appartement.

Notre petit ami, qui s'était envolé sur un rosier lorsqu'on avait ouvert la croisée, observa avec attention ce qui se passait. Un parfum délicieux arrivant jusqu'à lui sembla lui annoncer quelque mets exquis. Avait-il quelque danger à redouter? Tout paraissait parfaitement tranquille. Fallait-il se hasarder? Ah! encore ce parfum! C'était irrésistible. Une seconde après, le rouge-gorge était sur le bord de la croisée, dévorant, avec autant d'assurance que s'il y eût été autorisé par une douzaine d'invitations, le pain tendre et chaud qu'on y avait jeté.

De bruyants éclats de rire venant de la maison interrompirent un instant le festin et renvoyèrent le rouge-gorge sur le rosier. Mais la fenêtre ne s'ouvrant point, il se laissa tenter encore, et encore, et continua son repas.

Les enfants pouvaient rire, s'amuser à regarder l'oiseau que leur père avait attiré en lui jetant un peu de pain. Ils riaient de le voir sautiller avec tant d'assurance, ils riaient de sa vivacité à ramasser les miettes : ils se montraient curieusement son œil brillant et sa gorge rouge; mais leur joie n'avait rien d'hostile ni d'effrayant.

— «Oui, quelques petites choses se rencontrent bien, en » effet, de temps à autre,» se répétait à lui-même le rouge-gorge, en se rappelant les paroles du merle, et au moment où il entrait, derrière le lierre, dans le trou de la muraille pour y passer la nuit. Et pendant son sommeil il ne cessa de voir en rêve la demeure magnifique où il avait fait un festin de prince.

Le lendemain matin, longtemps avant qu'il n'y eût personne de levé, il retourna vers la croisée magique; mais il n'y trouva ni enfants, ni miettes de pain. Que pouvait-il savoir des usages de la vie sociale, et par conséquent des heures de repas? Celui de la veille lui paraissait d'ailleurs

un rêve, et une chose trop excellente pour pouvoir se renouveler, en supposant qu'elle eût été réelle.

Jamais plus doux chant que celui du rouge-gorge pendant cette matinée de Noël ne se fit entendre par une belle soirée d'été. Perché sur le laurier, près de la demeure de la tortue, il raconta à la vieille dame, toujours plongée dans le sommeil, toutes ses merveilleuses aventures; il promettait de lui apporter d'autres bonnes nouvelles quand il viendrait l'éveiller au printemps.

Il ne promettait pas en vain; il eut beaucoup à raconter. Les enfants et leur père ne l'avaient pas oublié. Il ne pouvait tarir de reconnaissance, dans ses chants, pour le repas quotidien qui ne lui avait jamais manqué. Et que n'avait-il pas à dire aussi d'un joli petit nid tapissé de foin et de coton qu'on avait placé pour lui à l'extrémité du bord de la croisée, et qu'il avait trouvé presque trop chaud pour son corps déjà accoutumé au froid?

Mais il ne put jamais faire comprendre à personne le lien d'amitié mystérieuse qui s'était formé entre ses protecteurs et lui. Il ne put jamais dépeindre, comme il l'aurait voulu, les physionomies amies qui entouraient la table à manger sur laquelle on lui avait enfin permis de se promener tout à son aise. Seulement, il raconta comment, tous les matins, il prenait plaisir à chanter sur le rosier pour saluer le réveil de ses amis, et comment; vers la fin de l'hiver et pendant l'après-midi, le père ouvrait quelquefois la croisée et s'asseyait, seul et silencieux, pour l'écouter.

— Voyons, voyons, mon petit ami, dit la tortue quand, sortie de son lit souterrain, elle eut entendu les récits du rouge-gorge; j'ai dormi un bon bout de temps, et je suppose que j'ai fait aussi toutes sortes de magnifiques rêves. Je vous soupçonne de vous être enfin endormi et d'avoir fait de même. Quoi qu'il en soit, je suis bien heureuse de vous trouver encore en vie et moins maigre que je ne m'y serais attendue. Mais ne cherchez pas à me persuader que vous avez chanté tout l'hiver et que chaque jour vous avez eu de quoi manger; vous y perdriez votre peine. Suivez mon conseil; n'entreprenez pas de faire croire de pareilles choses à des cervelles plus vieilles que la vôtre et qui n'ajoutent pas foi volontiers à des contes de voyageurs.

JEAN-BAPTISTE PIGALLE.

Jean-Baptiste Pigalle, un des plus célèbres sculpteurs du siècle dernier, naquit à Paris, le 26 janvier 1714. Il était le cinquième enfant d'un menuisier. Son frère aîné devait suivre la profession héréditaire dans sa famille; quant à lui, il était destiné à celle du tailleur de pierre; mais la nature l'avait fait artiste, et sa vocation se manifesta dès son plus jeune âge. Il n'avait que huit ans lorsqu'un sculpteur de talent, Robert le Lorrain, voisin de sa famille, consentit, sur la vue de ses premiers essais, à le prendre dans son atelier. Pigalle trouva dans cet atelier un second maître : ce fut Jean-Baptiste Lemoine, élève comme lui de le Lorrain et plus âgé que lui de treize ans, avec qui il se lia d'une amitié que rien n'altéra jamais. Il lui dut les plus utiles encouragements et les plus sages conseils, lorsque, en peu d'années, il eut perdu successivement son père et le maître qui l'avait adopté.

Tous les témoignages contemporains s'accordent à montrer le jeune sculpteur, à l'âge de vingt ans, où il était parvenu, et longtemps encore après, comme un homme laborieux, possédé de l'amour de son art, mais luttant avec effort pour s'en rendre maître. Il n'était point doué de cette facilité naturelle qui hâte l'éclosion des heureux génies, et qui les perd aussi quelquefois quand ils se croient par elle dispensés du travail. Ses camarades d'atelier l'avaient surnommé « la tête de bœuf » ; plus tard, à Rome, on l'appela « le mulet de la sculpture. » S'il n'avait pas la facilité, il avait du moins la persévérance du vrai talent. Quand il se présenta au concours de l'Académie, il ne put obtenir le prix ; mais cet échec, qui le découragea d'abord profondément, ne l'abattit pas longtemps. Il se releva presque aussitôt, et, avec l'énergie qui était dans son caractère, il se dit qu'il irait à Rome sans avoir le prix, et qu'il partagerait les études et les chances de succès de ses condisciples, dans lesquels il ne pouvait consentir à voir

que des rivaux plus favorisés. Malheureusement il ne possédait point les moyens de faire un voyage si coûteux. Il partit à pied, avec un compagnon jeune et pauvre comme lui, muni d'une faible somme d'argent réunie par ses parents et quelques amis ; il traversa la France, l'Italie, et atteignit enfin Rome. Mais, quand il y fut arrivé, ses ressources se trouvèrent bientôt épuisées, et il serait promptement tombé dans le plus affreux dénûment sans l'amitié généreuse d'un jeune sculpteur, héritier d'un oncle et d'un père illustres, Guillaume Coustou, qui lui ouvrit sa bourse

Jean-Baptiste Pigalle. — Gravé par Saint-Aubin, d'après Cochin. — Dessin de Chevignard.

et lui fit partager son logement. Grâce à son aide, Pigalle put continuer ses études ; sa première ardeur se ranima, et bientôt il fit partager à ses camarades et à ses professeurs le juste sentiment qu'il avait de ses forces. Dans la troisième année de son séjour à Rome, il fit une copie de la jolie statue antique la Joueuse d'osselets, qui lui valut des applaudissements unanimes et qui fut acquise par l'ambassadeur de France.

Pigalle rentra en France en 1739. Il s'arrêta quelque temps à Lyon, et y exécuta divers travaux, notamment pour une communauté d'Antonins qui le chargea de décorer son église de deux statues de marbre. De ces travaux il ne subsiste rien aujourd'hui, toute trace même en est perdue ; mais on a conservé du séjour de Pigalle à Lyon un souvenir qui ne lui fait pas moins d'honneur qu'un chef-d'œuvre.

Un jour, dit son plus récent et son plus complet historien [1], il venait de recevoir douze louis, somme importante pour lui à cette époque ; il se promenait sur les rives du Rhône, quand, devant la porte d'une pauvre maison, il vit un officier public qui vendait à la criée le chétif mobilier d'une famille indigente. Il s'émeut, s'approche, interroge et apprend qu'un brave ouvrier, un père de famille est chassé de chez lui parce qu'il ne peut payer une somme de dix louis. « Dix louis ? s'écrie Pigalle, je les ai, moi ! » Et il se hâta de rendre à ces pauvres gens leur abri ; il fit plus : il acheva de vider sa bourse entre leurs mains ; le soir, il revint souper avec eux. « Jamais, disait-il plus tard, je n'ai fait un repas plus joyeux. »

[1] La Vie et les ouvrages de J.-B. Pigalle, par M. Tarbé, descendant du grand sculpteur ; 1 vol. in-8. 1858.

Tombeau du maréchal de Saxe, dans l'église de Saint-Thomas, à Strasbourg. — Dessin de Yan' Dargent, d'après une photographie.

Pigalle demeura environ deux ans à Lyon; sa vie y fut si laborieuse qu'à la fin il tomba malade. Il travaillait au couvent de Saint-Antoine dès le lever du jour; dans la jour- née, il étudiait d'après nature; le soir même, il modelait à la lampe, ne donnant au sommeil que ce qu'il ne pouvait lui refuser [1]. Il voulait rapporter à Paris une statue de

[1] M. Tarbé.

Mercure attachant ses talonnières, sur laquelle se fondaient toutes ses espérances. Enfin il fut forcé de se mettre au lit. Quand il se releva, après plusieurs semaines de maladie, il ne possédait plus rien que le modèle de sa statue; il le remit à une digne femme qui l'avait veillé, et qui avait consacré à le soigner ses propres ressources, quand elle avait vu celles de l'artiste épuisées. «C'est un gage, lui dit-il; bientôt j'aurai gagné de quoi le racheter.» Et, malgré ses refus, il laissa ce précieux dépôt entre les mains de la bonne voisine, qui, pour faciliter son départ, venait de faire une quête dans tout le quartier. Le gage fut plus tard racheté par un négociant de Lyon, qui apprécia le mérite de l'œuvre et s'émut de la détresse de l'auteur.

Le *Mercure* arriva quatre mois après Pigalle à Paris. Il se hâta de le montrer à Lemoine, qui lui dit, en lui serrant les mains : «Mon ami, je voudrais l'avoir fait.» Peu de temps après, comme, encouragé par un tel éloge, il avait exposé la statue dans son atelier, il entendit un étranger s'écrier devant lui, sans le connaître : «Jamais les anciens n'ont rien fait de plus beau!—Monsieur, dit Pigalle, avez-vous bien étudié les statues antiques?—Eh! Monsieur, lui répondit avec vivacité son interlocuteur, avez-vous bien étudié cette figure-là?» Assurément, l'éloge était bien exagéré, comme nous en pouvons encore juger. Le modèle en terre cuite du Mercure, pas plus que le plâtre qui figura à l'Exposition de 1742, n'existent aujourd'hui; la statue en marbre que Pigalle exécuta ensuite fut donnée par Louis XV au roi de Prusse : elle a longtemps fait l'ornement des jardins de Sans-Souci, et est actuellement placée dans le Musée de Berlin; mais on peut voir encore à Paris, dans le jardin du Luxembourg, un moulage en plomb de la même statue : à cette figure ne justifie pas entièrement l'admiration que le modèle excitau au moment de son apparition, on doit reconnaître qu'elle se sent des études faites par l'auteur, avec tant de zèle, en Italie; si éloignée qu'elle soit de l'antique, elle s'en rapproche plus que ce qui se faisait alors communément en France, et l'on avait raison de le signaler.

Dès le 4 novembre 1741, l'Académie royale de peinture et de sculpture avait agréé Pigalle parmi ses membres. Il avait alors près de vingt-huit ans. Le succès, conquis, il est vrai, par d'énergiques efforts, ne s'était pas trop fait attendre. Pigalle devenait célèbre; mais il manquait du nécessaire et travaillait encore, pour vivre, au compte d'un sculpteur. Enfin, le comte d'Argenson, ministre qui avait Paris dans son département, le tira de cette précaire position en lui confiant d'abord la mission de sculpter la façade de Saint-Louis du Louvre, dont le nouvel édifice remplaçait la vieille église de Saint-Thomas du Louvre; écroulée le 15 octobre 1739; puis en lui demandant pour celle des Invalides une statue de la Vierge qui, après avoir été déplacée pendant la révolution, a été transportée à Saint-Eustache. Le modèle en plâtre de cette statue fut exposé au Salon de 1745. Deux ans après, Pigalle sculpta pour la chapelle de l'hôpital des Enfants trouvés le bas-relief qui subsiste encore, malheureusement fort endommagé par le temps, au-dessus de la porte de la chapelle, où est de nos jours placé le bureau central d'admission dans les hospices.

Une statue de Vénus, commandée par Louis XV, en pendant au Mercure, et qui ne le valait pas, fut envoyée en même temps que cette figure au roi de Prusse Frédéric, après la paix conclue, en 1748, à Aix-la-Chapelle.

Pigalle se trouvait désormais dans la situation la plus heureuse et la plus honorable. Il était professeur en titre à l'Académie, il jouissait d'un atelier au Louvre, il avait la faveur du public et les commandes de la cour. Le roi lui avait fait faire son buste; Mme de Pompadour, sa statue,

fut placée au château de Bellevue, et dont on peut voir un moulage dans le Musée de Versailles. Il fit aussi pour elle celle de Louis XV, une figure du *Silence,* et le groupe de *l'Amour et l'Amitié,* qui décore aujourd'hui le jardin du ministère des affaires étrangères; pour le comte d'Argenson, une autre statue du roi qui occupa la cour d'honneur du château des Ormes, où ce ministre s'était retiré; pour Pâris Montmartel, alors garde du trésor royal, la charmante statuette de *l'Enfant à la cage,* dont le roi voulut aussitôt avoir une reproduction. En même temps il travaillait à la statue de la Vierge destinée à l'église de Saint-Sulpice, et qui s'y voit encore actuellement; mais cette statue ne fut terminée qu'après vingt ans d'un travail souvent interrompu. Enfin, à chaque exposition annuelle paraissait de lui quelque œuvre nouvelle.

Dans ses *Réflexions* sur le *Salon de 1761,* Diderot écrivait : «Les deux premiers sculpteurs de la nation, Bouchardon et Pigalle, n'ont rien fourni. Ils sont entièrement occupés de grandes machines.» Pigalle menait alors de front plusieurs vastes compositions. Depuis cinq ans déjà il travaillait à son œuvre la plus importante, le tombeau du maréchal de Saxe, qu'il ne devait terminer que onze ans plus tard; il achevait le tombeau du comte d'Harcourt pour la chapelle de la famille d'Harcourt, à Notre-Dame de Paris (ce tombeau a été replacé en 1822 dans cette chapelle, d'où il avait été enlevé pendant la révolution); en même temps il exécutait les statues et les bas-reliefs du piédestal de la statue équestre du roi, que Bouchardon avait été chargé d'élever sur les terrains dont l'architecte Gabriel allait faire la place Louis XV. Bouchardon, sentant ses forces affaiblies par l'âge et sa fin approcher, adressa aux membres du bureau de la ville de Paris une lettre dans laquelle il demandait que Pigalle achevât son ouvrage. «Je le demande, disait-il, sans aucune vue d'intérêt, et avec l'instance de quelqu'un qui est aussi véritablement jaloux de sa réputation qu'il l'est de la perfection de l'ouvrage même... J'ose assurer de la réussite de l'ouvrage du moment que la conduite lui en aura été confiée.» Celui qui rendait un témoignage si flatteur du talent de Pigalle n'était pas son intime ami; mais les deux confrères s'estimaient l'un l'autre sincèrement. «Jamais, disait Pigalle à Diderot, en parlant de l'artiste que celui-ci réunissait à lui en les appelant tous deux les premiers sculpteurs de la nation, jamais je n'entre dans son atelier sans être découragé pendant des semaines entières.» Ce testament de Bouchardon trouvé parmi ses papiers, après sa mort, le remplit d'un juste orgueil. On lui remit, suivant la volonté exprimée par son prédécesseur, les dessins, les modèles qu'il avait préparés. A chacun des angles du piédestal servant de support à la statue équestre devait être placée une statue représentant une Vertu. Deux de ces statues restaient à faire. Pigalle fondit lui-même les quatre figures, ainsi que les bas-reliefs et les trophées qui complétaient la décoration du piédestal. Le monument fut inauguré le 20 juin 1763. On était déjà bien loin du temps où Louis XV, victorieux à Fontenoy, pouvait encore promettre un règne glorieux. L'érection de la statue avait été décidée en 1748; quelques mois avant qu'elle fût solennellement découverte fut signée la triste paix qui terminait la guerre de Sept ans. L'estime que l'on fit de l'œuvre de Pigalle et de Bouchardon se ressentit des dispositions du moment. Le dernier trouva grâce, parce qu'il était mort, mais on n'épargna pas les figures où Pigalle avait mis sa main. Au surplus, ce n'était pas aux sculpteurs que s'adressaient des épigrammes comme celle-ci :

Oh! la belle statue! oh! le beau piédestal!
Les vertus sont à pied, le vice est à cheval.

Pigalle fit aussi pour la ville de Reims une statue en

bronze du roi. Comme celle de la place Louis XV, celle-ci a péri. Les figures de sa base subsistent seules aujourd'hui. Une figure d'homme assis qui symbolisait la sécurité du commerce et qui a toujours été désignée depuis sous le nom du *Citoyen*, que Pigalle lui avait donné, passe pour une de ses meilleures productions. « Monsieur Pigalle, lui dit, après l'avoir vu, Falconnet, qui fut souvent un rival jaloux, mais qui lui rendit justice plus d'une fois, je ne vous aime pas, et vous me le rendez bien; j'ai vu votre Citoyen : on peut faire aussi bien, puisque vous l'avez fait; mais je ne crois pas que l'art puisse aller au delà. Cela n'empêche pas que nous demeurions comme nous sommes. »

Le roi voulut récompenser Pigalle en lui donnant le cordon de l'ordre de Saint-Michel, dont les peintres les plus distingués étaient décorés, mais qui n'avait encore été porté par aucun sculpteur. Pigalle voyait avec chagrin cette inégalité. Cependant, il ne voulut accepter que longtemps après une distinction dont n'étaient honorés ni Lemoine son maître, ni Guillaume Coustou qu'il considérait comme son ancien, et envers qui il n'avait pas oublié les obligations de sa jeunesse. A sa prière, l'ordre fut offert à Lemoine, qui préféra une pension; la nomination de Coustou fut réservée : elle devait lui être accordée après la complète exécution du tombeau du Dauphin, dans la cathédrale de Sens; mais Coustou mourut avant d'avoir terminé ce monument, dont le graveur Cochin avait donné les dessins, et dans l'exécution duquel, d'après une tradition de famille [1], Pigalle aida son ancien camarade.

Pigalle composa et exécuta lui-même plusieurs mausolées. Ceux de l'abbé Gougenot, de Paris Montmartel, ont été détruits; nous avons déjà mentionné le tombeau du comte d'Harcourt, à Notre-Dame; il nous reste à parler du tombeau du maréchal de Saxe, l'œuvre la plus considérable de Pigalle. Commencé en 1756, terminé en 1772, ce tombeau fut placé seulement en 1776 dans l'église luthérienne de Saint-Thomas, à Strasbourg. C'est là qu'il faut juger Pigalle. Dans ce monument capital, auquel il a consacré une partie de sa vie, se trouvent résumées toutes ses qualités et tous ses défauts : les défauts appartiennent surtout à l'époque et au monde dans lesquels l'artiste avait vécu, où son éducation s'était faite, où son talent s'était développé, circonstances qui ont la principale part dans la formation des talents ordinaires et qui en ont une importante dans celle même des plus fermes génies; les qualités, vraiment propres à l'homme, expression de son caractère, attestent ce que peuvent le sentiment personnel, l'énergie, la persévérance, l'amour sincère de l'art. On jugera de la composition du tombeau par la gravure qui le reproduit. Les reproches qu'on y trouvera à faire s'adressent aussi bien à la plupart de ces grandes pages, alors si goûtées, plus emphatiques que vraiment éloquentes, où l'effet pittoresque et l'effet dramatique sont cherchés, plutôt que cette grandeur tranquille dont la sévère sculpture doit donner l'impression. C'est un tableau que cette accumulation de figures de ronde bosse, de haut et de bas-relief, un tableau pompeux et théâtral comme ces peintures du temps où l'histoire prenait le costume et le froid langage de l'allégorie mythologique. Le contraste des marbres de différentes couleurs, la souplesse que la dure matière a prise sous un adroit ciseau, complètent le rapprochement de deux arts dont la confusion est toujours dangereuse. Pigalle avait fini par acquérir l'aisance qu'il déniait à manier le marbre et la pierre comme de l'argile; mais le sentiment de la vérité, qui faisait le fond de son talent, l'a défendu contre l'abus de cette facilité. Sans doute il ne l'a pas en-

tièrement détourné de l'idéal à la fois mesquin et outré de ses contemporains; mais en s'attachant plus qu'eux à connaître la nature et à l'imiter, il a ouvert la voie par où l'on pouvait revenir à une beauté plus simple et plus pure. Parmi les figures du tombeau du maréchal de Saxe, celle de la France qui se précipite au-devant du héros est la plus faible, et celle où le faux goût du temps est le plus marqué; mais il n'y a rien d'affecté dans celle du maréchal, qui descend tout armé dans la tombe, le front haut et le regard pensif, sans crainte et sans vain mépris pour la mort. Dans l'Amour qui se rejette en arrière, on retrouve cette fine observation de l'enfance que l'on avait distinguée de bonne heure dans plusieurs ouvrages de Pigalle; l'Hercule est un remarquable morceau de sculpture, quoique d'un faire inégal et péchant par le style; la Mort, qui soulève la pierre du sarcophage, est ici un squelette drapé avec simplicité; son aspect n'est pas moins terrible, mais il est moins repoussant que dans le monument du comte d'Harcourt, où l'artiste s'était plu à rendre sensible ce que l'anéantissement du corps a de plus effrayant.

Pigalle a laissé dans un autre ouvrage une preuve singulière du goût qu'il avait à rendre la nature dans sa vérité, quelquefois même aux dépens des convenances du sujet : nous voulons parler de cette statue de Voltaire représenté entièrement nu, qu'il commença en 1770, lorsque l'illustre écrivain était déjà âgé de soixante-seize ans, et qu'il n'acheva que six ans plus tard. Cette statue, aujourd'hui à la bibliothèque de l'Institut de France, est une image de la décrépitude d'autant plus choquante qu'elle est plus fidèle. « L'artiste faisait trop voir, dit Émeric David [1], par cette indifférence pour la dignité d'un grand homme, combien le moral de l'art lui était étranger. Mais si, laissant à part cette faute contre le goût, on considère la statue en elle-même, et si l'on se rappelle l'époque à laquelle cette figure appartient, on est étonné d'une étude si approfondie, d'une amélioration si notable dans la marche de la sculpture... C'était une vive leçon qu'il donnait aux prétendus idéalistes de son temps. La main du goût n'avait plus qu'à relever les muscles, déjà fidèlement apposés sur cette charpente osseuse. »

La dernière œuvre de Pigalle fut une figure de *Jeune Fille qui se tire une épine du pied*. On raconte encore qu'en exécutant cette figure, tel était son respect scrupuleux de la vérité, qu'il soumettait son modèle à des précautions de régime minutieuses, afin de lui conserver le juste degré d'embonpoint où il l'avait choisi.

Pigalle mourut le 20 août 1785. Il venait d'être nommé chancelier à l'Académie, où il était recteur depuis 1777. Il avait épousé, dans un âge avancé, la fille de son frère, et ne laissait pas d'enfants.

ORIGINE DU NOM DE FIGARO.

Ce nom n'est point espagnol, on l'a déjà fait observer; mais, prononcé sur la scène française au milieu des rires bruyants, plus tard chanté sur tous les tons et dans tous les idiomes, l'Espagne l'accepta avec le reste du monde. Il se popularisa même, il y a quelques années, à Madrid, sous la plume mordante de Larra, et, grâce à cet écrivain, il est devenu un des interprètes les plus acerbes de la critique castillane. Selon toute probabilité, son origine est italienne. Il y avait à Gênes, au début du dix-huitième siècle, un certain père Figari, religieux de l'ordre des Augustins, qui passait pour l'un des plus habiles mathématiciens de son temps. Ce personnage, d'un esprit assez excentrique, avait

[1] M. Tarbé, *Vie de Pigalle*.

[1] *Sur les progrès de la statuaire française*; 1824.

inventé, vers l'année 1712, de curieuses machines nautiques, conduites par une horloge de construction bizarre,
auxquelles se rattachaient d'étranges projets d'expéditions
maritimes. Beaumarchais était, comme l'on sait, parfaitement initié à tout ce qui se rattachait aux progrès croissants de l'horlogerie. Le nom de Figari excita sa verve
railleuse, le changement de la lettre finale lui fournit le
nom immortel répété sur tous les théâtres. Le prétendu
Figaro espagnol a complétement éclipsé le Figari des Italiens. (¹)

LE BEERENBERG, VOLCAN DE JAN-MAYEN.

L'île Jan-Mayen, située entre le Spitzberg et l'Islande,
est comprise entre 70° 49′ et 71° 8′ de latitude; sa longueur est d'environ quarante kilomètres, sa largeur de
douze. Un volcan, le *Beerenberg*, s'y élève à la hauteur
de 2290 mètres au-dessus de la mer. Sa forme est celle
d'un cône tronqué; ses flancs sont couverts de coulées de
lave alternant avec des glaciers qui descendent jusqu'à la
mer, où ils forment des escarpements de 300 mètres de
haut.

INFLUENCE PROBABLE DE LA LUNE
A L'INTÉRIEUR DU GLOBE TERRESTRE.

Les éléments fluides de notre planète sont au nombre de
trois : un liquide, l'eau de la mer; un gazeux, l'air atmosphérique; et un troisième qui serait solide à la température ordinaire, le noyau central, composé de matières métalliques que la chaleur interne maintient incandescentes.
Le cours de la lune doit se faire sentir d'une manière
également puissante sur chacun de ces trois océans , dont
le plus léger flotte au-dessus de nos têtes, et dont le plus
dense s'agite à l'intérieur de la terre, au-dessous d'un
plancher tremblant de roches cristallisées et de terrains
stratifiés.
Arago a constaté, par une analyse très-savante décrite
dans ses Œuvres complètes (édition Barral), que les pluies
et les orages sont plus fréquents dans certaines phases de
la lune que dans d'autres. M. Perrey, savant professeur de
l'Académie de Dijon, a fait la même remarque à propos des
tremblements de terre, produits par le choc des éléments
liquides contre l'écorce solide. Il a constaté que la masse
fondue vient battre, avec une force variable suivant la position de la lune dans son orbe, les divers points du plafond qui la recouvre de toutes parts.
Si une comète de masse extraordinaire s'approchait trop
de notre globe, elle pourrait donc produire un coup de
bélier d'une violence extraordinaire , et mettre en lutte
directe Neptune avec Pluton.
Nous avons essayé de faire comprendre avec quelles difficultés l'on est arrivé à se rendre compte des mouvements
de l'Océan. Il ne faut donc pas s'étonner que l'air, beaucoup
plus mobile que l'eau, trompe beaucoup plus facilement
les personnes qui veulent calculer le retour des pluies
avec une précision astronomique ; car les moindres variations dans la quantité de chaleur que nous envoie le soleil
produisent des conséquences qui échappent manifestement
à toutes les prévisions rationnelles. Il serait aussi peu raisonnable de chercher à prévoir le retour des agitations du
monde souterrain dans un lieu déterminé de la terre. Elles
sont relativement innocentes et inoffensives lorsque la marée plutonienne vient battre un point où les couches se sont

(¹) On peut consulter à ce sujet le *Journal de Verdun*. On lit dans
ce vaste recueil, si peu lu aujourd'hui, des détails minutieux sur la
mécanique du père Figari.

accumulées, comme au-dessous du sol de Paris; mais elles
peuvent produire les accidents les plus terribles lorsque la
lave infernale, poussée par l'attraction des corps célestes,
se précipite dans les fissures que le refroidissement a laissées. Les plus épouvantables explosions ont lieu si la matière fondue arrive en contact avec des cavités humides ou
même noyées par les eaux de la mer, comme le sont probablement celles qui se trouvent à la base du Vésuve. Une
colonne de fumée qui peut s'élever à plusieurs centaines
de mètres sort du cratère principal, accompagnée d'éclairs
bruyants et de projections de cendres et de pierres rou-
gies. Souvent l'orifice du volcan ne suffit pas pour satisfaire
aux forces explosives, et des cônes d'éruption jaillissent sur
les flancs de la montagne dont ils bouleversent le sol; des
coulées de lave s'épanchent avec la rapidité de l'eau et
inondent de vastes espaces. Enfin la secousse est quelque-

Éruption du Vésuve en 1855.

fois tellement forte qu'on en ressent le contre-coup dans
des régions très-éloignées. La grande éruption de 1855 a
été suivie, deux ans plus tard, d'un grand tremblement de
terre qui bouleversa la Calabre et dans lequel plus de
trente mille personnes périrent la vie. L'avant-dernier roi
de Naples a construit sur les flancs du Vésuve un observatoire destiné à prévoir les orages souterrains et à les étudier; mais il est impossible de dire à l'avance jusqu'où
s'étendra l'effet de ces tempêtes plutoniennes, qu'un de nos
plus spirituels géologues appelle d'infructueuses tentatives
pour arriver à l'établissement d'un volcan.

LA PHARMACIE DU COUVENT DES CAPUCINS,

A ROME.

Salon de 1863; Peinture. — Pharmacie du couvent des Capucins, à Rome, tableau de M. Armand Leloux. — Dessin de Pauquet fils.

Près du palais Barberini, à Rome, sur une petite place plantée d'arbres par les Français lors de la première occupation, s'élève un couvent de capucins : les étrangers vont voir dans leur église un tableau du Guide représentant l'archange saint Michel, tableau qui ne mérite sa réputation que par une élégance un peu mièvre et une grâce trop efféminée. Une peinture du Dominiquin, représentant saint François, placée dans une chapelle de la même église, est d'une beauté plus sévère. On y peut voir encore un carton de la *Barque de saint Pierre* de Giotto, dont la mosaïque est dans la basilique de Saint-Pierre.

L'artiste qui a peint le joli tableau reproduit par notre gravure a pénétré plus avant : il a visité les moines dans l'intérieur de leur couvent; il a assisté aux funérailles de l'un d'entre eux, et les a représentées dans un autre tableau exposé comme celui-ci au Salon de cette année. Il a vu les pauvres pères qui reçoivent la charité l'exercer envers plus pauvres qu'eux, et visité la pharmacie, bien connue de la population voisine, où ils distribuent des remèdes aux indigents. De tout temps, le soin des malades a été inscrit parmi les règles des ordres monastiques, et c'est même dans les couvents que, durant les siècles de barbarie, les arts de la médecine et de la pharmacie, comme tous les autres, ont conservé leurs anciennes traditions, en attendant les découvertes et les méthodes qui devaient leur ouvrir un avenir nouveau.

Les moines remplissaient vraiment une bienfaisante mission lorsque, au milieu des ruines et du désordre des premiers siècles du moyen âge, non-seulement ils opposaient à l'injustice et à la tyrannie de la force brutale le dévouement, l'abnégation, la charité dont ils donnaient l'exemple, ouvraient des refuges à la prière et à la pensée, mais aussi secouraient les faibles, les opprimés, les malades; ils fortifiaient à la fois les âmes et les corps; ils préparaient les populations misérables à travailler elles-mêmes à leur indépendance, lorsqu'ils défrichaient et ensemençaient les terres autour de leurs couvents, établissaient des usines, pratiquaient et enseignaient tous les arts et toutes les industries. Les pauvres gens étaient assurés de trouver auprès d'eux protection; les malades, des soins et des médicaments. La pharmacie, dont on voit l'emplacement indiqué sur les plus anciens plans, était toujours ouverte pour les malades du dehors. Les grandes abbayes de Cluny, de Clairvaux, et les maisons qui en dépendaient dans tant de pays, comptaient parmi leurs dignitaires les *infirmiers des pauvres*, et la règle imposait aux aumôniers le devoir de parcourir une fois la semaine le territoire de l'abbaye pour s'informer des malades.

Lorsque saint François d'Assise, au treizième siècle, institua les ordres mendiants, il voulut que ses religieux, observant eux-mêmes strictement le vœu de pauvreté, mendiassent pour subvenir aux besoins des pauvres, et que les riches fissent l'abandon de leurs biens pour avoir le droit de demander l'aumône sans rougir. L'ordre de Saint-François ne tarda pas à avoir des établissements aussi riches que les communautés de Bénédictins; mais cet ordre (auquel appartiennent les capucins) a toujours maintenu le soulagement des pauvres et des malades parmi ses plus strictes obligations.

LA DETTE DE L'ENFANT

PAYÉE PAR LE VIEILLARD.

NOUVELLE.

Le bonhomme qui avait quatre-vingt-douze ans dit à celui qui n'en comptait encore que soixante-dix :
— Écoute-moi, enfant.

— Enfant ! répéta avec surprise un passant, qui voyait courbé sous le poids des années celui qu'on interpellait ainsi. — Si c'est là un enfant, demanda-t-il au plus vieux des deux vieillards, à quel âge admettez-vous qu'on soit un homme?

— L'âge n'y fait rien, répliqua ce dernier; entre gens qui causent ensemble, tout dépend des qualités respectives. Par exemple, celui à qui je parlais : il a beau être depuis longtemps un homme pour tous les autres, pour moi il sera toujours un enfant, attendu qu'on n'est jamais un homme pour son père.

MICHEL MASSON.

I — Sam le myope.

En plein cœur de la vieille Angleterre et, de peu s'en faut, au point milieu du comté de Stafford, trois hautes flèches de pierre, hardiment dressées sur leur triple clocher, réjouissent à distance la vue du piéton fatigué qui va de Birmingham à Manchester. Elles sont pour lui la promesse certaine de ces deux réconforts du chrétien voyageur : prière en commun sous le toit du Seigneur; vienne l'heure du prêche, et repos en bon gîte dans une importante cité. — Cette cité, c'est Lichfield, la ville capitale du Staffordshire.

Il y a environ cent quarante ans, on comptait déjà à Lichfield plus d'une vaste et opulente hôtellerie en possession de l'estime sérieuse de ses nombreux visiteurs; mais le meilleur parfum de bonne renommée était incontestablement acquis à l'ancienne et modeste auberge des Trois-Couronnes, tenue alors par maître Wilkins. La probité traditionnelle des prédécesseurs de celui-ci avait solidement établi la respectabilité de l'enseigne des Trois-Couronnes; de là sa prospérité, qui plus tard devait encore s'accroître. La fortune, qui voulait du bien à cette honnête maison, permit qu'un nom glorieux devînt inséparable de son renom d'honneur, et, sous le règne de maître Wilkins, le hasard d'un heureux voisinage la rendit à jamais célèbre.

Cependant, au début de ce récit, l'auberge des Trois-Couronnes ne se distinguait encore de ses rivales que par le mérite facilement appréciable et justement apprécié de ses portions de rump-steak plus copieuses, de ses pots d'ale plus consciencieusement emplis et fournis en qualité supérieure pour un prix plus doux. Quant à la célébrité que lui réservait l'avenir, Wilkins n'en avait nul pressentiment, et d'ailleurs, alors même qu'il l'aurait pressentie, ce n'est pas, certes, de celui qui devait la lui donner que le bonhomme se fût avisé de l'attendre.

Celui-là n'était alors qu'un gros enfant souffreteux; ses parents le nommaient tantôt petit Sam, tantôt notre infirme; pour les gens du quartier, ils l'avaient surnommé Plaies-et-Bosses, non pas qu'il fût jamais battant ou battu, mais à cause des nombreux accidents que lui occasionnait journellement une myopie proche voisine de la cécité.

Michaël Johnson, son père, petit libraire, grand savant, — deux professions qui s'admettaient volontiers l'une l'autre à cette époque et qui, sans doute, ne s'excluent pas absolument aujourd'hui, — avait son magasin de librairie porte à porte avec l'auberge de Wilkins. Double profit pour l'enfant, en qui s'éveillait déjà un prodigieux appétit à l'endroit des gros morceaux et des gros livres. Aussi Sam le myope n'était-il pas rencontré moins souvent dans la cuisine du voisin que parmi les bouquins de son père.

Pour aller et venir d'ici là et réciproquement, presque à l'aveuglette, l'enfant courait de grands risques. Corps énorme chancelant sur deux jambes fluettes et cheminant à tâtons, tout lui faisait obstacle pendant la route; il se heurtait au plein, se perdait dans le vide, et c'était miracle quand le pauvre Plaies-et-Bosses arrivait au terme de son voyage d'aventures sans avoir, une fois de plus, justifié son surnom.

Mais, si peu encourageante que lui fût la chance dans ses essais journaliers de va et vient de l'auberge des Trois-Couronnes à la boutique paternelle, Sam, pour le plus souvent, savait seul combien elle lui avait été mauvaise. Toutes les contusions, toutes les écorchures qu'il pouvait cacher, il les comptait pour non avenues, c'est-à-dire qu'il ne les comptait pas, et, comme s'il eût défié le sort d'être plus dur envers lui que lui-même, jamais un cri, jamais une larme ne révélait sa plus fâcheuse mésaventure. Ce qui faisait dire à sa bonne femme de mère, cédant aux exagérations de l'épouvante quand le soir, en le déshabillant, elle découvrait sur lui l'indice encore sanglant d'une chute récente :

— On ne peut jamais savoir, avec lui, quand il souffre ! Méchant enfant ! il se serait tué qu'il ne le dirait pas.

Mais c'est seulement parce qu'il ne s'avisait pas d'interroger ses souvenirs que mistress Johnson reprochait à l'infirme son obstination à taire ses accidents et à dissimuler ses souffrances. Il n'avait pas toujours été si discret. Autrefois, ainsi que la plupart des autres enfants, il criait, il pleurait franchement; je veux dire très-haut et très-abondamment, pour un choc, pour une chute ou à la vue de son sang; mais, un jour, la violence du coup qu'il se donna, à la brusque rencontre de l'angle d'un meuble, lui arracha de tels cris que sa mère, si prompte d'ordinaire à venir à son secours, retomba sans force sur la chaise d'où elle venait d'essayer de se lever; puis elle pâlit et s'abandonna comme si elle allait mourir de saisissement. Sam, la voyant ainsi, cessa tout à coup de crier; il la contempla avec surprise, avec inquiétude, et comme elle ne le regardait plus, comme elle ne répondait plus à sa voix, l'enfant, s'effrayant pour elle au point d'oublier son propre mal, courut vers les montées du cœur, appela la servante, et il ne recommença à s'apercevoir qu'il souffrait encore que lorsque cette fille eut, par ses soins, aidé la bonne dame à se remettre de son émotion.

Lorsqu'il fut à peu près rassuré, ayant vu sa mère se calmer et reprendre couleur, il se hâta de l'interroger sur la blessure que, supposait-il, elle-même s'était faite; car il ne pouvait attribuer au contre-coup de la sienne la défaillance et la pâleur de mistress Johnson. Sam ne savait rien encore de ces terribles chocs en retour qui brisent le cœur des mères.

— Ce qui m'a fait mal, répondit-elle, c'est le coup que tu t'es donné; je ne l'ai pas entendu, mais tu as crié si fort!

Ces derniers mots étaient une révélation. Sam savait comment il pouvait épargner à sa mère le danger d'une semblable rechute, et se promit qu'à l'avenir il ne crierait plus. Comme il avait déjà sur lui-même cette puissance de volonté qui a fait dire de lui : « Droit et inflexible comme un barreau d'acier », il se tint loyalement parole.

À quelques jours de là, Sam, nécessairement, se fit une nouvelle meurtrissure; c'était comme un essai, involontaire, bien entendu, de sa force à souffrir sans se plaindre. Sam retenait de lui. Mais sentant que le cri qu'il eût contenu se fondait intérieurement en larmes qu'il ne pourrait retenir, et se rappelant que sa mère souffrait de ses souffrances, afin qu'elle eût de moins cette douleur, l'enfant s'en alla pleurer chez le voisin.

Même aux heures bénies où la quiétude de l'esprit met

le calme dans les traits du visage, il n'était pas beau, le petit Sam, avec ses gros yeux à demi éteints, ses grosses joues blafardes et sa grosse lèvre inférieure pendante. Qu'on s'imagine quelle grotesque figure ce devait être quand une émotion quelconque la faisait grimacer. Aussi Sam, riant n'était-il réputé comme l'image la plus laide et la plus drôle qu'on pût voir que par ceux-là seulement qui n'avaient pas vu Sam pleurant.

Or, quand l'infirme arriva chez le voisin pour soulager son cœur trop plein et sa poitrine gonflée, il ne s'aperçut pas d'abord qu'il se donnait en spectacle à plusieurs étrangers réunis dans le parloir de l'auberge. Tous, un seul excepté, mis en folle gaieté à la vue du masque comique que lui faisait l'explosion de ce gros chagrin, répondirent par des éclats de rire à son torrent de larmes. Cependant celui qui n'avait pas ri, — il était de ceux qui prennent toute douleur en pitié, même celle d'un enfant, — celui-ci se détacha du groupe des rieurs, s'approcha du désolé qui paraissait inconsolable, et après qu'il lui eut demandé la cause de son affliction, comme il vit que l'enfant savait écouter quand on lui parlait sérieusement, il coupa court à ses sanglots par cette simple observation :

— Aujourd'hui les fous se moquent de toi, et ils n'ont qu'une sotte raison pour excuse : c'est que tu es fort laid quand tu pleures. Mais plus tard, ceci est autrement grave, les sages te mépriseraient à bon droit si, dès à présent, tu ne t'exerçais pas à dominer le chagrin, à renfoncer les larmes. Souviens-toi qu'il n'est permis qu'aux petites filles de laisser voir les leurs, parce que les femmes seules ont le droit de pleurer. Le petit garçon qui s'abandonne lâchement aux pleurs ne sera jamais un homme.

— Je veux être un homme ! répondit Sam s'essuyant à poings fermés les paupières; puis, montrant aussitôt ses yeux subitement séchés, il ajouta d'un ton résolu : — Vous verrez si je ne deviens pas un homme !

Ce fut ainsi que l'enfant, jadis criard et pleureur, rompit sans retour avec les faiblesses énervantes du bas âge et qu'il parvint à endurer, avec une telle fermeté qu'il semblait devenu positivement impassible, les misères de son infirmité. — Sam l'avait bien dit, il voulait être, il fut vraiment un homme.

Or, pour devenir un homme, dans la large et noble acception du mot, c'est-à-dire un caractère sur lequel les autres n'aient jamais tort de compter et qui puisse toujours compter sur lui-même, il n'est pas d'exercice moral plus salutaire, plus fortifiant que celui qui consiste à faire sa propre volonté dans une direction constante à travers les obstacles et malgré les périls qui pourraient la faire fléchir ou dévier. Toutefois, il est bien entendu que cette direction sera celle qu'indique la bonne conscience, et que la rectitude, qui n'est que la droiture, ne sera pas plus confondue avec la rigidité que la fermeté ne doit l'être avec la roideur. Autrement on serait sans doute encore un homme, mais un homme insociable ou dangereux qu'il faudrait éviter ou peut-être haïr.

C'est parce qu'il ne s'appliqua pas tout d'abord à faire cette importante distinction que notre Sam, comme s'il eût été doublement myope, en vint à se heurter à tout, dans le monde des idées et des sentiments aussi bien que dans le monde matériel; avec cette différence à noter, quant au résultat des chocs, c'est que, d'une part, il ne meurtrissait que lui-même, tandis que, de l'autre, c'est le prochain qu'il blessait. A force donc de trop bien vouloir ce qu'il voulait, il s'accrocha aussi obstinément à ses torts qu'à son bon droit, et porta au même degré de puissance le mérite de la volonté bonne et l'orgueil du mauvais vouloir. En un mot, l'excès de sa plus grande qualité fut son plus grand défaut.

Notre héros est connu, maintenant nous pouvons arriver au fait; mais cette exposition était nécessaire pour qu'on pût comprendre comment Sam, qui était un honnête enfant et qui fut un honnête homme, s'obstina pendant soixante ans à ne pas payer une dette qui ne lui eût cependant coûté que la dépense de quatre mots; ceux-ci : — Je vous demande pardon.

II. — A douze ans.

Ce n'était pas seulement à Lichfield que le libraire Michaël Johnson exerçait sa profession. En ce temps où les concurrents étaient, de toute part, moins nombreux qu'aujourd'hui, surtout dans le commerce de la librairie, le père de Sam, le myope, ainsi que la plupart de ses confrères, s'était fait marchand nomade. Laissant à sa femme le gouvernement absolu du logis, boutique et ménage, il allait, à jours fixes, ouvrir une échoppe dans l'une des villes à marché du comté. De ces villes, il n'y en avait pas moins de dix-huit dans le Staffordshire : aussi rencontrait-on presque toujours Michaël Johnson hors de chez lui, tantôt à Burton sur la Trent, tantôt à Newcastle sur la Line, mais le plus souvent à Uttoxeter.

Aussitôt que Sam eut cessé d'être un tout petit enfant qu'il fallait forcément laisser aux soins de sa mère, Michael, qui avait pour son fils une profonde tendresse, se fit une joie de l'emmener parfois dans ses fréquents voyages; puis ce lui fut une si douce habitude qu'il aurait même manqué l'ouverture du marché plutôt que de ne pas attendre son cher compagnon de route, si mistress Johnson, moins attentive, eût négligé de le tenir prêt pour l'heure du départ. Mais ceci ne devait pas arriver, car la bonne ménagère, habile à l'épargne, savait trop bien le prix de son temps pour oublier que la ponctualité est une économie.

Si l'enfant, écolier alors, prenait plaisir à ces vacances périodiques, il n'est point nécessaire de l'affirmer par serment pour qu'on le croie. Ce n'était pas que l'école lui fit peur; car chez le docteur Hawkins, son maître, le travail des élèves se bornait à quelques exercices de mémoire, et la sienne était si prompte à recevoir ce qu'on voulait lui confier qu'elle le saisissait pour ainsi dire au vol, en se jouant.

On avait eu, chez lui, plus d'un exemple des prodiges de cette rapide mémoire, celui-ci entre autres.

Un matin, Sam alors n'était encore l'élève que de sa mère, mistress Johnson lui mit dans les mains un livre de prières, et dit, en lui désignant une page qu'il n'avait jamais lue :

— Voici ton devoir pour aujourd'hui; lis et relis cette page, je t'accorde toute la journée pour l'apprendre par cœur; tu me la répéteras ce soir.

Cela dit, elle le laissa seul, afin qu'il pût, à loisir et sans distraction, prendre connaissance une première fois de la leçon qu'il devait lui réciter à la fin de la journée.

De sa chambre d'en haut, où elle venait de quitter son fils, pour se rendre dans le magasin situé au rez-de-chaussée, mistress Johnson avait deux étages à descendre. Elle était à peine à la moitié du chemin quand elle entendit l'enfant lui crier :

— Remontez, mère, remontez bien vite!

Ce pressant appel ne lui causa aucune inquiétude : elle n'avait pas surpris le bruit alarmant d'une chute, et l'accent de ce cri ne trahissait qu'une impatience joyeuse.

— Que veux-tu? demanda-t-elle à Sam quand elle fut revenue près de lui.

— Vous répéter ma leçon, répondit-il en lui présentant le livre fermé.

— Déjà! et comment peux-tu le savoir? tu n'as pas eu le temps de la lire.

— Si fait, deux fois, et je le savais dès la première. Et, en effet, il la récita tout aussitôt sans broncher.

La suite à la prochaine livraison.

L'ANI DES SAVANES.

Les anis portent aussi le nom de *Crotophaga*, ou mangeurs de tiques, de vermine, parce que, tout en se nour-rissant ordinairement de graines, ils se posent souvent sur les bœufs et sur les vaches pour manger les tiques, les larves et les petits insectes logés dans le poil de ces animaux.

Ce sont des oiseaux de la grosseur du merle, de la grive; mais leur longue queue, aussi longue à elle seule que le reste du corps, les fait paraître d'une taille plus grande et plus élancée. Ils sont tous d'un noir foncé, avec la plupart des plumes bordées de vert ou d'un bleu luisant. Ils ha-

L'Ani des savanes (*Crotophaga ani*). — Dessin de Freeman.

bitent les contrées chaudes de l'Amérique; principalement le Brésil, l'île de Saint-Domingue, et ils se tiennent, non dans les forêts, mais les uns dans les savanes (c'est l'espèce que représente notre gravure), les autres sur les bords de la mer, dans les marais d'eau salée où croissent les palétuviers. La disposition de leurs doigts, divisés par paires, deux en avant, deux en arrière, les a fait ranger dans l'ordre des grimpeurs ou des zygodactiles, à côté des coucous.

Les anis sont intéressants par leurs mœurs éminemment sociables. Ils se réunissent par troupes de dix à vingt, quelquefois de trente individus, et on les voit toujours ensemble, soit qu'ils volent de buisson en buisson, soit qu'ils se reposent sur les branches d'un arbuste, où ils se tiennent côte à côte, serrés le plus possible les uns contre les autres. Mais ce qui est le plus remarquable, c'est que, dans la saison des nids, tandis que les autres oiseaux se retirent par couples à l'écart et cherchent à s'isoler, les anis ne se séparent pas et nichent en commun. Plusieurs femelles, aidées des mâles, apportent des matériaux, petites tiges de plantes filamenteuses, brindilles de citronnier, sur l'arbrisseau où elles veulent s'établir; elles forment ainsi un solide plancher, un peu relevé sur les bords, d'environ un pied de diamètre. Si l'une d'elles est pressée de pondre, elle n'attend pas les autres, qui travaillent à agrandir le nid pendant qu'elle couve ses œufs. Au début, elles essayent bien de tracer quelques lignes de séparation, pour distinguer les places, au moyen de brins d'herbe; mais bientôt, sous les coups d'ailes, sous le mouvement des poitrines, les cloisons se dérangent, tout se brouille, et elles n'en couvent pas avec moins de zèle, chacune répandant indistinctement toute sa chaleur sur tous les œufs qu'elle peut couvrir de son corps. Jamais une querelle, jamais une contestation, paraît-il, ne s'élève dans cette communauté de couveuses. Après l'éclosion des petits, même accord, même entente cordiale; ils reçoivent tous la becquée à tour

de rôle, et ils la prennent de toutes les mères. Devenus forts et capables de pourvoir eux-mêmes à leurs besoins, les jeunes demeurent longtemps encore auprès de leurs parents, et la petite république ne se dissout que pour en former plusieurs autres.

LE PORTRAIT DANS LA STATUAIRE

CHEZ LES GRECS ET CHEZ LES ROMAINS.

Suite. — Voy. p. 259, 278.

Après la conquête du royaume des Perses par Alexandre et la fondation de nouveaux royaumes par ses généraux devenus ses successeurs, l'art grec se répandit dans l'O-

ΑΛΕΞΑΝΔΡΟΣ
ΦΙΛΙΠΠΟΥ
ΜΑΚΕΔΟΝΟΥ

Musée du Louvre. — Buste antique d'Alexandre (*). — Dessin de Chevignard.

rient soumis. La vue des magnificences barbares ne fut pas sur lui sans influence : c'est dans les palais de l'Asie qu'il prit, notamment, le goût des proportions colossales appliquées même aux portraits; toutefois, s'il se ressentit indi-

rectement de ce voisinage, les maîtres et les traditions continuèrent de lui venir de la Grèce même; et s'il déclina peu à peu dans les nouveaux centres formés en Orient par la civilisation hellénique, il n'en faut pas cher-

---

(*) Ce buste d'Alexandre, en marbre pentélique, est, avec les médailles, le seul portrait authentique que l'on ait de ce prince. Il surmonte un hermès trouvé en 1779 à Tivoli, l'ancien *Tibur*, dans l'emplacement de la villa de Pison, et donné au Musée du Louvre par le chevalier Azzara, ministre d'Espagne; c'est ce que signifie l'inscription qu'on lit sur l'un des côtés du buste. Une autre inscription en caractères grecs (ALEXANDRE, FILS DE PHILIPPE LE MACÉDONIEN) est gravée au haut de la gaîne de l'hermès. D'après la forme des caractères, le buste ne serait pas contemporain d'Alexandre;

mais on peut le considérer comme une copie très-exacte d'un des nombreux portraits qu'avait laissés de lui Lysippe. On y a remarqué l'inclinaison du cou sur l'épaule gauche, familière au roi macédonien, et dont parle Plutarque; et, il y a peu d'années, un médecin habile a publié une dissertation où il s'appuie, pour démontrer l'authenticité et la fidélité de ce même buste, sur des preuves tirées de l'ordre médical. (Voy. *Caractères des figures d'Alexandre le Grand et de Zénon le stoïcien éclairés par la médecine*, par le docteur Amédée Dechambre; Paris, 1852.)

cher la cause seulement dans des impressions tout extérieures, mais plutôt dans l'altération des mœurs, dans le relâchement des liens qui avaient uni étroitement l'art à la vie politique, et dans son abaissement devant les caprices d'un public corrompu et frivole, ou de princes fatigués de luxe et devenus presque insensibles à la flatterie la plus extravagante. Les monarques des nouvelles dynasties se firent élever des statues honorifiques, comme celles qu'on dressait autrefois aux grands citoyens de la Grèce libre; mais ils ne se contentèrent pas de simples portraits, ils voulurent être identifiés dans leurs images avec les divinités : ce fut un nouveau problème pour l'art d'opérer ce rapprochement par le costume, l'attitude ou les attributs. Déjà, pour flatter l'orgueil d'Alexandre, des artistes avaient donné à ce prince, tantôt la peau de lion et la massue d'Hercule, tantôt les vêtements et les cornes de Jupiter Ammon dont il lui plaisait qu'on le crût descendu. De même, Démétrius Poliorcète, considéré tour à tour comme fils de Bacchus ou de Neptune, fut représenté sous la figure d'un taureau ou dans l'attitude des dieux de la mer; Séleucus Ier et Attale Ier reçurent aussi dans leurs images des cornes de taureau; d'autres monarques macédoniens portèrent des cornes de bouc; Lysimaque fut figuré sous les traits et avec les attributs d'Hercule. Les statues des princes furent multipliées à l'infini, et cependant les traits des successeurs d'Alexandre ne nous sont guère connus que par les monnaies gravées sous leurs règnes; presque toute autre image d'eux a péri. Si l'on a cru trouver leur ressemblance dans d'autres monuments, c'est qu'on a appliqué, le plus souvent, leurs noms à des figures qui ne les représentaient pas réellement. On comprend que l'on dût avoir peu de respect, quand le règne de pareils maîtres était passé, pour leurs images que ne consacrait plus la beauté de l'art, et que ne maintenaient plus ni l'amour des peuples, ni l'autorité du souverain. Souvent les artistes, pressés de remplacer ces images par un successeur à peine assuré du pouvoir, ne prirent pas la peine d'en créer de nouvelles, et se contentèrent de changer à des statues anciennes ou les têtes ou les inscriptions.

C'est à une des causes qui nous empêchent de connaître les traits d'un grand nombre de personnages représentés par la statuaire.

Une autre cause de destruction plus générale (qui nous a privés non seulement de beaucoup de statues d'hommes célèbres, mais de toutes sortes d'œuvres antiques), c'est qu'il est trop facile de fondre le métal et de le transformer en monnaie pour que la matière de ces statues n'ait pas excité la cupidité des barbares de tous les temps; car la plupart des portraits étaient exécutés en bronze. Il existe bien peu de portraits grecs en marbre, et presque tous sont des imitations de l'époque romaine. Il faut ajouter encore une troisième cause qui a fait disparaître beaucoup de portraits : c'est que les Romains, qui finirent par posséder à peu près toutes les œuvres de l'art grec, n'attachèrent aucun prix à celles que ne recommandaient ni une grande beauté ni un grand souvenir. Ils laissèrent périr les images des Séleucides, ou des Ptolémées, des princes de Pergame, de Cappadoce ou de Bithynie; au contraire, ils conservèrent avec soin et firent reproduire en grand nombre celles des hommes illustres de la Grèce antique. C'est ainsi que l'on peut encore contempler aujourd'hui, dans des statues ou des bustes dont l'authenticité a été établie, les traits de grands politiques et de grands capitaines, comme Miltiade, Périclès, Alcibiade, Aratus, etc.; des philosophes, comme Socrate, Platon, Aristote, Théophraste, Diogène, Zénon, Épicure; de poètes, comme Sophocle, Euripide, Ménandre, Anacréon, Stésichore; d'orateurs et d'historiens, comme Démosthènes, Eschyne, Hérodote, Thucy-

dide, etc. Ce fut l'usage, à l'époque des études savantes dans la Grèce (usage imité par la suite dans les cités grecques de l'Orient, à Alexandrie, à Pergame, et plus tard aussi à Rome), de placer dans les musées et les bibliothèques les bustes des écrivains, des philosophes, des sages; quand leurs traits ne pouvaient être connus, l'art les imaginait en s'inspirant de leurs ouvrages ou de la tradition. On ne peut citer un plus bel exemple de ce genre de créations que le buste admirable d'Homère, souvent reproduit dans l'antiquité et jusqu'à nos jours.

Le buste, ce portrait, ou plus généralement cette image sculptée qui représente la personne jusqu'à la poitrine seulement, a une double origine : les hermès premièrement, c'est-à-dire ces gaînes ou poteaux à quatre faces surmontés de la tête d'une divinité, qui précédèrent les statues entières dans le développement de l'art et qui restèrent longtemps l'œuvre principale de la sculpture en pierre; plus tard, quand les sculpteurs furent habiles à figurer des statues, l'hermès n'en resta pas moins une des formes de la plastique; le plus souvent les têtes de deux divinités furent accolées dans un bloc, et on mit quelquefois les têtes de divers personnages à la place de celles des divinités. On doit, en second lieu, chercher l'origine des portraits en buste dans les masques ou visages figurés, non pas en ronde bosse, mais en bas ou haut relief et faisant saillie sur une surface plane : l'architecture s'en servit pour l'ornement des murs; l'orfèvrerie et les autres arts qui s'appliquent au travail des métaux, pour la décoration de plats, de vases, de patères, de boucliers, etc. L'usage de représenter en buste, soit par la peinture, soit par le relief, sur des boucliers et sur des plaques de métal ou d'autre matière, les traits de divinités ou de personnages, remonte à une très-haute antiquité, et peut-être jusqu'aux Troïens. Il faut surtout remarquer que l'on plaça, chez les Grecs et chez les Romains, sur des boucliers d'honneur et sur des boucliers votifs, puis simplement sur des disques semblables, suspendus comme une décoration entre les piliers d'un édifice public ou d'une maison particulière, les images des hommes illustres. Cet honneur, d'abord réservé aux personnages fameux dans la politique et la guerre, fut plus tard étendu aux orateurs et aux écrivains célèbres. Ainsi l'on possède des imitations en marbre de boucliers qui représentent Démosthènes, Eschyne, Sophocle, Ménandre. Ces imitations sont romaines. Les portraits des écrivains placés dans la Bibliothèque Palatine étaient des disques ou clipei du même genre. Plus tard, les bustes de simples particuliers, fréquemment peints ou sculptés sur tombeaux, furent souvent aussi placés dans ces sortes de médaillons, particulièrement sous l'empire. Pline considérait comme une des causes de la décadence du portrait que l'on préférât, de son temps, à la simple peinture, ces images ciselées dans des métaux précieux où la richesse l'emportait sur l'art.

La suite à une autre livraison.

MÉLANCOLIE.

CHANT GREC DE L'ASIE MINEURE.

Une fille, belle comme un ange, chantait doucement sur la plage. Elle prie les vagues, elle implore les vents.

Un navire passe, les voiles gonflées; les matelots, entendant cette voix et voyant tant de beauté, oublient les voiles et laissent la manœuvre.

— Allez, matelots, allez avec Dieu : je n'ai pas chanté pour vous; je prie les vagues, j'implore les vents, j'envoie un salut à celui qui a mon âme.

LES TIMBRES-POSTE.

Suite. —Voy. p. 35, 70, 119, 151, 199, 222, 254, 293, 335.

CONFÉDÉRATION SUISSE.

(48 timbres, 16 types; — 1 enveloppe, 1 type.)

Plusieurs cantons ont adopté, pour le service postal de leur territoire, le système de l'affranchissement des lettres au moyen de timbres-poste longtemps avant que le gouvernement fédéral l'eût introduit dans la confédération.

Les cantons de Bâle, de Genève, de Neuchâtel, de Vaud et de Zurich ont, depuis 1843 jusqu'en 1850 et 1851, fait usage de timbres qui leur étaient propres et qui n'avaient ordinairement cours que dans le canton.

La première loi sur les taxes postales, rendue à l'occasion de la centralisation des postes suisses, est celle du 4 juin 1849, mise en vigueur le 1er octobre 1849. Elle traçait quatre rayons ou zones, et fixait le port de la lettre simple, ne pesant pas plus de $^1/_2$ loth (7^{gr}.3125), à 5, 10, 15 et 20 rappen, suivant la distance et avec progression de $^1/_2$ en $^1/_2$ loth. La loi établissait de plus, pour les villes populeuses, une taxe locale de 2 rappen $^1/_2$, avec progression du port de 2 en 2 loths, pour les lettres affranchies circulant dans l'intérieur de ces villes.

L'administration des postes a émis les timbres de 2 $^1/_2$ rappen en avril 1850, d'après la décision du département fédéral des postes du 5 avril 1850, et les timbres de 5 et de 10 rappen le 1er octobre 1850, en vertu de la décision du 9 septembre 1850. L'affranchissement au moyen de timbres-poste n'a été admis que pour la poste locale jusqu'au 1er octobre 1850; il a été appliqué, depuis cette époque, à toutes les correspondances échangées dans l'intérieur de la Suisse, et l'on ne pouvait affranchir qu'avec des timbres-poste.

La loi du 25 août 1851 a réduit la taxe par lettre de $^1/_2$ loth à 5 rappen pour le rayon de 2 lieues, à 10 rappen pour le rayon de 10 lieues, à 15 rappen pour le rayon de plus de 10 lieues. Les taxes étaient exprimées en nouvelle monnaie, aux termes de la loi du 7 mai 1850 portant réforme du système monétaire. Le 1er janvier 1852, les timbres de 2 $^1/_2$ rappen furent supprimés, et les timbres précédents remplacés par de nouveaux timbres de 5, 10 et 15 rappen et de 15 centimes.

On décida, en septembre 1854, l'émission de nouveaux timbres de 5, 10, 15, 20 et 40 centimes. L'usage de ces timbres commença le 1er octobre 1854, et fut déclaré obligatoire pour l'affranchissement de tout ce qui est remis aux postes pour l'intérieur ou les pays étrangers. Les timbres de 1 franc furent émis le 1er février 1855, et ceux de 2 centimes le 1er juillet 1862.

Les timbres de 15 centimes ont été retirés le 31 août 1862, et les autres timbres ne devaient être valables que jusqu'au 31 juillet 1863.

La loi du 6 février 1862 a porté le poids de la lettre simple à 10 grammes, et a établi deux rayons : jusqu'à 2 lieues, la lettre ne paye que 5 centimes, affranchie et non affranchie; au delà de 2 lieues, elle paye 10 centimes affranchie et 15 centimes non affranchie.

La fabrication des timbres actuels a été annoncée par une instruction du département des postes du 2 avril 1862. On a livré au public les timbres de 3 centimes le 1er juillet 1862, ceux de 2, 5, 10 et 30 centimes le 1er octobre 1862, ceux de 20 centimes le 1er mai 1863, et de 40 centimes le 1er juillet; les timbres de 60 centimes et de 1 franc ont dû être mis en vente le 1er août 1863.

La quantité de lettres circulant en Suisse a été de 15 406 117 en 1850, de 21 863 844 en 1855, de 24 977 332 en 1860, et de 30 061 398 en 1862,

Voici un aperçu du mouvement des lettres de l'intérieur pour l'intérieur : en 1854, sur 11 151 224 : 599 172 dans les villes (poste locale), 6 871 709 jusqu'à 10 lieues, 2 683 814 de 10 à 25 lieues, 677 738 de 25 à 40 lieues, et 318 791 au delà de 40 lieues.

	1852.	1861.
Jusqu'à 2 lieues.......	2 389 430	6 799 757
De 2 à 10 lieues......	5 592 907	8 162 221
Au delà de 10 lieues....	3 980 343	7 099 341

L'augmentation dans les correspondances a été, en dix ans, de 1862 sur 1852, de 71 pour 100, et de la période triennale de 1860-62 sur celle de 1857-59 de 9 pour 100.

La population de la Suisse était de 2 600 000 habitants en 1861; le nombre moyen de lettres par habitant est de 11.

On a compté, en 1862, en lettres affranchies, 44 lettres intérieures sur 100 et 43 lettres internationales sur 100.

Il a été vendu : en 1852, 4 099 486 timbres de 5, 10 et 15 rappen, d'une valeur de 397 393 francs; en 1858, 7 515 124 timbres, d'une valeur de 1 032 819 fr. 55 c.; et en 1862, 13 868 003 timbres, d'une valeur de 1 702 918 fr. 17 c., savoir : 1 042 493 timbres de 2 centimes, 107 817 de 3 centimes, 3 350 166 de 5 centimes, 5 991 494 de 10 centimes, 984 750 de 15 centimes, 1 166 995 de 20 centimes, 66 506 de 30 centimes, 1 077 782 de 40 centimes et 80 000 de 1 franc.

L'administration des postes a transporté, en 1861, 497 232 paquets de papiers, 1 551 666 imprimés sous bande, 20 404 789 journaux, dont 1 848 537 étrangers.

Les bénéfices nets des postes fédérales ont été, en moyenne, par an, de 1 557 000 francs de 1852 à 1856, et de 1 259 000 francs de 1857 à 1861.

Ville de Bâle.

Le timbre bâlois a été émis à Bâle le 1er juillet 1845; il paraît qu'il a été retiré avant la centralisation des postes. On l'employait encore en 1848 et en 1849; il servait à affranchir les lettres de la ville pour la ville.

Il est rectangulaire, il a 20^{mm} sur 18^{mm}.5. Il est gravé, imprimé en noir et en couleur (groseille et bleu clair) sur papier blanc. Le fond bleu présente un très-fin réseau blanc. Un pigeon, les ailes éployées, blanc et en relief, vole dans un ciel groseille en tenant une lettre avec le bec. La crosse qui figure dans les armes de la ville de Bâle est au-dessus. On lit sur le timbre : *Stadt post Basel* (Poste de la ville de Bâle). 2 $^1/_2$ rappen (0^f.037) (1) (n° 109).

N° 109. Bâle.

Canton de Berne.

Il n'y a pas eu de timbre-poste bernois.

Les timbres mobiles des 2, 3 et 10 rappen, qui sont imprimés en couleur vert-olive, bleu clair, bistre clair sur papier blanc, et qui portent l'écu aux armes de Berne, servent de timbre des effets de commerce et des pièces qui doivent être écrites sur papier timbré. Ils sont de récente création.

Ville et canton de Genève.

On a commencé par le timbre local de 5 centimes (2) pour l'affranchissement des lettres de la ville pour la ville. Ce timbre, *A*, est tantôt carré, et il a 15^{mm}.5 de côté,

(1) L'ancien rappen (avant 1850) = $^1/_{100}$ de l'ancien franc de Suisse = 0^f.0148. Le rappen actuel, depuis la loi du 7 mai 1850, = $^1/_{100}$ de notre franc = 0^f.01^c.

(2) Le canton de Genève comptait en francs et centimes de France, et non pas en francs et centimes ou rappen de Suisse.

tantôt rectangulaire, et il a 15ᵐᵐ.5 sur 15ᵐᵐ; il est lithographié, imprimé en noir sur papier vert jaunâtre. On y a
dessiné l'écu aux armes de Genève, qui est surmonté d'une
banderole avec la devise *Post tenebras lux*, et des lettres
sacrées J H S entourées d'une gloire. L'aigle des armes
est couronnée. On lit en haut : *Poste de Genève*, et en bas :
Port local (n° 110).

A. N° 110.   Genève.   B. N° 111.

Deux timbres locaux formaient un timbre cantonal;
deux de ces timbres, imprimés l'un à côté de l'autre,
étaient réunis, en haut et en bas, par un filet d'encadrement, et on lit en tête : *10. Port cantonal. Cent.* (n° 111).
Avec ce timbre cantonal, *B*, ou double timbre local, on
affranchissait les lettres pour tout le canton.

Le timbre local de droite est toujours carré (15ᵐᵐ.5 de
côté), et celui de gauche est rectangulaire (15ᵐᵐ.5 sur
15ᵐᵐ).

Ces timbres étaient employés en 1844.

Il existe un timbre local, *C*, tiré sur une autre pierre
et un peu plus petit; il est rectangulaire et a 15ᵐᵐ.2 sur
14ᵐᵐ. Les exemplaires que nous avons vus, et de l'authenticité desquels nous ne sommes pas certain, étaient
rognés; nous ignorons s'ils avaient l'inscription supérieure
qui marque l'usage du double timbre pour le port cantonal. Ce timbre est lithographié, imprimé en noir sur papier
vert ou sur papier jaune-paille clair.

La suite à une autre livraison.

Quelquefois la vertu meurt de faim tandis que le vice
s'engraisse. Quoi d'étrange? Est-ce que le pain est la récompense de la vertu? Le vice peut le mériter, car c'est
le prix de la fatigue. L'esclave le gagne bien en labourant
la terre.   UN POETE ANCIEN.

Périsse la prudence quand elle fait obstacle au devoir.
                                        HANNAH MORE.

OBSERVATIONS ASTRONOMIQUES.

DÉCEMBRE.

L'Épi de la Vierge. — Le 6 décembre, les astronomes
de l'hémisphère austral, qui commencent à être nombreux
depuis que les observatoires se multiplient avec les progrès
de la colonisation britannique, pourront observer l'occultation par la Lune de l'Épi de la Vierge. Quoique ce soit la
moins brillante de toutes les étoiles de première grandeur,
le phénomène de sa disparition momentanée vaut la peine
d'être observé avec un soin tout particulier. Comment, en
effet, confondre avec un membre égaré de la multitude
sidérale un astre brillant qui envoie à lui seul autant de
lumière que cinquante des étoiles composant la majorité
de celles dont les éphémérides sont obligées d'enregistrer
les vicissitudes?

Nous signalerons à nos lecteurs des antipodes une observation des plus curieuses et dont aucune explication rationnelle n'a encore pu être donnée. Au moment de passer
derrière le disque de notre satellite, l'étoile semble se ré-

volter contre cette disparition passagère. Elle se projette
d'une manière très-visible sur le disque apparent de la
Lune, comme si elle venait s'intercaler transitoirement entre
nous et notre satellite, dont elle est mille fois plus écartée
que nous ne le sommes lors du périgée.

Ce qui diminuera peut-être le regret de la majeure partie
de nos abonnés de l'hémisphère boréal, c'est que cette
étrange illusion d'optique semble être, par une inexplicable
bizarrerie, le privilége des astronomes qui sont armés d'instruments très-puissants; ceux qui ont à leur disposition
un instrument plus modeste voient l'étoile s'éteindre instantanément et reparaître également dans un espace de
temps inappréciable.

Ajoutons que cette occultation est pour ainsi dire la seconde représentation d'un phénomène qui se reproduisait
à la lunaison précédente, c'est-à-dire vingt-huit jours auparavant : singulière coïncidence qui amène deux fois de
suite le disque lunaire entre notre planète et un point lumineux perdu dans l'immensité des cieux. Par surcroît de
singularité, ces deux occultations successives, invisibles
toutes deux à Paris, l'auront été pour les mêmes méridiens de la zone qui s'étend depuis le cap de Bonne-Espérance jusqu'au pôle sud, et ni l'une ni l'autre n'aura été
visible en dehors de cette portion de notre sphéroïde.

Vénus. — Vénus arrive le 20 décembre à sa plus grande
élongation orientale, car la planète passe au méridien plus
de trois heures avant le Soleil. Les personnes qui voudront
jouir de la vue de ce bel astre devront prendre la peine de
devancer l'aurore. Mais celles qui auront suivi pendant les
mois d'été l'étoile du soir peuvent se dispenser d'examiner
les feux de l'étoile du matin; car, par une coïncidence assez
singulière, les nombres qui expriment la distance de l'astre
à la Terre et au Soleil sont à peu près les mêmes. La seule
différence réelle est que la fraction obscure du disque
sera moins considérable dans la station de décembre que
dans celle d'août.

Saturne. — Pendant toute la durée de l'année, nous
n'avons eu à enregistrer ni apparition ni disparition de
l'anneau; la Terre et le Soleil sont constamment restés du
même côté de cet étrange appendice du plus mystérieux de
nos compagnons. Nous devons cependant mentionner la
communication à l'Institut d'un dessin fait par M. Chacornac, qui a eu l'art d'apercevoir le satellite Titan au
moment où il se trouvait projeté sur les bandes brillantes
qui ornent le centre de la planète. Cette observation re-

Passage du satellite Titan sur le disque de Saturne. — Observation
de M. Chacornac.

marquable a été faite au moyen d'un télescope construit
avec beaucoup de talent et d'économie d'après les indications de M. Léon Foucault, mais qui est encore beaucoup
trop cher pour que nous osions engager les amateurs à se
le procurer.

Typographie de J Best, rue Saint-Maur-Saint-Germain, 15.

UN FAUCONNIER ARABE.

Salon de 1863; Peinture. — Un Fauconnier arabe, par M. Eugène Fromentin. — Dessin de Morin.

La chasse au faucon, qui a été pendant tout le moyen âge un des plus vifs plaisirs de la classe noble, a peu à peu disparu de l'Europe et ne s'est guère perpétuée jusqu'à notre temps que dans les pays scandinaves, où l'on prise encore haut les beaux faucons blancs d'Islande et de Norvége. Mais en Afrique et en Orient, parmi les populations musulmanes, dont les mœurs rappellent par bien des côtés celles de notre féodalité, on se livre encore avec passion à ce genre de chasse. Suivre au galop de son cheval le faucon qui fond sur sa proie à travers les airs, l'atteindre au moment même où elle s'abat sous la serre de l'oiseau vainqueur, c'est pour l'Arabe ou pour le Persan le plaisir le plus enivrant. Les chefs n'ont pas un soin moins jaloux de leurs oiseaux de chasse que de leurs chevaux, et ils tiennent en grande estime ceux qui les élèvent, qui les dressent et qui savent à propos enlever le chaperon qui couvre leurs yeux, les encourager de la voix, les retenir ou les lancer sur le gibier que leur œil perçant a distingué longtemps avant celui du chasseur; puis, au moment où la victime va être dévorée, la dégager adroitement, et, en même temps, préserver le faucon, en évitant que ses ailes, qui battent le sol, ne s'y froissent et ne s'y brisent.

M. Eugène Fromentin, qu'il se serve de la plume ou du pinceau, peint avec un égal talent, on le sait, les mœurs et les paysages de l'Algérie, où il a passé plusieurs années. Il a étudié jusque dans le désert ce peuple arabe, « plus divers, dit-il, qu'on ne le croit »; il a assisté à quelques scènes de la vie féodale des *khalifats*, et dans deux de ses tableaux exposés au Salon de cette année, on pouvait prendre plaisir à reconnaître les épisodes de quelque chasse semblable à celle dont il a retracé le début, malheureusement d'un trait bien succinct, dans son livre, *Un été dans le Sahara*, où il montre le jeune Bel-Kassem « sortant en équipage de chasse, escorté de ses lévriers, avec ses fauconniers en habits de fête, ses pages étranges, et portant lui-même un faucon agrafé sur son gantelet de cuir. ».

Le tableau qui est ici reproduit est surtout remarquable par son brillant et harmonieux coloris et par le mouvement qui le remplit tout entier; tout concourt à en donner la vive impression : les cavaliers galopant, l'éclat hardi des couleurs, le ciel agité, et jusqu'au terrain et aux végétations qui le couvrent, peints d'une touche déchirée, et qui semblent fuir sous la course rapide des chevaux.

LA DETTE DE L'ENFANT
PAYÉE PAR LE VIEILLARD.
NOUVELLE.
Suite. — Voy. p. 378.

D'autres parents, plus enclins que ceux do Sam le myope aux illusions de l'enthousiasme irréfléchi, n'auraient pas manqué de crier miracle à la découverte, chez leur enfant; d'une faculté dont, après tout, on aurait tort de s'enorgueillir; car la mémoire n'est pas le mérite, mais seulement l'un des moyens de l'acquérir. Au lieu d'émerveillément, c'est un sentiment de crainte qu'éprouvèrent Michaël Johnson et sa femme.

— La mémoire de Sam, pensèrent-ils, n'est peut-être aussi rapide que parce qu'elle est également fugitive; l'expérience seule pourra nous dire si ce n'est pas une facilité stérile qui se manifeste sous l'apparence d'un don précieux.

L'expérience devait dissiper leur appréhension : il leur fut maintes fois prouvé que, dans cette merveilleuse mémoire, la rapidité de l'impression était en raison directe de sa profondeur, et que ce que Sam apprenait si vite, il le savait si bien qu'il ne l'oubliait plus.

Donc, voyager avec son père, ce n'était pas, pour lui, risquer de se trouver en retard sur les devoirs de l'école; grâce à sa bonne mémoire, il était toujours assuré de reprendre au retour le premier rang parmi ses camarades de classe. D'ailleurs les voyages, qui fortifiaient sa santé, n'interrompaient pas ses études ; il les continuait sous

l'œil de son père, un homme instruit, sinon un docteur, qui pour l'enseignement valait bien le magister de Lichfield. Et puis, dans la carriole qui les voiturait, aussi bien que dans l'échoppe du marché d'Uttoxeter, Sam se retrouvait partout entouré de ses chers livres, — les livres! toujours plus aimés à mesure qu'il sont mieux connus. — Ils avaient été ses premiers compagnons d'enfance; ils devaient être les meilleurs conseillers de son âge mûr et la dernière passion de sa vieillesse.

C'était toujours fête pour le père et l'enfant à leur départ de Lichfield; au retour, c'était fête encore, mais fête plus complète, car, cette fois, la mère Sam se trouvait sa part. Aussi, bien avant même qu'on signalât leur arrivée, le couvert était-il soigneusement dressé, et, à leur rentrée, comme salut de bienvenue, on apportait sur la table l'*oxtail soup* fumante, ce savoureux potage à la queue de bœuf, si fort parfumé d'épices que les picotements de sa vapeur embaumée vous mettent l'eau à la bouche et les larmes aux yeux.

Les voyageurs, qui se seraient crus coupables d'une offense envers mistress Johnson s'ils se fussent assis à pareille table sans se sentir pourvus d'un grand fonds d'appétit, s'arrangeaient toujours de façon à pouvoir amplement faire honneur à son plantureux dîner. De ceci, nous l'avouons, on n'avait pas à leur faire un mérite, il ne leur en coûtait nul effort : par disposition naturelle, Michaël Johnson était un rude mangeur, et, sur ce point, Sam, on le sait déjà, tenait complétement de son père.

Or c'était plaisir à voir, d'ordinaire, comme les assiettes bien garnies se dégarnissaient rapidement et comme les verres, tout à l'heure pleins, n'étaient plus, l'instant d'après, que des verres à emplir de nouveau. Un jour, cependant, que la même réception leur était faite, que le même couvert les attendait, le père et le fils prirent sans empressement leurs places à table, et après la première assiettée, malgré l'usage immémorial de la maison, qui n'admettait comme trouvé bon par les convives que le plat auquel on revenait deux fois, l'*ox-tail* eut beau les solliciter, ils refusèrent les honneurs du bis à la soupe.

A mistress Johnson, qui interrogeait avec inquiétude son mari sur l'état de sa santé et sur la qualité du potage, Michaël répondit :

— Je me porte bien, la soupe est excellente; mais je n'ai pas faim ce soir, je ne peux pas manger davantage.

— Je le pourrais bien, grommela l'enfant en lançant vers la soupière un regard de convoitise; mais je ne le veux pas. Il repoussa son assiette, se leva de table et alla s'asseoir sur l'espèce de banc que formait, à l'intérieur, le bas de l'embrasure des hautes fenêtres.

Son père, lui voyant ouvrir un livre qu'il avait pris plutôt pour se donner une contenance que pour lire réellement, lui dit : — Il se peut qu'il y manque une page; alors, Sam, il faut me le demander : c'est peut-être celle-là que j'ai sur moi.

Et, comme pour appuyer ses paroles, il tira de sa poche le feuillet déchiré d'un livre. Sam releva la tête, il rougit subitement jusqu'au front, et dans le regard qu'il dirigea vers son père le sentiment de la confusion se mêlait à l'expression d'un reproche douloureux. Michaël Johnson replia le feuillet, le replaça dans sa poche, et sa femme, qui le questionnait des yeux sur leur manière d'être, si na u um entre eux et sur cette scène étrange : — Parlons d'autre chose.

C'était convention faite, depuis les premiers temps du ménage, que lorsque le maître manifestait positivement le désir de taire ce qu'on eût voulu savoir, toute tentative pour le faire parler était un attentat contre son droit, une violation du respect qu'on lui devait. Il faut dire que, par un juste sentiment de l'équité, Michaël pratiquait à l'égard de sa femme la discrétion qu'il exigeait d'elle pour lui-même. Tenant donc pour immuable l'intention qu'avait son mari d'amener la conversation sur un sujet qui n'eût point trait à son attitude avec Sam, mistress Johnson se dit à part elle : — Je n'ai que patience à prendre. Il s'agit d'un secret entre le fils et le père ; l'enfant a l'habitude de ne me rien cacher : ce soir je saurai tout par lui.

L'entretien des deux époux ne roula donc que sur le compte rendu des affaires faites à la boutique en l'absence de Michaël, et sur celles qu'il avait pu faire personnelle-ment au marché d'Uttoxeter. Mais si brillantes qu'eussent été celles-ci, elles captivèrent médiocrement l'intérêt de mistress Johnson, bien, cependant, que la bonne dame fût, de sa nature, un peu âpre au gain. Ce soir-là, une préoc-cupation constante distrayait à ce point son esprit de la question commerciale qu'elle ne s'aperçut même pas qu'en supputant les bénéfices de la vente le libraire, dont la pensée était ailleurs, commettait une grosse erreur dans son addition : — 117 et 28 font 135, dit-il.

— 135, répéta-t-elle machinalement et regardant Sam, qui venait de pousser un « Oh ! » très-distinct.

Frappé de l'erreur de son père, il n'avait pu la laisser passer sans qu'une exclamation involontaire témoignât de la sensation pénible que toute proposition erronée causait à son esprit déjà singulièrement exact.

— Tu veux quelque chose ? lui demanda aussitôt sa mère, supposant qu'elle l'amènerait ainsi à parler de ce qu'elle était si désireuse de savoir.

L'enfant rouvrit son livre et ne répondit pas.

— Si c'est la page que tu désires, reprit le père subitement détourné de son calcul, que Sam nous le dise.

A ce ressouvenir du feuillet déchiré, déjà mis en évi-dence par son père, Sam tressaillit comme si un froisse-ment soudain eût ravivé la douleur d'une blessure ; mais, se remettant, il répliqua : — Je voulais seulement dire que 117 et 28 ne font pas 135, mais 145.

— C'est juste. Oh ! Sam compte mieux que nous, s'em-pressa de remarquer la mère.

Et elle affecta de sourire, afin que son exemple déridât ces deux fronts assombris.

— Oui, l'enfant a raison, je me trompais, dit Michaël ; mais mieux vaut se tromper dans ses comptes que sur son devoir. Il ne suffit pas d'être fort en calcul ; il y a encore autre chose qu'il est bon de savoir.

A ces mots, qui étaient pour mistress Johnson comme une demi-confidence, elle crut pouvoir insister du regard pour encourager son mari à lui tout révéler. Il fronça les sourcils et ajouta :

— J'en ai dit assez, et puisque le repos de la nuit est un bon conseiller, allons nous coucher.

Ce signal de la retraite fut pour la mère de Sam un grand allégement du poids qui l'oppressait ; elle se hâta de conduire l'enfant à sa chambre, pensant bien que lui-même était pressé de se trouver seul avec elle pour lui confier le secret qu'elle n'avait pu obtenir de son mari.

De ce côté aussi l'attente de mistress Johnson fut trom-pée. Pressé de questions, Sam hésita un moment ; mais comme en parlant il lui aurait bien fallu donner rai-son à son père, et comme il ne pouvait se résigner à con-fesser qu'il avait tort, la honte d'une faute et son invincible orgueil lui imposèrent silence.

Pour calmer sa mère justement irritée, il lui dit :

— Attendez jusqu'à demain ; demain je vous avouerai tout peut-être, mais ce soir je tombe de sommeil ; bonne nuit, mère, laissez-moi dormir.

Ce secret que le père, par sentiment de sa dignité, et que le fils, par motif d'orgueil, ne voulaient pas dire, le voici.

Jusqu'à la veille du retour, Sam et son père avaient,

comme par le passé, vécu dans ces rapports intimes de deux cœurs intelligents dont l'affection mutuelle fait, entre l'au-torité qui commande et le respect qui obéit, un facile échange de preuves de confiance et de tendresse. Dans l'échoppe d'Uttoxeter, comme dans la boutique de Lichfield durant l'intervalle des heures de l'école, l'enfant remplissait près de son père les fonctions de commis, et nulle part le li-braire n'aurait pu en trouver un plus précieux. Malgré le désavantage résultant pour lui de sa persistante myopie, Sam savait mieux que Michaël lui-même mettre immédia-tement la main sur le livre demandé, fût-il placé au plus haut ou au plus profond des rayons du magasin. Quant à l'édition particulièrement voulue, lui seul pouvait dire sur-le-champ à l'amateur si on la possédait encore, ou bien quand et à qui on l'avait vendue. Toujours prête à répondre aussitôt qu'on l'interrogeait, la mémoire de Sam était le ca-talogue le plus exact qu'on pût consulter.

La vente de livres au marché d'Uttoxeter n'était point tellement active qu'il ne restât entre l'affaire conclue et l'affaire à venir de longs moments de loisir à Michaël et à son fils. Ces moments, le père les employait à rêver aux combinaisons d'une industrie qu'il voulait joindre à son commerce, — mauvais rêve dont il devait se réveiller plus tard avec un renom encore mieux justifié d'honnête homme, mais d'honnête homme ruiné. — Et pendant que Michaël, au fond du comptoir de l'échoppe, livré à ses rêves, bâtis-sait ainsi un monument à l'illusion, croyant élever un temple à la fortune, Sam se tenait au dehors, assis sur un banc de pierre, et prenait prétexte de la nécessité de garder l'éta-lage pour continuer en pleine lumière une lecture que l'ob-scurité de l'échoppe rendait trop laborieuse pour ses yeux.

De quelque nature que fût un ouvrage, vers ou prose ; quelque sujet qu'eût traité l'auteur, histoire ou théologie, philosophie ou voyages, le livre qui tombait sous la main de Sam était toujours le bienvenu. Il en commençait la lecture avec le même empressement, la même curiosité, et il lui payait jusqu'au bout la même attention soutenue. Mais s'il avait pour habitude de ne jamais laisser un vo-lume inachevé sans le reprendre au premier moment de liberté, il s'en trouvait dont la lecture suspendue lui cau-sait un regret très-supportable et vers lesquels il revenait sans y être poussé par la fièvre de l'impatience.

Telle n'était pas la disposition d'esprit de Sam quand, après une dernière interruption qu'il avait maudite, l'aspect du marché se dépeuplant et les passants devenant plus rares lui permirent de compter enfin sur une lecture plus suivie. A l'appel de son père qui avait à répondre en même temps à deux acheteurs également pressés, Sam avait fermé son livre avec rage ; la joie le lui faisait trembler des mains quand il put le rouvrir, et ce fut avec l'avi-dité d'un appétit féroce que l'insatiable liseur se rejeta sur son régal, prouvant au dehors, à l'œil observé, la jus-tesse de cette locution proverbiale : « dévorer des yeux. »

Ce livre qui avait le privilège de surexciter son intérêt jusqu'au transport du délire est du nombre de ceux qui n'ont fait qu'avec peine leurs premiers pas dans le monde. Condamné avant de naître, c'est-à-dire repoussé par la plupart des libraires, il s'en trouva un cependant qui, par charité, voulut bien le mettre au jour ; mais afin que sa bonne œuvre lui portât quelques fruits, il eut soin de lais-ser attribuer à la plume d'un écrivain aimé cet ouvrage dans le succès duquel l'auteur lui-même avait trop peu de confiance pour oser y mettre son nom. — Que ceux qui marchent le plus péniblement d'abord ne désespèrent pas d'arriver ; ce livre, dédaigné à sa naissance, est un exemple éclatant des heureux retours de la fortune. Fortune ici veut dire : justice rendue au mérite. — L'ouvrage qu'à peine voulait-on lire devint bientôt un objet d'engouement

pour le public anglais, puis l'enchantement du monde entier. Il existait depuis près d'un demi-siècle quand Jean-
Jacques Rousseau écrivit dans l'*Émile* : « Ce livre sera le
premier livre que lira mon Émile ; seul il composera longtemps toute sa bibliothèque, et il y tiendra toujours une
place distinguée. Il servira d'épreuve, durant nos progrès,
à l'état de notre jugement, et tant que notre goût ne sera
pas gâté, sa lecture nous plaira toujours. Quel est donc ce
merveilleux livre? Est-ce Aristote? Est-ce Platon? Non,
c'est *Robinson Crusoé*. »

La suite à la prochaine livraison.

LA PHOTOGRAPHIE.

Suite. — Voy. p. 43, 78, 135, 191, 230, 234, 343.

APPAREILS DE CAMPAGNE.

L'appareil de campagne diffère de l'appareil d'atelier. Il
doit être plus léger et plus portatif. La chambre noire,
réduite à sa plus simple expression, est munie d'un soufflet

Fig. 19. — Appareil photographique de campagne.

qui lui permet de rentrer en elle-même, de s'aplatir et de
se démonter. Le châssis de la glace dépolie, qui peut tomber et se briser, est fixé par des charnières. Le pied, comme
nous le voyons dans la figure 19, a des branches rentrantes ;
il se replie sur lui-même, est maintenu avec une courroie,
et n'est pas ainsi qu'un mince volume facile à transporter ;
la légèreté de sa construction permet, en marchant d'une
station à une autre, de le porter sur l'épaule avec la chambre noire, sans crainte des chutes et des pertes.

Les branches sont munies, au lieu de roulettes, de
pointes qui peuvent se fixer dans tous les genres de terrains.

A l'avant de la chambre noire, l'objectif se monte sur
une planchette à demeure ; cet objectif (fig. 20 et 21) est

Fig. 20 et 21. — Objectif simple.

ce qu'on appelle un *objectif simple*, parce qu'il se compose
d'un seul système de lentilles accolées : c'est celui qui sert
pour les paysages, les monuments et les reproductions. Il
est bon que la même monture puisse recevoir trois systèmes

Fig. 22. — Objectif orthoscopique.

de lentilles de foyers différents, calculés du reste sur le développement et le raccourcissement de la chambre noire.
On arrive toujours, par l'emploi raisonné de ces verres, à
comprendre un paysage quelconque dans le cadre de la

Fig. 23.

glace dépolie. Ce système d'objectif exige, pour que l'é-
preuve n'offre pas de lignes droites courbées, l'application
d'un très-petit diaphragme, qui, diminuant considérablement la somme de lumière admise, augmente le temps de
pose. Dans beaucoup de cas, c'est un inconvénient peu sen-

FIG. 24. — Station à la campagne.

FIG. 25. — Boîte de voyage en opération.

sible ; mais dans d'autres, le ralentissement du procédé prive le photographe d'un bon nombre de vues qu'il eût pu em- porter avec lui. On a donc été conduit à remplacer ce sys- tème par l'objectif orthoscopique (fig. 22) inventé à Vienne.

Cet objectif à double combinaison de verres, l'antérieur convergent, le postérieur divergent, porte ses diaphragmes à la partie postérieure. Il utilise ainsi presque entièrement la somme de lumière admise par son ouverture. Il est plus rapide et offre l'avantage de ne pas déformer les lignes droites des monuments qu'il reproduit..

Au moment de mettre sous presse, nous recevons d'Amérique un objectif globulaire qui, sans déformer les lignes droites, donne des vues sous un angle de 60 degrés au moins, tandis que les objectifs employés jusqu'ici ne soustendent qu'un angle de 30 degrés. La structure de ce curieux instrument se rapproche de celle de l'œil humain.

L'appareil de campagne se complète par une tente (fig. 24), une boîte contenant les réactifs (fig. 25) et un crochet (fig. 23) qui sert à porter le tout à dos. Nous allons passer en revue ces divers appareils.

Tente; sa construction. — La tente photographique pèse peu, couvre un large espace, se monte et se démonte avec facilité et rapidement. On peut en dix minutes monter celle que représente la figure 24, et la démonter en cinq minutes. Une personne suffit à ce travail. Roulée, elle a 0m,50 de longueur sur 0m,25 de diamètre, et pèse, en cet état, 4 kilogrammes. Le bâti qui la supporte, et que peut exécuter le plus modeste menuisier de campagne, est composé de deux compas, d'une traverse et de deux cordes. Ces pièces sont toutes brisées en deux, comme les pieds de campagne, et forment un faisceau portatif que l'on aperçoit sur le crochet (fig. 23).

Le bois que l'on choisit est le peuplier; on lui donne un équarrissage moyen de 0m,03; le tout pèse environ 2k,500.

Les pieds des compas sont garnis chacun d'une douille et d'une pointe légère. La traverse est terminée à chaque extrémité par un petit crochet en fer qui s'adapte à un piton mis du côté opposé à la charnière, à la tête du compas. Les deux cordes, en fil de fouet de la grosseur d'un petit crayon, ont environ quatre mètres de long chacune, et se terminent par un nœud.

Voici comment on monte cette charpente. On enfonce en terre un petit piquet en bois ou une fiche de fer; si le sol est trop dur, on attache la corde à une pierre, un rocher, un arbre; on passe le nœud entre les deux têtes d'un des compas ouvert que l'on tient debout; on accroche alors la traverse au piton; on ouvre, en tenant toujours la traverse qui joue facilement et laisse la liberté des mouvements, le second compas, que l'on accroche à l'autre extrémité de la traverse. On passe enfin dans la tête de ce second compas le nœud de la seconde corde, que l'on tend un peu roide en l'attachant à une seconde fiche, à un piquet ou à un autre arbre.

Les branches du compas ont 2 mètres de long, et la traverse 1m,50. On jette sur cette charpente la couverture, qui doit réunir la légèreté à l'opacité. Cette couverture est formée simplement des deux doublures, l'une en percaline noire et l'autre en percaline verte, entre lesquelles on coud une feuille de ouate pour losanges, comme on coud un couvre-pied très-léger. Il faut cependant que les coutures soient solides pour bien maintenir la ouate, qui sans cela se roulerait et donnerait des clairs dans l'étoffe. Les rideaux sont également en percaline noire doublée de percaline verte, mais sans ouate interposée; on ne saurait les faire trop amples.

A l'une des extrémités étroites de la tente on ménage une ouverture ronde ou fenêtre de 0m,20 de diamètre, garnie de percaline orange doublée de percaline rouge et munie à l'extérieur d'un volet en étoffe pareille à la tente, qui diminue la lumière admise suivant le besoin. Il vaut toujours mieux s'établir sous des arbres qu'en plein soleil, et sur du sable que sur des herbes longues qui empêchent

les volants de la tente de s'appliquer au sol. Il faut tourner autant que possible la fenêtre au nord, et s'arranger de manière à recevoir la lumière du soleil sur l'un des grands côtés de la tente. Dans tous les cas, la plus mauvaise position est de l'avoir sur la porte, formée de rideaux entre lesquels les rayons ou leurs reflets peuvent se glisser malgré tout. Cette tente permet très-facilement à deux personnes d'opérer; elle offre en surface au moins trois mètres de long sur deux de large, et l'on peut aisément s'y tenir debout.

Boîte de voyage. — La boîte dont nous donnons le dessin sert aussi de table opératoire (fig. 25). Sur le couvercle sont deux pieds ployants qui la maintiennent ouverte. Elle est en bois blanc de 0m,01 d'épaisseur, et a les dimensions suivantes : longueur en dehors, 0m,52 ; largeur, 0m,27, et hauteur fermée, 0m,28. On peut, avec cette boîte, opérer sur des plaques normales (18c×24c). Elle est assemblée à queue d'aronde et collée solidement, avec serrure et poignée. Elle contient une cuvette en verre et bois pour glaces 18×24, servant pour le bain d'azotate d'argent ; on voit cette cuvette sur la table (fig. 25), avec le petit crochet pour soulever la glace; à côté est le flacon laveur à deux tubulures, le verre à expériences pour verser le développement, le blaireau pour enlever la poussière des glaces; plus en arrière est le flacon à collodion, et au bout le protosulfate de fer et le flacon à tube de verre servant à projeter quelques gouttes de nitrate d'argent dans la liqueur *développatrice*.

Sur le sol est la cuvette en gutta destinée à l'hyposulfite, dont la solution se met dans le grand flacon à l'émeri placé à côté. Derrière la cuvette on voit une gaîne d'étoffe épaisse dans laquelle on renferme cette cuvette pour qu'aucune partie d'hyposulfite ne puisse s'échapper et salir la cuvette au bain d'argent ou les autres produits. Sur le petit côté de la boîte est placé, en opération, l'entonnoir pour le bain d'argent, et à côté le flacon à l'émeri où on le renferme.

Le porte-entonnoir est un fil de fer dont la tige entre dans l'épaisseur de la boîte, et se retourne dans l'intérieur alors qu'elle est fermée.

On trouve place dans la boîte pour deux châssis de la chambre noire, du papier buvard, des filtres, une éprouvette cylindrique en verre gradué pour l'acide acétique, un flacon ordinaire d'un litre servant à mettre l'agent développateur (protosulfate) tout fait en arrivant sur le terrain; deux flacons à collodion et un flacon rond à large ouverture pour mettre des paquets d'un demi-gramme d'acide pyrogallique; six flacons carrés de 250 grammes : un pour la solution saturée de protosulfate de fer, un pour l'acide acétique cristallisable, un pour du collodion pharmaceutique épais, un pour de l'éther alcoolisé, un pour la liqueur sensibilisatrice, et un pour la gomme à 10 %. Au-dessus de ces flacons on place de nombreux linges et savons-mains, du papier, des pinces, un marteau, quelques clous, du papier gommé, et enfin ce que d'après l'expérience des voyages précédents on jugera utile. Nous supposons que l'on trouvera de l'eau près de l'endroit où l'on opérera; sinon il faudrait ajouter à ce bagage une bouteille clissée contenant une provision suffisante de ce liquide indispensable.

Si la chambre noire n'est pas à soufflet, la boîte à glaces entre dans son intérieur qu'elle remplit; autrement, elle reste indépendante. Les objectifs sont démontés et mis dans un sac de peau que porte l'opérateur. La boîte à réactifs, la chambre noire et la boîte aux glaces se placent sur un crochet à quatre pieds (fig. 23), qui sert de chaise à l'opérateur lorsqu'il travaille sous sa tente. Le pied de la chambre et les bâtons de la tente, réunis par une courroie, sont portés sur le bras ou répartis sur le crochet. Ce crochet à dos est muni de courroies à boucles qui, passant dans des arrêts placés convenablement sur le côté des boîtes ou de la chambre, permettent d'en faire le paquetage en cinq minutes et de l'assujettir sans crainte d'aucun dérangement.

ASTRONOMIE ET MÉTÉOROLOGIE.

L'année 1863 a offert à la curiosité de ceux qui aiment l'astronomie moins d'observations curieuses que l'année précédente; elle a intéressé plus particulièrement ceux qui s'occupent de météorologie. L'année agronomique 1862-1863 s'est montrée d'une générosité inusitée en chaleur. Contrairement à une opinion assez répandue, la chaleur de l'hiver n'a point fait tort à celle de l'été; mais on ne saurait dire si l'élévation extraordinaire de la température moyenne a été spéciale à nos climats ou générale sur le globe. La statistique météorologique en est encore à son début; elle fait toutefois quelques progrès. Ainsi le *Moniteur universel* a enregistré, à plusieurs reprises, les prédictions rationnellement probables de l'amiral Fitz-Roy, qui sont régulièrement affichées dans les divers ports de la Manche. On croit que le réseau télégraphique français ne tardera point à être mis directement au service de la science de la précision du temps. Il en résultera peut-être que l'on sera moins exposé à être surpris par les orages formés sur notre territoire; car nous sommes à peu près à égale distance du pôle du grand froid et du pôle de la grande chaleur. Nous nous trouvons en dehors de l'action immédiate de ces deux centres qui luttent l'un contre l'autre par l'intermédiaire de l'atmosphère, et qui sont, par conséquent, la cause indirecte des cyclones.

On espère aussi que l'inauguration du système de prévisions rationnelles à l'Observatoire de Paris obligera les institutions météorologiques des différentes contrées scientifiques à jeter les bases d'une alliance indissoluble contractée au nom de l'unité *de poids et de mesures*. Appelons de nos vœux le jour où les astronomes de Londres, Paris, Berlin, Bruxelles, Utrecht, Vienne, Rome et Washington, interrogeront le ciel au même instant physique avec des instruments comparables et des méthodes déterminées par un accord préalable.

Il est à désirer qu'une nouvelle conférence de Bruxelles vienne prochainement couronner l'œuvre inachevée de la première, donner force de loi scientifique aux excellentes résolutions qui avaient été adoptées et dont la majeure partie n'ont pas encore été mises à exécution.

L'Association britannique pour le progrès des sciences a fait construire des thermomètres rigoureusement comparables. Le directeur de l'Observatoire météorologique d'Utrecht n'a pas été moins bien inspiré en faisant de longues années d'observations pour déterminer les endroits où la température doit être étudiée, si l'on veut se faire une idée de la moyenne des pays environnants.

Ajoutons que l'Association britannique a pris des mesures pour assurer l'observation constante des taches du Soleil, d'après le système de Schwabbe. C'est un élément dont la météorologie devra tenir compte, s'il est vrai que l'apparition des taches soit liée aux périodes de chaleur ou aux perturbations magnétiques. Qui sait si ces observations si simples ne serviront pas à rattacher le ciel à la terre dans une commune théorie de la chaleur? Peut-être les amateurs d'astronomie seront-ils utiles en observant, sous ce point de vue, le Soleil, moins ardent et moins éblouissant dans les mois que nous parcourons.

Le nombre des tremblements de terre a été considérable, surtout le long de la grande fissure volcanique qui réunit l'Etna à l'Hécla. Ainsi, nous avons appris il y a quelques mois que l'île de Rhodes avait été ravagée par une commotion terrible. Un peu plus tard, les habitants de l'Etna ont entendu des bruits souterrains, et ont pu craindre un réveil du volcan qui a déjà tant de fois englouti Catane. Les Algériens ont ensuite senti des secousses venant de la haute mer, et très-sensibles quoique très-peu redoutables; les montagnards de l'Auvergne ont entendu mugir les volcans qui ont commencé la création de la France; enfin, les Anglais ont été réveillés en sursaut par un tremblement, dans la nuit du 6 octobre. On dirait un même phénomène progressant avec régularité, les ébranlements succédant les uns aux autres, le long de cette grande fissure, comme si chacun d'eux avait préparé celui qui devait avoir lieu quelques semaines ou quelques jours plus tard. Quels sont les rapports mystérieux qui rattachent ces phénomènes volcaniques à l'astronomie ou à la météorologie, ou, en d'autres termes, la forme du relief de la Terre à la marche des astres, aux périodes climatériques? C'est une recherche que notre siècle aura eu du moins l'honneur de commencer.

PENSÉES DE DUGUET [1].

— Il faut être solidement grand pour consentir à ne le paraître en rien.

— Les maux spirituels, quand ils sont grands, ne sont presque pas sentis. Les personnes faibles sont ordinairement les moins humbles. [*]

— La douleur est la plus redoutable épreuve de la vertu. Plus nos maux sont grands, plus on doit avoir d'attention à n'en pas perdre le mérite et à ne pas l'aigrir par l'impatience et le murmure.

— Que chacun s'examine soi-même; voilà la bonne règle : il n'est pas question de ce que font les autres, ni de ce qu'ils sont. On n'est pas juste par comparaison, mais par la vérité. Notre fardeau ne devient pas plus léger parce que nous nous imaginons que celui d'un autre est plus pesant. Il suffit du sien à chacun, et rien ne prouve tant qu'on le porte mal que de considérer comment un autre porte le sien.

— Plus on est injuste, moins on est disposé à l'avouer. Le premier pas vers la justice est de confesser qu'on s'en est éloigné.

— Sans l'homme, la nature est muette : la fin de tout ce qui l'embellit est ignorée. Le centre qui doit tout réunir laisse, par son absence, le désordre et l'indépendance dans tous les êtres. Rien ne se connaît soi-même ni ce qui lui est étranger, et si Dieu eût terminé ses ouvrages sans créer l'homme, tout cet appareil serait comme un édifice imparfait ou comme un palais où règne la solitude.

— Toutes les vérités sont liées, et elles ne sont même des vérités que parce qu'elles sont liées entre elles. On fait injure à celles qu'on retient aussi bien qu'à celles qu'on abandonne quand on les divise. On fait alors en quelque sorte que la vérité dégénère en mensonge, parce qu'étant seule, elle devient excessive et nous conduit au même égarement que l'erreur.

— La punition ordinaire du mépris qu'on a fait de la vertu est la facilité avec laquelle on se livre au mensonge. En rejetant toutes les pensées raisonnables, on mérite

[1] Duguet, né à Montbrison, dans le Forez, en 1649, était entré dans la congrégation de l'Oratoire en 1667. Très-attaché au parti janséniste, il fut obligé plusieurs fois de s'exiler. C'est un moraliste éminent. Ses écrits sont nombreux : on a souvent réimprimé son *Ouvrage des six jours*, ou *Histoire de la création*.

[*] Cette pensée s'applique aussi à ceux qui disent que c'est une duperie d'être modeste, et qui veulent faire entendre par là qu'ils se rendent simplement justice en cherchant par leurs discours à donner une haute opinion de leur mérite.

de n'en avoir que d'insensées, et en ne faisant pas usage
de tout ce qui pourrait éclaircir l'esprit et le conduire
dans le discernement du vrai et du faux, on devient digne
d'être séduit par des vues bornées et particulières, et de
se déterminer avec opiniâtreté à un mauvais parti, par la
limitation de ses pensées.

— On peut tout souffrir, pourvu qu'il soit évident qu'on
souffre pour la justice.

SUR LA
RECHERCHE DE MANUSCRITS DE MOLIÈRE.

Beffara, auteur d'une dissertation sur Molière, écrivit,
le 20 juin 1828, aux maires des départements de Normandie, Bretagne et autres provinces voisines, une lettre
dont voici un extrait :

« Il y a cinq ou six ans, un monsieur déjà âgé demanda
s'il y avait à la Bibliothèque quelques papiers contenant de
l'écriture de Molière; on lui répondit que l'on ne connaissait que sa signature sur une quittance. L'inconnu ajouta
qu'il y avait dans un château de Normandie ou d'une province voisine, dans un lieu qu'il nomma Ferrière ou la
Ferrière, une malle renfermant des papiers qui paraissaient avoir appartenu à Molière, et dans lesquels il y en
avait d'écrits par lui; il promit de revenir et d'en rapporter quelques-uns : depuis on ne l'a pas revu, ce qui fait
penser qu'il est mort.

» Après le décès de Molière (1673), sa veuve remit au
comédien la Grange (mort en 1692) des manuscrits; la
veuve de la Grange, qui ne mourut qu'en 1727, vendit sa
bibliothèque, et peut-être les manuscrits. Ils avaient eu un
gendre, M. Musnier de Troheou, payeur des États de Bretagne : serait-il devenu propriétaire de ces manuscrits? les
aurait-il déposés dans un château dépendant d'un endroit
appelé Ferrière ou la Ferrière? y seraient-ils restés jusqu'à présent, sans que personne les fit connaître? »

Beffara priait ensuite les maires des communes voisines
des endroits appelés Ferrière ou la Ferrière de s'informer
auprès des propriétaires des châteaux ou maisons remarquables de leur commune s'il y aurait chez eux une ancienne
malle renfermant de vieux papiers; de leur demander de
les examiner, et de voir s'ils ne contiendraient pas quelques
pièces de comédie ou de vers que l'on pourrait croire avoir
appartenu à Molière ou avoir été écrites par lui. Depuis
cet appel, trente-cinq ans se sont écoulés, et MM. les maires
n'ont pas répondu. Mais est-ce bien ainsi que l'on parvient
au succès dans ce genre d'investigations? Un homme zélé,
ingénieux, obstiné, furetant lui-même, n'a-t-il point plus
de chances de parvenir à une heureuse rencontre qu'on
n'en peut espérer par l'intermédiaire de correspondants?
Nos lecteurs savent que déjà M. Soulié, conservateur du
Musée de Versailles, a fait, depuis peu d'années, des découvertes précieuses (¹), et qu'il a publié, entre autres
pièces intéressantes, l'inventaire de l'appartement où Molière est mort. Il poursuit en ce moment ses recherches en
vue de l'édition de Molière qu'il prépare pour la belle série
des *Grands Écrivains de la France*. Que ceux de nos lecteurs qui habitent quelqu'un des endroits où ont séjourné
Molière, ses héritiers ou ses amis, lui viennent en aide.

LE MARCHAND D'ÉPINGLES DE BOIS.

Quand il est devenu vieux, le pauvre bottier (²) ne peut
plus continuer le rude labeur qui lui donnait du pain; alors

(¹) Voy. p. 331.
(²) Voy., sur l'industrie du bottier, p. 208.

il reste tristement près du foyer, que ne réchauffent plus ses
coquilles. S'il est industrieux, il cherche une petite occupation analogue à son ancien métier : il lace des paniers,
ou se met à fabriquer les épingles de bois (appelées *jouettes*
dans le pays). Ce sont de petites branches de chêne plus
grosses que le doigt, longues de treize centimètres, dans
lesquelles on pratique avec la vrille un trou qui les traverse;
puis, avec l'aide de la serpe, on enlève le bois en faisant

Les outils du marchand d'épingles de bois.

une ouverture de huit centimètres de long formant le V, qui
à son extrémité inférieure offre une entaille d'un conti-
mètre, se terminant à trois millimètres, grosseur de la
vrille. Ces épingles ou fiches servent à fixer le linge mouillé
sur les cordes.

Cent *jouettes* valent environ un franc. Ce genre de travail permet à l'ancien ouvrier de parcourir la forêt témoin
de ses rudes pérégrinations dans la vie; il respire encore
cet air âcre et fortifiant que dégagent les bois; puis, comme
il le dit naïvement : *Quand il fait du vent, j'entends les
chênes se battre;* douce voix pour une oreille; c'est comme
la gronderie affectueuse d'une vieille amie.

Lorsqu'il a taillé quelques centaines d'épingles, il va les
vendre à la ville; la ficelle qui sert de ruban à son chapeau porte une innocente couronne de sa marchandise.

Le Marchand d'épingles de bois. — Dessin de Yan' Dargent,
d'après M. Destriché.

C'est toujours avec intérêt que je rencontre un de ces
vieux bottiers, courbé par la fatigue, criant d'une voix
cassée : *Épingles! Épingles!* Habitué à l'isolement, son
œil semble refléter l'ombre profondément mélancolique des
forêts. Cette intimité continuelle avec la nature jette sur le
bûcheron une teinte poétique; toujours seul, il a beaucoup
médité; la pensée rayonne sur son front chauve comme la
dernière lueur du soleil sur la roche aride.

SAINT-JEAN DU DOIGT
(FINISTÈRE).

Fontaine de Saint-Jean du Doigt (Finistère). — Dessin de Dom. Grenet.

La chapelle de Saint-Jean du Doigt, bâtie sur une colline entre la mer et Plougasnou, à peu de distance de Morlaix, est un des plus charmants édifices gothiques du département du Finistère, et un lieu célèbre dans toute la Bretagne par ses *pardons*. Chaque année, au mois d'août, des pèlerins, dont le nombre varie de quinze à vingt mille, y viennent, attirés par la vénération de la relique de saint Jean-Baptiste qui y est conservée.

La légende raconte que lorsque l'empereur Julien l'Apos-

tat fit brûler à Samarie le corps du Précurseur, une pluie qui survint par miracle permit à quelques fidèles d'en dérober des parcelles qui n'étaient pas encore consumées. Un des doigts du saint, envoyé à Philippe le Juste, patriarche de Jérusalem, fut, dit-on, transporté en Normandie, près de Saint-Lô, par Thècle, vierge de ce pays, qui y fit bâtir une église. La relique fut dérobée, au quinzième siècle, par un jeune Breton de Plougasnou qui se trouvait au service d'un seigneur normand. On assure que le doigt de

saint Jean vint de lui-même se fixer sur le poignet du voleur, entre la chair et la peau, et que de lui-même, lorsqu'il fut arrivé dans l'église de son village, le doigt se
plaça sur l'autel. Depuis lors, le saint prouva par de nombreux miracles son attachement pour cet endroit.

Le duc de Bretagne Jean V fit déposer la relique dans un
état d'or, et à la place de l'église, devenue trop petite pour
recevoir tous les fidèles qui y venaient en pèlerinage, il fit
bâtir celle que l'on voit aujourd'hui. La première pierre
fut posée le 1er août 1440; mais la construction, plusieurs
fois interrompue, ne fut terminée qu'en 1513. En 1489,
les Anglais pillèrent la côte de Tréguier : ils vinrent à
Plougasnou, et s'emparèrent de la précieuse relique; mais
bientôt ils s'aperçurent que la boîte d'or qui la renfermait
était vide : le doigt était retourné dans son église. Ce fut
la reine Anne, celle que les Bretons appelèrent toujours la
bonne duchesse, qui acheva la construction de l'édifice. En
1506, lorsqu'elle visita la ville de Morlaix, se trouvant atteinte d'un mal à l'œil gauche, elle espéra s'en guérir par
l'attouchement du doigt de saint Jean, et le fit apporter;
mais à peine eut-il été tiré du reliquaire qu'il y retourna,
dit-on. La reine, édifiée par ce miracle, vint en grande
pompe se prosterner au pied de l'autel. Elle fit reprendre
les travaux de construction de l'église, qu'elle combla,
ainsi que tout le village, de ses libéralités. On y conserve
encore un calice en vermeil, orné de médaillons émaillés,
qui est un admirable modèle de l'art des orfèvres du quinzième siècle (¹).

L'église est remarquable surtout par la grâce et l'é-
légance de son architecture; son clocher, bruni par le
temps, est garni d'une balustrade découpée à jour et surmonté d'une flèche d'une légèreté merveilleuse. La fontaine que l'on voit dessinée à la page précédente est placée
dans le cimetière, et produit, au milieu des arbres qui
l'environnent, le plus charmant effet. La colonne et les
figures qui l'entourent, ainsi que la vasque ornée de têtes
d'anges, sont en granit de Kersanton; les ornements de
la partie supérieure sont en plomb et paraissent être du
commencement de la renaissance. Près de l'église, on voit
un caravansérail élevé au commencement du seizième siècle
pour recevoir les pèlerins infirmes qui venaient toucher la
relique de saint Jean.

LA DETTE DE L'ENFANT

PAYÉE PAR LE VIEILLARD.

NOUVELLE.

Suite. — Voy. p. 378, 886.

Publié depuis quelque temps déjà, le livre faisait enfin
un peu de bruit à Londres; mais on ne commençait pas
encore à le demander en province : aussi, à tout hasard et
seulement pour ne pas s'exposer à manquer la vente, Michael Johnson en avait placé deux exemplaires dans l'as-
sortiment transporté par sa carriole de Lichfield à Uttoxeter.
C'est l'un de ceux-là que Sam avait ouvert. Son enthousiasme opiniâtre s'explique : il lisait *Robinson* !

Il en était à ce passage émouvant qui montre le solitaire
abandonnant sa première habitation pour aller chercher,
dans la profondeur du bois, une demeure dans laquelle il
lui soit possible d'allumer du feu sans que la fumée tra-
hisse au loin sa présence et attire vers lui les cannibales
dont il craint le retour.

« Je trouvai enfin, — c'est Robinson qui parle, —

(¹) Voy., *Sur le calice de Saint-Jean du Doigt*, un intéressant
travail de M. Alfred Darcel, dans les *Annales archéologiques* de
Victor Didron.

avec tout le ravissement imaginable, une cave naturelle
d'une grande étendue, dont j'étais sûr que jamais sauvage
n'avait vu l'ouverture. Peu d'hommes eussent osé se hasarder à y pénétrer, à moins d'avoir, comme moi, un besoin extrême d'une retraite assurée.

» L'entrée de cette caverne était derrière un grand rocher, et je l'ai découverte par hasard; ou, pour parler plus
sagement, par un effet particulier de la Providence, en
coupant quelques grosses branches pour les brûler et pour
en conserver le charbon. Dès que j'eus trouvé cette ouverture derrière quelques broussailles épaisses, ma curiosité
me porta à y entrer, ce que je fis avec peine. J'en trouvai
le dedans suffisamment large pour m'y tenir debout; mais
j'avoue que j'en sortis avec plus de précipitation que je n'y
étais entré, après que, portant mes regards plus loin dans
cet antre obscur, j'y eus aperçu deux grands yeux brillants comme deux étoiles, sans savoir si c'étaient les yeux
d'un homme ou d'un animal redoutable. »

Ici finissait la page; Sam tourna précipitamment le
feuillet. Au point où son émotion était montée, il y avait
danger à interrompre le lecteur haletant comme d'une soif
ardente. Quelqu'un l'interrompit pourtant; ce fut son père.
Michaël, qui était sorti de l'échoppe, s'adressa à lui au moment où il allait recommencer la seconde page du feuillet.

— Donne-moi ce livre, lui dit-il.

— Ce livre! répéta Sam avec effarement, comme si on
lui eût dit : Donne-moi ta vie.

— Sans doute, ce livre; n'est-ce pas *Robinson* que tu
tiens?

— Oui; mais pourquoi voulez-vous me le prendre? demanda l'enfant, pressant de ses deux mains le volume sur
sa poitrine.

— Pourquoi? répondit le libraire, parce que j'ai là un
acheteur qui le demande.

— Qu'importe! laissez-moi celui-là; puisque vous en
avez apporté deux exemplaires, vendez-lui l'autre.

— L'autre est vendu depuis une heure, dit Michaël; décidément c'est un ouvrage qui veut faire son chemin. Mais
donne-moi ce volume, l'acheteur attend.

— Permettez-moi au moins de lire encore cette page,
reprit Sam adressant à son père un regard suppliant.

— Allons donc! c'est à la fin trop d'enfantillage! Nous
avons au magasin d'autres exemplaires du *Robinson*; tu
continueras ta lecture à Lichfield.

Et, disant cela, il fit un mouvement pour arracher le
livre à son fils; mais, à ce geste, l'enfant, pris soudaine-
ment d'un accès de folie, répondit : — On veut m'empêcher de lire cette page! Eh bien, si, je la lirai! — Puis,
d'un brusque tour de main, il déchira le feuillet.

L'acte de révolte était à peine accompli qu'effrayé de
sa faute il ferma les yeux pour ne pas voir le visage irrité
de son père; et, en même temps, le feuillet ainsi que le
volume lui tombèrent des mains. Michaël Johnson se baissa
silencieusement, mais il ne ramassa que le feuillet déchiré.

Rentré dans l'échoppe, il s'exclama ainsi auprès de l'acheteur, qui feuilletait quelques livres en l'attendant :

— J'ai cru que j'avais un dernier exemplaire de *Robinson* à vendre, je me trompais : celui qui me reste appartient à quelqu'un; il est vrai que celui-là me le doit
encore, mais, j'en suis sûr, il le payera.

Dans ces mots : « Il le payera », profondément accentués,
il était facile de deviner qu'il se cachait une arrière-pensée
plus grave que le sens naturel qu'on pouvait leur attribuer;
mais l'étranger, qui n'avait rien vu de la scène passée entre
le père et le fils, comprit seulement que le libraire, par
respect pour sa parole donnée, se croyait engagé à ne pas
lui vendre le livre promis à un chaland qui l'avait précédé.

Il sortit en grommelant :

— Au moins, vous auriez dû vous dispenser de me faire attendre. Il fallait me dire tout de suite qu'un autre l'avait retenu.

Le mouvement de violence de Sam avait eu cependant d'autres témoins que Dieu et son père; quelques passants s'étaient arrêtés, et, les deux plus proches voisins du libraire étant venus se joindre à eux, un groupe peu à peu grossissant stationnait près du banc de pierre et devant le livre encore gisant sur le pavé, quand Michaël Johnson revint de nouveau vers l'enfant révolté.

Sam, immobile, dans l'attitude de l'accusé qui attend sa condamnation, entendait ces gens auxquels il était ainsi en spectacle discuter avec chaleur le genre de châtiment que son père devait lui infliger pour le mieux punir. Si sur ce point les opinions étaient divisées, elles s'accordaient dans cette conclusion : — Il faut que le coupable soit puni.

La présence de Michaël mit fin aux pourparlers. Comme il devina ce qu'attendaient les curieux, il dit, leur désignant Sam :

— C'est la première fois qu'il m'ait manqué; mais il aura assez à se repentir de celle-ci pour que ce soit la dernière.

Cela dit, il ramassa le livre comme il avait déjà ramassé le feuillet; puis, s'adressant au groupe d'un ton et avec un regard dont l'intention n'était pas douteuse, il ajouta :

— C'est un compte à régler seulement entre un père et un fils.

Chez nous, pareille invitation à se retirer aurait eu pour résultat d'exciter davantage la curiosité des gens et de les mieux clouer sur place. En Angleterre, la préoccupation incessante que chacun pour soi ne permet pas qu'on s'occupe plus longtemps des autres, aussitôt qu'on est, même indirectement, rappelé à ses propres affaires. Aussi Michaël avait à peine fini de parler que déjà le groupe s'était dispersé; les passants continuèrent leur chemin, les voisins rentrèrent chez eux, et, sur la place maintenant déserte, le libraire et son fils restèrent en présence.

Alors Michaël, avec calme et fermeté, dit à l'enfant :

— Ce livre est à vous, Sam; prenez-le maintenant ou plus tard, vous en êtes le maître. Quant au feuillet que vous savez, c'est différent : celui-là, je le garde, non pour me souvenir de votre faute (ai-je besoin que quelque chose me rappelle ce que vous seul pouvez me faire oublier?), je le garde pour vous le rendre le jour où vous vous serez puni vous-même.

Le coupable, étonné, regarda son père comme pour lui demander l'explication de ses paroles. L'accent doux et pénétrant de la voix qu'il entendait lui avait donné le courage de lever les yeux. L'expression douloureuse du visage que rencontra son regard les lui fit baisser aussitôt. Michaël continua :

— Sans doute, quand vous vous serez puni. Toute faute doit être rachetée, la justice éternelle le veut ainsi, par pitié même pour le coupable, puisque le débiteur n'est en repos que quand la dette est payée. Je ne vous châtierai pas, mon fils; il faut donc que ce soit vous qui vous punissiez. Ne vous fatiguez pas à chercher quel châtiment vous auriez à vous imposer; je ne puis vous en passer vous croire assez puni. Vous n'avez pas le choix; il n'y en a qu'un, celui qui doit vous coûter le plus; me dire, devant témoins et avec un repentir sincère : « Je vous demande pardon. »

Michaël prouvait qu'il connaissait bien son fils quand il disait que cette punition, si légère à d'autres enfants, serait pour lui la plus pesante, la plus coûteuse de toutes. Il lui faudrait s'humilier devant quelqu'un, c'est-à-dire vaincre son orgueil, et à la seule pensée de le combattre, il le jugeait invincible.

— Vous savez maintenant, termina le père, à quel prix je vous rendrai ce feuillet, et il faut que vous le possédiez non seulement pour pouvoir vous dire que je vous ai vraiment pardonné, mais pour que vous ayez le droit de vous pardonner aussi votre faute; elle a été publique, c'est pourquoi j'exige qu'elle soit réparée devant témoins. Ce qui vous semble, je le vois bien, une aggravation de peine arbitraire, est une preuve de ma prévoyance pour vos intérêts. Peut-être, un jour, aurez-vous besoin que quelqu'un atteste que si une fois vous avez offensé votre père, vous avez su aussi mériter son pardon.

Le libraire rentra dans l'échoppe; l'enfant ne l'y suivit pas. Il resta plus d'une heure encore sur le banc de pierre, l'esprit plongé dans de profondes réflexions, ou plutôt livré aux tourments d'un violent combat intérieur. Enfin il se leva. Michaël le vit se diriger vers la boutique de l'un des voisins qui avaient assisté à sa rébellion. Évidemment le coupable allait chercher l'un de ces témoins exigés pour donner la valeur nécessaire à son acte de soumission et de repentir. Un moment le cœur du père se réjouit. — L'orgueil, chez Sam, n'était donc pas le plus fort! — La joie de Michaël fut passagère; car après que l'enfant se fut arrêté à la porte du voisin, comme pour se consulter encore, Michaël le vit faire brusquement volte-face et revenir à grands pas. C'était bien un parti pris; le coupable ne voulait pas s'humilier.

Elle se passa tristement cette dernière journée à Uttoxeter; il y eut rarement échange de paroles entre le père et le fils; on ne se dit que ce qu'on ne pouvait pas absolument se dispenser de se dire. Le lendemain, on repartit pour Lichfield. Après un voyage fait en silence, comme la carriole allait entrer dans la ville, Michaël prit enfin la parole :

— Souvenez-vous, dit-il à Sam, qu'il ne me convient pas d'avouer à votre mère que, m'ayant offensé, vous vous êtes refusé à me demander pardon. C'est bien assez que j'aie ce chagrin sans le lui donner à elle-même. Souvenez-vous aussi que je vous défends de lui révéler ce qui s'est passé entre nous, à moins que ce ne soit avec l'intention de la prendre elle-même pour témoin de votre repentir. Enfin si, devant elle, le feuillet en question vous est remis sous les yeux, vous devez être le seul qui sachiez pourquoi il manque au volume, et comment vous pouvez le racheter.

On sait ce qui se passa ce soir-là chez Michaël Johnson. Le lendemain, Sam, qui avait eu toute la nuit pour réfléchir, — on pouvait juger à l'altération de son visage combien ses réflexions avaient été laborieuses, — Sam, le lendemain matin, disons-nous, retint ses parents dans le parloir, au moment où ils se disposaient à descendre au magasin.

Le père espéra encore; quant à mistress Johnson, il ne faut pas demander si elle attendit avec anxiété que l'enfant parlât. Hésitant d'abord, comme devant l'effort d'un aveu difficile, Sam dit enfin avec résolution :

— Notre cousin, le révérend M. Ford, vous a prié plusieurs fois de m'envoyer continuer mes études près de lui, à l'école de Southbridge; je vous demande la permission de lui répondre moi-même, aujourd'hui, que vous consentez à mon départ, et que vous en avez fixé le jour à...

— A un mois au plus tôt, répondit la mère, douloureusement surprise de ce brusque parti pris; il me faut au moins ce temps-là pour préparer ton trousseau.

— Il partira demain, repartit Michaël indigné. Quant au trousseau, on le lui expédiera plus tard.

Et le lendemain Sam partait pour le Worcestershire. Comme dernier adieu, son père lui présenta un livre en lui disant :

— Sam, vous oubliez ceci.

Sam, qui allait machinalement le prendre, ayant reconnu le volume de *Robinson*, retira aussitôt sa main.

— Non, je n'oublie rien, répliqua-t-il.

Sa voix tremblait, des larmes lui roulèrent dans les yeux; encore un effort contre son orgueil, puis la bonne résolution l'emportait, il allait partir réconcilié avec son père. Le courage lui manqua, et l'enfant emporta le remords de sa faute.　　　　　　　*La fin à la prochaine livraison.*

Ne préférez jamais une grande bonne intention à une petite bonne action.　　　　　　　UN AUTEUR ANGLAIS.

LA VILLA MATTÉI, A ROME.

La villa Mattéi n'est pas une des plus célèbres parmi ces villas de Rome que la beauté de leurs jardins, de leurs palais et de leurs musées ont fait connaître du monde en-

tier. Cependant les étrangers ne sauraient se dispenser de la visiter, ne fût-ce que pour respirer sur sa terrasse, à l'extrémité du Monte-Celio, l'air dont on vante à Rome la pureté, et pour y jouir de la vue, qui y est admirable. Il n'y en a peut-être pas à Rome de plus étendue, ni qui frappe davantage par sa beauté comme par la grandeur des souvenirs. Le regard, plongeant vers le midi entre les chênes verts et les marbres, œuvres de peu de valeur artistique, mais qui produisent sous ces ombrages le plus pittoresque effet, rencontre d'abord les thermes de Caracalla, et, dans une autre direction, la basilique de Saint-Jean de Latran; puis les jardins bien connus des antiquaires par les découvertes qui y ont été faites à diverses époques. C'est à travers ces jardins que passait la voie Appienne, qui était la plus grande et la plus fréquentée des voies romaines; et la porte Saint-Sébastien, par où l'on sort aujourd'hui de Rome de ce côté, a remplacé l'antique porte Capena. Toute cette partie de la ville était peuplée d'illustres tombeaux. « As-tu, dit Cicéron dans

Terrasse de la villa Mattéi, à Rome. — Dessin de Camille Saglio.

les Tusculanes, as-tu passé la porte Capena; et, en voyant les sépulcres de Calatinus, des Scipions, des Servilius, des Metellus, as-tu pensé qu'ils fussent misérables? » Là étaient situés aussi de nombreux *columbaria*, ou chambres sépulcrales où l'on déposait dans les urnes les cendres des morts; les *columbaria* des affranchis et des esclaves de Livie sont surtout fameux. Au delà des murs, les yeux s'arrêtent sur l'aqueduc de Néron et sur le Monte-Cavo, l'ancien mont Albain, qui ferme l'horizon et qui domine toute la primitive terre latine. Dans ses plis et sur ses pentes on distingue, quand le soleil brille, Albano, Tusculum, Frascati, Marino. C'est à Marino qu'Annibal avait son camp; de là ses yeux embrassaient toute la plaine et

Rome, objet de son ardente haine et de sa convoitise, devant qui il demeurait arrêté.

Le palais Mattéi, construit avec magnificence par Ciriaco Mattéi, après avoir été une résidence de la famille de ce nom, devint l'habitation du prince de la Paix, qui y apporta des tableaux de l'école espagnole. Une partie des antiques qui y étaient rassemblées ont été dispersées; c'est ainsi que l'on voit au Louvre un bel autel sépulcral qui en provient. On y conserve cependant encore quelques beaux morceaux, parmi lesquels nous citerons un obélisque en deux morceaux de granit égyptien, et une belle statuette de travail grec représentant le philosophe Aristote.

MINE DE BITUME DE BECHELBRONN.

Mine de bitume de Bechelbronn. — La Prière des mineurs. — Composition et dessin de Th. Schuler.

Quand on quitte la station de Soultz-sous-Forêt pour aller à Woerth-sur-Sauer (arrondissement de Wissembourg, Bas-Rhin), on passe, en prenant le chemin de traverse, par les mines de bitume et l'habitation de Bechelbronn. Le sol, très-accidenté, réjouit les yeux par une admirable culture : d'un côté ce sont des champs à perte de vue ; de l'autre, le Liebfrauenberg et les pigeonniers qui annoncent les Vosges ; enfin les masses profondes de la forêt de Lambertsloch ferment l'horizon. Partout, à côté d'une nature riante et forte, apparaît la marque de l'homme, et ce travail patient qui obtient de la terre tout ce que réclament nos besoins, notre bien-être, notre instinct de

domination sur le monde. Rien ne manque à cette heureuse région, ni la fécondité, ni le charme ; et l'excellent vin rouge que récolte, en trop petite quantité pour qu'il soit connu, le village de Lambertsloch, entretient parmi les habitants la joie et la santé. Mais la principale richesse du pays, ce sont les mines, connues dès le moyen âge, et exploitées seulement depuis un siècle environ. M. A. Daubrée, membre de l'Institut, ne les a pas omises dans sa *Description géologique et minéralogique du Bas-Rhin* (p. 172 et 440), et nous ne pouvons mieux faire que de nous en référer à une autorité si compétente.

« Une source dont l'eau est chargée de bitume, et qui

jaillit dans une prairie; près de l'habitation de Bechelbronn, a été l'origine de l'exploitation actuelle; c'est de l'ancien nom de *Pechelbronn* (source de poix), en allemand *Pech-brunnen*, que dérive par corruption celui de Bechelbronn. On se bornait autrefois à recueillir le bitume qui surnageait dans le bassin de cette source. Wimpheling, qui écrivait en 1498, dit que depuis longtemps on se sert du bitume de Bechelbronn; dans le seizième siècle, l'eau fournissait spontanément de l'huile minérale en si grande quantité que les paysans des environs s'en servaient pour alimenter leurs lampes et graisser leurs voitures. A cent cinquante mètres de la source, un affleurement de sable bitumineux fut découvert en 1735 par un médecin grec, nommé Éryx d'Érynnis, qui habitait les environs; et en 1742, M. de la Sablonnière, qui avait déjà exploité des mines de cette nature dans le canton de Neuchâtel, ouvrit une exploitation souterraine qui, depuis lors, n'a pas été interrompue. »

Éryx d'Érynnis, nous dit encore M. Daubrée, distillait le sable bitumineux « dans un petit atelier établi à l'ouest de la forêt de Merckwiller; il se servait d'une cornue de fonte et obtenait ainsi du pétrole, dont de Dietrich évalue la quantité à deux kilogrammes par jour. Le propriétaire de l'exploitation mourut sans fortune, après avoir cédé, en 1740, ses droits à M. de la Sablonnière... Après avoir, en 1742, pratiqué plusieurs coups de sonde près du puits de la prairie, M. de la Sablonnière rencontra, à quatre-vingts pas de la source de pétrole, une veine de sable bitumineux, et il poussa ses travaux jusqu'à la profondeur de trente-deux mètres; ce fut lui aussi qui établit l'usine pour l'extraction du bitume. L'exploitation resta languissante jusqu'en 1763, époque à laquelle elle fut poursuivie par Mᵐᵉ de la Sablonnière et M. Lebel, réunis en société; puis, en 1768, la première céda tous ses droits à son associé, dont la famille possède la mine depuis cette époque. L'exploitation ne devint réellement régulière et productive qu'en 1785, après que M. Lebel eut fait forer un nouveau puits. Depuis lors jusqu'aujourd'hui, les travaux ont continué sans interruption.

« La concession de Bechelbronn, instituée par un arrêté des consuls du 19 brumaire an 9, comprend une superficie de 9 200 hectares et s'étend dans trente-deux communes; mais cette surface est en grande partie formée par des terrains qui ne renferment évidemment pas de gîtes bitumineux.

» Le système d'exploitation adopté à Bechelbronn est le suivant : du fond du puits on pousse, soit dans la veine bitumineuse, soit à proximité de cette veine, une galerie d'allongement à partir de laquelle on pratique des traverses perpendiculaires qui s'étendent jusqu'aux limites du gîte; puis chaque pilier est entamé, à partir des bords de la veine, au moyen de tailles perpendiculaires aux traverses; les vides sont remblayés, à mesure qu'on se retire, par l'argile que fournit l'exploitation. On part de l'extrémité de la veine en se rapprochant de plus en plus du puits. Les argiles de Bechelbronn exercent une assez forte pression contre le boisage des galeries, quand elles ont été ramollies par l'eau.

» Les travaux actuels forment deux groupes distincts : les uns desservis par le puits Salomé, les autres par les puits Madeleine et Joseph; le plus profond de ces puits atteint soixante-dix mètres. Le courant d'air se fait naturellement par la différence de niveau des orifices des puits; le plus élevé est en outre surmonté d'une hotte en bois qui sert à en augmenter le tirage. Du gaz inflammable se dégage abondamment de certaines veines : aussi est-on obligé d'employer la lampe de Davy et de suspendre l'exploitation pendant l'été. Les eaux, qui affluent dans les mines, sont extraites au moyen de tonnes et de machines à molettes mues par des chevaux. Des trois puits actuellement ouverts, et du puits Adèle, qui vient d'être fermé, on a extrait moyennement, dans l'hiver de 1851, quatre-vingt-trois mètres cubes d'eau en vingt-quatre heures.

» Les mines de Bechelbronn occupent quarante ouvriers, dont vingt sont employés tantôt à l'intérieur comme rouleurs, tantôt au dehors pour le transport du minerai des puits à l'usine. Il y a en outre deux maîtres mineurs. On extrait annuellement plus de quarante mille quintaux métriques de sable bitumineux, qui, à raison d'un rendement de 1,60 pour 100, produisent environ sept cents quintaux métriques de bitume. Il y a peu d'années, la production était de plus de huit cents quintaux métriques. »

Nous avons laissé la parole à la science. Quelques mots maintenant sur la composition de M. Th. Schuler; elle n'est nullement artificielle et reproduit une scène qu'il a dessinée d'après nature. La gracieuse hospitalité de M. Lebel et de sa famille a mis l'artiste à même de s'initier aux travaux de la mine et aux habitudes des mineurs. Rien n'est plus naturel que l'action de ces trois hommes priant pour leur vie avant de descendre dans les profondeurs de la terre. On a vu, par quelques lignes de M. Daubrée, que les mines de Bechelbronn présentent de sérieux dangers : l'eau et le feu sont toujours là, prêts à déjouer tous les calculs de la plus méticuleuse prudence; aveugles eux-mêmes, forces livrées à l'aventure, ils gardent bien le secret des catastrophes qu'ils préparent, et trop souvent les malheureux ouvriers sont étouffés dans les entrailles de la terre, à laquelle ils demandaient leur pain peut-être. Quelquefois le salut n'est dû qu'à la présence d'esprit, au courage d'un seul; tous les jours les mines font de nouvelles victimes. Est-ce le cas de répéter avec Horace : « Fils audacieux de Japet! » Faut-il s'indigner de voir l'homme, non content de suppléer par la vapeur et les aérostats les ailes qui lui manquent, vouloir encore percer la terre d'outre en outre, arracher au globe ses richesses les plus profondément enfouies, et demander au foyer central des fusions, des mélanges inconnus, que ne peuvent obtenir nos fourneaux languissants? Non pas! La nécessité commande, le mouvement est irrésistible : navigateurs aventureux de l'air et de l'océan, habitants courageux des galeries souterraines, tous accomplissent une des lois de la nature humaine. Nous avons pour devoir d'exploiter et de gouverner la terre. Encourageons et glorifions tous ces travaux utiles et périlleux; efforçons-nous d'écarter le danger; mais si le progrès brise quelquefois ses instruments, répétons sur la tombe des victimes qu'elles ont péri pour l'humanité, sur le champ de bataille toujours légitime ouvert à nos justes ambitions!

TONNERRE.

Dans quel endroit est le moins exposée une personne qui est surprise hors de chez elle par un orage?

— A six ou huit mètres d'un grand arbre ou d'un bâtiment élevé, en évitant d'approcher d'une rivière. (¹)

MARINE.

LES NAVIRES CUIRASSÉS.

Suite. — Voy. p. 331, 356.

ÉTATS-UNIS.

Nous avons dit que les Américains avaient devancé l'Europe dans la pratique du blindage, et nous avons cité les

(¹) Brewer.

deux *Fultons*. Ces bâtiments ne sont pas les seuls navires cuirassés américains qui aient précédé les nôtres. Dès 1842, deux ingénieurs distingués, MM. Robert et Edwin Stévens, avaient exposé au gouvernement américain la possibilité de défendre les ports de commerce de la république, et lui avaient soumis un plan de batterie flottante, impénétrable au boulet, qui fut agréé par une commission officielle. Des expériences eurent lieu, qui établirent qu'une muraille de fer de quatre pouces et demi d'épaisseur était capable d'une pareille résistance ; en conséquence, ordre fut donné aux deux ingénieurs d'entreprendre leurs travaux. Par suite de divers incidents, ce bâtiment, connu sous le nom de *batterie d'Hoboken*, du lieu où il fut mis sur chantier, n'a été commencé qu'en juillet 1854, c'est-à-dire à peu près à la même époque que les batteries flottantes françaises ; puis, les raisons de l'achever n'étant pas fort pressantes, on le négligea jusqu'à ce que la guerre, en éclatant, vînt stimuler le gouvernement fédéral : les travaux furent repris, et ils se continuent encore.

La *batterie Stevens*, ainsi qu'on la nomme aujourd'hui ce bâtiment, offre le type des navires transatlantiques. Elle a 420 pieds de long et jauge 6 000 tonneaux. Sa puissance motrice est de 8 000 chevaux ; elle égale donc presque celle du *Great-Eastern*, qui a une force de 10 000 chevaux. Cette excessive puissance des machines unie à la finesse des formes du navire lui donnera, assure-t-on, une marche de 20 milles à l'heure, soit 37 kilomètres. D'autres machines à vapeur mettent en mouvement les pompes, alimentent les chaudières, aèrent le navire et exécutent certaines manœuvres.

L'armement de la *batterie Stevens* consistera en cinq canons de 15 pouces, pesant environ 32 000 livres et lançant des boulets de 460 livres, et deux canons rayés de 20 pouces, lançant des boulets de 1 090 livres. Ces sept canons tireront à volonté des deux côtés et pourront, à l'aide d'un indicateur gradué placé sur le pont, être instantanément pointés dans la même direction ; ils seront manœuvrés et chargés au moyen d'un appareil à vapeur relié à la machine principale. Ajoutons que cet étrange bâtiment est recouvert de plaques dont on a expérimenté soigneusement la résistance. C'est, en effet, une cible composée de plusieurs plaques de fer formant par leur réunion une épaisseur égale à celle de la cuirasse de la batterie a été construite. Cette cible, qui présentait en outre les conditions d'inclinaison du bâtiment, avait été fixée à 200 mètres du rivage. Tous les coups dirigés de terre sur elle ont porté en plein ; néanmoins, les boulets n'ont causé à chaque coup qu'une dépression d'un pouce et un huitième, et se sont brisés.

MM. Robert et Edwin Stevens sont également les auteurs d'un navire plus petit, le *Nangatuck*, construit exactement sur le modèle de leur grande batterie. Il mesure 101 pieds de long et 20 pieds de large. Ce bâtiment, qui figurait à l'attaque du fort Darling, portait une pièce de 100 ; cette pièce a éclaté et a causé d'assez grands désastres dans la coque pour que le *Nangatuck* ait été provisoirement mis de côté.

Ces deux navires sont les seuls qui se ressemblent parmi tous ceux qui composent la flotte cuirassée américaine, la guerre civile des États-Unis ne permettant pas autant de circonspection dans le choix des plans qu'on en montre en Europe, et l'amour du progrès qui distingue les Yankees leur faisant toujours accueillir avec faveur les nouveaux projets. L'emploi des coupoles ou tours blindées semble seul avoir été généralement adopté par les constructeurs américains, car nous retrouvons ces coupoles sur la plupart de leurs navires.

C'est à un Anglais, le capitaine Coles, que l'on doit l'invention de la coupole. Sur le contour d'une plate-forme

circulaire, M. Coles place un cylindre de bois d'environ deux mètres de hauteur, terminé à sa partie supérieure par un dôme ou tronc conique qui présente à peu près l'aspect d'une ruche, et recouvert de plaques de fer. La plate-forme, traversée au centre par un axe, est garnie en dessous de roulettes qui se meuvent sur un chemin de fer circulaire disposé au milieu du bâtiment, et tout le système peut, à l'aide d'un levier, être tourné à volonté. À l'intérieur de cette coupole sont établis un, deux ou trois canons, dont le pointage en direction est procuré par la rotation de la plate-forme, et le pointage en hauteur par les moyens ordinaires. Enfin, le sommet de la tourelle est percé d'une large ouverture croisée, par des barres de fer très-épaisses, ce qui assure la ventilation tout en protégeant les hommes qui l'occupent contre les projectiles courbes.

On le voit, un bâtiment portant six de ces coupoles, comme la *batterie Stevens* (chaque coupole étant armée de trois canons), peut lancer en même temps douze projectiles sans être forcé de manœuvrer constamment pour présenter à l'ennemi son travers. Immense avantage qui a décidé l'amirauté anglaise à adopter ce système pour l'un des navires qu'elle fait construire en ce moment.

Mais revenons à la flotte blindée des États-Unis. Le premier de ses bâtiments cuirassés qui ait pris la mer, et le plus célèbre, est, nos lecteurs le savent déjà, le *Monitor* (voy. p. 400).

Le *Monitor*, qui a sombré en mer dans la nuit du 30 décembre 1862, était l'œuvre de M. Ericson, l'un des ingénieurs les plus distingués des États-Unis. Il avait 124 pieds de long et se composait de deux parties distinctes, la coque inférieure et le massif supérieur, ce dernier débordant la première de 24 pieds à l'avant et de 2 pieds et demi à l'arrière. Au centre du navire, s'élevait une tour cylindrique de 9 pieds de haut, armée de deux canons Dahlgren pesant 15 000 livres. Cette tour, la guérite du timonier et un petit tuyau de cheminée, étaient les seuls objets que laissait voir le *Monitor* pendant le combat. Sa cuirasse était composée de plaques de différentes épaisseurs et superposées de telle sorte qu'il n'y avait jamais plus d'un joint au même point. Aussi, dans son combat du 9 mars 1862, le *Monitor* a-t-il reçu vingt-trois projectiles sans en être éprouvé. Il n'offrait malheureusement pas à la tempête des éléments de résistance aussi réels que ceux qui le mettaient à l'abri des coups de l'artillerie. Lors de la traversée du *Monitor*, de New-York, où il avait été construit, à Hampton, où il a combattu, on avait déjà remarqué qu'en dépit d'un temps assez favorable, les embruns embarquaient constamment par-dessus les tuyaux, les enveloppes protectrices de prise d'air et jusque par-dessus la tour. Une mer un peu forte, en engloutissant le *Monitor*, a fait la mesure de la valeur des navires en fer de petite dimension lorsqu'ils sont exposés aux vents et aux lames de l'Océan.

De même que son redoutable adversaire, le *Merrimac* a cessé d'exister ; les confédérés l'ont fait sauter pour qu'il ne tombât pas aux mains des fédéraux. C'était une ancienne frégate, brûlée à moitié et coulée par les fédéraux lorsqu'ils quittèrent Norfolk. Après l'avoir réparée, les confédérés avaient élevé sur son pont une vaste chambre qui courait d'un bout à l'autre du navire, et dont les parois latérales se rejoignaient presque au sommet. Le tout avait été blindé avec des rails de chemin de fer. Huit pièces de canon, dont deux à l'avant et deux à l'arrière, armaient le *Merrimac*, qui ne présentait à l'œil qu'une masse informe. Frappé de cinquante à soixante boulets, le *Merrimac* n'a reçu de ces coups aucun dommage sérieux, tant il était solidement cuirassé. Quant à l'éperon dont il était armé, l'effet en a été merveilleux pour un essai, puisque du premier coup il a coulé une frégate, le *Cumberland*. Au dire de ses officiers, le *Merrimac* pouvait atteindre neuf nœuds de vitesse, à la mer. On ne saurait toutefois accueillir cette assertion qu'avec la plus grande réserve : ce bâtiment, comme la plupart des bâtiments cuirassés des États-Unis, ayant été construit pour la guerre actuelle, c'est-à-dire pour des combats de rivière, il est peu probable que sorti des eaux du Saint-James il n'eût pas rencontré en haute mer des dangers auxquels il n'eût pas mieux résisté que son rival.

Le second bâtiment dont nous donnons le dessin est le *Keokuk*, ou batterie Whitney ; il est muni de deux tours, système Coles modifié, et peut agir comme bélier. Ces tours sont fixes, mais le canon est disposé de façon à être braqué par trois sabords pratiqués dans chaque tour ; elles ont 6 pouces un quart d'épaisseur, dont 4 pouces de fer. Les boulets lancés par ces canons pèsent 180 livres. Le *Keokuk* est le plus petit des monitors d'Ericson ; il n'a que 159 pieds de longueur y compris l'éperon, qui a 5 pieds. Il peut néanmoins porter 100 hommes d'équipage, et possède des soutes assez vastes pour renfermer 200 boulets

de 11 pouces, 150 obus du même calibre, de la mitraille, des boîtes à balles, de la poudre et des munitions en proportion.

Deux cloisons à l'avant et deux à l'arrière, laissant de chaque bord un espace libre, forment dans l'intérieur du *Keokuk* un compartiment destiné à rester étanche dans le cas où une voie d'eau se déclarerait dans la coque, et à préserver ainsi le navire de l'immersion. Un passage pratiqué dans l'intérieur du bâtiment conduit d'une tour à l'autre et favorise la ventilation, qui laisse toujours tant à désirer sur les navires cuirassés. Le *Keokuk* n'est destiné qu'à la navigation des rivières.

Le *Nouvel-Ironsides*, que représente notre troisième dessin, est le plus grand vaisseau blindé de la marine américaine. Il jauge 3 250 tonneaux et sa force nominale est de 1 000 chevaux. Son blindage commence à environ 4 pieds au-dessous de la ligne d'eau et monte jusqu'au faux pont. La partie du pont qui porte l'artillerie est seule blindée ; de sorte qu'à l'avant et à l'arrière une partie du navire reste sans protection ; néanmoins, les cloisons transversales qui se trouvent aux deux extrémités de la batterie sont à l'épreuve de la bombe. Les plaques de blindage ont 4 pouces

États-Unis. — *Monitor.* — Dessin de Lebreton.

d'épaisseur, 15 pieds de longueur et 25 à 30 pouces de largeur. Les sabords, qui sont au nombre de huit de chaque côté, sont fermés au moyen de deux plaques de fer forgé qui se rejoignent, suivant la méthode adoptée par les constructeurs américains, au moment du recul du canon.

Le *Nouvel-Ironsides* mesure 232 pieds de long et déplace 4 120 tonneaux. Il est muni d'un fort éperon. Comme sur la plupart des navires cuirassés, on remarque sur son pont une chambre de pilote, ou vaste guérite circulaire et blindée, d'où le commandant peut, sans danger et directement, donner ses ordres dans la batterie et au gouvernail.

La marine militaire des États-Unis compte aujourd'hui vingt-huit navires cuirassés capables de tenir la mer, et soixante-douze bâtiments propres uniquement à la navigation des rivières. C'est beaucoup plus qu'il ne nous est possible d'en décrire. Nous citons seulement ceux qui offrent les types bien distincts. Nous passerons donc rapidement sur le *Roanoke*, qui ressemble beaucoup par sa disposition au *Nangatuck*, et par ses dimensions aux grands navires américains *Niagara*, *Minnesota*, *Wabash*, etc. Il a trois tours et un éperon. La *Galena* offre une physionomie analogue, bien qu'elle soit considérée, au delà de l'Atlantique, comme un nouveau spécimen du génie maritime américain ; nous ajouterons qu'après son combat contre le fort Darling, sur la rivière James, on a jugé ce navire incapable de soutenir le tir plongeant des projectiles pleins.

Le succès du *Monitor* a engagé le département de la marine à passer un marché avec M. Ericson pour huit navires blindés du même type. Cet ingénieur a suivi, dans ces nouvelles constructions, ses plans primitifs, sauf quelques améliorations. Le *Passaïc*, le premier de ces navires, ressemble donc beaucoup au *Monitor*. Le *Benton* et l'*Essex* sont plus originaux.

Le *Benton* est un ancien bateau à vapeur du Mississipi qu'on a blindé. Il consiste en deux coques réunies formant actuellement un navire de 186 pieds de longueur sur 74 de largeur. Il est divisé en 40 compartiments étanches. Ses murailles sont rentrantes. Son avant, outre le blindage, a reçu une garniture qui le met à l'épreuve de la bombe ; cet avant est disposé de telle manière que si l'étrave était enlevée dans un combat acharné, la coque resterait à flot et l'équipage pourrait même continuer son feu ; enfin, les roues du bâtiment sont dans l'intérieur de la coque, mais placées vers l'arrière. Dans les opérations entreprises sur les rivières occidentales, le *Benton* et les navires de son type ont rendu de très-grands services et n'ont subi que de faibles avaries, quoiqu'ils aient été souvent exposés au feu terrible et meurtrier d'ouvrages élevés par les confédérés.

L'*Essex* est un spécimen non moins curieux de la moderne architecture navale ; il ne diffère pas sensiblement du *Benton*. L'*Indianola* fait partie d'une nouvelle classe de navires que l'on distingue aux États-Unis sous le titre de *Béliers bardés de fer*, de l'*Ouest*. Ce navire est une combinaison du genre canonnière et du genre bélier. Le *Choctaw* est un bâtiment d'un type analogue.

Indépendamment de ces navires, le gouvernement fédéral a commandé d'autres bâtiments hardés de fer, parmi lesquels on remarque l'*Onondaga* ou *batterie Quintard*, qui est en construction à l'usine continentale de Greenpoint et

est une modification des batteries d'Ericson, mais qui sera plus légère et plus large que celles-ci; le *Dictator* et le *Puritan*, navires-béliers; le bélier à hélice *Dunderberg*, dont le blindage n'aura pas moins de 7 pieds; enfin, une quantité de navires cuirassés dits de *Pittsburg*, spécialement destinés à agir sur les rivières, et les fameux *Iron-Clads*

États-Unis. — *Keokuk.* — Dessin de Lebreton.

de l'*Ouest.* « Les rebelles, disait récemment le *New-York Herald* à propos de ces derniers, les rebelles verront assez tôt comment ils sont construits et armés. » C'est assez dire qu'il n'a encore transpiré que fort peu de renseignements sur ces bâtiments. On sait néanmoins que les *Iron-Clads* seront de formes diverses et construits de façon à avoir

une grande vitesse de marche et peu de tirant d'eau; que les uns auront des tours, les autres des casemates.

Les Américains, on le voit par cette brève esquisse, tout en ayant déjà trouvé des types excellents de navires cuirassés, cherchent encore la perfection. On ne peut que les encourager dans cette voie, où ils sont entrés les premiers

États-Unis. — *Nouvel-Ironsides.* — Dessin de Lebreton.

et où ils tiendront longtemps encore une des meilleures places à côté des constructeurs de la *Gloire*, de la *Normandie*, de l'*Invincible*, du *Magenta* et du *Solferino*.

LA DETTE DE L'ENFANT

PAYÉE PAR LE VIEILLARD.

NOUVELLE.

Fin. — Voy. p. 378, 386, 394.

III. — *A soixante-douze ans.*

A soixante ans de là habitait à Londres, au numéro 8 de Bolton-Court, dans le voisinage de Fleet-Street la populeuse, patrie des vrais Londoniens, au dire de l'exclusif enfant de la Cité, — le *cockney* ne reconnaît pour siens que ceux qui naissent en deçà de Temple-Bar; — au numéro 8 de Bolton-Court, avons-nous dit, habitait un vieillard qu'on pouvait croire un haut et puissant personnage, à en juger par le concours incessant de visiteurs qu'il n'était pas tou-

jours d'humeur à recevoir. Et ce n'était point, comme on dit, du *petit monde*, celui qui sollicitait journellement la faveur d'être admis chez lui : tout ce que l'Angleterre comptait d'illustre, à cette époque, dans les lettres, dans les sciences et dans les arts, a monté les trois marches de pierre étagées en avant de la porte extérieure du modeste logis, et plus d'une fois, sur le perron abrité, se sont rencontrés, venant frapper à cette porte, le peintre de tous les vices, Hogarth; celui de toutes les élégances, Joshua Reynolds; Richardson, un grand sage par le cœur; Chatterton, un pauvre fou de génie; le savant et irascible Warburton, évêque de Glocester, et, pour finir par celui à qui la porte était toujours ouverte, le plus grand comédien des temps modernes, David Garrick.

Il faudrait moissonner largement dans la liste des sommités de l'époque si l'on voulait épuiser celle des gens haut placés qu'une admiration sincère ou la curiosité banale conduisaient alors au numéro 8 de Bolton-Court, et, parmi ceux-ci, on aurait à nommer les plus éminents personnages de la cour de Georges III, hors le roi, bien entendu, que cependant il ne faudrait pas tout à-fait omettre. Sir James Boswell, le pieux biographe de son illustre ami, raconte longuement comment Georges III, usant de stratagème, parvint à surprendre Samuel Johnson dans la bibliothèque de Queen's-House (la maison de la reine), occupée aujourd'hui par le palais de Buckingham.

On le sait maintenant, cet homme que chacun était jaloux de connaître, et chez qui les plus illustres tenaient à honneur d'être reçus, c'est notre petit Sam de Lichfield, devenu le grand Samuel Johnson. Ils sont nombreux les ouvrages qui, durant un demi-siècle, — de 1735 à 1784, — occupèrent cette laborieuse existence dont pas un jour n'a été perdu. Le plus connu à l'étranger, c'est le petit roman intitulé *Rasselas, prince d'Abyssinie*, qu'il écrivit en sept soirées, à l'âge de cinquante ans, pour payer les funérailles de sa mère, décédée à Lichfield dans sa quatre-vingt-dixième année.

Et, à propos de cette mort, voici l'invocation à Dieu, qu'elle lui inspira le jour même où la perte irréparable lui fut annoncée. On la trouve à la page 31 de ses Prières et Méditations, publiées par le révérend M. Straham :

« Dieu tout-puissant, Père miséricordieux, qui tiens dans tes mains la vie et la mort, sanctifie en moi l'affliction que j'éprouve; pardonne-moi ce que j'ai pu faire, par malveillance, à ma mère, et ce que j'ai omis de faire pour elle avec un cœur de bonne volonté. Permets que je garde le souvenir de ses bons préceptes et de ses bons exemples, afin que je conforme ma vie à ta sainte parole. »

L'homme qui demandait ainsi pardon à Dieu pour des fautes ignorées, ou commises par omission involontaire, n'aurait pu oublier l'offense grave dont il s'était rendu coupable envers son père. Loin de s'effacer avec le temps, le souvenir de sa rébellion pesait de plus en plus sur sa conscience.

Un jour, il avait vingt ans alors, Samuel Johnson, qui n'était encore que Sam pour tout le monde, arriva de Londres à Lichfield avec la ferme résolution d'acquitter la dette du pécheur. Ce qui le rendait si fort, en ce moment, contre la résistance opiniâtre de l'orgueil, c'est que, pour la première fois, il avait devant lui la douloureuse perspective d'un deuil filial.

— Que j'arrive à temps, se disait-il, et mon repentir aura pour témoins tous ceux qui assistent mon père à son lit de mort !

Quand Sam arriva dans la chambre où gisait Michaël, celui-ci avait cessé de voir et d'entendre. Les assistants n'auraient pu témoigner que du désespoir de son fils, désespoir aussi violent qu'il était légitime. Il voulut parler, s'accuser sans doute; sa voix s'éteignit dans un sanglot; les larmes le suffoquèrent, il s'évanouit.

Tous ceux qui, à l'occasion, ont parlé de ce grand homme de bien, se sont accordés pour déclarer inexplicables ses accès journaliers d'humeur farouche, et ses coups de boutoir blessant à l'improviste les plus redoutables par leur puissance, les plus dangereux par la violence de leur riposte. Tout s'explique pour qui remonte à la source des singularités humaines; et comme notre plus mauvais vouloir envers les autres n'est souvent que la manifestation au dehors de notre mécontentement de nous-même, c'est dans le passé de Sam, le révolté qu'il faut peut-être chercher l'explication de Samuel Johnson l'excentrique.

La réputation de ce maître en critique savante s'étendait au loin; mais nulle part le bruit de son nom n'éveillait autant d'échos sympathiques que dans sa ville natale. A soixante ans de distance, quelques-uns de ceux qui avaient connu Sam le myope, surnommé *Plaies-et-Bosses*, existaient encore, et, parmi ceux-là, il convient surtout de citer maître Wilkins, l'hôtelier des Trois-Couronnes; non

pas l'ancien voisin de Michaël, il aurait eu cent quinze ans alors, mais le plus jeune de ses fils, qui marchait gaillardement vers sa quatre-vingtième année. Certes on était loin, à l'auberge de Wilkins, de pouvoir se rendre exactement compte du mérite sérieux de l'infatigable philologue; on jouissait du rayonnement de sa gloire comme on jouit de la lumière et de la chaleur du soleil, en les acceptant avec reconnaissance, sans en comprendre la cause première.

Le souvenir de Samuel Johnson se fût-il un moment éteint à Lichfield qu'il eût suffi, pour le raviver, de l'audacieuse lettre écrite par celui-ci à l'un des plus grands personnages de l'aristocratie anglaise, Sa Seigneurie Philippe Dormer, comte de Chesterfield. Il s'agissait d'une réponse au désir manifesté par l'illustre gentilhomme de protéger maintenant le pauvre homme de lettres qu'il avait laissé autrefois éconduire et insulter par ses valets. Cette lettre, qu'un autre que son auteur rendit publique, on la lisait partout où le nom de Samuel Johnson était parvenu, et elle pouvait être lue par chacun dans le parloir de l'auberge des Trois-Couronnes, où, soigneusement encadrée, elle faisait pendant au portrait du glorieux enfant de la ville.

La lettre disait :

Au très-honorable comte de Chesterfield.

7 février 1775.

« Monseigneur, j'ai été récemment informé par le propriétaire du journal *le Monde* que deux articles dans lesquels mon Dictionnaire est recommandé au public ont été écrits par Votre Seigneurie. Une telle distinction est un si grand honneur pour moi, qui ne suis point accoutumé aux faveurs des grands, que je ne sais ni comment l'accueillir, ni en quels termes le reconnaître. Lorsque, sur un léger encouragement, je me crus, une première fois, autorisé à rendre visite à Votre Seigneurie, je fus, comme le reste du monde, subjugué par le charme de votre parole. En retour, pour rendre publiquement hommage à Votre Seigneurie, j'ai épuisé tout ce que peut posséder dans l'art de plaire un simple lettré : c'était peu; mais j'ai fait tout ce que je pouvais, et ce tout, si petit soit-il, aucun homme n'est bien aise de le voir mis en oubli. Sept années ont passé depuis que, ramené chez vous par l'espérance, j'attendais dans votre antichambre, d'où je fus repoussé par votre ordre. Pendant ce temps, j'ai entrepris et poursuivi avec ardeur mon œuvre à travers les difficultés, dont je ne songe point à me plaindre, et je suis arrivé au terme de la publication sans un acte d'assistance, sans un mot d'encouragement, sans un sourire de la faveur. Ne devais-je pas m'y attendre, moi qui n'eus jamais un seul protecteur ?

« Est-ce un protecteur, Monseigneur, celui qui regarde avec indifférence un malheureux naufragé se débattre dans l'eau, et qui vient l'embrasser quand il a touché terre? L'information qu'il vous a plu de donner de mes travaux, si elle fût venue plus tôt, aurait été bienveillante; mais vous l'avez retardée jusqu'à ce que je dusse y être indifférent, jusqu'à ce que je fusse connu, jusqu'à ce qu'elle eût cessé de m'être nécessaire. Il n'y a pas, je suppose, de cynique rudesse à ne point s'avouer obligé quand aucun bienfait n'a été reçu, ni à refuser de me laisser considérer par la Providence comme capable de faire par moi-même. »

C'est ainsi que, dans sa dignité s'affirmant elle-même, l'écrivain jadis dédaigné, humilié dans sa misère, repoussait la protection habilement tardive qui ne pouvait plus être utile qu'au protecteur. Cette réponse du célèbre docteur aux avances intéressées de l'illustre lord avait été envoyée à Lichfield par un autre enfant du pays, célèbre aussi à Londres : David Garrick, l'ami de Samuel Johnson. Sa lettre d'envoi se terminait ainsi : .

« Il faut que notre cher docteur Johnson se soit singulièrement observé pour avoir gardé une telle mesure dans cette lettre écrite l'un de ces derniers huit jours, période durant laquelle il a subi la plus terrible de ces irritations nerveuses qui ont déjà tant effrayé pour lui ceux qui l'aiment. Jugez, par un mot, de sa violence : notre bon grand homme a été méchant avec moi. Et dans quel moment ! quand par un don gracieux je voulais flatter sa passion de bibliophile. Vous savez combien il aime les bons et beaux livres; il tient surtout à honneur de n'admettre dans sa bibliothèque que des exemplaires d'une condition irréprochable. Un volume taché ou incomplet pour lui n'est plus un livre, et cependant, malgré ce puritanisme d'amateur; j'avais remarqué parmi ses livres, le moins en évidence, il est vrai, un Robinson broché, et lui seulement jusqu'au tiers, puisqu'au delà les feuilles du volume n'étaient pas coupées. A l'endroit où la lecture avait dû être interrompue il manquait un feuillet, violemment arraché, paraissait-il aux fragments de la marge intérieure restés dans le volume. Une seule considération pouvait justifier la présence d'un pareil bouquin parmi tant d'exemplaires de choix, c'est qu'il portait la date de la première édition : 1719. Et moi aussi je la possédais, cette précieuse édition princeps, — comme disent les bibliographes à propos des auteurs anciens, — un beau volume non émargé et magnifiquement relié. Je résolus d'en faire la surprise à notre ami, et le lendemain j'étais chez lui avec mon livre en poche. Le docteur Johnson travaillait ; je comptais sur sa préoccupation pour glisser mon bel exemplaire à la place du volume incomplet sans qu'il s'aperçût de la substitution. Comme s'il m'eût guetté et deviné au flair un livre qu'il avait ouvert vingt fois chez moi, mais qu'à distance et avec sa myopie il ne pouvait reconnaître, il frappa du poing sur sa table pour arrêter mon mouvement, et me dit :

· » — Que diable fourrez-vous là dans ma bibliothèque? Ce n'est pas un livre à moi.·

» — Laissez-moi faire; il est à vous, puisque je vous le donne.

» — Quoi?... que me donnez-vous? reprit-il, quittant tout à coup son fauteuil.

» — Je remplace par un Robinson honorablement couvert et complet l'infirme mal vêtu qui n'a pas le droit de figurer ici.

» A peine avais-je parlé, que, bondissant comme un lion, le docteur tomba sur moi; il m'arracha le volume des mains , y jeta un coup d'œil, et le lançant au milieu de la chambre, il me cria :

» — Gardez vos livres, monsieur Garrick, et ne touchez pas aux miens !

» Tel fut le premier symptôme de cette longue crise dont nous ignorons la cause. »

Bientôt un nouveau message de l'illustre comédien parvint à Lichfield; il annonçait que, loin de se calmer, la crise qui épuisait Samuel Johnson prenait le caractère le plus alarmant.

Enfin, quelques jours après, un dernier billet écrit par la même main vint annoncer aux habitués de l'auberge des Trois-Couronnes cette étrange nouvelle :

« Samuel Johnson a quitté Londres, sans donner avis à qui que ce soit de son départ. Où qu'il aille, un voyage en ce moment ne peut que lui être défavorable : il a soixante-douze ans, un déplorable état de santé, et la saison est froide et pluvieuse. »

Oui, le temps était rude, et ce fut, en effet, par la bise et la pluie qu'arriva, un jour de marché, sur la place d'Ut-

toxeter, un grand et lourd vieillard qui tremblait et de fièvre et de froid. Il allait d'un pas lent et avec l'air préoccupé du milieu des marchands qui, s'abritant du mieux qu'ils pouvaient contre les torrents de l'averse, disaient en voyant le vieillard prendre si peu souci de lui-même :

— Ce doit être un fou, le bonhomme qui se promène par un temps pareil.

Le promeneur s'arrêta, non pas sous un abri, mais sous les nuages qui crevaient, et en regard d'un banc de pierre devant lequel il se découvrit avec contrition et respect.

— On peut hardiment le nommer blockhead (tête de bois) celui-là; il ne sent donc rien! reprit l'un des marchands.

Et tous les autres de rire.

Il sentait, non la bise qui le glaçait, non la pluie qui traversait ses vêtements; mais, au dedans de lui-même, assez de repentir pour mériter le pardon d'une vieille faute. Il demeura si longtemps dans son attitude de pénitent, la tête nue, les mains jointes, que les assistants cessèrent de rire et qu'un sentiment de curiosité compatissante attira quelques-uns de ceux-ci autour de lui. Quand il se vit ainsi entouré, le vieillard, qui avait fini son invocation mentale, leur dit :

— Vous êtes tous témoins que j'ai demandé pardon à mon père.

Puis il salua la place qui Michaël offensé lui avait dit : « Tu te puniras toi-même » ; et il s'éloigna, laissant frappés d'étonnement et aussi de respect les témoins de son repentir.

Le soir, après une pieuse station à la maison de Lichfield où il était né, il soupait, dans le parloir de l'auberge des Trois-Couronnes, avec de vieux amis d'enfance tout fiers de s'asseoir à une table présidée par le grand docteur Johnson. Comme on l'interrogeait sur le secret de ce voyage qui avait causé tant d'inquiétude à ses amis de Londres, il répondit :

— A notre âge, il est imprudent de laisser d'anciens comptes en souffrance ; je viens de payer ma première dette.

A quelque temps de là, causant chez lui avec David Garrick, il lui montra son exemplaire de Robinson restauré et couvert d'une belle reliure.

— Je n'avais pas besoin du vôtre, lui dit-il joyeusement, regardez : le mien est maintenant complet !

LES FROMAGES DE BRIE.

On vend par an, dans le département de Seine-et-Marne, pour douze millions de fromages. A Meaux seulement, on en vend pour 4 420 000 fr., et à Crécy pour 1 300.000. On distingue deux qualités de fromages de Brie : les fromages maigres faits avec le lait écrémé, et les fromages gras faits avec le lait tel qu'il sort du pis de la vache. Ces derniers, quand ils sont faits, comme dans le canton de Nangis, avec le lait pur des deux traites du matin et du soir sans qu'on les écrème, sont d'une grande finesse. « Ce sont des fromages ainsi fabriqués, dit M. Teyssier des Forges, qui ont été servis au congrès de Vienne, où ils ont été proclamés les premiers du monde ; mais aujourd'hui on n'en fait plus que pour soi, et encore rarement. Il faudrait les vendre trop cher aux consommateurs. »

FRAGMENTS DE JOSEPH GIUSTI.

— Vous m'avez déjà entendu dire, il me semble, que, pour moi, les vraies victimes sont les bourreaux. La vérité de cet axiome, gravé dans ma tête depuis que je suis en possession de la faculté de penser, m'a été démontrée par des milliers de faits accomplis sous mes yeux. Aussi, quand je vois un de ces faux braves marcher impitoyablement sur la tête de son semblable, je lui chante aussitôt en moi-même le *Requiem æternam*. Si ce n'est pour aujourd'hui, ce sera certainement pour demain; car un peu plus tard ou un peu plus tôt, qui sème la mort recueille la mort.

— Les étrangers ont tort quand ils nous reprochent de trop vanter nos gloires passées. En nous rappelant ce que nous fûmes, nous voyons ce que nous pourrions être; pour nous, se souvenir c'est espérer.

— Je comprends que l'homme supporte sans plainte un mal qu'il s'est fait lui-même; qu'il puisse même, en ce cas, endurer la mort, parce que je sais que celui qui passe un peigne sur ses cheveux s'aperçoit à peine qu'il s'en arrache quelques-uns; mais si n'est un autre qui le peigne, la chose est bien différente.

— Je passe la vie à lambiner, et, bien que ma santé ne soit pas plus mauvaise, je l'affirme que je paye cher l'existence. Il est vrai que nous n'avons pas eu la vie pour rien. La nature feint d'abord de nous la donner gratis; plus tard, elle nous envoie la note. Elle nous donne l'être; elle

nous l'orne, pendant dix-huit ou vingt années, de biens du réels ou imaginaires, ce qui, pour l'effet du moment, est absolument la même chose; puis, à l'heure où nous nous y attendons le moins et où nous avons le moins d'argent dans notre poche, la voilà sur notre dos avec dix mandats payables à vue. Les mille bons conseils qui ont été donnés là-dessus par les philosophes sont en général peu écoutés, l'échéance venant toujours au mauvais moment.

BAS-RELIEF ASSYRIEN.

Voy., sur les fouilles de Ninive, t. XII (1844) et t. XVI (1848).

Le grand bas-relief dont nous reproduisons un fragment est l'une des sculptures assyriennes les plus curieuses que possède le Musée du Louvre. Que représente-t-il? Est-ce, comme on l'a dit, un combat naval sur la côte phénicienne? Mais les armes sont ce que l'on y voit le moins, et il n'y a guère apparence d'une lutte. On a supposé aussi que tous ces bateaux transportaient des bois pour la construction d'une forteresse ou d'une ville : on remarque çà et là des

Fragment d'un bas-relief assyrien conservé au Musée du Louvre. — Dessin de Fellmann.

édifices isolés surmontés de petites tours crénelées et d'objets qui ont la forme de croissants. Les deux, trois, quatre ou cinq grandes bandes blanches marquées au-dessus de la plupart des barques sont-elles des poutres, ou des planches, ou la représentation trop lourde d'espèces de voiles analogues à celles de différents peuples asiatiques? Ou bien encore seraient-elles destinées à remplacer au besoin les pièces de charpente qui, attachées à l'arrière des barques, flottent et semblent remplir l'office de gouvernail? Les eaux, qui paraissent être celles d'un lac plutôt que d'un fleuve, laissent entrevoir non-seulement des poissons de toutes sortes, des langoustes : des crabes, des tortues, mais encore à leur surface des animaux fabuleux du panthéon assyrien : taureaux ordinaires ailés, taureaux à tête humaine,

hommes ou dieux dont le corps se termine en queue de poisson, etc. C'est tout un tableau dont l'étude sera très-instructive lorsque l'archéologie assyrienne sera plus éclairée par la lecture des inscriptions et la découverte d'autres monuments. Hérodote sera d'un grand secours : il parle avec détails de Babylone, de la ville d'Ys, des rivages et des digues de l'Euphrate; il raconte comment la reine Nicotris canalisa ce fleuve, et fit creuser un lac destiné à recevoir ses eaux lorsqu'il débordait. Il décrit les bateaux dont l'on se servait sur l'Euphrate pour porter les denrées à Babylone; ils étaient en bois de saule couvert de peau, et de forme ronde; c'étaient des espèces de radeaux.

LE GRAND CONDÉ.

Retour du grand Condé après la bataille de Senef (1674). — Dessin de Calon, d'après le tableau de M. Joseph Caraud.

Le peintre lui-même a décrit son tableau dans le livret du Salon de 1863 :

« Ce fut à son retour à la cour que, montant lentement, à cause de sa goutte, les degrés de l'escalier au haut duquel le roi voulut le recevoir (à Versailles), Condé dit à Louis XIV : « Sire, je demande pardon à Votre Majesté de
» la faire attendre si longtemps. — Mon cousin, reprit
» gracieusement Louis, quand on est chargé de lauriers
» comme vous, on ne peut que difficilement marcher. »

Louis XIV a-t-il réellement fait cette réponse? Ce n'est pas impossible; mais les panégyristes des rois leur prêtent beaucoup d'heureuses reparties qui, pour peu qu'elles soient vraisemblables, finissent par passer pour historiques. On se dit d'abord : « Voilà ce que le roi aurait pu répondre » ; puis on écrit : « Voilà ce que le roi a répondu. »

En 1674, Louis II de Bourbon, prince de Condé, qu'on appelait dans sa jeunesse le duc d'Enghien, avait cinquante-trois ans. Il venait de remporter sa dernière victoire (11 août 1674) près du village de Senef, en Belgique, dans le Hainaut, contre le prince d'Orange. C'était une triste victoire : elle avait coûté la vie à sept ou huit mille Français et n'avait rien décidé. Louis XIV fut, dit-on, très-mécontent de ce carnage inutile : aussi ne fit-il pas d'objection lorsque, l'année suivante, Condé exprima le désir de se retirer à Chantilly. Depuis longtemps Condé souffrait, en effet, de la goutte, ce qui explique sa difficulté à monter l'escalier du château de Versailles. Était-ce un grand homme? Le jour où l'on s'entendra bien sur la signification de ces deux mots, la conscience humaine aura fait un progrès remarquable. Condé était un grand homme de guerre; ce n'était pas un grand citoyen : il avait vendu chèrement ses services à la reine pendant la Fronde; il avait trahi sa patrie et combattu contre elle avec les Espagnols pendant plusieurs années (1651-1660). Il mourut à Fontainebleau, le 11 décembre 1686.

UN SIÈCLE DE CINQUANTE MINUTES.

Le 6 août 1859, j'arrivais à Chamounix avec un de mes amis, voyageur comme moi. Depuis cinq semaines environ nous explorions la Suisse, et nous avions eu tout le temps de nous familiariser avec la neige et les glaciers. Nous avions fait maintes ascensions, dont une de quatorze mille pieds. J'ai encore très-présente la sensation que me fit éprouver le premier aperçu d'une de ces effrayantes crevasses qui entrecoupent les flancs des glaciers. Tenant ferme la main du guide, je me penchai sur le bord du gouffre béant, et essayai d'en sonder du regard les sinistres profondeurs. Les deux murs de glace perpendiculaires paraissaient se rejoindre à environ trois cents pieds; mais ce n'était, je crois, qu'un effet de perspective, le déchirement se prolongeant, à ce que je présume, jusqu'au sol.

— Un homme qui tombe là est bien sûr de n'en jamais sortir vivant, dit l'un des guides.

— Oui, reprit l'autre; cependant j'en ai connu un qui en est réchappé, et on peut dire qu'il a eu une fière chance; il habite encore le Grindelwald. C'était un chasseur de chamois. Il revenait chez lui; en descendant du glacier, il fit une glissade et tomba dans une crevasse. Sa chute fut ralentie par les saillies et des blocs de glace, qui cédaient sous son poids dès qu'il s'y cramponnait. Quand il atteignit le fond, à quelques centaines de mètres, il avait une jambe et un bras cassés. Il découvrit, entre la terre et la glace, un espace creux par lequel s'échappait un ruisseau; il suivit instinctivement le cours d'eau en rampant, avec d'atroces souffrances, et au bout de trois heures il était hors du glacier.

Les crevasses ont ordinairement, à l'ouverture, d'un mètre jusqu'à trois; mais les parois se rapprochent rapidement; de sorte qu'un homme peut se trouver enclavé entre deux murailles de glace longtemps avant d'avoir atteint le fond, et alors, à moins que l'on n'ait sous la main des cordes assez fortes et assez longues, il est impossible de l'arracher à la mort, et à quelle affreuse mort! Un malheureux noble russe avait péri ainsi, l'année d'avant, à moitié gelé, à moitié étouffé, la chaleur de son corps faisant fondre la neige, et lui se sentant enfoncer de plus en plus dans son affreux tombeau.

Nous avions gravi le Brévant; il ne nous restait plus qu'à visiter la Mer de glace et le Jardin. Pour mettre le temps à profit, nous allâmes coucher à Montanvert, dans la solitaire petite auberge qui se trouve au bord du glacier. Le lendemain, nous étions debout à l'aube. Munis de quelques provisions et de deux bouteilles de vin, nous partîmes avec le guide que nous avions emmené de Courmayeur. La matinée était splendide et de bon augure pour notre excursion. Pendant une demi-heure de marche nous suivîmes un sentier inégal, côtoyant la Mer de glace qui, à gauche, au-dessous de nous, déroulait sa surface crevassée et couverte de débris. Le chemin aboutissait au glacier, sur lequel nous commençâmes à descendre et à cheminer en zigzag, au milieu de nombreuses fissures. L'excursion de la Mer de glace ne passe pas pour dangereuse, et il est rare qu'on prenne la précaution d'emporter des haches et des cordes. Alertes et gais, nous allongions le pas, sans nous préoccuper du guide, qui, resté en arrière, nous cria une ou deux fois de prendre garde et de l'attendre. Force nous fut de faire halte devant une vaste crevasse qui nous barrait le passage. Elle s'ouvrait sur une longueur de soixante mètres et aboutissait, sur notre gauche, à une pente de glace assez roide, mais que je m'imaginai pouvoir facilement gravir. Me servant de mon bâton ferré en guise de hache, je commençai à creuser dans la glace des trous assez larges pour y poser le pied. A ce moment, le guide nous rejoignit; il regarda la pente et la crevasse béante au-dessous, et dit d'un ton grave :

— C'est périlleux; faisons le tour.

A l'aide de mon bâton ferré, j'avais déjà franchi la moitié du monticule, et j'avais pu m'assurer qu'il était trop roide pour être franchi sans hache. L'avertissement du guide acheva de me convaincre. Je résolus de retourner sur mes pas, et j'allongeai avec précaution ma jambe droite en arrière, cherchant la dernière entaille que j'avais faite dans la glace : mon pied la dépassa; je sentis que je glissais. Il n'y avait pas une aspérité, pas la moindre saillie à laquelle je pusse me retenir. La pente devenait perpendiculaire, et je tombai dans le gouffre.

J'entendis le cri de désespoir de mon compagnon et du guide. Mes propres sensations ne sauraient se décrire; elles participaient du vertige et du choc : renvoyé de l'une à l'autre des deux parois, je me sentais descendre à une grande profondeur, condamné à être fracassé, à mourir d'une mort horrible. Tout à coup quelque chose m'arrêta; j'étais suspendu. Je repris haleine, et pus crier :

— Une corde! une corde!

Par un hasard providentiel, j'étais tombé sur un mince filet de glace qui faisait pont en travers de la crevasse. Ce frêle appui n'avait guère que six centimètres de large et environ quarante d'épaisseur, autant que j'en pus juger. Ma tête pendait d'un côté, mes pieds de l'autre. Instinctivement et presque aussitôt (par quels moyens, je ne sais) je me redressai et me trouvai debout sur cette saillie, où il y avait un creux juste assez grand pour recevoir un pied.

J'entendis alors mes compagnons dire au-dessus de moi :

— Nous n'espérions plus jamais entendre votre voix; pour l'amour de Dieu, prenez courage! Le guide a couru à Montanvert chercher des hommes et des cordes; il va revenir.

— S'il tarde, répondis-je, je ne remonterai pas vivant. Ma position était terrible. La mince traverse de glace était si étroite que je n'y pouvais poser mes deux pieds. Je me soutenais sur une seule jambe, m'appuyant à demi contre une des parois, et pressant l'autre de ma main. La glace était unie comme un miroir; rien où se cramponner. Un courant d'eau glacée coulait sur mes épaules, me perçant jusqu'aux os; au-dessus de ma tête, j'entrevoyais la longue et étroite bande azurée du ciel qu'encadrait l'ouverture de la crevasse. La glace, d'un bleu sombre et foncé, qui m'enceignait de toutes parts, avait un aspect menaçant, implacable. Les deux murailles semblaient près de se rejoindre pour m'écraser, plutôt que de lâcher leur proie. De nombreux cours d'eau ruisselaient tout le long; mais, dans cette étendue de plus de soixante mètres, je ne pouvais distinguer d'autre saillie, d'autre obstacle, que la traverse de glace sur laquelle j'étais tombé si miraculeusement.

Je me hasardai à regarder, une seconde seulement, l'effroyable abîme au-dessus duquel j'étais suspendu. A l'endroit où je me trouvais, la crevasse n'avait que quarante à cinquante centimètres de large; plus bas, elle se rétrécissait rapidement, et, à une centaine de mètres au-dessous, les deux côtés paraissaient se toucher. Je crois que si je fusse tombé à une distance de douze ou quinze centimètres du petit filet de glace, j'aurais été enseveli et muré à une profondeur qu'aucune corde n'eût pu atteindre.

J'étais demeuré vingt minutes environ dans cette position périlleuse, les nerfs et les muscles tendus pour m'y maintenir, regardant le ciel au-dessus de ma tête, et, autour de moi, la glace, mais ne me hasardant plus à plonger du regard dans le gouffre au-dessous. Le sang coulait d'une blessure que je m'étais faite à la joue, et je sentais que ma jambe droite, sur laquelle heureusement je ne m'appuyais pas, était fortement contusionnée; cependant la gauche, endolorie par l'effort et le poids, commençait à fléchir. Impossible de changer de position sans risquer de perdre l'équilibre. Le froid du mur de glace contre lequel je m'appuyais m'engourdissait de plus en plus; l'eau tombait toujours, et je n'osais bouger.

J'appelai mon compagnon; personne ne répondit. J'appelai de nouveau. Rien! rien! Pas un être humain à portée de la voix. Je fus pris de vertige, comme une pensée me traversait le cerveau :

— Il est allé voir si le secours arrive, et il ne peut plus retrouver la crevasse; il y en a des centaines. Je suis perdu.

Je recommandai mon âme à Dieu. J'étais à bout de forces; j'avais presque abandonné tout espoir. Il me prit envie de me laisser aller et d'en finir avec cette agonie.

A ce moment critique, je m'entendis appeler. Mon ami avait couru à la découverte du guide; mais lorsqu'il avait voulu revenir, il avait été frappé d'épouvante en voyant la surface du glacier entrecoupée d'innombrables crevasses, toutes si semblables entre elles qu'il n'y avait pas un seul point de repère qui pût lui faire reconnaître la fosse où j'étais enseveli vivant. Dans cette cruelle perplexité, Dieu permit qu'il aperçût un petit havre-sac laissé par le guide au bord du gouffre. Il lui cria de regarder à sa montre. Cinq autres minutes s'étaient écoulées. Le froid devenait de plus en plus intense; le sang se glaçait littéralement dans mes veines. J'appelai, je demandai s'il avait quelqu'un en vue. Le guide était parti depuis trente-cinq minutes, et pas une âme ne paraissait. Il était peu probable qu'il pût revenir si vite, puisque nous avions mis trois quarts d'heure à arriver jusque-là. Je sentais que je ne pourrais plus tenir que très-peu de temps. Le frêle appui qui faisait mon salut pouvait d'un moment à l'autre céder et se rompre sous moi. Je me souviens que j'avais dans ma poche un fort couteau, et je résolus de m'en servir pour me tirer de là. J'informai mon compagnon de ce projet : il me supplia de n'en rien faire; mais ma situation était devenue intolérable. Je fis dans la glace une entaille, aussi haut que je pus atteindre, assez large pour y mettre ma main; je creusai ensuite, à quarante centimètres au-dessus du petit pont, un trou assez profond pour poser mon pied. J'y réussis; et, cramponné à ces deux points d'appui, le dos appuyé de toutes mes forces contre la paroi opposée, je parvins à m'élever et à me maintenir ferme dans cette nouvelle position. Je redescendis sur la traverse, et commençai une autre entaille au-dessus de la première. Je me flattais de pouvoir ainsi échapper à ma prison; mais une seule glissade, un faux pas, me précipiteraient infailliblement dans l'abîme.

Je travaillais diligemment à mon second degré, quand j'entendis en haut un cri joyeux :

— Les voilà! Trois hommes avec des cordes... ils accourent à toutes jambes!

Je m'affermis sur l'étroite et glissante saillie, afin de pouvoir saisir et attacher autour de moi la corde qu'on allait me jeter. Je vis le bout osciller à deux mètres au-dessus de ma tête.

— Que Dieu ait pitié de moi! Elle est trop courte!

— Nous en avons une autre!

Elle fut nouée, et descendit. J'en saisis le bout; je la liai fortement autour de ma taille, et me cramponnant des deux mains à la corde, je donnai le signal.

Le tirage commença; j'étais sauvé! La minute d'après, j'étais debout sur le glacier. J'avais passé cinquante minutes dans la crevasse; cinquante minutes qui avaient duré un siècle, pendant lequel je n'avais heureusement perdu ni ma confiance en Dieu, ni ma présence d'esprit.

En reprenant pied sur la terre ferme, un immense sentiment de reconnaissance pour le Tout-Puissant, qui m'avait délivré d'un si grand péril, s'empara de moi; je tombai à genoux et m'évanouis. Quand je repris connaissance, on se préparait à partir pour Montanvert. Avant de m'é-loigner, je voulus jeter un dernier regard sur la crevasse où j'avais failli être enseveli vivant. Je vis qu'il eût été complètement impossible d'en sortir comme je l'avais projeté. L'ouverture en haut était trop large pour qu'en m'en rapprochant je pusse m'arc-bouter contre l'autre paroi, et, sans ce point d'appui, les plus agiles des animaux grimpeurs n'eussent pu escalader ce mur perpendiculaire.

Le guide avait couru jusqu'à l'auberge, et n'avait pu y trouver une seule corde comme il la lui fallait. Au désespoir, il partait pour Chamounix, quand il rencontra deux muletiers. Leurs bêtes étaient chargées de bois attaché avec des cordes, qu'il les supplia de lui donner pour sauver un pauvre jeune homme, un voyageur tombé dans une crevasse. Ces braves gens déchargèrent leurs mules, et vinrent avec le guide à mon secours. Nouées les unes au bout des autres (il y en avait trois), les cordes atteignirent la profondeur de trente à quarante mètres où j'étais arrêté.

Aidé de mes libérateurs, je pus regagner Montanvert; là, couché dans un bon lit et soigné de mes contusions, j'eus tout le loisir de rêver au danger auquel j'avais échappé, et dont le souvenir me hante encore souvent, dormant ou éveillé. C'est pourquoi j'ai jugé utile de faire profiter les futurs voyageurs de mon expérience, les engageant fort, s'ils veulent se hasarder un peu loin au milieu des glaces, de se munir de haches, de cordes, et surtout d'une ferme confiance en la bonté divine, le plus sûr des appuis et la meilleure sauvegarde ici-bas.

UN CLOCHER EN SUÈDE.

M. Beugt Nordenberg est né en Suède, dans le Bicking, division de la Gothie qui appartenait autrefois au Danemark. Le tableau de mœurs qu'il a envoyé en 1863 à Paris, et dont nous donnons une esquisse, est un des doux souvenirs de son enfance et de sa patrie. On rencontre de distance en distance, en Suède, de petites églises de bois, peintes en rouge, situées le plus souvent au sommet de monticules, assez loin des hameaux. « Leur clocher, dit Henri Twining, n'est qu'une frêle tourelle de planches. » De ses lucarnes la vue embrasse ordinairement une grande étendue de pays. Le dimanche, tous les habitants viennent des petits groupes de maisons dont l'église est le centre, et la visite du clocher est une récréation pour ces pauvres et bonnes familles dont les plaisirs sont rares. Les voilà ces cloches dont les voix aériennes animent seules le silence des vastes solitudes! On connaît bien leur langage. Lentes et graves, elles répandent au loin l'inquiétude et la tristesse.

— Qui donc est mort? — Sont-elles au contraire vives, alertes, empressées, c'est de bon augure. — Allons, disent les vieillards gaiement, encore un mariage, ou encore une naissance; le monde n'est pas près de finir. — Qui no

désirerait monter de temps à autre vers ces messagères religieuses du bien et du mal, du plaisir et de la douleur? Elles font rêver du ciel autant que de la terre, et elles ne perdent point de leur prestige pour être vues de près; on

Un dimanche matin dans la tour d'un clocher, en Suède, par M. Nordenberg. — Dessin de Yan' Dargent.

a beau les regarder : leurs vibrations invisibles produisent sur l'âme une impression à la fois solennelle et mystérieuse; chacun pense : « Un jour elles sonneront aussi pour moi, pour ceux que j'aime, et ce sera mon tour de leur répondre par un sourire ou par des larmes. »

ERRATA.

TOME XXX. (1862).

Page 379 (Géographie physique et agricole de la France). — On nous signale, comme une omission dans la nomenclature des produits de la région de l'ouest, le beurre, objet d'un commerce important avec l'Angleterre. Les seuls bateaux à vapeur de Saint-Malo à Newhaven exportent, chaque année, environ cinq millions de kilogrammes de beurre, ce qui produit environ dix millions de francs.

TOME XXXI (1863).

Page 2. — Nous avons dit, par erreur, qu' « il n'existait en France aucune fonderie de cloches d'acier. » Voici ce qu'un de nos lecteurs nous a écrit à ce sujet : « Il existe, dans le département de la Loire, à Unieux, près Firmini, une usine, celle de MM. Jacob Holtzer et Cie, qui fournit d'excellentes cloches d'acier. On connaît depuis plusieurs années, dans le département de l'Isère, deux de ces instruments, sortis des ateliers de M. Holtzer, l'un à Fure près Moirans, l'autre à Brezins

près Saint-Étienne de Saint-Geoire; tous deux excellents sous le rapport de l'harmonie des sons, et de la puissance. La cloche de Brezins pèse environ 800 kilogrammes et a coûté environ 1 600 francs, c'est-à-dire 1 fr. 80 cent. ou 2 francs le kilogramme, ce qui est inférieur au prix des cloches anglaises.»

Page 54 (Monnaies chinoises). — Il y a eu substitution d'une gravure à une autre et oubli de réparer l'erreur dans le cours de ce volume.

Page 75, colonne 1, ligne 14. — Au lieu de : vingt et una; lisez : quatre-vingt-une.

Page 86, colonne 2, ligne 33. — Au lieu de : palning; lisez : palning.

Page 87, colonne 1, ligne 13. — Au lieu de : palaté; lisez : palat.

Page 263, colonne 1, ligne 13 en remontant. — Au lieu de : bonheur; lisez : bonne heure.

— Même colonne, ligne dernière. — Au lieu de : Perreyne; lisez : Perreyve.

Page 265, sous la gravure. — Au lieu de : Départ du Lido; lisez : Départ pour le Lido.

Page 299, colonne 2, ligne 42. — Au lieu de : d'autant mieux qu'il y a; lisez : qu'il n'y a point.

Page 311 (Prière d'un mort), colonne 2, ligne 34. — Au lieu de : combien la vie que vous venez d'arrêter est...; lisez : a été.

— Même colonne, ligne 40. — Au lieu de : par l'avancement de nos pères; lisez : pour l'avancement de nos frères.

Page 312, colonne 1, ligne 22. — Au lieu de : libre carrière; lisez : pleine carrière.

Typographie de J. Best, rue Saint-Maur-Saint-Germain, 15.

TABLE PAR ORDRE ALPHABÉTIQUE.

TABLE PAR ORDRE DE MATIÈRES.

LE MAGASIN

PITTORESQUE

Paris. — Typographie de J. Best, rue Saint-Maur-Saint-Germain, 15.

LE MAGASIN

PITTORESQUE

PUBLIÉ, DEPUIS SA FONDATION, SOUS LA DIRECTION DE

M. ÉDOUARD CHARTON.

TRENTE-DEUXIÈME ANNÉE.

1864

Prix du volume broché, pour Paris. . . . . 6 fr.
                  pour les Départements . 7 fr. 50
Prix du volume relié, pour Paris. . . . . 7 fr. 50
                  pour les Départements . 9 fr. 50

PARIS

AUX BUREAUX D'ABONNEMENT ET DE VENTE
29, QUAI DES GRANDS-AUGUSTINS, 29

M DCCC LXIIII

MAGASIN PITTORESQUE

A CINQUANTE CENTIMES PAR LIVRAISON MENSUELLE.

XXXIIᵉ ANNÉE. — 1864.

HYACINTHE RIGAUD.

Hyacinthe Rigaud, d'après son portrait par lui-même. — Dessin de Chevignard.

Hyacinthe Rigaud naquit à Perpignan le 20 juillet 1659. | petit-fils de peintres, il avait déjà pu prendre le goût de
Il n'avait que huit ans lorsqu'il perdit son père; fils et | son art dans les exemples qu'il avait sous les yeux. Sa

mère, lorsqu'il eut atteint sa quatorzième année, l'envoya à Montpellier, où il entra dans l'atelier d'un artiste nommé Pezet, qui est resté obscur. Il connut vers le même temps Ranc, habile peintre de portraits (père de Jean Ranc, qu'il eut plus tard pour élève, et qui épousa sa nièce), et ses conseils paraissent lui avoir été plus profitables que les leçons de son maître. Il vint à Paris en 1681, après avoir passé quelque temps à Lyon, fréquenta les cours de l'Académie, et, au bout d'un an, remporta le prix de peinture.

Le sujet du concours était *Caïn bâtissant la ville d'Énoch.* Rigaud se destinait à la peinture historique; mais déjà à son insu même, et tandis qu'il était tout plein encore d'une ambition différente, son talent se fixait dans le genre auquel il devait consacrer sa vie et où il a trouvé sa gloire. De 1681 à 1682, c'est-à-dire à l'époque même où il le poursuivait ses études académiques, il exécuta trente-trois portraits. Lebrun, dont l'autorité était alors toute-puissante dans les arts, vit celui de Lafosse, son élève, et conseilla au jeune peintre de renoncer à la pension de Rome pour suivre sa vocation manifeste. Rigaud n'alla point à Rome. Bientôt il fut si chargé d'occupations qu'il ne put désormais revenir que pour échappée à la peinture religieuse ou historique. Il a fait à peine trois ou quatre tableaux dans ce genre, parmi lesquels *la Présentation au temple,* au Musée du Louvre, qu'il termina à la fin de sa vie, est le plus important.

Ranc, qui fut le véritable maître de Rigaud, avait pris Van-Dyck pour modèle; il en avait inspiré l'admiration à son élève. On rapporte que Rigaud revit, lorsqu'il était déjà arrivé à toute sa réputation, le portrait d'un joaillier nommé Materon qu'il avait peint à son début. Ce portrait lui fut porté par le petit-fils du joaillier, qui voulait s'assurer qu'il était bien de sa main. Rigaud reconnut son ouvrage. « La tête, dit-il, pourrait être de Van-Dyck; mais la draperie n'est pas digne du Rigaud, et je la veux repeindre gratuitement. » Cette parole montre bien où allaient ses vues; mais elle prouve en même temps qu'il n'avait pas peut-être un juste sentiment du mérite du grand artiste qu'il se proposait d'imiter. Prétendre l'égaler dans l'art de peindre les têtes, n'était-ce pas une confiance extrême? Bien qu'on n'ait pas manqué, dans les biographies, de donner à Rigaud le surnom de *Van-Dyck français,* la suprême récompense qu'il eût ambitionnée, il n'a pas atteint à la distinction et à la finesse du peintre flamand; il est moins simple, moins maître, puisque, avec plus d'efforts pour varier le caractère de ses portraits et faire paraître dans l'attitude et tout l'extérieur des personnages ce qu'il veut révéler de leurs habitudes et de leurs pensées, il les fait connaître moins profondément et n'évite pas la monotonie. L'art ne s'efface pas dans ses ouvrages comme dans ceux de Van-Dyck. Les draperies, par où il se flattait de le surpasser, les nombreux accessoires, excellemment peints, qu'il plaçait autour de ses modèles, et qui ont compté parmi ses principaux titres à l'admiration de ses contemporains, aujourd'hui nous parnissent détourner trop par leur fracas l'attention qui devrait se porter toute sur la physionomie. Mais quelle vérité dans tous les détails, et quelle unité dans l'ensemble! Quelle souplesse et quelle fermeté de pinceau! Comme la vie abonde! Quelle fraîcheur dans les carnations! Quelle variété de Rigaud sont de celles qui font vivre les œuvres d'un peintre longtemps après que la vogue, qui s'attache même à ses défauts, est tombée; ses défauts passaient pour des qualités de son temps, dans cette cour pompeuse du grand roi, dont les figures posaient et se drapent sur ses toiles si majestueusement.

Sa facilité était extrême; on peut s'en faire une idée par la promptitude avec laquelle il saisit, dans une visite à la Trappe, les traits de l'abbé de Rancé. Il y fut conduit par le duc de Saint-Simon, ami de Rancé, qui l'avait vainement supplié de se laisser peindre. Rigaud était vêtu en officier; on le reçut sans défiance. Il se trouva à la première conversation et à la première entrevue; il y parla peu; mais ayant beaucoup regardé et examiné, il sortit quelque temps après... et étant dans son appartement où il avait une toile préparée... il en fit une ébauche qui nous surprit tous... A deux jours de là, ayant rendu une seconde visite semblable à la première, il se confirma dans une ressemblance si fidèle qu'il n'eut plus rien à faire... » Saint-Simon a conté lui-même cette anecdote dans ses Mémoires, où il est facile de la trouver [1]. La lettre moins connue, dont on vient de lire un extrait [2], écrite par le secrétaire de l'abbé de la Trappe, confirme l'exactitude de tous les détails.

L'énumération des ouvrages de Rigaud, ou seulement des principaux, serait trop longue pour trouver place ici. D'après un fragment conservé du registre où il inscrivait les personnes qu'il peignait, on voit qu'il exécuta chaque année de trente à quarante portraits. Presque tous sont des portraits d'hommes; il aimait moins à peindre les dames : « Si je les fais, disait-il, telles qu'elles sont, elles ne se trouveront pas assez belles; et je les flatte trop; elles ne rassembleront pas. » A côté de grands portraits tels que ceux de Louis XIV et de Bossuet (au Musée du Louvre), il en a fait d'autres plus simples, en buste ou à mi-corps, notamment de ces écrivains et écrivains ses amis, qui comptent aujourd'hui parmi ses meilleurs. De ce nombre sont aussi ceux où il s'est représenté lui-même, et ceux de sa femme et de sa mère.

En 1695, le voyage de Roussillon, uniquement pour revoir sa mère et rapporter son image. Sa piété filiale nous a valu un chef-d'œuvre; il le fit exécuter d'après son portrait, qu'il garda toujours dans son cabinet, un buste en marbre par Coysevox; il le fit aussi graver par Pierre Drevet; et, plus tard, pour en assurer la conservation et en garantir l'authenticité, il le légua à l'Académie de peinture. Les portraits de sa femme, Elisabeth de Gouy, ne sont pas moins remarquables. La manière dont il la connut est fort singulière. Un jour, à Perpignan, il fut mandé dans une maison où l'on avait besoin d'un peintre, mais d'un peintre pour mettre un parquet en couleur. La méprise lui parut plaisante. Il se rendit à cette invitation superbement vêtu, prétendit le portrait de Louis XV, et fut reçu par une dame jeune, jolie, qui lui fit mille excuses; elle lui fit peindre son portrait. A mesure qu'ils se connurent mieux, ils se plurent davantage l'un et l'autre, et ils finirent par s'épouser.

La ville de Perpignan, reconnaissante envers l'artiste qui l'honorait par son talent, usa en sa faveur du privilége, dont elle jouissait depuis 1449, de nommer tous les ans un noble. Ce titre de noblesse locale fut confirmé par des lettres royales, dans les termes les plus honorables. Rigaud était de l'Académie de peinture depuis 1700; il avait été reçu comme peintre d'histoire, non sans difficulté, après avoir peint une *Nativité* qui ne fait pas regretter qu'il n'ait pas produit plus d'ouvrages du même genre. En 1723, Louis XV l'avait nommé chevalier de l'ordre de Saint-Michel. On payait ses portraits fort cher, et sa fortune devait être considérable; mais il paraît qu'il fut une des victimes du système de Law. En 1727, tandis qu'il peignait le portrait de Louis XV, le roi lui demanda s'il était marié. « Je suis marié, répondit Rigaud, mais je n'ai pas d'enfants, Dieu merci! » Le roi, surpris de ces mots, lui en demanda l'explication. « C'est, dit-il, Sire, que mes enfants n'auraient pas de quoi vivre, Votre Majesté héritant de tout ce que j'ai pu gagner avec mon pinceau. » — « On fit pour Rigaud ce qu'on n'avait fait pour personne, ajoute l'abbé de Fontenai qui rapporte ce trait (¹); on lui conserva, malgré la rigueur du *visa*, le même revenu qu'il avait sur l'hôtel de ville, avec cette différence que ses rentes, auparavant perpétuelles, furent converties en viagères, tant sur sa tête que sur celle de sa femme. »

Il perdit sa femme en 1742, et en ressentit un violent chagrin; la fièvre le prit et ne le quitta plus. Lorsqu'il entra, après la levée des scellés, dans la chambre où sa femme était morte, il s'écria : « Ah! je vais bientôt vous suivre! » En effet il se mit au lit et il mourut, le 27 décembre 1743, âgé de quatre-vingt-quatre ans.

RESPECT DE SOI-MÊME.

Quel que soit le rang, quelle que soit la position dans le monde des personnes auxquelles vous avez affaire, songez moins à ce que vous leur devez qu'à ce que vous vous devez à vous-même.

« — Monseigneur, dit Polonius à Hamlet, en parlant de pauvres comédiens ambulants, je les traiterai selon leur mérite.

» — Eh! vraiment, traitez-les beaucoup mieux, répond judicieusement le prince. Si vous traitiez chaque homme selon ses mérites, qui donc échapperait aux verges? Traitez-les selon votre propre honneur et votre dignité; moins ils peuvent y avoir de droits, plus votre bienveillance vous honore. »

Combien de gens mettent en pratique cette belle maxime de charité chrétienne! Ils oublient ce qu'ils se doivent pour ne donner aux autres que bien juste ce qu'ils croient leur devoir, comme si le respect de soi-même était une considération secondaire.   BASIL HALL.

UN CRIME QUI MARCHE.

VOYAGES ET AVENTURES A LA POURSUITE D'UNE PIÈCE FAUSSE.

Nommez-les comme vous voudrez : itératifs, consécutifs, successifs, toujours est-il qu'il y a deux sortes de crimes multiples et vagabonds que je me permettrai d'appeler du nom que s'est donné le démon qui parla dans l'homme du pays des Géraséniens : les *crimes-légion*. Chacun d'eux, lancé dans le monde à l'état d'unité, se multiplie en marchant. L'un ne demande qu'une seule victime pour de nombreux coupables : c'est le crime-légion qui propage la calomnie. L'autre exige en nombre égal les coupables et les victimes : c'est le crime-légion qui fait circuler la fausse monnaie.

MICHEL MASSON.

I. — Le chef-d'œuvre de Malchus Petersen.

Heureux jour! Date écrite en lettres d'or dans le livre de ma destinée, je vous salue! Grâce à vous, j'en suis sûr maintenant, je n'ai pas en pure perte dévoué ma jeunesse à l'étude, cherché l'isolement, subi la pauvreté; j'ai le prix de mes travaux et de mes sacrifices : je tiens enfin ma première cause!

Plusieurs fois déjà, il est vrai, j'ai pu élever la voix devant des juges en faveur de quelques malheureux assis sur le banc des accusés; mais, obscur avocat stagiaire, — je puis me dire cela à moi-même, — ma notoriété, jusqu'à présent très-peu notoire, n'avait été pour rien dans la rencontre de ces rares occasions où il m'a été permis de faire feu de la parole pour éclairer ou pour désarmer la justice. Cette bonne fortune de pouvoir improviser en public, je ne

(¹) *Dictionnaire des peintres.*

l'ai due jusqu'à ce jour qu'un peu au hasard qui me faisait, à l'heure utile, me trouver à l'audience, et beaucoup à la bienveillance du tribunal qui me chargeait d'office de défendre tel prévenu trop oublieux de ses intérêts pour avoir pris soin de se choisir un avocat.

Sans doute, ces plaidoiries au pied levé n'ont pas nui à mes clients de raccroc; mais comme je ne pouvais me faire honneur de l'initiative et du libre choix de ceux-ci, rien ne comptait encore pour moi, et même, après le succès, je gardais la défiance de moi-même.

Aujourd'hui, c'est différent : ce n'est plus moi qui attends, et c'est en moi qu'on espère. Un accusé, avant de comparaître devant ses juges, m'a nominativement désigné comme l'avocat de son choix. Il me fait appeler dans sa prison pour que mon assistance lui conserve les deux biens les plus précieux que l'homme puisse conserver : sa liberté, qu'il tient de Dieu; son honneur, qu'il doit à lui-même.

Ainsi, désormais, ce ne sera plus seulement au hasard que je devrai l'occasion de plaider. Mon nom, écrit sur le tableau des avocats, a cessé d'être lettre morte. La volonté réfléchie d'un homme en péril a fait de lui mon client. — Quel digne homme! — A tout autre égard, ce n'est peut-être qu'un misérable coquin, indigne de pitié; mais, dans l'espèce, comme nous disons au palais, je le répète : c'est un digne homme! Bénie soit la confiance qui m'étrenne!

Avant de me rendre à l'invitation du prisonnier qui m'appelle, j'ai voulu savoir à quel homme j'allais avoir affaire. C'est à la *Gazette des tribunaux* que j'ai demandé des renseignements. Je dois me l'avouer, ils sont peu encourageants pour un jeune orateur qui voudrait n'avoir à défendre que l'innocence et à faire prévaloir que le bon droit. Je sais fort bien qu'à côté des intérêts sacrés de la justice il y a ceux de l'humanité, que l'avocat a surtout pour devoir de sauvegarder. C'est même la conscience parfaite de ce devoir qui fait sa force dans sa lutte constante avec le ministère public, — sainte lutte des deux parts, et nobles adversaires : — l'un, le prenant de plus haut, trouve que la société n'est jamais assez vengée; l'autre, y regardant de plus près, trouve toujours que l'homme est trop puni.

C'est fort bien; mais encore faut-il, pour qu'on puisse défendre un accusé avec la chaleur nécessaire, que quelque chose nous parle intérieurement en sa faveur. Malheureusement, je suis loin d'avoir puisé dans le compte rendu de l'arrestation de Malchus Petersen, — c'est le nom de mon client, — les éléments d'une opinion qui lui soit le moins du monde favorable. Voici l'article du journal :

« Jeudi soir, on a pu remarquer longtemps, au premier rang des curieux qui stationnaient devant le brillant étalage d'un marchand de jouets du passage de l'Opéra, un homme d'une cinquantaine d'années, grand, maigre et voûté; n'ayant pour coiffure que son épaisse toison de cheveux grisonnants; pour vêtement qu'un vieux pantalon de couleur douteuse échappé de ses deux jambes, et une sordide redingote rapiécée, çà et là, de morceaux assortis à la diable. Il tenait par la main une petite fille de sept à huit ans, vêtue comme lui de guenilles. L'enfant à la mine éveillée, aux yeux ardents, promenait sa convoitise de l'un à l'autre de ces bimbelots merveilleux. Elle manifestait tout haut son admiration croissante, son désir mobile, et l'homme, par ses réponses encourageantes, semblait lui dire : « Décide-toi, fais ton choix. » — Une dame, une bonne âme, émue de compassion pour cette pauvre petite créature condamnée peut-être à se coucher sans souper, et dont on surexcitait l'ambitieuse envie par l'amorce d'une espérance qui n'est permise qu'aux enfants des riches, voulut faire cesser ce qu'elle jugeait être seulement un jeu cruel.

« — Ce qu'il faudrait à cette gentille enfant, dit la dame, ce
» ne sont pas des joujoux, mais de la chaussure. » — Elle avait
remarqué que la petite fille traînait à ses pieds nus de grands
souliers de femme. Le père de l'enfant, — on a su depuis
que c'était son père, — regarda en souriant la personne
qui venait de se permettre cette observation touchant son
apparente misère. « — Si je vous ai offensé, reprit la dame,
» je tiens à réparer ma faute; nous sommes à la veille du
» jour de l'an, permettez-moi d'offrir à cette enfant de quoi
» lui acheter une poupée. » — L'homme fit vivement passer
sa fille du côté opposé à la dame, qui déjà ouvrait sa bourse,
et dit, comme s'il se parlait à lui-même : « Les sergents
» de ville arrêtent les malheureux qui demandent l'aumône;
» que fait-on aux maladroits qui se permettent de l'offrir
» aux gens qui n'en ont pas besoin? » A ces mots, la dame,
toute confuse, se hâta de se perdre dans la foule, et l'homme,
qu'on regardait beaucoup, se décida, après qu'il se fut un
moment consulté, à entrer avec la petite fille dans le magasin de jouets. Afin qu'on ne mît pas en doute l'intention
qui l'y amenait, il prit l'air d'assurance qui voulait dire :
« Recevez-nous convenablement; nous ne sommes pas des
» mendiants, mais des acheteurs. »

« Ce ne fut pas sans une certaine répugnance que l'une
des demoiselles de boutique se résigna à faire passer les
plus attrayants produits de la bimbeloterie de France et
d'Allemagne sous les yeux de ces singuliers chalands.
« — Combien cela? » demanda l'homme, désignant une
très-riche poupée qui fixait particulièrement les regards
de la petite fille. « — Cent cinquante francs ! » répondit la
demoiselle de boutique, gardant à grand'peine son sérieux.
L'enfant adressa à son père un coup d'œil qui disait clairement : Voilà celle que je veux. « — Cent cinquante francs! »
répéta l'homme d'un ton qui prouvait que ce prix ne l'ef-
frayait pas; « je le crois bien; ça les vaut : aussi tu l'auras
» pour la fête, Blondine; je viendrai voir le mois prochain
» si elle n'a pas été vendue. Pour aujourd'hui, reprit-il,
» s'adressant à la marchande, je voudrais quelque chose dans
» le prix de cinq francs; s'il n'y a rien de ce prix-là, nous
» allons chercher ailleurs. »

« Voyant qu'il y avait vraiment une vente à faire, la
demoiselle de boutique mit de côté son air dédaigneux, son
sourire moqueur fit place au plus aimable sourire, et elle
s'empressa de présenter et de faire valoir, avec toute la
politesse marchande, les jouets qu'elle pouvait céder pour
le prix indiqué.

« Après beaucoup d'hésitation, car il lui avait fallu revenir de loin, dans ses espérances, pour en arriver à une
poupée de cent sous, l'enfant mit la main sur une petite
paysanne dont le bonnet cessa d'être blanc dès qu'elle l'eut
touché. « Il faut absolument que Mademoiselle s'en tienne
» à celle-là, fit observer la marchande, nous ne pourrions
» plus la vendre à une autre; veuillez passer au comptoir,
» s'il vous plaît. » Et elle cria : « Cinq francs à recevoir ! »
« L'homme n'eut pas besoin de fouiller dans sa poche;
il tenait depuis si longtemps sa pièce de cinq francs à poing
fermé qu'elle s'était, pour ainsi dire, incrustée dans sa
main. « Diable! vous la faites donc chauffer? » dit le marchand, étonné de la sensation de chaleur qu'il éprouvait
au contact de cette pièce. « Je la tenais dans ma main parce
» que j'avais peur de la perdre; ma poche est percée »,
répondit l'homme, peu honteux d'avouer une déchirure
qu'on ne voyait pas; il en laissait voir tant d'autres sans le
moindre scrupule! Le père et l'enfant allaient sortir du
magasin, quand le marchand, qui avait plus attentivement
examiné la pièce de cinq francs, les rappela. « — N'auriez-
» vous pas une autre pièce à me donner en place de celle-
» ci? » demanda-t-il d'un ton inquiétant pour celui qui
n'aurait pu lui faire une réponse satisfaisante. « — Une

» autre? et pourquoi? » reprit l'homme tranquillement; et
comme s'il n'eût éprouvé aucune émotion. « — Parce qu'elle
» ne vaut rien! » continua le marchand, élevant tout à coup
la voix et adressant à l'homme un regard plein de menaces.
L'homme haussa ironiquement les épaules et dédaigna de
répondre. Il fit quelques pas vers la porte, qu'obstruait
une foule compacte, et, dans cette foule, deux chapeaux
de sergents de ville dominaient toutes les têtes. Le marchand ayant répété : « Certainement elle ne vaut rien, votre
» pièce de cinq francs ! » ce fut l'enfant qui répondit; in-
dignée des paroles insultantes dites à son père, effrayée
du murmure de la foule, elle s'écria, la voix pleine de
larmes :

« — Dis-lui donc qu'elle est bonne; tu dois le savoir
» mieux que les autres, puisque c'est toi qui les fais ! »
L'enfant avait à peine fini de parler que les curieux
du dehors s'écartaient spontanément pour livrer passage
aux sergents de ville. La terrible naïveté de la petite fille
avait déterminé l'arrestation de son père.

» L'homme ne réclama point contre ceux qui lui mettaient la main sur le collet; seulement il dit à sa fille, mais
sans colère : « — Tu m'as perdu, Blondine; c'est plus mal-
» heureux pour toi que pour moi : laisse la poupée. »

» Le père et la fille furent emmenés; on les conduisit à
la préfecture de police, où ils ont passé la nuit.

» Hier matin, Malchus Petersen (ce sont les noms que se
donne le faux-monnayeur) a été extrait du dépôt de la préfecture et ramené sous escorte à son domicile, situé dans
la ruelle du Chemin-des-Bœufs, derrière le cimetière
du Nord. Alors même qu'il n'eût pas avoué hier sa culpa-
bilité, elle ne pourrait être mise en doute aujourd'hui. Le
galetas où il s'est logé avec sa fille a pour tout ameublement, sauf deux grabats de grandeur différente, l'outillage
et les ustensiles nécessaires à la fabrication de la fausse
monnaie. Au dire de Malchus Petersen, la pièce fausse
présentée au marchand de jouets est la première qu'il ait
essayé de mettre en circulation. Comme on lui reprochait
d'avoir précisément employé le premier produit de sa coupable industrie à satisfaire non pas une des nécessités im-
périeuses de la vie, mais un caprice d'enfant, il a effrontément répondu : « Les pièces fausses sont faites pour
» entrer par une porte ou par une autre dans le commerce;
» il fallait commencer par quelqu'un : ce n'est pas mon
» boulanger que j'aurais voulu tromper; il fait crédit aux
» pauvres. »

» Une seconde pièce fausse, semblable à la première, a
été trouvée chez Malchus Petersen; ce sont les seules, dit-
il, qu'il ait encore fabriquées. Cet homme, né à Frede-
rickstadt (royaume de Danemark), ancien graveur de son
état, a mis une sorte de complaisance orgueilleuse à expliquer ses procédés de fabrication. Quant à témoigner du
repentir, il n'y songe guère, maintenant du moins. Il a
répondu au commissaire, qui examinait curieusement la
pièce, qui est, assure-t-on, d'une exécution remarquable :
« On aura beau dire, la pièce est belle; on reconnaît le
» burin d'un artiste : si elle n'avait pas eu si chaud, elle
» passait. C'est un chef-d'œuvre ! »

La suite à la prochaine livraison.

LE CHIRONECTE MARBRÉ
(CHIRONECTES MARMORATUS).

Les Japonais appellent ce poisson *Hanagogose*. On le
prend de temps à autre, notamment lors des fortes chaleurs de l'été et à la marée haute, à l'embouchure des
rivières ou dans les rivières qui se jettent dans la baie
de Nagasaki. Il vit ordinairement en société des petites

espèces de la famille des gobioïdes. On ne le mange jamais : sa chair est réputée venimeuse.

Le chironecte marbré (*marmoratus*) n'est pas, du reste, particulier aux mers du Japon. MM. Lesson et Garnot l'ont aussi rencontré dans d'autres parties des mers orientales ; M. Dussumier l'a pris en abondance dans la rade de Bombay ; M. Bélanger l'a vu à Mahé, où on l'appelle *Cáda-poudom;* enfin les naturalistes de l'expédition Duperrey ont observé de grandes bandes de ce poisson sur une mer calme, le long des côtes de la Nouvelle-Guinée.

M. Tilesius, qui l'avait vu, avant Siebold, dans les mers du Japon, l'a appelé *Lophius raninus.*

Sa peau est couverte de grains infiniment petits et serrés. Ses marbrures sont irrégulières, larges et serrées sur le dos, plus petites et plus clair-semées sur le ventre.

Les bandes des nageoires sont aussi irrégulières. Le premier rayon libre est très-court, grêle, faible, et difficile à voir.

Les appendices blancs que l'on voit sortir sous le ventre ne sont pas des épines : ils sont charnus et mobiles.

Le Chironecte marbré (*Chironectes marmoratus*). — Dessin de Freeman, d'après la *Fauna japonica* de Siebold.

Les chironectes forment un genre de la grande famille des baudroies. La plupart ont la faculté de gonfler leur corps comme un ballon, en avalant de l'air, et en remplissant leur estomac de ce fluide.

Parmi les différentes espèces, on remarque le chironecte peint, le chironecte panthère, le chironecte de l'île de France (*nesogallicus*), le chironecte âpre (*hispidus, lophotes*), le chironecte rude (*scaber*); les chironectes du prince, de Mentzel, à ocelles, à deux ocelles, à beaucoup d'ocelles; le chironecte pavonin, varié, à poils fourchus, porte-monnaie, à points verts, Commerson, bossu, rouge, de Bougainville, lisse, etc.

MON PREMIER JOUR DE L'AN.

C'était le matin du premier jour de l'an. Il faisait à peine clair que déjà les boutiques, les portes des maisons, les persiennes s'ouvraient avec fracas ; des pas précipités, des voix criardes retentissaient dans la rue. Tout ce bruit m'éveilla.

« Ah! c'est juste, grommelai-je en me levant et en m'habillant avec humeur ; c'est aujourd'hui le 1er janvier. L'amusante journée! Faire des visites du matin au soir, colporter de maison en maison ses boîtes de bonbons et ses embrassades, figurer à l'inévitable dîner de famille! Tout cela ne serait encore rien sans ce fade compliment, sans cette phrase sempiternelle et stupide qu'il faut débiter à tout venant avec un sourire béat sur les lèvres ; banalité, niaiserie, mensonge, rien n'y manque. Non, je ne connais rien de plus insipide que ce sot usage! »

Quand je fus habillé, j'écartai le rideau de ma fenêtre et je regardai à travers les vitres. Une lueur grisâtre, sale, traversait avec peine le brouillard épais qui remplissait l'atmosphère ; le pavé disparaissait sous une boue grasse et noire, où piétinaient déjà de nombreux passants affairés. Cette vue augmenta encore ma mauvaise humeur. Je me mis à envisager les innombrables ennuis que j'avais à essuyer durant toute la journée, et mon mécontentement, redoublant à chaque instant d'intensité, prenait les proportions du plus sombre chagrin, quand une idée lumineuse me traversa tout à coup l'esprit : j'avais un moyen d'échapper à toutes les infortunes qui me menaçaient, de me dispenser de ma kyrielle de visites, d'éviter l'interminable dîner de la tante Garnier, de dérober ma figure et mes habits aux joues barbouillées et aux mains poissées de mes petits cousins; c'était d'aller à ma maison de campagne, située aux environs de Paris, et d'y passer la journée, libre, indépendant, heureux !

En quelques minutes, je fus prêt à partir. « Vous direz que je suis à la campagne ! » criai-je à la portière, que je rencontrai dans l'escalier, et à qui je remis précipitamment ses étrennes en m'esquivant assez vite pour ne pas entendre l'insupportable formule qui m'inspirait une si profonde horreur. J'arpentai lestement le faubourg qui me menait à l'embarcadère du chemin de fer, léger comme un collégion qui part en vacances, et prenant en pitié tous ces pauvres gens qui commençaient à se bousculer sur le trottoir, rétréci de moitié par une file ininterrompue d'affreuses boutiques en plein vent.

Ce fut avec un inexprimable sentiment de bien-être que je montai en wagon, et qu'installé à mon aise dans un compartiment où je me trouvais seul je me livrai aux réflexions philosophiques qui se présentaient en foule à mon esprit. En réalité, que signifiait cette fête vulgaire du premier jour de l'an? Pouvait-on voir dans une embrassade officielle, dans des compliments de commande, une solide preuve d'affection? Se figurait-on que nos souhaits eussent plus d'efficacité ce jour-là qu'un autre? Prétendions-nous assigner une heure fixe à la libéralité du ciel, et avait-il promis une audience particulière à la banalité de notre requête périodique? Les sentiments de bienveillance que nous devions avoir pour nos parents, pour nos amis, n'étaient-ils pas toujours de saison; ne devions-nous pas les nourrir dans nos cœurs tous les jours de notre vie? Préjugés, superstitions, que toutes ces vaines formalités ! Ah! quand l'homme consentirait-il à vivre en créature raisonnable?

J'étais en état de développer longtemps encore ce thème, tant j'étais plein de mon sujet, quand le train s'arrêta à la station où je devais descendre. Je suivis à pied, à travers les campagnes paisibles, la route qui conduit à ma maison, où j'entrai par une petite porte du jardin donnant sur les champs, pour n'avoir pas à traverser le village. Je refermai la porte sur moi et me mis à me promener dans le jardin. « Ici, pas d'obligations, me disais-je, nulle contrainte. Quel bonheur d'être maître de son temps et de soi-même ! » Et je marchais d'un pas dégagé, je respirais à pleins poumons; ma canne eût été un sceptre, que je ne l'eusse pas brandie d'un air plus triomphant. Quand j'eus fait le tour de l'enclos, je le refis en sens contraire; puis je parcourus plusieurs fois l'allée transversale; ensuite je tournai de nouveau autour de la pelouse. Après une demi-heure de ce manége, je ne savais plus trop où porter mes pas; d'ailleurs, je commençais à me sentir pénétré de froid, et peut-être aussi un peu gagné par la tristesse des objets qui m'entouraient. Le fait est que la campagne n'avait rien de réjouissant. Le sol était couvert d'une couche uniforme de feuilles mortes; les arbres dépouillés découpaient sur le ciel, d'un gris de plomb, leur ramure noire; les lilas et les seringats des massifs, entre-choquant leur maigre branchage fouetté par une bise piquante, avaient l'air de grelotter; la terre et le ciel étaient déserts et mornes; on ne voyait pas voler le moindre oiseau. Je me réfugiai dans la maison, qui, avec tous ses volets fermés, ressemblait assez à un grand tombeau; j'allumai du feu dans une des chambres, je pris un livre et m'établis commodément; devant la

cheminée, dans un bon fauteuil. Je me promettais la jouissance d'une lecture longuement et délicieusement savourée. Mais ma main tournait en vain les pages, mes yeux ni mon esprit ne pouvaient s'y fixer; je regardais vaguement dans le vide et j'écoutais obstinément la lugubre petite chanson que faisait entendre le vent en se glissant dans les jointures des portes. Ma pensée se tournait invinciblement vers Paris. Je songeais malgré moi à l'animation de la grande ville, à la joyeuse activité de toute cette population où chacun s'agitait pour chercher les siens. Je les voyais réunis en famille, autour du foyer pétillant, échangeant à l'envi de cordiales poignées de main et d'obligeantes paroles, au milieu des regards étincelants, des éclats de rire et de tout le charmant tumulte des enfants... tandis que moi, j'étais seul, sans une figure humaine où attacher mes yeux, abandonné, oublié de tous, livré à une nature indifférente, que dis-je? à une nature hostile qui ne cherchait qu'à m'ensevelir dans son sein glacé comme dans une tombe.

Je restai deux grandes heures absorbé dans ces pensées. Je puis dire que, ce jour-là, je touchai le fond des derniers abîmes de la tristesse. Enfin, pour secouer ces pénibles impressions, je me levai et je redescendis dans le jardin. En ce moment, un rayon de soleil s'était fait jour entre deux nuages et éclairait la campagne; j'aperçus une petite mésange qui sautillait dans un arbuste placé près de moi, et qui, se posant sur l'extrémité d'une branche, se mit à chanter. Je ne saurais exprimer combien ce gazouillement, qui semblait modulé à mon intention, me parut ravissant et m'attendrit. « Béni sois-tu, pensai-je, petit oiseau, seule créature vivante qui m'ait salué aujourd'hui, qui ait égayé pour moi les premières heures de l'année nouvelle! Puisse ta pâture ne pas te manquer cet hiver, et de beaux jours accueillir ta couvée au printemps ! » Et, désireux de faire à mon tour quelque chose pour lui, j'émiettai par terre le morceau de pain que j'avais apporté pour mon frugal repas. L'oiseau vint sans peur ramasser les miettes presque à mes pieds; il semblait comprendre que je lui voulais du bien; puis, sa faim apaisée, il s'envola et disparut dans les buissons.

Je me sentis tout autre après ce petit incident; une vie nouvelle de la tristesse. Mon parti se trouva bien vite pris : j'allais retourner à Paris, et j'arriverais encore à temps, me dis-je, pour prendre ma place, parmi les miens, au dîner de la bonne tante Garnier. Je fis en hâte un bouquet d'une touffe de réséda en fleur et de quelques boutons de rose qui, bien abrités le long d'un mur au midi, avaient résisté à la gelée, et je me mis en route.

Pendant le voyage, mon esprit rasséréné ne se fit pas prier pour réfuter les arguments qu'une mauvaise disposition lui avait suggérés le matin. Je comprenais que l'homme n'est pas un être de pure raison. A quoi réduirait-il sa vie, s'il en retranchait ce qui en fait le charme et quelquefois le sublime, les généreuses inspirations du sentiment? Peut-on mieux inaugurer l'année que par le réveil de la sympathie et de la bienveillance? N'est-il pas bon que l'affection, à titre de devoir, ait aussi ses prescriptions, ses cérémonies, non pour l'étouffer, mais pour la soutenir et la stimuler? Et qui sait, après tout, si les bénédictions du ciel n'attendent pas, pour descendre sur nous, l'élan unanime de notre foi, le respectueuse sommation de notre foi? Quoi qu'il en soit, fête naïve du premier jour de l'an, souhaits affectueux, fraternels baisers de paix, agapes joyeuses de la famille, — superstitions, si l'on veut, pur esprit, mais à coup sûr doutes croyances du cœur, — vous avez de profondes racines dans mon âme, et rien ne vous en arrachera!

Quand j'arrivai chez la tante Garnier, on était sur le point de se mettre à table; on m'attendait. Un concert d'exclamations accueillit mon entrée; je n'avais pas assez de mes deux mains pour répondre à toutes les étreintes qui se les disputaient à la fois; je disparus tout entier, pendant quelques instants, sous les assauts des enfants qui m'apportaient tous leurs belles joues roses à baiser. Mon excellente tante loua la touchante attention que j'avais eue d'aller lui chercher de vraies fleurs de la campagne, si rares en cette saison, et me plaignit, — avec une larme, je crois, dans les yeux, — de la peine que je m'étais donnée pour elle : je n'osai pas la démentir, mais je l'embrassai à pleins bras et je lui souhaitai... ma foi! je lui souhaitai tout simplement *une bonne année*, ne trouvant pas de mot meilleur pour exprimer à la fois tous les biens dont je désirais sincèrement la voir comblée!

LES COLLECTIONS DE LUYNES,

AU CABINET DES MÉDAILLES.

On sait que M. le duc de Luynes a fait don au Cabinet des médailles des précieuses collections d'antiquités qu'il avait rassemblées avec tant de patience, de savoir et de discernement. M. le duc de Luynes s'est acquis par ses publications, ses recherches, la sûreté de son expérience et de son goût, une autorité incontestable dans la science, et sa magnifique libéralité a rendu son nom justement populaire ; cependant on ne sait pas assez généralement en quoi consiste la valeur du don qu'il vient de faire au public. Nous nous proposons de faire connaître sommairement la composition des différentes séries d'antiques qui doivent garder, au Cabinet des médailles, le nom de *Collections de Luynes*, à mesure que nous en reproduirons quelques-uns des plus beaux ou des plus curieux spécimens.

Voici d'abord quelques chiffres qui donnent un aperçu de l'ensemble des collections. Elles comprennent : 6893 médailles ; 373 camées, pierres gravées et cylindres ; 188 bijoux d'or ; 39 statuettes de bronze ; une grande tête en bronze ; 43 pièces d'armures et armes ; 85 vases étrusques et grecs ; des statuettes, bas-reliefs et fragments en terre cuite ; des verres ; des inscriptions ; enfin un grand nombre d'objets précieux qui ne rentrent dans aucune des séries précédentes, et parmi lesquels nous signalerons seulement, quant à présent, un torse grec en marbre, un trépied étrusque, et plusieurs antiquités orientales. L'estimation faite au moment de la donation, pour remplir les formalités de droit, porte la valeur du tout à 1 300 000 francs. Mais une collection d'antiques s'estime moins par le prix auquel des objets semblables, s'il s'en trouvait, pourraient être achetés et vendus, que par la beauté, la rareté, la pureté du choix et l'intérêt tout nouveau que prennent, par leur rapprochement, les pièces de toute provenance qui la composent, en un mot par ce qu'y met de ses lumières le savant et l'homme de goût qui les réunit.

C'est en préparant et en poursuivant les études par lesquelles il a pris un rang éminent à l'Académie des inscriptions et belles-lettres que M. le duc de Luynes a formé ses collections; et il faut chercher dans les diverses publications qu'il a faites des éclaircissements sur quelques-uns des plus importants morceaux qui y sont entrés. Ainsi l'on trouve dans son ouvrage sur Métaponte (1) des détails intéressants au sujet des fouilles dirigées par lui qui ont amené, sur l'emplacement de la ville antique, la découverte de débris de chapiteaux et de colonnes, restes d'un grand édifice, et de nombreux fragments de terres cuites parmi lesquels se trouvait celui que nous reproduisons

(1) *Métaponte*, par le duc de Luynes; 1833, in-fol.

(fig. 1). « Ce fragment, dit M. le duc de Luynes, faisait partie du couronnement de l'édifice, qui devait former, sur les faces latérales et au-dessus de la corniche, une cimaise continue d'où les eaux du toit étaient rejetées extérieurement par les gueules de lion disposées au droit de chaque rang de tuiles de la couverture. » Ce fragment est du plus beau style grec, et ce qui ajoute à sa valeur c'est qu'il est peint de couleurs encore bien visibles, qui paraissent avoir été cuites en même temps que la terre. La crinière du lion est jaune; la gueule, la langue, le bord des yeux, rouges; les yeux et le mufle, noirs; les paupières et les autres ornements sont peints en rouge et en noir. La découverte de ce fragment et d'autres semblables a apporté beaucoup de lumière dans la question douteuse de l'usage de l'architecture polychrome, et a démontré que la terre cuite, coloriée était employée dans la décoration des monuments de la Grande-Grèce. Deux beaux antéfixes (ornements placés le long d'un entablement, au-dessus de la corniche, pour masquer l'extrémité des tuiles faîtières) ont été extraits, à la même époque, des ruines de maisons particulières : l'un offre l'image d'une jeune femme avec des cornes (actuellement brisées), peut-être d'une Io; l'autre, celle d'un jeune homme coiffé de la mitre phrygienne.

M. le duc de Luynes a publié, il y a déjà vingt-trois ans, un choix de vases antiques (1) où les plus belles pièces de sa collection sont admirablement reproduites. Il y a depuis ajouté d'importantes acquisitions. Tel est le vase que nous reproduisons (fig. 2), rare et intéressant spécimen d'une fabrication vraiment étrusque.

On sait que les vases qu'on appelle communément étrusques sont presque tous, lors même qu'on les trouve sur le territoire de l'ancienne Étrurie, des œuvres grecques, soit qu'ils fussent importés de Grèce, comme on l'a soutenu, soit, comme cela paraît plus probable, que des potiers et des artistes grecs, établis en Italie, y aient, durant plusieurs siècles, fabriqué des vases peints semblables à ceux de la mère patrie. Cependant, indépendamment d'un genre de poteries noires qu'on ne trouve qu'en Étrurie (2), on a découvert aussi des vases peints, ordinairement de bas temps, d'un émail plus terne, d'une terre moins fine et moins bien cuite, auxquels on peut assigner une origine étrusque; quelquefois même on y lit des inscriptions dans la langue du pays. Ce n'est pas que l'on n'y retrouve les noms et les traditions de la Grèce, depuis longtemps mêlés à toutes les œuvres de l'art étrusque. Ainsi, tout semble grec, au premier abord, dans l'exemple que nous avons sous les yeux : le galbe pur, les ornements élégants, le dessin même, où, malgré la décadence de l'art, l'on reconnaît, au moins dans les figures principales, l'imitation de modèles meilleurs. Le sujet est tiré de la fable grecque : c'est Admète faisant à Alceste ses derniers adieux. Deux démons se tiennent auprès d'eux, l'un ailé et agitant des serpents, l'autre armé d'un marteau et ressemblant aux représentations étrusques de Caron. Outre les noms d'Alceste (ALCSTI) et d'Admète (ATMITE), on lit en caractères romains l'inscription étrusque suivante : ECA · ERSCE · NAC · ACHRVM · PHLERTHRCE, dont on a proposé diverses explications (3). Sur la face opposée du vase est peinte une scène bachique. Ce vase a été trouvé à Volci.

L'objet en bronze représenté figure 3, tige creuse à

(1) *Description de quelques vases peints*, etc., par le duc de Luynes; 1840, in-fol.
(2) Voy. t. XXXI, 1863, p. 176.
(3) Voy. celle de M. Braun, à qui ce Vase a appartenu, dans le *Bulletin de l'Institut archéologique de Rome*, 1847; et celle de Dennis, *the Cities and Cemeteries of Etruria*, Introduction, p. 80.

soh extrémité inférieure et pouvant s'emmancher, terminée à l'extrémité opposée par une étoile formée de
cinq têtes de serpents mordant des branches de fer dont
il ne reste que de courts tronçons, est trop mutilé pour
que nous en hasardions aucune explication.

On est plus habitué à voir le caducée entre les mains
de Mercure, dans les peintures et les sculptures, que comme
un objet isolé. Cependant celui que l'on voit dans la collection de Luynes (fig. 4) n'est pas le seul qu'on puisse
citer. Ce n'est pas le seul non plus où l'on voit les têtes

ANTIQUES DES COLLECTIONS DE LUYNES.

1. Chéneau en terre cuite ; trouvé à Métaponte.

3. Manché de bronze.

2. Vase étrusque trouvé à Volci.

4. Caducée; bronze.

des serpents qui s'entrelacent autour de la baguette remplacées par des têtes de béliers. On sait que cet animal
était souvent l'acolyte de Mercure considéré comme dieu
pasteur ou comme intervenant dans les sacrifices. Tantôt
il est accompagné du bélier, tantôt il le porte sur ses

épaules, comme dans un bronze remarquable de la collection de Luynes. Ce sont ces représentations du Mercure
criophore qui ont servi de modèles aux premières images
chrétiennes du bon pasteur.

La suite à une autre livraison.

ÉGLISE DE SAINT-GOMMAIRE, A LIERRE
(BELGIQUE).

Église de Saint-Gommaire, à Lierre en Belgique. — Dessin de Stroobant.

Cette église a été commencée au quinzième siècle et terminée au seizième. Les fondements en avaient été posés dès 1425. Construite en forme de croix latine, elle a environ 250 pieds de longueur. Deux rangs de colonnes cylindriques à bases octogones et à chapiteaux ornés de crosses végétales séparent la grande nef et le chœur de leurs bas-côtés, et se répètent en demi-colonnes contre les murs de ces derniers pour recevoir la retombée des voûtes, qui sont partout ogivales et à nervures croisées. Le

triforium se compose, comme dans presque toutes les églises du quinzième siècle, de meneaux prismatiques trilobés surmontant une balustrade à quatre feuilles encadrées. Les fenêtres sont à meneaux flamboyants qui varient pour chaque fenêtre. Il n'y a point de chapelle au collatéral gauche de la nef, dont le bas est orné de panneaux, et toutes celles qui longent le collatéral opposé se réduisent, à l'exception d'une seule, à des enfoncements carrés qui ont à peine 2 mètres de profondeur. Les chapelles qui en-

tonrent le chœur, au nombre de onze, ont l'étendue ordinaire de ces constructions accessoires. Devant le chœur
s'élève un très-beau jubé à trois arcades, richement
sculpté en style flamboyant du seizième siècle, et portant
la devise de Charles-Quint; il date de 1534.

L'extérieur de l'église Saint-Gommaire, parfaitement
isolée et pure de ces masures qui, comme des plantes parasites, se sont accolées à la plupart de nos temples, produit aussi le plus bel effet par la régularité de son plan, les
grands arcs-boutants qui flanquent la nef et le chœur, les
doubles balustrades qui en décorent les combles, et la haute
tour qui précède l'édifice. Cette tour, commencée en 1426
et achevée en 1455, est carrée jusqu'aux deux tiers de sa
hauteur, percée, aux faces antérieure et latérale, de deux
fenêtres ogivales, et couronnée d'une balustrade. La partie
supérieure se compose de deux étages octogones : le premier, percé d'une fenêtre à chacun des huit côtés, est terminé également par une balustrade; le second, éclairé par
deux rangs d'ouvertures en œil-de-bœuf, est de style moderne et remplace une haute flèche en bois détruite par la
foudre en 1702. Au-devant de la tour s'élève un petit
porche en avant-corps terminé en terrasse, et d'une forme
simple et grossière à l'extérieur; les parois intérieures sont
ornées de plusieurs niches avec dais et statues. Ce porche
n'était certainement pas dans le plan primitif de l'église,
car il coupe à moitié la première fenêtre antérieure de la
tour. De ce porche on pénètre, par la grande porte de
l'église, dans un vestibule carré et fort élevé, pratiqué sous
la tour même, et séparé de la nef centrale par une large
arcade. Les murs droits qui terminent le transept méritent aussi d'être remarqués pour l'élégance de leur décoration flamboyante. (¹)

UN CRIME QUI MARCHE.

VOYAGES ET AVENTURES A LA POURSUITE D'UNE PIÈCE FAUSSE.

Suite. — Voy. p. 2.

J'ai vu mon client. Je doute qu'il se félicité maintenant
de m'avoir choisi pour son avocat. Sa vanité, qui est excessive, a essayé, mais sans succès auprès de moi, de relever la bassesse de son crime. — En est-il un plus bas et
moins digne de pitié que celui-là ? Le mensonge en action;
le mensonge qui provoque à la complicité l'avare qui ne
veut voir rien diminué de ce qu'il possède, le nécessiteux
qui ne peut rien perdre. Le mensonge qui appauvrit le
riche et qui ruine le pauvre jusqu'à lui ôter son dernier
morceau de pain ! — J'ai laissé Malchus Petersen se glorifier autant qu'il l'a voulu, non de son intention criminelle,
je ne l'aurais pas souffert, mais de la beauté de son travail.
Il ne sort pas de là et ne cède rien sur ce point : « Je suis
un grand artiste; j'ai fait un chef-d'œuvre ! »

Comme je ne suis pas de ceux qui admirent les talents
supérieurs jusque dans leurs œuvres dangereuses, et qui
accordent au génie le droit de faire de mauvaises actions,
je lui ai dit nettement que s'il croyait, en pensant et en parlant ainsi, me fournir un victorieux moyen de défense, le
résultat irait au contraire de son attente. Le mérite que
trouve le coupable dans l'artifice dont il s'est servi pour
commettre son crime ne peut le recommander qu'à la plus
grande sévérité de ses juges.

— Soit, m'a dit Malchus; trouvez de meilleures raisons à donner, s'il y en a; il faut que vous parliez en ma
faveur au tribunal : défendre les gens, c'est le devoir de
ceux qui portent votre uniforme. On a recours à un avocat

(¹) Extrait de l'Histoire de l'architecture en Belgique, par A.-G.-B.
Schayes.

par le même motif qu'on appelle un médecin, pour qu'il
sauve celui qui est en danger.

— J'accepte la comparaison, ai-je répliqué; je suis le
médecin, et vous le malade : aussi ne puis-je vous promettre de vous sauver; puisque, dans ma conscience, je
vous ai condamné.

Très-surpris de ma franchise, Malchus m'a regardé un
moment avec fixité; puis il a murmuré, se parlant tout
haut à lui-même :

— Si les avocats se mêlent à présent de juger, leur
état est perdu; les accusés auront tout profit à se passer
d'eux.

— Ils y perdraient, lui dis-je, tout autant que le moribond à se passer du médecin, car l'avocat et le médecin,
dans l'intérêt du patient, luttent souvent avec succès contre
le maximum de la peine.

Allant au delà de ma pensée, Malchus repartit vivement :
— Alors vous me promettez que je n'en aurai que pour
quinze ou vingt ans... C'est beaucoup.

— Je ne m'engage à rien, répondis-je.

— C'est trop, continua-t-il sans m'écouter; quinze ans
au moins de travaux forcés sous la menace incessante de
l'argousin et devant la perspective continuelle du cachot,
c'est impossible! Je n'ai jamais pu me donner au travail :
j'avais un père, il s'est lassé de me battre avant d'être
parvenu à me faire travailler; j'avais une sœur, nous par-
tagions ce qu'elle gagnait; j'ai eu une femme, je l'aimais,
et pourtant je la laissais travailler pour deux, puis pour
trois; bref, elle est morte à la peine.

— Mais, demandai-je, avec cet affreux penchant à la
paresse, comment a-t-on pu vous enseigner votre art?
comment vous êtes-vous résigné à l'apprendre?

— Peut-on appeler cela enseigner, apprendre? Je ne le
crois pas. Je suis né artiste. Nous avions pour voisin un
très-habile graveur, chez qui j'allais jouer quand j'étais
enfant. Je le regardais travailler, je le questionnais et j'essayais, en m'amusant, de mettre à profit ses conseils. Je
lui montrais mes ébauches, il les corrigeait; et, sans m'en
apercevoir, je suis devenu ainsi dessinateur de premier
ordre et graveur excellent. Demeuré seul pour élever ma
petite Blondine, il m'a bien fallu essayer de vaincre ma
paresse. Je me suis donc décidé à me mettre sérieusement
au travail. Je n'en avais pas l'habitude, aussi ça m'allait assez
mal dans le commencement; quelques jours après, cela
n'allait plus du tout. C'est pour en finir avec l'obligation de
gagner aujourd'hui notre pain de demain que j'ai mangé
dans ma misère depuis un an. Je n'ai plus de pain, forçat
dans mon grabat, mais forçat volontaire. Ah! si j'avais pu
avoir la volonté de travailler! Avec le talent que je possède, je serais riche maintenant.

— Vous venez de vous juger et de vous condamner vous-
même, lui dis-je.

— C'est possible; mais je ne ferai ni vingt ans, ni même
quinze ans à Cayenne. Si vous n'avez pas une meilleure
espérance à me donner, vous pouvez vous dispenser de
revenir : je ne veux plus d'avocat... je veux me tuer!

— Si nous parlions un peu de Blondine, lui dis-je, autant pour le détourner d'une mauvaise pensée que pour
saisir, dans son émotion paternelle, une atténuation de son
crime, un argument contre l'application sévère de la loi.

Blondine! répéta-t-il en souriant, sils a parlé sans
mauvaise intention; au contraire, c'est parce qu'elle m'a-
vait entendu dire que mon travail était beau qu'elle a
soutenu que la pièce était bonne. Son indiscrétion va lui
coûter cher. Privée de son père, elle aura quelques dures
années à passer aux Orphelines; mais ensuite, je suis
tranquille sur son sort; elle sera riche.

— Comment?

— Je vous dis que, plus tard, elle sera riche; voilà tout. Ce fut en effet tout ce que je pus lui faire dire à ce sujet. Quelle espérance peut-il avoir encore? Quelle mystérieuse ressource voit-il pour sa fille dans l'avenir?

Au moment de la quitter, je lui ai avoué sincèrement que sa cause ne m'inspirait nulle confiance, sa personne pas la moindre sympathie, et qu'il ferait bien d'appeler un autre avocat, attendu que je ne me sentais pas le talent nécessaire pour lui être d'aucun secours. Il a insisté en me rappelant l'exemple du médecin qui continue à assister son malade alors même qu'il l'a condamné.

— Mais pourquoi, lui demandai-je, est-ce précisément moi que vous avez choisi de préférence à mes autres confrères?

— Parce que c'est vous qui avez plaidé pour Férandier. J'eus quelque peine à me rappeler ce client; c'est l'un de ceux que le tribunal m'a, d'office, donné mission de défendre; un misérable qui avait volé quelques médailles à l'étalagiste du quai Malaquais.

— Mais ce Férandier a été condamné, objectai-je.

— Je le sais bien; j'étais à l'audience ce jour-là. Je vous ai entendu, j'ai demandé votre nom, et, depuis ce moment, je m'en suis souvenu avec reconnaissance. Vous avez si bien établi qu'en commettant ce vol Férandier n'avait pas eu en vue la valeur vénale de quelques morceaux de cuivre, mais qu'il avait cédé à sa passion irrésistible pour les œuvres d'art! la preuve, c'est qu'il avait dédaigné les monnaies d'argent et pris seulement trois médailles de bronze. Les juges n'ont pas voulu vous croire; mais moi, qui, en flânant dans Paris, m'étais arrêté devant l'étalagiste du quai Malaquais, je vous ai cru tout de suite : parmi les trois médailles volées, il y en avait une gravée par moi!

Ainsi, pour cet homme, le vol, l'émission de la fausse monnaie, ne sont que des questions accessoires qui n'intéressent pas sa conscience; il pousse sa vanité d'artiste, la passion pour ses œuvres, jusqu'à la dépravation, jusqu'à la folie. Eh mais! une certaine folie, seule, peut expliquer une telle absence du sens moral. Voilà mon moyen de défense.

—

Malchus Petersen a été condamné aujourd'hui. Les médecins avaient, à l'avance, résolu négativement la question d'aliénation mentale, ce qui ne m'a pas empêché de la plaider, avec assez de bonheur même pour que j'aie pu bien augurer un moment de la puissance de mes arguments sur les juges. Par malheur, l'accusé a lui-même volontairement détruit l'effet de ma péroraison. Me rappelant qu'à la pensée d'une condamnation à quinze ou vingt ans de travaux forcés il m'avait dit : « Je ne la subirai pas; je me tuerai! » je m'écriai :

« Réfléchissez, je vous en conjure, au déplorable résultat que peut avoir une rigoureuse sentence! Le législateur a rayé du Code, comme une exagération barbare du droit de punir, la peine capitale qui frappait autrefois les faux-monnayeurs. Cet homme n'est pas un fou, dit-on, il a la conscience de son crime. Vous qui l'avez entendu se vanter de son dangereux talent, vous direz avec moi : Non, il n'a pas la conscience de son crime, puisqu'il en a l'orgueil. Donc c'est un fou : c'est pis que cela encore, c'est un maniaque, et un maniaque funèbre; il a l'idée fixe du suicide. Craignez de rétablir pour lui la peine de mort, abolie par la loi; car, il me l'a dit : si vous le condamnez, il se tuera! » Malchus se leva, et, avant que les gendarmes l'eussent forcé de se rasseoir, il dit vivement :

— Pardon, j'ai réfléchi; je ne me tuerai pas, je vous le promets.

Après une telle interruption, je n'avais plus qu'à abandonner le coupable à son sort.

Cinq minutes plus tard, les juges rendaient l'arrêt qui envoie à Cayenne Malchus Petersen.

La suite à la prochaine livraison.

DEUX DESSINS
DE M. ÉDOUARD STEINLE.

Ces deux dessins sont tirés d'un album particulier [1] auquel nous ferons sans doute encore d'autres emprunts. Nous y trouverons l'occasion de parler de quelques artistes de l'Allemagne qui ne sont pas connus dans notre pays comme ils mériteraient de l'être, et notamment de M. Édouard Steinle, auteur de ceux que nous publions aujourd'hui.

Disciple d'Overbeck et de Cornelius, professeur de peinture historique à l'Institut Staedel de Francfort, M. Steinle jouit en Allemagne d'une grande et légitime réputation. Les titres qui l'ont surtout fondée sont ses compositions religieuses, pleines d'un sentiment profond et délicat, dont les gravures d'après les ouvrages d'Overbeck, plus répandues en France, peuvent donner quelque idée, mais non pas une idée tout à fait juste. A la piété tendre, au spiritualisme élevé de son maître, M. Steinle joint une observation plus exacte et plus fidèle, plus de fermeté dans l'exécution, et, dans l'invention, un tour d'esprit très personnel et très original qui rajeunit jusqu'aux sujets que les talents médiocres sembleraient avoir épuisés.

Ces qualités apparaissent plus distinctes encore pour tous les yeux dans d'autres ouvrages que la religion n'a pas inspirés, mais dont l'artiste a trouvé les motifs dans les légendes et les traditions populaires, ou dans les fantaisies des poètes; cette part de ses œuvres n'est pas celle qui a le moins contribué à accroître sa renommée.

Ces deux dessins que nous reproduisons ne sont-ils pas des traductions de récits moins bien connus parmi nous que dans la patrie de l'auteur, où ils réveillent peut-être dans tous les esprits un souvenir familier? On nous assure que non, et que M. Steinle n'en doit à personne la première pensée. Qui ne le croirait cependant? A considérer ces dessins, l'imagination se met en mouvement; ce sont comme des thèmes poétiques dont elle cherche le développement. On voudrait deviner ce qu'aperçoit au loin ce guetteur, ce rêveur peut-être, qui se cramponne aux barreaux du clocher qu'il a pris pour observatoire, et dont les regards plongent avidement dans l'espace. Est-ce une chimère qu'il poursuit? est-ce un signal qu'il attend? Et ce musicien solitaire assis au rebord de la fenêtre, qui l'écoute? Est-ce pour charmer lui-même qu'il fait résonner les cordes de son instrument en respirant l'air libre, à la face du ciel serein?

Ces deux figures, dont on appréciera le dessin fin et distingué, appartiennent à un genre de compositions fort goûtées chez nos voisins, où l'esprit littéraire et l'invention pittoresque se combinent et se complètent, non pas, il est vrai, toujours aussi heureusement. Tous ceux qui l'ont essayé n'ont pas aussi bien réussi à exprimer, à l'aide du crayon, ce que la plume aurait pu tracer. Que de fois les œuvres de poésie, les récits historiques ou légendaires, ou même les grandes vues des philosophes, n'ont été pour des artistes vantés que les prétextes d'œuvres prétentieuses et vides! Il en est de ces essais d'interprétation d'un art par un autre comme des traductions des poètes. Si parfois, et bien rarement, de beaux vers, honneur et ornement d'une langue, ont pu passer dans une langue étrangère, n'est-ce pas seulement quand le traducteur, âme elle-même vrai-

(¹) Cet album, formé de dessins originaux de quelques-uns des artistes les plus distingués de l'Allemagne, appartient à Mme Schlosser, de Stift-Neuburg, qui en a permis la reproduction par la photographie.

Le Guetteur, par Édouard Steinle. — Dessin de Yan' Dargent.

Le Joueur de violon, par Édouard Steinle. — Dessin de Yan' Dargent.

ment poétique et capable de telles pensées, touché par ce souffle vivifiant, les a senties s'animer et tressaillir en lui? Chacun n'émeut que par les sentiments qui l'ont ému lui-même et à l'aide du langage qui est celui de ses plus intimes pensées. Ainsi, pour les sujets qu'un art emprunte à l'autre, il faut que le peintre les conçoive en peintre et le poëte en poëte; l'un et l'autre ne font d'œuvres vivantes que celles qui sont sorties de leur propre substance.

On a pu reprocher quelquefois justement aux peintres modernes de l'Allemagne d'être poëtes, historiens, philosophes, plus qu'ils ne sont peintres, et de ne faire que des traductions froides et inertes. Ne répétons pas légèrement ce reproche souvent démenti; surtout n'oublions pas que, s'il est dangereux de confondre les moyens propres aux différents arts, on ne court pas un danger moindre vis-à-vis enfermer étroitement dans un seul, sans rien connaître des autres, sans ouverture par où puisse pénétrer tout ce qui donne à l'esprit l'air et la lumière.

HONORABLES SCRUPULES
DE DEUX HOMMES ILLUSTRES.

Mungo-Park, le premier et peut-être encore aujourd'hui le plus intéressant des explorateurs de l'Afrique, avait coutume de raconter souvent, dans son cercle intime, plusieurs incidents curieux et piquants de son célèbre voyage à la recherche du Niger, incidents qu'il avait omis dans sa relation imprimée.

Un de ses amis, s'en étonnant, lui en demanda un jour la raison.

— Vous savez, répliqua Mungo-Park, que j'allais en Afrique dans un but particulier, avec la mission expresse d'explorer certaines régions; or, il importait beaucoup que non-seulement les recherches fussent faites avec conscience, mais que les résultats donnés au monde fussent aussi croyables que fidèles.

— A merveille! reprit l'ami; mais puisqu'il n'y a rien dans ce que vous nous avez raconté qui ne soit aussi strictement vrai que ce que vous avez publié, pourquoi, de gaieté de cœur, priver le public de faits intéressants, et ôter à votre livre une chance assurée de succès?

— Je n'ai point agi légèrement, répondit le voyageur. Il se peut qu'en effet le récit de ces aventures eût valu à l'ouvrage une vogue éphémère; mais je visais plus haut. Je me croyais appelé à remplir un devoir. Chargé d'une recherche importante, j'y ai apporté tout ce que j'avais de capacité, et, ma tâche accomplie, je me suis senti lié par l'obligation, non moins grave de donner à mon récit un tel caractère d'authenticité, de bonne foi, que personne n'en pût suspecter la moindre partie. Si je me suis abstenu de raconter, à ceux qui ne peuvent me connaître qu'à travers mon livre, des anecdotes qui s'écartent du cours ordinaire des choses, et que je ne me hasarde à dire qu'à vous dans le laisser-aller de l'intimité, c'est que j'ai craint qu'un fait étrange, quelque avéré qu'il fût, n'affaiblît l'autorité de l'ensemble; et c'est un risque que je ne voulais pas courir. Irais-je, pour le futile plaisir de faire rire quelques oisifs ou de leur faire ouvrir de grands yeux, compromettre ma réputation de véracité, dont je suis responsable vis-à-vis du public, qui m'a élu son serviteur et son délégué dans le vaste champ des découvertes?

Après la mort de Mungo-Park, un écrivain qui préparait une biographie de ce consciencieux et persévérant voyageur s'adressa à l'un de ses amis, doué d'une mémoire des plus heureuses, et lui demanda communication de ces anecdotes dont le renom avait transpiré hors du petit cercle d'élus.

Cet ami, qui n'était autre que sir Walter Scott, réfléchit un moment, et répondit :

— Non, je ne vous en répéterai pas un seul mot, quoiqu'elles me soient très-présentes, et que je sois convaincu de leur parfaite véracité. Puisque mon honorable ami Mungo-Park n'a pas cru, après mûr examen, devoir les livrer à la publicité, je croirais manquer à sa mémoire en contribuant à les faire connaître après sa mort.

LES FLUTES DU GRAND FRÉDÉRIC.

Le principal amusement du roi de Prusse (Frédéric II, le grand Frédéric) consiste à jouer de la flûte... Il a si peur de jouer faux que, quand il essaye un nouveau morceau, il s'enferme dans son cabinet plusieurs heures avant pour l'étudier. Malgré cette précaution, il tremble toujours quand il s'agit de commencer avec les accompagnements.

Il a une très-belle collection de flûtes, et en prend le plus grand soin. Un homme qui n'a rien autre chose à faire est chargé de leur entretien, afin de les préserver, selon la saison, de la sécheresse ou de l'humidité. Toutes sont du même faiseur, et il les paye jusqu'à cent ducats. Dans la dernière guerre, alors qu'il donnait à tout le monde de la fausse monnaie, il veillait à ce que son facteur de flûtes fût payé en pièces de bon aloi, de peur que celui-ci, de son côté, ne cherchât à le tromper sur la qualité de ses instruments. [*]

UN BALLET D'ÉTOILES
AU DIX-SEPTIÈME SIÈCLE.

En l'année 1612, lors du mariage d'Élisabeth d'Angleterre avec l'électeur palatin Frédéric V, il y eut à Londres des fêtes magnifiques, qui se terminèrent par la représentation d'une sorte de ballet auquel on crut devoir conserver le nom de *Moralité* (c'est sous ce titre que le *Mercure français* en donne l'analyse).

Orphée parut d'abord suivi d'un chameau, d'un tigre et d'un lion, qu'il charmait par les sons de sa lyre. Rien de nouveau; et l'idée n'était pas nouvelle, depuis qu'avait figuré sur le théâtre, en 1472, l'*Orfeo* d'Ange Politien, pièce à laquelle l'Italie avait donné le nom de tragédie, et qui fut représentée à Mantoue devant le cardinal François de Gonzague. L'Orphée du théâtre anglais était naturellement soumis au pouvoir du grand Jupiter. Or, quand il eut adouci pendant assez longtemps les animaux farouches qui se trouvaient rassemblés autour de lui, un messager divin, Mercure, vint lui demander de la part du roi des dieux un autre miracle : il le convia à faire danser les étoiles en prolongeant les sons de sa lyre. Aussitôt les étoiles s'agitèrent dans les cieux et dansèrent une gigue animée; des chevaliers armés de lances noires guidaient ces astres, et, quand ils eurent suffisamment dansé dans l'Olympe, ils s'abaissèrent jusqu'à aller divertir les mortels sur la terre. Mais bientôt les étoiles féminines descendirent du ciel et, après avoir figuré parmi les nuages, ne dédaignèrent pas de venir trouver les danseurs et d'exécuter avec eux une sarabande. C'étaient les âmes des dames fidèles qui prouvaient ainsi leur constance aux beaux chevaliers, auxquels elles avaient promis de s'unir. Là, sans doute, était la moralité.

On affirme que ce ballet, qui n'est pas plus extravagant que bien d'autres, eut une renommée surprenante, nous ne dirons pas une vogue : ces sortes de pièces, mêlées de

[*] Mémoires de Harris.

chant, n'avaient guère alors qu'une représentation, et ne servaient que pour la solennité qui les avait fait naître.

PROMENADE D'HIVER.

La corne du cerf. Les pierres du torrent. — Voici une belle journée : on dirait un soleil de printemps; sortons; avançons vers la forêt, où l'on admire « des statues non ouvrées, comme dit Montaigne, de mortelles mains. » Mais les arbres, dépouillés de leur feuillage, sont des statues sans physionomie.

Un cor de chasse sonne l'hallali; la meute approche, le cerf s'abat : d'abondantes larmes coulent de ses yeux; on dirait qu'il pleure dans les étreintes de l'agonie. Comparez le bois du cerf à la corne du bœuf. Le premier se renouvelle; celle-ci ne se renouvelle point. Le bois de cerf est plein dans toute son épaisseur; la corne de bœuf est creuse à l'intérieur. Celle-ci se développe par lamelles superposées, comme les ongles, les poils, l'épiderme. Le bois du cerf pousse et croît comme le bois d'un arbre : d'abord tendre comme un bourgeon, il durcit ensuite et se ramifie; la peau qui le recouvre est son écorce, et il s'en dépouille lorsqu'il a acquis tout son accroissement.

Un tronc renversé nous permet de franchir le torrent : son lit était à sec pendant l'été. Voyez les pierres qu'il charrie : elles sont toutes noires; on dirait les débris de constructions incendiées. Sur les bords du torrent et plus loin encore, vous voyez de ces mêmes pierres en abondance; mais, au lieu d'être noires, elles sont rougeâtres ou jaune d'ocre veiné de blanc. Ce sont des meulières : vous en trouverez beaucoup aux environs de Paris, notamment dans la forêt de Sénart. Mais qu'est-ce qui a causé ce changement de couleur? Examinez la poussière qui colore ces roches : c'est du fer à l'état de rouille (oxyde), l'un des métaux les plus abondamment répandus dans la nature. Remarquez ensuite dans l'eau ces feuilles de chêne : elles contiennent du tanin, identique avec cet acide qui noircit fortement la lame du couteau quand vous coupez une pomme sauvage. Eh bien, ce tanin, cet acide tannique des feuilles du chêne se combine avec l'oxyde de fer des meulières pour former un sel noir, le tannate de fer, qui n'est autre chose que notre encre. Avis à certains archéologues novices trop disposés à prendre les pierres noircies qu'ils rencontrent pour les vestiges de palais ou d'anciennes cités incendiées!

Parmi les hôtes de la forêt, le gracieux rouge-gorge, l'un de ces rares oiseaux chanteurs qui nous restent fidèles pendant toute l'année et qui se plaisent autour de nos habitations, nous salue seul de ses roulades quelque peu mélancoliques. Nous devrions, par reconnaissance, le surnommer le « rossignol de l'hiver » [1]. Son chant sentimental et varié contraste avec le bruit monotone des légers glaçons que le soleil détache des arbres.

Les fleurs. La violette. Le bois gentil. La fleur de lait de neige. La rose de Noël. La véronique à feuilles de lierre. — Sur la lisière de la forêt, les violettes embaument l'air; dès le mois suivant, elles seront remplacées par d'autres qui n'exhalent aucun parfum. Les botanistes nous enseignent que le *Viola odorata* fleurit en février et mars, tandis que le *V. canina, sylvestris, hirta,* sans compter le *V. tricolor,* ne commencent à fleurir qu'à la fin de mars. Ce n'est pas assez pour satisfaire notre curiosité. D'où vient aussi que la violette odorante disparaît dès que nous quittons la lisière de la forêt ou les chemins bordés de haies où elle se plaît particulièrement? Et pourquoi les violettes

[1] Voy, t. XXXI, 1863, p. 358, 365, 370, la Philosophie d'un rouge-gorge, apologue.

inodores ne vivent-elles que dans l'intérieur des bois, que fuit la violette odorante? Cela tient-il seulement à des circonstances locales, à la différence des terrains, de l'humidité, etc.? —

Les cinq pétales inégaux de la violette, dont l'inférieur se prolonge en éperon, figurent par la réunion de leurs onglets, au centre de la fleur, comme une petite moue qui, à peine marquée dans la violette odorante, se dessine de plus en plus dans les espèces inodores, et acquiert, dans les nombreuses variétés de l'espèce tricolore, une diversité de grimaces qui leur ont valu le nom de *pensées.* Il y a là une gradation de nuances qui mérite de fixer l'attention. La violette se cache sous le feuillage ou dans l'herbe. Mais son fruit est bien plus modeste encore que sa fleur; il se soustrait aux regards d'un observateur peu attentif : c'est une capsule ronde, remplie d'une multitude de petites graines que le pédoncule, en s'inclinant, verse doucement au sein de la terre. C'est une petite merveille, dédaignée, hélas! comme tant d'autres. Pour bien voir ce fruit capsulaire, il faut écarter les feuilles bien plus soigneusement que lorsqu'on cherche la fleur, qui n'est même pas toujours bleue; car la violette biflore (*V. biflora* L.), qui descend des régions alpestres jusque dans nos Vosges, est jaune. Le nom de *violette* ne s'applique donc pas à toutes les espèces du genre *Viola.*

Toutes les plantes annuelles ou vivaces sommeillent encore sous leur épais lit de feuilles mortes. Mais en vous tenant un peu sur la lisière du bois, vous pourrez faire ou renouveler connaissance avec un beau daphné : c'est le *bois gentil* (*Daphne mezereum* L.), qu'on rencontre quelquefois dans les parcs. Ses jolies fleurs en croix, à calice rose, disposées par bouquets sur des tiges flexibles, semblent, à travers la haie, vous envoyer un gracieux salut printanier. Ses feuilles n'ont pas encore paru. Mais ces gracieuses fleurs, que vous désirez sans doute emporter avec vous, sont sessiles, c'est-à-dire dépourvues de pédoncules, et les tiges et rameaux résisteront à tous les efforts que vous ferez pour les casser. Laissez-les là, si vous n'avez pas de couteau dans votre poche; car il vous en cuirait si par malheur vous vous avisiez de les couper avec vos dents : vos lèvres enfleraient comme si vous y aviez mis de la poudre de mouches cantharides. C'est, en effet, avec l'écorce du bois gentil que les pharmaciens font la *pommade de garou.*

Si vous voulez marier les fleurs roses du perfide daphné avec de belles fleurs blanches, transportez-vous dans une clairière ou prairie, comme, par exemple, près du canal dans le parc de Versailles, à Trianon; vous pourrez y rencontrer la perce-neige (*Galanthus nivalis :* traduction littérale, *fleur de lait de neige*). Peu s'en faut à reconnaître à sa hampe grêle, surmontée d'une enveloppe florale (périanthe), blanche, à six divisions; mais n'y trouverez guère que cette plante-là en fleur. La perce-neige est d'ailleurs plus rare que le *pied-de-griffon,* espèce d'hellébore qui fleurit, vers la même époque, dans les endroits où l'on jette les décombres et les pierres des champs : il se distingue de la rose de Noël (*Helleborus niger* L.), cultivée dans nos jardins, par ses fleurs verdâtres moins grandes et par une odeur très-forte, désagréable, vireuse, qui lui a valu de la part de Linné le nom d'*Helleborus fœtidus.*

Si vous voulez, enfin, ajouter à votre bouquet une véronique à petites fleurs bleu pâle veiné de blanc, allez visiter un champ inculte : vous y verrez étalées sur le sol des feuilles découpées comme celles du lierre, mais plus petites et moins lisses; elles portent, à leurs points d'insertion, aux aisselles, des miniatures de fleurs solitaires : c'est la véronique à feuilles de lierre (*Veronica hederæfolia* L.).

En février, les plantes sont encore très-rares; plus tard, le nombre en augmente tellement que, dans votre embarras, vous serez tenté de dire, avec le poëte : *Ove comminciar, ove finir ?*

Les arbres. Les fleurs du coudrier. — Le mouvement de la sève est-il arrêté? Non. Pour s'en convaincre, on n'a qu'à jeter les yeux sur ces pendeloques jaunes, sur ces torsades d'épaulette de commandant que la moindre brise agite sur des rameaux sans feuilles. Ce sont les fleurs mâles du ceudrier, dont la poussière jaune (pollen), emportée par le vent, a fait plus d'une fois croire à de véritables pluies de soufre. Évidemment elles ne se seraient pas développées si la circulation de la sève avait été tout à fait arrêtée. Ce qui pourrait paraître un repos n'est donc qu'un mouvement très-lent. Combien n'y à-t-il pas de ces mouvements-là, plus lents encore, dans la nature?

Examinons de plus près ces torsades cylindriques.

Le Chaton du Coudrier (*Corylus avellana*).

Chacune est composée d'un grand nombre d'écailles imbriquées. Ces écailles forment un petit cylindre complété jusqu'au moment où, vers le mois de février, le développement des anthères les écarte les unes des autres; insérées autour d'un axe filamenteux, elles représentent alors autant de petits casques, dont chacun protége six à huit étamines. Ces petits cylindres écailleux sont les chatons des fleurs mâles. Les fleurs femelles, beaucoup moins apparentes, ressemblent à des bourgeons surmontés d'une petite aigrette de fils rougeâtres; elles sont situées à quelque distance des fleurs mâles, mais sur le même pied, d'où le nom de fleurs *monoïques* (c'est-à-dire habitant une *seule maison*) donné par Linné à cette disposition des organes reproducteurs. On la retrouve sur les peupliers et les saules, qui fleurissent vers la même époque; seulement, là les fleurs mâles, recouvertes d'un duvet soyeux, justifient mieux que celles du coudrier le nom de *chatons*. — Quelle étrange anomalie! D'ordinaire les feuilles paraissent avant les fleurs; ici elles paraissent après. D'ordinaire la floraison ne se manifeste qu'au moment où la sève est dans toute sa vigueur; ici les fleurs apparaissent quand la sève est presque stationnaire.

L'horloge de la mort. — Mais rentrons au logis. Pendant que tout y est tranquille, un petit bruit bien connu, quoique toujours étrange, vient frapper nos oreilles : c'est le tic tac

de l'horloge de la mort. Pour les superstitieux, c'est un indice lugubre; mais toutes leurs investigations s'arrêtent là. Les anciens ne nous apprennent rien sur ce tic tac mystérieux : Aristote, Dioscoride, Pline, Sénèque, n'en parlent point; ce qui ne prouve nullement qu'ils ne l'aient pas connu. Peut-être en trouverait-on quelque trace dans le culte des lares et des lémures; mais ce n'est là qu'une simple conjecture. Plus tard, quand d'autres croyances eurent remplacé celles du paganisme, de savants scolastiques croyaient avoir tout dit en répondant aux curieux : *Est horologium mortis.* Plus tard encore, quand on commençait à comprendre qu'il valait mieux chercher la science dans la nature que sous le bonnet des docteurs, on ne se contentait plus des explications du moyen âge; avant d'affirmer, on voulait voir : c'était un progrès. Les battements de la montre invisible furent alors attribués par les uns à des araignées, par les autres à une espèce de petit pou qui reçut même, pour la circonstance, le nom de *Pediculus pulsatorius.* Tous avaient mal vu. Les pulsations de l'horloge de la mort proviennent de la larve d'un insecte. Vous avez peut-être plus d'une fois remarqué, dans les débris de vieux pains à cacheter, un de ces petits coléoptères qu'on distingue facilement d'une mouche à leurs ailes (en grec, *ptéron*) repliées sous des élytres ou gaines cornées, appelées en grec *coléon*, d'où le nom de *coléoptère.* Dès que vous le touchez, ce petit coléoptère fait le mort, en cachant la tête sous sa cuirasse et rapprochant les pieds sous le ventre. Ainsi pelotonné, on le prendrait pour un brin d'herbe desséché. Eh bien, c'est un coléoptère de la même espèce dont la larve représente l'horloge de la mort. On l'appelle la vrillette (*Anobium pertinax*), de la nombreuse tribu des *xylophages,* c'est-à-dire des mangeurs de bois. Sa larve est armée de deux mandibules fortes et tranchantes qui lui servent de vrille : c'est elle qui pratique dans les poûtres et les planches ces petits trous arrondis d'où s'échappe une farine de bois; c'est ce petit ver blanc, mou, à tête brune et à six pattes écailleuses, qui rend le bois *vermoulu*: Se nourrit-il de bois? Cette poussière fine se compose-t-elle de ce que rejette son canal digestif? En prenant sa nourriture, se creuse-t-il en même temps son logement? Voilà ce qui n'a pas encore été bien éclairci. Enfin, comment et par quel moyen produit-il ce bruit régulier d'une montre?

La Vrillette, où l'Horloge de la mort (*Anobium pertinax*). — La larve; — l'insecte parfait de grandeur naturelle; — le même vu au microscope.

Cherchez, lecteur, observez avec la patience et la sagacité des Réaumur, des Huber, des Latreille, etc., et vous trouverez.

En résumé, admirez, je vous prie, pour ce seul petit fait, la marche de la science. Dans l'antiquité, on n'avait pas su y faire grande attention; au moyen âge, c'était l'horloge de la mort; au commencement des temps modernes, c'était un petit animal, mais dénaturé par l'imagination; plus tard, c'est-à-dire depuis cent ans à peine, c'est un insecte bien déterminé. Au premier jour viendra l'observateur qui nous apprendra par quel manége ce bruit mystérieux est produit.

LA MAISON DE PILATE,

A SÉVILLE.

La Maison de Pilate, à Séville. — Dessin d'Olivier Merson, d'après une photographie.

Sur une petite place de la partie orientale de Séville, non loin de la porte de Carmone, on trouve le palais des Afanes. C'est un bâtiment de peu d'apparence. Le balcon de pierre sculpté dans le goût du quinzième siècle qui le décore sert tout au plus à le faire ressortir des maisons voisines. Au fronton de l'entrée principale sont gravés les noms de ses fondateurs : don Pedro Enriquez, adelantado-major d'Andalousie ; dona Catalina de Ribera, sa femme, et don Fadrique Enriquez y Ribera, leur fils ; puis la date de la construction, — commencée en 1471, achevée en 1533. — Au-dessus on lit une inscription latine surmontée de cinq croix de Jérusalem répétées trois fois, et de cette légende : *Le 4 août 1519, il entra dans Jérusalem*. Enfin, à gauche de la porte, on remarque une croix en jaspe scellée au mur de la maison. Ces détails donnent à cette humble façade une physionomie étrange qui sollicite la curiosité du touriste.

Le palais des Afanes est connu sous le nom de *Maison de Pilate*, parce qu'on a cru y voir la copie de l'habitation du préteur romain. L'imagination populaire a également prétendu que le ciment des murs avait été pétri avec de la terre apportée de Jérusalem. Bien mieux, on a été jusqu'à supposer que c'est le palais même d'où le Christ sortit pour monter au Golgotha.

Don Fadrique Enriquez y Ribera, marquis de Tarifa, était parti pour la terre sainte en 1518, laissant inachevé son palais de Séville. Il resta deux ans en Palestine. A son retour, on assure que, trouvant des points de ressemblance entre sa demeure et celle de Pilate qu'il avait vue à Jérusalem, il fit terminer les constructions commencées de manière à rendre cette ressemblance plus parfaite. Les croix de Jérusalem gravées sur la façade sont celles que don Fadrique ajouta à ses armes en mémoire de son pèlerinage. A Jérusalem, il avait mesuré les quatorze stations du Christ ; il voulut consacrer à Séville ce pieux souvenir, et marqua d'une croix de jaspe l'endroit où commençait la voie douloureuse, dont la dernière halte était déterminée par un petit monument, à la Cruz del Campo, qui existe encore. Le temps a fait disparaître jusqu'aux traces de stations intermédiaires.

L'intérieur de la Maison de Pilate est digne d'intérêt. On entre d'abord dans une cour insignifiante ; mais en suivant à droite la double colonnade de marbre d'un beau péristyle, on pénètre dans le cœur du palais, le grand *patio*, qui se laisse admirer après les plus remarquables de la dernière époque de l'architecture moresque, ceux de l'Alcazar et de l'Alhambra, par exemple. Il mesure 62 pieds de long (20ᵐ,14) sur 60 de large (19ᵐ,50) ; autour règne une galerie formée par vingt-quatre arcs retombant sur autant de colonnes de marbre ; au centre se profile le contour austère d'un bassin d'où surgit un groupe de dauphins supportant une vasque ronde que surmonte une tête de Janus, et aux angles se dressent, sur des socles de granit, quatre figures colossales : la Minerve guerrière, la Minerve pacifique, Diane et Cérès. Cette fontaine est faite avec des morceaux antiques envoyés de Rome par le pape Pie V à don Per Afan de Ribera, vice-roi de Naples, « pour délivrer la ville sainte de ces restes du paganisme. » Les parois du fond de la galerie sont ornées dans leur partie supérieure de méandres imités de ceux que le génie arabe inventait avec autant de légèreté que d'abondance. Ceux de l'Alcazar sont moins bien conservés et offrent aussi moins de variété, mais leur exécution est plus délicate et plus souple. Le soubassement, haut de 10 pieds (3ᵐ,25), est revêtu de riches carreaux de faïence émaillée, nommés *azulejos*. Enfin, dans des niches rondes pratiquées dans le mur sont placés les bustes des principaux Césars, concile auguste qu'un artiste espagnol de la renaissance ne pouvait manquer de faire présider par Charles-Quint. La galerie du rez-de-chaussée est surmontée d'une seconde galerie formée aussi par vingt-quatre arcs et autant de colonnes, et décorée également d'arabesques et d'azulejos : celle-ci est, en outre, bordée d'une belle balustrade de pierre dont le style gothique ne fait pas ici disparate. Enfin, le patio est dallé en marbre, et çà et là croissent dès touffes de fleurs dont l'éclat réjouit le regard. Avec son ornementation hybride, ses statues grecques, ses bustes romains, ses colonnes de couleurs différentes, mélange heureux de gravité et de grâce, de simplicité et de fantaisie, cette cour est d'un aspect saisissant, et le murmure continu de la fontaine ajoute à l'effet du décor une harmonie pleine de douce mélancolie et de langueur poétique.

Sur le patio s'ouvrent les vastes appartements du palais. Ceux du réz-de-chaussée sont fort délabrés, et don Fadrique aurait peine à y retrouver les vestiges de leur ancienne splendeur. Cependant à droite s'étend un carré long couvert d'azulejos et d'arabesques : c'est le prétoire de Pilate ; sur la porte on lit le *Credo*. A côté est la chapelle, tapissée de carreaux de faïence : on y pénètre par un porche où les caprices du goût sarrasin se mêlent sans effort à ceux de l'art gothique ; et auprès de la porte, en dedans de l'oratoire, on montre la colonne où le Christ fut attaché pendant la scène lamentable de la flagellation. Par un autre côté du patio, après avoir traversé des salles et des galeries abandonnées depuis longtemps aux injures des années, on pénètre sous un portique que soutiennent des colonnes de marbre. Parmi les débris antiques jetés en cet endroit pêle-mêle sur le sol, ou alignés le long de la muraille, on remarque surtout un superbe buste d'Alexandre et une admirable tête de Cléopâtre. Ces marbres viennent de Rome, comme ceux du grand patio, et d'Italica, patrie de Trajan, d'Adrien et de Théodose, dont on rencontre les ruines à une lieue de Séville, au bourg de Santi-Ponce, et où le paysan découvre incessamment des monnaies, des fragments de mosaïques, des morceaux de statues, qui feraient, s'ils étaient réunis, la fortune et la gloire d'un musée. Ce portique mène au jardin, que d'épais orangers remplissent de leur parfum pénétrant, et, au milieu des myrtes et des buis, au sein des grenadiers et des héliotropes, s'élève une petite construction d'une architecture simple et moderne, dont la vue séduit par le charme de l'imprévu et du mystère. Des artistes en occupent l'unique et vaste pièce ; des peintres, des musiciens, s'y réunissent journellement pour leurs études. Sur de nombreuses étagères sont rangées des antiques de marbre ou de terre cuite : ici sont suspendues d'épaisses panoplies ; là se pyramident des trophées d'instruments ; des massifs de fleurs garnissent les angles, et, au centre, sur un tapis, pose un gitano pendant qu'un chanteur module une rêverie d'un rhythme plaintif et traînant.

Au nombre des antiquités que don Per Afan de Ribera avait apportées d'Italie se trouvait une urne à laquelle l'ancien vice-roi attachait un grand prix : elle contenait les cendres de Trajan. Un jour, une maladroite renversa cette urne précieuse dans le jardin ; les cendres de l'empereur se répandirent à terre et un coup de vent les dispersa, les portant jusqu'à Italica, peut-être, avant qu'il eût été possible de les recueillir de nouveau.

L'étage supérieur est de beaucoup la partie la moins intéressante du palais. Toutefois on y arrive par un splendide escalier, en parfait état de conservation, lambrissé et pavé d'azulejos, décoré de peintures à la détrempe de Pacheco, et dont la magnifique coupole à stalactites paraît une imitation de la salle des Ambassadeurs à l'Alcazar. Les appartements de cet étage n'offrent rien qui mérite d'être signalé ; seulement, le visiteur y trouve une profusion de fleurs effeuillées et renouvelées chaque matin, dont les innombrables pétales couvrent d'une neige odorante et diaprée les tapis, les meubles, les cadres, jusqu'aux tentures des lits et des croisées.

La Maison de Pilate appartient aux Medina-Celi y Alcala, descendants de don Fadrique Enriquez. Les Medina-Celi possèdent une fortune territoriale qui n'a pas son équivalent en France. Toutes les provinces d'Espagne sont comme semées de leurs maisons, châteaux ou palais, et ils pourraient voyager une année entière de Valence à Badajoz, de Saint-Sébastien à Algésiras, en changeant de gîte chaque soir, sans cesser une seule fois d'être chez eux. Du moins, c'est ce qu'on assure à Séville.

OFFRANDE A MINERVE.

Des navettes qui chantent comme les matinales hirondelles, un peigne à nettoyer la laine chevelue, un fuseau que les doigts ont usé suspendu au fil qui se tord et s'enroule, une corbeille tissée en jonc qu'autrefois remplissaient des pelotons de laine purifiée par les dents de la carde; voilà ce que tu consacre, ô vierge laborieuse, ô Minerve, la vieille Ésione. Accueille avec bonté cette offrande d'une pauvre femme.   PHILIPPE.

INVOCATION.

Volonté sublime et vivante qu'aucun nom ne peut exprimer, qu'aucune idée ne peut embrasser, je puis cependant élever mon cœur à toi, car toi et moi nous ne sommes pas séparés! Au dedans de moi ta voix se fait entendre; en toi, l'incompréhensible, ma propre nature et le monde entier me deviennent intelligibles; chaque énigme de mon existence est résolue, et une parfaite harmonie règne en mon âme. Devant toi, je voile mon visage et pose ma main sur mes lèvres. Ce que tu es réellement, ce que tu t'apparais à toi-même, il m'est aussi impossible de le voir que d'arriver à être ton semblable. Après mille et mille vies pareilles à celles des esprits supérieurs, je serais aussi peu capable de te comprendre que je le suis aujourd'hui au fond de ma prison d'argile. Ce que je comprends d'après mon propre entendement est fini, et par aucune progression ne saurait se transformer en infini; car tu diffères du fini non en degré, mais en espèce. Je n'entreprendrai donc pas ce que ma nature finie me défend d'entreprendre; je ne chercherai pas à connaître l'essence et la nature de l'être. Cependant tes relations avec moi et tout ce qui est fini sont patentes à mes yeux. Tu crées en moi la conscience de mon devoir, celle de ma destination dans la série des êtres raisonnables; comment? je l'ignore; mais ai-je besoin de le savoir? Ce qui est sûr, c'est que tu connais mes pensées et acceptes mes intentions, et la contemplation de tes rapports avec ma nature finie suffit à me tranquilliser et à me rendre heureux. De moi-même, je ne sais trop ce que je dois faire; pourtant, j'agirai simplement, sereinement et sans ruse, car c'est ta voix qui me commande, et la force avec laquelle j'accomplis mon devoir est la tienne propre. Je n'ai aucune crainte des événements de ce monde, car ce monde est le tien. Tout événement fait partie du plan de l'univers éternel et de ta bonté. Ce qui, dans ce plan, est positivement bien, ou seulement moyen d'éviter le mal, je l'ignore. Dans ton univers, *tout finira bien;* c'est assez pour moi, et dans cette foi je reste ferme. Qu'importe que je ne connaisse pas ce qui est pur germe, fleur ou fruit parfait! La seule chose qui me soit importante, c'est le progrès de la raison et de la moralité à travers les rangs des êtres raisonnables. Ah! quand mon cœur est fermé à tout désir terrestre, comme l'univers m'apparaît sous un

glorieux aspect! Les masses mortes et embarrassantes qui servent seulement à remplir l'espace s'évanouissent, et, à leur place, un éternel flot de vie, de force et d'action, découle de la grande source de vie primordiale, de ta vie, ô toi, l'éternelle unité!   FICHTE, *Destination de l'homme.*

HISTOIRE DU COSTUME EN FRANCE.

Suite. — V. la Table des trente premières années.

RÈGNE DE LOUIS XV.

Costume civil de 1714 à 1760. — A l'annonce des modes du temps de Louis XV, il n'est personne qui ne songe sur-le-champ aux paniers. La réminiscence est inévitable. Elle aurait fait sourire il y a quinze ans; aujourd'hui, tous les respects sont acquis à l'aïeul de la crinoline. Nous jouissons de la grâce d'état qui fait que les difformités ne sont point aperçues de ceux qu'elles affligent.

L'origine des paniers a été enregistrée dans un précédent article[1]. On se rappelle qu'ils parurent dans les dernières années du grand règne, sous les noms de *criardes* et de *cerceaux.* Ils étaient d'importation anglaise suivant les uns, allemande suivant les autres, et une troisième opinion les fait venir du théâtre, dont les héroïnes, depuis Corneille, n'avaient pas cessé de donner à leurs jupes une ampleur artificielle. Quoi qu'il en soit, ces premiers appareils étaient modestes. Ils n'avaient d'autre effet que de produire un peu d'évasement au bas de la robe. Tout à coup l'évasement dépassa toute mesure.

On raconte que du temps de la régence, en 1716 ou 1718, deux dames très-grasses, que leur embonpoint incommodait, se firent faire des dessous de jupes sur le modèle des paniers à poulets. Elles ne les mettaient qu'à la chambre. Un soir d'été, cependant, elles eurent la tentation d'aller en cet équipage aux Tuileries. Afin de n'être pas vues de la livrée qui obstruait les portes, elles entrèrent par l'orangerie. Mais dans le beau monde on n'est pas moins curieux que dans celui des laquais. A peine les eut-on aperçues qu'on fit cercle autour d'elles. Bientôt la foule s'épaissit; elles n'eurent que le temps de se retrancher derrière un banc, et sans un mousquetaire qui les protégea, elles auraient été étouffées par la presse. Les pauvres femmes rentrèrent chez elles plus mortes que vives. Elles croyaient avoir causé un grand scandale; je ne sais de là, elles avaient converti la cour et la ville à leur exemple.

Les premiers paniers furent faits de cercles en jonc, en nattes ou en baleines, attachés ensemble par des rubans : c'était notre cage d'aujourd'hui. Après 1720, l'armature reçut une application de toile écrue ou de gros taffetas, d'où résulta un véritable corps de jupe. La forme fut d'abord celle d'un entonnoir; elle s'arrondit ensuite par le haut et dessina une coupole ovale : de là les paniers à *guéridon,* et les paniers à *coudes,* appelés ainsi parce que les coudes posaient dessus, à la hauteur des hanches. Ces derniers sont ceux qui restèrent le plus longtemps en faveur, ceux dont l'ampleur atteignit les dernières limites, ceux qui firent la fortune de Mlle Margot la modiste, dont le *Magasin pittoresque* a raconté l'histoire dans le temps[2].

Quelques dames, désapprouvant l'étalage exagéré de la mode, s'en tinrent à de petits jupons doublés de crin et piqués qui ne descendaient pas plus bas que les genoux. On appela cela les *paniers jansénistes,* comme si c'eût été une concession au rigorisme des confesseurs et prédicateurs jansénistes, qui s'élevèrent généralement contre les paniers.

[1] T. XXVIII, 1860, p. 110.
[2] T. XIII, 1845, p. 389.

Les robes que l'on porta avec les paniers eurent d'abord la taille ajustée, à l'ancienne façon ; puis les robes *volantes*, c'est-à-dire sans taille, ayant paru vers 1725, on réconnut que cette coupe était celle qui convenait le mieux pour l'emploi. En effet, par l'absence de ceinture, la transition était ménagée entre la largeur si disproportionnée du buste et des hanches, et le vêtement, depuis le haut jusqu'en bas, se prêtait aux balancements du panier. La robe volante avait donc de la grâce, mais une grâce qui semblait affecter la négligence. On la rendit plus habillée moyennant qu'on ajusta le corsage seulement sur la poitrine, tandis qu'au dos l'étoffe fut laissée flottante. Cette façon devint universelle, et se maintint pendant presque toute la durée du règne.

Lorsqu'il fallut compter dix aunes d'étoffe pour une robe, les brocarts et draps de soie, les crépines, lambrequins et galons, en un mot les tissus et parements qui, des tentures pour lesquelles ils sont faits, avaient passé dans la toilette des femmes, toutes ces choses d'un poids insupportable furent abandonnées. On eut recours aux soies légères, aux tissus de l'Inde, le basin, la mousseline, la gaze. Les garnitures furent en petits nœuds, ou en ruches, ou en chicorées, ouvrages délicats dont le ruban, la blonde, les découpures de taffetas ou de gaze, fournirent la matière. Le goût du siècle pour le champêtre fit employer aussi les garnitures de fleurs artificielles, de même qu'il avait mis en faveur les bouquets peints sur les étoffes et les larges raies, imitation du bureau dont étaient

Grande dame en habit de ville et Bourgeoise du temps de la régence, d'après Watteau. — Mode des grands paniers et des robes volantes vers 1735, d'après une gravure du temps. — Dessin de Chevignard.

habillés les paysans dans presque toutes les provinces.

La robe de dessous, le corset des âges précédents, perdit son corsage ; elle devint le jupon. Le corsage subsista cependant comme pièce à part, et c'est là ce qu'au dix-huitième siècle on appela un corset. Ce corset était déjà muni de supports de baleine ou de fil d'archal ; mais, à la différence du corset actuel, il était une pièce apparente du costume. Les dames le portaient en toilette sous le corsage de la robe, lorsque celle-ci était ouverte en pointe sur le devant, et en négligé sous le *casaquin*. Il est inutile de définir le casaquin, ou casaque, que la mode a fait renaître en ces derniers temps, sans changer presque rien à la forme qu'il eut jadis. Le corset de drap avec le gros jupon, mais de couleur différente, fut la tenue des filles de campagne et des servantes.

Les bouquets de fleurs artificielles posés sur le corsage, les petites montres attachées après des chaînes de cou, les palatines de toute étoffe, voilà les objets les plus caractéristiques de l'époque qui apparaissent comme ornements au défaut de la robe. Par palatine il ne faut pas entendre le genre de pèlerine que l'on désigne aujourd'hui sous

ce nom. La palatine d'autrefois n'était pas autre chose qu'un collier, collier de martre ou de petit-gris pour l'hiver, que l'on faisait pour l'été avec de la blonde, du ruban peint, de la chenille ou du taffetas découpé en forme de fleurs.

La coiffure, à travers mille métamorphoses qu'elle subit, resta constamment basse. Elle était relevée sur le front et divisée par derrière en une infinité de chignons, de crochets et de boucles dont on laissait pendre au moins deux. Presque toutes les femmes se poudraient. Des aigrettes de pierres fausses, des fleurs, des barbes de blonde, des rubans d'une espèce particulière, dits *boiteux*, étaient entremêlés avec les cheveux ; on mit aussi, en guise de barbes, des pendeloques de rubans avec des nœuds de distance en distance, qu'on appelait *marrons*. Pour exprimer la différence des ornements ou des frisures, il y eut tout un vocabulaire : coiffure en papillon, en équivoque, en vergette, en désespoir, en tête de mouton, etc. Cette dernière était toute en boucles frisées. La *cornette*, le petit bonnet avec ou sans barbe, que les grandes dames portaient seulement à la chambre, ne cessa jamais d'être de rigueur pour les femmes du peuple et pour les petites bourgeoises, même en cérémonie.

Que l'on sortît nu-tête ou en cornette pour se garantir du froid, on avait la coiffe, commune aux femmes de toute condition et de tout âge. La coiffe était du temps de Louis XIV; mais l'appendice dont elle était munie pour couvrir les épaules ayant subi une réduction considérable, elle prit, à cause de ce changement, le nom de *bagnolette*. Après 1730, le nom de mantelet apparut en même temps qu'un accroissement tout nouveau de la partie qui couvrait les épaules.

La coiffe n'était que pour l'hiver. Pour les demi-saisons, on avait la *mantille*, petite écharpe posée sur la tête dont les bouts, qu'on laissait retomber, se nouaient sur la poi-trine. La mantille se portait encore d'une autre façon, jetée sur le cou, croisée en sautoir sur le corsage et nouée par derrière. Il ne faut pas confondre *mantille* avec *mante*. La mante était le par-dessus d'hiver, une pelisse fourrée qui se boutonnait par devant depuis le haut jusqu'en bas.

N'oublions pas le rouge et les mouches, qui furent alors un véritable habillement du visage. La face tout entière en était empourprée, au point de rendre la personne méconnaissable :

> Par les soins que Lise prend
> Et du plâtre et des pommades,
> Les visites qu'elle rend
> Sont autant de mascarades.
> Pour elle, soit bien; soit mal,
> Il est toujours carnaval.

Modèles de bagnolette, de panier et de mante d'environ 1735, d'après une gravure du temps. — Bourgeoise vers 1740, d'après Chardin. — Dessin de Chevignard.

> Au logis et dans la rue
> Nous la voyons tous les jours,
> Et jamais ne l'avons vue.

Ceci est une épigramme, il est vrai, mais que des étrangers qui visitèrent Paris en 1733 rapportent comme l'expression parfaitement juste de ce qu'ils avaient observé eux-mêmes. Les femmes sensées qui auraient voulu se soustraire à la mode ne l'osaient pas, dans la crainte de paraître avoir des teints de mortes entre toutes ces faces cramoisies. Lorsque Marie-Thérèse d'Espagne fut amenée en France pour épouser le Dauphin, en 1745, elle n'avait jamais mis de rouge. Dans le voyage, on lui fit entendre qu'il fallait mettre. Elle dit qu'elle ne le ferait qu'autant que cela lui serait ordonné par le roi et la reine. Une délibération eut lieu à Versailles; tout le monde fut d'avis que le Dauphin la trouverait trop blême s'il la voyait avec son teint naturel. En conséquence, le duc de Richelieu, premier gentilhomme de la chambre, lui porta, de la part de Leurs Majestés, la *permission* de mettre du rouge. Elle obéit incontinent. *La suite à une autre livraison.*

UN CRIME QUI MARCHE.

VOYAGES ET AVENTURES A LA POURSUITE D'UNE PIÈCE FAUSSE.

Suite. — Voy. p. 2, 10.

II. — *Le Cauchemar pour honoraires.*

Hier au soir, de retour chez moi, ma portière m'a remis un petit paquet cacheté qui avait été apporté, m'a-t-elle dit, par une vieille femme de la campagne, qu'accompagnait une petite fille vêtue très-pauvrement et qu'à son visage pâle, à son air morne, à son attitude abattue, on pouvait supposer fort malade. J'ai pensé à Blondine, que sa grand'mère maternelle, qui habite à quelques lieues de Paris, est venue réclamer il y a trois jours, c'est-à-dire aussitôt que le bruit public lui eut appris le terrible sort que s'était fait son gendre. Depuis nombre d'années, la bonne femme avait rompu toute relation avec Malchus Petersen.

Le paquet, que je me hâtai d'ouvrir dès que, rentré dans ma chambre, j'eus tiré la porte sur moi et allumé la bougie, renfermait, avec une lettre, une de ces petites boîtes de carton chagriné, en forme de portefeuille, sur lesquelles on lit : *Plus de nécroses. Allumettes hygiéniques.*

Cette boîte, triplement scellée à la cire, était, pour surcroît de précaution, ficelée en croix et recachetée sur le tout. Je pris d'abord connaissance de la lettre; elle n'était pas signée, mais son contenu ne pouvait me laisser aucun doute sur le nom du mystérieux correspondant.

« Tout ce qu'il vous a été possible de faire et de dire en ma faveur, m'écrivait-il, vous l'avez bien fait et bien dit; je veux que vous sachiez que je vous en remercie. Je n'ai pas aujourd'hui le moyen de vous payer; une autre, je n'en doute pas, acquittera un jour ma dette; elle me l'a promis. Mais accepterez-vous son argent? Voilà ce que je n'ose pas supposer.

» Cependant, ne pas vous payer et vous laisser courir le risque d'être, à cause de moi, la dupe des autres, c'est ce que je ne peux pas permettre; de là mon envoi, confié en mains sûres.

» A défaut des honoraires qu'il m'est impossible de vous offrir, laissez-moi vous donner un bon avis. Défiez-vous du millésime 1841. Regardez à la loupe, et n'ayez confiance que si vous ne lisez pas quelque part, sur deux feuilles de chêne, en caractères microscopiques, ici l'initiale M., et sur la feuille correspondante l'initiale P. Je vous envoie l'objet de comparaison; étudiez-le : vous avez à la fois sous les yeux un conseil d'ami et le chef-d'œuvre d'un artiste. N'oubliez pas de brûler ma lettre. »

— La brûler! Pas encore, me dis-je.

Je la mis de côté; puis, saisissant vivement la boîte de carton, d'un coup de ciseaux j'eus raison du lacis de ficelles. Je fis sauter les trois cachets, et, dans la portefeuille ouvert, j'aperçus une pièce de cinq francs qui reposait entre un double lit de ouate.

Ainsi Malchus Petersen avait menti à la justice et à moi-même; il n'avait pas seulement fabriqué que les deux pièces saisies, l'une chez le marchand de jouets, l'autre à son galetas du chemin des Bœufs; j'en tenais une troisième dans la main, et le faux-monnayeur me conseillait la défiance! Combien donc y en avait-il encore?

J'examinai avec soin la pièce que Malchus m'avait adressée; elle me parut tellement irréprochable que je frémis à cette pensée : si je l'avais trouvée, j'aurais pourtant cru faire une bonne action en la donnant à un pauvre!

Pour en juger par comparaison, je fouillai dans ma caisse, la caisse naturellement peu garnie d'un jeune avocat à ses débuts. Parmi les rares pièces de cinq francs qui s'y tenaient trop à l'aise, le hasard permit qu'il y en eût une portant le millésime de 1841. Je mis en présence, sur le marbre de ma cheminée, la pièce loyale et l'œuvre du faussaire : face contre face, revers contre revers, tranche sur tranche, tout, exergue et légende, était d'une si effrayante ressemblance que je demeurai frappé de stupeur. Le démon de l'imitation ne peut rien produire de plus déplorablement exact.

Un accident était à éviter dans ce minutieux examen : à force de comparer l'une avec l'autre les deux pièces; à force de les remuer, de les tourner, de les changer de place pour les soumettre à tous les jeux de la lumière, afin de surprendre en elles un point de dissemblance, je devais craindre de les confondre et de ne plus pouvoir distinguer la vérité du mensonge. Ce fut précisément ce qui m'arriva.

Un moment, incertain devant les deux pièces de cinq francs, je me dis avec épouvante : « Où est le crime, maintenant? » Et mon instinct augmenta, car je ne pus me répondre : « Le voici! »

La lettre de Malchus, heureusement, renfermait une indication précieuse pour me tirer de cette perplexité : les initiales gravées sur deux feuilles de chêne. — Curieux

exemple du point où peut monter, dans la folie, une vanité d'auteur : il a signé sa fausse monnaie! — Oui, mais signé d'une façon illisible pour l'œil nu.

J'ai eu beau fatiguer mes yeux jusqu'à l'éblouissement, jusqu'à l'aveuglement même, il m'a été impossible de saisir sur l'une ou l'autre pièce les M. P. annoncés comme moyen de reconnaissance.

Demain, à ma première sortie, j'achèterai une loupe; mais, jusqu'à ce que l'épreuve m'ait démontré quelle pièce de cinq francs est la bonne, je les mets toutes deux de côté; elles sont également fausses pour moi.

L'épreuve a eu lieu; mais, pour la faire avec succès, il m'a fallu une lentille d'un foyer si puissant que, lorsque je suis revenu une troisième fois chez l'opticien pour lui dire encore : « Je désire un plus fort grossissement », il m'a répondu : « Monsieur ne m'avait parlé que d'une loupe; il aurait eu plus tôt fait de me dire qu'il lui fallait un microscope. »

Quelle puissance de volonté, quelle force d'attention il a fallu au paresseux Malchus pour exécuter ce merveilleux ouvrage de gravure! Les lâches devant lé travail à faire, comme les lâches de cœur, ont ainsi d'étranges moments d'énergie; mais ils n'ont que des moments dont la durée est limitée. Il n'y a que le vrai courage qui accomplisse naturellement, sans fiètre, et avec la même constance dans le bon vouloir, une tâche permanente.

J'avais mis à profit la lettre confidentielle de Malchus Petersen; il désirait qu'il n'en restât pas trace, et elle m'était devenue inutile. Il m'a semblé que c'était un devoir pour moi de l'anéantir; je l'ai brûlée. Cela fait, il me restait un autre devoir à remplir, et celui-ci envers le public. Je me croirais le complice du faux-monnayeur si je gardais pour moi seul l'avis de défiance qu'il m'a donné. Une note anonyme que j'ai adressée à tous les journaux, et qu'ils ont imprimée ce matin, indique le moyen de reconnaître les pièces fausses de cinq francs au millésime de 1841 qui circulent peut-être maintenant, ou que, du moins, on tentera de faire circuler plus tard.

Il est évident que Malchus ne s'est pas borné à fabriquer les trois pièces qui me sont connues; autrement, à quoi bon l'avis qu'il m'a donné? Dans sa prison, il m'a dit : « Blondine sera riche un jour. » — Il a dit aux juges : « Je veux vivre. » Donc, j'en ai la conviction, la fortune à venir de Blondine, c'est le succès ajourné du crime de son père. Ma note aux journaux était donc indispensable au repos de ma conscience et à la sécurité des autres. La confiance publique pourra être plus ou moins trompée; mais, grâce à moi, elle ne sera pas généralement surprise; j'ai donné l'éveil.

Le singulier et dangereux cadeau que m'a fait Malchus Petersen a coûté aujourd'hui quelques larmes à cette honnête Jeannette, ma vieille femme de ménage, et m'a donné l'apparence d'un tort grave envers elle, ce qui m'a causé un véritable chagrin.

Ce matin, j'ai encore eu la fantaisie d'examiner la pièce fausse. Elle était sur mon bureau, devant lequel je me tenais assis. Cette contemplation m'absorbait complètement, quand ma vieille chambrière est entrée dans mon cabinet. Surpris tout à coup, et, je ne sais pourquoi, effrayé, j'ai aussitôt mis la main sur la pièce, puis, avec le moins de bruit possible, et sans y regarder, je l'ai fait glisser dans le tiroir entr'ouvert, que j'ai refermé précipitamment.

Au lieu d'aller et de venir avec son activité habituelle, pour remettre en ordre ce qu'elle appelle son ménage, Jeannette a fait quelques pas seulement jusqu'à une chaise qui est près de la porte; elle s'est assise et a soupiré.

— Êtes-vous malade? lui demandai-je.

— Non, Monsieur, me répondit-elle ; je n'ai rien.

En me parlant, sa voix tremblait.

Je me levai, j'allai à elle. La pauvre vieille fille voulut essuyer ses yeux ; mais j'avais eu le temps de m'apercevoir qu'elle pleurait.

— Vous souffrez, lui dis-je, ou quelqu'un vous a fait de la peine.

— Oui, j'en ai de la peine, et beaucoup ; je m'attendais si peu à cela, surtout de la part de Monsieur !

— De ma part, Jeannette? Je n'y comprends rien : je ne vous avais pas encore parlé, que vous pleuriez déjà.

— Certainement, que je pleurais, puisque le coup était porté.

Elle me dit cela dans un sanglot qui ouvrit pour la seconde fois la source de ses larmes.

— Quel coup? lui demandai-je.

Elle me regarda, et dans son regard je lus un douloureux reproche.

Aussitôt je me souvins du mouvement qu'elle avait surpris ; je pensai à l'interprétation offensante pour elle que sa délicatesse, qui est excessivement susceptible, pouvait lui donner, et je me sentis rougir. La bonne femme s'imagina que ma rougeur confirmait sa supposition.

— Oh ! j'avais bien vu, reprit-elle ; Monsieur n'a plus de confiance en moi : quand j'entre chez lui, il serre son argent. Cependant, le bon Dieu le sait bien, je n'ai jamais fait de tort à personne.

— Sans doute, Dieu le sait, et moi j'en suis convaincu. Pauvre Jeannette ! la probité même !

Je pris tous les moyens imaginables pour essayer de lui prouver qu'elle n'avait vu qu'un mouvement machinal que je ne pouvais expliquer, mais qui, en tout cas, ne se rapportait point à elle. Pour quoi que ce soit au monde je n'aurais voulu que je venais de cacher une pièce fausse ; enfantillage ou non, j'étais honteux de la posséder. Rien ne put dissuader Jeannette de l'idée qu'elle m'était devenue suspecte, pas même l'expression de sincérité que je devais avoir en lui disant :

— Voici la clef de ma caisse, puisez-y pour les besoins du ménage : je n'ai pas compté, je ne compterai pas. Quand vous me direz qu'il n'y a plus rien, je serai sûr que tout a été bien dépensé. Voyons, de bonne foi, pouvez-vous supposer encore que je me méfie de vous?

— Monsieur peut garder sa clef, répliqua ma vieille chambrière en repoussant ma main qui la lui tendait ; je ferai mon possible pour croire Monsieur ; mais cela me sera difficile après ce que j'ai vu.

Ni ce matin, ni ce soir, je n'ai pu obtenir d'elle une meilleure réponse.

Ainsi Jeannette doute de ma parole, et c'est à moi maintenant de regagner sa confiance. Voilà la première émotion pénible que me cause le don de Malchus. Doit-elle être la dernière? Maudite pièce fausse, tu ne sortiras plus de ce tiroir ; il sera pour toi le tombeau !

La suite à la prochaine livraison.

POTERIES ACOUSTIQUES.

La question des moyens acoustiques employés au moyen âge pour répercuter la parole ou le son dans les édifices religieux, comme les anciens dans leurs théâtres, a été surtout introduite en France par un architecte scandinave, M. Mandelgren, et par deux architectes russes, MM. Stassoff et Gornostaeff. Ces artistes ont consulté nos professeurs et nos archéologues pour savoir d'eux si, dans les vieilles églises de France, on trouve des cornets et des pots de terre cuite placés soit dans les murs intérieurs, soit dans les voûtes, ainsi qu'il arrive fréquemment dans les églises de la Suède, du Danemark et de la Moscovie, où le christianisme a été en grande partie importé par des missionnaires français. D'un autre côté, nos premières églises ayant été byzantines, il semblait difficile qu'un détail de cette époque ne se fût pas introduit en Occident avec l'architecture elle-même.

L'un des premiers, M. Didron cita dans ses *Annales* un fait qui constate l'existence de poteries acoustiques [1] en France. En 1842, un correspondant de l'ancien comité des arts et monuments signala à la section d'archéologie la découverte récente de cornets de terre cuite dans l'église de Saint-Blaise d'Arles. Ces cornets, qui correspondent à des pots de 22 centimètres de diamètre, étaient placés dans l'épaisseur du mur. Quant à leur date, il n'en savait dire autre chose, sinon que l'on croyait l'église de 1280 [2]. A cette observation, M. Didron a ajouté un texte précieux, extrait de la *Chronique des Célestins de Metz* (quinzième siècle), publiée par M. de Bouteiller dans sa *Notice sur un couvent de cet ordre dans la capitale de l'ancienne Austrasie*. Voici ce qu'écrivait le chroniqueur messin en l'année 1432 : « En cest année dessus dit, au mois d'aoust, la vigile de l'Assomption Nostre-Dame, après que frère Ode Leroy, prieur de céans, fust retourné du chapitre de dessus dit, il fist ordonner de mettre les pots au cuer de l'église de céans, portant qu'il avoit vu altre part en aucune église ponsant qu'il y fesoit meilleur chanter et qu'il cy resonneroit plus fort, et furent mis en ung jour ; on print tant d'ouvriers qu'il suffisoit. » [3]

A l'appui de ces faits, qui montrent la coutume des poteries acoustiques établie sur deux points extrêmes de notre France, un de nos collaborateurs, M. l'abbé Cochet, nous communique quelques preuves recueillies en Normandie pendant les trente années d'études qu'il a faites sur les églises de cette province. La Normandie a ceci d'intéressant en matière historique qu'elle est pour la Norvège le berceau du christianisme, et pour l'Angleterre le point de départ d'une architecture nouvelle. Dans l'espace de trente années, M. l'abbé Cochet a eu l'occasion d'observer cinq ou six fois, dans les églises de la Seine-Inférieure, ce détail particulier. On comprend aisément que ce genre d'observation est d'autant plus difficile qu'il ne peut guère avoir lieu que lors de la démolition d'une église, et les ouvriers qui démolissent nos vieux monuments sont rarement assez curieux de recherches de cette nature pour avoir même l'idée d'avertir les archéologues.

Cependant en 1862, lors de la destruction de la vieille église de Saint-Laurent en Caux (canton de Doudeville), les ouvriers signalèrent un grand vase de terre dont la forme ne les étonna pas moins que la position. Placé à l'un des angles du chœur, ce vase était encore tout couvert du mortier qui l'avait enveloppé. Sa forme est celle d'un cône fermé par les deux borts. Il n'a d'autre ouverture qu'un bec qu'il présentait en forme de corne à la surface du mur. Des cannelures horizontales sillonnent l'extérieur du vase, qui, par sa forme, nous semble se rapprocher de ceux du treizième siècle. On y remarque les mêmes particularités de fabrication que sur des vases de cette époque trouvés à Leure, en 1856, dans la tombe de Pierre Bérenguier. Nous donnons le dessin de ce vase étrange. Il semble bien avoir été expressément fait dans un but acoustique.

Le second vase que cite notre correspondant provient de l'abbaye de Montivilliers, et se trouve à présent dans la

[1] *Annales archéologiques*, t. XXI, p. 294-297, année 1862.
[2] *Bulletin archéologique*, publié par le comité historique des arts et monuments, t. II, p. 440.
[3] E. de Bouteiller, *Notice sur le couvent des Célestins de Metz.* — Didron, *Annales archéolog.ques*, t. XXI, p. 274-276, année 1862.

Bibliothèque de cette ville. Il a été découvert lors de la reconstruction faite, en 1648, par les dames de l'Hospital, abbesses de cette célèbre maison. Une douzaine de trous acoustiques se remarquent encore aux quatre angles du clocher, dont la voûte a été subhaissée au dix-septième siècle. Nous reproduisons ici cette jarre, en grès de couleur gris de cendre. Sa hauteur est de 34 centimètres; son embouchure est munie d'un collet; sa base se termine en pointe. Nous croyons que ce vase est de 1648, comme la voûte même.

Le troisième vase dont nous produisons le dessin est une cruche en grès du seizième siècle, provenant du chœur de l'église de Fry (canton d'Argueil). Dans des réparations opérées en 1858, on rencontra quatre de ces vases, dont deux étaient restés dans la sacristie. Ils paraissent être des vases d'origine culinaire employés postérieurement à un

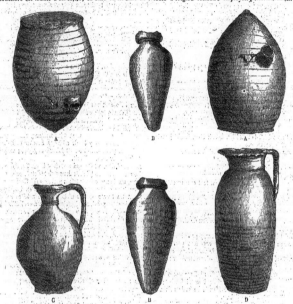

A, A, Vase acoustique de terre rougeâtre, à raies horizontales, fermé par les deux bouts, et ayant une bouche circulaire pour laisser entrer le son. — Ce vase, destiné à répercuter la voix, a été trouvé, en 1862, dans le mur du chœur de Saint-Laurent en Caux, près Doudeville, lors de la démolition du vieil édifice.
B, B, Vases acoustiques provenant du clocher-chœur de l'église abbatiale de Montivilliers, construction de 1648. — Conservés à la bibliothèque de Montivilliers.
C, Vase acoustique de grès, trouvé, en 1858, dans le chœur de Fry (canton d'Argueil), arrond. de Neufchâtel). Présumé du seizième siècle.
D, Vase acoustique de grès, trouvé, en août 1863, dans le chœur de Sotteville-lez-Rouen. Présumé du seizième siècle, comme l'église démolie.

usage monumental. La hauteur de celui que nous reproduisons est de 30 centimètres.

La quatrième observation a eu lieu en 1863, pendant la démolition de la vieille église de Sotteville-lez-Rouen. Dans le mur qui terminait le chœur de cet édifice du seizième siècle, on a rencontré deux vases de grès que l'on croit contemporains de la construction. Un de ces vases, parfaitement conservé, a été remis à M. l'abbé Cochet par M. le curé. Nous en donnons ici le dessin. Il est malaisé de croire qu'il ait servi à autre chose qu'à une destination acoustique.

En 1852, dans l'église aujourd'hui démolie d'Alvimare (canton de Fauville), on a remarqué des trous circulaires pratiqués au milieu des prismes qui tapissaient les piliers du chœur et du clocher. Ces trous n'étaient autre chose

que l'ouverture de vases de terre placés dans les murs comme agents de répercussion [1].

Dans l'église du Mont-aux-Malades, près Rouen, des vases remplissaient les fenestrelles rebouchées de la nef et du chœur. On les a retrouvés en 1842, lorsque l'on fit revivre les cintres romans du douzième siècle; mais l'opération acoustique devait dater du dix-septième siècle.

On a encore observé des vases acoustiques dans l'église de Contremoulins, près Fécamp, et dans les ruines du chœur de Pérnel, près Perriers-sur-Andelle (arrondissement des Andelys).

[1] Les Églises de l'arrondissement d'Yvetot, 1re édition, t. Ier, p. 274; 2e édition, t. Ier, p. 289. — Annales archéologiques, t. XXI, p. 354 et 355.

LES FORÊTS.

Au Bas-Bréau. — Dessin de Ch. Bodmer.

Le cerf, hôte paisible et doux des futaies majestueuses, a vu passer comme un tourbillon toute la troupe légère de ses compagnes; mais il ne se mêle pas encore à leurs jeux. Un bruit, chaque jour plus proche, l'arrête et le trouble : c'est le travail régulier de la hache qui divise, équarrit et défigure le chêne aux bras noirs et le hêtre à la peau grise. Il sent diminuer cette forêt qui l'a vu naître, l'a nourri, protégé, charmé; chaque coup de cognée lui retentit au cœur. Son instinct, au delà de l'heure présente et des joies printanières, entrevoit la terre nue au loin, la fuite impossible et la fin nécessaire de sa race.

> O forêt! une heure de joie
> Pourrait-elle payer les maux

TOME XXXII. — JANVIER 1864.

Que l'avenir réserve aux animaux?
Déjà la mort aujourd'hui nous foudroie
Dans le refuge des forêts;
Mais quand, bientôt, l'océan des guérets
Couvrira tout de ses flots mornes,
Livrés, dans les plaines sans bornes,
A la famine, aux meutes, à l'épieu,
Traqués par la mort en tout lieu,
Nous les premiers, que trahiront nos cornes,
Du monde nous disparaîtrons.
Voilà votre œuvre, ô bûcherons !
Mais dans notre destin funeste,
Une vengeance au moins nous reste :
Oui, sans vains cris, sans larmes, nous mourrons
Si, noble gibier que nous sommes,
Nous manquons à jamais aux hommes.

Que de fois, comme le cerf, le rêveur qui cherchait dans les bois la paix, la fraîcheur et l'harmonie diffuse, s'arrête péniblement surpris devant les défrichements sans nombre qui dépouillent la terre! Bientôt certaines contrées ne compteront plus même un bouquet d'ormes ou de chênes; et cependant l'agronome et le médecin savent que les bois plantés sur les collines amortissent les vents, retiennent les eaux, interceptent les miasmes et les épidémies; qu'ils protégent enfin les champs et les hommes. Qu'importe? L'apparence d'un profit immédiat les condamne sans jugement et les livre à la hache; il n'est point de pitié pour eux. La haine des arbres va jusqu'à arracher les pommiers qui bordent les chemins. On dit que leur ombre est funeste au blé. Mais ne payent-ils pas eu fruits le tort qu'ils font aux moissons? Certes la végétation, qui a précédé et préparé la vie sur la terre, a dû abandonner une part de son domaine aux empiétements de la vie; elle a dû décroître et se transformer selon les exigences d'une création plus parfaite; mais elle a droit de subsister dans la mesure agréable ou nécessaire à l'existence de l'homme ou des animaux. Avant que les forêts aient disparu [1], ne sera-t-il permis d'en retracer sommairement le rôle dans le monde, ne serait-ce qu'à titre de renseignement pour les futurs historiens des végétaux disparus? Espérons qu'on verra dans le monologue du cerf un prétexte suffisant à cette digression.

« Dans les premiers temps des êtres organisés, nous dit M. Ad. Brongniart [2], la surface terrestre, partagée sans doute en une infinité d'îles basses et d'un climat très-uniforme, était couverte d'immenses végétaux; mais ces arbres, peu différents les uns des autres par leur aspect et par la teinte de leur feuillage, dépourvus de fleurs et de ces fruits aux couleurs brillantes qui parent si bien plusieurs de nos grands arbres, devaient imprimer à la végétation une monotonie que n'interrompaient même pas ces petites plantes herbacées qui, par l'élégance de leurs fleurs, font l'ornement de nos bois. Ajoutez à cela que pas un mammifère, pas un oiseau, aucun animal, en un mot, ne venait animer ces épaisses forêts, et l'on pourra se former une idée assez juste de cette nature primitive, sombre, triste et silencieuse, mais en même temps si imposante par sa grandeur. » C'étaient des lycopodes, aujourd'hui mousses rampantes, et qui, sous l'influence d'une atmosphère étouffante et carbonique, atteignaient jusqu'à 25 mètres de hauteur; des cactus-cierges, aux formes lourdes, à l'apparence inerte; des calamites assez voisines des prèles de nos marais, mais géantes; et quelques-unes de ces fougères arborescentes qui, bien que dégénérées, font encore l'ornement des régions équinoxiales. Ces formes si peu variées, premiers essais de structure ligneuse, énormes ébauches des cryptogames vasculaires, dévoraient l'acide carbonique d'une épaisse atmosphère et préparaient l'air respirable nécessaire à l'apparition de la vie. Leur œuvre accomplie, elles disparurent, et ne sont plus représentées que par quatre ou cinq familles inférieures. La science a retrouvé leurs empreintes et leurs débris au fond des puissantes couches de houille qui suppléent aujourd'hui à l'insuffisance du bois. Dans ces merveilleux réceptacles du passé, destinés sans doute à nous apprendre que rien ne se perd, à peine aperçoit-on les traces des classes plus élevées de la flore. Combien dura cette végétation solitaire? Peut-

être en pourrions-nous juger si nous savions combien doit durer la végétation animée par la vie.

La science nous dit encore qu'après la destruction des forêts primitives le règne végétal n'atteignit pas de longtemps le même degré de développement, soit qu'il n'occupât que des espaces plus circonscrits ou qu'un sol peu fertile refusât la sève à ses individus épars; peut-être aussi les conditions du terrain n'ont pas été favorables à la conservation des plantes fossiles; enfin, la vie naissait, et son exubérance pouvait entraver le progrès des formes végétales. Ce fut durant la longue période qui sépare les couches houillères des terrains tertiaires qu'apparurent ces gigantesques reptiles dont la poésie antique semble avoir gardé le souvenir; avec eux se manifestent des essences nouvelles : les conifères, si connues sous le nom de pins, sapins, épicéas, mélèzes, ifs et cyprès, et les cycadées, végétaux exotiques qui joignent au feuillage et au port des palmiers la structure essentielle des conifères. Ces deux familles relient les cryptogames, ou plantes dénuées de cotylédons, aux phanérogames, qui forment la végétation principale de la période tertiaire; elles sont les plus souvent polycotylédones [1].

La période dite tertiaire, à laquelle appartiennent ces terrains de Paris, de Londres et de Vienne, opéra les transformations définitives; dans le règne vivant, elle produisit les mammifères, qui annonçaient notre venue; dans l'ordre végétal, elle assura la prépondérance aux phanérogames, et surtout aux fleurs apparentes. La variété des fleurs apparentes, des fruits comestibles et des feuillages devait, en changeant l'aspect de la terre, permettre aux animaux supérieurs de choisir à leur gré une nourriture attrayante. Les plus grands rapports unissent les végétaux de cette époque aux nôtres. Seulement, aux arbres tels que le sapin, le thuya, l'érable, le peuplier, le bouleau, le charme, le noyer, et autres presque identiques aux essences de nos forêts, se mêlaient, dans le nord de la France, quelques palmiers, des végétaux aujourd'hui attachés à de plus chauds climats, et dont la présence indique pour l'antique Europe une température plus élevée. Sur les gazons, semés de ces fleurs des bois qui réjouissent nos yeux, se jouaient dans la fraîcheur de toute forme et de toute taille : éléphants, rhinocéros, hippopotames, sangliers, ours, lions, une foule de reptiles et d'oiseaux. N'oublions pas les cerfs, dévorés par les bêtes féroces avant d'être déchirés par les chiens pour le plaisir de l'homme.

Depuis ces périodes reculées, les types de la nature ont à peine changé; dans les îles des Antilles, aux environs du fleuve des Amazones et du Mississipi, sous les brûlantes latitudes de l'Afrique centrale et de l'Océanie, on retrouverait encore l'aspect du jeune univers. Ces forêts vierges de l'Amérique où le voyageur isolé admire et tremble; attiré malgré lui par l'éclat prestigieux des lianes fleuries; ces monstrueux baobabs du Sénégal, et les arceaux majestueux des palmiers entremêlés, ces profondeurs où le silence n'est rompu que par des rugissements solennels, ont conservé l'empreinte des créations antédiluviennes et la première manière du suprême Architecte. Mais laissons-en la description aux heureux explorateurs des régions tropicales, et restons sur notre terre gauloise, où le règne des forêts a duré jusqu'aux premiers efforts de la civilisation; restons sous les rameaux des chênes, sous les voûtes fraîches des tilleuls, et respirons les aromes délicats de la jacinthe, des chèvrefeuilles et des églantines. Là nous

---

[1] Les forêts ne disparaissent pas si vite; il y a encore en France plus de sept millions d'hectares de bois. Ce sont les bosquets, les garennes qui s'en vont, et avec l'abri le gibier. Au reste, on pardonnera quelque exagération à une fantaisie. (Voy. la Table des trente premières années, au mot Forêts.)

[2] Cité par Alexandre Bertrand, Lettres sur les révolutions du globe.

[1] La botanique range aujourd'hui la flore sous quatre classes très-distinctes : les cryptogames, les monocotylédones, les dicotylédones, les conifères et cycadées. Phanérogames est un nom commun aux trois dernières, qui se distinguent par des fleurs et des fruits apparents.

trouvons une nature plus raffinée peut-être et moins grandiose, parce que l'homme y tient plus de place, mais aussi des souvenirs plus précis, des horizons mieux proportionnés à notre imagination et à nos rêveries. Qui refusera son amour aux piliers trapus des chênaies, aux fûts grisâtres des hêtres qu'a chantés Virgile, aux colonnettes argentées des bouleaux, soit que le printemps développe les feuilles vermeilles du charme au pied blanc d'anémones, soit que l'été resplendisse sur la verdure sombre des châtaigniers et des ormes, soit enfin que l'automne offre aux derniers oiseaux les fruits rouges des cornouillers et des sorbiers sanguins? Dans nos bois, nous avons peu d'ennemis; les loups deviennent rares, et la vipère manquera bientôt peut-être à la pharmacie. Mais ce que nous pouvons déplorer, c'est la destruction de ces races innocentes, les cerfs, les chevreuils, qui exerçaient notre adresse et fumaient sur la table du chasseur; ce qui excitera nos regrets légitimes, c'est la perte de ces ombrages qui faisaient la beauté de la France, ce sont les ombres de nos ancêtres et le souvenir des cérémonies druidiques, la mort des follets, des sylphes et des fées, douce mythologie qui inspira les hardes et les trouvères, et dont la hache dévaste librement les demeures. Le jour viendra-t-il jamais où la vaste forêt d'Orléans, témoin de la folie de Charles VI, et les merveilles de Fontainebleau, ce musée de notre flore, auront disparu de la terre? Non, le plaisir des puissants les conservera sans doute; mais il nous plairait mieux de devoir leur salut à la raison humaine.

Le premier prédicateur qui a annoncé la gloire de Dieu est le firmament, dont le langage est devenu intelligible à tous les peuples, après même qu'ils ont été divisés par la diversité des langues.   DUGUET.

UN SONNET DE LÉONARD DE VINCI.

Que celui qui ne peut pas ce qu'il veut veuille ce qu'il peut, car il est fou de vouloir ce que l'on ne peut pas: donc, il est sage à l'homme de ne pas vouloir ce qu'il ne peut point.

Si notre plaisir devient parce que l'on ne sait pas vouloir ce qui est possible, celui-là seulement peut qui ne fait que ce qu'il doit et en tire la raison de sa propre nature.

Il ne faut pas toujours vouloir ce que l'on peut, car souvent ce qui paraît doux est amer, et parfois j'ai regretté ce que j'avais voulu dès que j'en ai été le maître.

Donc, ô lecteur de ces vers, si tu veux être bon pour toi et cher à autrui, veuille toujours pouvoir ce que tu dois pouvoir.

EAU DOUCE SUR EAU SALÉE.

On rencontre en Norvège des golfes, ou fiords, où l'eau est douce à la surface et salée au fond. C'est ainsi que dans un récent voyage, celui du docteur Berna et de MM. Vogt et Gressly [1], on a étudié un fiord où l'eau salée commençait à 1m,50 environ de profondeur. L'eau douce, plus légère, amenée par la rivière, se maintenait à la surface de l'eau. Aussi la drague ramenait du fond des oursins, des coquilles marines et des poissons de mer. Au contraire, les algues et autres plantes marines du rivage ne présentaient qu'une végétation misérable, l'eau douce, qui est hostile à leur croissance, remplaçant pendant l'été

[1] Voyage de M. le docteur Berna dans le Nord, le long de la côte norvégienne, en 1851, etc., raconté par M. Charles Vogt.

l'eau salée. Celle-ci redevient prédominante en hiver, lorsque les ruisseaux et les rivières, produits de la fonte des neiges, s'arrêtent ou gèlent, et que les vents viennent bouleverser les eaux tranquilles du fiord et mêler l'eau salée du fond avec l'eau douce de la surface.

LES JONGLEURS PATAGONS.

Personne n'ignore que l'un des tours les plus innocents et les plus effrayants en apparence des jongleurs indiens consiste à s'enfoncer par la bouche, jusque dans l'œsophage, une lame brillante d'acier. Lorsque pour la première fois, en 1521, les Européens se trouvèrent en rapport avec une horde de Patagons, ces énormes sauvages, rembourrés de pelleteries, accueillirent avec des cris de joie les menus présents que leur firent les Espagnols : les images peintes, les verroteries, les grelots, excitèrent leur jovial enthousiasme. Après avoir dansé devant les étrangers, ils voulurent les divertir par un tour de force qui avait dans la horde un grand succès. L'un d'eux, saisissant une flèche armée de sa pointe aiguë de silex, se l'introduisit bravement dans l'estomac.

Ce tour d'un jongleur patagon est décrit dans l'histoire du premier voyage de circumnavigation que le Transylvain écrivit en latin, sous la dictée de Sébastien del Cano, l'heureux navigateur par qui fut ramenée en Europe la Victoria.

L'ANCIEN PONT-TOURNANT DES TUILERIES.

Le jardin des Tuileries n'avait pas, dans le principe, toute l'étendue que nous lui voyons aujourd'hui. La partie qui touche actuellement à la place de la Concorde formait une sorte de bastion renfermant une garenne et le chenil du roi. En 1630, Louis XIII concéda ce terrain à un nommé Renard, sous la condition qu'il l'ornerait immédiatement de plantes rares et de fleurs de toute espèce.

Le concessionnaire s'en acquitta très-bien, et, grâce aux nombreux embellissements qu'il y fit, son jardin ne tarda pas à devenir un lieu fort à la mode, particulièrement fréquenté par le beau monde [1]. Il en est souvent question dans les Mémoires du temps de la Fronde. Sa vogue durait encore lorsque Colbert, ayant entrepris d'embellir le jardin des Tuileries, jugea convenable d'y réunir celui de Renard. Celui-ci dut subir alors une complète transformation. La terrasse qui le bornait au couchant fut coupée par le milieu, de manière à ménager une échappée de vue sur le cours, et l'on rétablit en même temps les deux belles rampes en fer à cheval qui conduisent encore aujourd'hui aux terrasses de la place de la Concorde.

Mais bien que, dès lors, la vue pût s'étendre au loin, le jardin des Tuileries n'avait point d'issue de ce côté; il était clos par un fossé dans toute sa largeur.

L'idée de jeter un pont sur ce fossé et de livrer ainsi un passage aux promeneurs devait cependant venir tôt ou tard. Seulement, comme on tenait beaucoup à ce que le jardin restât parfaitement fermé pendant la nuit, la construction d'un pont fixe n'eût pas été facilement admise. Un habile ingénieur tourna la difficulté en proposant de placer, à la coupure même des terrasses, un pont tournant élégant, solide et facile à manœuvrer, qui mettrait en communication, pendant le jour, les deux rives du fossé.

L'auteur de ce projet était un religieux augustin nommé frère Nicolas Bourgeois, lequel s'était déjà fait connaître par d'autres travaux importants. Il avait notamment con-

[1] Voy. le Jardin du cabaret Renard, t. XX, 1852, p. 93.

struit à Rouen un pont de bateaux très-ingénieusement combiné pour livrer passage à la navigation.

Son projet de pont tournant pour les Tuileries fut accepté par la cour, et mis à exécution en l'année 1716.

Dangeau raconte que, l'année suivante, le czar Pierre le Grand, visitant le jardin des Tuileries, s'amusa fort à examiner le mécanisme du nouveau pont. Ce pont se composait de deux planchers qui, réunis pendant le jour, occupaient toute la largeur du fossé, puis, tournant chacun sur son pivot, s'ouvraient et venaient s'appliquer contre les murs de la terrasse, de manière à laisser le fossé découvert pendant la nuit.

Cette description sera rendue plus facilement intelligible par le dessin ci-joint, reproduction fidèle d'une gravure du temps aujourd'hui fort rare.

On y voit, de chaque côté, à la place qu'ils occupent encore, les deux beaux groupes de Coysevox représentant, l'un Mercure, l'autre la Renommée, sur des chevaux ailés.

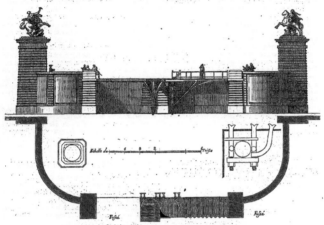

L'ancien Pont-Tournant des Tuileries. — D'après une ancienne gravure.

Ces groupes, d'abord placés à Marly, en avaient été rapportés en 1719 pour compléter la décoration de cette nouvelle entrée des Tuileries. On a reproché à Coysevox d'avoir donné des chevaux ailés à la Renommée et à Mercure, qui ont eux-mêmes des ailes. Mais c'est précisément là ce qui décida l'artiste; car, ainsi que le fait naïvement remarquer Piganiol de la Force, « à quoi leur auraient servi leurs chevaux s'ils n'avaient pu aller plus vite qu'eux? »

Le Pont-Tournant subsista jusqu'au commencement de ce siècle. Alors seulement le fossé fut comblé à cette place pour y établir une entrée fixe et plus spacieuse.

Aujourd'hui encore, la grille établie à cette entrée des Tuileries et le poste adjacent conservent le nom de grille et de poste du Pont-Tournant.

PHASCOLOMES.

Le mot phascolome est composé de deux mots grecs qui signifient rat à poche.

Le singulier animal désigné sous ce nom est un mammifère du groupe des marsupiaux, ordre qui comprend les kanguroos, les didelphes, etc., et dont le caractère le plus particulier est que les femelles sont munies d'une sorte de sac ou de poche formée par un repli de la peau du ventre, où les petits restent abrités jusqu'à leur entier développement.

On pourrait deviner, sans qu'on le dise, qu'on a découvert le phascolome dans l'Australie, ce monde dont la faune est assurément la plus originale de la terre. On le trouve aussi dans les îles du détroit de Bass, qui sépare cette île immense de la Tasmanie.

Le phascolome wombat (du mot anglais womb) est le type du genre : on l'appelle aussi Phascolomys fossor ou fouisseur, bassei ou ursinus, fusca, etc. Il est trapu, sans queue, et pourvu de quatre pattes assez courtes, plantigrades, et à cinq doigts ornés d'ongles fouisseurs. Ses dents sont au nombre de vingt-quatre. Sa tête est large et aplatie, ses yeux sont peu ouverts et écartés, son pelage est épais [1].

Les colons anglais de l'Australie le nomment badger ou blaireau, quoique par la grosseur de sa tête il diffère tout à fait de l'apparence de ce dernier animal.

Il ne se nourrit que de végétaux. Sa chair est, dit-on, bonne à manger, et on pourrait tirer un parti utile de sa fourrure.

Le savant anglais R. Owen établit une seconde espèce qu'il surnomme latifrons (à front large). C'est celle que représente notre gravure.

Les phascolomes ont dans leur organisation dentaire quelque analogie avec les chéiromys et les damans, petits pachydermes africains voisins des rhinocéros.

(1) Le phascolome est figuré dans le Règne animal distribué d'après son organisation, par Georges Cuvier, planche 51, avec cette note : « Genre Phascolome (Phascolomys Geoffr.), le wombat Didelphis ursinus de Shaw. »

Jardin d'Acclimatation du bois de Boulogne. — Le Phascolome ou Wombat (Phascolomys latifrons). — Dessin et gravure de Ch. Jacque.

UN CRIME QUI MARCHE.

VOYAGES ET AVENTURES A LA POURSUITE D'UNE PIÈCE FAUSSE.

Suite. — Voy. p. 2, 10, 21.

Ce n'était pas une crainte puérile, mais un juste pressentiment qui me faisait considérer la possession de cette pièce fausse comme une menace constante. Il y a trois jours, à cause d'elle, ma bonne vieille Jeannette a été blessée au cœur; aujourd'hui, je lui ai dû deux heures de torture.

Pour répondre à un client qui est venu me rappeler une ancienne affaire que je croyais abandonnée, il m'a fallu chercher dans le tiroir de mon bureau quelques papiers que j'y avais serrés depuis longtemps. Je les rassemblai tous, moins un, sur lequel il me fut impossible de mettre la main. Impatienté de cette vaine recherche, je sortis le tiroir de sa coulisse et je le vidai sur le bureau.

— Le voici, ce papier! me dit mon client.

Je ne l'écoutai pas, et je continuai à chercher. Il me le désigna du doigt; je cherchai encore. Il le prit, me le mit sous les yeux, et répéta:

— Le voici, vous dis-je; ne cherchez donc plus.

Mais, détournant la tête et éloignant le papier qu'il me présentait, je cherchai toujours.

Le pauvre homme ne pouvait rien comprendre à cette recherche à outrance quand, suivant lui, l'objet était trouvé. S'il ne me jugea pas fou, du moins il me supposa fort malade lorsqu'il me vit tomber dans mon fauteuil et me prendre la tête à deux mains.

— Vous n'êtes pas bien aujourd'hui, me dit-il; excès de travail, sans doute. Je ne veux pas vous fatiguer; je reviendrai causer avec vous un autre jour. Le papier est retrouvé, c'est l'essentiel.

Oui, l'essentiel pour lui; mais pour moi! Dans ce tiroir fouillé, vidé, renversé sens dessus dessous, je n'avais pas retrouvé la pièce fabriquée par Malchus Petersen!

— On me l'a donc volée? me dis-je.

Et alors une crainte singulière me saisit; j'eus peur d'avoir perdu l'estime de mon voleur inconnu. Les conséquences de la note que j'ai fait insérer dans les journaux se présentèrent à mon esprit et m'effrayèrent. S'il a essayé de changer la pièce de cinq francs, et si, par suite de l'indication que j'ai rendue publique, on a vérifié la valeur de celle-ci, le misérable aura été arrêté, et il est en droit de croire que je fabrique ou qu'au moins je fais circuler de la fausse monnaie. Et s'il a réussi à la glisser dans le commerce, le malheur est bien plus grand; c'est une calamité publique. Et, dans mon imagination tourmentée, je vis passer l'innombrable série d'incidents douloureux et même tragiques que peut amener la circulation d'une seule pièce fausse. Je remis le tiroir en place, j'examinai la serrure: elle n'avait pas été forcée. Mais étais-je bien certain de l'avoir fermée? Au souvenir du trouble où m'avait jeté l'apparition inattendue de ma femme de ménage, je dus m'avouer qu'en ce moment-là j'avais perdu la conscience de mes actions; de sorte que je ne pus rien m'affirmer. La supposition d'un vol me conduisit naturellement à faire la revue de ce qui pouvait me manquer. Tout examiné, tout compté, j'en vins à cette conclusion: rien n'a été pris chez moi, excepté la pièce fausse. Singulier voleur que celui-là, ou voleur bien malavisé: pour tout butin il se contente de la monnaie fabriquée par Malchus! C'était vraiment inexplicable. L'arrivée de Jeannette devait ajouter encore à mon anxiété.

Ayant prévu hier que je travaillerais fort avant dans la nuit, j'avais donné ordre à ma femme de ménage de me laisser dormir la grasse matinée: aussi ne me suis-je levé que pour répondre au client dont la réclamation m'a fait ouvrir et fouiller mon tiroir. Je voyais donc Jeannette pour la première fois ce matin.

— Comment, lui dis-je, remarquant qu'elle m'apportait mon déjeuner, vous avez été aux provisions? Déjà!

— Mais sans doute, Monsieur; il était même temps: un peu plus tard, je n'avais plus de lait pour votre chocolat.

— Le mal n'eût pas été grand; j'ai fort peu d'appétit ce matin.

En effet, j'avais la fièvre.

Ma vieille chambrière posa la tasse et les autres accessoires du déjeuner sur mon bureau.

Je repris par réflexion:

— Mais vous n'aviez plus d'argent, hier; je ne crois pas vous en avoir donné: comment avez-vous fait?

— La ville est bonne, me dit-elle en souriant; la maison aussi. Je devais vous demander à compter la dépense ce matin et regarnir ma bourse; mais Monsieur dormait, je n'ai pas voulu le déranger. D'ailleurs c'était inutile: l'argent ne me manquait plus, j'en avais trouvé.

— Un emprunt? Vous savez que je n'aime pas cela, Jeannette; au surplus, vous deviez attendre mes ordres.

— Oh! le prêteur ne vous tourmentera pas; à moins que vous n'ayez envie de vous tourmenter vous-même.

— Ainsi, c'est de l'argent à moi; et vous l'avez trouvé? Puis, frappé d'une idée, je lui demandai avec vivacité:

— Quand, où l'avez-vous trouvé?

— Ici même, Monsieur, dans votre cabinet; en secouant ce matin la chancelière qui est sous le bureau, il en est tombé une belle pièce de cent sous.

— Cinq francs! m'écriai-je, au millésime de 1841, n'est-ce pas?

J'attendis sa réponse avec un frisson de terreur.

— Millésime? répéta-t-elle; je ne sais pas ce que signifie ce mot-là; ce que je peux vous dire, c'est que c'était cent sous. A cela près que les figures changent de temps en temps, pour moi les écus de cinq francs c'est toujours cent sous.

— Et vous avez osé le dépenser, cette pièce! lui dis-je avec agitation. Elle court maintenant; on ne sait plus où elle est peut-être.

— Je ne comprends pas Monsieur, me dit Jeannette visiblement effrayée; je l'aurais volé qu'il ne me ferait pas des yeux plus terribles.

— Non, vous ne m'avez pas volé, repris-je en m'efforçant de maîtriser mon émotion; vous avez eu tort, très-grand tort de vous servir de cet argent sans me consulter. Mais vous savez à qui vous avez passé la pièce de cinq francs; en voici une autre: allez chercher la première. Ou plutôt non, vous ne la reconnaîtriez pas; j'irai moi-même.

— Ne vous dérangez pas; vous n'avez nulle part à aller, répondit Jeannette tirant de la poche de son tablier la pièce de cinq francs et la jetant sur mon bureau. Le voilà votre écu de cent sous: c'est l'argent que m'a payé ce mois de la laitière, et l'épicier n'avait pas de monnaie!

A la vue de la pièce fausse, je poussai un cri de joie; j'aurais volontiers embrassé ma vieille Jeannette.

— Il paraît que ce n'est pas de l'argent pour être dépensé, me dit-elle pendant qu'avec le secours de ma loupe je vérifiais l'identité de la pièce. C'est pourtant bien de cent sous. Si Monsieur y tient tant, pourquoi ne met-il pas l'écu de cinq francs sous verre? Comme cela, on saura qu'il faut le respecter.

— Oui, Jeannette, l'idée est excellente; sous verre et sur la cheminée de ma chambre à coucher: ce sera sa place à compter d'aujourd'hui. Je le confie à votre surveillance.

——

Un songe; et me devrais-je inquiéter d'un songe?

Pourquoi non, quand le mauvais rêve se renouvelle, quand le cauchemar de la nuit m'oppresse encore durant le jour? Depuis deux mois qu'à l'heure de mon coucher, tous les soirs, mes regards rencontrent sous le cylindre de la pendule la pièce fausse, seuls honoraires que j'aie reçus de Malchus, les situations les plus alarmantes, les drames les plus sinistres qui puissent couver sous ces deux mots : fausse monnaie, faux-monnayeur, prennent vie et mouvement dès que je m'endors, et me font du sommeil une fatigue, un supplice. Ainsi, cette pièce fausse, je ne peux ni me résigner à la voir, ni m'exposer sans péril à la perdre de vue un moment. Qu'en puis-je faire pour qu'elle ne nuise ni à moi ni aux autres? — La perdre dans la rue, dans les champs? Quelqu'un la ramassera. — L'enfouir sous terre? La bêche ou la pioche la déterrera. — La cacher dans le trou d'un mur? Le marteau du démolisseur ira un jour l'y chercher. Au fond de la rivière même, elle ne serait pas perdue pour toujours : le filet ou la drague la ramènerait tôt ou tard à la lumière; et dès qu'une main d'homme se sera posée sur elle, elle passera bientôt en d'autres mains. Alors, c'est sans retour; elle est lancée, elle fait son chemin dans le monde : elle trompe, elle vole, elle assassine. Enfin, voilà le crime qui marche; et ce crime d'un autre sera aussi le mien, parce que je n'aurai pas su me tenir incessamment en garde contre le danger d'une erreur ou un moment d'oubli. Ce soin constant, cette surveillance minutieuse et continue de soi-même, c'est la torture à perpétuité.

Je le sais maintenant, elles étaient nombreuses les sœurs de ma pièce de cinq francs. Aujourd'hui il n'en existe plus que trois : deux sont soudées dans le médaillier de la justice; la troisième a pour gardien mon honneur. Je prie Dieu que sa vigilance ne s'endorme pas.

III. — L'Héritage de Blondine.

J'ai dîné ce soir chez un ancien bâtonnier de notre ordre; j'avais pour voisin, à table, un ecclésiastique, son parent, homme instruit, homme d'esprit, charmant convive quoique profondément religieux, et qui vous fait désirer d'avoir la foi, tant la sienne le rend aimable, tant il semble heureux de sa croyance sincère. Ayant entendu prononcer mon nom, il m'a demandé, quand nous eûmes quitté la table, si je n'étais pas l'avocat qui avait accepté la mission peu facile de défendre Malchus Petersen. Sur ma réponse affirmative, voici ce qu'il m'a raconté :

« Dans le village où ma cure est située demeure une pauvre vieille surnommée mère Pas-de-Chance par les habitants du pays. Les rudes épreuves qu'il lui a fallu subir depuis son enfance ne justifient que trop bien ce triste surnom. Tous les accidents, tous les malheurs, toutes les pertes matérielles, toutes les peines morales qui peuvent envahir une maison, frapper une famille et faire supporter des misères de surcroît à la misère elle-même, la bonne femme a eu à les souffrir. A la suite de ses deuils nombreux, deuil d'enfant, deuil d'épouse et de mère, une fille lui restait encore; un homme la lui a demandée, promettant de la rendre heureuse. Deux ans après, la douce créature qu'on ne lui avait laissé emmener qu'à regret mourait à la peine. Cet homme, qui a déshonoré par sa propre flétrissure le nom de sa famille d'alliance, c'est Malchus Petersen, condamné comme faux-monnayeur.

» Un enfant était né du mariage de Malchus avec la fille de Jeanne Jouvenel. Je restitue ses véritables noms à celle que mes paroissiens ont cru reconnaître, par malheur, nommée la mère Pas-de-Chance. J'ai été témoin de son chagrin, de son inquiétude pour l'avenir quand elle eut cédé

aux instances de l'homme qui devait être le bourreau de sa fille.

» — Il n'est pas méchant, me disait-elle, et pourtant il me fait peur. Mais le moyen de résister? Ils sont deux contre moi; si je m'opposais absolument au mariage, ma fille dirait que c'est son bien que je lui refuse.

» Depuis huit ans je suis le confident de ses cruelles angoisses et de ses bonnes inspirations pour sa petite-fille, que pourtant elle n'avait vue qu'une fois, — deux jours après la naissance de l'enfant, — quand elle vint à Paris pour la présenter au baptême. Savoir la pauvre petite orpheline de mère et ne point la voir, et ne pouvoir lui donner ses soins, c'était pour la bonne femme un tel tourment, une telle privation, que lorsqu'on lui apprit la mise en jugement de Malchus Petersen et la probabilité d'une sentence sévère, son premier mouvement fut un mouvement de joie.

» — Il est en prison, dit-elle; je peux enfin aller voir ma petite-fille : s'il est condamné, j'aurai le droit de la garder avec moi. Dieu veuille que je la ramène!

» Et, en effet, Dieu le voulut; Jeanne Jouvenel ramena au pays la fille du condamné.

» Marthe, — on la nomme aussi Blondine, — ne devait pas faire entrer dans la maison de sa grand'mère la joie, qui en fut toujours absente. Un peu sauvage, très-silencieuse, et, pour ainsi dire, absolument insensible, dans les premiers jours, aux soins et aux caresses de Jeanne Jouvenel, Marthe ne se décidait à parler que pour redemander son père. Celui-ci, dit-on, rude avec tous les autres, a toujours été doux pour elle.

» — Appelez-moi plus que jamais la mère Pas-de-Chance, disait à tout venant la bonne femme, désolée de l'insuccès de ses efforts pour mériter l'affection de la petite-fille; j'ai beau faire, cette enfant-là ne voudra jamais m'aimer. Il faut croire que son père le lui a défendu; et comme elle lui obéit, mon Dieu! ajoutait la pauvre grand'mère, le cœur gros de soupirs et les yeux pleins de larmes.

» C'était sans cesse la même plainte et le même chagrin.

La suite à la prochaine livraison.

Qu'est-ce que ce monde? Un songe dans un songe. A mesure que nous vieillissons, nous semblons nous réveiller à chaque pas. Le jeune homme croit s'éveiller du rêve de l'enfance, l'homme fait méprise les aspirations de la jeunesse comme de vaines visions, le vieillard regarde l'âge mûr comme un rêve fiévreux. Le tombeau est-il le dernier sommeil? Non, c'est le réveil suprême.

Journal de WALTER SCOTT.

LES CANONNIÈRES.

Voy. Navires cuirassés, t. XXXI, 1863, p. 331, 356, 398.

Tandis que dans ces derniers temps on s'occupait de donner des dimensions de plus en plus grandes aux bâtiments, les ingénieurs de la marine militaire étudiaient les moyens d'appliquer à quelques bâtiments de guerre un système diamétralement opposé : de là les canonnières.

Comparées à un grand vaisseau de ligne, comme la *Bretagne* ou le *Duc-de-Wellington*, ces canonnières ont l'air de simples chaloupes, et l'idée d'un nombre quelconque de ces petits Davids attaquant un de ces Goliaths de l'Océan paraît, au premier abord, absurde. Cependant, en y réfléchissant, on est forcé de reconnaître que, suivant toutes les probabilités, le développement des proportions est, dans les bâtiments de guerre, un grand élément de danger, tandis que leur petitesse, au contraire, est comparativement un motif de sécurité. Qu'on se figure, en effet, la *Bretagne*, avec ses 130 canons, attaquée par une vingtaine de ces cosaques de la mer, armés chacun de grosses pièces rayées et lançant des bombes à la Paixhans. Ses larges flancs, fort élevés au-dessus de l'eau, présenteraient un but difficile à manquer, tandis qu'elle aurait aussi peu de chance d'abattre des hirondelles avec ses longs canons que ces canonnières aux mouvements rapides, qui auraient toujours soin de se tenir à distance respectueuse et de dérober leur travers, ne présentant à ses coups qu'un but de 20 à 22 pieds de large.

La difficulté d'atteindre ces petits bâtiments, réduits ainsi à de simples points, est immense, et leurs évolutions mêmes ne les exposent pas beaucoup plus, comme on en a eu la preuve dans la Baltique, en Chine, en Cochinchine et au Mexique : les canonnières, dans les divers combats auxquels elles ont pris part, quoique toujours en mouvement, ne furent pas touchées une seule fois.

Toutes les puissances maritimes possèdent aujourd'hui leur flottille de canonnières. Pour sa part, l'Angleterre en

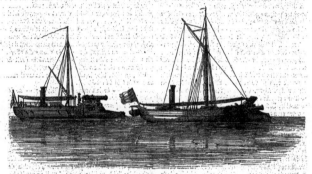

Petites canonnières de l'expédition de Chine. — Dessin de Lebreton.

compte environ deux cents, dont le type diffère peu, si on laisse de côté la canonnière à coupole que représente notre dessin. Leur tonnage varie de 212 à 223 tonneaux; leur tirant d'eau (lége) est de 4 à 5 pieds, la force de leur machine de 20 à 60 chevaux, leur vitesse de 7 à 9 nœuds et demi. Leur armement est le même pour toutes; il se compose de deux pièces de 68, disposées pour tirer dans le

sens de la longueur du bâtiment et montées d'ailleurs sur pivot, de manière à pouvoir au besoin lâcher une bordée par le travers. En temps ordinaire, ces pièces, pesant chacune 96 quintaux, sont amarrées au milieu du pont.

Le total des canonnières françaises donne un chiffre moins considérable que celui des canonnières anglaises. En revanche, on remarque chez les nôtres une plus grande va-

Bateau-Canon. — Dessin de Lebreton.

riété de types. Ainsi, les unes ne peuvent naviguer qu'en rivière; les autres peuvent affronter hardiment la tempête. Celles-ci sont principalement en bois; celles-là sont en fer, ou tout au moins cuirassées en partie. Plusieurs n'ont qu'un canon; les autres, deux, trois ou quatre. L'équipage de quelques canonnières s'élève à 79 hommes, tandis qu'on n'en remarque que 59, 40 ou 23 sur d'autres. Enfin les unes se démontent, et peuvent s'envoyer en pièces dans des caisses, comme leurs machines : ce sont les dernières qui aient été faites; la plupart des premières sont d'une seule pièce. Il va sans dire que leur force nominale varie égale-

ment; elle est de 120, 110, 90, 60, 25 et 16 chevaux. Enfin quelques-unes ont sur leur pont un petit fort armé d'une ou deux pièces de fort calibre, ce qui leur a fait donner le nom de bateaux-canons.

Les canonnières anglaises n'ont figuré qu'au bombardement de Sweaborg et en Chine; les nôtres ont pris part nonseulement aux engagements de la Baltique et des côtes de Chine, mais à ceux de Cochinchine et du Mexique, où elles ont fait vaillamment leur devoir, et se sont assuré dans nos flottes de guerre un rang important qu'elles ne quitteront plus désormais.

LA CAPTIVE.

La Captive et les oiseaux. — Dessin de Pauquet, d'après le tableau de M. Legendre.

Pauvre fille, ces oiseaux songent-ils à toi? Attirés par le pain que tu leur jettes, ils viennent t'attrister de leur joie et du spectacle de leur liberté. Ils te rappellent les jours où tu marchais sous le ciel, courant avec tes compagnes, et rentrant le soir sous l'aile maternelle. Leur chant te fait pleurer, et pourtant demain tu les appelleras encore; et ils reviendront, fidèles au repas que leur sert une main inconnue; puis ils s'envoleront quand le pain aura disparu. Autrefois tu les enfermais dans une cage, et c'est toi qui es captive aujourd'hui. Eh! pourquoi ne mets-tu pas la main sur celui qui picore sans crainte auprès de toi? Tu le garderais tout le jour, et il te tiendrait compagnie. Mais non. Tu n'essayeras pas d'emprisonner une créature libre, ne serait-ce qu'un moucheron; tu sais trop bien les tortures de la captivité : mieux vaut les attacher à toi par une douce habitude. On ne force pas l'affection.

Le prisonnier de Chillon (¹) dut aussi quelques instants heureux à la visite d'un petit oiseau :

> Dans une fente ouverte au mur de ma prison
> L'oiseau s'est posé; sa chanson,
> Aussi gaie, aussi folle, — oui, plus folle, — s'épanche
> En ce coin noir que sur la branche.
> Oiseau charmant, jamais je n'ai vu ton pareil;
> Ailes d'azur et bec vermeil!
> Oiseau charmant qui près de moi te poses,

(¹) Byron, le Prisonnier de Chillon.

Ton chant dit mille choses;
Oiseau charmant, est-ce pour moi?
Je n'en verrai jamais d'aussi charmant que toi.

Tu cherches un ami? Je n'en ai plus; demenre!
Mais peux-tu d'un ami qui pleure?
Tu sécheras mes pleurs; reste. Déjà mes sens
Se réveillent à tes accents.
D'où viens-tu, cher oiseau? de l'air libre et sauvage?
Ou bien as-tu brisé ta cage,
Doux visiteur, pour charmer mon cachot?
— Non, tu descends d'en haut!...
C'est mon frère qui me console.
Et me parle du ciel... Hélas! l'oiseau s'envole.

La solitude est si pesante à l'homme qu'il veut voir partout des compagnons. Nous sommes ainsi faits que, libres par les aspirations de notre âme, nous voulons cependant nous relier à ce qui nous entoure par un échange de douces servitudes. Lorsque nous ne trouvons près de nous ni homme, ni femme, ni enfant que nous puissions aimer, tout être vivant, toute chose même, et jusqu'à cette fleur qui pousse entre les pierres disjointes, jusqu'à ce lierre qui nous cache la froide nudité de la muraille, tout nous parle au besoin, nous comprend, et s'associe à nos douleurs. L'échelle mystérieuse de la fraternité enchaîne tout ce qui respire et tout ce qui végète, et nous en franchissons sans peine tous les degrés. Partout nous voulons sentir battre un cœur pareil au nôtre; nous cherchons à nous créer des semblables; partout nous trouvons des amis.

Partout l'histoire légendaire nous montre les solitaires ou les prisonniers secourus par les animaux, soulagés par la sympathie des objets extérieurs. Ici, c'est le corbeau ou l'aigle apportant aux prophètes et aux saints leur nourriture; là, ce sont les lions reconnaissants qui viennent se coucher aux pieds d'Androclès ou défendre une pauvre esclave fugitive dans les forêts du Brésil. C'est le rat de Latude, ou cette petite souris dont parle Hégésippe Moreau; et qui visitait dans leurs cages de fer les fils de Jacques d'Armagnac. M. Michel Masson raconte ainsi cette anecdote dans ses *Enfants célèbres*: « Quelque chose vint adoucir la situation douloureuse de ces enfants martyrs. Une toute petite souris qui s'était fourvoyée hors de son trou, mais à qui les jeunes ducs de Nemours firent d'abord grand'peur, se hâta de rentrer dans sa cachette jusqu'au lendemain. Les enfants avaient beau l'appeler et faire la petite voix pour l'attirer, la souris ne se montrait plus; ils eurent alors l'idée de semer à travers leur cage quelques miettes du pain de leur prison. La souris, pressée par la faim, se décida à se remontrer. Peu à peu même elle s'accoutuma à la voix des deux frères; elle vint enfin manger auprès d'eux, et quelques jours après sa première apparition, elle s'était si bien familiarisée avec ses protecteurs qu'elle grimpait jusque dans leurs cages. Alors elle allait de l'un à l'autre, et elle mangeait indifféremment dans la main de celui-ci et de celui-là. »

Adieu, jeune fille, et courage! Désespérer, c'est se trahir soi-même.

ÉCLIPSES EN 1864.

Il y aura dans l'année 1864 deux éclipses de soleil, l'une le 5 mai, l'autre (éclipse annulaire) le 30 octobre 1864; mais toutes deux seront invisibles pour nous.

Les éclipses des premier, deuxième et troisième satellites de Jupiter ne pourront pas être observées en novembre et en décembre, parce que Jupiter sera trop près du Soleil. Il n'y aura pas d'éclipse du quatrième satellite en 1864.

Les observations des éclipses des satellites offrent aux voyageurs des moyens fréquents de déterminer les longitudes; elles sont faciles à faire, surtout à terre. Un pendule ou un garde-temps, une lunette achromatique d'environ un mètre, et un instrument propre à prendre des hauteurs pour trouver le temps, suffisent pour faire sur les satellites des observations utiles.

Connaissance des temps pour l'an 1864.

Je reconnais Dieu à ses œuvres comme j'ai reconnu ma mère à ses caresses.   DE GÉRANDO.

LES LITS DES ANCIENS.

A quel moment les peuples qui ont laissé les plus anciennes traces de culture ont-ils remplacé les couches primitives de feuillage ou de peaux de bêtes par des lits véritables, construits avec art, en bois, en métal ou en d'autres matières plus ou moins riches, recouverts de tissus habilement travaillés? Si loin que remonte dans ses investigations l'histoire positive, elle rencontre à côté de peuplades grossières, semblables à celles qui vivent encore en dehors du cercle de la civilisation, des nations déjà raffinées dans leurs mœurs et recherchées dans la fabrication des objets à leur usage.

C'est ainsi qu'en Égypte (pour ne pas parler des peuples de l'extrême Orient, dont les annales fabuleuses ne s'appuient sur aucun monument ayant daté certaine) des édifices dont la construction remonte à trois et quatre mille ans avant notre ère, nous offrent, dans les reliefs et les peintures dont leurs murs sont couverts, d'abondants renseignements sur les mœurs des habitants de la vallée du Nil, et témoignent de l'avancement d'une civilisation qui était ancienne dès ce temps-là. On y voit figurés de nombreux lits, de forme élégante et ornés avec soin. La plupart ressemblent à celui que représente notre première gravure, empruntée au grand ouvrage de la *Description de l'Égypte* (Antiquités, t. III, pl. 64). Ce sont, à vrai dire, des lits funèbres, et les personnages qu'on y voit couchés sont des morts sous les traits d'Osiris au moment de la résurrection; mais il est probable que ces lits ne différaient

FIG. 1. — Lit funéraire égyptien. — D'après un bas-relief de l'ancienne Thèbes.

point des lits ordinaires sur lesquels on dormait ou se reposait. Il ne faudrait pas toutefois juger de leurs proportions par celles de la figure couchée, amplifiée dans une intention symbolique. Le support, de bois ou de métal, droit et uni à la partie sur laquelle le corps était étendu, imitait à ses extrémités les formes de quelque animal, le plus souvent d'un lion ou d'un cynocéphale; quelquefois les pieds de devant sont d'un lion et ceux de derrière d'une gazelle. La queue, relevée à une assez grande hauteur et recourbée, servait peut-être à tenir suspendu le filet sous lequel, au

rapport d'Hérodote (¹), on s'abritait contre les mouches et
les insectes, véritable fléau des climats chauds. D'autres
lits, dont on voit dans les galeries d'antiquités égyptiennes
des spécimens formant de petits monuments isolés, sont d'un
dessin plus simple. Ils sont bas et posent sur des pieds
droits et courts. La tête du mort s'appuie sur une de ces
oreillers de bois, de pierre ou de terre cuite, dont l'usage
s'est perpétué jusqu'à nos jours en Nubie, en Abyssinie et
dans plusieurs contrées de l'Orient. On en peut voir un
certain nombre au Musée du Louvre (²). Leur forme est
un hémicycle soutenu par un pied élégant ou par une large
base quelquefois évidée ou ornée d'inscriptions et de figures.
Au pied du lit est un rebord assez élevé.

D'autres lits, au contraire, étaient d'une assez grande

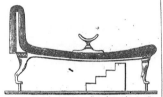

Fig. 2. — Lit égyptien. — Peinture du tombeau de Ramsès II.

hauteur pour qu'on n'y pût monter qu'à l'aide d'un marchepied. Tel est celui que représente notre second dessin, tiré
d'une peinture des tombeaux des rois, à Thèbes (³). On n'y
voit aucun personnage étendu, et il est entièrement couvert
d'un tapis ou d'une housse bleue, repliée par-dessus le
rebord qui termine le lit. L'oreiller est au milieu. Il est
probable que lorsqu'on voulait s'étendre pour se reposer,
l'oreiller était reporté à l'extrémité du lit et la housse enlevée, car on devait préférer, sous ce climat brûlant, une
natte fraîche étendue sur le réseau de cordelettes attachées
au châssis du lit. On conserve au Musée du Louvre les
restes d'un de ces réseaux. Il est épais, serré et doué
d'une certaine élasticité. On en voit de semblables en
Égypte, actuellement en usage.

On s'y sert également encore aujourd'hui d'un autre
genre de lits solides et légers, qui ont l'avantage de laisser
l'air circuler librement tout autour du corps. On les nomme
kaffass. Ce sont des sortes de grands paniers bas formant
un carré long : la plupart ont environ sept pieds de long
sur trois et demi de large et d'un à deux pieds de haut. Ils
sont fabriqués avec les baguettes qui servent de tige médiane à la feuille du palmier. Nous en donnons le dessin

Fig. 3. — Kaffass ou sommier égyptien en tige de palmier.

(fig. 3) d'après l'ouvrage de Wilkinson (⁴). Cet auteur a
remarqué que la forme de ces lits répond entièrement à la
description qu'en donne Porphyre (De abstinentia, lib. IV).

(¹) Hérodote, II, 95.
(²) Voy. t XXVI, 1858, p. 21.
(³) Description de l'Égypte, Antiquités, II, pl. 89.
(⁴) Manners and Customs of the ancient Egyptians.

L'écrivain grec avait vu des lits semblables à l'usage des
prêtres égyptiens. Il est probable qu'ils n'étaient pas les
seuls à s'en servir. A la partie supérieure du lit on remarquera un petit espace carré où les baguettes sont plus serrées : ce n'est là, paraît-il, qu'un simple ornement.

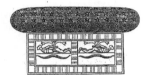

Fig. 4. — Lit ou divan. — Peinture du tombeau de Ramsès II.

A côté de ces lits il en faut placer d'autres en forme de
divans, dont on peut se faire une idée (fig. 4) d'après une
peinture du tombeau de Ramsès II, à Thèbes (¹). La base
paraît être en bois, et on y voit des figures peintes en jaune
sur un fond bleu-clair. Le coussin est revêtu d'une étoffe
à fond violet sur lequel se détachent des étoiles brodées.

Au sud de l'Égypte, dans les pays qu'on appelle aujour-
d'hui la Nubie et le Kordofan, vivait le peuple des Éthio-
piens, qui subit tour à tour l'ascendant des armes et de la
civilisation égyptienne. Les mœurs de ce peuple nous sont
aussi en partie connues par les sculptures de monuments
encore debout; un petit nombre d'entre elles nous offrent
des représentations de meubles, et ces meubles ne diffèrent
point de ceux de l'Égypte, dont l'industrie fut adoptée ou
imitée, sans doute, par toutes les nations africaines qu'elle
soumit ou rendit tributaires.

Son influence s'étendit de même, vers l'est, au delà des
déserts habités par des peuples nomades de race arabe, qui
vivaient sous la tente et couchaient, comme aujourd'hui
encore, sur des nattes ou sur des tapis. Plus loin elle rencontra l'influence rivale du puissant empire assyrien, dont
la civilisation s'imposait dans toute l'Asie occidentale. Les
sculptures des palais assyriens, si merveilleusement conservées, représentent les rois dans l'appareil de leur grandeur, à la guerre, dans leurs triomphes, ou accomplissant
les cérémonies religieuses; mais elles révèlent peu de circonstances de la vie privée des Assyriens. Pour nous renfermer dans notre sujet, nous nous ferions de leurs lits une
idée fort inexacte à n'en juger que par les bas-reliefs auxquels nos gravures (fig. 5 et 6) sont empruntées. Ce ne sont
là, on le reconnaîtra au premier examen, que des représentations sommaires des meubles les plus simples garnis-
sant les tentes des Assyriens devant une ville assiégée;
mais d'après d'autres bas-reliefs, où l'on voit des trônes
et des sièges de diverses sortes ornés avec une grande
magnificence, on peut imaginer ce que devait être à Ninive
et à Babylone la couche des souverains et celle de ces
hommes riches (²). On peut observer d'une manière générale que le dessin de ces meubles, si on les compare aux
meubles égyptiens, est moins souple, plus géométrique,
ou, pour mieux dire, plus architectural; l'imitation des
formes empruntées au règne animal ou au règne végétal
en fournit moins souvent les motifs, et, quand elle apparaît, c'est plutôt dans des parties accessoires que dans la

(¹) Description de l'Égypte, Antiquités, II, pl. 80.
(²) Voy. les ouvrages de Botta et Flandin, Monuments de Ninive,
Paris, 1841; de Layard, Monuments of Nineveh, Londres, 1849;
K. Gosse, Assyria, Londres, 1851; Bonomi, Nineveh and its Pa-
laces, Londres, 1853 (2ᵉ édition).

construction du meuble tout entier. On remarque sur un
des lits ici gravés un matelas épais. Il est probable que
les lits en étaient ordinairement pourvus, quand la chaleur
du climat ne les faisait pas écarter, comme en Égypte.
Par-dessus les coussins ou matelas, on étendait ces riches
tissus de laine et de soie qui étaient renommés pour leur
beauté dans tout le monde ancien.

Les pays qui séparent l'Égypte de l'Assyrie, avant de
subir l'influence et d'adopter l'industrie de leurs puissants
voisins, possédaient déjà une culture plus ancienne. C'est
à peine, il est vrai, si l'on peut conjecturer, d'après quelques passages de la Gènèse, quelles devaient être les mœurs
des peuples qui habitaient primitivement ces contrées. Dès
le temps des patriarches, elle nous fait voir en Mésopota-

FIG. 5. — Lit assyrien à l'intérieur d'une tente.   FIG. 6. — Lit assyrien. — D'après un bas-relief de Kouyungik.

mie, en Chaldée, en Syrie, sur la côte de la Méditerranée,
des arts, des métiers, un commerce déjà développé. La
fondation des villes d'Hébron, de Sidon, de Tyr, remonte
à trois mille ans peut-être avant Jésus-Christ; Sichem,
Damas, existaient longtemps avant l'arrivée d'Abraham
dans la terre de Chanaan; les Phéniciens avaient dès cette
époque des ports et des vaisseaux. C'est à ce peuple et aux
Égyptiens que les Hébreux durent presque tous les perfectionnements de leurs industries.

Aucun monument ne subsiste d'après lequel nous puissions nous figurer la forme et la disposition des lits des
Hébreux ou des Phéniciens; mais d'assez nombreux passages de la Bible nous fournissent des détails à ce sujet.
« Les mots hébreux *mitta* et *éres* y désignent tantôt un *lit*,
dans le sens que nous attachons à ce mot, servant pour y
reposer la nuit ou pour y coucher un malade, tantôt le
divan rangé le long des murs, ou le sofa sur lequel on
s'asseyait à table ('). » Bien que les Hébreux aient pris de
bonne heure, comme la plupart des peuples de l'Orient,
l'habitude d'être couchés pendant leurs repas, néanmoins
ils mangeaient le plus souvent assis. Les lits étaient de
bois de sycomore, de cyprès, d'olivier, d'acacia ou de cèdre,
Le prophète Amos parle même de lits d'ivoire. Quant à la
forme générale, ces lits devaient différer peu de ceux de
l'Égypte et, plus tard, de ceux de l'Assyrie; mais la loi
judaïque interdisant la reproduction des êtres vivant sur la
terre, leur ornementation devait consister en pures combinaisons de lignes ou être empruntée au règne végétal. Ils
étaient garnis de matelas et de coussins, de couvertures et de
tapis. Salomon se fit faire un lit en cèdre du Liban, avec des
colonnes d'argent; le marchepied pour y monter était couvert de pourpre, et l'oreiller était d'or (*Cantiq.*, III, 9).
Est-il ici question d'un oreiller semblable à ceux que nous
avons vus employés en Égypte? Il est probable qu'on faisait usage de pareils oreillers à Jérusalem. Néanmoins on
a fait observer que le mot *rafidah*, dans le texte hébreu,
signifie quelque chose qu'on étend. Il est donc vraisem-

(') Munk, *Palestine*, description géographique, pittoresque et archéologique.

blable qu'il est ici question d'un coussin recouvert de drap
d'or. Dans le livre des Proverbes (VII, 16), une femme
vante sa couche garnie d'étoffes précieuses de lin d'Égypte,
parfumée de myrrhe, d'aloés et de cinnamome. On se servait de coussins non-seulement pour reposer la tête, mais
aussi, plus tard, pour s'adosser et pour s'accouder. Le
prophète Ézéchiel s'élevait avec force contre ce nouveau
genre de mollesse.

Tels étaient les lits dans les plus riches habitations. Les
pauvres couchaient à terre, sur des nattes, ou enveloppés
dans leurs manteaux.

La suite à une prochaine livraison.

STATUE DE GÉANT, A HALBERSTADT
(ÉTATS PRUSSIENS, SAXE).

Cette statue décore un côté de l'hôtel de ville d'Halberstadt,

Il y a cent et surtout deux cents ans, il n'était point rare
d'en rencontrer d'autres semblables au nord du Rhin.

« Dans plusieurs villes d'Allemagne, au dix-septième
siècle, on voyait encore, dit M. Génin ('), sur la place principale, un colosse de pierre tenant un glaive. Le peuple
nommait ces statues des *Rolands* (ce qui était arrivé pour
l'Hercule antique s'était renouvelé pour Roland : la tradition en avait fait un géant) (*). Quelques érudits ont longtemps disserté pour rechercher l'origine de cette appella-
tion et en démontrer la justesse ou la fausseté. En deux
mots, c'étaient d'antiques emblèmes de franchises communales, constatant un droit de marché, le droit de haute
et basse justice, etc. Le peuple, sans égard à la pensée de
l'institution, nomma ces figures des *Rolands*, parce qu'elles
étaient gigantesques. »

(') *La Chanson de Roland*; Introduction.
(*) Nous avons publié une autre statue qui porte le nom de Roland
et qui est placée au portail de la cathédrale de Vérone (t. XVII, 1839,
p. 260).

M. Fortoul paraît avoir ignoré cette explication :

« On trouve encore, dit-il, à Halberstadt, comme à Halle, comme autrefois aussi à Freyberg et dans une foule d'autres villes saxonnes, une statue colossale de Roland, nommée *Rolandsaule*, dernier débris de l'art de ces peuples grossiers, qui n'avaient qu'un même mot, *saule*, pour désigner une statue et une colonne, et qui, après avoir emprunté à l'ancienne confédération chérusque leur première figure héroïque, Hermann (*Hermansaule, Irminsul*),

empruntèrent plus tard, une seconde fois, aux Francs, enfants de cette confédération, l'image héréditaire de la bravoure. » [1]

« En effet, nous autres Allemands, dit Gryphiander, quand nous voyons un homme de taille ample et haute, un colosse quelconque, nous disons : C'est un Roland. » [2]

M. Génin considère, du reste, cette tradition comme postérieure au treizième siècle.

François Ier, revenant d'Espagne et passant par Blaye,

Le Rolandsaule, à Halberstadt. — Dessin de Stroobant.

où était le tombeau de Roland, voulut vérifier si la taille de Roland avait réellement dépassé de beaucoup la mesure commune. Hubertus-Thomas Leodius, dans sa *Vie de Frédéric II*, fait à ce sujet un récit assez amusant :

« Les chroniques françaises nous content que Charlemagne et ses douze pairs étaient des géants. Afin d'en savoir la vérité, et d'ailleurs grand amateur de ces antiquailles, le roi François Ier, lorsqu'il passa par Blaye, à son retour de sa captivité d'Espagne, descendit dans le souterrain où Roland, Olivier et saint Romain sont ense-

velis dans des sépulcres de marbre de dimensions ordinaires. Le roi fit rompre un morceau du marbre qui recouvrait Roland, et tout de suite, après avoir plongé un regard dans l'intérieur, il fit raccommoder le marbre avec de la chaux et du ciment, sans un mot de démenti contre l'opinion reçue. Apparemment il ne voulait point paraître avoir perdu ses peines.

» Quelques jours après, le prince palatin Frédéric, qui

[1] *De l'Art en Allemagne.*
[2] *De Rolandis seu Weichbildis.*

allait rejoindre Charles-Quint en Espagne, ayant, en passant, salué François I⁰ʳ à Cognac, vint à son tour loger à Blaye, et voulut voir aussi ces tombeaux. J'y étais avec l'illustre médecin du prince, le docteur Lange; et comme nous étions l'un et l'autre à la piste de toutes les curiosités, nous questionnâmes le religieux qui avait tout montré au prince : — Les os de Roland étaient-ils encore entiers dans le sépulcre, et aussi grands qu'on le disait?

» — Assurément, répondit-il, la renommée n'a point menti d'une syllabe, et il ne faut pas s'arrêter aux dimensions du sépulcre : si elles n'ont rien de remarquable, c'est que depuis que ces reliques ont été apportées du champ de bataille de Roncevaux (¹), les muscles ont eu le temps de se consumer, et le squelette ne tient plus; mais les os ont été déposés liés en fagot, à telles enseignes qu'il a fallu creuser le marbre pour pouvoir loger les tibias, qui étaient encore entiers.

» Sur ces paroles du moine, continue Leodius, nous admirânmes beaucoup la taille de Roland, dont, supposé que le moine dit vrai, les tibias, calculés sur la longueur du marbre, avaient trois pieds de long pour le moins.

» Pendant que nous raisonnions là-dessus, le prince emmena le moine d'un autre côté, et nous restâmes tout seuls. Le mortier n'étant pas encore repris :

» — Si nous ôtions le morceau de marbre?

» Aussitôt nous voilà à l'ouvrage; la pierre céda sans difficulté, et tout l'intérieur du tombeau nous fut découvert... Il n'y avait absolument rien qu'un tas d'osselets à peu près gros deux fois comme le poing, lequel, étant remué, nous offrit à peine un os de la longueur de mon doigt.

» Nous rajustâmes le fragment du marbre, en riant de bon cœur de l'erreur du moine. »

UN CRIME QUI MARCHE.

VOYAGES ET AVENTURES A LA POURSUITE D'UNE PIÈCE FAUSSE.

Suite. — Voy. p. 3, 10, 21, 30.

» Un jour que je venais de faire ma visite accoutumée à Marthe, déjà souffrante à son arrivée, et depuis lors toujours plus malade, Jeanne Jouvenel me renouvela, avec l'expression du désespoir, ses doléances maternelles.

» Dans l'un de mes derniers entretiens avec la fille de Malchus Petersen, j'étais enfin parvenu à deviner le secret de cette résistance du cœur; car avec moi, du moins, la sauvage s'était peu à peu apprivoisée, pas au point d'interroger jamais, mais assez pour ne plus refuser de répondre. Aussi me fut-il possible de donner à la grand'mère la presque certitude du meilleur retour de la part de sa petite-fille si, au lieu de s'abandonner à sa rancune et de maugréer à tout propos contre le condamné, elle se résignait à dire sincèrement et sans arrière-pensée à Marthe :

» — Prions ensemble pour ton père, afin que Dieu lui donne la patience à souffrir, et, avec le repentir, le pardon de sa faute!

» On pouvait maintenant donner le nom de faute au crime de Malchus sans courir le risque d'exciter dans l'âme de sa fille un mouvement de révolte; c'était le résultat de mes entretiens avec Marthe. J'avais entrepris cette tâche délicate de respecter dans sa fleur la pieuse tendresse de l'enfant pour son père, et de lui faire comprendre, cependant, qu'elle n'avait pas le droit de maudire les juges du condamné.

» Marthe, dès les premiers mots sur ce sujet, montrait, je le voyais bien, bonne volonté pour me croire, car j'avais

(¹) Voy. l'histoire de Roland et le récit de la bataille, t. VII, 1839, p. 271.

déjà gagné sa confiance; mais son intelligence se heurtait, quoi que je puisse dire, à cette apparence de contradiction où elle croyait voir une horrible injustice.

» On faisait un crime à son père de ne pas travailler assez; et c'est précisément parce qu'il avait travaillé jusqu'à l'épuisement de sa santé, jusqu'à la perte pour ainsi dire complète de la vue, qu'il était condamné. On lui avait reproché sa misère; presque partout on en était arrivé à refuser absolument de lui faire crédit, et le jour où il était entré chez un marchand avec l'argent à la main, on l'avait arrêté et mis en prison.

» — Cependant, disait Marthe, ses pièces de monnaie avaient l'éclat et la blancheur des autres; la même forme, la même grandeur que les autres; une tête de roi comme les autres. On se plaint qu'il les ait fabriquées; mais les autres ne se sont pas faites toutes seules. On les reçoit, celles-ci; pourquoi refuse-t-on les siennes?

» Ainsi récriminait l'enfant; son ignorance des conventions sociales ne lui permettait pas de se rendre compte de la valeur spécifique du métal, et lui faisait confondre le talent nécessaire d'exécuter et la liberté de produire son œuvre au dehors.

» Je ne me flatte pas de lui avoir fait nettement saisir la distinction essentielle entre le pouvoir et le droit de chacun, distinction sans laquelle il n'y a plus ni sécurité ni justice dans le gouvernement et dans les actions des hommes. Cependant, un jour, Marthe me dit ingénûment :

» — C'est peut-être bien vrai ce que vous me dites, monsieur le curé; mais, vrai ou non, puisque cela ne peut pas m'empêcher d'aimer mon père, je n'oublierai pas vos paroles, j'y penserai toute seule; et quand je sentirai que je vous crois tout à fait, je vous le dirai.

» Vous le savez, la santé de Marthe allait chaque jour s'affaiblissant davantage; il était même devenu nécessaire de la veiller la nuit : aussi avais-je placé près d'elle une de nos sœurs de Saint-Vincent, afin que celle-ci suppléât la grand'mère quand l'excès de la fatigue l'obligeait à prendre du repos. Vers la fin de la semaine dernière, Jeanne Jouvenel vint un soir au presbytère pour me prier de passer au plus tôt chez elle. La petite malade, plus confiante maintenant, plus douce, et presque affectueuse avec la bonne femme, demandait instamment à me voir. Je m'empressai de me rendre au désir de l'enfant.

» Il y avait auprès d'elle la sœur, sa seconde garde-malade et un signe de tête peu rassurant elle sortit. La grand'mère et la sœur s'étant discrètement retirées, je restai seul avec Marthe, qui me dit alors avec vivacité :

» — J'ai réfléchi, monsieur le curé, et j'ai un espoir pour papa; mais il faut vous dépêcher de me conduire près de lui; je veux absolument le voir avant de mourir.

» J'essayai de lui donner en silence une espérance que je n'avais pas moi-même. Marthe me répliqua :

» — Vous n'avez pas comme le médecin a hoché la tête tout à l'heure? J'ai bien compris ce qu'il n'a pas osé vous dire devant moi. Je vous l'assure, monsieur le curé, si je ne vois pas papa, je ferai ce que la sœur appelle une mauvaise mort; car je croirai que vous m'avez trompée quand vous me disiez que Dieu est bon.

» Je ne pus que promettre à l'enfant de faire tout ce qu'il me serait humainement possible pour lui obtenir une entrevue à laquelle la difficulté de son déplacement n'était pas le plus grand obstacle. Malchus Petersen, frappé par un arrêt de justice, était, comme ses pareils, en dehors du droit commun de l'humanité. C'est une chose vivante, distincte seulement des autres par un chiffre différent. Il n'appartient plus qu'à un règlement inflexible, qu'à une discipline presque arbitraire; et, envers lui, on n'a pas à se croire injuste alors même qu'on a peu de pitié.

» Néanmoins, mes efforts pour réunir un instant le père et la fille ne furent pas infructueux. Grâce à la chaleureuse intervention de l'aumônier de la prison où le faux-monnayeur attendait l'ordre de départ pour Cayenne, il me fut permis d'amener Marthe au parloir des prisonniers. Malgré la faiblesse de l'enfant, je m'étais décidé, sur l'avis du médecin, à la conduire à Paris.

» — Ce voyage, me dit-il, ne pourra pas aggraver de beaucoup son état, et peut-être déterminerez-vous ainsi une crise salutaire.

» Nous partîmes. Jeanne Jouvenel, qui n'était point comprise dans la permission de visite au prisonnier, nous accompagna cependant jusqu'à la porte extérieure de la maison de détention. Elle n'eût voulu céder à personne le devoir de soigner pendant le voyage sa petite-fille, qui l'avait enfin récompensée de son dévouement maternel : la veille, après la prière du soir, Marthe avait spontanément embrassé sa grand'mère.

» Nous attendîmes longtemps Malchus Petersen.

» Le malheureux, après sa condamnation entendue avec une sorte d'effronterie, était tombé depuis dans un tel état de prostration qu'on avait dû le porter à l'infirmerie, où il gisait presque agonisant. Mais quand on lui eut annoncé qu'il lui serait permis de voir sa fille, pourvu toutefois qu'il pût se lever et descendre au parloir, il se réveilla soudain de sa profonde somnolence, et, malgré l'accablement sous lequel il semblait anéanti, il trouva plus de courage qu'il ne lui fallait de forces pour quitter son lit et venir à nous.

» J'ai vu cette rencontre de la mourante et du moribond que séparaient l'un de l'autre une double grille et un espace dans lequel se tenait un surveillant. Je n'oublierai jamais l'émotion que j'ai ressentie quand l'enfant, qu'il m'a fallu soutenir, a tendu les mains vers son père. Lui, sans pouvoir parler, s'est étreint violemment de ses deux bras, comme s'il eût serré sa fille sur sa poitrine. Marthe appuya alors son front sur la grille, essayant de l'offrir au baiser de son père, dont le double obstacle la séparait. Malchus, qui devinait l'intention de l'enfant, pressa d'un tel cœur l'autre grillage de ses lèvres qu'elles s'y ensanglantèrent. J'oserai le dire : malgré les barreaux, malgré le vide de l'intervalle, qui s'opposaient au contact de la bouche de celui-ci et du front de celle-là, le baiser passa du père à la fille, et l'impression reçue à distance fut assez vive pour que, sous ce baiser rêvé, le pâle visage de la malade se ranimât et reprît couleur.

» Tous deux restèrent si longtemps dans cette attitude que je dus leur rappeler combien la faveur spéciale de cette entrevue leur avait été étroitement limitée.

» — Si vous avez à vous parler, leur fis-je observer, il est temps de vous y décider : autrement, il vous faudra vous séparer sans avoir pu rien vous dire, sinon adieu.

» — Je n'espérais pas la revoir avant la fin de ma peine, me répondit Malchus, oubliant que la mort menaçait de ne pas lui laisser subir sa condamnation à quinze ans de travaux forcés. J'ai encore un quart d'heure à la regarder; je ne veux pas m'en distraire. Que pourrais-je demander de mieux?

» — Ta grâce! répondit Marthe.

» Il la regarda sans comprendre, et l'enfant répéta :

» — Il faut demander ta grâce.

» — Ma grâce? reprit Malchus avec le triste sourire de la désespérance; et à qui, ma pauvre Blondine?

» — A moi, répondit-elle, pour que j'aille en parler au bon Dieu, qui m'attend.

» Malchus, à ces mots, éprouva une si violente commotion que les barreaux où s'accrochaient ses mains vibrèrent, ébranlés par la secousse.

» — Attention, là-bas! dit le surveillant, comme réveillé en sursaut et sans doute inquiet du mouvement de son prisonnier; on ne casse rien ici, ou gare les fers et le cachot!

» Marthe continua :

» — Demande à M. le curé; il sait que je ne te trompe pas : le médecin aussi le sait bien; mais moi, je le sais encore mieux que tout le monde, ajouta-t-elle en soupirant. Pauvre père, tu voulais me faire riche; mais voilà que le bon Dieu veut me faire morte, afin que j'aille de plus près le prier pour toi.

» Le condamné me regarda, cherchant dans mes yeux un démenti à la déplorable révélation de sa fille. Je baissai la tête.

» — Non! dit Malchus, comme repoussant de la main l'idée funèbre, ce n'est pas vrai; je ne veux pas y croire, je n'y crois pas!

» L'enfant poursuivit :

» — Mais pour que le bon Dieu m'écoute, il faut d'abord que les pauvres lui aient parlé pour toi et pour moi; et ils ne lui parleront que si tu me permets de leur donner tout, absolument tout ce que tu as mis en réserve à mon intention. C'est pour te demander cette permission-là que moi, qui ne devais plus sortir de mon lit, je me suis levée ce matin. Tu veux bien que je donne tout, n'est-ce pas?

» Il m'était évident que Marthe, en disant cela, obéissait moins à sa propre inspiration qu'à un conseil de la bonne sœur de Saint-Vincent, qui partageait avec la grand'mère la veillée de nuit auprès de la jeune malade; mais c'était beaucoup pour l'enfant été compris qu'il y a sûrement un pardon là-haut pour prix des sacrifices qu'on s'impose ici-bas.

» Malchus Petersen avait cessé de repousser par une violente dénégation les désolantes paroles de sa fille; envahi par la terreur, frappé de saisissement à l'idée que la fin de cette enfant était prochaine, sentant aussi peut-être que la sienne était imminente, il demeurait maintenant sans force pour répondre.

» Le surveillant consulta sa montre.

» — La demi-heure va sonner, dit-il; il faut vous préparer à rentrer : allons, décidez-vous!

» Et il alla ouvrir la porte qui communiquait du parloir à un corridor intérieur. Comme il revenait vers le prisonnier, qui se tenait le visage appuyé sur la grille, Marthe, voyant que le moment de la séparation irrévocable était venu, s'écria d'une voix suppliante :

» — Père! père! je n'ai plus besoin d'héritage, moi!... Tu ne veux donc pas que je donne l'argent aux pauvres?

» — Non, pas aux pauvres, répliqua enfin Malchus; mais à la justice : à la justice, entends-tu? Tu expliqueras le mur, la main, l'arbre et le chiffre 10; enfin, tu diras tout, Blondine, tout!

» En achevant de parler, le malheureux, dont tout le corps tremblait, s'affaissa sur lui-même, et il perdit connaissance.

» La demi-heure sonnait. Le surveillant emporta son prisonnier.   *La suite à la prochaine livraison.*

DANSE VILLAGEOISE RUSSE.

C'est aujourd'hui fête dans l'empire du tzar. Après avoir entendu la messe, les paysans se sont rassemblés devant la porte d'un cabaret. Des groupes d'hommes causent en buvant. Un musicien, assis par terre ou sur un escabeau en bois blanc, fait grincer les cordes d'un instrument à long manche qu'il tient sur ses genoux.

Écoutez cette mélodie bizarre; elle roule tout entière sur quatre ou cinq notes lancées à toute vitesse, ramenées avec une lenteur mélancolique, parfois résolûment accentuées. Où l'air commence, où il finit, le musicien pourrait seul nous le dire, en admettant toutefois qu'il le sût. Il joue de mémoire, et sans y changer une accentuation, le répertoire d'il y a cent ans.

Le danseur frappe la terre du talon d'abord, puis de la pointe du pied. En ce moment, l'instrument paresseux fait à peine entendre quelques notes plaintives : aussi notre chorégraphe a-t-il l'air de réfléchir à la façon dont il va poser ses pieds; on dirait qu'il médite sur chacun de ses mouvements. Patience! Le musicien se réveille; les notes se précipitent; le danseur relève la tête, et le voilà gambadant et gesticulant, en accompagnant la voix, suivant l'usage, l'instrument du musicien. Il se livre à ce double exercice jusqu'à ce que le souffle manque à sa poitrine. S'il y a dans le groupe quelque jeune fille qui soit de force à lutter avec lui, — et ce serait merveille qu'il n'y en eût

pas, — il va la chercher; il enlace sa taille du bras droit, tandis que de la main gauche elle le saisit par la ceinture, et tous deux dansent, sur une même ligne horizontale, dans le plus parfait accord. Tout à coup, la jeune fille se dégage et fuit, en dansant, à l'extrémité de l'enceinte qui leur est réservée; le danseur la poursuit; il se rapproche, il va la saisir; mais elle, par une feinte adroite, lui échappe encore et s'élance de nouveau en lui jetant une fleur qu'elle détache des tresses de sa chevelure. Il doit la ramasser sans qu'il a réussi, il recommence sa poursuite. Enfin, il a rejoint la fugitive, et ils se remettent à danser de plus belle. A ce premier couple viendront bientôt s'en joindre plusieurs autres. Les pas ne sont pas variés; mais la combinaison des figures est laissée à l'imagination des danseurs. Quelques-unes rappellent celles du cotillon.

Chaque danseur interrompt de temps en temps son jeu favori pour se livrer à un autre exercice. Lequel? Voyez-vous ce gros baril qui supporte un vase en cuivre? Cet ustensile de ménage, si commun en Russie, s'appelle un *samowar*. Dès le début de la réunion, on a jeté dans ce vase quelques pincées de thé sur lesquelles on a versé

Danse villageoise russe. — Dessin de Durand, d'après une estampe russe.

plein un chaudron d'eau bouillante. Ceux qui ont soif prennent un verre placé en permanence devant le samowar; ils le mettent sous le robinet et le remplissent de cette infusion, délicieuse sans doute, si l'on en juge par la fréquence de leurs libations. Le sucre ne figure là que comme un accessoire de luxe : un même petit morceau sert à toute une compagnie; chacun le suce à tour de rôle.

Mais, au-dessous du samowar, que contient ce baril qui lui sert de base? Hélas! l'ivresse stupide sous forme d'eau-de-vie. Combien, ce soir, quand viendra l'heure de regagner les cabanes, s'en iront en chancelant et tomberont sur le chemin! Nul ne leur a fait connaître de plus nobles plaisirs; et pour le serf opprimé et ignorant qui n'a pour varier sa vie que les maux sous lesquels il succombe, l'heure d'ivresse c'est l'heure d'oubli. Cependant le monsieur en longues bottes que l'on voit au premier plan s'en retournera ce soir en murmurant entre ses dents : « Tout va bien : les serfs s'amusent. »

Typographie de J. Best, rue Saint-Maur-Saint-Germain, 15.

LE PLATEAU DE LA DANSE DES SORCIÈRES
(HEXENTANZPLATZ),
PRÈS DU BROCKEN, DANS LE HARZ.

Rochers de la vallée de la Bode (Harz). — Dessin de Stroobant.

C'est là, au milieu de ce site désert et sauvage, parmi ces amas de roches nues et sombres où serpente la Bode, que jadis, chaque année, pendant la nuit du 1er mai, toutes les sorcières du Nord venaient tenir leur sabbat solennel. Certes le lieu était bien choisi, et peu de personnes devaient avoir l'indiscrétion d'aller troubler le rendez-vous de ces dames. Dans notre siècle de lumières, même en plein jour, sous l'azur d'un beau ciel et les joyeux rayons d'un soleil d'été, ces silhouettes de masses informes, inégales, bizarres, vues d'en bas, arrêtent le sourire sur les lèvres du voyageur, et lui donnent à penser que, si peu superstitieux que l'on soit, on éprouverait une assez singulière émotion à se trouver seul, vers minuit, sur quelque aspérité ou dans quelque pli noir de cette vieille convulsion de la nature qui a l'air d'une tempête pétrifiée. Que l'on suppose, pour renforcer l'effet, des nuages épais se traînant sur les cimes, quelques éclairs pâles, de sourds grondements, et il manquera peu de conditions favorables à qui voudra s'assurer qu'il est bien, à toute heure, le maître de son système nerveux.

Un homme, dit-on, osa une fois surprendre les sorcières et se mêler à leurs danses. Il est vrai qu'il avait eu la précaution de prendre pour guide certain compagnon avec lequel il pouvait être sûr d'être le bienvenu. Il faut lire cette scène du sabat dans le drame de *Faust*. Gœthe, qui était très-érudit, en avait puisé les détails à de fort bonnes sources.

D'abord, dans cette nuit terrible qu'on appelle la *Walpurgisnacht* (la nuit de Sainte-Vaubourg), un formidable vent poussait un orage de fin du monde tout à point vers le Hexentanzplatz : tourbillons, pluie, grêle, tonnerre, vacarme infernal, décoration et orchestre obligés. De terre s'élevaient des exhalaisons malsaines, des vapeurs de soufre, des feux follets blêmes, des langues de feu sinistres glissant comme de longues couleuvres à travers les brouillards fumeux. De furieuses rafales faisaient craquer de toutes parts les arbres; les parois des rochers prenaient des teintes de fer rouge sous les cataractes mugissantes. On n'entendait que bruits incompréhensibles, sifflements, rires, voix lugubres. De temps à autre on distinguait quelques phrases jetées aux ténèbres par les sorcières qui volaient, montées les unes sur des balais ou des fourches, les autres sur des truies ou des boucs, leurs vieux cheveux gris flottants, leurs guenilles trouées leur servant de voiles.

— Qu'as-tu vu?
— Le hibou dans son nid; il m'a fait des yeux!... Et toi?
— Par la cheminée, j'ai vu un enfant étouffé.

Les premières arrivées allumaient des feux et commençaient d'effroyables cuisines. Faust remarqua une vieille revendeuse qui offrait des couteaux ensanglantés, des fioles de poison, des épées qui frappent par derrière, des diamants qui perdent les âmes. Les plus jeunes chantaient des paroles mystérieuses, ou valsaient à donner le vertige; parfois on voyait sortir de leur bouche des souris rouges; une d'elles avait autour du cou un mince cordon rouge taillé dans sa chair...

Oui, voilà ce qui se passait, selon Gœthe, il y a quelques cent ans, sur ce plateau dont le crayon de M. Stroobant a dessiné pour nous quelques traits. On peut y grimper aujourd'hui assez aisément, grâce à un escalier de onze cents marches. On est là presque vis-à-vis les rochers de granit de la *Rosstrappe* (Fer-à-Cheval). D'un côté on domine l'âpre vallée de la Bode, de l'autre une vaste plaine vers l'ouest. En somme, ce serait faire erreur que de supposer à ces environs du Brocken des proportions aussi grandioses que celles des Alpes, où Byron a placé la scène de Manfred; mais, tel qu'il est, ce cadre suffit bien pour que le voyageur doué de quelque imagination puisse s'y procurer le plaisir d'un peu de frisson poétique; un brin de fougère cueilli sur un des escarpements du Hexentanzplatz ne peut d'ailleurs que faire bon effet dans le bouquet qu'il rapportera à sa famille avant le retour de l'hiver.

CHRONIQUE SCIENTIFIQUE DE L'ANNÉE 1863.

Chaque année accroît la somme de nos connaissances scientifiques; mais une si courte période s'écoule souvent sans produire aucune grande découverte bien constatée, comme ont été, depuis vingt ans, le daguerréotype, le télégraphe électrique, l'analyse spectrale, l'extraction des matières colorantes de la houille, etc. A défaut de quelqu'une de ces rares fortunes, il s'établit du moins des controverses animées et utiles sur certaines questions philosophiques qui depuis longtemps attendent leur solution. Tel a été, à peu près, l'apport scientifique de l'année qui vient de s'écouler.

Chemins de fer à patins. — A propos de chemins de fer, on parle beaucoup de la découverte de M. Girard, qui prétend substituer le glissement des wagons à leur roulement. Cet ingénieur distingué a prouvé, en effet, qu'il pouvait opérer le déplacement et le transport d'un poids donné avec une moindre dépense de force par glissement sur ses patins que par le roulement ordinaire; mais la pratique en grand fait entrevoir de grands obstacles. En attendant, il paraît devoir réussir dans l'application de son système aux volants des machines fixes, en accroissant largement le diamètre de l'axe du volant. Son moyen consiste à maintenir entre l'arbre et son coussinet inférieur, par une pression hydraulique, une couche d'eau continue qui s'est trouvée, par expérience, infiniment plus favorable au glissement des surfaces métalliques qu'une couche d'huile, à cause de la viscosité naturelle de celle-ci, et de son expulsion sous une forte pression quand elle n'a que son adhérence naturelle peut y résister.

Dissolvants de la soie. — M. J. Persoz fils a reconnu qu'une solution concentrée et chaude de chlorure de zinc (vulgairement beurre de zinc) à 60 degrés de l'aréomètre dissout rapidement la soie, ce qui constitue un moyen usuel de séparer facilement cette substance de la laine, du coton et du lin, qu'il n'attaque pas. M. Ozanam a fait remarquer, à ce sujet, que l'ammoniure de cuivre (oxyde de cuivre ammoniacal), qui est, de son côté, un dissolvant si actif des fibres ligneuses, dissout aussi la soie, quoique moins facilement que le chlorure de zinc. En précipitant à nouveau les fibres naturelles, on obtient constamment une matière gommeuse cassante, absolument comme la colle forte, qui ne possède à aucun degré la souplesse de la peau dont elle a été extraite; de sorte que ces découvertes se bornent, quant à présent, à l'acquisition de nouveaux réactifs pour un but déterminé.

Nouveaux compagnons de Sirius. — Il a été question, dans le résumé scientifique de l'année dernière, d'un compagnon de Sirius découvert par M. Clark, astronome de l'Amérique du Nord. Cette année, M. Goldschmidt, qui ne dispose pour ses recherches astronomiques que d'une faible lunette d'un décimètre d'ouverture, a annoncé la découverte de trois autres satellites ou compagnons de Sirius. La difficulté de voir les étoiles très-voisines de cet astre remarquable vient de son grand éclat, qui éblouit comme le soleil au moment où il apparaît, par exemple, dans le grand télescope à verre argenté de M. Léon Foucault. A part cela, ces étoiles peuvent très-bien ne pas appartenir au système de Sirius, et n'être que des étoiles bien plus éloignées, que se trouvent par hasard dans son alignement : ce n'est donc qu'en constatant, par la suite, un changement notable dans leur angle de position, qu'on pourra acquérir la certitude qu'elles sont des satellites de Sirius.

A propos de Sirius, il a paru aussi, cette année, un mémoire très-remarquable de Mahmoud-Bey, directeur de l'Observatoire du Caire, qui tend à prouver que la face méridionale des pyramides a été, à l'origine, un plan perpendiculaire à la ligne de culmination de cette étoile, connue chez les anciens Égyptiens sous le nom de *Sothis*, ce qui lui sert à calculer approximativement la date de l'érection de ces pyramides.

Découverte d'une mâchoire humaine fossile dans le diluvium. — La rencontre de ce débris humain, par M. Boucher de Perthes, dans une couche de diluvium de Moulin-Quignon, près Abbeville, avec des silex taillés de main d'homme, a fait grand bruit, et l'on a cru tenir enfin un débris fossile de l'homme antédiluvien ; mais M. Élie de Beaumont soutient que ce diluvium n'est pas en place, qu'il a été remanié par les eaux postérieurement au déluge, et constitue un dépôt meuble des pentes. Cet échantillon unique n'est pas, en effet, suffisant pour trancher une si grave question. Si l'existence de l'homme était antérieure au diluvium qui a recouvert les derniers terrains de sédiment, ses débris devraient se trouver disséminés dans le diluvium en place, ce qui n'a pas encore été constaté, malgré les tranchées nombreuses que l'on a pratiquées dans sa masse pour l'établissement des chemins de fer.

M. Desnoyer va encore plus loin cependant : il a lu devant l'Académie des sciences un mémoire tendant à prouver qu'il existe, près de Chartres, un dépôt d'ossements fossiles de l'*Elephas meridionalis*, antérieur au déluge, portant des entailles qui, selon lui, ne peuvent avoir été faites que de main d'homme.

Controverse sur la génération spontanée. — Cette autre question de haute philosophie a été, cette année, agitée plus que jamais entre MM. Pouchet, Pasteur, Joly et Musset, sous le nom moderne d'*hétérogénie*. De part et d'autre on s'est livré aux recherches les plus délicates ; néanmoins le mystère subsiste toujours. Entre le règne inorganique et le règne organique, il existe un abîme qui atteste clairement l'intervention d'une intelligence suprême, et avant de pouvoir rattacher à une même cause la formation d'un cristal qui n'obéit qu'à une loi purement géométrique et la vie d'une araignée qui sécrète ses fils et tisse sa toile, il faudrait avoir deviné quelque chose, ne fût-ce que la texture et les fonctions d'un nerf ou d'un simple globule du sang, dont l'organisation savante a défié jusqu'à présent l'intelligence humaine. Avec toutes nos mathématiques, avec tous nos microscopes, nous ne pouvons pas même savoir si les particules aqueuses d'un nuage, ou d'un vase qui fume à portée de la main, sont creuses ou si elles sont pleines, et déjà nous voulons expliquer la formation des êtres organisés... À propos d'infiniment petits, M. Lemaire vient de constater un fait inattendu et bien singulier : il prétend que la germination des semences ne peut avoir lieu sans l'intervention des infusoires ; ses nombreuses expériences l'ont conduit invariablement à cette étonnante conclusion.

HISTOIRE DU COSTUME EN FRANCE.

Suite. — Voy. p. 19.

SUITE DU RÈGNE DE LOUIS XV.

Jamais habillement n'eut plus de fixité que celui des hommes dans la première moitié du dix-huitième siècle. Le trio du justaucorps, de la veste et de la culotte, le chapeau tricorne, les souliers à pièce et à talon, toutes ces créations du grand règne à son déclin subsistèrent comme l'idéal au-dessus duquel il ne faut pas chercher à s'élever. La mode tourna autour, les respecta, ou du moins ne les toucha que dans d'imperceptibles détails.

Le justaucorps, ou autrement dit l'*habit*, pour nous servir du terme qui ne tarda pas à prévaloir, l'habit fut tantôt souple et flottant, tantôt roide et ajusté de près sur le corps. Il conserva ses manches en pagodes, largement ouvertes et retroussées jusqu'au coude. On imagina, en 1729, de bouillonner ses pans. Des deux côtés, à partir des hanches, furent pratiqués cinq ou six gros plis qu'on rembourra de papier ou de crin : c'était pour donner de la grâce à l'habit, « pour lui faire faire le panier », selon le langage de la mode, qu'une satire du temps a fort maltraitée :

Les hommes, à l'envi des femmes de nos jours,
Du panier qu'ils frondoient empruntent le secours :
Leurs habits nous font voir, pour nouvelle parure,
De leurs plis monstrueux la ridicule enflure, etc.

Un peu plus tard, les plis furent changés de place ; on les mit derrière, à droite et à gauche de la fente qui partageait les pans, et comme couronnement des deux groupes on pesa la paire de boutons qui garnit encore la taille de nos habits et de nos redingotes.

À propos de redingote, c'est ici le lieu de dire l'origine de ce vêtement. Il nous fut apporté d'Angleterre vers 1730, et le nom lui-même est anglais : *riding-coat*, habit à chevaucher. La redingote du temps de Louis XV ne se mettait effectivement qu'à cheval et l'hiver. On lit dans le Journal de Barbier que *des hommes en redingote*, c'est-à-dire des écuyers, accompagnèrent la voiture du roi se rendant incognito au bal de l'Opéra pendant le carnaval de 1737. L'idée qu'il faut se faire de ce vêtement est celle d'un large habit qui pouvait, à cause de son ampleur, se croiser sur la poitrine. Il était muni d'une ceinture à la taille, et à l'aide de deux petits collets, dont l'un se relevait pour se boutonner devant le visage. Les piétons, pendant les grands froids, portaient non pas la redingote, mais le manteau du temps, appelé *surtout*, qui était une casaque à larges manches, doublée de peluche.

En 1720, lors de la ruine du système de Law, qui fut celle d'un si grand nombre de particuliers, le galon d'or et d'argent fut exclu de la décoration des habits. L'aune de drap se vendait jusqu'à 80 livres ; les matières d'or et d'argent étaient hors de prix. Quelqu'un proposa alors une façon économique de galon qui n'était ouvragée que d'un côté : c'est ce qu'on appela *galon du système*. Mais le coup était porté ; le galon désormais ne devait plus figurer que dans l'uniforme militaire ou dans la livrée des princes. L'ornement de l'habit de ville résida uniquement dans les boutons, dans quelques agréments ajoutés aux boutonnières ; les étoffes les plus ordinaires furent le drap, le camelot et le droguet ; les couleurs, toutes les teintes contenues entre le rouge sombre et le brun foncé. Le noir, drap ou soie, commença à être de cérémonie vers 1750. Les broderies, les garnitures de prix, les étoffes brochées et autres tissus de grand prix furent réservés pour l'habit de cour. Louis XV encouragea, en ce genre de dépense, des folies dignes de celles que son bisaïeul avait tant goûtées. Au premier mariage du Dauphin (1745), dont la cérémonie dura trois jours, tel seigneur se montra chaque jour avec un costume nouveau que l'on n'estimait pas moins de quinze mille livres. Le marquis de Stainville, représentant du duc de Tescane, avait un habit d'argent brodé d'or dont la doublure, qui était de martre, avait coûté vingt-cinq mille livres.

La veste, ou gilet, répondit par son luxe ou par sa simplicité à l'habit qu'elle accompagnait. Ouverte jusqu'au creux de l'estomac, elle laissait voir la chemise et la cravate, celle-ci formée d'une pièce de linon ou de mousseline dont les bouts très-longs pendaient par devant. C'est ce prolongement de la cravate qui donna ensuite l'idée du jabot. Un ruban noir noué sur la gorge ayant remplacé la cravate blanche, on bâtit après la chemise un flot de dentelle qui conservait l'image des bouillons qu'on avait vus jadis s'échapper par l'ouverture de la veste.

Jusqu'en 1730, la culotte fut attachée sous les bas : c'était la continuation de l'ancienne mode qui voulait que les bas montassent aussi haut que des bottes à l'écuyère. Ayant perdu ensuite de leur longueur, ils furent pris sous la culotte, et celle-ci s'attacha plus bas que le genou au moyen de jarretières d'abord, puis de boucles.

Les bas, comme habillement de jambes, n'étaient pas chauds l'hiver. On était obligé d'en mettre plusieurs paires l'une sur l'autre. La rigueur du froid, en 1729, donna l'idée de recourir aux grandes guêtres, comme en portaient les dragons; mais cette mode ne dura pas plus longtemps que la nécessité qui l'avait produite.

Toutes les variations du chapeau se réduisent à ce que les trois retroussis du bord furent tantôt élevés et tantôt

Élégant du temps de la Régence, d'après Watteau. — Habit de cour et habit de ville vers 1729, d'après des gravures du temps. — Dessin de Chevignard.

couchés. Suivant cette circonstance, la forme avait plus ou moins de hauteur. Le chapeau, d'ailleurs, servait à donner du maintien plutôt qu'à couvrir la tête. On le portait presque toujours sous le bras. La véritable coiffure de l'époque fut la perruque.

La perruque en crinière du temps de Louis XIV commença à être corrigée dans ce qu'elle avait de plus incommode par des attaches de ruban au moyen desquelles on la sépara en trois touffes. Les deux touffes de côté furent les cadenettes, résurrection d'une chose et d'un nom qui avaient déjà existé sous Louis XIII; la touffe de derrière fut la queue. C'est ainsi qu'on se coiffait durant les premières années de la Régence.

Il y a des modes dans les écuries comme dans les salons. L'usage des palefreniers était alors d'enfermer dans des sachets la queue des chevaux au repos; ladite queue, tordue et repliée lorsqu'elle avait son sac, était lâchée pour flotter à tous crins quand on harnachait la bête. Cela fit naître l'idée de la bourse, petit sac de taffetas où l'on enferma la chevelure.

Les bourses furent d'abord de petite tenue, de même que l'étaient les sachets pour les chevaux. Il eût été indécent de paraître ainsi coiffé devant les gens ou dans les lieux que l'on respectait. Avec le temps, elles s'introduisirent dans les cercles et furent de bonne compagnie.

La mode des bourses s'étant perfectionnée, on ne renferma plus dedans que les cheveux de derrière; les touffes

de la perruque qui avaient servi pour les cadenettes furent taillées, relevées et frisées; elles devinrent les ailes, accompagnement du toupet, c'est-à-dire de la touffe relevée sur le front. Les toupets les plus répandus à l'origine de la mode des bourses étaient bas; on les appelait toupets en vergette. Les hauts toupets se montrèrent plus tard; aucun n'eut plus de vogue que le fer-à-cheval.

Il y eut un moment où, pour être bien, il fallait réserver sur le front un toupet de ses cheveux que le travail du peigne mêlait à la perruque. La grosse poudre, dite à graine d'épinards, dont on faisait alors usage, déguisait l'artifice. Cette mode régna en même temps que celle des ailes ébouriffées, qui, parce qu'elles mettaient les oreilles à découvert, étaient appelées oreilles de chien barbet. La jeunesse raffolait de ces diverses façons en 1730.

Les bourses étaient de taffetas noir, et avaient pour décération une rosette de même étoffe et de même couleur. Leur forme varia souvent. Les premières étaient carrées, d'une grandeur moyenne, et devaient paraître remplies par les cheveux, de sorte que pour obtenir cette apparence on les bourrait de crin. Vinrent ensuite les bourses étroites par le haut et réputées d'autant plus jolies qu'elles étaient plus plates.

Aussitôt que les bourses eurent pris place dans la grande tenue, on eut pour le négligé le catogan ou la queue. Le catogan était un nœud très-court et très-gros de cheveux formé sur la nuque; la queue fut produite par un ruban tortillé et serré fort autour des cheveux de derrière, qui devaient tomber aussi bas que possible. Le ruban, avant de faire ses circonvolutions, était noué en rosette. Il était, au commencement, d'une telle longueur qu'il a laissé dans le langage familier la locution *ruban de queue* pour exprimer les distances qui ne finissent pas.

La queue, inventée pour la commodité des voyageurs et des militaires, entra dans le costume élégant vers 1740.

Le catogan eut la même fortune quelques années plus tôt, mais non point avec un succès comparable pour la durée.

D'autres perruques d'un usage très-répandu sont encore à mentionner : le bichon, ou perruque de chasse, nouée par derrière avec un ruban et terminée par une boucle ; la perruque d'abbé, à l'usage des ecclésiastiques, perruque ornée de frisures, sans bourse, ni queue, ni catogan ; la perruque de procureur, qui conserva sur les épaules des

Modèle de redingote en 1729, d'après une gravure du temps. — Habit bourgeois vers 1745, d'après Chardin. — Habit de cérémonie vers 1750, d'après une gravure du temps. — Dessin de Chevignard.

gens de robe l'image fidèle de la crinière du dix-septième siècle ; la perruque brisée, ou de trois pièces, qui était une sorte de bonnet qu'on ne mettait qu'à la chambre ; etc., etc.

La suite à une autre livraison.

UN CRIME QUI MARCHE.

VOYAGES ET AVENTURES A LA POURSUITE D'UNE PIÈCE FAUSSE.

Suite. — Voy. p. 3, 10, 21, 30, 38.

» Pour en finir avec Malchus Petersen, continua le vénérable curé, je vous dirai qu'il ne subira pas sa peine à Cayenne. Vous avez plaidé l'aliénation mentale en sa faveur ; les médecins vous donnaient tort, l'événement vous a donné raison. Une dernière émotion a déterminé la crise, et c'est, aujourd'hui, dans un cabanon de Bicêtre que le père de Marthe continue, plus misérable encore, sa misérable existence. Le traitement à l'hôpital le prolongera-t-il beaucoup ? On ne peut le dire ; mais, à première vue, le docteur qui l'a visité a reconnu que le mal était incurable.

» L'enfant, par bonheur, ne soupçonna pas qu'elle était, pour ainsi dire, tout à fait orpheline, car, autrement, il est à supposer que la violence de sa douleur lui aurait été fatale, et que nous n'aurions pu avoir l'explication de ces paroles énigmatiques de son père : — le mur, la main, l'arbre et le chiffre 10. — Tout ceci était dessiné très-finement sur un petit carré de papier que Marthe gardait

dans le nœud d'un coin de son mouchoir. Elle le conservait avec tant de mystère que, depuis plusieurs mois qu'elle habitait chez sa grand'mère, celle-ci n'en avait eu nulle connaissance, bien que le petit papier eût dû changer souvent de cachette.

» Conduite par moi et par Jeanne Jouvenel chez le directeur de la prison, Marthe, autorisée par son père à révéler la vérité tout entière, montra le papier et en expliqua le dessin. Il résulta de sa révélation la découverte de toute la fausse monnaie fabriquée par Malchus Petersen. Ce mur était celui du cimetière du Nord ; la main indiquait dans quelle direction on devait compter jusqu'au dixième arbre du chemin extérieur pour arriver à la place où il fallait creuser afin de mettre la main sur le métal enfoui. Marthe ajouta que Malchus, en lui livrant ce secret, lui avait ordonné de garder le silence, même envers sa grand'-mère, sur ce dangereux héritage qu'elle ne devait aller recueillir, c'est-à-dire déterrer, que si elle apprenait la mort du condamné, survenue avant l'expiration de sa peine. L'autorité judiciaire, aussitôt informée de la révélation de Marthe, se hâta dès le même jour d'en vérifier l'exactitude, et, le lendemain, quand nous ramenâmes la jeune malade au pays, la fouille était faite, la fausse monnaie détruite, et la confiance publique n'avait plus rien à craindre de la criminelle industrie de Malchus Petersen. »

— Mais, demandai-je, si l'enfant survit, que deviendra-t-elle ?

— Je suis sans inquiétude pour son avenir, me répondit le digne prêtre ; que Dieu veuille nous la conserver, elle ne manquera de rien. Je me suis assuré pour Marthe d'une protectrice riche et bienfaisante qui la regarde déjà comme son enfant d'adoption.

J'ai beaucoup pensé, depuis plusieurs jours, à ce qui m'a été raconté par mon voisin de table chez notre ancien bâtonnier. La pièce fausse de cinq francs qui m'a déjà causé de si vives inquiétudes est maintenant sinon l'exemplaire unique, puisque la justice en possède deux autres semblables, du moins le seul qu'une distraction de ma part ou que la main d'un voleur puisse lancer dans le torrent de la circulation. Cette pièce est d'autant plus dangereuse à présent qu'on ne se défie plus d'elle. Tous les journaux ont raconté la trouille qui a été faite d'après les indications de Marthe, et rassuré complétement le public. N'ayant plus besoin de la garder comme moyen de comparaison, j'aurais bientôt raison d'elle en la livrant au fourneau du fondeur de métaux ; mais je tiens à la conserver comme objet de curiosité.

Une idée m'est venue à ce sujet. Pour éviter à jamais toute fâcheuse aventure, il suffit que, sans briser ni fondre la pièce fausse, une main habile puisse la mettre hors d'état de nuire. Cette main est à ma disposition. J'ai plaidé, il y a quelque temps, pour un brave ouvrier mécanicien tourneur. J'ai vu manœuvrer dans son atelier la scie montée sur tour qui débite le métal en plaques si minces qu'elle diviserait, je crois, en dix rondelles l'épaisseur d'une pièce de cinq francs ; je ne lui demanderai que de diviser la mienne en deux : de cette façon, je pourrai mettre à la fois sous les yeux des amateurs la face et le revers du chef-d'œuvre de Malchus Petersen. J'irai dès demain matin chez mon client, le mécanicien tourneur.

IV. — Le pauvre Cartouche.

Fatale journée ! Ce qui devait m'occuper seulement une heure ce matin, puis, la chose faite, me permettre de me livrer en toute sécurité d'esprit à mes devoirs d'avocat, a été pour moi le point de départ d'une série de courses et de tourments dont je ne prévois ni le nombre, ni le terme.

Pressé de mettre à exécution le projet qui devait me délivrer d'une persistante inquiétude, je suis parti de chez moi ce matin, à six heures, pour me rendre de l'autre côté de la Seine, dans le quartier du Gros-Caillou, où demeure l'ouvrier mécanicien à qui j'avais affaire. Comme à pareille heure je ne devais trouver sur ma route aucune occasion de dépense, je mis seulement dans ma bourse la pièce de cinq francs que je devais rapporter divisée en deux plaques de métal, spécimen inoffensif de la monnaie de Malchus.

Je traversai les Champs-Élysées, puis le cours la Reine, et je longeai le quai jusqu'au pont des Invalides.

Bien que nous soyons en belle saison et qu'à six heures du matin il fasse depuis longtemps grand jour, je me croisai avec peu de passants dans mon parcours matinal. Çà et là un balayeur en exercice, une charrette qui descendait vers le centre de Paris, et le plus souvent, par intervalle, personne, excepté moi, sur le chemin que je suivais. La ligne du quai surtout était complétement déserte. Je marchais de mon pas le plus rapide, comme si quelque chose m'eût dit : « Hâte-toi de traverser le pont ; il y a là un danger qui te menace. »

J'allais suivre le tournant du parapet, quand un petit chien noir que je n'avais pas vu venir se jeta dans mes jambes. En essayant de me débarrasser de lui, mon pied s'appuya un peu lourdement sur une de ses pattes. Il poussa un gémissement ; mais quoi que je fisse pour passer

à côté de lui et l'éviter, toujours je le retrouvai devant moi, se réfugiant dans mes jambes et me regardant comme s'il m'eût demandé protection.

Je n'aurais pas aimé les chiens comme je les aime que celui-ci aurait encore eu droit à un bon mouvement de ma part : je lui avais fait mal, je lui devais au moins une caresse.

En le regardant mieux, je m'aperçus que le pauvre animal était tout tremblant. Nous sommes en été ; donc ce ne pouvait être de froid qu'il tremblait ainsi. En le flattant de la main, je m'aperçus aussi que l'eau ruisselait de son poil, et, me baissant davantage vers lui, je vis qu'il traînait un bout de corde fixé à son cou par un nœud coulant. Je ne m'étais pas trompé : ses regards suppliants imploraient un secours ; mais contre qui ? Je n'eus pas à m'adresser deux fois cette question.

Quand je me relevai, je vis devant moi trois jeunes vauriens de quinze à dix-huit ans qui attendaient, en me regardant avec un mauvais sourire, que j'eusse cessé de caresser le chien pour me le réclamer.

Justement inquiet sur le sort réservé au pauvre animal, si fort mouillé déjà, si tremblant, et traînant ce bout de corde qu'on ne lui avait sans doute pas attaché au cou par bonne intention pour lui, j'hésitai à le leur rendre. Le plus âgé des trois vauriens, devinant ma pensée, me dit :

— C'est notre façon de baigner notre chien. Cartouche, — c'est son nom, — Cartouche n'aime pas aller à l'eau, et pour qu'il y reste il faut absolument qu'il sente qu'on lui tient la corde.

— Au moins, repris-je, a-t-il assez de ce bain pour aujourd'hui...

Je lui ôtai la corde, et j'allais le jeter par-dessus le pont ; mais l'un des soi-disant baigneurs du chien le rattrapa lestement au vol.

— Un moment, me dit-il ; elle n'est pas à vous, et nous en aurons besoin pour recommencer la cérémonie.

Il enroula la corde à son poignet et cria au chien :

— Allons ! arrive, Cartouche !

Les trois vauriens firent quelques pas ; l'animal resta obstinément blotti à mes pieds.

— Il paraît que monsieur veut aller en voiture, dit le plus jeune et le plus effronté des trois. À son aise ; je lui ouvre la portière.

Et il ramassa le chien, puis il prit sa course ; les autres le suivirent.

Peut-être aurais-je dû continuer mon chemin ; je le voulais, et ne pus m'y décider. Cherchant des yeux le trio de garnements qui avait disparu, je m'approchai du parapet. En interrogeant les deux côtés de la rivière, j'aperçus enfin sur la berge, à l'autre extrémité du pont, les bourreaux du chien qui continuaient son supplice.

Ils l'avaient rejeté à l'eau, et comme il essayait de regagner le bord à la nage, ils le repoussaient impitoyablement à coups de pierres.

Indigné, je courus à toutes jambes pour m'interposer entre ces misérables et leur victime. Je voulais crier ; mais la rapidité de ma course me coupait la voix. Du haut de la berge que je descendais à grandes enjambées, les paroles des trois vauriens arrivaient distinctes à mes oreilles.

— Remets-lui la corde, disait l'un d'eux, arrêtant au passage le malheureux chien, qui, malgré les volées de pierres, était parvenu à aborder.

— Je ne peux pas, répondit l'autre, essayant de passer le nœud coulant ; il me lèche les mains.

— Donne-lui un coup de pied sur le museau, dit le troisième.

L'horrible conseil, à peine donné, allait être suivi, quand, parvenu au terme de ma course, je repoussai violemment celui qui, de son pied levé, menaçait déjà la tête du chien. Surpris et perdant l'équilibre, il alla rouler sur les cailloux de la berge.

— Ce pauvre animal a assez souffert, dis-je, écartant les deux autres garnements; je vous défends d'y toucher davantage!

Mon attitude leur imposa un moment.

— Au fait, qu'est-ce que vous demandez? me dit, bientôt après, celui qui paraissait le chef de la bande. Ce chien est à nous, et chacun a le droit de noyer son chien.

— Et quel mal a fait celui-là pour lui imposer le martyre?

— Il mange trop, et il est temps qu'il boive.

Ni les bonnes raisons, ni les prières, car je descendis jusqu'à raisonner avec ces misérables, jusqu'à les prier, rien ne put les faire se départir de leur droit absolu et terrible de propriétaires : le droit de vie et de mort.

S'il se fût trouvé là quelques bonnes âmes servies par des bras vigoureux, si même un seul passant avait pu me venir en aide, j'aurais risqué la lutte avec chance de succès; mais personne ne passait encore de ce côté; j'avais pour adversaires trois jeunes gars taillés en force, et qui n'eussent pas plus reculé devant la pensée de tuer un homme que devant celle de noyer un chien. Dieu sait que je ne les calomnie point en disant cela; la preuve, c'est que celui que j'avais jeté sur les cailloux, s'étant relevé, tira de la poche de son pantalon un couteau fermé qu'il ouvrit à demi, comme discutant avec lui-même sa vengeance. Je ne pouvais donc qu'essayer d'entrer en composition avec les maîtres du chien. Il va sans dire que je leur proposai de me le donner, puisque leur motif principal pour se défaire de lui était son excès d'appétit. Mais la proposition fut repoussée : c'était leur imposer une bonne action sans profit, ou plutôt à cette : l'abandon du chien les privait du spectacle de son agonie.

— Si vous y tenez, me dit le chef des vauriens, achetez-le; sinon, passez votre chemin et laissez-nous nous amuser tranquillement.

— L'acheter? répétai-je, les yeux fixés sur le pauvre animal couché, le dos à terre, sous le genou de l'un de ses bourreaux, et dont le regard semblait me dire : « Délivre-moi ! »

— Nous sommes trois, reprit mon interlocuteur; donnez-nous une pièce de vingt sous à chacun, et Cartouche est à vous.

C'était le sauver du martyre à trop bon marché pour que je fisse la moindre objection. Celui qui posait du genou sur le chien tremblant se redressa, souleva l'animal par la peau du cou, et dit en me tendant l'autre main :

— C'est donnant, donnant; aboules les trois balles.

Sans réfléchir davantage, j'ouvris aussitôt ma bourse, et nécessairement je n'y trouvai que ce que j'avais voulu y mettre : la pièce fausse de cinq francs.

Certes, il n'y aurait eu grand crime à payer ces misérables en fausse monnaie, si le métal avait pu fondre et s'anéantir dans leurs mains; mais comme il devait seulement y passer pour aller faire d'autres dupes, je remis ma bourse dans ma poche et je leur dis :

— Je n'ai pas sur moi la monnaie nécessaire; mais que l'on se veuille m'accompagne chez moi, et je payerai le prix convenu.

Les vauriens avaient vu la pièce blanche; ils refusèrent l'un et l'autre de me suivre chez moi, et me déclarèrent nettement que, dans leur pensée, ma proposition cachait un piège pour m'emparer de leur chien sans débourser un son.

— Si vous avez vraiment l'intention de nous payer, me dit l'un d'eux, c'est chose facile à faire : il y a, à vingt pas d'ici, un bouchon ouvert; allons-y ensemble, on vous changera votre pièce de cinq francs contre la monnaie.

J'acceptai la proposition, mais en la modifiant à part moi, ainsi que le voulait la probité; c'est-à-dire que je ne demandai pas au marchand de vin chez qui les vendeurs du chien me conduisirent de me donner sa monnaie de bon aloi en échange d'une pièce que je savais être fausse; je dis seulement, en posant celle-ci sur le comptoir :

— Veuillez, je vous prie, payer pour moi trois francs que je dois à ces jeunes gens; je vous donne comme garantie de la somme avancée cette pièce de cinq francs, que je viendrai vous réclamer dans une heure.

Le maître du bouchon, qui, à notre entrée, avait compté sur quatre consommateurs, voyant qu'il ne s'agissait que d'un service gratuit à me rendre, répondit brusquement :

— Allez chez un changeur si vous voulez de la monnaie; je ne donne la mienne que contre les grosses pièces de ceux qui boivent chez moi.

— Qu'à cela ne tienne, répliquai-je. Servez un verre de vin à chacun de ces jeunes gens; c'est moi qui paye.

— Trois verres d'eau-de-vie et trois cigares, répliqua l'aîné de mes vauriens.

— Soit! repris-je; nous compterons à mon retour. Gardez-moi cette pièce; avant une heure je serai ici.

Le marchand de vin prit la pièce de cinq francs, l'examina avec défiance. Ce fut à grand'peine que je dominai mon émotion pendant cet examen. Enfin il ouvrit le tiroir qui lui servait de caisse, et compta trois pièces de vingt sous qu'il posa devant les bourreaux du pauvre Cartouche. Il allait laisser tomber la pièce fausse dans ce même tiroir, quand, par cette observation, je lui arrêtai la main :

— Je désire reprendre tout à l'heure ma pièce de cinq francs; ayez l'obligeance de la mettre de côté.

Au regard qu'il m'adressa, je devinai qu'intérieurement il se disait : « C'est un maniaque. » Mais, après tout, comme notre visite lui procurait le débit de trois verres d'eau-de-vie et de trois cigares, il se rendit à mon désir, et, à la grande satisfaction de ma conscience jusque-là inquiète, je le vis poser sur un tasseau fixé dans un coin, au fond du comptoir, la pièce fausse que je ne devais pas tarder à venir réclamer.

Un coupé de remise publique se dirigeant vers Paris traversait en ce moment la route; je l'arrêtai au passage, et, portant sous mon bras le pauvre Cartouche encore tout mouillé et blessé au sang, mais enfin délivré des tortures et de la misère, je l'installai dans la voiture, où je ne montai qu'après avoir dit à très-haute voix au cocher :

— Chez moi, rue Saint-Georges, numéro 37. Nous marchons à l'heure, je la paye double si dans trois quarts d'heure vous m'avez ramené ici.

Mon intention en parlant de la sorte et sur ce ton élevé était de me faire entendre du détenteur de ma pièce de cinq francs, et de l'assurer ainsi plus positivement de mon prompt retour.

La promesse du généreux pourboire excita l'amour-propre du cocher, lequel surexcita sa fort l'ardeur de son cheval que le coupé semblait remorqué par la locomotive d'un train-posta. N'eût été l'inquiétude dont je ne pouvais me défendre depuis que je m'étais séparé de la pièce fausse, je me serais sans doute fort amusé de l'agitation que manifestait Cartouche, tout étonné du mouvement extérieur qu'il subissait sans y participer activement. Il était facile de deviner qu'on ne l'avait pas accoutumé à la promenade en voiture. *La suite à la prochaine livraison.*

LE MONDE MARCHE.

Parmi les résultats qui sortent de l'étude de l'histoire, il en est un fondamental au point de vue philosophique :

c'est le fait du progrès incessant des sociétés humaines, — progrès dans la science, — progrès dans les conditions matérielles d'existence, — progrès dans la moralité, — tous trois corrélatifs.

Si l'on compare la condition des masses, — esclaves dans l'antiquité, — serves dans le moyen âge, — aujourd'hui livrées à leur propre liberté sous la seule condition d'un travail volontaire, — on reconnaît là une évolution manifestement progressive.

En s'attachant aux grandes périodes, on voit clairement que le rôle de l'erreur et de la méchanceté décroît à proportion que l'on s'avance dans l'histoire du monde. Les sociétés deviennent de plus en plus policées, et j'oserai dire de plus en plus vertueuses. La somme du bien va toujours en augmentant, et la somme du mal en diminuant, à mesure que la somme de vérité augmente et que l'ignorance diminue dans l'humanité. (M. Berthelot, *la Science idéale et la Science positive*.)

UN LECTEUR DU DERNIER SIÈCLE.

Un nommé Texier, qui se fit comme lecteur, un grand renom au siècle dernier, donnait, dit-on, à la *Partie de*

chasse, comédie de Collé, une valeur qui l'emportait sur la représentation. Louis XV eut la fantaisie de l'entendre; mais dès les premières scènes le vieux monarque se mit à dormir. Texier, piqué, élevait la voix; Louis XV ronflait plus fort. Indigné, le lecteur renforce une de ses inflexions d'un vigoureux coup de poing sur la table. Le roi, réveillé en sursaut, se dresse sur ses pieds, devine l'intention de son lecteur, et le met à la porte avec un *Sortez!* dont Texier n'oublia jamais l'intonation.

CASCADES DE L'ILE MAURICE.

Il ne serait pas facile de dire quelle est, de toutes les cascades de l'île Maurice, la plus belle. Les cascades de Charamel et de la rivière des Galets, qui tombent de hauteurs de six cents pieds; celle de la Savane, dont les eaux descendent en bouillonnant à travers les prismes de murailles de basalte, ont un caractère de grandeur qui étonne le regard et émeut; mais d'autres, de proportions plus modestes, et trop nombreuses pour être nommées et comptées, surtout à la saison des pluies, charment et intéressent par la variété de leurs aspects, la disposition pittoresque des rochers et la richesse de la végétation qui les encadre. A presque

Cascade de la rivière d'Est, dans l'île Maurice. — Dessin de Karl Girardet, d'après M. Erny.

toutes on peut, du reste, rapporter à peu près avec la même vérité cette description de l'une d'elles par l'auteur de *Paul et Virginie* : « La rivière qui coule en bouillonnant sur un lit de rochers, à travers les arbres, réfléchit çà et là dans ses eaux limpides leurs masses vénérables de verdure et d'ombre, ainsi que les jeux de leurs heureux habitants; à mille pas de là, elle se précipite de différents étages de rochers, et forme à sa chute une nappe d'eau

unie comme le cristal, qui se brise, en tombant, en bouillons d'écume. Mille bruits confus sortent de ces eaux tumultueuses, et, dispersés par les vents dans les forêts, tantôt ils fuient au loin, tantôt ils se rapprochent tous à la fois, et assourdissent comme les sons d'une cathédrale. L'air, sans cesse renouvelé par le mouvement des eaux, entretient sur les bords de cette rivière, malgré les ardeurs de l'été, la verdure et la fraîcheur..... »

LE BOUQUETIN DES ALPES.
Voy. t. IV, 1836, p. 183.

Le Bouquetin des Alpes (*Capra ibex*). — Dessin de Freeman, d'après nature.

Au jardin du Muséum, dans un petit parc boisé, terminé au fond par une hutte couverte en chaume, se promène lentement, au milieu de quelques chèvres, un quadrupède à cornes immenses qui présentent, sur son front bombé, le côté large d'un rectangle divisé en travers, à intervalles réguliers, par des nœuds saillants. Son œil appesanti est sombre; parfois l'animal reste longtemps immobile, appuyant son crâne épais et proéminent contre le chalet, qui semble trop petit et trop bas pour lui servir de demeure. Son cou musculeux et puissant, son corps trapu, son apparence robuste, sa démarche grave, ses mouvements lents, répondent mal au nom que lui donne l'écriteau accroché au grillage : *Bouquetin des Alpes*. C'est qu'il est en esclavage. Il est tout autre en liberté, léger, élastique, habitué à bondir d'un roc à l'autre, à franchir les abîmes d'un saut, à s'élancer à travers les précipices. Il peut même, dit-on, descendre le long d'un mur, n'ayant pour appuyer les sabots si durs de ses pieds fourchus que des pierres à peine disjointes, dont le mortier s'est un peu détaché. La justesse de son coup d'œil, la sûreté de ses pieds, sont telles que, dans le saut d'ascension (M. Isidore Geoffroy le disait à son cours de 1848), on a vu le bouquetin, qui sait se servir des moindres aspérités, demeurer en équilibre sur le tranchant d'une porte! On ne le trouve guère, du reste, que sur les confins des régions habitables; aucun autre mammifère ne l'y peut suivre, nous dit Tschudi qui l'a observé dans ses montagnes natales; les aigles mêmes et les vautours, qui seuls le dépassent dans leur vol sur les hautes cimes, ont fixé plus bas leur véritable séjour. Il se plaît dans les sites les plus alpestres, et semble organisé par la nature, d'une manière particulière, pour supporter toutes les fatigues, toutes les privations qu'impose une si rude patrie. Ses cornes magnifiques, qui dépassent parfois deux pieds de longueur et se recourbent en arrière, lui donnent un aspect imposant : aussi les Grisons l'avaient-ils jadis placé sur leurs armoiries, et plusieurs familles le conservent dans leur blason, comme symbole de la hardiesse et de la force. C'est plaisir de voir les bouquetins, agiles, infatigables à la course, réunis par petites troupes de huit à dix individus, en quête de leur chétive nourriture, gambader gracieusement de pâturage en pâturage, de cime en cime, profilant sur le ciel bleu ou sur les glaciers roses et blancs leur brune silhouette! Tout jeunes, les bouquetins s'essayent, s'exercent. Lorsque les chevreaux sautent, bondissent en agitant leur corps d'une façon étrange, c'est une gymnastique, une étude d'ascension à laquelle ils se livrent.

Les congénères du bouquetin, les mouflons à manchettes, plus heureux au Muséum, peuvent, en dépit de la grave expression de leurs faces allongées, se précipiter constamment de haut en bas, de bas en haut, le long de l'escalier en échelle sur lequel leur cabane est perchée. Les chèvres d'Égypte, autre échantillon de ruminants à cornes creuses, s'élancent et joutent contre les deux arbres dont les troncs, recourbés et comme agenouillés, livrent à leurs ébats une croupe inégale sur laquelle elles bondissent, puis s'arrêtent tout à coup comme étonnées; leurs quatre pieds se rapprochent alors comme pour former une base unique, et elles demeurent fièrement immobiles sur ce piédestal improvisé.

LE PORTRAIT DANS LA STATUAIRE

CHEZ LES GRECS ET CHEZ LES ROMAINS.

Suite et fin. — Voy. t. XXXI, 1863, p. 259, 278, 381.

Les plus anciens bustes-portraits ne datent, suivant Visconti [1], chez les Grecs que du temps d'Alexandre, et chez les Romains des dernières années de la république. Selon Ottfried Müller, on doit faire commencer la série des

portraits authentiques des Romains aux bustes de Scipion l'Africain, reconnaissables à une cicatrice en forme de croix marquée sur le front [1]; mais c'était un usage fort antique à Rome, et qui existait aussi chez les Étrusques, de représenter les ancêtres par des masques de cire que l'on conservait dans de petits édicules ou armoires placés autour de la pièce principale de la maison. L'honneur de semblables portraits n'était conféré qu'aux hommes qui avaient exercé les plus hautes fonctions, celles d'édile, de préteur, de consul, et l'usage de conserver ces portraits et de les faire figurer dans les funérailles avec le costume et les insignes des personnages qu'ils représentaient resta longtemps le privilège de l'aristocratie. Les grandes familles romaines conservaient des images non-seulement de ceux de leurs ancêtres dont les traits pouvaient avoir été imités de leur vivant ou peu de temps après leur mort, mais encore de personnages beaucoup plus anciens ou même fabuleux qu'ils prétendaient faire entrer dans leur généalogie et dont les types étaient fictionnels, comme Énée, Romulus, Numa ou les rois albains.

Appius Claudius Regillus, consul en l'an 259 de Rome, consacra le premier, dans le temple de Bellone, les images de ses ancêtres figurées sur des boucliers. Il y eut certainement des portraits plus anciennement chez les Romains: Il n'est guère permis de douter que chez les Étrusques les figures que l'on voit couchées sur les sarcophages et les urnes cinéraires ne soient des portraits plus ou moins ressemblants, quand, d'ailleurs, ces figures se rapportent exactement aux indications fournies par les inscriptions sur le sexe, l'âge et les autres caractères propres aux personnages défunts. Ce sont probablement aussi des portraits que ces vases à tête humaine, ou canopes, servant également à conserver les cendres des morts, que l'on a trouvés dans quelques parties de l'Étrurie. Par leur forme ils rappellent les canopes de l'Égypte; mais tandis que sur ceux-ci on voit toujours la tête d'une divinité ou d'un animal consacré, le caractère de réalité empreint sur les canopes étrusques, l'âge, le sexe, les particularités de coiffure, d'ornement, distinctement marqués, font penser que l'on s'y est efforcé de rappeler, au moins par une ressemblance lointaine, les traits des personnes défuntes. Les bustes romains auraient, en ce cas, une seconde origine non moins ancienne que les effigies en cire des ancêtres.

À Rome même, non-seulement les effigies de famille en cire ou les figures funéraires en terre cuite étaient en usage dès une époque très-reculée, mais les statues de bronze y furent de bonne heure très-nombreuses. « Le sénat et le peuple, les États étrangers reconnaissants, et parmi ceux-ci les Thuriniens les premiers, élevèrent sur le Forum et ailleurs des statues en bronze aux citoyens qui avaient bien mérité; quelques-uns s'en élevèrent à eux-mêmes, comme Spurius Cassius, au dire de Pline, dès l'an 268 de Rome [1]. » Pline mentionne d'autres statues en bronze qui auraient été, à l'en croire, des ouvrages des premiers temps de la république ou même de l'époque des rois; mais la plupart de ces ouvrages étaient évidemment d'une date plus récente, comme, par exemple, ces statues de Romulus et de Camille qui, selon le texte de Pline, auraient été figurées sans tunique, ce qui eût été tout à fait contraire aux mœurs romaines: d'après l'indication qui rectifie ce texte en le complétant, les deux statues n'avaient point de tunique, il est vrai, mais elles étaient revêtues de la toge. « Comme ouvrages d'une authenticité moins douteuse des premiers temps de Rome, on peut citer, dit encore le savant antiquaire Ottfried Müller [2], l'Attus Navius (dont parlent

(1) *Manuel d'archéologie*, § 427.
(2) O. Müller, *Manuel*, § 181.
(3) Idem, ibid.

Pline et Cicéron), le Minucius, de l'an 313 de Rome, et les statues, probablement grecques, de Pythagore, d'Alcibiade, (dressées vers l'an 440) et d'Hermodore d'Éphèse, qui prit part à la rédaction des lois des décemvirs. » Les statues se multiplièrent tellement que dès l'an de Rome 593 les censeurs P. Corn. Scipio et M. Popilius firent enlever du Forum toutes les statues des magistrats qui n'avaient pas été élevées par ordre du peuple ou du sénat. On se rappelle aussi la réponse de Caton l'Ancien à ceux qui lui demandaient comment il se faisait qu'on n'eût encore élevé aucune statue en son honneur, tandis que tant d'hommes de médiocre mérite avaient reçu une semblable distinction : « J'aime mieux, dit-il, que l'on demande pourquoi on n'a pas élevé de statue à Caten, que si on demandait pourquoi on lui en a dressé une. » Le peuple romain lui en érigea une cependant dans le temple de la Santé. On n'y grava, dit Plutarque qui rapporte ces détails, ni ses exploits militaires, ni son triomphe (ce qui montre quels étaient les usages communs en pareille circonstance), mais une inscription qui lui faisait honneur d'avoir relevé, durant sa censure, la république que l'altération des mœurs avait mise sur le penchant de sa ruine. Le même passage de Plutarque atteste que, chez les Romains comme chez les Grecs, des statues iconiques étaient placées quelquefois dans les temples. Plutarque vit aussi, à Ravenne, une statue en marbre de Marius, qui exprimait bien, dit-il, la dureté de son caractère, et, à Rome, celle de Quintius Flamininus : « Qui voudra connaître, dit-il, quelle figure il avait, pourra voir sa statue en bronze qui est près du Cirque, à côté du grand Apollon Carthaginois. » Cette statue portait une inscription grecque. On voyait aussi à Rome, sous le portique de Metellus, une statue de Cornélie, mère des Gracques.

Quand les armées romaines eurent conquis et dépouillé de leurs plus belles œuvres d'art la Grèce et les contrées grecques de l'Orient, c'est à Rome, enrichie de tous ces chefs-d'œuvre, qu'affluèrent les meilleurs artistes grecs en tout genre. Ils y trouvaient des protecteurs fastueux, parfois même des connaisseurs éclairés, qui se glorifiaient de posséder leurs plus beaux ouvrages. La période de temps comprise entre la prise de Corinthe et la fin de la dynastie Julienne fut encore pour l'art grec une époque brillante, grâce au goût que ses productions inspirèrent aux Romains; les Pasitèle, les Arcésilas, les Decius enfantèrent des œuvres dignes encore de ses beaux temps. Un second Praxitèle modela une statue de l'enfant du célèbre acteur Roscius. On ne sait à qui il faut attribuer les bustes de Térence, de Cicéron, d'Hortensius, de Junius Rusticus, qui ont subsisté jusqu'à nous, et la statue célèbre de Pompée, du palais Spada, à Rome, statue héroïque, sans vêtement, à la manière des Grecs. On possède aussi des images sculptées de Marc Antoine, de Jules César, de Brutus, de Mécène, d'Agrippa, de Sénèque; mais ce sont là, indépendamment des empereurs dont il sera parlé plus loin, à peu près tous les hommes célèbres de Rome, à la fin de la république et au commencement de l'empire, dont les traits nous sont actuellement connus d'une manière certaine. Les portraits de quelques autres, comme Salluste, Horace, Virgile, Lucrèce, que l'on voit dans les recueils iconographiques, ont été tirés de médailles ou de pierres gravées, et ces portraits ne peuvent être considérés comme très-fidèles. En revanche, le nombre de personnages inconnus ou obscurs dont on conserve encore des bustes ou des statues dans les musées est très-considérable. Sous l'empire, les portraits figurés par la statuaire furent innombrables. Non-seulement les images impériales se trouvaient partout, mais il n'y avait pas un municipe où l'on ne vît sur la place principale quelques statues élevées à des particuliers. Des inscriptions faisaient connaître les emplois qu'ils avaient exercés, les services qu'ils avaient rendus et les distinctions dont ils avaient été honorés. Beaucoup de ces statues n'ont, sous le rapport de l'art, aucune valeur, mais quelques-unes sont des œuvres admirables, comme, par exemple, les statues en marbre de Nonius Balbus et de sa famille, découvertes dans les fouilles d'Herculanum et conservées au Musée de Naples.

Les statues et les bustes des empereurs romains forment une série à part, à laquelle il faut joindre, comme un complément naturel, les images des personnages de leur famille. Vitellius est le seul empereur dont on ne soit pas assuré de posséder un portrait antique, à moins que l'on ne considère comme tels les bustes conservés au Musée de Mantoue et au Musée de Vienne; tous les autres bustes de Vitellius sont certainement des œuvres de la renaissance et offrent des traits assez différents de ceux que l'on voit sur les monnaies de cet empereur. Des collections de bustes et de statues impériales avaient été formées déjà dans l'antiquité; c'est à cette circonstance que nous devons certainement d'en posséder la série sans lacune. « Dans l'antiquité même, dit Otfried Muller, on dut chercher à les compléter : ainsi, un seul portrait de Domitien avait échappé (d'après Procope) à la destruction, mais il en exista bientôt d'autres. » Il faut bien distinguer parmi les images impériales celles qui sont de véritables portraits, c'est-à-dire qui représentent la personne simplement et fidèlement, sans essayer de la diviniser, et celles, au contraire, où l'artiste s'est proposé de donner à l'empereur l'apparence et le caractère d'un dieu ou d'un héros. On sait que sous le nom de consécration ou d'apothéose les honneurs divins furent décernés, depuis Jules César jusqu'à Constantin, à la plupart des empereurs romains. Déjà, sous la république, la reconnaissance ou la flatterie avaient dressé, dans les provinces soumises, des statues et des autels aux vainqueurs. L'usage de ces adulations était venu d'Orient en Grèce lorsque les mœurs de la liberté s'y étaient perdues; elles y furent prodiguées aux généraux et aux proconsuls romains, à Flamininus, à Sylla, à Lucullus; Marcellus, comme bienfaiteur de la Sicile, avait une fête qui portait son nom, Verrès eut l'audace d'y substituer la sienne; Pompée, Antoine, Jules César, prétendirent tour à tour être honorés comme fils de divinités. De là ces nombreux portraits de caractère idéal qui devinrent communs dès le règne d'Auguste. Les uns représentaient le personnage entièrement nu ou portant un pallium qui n'enveloppait pas le corps, quelquefois une lance à la main; on peut citer, comme de beaux exemples de ces statues dites achilléennes, le Pompée du palais Spada, déjà mentionné, l'Agrippa du palais Rondanini, et le prétendu Germanicus que l'on voit au Musée du Louvre. D'autres imitaient de l'empereur un même, en lui prêtant l'attitude que l'on voit à Jupiter dans ses statues imitées de celle que Phidias avait sculptée pour Olympie : la figure était assise, le haut du corps découvert, le manteau jeté autour des reins, retombant sur les jambes; telles sont les figures colossales d'Auguste et de Claude, découvertes à Herculanum et conservées au Musée de Naples, et la belle statue de Nerva, au Vatican; telles devaient être aussi les statues d'Auguste qu'Hérode érigea, à Césarée, à côté de celles qui personnifiaient Rome. Auguste fut encore représenté sous les traits et avec les attributs d'Apollon; d'autres empereurs avec ceux de Bacchus, de Neptune, de Mars. Il faut remarquer, toutefois, que dans la cérémonie de leur apothéose les empereurs n'étaient point identifiés avec une divinité quelconque par un costume et des attributs distinctifs : ils étaient figurés assis, enveloppés de la toge, qui était quelquefois relevée sur la tête, signe des fonctions sacerdotales, ou portant une couronne radiée, comme celle qu'on voit à un buste de Néron au Musée du Louvre. Néron fut le premier qui se fit représenter de son vivant paré de cette couronne, considérée comme un attribut réservé aux dieux et aux héros déifiés.

Les impératrices, et d'autres femmes appartenant aux familles impériales, reçurent de même dans leurs statues, de la main des artistes, les traits et les attributs de Cérès, de Proserpine, de Vesta, de Vénus et d'autres déesses; on peut voir au Louvre une statue de Livie en muse. D'autres fois, elles furent représentées avec les emblèmes allégoriques de l'Espérance, de la Fortune, de la Piété, etc. Enfin, ce ne furent pas seulement les empereurs ou les membres de leurs familles qui furent divinisés; de simples particuliers se firent également représenter, ainsi que leurs femmes et leurs enfants, sous la figure des dieux; et plus d'une statue de nos musées, où nous ne pouvons reconnaître que les habitants de l'Olympe, ont été de simples portraits.

Les dimensions surhumaines données à quelques statues d'empereurs furent encore un des procédés dont se servit là statuaire pour marquer le caractère divin qui leur était attribué; car primitivement de pareilles dimensions étaient réservées aux seules images des divinités. Les plus grandes statues d'Auguste ne dépassèrent pas de quelques pieds les proportions ordinaires; mais déjà Tibère se fit élever une statue gigantesque, où on le voyait entouré des figures des villes relevées par ses ordres après un tremblement de terre. Sous Néron, enfin, un statuaire et fondeur d'une remarquable habileté, Zénodore, réussit à dresser un colosse de bronze de 110 pieds ou 35ᵐ.75 de hauteur. Ce colosse devait représenter Néron sous les traits du dieu du Soleil, à qui il fut dédié après la chute du tyran; plus tard, on en fit un Commode. De pareilles transformations ne furent pas rares à Rome sous les empereurs, pas plus qu'elles ne l'avaient été, en Grèce, sous les successeurs d'Alexandre, et elles se firent par les mêmes moyens grossiers et barbares.

A côté des images idéales des empereurs et des personnes de leurs familles se placent les portraits proprement dits, qui nous les montrent avec leurs traits véritables et dans le costume qu'ils portaient durant leur vie, soit que l'artiste les ait représentés simplement vêtus de la toge, comme le Tibère de Capri actuellement au Louvre, ou la tête couverte, par allusion aux fonctions sacerdotales, comme l'Auguste de la basilique d'Otricoli, qui appartient au Musée Pie-Clémentin, soit qu'il ait voulu rappeler une expédition, une conquête importante, en montrant l'empereur revêtu de l'armure ou dans l'attitude du général haranguant ses troupes, comme on peut en voir des exemples au Louvre dans les statues de Drusus, fils de Tibère, et de Titus. Les statues équestres, celles qui étaient placées sur des chars de triomphe, furent d'abord destinées aussi à rappeler des victoires remportées par les personnages qu'elles représentaient; mais la flatterie prodigua ensuite ces allusions même à ceux qui n'avaient entrepris aucune expédition. La statue équestre de Marc Aurèle, qui est à Rome, au Capitole, est la plus belle figure de ce genre que nous ait léguée l'antiquité.

On peut dire que jusqu'à l'époque des Antonins l'art parut à peine inférieur à ce qu'il avait été sous les premiers empereurs, mais il ne se maintenait plus que par la force de ses grandes traditions: la vie s'affaiblissait en lui graduellement. « La mollesse des temps, écrivait Pline, a fini par anéantir les arts, et parce qu'on n'a plus de grandes âmes à représenter, on néglige également les corps. » Sous Adrien, grâce à la longue tranquillité de l'empire et au goût personnel de ce prince, qui prétendait être lui-même

un artiste supérieur, l'art eut un moment de brillant réveil qui se fit sentir jusque dans l'ancien monde grec. C'est là que furent exécutées, pour complaire à l'empereur, ces statues et ces bustes d'Antinoüs, son favori, qui furent le dernier type idéal que l'art grec enfanta. La sûreté avec laquelle il sut encore, dans ces ouvrages, unir à une beauté et à une vérité constantes l'expression de caractères variés, en prêtant tour à tour au personnage l'apparence d'un homme, d'un héros ou d'un dieu, paraît surprenante, même à côté des chefs-d'œuvre des meilleurs temps. La statue du Musée du Capitole est peut-être un portrait héroïque d'Antinoüs exécuté de son vivant; le buste admirable du Louvre, conçu sans doute après sa mort, offre les mêmes traits légèrement empreints de mélancolie; l'artiste semble s'être proposé de montrer le jeune homme au moment où il se prépare, selon un des récits accrédités au sujet de sa mort, à se dévouer pour son ami.

On conserve dans les musées, et notamment dans celui du Capitole, de beaux portraits d'Adrien lui-même; et la remarquable statue de Trajan couvert d'une cuirasse, qui est au Musée du Louvre, fut sans doute exécutée sous le même règne. C'est vers ce temps aussi, ou peu d'années plus tard, que fut sculptée la belle statue d'Ælius Verus, un des marbres les plus remarquables de l'ancienne collection Campana, aujourd'hui réunie à celle du Louvre. Lucius Ælius Verus fut le fils adoptif d'Adrien et le père de Lucius Verus, associé par Marc Aurèle à l'empire. Le portrait du second Verus est un des plus généralement connus, grâce à la beauté du modèle, qui l'a fait reproduire encore de nos jours. Le buste colossal de Lucius Verus, trouvé avec celui de Marc Aurèle à Acqua-Traversa, près de Rome, et actuellement au Louvre, peut passer pour un des plus beaux portraits antiques. Déjà, cependant, l'habileté de main et le soin dans l'exécution, vraiment remarquables dans les meilleurs bustes de ce temps, sont fréquemment déparés par la sécheresse et la pauvreté. Les accessoires sont traités avec recherche et affectation. « La chevelure est péniblement travaillée et évidée avec le trépan; les paupières s'ajustent comme des lanières; la bouche est serrée; les plis principaux autour des yeux et de la bouche sont très-marqués. Dans les bustes de femmes (et, dès l'époque de Trajan, dans ceux de Plotina, de Marciana, de Matidia), les statuaires se donnalent la plus grande peine pour copier des coiffures dépourvues de goût (¹). »

Après les Antonins, si les statues des nombreux des empereurs, parmi lesquels il faut particulièrement citer ceux de Commode, de Pertinax, d'Héliogabale, de Septime et d'Alexandre Sévère, restèrent quelque temps encore les meilleures œuvres de la sculpture; Cependant la décadence devint de jour en jour plus sensible. Dans les portraits des impératrices, le mauvais goût renchérit sur celui des règnes précédents. C'est alors que l'on imagina d'accoler des marbres de couleurs différentes pour représenter les vêtements, et de placer sur les têtes de femmes des perruques mobiles en marbre, qu'on enlevait et changeait à volonté, de telle sorte qu'on pût faire suivre à la statue, sans la mutiler ou la défigurer, les vicissitudes de la mode. Cette recherche d'une mode passagère contraste souvent de la manière la plus singulière avec le caractère idéal que l'on essaye encore de donner aux statues, et surtout avec la nudité de celles de plusieurs impératrices figurées en Vénus. « A la fin du troisième siècle, les bustes perdent subitement tout relief; le dessin est incorrect et une main d'écolier; tout l'ensemble est plat, sans caractère, et si peu déterminé que l'on ne peut y distinguer les différents personnages qu'à l'aide des inscriptions (²). »

(¹) O. Muller, *Manuel d'archéologie*, § 204.
(²) Idem, ibid., § 207.

A cé moment doit s'arrêter co résumé de l'histoire du portrait dans la statuaire antique. Nous n'avons pu y mentionner que les noms de quelques-uns des plus célébres artistes et ceux des personnages les plus marquants dont ils nous ont conservé les traits. Il ne faut pas oublier que les œuvres de la statuaire sont relativement peu nombreuses,

Musée du Louvre; collection Campana. — Lucius Ælius Verus, statue de marbre. — Dessin de Chevignard.

et que les monnaies, les médailles et les pierres gravées en font connaître un bien plus grand nombre. Enfin, ceux de nos lecteurs qui voudraient compléter autant que possible les notions iconographiques qu'ils possèdent déjà, ne devront pas négliger, en même temps qu'ils fréquenteront les musées d'antiques placés à leur portée, de consulter les recueils de Canini, de Bellori, de Clarac, de Visconti, et d'autres encore, dont quelqu'un au moins se trouve dans la plupart des grandes bibliothèques.

UN CRIME QUI MARCHE.

VOYAGES ET AVENTURES A LA POURSUITE D'UNE PIÈCE FAUSSE.

Suite. — Voy. p. 3, 10, 21, 30, 37, 45.

Arrivé chez moi, ce fut sans prendre le temps de donner à Jeannette la moindre explication touchant mes aventures de la matinée, que je confiai Cartouche à ses bons soins.

Ma vieille gouvernante fit un médiocre accueil à ce nouveau pensionnaire, dont la tenue l'inquiétait fort pour la propreté de son appartement. Elle l'aurait impitoyablement mis à la porte si je n'avais interposé mon autorité quand le pauvre dépaysé, chassé par Jeannette de chaise en chaise, de fauteuil en fauteuil, se réfugia, pour dernier asile, sur le couvre-pied de mon lit. Ma chambrière joignit les mains, leva les yeux au ciel, et s'écria avec désespoir :

— Monsieur ne voit donc pas? ce misérable-là massacre tout !

— Qu'à cela ne tienne, répliquai-je, il est horriblement fatigué; je vous défends de troubler son repos.

Sans m'arrêter davantage aux doléances de Jeannette, je pris ma bourse et la mis dans ma poche, non sans m'être assuré qu'elle était suffisamment garnie. Un moment après, je roulais de nouveau en coupé dans la direction du pont des Invalides. Quand ma voiture s'arrêta devant la porte du marchand de vin, la course du cheval avait été si rapide que le cocher, avant le temps fixé, avait consciencieusement gagné le prix doublé du tarif.

J'éprouvai un violent serrement de cœur quand je remis le pied dans la boutique. L'homme à qui j'avais confié ma pièce fausse n'était plus là. C'est sa femme qui le remplaçait dans le comptoir.

Cependant un coup d'œil lancé vers le tasseau du fond me rassura : j'aperçus là, soigneusement couverte d'un verre renversé, la pièce de cinq francs. Elle m'attendait !

Je remboursai à la cabaretière la somme qui m'avait été avancée par son mari pour la rançon de Cartouche, je payai la consommation faite par les trois vauriens, et je réclamai cette pièce que j'avais laissée en dépôt comme garantie de ma dette.

— Je sais de quoi il s'agit, me dit la marchande de vin; mon mari, en partant, m'a conté la chose; c'est cinq francs qu'il vous faut.

Comme je vis qu'elle se disposait, tout en parlant, à ouvrir le tiroir qui contenait sa monnaie courante, je m'empressai de lui rappeler que, sur ma recommandation, son mari avait mis ma pièce en réserve, et je lui désignai le tasseau.

— C'est juste, reprit-elle; mais, en fait de pièces de cent sous, l'une vaut l'autre.

« Pas pour moi ! » pensai-je. Elle souleva le verre, prit la pièce que je lui avais indiquée et me la tendit. Je la saisis avec un frémissement de joie; puis je fus, presque aussitôt d'un frisson de terreur : au lieu du millésime 1841 frappé sur la monnaie Christophe Petersen, la pièce que j'avais sous les yeux portait la date de 1839 !

— Ce n'est pas ma pièce ! m'écriai-je, effrayé tout à coup des conséquences de la substitution.

— Je ne vous dis pas le contraire, balbutia la marchande de vin, troublée de l'émotion que je laissais paraître; mais vous ne perdez rien au change : celle-ci vaut cinq francs aussi bien que la vôtre.

— Valût-elle dix fois plus qu'elle ne remplacerait pas pour moi celle que j'ai laissée ici....

Essayant de plaisanter, soit pour me calmer, soit pour se rassurer elle-même, cette femme me répliqua :

— C'est donc votre pièce de mariage, que vous y tenez à ce point-là?

— D'où qu'elle me vienne, répondis-je, je veux celle-là; il me la faut absolument; arrangez-vous pour me la rendre.

— Cela me serait difficile, attendu qu'elle a passé l'eau.

Énergiquement sommée de m'expliquer ces paroles, la cabaretière m'avoua que s'étant trouvée, il y avait quelques instants, dans l'obligation de répondre en même temps à plusieurs pratiques, et rencontrant ma pièce sous sa main, elle n'avait pas pris le temps d'en chercher une autre dans son comptoir, tant elle avait hâte de se débarrasser d'un importun dont l'insistance retardait le service des consommateurs.

Je me suis aussitôt enquis de l'importun. C'est un vieux sous-officier, pensionnaire de l'hôtel des Invalides, nommé Jérôme Humbert, mais qui répond aussi au surnom de sergent Casse-Noix, sobriquet qui lui a été donné pour louer en deux mots la solidité de sa mâchoire artificielle. Tous les quinze jours, un conducteur des voitures de Versailles s'arrête à la porte du marchand de vin, et dépose pour l'invalide une pièce de cinq francs; c'est le montant du demi-mois de la pension annuelle de cent vingt francs qu'un ancien capitaine de Jérôme Humbert, maintenant propriétaire aux environs de Versailles, fait à son vieux sergent, en reconnaissance de services rendus pendant la retraite de 1812. Depuis deux jours l'argent de la quinzaine attendait le pensionnaire; enfin, ce matin, Jérôme Humbert est venu le réclamer, mais dans un moment où le soin du commerce obligerait la cabaretière à le congédier au plus vite; ma pièce était sous la main de cette femme, elle l'a donnée, et quand, plus tard, elle s'est souvenue de la recommandation de son mari, elle a cru qu'il suffisait de remplacer cette pièce par une autre pour être quitte envers moi.

J'ai écrit les noms et surnom du vieux sergent; quelques minutes après, je descendais de voiture devant l'hôtel des Invalides. Je m'informai du quartier où habitait Jérôme Humbert; on me renseigna sur-le-champ et, à ma grande satisfaction, j'appris qu'il venait de rentrer.

Sans trop savoir comment j'aborderais la question pour recouvrer ma pièce fausse, je me rendis dans la partie de l'hôtel qu'on m'avait indiquée. Je n'ai pu voir le vieux sergent. Malade depuis plusieurs jours et sorti ce matin avec la permission du médecin, il a été consigné à l'infirmerie, où il gardera les arrêts jusqu'à la visite de demain.

A demain donc; mais, je le répète, fatale journée. Cependant Cartouche est là mollement couché à mes pieds, son regard reconnaissant me caresse; je n'ai pas le courage de me reprocher ce que me coûte son adoption.

V. — Voyages et aventures. — Première journée.

Malgré les agitations subies durant cette laborieuse journée, simple prélude, cependant, d'un lendemain qui devait être plus agité encore, j'ai dormi d'un sommeil calme et profond. Aucun rêve malfaisant n'a troublé, que je me souvienne, la quiétude de mon repos. Ce salutaire apaisement, je l'ai dû, sans doute, un peu à l'excès de fatigue, mais surtout à la certitude qu'avec l'invalide consigné, ma pièce fausse de cinq francs était pour vingt-quatre heures aux arrêts.

Je n'avais pas besoin de me mettre en grands frais d'imagination pour essayer de rentrer en possession de ce seul exemplaire du crime de Malchus qui fût encore dangereux. Il m'a suffi d'y penser un moment, à mon réveil, pour trouver aussitôt, dans ce qu'on m'a appris du passé ainsi que des relations du sergent Humbert, le prétexte avouable de ma visite aux Invalides et la raison suffisante d'un entretien intime avec le vieux soldat.

Toutefois, cette visite je ne pouvais la faire, cet entretien je ne pouvais l'obtenir avant l'heure de midi. Les intérêts de mes clients, trop négligés hier, réclamaient impérieusement l'emploi de ma matinée chez moi et ma présence au Palais à l'ouverture des audiences.

Ce retard forcé ne m'a pas inquiété pour le succès de ma démarche auprès de Jérôme Humbert. C'est précisément à l'officier qui venait de le consigner à l'infirmerie que je m'étais adressé hier pour le renseigner, et celui-ci m'avait affirmé que les arrêts du sergent ne seraient pas levés aujourd'hui avant midi sonnant.

Pour surcroît de sécurité, j'écrivis, ce matin, au possesseur de ma pièce fausse, le billet suivant :

« J'ai une communication importante à faire au sergent Jérôme Humbert; je le prie de m'attendre à l'hôtel des Invalides, j'y arriverai presque aussitôt après la sortie de l'infirmerie. »

J'eus soin de faire suivre ma signature, toujours parfaitement illisible, comme il convient à une plume qui veut qu'on la suppose fort occupée, de cette qualification très-lisiblement écrite : Avocat à la Cour impériale. Ce titre, qui, à bon droit, commande la confiance, impose à la plupart des petites gens une terreur respectueuse sur laquelle je comptais bien un peu pour retenir à demeure l'invalide jusqu'à mon arrivée.

Le commissionnaire que j'envoyai chercher eut ordre de faire dire au consigné qu'il l'attendait dans tel endroit où il lui serait permis de stationner, afin de lui donner à lire une lettre dont il devait prendre connaissance au moment même où il sortirait de l'infirmerie.

La prudence, me semblait-il, n'exigeait rien de plus; je croyais avoir tout prévu, et pourtant !...

La suite à la prochaine livraison.

Quand on entend le bruit de la mer, on n'entend qu'un seul bruit, et cependant ce bruit de chaque flot et de tous les flots; il en est ainsi de toute la nature : elle se réfléchit tout entière dans chacune de ses parties.

LEIBNIZ.

LA GLACIÈRE NATURELLE DE VERGY
EN SUISSE [1].

Nous partîmes de Genève pour Cluses le 18 janvier de l'année 1861.

Au confluent de la vallée du Reposoir et de la grande vallée de l'Arve, à deux lieues en avant de Cluses, se trouve le village de Scionzier, clef de la vallée du Reposoir. Là, nous prîmes pour guide un cordonnier qui connaissait le chemin de la glacière de Vergy. Nous passâmes la nuit au couvent de la Chartreuse, situé vers le milieu de la longueur de la vallée, dans une situation d'une sévère beauté.

Du monastère, on redescend par un chemin rapide, d'un quart de lieue de longueur, au village *Pralong* du Reposoir. Ayant fait à une petite halte pour disposer nos effets, nous interrogeâmes les montagnards. Ils affirmèrent

[1] Extrait d'un mémoire de M. Thury, professeur à l'Académie de Genève, intitulé : *Études sur les glacières naturelles*, tiré des Archives des sciences de la *Bibliothèque universelle* (Février 1861). L'auteur examine et discute, dans ce Mémoire, les théories de Pierre Prévost et de MM. A. Pictet et J.-A. Deluc sur la théorie des glacières ou cavernes à glace.

unanimement que nous ne trouverions pas de glace dans la « grand'cave de Montarquy », comme ils appellent la grotte, mais de l'eau, et un air tiède. Cependant, à nos questions : « Y avez-vous été? Connaissez-vous quelqu'un qui ait visité la grotte en hiver? » la réponse non moins unanime fut toujours : « En hiver, il n'y fait pas beau; on ne va pas là en hiver. »

Le temps était magnifique; nous gravîmes des pentes de neige sans aucune sérieuse difficulté. Les derniers pas, dans le vallon de la glacière, furent seuls un peu pénibles, à cause du ramollissement de la neige et de l'accélération du pouls (cent vingt à cent quarante pulsations).

Il faisait très-chaud : le thermomètre, au soleil, marquait + 21 degrés; nous dûmes attendre quelques moments avant de pénétrer dans la grotte. Il était midi. Nous entrâmes dans une vaste salle de 40 à 60 mètres de profondeur, dont le sol, jonché de débris de roches, s'abaisse vers le fond et vers l'un des côtés. Nous vîmes de la glace très-sèche sous forme de stalactites, de stalagmites, de colonnes, de planchers et de plans inclinés de glace [1]. Nulle part de l'eau; une atmosphère immobile et froide.

A quelque distance de l'entrée de la grotte, dans la paroi latérale de droite, on remarque une ouverture qui mène dans une cavité circulaire (la chapelle) ayant peut-être 4 mètres de diamètre. Au fond de cette cavité, il y a une fissure de rocher.

Toute la grotte est creusée dans le roc, qui est un calcaire jaunâtre. Il y avait deux planchers, un grand et un petit : la glace de l'un et de l'autre était transparente, unie et sèche. Quinze grandes stalactites et beaucoup de petites descendaient de la voûte; du sol s'élevaient, à un mètre au plus, de nombreuses stalagmites coniques, claviformes, fusiformes, paraboloïdes; les unes en forme de bouteille à long col ou de toupie renversée, les autres à un ou plusieurs ventres superposés; celles-ci ramifiées ou simples; celles-là à base épatée ou très-amincie.

Parmi les colonnes ou pilastres de glace, adhérentes par leurs deux extrémités, il y en avait une fort remarquable, vers l'angle intérieur du grand plancher de glace, près de la paroi du fond. Haute d'environ 4 mètres, adhérente par sa base au plancher de glace, par son sommet au rocher, et libre dans tout le reste de son pourtour, elle était composée d'une glace particulière, parfaitement sèche, homogène, translucide, et dont l'aspect ne saurait être comparé à celui de la plus belle porcelaine.

Dans cette grotte, comme dans les autres glacières, le temps de la formation de la glace doit être l'époque de l'année où l'eau et le froid se rencontrent, c'est-à-dire l'automne et surtout le printemps, le temps de la première fonte des neiges [1]. A cet égard, il est parfaitement juste de dire qu'il ne s'y forme point de glace en hiver.

A quatre heures et demie nous quittions la glacière. La descente ne fut pas difficile; le ciel offrait ces teintes élémentaires et vives que l'on ignore dans les plaines : à l'est, d'un rose sombre, vert-pomme, passant au brun métallique près de l'horizon, au couchant.

Nous fîmes halte au premier village. Lorsque notre guide, interrogé sur ce qu'il avait vu dans la grand'cave, affirma qu'elle renfermait de la glace et qu'il y faisait froid, un montagnard s'écria, après un moment de silence : « C'est égal, *dans les véritables glacières* il n'y a point de glace en hiver. »

[1] M. Thury, ayant visité une première fois cette grotte en été, n'y avait vu ni stalactites ni colonnes; et les planchers de glace étaient en fusion; mais il arrive souvent que, pendant les grandes chaleurs, les habitants des chalets supérieurs se font de l'eau avec la glace de la grotte en la brisant et la laissant fondre à l'air.

C'est précisément cette observation populaire, ordinairement juste, qui donne de l'intérêt aux discussions des
savants. — Quelle est la part des courants d'air ? — Quelle
est celle du refroidissement de l'air par saturation de vapeur

Entrée de la glacière naturelle de Vergy, dans la vallée du Reposoir (Suisse). — Dessin de Karl Girardet, d'après M. Thury.

Vue intérieure de la glacière de Vergy. — Dessin de Karl Girardet, d'après M. Thury.

d'eau? — « Dans la question des cavernes à glace, dit
M. Thury, le plus urgent est de recueillir les faits; ils ne
sont pas encore assez nombreux pour servir de contrôle à
une véritable théorie. »

LE VIEUX BERGER.

Le Vieux Berger, par Decamps. — Dessin de Panquet.

Vous l'avez rencontré dans quelque course solitaire, en traversant la lande, sur le plateau désert. Dans le vague concert des mille voix de la nature, rêveur vous marchiez sans entendre le bruit de vos pas, lorsque les cris bizarres par lesquels il excite son chien ou rappelle la brebis qui s'écarte vous ont brusquement réveillé. Sa bure a l'uniforme couleur de l'herbe flétrie et du bois dépouillé, du sol que lavent les pluies et que le soleil dessèche, de tout ce qui brave la dure saison. Vous ne l'aviez pas aperçu qui vous observait immobile, et (pourquoi ne pas l'avouer?) ce n'est pas sans un peu de trouble que vous avez senti son perçant regard attaché sur vous. Sa renommée est étrange dans le pays; même dans plus d'un canton éloigné on ne parle de lui qu'avec un mystérieux respect. Que ne raconte-t-on pas de son savoir et de son pouvoir merveilleux! Jusqu'où ne le croit-on pas étendus! Quels secrets, quels trésors profondément enfouis demeurent cachés pour lui? Que de malheurs n'a-t-il pas prédits et plus d'une fois détournés! Que de moissons rentrées avant l'orage, ou de vergers épargnés par les tardives gelées! A l'un il a révélé la source ignorée qui arrose ses prés, à un autre la marnière ou la mine qui a doublé le prix de son champ. C'est lui qui détruit les fouines, les blaireaux, les belettes et les taupes, tous les animaux malfaisants et méfiants; il connaît, assure-t-on, des herbes qui les attirent hors de leurs repaires. Qui ne lui doit la guérison de quelques bestiaux malades? quelques-uns même ne l'ont pas consulté en vain pour un parent ou un enfant languissant. Et si ce qu'on dit est vrai, ce n'est pas seulement pour les maux du corps qu'il possède des charmes et des paroles efficaces. Arbitre et confident de tous, ses rares paroles pour tous sont des oracles. Il est sorcier, disent les bonnes gens, mais personne ne se plaint de ses sortiléges dont on ne ressent que la bienfaisante influence. Heureux, pense-t-on, qui reservait le dépôt de sa mystérieuse puissance !

Heureux, en effet, qui apprendrait de lui les secrets que révèlent à qui vit solitaire la vue de la nature, l'observation patiente, le courage, la bonté, la charité !

UN CRIME QUI MARCHE.

VOYAGES ET AVENTURES A LA POURSUITE D'UNE PIÈCE FAUSSE.

Suite. — Voy. p. 3, 10, 21, 30, 37, 45, 54.

Mes devoirs d'avocat remplis, et, n'ayant plus d'autre préoccupation que celle de rentrer au plus tôt en possession de la pièce fausse, midi sonnait quand je suis monté en voiture, cette fois pour me faire conduire à l'hôtel des Invalides. A ma grande joie, j'aperçus dans la première cour mon commissionnaire; il venait d'aborder un pensionnaire de l'hôtel; je le vis de loin lui remettre mon billet. Le vieux soldat n'avait pas encore déchiré l'enveloppe que déjà j'étais près de lui.

— Vous êtes le sergent Humbert? lui dis-je. — Il n'eut pas tenu mon billet qu'à première vue sa mâchoire inférieure me l'aurait suffisamment désigné. — C'est moi qui viens de vous écrire, ajoutai-je; si vous le voulez bien, nous allons causer ensemble.

Et aussitôt je congédiai le commissionnaire.

Jérôme Humbert, à qui je déclinai mes nom et qualité, me conduisit avec force démonstrations respectueuses vers un banc de la cour intérieure sur lequel nous nous assîmes côte à côte, et j'entamai ainsi la négociation :

— Il s'agit d'une légère créance que vous aurez sans doute oubliée; elle remonte si loin dans le passé que votre débiteur, dont je viens acquitter la dette, m'a prié de vous cacher son nom, tant il est honteux du retard qu'il a mis à se libérer envers vous.

— On me doit, c'est possible, mâchonna le soldat mutilé, à qui l'horrible blessure avait rendu si difficile l'usage de la parole que c'était, des deux parts, une tâche également pénible, pour lui d'émettre des sons à peu près intelligibles, pour celui qui l'écoutait de traduire exactement ces sons que l'invalide n'articulait pas. — Dans le temps, continua-t-il, désignant ainsi l'époque des grandes guerres, dans le temps, nous avons contracté beaucoup de dettes entre camarades. Chacun de nous a dû ou doit encore à quelqu'un; donc, celui qui vous envoie n'a pas plus à rougir de ce retard que je ne rougis moi-même quand il m'arrive de penser à de pareilles dettes, que je ne payerai jamais.

Il insista pour savoir le nom de son débiteur; je persistai, et pour cause, à ne nommer personne; enfin, il consentit à encaisser la restitution anonyme sous ma promesse d'engager ce mystérieux débiteur à venir, dès le lendemain, se nommer lui-même à son créancier.

— C'est une somme de quinze francs que je vous dois remettre; voici un napoléon de vingt francs, veuillez me rendre cent sous, lui dis-je en tirant de ma bourse la pièce d'or que je lui mis dans la main.

— Vous rendre? Tout de suite, me répondit Jérôme Humbert, se levant aussitôt. Venez avec moi, nous aurons la monnaie de votre napoléon à la cantine.

Cette réplique me donna la sueur froide. Cependant, ayant maîtrisé mon émotion, je repartis :

— A quoi bon prendre la peine d'aller jusque-là; vous devez avoir sur vous ce qu'il me faut.

Étonné de la prétention que j'affichais de connaître si exactement le fond de sa bourse, il fit grimacer sa lèvre supérieure, la seule qu'il pût mouvoir, et répliqua, en me regardant avec défiance :

— Ah! j'ai de quoi vous rendre?... C'est vous qui le dites; mais qu'en savez-vous?.

Entraîné par le désir de reconquérir ma pièce fausse, désir si violent que si, tout à coup, Dieu eût permis que le sergent se fût endormi, je ne me serais point fait scrupule d'aller la chercher au fond de sa poche, en y laissant, bien entendu, une telle compensation que mon larcin eût été pour lui un bienfait; mais il ne pensait guère à dormir. Entraîné, ai-je dit, par la fièvre du doute et de l'impatience, je lui rappelai la pension qu'il recevait à termes fixes de son capitaine, et je terminai ainsi :

— Vous avez touché hier la quinzaine échue depuis trois jours. Après avoir reçu la pièce de cinq francs déposée pour vous chez le marchand de vin, vous êtes revenu tout droit à l'hôtel, et immédiatement vous avez été consigné à l'infirmerie, où il n'y a, m'a-t-on assuré, aucune occasion de dépense. Vos arrêts viennent d'être levés; donc, je disais bien : vous avez les cinq francs qu'il me faut.

— C'est comme un rapport de police, observa Jérôme Humbert. Puis, s'avisant d'une idée, il frappa du fer de sa canne le pavé de la cour et reprit : — Il y a cinq francs, c'est une ruse de guerre. Celui qui vous envoie, ce n'est pas un camarade qui me doit quelque chose; au contraire, c'est mon capitaine lui-même. On lui aura dit que, malgré la grosse pension qu'il me fait pour mon tabac, je n'ai pas plutôt touché ma quinzaine que je suis tout de suite sans le sou. Je ne peux pas dire non, car c'est la vérité.

En achevant de parler, il me présenta le napoléon de vingt francs, sur lequel il ne se croyait plus aucun droit. Je ne le repris pas.

Ce désolant aveu me bouleversait l'esprit. Je me voyais déjà cherchant la trace de ma pièce fausse sans le pouvoir retrouver. Heureusement que Jérôme Humbert, persistant à voir en moi l'envoyé de son généreux capitaine, crut me devoir sa confidence entière.

Le désir qu'il avait de justifier l'emploi de sa pension, le besoin que j'éprouvais de ne rien perdre de son récit, firent que, réunissant l'effort de mon attention soutenue à ses efforts pour se faire comprendre, mon intelligence saisit mot à mot ce que sa presque impossibilité de parler ne lui permettait pas de dire intelligiblement.

Jérôme Humbert a été marié; il a perdu sa femme, autrefois vivandière aux chasseurs de la garde. De plusieurs enfants qu'il eut dans le mariage, il ne lui est resté qu'une fille, aujourd'hui pauvre veuve et mère de deux jeunes garçons qui ne peuvent encore être ses soutiens. L'aîné vient seulement d'entrer en apprentissage; l'autre commence sa seconde année d'études à l'école des Frères. L'état de blanchisseuse à la journée ne suffit pas toujours aux besoins, si modestes qu'ils soient, de la mère de famille. Afin d'alléger une charge trop lourde pour deux bras de femme, même des plus courageux, le vieux sergent partage avec sa fille la pension que lui fait son capitaine. C'est-à-dire qu'elle lui envoie pour quatre sous de tabac par semaine en échange de cinq francs qu'il rapporte tous les quinze jours. Voilà ce que le brave homme entend par ces mots : « Nous partageons », traduction paternelle.

— Mais, lui dis-je, consigné depuis hier, vous n'avez pu

aller chez votre fille; donc elle attend encore la quinzaine.

— Si cela était, me répondit-il le sourire dans les yeux, j'aurais passé une mauvaise nuit; elle a été excellente, au contraire; voici pourquoi : au moment où l'officier de service me ramenait à l'infirmerie, un camarade en sortait; je l'ai chargé de ma commission chez Denise.

— Ainsi, repris-je avec un mouvement bien naturel de vivacité, attendu l'inquiétude où j'étais tombé, les cinq francs sont dans ses mains depuis hier?

— Vous voulez dire qu'ils y ont passé; car ce n'est pas pour en faire des reliques que la pauvre créature les attend toujours avec tant d'impatience. Il y a forcément quelques petites dettes criardes qui mettent en morceaux la pièce de cinq francs le jour même où elle la reçoit, et Dieu sait ce qu'il en reste le lendemain.

— Et où demeure votre fille? interrompis-je brusquement.

Le vieux sergent me regarda, étonné de cette question à brûle-pourpoint. Comme il hésitait à parler, je repris plus impatiemment encore :

— Veuillez me dire où demeure votre fille.

— A l'autre bout de Paris, répondit derrière moi quelqu'un qui se tenait près du banc où nous nous étions assis. — Rue des Fossés-du-Temple, numéro 89, continua notre interrupteur; et il y a une fière trotte d'ici chez Mᵐᵉ Denise Cavailloux! j'en sais quelque chose, car voilà deux fois, depuis hier, que j'arpente ce chemin-là. Heureusement, ajouta-t-il dans une bouffée de gros rire, que ce n'est pas des jambes que je suis manchot.

Celui qui venait se mêler à notre conversation, c'était, en effet, un manchot, ce même camarade que Jérôme Humbert avait envoyé la veille chez sa fille; mais pourquoi avait-il dû faire deux fois le voyage de l'hôtel des Invalides au numéro 89 de la rue des Fossés-du-Temple?

Le nouveau venu prévint la question et dit, s'adressant, cette fois, au vieux sergent :

— Les semaines de travail ont plus de six jours pour Denise Cavailloux, à preuve qu'hier j'ai appris d'une voisine, qui s'était chargée de faire souper et de coucher les enfants, que leur mère ne devait pas rentrer le soir chez elle. Tous les samedis, régulièrement, la brave ouvrière passe la nuit chez sa maîtresse blanchisseuse, afin que toutes ses pratiques puissent avoir du linge blanc le dimanche. Donc, je ne pouvais rencontrer ta fille que ce matin; voilà pourquoi j'arrive à la minute de lui porter son prêt, que je n'ai pas voulu laisser hier à la voisine.

Le père de Denise fit sonner une tape dans la main unique du manchot, comme approbation de cette mesure de prudence.

— Je n'avais plus rien à apprendre du sergent Humbert. Remis par son obligeant camarade sur la piste de la pièce fausse, il me restait maintenant à me rendre au plus vite chez Denise Cavailloux.

Rompant tout à coup l'entretien, je me suis levé, et après avoir jeté un mot d'adieu aux deux invalides, c'est en toute hâte que je me suis éloigné. J'allais sortir de la cour intérieure, quand j'ai entendu crier à quelques pas derrière moi. C'était le camarade de Jérôme Humbert qui venait de se mettre à ma poursuite; l'autre, moins vaillant marcheur, le suivait à distance et multipliait les signaux pour m'inviter à m'arrêter. J'obéis.

— On vous rattrape, c'est bien heureux! me dit le plus agile des deux quand il m'eut rejoint. Attendez donc un moment; mon camarade tient à vous rendre un napoléon que vous avez oublié dans sa main.

— Qu'il le garde, repris-je, il est à lui; je lui expliquerai pourquoi quand je reviendrai le voir.

Et, sans plus tarder, j'ai repris ma course jusqu'à la première place de voitures; puis, en route, cocher, pour la rue des Fossés-du-Temple!

La suite à la prochaine livraison.

LES TIMBRES-POSTE.

Suite. — Voy. les Tables des tomes XXX et XXXI (1862 et 1863).

CONFÉDÉRATION SUISSE.

Suite. — Voy. t. XXXI, 1863, p. 383.

Ville et canton de Genève.

En 1845 ou 1846, le port fut réduit à 5 centimes pour, le canton, et il n'y eut plus qu'un timbre, le timbre cantonal, D. Il est rectangulaire; il a $19^{mm}.5$ sur 17^{mm}. Il est lithographié, imprimé en noir, d'abord sur papier vert jaunâtre, ensuite sur papier vert azuré, vert franc, vert émeraude. Il est de 5 centimes. Le dessin est le même que celui du timbre précédent, avec de petits changements : le nom du Christ est écrit IHS, l'aigle n'est pas couronnée; on lit au bas : *Timbre cantonal* (n° 112).

Ce timbre était en usage de 1846 à 1849. On en voit des exemplaires imprimés en noir sur papier blanc et toujours non oblitérés; ce sont probablement des timbres d'essai.

D. N° 112. Genève. F. N° 113.

On faisait usage, en 1848, d'un autre timbre cantonal, E, lithographié, imprimé en noir sur papier vert jaunâtre clair. Il est rectangulaire; il a $18^{mm}.5$ sur $16^{mm}.5$. L'aigle n'est pas couronnée; le nom du Christ est écrit IHS. Le dessin de ce timbre est plus fin et plus soigné que celui d'aucun autre.

Il paraît qu'on s'est servi, à la même époque, à Genève, de timbres de types différents, car on voit des timbres D sur des lettres de 1846, 1847 et 1849, et des timbres E sur des lettres de 1848 et 1849.

Nous ne savons à quelle époque on a émis un autre timbre cantonal, F, lithographié, imprimé en vert clair sur papier blanc. Il est rectangulaire et a 20^{mm} sur $17^{mm}.5$. Il diffère en plusieurs points des timbres cantonaux D et E : l'aigle est couronnée, le nom du Christ est écrit JHS, les rayons de la gloire sont moins nombreux, moins fins, un peu plus longs et un peu effacés (n° 113).

Il resterait à parler d'un timbre cantonal, G, dont le dessin et la dimension sont les mêmes, et qui est imprimé tantôt en vert clair sur papier blanc, et tantôt en noir sur papier vert clair ou vert bleu foncé. Il existe au moins quatre dessins de ce timbre, et aucun de ces dessins n'est le même que celui du timbre F. Ce timbre est le seul dans lequel les rayons de la gloire remplissent toute la partie supérieure.

Il n'est pas rare de trouver des exemplaires d'une authenticité certaine des timbres A, B, D, E et F, mais nous n'en avons pas encore vu des timbres C et G.

L'administration cantonale des postes de Genève a mis en vente, depuis 1845 jusqu'à la centralisation des postes, des enveloppes timbrées pour l'affranchissement, de la valeur de 5 centimes, port cantonal. Le timbre, placé à l'angle droit supérieur, est le timbre F, imprimé en vert clair sur le papier mi-blanc ou blanc jaunâtre de l'enveloppe. L'aigle est couronnée. L'enveloppe a 111^{mm} sur 140^{mm}.

Les timbres genevois ont servi jusqu'en 1850.

Les timbres-poste de Genève ont été imprimés à Francfort-sur-le-Mein; les enveloppes timbrées ont été imprimées et faites par un imprimeur de Genève, M. Schmid.

Lausanne et canton de Vaud.

On s'est servi, de 1848 à 1851, à Lausanne, dans d'autres villes du canton de Vaud et dans le canton, de timbres de 4 et de 5 centimes que l'on dit avoir été émis à Lausanne. Il paraît que ces timbres ont eu cours dans le canton de Genève.

Ils sont oblongs; ils ont 15ᵐᵐ.6 sur 24ᵐᵐ. Ils sont gravés, imprimés en noir et rouge sur papier blanc.

L'écu suisse est placé dans le cercle que forme le tube enroulé d'un cornet de postillon. Cet écu porte la croix d'argent (blanche) sur champ de gueules (rouge). On lit en haut Poste locale, et en bas la valeur, 4 c. ou 5 c. (n° 114).

No 114. — Vaud.   No 115. — Neuchâtel.

Canton de Neuchâtel.

On attribue à Neuchâtel un timbre de 5 centimes qui a été employé à partir de 1848 (peut-être même auparavant) jusqu'en 1850. Il est certain que ce timbre a servi dans le canton de Neuchâtel.

Il est rectangulaire et a 23ᵐᵐ.5 sur 18ᵐᵐ. Il est lithographié; il a été imprimé, au moyen d'un report, en noir et en rouge sur papier blanc.

L'écu aux armes de Suisse (croix blanche sur champ rouge) est au centre dans une sorte d'encadrement. Les mots Poste locale sont écrits sur une banderole qui est en haut, et la valeur est en bas. Le fond est couvert d'ornements dessinés au trait avec légèreté (n° 115).

Ville et canton de Zurich.

C'est en février 1843 qu'on a commencé à faire usage de timbres-poste à Zurich, et l'on s'est servi, jusqu'à la fin de 1849, des timbres zuricois.

Ces timbres sont, les uns de 4 rappen, les autres de 6 rappen, monnaie ancienne de Suisse : 4 rappen (0ᶠ.0592) (n° 116) et 6 rappen (0ᶠ.0888) (n° 117).

No 116.   Zurich.   No 117.

On affranchissait avec les timbres de 4 rappen les lettres de et pour le district de la ville de Zurich, et avec les timbres de 6 rappen les lettres d'une localité du canton pour une autre localité du canton.

Ces timbres sont rectangulaires; ils ont 22ᵐᵐ.5 sur 18ᵐᵐ. Ils sont lithographiés, imprimés en noir et du papier blanc à mille raies très-fines et rouge amarante.

Le chiffre de la valeur est dessiné au milieu du timbre; le fond est couvert de fines raies noires disposées en losanges; la bordure porte en haut le nom de Zurich, et au bas les mots Local-taxe sur les timbres de 4 rappen, et Cantonal-taxe sur ceux de 6 rappen.

Les timbres ont été ordinairement imprimés sur le papier à mille raies de façon que les raies rouges soient verticales. Cependant, les feuilles de papier n'ayant pas toujours été placées dans le même sens sous la planche, il existe des timbres sur lesquels les raies rouges sont horizontales. On en a aussi imprimé sur papier blanc, sans raies rouges : ces derniers timbres sont rares.

Il y a eu plusieurs dessins du timbre de 6 rappen. Le dessin du 6 n'est pas toujours le même, et l'on peut distinguer les planches par le nombre et la position des lignes noires qui traversent l'anneau du 6. Dans les timbres qui ont été émis en dernier lieu, la tête du 6 est plus arrondie.

Le type le plus ancien des timbres de Zurich présente des différences avec le précédent. Le chiffre de la valeur est dans un cadre ovale; on lit, à gauche, Sechs rappen sur le timbre de 6, et Vier rappen sur celui de 4, et à droite, Cantonal taxe sur le premier et Local taxe sur le second. Chacun des chiffres de l'année de la création des timbres de Zurich, 1, 8, 4, 3, est placé dans un petit cartouche à chaque coin. Le nom de Zurich n'est pas sur ces timbres.

Les uns prétendent que ces derniers timbres ont été en usage à Zurich de 1843 à 1850; d'autres, qu'ils sont les premiers essais des timbres de Zurich. Il est certain que ces timbres sont très-rares et qu'on n'en connaît pas d'oblitérés.

Nous avons fait faire une petite enquête à Zurich, et en voici le résultat : « Personne ne se souvient d'avoir jamais vu ou employé des timbres portant les chiffres 1, 8, 4, 3; le contrôleur de la poste et l'imprimeur du gouvernement ne les connaissent pas. »

Les timbres que nous avons décrits en premier lieu sont sur des lettres de 1843 et de 1844, et ces timbres datés de 1843 ne sont certainement que des essais.

Les timbres de Zurich ont été faits par MM. Orell Fussli et Cⁱᵉ, à Zurich.

On donne à un timbre de 2 ¹/₂ rappen anciens (0ᶠ.037) le nom de timbre de Winterthur; on l'attribue aussi à la ville de Zurich (n° 118).

La petite ville de Winterthur est dans le canton de Zurich, et n'a jamais eu de timbre-poste qui lui fût propre.

On prétend avoir trouvé des exemplaires du timbre dont il s'agit sur des lettres de Zurich, de Fribourg, de Sion, mais la provenance certaine de ce timbre est encore inconnue. Comme les timbres de 4 et de 6 rappen de Zurich ont été retirés à la fin de 1849, et comme les timbres fédéraux de 2 ¹/₂ rappen, poste locale, n'ont été émis qu'en avril 1850, ce timbre dit de Winterthur ne serait-il pas celui dont on aurait fait usage à Zurich et dans les villes du canton de Zurich, pour le port local, de la fin de 1849

No 118. — Zurich?   No 119. — Confédération.

à avril 1850, avant l'émission du timbre fédéral dont nous donnons le dessin sous le n° 119? Cela expliquerait que ce timbre soit si rare, puisqu'il n'aurait servi que pendant très-peu de temps, et qu'il porte toujours les marques d'oblitération employées à la poste de Zurich, la croix fleuronnée ou les lettres P. P.

Ce timbre est oblong; il a 20ᵐᵐ sur 16ᵐᵐ. Il est lithographié, imprimé en noir et en vermillon sur papier blanc.

Un cornet de postillon est suspendu devant un cartouche rayé de rouge; les armes de Suisse (croix d'argent sur champ de gueules) occupent le cercle qui est formé par le tube enroulé du cornet. Un ou deux mots, composés d'une dizaine de lettres illisibles (¹), sont gravés sur le cornet, au-dessous de l'écu. On lit sur le cartouche : *Orts post: Poste locale.* La valeur (2 ¹/₄ r.) est écrite en haut et en bas.

Ce timbre est très-rare.

La suite à une prochaine livraison.

FRANCFORT-SUR-LE-MEIN.

Francfort-sur-le-Mein, siége de la diète germanique et de l'administration fédérale, centre de commerce important, passe à bon droit pour une des plus belles villes de l'Allemagne. Elle a de quoi séduire ceux qui recherchent, partout où ils s'arrêtent, la facilité et l'agrément de la vie, la régularité et la propreté des rues; l'air et la lumière largement répandus, et, jusque dans l'apparence extérieure des habitations, l'aisance, le luxe, le confort de la vie mo-

Quai du Mein, à Francfort. — Dessin de Stroobant.

derne. Elle ne captive pas moins ceux qui voyagent en quête partout de pittoresque et de souvenirs historiques, et qui se passionnent pour les vieux châteaux, les vieilles églises et les vieux logis.

L'auteur du *Rhin* a peint, avec la magnificence de couleurs et la justesse de touche qui lui sont habituelles, le

(¹) Il paraît y avoir neuf lettres; deux sont illisibles. On croit lire: JC..NVOLE. Il est possible que ce soit le nom du dessinateur.

vieux Francfort, qui se groupe autour de sa collégiale, « double nef croisée du quatorzième siècle, surmontée d'une belle tour du quinzième, malheureusement inachevée. L'église et la tour sont en beau grès rouge, noirci et rouillé par les années. L'intérieur seul est badigeonné..... Des murs blancs, pas de vitraux; un riche mobilier d'autels sculptés, de tombes coloriées, d'autels et de bas-reliefs.» L'église est entourée de marchés. La boucherie « occupe deux anciennes rues. Il est impossible de voir des maisons plus vieilles et plus noires se pencher sur un plus splendide amas de chair fraîche. Je ne sais quel air de jovialité gloutonne est empreint sur ces façades bizarrement ardoisées et sculptées, dont le 'rez-de-chaussée semble' dévorer, comme une gueule profonde toute grande ouverte, d'innombrables quartiers de bœuf et de mouton..... De l'écorcherie on débouche dans une place de grandeur médiocre, une de ces places-trapèzes autour desquelles tous les styles et tous les caprices de l'architecture bourgeoise au moyen âge et à la renaissance se dressent, représentés par des maisons modèles où, selon l'époque et le goût, l'ornementation a tout employé avec un à-propos prodigieux, l'ardoise comme la pierre, le plomb comme le bois..... Vers le milieu de la place ont germé, comme deux buissons vivaces, deux fontaines, l'une de la renaissance, l'autre du dix-huitième siècle. Sur ces deux fontaines se rencontrent et s'affrontent, debout chacune au sommet de sa colonne, Minerve et Judith, la virago homérique et la virago biblique, l'une avec la tête de Méduse, l'autre avec la tête d'Holopherne..... Vis-à-vis s'élèvent, avec leur cadran noir et leurs cinq graves fenêtres de hauteur inégale, les trois pignons juxtaposés du Rœmer. C'est dans le Rœmer qu'on élisait les empereurs; c'est dans cette place qu'on les proclamait. C'est aussi dans cette place (dans les rues voisines et sur le quai) que se tenaient et que se tiennent encore les deux fameuses foires de Francfort, la foire de septembre et la foire de Pâques. »

Le poëte fait de la rue des Juifs une peinture telle que Rembrandt l'eût imaginée, une peinture pleine de ténèbres où l'on entrevoit, dans un rayon de lumière, de mystérieuses figures; mais sa description n'est plus exacte aujourd'hui. De ces sinistres demeures, « des forteresses plutôt que des maisons, des cavernes plutôt que des forteresses », une partie est démolie; le jour, tombant à flots dans la rue élargie, éclaire des maisons blanches. La rue des Juifs n'aura bientôt rien à envier à la Zeil, la plus large rue de Francfort et la plus animée, toute bordée d'hôtels et de magasins. Là est le centre du mouvement et de la vie commerciale; les riches habitations sont situées, pour la plupart, hors de l'ancienne enceinte de la ville. Au delà des jardins que Gœthe enfant voyait s'étendre du pied de la maison de son père jusqu'aux murs fortifiés, le regard embrassait une vaste plaine aujourd'hui peuplée d'élégantes maisons entourées de jardins et comme vêtues de fleurs. Les fortifications elles-mêmes ont été changées en promenades. Gœthe vit commencer la transformation. Lorsqu'il courait avec ses compagnons de jeu sur le grand pont du Mein, sa promenade favorite, ou sur le Rœmerberg, il s'étonnait de trouver « dans une seule ville un grand nombre de petites villes, dans une seule forteresse plusieurs petits forts..... Aucun monument d'une belle architecture ne décorait Francfort, dit-il..... Les portes et les tours qui marquaient les limites de la ville, celles dont la nouvelle était entourée, ses remparts, ses ponts, ses fossés, tout rappelait les temps d'alarmes où ces défenses étaient nécessaires, à la sécurité commune. » De nos jours, les portes et les tours-vigies qui interrompent de distance en distance le verdoyant boulevard semblent conserver pour le pur amour

du pittoresque les souvenirs du moyen âge autour de la cité neuve.

Derrière le vrai, le beau, le bien, l'humanité a toujours senti qu'il existe une réalité souveraine dans laquelle réside l'idéal, c'est-à-dire Dieu, le centre et l'unité mystérieuse et inaccessible vers laquelle converge l'ordre universel.

M. BERTHELOT.

ASSOCIATION

POUR AIDER AU BIEN-ÊTRE GÉNÉRAL DES AVEUGLES.

FONDÉE PAR MISS GILBERT.

On connaît les prodiges qu'opère en Angleterre la charité individuelle, mais il en est peu de plus frappants que cette fondation. Qu'est-ce, en effet, que miss Gilbert et son asile? Miss Gilbert est une personne occupant dans la société aristocratique anglaise une haute position; fille du lord évêque de Chichester, riche, intelligente et aveugle. De même que la frêle santé de Florence Nightingale en a fait la plus héroïque et la meilleure des gardes-malades, de même la cécité d'Élisabeth Gilbert en a fait la providence de ses compagnons d'infortune.

Pénétrée de bonne heure de l'intime conviction que le sentiment d'isolement qu'éprouvent les êtres retranchés de la société par l'absence d'une faculté est de beaucoup la part la plus amère de leur lot, elle a désiré rétablir autant que possible l'équilibre, mettre les aveugles sur un pied d'égalité avec les voyants, les naturaliser dans les rangs de l'industrie. Le but constant de ses efforts a été de leur rendre possible de gagner leur vie honorablement; elle a voulu les affranchir de la triste nécessité d'avoir pour guide un chien; de stationner aux portes des églises, sur les ponts, avec un écriteau pendu au cou, racontant leur misère aux passants et sollicitant leur pitié.

Miss Gilbert a consacré sa fortune, et, ce qui est bien plus, elle s'est dévouée elle-même à cette œuvre difficile. Elle l'a commencée sans bruit, sans étalage, sans dépenses superflues. Avec cette clairvoyance de l'esprit et du cœur qui dépasse celle des sens, elle s'est mise en quête des moyens. Elle apprit qu'un aveugle de naissance fabriquait certains objets avec une facilité merveilleuse et les portait dans les différents quartiers de Londres où il pouvait s'en défaire, s'orientant, sans jamais se tromper, au milieu du dédale de maisons et de rues de cette immense capitale. Elle vit cet homme, l'interrogea, et comprit tout le parti qu'elle en pouvait tirer pour son œuvre. Chargé par elle de découvrir des aveugles indigents, de leur offrir du travail, de commencer ou d'achever leur apprentissage, il avait recours à elle pour les matières premières, qu'elle achetait en gros et cédait à prix coûtant; car il ne faut pas s'y tromper, la charité de miss Gilbert n'était pas la charité vulgaire, qui consiste seulement à donner : elle voulait surtout relever la dignité humaine, faire de ses pauvres infirmes non des mendiants secourus, mais des créatures responsables ayant conscience de leur utilité relative et en tirant une satisfaction morale. Les tapis communs, les brosses, les paniers, une fois fabriqués, il fallait leur trouver un débouché. Miss Gilbert y pourvut. Elle loua dans Easton-Road une petite maison, et y établit une boutique où se vendent tous les objets faits par des aveugles qui ont appris un métier quelconque. Restait à résoudre une question délicate. Le prix de ces objets devait-il être fixé au point de vue de l'acquéreur, ou du fabricant dont ils étaient l'unique ressource? Substituerait-on la charité à la justice? Ne serait-il pas déloyal de faire une concurrence de rabais aux marchands? Et, d'autre part, comment espérer qu'une clientèle étendue et sérieuse pût se former si les articles de vente étaient cotés trop haut et payés plus cher que partout ailleurs? Ne serait-ce pas faire de l'ouvrier aveugle un fardeau, une taxe imposée à la sympathie générale, au lieu de viser à en faire un ouvrier capable, qui mérite et reçoit le juste salaire de son labeur? Il n'est pas, à la vérité, dans les mêmes conditions que les autres travailleurs. L'œil ne peut guider la main pour poser et retrouver l'outil, pour choisir et arranger les matériaux; le tact, tout exercé et délicat qu'il soit, ne saurait remplacer la vue. L'aveugle le plus habile a besoin de plus de temps, pour arriver aux mêmes résultats, que le voyant, et, en fait de travail, le temps est de l'argent. L'obstacle matériel est donc toujours là. Au début, amis et voisins s'empresseront d'aplanir les difficultés; mais la bienveillance se lasse, et il n'est pas prudent de fonder sur elle des espérances d'avenir. Le protégé aveugle redeviendra bien vite le mendiant privilégié que son infirmité sauve de la honte de tendre la main dans la rue; peut-être l'enfermera-t-on dans quelque hospice, où il ira grossir le chiffre écrasant de ceux qui vivent aux dépens du public. N'être bon à rien, être inutile à soi et aux autres, quel abîme de misère!

Ici intervient miss Gilbert. Elle a sondé les profondeurs de cet abîme, elle ea comprend les amères tristesses. Au nom de leur commune privation, elle fait appel à ses frères souffrants; elle les relève et les soutient. Le travail, ce grand libérateur, cette suprême distraction, leur rend l'indépendance. Le pain qu'ils ont gagné est bien plus savoureux que celui de l'aumône. Les objets fabriqués par eux se vendent au prix courant, ni plus ni moins que les ouvrages d'ouvriers clairvoyants. Point d'inégalité humiliante. La lutte qu'établit la concurrence stimule leur énergie, aiguillonne leur adresse. Seulement, par compensation au plus de temps qu'ils emploient, ils reçoivent le prix de la vente au détail, et les profits que ferait le marchand sont attribués aux travailleurs. Le magasin reçoit et paye autant d'ouvrage qu'on peut fournir à un aveugle ayant une profession, jusqu'au chiffre de 10 fr. 60 cent. par semaine pour les hommes, et de 9 francs pour les femmes. Les frais de location, de vente, d'avances de fonds pour achat de matières premières, se sont élevés, au début de l'œuvre, à 50 000 francs que miss Gilbert a payés. Au bout d'un an, elle a sollicité le concours de quelques amis pour développer ce germe et en faire une institution durable. Tout en restant vouée activement à sa noble tâche, elle en a remis le contrôle à un comité d'hommes éminents qui ont donné à l'association sa forme définitive et ont rédigé un ensemble de règlements pleins de sagesse et de bon sens pratique.

L'idée fondamentale de favoriser les travaux des aveugles et d'en disposer d'une manière fructueuse s'est complétée par l'enseignement d'un art industriel donné à ceux qui n'avaient pas de métier. On a étendu le cercle trop limité des professions; des ateliers se sont ouverts. Une bibliothèque circulante a été créée, composée de livres dont les caractères sont imprimés en relief. Les aveugles tout à fait indigents sont admis gratis dans ce cabinet de lecture; les autres payent une petite souscription en rapport avec leurs moyens.

Le surintendant de l'institution, M. Hanks Lévi, qu'on m'a dit être l'intelligent aveugle consulté dès l'origine par miss Gilbert, fait preuve d'un tact remarquable dans l'aide et les encouragements à ceux qui donne à tous. Il a fait plusieurs voyages en Angleterre, en Écosse, en France, pour étudier les améliorations à introduire dans les travaux particuliers aux aveugles, pour découvrir de nouvelles branches d'industrie qui leur fussent accessibles. Il a

ajouté sept professions à celles qui étaient déjà connues. L'établissement s'est agrandi, et plusieurs genres d'ouvrages s'exécutent sur place. Derrière la boutique s'ouvre une longue salle où les hommes s'occupent à fabriquer des balais, des plumeaux, des brosses de toutes sortes, depuis l'humble brosse à frotter jusqu'à l'élégante brosse à velours. Ces aveugles manient sans crainte et avec une adresse surprenante des outils de l'aspect le plus formidable : de gigantesques cisailles pour tondre les soies et les crins, des vrilles effilées pour percer et façonner l'intérieur des brosses, des tours pour en arrondir les dos. Sauf le temps, l'ouvrier aveugle peut rivaliser, comme perfection de travail, avec l'ouvrier voyant.

Une personne qui a visité l'institution fondée par miss Gilbert décrit ainsi son impression :

« J'arrivai le cœur serré, plein d'une indicible tristesse. Quoi de plus lugubre, en effet, que ces ténèbres où ne pénètre jamais le soleil, qu'aucun rayonnement des innombrables beautés de la création ne dissipe! Quelles mornes physionomies que celles où les yeux, ces éloquents interprètes de l'âme, ne parlent pas! Quels que soient les efforts d'une charitable sympathie, elle ne parviendra point à combler cette horrible lacune, pensais-je. Je me trompais : les visages exprimaient une gaieté calme; une parole bienveillante y éveillait l'intelligence; la lumière intérieure, qui ne pouvait éclater dans les yeux, se répandait sur les traits. Je me rappelai involontairement la belle invocation de Milton :

» O céleste clarté, illumine-moi au dedans d'un éclat » d'autant plus pur que la nuit s'épaissit au dehors!

» Dans l'atelier des femmes, un certain nombre d'ouvrières, assises ou debout, façonnaient de petits objets avec des grains de verres colorés enfilés sur des fils de laiton : elles fabriquaient des bourses, des porte-cigares, des boîtes ornées d'estampes et de dorures; d'autres tressaient de la paille; toutes déployaient une dextérité merveilleuse qui eût pu faire douter de leur cécité complète, quoiqu'elle ne fût, hélas! que trop réelle, car il n'y a pas d'exemple que la fraude ait tenté de s'approprier les bienfaits de l'institution.

» Nous vîmes aussi, dans une autre pièce, un aveugle qui, devenu sourd depuis trois ans, avait presque oublié la parole. Il n'en était pas moins gai, actif, et s'acquittait allègrement de ses travaux de charpentier. Nous visitâmes ensuite la bibliothèque et la classe, où huit à dix jeunes gens aveugles prenaient une leçon de lecture, dans une Bible imprimée en relief, sous la direction d'un professeur privé comme eux du sens de la vue. Une grande vitrine renfermait des objets d'histoire naturelle que l'on fait toucher aux aveugles, afin qu'ils prennent quelque idée des formes par le tact. Une collection d'oiseaux et de petits animaux empaillés, offerts au modeste musée d'Easton-Road par des amis de l'œuvre, s'enrichit chaque jour de nouveaux dons. »

D'après des statistiques récentes, le nombre des aveugles dans la Grande-Bretagne dépasse trente mille; cinq sur cent ont les moyens de vivre sans travailler; l'existence des quatre-vingt-quinze autres dépend de leur travail manuel, ou tombe à la charge de la charité publique et privée.

Certes, si nous admirons les conquêtes faites sur la mer ou sur les landes stériles par l'industrie et la persévérance humaine, combien ces glorieuses conquêtes, qui réhabilitent l'intelligence et la dignité humaine, n'ont-elles pas plus de droits encore à nos sympathies! Chaque aveugle représentait une somme de facultés laissées en friche que l'institution a rachetées, cultivées et tournées au profit de tous. Et ce généreux élan est parti d'une âme chrétienne, animée de l'amour de Dieu et du prochain.

LE MARIMBA.

Le nom seul de cet instrument, d'une structure si simple et si originale, nous fait supposer, contre l'opinion de certains voyageurs, qu'il est d'origine africaine et que l'invention première n'en appartient nullement aux peuples de l'Amérique centrale, assez imparfaitement organisés, comme on sait, pour la musique.(¹). Apporté par les noirs mozambiques aux Antilles, il se sera introduit de là dans le Guatemala, où les populations de race espagnole l'ont adopté. C'est à la Vera-Paz, dans tous les cas, qu'il a pris le degré de perfectionnement qui en fait pour la plupart des cités de l'Amérique centrale un instrument de prédilection. Dans ces villes, où les divertissements publics sont si rares, le marimba est en grand honneur et il n'y a pas de bonne fête où il ne résonne.

Le marimba primitif n'est guère qu'un instrument à percussion fort simple : celui qu'on rencontre dans tous les salons de la Vera-Paz et de Peten a quelque analogie avec nos orgues portatifs. Telle est la variété des sons qu'on en obtient que, s'il est essentiellement propre à l'exécution des airs de danse, il n'y a pas d'air de Bellini que ses notés, affirme M. Tempsky, n'expriment avec un charme indicible.

Il ne ressort pas de nos recherches, on le voit, qu'on puisse attribuer, avec le spirituel voyageur, une origine antique et purement américaine à ce singulier instrument. Nul monument, d'abord, n'en reproduit la forme, et la connaissance que nous avons des anciens instruments en usage chez les aborigènes ne nous fait pas supposer que ceux-ci puissent en être les inventeurs. On n'en trouve guère de traces avant quatre-vingts ans environ. Une

Indien jouant du marimba. — D'après une gravure du Voyage de Tempsky dans l'Amérique centrale. — Dessin de Gagniet.

production naturelle à ces belles contrées a sans doute favorisé d'abord sa fabrication : la plupart des anciens marimbas se composent d'une longue planche horizontale supportant un nombre de jicaras (on désigne ainsi de longues calebasses affectant une forme cylindrique), et ce sont ces tuyaux sonores qui donnent un caractère particulier aux sons du marimba. Les calebasses se remplacent aujourd'hui par des tuyaux de bois. Un savant naturaliste,

(¹) Ajoutons à l'appui de cette opinion que le marimba primitif est connu dans toutes nos possessions de l'Afrique occidentale. L'auteur d'un savant ouvrage sur l'île de la Réunion, publié l'an dernier, en a donné un au Musée des colonies : ce spécimen offert par M. Maillard porte le nom que l'Amérique centrale a conservé à l'instrument, désigné, d'ailleurs, de la même manière dans plusieurs relations.

qui a fort bien analysé le charme du marimba et qui le croit aussi d'origine américaine, en donne ainsi la description : « Que l'on se représente une série de tubes verticaux ouverts à leur extrémité supérieure et décroissant graduellement, comme dans la flûte de Pan ; leur base est arrondie et percée d'une petite ouverture latérale recouverte en baudruche ; à chaque tube correspond une planchette horizontale, d'un bois dur et élastique, établie sur les deux traversés au bord de l'orifice supérieur. On fait résonner l'instrument en frappant le clavier d'une petite masse fixée à l'extrémité d'une baleine ; la colonne d'air chassée par le jeu brusque des touches fait vibrer la membrane, et celle-ci rend un son musical correspondant à la longueur du tube. Il n'entre pas un clou dans la confection de cet appareil, dont les pièces sont assujetties, par de simples liens. On fait des marimbas de diverses grandeurs ; le modèle le plus usité a 50 centimètres de hauteur sur 1ᵐ.25 de développement ; il est composé de vingt-deux tubes de même diamètre croissant progressivement en longueur, depuis 10 jusqu'à 40 centimètres, et formant trois octaves complètes sans demi-tons. Les touches, larges de 5 centimètres, sont d'un bois que l'on nomme chactecoc, et les tubes en cedrela odorata. La méthode usitée pour accorder le marimba n'est pas moins originale que l'instrument. On comprend que la qualité du son dépend de la clôture plus ou moins exacte des tubes au moment où les touches s'abaissent sur leur orifice ; or, comme ces dernières pièces sont exposées aux influences atmosphériques, on les maintient dans un état normal en enduisant de cire leur surface inférieure. C'est donc en ajoutant ou retranchant une certaine quantité de cette matière que les dilettanti se mettent préalablement d'accord. »

Le savant voyageur ne se contente pas de nous fournir ces renseignements techniques si précis ; il a noté à la fin de son voyage quelques-uns des airs nationaux qu'on exécute sur l'instrument qu'il a décrit ; il vante ses qualités en artiste essentiellement impressionnable par la musique, et il ajoute que le marimba a développé chez les habitants de la région si pittoresque du Peten le sentiment de l'art à un degré des plus remarquables ; il le croit, toutefois, susceptible encore d'améliorations, et il suppose, avec juste raison, que nos facteurs en sauraient faire un instrument bien supérieur à celui dont on use, depuis moins d'un siècle, dans l'Amérique centrale. « Sans marimba point de plaisir, dit-il ; c'est l'élément essentiel des sérénades ; c'est la compagne du voyageur ; c'est l'orgue dans l'église, et au bal l'orchestre, bien supérieur par la sonorité et par la vigueur de la touche aux maigres accents de nos pianos. »

Reste à savoir comment on pourrait obvier à l'absence des demi-tons. Nous ne terminerons pas cet article sans faire observer que de la fusion de deux races étrangères l'une à l'autre, mais également passionnées pour les instruments à percussion, a pu naître le marimba des Américains. D'un côté, le système des longs tambours antiques que l'on connaissait sous le nom de téponaztli, et qui rendaient par des orifices habilement ménagés des sons si divers, n'était pas sans quelque analogie avec ce singulier instrument ; d'un autre côté, les marimbas sonores qu'on frappe avec des baguettes légères, et qui constituent le marimba des Africains, ont pu contribuer à éveiller par les sons variés le goût musical des Guatémaliens. Le nom adopté par les noirs était tout trouvé, on ne l'a point changé ; mais il est bien certain que le marimba, tel que nous le donnons la figure d'après une planche du Voyage de M. Tempsky, a conquis toutes les sympathies de la race indienne.

(¹) Voyage dans l'Amérique centrale, l'île de Cuba et le Yucatan, par Arthur Morelet ; Paris, 1857, 2 vol. in-8. T. II, p. 42.

PETIT CLERC ET MERLAN.

La Toilette d'un clerc de procureur. — Dessin de Bocourt, d'après Carle Vernet.

La scène se passe, vers l'année 1788, sur un petit palier servant d'antichambre à plusieurs mansardes habitées par les clercs et les domestiques du procureur qui habite le premier étage. On est près du toit, presque à l'angle de la rue de la Monnaie, et on a une belle vue sur la Seine, les quais et le pont Neuf, où fourmillent en ce moment les voitures et la foule endimanchée. Le garçon perru-

quier, du genre de ceux qu'on appelait *merlans*, à cause de la couche de farine toujours étendue à la surface de leurs habits, manie en ce moment, avec une élégante dextérité, la houppe à volant, et poudre à frimas un petit clerc, qui s'enveloppe soigneusement, du haut en bas, d'un peignoir, et se couvre le visage d'un cornet en carton. (Voyageur, notez qu'au Musée de Clermont-Ferrand on conserve et on montre aux curieux un cornet semblable, avec l'attirail ordinaire des anciens perruquiers.). Il était alors fort à la mode de se faire poudrer à frimas. Le coiffeur lançait en l'air des nuages de fleur de farine qui retombaient légèrement sur les cheveux, où s'amoncelaient insensiblement les microscopiques flocons de la fine poussière, tremblante comme les flocons de neige sur les plus délicates ramures de la forêt. Depuis quelques années, l'usage des lourdes perruques avait disparu. « On portait ses cheveux », selon l'expression du temps, sans pouvoir se décider, toutefois, à les porter encore « au naturel. » Quelques personnes même persévéraient à se servir de « coiffures artificielles » toutes poudrées, qu'on vendait quatre pistoles.

A l'air goguenard de ce garçon qui s'escrime si gaiement de la houppe, on comprend qu'il débite de ces commérages qui avaient donné lieu à la locution courante : « nouvelles de perruquier. » Merlan, bavard et curieux, c'était, disait-on, tout un. M. Alcibiade Chignard ne fait pas exception à la règle. Il veut savoir pourquoi le petit clerc se met ainsi en frais. — Va-t-il en partie fine aux près Saint-Gervais? A-t-il à porter un « avenir », une « signification » ou une « grosse » au château de quelqu'une des nobles clientes de son procureur? S'agit-il d'une duchesse, d'une princesse? Quelle est donc la grande fête qui « pour lui s'apprête » ? D'ordinaire M. Charles n'est pas si discret, et jamais il ne se fait si beau quand il dîne chez sa tante Grimaudin, de la rue de l'Homme-Armé.

— Vous m'ennuyez, merlan! murmure le petit clerc, d'une voix étouffée, dans son cornet.

Mais le merlan insiste tant et si bien qu'il finit par tirer du fond du cœur de M. Charles le secret qui l'agite.

Aujourd'hui, pour la première fois, le pauvre jeune « gratte-papier timbré » dînera à la table même de son patron. S'il pouvait ne pas déplaire à Mme Rollet, la procureuse, une dame si fière! ne prendrait peut-être l'habitude de l'inviter. Et puisqu'il a commencé à parler, il laisse déborder son âme. Sa vie est si triste! son père et sa mère sont bien loin de Paris, au Mans. La compagnie de sa grosse tante, fruitière aux halles, ne le réjouit guère : elle ne sait que lui reprocher d'être « trop sur sa bouche », à lui qui vit de l'air des toits et est maigre comme un chat de gouttière! — Combien a-t-il donc d'années encore à passer avant de devenir procureur? — Sept ou huit ans. — Et le merlan de rire. Ah! combien il estime plus haut sa profession! Certes, jusqu'à ce jour la boutique de son maître, rue des Prouvaires, n'est pas brillante. Les vitres, les murailles, les poutres, sont obscurcies, jaunies par une croûte épaisse de pendre rance; le plancher est taché et rongé par l'eau de savon; l'adjudant ou major, aide-chirurgien dont la spécialité est de faire la barbe, sent la dissection et a une mine cadavéreuse; les tresseuses sont sales, huileuses, et laides à écœurer; les pratiques, surtout le samedi soir et le dimanche matin, sont grossières et exigeantes : tout cela est vrai, et à première vue le tableau est peu agréable; mais que de compensations, et surtout quels rêves d'avenir! Le maître perruquier commence à être renommé pour une certaine coiffure « à la diable » dont il a seul le secret, et qui fait déjà fureur dans la rue de Tournon. Il était malade il y a huit jours; la duchesse de Barbezieux, qui l'attendait le soir, en apprenant qu'il ne pouvait venir, s'est évanouie. Or, un garçon intelligent ne laisse pas les clientes de sa maison exposées à de telles mésaventures. Il s'essaye, la nuit, sur une tête de bois. Le secret de la coiffure « à la diable » n'est pas comme l'invention de la poudre : on peut le trouver deux fois. Et bientôt... à la première occasion...

Les plus riantes espérances se pressent dans l'imagination et sur les lèvres du jeune et ambitieux merlan : le petit clerc veut en plaisanter; mais il n'est pas de force à tenir tête à Alcibiade Chignard. Une dispute s'engage sur le parallèle des deux professions.

— Combien êtes-vous de procureurs à Paris? dit Chignard.

— Huit cents, répond Charles Grimaudin.

— Nous, mon cher, nous sommes deux cents perruquiers, sans compter les chamberlans, ces coiffeurs de contrebande qu'on envoie de temps à autre en prison, et plus de quatre mille femmes de chambre ou laquais qui empiètent aussi sur nos droits, et qu'on devrait bien y jeter tous de même. Les perruquiers à la mode ont voiture; ni la cour, ni la ville, ne peuvent se passer de leur art, et il n'est pas d'hôtel ou de palais dont les portes ne s'ouvrent comme par enchantement, à quelque heure que ce soit, dès qu'on les annonce. Ils ont leur franc parler sur toutes choses avec ce qu'il y a de plus « huppé » dans le grand monde.

— C'est un scandale, se récrie le petit clerc, d'oser mettre en comparaison un métier comme le vôtre avec l'utile; la belle profession des procureurs, qui tiennent en leurs mains la confiance, la fortune, l'honneur des premières familles du pays!...

Et il vante avec l'enthousiasme de la conviction l'influence et la richesse des premiers procureurs du temps. Ils ont maison de campagne, et ne se font pas faute, à leur retraite, de savonnettes à vilains. Chacun d'eux peut dire, comme le célèbre surintendant Fouquet dans sa devise : « Jusqu'où n'irai-je pas! » La procédure est inséparable du droit; c'en est la sœur cadette, et, comme lui, elle est éternelle.

— Votre grimoire! il ne faut qu'un vœu des notables pour le réduire tout en poussière; mais la poudre régnera toujours.

Le petit clerc, indigné de ce blasphème, va se prudence, et, écarté, pour mieux répondre, son cornet. Le merlan profite du mouvement, lui enfarine le visage, et s'enfuit par l'escalier en criant :

— Oui! la poudre est éternelle!

Erreur! c'est la thèse du petit clerc qui était la bonne. La révolution n'a pas tout détruit. La poudre a passé; mais consolons-nous, la procédure nous reste.

UN CRIME QUI MARCHE.

VOYAGES ET AVENTURES A LA POURSUITE D'UNE PIÈCE FAUSSE.

Suite. — Voy. p. 3, 10, 21, 30, 37, 45, 54, 58.

Ma visite aux Invalides me coûtait vingt francs; mais, en conscience, je ne croyais pas avoir trop payé le renseignement que je venais d'obtenir, et la réparation du tort involontaire dont la fille du sergent souffrait peut-être en ce moment à cause de cette malheureuse pièce fausse!

Y a-t-il des scrupules exagérés en fait de probité? — La probité elle-même résout négativement la question. — On n'a pas le droit de se croire plus ou moins honnête homme; celui qui ne l'est pas tout à fait ne l'est pas du tout. Aussi ma conscience ne m'exagérait pas mon devoir quand elle m'entraînait à cette nouvelle démarche pour ressaisir au passage ce dernier exemplaire du frauduleux chef-d'œuvre de Malchus Petersen. Dans ma pensée, la pièce fausse de cinq francs, tombant dans les mains de la pauvre ouvrière, n'avait plus seulement un caractère de friponnerie, mais représentait la proportion d'un triple sacrilège; car le mensonge monnayé représentait ces trois choses saintes : l'aumône du capitaine à son vieux soldat, le sacrifice d'un père envers sa fille, l'espérance de la veuve pour le pain de ses enfants.

La course me parut longue; enfin nous arrivâmes, sinon

précisément à destination, du moins au coin du boulevard et du faubourg du Temple.

— Il faut que Monsieur descende ici, me dit le cocher; la rue des Fossés est barrée par les paveurs.

Je mis pied à terre et, cherchant le numéro 89, je m'engageai dans la voie fangeuse qui suit parallèlement la ligne des boulevards. De monceaux de sable en tas de pavés, je parvins peu à peu jusqu'au milieu de la rue. Là, je fus arrêté par une foule de gens qui faisaient cercle autour d'un jeune garçon tout en larmes. Je jetai un coup d'œil vers l'enfant; je ne vis que sa crinière de cheveux roux et crépus. Le pauvret était baissé et, sanglotant, il fouillait dans le sable, remuait les pavés et plongeait les mains dans les flaques d'eau.

— Que cherche-t-il? demandai-je.

On lit trois réponses à ma question : suivant l'un, il avait perdu deux sous; suivant l'autre, une pièce de vingt francs; le troisième, qui paraissait mieux informé, m'assura que l'enfant, apprenti bijoutier, était à la recherche d'un joyau de prix qu'il venait de laisser tomber.

J'étais trop peu maître de mon temps pour demeurer davantage spectateur de cette douleur vraiment navrante. Quelques pas seulement à faire, et je me trouvais au numéro 89; j'y fus en deux secondes. Pas de concierge dans l'allée; mais, d'étage en étage, le nom de chacun des locataires écrit sur sa porte. Je montai jusqu'à la dernière marche; au milieu de la porte qui me faisait face je lus enfin ces deux noms : Denise Cavailloux. J'étais sûr de trouver l'habitante du logis chez elle, car elle avait laissé la clef en dehors; bien mieux, j'étais sûr de la trouver en joyeuse humeur, car je l'entendis chanter.

— J'arrive à temps, me dis-je; il n'y a pas encore de malheur ici.

Et hardiment je fis tourner la clef; la porte s'ouvrit : je me trouvai en présence de la fille du sergent, au moment où elle passait au plus jeune de ses deux garçons la chemise du dimanche.

— Te voilà déjà revenu! me dit-elle, interrompant tout à coup sa chanson, qu'après ces quelques mots elle continua à fredonner.

Cet accueil familier s'explique : Mme Denise, tout occupée de ses soins maternels, n'avait pas relevé la tête à mon entrée, et comme je n'avais point frappé avant d'ouvrir la porte, elle prenait naturellement pour un habitué du logis. L'erreur de la fille du sergent me donna le temps de parcourir du regard cette chambre unique, si insuffisamment meublée, où elle demeurait avec ses deux enfants.

Rien n'éveille mieux en moi l'attendrissement respectueux que l'aspect de ces ménages des nécessiteux, où tout manque à peu près, excepté la coquetterie de l'ordre et le bien-être de la propreté, ce luxe du pauvre qui entretient l'amour du chez-soi et le défend contre l'invasion de la misère. Un seul coup d'œil chez Mme Denise me pénétra pour elle de respect et de sympathie.

Cependant, comme elle tardait trop à s'apercevoir qu'il y avait un intrus dans sa chambre, je toussai légèrement; l'enfant leva un cri de frayeur, et me leva enfin les yeux vers moi.

— Excusez, Monsieur, me dit-elle; j'étais si occupée!... je ne faisais pas attention à vous. Depuis quand êtes-vous là?

— Depuis, repris-je en souriant, que vous m'avez dit : « Te voilà déjà revenu. »

— Je croyais que c'était mon autre garçon qui rentrait; je l'ai envoyé en course. Permettez-moi d'achever la toilette de celui-là pendant que vous me direz ce qui vous amène, si toutefois vous ne vous êtes pas trompé de porte.

Je n'avais pas beaucoup réfléchi à la façon d'aborder avec la fille de Jérôme Humbert la question de la pièce de cinq francs. Ne pouvant pas recommencer pour elle le conte que j'avais fait à son père, j'ai pris, afin d'entamer l'entretien, le prétexte le plus naturel : celui de la visite qu'elle avait reçue le matin de la part du vieux sergent.

Mon plan, subitement conçu, était celui-ci : amener par la conversation Mme Denise à me montrer la pièce fausse, tenir un moment celle-ci dans mes mains, lui en substituer une autre de bon aloi, et, en réparation de ce que j'oserai appeler une loyale tromperie, laisser un petit cadeau pour chacun des enfants et donner ma pratique à l'ouvrière.

La réponse qu'elle fit à ma question touchant l'envoyé de son père démolit ce bel échafaudage :

— Certes qu'il est venu, le camarade du père, et il était temps; un peu plus tard, j'aurais été forcée de prendre sur ma semaine pour apaiser le boulanger, avec qui je suis en retard de quinze jours. Heureusement que le manchot m'a apporté l'écu de cinq francs, qui, par exemple, ne doit plus valoir que trente sous à présent.

Elle s'était arrêtée à ces mots; mais, trompée sur la véritable cause du tressaillement que je n'avais pu dissimuler, elle continua :

— Oui, Monsieur, rien que trente sous, et encore parce que j'ai dû à mon aîné de ne payer qu'une semaine au boulanger. Dame! nous ne mangeons pas moins de dix sous de pain par jour à nous trois! Vous comprenez : quand on n'a à peu près que cela à donner aux enfants, il faut au moins qu'ils en aient leur suffisance.

Telle est, sur l'esprit, la tyrannie d'une pensée unique, qu'il n'en peut être un moment détourné sans que sa puissance attractive, agissant toujours, le ramène à son point fixe. Ainsi en est-il de l'aiguille de la boussole; malgré la force d'impulsion qui la fait osciller, elle revient invariablement au pôle.

Certes, en tout autre instant, cette laborieuse mère, parlant avec une franche résignation de ses besoins et regardant presque gaiement dans sa pauvreté, m'aurait profondément ému : j'en fus à peine touché; je ne songeais qu'à la pièce fausse qui m'échappait encore, et intérieurement j'en voulais à Denise Cavailloux de ce qu'elle avait osé se permettre d'en disposer avant d'avoir reçu ma visite, visite qu'elle n'attendait pas cependant.

Je commençais à me sentir assez embarrassé de ma présence chez la fille du vieux sergent. Une seule information me restait à obtenir d'elle : l'adresse du boulanger qui lui faisait crédit; question bien simple, mais si étrange de ma part que je tournai autour sans la pouvoir aborder. Ainsi, peu à peu j'avais dit mon nom à Mme Denise, indiqué ma demeure, promis de lui donner mon linge à blanchir et fixé même le jour de la semaine où elle devait venir le prendre chez moi, et je n'en étais pas encore arrivé à apprendre ce que je voulais savoir. La mère avait fini d'habiller son jeune fils, qui semblait fort impatient de s'échapper de ses mains; mais, lui voyant la chevelure en désordre, elle retint l'enfant entre ses genoux, ouvrit le tiroir d'une petite table placée à côté d'elle, et en tira une brosse à cheveux et un démêloir.

— Le sans-soin de Rouget, s'écria-t-elle, il a encore serré le peigne sans le nettoyer!

Et, faisant jouer la brosse entre les dents du démêloir, elle ramassa une pincée de cheveux roux qu'elle enroula rapidement comme un peloton de fil et qu'aussitôt elle jeta dans la cheminée.

Mais ce nom de Rouget, un sobriquet évidemment, mais cette nuance de cheveux, furent pour moi une révélation : je me rappelai tout à coup le chercheur désolé que j'avais entrevu dans la rue des Fossés-du-Temple au moment où j'arrivais chez la fille de Jérôme Humbert, et je multipliai ainsi mes questions :

— Rougét, c'est le surnom de votre fils aîné, n'est-ce pas? Il a les cheveux roux? Il porte une veste bleue, un foulard autour du cou? — C'est tout ce que j'avais pu remarquer de son costume. — Et, continuai-je, vous lui avez confié la pièce de cinq francs pour qu'il payât le boulanger, qui demeure?... Ici je m'arrêtai.

— Pas loin de chez nous, continua Dénise Cavailloux; là-bas, en tournant à droite, dans le faubourg. Mais, reprit-elle, comme par réflexion et avec anxiété, pourquoi me demandez-vous tout cela?... Que savez-vous donc?... Quel malheur est-il arrivé?

— Aucun, répliquai-je; seulement la pièce est perdue, jo l'espère du moins; mais soyez tranquille, vous n'y perdrez rien, je la remplacerai par une autre.

De tout ceci la mère n'entendit ou ne comprit qu'une chose, c'est que l'enfant avait perdu les cinq francs du grand-père, cette ressource providentielle pour payer le pain d'une semaine. Et aussitôt qu'elle eut appris par moi que c'était dans sa rue même, à quelques pas de la porte de la maison, que l'accident était arrivé, elle ouvrit précipitamment la fenêtre et se pencha à mi-corps dans le vide. Effrayé du mouvement, je la suivis pour la retenir, tandis que le petit, s'accrochant au jupon de sa mère et me labourant les jambes afin de se hisser jusqu'à l'appui de la croisée, criait à tue-tête :

— Hausse-moi, je veux voir!

Il y avait encore beaucoup de monde dans la rue; mais le cercle se déformait et l'enfant ne cherchait plus. Du haut de ses cinq étages, Mme Denise cria le nom de son fils; celui-ci secoua sa crinière rousse, regarda du côté d'où lui venait la voix de sa mère, et, d'un air triomphant, levant vers le ciel sa main droite, il fit miroiter au soleil la pièce de cinq francs enfin retrouvée; puis se frayant un passage à travers les curieux, il prit sa course dans la direction du faubourg. La suite à la prochaine livraison.

LES COLLECTIONS DE LUYNES,
AU CABINET DES MÉDAILLES.
Suite. — Voy. p. 7.

Tête de Vénus; terre cuite.

L'étude des rapports qui unissaient les arts des pays les plus éloignés, et des voies ouvertes entre l'Orient et l'Occident, étude qui importe tant à l'histoire générale de l'art, est une de celles que M. le duc de Luynes a le plus contribué à avancer, et quiconque abordera désormais ces problèmes ne pourra se dispenser de recourir à ses travaux. C'est aux recherches qui ont préparé la classification des séries monétaires de la Phénicie et des satrapies, la découverte et la restitution d'une numismatique de l'île de Chypre, et l'éclaircissement de tant d'autres questions obscures de l'archéologie, que le public doit sans doute de posséder aujourd'hui au cabinet des médailles des monuments tels que la statuette en pierre de la Vénus de Chypre, où paraît seule encore l'empreinte de l'ancien art asiatique que l'art plus pur de la Grèce va promptement modifier. Cette statuette de Vénus que nous n'avons pas figurée, œuvre encore presque informe, et néanmoins d'un grand prix, doit être rapprochée d'autres figures analogues réunies par feu M. Lajard dans les planches qui accompagnent ses savants Mémoires sur les origines et les attributs du culte de Vénus [1], et aussi des monuments plus récemment découverts à Chypre et qui sont depuis peu exposés dans une des salles du Musée du Louvre.

On ne considérera pas avec moins d'intérêt, après avoir

Vénus, figurine en bronze.

examiné ces images primitives; la figurine en bronze que nous représentons ici, où l'on voit l'ancien type de Vénus transformé par l'art. Elle ne saurait tromper par son apparente roideur. En vain elle affecte la forme de gaîne des antiques idoles, les pieds sont joints; les vêtements collés au corps; mais les plis symétriques de ces vêtements ont de la souplesse et sont ajustés avec goût; toutes les proportions sont exactes, les mouvements vrais; la tête est pleine de finesse. Évidemment la main qui a exécuté cette figurine, d'un archaïsme affecté, est celle d'un artiste rompu

(1) Voy. particulièrement les planches XIX, fig. 2; XX et XXI.

à toutes les difficultés, mais qui copiait encore volontairement des images consacrées par une longue vénération.

La tête en terre cuite que l'on voit au commencement de cet article, et qui, dans de petites proportions, a la grandeur de la belle sculpture grecque, est encore vraisemblablement celle d'une statuette de Vénus couronnée et entièrement vêtue, selon les anciennes traditions. Dans la même vitrine on peut voir encore plusieurs figurines en bronze de Vénus nues et rappelant des types qui nous sont plus familiers. A côté d'elles sont placés d'autres ouvrages remarquables, tant en bronze qu'en terre cuite.

La suite à une autre livraison.

LE GRAND HOPITAL CIVIL DE MILAN.

Ce vaste édifice, l'*Ospital Maggiore*, situé au sud-est de Milan, dans la rue qui porte son nom, près du boulevard, et à peu de distance de l'église *San-Nazzaro Grande*, est

Une vue du grand hôpital civil de Milan. — Dessin de Lancelot.

peu connu des voyageurs. Quoique l'on passe à côté lorsqu'on se rend au théâtre Carcano, hors la ville, le plus ordinairement on ne songe pas à le regarder. C'est cependant une œuvre d'architecture remarquable, commencée, en 1456, par l'*Averulino* (Antoine Philarète), et continuée par Castelli, Richini et Bramante.

Le plan général de cet édifice est un carré long divisé très-simplement : au centre, une grande cour; de chaque côté, à droite et à gauche, quatre cours régulières entourées de doubles portiques superposés. Au milieu de la cour principale, vis-à-vis la porte d'entrée, s'élève une église surmontée d'une coupole, et où l'on conserve un assez beau tableau du Guerchin. Un canal qui sert du Naviglio coule au pied des murs, et sert à entretenir dans toutes les parties de l'hôpital la salubrité. Les galeries, disposées sous la forme d'une croix grecque, sont aérées, spacieuses, et rendent le service et la circulation faciles. On cite des époques malheureuses où l'on a reçu dans cet établissement plus de deux mille malades à la fois. Plusieurs institutions de bienfaisance qui dépendent du grand hôpital en complètent l'organisation charitable : ce sont, entre autres, le lieu Pie ou Santa-Corona, qui vient en aide aux malades indigents à domicile; un hospice de maternité et d'enfants trouvés; une maison d'aliénés (la *Senavra*).

On fait honneur de la fondation de l'*Ospital Maggiore* à François Sforza, quatrième duc de Milan, un de ces hommes ambitieux, si nombreux dans l'histoire, qui, après n'avoir reculé devant aucune violation des lois morales pour s'emparer du pouvoir suprême, s'appliquent, une fois parvenus, à faire oublier leurs crimes et à se rendre populaires en élevant, aux frais publics, de beaux édifices, et en créant des établissements charitables. Cet expédient facile, et qui ne leur coûte rien, atteint presque toujours son but. Le souvenir de leurs mauvaises actions s'efface insensiblement; les édifices attribués à leur munificence restent debout et consacrent leur mémoire. On dit d'eux : « Ils étaient habiles, forts, puissants, et ils ont fait de grandes choses. » Voilà, le plus souvent, ce qu'est la gloire. Ce

François Sforza avait rusé et guerroyé tour à tour contre Visconti, duc de Milan, jusqu'à ce qu'il l'eût mis dans la nécessité de lui donner sa fille Blanche en mariage. Il avait feint de se dévouer aux Milanais; puis, tournant ses armes contre eux, il avait réduit par la famine leur ville à se rendre, et s'y était fait proclamer duc en 1450. Six ans après, il avait élevé le grand hôpital. Ce n'était pas qu'une fois maître absolu il fût devenu plus charitable, ou pieux, ou même honnête homme, car il continua ses excès et ses déportements, et on est plus qu'autorisé à le soupçonner d'avoir fait mettre à mort traîtreusement, par le roi de Naples, son propre gendre Jacob Piccinino. « Cet homme cruel, dit Sismondi, se jouant de ses serments, offensait sans scrupule les mœurs et la décence; il ne dut sa grandeur et ses triomphes qu'à ses perfidies. » Il mourut d'hydropisie, le 8 mars 1466.

UN JOUR D'HIVER.

MÉDITATION.

La neige a étendu sur le sol son pâle linceul. Les joyeux habitants des airs ont disparu. L'insecte ne bourdonne plus au soleil. Il semble que la mort ait envahi la nature. Combien cette apparence est trompeuse, et nous voile, ô Dieu vivant, les mystères de ton activité! Au moment où la vie semble suspendue au dehors, tu lui fais opérer ses miracles dans les profondeurs inaccessibles au regard. Le grain de blé germe à l'abri de sa couverture de neige. Les bourgeons que tu as fait naître sur les branches, au moment où les feuilles desséchées vacillaient sur leurs tiges, se gonflent lentement sous leur enveloppe protectrice, et présagent, au milieu de la désolation de l'hiver, les richesses du printemps.

Ainsi le courant de la vie se poursuit au sein de l'humanité, dans les époques mêmes où il paraît être dans une stagnation complète. Dans la famille, dans la société, l'œuvre de développement et de progrès avance sans relâche. La famille se renouvelle par les jeunes membres, fraîche espérance de l'avenir, quand ses chefs flétris par l'âge et les infirmités se dirigent vers le tombeau. Au moment où une société vieillie, une civilisation surannée, qui semble avoir épuisé toute la sève d'un peuple, subit la décadence et la dissolution, une société nouvelle, pleine d'ardeur et de vitalité, germe et bourgeonne, et prépare en silence une nouvelle ère de prospérité.

Rien ne saurait donc, ô Père tout-puissant, ébranler notre foi en toi, ni notre confiance en l'avenir. Comme la jeune hirondelle née sous notre toit est partie cet automne, se dirigeant vers des contrées qu'elle n'a jamais vues, mais où l'a conduite l'instinct qu'elle tient de toi, où elle a trouvé un soleil plus doux et une nourriture plus abondante, — nous aussi, nous voulons avancer, sous ta direction paternelle, vers un ordre de choses meilleur, certains de l'atteindre et d'y trouver une compensation surabondante à nos efforts, à nos fatigues et à nos souffrances. (*)

BERTRAND ET RATON

SUR LES BORDS DU RIO DE LA PLATA,
EN 1540.

Lorsque l'intrépide Alvar Cabeça de Vaca, qui avait été jadis l'un des compagnons de Pamphile Narvaes à la Floride, porta son instinct des grands voyages sur les bords de la Plata, il fut témoin d'un étrange spectacle. En quelques

(*) B. Leblois.

endroits, les rives du fleuve étaient ombragées par d'innombrables *Araucaria*, couverts de ces énormes pommes de pin dont la plupart des quadrupèdes recherchent avec tant d'avidité les amandes nourrissantes. Des singes, entourant les troncs de ces beaux arbres de leur longue queue, parvenaient au sommet et faisaient la récolte, jetant précipitamment à terre les pommes de pin qui se trouvaient sous leurs mains agiles; mais rarement cette peine tournait au profit de nos Bertrands des forêts. Quelque prestes qu'ils fussent à descendre pour savourer les amandes friandes qu'ils avaient à peine goûtées, ils trouvaient de petits sangliers plus rusés qu'eux, occupés déjà à la curée, et qui, leur montrant leurs longues dents blanches, les forçaient à remonter. Témoin de ce plaisant spectacle, notre vieux voyageur espagnol ne dit point si Bertrand imaginait quelque ruse pour chasser les tajassus.

ÉCORCE TERRESTRE.

Transportons-nous par la pensée au loin dans l'espace, de manière à contempler de là notre globe avec toutes les inégalités de sa surface. Les continents nous apparaîtront comme des taches sombres, raboteuses, sur une surface polie, taches qui, libres vers le pôle sud, tiennent à la nappe glacée du pôle nord par des prolongements d'une blancheur éclatante. Ces prolongements de neiges éternelles, au niveau avec le sol polaire, s'élèvent graduellement et se dessinent, en serpentant, comme des fleuves glacés dont les rameaux, en suivant les crêtes sinueuses des plus hautes chaînes de montagnes, vont s'étendre jusqu'à l'équateur. Dans les taches sombres, irrégulières, les nuances du vert dominent: ce sont les draperies de la nature végétale. Dans les replis de ces amples draperies, ne voyez-vous pas se remuer çà et là comme des groupes parasites? Ce sont les légions du règne animal dont l'homme est le chef. Les flancs abrupts de ces replis offrent toutes les colorations propres au règne minéral. Mais tout y paraît immobile comme sur la neige éternelle. La vie n'anime que les eaux et les roches couvertes d'hommes.

La chaux, l'argile, l'ocre et la silice, voilà les substances minérales qui constituent principalement l'écorce terrestre. Elles sont universellement répandues à la surface du globe; on les rencontre dans tous les climats, dans la zone froide comme dans la zone torride; leur identité d'aspect réveille dans l'âme du voyageur le souvenir du sol natal, pendant que tout ce qui est autour de lui change de forme. Qu'est-ce que la chaux, l'argile, l'ocre, la silice? Pendant des milliers d'années ces substances ne représentaient, aux yeux des dérnières philosophes, que l'élément solide: ce n'était que de la terre diversement modifiée. Aujourd'hui nous savons que ce sont de véritables métaux dont les propriétés caractéristiques sont masquées par leur combinaison avec un ou deux corps aérifères (oxygène et acide carbonique). La chaux, l'argile, l'ocre et la silice, sont des espèces de *rouilles*, des oxydes ou carbonates, dont les métaux se nomment calcium, aluminium, fer et silicium. A l'état de pureté, ils ont tous, plus ou moins, la couleur et l'éclat de l'argent, qu'ils égalent ou surpassent en dureté. Mais ils ne tardent pas à absorber l'oxygène et l'acide carbonique de l'air, et ils retiennent ces gaz, surtout le premier, avec tant de ténacité qu'il faut employer les moyens les plus énergiques pour désoxyder la chaux, l'alumine (argile pure) et la silice. L'ocre (mélange d'oxyde et de carbonate de fer impur) se réduit facilement par le simple emploi du charbon. Un mélange de ces différents corps étant donné, voulez-vous les séparer, les distinguer les uns des autres? Traitez ce mélange par l'eau-forte (acide nitrique): celle-ci dissout les carbonates de chaux et de fer avec une tumultueuse effervescence, due au dégagement du gaz acide carbonique, pendant que la silice et une grande partie de l'alumine restent intactes. Si dans la liqueur filtrée on verse de l'acide sulfurique, vous verrez celui-ci dissoudre le fer, en formant du vitriol vert (sulfate de fer), tandis que la chaux se séparera à l'état de gypse (sulfate de chaux) presque insoluble. Le même acide pourra servir à distinguer l'aluminium de la silice. En résumé, le fer, surnommé le pain de l'industrie; l'aluminium, dont la découverte et les applications sont toutes récentes; le calcium et le silicium, qui attendent encore leur usage; ces quatre métaux constituent : — le fer par ses abondants minerais, l'aluminium, le calcium et le silicium par de puissantes couches d'argile, de terre glaise, de craie, de calcaire, de sables, de grès, de quartz, de silex, — la presque totalité de la croûte terrestre, tout le sous-sol du règne végétal; de façon que si l'océan aérien, qui de toutes parts enveloppe la terre, était un agent réducteur, au lieu d'être un moyen d'oxydation, notre planète, dénudée de toutes les manifestations de la vie, ne serait qu'un globe métallique dont les rayons réfléchis imiteraient l'éclat du soleil.

PROMENADE D'HIVER.

Suite. — Voy. p 15.

La gamme des vents. — Quel ouragan! Comme les pauvres voyageurs doivent être ballottés sur mer! Les angles, les cheminées, toutes les saillies de la maison, produisent, sous l'action de ces souffles puissants, l'effet d'une étrange et gigantesque harpe éolienne. Les vibrations aériennes, ainsi engendrées, forment une gamme d'un genre nouveau où le bourdonnement d'une inimitable basse-taille se mêle au sifflement d'un soprano sur-aigu. Dans le jeu de cet orgue prodigieux, qui a pour tuyaux et pour soufflet les éléments déchaînés, l'oreille est frappée de ces fugues ascendantes et descendantes qui s'effectuent non-seulement par demi-tons, comme dans la gamme chromatique, mais par des fractions de tons qu'aucune notation musicale ne saurait rendre. Écoutez ce bruit : ne semble-t-il pas que ce sont les lames d'une mer irritée qui vous l'envoient? C'est le vent qui s'engouffre dans la forêt de pins et de sapins voisine; les feuilles aciculaires de ces arbres toujours-verts émettent des sons stridents qui, des millions de fois répétés, avec d'ondoyantes modulations et avec des intensités différentes, produisent une impression totale d'une indescriptible grandeur.

Coloration verte des murs et pierres humides. — Il est impossible encore de sortir, et il est triste de voir les passants marcher sur le sol détrempé par la pluie; ces vieux murs là-bas sont tout ruisselants. Mais qu'est-ce donc que cette couleur verte qui semble y avoir été appliquée avec un pinceau? Ce n'est pas un homme, c'est la nature elle-même qui l'a appliquée : elle crayonne ainsi la première couche de la vie, couche bien légère où vous verrez plus tard apparaître successivement d'imperceptibles algues et lichens, de jolies petites mousses peuplées de légions d'infusoires que nous montre le microscope. Vous diriez une prairie où les premiers venus de la création, végétaux et animaux, continuent à se donner rendez-vous. L'examen microscopique fait reconnaître dans cette prairie spontanée des amas de globules verts de moins d'un vingt-cinquième de millimètre, revêtus d'une enveloppe transparente, mucilagineuse. Quelques naturalistes les ont pris pour des végétaux élémentaires et décrits comme tels sous les noms de *Chaos viridis*, de *Protococcus viridis*, de *Globulina*. Mais, selon d'autres micrographes, ces globules

sont de véritables animalcules, des infusoires appartenant surtout aux genres *Disetmis*, *Euglena*, *Thecamonas*, qui, après s'être mus plus ou moins longtemps dans les eaux verdâtres des mares et les eaux croupies de nos fossés, viennent, emportés par le souffle d'un air humide, se fixer sur les pierres des murailles. Là, semblables aux végétaux, ils se tiennent immobiles, ne se nourrissent que par absorption, et décomposent, comme les plantes, sous l'influence de la lumière solaire, l'eau et l'acide carbonique de l'atmosphère; protégés par leur enveloppe épaisse, ils peuvent braver toutes les intempéries, et attendre pour grossir les circonstances propices de chaleur, de lumière et d'humidité. La matière verte interne se change alors en germes qui, mis en liberté, augmentent considérablement la coloration verte : ces germes, reproduisant la forme primitive de leurs parents, commencent à leur tour à s'agiter dans l'eau à l'aide d'un ou de plusieurs filaments flagelliformes très-déliés. Qu'il spectacle merveilleux que ces alternatives permanentes de la mobilité et de l'immobilité, que ces transformations incessantes de la vie, que ce va-et-vient perpétuel du monde végétal et du monde animal dans les infiniment petits!

La teigne. — Le soleil reparaît. En attendant que ses rayons et le vent aient séché la pluie, nous ne manquons pas de sujets d'étude au logis même. Secouons ces étoffes de laine que nous tenons depuis l'automne renfermées dans une armoire : nous en verrons sortir plus d'un de ces petits papillons gris-cendré qui viennent le soir se brûler à la lampe. Ils sont si frêles que vos doigts sont trop massifs pour les saisir avec toute la délicatesse nécessaire : dès qu'on les touche, ils tombent en poussière. Ces petites phalènes ou papillons nocturnes tirent cependant leur origine d'une chenille bien vorace, connue sous le nom de teigne (*Tinea tapezella*), et si redoutée des marchands de laine et de pelleteries. Les papillons représentent, comme vous savez, le dernier échelon, le degré le plus élevé de la métamorphose de l'insecte : ils ont seuls le pouvoir de reproduire l'espèce. Les œufs pondus par la femelle de notre espèce sont d'une petitesse extrême; les larves, nouvellement écloses, sont encore très-peu adhérentes à l'étoffe qu'elles vont bientôt ronger jusqu'à la corde.

C'est le moment qu'il faut choisir pour s'en débarrasser; il suffit, pour cela, de battre et de secouer l'étoffe. Plus tard, ce moyen serait insuffisant.

Mais si la teigne vous fait horreur parce qu'elle détruit vos vêtements, admirez un peu, je vous prie, son industrie. Voici un ver (chenille vermiforme) à peau nue et tendre; rien ne le protégerait contre les intempéries de l'air si, pour se couvrir, il ne savait pas se fabriquer lui-même un habit. Cet habit est un petit fourreau cylindrique, ouvert aux deux bouts; les poils que la teigne coupe avec ses outils naturels en forment le tissu. Mais, comme elle grandit et qu'elle ne quitte point son habit, il faut nécessairement l'allonger et l'élargir. L'allonger n'est pas ce qui l'embarrasse le plus : elle n'a pour cela qu'à ajouter de nouveaux poils à chaque bout. Mais l'élargir, c'est une autre affaire; et ici nous ne saurions nous y prendre mieux : elle le fend le fourreau des deux côtés opposés et y insère des pièces d'une longueur requise. Mais, elle se garde bien de le fendre d'un bout à l'autre : les côtés du fourreau s'écarteraient trop, et elle se trouverait à nu; elle ne le fend de chaque côté que jusque vers le milieu de sa longueur : au lieu de deux pièces, elle en met donc quatre. L'habit est toujours de la couleur de l'étoffe sur laquelle il a été taillé. Si l'étoffe est bleue, l'habit sera bleu; et si, grossissant, elle passe sur une étoffe rouge, puis sur une étoffe jaune, verte, etc., les pièces ajoutées seront rouges, jaunes, vertes, etc. La teigne se fera ainsi un véritable habit d'Arlequin. Les poils qu'elle emploie pour se vêtir lui servent aussi de nourriture. Et, chose curieuse! les couleurs ne sont point altérées par la digestion : ses déjections, en globules, sont d'une aussi belle teinte que celle des draps qu'elle a dévorés. Dès que la chenille a achevé le fourreau où elle doit se métamorphoser en papillon, elle l'attache par les deux bouts à l'étoffe où il se trouve; elle l'y fixe si solidement par une multitude de petits cordages qu'il faut renoncer à l'espoir de l'en détacher par la brosse et des coups de baguette. On a proposé bien des moyens pour garantir la laine et les pelleteries

La Teigne des tapisseries (*Tinéa topésella*). — La larve, le fourreau et l'insecte parfait de grandeur naturelle. — Les mêmes vus au microscope.

contre les ravages de la teigne. La fumée de tabac passe pour un excellent préservatif : aussi les fumeurs paraissent-ils à l'abri des teignes. Mais le moyen le plus efficace de s'en débarrasser, c'est l'essence de térébenthine : elle les fait mourir dans des mouvements convulsifs.

Notre gallinsecte. — Il est enfin possible de sortir. En vous promenant dans ce bois de chênes, vous marcherez sur des feuilles qui portent à la face inférieure une ou deux petites pommes gelées par le froid de l'hiver. Prenez une de ces pommes et coupez-la un peu en dehors du centre : vous y rencontrerez une petite coque dure, arrondie. C'est la loge d'une espèce de mouche (*Cynips quercus folii*) à quatre ailes translucides, dont les grandes recouvrent entièrement les petites. Dans d'autres pommes, vous trouverez la coque centrale occupée par une larve blanche, lisse et nue, très-bien portante, d'ailleurs, dans sa prison étroite. Vous reconnaîtrez la pomme (galle) qui renferme l'insecte parfait à un point plus foncé que le reste de l'épiderme : en l'ouvrant à côté de ce point, vous en retirez la mouche bien vivante. En l'observant au moyen d'une forte loupe, vous verrez qu'elle a les antennes articulées, le corselet et les pattes couverts de poils ferrugineux; et qu'elle porte vers l'extrémité de l'abdomen, noir, brillant, une sorte de gaîne renfermant une tarière avec laquelle l'insecte femelle pique la feuille pour y déposer ses œufs. Cette piqûre détermine un rapide afflux de sève ; l'excroissance acquiert en peu de jours tout son développement. Mais il est très-difficile de surprendre l'insecte dans cette opération importante : un grand naturaliste, Malpighi (mort en 1694), eut le premier ce bonheur, qui donna lieu à une véritable découverte; car on avait cru jusqu'alors que ces animaux étaient engendrés de toutes pièces dans ces excroissances végétales, et Redi (mort en 1698), bien qu'il eût le premier battu en brèche la géné-

ration spontanée des vers, avait imaginé dans les plantes une sorte d'âme végétative, chargée spécialement du soin de produire ces galles. Réaumur ne réussit jamais, malgré la peine qu'il s'en était donnée, à voir la femelle occupée à pondre. Peut-être, chers lecteurs, serez-vous plus heureux que le célèbre historien des insectes. Si vous voulez vous procurer le bonheur que Réaumur enviait à Malpighi, soyez attentifs, dans les premiers beaux jours de mars, à certaines mouches que vous diriez de *petites fourmis noires ailées;* redoublez d'attention quand vous en verrez une se poser sur quelque feuille de chêne à peine développée ; épiez le moment où elle va sortir son dard pour ouvrir, comme avec une lancette, l'épiderme de la jeune pousse. C'est là qu'elle accomplira sa destinée, en contribuant, pour sa part, à assurer la perpétuité de son espèce.

Plantes annonçant la fin de l'hiver. — Dès les premiers jours de mars, avez-vous admiré ces jolies petites perles blanches dont les vieux murs et certaines pelouses sont comme jonchés? Ce sont les fleurs toutes mignonnes d'une crucifère (*Draba verna*). Il faut examiner la plante à la loupe : vous y distinguerez un calice et une corolle à quatre folioles disposées en croix, quatre étamines, et au centre une silicule comprimée parallèlement à la cloison. Les feuilles, couvertes de poils, sont disposées en rosette radicale.

Au pied des murs, dans un terrain plus humide, vous rencontrerez, vers la même époque, une renoncule, la ficaire (*Ranunculus ficaria* L.) : ses fleurs, d'un jaune d'or brillant, solitaires à l'extrémité de pédoncules axillaires, vous la feront reconnaître facilement ; c'est, d'ailleurs, la seule renonculacée qui ait paru. Ses racines sont

Le Gallinsecte du chêne (*Cynips quercus folii*) à ses différents états; grandeur naturelle. — L'insecte parfait vu au microscope.

caractéristiques : elles sont garnies de bulbes ou tubercules dont on n'a encore tiré aucun parti.

Nous sommes seulement sur la lisière; entrons dans l'intérieur du bois. Voici un tapis jaune formé par les fleurs de coucou : c'est une espèce de narcisse (*Narcissus pseudonarcissus* L.), caractérisée par son périanthe muni d'une couronne campanulée. Les gens de la campagne (près de la forêt de Sénart, où cette plante abonde) l'appellent *patte de vère*, c'est-à-dire *patte du printemps;* car le mot *vère*, qui se retrouve dans *primevère*, vient évidemment du latin *ver*, printemps. Les très jolies signalées forment une sorte d'*horloge florale;* leur floraison a une durée assez limitée : elle commence vers le commencement de mars et finit vers le commencement d'avril.

FAÇADE DU MONASTÉRE DE SANTA-MARIA DE BELEM
(PORTUGAL).

Portail de Santa-Maria de Belem (faubourg de Lisbonne); Façade du sud. — Dessin de Thérond, d'après une photographie.

Sur l'emplacement où s'élève cette façade monumentale, l'une des plus belles que l'on doive à la renaissance en Portugal, on ne voyait, vers la fin du quinzième siècle, qu'une petite chapelle vénérée des marins. C'était l'infant dom Henrique, le fils glorieux du maistre d'Aviz, qui l'avait fait édifier. Le peuple l'appelait, sans doute à cause de sa forme, le *Rastello* (1). C'était là que les chevaliers du Christ, partant pour de longues expéditions, venaient se recommander à Dieu au moment du départ et prenaient congé de l'infant leur grand maître, qui, comme l'a dit éloquemment M. Villemain, ne pouvant accroître le territoire de son petit pays, lui avait donné l'Océan.

Le goût de dom Henrique pour les explorations passa par droit du génie à Jean II, l'*homme* par excellence, comme l'appelait la reine Isabelle; puis vint Emmanuel, le roi « fortuné » ; ainsi le désignaient du moins ses contemporains. Il sut utiliser heureusement, en effet, les hautes prévisions de ses prédécesseurs, et Vasco de Gama partit (2). Ce fut sous l'humble toit de la chapelle du Rastello que l'amiral des Indes vint à son retour rendre grâce à Dieu du succès de son immortel voyage. L'Asie allait couvrir le petit royaume où se termine l'Europe de ses richesses. Emmanuel voulut qu'un temple superbe attestât sa reconnaissance, et le vaste monastère de Belem fut commencé avec l'année qui ouvrit le siècle.

Nous n'avons pas à nous occuper ici des beautés intérieures de ce monument, dont l'originalité est telle qu'on en a voulu faire un type à part, une variété de style architectonique digne d'un examen particulier : nos lecteurs peuvent se rappeler le remarquable tableau de M. Dauzats, que nous avons reproduit (voy. t. VI, p. 225). Nous rectifierons ici seulement une erreur de date échappée à la première rédaction. Ce ne fut pas au dix-septième siècle que s'éleva cette splendide église; il est certain que les plans primitifs en furent tracés dès l'année 1498. Les heureuses recherches d'un archéologue portugais, l'abbé de Castro, nous ont révélé le nom de l'architecte : il s'appelait Boytaca, et non Potassi. On a supposé longtemps qu'il était d'origine italienne; mais rien jusqu'à présent ne confirme cette opinion : il se pourrait qu'il fût né dans une bourgade portugaise oubliée sur toutes les cartes de la Péninsule (3). Protégé par la nourrice d'Emmanuel, Justa Rodriguez, qui était une grande dame, Boytaca fut chargé, dès l'année 1490, de construire le couvent de Jésus qui s'élève à Setuval. Comme ingénieur, il rendit aussi des services militaires à son gouvernement ; il fut créé chevalier, en récompense de ses travaux dans la place d'Arzilla, où commandait le comte de Borba, en 1511. La part qu'il prit aux magnifiques travaux exécutés dans les colonies par ordre de Jean II fut considérable. On sait de plus qu'il alla deux fois en Afrique, qu'il fut marié, et que son fils occupa une place distinguée à la cour; mais on ignore l'époque précise de sa mort. Un gentilhomme de la maison du roi, Jean Castilho, lui succéda comme architecte de Belem ; cet habile homme, dont la carrière se prolongea au delà de quatre-vingts ans, se vit aider par plusieurs autres architectes. C'est à Rodrigue de Pontezylha, sur lequel les biographies nationales se taisent complète-

ment, qu'il faut attribuer l'admirable portail que représente notre gravure. La construction de l'ensemble du monastère paraît avoir été commencée le 6 janvier de l'année 1500.

Il est juste d'ajouter que le maître des œuvres Luiz Fernandez fut aussi appelé à la direction des travaux du couvent de Belem dès les premières années du seizième siècle, et qu'il les poursuivit sans relâche pendant un long espace de temps. Le commerce des Indes était devenu assez florissant pour que ses produits vinssent en aide aux architectes et leur permissent de réaliser à Belem les merveilles qu'ils rêvaient (1). Durant les premiers travaux, il y eut une homogénéité d'idées, un zèle dans la poursuite des constructions, qui durent contribuer à l'harmonieuse élégance qu'on remarque dans les différentes parties de cet édifice religieux. Les artistes qui concouraient à l'érection du monastère s'entendaient parfaitement entre eux; souvent même ils appartenaient à la même famille. De récentes recherches ont fait encore connaître que le troisième artiste s'appelait Laurenço Fernandez.

L'esprit qui avait animé le roi Emmanuel passa à son fils Jean III ; Sébastien lui-même en fut animé. Les malheurs bien connus de ce jeune monarque, les oscillations du goût dans la Péninsule, certaines dispositions momentanées qui ne pouvaient plus éclairer le choix sévère des architectes, substituèrent malheureusement de maladroites constructions aux plans primitifs suivis pendant près d'un siècle (2); mais quand ce changement funeste produisit la décadence du style qu'on remarque surtout dans l'intérieur de l'église, la façade de Santa-Maria était à peu près achevée, et témoignait par sa splendeur de ce que le Portugal avait été sous Emmanuel et sous son fils.

Voici, d'après M. Adolfo de Varnhagen, la description de la grande façade du sud (3).

Cette partie de l'édifice est construite presque en entier avec la belle pierre de liais dur que l'on rencontre si abondamment aux environs de Lisbonne, et qui offre des tons colorés si agréables à l'œil. Le majestueux portail se développe entre deux contre-forts dont la forme réelle disparaît en quelque sorte sous l'assemblage des ornements, des colonnettes, des niches et des statues prodiguées par l'artiste. Ce portail, quelle que fût sa richesse, n'était point destiné à servir d'accès principale à l'église : autrement il aurait dû être, selon l'usage, opposé au maître-autel, c'est-à-dire au couchant.

Dans l'espace que comprend un grand arc à plein cintre, ciselé pour ainsi dire de la façon la plus admirable, et dont quelques-unes des sculptures en demi-relief semblent avoir été appliquées après coup, s'ouvrent les deux entrées du temple, qui paraissent un peu basses. Elles sont séparées par un pilier surmonté d'une colonne dont on n'aperçoit sur notre gravure qu'une portion, et dont le chapiteau sert de support à la statue de l'infant dom Henrique, lequel apparaît ici vêtu de son armure complète et de la cotte d'armes, tel qu'il était au siège de Ceuta (4). Sur les deux

(1) Littéralement, le râteau.
(2) Voy. le *Roteiro* de ce grand navigateur dans le tome III des *Voyageurs anciens et modernes*.
(3) Ce nom si peu connu dans l'histoire de l'art, et si digne de l'être, s'écrit de cinq ou six manières différentes. La *Victoire* de Juromenha, auquel on doit la splendide édition du Camoëns qui paraît à Lisbonne, dit que la véritable orthographe est *Boytaca*. Il ajoute : « Une personne native de Leiria, et parfaitement au fait des localités qui l'avoisinent, m'a assuré qu'il existe près de Batalha un village ou hameau appelé *Boytaca* ou *Boutaca*, situé sur le revers d'une hauteur aux environs du couvent, et se composant seulement de quelques maisons. » (Ap. Raczynski, *Dictionnaire historico-artistique du Portugal*.)

(1) Un *alvara* (décret) en date de l'année 1511 affecte déjà la vente de cinquante quintaux de poivre à l'érection de l'église dont nous reproduisons le portail.
(2) Il faut joindre à ces causes d'altération le terrible tremblement de terre de 1755. On sait comment on réparait alors, dans toute l'Europe, les monuments gothiques, et ceux de la renaissance.
(3) Voy. la brochure intitulée : *Noticia historica e descriptiva do mosteiro de Belem, com um glossario, etc.* Lisbonne, 1842, 1 vol. in-8. Voy. aussi A.-D. de Castro e Souza, *Descrip. do Real mosteiro de Belem,* 1837.
(4) Rappelons que le seul portrait vraiment authentique du célèbre infant doit être celui que peignit un élève de Van-Eyck et qui figure en tête de la *Chronique de Guinée*, composée par Gômes Eannez de Azura. Nous avons publié cette effigie d'après un buste de M. Jules Dröz (t. XI, 1843, p. 361).

parties latérales et au niveau de cette figure, qui n'est pas de grande dimension, apparaissent les douze apôtres, sculptés également dans la pierre et de même grandeur. A l'extrémité du vaste plein-cintre qui se développe au-dessus des portes s'élève une grande statue de la Vierge *Nossa Senhora dos Reis* [1] : elle est placée au centre de la fenêtre principale, et abritée par un baldaquin du style le plus original et dont l'ensemble, quoique chargé de détails, produit un effet majestueux. Sur les parties latérales de cette fenêtre on voit douze autres statues de saints, moins grandes que celles de la partie inférieure; comme les premières, elles sont posées dans des niches à baldaquin; d'un travail exquis.

Sur les côtés, dans des parties que ne laisse pas voir notre gravure, s'ouvrent deux verrières très-hautes avec des linteaux aux mille entrelacs, présentant deux fûts en guise de supports qui se terminent par une aiguille. Le même ornement règne le long de la muraille, et se termine à la fin du contre-fort par une sorte de retable ou de châssis habilement travaillé, de forme haute, et qui enveloppe deux fenêtres. L'ouverture supérieure, que n'obstrue heureusement aucune construction, éclaire le chœur; celle qu'on remarque plus bas envoie sa lumière dans la partie inférieure de l'église. Vient ensuite la tour de l'horloge, imparfaite, et qui devait servir de base à une flèche élégante : les deux angles en sont terminés par de petites flèches derrière lesquelles court la guirlande de pierre, qui se prolonge sur toute l'étendue des nefs, espacées par neuf acrotères ou supports dont deux seulement sont achevés; l'un d'eux, celui qui commence à la tour, porte une sphère armillaire, symbole qu'on retrouve sur tous les édifices exécutés sous le règne du roi Emmanuel.

Un écrivain qu'on regarde, avec juste raison, comme le premier historien du Portugal, M. Alexandre Herculano, a caractérisé le style architectonique qui domine dans les parties saillantes du couvent de Belem en disant que c'était la résistance du gothique au goût préconisé par François Ier. De ce genre mixte, ou a prétendu, en ces derniers temps, malgré tout, que nous l'avons dit, une variété particulière de l'art qui s'appellerait le style d'Emmanuel. Cette dénomination (*o estilo manuelino*) prédomine déjà dans certains ouvrages écrits sur Lisbonne.

Depuis le départ des hiéronymites qui l'habitaient naguère, le couvent de Belem a été transformé provisoirement en *casa pia*, sorte de maison de refuge, qui abrite de nombreux orphelins auxquels l'administration fait enseigner les métiers divers. M. Adolfo de Varnhagen conseille d'établir dans ces vastes constructions un asile pour les vieux marins et une école navale. La statue de Henri le Navigateur, qu'on voit sur le portail de l'église, semble convier le gouvernement portugais à réaliser cette pensée.

ÊTRE ET RESTER BON.

Puisse la France nouvelle ne pas oublier le mot de l'ancienne : « Il n'y a que les grands cœurs qui sachent combien il y a de gloire à être bon! » L'être et rester tel, entre les injustices des hommes et les sévérités de la Providence, ce n'est pas seulement le don d'une heureuse nature, c'est de la force et de l'héroïsme... Garder la douceur et la bienveillance parmi tant d'aigres disputes, traverser l'expérience sans lui permettre de toucher à ce trésor intérieur, cela est divin. Ceux qui persistent et sont ainsi jusqu'au bout sont les vrais élus. Et quand même ils auraient quelquefois heurté dans le sentier difficile du

(1) Notre-Dame des Rois.

monde, parmi leurs chutes, leurs faiblesses et leurs enfances, ils n'en resteront pas moins les enfants de Dieu. [1]

LA FORTUNE.

On trouve la première pensée de l'admirable fable *le Chêne et le Roseau* dans cette petite pièce de vers de Lucilius, poète grec qui a vécu sous les Antonins :

« Que ne peut la fortune, en dépit de notre attente et » de nos vœux! Elle élève les petits, elle abaisse les grands. » Ton orgueil, ton faste, elle les abattra, quand bien même » un fleuve te prodiguerait ses paillettes d'or. Le vent ne » renverse jamais ni le jonc ni la mousse, mais il jette à bas » les grands chênes et les hauts platanes. » [2]

UN CRIME QUI MARCHE.

VOYAGES ET AVENTURES A LA POURSUITE D'UNE PIÈCE FAUSSE.

Suite. — Voy. p. 3, 10, 21, 30, 37, 45, 54, 58, 66.

Quand Denise Cavailloux quitta la fenêtre, elle dut être singulièrement surprise de ne plus me retrouver chez elle.

A la vue de la pièce objet de tant de courses et de démarches jusqu'alors inutiles, je ne perdis pas mon temps à prendre congé de la fille du sergent; je m'estimai même fort heureux que son attention fût en ce moment fixée ailleurs, ce qui me permettrait de quitter immédiatement son logis sans avoir à justifier ma brusque sortie. Bien que j'eusse descendu à grands pas les cinq étages, il n'y avait plus que quelques rares passants dans la rue, et l'enfant était trop loin déjà pour qu'il me fût possible de l'apercevoir à distance. C'était un nouvel embarras, sans doute, mais duquel j'espérais sortir aisément. Je savais de quel côté me diriger, et le risque le plus fâcheux que j'eusse à courir, c'était de n'arriver que le second chez le boulanger. J'y arrivai le premier!

Chemin faisant, vers l'extrémité de la rue, j'avais rejoint l'enfant; il s'était arrêté et causait avec une fruitière sur le pas de sa boutique. Certain maintenant de le devancer, je n'eus, suivant l'indication que Denise Cavailloux m'avait donnée, qu'à tourner à droite dans le faubourg, et une minute après j'étais devant le comptoir du boulanger.

— C'est bien vous, dis-je au patron, qui fournissez le pain de la blanchisseuse du numéro 89, rue des Fossés?

— Oui, fit-il en hochant la tête, une pratique toujours en retard.

— Cette fois-ci, repris-je, elle sera en avance; car elle vous doit deux semaines et je vais vous en payer quatre. C'est une quinzaine que vous lui devrez à votre tour.

— Et à quel nom dois-je faire la quittance?

— A celui de Mme Denise Cavailloux; je viens de sa part.

— Ou de la vôtre, observa le boulanger. Après tout, poursuivit-il, c'est une bonne action bien placée, et si j'avais le moyen de faire du bien à ceux qui méritent le mieux qu'on leur en fasse, c'est par cette digne femme que je commencerais.

Tout en discourant, le boulanger avait consulté son livre, copié les articles écrits au compte de la fille du vieux sergent; il venait d'encaisser la somme et me mettait son reçu dans la main, quand l'enfant entra pour prendre le pas de sa boutique. Un coup d'œil que j'adressai au fournisseur de Mme Denise imposa silence à celui-ci. Je voulais, avant toute explication,

(1) J. Michelet, *Histoire de France.*
(2) *Anthologie grecque*; 1863.

avoir pu donner au petit bonhomme la quittance du boulanger en échange de la pièce fausse qu'il allait poser sur le comptoir. C'est là, du moins, ce que j'espérais.

— Maman ne peut vous payer qu'une semaine aujourd'hui, dit l'enfant.

Et il plaça l'une près de l'autre, sur le comptoir, une pièce de deux francs, une autre d'un franc et une pile de dix petits sous.

De la monnaie au lieu de ma pièce fausse! Et cependant, cette pièce, l'enfant l'avait retrouvée! mais, depuis, qu'était-elle devenue?

Malgré la rude secousse que me fit éprouver cette nouvelle déception, je soutins le choc inattendu avec assez de fermeté pour que rien ne parût au dehors de mon agitation intérieure. Un double motif m'imposait le devoir de ce calme apparent : l'intérêt de ma dignité personnelle devant le patron de la boulangerie, et la crainte d'inquiéter l'enfant, dont les aveux m'étaient nécessaires pour poursuivre ailleurs l'insaisissable pièce fausse. Je ramassai la monnaie qu'il avait posée devant lui, je la lui remis dans la main et, y joignant la quittance, je lui dis :

— Tout est payé, mon garçon; ta mère verra par ce reçu qu'elle peut venir du envoyer ici chercher son pain tous les jours, et qu'au bout d'une quinzaine elle ne devra rien encore. Il y a longtemps qu'elle t'attend ; va bien vite lui porter l'argent et la quittance.

— Ainsi que le petit bonhomme, à peine surpris de cette bonne fortune et l'acceptant sans examen.

Il rempocha sa monnaie, prit le temps de choisir parmi les pains celui qui était le plus à sa convenance, se le fit brosser, puis poser sur les bras comme un enfant au maillot.

Voyant qu'il allait enfin sortir de la boutique, je le précédai jusqu'au détour de la rue, et là je l'attendis. Mon impatience comptait ses pas; qu'ils étaient lents! Il marchait le nez en l'air, dodelinant la tête comme un désœuvré, sifflant un air de romance et berçant son pain sur la mesure. Ce marcheur nonchalant, c'était pourtant le désolé de tout à l'heure; mais la jeunesse est ainsi faite : chagrin violent, oubli rapide ; nuage qui crève, soleil qui luit.

Cependant l'enfant tourna le coin de la rue, et comme il allait passer devant moi sans me voir, je l'arrêtai.

Je n'hésitai point à l'interroger nettement sur l'emploi de la pièce de cinq francs, qu'il n'aurait dû changer que pour payer le pain fourni à sa mère pendant une semaine. La quittance du boulanger, qu'il avait eu la précaution de fixer avec une épingle sur le revers de sa veste, me donnait droit à sa confiance.

— Je n'ai rien dépensé ailleurs, me dit-il, comme s'il se défendait contre une accusation; ce que vous m'avez rendu, je l'ai mis dans ma poche à droite, le reste est dans l'autre : ainsi je rapporte chez nous les cent sous intacts ; mais en monnaie, par exemple : c'est à cause d'une idée de la porteuse de pains, qui a passé au moment où j'ai retrouvé ma pièce blanche dans le sable. Quand elle a su que ma mère m'avait recommandé de ne payer qu'une semaine et de demander au boulanger de me rendre le surplus des cinq francs : «Change ta pièce ailleurs, m'a-t-elle dit, et ne porte au bourgeois que le compte bien juste ; autrement, je le connais, il gardera tout, et il s'en faudra encore qu'il soit content. » Le conseil était bon ; je suis entré chez la fruitière, et elle m'a donné les cent sous en monnaie.

— Mène-moi chez cette fruitière, dis-je aussitôt à l'enfant.

— Oui, pour savoir si j'ai dit vrai. Eh bien, ce ne sera pas long ; nous n'avons que la rue à traverser.

Je le suivis dans la petite boutique-borgne à la porte de laquelle je l'avais vu arrêté quelques minutes auparavant.

— Dites un peu à monsieur, commença le petit bonhomme, qui se croyait l'objet d'un injuste soupçon, si j'ai acheté n'importe quoi sur les cent sous que vous m'avez changés; au surplus, j'ai encore tout sur moi : nous allons compter.

— Il ne s'agit pas, dis-je à la fruitière, d'un doute sur la sincérité de cet enfant ; mais je désire que vous repreniez votre monnaie en échange de sa pièce que vous allez lui rendre.

Et de nouveau je me préparais à la substitution que j'avais déjà rêvée.

— Rendre la pièce, cela me serait difficile, me répondit la bonne femme; il n'y a plus de monnaie blanche ici, et pas beaucoup de cuivre non plus. Mon propriétaire vient d'emporter à peu près tout.

— Il demeure dans la maison, votre propriétaire? lui demandai-je.

— Ah bien oui! c'est au diable qu'il loge, à Courbevoie, rien que cela !

— Et vous le nommez?

— M. Froidmantel.

A peine eut-elle prononcé ce nom que déjà j'étais dans la rue. Je regagnai à grands pas la voiture qui m'attendait au coin du faubourg. Une heure plus tard, mon cocher arrêtait son cheval devant la maison qu'on m'avait indiquée à l'entrée du pays comme étant celle qu'habitait ce M. Froidmantel. La servante qui vint répondre à mon coup de sonnette m'apprit que son maître, qui était rentré quelques instants plus tôt, n'avait fait que passer chez lui, puis était reparti en disant qu'on ne l'attendît pas pour dîner.

J'ai laissé ma carte avec ces mots écrits au crayon :
« J'aurai l'honneur de voir M. Froidmantel chez lui, demain, avant dix heures du matin. »

Et je suis revenu à la maison, non-seulement fatigué de tant de démarches inutiles, mais honteux de mon insuccès et doutant de demain.

VI. — Voyages et aventures. — Seconde journée.

Neuf heures du matin. — Avec qui sera-t-on sincère, si ce n'est avec soi-même? Or je me pose nettement la question, et je m'enjoins d'y répondre avec sincérité : — Est-ce bien par devoir raisonnablement entendu que je m'attache à la poursuite de cette pièce fausse? Le repos de ma conscience est-il vraiment intéressé au succès d'une entreprise qu'à bon droit, peut-être, on jugerait insensée? Enfin, et voilà le point capital de la question, devrai-je me croire moins honnête homme aujourd'hui qu'il y a trois jours, si j'abandonne, de guerre lasse, aux caprices du sort qui semble me défier à la lutte, cette pièce fausse que l'étourderie seule d'un dépositaire, oublieux de mes recommandations, a fait tomber dans le tourbillon des affaires humaines?

Je viens de m'examiner, et je me dis : — Non, ce n'est pas une inquiétude puérile que celle de ma conscience; non, l'entreprise qui, je le crains, ne tend qu'à l'impossible, n'est cependant pas insensée, puisque sa réussite doit prévenir ou réparer un tort dont, en définitive, le reproche remonte jusqu'à moi. Pour découvrir et cesser tout à coup mes démarches, je n'ai pas, j'en remercie Dieu, cette excuse à me donner : la trace est perdue, j'ignore absolument où chercher. Jusqu'à présent, j'ai suivi le chemin direct qu'a fait la pièce fausse. J'ai demandé, ainsi que je le devais, et j'ai su le nom de tous ceux chez qui elle a passé; j'ai vu toutes les mains qui l'ont touchée; donc, tant que mes informations continueront à me servir aussi bien, il faudra que je marche vers le point où la pièce m'attire;

car ma tâche ne sera accomplie que lorsque je l'aurai rencontrée dans la main de son dernier possesseur. Mais à l'allure rapide que prend l'argent jeté dans la circulation, mais aux nombreux détours que, dans une heure seulement, l'incessante activité des échanges fait suivre parfois à une même pièce de monnaie, il se peut que celle dont je tiens encore la piste disparaisse aussi bien pour moi que la goutte de pluie dans le fleuve que son courant pousse à la mer. Que cela arrive, serai-je forcé de me croire éternellement coupable? Devrai-je à tout jamais garder le remords d'une faute qui n'a été qu'indirectement la mienne? Non! là serait l'exagération, là serait la puérilité.....
La suite à la prochaine livraison.

MARCHANDE D'ANVERS.

Je l'ai rencontrée l'automne dernier, sur la place de Mer, à Anvers; et je me suis arrêté longtemps à la re-

E. F. D'APRÈS FÉLICIEN ROPS.   L. CHAPON SC.

D'après M. Félicien Rops. — Dessin de Thérond.

garder. Ce n'étaient pas seulement son costume sombre et sa coiffure originale qui m'intéressaient en elle, mais aussi son attitude et sa physionomie, qui ne ressemblaient en rien à celles d'une marchande de poissons, surtout pour ceux qui sont habitués aux types sans caractère des marchés de Paris. Elle se tenait calme, rigide, impassible, presque noblement, sur sa petite chaise, au milieu de ses échantillons de *slekhuysen*, sans faire un mouvement,

sans pousser un cri destiné à attirer et à retenir les chalands : elle attendait, et ses compagnes, vieilles comme
elle, habillées comme elle, n'étaient pas moins silencieuses.
On eût dit un sénat de matrones romaines.

Leur chapeau de paille, que le crayon de l'artiste a reproduit fidèlement, est une coiffure nationale dans le nord
de la Belgique, et on le retrouve, sans que sa forme soit
de beaucoup modifiée, sur la tête des Hollandaises et des
Frisonnes, jeunes ou mûres. La coquetterie des jeunes le
rend plus coquet; l'indifférence des vieilles le fait plus
simple : mais, chez toutes ou presque toutes, il porte sur
sa calotte sa garniture de rubans bariolés, collés à même
la paille. Il encadre bien la tête et la préserve suffisamment des injures du soleil et de la pluie; il s'allie en outre
à merveille aux lames de cuivre ou d'or du *cap-or*, ce
bonnet de métal qui emprisonne si singulièrement les cheveux, et dont les dentelles qui le recouvrent ne parviennent pas à atténuer l'éclat.

Le visage hâlé de ma vieille marchande de vigneaux de
la place de Mer recevait de ce voisinage métallique une
certaine dureté qui l'accentuait davantage, mais qui n'a-
vait rien de déplaisant. La gravité de l'expression sied à
ceux qui ont longtemps vécu.

SI LA PARTICULE *DE*
EST TOUJOURS UN SIGNE DE NOBLESSE [1].

On peut porter un *de* devant son nom et n'avoir aucune
espèce de titre sérieux à se prétendre noble. Cette particule
n'est souvent que l'indication grammaticale du génitif ou de
l'ablatif qui se rapportait à la formation première des noms
propres. Autrefois, on attachait indifféremment aux noms
des vilains comme à ceux des nobles les articles *de*, *du*,
de la, *des*. Une foule de familles très-roturières portaient
très-légitimement le *de*, et ne s'en croyaient pas plus nobles
pour cela. Les bourgades étaient peuplées de roturiers
qui s'appelaient bien et dûment du Bois, du Val, du Ruisseau, des Étangs, de la Grange, de la Haye, de l'Orme, de
l'Épine, de l'Estrade, de la Croix, de la Borde, etc., etc.
Au contraire, la plupart des familles nobles, avant la révolution, ne prenaient nullement la particule *de*. Exemples :
Séguier, Pasquier, Molé, Brulart, Briconnet, Anjorrant, Bi-
gnon, Turpin, le Vépeur, etc. Cependant toutes ces familles
nobles dataient du siècle de Philippe le-Bel. Si l'on disait
M. Séguier de Saint-Brisson ou M. Molé de Champlâtreux, ce n'était jamais que par élision, et cela voulait
dire simplement : M. Séguier seigneur de Saint-Brisson,
M. Molé seigneur de Champlâtreux. Il fallait alors avoir
bien réellement une seigneurie avec juridiction. Aussi des
nobles en possession d'une particule, non pas comme signe
de noblesse, mais comme rappelant le fief, le château, le
comté ou la baronnie qui leur appartenaient, n'en faisaient
aucune estime, car ce n'était pas cela qui les faisait nobles,
et le plus souvent ils liaient tout uniment cette particule du
génitif à leur nom : ainsi, Delionne pour de Lyonne, Dan-
ville pour d'Anville, Daguesseau pour d'Aguesseau, De-
royer, Dargenson, etc., etc.

Beaucoup de vrais nobles eussent trouvé fort ridicule
qu'on mît un *de* devant leur nom.

Henri IV n'a pas écrit : « Pends-toi, brave *de* Crillon ! »
Loyseau, dans son *Traité des armes*, se rit de « la vanité de ces modernes porte-épées qui, n'ayant point de
seigneurie dont ils puissent porter le nom, ajoutent seulement un de ou un du devant celuy de leurs pères. »

« Ignorants, s'écrie Gelyot [2], qui sont si simples qu'ils

[1] Réponse à la lettre de M. D. L.
[2] Indice armorial.

croient se rehausser en ajoutant devant le surnom de leurs
maisons, qui n'ont point de juridiction, la diction *de*, *du*
ou *des* ? »

L'ambition de se donner le *de* et de l'ériger en signe
nobiliaire décelait « l'homme nouveau et peu instruit. » [1]
Boileau, historiographe du roi, savait fort bien le peu
de valeur du *de*, lorsqu'il écrivait :

Qu'à Chantilly Condé les souffre quelquefois;
Qu'Enghien en soit touché; que Colbert et Vivonne,
Que la Rochefoucauld, Marsillac et Pomponne
A leurs traits délicats se laissent pénétrer...

Il n'aurait eu garde de dire d'Enghien, de Marsillac, etc.
Napoléon appelait son secrétaire Bourienne tout court,
et il n'avait pas eu l'idée de ne pas avoir parfaitement anobli
le maréchal Ney parce qu'il ne lui avait pas donné du *de*.
Qui a jamais dit : Le maréchal *de* Ney?

En somme, donc, « la particule, dit le jurisconsulte auquel nous empruntons les réflexions qui précèdent, n'a,
aux yeux de la loi, aucun caractère nobiliaire; elle ne pré-
juge pas même la noblesse, et il est inutile de fournir la
preuve d'une origine noble pour en revendiquer la possession. Le plus humble villageois, le roturier le plus notoire,
y a droit si son nom a été écrit avec un *de* séparé dans les
premiers actes de sa famille. » [2]

Lors même que l'on obtient la concession officielle de
porter le *de* ou la reconnaissance du droit d'en faire précéder son nom, cela n'équivaut nullement, au point de vue
de la science héraldique, à un anoblissement. Cette particule est quelque chose de si insignifiant par soi-même
qu'une personne justifiant parfaitement de sa qualité de
noble n'a pas le droit, sans concession, d'ajouter *de* à son
nom si ce *de* n'est point déjà écrit dans les actes qui établissent son état civil.

CORNÉLIE.
Voy. t. XXIV, 1856, p. 27.

Il y avait à Rome, dans le portique de Metellus, qui devint le portique d'Octavie, une statue avec cette inscription :
« A Cornélie, mère des Gracques. »

Dès leur enfance, Cornélie éleva ses deux fils, qu'elle
nommait ses joyaux, pour les grandes choses. « M'appellera-t-on toujours, disait-elle, la fille des Scipions? Ne
m'appellera-t-on jamais la mère des Gracques? »

Après la mort de Tiberius, elle voulut détourner son
frère Caïus de la même entreprise. Ce n'était pas la douleur de la perte d'un fils ou la crainte d'en perdre un autre
qui pouvait faire fléchir l'âme de leur mère; mais elle
s'appelait Cornélie, elle était de la hautaine race des Cor-
nelii; les traditions de famille, les opinions de son entourage, lui faisaient condamner les projets de ses fils... Puis,
quand ses deux fils eurent succombé, les scrupules de parti
et de race s'effacèrent devant le respect de son deuil, et
elle adopta sans réserve leur cause, lorsqu'elle eut échoué.
Après la triste fin de Caïus, elle se retira dans une ville
près du cap Misène, non loin de Literne, où leur père était
mort dans un volontaire exil. Là, elle refusa d'un Ptolémée, qui lui offrait de l'épouser, le titre de reine d'Égypte.
Elle y menait une existence grande et hospitalière. On
venait de partout la visiter; l'entendre retracer le genre
de vie de son père l'Africain, et raconter les actions et la
mort de ses fils sans une fierté qui lui permettait pas
les larmes, « non plus, dit Plutarque, que si elle eût raconté quelque ancienne histoire. » — « Les petits-fils du

[1] Dumarsais, *Encyclopédie*, t. Ier, p. 772.
[2] Henri Beaune (substitut du procureur impérial à Dijon), *Des distinctions honorifiques et de la particule*. 1863, Paris.

grand Scipion, disait-elle, étaient mes fils. » Et, faisant allusion au très-saint Capitole et au bois de la déesse Furina, au delà du Tibre : « Ils méritaient de tomber dans ces lieux consacrés, car ils sont morts pour une cause sublime, le bonheur du peuple romain.! » Quand on la plaignait, elle, mère de douze enfants, de les avoir tous perdus, elle répondait : « Jamais je ne pourrai me dire malheureuse, car j'ai enfanté les Gracques. » (¹)

DÉCOUVERTE DE MONUMENTS DITS CELTIQUES
DANS LA PROVINCE DE CONSTANTINE.

Le 17 avril 1863, dit M. Féraud, interprète de l'armée d'Afrique (²), j'ai accompagné M. Henri Christy, archéologue anglais, aux sources du Bou-Merzoug, près desquelles nous trouvâmes plusieurs *dolmens* en parfait état de conservation. Sur les flancs des collines qui se dressent brusquement au-dessus des sources, on voyait poindre, au milieu de touffes de genévriers et de chênes verts, la forme pittoresque et nettement découpée de plusieurs autres de ces constructions primitives, disposées par gradins, et frappées alors par les rayons du soleil. Mais comme nous n'avions ni le temps ni les moyens de les fouiller, nous dûmes rentrer le soir même à Constantine, en nous promettant bien de ne pas tarder à revenir sur ce point si riche en antiquités.

Le 20, nous étions de nouveau à Ras-el'Aïn-Bou-Merzoug, avec quatre hommes munis de pelles et de pioches.

Les sources du Bou-Merzoug sont à 35 kilomètres environ au sud-est de Constantine, non loin de la route de Batna, et dans la contrée nommée par les indigènes Mordjet-el-Gourzi. Les eaux jaillissent au pied d'une montagne de roche calcaire, et sont tellement abondantes qu'elles forment rivière dès leur sortie, font marcher un grand nombre de moulins et irriguent dans tout leur parcours la belle et fertile vallée qui s'étend jusqu'auprès de Constantine.

Dans un rayon de plus de trois lieues, sur la partie montagneuse comme dans la plaine, tout le pays qui entoure les sources est couvert de monuments de forme celtique, tels que *dolmens, demi-dolmens, cromlechs, menhirs, allées et tumulus*; en un mot, il existe là presque tous les types connus en Europe.

M. Henri Christy assure que, dans ses nombreux voyages, il n'a jamais vu, autre part peut-être que dans l'ouest de la France, pays classique des souvenirs druidiques, une aussi grande quantité de constructions de cette nature réunies sur un seul point.

Dans la crainte d'être taxé d'exagération, je ne veux point en fixer le nombre, mais je puis certifier en avoir vu et examiné plus d'un millier, pendant les trois jours qu'a duré notre exploration. Dans la montagne comme sur les pentes, on en rencontre partout où il a été possible d'en placer. Tous sont entourés d'une enceinte plus ou

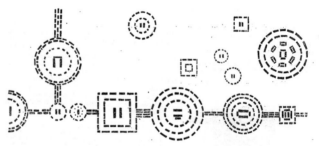

Fragment du plan des monuments dits celtiques découverts aux environs de Constantine en 1863.

moins développée, en grosses pierres disposées tantôt en rond, tantôt en carré, avec une sorte de régularité géométrique. La roche forme parfois une partie de l'enceinte, complétée ensuite à l'aide d'autres blocs rapportés; il est même souvent difficile de déterminer où finit le monument, où commence le rocher.

Parfois encore l'escarpement, étant trop abrupt, a été nivelé par une sorte de mur de soutènement pour faire

(¹) J.-J. Ampère. — Ce savant et sincère écrivain, l'un de ceux qui font aujourd'hui le plus d'honneur à la France, réfute, dans son *Histoire romaine* à *Rome*, le lieu commun qui fait considérer les deux Gracques comme des factieux et comme les partisans d'une sorte de système analogue à ce qu'on appelle de notre temps le communisme. Les Gracques demandaient, au contraire, le retour à la légalité, « violée par les patriciens. »

(²) Mémoire inséré dans le *Recueil des notices et mémoires de la Société archéologique de la province de Constantine*; 1863.

terrasse autour du dolmen. Presque toujours les dalles formant table sont placées de manière à avoir un angle saillant plus élevé que le reste, pointant en quelque sorte vers le ciel. Quelques-unes présentent sur leur surface brute des rigoles semblables à la partie creuse d'une tuile. Nous avons cru un instant avoir trouvé des dessins ou des caractères gravés sur ces dalles; mais, après un examen plus attentif, nous avons pu nous convaincre que c'étaient tout simplement des lignes tracées par les bergers arabes avec la pointe d'un caillou ou d'un couteau. Ces dessins capricieux imitent généralement les lignes des damiers ou des jeux de marelle des enfants, ou même encore ces signes cabalistiques formant des triangles, des carrés ou des losanges, que nous voyons souvent sur les amulettes des indigènes.

Les dolmens qui existent dans la plaine paraissent construits avec plus de soin; le transport des matériaux devait aussi y être plus coûteux. Ici les enceintes sont plus vastes et les dalles des tables plus grandioses; nous en avons même remarqué une qui a fixé notre attention par ses proportions gigantesques : sa longueur est de 3ᵐ.75 sur

2ᵐ.25 de large, et épaisse de 0ᵐ.45 à ses bords. La plus juste idée que je puisse donner de ce monolithe, c'est de le comparer à une énorme carapace de tortue posée sur un trépied.

Quelques enceintes carrées ont à l'un des angles une

Dolmen sur le bord de l'Oued-Bou-Merzoug (environs de Constantine).

pierre plus haute plantée perpendiculairement dans le sol. Dans la montagne, nous avons aussi rencontré des pierres brutes, en forme de cubes, percées de part en part avec régularité. Voici les proportions de ces pierres :

Longueur........ 1ᵐ.00   Diamètre du trou... 0ᵐ.25
Largeur......... 0ᵐ.65   Profondeur....... 0ᵐ.65

Lorsque des hauteurs on examine la plaine, on aperçoit

Position des ossements sous le dolmen de l'Oued-Bou-Merzoug.

d'immenses lignes blanchâtres régulièrement tracées. Elles établissent, sur une étendue de plus de 4 kilomètres en

ligne droite, une vaste enceinte à la zone de pays où s'élèvent les vestiges celtiques. Ces lignes sont de simples, doubles ou triples rangées de grosses pierres, de 0ᵐ.40 à 0ᵐ.60 d'épaisseur, plantées en terre et formant des allées découvertes qui relient entre eux les dolmens, les tumulus et les cromlechs, comme le fil unit les grains d'un chapelet (voy. la figure de la page 79).

Nous avons trouvé dans les tombeaux des vases contenant de l'eau, du lait ou tout autre liquide; des objets en bronze ou en fer, tels que pendants d'oreilles, bagues, boucles de ceinture et autres faisant partie du costume funèbre (¹).

(¹) Après une pareille découverte, les doutes soulevés sur les origines d'une partie au moins des monuments dits celtiques ne peuvent que s'accroître. On ne voit aucun monument celtique en Italie et en Grèce, où les Gaulois ont longtemps séjourné; on en découvre, au contraire, de nombreux dans des pays où il n'y a aucune raison de croire que les Celtes aient jamais eu aucun établissement. Dans ces monuments de Constantine, on trouve des instruments de bronze ou des médailles d'un art antérieur de peu de temps ou même postérieur à l'ère chrétienne. De plus, ces pierres sont situées à de très-grandes distances des villes et des nécropoles des colonies romaines. « Toute nécropole, dit M. Ferraud, fait présumer l'existence d'une ville voisine. Or, jusqu'ici nous n'avons trouvé dans les environs aucun vestige de ville ni de poste militaire. »

M. Alexandre Bertrand, frère de l'illustre académicien Joseph-Bertrand, et l'un des savants français les plus versés dans l'étude des antiquités celtiques, vient de publier dans la *Revue archéologique*, au sujet de cette découverte des monuments du Bou-Merzoug, un mémoire intéressant où, après avoir montré que les dispositions de ces pierres d'Algérie sont toutes pareilles à celles des pierres du même genre en Danemark et dans les landes de Cojoux, près Pîpriac, entre Rennes et Redon (Ille-et-Vilaine), il pose et examine cette question : A quel peuple attribuer tous ces monuments? M. Alexandre Bertrand se répond par une hypothèse hardie. Il suppose l'existence d'une race nomade, jusqu'à ce jour innomée, dont il trace l'itinéraire, et qui, fuyant sans cesse devant la civilisation, serait enfin venue s'éteindre en Afrique.

UN TABLEAU DE M. COURBET.

La Curée. — Dessin de M. Courbet, d'après son tableau.

marquent les plans successifs d'une forêt, d'y faire circuler l'air, d'y placer des figures en pleine lumière, ou éclairées seulement par des reflets. Au mérite de l'exécution, à celui de la difficulté vaincue, ajoutons-en un autre, dont il semble, il est vrai, que l'artiste ne fasse pas autant d'estime que le public : l'absence de ces laideurs et de ces vulgarités choquantes qui lui ont tant de fois attiré de violentes critiques. Et cependant, en présence de cette peinture même, après avoir loué la main qui a tenu le pinceau, ne peut-on pas se demander quelle pensée, quel sentiment l'ont dirigée? Sans doute, tout sujet est bon qui réveille dans l'âme de

l'artiste l'idée et l'émotion du beau, quand il a le talent de communiquer ce qu'il éprouve; sans doute, la fraîcheur des bois, l'ombre épaisse, les jeux de la lumière, ont un grand charme, et l'on ne peut nier que l'on ne prenne plaisir à voir le pelage fauve d'un chevreuil imité avec cette finesse et cette largeur, ainsi que tant de bonheur à rendre les mouvements et la physionomie d'un chien. Est-ce tout? Mais les deux personnages que M. Courbet a peints à peu près de grandeur naturelle ne sont-ils destinés qu'à remplir le vide d'un paysage trop peu varié? Il faut avouer que ce sont d'assez tristes figures, à part les qualités matérielles, que ce piqueur qui présente de profil au spectateur son corps anguleux et sa joue gonflée (il aurait plus de souffle, par parenthèse, s'il se redressait un peu et dégageait sa poitrine), et ce chasseur tout droit planté qui considère ses chiens achevant la curée et qui semble goûter lui-même la jouissance d'un appétit satisfait; est-ce sur lui que doit se porter l'intérêt du tableau? Vraiment les bêtes ont ici le beau rôle comme la première place. Mais ce n'est pas, dit-on, pour les adeptes de l'école qui s'appelle réaliste une faute de goût. Pour eux, entre les modèles que leur offre partout la nature, il n'y a point de motif d'en préférer aucun; composer, arranger, choisir, ce sont là des préjugés d'un faux enseignement: ce qu'il faut apprendre, c'est uniquement à voir et à rendre ce que l'on voit. Comme si l'artiste pouvait voir autrement qu'en choisissant! Mais il n'est artiste que parce qu'il voit, dans les objets qui frappent tous les yeux, ce que les autres ne voient pas ou n'entrevoient que confusément. Quiconque admire et jouit de la beauté des choses est artiste en ce point. Ce que le véritable artiste a de plus, c'est la puissance de nous faire voir, en se servant de ces beautés naturelles, ce qu'il a vu lui-même, de nous subjuguer, de nous imposer ses visions. Qu'il s'appelle ou non réaliste, tout artiste est tenu d'être sincère dans l'expression de ce qu'il a senti, et le réaliste, comme tout autre, quoi qu'il fasse pour mettre dans son œuvre ce qui est hors de lui, n'exprime que ce qui est en lui.

UN CRIME QUI MARCHE.

VOYAGES ET AVENTURES À LA POURSUITE D'UNE PIÈCE FAUSSE.
Suite. — Voy. p. 2, 10, 21, 30, 37, 45, 54, 58, 66, 75.

... Le jour où je ne saurai plus quel nom il me faut invoquer, quel chemin je dois suivre pour rentrer dans la voie qui doit me conduire à mon but; le jour, enfin, où il me sera prouvé que, de nulle part, une lueur ne peut plus me venir pour diriger mes recherches, ce jour-là, j'irai, sans compter mon aumône, vider ma bourse dans le tronc des pauvres, et je prierai Dieu qu'il m'accorde la grâce de me laisser croire que la réparation est complète. Je n'en suis pas encore, heureusement, réduit à cet expédient pour racheter mon repos. Neuf heures viennent de sonner: plus d'affaire importante qui me retienne chez moi; dans moins d'une heure je puis être à Courbevoie; M. Froidmantel doit m'attendre; oui, je l'espère, il m'attend.

Midi. — C'est un bien aimable homme que ce M. Froidmantel; je n'en connais de mieux accueillant que lui. Il a, dès le premier abord, avec les gens un entrain familier, un sans-façon gracieux qui vous met sur-le-champ à votre aise. J'avais pris, avant de me présenter chez lui, la ferme résolution de m'expliquer sans détour, cette fois, sur le fait de la pièce fausse; mais j'eusse été moins disposé à avouer le motif de ma démarche que la franchise de ses manières m'aurait, par sympathie, forcé d'être sincère.

Il achevait de déjeuner quand sa servante lui a annoncé ma visite. Il ne s'est pas levé de table à mon arrivée; mais, me

saluant d'un sourire et me montrant un siège près de lui, il m'a si cordialement invité à m'asseoir qu'il n'y a pas eu de ma part plus de cérémonie pour me rendre à son invitation qu'il n'en avait mis lui-même à me la faire.

— Je viens, Monsieur, lui dis-je...

— Parbleu, interrompit-il, vous venez me parler affaires, puisque vous êtes avocat. Pardon, mais je ne vous permettrai pas de dire un mot sur ce qui vous amène ici, avant que vous m'ayez fait le plaisir de prendre avec moi le café et son accompagnement obligé. De quoi qu'il s'agisse, on finit toujours par s'entendre quand on a commencé par choquer les verres ensemble.

J'essayai de lui faire comprendre que l'affaire qui motivait ma visite était sans importance pour lui et ne pouvait donner lieu à aucun débat entre nous; il me coupa obstinément la parole et ne consentit à m'écouter que lorsque, après qu'il m'eut versé une tasse de café noir à laquelle je ne touchai pas, je me fus décidé à tremper lo bord de mes lèvres dans le petit verre de liqueur de la Chartreuse que, malgré mon opposition, il emplit jusqu'au bord. Alors seulement je pus parler.

Je lui expliquai, le plus brièvement possible, ce qui me ramenait pour la seconde fois à Courbevoie. Il me regarda avec ébahissement, comme s'il eût contemplé un phénomène, et me fit répéter l'explication de ma visite. A mesure que je parlais, M. Froidmantel, penché vers moi dans l'attitude et avec l'expression d'un auditeur qu'intrigue un récit plaisant, lançait, à travers mes paroles, des interjections de surprise telles que celles-ci : « En vérité! — Pas possible! — Ah! c'est curieux. — C'est très-curieux. » Et, quand j'eus fini, son visage bon enfant s'épanouit de plus belle dans un gros éclat de rire, dont il n'y avait pas moyen de se sentir offusqué. Bien mieux, ce rire non moqueur était si franchement gai, et de telle sorte communicatif, qu'il me fut impossible de garder tout à fait mon sérieux.

— Ainsi, reprit M. Froidmantel, me serrant affectueusement les deux mains, c'est bien pour cela, pour cela seulement, que vous avez pris la peine de venir ici et de revenir ce matin? Je suis vraiment désolé de n'avoir pas retardé aujourd'hui l'heure de mon déjeuner. Admettant même que vous eussiez déjà pris le vôtre, je vous aurais forcé de recommencer avec moi. De cette façon, du moins, notre entrevue, dont je me félicite, aurait eu pour vous un intérêt réel et un résultat positif.

— Je vous affirme, répondis-je, que je n'ai pas d'intérêt plus réel en ce moment que celui de ma conscience. Elle m'ordonne de vous payer, en échange de la pièce fausse, la somme que celle-ci représente et que je vous dois.

— Vous ne me devez rien, me dit M. Froidmantel. Et, répondant à mon mouvement de surprise, il répéta : — Sur l'honneur, je vous l'atteste, vous ne me devez absolument rien; j'ai passé la pièce fausse.

— Parce que vous la supposiez bonne, m'écriai-je, déconcerté par cette nouvelle déception.

— Au contraire, me dit M. Froidmantel, montrant ce bon sourire qui me fit, cette fois, l'effet d'un tic nerveux, je l'ai passée parce qu'elle me semblait douteuse. Bien qu'un déficit de cinq francs ne signifie rien pour moi, j'aime autant qu'il soit au compte d'un autre qu'au mien. Cependant, poursuivit-il avec une bonhomie qui m'épouvanta, je ne regarde pas à faire courir un risque à ma bourse quand il s'agit de ne point alourdir la misère des pauvres gens. Hier, par exemple, quand cette brave femme, ma locataire de la rue des Fossés-du-Temple, qui vit si chétivement de son petit commerce, m'a payé le terme échu de son loyer, j'ai remarqué tout de suite cette coquine de pièce, si parfaitement imitée d'ailleurs que, pour ne pas s'y laisser tromper, il faut cette sensibilité du tact que je possède et ma grande habitude de manier de l'argent. Un autre, à ma place, aurait brutalement refusé la pièce fausse; c'eût été inhumain. La somme que la pauvre femme venait de me compter représente, je le sais, de cruelles privations courageusement endurées. Cinq francs de moins, ce serait une perte énorme pour elle. J'ai pris la mauvaise pièce avec les bonnes, sans sourciller. C'était à peine une bonne action, et je ne comprends pas comment on se prive du plaisir d'obliger les malheureux quand il en coûte si peu pour leur rendre service; car j'étais bien sûr de passer la pièce fausse.

Continuant à me dévoiler son bon cœur de malhonnête homme, M. Froidmantel s'abandonna si complaisamment à ce monstrueux laisser-aller de compassion pour les pauvres, compassion qui ferait prendre la charité en horreur si ceci avait quelque chose de commun avec la charité, que, l'indignation me poussant, je l'arrêtai par cette réflexion :

— Mais, soit par mauvaise intention, soit seulement par mégarde, d'erreur en erreur et de tromperie en tromperie, il y aura nécessairement, au bout du compte, quelqu'un de volé.

Le mot était blessant, l'attaque brutale; j'aurais eu tort cependant de me reprocher ma violence : M. Froidmantel a la peau dure, il ne se sentit pas touché; loin de là, il trouva dans cette remarque un prétexte au contentement de lui-même.

— S'il y a quelqu'un de volé, me dit-il avec le sourire de la parfaite quiétude, du moins ce ne sera pas moi. Je n'ai pas glissé cette pièce de cinq francs parmi plusieurs autres d'une valeur incontestable pour la faire accepter; au contraire, j'ai voulu qu'elle fût en évidence et, bien mieux, j'ai pris soin de faire observer à mon fumiste, en réglant ce matin avec lui, que ladite pièce m'était suspecte. « Si on vous la refuse, lui ai-je dit, vous me la rendrez. » Mais, continua-t-il, j'en suis certain, le brave Crempu ne me la rapportera pas; il est plus riche que moi, mais si intéressé ! Il craindrait de perdre ma pratique, d'autant plus qu'il y a peu de temps j'ai dû le quitter, et je suis son meilleur client.

Le nouveau possesseur de la pièce fausse se nomme, Crempu; il est fumiste. Je n'avais pas besoin de savoir davantage. J'ai pris congé de ce singulier ami des pauvres. Il n'a pas été moins engageant à mon départ qu'à mon arrivée.

— Je suis charmé de vous connaître, m'a-t-il dit; j'espère que cette visite ne sera pas la dernière et que j'aurai le plaisir de vous mieux recevoir. Je réunis ici quelques amis à ma table le jeudi; quand vous le voudrez, il y aura un couvert de plus.

Au point de vue de la probité, il manque quelque chose à M. Froidmantel; mais, je le répète, comme aimable homme, il est complet.

Huit heures du soir. — Une affaire importante au palais, et chez moi un rendez-vous à heure précise, auquel je ne pouvais manquer sans compromettre de graves intérêts, ne m'ont permis de reprendre que fort tard dans l'après-midi ma liberté d'action, c'est-à-dire mes recherches. J'avais négligé, à dessein, de m'enquérir auprès de M. Froidmantel de l'adresse qu'il m'importait maintenant de savoir; j'éprouvais une profonde répugnance à lui confier la personne que m'inspirait une anxiété qu'il ne comprenait pas; d'ailleurs, pour me renseigner, il me suffisait d'emprunter à un négociant du voisinage cet informateur universel qui ne ment pas à son titre d'Almanach des cinq cent mille adresses. J'envoyai ma chambrière le demander pour moi, et, dès que je fus seul, j'ouvris le volumineux répertoire, qui m'indiqua aussitôt la demeure

de maître Crempu, poêlier fumiste. Je le rencontrai chez lui, ce grand diable d'Allobroge taillé en hercule. Il n'a rien dans ses façons d'agir avec les gens et dans son langage qui rappelle l'inaltérable affabilité de son client. Je l'ai vu, il est vrai, dans un de ses mauvais moments; mais en a-t-il de bons? Il était occupé à congédier un de ses compagnons, et le poussait dehors avec si peu de mesure que le pauvre diable fit en pirouettant son entrée dans la rue, où il serait indubitablement tombé si le hasard de ma rencontre ne lui eût fourni un point d'appui pour éviter la lourde chute. Je le reçus dans mes bras et, par conséquent, je le vis d'assez près pour m'assurer qu'il n'était pas étourdi que par l'effet de cette rude secousse; la difficulté qu'il éprouva à retrouver son équilibre ne provenait pas seulement de la force d'impulsion qui l'avait jeté sur moi. Comme il grommelait assez haut, maître Crempu s'avança vers lui d'un air menaçant.

— Que réclames-tu encore ? lui dit-il; tu as ton livret, tu as ton argent, va faire le lundi ailleurs; c'est interdit chez moi.

L'ouvrier n'en demanda pas davantage et, quelque peu trébuchant, il s'éloigna. J'entrai dans la boutique.

Sans s'excuser du choc que je venais de recevoir, le fumiste me dit d'un ton bourru :

— Si vous venez pour vous arranger d'un poêle, parlez à ma femme; si c'est pour de l'ouvrage en ville, étonnez-moi votre adresse, on passera chez vous quand on pourra; il faut que je sorte tout de suite, afin d'embaucher ce soir un ouvrier pour qu'il remplace, dès demain, celui que je viens de remercier.

Quel remerciement !

L'absence de maître Crempu ne me contrariait nullement, je l'avoue; il s'agissait d'une question de délicatesse, et, à l'air d'apitoiement agacé avec lequel la jeune femme regardait le brutal fumiste, je devinai qu'elle avait le cœur intelligent : donc, je devais m'entendre avec elle. Il allait sortir, sa femme le rappela.

— Voilà Jean bien loti avec sa paye, lui dit-elle; sans le vouloir, tu viens de lui donner la pièce que tu m'avais fait mettre de côté.

— Bah ! tu m'étonnes, reprit-il d'un ton à laisser croire qu'il n'était pas bien sûr d'être aussi étonné qu'il voulait le paraître; au fait, poursuivit-il, pourquoi n'y voit-il pas clair? D'ailleurs, c'est assez bon pour être perdu au jeu ou dépensé au cabaret. — Et, comme la femme fit mine de vouloir réclamer, il reprit : — Mêle-toi de ton commerce et réponds à monsieur.

Sans autre adieu, il nous quitta, et je me trouvai seul avec Mme Crempu.

L'observation de celle-ci à son mari m'avait révélé ce fait désolant, c'est qu'une fois encore je venais de passer près de la pièce fausse et que je devais reprendre courage à la course pour la suivre de nouveau dans ses évolutions. Je ne laissai pas à la femme du fumiste le temps de me questionner sur le motif de ma visite; ce fut moi qui l'interrogeai rapidement :

— Votre mari ne travaille-t-il pas pour M. Freidmantel, propriétaire? N'a-t-il pas reçu de lui une pièce de cinq francs comme douteuse et qui est positivement mauvaise? N'est-ce pas cette même pièce qu'il vous avait dit mettre en réserve et avec laquelle il a payé l'ouvrier qu'il renvoie? Cet ouvrier ne se nomme-t-il pas Jean? Où pourrai-je le trouver? Où demeure-t-il?

Un signe de tête affirmatif avait suffi à la poêlière pour répondre à la plupart de mes questions; mais les deux dernières exigeaient que je lui laissasse la parole.

— Jean l'ivrogne, me dit-elle, demeure passage du Jeu-de-Boules, maison du liquoriste; donc il y a loin d'ici chez lui. Si vous tenez à le rencontrer, je vous conseille de ne pas passer devant un marchand de vin sans avoir soin de jeter un coup d'œil du côté du comptoir ou dans la salle; car, en supposant qu'il veuille bien se décider à suivre son chemin tout droit, pour sûr il s'attablera en route.

Muni de ce renseignement exact, modifié par une recommandation d'autant plus difficile à mettre à profit que, n'ayant entrevu qu'un moment l'ouvrier congédié, je ne pouvais me flatter de le reconnaître surtout à distance, j'ai pris le chemin que la femme du fumiste m'indiquait. A ma grande surprise, il m'a ramené au coin de cette même rue, de la rue des Fossés-du-Temple, que j'ai parcourue hier et dans laquelle le passage du Jeu-de-Boules a une issue. Si j'avais eu le temps de philosopher, quelle occasion! Les choses et les hommes qui reviennent ainsi à leur point de départ! Les chevaux de manège aussi tournent invariablement dans un cercle unique, et ils croient avancer parce qu'ils marchent. Que d'activité nous dépensons pour ne fournir parfois qu'une carrière exactement semblable à celle des chevaux de manège!

La suite à la prochaine livraison.

CLAUDE ET MARGUERITE CARNOT [1].

Il ne saurait être indifférent de connaître la vie intérieure des familles où sont nés les hommes illustres : on se plaît à y chercher la source de leur supériorité. Les

Ruines du château de la Rochepot, près de Nolay (Côte-d'Or). — Dessin de Grandsire.

pages suivantes, écrites par M. Hippolyte Carnot, à ne les considérer que sous ce rapport, offrent un profond intérêt à la fois historique et moral. Elles introduisent le lecteur à un foyer domestique du fond de nos provinces, modeste, respectable, où la vertu était héréditaire, et où le culte des qualités morales, entretenu de génération en génération, devait tôt ou tard donner à la France de grands citoyens.

Le village d'Épertully, dit M. H. Carnot, l'une des plus petites communes du département de Saône-et-Loire, paraît avoir été le berceau de notre famille, qui possédait la presque totalité de son territoire. Elle avait doté sa chapelle; le grand puits du village s'appelle encore le *puits Carnot;* la *croix Carnot,* placée à la limite de la commune, est un petit monument de pierre assez élégant dans sa forme, qui porte, je crois, le millésime de 1646; je ne parle pas du *noyer Carnot,* majestueux centenaire sur lequel mon oncle le généalogiste assurait être monté dans son enfance.

Il règne dans ce pays, à l'égard de notre famille, des habitudes traditionnelles de respect affectueux qui parlent certainement en faveur de sa conduite passée.

Épertully s'élève sur une colline assez escarpée, à une demi-lieue environ de la petite ville de Nolay, autrefois duché de Bourgogne, aujourd'hui Côte-d'Or, sur les confins du département. Nolay est la première étape bourguignonne des Morvandeaux, lorsqu'à l'automne ils descendent de leurs montagnes granitiques et neigeuses, cornemuses en tête, pour venir vendanger la Côte-d'Or.

Un assez grand nombre de ruines et quelques fouilles attestent l'ancienneté de notre chère petite ville, qui existait quand les Bourguignons vinrent s'établir chez les Éduens; la colonne de Cussy, bien connue des archéologues, est citée comme un des monuments les plus intéressants de la Gaule romaine.

[1] Extrait des *Mémoires de Carnot (1753-1823),* par son fils.— Paris, Pagnerre.

Comme échantillon du moyen âge, nous avons à une lieue de Nolay les ruines assez pittoresques du château de la Rochepot, qui rappelle une famille célèbre à la cour des ducs de Bourgogne. Le grand sénéchal Philippe Pot, sire de la Roche, se distingua comme orateur aux états généraux de 1484. On le surnomma la *bouche de Cicéron*. « Je veux, avait-il dit, qu'il soit bien convenu que l'État appartient au peuple, lequel l'a confié aux rois... Le peuple, ce n'est pas seulement la plèbe et les sujets, mais les hommes des trois états, et, sous le nom d'états généraux, j'embrasse lès princes mêmes et tous les habitants du royaume. »

C'est dans cette bourgade que notre grand-père exerçait la double profession d'avocat et de notaire. Claude Carnot avait succédé dans cette dernière charge à son frère aîné, qui, lui-même, l'avait reçue de leur père. Claude était un homme d'un mérite remarquable, d'une droiture proverbiale, et que son caractère à la fois conci-

liant et fermé rendait l'objet de l'affection et de la confiance universelles. Son souvenir n'est point effacé dans la contrée, et je n'ai jamais entendu ses enfants parler de lui sans un respect mêlé d'attendrissement.

Lorsqu'on arrive de Beaune ou d'Autun sur la place de Nolay, on voit en face de soi une maison assez vaste, précédée par une terrasse disposée en parterre de fleurs, et entourée d'un mur d'appui. Côte à côte avec cette maison, à l'entrée d'une rue qui va déboucher sur la campagne, s'élève un autre manoir, de moindre apparence, qué distingue un balcon de fer orné de trois merlettes sur un écusson, blason de famille. Ce manoir était celui du notaire Claude Carnot; l'autre appartenait aux parents de Marguerite Pothier, dont un oncle avait été le premier échevin du bourg de Nolay. Marguerite épousa son voisin le tabellion, et pour réunir les deux habitations il ne fallut qu'ouvrir une porte dans le mur mitoyen.

Maison où est né Carnot, à Nolay (Côte-d'Or). — Dessin de Grandsire.

Claude et Marguerite eurent ensemble dix-huit enfants, quatorze garçons et quatre filles. Sept seulement leur ont survécu. Claude assista de loin aux grandeurs politiques de celui de ses fils dont l'histoire a consacré le nom, et il mourut en novembre 1797, à l'âge de soixante-dix-huit ans, alors que ce dernier s'exilait au fond de l'Allemagne pour dérober sa vie aux proscriptions directoriales.

Voici le portrait de Claude Carnot et celui de sa femme, tracés par leur fils aîné dans des mémoires de famille :

« Mon père avait cinq pieds six pouces et de belles proportions, l'œil très-fin, un visage noble et régulier quoique marqué de petite vérole, une grâce charmante dans tout ce qu'il faisait, dans tout ce qu'il disait. A soixante-dix-huit ans, on l'aurait pris pour un homme de quarante : il avait les épaules effacées, la jambe fine; il pouvait marcher sans canne et lire sans lunettes. Le premier levé dans la maison, il commençait sa journée par quelques tours de promenade sur la terrasse; puis il se mettait au tra-

vail jusqu'au dîner, et le reprenait tout de suite après.

» En même temps qu'il était notaire, notre père exerçait la profession d'avocat; il était aussi juge de presque toutes les seigneuries des environs.

» Le grand travail que lui imposaient ses fonctions ne l'empêchait pas de se livrer à l'étude et à la culture des lettres. Il lisait beaucoup; il y avait peu de matières qui lui fussent étrangères. Il parlait avec grâce, dictait avec facilité, son organe était agréable. C'eût été un homme marquant sur un plus grand théâtre.

» Il entendait parfaitement les lois et les affaires, et sa parole était écoutée comme un oracle. Il voyait juste et promptement, et saisissait toujours le vrai point des difficultés.

» Mais il excellait principalement dans la connaissance des hommes : il savait discerner même chez les enfants ce qu'on pouvait en attendre. Aussi voulut-il surveiller lui-même le développement des siens. Il employait d'ailleurs des moyens différents avec chacun d'eux, suivant leurs caractères. Il était très-vif, mais essentiellement bon, franc surtout : la seule faute qu'il pardonnât difficilement était le mensonge. Quand il en soupçonnait un de ses enfants, il le punissait avec une extrême sévérité. Il s'entourait sans cesse de nous, à la promenade comme à la maison, et même dans nos amusements il trouvait l'occasion de nous instruire. Il nous vantait le bonheur d'une conscience pure ; il nous recommandait le travail, nécessaire à tous, mais surtout dans une famille comme la nôtre, nombreuse et peu fortunée. Il nous prêchait l'union et l'affection entre nous, répétant souvent qu'un seul de ses enfants qui tournerait mal entraînerait la perte de tous les autres. C'est peut-être à cette idée de solidarité que nous devons de nous être toujours entr'aidés et de n'avoir donné aucun sujet de chagrin à nos parents.

» Marguerite Pothier, notre mère, était la fille puînée de M. Pothier, bourgeois de Nolay. Elle se maria très-jeune ; elle avait une belle taille et une charmante figure, des yeux bleus, un nez aquilin, la peau très-blanche ; elle était pleine de douceur et d'amabilité, serviable, humaine et pieuse. Sa famille était un second culte pour elle. Si mon père faisait tout pour notre instruction, elle faisait tout de son côté pour former nos âmes à ses propres vertus.

» Notre mère avait les nerfs fort délicats, et les fatigues de dix-huit couches successives avaient de bonne heure miné son tempérament. Elle mourut à soixante-deux ans, avec une rapidité qui ne nous permit pas d'arriver à temps pour recevoir ses derniers adieux. Feuilus seul (le quatrième des fils) et Nolay en quartiers d'hiver, eut ce douloureux bonheur. »

Claude Carnot tenait un livre de vie comme ceux dont j'ai parlé. Les dernières feuilles blanches d'un volume manuscrit, contenant les *Institutes* de Justinien commentées d'après les leçons qu'il avait suivies pendant ses études de licence, lui servaient à cet usage. Dans les familles protestantes de l'Angleterre et de l'Amérique, c'est ordinairement une Bible qui reçoit ce dépôt, et qui lui donne un caractère religieux en même temps qu'une valeur presque officielle.

Cependant la lignée de Claude Carnot venant à s'accroître au delà de toute prévision, la place réservée ne suffit pas. Claude commença par resserrer son écriture ; puis il fut obligé d'empiéter sur la couverture même du volume. Celui de ses petits-fils qui a terminé ce registre d'état civil n'a fait qu'ajouter à chaque date de naissance une date de décès : hélas ! la liste est maintenant complète.

Fortes creantur fortibus : les enfants de Claude Carnot qui atteignirent l'âge viril tenaient de lui cette énergique vitalité que les parents vertueux transmettent à leur postérité comme un témoignage de leur tempérance et de leur sagesse. Chaque homme est un livre où l'on peut étudier la vie de ses parents et même celle des générations qui les ont précédés. L'idée de faire marcher la noblesse à reculons n'est pas dénuée de sens.

L'éducation acheva l'œuvre de la naissance : c'est en partie dans la maison, en partie au collège de Nolay, sous de bons maîtres, que les jeunes Carnot reçurent leurs premières leçons, dirigées par le chef de la famille, qui avait eu lui-même pour précepteur un de ses oncles, docteur en Sorbonne et vicaire général du diocèse de Châlon-sur-Saône. Cette éducation, à laquelle servirent de base la piété profonde de l'instituteur, ses mœurs pures et son existence active et régulière, pour objet à la fois le développement moral et physique des disciples ; elle forma des hommes robustes de corps et d'âme, capables de résister à la carrière pénible à laquelle devait les appeler une époque féconde en agitations, et de parvenir presque tous à une saine et forte vieillesse.

Parmi les sept enfants qui composèrent en définitive la famille Carnot, se trouva une fille, l'aînée de tous les autres. Sur le recueil patriarcal, à côté du nom de Jeanne-Pierrette, nous lisons ces mots écrits de la main de son père : « Que Dieu lui fasse la grâce d'être prudente, modeste et charitable ! » Jamais vœu ne fut mieux accompli. Jeanne-Pierrette se consacra au service des malades, et, pendant cinquante-deux ans, dirigea comme supérieure l'hôpital de la Charité, à Nolay. Elle avait été précédée dans cette fonction par une autre sœur, morte jeune et avant ses parents, mais qui avait déjà mérité d'être inhumée dans le cimetière de Nolay avec cette épitaphe : *Marguerite Carnot, mère des pauvres*. Jeanne-Pierrette hérita aussi de ce beau titre. Un peu plus âgée que ses frères, son affection pour eux avait un caractère presque maternel, et ses frères, de leur côté, lui portaient une tendresse respectueuse. Cette relation ne changea point de nature avec l'âge ni avec la haute fortune de quelques-uns d'entre eux. Jeanne-Pierrette continua de les appeler par leurs noms enfantins : celui qui occupa les plus éminentes fonctions dans le gouvernement de la France ne fût jamais pour elle le directeur de la république, le général, le ministre ; il ne cessa pas d'être *le gentil*, comme lorsqu'ils jouaient ensemble au jardin de Nolay. La piété de cette excellente femme était simple et profonde ; mais elle n'avait pas moins de fermeté que de dévotion dans le cœur. Le matin même de sa mort, elle visita le jardin et la pharmacie de l'hôpital, puis se remit au lit et dit paisiblement à l'un de ses neveux : « Ma mère est morte à pareil jour, il y a trente-sept ans ; elle avait soixante-deux ans, j'en ai soixante-quatorze : tu vas me voir mourir aujourd'hui. » Son pressentiment ne la trompait pas.

Les vertus de sa fille inspiraient au père Claude une naïve admiration, et il en faisait une sainte par avance. Lorsqu'elle devint supérieure de l'hôpital, ayant à faire graver pour elle un cachet, il substitua deux palmes aux lions qui soutiennent l'écusson de sa famille.

L'aîné des fils de Claude Carnot, nommé Joseph-François-Claude, né en 1752, est celui qui siégea à la Cour de cassation jusqu'à l'âge de quatre-vingt-trois ans, après en avoir consacré plus de soixante à la magistrature.

Le second fut mon père [1]. Sa note dans le livre de vie est ainsi conçue : « Le dimanche 13 mai 1753, à l'issue des vêpres, sur les quatre heures, ma femme a mis au monde un fils qui a été baptisé le même jour par M. Boussey, prêtre vicaire à Nolay. Il a eu pour parrain sieur Nicolas-Clément, fils de Marie Carnot, ma sœur, et pour marraine demoiselle Marguerite Pothier, fille de M. Pothier, demeurant à Nolay, oncle de ma femme. Il est appelé Lazare-Nicolas-Marguerite. Cet enfant est né dans un temps de calamité, par les morts promptes et fréquentes qui affligent ce pays ainsi que ceux de la province. Que Dieu lui présente ainsi sa colère dans tout le cours de sa vie, afin qu'il s'y conduise avec crainte et mérite sa miséricorde ! »

Quarante-trois ans plus tard, quand déjà ce fils avait éprouvé une partie des vicissitudes qui marquèrent sa carrière publique, la même main paternelle, près de se glacer, écrivit ce quatrain à côté du sien :

Je l'ai vu dès l'enfance au bien s'étudier ;
Fils, époux, époux et père, orateur et guerrier,
Calomnié, proscrit, où bien au rang suprême,
Sans fiel et sans orgueil, toujours il fut le même.

De tous les témoignages d'approbation dont la conduite de Carnot fut l'objet, aucun ne dut être plus sensible à son cœur que cette touchante devise tracée pendant qu'il errait

_____
[1] Carnot qui organisait la victoire.

dans l'exil, et dont il n'eut connaissance qu'après la mort de son père.

J'hésitais à ouvrir dans toute leur naïveté ces archives intimes ; mais il me semble qu'une telle publicité les honore plutôt qu'elle ne les profane, et que, malgré le contraste qu'elles forment avec nos habitudes, nul n'aurait le courage de les railler.

La nature, par la voie des symboles, produit sous des formes visibles ses invisibles conceptions, et la Divinité se plaît à manifester par des images sensibles la vérité des idées. CREUZER.

LES TIMBRES-POSTE.

Suite. — Voy. p. 59.

CONFÉDÉRATION SUISSE.

Suite.

Canton du Tessin.

Le gouvernement de ce canton n'a jamais émis de timbres-poste, mais il a fait faire des timbres mobiles (francobolli), de 25 et 50 centimes et 1 franc, pour le payement du droit de légalisation. Ces timbres ne peuvent pas servir à l'affranchissement des lettres. Ils sont imprimés en relief sur papier de couleur et portent les armes du canton.

Confédération.

Le timbre de 2 ¹/₂ rappen a été créé par la décision fédérale du 5 avril 1850 et a été émis dans ce mois. Il s'agissait alors de rappen anciens.

Ce timbre est rectangulaire ; il a 23ᵐᵐ sur 18ᵐᵐ ; il est lithographié, imprimé en noir et en rouge sur papier blanc.

Au milieu du timbre est l'écu aux armes de Suisse surmonté d'un petit cornet de postillon. On lit en haut, sur une banderole, Orts-post ou Poste locale, suivant que le timbre est mis en vente dans les cantons allemands ou les cantons romans ([1]). Au bas, la valeur, 2 ¹/₂ rappen. Le fond est couvert de vermiculures noires et fines. Il y a un plusieurs dessins de ce timbre. On peut diviser ces timbres en deux catégories : ceux sur lesquels la croix est entourée d'un trait noir, et ceux dont la croix se détache en blanc sur le fond rouge sans avoir de trait noir. Cette différence existe dans les timbres Orts-post et Poste locale.

Ce timbre, qui ne devait avoir cours que dans la ville et sa banlieue, a été supprimé le 1ᵉʳ janvier 1852.

Les timbres de 5 et de 10 rappen, ancienne monnaie, ont été créés par décision du département des postes du 4 septembre 1850, et émis le 1ᵉʳ octobre.

Le dessin et la dimension sont les mêmes que ceux des timbres de 2 ¹/₂ rappen.

Rayon I. 5 rappen (0f.074). — Dessin en noir. Imprimé en noir, bleu foncé et rouge sur papier blanc. (Il existe des exemplaires imprimés les uns en bleu-ciel et les autres en gris-bleu.) La croix blanche est tantôt entourée d'un trait noir, et tantôt sans trait noir.

Rayon II. 10 rappen (0f.148). — Dessin en noir. Imprimé en noir, jaune paille et rouge sur papier blanc. (Il existe des exemplaires imprimés en jaune-paille clair ou foncé, en jaune-soufre.) La croix blanche n'est pas entourée d'un trait noir.

Ces timbres étaient lithographiés et imprimés dans l'établissement de M. Durheim, à Berne.

([1]) Les cantons romans ou français sont ceux de Fribourg, de Genève, de Neuchâtel, du Valais, de Vaud, et le Jura Bernois. Les cantons allemands sont ceux d'Appenzell, d'Argovie, de Bâle, de Berne, de Glaris, des Grisons, de Lucerne, de Saint-Gall, de Schaffhouse, de Schwitz, de Soleure, d'Unterwalden, d'Uri, de Zug et de Zurich. Il y a un canton italien, celui du Tessin.

La loi du 7 mai 1850 avait réformé le système monétaire de la Confédération, et des changements avaient été apportés, par la loi du 25 août 1851, dans les taxes de poste et l'étendue des rayons.

On émit, pour être employés à partir du 1ᵉʳ janvier 1852, d'autres timbres qui représentaient des rappen monnaie nouvelle.

On n'avait changé que la couleur des timbres, et l'on en avait ajouté deux : l'un de 15 rappen, l'autre de 15 centimes.

Rayon I. 5 rappen (0f.05). — Dessin en bleu. Imprimé en bleu clair et rouge sur papier blanc (n° 120). (Il existe des exemplaires imprimés, les uns en bleu, vif, et les autres en bleu très-pâle.) La croix blanche n'est pas entourée d'un trait noir.

Rayon II. 10 rappen (0f.10). — Dessin en noir. Imprimé en jaune clair et rouge. (Il y a des exemplaires imprimés en jaune-citron, en fauve clair.) La croix blanche n'est pas entourée d'un trait noir.

Rayon III. 15 rappen (0f.15). — Dessin en rose. Imprimé en rose-hortensia sur papier blanc. (Il y a eu plusieurs planches, mais on ne distingue ordinairement que deux timbres : le chiffre 15 a sur l'un 3ᵐᵐ de haut et sur l'autre 2ᵐᵐ.)

Rayon III. 15 centimes. — Dessin en vermillon. Imprimé en vermillon ou rouge pâle sur papier blanc.

Ces timbres ont été gravés sur métal et imprimés à l'hôtel fédéral des Monnaies, à Berne.

Les timbres qui ont été en usage de 1854 à 1863 ont été émis le 1ᵉʳ octobre 1854. Ils sont rectangulaires et ont 25ᵐᵐ sur 20ᵐᵐ.5. Ils sont gravés, imprimés en couleur et en relief sur papier blanc ; le dessin ressort en blanc et en relief sur un fond de couleur. Le papier a des fils de soie tendus horizontalement dans la pâte d'après le procédé de Dickinson. Ces fils sont généralement verts ; il y en a aussi de jaunes, de violets, de bleus, de noirs.

Ces timbres présentent la figure allégorique de la Suisse,

No 120. No 121. No 122.

Confédération.

couronnée de laurier, assise, placée de face, tenant une lance de la main droite et appuyant le bras gauche sur un bouclier qui porte les armes de Suisse. On lit en haut Franco ; à gauche, à droite et au bas, la valeur en français, en italien et en allemand.

2 centimes.	Gris cendré. Pour les imprimés sous bande en Suisse. Émis le 1ᵉʳ juillet 1862.
5	Brun (les timbres les plus anciens sont de couleur fauve ; ils ont été ensuite fauve clair, brun rougeâtre, rouge-brun, brun noirâtre). Pour le rayon de 2 lieues.
10	Bleu vif (quelquefois bleu-ciel). Pour le rayon de 10 lieues.
15	Rose (quelquefois rose très-pâle). Pour le rayon de plus de 10 lieues.
20	Orange.
40	Vert-émeraude. (On remarque de grandes différences dans la couleur : vert-émeraude foncé, vert bleuâtre, vert jaunâtre, vert pâle.) (N° 121.)
1 franc.	Gris-perle. Émis le 1ᵉʳ février 1855.

L'émission des timbres fédéraux actuels a commencé le 1ᵉʳ juillet 1862 : ceux de 3 centimes ont été mis en vente le 1ᵉʳ juillet ; ceux de 2, 5, 10 et 30 centimes, le 4ᵉʳ octobre ; ceux de 20 centimes, le 1ᵉʳ mai 1863, et de 40 centimes, le 1ᵉʳ juillet ; et les autres ont dû l'être le 1ᵉʳ août 1863. La première circulaire de l'administration des postes au sujet de ces timbres porte la date du 2 avril 1862.

Ces timbres sont rectangulaires et ont 22^{mm} sur 19^{mm}. Il sont gravés, imprimés en couleur et en relief sur papier blanc; le dessin ressort en blanc et en relief sur fond de couleur. Le papier a un ovale en filigrane vers le milieu du timbre. La Suisse est représentée par une jeune femme, couronnée de roses des Alpes, assise, tournée de côté, tenant une lance à la main droite et appuyant le bras gauche sur un bouclier qui porte les armes de Suisse. On lit en haut *Helvetia*, en bas *Franco*, et aux quatre coins la valeur en chiffres.

Ces timbres sont piqués.

2 centimes.	Gris cendré.	Pour les imprimés sous bande en Suisse.
3	Noir.	Pour les journaux et Italie (n° 122).
5	Brun.	Pour le rayon de 2 lieues, etc.
10	Bleu.	Pour les distances de plus de 2 lieues.
20	Orange.	
30	Vermillon.	Pour les paquets,
40	Vert-émeraude.	
60	Cramoisi bronzé.	
1 franc.	Or bronzé.	

Le timbre de 60 centimes devait être jaune-soufre et celui de 1 franc cramoisi bronzé (*Instruction* du 7 août 1862); il a été décidé que le premier serait cramoisi bronzé et le second or bronzé (*Instruction* du 15 mai 1863).

Les timbres-poste, depuis et y compris ceux de l'émission du 1er janvier 1852, sont fabriqués par le gouvernement fédéral à l'hôtel fédéral des Monnaies, à Berne. L'administration des postes les reçoit au prix de 1 fr. 25 c. le mille.

La suite à une autre livraison.

LES COLLECTIONS DE LUYNES,

AU CABINET DES MÉDAILLES.

Suite. — Voy. p. 7, 68.

Parmi les bronzes que M. le duc de Luynes a donnés au Cabinet des médailles, on remarque une statuette trouvée en 1840, à Esbarres (Côte-d'Or), qui a fait l'objet d'un savant mémoire du conservateur actuel, M. Chabouillet [1]. C'est celle d'un gladiateur de la classe des rétiaires qui sans doute était célèbre par ses victoires remportées dans les cirques de la Gaule; on la croit du troisième siècle de notre ère. Les images de gladiateurs sont rares, et il est peut-être plus remarquable encore de trouver une statuette destinée à perpétuer la mémoire d'un gladiateur appartenant à une des espèces les moins populaires. Le *rétiaire* combattait armé d'un filet au moyen duquel il enveloppait son adversaire et d'une lourde fourche à trois dents avec laquelle il le tuait, « représentant ainsi, dans les spectacles du cirque, un pêcheur cherchant à s'emparer d'un monstre marin. Le poisson qui décorait habituellement le casque de son adversaire, le *mirmillon*, complétait cette assimilation. » Si le rétiaire manquait son coup et ne réussissait pas à envelopper le mirmillon, il était réduit à fuir devant lui, ou s'efforçait de ramasser son filet avant qu'il eût pu le joindre. On a prétendu que les rétiaires n'avaient aucune arme défensive. Cependant celui-ci porte, comme on voit, une large ceinture qui paraît être de métal; et sous

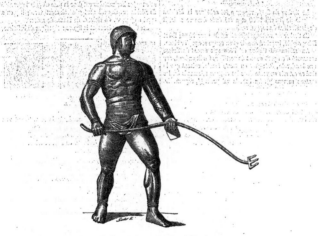

Collections de Luynes. — Statuette de Rétiaire; bronze.

laquelle est en partie caché son *subligaculum* ou caleçon; le bras gauche est protégé par une sorte de brassard qui le couvre entièrement, et qui est même pourvu d'un prolongement destiné à garantir la main, qu'il dépasse. Une figurine en bronze du Musée de Naples représente un gladiateur armé à peu près de même. Le bras droit est orné de six bracelets de bronze, trois placés au poignet et trois au-dessous de l'épaule. Au bas de chaque jambe on voit trois anneaux semblables; les pieds sont nus. La chevelure est symétriquement tressée, ainsi que les favoris. Les yeux, comme dans un grand nombre de bronzes antiques, sont incrustés d'argent.

[1] Ce travail de M. Chabouillet a été inséré dans la *Revue archéologique*, t. VIII; 1851.

VISITE A L'ÉCOLE.

Une École de village. — Dessin de Godefroy Durand, d'après Germain Sondermann.

... Quand j'arrivais dans un village, j'allais sans hésiter demander l'hospitalité au presbytère; j'étais toujours bien accueilli. A Littertinn, près du Volkesberg, j'ai passé deux journées agréables chez l'abbé D... C'est un homme excellent, d'un jugement ferme, de manières très-polies, simples, avec un air de dignité naturelle. En l'écoutant, je pensais : « Ne dirait-on pas un évêque exilé dans cette pauvre petite cure? »

Dès qu'il a su que j'étais artiste, il m'a montré quelques toiles d'anciens maîtres dont les noms m'étaient tout à fait inconnus. Je les appelle « anciens » quoique leurs tableaux, d'après les costumes des personnages, ne doivent guère dater que du milieu du dix-septième siècle; mais le « faire » est d'une inexpérience et d'une naïveté qui rappellent les premiers essais de l'art... Voyant que je m'intéressais à ces peintures et que je les jugeais sans dédain, il tira avec précaution d'un vieil étui de velours, blanc aux encoignures, une grande miniature plus que médiocre de couleur, mais d'un dessin correct et fin, représentant en pied son père, bailli de Hornsdorf, et sa mère. Mon hôte était ému : il regardait l'ivoire avec tendresse, et, comme cédant malgré lui à une longue habitude, il en baisa respectueusement le bord inférieur. La main de sa mère était presque entièrement effacée : je suis sûr que c'était là qu'autrefois se posaient ses lèvres... Je lui ai proposé de la repeindre; il a accepté et m'a remercié avec effusion.

Ce matin, il m'a demandé si je voulais l'accompagner à l'école. — Vous verrez, m'a-t-il dit, une pauvre maison. Nous ne sommes pas même encore parvenus à avoir une école de filles. Nous sommes si pauvres! mais nous faisons de notre mieux. L'instituteur est d'une honnêteté et d'un dévouement rares. Il a perdu, l'an dernier, sa femme qu'il aimait tendrement, et il était tombé dans un découragement qui m'a inquiété : j'ai eu le bonheur de le relever en lui rappelant quelle est la grandeur de ses devoirs et des miens, et combien nous nous sommes nécessaires l'un à l'autre. Nous avons tous deux charge d'âmes, et notre union importe beaucoup au bonheur des familles qui nous entourent. Ce petit coin du monde est tout notre univers, et nous pouvons bien nous avouer sans orgueil que nous en sommes, lui et moi, le gouvernement moral. J'enseigne la destinée de l'homme, le but de la vie, l'amour de Dieu et les espérances de l'immortalité; j'entretiens et j'élève les instincts religieux qui sont naturels à tous les hommes, mais qu'il est essentiel de développer en les préservant à la fois d'une exaltation qui les ferait dégénérer en fanatisme et en souffrance, et de l'invasion des passions basses et des intérêts matériels qui tendraient à les couvrir de ténèbres et à les étouffer. Voilà ma part. Celle de l'instituteur est de venir en aide au besoin de connaître, qui est également naturel et légitime. Il fait pénétrer le plus de lumière qu'il peut dans l'intelligence de ces pauvres enfants, et leur enseigne ce que tout homme doit savoir, quelle que soit sa condition. Il leur raconte les merveilles de la création, les grandes découvertes anciennes et modernes, l'histoire de ce qui s'est passé de plus intéressant sur la terre et particulièrement dans le ay où la Providence nous a fait naître. Il leur apprend à aimer l'humanité et la patrie. Quelquefois nous nous plaisons à mêler nos leçons; et, comme deux frères laboureurs, nous travaillons avec une même ardeur à ensemencer ces jeunes consciences, afin d'y faire germer les bons sentiments qui leur rendront plus facile l'accomplissement de leurs devoirs et leur donneront la force de supporter courageusement les épreuves inévitables de la vie.

Comme il achevait ces mots, nous arrivâmes à la porte du modeste bâtiment de l'école. Après avoir échangé quelques mots avec l'instituteur, je m'assis à l'écart sur un banc, dans un coin de la chambre, de manière à ne point troubler l'étude et aussi à prendre, sans être observé, une esquisse de la scène que j'avais sous les yeux.

Le maître fit sortir des bancs quatre élèves. Le curé les interrogea familièrement et avec douceur : il leur demanda ce qu'ils savaient sur le ciel, sur les astres, sur la forme, les mouvements et la composition physique de notre globe. Les questions étaient très-simples et très-claires; rien de trop. Il passa ensuite à l'histoire, et le plus grand des élèves, fils d'un ancien officier, à ce qu'il me parut, raconta en peu de mots les principaux événements des cent dernières années : ce n'étaient que des traits généraux, mais très-nets et bien compris. Le curé, ne voulant pas les fatiguer, leur posa, pour terminer, quelques petits problèmes de morale et aussi de prudence : — Qu'est-ce qu'un honnête homme? — Que feraient-ils si des soldats étrangers venaient attaquer le pays? — Si l'un d'eux devenait tout à coup très-riche, quel usage ferait-il de sa richesse? — S'il s'égarait dans la neige? — S'il rencontrait un loup? — Si le père et la mère de la petite fille étaient obligés de faire un long voyage, saurait-elle avoir soin des vêtements et de la nourriture de ses petites sœurs?... Si elles pleuraient, que leur dirait-elle pour les consoler? — Il approuvait ou bien il redressait les réponses, mais toujours avec amabilité et sans humilier les enfants.

— Et maintenant, leur dit-il, chantons un peu ensemble.

Le maître d'école décrocha du mur son violon et donna le ton. Les quatre enfants qui étaient debout chantèrent un psaume d'abord à l'unisson, puis en parties; le curé les accompagnait à demi-voix, tout en puisant par moments dans sa tabatière. Je ne perdais aucun détail.

— C'est bien, reprit-il; mais après Dieu, mes enfants, la patrie! Chantons notre hymne national.

Les enfants laissèrent cette fois leurs livres et entonnèrent l'hymne bravement. Les autres écoliers, qui jusque-là avaient été distraits et insouciants, se levèrent et, sans se faire prier, mêlèrent leurs voix à celles de leurs camarades. L'instituteur releva le front et joua de son instrument avec un sentiment de l'art qui me surprit; le curé battit la mesure et donna çà et là des accents de vigueur. Cette petite salle vibrait d'enthousiasme. Le soleil tout à coup l'illumina de ses rayons. Il y eut là un moment d'émotion et de poésie qui ne s'effacera jamais de ma mémoire.

UN CRIME QUI MARCHE.

VOYAGES ET AVENTURES A LA POURSUITE D'UNE PIÈCE FAUSSE.

Suite. — Voy. p. 3, 10, 21, 30, 37, 45, 54, 58, 66, 75, 82.

Chemin faisant, je ne négligeai pas le conseil de Mme Crempu. Traversant, puis retraversant les rues, par-

tout où je lisais l'enseigne d'un marchand de vin, mon regard venait interroger le comptoir et perçait le vitrage de la salle des buveurs, mais sans qu'un avertissement secret, sur lequel je comptais beaucoup plus que sur ma mémoire, m'eût dit encore : « Voilà l'homme que tu cherches. »

Parvenu à l'angle formé par la rencontre de la rue du Faubourg-du-Temple et de celle des Fossés, un coup d'œil que je lançai dans la salle d'un cabaret me fit violemment battre le cœur.

La nuit était venue; une chandelle fumeuse brûlait en charbonnant, posée sur une table devant laquelle un homme était assis tête à tête avec une bouteille qui s'était vidée en se renversant. L'homme, qui luttait péniblement contre l'envahissement du sommeil, faisait d'incroyables efforts tant pour relever la bouteille et la maintenir debout que pour redresser sa tête, qui inclinait obstinément vers la table; mais le sommeil fut le plus fort, la tête s'alourdit de plus en plus, et de telle sorte, enfin, que l'homme s'abattit à mi-corps sur la table, les deux bras en avant, comme un nageur qui s'élance. La bouteille, tout à coup repoussée, roula à terre où elle se brisa; l'ivrogne ne se réveilla pas. Grâce à l'entre-bâillement des rideaux à carreaux rouges de la fenêtre basse qui étaient plutôt une enseigne qu'un obstacle pour les yeux des passants, j'avais pu assez bien envisager cet homme pour me dire avec assurance : « Celui que j'ai devant les yeux, c'est bien l'ouvrier de maître Crempu. » Mais de cette certitude au moyen de rentrer en possession de la pièce fausse, admettant qu'il ne l'eût pas ou dépensée ou perdue en route, l'enchaînement n'était pas facile; il y avait ample matière à réflexion : je me mis donc à réfléchir, allant et venant, mais sans m'éloigner beaucoup du cabaret. L'obscurité de la rue, çà où là défoncée par les paveurs, la rendait à peu près déserte, et si elle ne favorisait pas ma promenade à courte distance, elle m'empêchait du moins d'être remarqué. Toutes mes réflexions arrivaient à cette misérable conclusion : — Dans l'état où il est, cet homme ne pourra jamais me comprendre; il faudra donc le voler. Voler un homme ivre! Dans ma pensée, j'avais bien pour but la substitution loyale; mais pour moyen je ne voyais que le vol.

Comme je revenais de nouveau sur mes pas, deux femmes sortaient du cabaret. Depuis quand étaient-elles là? Durant mon va-et-vient continuel, je ne m'étais point aperçu de leur présence chez le marchand de vin. Elles s'avançaient de mon côté; le pavé remué en cet endroit allait leur faire obstacle; je me retirai dans la profondeur d'une ruelle obscure pour leur livrer passage. Mais, au lieu de continuer à marcher, elles s'arrêtèrent sur place à quelques pas de moi. Elles ne me voyaient pas, je pouvais les entendre.

— Que Dieu me protège demain! dit l'une des deux femmes.

Sa voix tremblait.

— Bah! répondit l'autre, est-ce que votre vaurien se souviendra d'aujourd'hui?

— Il est possible qu'il ne se souvienne de rien; mais moi, tant que je vivrai, je m'en souviendrai; si c'était à recommencer, je ne m'y déciderais pas.

— Vous auriez tort; c'est votre mari, ce qui est à lui est à vous; d'ailleurs, c'est autant de sauvé.

La première des deux femmes poussa un profond soupir.

— Il faut bien que ce soit pour Henri, dit-elle.

— Voyons, du courage! repartit celle qui s'efforçait de rassurer et de consoler l'affligée; du courage, ma pauvre madame Hourdier, et bon voyage au petit.

Les deux femmes se séparèrent.

Ces deux noms, Henri, Mme Hourdier, ne m'apprenaient

rien, ou, plutôt, ils semblaient devoir me détourner de ma voie. Cependant, je ne pouvais me défendre de supposer qu'il y avait un rapprochement entre l'audacieuse pensée que je poursuivais et l'action que cette femme se reprochait. Enfin, il m'était impossible aussi de ne pas me dire que l'homme dont je venais d'entendre parler et que l'ivrogne endormi sur une table dans le cabaret du coin ne faisaient qu'une seule et même personne. Pour en acquérir la preuve, le meilleur parti que j'eusse à prendre, c'était de suivre cette Mme Hourdier; si elle s'arrêtait dans le passage du Jeu-de-Boules, si elle entrait dans la maison du liquoriste, j'étais sûr de mon fait; la pièce fausse était dans ses mains. Je n'avais plus qu'à lui proposer franchement l'échange; bien mieux, à la mettre à l'abri de la colère de son mari en doublant, en triplant la somme qu'elle venait de lui dérober, en doublant, en triplant la somme qu'elle venait de lui dérober, une négociation facile et une bonne action à faire. Je suivis la direction que cette femme venait de prendre; je parvins bientôt à la rejoindre; j'étais sur ses talons quand nous arrivâmes à la hauteur du passage : elle ne regarda pas même de ce côté; au contraire, elle traversa la rue et gagna le boulevard, où je la laissai continuer son chemin.

Cruellement désappointé, je retournai à mon poste d'observation, ne sachant plus même si, en fouillant dans la poche de l'ivrogne, j'aurais encore la chance d'y trouver la pièce fausse.

Dois-je accuser le sort de m'avoir été contraire, parce qu'il ne me laissa pas cette dernière ressource? Vraiment non. J'allais à la folie; toutes les idées fixes y mènent.

En avançant vers le cabaret, je remarquai que la lumière de l'intérieur n'éclairait plus que la partie supérieure du vitrage de la devanture, et qu'une masse noire lui faisait écran dans la rue, jusqu'à hauteur d'homme. Dans cette masse bourdonnaient des voix que dominaient de temps en temps de formidables éclats de rire.

« L'ivrogne s'est réveillé », me dis-je. Je ne me trompais pas. Il était debout devant le comptoir; débraillé, le chapeau en arrière, toutes ses poches retournées, il criait en gesticulant :

— J'avais huit francs, en voilà trois.

Et il les faisait à bras tendu; il les faisait sonner l'un après l'autre sur le comptoir en métal.

— Un, deux, trois, comptait-il. On m'a volé cent sous! Je veux ma pièce de cent sous!

Ses sombres regards, chargés de soupçon et de colère, allaient de la foule qui riait au marchand de vin qui se contentait de hausser les épaules. L'homme ivre, qui en revenait toujours à se prouver qu'il n'avait plus tout son argent, voulut compter de nouveau les trois pièces de vingt sous, et il en laissa tomber une. Aux soubresauts qu'il dut faire pour se maintenir sur ses jambes chancelantes, en même temps qu'il s'évertuait à ramasser la petite pièce blanche, un rire fou fit explosion dans la foule. L'homme, aussitôt se relevant furieux, saisit un broc sur le comptoir; il le fit tournoyer au-dessus de sa tête en criant :

— Celui qui rit, c'est mon voleur; gare aux autres, je le vise à la tête!

Il n'eut pas le temps d'exécuter la menace : le cabaretier, plus haut de taille que l'ivrogne, lui arracha le broc de la main, et d'un coup de genou dans les reins lui fit perdre l'équilibre.

— Te voilà assis, lui dit-il; à présent cuve ton vin, monsieur Jean Hourdier.

Et il le traîna comme une masse inerte dans le fond de sa boutique. La surexcitation de la colère avait épuisé les forces de ce malheureux. Après quelques tentatives inutiles pour se relever, il se résigna à sa condition de paquet jeté dans un coin, rabattit son chapeau sur ses yeux et se rendormit.

« L'ouvrier Jean se nomme aussi Hourdier : donc c'est bien sa femme que j'ai suivie jusqu'au boulevard; mais où dois-je aller maintenant pour la rencontrer? » Je m'adressais cette question quand, parmi les curieux qui ne riaient plus, mais qui discutaient, prenant parti pour ou contre l'ivrogne, j'entendis une voix que j'avais trop bien écoutée quelques instants auparavant pour ne pas la reconnaître. Cette voix, c'était celle qui dans l'ombre encourageait et réconfortait la femme de l'ouvrier fumiste. Je regardai celle qui parlait, et je me trouvai presque en pays de connaissance. J'avais devant les yeux la pauvre fruitière chez qui le fils de Mme Denise a changé hier la pièce fausse, et à qui j'ai dû de savoir l'adresse de M. Froidmantel.

Je laissai les conversations se terminer, la foule se dissiper, la fruitière rentrer dans sa boutique; puis, quand la rue fut redevenue déserte, je m'assurai que la bonne femme était seule chez elle, et, pour la seconde fois depuis la veille, je me présentai devant son comptoir. Je commençai par l'étonner fort en lui répétant mot pour mot sa conversation avec Mme Hourdier; après quoi, adoucissant ma voix au ton de la confidence pour qu'elle ne vît pas dans mes paroles une accusation menaçante, je lui dis :

— En résumé, la femme de Jean Hourdier a dérobé de l'argent à son mari, et vous êtes sa complice.

— Je m'en fais honneur, me répondit la petite vieille. Pauvre créature! elle ne lui en prendra jamais autant qu'il lui en a mangé.

Mise sur ce chapitre, elle me raconta une de ces tristes histoires de ménage où la femme, veuve remariée, est deux fois martyre comme épouse maltraitée, comme mère d'un enfant du premier lit que son beau-père se plaît à torturer.

— Oui, je l'ai aidée à voler ce gueux-là pendant son sommeil. Je le dirai en justice sans en rougir, reprit la fruitière; nous étions même trois honnêtes gens pour faire le coup : sa femme, qui le fouillait en tremblant comme la feuille : songez donc, s'il s'était réveillé! moi, qui me tenais devant les vitres pour la cacher aux curieux de la rue, et notre voisin le marchand de vin : il ne s'en est pas mêlé, mais il a laissé faire; et quand nous sommes parties, il nous a dit : « Soyez tranquilles, je n'ai rien vu. » La malheureuse femme sait bien que demain, au réveil, son monstre la battra pour se venger de ce qu'il croira avoir perdu ce soir; mais, du moins, elle n'aura pas laissé partir son enfant sans lui mettre une pièce blanche dans la poche.

— Partir! Qui cela? demandai-je.

— Le petit Henri, l'enfant de son premier mariage; un pauvre mioche qui a déjà bien souffert, quoiqu'il n'ait que douze ans et demi; elle l'envoie à un oncle qu'elle a à son pays. Elle ne le verra plus : cela lui paraîtra bien dur; mais, du moins, il ne sera plus battu.

— Mais ce départ, il est donc bien prochain?

— Ah! dame, ça ne sera pas pour plus tard que demain. Déjà ce soir elle a envoyé Henri coucher chez sa marraine, et il a emporté son petit trousseau, auquel la digne femme a travaillé plus d'un mois en cachette. J'en sais quelque chose, puisque c'est chez moi qu'elle venait tout apporter pièce à pièce. Si Jean Hourdier avait mis la main dessus, il aurait tout vendu pour boire.

— Je vous serai reconnaissant, dis-je à la bonne vieille, si vous voulez bien m'indiquer où demeure la marraine de cet enfant. Mme Hourdier aura à vous en remercier, je vous l'atteste.

— Je ne dis pas non, me répondit la fruitière; mais pour vous la faire connaître, cette adresse, il faudrait la savoir; après ça, je pourrai m'en informer auprès de la mère quand elle rentrera.

—Oui, mais il faut que je la sache avant le départ de l'enfant; ainsi, j'y compte ce soir.

—C'est entendu; ce soir.

— Que la pauvre femme, ajoutai-je, m'apporte elle-même ou m'envoie par vous la pièce de cinq francs trouvée sur son mari, et, en récompense de celle-ci, je vous en donne ma parole, l'enfant aura son voyage payé et mieux que cela encore.

En terminant, je lui donnai ma carte.

— Mais, me fit-elle observer, après avoir regardé cette carte de façon à prouver qu'elle ne savait pas lire, il sera peut-être bien tard quand je reverrai Mme Hourdier; dans ce cas-là, il faudrait peut-être attendre à demain pour aller chez vous.

—Non, m'écriai-je; quelle que soit l'heure de la soirée ou de la nuit à laquelle Mme Hourdier viendra ou enverra sonner à ma porte, je serai prêt à répondre.

Après cette recommandation faite, cette assurance donnée, je n'avais plus qu'à revenir chez moi et à attendre; c'est ce que j'ai fait. J'attends.

Onze heures du soir. — Ce n'est pas Mme Hourdier, mais la fruitière, notre confidente, qui est venue. Elle avait à me raconter deux tristes événements; mais ce n'est pas le plus tragique qui m'a le plus ému.

L'ouvrier fumiste, qu'on avait à grand'peine ramené jusqu'à la porte de sa maison, s'est obstiné à vouloir monter seul chez lui. Pour se soustraire à ceux qui le suivaient afin de le préserver d'une chute sur les marches, il a passé par-dessus la rampe. Quand on a voulu le relever, au bas de l'escalier, impossible de le remettre sur pied; il avait les jambes brisées. Le liquoriste a prêté un brancard, et on a transporté Jean Hourdier à l'hôpital Saint-Louis.

Quant à l'enfant; il est parti. Sa marraine a saisi une occasion de lui faire commencer en charrette le voyage qu'il doit continuer à pied. Sa mère est arrivée à temps pour l'embrasser et lui donner la pièce de cinq francs.

— Où va-t-il?

—A Mégny-le-Carreau, près d'Auxerre.

Pauvre enfant! Quarante lieues à parcourir, et pour toute ressource une pièce fausse!

La fin à la prochaine livraison.

LA PHOTOGRAPHIE.

Suite. — Voy. les Tables du tome XXXI (1863).

Appareil à reproductions. — La reproduction d'objets inanimés, plans ou en relief, est le travail de prédilection des amateurs et de quelques artistes. La condition importante d'une bonne reproduction est qu'elle n'offre pas de

Fig. 26. — Appareil à reproductions.

déformations apparentes du modèle, et, en second lieu, qu'elle soit nette dans toute son étendue. Pour arriver à ce résultat sans appareil spécial, il faut beaucoup de tâtonnements et une assez grande somme de temps. Comme il est nécessaire 1° que la surface reproduisante soit exactement parallèle à la surface à reproduire, et 2° que le centre de l'objectif soit parfaitement sur la même horizontale que le centre de figure de la surface à reproduire, il faut, sans appareil, chercher longtemps avant d'arriver approximativement à une position convenable. Un autre avantage de l'instrument représenté dans la figure 26 est que le développement extrême des chambres lors des grossissements ne devient plus un embarras, parce que le chariot supérieur les porte dans toute leur longueur et reste aussi

FIG. 27. — Laboratoire aux positives.

facile à manœuvrer quand elles sont déployées que quand elles sont fermées. Le bâti, qui a 0m.52 de largeur et 0m.60 de hauteur au-dessus du sol, est calculé pour porter une chambre noire à soufflet donnant des épreuves de

FIG. 28. — Laboratoire aux positives; Table de fixage.

34cm × 40cm et ayant un tirage de 1m.50, que l'on peut encore augmenter au moyen de rallonges placées en avant de la chambre. On se munit de différentes planchettes porte-objets qui se fixent par des vis de pression aux montants verticaux du devant de l'appareil. Une tablette horizontale à tasseaux s'y fixe également a des hauteurs variables pour porter les objets en relief, statuettes, vases, etc., que l'on veut reproduire.

ÉPREUVES POSITIVES.

Généralités. — L'épreuve positive est, en définitive, le but où tendent tous les travaux photographiques, puisque c'est par elle qu'ils se manifestent au public : or, l'obtenir dans des conditions parfaites est loin d'être chose aussi simple que les manipulations semblent l'indiquer, et il arrive journellement qu'un négatif qui semble très-beau ne produit pas les épreuves qu'on en attendait.

On doit avoir, dans le petit cabinet préparé pour faire les épreuves négatives sur collodion, tout ce qu'il faut pour le tirage des épreuves positives sur papier. Au même endroit où l'on avait mis la cuvette contenant le bain d'argent pour les négatifs, on place celle qui contiendra le bain d'argent pour les épreuves positives. Il est simple de comprendre que la sensibilisation du papier doit être faite à l'obscurité ou sous l'influence de la lumière jaune.

Lorsque les feuilles sont sèches et qu'elles ont à recevoir l'impression de la lumière, on peut porter le châssis positif partout où donne le soleil, dans un jardin, une cour, sur une fenêtre, etc.

Lorsque les feuilles sont impressionnées, elles peuvent être virées et fixées dans une chambre quelconque, pourvu que le jour n'y soit pas trop intense. Mais cette installation peut se faire partout, et n'exige ni arrangement spécial, ni précautions particulières.

Mais, nous ne saurions trop le répéter, l'endroit où se font les fixages des épreuves positives doit être autant que possible séparé de celui où s'obtiennent les épreuves négatives. Presque toutes les substances qui servent dans l'un sont un danger dans l'autre : séparez-les donc attentivement.

Dans les établissements photographiques, les laboratoires où se font ces opérations en grand occupent une étendue considérable tant pour le maniement des cuvettes de grandes dimensions que pour le séchage des feuilles, leur satinage et leur montage sur les bristols qui les portent.

Aussi le laboratoire aux positives comprend-il un certain nombre d'accessoires utiles. C'est dans cette pièce qu'on met le petit établi de menuisier ou d'ébéniste qui sert à réparer, construire, remanier les appareils et leurs accessoires. Il faut que le photographe sache au besoin mettre la main à cette besogne. L'habileté et l'adresse des doigts est pour lui une nécessité.

C'est dans ce laboratoire qu'on exécute le lavage des glaces, le pesage des produits, qu'on dépose les provisions, en un mot toutes les choses encombrantes.

La suite à une autre livraison.

DU CHOIX D'UN MÉTIER [1].

Cher Monsieur,

Vous m'écrivez que le jeune garçon dont vous êtes le parrain et le subrogé-tuteur vient de finir sa quatorzième année; qu'il est l'élève le plus distingué de son école primaire, et sait tout ce qu'on y enseigne; que le moment est venu pour lui d'entrer dans la vie professionnelle; qu'il s'agit enfin de le guider dans le choix d'une profession conforme à ses aptitudes, — et vous me faites l'honneur de me demander conseil, supposant que pour avoir vu et questionné deux

[1] Un de nos amis, homme de beaucoup de mérite et bien connu, qui a été ouvrier avant de devenir artiste, a bien voulu nous laisser prendre copie de la lettre que l'on va lire, et qu'il nous paraît utile de publier.

ou trois fois votre filleul j'ai pu deviner l'ordre de travaux auquel il est propre.

Je dois vous répondre tout d'abord, cher Monsieur, que vous présumez beaucoup trop de ma pénétration. J'ai, il est vrai, une assez grande expérience de la vie d'atelier; j'ai longuement médité sur les conditions de l'apprentissage, sur l'enseignement professionnel et sur les moyens de provoquer la révélation des aptitudes des jeunes gens; j'ai même la vanité de croire que peu de personnes expérimentées voient plus clair que moi en ces graves questions; — et cependant, si j'avais un fils à guider dans le choix du métier le plus conforme à sa vocation, je serais très-probablement aussi embarrassé que vous l'êtes, sinon plus; car ce que j'ai tiré de plus net de mes observations, c'est, premièrement, qu'« il est presque toujours extrêmement difficile de deviner la vocation des jeunes gens », et, secondement, que « la déroute ou le refoulement d'une vocation produit inévitablement des effets déplorables. »

Vous comprendrez donc, cher Monsieur, non-seulement que je m'interdise d'indiquer une profession pour votre filleul, mais encore que je n'essaye qu'avec hésitation de vous faire partager mon sentiment quant à l'importance extrême pour chaque jeune sujet de trouver ce que nous appelions à l'atelier son joint, c'est-à-dire l'ordre de travaux auquel il est propre.

J'en pourrais dire long sur les altérations physiques et morales qui résultent fatalement de la violence faite aux aptitudes naturelles; mais, une lettre ne comporte pas ces développements, et je me borne à appeler votre attention sur ce point, que ce n'est jamais impunément que, dans les pratiques de la vie, nous méconnaissons et refoulons les puissances particulières dont Dieu nous a donés en vue de l'infinie variété des travaux qui constituent la tâche de l'humanité.

J'aurais aussi beaucoup à dire sur les énormes bévues journellement commises par une foule de personnes paraissant avoir toute l'autorité désirable pour juger sans appel de la valeur spéciale des jeunes gens, et leur ouvrir ou leur fermer la porte de certaines carrières. Que de faits je pourrais produire qui tourneraient à la confusion de ceux qui osent se faire juges, à première vue, des aptitudes d'un sujet!

« Soit! me direz-vous. La preuve que je suis en garde contre moi-même est dans la démarche que je fais auprès de vous. D'ailleurs il arrive fort souvent que les jeunes gens manifestent si clairement leurs dispositions que la tâche devient assez facile à qui doit les guider. Ne devons-nous pas tenir compte des dispositions de mon filleul? Vous les connaissez, et elles peuvent être une lumière pour nous. »

Sans doute, il est de rares sujets qui révèlent si évidemment leur vocation, qu'il n'y a pas à hésiter; permettez-moi de vous répéter que votre filleul ne me paraît pas devoir être rangé parmi les exceptions. Les dessins de lui que vous m'avez envoyés ne me révèlent point, ce que vous aimeriez à y découvrir, une vocation d'artiste. Je ne veux pas dire que la vocation n'existe pas, mais seulement qu'elle ne s'affirme pas dans les copies de dessins que vous m'avez montrés.

A ce propos, oserai-je, cher Monsieur, vous mettre en garde contre un préjugé fort répandu, d'après lequel on considère comme aptitude d'artiste celle qui consiste à reproduire avec exactitude un dessin? On se laisse trop généralement aller à cette idée que l'art consiste à *imiter*; la vérité est qu'il consiste surtout à *créer*. On peut donc copier exactement un dessin et n'avoir point du tout la faculté essentielle de l'artiste. On peut faire plus, reproduire sur le papier des objets en relief, construire même une figure en terre, en cire, la tailler en bois ou pierre;

sans être doué de la précieuse faculté de l'artiste, lors même qu'on n'eût point à reprocher à cette figure de sérieux vices de construction. Je pourrais citer tel médecin qui a construit, en cire, et de grandeur naturelle, une figure humaine qui est un chef-d'œuvre d'anatomie, mais qui n'est nullement une œuvre d'art. Non, la faculté d'imitation ne sera jamais le signe révélateur de l'artiste.

« Au moins, penserez-vous peut-être, l'exact reproducteur des œuvres créées peut être graveur... Si nous destinions notre jeune garçon à cette branche de l'art ? » Prenez garde ! celui qui ne peut être qu'exact reproducteur n'est qu'un très-pauvre graveur. La gravure, cher Monsieur, n'est pas une copie pure et simple. Il y a beaucoup plus de création qu'on ne le suppose dans une œuvre gravée ; autrement la gravure ne serait pas « une branche de l'art. »

Je vous répète que je ne dénie pas à votre filleul la vocation d'artiste ; je dis seulement que les dessins de lui que j'ai sous les yeux ne me la révèlent pas, quoiqu'ils soient, dans l'expression d'atelier, « proprement » faits. Là où l'artiste se révèle, c'est dans les premières ébauches de la fantaisie, dans les essais de composition, c'est-à-dire de création. Or, je n'ai rien vu de votre filleul qui me permette de me former à cet égard une opinion sérieuse.

Savez-vous, cher Monsieur, ce qu'il vous faudrait, à vous et à tous ceux qui, pères ou protecteurs, ont à cœur de trouver le joint pour leurs enfants ou protégés, et d'en faire de féconds travailleurs ? Il vous faudrait à tous des « écoles d'essais », où les adolescents pussent essayer de différents métiers avant de faire un choix définitif. Mais l'idée des écoles professionnelles ne fait que de naître, et ce n'est malheureusement pas de sitôt que la société pourra jouir de cette institution si nécessaire ; car indépendamment des moyens matériels de l'enseignement professionnel, il faut l'intelligence de cet enseignement. Or, il ne paraît pas qu'elle abonde. La plupart des personnes qui s'occupent d'éducation professionnelle paraissent presque toutes portées à croire que le mieux qu'on puisse faire est d'inculquer aux jeunes gens le plus possible de connaissances techniques. Ce n'est pas là, vraiment, qu'est l'essentiel. Les connaissances techniques sont nécessaires, sans doute ; mais la condition la plus importante est que l'élève puisse voir comment s'exercent les différentes industries, et s'essayer lui-même à exercer tour à tour celles qui l'attirent. C'est à cette condition que la vocation peut se révéler ; c'est assurément le moyen le plus rationnel de provoquer la manifestation des aptitudes spéciales des jeunes gens.

Sans doute, il y aurait quelques abus de liberté, et les directeurs et professeurs auraient à faire preuve d'une bien grande et bien patiente sollicitude ; moins grande pourtant, beaucoup moins, que celle dont l'entomologiste, par exemple, fait preuve à l'égard de l'insecte qu'il veut étudier et décrire. Est-ce trop exiger de demander que l'éducateur de l'enfance ait cette vertu persévérante d'observateur du naturaliste, et n'intimide et n'efface pas, sous prétexte de discipline, les manifestations, même un peu désordonnées, des aptitudes qui poussent dans la jeune humanité ? Et bien, oui, je le sais, j'en suis sûr, je ne serai pas approuvé par la plupart des personnes qui travaillent à « l'élève de l'homme. » A la discipline, c'est-à-dire à l'accessoire, sera encore longtemps sacrifiée la libre expansion des aptitudes, qui est cependant le principal.

En attendant, cher Monsieur, soyons prudents, et pour revenir à ce qui nous intéresse, veuillez n'attendre de moi que quelques indications très-générales : je ne doute pas que votre intelligente sollicitude n'en fasse sagement l'application.

Si votre jeune garçon est « remuant », si le mouvement est pour lui un besoin évident, vous éviterez les métiers faits pour les natures casanières.

Ce n'est pas une bonne méthode, sans doute, de demander aux adolescents ce qu'ils aimeraient à faire, leur vocation étant encore un mystère pour eux-mêmes ; mais c'est une bonne méthode de leur parler art, industrie, commerce, afin de saisir sur leur physionomie ce qui les intéresse le plus vivement : c'est alors l'instinct qui parle à l'observateur pénétrant.

Quant au travail industriel, il se peut diviser en deux grandes branches, exigeant des aptitudes différentes, indépendamment de toute condition d'assiduité ou de mouvement. Dans l'une de ces deux branches, la précision domine ; dans l'autre, la fantaisie. Tel qui est propre à la première serait déplacé dans la seconde, et réciproquement. C'est à vous, cher Monsieur, de vous assurer si votre filleul ; dans tout ce qu'il fait de son propre mouvement, accuse plutôt la disposition aux œuvres de précision qu'à celles où le goût, la fantaisie, jouent le principal rôle. Au contraire, s'il vous paraît appartenir à la classe des fantaisistes, et si, d'autre part, son état de fortune ne permet pas les études un peu dispendieuses de l'art pur, faites-en un ouvrier d'art. L'art industriel, surtout à Paris, compte de nombreuses spécialités. S'il y a dans votre filleul l'étoffe d'un artiste, elle se révélera au jour ou l'autre. Dans le monde des artistes, il est beaucoup d'hommes de talent qui ont commencé par être ouvriers d'art.

Ces renseignements, cher Monsieur, vous laissent beaucoup à deviner. Mais c'est un devoir rigoureux pour quiconque a charge d'âme de ne négliger pour elle aucune des recherches délicates que je viens d'indiquer, et vous les ferez certainement au grand profit du jeune homme.

Agréez, etc.

INFLUENCE DES ÉTRUSQUES.

... Les Étrusques, quelle que soit leur origine, ont été un des peuples les plus précoces et les plus originaux qui aient jamais existé. Au lieu d'aspirer aux conquêtes, ils se sentaient faits pour des établissements paisibles, les institutions civiles, le commerce, les arts, la navigation, que favorisait surtout la disposition des rivages de l'Étrurie. Dans presque toute l'Italie, jusqu'à la Campanie, ils fondèrent des cités coloniales, propagèrent les arts, étendirent le commerce, et c'est à eux qu'un grand nombre de villes les plus célèbres de cette contrée doivent leur origine.

HERDER.

LES RIVAGES.

Cette mer dont chaque vague contient peut-être des milliards d'organismes vivants semble animée elle-même d'une énorme et puissante vie. Des reflets toujours changeants, ternes comme la brume ou brillants comme le soleil, éclairent son immense étendue ; sa surface se plisse en longues ondulations ou se redresse en lames hérissées ; ses rivages sont effleurés par un peuple liséré d'écume ou tremblent sous le choc des brisants ; parfois elle fait entendre à peine un faible murmure, et puis elle réunit dans un même tonnerre les hurlements de toutes ses vagues heurtées et fracassées par la tempête. Elle est tour à tour riante ou terrible, gracieuse ou formidable. Sa vie fascine. Quand on se promène sur ses bords, on ne peut s'empêcher de la contempler et de l'interroger sans cesse. Éternellement mobile, elle symbolise la vie relativement à la terre impassible et silencieuse, qu'elle assiége de ses flots. Et, d'ailleurs, n'est-elle pas toujours à l'œuvre pour modifier sans relâche le relief des continents, après les avoir une première fois formés couche à couche dans les profondeurs de ses eaux ?

La partie la plus importante des travaux géologiques de l'Océan est cachée à nos yeux, car c'est au fond de ses abîmes qu'il dépose la silice, la chaux, la craie et les débris de toute espèce qui constitueront un jour de nouvelles terres; mais du moins nous pouvons assister aux modifications continuelles que le mouvement incessant des eaux marines fait subir aux rivages. Ces modifications sont considérables, et, depuis les siècles historiques, bien des côtes ont déjà complétement changé de forme et d'aspect. Des promontoires ont été rasés, tandis qu'ailleurs des pointes se sont avancées dans les flots; des îles ont été transformées en écueils, d'autres sont englouties, d'autres encore sont rattachées au continent. La ligne sinueuse du rivage

n'a cessé d'osciller, empiétant ici sur les eaux de l'Océan, plus loin sur les surfaces continentales. L'action de la mer est double : elle remanie constamment les contours de son bassin, soit en rongeant les rochers qui la bordent et en emportant ses plages, soit en rejetant sur la côte les alluvions et les débris de toute nature qu'elle roule dans ses flots. Tout ce qu'elle engloutit d'un côté, elle le rend ailleurs sous une autre forme.

Bien qu'il y ait nécessairement équilibre entre l'œuvre de démolition et celle de reconstruction, cependant on serait tenté de croire, à première vue, que la mer se plaît surtout à détruire. En contemplant les falaises, ces murailles à pic qui, sur diverses côtes, se dressent à plusieurs centaines de mètres au-dessus du niveau de la mer, on se demande avec effroi comment les assauts répétés des vagues

Les Rochers d'Étretat. — Dessin de Camille Saglio.

ont pu suffire pour tailler ainsi les montagnes et les coteaux dont les bases, doucement inclinées, se baignaient autrefois dans le flot. Du haut de ces falaises, on voit à ses pieds l'Océan tumultueux étalé comme une surface plane; on ne distingue plus les vagues que par leurs reflets et les brisants que, par leur guirlande d'écume; les bruits multiples des flots se fondent en un long murmure qui s'éteint, puis renaît, pour s'éteindre encore. Et pourtant cette eau qu'on aperçoit en bas à une si grande profondeur, et qui semble impuissante contre le rocher solide, a renversé tranche par tranche toute la fraction de montagne dont la falaise n'est que l'escarpe gigantesque; puis, après avoir graduellement abattu ces énormes assises, elle les a réduites en poussière et en a fait disparaître les traces. Souvent il ne reste plus même d'écueil à l'endroit où se dressaient les promontoires.

Si les anciens navigateurs avaient placé leurs divinités les plus redoutables sur les côtes abruptes, c'est bien plus à cause de l'aspect terrible de ces escarpements que par la crainte des naufrages, car les mers basses parsemées de bancs de sable sont bien plus dangereuses que les mers profondes aux rivages inaccessibles. Jupiter, le lanceur de foudres, siégeait à la cime des monts acrocérauniens, sur cette âpre côte d'Épire et d'Illyrie, la plus sauvage, la plus inhospitalière, la plus effrayante à contempler de tout le littoral méditerranéen. Là aussi, entre ces rochers nus, squelettes de montagnes qui dressent dans le ciel clair leurs escarpements dépourvus de toute végétation, se cachait la terrible Chimère, attendant ses victimes. [1]

La suite à une autre livraison.

[1] Carl Ritter, *Zeitschrift*, oct. 1862.

LA MONTAGNE DU VÉLAN
(DRÔME).

Le Vélan. — Dessin de J.-B. Laurens.

Si de la voie ferrée qui longe le Rhône on remonte le lit de la Drôme dans un espace d'environ 25 kilomètres, on se trouve, après avoir salué la belle tour de Crest, au pied de la montagne de Rochecourbe, dont les belles formes sont toujours remarquées par les voyageurs des convois passant entre Livron et Loriol. Puis, reportant ses regards du côté opposé, vers le nord, on aperçoit, à une distance de 15 à 20 kilomètres, des montagnes taillées d'une manière aussi originale que pittoresque, en forme de table : c'est là le Vélan. Attiré de loin par son aspect, le paysagiste pourra remonter la rivière de Gervanne, confluent de la Drôme, non sans rencontrer de beaux chênes, de beaux noyers, quelques beaux terrains, jusqu'au joli village de Beaufort. De ce point, les formes du Vélan, qui n'est plus qu'à 5 kilomètres, lui apparaîtront plus belles; il apercevra le gigantesque escarpement appelé rocher d'Ansage, et, au-dessus, les cimes de la montagne d'Ambel, région des neiges et des sapins. Pressé de se rapprocher, il montera avec impatience par une route inclinée et pourtant carrossable, admirant de beaux arbres, d'immenses horizons vers le midi et de profonds ravins sous ses pieds. Enfin, après une heure de marche au plus, il pourra s'appuyer sur le parapet qui borde la route, au-dessus d'un épouvantable précipice, et contempler la pointe la plus avancée du Vélan, avec le joli petit village du Plan-de-Bais bâti à la base des rochers; en un mot, il verra en nature ce qu'a voulu représenter notre dessin.

Des escarpements semblables à celui qu'on a devant les yeux entourent la montagne en ne laissant, dans un contour d'au moins 10 kilomètres, que deux étroits sentiers pour gravir sur le plateau. Au pied de ces escarpements, autour du village, grâce à l'abri des vents du nord, sont des vignes, des vergers, de riants jardins; mais sur le plateau sont les frimas, les forêts de pins sylvestres dont plusieurs, accrochés à des fentes inaccessibles, réjouissent pleinement l'œil du peintre par des formes qu'aucune main humaine n'a jamais pu altérer. Placé sur ce plateau, le voyageur découvre en tous sens des aspects d'un grandiose accablant. A ses pieds, vers l'orient, apparaît une profonde et longue crevasse qui sépare le rocher d'Ansage de la masse du Vélan; c'est ce qu'on appelle les gorges d'Omblèze : là sont des sites saisissants d'horreur, et aussi des cascades, de vertes prairies, des ombrages frais et de charmantes fleurs. On est en présence de la vraie nature; ceux qui comprennent sa beauté peuvent avec confiance aller là; ils seront satisfaits.

UN CRIME QUI MARCHE.

VOYAGES ET AVENTURES A LA POURSUITE D'UNE PIÈCE FAUSSE.
Fin. — Voy. p. 2, 10, 21, 30, 37, 45, 54, 58, 66,
75, 82, 90.

VII. — Dernière aventure.

Jamais le bienfait de l'imprimerie n'a été, pour moi, aussi évident qu'aujourd'hui : en quelques heures, et à un millier d'exemplaires, j'ai pu adresser par la poste une note aux maires des principales communes et aux curés des grandes paroisses qui se trouvent sur la route du jeune voyageur. J'ai pris soin aussi de la faire distribuer aux conducteurs des voitures publiques qui suivront la direction d'Auxerre, afin que ceux-ci la répandent sur leur parcours. Enfin, elle sera insérée demain dans tous les journaux que Paris envoie dans les départements, et dont l'ensemble des numéros se nombre par centaines de mille. Cette note, la voici :

« Un petit garçon âgé d'environ treize ans, nommé Henri, est parti lundi soir de Paris pour se rendre chez son oncle, maître d'école à Mégny-le-Carreau, département de l'Yonne. Sa mère, pauvre ouvrière en linge, n'a pu lui donner, pour faire ce voyage, que quelques provisions de bouche et une pièce de cinq francs. Cette pièce, au millésime de 1841, est fausse. Celui qui l'a involontairement mise en circulation invite la personne à qui le petit Henri la présentera à en donner immédiatement avis à M. N..., avocat à la Cour impériale, demeurant à Paris, rue Saint-Georges, numéro 37. En outre, il supplie cette personne de donner asile à l'enfant, victime d'une erreur, jus-

qu'à l'arrivée de l'auteur de cette note. Les bons soins qu'on voudra bien accorder au petit voyageur, l'intérêt qu'on lui témoignera, seront récompensés. Partout où sera rencontré l'enfant porteur innocent de la pièce fausse, qu'on lui dise qu'il n'a besoin d'aller plus loin. Un événement survenu chez lui a rendu son voyage inutile; sa mère le rappelle. »

Aurais-je mieux fait de me mettre en route dès la nuit dernière que d'envoyer à un si grand nombre cet avis à des inconnus? Non; il n'y aurait eu alors qu'un homme isolé cherchant au hasard un enfant pour lui épargner un malheur. Grâce à ces deux merveilleux moyens de communication rapide, l'imprimerie et la poste, il y aura partout, sur le chemin de cet enfant, quelqu'un qui l'attendra pour le protéger.

Deux jours passés, pas de réponse à ma circulaire. Décidément j'aurais dû partir.

J'ai vu Mme Hourdier, son mari est au plus mal. On a parlé à la pauvre femme de ma note dans les journaux : elle ne comprend pas bien nettement le scrupule qui me pousse à déclarer que son fils est porteur d'une pièce fausse; mais elle s'effraye de le voir signalé comme on signale les malfaiteurs; elle s'effraye pour lui et se reproche comme un crime d'avoir consenti à son départ. Demain j'irai à la recherche de cet enfant; je l'ai promis à sa mère. C'est seulement, parce qu'elle compte sur mon départ qu'elle a renoncé à se mettre elle-même en route dès ce soir.

Ce matin, j'avais réglé mes affaires en prévision de quelques jours d'absence, et j'allais sortir de chez moi décidé à n'y revenir qu'avec la pièce fausse et l'enfant, quand on a sonné à ma porte. Ma vieille Jeannette, qui avait été répondre au coup de sonnette, est revenue m'annoncer la visite d'un abbé, qu'accompagnait un jeune garçon.

— Voilà Henri, m'a dit le prêtre entrant aussitôt après ma chambrière. Et dans celui qui me ramenait le fils de Mme Hourdier j'ai reconnu mon vénérable voisin de table, le protecteur de Marthe Petersen.

— Comment, c'est vous! lui dis-je; mais par quel hasard?

— Nous n'admettons pas le hasard, me répondit-il avec son charitable sourire. Ma paroisse est sur la route d'Auxerre; comme les autres, j'avais reçu votre lettre; et, plus heureux que les autres, j'ai voulu, puisque Dieu me favorisait, vous apporter la réponse que vous attendiez.

— Je ne l'attendais plus; j'allais, à l'aventure, la chercher. Voici l'enfant, c'est déjà bien. — Et j'embrassai celui-ci pour le rassurer, car il était fort intimidé. — Mais la pièce fausse?

— Vous ne la verrez plus, me dit l'abbé; personne non plus ne la reverra : elle est avec Marthe, maintenant.

— Cette malheureuse petite fille, si malade! on n'a donc pas pu la sauver?

— Elle a eu une douce mort, du moins, me dit l'abbé. Puis il continua : — Depuis plusieurs jours Marthe, approchant de sa fin, était tourmentée de cette idée : « N'y a-t-il plus vraiment aucune de ces pièces de monnaie qui ont fait condamner mon père? Je voudrais emporter la dernière avec moi. »

La Providence lui réservait cette consolation. Grâce à votre circulaire, j'ai pu m'enquérir de votre petit voyageur et le réclamer, en votre nom, au moment où il venait de trouver asile chez le desservant d'une paroisse voisine de la mienne. Il me fut alors possible de satisfaire au vœu de la jeune mourante. On eût juré qu'elle revenait complètement à la vie quand je lui présentai cette pièce de cinq francs et qu'elle m'entendit lui dire :

. — Vous demandiez la dernière, Marthe; la voici, mon enfant.

Du geste plutôt que de la voix elle exprima le désir de la suspendre à son cou. La pièce faussé fut immédiatement tronée, puis je la lui redonnai. Alors de ses doigts tremblants, sous ses yeux qui s'éteignaient, Marthe passa un fil de soie dans la médaille percée. Ce travail avait épuisé le reste de ses forces; son regard désolé se tourna vers nous : il fut compris. La grand'mère souleva les deux bras que l'enfant ne pouvait plus faire mouvoir, et, en même temps, je conduisis ses mains qui tenaient encore le fil de soie, afin que, comme elle le voulait, ce fût elle-même qui se parât, pour mourir, de ce triste collier.

— Il est avec elle dans le cercueil, termina l'abbé; ainsi, au jour du jugement, elle pourra dire à Dieu : « Soyez miséricordieux pour mon père; j'ai racheté son crime, et je vous rapporte la seule de ses pièces fausses qui aurait pu nuire à quelqu'un. »

Après ce douloureux récit, je ne pus que presser silencieusement la main de l'abbé pour le remercier de son voyage à Paris, voyage qui était doublement œuvre de charité : je lui devais enfin le repos de ma conscience, et Mme Hourdier allait lui devoir le retour de son fils. Je lui donnai l'adresse de cette pauvre femme, afin qu'il eût au moins pour récompense la joie de ramener lui-même l'enfant à sa mère.

A mon retour, ce soir, Cartouche, qui me fait toujours bon accueil, a été avec moi plus caressant encore que les autres jours; ses bons gros yeux ardents et humides semblent me dire : Je te coûte cher, mais tu ne m'as pas trop payé; car si tu as été la bonté, moi je suis la reconnaissance et le dévouement.

LES LITS DES ANCIENS.

Suite. — Voy. p. 34.

Les Mèdes et les Perses, qui succédèrent aux Assyriens dans la domination de l'Asie occidentale, ne paraissent pas avoir beaucoup modifié la forme des meubles en usage chez leurs prédécesseurs. Il ne reste aucun monument des Mèdes, il en reste bien peu de l'ancien empire des Perses, sur lesquels quelques meubles soient figurés; pour s'en faire une idée, il est nécessaire de rapprocher un petit nombre de renseignements épars dans les écrivains. Tout ce qu'on peut conjecturer quant aux Mèdes, déjà raffinés dans leurs mœurs, amollis par la richesse et le bien-être quand les Perses de leurs sujets devinrent leurs maîtres, c'est qu'ils avaient copié les mœurs et les arts de Ninive, comme ils furent imités eux-mêmes par les Perses dès que ceux-ci commencèrent à quitter leurs rudes mœurs de montagnards. Hérodote affirme que les Perses ne connurent ni le luxe ni les commodités de la vie avant d'avoir fait la conquête de la Lydie; cependant il est difficile de croire qu'ils n'eussent rien emprunté jusque-là des Mèdes, et ces derniers des Assyriens. A mesure qu'ils étendirent les limites de leur empire, les Perses s'enrichirent des arts et des industries des peuples vaincus, qu'ils firent travailler pour eux. L'empreinte de la civilisation et du goût assyriens est visible dans les rares sculptures de Persépolis qui ont subsisté jusqu'à nos jours. On n'y voit point de lit figuré, mais plusieurs trônes peu différents par la construction et l'ornementation des meubles sculptés sur les murs des palais de Ninive; on y remarque seulement plus de légèreté, de mouvement et d'effet pittoresque dans l'emploi d'éléments analogues [1]. Les plus riches matières

[1] Voy. Texier, *Description de l'Arménie et de la Perse,*

étaient mises en œuvre pour la fabrication de ces meubles, et des lits en particulier. Dans divers passages des auteurs anciens, il est fait mention de lits dont les pieds étaient d'or ou d'argent; les coussins et les couvertures que l'on plaçait sur ces lits n'étaient pas moins précieux, et l'on tenait à ce que la disposition en fût élégante, les plis irréprochables, autant qu'à l'éclat et à la finesse des étoffes. Parmi les nombreux serviteurs dont les gens riches étaient constamment entourés, il y en avait dont l'unique emploi était de veiller à ce que les lits, faits ou défaits, fussent toujours drapés avec grâce. Le roi Artaxerxès fit don à Antalcidas de Lacédémone, au temps où il le comblait de faveurs, d'un lit dont les pieds étaient d'argent avec tout ce qui était nécessaire pour le garnir. Il fit à un autre Grec un présent semblable, et il y ajouta l'envoi de domestiques habiles à dresser un lit, disant que c'était un art auquel les Grecs n'entendaient rien [1].

Les Perses ne pouvaient se passer du luxe dont ils avaient l'habitude, même à la guerre. On peut lire dans Hérodote l'énumération des richesses que Xerxès en s'enfuyant laissa aux mains des Grecs, et parmi lesquelles se trouvaient des lits d'or et d'argent. De même les dix mille Grecs conduits par Xénophon, lorsqu'ils s'emparèrent dans leur retraite de la tente de Tiribaze, favori d'Artaxerxès et gouverneur de l'Arménie occidentale, y trouvèrent un lit dont les pieds étaient d'argent. De cette mention répétée de lits aux pieds d'or ou d'argent on doit peut-être conclure que les lits des Perses, comme ceux des Grecs, avaient pour support des pieds séparés et non un soubassement continu, et que cette partie du meuble était seule apparente, le reste disparaissant sous les coussins et les tapis. Ces lits étaient peut-être aussi entourés de rideaux. Lorsque Artaxerxès fut averti de la conjuration de son fils, Darius et de plusieurs grands du royaume qui avaient résolu sa mort, il fit percer, dit Plutarque [2], une porte que couvrait une tapisserie suspendue derrière son lit.

Les Perses avaient aussi des lits sur lesquels ils s'étendaient pendant les repas. Voici, à ce sujet, ce qui se pratiquait dans le palais du roi. Personne ne mangeait à sa table, excepté sa mère et sa femme, la première placée au-dessus de lui et la seconde au-dessous. Le roi était séparé des grands admis auprès de lui par un rideau à travers lequel il pouvait les voir sans en être vu. Les convives ne pénétraient dans la chambre même où se tenait le roi qu'à l'occasion de certaines fêtes et lorsqu'il les invitait à boire avec lui. Il les recevait couché sur un lit ou divan à dossier, tout en or et élevé sur une sorte de piédestal, et ils s'asseyaient à terre autour de lui [3]. C'est d'une fête semblable qu'il est parlé au premier livre d'Esther. Les principaux seigneurs du royaume y avaient été invités. Tout le peuple de Suse fut ensuite convié à un autre festin préparé dans le vestibule qui conduisait aux jardins du palais. On y avait tendu des voiles de fin lin, blancs, bleus et de couleur d'hyacinthe, qui étaient soutenus par des cordons de lin teints en écarlate, passés dans des anneaux d'ivoire et attachés à des colonnes de marbre. Des lits d'or et d'argent étaient rangés en ordre sur un pavé de porphyre et de marbre blanc embelli de figures variées [4]. Alexandre, devenu maître de l'empire des Perses, imita la pompe de leurs rois. Lorsqu'il célébra à Suse ses noces avec Statira, il convia à un banquet quatre-vingt-dix de ses compagnons qui avaient pris femme le même jour. Cent lits avaient été disposés dans un immense pavillon. Les pieds de ces lits étaient d'argent; ceux du lit d'Alexandre étaient d'or;

[1] Plutarque, *Artaxerxes,* XXXI; Athénée, *Deipnosoph.,* II,
[2] Plutarque, *ibid.,* XLIII.
[3] Héraclid., *dum , fragm.* I.
[4] Esther, I, 6; voy. aussi VII, 8,

tous étaient couverts de tissus du plus grand prix, de pourpre mêlée de couleurs variées. (¹).

C'est des Lydiens et des peuples voisins habitant l'extrémité occidentale de l'Asie que les Perses, et peut-être les Mèdes avant eux, avaient pris l'usage de se coucher, au lieu de s'asseoir, sur des coussins et sur des tapis, et, par suite, d'avoir même des lits pour s'étendre pendant les repas. Les Grecs prirent des mêmes peuples cette dernière coutume. La péninsule de l'Asie Mineure est comme le pont jeté entre l'Asie et l'Europe. Des peuples différents de race, de mœurs et de génie, s'y rencontrèrent, s'y heurtèrent, et parfois aussi s'y mêlèrent; même séparés ou ennemis, ils ne furent pas inaccessibles aux influences réciproques de leurs croyances et de leurs arts. Ce n'est pas dans le cadre étroit de cette étude qu'il convient de déve-

lopper l'histoire compliquée des rapports qu'avaient entre elles les peuplades répandues au pied du Taurus et sur les rivages de la Méditerranée : les découvertes des voyageurs et les travaux de la critique commencent à peine à y jeter quelque lumière; mais, au point où nous sommes parvenus, et avant de poursuivre, il est à propos de constater que les arts et les industries des habitants de cette partie du monde, à côté de notables différences, offrent partout des caractères communs. Les meubles à leur usage, surtout, se ressemblaient dans les riches demeures par suite du croisement des populations et des relations commerciales qui apportaient soit les objets eux-mêmes, soit, avec les modèles, les matériaux nécessaires à leur fabrication, et amenaient même quelquefois les ouvriers qui y excellaient.

Nous trouverons dans les œuvres primitives de l'art

Lit de repos lydien, bas-relief de temple d'Assos, en Mysie, au Musée du Louvre.

grec, comme dans ses plus anciennes poésies, des exemples remarquables de la persistante influence de l'Orient, particulièrement dans la forme et dans l'ornement des lits, et, plus tard, dans l'habitude de s'en servir pendant les repas. Nous suivrons les mêmes traces plus loin encore. Qui ne croirait reconnaître dans le bas-relief que reproduit notre gravure un de ces repas où l'on mangeait et buvait couché, si souvent figurés non-seulement sur les vases grecs, mais aussi dans les peintures et les sculptures trouvées dans les tombeaux de l'Étrurie? L'analogie avec ces dernières est même la plus frappante. Ce bas-relief, aujourd'hui au Musée du Louvre, décorait autrefois l'architrave d'un temple d'Assos en Mysie, sur la côte méridionale de la Troade. Le temple d'Assos est vraisemblablement le plus ancien temple dorique que l'on connaisse (²), plus ancien peut-être que la ville grecque que bâtirent alentour les colons venus de l'île voisine de Lesbos. Toutes les sculptures qui accompagnent le fragment ici dessiné présentent des motifs empruntés à l'art et aux cultes de l'Orient, et elles sont traitées, comme le bas-relief que l'on a sous les yeux, dans la manière propre aux plus anciennes figures étrusques. Comme dans les peintures célèbres de Tarquinie, on voit ici des hommes couchés sur des lits, deux à deux, tendant leurs coupes à un jeune esclave qui y verse le vin puisé dans un cratère; comme dans ces peintures aussi, un des personnages tient à la main une couronne qu'il passe à son voisin. La disposition, le costume, la coiffure, la barbe, la coupe du visage, sont semblables. On voit peu de chose, il est vrai, du lit, qui est ce qui doit le plus nous occuper ici. Remarquons cependant les coussins, sur lesquels les convives sont accoudés, que nous retrouverons dans toutes les représentations de repas semblables.

La suite à une autre livraison.

(¹) Ælian., *Var. hist.*, VIII, 7; — Athen., XII, 9; — Arrian., VII, 4.
(²) Fellows, *Asia Minor*, 47; — Texier, *Description de l'Asie Mineure*, II, p. 143 et pl. 108-115.

UNE VISITE A POISSY.

Un soir, comme je feuilletais avec quelques amis ma collection des œuvres de Carle Vernet, un d'eux arrêta au passage ces deux cavaliers comiques, et me dit :

— Ah! les bonnes figures! C'étaient deux personnages bien connus, au marché de Poissy, vers 1807. A pied comme à cheval, ils se disputaient toujours, s'injuriaient à froid, se reprochaient mille mauvais tours, et étaient inséparables; on les avait surnommés... ah! j'ai oublié leurs noms et surnoms.

J'aime assez à écrire derrière chacune de mes estampes ce que je puis apprendre de faits curieux qui s'y rapportent.

— Pensez-vous, demandai-je à mon ami, que les anciens habitants de la ville aient conservé sur ces deux individus quelques souvenirs plus précis que les vôtres?

— Sans doute, quoique la population de Poissy se soit bien renouvelée depuis un demi-siècle. Mon vieux cousin Bridaine, par exemple, les a certainement vus souvent chez notre oncle Lequeux, dit Barbillon, le plus célèbre aubergiste de la ville sous l'empire. Allez lui rendre visite à l'occasion. Je lui ai plusieurs fois parlé de vous; il vous verra avec plaisir.

L'été suivant, attiré à Poissy par les « régates », un de ces spectacles qui m'ont toujours le plus fait regretter d'être né curieux, M. Bridaine me ravit en mémoire, et je me fis indiquer sa demeure. Il habite, au nord-ouest de la ville, une maison agréable, située entre un potager et un jardin, divisé en jardins symétriques, où m'ont paru dominer les fleurs pâles, les ifs, et le buis.

M. Bridaine me reçut dans sa bibliothèque et se montra tout à fait affable. Après les compliments et les banalités d'usage, je lui exposai le motif de ma visite; mais je pressentis, dès les premiers mots, que c'était un de ces hommes qu'il n'est pas facile de faire parler sur le sujet qu'on a en tête, parce qu'ils n'écoutent jamais qu'eux-mêmes, ou que, du moins, ils ne saisissent parmi les paroles qui leur sont adressées et ne prennent pour point de départ de leurs réponses que celles qui ont trait à une' de leurs manies.

Je lui avais demandé si, dans ses souvenirs d'enfance, il retrouverait quelque trace des deux personnes esquissées si plaisamment par l'excellent artiste Carle Vernet.

— Vous aimez les arts, Monsieur! s'écria-t-il. Que j'en suis aise! Moi aussi, Monsieur, je les aime avec passion! Et aussitôt, se précipitant vers une tablette :

— Voici, Monsieur, continua-t-il, une petite boîte en chêne qui n'est peut-être pas, je l'avoue, extrêmement remarquable par sa forme,...

Il me parut qu'en effet ce n'était qu'une poivrière fort commune.

— Mais devinez ce qu'elle contient... devinez!

— Monsieur, répondis-je, jamais je n'ai rien deviné de ma vie. .

— Eh bien, Monsieur, cette boîte ne contient pas moins qu'une centaine de grains de poussière provenant de la

Le Retour de Poissy. — Dessin de Pauquet, d'après Carle Vernet.

raclure des fonts baptismaux du saint roi qui signait Louis de Poissy! Vous savez que nos pères étaient persuadés qu'il suffisait d'avaler un peu de cette poussière bénie dans un verre d'eau pour être guéri de la fièvre. Mais moi, Monsieur, je n'en crois rien; aussi, l'an dernier, ma femme ayant eu la fièvre tierce, j'ai refusé opiniâtrément de lui donner un seul grain de cette poussière historique, sacrée, beaucoup trop rare et trop précieuse pour qu'on l'emploie en guise de quinquina. D'ailleurs je déteste les superstitions.

— C'est fort bien fait, lui dis-je. Je vois que vous vous intéressez savamment aux choses curieuses; alors vous connaissez sans aucun doute l'estampe dont je vous parle, et vous aurez la bonté de m'aider à en mieux comprendre le sujet.

— Les choses curieuses! Oui, vraiment, je puis me vanter d'en posséder un bon nombre. L'une de ces autres boîtes, Monsieur, renferme un petit morceau du vase d'étain dans lequel était conservé jadis le cœur du grand roi Philippe le Bel entre deux plats. Ce petit morceau est tout à fait authentique.

Il allait briser un cachet rouge apposé sur un des côtés de la boîte; mais je l'arrêtai :

— Je vous crois, Monsieur, lui dis-je; vous avez là une collection de boîtes assurément d'une grande valeur. Pour moi, je ne suis qu'un simple amateur de gravures. J'ai deux exemplaires de cette estampe du *Retour de Poissy*, et l'une d'elles, imprimée en couleur, imite dans la perfection une aquarelle de maître...

— L'aquarelle! Joli genre, Monsieur! Ma fille aînée y excelle. Et, tenez, regardez ce qu'elle m'a fait pour le frontispice de ce vieux mémoire; ce sont les armes de notre ville : « D'azur à un poisson d'argent posé en fasce, une fleur de lis d'or en chef, une en pointe, et une demie mouvant du premier!» Cela n'est-il point dessiné à merveille et finement peint? Et pourtant ma fille Célestine n'a jamais eu de maître.

J'étais au moment de répondre : Je le crois bien! car j'en demanderais humblement pardon à Mlle Célestine Bridaine si j'avais l'honneur de la connaître, mais ma préoccupation et mon dépit furent sans doute cause que je ne vis dans ce que me montrait monsieur son père, tant la prévention est grande, qu'un coloriage comme on se permet d'en faire au plus jeune âge. Je ne savais par quel tour ramener de si loin M. Bridaine à mon sujet, quand, par bonheur, le titre du vieux mémoire lui-même me vint en aide : « Mémoire

» à consulter pour les propriétaires, fermiers, nourrisseurs
» et marchands de bestiaux du Limousin, contre les fer-
» miers de la caisse de Poissy; 1770. »
— Ah! les nourrisseurs, les marchands de bestiaux,
voilà mon affaire! m'écriai-je vivement; et c'est précisément au sujet de deux gens de cette classe intéressante de
citoyens que je suis venu consulter votre érudition, Monsieur, et surtout votre excellente mémoire. Vous avez dû
les voir tous deux, ces deux hommes grotesques, chez feu
M. votre oncle, l'illustre... hôtelier de 1806; ils y prenaient souvent leurs repas aux jours du marché.
— Le marché! le marché, Monsieur! s'écria M. Bridaine, qui devint pourpre et se mit à trépigner; c'est une
horreur! Monsieur, une malédiction! — Il fait vivre Poissy,
disent et répètent les sots. — Et moi je prétends qu'il a tué
notre ville moralement, intellectuellement, archéologique-
ment; et, notez ceci, Monsieur... ar-tis-té-ment! Les bou-
chers ne songent qu'aux bestiaux, les éleveurs aux bou-
chers, les marchands de la ville aux uns et aux autres, et,
de cercle en cercle, les idées de viande et de gain ont gagné
jusqu'aux dernières maisons des faubourgs. Qui s'occupe ici
maintenant, moi excepté, de fixer l'étymologie de Poissy,
Piscinacum, Pisciacum ou *Poissiacum*? Qui cherche à découvrir le lieu où étaient situés les châteaux du roi Robert
et de la reine Constance? Qui s'étudie à restaurer exactement le plan du réfectoire où eut lieu, en novembre 1561, le
fameux « colloque de Poissy » ? Qui s'épuise en veilles à marquer le point précis du sol de l'ancienne église de l'abbaye
où l'on éleva un autel sur l'alcôve même de la reine Blanche,
mère de notre compatriote saint Louis? Car ce roi, le seul de
tous les rois qui ait fait vraiment honneur à la royauté, est
bien né à Poissy, quoi qu'on dise. Ville ingrate! Qui prouvera, comme je le fais, que notre tableau de la *Nativité* est
bien le chef-d'œuvre de Philippe de Champagne? Qui...?
Ici M. Bridaine fut pris d'une sorte d'étranglement.
J'avais perdu tout courage; cependant, j'allais profiter de
cette interruption inespérée quand, retrouvant un filet de
voix aigu, M. Bridaine me dit avec un air d'abord presque
suppliant, puis, en *crescendo*, animé et irrité :
— Monsieur, quand on prononce seulement devant moi
le met de marché, d'éleveur, de marchand de bestiaux, et
d'autres abominables choses de cette espèce, on est sûr
de m'exposer à une maladie. C'est à cause de ce maudit
sabbat du marché, Monsieur, que, depuis quinze ans et
plus, je ne suis logé le plus loin possible de la ville. Toutes
les semaines, dès le matin du jour fatal, on ferme toutes
mes fenêtres et mes volets du côté de Poissy; mais rien
n'empêche d'arriver jusqu'à moi, par moments, des bouffées
de ces rumeurs bestiales; et alors, Monsieur, alors, voici
ma ressource suprême...
Et M. Bridaine se jeta sur un violon monstre, un vio-
loncelle qui était dans un coin de la chambre : il saisit
l'archet d'une main crispée et se mit, non à jouer un air
quelconque, mais à faire grincer et rugir toutes les cordes
avec une frénésie qui remplit aussitôt l'air d'une tempête
extravagante de dissonances furieuses, de sifflements, de
miaulements, de grondements, et, très-positivement, de
jurements et de blasphèmes affreux.
Stupéfait, confondu, assourdi, quel parti me restait-il à
prendre? La fuite. C'est ce que je fis. M. Bridaine, qui me
tournait le dos, tout entier à son transport de rage, ne s'en
aperçut pas. Je traversai rapidement le jardin, je fermai
la porte, et à trois cents pas j'entendais encore cette
musique infernale; mais j'étais sauvé.
Galopez, galopez toujours, mes deux compères, gras et
maigre; je ne puis vous regarder sans sourire : j'entends
d'ici sonner vos écus, et je crois bien soupçonner le sujet du
vos disputes. Après tout, on m'aurait peut-être appris sur

votre compte telle anecdote qui m'eût obligé à penser plus
de mal de vous qu'il ne convient à l'intérêt de mon plaisir.
Galopez donc; il ne m'arrivera plus, je vous assure, d'aller
prier aucun M. Bridaine de me conter votre histoire.

PROMENADE DE PRINTEMPS.

Voy. Promenades d'hiver, p. 15, 71.

Forme cristalline de la neige. Le nombre six. — Voici
des flocons de neige [1]. Regardez-les à la loupe : ce n'est
qu'un amas confus de gouttelettes d'eau congelée. Mais
ne vous impatientez pas. Voyez ce petit flocon rond qui
vient de tomber sur la manche de votre habit; il est
seul : dépêchez-vous de l'examiner avant qu'il se fonde ou
que d'autres flocons viennent s'y joindre. C'est une jolie
étoile à six rayons réguliers (voy. la fig. 1). Pourquoi y
a-t-il constamment six rayons plutôt que quatre, cinq,
sept, huit, etc ? On dirait vraiment que la nature a une
prédilection toute particulière pour le nombre *six*. Voyez,
par exemple, les cellules des abeilles et des guêpes [2] : c'est
un hexagone régulier (fig. 2). Dans l'infinité des polygones, l'instinct de ces animaux n'a choisi que celui-là.
N'est-ce pas une énigme que cette préférence? Si vous
interrogez la géométrie, elle vous répondra que, de tous

FIG. 1.   FIG. 2.   FIG. 3.

les polygones inscrits dans un cercle (fig. 3), il n'y en a
qu'un seul dont tous les côtés soient égaux au rayon de ce
cercle; et ce polygone est précisément celui de la cellule
de l'abeille et de la guêpe. Voilà donc une coïncidence des
plus étranges. Maintenant, examinez de plus près l'œuvre
de l'abeille : à chaque cellule du gâteau de miel vous trouverez un fond pyramidal composé de trois rhombes égaux
dont les angles résolvent un grand problème géométrique,
celui de donner le plus d'espace avec le moins de matière.
Ces gâteaux en papier de la guêpe sont formés d'un seul
rang de cellules dont chacune a le fond presque plat : c'est
tout ce qu'il fallait, car ces cellules sont destinées non à
recevoir du miel, mais seulement des larves, la progéniture de leurs architectes.
Réveil de la nature. Méthode à suivre. Plante et animal.
— Voici une belle journée d'avril. Par la richesse de ses
nuances, que rehaussent les rayons du soleil, le feuillage
fraîchement épanoui rappelle la coloration variée des feuilles
mortes de l'automne, comme pour montrer que partout les
deux extrêmes se touchent. Les chants des oiseaux, parmi
lesquels vous distinguerez facilement, à leurs ondulations
cadencées, ceux du merle, de la grive et de la fauvette; le
parfum de l'air qui vous pénètre; le bourdonnement des
insectes; le gazon diapré de pâquerettes, souvenirs de
votre enfance; toutes ces merveilles, si vous avez le sentiment du vrai et du beau, vous remplissent d'une douce
ivresse : votre poitrine se dilate plus aisément, votre sang
coule plus vite, les dernières mêmes vons paraissent meilleurs; toute cette magie vous entraîne, comme si le germe
de la vie, de l'immortalité que vous portez en vous, allait,
par un irrésistible mouvement d'expansion, s'identifier, se
confondre avec le réveil de la nature.

[1] Voy. t. II, 1834, p. 182, *De la neige*, avec figures.
[2] Voy. t. X, 1842, p. 44, *Architecture et géométrie des abeilles*, avec figures.

. Le renouvellement perpétuel de ce spectacle grandiose, qui nous fait à tous compter nos jours, ne vous a-t-il jamais inspiré le désir d'en connaître les mystères? Il faut que vos préoccupations soient bien fortes, ou qu'un mauvais génie plane sur toute votre existence, si vous demeurez insensible à ces splendides invitations, harmonieusement réitérées. .

Entrons dans ce charmant bois de hêtres, entremêlé de sapins. Écoutez... Quels sont ces petits craquements qui, s'il y avait de la fumée, vous feraient croire à un commencement d'incendie? C'est l'effet de la sève; elle élargit et fendille l'écorce, qui emprisonne le bois. Arrêtons-nous à ce petit fait, et voyons s'il pourra nous mettre sur la voie de plus grands phénomènes. Mais, pour cela, quelques remarques préliminaires sont indispensables.

Les sens et l'intelligence, voilà les outils qui ont été donnés à l'homme pour l'étude de la création, cette manifestation divine du vrai et du beau. Les sens, dont l'application s'appelle *expérience* ou *observation*, sont bornés; ils ne nous fournissent que les faits bruts, discontinus, sans aucune liaison avec ce qui précède ni avec ce qui suit : c'est l'étoffe informe que l'intelligence élabore et s'assimile par un mécanisme insondable. Le raisonnement, qui est l'intelligence en mouvement, lie les faits entre eux et rétablit la continuité, et, par l'inépuisable série des effets et des causes, il recule l'horizon de l'expérience à l'infini. Mais pour se reconnaître dans ce grand labyrinthe de détails si merveilleusement enchevêtrés, il faut un fil conducteur. Le principe de l'analogie ou de l'unité de plan de la création servira de guide à l'observation et au raisonnement réunis.

Cela bien entendu, revenons au fait signalé, et voyons comment il va s'engrener avec d'autres.

A la première vue, rien ne ressemble moins à un animal qu'une plante. Cependant, tous deux vivent : œuf ou graine, leur point de départ est le même; puis, l'un et l'autre se nourrissent, se propagent et meurent. Choisissons la nutrition : c'est la plus importante fonction de la vie végéto-animale; elle s'approprie, s'assimile les aliments nécessaires à l'accroissement de l'*individu*, mot qui s'applique aussi bien à la plante qu'à un animal donné. Mais la plante, m'objecterez-vous; n'a ni estomac pour digérer, ni poumons pour respirer, ni cœur pour faire circuler le sang; comment donc peut - elle se nourrir comme l'animal? Ici le raisonnement et l'analogie nous abandonnent. C'est une nécessité de nous adresser à l'expérience. Faisons une forte ligature autour du tronc d'un jeune arbre, et attendons. Au bout d'un mois, vous remarquerez *au-dessus* de la ligature un bourrelet circulaire qui deviendra de plus en plus saillant. La première pensée qui se présentera à votre esprit, déjà averti par le pétillement de l'écorce, c'est que ce bourrelet est produit par la sève. La sève a donc été arrêtée par un obstacle opposé à son mouvement. Mais pourquoi le bourrelet s'est il formé au dessus plutôt qu'au-dessous de la ligature? Évidemment parce que la sève descend des feuilles vers les racines; car, si elle montait des racines aux feuilles, le bourrelet se serait formé au-dessous de la ligature. — Mais à peine ce fait est-il acquis qu'une nouvelle question surgit. Le tronc est épais; il se compose de l'écorce, des couches ligneuses et du canal médullaire; l'écorce elle-même se compose de l'épiderme, de l'enveloppe herbacée et des couches corticales dont les plus internes, blanches, superposées comme les feuillets d'un livre, ont reçu le nom de *liber*. Or, la sève descendante chemine-t-elle dans toutes ces parties, ou suit-elle une voie spéciale, une voie d'élection? La ligature, quelque fortement serrée qu'elle soit, ne pourrait étrangler les couches ligneuses, et l'écorce n'est guère imprégnée de

sue. C'est donc entre l'écorce et le bois que chemine la sève qui a produit le bourrelet. — Autre question. Une sève qui descend présuppose une sève qui monte. Où circule cette dernière? L'expérience va répondre encore à notre raisonnement. Soyez, par exemple, un peuplier en pleine végétation; vous verrez des bulles de liquide et d'air s'élever des fibres intérieures rompues. Autre expérience. Coupez une branche et plongez-en l'extrémité dans une liquide coloré; vous ne tarderez pas à voir celui-ci monter par les parties du bois les plus rapprochées du canal médullaire. C'est là le chemin que suit la sève en allant des racines aux feuilles.

Ainsi donc, il existe une sève ascendante et une sève descendante; et cette connaissance précieuse nous a été fournie par le raisonnement aidé de l'observation. Voyons maintenant ce qu'y ajoutera le principe de l'analogie. L'animal renferme, comme la plante, un liquide en mouvement; une simple coupure à votre doigt peut vous en convaincre : seulement le liquide, qui là est incolore et se nomme *sève*, est ici rouge et s'appellera *sang*. Ce n'est pas tout. Faites une ligature au bras, un peu au-dessus du coude, à l'endroit où l'on pratique la saignée. Ouvrez la veine au-dessus de la ligature, elle ne vous donnera pas de sang; il en sortira, au contraire, un jet de sang noir continu si vous l'ouvrez au-dessous de la ligature. Derrière les veines, plus profondément dans les chairs, est située une artère que vous sentez à ses pulsations. Piquée au-dessous de la ligature fortement serrée, à l'inverse de la veine, elle ne vous donnera pas de sang; piquée au-dessus, elle donnera immédiatement un jet saccadé d'un sang rouge vif. De ces faits, que l'œil constate, l'intelligence conclut que le sang des veines va des extrémités au centre, pendant que le sang des artères va du centre aux extrémités. Sève ascendante et sève descendante, sang artériel et sang veineux, circulation de la sève et circulation du sang, voilà des rapprochements qui se présenteront ensuite d'eux-mêmes à votre esprit. Mais ces rapprochements sont-ils légitimes? A cette demande dictée par la raison, qui cherche la certitude, faisons un pas de plus. Le sang noir des veines, après être revenu des extrémités au centre, est poussé du cœur dans les poumons, où il subit l'action de l'air, pour se changer en sang artériel. C'est là un fait acquis à la science, que la vie d'un homme ne suffisait pas pour découvrir; il fallait pour cela des siècles de recherches. Or l'analogie, s'emparant de ce fait, nous autorise à nous demander si la sève qui va des racines aux feuilles ne subit pas dans celles-ci une action modificatrice de la part de l'air; en un mot, si, dans la plante, les feuilles ne remplissent pas la même fonction que les poumons dans l'animal. Notons d'abord que cette question, qui nous paraît aujourd'hui si simple, ne pouvait être ni ne fut en effet soulevée qu'après la découverte de la circulation et qu'après une étude plus approfondie de la fonction respiratoire. Interrogez votre respiration; elle se compose de deux actes, imitant les mouvements du soufflet : par l'un (acte d'inspiration), l'air s'introduit dans la poitrine; par l'autre (acte d'expiration), il est chassé au dehors. L'air inspiré et l'air expiré diffèrent - ils l'un de l'autre? A en juger à la simple vue, ces airs paraissent si bien identiques qu'il a fallu des milliers d'années pour arriver seulement à en douter.

L'expérience suivante, qui date d'un siècle à peine, va . nous éclairer.

Au moyen d'un tube, faites passer l'air que vous expirez dans un flacon contenant de l'eau de chaux; en moins d'une minute vous verrez le liquide se troubler et blanchir de plus en plus. Qu'est-ce s'est-il produit? Du carbonate de chaux insoluble, une combinaison de l'acide carbonique avec la chaux.

C'est ainsi que l'on démontre que l'air expiré contient une quantité très-notable d'acide carbonique; et, en cela, il diffère essentiellement de l'air ordinaire (inspiré), qui n'en contient que des traces.

La respiration de la plante donne-t-elle le même résultat? Coupez une branche de saule chargée de ses feuilles développées, et plongez-la au fond d'un vase plein d'eau; vous verrez peu à peu une multitude de petites bulles se former, principalement à la face inférieure des feuilles; à mesure que le nombre de ces bulles augmente, elles se réunissent et finissent par gagner la surface de l'eau. Au lieu de les laisser se mêler à l'atmosphère, essayez de les recueillir. A cet effet, disposez au-dessus des feuilles baignées dans l'eau une éprouvette renversée et remplie du même liquide; les bulles d'air qui se dégagent viendront remplir l'éprouvette en se substituant à l'eau (voy. la fig. 4). Les plantes rendent donc de l'air, et elles n'en rendent qu'après en avoir absorbé. Or, l'air expiré par la plante est-il identique avec l'air expiré par l'homme? L'expérience nous apprend que l'air de la plante non-seulement ne trouble pas l'eau de chaux, mais qu'il a le pouvoir de rallumer une allumette éteinte qui présente un point en ignition. Cet air est de l'oxygène presque pur.

FIG. 4.

Ainsi, dans la respiration des animaux, l'oxygène de l'air est absorbé et remplacé par de l'acide carbonique. Dans la respiration des végétaux, c'est l'inverse qui a lieu: l'acide carbonique (composé d'oxygène et de carbone) est décomposé; les feuilles fixent le carbone et rendent l'oxygène.

Voilà comment l'observation et le raisonnement, guidés par le principe de l'analogie, ou de l'unité de plan de la création, sont parvenus à constater que les plantes et les animaux respirent, que la sève et le sang éprouvent dans les feuilles et dans les poumons des transformations propres à faire servir ces liquides à la nutrition, au développement et à l'entretien de la vie, mais avec la différence profondément caractéristique que le végétal fournit l'oxygène dont l'animal a besoin; et, réciproquement, que l'animal donne l'acide carbonique qui est nécessaire à la plante. Telle est la solidarité des êtres vivants à la surface du globe [1].

Nos oiseaux-mouches. — Cherchez dans vos souvenirs d'enfance quel est l'oiseau qui vous paraissait à la fois le plus espiègle et le plus petit, quand il vous arrivait de faire l'école buissonnière; vous trouverez que c'est le roitelet ou le bec-fin troglodyte (*Sylvia troglodytes*), pour nous conformer au langage des naturalistes, qui veulent qu'on donne le nom de *roitelet* à un petit compagnon de nos mésanges. Plus d'une fois, en passant devant une haie, vous l'avez vu, comme une souris fauve, se glisser furtivement entre les branches de l'aubépine; se sachant ainsi en sûreté, il laissait, le malin, approcher votre main perfide quelquefois très-près de lui; mais dès que vous faisiez mine de le prendre, il se sauvait à tire-d'aile pour se poser un peu plus loin, en relevant sa petite queue comme pour se narguer de vos atteintes, et en poussant son cri d'alarme, pareil à celui de la fauvette effrayée lorsqu'elle voit un ennemi rôder autour de son nid. *Troglodyte,* qui veut dire *habitant de caverne,* est un nom grec bien prétentieux pour notre égrillard buissonnier; nommons-le, comme les Allemands, *roi* ou *roitelet des haies,* pour le distinguer de l'autre, que nous appellerons *roitelet des forêts.* Mais notre roitelet ne se tient pas seulement dans les haies; en hiver, il approche de nos habitations, cherchant sa nourriture en même temps qu'un asile dans les trous de quelque vieux mur; ce qui lui a valu sans doute la dénomination de *troglodyte.* Pendant les fortes gelées, il vient, l'audacieux, se réfugier jusque sur le terrain de chasse réservé à nos chats, jusque dans nos bûchers; les fagots composent son domicile favori. Il s'y plaît tellement qu'il y établit quelquefois sa nichée dans un tapis de mousse. Sa petite queue coquettement relevée lui donne l'air d'une poule en miniature; mais ses mouvements vifs, saccadés, trahissent des instincts de liberté que ne partagent plus nos oiseaux de basse-cour. Son chant de fête, qu'il faut bien distinguer de son cri ordinaire, serait très-difficile à mettre en musique. C'est un *staccato* exécuté d'une voix claire sur une note extrêmement aiguë; et, comme s'il voulait s'applaudir lui-même, le

Le Roitelet des haies (*Sylvia troglodytes*). — Dessin de Freeman.

petit virtuose empenné fait suivre son cantique, plusieurs fois répété, d'une espèce de murmure de satisfaction fort étrange. Il aime particulièrement à se faire entendre dans ces belles matinées de printemps qui invitent les citadins à venir se retremper à la campagne.

[1] Voy. t. XVI, 1848, p. 127.

Typographie de J. Best, rue Saint-Maur-Saint-Germain, 15.

NUREMBERG.

Une vue de la ville de Nuremberg. — Dessin de Stroobant.

Nous avons décrit Nuremberg (¹); mais aucune description ne saurait, mieux que ce dessin de M. Stroobant, donner une idée vive et précise de la physionomie pittoresque de l'ancienne cité norique, autrefois impériale, aujourd'hui bavaroise. C'est surtout au bord de la Pegnitz, entre le pont du Roi et le pont de la Boucherie, que les

(¹) Voy. t. VI, 1838, p. 77, 85; — t. VII, 1839, p. 136; — t. IX, 1841, p. 49; — t. XX, 1852, p. 41; — t. XXVIII, 1860, p. 31.

vieilles constructions nurembergeoises ont conservé le plus fidèlement ce caractère particulier du style allemand de la renaissance, qui domine à Nuremberg.

Si, sortant de l'église Saint-Laurent, où s'engage dans là rue de l'Aigle, on arrive bientôt au petit-coin privilégié de la vieille patrie d'Albert Dürer, que représente notre gravure. Le tableau qui se déroule à cet endroit devant les yeux du spectateur fait revivre, avec une vérité saisissante, l'aspect curieux de Nuremberg au quinzième siècle. Voici, au premier plan, des maisons avec balcons, statues et ferrures remarquables, et deux anciennes tours reliées par un pont au-dessus de la Pegnitz; au second plan, les tours ou clochers de l'église de Saint-Sébald, type célèbre du style gothique allemand. (Nos lecteurs connaissent ce que cette église renferme de plus remarquable, le tombeau de saint Sébald, chef-d'œuvre de Pierre Vischer, exécuté de 1506 à 1519.) Les tours indiquées au fond du dessin font partie de l'ancien château, le Burg, construction pittoresque située sur une colline à une des extrémités de la ville, et qui est telle encore qu'on la voit dans les peintures du quinzième siècle.

HISTOIRE D'UN SOUPIR.

NOUVELLE.

Les nuages s'avançaient par lourdes masses comme des armées prêtes à se livrer bataille. Les passants ouvraient leurs parapluies. Je hâtai le pas pour traverser la grande place; mais, à peine étais-je arrivé au milieu, la foudre éclata et les cataractes du ciel tombèrent sur ma tête. Aveuglé, inondé, je cherchai au hasard un abri, et me jetai ou plutôt me précipitai dans un petit magasin de librairie.

Je connaissais un peu déjà le marchand, Michel Kropper. C'était un homme d'environ quarante ans, maigre, pâle, nerveux, aux yeux vifs et agités, aux cheveux courts et taillés en brosse, toujours parlant, toujours piétinant, toujours remuant quelque chose entre ses mains. Par occasion, autant que dans l'intention de me mettre en droit d'attendre la fin de l'orage, j'achetai un volume de Tegner. Au moment où je le payai, le libraire interrompit une phrase qu'il avait commencée, et soupira.

Je m'assis sur un escabeau, près de la fenêtre, et feuilletai mon livre. Survint un gros garçon, portant une sacoche sur son épaule. Il se secoua comme un caniche qui sort de l'eau, en riant aussi copieusement qu'un bourgmestre à table; ensuite il versa sur le comptoir un assez bon nombre de florins, les empila, demanda un reçu et sortit. Michel Kropper prit les piles d'argent une à une, les posa dans un tiroir, et poussa un long soupir.

Pluie et vent continuaient à faire rage. Au milieu d'une rafale, toute une famille anglaise se rua dans le magasin; les miss demandèrent de ces albums de costumes nationaux qu'on ne voit jamais qu'en peinture. Leur choix fait, le père ouvrit son porte-monnaie et paya en bel et bon or de France. De nouveaux soupirs s'échappèrent de la poitrine du libraire comme du fond d'une caverne.

Une autre pratique, un confrère peut-être, succéda aux Anglais et acquitta une note fort longue, en s'excusant gaiement d'être un peu en retard. J'entrevis une belle et haute pile d'or. Cette fois, les soupirs du libraire ressemblèrent à des sanglots.

Ma curiosité était excitée. Que ce petit marchand eût quelque cause sérieuse de tristesse, rien, hélas! de plus ordinaire; mais qu'il ne parût contraint de laisser une issue à l'expression de sa peine secrète qu'à l'instant précis où il recevait le prix de ses livres, et que, de plus, il fût d'autant moins maître de la contenir que sa recette était plus forte, voilà qui était moins commun.

Le soleil avait reparu, et, sous ses rayons obliques, les pavés de la place étincelaient çà et là comme les facettes d'un miroir. Je me levai pour sortir, lentement, préoccupé, et, tout en attachant un ou deux boutons de mon habit;

— On aime à lire dans cette ville, dis-je au marchand; il y vient beaucoup d'étrangers, et votre commerce me paraît être prospère.

— Sans doute, me répondit Michel Kropper; les affaires vont assez bien, et je n'ai pas à me plaindre.

Il me fut impossible de ne pas laisser voir sur ma figure quelque surprise.

Il devina ma pensée.

— Ah! dit-il, vous m'avez entendu soupirer.

Pour toute réponse, j'inclinai un peu la tête en souriant.

— Oui, oui, je devrais étouffer ce soupir ridicule. Mais, Monsieur, après tout, je n'ai pas si grand sujet d'être satisfait que vous pouvez le croire. Les meilleures maisons de librairie, dans un petit pays comme le nôtre, ne sont pas des mines d'or, et, même en vendant beaucoup et en vivant d'épargne, je ne serai pas en état de me retirer du métier avant huit ou dix ans.

— Vous avez quarante ans à peine!

— Dans dix ans, j'en aurai cinquante. C'est une différence considérable, Monsieur, d'avoir fait sa fortune à quarante ans, ou de l'attendre jusqu'à la cinquantaine. Tant qu'on est encore assez loin de la vieillesse pour n'avoir pas à s'inquiéter de ce qu'elle sera, tant qu'on se sent encore dans la maturité de la vie, si l'on cesse d'être forcé au travail, on devient aussitôt indépendant et libre. Aime-t-on la richesse? on peut, si comme moi on a eu l'esprit de rester célibataire, tripler sa fortune par un brillant mariage. Est-on ambitieux? on s'allie à déjà vécu un demi-siècle. Il faut bien influence, vous porte peu ou peu aux premières magistratures civiles. N'est-ce pas encore là ce qu'on désire? Est-on curieux de connaître le monde? qui empêche d'aller et de venir, de visiter les plus beaux pays? En un mot, on dispose de ses revenus et de ses années selon son goût; c'est une nouvelle vie que l'on commence, et elle est toute faite à l'opposé de la première; c'est comme si l'on venait de renaître riche. Mais les avantages ne sont nullement les mêmes lorsqu'on a déjà vécu un demi-siècle. Il faut bien songer alors que la vigueur de l'esprit et du corps ne tardera pas à décroître : le mariage n'est plus une chose prudente; les voyages lointains ont moins d'attraits; on désire le repos, et ce qu'on a de mieux à faire, c'est d'acheter, à quelque distance de la ville, une maison de campagne où l'on se retirera pour y vivre de ses fermages ou de ses rentes, sans autre perspective que celle de bien approvisionner son cellier, son office, et de cultiver ses fleurs.

— Ce n'est point là une condition bien malheureuse, mon cher Monsieur; elle est même généralement assez enviée, et la plupart des hommes se trouveraient heureux d'être assurés d'en jouir, ne fût-ce qu'à soixante ans. La destinée de la très-grande majorité d'entre nous n'est-elle pas de travailler sans cesse, avec la seule espérance, trop souvent déçue, de pouvoir se reposer un peu, vers la fin de sa vie, sans avoir à souffrir de la misère?

— Vous avez raison, Monsieur, cent fois raison; vous êtes plus sage que moi.

Et il soupira de nouveau.

— Mais, ajouta-t-il avec une intonation brusque et une sorte d'élan passionné, je ne puis écarter de moi la pensée que si je pouvais acheter ma maison de campagne à quarante ans... En vérité, si, par un événement inouï, je serais plus que millionnaire!

— En vérité! murmurai-je un peu froidement.

Je me repentais d'avoir cédé à ma curiosité. Ce n'était

là, pensai-je, qu'un esprit vulgaire. Il avait sans doute trop compté sur un jeu de bourse, une spéculation ou un héritage. Chaque jour on est témoin de quelqu'une de ces misères morales, fort peu dignes de sympathie. On conçoit encore que l'on ne puisse se défendre d'un mouvement de pitié pour ceux qui tombent d'un de ces rêves dorés dans un abîme de pauvreté et de honte d'où l'on prévoit qu'il ne leur sera plus possible de sortir; mais ce libraire si bien achalandé, quel droit avait-il même à un mot de condoléance? Je m'avançai donc, lèvres closes, vers la porte. Michel Kropper, homme évidemment très-sagace, comprit que je me retirais sous une impression défavorable, et jugea sans doute qu'il en avait déjà trop dit pour qu'il ne fût pas de son intérêt de me faire lire plus avant dans sa pensée; ou bien il avait le cœur plein, et il fallait que, bon gré mal gré, il en laissât déborder ses regrets.

— Monsieur, me dit-il, voyez-vous là-bas, en ce coin, de l'autre côté du canal, une belle maison peinte en grisrose, avec une tige et une roue de fer en saillie au grenier? Je regardai. Il posa sa main légèrement sur mon bras, comme pour me prier de ne pas sortir encore.

— Monsieur, la vue de cette maison est pour moi une torture! Elle appartenait, il y a trois mois, à une trèsvieille dame qui dévorait plus de romans, en une seule année, que toute la ville, je crois, en dix; et notez qu'elle me les achetait sans aucune remise, au prix fort. C'était la meilleure de mes pratiques.

Ces paroles m'annonçaient une histoire. Qui n'aime les histoires en voyage? D'un accord tacite nous nous préparâmes, lui à conter, moi à écouter. Je retournai à mon escabeau, et Michel Kropper à son comptoir, où, tout en rangeant, enveloppant ou ficelant des livres, il me fit le récit suivant.

— Mme Van-Boyen s'asseyait chaque matin, dès dix ou onze heures, près de sa fenêtre, en face de son petit miroir extérieur, dans un large fauteuil moelleux. Je la voyais, d'ici, lire jusqu'au soir. Sa femme de chambre a usé bon nombre de fines chaussures sur le chemin de ma boutique. Quelquefois Mme Van-Boyen venait elle-même me consulter et me donner la liste des livres qu'elle désirait. Que ne lisait-elle pas! Le vieux et le nouveau, le grave et le gai, le connu et l'inconnu, tout y passait. C'était sa manière de « tuer le temps. »

Au commencement de l'automne dernier, ses visites devinrent plus fréquentes et plus longues. Je remarquai aussi que souvent, tandis que je lui parlais, elle portait subitement ses lunettes à ses yeux et me regardait fixement d'une manière étrange. Parfois aussi elle me faisait des questions singulièrement minutieuses sur mes affaires, ma fortune, mes désirs et mes projets.

Ces diverses circonstances me donnèrent à réfléchir. Quelle pouvait être la cause de cet intérêt subit que je paraissais inspirer à Mme Van-Boyen? Quelle vue avait-elle sur moi?

Un soir où apparemment j'étais plus communicatif encore qu'à l'ordinaire, j'eus l'imprudence de causer de cette aventure à notre cercle de l'« Amitié discrète. » Autant aurait valu pour moi me rendre coupable de la plus sotte de toutes les extravagances, par exemple de monter sur une chaise et de m'y tenir sur un pied, ou de me barbouiller le visage, ou de m'attacher une queue au collet de mon habit. De toute la soirée, Monsieur, les plaisanteries ne tarirent pas sur Mme Van-Boyen et sur moi. — « Eh! c'est votre mariage qui se prépare, Michel Kropper! — Vous nous inviterez tous à votre repas de noce? — Quant à moi, disait mon gros confrère Biglippen, je vous prie de prendre en note que j'ai l'honneur d'inviter Mme Van-Boyen pour le

premier tour de valse. — La valse! s'écriait un autre; dites donc le menuet ou la sarabande! — Je m'engage; ajoutait celui-ci, à composer et à chanter au dessert une chanson nouvelle sur l'air français : Il faut des époux assortis. — Je comprends très-bien ce mariage, reprenait celui-là : la respectable Mme Van-Boyen s'est imaginé que Van-Kropper est l'auteur de tous les romans qu'elle lui achète; elle veut avoir chez elle la poule aux œufs d'or : il faudra qu'il lui en raconte jour et nuit. — Je crois plus volontiers, insinuait en jasillant le petit juif Salomon Tuttner, que Mme Van-Boyen commence à s'apercevoir que les romans l'ont rendue folle, et qu'elle médite contre notre pauvre Michel quelque vengeance atroce. — Bon! ne serait-ce pas plutôt qu'elle a en tête de fonder, pour le plus grand bonheur du genre humain, une « romancerie », et qu'elle veut nommer notre cher Michel Kropper directeur de ce nouvel établissement de bienfaisance? »

Deux heures durant, mille mauvais propos tombèrent ainsi sur moi, dru comme grêle. Vous supposez bien que, depuis ce jour-là, je me gardai de jamais plus prononcer le nom de Mme Van-Boyen dans le cercle de l'Amitié discrète; mais malgré ma prudence tardive, je n'échappai pas toujours aux malignes allusions de mes confrères.

Je n'étais cependant point le jouet d'une illusion, et j'avais de plus en plus de motifs de me persuader, d'après la manière d'être à mon égard de Mme Van-Boyen, qu'elle avait sur moi quelque intention sérieuse que je ne tarderais pas à découvrir. *La suite à la prochaine livraison.*

Il appartient à l'homme de dompter le chaos, de répandre, pendant qu'il vit, les semences de la science et du chant, afin que les climats, la moisson, les animaux, les hommes puissent être plus doux, et que les germes de l'amour et du bienfait puissent se multiplier. EMERSON.

LA PHOTOGRAPHIE.

Suite. — Voy. p. 92.

Matériel. — Le matériel se compose de cuvettes de toutes dimensions, verre et bois, gutta, bois, porcelaine; de châssis positifs (voy. fig. 29, 30, 31); d'écrans porteauréole (fig. 32, 33, 34); de grandes cruches et bouteilles pour ramasser les bains abondants d'hyposulfite. Souvent on y met la fontaine ou les réservoirs d'eau, et, dans leur voisinage, la cuve aux résidus.

Châssis positifs. — La partie du matériel la plus importante pour ces laboratoires se compose des châssis positifs. Sur la figure 29, on voit un de ces châssis par derrière, c'est-à-dire du côté des volets et des barres; par devant (fig. 31), c'est-à-dire du côté de la glace épaisse, par le côté (fig. 30), de manière à laisser apercevoir les ressorts placés sous les barres, et qui pressent les volets contre la glace. Le dessous de ces volets est garni en drap noir.

Pour se servir de ces châssis, on détourne les verrous qui retiennent les barres; celles-ci se soulèvent : on ôte alors la planchette à volets, et, sur la glace qui se trouve à découvert, on place l'épreuve négative, l'endroit de l'image en dessus. On pose sur l'épreuve une feuille de papier préparé comme nous le verrons plus loin, puis par-dessus cinq ou six doubles de papier buvard, par-dessus encore la planchette à volets; on rabat les barres, dont les ressorts font leur office, et on referme les verrous.

Cuvettes; lavage. — Les cuvettes doivent être de différentes sortes. Celle qui sert à la chloruration du papier peut être indifféremment en gutta, en verre ou en porcelaine. On emploiera pour le bain d'argent des cuvettes en porcelaine ou en bois garni de glaces à l'intérieur. Quant à celles qui servent au bain d'hyposulfite, elles peuvent être comme les précédentes ou en gutta. Celles qui contiennent les eaux de lavage sont très-bonnes en bois blanc simple-

ment recouvert de peinture au vernis. On peut ainsi les faire construire très-grandes, sans qu'elles arrivent à un prix exagéré.

Écran porte-auréole. — La vogue bien méritée des

FIG. 29, 30, 31. — Châssis positifs.

portraits à fonds dégradés a fait imaginer cet instrument, qui permet de les obtenir sans soins, en laissant la lumière agir seule. L'invention en est fondée sur ce que la section par un plan oblique d'un cône vertical est une

FIG. 32. — Écran porte-auréole.

courbe elliptique d'autant plus allongée que le plan sécant est plus oblique sur la base. Ici le cône de la lumière est déterminé par l'écran, et la section en est faite par l'épreuve. L'instrument se compose d'un écran en bois,

percé à son centre de figure d'une ouverture circulaire, dont le diamètre varie quand on met sur la planchette des diaphragmes en carton noir percés d'ouvertures de différents diamètres. On peut varier à l'infini la forme de ces ouvertures, et produire ainsi tous les effets nécessaires. Aux quatre angles de l'écran sont placées quatre vis en cuivre à pas long tournant dans des écrous fixes, et formant quatre pieds mobiles servant deux à deux à donner à l'écran l'obliquité nécessaire. Autour de l'écran est attaché un voile noir interceptant tout accès latéral à la lumière quand l'instrument est en fonction. Sur deux côtés contigus, deux rainures permettent l'introduction d'un volet vertical qui est maintenu par des crochets. Si, par la disposition des lieux, le jour frappait obliquement, ce volet, placé du côté convenable, l'intercepterait, et empêcherait qu'en se glissant entre l'écran et le négatif il ne produisit des traînées qui feraient venir l'image là où le papier doit être blanc.

Plus le porte-auréole présente de différence de niveau entre ses deux extrémités, plus la figure générale de l'image offre une ellipse allongée. On peut commencer l'épreuve avec une ouverture plus grande, et la terminer par une plus petite placée de manière à concentrer tout son effet sur la tête ou sur telle partie de l'image qu'on jugera convenable.

Montage. — Les épreuves positives étant terminées et sèches, on trace, en s'aidant de calibres appropriés, la

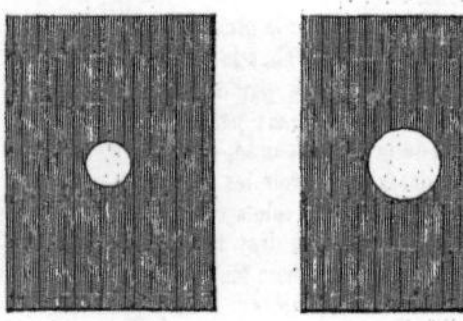

FIG. 33. — Diaphragme en carton noir.

FIG. 34. — Diaphragme étoilé.

forme et la dimension qu'elles doivent présenter, et on les coupe sur une plaque de verre au moyen d'une pointe tranchante.

Il suffit alors d'enduire l'envers, au moyen d'un pinceau, d'une solution épaisse de gomme arabique ou de dextrine, et de les placer avec goût sur la feuille de bristol qu'on leur destine. La colle de pâte et l'amidon doivent être absolument rejetés; leur tendance à aigrir, c'est-à-dire à s'aci-

difier, en ferait un prompt moyen de destruction pour les épreuves qu'ils enduisent. Il faut passer un corps dur et poli sur l'épreuve pour la faire adhérer au bristol et chasser les excès de colle qui pourraient s'y trouver. Il ne reste plus qu'à passer le tout au laminoir, précaution bien supérieure à l'emploi des encaustiques. On trouve avec facilité une imprimerie lithographique, dont les presses suffisent parfaitement. *La suite à une autre livraison.*

DE L'ESPRIT D'IMITATION,

A PROPOS DES ENFANTS.

Il n'est pas besoin d'avoir longtemps vécu avec les enfants pour remarquer leur penchant à l'imitation. Ont-ils vu les tours d'un acrobate ou les farces de Polichinelle, aussitôt ils se prennent à copier les gestes ou les contor-sions qui les ont amusés. Qui ne les a vus jouer à la visite et faire honte par leurs simagrées à la minauderie, à la mièvrerie affectée de leurs modèles? Pareils à ces danseurs ou à ces mimes dont parle Lucien, ils se rappellent tous les spectacles et tous les événements de la vie. C'est ainsi que les petits Allemands peints avec bonheur par M. Sa-lentin jouent au petit mari et à la petite femme, et pro-

Le jeu de la Mariée, en Norvège, par M. Salentin. — Dessin de Yan' Dargent.

mènent dans la maison une sorte de cortège nuptial. En tête, les mariés ornés du bouquet traditionnel, et pénétrés, surtout la fillette, de l'importance de leur rôle; derrière eux, la musique : couvercles de casseroles changés en cymbales, violon fait d'un brin de céleri ou d'un clayon raclé avec une baguette, entonnoir où souffle gravement un petit rêveur en chemise; enfin, la danse irrégulière et joyeuse. Le rire est sur toutes les figures, et les héros eux-mêmes ont peine à tenir leur sérieux; une mère qui se souvient et une grande sœur qui songe à l'avenir assistent à la cérémonie enfantine. Voilà bien comme nous étions tous; et ce tableau nous ramène, non sans plaisir,

à nos premières années. Si j'étais peintre, je lui fournirais un pendant, mélancolique il est vrai, mais la vie n'est pas toute faite de gaieté : il s'agirait de l'enterrement d'une poupée. En avant, sur un chariot, serait couché le pauvre jouet, laissant échapper le son par toutes les coutures, le nez cassé, les bras rompus, et la figure dépouillée de son émail rose; les chantres et les assistants se grouperaient en arrière, et l'on verrait dans le lointain accourir la mère, impatiente de mettre un terme à de si tristes jeux. Il me semble encore voir dans le jardin le petit coin de terre où j'ensevelis de mes mains ma poupée mutilée, et je me dis : Combien de projets, de rêves estropiés par la réalité, combien d'espérances brisées n'enterrons-nous pas ainsi! Mais par bonheur, les enfants, tout en conformant leurs physionomies et leurs gestes aux scènes qu'ils représentent, n'entrent pas assez dans le sentiment de leur personnage pour s'en attrister longtemps. Dans leurs jeunes cerveaux dominent l'instinct de la vie, l'ardeur et la joie; et c'est là ce qui les porte à imiter tout ce qu'ils feront un jour.

L'imitation est, en effet, une nécessité, une loi naturelle qui se fait obéir de tous les êtres animés. La jeune abeille reproduit les mouvements et l'activité de sa mère; l'oisillon, sur le bord du nid, regarde voler ses parents et bat déjà de l'aile. L'imitation préside à la perpétuité des races. Quel désordre irrémédiable ne régnerait pas dans le monde si l'imitation était inconstante; si le serpent s'essayait à voler, si le chien voulait vivre en chat, et la grenouille égaler le bœuf en grosseur! Nous savons déjà par la Fontaine que les gentillesses du petit chien sont interdites à l'âne, et que Martin bâton n'épargne pas le dos du baudet. — Mais y a-t-il vraiment imitation dans cette hérédité de caractères et de mœurs qui permet à la science de classer et de décrire tous les êtres d'après un certain nombre de types? N'est-ce pas plutôt une destination naturelle, et les mêmes formes ne doivent-elles pas produire des allures pareilles? Est-ce que le poisson n'est pas condamné à l'eau par son appareil respiratoire, à la nage par ses nageoires? Et l'oiseau! pourrait-il ne pas voler, ayant des ailes? Cette transmission des mêmes habitudes dans une même race n'est point l'effet d'une imitation, mais le résultat d'un organisme qui agit de lui-même, l'obéissance à un ordre supérieur. — Au fond, nous sommes du même avis; l'expression seule diffère. Au moins ne nierez-vous pas que la nature s'imite elle-même; qu'une fois un type arrêté, si imparfait soit-il, elle le copie, le répète par des moyens mystérieux jusqu'au jour où elle brisera le moule et changera de modèle. Or, reporter à la nature ce que j'attribuais tout à l'heure aux espèces, c'est considérer dans son ensemble ce que je constatais dans les détails.

Pour moi qui cherche à relier les instincts et les idées, et qui ne veux pas que la nature ait procédé par bonds, je trouve dans la succession ininterrompue de penchants et d'actions semblables qui constituent l'unité de l'espèce le germe de ce que nous nommons imitation. Que cette imitation soit imposée à tous les êtres quels qu'ils soient, je l'accorde; mais plus les êtres se dégagent du monde extérieur, plus ils approchent de la personnalité, et plus ils concourent eux-mêmes à l'exécution des lois que la nature saurait bien accomplir sans eux. Ainsi l'arbre reproduit l'arbre, et les peupliers du bord des routes élèvent tous régulièrement leurs têtes au même niveau; si bien que les poètes peuvent comparer cette croissance fraternelle à une émulation instinctive. Toutefois, et malgré certains faits singuliers, certaines affinités, certains mouvements des branches et des fleurs, nous n'attribuons au règne végétal aucune spontanéité : ce sont les saisons qui se chargent de régler l'éclosion ou la chute des feuilles, et les circonstances extérieures président à la vie des

plantes ; mais aussitôt que nous arrivons à des formes plus ou moins dégagées de la terre et douées d'une liberté relative, nous remarquons dans l'imitation une part plus grande de volonté et de conscience. Les actes ne sont plus autant le développement nécessaire de dispositions innées; ils se présentent comme le résultat combiné de ces dispositions, de ces facultés, et du choix de l'être qui les accomplit. Aux degrés de la perfection matérielle correspondent les degrés de l'avancement intellectuel. L'intelligence commence avec la liberté. Aussi l'imitation, un des premiers procédés de l'intelligence, devient-elle plus variée et plus active dans les races susceptibles d'éducation, telles que nos animaux domestiques, plusieurs oiseaux, et la classe des quadrumanes. La singerie, nom significatif, est l'imitation sans but et sans utilité; elle n'est pas de beaucoup inférieure à cette adresse puérile de ces Chinois qui copient, dit-on, sans en comprendre et en réaliser la destination, tous les appareils d'un de nos bateaux à vapeur.

— Allons, voici que vous englobez l'homme dans la série animale, et vous n'êtes pas loin de lui donner le singe pour prédécesseur et pour ancêtre. — J'attendais cette querelle, et suis prêt à la soutenir. Si nous sommes forcés de reconnaître en nous les premiers des animaux, n'en accusez que la loi qui nous assujettit aux mêmes conditions corporelles que nos sujets terrestres, ou plutôt, pleins de respect pour l'ordonnance mystérieuse de l'univers vivant, admettez sans rougir des affinités, des analogies qui n'atteignent pas notre dignité morale. Comme les fabuleuses sirènes, femmes jusqu'à la ceinture et poissons au-dessous, nous sommes animaux jusqu'à une certaine ligne difficile à déterminer, et proprement hommes au-dessus. Mais les deux natures, vous le savez, sont inséparables, et Dieu seul en sait plus que nous sur le détail de leurs destinées respectives. Seulement l'ange déchu reprend l'animal en l'isolant autant que possible de la fatalité commune qui nous tient enchaînés à la terre; telle est la pensée qui doit nous consoler de tant de misères partagées avec les plus infimes parcelles de la substance vivante. Nos pieds sont quelquefois dans la fange; mais toujours nos têtes peuvent s'élever dans le ciel : le véritable nom de l'homme, c'est *Excelsior !* [1]

L'homme, participant de l'animal dans une mesure qu'on ne peut fixer, doit procéder de lui en tout, surtout à l'âge où son développement physique est supérieur ou égal à son développement moral. C'est pourquoi l'enfant ne peut devenir homme que par l'imitation, dont la loi, nécessairement d'abord, puis instinctivement, et enfin librement observée, régit toute la nature animée. Ramènera-t-on une difficulté déjà écartée et pourra-t-on dire que mouvements, désirs, et même ce qui est véritablement particulier à l'homme, la parole, en un mot, ne soit chez l'enfant que l'effet de sa constitution? Non, à moins qu'on n'établisse que l'enfant livré à lui-même, isolé de toute éducation, parlera et deviendra un homme dans l'acception noble du mot. Or, des récits authentiques comme celui de MM. Ferdinand Denis et Chauvin sur le sauvage de l'Aveyron [2] ne laissent guère de doute à ce sujet. Il faut que l'enfant imite. Il imite le langage, l'écriture, le dessin, l'esprit même et les croyances de ceux qui l'instruisent. Comment lit-il? En répétant lettre à lettre, syllabe à syllabe, la leçon maternelle. Comment écrit-il? En retraçant, selon le modèle, des bâtons et des caractères. C'est par le même procédé qu'il s'initie aux beaux-arts, à la musique, bien plus, aux procédés de la pensée. Je n'en veux pour preuve que les méthodes de l'enseignement supérieur. S'agit-il de pénétrer dans les lois et dans l'harmonie poétique des an-

(1) Voy. t. XXX, 1862, p. 151.
(2) Voy. *les Vrais Robinsons*, par MM. Ferdinand Denis et Victor Chauvin. — Paris, 1863, librairie du *Magasin pittoresque*.

ciens, il faudra faire des vers latins (même grecs, comme au temps de la renaissance); de discourir ou de disserter sur un sujet donné, imitez d'abord Cicéron, Démosthènes, ou Mirabeau, ou Descartes, Le rôle des professeurs, et il est grand, se borne à choisir les modèles et à diriger l'imitation.

Le domaine de l'esprit humain est pareil à un champ indéfini, dont le commencement est parfaitement déterminé, dont les bornes reculent comme l'horizon devant le voyageur. L'homme, à sa naissance, est toujours reporté à la lisière du champ, et s'il veut gagner une terre neuve, il faut qu'il traverse d'abord les étendues cultivées ou découvertes avant lui. Dans la première partie du champ, qui confine aux régions où sont relégués les êtres inférieurs, il imite forcément, et là est sa ressemblance avec l'animal; mais bientôt il arrive aux zones de l'imitation libre, vastes espaces que la civilisation féconde chaque jour, et il est homme. Il ne diffère qu'en ceci des moutons de Panurge : si un mouton marche en avant, les autres ne pourront s'empêcher de le suivre. Notez, en passant, que le premier mouton pouvait aller au nord, au midi, comme à l'est ou à l'ouest, choix qui constitue déjà une liberté rudimentaire; mais l'homme fera plus, il suivra ou ne suivra point celui qui le précède. Nous touchons au point où se relient et se séparent l'imitation et l'invention.

On n'invente pas sans avoir imité; on n'arrive pas en Chine sans avoir traversé toute l'Asie ou doublé le cap de Bonne-Espérance, nom d'heureux augure et qui promet des horizons nouveaux.

Oh! combien de marins, combien de capitaines,
Qui sont partis joyeux pour des courses lointaines,
Dans ce morne horizon se sont évanouis!
Combien ont disparu, dure et triste fortune!
Dans une mer sans fond, par une nuit sans lune,
Sous l'aveugle Océan à jamais enfouis!
(Victor Hugo.)

Combien de jeunes intelligences, ô poëte! n'ont pas franchi les régions connues pour donner leur nom à de nouvelles mers! Les unes se sont arrêtées en chemin dans quelque Capoue; d'autres ont échoué misérablement sur des rives voisines, et qu'ils croyaient inconnues; la plupart, surtout dans le temps où nous sommes, ont sombré dans le brouillard, sans même être favorisés d'un mirage. Et nous ne récriminons pas ici contre les entraves de la misère, les surprises des maladies, les iniquités de la mort; non : dédaignant les forces brutales à qui nous ne pouvons nous dérober, nous voulons nous tenir dans la sphère morale où se meut l'idéal de l'homme. Beaucoup, pour avoir trop imité, se sont faits impuissants à produire et n'ont même pas égalé leurs devanciers : ceux-là sont le troupeau servile dont parle Horace; d'autres, pour n'avoir pas assez imité, sont retombés dans les inventions anciennes; enfin, la plupart, abasourdis par le spectacle multiple de la vie, ne savent qui suivre et qui précéder, et laissent l'herbe pousser sur leurs âmes stagnantes.

Entrevoyez-vous dans cette rapide peinture toutes les classes qui composent le genre humain? Et celles qui en sont restées à l'imitation animale, comme les peuples de la Nigritie ou de la Polynésie, et celles qui ont atteint ou dépassent chaque jour les différents degrés de l'imitation libre, comme les nations de l'Europe et les deux grandes races blanches, filles de Japet et de Sem? Puis, dans ces masses, distinguez-vous des groupes qui donnent aux époques divers caractères, et s'agitent dans la lumière autour de Périclès, de Virgile, de Raphaël, de Shakspeare, de Molière, de Voltaire ou de Gœthe, ou qui végètent dans les ténèbres de l'hébétement et le crépuscule du moyen âge? Regardez encore, et vous découvrirez les individus eux-mêmes et les personnalités qui se contentent ou se

dégagent de l'atmosphère commune. Être en deçà ou au delà de la ligne où s'est le plus nouvellement arrêtée l'imitation progressive, c'est-à-dire la science acquise, tout est là.

—Mais vous accorderez au moins que le génie original cesse d'imiter quand il a franchi ces limites mouvantes?— Non; il imite encore. Il n'imite plus tel groupe ou tel chef, il s'imite lui-même; et, en s'imitant, il déploie aux yeux le trésor des imitations antérieures, fondues en lui, assimilées à sa propre individualité, colorées diversement par sa flamme intime!... Je viens de me relire : où ne mène pas la rêverie! Un tableau du monde à propos d'une enfantine singerie! Eh oui; à un certain point de vue, ne peut-on pas dire que tout est dans tout?

LES USINES ET LA PLUIE.

Il est reconnu que, par un temps couvert, les courants ascendants artificiels favorisent la chute de la pluie. Or, les cheminées des usines, lorsqu'elles sont devenues très-nombreuses, créent de pareils courants formés d'air chaud qui acquièrent une influence réelle. Il nous paraît vraisemblable que, depuis la multiplication des machines à vapeur et des fourneaux, les pluies sont plus fréquentes dans les cantons de Mons et de Charleroi. Le même effet se remarque dans les Alpes, lorsqu'on y établit sur une grande échelle la carbonisation du bois. A Manchester, le principal centre des filatures, et l'une des villes qui renferment le plus de machines à vapeur, il ne se passe presque plus un seul jour sans qu'il tombe de la pluie. J.-C. HOUZEAU, *Règles de climatologie*.

EVGMOULA.

CHANT GREC.

Evgmoula la belle vient de se marier; elle vient de se marier à un mari pallikar.

Elle se vante de ne pas craindre la Mort, et un oiseau méchant va le dire à la Mort, et la Mort lui jette une flèche fatale.

Evgmoula se met à pâlir : « Ma mère, je te dis adieu; » habille-moi avec mes habits de fiancée, et quand il vien- » dra, mon Constantin bien-aimé, ne l'afflige pas, prépare- » lui à souper. Prends mon alliance et remets-la à Con- » stantin pour qu'il puisse s'allier ailleurs, pour qu'il se » fasse de nouveaux parents, pour qu'il se fasse de nou- » veaux amis. »

Constantin vient à travers la campagne, à cheval, avec cinq cents seigneurs et mille pallikars. Il voit une croix à sa porte et des prêtres dans la cour.

« Quelqu'un des miens est-il mort? »

Il frappe son cheval et il entre dans la cour : « Salut à » tout le monde. Pour qui est ce cercueil? — Evgmoula, » la belle Evgmoula est morte! »

» — Fais la fosse, fossoyeur, fais la fosse pour deux » personnes; une fosse large, une fosse profonde. »

Et il tire son poignard et se l'enfonce dans le cœur. On les descend dans la même fosse.

Sur cette fosse pousse une fleur, sur cette fosse pousse un cyprès; et quand le vent secoue les branches, la fleur et le cyprès s'embrassent.

L'IDÉE DE L'HUMANITÉ.

Une idée qui se révèle à travers l'histoire en étendant chaque jour son salutaire empire; une idée qui mieux que toute autre prouve le fait si souvent contesté, mais plus souvent encore mal compris, de la perfectibilité générale de l'espèce, c'est l'idée de l'humanité. C'est elle qui tend à faire tomber les barrières que des préjugés et des vues intéressées de toutes sortes ont élevées entre les hommes, et à faire envisager l'humanité dans son ensemble, sans distinction de religion, de nation, de couleur, comme une grande famille de frères, comme un corps unique, marchant vers un seul et même but, le libre développement des forces morales. Ce but est le but final, le but suprême de la sociabilité, et en même temps la direction imposée à l'homme par sa propre nature pour l'agrandissement indéfini de son existence. Il regarde la terre aussi loin qu'elle s'étend, le ciel aussi loin qu'il le peut découvrir, illuminé d'étoiles, comme son intime propriété, comme un double champ ouvert à son activité physique et intellectuelle. Déjà l'enfant aspire à franchir les montagnes et les mers qui circonscrivent son étroite demeure; et puis, se repliant sur lui-même comme la plante, il soupire après le retour. C'est là, en effet, ce qu'il y a dans l'homme de touchant et de beau, cette double aspiration vers ce qu'il désire et vers ce qu'il a perdu; c'est elle qui le préserve du danger de s'attacher d'une manière trop exclusive au moment présent. Et de la sorte, enracinée dans les profondeurs de la nature humaine, commandée en même temps par ses instincts les plus sublimes, cette union bienveillante et fraternelle de l'espèce humaine devient une des grandes idées qui président à l'histoire de l'humanité.

G. DE HUMBOLDT.

DANIEL RICHARD.

COMMENT QUELQUES MOIS DE PATIENCE PEUVENT ENRICHIR UN PAYS.

Le dix-septième siècle était déjà bien avancé que les braves habitants de Locle, non loin de la Chaux-de-Fond, se contentaient de cadrans solaires pour mesurer le temps. En 1679, un curieux qui venait se fixer dans le pays, et qui l'avait habité précédemment, apporta une montre de Londres. Grande merveille pour ceux-là mêmes dont ce devait être bientôt l'unique industrie que d'en faire à leur tour. La montre se dérangea; son heureux possesseur la confia à un habitant de la Sagne dont il connaissait sans doute l'adresse et l'esprit ingénieux. Daniel-Jean Richard (ne cherchez pas ce nom dans les Biographies) garda la montre durant six mois; mais il ne la garda pas inutilement pour son possesseur et pour lui: dans ce court espace de temps, il avait étudié ce mécanisme compliqué, et il avait même inventé la série d'outils nécessaires pour réparer la fameuse montre anglaise. Six autres mois ne s'étaient pas écoulés qu'il était en état de fabriquer l'horloge la plus compliquée. Il fit plus; il avait eu le génie qui invente, il eut la patience qui perfectionne; il agrandit son cercle de connaissances, puis il se rendit à Genève, où il étudia. Étudier, c'était travailler pour le bien des autres; les autres, en effet, en profitèrent: patients comme lui, comme lui ils s'enrichirent. D'ailleurs, Richard avait cinq fils, héritiers de ses talents, par qui l'enseignement était donné à tous. Le canton se peupla ainsi d'horlogers habiles.

Daniel Richard mourut en 1741. Mais pourquoi les Biographies se taisent-elles sur lui? C'est parce qu'on ne lit plus guère les Lettres de Coxe sur la Suisse, où mille faits curieux se trouvent consignés: c'est là que se rencontre l'histoire de cet habile industriel.

LES VERRES DE TEMPÊTE
(STORM-GLASS).

L'amiral Fitz-Roy, dans son excellent Traité de météorologie pratique (*Weather-Book*), rapporte qu'il a souvent observé, sur les instruments employés pour prévoir les variations du temps, des changements particuliers qui

ne paraissaient avoir pour cause ni la pression atmosphérique, ni la température, ni la sécheresse, ni l'humidité, mais bien des variations dans la tension électrique de l'atmosphère. Il y a plus d'un siècle, ajoute l'amiral, on se servait, en Angleterre, de *verres de tempête*, dont l'inventeur est inconnu, et dont l'origine est due sans doute à des observations analogues.

Ces anciens instruments, regardés aujourd'hui comme de simples curiosités, présentent cependant, lorsqu'on les suit attentivement, d'utiles indications, dues à la nature du mélange chimique qu'ils contiennent. L'aspect de ce mélange, renfermé dans un tube de verre, varie suivant la direction du vent, non suivant sa force; c'est-à-dire suivant le caractère spécial et, très probablement, suivant la tension électrique du courant aérien.

Verre de tempête.

Le mélange, qu'on a soin de renouveler, en le secouant doucement, deux ou trois fois pendant l'année, est composé de camphre, de nitrate de potasse et de sel ammoniac, en partie dissous par l'alcool, avec de l'eau et un peu d'air, dans un tube hermétiquement fermé. Ce tube doit être fixé à demeure dans un lieu éclairé, bien ventilé, et préférablement à l'air libre, mais à l'abri de la radiation du soleil et du feu.

Si les vents suivent la direction du courant polaire, ou si seulement ils s'en approchent, le mélange, observé avec soin, et même à l'aide d'un microscope, montre des cristallisations analogues à celles du givre et semblables à des feuilles d'if, de sapin ou de fougère.

Si le vent vient du côté opposé, ces cristallisations s'effacent et finissent par disparaître. Elles sont surtout remarquables quand les vents du nord persistent; mais pendant une suite de vents du sud, le mélange, au lieu de s'étendre et de se cristalliser, descend vers le fond du tube, où il prend l'apparence du sucre en dissolution.

Une série d'observations faites avec le plus grand soin a permis de déterminer la nature de ces changements d'aspect en rapport avec la direction des principaux vents.

On a aussi mesuré la tension électrique dans l'air pendant les observations, et on a pu constater l'influence exercée sur ce mélange par ce caractère de cette tension, qui paraît augmenter ou diminuer suivant que les vents dépendent du nord ou du sud.

La température affecte le mélange, mais non la température seule, ainsi que l'ont prouvé de nombreuses observations faites pendant l'hiver et pendant l'été.

L'amiral Fitz-Roy regarde ces indicateurs comme très-utiles pour aider à la prévision du temps; il recommande ceux que préparent à Londres MM. Negretti et Zambra, opticiens de la marine royale. La figure ci-dessus représente un de ces instruments.

UN ANCIEN COSTUME.

Le Garde-Vignes. — Dessin de M. Édouard Steinle, porté sur bois par Yan' Dargent. — Voy. p. 12 et 13.

Ce dessin, comme ceux du Guetteur et du Joueur de violon (voy. p. 12 et 13), est emprunté à l'album de Mme Schlosser de Stift-Neuburg. Nous avons le regret de ne pouvoir donner à nos lecteurs aucun détail précis sur le personnage qu'il représente; nous ignorons où l'artiste a pris son modèle. Il semble invraisemblable qu'en Allemagne il y ait un pays dont les gardes-vignes portent encore cet ancien costume; mais peut-être reparaît-il de temps à autre dans l'une de ces grandes fêtes commémoratives où les Germains modernes aiment à voir revivre un jour les vieilles physionomies de leurs ancêtres. Ce garde-vignes, si singulièrement qu'il soit vêtu et armé, n'a rien de grotesque ni de ridicule. La coupe de ses habillements, simple et large, est d'un bon style et donne l'idée de belles proportions. Ce rameau même, destiné à effrayer les grives et les moineaux pillards, a de l'élégance et est bien porté. La hallebarde a pu servir plus d'une fois jadis à combattre les ours, grands mangeurs de raisin, comme on sait. La partie du costume la plus ingrate était ce vieux chapeau empanaché; mais on ne peut le regarder sans être arrêté par ce mâle et honnête visage, dont la peinture a eu le bon goût de ne pas exagérer la dignité naturelle. Dans ce dessin sans prétention, il y a plus de véritable mérite d'art que dans quelques-uns des grands tableaux que l'école allemande avait envoyés à nos dernières expositions.

HISTOIRE D'UN SOUPIR.

NOUVELLE.

Suite. — Voy. p. 106.

Un jour, Mme Van-Boyen me fit prier de lui porter moi-même les catalogues français le plus récemment arrivés. Jamais je n'étais encore entré chez elle, et je fus saisi d'admiration en voyant la richesse de son mobilier : meubles de laque, tapis de Perse semblables à des parterres de fleurs, lustres de cristal, cages de perles où voltigeaient les oiseaux les plus rares, verreries de Venise et de Bohême, pendules en écaille et en argent ciselé, poteries japonaises, tentures chinoises, marqueteries de Florence, émaux, tableaux de maîtres, curiosités et œuvres d'art de toutes sortes à faire envie à nos banquiers les plus fastueux... J'étais ébloui!

Mme Van-Boyen me fit asseoir devant elle, et, après quelques paroles insignifiantes, me parla à peu près en ces termes :

— Monsieur Michel Kropper, vous êtes un homme laborieux, habile dans votre état, économe, probe; mais vous n'êtes pas heureux.

Je la regardai avec surprise.

— Non, vous n'êtes pas heureux, parce que vous avez une grande passion, et que vous n'espérez pas qu'il soit jamais en votre pouvoir de la satisfaire.

Je tressaillis, je me sentis rougir, j'eus peur. De quelle passion voulait-elle parler? Je me souvins de tout ce qu'on avait dit au cercle de l'Amitié discrète.

Elle me rassura d'un geste.

— Cette passion, monsieur Kropper, c'est celle de la richesse!

Je respirai. Pourquoi non? Qui ferait un reproche sérieux à un marchand de souhaiter de la fortune? Tous les marchands ne courent-ils pas après? et ils ne sont pas les seuls!

Mme Van-Boyen continua :

— Je connais par votre notaire, qui est également le mien, votre état de fortune tout aussi bien que vous-même. Il n'est pas des plus mauvais, mais il est médiocre. Tout ce que vous pouvez espérer, s'il ne survient dans votre situation aucun changement considérable, c'est d'arriver tôt ou tard à une certaine aisance; dans les conditions où vous êtes, la richesse n'est pas à votre portée... Or, monsieur Kropper, poursuivit-elle d'une voix lente, et avec ce regard inquisiteur qui m'était connu, monsieur Kropper, j'ai quelque idée que si moi, la veuve Van-Boyen, je le veux sérieusement, avant qu'une seule année soit révolue, vous serez deux ou trois fois millionnaire!

Ces paroles me mirent presque hors de moi. Une foule de sentiments confus de crainte, de doute, de honte, de désir, m'agitaient. Je compris que c'était là un moment solennel dans ma vie. Je voyais que Mme Van-Boyen attendait une réponse, et je ne pouvais ouvrir les lèvres. Enfin j'allais faire effort pour lui dire que, sans doute, elle voulait plaisanter, mais qu'il pouvait être dangereux de jouer avec des idées comme celles-là, quand elle reprit avec un petit rire saccadé :

— N'allez pas croire, du moins, monsieur Kropper, que je veuille vous épouser! Non, non, Dieu merci, je ne suis pas aussi folle que vieille!

Elle ricanait de la voix seulement, son visage restant sérieux et son expression aigre. Je la trouvais fort laide.

— Je vous avertis de plus, monsieur Kropper, que je n'ai nullement l'intention de faire de vous mon héritier. Pourquoi vous donnerais-je ma fortune? Je ne vous dois rien. Vous n'êtes pas mon parent, pas même mon ami; vous ne m'avez rendu aucun service. Vous me vendez fort cher d'assez mauvais romans; je vous les paye au comptant, sans jamais me plaindre. Vous n'imaginez pas, je crois, qu'en sus du prix de vos factures, je sois obligée envers vous à une grande somme de reconnaissance? Non, n'est-ce pas? D'ailleurs mon testament est fait, et il n'y a pas de Kropper au monde qui puisse m'y faire changer un iota. Voulez-vous que je sois encore plus sincère, monsieur Michel Kropper?

J'avais bonne envie de lui répondre que c'était déjà bien assez de sincérité comme cela.

— Non, je le faut bien parler en toute franchise. Je vous avouerai donc que je ne me sens prise d'aucun intérêt extraordinaire pour votre personne.

Elle me paraissait de plus en plus désagréable; et vraiment j'étais mal à mon aise. Je suis sûr que je devais faire en cet instant une sotte figure. Mi mariage, ni héritage, ni même, pensai-je, l'espèce de bienveillance commune qui aurait pu naître de la longue habitude de nos relations! Et pourquoi la rudesse de tout ce franc parler! Que me restait-il à supposer dans son esprit, sinon quelque projet chimérique : une exploitation de mines de diamants à Java, un voyage de spéculation à Nangasaki, ou peut-être la recherche de l'eau de Jouvence (qui lui aurait été fort utile) dans quelque îlot désert du pôle sud?... Prends garde, Michel Kropper, prends garde à toi! sois ferme. Cette vieille dame est fine : elle a besoin de toi; ne te laisse pas... ensorceler!

— Ne vous donnez pas tant de peine, dit la veuve. Eh! eh! vous avez beau tendre tout votre esprit et chercher à lire ma pensée dans le blanc de mes yeux, vous ne devinerez pas. Patience! Entendons-nous bien! Êtes-vous un homme aussi discret que je vous fais l'honneur de l'espérer, au moins quand votre intérêt est en jeu et l'exige? Là est toute la question. Dites-moi avec bonne foi si vous vous sentez capable de garder inviolablement un grand secret, lorsque celui-ci vous aura compris qu'une opulence telle que vous n'avez jamais pu la rêver en sera certainement le prix?

Mes craintes renaissaient plus vives. Pourquoi tant de précautions? Il devait y avoir au fond de tout cela quelque méchant mystère.

— « Quoi qu'il en soit, dit-elle, en ôtant ses lunettes et les posant dans sa corbeille à ouvrage, comme si elle eût renoncé à m'observer plus longtemps, mon parti est pris. A tort ou à raison, je veux avoir confiance en vous; votre ambition de fortune m'est une garantie suffisante que vous ne me trahirez pas. Je suis riche, monsieur Michel, beaucoup plus riche que ne peut le soupçonner aucun habitant de cette ville; sinon mon notaire; et il ne sait lui-même qu'une partie de la vérité. D'où me vient cette fortune, c'est ce que je n'ai encore dit à personne. Il y a vingt-cinq ans, je suis venue dans cette ville avec une lettre de recommandation pour la maison Van-W... J'ai acheté cette maison, et j'y ai constamment vécu dans une solitude absolue, la meublant peu à peu, selon mes fantaisies: Rien de plus ordinaire. On ne s'est guère plus occupé de moi que je ne me suis occupée des autres; et, en vérité, je comptais bien jouir en paix de cette agréable indifférence du public jusqu'à mon dernier jour, sans jamais entr'ouvrir à personne ma porte et mes secrets; mais, que voulez-vous? on n'est pas parfaite, on n'est pas toujours libre de penser sagement : une maudite idée, qui m'obsède depuis plusieurs mois, et que j'ai combattue inutilement le jour et la nuit, me force, à mon grand regret, de faire une exception en votre faveur. Écoutez-moi donc attentivement.

» Je ne dois ma fortune ni à mon mari, qui n'était qu'un pauvre professeur de mathématiques à L..., ni à mes parents, ni à aucun commerce; je la dois... ne soyez pas trop étonné ou indigné, monsieur Michel; je la dois... au jeu! Calmez-vous : je ne suis pas une grecque, et je n'ai jamais fait « sauter la carte »; mais il est vrai que j'ai fait « sauter des banques. » En un mot, c'est à la roulette, et d'après des calculs certains, que j'ai gagné cinq ou six millions. »

Je dois me rendre cette justice, Monsieur, que j'entendis cette espèce de confession de la vieille dame sans la moindre émotion. J'étais refroidi. Que ce qu'elle venait de me dire fût vrai ou non, il m'importait assez peu; jusque-là je ne me voyais pas exposé à un grand péril.

Mme Van-Boyen me raconta ensuite toute son histoire. Après la mort de son mari, elle avait trouvé parmi ses papiers un manuscrit qui avait pour titre : « Moyen infaillible de gagner à la roulette. » Ce mémoire, composé la nuit, dans un petit logement au troisième étage, par un pauvre homme qui n'avait jamais mis le pied dans une maison de jeu, lui avait paru d'abord ne mériter aucune attention. Elle avait recueilli le peu de valeurs que lui laissait son mari et obtenu du gouvernement une petite pension. Avec ces ressources, elle pouvait vivre sans être à charge à personne, mais tout au plus à l'aise. Comme à cette époque elle avait déjà dépassé sa cinquantième année, il ne lui fallait plus songer à améliorer son sort par un second mariage. Cependant, après six mois de veuvage, elle sentit son chagrin conjugal se transformer peu à peu en un ennui mortel. Or le mémoire manuscrit s'étant rencontré une autre fois sous sa main, elle l'avait parcouru, et, grâce à l'habitude qu'elle avait pris d'aider quelquefois son mari dans les travaux de sa profession, elle parvint à comprendre assez ses calculs sur les combinaisons de la roulette pour s'attacher de plus en plus à cette lecture. Bientôt elle ne rêva que Spa, Baden-Baden, Hombourg, ou Monaco. Elle en arriva enfin à se demander ce qui s'opposait à ce qu'elle allât faire l'essai du système de son mari dans quelque kursaal des bords du Rhin. Sa résolution prise, elle s'était mise en route, et n'avait eu le courage de s'asseoir à un tapis vert et de tenter la fortune. Au commencement, elle n'avait pas toujours réussi à se la rendre favorable; mais elle s'était convaincue que lorsqu'elle perdait c'était toujours parce qu'elle avait oublié ou mal compris quelqu'une des prescriptions du précieux manuscrit, qu'elle n'osait pas consulter en public. Elle ne risquait d'ailleurs que fort peu d'argent à la fois, et savait s'arrêter à temps. A la fin de la saison elle était, après tout, en possession d'une assez jolie somme. Elle passa l'hiver suivant à étudier de nouveau les règles et à se les bien approprier, de manière à ne plus être exposée à commettre d'erreurs. Puis, afin de ne pas trop attirer sur elle l'attention, elle se fit un programme où elle détermina en combien d'années et en quels lieux elle atteindrait successivement le chiffre de fortune qu'elle désirait. Bref, elle avait réussi à s'enrichir; mais elle ne faisait pas difficulté de reconnaître que tout n'avait pas été bonheur dans cette vie errante, agitée, mystérieuse, suspecte, au milieu de la société des joueurs qui, pour la plupart, ne sont des modèles ni de probité, ni d'urbanité. De plus, arrivée au but, il lui avait fallu renoncer à jouir, dans le pays où elle était née, de cette richesse rapide dont elle n'aurait pu avouer la source sans honte. Par suite, elle avait été privée de ce qu'elle avait désiré le plus, c'est-à-dire des satisfactions d'amour-propre qu'elle s'était promises, de l'étonnement et de la jalousie des personnes qui l'avaient connue pauvre et, en ce temps-là, l'avaient traitée avec dédain. Elle avait donc cédé à la nécessité de s'éloigner de toutes ses relations de famille et d'amitié, et elle était venue cacher sa vie dans une ville étrangère. L'avantage d'être riche, dans des conditions semblables, était plutôt imaginaire que réel; car il n'avait que peu de désirs, elle n'avait guère d'occasions de dépense, et l'habitude lui avait rendu à peu près indifférentes toutes les raretés accumulées dans l'ombre de sa demeure: Cependant elle affirmait qu'à tout bien considérer, elle ne voyait pas qu'elle eût de reproche sérieux à se faire. Tout autre, à sa place, disait-elle, eût agi de même. Et puis, il y a des destinées qu'on ne peut éviter. Elle croyait donc que c'était une faiblesse de son esprit, conséquence de sa vieillesse, plutôt qu'un scrupule de sa conscience, qui depuis quelque temps avait fait naître en elle des inquiétudes singulières. Il lui était venu surtout à la pensée qu'étant sans enfants, elle ferait peut-être une œuvre méritoire en venant en aide aux héritiers de différents joueurs qu'elle avait vus se ruiner aux tables où elle-même avait ramassé leur or. Elle avait donc fait faire des recherches, et sa sollicitude s'était arrêtée sur deux ou trois familles qui en étaient particulièrement dignes; c'était à elles qu'elle laissait par testament toute sa fortune. Persuadée qu'elle avait fait autant et plus qu'elle ne devait, elle espérait rentrer tout à fait dans le repos de son esprit; mais, en dépit de ses raisonnements à ce sujet, elle n'avait pas retrouvé toute sa sérénité d'autrefois; elle s'était sentie sollicitée d'autres vagues scrupules : une idée fixe et bizarre s'était glissée dans son imagination et s'y agitait de plus en plus impatiemment jusqu'à lui ôter le sommeil. Cette idée lui suggérait, comme un devoir, la fondation d'un orphelinat où l'on élèverait les enfants de manière à les garantir, au moyen d'une éducation spéciale, de la passion des jeux de hasard, et, en général, de toute espèce de gain qui n'est pas dû à un travail honorable et utile. Elle ne trouvait pas que cette sorte de démon intérieur qui était ainsi venu se loger chez elle et malgré elle eût raison avec toutes ses belles phrases; mais elle était en son pouvoir : elle ne connaissait pas d'exorcisme capable de le chasser. Le plus court, pour s'assurer le calme, était donc de se soumettre. Mais, parce qu'elle avait disposé de tout son capital par acte testamentaire, et qu'elle éprouvait une répugnance invincible à le rouvrir, elle ne voyait que les économies à faire sur son revenu pendant un certain nombre d'années qui pussent servir à fonder et doter l'orphelinat. Serait-ce suffisant? N'était-elle pas beaucoup trop âgée pour compter même sur le lendemain? A quel moyen donc recourir? Un seul s'était présenté à son imagination ; elle n'avait qu'à jouer une dernière fois, et elle tirerait ainsi du jeu lui-même la somme nécessaire pour défendre le plus grand nombre possible de pauvres gens contre ses tentations. Récemment, elle avait voulu mettre ce projet à exécution ; mais en s'essayant, dans sa maison même, à son ancien rôle de joueuse, elle s'était aperçue que sa tête était maintenant trop faible pour qu'elle fût assurée de rester toujours maîtresse des combinaisons variées et multiples qu'il fallait être en état de concevoir et de dominer à des heures avancées de la nuit, sous les regards pénétrants des banquiers, et en face des haines enfiévrées des joueurs. En outre, elle avait le pressentiment qu'elle succomberait quelque jour, comme sa mère, à une attaque d'apoplexie. Elle ne voulait donc pas s'exposer seule aux agitations des maisons de jeu ; elle avait besoin d'un compagnon, et, pourquoi ne pas le dire?, elle se l'avouait presque avec un sourire équivoque, d'un complice.

La suite à la prochaine livraison.

SECOND CÉNOTAPHE D'ALPHONSE LE SAVANT
AU MONASTÈRE DE LAS HUELGAS.

Voy. le premier cénotaphe, t. XXX, 1862, p. 332.

Cet élégant monument funéraire, élevé, suivant une tradition qui ne s'appuie pas sur des preuves très-positives, à la mémoire d'Alphonse le Savant, est simplement en pierre durcie par les siècles et d'un certain poli. Il aurait pu servir de sépulture tout au plus à un homme de petite taille. Sa décoration extérieure présente cette suite d'arcades, soutenues par des colonnettes, qui est si fré-

Cénotaphe d'Alphonse le Savant au monastère de Las Huelgas. — Dessin de Fellmann, d'après Valentin Carderera.

quemment reproduite au douzième siècle, et qu'on peut regarder comme une tradition des sarcophages romains des premiers temps du christianisme. Ainsi que le fait très-bien observer M. Carderera, la série de tourelles et de constructions circulaires qui occupe la partie supérieure du cénotaphe est là comme un symbole de la Jérusalem céleste, dernier asile de notre voyage ici-bas. Un écu suspendu à une courroie décore le centre de chacune des arcades. Le champ du bouclier est rempli par une croix d'où partent plusieurs bras figurant une sorte d'étoile. La bordure de l'écu offre partout treize croix de Saint-André; cet ornement religieux forme une bande au-dessus des tourelles mystiques. L'ornementation des deux pierres inclinées, destinées à fermer le cénotaphe, est, à peu de chose près, la même que celle dont nous venons de donner la description.

Malgré sa simplicité et peut-être sa monotonie, il s'en faut que ce petit monument manque d'harmonie et d'un caractère vraiment pittoresque. Les détails dans lesquels nous venons d'entrer suffisent, comme le fait remarquer le savant artiste espagnol, pour faire douter qu'une pareille sépulture ait été destinée primitivement au roi de Castille et de Léon. Les croix de Saint-André, qui se reproduisent uniformément sur les écus, devinrent la devise des chevaliers qui assistèrent à la prise de Baeza. Ce grand événement militaire avait eu lieu, comme on sait, le jour de la fête de l'Apôtre [1]. La double croix qui occupe tout le champ de l'écu pouvait cependant appartenir comme devise à Alphonse, comme elle était devenue celle de bien d'autres guerriers. Dans l'opinion de M. Carderera, cependant, c'est une des premières devises de ce genre, et peut-être la première qui apparaisse portée ainsi sur l'écu d'un souverain, si celui-ci appartient à Alphonse. Les premiers rois de Léon se contentaient de porter sur leur sceau la simple croix grecque.

LES BRIGANDS DE LA PERSE
ET DE LA TURQUIE D'ASIE.

Le brigandage est une des plaies de l'Orient. Résultat de l'abandon et de la barbarie où sont tombés les pays autrefois les plus riches et les plus peuplés du monde, c'est

[1] Voy. à ce sujet Argote de Molina, *Nobleza del Andalusia*, Sevilla, 1588, petit in-fol. Ce célèbre généalogiste se montre d'accord avec plusieurs de ses contemporains qui enregistrent dans leur Nobiliaire grand nombre de familles illustres dont les blasons reproduisent la croix de Saint-André.

un mal qui s'entretient lui-même et qui renouvelle sans cesse, où il est, la misère et la solitude. Les voyageurs ne peuvent, sans une escorte d'hommes résolus et bien armés, passer les défilés des montagnes, ou s'aventurer dans les plaines désertes de la Turquie d'Asie et de la Perse; les marchands qui portent leurs denrées d'une ville à l'autre

Maraudeurs du désert. — Dessin de M. Pasini, d'après son tableau exposé au Salon de 1863.

ne s'avancent qu'en longues caravanes et ne s'écartent pas de la route depuis longtemps tracée par ceux qui les ont précédés; en plus d'un pays ils payent même une rançon pour n'être pas inquiétés par les tribus errantes dont ils traversent le territoire.

Ce sont des peuplades entières qui se livrent, dans ces

pays, au brigandage. Et si les voyageurs ont sujet de les craindre, elles sont plus redoutables encore pour les populations sédentaires et paisibles, dont elles pillent les habitations et enlèvent les troupeaux dès qu'elles trouvent une occasion favorable. Il en est qui font même des prisonniers pour les vendre comme esclaves : tels sont les Turcomans répandus dans les grandes steppes du nord de la Perse; ils franchissent des distances immenses au galop de leurs chevaux, et fondent à l'improviste sur le voyageur, qu'ils capturent ou qu'ils dépouillent. Ces Turcomans, qui habitent principalement l'ancien pays des Parthes, en sont peut-être les descendants.

Ailleurs ce sont les Kurdes, ailleurs encore les Arabes nomades ou bédouins (*bedaoui*) qui pillent ou rançonnent tous ceux qui se présentent à eux sans défense. Les Kurdes ont à peu près entièrement détruit les villages des chrétiens nestoriens qui partageaient avec eux la région montagneuse du Kurdistan. Le gouvernement turc a fait détruire les repaires des beys kurdes, et, envoyé en exil, à Candie, les plus coupables ou les plus compromis; mais depuis ce temps les malheureux nestoriens n'ont guère moins eu à souffrir du fanatisme et de l'oppression des Turcs eux-mêmes. Les Kurdes se rencontrent dans presque tous les pays de montagne situés entre la mer Noire et le golfe Persique; ils forment des tribus peu unies entre elles, souvent ennemies acharnées. Quelques-unes ont renoncé à la vie nomade et cultivent la terre; mais la plupart n'ont aucune habitation et suivent leurs troupeaux, l'été dans la montagne et l'hiver dans la plaine. Celles-ci sont l'effroi de toutes les populations voisines.

De même que les Kurdes dans les hautes régions de la Perse et de l'Arménie, les Arabes bédouins exercent leurs rapines dans les immenses plaines de la Mésopotamie, du nord de l'Arabie, de la Syrie, où le voyageur est sans protection, et où ils sont protégés eux-mêmes par la solitude du désert. On les rencontre sur les bords de l'Euphrate aussi bien qu'en Palestine, dans le Hauran et sur le chemin d'Alep à Damas. Ils habitent sous la tente. Toute leur richesse (quand ils possèdent quelque chose, car la plupart du temps ils vivent dans la misère et la famine) consiste en troupeaux, en chameaux et en un très-mince mobilier. Leur principale ressource est le vol ou les tributs qu'ils se font payer par les caravanes, dont ils guettent le passage.

LE SON *AN.*

Nous disions en 1862 (t. XXX, p. 402) que l'illustre Volney avait compté trente-sept manières d'écrire le son nasal *an*; mais il en avait pas donné les exemples, et nous avions reproduit vingt-neuf de ces manières en citant les mots à l'appui. Quelques-uns de nos lecteurs ont complété et corrigé notre tableau, en nous faisant observer que nous avions négligé certains pluriels de mots dont nous avions donné les singuliers, et de plus que nous avions fait double emploi par les mots *dent* et *excellent*, où le son est écrit de la même manière. Nous profitons de ces communications pour donner un tableau qui nous paraît maintenant moins incomplet, et où le chiffre cité par Volney se trouve même dépassé.

Remarquons, puisqu'on nous a ramenés sur ce sujet en apparence futile, qu'un intérêt assez sérieux s'y rattache. Volney l'a cité pour rendre sensibles les difficultés que présente l'orthographe de la langue française : aucune règle ne préside à cette variété de lettres combinées pour rendre le même son.

Si les hommes avaient à créer une langue, ils ne manqueraient pas d'adopter le principe rationnel qu'a défendu dans ces derniers temps, avec une si grande persévérance, un penseur distingué, feu Adrien Féline :

A chaque signe un son; — *A chaque son un signe.*

Avec cette formule, en effet, on écrirait le son *an* de la même manière dans les quarante-trois mots qui suivent (sauf peut-être la distinction du pluriel et du singulier). Alors on verrait la très-nombreuse classe des cuisinières, dont la réputation proverbiale est si mauvaise quant à l'orthographe, ne pas faire une faute. Guidées par la prononciation, elles écriraient ces quarante-trois mots comme un grammairien.

an : le dieu Pan, écran, van; — *anc* : blanc, franc; — *ancs* : flancs, les Francs; — *and* : gland, grand; — *ands* : marchands, brigands; — *andt* : Rembrandt; — *ang* : étang, sang; — *angs* : rangs, orangs-outangs; — *ans* : dans, sans; — *ant* : gant, tant; — *ants* : chants, adjudants; — *ean* : Jean; — *eant* : affligeant, obligeant; — *eants* : assiégeants; — *uan* : quantième; — *uand* : quand; — *uant* : quant; — *han* : Han d'Islande, Ispahan; — *hans* : Louhans, Afghans; — *aen* : Caen; — *ûon* : Laon, taon; — *aons* : paons; — *am* : ampoule; — *amp* : champ; — *amps* : camps; — *ham* : hampe; — *en* : en, rendre; — *end* : prend; — *ends* : tu rends; — *ens* : encens, gens; — *ent* : dent; — *ents* : éléments, ossements; — *hen* : Henri; — *em* : empire; — *ems* : tems; — *emps* : longtemps; — *empt* : exempt; — *empts* : exempts; — *eng* : hareng; — *engs* : harengs; — *tien* : conséquence; — *uent* : conséquent; — *uents* : onguents.

Une injustice faite à un seul est une menace pour tous.
MONTESQUIEU.

VIEILLES ENSEIGNES A PARIS.

J'ai vu autrefois dans Paris, suspendus aux boutiques des marchands, des volants de six pieds de hauteur, des perles grosses comme des tonneaux, des plumes qui allaient au troisième étage, un gant dont les doigts ressemblaient à des troncs d'arbres, une botte qui contenait plusieurs barriques : on aurait cru Paris habité par des géants. Cependant ces énormes enseignes n'annonçaient que des marchands de jouets d'enfants, de bijoux, de modes, des gantiers, des cordonniers. Enfin, comme elles allaient toujours en augmentant, ainsi que vont tous les signes de l'ambition, la police les fit réduire à une grandeur raisonnable, parce qu'elles empêchaient de voir les maisons, et que dans un coup de vent elles pouvaient en écraser les habitants.

Tout ce monstrueux appareil était une image fidèle des ambitions en concurrence : quand tous veulent se distinguer, aucun ne se distingue, et leurs grands efforts généraux finissent souvent par les anéantir en particulier.
BERNARDIN DE SAINT-PIERRE.

PENDULES ET MONTRES.

Quelle famille devrait, mieux que la mienne, savoir l'heure exacte à tout instant du jour et de la nuit? Nous sommes six, et, pour nous rendre compte de la marche du temps, nous ne possédons pas moins de cinq pendules et sept montres. Mais le malheur est que toutes ces horloges, petites et grandes, marquent et sonnent des heures différentes; jamais je n'ai eu la satisfaction d'en voir deux se mettre d'accord. Si celle-ci s'avise de dire huit heures, celle-là ne manque pas de dire neuf, et les dix autres semblent s'entendre pour se partager tout l'espace intermédiaire, de manière à ne se rencontrer en aucun point, ce qui fait que nous ne parvenons pas à nous rencontrer nous-mêmes, par exemple, à l'heure des repas. On se lève les uns après les autres, on manque les rendez-vous, on arrive trop tôt ou trop tard aux chemins de fer; là cuisinière fait pâtir nos estomacs, brûle les rôts ou tire de la broche les poulardes crues, et chacun trouve toujours un cadran qui l'excuse. — Ma montre va bien. — Non, c'est la mienne. — C'est la pendule Louis XIII (une belle pièce d'art qui fait un bruit d'enfer et sonne deux fois les heures et les demi-heures, toujours à faux). — C'est Alexandre (un chef-d'œuvre, style empire, où l'on voit le disciple d'Aristote assis, lisant, et tenant de la main gauche une boule au-dessus d'un bassin de cuivre doré afin de ne pas s'endormir; je l'ai acheté pour servir d'exemple à mon fils, le jour où il m'a récité la Cigale et la Fourmi sans faute). — Non, c'est le Temps! (Ah! plût à Dieu que le vrai temps n'allât jamais plus vite!) On se dispute sans fin.

Hier, le désordre en était arrivé à un tel degré que je vis bien qu'il fallait prendre enfin une grande résolution. Trois pendules s'étaient arrêtées; des deux autres, la première avait l'air de s'endormir, la seconde battait la mesure prestissimo : elles me firent songer aux docteurs Macroton et Bahis, et je me dis comme Sganarelle : « L'une va en tortue et l'autre court la poste. » Quant aux montres, c'était pire encore, et, de découragement, on n'en avait remonté qu'une seule : je ne pus m'empêcher de leur jeter un regard de mépris. A quoi nous servaient-elles? Et si nous nous obstinions à les porter, n'était-ce pas seulement à cause de leurs chaînes d'or?

— Jean, m'écriai-je, allez chercher un horloger!
— Lequel, Monsieur?
— Celui que vous voudrez.
Autant valait dire le voisin.

Jean revint dix minutes après avec un petit homme vieux, ridé, qui laisse ses cheveux gris errer à l'aventure, et s'inquiète peu si les boutons de sa redingote se trompent de boutonnières; mais il paraît fort intelligent, expert en son art, et, de plus, fort honnête. Il aurait démonté et emporté chez lui les cinq pendules, ainsi que les sept montres; il les aurait gardées trois ou quatre mois (ce que je redoutais, à vrai dire), et, le jour où il serait revenu avec elles, il m'aurait présenté une note à donner le vertige, et la moindre objection m'eût été impossible! Que puis-je savoir de ce qui se passe à l'intérieur de ces machines-là? Grands ressorts cassés! pivots usés! volants brisés! et le reste. Sa visite, au contraire, m'a coûté peu d'argent et m'a instruit, ce qui m'a engagé à en prendre note pour mon profit et celui des autres.

Je l'ai conduit devant les pendules et les montres. Du premier regard, et avant de les ouvrir, il m'a dit le prix et la qualité de chacune d'elles.

— Je ne saurais beaucoup me tromper, ajouta-t-il. Dans notre art, la fabrication est graduée jusque dans les moindres détails, et l'extérieur suffit, en général, pour une appréciation assez juste de l'intérieur. Il est rare, par exemple, quoiqu'on soutienne parfois le contraire, qu'on place un mouvement d'une qualité vraiment supérieure dans un boîtier de montre d'argent, ou, pour les pendules, dans des modèles de zinc ou dans un cadre de bois.

Il procéda ensuite à un examen plus attentif, et reprit :
— Ces pendules et ces montres sont bonnes; mais tout cela est mal entretenu, mal réglé : mauvaise hygiène, Monsieur, détestable!

Ce mot hygiène m'avait fait sourire.
L'horloger, sans retirer de la loupe, me dit :
— Sans doute, Monsieur, ces pendules, ces montres vivent, et aucune vie ne se maintient en son état normal que grâce à une sage observation des règles de l'hygiène

qui lui sont propres. On ne se croit pas généralement obligé à assez de précautions, j'oserai dire à assez d'égards pour ces frêles machines si utiles et si admirables. On leur demande un service merveilleux; on exige d'elles une régularité de mouvements égale à celle des astres dans les cieux, et la plupart des gens ont pour elles moins d'attention et de sollicitude que pour leurs animaux domestiques!

L'horloger s'animait beaucoup; moi, j'étais stupéfait.
— Considérez en effet, je vous prie, Monsieur, continuat-il avec un peu plus de calme; considérez que ces ingénieux automates ne sont pas seulement soumis aux lois générales qui les font vivre de leur vie propre, mais sont aussi exposés à subir des influences extérieures de toute nature. Rien de plus délicat et de plus sensible que leurs organes, surtout ceux des montres; et voyez le plus souvent avec quelle indifférence on les manie, on les secoue, on les agite, on les tourne et retourne, comme s'il ne s'agissait que de médaillons ou de tabatières! Il n'y a qu'une seule position qui convienne à une montre, Monsieur, c'est la position verticale, soit qu'on la porte sur soi, soit qu'on la laisse reposer sur un porte-montre. Il est indispensable de la monter régulièrement et de ne point la laisser plusieurs années sans la faire visiter et nettoyer par un homme de la profession... Ah! qu'est ceci? Autre excès! des soins inintelligents!

Il venait de s'arrêter devant une précieuse petite montre couchée sur du coton, dans une boîte de palissandre, entre des flacons de cristal et des cassolettes.

— Voici, dit-il, une montre que l'on traite en enfant gâté. Comment ne serait-elle pas obligée de s'arrêter souvent? A travers les jointures mêmes de sa jolie boîte émaillée, elle respire les particules invisibles de ce duvet qui pénètrent jusqu'aux sources de son mouvement vital, tandis que les émanations de ces cristaux oxydent jusqu'aux plus secrets de ses organes...

Poursuivant son examen, il me fit observer que deux de ces pendules arrêtées n'étaient point posées d'aplomb, et que, sans doute, en transportant la troisième, on avait négligé de décrocher...

— Le balancier? interrompis-je.
— Non pas, Monsieur, ne confondons point; le pendule! C'est dans les montres seulement que se trouve le balancier... On aura cassé, ou faussé la suspension. Quant à l'aplomb, regardez, Monsieur, ce qu'il suffit de faire pour le rétablir. Il ne s'agit que d'arriver à ce que le bruit des chutes de l'échappement rodevienne égal à l'oreille. Écoutez avec moi. Je cale le socle soit à droite, soit à gauche, mais en me gardant bien de laisser la pendule incliner en avant ou en arrière, car elle s'arrêterait par suite du frottement de la lentille dans l'intérieur de la boîte.

J'avoue que j'étais un peu humilié de voir qu'il jugeait nécessaire de m'apprendre la manière de « rétablir l'aplomb », et j'aurais entendre que si nous ne nous étions pas beaucoup occupés de rendre à ces pendules leur mouvement, c'était qu'il nous était à peu près indifférent qu'elles fussent arrêtées ou non, parce que depuis longtemps elles n'indiquaient jamais l'heure juste.

— Ce n'est peut-être pas tout à fait leur faute, dit l'horloger. Comment les réglez-vous?
— Monsieur, répondis-je d'un ton triomphant, Monsieur, je règle ma montre tous les mois, d'après le canon du Palais-Royal.
— Ah! Et comment vous y prenez-vous alors pour tenir compte exactement de l'écart entre le temps vrai et le temps moyen?

Je restai muet.
— Je crois, Monsieur, me dit-il en réprimant un im-

perceptible sourire, que vous feriez mieux de régler votre montre simplement d'après l'horloge de la Bourse ou d'après celle de l'Hôtel de ville, et, s'il vous plaît, je vais vous expliquer pourquoi vous devriez tenir leur avis pour plus sûr et plus facile à suivre que celui du célèbre petit canon.

La suite à une autre livraison.

LES TIMBRES-POSTE.

CONFÉDÉRATION SUISSE.

Suite. — Voy. p. 59, 87.

CONTREFAÇONS.

Les anciens timbres suisses sont assez rares. Ils ont été tous contrefaits, et les contrefaçons sont très-répandues. Nous donnons ci-après quelques indications.

Bâle. — Il est facile de reconnaître le timbre faux. Le fond est d'un bleu verdâtre terne et qui a le coin qui porte l'extrémité inférieure de la crosse de Bâle et l'encadrement du champ groseille ne sont pas en relief. Il y a des différences dans le dessin, surtout dans celui du pigeon.

Genève. — Timbre de 5 centimes, port local. L'original est imprimé sur papier vert jaunâtre. L'écu est parti d'or et de gueules; le parti de gueules est figuré par onze lignes dans l'original, et par douze ou treize dans les contrefaçons. On a signalé d'autres différences.

Nous pensons que le timbre local *C* (voy. plus haut) est une contrefaçon; nous n'en avons pas vu un seul frappé d'un véritable timbre d'oblitération.

Timbre de 5 centimes, port cantonal. Le timbre *G*, décrit précédemment, est la contrefaçon du timbre *F*. Il est imprimé tantôt en vert clair sur papier blanc, et tantôt en noir sur papier vert clair ou vert-bleu foncé. C'est le seul dans lequel les rayons de la gloire remplissent toute la partie supérieure. Il existe au moins cinq dessins de ce timbre. Nous avons trouvé un moyen facile de reconnaître les timbres originaux : en regardant le bord supérieur du parti d'or de l'écu, entre le bord de l'aile et la tête de l'aigle, on compte neuf points disposés en losange dans les timbres originaux, tandis qu'il y a trois, six, sept, huit points dans les contrefaçons.

Lausanne et Vaud. — Les originaux sont imprimés sur papier mi-blanc, blanc jaunâtre, et les contrefaçons sur papier blanc, blanc bleuâtre.

Le moyen le plus simple de distinguer les contrefaçons actuelles, en l'absence d'originaux pour comparer, est de compter les chevrons à l'angle gauche supérieur : il y en a trois dans les timbres originaux, et deux dans les contrefaçons. Des ganses ou attaches entourent le cornet au-dessous de l'écu suisse : on en compte seize dans les originaux et treize dans les contrefaçons.

Neuchâtel. — Le papier est mi-blanc, blanc jaunâtre dans les originaux.

On connaît deux contrefaçons : dans l'une, la croix de l'écu est dessinée par un trait noir; dans l'autre, qui se rapproche de l'original en ce point, le trait noir n'existe pas.

Les timbres originaux ont $23^{mm}.5$ sur $18^{mm}.5$; les timbres faux, $22^{mm}.5$ sur $17^{mm}.5$.

Zurich. — Il existe une dizaine de contrefaçons des timbres de 4 et de 6 rappen.

La plus commune porte la date de 1843. Les faussaires savaient, sans l'avoir vu, que sur les premiers timbres de Zurich chacun des quatre chiffres de 1843 était à l'un des coins; ils ont pensé qu'en cela consistait la différence entre ces timbres primitifs et très-rares et ceux qui ont été en usage jusqu'en 1850, et la contrefaçon ne ressemble pas

du tout à l'original. Tous les timbres datés de 1843 et sur lesquels est le nom de Zurich sont faux. Sur le timbre original, la valeur, *vier* ou *sechs rappen*, est à gauche, et les mots *local* ou *cantonal taxe* sont à droite.

On a plusieurs moyens certains de reconnaître les contrefaçons actuelles des timbres de Zurich.

D'abord, le tréma manque à l'*u* de Zurich sur les contrefaçons. Ensuite les lignes noires qui s'entre-croisent et les lignes rouges, doubles et simples, ne sont pas en nombre égal et leur ordonnance n'est pas la même. Enfin, pour mieux marquer les différences par un détail, nous dirons que les mots *Zurich* et *local* ou *cantonal taxe* sont écrits sur un bandeau rayé, et que dans les timbres originaux de 4 rappen il y a 7 lignes noires horizontales en haut et 10 en bas, et dans ceux de 6 rappen 8 lignes en haut comme en bas; dans les contrefaçons, on a tracé 7 lignes en haut et 7 en bas, 8 et 7, 11 et 14, 13 et 15, etc.

Timbre dit de Winterthur. — On n'en trouve que la contrefaçon dans la plupart des collections. Le caractère le plus décisif est la présence, dans l'original, d'un ou deux mots, composés d'une dizaine de lettres illisibles, qui sont gravés sur le cornet au-dessous de l'écu. Le papier de l'original est mi-blanc.

Le timbre original a $15^{mm}.5$ sur $19^{mm}.5$. Les timbres faux ont $15^{mm}.5$ sur $19^{mm}.5$, 16^{mm} sur 19^{mm} et $16^{mm}.5$ sur 20^{mm} (ce dernier ressemble le moins à l'original).

Confédération. — Quoiqu'ils ne soient pas rares, les timbres de 2 1/2 rappen, *orts-post* ou *poste locale*, ont été contrefaits.

Les faussaires ont imprimé ces timbres sur le même papier blanc bleuâtre ou grisâtre qui a servi à l'impression des timbres faux de Lausanne et de Neuchâtel. Ils ont oublié le trait d'union des mots *orts-post*; mais les marchands le mettent à la longue. Ils n'ont pas exactement placé la partie enroulée du tube entre les deux ganses qui la tiennent attachée au cornet.

Oblitérations. — L'oblitération d'un timbre-poste n'est pas une preuve d'authenticité; les faussaires contrefont également l'estampille d'oblitération; et il est à observer que la plupart des timbres faux sont oblitérés.

Il est donc essentiel de faire attention à l'oblitération des timbres, car elle fournit aussi des preuves décisives de la contrefaçon. On jugera en comparant les marques d'oblitération ci-dessous avec celles qu'on voit sur les timbres faux.

N° 123. — Genève.　　N° 124. — Zurich.
Marques d'oblitération.

Par exemple, l'estampille de la poste de Zurich était une croix fleuronnée, avec quatre boules placées entre les pétales du fleuron; le faussaire a omis de dessiner ces boules, ou les a dessinées tantôt trop grosses, tantôt trop petites.

La plupart des timbres faux de 2 1/2 rappen (fédéraux), sont oblitérés par une grille; mais dans la grille originale, qui est en losange, on compte quatre barreaux par 5 millimètres, tandis qu'il n'y en a que trois dans la fausse grille.

Il faut examiner non-seulement le dessin, mais aussi la couleur de l'oblitération. L'oblitération est tantôt noire et tantôt d'un vermillon vif, ici bleue et là verte.

La suite à une autre livraison.

HALBERSTADT.
Voy. p. 36.

L'Hôtel de ville d'Halberstadt, — Dessin de Stroobant.

La ville d'Halberstadt, située dans le Harz, sur la Holzemme, contient environ vingt mille habitants; elle appartient à la Prusse depuis 1813. De 1807 à cette époque, elle avait fait partie successivement du royaume de Westphalie et du duché de Brunswick - Œls. C'était, au moyen âge, le siège d'un évêché qui se transforma, à la paix de Westphalie, en principauté au profit de l'électeur de Brandebourg. Pendant sa période religieuse, elle se décora d'églises qui méritent d'être comptées parmi les plus curieuses de l'Allemagne : l'église Notre-Dame, de style byzantin, construite aux onzième et douzième siècles, et la cathédrale, commencée en 1235, achevée en 1491. Au temps où s'épanouirent les libertés communales, le sentiment de l'art de ses citoyens se manifesta avec beaucoup de goût et d'esprit dans les édifices civils et privés. Peu de villes allemandes ont conservé plus de vieilles maisons des quinzième et seizième siècles créées de jolies sculptures. L'Hôtel de ville, représenté par notre gravure, peut donner une idée du genre de mérite de cet art civil d'Halberstadt au dix-septième siècle. On serait difficile à intéresser si l'on ne trouvait du charme à regarder ces arcades élégantes et les agréables proportions de toute la façade. Il ne faut pas chercher dans l'ensemble une unité de style rigoureuse. L'architecte s'est évidemment livré sans contrainte au caprice de son imagination; mais il a eu le caprice heureux : le balcon qui forme l'angle de la place du Marché, où l'on aperçoit la fontaine, est très-remarquable. C'est de ce côté que se trouve la statue colossale dite de Roland que connaissent nos lecteurs (p. 36). Les ornements en bois de la première galerie et de la ligne supérieure du pignon sont d'une bizarrerie très-divertissante. Dans une rue qui part du marché, on rencontre une maison, dite le *Rathskelle*, qui est plus ancienne et n'est pas moins remarquable. Il ne manque à Halberstadt, pour être plus célèbre, que d'être visitée par un plus grand nombre de voyageurs; mais il est naturel que les villes situées sur les grandes lignes de communication entre les peuples soient d'abord les plus connues : les autres auront leur tour.

HISTOIRE D'UN SOUPIR.

NOUVELLE.

Suite. — Voy. p. 106, 114.

À ce dernier mot, me dit Michel Kropper, je crois que je ne pus réprimer un signe de répulsion. La vérité est que jamais je n'avais entendu parler de la roulette sans m'indigner. Il me paraissait fort peu plaisant que Mme Van-Boyen eût conçu la pensée de me mêler à tous ces débats avec sa conscience. Une réflexion rapide me persuada cependant qu'il n'était pas absolument dans mon rôle de lui faire une leçon de morale, et qu'en me donnant à son égard des airs de censeur je n'aboutirais, en fin de compte, qu'à perdre sa pratique. Très-satisfait de mon sang-froid, je me bornai, quand elle me pressa de lui répondre, à la prier de me donner le temps de réfléchir à sa proposition.

— A votre aise, monsieur Michel Kropper, à votre aise!

Et, me saluant de la main avec un air de confiance qu'intérieurement j'estimais très-peu fondée, elle ajouta, avec un accent méphistophélique :

— Je vous attends... après-demain!

Est-il certain, me disais-je en retournant à mes livrés, que Mme Van-Boyen soit en possession de tout son bon sens? Dois-je croire à la vérité de ce qu'elle m'a raconté? Ce mémoire merveilleux existe-t-il réellement? Si ce n'est pas une fiction, n'est-ce pas tout au moins une chimère? Et n'ai-je pas mille fois entendu ranger les joueurs qui prétendent avoir des moyens infaillibles de gagner parmi les catégories de fous qui se dessèchent le cerveau à chercher l'or potable, le mouvement perpétuel et la quadrature du cercle?

Le lendemain, je passai par des doutes d'une autre

nature. N'avait-elle pas voulu me tromper? Qui sait, me demandai-je, si sa fortune n'a pas une origine toute différente? Ou bien encore ne se peut-il pas que cette richesse, quelle qu'en soit la source, se trouve actuellement en péril qui près d'être épuisée? Ah! la bonne Mme Van-Boyen aurait-elle le petit projet de me faire un emprunt sous le prestige de cette fable ingénieuse? Ou encore simplement de tenter pour la première fois les hasards de la roulette en me persuadant de jouer à son profit le rôle de Bertrand? Allons, respectable veuve, je ne suis pas tout à fait l'homme naïf que vous cherchez; vous ne connaissez pas encore assez Michel Kropper!

C'était fort bien, j'étais content de moi; et cependant je ne pouvais m'en tenir là. Et tout le reste du jour je me répétais malgré moi, comme une ritournelle : « Si pourtant elle m'avait dit la vérité? »

La nuit suivante fut mauvaise. Je dormis peu, et des rêves incohérents me portaient tour à tour dans des palais aussi merveilleux que ceux des *Mille et une Nuits*, ou dans des hospices aussi tristes et nus que celui de nos vieillards de Quiver-Strasse.

Le second jour, je me dis avec fermeté :

— Finissons-en. J'ai mieux à faire que de me rendre malade par et pour le bon plaisir de cette dame, qui n'est après tout qu'une aventurière. Je perdrai sa pratique; soit! Je veux voir le fond de cette affaire et n'y plus songer.

Je sortis d'un pied ferme, et je me dirigeai vers la maison gris-rose.

Je questionnerai habilement Mme Van-Boyen, me disais-je chemin faisant, je l'observerai; je la troublerai; elle tombera dans les contradictions, et, pour dernier adieu, je lui dirai : « Madame, vous m'avez découragez pas; vous trouverez très-aisément une autre dupe : tout le monde n'a pas un nez aussi fin que celui de Michel Kropper. »

Lorsque j'entrai dans le salon peu éclairé de Mme Van-Boyen, je fus presque effrayé : elle était debout, comme un fantôme, à deux pas de la porte.

— Je vous ai vu venir, me dit-elle. Voulez-vous me suivre?

Et, sans attendre ma réponse, elle conduisit, par un escalier tortueux bien tapissé, à un petit cabinet dont la serrure était un chef-d'œuvre. Là, elle me montra une roulette en miniature, faite d'ébène et d'ivoire, d'un travail exquis; et à côté, sur une table de bois de rose veiné, un très-petit livre relié en maroquin rouge.

Elle ouvrit ce livre, où elle me dit qu'elle avait copié, en très-fine écriture, les miraculeuses élucubrations de son mari.

— Asseyons-nous, je vous prie, et faisons une première expérience. Il n'y a là aucun inconvénient; mon cher monsieur Michel; vous ne serez engagé à rien, et vous ne risquerez pas un kreutzer. Nous allons jouer avec ces jetons faux, et, si cela peut vous plaire, quoique rien ne manque au jeu, vous emporterez ceux que vous gagnerez en dédommagement de votre temps perdu.

Je me récriai contre cette offre, quoique ces jetons me parussent être de fort belles médailles.

Les résultats de cet essai furent assez singuliers pour que mon imagination en fût au moins embarrassée et que ma volonté en devînt perplexe. J'ajournai mes soupçons, et j'acceptai un rendez-vous pour le lendemain soir. Cette seconde fois, où elle me dit qu'elle avait rien tenté, et je commençai à croire qu'il fallait que les règles de M. Van-Boyen possédassent vraiment une vertu rare. Cependant, n'en faisant encore usage qu'avec hésitation et maladresse, je conservai un peu d'indécision.

Que vous dirai-je? Nous prîmes l'habitude de jouer

ainsi tous les soirs, de huit ou neuf heures jusqu'à une heure ou deux du matin. Mme Van-Boyen écartait ses domestiques; elle leur avait laissé entendre que nos conférences se rapportaient à son goût pour les romans, et ce prétexte ne me parut pas malhabile; d'ailleurs elle ne devait point passer pour avoir la tête très-saine.

Le succès de plus en plus marqué de ces répétitions me communiqua insensiblement la conviction et la confiance qu'avait voulu m'inspirer la vieille dame. Je prenais tour à tour le rôle du banquier et celui du joueur; je réussissais à ne plus faire d'école, et fictivement, en quelques semaines, je gagnai des milliards.

Quand Mme Van-Boyen me vit animé, persuadé, exalté jusqu'à la fascination, elle me dit :

— Voici bientôt la fin de l'hiver; l'été prochain, nous irons aux maisons de jeu. Je prélèverai seulement sur nos gains la somme indispensable pour l'orphelinat : elle ne dépassera pas quatre cent mille francs; tout le reste sera votre part. Ce livre deviendra votre propriété; vous en ferez ce qu'il vous plaira. Nous n'aurons plus aucun rapport ensemble; car, je vous le répète, monsieur Michel Kropper, nous ne nous sommes rien l'un à l'autre, et je ne m'intéresse pas plus à vous aujourd'hui que le mois dernier.

Aux maisons de jeu! Un honnête libraire métamorphosé en joueur, en fléau des banques! Quelle pensée! quel mauvais rêve! J'étais étrangement tourmenté. Je ne dormais plus, je ne mangeais plus; je me livrais à des discussions interminables avec moi-même. En résumé, je m'arrêtai à ce raisonnement :

— La vie n'est qu'un jeu. Les joueurs qui possèdent le secret des combinaisons heureuses sont les seuls qui ne se ruinent pas. On dit souvent d'un homme qui s'est enrichi : « Il a eu du bonheur. » Mais je crois bien que si l'on y regardait de plus près, on verrait seulement qu'il avait le secret de jouer mieux que les autres, c'est-à-dire plus savamment, en vertu de règles qui lui avaient été transmises ou qu'il avait su découvrir. Oui, oui, la vérité est que tous ceux qui se sont enrichis ont eu leur petit livre rouge. Sans aucun doute, ce petit mot « jouer » ne sonne pas très-bien dans l'opinion; mais ne voyons-nous point qu'on est beaucoup moins rigoureux envers la chose elle-même? Le commerce n'est-il pas un jeu. On s'y inquiète peu de la ruine de ses concurrents : chacun pour soi. Et même n'est-il pas très-bien reçu aujourd'hui qu'on s'enrichisse en jouant sur les fonds publics et autres? Et, enfin, en quoi serait-il plus condamnable de jouer à la loterie qu'à la loterie? Or, notre gouvernement, à l'exemple de plusieurs autres, joue avec les citoyens, et, ce qu'il y a de sûr, il nous gagne presque à coup sûr! Est-ce que l'on songe à considérer, pour cette cause, notre gouvernement comme un grand coupable?

Ce fut au moyen de ces arguments et d'autres semblables, dont j'ai grande honte aujourd'hui, je vous assure, que j'arrivai à me débarrasser suffisamment de mes scrupules et à promettre formellement, sans trop de trouble, mon concours à Mme Van-Boyen.

Il fut donc convenu, vers le mois de février, qu'en juin Mme Van-Boyen se rendrait seule à Hombourg, que j'irais l'y trouver peu de jours après, et qu'ensuite, selon les circonstances, nous visiterions tour à tour Bade, Spa, Genève et autres lieux.

Cette détermination prise irrévocablement, je cherchai un commis capable de bien conduire ma librairie pendant mon absence. Je n'avais pas le temps de liquider, et il fallait sauver les apparences. En réalité, j'en étais arrivé à n'attacher plus aucune importance à mon commerce; je prenais en pitié ma vie passée, et je m'étonnais presque de voir mes

confrères assez simples pour se condamner à une profession si fastidieuse et où le travail était si mal récompensé. Il m'échappa même, je crois, à ce sujet, quelques réflexions malsonnantes qui, comme vous le pensez bien, furent très-vivement relevées. Il est fort étrange qu'à cette époque je ne me sois pas aperçu qu'on s'était généralement beaucoup refroidi à mon égard, que mon crédit avait baissé sensiblement, et qu'on prenait avec moi des précautions qui m'offenseraient aujourd'hui. Mes expériences nocturnes n'étaient pas restées inaperçues, comme je l'avais supposé, et les conjectures qu'elles avaient donné lieu de faire ne m'avaient été rien moins que favorables. On était loin assurément de deviner la vérité; mais j'ai su depuis que les moindres des soupçons qui circulaient dans mon voisinage et à notre cercle étaient que, séduit par une cupidité honteuse, j'allais épouser Mme Van-Boyen, malgré ses soixante-dix-huit ans, ou que j'exploitais sa curiosité romanesque et pervertissais sa raison de plus en plus pour m'assurer quelques lignes sur son testament. Au reste, j'étais aveuglé à ce point que, lors même qu'on eût osé me révéler ces bruits odieux, je suis sûr que, dans ma persuasion absolue que j'allais m'enrichir au delà de tout ce qu'on pouvait imaginer, je ne m'en serais aucunement ému et n'y aurais répondu que par le dédain.

La fin à la prochaine livraison.

LES ANIMAUX DOMESTIQUES.

Cinquième article. — Voy. les Tables du t. XXXI, 1863.

La race ovine est une de celles que l'homme a le plus profondément modifiées. Qu'y a-t-il dans la nature qui ressemble à un troupeau de moutons? Voyez ce rassemblement d'animaux serrés les uns contre les autres, piétinant dans la poussière d'une grande route sous la garde d'un chacal domestiqué qui les régit; leurs pieds ne savent plus ceurir, et souvent c'est tout au plus s'ils savent marcher; leurs instincts sont tellement amortis qu'ils seraient incapables de trouver leur nourriture si l'on ne prenait le soin de les conduire au pâturage; et, dans les intempéries, il faut veiller pour eux. La toison blanche, épaisse, frisée, huileuse, dont ils sont revêtus, n'a d'analogue dans aucune autre espèce, et par un contre-sens dont il faudrait accuser la nature, si la nature l'avait faite, ils la conservent même dans les chaleurs de l'été, si bien qu'elle ne tarderait pas à leur devenir fatale si la main de l'homme ne les en délivrait périodiquement. Quel est donc le type primitif de ces bestiaux stupides et inertes? Il n'y a aucun doute que ce ne soit le mouflon. Le mouton peuple nos plaines, et le mouflon ne se plaît que dans les montagnes; il est aussi sauvage, aussi vif, aussi alerte que l'autre est timide, docile et paresseux. On le dirait frère du chamois, tant il bondit avec agilité dans les rochers; ses cornes sont à demi relevées, et il est vêtu d'un poil court et rude, de nuance fauve; mais sous ce poil, qui est une véritable jarre, se cachent quelques filaments plus soyeux et plus fins, et ce sont ces filaments qui, en se développant d'une manière anormale, ont donné naissance à la laine. Quelle est la cause d'un si singulier phénomène? Par quel procédé les premiers éducateurs du mouton sont-ils parvenus à le produire? Après combien de générations devint-il un caractère durable? On l'ignore; et il y a d'autant plus lieu de s'en étonner qu'il semblerait plus naturel que l'animal eût dépouillé son épaisse couverture en descendant des sommets neigeux dans les plaines que de l'avoir, au contraire, acquise dans ce déplacement.

Le mouflon a été très-anciennement arraché à ses montagnes et domestiqué. La Genèse fait naître du premier homme le premier berger, et lui donne pour frère le premier agriculteur. Les Védas et les livres sacrés de la Chine parlent du mouton, et l'on en distingue déjà diverses races sur les anciens monuments de l'Égypte. Il n'est pas sûr que sa domestication ait précédé celle du chien, car il se peut que le même serviteur qui avait concouru à le chasser

Le Mouflon (*Ovis aries, fera*).

ait servi ensuite à le conduire. Comme il existe encore des mouflons en Espagne et dans quelques-unes des grandes îles de la Méditerranée, on a cru longtemps qu'ils devaient être la souche de nos races domestiques. Mais ici encore, une étude plus approfondie a prouvé que ces races se rapportaient plus étroitement aux espèces de moutons qui se sont perpétuées dans les montagnes du centre de l'Asie; et la zoologie est, à cet égard, d'accord avec l'histoire, car il est hors de doute que les troupeaux de moutons connus dès la haute antiquité en Asie et jusqu'en Chine provenaient de types sauvages propres à ces contrées, et non pas de ceux de l'Occident, tout au plus peuplé à cette époque. Tout nous reporte vers l'Asie, dont l'Europe n'est, aux yeux de la nature, qu'un simple prolongement.

Le Bouquetin égagre (*Capra ægagrus*).

C'est du reste en Europe que, sous le rapport des qualités de sa toison, la race ovine a reçu le plus de développement. Elle se partage en deux variétés : les moutons à laine longue et droite, et les moutons à laine courte et fine. Jusqu'à présent on n'a pas réussi à obtenir la variété qui donnerait une laine longue et fine; mais en voyant tous

les progrès qui ont été réalisés depuis un demi-siècle, on ne doit cependant pas considérer l'agriculture comme réduite à abandonner la partie. En tout cas, les alpacas sont déjà prêts à suppléer aux bêtes ovines pour cet objet important.

Tous les documents de l'antiquité s'accordent à indiquer que la domestication de la chèvre doit remonter aussi haut que celle du mouton. La zoologie démontre que nous avons également ici une race asiatique. Elle descend d'un bouquetin différent de nos bouquetins européens, car ses cornes, au lieu d'être élargies en avant, comme celles de ces animaux, sont au contraire comprimées et carénées, ce qui est le caractère propre de deux espèces qui se rencontrent dans les montagnes du centre de l'Asie, le bouquetin égagre et le bouquetin de Falconet. C'est donc de l'un de ces deux types, peut-être de tous deux, car ils se ressemblent beaucoup, que serait issue notre race domestique, introduite dans l'Occident avec les premières colonies.

La chèvre a un grand avantage sur le mouton, c'est de s'accommoder de pâturages trop médiocres pour convenir à celui-ci, même de simples broussailles; et en même temps qu'elle l'emporte par sa sobriété, elle l'emporte également par l'abondance de son lait. Aussi dans les pays de mon-

Le Renne (*Cervus tarandus*).

tagne les plus pauvres est-elle la compagne nécessaire du ménage rustique; et malgré l'obstacle presque absolu qu'elle oppose au reboisement, dans les contrées qu'elle parcourt, il semble presque impossible de l'éliminer, tant les ressources qu'elle fournit aux populations leur sont indispensables. Ordinairement son pelage est rude et ne se tond même pas. Mais cette infériorité à l'égard des races ovines n'est pas absolue. Dans quelques variétés, la toison possède même un degré de finesse qui lui donne une véritable prééminence à l'égard de la laine. On en fait des velours aussi beaux que les velours de soie, et, sous le nom de cachemires, des tissus incomparables. C'est au Thibet, dans l'Asie Mineure près d'Angora, et dans les steppes des Kirghiz, que se trouvent les variétés les plus recommandables à cet égard. Depuis quelques années, on s'est appliqué à acclimater chez nous la race d'Angora, et ces essais, dus à l'initiative de la Société d'acclimatation, laissent espérer les meilleurs résultats. A ses bêtes à laine, notre agriculture ajouterait ainsi, suivant une heureuse et saisissante expression, de véritables bêtes à soie.

L'homme ne s'est encore approprié, parmi les cerfs, qu'une seule espèce : c'est le renne, l'animal domestique par excellence des régions arctiques. Sans lui, ces contrées ne seraient habitables qu'au bord des eaux, en raison de la présence des phoques et des poissons, dernière nourriture de l'homme et des chiens qu'il mène à sa suite. Mais le renne, trouvant à vivre, à l'aide des lichens, sur une étendue considérable de l'intérieur des terres; permet à l'homme, par les ressources qu'il lui fournit, d'y vivre aussi. Sa peau pour les tentes et les vêtements, sa chair et son lait pour l'alimentation, sa force pour le tirage des traîneaux; à lui seul sont dues toutes les conditions de l'existence des misérables peuplades qui le possèdent. Il est originaire de ces mêmes contrées, car on l'y trouve à l'état sauvage aussi bien. qu'à l'état domestique; et même faut-il dire que sa domestication, comparée à celle de nos bœufs et de nos moutons, est encore fort imparfaite, car il conserve une demi-indépendance qui rend souvent fort difficile le métier de ses pasteurs. Comme il n'a jamais connu l'étable, il est naturel qu'il ait conservé ses instincts, et si l'on peut s'étonner à cet égard, c'est de la docilité dont il fait preuve envers un maître auquel il doit si peu. Sa domestication remonte sans doute aux époques reculées

Le Cerf-Cochon (*Cervus porcinus*).

La Gazelle (*Antilope dorcas*).

où les races finnoises, chassées des régions centrales de l'Europe par les migrations asiatiques, furent réduites à s'exiler dans le Nord, loin de la région des pâturages et des cultures.

On a quelquefois proposé de transporter cet animal dans des latitudes plus tempérées; mais il y serait mal à l'aise, difficile à nourrir, et ne répondrait à aucun service déterminé. On l'a cependant installé depuis peu dans le nord des îles Britanniques, et peut-être s'y maintiendra-t-il. C'est vers l'extrémité australe de l'Amérique qu'il serait

Le Canna (*Antilope oreas*).

Le Nilgau (*Antilope picta*).

le plus naturellement appelé; mais cette contrée excite peu d'intérêt, et il n'est pas probable que nos sociétés d'acclimatation se mettent jamais en frais pour elle.

Il y a d'autres espèces de cerfs que rien n'empêche d'élever en grand comme animaux de boucherie fine ou d'ornement; mais ces animaux consomment autant, à poids égal, que les moutons, et ne fournissant que leur chair au lieu de donner en outre, comme ceux-ci, leur laine et leur engrais, ne paraissent pas destinés à prendre jamais place dans la grande agriculture. Leur éducation sera toujours dispendieuse, et, en dehors des satisfactions du luxe, ne sera profitable que si, en raison de la diminution croissante du gibier, le prix de leur viande peut monter assez haut pour couvrir les frais de l'éleveur. Dès à présent les daims, en Angleterre surtout, où l'on en entretient dans les parcs des troupeaux quelquefois considérables, peuvent être rangés dans cette catégorie. Il ne semble pas qu'il y ait à en tirer plus de parti. On peut y joindre, dans des conditions à peu près identiques, quelques autres espèces de petite taille, particulièrement le cerf-cochon, originaire de l'Inde, où l'on est dans l'habitude de l'engraisser pour la table, et à qui la vulgarité de son nom semble pronostiquer chez nous le même sort, d'autant qu'il y est dès à présent parfaitement acclimaté.

Mais sur le terrain des éducations de luxe, les cerfs ne sauraient lutter avec les antilopes. La domestication de l'une des plus charmantes espèces de ce genre, la gazelle, est déjà accomplie depuis longtemps en Afrique. Les Arabes se plaisent à voir bondir autour de leurs tentes, parmi les lourds chameaux, ces jolis animaux qui, par l'attachement qu'ils éprouvent et celui qu'ils inspirent, font en quelque sorte partie de la famille. Grâce à la facilité de nos communications avec l'Algérie, ils commencent à n'être plus rares en France. Ils s'y sont reproduits plusieurs fois, et s'accommodent, sans avoir besoin d'être renfermés, de nos hivers les plus durs. La domestication et l'acclimatation ne laissent donc plus rien à désirer, et il est à croire qu'avant peu d'années cette espèce aura été assez multipliée pour former l'un des ornements habituels de nos jardins. Il n'est même pas impossible qu'ils finissent par servir à l'alimentation, tout au moins dans les festins d'apparat, sacrifiés à la gastronomie sans plus de scrupule que nos chevreuils, leurs rivaux en grâce et en légèreté. Néanmoins, pour cet objet spécial, il est probable que les antilopes de grande taille auraient l'avantage. Jusqu'à présent c'est vers les nilgaus et les cannas que se porte de préférence l'attention. Les cannas, originaires du cap de Bonne-Espérance, se distinguent par leur haute stature, qui leur a fait donner le nom d'élans du Cap. Ces animaux sont très-doux, supportent très-bien les rigueurs de nos climats, s'y reproduisent sans peine; et, sans parler de ceux qui sont disséminés dans les jardins zoologiques, les parcs de la Grande-Bretagne en possèdent déjà plusieurs petits troupeaux. Lord Hill est le premier qui ait donné l'exemple de livrer à la boucherie un de ces précieux et magnifiques animaux, et la chair, distribuée à des juges compétents, a été déclarée, dit le rapport, « extraordinairement succulente, d'un tissu fin, d'une saveur très-délicate. » Il en est de même de la chair du nilgau, qui dans l'Inde, d'où cette espèce est originaire, était jadis réservée pour la table du Grand Mogol; et bien que le nilgau ait le désavantage de se montrer plus farouche que le canna, comme il est aussi bien acclimaté, il est à espérer qu'il finira par adoucir de même ses instincts de sauvagerie. Du reste, il est évident qu'il n'y a pas de raison pour que ces acclimatations, prenant faveur, ne s'étendent pas peu à peu à toutes les espèces d'antilopes assez élégantes pour nous procurer, dans nos promenades, le plaisir des yeux.

Il en est du bonheur comme des montres : les moins compliquées sont celles qui se dérangent le moins.

CHAMFORT.

Il est nécessaire que nous soyons prudents quand il s'agit du bien, parce qu'il faut discerner, quand il en est temps, si un devoir plus pressé ne doit pas lui être préféré, et s'il faut s'y livrer pleinement ou avec une certaine mesure. Mais pour le mal, comme il ne s'agit que de le fuir, moins nous raisonnons et plus nous sommes simples, plus aussi nous en sommes éloignés.

DUGUET.

L'ÉRECHTHÉION, A ATHÈNES.

Au nord de l'Acropole d'Athènes, parallèlement au Parthénon, qui couronne vers le sud l'escarpement du rocher, une autre ruine est encore debout, moins sévère et moins imposante, mais d'une beauté élégante et pure, et qui peut soutenir un si redoutable voisinage. C'est un temple qui a deux entrées, précédées chacune d'un portique ionique : l'un, qui est le plus important, au couchant, l'autre au nord, et, de plus, au midi une tribune, que représente notre gravure, où les colonnes sont remplacées par six jeunes filles portant sur leur tête l'entablement. Cette tribune, dont la destination n'est pas encore précisément connue, cette double entrée donnant accès, à ce qu'il semble, à deux sanctuaires distincts, le plan en apparence irrégulier de l'édifice et sa construction établie sur deux sols de niveau différent, c'étaient là autant de problèmes qui devaient exercer la sagacité des architectes et des archéologues [1]. Les premiers ne peuvent se lasser d'admirer l'art savant qui a tiré des difficultés mêmes d'un programme nouveau et des accidents du terrain un mouvement, une variété, une richesse de motifs inattendus; les savants, d'autre part, reviennent sans cesse vers ce point de l'Acropole, attirés par les questions que soulèvent ces ruines enfin déblayées, et par les souvenirs les plus anciens et les plus vénérés d'Athènes.

Là fut le berceau de la religion et de la civilisation athéniennes. Le temple dont les restes subsistent a remplacé un temple plus ancien détruit par les Perses, et qui portait, comme celui-ci, le nom d'Érechthée. L'histoire, ou plutôt la mythologie, a fait d'Érechthée un fils adoptif de Minerve, qui devint roi après avoir détrôné Pandion, et apprit aux habitants de l'Attique l'usage de la charrue; il éleva sur l'Acropole, à la déesse protectrice du pays, un temple voisin de sa demeure, et établit en son honneur les panathénées et les courses de quadriges; selon la tradition, il aurait été enseveli après sa mort auprès de Cécrops, dans le temple même qu'il avait construit. D'autres récits nous montrent Érechthée luttant contre Eumolpe, fils de Neptune, comme Neptune lui-même avait disputé à Minerve la protection de la nouvelle cité et le culte que lui rendaient ses habitants; d'autres fables encore rattachent Érechthée à Neptune et l'identifient même avec lui. Sans entrer dans l'explication de ces mythes qui semblent contradictoires, il importe de remarquer seulement que toutes les origines nationales et religieuses des Athéniens, groupées autour de ce temple, en faisaient leur sanctuaire le plus révéré.

« L'Érechthéion, dit Pausanias, est un édifice double. Le temple de Pandrose est contigu à celui de Minerve. » — « Érechthée, ajoute M. Beulé, qui rapporte ce texte, avait donné son nom à l'ensemble du monument, soit parce qu'il avait élevé le premier autel et le premier temple, soit parce qu'il y avait eu sa demeure ou son tombeau. Mais, des deux temples contigus, aucun n'était consacré à Érechthée. Il avait seulement un autel commun avec Neptune, on lui offrait des sacrifices pour obéir à un antique oracle. Hérodote, parlant de l'Érechthéion en général, dit qu'il renfermait l'olivier et le flot que Minerve et Neptune avaient fait paraître lorsqu'ils se disputaient la possession de l'Attique... Érechthée n'avait pas de temple, mais un autel; Minerve et Pandrose avaient chacune un temple. » [2]

Les deux temples étaient réunis par leurs parois extérieures et communiquaient l'un avec l'autre. Celui auquel donnait accès le grand portique de l'ouest était consacré à Minerve Poliade, protectrice de la cité. Là était placé le Palladium; la statue de la déesse que l'on croyait tombée du ciel. « Elle était en bois d'olivier et d'un travail grossier, comme il est aisé de le supposer. Mais ses formes étaient cachées par le magnifique péplum que brodaient les vierges athéniennes, si bien cachées que les bras eux-

[1] On peut consulter le mémoire présenté à l'Institut par M. Tetaz sur la restauration de l'Érechthéion, et publié dans la *Revue archéologique* en 1851; les articles de M. Raoul Rochette dans le *Journal des savants*, 1851; l'étude publiée par M. Burnouf dans la *Revue des Deux Mondes*; et le livre de M. Beulé, *l'Acropole d'Athènes*.

[2] Beulé, *l'Acropole d'Athènes*, II, VIII.

mêmes disparaissaient sous les plis. » Devant la statue brûlait nuit et jour une lampe d'or, ouvrage de Callimaque; « on n'y versait de l'huile qu'une fois par an, et la mèche, de lin carpasien, ne se consumait jamais. Un palmier de bronze, qui montait jusqu'au plafond (car le sanctuaire était couvert), dissimulait les conduits de la fumée, qui s'échappait par le toit. Il y avait aussi dans le temple de Minerve Poliade un Mercure en bois qui remontait au temps de Cécrops. On ne cachait point sous des étoffes brodées cette œuvre grossière de l'art à son enfance, mais on l'ensevelissait sous des branches de myrte. »

On conservait aussi dans le temple des offrandes, parmi lesquelles Pausanias cite; à cause de son antiquité, le siège pliant que l'on croyait l'ouvrage de Dédale, et divers trophées de la guerre des Mèdes : la cuirasse de Masistius, général de la cavalerie tué à Platée, et le cimeterre de Mardonius. La peinture et la sculpture y avaient aussi consacré les portraits et les souvenirs des membres les plus illustres de la famille des Étéobutades, famille qui descendait du premier prêtre de Minerve et de Neptune, Butès, et où le sacerdoce était héréditaire.

Du temple de Minerve Poliade on pénétrait, par un couloir et un escalier placés entre le sanctuaire et la muraille extérieure, dans le temple de Pandrose, dont le portique du midi était l'entrée principale. Pandrose était une des trois filles de Cécrops, servantes de Minerve, à qui la déesse, après la naissance d'Érechthée, avait confié, en leur défendant de l'ouvrir, la corbeille où elle avait caché l'enfant. Pandrose fut fidèle; mais ses deux sœurs, Aglaure et Hersé, n'ayant pas résister à leur curiosité, furent saisies d'une démence furieuse et se précipitèrent du haut de l'Acropole. Pandrose, au contraire, devint plus chère encore à Minerve, qui voulut, après sa mort, qu'on lui rendît les honneurs divins. On suppose que le temple de Pandrose était hypèthre, c'est-à-dire que le sanctuaire en était découvert, parce qu'il renfermait l'olivier sacré, la tige mère de tous les oliviers de l'Attique, qui n'aurait pu vivre sans air et sans lumière. Brûlé par les Perses, il avait, disait-on, repoussé le jour même de deux coudées. Les vainqueurs des panathénées venaient cueillir dans le Pandroséion une branche de cet arbre, et allaient ensuite la consacrer dans le sanctuaire de Minerve.

Auprès de l'image de Pandrose on voyait celle de Thallo, la plus jeune des Heures, qui, pour les Athéniens, représentait le printemps et la floraison. Sous le temple du nord on montrait, à travers une ouverture ménagée dans le dallage, l'empreinte du trident que Neptune avait enfoncé dans le roc quand il avait fait jaillir la mer, sur l'Acropole, lors de sa dispute avec Minerve. L'auteur d'une belle restauration de l'Érechthéion, M. Tetaz, remarqua, lorsqu'il en étudiant les ruines, à l'angle sud-est du portique septentrional une interruption dans le dallage, et il reconnut que cette ouverture était antique; il fit déblayer le rocher, et y trouva deux trous profonds de cinquante centimètres environ, reliés entre eux par un petit canal. « Ces trous sont au fond d'un caveau ménagé dans les substructions du portique. Une porte très-basse, pratiquée dans les fondements du mur septentrional, conduisait dans l'intérieur du temple et débouchait, par un passage souterrain, dans le couloir, qui, de ce côté, isolait les sanctuaires... Il était naturel de songer au trident de Neptune que les prêtres montraient sur le rocher. M. Tetaz croit que ces trous sont faits de main d'homme. Ils semblent, au contraire, dit M. Beulé, l'œuvre fort irrégulière du hasard. » [1] Si l'empreinte du trident a été découverte par les modernes, il n'en est pas de même du puits dont parle Pausanias, au fond duquel, quand soufflait le vent d'Afrique, on entendait mugir la mer; à moins qu'on ne doive en reconnaître la place dans un réservoir creusé à l'est du portique septentrional, et qui communique avec le caveau du trident. La construction en est moderne; mais cette construction peut en avoir remplacé une autre qui daterait de l'antiquité.

La tribune du sud est généralement connue sous le nom de tribune des cariatides, d'après un récit de Vitruve, qui veut que les figures qui soutiennent la couverture aient représenté les jeunes filles de Carie, ville du Péloponèse qui s'unit aux Perses contre la Grèce. « Délivrés de la guerre par une glorieuse victoire, les Grecs, d'un commun accord, prirent les armes contre les Cariates. La ville fut détruite, les hommes massacrés, les femmes emmenées en esclavage; mais l'on ne souffrit pas qu'elles déposassent leur robe et leur parure de femmes libres. Qu'était-ce qu'un triomphe de quelques heures? On voulait que l'éternité de leur servitude et de leur humiliation rappelât sans cesse qu'elles payaient pour un peuple entier. C'est pour cela que les architectes du temps les représentèrent sur les monuments publics et chargèrent leurs images de pesants fardeaux. La postérité elle-même devait apprendre ainsi le crime et le châtiment des Cariates. » Cependant, une inscription qui n'est que de peu de temps postérieure au monument ne désigne les statues qui soutiennent l'entablement que sous le nom de jeunes filles. L'architecte romain a peut-être trop volontiers accueilli une explication qui avait cours de son temps; il est plus probable qu'il faut voir, malgré son témoignage, dans les statues de la tribune du Pandroséion l'image des vierges Errhéphores, consacrées au culte de Minerve, qui travaillaient, avec les prêtresses, au vêtement sacré du Palladium, et qui demeuraient, tant que leur travail durait, à côté de l'Érechthéion.

Lorsque l'Érechthéion, dévasté par des remaniements barbares, puis par l'explosion d'une bombe, n'était plus qu'une ruine, les six vierges restées debout passaient, dans la croyance populaire, pour des êtres surnaturels. Cette croyance a conservé à la Grèce les cinq figures qu'elle possède encore. Buchon raconte que lorsque, par ordre de lord Elgin, on eut arraché la sixième pour la transporter en Angleterre, « un sentiment d'indignation se manifesta dans le peuple; on ne crut pas prudent d'enlever les autres pendant le jour, et on attendit la nuit. Au moment où les Turcs chargés de la tâche s'approchèrent du temple, le vent fit entendre un gémissement prolongé; les Turcs crurent entendre la voix des statues et s'enfuirent effrayés, sans qu'on pût les décider à achever l'œuvre de destruction. » La France a fait relever la tribune des jeunes filles en 1846. Une des statues, dont il ne restait que le torse, a été restaurée. Le moulage de celle qui est actuellement au Musée britannique a été mis à sa place. La beauté de ces figures a été louée d'une voix unanime par tous ceux qui ont visité Athènes; il faut encore plus admirer peut-être « le caractère monumental qui les met en harmonie avec les lignes et le sentiment de tout l'édifice. Telle est l'entente de deux branches de l'art souvent séparées chez les modernes, toujours étroitement unies chez les Grecs : le sculpteur semble avoir subordonné son œuvre à celle de l'architecte; l'architecte a tout calculé pour faire valoir les statues du sculpteur. » [1] Les vêtements, amples autant que le permettait le costume grec, les enveloppent de leurs plis abondants et forment « comme une seule ligne depuis l'épaule jusqu'aux pieds; en même temps ils remplissent le vide qui eût existé entre les bras et le corps, et détruisent des jours incompatibles avec l'architecture grecque. Tous les plis sont d'un grand style et d'une vérité qui sait négliger quelques finesses. Le bas de la draperie est d'une fermeté incomparable. Par devant elle est dé-

[1] Beulé, l'Acropole, II, 7.

[1] Beulé, l'Acropole, II, 9.

rangée par la flexion d'une des jambes (destinée à éviter la roideur, et qui leur donne cette légère inclinaison vers le centre qu'on peut remarquer aux colonnes des temples doriques); par derrière les plis tombent sur le sol comme les cannelures d'une colonne. » La chevelure, librement relevée sur le front, descend derrière la tête en masse épaisse, de manière que le marbre ait, même à cet endroit, la force et la résistance d'un pilier. De grosses tresses enroulées au-dessus de la tête forment comme un coussin destiné à recevoir le chapiteau, dont la forme sphérique se marie sans effort avec la tête humaine.

« Tandis que le sculpteur concevait son œuvre avec une si juste intelligence des besoins de l'architecture, l'architecte, en vue de la sculpture, faisait subir aux règles des modifications radicales. Il donna au stylobate une hauteur inaccoutumée, et en fit un piédestal continu qui plaçait les statues au-dessus du regard. C'était une convenance indiquée par la proportion humaine et l'impossibilité de rapprocher de tels supports. Comme si l'épaisse sandale tyrrhénienne n'avait pas suffi, une plinthe exhaussa chaque statue, pour qu'aucune partie n'en fût cachée par la corniche du stylobate... Mais l'innovation la plus audacieuse fut assurément la suppression faite dans l'entablement. De peur qu'il ne surchargeât trop ses charmants soutiens, on le fit sans frise, exemple unique dans l'architecture grecque, et, au-dessus de l'architrave, on plaça immédiatement la corniche. Il n'y eût pas non plus de fronton, mais une terrasse en pente douce couvrit la tribune, et quatre dalles encastrées dans le mur du Pandroséion formèrent de leurs deux faces le toit et le plafond. Les eaux s'échap-

Tribune du temple de Pandrose, à Athènes. — Dessin de Thérond.

paient par de petits trous ménagés derrière les grands oves de couronnement. »

Quelle fut la destination de cet élégant appendice du temple, qui, selon la remarque de M. Tetaz, est plutôt une chambre qu'un portique? D'après une opinion qui paraît fondée, il aurait renfermé le tombeau de Cécrops. Dans les inscriptions, du moins, il est toujours désigné par le nom de ce tombeau et comme le précédant : c'est la *prostasis* annexée au *Cecropion*.

L'Érechthéion est tout entier en marbre pentélique. La frise, qui court sur ses quatre côtés et sur le portique du nord, est en marbre noir d'Éleusis. Sur cette frise étaient attachés des bas-reliefs en marbre de Paros, dont quelques fragments ont été retrouvés. Les figures étaient fixées par des attaches dont on voit çà et là les trous de scellement. Les couleurs et l'or paraissent avoir été employés pour ajouter encore à l'éclat de l'architecture, qui avait ici déployé avec un goût exquis tout ce que l'ordre ionique comporte de grâce, d'abondance et de richesse dans ses ornements.

UN PORTRAIT DE PHILIPPE II.

Philippe II, d'après une ancienne estampe. — Dessin de Yan' Dargent.

Le Philippe II qui est ici représenté, d'après une ancienne estampe des Pays-Bas, ne ressemble guère à celui que révèle l'histoire. Qui reconnaîtrait le roi si redouté et si envié de ses contemporains, si bas et si méprisé dans l'opinion de la postérité? le tyran soupçonneux et cruel, bourreau de ses peuples et de sa propre famille, qui fut prodigue de sang pour venger les blessures de son orgueil, et qui trembla toujours devant l'inquisition? (Voy., sur le caractère de Philippe II, t. IX, 1839, p. 237.)

Le portrait que nous voyons est celui que se faisait de

lui, quand il n'était plus, l'imagination populaire, ne pouvant concevoir autrement qu'à cheval un prince qui avait agité l'Europe pendant toute sa vie et fait partout la guerre, et dont l'empire embrassait les deux mondes. Mais il avait perdu, avec ses flottes, l'empire des mers; il avait cru mettre sur sa tête les couronnes de France et d'Angleterre, et les États qu'il avait reçus en héritage de son père lui avaient successivement échappé; l'Espagne même, il la laissait énervée et épuisée. Et cependant, telle est la force du préjugé vulgaire, qu'il se crée un banal idéal pour les plus misérables grands hommes! Dans ce pays même où il avait soulevé tant de haines, qu'il avait écrasé sans pouvoir lui faire subir le joug, quelques années après sa mort, celui qu'on appelait le *démon du Midi* était figuré sous les traits un peu lourds d'un Flamand doux et débonnaire.

HISTOIRE D'UN SOUPIR.

NOUVELLE.

Fin. — Voy. p. 106, 114, 122.

Je ne trouvai pas, dans le seul commis qui consentît à me suppléer, toutes les qualités qu'en un autre temps j'aurais considérées comme essentielles; je négligeai même de m'informer autant que je l'aurais dû de son caractère et de sa vie passée. Mais, tout insouciant que je fusse pour ce qui était de mes affaires, je ne cessai point d'être d'une prudence extrême en ce qui concernait mes rapports avec Mme Van-Boyen. Je réglai les plus petits détails des conventions intervenues d'elle à moi avec toutes les précautions qu'enseignent l'habitude et les exigences du commerce. J'avais acquis les preuves de son immense richesse et la certitude qu'elle n'était pas endettée. J'avais obtenu son engagement par écrit qu'elle ferait seule toutes les dépenses d'argent nécessaires aux premières soirées du jeu, ainsi qu'aux pertes volontaires que nous pourrions juger utiles en vue de suspendre ou dérouter les soupçons. Je l'avais amenée à consentir à me défrayer de toutes mes dépenses de voyage, s'il arrivait que notre plan dût être ajourné par suite de quelque événement imprévu, tel qu'un ordre de clôture des maisons de jeu, dont on avait parlé en prévision d'une guerre de la France avec l'Allemagne. Tout était donc parfaitement stipulé à mon avantage.

Les jours s'écoulaient bien lentement au gré de mon impatience. Enfin les derniers jours de printemps arrivèrent. Toutes les malles de Mme Van-Boyen étaient prêtes. Nous avions fixé le 10 juin pour l'époque de notre rencontre à Hombourg.

En ville, j'annonçai çà et là, dans les conversations, le désir vague, puis l'intention positive de faire prochainement un voyage de plaisir en Suisse et aux bords du Rhin. On haussait les épaules; on n'avait même plus à cœur de se railler de moi d'un air d'amitié; on me répondait avec une ironie glaciale :

— Un voyage d'agrément! Michel, l'économe Michel!

J'entendais aussi murmurer les mots : « Une vieille lune de miel sur les glaciers! c'est à donner le frisson. »

D'autres répondaient : « Il pourrait bien passer des bords du Rhin à Bruxelles ou en Amérique. »

Je bravai de haut, fièrement, en futur millionnaire, toute cette malveillance. « Travaillez, travaillez, pauvres gens, pensais-je; tondez sur un œuf : rira bien qui rira... en automne. »

Le 4 juin, j'allai passer une journée à H... pour y régler une affaire de quelque importance. Mon correspondant me demanda si j'étais assuré que mon nouveau commis fût un honnête homme. Je répondis assez indifféremment que je

n'avais aucune raison d'en douter, et que, d'ailleurs, mon absence ne devant être que de peu de durée, deux mois au plus; je ne laissais pas de très-grands intérêts à sa discrétion.

Je devais emporter le petit livre rouge pour le relire, l'étudier en route, et en apprendre mieux le contenu, parce qu'il ne fallait plus songer à le tenir ouvert près de moi, pendant les séances du tapis vert, comme dans nos répétitions du petit cabinet.

Le 6, veille du départ de Mme Van-Boyen, vers dix heures du matin, je frappai à sa porte.

Un domestique parut et me dit :

— Madame est morte!

— Morte!

— Hier soir.

Ma tête tourbillonna.

— Si subitement! balbutiai-je avec un reste d'incrédulité.

Je rêvai un moment.

— Mme Van-Boyen a quelques livres qui m'appartiennent. Ne pourrais-je pas les prendre là-haut?

Je songeais au petit livre rouge.

— Impossible, Monsieur. Tout est sous les scellés.

— Comment cela? Elle n'avait point d'héritiers.

— On le croyait.

Je me retirai pâle, glacé, faible, insensible comme si on m'eût tiré tout mon sang; je chancelais.

Enfermé chez moi, je me recueillis, et je repris courage en songeant qu'après tout rien n'était perdu si je réussissais à me rendre maître du petit livre : je n'avais qu'à faire immédiatement les démarches nécessaires pour acheter la bibliothèque entière de la défunte, livres et manuscrits, fût-ce un peu au-dessus de leur valeur.

Sans attendre la fin des formalités ordinaires de la justice, j'allai donc visiter l'homme d'affaires chargé des intérêts de la succession. Je lui racontai que depuis plus de dix ans j'avais vendu à Mme Van-Boyen un grand nombre de livres, j'exposai les raisons fort naturelles qui me faisaient désirer de les racheter à des prix convenables, et j'indiquai un chiffre.

L'homme d'affaires se connaissait assez au commerce de la librairie pour comprendre que mon offre, qu'il espérait bien m'amener à élever encore, ne pouvait être qu'avantageuse aux héritiers, et il me répondit qu'il croyait pouvoir prendre sur lui la responsabilité du marché. De toute manière il ne voyait pas d'objection à visiter avec moi la bibliothèque de Mme Van-Boyen dès que les scellés seraient levés; nous verrions alors s'il serait possible de nous entendre et de conclure.

Le jour venu, je le conduisis à la chambre où se trouvaient entassés plutôt que rangés quelques milliers de romans.

— Il y a en outre, lui dis-je, quelques manuscrits, et je désire qu'ils entrent dans le marché.

— L'inventaire n'en mentionne aucun, me répondit-il.

— Ce doit être une erreur. Du vivant de Mme Van-Boyen, qui m'honorait, comme on sait, de toute sa confiance en ce qui était de ces sortes de choses, j'en ai vu quelques-uns, par exemple, dans un cabinet du deuxième.

— Montons, me dit l'homme d'affaires.

La porte du cabinet était ouverte; la roulette en miniature et le livre avaient disparu.

— On a donc déjà vendu une partie des meubles! m'écriai-je.

— Aucunement.

— Alors il faut qu'on ait déplacé ou soustrait différentes choses qui étaient ordinairement ici.

— Ce soupçon est grave; expliquez-vous.

J'étais trop ému pour me contenir. Au risque de tout compromettre, je me déclarai prêt à affirmer que, peu de jours avant la mort de Mⁿᵉ Van-Boyen, il y avait dans ce cabinet un meuble et un manuscrit dont je fis la description.

L'homme d'affaires sonna. La femme de chambre accourut. Il lui répéta ce que je venais de dire. Elle me jeta un regard mêlé de mépris et d'indignation qui me fit rougir; puis, avec calme, elle raconta ce qui suit.

Le 5 juin, Mⁿᵉ Van-Boyen, s'étant sentie indisposée vers neuf heures du soir, avait fait appeler son médecin; un quart d'heure après, elle avait envoyé chercher un confesseur : elle était catholique; on l'avait toujours ignoré.

Le confesseur était resté quelque temps enfermé avec elle. Puis Mⁿᵉ Van-Boyen avait fait venir la femme de chambre et un autre domestique, et leur avait dit : « Accompagnez M. l'abbé; ouvrez-lui la porte du cabinet vert, et faites ce qu'il vous ordonnera. »

Dans le cabinet, l'abbé avait ordonné de brûler immédiatement un petit livre rouge et un petit meuble blanc et noir fort singulier, qui avait l'air d'un des jouets qu'on donne aux enfants le jour de la Saint-Nicolas. On avait immédiatement brisé ce meuble, et on en avait jeté les morceaux, avec le livre, dans le poêle de la salle à manger, en présence de l'abbé.

J'étais accablé par l'évidence. J'essayai de réprimer mon trouble. Je discutai quelques instants sur le prix des livres avec l'homme d'affaires, puis je rentrai chez moi.

Je ne sortis point de ma chambre le jour suivant. J'avais peur d'être fou. Je ne pouvais me résigner à croire que tous ces millions, qui peu à peu étaient devenus pour moi comme des choses palpables, se fussent évanouis si subitement en l'air comme une fumée. Je cherchai si ma mémoire avait tiré assez de règles du petit livre pour qu'il y eût encore à espérer d'en faire usage. Non; j'étais arrêté à toute minute par des lacunes. J'attribuai d'abord cette impuissance aux suites du coup violent qui venait d'ébranler mon intelligence. Plus tard, je constatai que mes souvenirs s'étaient de plus en plus effacés; il n'y avait plus qu'à en laisser se dissiper les restes inutiles comme des vapeurs malfaisantes.

Après vingt-quatre heures d'angoisses morales, je sortis. J'allais, je venais, sans projet, sans but; je ne parlais pas, je n'interrogeais personne. J'évitais la rencontre de mes amis : en avais-je encore? On paraissait à peine prendre garde à moi.

Quand mes regrets commencèrent à s'affaiblir, je pris enfin la résolution de retourner à mon comptoir. Mon commis était absent; il avait falsifié mes livres de comptes, pillé ma caisse. Ma considération était anéantie; j'étais au bord d'un précipice.

Je pris alors une résolution énergique. Le soir même j'allai au cercle de l'Amitié discrète, et, à haute voix, devant tous mes confrères, je fis l'aveu sincère, complet, de ma désastreuse aventure. Je confessai toute ma folie. On s'étonna d'abord, on murmura; mais, après un peu d'hésitation, deux ou trois anciens confrères s'approchèrent, me tendirent la main, louèrent ma franchise, et me conseillèrent de prendre confiance.

J'étais soulagé. Je me remis, dès le lendemain, à mes affaires avec courage. Que vous dirai-je de plus? J'ai comblé le vide de ma caisse avec mes anciennes économies; j'expie mes imprudences à force de travail. Il semble même que la fortune veuille me consoler; à aucune époque du passé ma vente n'a été plus active. Mais, Monsieur, je souffre toujours; il me semble que j'ai une sorte de maladie incurable au fond de l'âme. Vous n'imaginez pas combien autrefois j'aimais à conter des histoires plaisantes et à

en rire. J'étais rarement un moment seul sans chanter. Aujourd'hui, Monsieur, je sens intérieurement comme une montagne qui écrase toutes mes anciennes joies. Je voudrais du moins dissimuler aux yeux de tous ma faiblesse; mais la vue de la moindre pièce d'argent m'ôte toute force sur moi-même. Vous m'avez entendu soupirer. Ah! le maudit soupir! il sort nuit et jour comme d'une source intarissable. Je désespère d'en être jamais délivré.

— Monsieur Michel Kropper, il n'y a rien que d'honorable, ce me semble, dans ce signe de votre regret.

— Ah! Monsieur, regret n'est pas repentir.

— Quoi donc? N'avez-vous pas le sentiment que c'était une mauvaise inspiration d'abandonner un métier honnête pour aller courir après la fortune dans les tripots du jeu? Ne vous repentez-vous pas d'avoir voulu vous enrichir par des moyens déloyaux?

— Pas absolument, Monsieur. J'ai essayé de comprendre tout ce qu'il y a dans mon soupir, et j'ai trouvé que c'était quelque chose de très-compliqué. Il me faudrait faire un long discours pour exprimer ce qu'il veut dire. Et écoutez! Je le sens qui en ce moment monte et murmure : « — J'ai fait une sottise! — Qu'est-ce que ce peu d'argent qu'on me donne en comparaison de tout ce que j'aurais pu gagner?

— La peste soit de cette histoire, qui a retardé ma retraite de cinq ou six années! — Il eût pourtant bien agréable de devenir riche tout à coup! — Il y a beaucoup de gens, j'en suis sûr, qui se racontent ma déconvenue en se riant de moi, etc., etc., etc. » — Ce soupir, voyez-vous, c'est comme une légion de sortilèges que m'a léguée cette vieille sorcière de la maison rose.

— C'est un châtiment! Discutez un peu plus sérieusement avec votre raison; parvenez à vous juger plus sévèrement; et lorsque du regret vous aurez réussi à passer au repentir, M. Michel Kropper, vous ne soupirerez plus.

LES TIMBRES-POSTE.

Suite. — Voy. p. 50, 87, 120.

EMPIRE D'AUTRICHE.

(34 timbres, 14 types; — 13 enveloppes, 2 types.)

Le système de l'affranchissement des lettres au moyen de timbres-poste est en vigueur en Autriche depuis le 1ᵉʳ juin 1850, en vertu d'une ordonnance du ministre du commerce (le baron de Bruck) en date du 26 mars 1850.

Les timbres-poste autrichiens sont employés pour les affranchissements dans la principauté de Lichtenstein.

Les lettres affranchies payent 3, 5, 10 et 15 kreutzers par loth (17ᵉʳ,50), suivant la distance.

Les lettres non affranchies payent une surtaxe de 5 kreutzers par loth.

Les imprimés, placés sous bande et affranchis, payent 2 kreutzers par loth, quelle que soit la distance. Les timbres-poste ordinaires servent à les affranchir, ainsi que les échantillons du commerce.

Le nombre des lettres particulières a été de 50 837 200 en 1855, et de 70 440 000 en 1862. Le nombre des lettres officielles a été de 21 279 500 en 1855, et de 21 200 000 en 1862.

L'augmentation du nombre des lettres particulières a été de 38 ¹/₄ pour 100 en huit ans, de 1862 sur 1855, et de 16 pour 100 de la période quatriennale de 1859-1862 sur celle de 1855-1858.

La population de l'empire d'Autriche étant d'environ 36 200 000 habitants, le nombre moyen de lettres par habitant a été de 2 en 1862.

En 1862, 83 lettres particulières sur 100 ont été affranchies.

Quatre émissions de timbres-poste ont eu lieu.

Timbres.

Émission du 1er juin 1850. — Le timbre est rectangulaire et a 21mm.5 sur 18mm. Il est gravé, imprimé en couleur sur papier à la main blanc. Il porte l'écu aux armes de l'empire, surmonté de la couronne impériale et accompagné de palmes et de rameaux de laurier et de chêne. On a inscrit en haut la légende *K. K. Post-stempel* (Timbre-poste impérial royal), et en bas la valeur du timbre en kreutzers (monnaie de convention).

No 125. Autriche.

1 kreutzer (¹) (0f.0435), jaune (jaune-citron, jaune de chrome, jaune orangé, jaune brunâtre).
2 kreutzers (0f.0870), noir.
3 (0f.1305), vermillon ou rouge clair.
6 (0f.2610), brun rougeâtre ou marron.
9 (1f.3915), bleu clair (no 125).

Ces timbres ne sont pas piqués.

Le tirage a été effectué par feuilles entières contenant chacune 240 timbres.

Émission du 1er novembre 1858. — Cette émission a eu lieu par suite de la réforme du système monétaire de l'empire. En vertu de la patente impériale du 19 septembre 1857, la monnaie dite argent de convention fut remplacée par une nouvelle monnaie autrichienne. Une ordonnance ministérielle du 14 octobre 1858 prescrivit une nouvelle émission de timbres qui eut lieu à partir du 1er novembre 1858.

Le timbre de la création de 1858 est rectangulaire et a 21mm sur 18. Il est gravé, imprimé en relief et en couleur sur papier blanc; le dessin ressort en relief et en blanc sur le fond de couleur.

L'effigie de l'empereur François-Joseph 1er, la tête couronnée et tournée à gauche, est placée dans un encadrement qui est différent pour chaque valeur. Il y a donc cinq dessins pour les timbres de cette émission. La valeur est marquée au bas.

Ces timbres sont piqués.

2 kreutzers (²) (0f.050), jaune, orangé.
3 (0f.075), 1o (1858) noir; 2o (1859) vert clair.
5 (0f.125), vermillon.
10 (0f.250), brun rougeâtre (no 126).
15 (0f.375), bleu clair (no 127).

No 126. Autriche. No 127.

C'est en vertu d'une ordonnance du ministre du commerce, en date du 16 mars 1859, que le timbre-poste de 3 kreutzers a été tiré en vert clair au lieu de l'être en noir.

Le tirage de ces timbres a eu lieu en feuilles contenant chacune 60 timbres.

Marques dites timbres complémentaires. — On a donné le nom de timbres de retour, ensuite celui de timbres complémentaires, à de petits carrés de papier, espèces de

(¹) 1 florin (*gulden*), argent de convention, d'Autriche = 60 kreutzers = 2 fr. 61 c.
(²) 1 florin nouveau d'Autriche = 100 kreutzers (*neukreuzers*) = 2 fr. 50 c.

marques qui ont la dimension et la couleur des timbres précédents, et qui portent deux barres entre-croisées comme la croix de Saint-André.

Ce ne sont pas des timbres-poste.

Pour simplifier la comptabilité des postes, la feuille de timbres devait en contenir une quantité dont le prix fût toujours une somme ronde; mais comme la planche comportait plus de timbres qu'il ne le fallait pour cela, on n'a gravé que la quantité voulue, et l'espace inutile est représenté par les marques dont il s'agit.

Elles n'ont jamais reçu un emploi régulier; les employés des postes les ont souvent collées, en y écrivant le mot *retour*, sur les lettres à réexpédier, mais simplement parce que ces marques étaient sous leur main et d'un usage commode.

Il est aisé de comprendre, d'après ces explications, que les marques soient de la couleur des timbres, puisqu'elles ont été imprimées en même temps.

Les marques de l'émission de 1850 sont de papier à la main, non piquées; les deux barres entre-croisées sont imprimées en couleur sur papier blanc :

Jaune, noir, vermillon, brun rougeâtre, bleu clair.

No 128. Autriche. No 129.

Les marques de l'émission de 1858 ne sont pas toutes semblables : elles sont de papier mécanique, piquées, imprimées en couleur sur papier blanc; et les barres entre-croisées sont en blanc et en relief sur le fond de couleur; mais, dans les unes, le fond de couleur remplit toute la surface, 24mm sur 21 (no 128), et dans les autres, il n'occupe que 20mm.5 sur 17mm et est comme encadré par une bande de papier blanc (no 129) :

Jaune, orange, noir, vert clair, vermillon, brun rougeâtre, bleu clair.

Enfin, il y a d'autres marques qui proviennent probablement aussi des derniers tirages des timbres de l'émission de 1858 : elles sont de papier mécanique, piquées, imprimées en couleur sur papier blanc; les barres sont de couleur sur papier blanc :

Jaune, vert clair, vermillon, brun rougeâtre, bleu clair.

Émission du 15 janvier 1861. — Cette émission a été prescrite par l'ordonnance du ministre des finances du 21 décembre 1860.

Le timbre est rectangulaire et a 25mm sur 21; mais le timbre gravé, qui est ovale, a 22mm.5 sur 19. Il est gravé, imprimé en couleur sur papier blanc; le dessin ressort en blanc et en relief sur le fond de couleur. Il présente l'effigie de François-Joseph 1er dans un cadre guilloché; la tête de l'empereur est couronnée et tournée à droite. Le mot *kreuzer* est en haut et le chiffre de la valeur en bas. Ce timbre est piqué.

No 130. Autriche.

2 kreutzers (0f.050), jaune.
3   (0f.015), vert-clair.
5   (0f.125), vermillon ou rouge clair.
10   (0f.250), brun rougeâtre.
15   (0f.375), bleu clair [n° 130].

Ces timbres devaient n'avoir plus cours à partir du 1er décembre 1863, mais, en fait, on s'en servait encore en janvier 1864.   *La suite à une autre livraison.*

JOHN GIBSON.

Le bas-relief que réproduit notre gravure est une des meilleures œuvres du sculpteur anglais John Gibson, et peut passer pour une des productions les plus distinguées de l'art contemporain en Angleterre. Ce bas-relief, dont les figures sont de grandeur naturelle, décore un monument funéraire élevé à la mémoire de la comtesse de Lei-

Haut relief du tombeau de la comtesse de Leicester, par Gibson. — Dessin et gravure de Valentin.

cester, morte en donnant naissance à un enfant qui ne lui a pas survécu. Une pensée touchante a inspiré l'artiste : la malheureuse jeune mère, les yeux attachés sur son enfant, semble heureuse de le suivre pour n'être pas séparée de lui, et l'ange exécuteur des décrets de la Providence les emporte tous deux d'un même vol. Le mouvement de chacune des figures, celui du groupe tout entier, sont des plus heureux; le dessin en est pur, l'ajustement de bon goût. On pourrait désirer dans l'exécution un peu plus d'accent et de fermeté, comme dans la composition un sentiment plus personnel. On ne peut, en effet, en présence de ce bas-relief, ne pas penser aux groupes analogues de Thorwaldsen. Si l'on ne savait quel en est l'auteur, c'est à ce maître qu'on penserait, ou à Flaxman, ou à Canova.

Ce furent là les maîtres de Gibson, et Thorwaldsen le dernier; mais avant de recevoir leurs leçons, il passa par une plus dure école : il fallut, pour les mériter, qu'il prouvât d'abord sa vocation et montrât que, seul et sans guide, il se fraierait lui-même un besoin la voie.

Né à Conway, dans le pays de Galles (en 1791), il ne trouva autour de lui, quand se manifestèrent pour la première fois ses dispositions naturelles, ni modèles, ni conseils, et ne reçut d'autres encouragements que ceux de sa mère, dont la tendresse et le bon sens paraissent avoir exercé sur son enfance la plus salutaire influence. Voyant les essais naïfs de dessin dont il couvrait son ardoise, elle l'exerça à regarder autour de lui, à se souvenir et à reproduire ce qu'il avait vu. Bien voir et retenir de toutes choses quelques traits caractéristiques, c'est là, à vrai dire, le premier et le plus solide fondement de toute éducation d'artiste. Bientôt le père de Gibson, qui était jardinier et dessinateur de jardins, mais peu heureux, à ce qu'il paraît, dans sa profession, résolut de s'expatrier et d'emmener sa famille en Amérique pour y chercher fortune. Ce projet ne s'accomplit pas. Arrivé à Liverpool, où il devait s'embarquer, il y trouva du travail et y demeura. Le jeune Gibson avait, dès son arrivée dans cette grande ville, reçu une vive impulsion de tant de choses nouvelles qui frappaient ses yeux. Les images exposées aux étalages des libraires et des marchands d'estampes le remplissaient surtout d'admiration. Il les reproduisait de mémoire, et déjà tirait quelques bénéfices de ses petits talents au profit de sa bourse d'écolier, que ses parents n'étaient guère en état de remplir. Ses camarades recherchaient ses dessins. On raconte que l'un d'eux, qui venait de recevoir un livre de prières tout neuf, pria Gibson d'en *illustrer* la première page blanche, et Gibson y plaça la figure de Bonaparte, à cheval, passant les Alpes, d'après le tableau de David, dont la gravure l'avait enthousiasmé. Il reçut six pence pour prix de ce frontispice.

Mais de pareils succès n'inspiraient point au père du jeune artiste beaucoup de confiance en son avenir. Il se montrait peu favorable à son inclination, et le mit en apprentissage chez un ébéniste, où, grâce à son aptitude naturelle pour le dessin, il devint bientôt un bon ouvrier justement apprécié de ses patrons. Il y fit, pendant un séjour de deux ans, d'utiles études d'ornement et de sculpture en bois; mais un beau jour, ayant visité un atelier de marbrier, la vue de la belle matière blanche et étincelante fit sur lui une si vive impression que, dès ce moment, il se sentit statuaire. Il prit en profond dégoût le bois, qu'il avait taillé jusqu'alors, et au retour déclara, à la grande surprise de ses patrons, qu'il ne voulait plus sculpter que le marbre. Il demeura inébranlable dans cette résolution, malgré leurs prières et leurs menaces; car ils ne parlaient de rien moins que de le conduire devant le magistrat et de le faire condamner à travailler pour eux, en prison, pendant tout le temps de son engagement. Heureusement MM. Francis, ces marbriers dont les cheminées, les tombeaux, les urnes funéraires avaient fait sur le jeune sculpteur l'effet d'une révélation, apprécièrent ce que son talent promettait, et, pour s'assurer son concours, consentirent à payer une indemnité à l'ébéniste qu'il voulait quitter.

Gibson avait alors seize ans. Il s'approchait de plus en plus de l'art où il devait trouver l'honneur de sa vie; il y toucha enfin le jour où, à l'occasion d'une commande faite à ses chefs, il fut conduit dans la maison de Roscoë, le célèbre auteur de la Vie de Laurent de Médicis, riche alors, considéré, et qui se plaisait à encourager les arts, qu'il aimait et qu'il comprenait. Roscoë, après quelques entretiens avec le jeune artiste, vit bien quelle était la véritable portée de son talent; il voulut le voir fréquemment, lui

ouvrit ses collections d'estampes et de dessins, et lui permit de les copier. D'après ses conseils, Gibson s'exerça à exécuter en grandes proportions des figures d'après les plus vastes compositions de Michel-Ange, du Corrège et d'autres maîtres italiens. Il dessina, à dix-huit ans, le carton des Anges déchus, d'après Michel-Ange, qui est aujourd'hui dans la galerie de la Liverpool-Institution. Vers le même temps, il en dessina un autre, d'après un sujet tiré du Dante. Ce carton, qui est actuellement chez un banquier de Liverpool, surprit, par son énergie, son auteur lui-même, lorsqu'il le revit plus tard. Mais Roscoë craignit que le goût qu'il avait inspiré au jeune artiste pour les maîtres de la renaissance, et particulièrement pour Michel-Ange, ne devînt dangereux en le faisant tomber dans la manière et l'exagération; il l'engagea à se tourner désormais vers les modèles plus calmes et plus purs de la Grèce antique; il voulut enfin qu'il allât les étudier en Italie. Des revers de fortune l'empêchèrent d'exécuter seul tout ce qu'il méditait; mais d'autres personnes qu'il avait su intéresser aux progrès et à l'avenir du jeune artiste l'aidèrent dans l'accomplissement de ses généreux projets.

Gibson alla à Rome en 1817. Il avait reçu, à son passage à Londres, les conseils de Flaxman, et il avait dû à ses exhortations le courage de résister aux offres séduisantes qu'on lui faisait pour le retenir à Londres. Il partit emportant des lettres pressantes de recommandation pour Canova. Le grand sculpteur italien l'accueillit avec une extrême bonté, lui offrit l'aide de sa bourse, qu'il refusa, et de ses leçons, qu'il accepta avec empressement et reconnaissance. Il se remit, pour ainsi dire, à l'école, sous la direction de ce nouveau maître, ne pouvant assez se féliciter de l'instruction qu'il recevait de lui; et de la vue de tout ce qui l'entourait. « Maintenant, disait-il dans ses lettres, il recevait enfin un enseignement tel qu'il avait pu le souhaiter; il apprenait à connaître les principes et les conditions véritables de la statuaire. » On ne vit rien de lui pendant longtemps. Ce ne fut qu'à la fin de la quatrième année de son séjour à Rome qu'un Anglais, le duc de Devonshire, lui commanda le groupe en marbre de *Mars et Cupidon*, dont il avait admiré le modèle en terre dans son atelier, et que sir Georges Beaumont lui fit exécuter celui de *Psyché et les Zéphyrs*. Malgré ces succès, il ne croyait pas avoir terminé ses études, et lorsque Canova mourut, il entra encore dans l'atelier de Thorwaldsen.

Depuis ce temps, Gibson a produit beaucoup d'œuvres pleines de mérite, dont on peut deviner le caractère d'après le nom des maîtres qui l'avaient définitivement formé à la pratique de son art. Il a sculpté un grand nombre de figures tirées des fables grecques, avec le goût pur, mais un peu froid, et la grâce parfois trop molle de Thorwaldsen et de Canova. Cependant la vue d'un beau modèle, ou de quelque circonstance dont il avait été témoin et qui l'avait frappé, lui a inspiré aussi des œuvres où, sous le vêtement mythologique, on sent l'empreinte de la réalité. Il avait vu lui-même, assure-t-on, les faits qu'il a représentés sous des noms poétiques dans une *Amazone renversée de son cheval*, dans sa *Jocaste*, dans sa *Nymphe faisant danser un amour*.

Gibson a aussi fait des statues estimées de plusieurs personnages : celle de Huskinson, élevée par souscription à Liverpool, et dont une répétition est à Londres, dans la grande salle du Lloyd, et celle de Robert Peel, à l'abbaye de Westminster, sont parmi les plus remarquables. On peut trouver singulière, toutefois, l'idée qu'a eue l'artiste de figurer sous la toge de sénateurs romains des hommes de nos jours qui sont des représentants illustres des idées modernes. De même la statue de la reine Victoria, qu'il fit deux fois, pour le palais de Buckingham et pour la Chambre des lords, semble plutôt représenter une Junon ou une Cérès qu'une souveraine constitutionnelle.

Gibson n'eut pas la joie d'être désigné pour faire la statue de Roscoë, son bienfaiteur, lorsqu'on résolut de lui en élever une; Chantrey lui fut préféré. Il regretta alors pour la première fois de ne pas habiter l'Angleterre. Depuis 1817, en effet, Gibson n'a quitté l'Italie que pour faire de rares et courts voyages dans son pays natal.

SOUVENIRS D'UN AMI.

JEAN REYNAUD.

J'ai rencontré Jean Reynaud pour la première fois en 1831. Il avait vingt-cinq ans, moi vingt-quatre. Dès notre premier entretien, j'eus la conviction que si les circonstances n'étaient point contraires, il aurait une grande influence sur ma destinée. Je n'éprouvais pas seulement pour lui une très-vive sympathie, je pressentais que ce qu'on appelle à tort le hasard venait de m'offrir un guide, un soutien, un modèle de la vie.

En moins de quelques semaines, nous nous trouvâmes liés d'une affection qu'eût à peine égalée celle de deux frères bien unis, et qui a duré, sans interruption, en s'accroissant toujours, jusqu'au moment où la mort nous a séparés pour un temps qui ne peut être bien long.

J'avouerai cependant que je ne m'étais pas d'abord abandonné sans quelque trouble aux charmes de cette intimité qui devait m'être si profitable. L'égalité est assez généralement considérée comme une condition nécessaire dans le commerce délicat et libre de l'amitié : je savais bien qu'elle serait impossible entre nous. Sa supériorité, tout en m'attirant, m'inquiétait ; de lui à moi je n'osais mesurer la distance. Quoique nous fussions l'un et l'autre à un âge où l'esprit n'a pas encore une entière conscience du degré de force qu'il pourra lui être donné d'atteindre, vers la maturité, il m'était évident qu'il avait sur moi une de ces avances qu'avec la meilleure volonté et les efforts les plus énergiques on ne saurait diminuer sensiblement dans un si court espace que celui de la vie terrestre.

Il me fallait donc mettre d'abord de côté tout amour-propre : ce n'était pas une difficulté; mais lui, ne se lasserait-il point d'une infériorité qu'il ne parviendrait jamais à relever assez pour qu'elle ne lui fût pas trop souvent une cause de retard? Je ne puis douter qu'il n'eût le sentiment de ce qui se passait ainsi en moi; mais il a toujours su ménager mon scrupule avec une délicatesse et une bonté parfaites; jamais il n'a paru se décourager un seul instant de son affectueux devoir de me fortifier et de m'aider à m'approcher de plus en plus de lui. Ma consolation est de penser que peut-être il a trouvé assez de douceur dans ma tendresse et mon dévouement pour que ce lui fût une sorte de compensation de ce qu'il n'avait à espérer de moi aucun secours plus considérable. Il y avait, d'ailleurs, entre nos tendances et nos désirs de tels rapports que nous étions assurés de n'être jamais exposés à nous froisser par aucun dissentiment sérieux. Lorsque nous avions été quelque temps éloignés l'un de l'autre par nos devoirs ou par les voyages, comme il nous est arrivé trop souvent dans l'âge mûr, nous aimions à nous témoigner, au retour, que pendant l'absence nous avions pensé aux mêmes choses et presque toujours dans la même direction.

« Cher ami, m'écrivait-il de Nice en 1852, tu seras toujours celui que je bénirai le plus le ciel de m'avoir fait connaître en ce monde; et bien que, depuis les jours de notre jeunesse, les circonstances ne nous aient pas permis de nous trouver ensemble aussi fréquemment que nous l'eussions souhaité, les heures pendant lesquelles » nos vies se sont entre-croisées l'une dans l'autre suffi- » ront, je le crois, pour qu'il y ait entre nous un attache- » ment éternel. »

Je cite ces lignes, moins pour m'en glorifier que pour qu'on ne doute point que je ne sois autorisé à parler en toute connaissance de son caractère et de ses convictions.

En 1831, c'était un grand et fier jeune homme, aussi vigoureux de corps que d'esprit. Toute sa physionomie respirait l'intelligence, l'énergie, la dignité morale, la loyauté. Il avait un profond dédain les ambitions vulgaires, la cupidité, la ruse, la mollesse, l'indifférence morale, la servilité intérieure qui fait qu'on vit de la pensée et de la conscience des autres plus que des siennes propres. Dans les cercles de jeunesse que nous traversions, il ne supportait avec patience aucune infidélité aux beaux instincts qui portent naturellement vers les hauteurs de la vie. Sa présence seule était un sujet de malaise, presque de crainte, pour les cœurs pusillanimes ou égoïstes : son regard semblait pénétrer comme un aiguillon dans leur plaie et les forcer à se trahir eux-mêmes par leur confusion. Je sais que la vivacité de ses indignations généreuses, qu'il ne s'étudiait guère, il est vrai, à contenir dans les rencontres inévitables, a pu paraître à quelques-uns extrême; elle n'a jamais été injuste. Je m'étais alarmé, en deux ou trois circonstances, de la promptitude et de l'éclat de ses animadversions morales; j'hésitais à les croire suffisamment fondées : depuis, il m'a fallu malheureusement reconnaître qu'il avait vu mieux et plus loin que moi. De toute la puissance de son esprit, il avait découvert et vainement combattu, au fond de quelques âmes ennemies d'elles-mêmes, des espérances coupables qui s'y tenaient en réserve et l'arrière-calcul de volontés complices de leurs défaillances futures. Mais s'il était sans indulgence pour les avilissements prémédités, on le trouvait toujours bienveillant, secourable, zélé pour ce qu'il n'était qu'irrésolution ou faiblesse ; il s'intéressait à tous les jeunes gens dont on louait devant lui la bonne volonté et le talent : il désirait les connaître ; il les accueillait avec une ouverture de cœur qui faisait penser à ce qu'on rapporte de l'hospitalité antique ; il leur enseignait à se moins défier d'eux-mêmes et à s'avancer d'un pas plus ferme à la recherche de ce qui élève, épure les sympathies, et ennoblit l'intelligence. On sentait qu'il tenait à devoir et qu'il était heureux de communiquer à tous ceux qui approchaient de lui son intrépide ardeur, son amour enthousiaste de la vérité et de la justice, sa foi profonde dans la grandeur de la destinée humaine.

Doué d'une admirable mémoire et des aptitudes les plus diverses, il s'était mis de bonne heure en possession d'un ensemble considérable de connaissances littéraires et scientifiques. Il les avait acquises avec une rare facilité et sans s'employer toute sa force. Quoique né dans une cité populeuse, à Lyon, en 1806, il avait été élevé avec ses deux frères, Léonce et Saint-Edme [1], en Lorraine, plus aux champs qu'à la ville. Leur mère, que j'ai eu le bonheur de connaître, femme excellente et d'une raison égale à sa bonté, les avait dirigés de haut, favorisant dans la droite voie l'essor de leurs énergiques facultés, et les voyant avec plaisir non moins ardents pour les exercices du corps que pour ce qu'il y avait de fonds essentiel dans leurs études classiques. Elle possédait près de Thionville un petit vignoble, reste d'une grande fortune que des revers avaient détruite; c'est là que s'étaient passées presque toutes les années de l'adolescence de ses fils. Les longues

[1] M. Léonce Reynaud, directeur général des phares, professeur à l'École polytechnique; M. Saint-Edme Reynaud, contre-amiral.

prómenades, les courses à cheval, la natation, la chasse, s'entremêlant aux travaux de collège sans leur nuire, avaient développé chez ces trois jeunes gens une force et une santé physiques profitables à leur intelligence, et en même temps entretenu en eux le goût salutaire des plaisirs naturels et un sentiment élevé des beautés de la création.

Vers sa dix-septième année, Jean Reynaud avait été admis à l'École polytechnique. Sorti à l'un des premiers rangs, il était entré à l'École des mines, et, en 1829, on l'avait envoyé, avec le titre d'ingénieur, en Corse. Aucune mission, dans la disposition d'esprit où il était alors, ne pouvait avoir pour lui un plus vif attrait. Après cette suite d'années soumises à une discipline sévère et données presque entièrement aux sciences positives, il était passédé d'un désir irrésistible de se sentir délivré de toute contrainte, de s'éloigner de l'agitation et du bruit des villes, de vivre quelques années au milieu des grandes scènes de la nature qu'il aimait passionnément, et de s'y recueillir dans la solitude et la pleine liberté de sa pensée. Il voulait surtout s'y rendre compte du meilleur usage à faire de tous les éléments de savoir qu'il emportait avec lui, s'y résumer et déterminer la règle de sa vie.

La suite à une autre livraison.

LE NOMBRE.

Dieu nous a donné le nombre, et c'est par le nombre que l'homme se prouve à son semblable : — Otez le nombre, vous, ôtez les arts, les sciences, la parole et, par conséquent, l'intelligence. Ramenez-le, avec lui reparaissent ses deux filles célestes, l'harmonie et la beauté. — L'intelligence, comme la beauté, se plaît à se contempler : or,

le miroir de l'intelligence, c'est le nombre. De là vient le goût que nous avons tous pour la symétrie ; car tout être intelligent aime à placer et à reconnaître de tout côté son signe, qui est l'ordre. — J. DE MAISTRE.

PROMENADE DE PRINTEMPS.

Voy. p. 102.

Le roitelet des forêts (*Sylvia regulus*) est un peu plus gros que le roitelet des haies ; mais, comme lui, il a le bec très-effilé, ce qui dénote leurs instincts insectivores ; il est facile à reconnaître à la petite raie longitudinale qui couronne sa tête, ainsi qu'à son petit cri de *souci-i-i-i*, qui lui a fait donner, dans quelques pays, le nom de *souciel* ou *souciet*. La marque royale du sommet de sa tête ne forme pas une crête : les dessins qui présentent cet oiseau comme huppé dans inexacts ; c'est une simple strie de plumes jaunes qui ne diffèrent des autres que par leur coloration. Notre roitelet couronné recherche beaucoup la compagnie des mésanges, et il se laisse, comme celles-ci, prendre facilement à la pipée. A l'inverse du troglodyte, il aime tellement la société que, lorsqu'il se voit seul, il devient inquiet ; son petit cri se prolonge, devient plaintif, et il a hâte de rejoindre ses compagnons. Il se montre aussi très-bruyant quand le temps est à la pluie ; c'est un baromètre qui trompe moins que celui que nous consultons habituellement. Tout entier à la recherche de petits insectes, il ne semble faire aucune attention aux passants ; il voltige avec vivacité de branche en branche, et s'y tient, en haut et en bas, dans toutes les positions imaginables. Quelquefois, avant de se poser, vous le verrez, dans une grande indécision, agiter rapidement ses

Le Roitelet des forêts (*Sylvia regulus*). — Dessin de Freeman.

ailes et faire en quelque sorte la roue ; en le regardant ainsi contre le jour, vous diriez une petite toupie éthérée, diaphane. Quand vous aurez été témoin de ce joli spectacle, qu'il est facile de vous procurer dans le premier bois venu, vous ne serez pas éloigné de croire, avec nous, que le *trochilos*, c'est-à-dire *petite roue* des Grecs, sur lequel on a tant discuté, pourrait bien être notre bec-fin roitelet. C'est d'ailleurs un vrai cosmopolite, dans toute l'acception du mot. Non-seulement il reste chez nous l'été comme l'hiver, mais on le rencontre dans toute l'Europe. On le trouve encore en Asie et même, dit-on, en Amérique, depuis les Antilles jusqu'au Canada. Son vol étant très-court,

on suppose qu'il a passé de l'un à l'autre hémisphère par le détroit de Behring, que connaissait ainsi le nouveau monde bien longtemps avant les hommes. Quoi qu'il en soit, un oiseau si petit qu'il glisse à travers les mailles d'un filet ordinaire, si délicat que, pour ne pas trop l'endommager, il faut le tirer avec du sable fin ; un oiseau de si chétive apparence, résistant à tous les climats et répandu sur toute la surface habitable du globe, voilà certes un sujet digne de nos méditations. — Le roitelet des haies et le roitelet des forêts, voilà nos oiseaux-mouches ; ils pèsent chacun de six à huit grammes. Arrière le chasseur que tenterait un gibier pareil !

L'ILE DE MARKEN
(NORTH-HOLLAND).

Costumes des habitants de l'île de Marken, dans le Zuyderzée (Hollande du Nord). — Dessin de Marc.

L'île de Marken, située en face de Monnikendam, dans le Zuyderzée, n'a été séparée du continent que vers la fin du treizième siècle. Autrefois, c'était une dépendance d'un cloître de la Frise. Aujourd'hui ses neuf cents ou mille ha-bitants, divisés en huit ou dix petits groupes, vivent de la pêche des plies, des anchois, des harengs, et des seuls produits du sol, le foin et le jonc. Le hameau principal s'appelle la « bourgade de l'Église. » Dans l'école de l'île, fréquentée par deux cents enfants, filles et garçons, on enseigne, outre les éléments ordinaires, lecture, écriture et arithmétique, l'histoire nationale et la géographie. Ce serait là, comme dans tout le reste de la Hollande, une honte pour le plus pauvre habitant de ne pas être instruit. On y serait bien étonné d'entendre dire avec assurance que l'instruction rend les hommes orgueilleux, les dé-tourne des professions manuelles, les engage à sortir de

leurs villages, et que, d'ailleurs, on n'a pas le temps de lire quand il faut continuellement travailler pour vivre. Ces incroyables paradoxes [1] seraient, sur cette île, en pré-sence de tels démentis, qu'ils expireraient sur les lèvres du voyageur qui serait tenté de les répéter devant ces bons insulaires de Marken, hommes laborieux, sobres et d'une conduite régulière, ne connaissant pas, du reste, la mi-sère, grâce à ces vertus, et, en général, parvenant sans maladies graves à un âge très-avancé.

Les hommes ont pour vêtements une veste ou camisole de drap, une cravate à glands, une culotte flottante à larges plis, des bas de laine noire et des sabots. Les femmes portent sur la poitrine une pièce de drap ornée de dessins par devant, et de couleur rouge ou noire sur le dos; leur

[1] Voy. t. XXIX, 1861, p. 314, l'article intitulé : Si les habi-tants de la campagne ont le temps de lire.

jupe est de couleur bleu foncé; leur bonnet ressemble presque à une mitre. Leurs cheveux blonds sont disposés en touffes des deux côtés de la tête. Aux jours de fête, les costumes sont plus riches et rehaussés de boutons et d'agrafes d'argent.

LES DEUX INGÉNIEURS BRUNEL.

L'industrie de l'Angleterre, qui occupe une si grande place dans l'Europe moderne, doit une partie de son juste renom aux étrangers qu'elle a eu le bon esprit d'accueillir et d'encourager. Au seizième siècle, sous le règne d'Élisabeth, des mineurs allemands enseignaient aux Anglais un meilleur mode d'exploitation des richesses de leur sol; des Hollandais formèrent leurs ingénieurs et leur apprirent à construire des moulins à eau, des pompes aspirantes et diverses mécaniques. Les Flamands, bannis de leur pays par les persécutions du duc d'Albe, se réfugièrent dans la Grande-Bretagne et y naturalisèrent la fabrication des tissus ouvrés, toiles, tentures de Flandre, etc.; enfin, la révocation de l'édit de Nantes lui envoya par centaines des savants, des artistes, des artisans français, habiles à façonner le verre, à lisser le velours, la soie, la batiste. Aussi ne peut-on remonter à l'origine de la plupart des grandes découvertes industrielles de l'Angleterre sans rencontrer un nom français. C'est une succession non interrompue commençant à Denis Papin, le premier révélateur de cette puissance gigantesque, la vapeur, qui vaut à l'Angleterre seule une somme de travail égale à celle que pourraient accomplir avec leurs bras deux cent millions d'hommes, et se continuant par Thomas Savery ou Savory, réfugié français que Newcomen s'associa, et qui, de concert avec lui, construisit la première machine à vapeur qui ait fonctionné; Desaguliers, fils d'un ministre protestant rochelais, auteur bien connu d'un excellent *Cours de philosophie expérimentale*; Briot, l'ingénieux mécanicien qui, ne trouvant nul encouragement en France, exporta en Angleterre, vers 1623, sa machine à frapper monnaie, destinée à changer tout le système de monnayage, en substituant au marteau et à la main le frappement régulier du balancier; et, plus récemment, Dollond, l'habile opticien; Fourdrinier, l'inventeur de la machine à fabriquer le papier sans fin; les deux ingénieurs Brunel père et fils, qui, pour venir les derniers, ne sont pas les moins dignes de mémoire, et dont nous allons essayer de retracer la vie.

Né le 25 avril 1769, dans le petit village de Hacqueville, en Normandie, le jeune Marc-Isambert Brunel montra de bonne heure un penchant décidé pour la mécanique. Il fréquentait l'atelier du menuisier et du charpentier beaucoup plus volontiers que l'école. Tandis qu'il s'exerçait à manier des outils, à tracer des plans, il négligeait fort la grammaire et le latin, au grand désespoir de son père, qui le destinait à l'état ecclésiastique. Rien n'y faisait, ni réprimandes, ni punitions. A onze ans, il entra au petit séminaire de Saint-Nicaise, à Rouen; mais sa vocation de mécanicien persista. Ayant vu un nouvel instrument de précision exposé dans une boutique de coutellerie, il mit, pour l'acheter, son chapeau en gage. Aux heures de récréation, il prenait plaisir à regarder décharger les navires sur les quais. Un jour, il remarqua de gigantesques pièces de fonte qui faisaient partie d'une machine à vapeur, ou pompe à feu, comme on l'appelait alors, destinée au service des eaux de Paris.

— Qu'est-ce que cela? demanda le jeune garçon. Est-ce du fer forgé ou fondu? D'où cela vient-il?

Et comme on lui répondait :

— D'Angleterre,

— Oh! dit-il, quand je serai homme, j'irai dans le pays où l'on fait ces belles grandes machines!

De retour dans la maison paternelle, il employait le temps que lui laissaient ses études à façonner divers instruments de musique. Il inventa aussi une machine à fabriquer les bonnets de coton, qui est encore en usage chez les paysans normands. Son père, le voyant de plus en plus absorbé, lui prédit qu'il n'arriverait jamais à rien et végéterait toute sa vie. Désespérant d'en faire un curé, il le fit admettre dans la marine, à dix-sept ans, comme « volontaire d'honneur. » A bord, Brunel continua ses occupations favorites. Il fit une boussole en ébène si bien exécutée et si précise qu'il n'eut recours qu'à elle pendant toute la navigation. L'équipage dont il faisait partie ayant été licencié en 1792, le jeune Brunel, après six ans de service, vint à Paris pour chercher de l'emploi. Il était royaliste, et ne s'en cachait point. Le jour de la condamnation de Louis XVI, il se montra indigné, et eut dans un café une altercation très-vive avec quelques ultra-républicains. Déjà il se voyait entouré, menacé, lorsqu'une circonstance fortuite fit diversion et lui permit de sortir par une porte dérobée. Il quitta Paris le lendemain. Il n'était guère plus en sûreté à Hacqueville. Craignant de compromettre sa famille, il alla passer quelques jours chez le consul américain à Rouen. C'est là qu'il fit la connaissance de miss Sophie Kingdom, qui, après force épreuves et vicissitudes, devait plus tard devenir sa femme. Rapprochés d'âge, d'opinion, exposés aux mêmes périls, car la jeune Anglaise, dénoncée comme suspecte, avait cherché un refuge sous le pavillon américain; ils se plurent et s'aimèrent. Mais le règne de la Terreur les sépara. Brunel partit pour les États-Unis, où il espérait se créer des ressources. Miss Kingdom, arrêtée, emprisonnée, ne recouvra sa liberté qu'au bout de huit mois; en juillet 1794 elle vit enfin s'ouvrir les portes du couvent où on la tenait enfermée, et quelques semaines après elle retournait en Angleterre.

De son côté, Brunel s'était rendu de New-York à Albany, où il avait rejoint deux de ses compagnons de voyage chargés d'organiser une compagnie française pour l'exploitation d'un vaste terrain situé le long du cours de la rivière Noire, près du lac Ontario. Accepté comme aide-arpenteur, il partit avec trois Français et quatre Indiens. Le pays, désert, était couvert de forêts vierges. Pendant un immense parcours, ils ne rencontrèrent qu'un petit nombre d'aborigènes, qui gardèrent longtemps le souvenir de l'ingénieur Brunel. Dans les intervalles de ses travaux, il revenait à New-York; c'est là qu'il conçut le plan de sa célèbre machine à poulies.

— La première pensée m'en vint, disait-il, à un dîner chez le major général Hamilton; la seconde, dans la forêt, un jour que, me reposant sous un arbre, je découpais des initiales dans son écorce; la courbe d'une des lettres me frappa, et je m'écriai : « C'est cela; ma poulie aura cette forme! » Vous devinez quelles étaient les initiales : un S et un K.

Dès qu'il apprit le retour en Angleterre de miss Sophie Kingdom, il lui écrivit, et enferma dans sa lettre un portrait de lui en miniature; il dessinait et peignait à merveille. La noble et constante affection qu'il avait vouée à la jeune Anglaise l'aiguillonnait au travail. Il fit le plan d'un canal destiné à unir l'Hudson au lac Champlain. Il publia divers projets pour améliorer la navigation des fleuves américains, et pour débarrasser leur cours des rochers et des arbres qui les entravent. Il dessina plusieurs édifices publics, entre autres un capitole pour la ville de Washington; mais le plan fut rejeté comme trop coûteux. Celui d'un théâtre à New-York eut plus de succès; il fut exécuté, et Brunel simplifia par d'heureuses inventions l'arrangement intérieur de la scène. Nommé ingénieur en chef, il surveilla en cette qualité la construction d'une fonderie de canons, et y introduisit d'ingénieux procédés pour la fonte et le forage de la lumière; il donna des dessins, qui furent adoptés, pour étendre les fortifications du port de New-York. Assez mal payé de ses nombreux travaux, impatient de revoir la femme qu'il aimait, il quitta l'Amérique en janvier 1799 (il avait alors trente ans), débarqua à Falmouth en mars, et y épousa miss Sophie Kingdom, qui lui était restée fidèle pendant ses six longues années d'exil.

Tous deux n'avaient d'autre fortune que le génie inventif de Brunel : aussi ne se reposa-t-il pas. Il apportait en Angleterre plusieurs inventions nouvelles : une machine à écrire et à dessiner par duplicata; une autre pour tordre le coton en fil et le mettre en pelotes; une troisième, précurseur des machines à coudre, servant à ourler et border les étoffes. Mais n'ayant pu prendre patente que pour le premier de ces procédés, les fabricants s'emparèrent des autres, sans que l'inventeur en retirât aucun bénéfice. Il n'en fut pas de même de sa machine à façonner les poulies. Il y avait là un projet sérieux et d'une incontestable utilité : la manœuvre d'un vaisseau de soixante-quatorze n'exigeait pas moins de quatorze cents poulies de différentes grosseurs; chaque partie de ces pièces importantes devait être ajustée avec une extrême précision; la moindre irrégularité dans l'assemblage, dans la rainure, pouvait causer de sérieux désastres. D'habiles ingénieurs songeaient aux moyens de suppléer à la main-d'œuvre. Brunel, possédé de son idée, la voyait bien nettement; mais il y avait encore loin de l'idée à l'exécution. L'aide et le concours d'un mécanicien pratique lui étaient indispensables; il eut le bonheur de le rencontrer, et, en 1801, il put soumettre un modèle fonctionnant à l'inspection des lords de l'amirauté. Sir Samuel Bentham, inspecteur général des travaux maritimes, fut chargé de l'enquête et du rapport. Lui-même avait appliqué son esprit, depuis plusieurs années, à l'invention de machines à travailler le bois, machines à scier, à raboter, à façonner les poulies. Dès 1793, il avait pris un brevet d'invention pour cette dernière découverte; il faisait construire une fabrique spéciale à Portsmouth, et s'était déjà pourvu d'une puissante machine à vapeur. Cependant, avec une loyauté et un désintéressement qu'on ne saurait trop louer, il reconnut des premiers le mérite de l'invention de Brunel, signala sa supériorité, et en recommanda vivement l'adoption à l'amirauté. En conséquence, Brunel fut autorisé à exécuter son projet en grand. Il lui en coûta six années de son temps et beaucoup d'argent; mais en septembre 1808 sa machine était en pleine activité, et les résultats dépassèrent l'attente générale. Les poulies, mieux exécutées, étaient fournies avec une grande rapidité, à un prix très-réduit. Dix hommes pouvaient faire l'ouvrage qui en occupait auparavant cent dix. En une année, la fabrication donna 160 000 poulies de différentes grandeurs, valant ensemble 54 000 livres sterling (¹). On prit pour base de la rémunération accordée à l'inventeur l'économie réalisée sur l'ancien système, mais en une année seulement. Le calcul, fait avec scrupule, donna 17 663 livres sterling, environ 450 000 francs. Ce n'était pas assez, d'autant plus que cette somme fut payée par à-compte, et que la fabrication s'étendant toujours, les économies augmentèrent à proportion. Brunel ne réclama pas. Il s'était déjà remis à l'œuvre, dessinant pour le gouvernement le plan d'une vaste scierie à vapeur, dont il surveilla l'érection à Chatham, dans les ateliers de la marine.

Un fils lui était né en 1806. Le désir d'accroître le

(¹) 1 350 000 francs.

bien-être de sa famille et d'assurer son avenir le décida à se lancer dans la spéculation. D'ingénieur, il se fit fabricant. Il fonda une scierie sur grande échelle et une manufacture de chaussures à clous rivés. Son principal débouché, pour cette dernière industrie, devait être l'armée, que les fraudes de fournisseurs cupides et le peu de solidité des coutures réduisaient à marcher à peu près nu-pieds. Les efforts qu'il fit pour obtenir du gouvernement un traité d'achat n'aboutirent qu'à une commande, qui fut exécutée et livrée en temps utile; mais, malheureusement pour Brunel, au moment où la fabrication de ses bottes et de ses souliers rivés était en pleine activité, lorsque les ouvriers, familiarisés avec leur besogne, s'en acquittaient de mieux en mieux, la paix survint, et un fonds considérable de marchandises resta en magasin. Ce fut un véritable désastre et un commencement de ruine. La scierie eût eu plus de chances de succès si l'inventeur, moins homme d'affaires qu'homme de génie, n'en eût confié les intérêts à des associés incapables. En 1814, un incendie détruisit la moitié des bâtiments; on ne put sauver que l'aile droite, renfermant la machine à vapeur. Brunel chercha aussitôt les moyens de réparer les pertes : il fit relever une partie de l'édifice et reprendre les travaux; mais les bénéfices n'étaient plus en rapport avec les dépenses. Il avait contracté de lourds engagements. La crise contre laquelle il se débattait en vain éclata : au mois de mai 1821, il fut arrêté et mis en prison pour dettes. Deux mois après, il écrivait à son ami lord Spencer :

« Voilà dix semaines que je suis dans cette cruelle position. J'ai appelé à mon aide toute ma force d'âme; mais je sens que je ne pourrais pas supporter plus longtemps ce qui peut compromettre mon nom aux yeux du monde. »

On fit un appel au gouvernement, qui y répondit par un don de 5 000 livres sterling (125 000 francs), accordées en considération des économies réalisées par la machine à fabriquer les poulies.

La fin à une prochaine livraison.

Ne blâmez autrui qu'avec bienveillance. La vérité qui n'est pas charitable procède d'une charité qui n'est pas véritable.
                              Saint François de Sales.

La nature ne fait rien en vain : elle va toujours à l'épargne.   Maupertuis.

INSIGNES DES ARBALÉTRIERS DE CLÈVES.

On conserve à Clèves, qui fut autrefois capitale du duché de ce nom, et qui aujourd'hui appartient à la Prusse, les insignes dont étaient décorés vraisemblablement les chefs de deux confréries d'arbalétriers de cette ville. Ces insignes sont : premièrement, un sceptre portant à son extrémité supérieure un oiseau ressemblant à un pigeon, et qui n'est autre que l'image du *papegai* (voy. t. X, 1842, p. 383; t. XXXI, 1863, p. 88); sur lequel les membres de la confrérie exerçaient leur adresse; en second lieu, deux plaques pectorales que reproduit notre gravure (p. 140). Ces plaques sont, comme on le voit, surmontées de couronnes auxquelles elles se rattachent par des chaînettes. D'autres chaînes, formées de petits compartiments plats et carrés, où l'on voit gravés divers attributs des arbalétriers, servaient à fixer la plaque sur la poitrine. On voit aux côtés d'une des plaques, dans la gravure, les anneaux auxquels la chaîne est ajustée. Au-dessous de chaque plaque est suspendue une petite arbalète.

Insignes des arbalétriers de Clèves. — Dessin de Montalan.

Saint Sébastien, dont on voit l'image placée au-dessus de l'arbalète dans la première figure, est considéré comme le patron des tireurs en général ; mais les deux confréries de Clèves avaient choisi pour patrons, l'une saint Antoine, et l'autre saint Georges. C'est l'image de saint Georges que l'on voit sur la première plaque (fig. 1). Sur la seconde (fig. 2) sont figurés l'archange Michel terrassant le démon, et sainte Catherine de Sienne, une des saintes les plus vénérées sur les bords du Rhin, reconnaissable à la roue, instrument de son martyre, placée à côté d'elle. Le glaive qu'elle tient dans sa main est celui du bourreau qui devait la frapper, et qui fut frappé lui-même ; on aperçoit une partie de son corps gisant aux pieds de la sainte.

Les deux plaques sont en argent, et plusieurs parties sont dorées ; elles datent de la fin du quinzième siècle ou du commencement du seizième, comme on peut en juger par le caractère des figures et des ornements.

LA MESSE AUX CHAMPS

DANS LA CAMPAGNE DE ROME.

La campagne de Rome, déserte pendant les chaleurs de l'été, n'est, pour ainsi dire, habitée que durant l'hiver, lorsqu'elle se couvre d'herbages verts, ou au moment des travaux de la moisson. On y voit alors descendre les populations non seulement des hauteurs voisines, mais celles même des Abruzzes ou du Frosinone, provinces de l'ancien royaume de Naples. Dès que les récoltes sont rentrées

La Messe aux champs dans la campagne de Rome, par M. Émile Lévy. — Dessin de Pauquet.

ou que l'herbe manque à leurs troupeaux, elles regagnent les montagnes, fuyant la mal'aria.

C'est pendant ce temps d'animation peu ordinaire que le peintre dont nous reproduisons le joli tableau exposé au Salon de 1863 a pu observer une coutume particulièrement propre aux paysans napolitains qui viennent alors se livrer aux travaux des champs dans la campagne de Rome. La dévotion des habitants de cette partie de l'Italie est bien connue. Loin de leurs villages, souvent même à une grande distance de toute église, ils s'agenouillent au milieu des champs ; une sorte de baraque, montée sur deux roues, qui renferme l'autel et les vases sacrés, sert de chapelle ambulante et les accompagne où ils vont.

Aux temps les plus rudes de l'apostolat chrétien, dans les pays barbares, où les ministres de la foi nouvelle menaient une vie nomade et sans cesse entourée de périls, il fallait dire la messe en pleine campagne ou au fond des forêts, et le prêtre missionnaire portait partout avec lui, n'ayant pas toujours une voiture semblable où il pût les mettre à l'abri, les vases et la table d'autel. On réduisit même l'appareil du culte à de si petites proportions qu'il devint nécessaire de fixer à vingt pouces environ la lon-

gueur que devait au moins avoir la table de pierre ou de marbre qui servait au saint sacrifice. Il arriva même dans la première moitié du cinquième siècle qu'un évêque, Théodoret, qui le rapporte dans son Histoire religieuse, célébra la messe sur les mains de ses diacres. Ainsi, une coutume que l'on peut observer encore de nos jours aux portes de Rome rappelle ce qui se passait il y a quelque dix siècles dans les contrées encore hostiles au christianisme.

LE MICROSCOPE ET LE TÉLESCOPE.

De l'invention de ces deux instruments. — Augmenter la portée de notre vue, c'est élargir l'horizon de notre intelligence. Cela nous est facile à dire aujourd'hui, parce que nous savons que l'œil armé du télescope et du microscope place l'homme entre deux infinis. Mais avant d'y parvenir, que d'obstacles il a fallu vaincre ! Combien de choses nous paraîtraient impossibles, comme elles le paraissaient à nos ancêtres, si, faisant abstraction des connaissances acquises dans l'intervalle qui nous sépare d'eux, nous pouvions un moment nous mettre à leur place !

— Qu'auriez-vous dit, il y a trois cents ans, si un astronome, devançant son époque, était venu vous tenir le discours suivant : Ces points étincelants dont le ciel est parsemé sont autant de centres de mondes, autant de soleils
semblables au nôtre; et notre ciel lui-même, avec toutes
ses étoiles réunies, n'est qu'un petit nuage suspendu dans
l'immensité. Qu'auriez-vous dit si, à l'appui de son discours, ce singulier orateur vous eût montré un tube de
plusieurs pieds de long, portant à ses extrémités deux
verres, arrangés à peu près comme l'avait enseigné, au
treizième siècle, Roger Bacon, et qu'il eût continué en ces
termes : Dirigez ce tube vers la partie du ciel en apparence
la plus pauvre en étoiles, vous ne tarderez pas à apercevoir, dans un incalculable lointain, à travers une brèche
de la voûte céleste, une lueur étrange, pareille à la lumière
d'un cierge placé derrière une mince lame de corne. Fixez
bien cette lueur ; vous verrez que c'est un amas d'étoiles
condensées comme les grains de sable dans un bloc de
grès. Notre voûte étoilée elle-même, vue à cette distance,
vous paraîtrait comme un petit nuage arrondi, phosphorescent. Et le nombre de ces lueurs stellaires, de ces con-
glomérats de mondes, est inconnu. — Supposons encore
qu'à ces paroles de l'astronome incompris fussent venues
se joindre celles d'un naturaliste qui, avec un autre tube,
plus petit, aurait prétendu vous montrer, dans une molé-
cule de poussière, dans une goutte d'eau, toute une création d'êtres organisés !

D'accord avec vos contemporains, vous auriez traité ces
deux hommes de fous ou d'imposteurs. Vous l'auriez fait,
n'en doutez pas, à moins que vous n'eussiez été vous-
même au nombre de ces élus qui, se trompant d'heure,
viennent de temps en temps sillonner des ténèbres. C'est
à travers les siècles que les ouvriers de la pensée se donnent la main pour l'œuvre commune du progrès; mais de
leur passage éphémère il reste une trace ineffaçable, la
lumière qui se dégage lentement du chaos des agitations
et des croyances humaines.

Ces deux instruments merveilleux, dont l'un rapproche
les objets trop éloignés et l'autre grossit les objets trop
petits pour être vus à l'œil nu, le télescope et le microscope, à quelle époque, on l'a souvent demandé, furent-ils
inventés? Question non résolue, parce qu'elle a été mal
posée. On a fait de savantes dissertations pour prouver
que l'origine de ces instruments remonte au commencement du dix-septième siècle, et que l'invention du microscope est de quelques années antérieure à celle du télescope, qui, dirigé pour la première fois vers le ciel en 1610,
fit découvrir à Galilée les quatre satellites de Jupiter ([*]).
Mais l'usage d'un instrument ne coïncide pas nécessairement avec la date de son invention ; il est souvent de
beaucoup antérieur. Les inventeurs n'ont-ils pas eu dans
le passé plus d'un motif sérieux pour cacher leurs secrets?
Voyez le moine Roger Bacon ! Chassé de sa communauté,
emprisonné comme magicien, il fallait qu'il fût bien malheureux pour s'écrier, sur son lit de mort, que les hommes
ne valaient pas la peine qu'on s'occupât de leur avancement. Il y a quelques siècles, il était, en général, plus
prudent de garder le secret d'une invention scientifique
qu'avantageux de la divulguer.

Ces considérations nous portent à croire que le microscope et le télescope étaient connus bien antérieurement au
dix-septième siècle, et que l'on a pris pour l'époque de
leur invention le moment à partir duquel leur connaissance
ne pouvait plus être dérobée au public. Le récit de Jérôme

[*] Il résulte d'un passage du journal de Pierre l'Estoile que, dans
le mois d'avril 1609, on vendait publiquement à Paris des lunettes
d'approche dites *hollandaises.* (Voy. le *Magasin pittoresque*, t. XXI,
1853, p. 71.)

Sirturus, savant milanais qui voyageait en 1609 en Hollande, vient à l'appui de notre opinion. Un inconnu, ré-
conte-t-il, se présenta un jour chez Lippersheim, célèbre
fabricant de besicles, et lui commanda plusieurs lentilles
convexes et concaves. Au jour convenu il vint les chercher,
en choisit deux, l'une concave, l'autre convexe, les mit
devant son œil, les essaya en rapprochant ou éloignant l'une
de l'autre ; et, sans faire connaître le but de cet examen,
paya et disparut; Lippersheim répéta aussitôt ce qu'il
venait de voir faire, et reconnut le grossissement produit
par la combinaison des deux lentilles, les adapta aux extrémités d'un tube, et offrit ce nouvel instrument au prince
Maurice de Nassau. Ce fut une lunette de ce genre dont
se servit Galilée.

Il demeure constant que toute grande découverte a ses
signes précurseurs. C'est, pour employer le mot d'Arago,
un *coup de force* qui absorbe ou concentre une multitude
de faits isolés; c'est une éclatante mise au jour de bien des
essais ou tâtonnements restés jusqu'alors dans l'ombre.

La lumière. L'angle visuel. La mise au point. —
Les anciens se sont donné beaucoup de peine pour savoir si ce *quelque chose* qu'on appelle *lumière* est de la
nature de l'autre. Mais de toutes leurs
hypothèses il ne reste, comme dignes d'être conservés, que
les principes suivants, déduits des faits qui sont à la portée
de tout le monde. — Dans un milieu homogène, la lumière
se propage en ligne droite; son angle d'incidence est égal
à l'angle de réflexion ; en passant d'un milieu homogène
dans un milieu différent, elle dévie de la ligne droite, elle
se brise, de manière que l'angle de réfraction cesse d'être
égal à l'angle d'incidence. — Mais dans quel rapport ces
deux angles sont-ils entre eux ? Voilà ce que tous les physiciens ignoraient jusqu'à Descartes, qui démontra le premier
que les angles d'incidence et de réfraction sont dans un rapport constant. On avait aussi reconnu de bonne heure que
la distance et la grandeur des objets perçus ne sont qu'apparentes, mais qu'il faut le concours de quelque chose de
supérieur au sens de la vue pour distinguer l'apparence de
la réalité.

Personne ne se trompera sur la grosseur d'une bombe,
comparée à celle d'une tête d'épingle, si l'on regarde l'une
et l'autre à la même distance. Mais la bombe, en s'éloignant de l'œil, peut devenir aussi petite qu'une tête d'é-
pingle, et finir même par disparaître entièrement. C'est ce
qui arrive, lorsqu'elle sous-tend un angle moindre d'une
minute; en d'autres termes, lorsque les rayons lumineux,
partant des bords de l'objet, viennent se réunir dans l'œil
sous un angle plus petit que la 60° partie d'un degré, ou
que la 5400° partie d'un angle droit. L'angle sous-tendu
par l'objet qui vient se peindre dans l'œil s'appelle l'*angle
visuel.* Or, l'expérience enseigne que l'angle sous-tendu
sera double si la distance primitive est réduite à moitié;
il sera triple si la distance est réduite au tiers, etc. Ainsi
l'œil, successivement placé en b, en c, etc., verra le même
objet, d e, deux, trois fois, etc., plus grand qu'en a.

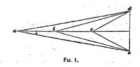

FIG. 1.

Il existe un moyen simple de grossir les objets : c'est
de les observer de très-près. Mais cette proximité même
a des limites. Exercée de trop près, la vision est aussi

confuse que lorsqu'elle est exercée de trop loin ; il faut que l'objet soit *mis au point* pour être vu distinctement. Ce point, qui mesure l'étendue de la vue normale, est de 20 à 25 centimètres; au delà, l'œil est *presbyte;* en deçà, il est myope.

Il est utile de construire soi-même un microscope. La goutte d'eau. L'œil du lapin. Le cristallin et le globule de verre. Anecdote singulière. — « Si vous voulez, nous disait un jour un habile opticien, si vous voulez bien connaître le microscope et contribuer vous-même à le perfectionner, faites-vous constructeur ; essayez d'en construire un vous-même pour votre usage : laissez-là provisoirement vos théories et vos calculs, ils ne feraient qu'embrouiller vos premières expériences. Contentez-vous d'abord d'un faible pouvoir amplifiant, puis vous vous élèverez graduellement jusqu'à un grossissement de 300 fois ; puis, n'allez que rarement au delà : avec de plus forts grossissements vous perdrez en lumière et en netteté, choses si nécessaires pour faire de bonnes observations. »

Mais comment s'y prendre pour fabriquer soi-même un microscope? La première chose à faire, c'est de distinguer, ici comme ailleurs, l'accessoire du principal. L'accessoire, c'est la monture, c'est le tube, avec sa garniture brillante, enfin ce qui attire le plus les regards du profane. Le principal, ce sont les lentilles : voilà ce dont il faut d'abord s'occuper.

Dans vos promenades matinales, ne passez point indifférent à côté d'une perle de rosée. Les objets vus à travers cette perle ne vous paraissent-ils pas grossis? Regardez, pour vous en assurer, les grains de poussière ou les veinules de la feuille sur laquelle elle est posée. Quel trait de lumière ! Les anciens en avaient certainement connaissance, témoin ce passage de Sénèque (*Questions naturelles*, I, 6) : « Quelque petite que soit l'écriture, elle paraît plus grande à travers une boule de verre remplie d'eau. »

Avez-vous jamais eu, cher lecteur, la curiosité de disséquer un œil? L'expérience est facile : l'œil d'un lapin pourra vous suffire. La première chose qui vous frappera, en le piquant seulement avec la pointe du canif, c'est la quantité considérable d'eau qui en sort. Après la sortie de l'*humeur aqueuse* (c'est ainsi qu'on l'appelle), l'œil s'affaisse; c'est une poche vide, qui tient à un pédicule blanc (*nerf optique*). Ouvrez cette poche par une incision pratiquée sur le trou noir (*pupille*) qu'entoure un cercle coloré (*iris*); trois choses vous frapperont à la fois : 1° une matière noire comme l'encre de Chine, *pigmentum* d'une membrane bien mince (*choroïde*) qui tapisse presque tout l'intérieur de l'œil; 2° une espèce de gelée transparente comme du verre (*humeur vitrée*); 3° une petite boule, d'une certaine consistance, limpide comme l'eau de roche. Emparons-nous de ce petit organe, qui porte le nom de *cristallin*. Approchez-le, aussi près que vous pourrez, d'une écriture très-fine ; vous la verrez grossie, mais les caractères seront renversés : nous dirons ailleurs pourquoi. Le cristallin; voilà donc le microscope dans toute sa simplicité primitive. C'est dommage qu'on ne puisse pas s'en servir longtemps ; le cristallin se gerce vite en se desséchant et perd peu à peu sa limpidité. Ne vous découragez pas; vous le remplacerez avantageusement par un globule de verre fondu à la flamme d'une bougie. Pour obtenir ce globule, vous n'avez qu'à faire fondre aux bords d'une flamme un petit fil de verre bien pur. Il y aura bien quelque déchet : vous serez obligé de recommencer plus d'une fois; mais vous pourrez aisément choisir, parmi les perles ainsi préparées, celles qui vous paraîtront les plus parfaites.

Ces globules sont les lentilles du microscope simple,

C'est avec ce genre de lentilles que Hooke et Hartsœker faisaient, au dix-septième siècle, leurs belles observations microscopiques. L'art de fondre des globules de verre (*lentilles à court foyer*) fut repris avec succès par le jésuite napolitain Della Torré (vers 1770), et poussé, de nos jours, à un haut degré de perfection par M. Gaudin. C'est avec des lentilles de cristal de roche et de crown-glass, fondues au chalumeau et engagées dans un bouchon de liège; que cet ingénieux savant est parvenu à construire des microscopes de poche ayant un pouvoir amplifiant de 50 à 300 fois.

Les premiers observateurs fabriquaient eux-mêmes leurs instruments, en leur donnant la forme la plus simple. Une lentille sortie dans une monture

FIG. 2.

métallique (composée de deux lames) à laquelle s'adaptait le porte-objet, soit par une vis, tel est le microscope avec lequel Loeuwenhœk a fait ses admirables travaux micrographiques. Il ne se servait pas même encore de miroir pour éclairer les objets; il tenait son petit appareil à la main, en le tournant vers la lumière du jour ou d'une lampe. (La figure ci-contre représente le microscope légué par Loeuwenhœk à la Société royale de Londres : A est une plaque métallique, *b* la lentille, *c* le porte-objet.)

Les plus anciens microscopes simples portaient les noms de *tombeaux* ou *cimetières des petits animaux*, de *vitra pulicaria*, de *vitra muscaria*, parce qu'on les employait particulièrement pour observer les puces et des mouches. Ils se composaient d'un tube très-court (d'environ un pouce ou trois centimètres de longueur); à l'une des extrémités était fixée une lentille, et à l'autre un verre plat sur lequel était collé l'objet à observer. Pour voir les insectes vivants, on les renfermait dans le tube, qui avait l'air d'une petite boîte.

Schott, dans sa *Magia universalis naturæ et artis* (Bamberg, 1677), raconte à ce sujet une histoire fort curieuse, qui mérite d'être rapportée. Un voyageur tomba malade dans un village du Tyrol, et mourut. Avant de l'enterrer, les autorités locales vinrent visiter les effets de l'inconnu. Parmi ces effets, se trouvait un *vitrum pulicarium*. C'était un magicien! s'écrièrent aussitôt tous les assistants. Pendant qu'on discutait s'il fallait lui accorder ou refuser la sépulture, la maire s'avisa d'ouvrir l'horrible boîte. Une puce en sortit. Plus de doute ; c'est le diable transformé en puce que le magicien tenait enfermé dans sa boîte. L'étranger que l'ignorance priva de la sépulture était un des plus célèbres savants de son temps ; il s'appelait Scheiner. En revenant d'un voyage de Hollande, il avait passé par la Bavière et le Tyrol pour se rendre en Autriche.

LE CHANVRE
DANS LE DÉPARTEMENT DE LA SARTHE.

Le chanvre demande une terre légère, profonde, fraîche et abondamment fumée ; des labours fréquents, à la charrue ou à la pelle, sont indispensables pour détruire l'herbe et donner le guéret nécessaire. C'est une plante dioïque. On la sème en mai pour la récolter en septembre : le cultivateur l'arrache brin à brin et l'attache en poignées ; cela terminé, on procède à l'*érussée*. Un homme assis par terre tient deux petits bâtons (fig. 1), entre lesquels il pince la poignée que lui présente une femme également assise ; et chacun tirant à soi, ils dépouillent la tige des feuilles et de la semence, nommée chènevis ; de cette graine on extrait une huile employée pour la peinture.

Autrefois, les amis se réunissaient, la besogne faite ; on mangeait la millée, on dansait, et à minuit chacun regagnait son logis. Dans quelques fermes, on bat simplement le chanvre, ou on l'érusse avec un instrument garni de pointes de fer comme un râteau (fig. 2).

La plante, une fois privée de ses feuilles, est transportée dans le routoir, ou rouissoir, fosse alimentée par une eau courante. Là elle est déposée en couches attachées par des perches et chargées de pierres pour la maintenir sous l'eau ; elle reste ainsi huit ou dix jours. Cette immersion aide à sé-

parer l'écorce, qui est le chanvre. Une fois roui, on le retire ; les poignées sont écartées et mises debout afin de les bien faire sécher ; puis on les réunit en bottes, qui sont empilées dans un four légèrement chaud ; elles y restent huit ou neuf heures : cela rend le bois extrêmement cassant, et le broyage devient plus facile. Pour cette opération, on a recours à une machine fort simple nommée broie (fig. 3 et 4). Saisissant la poignée entre ses mâchoires de bois, elle la brise ; puis, en l'agitant, l'aigrette ou chènevotte tombe, et il ne reste dans la main que la partie textile.

Dans quelques contrées, lorsque le chanvre est trop gros on le teille, c'est-à-dire que l'on casse chaque brin avec la main ; ce moyen est lent et peu usité. Le chanvre se met en paquets de 7 kilogrammes et demi, et se vend, selon les années, 70 centimes et 1 franc le kilogramme.

Fig. 1. Fig. 2. Fig. 9. Fig. 8. Fig. 6. Fig. 5. Fig. 7. Fig. 3. Fig. 4.

Pour le rendre propre à être filé, on le dépose dans la pile (fig. 5), grosse bille de bois de 2 mètres de circonférence, creusée dans une profondeur de 15 à 20 centimètres. Avec le pilon (fig. 6), on le frappe à coups redoublés pour l'assouplir et faciliter le peignage ou sérançage. Le séran (fig. 7) est une brosse de 0m.30 à 0m.40 de long, munie de pointes de fer au lieu de crins, et dans laquelle on passe et repasse la filasse pour la diviser en

brins et en gros. Lorsqu'il est ainsi préparé et mis en poupées ou quenouilles, on le donne à la fileuse, laquelle, avec le rouet (fig. 8), le réduit en fil, puis le met en écheveau sur le travoi (fig. 9). Le brin coûte 1 franc par kilogramme à faire filer, et le gros 60 centimes ; une femme peut en fabriquer un demi-kilogramme par jour.

Le fil, étant blanchi à la lessive, est confié au tisserand qui le dévide, l'ourdit et enfin le monte sur le métier.

UN TABLEAU DE REMBRANDT.

Musée de Berlin. — Samson menaçant son beau-père, tableau de Rembrandt. — Dessin de Yan' Dargent.

Le tableau de Rembrandt qui est ici reproduit, regardé comme une de ses meilleures œuvres, particulièrement en Allemagne, est connu sous le nom du *Prisonnier;* mais ce nom, comme tant d'autres restés attachés à des peintures célèbres, doit être rectifié, aujourd'hui que l'erreur qui le lui a fait donner est clairement démontrée. On a cru pendant longtemps, en effet, que le peintre avait représenté dans ce tableau Adolphe, prince de Gueldre, fils du duc Arnold, qui vivait au quinzième siècle, et qui s'était révolté contre son père. Il s'était saisi de sa personne et le tenait enfermé dans une tour de la forteresse de Bœren, pour le forcer à abdiquer en sa faveur. Le duc de Bourgogne ayant voulu intervenir entre le père et le fils, celui-ci lui dit : « Arnold a été duc pendant quarante-quatre ans; il est juste que je le sois à mon tour. »

Ainsi cet homme au geste violent, dont tous les traits respirent la force, serait le fils rebelle qui menaça du poing son père, et ce vieillard, dont le visage inquiet paraît au guichet entr'ouvert, serait le vieux duc Arnold. Mais il faut avouer que si telle est la scène que Rembrandt s'est proposé de peindre, il s'est étrangement trompé dans le choix de certains traits caractéristiques, lui ordinairement si habile à saisir et à mettre en relief ce qui est vraiment essentiel dans un sujet. Sans même parler de l'importance respective des figures et de l'expression des visages, qui n'est pas celle qui conviendrait le mieux au rôle que jouent les deux personnages, n'est-ce pas une singulière prison que celle où le prisonnier ouvre lui-même, à son gré, une fenêtre placée à peine à quelques pieds au-dessus du sol? Les murailles sont épaisses, il est vrai, la porte robuste et solidement close, mais pour qui essayerait de s'enfuir; le véritable prisonnier est ici celui qui reste en dehors. C'est qu'en effet, comme l'a péremptoirement établi M. Kolloff[1], on s'est mépris sur le sujet du tableau : c'est le vieillard qui tient la porte fermée, et non pas le jeune homme, qu'on aurait pu reconnaître, à sa forte stature et à sa chevelure abondante, pour le Samson de la Bible. Rembrandt l'a peint plusieurs fois sous les mêmes traits, notamment dans un autre tableau, de la galerie de Dresde, qui représente les *Noces de Samson*, et qu'une désignation également erronée a fait connaître sous le nom de *Festin d'Esther et d'Assuérus*. Les deux tableaux, se rapportant à un même épisode de la vie de Samson, se tiennent et se font suite.

On se rappelle que Samson avait pris femme parmi les Philistins, quand les Israélites subissaient encore leur joug; mais la noce à peine célébrée, comme il était retourné seul chez ses parents, le père de la jeune fille la fit épouser à un homme de sa nation. Peu de temps après Samson revint, et comme il voulait entrer chez sa femme, son beau-père l'en empêcha en disant : « J'ai cru que vous aviez de l'aversion pour votre femme, c'est pourquoi je l'ai donnée à un de vos amis; mais elle a une sœur qui est plus jeune et plus belle qu'elle, et je vous la donnerai pour femme au lieu d'elle. » Samson lui répondit : « Désormais les Philistins n'auront plus sujet de se plaindre de moi, si je leur rends le mal qu'ils m'ont fait. » [2] C'est après cela qu'il commença les exploits par lesquels il se rendit si redoutable.

Le sujet ainsi déterminé, on peut bien dire encore que Rembrandt a peu de respect pour ce qu'on a appelé de nos jours la couleur locale, c'est-à-dire la fidélité à l'histoire dans les costumes, l'architecture et toutes les choses extérieures. Rembrandt, en effet, dans toutes ses œuvres, a montré peu de souci de l'archéologie; mais on ne saurait lui reprocher jamais d'être un peintre infidèle de l'homme et de la nature. Quelle profondeur d'observation dans ses portraits! Et sous les vêtements parfois bizarres dont il affuble les personnages de ses tableaux historiques et bibliques, turbans, cafetans, vieilles étoffes, vieilles armures, qu'il montrait à ses amis en leur disant : « Voilà mes an-

(¹) Dans l'Annuaire historique (*Historisches Taschenbuch*) de Raumer, 1854, p. 448.
(²) *Juges*, XV, 3, 3.

tiques! » (¹) avec quelle vérité et quelle force il fait sentir les mouvements qui agitent leurs âmes! L'âme humaine, c'est là le modèle, toujours semblable à lui-même dans sa variété et sa mobilité infinies, qu'il faut copier avec application, avec scrupule, et qui conduit de la réalité la plus vulgaire à l'idéal.

LES DEUX INGÉNIEURS BRUNEL.

Fin. — Voy. p. 138.

Rendu à la liberté, Brunel reprit le cours de ses inventions, qu'il appliquait aux industries les plus diverses. Il avait fait, en 1816, une machine à tricoter qui fabriquait des bas sans couture. Le fer-blanc moiré, dont l'usage se répandit si vite il y a trente ans, et dont on faisait des plateaux, des lampes, des fontaines de salle à manger, fut encore une de ses découvertes, imitées et contrefaites aussitôt que parues.

Comme ingénieur, il n'était pas moins fécond. Il dessina un pont qui devait traverser la Seine à Rouen. Après de longs pourparlers, le plan fut rejeté; cet échec prouvant une fois de plus la triste vérité de l'adage : « Nul n'est prophète en son pays. » Il fut plus heureux dans ses projets de deux ponts suspendus pour l'île Bourbon; le gouvernement français les adopta; mais la mauvaise foi ou l'inhabileté des entrepreneurs fit monter les dépenses bien au delà du devis présenté, et la même fatalité qui avait pesé sur ses entreprises commerciales le suivit encore là.

Dès 1810, il s'était préoccupé du moyen d'appliquer la vapeur à la navigation, et, en 1814, il fit des expériences sur la Tamise dans un bateau muni d'une machine à double mouvement. Lors de son arrivée à Margate, les équipages des paquebots à voiles menacèrent de lui faire un mauvais parti, et on lui refusa un lit à l'hôtel. Toujours dévoré du besoin d'inventer, il passait rapidement d'une idée à une autre. Le professeur Faraday venait de démontrer par ses études sur la liquéfaction du gaz que le gaz acide carbonique, après avoir été réduit à l'état liquide, pouvait de nouveau se vaporiser, et qu'avec une très-petite dépense de calorique on obtenait une haute pression. Brunel imagina aussitôt une machine à gaz, ce dernier moteur devant remplacer le charbon et la vapeur. Il prit un brevet, et l'amirauté lui alloua 200 louis pour l'aider à ses expériences. La curiosité publique fut vivement excitée. La théorie était séduisante; mais la pratique prouva qu'après tout l'eau était meilleur marché que l'acide sulfurique, et la vapeur plus facile à gouverner que le gaz acide carbonique. Ne remplissant pas les conditions d'économie indispensables au succès, le projet fut mis à néant, en attendant qu'un autre plus gigantesque le remplaçât.

L'ingénieur rêvait de creuser sous la Tamise un passage souterrain, le fameux tunnel qui fut l'apogée de sa carrière, et dont lui et son fils poursuivirent vingt ans l'exécution, sans que ni revers, ni dangers, pussent lasser leur constance. L'idée n'était pas nouvelle. Dès 1798 un ingénieur distingué, Georges Dodd, l'avait émise et appuyée d'un devis. Elle rencontra peu de faveur et tomba dans l'eau, d'où la tira un certain Trevethick, connu comme inventeur de la machine à haute pression. Une compagnie se forma, elle fit les fonds, et les travaux commencèrent en 1807. L'excavation avait été poussée jusqu'à 953 pieds,

(¹) On peut lire, à ce sujet, le curieux et triste inventaire extrait des registres de la Chambre des insolvables d'Amsterdam, que M. Chanche a placé à la suite de l'introduction dans son *Œuvre complet de Rembrandt décrit et commenté*. La dernière partie de cet intéressant ouvrage vient de paraître; la première avait été publiée en 1859.

quand l'eau fit irruption et noya les travailleurs. De nouvelles tentatives eurent les mêmes résultats. On résolut alors de consulter des savants, entre autres le mathématicien Hatton et l'ingénieur Jessop. Leur conclusion fut donnée en ces termes :

« Quoique nous ne prétendions pas poser des limites à l'habileté humaine, nous devons avouer que, vu les circonstances qui nous ont été clairement exposées, nous considérons un passage sous la Tamise, qui eût été *utile au public et profitable aux actionnaires*, comme tout à fait impraticable. »

En 1816, un M. Hawkins publia un nouveau projet pour l'excavation du tunnel. Séduit par la grandeur et peut-être par les difficultés de l'entreprise, Brunel se préoccupa des moyens d'exécution. Sa pensée y revenait sans cesse. Un jour qu'il y réfléchissait, dans un chantier, à Chatham, ses yeux tombèrent sur une vieille carène de vaisseau rongée par le grand destructeur des bois submergés, le *Teredo navalis*. En examinant le petit mollusque, il vit que sa tête était à la fois protégée et armée par deux fortes coquilles, terminées en pointe comme le fer d'un vilebrequin, et pouvant jouer séparément et à part l'une de l'autre, en sorte que la trompe du taret fixée au bois et faisant point d'appui central, les deux tarières lui frayaient le chemin, où il avançait en sûreté. Partant de cet ingénieux mécanisme naturel, Brunel imagina le célèbre bouclier à douze compartiments mobiles, dont six devaient être employés à ouvrir la voie, et six autres à soutenir le terrain [1]. La description de la machine et des procédés qu'il comptait appliquer à l'excavation donnèrent confiance aux capitalistes : une compagnie se forma; la dépense fut estimée à 200 000 livres sterling, et la souscription fut rapidement couverte. Nommé ingénieur en chef aux appointements de 1 000 livres sterling (25 000 francs), pendant trois ans, avec promesse d'une prime de 10 000 livres sterling (250 000 francs) quand le passage serait achevé, Brunel commença les opérations, en 1825, par un puits de 50 pieds de diamètre et de 42 pieds de haut, du côté de Rotherhithe, d'où le tunnel devait partir pour aboutir à Wapping, sur l'autre rive du fleuve.

Cette entreprise colossale, n'ayant pas de précédent, ne pouvait marcher qu'à coups d'invention et de génie, et Brunel avait conscience que ces ressources-là ne lui manqueraient pas. Il le prouva dès le début. Il fit construire à la surface du terrain un cylindre en briques, de la hauteur voulue, ayant à sa base une forte armature de fer; on creusa uniformément le terrain au-dessous, et le puits s'enfonça lentement, et par son propre poids, jusqu'à la profondeur marquée. On put alors commencer l'excavation horizontale sous le lit de la rivière. La grande difficulté n'était pas de construire le tunnel, mais de soutenir les terres en avant jusqu'à ce que la maçonnerie fût achevée. Les différentes parties du bouclier, sorties des fabriques de Maudslay, furent descendues et ajustées, et, le 28 novembre, il commença sa marche périlleuse. Déjà l'on s'apercevait que la nature du sol n'était pas telle que l'inspecteur chargé de reconnaître le terrain l'avait décrite; au lieu d'un banc d'argile compacte, on rencontrait des couches de vase, de sable, de gravier, perméables et toutes imprégnées d'eau. C'était un obstacle sérieux, dont l'ingénieur en chef prévit les conséquences. Il fut dès lors en proie à une grande anxiété, sa santé s'en altéra : on lui posa des sangsues à la tête pour éviter une congestion cérébrale. Cependant, à la fin de l'année, une première section de la double voûte avait été creusée et consolidée sur une longueur de 7 pieds; mais, en avançant, les irrégularités du sol augmentaient, et l'eau fit irruption avec

[1] Voy. t. III, 1835, p. 37.

une telle violence qu'elle monta dans le puits. Les travaux, forcément suspendus, furent repris dès que la pompe eut remis le passage à sec; mais l'ennemi s'était montré formidable, et le doute avait pénétré dans les esprits. Brunel était au lit; l'ingénieur résident, Armstrong, était à bout de forces : toute la direction retomba sur le jeune Brunel, qui n'avait alors que dix-neuf ans; mais son talent et son courage en faisaient le digne second de son père. L'excavation et les constructions furent menées par lui avec une si grande énergie qu'on avança de 8 pieds par semaine. En mai 1826, le tunnel avait 100 pieds de long. Il se prolongea au milieu d'assauts répétés. Envahis par l'eau plusieurs fois dans les vingt-quatre heures, ingénieurs et ouvriers étaient obligés à une vigilance incessante. Toujours le premier au poste où il y avait danger, et y restant plusieurs jours de suite, le jeune Brunel ne s'accordait que de courts moments de sommeil, pris sur place, dans un des compartiments du bouclier. Aucune constitution n'eût pu résister à tant de fatigues; il tomba malade. Son père lui succéda, et passa aussi des nuits entières sans remonter. Pour surcroît d'ennuis, les directeurs murmuraient contre ces difficultés imprévues et les dépenses qu'elles entraînaient. Le président alla même jusqu'à reprocher à Brunel d'avoir abusé de la bonne foi des actionnaires, en les embarquant dans une affaire impossible. Afin de réduire les frais, on limita le nombre des inspecteurs, et, malgré les protestations de l'ingénieur en chef, on embaucha, pour travailler à la pièce, des ouvriers incapables et inexpérimentés qui, au moindre incident, prenaient l'alarme et propageaient leur panique.

C'était un nouveau danger ajouté à bien d'autres; car, à mesure qu'on gagnait le milieu du fleuve, le terrain devenait de plus en plus meuble : des morceaux de charbon, des pierres, du verre, tous les débris que charrie la Tamise, pénétraient dans les eaux du bouclier. Enfin, le 18 mai 1827, un torrent de boue liquide entra par tous les points; les ouvriers coururent vers le puits, poussés par une vague énorme qui menaçait de les entraîner sous les arches, dans le remous qui devait lui imprimer le mur circulaire. Heureusement ils avaient atteint les premières marches de l'escalier avant que le flot reculât. On les croyait tous dehors, lorsqu'on entendit crier : « Une corde! une corde! Sauvez-le! » Un ouvrier était resté en arrière. Le jeune Brunel se laissa glisser le long d'une des attaches de fer du puits, atteignit l'eau, passa une corde autour du corps de l'homme et le fit hisser à terre. C'était le vieux chauffeur de la machine. On fit l'appel; personne n'y manqua. Mais, cette fois, les travaux étaient complètement inondés.

On résolut alors d'attaquer le mal à sa source, en aveuglant le trou, alors ouvert dans le lit du fleuve. Une cloche à plonger permit de constater le désastre : trente mille pieds cubes de terre grasse en sacs furent jetés dans l'ouverture, pendant qu'à l'intérieur on faisait jouer les pompes. Enfin, le 10 novembre, le tunnel étant à sec, le jeune Brunel ne put résister à la tentation de célébrer sa difficile victoire : il donna, sous une des arches, un dîner de cinquante amis de l'entreprise, et régala, sous la voûte parallèle, une centaine de ses meilleurs ouvriers. Le tunnel, brillamment illuminé, retentit ce jour-là de joyeux hurrahs, qu'accompagnait la musique des gardes. C'était une réjouissance prématurée. Deux mois après, l'eau, brisant tous les obstacles, se faisait de nouveau passage, noyait deux hommes, malgré les efforts surhumains que fit le jeune Brunel pour les sauver, et le lançait lui-même, évanoui et stupéfié, à la surface du puits, où il fut miraculeusement recueilli. La Tamise demeura plusieurs années en possession de sa conquête. Les fonds, sinon les courages, étaient épuisés. Une nouvelle souscription ne produisit qu'une somme insignifiante. Il ne restait plus d'espoir que dans le gouvernement, qui consentit enfin un prêt de 246,000 livres sterling. Après sept ans d'interruption, les travaux furent repris en mars 1836. Il y eut encore de nombreux mécomptes : trois fois la rivière fit de graves irruptions; mais, vigoureusement repoussée, elle finit par être vaincue, et le tunnel fut livré au public le 25 mars 1843.

Comme spéculation, l'entreprise était désastreuse; elle avait coûté le double du premier devis, et le passage n'étant accessible qu'aux piétons, les recettes ont toujours été insignifiantes.

La conception et l'exécution monumentale de ce gigantesque projet n'en font pas moins le plus grand honneur aux deux habiles et intrépides ingénieurs qui, à travers tant de périls, le menèrent à bien. Peu de temps auparavant, Brunel le père ressentit les premières atteintes d'une paralysie, et, dans le journal où il inscrivait ses opérations d'une écriture ferme, nette, et comme gravée, on lit en caractères tremblants, tracés d'une main impotente : « Dieu soit loué! le tunnel est fini! » L'anxiété, la surexcitation, l'avaient brisé. Tant que les travaux continuèrent (et ils marchaient sans interruption la nuit et le jour), il avait donné l'ordre qu'on l'éveillât de deux heures en deux heures pour le tenir au courant du progrès. Sa maison, à Rotherhithe, était située à proximité du puits. A l'appel d'une cloche située dans sa chambre à coucher, et qu'on sonnait d'en bas, il se relevait, allumait une bougie, examinait la nature du sol qu'on lui envoyait dans un tube, et ne se recouchait qu'après avoir écrit ses instructions aux ouvriers, et en avoir pris note dans un registre. Plusieurs mois après l'achèvement du tunnel, il s'éveillait régulièrement de deux en deux heures, et sa femme avec lui.

Associée à ses projets, à ses pensées, elle avait partagé ses inquiétudes et ses veilles, lui prêtant souvent un utile concours. A l'âge de soixante-seize ans, il écrivait dans son journal : « C'est à vous, ma très-chère Sophie, que j'ai dû tous mes succès. » Et ailleurs, à la suite de notes sur le tunnel : « Il y a aujourd'hui quarante-deux ans que j'ai été uni à Sophie Kingdom, maintenant lady Brunel. » Entre autres honneurs, il avait été élevé, en 1841, à la dignité de chevalier de Bath. Sa profonde tendresse pour sa digne compagne ne se démentit jamais. Les terribles épreuves qu'ils avaient traversées ensemble avaient cimenté leur mutuelle affection. C'était chose touchante de voir le célèbre vieillard, qui n'était plus que l'ombre de lui-même, à quatre-vingt-un ans, retrouver encore quelque étincelle du feu de sa jeunesse en parlant de sa chère femme, et lui baiser respectueusement la main en bénissant le jour où il l'avait rencontrée.

Si l'incontestable génie de Brunel, son infatigable persévérance, son intégrité sans tache, ont droit à notre admiration, son naturel affectueux, sa bonté, ses vertus domestiques, commandent la sympathie et le respect, et nous le font revendiquer avec orgueil comme Français.

Il s'éteignit en décembre 1849, heureux et fier du fils qui l'avait si bien secondé, et qui devait encore faire grandir son nom.

ÉPIS DE FAITAGE EN TERRE ÉMAILLÉE.

Le curieux ornement de faîtage dont on voit ici le dessin surmontait encore, il y a un an environ, le pignon d'une maison de Falaise en Normandie; il est aujourd'hui en la possession de M. Delange, habile connaisseur. Malgré le regret qu'on éprouve ordinairement à voir enlever les ouvrages d'art, quels qu'ils soient, de la place à laquelle

ils étaient destinés, et où ils complétaient un ensemble décoratif, il faut plutôt se féliciter quand les exemples devenus rares d'une fabrication perdue, au lieu de rester exposés à toutes les intempéries et à tous les hasards, entrent dans les cabinets et dans les musées.

Seizième siècle. — Épi en terre émaillée trouvé à Falaise (Calvados).
Dessin de Carle Delange.

Cet épi est, en effet, un produit remarquable d'une industrie qui paraît avoir été florissante, dans la seconde moitié du seizième siècle, aux environs de Lisieux. Il se compose, comme les autres épis semblables découverts dans cette partie de la Normandie, d'une suite de pièces d'enfilage que maintient une tringle de fer. La pièce servant de base était scellée avec du plâtre sur l'angle aigu des pignons ou sur le poinçon des deux fermes qui soutiennent les toits à croupe. On emploie de la même manière encore aujourd'hui les épis de plomb ou de zinc, d'un effet assurément moins brillant que les épis normands, aux couleurs variées, où semblent avoir été épuisées toutes les ressources de la palette de l'émailleur. Ce n'est point cependant un véritable émail qui les recouvre. La terre, habilement modelée, paraît avoir été englobée de la même façon que les poteries communes, et vernissée comme elles avec un léger oxyde de plomb. L'aspect en est assez semblable aux *rustiques figulines* de Bernard Palissy pour qu'on les ait quelquefois confondues avec elles. C'est ainsi que des épis ayant la même origine, actuellement en la possession de MM. de Rothschild, ont d'abord passé pour des œuvres du célèbre potier de Saintes. Mais on ne peut le considérer, quelque rapport qu'elles aient avec ses ouvrages authentiques, comme le fabricant de ces poteries, qui toutes ont été rencontrées à Lisieux ou dans le pays d'Auge. L'homme le plus compétent en ces matières, M. André Potier, directeur du Musée d'antiquités de Rouen, incline à les attribuer à un certain *Maculus Abaquesne figulus*, autrement dit Maclou Abaquesne, potier, ainsi désigné dans une chronique rouennaise qui se termine en 1549. L'épi dont nous offrons le dessin paraît être moins ancien; d'autres pourraient, à la rigueur, remonter à cette date. L'opinion de M. Potier concorde avec celle qui est exprimée par M. Dubroc de Ségange, directeur du Musée de Nevers, dans une publication récente sur les faïences et les émailleurs de cette ville [1]. Selon cet auteur, c'est à Manerbe, près Lisieux, qu'aurait été la fabrique de ces poteries émaillées, qui doivent avoir désormais une place dans l'histoire de la céramique. D'autres poteries du même genre ont été trouvées en diverses contrées, notamment dans le midi de la France; mais elles ne sont pas variées de couleur comme les épis normands.

L'ONIOGOSE.

Ce poisson, que l'on pêche quelquefois, en été, dans les baies de Nagasaki, est servi sur les tables des riches Japonais comme un mets exquis. Sa taille ne dépasse pas,

L'Oniogose (*Pelor japonicum*), d'après la *Fauna japonica* de Siebold. — Dessin de Freeman.

d'ordinaire, neuf à dix pouces. Tout son corps, à l'exception de la tête, est couvert de grandes taches d'un blanc rougeâtre : elles forment sur la pectorale de larges bandes transversales; mais sur le ventre elles offrent la forme de marbrures assez fines. On voit en outre, sur les parties inférieures, plusieurs rangées de points noirâtres; d'autres points isolés se trouvent sur les ventrales et à la base des pectorales. L'iris de l'œil est noir, pointillé de jaune-citron. Une grande partie du corps est hérissée de petits filaments mous et de formes diverses.

On possède sept de ces poissons, conservés dans l'esprit-de-vin, au Musée des Pays-Bas.

[1] *Publications de la Société nivernaise;* 1863.

L'HOMME QUI NE RIT PLUS.

CONTE ARABE.

Il existait dans une principauté voisine du lac Tchad, au centre de l'Afrique, une famille arabe que la tyrannie du pacha de Tripoli avait forcée à émigrer. Cette famille, favorisée par les circonstances, c'est-à-dire par la volonté de Dieu, avait acquis en peu de temps une de ces fortunes fabuleuses dont on parle souvent dans les *Mille et une Nuits*. Le père et la mère moururent, laissant un fils qui n'avait que seize ans, et dont l'ardeur pour le plaisir ne connaissait point de bornes.

Zerzouri, c'était le nom de l'héritier, donna des fêtes: il eut tout de suite beaucoup d'amis. La prodigalité est née au sein des plaisirs: il devint prodigue, et l'argent s'échappa de ses mains comme l'eau qui tombe des nuages. Peu à peu, il vendit esclaves, palanquins, troupeaux, écuries et maisons; il vendit même les bijoux de sa mère. Trois années avaient suffi pour consommer sa ruine.

Le lendemain de la dernière fête, Zerzouri était déjà oublié: On ne savait plus qu'il avait rempli la ville de Melli de son faste et de sa générosité; et lorsque le désespoir le poussa à se faire journalier pour gagner son pain, ce fut un inconnu qui lui tendit la main.

Un jour que, revêtu d'une gandoura brunâtre, comme les gens du peuple, il s'était affaissé au pied d'un mur en attendant de l'ouvrage, un étranger de bonne mine s'arrêta devant lui et lui offrit le salut. Zerzouri rendit le compliment d'un ton poli, mais sans oser lever les yeux, tant il se sentait humilié d'être tombé si bas.

— Jeune homme, lui dit l'inconnu avec une voix affectueuse, vous paraissez souffrant; votre figure m'intéresse. Je devine à votre physionomie que vous avez dû être dans une position meilleure. Si vous cherchez du travail, j'ai votre affaire.

Zerzouri fut touché jusqu'aux larmes des paroles de l'étranger; il lui répondit:

— Monsieur, vous me sauvez la vie; Dieu vous récompensera sur ma part de paradis. Ma mère avait raison de dire que le Seigneur des mondes n'abandonne jamais ceux qui se résignent entre ses mains.

En disant ces mots, il attachait ses yeux sur son interlocuteur, qui était un homme d'une quarantaine d'années, au visage doux et triste, et couvert d'une robe de soie verte flottante. Il ajouta d'une voix timide:

— A quel emploi me destinez-vous?

L'inconnu lui dit:

— J'habite une maison éloignée du fossé de la ville, avec neuf de mes amis. Nous vivons là dans une retraite absolue. Il nous faut quelqu'un pour nous servir, et surtout une personne discrète. Votre physionomie me convient. Vous demeurerez au milieu de nous et vous partagerez notre existence, comme si vous étiez de la famille. Vous aurez des costumes élégants; l'argent ne vous manquera pas, et Dieu permettra sans doute que vous jouissiez, grâce à nous, d'une brillante existence. Acceptez-vous l'emploi que je vous offre?

— Entendre, c'est obéir, s'écria Zerzouri, dont le cœur bondissait de joie.

— Avant tout, dit l'homme à la robe verte, j'ai une recommandation à vous faire, c'est de respecter notre secret. Lorsque vous nous verrez pleurer, gardez-vous de nous interroger sur la cause de notre douleur.

— Le Créateur ne m'a point affligé du péché de curiosité: j'aurai peu de mérite à me taire.

Après ce dialogue qui ne dura qu'un instant, les deux personnages se mirent en marche, l'un suivant l'autre, vers le bain le mieux tenu de la ville, où Zerzouri, sous les yeux de son maître, fit une toilette complète, depuis la peau jusqu'au manteau. Une fois baigné, massé et parfumé, il se vit entouré de nègres qui lui ajustaient des habits neufs, faisaient ressortir à la fois et l'élégance de sa taille et le charme de ses traits. Il est d'usage chez les musulmans qu'on dépouille le vieil homme pour entrer dans une maison en qualité de serviteur.

Du bain, ils se rendirent à la maison, qui était en effet noyée dans la verdure épaisse des jardins du faubourg. En entrant, notre jeune homme ne fut pas moins émerveillé du plan général de l'habitation que de la symétrie des détails. L'ensemble était composé de quatre corps de logis, au milieu desquels se dessinaient plusieurs parterres séparés par un bassin où s'ébattaient une multitude de cygnes. Tous les appartements avaient des fenêtres grillées, d'où l'œil plongeait avec délices sur cet espace enchanteur. On ne voyait que des fleurs, on n'entendait que le gazouillement d'oiseaux. Mais quel contraste formait cette riante demeure avec les personnages qui y passaient leur vie! Et combien la pensée de Zerzouri était loin du spectacle qui l'attendait!

— Venez par ici, lui dit l'homme à la robe verte, je veux vous présenter à mes amis.

Il le prit par la main d'une façon cordiale et l'introduisit dans une salle longue, où les tapis qui cachaient le sol rivalisaient de somptuosité avec l'émail bleu du plafond étoilé d'or et d'argent. A l'une des extrémités, sur une estrade dominée par un large dais en plumes d'autruche, siégeaient neuf vieillards à barbe blanche, enveloppés de cafetans de soie. Ils pleuraient, sanglotaient et se lamentaient. Zerzouri était une scène à fendre le cœur. Mais le serviteur, se rappelant la recommandation qui lui avait été faite, retint sa langue, et s'efforça de chercher une distraction dans tous les objets qui l'éblouissaient.

Sans paraître remarquer son émotion, le cheik Ali (ainsi se nommait l'inconnu) ouvrit un coffret en nacre à clous d'argent, et lui dit:

— Voici quarante pièces d'or dont tu disposeras à ton gré pour nos besoins et tes dépenses. Puise, prends et achète. C'est toi qui es notre intendant. Fais tranquillement ton service, personne ne te contrariera; nos habitudes sont douces et simples. Mais surtout pas de questions sur ce que tu verras et ce que tu entendras!

Zerzouri s'inclina respectueusement et répondit:

— Entendre, c'est obéir.

Il entra en fonctions ce jour-là même, nettoya les chambres, prépara le dîner, et servit ses maîtres éplorés avec une adresse qui aurait pu donner à penser qu'il n'avait fait que cela toute sa vie.

Tandis qu'il allait et venait dans la maison, les sanglots continuaient plus déchirants et plus lamentables. On croyait assister à une de ces cérémonies de deuil où les pleureuses psalmodient, sans repos ni relâche, un chagrin payé à forfait. Quoi qu'il en soit, notre jeune serviteur prit le bon parti; il accoutuma ses oreilles à ce bruit, comme on se fait au fracas d'un torrent.

Au bout d'un an, un des vieillards paya sa dette au Seigneur. Ses compagnons le prirent en silence et, l'ayant lavé d'après le rite malékite, l'enterrèrent sans pompe dans un bosquet contigu au mur d'enceinte.

Quand la mort pénètre dans une maison, elle ne s'arrête plus. La mort frappa encore un vieillard, puis un second, puis un troisième; enfin elle les prit tous, excepté le cheik Ali, qui resta seul avec Zerzouri au milieu de cette vaste habitation, où ils passèrent plus de dix années ensemble et comme en famille. Cependant le corbeau de la séparation croassa au-dessus de leurs têtes. Le cheik Ali, brisé par la vieillesse et miné par un chagrin sans consolation, préparait son âme pour l'éternité, lorsque le fidèle serviteur s'approcha de son lit de douleur et lui dit avec un accent de compassion et de câlinerie :

— Maître, ai-je trompé votre espoir? Ne vous ai-je pas servi, soigné avec tendresse? N'ai-je pas respecté votre secret?

— Oh! oui, mon enfant, répondit le malade; nous mourrons tous contents de toi, et c'est pour te prouver notre reconnaissance que nous t'avons légué une maison qui ressemble à un palais avec le reste de nos trésors. Tu es jeune encore, tu as un bel avenir devant toi. Vis et tâche d'oublier le spectacle navrant de nos regrets.

A ces mots, la curiosité de Zerzouri, si longtemps contenue, se déchaîna.

O le meilleur des maîtres, reprit-il, vous aviez donc des regrets? Ne pourrais-je en savoir la cause? Daignez, je vous en conjure, me révéler ce secret.

— Dieu veuille te préserver, mon enfant, du malheur que nous avons éprouvé. La tombe me réclame, je n'ai plus que quelques instants à vivre; il faut que je te sauve par un dernier conseil... Voici une porte, ajouta-t-il, en étendant une main que le froid de la mort avait alourdie; garde-toi de l'ouvrir, si tu ne veux pas être condamné à passer le reste de tes jours dans les larmes et dans les gémissements. Si tu avais l'imprudence de mépriser ma recommandation, tu t'exposerais à comprendre toute l'étendue de nos souffrances, et lorsque tu voudrais te repentir, il n'en serait plus temps.

En achevant ces paroles, le cheik Ali laissa tomber sur le coussin son visage décoloré, et rendit le dernier soupir. *La fin à la prochaine livraison.*

L'âme de la liberté est l'amour des lois.
                                                    KLOPSTOCK.

POÉSIE DES MATHÉMATIQUES.

Une grande erreur est de penser que l'enthousiasme est inconciliable avec les vérités mathématiques; le contraire est beaucoup plus vrai. Je suis persuadé qu'il est, tel problème de calcul, d'analyse, de Képler, de Galilée, de Newton, d'Euler, la solution de telle équation, qui supposent autant d'intention, d'inspiration que la plus belle ode de Pindare. Ces pures et incorruptibles formules, qui étaient avant que le monde fût, qui seront après lui, qui dominent tous les temps, tous les espaces, qui sont, pour ainsi dire, une partie intégrante de Dieu, ces formules sacrées qui survivront à la ruine de tous les univers, mettent le mathématicien qui mérite ce nom en communion profonde avec la pensée divine. Dans ces vérités immuables, il savoure le plus pur de la création; il prie dans sa langue. Il dit au monde comme cet ancien : « Faisons silence, nous entendrons le murmure des dieux ! » EDGAR QUINET.

LA CHANSON DU PAUVRE ÉLECTEUR (¹).

Ils savaient que je suis pauvre, et ils ont cru que je serais vil ! Ils m'ont jugé d'après eux et leurs semblables, qui n'ont pour Dieu que l'ignoble veau d'or.

Ils m'ont offert de l'argent en échange de mon vote, mes enfants, oui, de mon vote !

Honte, honte aux hommes riches qui ont voulu acheter ma conscience !

Mon vote! mais mon vote n'est pas à moi, pour que j'en fasse une marchandise à mon profit !

(¹) *The poor Voter's Song*, chanson anglaise dédiée à lord Russell.

Je dois mon vote à ma patrie !

Je donnerai mon vote non pas au plus riche, mais au plus honnête et au plus digne!

C'est le devoir de tout bon citoyen, entendez-vous, mes enfants !

Si j'avalais l'appât que ces vils corrupteurs avaient attaché à l'hameçon, comment oserais-je regarder mes fils en face?

Comment leur dirais-je : « Mes enfants, voici le droit chemin ! » tandis que jour et nuit la voix de ma conscience me reprocherait mon crime, oui, mes enfants, mon crime contre la patrie !

LA PHOTOGRAPHIE.
Suite. — Voy. p. 92, 107.

PAR LES SELS D'ARGENT.

Choix du papier. — Un bon papier photographique est encore à faire; les qualités que l'on trouve dans le commerce, de provenances diverses, sont plus ou moins mauvaises. Soit qu'en France les fabricants apportent moins de soins qu'à l'étranger, ou qu'ils aient des matières ou des eaux moins favorables, il est vrai malheureusement pour notre amour-propre que le meilleur papier photographique vient de Saxe; et, parmi les diverses qualités, nous préférons celle qu'on appelle *grand format*. Il est utile, avant toute opération, de faire un triage dans les feuilles, de séparer celles qui sont marquées de petites taches noires métalliques, celles qui contiennent des ajours, ou des fils colorés, ou des pailles, etc. On utilise les découpures de ces feuilles pour de plus petites épreuves.

Chloruration. — On marque au crayon l'envers du papier, qui s'aperçoit très-facilement à un jour frisant sa surface et décélant le contact des fils réguliers de la toile sans fin de la machine. On recourbe une corne de chaque feuille (fig. 35), et on a soin que ce soit toujours la même, celle de gauche par exemple, afin que sa position fasse, sans besoin d'autre marque, reconnaître l'envers du papier vers lequel elle est tournée.

Faites un bain de :

Eau bien filtrée............................... 100 gram.
Chlorure d'ammonium ou chlorhydrate d'ammoniaque. 4,50

Posez la feuille à la surface du bain, comme l'indique la figure 35, et laissez-l'y séjourner trois minutes; prenez garde aux bulles d'air; suspendez les papiers par l'angle replié qui n'a pas été mouillé; laissez sécher et serrez dans des cartons à l'abri de l'humidité. Le bain de chlorure est bon jusqu'à épuisement; seulement, lorsqu'il a servi, il faut le filtrer avec soin pour une seconde opération.

Bain d'argent. Sensibilisation. — Prenez :

Eau distillée................................ 100 gram.
Azotate d'argent cristallisé.................. 15 gram.

La feuille salée, telle que nous venons de la faire, contient dans sa texture et à sa surface une certaine quantité de chlorure alcalin. Si nous la déposons à la surface du bain d'argent, une double décomposition aura lieu : il se formera dans la texture et à la surface du papier un chlorure d'argent qui, en raison de sa nature floconneuse, sera retenu par les fibres entre-croisées pourvu qu'il ne soit pas trop abondant, auquel cas il se détacherait par plaques; il se formera en même temps, et en quantité équivalente, un azotate à la base du chlorure alcalin, lequel azotate restera dans le bain.

D'autre part, en relevant la feuille, elle entraînera mécaniquement une couche de bain qui séchera à sa surface et y déposera non-seulement de l'azotate d'argent, mais, dans le cas présent, de l'azotate d'ammoniaque. Or le chlorure d'argent pur exposé à la lumière y noircit, mais peu rapidement et d'une manière peu intense; il en est tout autrement alors qu'il est en présence de l'azotate d'argent : il devient sensible et s'altère profondément, d'autant plus que la solution d'azotate était plus concentrée.

Le bain d'azotate doit être filtré avec soin et la cuvette parfaitement nettoyée, les réductions flottantes d'argent étant à craindre, parce qu'elles tachent les feuilles. On y étend le papier, à l'obscurité, cinq minutes au moins; on le suspend, aussi à l'obscurité, et on le laisse sécher naturellement. Cette opération peut être faite dans un appartement dont les vitres de la fenêtre sont recouvertes de papier jaune. On peut sensibiliser, en hiver, le papier positif la veille au soir pour le lendemain matin; en été, les feuilles commencent à devenir violettes au bout de vingt-quatre heures, à moins qu'on ne les ait renfermées dans des boîtes préparées pour les préserver.

Exposition à la lumière. — Il est prudent de faire agir la lumière perpendiculairement au châssis à positifs, surtout pour les négatifs sur collodion. Quant au mode de tirage, il varie non-seulement avec la qualité du négatif, mais aussi avec la méthode de virage qu'on doit employer, la qualité du papier dont on se sert et la qualité de la lumière. Celle de l'hiver et celle d'un temps couvert produisent une teinte de même valeur, beaucoup moins profonde que celle que produit le soleil d'été. Il faut laisser le papier positif s'impressionner ordinairement jusqu'à ce que les grands clairs commencent à devenir violets. L'action rongeante du bain d'hyposulfite les ramène au blanc et harmonise toute l'épreuve en la dépouillant.

Fixage. Virage alcalin. — Faites le bain suivant :

Hyposulfite de soude...............	150 grammes.
Chlorhydrate d'ammoniaque...........	20
Eau filtrée bien pure...............	1000

Plongez les épreuves rapidement dans ce bain, prenant garde qu'il ne s'y attache des bulles d'air; remuez-les et lavez-les sans relâche, comme on le voit dans la figure 36,

FIG. 35.

FIG. 36.

pour donner accès à l'air, et en dix à quinze minutes l'épreuve sera fixée, et les parties blanches ne laisseront voir en transparence aucune partie de sels étrangers formant ce qu'on appelle le *poivré.*

Préparez d'autre part les substances suivantes :

Eau filtrée bien pure...............	1000 grammes.
Hyposulfite de soude...............	20
Chlorhydrate d'ammoniaque...........	15
Chlorure d'or.....................	0.25

Il faut commencer par mettre à part 50 grammes d'eau, y verser le chlorhydrate d'ammoniaque, et remuer au moyen d'un agitateur de verre; on ne pourra dissoudre ainsi qu'une portion de sel : son excès est nécessaire. Ajoutez alors le chlorure d'or, qui colorera la liqueur en jaune-paille et se dissoudra d'autant plus difficilement que l'excès de sel ammoniaque restera plus grand; versez alors dans ce mélange, et goutte à goutte, de l'ammoniaque liquide, jusqu'à ce que la coloration jaune ait disparu; versez deux ou trois gouttes en excès. Pendant ce temps, l'hyposulfite a été mis à fondre dans le surplus de l'eau, soit 950 grammes; mêlez la dissolution de sel d'or ammo-

nical à celle d'hyposulfite, en agitant celle-ci vivement : il apparaît une fugitive coloration feuille-morte à l'endroit où l'on verse; elle disparaît par l'agitation, et le bain reste composé d'un liquide incolore.

Les épreuves étant dépouillées dans le bain de fixage, on les plongera dans celui-ci, et l'on verra le dépôt d'or marcher régulièrement des parties noires aux demi-teintes, de plus en plus claires.

Lavages. — Les épreuves, étant virées, sont plongées dans trois ou quatre eaux pures, successives, où on les remue sans relâche, comme dans la figure 36. Au bout de trente minutes de lavage, on les laissera baigner vingt-quatre heures dans la dernière eau, on les lavera dans une nouvelle, et l'on pourra sécher la feuille, parfaitement débarrassée des sels solubles qu'elle contenait.

Séchage. — Au moyen d'épingles neuves recourbées en S et ne servant qu'à cela, on suspend à des ficelles tendues en travers de l'atelier les feuilles sorties du dernier lavage. La dessiccation se fait naturellement; en hiver, on peut l'accélérer en élevant la température.

La suite à une autre livraison.

LES TRIBULATIONS DE L'ENFANCE.

Les Enfants au bois. — Dessin de Pauquet fils, d'après le tableau de Robert.

C'est mon avis, qu'on ne ménage pas assez l'enfance, qu'on n'a pas pour elle les égards, le respect qui sont dus à sa faiblesse. Ceux mêmes qui *gâtent*, comme on dit, les enfants, auront par instants avec eux des rudesses, des violences soudaines qui bouleversent, qui déchirent ces âmes délicates. On se croit justement sévère; on est cruel.

C'est qu'on ne songe pas assez à ce qu'est un chagrin d'enfant. On le tient pour chose légère; et moi je le crois aussi profond, aussi extrême que le plus sérieux des nôtres. L'enfant s'abandonne tout entier à l'impression qui le domine, avec une candeur, avec une bonne foi absolue. Rien ne résiste en lui, rien ne fait contre-poids. S'il n'a pas,

comme nous, la réflexion, qui sans doute peut accroître nos peines, il n'a pas, d'un autre côté, cet égoïsme que l'âge a fortifié, et qui vient effrontément mettre une barrière au désespoir; il n'a pas notre triste expérience qui, du milieu de nos sanglots, ose faire entendre sa voix et nous dit que toute douleur a un terme, que le temps est un remède efficace, et qui nous fait envisager malgré nous, à travers les ténèbres de l'heure présente, des jours plus sereins, plus lumineux. Je ne les ai pas oubliés, quant à moi, mes chagrins de petit enfant. Que les moindres étaient grands! Ou plutôt il n'y en avait pas de moindres; ils étaient tous immenses. — On avait ordonné que le devoir fût fait, que surtout la page fût sans tache. Tout à coup, on ne sait comment, un mouvement étourdi, une secousse, et voilà qu'un flot d'encre jaillit sur le papier. Vite on suce l'affreux liquide; fût-il un poison mortel, on le sucerait encore de tout son cœur. Mais hélas! l'horrible tache noire, au lieu de partir, s'est étalée; toute la page en est couverte. Et le maître va venir, il vient, il entre... Quel regard, quelle voix terrible, quels reproches foudroyants! On est un méchant, un enfant indocile et sans conscience; une punition exemplaire sera infligée. Ah! comme on souffre! Les larmes ruissellent, les sanglots vous étouffent. On aimerait mieux mourir que d'être si malheureux!

Voyez ces deux enfants que représente notre gravure. Leur mère leur avait dit : Allez au bois, et revenez avec un fagot, aussi gros que vous pourrez le porter. Et les voilà, le frère et la sœur, dans le taillis, ramassant, cassant, coupant de leur mieux; heureux parmi le gazon et la mousse, ils chantaient. Mais tout à coup un pas se fait entendre dans les broussailles. Quelqu'un apparaît; c'est le garde. O malheur! dans le tas de bois mort se trouvent deux ou trois branches encore vertes; la serpe gît à côté; le délit est flagrant. En un clin d'œil l'homme a mis sa rude main sur le bras du coupable; il l'entraîne, et avec une grosse voix : — Allons, s'écrie-t-il, il faut me suivre; vite, en prison! — Quelle épouvante sur le visage du petit garçon; que d'angoisses, que de supplications dans les yeux de la sœur! En prison, dans un cachot, sans lumière, et pour toute la vie! Et leur mère qu'ils ne reverront plus! Grâce! — Non, pas de pitié! — Ah! tout est fini; ils sont perdus!

Mais voici le privilège de l'enfance : son chagrin est de courte durée et il s'efface complètement: Un mot a fait couler des torrents de larmes, un mot les sèche. La douleur passée, la joie reparaît, entière, absolue. Dans une minute, ces deux enfants que nous venons de voir si désespérés, ils seront consolés; la main du garde aura lâché prise, ils auront levé des yeux étonnés sur lui, ils auront vu son regard malin, sa bouche narquoise : ah! c'est la délivrance, c'est le salut! Et ils s'en iront par les sentiers, courant et chantant, cueillir les beaux bouquets de noisettes ou ramasser les châtaignes qui, à chaque coup de vent, tombent dru comme grêle du faîte des grands châtaigniers.

ACTE DE DÉVOUEMENT.

MM. Zurcher et Margollé, dans leur beau livre sur les *Tempêtes*, reproduisent l'épisode suivant d'un touchant récit de Sparrman ([1]) :

« Le navire le *Jung-Thomas*, qui était demeuré dans la baie de la Table jusqu'après le commencement de la saison des tempêtes, fut chassé sur le rivage par un ouragan, près des terres voisines de Zout-Rivier, vers le nord du fort.

» La mer était impraticable, et quoique le vaisseau fût naufragé près du bord et qu'on entendît distinctement les cris de détresse de l'équipage, les lames étaient si grosses, et se brisaient contre le rivage et contre le rivage avec tant de violence, qu'il était impossible aux hommes de se sauver dans leurs canots, et plus dangereux encore de chercher à se sauver à la nage. Quelques-uns des malheureux qui prirent le dernier parti furent lancés et froissés contre les rochers. D'autres, ayant atteint le rivage et près du salut, furent rentraînés et submergés par une autre vague. Un des gardes de la ménagerie de la Compagnie, qui dès la pointe du jour allait à cheval, hors la

([1]) *Voyage au cap de Bonne-Espérance.*

---

ville, porter le déjeuner de son fils, caporal dans la garnison, se trouva spectateur du désastre de ces infortunés. A cette vue, il est touché d'une pitié si noble et si active que, se tenant ferme sur son cheval plein de cœur et de feu, il s'élance avec lui à la nage, parvient jusqu'au navire, encourage quelques-uns d'eux à tenir ferme un bout de corde qu'il leur jette, quelques autres à s'attacher à la queue du cheval, revient ensuite à la nage, et les amène tous vivants au rivage. L'animal était excellent nageur; sa haute stature, la force et la fermeté de ses muscles, triomphèrent de la violence des coups de mer.

» Mais le brave et héroïque vétéran devint lui-même la malheureuse victime de sa générosité. Il avait déjà sauvé quatorze jeunes gens : après le septième tour, pendant qu'il restait à terre un peu plus de temps, pour respirer et reposer son cheval, les malheureux qui étaient encore sur le navire crurent qu'il n'avait plus l'intention de revenir. Impatients de le revoir, ils redoublèrent leurs prières et leurs cris : son âme sensible fut émue; il repart, et retourne à leur secours avant que son cheval soit suffisamment reposé. Alors un trop grand nombre de personnes voulurent se sauver à la fois, et l'une d'elles, à ce qu'on croit, s'étant attachée à la bride du cheval, lui attirait la tête sous l'eau : le pauvre animal, déjà épuisé, succomba sous la charge.

» Ce philanthrope intrépide mérite d'autant plus notre estime et notre admiration qu'il ne savait nullement nager lui-même. J'ai donc pensé qu'il était de mon devoir, devoir qui fait mon plaisir, de consigner dans mon ouvrage le dévouement de cet homme, qui se nommait Woltemade. Frappés du même sentiment, les directeurs de la Compagnie des Indes orientales en Hollande, à la première nouvelle de ce fait, érigèrent à sa mémoire un monument digne d'eux et de lui, en donnant son nom à l'un de leurs vaisseaux nouvellement construit, et ordonnant que toute l'histoire fût peinte sur la poupe. »

L'HOMME QUI NE RIT PLUS.

CONTE ARABE.

Fin. — Voy. p. 160.

Voilà Zerzouri redevenu seul. Après avoir déposé le corps de son unique ami à côté des neuf vieillards, il réfléchit. Il lui parut impossible que les mêmes circonstances inspirassent les mêmes sentiments à des individus d'une nature différente. La jeunesse est présomptueuse. Il se promit d'être impassible et se composa d'avance un cœur de fer. Au fond, c'était plutôt le désir de rompre la monotonie de son existence qui le poussait à tenter l'aventure.

Un jour, il alla d'un pas ferme et résolu vers cette porte mystérieuse, et écarta brusquement les toiles d'araignées qui la recouvraient. Il fit sauter quatre fortes serrures en acier, poussa les battants et franchit le seuil. Son cœur battait avec violence.

— Ma foi, murmura-t-il, Dieu est le maître des destinées. Qui pourrait s'opposer à sa volonté?

Un couloir sombre et tortueux se déroulait devant lui; il y marcha pendant trois heures à la lueur d'une torche. Enfin, il arriva au bord d'un lac. Mais, au moment où il cherchait à se rendre compte du paysage, un oiseau gigantesque le prit dans ses serres et l'enleva au plus haut des airs. Le mouvement avait été si rapide et si violent que le pauvre Zerzouri s'évanouit. Lorsqu'il reprit l'usage de ses sens, il se trouva seul, couché près d'un bosquet de citronniers en fleurs. La brise du matin soulevait légèrement les plis de son vêtement, et une musique harmonieuse pénétrait toute son âme d'une joie inconnue. Il se leva. Tandis qu'il regardait à droite et à gauche, une troupe élégante de cavaliers vint à passer devant lui. Le guerrier dont cette troupe paraissait former le cortège s'avança et salua gracieusement Zerzouri, en le priant de monter sur un cheval magnifiquement harnaché que l'on tenait en main. Notre aventurier ne se fit point prier, et sauta avec aisance sur la selle brodée d'or.

On se remit en marche sans que personne songeât à interroger le nouveau venu sur son origine, ni sur le motif qui l'amenait en ces lieux. Il fut l'objet de mille attentions. Après l'avoir promené dans des jardins que ne surpassera peut-être jamais en beauté le délicieux séjour promis par Mohammed aux vrais croyants, on le mit en face d'un palais bâti avec un art infini et revêtu de sculptures qu'on aurait pu attribuer à la main des génies.

— Quelle folie j'aurais faite, se disait Zerzouri, en retenant mes belles années derrière cette petite porte! Évidemment ce cheik Ali, de navrante mémoire, avait perdu la rectitude des idées dans cet emprisonnement systématique auquel il se condamnait avec ses compagnons. Si je pouvais seulement, avec l'aide de Dieu, le rappeler un instant à la vie, je lui montrerais toutes ces merveilles et jouirais de sa surprise.

Durant ce monologue, une foule de pages jeunes et alertes s'empressaient autour de l'étranger. L'un saisissait la bride de son cheval, l'autre tenait son étrier. A peine eut-il mis pied à terre que le chef du cortège, qui était un personnage aux manières aisées, l'introduisit dans cette demeure princière, en faisant bruire à ses oreilles des propos empreints de galanterie. Il vit un salon dessiné en hémicycle où s'élevait un trône étincelant d'or et de pierreries. Son compagnon lui fit signe de s'y asseoir; puis, prenant place à côté de lui, il s'exprima ainsi :

— Nous bénissons, cher hôte, le hasard qui vous transporte parmi nous. Ce pays est une île qui obéit à mes lois. Je suis reine.

En prononçant ces mots, le personnage releva la visière qui couvrait sa figure, et Zerzouri, dans l'attitude de l'extase, put contempler une beauté à rendre jalouses les houris.

— Mes ministres, mes officiers, continua la reine, sont des femmes. Le travail est le partage de l'autre sexe. A nous l'autorité, aux hommes l'obéissance. Une exception peut être faite en votre faveur, si vous consentez à m'épouser. Royaume, esclaves, trésors, tout vous appartiendra, hors la clef de la porte qui s'ouvre au fond du parc. Vous n'avez qu'un mot à dire.

Zerzouri avait la tête bouleversée par son bonheur. Il eût voulu répondre ; mais ses lèvres tremblaient. On prit ce mouvement machinal pour une marque d'assentiment ; car, sur un signe de la reine, les dépositaires de la loi furent amenées jusqu'aux pieds du trône. C'était une vieille femme investie des fonctions de cadi ; elle était suivie de deux autres matrones, aux cheveux blancs et bouclés, qui lui servaient d'assesseurs. Pendant qu'elle rédigeait l'acte de mariage, un jeune page, plus svelte qu'une gazelle du Sahara, vint poser la couronne sur le front du royal époux.

Six mois après cette union inespérée, le bonheur n'avait point étouffé dans l'âme de Zerzouri cette soif du mystérieux, ce besoin de l'inconnu auquel il devait l'étrange succession de ses aventures.

Il pensait à la porte défendue.

Il lui manquait une jouissance au milieu de tant de félicités, une seule! mais d'un attrait de plus en plus irrésistible.

Il voulait revoir la petite maison de la ville de Melli, errer de nouveau dans les lieux qu'il avait si souvent par-

courus, savourer l'émotion du contraste entre les souvenirs du passé et les merveilles de sa condition présente...

En vain la voix du bon sens lui conseillait d'oublier ce passé. N'avait-il pas assez de toutes les félicités inespérées dont l'avait comblé une puissance mystérieuse? Son désir résistait à cette sage leçon, le poursuivait, l'absorbait et lui ôtait jusqu'au sommeil.

Une nuit donc, profitant du sommeil de la reine, il s'empara de la clef qu'elle tenait toujours sous son oreiller, et glissa comme une ombre dans le jardin. Mais à peine avait-il ouvert la serrure et franchi le seuil de la porte qu'il devint la proie d'un oiseau gigantesque dont les ailes ressemblaient à une tente déployée. Une voix partie du haut des airs criait au même moment :

— Adieu plaisir! Adieu royaume! Malheur à celui qui ne sait pas borner ses désirs!...

Le monstre s'enleva jusque dans les nuages, et vola avec une vitesse telle que Zerzouri eut la respiration coupée et s'évanouit...

Lorsque le sentiment revint en lui et qu'il rouvrit les yeux, il se trouva presque nu, à côté d'un douar, où les paysans l'avaient dépouillé sans façon de ses habits de prince.

Tel était le châtiment que Dieu lui infligeait. Mais nul ne peut arrêter le destin dans sa marche. L'infortuné Zerzouri se traîna jusqu'à Constantine, mendiant son pain de village en village, écrivant des amulettes pour les gens crédules et baisant le chapelet des marabouts en renom. La tristesse infinie du regret s'empara de son âme et il divorça avec le rire.

Ce fut alors seulement qu'il comprit le chagrin de ses maîtres inconsolables. [1]

Lorsqu'on arrive dans la vie à une condition heureuse et paisible, il est sage de ne pas vouloir aller au delà. Plus loin, derrière la porte des désirs et des curiosités insatiables, peut-être se verrait-on transporté au milieu des enchantements! mais si l'on a l'imprudence d'en franchir le seuil, la raison troublée perd son équilibre. Qui est assez fort pour rester modéré et prudent au milieu des enivrements d'une fortune trop rapide? On se penche, on est pris de vertige, on tombe dans l'abyme. C'est ce qu'avaient éprouvé les neuf vieillards dans une suite d'aventures différentes de celles qu'on raconte ici : tous avaient passé deux fois la porte, et Zerzouri fit comme eux.

LES ANIMAUX DOMESTIQUES.
Sixième article. — Voy. p. 123.

Le bœuf figure dans le domaine rural sous quatre formes principales : le bœuf proprement dit, le buffle, le zébu, l'yack. Deux autres types, le gyali et l'arni, dont le premier se rapproche du bœuf et le second du buffle, se rencontrent dans quelques provinces de l'Inde; mais ils ne paraissent pas doués de propriétés assez caractéristiques pour s'élever jamais, comme les quatre autres, à un rôle général.

Il existait jadis, dans les grandes forêts de l'Europe centrale et jusqu'en Gaule, deux espèces de bœufs sauvages dont l'une a disparu, et dont l'autre se perpétue encore, sous le nom d'aurochs, en Pologne et en Lithuanie. C'est tantôt à l'une, tantôt à l'autre de ces espèces, que les naturalistes, sous l'inspiration ou de Buffon, ou de Cuvier, ont longtemps prétendu rattacher nos races domestiques. Des deux côtés on était également dans l'erreur. Ce n'est

[1] Ce conte nous a été envoyé par M. A. Cherbonneau, professeur au collège impérial arabe et français d'Alger.

pas avec ces types européens que notre bœuf offre le plus d'analogie, mais bien avec d'autres espèces qui se rencontrent à l'état sauvage en Asie. L'Europe, couverte de ses vastes forêts, était encore sous l'empire de la vie primi-

L'Aurochs (*Bos urus*).

tive, que déjà les sociétés humaines avaient pris naissance dans ces contrées plus favorisées, et, dès leurs premiers pas, elles avaient mis sous le joug les grands ruminants qui leur y disputaient la possession du sol. Les antiques monuments de l'Assyrie nous représentent des bœufs qui sont les mêmes que les nôtres, et les monuments de l'Égypte sur lesquels les mêmes animaux sont figurés nous prouvent qu'ils avaient quitté dès la haute antiquité leurs stations primitives pour se porter jusqu'à l'entrée du continent africain. De même s'étaient-ils propagés de proche en proche, d'une part jusqu'en Chine, de l'autre jusque dans l'Occident, où des traditions les plus anciennes témoignent partout de leur présence soit dans les rites religieux, soit dans l'agriculture. Plus ils s'étaient étroitement associés à l'homme dans les lieux où ils avaient été enlevés par celui-ci au régime de la nature sauvage, plus il était naturel qu'ils le suivissent dans toutes ses migrations. Au lieu d'avoir à dompter et à façonner les terribles taureaux qui occupaient originairement les territoires incultes de l'Europe, les Celtes, les Pélasges, les Slaves, toutes les peuplades qui émergeaient de l'Orient, escortées de leurs attelages de bœufs et de leurs bêtes laitières, n'eurent donc qu'à organiser contre eux des battues à

Le Bœuf sauvage d'Asie (*Bos sylhetanus*).

outrance et à s'en débarrasser peu à peu. Nos annales nous témoignent de l'ardeur avec laquelle les Francs, derniers venus, s'appliquaient à cette chasse séculaire. Ils

n'en étaient que les continuateurs. Mais il est temps que cette extermination ait un terme. Il serait digne de la Société d'acclimatation de se procurer quelques représentants de l'espèce ainsi persécutée, afin de régénérer par leur alliance le sang asiatique, où d'en tirer tout au moins quelque race nouvelle. D'ailleurs, puisque c'est par un hasard de l'histoire, et non par un dessein délibéré, que la main de l'homme s'est portée de préférence sur l'espèce asiatique, qui peut assurer que la domestication de la nôtre ne produirait pas des résultats plus avantageux encore? Comparé au bœuf, l'aurochs est un colosse : il est plus long, ayant même une paire de côtes de plus, et sa taille moyenne est de deux mètres. Transporté dans nos riches herbages et modifié par la sélection, nos éleveurs finiraient par en faire, après quelques générations, sous le rapport de la corpulence, un rival du rhinocéros. Il serait beau qu'après avoir reçu tant d'espèces des terres étrangères, l'Europe donnât à son tour au monde un type de son cru; et elle ne saurait en choisir un ni plus valable, ni plus grandiose.

L'origine asiatique du buffle n'a jamais été contestée; il provient des contrées chaudes et marécageuses de l'Inde. Aristote en fait mention sous le nom de bœuf sauvage d'Arachosie, et il est vraisemblable que, de son temps, l'espèce n'était pas encore domestique. L'apparition de cet

Le Buffle (*Bos bubalus*).

animal en Europe date du sixième siècle. Amené d'abord par les Barbares dans le bas Danube, il se fut bientôt aussi en Italie. Il s'y est établi, mais il n'a jamais réussi à franchir les Alpes. Il ne paraît pas, en effet, qu'en dehors des cantons brûlants et humides dans lesquels il répugne à nos bœufs de pâturer, il puisse jamais y avoir avantage à nourrir des buffles. Ni pour le travail, ni pour la viande, ni même pour le lait, ils ne valent l'autre espèce; il sont plus bruts, d'un naturel moins doux, et, sous le rapport de la beauté, ils laissent à désirer, même à l'œil du paysan. Loin de s'attendre à voir cette race prendre de l'extension, sauf peut-être sur quelques points exceptionnels du littoral méditerranéen, il y aurait donc plutôt lieu de prévoir qu'elle devra céder aux progrès de l'art agricole en plus d'une localité où elle n'a prévalu que parce que sa rusticité s'y trouvait en harmonie avec la nonchalance de ses maîtres.

L'importance du zébu n'est guère moindre que celle du bœuf. On peut dire en général qu'il joue dans les pays méridionaux le même rôle que le bœuf dans les pays tempérés. C'est un des animaux les plus communs dans l'Inde, en Chine, dans l'Asie centrale, et même dans tout l'intérieur de l'Afrique. Il se distingue par une loupe graisseuse placée sur le garrot, et qui a sans doute dans son économie la même fonction que dans celle du chameau. Elle indique, par conséquent, les climats auxquels l'espèce à été particulièrement destinée par la nature. Ses variétés sont nombreuses, et ses services doivent se diversifier dans la même proportion. Pour ne parler que de la taille, il s'en voit de celle d'un cheval jusqu'à celle d'un mouton.

Le Zébu (*Bos indicus*).

Il est d'ordinaire plus svelte, et, par conséquent, plus leste que le bœuf, et il est employé dans quelques pays comme monture. La détermination de ses origines offre encore moins de difficulté que celle du bœuf. Il se rencontre à l'état sauvage dans les pays mêmes où il a pris, à l'état domestique, le plus de développement. Il y est d'ailleurs connu, comme le bœuf, de toute antiquité et sous les mêmes noms, car il ne paraît pas que les peuples anciens se soient jamais avisés de créer deux dénominations différentes pour deux espèces qui se confondent presque. Lours figures se sont d'ailleurs conservées jusqu'à nous sur les mêmes monuments, tant en Égypte qu'en Assyrie. Ce sont là les deux centres autour desquels l'espèce rayonne. Il lui reste à se multiplier à mesure que se développeront, dans les contrées où elle a pied, la civilisation et l'aisance; mais elle n'offre pas, à ce qu'il semble, d'avantages assez particuliers pour qu'il y ait à espérer de lui voir agrandir le cercle de son habitation en dehors de l'Afrique et de l'Asie. Il en existe des représentants dans la plupart des jardins zoologiques de l'Europe, et ni leur entretien, ni leur reproduction, n'y souffrent de difficulté. Si nos provinces méridionales se décidaient jamais à adopter cet animal pour le mettre en concurrence avec le mulet, elles le trouveraient donc tout acclimaté et à leur disposition.

Il semble que le yack ait beaucoup plus de chance de se faire prochainement place parmi nous. Cette espèce appartient particulièrement au Thibet; elle y habite les plateaux les plus élevés, car on la rencontre jusqu'à une hauteur de 6 000 mètres, et elle descend rarement au-dessous de 1 500. Elle est caractérisée par une toison assez développée, surtout sur les flancs, pour traîner jusqu'à terre. Cette toison, que l'on peut comparer à celle de la chèvre, se compose à la fois d'un duvet très-délicat et de poils très-longs, mais très-rudes, et l'industrie en tire d'une part un tissu fin et analogue au cachemire, et de l'autre un drap assez grossier, mais très-résistant. Chez les jeunes, elle est frisée comme de la laine, et fournit une véritable fourrure dans le genre des peaux d'Astrakan. Outre ces avantages spéciaux, l'yack peut servir de monture et de bête de somme, comme le zébu, et probablement avec un pied encore plus sûr dans les sentiers de montagnes. Sa chair n'est pas inférieure à celle du bœuf, et la femelle donne un lait aussi agréable que celui de la vache ordinaire, mais plus riche encore en albumine et en caséine.

Enfin, il faut ajouter que son acclimatation en Europe est, dès à présent, un fait accompli, grâce à un petit troupeau introduit en France, en 1854, avec un zèle qu'on ne saurait trop louer, par M. de Montigny, consul à Chang-haï. Il s'est multiplié avec la plus grande facilité non-seulement dans plusieurs de nos pays de montagnes, mais à Paris même, sans autre inconvénient qu'une altération sensible dans la finesse et l'abondance de la toison.

Il n'est pas probable que l'yack arrive jamais à jouer un rôle important dans la grande agriculture, dont la tendance consiste plutôt à diviser les services qu'à les concentrer, selon le même principe qui, sous le nom de division du travail, a si bien réussi à l'industrie; mais l'utilité dont peut être cet animal pour les populations si dignes d'intérêt et si peu favorisées qui habitent les centres élevés de notre territoire ne semble pas douteuse. Non-seulement il s'accommode des plus hauts pâturages jusqu'à chercher même sa nourriture sous la neige, mais il est à croire qu'il y reprendrait les qualités précieuses que possède sa toison dans son pays natal. En définitive, il ne coûte pas plus à nourrir qu'une vache de même taille, et, indépendamment du produit de sa laine, il équivaut, pour les transports de toute sorte, à un mulet. Il faut voir aussi qu'il ne s'agit pas seulement ici de quelques localités des Alpes, des Pyrénées, de l'Aveyron, mais que toute l'Europe

L'Yack (*Bos grunniens*).

septentrionale, particulièrement la Suède et la Norvège, est intéressée au plus haut point dans cette question.[1]

FALAISES ET PROMONTOIRES.

Voy., sur les Rivages, p. 95.

De toutes les côtes battues par la mer, il n'en est pas de plus escarpées ni d'un aspect plus effrayant que celles des *fiords* [2] du nord de l'Europe et de l'Amérique. Ces échancrures, pour lesquelles il n'existe pas de nom français, à cause de l'absence presque complète de pareilles indentations sur nos côtes occidentales, sont d'étroites baies qui, sous l'apparence de véritables fleuves, découpent profondément le rivage, de manière à laisser entre elles de longues péninsules rocheuses. Parmi ces entailles, qui décuplent en longueur le développement des côtes et donnent au littoral une frange d'innombrables presqu'îles plus ou moins parallèles, les unes sont assez uniformes d'aspect et

[1] Article de Jean Reynaud.
[2] En anglais, *firth*. Ce mot, dérivé du même radical que le substantif allemand *fahrt*, traversée, est appliqué à tous les étroits bras de mer qui pénètrent dans l'intérieur des terres et que les voyageurs doivent traverser en bateau pour suivre les routes du littoral.

ressemblent à d'énormes fossés creusés dans l'épaisseur du continent; les autres se ramifient en plusieurs fiords latéraux, qui font de l'ensemble des eaux intérieures un labyrinthe presque inextricable de canaux, de détroits et de baies. Les pentes qui dominent ces sombres défilés marins sont toujours abruptes; parfois elles se redressent en murailles perpendiculaires ou même surplombantes. L'escarpement de ces âpres côtes est tel que la montagne de Thorsnuten, située au sud de Bergen, sur les bords du Hardangerfiord, atteint une élévation de plus de 1 600 mètres à moins de 8 kilomètres du rivage. Dans mainte baie de la Norvége occidentale, on voit des cascades bondir du haut des falaises et se précipiter d'un jet dans la mer, de sorte que les embarcations peuvent se glisser entre la paroi des rochers et la parabole des eaux qui s'écroulent. De tous les fiords de Norvége, le plus remarquable est peut-être celui de Lyse, qui s'ouvre à l'est de Stavanger et pénètre, comme une énorme tranchée, à 43 kilomètres dans l'intérieur du continent. Bien qu'en certains endroits il offre à peine 600 mètres de largeur, ses parois se dressent à 1 000 et 1 100 mètres d'élévation, et, tout près du bord, la sonde ne trouve le fond qu'à plus de 400 mètres[1].

Sans doute, la mer a mis des centaines et des milliers de siècles à sculpter de pareilles falaises, et divers événements géologiques, tels que tremblements de terre et déluges, l'ont peut-être aidée dans son œuvre; mais il ne faut pas croire que la puissance des eaux marines soit affaiblie de nos jours, et que ces érosions aient pu s'accomplir seulement pendant les premiers âges du globe. Pour se faire une idée de la force destructive exercée par les flots de l'Océan, il suffit de le contempler, par un jour de tempête, du haut des falaises crayeuses de Dieppe ou du Havre. A ses pieds, on voit l'armée des vagues blanchissantes se ruer à l'assaut des rochers. Poussées à la fois par le vent du large, la marée et le courant littoral, elles bondissent par-dessus les écueils et les sables du bord, et viennent frapper obliquement le bas des falaises. Leurs chocs font trembler les énormes murailles jusqu'à la cime, et leur fracas se répercute dans toutes les anfractuosités par un tonnerre incessant. Projeté dans les fentes du roc avec une terrible force d'impulsion, l'eau délaye les matières argileuses ou calcaires du rocher, déchausse peu à peu les blocs ou les assises plus solides, les arrache d'un coup, puis les roule sur la grève et les brise en galets qu'elle promène avec un bruit formidable. A travers le tourbillon d'écume bouillonnante qui assiége le rivage, on ne fait qu'entrevoir l'œuvre de démolition; mais les vagues sont tellement chargées de débris qu'elles offrent jusqu'à l'horizon une couleur noirâtre ou terreuse.

Quand la tourmente a cessé, on peut mesurer les empiétements de la mer et calculer les milliers ou les millions de mètres cubes de rochers qu'elle a engloutis et qu'elle transforme en galets ou en sable. Vers la fin de l'année 1862, pendant l'une des plus terribles tempêtes du siècle, M. Lennier a vu la mer abattre les rochers de la Hève sur une épaisseur de 15 mètres. Depuis l'année 1700, les eaux de la Manche, aidées par les pluies et les gelées, qui agissent fortement sur les assises supérieures, ont fait reculer cette falaise de plus de 1 400 mètres, soit de 2 mètres par an. L'endroit où se trouvait jadis le village de Sainte-Adresse, devenu faubourg du Havre, est remplacé maintenant par le banc de l'Éclat[2]. De même le Pas de Calais ne cesse de s'élargir sous la triple action des météores, des vagues de tempête et du courant qui sort de la Manche pour se porter dans la mer du Nord. Les nombreuses et patientes recherches de M. Thomé de Gamond, ingénieur

[1] *Küsten und Meer Norwegens*, von Yibe, Mittheilungen, 1860.
[2] Lambl crédie, Baude.

auquel on doit un beau projet de tunnel international entre la France et l'Angleterre, ont prouvé que la falaise de Gris-Nez, le point des côtes françaises le plus rapproché de la Grande-Bretagne, recule en moyenne de 25 mètres par siècle. Si, dans les âges antérieurs, le progrès des érosions n'a pas été plus rapide, ce serait environ soixante mille années avant l'époque actuelle que l'isthme de jonction rattachant l'Angleterre à la terre ferme aurait été rompu par la pression des flots.

Tous les promontoires rocheux exposés à la violence des orages ou simplement effleurés par un courant sont affouillés à leur base. L'érosion s'accomplit d'une manière plus ou moins rapide, suivant la marche des vagues, la distribution et l'inclinaison des assises, la dureté des roches et la composition chimique de leurs molécules. Les moyens de destruction mis en œuvre dépendent également des diverses conditions hydrologiques et géologiques. Aussi étrange que paraisse cette assertion, l'eau de la mer peut même, grâce à l'action chimique qu'elle exerce sur certains composés minéraux, détruire les falaises de ses bords par une véritable combustion. Récemment encore on voyait près de Valentie, en Irlande, un exemple frappant de ce lent incendie des roches ramenées par les eaux de la mer; les falaises fumaient incessamment comme des coulées d'une lave encore brûlante.

Puisque telle est la diversité des moyens de destruction employés, on comprend que l'aspect des côtes rocheuses varie également d'une manière remarquable. Ainsi, les falaises de l'Angleterre et de la Normandie, qui sont composées de couches assez friables, s'écroulent de haut en bas quand leurs assises inférieures sont rongées, et leurs parois, rarement interrompues par d'étroites brèches où coulent les ruisseaux, ressemblent à d'énormes murailles de 50 à 100 mètres de hauteur. Dans les îles de la mer Baltique, les rochers crayeux, moins exposés à la furie des tempêtes que ceux de l'Europe occidentale, sont aussi moins abrupts, et des forêts de hêtres descendent comme des nappes de verdure sur les éboulis des falaises. Ailleurs, les promontoires, formés de rochers calcaires plus durs que la craie, ne s'effondrent point lorsque leurs strates inférieures sont emportées par la mer, et les vagues, fouillant incessamment la base de ces rochers, peuvent sculpter des colonnades, des portes en arceaux, des galeries cintrées, de vastes grottes où l'eau tremblante éclaire la voûte de ses reflets d'azur. Sur d'autres rivages, les rochers, coupés de failles verticales, sont graduellement isolés les uns des autres et séparés en groupes distincts par l'action des eaux. Entourés par une mer grondante, ils se dressent sur leur base d'écueils comme des tours, de monstrueux obélisques, un arceau gigantesque de ponts croulants. Tels sont les rocs innombrables qui dominent les flots dans l'archipel des îles Shetland et dans les Orcades. Noirs, élancés, environnés d'embrun comme par une fumée, ces débris d'anciennes falaises justifient le nom prosaïque de *chimney-rocks* (rocs-cheminées) que les Anglais ont donné à plusieurs d'entre eux. Sur la côte de la Norvége septentrionale, non loin du cercle polaire, s'élève, au milieu des flots, un rocher de plus de 300 mètres de hauteur, qui ressemble à un gigantesque cavalier : c'est son nom de *Hertmanden*.

On le voit, bien diverses de formes sont les falaises que vient ronger le flot de la mer. On peut, toutefois, établir en règle générale que les inégalités de leurs parois sont en raison directe de la dureté de leurs assises. Les rainures que les vagues creusent lentement dans la surface du roc, les cavités qu'elles y fouillent, les arcades et les grottes qu'elles y sculptent, sont d'autant plus profondes que la pierre est plus dure, car les couches de formation peu so-

lide s'écroulent dès que les assises inférieures sont éro-
dées. La partie de la falaise qu'humectent seulement l'é-
cume et le brouillard des gouttelettes brisées est moins
déchiquetée que la base, et les rainures y sont moins nombreuses; mais la végétation n'y paraît pas encore. Plus
haut, quelques lichens donnent à la pierre une teinte d'un
gris verdâtre. Enfin, les broussailles qui se plaisent à respirer l'air salé de la mer font leur apparition dans les anfractuosités et sur les corniches des rochers. C'est à 35
ou 40 mètres de hauteur que cette végétation commence à
se montrer sur les falaises des bords de la Méditerranée.

La fin à une autre livraison.

NOTRE HOMME IDÉAL.

Chacun de nous a en lui-même son homme idéal. C'est
au temps de l'épanouissement de toutes nos forces, dans
notre jeunesse, que nous contemplons le mieux et sous sa
plus vive lumière ce saint esprit de notre âme, même à
travers nos désirs et nos rêves. Ne laissons pas son image
se flétrir de jour en jour. Qu'il reste toujours
notre précepteur, et continue à nous instruire en silence
à toutes les heures de notre vie.

D'après JEAN-PAUL.

SANTÉ MORALE.

Toutes les prospérités matérielles, en l'absence du mérite et des perfections de l'âme, ne donneraient pas un instant de satisfaction morale, et n'empêcheraient même pas
ce malaise singulier, véritable douleur physique née d'une
cause toute spirituelle, qui n'est autre que la conscience
mécontente et troublée. Car, il faut bien le savoir, le corps
lui-même n'est pas sauf quand il ne lui vient pas de la volonté cette autre santé qui ne tient plus seulement au juste
et doux équilibre des diverses fonctions organiques, mais
au calme et à la paix de l'âme, à cette joie de la bonne
vie qui a presque vertu d'hygiène et de médecine. A qui
manque cette condition capitale de bonheur il ne reste plus
véritablement, en matière de bien-être, que des plaisirs
grossiers, incomplets et incertains : pauvre manière d'être
heureux, qui ne laisse pas même au corps la tranquille
satisfaction de ses appétits et de ses besoins.

DAMIRON.

LES TIMBRES-POSTE.

Suite. — Voy. p. 59, 87, 120, 131.

EMPIRE D'AUTRICHE.

Timbres.

Suite.

Émission du 1er juillet 1863. — La dernière émission
a eu lieu par suite d'une ordonnance du ministre du commerce en date du 15 mai 1863.

Le timbre est rectangulaire à 25ᵐᵐ sur 21; mais le
timbre gravé, qui est ovale, a 23ᵐᵐ sur 19. Il est gravé,
imprimé en couleur sur papier blanc; le dessin ressort en
blanc et en relief sur le fond de couleur. Il porte l'aigle
impériale, qui est entourée d'un cadre guilloché sur lequel
on lit en haut le mot *kreuzer* et en bas le chiffre de la
valeur.

Ce timbre est piqué.

2 kreutzers	(0f.050),	jaune.
3	(0f.075),	vert clair.
5	(0f.125),	rose.
10	(0f.250),	bleu clair.
15	(0f.375),	bistre ou brun clair.

Enveloppes.

L'émission d'enveloppes portant un timbre-poste fixe a
été autorisée, à partir du 15 janvier 1861, par l'ordonnance du ministre des finances du 24 décembre 1860

Les enveloppes sont vendues, sans différence de prix
pour la grandeur, ¼ kreutzer (2 centimes ½) chaque,
en sus de la valeur du timbre.

Émission du 15 janvier 1861. — Les enveloppes de
l'émission de 1861 sont de deux grandeurs : les unes ont
85ᵐᵐ sur 147, et les autres 117ᵐᵐ sur 148.

L'empreinte ovale qui est à l'angle gauche supérieur
est la même que celle du timbre mobile de l'émission de
1861. La couleur est aussi la même pour les timbres de
3 à 15 kreutzers.

3 kreutzers	(0f.075),	vert clair.
5	(0f.125),	vermillon.
10	(0f.250),	brun rougeâtre.
15	(0f.375),	bleu (n° 130).
20	(0f.500),	orange.
25	(0f.625),	brun foncé.
30	(0f.750),	violet.
35	(0f.875),	brun clair.

Émission du 1er juillet 1863. — A la suite de l'ordonnance du ministre du commerce en date du 15 mai
1863, on a fait une émission d'enveloppes frappées du
timbre à l'aigle impériale, pareil au timbre-poste mobile,
émission coïncidant avec celle des timbres mobiles du
même type.

Ces enveloppes ne sont que d'une seule grandeur, 85ᵐᵐ
sur 147.

3 kreutzers	(0f.075),	vert clair.
5	(0f.125),	carmin vif.
10	(0f.250),	bleu clair.
15	(0f.375),	brun clair.
25	(0f.625),	violet ou gris violacé foncé.

Les timbres-poste et les enveloppes timbrées sont fabriqués à l'imprimerie impériale et royale de Vienne.

Timbres pour les journaux.

Il y a deux sortes de timbres pour les journaux. Le
service des uns ressortit au ministère du commerce, et
celui des autres au ministère des finances. Les premiers
servent à l'affranchissement postal; les seconds sont employés pour acquitter, dans certains cas, une taxe purement fiscale. Ces derniers ne sont pas des timbres-poste;
mais comme on a coutume de les placer dans les collections de timbres-poste, nous avons dû parler d'eux.

TIMBRES DU MINISTÈRE DU COMMERCE.

Ces timbres sont de simples timbres-poste. Ils ont été
créés par une ordonnance du ministre du commerce du
12 septembre 1850. Ils servent à l'affranchissement des
journaux transportés et distribués par la poste.

Les directions des journaux les achètent au prix de
1 florin 50 kreutzers (3 fr. 75 c.) le cent (3 c. ³/₄ le
timbre).

Chaque numéro de journal, quel que soit son format,
doit porter un timbre-poste de journal. Les publications
périodiques qui paraissent, sous forme de brochures, une
fois par semaine, par quinzaine ou par mois, doivent
porter un timbre-poste de journal par chaque demi-once
de leur poids.

La valeur n'est pas marquée sur ces timbres, qui sont
employés dans le royaume lombard-vénitien comme dans
les autres parties de l'empire.

Ces timbres-poste pour journaux ne peuvent pas servir
pour la circulation des journaux provenant ou à destination de l'étranger.

Émissions de 1850 à 1856. — Ce timbre, créé par l'ordonnance du 12 septembre 1850, a été livré au public le 1ᵉʳ novembre 1850 ou le 1ᵉʳ janvier 1851.

Il est carré et a 19ᵐᵐ.5 de côté. Il est gravé, imprimé en couleur sur papier blanc. Il n'est pas piqué. Une tête de Mercure, tournée à gauche, est dans un cadre carré sur lequel on lit : *K. K. zeitungs-post-stæmpel.* La valeur n'est pas marquée sur le timbre.

Les premiers timbres, étaient imprimés en bleu.

A la suite de l'ordonnance du ministre du commerce du 3 décembre 1850, il fut émis des timbres-poste du même type, pour journaux, les uns jaunes, les autres rougés. Le timbre jaune représentait la valeur de 10 timbres bleus, et le timbre rougé la valeur de 50 timbres bleus.

Les timbres-poste rouges furent supprimés par l'ordonnance du ministre du commerce du 9 octobre 1852.

Les timbres-poste jaunes furent également supprimés par l'ordonnance du 21 mars 1856, mais on les remplaça par des timbres de même type, de couleur ponceau, ayant la valeur de 10 timbres bleus.

Enfin, ces timbres ponceau cessèrent d'être mis en vente au 1ᵉʳ novembre 1858, en vertu de l'ordonnance du ministre du commerce du 14 octobre 1858.

Depuis cette époque, il n'y a plus qu'un seul timbre-poste pour les journaux, et chaque timbre représente la valeur de la taxe applicable à un exemplaire de journal.

12 septembre 1850 au 1ᵉʳ novembre 1858, bleu (n° 131).
3 décembre 1850 au 21 mars 1856, jaune = 10 bleus.
3 décembre 1850 au 9 octobre 1852, rouge = 50 bleus.
21 mars 1856 au 1ᵉʳ novembre 1858, ponceau = 10 bleus.

N° 131.   N° 132.   N° 133.
Autriche.

Émission du 1ᵉʳ novembre 1858. — L'ordonnance du 14 octobre 1858 prescrivit l'émission au 1ᵉʳ novembre 1858 d'un timbre d'un nouveau type.

Ce timbre est rectangulaire; il a 21ᵐᵐ sur 17. Il est gravé, imprimé en couleur sur papier blanc; il n'est pas piqué. Il présente l'effigie de l'empereur François-Joseph Iᵉʳ, la tête couronnée de laurier et tournée à gauche. On lit dans le cadre carré : *K. K. zeitungs-post-stempel*. Le dessin ressort en blanc et en relief sur le fond de couleur.

Le timbre, émis le 1ᵉʳ novembre 1858 était de couleur bleu clair; il a été remplacé, le 1ᵉʳ mars 1859, par un timbre de couleur violet clair ou lilas (n° 132).

Émission du 15 janvier 1861. — Ce timbre a été créé et émis en même temps que les timbres-poste pour les lettres, en vertu de l'ordonnance du 21 décembre 1860.

Il est rectangulaire et a 21ᵐᵐ.5 sur 18ᵐᵐ.5; il n'est pas piqué. Il est gravé, imprimé en couleur sur papier blanc. Il porte l'effigie de l'empereur, la tête, couronnée de laurier et tournée à droite, ressort en blanc et en relief sur le fond de couleur. On lit dans l'encadrement : *K. K. zeitungs-post-stempel*. Le timbre a été tiré d'abord en violet très-pâle, puis en gris violacé, gris-perlé, gris-cendre, gris verdâtre (n° 133).

Émission du 1ᵉʳ juillet 1863. — Ce timbre est octogone et a 21ᵐᵐ sur 17ᵐᵐ.5; il n'est pas piqué. Il est gravé, imprimé en couleur sur papier blanc; le dessin ressort en blanc et en relief sur le fond de couleur. Il présente l'aigle

impériale, et la légende : *K. K. zeitungs-post-stœmpel*. Il est de couleur violet clair ou lilas.

TIMBRES DU MINISTÈRE DES FINANCES.

Depuis le décret du 23 novembre 1858, sont soumis au timbre, dans l'empire d'Autriche, tous les journaux autrichiens et étrangers paraissant une ou deux fois par semaine, à l'exception des journaux officiels et de ceux qui sont uniquement consacrés à la science, à l'art et à l'industrie. La taxe est de 1 kreuzer pour les journaux de l'intérieur et ceux qui sont publiés dans les États de l'union postale, et de 2 kreutzers pour les journaux venant de l'étranger; cette taxe est applicable à chaque exemplaire de journal.

Le payement de cette taxe est constaté par l'apposition d'un timbre imprimé au moyen d'une presse à main sur le papier sur lequel le journal doit être imprimé. Ce timbre fixe est rond, a 19 à 20ᵐᵐ de diamètre, porte l'aigle impériale et le numéro du bureau du timbre, est noir pour la feuille principale et rouge pour la feuille de supplément.

Une ordonnance du ministre des finances, du 27 janvier 1853, a prescrit la création de timbres mobiles pour les journaux des États qui n'ont pas de conventions postales avec l'Autriche. L'emploi de ces timbres mobiles pour acquitter la taxe du timbre des journaux autrichiens a été autorisé par le ministre des finances (ordonnance du 4 janvier 1859), quand les journaux sont publiés dans des localités où il n'y a pas de direction de poste qui puisse exercer le contrôle.

Il reste à dire que pour les journaux étrangers qui sont reçus en Autriche par abonnement, la taxe pour le timbre est perçue en même temps que le prix de l'abonnement, et ces journaux ne sont frappés à leur arrivée en Autriche que d'un timbre de poste à la main qui porte la légende : *Zeitungs-exped*.

Le timbre mobile est carré et a 21ᵐᵐ de côté. Il est gravé, imprimé en couleur sur papier blanc, et n'est pas piqué. Le dessin n'en a pas changé : l'aigle d'Autriche surmontée de la couronne impériale est au centre dans un cadre très-simple, et on lit dans ce dernier : *Kais. Kön. Zeitungs-stempel*. On remarque une légère différence dans les timbres de la première émission; le petit ornement qui est à chaque angle est dans les premiers un fleuron, dans les autres une boule.

De la première émission (1ᵉʳ mars 1853) nous ne connaissons que le timbre de 2 kreutzers (0ᶠ.0870), qui est vert-myrte, vert bleuâtre, vert-olive (n° 434).

N° 134.   Autriche.   N° 135.

La seconde émission a eu lieu le 1ᵉʳ janvier 1858.

1 kreutzer (0ᶠ.0250), bleu clair (n° 135).
2 kreutzers (0ᶠ.0500), brun clair, marron clair.
4   (0ᶠ.1000), vermillon.

Ces timbres n'ont pas cours dans le royaume lombard-vénitien; ceux qui sont en usage dans cette dernière province sont de couleur différente : 1 kreutzer, noir; 2 kreutzers, vermillon; 4 kreutzers, brun clair ou marron clair.

Les timbres de journaux ont été fabriqués à l'imprimerie impériale et royale à Vienne.

La suite à une autre livraison.

LE RÉCIT, PAR STEINLE.

The left margin contains illegible faded text fragments.

Le Récit, par M. Édouard Steinle. — Dessin de Yan' Dargent.

Le peintre devant son chevalet, l'écrivain devant la page commencée, ne songent pas toujours uniquement à la donnée sur laquelle ils travaillent : mille pensées d'ordres divers, se dégageant de la conception principale, la contrariant parfois, viennent voltiger autour d'eux et se fixer, bon gré mal gré, en traits mystérieux dans une attitude ou un tour de phrase. C'est ainsi que la poésie orientale, et surtout la Bible, sont le plus souvent susceptibles de deux sens, l'un qui ressort des mots eux-mêmes, et l'autre qui exprime une secrète réflexion de l'écrivain. Cette complexité, que l'on observe dans beaucoup d'œuvres d'art, tout en nuisant quelquefois à leur franchise et à leur netteté, leur communique un charme particulier et entraîne le spectateur ou le lecteur à des rêveries agréables qui décomposent la conception première; si bien qu'en pénétrant ainsi les intentions de l'artiste, on croit travailler avec lui et partager ses pures jouissances. Rien ne se prête mieux à ce genre d'interprétation que le crayon mystique de M. Steinle, soit qu'il reproduise avec une grande force une de ces figures méditatives dont le modèle est en lui, sans doute, soit

qu'en un groupe plus semblable à un bas-relief allégorique qu'à une scene de famille il résume tout un côté de
l'esprit humain. — Eh quoi! dans cette veillée au village,
il faudra voir autre chose qu'une aïeule faisant un conte à
ses enfants? Il faudra briser le cadre, se répandre dans
l'histoire et la philosophie? Mais est-ce bien là l'objet de
la peinture? — Il suffit que ce soit le sujet de la gravure
que nous considérons; que pour l'auteur comme pour nous,
sans doute, le naturel des attitudes, la grâce et l'heureux
balancement de la composition servent de vêtement et de
voile à une pensée intérieure; que tous les personnages
enfin soient des personnifications, parfaitement isolées de
la vie réelle.

Regardez la longue et épaisse robe qui s'amasse en gros
plis sous le siège de la conteuse; elle est bordée de fleurs
qui ressemblent à des étoiles. Et maintenant, est-ce une
aïeule, une femme? On ne sait; mais si elle se levait, elle
dépasserait d'une coudée tous ses auditeurs. Elle a le
profil du Dante, les mains d'une extatique convaincue;
c'est peut-être la Théologie. En effet, ce haut bâton qui
se dresse à côté d'elle, semblant porter dans son extrémité fendue un morceau de bois résineux, figure visiblement une croix. En face de l'aïeule au profil dantesque est
assise avec recueillement une jeune fille blonde, plus ange
que femme, sorte de Béatrice amoureuse du paradis, et
que ravit la légende d'un saint ou d'une martyre; son petit
frère, bel enfant aux yeux profonds, à demi couché sur
un banc, laisse retomber languissamment sa main sur sa
poitrine. En arrière se tiennent deux adolescents, dont l'un
cède au sommeil, l'autre écoute avec stupeur. Ne préfé-
rerons-nous pas à toutes ces têtes où respire un calme
précoce, le visage animé, presque riant, de la fille au capuchon? On lit l'enthousiasme dans ses traits attentifs. Et ce
bel enfant appuyé au dos de l'aïeule, et qui laisse pendre
ses jambes, l'écoute-t-il? A coup sûr il ne la regarde pas;
on le dirait dans cette période qui précède le sommeil, et
où les yeux s'ouvrent plus grands avant de se fermer. Le
chat, immobile dans l'ombre, représente sans doute le
sceptique, qui laisse tout dire pourvu qu'il ait chaud.

Venons à la partie supérieure de la composition. Le
plafond s'évanouit dans la fumée lumineuse échappée de
la croix, et fait place à des visions aériennes; à l'extrême
droite, je crois voir un monogramme sacré et quelques
hiéroglyphes dessinés dans le ciel comme des emblèmes
du Verbe mystérieux; le personnage qui marche sur la
nue ou sur l'eau, et dont la main disparaît dans une
espèce de sac, serait le Semeur divin répandant la bonne
nouvelle; son approche met en fuite des arabesques chimériques d'où sortent des chevaliers montés sur des animaux
fabuleux, un fantôme géant, peut-être le roi des aunes,
qui emporte un enfant dans ses bras; au-dessous, enfin,
un dragon, la gueule ouverte, effleuré presque de sa langue
bifide le jeune homme endormi.

Mais une voix railleuse nous interrompt et nous dit :
« Où nous menez-vous avec votre interprétation? Le sujet
est bien simple; c'est, vous semblez l'avoir deviné
tout d'abord, un récit dans une veillée, rien de plus : la
croix n'est qu'un bâton résineux comme on en allume tous
les soirs dans certaines contrées d'Allemagne; la Théologie,
et Dante, et Béatrice, et le chat sceptique, sont de purs
jeux de votre imagination. Vous n'avez bien vu que les
deux enfants qui s'endorment; l'aïeule a beau parler, le
sommeil les saisira tous; et déjà il s'avance dans la fumée,
jetant du sable aux yeux encore ouverts : c'est Morphée,
et non le Semeur divin. Avec lui s'avancent les rêves et les
cauchemars, chevaliers, dragons, géants, et tous les personnages évoqués par la conteuse. » Que répondre à notre
interrupteur? Qu'il a raison, et qu'il explique parfaitement

toutes les attitudes et toutes les particularités du tableau?
Sans doute; il donne la traduction littérale, et nous cherchons le sens caché.

FERRABO.

« Me disoit mon père qu'à Sainct Etienne de Lyon, soubs
l'église Sainct Jean, et au coing de la chapelle de la Croix,
au bas, naguère estoit une image antique de pierres, demi-
forgettée, assez bien faicte, que l'on appeloit communément *Ferrabo*. »

» Et me disoit se souvenir qu'aucuns citoyens furent
intitulez que certain jour de l'année, assavoir la veille
Sainct Estienne, ils venoyent de nuict, en chemise rétro-
grade, adorer ladicte image et luy offrir des chandelles.
Quoy faict, ils avoyent certaine espérance de prospérer en
biens toute cette année.

» Ladicte image portoit plusieurs biens, comme agneau,
couchon, poules, bouteilles, fruicts et plusieurs autres
choses. Tellement que par ceste image sembloit être désignée abondance de biens. Laquelle chose avoit tiré ces
citoyens avares à ceste idolâtrie.

» Quand M. Jacques d'Armoncourt, précenteur d'icelle
église, feit rééedifier ladicte chapelle de la Croix, il feit
rompre ladicte image, pour abolir ceste superstition. »

(Cette note fut communiquée par un président de parlement à Paradin, auteur d'une Histoire de Lyon. Il paraît
probable que cette idole était gallo-romaine. MM. Désiré
Monnier et Aimé Vingtrinier, dans leurs *Traditions populaires comparées*, supposent qu'elle pouvait bien être une
de ces *matres aufanæ* dont les armées de la Pannoaie et
de la Dalmatie avaient amené les prêtresses sur les bords
de la Saône, notamment à Lyon, lors de la guerre de
Septime Sévère contre Albinus.)

UTILITÉ DU DESSIN.

Quelques traits de dessin, même imparfaits, peuvent
souvent indiquer avec fidélité beaucoup plus de choses
qu'une longue description.   LOCKE, *De l'éducation.*

J'ai vu quinze petits garçons de moins de dix ans employés à une machine à dévider. Ils étaient assis sur des
tabourets très-élevés, pour les empêcher de descendre et
tenir leur attention plus éveillée. Chacun avait devant soi
trois ou quatre bobines et en aspirait sans relâche les flocons. L'un d'eux, un peu moins jeune, tournait la roue,
et on voyait son pauvre corps se dévier et la sueur perler
sur son front toujours assombri. Ces exemples sont nombreux dans le département du Nord. (¹)

(¹) Enquête officielle de 1861.

LA SCIENCE.

Nous devons envisager l'état présent de l'univers comme
l'effet de son état antérieur et comme la cause de celui qui
va suivre. Une intelligence qui, pour un instant donné,
connaîtrait toutes les forces dont la nature est animée et
la situation respective des êtres qui la composent, si d'ailleurs elle était assez vaste pour soumettre ces données à
l'analyse, embrasserait dans la même formule les mouvements des plus grands corps de l'univers et ceux du plus
léger atome; rien ne serait incertain pour elle, et l'avenir
comme le passé serait présent à ses yeux. L'esprit humain

offre, dans la perfection qu'il a su donner à l'astronomie, une faible esquisse de cette intelligence. En appliquant la même méthode à quelques autres objets de nos connaissances, il est parvenu à ramener à des lois générales les phénomènes observés, et à prévoir ceux que des circonstances données devaient faire éclore.

LAPLACE, *Essai sur les probabilités.*

HISTOIRE DE LA SCULPTURE EN FRANCE.

Voy. t. XXVIII, 1860, p. 211.

Lorsque les Barbares envahirent les Gaules, au cinquième siècle de notre ère, ils en trouvèrent le sol couvert de monuments romains. Quelques-uns de ces monuments encore debout attestent jusqu'aujourd'hui l'antique splendeur des villes qu'ils décoraient; les débris d'un plus grand nombre ont été recueillis dans les musées, où un œil exercé et un examen attentif peuvent encore reformer, à l'aide de ces fragments d'inégale beauté, l'idée générale d'une civilisation et d'un art qui semblent n'avoir cessé de fleurir qu'au moment où ils allaient périr définitivement. Il suffirait de visiter les musées de Nîmes, d'Arles, d'Avignon, de Montpollier, de Narbonne, de Toulouse, de Bordeaux, de Saintes, de Périgueux, de Poitiers, de Clermont, de Besançon, de Lyon, de Paris, etc., pour s'assurer, si on ne le savait d'ailleurs par le témoignage positif des historiens, que, sous l'Empire, les provinces gauloises rivalisèrent de luxe avec l'Italie elle-même, et que les arts n'y furent pas moins goûtés ni moins cultivés. Toutes les villes de quelque importance possédaient des temples nombreux, des théâtres, des cirques, des arcs de triomphe, des thermes; et les restes de pareils édifices ont été découverts dans des lieux où l'on n'avait soupçonné l'existence d'aucune ville. Il y avait partout, dans les campagnes même, des sanctuaires ornés de statues, de frises, de chapiteaux et d'ornements sculptés de toute espèce. De tous ces monuments, qui ne doivent pas nous occuper à présent, nous avons seulement à constater l'abondance, la longue durée, l'impression qu'ils firent sur les nouveaux maîtres du pays, afin d'y reconnaître le point de départ d'un art qui doit, après un long hiver, germer, grandir sur le même sol, et donner enfin, à son tour, une floraison magnifique.

Mais ce temps n'est pas venu. Au moment où nous prenons l'histoire de la sculpture en France, aucune série ne monte plus, tout achève de se flétrir et de se dépouiller. Les premiers efforts des envahisseurs pour s'approprier le bien-être, le luxe et les arts des vaincus n'amenèrent d'abord partout que destruction. Ils s'emparèrent des édifices qui avaient résisté à la dévastation et à l'incendie, se logèrent dans les maisons, les palais et les thermes, firent des basiliques leurs églises, et des villas de riches résidences autour desquelles se groupaient des familles exerçant toutes sortes de métiers [1]. Mais lorsqu'ils tentèrent de les réparer ou d'en construire d'autres, ignorants de l'art qui les avait élevés, ils ne surent que puiser dans les monuments romains, comme dans des carrières toujours ouvertes, des colonnes, des chapiteaux, des revêtements de marbre, de stuc et de mosaïque, qu'ils assemblèrent sans souci d'aucune règle et d'aucune tradition. Quand ces matériaux eux-mêmes ne se trouvèrent plus à proximité, et la pénurie commença à se faire sentir dès la fin du cinquième siècle, on alla les chercher souvent à de très-grandes distances. A la longue seulement, dans les contrées où les modèles étaient le plus abondants, il se trouva parmi les Barbares des hommes assez sensibles à leur

[1] Voy. Augustin Thierry, *Récits des temps mérovingiens*, I, 253.

beauté pour essayer de les imiter. On a dit que les Burgondes et les Visigoths montrèrent une aptitude particulière et plus de précocité pour les beaux-arts. Il faut remarquer qu'ils habitaient les provinces où les Romains avaient laissé le plus de somptueux monuments. Ils fournirent des architectes, des peintres et des sculpteurs aux provinces du nord conquises par les Francs, jusqu'au moment où ceux-ci purent employer des artistes de leur nation. Au sixième siècle, à Toulouse, à Lyon, à Clermont, à Limoges, à Saintes, à Bordeaux, à Tours, à Rouen, à Paris, les Barbares se glorifiaient de posséder de grands édifices bâtis et ornés de leurs mains [1]. Grégoire de Tours, Fortunat, font mention d'un grand nombre d'églises, élevées par des évêques leurs contemporains, qui étaient ornées de peintures, de bas-reliefs, de sculptures en bois et d'ouvrages en marqueterie. Quelle part les Barbares eurent-ils en réalité à la construction et à la décoration de ces édifices? En quoi se distinguaient-ils de ceux des Romains? Peut-on se faire quelque idée de leur style autrement que par les descriptions des auteurs contemporains, qui les ont sans doute, comme Grégoire de Tours et Fortunat, trop complaisamment vantés ou trop naïvement admirés?

La plupart des églises dont ils ont célébré la magnificence n'étaient pas en état de braver longtemps les efforts du temps; le plus grand nombre a péri par le feu; car durant la période mérovingienne le bois fut employé non-seulement pour la couverture des temples et des habitations, mais dans les plafonds, les lambris, les parois, les portiques même : les forêts fournissaient le bois en abondance, et il était naturel qu'on le préférât le plus souvent à la pierre et à la brique, qu'on ne savait plus travailler. Parmi les édifices qui ont résisté à toutes les causes de destruction, on peut citer le baptistère de Saint-Jean, à Poitiers (voy. t. VII, 1839, p. 196), qui présente encore en place quelques ornements sculptés en relief ou gravés en creux, pâles reflets de l'art romain. L'église souterraine de Jouarre (voy. t. XXVI, 1858, p. 388), qui paraît être du septième siècle, offre un remarquable exemple du procédé barbare qui appropriait aux constructions nouvelles des fûts de colonnes, des bases, des chapiteaux empruntés aux monuments antiques. Quoique l'assemblage de ces morceaux y soit moins incohérent et moins grossier qu'en beaucoup d'endroits, on peut se rendre compte, dans la crypte de Jouarre, des effets produits partout par l'ignorance et la maladresse des architectes de ce temps : les fûts, tantôt grêles et tantôt trapus, s'accordent mal entre eux; le diamètre de presque tous dépasse la partie inférieure de la corbeille placée au-dessus; les bases ne sont pas mieux en rapport avec le reste de la colonne. Les yeux s'habituaient ainsi à confondre toutes les proportions; quand on eut perdu la mesure du module sans application principale, il va sans dire qu'on ne la sut pas garder là où un goût exercé et délicat eût seul pu en reconnaître l'absence. On n'eut plus aucun sentiment de l'ensemble et de l'harmonie qui résultent du juste accord de toutes les parties. Des chapiteaux d'ordres différents furent accouplés, et la vue s'y accoutuma si bien, que ce qui avait été le pis-aller des constructeurs de la décadence devint ensuite la mode qui se perpétua pendant tout le moyen âge.

Des chapiteaux de tous les ordres antiques ont été employés dans les édifices de l'époque barbare, et ont été copiés ensuite. On rencontre des imitations du chapiteau dorique au centre de la France et dans les pays qu'arrose le Rhin; on en trouve quelques-unes aussi du chapiteau ionique jusqu'au règne des premiers successeurs de Charlemagne. Le chapiteau corinthien et le chapiteau composite,

[1] Voy. Grégoire de Tours, *Hist. Eccl. Franc.*, l. X, c. XXXI, § 19; Fortunat, l. II, carm. IX.

qui en est dérivé, ont surtout fait école. Déjà les artistes gallo-romains avaient apporté dans leur imitation une grande variété et un goût qui leur était propre; la crypte de Jouarre en offre plusieurs exemples remarquables. Il faut noter particulièrement un type très-distinct, souvent reproduit par la suite, c'est celui qu'on a nommé *urcéolé*, à cause de la ressemblance de la corbeille avec un vase (*urceolus*). Cette corbeille est enfermée entre les quatre volutes du chapiteau composite; mais ces volutes sont rentrantes, au

lieu de se développer à l'extérieur; au-dessous, les feuilles d'acanthe enveloppent une première assise sur laquelle repose la corbeille. On peut suivre, pendant toute la durée du moyen âge et sur tous les points du territoire, les transformations infiniment diverses des chapiteaux composite et corinthien, d'abord altérés par l'ignorance et le mauvais goût des siècles de décadence, puis renouvelés à l'époque où l'on recommença à dessiner et à chercher des combinaisons originales.

FIG. 1. — Chapiteau gallo-romain, à Montmartre.

FIG. 3. — Chapiteau mérovingien, à Saint-Denis.

FIG. 2. — Chapiteau mérovingien, à Saint-Denis.

FIG. 4. — Chapiteau carlovingien, à Saint-Denis.

Les chapiteaux dont nous donnons des dessins appartiennent à la première période, qui doit seule nous occuper en ce moment. Celui qui est représenté figure 1 est gallo-romain ou d'une époque « toute prochaine de l'antique »; il existe encore à Montmartre, dans l'église de Saint-Pierre et Saint-Denis, reconstruite au onzième siècle et plusieurs fois rebâtie. « En dépit de tous ces remaniements, dit un savant archéologue, M. de Guilhermy, qui a le premier fait mention de ces restes de la primitive église (¹), quatre colonnes en marbre noir, coiffées de chapiteaux en marbre blanc, sont demeurées debout à l'entrée de la nef et sous

(¹) *Annales archéologiques*, I, 101.

le grand arc du chœur. Un de ces chapiteaux, placé près d'une des entrées de la façade, porte, sur une des volutes de sa corbeille à feuilles d'acanthe, cette croix à quatre branches égales qu'on est convenu d'appeler la croix grecque... Rien n'indique aujourd'hui dans quel ordre furent primitivement disposées les colonnes de l'église de Montmartre; il est certain seulement que, depuis le douzième siècle, elles n'ont pas changé de place. »

« Les plus anciens fragments d'architecture et de sculpture chrétiennes, dit le même auteur, se rencontrent maintenant à Saint-Denis et à Montmartre. Opulente héritière du Musée national des Petits-Augustins, la basilique de Saint-Denis s'est enrichie de sculptures bien antérieures à l'édifice où elles sont venues réclamer un dernier asile. Cette église possède aussi, rangés dans sa crypte, des marbres contemporains de Dagobert et de saint Éloi, tandis que les constructions les plus âgées de la basilique, dans son état actuel, ne remontent pas plus loin que le onzième siècle. » Deux chapiteaux de la crypte de Saint-Denis sont ici dessinés. L'un (fig. 2), enveloppé dans la construction même, n'est, comme on en peut juger, qu'une

altération du chapiteau composite; l'autre (fig. 3) est dégagé et sert de support à un buste fait de pierre et de plâtre, œuvre du treizième siècle, qui porte le nom de Louis VIII : on reconnaîtra aisément dans son double rang de feuilles d'acanthe et dans les caulicules qui s'enroulent au-dessus les éléments du chapiteau corinthien. La dégénérescence est plus marquée encore dans un chapiteau (fig. 4) qu'on peut voir actuellement aussi à Saint-Denis, mais dans l'église haute (première chapelle au nord), et

FIG. 7. — Autre sculpture de Saint-Samson-sur-Rille, conservée au Musée d'Évreux.

FIG. 5 et 6. — Sculptures de Saint-Samson-sur-Rille (Eure), conservées au Musée d'Évreux.

FIG. 8. — Chapiteau de Saint-Samson-sur-Rille, conservé au Musée d'Évreux.

FIG. 9. — Sculptures conservées à Auxerre.

qui peut appartenir à la période carlovingienne. Telle est, du moins, l'opinion de quelques archéologues. Le galbe lourd de ce chapiteau, l'envahissement du feuillage à la place des volutes, des caulicules et des fleurons qui soutiennent l'abaque des chapiteaux romains, ce sont bien là, en effet, des caractères qui conviennent à ce temps où fut tenté un effort énergique, mais qui n'était pas dirigé par l'intelligence et le goût, pour revenir aux modèles antiques. Toutefois, avant d'assigner aucune date précise aux rares débris sculptés de l'architecture mérovingienne et carlovingienne, il serait nécessaire d'en réunir un beaucoup plus grand nombre et d'en former des séries régulières qui faci-

literaient la comparaison. Pour le présent, contentons-nous de dire que ce qui caractérise en général les chapiteaux des temps barbares ce n'est pas l'introduction d'éléments nouveaux, mais l'altération des éléments anciens; c'est la déformation du galbe, soit parce que les volutes se développent aux dépens de la corbeille, de plus en plus déprimée, soit, au contraire, parce que la projection exagérée du feuillage allonge et amaigrit la corbeille, en faisant presque entièrement disparaître l'étage supérieur; c'est aussi le travail plastique d'un effet parfois riche encore, mais ordinairement grossier et sans élégance.

Les chapiteaux sont les ornements sculptés les plus

importants et presque les seuls qui nous restent de l'architecture des premiers siècles du moyen âge. Il n'y avait guère place, en effet, pour la sculpture, lors même qu'on y eût été plus habile, dans les édifices de ce temps, décorés par d'autres moyens : à l'extérieur, par l'alternance des tons résultant de l'introduction d'assises de briques dans les constructions de petit appareil, ou par des incrustations de pierres de couleur ou de terre cuite; à l'intérieur, à l'aide de la peinture et de la mosaïque. Il faut bien se rappeler que les églises, à cette époque, n'avaient pas de façade présentant, comme un peu plus tard, de larges surfaces, et appelant la décoration. L'entrée de l'église était précédée d'une cour entourée de portiques, au-dessus desquels s'élevait presque toujours un étage de logements pour les clercs attachés au service de la basilique ou pour des personnes vouées à la retraite et à la dévotion. Dans cette disposition de l'édifice, que restait-il à décorer? L'espace formant tympan, compris entre les deux pentes du toit et l'entablement qui le supportait, ou, tout au plus, une partie du mur au-dessous. On peut se faire une idée de la décoration habituelle de ces frontons par ce qui subsiste de Saint-Jean de Poitiers, dont nous avons déjà parlé. Ordinairement un grand œil, ou ouverture ronde, était percé dans le tympan, souvent assez large pour que l'entablement fût interrompu, et le mur au-dessous, de fenêtres cintrées ou surmontées de deux pierres dessinant un pignon aigu.

En Italie, la peinture et la mosaïque furent appliquées à la partie visible de la façade; peut-être le furent-elles quelquefois en Gaule. Dans la suite, lorsque la façade ne fut plus masquée par les constructions qui entouraient la cour d'entrée, la décoration descendit à l'étage inférieur, et l'art du sculpteur y trouva, pour se développer, un vaste champ.

Les murs latéraux étaient décorés aussi de quelques moulures ou d'ornements très-simples. A l'église de Saint-Généroux (Deux-Sèvres), dont une partie est de ce temps, un cordon horizontal en pierre reposant sur des modillons court d'une fenêtre à l'autre, au niveau des impostes, en contournant les archivoltes; l'espace compris entre chaque fenêtre est occupé par un de ces petits frontons aigus qu'on a depuis appelés bonnets d'évêque; un second cordon horizontal décrit une ligne continue au-dessus de ces frontons. Le tout est surmonté de plusieurs assises de pierres taillées en arêtes de poisson. Ce n'est pas, à bien parler, de la sculpture, mais une disposition architecturale qui peut donner l'idée des ornements sculptés que l'on voyait ailleurs aux mêmes parties de l'édifice. Les murs qui terminaient les bras de la croix étaient nus jusqu'à leur partie supérieure, où se trouvait répétée à peu près la disposition du fronton de la façade.

A l'intérieur, la sculpture paraît avoir été moins en usage, pour la décoration des parois, que la mosaïque, la peinture et les tentures en riches étoffes. Il est probable, cependant, que la sculpture y fut aussi quelquefois employée, par exemple, au milieu du transept, au-dessus de la grande arcade entre le chœur et la nef, et au-dessus de celles qui mettaient la nef en communication avec les ailes.

On conserve, au Musée d'Évreux, des fragments provenant de l'église de Saint-Samson-sur-Rille (Eure), détruite en 1830, et qui eux-mêmes appartenaient vraisemblablement à une construction plus ancienne. On les dit antérieurs à l'invasion des Normands. Nous en reproduisons quelques-uns. Les palmettes, les rinceaux de feuillage, les grappes de raisin becquetées par des oiseaux, le calice d'où sortent deux cornes d'abondance et des branches de vigne grossièrement dessinées, ce sont là des motifs que l'on rencontre figurés sur les monuments et même sur les poteries de la période gallo-romaine (voy. fig. 5, 6 et 7); cependant, le dessin de quelques parties, des feuil-

lages surtout, pourrait faire assigner à ces sculptures une date plus récente. Il y faudrait voir, en ce cas, aussi bien que dans les fragments décorés de figures d'animaux (fig. 9), provenant d'une ancienne église d'Auxerre, et que nous reproduisons ici, des œuvres du commencement de l'art roman. Un chapiteau, qui appartenait également à l'église de Saint-Samson-sur-Rille (fig. 8), présente une disposition plus nouvelle; sur une de ses faces, on voit un entrelacs dans lequel on a voulu voir l'image du serpent monstrueux dompté miraculeusement par le saint sous l'invocation duquel l'église était placée. Cette explication n'était pas nécessaire, car l'entrelacs est un des ornements que l'on rencontre le plus communément, particulièrement au huitième et au neuvième siècle; et, dans la composition tout entière, on peut reconnaître les dernières dégradations du chapiteau composite. La volute amaigrie, se prolongeant jusqu'à la base, dessine un encadrement dans lequel est enfermé l'ornement principal (ici un entrelacs, sur un autre chapiteau des étoiles dans des cercles); des feuilles d'acanthe presque informes sont rejetées aux quatre angles.

Tous les motifs d'une imitation facile dont les monuments romains fournissaient des modèles, furent copiés par les Mérovingiens et les Carlovingiens, mais avec une barbarie croissante. Les plus compliqués se corrompirent les premiers, comme la feuille d'acanthe, la palmette et les enroulements végétaux; les courses rectilignes, les méandres de plus en plus chargés d'ornements à la décadence de l'art antique, se réduisirent aux chevrons, aux frettes, aux galons, qui restèrent en usage dans la sculpture romane; les rosaces se simplifièrent jusqu'à n'avoir plus que quatre pétales formant un croisillon droit ou oblique; les rais de cœur, les oves, devinrent des festons ourlés, puis tout unis. Ainsi du reste. On peut poser comme une règle générale (et ce peut être la conclusion de cet article) que l'art, au début du moyen âge, dérive de l'antique, en altérant ses types à mesure que les arts se sont plus éloigné des bons modèles, que le goût se déprave, et que la main s'alourdit. Une histoire complète et développée de la sculpture en France, qu'on écrira sans doute un jour, mais dont on n'a guère eu le soin d'amasser jusqu'à présent les matériaux, devrait commencer par constater ce qui subsistait, aux temps barbares, des monuments élevés par les Romains sur tous les points du territoire, puis comparer avec ceux qui sont encore debout les productions des artistes qui s'efforcèrent de les imiter. Les œuvres de l'art ont, comme des êtres animés, leur vie propre et leur organisme, et on peut observer les lois qui président à leur décomposition aussi bien qu'à leur formation.   La suite à une autre livraison.

LE CHASSEUR D'ÉLÉPHANTS.

RÉCIT PERSAN.

L'histoire suivante est rapportée par un auteur persan qui en avait, disait-il, entendu certifier la vérité par des vieillards du Sind et de l'Hindoustan, gens dignes de foi, vous compatriotes ou amis du chasseur, qui va parler lui-même.

« J'avais l'habitude de chasser dans une forêt hantée par des troupeaux d'éléphants, et presque jamais je n'en revenais les mains vides; j'avais, en effet, observé l'endroit où ces troupeaux aimaient à s'abreuver, et je choisissais, sur le chemin qu'ils devaient suivre, un arbre élevé et touffu d'où je pouvais guetter les éléphants sans en être aperçu. C'était ordinairement quand le troupeau revenait, après s'être abreuvé, que je choisissais ma proie, et je l'abattais en lui décochant une flèche dont la pointe était empoisonnée. Venait-elle à tomber sur le coup, le reste du troupeau se dispersait en un moment, car ces animaux paraissent avoir horreur des cadavres. Je descendais alors de mon poste et je m'emparais de la peau et de l'ivoire, dont la vente me faisait vivre, moi et ma famille.

» Un jour, je blessai un éléphant. Il roula par terre en poussant des cris affreux. Je me gardai bien de quitter aussitôt mon poste; en effet, les éléphants, qui s'étaient d'abord enfuis tout effrayés, ne tardèrent pas à rebrousser chemin. L'un d'eux, qui me parut être le conducteur du troupeau, s'approcha d'abord de l'animal expirant; la tête penchée, les oreilles dressées, il examina attentivement la flèche et la blessure qui saignait, puis il disparut. Mais, peu d'instants après, il revint accompagné de toute la bande. Les éléphants se groupèrent autour du blessé, qui se tordait convulsivement, et qui ne tarda pas à rendre le dernier soupir. Ils se séparèrent alors, mais non pas pour se disperser : je les vis commencer à battre les buissons et à examiner un à un tous les arbres, en plongeant leurs trompes parmi les branches. Dès lors, je ne doutai plus que ma mort ne fût prochaine. Jugez de mon effroi quand j'aperçus le chef du troupeau se placer sous l'arbre même où j'étais blotti. Du bout de sa trompe il en écartait le feuillage; quand il m'eut découvert, ne pouvant atteindre jusqu'à la cime, où je m'étais réfugié, il s'efforça d'ébranler le tronc; et, en effet, bien que cet arbre fût d'une élévation et d'une grosseur peu communes, il parvint à le déraciner. L'élasticité des branches amortit la violence de la chute, je fus à peine meurtri; mais je m'attendais à être à l'instant foulé sous les pieds des éléphants, et, résigné à mon sort, je n'essayais même pas de me défendre. Cependant leur conducteur écartait ceux qui s'avançaient vers moi; ses yeux intelligents brillaient, se portant alternativement sur moi, sur mon arc et sur mon carquois plein de flèches, qui étaient à quelques pas plus loin. Tout à coup il m'enleva avec sa trompe et me plaça sur mon dos; puis, ramassant l'arc et le carquois, il les remit entre mes mains, et reprit enfin le chemin par lequel il était venu, suivi de tout le troupeau.

» Après avoir marché quelque temps il s'arrêta, et j'aperçus sur le sable, à peu de distance, un énorme serpent endormi. Éveillé par le bruit des pas, le monstrueux reptile redressa la tête en dardant son aiguillon, ce qui me parut effrayer beaucoup tous les éléphants, à l'exception de celui qui me portait. Celui-ci m'enveloppa de sa trompe, me descendit à terre, déposa près de moi mon arc et mon carquois; puis, m'indiquant alternativement à plusieurs reprises mes armes et le serpent, il me fit comprendre ce qu'il voulait de moi.

» Je lançai une première flèche, qui pénétra dans le gosier du serpent; une seconde lui traversa la tête de part en part. Aussitôt mon éléphant se précipita sur lui et le broya sous ses pieds. Quand il eut achevé cette exécution, il me replaça sur son dos et se remit en marche; le troupeau suivit son conducteur. Après plusieurs heures d'une course rapide à travers une immense forêt où je n'étais jamais entré jusqu'alors, nous arrivâmes dans un endroit où le terrain était jonché d'ossements et de cadavres d'éléphants; tout le sol en était couvert : il semblait que ce fût leur cimetière.

» L'éléphant qui me portait choisit, en vrai connaisseur, parmi toutes ces dépouilles précieuses, les dents les plus belles, dont il fit des monceaux qu'il plaça sur le dos de ses compagnons, chargeant chacun d'eux de tout le poids qu'il pouvait porter; enfin il se chargea lui-même d'un fardeau pareil, qu'il posa entre sa nuque et mes genoux.

» La caravane se dirigea ensuite, à travers une plaine,

(¹) Un *fersekh* équivaut à quatre milles d'Angleterre.

plusieurs *fersekhs* (¹) carrés, nous arrivâmes dans un en-

du côté des contrées habitées. Dès qu'elle fut arrivée en vue d'un groupe de villages, l'éléphant qui la conduisait fit décharger la cargaison d'ivoire, qui s'éleva bientôt à la hauteur d'une colline; il me descendit ensuite moi-même, avec mes armes, puis tous les éléphants partirent au galop.

» Je courus au plus proche village; j'y louai une cinquantaine de portefaix pour m'aider à emporter mon trésor. Grâce à Dieu, les bénéfices que je réalisai par la vente d'une telle masse d'ivoire firent de moi, vous le savez, un des plus riches marchands de ma ville natale. Et aujourd'hui encore je ne pense pas à cet événement sans être ému de reconnaissance et sans bénir Celui qui connaît seul tous les mystères que renferment les âmes de ses créatures. »

Traduit du persan par A. Chodzko.

L'âme, dit Roger Bacon, agit sur le corps, et son acte principal c'est la parole. Or, la parole proférée avec une pensée profonde, une volonté droite, un grand désir et une forte conscience, conserve en elle-même la puissance que l'âme lui a communiquée et la porte à l'extérieur; c'est l'âme qui agit par elle et sur les forces physiques et sur les autres âmes, qui s'inclinent au gré de l'opérateur. Voilà en quoi consistent les caractères, les charmes et les sortiléges. Une âme pure et sans péché peut par là commander aux éléments et changer l'ordre du monde.

Roger Bacon, *Opus majus.*

LES OLAS DE L'INDE.

MODE D'ÉCRITURE DES HINDOUS.

Lorsque les Portugais débarquèrent à Calicut, en 1498, ils ne tardèrent pas à remarquer la simplicité du mode d'écriture adopté dans ces régions, qui allaient être bientôt pour eux le théâtre d'un commerce si actif. Dès lors, bien des transactions passées entre les Européens et les Hindous n'eurent d'autre sûreté qu'une feuille enroulée de palmier qu'on désignait sous le nom d'*ola* ou *hola* (¹). Barros en parle dès l'année 1562, et l'un de nos plus curieux voyageurs, le bon Pyrard, qui se plaît à énumérer si minutieusement tout ce qu'on peut obtenir du cocotier pour les besoins de la vie, ne manque pas de vanter les rubans si lisses qu'on arrache à ses palmes élégantes, et qui servent aux écritures chez les Hindous : « Quand la feuille est encore verte, dit-il, ils s'en servent comme du papier pour écrire des missives, vers et chansons joliment pliées. »

On peut dire que c'est dans l'île sacrée de Lanka, l'antique Ceylan, qu'il faut chercher l'origine de l'écriture sur feuille de palmier, c'est là aussi que cette écriture a reçu son plus haut degré de perfection. Le talipot (*Corypha umbraculifera*), si répandu sur tout le territoire de l'île, fournit ses feuilles verdoyantes, qui n'ont pas moins de sept pieds de long. Dans cette région, on donne parfois aussi la forme la plus élégante au style en fer destiné à tracer les caractères. Pour que ces lettres si variées dans leur con-

(¹) Dans son *Vocabulaire des mots portugais dérivés des langues orientales*, le cardinal Saraiva a soin de faire observer que ce mot signifie proprement une feuille, et qu'on se sert des olas à mille usages divers; il suppose que ce vocable adopté par l'Orient vient du latin *folium* (c'est peut-être tout l'opposé qu'il faudrait dire); il fait remarquer l'analogie de cette expression avec celle des Hébreux *kholch* à laquelle on reconnaît la même signification. On dit encore, dans les possessions portugaises de l'Inde : « Une ola de répudiation, Une ola » constatant telle dette. » (Voy. *Glossario dos vocabulos portugueses das linguas orientaes e africanas excepto o arabe*; Lisbonne, 1837, in-8.)

figuration soient plus visibles (l'alphabet chingulais n'en compte pas moins de cinquante) (¹), on les colore en noir avec une espèce d'encre composée de charbon réduit en poudre, broyé avec de l'huile.

Rien n'égale la magnificence de certaines missives royales tracées sur feuilles de talipot. La foliole de palmier qui a reçu l'écriture est placée entre des lamelles d'or battu. Puis une riche étoffe, brodée de perles et parfois de pierres précieuses, enveloppe la couverture métallique; une boîte d'ivoire ouvragé, ou même d'argent, reçoit la lettre re-vêtue de sa double enveloppe.

Knox (²), qui avait eu le temps d'étudier les procédés calligraphiques des Chingulais, dit que pour les écritures soignées on ne fait pas usage des mêmes folioles de pal-mier. Il y en a de plus délicates les unes que les autres, qu'on met en réserve pour les divers ouvrages qui doivent être transcrits. La première opération consiste, selon lui, à couper les feuilles de talipot d'une façon uniforme; les unes n'ont pas moins d'un pied et demi sur trois doigts de large, les autres n'ont que huit pouces environ de long. Les Hin-

dous, qui gravent plutôt qu'ils n'écrivent les caractères tamouls sur les olas ainsi préparées, procèdent comme nous de la gauche à la droite. Si l'on a une simple missive à écrire, ce n'est pas, selon ce voyageur, la feuille du talipot qu'on emploie, mais bien celle d'un autre palmier, désigné sous le nom de tauleole. Cette sorte de foliole reçoit facilement l'impression du style, mais elle ne se ploie pas aisément, et on la roule en la maintenant fermée par un ruban.

Barros, qui, au milieu des graves événements dont il est l'historien, ne néglige aucun détail, s'occupe beaucoup des olas, et dit positivement que de son temps l'usage de ces folioles de palmier était répandu des bords de l'Indus à ceux du Gange; il indique le mode de reliure qu'on employait alors pour les réunir, et qui ne s'est pas encore modifié (¹). Malheureusement, cet habile historien avait mis en réserve, pour la Géographie générale, du seizième siècle qu'il préparait et qu'on a à point retrouvée, ce qu'il voulait dire sur les olas de l'antiquité hindoue. À l'époque où il écrivait, on était certain que les plus anciens manu-

Mode d'écriture usité chez les Hindous, au moyen d'un style en fer. — D'après une gravure d'Elijah Hoole.

scrits tracés sur feuilles de palmier se trouvaient réunis dans la ville de Coulão, l'antique cité où avait régné Sa-rama Perеimal, Barros a soin de faire observer que les lé-gendes religieuses relatives aux temples, les donations juridiques, les actes, en un mot, destinés à traverser les siècles, étaient gravés par les Hindous sur le cuivre ou sur la pierre; la lettre remise à Gama pour Emmanuel l'avait été sur une lame d'or. Nous ne supposons pas, en effet, que les olas offrent une durée égale à celle du papyrus, si habilement préparé par les Égyptiens; elles n'ont peut-être même pas celle du papier d'agave qu'on trouva en usage dans le Mexique. Au dire des premiers historiens, en effet, il y avait tels des manuscrits que fit brûler le scrupuleux

Zumarraga qui n'avait pas moins de mille ans d'antiquité. On conçoit aisément que les fibres peu flexibles des folioles de palmier se brisent ou se réduisent en poussière quand le papyrus et le papier de maguey, objets d'une soigneuse industrie, ont résisté à l'action des siècles. Ainsi que le constate, du reste, le R. Elijah Hoole, rien n'est plus com-mode dans l'Inde que ce papier fourni si abondamment par la nature (²), et qui ne fait jamais défaut aux écoliers. Ce missionnaire anglican, auquel nous avons emprunté notre gravure, constate que c'est encore sur les olas que s'écri-vent, entre les natifs, la plus grande partie des actes civils ou des choses nécessaires au commerce habituel de la vie. Le style en fer dont ils font usage pour tracer les carac-tères a huit pouces anglais de long, et prend souvent les formes les plus élégantes.

(¹) L'alphabet chingulais offre trente-quatre consonnes et seize voyelles principales; les diverses combinaisons que l'on obtient de ces signes principaux se produisent pas moins de cent neuf carac-tères. Il paraît toutefois qu'à Ceylan presque tout le monde sait lire et écrire. Sous ce rapport il n'existe pas une grande différence entre ce qui a lieu dans l'île et dans les pays les plus civilisés de l'Europe. Ce bienfait, toutefois, est encore refusé aux femmes.

(²) Relation ou voyage de l'isle de Ceylan dans les Indes orien-tales. Amsterdam, 1693, t. II, p. 165.

(¹) « Le livre étant plein, ils prennent deux morceaux de planche destinés à servir de couverture; ils attachent deux cordons à ces deux planches, qui passent à travers chaque feuillet du livre et le lient. Quand on a lu un feuillet, on le lève et le laisse pendre aux cordons, et ainsi d'un feuillet à l'autre. » (Robert Knox, ouvrage cité.)

(²) Voy. Personal narrative of a mission to the south India from 1821 to 1828. London, 1829, in-8, fig.

FÊTE DE LA MOISSON
DANS LE PALATINAT DE SANDOMIR
(POLOGNE).

La Fête de la Moisson en Pologne. — Dessin de Pauquet, d'après un album polonais.

Dans le palatinat de Sandomir, situé sur les deux rives de la Vistule, lorsque les champs du seigneur propriétaire ont été moissonnés, les jeunes filles et les jeunes garçons font une tresse de paille où ils entremêlent des épis de blé, des fleurs, des baies sauvages, des noix dorées et des rubans de diverses couleurs. Le jour de l'Assomption, dès le matin, on pose cette sorte de couronne rustique sur la tête de la jeune fille qui a le meilleur renom. Les cloches sonnent, et la *rosière* polonaise, suivie des villageois et des villageoises, se rend à l'église, où elle dépose sa couronne sur le maître-autel. Le prêtre, après la messe, bénit la couronne; le cortége, accompagné d'instruments de musique, sort en chantant, et se dirige vers la maison du maire, qui attache au sommet de la couronne un jeune coq. Si le coq chante, la joie des assistants éclate en applaudissements : c'est le présage d'une abondante récolte pour l'année suivante et du bon accueil que fera le seigneur propriétaire; si le coq ne chante pas, ou ne becquète pas les épis avec avidité, on se tait, on est inquiet, on craint une année de misère et la mauvaise humeur du châtelain : mais on a eu soin de choisir un coq jeûné et vaillant.

Le cortège se remet en route, et, à l'entrée du château, chante en chœur :

« Ouvrez-vous, portes du château! Nous avons achevé la moisson dans les champs du seigneur, et nous lui avons dressé autant de belles gerbes qu'il y a d'étoiles au ciel!

» Nous avons préparé mille gerbes pour le seigneur, mille pour sa femme, dix mille pour ses fils et ses filles, cent mille pour leurs hôtes, et un million pour l'argent des marchands anglais de Dantzig.

» Sors, seigneur, des blanches murailles de ton château, et accepte la couronne qui orne la tête de la jeune fille, car c'est la couronne des couronnes : elle est d'or pur, et non de blé!

» Nous avons bien mérité que tu nous reçoives dans ton palais, car nos têtes sont brûlées par le soleil, nos mains sont coupées par la faucille, nos genoux se sont brisés en se ployant vers la terre, nos pieds sont blessés par le chaume, notre dos s'est roidi à force de se courber sur tes champs.

» Ordonne, seigneur, que le sang de tes étables et de tes bergeries coule comme des ruisseaux sur le vert gazon de ta cour, et que des feux soient allumés aux quatre vents de ta terre; car un grand repas est nécessaire pour délasser les moissonneurs de leurs fatigues.

» N'oublie pas, seigneur, qu'un bœuf rôti est bon pour calmer les douleurs de l'épine dorsale; une brebis, pour les genoux; un veau, pour les pieds; une oie, un coq, un canard, pour les mains; de l'eau-de-vie et de la bière, pour la tête brûlée par le soleil.

» O seigneur! ne te cache pas plus longtemps, car nous entendons souffler de Cracovie un vent violent qui, écartant les rideaux des fenêtres de ton château, nous permet de voir ta figure, semblable à un soleil qui brille au ciel; celle de ta femme, comme une pleine lune; tes jeunes garçons et tes demoiselles, comme des étoiles étincelantes! »

Un orateur s'avance ensuite et adresse, soit en prose, soit en vers, un discours au seigneur; puis la musique se fait entendre de nouveau, et le seigneur, sa femme et ses enfants distribuent des présents aux paysans et aux paysannes qui se sont fait remarquer, pendant la moisson, par leur zèle et leur assiduité au travail.

La maîtresse du château détache la couronne de la tête de la rosière, et la dépose sur une table couverte d'une blanche nappe. La jeune villageoise reçoit un présent avec une somme d'argent. Bientôt après, les domestiques du château servent sur de grandes tables des rôtis et des mets de toute espèce; ils roulent des tonneaux de bière et d'eau-de-vie à la portée des convives, qui prennent place et sont servis avec la même attention que le seigneur et sa famille.

Au repas succèdent les danses; le seigneur ouvre le bal avec la rosière, sa femme offre sa main à l'orateur de l'assemblée, et leurs enfants, demoiselles ou jeunes gens, donnant la main aux paysans et aux paysannes, valsent ou dansent gaiement avec eux. La bière et l'eau-de-vie ne sont point épargnées, et la fête se prolonge souvent jusqu'au lever du jour.

PENDULES ET MONTRES.

Suite. — Voy. p. 118.

J'avouerai ma faiblesse. Lorsqu'on entreprend de me donner une explication sur quelque chose que je ne con-

nais pas, il se forme aussitôt dans mon esprit un petit nuage, et mon premier mouvement est de penser que je ne comprendrai rien à ce qu'on va me dire. Ces mots *temps vrai* et *temps moyen* sonnaient mal à mon oreille et me troublaient. J'en voulais presque à cet horloger d'être si instruit. Cependant je ne pouvais pas lui dire : « Je vous ai fait venir pour régler mes pendules et mes montres, et non pour me faire rougir de mon ignorance; je ne veux pas de vos explications. »

— Mais, Monsieur, insinuai-je, il me semble que lorsqu'une montre va comme le soleil...

— Lorsqu'une montre va comme le soleil, reprit-il, eh bien, elle va mal.

Pour le coup, j'avais envie de crier au blasphème, à l'impiété! Il ne m'en laissa pas le temps, et dit :

— Ce n'est pas le soleil qui règle les montres, c'est l'horloger.

Quelle audace dans ce petit homme!

— Écoutez-moi bien, ajouta-t-il; je vous parle sérieusement : nous autres horlogers, nous étions ennuyés de la conduite irrégulière du vrai soleil; nous nous sommes entendus avec les astronomes, et ils nous ont inventé un soleil imaginaire qui va tout à fait bien.

— Un soleil imaginaire! Et où l'avez-vous placé, celui-là, s'il vous plaît?

— Dans deux livres fort utiles, la *Connaissance des temps* et l'*Annuaire du Bureau des longitudes*.

— Assurément ce n'est point de là qu'il fera mûrir nos blés et nos raisins.

— Non; mais de là, comme vous dites, il commande aujourd'hui en maître à toutes les horloges et à toutes les montres qui tiennent à faire leur devoir avec exactitude.

— Et vous assurez que ce soleil fictif n'est pas d'accord avec le vrai soleil?

— Non, Monsieur; tandis que le vrai soleil, par exemple, dit midi, il arrive que notre nouveau soleil de midi moins un quart ou midi un quart.

— Et qui a raison? Après tout, ce doit être le vrai soleil.

— Le vrai soleil peut avoir raison pour le reste de l'univers, je n'en sais rien, mais il a tort pour nous autres habitants de la terre, qui avons de plus en plus besoin de mesurer et de diviser notre temps selon une règle fixe et d'une exactitude rigoureuse. Or, il est constaté que le soleil du ciel ne revient pas, toutes les vingt-quatre heures, exactement au point où il a passé la veille à midi.

— Comment cela est-il possible?

— C'est ce que je ne me chargerai pas, mon cher Monsieur, de vous expliquer en cinq minutes. Qu'il vous suffise de savoir que la durée des jours solaires n'est pas toujours rigoureusement la même par suite du double mouvement de la terre qui, comme vous ne l'ignorez pas, tout en tournant sur elle-même en vingt-quatre heures, ne cesse pas de marcher et de tracer en une année un grand cercle autour du soleil. Il y a là une complication, augmentée peut-être encore de quelque autre, qui cause l'irrégularité dont il s'agit (*). Doutez-vous encore? Voulez-vous acquérir par vous-même la preuve que presque tous les jours le vrai soleil avance ou retarde à midi d'une ou plusieurs minutes?

— Comment ferai-je?

— Prenez une très-bonne montre, une montre à ancre de qualité supérieure, repassée par un horloger expérimenté, et qui n'avance ou ne retarde que de deux ou trois

(*) « Trois causes concourent à rendre les jours solaires de longueurs différentes : l'inégalité du mouvement diurne du soleil, les orientations diverses de ce mouvement, et les plus ou moins grandes distances angulaires à l'équateur où ce mouvement opère. » (Arago, *Astronomie populaire*, t. I, p. 287.)

minutes par mois; allez vous placer avec cette montre devant un bon cadran solaire ou devant le petit canon du Palais-Royal, tous les jours, pendant une semaine, au moment de l'explosion : vous verrez que votre montre, si parfaite soit-elle, ne sera pas d'accord avec le soleil, et il vous faudra, pour la remettre à l'heure, avancer ou reculer chaque jour sa grande aiguille d'une, en deux minutes. Est-ce qu'une très-bonne montre, et je la suppose telle, doit et peut se déranger tous les jours ainsi? Ce soin assez ennuyeux que vous serez obligé de prendre par curiosité était autrefois un devoir et une nécessité pour les horlegers chargés de régler les horloges de Paris sur le temps vrai, c'est-à-dire sur le passage du soleil vrai au point fixe du midi. Il leur fallait chaque jour, ou au moins chaque semaine, toucher aux aiguilles [1]. Mais depuis que nous sommes convenus d'un soleil fictif ou d'un *temps moyen*, nos horloges publiques n'ont pas besoin d'être sans cesse rectifiées et elles sont beaucoup plus d'accord entre elles.

— Voilà, je le confesse, une invention dont je n'avais pas la moindre idée. Et, s'il vous plaît, est-elle bien ancienne?

— Nullement; elle ne date, je crois, que de 1816.

— Ah! m'écriai-je un peu soulagé, je ne m'étonne pas si tout le monde ne la connaît pas encore, et je ne suppose pas même que mon fils cadet, qui samedi dernier a été le second en cosmographie, en ait jamais entendu parler à son lycée.

L'horloger, toujours à son travail, vissait, dévissait, renouait un fil de soie, ou cherchait un aplomb. Il passa d'une chambre à une autre, et tout en causant je l'y suivis.

Relevé à mes propres yeux, je lui poussai l'objection suivante « carrément », selon l'expression favorite de mon fils aîné, élève de l'École centrale. Je tenais à lui montrer qu'après tout j'étais un peu plus savant que je n'en avais l'air.

— Ainsi, jusqu'en 1816, tous les peuples anciens ou modernes, même les plus civilisés, s'étaient contentés du *vrai soleil* et du *temps vrai*. Cela prouve qu'on pouvait assez bien vivre de bon accord avec ce vieux soleil. Votre fameuse innovation d'un *soleil imaginaire* et du *temps moyen* était-elle donc si nécessaire? Les Romains, par. exemple, qui étaient des gens assez cultivés, ont fait, ce me semble, d'assez grandes choses avec le *temps vrai*.

— Les Romains, Monsieur, ne savaient jamais l'heure exacte : ils en jugeaient, à peu près comme nos bergers, à vue de ciel. Ce n'est que trois cents ans avant notre ère qu'ils ont fait usage de cadrans solaires, et les cadrans solaires ne sont pas des instruments de précision : ils n'indiquent l'heure qu'en gros. Supposons qu'un citoyen romain eût le désir de savoir l'heure à peu près vraie. Que pouvait-il faire? Il allait ou envoyait un esclave sur une place publique pour y consulter le cadran solaire. La grande horloge de l'hôtel de ville des Romains, c'était, comme vous le savez (en vérité je n'en savais rien), le cadran du Forum, qu'un certain Valerius Messala avait rapporté de Catane, en l'an 276 avant J.-C. Imaginez notre noble Romain ou son esclave faisant un quart de lieue pour aller vérifier sur quelle ligne du cadran s'était projetée l'ombre de la tige. De retour au logis, qu'avait-il? Rien qu'une heure approximative; et, en outre, quel moyen avait-il ne de compter les minutes pendant le trajet? Puis, les jours où le soleil restait voilé, à quoi servaient les cadrans? Vous me répondrez qu'on avait les clepsydres, les sabliers [2].

[1] Arago, *Astronomie populaire*, t. 1er, p. 296. — L'horloge de l'Hôtel de ville marquait *régulièrement* le temps vrai, au moyen d'une *courbe d'équation* qui agissait *mécaniquement* sur le *pendule*. Il en était de même de plusieurs autres.

[2] Voy. la Table des trente premières années.

Ah! quelles horloges, Monsieur! mieux valent encore vos cinq pendules et vos sept montres avec tout leur désordre! Les citoyens des rives du Tibre pouvaient soutenir qu'il était la vingtième heure, au même instant où ceux qui habitaient près du Colisée auraient affirmé qu'elle était déjà bien loin. Et on se serait ri du préteur s'il avait cru devoir faire intervenir son autorité pour donner raison soit aux uns, soit aux autres.

J'ai la très-mauvaise habitude de ne pas consentir facilement à me reconnaître battu dans les discussions; aussi, quoique je sois assez ami du progrès, je fus assez satisfait de trouver encore à faire cette riposte :

— Un désaccord d'une demi-heure pourrait être, en effet, de conséquence, à Paris surtout où nous « brûlons la vie. » Mais si l'on n'est ordinairement exposé à ne différer, sous la règle du soleil vrai, que de deux ou trois minutes par jour, où était l'immense utilité de tant de calculs pour arriver à un *temps moyen* dont il faut aujourd'hui, selon vous, nous servir tous, bon gré mal gré, sans y rien comprendre? Car à moins d'étudier la *Connaissance des temps*, il faut en croire les astronomes sur parole. N'est-ce point là par trop de raffinement?

— Vous oubliez, Monsieur, qu'avec le *temps vrai* la différence à midi est quelquefois de quinze à seize minutes. L'inconvénient qu'il y aurait eu à rester dans cet ancien système est beaucoup plus grave que vous ne paraissez l'imaginer. Ne parlons pas de l'extrême précision devenue nécessaire à beaucoup d'observations scientifiques. Mais admettez, par exemple, que nous ne soyons pas aujourd'hui en possession d'un moyen de régler avec une certitude rigoureuse, quels que soient le temps et la distance, les horloges employées dans les diverses stations d'une même ligne de chemin de fer [1]. Réfléchissez, Monsieur, aux dangers dont pourrait être la cause une différence de quinze minutes!

Il me vint en ce moment à l'esprit mille pensées que j'aurais voulu être capable de bien exprimer. N'est-il pas merveilleux de voir ces secours que les différents progrès se prêtent à certains moments, de manière à rendre praticables les inventions qui paraissaient d'abord les plus extraordinaires? Il fallait pour la sûreté de nos voyages sur les chemins de fer un nouveau soleil, et nous en avons trouvé un précisément quinze ou vingt ans à l'avance!

La suite à une prochaine livraison.

— Il faut être forcé par l'évidence pour pouvoir condamner son prochain; et souvent on le condamne contre toute évidence.

— Le plaisir de la vengeance se change bientôt en une horreur du crime qu'elle a fait commettre.

QUESNEL.

ÉQUILIBRISTE.

Vous avez acheté cet équilibriste? Pourquoi? Vous pouviez le faire vous-même, en vous amusant. Tout au moins, essayez une fois de construire ce petit jouet curieux.

L'appareil est simple. Il se compose : — d'un support en fil de cuivre monté sur un talon plombé (fig. 1); — d'un équipage en fil de cuivre soudé à une double pointe en fer et terminé par deux boules en plomb (fig. 2); — d'une poupée articulée dont le pied est collé sur une pièce de bois pouvant se fixer à la partie supérieure de la double pointe en fer (fig. 3).

Vous ajouterez, si vous voulez, comme accessoire,

[1] Il faut se rappeler, en outre, que les horloges des chemins de fer marquent toutes l'heure du méridien de Paris.

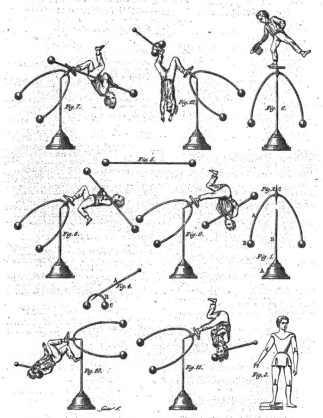

une fourchette à pointe en fer (fig. 4), ou un balancier formé d'une tige de cuivre armée de deux boules en plomb.

Voici une esquisse de quelques-unes des positions d'équilibre que l'on obtient en changeant de place le balancier, la fourchette, les différentes pièces de la poupée, etc. Il est facile, avec un peu de recherche et de patience, de les varier presque à l'infini. Rien n'empêche aussi d'imaginer des appareils à boule autres que le balancier et la fourchette.

FIG. 1. Pied de l'appareil : A, base plombée; B, tige de cuivre portant au sommet un très-petit trou. — FIG. 2. Équipage : A, fil de cuivre; B, boule de plomb; C, double pointe de fer. — FIG. 3. Poupée articulée en bois. — FIG. 4. Équipage à fourchette : A, tige de fer; B, cuivre; C, plomb. — FIG. 5. Balancier. — FIG. 6. La poupée sans balancier. — FIG. 7. Balancier sous un bras. — FIG. 8. Balancier en avant. — FIG. 9. Balancier en arrière. — FIG. 10. Équipage à fourchette sur le cou. — FIG. 11. Équipage à fourchette sur la nuque. — FIG. 12. Équipage à fourchette sur le pied.

Dans toutes les positions, la poupée peut librement tourner avec l'équipage sur la ligne du support.

Dimensions. — Pied, 0m.25 de haut. — Balancier, 0m.30. — Fourchette, 0m.10. — Équipage, de C en B, 0m.20. — Poupée, 0m.15. — Boules, diamètre, 0m.02.

ASCENSION DE ROCHE-COURBE.

Le pic de Roche-Courbe, dans le Dauphiné. — Dessin de E. Himely, d'après M. Muston.

Il est en Dauphiné une montagne peu connue dont la forme extraordinaire attire de loin l'attention. On peut l'apercevoir à la fois des hauteurs d'Avignon en regardant vers le nord, et des hauteurs de Lyon en regardant vers le midi. Cette montagne n'est qu'un rocher qui s'élance d'un seul jet à la hauteur de 1 600 mètres. Elle représente l'extrémité rostrale d'un bassin elliptique, nommé la forêt de Saou à cause des bois épais qu'il contenait jadis. Ce bassin s'étend entre la vallée de la Drôme et celle du Roubion. Du côté de la Drôme, le pic se dessine dans le ciel en arêtes escarpées qui représentent une sorte d'éperon à trois pointes; on le nomme pour cela la cime des Trois-Becs. Du côté du Roubion, il paraît surplomber, et on le nomme Roche-Courbe.

Rien de plus pittoresque et parfois de plus bizarre que les divers aspects sous lesquels cette étrange montagne se présente aux regards. Malgré ses apparences inaccessibles, on peut aisément l'escalader, et, dans les beaux jours, elle est le but d'assez nombreuses excursions.

Après une montée caillouteuse et assez longue, nommée crête du Papillon, on arrive sur un premier plateau où l'on peut se reposer sous les arbres, près d'une fontaine.

Deux chemins bien différents conduisent de cet endroit à la cime : l'un, pénétrant dans l'intérieur du bassin dont elle n'est que le point culminant, permet aux voitures mêmes de se rendre jusqu'au pied des pentes boisées qui en couvrent la base; l'autre, abordant l'enceinte des rochers par leur face extérieure, ne se présente que sous la forme d'un rocher escarpé, suivi par les troupeaux; on ne peut là à u qu'à-pied, ou tout au plus à mulet. On trouve à loger quelques-unes de ces montures dans un petit domaine rural situé directement au-dessous du pic.

Ce domaine est traversé par la limite de deux cantons, celui des Saillants et celui de Bourdeaux.

Il faut près d'une heure pour gravir la pente gazonneuse qui mène au sommet. On nomme cette pente le pré de l'Ane, en mémoire d'une légende assez singulière.

Le bassin de la forêt que domine cette haute croupe dépendait jadis de la châtellenie de Saou (on prononce Sou), village situé à l'issue du défilé qui donne entrée dans le bassin. L'ancien château était situé sur les flancs d'un rocher à pic, au pied duquel se groupent les maisons nommées bourg des Eglises. Par suite de la fondation de l'abbaye de Saint-Thiers sur la rive opposée du ruisseau qui baigne ce rocher, un nouveau groupe de maisons s'y forma sous le nom de bourg de l'Ormé; plus tard, un château d'habitation plus accessible et plus agréable que le premier s'éleva dans la partie plane sous le nom de castel d'Eure.

Peu soucieuse des anachronismes, la tradition prétend que les habitants du vieux château allèrent s'établir dans le castel moderne, mais qu'une jeune fille nommée Blanche, regrettant ses rochers natals, y montait chaque dimanche, avant l'office du matin, sur une haquenée qui n'était autre qu'un âne doué d'une agilité prodigieuse.

Un jour, on ne vit pas redescendre la jeune fille de son rocher. L'âne se mit à parcourir, pour la chercher, toutes les crêtes de la chaîne qui forme le bassin de la forêt; arrivé sur Roche-Courbe sans l'avoir trouvée, il disparut aussi ou se précipita de désespoir. De là le nom de pré de l'Ane donné au théâtre de cette catastrophe.

Les bergers qui gardent leurs troupeaux sur les sommets gazonneux de cette chaîne escarpée ont vu plus d'une fois, disent-ils, un aigle fondre sur une de leurs brebis ou de leurs chèvres avec rapidité, la frapper de toute sa masse et de toute sa force, afin de la renverser et, s'il lui est possible, de la précipiter dans l'abîme, où il va ensuite la dépecer.

C'est au sommet du pré de l'Ane ou de Roche-Courbe qu'avait été établi un des postes d'opérations les plus importantes pour la récente triangulation de la France.

La pente qui y conduit est couverte d'une herbe touffue

et courte, entrecoupée d'épais buissons déprimés, aux feuilles épineuses qui rappellent les genévriers alpins; elle est mélangée d'orchis à odeur de vanille, d'airelles aux baies noires, et d'une jolie busserole à clochettes blanches, toutes semblables à des fleurs de muguet odorant.

Malgré le tapis de verdure qui s'offre au pied des voyageurs pour gravir jusqu'au bout, l'inclinaison en est assez forte pour rendre l'ascension fatigante.

Mais, une fois arrivé, quelle vue admirable! quel horizon immense! quelle incommensurable étendue de cimes et de lointains !

Les montagnes du Dévolui à l'est, dans toute leur magnificence, avec leurs glaciers, leurs arêtes, leurs faces à pans verticaux, leurs grandes masses bleuies par la distance, se détachent à l'horizon comme une couronne murale. Plus près, et plus au nord, les crêtes sombres du Vercors prolongent en lignes onduleuses ou déchiquetées les bords rocheux ou boisés de leurs plateaux aériens; aux pieds du spectateur s'étend d'un côté la vallée de la Drôme, de l'autre celle du Roubion; entre elles, sur le prolongement de la pente gravie, un bassin de verdure à la physionomie sauvage, aux profondeurs enfeuillées, d'où s'élance à peine la cime pyramidale de quelques sapins, remplit d'ombre l'enceinte des rochers dont l'on occupe le point culminant.

Dans ce bassin, rempli de futaies débordantes, s'élève une vaste maison entourée de jardins; c'est la demeure d'un avocat célèbre. On y descend par un ravin qui va en se rétrécissant de plus en plus, et qu'on nomme la Combe. Ce couloir ombragé présente, vers le tiers de sa hauteur, des rochers aux formes bizarres; à leur pied jaillissent de belles sources d'eau vive; alentour s'entremêlent les pins sylvestres et les hêtres.

Du bas de la montée jusqu'au village de Saou, la distance n'est plus que de deux heures, et la course est riche encore des admirables aspects d'une petite vallée, encaissée et sinueuse, entre de profonds rochers.

LA CROYANCE GAULOISE.

La croyance gauloise, le druidisme, dominant de haut les religions toutes terrestres de la Grèce et de Rome, présente, au fond de l'Occident, un développement théologique et philosophique égal à celui des grandes religions de l'Orient, mais dans un esprit très-opposé au panthéisme indo-égyptien, et qui paraît n'avoir eu d'affinité morale qu'avec le mazdéisme de Zoroastre. La lutte victorieuse de la liberté et de la volonté contre les puissances fatales, l'indestructible individualité humaine s'élevant progressivement du plus bas degré de l'être, par la connaissance et la force, jusqu'aux sommités infinies du ciel, sans jamais se confondre dans le Créateur, tels paraissent avoir été les fondements de la foi druidique et le secret de l'intrépidité et de l'indépendance gauloises. HENRI MARTIN.

Quoique nous soyons mortels, nous ne devons point nous assujettir aux choses mortelles, mais, autant que nous pouvons, nous élever à l'immortalité, et vivre selon ce qu'il y a de meilleur en nous. ARISTOTE.

DIRECTION

DES PRINCIPALES CHAINES DE MONTAGNES DE FRANCE.

La figure que nous donnons ci-contre indique que le soulèvement des différentes chaînes de montagnes qui sillonnent le territoire français n'a pas eu lieu suivant des directions uniformes. En effet, on voit facilement qu'il existe un angle considérable entre l'orientation moyenne

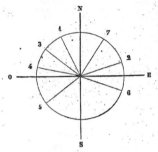

Rose de la direction des principales chaînes de montagnes de France.

de chacune des fissures de l'écorce terrestre qui leur ont livré passage. On se convaincra aussi sans aucune difficulté, en regardant avec quelque attention cette rose *volcanique*, que ces soulèvements successifs du sol de notre France n'ont pas dû avoir lieu à la même époque.

Les savantes recherches de M. Élie de Beaumont ont permis d'aller plus loin et de déterminer l'ordre chronologique dans lequel ces commotions se sont succédé.

Nous engageons le lecteur à dresser une table de l'âge relatif de nos différentes chaînes, en suivant l'ordre des chiffres qui sont marqués en dehors du cercle de la rose.

Nous lui laisserons le plaisir de reconnaître par lui-même un fait très-remarquable de philosophie plutonienne : *La hauteur moyenne des chaînes va en augmentant à mesure que leur âge est plus récent*. Il en résulterait que la chaîne qui surgira la première, dans le cours des siècles futurs, surpassera la taille des géants du Caucase, de l'Himalaya et des Andes. Mais aucun symptôme ne permet de prévoir quelles sont les contrées destinées à être bouleversées les premières; personne ne peut dire si cette catastrophe est imminente, ou si des centaines de siècles doivent s'écouler avant qu'elle ne se produise.

La géologie n'en est pas même arrivée à déterminer, avec une approximation satisfaisante, l'âge des grands événements dont l'écorce de la terre porte les cicatrices; elle n'est donc pas à la veille d'entrer dans la période des prédictions rationnelles. Dans l'état actuel des connaissances positives, aucun savant ne peut se flatter d'évaluer le nombre de siècles qui nous séparent de la création de la chaîne des Alpes occidentales. Il serait également impossible de mesurer le temps écoulé entre les diverses manifestations de l'activité intérieure de la sphère. Ce qu'on ne saurait trop répéter, c'est que ces périodes sont immenses; ce que nous chercherons à faire comprendre, c'est qu'il faut introduire la notion de l'infini dans la *durée* comme dans l'*étendue* pour arriver à se faire une idée exacte de l'équilibre dynamique du monde.

Un savant anglais vient d'appliquer la formule du refroidissement de Dulong et Petit à la détermination de la durée nécessaire à la perte de 25 degrés centigrades de température moyenne par le sphéroïde terrestre. Il a trouvé qu'il fallait cent quatre-vingt millions d'années, pendant lesquelles avait dû s'accumuler une épaisseur de 20 kilomètres de débris fossilifères; c'est-à-dire tous les débris des êtres qui nous ont précédés. En effet, ajoutez 25 degrés à la température moyenne du globe, et vous rendez immédiatement toute vie impossible.

Mais quelque énorme que paraisse le chiffre précédent, il est bien au-dessous de la vérité, car le soleil lui-même devait être plus chaud qu'à l'époque actuelle, lors des débuts de la vie de notre sphère, et, par conséquent, le refroidissement a dû être beaucoup plus lent encore que ne l'indiquent les calculs précédents.

Les bouddhistes emploient une figure très-poétique pour donner une idée de l'âge du monde : ils le comparent au temps qu'il faudrait pour user une montagne de diamant que l'on essuierait une fois par siècle avec une légère étoffe de coton.

M. Walferdin, géologue qui a été collaborateur d'Arago, fait précéder le millésime de l'ère chrétienne d'une suite indéfinie de 9. Ainsi, pour lui, l'année dans laquelle ces lignes sont écrites est la 99999999991864e de notre humble planète, que le célèbre Hansteen, de l'Observatoire de Christiania, croit à peine entrée dans la force de l'âge.

LE TÉLESCOPE ET LE MICROSCOPE.

Suite. — Voy. p. 141.

Parallèle entre le télescope et le microscope. Pouvoir amplificatif. — Le microscope est, a-t-on dit, un télescope renversé. Cette comparaison n'est pas tout à fait exacte. Pour vous en convaincre, faites comme ce savant mathématicien dont parle Lalande : regardez par le gros bout d'une lunette astronomique, ayant le petit bout tourné vers un objet; vous aurez là, n'en doutez pas, un bien mauvais microscope. Les seuls noms grécisés de *télescope* et de *microscope* auraient dû faire soupçonner la différence qui existe entre ces deux instruments : l'un fait voir les objets qui sont *petits*, l'autre ceux qui sont *éloignés*.

Dans la vision normale simple, l'image focale se forme immédiatement dans l'œil même, derrière le cristallin, de manière à tomber juste sur la rétine. Si les rayons, réfractés par le cristallin, sont trop convergents, ou s'ils ne le sont pas assez, l'image tombera en deçà ou au delà du plan de la rétine. Aussi pour la faire coïncider avec ce plan, le myope se servira-t-il de besicles à verres concaves, et le presbyte de besicles à verres convexes. Mais, dans aucun de ces cas, l'image, notons-le bien, ne se forme ailleurs que dans l'intérieur de l'œil; l'image focale du cristallin est toujours formée par les rayons qui viennent directement de l'objet.

Les choses se passent tout autrement avec l'emploi du microscope et du télescope. Là, l'image que reçoit le nerf optique ne lui vient, pour ainsi dire, que de seconde et de troisième main, suivant le nombre des lentilles interposées entre l'objet et l'œil. Or, ce sont les images produites par ces lentilles qui grossissent les objets, en les faisant voir de plus près.

Si l'œil pouvait fonctionner au contact même de l'objet, il en saisirait tous les détails qui lui échappent de loin. Mais comme, au delà d'une certaine distance, il est impossible de rien voir distinctement, l'homme a su, ce qui lui fait beaucoup d'honneur, tourner la difficulté par un artifice de son invention. Il s'agissait, à défaut de l'objet, de rapprocher l'image le plus près possible de l'œil. C'est ce problème que le microscope a résolu.

Une image formée par une petite lentille sphérique, à très-court foyer, voilà le *microscope simple*. La loupe n'est qu'une lentille un peu plus grosse, plus aplatie et à plus long foyer.

Si l'image est reprise par une seconde lentille grossissante, on aura le *microscope composé*. La première lentille touche presque l'objet qu'on veut examiner, c'est l'*objectif* ou le petit bout de l'instrument; derrière la seconde lentille (ordinairement composée de plusieurs pièces réunies) se place l'œil; c'est l'*oculaire* ou le gros bout.

Quant aux objets trop éloignés pour être vus distinctement, il importait d'abord de concentrer en un point donné le plus grand nombre possible de rayons; une lentille d'un grand diamètre et d'une longueur focale proportionnelle remplira ce but. Si ensuite vous regardez l'image focale de cette lentille à l'aide du microscope ou de la lentille du naturaliste, vous aurez la lunette de l'astronome, le télescope.

La première lentille, c'est l'objectif ou le gros bout de l'instrument; la seconde, c'est l'oculaire ou le petit bout.

Pour mettre l'instrument au point, on fait, dans le télescope, mouvoir seulement l'oculaire, tandis que dans le microscope on fait, pour cela, mouvoir l'ensemble des lentilles, tout le tube, pour le rapprocher ou l'éloigner de l'objet.

Une fois mis au point, l'un et l'autre instrument doivent être maintenus immobiles, car ils amplifient à la fois le mouvement et les contours de la matière.

Mais ne s'est-on pas exagéré quelque peu la nécessité de fonder les observatoires sur des assises inébranlables? Les oscillations du sol n'ont pas empêché l'un de nos amis (M. Goldschmidt) de découvrir plus d'une planète au dernier étage du café Procope, dans une des rues les plus fréquentées de Paris.

Ne demandez jamais à un astronome combien sa lunette grossit; il vous prendrait pour un ignorant. L'objectif étant invariablement donné, une lunette grossit suivant l'oculaire qu'on lui adapte. Il faut donc demander quel grossissement une lunette peut recevoir. Ce grossissement est donné par le rapport des distances focales de l'oculaire et de l'objectif. Si, par exemple, la distance focale de la première lentille est contenue 100 fois dans la distance focale de la seconde, la lunette grossira 100 fois. La distance focale de l'objectif est donc le dividende et celle de l'oculaire le diviseur; le quotient indique le grossissement. Pour le microscope, c'est la distance de la vue normale, distincte, qui sert de dividende; la distance focale de l'objectif est le diviseur. Ainsi, quand on dit qu'un microscope grossit 100 fois, cela veut dire que la longueur focale de la lentille qu'on emploie est contenue 100 fois dans la longueur de la vue simple, distincte. Celle-ci étant de 200 millimètres, la longueur focale de la lentille devra être alors de 2 millimètres; car 200 divisé par 2 est égal à 100.

La suite à une autre livraison.

CHAISE A ROUES DU TEMPS DE LOUIS XV.

Cette chaise à quatre roues est un modèle tiré de l'œuvre du graveur Hoppenhaupt. Parmi plusieurs chars de gala qu'on y voit figurés, celui-ci est le plus simple et le moins chargé, bien que les ornements, comme on voit, n'y soient pas non plus épargnés. C'est un curieux exemple de ce style mélangé des qualités et des défauts les plus opposés qui, dans la dernière partie du règne de Louis XV, envahit l'ameublement et toutes les industries où le goût à une part décisive. Les noms de *rocaille* et de *rococo* sont restés attachés aux derniers abus de ce style. Ils méritent de

Chaise à roues, d'après Hoppenhaupt. — Dessin de Gagniet.

l'être surtout aux imitations qu'on en fit à l'étranger, où les pires modèles se répandirent à profusion et furent lourdement copiés. En France, à Paris, à Versailles, des ouvriers, des artistes de premier ordre, maintenant, même dans cette décadence, les grandes traditions qui les avaient formés, conservèrent la distinction naturelle de leur goût et une habileté de main merveilleuse qui en sauvait tous les écarts.

L'ÉGLISE DE SAINT-ANTOINE DE PADOUE.

Voy. t. V, 1837, p. 41.

Saint-Antoine de Padoue.'— Dessin de Thérond, d'après une photographie.

Ne se croirait-on pas tout d'abord en présence de quelque mosquée de l'Orient, à l'aspect de ce triple étage de coupoles et de ces élégants campaniles semblables à des minarets? Un moment d'examen suffit pour dissiper l'erreur, et l'on reconnaît bien vite dans le monument qui porte ce couronnement les caractères qu'a pris l'architecture gothique en Italie. Les coupoles de l'église de Saint-Antoine de Padoue ne sont même pas de l'époque où les modèles byzantins importés en Italie, où Saint-Vital de Ravenne, où Saint-Marc de Venise, étaient partout imités. Beaucoup plus modernes que le reste de l'église (achevée en 1307), elles n'y ont été ajoutées, dit-on, qu'au quinzième siècle; mais évidemment la construction était préparée pour les recevoir, et celles qu'on voit aujourd'hui en ont peut-être remplacé d'autres plus anciennes. Nicolas de Pise, qui, d'après Vasari, dessina les plans et dirigea d'abord les travaux, avait sous les yeux, dans son pays même, une église élevée au douzième siècle, où la coupole orientale se trouve superposée à une basilique latine.

L'église, depuis son achèvement, a, comme on pense bien, subi plus d'un remaniement. La dévotion à saint Antoine, *il santo*, comme on dit à Padoue sans même ajouter un nom à cette qualification, est exigeante pour le sanctuaire où sont renfermées ses reliques; et d'innombrables offrandes, en enrichissant l'église, lui ont permis de se réparer souvent et de s'embellir dans un goût nouveau. La chapelle de Saint-Antoine, entretenue avec un soin tout particulier, est toujours pleine de pieuses gens, parfois venus de loin pour s'agenouiller auprès du tombeau du saint et toucher la plaque de bronze qui couvre ses reliques. L'autel est chargé d'*ex-voto*, et toute la chapelle est brillante de l'éclat des cierges. Elle mérite, d'ailleurs, d'être visitée par l'élégance de son architecture, à laquelle ont concouru trois artistes de la renaissance, Andrea Briosco dit Riccio, Sansovino, et Falconetto; et aussi par le mérite des hauts reliefs de Sansovito, de Minello di Bardi, de Cataneo Danese, de Campagna, de Tiziano Aspetti et des frères Lombardi, qui revêtent des parois; n'oublions pas les fines sculptures d'ornement qui décorent les pilastres aux deux extrémités du beau portique qui ferme l'entrée.

Aux côtés du grand autel on voit les statues en bronze de deux saints, beaux ouvrages de l'école de Donatello. Ce grand maître est lui-même l'auteur des bas-reliefs qui représentent, à l'entrée du chœur, l'Ange, le Lion, l'Aigle et le Bœuf, symboles des quatre évangélistes, et qui sont d'un style admirable. Tout le tour du chœur est décoré de bas-reliefs en bronze formant une série de tableaux dont les sujets sont tirés de l'Ancien Testament; nous les louerions davantage si les moyens propres à la peinture ne s'y confondaient pas trop avec ceux qui conviennent à la statuaire. Presque tous sont de Villano de Padoue. Ceux où l'on voit figurés l'Histoire de Judith et le Triomphe de David, par Riccio, se distinguent par plus d'ampleur dans le dessin et la composition; celui où est représentée la Mort de Samson, qui est de Donatello, est plein de mouvement et d'expression. On attribue aussi à ce dernier un grand crucifix de bronze suspendu derrière les stalles, mais qu'il est difficile d'apprécier à la hauteur où il est placé.

Dans les autres parties de l'église, nous mentionnerons seulement les œuvres qui nous paraissent le plus dignes d'attention.

Le candélabre de bronze que l'on voit à droite du chœur est encore une œuvre célèbre d'Andrea Riccio, qui lui coûta, assure-t-on, dix années de travail; la composition en est extrêmement riche, le dessin plein d'élégance, et la ciselure d'une merveilleuse finesse. On reconnaît la renaissance italienne, au mélange des sujets tirés à la fois des Écritures et de la mythologie païenne.

Tous les bas-reliefs en bronze qui décorent le devant de l'autel de la chapelle du Saint-Sacrement sont du même maître. Dans celui du milieu, de plus grandes proportions, est figuré le Sauveur ressuscité, debout dans le tombeau, entre deux anges; dans les autres, disposés de chaque côté comme des tableaux, on voit les principaux miracles opérés par saint Antoine.

La chapelle de Saint-Félix, qui fait face, du côté opposé, à celle de Saint-Antoine, est décorée de fresques par Ja-

copo d'Avanzo et Aldighieri da Zevio, qui vivaient au quatorzième siècle. Ces fresques, quoiqu'elles aient souffert d'une longue incurie et plus encore de la maladroite restauration qui en fut faite au siècle dernier, prennent même aujourd'hui une grande impression. On remarquera surtout, du côté gauche, la peinture où est représenté le Siège d'une ville, et le grand Calvaire qui remplit le fond tout entier. Un passage qui sépare la sacristie de la chapelle Saint-Félix renferme les tombeaux gothiques de deux comtes de Padoue, décorés de peintures à fresque de l'école de Giotto. L'une des deux est presque effacée; mais l'autre, qui représente le Couronnement de la Vierge, est digne de cette attribution.

En visitant la sacristie, on remarquera des armoires ornées de grandes figures en marqueterie par Canoso de Venise, artiste du quinzième siècle, qui fut, comme Mantegna, élève de Squarcione; ces marqueteries ne sont pas seulement de remarquables exemples d'un art cultivé avec succès en Italie à cette époque, ce sont des ouvrages d'un grand style.

Sur les côtés de la grande nef sont disposées des bustes et des monuments funéraires; quelques-uns sont de bons ouvrages de sculpture. Le plus vanté est le tombeau de Contarini, dont le dessin est attribué à San-Micheli; mais il nous paraît plus riche que vraiment beau.

La patrie n'est point ici-bas; l'homme vainement l'y cherche; ce qu'il prend pour elle n'est qu'un gîte d'une nuit. Il s'en va errant sur la terre. Que Dieu guide le pauvre exilé! LAMENNAIS.

DE L'INFLUENCE DE NOTRE VIE.

Dans la nature, les agents les plus puissants sont ceux qui agissent d'une manière insensible et douce.

Un ouragan peut sembler d'abord une manifestation sans égale de la puissance des éléments. Quand les nuages courent emportés par une force infernale, quand la mer mugit avec furie, quand les éclairs déchirent la nuée et nous aveuglent, nous sommes étourdis et comme écrasés... Et, cependant, qu'est-ce que la puissance de l'ouragan à côté de celle de la lumière paisible et pure qui se lève chaque matin sur notre terre? Si douce est son approche, qu'elle ne troublerait pas notre sommeil; et, cependant, sous le silencieux travail de cette aurore, tout se ranime, tout se colore, tout se réchauffe et se renouvelle; le monde est comme créé de nouveau par elle, et si le soleil oubliait de se lever demain, notre hémisphère ne serait plus qu'une immense et glaciale solitude, où la mort seule régnerait dans un hiver éternel.

Dans notre vie morale, il en est de même. A côté de l'action voulue et souvent bruyante de nos paroles, il y a l'influence involontaire de notre vie. C'est la plus puissante, parce qu'elle est naïve et sincère. Nos paroles, hélas! nous en sommes les maîtres, nous les arrangeons à notre gré. Par nos paroles, nous pouvons exprimer la foi, la tendresse, la sollicitude, la charité... Mais à côté de ce bruit de mots qui passent, notre vie, elle aussi, rend son témoignage silencieux, témoignage véridique, sincère, expression fidèle de notre être moral, que tout notre art ne parvient pas à détourner de son sens, et qui nous suit, quoi que nous disions. J'ajoute que cette action est d'autant plus puissante qu'elle est involontaire. En effet, quand les hommes sentent que nous voulons agir sur eux par nos livres, par nos discours, par nos raisonnements, instinctivement ils se mettent en garde contre notre influence, tandis qu'en présence de la prédication muette de notre vie leurs préventions tombent, leur défiance cesse et leur cœur devient accessible.

Notre vie est un livre, et ce livre finit toujours par donner au monde son enseignement. Quoi que nous fassions, nous agissons sur autrui même sans parler et sans agir, nous montrons aux autres ce qu'il y a au dedans de nous, et notre silence même peut être éloquent.

EUGÈNE BERSIER.

SOUVENIRS DE LA LITHUANIE.

MON GRAND-PÈRE. — SA MAISON. — Mlle HÉLÈNE.
— LES JEUX DU SOIR.

Mon aïeul se nommait Mathias C...; il avait été trésorier du district. Sa maison où j'ai passé mon enfance avait appartenu, de père en fils, à notre famille.

M. Mathias était aimé et vénéré dans le pays; sa vie édifiante, sa simplicité patriarcale, sa piété douce et indulgente, sa sincérité dans la pratique de la vertu, ses habitudes paisibles, sa vie calme et sérieuse sans affectation d'austérité, contrastaient avec le luxe, l'agitation, l'esprit turbulent de la plupart des seigneurs polonais de cette époque.

Sa modeste fortune lui suffisait; il était sans ambition. Bien souvent il me disait (et j'ai retenu ses paroles comme un formulaire de raison pratique) :

— Sois persuadé que, lorsque nous sommes misérables, nous ne devons presque toujours nous en prendre qu'à nous-mêmes. Le plus souvent nous demandons à la vie plus qu'elle ne peut donner. Du froment, un bon cheval et des abeilles doivent suffire au bien-être d'un gentilhomme polonais.

Nous avions un jardin et un potager; tout venait à point dans ce terrain fertile : nos fruits étaient excellents, notre office était toujours bien garni et nos greniers regorgeaient de blé. Rien ne manquait aux besoins de chaque jour, la dépense était proportionnée aux revenus.

Je me rappelle un certain coffre de cuir, à charnière de fer, placé dans un coin de l'alcôve; quand j'avais été sage, obéissant, laborieux, le coffre s'ouvrait, mon grand-père en tirait une petite pièce d'argent et me la donnait en disant :

— Te voilà riche, mais ce qui est important n'est pas d'être riche, c'est de faire un bon usage de sa fortune.

Ce qui voulait dire : « Donne aux pauvres et oublie-toi. »

Notre maison se composait de deux corps de logis, l'un habité par nous, l'autre par les domestiques. Notre appartement était assez vaste : un salon, deux chambres, et une petite bibliothèque adossée au grand poêle qui chauffait toute la maison. C'est dans la bibliothèque que se traitaient les grandes affaires; c'est là aussi qu'au point du jour le maître et les serviteurs se réunissaient pour dire la prière. On apportait ensuite le café, et, tout en dégustant ce délicieux breuvage, on se racontait les rêves de la nuit. Car, il faut bien l'avouer, mon grand-père, avec sa nature simple et primitive, avait conservé, comme les plus humbles de ses compatriotes, beaucoup d'anciennes superstitions empreintes de notre poésie nationale.

En repassant dans ma mémoire ces chers et lointains souvenirs, je vois encore les deux bonnes vieilles servantes qui avaient été au service de ma grand'mère; elles étaient toujours assises l'une près de l'autre, filant du lin, absorbées dans cette occupation monotone, et ne s'interrompant guère que pour se chercher querelle.

Les fêtes et les dimanches, Hélène, la fille de l'économe, était admise à notre table et passait la journée dans notre compagnie. Elle était si sensible à cet honneur que ses yeux, d'un bleu limpide, étaient toujours baissés; elle se tenait bien droite sur son escabeau, et n'osait proférer une parole avant d'être interrogée. Mon grand-père cherchait bien à la mettre un peu à son aise; mais comment faire oublier, en Pologne, la distance qui sépare un noble d'une personne qui ne l'est pas? Il faudra des siècles de révolutions pour combler cet abîme.

— Allons, mademoiselle Hélène, disait mon grand-père, chantez-nous quelque chose; chantez cette jolie chanson qui va si bien à votre voix.

Et Hélène, toute tremblante et rouge comme une cerise, chantait d'une voix émue la chanson qui commence ainsi :

La jeune et belle Sophie aimait les fleurs et les fruits;
Et Jean le beau, le plus beau du village, avait des fruits et des fleurs dans son jardin.
— Voulez-vous des fleurs? disait Jean. Aimez-moi.
— Voulez-vous des fruits? Aimez-moi...

Quand Hélène arrivait au dernier couplet, une larme brillait sous ses longs cils. Cela n'échappait pas à mon grand-père, qui disait alors :

— Très-bien, très-bien, mademoiselle Hélène; mais c'est assez de mélancolie : chantez-nous maintenant un air national; cela nous réjouira le cœur à tous.

La bibliothèque était comme une sorte de sanctuaire interdit aux visiteurs indifférents. Quand, par hasard, il y avait quelque grande réunion, on recevait les hôtes dans le salon. Cette pièce, meublée avec simplicité, était ornée à un de ses angles d'une statue de la Vierge. Un cordon de sonnette descendait près de cette statue, et aux heures d'orage on sonnait la cloche pour écarter la foudre (1).

La pièce attenante au salon était tapissée d'un papier à fond jaune orné de grosses fleurs rouges; et, sur le parquet, très-soigneusement fretté, apparaissaient de loin en loin, comme des îlots, de petits carrés de moquette; deux canseuses en velours d'Utrecht jaune, six chaises de paille, deux tables de jeu, composaient tout l'ameublement de cette pièce d'apparat. Sur une des tables on voyait à toute heure un jeu de cartes dont la couleur un peu jaunie attestait le fréquent usage qu'on en avait fait, et sur l'autre un jeu de dominos et une tasse de fèves qui servaient de jetons. Pendant les soirées de la semaine, on se livrait au passe-temps innocent du jeu du « mariage »; c'était seulement aux jours de solennité qu'on se permettait le whist.

Le plus fort enjeu ne dépassait jamais la somme de 2 florins (1 fr. 30 cent.). Si, par bonheur, mon grand-père avait l'as, il l'annonçait d'un air grave, en disant :

— C'est à prendre ou à ne pas prendre !

M. le curé, excellent homme du reste, n'aimait pas à perdre, et quand sa veine était mauvaise, il fronçait ses gros sourcils et ne manquait jamais de s'écrier d'une voix rauque :

— C'est bel et bon; mais la banque!

Mon aïeul déposait alors les cartes sur la table, se recueillait et se mettait en devoir de compter : Un, deux, trois... je prends !

Ce « je prends ! » était articulé avec une énergie singulière; et, lentement, M. Mathias développait ses cartes une à une : les partenaires attendaient en silence, l'anxiété se peignait sur tous les visages, et enfin mon grand-père, triomphant, disait :

— Qui veut m'aider? qui osera se hasarder?

— Personne, personne, reprenaient les joueurs.

— Ainsi, personne ne m'aide?

Et, se saisissant de la tasse aux fèves, il la vidait devant lui d'un air superbe.

(1) Il était heureux que la cloche fût petite. On sait combien il est imprudent de sonner les grandes cloches pendant l'orage.

On a toujours des amis de son bonheur. Chacun, en dissimulant son dépit, félicitait le vainqueur, et disait qu'après tout on ne pouvait pas avoir la prétention de gagner quand on avait pour adversaire M. Mathias. Je sautais de joie, et pour cause, car mon grand-père me donnait toujours la moitié de son gain.

Heureuse jeunesse, âge charmant! Mon cœur ne connaissait encore que l'espérance; un jour de congé, une fête, les vacances, me causaient un bonheur indicible. Lorsque arrivait surtout le bienheureux jour de Pâques, et qu'après avoir traversé le bois de sapins qui conduit à notre habitation j'apercevais les persiennes vertes de la maison chérie, tout mon être tressaillait. Qui me rendra mes fêtes de Pâques et leur douce gaieté? Fête de la vie, fête du printemps, fête de la renaissance de la nature, fête de la rédemption du monde!

La suite à la prochaine livraison.

L'EPOMÉO, A ISCHIA.

Tous les rivages voisins de Naples et du Vésuve sont, comme on sait, des terrains de formation volcanique. Les presqu'îles qui forment, au nord et au sud, la ceinture du golfe, et les îles qui les prolongent au delà, Ischia, Procida, Nisida, Capri, ont été vraisemblablement soulevées au-dessus des eaux par la force du feu souterrain. Aujourd'hui le Vésuve est le seul volcan de ce pays encore en

Vue d'un des sommets de l'Epoméo, dans l'île d'Ischia. — Dessin de Chasselat Saint-Ange.

activité; il est, pour ainsi dire, la soupape de sûreté qui préserve toute la Terre de Labour. Ischia, la plus grande des îles de la baie de Naples, paraît avoir rempli autrefois le même office, comme l'attestent les plus anciens souvenirs. Les premiers habitants de l'île, venus de l'Eubée, en furent chassés par des tremblements de terre; plus tard, une colonie syracusaine le fut de même par des éruptions volcaniques. La dernière éruption eut lieu en l'an 1302 de l'ère chrétienne; elle fut terrible: pendant deux mois entiers l'île fut en feu. Beaucoup d'habitants périrent; le plus grand nombre prit la fuite. De fréquents tremblements de terre, la chaleur des sources (la température de plusieurs est de 70 degrés Réaumur), celle même du sable sur certains points du rivage, prouvent que les feux intérieurs, s'ils n'apparaissent plus au dehors, ne sont pas cependant éteints. Les eaux thermales d'Ischia sont efficaces pour la guérison de maladies assez diverses. On peut consulter à ce sujet l'ouvrage de M. Chevalley de Rivaz (¹), médecin français qui a fondé dans l'île un établissement de bains.

(¹) *Description des eaux thermo-minérales et des étuves de l'île d'Ischia*, in-8.

L'Epoméo, qui est le noyau de l'île, est une montagne formée par douze grands cônes volcaniques rangés en demi-cercle. Vu de la mer, à une certaine distance, il offre l'aspect d'une pyramide à double cime. La plus haute s'élève à 2400 pieds au-dessus du niveau de la mer. On ne rencontre au sommet aucune trace de lave; les éruptions paraissent s'être produites par des ouvertures latérales. Sur le principal sommet se trouve un ermitage. De là on peut jouir, sur un espace de 80 milles, de la vue merveilleuse du golfe, des îles, des rivages de Naples, de Cumes, de Mondragone et du Garigliano, plus loin on aperçoit Baïa, Terracine et Gaëte, les Abruzzes à l'horizon, et, derrière le Vésuve fumant, la chaîne des Apennins Campaniens, qui le contourne et s'étend au sud-est jusqu'au cap Campanella.

TOMBEAU D'UN MAGICIEN.

Le tumulus de Hvidegaard (Danemark), l'un des plus remarquables de l'âge de bronze, c'est-à-dire des temps où ce métal servait à la fabrication des armes et des instru-

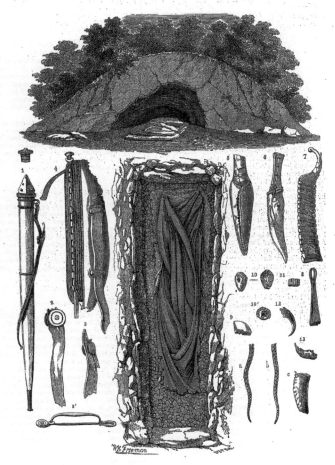

W. H. Freeman

TOMBEAU D'UN MAGICIEN A HVIDEGAARD, EN DANEMARK.

1, épée avec un fragment de la poignée. — 2 et 3, fragments de baudrier, avec boutons de cuivre. — 3′, fibule en bronze. — 4, trousse, fermée. — 5, pointe de javelot en silex, enveloppée de peau. — 6 et 7, couteau et rasoir en bronze, enveloppés de cuir. — 8, pince en bronze. — 9, morceau d'ambre. — 10, 10′, coquillage sous ses divers aspects. — 11, dé en sapin. — 12, griffe d'un oiseau de proie. — 13, mâchoire gauche d'un jeune écureuil.

a, b, queue de cou'cuivre. — c, sachet de peau.

ments tranchants, est situé dans la paroisse de Lyngby, à un myriamètre au nord-ouest de Copenhague. Rien ne le distingue à l'extérieur d'une foule d'autres tombeaux dont est jonchée la surface du Danemark : c'est un simple tertre conoïde, qui n'a que 5 mètres de hauteur perpendiculaire sur 50 mètres de circonférence à la base. On connaît, sans doute, des tumulus beaucoup plus considérables comme étendue, mais les objets qu'on a découverts à Hvidegaard offrent un intérêt tout particulier.

En 1845, un paysan qui avait besoin de terre de remblai enleva celle dont se compose le tertre de Hvidegaard. Il en avait déjà transporté la plus grande partie sur ses champs, lorsqu'il rencontra de grosses pierres à peu près au centre du tumulus et au niveau du sol environnant. Il en souleva deux, et découvrit un linceul et une épée. Par bonheur, cet homme, au lieu de tout bouleverser pour chercher un trésor, s'empressa d'avertir les fonctionnaires administratifs, qui invitèrent aussitôt les archéologues à visiter le caveau. Provisoirement on prit des mesures conservatrices; on établit des gardes devant ces précieux restes restés intacts depuis environ deux mille ans.

Quelques jours après, M. Thomsen, directeur du Musée d'antiquités de Copenhague, accompagné de ses deux adjoints, MM. Herbst et Strunk, ainsi que de l'anatomiste Ibsen, se transportèrent à Hvidegaard pour y commencer leurs investigations scientifiques. On fit d'abord un dessin du caveau, puis on détourna les trois dalles qui le couvraient.

Le tombeau consistait en un carré allongé tourné du nord-ouest au sud-ouest; ses parois latérales, formées de dalles perpendiculaires, mesuraient à l'intérieur 2m.28 de long, 0m.61 de large à l'est, et seulement 0m.47 à l'ouest. A une profondeur d'un demi-mètre se trouvait un pavé de cailloux de silex, sur lequel était étendu un linceul de laine grossièrement tissé; à côté, on vit une épée dans son fourreau, et, dessous, une sorte de trousse, une petite fibule de bronze et un amas d'os. Le linceul, qui enveloppait ces objets, était posé sur une peau dont les poils étaient tournés en haut.

On se hâta d'enduire la trousse d'un vernis pour la préserver des influences délétères de l'air vif, et plus tard, quand elle fut consolidée, on l'ouvrit pour en examiner la forme et le contenu. Faite de cuir replié, dont les deux extrémités viennent se joindre, elle se ferme, comme un portefeuille, au moyen d'une broche de bronze qui passe à travers de petites oreillettes. Elle n'a que 16 centimètres de long sur 5 de large. Une lanière de cuir fixée au côté, et de même largeur qu'un fragment semblable attaché à l'épée, indique que ces deux objets étaient suspendus à un même ceinturon.

La trousse contenait une perle d'ambre et une de pierre rouge, un petit coquillage et le fragment d'un plus grand, un dé de bois, un éclat de silex, diverses racines desséchées et un morceau d'écorce, une queue de couleuvre, une griffe de faucon, une petite pièce de bronze, un couteau de bronze à lame recourbée en dedans, un rasoir de bronze à lame convexe, une pointe de javelot en silex. A l'un des côtés de la trousse était cousue une petite poche de cuir qui contenait de petites gravelles et un fragment de la mâchoire inférieure d'un écureuil.

La lame et la gaîne de l'épée étaient assez bien conservées; mais il ne restait de la poignée que la virole du bout. La lame a 66 centimètres de long sur 5 dans sa plus grande largeur. Le fourreau se compose d'une lanière de peau non tannée, soutenue par deux planchettes de bouleau; le tout enveloppé de cuir.

Ces divers objets donnent à penser que le caveau de Hvidegaard renferme les restes d'un chaman de l'âge de bronze, c'est-à-dire d'un personnage qui était tout à la

fois sorcier, médecin et chirurgien. Les instruments de cuivre pouvaient servir à des opérations chirurgicales, et les fragments d'animaux, de reptiles et de coquillages, dont quelques-uns ne se trouvent pas en Danemark, à des opérations magiques.

Le mode d'inhumation mérite d'être remarqué. Les hommes de l'âge de bronze réduisaient les cadavres en cendres; ce n'est que par exception que l'on trouve des squelettes entiers avec des objets de bronze. Pour expliquer cette anomalie, on a émis l'hypothèse assez vraisemblable que les cadavres non brûlés appartenaient à des descendants de la race primitive (de l'âge de pierre), qui avaient bien accepté les armes des nouveaux venus, mais qui refusèrent longtemps d'adopter leur religion et leurs rites funéraires.

Le tombeau de Hvidegaard daterait donc de la première période de l'âge de bronze, de celle où une partie de la population conservait encore la plupart des coutumes des aborigènes. Il remonterait à plusieurs siècles avant l'ère chrétienne; mais, lors même qu'il ne serait pas aussi ancien, la rareté ou la singularité des objets qu'il renferme le recommanderait encore à la curiosité et à l'étude. [1]

LE PÈRE MOURANT A SA FILLE [2].

Tu as marché à mes côtés dans la vie; tu as été l'ange de mon foyer. Tu savais trouver pour mon fauteuil le coin le plus chaud, et tu faisais entendre à mon oreille un peu sourde ce que disait le visiteur, alors que je voyais un sourire errer sur tes lèvres de ceux qui écoutaient. Quand ma mémoire m'était infidèle, c'est encore toi qui venais à mon secours et qui traduisais ma pensée. Tu as soutenu ma tête quand je me suis couché pour le dernier repos; et maintenant, près du moment suprême, tu es là, chère fille, pleurant à mon chevet !

LES NOUVEAUX ORGANES DE LA SCIENCE.

A mesure que les relations des peuples s'accroissent, la science gagne à la fois en variété et en profondeur. La création de nouveaux organes, car on peut appeler de ce nom les instruments d'observation, augmente la force intellectuelle et souvent aussi la force physique de l'homme. Plus rapide que la lumière, le courant électrique à circuit fermé porte la pensée et la volonté dans les contrées les plus lointaines. Un jour viendra où des forces qui s'exercent paisiblement dans la nature élémentaire, dans les cellules délicates du tissu organique, sans que nos sens aient pu encore les découvrir, reconnues enfin, mises à profit et portées à un plus haut degré d'activité, prendront place dans la série indéfinie des moyens à l'aide desquels, en nous rendant maîtres de chaque domaine particulier dans l'empire de la nature, nous nous élevons à une connaissance plus intelligente et plus animée de l'ensemble du monde. HUMBOLDT, *Cosmos*.

Quelques-unes de nos fautes, comme les hérissons, naissent sans dards; mais nous ne ressentons ensuite que trop vivement leurs blessures. JEAN-PAUL.

(1) D'après *Hvidegaards Fundet*, par C.-F. Herbst, dans *Annaler for nordisk Oldkyndighed*. Copenhague, 1848, p. 346-352, avec 5 planches.

(2) Chanson anglaise par Smith. — Voy. un article de M. Rathery intitulé : *les Chants populaires de l'Angleterre* (Revue des Deux Mondes, Décembre 1863).

LES TIMBRES-POSTE.

Suite. — Voy. p. 59, 87, 120, 131, 159.

PRINCIPAUTÉS UNIES DE VALACHIE ET DE MOLDAVIE.

(ROUMANIE).

(6 timbres, 1 type.)

La Sublime Porte a sanctionné, par un firman de novembre 1861, l'union administrative temporaire des principautés pendant le règne du prince actuel, Alexandre-Jean Ier (colonel A.-J. Couza), et l'union a été proclamée à Bukarest et à Yassy, le 23 décembre 1861.

Le système de l'affranchissement des lettres au moyen de timbres-poste avait été adopté en 1854 en Moldavie; il fut introduit en Valachie en 1862, par l'ordonnance princière du 25 avril 1862. Les timbres créés par cette ordonnance ont été émis le 25 juin 1862, et ont seuls cours dans les deux principautés.

Le port des lettres dans l'intérieur des principautés est réglé à raison de leur poids, quelle que soit la distance. Le poids de la lettre simple est de 5 drammes (16 grammes). Le port de la lettre simple affranchie est de 30 paras, et de la lettre non affranchie de 1 piastre 15 paras; la différence dans la taxe est de 20 paras pour les lettres de 5 à 10 drammes, de 30 paras pour celles de 10 à 50 drammes, et de 2 piastres pour les lettres au-dessus de 50 drammes.

1 188 722 lettres particulières ont passé, en 1862, par les bureaux de poste dans l'intérieur des deux principautés. 800 060 lettres, soit 67 pour 100, étaient affranchies.

Les lettres pour l'étranger ne sont pas comprises dans les chiffres précédents; le service de ces lettres est fait dans les principautés par les bureaux de poste français, russe et autrichien.

Le timbre est rectangulaire; il a 22^{mm} sur 21. Il est gravé, imprimé en couleur sur papier blanc. Les timbres émis en 1862 et dans une partie de l'année 1863 étaient frappés à la main; ils sont imprimés depuis les derniers mois de 1863.

Le dessin présente les armes des deux principautés : à gauche, une aigle couronnée tenant une fleur avec le bec; à droite, une tête de taureau surmontée d'une étoile. Un cornet de postillon est au-dessous. La valeur est marquée en haut et en bas, et on lit les mots : *Franco scrisorei* à gauche et à droite.

N° 136. Princ. unes.

3 paras (0f.0278) (¹) pour les journaux. 1° (1862) jaune clair;
             2° (1863) jaune foncé.
6   (0f.0555)   pour les lettres dans l'intérieur des villes.
                1° (1862) vermillon; 2° (1863) carmin.
30   (0f.2778)   pour les lettres de bureau à bureau.
                1° (1862) bleu clair; 2° (1863) bleu
                foncé (n° 136).

Ces trois couleurs sont celles du pavillon des principautés unies.

Les timbres-poste sont fabriqués dans les ateliers du timbre, à Bukarest.

La France a deux bureaux de poste dans les principautés : l'un à Ibraïla, en Valachie (n° 4009 en 1861, n° 5087 depuis 1862); l'autre à Galatz, en Moldavie (n° 4008 en 1861 et n° 5085 depuis 1862).

PRINCIPAUTÉ DE MOLDAVIE.

(8 timbres, 3 types.)

L'usage des timbres-poste pour l'affranchissement des lettres paraît avoir été introduit en Moldavie en 1854, pendant la guerre de Crimée.

(¹) La piastre valaque ou *leou* = 40 paras = 0f.37. Le para = 0f.00926.

On indique comme ayant été émise à cette époque une série de trois timbres, que nous avons vus oblitérés sur des lettres de 1855.

Ces timbres sont ronds; les uns ont 19^{mm}.5, les autres 20^{mm}.5 de diamètre. Ils sont gravés, imprimés en bleu clair et frappés à la main sur papier de couleur. Ils portent les armes de la principauté : une tête de taureau surmontée d'une étoile. On lit autour les mots : *Porto scrisorei* écrits en lettres russes. Un cornet de postillon est dessiné au-dessous, et la valeur est marquée dans le cercle que forme le tube enroulé du cornet.

                      19^{mm}.5 de diamètre.   20^{mm}.5 de diamètre.
54 paras (0f.50) (¹), pap. vert jaunâtre pâle; pap. vert bleuâtre pâle.
81   (0f.75)   1 leu pâle.
108   (1f.00);   1 rosa pâle (n° 137).

Chacun de ces timbres a été gravé deux ou trois fois, et il y a eu, chaque fois, de petites différences dans le dessin : ainsi, sur le timbre de 108 paras, le taureau a les cornes tantôt droites, tantôt obliques.

Ce n'est qu'en 1858 (d'autres disent en 1861) que l'on a adopté en Moldavie, d'une manière régulière, le système de l'affranchissement au moyen de timbres-poste. Les timbres qui ont été émis à cette époque ont servi jusqu'en juillet 1862, n'ayant plus cours dans les deux principautés.

N° 137.   N° 138.   N° 139.
Moldavie.

Les timbres moldaves de 1858 sont rectangulaires; ils ont 20^{mm} sur 17^{mm}.5. Ils sont gravés, imprimés en couleur et frappés à la main sur papier blanc. La tête du taureau, surmontée d'une étoile, est dessinée au milieu du rectangle, dont les angles sont arrondis. Le cornet de postillon est au-dessous. La valeur est marquée en haut et en bas, et on lit les mots : *Porto scrisorei* sur les côtés. Ces timbres ont été gravés deux ou trois fois; il y a eu chaque fois quelque légère différence dans le dessin. Dans le timbre de 80 paras, par exemple, l'étoile a tantôt cinq et tantôt six rayons, et la tête du taureau est plus ou moins rapprochée du cornet de postillon.

40 paras (0f.3704), bleu.
80   (0f.7408), vermillon (n°s 138 et 139).

Le dessin du timbre-poste de 5 paras pour les journaux est le même. Ce timbre est plus petit que les précédents; il a 18^{mm}.5 sur 16^{mm}; il est imprimé en noir, frappé à la main sur papier blanc, et on lit sur les côtés : *Porto gazetei*.

5 paras (0f.0463), noir.

Il existe de ce dernier timbre une contrefaçon qu'il est facile de reconnaître. Elle porte les mots : *Porto scrisorei* au lieu de *Porto gazetei;* elle est lithographiée; elle a 20^{mm} sur 18.

EMPIRE OTTOMAN.

(9 timbres, 4 types.)

La création du service public et régulier des postes dans l'empire ne date que du mois d'octobre 1840.

Le gouvernement turc a introduit l'usage des timbres-poste par un décret du 14 ramazan 1278 de l'hégire. On a commencé à délivrer ces timbres au public le 23 redjeb

(¹) Le para = 0f.00926.

1279, soit le 1er janvier 1862 à la grecque (13 janvier 1862 du calendrier grégorien).

Le poids de la lettre simple est de 3 drammes (¹) (9gr.62).

Le port des lettres est réglé suivant le poids et la distance. La taxe de la lettre simple est, pour une distance de 1 heure à 50 heures, de 1 piastre, et pour 50 à 100 heures, de 3 piastres; pour une distance de plus de 100 heures, on doit ajouter 2 piastres par chaque centaine d'heures en sus. La lettre qui pèse plus de 3 drammes est soumise, par chaque dramme en sus, à la moitié de la taxe.

Le port d'un journal est, pour une distance de 1 heure à 50 heures, de 20 paras; pour 50 à 100 heures, de 1 piastre, et au-dessus de 100 heures, de 60 paras.

1402041 lettres ont passé par les bureaux de poste turcs en 1862.

Il a été émis à la fois, en janvier 1862, deux séries de timbres-poste; chaque série se compose de quatre timbres. Voici l'explication de la création de ces deux séries.

L'affranchissement des lettres et des journaux est obligatoire dans toutes les villes où il y a un bureau de poste, et l'on doit affranchir les lettres et les journaux avec les timbres de la première série; dont la couleur est différente suivant la valeur et qui sont les seuls vendus au public.

Dans les localités où il n'y a pas d'agents des postes, les lettres sont remises par le public, sans être affranchies, à l'autorité de ces localités, c'est-à-dire aux caïmacams ou mudirs. L'autorité les donne, à son tour, à des surudjis (courriers) ou à des zaptiés (gendarmes) qui les portent jusqu'au lieu où passe la poste. C'est pour mettre sur ces lettres non affranchies, apportées aux agents des postes par les surudjis ou les zaptiés, qu'on a fait les timbres de la seconde série; ces timbres ne diffèrent des autres que par la couleur: elle est la même pour toutes les valeurs. Le public ne peut pas s'en servir; l'État ne les délivre qu'aux agents des postes: ceux-ci les collent sur les lettres provenant des localités privées de bureau de poste, et par le timbre les destinataires voient le port qu'ils doivent payer et peuvent s'assurer que la taxe a été bien appliquée. C'est une espèce de contrôle du service des agents chargés de l'expédition des lettres. Ces timbres ont quelque rapport avec nos chiffres-taxes.

Les timbres-poste sont rectangulaires; ils ont 31mm sur 22mm,5. Ils sont lithographiés, imprimés en noir sur papier de couleur. Ce papier est très-mince et transparent. Le touhra ou chiffre du sultan Abd-ul-Aziz est dessiné au-dessus d'un croissant. Au bas, la valeur est marquée en chiffres turcs, dans un petit ovale entouré d'ornements, et en lettres turques de chaque côté de l'ovale. Ces ornements et ceux qui sont aux angles supérieurs diffèrent suivant le prix du timbre. On lit sur le croissant ces mots en lettres turques : Devléti alié Osmanié (le sublime empire ottoman).

No 140.　　Turquie.　　No 141.

Chaque timbre a un talon qui porte l'inscription suivante en lettres turques : Nazaréti malié Devléti alié (ministère des finances de l'empire ottoman). Le talon est au

(¹) L'ocque = 400 dirohm ou drammes = 1k.283. — 1 dramme = 3gr 2074.

bas du timbre, de sorte que sur la feuille de timbres il y a alternativement une bande de timbres renversés. C'est la marque du contrôle du ministère des finances : on l'imprime dans l'hôtel même du ministère.

PREMIÈRE SÉRIE. — Timbres délivrés au public.

20 paras　(0f.1176) (²), jaune-citron ou jaune-soufre; talon vermillon (no 140).

1 piastre (0f.2352),　violet clair (²); talon vermillon.
2 piastres (0f.4704),　bleu-ciel; talon vermillon (no 141).
5　　(1f.1760),　cramoisi ou groseille; talon bleu.

SECONDE SÉRIE. — Timbres employés par les agents des postes pour les lettres non affranchies.

20 paras　(1f.1176), saumon ou rouge orangé; talon bleu.
1 piastre (0f.2352),　idem ;　　idem (no 142).
2 piastres (0f.4704),　idem;　　idem.
5　　(1f.1760),　idem;　　idem (no 143).

No 142.　　Turquie.　　No 143.

Le papier de chaque timbre n'a pas toujours la même couleur. Ainsi, dans les timbres de la première série, on trouve de 1 piastre qui sont gris violacé, bleu-ciel, de 2 piastres qui sont d'un bleu très-pâle, d'un bleu clair très-vif ou d'un bleu verdâtre; de 5 piastres qui sont d'un rouge grisâtre et pâle ou d'un gris rosé. La couleur du papier des timbres de la seconde série varie du rose-chair au rouge-brun et au brun; il y a des papiers vermillon.

L'estampille d'oblitération est rectangulaire, et porte le mot turc battal (nul) au milieu d'un pointillage.

Les timbres-poste sont fabriqués à Constantinople, à l'hôtel des Monnaies de l'empire, sous la surveillance du ministère des finances, et envoyés ensuite à l'hôtel de ce ministère pour y imprimer le talon.

Un bureau de poste anglais est ouvert à Constantinople, et l'on y affranchit avec des timbres anglais les lettres destinées à l'Angleterre.

Des bureaux de poste français et autrichiens sont établis dans plusieurs ports de Turquie, où sont échelle les bateaux à vapeur des services réguliers de navigation français et autrichiens. Les lettres, dans les bureaux français, peuvent être affranchies avec des timbres-poste français, si elles sont adressées en France ou voie de France. On se sert aussi de timbres d'Autriche dans les bureaux autrichiens.

Les bureaux français sont au nombre de vingt et un en Turquie; il y en a deux en Égypte et un à Tunis.

Autrefois, en 1859, par exemple, l'estampille d'oblitération présentait une ancre au milieu d'un pointillage en losange; on oblitérait aussi, en 1859, avec le timbre même du service de poste à bord du bateau à vapeur porteur de la malle. On a adopté ensuite l'oblitération avec les numéros des bureaux de poste de France : le numéro du bureau de poste (les chiffres, qui étaient petits en 1861 et 1862, sont grands depuis janvier 1863) au milieu d'un pointillage en losange. On a changé les numéros en 1862 : Constantinople, ancien no 3707, a le no 5083; Varna, ancien no 4018, a le no 5103, etc.

La suite à une autre livraison.

(¹) La piastre turque, grourch ou ink. = 40 paras = 0f.2352, argent effectif (avril 1863). 1 para = 0f.00588.
(²) Ce timbre a été tiré aussi sur papier bleu-ciel.

LE TEMPLE DE LA VICTOIRE,

A ATHÈNES.

Le Temple de la Victoire, à Athènes. — Dessin de Thérond.

Le grand escalier qui conduit aux Propylées et donne accès dans l'Acropole d'Athènes longe, à droite, une muraille élevée qui forme comme un soubassement au-dessus duquel est construit le petit temple de la Victoire sans ailes. En 1687, lors du siége d'Athènes par les Vénitiens, qui coûta si cher à la Grèce et à l'art, les Turcs, travaillant à fortifier l'Acropole, démolirent ce temple, couvrirent de terre ses débris amoncelés, et établirent une batterie sur ce nouveau bastion, qui se trouvait ainsi placé en avant de la citadelle. En 1835, la batterie turque fut détruite, et deux architectes allemands, MM. Hansen et Schaubert, en déblayant les terres au-dessous, découvrirent successivement presque tous les marbres du temple. C'est à eux que revient l'honneur d'avoir rassemblé ces débris et relevé l'élégant édifice, chapelle plutôt que temple, qui précédait l'enceinte sacrée, et que les Athéniens avaient dédié à la déesse protectrice qui remplissait toute l'Acropole de sa divinité.

Le temple connu sous le nom de la Victoire *Aptère*, ou sans ailes, était en effet un sanctuaire de Minerve. On a proposé plusieurs explications du nom qui lui est resté. L'Anglais Wheler, qui visita Athènes en 1676 et vit le temple encore debout, suppose que la Victoire y était représentée sans ailes, contrairement à l'usage, en souvenir de la victoire que Thésée remporta sur le Minotaure, et dont le bruit n'en vint pas à Athènes, en effet, avant que

le héros l'apportât lui-même; et, d'après la tradition, ce temple fut élevé à la place même d'où Égée se précipita lorsqu'il aperçut le vaisseau qui portait son fils encore couvert des voiles noires qu'il avait promis de remplacer par des voiles blanches s'il revenait vainqueur.

Cette explication est ingénieuse comme le sont les fables grecques. Pausanias en offre une qui ne l'est pas moins, et qui a pour elle l'avantage d'avoir été recueillie dès l'antiquité. « Il y a à Sparte, dit-il (*Lacon.*, xv), un Mars avec des fers aux pieds, statue très-ancienne, qui a été élevée dans la même intention que la Victoire sans ailes des Athéniens. Les Spartiates pensent que Mars ne les quittera jamais, puisqu'il est enchaîné; les Athéniens, que la Victoire restera toujours parmi eux, puisqu'elle n'a plus d'ailes. » Il n'était pas nécessaire de chercher si loin le sens d'une désignation qui avait été certainement fort claire autrefois pour les Athéniens. Pour eux, la déesse de la victoire c'était Minerve; et ils l'adoraient sous ce nom comme sous plusieurs autres. M. Beulé (¹) pense que « le nom de Victoire sans ailes ne fut inventé que lorsque la tradition eut été obscurcie dans les souvenirs. On oublia Minerve, on ne vit plus que la Victoire; et comme partout on la représentait sous la forme d'une jeune femme aux longues ailes d'or, on s'étonna de cette différence, on voulut se l'expliquer; l'imagination fit le reste. A Mégare, les exégètes avaient mieux

(¹) *L'Acropole d'Athènes*, I, 235.

conservé la tradition : ce fut bien la Minerve Victoire, et non une Victoire sans ailes, qu'ils nommèrent à Pausanias. »

Une statue de la déesse, très-ancienne, en bois, la représentait tenant dans sa main droite une grenade, dans sa main gauche un casque. Cette statue était placée dans la petite *cella* ou chambre, fermée de trois côtés, qui, avec le portique de la façade et celui qui y correspond par derrière, compose tout le temple. On aperçoit dans notre gravure l'intérieur de la cella à travers les colonnes du portique antérieur. Derrière celles du milieu, on voit deux piliers qui soutiennent l'architrave; ces piliers étaient réunis par une grille aux antes des murs latéraux. Tout l'édifice est construit en marbre pentélique; les fûts des colonnes sont d'un seul morceau. On reconnaît, à leurs bases et à leurs chapiteaux, l'ordre ionique; mais ici, comme dans l'ordre intérieur des Propylées, l'ionique se rapproche beaucoup du dorique, et l'on en a conclu, ainsi que de l'observation du monument tout entier, que sa construction devait être antérieure à celle des Propylées, du Parthénon et des autres édifices élevés par Périclès. « Si les progrès de l'ordre dorique sont faciles à suivre, dit M. Beulé [1], sur vingt-cinq à trente temples doriques qui restent encore en Grèce, en Sicile et en Grande-Grèce, il n'en est pas de même de l'ordre ionique, qui a laissé peu de traces, et qu'Athènes seule offre à son apogée. Faute de données, l'analogie pourrait faire croire les colonnes de la Victoire plus anciennes, parce que le rapport entre leur hauteur et leur diamètre est plus fort; les cannelures plus profondes, les caissons des plafonds trop petits et semblables à ceux du temple de Thésée. Le trait le plus décisif, c'est que le temple de la Victoire, quoique semblable à l'ionique des Propylées, en est bien loin par le sentiment et par le fini d'exécution. Du moment qu'on ne peut attribuer sa monument à Périclès, on se reporte naturellement au temps de Cimon. Lui aussi avait la passion des arts; lui aussi embellit Athènes de temples, de portiques, de jardins; seulement il ne les payait pas avec l'argent des alliés, mais avec les dépouilles des Perses. C'est Cimon qui a donné l'impulsion à ce grand siècle que remplit injustement un seul nom. Précisément, il fit construire la muraille qui regarde le midi, et l'on sait par un écrivain latin (Cornelius Nepos) qu'il ne fortifia pas seulement cette partie de l'Acropole, mais qu'il l'orna. Enfin, la frise rappelle la frise orientale du temple de Thésée (que l'on attribue à Cimon) par son style, par son fort relief et par certaines parties de la composition qui sont presque semblables. »

Cette frise, qui autrefois faisait le tour de l'édifice, n'orne plus que deux de ses côtés. Les bas-reliefs qui décoraient les côtés du sud et de l'ouest avaient été employés dans la construction d'une poudrière turque; ils furent enlevés par lord Elgin et transportés en Angleterre avec tant d'autres marbres détachés de tous les monuments de l'Acropole. On peut les voir actuellement au Musée britannique. Des copies en terre cuite furent envoyées de Londres lors de la restauration du temple de la Victoire; mais celle du sud a seule été mise en place, celle de l'ouest a été brisée. La frise du nord et celle de l'est n'ont pas été arrachées du temple, mais elles n'ont pas non plus été épargnées. « Ces charmantes sculptures, par leur relief même et par la petitesse du monument, furent à la portée de tous les barbares qui possédèrent l'Acropole; aussi ont-elles été mutilées sans pitié. Les têtes, les bras, les ornements, tout ce qui se détachait en saillie a été brisé. S'il en reste assez aujourd'hui pour juger de leur beauté, il en reste trop peu pour qu'on puisse comprendre les sujets qu'elles représentent. » [1] Sur trois côtés sont représentés des combats. Dans la frise méridionale, qui a un peu moins souffert que

les autres, et dans celle du nord, quelques figures portent le costume et les armes des Perses; à l'ouest, les combattants sont nus, d'où l'on a conclu que, de ce côté, la bataille était engagée entre les Athéniens et d'autres Grecs. La frise orientale (c'est celle que l'on voit dans notre gravure) semble représenter une assemblée de dieux et de héros. Au centre on reconnaît Minerve, et à ses côtés deux hommes assis, qui sont peut-être Jupiter et Neptune; à droite et à gauche se tiennent deux groupes, composés chacun de deux hommes et de trois femmes, vraisemblablement les héros protecteurs de l'Attique et les femmes dont le nom était consacré par les traditions religieuses.

Dans la cella du temple sont déposés des fragments de bas-reliefs découverts en 1835 par MM. Hansen et Schanbert; ils formaient, du côté de l'escalier des Propylées, la balustrade de l'étroite terrasse qui sépare le temple de cet escalier. Ces sculptures, qui représentent des Victoires ailées (voy. t. XXXI, 1863, p. 348), sont moins anciennes que celles de la frise. D'un style aussi élégant, mais moins sévère, elles paraissent postérieures à Périclès, tandis que celles qui ornent le temple doivent être, selon toute apparence, de l'époque qui le précéda immédiatement. On croit que la décoration de la balustrade fut ajoutée par l'orateur Lycurgue, « ce grand administrateur qui s'était proposé Périclès pour modèle, qui amassa dans le trésor public 6 500 talents de plus que lui, et enrichit Athènes de monuments et d'œuvres d'art de toute sorte... Pendant que Minerve était dans le temple, gage éternel de la puissance athénienne, sur la frise extérieure étaient représentés les combats où elle avait assuré l'avantage à son peuple, et sur la balustrade de marbre qui entourait le temple on voyait toute la troupe des Victoires personnifiées, messagères ailées qui, par l'ordre de Minerva, se pressaient, s'envolaient, accouraient de toutes parts à Athènes pour y répandre la joie et l'orgueil. » [1]

SOUVENIRS DE LA LITHUANIE.
Suite. — Voy. p. 179.

PAQUES. — LE BÉNI.

Le jour de Pâques, dès l'aurore, les cloches sonnaient à toute volée, et les fidèles se rendaient à l'église; au sortir de la messe, les dames montaient dans des calèches découvertes; les hommes et les enfants suivaient les voitures à pas lents, pour donner à M. le curé le temps de les rejoindre.

Les seigneurs polonais dépensent des sommes considérables et déploient le plus grand luxe dans le repas national de Pâques qu'on appelle le *béni*.

Devant la table que le prêtre a bénie, plus de haine, plus d'inimitiés, plus de rivalités, plus de distance; votre ennemi le plus acharné a le droit d'entrer chez vous, de partager avec vous l'œuf de Pâques, et de prendre part à votre festin.

Les pauvres, les paysans, ont leur *béni* comme les riches et les nobles : ils donneraient jusqu'à leur dernière obole pour acheter le jambon de Pâques; mais comme le curé ne peut aller de cabane en cabane, les paysans apportent leurs vivres sur la route, et, en sortant de l'église, le curé les bénit à droite et à gauche.

Je n'oublierai jamais le spectacle qui nous attendait à notre entrée dans la maison. Le parquet de la vaste salle à manger était couvert de branches de sapin qui répandaient une délicieuse senteur; la longue table était magnifiquement servie. Pour plat du milieu, on voyait un bel agneau de beurre très-bien façonné : sur sa tête flottait un petit drapeau aux couleurs nationales ; à droite et à gauche figuraient à merveille deux cochons de lait bien rôtis, bien croustillants ; puis venaient des dindes farcies, qu'on avait engraissées pendant les quarante jours du carême ; puis des jambons ; puis des coqs de bruyère, des oies, des gelinottes, des lièvres ; enfin, tout ce que l'art gastronomique du pays avait pu produire de meilleur.

Je ne dois pas oublier de parler des babas, sans lesquels il n'y a pas de *béni* complet. Les deux bouts de table étaient donc ornés de deux babas pyramidaux ; mais outre cette pâtisserie exquise, et dont vous n'avez en France que la parodie, il y avait une variété infinie de petits gâteaux parsemés entre les plats de résistance.

Personne n'osait encore approcher de la table. On jetait bien çà et là sur les plats des regards de convoitise, mais voilà tout ; c'eût été une profanation de goûter à une miette avant la bénédiction.

Cependant M. le curé, si impatiemment attendu, n'arrivait pas. Ses pieuses fonctions l'arrêtaient de distance en distance tout le long du chemin. Vous pouvez imaginer si la conversation était languissante ! La faim est de sa nature silencieuse. Elle se manifestait, chez les uns, par une sorte de tristesse ; chez les autres, par une mauvaise humeur peu dissimulée. On allait à la fenêtre, on regardait la pendule. Les dames avaient pitié de toute cette angoisse et essayaient d'engager la conversation ; mais leurs frais de grâce et d'esprit étaient peines perdues : l'appétit n'a point d'oreilles. Enfin on apercevait le curé, il approchait à pas précipités. Derrière lui marchait tout essoufflé son sacristain, portant l'eau bénite et le goupillon. Mon grand-père allait à leur rencontre et les introduisait dans la salle du festin. M. le curé bénissait la table ; puis, au milieu du recueillement de l'assemblée, il s'approchait de mon grand-père, et lui adressait une allocution où le latin se mêlait au polonais. Tout le monde félicitait l'orateur ; puis les parents et les amis venaient baiser respectueusement la main de mon aïeul.

Pendant tous ces préliminaires, j'avais le cœur bien gonflé, car, moi aussi, je devais prononcer mon petit discours, et je mourais de peur que ma mémoire ne vînt à faillir. Ma harangue n'était ni polonaise, ni latine : elle avait été composée par un de mes professeurs, très-versé dans la langue française. A cette époque déjà éloignée, le français était très-répandu en Lithuanie. Par un bonheur inespéré, je ne me trompai pas d'une syllabe ; mon français parut d'autant meilleur que personne ne le comprenait, et ce fut à qui viendrait aussi me complimenter et m'embrasser. Je fus déclaré, à l'unanimité, séance tenante, un génie précoce, et mon grand-père, pour me récompenser dans le présent et dans l'avenir, me promit les plus friands morceaux du *béni*.

Au milieu de ces murmures flatteurs, on s'approchait de la table, et, selon l'antique usage, mon grand-père coupait en quartiers des œufs durs, les plaçait sur un plat d'argent, et les offrait à la compagnie, sans oublier les domestiques. Seulement, dès qu'on avait mangé les œufs, les domestiques se retiraient dans une pièce qui leur était destinée, et où ils trouvaient un *béni* moins magnifique, mais très-confortable.

J'ai décrit en fidèle historien le *béni* de famille ; ce que je ne saurais exprimer, c'est la façon dont les convives faisaient honneur à ce repas homérique. Quand toutes les bouteilles étaient vides, quand tous les plats étaient dégarnis, le sacristain portait à ses lèvres une clarinette pour accompagner Mlle Hélène, qui chantait le cantique de la résurrection.

—

Mon grand-père, comme tous ceux qui approchent du terme de la vie, aimait à parler du passé : il se plaisait à me raconter jusqu'aux plus petits événements de sa paisible existence, des choses qui nous paraîtraient aujourd'hui, à nous dont tant d'idées nouvelles agitent l'esprit, vulgaires ou sans importance. Il me disait qu'en telle année la récolte avait été mauvaise, qu'en telle autre elle avait été bonne. A certaine époque, on avait aperçu au ciel un de ces signes précurseurs qui annoncent les fléaux ou la guerre. — « Ah ! murmurait-il, que j'étais consolé, heureux, dans ces moments de désastres, lorsque je pouvais soulager la misère des paysans ! »

Il rappelait aussi avec les moindres détails le rôle actif qu'il avait joué dans les luttes politiques de son palatinat ; il s'enflammait au souvenir de ce qu'il avait fait pour appuyer l'élection d'un de ses proches ou de ses amis.

Tout en parlant, mon grand-père essuyait quelquefois ses yeux ; il était attendri et levait ses regards vers le ciel.

— Pourquoi pleurez-vous, grand-père ? lui disais-je.

— Mon enfant, tu sauras plus tard que si les années de la jeunesse, ces fugitives années qui sont un rêve et un sourire, se comptent par des espérances, dans la vieillesse les années se comptent par des regrets.

La suite à la prochaine livraison.

INVENTION DES CHAISES A PORTEURS.

Bien peu de gens savent aujourd'hui que ces véhicules, dont l'usage est renouvelé de l'Orient, furent préconisés, au point de devenir indispensables à la haute société, par un certain Drouet, sieur de Romp-Croissant, qui s'en déclare l'inventeur bien avant 1644.

R m.-Croissant est un philanthrope parfaitement ignoré qui fit mieux que d'organiser le service des chaises à porteurs ; il passa une longue partie de sa vie à faire des projets pour l'assainissement de la ville de Paris. Cet étrange personnage, qui avait voyagé dans les quatre parties du monde, avait déposé, il est vrai, ses utiles idées dans un ouvrage dont le titre a dû naturellement dérouter les plus intrépides chercheurs. *La France guerrière*, offerte tour à tour à la reine régente, à Mazarin, à M. de Morangis, est le livre où il faut aller découvrir le germe de mille améliorations dont nous ne soupçonnons guère aujourd'hui l'urgente nécessité, et telle qu'on pouvait la ressentir au début du siècle de Louis XIV. Le livre du sieur Romp-Croissant, qui se divise en huit mémoires très-rarement réunis, est une vraie curiosité bibliographique en économie politique à laquelle on a eu malheureusement trop peu recours jusqu'à ce jour ; on y trouvera bien des faits utiles dont l'origine est oubliée.

Le travail porte avec lui sa récompense ; il nous isole du monde et de nous-mêmes. Lui dût-on seulement cette sérénité qui couronne à coup sûr toute journée bien remplie, il faudrait encore le bénir et l'aimer.

SANDEAU.

PHARES.

Lorsqu'on assiste à des expériences d'éclairage électrique, et qu'on voit la lumière si intense qu'elles produisent, on pense aussitôt à son application aux phares. Il a fallu longtemps néanmoins pour y arriver. Les premiers essais, faits en France à l'atelier central des phares, datent de 1848. Mais on demandait d'abord les courants électriques à des piles, et comme les manipulations exigées

par ces appareils exposaient à de nombreuses chances d'ex-
jonction, outre les grandes dépenses qu'elles entraînaient,
on a été conduit à étudier un autre système, fondé sur la
belle découverte des courants d'induction par Faraday.
Les résultats furent plus satisfaisants. Ces courants se
développent instantanément dans les conducteurs métalliques sous l'influence des aimants. On parvient à les réunir

Projet de phare flottant.

en grand nombre, dans un intervalle de temps très-court,
au moyen de la machine *magnéto-électrique*, inventée par
M. Nollet et perfectionnée par M. Van-Malderen. Ainsi
réunis, ils sont alternativement mis en communication avec
les fils conducteurs qui se dirigent vers deux crayons en
charbon, à pointes opposées, entre lesquels se forme la
lumière. Un ingénieux mécanisme, inventé par M. Servin,
permet de rapprocher les charbons à une distance convenable à mesure qu'ils se consument.
La lumière produite est projetée dans l'espace au moyen

de l'appareil optique usité dans les anciens phares, et que
nous avons déjà décrit en détail (¹). Seulement, l'intensité
si grande du foyer électrique permet d'en réduire considérablement les dimensions. Aux énormes lentilles de 1ᵐ.80,
exigées par les feux de premier ordre, on substitue des
lentilles d'environ 0ᵐ.30.

Il faut remarquer que la navigation, dans les circonstances ordinaires, n'a nul intérêt à une augmentation
d'intensité. Nos grands phares portent aussi loin que le
permet l'élévation de leurs foyers au-dessus du niveau de
la mer. Un excès d'éclat est plutôt un inconvénient qu'un
avantage, car il tend à produire l'éblouissement. L'œil,
trop fortement impressionné, aperçoit moins bien soit un
écueil, soit un feu éloigné. Quand des brumes, au contraire, réduisent la transparence de l'air et accroissent les
dangers de la navigation, il est extrêmement utile d'avoir
des feux très-puissants. A mesure que l'opacité augmente,
la portée des phares actuels diminue dans une forte proportion, qui se réduit beaucoup avec l'éclairage électrique.
De plus, comme deux machines sont nécessaires pour
assurer la régularité de cet éclairage; on peut doubler l'intensité de la lumière pendant la brume en mettant la seconde machine en mouvement. Les petites dimensions de
l'appareil optique permettent de diriger le maximum
d'éclat des faisceaux lumineux un peu au-dessous de l'horizon, ce qui est un nouvel avantage. Le son, enfin, peut
suppléer à la lumière pour avertir le navigateur de l'approche de la terre. Près des phares électriques on arrivera
peut-être à utiliser la machine à vapeur supplémentaire,
qu'on est obligé d'entretenir, pour mettre en jeu, par les
temps de brume, des instruments sonores d'une plus
grande portée que celle des cloches dont on s'est servi
jusqu'à présent.

Un autre perfectionnement dont nous voulons parler
s'applique aux bâtiments flottants que l'Angleterre surtout
emploie en grand nombre sur ses côtes pour porter les
feux. On leur a donné jusqu'à présent la forme d'un navire;
mais ils présentent ainsi trop de prise au vent et à la mer
pour pouvoir être placés dans certains parages dangereux,
et le système suivant, dû à un savant anglais, M. A. Fryer,
semble assurer non-seulement plus de garanties de solidité,
mais encore permettre d'élever assez haut le point lumineux au-dessus de la surface de la mer, et d'offrir, par
un second point situé plus bas, un moyen facile de connaître la distance à laquelle on se trouve du phare.

Il faut s'imaginer en quelque sorte un gigantesque aréomètre ou pèse-liquide, entièrement construit en tôle, si l'on
excepte les parois des lampes qui sont en cristal. Dans l'intérieur de la colonne apparente il n'y a que l'espace suffisant pour le passage aisé du corps d'un homme; à l'extérieur, auprès des feux, se trouvent deux galeries. La partie
sous-marine, dont la forme et la dimension dépendent de
la profondeur de l'eau, renferme un logement pour les gardiens et des magasins, dans lesquels un appareil de ventilation renouvelle l'air. C'est un espace circulaire haut de
trois mètres et demi et ayant six mètres de diamètre. Le
lest qu'on y place assure une grande stabilité au système en
abaissant le centre de gravité à onze mètres au-dessous
de la surface de la mer, tandis que le centre de volume
se trouve à moins de neuf mètres. Trois chaînes attachées
à l'extrémité inférieure sont fixées au fond au moyen de
leurs ancres. La colonne qui s'élève au-dessus de l'eau
porte deux feux, l'un à dix mètres et l'autre à vingt-six
mètres de la surface. Ce dernier peut être vu à la distance
de douze milles.

(¹) Tome II, 1834, p. 285, 286.

LE FEU DE LA SAINT-JEAN,

EN ALSACE.

J'ai vu cette scène à Wilwisheim, petite ville située sur les bords de la Zorn, entre un coteau couvert de vignes et des prairies.

Il y a trente ans, Wilwisheim n'avait qu'un cabaret; on n'y vendait pas encore de tabac.

Devant la maison de mon père, que l'on honorait du nom de château, s'étendait une grande pelouse où, pendant la semaine, on faisait paître les moutons et les oies.

Le dimanche, vers le soir, les habitants du village s'y assemblaient. Les vieillards causaient de leurs affaires; les vieilles femmes, assises le long de la rampe du pont de pierre jeté sur le petit torrent qui descend du coteau, s'entretenaient des événements domestiques, mariages ou

Le Feu de la Saint-Jean, en Alsace. — Dessin de Th. Schuler.

morts, départs ou retours; les jeunes gens jouaient aux quilles; les jeunes filles, se tenant par le bras ou le petit doigt, se promenaient par groupes.

Le jour de la Saint-Jean était une grande fête. Les jeunes filles se rangeaient en demi-cercle; elles portaient toutes un bouquet de roses et de romarin orné de rubans de couleurs diverses et parsemés de paillettes d'or et d'ar-

gent. Les jeunes gens décoraient aussi leurs boutonnières de fleurs, et chacun d'eux avait en réserve une bague, une médaille ou une petite croix; le plus précieux de ces bijoux n'avait pas coûté deux francs.

Les enfants apportaient des brassées de bois mort, les étalaient devant le demi-cercle des jeunes filles, et y mettaient le feu.

Les jeunes filles chantaient alors une ancienne complainte, puis les jeunes gens s'approchaient d'elles : on échangeait des fleurs et des bijoux, on se divisait par couples, et on sautait bravement par-dessus les branches de bois embrasées.

Au premier son de la cloche du soir la fête cessait. Les mères s'empressaient de prendre le bras de leurs filles, et tous les habitants rentraient paisiblement dans leurs demeures. (¹)

PENDULES ET MONTRES.

Suite. — Voy. p. 118, 170.

Pendant tout ce temps, l'horloger avait réussi à faire marcher d'un même pas les cinq pendules et quatre ou cinq des sept montres. Il n'avait trouvé, en somme, de lésion grave, qu'à la petite montre à boîte émaillée. Je le priai de l'emporter chez lui.

La semaine suivante, il est venu me la rendre, « en parfait état de santé, me dit-il en souriant, aussi parfaite que peut l'être du moins un joujou aussi petit et aussi plat. Les pièces y sont trop faibles et ne sauraient fonctionner à l'aise en si peu d'espace. »

A la bonne heure! Cette même petite montre avait couru une aventure assez dangereuse au commencement de notre mariage. Je l'avais confiée à un horloger de la rue *** que j'habitais. Je crois qu'il est bon d'employer autant que possible ses voisins, et les moins riches de préférence aux autres... Cet homme avait la meilleure figure du monde, il était très-jovial, et trouvait toujours quelque parole agréable à dire ; mais ce n'était pas sa coutume, j'en fis l'expérience, de rendre les montres qu'on lui confiait. Après beaucoup de réclamations et huit mois d'attente, j'arrivai, par un singulier hasard, à la certitude que le petit bijou était au mont-de-piété. L'horloger, pauvre mais malhonnête, n'ayant que peu de pratiques, vivait au moyen des dépôts successifs qu'il faisait au mont-de-piété des montres qu'on lui donnait à réparer, sauf à les retirer à la dernière extrémité, lorsqu'il était menacé de trop près, en vendant à bas prix quelqu'une de celles de son étalage.

— Et quelles nouvelles, Monsieur, de toutes vos autres horloges, petites ou grandes? me dit mon nouvel horloger. Se sont-elles comportées à votre satisfaction depuis le jour où je les ai visitées?

— Toutes marchent et s'accordent à une ou deux minutes près.

— C'est bien, me dit-il; il ne faut pas vous attendre à un accord plus parfait, surtout entre les montres. Les meilleures ne peuvent pas marquer l'heure avec une précision absolue. Ce n'est rien qu'une différence de quelques secondes, réparties sur les quatre cent trente-deux mille oscillations que fait en un jour le balancier d'une montre.

Il tira sa montre pour régler la mienne.

— Notre conversation m'avait donné l'envie, lui dis-je, d'acheter une montre à ancre.

— C'est inutile, à moins que vous n'ayez en vue des travaux qui exigent un très-grand degré de précision; celle-ci, tout en n'étant qu'à cylindre, est bonne. Voyez! en une semaine, l'écart de votre montre n'a été que de deux minutes. Combien l'avez-vous payée?

— Deux cent soixante-dix francs.

— C'est un peu trop pour une montre à cylindre; mais elle vaut deux cent cinquante francs. Vous pouvez vous en servir pour régler les autres, à la condition de la comparer à peu près une fois par semaine aux horloges de la Bourse ou de l'Hôtel de ville, et de la faire nettoyer tous les deux

(¹) Cette note nous est communiquée par M. Piquart, percepteur à Strasbourg.

ans. Il faut avoir soin aussi de la monter tous les jours à la même heure, et non pas en plein air ou dans un lieu où il y a de la poussière; ayez soin, de plus, de ne jamais la poser sur un marbre ou tout autre corps froid. Enfin, comme je vous l'ai déjà dit, ne la laissez pas longtemps à plat. Prenez garde au carré de votre clef : il doit s'ajuster parfaitement sur celui de votre montre. S'il était possible, on ferait bien de doubler en peau la poche où l'on porte sa montre : le frottement dégage toujours de la toile ou du coton un duvet nuisible. Il ne faut pas trop s'inquiéter, du reste, lorsqu'une montre retarde ou avance, pourvu que ce soit d'une manière régulière. On lui fait perdre son écart à l'aide du cadran d'avance et retard. Il n'y a de mauvaises montres que celles qui sont capricieuses et qu'on ne peut parvenir à bien régler.

Tout en écoutant ces conseils, je me préparais à faire faire à la grande aiguille de ma montre tout le tour du cadran pour la mettre d'accord avec celle de l'horloge.

— Il n'y a aucun inconvénient, me dit-il, à faire suivre à l'aiguille le plus court chemin en rétrogradant. La précaution que vous voudriez prendre n'est nécessaire que pour les pendules, dont vous vous exposeriez autrement à déranger la sonnerie.

Il visita les cinq pendules. Je lui fis observer que celle d'Alexandre allait fort mal.

— Il n'y a là, me dit-il, rien qui doive vous surprendre. C'est, assurément, un assez joli sujet que votre Alexandre, mais je ne vois pas une seule de ces figures assises ou couchées sur de petits socles sans un peu d'irritation contre ceux qui ont introduit la mode; ce n'est bon qu'à regarder, et il ne faut pas compter que de pareilles machines donneront l'heure.

— Et d'où vient cela?

— Les meilleures pendules d'appartement sont les bornes, les pilastres, les quatre colonnes, ces espèces de portails tels que votre pendule Louis XIII, ou enfin tout modèle ou cadre dont le socle est plus haut que large. Il est indispensable, en un mot, que la forme soit telle qu'elle laisse au pendule une longueur qui se rapproche le plus possible du pendule à demi-secondes, soit deux cent cinquante millimètres environ à partir du centre de la lentille.

Alexandre se mit à sonner; le timbre ne rendait qu'un son faible et sourd. L'horloger ouvrit la fenêtre de verre, et, après avoir essayé de la vis, me dit :

— Il n'y a d'autre moyen que de fausser légèrement la tige du marteau pour en corriger l'écartement.

Il me fit observer en même temps que si le pendule a été enlevé, il faut, lorsque pour le remettre en place on l'accroche à la suspension, introduire la tige entre les dents d'une fourchette qui est placée dans la même direction perpendiculaire.

Il se préparait à me donner un autre enseignement en rectifiant la sonnerie qui venait de frapper l'heure au lieu de la demie; mais je lui montrai que je m'y entendais passablement, en faisant faire prestement un tour entier à la grande aiguille sans laisser le temps à la sonnerie de fonctionner au passage sur la demie. Je n'avais pas oublié, du reste, non-seulement qu'il ne faut pas faire rétrograder une aiguille de pendule, mais que lorsqu'il est nécessaire d'avancer la sonnerie de plusieurs demi-heures, il est essentiel d'arrêter l'aiguille avant la dernière minute de chaque heure ou de chaque demi-heure, et de laisser au marteau le temps de frapper sur le timbre le nombre de coups nécessaire.

Tout ce que j'avais appris de cet obligeant horloger me mit en goût de m'instruire un peu plus sur le mécanisme des pendules et des montres.

Un jour, passant devant sa porte, je cédai au désir d'entrer et de m'asseoir près de lui. Je le priai de m'expliquer certains mots qu'il avait employés chez moi et que j'avais laissé passer sans m'être bien rendu compte de leur véritable sens. Ma confiance parut lui faire plaisir, et il s'empressa de répondre, aux diverses questions que je lui adressai, à peu près ce qui suit.

La fin à une autre livraison.

FALAISES ET PROMONTOIRES.

Fin. — Voy. p. 95, 157.

Malgré l'étonnante variété d'aspect que présentent les falaises, composées de substances diverses, craie, marbre, schistes, granit ou porphyre, on observe une singulière ressemblance dans la forme des rochers que recouvrent les eaux de la mer au pied des abruptes parois. En effet, une ou deux plates-formes de dimensions variables bordent toujours la base des escarpements. Sur les rivages de la Méditerranée et des autres mers à faible marée, où le niveau des eaux ne varie guère sous l'influence des vents et des tempêtes, il n'existe qu'une seule de ces plates-formes, tandis que sur les côtes de l'Océan, là où les marées atteignent une amplitude de plusieurs mètres, deux degrés superposés font saillie au-dessous de la muraille des falaises. Lorsque la roche est très-dure, la plate-forme, unique ou double, offre à peine quelques mètres de largeur, et peut être comparée à une étroite corniche suspendue à mi-hauteur entre la paroi de la falaise et celle qui plonge dans l'abîme des eaux. Au contraire, lorsque la roche est facile à entamer, la terrasse à un ou deux étages sur laquelle se déroulent les brisants a quelquefois plusieurs centaines de mètres de largeur.

On le comprend, ces espèces de rebords sous-marins étaient autrefois engagés dans l'épaisseur de la falaise; mais ils ont résisté à l'assaut des vagues, tandis que les hautes assises, sapées à la base avec plus ou moins de lenteur, se sont écroulées dans les flots. La force de projection des lames se faisant sentir avec beaucoup moins d'énergie dans la masse des eaux qu'à la surface de la mer, le rocher se laisse entamer seulement à l'endroit précis où viennent se heurter les brisants; mais ses pentes submergées restent relativement intactes et continuent plus ou moins exactement l'ancien profil de la côte. Sur les rivages de l'Atlantique et des autres mers dont le niveau oscille alternativement avec le flux et le reflux, il existe, en conséquence, deux plates-formes superposées qui correspondent, l'une avec le niveau de la basse mer, l'autre avec la surface de pleine eau. A l'heure du flot, les vagues poussées par la marée, et le plus souvent aussi par la brise, déferlent avec impétuosité sur les parois de rochers et poussent vigoureusement leurs travaux de sape. Au contraire, pendant la période du reflux, l'eau qui se brise sur le bord est retenue par le courant de jusant et comme attirée par la haute mer : elle attaque la falaise avec beaucoup moins d'énergie que le flot de marée. La différence d'impulsion qui existe entre les vagues du flux et celles du reflux peut se mesurer par l'étendue de la plate-forme supérieure.

Si les flots marchent constamment à l'assaut du rivage pour transformer en falaises les hauteurs du bord, celles-ci, de leur côté, ne se contentent pas de résister par leur masse et par la dureté plus ou moins grande de leurs assises; plusieurs d'entre elles en outre le soin de cuirasser contre les vagues leur base menacée. Une épaisse végétation d'algues aux chevelures flottantes tapisse les corniches, rompt la force des brisants et change en torrents d'écume tourbillonnante les énormes lames qui couraient à l'attaque avec une redoutable vitesse. En outre, toute la partie des rochers comprise entre les niveaux de la haute et de la basse mer est couverte de balanes et d'autres coquillages, assez nombreux tantôt pour donner à la pierre l'apparence d'une masse grouillante, tantôt pour lui former ensuite une immense et immobile carapace.

Les côtes ainsi protégées sont précisément celles qui, par la solidité de leurs roches, résisteraient le mieux aux attaques de la mer. Quant aux falaises composées dans toute leur épaisseur ou seulement à leur base de matériaux peu résistants, elles s'éboulent trop souvent pour que les mollusques et les algues se hasardent en grand nombre sur la partie du rocher que viennent assaillir les vagues. De grands blocs se détachent des assises supérieures et tombent sur les corniches de la base; sous l'action des brisants, ils se fractionnent ensuite en morceaux plus petits, puis en galets, que le flot roule et froisse incessamment avec un bruit de fer. Sous ces débris, constamment remués par la vague, aucun germe de plante ou d'animal ne saurait aboutir; aucun organisme vivant apporté de la haute mer ne se maintient; le désert se fait jusque dans les eaux qui déferlent sur cette masse grondante.

Dans ce cas, ce sont les amas écroulés et les cailloux de la grève qui servent eux-mêmes de barrières de défense pour garantir la paroi des roches de nouvelles dégradations. Appuyés en talus sur la partie inférieure du rocher, ou bien épars dans les flots et transformés en écueils, les blocs abattus brisent la force des lames et retardent le progrès des érosions. C'est ainsi que sur les côtes de la Méditerranée, près de Vintimille, des falaises dont les strates inférieures sont composées d'une argile sableuse se délitant sous l'action des pluies sont efficacement défendues par des talus, des tours et des obélisques de solide conglomérat détachés des assises supérieures. De même, sur les âpres rivages de la Bretagne, les blocs de granit fendillés dans tous les sens, et changés e galets que la mer emporte et que la mer ramène, maintiennent intactes pendant des siècles les parois des rochers dont ils faisaient autrefois partie.

Les falaises de Normandie, composées de matériaux beaucoup moins durs que ceux des promontoires de Bretagne, sont aussi plus facilement entamées; toutefois, la rapidité avec laquelle s'opère l'érosion de ces rochers est due principalement au courant du littoral, qui enlève les galets accumulés à la base des rochers. Le talus de blocs écroulés constitue d'abord une défense parfaitement suffisante contre la furie des brisants; mais peu à peu la partie crayeuse de la roche se dissout et va se déposer çà et là sur les bancs de vase, tandis que les rognons de silex dégagés de l'épaisseur de la pierre et cessant d'offrir aux flots une résistance suffisante sont entraînés dans les baies voisines en immenses processions parallèles au rivage. Les côtes méridionales de l'Angleterre, où le courant du littoral est beaucoup moins énergique encore, et les talus de débris peuvent résister longtemps aux attaques de la mer. Il y a quelques années, les eaux minaient avec une rapidité menaçante la base de la falaise qui domine à l'ouest le port de Douvres, et que les Anglais ont consacrée à Shakspeare parce que le poëte en parle dans l'un de ses drames. Pour sauver ce promontoire historique, les maisons qu'il porte et le chemin de fer qui le traverse en tunnel, on eut l'idée de faire sauter une partie des assises supérieures. Devant une foule immense accourue pour voir ce spectacle nouveau, on mit le feu à plusieurs milliers de kilogrammes de poudre entassés dans la mine, et tout un pan de la colline s'abattit avec un bruit de tonnerre. Maintenant la force des vagues vient se rompre sur l'énorme talus.

Dans la mer du Nord, il est une île qui fut jadis consacrée à Freya, la déesse de l'amour et de la liberté, et qui porte encore le nom de Helgoland (Sainte-Terre). L'île, composée en entier de grès vert et d'autres couches crétacées, présente à la mer, sur tout son pourtour, une haute falaise que les vagues rongent à la base. En employant l'héroïque moyen qu'ont appliqué les ingénieurs anglais pour la défense de la falaise de Shakspeare, les habitants d'Helgoland pourraient entourer leur île d'un grand brise-

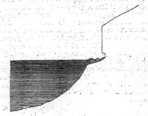

Profil d'une falaise de la Méditerranée.

lames circulaire; mais cette digue ne durerait pas longtemps, car les strates de la craie se distinguent, à Helgoland, par le manque de ces lits de cailloux qui servent à former les galets de la grève. Bientôt tous les blocs abattus seraient dissous par les flots, et pas un seul débris ne restant pour garantir les assises inférieures de la falaise contre l'action destructive des vagues, le travail d'érosion reprendrait librement son cours. Vouée à une destruction certaine, l'île fond peu à peu dans les flots comme fondrait un immense cristal de sel.

Les rivages les plus violemment attaqués par la mer sont, tentés choses égales d'ailleurs, ceux qui présentent le plus d'échancrures et de promontoires. Les vagues s'acharnent surtout contre les caps avancés que le continent projette au loin dans le domaine des eaux; à mesure que les pointes reculent devant le flot qui les ronge, la puissance destructive des lames diminue; elle peut même se réduire à néant lorsque la base des falaises est suffisamment érodée pour ne plus décrire qu'une légère courbe en avant du rivage. En effet, le profil des côtes qui offre la plus grande résistance aux assauts de la mer n'est pas une ligne droite, comme on pourrait le supposer, mais une série de courbes régulières et rhythmiques, comparables à celles d'une chaîne attachée de distance en distance [1]. Les brisants ne cessent de travailler au remaniement du rivage tant que celui-ci ne présente pas ces criques doucement infléchies de promontoire à promontoire. Chacune de ces baies arrondies reproduit en grand la forme de la vague qui déferle en dessinant sur le sable de la plage une longue courbe elliptique de flocons d'écume.

Le littoral des pays montueux, auquel la mer a déjà donné de ces contours voulus, unit une grâce extrême à une admirable majesté. On peut citer surtout les côtes de la Provence, de la Ligurie, de la Grèce, de la plus grande partie de la péninsule ibérique. Là chaque promontoire, reste d'une ancienne chaîne de collines rasée par les flots, redresse en haute falaise sa pointe terminale; chaque vallon

[1] Baude, Élie de Beaumont.

qui descend vers la mer se termine par une plage de sable fin à la courbure parfaitement régulière. Rochers abrupts et plages doucement inclinées alternent ainsi d'une manière harmonieuse, tandis que les diverses formations géologiques, la largeur plus ou moins grande des vallées, les villes éparses sur les hauteurs ou sur les plages, les inflexions de la côte et l'aspect sans cesse changeant des eaux, introduisent la variété dans l'ensemble du paysage.

Les rivages entièrement sablonneux ont, aussi bien que les côtes rocheuses, un profil normal composé d'une série d'anses et de pointes; mais ces pointes, dont chaque vague vient modifier le relief, sont en général plus arrondies à leur extrémité que ne le sont les promontoires de rochers. La monotone côte des landes françaises, qui se développe sur une longueur de 220 kilomètres, de l'embouchure de la Gironde à celle de l'Adour, peut être prise comme type des rivages que les flots de la mer modèlent à leur gré. Sur ces bords, l'uniformité du paysage est complète. Le voyageur a beau se hâter, il croirait à peine changer de place; tant l'aspect des lieux reste immuable : toujours les mêmes dunes, les mêmes coquillages parsemés sur le sable, les mêmes oiseaux assemblés par milliers sur le bord des lagunes, les mêmes rangées de brisants qui se poursuivent et viennent dérouler à grand bruit leur nappe écumeuse. Dans tout le champ de la vue, les seuls points de repère sont les membrures de vaisseaux naufragés qu'on distingue de loin sur la blancheur du sable.

Cependant ces rivages, présentant de la manière la plus parfaite cette série de courbes rentrantes et saillantes qu'on pourrait appeler le profil de plus grande stabilité, sont exposés, eux aussi, à subir de rapides érosions lorsque le boulevard de défense qui les flanque à une de leurs extrémités vient à céder sous la pression des flots. Ainsi le rivage des landes, qui continuait, au sud de l'estuaire de la Gironde, la côte uniforme de la Saintonge, recule sans cesse depuis que le promontoire rocheux dont l'écueil de

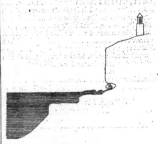

Profil d'une falaise de l'océan Atlantique.

Cordouan est le seul débris a disparu sous les eaux réunies du fleuve et de l'Océan. La mer, comme les rivières et toutes les eaux courantes qui parcourent la surface du globe, travaille sans relâche à niveler le sol. Les torrents et les fleuves rongent le sol pour en étendre les matériaux broyés dans les vastes plaines d'alluvions; la mer abat les promontoires et les dunes de ses rivages pour en répartir les grains de sable en couches uniformes sous la nappe immense de ses eaux.

DÉCOUVERTE DES RESTES DE RAPHAEL

DANS L'ÉGLISE DU PANTHÉON, A ROME.

Découverte des restes de Raphaël dans l'église du Panthéon, à Rome. — Dessin de Pauquet, d'après Horace Vernet.

Au mois de septembre 1833, à Rome, en présence de la congrégation des *virtuosi*, de l'Académie de Saint-Luc, de la commission consultative des antiquités et beaux-arts, et de l'Académie d'archéologie, des ouvriers firent une fouille dans une chapelle de la Rotonde, ou du Panthéon, sous l'autel de la Vierge, et trouvèrent une maçonnerie de la longueur du corps d'un homme. A la profondeur d'un pied et demi, il y avait un vide. Plus bas, on découvrit les restes d'une caisse mortuaire et un squelette entier.

Sur les débris du cercueil, en bois de pin, on remarqua des traces de peintures qui avaient orné le couvercle. Parmi les ossements étaient une *stelletta* de fer, des fibules, des *anelli* de métal, parties des boutons du vêtement.

D'après les indications précises de Vasari (dans ses biographies de Raphael et de Lorenzetto), la lettre de Michaël di servettor et l'autorité des traditions, ce squelette était certainement celui de Raphaël. La *stelletta* était l'éperon dont Léon X avait décoré l'immortel artiste.

Le baron Trasmondi, professeur de chirurgie clinique de l'Université, examina les ossements, et détermina le sexe et la taille (5 pieds 2 pouces 3 lignes). Les dents étaient très-belles et bien conservées.

Le soir du 18 octobre, on inhuma de nouveau avec solennité les restes de Raphaël dans la même chapelle, sous l'autel qu'il avait orné, et que surmonte la statue della Madona del Sasso, sculptée par Lorenzo Lotti. Ces restes étaient enfermés dans un cercueil de plomb placé dans un sarcophage de marbre du Muséum du Vatican. L'arcade de la sépulture fut murée et scellée.

Horace Vernet assistait à cette cérémonie. Il voulut en conserver le souvenir; mais ayant appris que le baron Camuncini serait chargé officiellement de ce soin, et qu'un artiste allemand se proposait aussi de faire sur ce même sujet un tableau, il laissa de côté la lithographie qu'il avait commencée et que reproduit notre gravure. Un des rares exemplaires de cette lithographie inachevée est conservé au cabinet des estampes de la Bibliothèque impériale, dans ce qu'on appelle « la réserve ». C'est le savant et bienveillant directeur de cette riche collection, M. Henri Delaborde, qui nous a signalé ce dessin peu connu, et nous a autorisé à le faire copier.

Les grands périls ont cela de beau qu'ils mettent en lumière la fraternité des inconnus.   VICTOR HUGO.

SOUVENIRS D'UN AMI.

JEAN REYNAUD.

Suite. — Voy. p. 185.

Il se plaisait à parler de son séjour en Corse comme du plus bel épisode de sa jeunesse : c'était le temps où il avait le plus pleinement vécu. Parti, au mois d'avril 1829, avec son diplôme d'ingénieur pour passe-port, son épée et son chapeau à cornes, ainsi qu'il était d'usage alors, il commença dès son passage à Lyon le récit de son voyage dans une suite de lettres. Cette correspondance inédite, tout animée de la bonne humeur et de la bravoure de la jeunesse, ne le peint pas en entier : c'est à sa mère qu'il écrit; elle est restée seule à Thionville; il se garde de la préoccuper d'aucun des problèmes sérieux qu'il emporte au fond de son âme; il ne veut que la distraire, la faire sourire, lui prouver sa vive et respectueuse tendresse. Si quelques pensées graves lui échappent, ce sont des éclairs; on n'a pas, du reste, à regretter la réserve que lui commandait son cœur : on a assez d'autres témoignages de ce que furent en Corse les sujets ordinaires de ses méditations.

A cette époque il a vingt-trois ans, et on le voit tel que ses amis l'ont connu depuis dans d'autres voyages, enjoué, les traits épanouis, radieux, de son indépendance, l'esprit et le cœur ouverts à tout, vibrant d'énergie.

Les voitures publiques lui étaient odieuses : il y étouffait comme dans un cachot. Aux montées, il laissait la diligence derrière lui, ne l'attendait pas aux faîtes, et passait aux relais avant elle, si bien que souvent sa place, du départ à l'arrivée, était restée vide. « La fatigue, dit-il quelque part, est comme une sorte de nourriture pour le corps : on en a faim, et tant qu'on est en appétit elle est délicieuse. » Combien de fois, plus tard, dans les Alpes suisses, n'ai-je pas dû lui demander grâce, après quinze et seize heures d'une marche continue par de rudes sentiers! c'était pour me ménager qu'il consentait enfin à prendre gîte, avant le but, dans quelque pauvre cabane où souvent nous nous trouvions, pour réparer nos forces, qu'un morceau de fromage sans pain et un verre de vin blanc aigre, avec une couche dure et trop courte. Il menait et surmenait son corps comme un cheval ardent et généreux, fier de ce que l'on exige trop de ses forces et qui s'en tire toujours à son honneur.

Il ne supportait pas plus patiemment que les diligences les grandes villes, surtout celles où la population est absorbée par l'industrie, le commerce, l'amour du gain, où « l'on pèse la bourse de chacun pour voir ce qu'il vaut », où « les passants semblent n'aimer un beau soleil que parce qu'il les dispense d'avoir un parapluie », et où plus d'un fabricant devenu riche semble ignorer l'art de dépenser dignement et humainement « cet or qui n'est que de la sueur de misère condensée. »

« . . . Ce n'est point, ajoute-t-il dans une de ses lettres, pour un commerce d'égoïsme, mais pour un commerce d'amitié que sont faits les hommes : là est toute la vie! »

Il ne faut voir dans ces paroles aucun dédain pour l'industrie. Quoique jeune, il la connaissait déjà bien, l'ayant étudiée de près et avec détail, en parcourant pendant plusieurs années, comme élève de l'École des mines, les usines et les manufactures de la France et de l'Allemagne (¹). Et ce n'est pas seulement à l'occasion de la grande industrie qu'il a plus d'une fois fait ressortir, dans ses écrits, la haute importance des procédés destinés à approprier les formes et les éléments de la matière organique et inorganique à l'amélioration de la condition de l'humanité sur la terre. Il honorait sincèrement jusqu'aux plus humbles professions, en considérant que chacune d'elles a de même pour objet de modifier le monde physique sur un point et de l'adapter à la convenance de l'homme (²). Mais il n'a jamais varié dans l'opinion que les manufactures urbaines ne doivent être que des exceptions de plus en plus rares, et qu'à moins de nécessités invincibles il est inhumain d'employer à certains travaux et dans certains milieux les femmes et les enfants. « Maintenons, disait-il, la morale au premier rang dans l'industrie comme partout ailleurs, et ne laissons venir la richesse que subsidiairement. »

Je ne connais rien de plus saisissant que cette page sur le sort des femmes dans les mines, écrite peu de temps avant sa mort (³) :

« Il y a quelque vingt ans, étudiant alors l'industrie minérale, me trouvai un beau jour à quinze ou seize cents pieds sous terre : c'était dans les environs de Liége. Depuis une couple d'heures, nous allions et venions dans la mine, quand tout à coup une senteur extraordinaire nous arrive : c'était de l'émanation des sueurs de l'homme qui se propage à de si grandes distances dans ces profondeurs, ni celle du cheval, ni celle du gaz méphitique ou de la poudre; c'était quelque chose d'une faveur odieuse, insupportable, à tourner le cœur. Notre guide devina notre pensée, et, nous indiquant une basse galerie inclinée : — C'est, nous dit-il, que voilà un poste où il y a des femmes. — Nous n'avions jamais eu l'occasion d'en rencontrer dans les exploitations, et, surmontant les répugnances de l'odorat, nous descendîmes. Ah! mon ami, quel tableau ! Il revient devant mes yeux comme s'il était d'hier. Six malheureuses, les cheveux désordonnés et flottants, le sein et les épaules nus, une misérable jupe autour du corps, haletantes, oppressées, couvertes de cette sueur fétide qui nous avait frappé si de loin, manœuvraient la manivelle d'un treuil. Pauvres créatures, délivrées sans doute aujourd'hui, je n'insulterai pas leur visage en essayant de le peindre! Une scène du Dante ! Il y avait là une déchéance, une d'une existence passée, tout au moins, à coup sûr, d'une existence possible. Je me mis à penser que si les lois de la destinée avaient dirigé autre-

(¹) En compagnie de MM. Michel Chevalier, Bineau (depuis ministre des finances) et le Play.

(²) Voyez, comme exemple, son article Jardinier dans notre t. XX, 1852, p. 46, et, dans l'Encyclopédie nouvelle, les articles Boucher, Cordonnier, etc.

(³) Destinée à l'Estafette. J'ignore si elle y a été insérée.

mènt leur naissance, ces mêmes femmes, heureuses, élégantes, le visage serein, les yeux pleins de charmes et de sourires, feraient peut-être, à cette heure même, les délices d'un opulent salon. Je me les représentais, par un tour de roue plus modeste, mais aussi bienfaisant peut-être, mariées aux champs, riches de bonne humeur et de santé, entourées de joyeux enfants, fanant les foins ou récoltant les fruits sous le beau ciel, au riant soleil. Quelle fatalité les avait jetées dans cette sombre fosse? Une pauvre lampe accrochée au bois humide les défendait seule contre la nuit, en allongeant vers la voûte, comme il arrive quand l'air manque, sa flamme trouble et fumeuse; et nos lumières elles-mêmes, perdant leur clarté, menaçaient à chaque agitation de l'air de s'éteindre. On étouffait : les dispositions de l'aérage étaient évidemment en défaut; j'en lis la remarque au maître mineur : — Oh! Monsieur, me dit-il, pour un atelier de femmes, ce n'est pas la peine. — Je ne me rappelle plus aujourd'hui quel était le salaire de ces infortunées; j'ai seulement mémoire que c'était par mesure d'économie qu'on avait placé là des femmes. Elles recevaient tout juste ce qui leur était nécessaire pour n'expirer que lentement, journée à journée, dans leur souterrain. Du reste, on ne s'en inquiétait pas autrement : la misère et la concurrence suffisaient pour attirer d'avance assez de postulantes autour de leur affreux héritage... Si je vous ai fait toucher ces plaies, mon ami, certes, c'est d'un cœur désolé, et non pour y chercher un sujet de déclamation contre notre société, que j'honore malgré ses défauts et ses misères, parce que j'honore l'ère moderne. Je sais que de tels excès sont exceptionnels... » A la suite de ces lignes, il rentre dans l'étude de la condition ordinaire des jeunes filles et des femmes dans les manufactures, et il dit : « Que l'état de l'ouvrier et de sa femme surtout serait à plaindre, mon ami, si l'industrie ne pouvait arriver à ses fins que sous un tel régime! Mais combien il s'en faut qu'elle soit obligée pour réussir de violenter ainsi la nature! Que de fois, dans les contrées où elle a le plus de puissance, j'ai été témoin, tout au contraire, de son heureuse influence sur l'ordre et la destinée de la famille! Elle sait y grossir les budgets sans causer le moindre dommage aux principes sacrés de l'institution domestique; et il n'est besoin pour un si grand résultat que d'une seule chose : c'est que l'homme appartienne seul à cette vie publique de l'usine ou de la manufacture, et que la femme et les enfants soient en réserve dans le cercle du logis. « Elle a travaillé la » laine et gardé la maison (¹) », disait la formule antique. C'est toute la loi, en ce qui concerne les femmes des travailleurs, et cette loi n'enveloppe en définitive que deux conditions qui ne devraient faire faute nulle part : une maison, et avec la maison des occupations particulières propres à la mère et aux enfants. »

Mais revenons au voyage en Corse. Descendant le Rhône, après Tournon, Jean Reynaud jette un cri d'enthousiasme :

« J'ai revu les montagnes, un rameau détaché de la chaîne des Alpes, avec des cimes et de longs sillons de neige, des sommets perdus au sein des nuages. Je ne peux décrire ce que je sentais; le cœur plein, et des larmes dans les yeux... Oh! montagnes, montagnes de mon cœur! Je méritais d'être né montagnard! Tu ris, ma pauvre mère! Que veux-tu? Je suis ainsi... »

Son impression après Valence fut plus vive encore :

« Toute la journée nous avons été en vue des montagnes, des rochers, tantôt se plongeant dans le fleuve, tantôt se perdant dans le vague de l'air. Tant de montagnes, tant de montagnes en un seul jour! c'était gaspillage : on aurait eu à en voir pendant un mois! »

(¹) « Lanam fecit, domum servavit. »

A Toulon, il passe quelques heureuses journées avec son jeune frère Saint-Elme, enseigne sur le Vésuve. Il se plaît à remarquer déjà dans le futur contre-amiral le don du sang-froid et du commandement.

Sur mer, entre Nice et Gênes, il décrit ce qu'il éprouve à la vue de la pleine mer, et c'est d'abord une déception. Il s'était figuré un océan s'étendant à perte de vue, et il ne voit qu'un plateau bleu qui, à l'œil, ne paraît pas avoir plus de trois à quatre cents pas de diamètre; c'est comme une table ronde de grande dimension : on est placé au centre, et les voiles blanches dans le lointain « semblent des papillons posés sur le bord. » Ce qui le frappe seulement, c'est l'isolement de cette mer au milieu du ciel, le prodigieux éloignement de l'horizon aérien contrastant avec le voisinage de l'horizon de la mer. Mais, vers le soir, la scène change : « ... Au coucher du soleil la brise tomba; nous laissant à trois ou quatre lieues de la côte, dont on voyait tout le détail. Les flots qui hérissaient la surface de la mer diminuaient peu à peu de grandeur, leur mouvement devint plus lent, puis enfin la mer ne fut plus qu'une grande glace; elle n'était pas même ridée comme ton étang, et du pont je me mirais tout à mon aise dans ses eaux : c'était un admirable miroir! La couleur bleu foncé avait disparu; la mer était le ciel, un ciel de soleil couchant; ce n'était plus un plateau étroit et resserré, c'était l'immensité que j'avais rêvée, l'immensité du ciel; tout semblait ciel et nuages d'or, et moi, avec ma barque, je flottais au centre de ce paradis. »

On peut deviner, d'après ce peu de lignes, ce que furent ses émotions dans l'île. De sa fenêtre, à Bastia, il voyait l'île Capraja, l'île d'Elbe, Monte-Christo, les côtes d'Italie. Il s'endormait au bruit de la vague, et si un souffle du vent la soulevait, elle venait battre le seuil de sa porte. Ses promenades n'étaient, qu'enchantements; il ne se lassait pas d'errer dans la campagne, d'y contempler les teintes éblouissantes des horizons, les forêts d'oliviers sur les basses collines, les palmiers dans les champs, les vergers d'orangers, de citronniers, les arbres à liège, les makis, les nuages rampant autour des montagnes. Mais ce n'était pas assez pour le contenter. Dès le lendemain de son arrivée, il était impatient de s'élancer vers les cimes.

C'eût été pour lui, s'il l'eût voulu, presque une sinécure que cette fonction d'ingénieur des mines en Corse. « On y rencontre quelques filons métalliques, du fer oxydulé, du plomb sulfuré et du manganèse oxydé; mais ces filons ne paraissent pas susceptibles, tant par leur nature que par l'absence de combustible, de devenir jamais la source d'un bien grand revenu... Il est à peu près certain que des carrières de marbre, de granit et de porphyre, sont les seuls établissements dont l'industrie minérale puisse faire en Corse. » (¹) Jean Reynaud s'imposa volontairement, au delà des travaux trop faciles de sa profession, la tâche de dresser la carte géologique de l'île (²). C'était, tout en satisfaisant à sa conscience, se donner des occasions d'explorer à loisir et dans tous les sens le sol et mouvement de la Corse, ses belles forêts, ses golfes vigoureusement échancrés, ses vallées profondes, ses montagnes escarpées et sauvages.

Il partit un jour, seul, sur un petit cheval vif, vigoureux, qu'il nommait Bayard, suivi de sa chienne noire Mica; pour tout bagage une gourde, son fusil à deux coups en bandoulière, un léger porte-manteau, un marteau de géologue, une boussole, une carte, un briquet, un peu de thé et une provision d'œufs de poisson séchés au soleil.

« Il ne me manquait, dit-il, que du pain et un lit assuré; mais j'espérais bien chaque soir trouver soit du

(¹) Encyclopédie nouvelle, article Corse.
(²) Les vues générales de ce travail ont été insérées par la Société géologique de France en tête de ses Mémoires.

biscuit, soit des châtaignes, et sinon un lit, au moins quelque abri. Il suffit de gagner les montagnes pour rencontrer quelque mauvais village. D'ailleurs, n'avais-je pas mon manteau pour couverture et mon portemanteau pour dispenser mon bras de me servir d'oreiller? »

Heureux de cette solitude et de cette indépendance, il s'avançait presque au hasard : « Tous sentiers m'étaient bons tant qu'ils ne s'éloignaient pas trop de ma direction, et dans les champs de makis il n'y avait pas grand choix. Mes pensées flottaient à l'aventure sur la France, sur toi, ma mère, sur mes amis, sur le passé. Aucun autre bruit ne frappait mon oreille que les mugissements lointains de la mer qui roulait sur le sable ; de temps en temps quelque petit oiseau s'envolait en chantant à mon côté, ou une

compagnie de perdrix partait entre les jambes de mon cheval. »

La suite à une autre livraison.

LES GROTTES DE LA NORVÈGE.

Les grottes sont nombreuses sur cette âpre côte de Norvège toute bardée d'îles et d'écueils, découpée à l'infini par une multitude de golfes étroits qui s'allongent et se ramifient en labyrinthes bizarres. Une de ces cavernes, certainement l'une des plus impossantes du monde entier, est celle qui traverse de part en part le superbe rocher de Torghatten, dressé comme une énorme pyramide de plus de 300 mètres de hauteur sur une île de la Norvège sep-

Le Rocher de Torghatten (Norvège). — Dessin de Lancelot, d'après Vibe.

tentrionale. Cette galerie, à travers laquelle les navigateurs voient au passage rayonner la lumière, est d'une étonnante régularité. Les seuils des immenses portes, dont l'une a 74 et l'autre 40 mètres de cintre, se trouvent de chaque côté à la même élévation de 123 mètres au-dessus du niveau de la mer ; le sol, recouvert de sable fin, est presque horizontal et forme comme le palier d'un tunnel où les voitures pourraient au besoin rouler ; les parois latérales offrent dans presque toute leur étendue une surface polie, comme si elles avaient été taillées de main d'homme, et s'élèvent verticalement jusqu'à la naissance du cintre ; seulement, vers le milieu de la grotte la voûte est moins élevée qu'aux deux extrémités. La longueur de la galerie est de 290 mètres ; sa largeur varie de 32 à 48 mètres. Vus à travers ce gigantesque télescope, les promontoires, les îlots, les innombrables écueils et les mille crêtes blanches des brisants forment un spectacle d'une incomparable beauté, surtout quand le soleil éclaire de ses rayons l'ensemble du paysage.

Un promontoire du Lyse-Fjord offre une autre caverne vraiment effrayante par les phénomènes météorologiques

dont elle est le théâtre. On sait qu'il n'est pas de rochers d'un aspect plus sinistre que ceux du Lyse-Fjord. C'est vers le 59e degré de latitude, à une petite distance à l'est du port de Stavanger, que s'ouvre ce bras de mer, prodigieux fossé de 40 kilomètres de long, encaissé entre deux murailles à pic, hautes d'un kilomètre en moyenne. Sans doute, le premier marin qui vogua sur les eaux tranquilles et noires de cet abîme dut avancer avec une certaine horreur, se demandant à chaque détour s'il n'allait pas voir se dresser devant lui quelque effroyable dieu. Maintenant encore, ce n'est pas sans frissonner qu'on pénètre dans ce défilé marin, où les anciens auraient vu l'entrée des Enfers.

Lorsque le vent du sud-est souffle avec violence et s'engouffre par la ramifie dans l'immense fissure du Lyse-Fjord, un étrange météore vient accroître la terrible majesté de la scène. A 600 mètres au-dessus de la mer et vers les deux tiers de la paroi qui s'élève au sud de l'entrée du golfe, on voit de temps en temps jaillir du rocher noir un éclair qui s'épanouit, puis se resserre pour s'élargir encore, se contracter de nouveau, et se perdre en franges lumineuses avant d'avoir atteint la paroi septentrionale. La nappe de feu avance en tournoyant, et c'est à ce mouvement de rotation que sont dues les expansions et les contractions apparentes de l'éclair. De rapides détonations se font entendre avec une force croissante avant que la flamme jaillisse du rocher; un violent coup de tonnerre l'accompagne et se répercute en longs échos dans l'étroit corridor marin : on dirait qu'une batterie cachée dans l'intérieur de la falaise canonne quelque casemate invisible de la muraille opposée.

Cette étrange caverne d'où sort la foudre se trouve sous une saillie surplombante de la falaise, à plus de 750 mètres de hauteur au-dessus de la mer. Pour y pénétrer, il faut s'attacher au moyen de cordes à l'arête supérieure de la falaise, et se laisser glisser dans l'abime à 300 mètres de profondeur, en s'accrochant, non sans

danger, aux aspérités de la paroi. Un bien petit nombre d'explorateurs se sont hasardés à faire la périlleuse descente, et, d'ailleurs, la grotte n'offre rien d'étonnant que ses grandes dimensions. On y remarque seulement quelques fissures horizontales, produites sans doute par l'explosion de la foudre; mais aucun autre signe ne rappelle que la caverne sert de résidence à Jupiter Tonnant. Parfois, dit-on, une fumée d'un gris jaunâtre sort de l'orifice et s'élève en tourbillons sur le flanc du rocher; cependant, aucun des savants qui ont visité le Lyse-Fjord n'a encore été le témoin de ce phénomène.

D'après la Statistique de Kraft, il y aurait sur les côtes de Norvége plusieurs exemples semblables de la formation du tonnerre dans les cavernes des rochers. Il cite princi-

La Grotte de Torghatten (Norvége). — Dessin de Lancelot, d'après Vibe.

palement le Troldgjœl, ou mont des Prodiges, qui se dresse sur les bords du Jœrend-Fjord, au nord du 62e degré de latitude. Lors de tous les changements de température, de violentes détonations, accompagnées de flammes et de fumée, éclatent en longues canonnades des flancs du mont des Prodiges ([1]).

SOUVENIRS DE LA LITHUANIE.

Suite. — Voy. 179, 186.

TRISTES PRESSENTIMENTS. — M. JACQUES.

Un jour, mon grand-père prit ma main, la serra d'une façon plus expressive encore que de coutume, et me dit :

— Mon pauvre enfant, je vais entrer dans ma quatre-vingt-sixième année : que la volonté de Dieu soit faite! mais puisse-t-il, dans sa miséricorde, me réunir à ceux que j'ai aimés sur cette terre, où le bonheur est encore plus doux dans l'affection qu'on donne que dans celle qu'on reçoit.

Nous étions assis sur un banc de pierre, et, pour arriver

([1]) Voy., sur cette question, Küsten und Meer Norwegens, von A. Vibe. Mittheilungen, 1860.

jusque-là, mon grand-père s'était appuyé sur sa canne et avait été obligé, quoique en marchant très-lentement, de se reposer plusieurs fois; cependant on n'avait remarqué aucun désordre apparent dans sa santé, et rien ne pouvait me faire croire à sa fin prochaine. La voix de mon grand-père était grave, mélancolique, mais point affaiblie, comme celle des vieillards; à ce moment-là il avait quelque chose de plus solennel dans son accent, et son regard semblait déjà ne plus appartenir à ce monde. On entendit le tintement des cloches qui annonçaient la Fête-Dieu du lendemain. Mon grand-père leva les yeux au ciel, puis il porta la main à son front; mais elle retomba... Je poussai un cri : je crus que tout était fini; mais il me dit, avec un calme angélique :

— Demain, les cloches sonneront pour moi!

— Ah! grand-père, ne chagrinez pas votre enfant, m'écriai-je en sanglotant; vous êtes mieux qu'hier : vous vivrez pour nous; Dieu voudra vous conserver.

— Enfant, à mon âge, la vie s'éteint tout à coup; ma fin est proche!

Comme il prononçait ces derniers mots, nous vîmes arriver M. Jacques.

M. Jacques était un de ces derniers types qu'on avait surnommés *courtisans* ou *résidants* dans l'ancienne Pologne. Le courtisan était un gentilhomme sans fortune ou ruiné, et que les seigneurs ou les nobles accueillaient dans leurs palais ou dans leurs maisons. Le courtisan n'était pas rétribué, et s'il rendait des services, ils étaient ennoblis par le désintéressement. Chacun ambitionnait d'avoir chez soi un ou plusieurs courtisans. Cet hôte nomade allait où bon lui semblait; indépendant par tempérament, il n'obéissait qu'à son caprice ou à son goût : il était chasseur, veneur, écuyer; il se livrait à la pêche; au besoin, il était musicien, ou lecteur, quand son culte pour Bacchus le lui permettait, car le vrai courtisan était un dégustateur et un amateur éclairé du bon vin et de la table. Avec cette humeur folâtre et vagabonde, il n'était pas facile de retenir pendant longtemps cet adorateur passionné de l'imprévu et du mouvement.

Les courtisans se recrutaient dans la classe des vieux garçons, des veufs sans enfants, enfin dans cette catégorie d'individus qui n'ont aucun devoir déterminé. Le courtisan affichait de certaines prétentions à la noblesse, et si, par malheur, il ne possédait pas un titre ou une qualité, il avait soin de se faire appeler *Monsieur un tel,* fils, petit-fils, arrière-petit-fils, cousin, de *Monsieur un tel, trésorier, chambellan, capitaine,* etc., etc.

Le courtisan trouvait dans le château d'un seigneur l'hospitalité, une famille, une table somptueuse et un appartement confortable. Pour les riches propriétaires, la venue d'un courtisan était une bonne fortune; car le gentilhomme, occupé à surveiller les travaux agricoles et à diriger une grande exploitation, était charmé de trouver à sa table un hôte toujours aimable, toujours bon convive, toujours prêt à vider la bouteille de vin de Hongrie, et qui lui racontait avec une verve intarissable les nouvelles du dehors.

M. Jacques, dans sa jeunesse, était robuste, haut en couleur et d'une humeur joviale; il portait la gaieté partout, et ne s'arrêtait nulle part; mais, avec les années, il sentit le besoin du repos, et se résigna à passer tous les hivers dans notre paisible intérieur. Mais quand le printemps arrivait, ses instincts vagabonds prenaient le dessus, et il nous disait adieu.

Enfin, ses soixante ans sonnèrent; avec eux vinrent les rhumatismes, la goutte, qui lui était bien dure... Et il se fixa auprès de nous pour ne plus nous quitter.

Mon grand-père, qui était doué d'une indulgence toute chrétienne, supportait M. Jacques avec ses qualités assez négatives et ses défauts très-incontestables. La bonne harmonie n'était jamais troublée, pas même quand M. Jacques rentrait le pas chancelant, le visage plus rubicond encore qu'à l'ordinaire et la parole lourde.

Nous vîmes donc M. Jacques qui s'avançait vers nous.

— Monsieur, dit-il à mon grand-père, je vous apporte une magnifique pièce; c'est le plus beau brochet de votre étang. Quel plat de milieu pour le dîner de demain!

— Non, mon ami, on ne le touchera pas, demain, à ce brochet.

— Pourquoi donc cela, Monsieur? Ah! je devine, vous faites des réserves pour vendredi; mais n'ayez pas de souci, j'irai à la pêche d'ici là, et nous ne manquerez pas de poisson : pensons au jour présent et laissons venir le lendemain. Mangeons ce brochet en buvant à la santé de ce jeune monsieur.

C'était de moi que parlait M. Jacques.

Alors je fondis en larmes et je m'écriai :

— Oh! monsieur Jacques, ne riez plus; grand-père doit mourir demain!

— M. le trésorier veut plaisanter; il se porte à mer-

veille : son visage dément ces lugubres appréhensions. Ne pensons pas à la mort, mais au repas succulent de demain.

Et, voyant que les sanglots me suffoquaient, il ajouta :

— C'est mal, monsieur le trésorier, de faire du chagrin à ce pauvre enfant.

— Écoutez-moi, monsieur Jacques, dit mon grand-père, et quand vous m'aurez entendu, vous exécuterez mes ordres. Tout ceci est sérieux, et je n'ai plus le temps de dire des paroles oiseuses. Nous nous connaissons depuis longues années, et rien n'a jamais altéré nos bons rapports. Soyez donc tranquille, monsieur Jacques, vous n'êtes point oublié dans mon testament, et j'ai assuré votre avenir. Les chers miens ont quitté ce monde avant moi; excepté mon fils et cet enfant que j'ai tant aimé, je n'ai plus rien à regretter... Envoyez un exprès à mon fils; faites-lui dire qu'il se hâte s'il veut me revoir encore.

— Vous parlez donc sérieusement? reprit M. Jacques. Et, pour la première fois, je lui vis une émotion de profonde tristesse.

— Oui, très-sérieusement; ne perdez donc pas une minute.

Après un moment de silence, mon grand-père ajouta :

— Monsieur Jacques, ayez aussi la bonté de passer chez M. le curé; vous le prierez de venir demain, avant la première messe.

Après ces paroles, il se leva, prit le bras de M. Jacques, et alla jusqu'au pied de l'escalier du grenier. Quand il fut là, il appela l'économe, qui gardait toutes les clefs de la maison, et lui dit :

— Montez au grenier; vous y trouverez le cercueil que nous y avons déposé ensemble : vous devez vous rappeler que nous l'avons rempli de blé); vous ôterez le blé et vous descendrez le cercueil, mais avec précaution, de peur d'accident.

L'économe obéit à mon grand-père, et bientôt nous l'entendîmes qui criait :

— Monsieur, je trouve le cercueil où nous l'avions placé, mais il est absolument vide!

— C'est impossible, dit mon grand-père; personne n'entre au grenier, si ce n'est moi ou vous.

— Ah! dit l'économe, je m'aperçois que le bois s'est déjeté, et que le blé aura pu passer grain à grain par une petite fissure.

M. Jacques devint pâle comme un mort en entendant ces paroles. On croit généralement, en Pologne, qu'un cercueil dont le blé disparaît sans cause apparente est le signe certain de la fin prochaine du maître de la maison. M. Jacques, très-impressionné par ce qui se passait autour de lui, voulait pourtant encourager mon grand-père, qui, seul, restait calme et impassible au milieu du trouble des assistants.

— Monsieur le trésorier, dit M. Jacques, vous avez trop d'esprit, trop de raison, trop de force, pour partager des préjugés vulgaires et des superstitions indignes de votre caractère.

— Non, monsieur Jacques, je n'ai ni préjugés, ni superstitions; mais, ainsi que les grains de blé, mes jours se sont écoulés un à un, et il est naturel que ma dernière demeure se trouve prête à me recevoir à l'heure où je sens que la vie m'abandonne.

L'économe descendit le cercueil avec précaution et le déposa sur la dernière marche de l'escalier.

A cette vue, M. Jacques poussa un cri lamentable et dit :

— Jésus, Marie, ayez pitié de nous, pauvres pécheurs!

Et moi, enfant, qui pour la première fois me trouvais face à face avec l'horrible réalité, je me sauvai dans la maison en me tordant les bras de désespoir.

Mon grand-père, à ce moment, se dirigeait vers sa chambre. Il fit traîner son fauteuil près de la fenêtre; de là il pouvait voir ses champs en pleine floraison, ses bois, ses jardins... Ses yeux se fixaient avidement sur tout ce qui l'entourait. Mais la force humaine commençait à s'épuiser; hélas! le courage à ses limites, et je surpris une larme attendrie sous les paupières de mon cher grand-père.

Il m'attira vers lui, et je me jetai en pleurant dans ses bras.   *La fin à la prochaine livraison.*

Le méditer est un puissant estude et plein, à qui sçait le taster et employer vigoureusement. J'aime mieulx forger mon âme que la meubler.   MONTAIGNE, *Essais.*

LE BOCAGE VENDÉEN.

« Le Bocage, dit Mme de la Rochejacquelein dans ses Mémoires sur la guerre de Vendée (¹), comprend une partie du Poitou, de l'Anjou et du comté nantais, et fait aujourd'hui partie de quatre départements (Loire-Inférieure, Maine-et-Loire, Deux-Sèvres et Vendée). On peut regarder comme ses limites : la Loire au nord, de Nantes à Angers; au couchant, le pays marécageux qui forme la côte de l'Océan; des autres côtés, une ligne qui partirait des Sables et passerait entre Luçon et la Roche-sur-Yon, entre Fontenay et la Châtaigneraie, puis à Parthenay, Thouars, Vihiers, Thouarcé, Brissac, et viendrait aboutir à la Loire, un peu au-dessus des ponts de Cé... Ce pays diffère par son aspect, et plus encore par les mœurs de ses habitants, de la plupart des provinces de France. Il est formé de collines en général assez peu élevées, qui ne se rattachent à aucune chaîne de montagnes. Les vallées sont étroites et peu profondes; de fort petits ruisseaux y coulent dans des directions variées : les uns se dirigent vers la Loire, les autres vers la mer; d'autres se réunissent en débouchant dans la plaine et forment de petites rivières. On conçoit qu'un terrain qui n'offre ni chaînes de montagnes, ni rivières, ni vallées étendues, ni même une pente générale, doit être une sorte de labyrinthe. Rarement on trouve des hauteurs assez élevées pour servir de points d'observation et commander le pays. Cependant, en approchant de Nantes, le long de la Sèvre, la contrée prend un coup d'œil qui a quelque chose de plus grand : les collines sont plus hautes et plus escarpées. Cette rivière est rapide et profondément encaissée; elle roule, à travers des masses de rochers, dans des vallons resserrés. Au contraire, en tirant plus à l'est, dans les cantons qui sont voisins des bords de la Loire, le pays est plus ouvert, les pentes mieux ménagées, et les vallées forment d'assez vastes plaines. » C'est dans la partie la plus pittoresque du Bocage qu'est situé Clisson, petite ville très-ancienne, bâtie à six lieues de Nantes, au confluent de la Moine et de la Sèvre nantaise. Le château s'élève sur un roc au bord de la Sèvre, en face de l'embouchure de la Moine. Les deux rivières traversent tout à tour de verdoyantes prairies, des arbres aux ombrages épais dont les branches s'entrelacent au-dessus de leurs eaux, ou des rochers d'où elles se précipitent en cataractes.

Le Bocage est couvert d'arbres, comme l'indique son nom : le chêne est l'essence la plus répandue. On y voit

(¹) Cette partie des Mémoires de Mme de la Rochejacquelein a été écrite par M. de Baranle, qui fut successivement sous-préfet de Dressuire, préfet de la Vendée et préfet de la Loire-Inférieure, et a pu, en cette qualité, acquérir une connaissance approfondie de ce sujet. Nous emprunterons d'autres détails sur l'état actuel du Bocage à une intéressante étude publiée par M. H. Proust, dans la *Revue des Deux Mondes,* 1861.

peu de forêts; mais chaque champ, chaque prairie est entourée d'une haie vive qui s'appuie sur des arbres plantés irrégulièrement et fort rapprochés. Tous les cinq ans on coupe leurs rameaux, et on laisse une tige de douze à quinze pieds. Ces arbres, serrés en longues files, ne laissent pas toujours croître les buissons sous leur ombre. Leurs troncs sont alors percés, avec la tarière, de trous où l'on engage des branches qui servent de palissade. Ces enceintes ne renferment jamais un grand espace. Rarement elles comprennent plus de 2 hectares, et il y a encore aujourd'hui peu d'exploitations de plus de 40 hectares. Mais la culture a fait de grands progrès, et tout le pays a changé de face depuis que les communications y sont devenues plus faciles.

Cette contrée, qui a si longtemps conservé son vieux nom de *Gâtine,* qui veut dire pays gâté, perdu, a commencé à se transformer lorsque des routes stratégiques y ont été établies après 1830. La loi du 21 mars 1836, qui ordonna le percement de nouveaux chemins, y fit pénétrer davantage la lumière et le bien-être à la fois. Le pays attend aujourd'hui que la construction des chemins de fer donne de faciles débouchés à la richesse qui lui vient. La production a plus que doublé en vingt ans. Ce sol qui passait pour ingrat se trouvait être, au contraire, merveilleusement propre à la culture des céréales et des plantes fourragères. Autrefois, de vastes étendues de terres restaient en jachère; les genêts et les ajoncs épineux y croissaient librement. La charrue, lorsque l'on commença à défricher les *terres de nouveauté,* comme on les appelle, avait peine à s'avancer à travers un réseau inextricable de racines; elle rencontre souvent, et celui qui la conduit a toujours peine à éviter, les blocs granitiques que la terre recouvre à peine. Des roches semblables, qui affleurent ou sont entièrement hors du sol, sont disséminées dans tout le pays, et c'est une croyance commune parmi les paysans qu'elles ont poussé là et qu'elles poussent encore; mais les racines isolées, entourées de terres excellentes. La terre végétale a, en beaucoup d'endroits, 50 centimètres de profondeur; au-dessous, la charrue rencontre du sable et de l'argile maigre. Ces couches profondes, ramenées à la surface et mêlées aux engrais, augmentent sans cesse la masse des terres grasses. Outre le fumier fourni par les bestiaux et le noir animal dont il existe plusieurs fabriques dans le pays, la chaux est surtout employée. Les genêts, coupés jadis tous les six ou sept ans et brûlés pour fumer ces terres, ne servent plus guère aujourd'hui qu'à chauffer les fours où l'on cuit la chaux, et c'est principalement à ce dernier engrais que l'on doit le renouvellement de l'agriculture dans le Bocage. Autrefois, les meilleures terres paraissaient tout au plus bonnes pour y planter du seigle ou des pommes de terre. Le froment pousse actuellement dans les landes où croissaient naguère les bruyères et les ajoncs.

La culture du chou branchu, dit chou de Cholet, est une des sources de la nouvelle richesse du pays. Ces choux, que l'on plante par milliers du 15 juin au 15 juillet, atteignent au commencement de l'hiver une hauteur moyenne de 1^m.33. On les met en coupe réglée en commençant par les feuilles basses, et pendant tout l'hiver ils fournissent au bétail une nourriture abondante, se renouvelant à mesure qu'on les dépouille. Le chou de Cholet résiste au froid jusqu'à 14 et 15 degrés au-dessous de zéro. Il offre un autre avantage qui rend sa culture précieuse dans les terres où l'on veut ensuite semer des céréales : ses feuilles, superposées en couches serrées, interceptent l'air au point d'étouffer les mauvaises herbes les plus vivaces.

Le Bocage ne connaît point les maux, si redoutables

ailleurs; de la sécheresse. Outre ses nombreux ruisseaux et rivières, on voit de tous côtés des eaux jaillissantes. Chaque ferme, cachée pour ainsi dire, dans les replis mltipliés du terrain, a près d'elle une rivière ou une source. D'un autre côté, les eaux si abondantes, en inondant toutes les parties basses, nuisent à la solidité des chemins ruraux, qui sont comme creusés entre deux haies. Quelquefois, les arbres forment au-dessus une espèce de berceau, et, sous leur ombrage, la boue a peine à sécher même durant l'été. En hiver, les chemins, coupés de larges mares, deviennent souvent à peu près impraticables; mais peu à peu ces chemins sont remplacés par des chaussées empierrées et bordées de fossés qui facilitent l'écoulement des eaux.

Le territoire est encore, comme autrefois, généralement divisé en métairies; peu de propriétaires cultivent eux-mêmes leurs domaines. Mais autrefois la vente des bestiaux formait le principal revenu du propriétaire et du métayer; aujourd'hui, ils se partagent les produits de cultures habilement alternées. Des changements sont aussi survenus dans les mœurs des habitants du Bocage. Celles du temps passé sont bien résumées dans le livre que nous citions en commençant : « Les châteaux étaient bâtis et meublés sans magnificence; on ne voyait en général ni grands parcs, ni beaux jardins. Les gentilshommes y vivaient sans faste et même avec une simplicité extrême : leur plus grand luxe était la bonne chère. De tout temps les gentilshommes poitevins ont été de célèbres chasseurs. Ces exercices et le genre de vie qu'ils menaient les accoutumaient à supporter la fatigue et à se passer facilement de toutes les recherches auxquelles les gens riches attachent communément du goût et même de l'importance. Les femmes voyageaient à cheval, en litière, ou dans des voitures à bœufs. Les rapports des seigneurs et de leurs paysans ne ressemblaient pas non plus à ce qu'on voyait dans le reste de la France. Comme les domaines sont très-divisés et qu'une terre un peu considérable renfermait vingt-cinq ou trente métairies, le seigneur avait des communications habituelles avec les paysans qui habitaient autour de son château; il les traitait paternellement, les visitait souvent dans leurs métairies, causait avec eux de leur position, du soin de leur bétail, prenait part à des accidents qui leur portaient aussi préjudice; il allait aux noces de leurs enfants et buvait avec les convives. Le dimanche, on dansait dans la cour du château, et les dames se mettaient de la partie. Quand on chassait le loup, le sanglier, le cerf, le curé avertissait les paysans au prône; chacun prenait son fusil et se rendait avec joie au lieu assigné. » Ce tableau n'est plus vrai actuellement qu'en partie. Le Bocage s'est ouvert à l'industrie et à la grande culture. Comme on y

Vue de Clisson sur la Sèvre (Loire-Inférieure). — Dessin de Chasselat Saint-Ange.

manquait de bras, on y a volontiers accueilli les charrues à la Dombasle, les machines à battre le grain, et d'autres instruments agricoles perfectionnés par la science. Des houillères y sont en exploitation. Les anciens du pays regrettent les soirs d'hiver où, après le souper, tout le monde allait se réunir dans quelque métairie. Filles et garçons y dansaient jusqu'à minuit : l'hiver alors n'avait point de travaux. A présent, chaque saison amène les siens. Comme on se fatigue tout le jour, on ne danse plus; on se couche de bonne heure.

ERRATUM.

Page 55, au titre : CLÉCIÈNE NATURELLE DE VERGY; et page 56, sous la première gravure. — Au lieu de : Suisse; lisez : France, Haute-Savoie.

LA SŒUR DE DUGUESCLIN.

* Julienne Duguesclin à Pontorson. — Dessin de Yan' Dargent, d'après une lithographie d'Eugène Delacroix.

Bertrand Duguesclin, qui fut un des plus grands hommes de guerre du moyen âge, fut aussi un des plus honnêtes hommes de son siècle. Sa valeur était un patrimoine de famille, et tous ceux qui l'entouraient étaient animés de son courage et de sa loyauté. Les chroniqueurs rapportent de sa sœur un trait qui prouve qu'elle n'était pas moins brave que lui, et qu'elle n'eût pas été moins redoutable aux ennemis de son pays si elle avait porté la cuirasse et l'épée.

Duguesclin, dans les rares moments où il goûta un peu

de repos, habitait, avec sa femme Tiphaine Raguenel, le château de Pontorson en Bretagne. C'était là qu'il enfermait et faisait garder les prisonniers dont il attendait la rançon. L'un d'eux, un Anglais nommé Felton, pendant sa captivité s'était ménagé des intelligences dans la place. Quand il eut recouvré sa liberté, il profita de l'absence du châtelain pour tenter une escalade. C'est alors que Julienne, sœur de Duguesclin, avertie, disent les chroniques, par un songe, donna l'alarme et, saisissant elle-même une épée, se jeta au-devant des ennemis en poussant le cri de guerre de *Notre-Dame du Guesclin!* qui avait tant de fois mis en fuite les Anglais et les partisans de Montfort.

A ce nom redoutable, aux coups de cette épée,
Qui dans le sang breton fut tant de fois trempée,
L'audacieux Anglais, d'épouvante glacé,
Tombe; un autre soldat par sa chute est poussé,
Et sur son frêle appui le rang entier chancelle.
Julienne avec effort saisit la haute échelle,
La renverse, et la voit éclater en débris.
Mais l'alarme est donnée. . . . .

Ces vers sont de Mme Amable Tastu, qui a écrit un poème sur cet épisode de la vie de Duguesclin et qui l'a inséré dans ses *Chroniques de France*, publiées en 1829. C'est aussi pour ce recueil que M. Eugène Delacroix a dessiné la lithographie peu connue que reproduit notre gravure, et qui représente Julienne Duguesclin repoussant les Anglais du château de Pontorson.

SOUVENIRS DE LA LITHUANIE.

Fin. — Voy. p. 179, 186, 197.

DERNIÈRES HEURES.

Le jour commençait à baisser, les derniers rayons du soleil éclairaient d'une pâle lumière les arbres touffus du petit bois, et l'horizon était si pur, si resplendissant de clarté, qu'on apercevait distinctement les croix dorées de l'église des Bernardins de Budslaw, distante de quelques lieues.

Mon grand-père me dit :

— Dieu me permet de contempler encore ce grand spectacle de la nature avant que mes yeux se ferment pour jamais.

Et, plongeant son regard dans l'espace, il ajouta :

— La dernière espérance de l'homme est vaste comme le monde!

Quand M. Jacques revint de son message, nous vîmes qu'il avait cherché à se donner du courage par un mauvais moyen : s'il n'avait pas complétement perdu la raison, il marchait avec quelque hésitation, et il dit en balbutiant :

— M. le curé viendra demain, à la première heure. J'ai vu au presbytère M. l'abbé définiteur du couvent de Budslaw, il m'a chargé de vous faire ses salutations; mais si l'abbé s'est conformé aux bons usages et à la politesse en ce qui vous touche, il a essentiellement manqué de convenance envers moi.

— Comment cela se peut-il? dit mon grand-père.

— Voilà ce qui s'est passé, et M. le trésorier jugera. Cet abbé a osé dire qu'il allait préparer votre oraison funèbre. En entendant de semblables paroles, je n'ai pas été maître de moi, et j'ai dit très-vertement : « Monsieur l'abbé, mêlez-vous de vos affaires et ne vous occupez pas des autres; on n'a pas besoin de vous, et encore moins de vos oraisons funèbres : gardez vos frais d'éloquence pour un moment plus opportun. M. le trésorier veut seulement se confesser. Qu'est-ce que cela peut vous faire? » L'abbé n'a tenu aucun compte de mes paroles, et il a continué comme si de rien n'était. Il a poussé l'impudence jusqu'au point

de dire, que vous devriez vous faire enterrer revêtu d'un costume de bernardin; qu'il le fallait, que c'était votre devoir, puisque vous aviez testé en faveur de l'ordre. « Ce que vous dites là est faux, ai-je répliqué; c'est le rêve d'un cerveau de prêtre; M. le trésorier est gentilhomme de père en fils, sa noblesse est incontestable : on l'enterrera revêtu du bel uniforme de son palatinat. » Mes paroles portèrent juste, et le bernardin devint rouge de colère. « Assez, assez! s'écria-t-il, nous ne pouvons nous entendre : moi, je défends le froc, et vous, vous défendez l'uniforme. D'ailleurs, vous feriez mieux d'aller gagner votre lit, si vous pouvez, que de discuter, car le vin vous a fait perdre le peu de bon sens que vous pouviez avoir. » La mesure était comble; cet abbé m'avait irrité jusqu'à l'exaspération, et j'ai eu le tort de dire : « Monsieur l'abbé, apprenez que je ne suis pas un bernardin! » Puis j'ai pris la porte et l'ai fermée avec une telle violence que toutes les vitres du presbytère en ont tremblé.

— Vous avez eu grand tort, monsieur Jacques, et votre colère le prouve suffisamment. L'abbé définiteur est un homme que j'aime beaucoup, et ce qui vous a si fort irrité (n'étant pas d'ailleurs en état de bien comprendre) lui était inspiré par son excellent cœur de prêtre et d'ami : il connaît mes sentiments, il sait bien que je regarde la mort avec sang-froid; mais quant au cérémonial, dont il a bien voulu se préoccuper par excès de zèle, j'ai tout arrangé d'avance. Mon testament est déposé chez mon honorable voisin le maréchal de district; on y verra que toutes mes dispositions ont été arrêtées quand j'étais encore dans toute la plénitude de ma force et de ma volonté.

— Si monsieur le trésorier le permettait, dit M. Jacques, j'appellerais un médecin.

— Pourquoi? je ne suis pas malade; la vie s'en va : je me sens l'impossibilité d'être; et c'est un mal contre lequel tous les secrets de la science sont impuissants.

— Non, Monsieur, dit M. Jacques, vous ne mourrez pas, vous ne devez pas mourir; et je ne vous survivrais pas. Si vous n'étiez plus en ce monde, je ferais comme l'orphelin de Radziwill, j'irais à Jérusalem, et je passerais le reste de mes jours dans la pénitence.

— Il n'est pas nécessaire d'aller si loin; Dieu est partout.

— Ah! monsieur le trésorier, vous irez droit au ciel! Mais si pourtant vous m'annoncez, par rêve ou vision, que votre pauvre âme est en souffrance, je donnerai jusqu'à mon dernier écu ou je vendrai ma dernière nippe pour vous faire dire des messes.

— Je n'ai jamais douté de vos excellents sentiments, dit mon grand-père; mais je n'ai plus la force de vous entendre : portez-moi sur mon lit; je sens un frisson qui parcourt tout mon corps, je suis oppressé; dépêchez-vous.

Mon grand-père se coucha, et nous passâmes la nuit à son chevet.

Le lendemain, vers le soir, après avoir rempli ses derniers devoirs religieux, il demanda que l'on fît entrer les paysans et les serviteurs, et ces braves gens, tout en larmes, se précipitèrent dans la chambre.

— Venez tous, approchez-vous de moi, dit mon grand-père; j'ai voulu vous dire adieu, à vous et à vos enfants; car je vous bénisse, et que Dieu protége votre chaumière et votre huré! Merci, mes amis, pour vos travaux; le dévouement que vous n'avez cessé de me montrer. Si je vous ai offensé, pardonnez-moi, car ma faute a été involontaire; et si quelqu'un osait vous opprimer quand je ne serai plus là pour vous protéger, j'en appellerai au jugement de Dieu.

On n'entendait plus que des sanglots, et tous les assistants tombèrent à genoux en embrassant le drap qui recouvrait mon grand-père. Moi, j'étais toujours au chevet du lit; mon grand-père passa sa main sur ma tête : il voulait me parler, mais il n'en avait plus la force. Il soupira; une larme tomba lentement sur sa joue; il me regarda encore une fois, puis il prit la petite croix qu'il avait toujours gardée sur sa poitrine, il l'approcha de ses lèvres : cette croix avait reçu son dernier souffle!

Cette vie est le berceau de l'autre.   JOUBERT.

LE COUSCOUSSOU.

Le mot. — Les habitants de l'Afrique septentrionale comprennent en général sous cette dénomination toute espèce de mets composé de farine blanche ou brune et cuit à la vapeur dans le *keskass*, vase semblable à une écuelle dont le fond serait percé de plusieurs trous.

M. le professeur A. Cherbonneau, directeur du collège impérial arabe-français d'Alger, pense que le mot *couscoussou* ou *kouskoussou* est une onomatopée. Les lettrés et les syllabes qui le composent n'ont pas d'autre rôle que d'imiter le bruit produit par la vapeur lorsqu'elle passe à travers les trous du vase et les grumeaux de farine.

Préparation du couscoussou. — Dès que la récolte est rentrée, les femmes réunissent en un lieu découvert et bien isolé la quantité de blé dur destinée à la préparation du couscoussou. Ce blé est mouillé complétement, puis mis au soleil en tas et recouvert d'étoffes humides. Au bout de quelques heures, le grain étant bien renflé, et sans attendre que la germination commence, on l'étend en couche mince au soleil, sur des haïks ou une aire battue. Lorsque la dessiccation est assez avancée; on passe le grain entre deux meules légères de calcaire dur. La meule supérieure est mue à bras, ordinairement par une femme; les grains sont seulement concassés en fragments gros comme du millet. On expose cette sorte de gruau brut au soleil; et alors il suffit de le vanner pour éliminer les pellicules. Puis on l'ensache dans des peaux de mouton ou de chèvre.

Différentes espèces de couscoussou. — On compte huit espèces de couscoussou, dont voici la définition :

1° La *berboucha*, suivant la coutume des habitants de Constantine, se prépare avec de la farine brune. C'est le couscoussou le plus commun : il forme presque exclusivement la nourriture de la classe pauvre.

2° Le *medjebour* se fait avec de la semoule tirée de la première qualité du froment ou avec de la farine de mouture française. Les grains de ce couscoussou doivent avoir la grosseur du plomb de chasse. On l'accommode avec de la viande d'agneau, des poules, des pigeons ou des perdrix. Après cette première opération, on le fait cuire deux autres fois dans le keskass; puis on y ajoute du beurre fondu, et, au moment de le manger, on l'arrose de bouillon (*merga*).

3° Le *malwèr* se prépare avec les mêmes ingrédients que le *medjebour*, seulement le grain en est plus menu. Le *malwèr* le plus estimé est celui qu'on appelle *nemli*, parce qu'il ressemble par la ténuité de ses grains à des têtes de fourmis (*nemla*). On l'accommode avec des viandes fraîches, jamais avec du *khelie* ou du *kaddide* [1].

4° Le *harache fi harache* est ainsi nommé parce que la farine qui le compose est de mouture grossière. Il ne diffère réellement du précédent que par la finesse du minot.

[1] La khelie est un mets composé de viandes de bœuf et de mouton, coupées par lanières, qu'on laisse mariner dans l'eau avec du sel, du poivre rouge, de l'ail et de la coriandre, et que l'on fait cuire avec de l'huile et de la graisse. Le kaddide répond à ce que nous appelons le petit-salé.

On l'apprête avec des viandes fraîches, ou avec du khelie, ou avec du kaddide. L'assaisonnement ordinaire de ce couscoussou est composé d'oignons, de sel, de poivre, de pois chiches et de boulettes de viande grosses comme une balle de fusil.

5° Le *mesfoufe* se fait avec la première qualité de froment. On le fait cuire de la même manière que tous les autres couscoussous; seulement on y mêle des grains de raisin sec ou des graines de grenade. Lorsque, pour le rendre plus délicat, on y ajoute du *lében* (petit-lait) ou du lait pur, il prend le nom de *barbonkr*.

6° Le *mechroub* n'est pas généralement très-estimé. Lorsque, à la suite de pluies abondantes, l'eau a pénétré dans les silos et atteint le blé qu'ils renferment, ce blé s'imbibe (*ichrob*) et contracte en même temps un goût âcre et une odeur répugnante. Après l'avoir tiré du silo, on le fait sécher, on le moud, et c'est de la farine qui en provient que l'on fait le *mechroub*. Aussi ce genre de couscoussou est-il loin d'être délicat.

7° Quant au *mezeit*, voici de quoi il se compose : parmi les silos, il y en a dont la terre est bonne, et lorsqu'on en extrait du blé qui y a séjourné deux ans et quelquefois davantage, sans avoir été jamais atteint par l'eau, on trouve adhérent aux parois de la cavité ce que les indigènes appellent le mezeit, espèce de croûte produite par un peu d'humidité que la terre communique toujours aux grains qu'elle renferme. Cette croûte affecte une couleur brunâtre et le goût en est très-légèrement sucré. On en fait du medjebour. A entendre les Arabes, c'est un mets exquis, le plat des amis. Le couscoussou de mezeit s'apprête avec du beurre frais et de la viande d'agneau.

8° Le *ciche* ressemble à de la soupe au riz, avec cette différence que les grumeaux de couscoussou remplacent les grains de riz. On fait cuire dans le bouillon des abricots secs, désignés dans le dialecte barbaresque par le mot *fermasse* (en latin, *firmus*?).

Dans les moments de disette, lorsque les Arabes manquent de blé et d'orge, ils ont recours à la *begouga*, vulgairement *draconte des Grecs* ou pied de veau (en espagnol, *el caudil del diablo*). C'est le pain de famine.

LE MÉLIPHAGE.

Cet oiseau, qui appartient exclusivement à l'Australie, est très-commun sur les côtes, et particulièrement sur celles des régions méridionales de cette île. Tous les colons de la Nouvelle-Galles du Sud le connaissent, car il habite volontiers leurs jardins et il n'émigre pas; quand il s'est établi dans un endroit, il ne le quitte guère, si ce n'est accidentellement pour rendre visite à quelque canton voisin où la riche floraison des plantes qu'il aime l'attire par l'appât d'une nourriture abondante. On le voit voltiger de branche en branche dans les arbustes, dans les buissons, qu'il préfère aux grands arbres, se glisser, ramper, en s'accrochant dans toutes les positions, parmi les fleurs dont il recueille le pollen et les sucs avec sa langue; ses mouvements prestes et gracieux, son chant qui se compose d'une seule note, mais claire et sonore, son plumage varié, orné par places d'un jaune d'or, font de lui un des plus agréables représentants de la faune australienne.

On trouve son nid, dans les forêts comme dans les jardins, sur les arbrisseaux, à la portée de la vue et de la main, à deux pieds de terre tout au plus. Le nid est formé de brindilles flexibles, d'herbes, de bandes d'écorce; il est tapissé à l'intérieur d'un duvet cotonneux emprunté aux nombreuses fleurettes qui tapissent le sol. La nichée est de deux ou trois petits, et se renouvelle en général trois fois durant la saison des couvées, qui commence en août et finit en janvier.

Le *Meliphaga Novæ Hollandiæ* a, d'après la description de Gould, la tête noire avec une touffe blanche derrière l'oreille et une autre sous la gorge; les petites plumes qui entourent le bec, hérissées et formant une espèce de mous-

tache; le dessus du corps d'un noir brun, plus clair vers la queue; les ailes d'un noir brun, avec les bords externes des grandes plumes d'un beau jaune vif et leur extrémité faiblement teintée de blanc; la queue d'un noir brun, bordée extérieurement de jaune en dessus, et en dessous marquée à l'extrémité d'une tache ovale de couleur blanche;

Le Méliphage (*Meliphaga Novæ Hollandiæ*). — Dessin de Freeman.

le dessous du corps moucheté longitudinalement de noir et de blanc, le noir prédominant sur la poitrine et le blanc sur le ventre; le bec et les pieds noirs. Même plumage chez les deux sexes.

LES COLLECTIONS DE LUYNES,

AU CABINET DES MÉDAILLES.

Suite. — Voy. p. 7, 68, 88.

Le trépied qui est ici dessiné occupe une place d'honneur au cabinet des médailles, où il est placé hors des vitrines, sur un fût de colonne qui le met en évidence. Les

trépieds antiques sont en petit nombre dans les collections, et on en pourrait faire le compte sans beaucoup de peine. Avant les fouilles opérées dans la nécropole étrusque de Vulci en 1829 et dans les années suivantes, qui ont fait reparaître à la lumière tant de trésors enfouis et ont été le point de départ d'études toutes nouvelles, le nombre des monuments de ce genre était encore plus restreint. Aucun n'était d'une époque antérieure au siècle d'Auguste; mais, lors des fouilles de Vulci, une dizaine de trépieds de bronze, beaucoup plus anciens et à peu près semblables entre eux par la forme générale et les ornements, apparurent successivement. Celui-ci, un des plus précieux, fut trouvé en 1831, par un savant italien, M. Campanari, qui fit connaître, quelques années après, sa découverte dans les Annales de l'Institut de correspondance archéologique de Rome (1837). M. le duc de Luynes en a publié, dans la partie française de la même publication ([1]), une description beaucoup plus complète, que nous nous contenterons d'abréger.

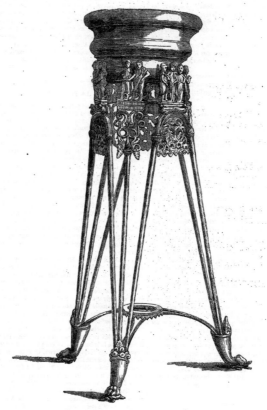

Collections de Luynes. — Trépied étrusque en bronze. — Dessin de Féart.

« Tous les trépieds étrusques connus jusqu'à présent, dit M. le duc de Luynes, sont semblables pour la forme de leurs pieds, composés de deux branches divergentes et arrondies vers la partie supérieure et d'une tige verticale qui les sépare. La chaudière n'est point un cône renversé, mais un cylindre à fortes moulures et sans fond, comme si ces objets d'art n'avaient été destinés qu'à l'ornement d'édifices sacrés, sans avoir jamais dû recevoir aucun autre emploi domestique ou religieux. Les figures sont disposées au-dessous de la première moulure du cylindre, au-dessus de l'arcade formée par les branches divergentes et au sommet des tiges qui les séparent. » Ces figures forment autour des trépieds de la collection de Luynes des groupes alternativement de deux et de trois personnages; de belles palmettes, des feuillages, des oiseaux, des canards accroupis, supportent la base des groupes, et sont entremêlés

([1]) *Nouvelles annales*, t. II, p. 237; et *Monuments inédits*, pl. XLIII.

dans l'intervalle demi-circulaire au-dessous d'eux. Au bas et au centre, on voit un cercle dentelé qui se rattache par des branches courbes à la gaîne ornée de palmettes, d'où sortent les pieds en forme de griffes de lion reposant sur des tortues faisant face à l'extérieur. Ce cercle devait supporter une petite statuette, selon la conjecture de M. le duc de Luynes, qui, par le rapprochement des textes et des monuments, a établi, de la manière la plus ingénieuse, le sens jusqu'alors douteux d'un passage de Pausanias (lib. III, cap. XVIII, § 5) relatif aux figures que Je voyageur grec vit sous les trépieds consacrés par les Lacédémoniens dans le temple d'Apollon Amycléen.

Le savant antiquaire a tiré aussi un merveilleux parti des renseignements fournis par Pausanias au sujet du trépied d'Apollon Amycléen pour fixer la signification des figures qui décorent le trépied qu'il décrivait. Les attributs de ces figures, d'ailleurs assez grossières, sont peu nombreux : ce sont des coupes ou patères dans la main de trois femmes, des ailes attachées aux pieds de trois hommes; dans un seul des personnages, on pouvait reconnaître, d'une manière indubitable, Hercule à la massue qu'il porte et à la peau de lion qui le couvre. Partant de ce point une fois établi, et s'aidant de la description du trépied d'Apollon Amycléen autour duquel étaient représentés trois hommes et trois femmes admis par les dieux à l'éternelle félicité de l'Olympe, M. le duc de Luynes a reconnu dans les groupes de son trépied Hercule marchant à la suite de Minerve qui le dirige vers l'Olympe, où elle va lui présenter la coupe remplie de nectar, symbole de son apothéose; Ino et Mélicerte divinisés au moment où Mercure les ramenant du royaume des morts, leur a remis le breuvage de l'immortalité; Sémélé ramenée des enfers par Bacchus en présence d'Apollon; Alcmène présentée par Amphitryon ou par Rhadamanthe, son dernier époux, à Jupiter qui la rend immortelle; Adonis ramené des enfers par Vénus qui doit le conserver six mois auprès d'elle, sujet reproduit souvent sur les miroirs étrusques; enfin Pollux qui conduit Castor au ciel pour lui faire partager son immortalité.

Des figures semblables se retrouvent sur d'autres trépieds étrusqués; plusieurs ont certainement été coulées dans le même moule et quelquefois différemment groupées. Dans ces exemples d'un échange encore plus industriel qu'artistique, il n'y a rien de surprenant, dit M. le duc de Luynes, si l'on réfléchit que l'Étrurie, célèbre par ses fonderies de cuivre, dut naturellement recourir aux moyens que nous employons nous-mêmes pour multiplier, associer et diversifier à l'infini les productions de la sculpture décorative. Quant aux sujets, empruntés aux mythes de la Grèce, on remarquera qu'ils ne pouvaient être mieux choisis pour décorer des trépieds placés dans les tombeaux, soit qu'ils n'eussent d'autre destination que d'orner ces tombeaux, soit qu'ils eussent été, pendant la vie du défunt, le prix de quelque victoire.

NE NOUS ARRÊTONS PAS.

Ne nous arrêtons pas dans la possession de la nature vivante qu'à côté de nous les géologues, les physiciens, les chimistes, les industriels, dans celle, si ardemment poursuivie, de la nature inanimée. L'industrie aussi est riche; son empire est immense déjà : la voyons-nous moins empressée à en reculer les limites, à explorer le globe sur toute sa surface et jusque dans ses plus secrètes profondeurs? Non, plus elle en a obtenu, plus elle lui demande, et plus elle en obtient; car elle a maintenant contre lui toutes les ressources dont l'ont armée ses victoires antérieures : tous ces métaux, toutes ces roches, tous ces

combustibles, qu'elle s'est successivement appropriés; toutes ces forces qu'elle a su faire jaillir de la combinaison de ces éléments et du jeu réciproque de ces corps; toutes ces merveilles par lesquelles le génie des Watt, des Volta, des Œrstedt, des Ampère et de leurs successeurs, semble avoir pris à tâche de réaliser tous les rêves de nos pères, toutes les fictions de l'Orient! Rien n'est impossible à la nature, disait Pline. Rien n'est impossible à la science, mot d'Arago; il y a vingt ans, et de nous tous, depuis que nous voyons tout ce que l'illustre physicien commençait à voir ou ce qu'il pressentait.

Is. GEOFFROY SAINT-HILAIRE [1].

LA POLOGNE.

Les Polonais sont les plus purs représentants de la race slave, la dernière venue des tribus aryennes qui peuplent aujourd'hui l'Europe presque entière; tout autour des deux Pologues et de la Lithuanie, la famille slave, Antes au nord et à l'orient, Tchèques et Moraves à l'ouest, au midi Serbes et Croates, dut se mélanger d'éléments finnois, ou tartares, ou germaniques. Les Polonais, au contraire, après avoir complètement effacé de leur sol l'empreinte de leurs prédécesseurs, sont demeurés intacts depuis le sixième jusqu'au dix-huitième siècle; et encore, de nos jours, ils refusent énergiquement de s'incorporer à des nations qui tendent à effacer peu à peu son individualité; ils s'indigneraient de lire en un dictionnaire : POLOGNE, ancien État de l'Europe; ils prétendent vivre pour et par eux-mêmes. Leur noble persévérance, les malheurs inouïs qui les ont accablés, les fautes sociales et politiques d'où leur ruine est sortie, les services qu'ils ont jadis rendus à l'Europe et qu'ils pourraient lui rendre encore, doivent attirer les yeux sur les vicissitudes de leur histoire, leur langue et leur littérature.

Les noms de Slavi ou Slavini, de Vénèdes et d'Antes, n'apparaissent guère avant le sixième siècle. Jornandès, un Goth devenu évêque de Ravenne, est le premier à les mentionner, et les distribue un peu au hasard entre le Volga et la Vistule. Depuis quand les Slaves occupaient-ils ce vaste espace? C'est ce qu'on ne peut aucunement déterminer, à moins de les assimiler aux Sarmates, connus des anciens comme conquérants des mêmes régions et vainqueurs des Scythes, ou Finnois, ou Tartares. Mais saurons-nous jamais rien de certain sur les mouvements de ce tourbillon incohérent qui renversa l'édifice romain? Il semble que la masse slave ait été à la fois traversée et débordée par les Huns et les Alains. Quoi qu'il en soit, elle se trouva occuper, dès le cinquième siècle, les vastes régions où avaient dominé tour à tour les Goths et les Huns; par ses tribus méridionales, Bosniaques, Serviens, Croates, Esclavons, Dalmates, Vénèdes, elle atteint la mer Adriatique; à l'occident, elle lance dans la Bohême, la Misnie, la Saxe et la Lusace, les Tchèques, les Moraves, les Sorabes, et s'étend, avec les Wilzes et les Obotrites, jusqu'à la Poméranie et au Brandebourg; son centre est formé par les Polonais, et son arrière-garde par les Lettons ou Lithuaniens. La réaction germanique, sans la faire reculer, couvrit et absorba ses parties les plus avancées, et Charlemagne seul put arrêter son mouvement. Sa force d'expansion était usée désormais, l'heure était venue de se constituer en nations et en royaumes.

Vers 550, Leck, chef légendaire des Leckes ou Polènes, fonda Gnezne et Poznan. Après lui, ou après l'extinction de sa famille, commença une longue période d'oligarchie

(1) Discours d'ouverture à la première séance publique annuelle de la Société d'acclimatation.

oppressive où l'on peut à peine signaler trois noms : Cracus, fondateur de Cracovie; Prémislas, un soldat heureux (vers 750), et le paysan Piast, qui inaugura la dynastie nationale. Complètement indépendants de fait, les ducs polonais reconnaissaient encore la suzeraineté des empereurs; vers 1024 seulement, à la mort de l'empereur Henri II, Boleslas Chrobry, maître de la Lusace, prit le titre de roi, bientôt perdu par son fils Micislas II, à la suite de conquêtes et de revers également rapides (1032), et reconquis, après un interrègne de sept ou huit ans, par son petit-fils Casimir. Ce Casimir, qui délivra momentanément son pays de la tyrannie des nobles, et mourut après dix-huit ans d'un règne pacifique, avait longtemps été moine à Cluny; il n'était que le quatrième prince chrétien de la Pologne.

L'ancienne religion des Slaves, sorte de mythologie moins sauvage que celles du Nord, moins riante que celles du Midi, résista longtemps au culte nouveau; ébranlée sans être détruite chez les Obotrites et les Sorabes, qui la conservèrent bien jusqu'au douzième siècle; elle reçut le premier coup décisif en Bohême par la prédication de Cyrille et Méthodius. Ce fut Micislas Ier, en 966, qui introduisit en Pologne le christianisme, sans avantage bien immédiat pour l'avancement moral de ses sujets; au contraire, il l'imposa par la force, et condamna à la perte des dents ceux qui n'observaient pas les jeûnes prescrits. C'était là un singulier chrétien. De son règne datent les évêchés de Gnezne et Poznan (Posen). La Lithuanie fut chrétienne à grand'peine vers la fin du quatorzième siècle; et quant aux habitants de la Prusse orientale, à demi Germains, à demi Slaves, il fallut les exterminer ou les déporter pour planter la croix dans leur terre sauvage. Les chevaliers Teutoniques acceptèrent cette tâche, et édifièrent sur la conversion de la Prusse une grande puissance politique et militaire qui épuisa la Pologne en guerres perpétuelles.

Cependant, sous les règnes aventureux de Boleslas II et III (1058-1139), l'influence polonaise s'étendait en Russie et en Hongrie; et, malgré une longue anarchie (1139-1240), la Pologne formait un corps assez compacte pour arrêter la grande invasion mongole. Elle en souffrit sans doute, mais l'étouffa, ce que ne put faire de longtemps la Russie. Le quatorzième siècle, rempli de guerres et de fortunes diverses, n'en est pas moins une époque d'unité politique : les Polonais sentent la nécessité de s'unir contre les ennemis du dehors; et plût au ciel qu'ils n'eussent jamais oublié cette nécessité absolue, cette solidarité qui fonde seule les États! Avec Ladislas IV Loketek, la dignité royale est enfin redevenue permanente (1320); avec Casimir III le Grand, la Pologne englobe la Russie rouge, la Podolie, la Volhynie, et atteint le Dniéper; toutefois, en s'étendant à l'est, elle était forcée, après une guerre de quarante ans environ (1300-1343), de céder à l'ordre Teutonique la Poméranie de Dantzick. Casimir le Grand promulgua un code, protégea les juifs, améliora le sort des paysans; mais il eut le tort de reconnaître la prépondérance absolue de la noblesse et de l'associer à la royauté, si bien que les princes, même héréditaires, soumis dès lors à une sorte d'élection, durent acheter par des concessions ou des priviléges l'agrément des seigneurs. La noblesse polonaise se signala souvent par son courage; mais, comme la garde prétorienne tua l'empire romain, elle perdit la patrie.

Jagellon (Ladislas VI), duc de Lithuanie, époux de l'héritière des Piast, fut couronné roi de Pologne, à Cracovie, le 17 février 1386. La dynastie qu'il fonda est demeurée justement célèbre; et si l'on pouvait oublier les empiétements successifs de la noblesse et l'extrême incertitude des limites du royaume, on dirait volontiers qu'au dedans et

au dehors elle a réuni toutes les gloires. Durant deux siècles entiers, sous Jagellon, Ladislas VII, Casimir VI, Jean Ier, Alexandre et Sigismond-Auguste, le territoire polonais ne fait que s'accroître : en 1436, la Samogitie et la Sudavie lui sont rendues; en 1466 (traité de Thorn), la possession de Kulm, Michailof, Dantzick et la suzeraineté de la Prusse orientale; la Livonie lui est incorporée en 1560, et la Courlande, annexée en 1561; enfin la Lithuanie, qui avait gardé une sorte d'autonomie, devient province polonaise en 1564. La lutte avait été moins décisive avec les Russes qu'avec l'ordre Teutonique; mais s'ils prirent Smolensk en 1522, ils furent battus à Czasniki en 1564. L'éclat des lettres et la vie intellectuelle égalaient au moins cette gloire et cette activité extérieure. La Pologne eut, au seizième siècle, sa renaissance et son âge classique. La langue, une des plus riches et des plus complexes qu'ait élaborées la grande officine aryenne, semble être sortie tout à coup des limbes; car elle n'avait encore produit que quelques hymnes nationaux, les Chroniques de Nestor (dixième-treizième siècle) et le Code de Casimir. L'Université de Cracovie, d'où sortit Copernic, se forma lentement, de 1364 à 1400, et la première imprimerie fut fondée à Cracovie en 1485. Bientôt, à Nicolas Rey, père de la poésie polonaise, succèdent une foule d'écrivains qui illustrent l'histoire, l'éloquence, l'ode, l'élégie et la pastorale; mais leurs noms, aimés des savants compatriotes, ne pourront entrer dans notre mémoire que par des traductions de leurs œuvres, et nous les citerions vainement dans un aussi court exposé; le lecteur courrait le risque de n'en retenir que la terminaison uniforme.

La fin de la dynastie des Jagellons (1572) ouvre la porte à tous les désordres d'une constitution vicieuse, et déchaîne sur la Pologne tous les maux qui vont la détruire avant de la livrer à ses ennemis. Vainement Étienne Bathori se maintient en Prusse, en Livonie, en Courlande : il meurt de ne pouvoir reconstituer l'unité (1586); vainement les Wasa reprennent Smolensk et dominent un instant la Russie (1610-1618) : le second d'entre eux, vainqueur de Romanof, des Tartares et des Turcs, meurt comme Bathori, sans avoir pu concentrer l'autorité dans la main des rois. Avec Jean-Casimir, ancien jésuite et cardinal, Wisniowiecki (Michel Coributh) et Sobieski lui-même, la décadence suit immédiatement l'apogée et s'accélère de jour en jour (1648-1696). Les Suédois, les Russes et les Turcs ne laissent pas à la Pologne un instant de répit : elle perd, en 1657, la suzeraineté de la Prusse orientale; en 1660, la Livonie (paix d'Oliva); en 1667, Smolensk, l'Ukraine, la Sévérie (traité d'Andrusof); en 1686, Kiew et la Podolie (traité de Moscou). Ce qui restait encore de force à un empire si promptement déchu s'épuisa vite dans les querelles intestines de la dynastie saxonne (1697-1764); jamais temps ne fut plus mal choisi pour donner la couronne à des étrangers. L'invasion de Charles XII, la puissance énorme des Russes, accrue de ce qu'ils venaient d'enlever à la Suède, montrèrent bientôt à la noblesse polonaise tout le mal qu'elle avait fait à son pays, et la condamnèrent à un repentir éternel. La tardive confédération patriotique de Bar, encouragée par le ministre français Choiseul, ne fit peut-être que hâter le démembrement. L'heure douloureuse était arrivée; sous la royauté nominale et imposée de Stanislas Poniatowski (nom plus tard glorieusement porté) eut lieu le premier partage de la Pologne (1772).

Ici, jetons un regard en arrière, et recherchons les causes d'une décomposition si rapide. Nous les avons indiquées déjà : difficulté de défendre des frontières vagues et mal protégées; déplorable anarchie politique. De ces deux vices, le second est le seul vital, car une constitution solide et régulière eût aisément obvié au premier. Nul doute que des hommes comme Bathori, Sigismond III, Ladislas Wasa et Sobieski, appuyés sur une nation compacte, eussent maintenu et assuré l'empire légué par les Jagellons. Le secret de la chute de la Pologne est donc tout entier dans le servage qui paralysait la masse du peuple, dans l'asservissement de la petite noblesse à quelques grands seigneurs, dans le pouvoir insensé des nobles, enfin dans l'absurde *veto*. Croirait-on jamais, si l'histoire n'était là, que dans une assemblée d'hommes, et soi-disant politiques, le refus d'un seul a pu suffire, durant plus d'un siècle, à écarter du trône les hommes mêmes les plus capables et les plus aimés; que des jalousies mesquines ont livré le gouvernement d'un royaume menacé de toutes parts à huit ou neuf princes étrangers? De là des querelles dans la maison quand les larrons sont aux portes; de là l'impuissance, la défaite sans combat, la mort. A de tels spectacles, l'historien se sent presque devenir fataliste; il répète, avec Horace : « Ceux que veut perdre Jupiter, il les rend fous ! »

Sommes-nous trop sévère pour la noblesse polonaise? C'est avec elle—même que nous le sommes, et toute sa gloire est dans ses remords héroïques. Son dévouement a bien racheté ses fautes, et notre unique regret, c'est qu'elle en ait porté le poids, et, avec elle, une noble race. Raconterons-nous des événements qui sont dans toutes les mémoires ; la révolution de 1790-1791, marquée par l'abolition du fatal *veto*; le second partage de 1793; la mort de Kosciusko (1794) et le troisième partage en 1795; la honte dont se couvrirent trois États, et les grands intérêts qui ne permirent pas aux puissances occidentales une intervention efficace; l'éphémère duché de Varsovie (1807), la présence des Polonais dans nos armées; le quatrième partage de 1815; la lutte de 1830, et enfin ces nouveaux efforts sur lesquels toute l'Europe a les yeux? Nommerons-nous les Dombrowski, les Joseph Poniatowski, les Chlopicki, Czartoryski, Dembinski, toutes ces nobles âmes que l'exil a punies de leur amour pour la patrie? Eux, leurs fils et leurs amis, ne cessent de prouver au monde la vitalité d'un peuple chaque jour décimé; leurs talents, sont faits pour donner une grande idée de cette race slave qui n'a jamais voulu convenir des paroles faussement attribuées à Kosciusko mourant : *Finis Poloniæ*.

La Pologne n'a jamais plus affirmé sa vie que depuis sa ruine. La langue polonaise, un moment opprimée par le latin des jésuites (durant le dix-septième siècle), retrouva, dans la seconde moitié du siècle dernier, une seconde renaissance, à laquelle l'influence française ne fut pas étrangère. Un prêtre, Stanislas Konarski, publia une foule de bons ouvrages pédagogiques, et releva l'instruction; Rzewuski et Naruszewics restaurèrent la poésie pure, et Adam Czartoryski créa le drame national, tandis que les Potocki se distinguaient dans l'éloquence et la critique. Après le partage, les lettres devinrent une consolation précieuse et produisirent des hommes universels, tels que Niemcevicz, historien, poète dramatique et lyrique. Lelewel renouvela l'histoire, et du grand mouvement romantique sortirent Mickiewicz, Ostrowski, Slowacki, avec une théorie hardie sur l'art et plus de talent qu'il n'en fallait pour la défendre. Une nationalité qui se manifeste ainsi a raison de protester contre sa fusion dans une race qui lui est complètement étrangère, sinon par l'origine et la langue, au moins par l'esprit et les mœurs. En effet, l'élément slave en Russie fut tout d'abord opprimé, absorbé et anéanti par les Roxolans et les Scandinaves, les Finnois et les Tartares; les Polonais demeurent donc les Slaves par excellence.

PASSAGE DE MERCURE
SUR LE DISQUE DU SOLEIL.

La figure que nous reproduisons est la représentation exacte du passage de Mercure sur le disque du Soleil, aperçu à travers une branche d'arbre, objet terrestre qui était venu se placer dans le champ de la lunette. Ce dessin ayant été pris sur une épreuve photographique, et les lunettes des astronomes ne redressant pas les objets, il faut renverser l'image pour voir les choses telles qu'elles étaient réellement dans le ciel.

Passage de Mercure sur le soleil levant. — D'après une photographie.

La présence de la branche d'arbre empêcherait sans doute beaucoup d'astronomes de reconnaître Mercure; des observateurs même assez habiles pourraient confondre cette tache noire avec quelqu'une des innombrables taches qui défigurent quelquefois la face du dieu du jour.

Nous n'avons pas, du reste, besoin de rappeler des circonstances dans lesquelles des astronomes de profession ont montré qu'ils n'avaient pas besoin de branche d'arbre pour commettre l'erreur inverse. Il n'y a pas longtemps que l'on a pris pour des planètes circulant autour du foyer de notre système planétaire les solutions de continuité de sa photosphère lumineuse.

Quoique les passages de Mercure n'aient pas l'importance de ceux de Vénus, ils sont cependant observés avec le plus grand soin. Un jour viendra sans doute où les différents observatoires seront reliés électriquement les uns avec les autres; alors les moindres circonstances des mouvements célestes pourront être utilisées au perfectionnement de la théorie du système du monde. L'importance des passages de Mercure augmentera en même temps que les progrès de l'astronomie seront plus décisifs et plus universels.

Nos lecteurs savent que plus les planètes sont rapprochées du Soleil, plus leurs orbites sont multipliées. En effet, plus leur orbe est de dimensions étroites, et plus, d'un autre côté, la vitesse qui les empêche de succomber à l'attraction du Soleil est énorme. Ainsi Mercure, qui en est trois fois plus près que la Terre, ne parcourt pas son orbe en 120 jours, comme il serait arrivé s'il se mouvait avec la même vitesse; mais il ne lui faut que 87 jours pour faire une révolution complète. Que l'on juge, par ces chiffres, de la prodigieuse rapidité avec laquelle devraient circuler les planètes que l'on croit avoir vues entre Mercure et le Soleil!

SCÈNE D'HIVER.

l'arbre empêcherait nous
e reconnaître Mercure;
ties pourraient, confondre
s des innombrables turbes
e du dien du jour.
besoin de rappeler des cir-
astronomes de profession
besoin de branches d'arbre
se. Il n'y a pas longtemps
s circulant autour du foyer
s solutions de continuité de

res n'aient pas l'importance
nafant observés avec le plus
uns décrite où les différents
ciquement les uns avec les
rconstances des mouvements
s au perfectionnement de la
L'importance des passages
c'en temps que les progrès
cisils et plus universelle.
s les planètes sont rappro-
anxagées sont multiples. En
imenisons douées, ca pilus,
les empêche de s'accrocher à
se. Ainsi Mercure, qui ne est
e, se parcourt pas son orbe
arrive s'il se renouvelà avec
si faut que 87 jours pour
Que l'on juge, par ce
tilié avec laquelle decrasini
cait avoir vues entre Mé-

L'Arracheur de souches. — Scène d'hiver, par Ch. Jacque.

La gravure à l'eau-forte et la gravure en bois sont ressuscitées en France à peu près à la même heure; elles datent du grand mouvement des arts et des lettres qui commença sous la restauration, et dont on parle déjà comme d'une période ancienne. Ce fut alors que la réaction contre le faux idéal et les traditions mal comprises ramena parmi nous, avec le goût de la réalité pittoresque, du détail familier et de la nature champêtre, les procédés de gravure qui répondent le mieux, quand ils sont maniés par des mains heureuses, au sentiment intime de l'artiste, et conservent, en traduisant sa pensée, la spontanéité et le jet d'une première inspiration.

M. Charles Jacque s'est montré un maître, entre tant de talents éminents, dans ces libres procédés de la gravure à l'eau-forte et du dessin sur bois; et par le choix de ses sujets, comme par sa manière de les comprendre et de les rendre, il appartient vraiment à cette lignée d'artistes qui substituèrent aux conventions dont on faisait abus la poésie que l'on respire partout où la nature s'épanouit en liberté. Est-il nécessaire de faire valoir son mérite auprès de nos lecteurs, qui en ont eu si souvent des preuves? Qui pourrait avoir oublié ses fermes et ses étables, ses basses-cours et ses pâturages, et tant de paysages vraiment agrestes, dont les figures sont de vrais paysans et de vivants animaux, étudiés avec amour par quelqu'un qui ne leur veut pas d'autres beautés que leurs naïves allures et leur rusticité?

Nouveau est l'aspect qu'il nous montre aujourd'hui: les troupeaux sont rentrés dans les bergeries, le soleil voilé n'a plus de chaleur, le pâtre ne cherche plus l'ombrage, le bois dépouillé est livré à la cognée du bûcheron; mais ce sol sans verdure, ces troncs déracinés, ces grands arbres aux rameaux nus, qui attendent leur ruine prochaine, ont aussi leur charme. Écoutez notre vieux poète Ronsard :

Forest, haute maison des oiseaux bocagers,
Plus de cerf solitaire et les chevreuils légers
Ne paistront sous ton ombre, et ta verte crinière
Plus du soleil d'été ne rompra la lumière. . . . . .
Tout deviendra muet; Écho sera sans voix;
Tu deviendras campagne; et en lieu de tes bois,
Dont l'ombrage incertain lentement se remue,
Tu sentiras le soc, le coutre et la charrue.

CE QU'UN HOMME CIVILISÉ DEVRAIT SAVOIR [1].

I.

Une quinzaine d'ouvriers de Paris étaient récemment un de leurs camarades, qui, après une longue absence, se retrouvait au milieu d'eux. Il revenait non pas du tour de France, mais bien du tour du monde. Un héritage à recueillir dans la ville de San-Francisco avait été pour lui l'occasion de satisfaire à son désir de voir « du pays. » Ce désir, surexcité par la lecture de nombreuses relations de voyages, était devenu une véritable passion ; et notre Parisien, qui jusque-là n'avait jamais dépassé la banlieue de la capitale, s'était embarqué avec enthousiasme pour la Californie. L'héritage, assez considérable, d'ailleurs, avait été presque entièrement absorbé par les frais de cette exploration ; mais très-content de l'usage qu'il en avait fait, l'ouvrier voyageur rentrait gaiement au foyer natal et à son atelier. Ses camarades lui avaient offert un banquet; il leur devait, en retour, le récit de ses aventures. Il raconta son voyage de bonne grâce, cela va sans dire, et aussi sans exagération, ne voulant pour sa part justifier aucunement le vieux dicton : « A beau mentir qui vient de loin. »

Ses auditeurs s'intéressèrent surtout à ses excursions au milieu des tribus sauvages. La plupart d'entre eux avaient

(¹) Voy. l'article Sauvages, t. XXX, 1862, p. 137.

lu les romans de Cooper et de ses initiateurs, et ils étaient bien aises d'avoir un témoin oculaire digne de leur confiance pour être assurés si ce qu'avaient dit des « peaux-rouges » leurs peintres de mœurs de couleur blanche était la vérité.

L'un des auditeurs, après que le voyageur eut raconté un séjour qu'il avait fait dans une tribu, fit cette réflexion :

— Dis donc, Allard, si cette tribu-là avait eu l'idée de te prendre pour roi ! Voilà qui aurait été original ; et tu aurais eu là une belle occasion de civiliser ces pauvres sauvages.

— Eh! mon cher, ne crois pas que les Indiens d'Amérique ou les sauvages de l'Océanie aient tant d'empressement à prendre des Européens pour les gouverner ! Détrompe-toi. Ceux que j'ai vus m'ont bien paru croire à la supériorité des hommes blancs ; mais ils ne m'ont pas paru le moins du monde disposés à prendre pour chef un « visage pâle. » Et puis ils en auraient été pour leurs frais s'ils avaient eu l'idée de m'élever sur le pavois. Je m'y serais bel et bien refusé.

— Pourquoi donc?

— Pourquoi? parce qu'en réalité, quoiqu'ils me crussent supérieur à eux, je me sentais, au milieu d'eux, à beaucoup d'égards, leur inférieur. Non-seulement je n'aurais pas été capable d'améliorer leur existence, mais je ne sais pas même s'il m'eût été possible de me tirer d'affaire en essayant de vivre de leur vie.

— Comment, tu n'aurais pas pu les initier aux grands progrès de la civilisation?

— Ah! tu crois que c'est facile, toi, d'initier des sauvages à ce que tu appelles les grands progrès de la civilisation? D'abord, il faudrait les connaître, ces progrès. Il y a sans doute des voyageurs qui sont en mesure de faire ce que tu dis, mais ce n'est certainement pas moi. Et puisque nous sommes sur ce chapitre, je vous avoue, mes chers amis, que je n'ai jamais eu autant le sentiment de mon ignorance que lorsque je me suis trouvé parmi ces pauvres gens. J'en étais, au fond de mon âme, profondément humilié. Je me disais : Tu sors du foyer même de la civilisation la plus raffinée, et tu ne saurais point seulement enseigner, par exemple, à ces peuples nus comment ils devraient s'y prendre pour se faire des vêtements ni pour se fabriquer les outils les plus indispensables... Non, je vous le dis, là, sérieusement, je me sens encore humilié quand j'y pense. J'aurais bien pu leur dire: « Demandez des vêtements aux blancs en échange de vos fourrures; procurez-vous des charrues par le même moyen, et demandez au sol, en le cultivant, vos principales ressources alimentaires. » Il ne faut pas être bien malin pour donner de semblables conseils; mais ce n'est pas ainsi qu'on arrive à civiliser réellement. Il faudrait apprendre à ces pauvres gens à confectionner eux-mêmes les objets de première nécessité. Eh bien, j'avoue ceci à ma honte, je suis tout à fait incapable d'être, au plus simple degré, l'initiateur d'un peuple sauvage. Je suis peintre en décor; je sais imiter les bois et les marbres; mais tirez-moi de là, bonsoir : je suis un âne. Je ne sais même pas l'origine et l'apprêt de toutes les couleurs et brosses dont je me servirai demain en reprenant mon métier...

— N'en sois pas humilié, mon cher Allard, reprit l'un des convives. Tu n'es pas le seul à ignorer bien des choses que tout homme civilisé devrait savoir. Je suis logé à la même enseigne que toi; et sans faire tort à nos amis qui sont ici, je pourrais hasarder qu'ils n'en savent guère plus long que nous deux. Ainsi, je suis ciseleur, moi; je travaille le cuivre, le bronze et l'acier même métaux; mais je soupçonne à peine comment ces divers métaux se tirent de la terre, se concassent, se fondent, se mélangent, etc. Et si je devais apprendre à ciseler à des sauvages, je ne saurais pas même préparer le fer et l'acier de mes outils... C'est malheureux, c'est ridicule qu'on soit si ignorant; mais c'est comme ça!

— Allons, puisque nous en sommes à nous confesser en famille, ajouta un autre, qu'est-ce qu'on dirait de moi! Je suis horloger, n'est-il pas vrai? Eh bien, que je sois au milieu des sauvages, et que je veuille leur apprendre à marquer exactement le temps, — c'est une chose bien importante, cela! — je ne suis pas du tout certain que j'en serais capable. Je pourrais décrire le mécanisme d'une montre ou d'une horloge, sans doute; mais j'aurais grand'-peine, même ayant le métal nécessaire, en matière première, d'arriver à faire convenablement tout l'ensemble d'une montre.

— Par ma foi! s'écria un troisième, c'est notre histoire à tous, comme le disait tout à l'heure Berton. Chacun de nous ne connaît que sa petite spécialité. Tirez-le de là, en fait de connaissances usuelles, et vous ne trouvez presque plus rien. Nous sommes tous plus au courant des romans nouveaux et des mélodrames en vogue que des inventions utiles. Nous les connaissons seulement de nom. C'est à peine si nous comprenons les merveilleuses découvertes de notre époque, comme la télégraphie électrique et la vapeur. Si bien que, pour en revenir à la réflexion de Bardier sur la royauté que les sauvages auraient pu offrir à Allard, je comprends quel aurait été l'embarras de notre ami, en pensant quel eût été le mien. Voyez-vous l'un de nous se chargeant de répondre au plus impérieux besoin de sauvages nus qui consentent à écouter les conseils d'un civilisateur? Il aurait à leur faire reconnaître ce qu'on appelle, je crois, les matières textiles, puis à leur apprendre à cultiver et à filer ces matières; puis à les tisser. Voyons, quel est celui d'entre nous qui est si peu que ce soit en état de répondre à ces questions-là? Quel est celui d'entre nous qui, ayant trouvé le fil; — je suppose, — saurait dire comment est fait le plus simple instrument à tisser?... Personne ne répond. Ah! vraiment, tout flambards que nous sommes chez nous, nous ferions une drôle de figure si des aventures de voyage nous jetaient au milieu de peuples primitifs, et s'ils nous demandaient de leur enseigner à mieux se vêtir et à se bien outiller. Je comprends bien maintenant le sentiment de son ignorance qu'éprouvait notre ami Allard vis-à-vis des Indiens de la côte du Pacifique, et je l'éprouve à ce moment pour mon compte aussi vivement que possible.

— Nous l'éprouvons tous!

— Eh bien, tant mieux, continua l'orateur. Cela nous disposera, j'en suis sûr, à réaliser une idée qui me remue la tête depuis quelque temps et qui me revient à cette heure comme mars en carême. Je vous le dirai tout à l'heure. Je commence par déclarer qu'il ne s'agit pas seulement d'avouer qu'on est ignorant de certaines choses que tout individu se prétendant civilisé devrait savoir : il faut les apprendre. D'autant plus, en définitive, que ce n'est pas la mer à boire.

— Il a raison, il a raison! s'écria le chœur.

— Bon! ma proposition va réussir. Voici donc mon idée. Si nous sommes des hommes, là, de véritables hommes, nous nous instruirons mutuellement. Nous ferons des conférences régulières entre nous, une fois par semaine, après la journée...

— Très-bien! Cela va! dirent toutes les voix.

— Mais puisque nous sommes tous des ignorants, comment pourrons-nous nous instruire mutuellement? remarqua l'un des ouvriers.

— Comment, dis-tu? Ce n'est pas si impossible que tu le supposes. Tu vas voir. Nous avons parlé de la première nécessité, celle de se vêtir, n'est-ce pas? par conséquent de connaître les matières dont on fait les différents fils et

la manière dont on les tisse. Cela, je vous ai dit que je ne le sais pas, et vous l'ignorez tous comme moi, d'après ce que j'ai entendu. Eh bien, je me charge de l'apprendre, — en gros, bien entendu. Et, dès la première conférence que vous voudrez faire, je m'efforcerai d'être en mesure de vous initier de mon mieux à cette connaissance, comme si vous étiez des sauvages, mes bons amis les civilisés...; Voyons! vous hésitez! Quelle est la raison qui vous arrête? Est-ce que chacun de vous ne peut pas, de son côté, faire un effort pour apprendre quelque autre chose utile, et nous l'enseigner? Après la première conférence, je redeviens sauvage, je vous en préviens; mais sauvage comme il n'y en a guère; à ce qu'il paraît; sauvage possédé d'une ardente envie de savoir. Chacun de vous sera mon professeur et le professeur de tous les autres. Ce sera à tour de rôle.

— Oui! oui! bravo! bonne idée! De cette manière-là nous mettrons en commun le petit savoir que chacun de nous devra acquérir, et chacun sera riche de la richesse intellectuelle de tous les autres.

— Puisque mon idée prend si bien, il faut, séance tenante, nous distribuer les rôles.

— A la bonne heure! tu as pris déjà le tien; moi, si vous voulez, dit Berton, en qualité d'attaché à l'industrie des métaux, j'apprendrai comment on les extrait et quel parti on en tire; à moins qu'un autre ne veuille étudier cette question?...

— Non, non, c'est ton affaire.

— Alors, c'est entendu. Donnez-moi quinze jours ou trois semaines pour me renseigner, et je vous renseignerai le moins mal que je pourrai.

— Je pense, continua Allard, que nous n'avons pas à arrêter aujourd'hui tout un programme. Nous ne pourrions dresser la liste de toutes les connaissances utiles, en quelque état qu'on se trouve. En outre des connaissances usuelles, il en est d'autres non moins indispensables à qui fait partie d'un peuple comme le nôtre, qui est le grand ouvrier du progrès moral et intellectuel. Il faut aller au loin, comme je l'ai fait, pour comparer, et, d'ailleurs, pour savoir quelle idée on se fait de la France dans le monde. Eh bien, nous devons nous efforcer pour notre part de justifier mieux que jamais la haute opinion qu'on a de notre patrie. En conséquence, mes amis, je propose d'élargir le cercle des matières à traiter entre nous, comme aussi d'ouvrir nos rangs à tout nouveau venu qui voudra pratiquer avec nous la mutualité intellectuelle.

— Très-bien! très-bien! dirent toutes les voix.

— Ainsi, continua Allard, il nous faudrait apprendre la géographie, la physique du globe, un peu d'astronomie, l'histoire à grands traits, et d'autres choses.

— Il me semble alors, dit un ouvrier, qu'une bibliothèque populaire serait très-utile; il nous faut des livres, et nous n'en avons guère.

— Eh bien, qui nous empêche de faire de notre côté ce que d'autres groupes d'ouvriers ont fait du leur? observa Bardier. Essayons de fonder une bibliothèque commune. Cela vous convient-il?

— Oui, vraiment; mais c'est bien difficile.

— Est-ce qu'on fait rien de bon sans peine en ce monde? reprit Allard. Où serait le mérite si tout ce dont nous avons besoin nous arrivait sans peine? C'est la gloire de l'homme de vaincre les difficultés semées sur sa route. Les plus grands hommes sont précisément ceux qui ont vaincu les plus grandes. Donc, la difficulté n'est pas une raison pour s'abstenir. A l'œuvre, amis! Je suis bien aise de vous trouver à mon retour dans de si excellentes dispositions. Après mes lointaines excursions, je ne pouvais me résigner à la vie terre à terre que je menais auparavant. Élevons-nous en nous instruisant réciproquement, et surtout mettons à

exécution l'idée de Bardier, la fondation d'une bibliothèque
populaire.   *La suite à une autre livraison.*

L'AVENTURE DES BRANCARDS.

... Le maître de l'hôtellerie voisine dit qu'il y avait un
brancard chez lui, et pourvu qu'on le payât bien, qu'il
serait en état de partir sur le midi, porté par deux bons

chevaux. Les comédiens arrêtèrent le brancard à un écu,
et des chambres dans l'hôtellerie pour la troupe comique.
La Rappinière se chargea d'obtenir du lieutenant général
la permission de jouer ; et, sur le midi, Destin et ses camarades prirent le chemin de Bonnestable. Il faisait grand
chaud ; la Rancune dormait dans le brancard, l'Olive était
monté sur le cheval de derrière, et un valet de l'hôte conduisait celui de devant. Destin allait de son pied, un fusil
sur l'épaule, et son valet lui contait ce qui leur était arrivé

La Voiture renversée. — Dessin de Pauquet, d'après Oudry.

depuis le château du Loir jusqu'au village auprès de
Bonnestable, où Mlle de l'Étoile s'était démis un pied en
descendant de cheval ; quand deux hommes bien montés,
et qui se cachèrent le nez dans leur manteau en passant
auprès de Destin, s'approchèrent du brancard du côté
qu'il était découvert, et n'y trouvant qu'un vieil homme
qui dormait, le mieux monté de ces deux inconnus dit à

l'autre : « Je crois que tous les démons sont aujourd'hui
déchaînés contre moi, et se sont déguisés en brancards pour
me faire enrager. » Cela dit, il poussa son cheval à travers les champs, et son camarade le suivit. L'Olive appela
Destin qui était un peu éloigné et lui conta l'aventure, à
laquelle il ne put rien comprendre et dont il ne se mit pas
beaucoup en peine.

A un quart de lieue de là, le conducteur du brancard, que l'ardeur du soleil avait assoupi, alla planter le brancard dans un bourbier, où la Rancune pensa se trouver : les chevaux y brisèrent leurs harnais, et il fallut les en tirer par le cou et par la queue, après qu'on les eut dételés. Ils ramassèrent les débris du naufrage et gagnèrent le prochain village du mieux qu'ils purent. L'équipage du brancard avait grand besoin de réparation : tandis qu'on y travailla, la Rancune, l'Olive et le valet de Destin burent un coup à la porte d'une hôtellerie qui se trouva devant le village. Là-dessus il arriva un autre brancard, conduit par deux hommes de pied, qui s'arrêta aussi devant l'hôtellerie. A peine fut-il arrivé qu'il en parut un autre, qui venait cent pas après, du même côté. « Je crois que tous les brancards de la province se sont ici donné rendez-vous pour une affaire d'importance ou pour un chapitre général », dit la Rancune, « et je suis d'avis qu'ils commencent leur conférence, car il n'y a pas d'apparence qu'il y en arrive davantage. — En voici pourtant un qui n'en quit-

tera pas sa part », dit l'hôtesse. Et, en effet, ils en virent un quatrième qui venait du côté du Mans. Cela les fit rire de bon courage, excepté la Rancune, qui ne riait jamais, comme je vous l'ai déjà dit. Le dernier brancard s'arrêta avec les autres. Jamais on ne vit tant de brancards ensemble. « Si les chercheurs de brancards que nous avons trouvés tantôt étaient ici, ils auraient contentement », dit le conducteur du premier venu. La conversation dura encore quelque temps avec les brancardiers, et ils surent les uns des autres qu'ils avaient été reconnus en chemin par les mêmes hommes que les comédiens avaient vus. (¹)

AURAY
(DÉPARTEMENT DU MORBIHAN).

La halle d'Auray n'est pas de ces édifices qui ont une histoire; au moins ne paraît-elle être mentionnée dans aucun écrit sur la Bretagne ou le département du Morbi-

Vue intérieure de la halle d'Auray. — Dessin de Chasselat Saint-Ange.

han; mais elle est bien connue du voyageur ou de l'artiste qu'ont séduit ses rampes entrevues au passage : elle l'est surtout des honnêtes familles bretonnes qu'attirent en foule à Auray les foires, les marchés, les fêtes religieuses en l'honneur de la Vierge, et qui, aux jours d'été, viennent se presser sous son ombre pour y jouir de quelques heures de fraîcheur et de repos.

Auray, en breton Alré, était, selon d'Argentré, la capitale d'une peuplade nommée Arrubii; mais rien n'est moins prouvé. On pourrait tout aussi bien l'assimiler à la ville des Vénètes, que César mit à feu et à sang, ou même en attribuer la fondation au fameux roi Artur. Le fait est qu'on ne sait absolument rien d'Auray avant le onzième siècle. Ce ne fut d'abord qu'un château désigné sous le nom d'Alrac dans deux actes de 1069 et 1082, et fortifié, en 1201, par un Arthur, duc de Bretagne, que la tradition a confondu sans doute avec l'Artur légendaire. De 1286

à 1288, la Chambre des comptes de Bretagne siégea à Auray. Prise, en 1341, par le comte de Montfort, Auray tomba, l'année suivante, au pouvoir du prétendant Charles de Blois. Le siège avait été rude, et la garnison, après avoir mangé ses chevaux, se fraya passage à travers le camp ennemi et se réfugia à Hennebon; aimant mieux, dans cette guerre sans quartier, perdre la vie par l'épée que par la corde ou la hache. Le 29 septembre 1364, Jean de Montfort, Chandos et Olivier de Clisson, battirent devant Auray Charles de Blois et Duguesclin. On sait l'acharnement et la cruauté qui signalèrent cette lutte décisive; toutefois, le mépris de la vie humaine laissait encore dans les cœurs une sorte de loyauté chevaleresque. Dès le 26 du mois, la garnison d'Auray avait capitulé et promis de se rendre le lendemain de la Saint-Michel, si elle n'était

(¹) Scarron, Roman comique. Voy., sur cet ouvrage, t. XVIII, 1850, p. 49.

pas secourue auparavant. Lorsqu'il sut la prompte arrivée de son rival, Jean de Montfort permit aussitôt à la troupe assiégée d'aller joindre l'armée ennemie.

Pendant les guerres continuelles qui eurent lieu entre la France et la Bretagne, sous le règne de Jean IV, Auray passa fréquemment d'un parti à l'autre, notamment en 1377 et 1380, et subit encore un siège en 1487. Son importance décrut rapidement après la réunion de la Bretagne à la France; les ruines de son château furent, par ordre de Henri II (1558), transportées à Belle-Ile en mer pour y construire la citadelle; et le terrain jadis si vivement disputé fut vendu publiquement aux enchères en 1560. Désormais ouverte et livrée d'en déterminer les causes. Mais la ville eut souvent et beaucoup à souffrir au temps de la Ligue, malgré les barrières que le duc de Mercœur fit mettre à ses issues; c'est ainsi qu'elle dut, en 1589, pour se sauver du pillage, payer au marquis d'Assérac une somme de 10 000 écus. Depuis, l'histoire cesse de parler d'Auray durant deux siècles. L'insurrection vendéenne lui rendit quelque célébrité, et son nom demeure attaché au triste massacre qui suivit la victoire de Quiberon. Ce n'est plus aujourd'hui qu'un gros chef-lieu de canton.

Déjà, sous le règne de Louis XV, sa décadence était complète, et il était facile d'en déterminer les causes. Mais laissons ici la parole à Ogée, qui écrivait en 1778. « Le port d'Auray, d'une bonté et d'une sûreté reconnues, contenant assez d'eau pour que les plus grands bâtiments de cabotage pussent y charger et décharger de bord à quai sans beaucoup de frais, offrait pour le commerce des facilités qui en firent de tout temps une espèce d'entrepôt pour tout le pays du milieu de la province, et qui se trouve privé de port. Les Espagnols, appelés en Bretagne pendant les troubles de la Ligue, ayant en occasion de fréquenter le Morbihan et y ayant reconnu une excellente rivière, jetèrent dès lors les fondements d'une correspondance qui se consolida dans le dix-septième siècle et fut la source des fortunes considérables qui s'y firent. Il s'y établit des négociants qui firent avec les ports de Bordeaux, Bayonne, Saint-Sébastien, Bilbao, etc. et toute la côte d'Espagne, un commerce de change si lucratif que nous avons vu des comptes de vente de la fin du dix-septième siècle suivant lesquels un navire, après avoir vendu sa cargaison de grains en Espagne, revenait chargé de fer et rapportait, en outre, le quadruple de sa mise-dehors en piastres; encore des notes nous apprennent-elles que l'on regardait alors ces gains comme diminués considérablement.

» Cependant les canaux par lesquels ces richesses se répandaient dans le public ne pouvaient pas être nombreux dans une ville aussi petite; mais tous les habitants s'en ressentaient. Bientôt ces artisans de leur fortune abandonnèrent le comptoir pour ceindre l'épée; ils acquirent, pour de l'argent une noblesse que la nature leur avait refusée, et placèrent en fonds de terre des capitaux qui, en devenant plus solides, perdirent la moitié de leur produit. Ils furent remplacés par des imitateurs qui suivirent en tout leur exemple, avec cette différence que leurs fortunes furent moindres que les premières, à raison des changements qui survinrent dans l'administration. Depuis 1700, la mort et les mariages firent passer à des mains étrangères les fortunes acquises à Auray et placées dans son territoire; et l'établissement de Lorient, formé vers 1730, acheva de faire tomber son commerce, parce que les familles riches, engagées par l'espérance d'une fortune rapide, coururent s'établir dans cette dernière ville, si célèbre par les magasins de la Compagnie des Indes. Cependant Auray conservait toujours les avantages naturels qui lui avaient donné la préférence sur Vannes et Hennebon, deux ports

de mer voisins, mais bien moins commodes pour la communication de l'intérieur avec l'Océan. » Mais les routes dont furent gratifiées Vannes et Hennebon, et qu'Auray ne sut pas obtenir, annulèrent les facilités qu'elle offrait aux négociants. « D'année en année le mal a changé en pire, et enfin tout le commerce de cette ville est borné aujourd'hui à l'exportation accidentelle de quelques centaines de tonneaux de grains et à l'importation nécessaire pour sa consommation et celle de deux lieues de pays à la ronde. Tels sont à peu près l'origine, les progrès et les suites de sa décadence. »

C'est pourtant ou ce pourrait être un aimable séjour qu'Auray, située à l'extrémité d'un plateau verdoyant, et regardant de tous côtés un horizon de trois lieues au moins, où circule un air vif et salubre. La qualité du grain y est belle, et la terre se trouve bien des goémons et des varechs dont on l'engraisse. Là vie animale est abondante et fournie de gibier et de poisson. Pendant tout l'été, le lait, les fruits, la sardine et autres poissons, font presque l'unique nourriture du peuple; et, pendant l'hiver, ce sont les huîtres, les moules et les autres coquillages. Les habitants d'Auray passent pour avoir le caractère dur, querelleur et entêté; du moins c'est la paraphrase d'un vieux proverbe breton dont la traduction française est : Tête d'Auray, tête de diable. Mais ce qui les a distingués toujours particulièrement; c'est la gaieté et l'amour de la danse. » Enfin, les Alréennes sont les seules femmes de la côte qui soient véritablement de leur sexe par la grâce et l'ajustement.

L'homme parle du bonheur ou du malheur que le ciel lui envoie. Ce que l'homme appelle bonheur et malheur n'en est que la grossière étoffe. Cette étoffe, il appartient à l'homme de la façonner. Ce n'est pas le ciel qui procure le bonheur; l'homme le prépare lui-même et se tisse de ses propres mains son paradis dans son cœur. Il ne doit pas se tourmenter pour s'élever jusqu'au ciel, mais pour faire descendre le ciel en lui. Quiconque n'a pas le ciel en soi le cherche en vain partout. Mortel, ne te détourne pas du monde, où le condamnant tel qu'il est; mais cherche-t à en faire accepter, et ta conscience sera satisfaite. Dirige donc ta conduite dans ce sens : entre le ciel et la terre.

Traduit d'OTTO LUDWIG.

L'ALARUM.

SINGULIER INSTRUMENT JAPONAIS.

L'alarum est un instrument dont on se sert au Japon pour avertir qu'on peut avoir à redouter un tremblement de terre. Il consiste en un grand aimant, fixé horizontalement en travers d'un support placé sur le sol. D'un crochet, ou fer à cheval, attaché par l'attraction seule à l'aimant, part un cordon de soie qui va s'enrouler sur un cylindre dont l'axe mobile repose sur le support vertical de l'aimant. Un second cordon, retenu autour de cet axe, soutient un battant de cloche sous lequel se trouve un gong[1].

Le but de cette disposition a été ainsi expliqué au lieutenant O'B. Fitz-Roy par les ambassadeurs japonais, pendant les loisirs d'une longue traversée à bord du bâtiment de l'État l'Odin :

« Avant les tremblements de terre, le sol étant chargé

[1] Le gong, instrument de musique des Orientaux, est une plaque de métal dont on tire des sons éclatants en la frappant avec une baguette.

d'électricité, l'attraction du gong, de forme sphérique, devient plus forte que celle de l'aimant; le fer à cheval se détache, et le battant vient frapper le gong avec un son retentissant qui se fait entendre à de grandes distances, avertissant chacun de chercher un refuge sur des lieux découverts. »

On ne peut traiter absolument de ridicule cette vieille invention japonaise, si l'on songe que les effets extraordinaires produits sur les oiseaux et autres animaux aux approches d'un tremblement de terre doivent être attribués à une action électrique; aucune variation atmosphérique n'avait été, du reste, observée même pendant quelques-uns des plus violents tremblements, tels que celui du Chili en 1835 et celui de Simoda. (¹)

LES TIMBRES-POSTE.

Suite. — Voy. p. 59, 87, 120, 131, 159, 183.

ROYAUME DE GRÈCE.

(31 timbres, 1 type.)

Il n'y avait pas de service régulier pour l'envoi des correspondances sous la domination musulmane, et l'établissement des postes en Grèce date du décret signé, le 24 septembre 1828, à Poros, par le président Capo d'Istria. Le premier réglement postal fut celui d'Égine, qui était alors le siège du gouvernement (avril 1829).

L'organisation de ce service dans un pays pauvre où les communications sont difficiles a rencontré de grands obstacles; elle a commencé, d'ailleurs, dans des temps de troubles : si les progrès ont été considérables, c'est grâce à l'énergie et à l'intelligence de l'administration grecque. Le directeur général des postes, M. Th. Léônardos, a présenté l'histoire des postes grecques dans un mémoire intéressant publié, en 1862, sous le titre d'*Exposé général de l'organisation des postes en Grèce*.

La lettre d'une feuille payait, en 1829, une taxe de 5 paras, quelle que fût la distance; le port des lettres a été ensuite réglé d'après le poids et la distance par l'ordonnance du 20 novembre 1836; il a été rendu enfin uniforme pour tout le royaume par la loi de 1860. Le poids de la lettre simple a été fixé à 7gr.5 en 1855, et à 15 grammes en 1860.

L'affranchissement est obligatoire pour les lettres et les imprimés de l'intérieur pour l'intérieur.

On comptait, en 1861, 92 bureaux de poste dans le royaume et 11 à l'étranger : 7 en Turquie, 3 dans les principautés danubiennes, 1 en Égypte.

Les recettes des postes ont été de 182 339 drachmes en 1850, et de 322 741 drachmes en 1860; les dépenses, de 212 138 drachmes en 1850, et de 343 800 drachmes en 1860.

Le nombre des lettres particulières qui ont été distribuées par les bureaux grecs a été de 323 300 en 1840, de 438 121 en 1850, de 550 220 en 1855, de 735 708 en 1860, et de 1 015 017 en 1863.

Les lettres non affranchies expédiées à l'étranger et les lettres affranchies venant de l'étranger ne sont pas comprises dans les chiffres ci-dessus. Ces lettres ont été au nombre de 128 404 en 1863.

Le nombre des lettres affranchies est de 89 sur 100.

L'augmentation a été de 50 pour 100 en dix ans, de 1860 sur 1850, et de 45 pour 100 de la période triennale de 1861-63 sur celle de 1858-60.

La population de la Grèce était de 1 096 810 habitants

(¹) Voy. *les Tempêtes*, par Zurcher et Margollé.

---

en 1861; le nombre de lettres par habitant, en 1861, n'est donc représenté que par la fraction de ⁸/₁₀.

695 293 journaux et imprimés ont été distribués en 1862.

La quantité de lettres et de plis officiels transportés par la poste a été de 262 090 en 1840, de 398 222 en 1850, et de 539 587 en 1860. Les lettres officielles forment les ⁴/₀ environ de toutes les lettres grecques.

Une loi avait établi, en 1855, le système de l'affranchissement des lettres au moyen de timbres-poste; elle a été modifiée par les chambres au commencement de 1860 et mise à exécution le 1er octobre 1861.

Le timbre grec est un des plus beaux timbres-poste; il est rectangulaire et a 23mm sur 18mm.5. Il a été dessiné et gravé en tailles de relief sur acier par M. Albert Barre, graveur général des monnaies (1861).

Les sept planches destinées à l'impression ont été réproduites par le même artiste : elles sont composées chacune de 150 timbres de cuivre; ceux-ci ont été frappés isolément sous le balancier monétaire et entre des matrices d'acier trempé, puis juxtaposés et soudés sur une plaque de cuivre. Ce mode de reproduction de la gravure typographique par percussion à froid est moins une innovation que la restitution des procédés appliqués, vers la fin du dernier siècle, à la multiplication des planches d'assignats. Ces procédés, dont la tradition s'était perdue, et que M. Barre avait fait revivre une première fois dans les essais français de 1859, fournissent des planches typographiques d'une identité parfaite et d'une résistance supérieure à celle des clichés électro-chimiques.

Le timbre est imprimé en couleur sur papier de couleur. Il n'est pas piqué.

Le dessin est sévère et élégant. La tête de Mercure, tournée à droite, est dans un cadre rond. L'encadrement rectangulaire porte des méandres sur les côtés; en haut, les mots *Hell. gramm.* (*Hellenon grammà*, timbre grec) en lettres grecques, et en bas la valeur.

Les timbres grecs forment deux séries.

La première série comprend un premier tirage de 1 300 000 timbres, qui ont été imprimés à Paris sous la direction de M. A. Barre et ont servi à inaugurer le service en Grèce en octobre 1861. Cette série est remarquable par l'excellence de l'impression. Une autre particularité permet de la reconnaître : un seul timbre de cette série, celui de 10 lepta, porte au verso la valeur imprimée en couleur. C'est à M. Barre que sont dues l'idée et la première application de cette indication complémentaire adoptée par le gouvernement grec.

La seconde série comprend les timbres imprimés à Athènes. La valeur est répétée au verso, sauf sur les timbres de 1 lepton et de 2 lepta; elle sera imprimée plus tard sur ces derniers timbres. Les chiffres sont plus petits que ceux du timbre de 10 lepta de la première série, dont M. Barre avait conseillé l'adoption. Le tirage se distingue par un foulage excessif.

N° 144. Grèce.

1 lepton (0f.0089) (²), dessin brun foncé dit Van-Dyk (deux nuances), papier écru ou teinté de bistre clair (n° 144).
2 lepta (0f.0179), dessin bistre, papier paille clair.
5 (0f.0447), dessin vert clair, papier vert très-pâle.
10 (0f.0895) (³), dessin rouge orangé, papier bleu verdâtre très-pâle.

(¹) La drachme = 100 lepta = 0f.805; 1 lepton = 0f.0089.
(²) Il y a 3 timbres de 10 lepta différents : 1° sans valeur au verso; 2° avec valeur au verso, grands chiffres (1re série); 3° avec valeur au verso, petits chiffres (2e série).

20 lepta (0f.1790),   dessin bleu clair, papier bleu très-pâle.
40   (0f.3580),   dessin violet clair, papier bleu très-pâle.
80   (0f.7160),   dessin carmin, papier rosé.

Il n'existe, à proprement parler, qu'un seul timbre d'essai, c'est le timbre de 40 lepta qui est imprimé en lilas ou rose violacé sur papier pelure blanc, Ce timbre est rare.

Il y a d'autres timbres grecs, plus rares encore, qui n'appartiennent pas aux séries officielles : ce sont des épreuves d'artiste, provenant, comme le timbre précédent, d'essais faits par M. Barre avant l'impression et dans le coûts de l'impression. Nous les citons d'après les exemplaires des collections de MM. de Saulcy et G. Herpin.

Sans indication de valeur, dessin noir, papier blanc.
Idem, dessin bleu clair, papier blanc.
1 lepton, dessin noir, papier blanc.
1   dessin noir, papier écru ou bistré.
1   dessin noir, papier grisâtre.
1   dessin noir, papier jaune-brun.
1   dessin noir, papier vert-bouteille.
1   dessin brun Van-Dyk, papier bleu pâle.
1   dessin brun Van-Dyk, papier blanc.
1   dessin aventurine, papier bleu pâle.
1   dessin chocolat, papier écru ou bistré.
1   dessin jaune-brun, papier bistré.
1   dessin orange, papier blanc.
5 lepta, dessin rose pâle, papier blanc.
20   dessin noir, papier blanc et papier mi-blanc.
20   dessin noir, papier blanc marbré de bleu.
20   dessin bleu foncé, papier bleu pâle.
20   dessin bleu clair, papier bleu pâle.
20   dessin bleu, papier blanc.
40   dessin vermillon, papier blanc.
40   dessin brun jaunâtre, papier bleu.

Les timbres grecs sont imprimés à Athènes depuis 1862.

ÉTATS-UNIS DES ILES IONIENNES.

(3 timbres, 1 type.)

Le système de l'affranchissement des lettres au moyen de timbres-poste a été mis en vigueur, à partir du 15 mai 1859, dans la république des sept îles, en vertu d'une loi du parlement ionien qui porte la date du 27 juillet 1857.

Les timbres-poste servent à l'affranchissement des lettres dans chaque île, d'une île à l'autre, et des îles pour l'étranger.

Le poids de la lettre simple est d'une demi-once anglaise (14gr.17).

Les lettres ioniennes adressées à un point quelconque des îles ne payent que la moitié de la taxe, quand elles sont affranchies.

La quantité des lettres qui ont été expédiées par les bureaux de poste ioniens, de 1857 à 1861, a été en moyenne, par an, de 135 044, savoir : 10 205 pour l'Épire et l'Albanie, 72 860 pour l'étranger, et 54 979 pour les Iles Ioniennes. La quantité des lettres distribuées a été en moyenne, par an, de 111 024, savoir : 12 124 venant de l'Épire et de l'Albanie, 80 862 de l'étranger, et 18 038 des îles ioniennes.

Voici la part de chaque île dans ce mouvement en 1861 :

Iles.	Lettres expédiées.	Lettres distribuées.
Corfou,	79 713	69 766
Paxo,	1 876	340
Leucade,	7 206	6 867
Ithaque,	2 847	1 007
Céphalonie,	31 827	16 467
Zante,	29 109	16 344
Cérigo,	2 243	2 826
	154 821	113 617

Il s'est produit, à cinq ans de distance, de 1861 sur 1857, une augmentation de 73 pour 100 pour les lettres expédiées, et un décroissement de 7 pour 100 pour les lettres distribuées. La diminution de ces dernières a été

la plus forte dans les îles de Paxo, de Zante et de Céphalonie.

Il y a eu une augmentation sur l'ensemble de 27 pour 100. La progression des correspondances, de 1861 sur 1857, a eu lieu dans la mesure ci-après : Paxo, 99 pour 100; Leucade, 45; Corfou, 38; Ithaque, 36; Cérigo, 30 Zante, 19; Céphalonie, 3.

Le nombre moyen de lettres par habitant a été, en 1861, de 2 à Corfou, 1.2 à Zante, 0.7 à Céphalonie.

Le timbre est rectangulaire; il a 22mm sur 19. Il est gravé, imprimé en couleur sur papier blanc. Il n'est pas piqué.

Il porte l'effigie de la reine d'Angleterre, protectrice de la république. La tête est tournée à gauche et placée dans l'ovale formé par une jarretière bouclée sur laquelle on lit Ionicon cratos en lettres grecques. La valeur n'est pas marquée sur le timbre.

N° 145. Iles Ioniennes.

½ penny ou 1 obole (0f.0525) [1], orange (n° 145).
1 penny ou 2 oboles (0f.1050), bleu clair.
2 pence ou 4 oboles (0f.2100), rouge vineux, lie de vin.

Le timbre de 1 obole est imprimé sur papier sans filigrane; le papier du timbre de 2 oboles porte le chiffre 2 en filigrane, et le papier du timbre de 4 oboles a le chiffre 1 (timbres de 1862 et 1863).

Les îles ioniennes étaient placées sous le protectorat de la Grande-Bretagne en vertu du traité de Paris du 5 novembre 1815. Par suite de l'abdication de ce protectorat par l'Angleterre, et de la réunion de ces îles au royaume de Grèce (le traité a été signé à Londres le 24 mars 1864), les timbres ioniens vont être supprimés.

ILE DE MALTE.

POSSESSION ANGLAISE.

(2 timbres; 1 type.)

On emploie dans cette île les timbres anglais pour l'affranchissement des lettres qui sont adressées à l'étranger; mais il existe, depuis 1860, un timbre-poste qui sert à l'affranchissement des lettres qui circulent dans les îles de Malte et de Gozo.

Ce timbre est rectangulaire; il a 23mm sur 19. Il est gravé, imprimé en couleur sur papier blanc glacé. Il est piqué.

L'effigie de la reine Victoria est sur un cartouche octogone, au pied duquel sont les lauriers et les fleurs nationales d'Angleterre, la rose, le trèfle et le chardon. La tête de la reine est couronnée et tournée à gauche. On lit en haut du timbre : Malta; la valeur (½ penny = 0f.0525) est marquée au bas.

Le timbre était, à l'émission, jaune-brun et imprimé sur un papier sans filigrane (ce papier était ou est devenu bleuâtre). Le timbre actuel est de couleur plus claire, jaune-brun clair et rosé; il est imprimé sur un papier qui a en filigrane les lettres CC surmontées de la couronne royale d'Angleterre. Ce timbre a été gravé et imprimé par MM. Thomas de la Rue et Cie, à Londres.

N° 146. Malte.

La suite à une autre livraison.

[1] La monnaie légale est la livre sterling. On compte dans le commerce par piastres d'Espagne. La piastre = 100 oboli = 50 pence par ordonnance du conseil privé; mais l'obole vaut ordinairement 0f.055.

LE MARABOUT SIDI-ALI DE CONSTANTINE.

Le Marabout Sidi-Ali de Constantine, par M. Brun. — Dessin de Calon.

La scène que représente ce tableau emprunte son intérêt à la vénération dont jouit à Constantine le petit-fils de Sidi-Mohammed-el-R'ourâb. Pour ceux qui ne connaissent point l'histoire du pays, le personnage vêtu d'une gandoura et assis sur un banc, dans le carrefour de Souk-el-Kebir, n'est qu'une image insignifiante. En effet, tous les mara_bouts se ressemblent chez les musulmans, et Dieu sait combien ils sont nombreux en Algérie. Mais Sidi-Ali se recommande par la célébrité de son grand-père, qui est considéré comme un martyr par les ennemis de l'ancienne

domination turque. On trouve dans l'*Annuaire de la Société archéologique de Constantine* (1853, p. 127) un récit intéressant de cette mort de Sidi-Mohammed-el-R'ourâb, par M. Aug. Cherbonneau :

« Tandis que Salah-Bey gouvernait la province de Con_stantine et s'efforçait de lutter contre les préjugés de son temps ; tandis que d'une main il écrasait la révolte inces_sante des tribus, et que de l'autre il rallumait le flambeau des sciences, un marabout influent et vénéré, Sidi-Mo_hammed, dirigeait contre son autorité une opposition acharnée. Salah-Bey surveilla ses démarches, et lorsqu'il fut convaincu que cet homme s'était rendu coupable d'intrigues qui pouvaient nuire à la prospérité du pays, il le fit prendre et le condamna à mort, malgré sa popularité. Cette sentence fut à peine connue dans la ville qu'elle y causa une profonde sensation. Les oulémas se rendirent au palais et supplièrent le bey de révoquer l'arrêt fatal qui frappait le personnage le plus saint de la province. Salah-Bey fut inflexible. Il n'était pas homme à hésiter entre la vie d'un imposteur et le repos de ses sujets. Au jour marqué, une foule nombreuse de fanatiques se pressait sur le lieu du supplice, comme pour défier la justice du bey. Mais le chaouche fit son devoir, et la tête de Sidi-Mohammed roula sur le sol ensanglanté. On dit qu'en ce moment le corps du marabout se transforma en corbeau, et que l'oiseau de sinistre augure, après avoir poussé des croassements lamentables, s'élança à tire-d'aile vers la maison de plaisance située en face de Constantine, et que Salah-Bey s'était bâtie pour se reposer du fardeau de l'administration. Il y jeta une malédiction, puis il disparut pour toujours (¹). Averti de ce miracle, le bey conçut des regrets tardifs; un nuage de tristesse se répandit sur son âme: il eut recours à la prière, mais la prière demeurait sans effet. Ce fut alors que pour calmer les mânes de sa victime et donner plus d'éclat à son repentir, il fit élever, sur l'emplacement où le corbeau s'était abattu, l'élégant mausolée à coupole blanche que l'on désigne sous le nom de Sidi-Mohammed-el-R'ourâb (Mer Mohammed le Corbeau). »

— Nos certitudes débordent de toutes parts nos compréhensions.

— Il faut toujours en venir à ce mot de Rivarol : « Dieu explique le monde et le monde le prouve. »

— En fait d'irréflexion, l'homme est capable de tout, et il est inouï à quel point l'habitude de voir nous empêche de regarder. (*)

LA PHOTOGRAPHIE.
Suite. — Voy. p. 92, 107, 151.

PAPIER ALBUMINÉ.

Albumine. — Lorsqu'il est utile d'obtenir d'une épreuve négative toute la finesse qu'elle peut donner, et que l'on est sûr de n'être pas obligé d'y faire de retouche, on peut employer le papier albuminé, c'est-à-dire du papier revêtu d'une couche d'albumine ou blanc d'œuf, qui lui donne du brillant et retient les préparations sensibles à sa surface.

On met dans une capsule de porcelaine un certain nombre de blancs d'œufs séparés des germes et des jaunes, et, en se rappelant qu'un blanc d'œuf pèse en moyenne 30 grammes; plus on ajoute d'eau et plus on diminue le brillant de l'albumine.

On mélange donc, pour obtenir une finesse suffisante :

Blancs d'œufs........................ 100 cent. cubes.
Eau distillée........................ 85 grammes.
Hydrochlorate d'ammoniaque .... 30 grammes.

On bat le tout en neige, au moyen d'une fourchette de bois, et on laisse reposer une nuit. L'albumine claire se

(¹) Salah-Bey mourut quelque temps après cet événement, en 1789, et l'opinion publique ne manqua pas d'attribuer sa mort à la vengeance du marabout. Il fut étranglé traîtreusement par les agents du pacha d'Alep, dans la vingt-deuxième année de son règne.

(*) Pensées tirées des *Études philosophiques sur le christianisme*, par Auguste Nicolas.

rassemble sous la mousse ; on la décante dans une cuvette de porcelaine, en ayant soin de n'y pas former de bulles d'air.

Albuminage du papier. — On étend doucement et d'un mouvement continu la feuille de papier à la surface de cette albumine, où on la laisse trente secondes. Il est très-important qu'on ne forme pas de bulles, et qu'en relevant le papier on n'en entraîne pas sur la feuille, où elles produisent des taches qui persistent toujours. La feuille, suspendue dans un endroit chaud, sera desséchée rapidement pour que l'albumine demeure à la surface; ce retrait de l'enduit, qui n'existe que d'un côté, fait que ces feuilles tendent à se rouler, et doivent être conservées en presse et dans un portefeuille.

Bain d'argent. — Pour sensibiliser ce papier, posez-le cinq minutes sur un bain composé de :

Eau distillée .... 750 cent. cub.
Alcool à 36 degrés. 250
Azotate d'argent cristallisé .... 200 grammes.

L'alcool a pour but de congeler l'albumine, et, en rendant insoluble, de l'empêcher de se dissoudre dans le bain en le noircissant.

Évitez avec soin les bulles d'air sur le bain ; relevez la feuille d'un mouvement égal, suspendez avec des épingles neuves, et laissez sécher. Bien entendu, tout ceci se fait à la lumière jaune ou à l'obscurité.

Exposition. — L'impression lumineuse suffisante pour obtenir une belle épreuve est plus lente sur le papier albuminé que sur le papier simplement salé. Comme la couche sensible est tout à fait superficielle, l'épreuve semble avoir acquis assez vite l'intensité désirée; mais l'image perd plus au passage de l'hyposulfite : il convient donc de la tirer beaucoup plus intense qu'elle ne doit être une fois fixée.

Virage des épreuves. — Les feuilles sortant des châssis seront ébarbées, c'est-à-dire qu'on enlèvera au moyen de ciseaux les marges noires métallisées qui les entourent ; il est inutile de précipiter de l'or sur cet endroit, puisque c'est une partie de rebut. Plongez alors ces feuilles, en vous tenant dans l'obscurité, dans une première cuvette d'eau distillée, où elles séjourneront de cinq à dix minutes, puis dans une seconde d'eau ordinaire, où elles resteront le même temps. Pendant cela, on a préparé les solutions suivantes :

Solution A.
Eau distillée.......................... 1000 grammes.
Chlorure d'or.......................... 1

Solution B.
Eau distillée.......................... 1000 grammes.
Chlorure de chaux..................... 30

Une partie seulement de ce sel se dissoudra, l'eau étant mélangez seulement une quantité qui puisse être épuisée immédiatement par le nombre d'épreuves à virer :

Eau distillée.......................... 1000 grammes.
Solution A............................ 15
Solution B............................ 300

Plongez alors les feuilles sortant de l'eau dans ce bain colorant, et suivez attentivement la marche du virage en changeant la couleur des épreuves.

Fixage. — Les images ayant atteint le ton bleu violacé que l'on désire, on les plonge, sans les laver, dans un bain d'hyposulfite neuf à 50 pour 100 ; en dix à quinze minutes elles sont fixées, et le papier est transparent et exempt de poivré. Elles ne doivent séjourner ce bain que le temps strictement nécessaire pour arriver à ce résultat, que l'on accélérera autant que possible en lavant et remuant les épreuves, comme nous l'avons vu faire dans la figure 36.

Lavage et séchage. — Ces deux opérations sont absolument semblables à celles que nécessite le papier salé. Cependant, comme la sulfuration ou coloration jaune est plus à craindre, il faut accélérer le dégorgement des sels solubles par un lavage répété.

On y arrive en remuant constamment les feuilles dans les cuvettes abondamment pourvues d'eau renouvelée. Le séchage n'offre rien de nouveau.

La suite à une prochaine livraison.

PENDULES ET MONTRES.

FIN. — Voy. p. 118, 170, 190.

— Vous savez que le *pendule*, découvert par Galilée et appliqué aux horloges par Huyghens, en 1657, a pour propriété de décrire des oscillations *isochrones* (c'est-à-dire égales en durée, quelle que soit leur étendue), lorsque ces oscillations n'ont que quelques degrés d'amplitude. Ainsi, par exemple, une boule suspendue à un fil de 0m.993 décrira constamment, sous la latitude de Paris, des oscillations d'une seconde de temps. Au lieu d'un fil, prenez une tige rigide, en tenant compte de son poids dans la longueur totale du pendule, et appliquez cet appareil à un rouage quelconque, pour en modérer la vitesse par l'intermédiaire d'un échappement : chaque dent de la dernière roue de ce rouage ne pourra échapper que de seconde en seconde.

Le pendule est donc le régulateur le plus parfait, puisque la régularité de ses mouvements repose sur une loi physique immuable, celle qui régit la chute des corps.

Les montres, au contraire, sont réglées par une sorte de volant nommé *balancier*, qui emprunte la faculté d'osciller à un petit ressort courbé en forme de spirale ([1]). Ce petit ressort est attaché par une de ses extrémités à un point fixe, et par l'autre à l'axe même du balancier; lorsqu'on donne une impulsion à celui-ci, ce ressort se déforme, et, tendant à revenir à sa forme primitive, en vertu de son élasticité, il fait osciller le balancier jusqu'à ce qu'il reprenne son équilibre.

Ainsi l'élasticité du *ressort spiral* est au balancier ce que la pesanteur est au pendule, c'est-à-dire la puissance qui détermine ce mouvement de va-et-vient qui prend nom d'oscillation et est entretenu par le rouage. Or, comme toute l'exactitude des montres et des pendules repose entièrement sur la régularité absolue des oscillations du régulateur, il est aisé de comprendre à première vue combien le pendule est préférable au balancier, ou, ce qui revient au même, combien la meilleure montre est inférieure, en principe, à la pendule la plus commune. Dans une montre, l'exactitude est, en quelque sorte, artificielle; dans une pendule, elle est inhérente au régulateur.

La conséquence pratique à tirer de tout ceci, c'est que, pour ne pas augmenter encore les causes d'irrégularité, il faut, comme nous l'avons dit, éviter d'imprimer aux montres des secousses violentes de nature à troubler le mouvement normal du balancier; qu'il vaut mieux les placer dans un porte-montre que sur un marbre ou le long d'un mur froid; enfin, que la nuit et le jour on doit les maintenir, autant que possible, dans des conditions semblables.

— Et que signifie, lui dis-je, le mot *échappement?*

— D'après ce que vous savez des propriétés du pendule et du balancier uni au ressort spiral, vous devez conclure que, pour avoir une machine horaire parfaite, il ne s'agit que d'entretenir, sans les troubler, les oscillations de ces deux régulateurs. Pendant longtemps les astronomes donnèrent eux-mêmes l'impulsion au pendule, qui servait à

([1]) Cette invention est également due à Huyghens, célèbre mathématicien hollandais.

calculer la durée des phénomènes célestes, objet de leurs observations. De nos jours, beaucoup de photographes ont encore recours à ce compteur primitif. On a reconnu qu'un pendule libre à secondes, bien suspendu et pourvu d'une lentille pesante, à la suite d'une première impulsion oscille pendant environ vingt-quatre heures. C'est déjà quelque chose; mais pour avoir l'indication des heures, des minutes, etc., il faut que ce pendule soit en communication avec un rouage et un moteur, et c'est ce mécanisme servant d'intermédiaire qui prend le nom d'échappement. Son rôle a donc une grande importance.

Dans les pendules, l'échappement le meilleur se compose ordinairement de la dernière roue du rouage et d'un double levier en forme d'*ancre* dont le centre de mouvement est le même que celui du pendule. Les dents agissent sur les extrémités de cette pièce, qui transmet au pendule l'impulsion reçue, tout en arrêtant le rouage comme le ferait une détente, pendant que le régulateur exécute son oscillation.

Cet échappement, perfectionné par Graham, prend son nom de la forme des leviers sur lesquels agit le dernier mobile.

Cette pièce ABC (fig. 1) a la forme d'une ancre; elle a

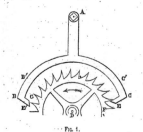

FIG. 1.

son centre de mouvement en A, où elle est fixée sur un axe roulant sur deux pivots. Sur ce même axe est montée une fourchette en communication avec le pendule; l'ancre oscille donc avec celui-ci. Entre les pattes de l'ancre, B, C, se trouve la roue d'échappement D; dernier mobile du rouage; elle tourne dans le sens de la flèche. Les pattes de l'ancre sont découpées suivant des arcs de cercle dont le centre est en A; elles sont terminées par des plans inclinés E, E'. Dans la figure ci-jointe, la dent F descend sur le plan incliné E et le repousse dans le sens de l'oscillation du pendule; lorsqu'elle sera arrivée au bas du plan incliné, elle échappera, et la dent G, placée à l'autre extrémité de la roue, tombera sur l'arc de cercle concentrique E'B. Cette dent G fera repos jusqu'au moment où le pendule, exécutant une seconde oscillation, entraînera l'ancre et dégagera cette dent du repos; elle atteindra alors le plan E', glissera dessus et lui communiquera la force dont la roue est animée; après la chute de la dent G, la dent F reviendra au repos à son tour, jusqu'à ce qu'une troisième oscillation la dégage et lui permette de recommencer à agir.

Comme la force acquise d'un pendule en mouvement est plus grande que celle du dernier mobile du rouage, et qu'une faible mais fréquente impulsion entretient ce mouvement une fois donné, il est facile de concevoir que le rouage puisse être embrayé par le pendule, et néanmoins restitue à celui-ci la quantité de mouvement qu'il perd à chaque oscillation par la résistance que l'air oppose à sa lentille et les frottements de son point de suspension.

C'est pourquoi je vous ai indiqué comme les meilleures pendules d'appartement celles dont le socle est assez élevé pour laisser au pendule, qui les règle, une longueur suffisante (voy. p. 190).

Quant aux montres, les fonctions de l'échappement y sont plus complexes, parce que leur régulateur (le balancier uni au ressort spiral) ne jouit de l'isochronisme que dans des conditions toutes spéciales, impossibles à rencontrer dans la plupart des pièces portatives. Pour qu'une montre marche bien, en dehors de ces cas exceptionnels, il est nécessaire que l'échappement soit combiné en vue de corriger les écarts de la force motrice.

On n'ignore pas que le moteur des montres et aussi celui de la plupart des pendules est une lame d'acier mince trempée et revenue bleue, en un mot très-élastique, ce qui lui permet de s'enrouler, sans se déformer, autour de l'axe qui porte le carré de remontoir, lorsque avec la clef on fait tourner celui-ci. Quand le ressort vient d'être remonté, il a acquis sa plus forte tension, puisqu'il est plus éloigné de sa forme primitive, et cette force, décroissant à mesure que ses spires se développent, ne communique au rouage qu'il anime qu'une vitesse qui tend à diminuer à chaque instant. On remédiait autrefois à cet inconvénient par l'emploi de la *fusée*, sorte de poulie conique sur laquelle s'enroulait une chaînette tirée par le ressort et placée de telle façon que, le maximum de bande correspondant au plus petit diamètre de la poulie, on arrivait à équilibrer à peu près la force motrice. Depuis, on a abandonné la fusée, qui n'est indispensable qu'avec l'échappement à roue de rencontre, également condamné par l'expérience, et l'on construit presque exclusivement des montres à cylindre qui, sous un volume réduit, donnent des résultats supérieurs. L'invention de cet échappement n'est pourtant pas aussi nouvelle qu'on pourrait le croire; elle est due à Graham, célèbre horloger anglais, et date de 1720 [1]. Mais pour que cet échappement atteignît sa perfection, il fallait que l'on pût substituer à la roue de laiton, employée par son auteur, la roue d'acier, fabriquée actuellement à si bon marché, et ce changement n'a été possible qu'à la suite du perfectionnement de l'outillage. Ainsi la théorie améliore les procédés industriels, puis, par une réaction naturelle, l'habileté des ouvriers permet d'arriver à des résultats à peine entrevus par l'inventeur lui-même, et chaque induction poussée au delà des conséquences prévues n'est plus qu'une étape du progrès.

L'échappement à cylindre tire son nom de la forme donnée à l'axe du balancier, et ce qui assure sa supériorité, c'est qu'il corrige les différences de la force motrice. Voici comment cet équilibre est établi. Lorsque la force transmise à la roue est plus grande, la dent chasse le balancier avec plus de vigueur; mais lorsqu'elle tombe sur la partie concentrique du cylindre, elle appuie aussi avec plus d'énergie et compense l'accélération de vitesse.

L'axe du balancier est un cylindre ou tube d'acier trempé et poli, entaillé dans une partie de sa longueur, de manière à offrir à l'action des dents de la roue d'échappement les tranches de la demi-circonférence (fig. 2). Les bouts du cylindre sont fermés par des tampons d'acier ajustés à force, et sur lesquels on tourne les pivots. Le balancier est rivé sur une *assiette* portée par la partie su-

(1) Jusqu'à présent, si nous n'avons eu à citer que des savants étrangers pour les perfectionnements de l'art chronométrique, c'est que les horlogers français ont surtout excellé dans l'horlogerie de précision.

périeure du cylindre. Au-dessus du balancier se place, à frottement, une virole qui reçoit l'un des bouts du spiral; l'autre bout est fixé sur le coq.

La roue d'échappement a des dents découpées en forme de coins, c'est-à-dire qu'elle porte des plans inclinés taillés dans sa circonférence; de plus, elle est creusée, ainsi que l'indique la figure 2.

Le cylindre entaillé présente aux plans inclinés de la roue la demi-circonférence A (fig. 3); la roue, marchant dans le sens de la flèche, fait repos par sa dent B sur la circonférence extérieure du cylindre; mais, en cet état, le spiral est déjà armé et tend à faire tourner le cylindre dans le sens de la flèche. Dès que cet effet se produit, la dent B, dégagée du repos, agit sur la tranche du cylindre C, la repousse par son plan incliné, et vient tomber au repos dans l'intérieur du cylindre, comme on le voit figure 4. Pendant ce temps, le balancier continue son mouvement jusqu'à ce que, comme nous l'avons dit plus haut, la résistance croissante du spiral, de plus en plus écarté de sa forme d'équilibre, ou, pour nous servir du mot technique, de plus en plus *armé*, cette résistance, enfin, ramène dans l'autre sens le balancier; et, par conséquent, le cylindre. Alors la dent B, qui était passée dans le cylindre (fig. 2

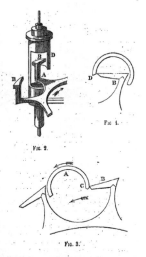

FIG. 1.

FIG. 2.

FIG. 3.

et 4), est une seconde fois dégagée du repos et agit sur la tranche D de la même manière que sur la tranche C; elle imprime donc au cylindre et au balancier qu'il porte un mouvement en sens contraire et égal au premier.

Tels sont, me dit en finissant l'horloger, les principes généraux sur lesquels repose l'horlogerie à l'usage civil. L'astronomie, la physique et la marine exigent des instruments plus parfaits; mais c'est tout un autre sujet.

LA CHAPELLE EXTÉRIEURE DU PALAIS PUBLIC
DE SIENNE.

Cette élégante petite chapelle, commencée en 1252, décorée en 1460 par Francesco di Giorgio, ornée en 1538 d'une fresque du Sodoma que le temps a détruite, est adossée à la façade du palais public ou *palazzo della Re-pubblica* de Sienne, devant l'une des plus belles places de l'Europe, la *piazza del Campo*. Dans ce vaste cirque, témoin de bien des scènes sanglantes et aussi de fêtes magnifiques, on recommence chaque année des courses de chevaux plus tragiques que les courses de taureaux d'Es-

Chapelle extérieure du palais public de Sienne. — Dessin de Lancelot.

pagne. Les grandes dimensions de la piazza del Campo et du palais d'où s'élève dans les airs la belle tour de la *Mangia* trompent le regard sur celles de la chapelle : de loin elle ne paraît guère qu'un assez petit détail de cet ensemble imposant. Une autre décoration charmante de la piazza del Campo est la *fonte Gaja* ou fontaine de la Joie, d'où l'eau avait jailli, pour la première fois, aux acclamations du peuple, en 1343, et qui fut ornée, en 1419, de bas-reliefs d'un goût exquis par Giacomo della Guercia.

L'AVANT-DERNIÈRE PIÈCE DE SHAKSPEARE.

Claude Gelée possède dans son œuvre un charmant paysage qui représente un lever de soleil au bord de la mer. On dirait une île de la Méditerranée plantée d'arbres verdoyants. L'onde arrive en petites vagues douces caresser mollement le rivage. Dans la baie, derrière une éminence de terre formant promontoire, on aperçoit les mâts de plusieurs vaisseaux. Au fond, au-dessus de la pleine mer, le soleil sort des nuages et trace un long sillon de lumière qui descend de la ligne horizontale des flots aux premiers plans terrestres, où s'élèvent deux figures d'hommes. Ces personnages, en costume italien du seizième siècle, pourraient être pris pour des étrangers heureux de se trouver sur une terre agréable après les dangers d'un terrible orage. Ce petit tableau est un chef-d'œuvre de tranquillité, de fraîcheur et de lumière. Jamais je n'ai pu le regarder sans reporter ma pensée vers le beau drame de Shakspeare appelé la Tempête, et toujours j'ai cru y voir la représentation d'une des scènes les plus calmes de cette singulière pièce.

Rien de plus étrange, en effet, que cette composition, et rien qui prête davantage à la réflexion du critique. Elle est l'une des dernières œuvres du poëte; elle sortit de son cerveau fécond à l'âge de quarante-huit ans. Après cet effort et l'enfantement d'une autre comédie, le puissant dramaturge se retira dans son village de Stratford-sur-Avon, et mourut sans plus rien communiquer au monde de ses pensées. On peut dire avec justice que la Tempête est le dernier ouvrage important du poëte. Est-ce aussi le résumé de toutes ses imaginations et de ses vues sur l'ensemble des choses, son dernier mot? C'est ce qui serait intéressant à savoir, et ce qui a souvent sollicité notre curiosité.

On connaît à peu près l'origine de tous les drames de Shakspeare. Pour arriver à leur composition, il est presque toujours parti d'un fait historique ou anecdotique. Sa méthode est en quelque sorte platonicienne, comme le fait remarquer judicieusement Coleridge; il est une espèce d'ouvrier divin qui élève les faits à des hauteurs sublimes. On sait d'où viennent Roméo et Juliette, Macbeth, Othello, Hamlet, le Songe d'une nuit d'été; mais à l'égard de la Tempête, l'œil des critiques les plus érudits n'a découvert jusqu'ici aucune pensée primitive, aucune donnée générale. Serait-ce une conception entièrement propre à l'auteur, une sorte de symbole sous lequel il aurait caché sa philosophie des choses de ce monde? Nous l'avons souvent pensé, et peut-être que le lecteur, en nous suivant dans l'analyse de cet ouvrage, le pensera comme nous.

Son titre paraît d'abord fort bien choisi pour la dénomination d'une pièce tout idéale et qui renferme en quelques personnages le contraste énergique du bien et du mal, la lutte de la volonté bonne et de la volonté perverse. La Tempête, ce titre indique non-seulement le tumulte des éléments, mais aussi le tumulte des âmes; il est la conséquence logique d'un rapport constant entre l'ordre naturel et l'ordre surnaturel. Maintenant, voici la fable.

Un orage épouvantable, produit par l'influence de génies célestes, amène dans une île de la mer de Sicile une bande de coquins, grands seigneurs et valets: Dans cette île vivent deux êtres bons, un père et une fille, que ces mêmes coquins ont dépossédés du royaume et des richesses de leurs ancêtres. Ce père, injustement privé de la couronne, est un sage qui, par l'étude des sciences, a acquis sur la nature un pouvoir qui le rend maître de ses ennemis. Usera-t-il de sa puissance pour se venger d'eux? Telle est la question. Eh bien, non; quoiqu'ils lui aient volé son trône, et qu'ils aient tramé de nouveau contre sa vie les plus odieux complots, il se contentera de les effrayer, les amener à repentance, et leur pardonnera ensuite, en unissant sa fille au fils de son plus cruel ennemi.

On voit que ce drame pourrait s'appeler la Clémence ou le Pardon des offenses. La scène s'ouvre par un ciel chargé de nuages, de foudres et d'éclairs; elle se ferme sous l'azur le plus limpide et le plus tranquille. Le comique et le tragique y alternent, comme cela a lieu dans presque tous les autres ouvrages du poëte. Mais ce qui est plus particulier et très-remarquable, c'est que les acteurs de ce drame suivent les penchants de leur bonté, native ou de leur nature perverse entre deux êtres tout à fait extraordinaires, appelés l'un Ariel et l'autre Caliban. Le premier est un génie bon, miséricordieux, charmant de forme et de fond, qui tient du souffle de l'air, des couleurs du prisme, de l'esprit pur; le second, au contraire, est un être informe, matériel, pesant, né d'une sorcière au moment d'une pensée de mal, et renfermant en lui une nature morale également monstrueuse, pleine de méchanceté, d'envie et de révolte. Ces étranges créatures sont, pour ainsi dire, les deux pôles de la pièce, et tous les autres personnages agissent plus ou moins sous leur influence. Ainsi, lorsque les naufragés, non encore guéris de leurs méchantes inclinations par la terreur des dangers qu'ils ont courus, veulent nuire au sage Prospero et à son aimable fille Miranda, ils y sont incités par l'horrible esclave Caliban, qui leur inspire l'idée du meurtre et de la rapine. D'un autre côté, lorsque l'enchanteur Prospero, maître de ses ennemis et irrité de leurs nouveaux attentats, se dispose, à l'aide de son art magique, à leur faire sentir les aiguillons d'une terrible justice, il est encouragé par Ariel à la pitié et à la miséricorde, et alors il prononce ces sublimes paroles en les adressant au charmant génie:

« Comment! toi qui n'es qu'un flocon d'air, tu auras une impression, un sentiment des peines de mes ennemis, et moi, créature de leur espèce, qui ressens aussi vivement qu'eux les passions et les douleurs, je n'en serai pas plus tendrement ému que toi!... Quoique leurs injustices cruelles aient blessé mon cœur au vif, je me range du parti de ma raison contre ma colère. Pardonner est une action plus rare et plus noble que celle de se venger. Puisqu'ils se repentent, je suis satisfait. Ils n'auront pas de moi un regard menaçant de plus. Va les élargir, Ariel; je veux délier mes charmes, rétablir leurs facultés, et ils vont reprendre tout leur être. »

Prospero est, dans l'ordre humain, la plus haute personnification de l'intelligence savante unie à la magnanimité. Sa fille Miranda est une création égale, sinon supérieure, à celle de l'Ève de Milton. Elle l'est le modèle de la bonté innocente et du pur amour. C'est le cœur d'Ève, moins la ruse et la curiosité. Ferdinand, son amant, est le type de l'âme tendre et généreuse, de la jeunesse virile pleine de courage et de bravoure à la fois. Le vieux Gonzalo donne l'idée la plus parfaite du serviteur honnête et dévoué. Quant aux autres personnages, ils représentent dans une gamme affreuse l'égoïsme et toutes les phases de la dégradation morale, depuis la méchanceté éclairée et raisonnante d'Antonio, jusqu'à la méchanceté stupide et grossière de Caliban.

Maintenant, nous nous demandons ce qu'a voulu prouver Shakspeare par cette peinture réelle et fantastique à la fois des passions bonnes et mauvaises de l'humanité, par ce résumé puissant et coloré de leurs tristes combats. Indépendamment de l'enseignement moral, du pardon des offenses, qui est clairement établi et qui pouvait l'être dans une fable purement historique, n'y saurait-on trouver une conception plus haute, l'idée du rapport de la créature avec le Créateur lui-même? Souvenons-nous que cette pièce est la dernière composition importante du grand poëte; quand dans toutes les autres il a peint les erreurs, les folies et les fureurs de la race humaine sous toutes leurs faces; et que dans celle-ci il couronne les mille scènes de son drame terrible par une vive expression du repentir et du pardon.

Faites de l'île enchantée où souffle la tempête le monde, du vieux Prospero une espèce de verbe, la sagesse intervenant dans le chaos des éléments impurs et y faisant descendre l'amour et la bonté, et vous aurez là une vue philosophique des choses qui ne sera pas celle d'un esprit sceptique qui observe, rit ou gémit sans conclure, mais celle d'un philosophe platonicien, je dirai même chrétien, qui démêle l'action providentielle au milieu du tumulte des êtres, qui croit au bien et croit surtout à sa victoire définitive sur le mal.

Voulez-vous des preuves que cette dernière pensée est plutôt celle de Shakspeare que l'idée d'indifférence qu'on lui attribue généralement, prenez d'abord sa conclusion du drame de *la Tempête*. Dans ce rétablissement de l'ordre moral par la puissance indulgente et miséricordieuse, les âmes des hommes et les éléments de la nature sont purifiés et calmés. Caliban lui-même, cet être informe, opaque, brutal et qui tient de l'enfer, arrive par la douleur à sentir le remords et déclare qu'il deviendra sage. Plus loin, dans la même pièce, le roi coupable qui a détrôné son frère ne dit-il pas, lorsqu'il est en butte aux coups de l'orage : « Les vents, les vagues, les roulements du tonnerre grondant ma conscience, voilà la cause qui a enseveli mon fils sous le sable des mers; voilà pourquoi j'irai dans les abîmes. »

Cherchez ailleurs; et vous trouverez dans *Macbeth* un médecin qui, entendant soupirer et parler la reine criminelle au milieu de son sommeil, s'écrie : « Des actions contre nature produisent des désordres contre nature; les consciences souillées de forfaits révèlent leurs secrets aux sourds oreillers de leurs couches. » Puis, dans *Henri V*, le prince, écoutant des soldats qui rejettent sur lui la responsabilité des misères de la guerre et de leur mort, fait cette déclaration : « Un roi n'est pas obligé de répondre des fautes personnelles et particulières de ses soldats, non plus que le père de celles de son fils, ni le maître de celles de son domestique. Son armée n'est point composée de soldats sans reproche. Il y en a qui ont dû se rendre coupables de mauvaises actions. Or, si ces gens ont su tromper la vigilance des lois et se soustraire à la punition qui leur est due, quoiqu'ils puissent se sauver des mains des hommes, ils n'ont point d'ailes pour échapper à celles de Dieu. La guerre est son prévôt... » Puis, dans *Mesure pour mesure*, l'hypocrite magistrat, voulant reprendre ses travaux après avoir commis un crime, ne peut s'empêcher de remarquer que le trouble est dans sa nature, et il s'écrie : « Une fois l'innocence perdue, rien ne va bien. »

Tous ces passages et bien d'autres ne témoignent-ils pas que notre poète croyait profondément à la moralité de la conscience, à un secret rapport entre l'ordre surnaturel et l'ordre naturel, à une providence divine? Était-il matérialiste celui qui écrivait dans son recueil de sonnets ce vers : « Pauvre âme, centre de ma terre pécheresse, toi es égarée par les puissances rebelles qui t'embarrassent »? et cet autre vers tout platonicien : « La beauté morte, tout retourne au noir chaos »? Enfin, l'homme qui a formulé cette pensée, à savoir que « celui qui n'est pas touché du repentir n'est pas digne du ciel », n'a-t-il pas émis une pensée digne du christianisme le plus pur? Déjà, dans sa tragédie d'*Hamlet*, l'endroit où le prince danois déclare à son ami Horatio « qu'il y a plus de choses entre le ciel et la terre que n'en rêve la philosophie » indiquait que les idées de Shakspeare étaient moins entraînées au scepti-

cisme que portées vers un spiritualisme indéterminé, mais réel.

Il est bien difficile de prendre un poète, surtout un poète dramatique, au pied de la lettre, comme on prendrait un métaphysicien de profession. Cependant un génie de la trempe de celui de Shakspeare, si vaste, si pénétrant, si plein d'intuition, ne peut pas ne pas avoir laissé percer quelque chose de ses idées au sujet de la conception du monde physique et moral, conception qui a occupé et qui occupe toujours l'esprit des penseurs. Ce sont les instincts, les tendances, les sentiments du poète qui doivent, dans leur ensemble, dévoiler ses pensées à cet égard. Or, pour tout lecteur qui a approfondi son œuvre et pris en considération la moralité des pièces qui la composent, il est aisé d'établir, comme nous venons de le faire, un spiritualisme sans détermination, mais certain et élevé. Quant à nous, nous sommes allé plus loin, et nous croyons avoir trouvé matière à une donnée métaphysique plus ample, surtout dans la fantaisie dramatique dont nous venons de parler. Cette donnée, en fin de compte, serait celle-ci : Il y a une providence divine, créatrice et conservatrice des choses; l'amour est le fond de cette providence, et lorsque les âmes sont rentrées dans l'ordre par une expiation suffisante, il y a pour elles satisfaction, réception en grâce et spiritualisation complète.

Le cœur de Shakspeare, et de tous les cœurs de poète le sien fut un des plus tendres, était bien fait pour arriver à une telle conclusion. Nous pouvons nous tromper, nos assertions ne sont que le résultat d'inductions tirées d'un ouvrage tout d'imagination, et, bien qu'*Ariel*, le ravissant génie, et *Caliban*, le monstre, aient été créés dans un but philosophique très-significatif, peut-être cette œuvre ne contient-elle absolument que l'expression d'une des plus hautes vertus de l'humanité, le pardon du mal fait à autrui. Quoi qu'il en soit, et jusqu'à meilleure information, nous aimerons à croire que nous avons pu découvrir là quelques-unes des idées métaphysiques du poète. Or cette philosophie, encore une fois, ne nous paraît pas être celle d'un sceptique complet ou d'un pur sensualiste, comme on l'a répété trop souvent, mais une philosophie qui s'approchait beaucoup de celle des Socrate, des Platon et des Leibniz, et dont les conclusions iraient se rapporter à ce mot si consolant et si profond prononcé de nos jours par le vénérable et noble Ballanche : « Les substances intellectuelles finiront par être bonnes, car il est de la nature de la substance intellectuelle de l'être. » [*]

Parmi tant de gens à qui nous prodiguons le nom d'amis, la plupart le sont juste assez pour nous dire bonjour.

Épigramme grecque.

LA LÉGENDE DE JEAN REINAUD [*].

Jean Reinaud est un pauvre soldat qui a été obligé de partir en guerre, abandonnant sa femme enceinte, ses enfants et sa mère. Le pauvre soldat s'est sacrifié pour son pays; il revient, après quelques mois, fatigué, accablé, sans se plaindre. Ce qu'il désire, c'est de rentrer dans sa

(*) Cet article, de notre célèbre ami et collaborateur M. Auguste Barbier, n'est pas entièrement inédit; et il se peut qu'il ne soit pas inconnu de ceux de nos lecteurs qui auraient eu autrefois à leur disposition la *Revue française*.

(²) Cette chanson, empruntée au *Romancero champenois* de M. Prosper Tarbé, a été lue par M. Édouard Laboulaye dans la salle Barthélemy, le 17 février 1864, et a produit sur l'assemblée une très-vive impression.

maison, et d'y mourir comme meurt le pauvre, en se résignant et sans déranger personne.

Quand Jean Reinaud de la guerre revint,
Il en revint triste et chagrin :
— Bonjour, ma mère, — Bonjour, mon fils.
Ta femme est accouchée d'un p'tit.

— Allez, ma mère, allez devant,
Faites-moi dresser un beau lit blanc ;
Mais faites-le dresser si bas
Que ma femme ne l'entende pas.

Et quand ce fut vers la minuit,
Jean Reinaud a rendu l'esprit.
Sa mère se prit à pleurer,
Sa pauvre femme à écouter.

— Ah ! dites, ma mère, ma mie,
Ce que j'entends pleurer ici.
— Ma fille, ce sont les enfants
Qui se plaignent du mal de dents.

— Ah ! dites, ma mère, ma mie,
Ce que j'entends clouer ici.
— Ma fille, c'est le charpentier
Qui raccommode le planchet.

— Ah ! dites, ma mère, ma mie,
Ce que j'entends chanter ici.
Ma fille, c'est la procession
Qui fait le tour de la maison.

— Mais, dites, ma mère, ma mie,
Pourquoi donc pleurez-vous ainsi ?
— Hélas ! je ne puis le cacher,
C'est Jean Reinaud qui est décédé.

— Ma mère, dites au fossoyeux
Qu'il fasse la fosse pour deux,
Et que l'espace y soit si grand
Qu'on y renferme aussi l'enfant.

LES BANCS DU ROI DE ROME.

Les événements politiques sont presque partout célébrés
par des réjouissances stériles; ces sortes de fêtes n'ont, en
général, point de lendemain : elles ne laissent pas plus de
traces que les combats simulés du théâtre de Franconi, les
exercices des Funambules ou les fumées des feux d'artifice.
Les villes qui, dans ces occasions, élèvent à grands frais
des constructions de carton et de toile peinte, ne pour-
raient-elles pas mieux employer leur argent? Ne leur
serait-il pas facile de consacrer les mêmes sommes à des
monuments durables, tels que des statues, des fontaines,
des ornements d'édifices, etc.?

Un administrateur habile et philanthrope, M. Lezay-
Marnésia, dont la mémoire reste vénérée dans le département du Bas-Rhin, paraît avoir été pénétré de ces idées
lorsque, à la naissance du fils de Napoléon Ier, il a fondé
l'institution qui garde encore le nom de Bancs du roi de
Rome. Le malade qui se traîne sur les routes, le conscrit
qui rejoint sa garnison, l'ouvrier qui commence son tour
de France, le colporteur courbé sous le poids de sa balle,
le paysan à son retour des champs, de la vigne ou de la
forêt, ne trouvent guère pour se reposer au bord des che-

Un Banc du roi de Rome sur une route du département du Bas-Rhin. — Dessin de M. Léon Cogniet, porté sur bois par Yan' Dargent.

mins qu'une terre poudreuse ou un sol détrempé par la
pluie.

C'est pour eux que M. Lezay-Marnésia fit établir sur
toutes les routes impériales et départementales du Bas-
Rhin des bancs de pierre ombragés, dont nous donnons
un dessin que nous devons à l'obligeance et l'amitié d'un
maître illustre, M. Léon Cogniet.

La touchante pensée qui a présidé à cette institution a
mieux sauvegardé les bancs du roi de Rome que n'aurait

fait l'attachement des populations rhénanes aux souvenirs
de l'empire; sous aucun gouvernement ils n'ont été volontairement dégradés. Ils sont aujourd'hui entretenus avec
un soin qui répond aux intentions du fondateur (1).

(1) Quelques personnes nous ont dit que les bancs du roi de Rome
avaient été décrétés par une mesure générale. Nous ne pensons pas
devoir vérifier le fait, n'ayant rencontré nulle part ailleurs qu'en Alsace
la trace de l'institution. L'honneur d'en avoir généralisé le bienfait
n'en resterait pas moins à l'ancien préfet du Bas-Rhin.

LES EAUX DE HAMMAM-MESKHOUTINE, OU LES BAINS DES MAUDITS,
PRÈS DE GUELMA, EN ALGÉRIE.

Vue des Bains des Maudits, en Algérie. — Dessin de Gaudry.

Les sources à très-hautes températures se rencontrent ordinairement dans les contrées volcaniques : tels sont les Geysers (89° centigrades), en Islande ; Colata (80°), dans l'île d'Ischia ; Chaudesaigues (81°), dans le Cantal. Ou bien elles émergent au contact de roches éruptives que les géologues considèrent comme d'origine ignée. Exemples : Carlsbad (73°), en Bohême ; Ax (82°), Olette (79°) et Cauterets (58°), dans les Pyrénées ; Plombières (63°), au pied des Vosges ; Néris (54°), sur les bords du massif granitique central de la France. Cette association des eaux thermales avec des roches d'origine ignée n'a rien qui étonne. On est tenté d'admettre que ces eaux participent encore de la chaleur initiale des terrains qu'elles traversent. Le même feu qui a fondu les roches encaissantes semble avoir communiqué aux eaux la température qui les distingue. La source thermale apparaît aux yeux du géologue ou même de l'homme du monde comme la trace affaiblie du passage, à travers un terrain plus moderne, des roches liquéfiées dont les laves, le basalte, les porphyres et certains granits sont les représentants les plus authentiques. Rien de semblable pour les thermes dont nous allons parler. Les montagnes environnantes se composent de calcaires et de grès appartenant à la partie supérieure des terrains secondaires : comme celles d'Aix en Savoie, elles s'épanchent au centre d'un bassin où rien ne dénote ces actions violentes. Les eaux des Maudits sont situées à 14 kilomètres de Guelma, ville d'origine française, fondée en 1845, entre Bone et Constantine, sur

l'emplacement de l'ancienne Suthul de Jugurtha, qui devint plus tard la ville de Calama des Romains. Les Mores, les Vandales, les tremblements de terre, détruisirent à leur tour l'antique Calama. C'est avec les ruines de la ville romaine que la citadelle actuelle a été construite ; les débris les plus intéressants ont été réunis dans un musée. Les Romains, si ardents à la découverte des eaux thermales, connaissaient celles-ci ; elles portaient le nom d'*Aquæ thibilitanæ*, du nom de Tibili, actuellement Anouna, ville plus rapprochée des bains que celle de Guelma.

Quand on quitte Guelma pour aller à Hammam-Meskhoutine, on coupe d'abord le cours de la Seybouse, l'*Ubus* des anciens. Ici elle n'est qu'un torrent ; mais vers son embouchure, près de Bone, elle devient une rivière navigable, la seule qui existe en Algérie. On passe la Seybouse à gué, puis l'on entre dans un fertile bassin bien cultivé, appelé Medjez-Hamar. C'est là qu'en 1837 le maréchal Clausel établit le camp fortifié d'où partit le corps expéditionnaire qui devait faire tomber les murs de Constantine le 20 septembre 1837. Après avoir dépassé les constructions du camp, converties actuellement en exploitation agricole, on entre dans une gorge où l'on traverse sur un pont de bois un affluent de la Seybouse, le Bou-Hamdan, puis on monte vers un plateau entouré de montagnes peu élevées. De loin déjà on reconnaît l'emplacement des eaux aux masses de vapeur d'eau qui s'élèvent au-dessus d'elles. Elles surgissent actuellement avec le plus d'abondance à l'extrémité d'un plateau, où elles forment dix bouillons, dont l'un s'élevant à quelques décimètres au-dessus du sol. Ces bouillons sont à la température de 95 degrés, c'est-à-dire à celle de l'eau bouillante sous une pression atmosphérique équivalente à celle d'une colonne de 634 millimètres de mercure. Ces eaux exhalent de l'acide carbonique, de l'acide sulfhydrique et de l'azote; elles tiennent en dissolution du carbonate et du sulfate de chaux (plâtre), du sulfate et du carbonate de magnésie, du sulfate de soude, de la silice, un peu d'arsenic, et du sel marin, qui se déposent à mesure que le liquide perd de sa température initiale. Les eaux fournies par les dix bouillons, se trouvant sur le bord d'un petit plateau, descendent immédiatement le long de la pente. Si c'était de l'eau pure, on la verrait simplement couler sur les rochers pour se réunir au ruisseau de Chedakra qui serpente à ses pieds; mais cette eau, contenant en dissolution de sels calcaires blancs qui se déposent à mesure qu'elle se refroidit, construit elle-même la roche sur laquelle elle tombe en cascade. Les formes de ce travertin (c'est le nom que les géologues donnent aux roches formées ainsi par les eaux minérales) sont aussi variées qu'élégantes. Leur blancheur éblouissante ou leur couleur d'un brun rougeâtre donne à l'eau qui les baigne tantôt une teinte d'un bleu clair quand le fond est blanc; tantôt une coloration brune lorsqu'elle repose sur du travertin coloré par l'oxyde de fer ou des matières sinctoriales employées par les Arabes. Quand la pente n'est pas trop forte, l'eau déposant de tous les côtés les sels dont elle est chargée, il en résulte qu'elle se forme à elle-même de petites digues de quelques centimètres de hauteur. De là des bassins à rebords circulaires plus ou moins ondulés, étagés l'un au-dessus de l'autre; l'eau tombe d'un bassin dans l'autre en faisant autant de petites cascades, ou en glissant sur le travertin déjà formé. C'est en miniature l'aspect de la grande cascade étagée de Saint-Cloud, non plus géométriquement régulière et monotone, mais avec tous les accidents capricieux résultant du dépôt calcaire, qui se fait plus ou moins vite, en un endroit plutôt qu'en un autre suivant la saison, le vent, la température et l'émission plus ou moins abondante des eaux incrustantes. Après que ces eaux se sont ainsi déversées de bassin en bassin, sur une hauteur de cinq mètres environ, la formation des cuvettes étagées devenant impossible, en glissant sur la pierre, l'enduit d'une couche de travertin représentant des draperies, des surfaces mamelonnées, et, quand le rocher surplombe, de véritables stalactites de forme conique, de la pointe desquelles roule sans cesse le filet d'eau générateur. La cascade se divise ensuite en plusieurs ruisseaux qui se jettent dans le Chédakra, dont le fond est tapissé de conferves d'un beau vert, et où vivent, malgré la haute température, de petites grenouilles et des poissons.

Nous venons de voir l'effet des eaux incrustantes lorsqu'elles s'épanchent sur une pente plus ou moins inclinée; elles produisent d'autres effets quand elles surgissent du sol sur un plan horizontal. Déposant autour d'elle les sels calcaires dont elle est chargée, la source jaillissante élève d'abord un petit cône creux dont les parois sont du travertin; l'eau, continuant à sortir par l'orifice terminal, s'épanche en formant une nappe qui coule sur le petit cône originairement formé; en même temps, les bords de l'orifice s'élèvent également par l'addition de nouvelles particules calcaires; le cône monte toujours, jusqu'à ce que la force ascensionnelle de l'eau ne soit plus assez énergique pour lui permettre d'atteindre l'orifice du sommet et de se déverser sur ses parois. Alors le cône ne s'accroît plus ni en hauteur ni en diamètre; l'orifice terminal s'oblitère, et le canal dont il est l'ouverture se remplit de terre. L'eau minérale va chercher d'autres issues. J'ai vu un de ces

cônes en voie de formation; il avait 1m.50 de hauteur: l'eau suintait par son sommet et coulait sur ses parois extérieures.

Quand on approche des bains de Hammam-Meskhoutine, on aperçoit au haut du plateau une surface d'un hectare environ de superficie sur laquelle s'élèvent plus de cent de ces cônes. Les uns ont une large base, les autres semblent des aiguilles. Il y en a de toutes grandeurs, depuis quelques décimètres jusqu'à quatre ou cinq mètres, les uns sont isolés, les autres disposés par groupes ou même soudés entre eux deux à deux. La végétation s'est emparée de quelques-uns, et souvent, au sommet, un petit olivier sauvage ou un pistachier térébinthe pousse comme dans un pot de fleurs. Rien de plus bizarre et de plus inexplicable au premier abord que ces cônes réguliers s'élevant brusquement à la surface du sol, et, comme on l'a vu, rien de plus facile à comprendre si on se donne la peine d'analyser le phénomène. Les cônes du plan horizontal, dont nous venons de parler, ne dépassant pas cinq mètres; ils sont très-anciens, et, à l'époque de leur formation, les eaux chaudes n'étaient probablement point encore utilisées. Il en est de même d'un groupe situé plus bas, entre les premiers et la cascade. Ceux-ci sont au nombre de huit, dont quatre très-grands, accolés deux à deux à leur base, et un autre isolé. La hauteur de chacun de ces cinq cônes est de huit mètres environ; à l'extrémité de l'un d'eux il s'était formé, près de la pointe, un orifice latéral par lequel les eaux s'épanchaient encore après l'achèvement du cône. Des pistachiers térébinthes déjà grands, une cypéracée (Schoenus nigricans) et une jolie espèce de Statice (S. globulariæfolia) croissaient sur le cône, dont la base était entourée d'un bosquet de lauriers-roses. La présence de ces arbustes n'avait rien de surprenant pour un botaniste, ils sont des plus communs en Algérie; mais celle des Statice, plantes qui ne viennent que sur les bords de la mer, aurait lieu de surprendre si on ne savait que les travertins qui forment ces cônes sont pénétrés du sel marin (chlorure de sodium), qui, pour la plupart des Statice, est une condition d'existence dans laquelle ils ne sauraient se propager et même se maintenir longtemps dans une localité. Pendant que j'examinais ces cônes, une petite chouette vint se percher au sommet de l'un des plus élevés; l'oiseau à station verticale, supporté par ce piédestal, formait un motif d'architecture dont un artiste aurait pu s'inspirer heureusement.

Les cônes sont l'œuvre de l'eau thermale sortant par un orifice plus ou moins circulaire sur un plan horizontal; mais si le cône est rompu artificiellement sur un point de sa base, l'eau coule et forme un ruisseau en suivant la pente du terrain; quelque faible qu'elle soit. Alors d'autres phénomènes se produisent. L'architecte est le même, c'est toujours l'eau imprégnée de sels calcaires; mais l'œuvre est différente. Déposant toujours ses sels au fond et sur les côtés, l'eau se construit elle-même le canal dans lequel elle coule; ce canal une fois formé, en elle élève sans cesse le fond par l'addition de nouvelles couches; mais elle élève en même temps ses parois. Aussi, au bout d'un certain nombre d'années, l'eau coule au sommet d'un aqueduc qu'elle s'est construit elle-même, et les parois ressemblent de loin à des enceintes de murs. Le canal qui règne tout le long de la crête révèle seul l'origine de ce rempart. Avec le temps, ces remparts représentent de gros promontoires qui s'avancent dans la plaine et se terminent brusquement. Deux de ces caps, situés près du pont du Chédakra, l'ont détourné de son cours, et l'un d'eux laisse encore suinter à son extrémité une certaine quantité d'eau qui tombe directement dans le ruisseau. Le jour où ce suintement cessera, soit par l'extinction de la source qui le produit, ou l'oblitération de la fissure qu'il traverse, le promontoire ne s'avancera plus, car de nouvelles couches ne viendront plus s'ajouter aux couches préexistantes. Ainsi le promontoire le plus rapproché du pont est complétement terminé. A l'est de la cascade actuelle on remarque également les traces d'une ancienne cascade, et, plus loin encore, un énorme rocher de travertin qui a été coupé pour le passage de la route.

On voit que les eaux incrustantes de Hammam-Meskhoutine construisent des édifices complétement différents suivant la conformation des lieux où elles apparaissent à la surface du sol. Sur un plan horizontal, des cônes verticaux correspondant chacun à un bouillon ; sur une pente douce, des bassins à formes semi-circulaires étagés les uns au-dessus des autres ; sur une paroi verticale ou presque verticale, des festons, des stalactites rappellent les ornements des fontaines de Pompéi et de celles de la renaissance, dont la fontaine de Médicis, au Luxembourg, nous offre le modèle. La source coule-t-elle comme un ruisseau, elle se construit un aqueduc qu'elle élève sans cesse ou qu'elle épaissit en forme de promontoire. L'art pourrait, en guidant ces sources, les forcer à élever les constructions les plus compliquées, et même à meuler des vases, des statues, des bas-reliefs, comme on le fait aux eaux de Saint-Allyre, à Clermont en Auvergne. L'abondance de la source africaine est un élément qui manque à celles d'Europe ; on estime, en effet, son débit à 84 000 litres d'eau à l'heure, et il peut se comparer à celui des eaux de Louêche en Suisse et d'Aix en Savoie.

Les sources d'Hammam-Meskhoutine ont changé de place. Lorsqu'elles sortaient au haut du plateau où elles ont formé les cent cônes dont nous avons parlé, elles n'étaient probablement pas utilisées ; mais des piscines et un aqueduc situés à l'est de la cascade montrent que les Romains n'ont pas plus négligé les richesses thermales de la Numidie que celles de la Gaule et de la Germanie. Actuellement, il existe près de ces sources un grand hôpital militaire. Plusieurs bouillons situés à l'est et au-dessous de la cascade sont couverts de baraques où l'on prend des bains de vapeur, et l'Arabe même y construit son gourbi de feuillage quand le médecin roumi (français) lui persuade qu'il trouvera dans ces eaux un remède aux rhumatismes qu'il contracte en couchant en plein air dans ses haltes nocturnes. Bientôt un grand établissement thermal doit s'élever, par les soins du docteur Moreau, à Bone, en face de l'hôpital militaire.

Ce n'est pas un moyen de guérison offert par la nature que l'Arabe voit dans ces eaux chaudes ; comme tous les peuples enfants, comme les races sémitiques surtout, tout événement, tout phénomène extraordinaire est un miracle. Sans que personne l'invente, la légende naît d'elle-même dans l'imagination du peuple, et le surnaturel, que discute l'esprit positif de l'Européen, est précisément ce qui entraîne la conviction de l'Arabe. L'histoire merveilleuse se raconte sous la tente, se propage dans les douairs, et devient bientôt une croyance, un article de foi que personne ne conteste. Voici la légende des eaux de Hammam-Meskhoutine.

Un Arabe riche et puissant avait une sœur appelée Aurida (la Rose) ; mais, la trouvant trop belle pour la fiancer à un autre qu'à lui, il voulut l'épouser, malgré la défense formelle du Coran. Il n'écoute ni les prières de ses parents, ni les remontrances des anciens du tribu, qui payent leur franchise de leur vie. La noce s'accomplit accompagnée de fantasia et de danses terminées par un immense festin. Des plats remplis de couscoussou sont servis aux convives, des moutons tout entiers sont dépecés avec les doigts ; mais au moment où le couple maudit va se retirer, les éléments sont bouleversés, le tonnerre gronde,

le feu du démon sort de la terre, des eaux brûlantes inondent le lieu du festin, et, quand le calme se rétablit, on trouve l'Arabe et sa sœur, les gens de loi, les invités, les danseuses et les esclaves changés en pierres. Les cônes représentent tous les acteurs de ce drame. En doutez-vous ? Mais la source rejette encore des grains de cous-coussou pétrifiés ; ce sont les pisolithes qui se forment dans les bouillons. Mais, la nuit, un berger gardant ses troupeaux menacés par le lion a vu ces pierres reprendre une forme humaine, les danses continuer ; et malheur à l'imprudent qui se mêlerait à ces rondes infernales ! il augmenterait le nombre des damnés, et un nouveau cône s'ajouterait à ceux qui s'élèvent dans la plaine. Et pour que les hommes ne perdent pas la mémoire de cette punition solennelle, Dieu permet que les feux du festin brûlent éternellement, qu'une vapeur épaisse et des eaux brûlantes jaillissent du sein de la terre profanée par l'inceste. Qui n'est frappé de l'analogie de cette histoire avec celles qu'on trouve dans la mythologie des religions antérieures au christianisme ? L'imagination orientale est toujours aussi vive que dans les siècles passés, mais les mêmes légendes se reproduisent. Celles dont nous connaissons l'origine et dont nous avons l'explication nous éclairent sur les récits merveilleux dont le temps et la tradition nous dérobent le sens caché. La science seule peut le découvrir, car elle seule nous dévoile les lois éternelles et immuables qui régissent les phénomènes naturels.

EN DISCUTANT.

On peut avoir remarqué, dans les disputes et les conversations, ce qui arrive aux gens dont l'esprit est dur et difficile. Comme ils ne combattent pas pour s'aider les uns les autres, mais pour se jeter à terre, ils s'éloignent de la vérité, non pas à proportion de la grandeur ou de la petitesse de leur esprit, mais de la bizarrerie ou de l'inflexibilité plus ou moins grande de leur caractère.

Le contraire arrive à ceux à qui la nature ou l'éducation ont donné de la douceur. Comme leurs disputes sont des secours mutuels, qu'ils concourent au même objet, qu'ils se poussent différemment pour parvenir à penser de même, ils trouvent la vérité à proportion de leurs lumières : c'est la récompense d'un bon naturel. [1]

GÉOGRAPHIE DE MARS.

Les astronomes qui ont observé Mars dans ces derniers temps ont cru reconnaître entre ses deux hémisphères une différence très-notable. Il semble que l'un d'eux est recouvert d'un océan immense, tandis que l'autre serait occupé par un vaste continent. Telle est la configuration que notre gravure essaye de représenter à la page suivante.

Les taches polaires, dont on avait depuis longtemps signalé la présence, ont été aperçues avec une très-grande netteté. Les anciens observateurs ne s'étaient pas trompés en affirmant qu'elles grossissaient pendant l'hiver et diminuaient pendant l'été de la planète.

Cette circonstance tendrait à prouver que les saisons se succèdent en Mars à peu près de la même manière que sur la Terre ; toutefois, il ne faudrait pas se hâter de proclamer une sorte d'identité entre les deux climats.

En effet, le diamètre apparent du Soleil étant plus petit vu de la surface de Mars, la majeure partie de la chaleur de cette planète doit être empruntée à celle qui existe en-

[1] Montesquieu, *Défense de l'esprit des lois.*

core à son intérieur; tandis que le phénomène inversé a lieu pour la Terre. Ensuite, les températures extrêmes de l'été doivent contraster excessivement avec la rigueur des hivers, car les terres et les mers; au lieu de s'entremêlér, comme celles de notre globe, sont, ainsi que nous l'avons dit plus haut, tout à fait séparées les unes des autres.

La direction des grands fleuves doit être à peu près parallèle aux méridiens, et les artères transversales, si communes sur notre terre, y sont probablement inconnues. Nous nous représentons les continents de Mars comme arrosés par une série de Mississipis partant des régions polaires pour se rendre dans les régions équatoriales. Mais il ne paraît pas qu'on puisse y rencontrer des fleuves analogues à la Seine, au Gange, au Yang-tse-kiang, ou au fleuve Amour.

Lorsque le Soleil échauffe l'hémisphère des eaux, de prodigieuses quantités de vapeur doivent être enlevées aux océans et précipitées par des vents très-violents vers le pôle de l'hémisphère continental. Lorsque les continents sont échauffés à leur tour, l'évaporation doit rapidement leur enlever l'eau qu'ils ont reçue en si grande abondance; ils ne sauraient tarder à souffrir d'une sécheresse redoutable. Le climat de l'hémisphère continental doit donc se composer à peu près d'un été semblable à celui de l'Égypte suivi d'un hiver comparable à celui de l'Angleterre.

Les éléments seraient ainsi constamment en lutte à la surface de ce globe que les anciens philosophes ont consacré au dieu de la guerre. Du reste, la couleur rougeâtre de son atmosphère semble bien indiquer que des masses de vapeurs d'eau y sont incessamment accumulées, et que tous les phénomènes atmosphériques s'y produisent avec une extrême violence, Qu'il serait curieux de savoir si les habitants de Mars ne protestent pas contre ces excès de leur nature par leur goût pour une paix inaltérable !

S'il était possible de découvrir ce qui se passe si loin de nous, chez des êtres dont l'existence est du reste problématique, nous aurions peut-être quelque bonne leçon à recevoir de cette autre colonie des enfants de Dieu.

Ne voyons-nous pas les hommes ensanglanter trop souvent la Terre, beaucoup mieux disposée pour être le séjour d'une paix perpétuelle? En effet, nos terres et nos

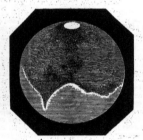

Les deux hémisphères de la planète Mars, d'après les observations les plus récentes.

mers se pénètrent réciproquement. Le Créateur semble avoir voulu nous tenir écartés de tous les excès; notre globe n'est ni des gros, ni des légers, ni des lourds, ni des voisins, ni des extrêmes. Si l'axiome : « La vertu est dans le milieu » (In medio virtus), s'applique aux sphères planétaires, nous habitons un globe privilégié. Quel usage faisons-nous de cette faveur de la nature?

LE PLUVIER GUIGNARD.

Les pluviers appartiennent à la famille des échassiers. Ils habitent les régions les plus septentrionales de l'ancien et du nouveau continent; c'est là, du moins, qu'ils se retirent pour nicher et élever leurs petits; mais en automne ils émigrent, ils descendent, étape par étape, vers le midi, qu'ils quittent à l'approche du printemps pour regagner leur froide patrie.

Ils voyagent par troupes nombreuses et rangés sur une file très-longue et très-étroite. Quand ils passent au-dessus d'une terre humide et limoneuse qui leur promet une pâture abondante, ils abaissent leur vol, qui n'est, d'ailleurs, jamais élevé, en faisant diverses évolutions : tantôt ils se laissent glisser en ligne droite jusque sur le sol; tantôt ils décrivent une courbe ou s'élancent tout à coup de côté, en resserrant ou bien en élargissant leurs rangs. A terre, ils sont dans un mouvement perpétuel : ils frappent avec leurs pieds pour faire sortir les vers, ils se précipitent en avant, baissent la tête, regardent en bas et de travers, puis saisissent brusquement leur proie; quand ils rencontrent une flaque d'eau, ils courent et barbotent pour laver leurs pattes et leur bec. Pendant qu'ils sont ainsi occupés à se repaître et à se baigner, on dit que plusieurs d'entre eux font sentinelle et, au moindre danger, poussent un cri d'alarme qui est le signal de la fuite. Quand vient la nuit, ils se dispersent, et chacun va gîter à part; mais, dès l'aube, le premier éveillé fait entendre le cri d'appel, et tous se rassemblent aussitôt.

C'est le moment de leur réveil que le chasseur choisit pour s'emparer de ces oiseaux. Il imite leur cri, et il les attire ainsi dans un filet tendu verticalement comme un rideau. En Amérique, où les pluviers sont très-nombreux, on les tue à coups de fusil, au moment où ils passent.

« Le 16 mars 1821, dit Audubon, étant à la Nouvelle-Orléans, je fus invité par quelques Français à une partie de chasse dans les environs du lac Saint-Jean : les pluviers passaient par myriades, venant du nord et continuant leurs migrations vers le sud. Dès le matin, des compagnies de vingt à cinquante chasseurs s'étaient postées dans les différents endroits où ils savaient par expérience que les oiseaux devaient passer ; placés à égale distance les uns des autres, ils attendaient assis par terre. Quand une troupe approchait, on se mettait à siffler, en imitant leur cri d'appel ; à ce signal, les pluviers descendaient en tournoyant et défilaient devant les chasseurs, qui tous, à

tour de rôle, leur envoyaient leur coup de fusil avec tant de succès, que j'ai vu de ces troupes, composées de plus de cent oiseaux, se trouver réduites à cinq ou six individus. Pendant que les chasseurs rechargeaient leurs armes, les chiens rapportaient le gibier. Le jeu continua de cette manière toute la journée, et, au coucher du soleil, quand je quittai ces destructeurs, ils paraissaient tout

Le Pluvier guignard (*Charadrius morinellus*). — Dessin de Freeman.

aussi acharnés que lors de mon arrivée. Un seul individu, tout près de l'endroit où j'étais moi-même, en tua, pour sa part, soixante-trois douzaines. En évaluant le nombre des chasseurs à deux cents, et supposé que chacun en eût tué vingt douzaines, c'étaient quarante-huit mille pluviers qui avaient été abattus dans cette journée. »

Le nid du pluvier est tout simplement un petit enfoncement dans une touffe de mousse ou même dans le sable ; quelques herbes sèches, quelques lichens en tapissent grossièrement le fond. Les œufs ne dépassent jamais le nombre de quatre. On assure que la femelle montre beaucoup de sollicitude pour ses petits : elle feindra, au besoin, d'être

boiteuse, pour détourner l'ennemi en l'attirant sur elle-même ; ou bien elle s'envolera à une distance considérable, puis, se posant dans un endroit bien découvert, elle se traînera à terre en se débattant, comme si elle avait les ailes cassées et qu'elle fût près de mourir.

Le pluvier guignard (*Charadrius morinellus*) a, en hiver, la face pointillée de noir, les sourcils d'un blanc roux, la poitrine et les flancs d'un cendré roussâtre. Mais au printemps il prend son plumage de noce : la face et les sourcils sont alors d'un blanc pur, la poitrine et les flancs d'un roux vif, le milieu du ventre d'un noir profond, et le dessus du corps brun, strié de rayures rousses.

LES PÊCHEURS ET L'OURS.

CONTE GROENLANDAIS.

Tiré de *Grønlandske Folkesagn*, ou *Kaladlit Okalluktualliait*,
t. IV, p. 109-123, Godthaab, 1863, in-8.

Trois frères, dont l'aîné s'appelait Sitdliarnat, avaient pris ensemble leur quartier d'hiver; la saison fut très-rude et toute la mer gela, de sorte qu'ils ne purent sortir en *kajak* (¹). Lorsque la glace put les porter, ils y descendirent pour chercher leur vie; mais ils ne pouvaient pêcher qu'au loin vers la grande mer, dans un endroit où une ouverture avait été pratiquée dans la glace.

Un jour que le temps était beau, les trois frères prirent avec eux un homme qui n'était pas de leur famille, et tous quatre se rendirent vers cet endroit. Pendant qu'ils étaient à pêcher, Sitdliarnat observa le temps et remarqua que le vent faisait voler vers la mer la neige des montagnes.

— Le vent du sud-est va nous assaillir, dit-il à ses compagnons; laissons-là la pêche et rentrons le plus vite possible.

Ils se mirent à courir de toutes leurs forces vers la côte; mais l'orage marchait plus vite qu'eux, et lorsqu'ils approchèrent de la terre, la glace était rompue et commençait à flotter. Ils étaient entraînés le long de la côte, sans trouver aucun endroit où ils pussent aborder.

L'aîné aperçut un immense bloc de glace: ils cherchèrent à le gagner, poursuivis par le flot qui rompait derrière eux la surface gelée; ils y parvinrent enfin et réussirent à monter dessus. Tout autour d'eux la mer était devenue libre.

Ils voguèrent ainsi longtemps; mais ils ne tardèrent pas à ressentir la faim. Ils se nourrirent d'abord de quelques poissons que le plus jeune frère avait heureusement emportés. Quand la faim les pressait, l'aîné, qui gardait les provisions, prenait un poisson, en coupait un morceau qu'il mangeait, puis il donnait le reste à son puîné; il en coupait un autre qu'il partageait de même entre son plus jeune frère et l'étranger. Ils s'étaient creusé un abri dans le bloc de glace; c'est là qu'ils se couchaient pour dormir.

Un matin, à son réveil, Sitdliarnat, après avoir longtemps observé l'horizon, découvrit un point noir, puis un autre qui dominait le premier. Aussitôt il appela en criant ses compagnons:

— Ah! nous ne resterons pas toujours en mer, dit-il; il y a quelque chose de noir là-bas!

C'était la côte, dont ils s'approchaient peu à peu; tous leurs poissons étaient mangés. Longtemps ils suivirent le rivage sans pouvoir aborder; enfin, ils furent poussés vers un point plus accessible.

— Je sauterai le premier à terre, dit l'aîné, et vous suivrez mes traces.

Lorsque tous furent en sûreté, il leur dit:

— Regardez derrière vous.

Le bloc s'était abîmé, et à la place il n'y avait plus que de l'écume.

Ils gravirent la pente escarpée du rocher, et, arrivés au sommet, ils se dirigèrent vers le sud, espérant qu'ils rencontreraient quelques hommes compatissants. Ils découvrirent, en effet, sur une petite langue de terre, une maisonnette isolée et auprès de laquelle on n'apercevait pas d'habitants. Leurs forces étaient entièrement épuisées; l'aîné dit:

— Marchons en avant.

Les autres le suivirent.

Il n'y avait dans la maison qu'un vieillard et sa femme; les étrangers s'assirent sans parler, se bornant à regarder

(¹) Barque totalement revêtue et couverte de peau de phoque.

le vieillard. Celui-ci leur demanda d'où ils venaient. Lorsqu'il eut appris leurs aventures, il dit à sa femme:

— On prend appétit en voyageant.

Elle alla chercher un peu de lard de phoque, le fit cuire et le servit dans un plat. Mais, quoiqu'ils fussent affamés, ils n'en purent manger que très-peu.

Leur hôte leur raconta que son fils, l'unique soutien de la famille, avait disparu depuis un mois; il leur demanda de lui en tenir lieu et les adopta. Ils passèrent ainsi plusieurs hivers ensemble.

Un jour, le vieillard demanda à l'aîné des frères:

— Quel génie protecteur t'a-t-on choisi à ta naissance?

Sitdliarnat répondit que c'était la mouette. Les frères, interrogés à leur tour, firent la même réponse; mais leur compagnon dit que ses parents avaient préféré le renard.

— Alors, reprit le vieillard, il ne te sera pas donné de revoir ton pays; mais les trois frères pourront regagner leur demeure. Lorsque le temps sera calme, je les y reconduirai.

Ils pensaient en eux-mêmes:

— Comment fera-t-il, puisque la glace sera fondue, et qu'il n'y a pas ici de kajak ou d'autres moyens de transport?

Un matin, il les éveilla.

— Il n'est plus temps de dormir, dit-il. Si vous avez réellement envie de revoir votre pays, rendons-nous au rivage; je vous aiderai à traverser la mer.

Lorsqu'il fut arrivé au rivage, il se jeta à l'eau, plongea, et reparut sous la forme d'un ours.

— Maintenant, cria-t-il à Sitdliarnat, s'il est vrai que tu aies la mouette pour génie protecteur, suis-moi.

Sitdliarnat hésitait à s'élancer; mais l'ours lui ayant dit qu'il n'y avait pas d'autre moyen de s'en retourner, il se décida à se jeter à l'eau: dès que son pied en toucha la surface, il glissa comme il aurait fait sur la glace; la mouette était près de lui. Il ignorait, en même temps, un énorme glaçon sur lequel il monta. Ses deux frères en firent autant; mais leur compagnon, ayant essayé de les imiter, tomba au fond de la mer, et il fallut que l'ours plongeât pour le reporter au rivage.

— Tu ne reverras jamais ton pays, lui dit-il, parce que tu as le renard pour protecteur; retourne à notre maison.

Puis il ajouta, en s'adressant aux trois frères:

— Fermez bien les yeux, car si vous les ouvrez, vous ne pourrez arriver au but de votre voyage; je vais appuyer mon cou contre le glaçon et vous pousser en avant.

Ils sentirent, en effet, que le glaçon changeait de place, et, après quelque temps, ils éprouvèrent un choc. A l'invitation de l'ours, ils ouvrirent les yeux, virent qu'ils étaient près de la terre et reconnurent même leurs anciennes maisons. Ils prièrent alors l'ours de les accompagner pour recevoir des marques de leur reconnaissance.

— Je ne demande pas de récompense, dit-il; je voulais seulement vous rendre service. Mais si vous voyez un ours chauve pendant l'hiver, empêchez vos compagnons de lui lancer des flèches.

Ils lui promirent de faire ce qu'il désirait.

Un jour qu'ils étaient avec leurs voisins, on vint leur annoncer qu'un ours montait sur le rivage. Tous saisirent leurs armes; mais les frères s'écrièrent:

— Attendez un instant.

Ils sortirent de la maison, et ils reconnurent l'ours qui leur avait été désigné.

— Gardez-vous de lui faire du mal, dirent-ils aux autres, sans lui nous ne serions plus en vie; préparons-lui à manger.

On suivit l'ours jusqu'à la maison. Là, il s'assit à l'entrée, la tête tournée vers l'intérieur. On lui servit des phoques entiers, et on le pria de se régaler. Il ne s'en fit pas faute. Lorsqu'il se fut bien repu, il s'endormit, et les enfants vinrent jouer autour de lui. A son réveil, il mangea de nouveau et regagna la mer; tous le suivirent des yeux, jusqu'à ce qu'ils l'eussent perdu de vue. Depuis ils n'entendirent jamais parler de lui.

Le conte finit ainsi.

LA FORTERESSE DE BOUE.

Dans un roman allégorique du moyen âge, on demande à Malice quelle est la prison la plus éloignée de la clarté du jour et la plus inaccessible. Malice répond : la caverne de l'Ignorance.

Supposons, en effet, une âme vicieuse enveloppée d'une ignorance absolue. Comment entrerons-nous en relation avec elle? Tous nos efforts s'émousseront contre cet épais rempart qui l'isole et la tient en captivité. On peut entreprendre avec succès de détruire des préjugés dans une intelligence où pénètre quelque rayon de lumière; mais devant la stupidité d'un être mal doué qui ne sait absolument rien, que faire? de quel langage se servir, quelles formes de raisonnements employer, à quelles comparaisons recourir? On sent, en un mot, qu'on n'a point de prise et, comme on dit communément, qu'on parle à un mur.

On raconte qu'un jour, en Égypte, l'armée française arriva devant une forteresse singulière : elle était faite de boue. De bois, on l'eût brûlée; de pierre, on l'eût foudroyée avec le canon : mais, contre la boue, que faire? Boulets et balles y entraient mollement et s'y perdaient; on y salissait ses armes sans y faire de brèche.

Être solitaire et pauvre, voilà le secret des héros de l'esprit. Vivre de peu et avec peu de monde, défendre l'intégrité de sa conscience par des besoins bornés dans le corps et des satisfactions dans l'âme, c'est ainsi que se sont formées toutes les mâles vertus.

LACORDAIRE, *Vie de saint Thomas d'Aquin.*

La vérité est comme une graine imperceptible : elle vole dans l'air, et va tomber on ne sait où; on l'enterre sous un tas de fumier, un beau jour elle en sort sous la forme d'un brin d'herbe. Un passant la remarque, s'en empare, et la montre à tout l'univers. A. DE MUSSET.

LE PARADIS TERRESTRE
ET SA GÉOGRAPHIE.

En l'année 1503, comme Varthema, l'aventureux Bolonais, se rendait aux grandes Indes en passant par la Palestine et par la Syrie, on lui fit voir la maison maudite qu'avait habitée Caïn; ce n'était pas bien loin du Paradis terrestre. Maistre Gilius, le docte naturaliste qui voyageait pour le compte de François Ier, eut la même satisfaction. La foi naïve de nos pères admettait sans la moindre hésitation ce genre d'archéologie. Nous avons déjà donné une figure exacte, avec ses plans réguliers, de la fontaine divine dont les eaux rafraîchissaient l'Éden depuis l'origine du monde (¹). Cette fontaine donnait, d'après la tradition, naissance au Gange, au Tigre, à l'Euphrate et au Nil; c'était la fontaine scellée, le *fons signatus* dont parle Salo-

(¹) Tome XXV, 1857, p. 176.

mon, et qui était le plus bel ornement du Paradis terrestre. On la voyait encore, dit-on, au dix-septième siècle, entre Bethléem et Hébron.

Il serait long d'indiquer toutes les situations géographiques qui ont été assignées au Paradis terrestre depuis les temps antiques jusqu'au dix-septième siècle (¹). Un savant prélat, qui a marqué sa place parmi les écrivains élégants du siècle de Louis XIV, Daniel Huet, évêque d'Avranches, essaya, en 1691, d'éclaircir cette question difficile, et il convient lui-même qu'avant de se former sur ce point une opinion admissible, il s'est vu plus d'une fois sur le point de mettre de côté ce sujet de dissertation que lui avait donné à traiter l'Académie française.

« Rien, dit-il, ne peut mieux faire connaître combien la situation du Paradis terrestre est peu connue que la diversité des opinions de ceux qui l'ont recherchée. On l'a placé dans le troisième ciel, dans le quatrième, dans le ciel de la lune, dans la lune même, sur une montagne voisine du ciel de la lune, dans la moyenne région de l'air, hors de la terre, sur la terre, sous la terre, dans un lieu caché et éloigné des hommes. On l'a mis sous le pôle arctique, dans la Tartarie, à la place qu'occupe présentement la mer Caspienne. D'autres l'ont reculé à l'extrémité du midi, dans la Terre de Feu. Plusieurs l'ont placé dans le Levant, ou sur les bords du Gange, ou dans l'île de Ceylan, faisant même venir le nom des Indes du mot Éden, nom de la province où le Paradis était situé. On l'a mis dans la Chine et même par delà le Levant, dans un lieu inhabité, d'autres dans l'Amérique; d'autres en Afrique, sous l'équateur; d'autres à l'orient équinoxial; d'autres sur les montagnes de la Lune, d'où l'on a cru que sortait le Nil; la plupart dans l'Asie; les uns dans l'Arménie Majeure; les autres dans la Mésopotamie, ou dans l'Assyrie, ou dans la Perse, ou dans la Babylonie, ou dans l'Arabie, ou dans la Syrie, ou dans la Palestine. Il s'en est même trouvé qui en ont voulu faire honneur à notre Europe, et, ce qui passe toutes les bornes de l'impertinence, qui l'ont établi à Hédin, ville d'Artois, fondée sur la conformité de ce nom avec celui d'Éden. Je ne désespère pas que quelque aventurier, pour l'approcher plus près de nous, n'entreprenne quelque jour de le mettre à Houdan. » (²)

En poursuivant, du reste, on voit que l'évêque d'Avranches ne tarde pas à faire un choix au milieu de tant d'opinions diverses se contredisant parfois entre elles. Il place la demeure du premier homme « sur le canal que forment le Tigre et l'Euphrate joints ensemble, entre le lieu de leur conjonction et celui de la séparation qu'ils font de leurs eaux, avant que de tomber dans le golfe Persique. » Et en basant cette donnée sur les plus vastes lectures, le savant prélat n'hésite pas à dire que, de tous ses devanciers, c'est Calvin qui s'est le plus approché de l'opinion qu'il propose; Scaliger n'a fait que le suivre dans cette voie plus d'un siècle après lui, et l'illustre Bochart se soumet en quelque sorte à la science du réformateur.

Les études du savant prélat trouvèrent, du reste, un continuateur zélé plus d'un siècle après lui. Erro y Aspiroz reconnaît toute la valeur des recherches du son prédécesseur; il modifie seulement d'une manière presque insensible le point où les recherches devraient s'arrêter pour avoir définitivement le lieu d'*habitat* où vécurent nos premiers parents. Le Paradis terrestre (la chose, selon lui, n'était pas douteuse) se rencontrait un peu au-dessous de l'antique cité d'*Apamia*, au confluent du Tigre et de l'Euphrate ; et, de même qu'il prouvait que les descendants

(¹) Voy. à ce sujet Santarem, *Histoire de la cosmographie et de la cartographie*, avec atlas; 3 vol. in-8.
(²) *De la situation du Paradis terrestre*; chez Jean Anisson, 1 vol. in-12.

immédiats d'Adam, si ce n'est Adam lui-même, parlaient la langue-esculadunac, de même. Il n'hésitait pas à tracer d'une main ferme, sur une belle carte géographique dont il orna son ouvrage, les contours du Paradis (¹).

Il faut reconnaître que ces dissertations ont moins d'agrément que les traditions du moyen âge. A partir du quatrième siècle jusqu'à l'époque de la renaissance, rien n'est plus répandu que les légendes qui portent d'heureux voyageurs aux portes du Paradis-terrestre. Ces sortes d'itinéraires sont mêlés ordinairement à d'autres récits.

Dans son fameux voyage, saint Brandan aborde bien le rivage désiré; mais il n'y trouve plus qu'un désert, les délices en ont disparu pour reparaître un jour : un ange du ciel l'a prédit.

Dans la légende plus fameuse encore qui porte le nom de saint Patrick, Oweins, le bon chevalier, quitte un moment l'Enfer et arrive, après maint danger, devant une porte qui s'ouvre pour lui laisser voir des jardins magnifiques : ce sont ceux d'Éden.

Golfred de Viterbe renverse toutes les idées que ses prédécesseurs avaient réunies : le Paradis terrestre est au delà de la Bretagne, aux confins de la terre.

De pieux voyageurs l'ont vu sur une montagne d'or, portant une ville toute d'or elle-même. L'*Imago mundi* le restitue au monde asiatique; mais il le rend plus inaccessible encore : il le place derrière un mur de feu qui monte jusqu'au ciel. Jacques de Varagio a orné sa légende dorée

de ces poétiques pérégrinations, et le monde oriental a célébré, par la voix de Moschus ou de Pallade; la sainte expédition de Macaire, auquel l'ange vengeur refuse l'entrée de l'Éden. Mais parmi ces légendes nous ne connaissons en réalité qu'un seul voyage bien caractérisé par son titré, c'est le voyage de saint Amaro (¹) au Paradis terrestre.

Bien des gens seront surpris, nous n'en doutons pas, de l'aridité que présente le Paradis terrestre sous la main du miniaturiste pleur de foi qui a essayé d'en offrir à son siècle une représentation. Ce n'est pas certainement par une fantaisie bizarre d'artiste ou de géographe que Fra Mauro, auquel nous empruntons notre gravure, a entouré de murailles crénelées le jardin où s'élève la fontaine qui devait rafraîchir l'Éden de ses eaux vivifiantes. En agissant ainsi, il s'est conformé à l'opinion qui plaçait le Paradis terrestre en Judée. Le Cantique des cantiques célèbre, comme on sait, *hortus conclusus* (le jardin fermé). Fra Mauro s'est montré fidèle, sur ce point, à l'opinion répandue parmi les théologiens de son temps, et il ne pouvait pas manquer d'entourer d'une fortification élégante le jardin céleste gardé par un ange vigilant. Du reste, dans toutes les représentations de ce genre on rencontre la même monotonie, la même aridité. Que l'on consulte Lambertus, qui appartient au douzième siècle, Honoré d'Autun, qui est du treizième; que vous puissiez ici des cartographes datant d'une époque où s'éveille le sentiment pittoresque,

Le Paradis terrestre selon Fra Mauro, cosmographe du quinzième siècle.

Henri de Mayenne, Guillaume de Tripoli, le docte Ranulphus, l'imagination des vieux peintres se montre partout aussi triste, aussi désolée. Il est vrai que c'est la main de l'érudition qui guide leur pinceau. La poésie du Dante avait sans doute donné du Paradis une idée splendide, mais trop confuse pour inspirer les artistes. Milton leur fut plus favorable; à sa voix, les murailles féodales s'écroulent, les enchantements du lieu de délices se révèlent, et les peintres modernes réalisent le rêve inspiré de l'illustre aveugle. C'était à peu près ce même Paradis terrestre qu'avait imaginé Colomb, grand poète aussi, quand, remontant le cours paisible de l'Orénoque, il s'attendait, en franchissant ces splendides paysages, à voir

s'ouvrir la porte étincelante qui lui cachait le Paradis terrestre (²) et que l'ange devait défendre. Une des rêveries du grand homme, ce fut, en effet, de croire qu'il était parvenu aux régions où l'Éden doit commencer. Il décrit avec l'exactitude minutieuse d'un topographe la forme que doit nécessairement avoir le Paradis terrestre. Situé à l'extrémité du fleuve, le céleste jardin s'élève, dit-il, insensiblement comme un mamelon affectant la forme arrondie et mais pyramidale d'une poire. C'est la dernière forme d'Éden du moyen âge. Un pauvre Indien que rencontra Humboldt dans ces parages lui en exprima aussi toute la splendeur par ces mots: *Es como el Paraiso, Señor!* (C'est comme le Paradis, Monsieur!).

(¹) *El Mundo primitivo, ó Exámen filosófico de la antigüedad y cultura de la nacion vascongada;* Madrid, 1815, 1 vol. pet. in-4°, avec cartes. Rien de plus curieux, dans cet *examen philosophique*, que la série d'étymologies dont Erro consolide son opinion. L'*Euphrates*, par exemple, ne veut dire autre chose que *jardin abondant en délices*. Notre auteur le prouve ainsi : La voyelle *e* signifie suave, amène, mou, délicieux, et toutes les qualités que rappellent ces expressions; le *u* exprime l'abondance; *farats, faratsa*, jardin; et la terminaison *es* ou *es* équivaut à l'article *de*. Le mot *E-u-farats-es* ou sa contraction *Eufratses* nous donne donc la signification voulue. Nous faisons grâce au lecteur des autres mots ainsi décomposés.

(¹) Sant Amaro est un saint voyageur essentiellement portugais, et dont les aventures merveilleuses ont été racontées dans la belle langue de Camoëns. L'une des plus anciennes traductions espagnoles, si ce n'est le texte original, date du seizième siècle; nous donnons ici son titre pour l'instruction des curieux : *La Vida del bienaventurado sant Amaro, y de los peligros que passó hasta que llegó al Parayso terrenal.* On lit à la fin : «Deo gracias. Fue impressa la presente Vida » del bienaventurado sant Amaro, en la muy noble y mas leal ciudad » de Burgos. En casa de Juan de Junta, à veynte dias del mes de fe-» breyro de mil quinientos y LII años. » In-4°.

(²) Voy. nos *Voyageurs anciens et modernes*, t. III, note de la page 168; — Navarrete, *Coleccion de viages*, etc.

CATHÉDRALE DE SÉVILLE.

Une des portes latérales de la cathédrale de Séville. — Dessin d'Olivier Merson.

En l'année 1729, M. de Silhouette, voyageur spirituel, oracle de la cour et de la ville, daignait reconnaître que la cathédrale de Séville, quoique *d'un goût barbare*, avait un air de grandeur et de majesté (¹). C'était alors de la hardiesse. En 1860, un autre voyageur (²) ne croit pas exagérer en disant : « C'est un temple construit par des

(¹) *Voyages de France, d'Espagne, de Portugal et d'Italie*, t. IV, p 78.

(²) M. Germond de la Vigne.

géants... c'est une harmonie qui inspire le sentiment religieux le plus profond. »

La cathédrale de Séville est certainement le plus bel édifice religieux de la Péninsule. Elle a pour base les ruines d'une immense mosquée : « Ce fut, dit M. G.-P. Villa Amil, le 22 décembre de 1240, année dans laquelle eut lieu la conquête de Séville par saint Ferdinand, que l'abbé D. Gutierre, plus tard évêque de Cordoue et, en 1250, archevêque de Tolède, purifia et consacra au culte catholique la principale mosquée de la ville. Elle fut bâtie, au dire de Llaguno, en 1171, par l'ámir Amumim ou calife Jusef Abou-Iacoub, alors prince des Almohades. » (¹)

Cette ancienne mosquée servit de temple chrétien jusqu'à la fin du quinzième siècle. En 1401, le chapitre de Séville résolut de faire élever une cathédrale, et appela, pour accomplir cette œuvre, les artistes les plus renommés. On ignore le nom de l'architecte dont les plans furent adoptés. Les recherches faites à ce sujet par l'infatigable Cean Bermudez ont été vaines; mais on connaît les artistes qui succédèrent à l'auteur du plan (²). L'architecte qui dirigeait les travaux vingt ans après les premiers décrets du chapitre de Séville fut Sancho Garcia. Soixante et un ans s'écoulèrent avant que l'édifice fût arrivé à la moitié de sa hauteur. De 1462 à 1472, le maître principal des travaux fut Juan Norman, qui s'était adjoint Pierre de Tolède. On nomme ensuite Fernan Perez. Au début du seizième siècle, un admirable artiste, nommé Alonso Rodriguez, conduit les travaux. Ils sont pour ainsi dire terminés sous sa direction en 1507; il a hâte de les finir : c'est lui qui va porter bientôt dans le nouveau monde les éléments d'un art inconnu avant lui. Philippe de Vigárni ou Viguernis, né à Burgos, mais originaire de Bourgogne, mit la dernière main à l'édifice, vers 1523. Il mourut vingt ans après.

Pendant le cours des constructions, le dôme s'écroula le 28 décembre 1511; par bonheur, ce terrible événement n'avait pas entraîné avec lui d'autre catastrophe, et le désastre fut réparé avec une habileté rare.

C'est à Alonso Rodriguez et aux deux ou trois artistes dont il fut précédé qu'il faut attribuer le style extérieur du monument. « Cet édifice, a-t-on dit, fut construit au moment précis où l'art gothique se dépouillait de sa trop grande naïveté pour prendre à l'art grec ce que celui-ci avait de noble; il en est résulté un genre intermédiaire qui n'est pas tout à fait la renaissance, mais qui révèle son apparition. » (³)

Le plan de tout l'édifice est quadrilatéral; sa longueur est de 398 pieds géométriques du levant au couchant; sa largeur est de 291 pieds du nord au sud. « Notre-Dame de Paris, dit M. Théophile Gautier, se promènerait la tête haute dans la nef du milieu, qui est d'une élévation épouvantable. » (⁴)

Cette vaste église est éclairée par quatre-vingt-dix croisées; et elle n'a pas moins de neuf portes : trois de ces entrées, d'une majestueuse élégance, s'ouvrent sur la façade principale, celle du couchant. Les autres, construites à des époques diverses et dans des styles différents, pourraient être l'objet d'une description particulière; celle que représente notre gravure se rapproche évidemment du seizième siècle et se distingue par la délicatesse de l'ornementation.

Cinq nefs partagent l'intérieur : l'aspect en est saisissant. « Essayer de décrire l'une après l'autre les richesses de la cathédrale, dit encore M. Théophile Gautier, serait une insigne folie : il faudrait une année tout entière pour la visiter à fond, et l'on n'aurait pas encore tout vu; deux volumes ne suffiraient pas pour en faire le catalogue. »

« Les piliers, formés de faisceaux de colonnettes, sont, dit un autre voyageur, d'une grosseur énorme; quand l'homme les mesure et les compare à son infinité; ils lui

semblent destinés à supporter le ciel : c'est immense et grandiose comme les palais des compositions de Martins; puis, quand le spectateur les considère à distance, ils lui paraissent, tant ils sont élevés (145 pieds), trop frêles pour pouvoir u b t le poids des voûtes. Aucune église d'Espagne n'a des imposantes proportions... Tout y est grand : le cierge pascal, haut comme un mât de vaisseau, pèse 2 050 livres; le chandelier de bronze est une espèce de colonne de la place Vendôme : il a été copié sur le chandelier du temple de Jérusalem. Le sol est pavé de grandes dalles de marbre blanc et noir, et ce travail seul, le plus récemment achevé, a coûté près de deux millions et demi de réaux. » (¹)

Parmi les auteurs des chefs-d'œuvre de peinture que renferment le chœur de la cathédrale et ses trente-sept chapelles, il suffit de citer Murillo, Zurbaran, Campaña, Alonso Caño, Vargas, Valdés, Herrera. C'est dans le bas-côté de la capilla du Baptistère que se trouve placée cette merveilleuse toile représentant le Saint Antoine de Padoue en extase qu'on regarde comme le plus beau tableau de Murillo, on a fait dire à M. Théophile Gautier : « Qui n'a pas vu le Saint Antoine de Padoue ne connaît pas le dernier mot du peintre de Séville. »

S'il était un lieu de sépulture digne du saint conquérant qui enleva la capitale de l'Andalousie aux Mores, c'était la capilla Real. Ce beau vaisseau, dans lequel on pénètre en passant sous un arc de 87 pieds de haut, a 81 pieds de haut sur 59 de large. C'est un vrai panthéon orné des plus belles sculptures. Là reposent doña Beatrix, l'épouse du saint roi, don Alonso el Sabio son fils, et, par une étrange concession, cette Maria Padilla que l'histoire légendaire accuse de tant de crimes. L'image de saint Ferdinand à cheval et recevant les clefs de la ville figure bien dans cette chapelle; elle couronne une grille magnifique : elle ne pouvait être placée sur un tombeau; le saint monarque repose sur l'autel qui lui est consacré. Il est renfermé dans une châsse splendide, exécutée dans ce qu'on appelle le style plateresque, où le bronze, l'argent, l'or même et le cristal sont prodigués. Cette châsse elle-même est supportée par un socle de jaspe; des inscriptions racontent la vie des captif et du guerrier; la bulle de canonisation dit pourquoi on l'a honoré de cette splendide sépulture, qui ne peut être confondue parmi les tombeaux. Le 30 mai, le 22 août, le 22 novembre, les voiles qui cachent la châsse s'écartent, et le saint roi, revêtu de ses armes brillantes, paraît aux yeux de tous, comme s'il était endormi.

Les noms des statuaires qui ont enrichi la cathédrale d'œuvres d'art sont aussi peu moins recommandables que ceux des peintres; nous rappellerons ici les Roldan, les Montañes, les Delgado. Il en est un cependant que taisent presque tous les voyageurs ou qu'ils se contentent de mentionner en passant : c'est celui de ce D. Juan de Arfé y Villafañe, que le savant Carderera appelle le Benvenuto Cellini des Espagnols; c'est l'auteur de la fameuse custodia en argent, que renferme la sacristie de la cathédrale parmi tant d'autres trésors (²). Issu d'une famille allemande qui compta dans ses personnages éminents avant lui, il fut à la fois architecte, sculpteur, orfèvre, graveur et

(¹) España monumental, 2 vol. in-fol., avec un texte en espagnol et en français.

(²) M. Villa Amil cite comme architecte de cette église, en 1390, un certain Alfonso Martinez dont Cean Bermudez ne fait pas mention. Les travaux de l'église chrétienne n'étaient pas alors commencés. Cet artiste n'aurait-il pas donné des plans qu'on suivit après lui? »

(³) Taylor, Voyage pittoresque en Espagne, t. III, renfermant le texte, p. 171.

(⁴) Tras los Montes, t. II.

(¹) A. Germond de Lavigne, Itinéraire descriptif, historique et artistique de l'Espagne et du Portugal; faisant partie de la collection Joanne.

(²) La figure de cette pièce célèbre, ornée d'innombrables statuettes, est donnée dans la cinquième édition d'un livre plein de détails précieux sur l'art, que fit imprimer Juan de Arfé en 1585, et qui est intitulé : Varia conmensuracion para la escultura y architectura, 1 vol. in-folio. Le Benvenuto Cellini espagnol prend la peine de dessiner dans ce traité jusqu'aux moindres objets destinés au culte, selon les proportions canoniques. La Bibliothèque Sainte-Geneviève possède du même auteur : el Quilatador de oro, plata y piedras. On ignore l'époque précise de la mort de ce grand artiste.

écrivain. Son mérite n'échappa point à Philippe II ; il eut non-seulement la direction des monnaies, mais ce fut lui, qui affirme-t-on, qui composa les belles planches dont on orna *el Caballero determinado*, ce poëme étrange, traduit du français, et à la publication duquel Charles-Quint avait pris part [1].

LES AMIS DE L'IGNORANCE.

I. — OPINIONS D'UN CERTAIN NOMBRE DE NOS CONCITOYENS SUR L'INUTILITÉ DE L'INSTRUCTION. [2]

Dans le département de la Somme, on entend des habitants de la campagne dire de la lecture et de l'écriture : — « Cela n'est bon à rien : on ne savait pas tout cela autrefois ; on n'en était pas moins heureux. »

Dans le département du Pas-de-Calais : — « Mon fils en sait assez pour suivre l'état de son père... L'instruire davantage serait exciter son amour-propre ou le détourner de sa profession. »

Dans le département du Cher : — « Je n'ai jamais rien su : mes enfants seront comme moi ; on peut bien gagner sa vie sans instruction. »

Dans le département de l'Eure : — « On peut cultiver sans cela. »

Dans la Vienne et dans le Cantal : — « Nous avons vécu ne sachant ni lire ni écrire : à force de travail nous avons amassé une petite fortune ; que nos enfants vivent de même et fassent comme nous. — Il n'est pas nécessaire que nos enfants soient aussi savants que des avocats. »

Dans les Landes : — « Je ne sais ni lire ni écrire, et cependant la terre m'a toujours nourri. »

Dans le Lot-et-Garonne : — « Nos enfants ont autre chose à faire que de devenir des avocats. »

Dans les Basses-Alpes : — « Je ne suis pas allé à l'école, et j'ai grandi : mon fils en fera autant. »

Dans le Rhône : — « L'enfant n'a pas besoin d'en savoir plus que son père. »

Dans l'Ain : — « Je ne veux pas faire de mon fils un notaire ; il en saura toujours bien assez pour être cultivateur. »

Dans la Côte-d'Or : — « Nos enfants feront comme nous : l'école coûte trop cher. »

Dans les Ardennes : — « Nos pères ont toujours fait comme cela. »

Dans les Bouches-du-Rhône : — « Mieux vaut quelques brebis de plus que de payer l'instituteur. »

Ce sont là quelques exemples pris au hasard. Ce thème peu varié de l'ignorance se reproduit dans beaucoup d'autres départements. Il est fâcheux d'ajouter que les ignorants ne sont pas seuls les amis de l'ignorance. Beaucoup d'hommes assez instruits, dont les pères ou grands-pères ne savaient rien et qui ne doivent eux-mêmes leur aisance actuelle qu'à l'instruction qu'ils ont reçue, trouvent bon qu'on laisse incultes les intelligences du plus grand nombre de leurs concitoyens : ils professent avec une sorte de passion ce qu'on appelait, il y a quarante ans, « l'obscurantisme ». A leur avis, l'instruction doit

[1] Il a été question de la tour de la Giralda, qui fait partie en quelque sorte de la cathédrale de Séville, tome VII, p. 209 et 210.
[2] Extraits des témoignages des instituteurs primaires publics recueillis par le ministère de l'instruction publique en 1860, et publiés par M. Ch. Robert, maître des requêtes au conseil d'État. (Montbéliard, 1861.)
Nous devons faire cette réserve qu'en nommant un département, on ne veut pas laisser entendre que l'opinion énoncée soit générale dans ce département : ce serait exagérer la portée de l'enquête.

être le privilège du petit nombre des personnes qui n'exercent pas les travaux manuels.

II. — CONSÉQUENCES.

Département du Cher : — Les paysans consultent le sorcier quand leurs bestiaux sont malades.

Département d'Eure-et-Loir : — Il n'est pas rare de rencontrer un laboureur qui ne sait ni mesurer son champ, ni lever le plan de sa maison, ni comprendre l'instrument aratoire dont on lui présente le dessin.

Côtes-du-Nord : — Les trois quarts des laboureurs ne savent pas greffer.

Puy-de-Dôme : — Beaucoup de cultivateurs se refusent obstinément à toute amélioration dans les systèmes de culture.

Basses-Pyrénées : — Les outils aratoires sont encore dans l'état primitif.

Calvados : — Des mères, accompagnées d'enfants de huit ans, passent la journée au cabaret. On habitue de bonne heure les enfants à boire de l'eau-de-vie.

Seine-et-Marne : — Il y a des pères qui mènent leurs enfants au cabaret et les excitent à s'enivrer.

Loire-Inférieure : — Les paysans, ne sachant pas lire, par crainte d'être trompés appellent la ruse à leur aide.

Aisne : — On trouve bien de l'argent pour boire avec excès, mais non pour payer la rétribution scolaire.

Pas-de-Calais : — Pour quelques épis de blé, on fait perdre aux enfants une semaine de classe.

Somme, Nord : — Par avarice, on met les enfants dès huit ans au rouet ou en fabrique : ils s'étiolent dans un air corrompu ; leur corps et leur âme sont viciés. — Les ivrognes, les libertins, les paresseux, envoient leurs enfants aux fabriques pour travailler moins eux-mêmes et se divertir davantage.

Oise : — On envoie les enfants dès six à sept ans aux usines.

Gard, Cher, Loire, Puy-de-Dôme, Basses et Hautes-Pyrénées, Bouches-du-Rhône, Ain, Aube, Côte-d'Or, etc. : — Les enfants sont soumis trop jeunes à des travaux agricoles excessifs qui nuisent à leur développement physique et à leur santé.

Seine-et-Oise : — En certaines communes, les enfants stupides et grossiers regardent un *monsieur* comme une bête noire.

Eure : — Les enfants de quinze ans qui n'ont pas été à l'école sont abrutis. Ils ignorent ce que c'est que la France, la patrie, et croient que la terre finit au cercle de l'horizon.

Charente : — Un grand nombre d'enfants ne savent pas même ce que signifie le nom de Dieu. Leur vie consiste à manger, boire et dormir. Leurs parents ne s'inquiètent que des besoins corporels.

Dordogne : — Les pères de famille ont souvent plus de sollicitude pour leurs animaux que pour leurs enfants.

Somme, Nord, Pas-de-Calais, Aisne, Marne, Manche, Haute-Saône, Basses-Pyrénées, Corse : — Les enfants se livrent presque continuellement au vagabondage, à la destruction des nids d'oiseaux, au maraudage ; en été, ils se baignent à toute heure du jour et s'affaiblissent.

Aisne, Ariége, etc. : — Les femmes et les filles ne savent pas raccommoder les vêtements.

Côtes-du-Nord, Maine-et-Loire, Indre, etc. : — Les paysans sont trop ignorants pour comprendre et accepter le système métrique. Par suite, ils sont victimes de fraudes nombreuses.

Loire-Inférieure : — Beaucoup de maires savent à peine signer leur nom.

Haute-Loire, Basses-Pyrénées, etc.. : — Les paysans

sont obligés de faire faire toutes leurs affaires par d'autres, ne sachant pas écrire.

Nièvre : — Beaucoup de paysans croient aux privilèges et tremblent au mot de dîme; ils croient l'impôt injuste, et se plaignent de ce que les riches ne payent pas comme eux...

III. — ÉTAT DE L'INSTRUCTION PRIMAIRE.

On assure qu'il n'y a plus, en France que six cent mille enfants qui ne fréquentent aucune école.

Il faudrait ajouter à ce nombre celui des enfants qui ont paru quelquefois dans les écoles, mais n'y ont rien appris; le chiffre serait effrayant.

L'exposé officiel constate, du reste, que 1 018 communes n'ont pas d'école, que 19 303 communes n'ont ni écoles libres, ni écoles privées pour les filles.

Un quart des jeunes gens inscrits pour la conscription, chaque année, est absolument incapable de lire et d'écrire.

Dans les mariages, 37 personnes sur 100 ne savent pas signer.

Lors même que tous les enfants suivraient les classes des écoles primaires pendant deux ans, on serait loin de leur avoir donné une instruction suffisante. Les instituteurs s'accordent à constater que la plupart des enfants sortent des écoles avec des notions trop imparfaites pour qu'elles puissent leur être d'aucun profit. S'ils ne lisent pas ensuite, s'ils ne sont pas entretenus dans le goût de l'instruction par des cours d'adultes, par le prêt de livres non-seulement utiles, mais attrayants, ils ont bientôt oublié les éléments les plus simples enseignés à l'école. Avant vingt ans, ils ne savent plus rien.

Il est donc nécessaire que ceux qui considèrent l'instruction populaire comme le seul moyen de détruire les préjugés et de sauvegarder la paix de l'avenir redoublent de bonne volonté et de zèle. On peut dire de l'ignorance : « L'ennemie est à nos portes ! »

LES GRÊLONS.

Les deux grêlons que nous représentons ici en projection horizontale et en coupe longitudinale ont été recueillis

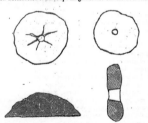

Formes de deux grêlons recueillis par M. Lowe à Nottingham.

par M. Lowe, membre de la Société astronomique d'Angleterre; ils sont tombés dans le comté de Nottingham pendant l'orage du 2 mai 1862.

Les projections horizontales méritent d'attirer d'une manière toute spéciale l'attention, parce qu'elles laissent apercevoir toutes deux un petit noyau blanchâtre qui semble avoir été incrusté dans leur masse même.

Le premier noyau, formé d'une glace très-dure, était

tout à fait opaque et se prolongeait en six appendices filiformes constitués de la même manière.

On ne saurait, dans l'état actuel de la science, expliquer toutes les dispositions singulières de ces innombrables grêlons qui tombent des régions supérieures; mais on peut essayer de faire comprendre les lois générales de leur formation.

Les hautes régions atmosphériques sont incessamment parcourues par des multitudes infinies d'aiguilles de glace solide presque microscopiques. La température de ces parcelles cristallines descend au-dessous de celle de la congélation du mercure, ce que l'on comprend facilement, puisqu'elles se trouvent suspendues à plusieurs kilomètres au-dessus de la surface terrestre, qui rayonne dans les espaces un flux constant de chaleur obscure. Bravais suppose que ces aiguilles, disposées en chapelets, constituent les *cirrus*, nuages très-légers que l'on aperçoit sur le fond bleu du ciel, et qui planent en effet à une prodigieuse hauteur. Barral et Bixio, dans leur ascension aérostatique, prétendent avoir rencontré ces aiguilles, formant comme un immense nuage glacé au milieu duquel ils ont navigué pendant plus d'une heure, et tellement élevé qu'il leur a été impossible de le traverser dans toute son étendue. Ces petites aiguilles microscopiques ne peuvent flotter éternellement dans les airs, puisqu'elles sont plus pesantes que le milieu dans lequel elles se meuvent; mais elles ne sauraient descendre sans apporter, pour ainsi dire, avec elles le froid dont elles sont imprégnées. Aussi, dès qu'elles sont parvenues à des régions où l'eau existe à l'état de gaz, elles produisent aussitôt une diminution énergique et partielle de la température; elles causent la précipitation de couches successives de vapeur d'eau qui les grossissent progressivement. En effet, on voit que la glace qui constitue certains grêlons se replie en couches concentriques, faciles à distinguer si l'on pratique une section avec un instrument tranchant très-bien affilé.

Les vents agissent sur ces grêlons et jouent, pour ainsi dire, avec eux, lorsqu'ils arrivent dans les régions agitées plus voisines de la terre. Tantôt ces légers projectiles montent, tantôt ils descendent; souvent ils se joignent et se soudent, plus souvent ils se brisent; quelquefois on les voit se fondre et tomber presque sous forme liquide. La nature des effets varie suivant la proportion de la vapeur d'eau et de la glace qui se trouvent en contact, et de la température du mélange. Tantôt c'est le froid, tantôt c'est le chaud qui remporte la victoire.

Du reste, la formation des grêlons n'est pas le seul phénomène qui puisse s'expliquer au moyen de la suspension d'aiguilles glacées flottant dans les hautes régions atmosphériques. C'est à la présence de ces atomes cristallins que l'on attribue divers phénomènes très-curieux, tels que les parhélies, les anthélies, les paranthélies ou les colonnes lumineuses.

PHARE DE LA NOUVELLE-CALÉDONIE.

On pouvait voir encore, il y a quelques semaines, à Paris, à cent pas du canal Saint-Martin, un gigantesque monument qui dominait tout le quartier de la Butte-Chaumont. Il s'abaisse aujourd'hui comme par enchantement, disparaît pièce à pièce pour aller se loger dans la cale d'un navire, traverser les mers et se dresser de nouveau sur la plage de la Nouvelle-Calédonie.

C'est un phare de premier ordre, en tôle, dont le foyer doit être à plus de 50 mètres au-dessus du sol, et qui est destiné à signaler aux navigateurs les atterrages de Port-de-France.

PHARE EN TOLE DESTINÉ A LA NOUVELLE-CALÉDONIE.

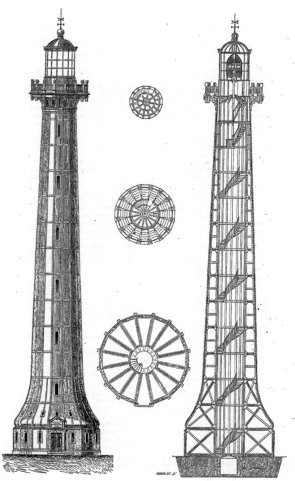

Le Phare monté.   Coupe horizontale à différentes hauteurs.   Coupe verticale.

La disposition de cet édifice est remarquable. L'auteur du projet, M. Léonce Reynaud, directeur du service des phares, se trouvait placé en présence de conditions tout exceptionnelles. La colonie à laquelle on veut étu n're le bienfait de l'éclairage de nos côtes françaises est trop dépourvue de ressources pour qu'on puisse songer à y construire un phare en maçonnerie, et il fallait que l'on eût recours au métal. La fonte est trop cassante et surtout d'une réparation trop difficile pour être employée à des constructions si lointaines; le fer laminé se prête beaucoup mieux à de tels usages, et on lui a donné la préférence.

Il existe déjà des phares en fer. Ils consistent, en général, en une colonne formée simplement de feuilles de tôle plus ou moins épaisses, réunies par des rivets. La solidité de l'édifice est dépendante de celle d'une enveloppe exposée aux intempéries de l'air et menacée d'une rapide détérioration; quand cette enveloppe doit être réparée, il faut installer des échafaudages, enlever et reposer des rivets : opérations coûteuses et d'une exécution difficile dans une colonie où les ressources manquent.

L'auteur du projet a su exempter son œuvre de tous ces vices : il n'a pas fait de l'enveloppe un des éléments indispensables à la solidité de la construction; destinée à protéger et non à soutenir l'édifice, elle s'applique sur une ossature solide et forme la tunique qui doit la mettre à l'abri des embruns de mer. Composée de plaques de tôle légère, elle peut être aisément mise en place par panneaux, sans le secours d'échafaudages; la charpente qu'elle doit préserver se décompose elle-même en pièces facilement maniables, que l'on peut superposer et fixer les unes sur les autres sans le secours d'aucun point d'appui extérieur à l'édifice.

Toutes les opérations du montage ont été exécutées à Paris, dans les ateliers de M. Rigolet, comme elles le seront un jour à Port-de-France. Le dessin que nous donnons suffit pour faire voir combien peu d'appareil elles ont exigé.

Que le lecteur veuille bien nous accompagner dans les ateliers de la rue de la Butte-Chaumont, et examiner avec nous les dispositions générales du phare. En nous plaçant au pied de cette colonne gigantesque si élancée, et présentant cependant si le caractère de stabilité qui convient à un grand monument d'utilité publique, nous voyons d'abord que la partie massive de la construction ne repose pas directement sur le sol, et qu'il faut, pour l'atteindre, gravir un escalier provisoire d'une vingtaine de marches.

Les seize patins en fonte, qui ne sont aujourd'hui recouverts d'aucune enveloppe, et au-dessus desquels est posé le premier plancher du phare, doivent, une fois en place, être noyés dans un massif de maçonnerie de béton, qui formera la pesante fondation nécessaire pour un édifice destiné à tenir tête aux efforts du vent. Au centre de ce massif, seulement, sera ménagée une cave.

A Port-de-France, on entrera de plain-pied par la grande porte de fer, à laquelle on arrive aujourd'hui par un escalier de bois. Au delà de la porte nous trouvons un vestibule, puis l'escalier qui, un grand escalier de plus de 300 marches tournant dans une cage de 50 mètres de hauteur. Nous avons vu, avant d'entrer, de petites fenêtres ouvertes tout autour du socle de la colonne et dans l'empâtement de sa base : elles éclairent les chambres dont l'on trouve les portes autour de l'escalier, et dans les cloisons rayonnantes s'appuient contre la charpente en fer de l'édifice. Si l'on gravit les marches de l'escalier, on peut étudier cette charpente. Elle se compose de seize montants fixés sur les seize patins de fonte dont nous par-

lions tout à l'heure, et reliés entre eux par une série de couronnes qui en font un ensemble bien résistant.

Ces montants en fer, qui paraissent si légers, sont formés chacun de quatorze panneaux ou cadres de fer superposés et solidement rattachés les uns aux autres; ils constituent ce que nous appelions l'ossature de la construction, sur laquelle s'applique l'enveloppe de tôle préservatrice. A leur extrémité supérieure, ils portent les consoles qui soutiennent le plancher des chambres.

Avant d'arriver à la lanterne, nous traversons une première chambre de service où le gardien du phare devra, chaque nuit, veiller à l'entretien du feu; un petit escalier de fonte la met en communication avec la pièce supérieure, où se trouve installé l'appareil d'éclairage. Nous sommes ici au niveau de la plate-forme qui couronne si bien l'édifice; une porte ménagée dans la paroi de la chambre donne sur ce balcon circulaire, d'où le gardien pourra voir au loin, autour de lui, quel temps l'horizon lui promet, quelles voiles lui amène le vent.

Cette gigantesque colonne creuse, dont tous les montants sont à jour, est très-légère; c'est une condition de l'économie. Elle ne pèse guère que 340 000 kilogrammes, et coûtera moins de 230 000 francs. L'expérience a pourtant déjà démontré que sa résistance est au moins aussi grande que celle d'un phare en maçonnerie de même hauteur, et que les oscillations imprimées par le vent y sont même moindres.

Il ne faudra que trois mois pour la mettre en place. On peut se figurer sans peine toute l'importance que l'on doit attacher à une semblable innovation, si l'on se rappelle les difficultés sans nombre qu'on eut à surmonter les ingénieurs dans la construction de quelques-uns de nos phares, le courage et la persévérance qu'ils ont dû déployer pour mener à bonne fin les projets qu'ils avaient conçus.

Aussi paraît-il probable que la grande expérience que l'on va tenter à la Nouvelle-Calédonie sera plus d'une fois imitée quand l'éloignement de toutes les ressources, ouvriers, matériaux et vivres, quand les dangers d'une traversée de tous les jours, au milieu des écueils, rendront difficile l'emploi de la pierre; toutes les fois, enfin, que la rapidité dans l'exécution sera une condition du succès.

La raison est un monarque condamné à une lutte sans repos contre des sujets révoltés; mais Dieu lui a donné les forces nécessaires pour combattre et pour vaincre; lutte terrible, pleine de hasards et de périls, mais par là même d'autant plus digne de toutes les âmes généreuses.

J. BALMÈS, *Art d'arriver au vrai*.

SOUVENIRS D'UN AMI.

JEAN REYNAUD.

Suite. — Voy. p. 135, 194.

Dans ses excursions, il n'avait pas à chercher les aventures : elles venaient à lui d'elles-mêmes, et celles que l'on connaît déjà [1] témoignent bien de son mépris du danger, de sa présence d'esprit, de sa cordialité, de la simplicité ferme et sympathique de son langage, du don rare qu'il avait aussi de communiquer son savoir avec agrément et clarté aux intelligences les plus humbles. Je ne veux citer ici que quelques lignes d'une de ses lettres, datées de Corse, où il décrit une scène de misère qui, de-

[1] Voy. le bel *Essai sur Jean Reynaud*, de notre ami Legouvé, lu, l'hiver dernier, à la salle Barthélemy, et édité par le libraire Charpentier.

puis, a été le sujet d'un de nos entretiens. Il passait près d'Aleria :

« Figure-toi, dit-il à sa mère, un petit toit de terre de quatre à cinq pieds de hauteur et de dix pieds de longueur accolé à la colline et posé sur le sol. Là, dans la solitude la plus absolue, vit une famille. Une vieille femme à figure cave, les traits des sorcières de Macbeth, tremblant de fièvre, vêtue de haillons pendant de toutes parts ; puis un fils imbécile, âgé de vingt-cinq ans et ne pouvant marcher ; il se traînait péniblement hors de son antre avec l'aide de sa mère, et prononçait quelques sons inarticulés. Je le vis s'asseoir sur une pierre, tremblant de tous ses membres, claquant des dents, vêtu d'un lambeau. La mère va ramasser des figues et des raisins sauvages, quelques arbouses ; ils les mangent et en font sécher ; et c'est pour garder son fils que cette pauvre femme reste là ; elle le soigne comme un enfant malade. Je lui donnai du pain blanc et un peu de viande : ce fut pour son fils. On ne se fait pas idée d'une si hideuse misère. Je voulais dessiner ce tableau, cette famille, cette cabane, je n'en ai point eu le courage ! »

Deux ans après, à Paris, il s'essayait un jour en causant à esquisser de mémoire la hutte, l'idiot, la vieille femme, et il me disait :

— Je me souviens qu'en m'éloignant de cette triste idylle je me mis à répéter celle que deux pauvres pêcheurs d'une autre île de la Méditerranée inspiraient, plus de vingt siècles auparavant, à Théocrite : « La pauvreté, ô Diophante, ne laisse pas même aux malheureux leurs nuits tranquilles ; si le sommeil, durant les heures obscures, effleure un moment leurs paupières, l'inquiétude survient, et le met tout à coup en fuite. » [1] Mais c'était en vain qu'avec ces réminiscences de collège je cherchais à donner à la chose un tour poétique. Je n'étais pas seulement oppressé : j'étais impatient et comme irrité... Une terre féconde qui ne refuse rien au travail, dix-huit cents ans d'une religion qui enseigne la fraternité ! Et toujours, toujours la misère, dans les champs, dans les villes, partout ! Qui donc accuser ? La société ? C'est elle-même qui souffre. Les institutions, les lois ? Ce ne sont que les témoignages de l'état de la raison et de la moralité publiques. Un fait seul est constant : les hommes n'ont pas encore appris à vivre ; l'image de ce que doit être la vie est à peine ébauchée dans leurs âmes. »

Impatient à la vue du mal ! irrité de ne pouvoir ni le comprendre ni le combattre ! C'était bien là, en ces temps de jeunesse, des traits de sa nature. Combien de fois n'ai-je pas observé sa physionomie ainsi troublée, agitée, passionnée, au seul récit de souffrances qu'il ne pouvait soulager, ou d'actes qui le blessaient au vif comme d'intolérables infractions aux règles de l'honnête et du juste ! Son œil étincelait, sa lèvre inférieure se relevait, son pied frappait la terre, et il était longtemps avant de pouvoir calmer le flot d'indignation généreuse qu'avait soulevé dans son âme la pensée d'une iniquité ou d'une défaillance de la dignité humaine. Jamais je n'ai vu chez aucun autre de nos contemporains un sentiment si vif du devoir qu'a tout homme de protester hautement contre toute violation du droit et de faire respecter en lui l'honneur de l'humanité entière.

Verberatur ! verberatur ! [2] murmurait-il parfois en frémissant quand, homme ou nation, on ne lui paraissait pas avoir relevé le front assez vite sous le coup d'une injustice.

Un jour une feuille publique racontait je ne sais quelle lâcheté commise au loin, sur un autre continent : c'était, je crois, l'histoire d'un voyageur de commerce qui avait

[1] Voy. notre t. XXIII, 1855, p. 9.
[2] Il est frappé, flagellé.

laissé torturer des innocents et s'était soumis lui-même, par cupidité, à un traitement ignominieux. Reynaud bondit, et froissant entre ses mains la feuille : « Misérable ! s'écria-t-il, un homme ! un Européen ! » Et se tournant de mon côté : « Ne viens-tu pas de sentir comme moi une main tomber sur ta joue ? »

Si, distrait par ses études géologiques de la Corse, ou par les scènes de mœurs, il se plaisait souvent à laisser errer à l'aventure sa pensée, à certains jours plus favorables il la disciplinait et en dirigeait avec résolution tous les mouvements vers les questions de philosophie religieuse et de morale qui, dès lors, avaient pour lui un attrait irrésistible. Jamais elle ne lui obéissait avec plus de facilité, jamais elle n'était plus active et plus puissante que lorsque s'éloignant de la plaine il arrivait sur les hauteurs. Aussi a-t-il célébré en plus d'un de ses écrits, avec un enthousiasme où l'on sent la reconnaissance, les beautés et la majesté des montagnes qu'il préférait à celles même de l'Océan :

« Cimes sublimes, de quelles pures et bienfaisantes jouissances ne formez-vous pas le principe ! Quelles marques vives et éloquentes ne donnez-vous pas de la politesse de ces idoles que le luxe met en honneur parmi les hommes, lorsque vous étalez devant eux l'immensité de vos points de vue et les masses sévères de vos éternelles pyramides, et que l'on aperçoit, du haut de vos sommets, les fumées des grandes villes s'élevant çà et là du milieu des provinces qui rampent à vos pieds ! Quel architecte imiterait jamais votre magnificence, et existerait-il des trésors qui la pussent payer ? Tous les peuples se donnant rendez-vous au travail se bâtiraient pas seulement une tour à la hauteur de la plus humble d'entre vous. Les nations antiques, vous mettant à part du reste du monde, vous considéraient comme la seule demeure digne des dieux ; et il semble en effet que vos pics, à demi perdus dans les nuages, soient autant de signaux qui sortent de la terre pour enseigner aux hommes le chemin des cieux. » [1]

Est-ce d'après la lecture d'une de ses lettres, est-ce d'après un de nos entretiens sur sa terrasse de Cannes, en face de la chaîne de l'Esterel et des îles de Lérins, que je le vois, en Corse, s'éveillant aux premières lueurs du jour, après une nuit passée sous un arbre, se dressant, secouant son manteau humide de rosée, et montant au point le plus élevé d'un sommet voisin ?

Là, debout, devant le soleil qui se lève lentement, il contemple les cieux blanchissant sur sa tête, l'air à ses pieds, au delà, de toutes parts, la mer sans bornes. L'admiration, l'enthousiasme, insensiblement l'envahissent et sont près d'enivrer ses sens. Mais il se replie en lui-même pour s'en défendre ; il craint de s'égarer en d'inutiles rêveries, il sait tout le prix de ces heures suprêmes, et il concentre ses forces pour tendre plus droit, plus haut, plus loin, vers les plus sublimes conseils de ces magnificences de la nature. Il est fort de volonté, il a l'essor du poète, la soif ardente du philosophe, la logique rigoureuse du mathématicien, et aussi toute la simplicité d'une conscience pure : il a de plus, comme Pascal, la conviction de notre faiblesse et de notre grandeur ; il a la foi que la vérité est faite pour nous, qu'elle est notre but, qu'elle doit être la récompense d'enivrer ses sens. Qui est mieux armé que lui pour la conquérir ? Qui en est plus digne ? Pendant qu'il s'abstrait ainsi dans sa méditation, le soleil monte, le jour s'écoule, aucune des rumeurs de la terre ne vient l'interrompre : il poursuit sans trêve, avec une grande vigueur d'enchaînement, cette élaboration inté-

[1] Terre et Ciel.

rieure d'où il veut faire dépendre la direction et les développements de sa vie; il lutte de toute la puissance de ses facultés pour pénétrer les ombres qui, à tout instant, lui barrent la route : tour à tour il espère, il désespère, il descend, il s'élève, il croit voir, il voit, il entrevoit d'un moins, l'émotion l'emporte, l'exalte, et sortant comme d'un rêve il s'entend crier, dans ce vaste silence, quelques mots de l'énigme sacrée avec une passion terrible !...

De si nobles et si persévérantes ambitions ne sont jamais infécondes. Plus d'une des inspirations qui ont fait la beauté de la vie de Jean Reynaud et soutenu son caractère si haut jusqu'à sa dernière heure dataient d'un des rochers du cap Corse.   *La suite à une autre livraison.*

BERTHOLLET.

Claude-Louis Berthollet, l'un de nos plus célèbres chimistes, était né en Savoie, au château de Talloire, près d'Annecy, le 9 novembre 1748. Ses parents étaient nobles, mais avaient peu de fortune. Il fit ses études successivement à Annecy, à Chambéry et à Turin, où il fut reçu docteur en médecine en 1770. Le désir d'une instruction plus forte le conduisit à Paris en 1772. Protégé par Tronchin et par le duc d'Orléans, il se livra bientôt entièrement à la chimie, qui venait en quelque sorte de naître. Ses premiers mémoires attirèrent sur lui l'attention des savants. En 1785 il succéda, dans l'Académie des sciences, à Baumé. Il avait été nommé, l'année précédente, commissaire pour la direction des teintures au Muséum d'histoire naturelle. Professeur de chimie aux écoles normales en 1794, il fut envoyé, en 1796, pour présider en Italie la commission chargée du choix des objets d'art qui devaient être transportés en France. Bonaparte n'eut garde de l'oublier sur la liste des savants qu'il emmena en Égypte : il le nomma plus tard sénateur; mais Berthollet, comme le dit fort bien M. Parisef, ne se laissa ni éblouir ni absorber par des fonctions aussi élevées; « il conserva sa simplicité et son goût pour la retraite et l'étude. » Il

Berthollet. — D'après le médaillon de David d'Angers.

passa les dernières années de sa vie dans sa maison d'Arcueil, où il mourut d'un anthrax le 6 novembre 1822. Nous n'avons voulu donner aujourd'hui qu'une brève esquisse de sa vie : une indication de ses admirables travaux, si simple soit-elle, exigera plus d'espace.

LE TROMPEUR PUNI.

CONTE INDIEN.

Dans une ville sur les bords du Gange, il y avait une fois un religieux mendiant qui avait fait publiquement vœu de ne jamais parler. Un jour qu'il demandait l'aumône à la porte d'un riche marchand, la fille du marchand vint à lui et lui fit elle-même l'aumône. Le mendiant, frappé de la beauté de cette jeune fille, se dit en lui-même :

— Voilà l'épouse que les dieux auraient dû me donner.

Il se retira troublé. Il voulut chasser cette pensée de son imagination, mais elle y revenait toujours. Il se dit :

— On n'accordera jamais cette jeune fille à un misérable tel que moi; mais si je pouvais la conduire au temple de Vischoura, j'obtiendrais bien d'un des brahmanes la cérémonie qui l'unirait pour jamais à mon sort.

Une fois affermi dans ce détestable dessein, il alla de nouveau demander l'aumône à la porte du marchand.

Le marchand sortait en ce moment avec sa fille. Le mendiant se mit à crier, malgré son vœu :

— Hélas! hélas! malheur! malheur!

Et il s'éloigna.

Le marchand, frappé de surprise, l'avait suivi. Lorsqu'ils furent seuls :

— Pourquoi, lui demanda-t-il, as-tu ainsi manqué à ton vœu et prononcé des paroles de malheur?

Et le mendiant répondit :

— Ta fille est née sous une malheureuse étoile. Lorsqu'elle se mariera, toi, ta femme et tes fils vous périrez. Quand je l'ai aperçue et que j'ai reconnu son destin, j'en ai éprouvé tant de douleur (tu es si charitable envers moi!) que je n'ai pu retenir ma voix. J'ai manqué à mon vœu pour l'amour de toi. Veux-tu échapper au danger qui te menace? Ce soir, mets ta fille dans une caisse, attache sur la caisse un flambeau allumé, et abandonne-la au cours du Gange.

Le marchand épouvanté promit de suivre ce conseil; et, le soir venu, ce père trop crédule fit en pleurant ce que le mendiant lui avait dit.

Cependant l'hypocrite dit à deux hommes de sa caste qui lui étaient dévoués :

— Allez sur les bords du Gange. Vous y verrez flotter une grande caisse avec un flambeau allumé au-dessus. Apportez-la ici, devant la porte du temple : je vous y précéderai; mais ne vous risquez pas à ouvrir la caisse, quand même vous entendriez des voix qui en sortiraient.

Avant que ces hommes ne fussent arrivés au bord du Gange, il s'y trouvait un jeune Radjpouth qui venait se baigner dans le fleuve. Dès qu'il aperçut le flambeau qui brillait dans la nuit, il ordonna à ses serviteurs d'aller lui chercher ce qui flottait là-bas. Quel ne fut son étonnement, lorsqu'en ouvrant le coffre il y trouva cette admirable jeune fille qui respirait encore ! Il fit enfermer dans la caisse un singe sauvage, on rattacha le flambeau allumé, et on remit le tout dans le fleuve. La jeune fille, revenue au sentiment de la vie, répondit aux questions du Radjpouth, qui la reconduisit vers son père.

Arrivent alors les deux hommes. Ils aperçoivent la lumière, se saisissent de la caisse, et l'apportent au mendiant qui se hâte de l'ouvrir. Aussitôt le singe sauvage en sort furieux, bondit sur le mendiant en lui déchirant le nez et les oreilles avec ses ongles et ses dents.

Le lendemain matin, toute la ville était dans le secret de cette aventure. Chacun se riait de la mauvaise chance de ce méchant. De son côté, le pauvre père fut bien heureux : sa fille chérie devint bientôt après l'épouse du jeune et noble Radjpouth.

LE TATOUAGE

ET LES COLORATIONS ARTIFICIELLES DE LA PEAU.

Le Tatouage à la Nouvelle-Zélande. — Dessin de Yan' Dargent, d'après Earle.

L'histoire du tatouage commence, au moins, avec Hérodote. Grâce à lui, nous savons que les Thraces se tatouaient le front et que les Zyganthes de la Libye, après s'être piqué certaines parties du corps, frottaient leur épiderme de minium et obtenaient ainsi un tatouage d'un rouge éclatant. Nos matelots et nos soldats ont hérité de ce procédé.

Rienzi, qui s'était occupé de ce genre d'étude, prétendait avoir vu sur des peintures égyptiennes de Biban-el-Molook des traces parfaitement reconnaissables de tatouage. Humboldt, à la sagacité duquel rien n'échappait en ethnographie, a retrouvé des traces de cette coutume bizarre chez les peuples aujourd'hui les plus civilisés du vieux monde, sans parler des Pictes et de leur antique tatouage, que tout le monde connaît.

« La peinture et le tatouage, dit-il, ne sont restreints, dans les deux mondes, ni à une seule race, ni à une seule zone : ces genres de parure sont plus communs chez les races malaises et américaines; mais au temps des Romains, ils existaient aussi chez la race blanche dans le nord de l'Europe. De même que les vêtements et les costumes sont les plus pittoresques dans l'archipel de la Grèce et dans l'Asie occidentale, la peinture et le tatouage offrent le type de la perfection chez les insulaires de la mer du Sud. » [1]

Mettant de côté l'antiquité pour y revenir plus tard, ce sera dans les îles de l'Océanie que nous nous arrêterons pour tracer à grands traits l'histoire du tatouage et pour faire connaître ses variétés. Nous nous occuperons ensuite de la signification hiéroglyphique.

[1] *Voyage au nouveau continent*, t. VI, p. 331.

Le mot *tatou*, véritable onomatopée, par lequel nous désignons aujourd'hui les peintures indélébiles qu'on pratique sur la peau, est d'origine océanienne, et nous l'avons emprunté à l'idiome de Taïti [1]. L'opération qu'il désigne paraît si importante chez ces peuples qu'on l'a placée sous la protection immédiate d'une divinité puissante. Le dieu du tatouage s'appelle Tiki; son culte est surtout répandu aux îles Marquises. Nous ne répondrions pas qu'il joût de la même faveur à Tonga et dans le reste de l'archipel des Amis. Tiki est représenté ordinairement sous des traits monstrueux, comme toutes les divinités océaniennes; ses yeux sont immenses et il a une bouche démesurée. [2]

Il s'en faut bien que dans les îles de l'Océanie le tatouage se pratique en tout lieu de la même manière; il y a, néanmoins, une certaine analogie dans les procédés qu'emploient les artistes sauvages. Leurs instruments ne sont ni dispendieux ni multipliés. Ils consistent partout en deux outils fragiles : l'outil à piquer; le marteau garni d'une spatule pour frapper en même temps et écarter le sang.

Ce qui s'appelle *tataou* à Taïti, où cette opération est pour ainsi dire abandonnée, prend le nom de *moko* à la Nouvelle-Zélande, la terre classique du tatouage. Ce sera un excellent observateur, Dumont d'Urville, qui nous fera connaître dans ses moindres détails la manière dont

[1] On prononce *tataou*. Le mot *tatou* est également usité à Tonga. Les Papous font usage du mot *pu* pour désigner la même opération.
[2] M. Jouan, lieutenant de vaisseau, Notice sur l'archipel des Marquises, vol. XVIII de la *Revue coloniale*, 2ᵉ série; puis le numéro d'avril 1858.

on procédait encore il y a à peine une trentaine d'années.

« En me promenant ce matin au travers du village de Ranguihou, dit-il, j'ai observé Tawi, qui tatouait le fils de feu Tepahi sur la partie supérieure de la cuisse. Cette opération était très-pénible; elle s'effectuait au moyen d'un petit ciseau fait avec l'os de l'aile d'un pigeon ou d'une poule sauvage. Ce ciseau avait environ trois lignes de large et était fixé dans un manche de quatre pouces de long, de manière à former un angle aigu et à figurer un petit pic à une seule pointe. Avec le ciseau, l'opérateur traçait toutes les lignes droites et spirales en frappant sur la tête avec un morceau de bois d'un pied de long à peu près, comme un maréchal ouvre la veine d'un cheval avec la flamme. Un des bouts du bâton était taillé à plat, en forme de couteau, pour enlever le sang à mesure qu'il dégouttait des plaies. Le ciseau paraissait, à chaque coup, traverser la peau et l'entailler comme un graveur taille une pièce de bois. Le ciseau était sans cesse plongé dans un liquide extrait d'un arbre particulier et ensuite mêlé avec de l'eau : c'est ce qui communique la couleur noire, ou, comme ils le disent, le moko. J'observai une chair baveuse qui s'élevait dans quelques endroits qui avaient été taillés presque un mois auparavant. L'opération est si douloureuse que tout le tatouage ne peut être supporté en une seule fois; et il paraît qu'il faut plusieurs années avant que les chefs soient parfaitement tatoués. » [1]

Il y a des artistes renommés en tatouage. Le plus célèbre à la baie des Iles était, en 1830, Aranghi. Puissance du talent! ce personnage qui, par sa naissance, appartenait à la classe des esclaves, s'était élevé à la sommité de l'état social tel qu'on l'entend dans son pays, et marchait en tout l'égal de ses chefs. On ne s'en tenait pas, à son égard, aux marques honorifiques : les riches cadeaux abondaient dans sa case, et M. Earle, l'ingénieux artiste anglais, qui avait si souvent admiré la précision de ses dessins, avouait que la tête d'un chef tatoué par Aranghi représentait peut-être une valeur plus considérable que celle d'un portrait exécuté par sir James Lawrence. Cette estime pour le talent allait si loin, que la peau des cuisses d'un chef tatoué par Aranghi fut soigneusement tannée par celui qui avait vaincu ce haut personnage, et qu'il en couvrit son étui à cartouches, ce que, dans tout son bagage, il tenait en plus haut prix. L'immense succès dont nous parlons, et les richesses qui en étaient le résultat, n'avaient nullement ébloui le maître suprême en l'art du tatouage : Aranghi était bon et modeste. Il reçut quelques leçons de dessin qui lui furent données par M. Earle, et telle était sa facilité à les retenir que l'Européen voyait en lui un grand peintre futur : il fut malheureusement obligé de le laisser à la Nouvelle-Zélande.

PAUVRE ET RICHE.

Ce n'est rien que d'être pauvre quand on l'est avec sagesse; le mal est de l'être avec faiblesse, sans constance

[1] *Voyage de la corvette l'Astrolabe.* Nous ferons remarquer en passant que le ciseau dont parle Dumont d'Urville est parfois en écaille de tortue, en nacre, et même en os d'albatros. Cet os, comme il a été dit, c'est tantôt simplement tranchant à l'extrémité, tantôt aplati et muni de plusieurs dents aiguës, comme un peigne. « Les voyageurs ne nous paraissent pas d'accord sur la nature de la liqueur dans laquelle on trempe le petit instrument. Selon Rienzi, c'est simplement du charbon pilé et délayé dans l'eau. Cette teinture, dans l'opinion de Nicholas, se composerait de charbon pilé, de manganèse et d'une teinture végétale. Il paraît aussi que le moko s'introduit dans la coupure au moyen d'un petit pinceau.

ni dignité. C'est quelque chose d'être riche, si on l'est pour le bien; sinon, c'est au contraire la pire des conditions, car on l'est alors avec toutes les tentations de la folie et de la malice.

DAMIRON.

VISITE AUX GÉNIES DE LA MONTAGNE [1]

— Habitants de Toldnau, j'ai cru jusqu'ici que le génie des montagnes était un méchant génie; mais maintenant je puis affirmer le contraire. — Notez bien que je suis de la ville; et je dois même vous avouer, pour ne rien vous cacher, que plusieurs négociants sont mes parents... au centième degré, il est vrai. De plus, je suis un *enfant du dimanche* [2]. Mon œil voit, à la lueur des éclairs, les esprits qui hantent les carrefours, ceux qui demeurent dans les souterrains et gardent, de leurs yeux de flamme, les trésors recélés, lavent avec des larmes amères le sang répandu, ou creusent le sol de leurs ongles rougeâtres. Mais quand de saints anges, aux grands yeux bleus, traversent le village tranquille par une nuit profonde, qu'ils écoutent aux fenêtres si tout le monde vit en bonne intelligence et si chacun rit cordialement; quand ils protégent le sommeil des bons ou errent sur les tombeaux en se disant entre eux : « Ici repose une mère fidèle; ici, un homme pauvre qui n'a jamais trompé personne. Dormez doucement, nous vous réveillerons lorsque le jour sera venu »; alors, ceux-là, mon œil les voit à la clarté des étoiles et mon oreille entend leurs paroles. J'en connais même plusieurs par leur nom, et quand je les rencontre nous échangeons quelques mots.

— Que le Seigneur te bénisse! as-tu bien passé la nuit?

— Dieu te rende ton salut! assez bien.

Maintenant, écoutez ce que j'ai à vous dire et croyez-moi... si vous voulez.

Un jour, mon cousin eut idée de m'envoyer à Toldnau pour y faire plusieurs commissions qui m'ennuyaient. Aussi je ne me pressais pas et je trempais les biscottes dans mon café; mais mon cousin s'écria en me regardant :

— Il n'en finira jamais! Il débite tout ce qui lui passe par l'esprit et il va oublier sa tabatière, selon son habitude. Allons, debout, et en route!

Je partis; et je portai soigneusement ce qui m'était confié.

Arrivé à Toldnau, je descendis à l'auberge de l'Aigle. Après m'être bien rafraîchi, je voulus me promener, pensant que je ne pourrais me perdre dans la ville; mais, de proche en proche, je gagnai la montagne et je m'y enfonçai de plus en plus, me laissant attirer par les oiseaux et par les fleurs qui bordaient le ruisseau. — C'est là mon faible; je me laisse affoler par tout ce qui me plaît.

La fraîcheur arrivait; les oiseaux avaient cessé de chanter; de temps en temps une étoile passait sa tête à travers les vapeurs du ciel; elle regardait si le soleil était allé se coucher, et, appelant toutes de ses sœurs, elle lui disait doucement : — Allons, viens, viens!

Je m'aperçus enfin que je m'étais égaré, et je m'assis sur le gazon; il y avait là une petite hutte avec quelques brins de paille.

— Mon Dieu! pensai-je en moi-même, je voudrais bien être à la maison, ou du moins entendre sonner minuit; car

[1] Hebel a mis ici en scène un *omnis-homo* de village, bavard et brouillon, toujours prêt à faire un conte sur tout, à trinquer avec le premier venu; et perdant en paroles le temps qu'il faudrait employer en actions. Il a ainsi donné à la tradition populaire qu'il fait expliquer par ce personnage une couleur toute nouvelle : on dirait une légende écossaise racontée par quelqu'un des plaisants héros que Walter Scott introduit dans ses romans historiques.

[2] D'après une superstition allemande très-répandue, les enfants nés le dimanche perçoivent les images du monde invisible.

lorsque le douzième coup retentira, les génies vont s'éveiller et quelqu'un d'eux viendra me tenir compagnie jusqu'au matin; peut-être même me montrera-t-il le chemin du village.

Tout en parlant ainsi, j'avais pris ma montre pour tâter avec le doigt où était l'aiguille (car il faisait sombre et je ne voyais rien) : il me sembla sentir qu'elle approchait de minuit; alors je pris ma pipe, en me disant tout bas :

— Fume, de peur de t'endormir.

Tout à coup j'entendis le bruit de deux voix; j'aiguisai mes oreilles.

— Ah! disait l'une, j'arrive tard aujourd'hui; une jeune fille vient de mourir à Marnbach; elle souffrait d'une fièvre violente : elle est heureuse maintenant! J'ai présenté moi-même la coupe de la mort à l'enfant, afin qu'elle s'éteignît sans effort; je lui ai fermé les yeux et je lui ai dit : — Dors doucement, je t'éveillerai quand l'heure sera venue.

— Mais toi, va me chercher un peu d'eau dans cette coquille d'argent; je veux marteler ma faux.

Je pensais en moi-même : — Un génie qui martelle une faux!

Je m'avançai hardiment, je regardai autour de moi, et je vis un jeune homme avec des ailes d'or et des vêtements blancs retenus par une ceinture rose; sa figure rayonnait d'une tendre douceur. Je m'écriai :

— Par tous les bons génies! je vous salue, monsieur l'ange.

— Que Dieu te protège! répondit-il.

— Monsieur l'ange, repris-je, s'il m'est permis de questionner, dites-moi, que martelez-vous donc là?

— Une faux.

— Je le vois bien; mais je voudrais savoir à quoi elle vous servira.

— A faucher! A quoi veux-tu que serve une faux?

— C'est bien ce qui m'intrigue. Que pouvez-vous avoir à faucher?

— De l'herbe; mais toi, que fais-tu si tard dans la montagne?

— Pas grand'chose; je fume un peu de tabac. Si je ne m'étais pas égaré, je serais maintenant à Toldnau, à l'auberge de l'Aigle; mais, pour ne pas oublier le sujet de notre conversation, dites-moi donc ce que vous ferez de votre herbe?

— Du fourrage.

— C'est justement là ce qui m'étonne : avez-vous une vache?

— Non pas précisément une vache, mais un âne et un veau. Vois-tu cette étoile? ajouta-t-il en me montrant une des petites lumières du ciel; là demeurent l'âne du Christ et le veau de saint Fridolin (¹) : or en haut il n'y a que des raisins de Corinthe, du lait et du miel, et le bétail a ses mets de prédilection; chaque matin il veut son herbe, sa botte de foin, de l'eau provenant des sources de la terre; voilà pourquoi j'aiguise ma faux. — N'as-tu pas dit que tu voulais bien m'aider?

— Certainement, répondis-je, ce serait un honneur pour moi; mais il y a une difficulté : nous autres gens de la ville, nous ne connaissons rien à tout cela. Nous savons calculer, écrire, compter, mesurer, peser, emballer et déballer; mais tout ce dont on a besoin à la cuisine, à la cave ou dans la chambre, nous est apporté chaque jour par les paysans et vendu pour un peu d'argent, de sucre ou de café. — Buvez-vous du café, monsieur l'ange?

(¹) D'après une vieille légende, saint Fridolin (dont le nom est très-respecté dans la Suisse catholique et dans une partie de la Forêt-Noire) aurait, avec l'aide de deux veaux, placé un sapin d'un côté à l'autre du Rhin, ce qui lui permit de passer le fleuve près de la ville de Sakingen.

— Ne bavarde pas si follement, dit le génie en souriant : nous ne buvons que l'air du ciel et nous mangeons des raisins de Corinthe, — quatre fois les jours de semaine et cinq fois le dimanche. — Aussi, si tu veux m'accompagner, viens, je vais faucher derrière Toldnau, sur cette colline verdoyante.

— Certes, j'irai, répliquai-je, je porterai votre faux; mais il commence à faire frais : si vous vouliez fumer, ma pipe est à votre service.

— Puhah! s'écria le génie.

A l'instant même, rapide comme l'éclair, un homme enflammé apparut devant nous.

— Éclaire la route, continua l'ange, nous voulons aller à Toldnau.

Il dit, et le puhah lumineux nous précéda comme une torche vivante.

— Que fais-tu donc là? reprit, au bout d'un instant, le génie, qui me voyait battre le briquet; que n'allumes-tu ta pipe au puhah? En as-tu peur, toi, un enfant du dimanche?

— J'avoue, répondis-je, que je ne me fierais pas à lui; c'est un de mes défauts : je crains les hommes lumineux. Plutôt sept anges qu'un satan enflammé comme celui-là!

— C'est pourtant chose triste, reprit le génie, de voir toujours tes pareils craindre des fantômes. — Folle erreur! — Sache qu'il n'y a pour vous que deux méchants esprits : l'un s'appelle Ivresse, l'autre Remords. Le premier se cache dans le vice du tonneau et du verre; il monte jusqu'au cerveau, il bouleverse votre esprit, il vous égare dans la montagne. Il montre en haut ce qui est en bas; le sol semble vouloir se briser; les ponts chancellent, les collines s'agitent; tout apparaît double. — Prends garde à cet esprit!

— Ah! camarade, m'écriai-je, ceci est un trait à mon adresse! mais il ne frappe pas. Si j'ai passé une partie de la nuit à boire, je n'ai vidé qu'une seule chope; demandez plutôt à l'aubergiste de l'Aigle. — Mais parlez-moi donc de l'autre mauvais esprit.

— Dieu te garde de le connaître! reprit l'ange; quelque matin qu'on se réveille, on le trouve devant son lit et déjà debout; son œil flamboyant vous regarde, il vous touche de sa baguette de feu. Vous voulez en vain prier, il vous ferme la bouche; vous essayez en vain de regarder le ciel, il vous frappe d'aveuglement. Votre course fût-elle aussi rapide que celle du cerf, vous ne pouvez le laisser au logis, il vous suit partout. Si vous vous glissez à la dérobée, comme une ombre, il vous voit et vous crie : « Allons ensemble! » Il est à l'auberge et à l'église. Quand vous entrez au lit, il vous dit : « Es-tu donc si pressé de dormir? Écoute, j'ai quelque chose à te raconter. — Te rappelles-tu ton vol de l'autre jour? As-tu oublié les orphelins que tu as dépouillés? » Et il continue toujours, et quand il a achevé il recommence.

Ainsi parla le génie, et le puhah brilla comme une boule de feu.

— Je suis un enfant du dimanche, repris-je en me signant avec effroi; mais que Dieu me protège!

L'ange sourit.

— Garde ta conscience pure, dit-il, si tu veux être vraiment digne d'obtenir l'assistance du Seigneur. Continue ce sentier, il te conduira à Toldnau. Le puhah va t'éclairer; mais prends soin de l'éteindre dans la rivière, de peur qu'il n'aille courir dans le village et mettre le feu aux granges. — Le Seigneur te bénisse et te garde en santé!

Là-dessus je répondis :

— Monsieur l'ange, que Dieu vous protège! Si vous venez à la ville dans les jours saints, faites-moi l'honneur de me rendre visite; j'aurai à vous offrir des raisins de Corinthe et même un petit verre, car l'air des étoiles doit être bien cru!

Le jour commençait à poindre quand j'arrivai à Toldnau. Comme j'atteignais Mambach, on portait le cercueil de la jeune fille, avec la couronne, la croix et l'étendard colorié. Tous pleuraient. Ils n'avaient pas entendu l'ange dire qu'il la réveillerait quand le jour serait venu.

Le mardi suivant je retournai chez mon cousin... où j'ai même oublié ma tabatière.

LES LITS DES ANCIENS.

Suite. — Voy. p. 34, 99.

Nous pouvons laisser de côté, dans cette étude, plusieurs contrées du nord et du centre de l'Asie Mineure, dont les populations, enfermées dans les montagnes, restèrent pendant bien des siècles trop pauvres et trop étrangères à la civilisation qui les environnait pour avoir d'autre mobilier

Fig. 1. — Lit pliant. — D'après un vase grec.

que quelques ustensiles primitifs et grossiers. Les pasteurs et les éleveurs de chevaux de la Cappadoce n'empruntèrent que bien tard sans doute aux peuples voisins quelques-uns des objets à leur usage. Les Arméniens, qui communiquaient par trois grands fleuves, l'Euphrate, le Tigre et l'Araxe, avec le reste de l'Asie, eurent part plus tôt (ceux des basses terres au moins) à la culture des peuples dont ils furent tour à tour sujets ou tributaires. Les habitants des provinces qui bordent le Pont-Euxin, à mesure qu'ils acquièrent quelque richesse, principalement par le produit de leurs mines et le travail des métaux, reçurent des Phéniciens, et plus tard des Grecs qui avaient établi des colonies sur leurs rivages, des meubles que vraisemblablement ils ne modifièrent en rien.

Les autres peuples de la Péninsule asiatique, bien que n'appartenant pas indistinctement à la même race, se ressemblaient au moins par les côtés extérieurs de leurs mœurs; ils puisaient tous aux mêmes sources le luxe dont ils aimaient à s'entourer et à se parer: Ces Lydiens dont la richesse paraissait si merveilleuse aux anciens Grecs; ces Phrygiens, ces Troïens qu'Homère nous peint déjà en possession des produits d'industries très-avancées; ces Mysiens, ces Méoniens, ces Cariens, ces Lyciens, etc.; tous ces peuples accourus sous les remparts d'Ilion assiégé, les assaillants eux-mêmes, Achéens-Pélasges ou Hellènes, apprirent successivement des ouvriers de l'Assyrie, de l'Égypte et de la Phénicie, l'art de travailler le bois et les métaux précieux, l'ivoire, l'écaille et les autres matières qu'ils mettaient en œuvre dans la construction et l'ornement de leurs meubles. Les tissus les plus fins et les plus moelleux, les tapis aux couleurs brillantes dont ils couvrient leurs lits, venaient de Babylone; d'autres contrées, comme l'Égypte, la Syrie, la Lydie, furent renommées aussi pour leurs étoffes fabriquées avec la laine, le lin ou le papyrus. Les Phéniciens apportaient la soie des extrémités de l'Orient, et aussi, selon toute apparence, les mousselines et les toiles peintes de l'Inde; ils excellaient eux-mêmes dans la fabrication et la teinture des tissus, aussi bien que dans la fonte et la ciselure des métaux. Ce peuple, que

nous n'avons fait que nommer précédemment, pour le rapprocher des Hébreux, à qui en effet il fournit avec l'Égypte à peu près toute son industrie; on le rencontre partout présent dans le monde ancien, assistant à la naissance des peuples nouveaux et aidant à leurs premiers développements, offrant à ceux qui en manquaient des modèles et des procédés, portant dans tous les pays les matières premières dont ils étaient dépourvus. Rappelons-nous que les Phéniciens, par les caravanes, avaient atteint, dix-huit siècles au moins avant l'ère chrétienne, les bords de l'Euphrate et du Tigre, et, dès le quinzième siècle, l'extrémité méridionale de l'Arabie; que, dès les temps homériques, par leur marine, ils s'étaient rendus maîtres du commerce du monde depuis l'Indus jusqu'à la pointe de Cornouailles, étendant même leurs relations au delà. Ils avaient établi des comptoirs sur tous les rivages de la Méditerranée, et lorsque les Grecs commencèrent à leur disputer la domination sur les mers, ils conservèrent dans les villes mêmes de la Grèce des établissements florissants, comme à Samos, à Mélos, à Délos, à Thèbes, à Argos enfin, où ils firent adopter, au huitième siècle, leurs monnaies, leurs mesures et leurs poids. Ne nous étonnons donc pas de rencontrer sur tous les bords où touchèrent leurs vaisseaux des objets qui nous rappellent par leur forme et leurs ornements ceux dont se servaient déjà les plus anciens peuples de l'Orient. Les antiques civilisations de l'Égypte et de Babylone avaient répandu ces modèles dans toute l'Asie, et ils avaient passé jusqu'aux premières terres de l'Europe; le commerce et les fréquentes migrations de peuples les portèrent plus loin encore. Ces modèles furent sans cesse imités, et même lorsque le goût propre à quelques-uns des peuples qui les avaient adoptés y eut introduit plus de grâce, d'élégance, de variété, leur origine resta reconnaissable à des caractères profondément empreints.

C'est dans les poëmes d'Homère que nous devons chercher le tableau fidèle des mœurs des siècles qui l'ont précédé, et ce tableau reste vrai dans presque tous les traits, même pour les premiers siècles qui l'ont suivi. Quand il nous peint les palais de Priam, de Ménélas ou d'Ulysse, ou

Fig. 2. — Lit de repas. — D'après un vase corinthien.

qu'il nous fait entrer dans les tentes des chefs achéens assemblés devant Troie, les meubles qu'il décrit sont les mêmes qui furent en usage encore bien longtemps après lui. A ces descriptions nous pouvons joindre des images empruntées à quelques vases de plus ancien style, qui sont de deux, trois ou quatre siècles seulement postérieurs à Homère. Les meubles qu'on y voit figurés sont parfaitement conformes à ceux qu'il a dépeints.

Des lits véritables n'étaient certainement en usage, dès les temps homériques, que dans les plus riches demeures. On peut imaginer ce qu'était la couche non-seulement des pauvres gens, mais de ceux mêmes qui n'étaient pas entièrement dépourvus de biens, par la peinture que Tirésias fait à Ulysse, au onzième chant de l'*Odyssée*, de son père Laërte, réduit à vivre aux champs : « Son lit, dit-il, n'est point de beaux tapis, de riches étoffes, de magnifiques couvertures ; mais, pendant l'hiver, il couche à terre près de son foyer, parmi ses domestiques. L'été et l'automne,

il couche au milieu de sa vigne sur un lit de feuilles. » Quand Ulysse, déguisé en mendiant, passe la nuit à la porte de son palais (*Odyssée*, XX), il se fait un lit d'une peau de bœuf et se couvre de plusieurs peaux de mouton, dépouilles des animaux sacrifiés par les prétendants ; Eurynome y ajoute par pitié une couverture moins grossière.

Fig. 3. — Achille sur son lit de mort. — D'après un vase corinthien.

Le lit que Pénélope avait fait préparer pour son mari (*Odyssée*, XIX), le prenant pour un mendiant, mais voulant le traiter comme un hôte, se composait aussi simplement de peaux et de couvertures étendues l'une sur l'autre. A la guerre, on se couchait de même, le plus souvent à terre enveloppé dans un manteau ou sur des peaux, et on se couvrait, suivant les exigences de la saison et les ressources dont on disposait, de toisons ou de couvertures. Diomède lui-même, prince puissant, passe la nuit dans sa tente, devant Troie (*Iliade*, X), étendu sur une peau de taureau ; sa tête s'appuie sur « un tapis de couleur éclatante », autour de lui se reposent ses compagnons, la tête sur leur bouclier.

Fig. 4. — Femme à sa toilette, assise sur son lit. — D'après un vase grec.

Ces tapis plus ou moins épais, ces couvertures d'un tissu plus ou moins délicat, constituaient la partie essentielle du lit, et si parfois un meuble servait de support, ce n'était qu'un riche accessoire qui ne paraissait nullement nécessaire. Dans l'*Iliade* encore (ch. IX), quand Patrocle fait préparer un lit pour Phœnix, à qui Achille veut faire honneur, des captives étendent à terre, par son ordre, des peaux sur lesquelles elles placent un beau tapis de pourpre et par-dessus une couverture du plus fin lin. Nulle part il n'est fait mention dans Homère de matelas, de coussins ou d'oreillers ; on se contentait, pour rendre la couche plus moelleuse, d'accumuler les tapis ou les épaisses toisons.

Il en était de même quand cette couche était disposée sur un meuble, formant ainsi un lit véritable. Les plus simples de ces lits étaient sans doute ceux que, dans maint passage de l'*Odyssée*, nous voyons dresser pour les hôtes sous le portique, près de l'entrée de la maison. Tels étaient les lits préparés pour Télémaque et le fils de Nestor dans le palais de Ménélas : on avait eu soin de les garnir « de belles couvertures et par-dessus étaient étendues des tuniques moelleuses » ; car les vêtements étaient fréquemment employés en guise de couvertures. Ces meubles légers et faciles à mouvoir devaient se rapprocher par leur forme des sièges pliants ; alors fort en usage, et on n'en donnerait pas une idée trop inexacte en les comparant à nos lits de sangle. Les sangles étaient faites de cordes de jonc ou de genêt tressées, ou bien elles consistaient encore en lanières de cuir. On peut voir dans la figure 1, empruntée à un vase peint, d'une époque, il est vrai, postérieure (1), un lit de ce genre, et déjà plus orné. Les pieds de devant imitent ceux d'une chèvre ; au-dessus est un appui pour tenir la tête élevée. Est-ce un lit semblable que la reine Arété fit dresser pour Ulysse, sous le portique, dans le palais du roi des Phéaciens ? (Odyssée, VII.) Ce lit était sculpté, dit le poète, garni d'étoffes de pourpre, de beaux tapis et de couvertures très-fines. Mais peut-être s'agit-il ici d'un lit plus riche, tel qu'en avaient les rois et les riches personnages, et tel que devait être celui que le héros s'était construit à Ithaque de ses propres mains. Voici comment il le décrit lui-même à Pénélope (Odyssée, XXIII), lorsqu'il veut lui prouver par un dernier et irrésistible témoignage qu'elle n'est point abusée par un imposteur : « Il y avait, dit-il, dans ma cour un bel olivier de la grosseur d'une forte colonne. Je fis bâtir tout autour une chambre à coucher ; quand elle fut achevée, je coupai les branches de l'olivier, et après avoir scié le tronc à peu de hauteur je taillai le pied, je l'aplanis pour en faire le bois du lit, je le perçai d'espace en espace, et quand cela fut fait, pour l'enrichir je prodiguai l'or, l'argent et l'ivoire ; je tendis au-dessous des bandes de cuir de bœuf teintes en pourpre... Je ne sais, ajoute-t-il, si on a scié les pieds pour détacher le lit du sol et pour le porter ailleurs. »

Les figures qui accompagnent cet article achèveront de déterminer ce que les descriptions pourraient laisser d'indécis dans la pensée. Les figures 2 et 3 sont empruntées à des vases corinthiens trouvés à Cære, ville étrusque où s'établit, dans le huitième siècle avant notre ère, une colonie de Thessaliens. Plus tard, au milieu du septième siècle, une colonie partie de Corinthe sous la conduite de Démarate s'établit dans le voisinage. Parmi les émigrants se trouvaient des artistes, et il est permis de croire que dès cette époque les colons grecs fabriquèrent des poteries semblables à celles qui étaient en usage dans leur patrie. Le style des peintures et des inscriptions en vieux caractères corinthiens permettent de faire remonter la fabrication des vases d'où elles sont tirées jusqu'à cette époque, et nous y pouvons chercher la confirmation des renseignements que nous avons trouvés déjà dans la lecture d'Homère. Toutefois, il faut avoir soin de remarquer, quant au lit représenté figure 2, sur lequel on voit un homme et une femme étendus, s'accordant sur les coussins auprès d'une table chargée de mets, que cette peinture retrace les mœurs asiatiques bien plutôt que celles des Grecs du temps d'Homère : ceux-ci ne prirent que plus tard la coutume de se coucher pendant les repas. Le lit, comme on voit, est fort haut, puisque pour s'y placer il est nécessaire de se servir d'un tabouret élevé que l'on aperçoit entre les pieds de la table. Les pieds du lit rappellent le style de l'Égypte plus encore que celui de l'Asie. Des lits semblables alternent, sur le vase, avec d'autres lits qui se rapprochent davantage du lit dessiné figure 3.

Celui-ci, comme les inscriptions en font foi, nous montre

(1) Millingen, Peintures de vases, pl. IX.

Achille étendu sur son lit de mort. Au pied du lit sont les armes du héros, son casque surmonté de panaches, et son bouclier où est représentée la tête de la Gorgone. Des Néréides pleurent et chantent autour de lui. Tel on peut se figurer aussi le lit sur lequel Priam étendit la dépouille d'Hector, lorsqu'il la rapporta du camp des Grecs. « Le roi et le héraut, dit le poète (Iliade, XXIV), déposèrent le corps sur un lit magnifique, et l'entourèrent de chanteurs qui entonnèrent l'hymne des funérailles : les femmes y répondirent par leurs gémissements... Andromaque commença la plainte funèbre... » On remarquera que, conformément aux textes que nous avons rapportés, on ne voit ici ni matelas ni coussins, mais des tapis et des couvertures superposés. Le bois du lit est plus élevé vers la tête, de manière à former un appui sur lequel elle repose sans qu'il soit besoin d'ajouter un oreiller. Malgré l'imperfection du dessin, il est facile de reconnaître dans la forme et la décoration du lit, dans les supports surmontés de volutes, dans les grands fleurons rayonnants qui en décorent le centre, et qui ne sont autre chose que des palmettes découpées à jour, comme on en voit tant servant d'ornement aux lits des temps postérieurs, le style d'origine orientale que l'on a appelé ionique.

Tous ces détails deviennent plus clairs par le rapprochement de l'exemple suivant (fig. 4) tiré d'un vase de la belle époque et nous y retrouvons le même lit à peine modifié, et néanmoins transformé par un goût plus pur. Cette charmante peinture représente une femme occupée à sa toilette ; assise le visage tourné vers la tête du lit, elle se regarde, en nouant sa coiffure, dans un miroir suspendu au mur. Un épais oreiller est placé auprès d'elle, et peut-être sous les couvertures y a-t-il des matelas rembourrés de laine ou de plume, car ce luxe ne tarda pas à s'introduire dans la Grèce, comme nous le verrons prochainement.

VOYAGE DANS LA LUNE.

APOLOGUE PAR LINNÉ.

Il arriva qu'une fois les sept sages de la Grèce, réunis à Athènes, voulant décider quelle était la plus grande merveille de la création, ordonnèrent qu'à tour de rôle chacun d'eux exposerait son avis à ce sujet.

Le premier qui parla soutint qu'il n'y avait rien de plus merveilleux que les étoiles : au dire des astronomes, la plupart étaient des soleils autour desquels tournaient des mondes contenant, comme la terre, des plantes, des animaux, mais de formes étranges et inconnues. Enflammés par cette perspective, les sages supplièrent Jupiter de leur permettre de visiter la planète la plus rapprochée, la lune. Ils n'y resteraient que trois jours, et reviendraient conter aux hommes les prodiges qu'ils auraient vus dans ce nouveau monde. Jupiter accorda leur requête, et leur assigna comme point de départ la cime d'une haute montagne, où un nuage devait les attendre. Ils arrivèrent à l'heure dite, accompagnés d'artistes et de poètes chargés de peindre et de décrire leurs découvertes.

Après avoir rapidement traversé l'espace éthéré, ils atteignirent la lune, où ils trouvèrent un palais préparé pour les recevoir. Le lendemain, ils étaient si las du voyage qu'ils ne s'éveillèrent qu'à midi. On leur servit, pour réparer leurs forces, un succulent repas, dont ils profitèrent si bien que leur curiosité en fut grandement émoussée. Ce jour-là, ils entrevirent à travers les fenêtres un délicieux pays, couvert de la plus riche verdure et de fleurs d'une exquise beauté ; ils entendirent le mélodieux ramage des oiseaux, et se promirent de se lever à l'aube, le lendemain, pour commencer leurs observations. Mais le second jour, comme ils allaient se mettre en route, une troupe de danseurs et de danseuses leur barra le chemin. Un second banquet, encore plus somptueux que le premier, était servi. Il y avait des vins rares, de la musique, des danses : tout invitait au plaisir ; ils s'y laissèrent aller. Tout à coup d'envieux voisins, venus pour troubler la fête, se précipitèrent avec des armes dans la salle du festin. La lutte s'engagea ; les sages y prirent part, et les envahisseurs furent vaincus. La justice eut son cours, et le troisième jour fut absorbé tout entier par les plaidoiries, les répliques et le jugement, si bien que le temps accordé par Jupiter expira, et les sept sages redescendirent en Grèce, où toute la population accourut à leur rencontre, avide des nouvelles de la lune. Tout ce que les sages purent en dire, c'est que c'était un beau pays, couvert de verdure, diapré de fleurs, et où les oiseaux chantaient à ravir. De quelle nature étaient cette verdure et ces fleurs? Comment étaient faits ces oiseaux? Ils n'en savaient pas le premier mot.

L'apologue du célèbre naturaliste suédois ne nous est que trop applicable. Tous, tant que nous sommes, nous vivons sur une terre enchantée ; mais, dédaigneux des merveilles que la Providence y a semées à profusion, nous ressemblons tous plus ou moins aux voyageurs de la lune.

PROMENADE AU MICROSCOPE.
Voy. p. 141, 175.

Ce n'est pas sans nous imposer un labeur que la nature nous livre ses secrets. L'oreille, pour goûter la musique d'un grand maître, a besoin d'une véritable éducation. Il en est de même pour l'œil, dont la fonction nous ouvre en quelque sorte les portes de l'infini. La vision a besoin de s'habituer graduellement aux étonnantes merveilles que lui présente le microscope. La loupe nous grossit les objets qu'un très-petit nombre de fois ; mais elle a l'avantage de faire embrasser à l'œil tout le corps d'un insecte, tout le limbe d'une feuille, tout l'ensemble d'une fleur, etc. C'est donc par la loupe qu'il faut commencer. Cette éducation est facile et bientôt faite. Il suffit de ne tenir la lentille ni trop près ni trop loin de l'objet. Si vous la tenez trop près, vous en perdez tout le bénéfice : le grossissement est insensible ; c'est à peu près comme si vous regardiez à travers une vitre ou un verre à surfaces parallèles. Si vous la tenez trop loin, l'objet paraîtra diffus et s'effacera même complètement. Ce n'est qu'à une distance déterminée, variable pour chaque personne, qu'il se montrera bien net et grossi.

De la loupe, qui n'est au fond qu'un microscope, mais le plus simple et le moins amplifiant de tous, vous passerez ensuite à un grossissement plus fort, de 30 à 50 fois ; et par là il faut toujours entendre le grossissement linéaire, c'est-à-dire que, par exemple, le diamètre d'un globule de sang, grossi 200 fois, est au diamètre de ce même globule vu à l'œil nu, s'il était ainsi visible, comme 200 est à 1. Le *microscope d'inspection* (voy. fig. 1.) atteindra parfaitement le but que nous devons nous proposer (¹). Il est d'une commodité extrême : chacun peut l'emporter avec soi dans ses promenades de naturaliste. Mais avec cet instrument il faut s'en tenir à un grossissement de 30 à 50 fois.

(¹) Ce microscope, d'un prix accessible à tout le monde (50 à 60 francs), se fabrique chez M. Hartnack, successeur de M. Oberhæuser, place Dauphine.

Le champ de la vision diminue à mesure que le pouvoir amplifiant augmente. Telle est la loi naturelle ; nous n'y pouvons rien changer. Et comme l'instinct de la curiosité ne cesse de nous pousser en avant, les difficultés grandissent et se multiplient à chaque pas que nous faisons dans cette voie de l'inconnu.

Si la loupe nous permet de saisir l'ensemble des détails d'un objet, il n'en sera plus ainsi avec de plus forts gros-

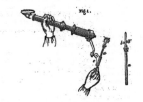

Fig. 1.

sissements. Là il faudra diviser et préparer les objets. Ce travail préalable demande de la dextérité et une certaine habitude. L'emploi du microscope d'inspection nous en dispense ; puis il a le précieux avantage de nous montrer les objets par réflexion, c'est-à-dire tels que nous sommes accoutumés à les voir, avec leurs reliefs, leurs creux, leurs teintes, leurs ombres, etc. Enfin la lumière naturelle nous suffit ici : nous n'avons encore besoin de la renforcer par aucun artifice.

Les choses ne se passent plus de même dans l'emploi du microscope composé où à demeure, du microscope dont se servent habituellement les naturalistes. Là les objets sont vus par transparence ; les corps d'une certaine épaisseur, imperméables à la lumière, nous paraîtront opaques : l'œil n'y distingue rien, à cause de l'obscurité. Il faut alors les diviser en tranches très-minces, dont on augmente la transparence par un éclairage approprié et en les plaçant dans des gouttes de liquides réfringents, emprisonnées entre deux lamelles de verre. Au milieu de ces conditions exceptionnelles, l'œil se trouve en quelque sorte dépaysé ; c'est tout un apprentissage que d'arriver à se faire une idée exacte de la forme des contours, de la texture des corps, et il faut le concours de l'œil de l'esprit pour se garantir de beaucoup d'erreurs et d'illusions. — Mais gardons encore quelque temps le microscope d'inspection, il nous donne moins d'embarras.

Prenons, sans sortir du logis, le premier objet qui nous tombe sous la main. Voici une mouche commune, notre *Musca domestica*. Voulez-vous en étudier les yeux? Essayons d'abord de placer la tête de l'insecte au foyer de l'objectif. A cet effet, écartons les deux branches de la petite pince a en pressant et l'index les deux boutons b et b'; saisissons la mouche par son corselet en lâchant ces deux boutons, la petite pince dans la gaîne mobile c (fig. 1). En lui imprimant de petits mouvements avec la main droite, tandis que nous tenons le tube avec la main gauche, nous arriverons, après quelques tâtonnements, à mettre l'objet au point. Ces petits mouvements doivent être exécutés avec une lenteur mesurée : s'ils sont trop brusques, l'objet passera devant le champ du microscope avec la rapidité de l'éclair ; s'ils ont lieu trop en deçà ou trop au delà du foyer, l'objet paraîtra trouble ou diffus. La mise au point varie suivant les individus. Heureusement ces variations individuelles sont renfermées dans des limites assez étroites pour la vue normale. Les myopes et les presbytes seront seuls obligés d'imprimer à la pince porte-objet quelques petits mouvements supplémentaires.

Voilà donc notre tête de mouche bien mise à la portée de l'œil, qui regarde par l'oculaire dans la direction de l'axe de l'instrument. L'oculaire grossit à son tour l'image focale, formée par la lentille objective. Enfin que voyez-vous? — Une jolie peau de chagrin! est-ce là l'œil de la mouche? — Sans doute; mais votre comparaison n'est pas tout à fait exacte. Regardez un peu plus attentivement. — Quelle régularité géométrique! La merveilleuse ciselure, qui met en relief une infinité de petites plaques! Qu'est-ce donc que ces petites plaques? — Chacune représente une cornée; l'œil de l'insecte se compose d'autant de petits yeux lilliputiens que vous apercevez de ces plaques. — Comment! ces deux petites bosses d'un rouge foncé, assez visibles à l'œil nu, et qui forment presque toute la tête de la mouche (fig. 2), ce sont là des yeux, et chacun d'eux est composé d'une innombrable quantité d'autres yeux, beaucoup plus petits! — Justement; vous venez de définir, en peu de mots, non-seulement l'œil de la mouche commune, mais de presque tous les insectes, dont le nombre est légion. — Je voudrais bien compter ces petits yeux dont chacune œil se compose, j'en ai le plus vif désir... mais, plus je les fixe, plus leur aspect m'éblouit. O surprise! ils reflètent au soleil toutes les couleurs de l'arc-en-ciel! c'est à donner le vertige. Ne les a-t-on pas déjà comptés? — Des observateurs, au moins aussi curieux et peut-être plus patients que vous, vous ont prévenu : ils en ont compté, s'il faut les en croire, seize mille sur les yeux d'une seule mouche. — Mais comment s'y sont-ils pris? — L'artifice est bien simple. Ces observateurs se sont servis d'un grossissement plus fort.

Commençons par détacher délicatement de la tête l'un de ces yeux *multifacettes*; préparons-le en enlevant, à l'aide d'un petit pinceau, le sang rose et d'autres matières qui y adhèrent; mettons-le, ainsi préparé, avec une goutte d'eau, entre deux lames de verre, sur le porte-objet, et adaptons à l'instrument un système de lentilles grossissant 300 fois. Maintenant, approchez votre œil de l'oculaire :

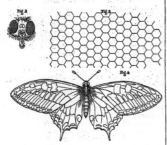

que voyez-vous? — Les plus jolis miroirs qu'on puisse imaginer. Ils ont tous la forme que la nature affectionne : ce sont des lentilles hexagonales (voy. fig. 3). Et, spectacle féerique, l'image du soleil envoyée par un réflecteur est reproduite par chacune de ces lentilles. Je vais les compter. — Ne l'essayez pas, vous-vous blesseriez la vue; puis vous ne voyez là qu'un fragment : il faudrait faire passer dans le champ de l'objectif, un à un, tous les autres

fragments de l'œil pour arriver à un total, et cela serait trop long.

Mais il est temps d'aller courir les champs. Tâchez, avec votre filet de gaze, d'attraper ce beau papillon jaune, marqué de noir. — Le voilà. Comment se nomme-t-il? — Dites-moi d'abord ce qui vous y frappe le plus. — C'est le coin de l'aile de derrière : il est découpé en queue d'hirondelle et orné d'un œil rouge-brique, cerné de bleu et de noir. — Essayez maintenant de répondre vous-même à ce que vous me demandiez. Rappelez-vous seulement qu'il faut toujours deux noms pour désigner scientifiquement un animal ou une plante. — Je ne me le rappelle que trop : selon les règles de la science, que les savants rendent si peu aimable, il faut que le nom du genre soit toujours suivi de celui de l'espèce. Je me rappelle aussi, — ce qui n'est guère plus amusant, — que ces deux noms sont grecs ou latins. *Papilio* sera donc le nom du genre, et comme le nom de l'espèce dérive sans doute du caractère le plus saillant, je ne dois guère m'éloigner de la vérité en disant que notre papillon s'appelle *P. Chelidurus*, à cause de l'angle de son aile en *queue d'hirondelle* (fig. 4). — Bravo! le choix de ce nom est parfait. Malheureusement on lui en a préféré un autre. Les nomenclateurs, au lieu de suivre des règles sages et invariables, obéissent, comme les autres mortels, à la voix de l'amour-propre. L'homme, qui aime à se poser comme le maître de la nature dont il lui est aussi impossible de créer que d'anéantir un atome, tient à honneur d'étiqueter de son nom, de celui d'un protecteur ou d'un personnage quelconque, les échantillons d'espèces animales et végétales exposées en montre dans les collections, dans les musées et ailleurs. Donc, votre *P. Chelidurus* s'appelle *P. Machaon* ; c'est le nom sous lequel il a été définitivement enregistré à côté du *P. Podalirius*. Machaon et Podalirius étaient deux fameux chirurgiens grecs ; fameux, parce qu'il en est question dans l'*Iliade* ; ils seraient parfaitement inconnus s'ils n'avaient pas été chantés par Homère. — Voilà certes un nom que je n'aurais jamais deviné ; pouvais-je, à propos d'un papillon, songer à un chirurgien de la guerre de Troie?

Je voudrais bien tenir mon *Machaon* par les ailes. Mais qu'est-ce que cette poussière farineuse qui s'attache à mes doigts? — Tirez le microscope de votre poche et saisissez une portion de l'aile. Qu'apercevez-vous? — Une infinité de petites écailles, semblables aux écailles d'un poisson ; elles se recouvrent les unes les autres comme les tuiles d'un toit ; chacune est échancrée par sa partie inférieure libre, et ces échancrures, mille fois répétées, sont autant de miniatures des ailes du papillon. — Beaucoup d'insectes ont les ailes écailleuses, et ce sont précisément les plus beaux; ils forment tout un ordre naturel. Quel nom lui donneriez-vous? — En prenant pour guide le trait le plus caractéristique, je l'appellerai l'ordre des insectes *aux ailes écailleuses*, et, s'il faut absolument parler grec devant la création, ce sera l'ordre des *lépidoptères*, de *lepis* (génitif *lepidos*), écaille, et *pteron*, aile. — Cette fois vous avez rencontré juste.

ERRATA.

Page 142, colonne 2, ligne 34. — *Au lieu de* : les angles d'incidence et de réfraction; *lisez* : les sinus des angles d'incidence et de réfraction.

Page 143, colonne 2, ligne 42. — D'après le texte de l'édition de 1657-59 du livre du P. Schott, *Magia universalis naturæ et artis*, notre récit de ce qui arriva au P. Scheiner se rendant « de Bavière en Tyrol par la basse Autriche » ne serait pas entièrement exact. Les villageois, en voyant dans l'instrument une puce, cessèrent de croire que le diable y fût enfermé, et Scheiner ne fut pas privé de sépulture.

CHATEAU DE BERCY
(DÉPARTEMENT DE LA SEINE).

Porte de la façade de l'ancien château de Bercy. — Dessin de Lancelot,

Le château du grand Bercy, démoli vers 1861, était bien connu des voyageurs qui sortaient de Paris en remontant la Seine. On pouvait, sans être fort versé dans l'histoire de l'architecture, répondre avec confiance aux naviga_ teurs curieux que ce devait être une œuvre du règne de Louis XIV. Son aspect était noble, solennel, mais d'un effet un peu lourd et triste. Aussi, tout en lui accordant quelques minutes d'attention et d'estime, s'en éloignait-on sans regret et presque avec une sorte de soulagement : il paraissait négligé, désert, depuis une longue suite d'années. On ne voyait à ses fenêtres ni rideaux, ni draperies : çà et là des vitres brisées laissaient le regard s'engouffrer dans le vide de leurs angles noirs; jamais fleur ni figure humaine jeune ou vieille n'égayait sa terrasse couverte de folles herbes. On se demandait quel pouvait être le seigneur assez riche pour ne pas l'habiter où le vendre. Aujourd'hui il est certain que ce propriétaire n'était pas si malavisé et qu'il n'a pas perdu pour attendre. Tandis que chauves-souris, rats et araignées jouissaient en toute sécurité du silence de cette vaste demeure, les grands intérêts qui se disputent le territoire de Bercy élevaient peu à peu la valeur du parc à ce point que la séduction des prix offerts a dû triompher du désir respectueux de conservation ou de l'indifférence des héritiers de l'illustre nom de Nicolaï.

Si abandonné qu'il fût, l'intérieur du château de Bercy était encore riche en décorations d'un art remarquable, médaillons, faïence, boiseries, meubles sculptés ou tapisseries. Ces souvenirs n'ont pas entièrement péri, et nous nous proposons d'en reproduire bientôt quelques exemples. Il nous suffit de rappeler ici que ce château avait été construit, d'après les plans de Louis Levau, vers le milieu du dix-septième siècle, sur les ruines d'une résidence plus modeste. Son premier propriétaire fut le marquis de Nointel, le second Pâris de Montmartel (1706), plus tard M. de Nicolaï. Le trop fameux ministre Calonne en a été le locataire; puis vinrent les aventures : des dépendances servirent successivement à la fabrication de papiers peints et de sucre de betterave; de nos jours, le chemin de fer, bon gré mal gré, se jette tout à la traverse des anciens jardins tracés par le Nostre. Maintenant, sur ses ruines, on bâtit quelque succursale du marché aux vins.

SPERINO.

NOUVELLE GENEVOISE.

Dans la riante contrée où mon destin est de vivre, on n'a que le choix des promenades pour jouir de magnifiques points de vue; mais je préfère celles qui me conduisent sur les rives de l'Arve, dont les gracieux méandres serpentent au sein des verdoyantes campagnes qui m'environnent. Et comme chaque promeneur a un refuge de prédilection pour s'asseoir et rêver, j'ai adopté un tertre de gazon situé près d'un ravin dominant ma rivière favorite. En contemplant le vaste panorama qui se déroulait à mes pieds, j'avais souvent remarqué une légère fumée s'élevant au-dessus d'un buisson fort touffu, situé au-dessous de moi, où l'on descendait par un sentier rapide et rocailleux, et que, pour cela même, je n'avais jamais visité. Toutefois, un matin de l'été passé, je crus entrevoir, au travers des branches qui ombrageaient ce petit refuge, un vieillard assis à l'ombre et fumant sa pipe, d'où s'échappait la fumée qui avait si souvent surpris mes regards.

Le ciel, ce jour-là, était d'une admirable limpidité; l'air frais, la nature parée, tout remplissait mon cœur d'une gratitude attendrie pour l'Auteur de ces ravissants tableaux. J'avais besoin de m'intéresser à quelqu'un ou à quelque chose, et, sous l'influence de ce sentiment si doux à éprouver, je résolus de faire connaissance avec le vieillard.

Je descendis donc le sentier pierreux qui conduisait à sa retraite; mais sitôt qu'il m'aperçut, il mit précipitamment sa pipe tout allumée dans la poche de son habit, et parut visiblement contrarié de mon arrivée.

Le premier mobile que nous supposons aux actions d'autrui n'est souvent pas le meilleur ni le plus honorable pour elles, et l'interprétation que nous en faisons est parfois peu charitable. Mais, pour le moment, j'étais si bien disposé en faveur de l'espèce humaine, que je compris instinctivement que ce pauvre homme, honteux d'être surpris se livrant à un plaisir peu en harmonie avec sa misère, craignait de m'en désintéresser et de me donner une mauvaise idée de lui.

— Continuez, mon brave homme, lui dis-je; pourquoi cacher ainsi votre pipe et risquer de brûler vos vêtements?

— Ah! Monsieur m'a vu?

— Eh oui! et je serais fâché de vous empêcher de vous livrer à ce délassement.

— Mais qu'est-ce que Monsieur dirait d'un pauvre mendiant qui fume? et me feriez-vous encore l'aumône?

— Pourquoi pas, mon brave homme? Je dirais que vous vous livrez à une vieille habitude qu'il vous serait également impossible de vaincre ou de remplacer par une autre.

— C'est bien vrai, Monsieur; mais tout le monde n'est pas comme vous, et pour beaucoup de gens ce serait une raison de ne plus me secourir s'ils me voyaient comme vous venez de me trouver tout à l'heure, et c'est pourquoi je viens ici et me cache pour brûler une pipe de tabac chaque jour.

— Elle est bien belle votre pipe : il me semble qu'elle est montée en argent.

— Oh! Monsieur, elle m'est plus chère qu'elle n'est belle.

— Comment cela?

— Elle a appartenu à mon capitaine, et c'est un cadeau qu'il m'a fait avant d'expirer.

— Fut-il tué sur un champ de bataille?

— Non, Monsieur; mais il y fut mortellement blessé, et, sans moi, il serait resté au pouvoir des Autrichiens. C'était à Marengo, où nous battîmes en retraite jusqu'à trois heures de l'après-midi; voyant mon brave chef tomber, je le chargeai sur mes épaules et le portai jusqu'à ce que je pusse le déposer à l'ambulance, au moment d'expirer : « Tiens, me dit-il, Sperino, reçois comme preuve de ma reconnaissance la seule chose que je puisse maintenant te donner; voici ma pipe, ma distraction de vingt ans durant les campagnes faites avec toi; ne la fume jamais sans songer à moi, et ne l'abandonne, ainsi que ton capitaine, qu'à l'heure de la mort. » Comme nous étions tous deux de Mendrisio, dans le Tessin, il me pria d'informer de son sort sa vieille mère, m'embrassa et mourut. C'était l'homme le meilleur et le plus brave de l'armée; il m'aimait comme un frère, quoique mon chef; et si j'avais su lire et écrire, j'aurais avancé en grade, tandis que je ne parvins jamais qu'à celui de caporal, bien qu'engagé à dix-sept ans parmi les Allobroges (j'aie servi pendant vingt-deux ans dans l'armée française.

— Mais, après un temps assez prolongé, n'avez-vous obtenu aucune pension de retraite, aucun subside pour votre vieillesse?

— Je n'ai rien demandé, Monsieur. Revenu au pays après la malheureuse retraite de Russie, j'ai travaillé à la terre tant que mes forces me l'ont permis; aujourd'hui, vieux et faible, je n'ai que la pitié et l'aumône des bons cœurs pour m'aider à vivre; et vous connaissez, Monsieur, mon plaisir à fumer, puisqu'il s'y joint pour moi celui de me rappeler des temps plus heureux, une vocation plus noble que celle de mendiant aujourd'hui la mienne, et le bon chef que j'eus la chance d'obliger à ses derniers moments.

— Mais chez qui logez-vous maintenant?

— Chez un charitable cultivateur de G..., qui me donne de sa soupe deux fois par jour et me laisse passer la nuit dans sa grange, où je me trouve très-bien couché sur le foin; mais vous concevez, Monsieur, que je dois m'abstenir de fumer chez lui, et lui cacher ma pipe qui lui ferait craindre un incendie; et voilà pourquoi je ne puis me livrer à ma récréation favorite que dans ce petit coin, où seul vous m'avez découvert.

— Et j'en suis charmé, mon brave homme; j'espère vous y retrouver souvent, et demain, à la même heure, j'y viendrai pour vous offrir un peu de mon tabac, que je veux vous faire essayer.

— Merci, Monsieur; mais ne dites à personne; je vous en conjure, que vous m'avez vu fumer.

— Non, non; je garderai votre secret, dont j'apprécie la convenance pour toute autre personne que moi.

Là-dessus je quittai le pauvre vieux militaire, qui m'avait inspiré une pitié dont je lui laissai quelques preuves.

Il avait une superbe tête encadrée d'une barbe blanche; mais sa figure pâle, amaigrie, accusait un mal secret dont cependant il ne se plaignit pas.

Il revint le-lendemain. Je lui fis mon petit cadeau, accepté avec le plus vive reconnaissance, et, dans le courant de la belle saison, nous nous retrouvâmes plusieurs fois au même lieu, où il me fit le récit de ses campagnes, et m'attacha toujours davantage à lui par sa résignation pieuse à son triste sort. Je cherchai à l'adoucir en lui faisant, pour l'hiver qui s'approchait, le présent de quelques vêtements plus chauds que les siens. Le froid qui survint en effet, un malaise prolongé qui me retint à mon domicile, m'empêchérent de le revoir encore; mais, le printemps suivant, je le trouvai, par une belle matinée de mai, assis sur son tertre favori, et je lui demandai comment il avait passé la mauvaise saison.

— Mal, Monsieur, bien mal; vous le voyez sans doute à mon visage et mieux encore à ma douce habitude de fumer que j'ai perdue, n'y trouvant plus aucun plaisir.

— Mais que vous sentez-vous?

— Ma fin, Monsieur, qui arrive tout doucement; chaque jour j'ai plus de peine à me traîner jusqu'ici, et, sans l'espoir de vous y rencontrer encore, j'en aurais dès longtemps oublié le chemin.

— Mais quelles sont vos souffrances?

— De l'oppression qui me fatigue, une toux qui m'épuise, plus d'appétit, et cette pauvre pipe (dit-il en la tirant de sa poche) qui ne me sourit plus. Voyez, Monsieur, comme elle semble souffrir et pâlir elle-même de l'abandon où je la laisse; mais si je ne l'allume pas, je la soigne toujours, et j'ai consacré l'argent que j'employais autrefois pour mon tabac à faire l'emplette d'un tuyau neuf dont je n'ai plus d'espoir de me servir moi-même; mais je veux la donner à l'homme généreux qui s'intéresse à ma vieillesse.

— Vous avez raison, et ce digne agriculteur, qui vous loge, vous nourrit, mérite bien de se souvenir de sa bonne action et de votre reconnaissance.

— Ah! Monsieur, je garderais bien de la donner à P..., qui non-seulement ne fume pas lui-même, mais encore défend à ses fils de se livrer à cette habitude pour laquelle il a une véritable antipathie.

— Et alors, à qui destinez-vous cette belle pipe?

— A vous, Monsieur; oui, à vous qui n'avez pas trouvé mauvais que je m'en servisse; à vous qui m'avez secouru dans ma misère et donné tout pour satisfaire mon vieux penchant; à vous qui ne me méprisez pas et voulez bien me parler de choses qui m'intéressent seul. Oui, c'est à vous que je veux laisser ma pipe bien-aimée; je l'ai

garnie de l'excellent tabac que vous m'avez donné, et je vous prie, Monsieur, de venir la fumer, lorsque je serai mort, à cette même place où nous sommes maintenant, et où vous vous rappellerez le pauvre vieux militaire qui s'en servit si souvent devant vous, et auquel, seul dans ce monde, vous songerez encore; car vous me représentez ma famille, mes amis, enfin tout ce qui me manque maintenant.

Le bon vieillard avait dit ces paroles avec une émotion sans cesse croissante qu'il finit par me communiquer; aussi lui répondis-je de suite :

— Mon cher Sperino, j'espère beaucoup que vous vous rétablirez bientôt sous l'influence de la saison nouvelle, plus favorable que l'hiver à la guérison de vos maux : aussi je ne veux point aujourd'hui accepter cette pipe que vous m'offrez de si bon cœur; mais si vous venez à mourir avant moi, je serai charmé de la tenir de vous et d'y rattacher la mémoire d'un brave militaire. Non-seulement je viendrai m'en servir en ce lieu, où je vous trouvai, mais je la suspendrai à une place très-visible de mon cabinet, où souvent, soyez-en certain, elle attirera mes regards et me fera penser à vous.

— Que vos paroles me font du bien, Monsieur! et dans ma vieillesse souffrante, si triste, si oubliée de tous, que je vous sais gré de me compter pour quelque chose et de croire à ma reconnaissance!

Et comme je me préparais à le quitter, vraiment attendri par l'aspect et les paroles de ce vieillard si sensible à mes témoignages de sympathie :

— Monsieur, me dit-il, une chose me peine et m'attriste, car je crains de ne plus pouvoir revenir ici; aujourd'hui même, j'ai eu bien du mal pour y arriver : ainsi je perds l'espoir de vous voir encore.

— Oh! non, non, brave Sperino; je connais la demeure de P..., et si je ne vous rencontre pas en ce lieu, j'irai vous faire une visite.

— Quel plaisir vous me ferez, Monsieur!

— C'est à moi-même que j'en procurerai, et puissé-je vous trouver mieux qu'aujourd'hui!

Nous remontâmes ensemble le sentier, et je vis trop bien à quel point il s'était affaibli; car non-seulement nous marchions lentement, mais souvent je le soutins alors que ses jambes se dérobaient sous lui et avaient peine à le supporter. Je lui serrai affectueusement la main, et nous nous séparâmes. [1]

La fin à la prochaine livraison.

HISTOIRE DU COSTUME EN FRANCE.

Suite. — Voy. p. 19, 43.

SUITE DU RÈGNE DE LOUIS XV.

Habillement des femmes après 1750. — Plus on avance dans le règne de Louis XV, moins le bon goût préside à la façon des habits. La mode s'épuise en variations sur un thème ingrat, sans revenir au naturel qu'elle a perdu de vue. Cela est surtout sensible dans l'ajustement des femmes. Il devient de plus en plus chiffonné et confus; la forme du corps humain est pour ainsi dire comme si elle n'existait pas; il semble n'avoir pas d'autre objet que de montrer combien de pièces et de morceaux peuvent être réunis ensemble pour faire des poupées habillées.

La robe en faveur jusqu'à la fin du règne fut celle dont nous avons déjà signalé l'apparition : robe à dos flottant, ouverte de corsage et ouverte à la jupe. Le corsage était ajusté sous la pièce volante, fortement échancré sur les

[1] J. Petit-Senn.

hanches et muni de baleines. Après 1760, les pans de la
robe s'ouvrirent en rond et se prolongèrent par derrière
en une queue très-étoffée que l'on relevait sur le panier :
par là tout le bas du jupon était mis à découvert. Nous
parlons du premier jupon, qui faisait l'office de robe de
dessous. On portait double jupon ; entre les deux se mettaient les poches, faites comme deux sacs et assujetties
sur un large ruban de fil.

Les robes des jeunes personnes, qui n'avaient pas de
pièce volante et qui se laçaient dans le dos, étaient appelées *fausses-robes*. Elles étaient taillées sur un corps, appareil en forme de gaine, qu'un antique usage avait con-

sacré comme une chose indispensable pour empêcher la
taille de se gâter dans le jeune âge. Les corps étaient de
bougran, bardés de baleines de tous les côtés ; le fer remplaçait les baleines s'il s'agissait de remédier à des vices
de conformation. Une fausse-robe dont la jupe n'avait pas
de queue s'appelait un *fourreau*.

La confection des corps était le fait des tailleurs de
corps, dont le privilège avait été réservé, en 1675, lorsque
les couturières se formèrent en communauté. Il s'ensuivit
qu'il appartint à ces tailleurs, et non aux couturières, de
faire les fausses-robes et fourreaux. Pour le même motif,
eux seuls furent en possession de fournir les robes de

Élégante avec la robe à grands paniers, Abbé mondain, Jeunes gens en costume de chasse et de promenade, avant 1760,
D'après Saint-Aubin. — Dessin de Chevignard.

cour, parce que le corsage de celles-ci était muni d'une
armature qui en faisait un véritable corps. Cette industrie,
à laquelle tant de générations s'étaient docilement soumises, se vit attaquée au milieu du dix-huitième siècle
par des médecins consommés de l'Allemagne et de l'Angleterre. En France, Jean-Jacques Rousseau et Buffon
mirent leur éloquence au service de la même cause ; puis,
en 1770, un livre qui résumait toutes les raisons données
par les maîtres parut sous ce titre significatif : « Dégradation de l'espèce humaine par l'usage des corps à baleine ;
ouvrage dans lequel on démontre que c'est aller contre les
lois de la nature, augmenter la dépopulation et abâtardir
pour ainsi dire l'homme, que de le mettre à la torture, dès
les premiers instants de son existence, sous prétexte de le
former. »

L'auteur de ce factum fut M. Bonnaud, qui n'est pas
connu autrement. Un tailleur de corps de Lyon, nommé
Reisser, prit la plume pour la défense du métier. Il s'en
tira avec adresse. Sa thèse fut que, parmi les inconvénients
reprochés aux corps, il en était que les bons fabricants
savaient éviter ; que d'autres résultaient de ce que les ap-

pareils étaient maladroitement appliqués ; et enfin que l'on
mettait sur le compte des corps beaucoup d'effets à la production desquels ils étaient étrangers.

La controverse se prolonge pendant vingt ans encore,
à l'avantage des lingères. Celles-ci avaient imaginé les
corsets de basin, n'ayant qu'un busc pour armature, et
c'est aux corsets que recoururent pour leurs enfants la
personnes qui se piquaient de philosophie. La concurrence
fit sortir de la routine les tailleurs de corps ; ils commencèrent à fournir des appareils plus flexibles, plus conformes
aux lois du goût et de la raison, lorsque sonna l'heure fatale à toutes les choses de l'ancien régime. La tempête
révolutionnaire emporta les corps et l'industrie qui consistait à les construire.

Revenons à l'habillement.

Pour couvrir la poitrine au défaut de la robe, on eut,
avant 1760, des *devants de gorge* tout unis ; plus tard, on
établit par-dessus des échelles de rubans. Concurremment
avec cette mode régna celle des *compères*. On entendait
par là deux petits devants, qui étaient cousus sous les
échancrures de la robe ; ils s'assemblaient par des bou-

tons. Un gros nœud à deux feuilles, posé tout en haut, remplaça le bouquet généralement porté auparavant.

Les manchettes furent à trois rangs, composées de dentelle, et de linon ou de batiste qui formaient l'*entoilage* de la pièce. L'entoilage, taillé plus long sous le coude qu'en dedans du bras, produisit les manchettes montées en éventail.

Pour mettre sur les épaules, il y eut le mantelet, la mantille ou le fichu.

Le mantelet d'alors différait de ceux que l'on porta il y a une vingtaine d'années par un capuchon ou *coqueluchon* dont il était garni.

La mantille était un mantelet d'été, en gaze, en dentelle ou en réseau.

Quant aux fichus, il n'était question alors que de fichus blancs, en batiste, mousseline, etc., avec une garniture plate ou des rangs de tuyaux. Après 1770, on adapta aux fichus un coqueluchon qui se tenait tout droit sur les épaules, au moyen d'une garniture d'apprêt en forme de cerceau. C'est ce qu'on appela des *monte-au-ciel*, puis des *parlements*.

A plusieurs reprises, depuis la régence, le tablier avait paru dans l'habillement des jeunes personnes. Il fit partie d'un costume de moyenne tenue, qui eut beaucoup de

Matrone à l'ancienne mode, Jeune femme en coiffure haute et petit panier, Ancien militaire, Gentilhomme avec l'habit habillé, en 1762.
D'après Joseph Vernet. — Dessin de Chevignard.

vogue à la fin du règne. La robe était supprimée. On n'avait qu'un jupon à falbalas avec le *caraco* et le tablier. *Casaquin*, *pet-en-l'air*, *caraco*, sont les noms que porta successivement, au dix-huitième siècle, la veste de femme à grandes basques. Le tablier était de longueur à descendre jusqu'au bas du jupon; il était garni sur les bords et aux poches. Il n'avait pas la bavette, signe distinctif du tablier affecté aux femmes de chambre.

La coiffure, qui s'était maintenue basse depuis 1713, commença à monter de nouveau après 1750. La mode consista à relever les cheveux sur le sommet de la tête, ceux de derrière étant lissés, ceux de devant crêpés trèsmenu et tirés sur leur racine, de manière à former une espèce de diadème autour du front et des tempes. Cette façon donnée aux cheveux se devant constituait le *tapé*. Des boucles étaient disposées autour du tapé, ou au bas, vers les oreilles. Avec le bout des cheveux, relevés de la nuque, on faisait des coques ou d'autres agréments en manière de cimier. Mille combinaisons s'adaptaient à la forme générale qui vient d'être décrite. Les boucles, par exemple, formaient des *marrons*, des *brisures*, des *béquilles*, suivant

leur volume ou leur direction. Les *barrières* étaient des mèches lisses, conduites entre les boucles ou le tapé; les *dragonnes*, deux grands tire-bouchons tombant de derrière les oreilles sur les épaules; les *favoris*, deux boucles disposées de façon à dessiner sur le front un croissant renversé, etc., etc.

Les anciens ajustements de tête ne s'accommodaient guère avec les cheveux relevés. Il fallut en changer la forme. Les bonnets ne consistèrent plus qu'en un fond entouré de garniture. Le tout n'était guère plus large que la main, et semblait une cocarde plutôt qu'une coiffure. On augmenta la dimension par la suite, en dépit du sens commun; car les bonnets avec passe et rayon, perchés au sommet du tapé, produisaient tout juste l'effet du linge qu'on met sécher sur un buisson. Les chapeaux de paille *à la bastienne*, qui parurent en 1765, n'eurent pas meilleure grâce, quoiqu'ils fussent assez jolis de forme. Rien n'était acceptable dans une semblable position. Toutefois, ce que le règne de Louis XV vit en ce genre était encore de bon goût relativement aux extravagances qui suivirent.

Pour faire des coiffures si haut montées, les cheveux naturels, même avec l'addition des fausses nattes et des tours, devinrent insuffisants. Il fallut recourir aux perruques. Les perruques de femmes s'appelaient des *chignons*. A qui devait appartenir la confection des chignons?

Depuis plus d'un siècle l'industrie des coiffeuses s'était formée. Aux coiffeuses s'étaient joints des coiffeurs, et ceux-ci étaient devenus des personnages importants. C'est de leur art que dépendait principalement le succès des élégantes. Ils menaient haut la main les dames de la noblesse et de la finance. L'un d'eux, le sieur le Gros, tenait à Paris une académie où affluaient les élèves, hommes et femmes. Il récompensait le talent par des médailles qui ayaient valeur de diplôme pour ceux qu'il en gratifiait. Il écrivait des livres sur la coiffure. Les peintres, à l'en croire, auraient dû venir à ses leçons, car il se faisait fort de prouver que pas un portrait, si bien fait qu'il fût, ne représentait avec exactitude l'accommodage des cheveux sur une tête à la mode. Chez lui, on étudiait sur nature. Il avait des *prêteuses de tête*, de jeunes filles pourvues de beaux cheveux, qui servaient à ses démonstrations et aux essais de ses disciples. Les jours où il y avait le plus de beau monde sur les boulevards, les prêteuses de tête y étaient conduites, afin d'exhiber aux yeux du public les inventions enfantées par le génie du maître. Celles qui s'étaient acquittées pendant quatre ans de ce service, en joignant à la docilité requise des mœurs irréprochables, le sieur le Gros leur faisait apprendre un métier à ses frais. Voilà jusqu'où s'étendait le pouvoir d'un coiffeur en ce temps-là; mais toute cette gloire devait être cruellement expiée, comme il y parut bientôt.

M. le Gros et consorts, comme inventeurs des coiffures, se crurent le droit de fabriquer aussi les chignons. A peine commençaient-ils à s'exercer ce genre, qu'un gros procès leur tomba sur les bras: La corporation des barbiers-perruquiers-baigneurs-étuvistes gémissait depuis longtemps d'avoir vu une profession rivale s'insinuer à la faveur d'un besoin nouveau; elle n'attendait qu'une occasion pour revendiquer l'empire sur les têtes des deux sexes. La question des chignons lui sembla propice, parce que la compagnie avait des titres qui lui assuraient exclusivement la fabrication des perruques. La justice fut saisie de la cause dans plusieurs provinces à la fois. Au rebours du Parlement d'Aix, qui jugea en faveur des coiffeurs contre les barbiers de Marseille, le Parlement de Paris jugea en faveur des barbiers contre les coiffeurs de la capitale. Deux arrêts, rendus le 27 juillet 1768 et le 7 janvier 1769, enjoignirent à ces derniers de se faire inscrire dans la corporation des barbiers s'ils voulaient continuer leur état. Mais quoi! des artistes allaient-ils contracter alliance avec des *gens mécaniques*? Quelques-uns seulement obéirent; le plus grand nombre aimèrent mieux exercer clandestinement et s'exposer à la prison. Plusieurs en tâtèrent. Puis, après huit ans de résistance, voyant que leurs affaires ne faisaient qu'empirer par le martyre, ils supplièrent Louis XVI de leur permettre, à quelque condition que ce fût, la pratique du métier qui les faisait vivre. Le roi les agrégea, au nombre de six cents, à la corporation des barbiers. Quant aux coiffeuses, elles furent autorisées à exercer librement.   *La suite à une autre livraison.*

QUEL EST LE BUT?

Ce qui caractérise surtout l'infériorité et la vulgarité des hommes ignorants, c'est l'absence dans leur esprit de toute notion et de toute curiosité sur cette simple question: Quel est le but de la vie? Peut-être se la sont-ils posée une fois dans leur enfance; mais bientôt ils ont été envahis et comme opprimés par des idées obscures de néant et les sollicitations de leurs intérêts matériels; aucun d'eux ne se demande même plus: Est-ce que je pouvais être quelque chose de plus que l'espèce d'animal que je suis? L'emploi le meilleur de la vie ne serait-il pas celui qui procure tout ce qu'un homme est en droit d'espérer d'accroissement de ses forces et de sa valeur? Qui n'a aucune curiosité de cet ordre supérieur est dans de bien mauvaises dispositions pour accomplir utilement et dignement sa tâche ici-bas. Aussitôt que nos facultés se développent en liberté, c'est-à-dire dès la jeunesse, il faudrait inculquer à l'homme cette conviction, qu'il doit se proposer d'atteindre quelque degré plus élevé que ce qu'il est aujourd'hui et que ce qu'il sera demain. Il faudrait animer son esprit d'un principe qui fût de nature à lui imprimer une direction générale, et à l'éclairer sur l'importance relative et l'enchaînement des buts particuliers entre lesquels il doit choisir. Il est nécessaire de lui faire comprendre que la vie est une simple capacité de *devenir*, afin qu'en étant intimement persuadé, il soit ému de la crainte salutaire de ne pas *devenir* s'il se contente de passer simplement d'un jour à l'autre en mangeant et dormant, en croissant en taille et en vigueur musculaire, en saisissant au passage la part la plus considérable possible des divertissements inventés pour distraire, ou même en s'acquittant de certains travaux rétribués qui ne modifient en rien ses sentiments et ses pensées dans un sens supérieur. En vivant sans plan de conduite générale, il consumera sans profit ses jours et n'arrivera ni au perfectionnement ni au bonheur.   FORSTER.

CE QUE NOUS DEVONS A L'INSTRUCTION.

Vous qui connaissez le prix de l'instruction, ne pensez-vous pas avec reconnaissance à tout ce que vous lui devez? N'est-ce point elle qui vous a le plus aidé à agrandir votre intelligence et à tirer de votre existence un noble profit? Pouvez-vous donc être indifférent au sort de tant de millions d'hommes que vous voyez entièrement privés de ce puissant secours? Ceux d'entre cette multitude ignorante qui devinent au moins ce que vaut l'instruction ne doivent-ils pas jeter un regard découragé sur la vie comme sur une partie perdue? N'avez-vous pas la conviction que c'est l'instruction qui a vivifié toutes vos facultés, qui vous a mis en communication avec les œuvres les plus admirables du génie humain, qui vous a fait éprouver les plus belles et les plus pures jouissances dont soit capable l'esprit de l'homme? Si vous êtes intelligieux, ne sentez-vous pas combien, grâce à vos études, à vos lectures, à la force plus pénétrante de votre raison, vous vous êtes élevé plus haut dans le sentiment de la grandeur de Dieu et de sa création; combien votre foi, dégagée de superstition, est plus vraie, plus simple, plus digne de son sublime objet? Consentiriez-vous à renoncer, en échange de tous les trésors de la terre, à tous les biens intellectuels, et à tomber dans les tristes ténèbres où votre indifférence laisse languir tant d'âmes aussi aptes que la vôtre à s'élever vers la vérité?   FORSTER.

FRONTIÈRES DE LA FRANCE.

Voy. la Table des trente premières années.

FRONTIÈRE DES ALPES.

Nous avons dit que la frontière de l'est de la France se divisait en trois parties: la frontière du Rhin ou d'Allemagne, la frontière du Jura ou de Suisse, la frontière des Alpes ou d'Italie. La frontière des Alpes a été considérablement modifiée par le traité de Turin, du 24 mars

1860, conclu avec le roi d'Italie, qui a cédé à la France la Savoie et l'arrondissement de Nice. La limite entre la France et l'Italie a été tracée par une commission, et le résultat de ses opérations a été inséré au *Moniteur* du 7 avril 1861 ; il nous est ainsi possible de compléter notre article de 1860 qui décrivait l'ancienne frontière des Alpes, et qui paraissait par hasard juste au moment où le traité de Turin modifiait si complétement cette partie de nos limites.

Actuellement la limite de la France, en partant du con-fluent du London dans le Rhône, contourne le canton de Genève et atteint la rive méridionale du lac de Genève, qu'elle suit entre le canton de Genève et le canton du Valais. A Saint-Gingolf, la limite se dirige au sud et suit un épais contre-fort du mont Blanc, qui sépare la France du Valais et atteint la chaîne des Alpes au mont Blanc. Depuis le mont Blanc jusqu'à Colla-Longa, dans les Alpes-Maritimes, la limite est tracée par la crête des Alpes Grées, des Alpes Cottiennes et des Alpes Maritimes, et

suit dans toute cette étendue la ligne de partage des eaux, excepté sur un seul point, à l'hospice du petit Saint-Bernard, qui, situé sur le versant français, est demeuré à l'Italie (¹).

A Colla-Longa, la limite quitte la crête des Alpes Maritimes et la ligne de partage des eaux pour suivre, jus-

(¹) Parce que l'hospice est la propriété de l'ordre de Saint-Maurice, et qu'où a voulu que cet ordre continuât à avoir ses propriétés en Italie.

qu'à la Méditerranée, une ligne conventionnelle et arbitraire. Cette ligne se dirige d'abord de Colla-Longa sur la Tinca, qu'elle atteint à 10 kilomètres au nord de Saint-Sauveur, et qu'elle suit jusqu'au confluent de la Molières ; de là elle se dirige à l'est, en contournant généralement des contre-forts des Alpes Maritimes, coupe successivement la Borreone, la rivière de la Madone delle Fenestre, la Gordolasca, et atteint la Roya, à 5 kilomètres au nord de Saorgio. De ce point la limite va joindre la Bendola, qu'elle snit pendant 15 kilomètres, et, se dirigeant au sud-ouest, elle va recouper la Roya au sud de Breglio; puis, se dirigeant au sud, elle coupe la Bevera et finit à l'embouchure du Saint-Louis, petit ruisseau qui se jette dans la Méditerranée entre Vintimille et Mentone.

La principauté de Monaco, située sur la côte, entre Vintimille et Villefranche, est actuellement en presque totalité à la France. Le 2 février 1861, un traité a été signé, à Paris, entre le gouvernement français et Son Altesse Sérénissime le prince de Monaco, par lequel le prince a cédé à la France, au prix de 4 millions de francs, les deux communes de Mentone et de Roquebrune. La ville de Monaco avec son territoire, restant au prince de Monaco, forme une enclave dans le nouveau département des Alpes-Maritimes et entre dans le système des douanes françaises.

Notre frontière des Alpes a été se asiblement améliorée par ces changements. Avant le traité du 24 mars 1860, l'on disait avec raison que les clefs des Alpes étaient à Turin : en effet, tous les passages importants étaient au Piémont. Si cet État n'était pas absolument indépendant de l'Autriche, les clefs des Alpes étaient à Vienne et non plus à Turin, et notre frontière était directement menacée par l'Autriche, maîtresse de l'Italie. Les choses sont changées; la sécurité de la frontière est établie; les passages sont à la France et à l'Italie, et chacune des deux puissances possède ce que la ligne de partage des eaux lui assigne. La grande route de Lyon à Turin, par le mont Cenis, autrefois défendue contre nous par le fort de Les-

Croquis de la NOUVELLE FRONTIÈRE de la FRANCE dans le Département des ALPES-MARITIMES.

seillon, qui commande absolument le passage, est actuellement protégée, contre toute attaque venant d'Italie, par cette forteresse. Le canon de Lesseillon commande la route à ce point que l'on peut la couper cinq fois sous le feu de la place. Quelques fortins à Aussois achèveront de rendre cette position inexpugnable. Restent les passages du petit Saint-Bernard, du mont Genèvre, d'Abriès, d'Agnello et de l'Argentière; mais Fort-l'Écluse, Pierre-Châtel, Fort-Barraux, Grenoble et Lyon assurent la défense contre une armée qui aurait traversé les Alpes Grées; Briançon ferme le col du mont Genèvre, Queyras le col d'Abriès, Mont-Dauphin le col d'Agnello, et Tournoux le col de l'Argentière. Tende et le col de Tende restent à l'Italie; mais la route de Tende à Nice, route militaire importante, est

défendue par de bonnes positions naturelles telles que Saorgio, très-forte position qui ferme la route, le col de Brouis dans le contre-fort entre Roya et Bevera, et le col de Braus dans le contre-fort entre la Bevera et le torrent de Scarène. En arrière de ces positions, l'ennemi trouverait la ligne du Var et nos anciennes défenses, aujourd'hui couvertes par les positions que nous venons d'indiquer.

Deux provinces de la Savoie, le Chablais (arrondissement de Thonon) et le Faucigny (arrondissement de Bonneville), avaient été neutralisées par les traités de 1815 et étaient comprises dans le système de la neutralité de la Suisse. La Savoie étant à la France, la Suisse invoque les traités de Vienne et réclame le maintien de la neutralité du Chablais et du Faucigny à son profit.

LE SQUARE DU TEMPLE, A PARIS.

Le square du Temple, à Paris. — Dessin de Provost.

Il n'est pas un coin du vieux Paris, une ruelle, une maison, un pavé, que l'on puisse considérer sans émotion, si l'on songe aux souvenirs qui s'y rattachent. Le square du Temple est, sous ce rapport, un endroit privilégié. Ce coin du sol parisien occupe une place importante dans la topographie morale de notre capitale et même de la France entière.

C'est sur cet emplacement que fut construit, au milieu du douzième siècle, le manoir des chevaliers du Temple, défenseurs du saint sépulcre. En 1212, le frère Hubert y ajouta la grande tour (prolongez par la pensée les rues des Enfants-Rouges et du Forez, leur point d'intersection sera la place qu'occupait ce donjon); des murs crénelés et des tourelles entouraient l'enclos, qui était un véritable place forte. Philippe-Auguste, avant de partir pour la croisade, y déposa ses trésors; Philippe le Bel s'y réfugia contre la fureur du peuple. En 1307, Philippe fit saisir et mettre à mort le grand maître, Jacques de Molay, et s'empara des immenses richesses de l'ordre. Tous les templiers du royaume furent arrêtés, et le Temple fut attribué au grand prieuré de France. En 1667, le grand prieur Jacques de Souvré fit abattre les tourelles et les murailles crénelées de l'enclos, embellit les jardins, qu'il ouvrit au public, et, en avant du vieux manoir, bâtit un vaste hôtel qui devint célèbre sous son successeur, Philippe de Vendôme, par les fêtes et les joyeux soupers où brillaient les Lafare et les Chaulieu. Mais aux chansons, aux petits vers galants, aux joies profanes succédèrent, comme pour les expier, des scènes de désolation et d'horreur. Louis XVI

et sa famille furent enfermés au Temple; son fils y succomba aux mauvais traitements et à la misère. Le donjon du frère Hubert leur servit de prison : c'était une tour quadrangulaire, flanquée à ses angles de quatre tourelles et haute de 150 pieds; on n'y arrivait que par trois cours entourées de murs très-élevés; l'escalier qui y montait était fermé à chaque étage par des portes de fer. Le gouvernement impérial fit détruire cet édifice, théâtre de trop funèbres événements. L'hôtel Souvré, transformé quelques années après en caserne de gendarmerie, puis destiné au ministère des cultes, devint en 1814 le quartier général des armées alliées, et en 1815 la cavalerie prussienne campa dans ses jardins. L'année suivante, Louis XVIII le donna aux Bénédictines du Saint-Sacrement, qui l'abandonnèrent après la révolution de 1848. Resté quelque temps sans destination, ce palais fut démoli et le jardin transformé en un square avec pièce d'eau, cascade, pelouses, massifs d'arbustes et de fleurs, très-agréable lieu de promenade pour les habitants de ce quartier populeux.

C'est sur une partie des jardins du Temple que l'on construisit, en 1781, ce lourd bâtiment de forme elliptique que chacun se rappelle, espèce de tour de Babel où s'entassaient une foule de ménages d'ouvriers et de revendeurs, et, en 1809, ces hangars en charpente où campaient environ six mille marchands. La rotonde ainsi que les baraques de bois ont été récemment détruites pour faire place à de légers et élégants pavillons de fer qui rappellent, quoique plus petits, ceux des Halles centrales.

SPERINO.

NOUVELLE GENEVOISE.

Fin.—Voy. p. 250.

Les jours suivants, la pluie m'interdit toute promenade, et, au premier beau soleil, je m'acheminai pour revoir Sperino, à qui je commençais à m'intéresser fortement. Mais je ne le trouvai point au lieu de nos réunions, et c'est avec un pénible pressentiment que je pris le chemin de la ferme où il avait été accueilli.

Sur le point d'y arriver, je rencontrai son propriétaire, P..., auquel je m'empressai de demander des nouvelles de Sperino.

— Ah! le brave homme est bien malade, Monsieur : il ne se lève plus depuis qu'il a été chez le curé s'acquitter de ses devoirs religieux et se préparer au grand voyage.

— Combien je vous sais gré, Monsieur, lui dis-je, des soins que vous avez pour ce digne vieillard et de l'asile gratuit qu'il a trouvé chez vous.

— Mais je ne l'ai jamais regardé comme m'étant à charge : il gagnait certes bien le pain que je lui ai donné et qu'il ne mangera bientôt plus.

— Comment cela?

— Sperino nous aidait dans tous nos travaux, autant que le lui permettaient ses forces : cet hiver, il a teillé le chanvre, cassé les noix avec nous ; il nous amusait par ses récits ; il jouait aux cartes avec ma femme et nous rendait mille petits services qui l'ont fait chérir de ma famille, sans compter qu'il était religieux et faisait souvent la prière du soir.

— Quoi, ce vieux militaire vous faisait la prière!

— Oui, vraiment! L'été passé il survint un gros orage dont les tonnerres suivis et terribles effrayèrent toute la maison ; nous nous réfugiâmes dans la grange, où nous trouvâmes Sperino à genoux : nous crûmes d'abord qu'il avait peur pour lui ; mais il priait pour le village et la ferme où il avait été reçu.

En parlant ainsi, nous étions arrivés à la maison. J'entrai seul dans la grange. Sperino y était couché sur un excellent lit de foin où l'on avait placé des draps blancs et une chaude couverture; il était très-pâle, très-essoufflé; mais sitôt qu'il m'eut reconnu :

— Ah! Monsieur, quelle consolation pour moi de vous revoir encore!

— Je vous avais promis une visite; mais j'espère vous rencontrer bientôt ailleurs qu'ici, sur notre tertre habituel.

— Dites plutôt, Monsieur, que si vous y retournez, vous vous réjouirez en songeant que le pauvre que vous y avez rencontré est maintenant à l'abri des maux et du besoin ; qu'il a trouvé au ciel une patrie qu'il avait perdue ici-bas, ainsi qu'un Père tendre qui le dédommagera de n'avoir jamais connu le sien dans ce misérable monde.

Alors Sperino me fit voir sur sa poitrine un cœur en laiton suspendu à un fil, et me dit :

— Ceci, Monsieur, est un ornement du collier de ma mère qui contient une mèche de ses cheveux; cet objet est sans valeur, quoiqu'il en eût beaucoup à mes yeux : veuillez demander qu'il soit enseveli avec moi... Et maintenant, ajouta-t-il, en tirant de dessous son traversin la pipe qui y était cachée, voilà, Monsieur, la première cause de nos trop courtes relations : j'ai consacré mes derniers instants à la nettoyer et à la rendre digne de vous être offerte.

Puis, accablé par l'effort qu'il venait de faire en me parlant, il me prit la main, la porta à ses lèvres, et je la retirai mouillée de pleurs.

Je voulus lui faire espérer encore son rétablissement, ce fut en vain ; il me fit ses derniers adieux avec une émotion qui me déchira.

Je revins le lendemain ; mais, hélas! ses pressentiments ne l'avaient point trompé : il n'était plus ; son corps avait déjà été mis dans la bière, et je ne le revis pas.

Je m'informai de l'heure de sa sépulture, et je voulus l'accompagner à sa demeure dernière ; quelques agriculteurs du voisinage suivirent, ainsi que moi, jusqu'au champ du repos les restes de Sperino.

C'était une de ces matinées sombres et tristes, que la nature semble jeter au sein des beaux jours d'été comme pour en faire ressortir la splendeur.

La croix portée devant le cercueil se détachait sur un ciel noir de nuages ; les litanies des morts, chantées par un vieux prêtre, s'envolaient au loin sur les rafales d'un vent âpre et humide ; la campagne, morne, lugubre, paraissait, à défaut de parents, revêtir le deuil de ce mort obscur qu'on allait rendre à la terre sans laisser de vide, si ce n'est dans la grange qui fut le dernier abri de sa misère. Le petit nombre de villageois qui suivaient le convoi s'entretenaient de choses étrangères à l'infortuné. Moi seul, le front baissé, je pensais à ce pauvre militaire dont la vie agitée était venue s'éteindre dans l'abandon, loin des siens et de son pays, — à ce vieillard dont le cœur était encore si pénétré de l'intérêt que je lui avais témoigné, — à cette pipe, prix d'une noble action, remplaçant la croix et la pension qu'il avait mieux su mériter que solliciter, — puis à l'usage qu'il m'avait conjuré d'en faire à l'endroit même où je le vis pour la première fois.

La cérémonie funèbre achevée, je repris à pas lents le chemin de ma demeure, et le lendemain de ce jour, le soleil s'étant levé radieux, je me rendis au tertre de Sperino, j'y allumai avec émotion la pipe qu'il avait lui-même chargée. J'en vis s'élever cette fumée qu'il avait d'abord signalé à mon attention, et sur le tuyau neuf qu'il avait acheté pour m'en faire l'offrande, plus d'une larme sincère tomba de mes yeux.

Et si quelques lecteurs de cette très-simple mais très-véridique anecdote trouvaient en cette occasion ma sensibilité excessive, je leur répondrais : — Puisque nous marchons dans la vie entourés de gens à qui nous rendons souvent les plus importants services, à qui nous consacrons une grande partie de notre bien-être, de notre repos, et qui nous en payent par la plus méchante et la plus noire ingratitude, qui pourrait s'étonner si je fus si profondément touché de la vraie reconnaissance de Sperino, conquise au prix de quelques paroles obligeantes et de quelques pipes de tabac? [1]

COMMENT ON DÉTERMINE LA DISTANCE

DES ÉTOILES A LA TERRE.

Il y a en astronomie des faits qui surprennent par leur grandeur, et qui surpassent de telle sorte la sphère des conceptions habituelles de l'homme, qu'on est tenté de les révoquer en doute malgré l'affirmation des astronomes, et de les reléguer au rang des prétentions trompeuses dont la science s'est quelquefois enveloppée pour en imposer au vulgaire. De ce nombre sont les principales conquêtes de l'astronomie stellaire, et notamment les déterminations relatives à la distance des étoiles.

Nous essayerons d'exposer la méthode dont on se sert pour obtenir ces distances, et d'éloigner, par cette exposition, l'idée défavorable qu'un grand nombre partagent encore contre les assurances parfaitement fondées de l'astronomie moderne.

Une réflexion de quelques instants suffira pour faire

[1] J. Petit-Senn.

admettre que si la Terre se meut dans l'espace, pendant son cours annuel autour du Soleil, il doit en résulter pour nous un déplacement apparent des autres astres dans le ciel. Personne n'a mis la tête à la portière d'un wagon sans s'apercevoir que les arbres, les maisons, les collines, les divers objets qui accidentent la campagne se meuvent dans un sens opposé à la marche du train, et que les objets les plus proches sont ceux qui paraissent subir le plus grand déplacement, tandis que les plus éloignés se meuvent plus lentement, jusqu'à l'horizon qui reste à peu près immobile. Il doit donc résulter du mouvement de la Terre dans l'espace, que les étoiles situées dans une région du ciel dont la Terre s'éloigne à une certaine époque de l'année paraîtront se resserrer, tandis que les étoiles dont la Terre se rapproche paraîtront s'écarter les unes des autres. Cet effet sera nécessairement d'autant moins sensible que les distances des étoiles seront plus grandes.

Si l'on pouvait mesurer la valeur de l'écart subi par une étoile, par suite du mouvement de la Terre, on aurait la distance de cette étoile. Voici comment :

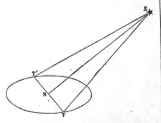

Soit cette ellipse la courbe suivie par la Terre dans sa marche annuelle autour du Soleil; soit S le Soleil, TST' un diamètre de l'orbite terrestre, T et T' les positions de la Terre aux deux extrémités de ce diamètre, c'est-à-dire à six mois d'intervalle (puisque la Terre fait le tour entier en un an); soit enfin E l'étoile dont on veut mesurer la distance.

Quand la Terre est située au point T', on mesure l'angle STE, formé par le Soleil, la Terre et l'étoile; quand la Terre est en T', on mesure l'angle ST'E. On sait que dans tout triangle la somme des trois angles est égale à deux angles droits, c'est-à-dire à 180°; donc, si l'on fait la somme des deux angles observés STE et ST'E, et qu'on retranche cette somme de 180°, on aura la valeur de l'angle E, sous-tendu à l'étoile par le diamètre de l'orbite terrestre. Et cette valeur sera aussi exacte que si l'on avait pu se transporter sur l'étoile pour la mesurer directement. La moitié de cet angle, c'est-à-dire l'angle SET, est ce qu'on appelle la parallaxe annuelle de l'étoile E. Ainsi, la parallaxe annuelle d'une étoile, c'est l'angle sous lequel un observateur placé sur l'étoile verrait de face le rayon de l'orbite terrestre.

En prenant toujours des observations correspondantes à deux points diamétralement opposés de l'orbite de la Terre, on obtiendra de la sorte, dans le cours de l'année, un grand nombre de mesures de la parallaxe annuelle. Dans notre exemple et dans notre figure, l'étoile est située au pôle de l'écliptique; l'opération est la même, quoique un peu moins simple, pour les diverses autres positions du ciel. Dans la pratique, on obtient d'une manière exacte la valeur des angles STE, ST'E, en comparant les positions successives de l'étoile observée à une étoile relativement

fixe, qui n'ait pas de parallaxe. La grande majorité des étoiles se trouve dans ce cas.

Les recherches des astronomes ont démontré qu'il n'est pas une seule étoile dont la parallaxe soit égale à 1″. Elles lui sont toutes inférieures. Pour se faire une idée de cette valeur, il faut savoir que la circonférence des cercles astronomiques qui servent aux observations est divisée en 360 parties appelées degrés, chaque degré en 60 minutes, chaque minute en 60 secondes. Cette valeur d'une seconde est si petite, qu'un fil d'araignée placé au réticule de la lunette cache entièrement la portion de la sphère céleste où s'effectuent les mouvements apparents des étoiles, au plus égaux à 1″.

L'étoile que ces sortes d'observations ont constaté être la plus proche, c'est l'étoile α de la constellation du Centaure; sa parallaxe est égale à 91 centièmes de seconde (0″.91). De l'étoile α du Centaure le rayon de l'orbite terrestre est donc réduit à 0″.91. Or, pour que la grandeur apparente d'une ligne droite vue de face se réduise à 0″.91, il faut que cette ligne soit à une distance de l'œil égale à 226 400 fois sa longueur. C'est là une donnée mathématique. Donc l'étoile α du Centaure est éloignée de nous de 226 400 fois le rayon de l'orbite terrestre, c'est-à-dire de 226 400 fois 38 millions de lieues, soit 8 603 200 000 000.

C'est là l'étoile la plus voisine. La lumière, qui parcourt 70 000 lieues par seconde, marche pendant trois ans et huit mois pour venir d'elle à la Terre.

L'étoile qui vient ensuite est la 61ᵉ de la constellation du Cygne. Sa parallaxe est égale à 0″.35. Le même raisonnement la place à 589 300 fois le rayon de l'orbite terrestre, soit 22 735 400 000 000 de lieues. La lumière met neuf ans et cinq mois pour traverser cette distance.

Sirius est situé à 52 trillions de lieues d'ici. L'étoile polaire, à 73 trillions 948 milliards : la lumière met un peu plus de trente ans pour en venir, toujours en parcourant 70 000 lieues par seconde.

On voit par ce qui précède que ces résultats, quelque prodigieux qu'ils paraissent au premier abord, sont dus à des méthodes mathématiques d'une grande simplicité. Toute la difficulté de ces sortes de déterminations consiste dans l'observation extrêmement minutieuse, longue et pénible, du faible déplacement de l'étoile dans le ciel.

Le besoin apprend à prier; le travail apprend à vaincre le besoin.   Traduit de GLEIM.

L'OIE SAUVAGE OU DES MOISSONS.

L'oie sauvage (*Anas segetum*) diffère de l'*oie cendrée*, qui est la souche de toutes nos races domestiques. Elle en diffère par ses ailes plus longues et par son bec, qui est de deux couleurs, noir à la base et à l'extrémité, jaune orangé vers le milieu. Elle est, d'ailleurs, d'un brun cendré, avec les parties inférieures du corps plus claires et les plumes des ailes et de la queue liserées de blanchâtre. Tandis que l'oie cendrée se reproduit souvent dans les climats tempérés, l'oie sauvage niche exclusivement dans les régions arctiques. En automne elle descend, pour chercher sa nourriture, jusque dans nos contrées, qu'elle quitte à la fin de l'hiver pour regagner sa froide patrie.

En France, on voit passer les oies sauvages dès la fin d'octobre ou les premiers jours de novembre. Elles volent très-haut, excepté par le temps de brouillard, où elles rasent de près la terre. On est étonné alors de les voir sans entendre le bruit de leur vol : leurs ailes frappent

l'air insensiblement, s'écartant à peine de la ligne horizontale. Quand elles passent au-dessus d'un champ solitaire où verdissent les blés en herbe, elles y descendent
et pâturent la future moisson ; non-seulement elles fau-
chent, mais avec leur large bec elles fouillent jusqu'à la
racine, elles labourent le sol et détruisent le germe lui-
même. Aussi feraient-elles de grands dégâts si elles n'é-
taient vagabondes et ne changeaient incessamment de lieu.

Pendant tout le jour, elles se tiennent dans les champs,
dans les prés ; c'est seulement le soir et la nuit qu'elles se
rendent sur les eaux des rivières et des étangs : alors, à
chaque bande nouvelle qui arrive, elles poussent tout d'un
coup des clameurs que l'on entend de très-loin.

Les chasseurs emploient mille ruses pour surprendre
les oies sauvages, qui ont toujours l'œil au guet et se
laissent très-difficilement approcher. Tantôt ils s'enve-

L'Oie sauvage (*Anas anser*; *A. segetum*). — Dessin de Freeman.

loppent de branchages et s'avancent comme des buissons
ambulants ; tantôt, s'il fait de la neige, ils se couvrent
d'une chemise blanche ; ils vont même jusqu'à s'affubler
d'un mannequin en forme de vache et revêtu de la peau
de cet animal. Le piège le plus sûr est encore le filet dont
Aldrovande décrit l'usage. « Quand la gelée, dit-il, tient
les champs secs, on choisit un lieu propre à coucher un
long filet assujetti et tendu par des cordes, de manière
qu'il soit prompt et preste à s'abattre, à peu près comme
les nappes des filets d'alouettes, mais sur un espace plus
long, qu'on recouvre de poussière ; on y place quelques

oies privées pour servir d'appelants. Il est essentiel de
faire tous ces préparatifs le soir, et de ne pas s'approcher
ensuite du filet, car si le matin les oies voyaient la rosée
ou le givre abattu, elles en prendraient défiance. Elles
viennent donc à la voix de ces appelants, et, après de
longs circuits et plusieurs tours en l'air, elles s'abattent.
L'oiseleur, caché à cinquante pas dans un fossé, tire à
temps la corde du filet, et prend la troupe entière ou partie sous sa nappe. »

Nous avons donné ailleurs (t. XXX, 1862, p. 115)
l'histoire détaillée des instincts et des mœurs de l'oie.

TRÉPIED EN FER FORGÉ.

TRAVAIL VÉNITIEN DU DIX-SEPTIÈME SIÈCLE.

Les ornements en forme de vis, les fleurs de chaque côté, ainsi que la grande fleur à cinq pétales et la spirale placée au-dessous, entre les trois tiges, sont dorés.

L'aiguière arabe est de notre temps et sert ici seule-

Trépied en fer forgé, travail vénitien du dix-septième siècle [¹]. — Hauteur, 0ᵐ.760. — Écartement des tiges du haut, 0ᵐ.190.— Écartement des tiges du bas, 0ᵐ.410.

ment à montrer à quel usage ces trépieds servaient en Italie.

[¹] Nous reproduisons sur bois cette œuvre élégante d'après une des belles planches sur acier du recueil intitulé : *Collection Sauvageot*, dessinées et gravées d'après les originaux par Édouard Lièvre, accompagnées d'un texte historique et descriptif par A. Sauzay, conservateur adjoint des musées impériaux. — Paris, librairie polytechnique de Noblet et Baudry, rue Jacob, 20. (Paris et Liége.)

LES PATOIS DE LA FRANCE.

La langue française, une des plus claires et des plus belles qui soient sorties du latin, celle qu'ont parlée presque toutes les cours de l'Europe septentrionale et que doivent savoir les gens bien élevés de l'Angleterre, de l'Allemagne et de la Russie, comprend dans son domaine toute la Gaule ancienne, sauf la Hollande, qui parle un dialecte anglo-allemand, la basse Bretagne, où s'est conservé l'antique idiome des Celtes, et les environs de Bayonne, où règne le basque de mystérieuse origine. En dehors de la France moderne, accrue de la Savoie et de Nice, le français est parlé dans une grande partie de la Belgique et de la Suisse et dans l'archipel normand ; il n'a pu s'établir solidement en Amérique ni en Asie, si l'on excepte le Canada, la Floride, quelques-unes des Antilles et les escales méditerranéennes, où son mélange avec l'italien constitue la langue franque.

De toutes les langues qui se sont succédé en France, celte, ibère, grecque, latine, germanique, gothique, etc., l'élément latin est seul resté debout, s'incorporant à peine quelques débris des autres ; mais il ne s'est pas tout d'un coup dégagé pur de tant d'alliages impuissants : il a dû aussi se conformer à la prononciation et aux instincts des nombreuses tribus auxquelles il s'est imposé. De là, sous la langue littéraire et le plus généralement comprise, tous ces patois qui subsistent encore, pesants ou légers, sourds ou sonores, selon le caractère des populations et les circonstances qui les entourent.

Pour faire mieux apprécier les différences, nous avons choisi les premières lignes de la parabole de l'Enfant prodigue, et nous les habillons à la mode des provinces les plus rebelles à la prononciation française.

Français. — Un homme avait deux fils...

Alors le père dit à ses serviteurs : Apportez promptement la plus belle robe et l'en revêtez ; et mettez-lui un anneau au doigt et des souliers aux pieds.

Amenez aussi le veau gras et le tuez ; mangeons et réjouissons-nous.

Patois de Cambrai. — Iun hom avau deux fius...

Adonc ch'père di à ses varlets : Apportez s'première càsaque et mettez li sus sin dos. Mettez li in inniau à sin daut et des soilers à ses pieds.

Amnés chi ch'viaus cras et tuez l' ; mions et faigeons bonne chère.

Arras. — Ain hom avouait (*avoit*, comme on écrivait jusqu'à Voltaire) déeux garchéons...

Pou lors sain père crie à ses varlets : Marchez radmain (rondement) querr' (quérir) ess'première casaque, et mettez li dains sain dos, ain anleau dains sain douo et des séoleyes dains ses pieds.

Et si déloyez ch'viéau cras et égorgez l' ; mions et faigeons bonne chére.

Saint-Omer. — Eun hom avoit deux éfans...

Amenés aveucque l'viau cras ; mingeons et faigeons bonne torche.

Ardennes. — Oun oum avo deus afan...

Alors l'père dejo à ses vaurlets : dépêchez à ly aporté la pé bel robe et l'habellio ; et metto ly in énai ou doi et dé solô ou pi.

Amouno ossi l'vai crau et tuol'.

Lorraine. — In home (ain oumme) avo (aiveu, éva) doué (duos) afans (fé, offans, gachons).

Estour (alors) lo père déheu à ses valats (valots, volats) : Apouto (epten, épotiéme) se première roube, hébiole ; et matos li (matet, motten) cune bague (beque) a doïe et des solés è ses pieux (pits).

Amounos (qnoiret) toceu (ausseu, asi) lo vé gras (grès) et touos lo (toueu, touet); mangeons et féions fricot.

Haut-Rhin. — In houme ava dou boubes (*pupus, pupillus*, poupon)...

Amenas aschus lo vias gras et tuas lo; mingeons et bombançons,

Haute-Saône. — In hom aivoit doux gueuchons...

Aporti vit mó reûchot (rochet) das dimanclies... et je feraus (je ferons) in grand fechetin.

Besançon. — N'homme aiva dou offants...

Ailoë lou pére dit aï sas sarviteurs : Aipouté a li promptement ses premiers roube et l'en revetà, et boutà li n'ainau au dolgt et das souliés ai ses pés.

Almeaus aussi lou viau gras et le tuà; maingeant et fesant bouene chère.

Morvan. — Ein houm aivot deux renfans...

Auchitôt le pére dié ai sas valots...

Aimouniez nitout (itout) le viau gras et l'tuez; mezons et fions fricot.

Auvergnat (ouvergna). — En home aviot dous efons...

Adonca lou païre diguet à soui doumestiques : Pourta dy viste sa pé brava raouba, bestió lou, bouta dy en aner (*annellus*) a soun det e tzahrsas (*calceus*?) as pez.

Mena lou vider (*vitellus*) gras, sanna lou (saignez-le); mandzon et divertisson-nous.

Limousin (Haute-Vienne, Charentes). — Y avio un haoume qu'avio (oguet, avió, avait) deux (doûe, dous) afan (fils, fail, droleis)...

Dain queux tan, le père (paîre, paï) dissé a soue valé (veleys) : Apporteiz me tout houre sa plus belle chemisole et campeiz lo li sur soun échine; metteiz li un anny (anel, anéou) a son dait et deux soulié à soûc pié.

Mennis otobé un vedeou (vedais, beudet, vedel) grâ (grais), et tuais le... Fasant bonno tchéro.

Gascon (périgourdin, béarnais, bigourdan', etc., etc.). — Un òme abio dous hils; un home qu'aougou dus gouyats (gougonts); dous maïnats, maïnatgos (*mesnie*).

Aladon lou paï diguet a sous baylets : Pourté biste mapu bère raoube; bestissé lou, et baillé ly un annet aou dit et des souliés os pes.

Amiats lou bedet et tuats lou; mingen et hascan gran liesto (bouno bido).

Foix. — Mes el pay diguec (dizec) a sous bàillets : Pourtasch bito ero pñuméro raoubo, couvrilhets l'en, metets y o bago a sa ma (main) et caussuros a sous pez.

Et menachs ech bedech (bedeilh) et tuaschs le, et mingen et hem festin.

Catalan (Pyrénées-Orientales). — Un home tingue dos fills...

Empero digue lo pare als seus mossos : Prestament portaou la vestidura primera y posaou li; posaou li l'anell en ma, y calsadura a sos peus.

Y menaou lo vedell engreixat, y mataou (*matador*, tuenr), y menjem, y allegrem-nos.

Provençal (Nîmes, Avignon, Marseille, etc., etc.). — Un homé avié dous garçouns...

Maï lou peré digué a seu varlé (servitours) : Aduzé vitamen sa première raoubo, carga yé, é bouta yé un anéou dou dé é dé souyé o'i pé.

Aduzé un védéou gras e tuia lou; mondzen é fasen bono tsièro.

Génois (Var). — Un hómou avéva doui fânti...

Alavoü rou (lo) par (*padre*) diche a ri (*agli*) seui valléti : Adué mé (*adducite mihi*) préstou, ra sou priméra róba, et vésti rou, e métti qué una bagua a rou driou e dri cáoussai a ri seui péi (*piedi*).

Fai enchi vigni (*venir*) rou veder grassou e tuai rou; mangémou et fémou bona chéra.

Bas breton. — Eunn d'en en don daou vab...

Hogen ann tad a lavaraz d'hé veveilou : Digasit buan he zaó genta, ha gwiskit-hi d'ezhan, ha likid eur walen ouc'h hé viz, ha bouton enn hé dreid (*grègues*?).

Digasid ivé al leue lard, ha lazit hen; debromp ha gréomb banvez.

Basque. — Guiçon bater (*pater*) cituen bi (*binus*) semo (*semen, semina*)...

Eta aitac erran cuen here schiei : Ekharçue arropa edorrena, eta y auntz cocue; emocue erhauztun bat erhian, eta capatac.

Eta okhar eçadaçue aratche guicena, eta hil cacue, eta oguin decagun asso oñ bat ura y anoz.

Nous avons cité ces deux derniers exemples pour être à peu près complets ; le basque ou *iscuarrac*, encore parlé dans les environs de Bayonne, n'a jamais pu se mêler aux dialectes latins et mourra tout entier avant qu'on ait pu déterminer son origine. Les historiens pensent que c'était la langue des Ibères, et les savants les plus hardis le rattachent au finnois. Quant au bas breton ou *brizounec*, frère du gaëlique et du *kymris*, bien que les philologues y voient les débris de la langue des Gaulois, il faut avouer que les petits-fils seraient incapables d'entendre leurs ancêtres; en fait, il n'est rien resté du bas breton dans le français, et c'est sans regret que nous l'avouons. Tous les autres patois ou dialectes parlés en France peuvent être aisément compris à la lecture par une comparaison attentive : picard et gascon, lorrain et auvergnat, ils sont tous nés directement d'une même langue décomposée, dénaturée dans sa prononciation par des gosiers plus ou moins ignorants ou barbares; mais nous avons peine à croire qu'un paysan ardennais entendît du premier coup, ni même du second, un habitant de Bagnères de Bigorre, d'Avignon ou de Draguignan.

Les patois français n'ont pas de limites bien précises; on passe de l'un à l'autre par des nuances à peine sensibles. On peut néanmoins les classer en deux groupes : la langue d'oïl et la langue d'oc, que séparerait une ligne tracée du sud-ouest à l'est à travers la Dordogne, les Charentes, la Vienne, la Creuse, l'Allier, le Puy-de-Dôme, la Haute-Loire, la Drôme et l'Isère, et la Savoie. Les patois du Nord, surtout le picard et le normand (qui se parle encore à Jersey), se sont mêlés de bonne heure au bourguignon et au tourangeau pour former le français. Mais le Midi résiste et n'admet encore le français que comme langue officielle; ces derniers temps ont même été témoins d'une sorte de renaissance provençale et gasconne, renaissance archaïque dont avec éclat par des hommes de talent, mais qui se sont bénévolement privés d'un grand nombre de lecteurs et ne sauraient demander qu'aux érudits ce qu'ils auraient pu demander à tous. La langue d'oc méritait-elle de vivre? Je ne sais, et la question n'est pas là. Il n'est pas temps de se révolter contre cette tendance unitaire qui fait de la France un État compacte et lui impose logiquement l'uniformité des mœurs et de la langue. Cette considération est péremptoire et nous épargne la défense de notre langue nationale; supérieur ou non au provençal, il faut que le français triomphe. Mais ce raisonnement n'est pas un aveu d'infériorité; loin de là : Rabelais, Montaigne, Pascal, Molière, Voltaire, Rousseau et tant d'autres, sont avec nous et ne craignent aucune comparaison avec les troubadours.

INFLUENCE DES ATTITUDES DU CORPS SUR LA SANTÉ.

M. G. Belèze, dans son excellent *Dictionnaire de la vie pratique*, donne des conseils utiles sur les attitudes habituelles des jeunes filles et des enfants pendant les heures du travail. Il est essentiel de veiller à ce qu'ils soient bien assis, les épaules sur une même ligne horizontale et l'épine dorsale droite. Les siéges à dossier doivent être préférés aux tabourets : il vaut mieux s'appuyer de temps à autre contre le dos de son siége que de chercher à se défatiguer en plaçant son coude sur la table et prenant ainsi trop habituellement des attitudes dangereuses pour la taille et pour l'estomac. Les siéges ne doivent pas être trop élevés ; il importe que les pieds portent sur le plancher ou sur un appui quelconque. Les tables inclinées sont préférables à celles dont le plan est horizontal. Enfin, on ne doit pas trop prolonger l'attitude assise devant une table. La station à genoux fatigue beaucoup les muscles lorsqu'elle dure longtemps, et la station debout dans une immobilité presque complète peut être une cause de déviation de la taille pour les jeunes filles d'un faible tempérament, ou chez lesquelles l'usage prématuré du corset a affaibli l'élasticité du corps.

Il y a une règle sûre pour juger les livres comme les hommes, même sans les connaître : il suffit de savoir par qui ils sont aimés et par qui ils sont haïs.

JOSEPH DE MAISTRE.

LES TIMBRES-POSTE.

Suite. — Voy. p. 59, 87, 120, 131, 159, 183, 215.

ROYAUME DES DEUX-SICILES.

(29 timbres, 14 types.)

L'affranchissement des lettres au moyen de timbres-poste a été autorisé par une loi du 16 octobre 1857 pour le royaume de Naples, et par une loi du 29 octobre 1858 pour le royaume de Sicile ; il a commencé le 1er janvier 1858 dans le premier royaume, et le 1er janvier 1859 dans le second.

Dans les derniers temps, la lettre simple, du poids de 7gr.5, payait : dans le royaume, affranchie, 2 grains, et non affranchie, 3 grains ; pour la Grande-Bretagne, affranchie, 26 grains, et non affranchie, 31 grains.

En 1859, le nombre de lettres circulant dans les provinces continentales des Deux-Siciles a été de 6 344 415, dont 3 044 802 affranchies, soit 48 pour 100 ; le nombre des imprimés a été de 732 020, dont 587 932 affranchis.

Comme la population du royaume de Naples n'était que de 7 127 000 âmes en 1859, chaque habitant n'aurait reçu en moyenne que 9/10 de lettre.

L'administration des postes du continent et celle de l'île de Sicile ont toujours été séparées, et, sous le gouvernement des Bourbons, chacune avait ses timbres particuliers.

Royaume de Naples

(DOMAINES EN DEÇA DU PHARE).

Règnes de Ferdinand II et de François II, de la maison de Bourbon.

Il a été vendu, en 1859, dans les bureaux de poste du continent, 4 485 359 timbres-poste, d'une valeur de 93 688 ducats 21 grains.

Les timbres, qui ont été créés en vertu de la loi du 16 octobre 1857, sont gravés, imprimés en rouge lie-de-vin sur papier blanc, et ne sont pas piqués.

Les timbres de 1/2, 1 et 2 grains sont carrés, ils ont 20mm de côté ; ceux de 5, 10, 20 et 50 grains sont rectangulaires, et ont 22mm.5 sur 20mm.

Le timbre porte l'écu des Deux-Siciles. Le champ est d'azur, divisé en trois parties, sur lesquelles sont, à gauche un cheval au galop (les armes de Naples), à droite les armes de la Sicile, et au bas les trois fleurs de lis de la maison de Bourbon. La forme du champ varie suivant la valeur du timbre, comme on le voit ci-après. On lit dans l'encadrement : *Bollo della posta Napoletana ;* la valeur est marquée au bas en chiffres.

N° 147. Naples. N° 148. Naples. N° 149.

1/2 grano (0f.0212) (¹), rond (n° 147).
1 — (0f.0425), carré.
2 grana (0f.0850), octogone.
5 — (0f.2125), carré long (n° 148).
10 — (0f.4250), hexagone.
20 — (0f.8500), losange (n° 149).
50 — (2f.1250), ovale.

Plusieurs dessins gravés de timbres-poste avaient été proposés au gouvernement napolitain. Il existe encore des épreuves de quelques-unes de ces petites estampes.

La plus connue (n° 150) présente la tête de Tibère. La tête, d'un beau caractère, est couronnée de lauriers ; elle est tournée à gauche et placée dans un encadrement ovale. On lit en haut *Posta,* en bas *Grana due.* Des fleurs de lis sont aux angles. Le timbre est rectangulaire ; il a 22mm sur 19. Il est gravé, imprimé en bleu sur papier blanc glacé. Ce timbre a été dessiné et gravé par le procédé Colas, à Naples, en 1856 ou 1857, par l'ordre du gouvernement des Deux-Siciles, qui ne l'a pas adopté : ce timbre d'essai a été multiplié par le procédé Parkins.

N° 150. Naples. N° 151.

Un autre timbre (n° 151) porte la tête de Mars couverte d'un casque, couronnée de lauriers, tournée à gauche et placée dans un cartouche ovale. Une petite croisette est à chaque angle. Il existe deux états de ce timbre. Dans l'un (²), on lit : à gauche et à droite, *Franco bollo ;* en haut et en bas, *Saggio C. Perrin.* Dans l'autre (³), il n'y a que les mots *Franco bollo.* Ce timbre est rectangulaire ; il a 22mm.5 sur 18mm. Il est gravé, imprimé en bleu clair vif sur papier blanc ; le dessin ressort en blanc et en relief sur le fond bleu. Le timbre ne porte pas d'indication de valeur.

Règne de Victor-Emmanuel II, de la maison de Savoie.

1re DICTATURE DE GARIBALDI.

Garibaldi, venant de Sicile, débarqua près de Melito le 19 août 1860, entra à Naples le 8 septembre, et prit la dictature au nom de Victor-Emmanuel II, qu'il proclama roi d'Italie. Il la conserva jusqu'au 8 novembre 1860.

(¹) 1 ducat d'argent *(ducato di regno)* = 100 grains = 4f.25. 1 grain *(grano)* = 0f.0125.
(²) Collection de M. H. Durrieu.
(³) Collection de M. de Saulcy.

Les timbres précédents sont restés en usage dans le royaume de Naples pendant la dictature de Garibaldi.

Un seul a été changé : c'est le timbre de ¹/₂ grano, qui sert à l'affranchissement des journaux, et il a été changé parce que le port des journaux a été réduit de moitié; mais on se servit de l'ancienne planche.

On se borna à faire, assez maladroitement, un T de la lettre G, et l'ancien timbre de ¹/₂ grano devint le timbre de ¹/₂ tornese. Il fut imprimé en bleu clair sur papier blanc. Cela eut lieu au mois de septembre 1860.

¹/₂ tornese (0f.0106), bleu clair.

Un autre changement fut fait bientôt après. On gratta la planche de ce timbre de ¹/₂ tornese, planche de l'ancien ¹/₂ grano, et ce travail fut si mal fait que l'ancien dessin mal effacé est resté visible. On remplaça les armes des Deux-Siciles sous les Bourbons par celles de la maison de Savoie : d'azur à la croix d'argent. Ce timbre, qui ne servit également que pour l'affranchissement des journaux, fut imprimé en bleu clair sur papier blanc, et fut émis à la fin de septembre 1860 (n° 152).

On a contrefait ce timbre, et il est aisé de reconnaître la contrefaçon : on n'y voit aucune trace de l'ancien dessin ; de plus, le T est très-net, au lieu d'être accolé au G qui marquait précédemment la valeur en grano.

2° GOUVERNEMENT RÉGULIER.

Garibaldi déclara, par un décret du 15 octobre 1860, que les Deux-Siciles devaient former une partie intégrante du royaume d'Italie sous le sceptre de Victor-Emmanuel, et la nation fut appelée, le 21 octobre, à voter sur l'annexion du pays aux États sardes. Le suffrage universel donna la couronne des Deux-Siciles à Victor-Emmanuel, qui l'accepta à son entrée à Naples le 7 novembre, et l'acte d'union fut dressé le 8 novembre.

Les anciens timbres servirent pendant plus d'une année après la chute de François II ; bien que leur suppression eût été ordonnée le 1ᵉʳ avril 1861, ils eurent encore cours jusqu'au 1ᵉʳ novembre 1861.

N° 152.   Naples.   N° 153.

Le gouvernement du roi Victor-Emmanuel émit, le 1ᵉʳ avril 1861, de nouveaux timbres pour les provinces napolitaines et siciliennes (¹).

Ces timbres sont à peu près semblables à ceux des États sardes.

Ils sont rectangulaires; ils ont 22ᵐᵐ sur 19. Ils sont gravés, imprimés en couleur sur papier blanc. Ils ne sont pas piqués.

L'effigie du roi est dans un cadre ovale. La tête est tournée à droite et ressort en relief et en blanc sur le fond blanc. On lit dans l'encadrement : Poste. Franco bollo. La valeur est marquée en lettres au bas.

¹/₂ tornese (0f.0106), vert jaunâtre pâle ou vert d'herbe.
¹/₂ grano (0f.0212), bistre ou brun clair.
1 (0f.0425), noir.
2 grana (0f.0850), bleu clair (n° 153).
5 (0f.2125), vermillion vif, rose pâle.
10 (0f.4250), jaune-brun, jaune-brun rougeâtre.
20 (0f.8500), jaune-citron.
50 (2f.1250), gris-perle ou gris-bleu.

(¹) On pouvait faire usage de timbres piémontais, sur le pied de 5 centesimi pour 1 grano.

Ces timbres ont été fabriqués par l'État.

Les timbres-poste italiens ont remplacé les précédents le 1ᵉʳ janvier 1863, en vertu de la loi du 5 mai 1862.

Royaume de Sicile

(DOMAINES AU DELÀ DU PHARE).

Règnes de Ferdinand II et de François II.

Le timbre a été créé par la loi du 29 octobre 1858 et a été émis le 1ᵉʳ janvier 1859. Il est rectangulaire; il a 25ᵐᵐ sur 21. Il est finement gravé en taille-douce, imprimé en couleur sur papier blanc. Il n'est pas piqué. Il porte l'effigie du roi Ferdinand II ; la tête est tournée à gauche. On lit dans l'encadrement rectangulaire : Bollo della posta di Sicilia, et en bas la valeur en chiffres.

¹/₂ grano (0f.0212), jaune orangé.
1 (0f.0425), brun verdâtre ou bistre brunâtre.
2 grana (0f.0850), bleu-ciel ou bleu clair.
5 (0f.2125), rouge-sang ou rouge pâle.
10 (0f.4250), bleu foncé.
20 (0f.8500), noirâtre ou noir bleuâtre (n° 154).
50 (2f.1250), rouge-brique ou grenat.

N° 154.   Sicile.   N° 155.   Sicile.   N° 156.

Il existe d'autres timbres qui, n'ayant pas été adoptés par le gouvernement des Deux-Siciles, sont restés à l'état d'épreuves d'essai.

L'un (n° 155) est rectangulaire; il a 22ᵐᵐ.5 sur 18ᵐᵐ.5. Il est gravé, imprimé en noir sur papier blanc. L'effigie du roi Ferdinand est dans un cadre rectangulaire et se détache sur un fond qui présente un treillis en losange; une petite croix est dans chaque losange. La tête est tournée à gauche; les mots Bollo della posta di Sicilia sont dans l'encadrement, dont le fond est couvert de fines vermiculures. La valeur du timbre n'est pas marquée.

L'autre (n° 156) est rectangulaire; il a 22ᵐᵐ.5 sur 18ᵐᵐ.5. Il est gravé, imprimé en bleu foncé sur papier blanc. Le dessin est à peu près le même que celui du type qui a été adopté; la tête du roi est aussi tournée à gauche. La légende est la même. La valeur est de 10 grana (0f.4250).

Règne de Victor-Emmanuel II.

La révolution a commencé en Sicile au mois d'avril 1860, et Garibaldi et ses volontaires ont débarqué à Marsala le 10 mai. Garibaldi, dans une proclamation datée de Salami, prit, le 14 mai, la dictature au nom du roi Victor-Emmanuel; la constitution sarde fut introduite dans l'île, le 3 août, par un décret du prodictateur Depretis. Enfin, l'annexion aux États sardes fut votée le 21 octobre 1860.

Les timbres à l'effigie de Ferdinand II ont été supprimés le 27 mai 1860, mais ils sont restés en usage jusqu'au 1ᵉʳ mai 1861. On se servit alors des timbres à l'effigie du roi Victor-Emmanuel, dont nous avons parlé plus haut (voir n° 152).

L'annexion des Deux-Siciles aux États sardes fut votée le 21 octobre 1860 par la nation. Le 26 février et le 14 mars 1861, le parlement italien conféra le titre de roi d'Italie à Victor-Emmanuel II. Cependant ce n'est que le 1ᵉʳ janvier 1863 que les timbres italiens remplacèrent les timbres provisoires dans toutes les provinces napolitaines et siciliennes, en vertu de la loi du 5 mai 1862.

La suite à une prochaine livraison.

EUGÈNE DESJOBERT.

Salon de 1864. — *Sous bois*, peinture de Desjobert. — Dessin de Lancelot.

Voici le dernier ouvrage d'un paysagiste brillant, fin, gracieux, sincère avant tout, qui s'était longuement éprouvé lui-même par un opiniâtre labeur, comme s'il n'avait pas été doué des plus heureuses facultés, et qui, porté par le développement de ses meilleurs dons à la recherche de l'élégance et du style élevé, ne perdait pas un moment de vue la nature, l'observant sans relâche et s'y attachant avec une fidélité jalouse. Il semble qu'il eût pris pour devise le mot du Poussin : « Ne rien négliger », comme pour y trouver, lui aussi, le secret de réunir dans une parfaite mesure la poésie et la vérité. Il a été enlevé lorsqu'il n'avait plus qu'à recueillir les fruits de ses longs efforts, de sa persévérance dans la droite voie, dont ne le détournèrent jamais ni le faux goût, ni l'espoir des succès faciles ; au moment où l'estime que ses confrères faisaient depuis longtemps de son talent s'étendait dans le public et devenait une renommée.

Nous trouvons dans une notice écrite par un ami de l'artiste, et qui précède le catalogue des œuvres vendues après sa mort, un petit nombre de détails biographiques. Nous en extrairons quelques lignes.

« Desjobert (Louis-Remy-Eugène), né le 16 avril 1817, à Châteauroux, était fils de M. Desjobert, receveur de l'enregistrement dans cette ville, d'une famille originaire d'Issoudun et honorée dans la magistrature. Par sa mère, M¹¹ᵉ Eugénie Duris de Vineuil, il se rattachait à quelques illustrations politiques et littéraires du Berry, entre autres au député Duris-Dufresne et au poète Henri de la Touche, l'auteur de *Fragoletta*, l'hôte, célèbre dans la littérature romantique, de la vallée aux Loups.

» Destiné dès l'enfance à l'une des carrières où ses parents s'étaient distingués, il fit des études brillantes. Plus tard, oubliant le chemin de l'École de droit pour aller battre les buissons d'Aulnay ou de Bièvre, sur les pas du bon Jolivard, son premier maître, il avait l'esprit imbu des fortes études littéraires. Le professeur dirigeait-il ses regards sur un beau site agreste en l'invitant à en recueillir l'impression, aussitôt Virgile et Lucrèce déroulaient dans sa mémoire leurs sublimes descriptions. Le jeune élève, tout rempli de l'enthousiasme de la Muse antique, saisissait alors son crayon, et d'un trait, savant dans sa naïveté, prêtait à la réalité pittoresque des allures grandioses de l'inspiration poétique. Desjobert, ignorant encore des procédés matériels de l'art, entrevoyait déjà la possibilité d'accorder l'exacte observation des lois de la nature avec les élans d'une imagination qui, chez lui, s'alimentait aux sources les plus pures de la poésie classique.

» Il avait désormais trouvé la voie conforme à son tempérament et à son éducation; il ne lui manquait plus que de rencontrer un enseignement en rapport avec ses préoccupations actuelles. Jollivard lui indiqua lui-même le professeur capable de seconder ses vues : c'était M. Théodore Aligny. Ce paysagiste distingué n'eut pas une très-grande influence sur l'avenir de Desjobert; mais il le fortifia dans le goût des études sérieuses. On peut retrouver les traces de ses leçons jusque dans les dessins que notre jeune adepte faisait avec un soin si scrupuleux en présence de la nature, et où il poursuivait jusqu'à la minutie la construction anatomique des arbres et des plantes.

» Ce goût des détails formait un des points saillants du caractère de Desjobert. Il ne le manifestait pas seulement dans l'exécution de ses tableaux et dans les exercices de crayon auxquels il se livrait à ses heures d'étude. On le remarquait dans toutes les occupations de son esprit. Lecteur passionné de l'histoire, il se laissait charmer surtout par la lecture des Mémoires; de même que son esprit cultivé, très-littéraire et très-délicat, se plaisait à recueillir et à répéter, avec une remarquable finesse d'expression, des anecdotes dont le fond renfermait toujours un trait caractéristique, de même aussi, en peinture, il choisissait de préférence des sujets intimes et plutôt propres à donner l'idée d'un charmant petit coin de nature que d'un aspect majestueux aux vastes horizons.

» Dès 1840, date de sa première exposition, jusqu'en 1863, Desjobert a concouru à presque tous les Salons de peinture. Il serait trop long de relever la liste de tous les tableaux qu'il y a fait figurer. Il suffira de dire que dès ses débuts il s'est fait remarquer par l'élégance de son dessin, par l'exquise distinction de son style qui ne l'abandonnait pas même dans les sujets du genre le plus familier, et par la vérité de son coloris. Honoré d'une médaille en 1855, en 1857, en 1861 et en 1863, il fut créé la même année chevalier de la Légion d'honneur. Depuis 1862 il était atteint d'une affection ophthalmique qui causait de vives inquiétudes à ses amis, et au moment même où ces craintes commençaient à se dissiper, il fut frappé par la cruelle maladie à laquelle il a succombé après un mois de souffrance. »

ISAMBARD BRUNEL FILS.

Voy. p. 138, 146.

Par un touchant retour vers le pays natal, qu'il avait quitté au plus fort de la tourmente révolutionnaire, Brunel voulut que son fils unique fût élevé en France. Envoyé au collège de Caen, le jeune Isambard-Kingdom Brunel y commença ses études, qu'il termina au lycée Henri IV, à Paris. Il passa de là chez Bréguet, notre célèbre fabricant de chronomètres, et y acquit cette grande habitude du maniement des outils qui lui permit plus tard d'exécuter en bois et en fer tous les modèles de ses constructions. Dès son enfance il sculptait habilement l'ivoire. Il se perfectionna aussi dans l'art du dessin rapide et précis que son père appelait « l'alphabet de l'ingénieur. » En 1822, il se présentait comme candidat à l'École polytechnique, où sa qualité d'étranger l'empêcha d'être admis. Il n'en prolongea pas moins son séjour à Paris; « afin, dit son biographe, d'y enrichir et mûrir son esprit. » Prompt calculateur, bon mathématicien, exercé aux sciences pratiques, il retourna en Angleterre à dix-neuf ans, et prit bientôt une part active à la difficile entreprise du tunnel. Nous l'y avons vu payer énergiquement de sa personne et bien près d'y laisser sa vie, lors de la terrible irruption de la Tamise, en 1828.

Pendant cinq ans, il partagea les travaux et les anxiétés paternelles, recueillant, pour prix de ses peines, l'expérience qui ne s'acquiert qu'à force d'entraves et d'échecs.

Nommé ingénieur de la compagnie des ponts suspendus de Clifton, il fit, aidé de son père, un projet, ajourné faute de fonds, mais qu'il exécuta plus tard sur la Tamise, à Hungerford; ce pont est resté un modèle d'aérienne et gracieuse structure. Chargé de surveiller l'érection des docks à Bristol et d'établir plusieurs chemins de fer, à rails plats dans les mines de houille du pays de Galles, son attention se concentra sur ces nouvelles voies, auxquelles il devait consacrer la plus grande partie de sa vie. Le chemin de Liverpool à Manchester était en pleine activité. Les succès de la locomotive n'étaient plus contestables. L'Angleterre ne rêvait que voies ferrées reliant les grands centres manufacturiers à Londres. Chaque jour voyait surgir de nombreux tracés. La grande compagnie de l'Ouest, organisée en 1833 et approuvée en 1835, prit pour principal ingénieur Isambard Brunel. Il n'avait alors que vingt-huit ans, mais il avait déjà fait ses preuves; il était habile, ingénieux, plein de ressources, et ambitieux de se distinguer dans les plus hautes branches de son art. Dès cette époque, il parut avoir eu l'idée d'appliquer aux chemins de fer un système entièrement neuf. Pour des raisons qui lui semblaient concluantes, et auxquelles il convertit ses amis, il se refusa à adopter la mesure de la voie en usage. Elle pouvait à la rigueur servir aux trains de marchandises, mais il la jugeait trop étroite pour la sûreté des trains de voyageurs à grande vitesse. Il soutenait qu'en donnant aux wagons une base plus large, on préviendrait les oscillations, on assurerait la sécurité des personnes; en même temps qu'on laisserait plus d'espace au libre jeu de la machine; et en graduant les pentes sur toute la ligne, en évitant les courbes brusques, on atteindrait la plus grande vélocité possible. La voie ordinaire était de 4 pieds 8 pouces ¹/₂ anglais (1ᵐ.50); il donna 7 pieds de largeur (2ᵐ.30) à la sienne, qui pourrait ainsi recevoir les plus grandes voitures et les plus puissantes locomotives. Les travaux commencèrent; mais les directeurs de la compagnie, conservant quelques doutes sur l'opportunité de cette innovation, en appelèrent aux lumières d'ingénieurs éminents. Robert Stephenson et James Walker se récusèrent; deux autres, Nicolas Wood et John Hawkshaw, recommandèrent d'un commun accord l'adoption de la voie étroite déjà expérimentée et l'abandon de la voie large exceptionnelle. Ils insistèrent sur l'expérience pratique d'hommes compétents, sur l'inconvénient d'isoler la grande ligne de l'Ouest des lignes futures, sur ce qu'il n'y avait rien à gagner en augmentant la largeur de la voie, tandis qu'il y avait beaucoup à perdre en détournant le trafic de cette direction : ils en conclurent que les 22 milles construits devaient être au plus tôt ramenés à la mesure ordinaire, et le reste achevé d'après le même principe. De vifs débats s'engagèrent à ce sujet dans les comités du parlement et les assemblées d'actionnaires. Profondément convaincu, Brunel y défendit son terrain pied à pied, et rallia d'éloquents orateurs à son opinion. Les fonds furent votés et les travaux continués sur le même plan.

Le temps et l'expérience ont fait justice de quelques-unes des illusions de l'ardent novateur : les perfectionnements de la locomotive, entre autres l'introduction de la chaudière tubulaire qui accumule une plus grande puissance dans un espace plus restreint, ont démontré que la voie de 4 pieds 8 pouces $^1/_2$ ($1^m.50$) était suffisante. Aussi la tentative de Brunel a-t-elle été amèrement critiquée. Cependant, pour être juste, il faut se reporter à l'époque où elle fut conçue. Il n'existait encore qu'un chemin de fer important. Les autres projets, à l'étude ou en cours d'exécution, se dirigeaient vers des points opposés. On était loin de prévoir qu'un réseau de ces voies nouvelles couvrirait un jour l'Angleterre. Georges Stephenson, consulté sur la largeur de la voie de deux nouvelles lignes, avait, il est vrai, répondu sans hésiter : « Adoptez celle du chemin de Manchester à Liverpool; quoique très-distantes les unes des autres aujourd'hui, ces lignes ne tarderont pas à se rejoindre, comptez-y. » Ce qui n'était que la juste prévision d'un homme de grand sens passait alors pour la vision chimérique d'un enthousiaste.

Une fois libre d'entraves, Brunel apporta dans l'exécution de ses plans la grandeur habituelle de ses conceptions. Il s'y montra aussi habile architecte que savant ingénieur. Les viaducs et les ponts de la grande ligne de l'Ouest sont des chefs-d'œuvre d'élégante hardiesse, et de quelque côté qu'on les aperçoive, ils forment dans le paysage d'admirables points de vue. Les nivellements, les pentes, les levées, les remblais, la pose des rails, tout fut fait avec le plus grand soin, et si les dépenses excédèrent les devis, en revanche les travaux offrirent toute garantie de solidité et de durée. Aux débuts d'une industrie née de la veille, l'entreprise était neuve, hardie, et, sous plusieurs rapports, digne du nom par lequel on la désigna : « la grande ligne expérimentale. »

En effet, les erreurs et le succès de Brunel profitèrent à ses confrères et à lui. Chargé plus tard de construire d'autres chemins, il abandonna la voie large pour la voie étroite, ne persistant pas, contre l'ordinaire des inventeurs, dans une idée dont l'application n'avait pas répondu à son attente. Trop prompt néanmoins à se laisser séduire par les innovations, il s'engoua du système atmosphérique. On sait que ce système, que nous avons vu fonctionner sur la ligne de Saint-Germain pour gravir la pente du Pecq, et qui, en France, fut délaissé au bout de peu de temps, consiste dans l'action d'un piston avançant à l'intérieur d'un vaste tube où des machines à vapeur fixes font le vide.

En 1844, un appareil fort ingénieux, inventé par MM. Clegg et Samuda, mit hors de doute la possibilité pratique de ce nouveau mode de locomotion. Les deux Brunel l'adoptèrent avec enthousiasme. Ils y voyaient l'avantage de faire gravir aux trains des pentes que la locomotive ne pouvait aborder, et par suite, dans le tracé des voies, une grande économie de tunnels et de nivellements. Brunel père proposa même d'appliquer ce système au transport des hommes, des chevaux, des voitures et des marchandises à travers le tunnel de la Tamise et ses puits. Le fils, préoccupé d'un chemin de fer italien qui devait relier Gênes à Turin et à Milan, en traversant une partie des Apennins, crut avoir trouvé le moyen de simplifier les travaux préparatoires et d'accroître la puissance d'impulsion. De nombreuses expériences justifièrent ses préventions favorables, et Brunel se fit au parlement le chaleureux avocat du système que préconisaient avec lui des ingénieurs du gouvernement anglais, que sir Robert Peel avait accueilli favorablement, et que repoussaient, avec non moins d'insistance, les deux célèbres ingénieurs Stephenson. Le chemin de fer atmosphérique n'était, selon eux, qu'une répétition, dans des conditions plus difficiles, du système de halage à cordes et à machines fixes employé dans les premières voies ferrées des mines de houille. La bataille fut presque aussi vive que celle qui avait été livrée pour le plus ou moins de largeur des voies. Brunel déploya dans l'enquête une merveilleuse habileté de langage, et les faits ne lui manquèrent pas à l'appui de son opinion : il recommandait l'adoption du système à deux compagnies qui l'avaient pris pour ingénieur. Il échoua près de l'une d'elles; mais l'autre, celle du chemin du Sud, South Devon Company, partagea ses convictions. Plein de foi dans « le principe », il fit aussitôt établir d'immenses tubes, et de puissantes machines fixes sur la ligne, où avaient été réservées des pentes impossibles à franchir par la locomotive, désormais supplantée. Comme gage de sa confiance absolue dans le succès, Brunel souscrivit un capital de 20 000 louis (500 000 francs).

L'entreprise fut désastreuse. La construction de la ligne coûta le double du devis. Les recettes brutes ne couvrirent pas à beaucoup près les dépenses, et en 1848, lors de la grande crise des compagnies, un des principaux propriétaires du South Devon se déclarait « le plus malheureux actionnaire du plus malheureux des chemins. »

Qui le croirait? l'homme de génie, le grand mathématicien, fut défait dans cette circonstance par le plus infime ennemi. Le mulot, ou souris des champs, se régala du suif et rongea le cuir de la soupape dormante qui fermait l'accès à l'air; le piston, trouvant de la résistance, n'avança plus que lentement : la pluie, la gelée, le soleil, exerçaient aussi sur lui une influence nuisible, et quoique les graisseurs, armés de pots et de spatules, suivissent chaque train, il devint impossible de maintenir le vide dans les tubes, qui durent être enlevés et remplacés par la locomotive, après une perte de 5 à 600 000 livres sterling (12 à 13 millions de francs). Cet échec causa un vif chagrin à Brunel. Résigné à la perte de ses économies, il ressentit vivement celles des actionnaires et de la compagnie, qui resta grevée d'un chemin défectueux à pentes rapides.

La fin à une autre livraison.

LA VILLE ET L'ÉGLISE ENSABLÉES DE SOULAC

(GIRONDE).

On sait comment se forment les dunes, et comment, sur le littoral du golfe de Gascogne en particulier ([1]), les

([1]) Voy. t. XXV, 1857, p. 250-252.

sables, sans cesse envahissant, ont enseveli peu à peu des forêts, des villages, d'importantes villes même, parmi les- quelles celle de Soulac était, sans contredit, une des plus dignes d'attirer l'attention et les recherches. On sait aussi

Église de Soulac. — Façade du côté de la mer. — Dessin de Lancelot.

que, par le reboisement dont l'ingénieur Brémontier donna l'exemple au siècle dernier, la marée montante des sables a enfin été arrêtée sur la plus grande partie du littoral, et que l'on peut prévoir le temps où toute la côte sera mise

L'Adoration des Mages, peinture murale de l'église de Soulac. — Dessin de Kautz.

définitivement à l'abri de son ennemi toujours menaçant. Mais ce n'était pas assez d'avoir mis un terme à la des- truction : l'exploration de contrées enfouies depuis des siècles a commencé. Nous devons la communication des dessins que nous publions à la bienveillance d'un savant, M. le docteur Amédée Kérédan, qui a résolu d'attacher son nom à cette heureuse résurrection : depuis plusieurs années déjà, il s'efforce d'exhumer les souvenirs d'un monde disparu et de réunir des matériaux pour écrire l'histoire des villes, des ports, des îles, des rivages que la mer ou les sables ont recouverts dans la Charente-Inférieure, la Gironde, les Landes et les Basses-Pyrénées.

La ville de Soulac, située à l'embouchure de la Gironde, non loin de Royan et de la tour de Cordouan, avait remplacé une puissante cité gallo-romaine, rivale de Burdigala (Bordeaux), Noviomagus, qui fut engloutie par les flots au sixième siècle de notre ère. Soulac prit une grande importance durant le moyen âge. Grâce à sa situation, son commerce devint considérable : c'est dans son port que s'embarquaient les princes anglais, qui furent maîtres de la Guienne pendant trois cents ans. La ville était assez étendue : elle avait dix-sept rues, et l'on connaît les noms

Quatre chapiteaux de l'église de Soulac. — Dessins de Lancelot.

de quelques-unes d'entre elles. L'église, désignée dans les anciennes chartes sous le nom de Notre-Dame de la Fin-des-Terres, a été plusieurs fois restaurée depuis le onzième jusqu'au seizième siècle, et conserve des restes intéressants de toutes les époques. Construite sur le plan des églises romanes, elle a trois nefs qui aboutissent à une abside gothique. Les voûtes, aujourd'hui effondrées, étaient également gothiques ; mais dans ses parties principales l'édifice est roman. A l'extérieur, les murs sont soutenus par des contre-forts et percés de baies cintrées ; la porte a été percée (à une époque plus récente, comme on s'en aperçoit à ses arceaux aigus) vraisemblablement au-dessus de la porte ancienne, aujourd'hui cachée sous le sable. Plus de cinq mètres de l'édifice sont encore enfouis, et peut-être des fouilles plus profondes feraient-elles découvrir, sous les constructions du onzième siècle, des fondements plus anciens ; car, selon la tradition, une église fut élevée à Soulac dès les premiers temps de l'apostolat.

Nous joignons au dessin de la façade de l'église du côté de la mer ceux de quatre chapiteaux historiés; les curieuses figures qui les décorent ont beaucoup d'analogie avec celles que l'on rencontre dans de nombreux monuments de l'ouest de la France, du onzième et du douzième siècle. Un autre dessin enfin offre les traits, plus qu'à moitié effacés par les pluies, d'une peinture qui couvrait un des murs du chœur. Cette peinture représente l'Adoration des rois mages. Les costumes, bien caractérisés, ne permettent pas d'en faire remonter l'exécution plus haut que les premières années du quinzième siècle. On l'attribue à des moines bénédictins dont le couvent était voisin.

L'église de Soulac a été, cette année même, classée parmi les monuments historiques.

LA PRÉDICTION & LA PRÉVISION DU TEMPS.

Prédire le temps, c'est indiquer un an ou six mois d'avance le temps qu'il fera à un jour ou dans une période donnée. Quand il s'agit de phénomènes réguliers, périodiques, rien de plus logique et de plus certain que ces prédictions. Les astronomes calculent des éclipses plusieurs années d'avance et ne se trompent jamais, car les éclipses résultent des positions respectives de la terre et de la lune par rapport au soleil. Ces positions sont la conséquence nécessaire de mouvements géométriques réguliers, invariables, et parfaitement connus. La prédiction est donc non-seulement possible, mais encore elle est certaine. De même nous savons d'avance quel sera dans cent ans l'ordre de succession des saisons de l'année et le nombre d'heures pendant lesquelles le soleil restera au-dessus de l'horizon dans un lieu et à un jour donnés. Ces prédictions résultent de la connaissance du mouvement de la terre autour du soleil, combiné avec l'inclinaison de l'axe de la terre sur le plan de l'écliptique. Il n'en est pas de même des variations atmosphériques, surtout en dehors des tropiques.

Les changements de temps ne sont pas régulièrement périodiques. Vainement on a cherché à les rattacher aux phases lunaires. Chaque fois que l'étude a été faite sérieusement, patiemment, sans idée préconçue, elle a conduit à des résultats négatifs. Le peuple des campagnes, qui n'a pas le temps de se livrer à de longues recherches statistiques, obéit au vague besoin de rattacher les changements de temps à une cause plus générale et à la nécessité de les prévoir dans l'intérêt de ses travaux agricoles : aussi le cultivateur croit-il, en général, aux influences lunaires. Frappé de quelques cas où le changement de temps a coïncidé avec une phase de la lune, il oublie tous les cas où la coïncidence n'a pas eu lieu, de même que le médecin obtient en faveur du remède qu'il emploie oublie ses revers et ne se souvient que de ses succès.

Il est également très-rare qu'on n'oublie complétement, en appréciant ces prédictions, les notions les plus simples de probabilité. En général, les prophètes annoncent des tempêtes ou des pluies abondantes pour les saisons où elles ont lieu habituellement, le printemps et l'automne. Mais il faut bien se rappeler que dans ces saisons, surtout dans le midi de l'Europe, la probabilité est en faveur de la pluie. Il y a plus : on a calculé que pour un jour quelconque de l'année on peut parier, dans le nord de la France, 40 contre 60 qu'il pleuvra. Dans le midi, à Orange, climat plus sec, la probabilité de pluie pour un jour quelconque n'est plus que de 25 contre 75 ; mais au printemps et en automne elle sera de 50 contre 50, c'est-à-dire qu'il y a autant de chances de pluie que de beau temps. Ainsi le prophète qui annoncerait qu'il y aura de

grandes pluies du 10 au 20 avril 1865 ou du 5 au 15 novembre de la même année aurait autant de chances de deviner juste que de se tromper. Il est dans la même position qu'un homme qui annoncerait que la rouge sortira la première ; le 5 juillet 1865, à l'ouverture du jeu de la roulette de Hombourg, on la noire le jour suivant. La rouge et la noire ont des chances égales, et le prophète a toujours en sa faveur 50 pour 100 de probabilité.

Les prédictions du temps ne sont que des coïncidences, car elles ne peuvent pas se déduire de lois connues dans la variation du temps. Les changements atmosphériques qui surviennent à Paris sont le contre-coup de changements qui se produisent, à des centaines de lieues de distance, sous l'influence de la température de l'air, de la pression atmosphérique, de vents régnants ou de vents accidentels, de l'évaporation plus ou moins active des mers et des terres, de tensions électriques, etc., etc. Prévoir longtemps d'avance l'existence, la force relative, les effets de ces éléments qui s'ajoutent les uns aux autres, se modifient ou s'annulent, est complétement impossible. L'intelligence la plus vaste, embrassant d'un seul coup d'œil l'ensemble de l'atmosphère terrestre, et douée de toutes les connaissances physiques et météorologiques de notre époque, serait incapable de prédire d'une manière certaine le temps qu'il fera dans un lieu donné, un mois seulement à l'avance.

Si la science et la logique condamnent les prédictions météorologiques, elles sont d'accord pour proclamer la légitimité et l'utilité des prévisions atmosphériques, c'est-à-dire des prédictions à courte échéance, deux ou trois jours par exemple. Elles reposent sur ce fait incontestable, que le changement de temps est toujours précédé de quelques symptômes qui l'annoncent et le préparent. Ainsi, dans chaque pays on connaît les vents pluvieux et ceux qui ne le sont pas. Le remplacement d'un de ces vents par l'autre autorise à prévoir un changement de temps. Dans la plupart des contrées de l'Europe, le baromètre baisse sous l'influence de ces vents pluvieux; en même temps, certains nuages, les cirrus ou queues de chat, se montrent dans le ciel; l'hygromètre annonce que l'air devient de plus en plus humide, sa transparence augmente, les objets éloignés se rapprochent; l'air est chaud et lourd, parce que la transpiration se fait mal dans un air chargé d'humidité. L'ensemble de tous ces signes permet de prévoir un changement de temps avec une grande probabilité. Néanmoins il arrive quelquefois que le vent tourne : tous les présages de pluie se dissipent, le temps revient au beau. Il n'en est pas moins vrai que la pluie était très-probable.

La télégraphie électrique nous fournit d'autres éléments propres à prévoir le temps. Par elle nous sommes informés de l'état atmosphérique de l'Europe depuis le nord jusqu'au midi. A force de réunir des faits, on saura dans quelle direction le mauvais temps arrive ordinairement dans une ville ou dans un port. Quand on apprendra par le télégraphe qu'il fait mauvais dans cette direction, on aura un élément important, une probabilité de plus. L'amiral Fitz-Roy, en Angleterre, armé de toutes les données dont nous venons de parler, a pu faire télégraphier plusieurs fois dans tous les ports de l'Angleterre des avis pour empêcher les bateaux de pêche de s'aventurer en pleine mer. Souvent l'événement a justifié ses prévisions. M. Marié-Davy, sous la direction de M. le Verrier, à l'Observatoire de Paris, poursuit les mêmes études et transmet aux chambres de commerce des pronostics du temps qui se sont maintes fois vérifiés. Ni l'amiral Fitz-Roy, ni M. Marié-Davy, n'ont la prétention de prévoir, encore moins de prédire avec certitude le mauvais temps. Mais n'est-ce rien qu'une probabilité annoncée deux ou trois jours d'avance, probabilité que la multiplicité des observations tendra sans cesse à rapprocher de la certitude sans l'atteindre jamais. Lorsque ces études auront été poursuivies pendant de longues années, cette probabilité s'estimera numériquement, on pourra dire au navigateur, dans un état météorologique déterminé : Il y a 60 à parier contre 40 que vous aurez du mauvais temps si vous quittez le port. C'est au marin de réfléchir aux chances qu'il veut courir ; c'est à lui de consulter son courage et son intérêt.

Autant la *prédiction* du temps est une recherche vaine et sans issue, autant la *prévision* est une recherche logique et pleine d'avenir. Pour juger l'une et l'autre, je voudrais d'abord que l'on nous dît combien de fois les prévisions atmosphériques se sont vérifiées dans le cours d'une année, combien de fois elles se sont trouvées en défaut. D'un autre côté, je demanderais que les prophètes eussent le courage et la bonne foi d'inscrire sur l'Almanach de 1865 le temps de chaque jour ou de chaque période de plusieurs jours, à leur choix. Matthieu Læensberg leur a donné l'exemple, et devinait quelquefois juste ; mais, tout compte fait, il se trompait très-souvent : aussi ne le croit-on plus ; mais l'esprit humain, ami du merveilleux et de l'extraordinaire, accepte toujours les nouveaux prophètes ; ils seront discrédités à leur tour, sans que l'homme qui n'a pas assez étudié pour savoir ignorer et douter renonce à vouloir pénétrer les secrets de l'avenir et connaître l'incognoscible.

PROMENADES D'ÉTÉ.

Voy. p 141, 175, 247.

S'il n'y avait au monde de réel que ce que l'œil de chacun peut voir, la réalité se réduirait à bien peu de chose. Heureusement ce n'est là qu'une illusion, à la fois optique et intellectuelle, que la science a mission de dissiper. Nos promenades serviront en partie à montrer comment cette grande et belle mission devra être remplie.

Conformément à notre règle de conduite, ne nous laissons point séduire par ce qui brille. La corolle n'est qu'un accessoire de la fleur. Cependant par la richesse de ses couleurs elle attire tous les regards, elle inspire le poète ; mais essayons aussi de déchiffrer quelques lignes du grand poète qui évoque nos prières et lit au fond de nos âmes.

Les poils des plantes. — Voyez au bord du chemin cette plante un peu velue, aux jolies petites fleurs roses. Elle est bien maltraitée, bien humble à côté de ses brillants confrères les aristocratiques géraniums de nos jardins : couverte de poussière et aplatie sous le pied des passants, elle se fane et meurt avant son heure, aux premiers rayons du soleil d'été. — Son nom, s'il vous plaît ? — Interrogez au toucher ses feuilles arrondies, découpées. — Elles sont douces comme du velours. — Eh bien, c'est là ce qui a valu à notre pauvrette aux fleurs roses le nom de *Geranium molle.* — Sa *mollesse* est causée par des poils qu'il vous plaira peut-être de voir de plus près. Pour cela, nous allons nous servir successivement de la loupe, du microscope portatif ou d'inspection (dont nous avons fait la connaissance dans notre dernière promenade), et d'un microscope à demeure, grossissant jusqu'à trois cents fois. Choisissons la tige : c'est la partie la plus commode à observer. Qu'est-ce qui vous frappe à première vue ? — C'est la position des poils : ils sortent de la tige horizontalement, à angle droit. — Voilà pourquoi on les appelle des poils *étalés.* S'ils étaient comme collés contre la tige, on les nommerait *appriés.* Maintenant examinez leur forme, en tenant bien la tige contre le jour. Servez-

vous de la loupe. — Leur forme ne présente rien d'extraordinaire ; ils paraissent un peu entremêlés, et chaque poil est tout d'une venue de la base au sommet. — Ce sont, en effet, des poils *simples.* Mais voici, au pied de ce vieux mur, une autre espèce de géranium, l'herbe à Robert (*Geranium Robertianum*), dont l'infusion a été vantée contre les maux de gorge. Toute la plante exhale une odeur pénétrante ; les folioles de sa corolle, également roses, sont un peu plus grandes et plus fortement veinées que celles de sa congénère. Voyez les-p qui garnissent sa tige : ils sont aussi simples ; mais la plupart sont couronnés de globules rouges qui produisent, au soleil l'effet de rubis étincelants. Ces globules sont des glandes. Les poils du *Geranium Robertianum* sont donc *glanduleux*. Leurs glandes sécrètent une essence qui donne à la plante son odeur caractéristique. Tous les parfums, toutes les odeurs, sont dus à des essences, autrement dites huiles essentielles.

Plus loin est un gazon sec ; plus loin encore est une colline aride où paissent des moutons. Sur ce gazon, sur cette colline, nous trouverons le joli *ne m'oubliez-pas* (*Vergissmeinnicht*) bleu. — Mais sommes-nous sûrs de l'y trouver ? Le *ne m'oubliez pas* ne préfère-t-il pas les lieux humides aux lieux secs ? Nous l'avons toujours cueilli aux bords des rivières, des sources, ou dans le voisinage des marais. — C'est vrai. Mais la nature ne peut-elle pas varier cette plante, comme elle a varié les roses, les jacinthes, etc. ? Sachez donc qu'il y a au moins deux l'*ergissmeinnicht*, celui des marais, en latin *Myosotis palustris*, et celui des collines, le *Myosotis collina* ou *hispida*.

Voici le dernier, celui que nous cherchions. Comme il est chétif et malingre à côté de l'autre ! Sa corolle aussi est beaucoup plus petite et d'un bleu plus foncé. — Vous connaissez donc le *Myosotis palustris* ? — Comment ne le connaîtrais-je pas ! Jamais son souvenir ne s'effacera de ma mémoire. — Et pourquoi n'auriez-vous pas la même mémoire pour toutes les autres plantes ? Est-ce qu'elles ne sont pas toutes également dignes ? — J'avais un frère, compagnon de mes jeux d'enfance : il était bien jeune quand la mort l'a ravi. Hélas ! je le vois encore avec sa guirlande de *ne m'oubliez pas* sur la tête : c'était sa couronne d'immortelles ! — Ce tendre souvenir est un lien qui unit l'en deçà à l'au delà. Matière ou force, rien ne périt, tout se transforme. Les âmes s'épurent : vous retrouverez votre frère.

Mais revenons à notre *Myosotis collina.* Regardez-le à la loupe. — Il est tout couvert de poils : il en existe sur les tiges, sur les feuilles et sur le calice. — Regardez un peu plus attentivement le calice. — En effet, les poils ne le garnissent pas tout entier : ils s'arrêtent brusquement aux divisions de cette enveloppe florale qui a tout l'air d'une feuille transformée. — L'observation que vous venez de faire est précieuse à plus d'un titre. La transformation de la feuille est un sujet qui a occupé des naturalistes éminents et même de grands poètes ; mais nous nous en entretiendrons dans un autre moment. Votre observation est ici précieuse, parce qu'elle sert à distinguer le *Myosotis palustris* du *Myosotis hispida.* En effet, l'un a tout le calice garni de poils courts, apprimés, tandis que l'autre n'en a que la moitié inférieure, sur le tube du calice. Et là, au lieu d'être apprimés, ils sont étalés (fig. 1). Mais n'y voyez-vous pas encore autre chose ? — Si vous m'y faites penser. Cependant je voudrais bien voir les poils du *Myosotis hispida* sous un plus fort grossissement. — Soit. Détachez alors délicatement, avec une fine lame de canif ou de scalpel, une portion excessivement petite de l'épiderme de la tige. — Pourquoi ne prendre qu'une portion si petite et si délicatement détachée ? Il me semble qu'il serait plus

simple de couper tout bonnement une partie de la tige qui
est déjà elle-même assez petite. — Certainement vous auriez raison, si nous n'allions pas ajouter à votre œil l'artifice qui en augmente la portée. Tâchez de bien vous en
rendre compte. Si cet artifice vous permet de voir un petit
objet plus gros ou de rendre visible ce qui est invisible à
l'œil nu; c'est à la condition de n'en saisir à la fois qu'une
partie minime. Pour des Lilliputiens, ces poils seraient les
arbres d'une forêt à perte de vue; et si ces arbres appartiennent à la même espèce, il leur suffira d'en étudier
quelques-uns pour les connaître tous : il serait inutile,
embarrassant même, de couper toute la forêt. Eh bien,
l'œil armé du microscope nous place à peu près dans les
mêmes conditions : ainsi introduits dans le domaine des
infiniment petits, nous devrions avoir aussi des mains et
des outils de Lilliputiens pour préparer les objets soumis à
notre étude. Quant à la nécessité de ne détacher de la petite tige qu'une couche extrêmement mince de l'épiderme
où s'insèrent les poils, vous auriez dû vous rappeler qu'avec
un grossissement plus fort que celui du microscope portatif ou d'inspection, on ne voit les objets que par transparence. Une couche trop épaisse ou un fragment de la tige,
placé au foyer de l'objectif, vous paraîtrait donc comme
une grosse masse opaque, noire, où l'œil ne saurait plus
rien discerner.

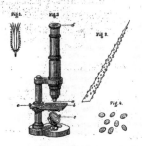

Cela bien compris, posons notre objet sur une lame de
verre bien nettoyée, exactement au-dessous de la lentille
objective (fig. 2, a) et au-dessus de l'ouverture circulaire (b) de la tablette, ouverture par laquelle arrive la lumière réfléchie par un petit miroir (c) éclairant l'objet
par en bas, à travers la lame de verre. Approchez maintenant votre œil de l'oculaire (d). — Est-ce de l'œil gauche
ou de l'œil droit qu'il faut me servir? — Cela est tout à
fait indifférent. Cependant il est bon de noter que les deux
yeux sont rarement de la même force, c'est-à-dire que si
l'un distingue les objets nettement, par exemple, à vingt
centimètres, l'autre ne les distinguera bien qu'à un peu
plus ou qu'à un peu moins de vingt centimètres. Dans la
plupart des cas, cette différence est si petite qu'on peut la
négliger sans inconvénient. Vous voulez vous servir de
l'œil gauche : à votre convenance. Ne frottez pas vos cils
contre l'oculaire : vous vous exposeriez à voir des bâtons
là où il n'y en a pas. Laissez donc l'œil droit ouvert : en le
fermant, non-seulement vous ne verrez pas mieux de
l'autre, mais vous le fatiguerez inutilement. Puis, lorsque
vous voudrez dessiner l'objet que vous voyez de votre œil
gauche, vous pourrez suivre de l'œil droit les traits de
votre crayon. Au reste, si cet avantage ne vous touchait

pas, vous désireriez au moins ménager votre amour-propre :
regardez dans un microscope en tenant l'autre œil fermé, et
vous passerez sûrement pour un novice aux yeux du connaisseur. Attendez que je mette l'objet bien au foyer. Vous
remarquerez que, pendant que je regarde, je fais tourner
avec les doigts de la main gauche une vis de rappel (e).
Par cette manœuvre, je rapproche (mouvement de gauche
à droite) ou j'éloigne (mouvement de droite à gauche)
tout le tube, qui est mobile, de l'objet qui demeure immobile sur la tablette. Le voilà mis au point; regardez :
votre vue est à peu près de même force que la mienne. —
Qui aurait jamais pu imaginer ce que j'aperçois? Ces mêmes
poils, qui paraissaient lisses, sont criblés de petits trous
(fig. 3, moitié d'un poil du Myosotis hispida, grossissant
trois cents fois). — Êtes-vous bien sûr de ne pas vous
tromper? Au lieu de voir le milieu fixez les côtés du poil.
— Ce sont, en effet, de petites saillies que j'y aperçois.
Ce que je prenais pour des creux, serait-ce donc aussi des
saillies? — Vous y êtes cette fois. — Mais je n'y suis plus du
tout. Car enfin ces points que je vois au milieu sont transparents ; on dirait le corps du poil percé à jour. — C'est là
précisément qu'est votre erreur : erreur que vous partagez
du reste, si cela peut vous consoler, avec tous les com-
mençants.

Fixez du regard vos points lumineux ou transparents,
pendant qu'avec le pouce et l'index de la main gauche vous
ferez marcher doucement de gauche à droite la vis de
rappel. Que voyez-vous? — Les points lumineux s'assom-
brissent. — Tournez maintenant la vis de rappel en sens
contraire. — Ces mêmes points deviennent, au contraire,
plus brillants. Que signifie ce phénomène? — Doucement.
Ajoutons à l'objet une goutte d'eau, et couvrons le tout
d'une lame de verre. A présent, regardez. — J'aperçois
toujours ces mêmes points, mais mieux marqués : ce sont
des globules à centre plus brillant. Mais, ô surprise!...
qu'est-ce donc que ce gros rond à bords sombres et à
centre également lumineux? on dirait l'œil d'un animal
qui me regarde fixement; j'en ai presque peur. — C'est
tout simplement une bulle d'air. Répétez maintenant pour
ce globule effrayant la même petite manœuvre (de la vis de
rappel) que pour les globules des poils, puis comparez. —
Eh bien, le centre lumineux de la bulle d'air s'obscurcit
quand j'éloigne l'objectif (par le mouvement du tube);
c'est tout le contraire qui arrive pour les points lumineux
des poils. — Concluez. — J'en conclus que les globules
des poils contiennent autre chose que de l'air, et comme ils
sont transparents, ils ne peuvent contenir qu'un liquide. —
C'est cela même. Vous auriez pu ajouter que le globule
d'air agit comme une lentille biconcave, et le globule de
liquide comme une lentille biconvexe; mais cette explication nous entraînerait trop loin. Il suffit de connaître la
nature du phénomène pour se garantir contre une illusion
optique.

La goutte d'eau qui renfermait la bulle d'air est éva-
porée. Faut-il la remplacer par une autre? — Oui. Il y a
de l'eau dans le vase qui contient ce bouquet. Prenez-en
une goutte avec le pédoncule d'une fleur. — C'est fait.
Mais, est-ce encore une illusion? je vois une légion de petites poches transparentes se promener librement dans les
interstices des poils. Sont-ce des animalcules? D'où vien-
nent-ils? — Ce sont des monades, des êtres qui occupent
le plus bas échelon de la vie animale (fig. 4); ou, si vous
l'aimez mieux, ce sont les Lilliputiens se promenant dans la
vaste forêt dont nous parlions à l'instant. Ils viennent de
l'eau du vase où se conserve depuis plusieurs jours notre
bouquet de fleurs. Cette eau, c'est le monde des monades
et de bien d'autres animalcules : ils y naissent, vivent,
meurent ou se transforment.

LES LANDES DE GASCOGNE.

Salon de 1864. — Vue prise dans les Landes. — Peinture et dessin de Karl Girardet.

On ne se fait pas ordinairement d'autre image des Landes que celle d'un désert stérile où croissent péniblement, parmi les bruyères et les ajoncs, quelques pins rabougris, n'ayant d'autre horizon que les sables amoncelés des dunes, d'autre eau que des marais stagnants, et suffisant mal à nourrir une population malingre et de chétifs bestiaux.

Tel est encore, il est vrai, l'aspect général des grandes et des petites Landes, qui forment la partie de beaucoup la plus considérable du département français de ce nom, quoique une culture intelligente, ramenant avec elle la santé et le bien-être, regagne de jour en jour du terrain. Ce désert, cependant, a sa grandeur et sa beauté, et peu de personnes ont traversé ses vastes solitudes sans recevoir de la monotonie du paysage une impression profonde dont la tristesse est mêlée de charme. Même dans ces contrées abandonnées d'ailleurs, la vue est parfois plus riante et plus variée. Les vastes étangs qui séparent la contrée des Landes de celle des dunes sont bordés d'immenses pâturages couverts de troupeaux; plus loin, dans des prés moins humides, errent en liberté les petits chevaux du pays, dont la race nerveuse est justement estimée. Les pins maritimes forment en plusieurs endroits de magnifiques forêts; leur résine et leur bois, employés principalement pour la marine, sont une des ressources du pays. Ailleurs on cultive les liéges; d'autres arbres, le chêne, le châtaignier sur le penchant de quelques collines, le frêne même auprès de quelques habitations, trouvant dans le sol plus d'aliment, parviennent à une hauteur et à un diamètre inaccoutumés.

Mais il est une autre partie des Landes aussi favorisée de la nature que les côtes de l'Océan, depuis Bordeaux jusqu'à Bayonne, le sont peu : c'est la contrée qui borde la rive gauche de l'Adour, et que l'on nomme la Chalosse. Là, partout on ne voit que des plaines couvertes de récoltes

et des coteaux tapissés de vignes. On y cultive avec un égal succès le froment, le seigle, le maïs, le chanvre, le lin, la garance et des légumes de toute espèce; les fruits y sont excellents, particulièrement ceux du prunier et de l'amandier; les vins de plusieurs crus sont renommés : on en exporte une grande quantité; ceux de qualité inférieure sont convertis en eaux-de-vie. Les habitants de cette partie des Landes contrastent, comme le pays lui-même, avec ceux qu'on rencontre sur les terres disgraciées de la rive droite du fleuve; ils sont grands et forts, leur physionomie est ouverte et franche, ils paraissent heureux. Il ne manque sans doute que de l'être à leurs pauvres voisins, qui s'épuisent pour assainir et faire fructifier une terre ingrate. Un meilleur sort leur rendrait la force et le courage; car ils sont bons aussi, hospitaliers, bienfaisants : leur empressement à partager avec ceux qui en ont besoin le peu qu'ils possèdent a quelque chose de touchant.

LE TEMPLE D'UTOPIE.

Le temple érigé par Thomas Morus dans son île célèbre d'Utopie est celui de la Tolérance. On peut s'étonner qu'après avoir imaginé pour l'ordre social tant de lois chimériques, il ait montré dans l'ordre religieux tant de retenue. Loin d'y introduire aucun dogme de sa façon, il y donne place à tous les dogmes quels qu'ils soient, sans reculer même devant les superstitions les plus singulières, telles que les hommages rendus aux astres, à la nature, aux hommes extraordinaires. Il n'impose à toutes ces croyances qu'une seule condition : c'est qu'au-dessus des puissances imaginaires qu'il leur plaît d'honorer, elles reconnaissent la puissance suprême qui délègue à celles-ci la vertu dont elles sont censées jouir. Ainsi la religion d'État, au pays d'Utopie, consiste dans la liberté et l'association de tous les cultes : liberté dans les formes et les détails dont la diversité est infinie; association dans le fond qui est la croyance commune en l'unité et la toute-puissance de Dieu.

Mais c'est malheureusement en ce point même que l'esprit de système de l'illustre chancelier reparaît. En supposant possible de pousser la tolérance religieuse aussi loin qu'il le demande, il semble qu'il n'ait pas moins méconnu les dispositions essentielles de la nature humaine qu'il ne l'a fait quand il a cru possible de confondre absolument en un même corps social toutes les individualités. Une telle tolérance n'est susceptible de se réaliser qu'à la condition d'un développement moral très-élevé. Tant que les âmes demeurent emprisonnées dans les étroites limites d'une secte, leur union cordiale dans le domaine religieux est impraticable. C'est ce que l'histoire ne nous montre que par trop d'exemples. Plus la clarté manque, plus la passion devient vive et exclusive, et loin d'être capables de fraterniser dans leurs dissidences les hommes en viennent bien vite à prendre le moindre desaccord pour une cause d'aversion et de scission. L'harmonie n'est possible que dans les plus hautes régions de la foi, parce que là seulement les réalités se distinguent nettement d'avec les symboles, les croyances certaines d'avec les opinions discutables, et que les fidèles se sentent portés à s'aimer par cela seul qu'ils se sentent tous ensemble sous la main paternelle et vénérée du même Dieu. On ne peut donc raisonnablement viser à un tel perfectionnement des âmes qu'en visant en même temps à un perfectionnement correspondant des croyances.

C'est néanmoins une chose d'un haut intérêt que de voir la sérénité à laquelle, au milieu des cruelles dissensions du seizième siècle dont il était destiné à devenir lui-même la victime, était parvenu, sous l'influence de ces idées, l'illustre chancelier d'Angleterre. La piété et l'humanité étaient ses flambeaux, et son temple peut être justement considéré comme le résultat des sentiments les plus généreux qui se soient fait jour sur la religion dans ce siècle désolé. Sa construction, telle qu'il la dessine en imagination, doit offrir les proportions les plus vastes, non-seulement afin de produire sur les esprits une impression conforme à lui, mais afin de se prêter à recevoir dans son enceinte l'assistance la plus nombreuse possible et des représentants de toutes les sectes. On n'y voit rien, on n'y entend rien, on n'y fait rien qui ne soit d'un caractère assez général pour cadrer également avec les croyances de chacun. La lumière n'y est admise qu'avec ménagement, afin de laisser les âmes dans l'état de recueillement nécessaire et de s'harmoniser avec le sentiment des obscurités divines. On évite d'adresser aucun sacrifice sanglant à Celui qui, auteur de toute existence, n'a donné la vie à tous les êtres qu'afin qu'ils en jouissent en paix. Des feux, des parfums, des symphonies, des cantiques, des prières, tels sont les seuls éléments du culte.

Voici, en résumé, la prière que l'auteur met dans la bouche de ses Utopiens. Elle débute par la glorification de Dieu comme auteur de la création, chef du gouvernement de l'univers et dispensateur suprême de tout bien. Ses adorateurs lui rendent grâce de ses bienfaits, et particulièrement d'avoir été placés par lui dans la société la plus avancée de la terre et pour y vivre dans la religion où l'on est en droit d'espérer de rencontrer le plus de vérités. Ils le supplient néanmoins, dans le cas où il existerait quelque forme de croyance encore plus digne de lui, de vouloir bien en procurer à ce monde la connaissance. En attendant, on l'implore en faveur des autres hommes, pour lesquels il serait heureux d'être amenés peu à peu à la même manière de prier et aux mêmes idées que les Utopiens, puisqu'il n'y

a rien actuellement sur la terre qui soit préférable; à moins cependant que dans ses inscrutables desseins il ne lui plaise, au lieu de l'unité absolue, de contempler les formes diverses qu'a engendrées sur la terre, conformément au caractère des différents peuples, l'esprit religieux. Enfin, en terminant la prière, chacun demande à Dieu de lui faire la grâce de le rappeler à lui par une mort sereine et facile, reconnaissant même qu'il lui serait plus avantageux de parvenir le plus promptement possible à la béatitude, même par une mort douloureuse, que de subir un séjour prolongé ce monde, même dans les conditions les plus favorables.

Les habitants d'Utopie sont persuadés, en effet, qu'à part un petit nombre de pervers, les hommes sont destinés par la Providence à la félicité. Aussi, dans les maladies de leurs amis et de leurs proches, se lamentent-ils sur la souffrance, jamais sur la mort; à moins, cependant, qu'ils ne voient le moribond quitter la vie avec anxiété et terreur, car ils tirent de cette circonstance le plus funeste augure, craignant que l'âme n'appréhende, sous l'influence de quelque remords, les suites de l'événement qui va s'accomplir. Dans ce cas, on enlève le cadavre en silence et tristement, et on l'enfouit dans la terre en invoquant la miséricorde de Dieu en faveur de l'infortuné trépassé. Tout au contraire, les funérailles de ceux qui sont morts avec courage et pleins d'une ferme espérance sont pour la famille les amis un jour de fête. On emporte au milieu des chants de gloire et d'allégresse, et toute couverte de fleurs, la froide dépouille, et on la dépose sur un riche bûcher où elle disparaît en un instant dans l'éclat et la pureté de la flamme. On érige à la mémoire du défunt une colonne sur laquelle on inscrit le résumé de sa vie, et dans la persuasion où l'on est que la nouvelle vie où il est entré ne l'isole nullement de ce qui se passe en ce monde, on se fait un plaisir et un devoir de s'entretenir continuellement des souvenirs de son existence, et particulièrement de ceux du jour heureux où s'est effectué son départ pour le monde d'en haut.

En définitive, il n'y a que deux articles de foi dont le respect soit formellement imposé par le législateur à tous ceux qui ont accès dans le temple : la foi dans la Providence, la foi dans l'immortalité. Mais dans quelles conditions la Providence se manifeste-t-elle dans l'ordre actuel? Dans quelles conditions s'est-elle manifestée autrefois? Quels sont les mystères de son essence? Suivant quelles lois, dans quels mondes, sous quelle forme les âmes continuent-elles leur vie après s'être éloignées de la terre? Quel est l'avenir du monde, son commencement, sa fin? Ce sont là des points, si considérables qu'ils soient, sur lesquels chacun demeure libre de croire ce qui lui convient, et même de s'appliquer à le persuader aux autres, pourvu que ce soit avec les ménagements convenables envers les dissidents. En effet, plus chacun est convaincu de la vérité de ce qu'il croit, plus il doit l'être aussi de la force inhérente à cette vérité, qui, pourvu qu'une passion malavisée ne vienne pas la troubler et contrarier son action, doit nécessairement arriver tôt ou tard à se faire jour d'elle-même. La tolérance est ainsi la base de l'ordre et de la paix. Elle s'étend même aussi loin que possible à l'égard de ceux qui se tiennent en dehors de la foi commune; car au lieu de les châtier avec rigueur, comme il a été si longtemps d'usage de le faire, on se borne à les exclure des magistratures et à leur interdire de propager dans la multitude leurs dangereuses opinions, tout en les exhortant à les discuter en toute liberté avec les personnes capables de les écouter sans risquer d'en recevoir la contagion.

Ces idées courent le monde depuis trois cents ans, sous le nom d'utopie, et l'on pourrait les attribuer à quelque écrivain de nos jours, tant elles sont empreintes de l'esprit moderne. Elles ne concluent pas seulement à une alliance entre les diverses branches du christianisme, elles concluent à l'alliance cordiale de tous les adorateurs de Dieu. Chrétiens, musulmans, israélites, bouddhistes même, pourraient s'agenouiller ensemble dans le temple d'Utopie et y marier leurs voix dans la grande prière. Malheureusement c'est là que reparaît la chimère : L'idée d'alliance va bien au delà de l'idée de tolérance. Les hommes seront toujours bien plus disposés à ouvrir leur âme devant Dieu en s'unissant, dans une commune assemblée, avec d'autres fidèles de même opinion qu'eux-mêmes sur tous les points, qu'en se mêlant à des dissidents dont les croyances les choquent nécessairement dès qu'elles leur paraissent fausses. Le temple central, autour duquel demeurent les temples particuliers de chaque communion, ne saurait donc être, même dans les mœurs imaginaires d'Utopie, qu'une institution de second ordre. Si limité, si modeste, si obscur qu'il puisse être, ce sera toujours le temple dans lequel se trouvera symbolisée le plus complètement la foi de chacun, qui constituera aux yeux de chacun le temple essentiel.

Aussi la valeur du temple d'Utopie paraît-elle devoir être estimée à un point de vue social plus encore qu'à un point de vue strictement religieux. Il touche de plus près à la fraternité qu'à la piété. Il convient donc de réduire son service et de le consacrer simplement aux grandes solennités nationales, dont l'idée de la Providence et de l'immortalité ne saurait être exclue, et dans lesquelles cependant, dès que toutes les croyances sont mises au même rang par la loi, aucun culte n'est en droit de dominer. Mais, en supposant érigé le temple d'Utopie, quel en serait le pontife? Qui parlerait à Dieu au nom de tous ses enfants? Peut-être tous les prêtres ensemble s'unissant dans une même prière pour la prospérité de la patrie sommune. (¹)

LA PHOTOGRAPHIE.
Suite. — Voy. p. 92, 107, 151, 218.

PAR LES SELS D'URANE.

Origine du procédé. — La solidité des épreuves positives obtenues par ce procédé doit être au moins égale à celle des épreuves obtenues par l'azotate d'argent, l'hyposulfite de soude, agent destructeur par excellence, étant écarté. La plus grande difficulté est d'éviter le voile plucheux qui recouvre l'image, celle-ci tendant à se former à l'intérieur du papier et non à sa surface. L'albuminage ne peut remédier à cette difficulté, parce que l'albumine est coagulée par les sels d'urane; reste le gélatinage, insuffisant jusqu'ici.

Azotate d'urane. — C'est un sel acide de couleur jaune verdâtre ressemblant, sauf la couleur, aux cristaux de l'hyposulfite. Quoique soluble dans l'éther, son acidité l'empêche d'être appliqué directement au collodion.

Choix du papier. — Il faut choisir un papier très-épais, Turner, Wattmann ou Saxe; prendre garde, quel qu'il soit, de le toucher avec les doigts humides, et le renfermer huit à quinze jours dans un tiroir obscur. On doit éviter de placer sur des feuilles insolées par hasard celles passées au premier bain : la feuille frappée par la lumière impressionnerait l'autre et donnerait une trace au bain révélateur.

Imprégnation. — Composez le bain suivant :

Eau distillée...............	50 grammes.
Alcool...................	50
Azotate d'urane............	15

(¹) Article inédit de Jean Reynaud.

Le papier destiné à ces épreuves sera plongé pendant quelques minutes dans de l'eau distillée en ébullition, afin de diminuer l'encollage autant que possible; on le passera alors dans l'eau froide, et on le pressera entre des feuilles de buvard bien net; puis, pendant qu'il est encore moite, on le plongera une minute dans le bain ci-dessus; on le retirera pour le suspendre à l'obscurité, et, dans cet état, il pourra se conserver très-longtemps.

Séchage. — Si, au lieu de laisser sécher le papier naturellement, à l'obscurité, on veut augmenter sa sensibilité, il faut le sécher rapidement devant le feu, mais faire attention qu'il est devenu très-inflammable, ce qu'il doit à l'azotate d'urane dont il est imprégné. Il brûle à 1 centimètre d'une plaque chauffée à 80 degrés, et rougit avec une facilité proportionnelle.

Exposition. — L'appréciation du temps de pose est une des choses les plus délicates de ce procédé. En général, on doit tirer l'image un peu faible; elle peut se renforcer au bain continuateur. Si elle est trop visible, car il faut qu'elle ne soit que peu apparente, on la virera de suite et directement au bain d'or, qui dépouille beaucoup plus que le bain d'argent.

Virage par l'argent. —

Eau distillée................	100 grammes.
Azotate d'argent cristallisé......	2
Acide azotique pur............	traces.

Plongez-y rapidement l'épreuve insolée; enlevez, avec un pinceau consacré à cet usage et restant plongé dans l'eau distillée, les bulles d'air qui sortent du papier. L'image se développe peu à peu avec un ton brun-roux assez désagréable particulier aux sels d'argent; elle se renforce seule, et, au bout de quelques minutes, elle a acquis l'intensité qu'elle peut avoir.

On obtient des tons noirs violets avec le bain suivant :

Eau distillée................	100 grammes.
Alcool à 36 degrés.............	10
Azotate d'argent..............	3
Azotate de cadmium...........	1
Azotate d'urane..............	1
Acide azotique pur.... (quelques traces)	

Il faut que tous les bains révélateurs soient acides, mais le moins possible; s'ils sont neutres ou alcalins, les épreuves sont voilées et cendrées de gris.

Virage par l'or. — Le bain d'or se compose de :

Eau distillée................	1000 grammes.
Chlorure d'or................	1
Acide chlorhydrique pur.......	1 à 2 gouttes.

Pour révéler avec ce bain, il faut prolonger l'exposition à la lumière un temps double de celui déjà adopté; parce que le bain tend à ronger les demi-teintes, l'acide chlorhydrique qu'il contient dissolvant l'azotate d'urane, même insolé. On obtient de la sorte des tons bleus et noirs assez agréables, quoique un peu froids.

Virage par le mercure. — Les épreuves obtenues par ce sel sont les plus belles et les plus puissantes comme ton: Prenez :

Eau ordinaire filtrée.........	2000 grammes.
Bichlorure de mercure.........	1

L'image doit être extrêmement venue à la lumière. Il faut plonger la feuille au bain de bichlorure, et l'y laisser deux à trois minutes; de ce temps juste dépend la réussite : il est d'autant plus difficile à calculer, que l'épreuve ne change presque pas sous l'influence de ce bain. Mais quand, après avoir été parfaitement lavée, elle est plongée au bain révélateur d'azotate d'argent, on s'aperçoit de suite si l'action du bichlorure a été bien calculée. Si elle a été trop longue, les demi-teintes sont rongées; si elle ne l'a pas été assez, l'image n'est pas dépouillée et sort beaucoup trop foncée et sans détails accusés. On peut essayer alors de la dégorger au chlorure d'or. Quand le temps du bain de bichlorure a été bien calculé, l'épreuve prend au bain d'argent des tons noirs magnifiques.

Lavages. — Une épreuve étant arrivée au point où elle a le plus d'éclat, retirez-la du bain. Si elle est révélée à l'azotate d'argent, passez-la d'abord dans de l'eau ordinaire, puis dans une eau légèrement ammoniacale. Ce lavage dégorge parfaitement les blancs et enlève toutes les taches d'acide qui peuvent rester dans le papier. Passez ensuite dans deux eaux ordinaires, en tout dix à quinze minutes, et l'épreuve est fixée. On augmente la vigueur en la séchant devant un feu vif. Les épreuves imparfaitement lavées deviendront, au bout de cinq ou six semaines, d'un rouge-brique uniforme sur toute la feuille.

La fin à une autre livraison.

ANCIENNES CÉRÉMONIES FUNÈBRES

A TAITI.

« Les Taïtiens, dit Bougainville, conservent longtemps les corps étendus sur une espèce d'échafaud que couvre un hangar. L'infection qu'ils répandent n'empêche pas les femmes d'aller pleurer auprès des corps une partie du jour, et d'oindre d'huile de coco les froides reliques de leur affection. Celles dont nous étions connus nous ont laissé quelquefois approcher de ce lieu consacré aux mânes : — *Émoé* (il dort); nous disaient-elles. Lorsqu'il ne reste plus que les squelettes, on les transporte dans la maison, et j'ignore combien de temps on les y conserve. Je sais seulement, parce que je l'ai vu, qu'alors un homme considéré dans la nation vient y exercer son ministère sacré, et que, dans ces lugubres cérémonies, il porte des ornements assez re-

Exposition d'un mort et personnage en deuil, à Taïti (dix-huitième siècle).

cherchés. On porte le deuil : celui des pères est fort long; les femmes portent celui des maris, sans que ceux-ci leur rendent la pareille. Les marques de deuil sont de porter sur la tête une coiffure de plumes dont la couleur est consacrée à la mort, et de se couvrir le visage d'un voile. Quand les gens en deuil sortent de leurs maisons, ils sont précédés de plusieurs esclaves qui battent des castagnettes d'une certaine manière; leur son lugubre avertit tout le monde de se ranger, soit qu'on respecte la douleur des gens en deuil, soit qu'on craigne leur approche comme sinistre et malencontreuse. »

LES GERBOISES.

Les gerboises appartiennent à l'ordre des rongeurs. La forme de leur tête, leurs dents, leur queue longue et grêle, indiquent leur parenté avec les rats, les loirs et autres animaux du même genre. Mais ce qui les distingue facilement de tous leurs voisins, c'est la longueur extrême de leurs membres postérieurs, comparée à la brièveté de ceux de devant. Il est d'ailleurs indispensable d'établir une division parmi les gerboises pour les bien définir.

Les *gerboises* proprement dites ont la tête large, les pommettes saillantes, le museau court et obtus, avec de longues moustaches; les oreilles longues et pointues; quatre doigts — et quelquefois un pouce rudimentaire — armés d'ongles fouisseurs aux membres antérieurs, qui sont très-courts et très-faibles; les membres postérieurs ont ou six fois plus longs que ceux de devant et terminés par trois ou cinq doigts, les doigts du milieu étant, dans ce dernier cas, plus développés que les autres; la queue plus longue que le corps, couverte de petits poils roides et terminée par un bouquet de grands poils souples. A ce groupe appartiennent le *gerbo*, long de seize centimètres, qui vit en troupes dans les plaines sablonneuses et désertes de l'Afrique septentrionale, de l'Arabie et de la Syrie, et l'*alectaga*, de deux centimètres plus grand que le gerbo, habitant les solitudes de la Tartarie.

Les *gerbilles* diffèrent surtout des gerboises proprement dites par leurs pattes postérieures constamment pourvues de cinq doigts. En outre, elles ont la tête allongée, fine, une vraie tête de loir ou du rat, et les oreilles larges, courtes; arrondies. La *gerbille d'Egypte* n'est pas plus grosse qu'une souris; on la trouve principalement dans les environs des pyramides.

Les gerboises en général vivent de racines et de grains; elles se creusent des terriers comme les lapins et passent l'hiver en léthargie au fond de leur retraite, enfoncées dans un lit de feuilles ou de mousse. Elles vivent difficilement en captivité : aussi ne connaît-on pas bien leurs mœurs. Cependant on trouve dans Buffon une note intéressante du professeur Allamand sur une gerboise qui a vécu à Amsterdam, chez le docteur Klockner :

« M. Klockner, dit-il, a reçu cette gerboise de Tunis : la caisse dans laquelle elle lui a été apportée était garnie en dedans de fer-blanc; elle en avait enlevé avec ses dents quelques pièces, et en avait rongé le bois en différents en-

droits. Elle fait la même chose dans la cage où elle est actuellement gardée. Elle n'aime pas à être renfermée; cependant elle n'est point farouche : elle souffre qu'on la tire de son nid et qu'on l'y remette avec la main nue sans qu'elle morde jamais. Au reste, elle ne s'apprivoise que jusqu'à un certain point, car elle ne paraît mettre aucune différence entre celui qui lui donne à manger et les étrangers. Lorsqu'elle est en repos, elle est assise sur ses genoux, et ses jambes de derrière étendues sous le ventre atteignent presque ses jambes de devant en formant une

La Gerbille d'Égypte (*Dipus pyramidum*). — Dessin de Freeman.

espèce d'arc de cercle; sa queue alors est posée le long de son corps. Dans cette attitude, elle recueille les grains de blé ou les pois dont elle se nourrit : c'est avec ses pattes de devant qu'elle les porte à sa bouche, et cela si promptement qu'on a peine à en suivre de l'œil les mouvements; elle porte chaque grain à sa bouche et en rejette l'écorce pour ne manger que l'intérieur.

» Quand elle se meut, elle ne marche pas en avançant un pied devant l'autre, mais en sautant comme une sauterelle, et en s'appuyant uniquement sur l'extrémité des doigts de ses pieds de derrière; alors elle tient ses pieds de devant si bien appliqués sur sa poitrine qu'il semble qu'elle n'en ait point... Si on l'épouvante, elle saute à sept ou huit pieds de distance.

» Lorsqu'elle veut grimper sur une hauteur, elle fait usage de ses quatre pieds; mais lorsqu'il faut descendre dans un creux, elle traîne après soi ses jambes de derrière sans s'en servir, et elle avance en s'aidant uniquement des pieds de devant.

» Il semble que la lumière incommode cet animal : aussi

dort-il pendant tout le jour; et il faut qu'il soit bien pressé par la faim pour qu'il lui arrive de manger quand le soleil luit encore; mais dès qu'il commence à faire obscur, il se réveille, et, durant toute la nuit, il est continuellement en mouvement : c'est alors seulement qu'il mange. Quand le jour paraît, il rassemble en tas le sable qui est dispersé dans sa cage; il met par-dessus le coton qui lui sert de lit et qui est fort dérangé par le mouvement qu'il vient de se donner, et après avoir raccommodé son lit, il s'y couche jusqu'à la nuit suivante. »

LES POCHES PERCÉES.

J'étais assis, un matin, dans le jardin des Tuileries, sous les grands marronniers, respirant la fraîcheur de l'air, quand mon attention fut attirée par un bruit de sanglots. Je me retournai et j'aperçus, derrière l'arbre contre lequel j'avais adossé ma chaise, une petite fille pauvrement vêtue qui pleurait amèrement. Lui ayant demandé la cause de son chagrin, j'appris qu'elle avait perdu une pièce de deux sous que sa tante lui avait donnée.

— Où l'as-tu perdue? lui demandai-je, sans trop songer que si elle avait su où elle l'avait perdue elle aurait probablement su aussi la retrouver.

— Dans la rue ou ici, me répondit-elle; je ne sais pas.

— Et où l'avais-tu mise?

— Je l'avais serrée dans ma poche, mais je viens de la chercher et je ne l'ai plus trouvée.

Je regardai machinalement sa poche : elle pendait, retournée, hors de sa robe, et elle était percée d'un grand trou.

— Savais-tu que ta poche avait un trou? lui dis-je.

— Oui, je savais qu'elle en avait un petit, mais je ne croyais pas que ma pièce passerait à travers.

Je pris dans ma bourse une pièce de deux sous, et je la donnai à la petite fille, en lui recommandant de faire ma reprise à sa poche afin de ne plus perdre son argent.

Elle me regarda; la surprise, la joie, brillèrent dans ses yeux mouillés de larmes, et après avoir balbutié un remercîment, elle s'en alla en courant.

Quelques instants après, un jeune homme que j'avais rencontré plusieurs fois dans le monde et avec qui j'avais échangé quelques poignées de main passa dans l'allée où j'étais assis; il m'aperçut et s'approcha de moi.

— Eh bien, mon cher ami, me dit-il, vous savez ma bonne fortune?

— Quelle bonne fortune? demandai-je.

— Quoi! vous n'avez pas appris cela par les journaux?

— Je ne sais pas ce que vous voulez dire.

— C'est moi qui ai Phanor.

— Qu'est-ce que Phanor?

— Vous ne connaissez pas Phanor, ce magnifique chien de chasse, l'épagneul écossais qui a obtenu le premier prix à la grande exposition!

— Vous l'avez acheté?

— Presque pour rien; c'est une chance incroyable : il n'est monté qu'à neuf cents francs.

— Je croyais que vous n'étiez pas chasseur.

— Je le suis devenu, mon cher, pour mon bonheur, pour mon salut. Vous savez que j'ai collectionné de vieilles armes, puis des tabatières; mais je commençais à m'en lasser et j'étais sur le point de m'ennuyer, quand le goût de la chasse m'est venu, un jour qu'il m'est arrivé, je ne sais comment, de tuer une alouette. J'ai trouvé enfin ce que je cherchais, une vraie passion, une manie, et celle-là, j'en suis sûr, durera autant que ma vie. Je viens de louer une forêt aux environs de Paris; j'ai une meute, des gardes avec des rabatteurs les jours de chasse.

— C'est un train de prince, lui dis-je.

— Oui, cela coûte un peu cher, c'est vrai; reprit-il en riant; mais qu'importe? mon revenu y suffit. Payer le plaisir au taux de sa fortune, je ne vois pas ce que l'on pourrait faire de mieux dans cette vie... Mais pardon, il faut que je vous quitte : j'ai un rendez-vous avec un homme qu'on dit unique pour dresser les chiens d'arrêt; je veux lui confier Phanor.

— Pauvre garçon! me dis-je en le voyant s'éloigner. Lui aussi, comme la petite fille de tout à l'heure, il a sa poche percée. Je crains bien qu'à la fin de sa vie il ne regrette amèrement d'avoir dissipé follement une fortune dont il aurait pu faire un si bon usage.

J'étais en train de réfléchir à tout ce qu'un prodigue pourrait accomplir de beau et d'utile avec l'argent qu'il perd en vaines fantaisies, quand trois messieurs vinrent s'asseoir sur les chaises placées à côté de la mienne. Ils étaient si près de moi qu'il m'était impossible de ne pas

entendre leur conversation. Je ne tardai pas à comprendre que c'étaient d'anciens camarades de collége qui se retrouvaient après des années de séparation, à la façon dont ils s'interrogeaient mutuellement sur ce qu'ils étaient devenus durant le temps écoulé.

— Pour moi, dit l'un, que l'on appelait Roger, j'aurai bientôt fini de vous raconter mon histoire : je n'ai rien fait, je ne fais rien, et il est maintenant certain que je n'en ferai jamais davantage.

Les deux autres se récrièrent, s'étonnèrent qu'un homme tel que lui, bien doué et devant qui tant de carrières s'ouvraient, eût renoncé à toute activité et préférât un inutile loisir à la belle position qu'il eût pu acquérir dans le monde.

— Bah! répondit-il, à quoi bon? Je ne saurais m'assujettir aux exigences d'une profession, d'un travail régulier quelconque. J'ai commencé mon droit, mais je m'en suis bientôt dégoûté et je l'ai quitté pour l'étude de la médecine, dont je n'ai pas tardé non plus à reconnaître les inconvénients. Bref, j'ai tout laissé là; les années se sont passées je ne sais comment, et maintenant il est trop tard pour rien entreprendre. Je m'ennuie, c'est vrai; mais qu'y faire? Le joug d'un métier me pèserait plus encore que l'oisiveté; du moins, je suis indépendant. Je consomme, je paye mes impôts; je ne dois rien à la société. Personne n'a le droit de me demander compte de mon temps. Mais laissons ma personne et parlons de vous; le sujet sera plus intéressant.

— Moi, dit le plus jeune des deux autres, je suis homme de lettres, comme on dit, et je vis de ma plume.

— Tu te fais injure en pensant nous l'apprendre, interrompit Roger; ta gloire (et il prononça ce mot avec une nuance d'ironie), ta gloire est venue jusqu'à nous. Tout le monde à Paris admire tes vaudevilles, tes romans.

— Raille à ton aise, repartit l'homme de lettres avec bonhomie; je ne suis pas fier d'amuser les oisifs et les badauds.

Voyant qu'ils pouvaient parler librement, ses deux amis manifestèrent leur surprise de ce qu'après ses fortes études au collége, ses brillants succès universitaires, il ne se fût pas adonné à un genre de littérature plus sérieux et n'eût pas mis son talent au service de quelque noble cause.

— J'ai choisi le genre le plus facile et le plus productif, répondit-il; il n'y a aujourd'hui que les œuvres légères qui rapportent à un auteur ce qu'il est pressé d'acquérir, fortune et réputation. Ma conscience en murmure quelquefois, et il m'est arrivé de prendre mon métier en dégoût; mais, que voulez-vous? ce n'est pas ma faute si les hommes aiment mieux être distraits qu'instruits, étourdis qu'éclairés, s'ils n'ont d'argent et d'applaudissements que pour payer le gros rire et l'émotion vulgaire des sens. J'ai servi le public selon ses goûts, et aussi, je l'avoue, selon mes intérêts.

Après un instant de silence, le troisième interlocuteur, interpellé par ses amis, prit à son tour la parole.

— Pour moi, dit-il, vous vous le rappelez, dès la rhétorique et malgré la philosophie, l'ambition politique était mon rêve; j'ai toujours eu le goût du pouvoir : je me suis donc engagé dans la carrière administrative, où, grâce à quelques hautes protections, et aussi, j'ose le dire, à moi-même, je suis maintenant en bon chemin.

— A la bonne heure, s'écria le littérateur, voilà un digne emploi de la vie! Tu es dans la pratique, dans la vérité. Tu es utile, presque nécessairement. D'un mot, tu accomplis une bonne action; d'un trait de plume, tu décrètes le bien : c'est le fiat lux du Créateur.

— Que parles-tu de bien et de bonnes actions, mon bon ami! répliqua le futur homme d'État. Rêveries de poëte! ce n'est pas de cela qu'il s'agit. Je suis attelé au gouvernement : j'emboîte le pas derrière les autres, je tire à mon rang dans l'ornière qui m'est tracée, et voilà tout. Je ne suis pas assez fou pour me mêler de ce qui ne me regarde pas, pour risquer de me compromettre par un zèle qui pourrait paraître importun. J'ai mon avenir à ménager, et je n'ai pas trop de toute mon influence pour me pousser en avant et pour déjouer les manœuvres de mes rivaux. Il faut que j'arrive, et j'arriverai.

Après ces mots, les trois jeunes gens se levèrent et s'éloignèrent en continuant à causer.

— Encore des poches percées! me dis-je. Le premier perd son temps, le second son talent, et le dernier son influence, trois trésors qui leur avaient été confiés et qui auraient dû devenir féconds entre leurs mains.

J'aurais poursuivi plus longuement mes réflexions sur ce sujet si je n'avais été arrêté par cette idée, qu'en m'occupant à sonder la poche des autres, j'oubliais d'examiner l'état de la mienne.

PROMENADES D'ÉTÉ.

Voy. p. 141, 175, 247, 271.

Au milieu des êtres vivants qui de toutes parts nous environnent, nous aurions dû nous demander d'abord : *Qu'est-ce que la vie physique?* Mais avant de répondre à cette grande et difficile question, il était nécessaire de faire préalablement connaissance avec quelques-uns de ces êtres.

Pour s'assurer si un homme vit ou s'il est mort, que fait le médecin? — Il commence par lui tâter le pouls. — En effet, le pouls est la sentinelle de la vie : il indique si l'organe central de la circulation du sang, si le cœur continue de fonctionner. C'est donc un *mouvement* que l'explorateur cherche, un mouvement qui n'a rien de commun avec celui que nous pouvons faire avec nos membres. Vous en comprendrez facilement la différence : le mouvement de nos bras et de nos pieds dépend de notre volonté; la circulation du sang échappe à toute volonté humaine. Vous pouvez, sans doute, accélérer la circulation par un violent exercice musculaire; vous pouvez même la ralentir par l'ingestion de certaines substances, comme la digitaline, alcali végétal extrait de la digitale pourprée; mais ce ne sont là que des troubles passagers : jamais vous ne commanderez à votre cœur comme à votre bras, et si vous vouliez en faire cesser les battements seulement pour une heure, vous ne le pourriez qu'à la condition de vous ôter irrémédiablement la vie. Vous êtes libre de vous tuer : l'homme, malheureusement, use quelquefois de cette liberté; l'animal seul ne connaît pas le suicide. Mais n'oubliez jamais que celui qui s'ôte lui-même la vie brise un ressort qu'il tient de Celui qui l'a créé, et ce créateur n'est pas un homme!

Revenons à notre point de départ. Vous ne serez peut-être pas fâché de voir d'un peu plus près le *liquide* dont le mouvement ne dépend pas de la volonté humaine. Commencez alors par vous piquer jusqu'au sang avec une épingle. Il faut bien souffrir un peu pour la science. Pressez maintenant la piqûre de manière à en faire sortir une goutte de sang. Enlevez cette goutte à la pointe d'un simple cure-dent, étendez-la sur une lame de verre bien propre, bien transparente, et placez le tout sur la tablette du microscope, exactement au-dessus de l'ouverture circulaire où passe la lumière. Comme l'objectif est très-éloigné de la tablette, ne craignez pas, pour aller plus vite, d'enfoncer, de rapprocher le tube avec la main. Assez : je vois que la lentille est bien près de la lame de verre. C'est le moment

de faire manœuvrer avec la main gauche la vis de rappel, et de mouvoir bien doucement avec la main droite la lame, afin de mettre l'objet exactement au foyer. A présent, qu'apercevez-vous? — J'aperçois une quantité innombrable de corpuscules ronds, couleur de rouille ; la plupart sont réunis par groupes irréguliers. (Fig. 1 : grossissement de 300 fois.) — Le mot *couleur de rouille*, dont vous venez de vous servir, est plus vrai que vous ne croyez : non-seulement ces corpuscules du sang rappellent, par leur couleur, l'oxyde de fer ou la rouille, mais ils renferment réellement du fer. Ce métal, universellement répandu dans la nature (toutes les terres ocreuses en contiennent), fait partie intégrante de notre corps ; il se retrouve presque tout entier dans la matière colorante du sang, et cette matière réside dans les corpuscules. Vous avez été bien inspiré d'employer le mot *corpuscules* au lieu de celui de *globules*, qui est, quoique à tort, plus usité.

Vous allez vous convaincre par vous-même combien la dénomination de *globules* est ici impropre. Ajoutez au sang une goutte d'eau et couvrez le tout d'une lame de verre. Que remarquez-vous? — Les corpuscules sont plus écartés les uns des autres et plus distincts. Mais je remarque aussi, à ma grande surprise, qu'ils n'ont pas tous la même forme : les uns sont parfaitement ronds, tandis que les autres sont à contours plus irréguliers. — Choisissez, pour le fixer du regard, un de ces corpuscules arrondis qui soit bien isolé des autres. — En voici un. Je vois distinctement qu'il n'est pas sphérique : il est sensiblement aplati, de manière à laisser un point sombre au centre. Attendez que je m'assure, au moyen de la vis de rappel, si ce point est un creux ou une saillie. C'est un creux, car il devient clair quand j'éloigne l'objectif, et plus sombre par la manœuvre inverse. Les corpuscules ronds sont donc de petits godets, des disques concaves au milieu, et, je le vois maintenant, le nom de *globules* ne saurait leur convenir. Mais qu'est-ce que les autres corpuscules, qui n'ont pas tous à fait la même forme? Leur présence dans le sang m'intrigue, je l'avoue, singulièrement. — Calmez votre imagination. Ce que vous prenez pour des corpuscules d'une autre espèce sont les mêmes corpuscules ronds que vous venez de fixer; seulement, au lieu de voir de face leurs disques, vous les voyez de profil, et ils paraissent alors plus étroits, voilà tout. Mais vous ne me dites rien de leur grandeur. — Je serais fort embarrassé de vous en parler. A quoi voulez-vous que je les compare? à la fraction d'un petit grain de sable? Mais un demi, un tiers, un quart de grain de sable, quelque petit qu'il soit, sera toujours visible à l'œil nu, tandis qu'aucun corpuscule sanguin ne l'est. Tirez-moi, je vous prie, de mon embarras. — Prenez cette plaque de verre, et examinez-la au microscope. Qu'y voyez-vous? — Une série de petites lignes parallèles, tracées à des intervalles parfaitement égaux; il y en a qui ressortent davantage, parce qu'elles sont plus longues. Elles sont aussi placées à des distances égales, de cinq en cinq. (Fig. 2; elle ne représente qu'une partie du tout.) — Ces lignes que quelques mots vous venez de décrire, tin instrument fort utile aux observateurs qui veulent mesurer les infiniment petits ! on l'appelle *micromètre*. Je vais vous en donner maintenant la clef.

Chacun de ces intervalles dont vous avez lieu d'admirer l'égalité parfaite, car elle prouve l'habileté du fabricant artiste, chacun de ces intervalles, qui sont au nombre de cent, représente la cinq-cent-millième partie d'un mètre, ou la cinq-centième partie d'un millimètre, = $0^{mm}.002$. L'échelle micrométrique que vous avez sous les yeux est donc un cinquième de millimètre, = $0^{mm}.2$ (à peu près le quart du diamètre d'une tête d'épingle de moyenne grosscur), divisé en cent parties. Placez sur cette échelle une goutte de sang mêlée d'une goutte d'eau, que vous recouvrirez, comme d'habitude, d'une lame de verre ; puis regardez et comparez. — Les corpuscules du sang sont plus gros que les divisions du micromètre. — Combien vous faut-il de ces divisions ou de ces intervalles, dont chacun mesure $0^{mm}.002$, pour avoir le diamètre d'un corpuscule sanguin? — Il m'en faut trois; d'où je conclus que la largeur ou le diamètre d'un de ces corpuscules est de six millièmes de millimètre ($0^{mm}.006$). — Voilà donc comment vous êtes parvenu à connaître le diamètre des corpuscules de votre sang. — Pourquoi dites-vous de *votre* sang? Est-ce que mon sang, à moi, diffère de celui des autres? Est-ce que le sang même des animaux diffère de celui de notre espèce? — N'en doutez pas. Les corpuscules sanguins de l'homme varient; suivant l'âge, le sexe, la constitution, la race, etc., de $0^{mm}.006$ à $0^{mm}.0083$. Ceux du veau sont de $0^{mm}.0056$ à $0^{mm}.0062$; ceux du cochon d'Inde, de $0^{mm}.007$ à $0^{mm}.0072$; ceux de la souris, de $0^{mm}.006$ à $0^{mm}.0063$.

Dans tous ces animaux, comme dans tous les mam-

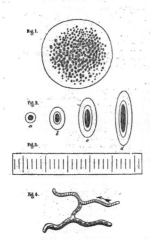

Fig. 1.

Fig. 2.

Fig. 3.

Fig. 4.

mifères, les corpuscules sont aplatis et déprimés au centre; ils sont également ronds chez tous les mammifères, à l'exception de quelques ruminants. Dans les trois autres classes de vertébrés, dans les oiseaux, dans les reptiles, dans les poissons, les corpuscules sanguins sont ovales ou elliptiques, renflés au centre et pourvus d'un petit noyau ou *nucleus* visible par l'action de l'eau. Quant à leur grandeur, ils sont, dans le pigeon, longs de $0^{mm}.0125$; de $0^{mm}.021$ à $0^{mm}.026$ dans la grenouille; de $0^{mm}.030$ dans le requin. Vous remarquerez cette gradation de la longueur des corpuscules sanguins : elle augmente depuis les oiseaux jusqu'aux poissons. (Fig. 3 : *a*, corpuscule sanguin de l'homme; *b*, corpuscule sanguin du pigeon; *c*, corpuscule sanguin de la grenouille; *d*, corpuscule sanguin du requin : grossissements de 500 fois.)

Je viens de nommer la grenouille, ce martyr des physiologistes expérimentateurs. Voulez-vous assister au spectacle de la circulation du sang? Prenez cette rondelle de liége, et pratiquez-y, avec le canif, un trou circulaire. — C'est fait. — Prenez maintenant cette grenouille dans ce bocal; je l'ai péchée à votre intention. Vous voyez cette membrane qui réunit les intervalles des doigts des pattes : étalez la membrane interdigitale de la patte postérieure au-dessous du trou que vous venez de pratiquer, et fixez-la avec des épingles sur la rondelle de liége. Mais, afin que vous ne soyez pas gêné dans votre petite opération, enveloppez d'abord la grenouille dans un linge, et posez-la, solidement enveloppée, sur un support ou sur quelques livres, de manière qu'elle soit placée à la même hauteur que la tablette du microscope. Cela fait, mettez la membrane au foyer de la lentille, et dites-moi ce que vous voyez. — O merveille ! est-ce là le sang qui marche? On le dirait poussé par un invisible ressort et coulant dans des canaux tortueux qui se ramifient? Mais je remarque que ce mouvement n'est pas uniforme et qu'il ne va pas partout dans le même sens : le sang qui va de la patte ou du corps de la grenouille aux extrémités de la membrane interdigitale marche plus vite que le sang qui revient de ces extrémités au corps. Dans le premier, il est impossible de bien distinguer les corpuscules, tant le mouvement est rapide. Dans le dernier, j'aperçois, au contraire, distinctement les corpuscules : ils cheminent un à un, d'une manière saccadée, et avec assez de lenteur pour permettre de voir qu'ils sont parfaitement ovales, bien transparents et d'un jaune clair. (Fig. 4 : *a*, courant du sang artériel ; *b*, courant du sang veineux.) — Vous pourrez maintenant me définir le sang et m'en expliquer peut-être les deux courants opposés. — Le sang, donc, est un liquide incolore dans lequel nagent des corpuscules d'un jaune clair, qui, vus en grandes masses, donnent une couleur rouge. Quant à son double mouvement; voici comment je me l'explique. Tous les animaux ayant été créés, je le suppose, sur le même plan, la grenouille doit avoir un cœur ; et ce cœur doit, par sa contraction, chasser vivement le sang jusqu'aux extrémités les plus déliées du corps, d'où il revient, par un mouvement inverse, plus lent, à l'organe central de la circulation. — Votre définition et votre explication sont parfaitement exactes. Vous auriez pu ajouter que le sang qui va du centre aux extrémités s'appelle *sang artériel*, et que celui qui revient des extrémités au centre prend le nom de *sang veineux*. Mais cette distinction est moins marquée dans les animaux inférieurs, à sang froid, et propres à vivre dans l'eau comme sur la terre ferme (amphibies), que dans les animaux supérieurs, à sang chaud.

En résumé, voici la conclusion à laquelle nous conduit l'expérience unie au raisonnement : Tous les animaux, et, par analogie, tous les végétaux, renferment un liquide qui sert à l'accroissement de leurs parties et au développement de leurs formes variées. Ce liquide nourricier contient à son tour des corpuscules qu'on a voulu considérer comme autant d'êtres particuliers, comme de véritables individualités. Quoi qu'il en soit de cette hypothèse, ces corpuscules, — ceci est certain, — naissent; vivent et disparaissent : naissances et extinctions d'infinitésimaux se renouvellent un grand nombre de fois avant que le corps qu'ils entretiennent, avant que le véritable individu, leur somme ou intégrale, vienne, par sa décomposition, mettre fin à la scène de la vie. La vie physique est donc une force moléculaire qui se manifeste par un renouvellement et un mouvement de rotation temporaires de la matière autour des formes ou des types d'une variété infinie. Mais, pour produire cet effet, quel engrenage d'imperceptibles roues! quelle force mystérieuse !

L'ARC DES CHANGEURS, A ROME.

L'arc des Changeurs, à Rome. — Dessin de Lancelot.

L'arc des Changeurs fut dédié à l'empereur Septime Sévère par les marchands, les banquiers et changeurs du marché aux bestiaux, dont il ornait un des côtés. Sur la frise, une longue et pompeuse inscription célèbre les vertus de la famille régnante ; mais on sait quels furent les crimes de plusieurs de ses membres. Caracalla, après avoir tenté d'assassiner son père Septime, fit tuer son frère Géta afin de régner seul. Puis il fit effacer le nom et la figure de sa victime sur tous les édifices où il était fait mention de Géta. Ce petit arc du *Forum Boarium* porte, aussi bien que le grand arc triomphal du *Forum Romanum*, les traces visibles de cette mutilation. Tous deux, du reste, sont bien des monuments de décadence : exécution négligée, style

abâtardi, figures longues, roides et sans caractère, tout y est faible. Construit quelques centaines d'années plus tôt et dans les mêmes dimensions, l'arc des Changeurs eût pu être un chef-d'œuvre ; après les Antonins (180 ap. J.-C.), l'art, épuisé, ne pouvait plus que décliner rapidement, et on avait perdu le secret de faire grand avec de petits moyens.

Mais à Rome tout est intéressant : nulle part de plus frappants contrastes ne saisissent l'imagination. Voici un monument du paganisme dont les flancs de marbre sont couverts de représentations de sacrifices ; il se confond avec la pauvre église de Saint-Georges au Vélabre, qui paraît plus vieille que lui.

Et ce vieux quartier du Vélabre, lui aussi, a bien changé de face pendant la suite des âges : avant Rome, marais sauvage, il a vu naître la légende de Romulus et de sa louve; sous les rois, quartier opulent, il devint un lieu bas, bruyant et malfamé.

Et aujourd'hui le voilà redevenu ce qu'est aussi le palais des Césars : une solitude.

LETTRE DE FRANKLIN A SA BELLE-SŒUR
SUR LA PERTE DE SON MARI.

Je partage votre affliction, ma chère sœur; nous avons perdu un proche parent, un ami très-cher et très-vénéré. Mais la volonté de Dieu et de la nature est que nous dépouillions ces corps mortels pour que l'âme puisse entrer dans la véritable vie. Notre existence ici-bas est à l'état de germe, une préparation à vivre. Un homme ne naît complétement que le jour où il meurt. Pourquoi donc nous attrister de ce qu'il est né un immortel de plus, de ce qu'un membre nouveau se joint à la glorieuse phalange. Nous sommes des esprits à qui des corps sont prêtés, tant qu'ils peuvent nous donner du bien-être, nous aider à acquérir du savoir, à faire du bien à nos semblables; c'est là une sage et bienveillante dispensation de la Providence. Quand ces corps deviennent incapables de remplir leur tâche, quand au lieu de bien-être ils nous causent de la souffrance, qu'ils nous sont une entrave au lieu d'une aide, et ne répondent plus aux intentions pour lesquelles ils nous sont donnés, il est utile et bon, qu'il y ait une voie qui nous en débarrasse. Cette voie, c'est la mort. Il nous arrive à nous-mêmes, dans certains cas, de choisir prudemment une mort partielle. Si un membre mutilé et douloureux ne peut guérir, nous le faisons couper. Celui qui se fait arracher une dent s'en sépare d'autant plus volontiers qu'elle emporte avec elle la douleur; et celui qui quitte son corps divorce avec toutes les souffrances, avec toutes les chances d'infirmités ou de maladies auxquelles ce corps était sujet, et qu'il pouvait lui infliger.

Notre ami, ainsi que nous, était convié à une fête éternelle. Il a été appelé le premier et a pris les devants. Nous ne pouvions partir tous à la fois. Pourquoi nous affliger; puisque nous devons bientôt le rejoindre, et que nous savons où le trouver? Adieu! B. FRANKLIN.

SUR LE PRIX DE L'ARBALÈTE.
Voy. p. 139.

On peut voir, au Musée de Cluny, un prix d'arbalétriers tout à fait analogue aux deux objets de ce genre reproduits page 140. C'est aussi un travail allemand. Il a été acquis pour le Musée à la vente de la galerie de M. Louis Fould, en 1860. On en a publié une figure, de la grandeur de l'original, dans la *Description des antiquités*, de feu M. Louis Fould, publiée, en 1861, par M. Chabouillet. Ce précieux et rare monument de la fin du quinzième siècle porte le numéro 3137 dans le deuxième supplément du Catalogue du Musée de Cluny.

AYEZ PITIÉ D'EUX.

Vous qui aimez l'étude, les lettres, les sciences, ne reconnaissez-vous pas que c'est l'instruction qui vous aide le plus à mettre à profit votre rapide séjour sur la terre? Pensez donc à ce qu'il y a de fatal dans l'ignorance, qui prive tant d'hommes, vos semblables, vos contemporains, de ces puissants moyens de fortifier leur intelligence; d'éclairer leur raison, de se reposer de leurs durs travaux par d'agréables et dignes récréations de l'esprit. Pour peu qu'ils entrevoient le prix de cette instruction, dont vous avez le privilége, ne doivent-ils pas jeter un triste regard sur la vie comme sur une partie perdue? Recueillez-vous : demandez-vous comment vous vous êtes élevé à ce monde supérieur de faits et d'idées où vous avez appris à estimer l'existence et à en mesurer la véritable grandeur. Songez ensuite aux âmes qui, dans l'obscurité où elles cherchent si péniblement leur voie, vous considèrent en quelque sorte comme des êtres d'une nature toute différente de la leur. Répondez avec sincérité : Consentiriez-vous, en échange même de ces richesses matérielles, aujourd'hui si enviées, à descendre, si la chose était possible, de ces hauteurs de l'instruction où vous vivez dans la lumière, aux régions basses et sombres où votre peu de clarté laisse languir vos frères? Êtes-vous plus ou sont-ils moins que des hommes? Vous chercheriez en vain à vous défendre. L'ignorance du peuple est la faute de votre égoïsme ou de votre orgueil. FORSTER.

LA RELIGION DES ÉGYPTIENS
N'ÉTAIT PAS UN PANTHÉISME.

Nous recevons de M. Henri Martin la lettre suivante :

« Vous avez bien voulu citer de moi (page 174) quelques lignes sur l'esprit de la religion des Gaulois. Mes récentes plus récentes ont fait que confirmer à mes yeux cette appréciation du druidisme; mais, en même temps, elles m'obligent à vous prier de rectifier une erreur historique sur un autre point. Je parlais, dans ce même passage, du panthéisme *indo-égyptien*. Le panthéisme est, en effet, le fond du brahmanisme indien; mais la traduction des principaux chapitres du *Livre des morts* de l'Égypte, par MM. de Rougé et Birch, nous a désabusés quant à la religion égyptienne. La religion d'Osiris, qui dominait l'Égypte dès siècles avant Moïse et probablement même longtemps avant Abraham, est analogue par son esprit, non point au brahmanisme, mais, au contraire, au druidisme et au mazdéisme. C'est une religion de personnalité, d'activité, de combat contre le mal, et non de contemplation et d'absorption. Osiris est Dieu créateur et père, et l'individualité humaine est indestructible, avec pleine conscience d'elle-même dans l'immortalité. C'est là une des plus grandes découvertes de la science moderne sur l'antiquité.

» Tout à vous cordialement. » H. MARTIN.

PERSONNAGES CÉLÈBRES DE L'ORIENT.
Voy. t. XXVI, 1858, p. 361; — t. XXVII, 1859, p. 177; t. XXIX, 1861, p. 188.

IV. — DOUCHAN LE FORT, PREMIER EMPEREUR SERBE,

Douchan est le Charlemagne serbe. Comme tous les fondateurs d'empires, il apparaît dans l'histoire sous la double face du conquérant et du législateur.

Son règne représente le point culminant de la puissance serbe. Il y avait juste sept siècles, à l'époque de son avénement (1336), que les tribus serbes, encore païennes, avaient quitté les rivages de la mer du Nord et les bords de l'Elbe pour s'établir, du consentement de l'empereur grec Héraclius, dans la contrée située entre le Danube, la

Save et le Timok, d'où elles refluèrent bientôt à l'ouest et au sud jusqu'à l'Adriatique et aux frontières de l'ancienne Grèce. Converties au christianisme sous l'empereur Basile le Macédonien, on les avait vues, depuis la séparation définitive des deux Églises (1054), osciller entre Rome et Constantinople, à laquelle elles devaient rester unies en dernier lieu. Elles avaient, de même, subi de nombreuses vicissitudes politiques; indépendantes à l'origine sous leurs chefs nationaux (*joupans*), puis tour à tour sujettes ou vassales des Grecs et des Bulgares, jusqu'au moment où un de leurs chefs, Stefan (Étienne) Nemania, après avoir réuni toutes les joupanies sous son autorité, se rendit indépendant des monarques de Byzance, et prit le titre de roi (*kral*) que ses descendants portèrent après lui. En 1195, le saint roi (*sveti kral*), comme l'appellent les Serbes, se retira dans un monastère du mont Athos, où il devint moine sous le nom de Siméon, suivant la coutume grecque qui veut que tout religieux en se cloîtrant quitte son nom pour en prendre un autre commençant par la même lettre (¹).

Douchan descendait en cinquième ligne du fondateur de la monarchie serbe. Il était fils d'Étienne Nemania, huitième du nom, et de Smilla, fille du roi des Bulgares. Il avait passé une grande partie de sa jeunesse à Constantinople avec son père, disgracié et exilé par son aïeul Milontine (1307-1317). Entre l'époque de son retour et celle de son avènement se place une série de révoltes, de violences, d'attentats, comme il s'en rencontre à chaque pas dans l'histoire de ces temps, et auxquels il ne fut que trop mêlé, s'il est vrai, comme le rapportent les chroniqueurs, qu'il ait hâté lui-même la fin de son père, se frayant par le parricide un chemin au trône qu'il devait illustrer par ses grandes actions.

Cependant ces mêmes chroniqueurs s'accordent en général à célébrer sa douceur, le charme de son visage et cette grâce aimable qui lui avait fait donner par ses parents le surnom de *Douchan* (en serbe, doux, gracieux), auquel s'ajouta plus tard celui de *Silni*, le Puissant, le Fort. Il est vrai que quelques-uns, au rebours, le peignent avec une taille gigantesque, les traits rudes, une physionomie effrayante. Le portrait que reproduit notre gravure, d'après des fresques et des médailles, ne présente, par malheur, aucune garantie d'authenticité, ce qui laisse la question indécise. Une seule chose demeure hors de doute, c'est le génie politique de Douchan, son talent pour la guerre, la justesse et l'étendue de ses vues. S'il reste de son époque par son caractère, il la dépasse par ses idées.

Moins de dix ans après son avènement, il avait subjugué ou rangé sous ses lois toute la Péninsule. La Bosnie était incorporée à ses États. La Bulgarie lui payait tribut. Raguse s'était placée sous sa protection. L'Épire, la Thessalie, l'Étolie, l'Acarnanie, la Macédoine, avaient été enlevées aux Grecs, réduits désormais à l'étroit triangle que dessinent sur la carte Salonique, Constantinople et Bourgaz Il touchait par Salonique à l'Archipel, par la Bulgarie à la mer Noire, par Belgrade au Danube et à la Save, par Raguse à l'Adriatique. Le titre de *kral* porté par les premiers Némanitch ne convenait plus au possesseur de tant d'États; Douchan y ajouta celui de *tsar* (empereur), comme plus en rapport avec sa fortune. *Étienne, en Dieu le Christ, roi et empereur de Serbie et de Romanie* (²): ainsi le voyons-nous désigné dans les chartes et les chryso-

bulles. Dans les diplômes des ambassadeurs, conservés aux archives de Venise, dans les bulles et les lettres du saint-siège, il est qualifié d'*imperator Rasciæ* (Serbiæ) *ac Romaniæ*. En 1349, la Sérénissime république inscrivit son nom sur son livre d'or.

Sur les sceaux et sur les médailles, il est représenté tenant dans sa main le globe impérial surmonté de la croix; au revers figure le splendide écusson du tsar, dont nous empruntons la description au neuvième volume du *Glasnik*, ou Recueil des mémoires de la Société serbe de Belgrade.

Le champ de l'écu est formé de onze quartiers. Au milieu sont les armes de la maison de Nemania : sur un champ de gueules, un aigle blanc éployé, à deux têtes couronnées, et, sous les ailes, deux fleurs de lis d'or. Les autres divisions de l'écu représentent les armoiries des divers États dont se composait l'empire serbe sous Douchan, savoir :

La Bulgarie, un lion couronné debout, d'or sur champ de gueules;

La Slavonie, trois lévriers, de gueules sur champ d'argent;

La Bosnie, deux clefs croisées, à têtes de nègres, couvertes à leur intersection d'un écu de gueules portant un croissant d'argent sous une étoile;

La Macédoine, un lion debout, de gueules sur champ d'or;

La Dalmatie, trois têtes de lion couronnées, d'or sur azur;

La Serbie, une croix flanquée de quatre briquets dans les intervalles angulaires laissés sur l'écu par les bras;

La Croatie, un écu en échiquier, de vingt carrés argent et gueules;

La Rascie (Serbie méridionale), trois fers à cheval renversés sur champ d'azur;

La Primorie (portion de l'Herzégovine et du littoral adriatique), un bras cuirassé armé d'un glaive, sur champ de gueules;

La Grèce, un lion debout sur un fond de huit bandes diagonales, or et argent (¹).

On croit que le même blason figurait, en même temps que l'image du *saint roi*, sur les insignes de l'ordre de Saint-Étienne, institué par Douchan vers 1336 ou 1337, au dire de du Cange, et dont furent décorés en premier lieu plusieurs grands de Serbie, et les ambassadeurs de Raguse qui avaient assisté à son couronnement. Tous les historiens, tant orientaux qu'occidentaux, rapportent le même fait, mais sans en préciser la date, qui nous semble devoir être reportée quelques années plus tard, lorsque Douchan posa sur sa tête la couronne impériale.

Deux grandes mesures, dont les circonstances sont mieux connues, signalèrent son règne : l'institution du patriarcat serbe, et la publication du Code de lois connu encore aujourd'hui sous le nom de *Lois et ordonnances de* Douchan.

Déjà, lors de l'avènement des Némanitch, l'Église serbe avait été dotée de privilèges assez étendus, comme d'élire elle-même son métropolitain et ses douze évêques, et de former des synodes provinciaux. Néanmoins, elle continuait à rester soumise à l'autorité directe des patriarches de Constantinople. Or cette soumission, même avec les restrictions qu'elle comportait, constituait désormais une anomalie ainsi qu'une dérogation au principe, qui est de règle

---

(¹) Il mourut en 1199. En 1203, ses restes furent transportés, par les soins de son fils saint Sava, au monastère de Stoudenitza qu'il avait fondé, et plus tard (1227) transférés à Jitcha (district de Tchatchak).

(²) « Stephanos en Christô tô Theô basileus kai autocratôr tês Ser-« bias kai Rômanias. »

(¹) L'ensemble de ces territoires, la Grèce exceptée, correspond assez exactement aux contrées formant ce qu'on appelle aujourd'hui la *Jougo-Slavie*, ou Slavie méridionale, et qui, morcelées entre la Turquie et l'Autriche, tendent à se réunir de nouveau en un seul faisceau. (Voy. t. XXX, 1862, p. 17.)

dans toutes les contrées orthodoxes, que l'indépendance de l'Église doit suivre celle de l'État. Comment admettre, en effet, que le monarque qui s'annonçait comme l'égal des empereurs d'Orient demeurât soumis spirituellement au patriarche de Constantinople et tolérât l'immixtion d'un pouvoir religieux étranger dans ses États? Il n'y avait donc pas lieu de s'étonner qu'un synode réuni en 1351 à Sères (Macédoine), par ordre de Douchan, et composé des

L'Empereur des Serbes Douchan le Fort. — Dessin de Kautz.

évêques et des principaux laïques de la Serbie, de la Bulgarie et de l'Ochride, proclamât le métropolitain de Serbie indépendant et *égal en tous points* aux patriarches d'Orient. Néanmoins, cette déclaration excita au plus haut degré l'indignation de l'évêque de la nouvelle Rome, Caliste, lequel s'empressa d'excommunier le nouveau patriarche, son clergé et le tsar lui-même. L'anathème ne fut levé que trente années après, en 1376, époque à laquelle le successeur de Caliste, Philothée, reconnut le nouveau siège patriarcal, et admit l'Église serbe au nombre des Églises *autocéphales* (autonomes) de la communion orthodoxe, situation qu'elle a conservée jusqu'à aujourd'hui.

Les *Lois et ordonnances* sont les *Capitulaires* de l'empire serbe. Promulguées le jour de l'Ascension 1349, à la suite d'une grande assemblée présidée par le tsar en personne et le patriarche Joanice, et composée des principaux clercs et laïques de l'empire, elles demeurent comme un curieux spécimen de l'état des mœurs et de la civilisation durant le moyen âge serbe.

Quelques prescriptions sont à noter :

« Les ecclésiastiques ne doivent pas anathématiser les fidèles pour leurs péchés; mais ils doivent leur faire des remontrances avec douceur et sans scandale, et leur représenter deux ou trois fois la grandeur de leur faute; et alors, s'ils n'obéissent pas, ils les excommunieront. » (Art. 5.)

« Si un noble offense gravement une femme mariée, on lui coupera les deux mains et le nez. » (Art. 22.)

« Les nobles dont les troupes pillent le pays seront obligés de payer tout le dégât en repassant par la même contrée. » (Art. 23.)

« Le noble qui, par haine, fait du mal aux colons par le pillage ou l'incendie, ou qui leur joue tout autre mauvais tour, perdra son domaine. » (Art. 28.)

« Pour une parole mauvaise ou déshonnête, le noble

payera cent *perpers* (¹) et le paysan douze perpers, et il recevra la bastonnade. » (Art. 55.)

« Un noble ayant tué un paysan en ville ou à la campagne payera mille perpers; un paysan ayant tué un noble payera trois cents perpers et aura la main coupée. » (Art. 57.)

Les mœurs et les coutumes féodales s'étaient déjà; comme l'on voit, implantées en Serbie. L'ancienne constitution démocratique, signalée par Procope chez les Slaves de la Mœsie, avait disparu peu à peu pour faire place à un régime nouveau basé sur la division et l'inégalité des classes. Cette inégalité, il est vrai, est moins choquante que dans les autres contrées de l'Europe où le système féodal est en vigueur; mais elle tend à s'accroître, sous Douchan, par l'introduction des titres et des usages byzantins : emprunt maladroit, dont Rodolphe le Grand de Valachie devait donner, à un siècle de là, un second et funeste exemple, et qui montre quel prestige conservait, aux yeux des peuples, ce fantôme de l'empire romain.

D'autres innovations, bien que nécessitées peut-être par les circonstances, ne furent pas plus heureuses. Comme Charlemagne, Douchan voulut partager, de son vivant, ses vastes domaines. Il établit son fils unique, Ouroch, un enfant (il n'avait pas plus de dix-neuf ans à la mort de son père, en 1356), *roi* de Rascie, et lui donna à gouverner ses États héréditaires, tandis qu'il régnait personnellement, avec le titre d'*empereur*, sur les pays nouvellement conquis. L'empire tout entier fut partagé en douze grands gouvernements, à la tête desquels il plaça des *voïvodes*, qui, à l'instar de nos grands vassaux, tendaient à se rendre indépendants dans leurs domaines. C'est ainsi que Douchan prépara, sans le vouloir, le démembrement de l'empire serbe, en même temps qu'il favorisa le développement d'une aristocratie nobiliaire en désaccord avec les traditions et les mœurs nationales.

Mais Douchan, alors à l'apogée de sa puissance, ne soupçonnait pas ces germes de dissolution. Comme tous

Blason de Douchan, empereur des Serbes. — Dessin de Kautz.

les fondateurs, il croyait à la durée de l'édifice qu'il avait élevé, et n'était plus préoccupé que d'y poser le couronnement. Ce couronnement, c'était la conquête de Byzance. Douchan s'était fait empereur; mais il ne peut exister en

(¹) Le *perper* était une monnaie d'or valant le quart d'un marc.

Orient deux empereurs, pas plus que, suivant l'adage turc, deux sabres ne peuvent être contenus dans le même fourreau. De 1337 à 1352 il avait soutenu contre les Grecs douze guerres, la plupart heureuses. Déjà maître de leurs plus belles provinces, il convoitait maintenant leur capitale. L'occasion paraissait propice. Menacé au midi par les Turcs, affaibli par des dissensions intérieures, l'empire penchait visiblement vers sa ruine. En 1356, Douchan part à la tête d'une armée de quatre-vingt mille hommes. Une marche de vingt-deux jours le porte à Diavoli, petit village de la Thrace. Il n'est plus qu'à douze lieues de Constantinople. Mais tout à coup il est saisi d'une fièvre ardente, et meurt au bout de quelques jours (20 décembre). A la nouvelle de cette catastrophe, l'armée, frappée de stupeur, s'arrête, puis rebrousse chemin, emportant le cadavre de son chef.

De funestes pressentiments, que l'avenir ne justifia que trop tôt, paraissent avoir assombri ses derniers moments. C'est en vain que, comme s'il eût prévu que ses funérailles allaient être sanglantes, il rassembla autour de son lit de mort les voïvodes, et les conjura de demeurer unis entre eux et fidèles à son fils. A peine eut-il les yeux fermés que, se regardant les uns les autres d'un air farouche, ils s'écrièrent : « A qui sera l'empire? » (*Na come ye tsartvo?*) Fatale question, que devait trancher bientôt le cimeterre musulman !

La mort de Douchan avait rompu le faisceau de l'unité serbe. Démembré, l'empire fut bientôt asservi. En 1367, Ouroch meurt assassiné par Voukachine, le plus puissant des voïvodes. Vingt-deux ans après, l'indépendance serbe expire dans les champs de Kossovo (27 juin 1389).

L'HIVER AU CANADA.

LE SAINT-LAURENT.

Quand on passe des États-Unis au Canada, on est frappé de la différence de température. M. Ampère, de regret-

Glaçons sur le Saint-Laurent, près de Montréal. — Dessin de de Bar, d'après une aquarelle du cabinet de M. Wattemare.

table mémoire, s'exprime ainsi dans ses *Promenades en Amérique :* « Enfin nous arrivons au bord du Saint-Laurent. Il y a quelques jours, j'avais à Boston la température de Naples. C'est un autre climat; un autre monde; le froid est vif; l'eau verte du Saint-Laurent, les montagnes noires qui bornent l'horizon, ont un air septentrional, un air de Baltique. Un pâle soleil est réfléchi par les toits couverts de fer-blanc. L'impression que je ressens est une impression de silence, de tristesse, d'éloignement... » Le même paysage, vu à peu près dans la même saison, par un autre voyageur, peut changer d'aspect et de nature; M. Xavier Marmier, esprit aimable et sincère, dit, d'autre part : « Sous les ombres d'un ciel de novembre, dans ce deuil gris de la nature, tout ce paysage est encore très-riant et très-beau; et du haut de la montagne j'ai passé des heures à regarder ce nouveau coin de terre... cette large baie du Saint-Laurent bordée par les deux îlots de Saint-Paul et de Sainte-Hélène, et à l'horizon les cimes vaporeuses de Sainte-Césaire, Saint-Hilaire, Saint-Thomas, tandis qu'à mes pieds les toits en zinc ou en fer-blanc des maisons de la ville ruisselaient au soleil comme des flots d'argent... »

En hiver, la frontière du Canada ressemble véritablement à la Sibérie. Le Saint-Laurent, entre Québec et Montréal, n'est ordinairement qu'une masse de glace à l'époque de Noël, et quoiqu'il soit rarement pris au-dessous de Québec, du côté de la mer, les glaçons qu'il charrie rendent la navigation impraticable, les roues des steamers se brisant comme verre quand elles rencontrent ces obstacles mouvants. Mais si, pendant la saison mauvaise, les transactions sont interrompues sur le Saint-Laurent, en revanche, la vie de réunions et de plaisirs y gagne tout ce que perd le commerce. Les terribles ouragans de décembre se succèdent sans relâche et transforment les campagnes en une vaste plaine d'une blancheur éclatante et d'un aspect uniforme : toute trace de vie animale, tout signe de vie humaine, ont disparu ; l'hiver sévit dans toute son intensité. Malheur aux mains, aux nez, aux oreilles, qui ne sont pas suffisamment garantis contre les rigueurs du froid !

C'est alors que le Canadien met de côté son *bonnet bleu* (un souvenir de l'ancienne France, de cette Normandie dont il est originaire) ; il prend une coiffure fourrée, des gants fourrés et de larges mocassins, de la forme d'un cerf-volant d'enfant, et d'où le pied ne peut pas glisser dans la neige. Alors apparaissent les véhicules de toute sorte, et surtout les traîneaux, ornés de clochettes dont le son argentin interrompt le silence de la plaine endormie. Des pique-niques s'organisent ; chacun apporte son plat à la maison où l'on doit se réunir ; et des amis qui n'ont pu se visiter pendant l'été, pour une raison quelconque, se voient, davantage pendant l'hiver, grâce aux frimas qui abrègent la distance. Le seul danger de ces excursions, c'est d'être surpris par une tempête de neige ou de rencontrer des crevasses dans la glace au milieu d'un lac ; quelquefois c'est le cheval seul qui tombe dans une fondrière, d'où il faut le tirer avec des cordes.

Les plaisirs finissent avec le dégel, qui commence d'ordinaire vers le milieu d'avril à Montréal, et trois semaines plus tard à Québec. Le Saint-Laurent devient le théâtre d'une affreuse mêlée ; on dirait, pour nous servir des expressions de miss Caroline Bray, dans un ouvrage récent (*the British Empire*; London 1863), que l'hiver veut terminer la série de ses représentations au Canada par une grande scène finale. Sous l'influence du dégel, la glace des lacs et des cours d'eau se rompt et se précipite vers l'Océan en blocs énormes qui sont rejetés par les vagues, de sorte qu'ils bouchent l'entrée du fleuve ; on aperçoit, sur les deux rives, des masses de glace de 500 yards de diamètre (le yard équivaut à 0m.914), que la marée et les courants poussent les unes contre les autres : ainsi se forment des blocs encore plus considérables que les premiers, qui s'élèvent au-dessus de l'eau en prenant les aspects les plus fantastiques ; on dirait presque des montagnes de glace (*icebergs*) des mers polaires : pendant une tempête, ils seraient capables de réduire en poudre les navires qui se hasarderaient dans ces parages.

La navigation, le commerce et même les communications postales, sont ainsi forcément interrompus pendant cinq et quelquefois six mois de l'année ; le seul remède à ce mal, c'est l'établissement de chemins de fer, dont l'exécution se poursuit activement au Canada.

Le grand fleuve dont il est ici question, et sur lequel est située la ville de Montréal, le Saint-Laurent, qui sort de l'extrémité du lac Ontario, a un cours de 1 000 kilomètres de longueur ; mais si on considère ce beau fleuve comme la suite d'une immense masse d'eau, commençant à la rivière de Saint-Louis (lac Supérieur) et venant finir à la mer, en traversant les quatre grands lacs, Michigan, Huron, Érié, Ontario, ce parcours est alors bien plus considérable : il est de près de 3 000 kilomètres.

Montréal, qui fait par ce fleuve un grand commerce, est la ville la plus importante du Canada. Elle est située dans la province basse (Lower Canada), sur la pointe méridionale de l'île de Montréal, au pied d'un rocher, Mont-Royal, qui lui a donné son nom. Elle fut fondée, en 1640, par les Français, à côté du village indien de Hochelaga. Sa population est de soixante mille habitants. Sa cathédrale

(culte catholique) est célèbre ; c'est le plus beau monument de l'Amérique anglaise ; elle peut contenir dix mille fidèles. À Montréal, ainsi que dans le bas Canada, c'est la langue française, ce sont les mœurs et nos coutumes qui prédominent, avec quelques modifications et altérations. Sur des enseignes de boutique, vous lisez : *Manufacture de tabac*; *Sirop de santé, description*, etc. Si vous demandez, en votre qualité d'étranger, quel est parmi les bateaux à vapeur celui qu'il faut prendre, on vous répondra : « Non pas celui-ci ; c'est *le plus méchant* », c'est-à-dire le plus mauvais ; et ainsi du reste. Malgré ces légères imperfections, le voyageur est enchanté, si loin de sa patrie, au delà de l'Océan, d'entendre parler sa langue maternelle, de se promener dans des quartiers portant des noms connus, par exemple le faubourg Saint-Antoine, qui ne ressemble pas à celui de Paris, car c'est un endroit champêtre, plein de verdure et de silence. Toutefois, de ce que le souvenir de la France est encore très-vivant au Canada, il ne faudrait pas se hâter de croire que les habitants veuillent redevenir Français, comme on ne cesse de le répéter à chaque occasion. Le sentiment véritable des Canadiens nous paraît exprimé dans ce dernier couplet d'une chanson écrite en français et bien connue au Canada :

> Originaires de la France,
> Aujourd'hui sujets d'Albion,
> A qui donner la préférence,
> De l'une ou l'autre nation ?
> Mais n'avons-nous-pas, je vous prie,
> Encore de plus puissants liens?
> A tout préférons la patrie ;
> Avant tout soyons *Canadiens*,

GRANDE VILLE DE BOIS

CONSTRUITE EN 1386 POUR UNE EXPÉDITION EN ANGLETERRE (¹).

En 1386, le roi de France Charles VI et ses oncles résolurent de descendre en Angleterre avec une grande armée. À cette époque, les Anglais possédaient Calais, Cherbourg et Brest, et de là faisaient des incursions en Picardie, dans le Cotentin et en Bretagne, enlevant chaque fois, dit le Religieux de Saint-Denis, des hommes et des troupeaux. Une flotte fut équipée, à Tréguier et à Saint-Malo, par le connétable de Clisson ; une seconde à Harfleur, par l'amiral Jean de Vienne ; une troisième à l'embouchure de la Somme, par le sire de Saimpy. En même temps, le duc de Bourgogne rassemblait à l'Écluse une armée que devait commander le roi lui-même. Cette armée se composait d'environ cent mille hommes, Français, Savoisiens et Allemands. Les navires, dont une partie avaient été empruntés, moyennant des loyers élevés, aux Hollandais, à la Prusse et à l'Espagne, étaient au nombre de treize cent quatre-vingt-sept, sans compter les flottes de Picardie, de Normandie et de Bretagne.

Les vaisseaux, dit M. Puiseux, étaient ornés somptueusement comme pour une fête. On ne voyait que peintures et armoiries sur la coque et sur les agrès. De larges bannières de soie flottaient à l'extrémité des mâts, dont quelques-unes étaient recouvertes de feuilles d'argent et d'or « du fond jusques au comble. » Les voiles étaient aux couleurs de chaque commandant.

Le sire de la Trémoille dépensa pour son vaisseau plus

(¹) Extrait d'un très-curieux mémoire de M. Léon Puiseux, professeur d'histoire au lycée impérial de Caen ; publié récemment sous ce titre : *Étude sur une grande ville de bois construite en Normandie pour une expédition en Angleterre en 1386*. Caen, A. Hardel ; Paris, Derache ; 1864.

de 2 000 francs d'or, prés de 100000 francs d'aujourd'hui, rien qu'en peintures. Celui du duc de Bourgogne éclipsait tous les autres. Le dehors en était peint entièrement d'or et d'azur. Aux mâts étaient suspendues cinq grandes bannières aux armes de Bourgogne, de Franche-Comté, de Flandre, d'Artois et de Rethel. Il y avait, en outre, quatre pavillons de mer et trois mille étendards où se lisait la devise du duc : « Il me tarde. » Cette devise était répétée, sur toutes les voiles, en lettres d'or entourées de marguerites d'argent.

Tout un monde de curieux, dames, seigneurs et gens du peuple, se pressait sur les quais de l'Écluse pour jouir de ce spectacle.

Mais la merveille de l'expédition, c'était une grande ville de bois fabriquée à l'avance dans les ports français, sous la direction du connétable. Elle était composée de pièces de rapport qui se rapprochaient, s'engençaient et se détachaient à volonté. On devait la remonter au lieu du débarquement, et la bâtir sur le rivage britannique.

« Le connétable faisoit faire, ouvrer et charpenter en Bretagne l'enclosure d'une ville; et tout de bon bois et gros, pour asseoir en Angleterre, là où il leur plairoit, quand ils y auroient pris terre, pour les seigneurs loger et retraire de nuit, pour eschiver les périls des réveillements et pour dormir plus à l'aise et plus assur. Et quand on se délogeroit de une place et on en iroit en une autre, cesta ville estoit tellement ouvrée, ordonnée et charpentée, que on la pouvoit défaire par charnières, ainsi que une couronne, et rasseoir membre à membre. » (Froissart.)

Cette ville avait des places, des rues, des carrefours, des marchés. Son enceinte, haute de 20 pieds, et d'un diamètre de 3 000 pas, était crénelée et flanquée de 750 tours, disposées de douze en douze pas. On y pouvait loger toute une armée. Ce monstrueux engin formait la charge de soixante-douze navires, qui devaient le transporter des ports de France à l'Écluse et de là en Angleterre.

Ce grand armement coûta à l'État seul de cent à cent dix millions de notre monnaie. Pour y suffire, il fallut frapper sur le pays des impôts tels que depuis cent ans, disait-on, semblables subsides n'avaient été mis en France. Comme toujours, la charge en retomba sur les pauvres gens qui, ne pouvant payer, furent obligés de vendre jusqu'à la paille de leurs lits. Beaucoup d'entre eux, pour échapper à l'impôt, émigrèrent dans le Hainaut et dans le pays de Liége.

Cependant l'été de 1386, puis le commencement de l'automne, se passèrent sans que les flottes quittassent le rivage. Les approvisionnements de vivres étaient épuisés, la solde des gens de guerre n'était plus payée, et, en Flandre comme autour des ports de Picardie, de Normandie et de Bretagne, ils vivaient à discrétion sur le pays.

« Les povres laboureurs, qui avoient recueilli leurs biens et leurs grains, n'en avoient que la paille; leurs viviers estoient peschés, leurs maisons abattues pour faire du feu; et s'ils en parloient, ils estoient battus ou tués. Les Anglois, s'ils fussent arrivés en France, ne pussent point faire plus grande destruccion que les hommes d'armes de France y faisoient. » (Froissart.)

Le roi Charles VI, au lieu de prendre le commandement de l'expédition, célébrait par des fêtes splendides, à Saint-Denis, le mariage de sa sœur, une enfant de neuf ans, avec le fils du duc de Berri. Il se mit en route enfin vers le 7 août, voyageant à petites journées et visitant à loisir Senlis, Amiens et les autres villes de Picardie. A la mi-septembre, il était encore à Arras. Arrivé à l'Écluse, les chefs de l'armée le pressaient de donner l'ordre du départ : « Sire, pourquoi de plus longs retards? On s'est toujours repenti d'avoir différé quand tout était prêt pour agir. » Le roi, qui se laissait gouverner en tout par son oncle le duc de Berri, répondait qu'il fallait attendre ce prince. Mais celui-ci, soit trahison, soit jalousie à l'encontre du duc de Bourgogne, ne venait pas. Les semaines, les mois se succédèrent, et l'armée restait immobile à l'Écluse. Novembre arriva, et avec lui d'effroyables tempêtes et des pluies torrentielles. Les vaisseaux se brisaient à la côte; les munitions et les bagages pourrissaient sur la plage.

La grande ville de bois n'existait plus. Assaillis par des tempêtes, les navires qui la portaient furent dispersés. Les uns furent engloutis, les autres jetés sur le rivage de Calais ou sur la côte d'Angleterre. Quelques-uns parvinrent à gagner l'Écluse, où le jeune roi se donna le stérile plaisir de faire dresser près du port ce qui restait de la ville de bois. Le duc de Bourgogne y logea ses ouvriers et ses artilleurs.

Le roi d'Angleterre, de son côté, faisait trophée des débris de cette même ville qui étaient tombés entre ses mains. Trois des vaisseaux qui en étaient chargés furent poussés dans l'embouchure de la Tamise, et furent amenés à Londres. Richard II fit remonter, par les charpentiers qui avaient été pris, les maisons et les tours de bois, et les exposa, dans Vinchelsea, à la triomphante curiosité des Anglais.

La fièvre de guerre, qui avait un instant échauffé le faible cerveau du roi Charles VI, s'était refroidie pendant les ennuis de cette longue attente sous les brumes de Flandre. Le projet de descente en Angleterre fut abandonné; on licencia l'armée et la flotte. Les hommes de guerre, quittant les côtes pour regagner leurs foyers, marquèrent partout leur passage par d'effroyables dévastations. Quelques détachements avaient été laissés pour décharger la flotte et la mettre en lieu de sûreté. Les Anglais ne leur en laissèrent pas le temps. Ils fondirent sur les vaisseaux français, en brûlèrent une partie et emmenèrent les autres dans leurs ports. Ils rapportaient d'immenses munitions de guerre et deux mille tonneaux de vin, ce qui, remarque le Religieux, les approvisionna pour longtemps de cette boisson si appréciée au delà du détroit [1].

LE DÉFI.

CHANSON ARABE [2].

LA JEUNE FILLE. Je suis l'abîme sans fond que les guerriers de la tribu ne peuvent regarder sans être frappés de vertige. Où trouveras-tu la force d'aller jusqu'à moi?

LE JEUNE HOMME. Et moi, je suis la pluie d'hiver qui se fraye un passage à travers les cailloux du ravin. J'irai réveiller l'écho des profondeurs de l'abîme.

LA JEUNE FILLE. Je suis le chêne planté aux flancs escarpés du rocher que le pied de l'antilope ne saurait gravir. Comment viendras-tu jusqu'à moi?

LE JEUNE HOMME. Et moi, je suis la neige portée dans les plis du nuage argenté. Je viendrai quand il me plaira me poser sur tes branches.

LA JEUNE FILLE. Je suis le lac de glace formé par la chute séculaire des neiges sur le plateau du Zouara. Les

[1] M. Léon Puiseux établit ensuite savamment que « cette grande ville de bois, la merveille du temps, la chose dont on parla le plus en France et en Europe pendant toute l'année 1386, était d'origine normande; qu'elle a été fabriquée notamment dans la forêt de Touques, entre Honfleur et la ville actuelle de Trouville; au Crisset, probablement avec les arbres des forêts de Roumare et de Rouvray; à Gisors et aux environs, avec ceux de la grande forêt de Lions.

[2] Imité de l'arabe par M. A. Cherbonneau. On trouve un motif semblable dans le poëme de Mirèio.

êtres qui m'approchent cessent de respirer. A quoi bon penser à moi?

. LE JEUNE HOMME. Et moi, je suis le rayon de soleil qui vivifie la nature. Je descendrai sur ton cœur pour l'attendrir.

ANCIENS CHARS CHINOIS.

Au onzième siècle, les Chinois étaient déjà parvenus à un grand degré d'habileté dans la construction des chars.

On a conservé un dessin de celui dont les rois se servaient alors dans les grandes cérémonies. Il a quelque chose des formes antiques que l'on remarque sur les bas-reliefs représentant des chars grecs et romains. Il était tiré par quatre chevaux attelés de front. Un officier de second ordre, un fouet à la main, le conduisait, ce qui n'empêchait pas que dans le char même il n'y eût un cocher tenant les rênes à la main. Il avait le roi à sa gauche, qui était le côté honorable : les fonctions de cocher royal étaient alors fort considérées. Quelques-uns des chars du roi avaient deux roues, les autres quatre; on y entrait par devant. Cette

Ancien char chinois.

partie du char était le plus souvent couverte d'une peau de tigre ou de quelque autre animal sauvage.

« Les anciens souverains de la Chine, dit de Guignes, avaient encore un char nommé tching. Il était tiré par

seize chevaux; ce qui servait à faire connaître leur supériorité. On s'est encore servi de ce mot pour désigner la maison d'un prince, par l'expression de cent chars de seize chevaux (pe-tching), un prince ne pouvant posséder

Ancien char chinois.

que seize cents chevaux, selon la loi. Par la même raison, mille chars de seize chevaux (tsien-tching) désignent la maison royale. Dans ces temps anciens, huit cents familles du peuple étaient obligées de fournir un char de

seize chevaux, avec trois capitaines armés de leurs casques et de leurs cuirasses, et vingt-deux fantassins. » Ce sont les dessins de deux de ces chars que nous avons reproduits.

L'ANKOO.

L'Ankoo du Japon (*Lophius setigerus*). — Dessin de Freeman, d'après la *Fauna japonica* de Siebold.

La baudroie de l'océan Oriental, distincte de celle des mers d'Europe et des races voisines originaires de l'Amérique septentrionale et du cap de Bonne-Espérance, a été décrite par Wahl, Bloch et Valenciennes.

Ce poisson est commun dans toutes les mers du Japon. Il atteint une longueur de plus de six pieds. On le vend, en hiver, au marché de Nangasaki : il est très-recherché; sa chair est délicate et fine. Les Japonais lui donnent le nom d'*ankoo*.

Parmi les détails qui le caractérisent, on remarque tout d'abord le développement considérable des lambeaux cutanés qui forment comme une frange sur tout le pourtour de son corps. Ses dents sont plus fines que chez les autres baudroies. Le fond de la bouche, au-devant des pharyngiens, est d'un rouge pourpre tirant au noir et parsemé de taches irrégulières et transversales d'un blanc pur.

LE POLYPHÈME DES RUSSES.

On connaît assez, par l'épisode qu'Homère a introduit au neuvième chant de l'*Odyssée*, le Polyphème des Grecs, ce géant à l'œil unique placé au milieu du front, qui vivait dans un antre et dévorait les malheureux tombés entre ses mains. On se rappelle comment le rusé Ulysse parvint à le tromper, à le priver de la vue et à lui échapper enfin avec plusieurs de ses compagnons. L'ancienne

Grèce n'est pas le seul pays qui ait connu ce mythe. « Il a été également populaire, dit le savant Guillaume Grimm, chez les Persans et les Tartares; et encore aujourd'hui vous l'entendrez raconter dans des contrées fort distantes les unes des autres : chez les Serbes et les Roumains de la Transylvanie, en Esthonie, chez les Finnois, dans les montagnes de la Norvège, et même en Allemagne. Plus que tout autre il semble pouvoir être proposé comme un exemple de la manière dont se répandent et se maintiennent les traditions poétiques. Au moment où il nous apparaît pour la première fois, il nous voile déjà son origine et nous fait présumer qu'il a eu une existence antérieure. Il se montre en des pays éloignés les uns des autres, se maintient à travers les âges, et disparaît pour renaître fort et vivace. Loin de s'attacher au sol où il a pris naissance, il parcourt des contrées différentes, changeant partout de forme et de couleur, se développant ou se rétrécissant, mais laissant toujours deviner sa donnée primitive au milieu de ces métamorphoses incessantes. »

C'est dans la mémoire d'où ces lignes sont extraites, lu à l'Académie de Berlin en 1857 (¹), qu'il faut suivre les curieuses transformations que le mythe a subies en passant d'âge en âge et de peuple en peuple. Toutefois, dans cette étude, le savant Grimm n'a pas épuisé les sources; il s'est contenté de reproduire pour les comparer un certain nombre de récits qui offraient des traits bien distincts et

(¹) Il a été traduit dans la *Revue germonique* du 31 mars 1860.

caractéristiques. En voici un dont il n'a point fait mention, et qui a été publié depuis sa mort dans le recueil allemand *das Inland* ([1]). Ce récit barbare, qui contraste avec la fable ornée par l'esprit brillant et ingénieux de la Grèce, se rapproche par divers traits des légendes conservées dans quelques pays; notamment dans la Serbie et dans l'Esthonie, mais il en renferme aussi qui lui sont tout à fait propres et qu'on ne rencontre point ailleurs.

L'OGRESSE, LE FORGERON ET LE PETIT TAILLEUR.
CONTE RUSSE.

Il y avait une fois un forgeron, qui se dit :

— Je n'ai jamais rien éprouvé de fâcheux. On conte pourtant que le mal existe : je veux aussi le connaître.

Aussitôt il partit, muni de son marteau, à la recherche des aventures. Il rencontra un petit tailleur.

— Dieu te bénisse! lui dit-il.

— Où vas-tu? répondit celui-ci.

— On dit, frère, qu'il y a du mal dans le monde; je n'en ai jamais fait l'épreuve, et je suis en quête d'une mauvaise aventure.

— Faisons donc route ensemble, dit le tailleur; j'ai toujours été heureux, et je cherche aussi le malheur.

En cheminant tous deux, ils arrivèrent à un bois épais et sombre : un petit sentier y pénétrait; ils le suivirent et arrivèrent à une maison de belle apparence; et comme la nuit était venue, ils résolurent de s'y arrêter.

Ils entrèrent : la maison était vide. Ils s'assirent pourtant. Bientôt ils virent paraître une femme grande, maigre, et qui n'avait plus qu'un œil.

— Je vois que j'ai des hôtes, dit-elle; soyez les bienvenus.

— Bonsoir, petite mère; nous sommes venus te demander un gîte.

— Voilà qui est bien; j'aurai au moins de quoi souper.

Les deux aventuriers étaient peu rassurés. La vieille alla chercher une grosse brassée de bois et l'alluma pour chauffer le four; puis, les considérant l'un après l'autre, elle saisit d'abord le petit tailleur, l'égorgea et le jeta dans le four.

Lorsqu'elle l'eut fait rôtir et qu'elle l'eut dévoré, le forgeron lui dit :

— Petite mère, je suis forgeron.

— Que sais-tu forger?

— Je sais tout faire.

— Eh bien, tu me forgeras un œil.

— Je le ferais volontiers; mais as-tu une corde? Car il est nécessaire que je te lie, autrement je ne pourrais venir à bout de te planter l'œil.

La vieille alla chercher deux cordes, l'une mince et l'autre fort grosse. Le forgeron la lia d'abord avec la plus petite.

— Maintenant, petite mère, secoue-toi.

Elle se secoua, et la corde se rompit.

— Cette corde ne vaut rien, petite mère.

Il prit alors la plus grosse et la lia solidement la vieille.

— Secoue-toi maintenant, lui dit-il.

Elle se secoua encore, mais la corde résista. Alors le forgeron prit une barre de fer, la fit rougir au feu; puis, l'appliquant sur l'œil qui voyait encore, il l'enfonça en frappant avec un marteau de toutes ses forces; mais la vieille s'agita tellement qu'elle rompit la corde. Aussitôt, courant se placer devant la porte, elle lui cria :

— Attends, attends, diable malfaisant, tu ne m'échapperas pas.

Le forgeron vit de nouveau que les choses allaient mal pour lui. Il songeait à ce qu'il avait à faire, quand les

([1]) Dorpat, 1861, in-4°.

moutons revinrent des champs. La vieille les fit entrer dans la maison pour y passer la nuit. Le lendemain matin, lorsqu'elle les envoya aux champs, le forgeron prit sa pelisse, faite de peaux de mouton, en ayant soin de tourner le poil en dehors, et s'en couvrit; puis, marchant à quatre pattes, il suivit les moutons. La vieille les faisait passer un à un; les prenait par le dos et les jetait dehors. Elle jeta de la même manière le forgeron, qui, aussitôt qu'il se vit hors de la maison, se redressa et s'écria :

— Adieu, vieux diable; tu m'as assez fait souffrir : maintenant, tu n'as plus de pouvoir sur moi.

— Attends, attends, dit la vieille; tu n'es pas au bout de tes peines.

Le forgeron reprit le sentier qui l'avait conduit à la maison. Il aperçut un arbre où était plantée une petite hache dont le manche était d'or, et voulut s'en saisir; mais sa main s'attacha au manche, et il ne put bouger de place. La vieille accourut derrière lui.

— Tu vois, vaurien, lui dit-elle, que tu ne m'as pas encore échappé.

Le forgeron tira alors son marteau de sa poche et se brisa le bras; c'est à ce prix qu'il put se dégager. Et quand il fut retourné dans son village, il put dire :

— Je connais le mal à présent; Voyez-vous mon bras mutilé? Je n'ai perdu que la main, mais mon camarade a perdu la vie.

Nous vivons d'affections douces. Si l'on vendait la sérénité à l'âme, on ne la vendrait jamais ce qu'elle vaut.

RIBES.

CONSEILS
POUR L'ÉTUDE DES LANGUES CELTIQUES.

Un haut enseignement philologique des langues celtiques serait sûrement une des nécessités les plus urgentes de notre système d'instruction supérieure. Les chaires d'anciennes langues germaniques sont très-nombreuses en Allemagne. Or, la masse des textes anciens écrits dans les dialectes celtiques ne le cède en rien à la masse des anciens textes germaniques. Les langues celtiques n'ont rien, il est vrai, à comparer à Ulphilas. Mais à partir du septième ou huitième siècle de notre ère, il y a des textes gallois et irlandais. A partir du quatorzième siècle, les manuscrits gallois abondent. L'ancienne langue gauloise nous est d'ailleurs connue par un bon nombre de mots conservés dans les auteurs grecs et latins, et par quelques inscriptions. Enfin, le bas breton, le gallois, l'irlandais, sont encore parlés de nos jours; le gaëlic d'Écosse n'a cessé de l'être que depuis quelques années; je crois même qu'on s'en sert encore dans quelques cantons. En comparant les éléments provenant de ces sources diverses selon les règles de la philologie comparée, on arriverait sûrement à de précieux résultats historiques, et on très-grand jour serait projeté sur nos origines nationales. Jusqu'ici ce ne sont guère que des étrangers, Diefenbach, Zeuss, Pictet, qui ont agité les questions. Il faudrait les reprendre avec une critique sévère, et y appliquer les méthodes qu'on appliqué depuis une cinquantaine d'années aux langues indo-européennes. La personne qui prendrait pour tâche de créer en France cette spécialité devrait commencer par apprendre le sanscrit; elle devrait aussi se familiariser avec la philologie et la science des antiquités germaniques, telles que les Grimm et autres les ont créées : d'abord, parce que la philologie celtique appartient à l'ensemble de la philologie indo-européenne, et, en second lieu; parce que les procédés qui doivent y être appliqués sont ceux-là mêmes que les Bopp, les Burnouf, les Grimm ont créés à propos de différents groupes de langues de ladite famille. (¹)

DES HONNEURS PUBLICS
CHEZ LES ATHÉNIENS (²).

En 1859, on a retrouvé, près du Parthénon, la base d'une statue malheureusement détruite, qui était l'hommage des Athéniens à leur compatriote Lycurgue, administrateur habile et intègre, justement honoré pour sa vertu et ses longs services, orateur aussi, et dont le talent nous est connu par son prolixe mais généreux plaidoyer *contre Léocrate*. Tout près de là, vers le même temps, reparaissait à la lumière un décret voté, en 330 avant Jésus-Christ, sur la proposition de cet éminent citoyen. Voici la traduction de ce décret, gravé sur une stèle de marbre :

[DÉCRET EN L'HONNEUR] D'EUDÉMUS DE PLATÉE.

« Sous l'archonte Aristophon, la tribu Léontide exerçant la prytanie, qui est la neuvième de l'année, Antidore, fils d'Antidore, du bourg d'OEa, étant greffier, le premier jour du mois de thargélion et le dix-neuvième de la prytanie, Antidore, du bourg d'Évonymie, un des proèdres, a mis aux voix.

» Décret du peuple, selon la proposition de Lycurgue, fils de Lycophron, du bourg de Buta.

» Considérant qu'Eudémus a autrefois promis au peuple que s'il lui manquait quelque chose pour la guerre il le lui fournirait (1 000 ou 2 000) drachmes; que, depuis, il lui a fourni, pour faire construire le stade et le théâtre Panathénaïque, mille chariots attelés, et qu'il les lui a envoyés tous avant les Panathénées, selon sa promesse : le peuple a résolu d'honorer Eudémus de Platée, fils de Philurgus, en lui accordant une couronne de feuillage, pour le dévouement qu'il a montré au peuple; en le comptant, lui et ses descendants, parmi les bienfaiteurs des Athéniens; et en lui accordant le droit d'acquérir des terres et des maisons (sur le territoire de l'Attique), de servir dans les armées (d'Athènes), et de payer l'impôt avec les Athéniens.

» Ce décret sera gravé par le scribe du sénat et déposé dans l'Acropole; le trésorier du peuple fournira (trente) drachmes, pour la gravure de la stèle, sur l'argent consacré par le peuple à la publication des décrets. » (³)

Quelle était cette couronne de feuillage, ou plutôt de feuilles d'olivier, décernée par le peuple d'Athènes au Platéen Eudémus? Au premier abord, on croit volontiers que c'était une couronne de feuillage vert, comme celles que remportaient les vainqueurs d'Olympie. Cela siérait bien à l'austérité de sentiments et de langage qui caractérise ce décret. Il n'en est rien cependant, et la couronne en question a dû être, comme celle de Démosthène, une *couronne d'or*, qui n'avait que la forme du feuillage. Beaucoup de monuments, dont nous possédons plusieurs au Musée du Louvre, reproduisent l'image sculptée de

(¹) Se rencontrera-t-il parmi nos lecteurs quelque jeune homme doué d'assez de force de volonté pour mettre à profit ces conseils écrits, à notre demande, par un auteur illustre? Nous le souhaitons. Celui qui se rendrait capable d'enseigner la plus ancienne de nos langues nationales serait assuré d'occuper une place éminente parmi les savants contemporains. Le temps est venu.
(²) Extrait d'un mémoire lu par M. Egger, membre de l'Institut, à l'une des réunions trimestrielles des cinq Académies de l'Institut.
(³) 30 drachmes, ou 27 francs de notre monnaie : ce qui, d'après le rapport actuel de l'argent aux choses vénales, peut être évalué à une somme de 100 francs.

ces sortes de couronnes. Une inscription de Rhodes nous montre le bienfaiteur d'une corporation honoré par elle de plusieurs couronnes à feuillages divers, qu'il fait toutes sculpter sur un monument commémoratif. Maint témoignage nous prouve clairement que la couronne originale était d'or; nous savons même quelle en était d'ordinaire la valeur, c'est-à-dire 1 000 drachmes, ou environ 900 francs de notre monnaie, rarement plus, rarement moins que cette somme.

A l'origine, les récompenses publiques furent très-simples : quand on peignit sur les murs d'un portique d'Athènes la bataille de Marathon, Miltiade ne put obtenir de voir son nom inscrit sur le tableau; on lui permit seulement de se faire peindre en tête des Grecs qu'il avait conduits à la victoire. Plus tard, en souvenir d'exploits semblables, on voit des inscriptions gravées sur des *hermès*, mais des inscriptions où ne figure aucun nom propre, comme s'il appartenait à la seule reconnaissance publique de suppléer au silence discret du monument.

C'est l'âge d'or de la démocratie, c'est le temps des vieilles mœurs.

Mais bientôt après on voit un bienfaiteur de la république récompensé par des concessions de terrain, par une somme de cent mines et par une pension journalière de quatre drachmes.

Les couronnes de feuillage qui, après la chute des Trente, avaient suffi aux libérateurs d'Athènes, sont bientôt remplacées par des couronnes de métal. L'athlète même, qui a conquis dans le stade olympique la palme verte décernée au nom de toute la Grèce, vient ensuite recevoir dans sa patrie une récompense moins brillante, mais plus solide. Comme le dit sensément Démosthène : « Les récompenses, ainsi que tout le reste, suivent le changement des mœurs. » Pour être de grands citoyens, Démosthène et Lycurgue ne sont pas moins de leur siècle, d'un siècle qui ouvre pour la Grèce l'ère de la décadence. Alors le dévouement ne se payait plus seulement par un austère témoignage de l'estime nationale. On appréciait l'honneur d'être couronné par le héraut de la ville, au milieu d'une assemblée nombreuse; on appréciait aussi le métal de la couronne. Cinq cents ou bien mille drachmes d'argent, et surtout mille pièces d'or, comme on le voit sur quelques monuments, étaient un utile surcroît à l'éclat d'une proclamation solennelle. Il y a même tel cas où l'on dirait que cette somme représente comme l'intérêt du capital qu'un riche bienfaiteur aurait versé dans la caisse publique. En effet, il n'arrivait pas toujours que l'or passât par les mains de l'orfèvre pour venir orner la tête du citoyen couronné. Une inscription de Scyros nous montre le bienfaiteur que cette ville récompense allant tout droit chez le caissier municipal pour y toucher la somme déterminée par les règlements, à peu près comme la chose se passe chez nous pour les couronnes académiques. Il est dit, dans un décret récemment découvert parmi les ruines d'une ville grecque de la Russie méridionale, que tel citoyen sera « couronné de mille pièces d'or. »

Les honneurs qu'Athènes décernait à ses citoyens pour les services rendus à la république étaient, du reste, très-variés. En voici une énumération sommaire :

Immunités de diverses charges; éloges gravés sur une plaque de marbre que l'on déposait dans un monument; statue avec inscription; droit de présidence dans les fêtes civiles ou religieuses; couronne que le héraut proclamait en plein théâtre, le jour même des représentations dramatiques qui rassemblaient des milliers d'auditeurs; entretien, aux frais de l'État, dans le Prytanée; inscription au registre spécial des *bienfaiteurs* de l'État; puis, pour les étrangers en particulier, le titre de *proxène* ou *hôte public* des Athéniens; c'est-à-dire le droit de se ruiner en recevant avec magnificence les ambassadeurs ou même les simples citoyens d'Athènes qui voyageaient à l'étranger pour leurs affaires ou pour leur plaisir; enfin, le droit plus utile de posséder des immeubles, de contracter mariage en Attique : autant de privilèges qui, réunis, faisaient presque de l'étranger un véritable Athénien. C'était à qui obtiendrait, pour lui-même ou pour les siens, tout ou partie de ces distinctions honorables et souvent onéreuses. On compterait aujourd'hui jusqu'à cent peut-être de ces collations d'honneurs qui nous sont parvenues, plus ou moins mutilées par les injures du temps, sur les seuls monuments d'Athènes.

LA DRAGONNE.

La *Dragonne* est une canonnière construite d'après un type nouveau, qui paraît devoir se substituer dans notre marine militaire à celui des corvettes. Ces navires ne sont cependant que des corvettes de 28, ou, pour les définir autrement, des corvettes-avisos à hélice. Elles sont mon-

La *Dragonne*, corvette-aviso à hélice. — Dessin de Lebreton.

tées par un équipage qui ne dépasse jamais cent hommes; leur force motrice atteint environ 120 chevaux, et leur mâture est toujours celle des trois-mâts-goëlettes. Légères, promptes, et plutôt propres à porter des ordres, à faire des reconnaissances, ou à opérer quelque coup de main rapide, qu'à se mesurer avec l'ennemi dans un combat régulier, les canonnières ne possèdent que l'artillerie nécessaire à leur défense, soit deux pièces de 50 et quatre pièces de 24 placées sur le pont; deux de chaque bord. Parmi les canonnières-avisos qui figurent à l'effectif de notre flotte de guerre (et on en compte déjà un nombre respectable), la *Dragonne* est l'une de celles qu'estiment le plus nos officiers.

LES ASSOCIÉS DE L'ACADÉMIE DES SCIENCES.

L'Académie des sciences de Paris ne compte que huit associés étrangers; ce sont les plus grands noms du monde savant. Cette glorieuse liste, qui a commencé par Leibniz, Newton, Bernouilli, porte actuellement les noms de Faraday, Brewster, Herschel, Richard Owen, Ehrenberg et Liebig. M. Alphonse de Candolle, publiant les mémoires de son père, qui était également associé étranger de l'In-

stitut, a fait dans une note la statistique de ces associés étrangers suivant leur patrie; il trouve que c'est la Hollande, la Suède et la Suisse qui, proportionnellement à leur population, ont fourni le plus grand nombre d'associés à la classe des sciences de l'Institut de France, et sa conclusion mérite d'être citée : « Pour le développement des hommes qui étendent le domaine de l'esprit humain et sortent d'une manière incontestable de la moyenne des savants, il faut la réunion de deux conditions : 1° une émancipation préliminaire des esprits par une influence libérale religieuse...; 2° un état qui ne soit ni l'absolutisme d'un seul, ni la pression et l'agitation d'une multitude. Les grands travaux intellectuels ne s'exécutent ni sous les verrous ni dans la rue. En d'autres termes, et pour abandonner le style figuré, le despotisme n'aime pas les questions abstraites ni l'indépendance d'esprit des savants. La démocratie tient moins à avancer les sciences qu'à les répandre : elle fait du même homme un militaire et un civil, un orateur et un professeur, un magistrat et un homme d'affaires; obligeant et sollicitant tout le monde à s'occuper de tout, elle arrête le développement des hommes spéciaux. Il est donc naturel que les grandes illustrations scientifiques surgissent principalement dans les époques de transition entre ces deux régimes, l'absolutisme et la démocratie. »

L'ÉLÈVE PEINTRE.

Il n'est de l'atelier que d'hier seulement, et ils ont voulu se rire de lui. Le pauvre garçon n'y entend pas malice ; il a pris la chose au sérieux, il a suivi docilement leur conseil; et le voilà qui travaille de bon matin, en toute conscience, dessinant ce modeste légume, qu'il vient d'acheter à la fruitière du coin, avec autant d'attention et d'ardeur que s'il avait pour modèle la reine des fleurs. Mais vous-mêmes, fiers peintres futurs d'histoire; vous qui croyez avoir imaginé une mystification bien spirituelle, ne vous a-t-il pas vus hier dessiner gravement des pieds, des doigts, des nez ou des oreilles? Sa pauvre mère lui a dit

Le futur Peintre de nature morte. — D'après E. Le Poittevin. — Dessin de l'Hernault.

plus d'une fois qu'il n'y a pas de petits commencements et qu'en toutes choses il faut considérer la fin. Son père, d'abord humble serrurier de village, venait d'achever, lorsqu'il mourut, un petit chef-d'œuvre de mécanique admiré des Froment et des Foucaut. Son oncle, l'habile jardinier, s'étonnerait fort qu'on eût tant de mépris pour une des racines qu'il cultive avec le plus de sollicitude et de profit dans son riche potager de Vaugirard. Et, d'ailleurs, est-il sûr qu'il n'y ait à trouver là rien que de ridicule et de vulgaire? Non : qui sait bien observer et étudier les moindres œuvres de la nature arrive toujours à y surprendre quelque détail où se révèle un peu de l'art de la grande magicienne; et, pour que tout à l'heure les regards du jeune élève, bon et confiant, s'animent et étincellent, il suffira qu'il ait aperçu dans le pli d'une de ces feuilles la goutte d'eau, larme du matin, qui brille et tremble comme l'espérance cachée au fond de son cœur!

PAS DE PAUVRES.

Le paupérisme est le résultat d'une mauvaise organisation sociale, ou une preuve de l'insuffisance de la charité privée. Dans l'une des vallées les plus élevées de la Suisse, la haute Engadine, où le mélèze et le pin cembro peuvent seuls végéter et où les prairies ne donnent qu'une coupe de foin par an, les habitants émigrent à l'étranger, mais reviennent dans leur vallée dès qu'ils ont fait fortune. Un savant genevois, assistant à l'office divin, l'été dernier, dans le temple de Bevers, l'un des villages de cette vallée, s'étonne de ne pas entendre prononcer la prière pour les pauvres qui termine la liturgie protestante; l'office s'achève, et l'on ne fait pas de quête : il s'informe et apprend qu'il n'y a point de pauvres en Engadine; il est donc inutile de prier et de quêter pour eux. La charité privée pourvoit à tout. CHARLES MARTINS.

— L'erreur agite, la vérité repose.
— Génies gras, ne méprisez pas les maigres.
— On se luxe l'esprit comme le corps.
— Qui n'est jamais dupe n'est pas ami.
— Quand on aime, c'est le cœur qui juge.
— Le soir de la vie apporte avec soi sa lampe.
— La politesse aplanit les rides. JOUBERT.

LE GUÉ DES COMBATTANTS
(Rhyd y Milwyr).
TRADITION GALLOISE.

Au milieu de la région sauvage et montagneuse où se touchent les comtés de Monmouth, de Brecon et de Glamorgan, et sur la ligne exacte de séparation de ces deux derniers, coule la Rumney.

« Dans le lit de cette rivière, et près d'un petit gué appelé Rhyd y Milwyr, j'ai vu, dit M. Price, un rocher entièrement couvert d'empreintes toutes semblables à celles que produit un sabot de cheval; elles sont profondément marquées dans ce bloc de pierre, qui est dur et massif. Pendant l'hiver, la pression de l'eau, augmentée encore par la rapidité du courant, aurait dû exercer une action quelconque sur ce rocher; mais telle est sa dureté que, depuis tant d'années qu'il existe ainsi, les empreintes paraissent aussi nettes que si elles avaient été faites quelques jours auparavant. Elles sont répandues dans toutes les directions, mais on les trouve plus nombreuses en certains endroits. Parfois elles sont très-rapprochées et se croisent, comme si les chevaux eussent foulé la place où quelques-uns avaient déjà passé. Çà et là on dirait que les coursiers ont glissé tantôt à droite, tantôt à gauche.

» Quand on interroge les habitants des environs, ils répondent qu'il y a bien longtemps, à une époque qu'ils ne sauraient indiquer, une bataille a été livrée dans ce lieu, et que le souvenir de la lutte a été ainsi gravé pour toujours, ce qui a fait donner à ce lieu le nom de Rhyd y Milwyr. Cette tradition est certainement très-ancienne, car le mot milwyr n'est plus en usage depuis longtemps dans la langue du pays. »

Un jour quelque géologue, passant par là, expliquera la légende.

LES TIMBRES-POSTE.
Suite. — Voy. p. 59, 87, 120, 131, 159, 183, 215, 263.

ÉTATS DE L'ÉGLISE.
(13 timbres, 11 types.)

L'affranchissement des lettres au moyen de timbres-poste a commencé le 1er janvier 1852 dans les États romains, en vertu d'un édit du 29 novembre 1851 et d'un règlement du ministre des finances du 19 décembre 1851. La création et l'émission des timbres de 8 et de 50 baïoques et de 1 écu ont eu lieu postérieurement à l'ordonnance ministérielle de 1851.

Les lettres affranchies et les lettres non affranchies payent la même taxe. Elle était calculée, pour l'intérieur, non pas d'après le poids, mais d'après la distance, et l'on avait établi trois rayons postaux. Depuis le 1er janvier 1864, les lettres sont taxées au poids, et les lettres simples, du poids de 10 grammes et au-dessous, circulant dans l'intérieur des États pontificaux, sont soumises à une taxe uniforme de 2 baïoques. Le public doit payer pour les lettres portées à domicile une surtaxe au profit des facteurs.

Les imprimés sous bande sont affranchis à raison de ⅛ baïoque pour une feuille simple et de 1 baïoque par once (28gr.256) pour plusieurs feuilles.

Les timbres sont gravés. Ceux de ½, 7 baïoques sont imprimés en noir sur papier de couleur; le timbre de 8 baïoques est imprimé en noir sur papier blanc, et les timbres de 50 baïoques et de 1 écu sont imprimés en couleur sur papier blanc.

Les timbres de ½, 1, 3 et 50 baïoques sont ovales; ceux de 2 et 5 baïoques sont rectangulaires; celui de 4 baïoques est rond; ceux de 6, 7, 8 baïoques et de 1 écu sont octogones. La dimension est différente : le timbre le plus petit (3 baïoques) a 19mm sur 21mm.5; le plus grand (1 écu) a 22mm sur 29.

Tous les timbres présentent le même sujet avec des différences dans le dessin; les clefs en croix surmontées de la tiare, qui sont les armes du saint-siége. La légende Franco bollo postale est en haut, et la valeur en chiffres est en bas. Aucun timbre n'est piqué.

No 156. États de l'Église. No 157.

No 158. États de l'Église. No 159.

	Dessin.		Papier.
½ bajocco	(0f.0269) (¹), noir;		1o gris-ardoise clair, gris-bleu, gris violacé; 2o violet.
1	(0f.0538),	idem;	vert bleuâtre clair.
2 bajocchi	(0f.1077),	idem;	vert jaunâtre clair.
3	(0f.1615),	idem;	chamois ou fauve clair, foncé (no 156).
4	(0f.2154),	idem;	1o cuir ou fauve, clair, foncé; 2o jaune-paille brunâtre, jaune clair vif (no 157).

(¹) L'écu (scudo) = 100 bajocchi = 5f.38.

5 bajocchi	(0f.2692),	idem ;	rose (rose vif, rose pâle, gris rosé).
6	(0f.3231),	idem ;	gris-bleu, gris-perle, bleu très-pâle.
7	(0f.3769),	idem ;	bleu clair.
8	(0f.4308),	idem ;	blanc (n° 158).
50	(2f.6925),	bleu clair; blanc.	
1 scudo	(5f.3850),	rose pâle ; blanc (n° 159).	

ÉTAT DE LA ROMAGNE.
(18 timbres, 1 type.)

La Romagne comprend les anciennes provinces de Bologne, de Ferrare, de Forli et de Ravenne, qui formaient, sous la domination du saint-siège, la légation de la Romagne.

Un gouvernement provisoire a été établi à Bologne le 12 juin 1859, après le départ des troupes autrichiennes et du légat du pape ; le roi Victor-Emmanuel fut proclamé dictateur. Une assemblée nationale se réunit à Bologne le 1er septembre. Par les décrets des 8 et 24 décembre 1859, les États de Modène, de Parme et de Romagne formèrent, à partir du 1er janvier 1860, un seul État, qui reçut le nom de provinces royales de l'Émilie. Le peuple vota, en mars 1860, l'annexion de l'Émilie, qui devint partie intégrante du royaume de Sardaigne à dater du 15 avril 1860.

Le gouvernement provisoire de la Romagne a émis, en juillet ou août 1859, des timbres-poste qui ont servi jusqu'en mars 1860; ils ont été remplacés alors par les timbres sardes, en vertu d'un décret du gouverneur des provinces de l'Émilie, daté du 12 janvier 1860.

N° 160. Romagne.

Ces timbres sont rectangulaires ; ils ont 22mm sur 19. Ils sont gravés, imprimés en noir sur papier de couleur. La valeur en chiffres est dessinée au milieu du timbre; on lit autour : Franco bollo postale, et en bas : Romagne. Ces timbres ne sont pas piqués.

1/2	bajocce (0f.0269),	jaune-paille.
1	(0f.0538),	gris noirâtre.
2	bajocchi (0f.1077),	jaune foncé.
3	(0f.1615),	vert foncé.
4	(0f.2154),	roux.
5	(0f.2692),	violet.
6	(0f.3231),	1° vert clair; 2° vert-olive, vert foncé.
8	(0f.4308),	rose.
20	(1f.0770),	bleu clair (n° 160).

Le timbre de 6 baïoques, qui est authentique, est resté inconnu jusqu'au commencement de 1863.

Plusieurs des timbres précédents ont été tirés sur du papier de couleur différente : ce sont des timbres d'essai ou des réimpressions faites avec les planches originales.

2	bajocchi, — vert foncé (papier du 3 baj.); gris bleuâtre.	
3	— jaune-paille ou maïs; gris bleuâtre.	
4	— bleu clair (papier du 20 baj.); gris bleuâtre.	
20	— roux (papier du 4 baj.); gris bleuâtre.	

Les timbres des Romagnes ont été imprimés avec la presse typographique ; ils présentent un petit relief en certaines parties, et les lettres sont nettes. Les contrefaçons ont été obtenues au moyen d'un décalque lithographique.

Les timbres-poste des Romagnes ont été imprimés à Bologne.

GRAND-DUCHÉ DE TOSCANE.
(24 timbres, 3 types.)

L'emploi des timbres-poste pour l'affranchissement des lettres a commencé le 1er juillet 1849 dans le grand-duché de Toscane.

Règne du grand-duc Léopold II.

Les timbres créés en 1849 sont rectangulaires ; ils ont 23mm sur 19. Ils sont gravés, imprimés en couleur sur papier bleu ou blanc. Ils ne sont pas piqués.

Le dessin représente les armes de Toscane : un lion couronné, tourné à gauche, accroupi, appuyant la patte droite sur un écu fleurdelisé. La légende Franco bollo postale Toscano est tracée dans l'encadrement, et la valeur est au bas. Le papier a des dessins différents en filigrane.

Il existe deux séries de ces timbres : les uns, ce sont ceux de la première émission, sont imprimés sur papier bleu, et les autres sur papier blanc (émis avant ou en 1852).

		Papier bleu.	Papier blanc.
1 quattrino	(0f.014), [(1)]	noir ;	noir.
1 soldo	(0f.042),	jaune;	jaune.
1 crazia	(0f.070),	carmin foncé, rouge-amarante, rouge-brun clair;	
			carmin, rose.
2 soldi	(0f.084),	vermillon.	
2 crazie	(0f.140),	bleu clair;	bleu clair, bleu-ciel, bleu verdâtre.
4	(0f.280),	vert foncé, vert russe;	vert-émeraude.
6	(0f.420),	bleu - saphir, bleu foncé;	bleu-saphir, gris-ardoise.
9	(0f.630),	violet brunâtre, brun violacé, chocolat;	violet pâle, lilas, gris violacé, gris cendré.
60	(4f.200),	vermillon , rouge foncé (n° 161).	

La couleur de plusieurs de ces timbres présente, comme on peut le remarquer, des nuances variées, dont nous n'avons marqué que les principales.

Ces timbres ont été contrefaits; le papier des timbres faux est sans filigrane.

Les oblitérations des postes grand-ducales ne sont pas toutes les mêmes; on connaît une dizaine de dessins différents.

Il existe un timbre tout à fait différent et qui a précédé le timbre précédent de 2 soldi. Il est frappé en noir sur un papier mi-blanc; il est noir, rond, et a 23mm.5 de diamètre. On lit autour du cercle : Bollo straordinario per le poste; la valeur, 2 soldi, est inscrite au milieu du timbre.

N° 161. Toscane. N° 162.

Gouvernement provisoire et règne de Victor-Emmanuel II.

Le 27 avril 1859, un mouvement populaire éclata à Florence, et le grand-duc Léopold II quitta ses États. Un gouvernement provisoire fut formé, et le roi Victor-Emmanuel proclamé dictateur. Une assemblée nationale fut réunie à Florence le 7 août; elle vota, le 16, la déchéance de la maison de Lorraine, et, le 20, l'annexion à la Sardaigne. En décembre 1859, la Toscane et les États de l'Émilie formèrent une confédération de l'Italie centrale. Le peuple toscan, le 11 mars 1860, et le parlement sarde, le 13 avril, votèrent l'annexion à la Sardaigne.

Le tarif postal de la Toscane fut modifié en 1860; la taxe des lettres affranchies fut fixée à 10 centimes par 10 grammes, et celle des lettres non affranchies à 20 centimes.

En Toscane, il n'y avait pas de loi attribuant à l'État le

(1) 1 lira = 12 crazie = 20 soldi = 60 quattrini = 0f. 84.

monopole du transport des correspondances. Ce transport était libre, et les compagnies de chemins de fer, profitant de cet état de choses, avaient formé une administration des postes particulière qui faisait concurrence à celle de l'État. Il n'en est plus de même aujourd'hui : la loi du 5 mai 1862 a donné au gouvernement le privilége des postes tant en Toscane que dans les autres provinces.

Le gouvernement provisoire a remplacé, en juillet 1859, les timbres au lion du royaume par d'autres timbres qui portent les armes de Sardaigne : l'écu de la maison de Savoie, d'azur à la croix d'argent, entouré du collier de l'ordre de l'Annonciade, est posé sur le manteau royal et surmonté de la couronne. La légende est la même que celle de l'ancien timbre. La valeur est exprimée en centesimi.

Le timbre est rectangulaire; il a 23ᵐᵐ sur 19. Il est gravé, imprimé en couleur sur papier blanc. Il n'est pas piqué. Le papier a des dessins en filigrane.

- 1 centesimo, — violet.
- 5 centesimi; — vert bleuâtre, vert grisâtre.
- 10   — brun grisâtre, brun rougeâtre, chocolat.
- 20   — bleu (depuis le gris de fer et le bleu pâle jusqu'au bleu foncé) (nᵒ 162).
- 40   — carmin.
- 80   — clair, rose pâle.
- 3 lire,   — jaune, jaune-brun.

La couleur de plusieurs de ces timbres présente des nuances variées.

Ces timbres ont été fabriqués par l'État.

Ils ont été remplacés, le 1ᵉʳ janvier 1863, par les timbres sardes, en même temps que le système postal sarde a été introduit dans la province.

DUCHÉ DE MODÈNE.

(23 timbres, 3 types.)

L'affranchissement des lettres au moyen de timbres-poste est en vigueur depuis le 1ᵉʳ mai 1852 dans le duché de Modène.

Règne du duc François V.

Les timbres qui ont été créés en 1852 sont rectangulaires; ils ont 22ᵐᵐ sur 19. Ils sont gravés, imprimés en noir sur papier de couleur. Ils ne sont pas piqués.

Le dessin représente une aigle éployée entre deux rameaux d'olivier et surmontée de la couronne royale. On lit en haut : *Poste Estensi*, et la valeur est au bas.

Le dessin a été gravé deux fois. Il est à remarquer que l'une des planches, la moins finie, paraît n'avoir servi qu'à imprimer une partie des timbres de 15 centesimi. La différence est sensible dans la tête et le cou de l'aigle.

- 5 centesimi, — vert.
- 10   — 1ᵒ violet clair ou lilas foncé; 2ᵒ rose pâle.
- 15   — jaune vif (2 planches).
- 25   — chair.
- 40   — bleu foncé (nᵒ 163).
- 1 lira,   — blanc.

Il existe des exemplaires des timbres de 5, 10,15 et de 40 centimes, sur lesquels le mot *cent.* (abréviation de centesimi) est écrit incorrectement par une erreur typographique :

     5 cnęt.   40 cnet.
     10 cent.   40 cene.
     10 cnet.   40 cein
     15 cein

C'est par suite d'une erreur semblable qu'on voit des timbres bleus portant 49 au lieu de 40 centesimi.

Les timbres de journaux sont au nombre de deux :

L'un, gravé, imprimé en noir sur papier violet, est semblable aux timbres précédents; la seule différence con-

siste dans l'inscription inférieure : *B. G. (Bollo giornale) cen. 9.*

9 centesimi, — noir sur papier violet,

L'autre, carré, ayant 20ᵐᵐ.5 de côté, gravé, imprimé en noir sur papier blanc, porte l'aigle éployée et couronnée, avec la légende *Tassa gazzetta.*

10 centesimi, — noir sur papier blanc (nᵒ 164).

Ces timbres ont été fabriqués par l'État.

Nᵒ 163.   Modène.   Nᵒ 164.   Modène.   Nᵒ 165.

Gouvernement provisoire et règne de Victor-Emmanuel II.

Les troupes sardes entrent dans le duché en mai 1859; le duc François V se retire le 11 juin, après avoir institué une régence qui est abolie le 13 juin. Un gouvernement provisoire est formé, et le roi Victor-Emmanuel est proclamé dictateur. Une assemblée nationale se réunit à Modène le 16 août, et prononce le 20 août la déchéance de François V et l'annexion au Piémont. A partir du 1ᵉʳ janvier 1860, le duché de Modène forme, avec le duché de Parme et la Romagne, un État qui porte le nom de *provinces royales de l'Émilie.* L'annexion définitive à la Sardaigne est votée le 11 mars 1860 par le peuple modénais, et le 13 avril par le parlement sarde.

Les timbres à l'aigle de la maison d'Este ont été remplacés, en août 1859, par des timbres qui portent les armes de la maison de Savoie : d'azur à la croix d'argent. L'écu est surmonté de la couronne royale, entouré du collier de l'Annonciade, et placé entre deux rameaux de chêne et de laurier. On lit dans l'encadrement, en haut : *Franco bollo;* sur les côtés : *Provincie Modonesi,* et en bas, la valeur.

Le timbre est rectangulaire; il a 22ᵐᵐ sur 20. Il est gravé, imprimé en couleur sur papier blanc. Il n'est pas piqué.

- 5 centesimi, — vert bleuâtre foncé, vert-olive (nᵒ 165).
- 15   — marron, brun.
- 20   — violet (tirant tantôt sur le bleu et tantôt sur le rouge).
- 40   — vermillon.
- 80   — jaune.

Ces timbres ont été supprimés par un décret du gouvernement des provinces de l'Émilie en date du 12 janvier 1860, mais ils sont encore restés en usage pendant quelques mois; ils ont été remplacés, dans le courant de l'année 1860, par les timbres sardes.

Contrefaçons.

Tous les timbres de Modène ont été contrefaits.

Le dessin et la gravure des timbres aux armes de la maison d'Este sont plus fins dans la contrefaçon; il y a des différences dans le dessin. Nous avons vu les timbres de 5 et 9 centesimi et de 1 lira.

Le timbre de 10 centesimi, *tassa gazzetta*, contrefait, est lithographié; il est imprimé sur papier blanc, tandis que l'original l'est sur papier mi-blanc; le petit cercle a 11ᵐᵐ dans l'original et 10ᵐᵐ.5 dans la contrefaçon.

Les contrefaçons des timbres du gouvernement provisoire se reconnaissent à deux marques : 1ᵒ le petit pédoncule qui est à l'angle gauche inférieur ne porte que deux feuilles de chêne au lieu de trois, et le bras vertical de la croix n'est pas exactement au milieu de l'écu.

La suite à une prochaine livraison.

BOISERIE DU DIX-HUITIÈME SIÈCLE.

Voy. p. 249.

Dessus de glace d'un salon du château de Bercy. — Dessin de Wattier, d'après une planche de *l'Art architectural en France* (¹).

C'est F. Mansart qui avait construit le château de Bercy au milieu du dix-septième siècle. La restauration faite par Levau date des commencements du dix-huitième. Les premiers propriétaires, MM. Malon de Bercy, paraissent avoir eu pour successeurs immédiats les Nicolaï : en dehors de ces deux familles, on ne cite que des noms de locataires. Jusqu'au moment de la destruction du château, les boiseries des deux grands salons du rez-de-chaussée, du grand

(¹) *L'Art architectural en France*, pl. 100. — Paris, Noblet et Baudry, rue des Saints-Pères.

salon du premier étage et des deux petits salons d'une des ailes, étaient restées parfaitement intactes : pendant la vente du mobilier, de riches amateurs se sont disputé passionnément ces lambris « menuisés, taillés, ciselés, contournés, dit *l'Art architectural*, avec le grand goût dont Bérain [1] donna le modèle. » La boiserie du grand salon du premier étage, où était encastré un tableau de Desportes avec la date de 1713, fut adjugée, seule, au prix de 17500 francs.

ISAMBARD BRUNEL FILS.

Fin. — Voy. p. 266.

Cette erreur regrettable fut amplement compensée par les beaux travaux qu'exécuta Brunel. Les derniers et les plus remarquables qu'il ait accompli comme ingénieur de chemins de fer sont, sans contredit, les ponts de Chepstow et de Saltash : l'un sur la Wye, dans le pays de Galles ; l'autre jeté sur la Tamar, entre le Devonshire et le comté de Cornouailles. Le gouvernement s'opposait à tout ce qui pouvait entraver la libre navigation des rivières : de là le grand trait du pont de Saltash, composé de deux immenses tubes arqués en fer forgé, enjambant l'impétueux fleuve d'un bond gigantesque de plus de 300 mètres et soutenant, suspendue dans l'espace par de fortes chaînes, la voie sur laquelle courent les trains. Le viaduc et le pont, qui comprennent ensemble dix-neuf arches, dont deux de 150 mètres d'ouverture, ont un demi-mille de longueur en plus que le célèbre pont Britannia, sur le détroit de Menai, et Brunel n'était pas secondé par la nature comme l'avait été Stephenson, qui, au centre même du détroit, rencontra un rocher sortant de l'eau et offrant la meilleure base pour y construire sa tour du milieu. Dans le Saltash, rien de pareil : il fallait aller chercher le roc à plus de 30 mètres au-dessous de la surface, dont 23 mètres d'eau et 7 de sable et de gravier, et cela au plus fort d'un courant rapide et tumultueux. Une pareille entreprise eût été jugée insensée peu d'années auparavant. Mais Brunel, dont les obstacles aiguillonnaient le génie, se posa le problème et le résolut. Il fit fabriquer un cylindre en fer de 12 à 13 mètres de diamètre et de 33 à 34 mètres de haut, pesant plus de 3000 kilogrammes, et le fit enfoncer perpendiculairement sur le point où devaient être assises les fondations. Au moyen d'une pompe aspirante, l'eau fut épuisée en partie par le haut : une pompe pneumatique, mue par la machine à vapeur, chassa ce qui restait au fond. Obligés de travailler sous une pression considérable, les ouvriers eurent à souffrir d'abord de crampes et de vertiges, l'un d'eux même succomba : toujours avare de la vie des hommes, l'ingénieur ralentit aussitôt les travaux et les gradua jusqu'à ce qu'il eût reconnu que l'organisation humaine se prêtant peu à cette atmosphère, les fouilles pouvaient se continuer plusieurs heures de suite sans nuire à la santé des ouvriers. Enfin une solide colonne de granit fut construite dans le cylindre et servit de point d'appui aux quatre colonnes de fer de la pile centrale, qui ont chacune 3m.33 de diamètre et 33 à 34 mètres de haut. L'érection de la pile, la mise à flot et l'enlèvement des tubes recourbés, leur mise en place, l'assujettissement de la voie suspendue, furent autant d'épreuves périlleuses et pleines d'anxiété dont Brunel sortit à sa gloire. Au bout de six ans, le pont et le viaduc de Saltash, livrés au public et inaugurés en 1859 par le prince Albert, étaient proclamés une des merveilles de l'industrie moderne.

[1] Jean Bérain, dessinateur ordinaire de la chambre et du cabinet de Louis XIV, auteur de recueils pour la décoration des appartements.

Aussi infatigable et aussi universel que son père, Isambard Brunel ne se bornait pas à ces vastes entreprises. Appelé en Turquie, pendant la guerre de Crimée, pour organiser les hôpitaux des Dardanelles, il s'en acquitta avec un rare talent. A peine de retour en Angleterre, il faisait le plan d'un vaisseau cuirassé capable de résister au feu des batteries de Sébastopol. En 1855, le capitaine Coles lui soumit un projet qui a été adopté depuis en Amérique pour la construction du *Monitor*.

« Après avoir approfondi la question, dit le capitaine dans une lettre adressée au journal le *Times*, M. Brunel m'assura que j'avais trouvé le plan, et ajouta généreusement qu'il avait, lui aussi, inventé un vaisseau dans le même but, mais que le mien était tellement supérieur au sien qu'il y renonçait. Il fit plus : il m'aida dans mes calculs, et me prêta le secours de ses dessinateurs; et quand je lui demandai ce que je lui devais pour cela : « Rien, me » répondit-il; j'ai eu trop de plaisir à seconder un officier » de marine qui fait une recherche utile au pays. » Je n'oublierai jamais sa noble conduite, ni les dernières paroles qu'il m'adressa et qui m'ont soutenu aux heures de découragement : « Persévérez, et vous réussirez. »

C'est plaisir de recueillir cet hommage et de trouver réunies dans le même homme la supériorité du caractère et celle du talent.

Nommé ingénieur de la compagnie des bateaux à vapeur de Bristol, Brunel présida à la construction du *Great Western*, mû par des roues à aubes, et du *Great Britain*, marchant par l'hélice. Tout ce qui concernait les moteurs lui avait été confié. La puissance et la dimension sans précédents de ces deux vaisseaux en firent l'objet de l'admiration générale; mais ils devaient être éclipsés par le *Great Eastern*, où l'ingénieur avait résolu d'atteindre le point extrême des constructions navales et le maximum de forces, en combinant l'effort des roues et de l'hélice. Mû par seize machines à vapeur, calculé pour contenir une immense cargaison et un nombre considérable de passagers, faisant de 15 à 18 milles à l'heure, avec une force de 8400 chevaux, réussi comme produit des colosses de la navigation, ayant accompli sans accident deux longs voyages, pourquoi le *Great Eastern*, après avoir ruiné ses actionnaires, est-il tombé en un tel discrédit que, mis en vente, il n'a pu trouver d'acquéreur, et qu'aujourd'hui il gît au port comme un Léviathan échoué? La réponse est bien simple. Il naquit trop tôt; il devança son temps. Le monde n'était pas préparé à le recevoir. Les ports étaient trop petits, les docks trop étroits pour qu'il pût y entrer et être réparé en cas d'avaries. Il n'y avait pas de capitaine capable, dans le sens le plus étendu de ce mot, de gouverner ce géant; ni matelots, ni machinistes, n'avaient le savoir et l'expérience nécessaires. Tout ceci a pu en faire une détestable spéculation, mais cette grande tentative n'en a pas moins imprimé un nouvel essor à la navigation par la vapeur. D'importants problèmes de vitesse et de force ont été abordés et étudiés; on sait à présent que les dimensions n'opposent plus d'obstacles sérieux à l'application de la puissance motrice n'a pour ainsi dire plus de limites. Ce sont là les importants avantages qu'entrevoyait Brunel et qu'il paya chèrement. L'anxiété que lui causa cette vaste entreprise, le zèle qu'il y apporta, compromirent sa santé. Il se rendit pour la dernière fois à bord du *Great Eastern* qui était à la veille d'être lancé, et en inspecta les machines. Deux ou trois jours après il était frappé de paralysie; par une triste coïncidence, il expirait au moment même où le gigantesque vaisseau, qui lui devait le mouvement et la vie, descendait la Tamise aux acclamations enthousiastes de la foule ébahie. Brunel n'avait que cinquante-trois ans.

Dans sa carrière si courte et si bien remplie, il ne s'était jamais épargné. Deux fois, tout jeune encore, il avait failli périr dans le tunnel submergé pour sauver des ouvriers en péril. Suffoqué, à demi noyé, on l'avait retiré de l'eau avec de graves contusions et une luxation de la rotule qui l'avait obligé à garder le lit plusieurs mois. Quelque temps après, il visitait les travaux de la ligne de l'Ouest : monté sur un petit cheval à tous crins, il descendait au galop une colline rapide. L'animal butta, tomba et lança son cavalier en avant sur la tête. Le choc fut terrible, on le crut mort; mais il en revint miraculeusement. Quand la ligne fut terminée et ouverte au public, il prenait souvent place sur la machine à côté du mécanicien, et dirigeait lui-même la locomotive. Un jour, en passant à grande vitesse sous un tunnel, il crut apercevoir entre lui et la lumière un objet sur la voie. Il força immédiatement la vapeur et fondit sur l'obstacle, qui fut mis en pièces et lancé au loin. C'était un truck (¹) qui s'était détaché d'un train chargé de déblais en traversant le tunnel.

Un autre jour, à bord du *Great Western*, il tomba d'une écoutille dans la cale, et fut presque tué; mais l'accident le plus grave, et qui mit en relief sa patience, sa force de volonté et les ressources de son esprit fertile, lui arriva chez lui, en jouant avec ses enfants. A l'exemple de son père, sir Marc Brunel, il se plaisait à les étonner par des tours de prestidigitation faits avec une adresse prodigieuse. Cette fois, il s'agissait de faire sortir par l'oreille un demi-souverain entré par la bouche. Malheureusement la pièce glissa et tomba dans la trachée-artère. C'était le 3 avril 1843 : la présence de ce corps étranger provoqua d'abord de fréquents accès de toux accompagnés de malaise dans le côté droit de la poitrine. Mais la gêne de la respiration était si peu de chose qu'on douta que la pièce fût réellement tombée dans les voies aériennes. Deux habiles médecins consultés, au bout de quinze jours, furent d'avis que le demi-souverain était probablement logé au bas des bronches, du côté droit. Le lendemain Brunel s'étendit sur des chaises, le corps incliné, le cou et la tête en bas, et il sentit distinctement la pièce descendre vers la glotte. Il s'ensuivit une violente quinte, et, en se redressant, il sentit la pièce redescendre vers la poitrine. Il y avait là une difficulté qui relevait de l'ingénieur, quoiqu'il n'en eût jamais rencontré de semblable. Un obstacle mécanique s'était introduit dans l'appareil respiratoire, il fallait recourir à un expédient mécanique pour l'en expulser. Mais quel serait cet expédient? Brunel n'était jamais à court. Il dessina et fit construire une plate-forme mobile, jouant au centre sur un pivot. Il se fit lier dessus avec de fortes courroies, puis à son ordre on fit basculer la plate-forme, de manière à ce qu'il eût la tête en bas; il espérait que la pièce tomberait alors, entraînée par son propre poids. Elle glissa en effet vers la glotte; mais il se déclara une toux convulsive et une suffocation dangereuse qui firent abandonner l'expérience. Deux jours après, le 25 avril, une incision dans la trachée par sir Benjamin Brodie, qui voulait essayer d'extraire la pièce avec une pince. La première tentative échoua; à la seconde, l'introduction de l'instrument dans les conduits de l'air causa une si vive irritation qu'on dut y renoncer sous peine d'exposer la vie du malade. Cependant on maintint l'incision ouverte au moyen d'un tuyau de plume. Le 13 mai, Brunel, ayant repris des forces, déclara vouloir recommencer sa première expérience. Après avoir rassuré par son sang-froid sa famille inquiète, il se fit de nouveau attacher sur son appareil, qui bascula. Le corps renversé, la tête en bas, et

après quelques légers coups donnés sur le dos, il sentit nettement la pièce quitter sa place dans le côté droit de la poitrine. L'ouverture pratiquée à la trachée-artère lui permit de respirer pendant l'arrêt de la pièce dans la gorge, et empêcha la contraction spasmodique de la glotte. Un ou deux accès de toux déterminèrent enfin la chute de la pièce d'or dans la bouche. Il disait depuis que le moment où il l'avait entendue résonner contre ses dents de devant avait été un des moments les plus doux de sa vie. Le salut de l'homme était dû à l'ingénieur. Le demi-souverain avait séjourné six semaines dans les bronches.

L'Angleterre, avide de gains au moins autant que de conquêtes, a reproché aux deux Brunel leur esprit aventureux. On disait du fils qu'il était le Napoléon des ingénieurs, pensant plus à la gloire qu'au profit, et plus à la victoire qu'aux dividendes. Cette tendance, à laquelle l'avait peut-être prédisposé son éducation en France; où l'honneur passe avant l'argent, nous paraît plus digne d'éloge que de blâme, surtout quand elle s'exerce dans la vaste et paisible sphère de l'industrie. C'est grâce à elle qu'il captivait et entraînait ses auditeurs. Administrateurs et actionnaires ne lui refusèrent jamais les fonds nécessaires à l'accomplissement de ses grandes vues. On le savait profondément convaincu, et sa parfaite loyauté, sa complète bonne foi, ne pouvaient être mises en doute par ceux-là mêmes qui perdaient avec lui; car il s'associa des premiers aux bonnes ou mauvaises chances des deux seules entreprises hasardeuses de sa laborieuse carrière : il avait embarqué la majeure partie de sa fortune dans le chemin atmosphérique et le *Great Eastern*. Ses hautes qualités personnelles lui valurent jusqu'au bout l'estime et le respect de ceux qui eurent la bonne fortune de le connaître. Nous pouvons réclamer avec quelque orgueil, comme compatriotes, le père, né en France, et le fils, qui y fut élevé et y puisa peut-être l'amour de la gloire et ses hautes aspirations vers un avenir qu'il pressentait grand et fécond.

NANGASAKI
(JAPON).

Voy. la Table des trente premières années.

La distance de la Chine au Japon, ou plutôt de Shanghaï à Nangasaki, est seulement d'environ 450 milles (¹). En franchissant cet étroit bras de mer, on rencontre d'abord de grands rochers déserts qu'on appelle les Oreilles-d'Ane, puis les grandes îles vertes d'Iwosima. Dès qu'un navire étranger paraît, les Japonais hissent un drapeau au sommet de l'île principale : aussitôt une suite de canons, disposés à intervalles égaux pendant un espace de 600 ou 700 milles, en portent la nouvelle à Yedo, capitale de l'empire. Quand on a dépassé les îles, on arrive à l'entrée d'un havre long et étroit que garde la petite île de Pappenberg. « Le port de Nangasaki, dit M. Laurence Oliphant, est une mer intérieure de quatre milles de longueur sur un mille de largeur en moyenne. Les montagnes des deux côtés de cette nappe d'eau sortent parfois de la mer comme un mur de rochers à pic; d'autres fois elles remontent doucement en pentes boisées traversées par des torrents. Ces arbustes touffus se pressent partout où ils trouvent un coin de terre, et jettent leurs ombres épaisses sur les fissures et les anfractuosités des rochers, adoucissant et égayant les traits les plus rudes. »

Les navires européens abordent à la petite île de Decima, ou de la factorerie hollandaise. Cette île est comme reliée à la ville par les vaisseaux entassés derrière elle. De là Nangasaki est encore invisible : une haute terrasse

(¹) Chariot plat, avec ou sans rebords, qui sert à transporter les terres, les pierres, et en général les matériaux nécessaires à l'entretien de la voie.

(¹) Le mille marin, de 60 au degré, équivaut à 1852 mètres.

élevée au bord de la mer la dérobe aux regards. On monte sur cette espèce de long rempart par des degrés, et l'on aperçoit alors sous ses pieds une très-longue rue spacieuse bordée de jolies maisons à deux étages, pavée, sablée, et arrosée à droite et à gauche par deux clairs ruisseaux. Toute la ville récréée de même les yeux par sa propreté et son air de gaieté et d'aisance. Les habitants sont polis et doux. En été, les paravents en bois qui servent de jalousies sont repliés et laissent le regard pénétrer dans l'intérieur des maisons. A travers les chambres, où l'on voit les femmes et les enfants allant et venant ou à demi couchés sur des nattes propres et bien rembourrées, apparaissent de frais jardins et de petites citernes : la famille s'y baigne à certaines heures du jour. On vend aux bazars russes et hollandais des objets très-élégants de bronze, de laque, de porcelaine, de fine vannerie, fabriqués exprès selon le goût européen, mais inférieurs en

réalité à ceux qui sont à l'usage des Japonais. Dans les boutiques des rues, ce sont les parasols, les éventails, les ornements en verre qui abondent : divers marchands exposent des pendules, de très-beaux télescopes, des microscopes et autres instruments d'optique ou de physique fabriqués dans le pays même, ce qui n'étonne point lorsqu'on sait que le prince de Satsuma a établi sur ses terres un télégraphe électrique, qu'il possède des fabriques de verre considérables, des fonderies pour les canons, et que le gouvernement japonais a déjà une flottille de bateaux à vapeur. La population de Nangasaki, qui n'est qu'une ville de second ordre, contient quatre-vingt mille habitants. On y compte quatre-vingts rues, qui ont près d'un mille de longueur. Une rivière ou plutôt un canal coupe la ville en deux : on communique d'un bord à l'autre par trente ou quarante ponts. Douze ou quinze de ces ponts sont construits en pierre et décorés de belles balustrades. Du mi-

Le Havre de Nangasaki. — Dessin de Freeman, d'après Siebold.

lieu des maisons s'avancent au-dessus du canal des balcons où les Japonaises s'assoient et regardent. Sur le versant des montagnes qui s'élèvent immédiatement derrière la ville, on voit beaucoup de jolis édifices entourés de jardins artistement dessinés. Ce sont des temples, grands ou petits, au nombre de soixante-deux, et environ sept cent cinquante maisons de thé, que l'on peut comparer aux petits restaurants des environs de nos villes : les Japonais vont y chercher le repos et y prendre leurs repas ou simplement le thé, devant un panorama immense.

Cette entrée au Japon dispose agréablement l'esprit et donne l'idée d'un peuple ingénieux, actif et déjà parvenu à un degré de civilisation qui pourrait faire envie à une assez grande partie de l'Europe. Il ne faudrait pas remonter bien haut vers le nord de notre glorieux continent pour se convaincre que le spectacle de la vie humaine n'y est pas toujours, même dans les grandes villes, aussi agréable qu'à Nangasaki.

LE CARDINAL TALLEYRAND DE PÉRIGORD.

A l'âge de vingt-trois ans, dans l'année 1324, Hélie Talleyrand de Périgord, l'un des plus grands prélats, non des plus saints, du quatorzième siècle, était déjà évêque de

Limoges. Il avait été pourvu d'un bénéfice presque au berceau. En 1328, devenu évêque d'Auxerre, il fut sacré par le pape Jean XXII. Si la puissance et le renom de la famille de Périgord n'avaient pas été sans influence sur une si rapide élévation, du moins Hélie Talleyrand justifia ces faveurs par son mérite. Le pape le fit venir à Avignon en 1331, et le créa cardinal-prêtre de Saint-Pierre aux Liens, « au titre d'Eudoxia. » Ce fut lui qui, au conclave suivant, décida l'élection de Benoît XII, et plus tard aussi contribua le plus activement à celle de Clément VI. Son crédit dans l'Église était presque égal à celui des papes. On lui reprochait toutefois beaucoup de faste et un goût trop public pour les divertissements. On rapporte qu'il s'opposa une fois à l'élection comme pape d'un général des Chartreux, en disant : « Gardons-nous bien de nommer celui-là : il nous forcerait d'aller à pied à la manière des apôtres, et enverrait nos chevaux à la Chartreuse. » Une scène déplorable à Avignon, dans un consistoire où il s'agissait de l'élection d'un empereur à la place de Louis V excommunié, faillit porter une grave atteinte à sa considération. Un prélat gascon, le cardinal de Comminges, l'accusa hautement de complicité dans l'assassinat d'André, roi de Naples (Charles de Duras, beau-frère de ce roi et petit-neveu d'Hélie de Talleyrand, passait pour l'instigateur de ce crime). Hélie de Talleyrand, hors de lui, se leva, dit-on, pour frapper du poing le comte de Comminges : il fallut les séparer. Depuis ce moment, Talleyrand s'éloigna le plus possible de tous ces démêlés politiques où l'ambition seule était en jeu. Il devint l'ami, le protecteur de Pétrarque, le juge clément de Rienzi, le tribun de Rome, prisonnier à Avignon. Il intervint avec un grand zèle, en 1356, pour arrêter la guerre entre les Anglais et les Français, qui aboutit à la funeste bataille de Poitiers (19 septembre). Il n'aurait tenu

qu'à lui d'être pape après la mort d'Innocent VI : il préféra faire élire Urbain V. Peut-être serait-il parti pour une croisade comme légat ; mais il mourut le 17 janvier 1364. Il laissa une fortune immense. On a remarqué dans son testament une clause singulière par laquelle il léguait à son neveu, alors chevalier en Guienne, « toute la quantité de poivre qu'il avait à Montpellier. » On regarde comme certain qu'il s'était, en grande partie, enrichi

Le cardinal Talleyrand de Périgord recevant l'hommage d'un manuscrit. — D'après une miniature du *Livre des Merveilles.*

par le commerce. Ses traits ont été conservés dans une peinture qui appartenait au collége de Périgord, à Toulouse, et dans la miniature que nous reproduisons, et qui est placée dans le *Livre des Merveilles*, dont nous avons déjà souvent parlé. Le jeune religieux agenouillé est le frère Lelonc d'Ypres, moine de Saint-Bernard à Saint-Omer, et le livre est une traduction faite par ce frère d'un « Traité de l'état de la terre sainte et de l'Égypte », composé, en 1336, d'après l'ordre de Talleyrand, par Guillaume de Bouldeselle.

HISTOIRE D'UN ENGAGÉ VOLONTAIRE.

« Il s'est engagé! » — Combien de fois n'avons-nous pas tressailli en entendant ces paroles! Il s'agissait du fils d'un de nos parents ou de nos amis. Nous pensions à la douleur de sa famille, à la ruine de ses espérances, aux misères d'une profession où l'on a l'air de se jeter comme

du haut d'une falaise dans la mer. Plus d'une fois cependant, après réflexion, nous trouvions le jeune homme plus à plaindre qu'à blâmer. N'était-ce point, par exemple, son père qui, en racontant sans cesse avec complaisance au coin du foyer ses aventures militaires, avait fait naître dans son imagination le désir de courir à son tour les hasards de la vie des casernes et des champs? Tel autre n'avait-il pas été conduit par un triste enchaînement de circonstances à quelque situation désespérante d'où il ne pouvait guère sortir plus dignement que par ce parti héroïque? Mais il faut bien l'avouer, trop souvent aussi nous n'avions qu'à baisser la tête sans avoir rien à répondre à ceux qui autour de nous disaient : — « C'est un coup de tête, cela devait finir ainsi. Jamais il n'a pu rien faire : il a échoué à tous ses examens; il n'a persévéré dans aucun des emplois qu'on lui avait obtenus. Que voulez-vous? il manque de force morale; il est incapable de se gouverner lui-même. Là-bas, du moins, il faudra bien qu'il se soumette à la discipline; mais il se trompe s'il s'imagine qu'il y sera plus heureux : il ne soupçonne pas les humiliations et les épreuves qui l'attendent, ni combien de coups il aura à donner et à recevoir avant d'arriver à l'épaulette... »

C'est d'un « engagé » de cette dernière sorte qu'un auteur aimé du public raconte l'histoire dans le fragment qu'on va lire (¹).

Ce jeune homme, désigné sous le nom un peu violent de *Jean Cassecou*, est le fils d'un forgeron. Son père l'avait mis en pension dans un lycée. Ce n'était pas un mal : nous ne sommes plus dans un temps où l'on puisse souhaiter que la société se divise en castes ; un assez grand nombre de nos contemporains dont s'honore le plus la France sont nés (ils n'en rougissent pas) dans une chaumière ou dans une boutique. L'honnête forgeron était en droit d'espérer que son fils mettrait à profit l'enseignement du lycée : l'auteur nous apprend, en effet, que le jeune garçon était doué d'esprit et d'intelligence ; malheureusement il y avait un vice radical dans son caractère : toute règle lui était insupportable ; il était aussi avide de fortes émotions qu'attiré par les pures jouissances d'une admiration douce et sereine ; aux œuvres immortelles dont ses professeurs s'étudiaient à lui faire comprendre la sagesse et les beautés, il préférait des livres sans goût et sans honnêteté. Il arriva ainsi que son idée de la vie et des devoirs se faussa entièrement dans le milieu où on lui offrait, au contraire, les plus attrayants et les plus grands modèles de toutes les vertus. Ce pauvre adolescent avait été évidemment mal dirigé par ses parents, ou c'était une âme faible et vulgaire. De pareilles lectures auraient dû lui répugner, ou du moins rencontrer dans son bon sens et sa conscience des objections qui en eussent été l'antidote : la plupart des écoliers passent par cette expérience presque inévitable, et, grâce à Dieu, s'en tirent le plus souvent à leur honneur.

Quoi qu'il en soit, acceptons Jean Cassecou pour ce que l'auteur le donne, et voyons ce qu'il va devenir.

———

Quand son éducation fut terminée, Jean rentra dans son humble famille. Au lycée, l'égalité de l'uniforme et de la vie commune avait bien pu laisser quelque illusion à son orgueil et lui persuader qu'il était avec des égaux ; mais quand il fut de retour chez ses parents, qui étaient tout fiers de lui, il ne put s'accoutumer à vivre au milieu de simples ouvriers.

Mécontent de l'élévation des riches, il souffrait encore de la simplicité des pauvres. Par son air dédaigneux et ennuyé il laissait voir combien la compagnie des prolétaires lui était à charge. Il ne pouvait serrer dans sa main blanche leurs mains noircies par le travail. La vulgarité de ses jeunes frères, apprentis ouvriers, lui était surtout intolérable.

Sa sœur Marie, qui lui avait toujours témoigné une vive affection, et qui avait tâché de dissimuler ses fautes aux yeux de ses parents, avait cependant conservé quelque influence sur ce cœur endurci ; mais il faut convenir que la grâce et la beauté de la jeune Marie faisaient contraste avec le reste de la famille et flattaient sa vanité, sans quoi il l'aurait peut-être traitée avec la même indifférence.

Il n'avait aucune aptitude particulière, aucun désir de cultiver une branche quelconque des connaissances acquises ; il avait déjà perdu le souvenir de ses études et vivait dans un complet désœuvrement.

Grâce à sa belle écriture et à son intelligence ouverte, il obtint un poste avantageux dans une maison de banque ;

(¹) M. J.-T. de Saint-Germain, auteur de *Pour une épingle*, de *Mignon*, et d'une série de légendes qui ont été bien accueillies par les familles. Le passage que nous citons est encore inédit : il est extrait d'un livre qui paraîtra prochainement sous ce titre : *Quand Bébé saura lire.*

comme il manquait absolument d'esprit de conduite, il ne sut pas résister à beaucoup d'entraînements. D'une part il négligea son travail, et d'un autre côté il augmenta considérablement ses dépenses, car il fallait tenir son rang devant ses nouveaux amis.

Un jour vint où les chefs de la maison de banque, dans laquelle il aurait pu faire si bien son chemin, eurent à se plaindre de son inexactitude, et exigèrent de lui un travail plus assidu.

Se trouvant ainsi soumis à ce qu'il appelait la servitude du travail, et poursuivi d'un autre côté par les réclamations de ses créanciers qui lui refusaient tout nouveau crédit, Jean Cassecou prit le parti de reconquérir ce qu'il appelait « sa liberté. »

Abandonnant volontairement une position qui aurait paru agréable à un travailleur, il « s'engagea », ce qui est la grande ressource des paresseux.

Mais comment ceux qui n'ont voulu se soumettre à aucun joug, à aucune autorité, feraient-ils de bons soldats ? Car l'armée est le modèle le plus complet de l'ordre, de la discipline et du dévouement.

Jean Cassecou ne daigna pas marcher à pied, en portant son sac sur le dos, comme tant de braves gens ; il lui sembla qu'il aurait plus belle apparence sur un grand cheval de bataille : il s'engagea donc dans les cuirassiers. Il fut affublé d'un casque qui lui écrasa la tête, et d'une lourde cuirasse dans laquelle il étouffait quand les rayons d'un soleil d'été venaient frapper son armure. Il était libre !

« Il était libre », libre à condition de faire la corvée, d'entreprendre le rude apprentissage de l'équitation, de répondre à l'appel, de faire l'exercice à pied et à cheval, de tenir son équipement en bon état, de se soumettre à la discipline et de remplir scrupuleusement tous ses devoirs. Mais ce qui est un devoir et un honneur pour les jeunes soldats lui parut bientôt une servitude pire que toute autre.

Jean Cassecou avait rêvé de parader, en brillant uniforme, au premier rang de sa compagnie, et ensuite d'aller promener ses loisirs par la ville, en faisant l'agréable, en laissant traîner son grand sabre ; mais il ne lui restait pas beaucoup de liberté, car après s'être occupé de son fourniment, il lui fallait prendre soin de sa monture. Tout son service était fort négligé, et il ne tarda pas à être noté comme un mauvais soldat.

Il fit quelques chutes de cheval dans les exercices du manège, fut réprimandé pour ses maladresses, se compromit dans des querelles de cabaret, subit quelques punitions pour infraction à la discipline.

Lui, Jean Cassecou, le Parisien lettré et distingué, il trouvait le comble de l'humiliation d'obéir à des sous-officiers ignorants, qui lui paraissaient ridicules, et dont il imitait là s'y méprendre la tournure et l'accent provincial pour égayer ses camarades.

Il répondait à ses chefs avec arrogance, et il s'attira ainsi de nouvelles et plus graves punitions. Il prit alors en dégoût la vie militaire, et comme il n'avait pas le moindre sentiment de l'honneur et du devoir, il ne pensa plus qu'aux moyens de s'affranchir de cet esclavage volontaire.

Plusieurs mauvais écrits furent trouvés en la possession de Jean Cassecou ; sa complicité dans la publication ne fut pas établie, mais comme il fut prouvé devant le tribunal militaire qu'il avait contribué à les répandre en cachette, il fut expulsé du régiment des cuirassiers et condamné à servir dans une compagnie de discipline.

Adieu le brillant uniforme, le casque empanaché et la cuirasse étincelante ! adieu la France et son climat tempéré ! Jean Cassecou, dans un triste appareil, fut conduit en Afrique pour y subir sa peine.

Il était réservé à Jean Cassecou de préférer toujours le passé au présent, au lieu d'envisager bravement l'avenir. Derrière la grille du lycée, il lui était arrivé de regretter les libertés de l'école buissonnière. De retour dans sa famille, qui lui rappelait son humble condition, il commença à apprécier l'égalité du lycée. Quand il fut asservi à la régularité de la vie de bureau, il estima que le désœuvrement est le premier des biens. Enfin, après s'être soumis volontairement à la discipline militaire, la vie de bureau lui parut relativement une liberté enviable.

Mais quand il se trouva relégué, non comme un brave soldat qui se fait gloire de tous les périls, mais comme un coupable et un réprouvé, dans la partie la moins civilisée du territoire algérien, il eut bien plus de motifs de regretter l'honneur dont il n'était plus jugé digne, l'honneur de servir son pays en portant les armes.

Au lieu de jouir des égards tout paternels qui sont réservés, dans la grande famille de l'armée, aux militaires dignes de ce nom, il se trouva, par sa faute, soumis aux humiliations, aux privations et aux plus rudes travaux.

Couchant sous la tente, et plus souvent à la belle étoile, employé à la construction des routes à travers le désert, sous un soleil brûlant ou sous des pluies torrentielles, il eut le temps de réfléchir à sa vie passée.

Avant l'expiration du temps fixé pour son exil, le découragement, le chagrin, la fatigue, la rigueur du climat altérèrent sa santé. Les médecins militaires reconnurent qu'il était hors d'état de continuer les rudes travaux de terrassement. Il fut transporté à petites journées dans un hôpital de l'Algérie, car il était tombé dans un état de langueur qui lui rendait tout mouvement impossible.

C'est alors que Jean Cassecou, livré à lui-même, dans le silence, l'inaction et la solitude, commença à sentir toute l'amertume de la destinée qu'il s'était faite.

Loin de sa famille, qu'il avait accablée de ses dédains et de son ingratitude, oublié des amis de ses plaisirs, qui ne songent guère aux absents, n'ayant laissé que de mauvais souvenirs chez ses compagnons d'armes, n'ayant jamais élevé ses idées plus haut que ses goûts et son bien-être, il ne trouvait, ni sur la terre, ni dans le ciel, ni en lui-même, aucun motif de consolation.

Comme il n'avait aimé personne, il se rendait cette justice qu'il ne pouvait s'attendre à être aimé.

Tandis qu'il méditait sur toutes ces choses, son état de langueur s'aggrava d'une maladie dangereuse. Il fut relégué dans un département séparé de l'hôpital, afin de garantir les autres malades contre les mauvaises chances de la contagion.

En proie à une fièvre ardente et à un délire intermittent, il se perdait dans le vide de sa vie et de son cœur; incapable même de remords et de repentir, il ne trouvait aucune consolation dans sa conscience.

Par un besoin d'affection naturel à la souffrance, son souvenir se portait vers la jeune sœur Marie, qu'il avait aimée dans son enfance. Il se figurait que sa présence le soulagerait; puis il lui semblait voir son image animée se dessiner devant lui : il l'interrogeait, et il croyait entendre sa voix qui lui répondait.

Ce n'était pas la sœur Marie : c'était une jeune religieuse dont la figure et la voix lui rappelaient la sœur qu'il avait abandonnée.

Sur un ordre de sa supérieure, cette religieuse, qui se nommait aussi du doux nom de Marie, avait quitté son pays. Elle était venue, avec toute l'abnégation que donne la foi, se consacrer au service des malades sur la terre d'Algérie, en attendant qu'un autre commandement l'envoyât mourir, s'il le fallait, au bout du monde.

C'est elle qui, sans redouter la contagion, tendait la main au pauvre Jean Cassecou. Le malade, affaibli par la fièvre, avait été privé depuis bien longtemps d'une si douce étreinte. Il restait sous le charme de cette illusion.

« Ne suis-je pas aussi, devant Dieu, votre sœur Marie? » lui dit enfin ce bon ange du malheur.

Jean Cassecou admirait cette charité providentielle qui lui rendait sur la terre étrangère l'image d'une sœur aimée.

Il lui raconta l'histoire de sa vie, la pria d'écrire à sa mère pour implorer son pardon. Il goûta ses premières consolations dans les entretiens de la bonne religieuse.

L'homme qui vient d'échapper à une mort menaçante prend souvent des idées presque neuf en avant de la colonne pour délivrer un camarade. Le sentiment religieux était déjà rentré dans le cœur de Jean Cassecou, et en même temps était revenu le sentiment du devoir, puis le repentir, puis l'espérance, puis le courage.

Quand Jean Cassecou fut entièrement rétabli, il ne voulut revenir à son pays qu'après avoir expié et purifié sa vie passée par quelque action d'éclat.

Il obtint d'être incorporé dans un des régiments qui faisaient encore la guerre sur l'extrême frontière de nos possessions. Celui qui avait été un soldat indigne de porter l'uniforme devint presque un héros. Il reçut plusieurs blessures en se portant presque seul en avant de la colonne pour délivrer un camarade. Le colonel alla le visiter à l'ambulance, lui dit qu'il était un vrai *casse-cou*, et qu'il ne pouvait être mieux nommé. Il fut mis à l'ordre du jour, nommé sergent et proposé pour une récompense.

La gravité de ses blessures l'empêcha de continuer la campagne. Il rentra enfin en France avec un congé définitif que son état de santé lui avait rendu nécessaire, et ce fut avec la médaille militaire sur la poitrine qu'il se jeta en pleurant dans les bras de sa famille.

Jean Cassecou avait pris ses résolutions, il n'avait plus aucune incertitude. Celui qui avait eu si peu de goût pour le travail se livra aux rudes travaux de son père, que l'âge commençait à affaiblir! Il prit la direction de la forge et devint bientôt passé maître, car un forgeron ne devient forgeron. En étendant ses relations et l'importance de ses affaires, il prouva que l'instruction offre un grand avantage dans les plus humbles conditions.

Devenu clairvoyant par son désir de faire des heureux, il maria sa sœur Marie avec le contre-maître qui, en son absence, avait secondé son père. Il prit son beau-frère pour associé et pourvut à l'établissement de ces jeunes frères.

La première lettre que Jean Cassecou écrivit de France fut pour la sœur Marie, qui apprit l'heureux retour de l'enfant prodigue comme une bonne nourrice reçoit avec bonheur des nouvelles de l'enfant qu'elle a sauvé et qu'elle a rendu à ses parents.

Après avoir vécu longtemps en ne pensant qu'à lui, ce qui l'avait rendu si malheureux, il répandit autour de lui la joie et le bonheur; il fut heureux parce qu'il ne s'occupait plus que des autres.

DES FAUX DÉVOTS
ET DE LA VRAIE DÉVOTION.

Aurelius peignoit toutes les faces des images qu'il faisoit, à l'air et ressemblance des femmes qu'il aimoit; et chacun peint la dévotion selon sa passion et fantaisie. Celui qui est adonné au jeusne se tiendra pour bien dévot, pourveu qu'il jeusne, quey que son cœur soit plein de rancune, et n'osant point tremper sa langue dedans le vin ny mesme dans l'eau par sobriété, ne se faudra (¹) point

(¹) *Ne se faudra* pour *ne se fera faute.*

de la plonger dans le sang du prochain par la médisance et calomnie. Un autre s'estimera dévot, parce qu'il dit une grande multitude d'oraisons tous les jours, quoy qu'après cela sa langue se fonde toute en paroles fâcheuses, arrogantes et injurieuses parmy ses domestiques et voisins. L'autre fera fort volontiers l'aumône de sa bourse, pour la donner aux pauvres; mais il ne peut tirer la douceur de son cœur pour pardonner à ses ennemis. L'autre pardonnera à ses ennemis; mais tenir raison à ses créanciers, jamais qu'à vive force de justice. Tous ces gens-là sont vulgairement tenus pour dévots et ne le sont pourtant nullement. Les gens de Saül cherchoient David en sa maison : Michal ayant mis une statue dedans un lict, et l'ayant couverte des habillemens de David, leur fit accroire que c'estoit David mesme qui dormoit malade. Ainsi beaucoup de personnes se couvrent de certaines actions extérieures appartenant à la sainte dévotion, et le monde croit que ce soient gens vraiment dévots et spirituels, mais la vérité ce ne sont que des statues et fantesmes de dévotion.

La vraye et vivante dévotion n'est autre chose qu'un vrai amour de Dieu, qui nous donne la force de bien faire et s'appelle charité.

La charité et la dévotion ne sont non plus différentes l'une de l'autre que la flamme l'est du feu.

S. FRANÇOIS DE SALES (1608).

MOMIE D'INDIEN AYMARA,

AU PÉROU.

Les Indiens Aymaras, dépossédés des terres du Pérou lorsque les Incas vinrent s'y établir, construisaient pour y ensevelir leurs morts des tombeaux de briques appelés

Momie indienne trouvée dans un ancien tombeau du Pérou.

chulpas, et qui avaient quelquefois la forme d'une pyramide tronquée, à plusieurs assises en retraite, haute d'environ 30 pieds; quelquefois celle d'un obélisque. Intérieurement, dans une chambre carrée, éclairée par une petite

fenêtre, ils plaçaient en cercle une douzaine de corps embaumés. Les voyageurs rencontrent encore aujourd'hui çà et là sur leur route ces curieux chulpas, mais vides. Quelques-unes des momies ornent les musées européens. Les corps sont enveloppés, la figure exceptée, de sacs épais tissés avec les feuilles du tortora. Près d'eux, dans les chulpas, on plaçait des gamelles, des cuillers, des pots de chicha, des épis de maïs. A côté des hommes, on voyait de plus des armes, des instruments de chasse et de pêche; et à côté des femmes, des corbeilles, de la laine, des navettes ou des aiguilles à tricoter. [1]

RESPECT DE L'ENFANCE.

Vous respectez la vieillesse, c'est bien; mais respectez donc aussi l'enfance! respectez dans cette âme, à peine émanée du sein de la nature, l'image de la nature, l'image de Dieu que l'haleine corrompue de la société n'a point ternie encore; respectez les desseins providentiels qui reposent dans ce berceau.

Cet enfant sera peut-être Descartes, Washington, Michel-Ange; et s'il n'est rien de tout cela, n'est-il pas déjà pour vous le souvenir vivant des ravissements de l'amour, le gage et comme le sourire de votre immortalité?

DANIEL STERN.

L'ESPRIT DE L'IGNORANT.

Quelques personnes sont peu zélées pour l'enseignement du peuple, parce qu'elles pensent qu'il doit suffire à un homme né dans une humble condition de posséder un petit nombre d'idées et de faits pour être en état de bien conduire sa vie.

Cette manière de voir repose sur une observation qui ne paraît pas assez approfondie.

Être ignorant, ce n'est pas avoir l'esprit vide de connaissances. Les ignorants sont doués, comme les autres hommes, de curiosité; ils combinent bien ou mal des faits et des idées; ils gardent des impressions, des opinions, des sentiments dans leur mémoire.

Si vous pouviez faire l'inventaire de tout ce que renferme la tête de tel homme qui ne possède point les éléments de culture intellectuelle constituant ce que nous appelons l'instruction, vous y trouveriez probablement autant de faits, de notions et même de systèmes de toute espèce, que dans celle d'un homme instruit.

La différence est moins dans la quantité que dans la qualité.

Comment l'homme isolé et comme emprisonné dans l'obscurité profonde de son ignorance, réduit à ses seuls instincts, ne serait-il pas exposé à remplir son esprit d'un pêle-mêle confus d'observations incomplètes, mal enchaînées, et de préjugés dissipés depuis longtemps chez les contemporains instruits, par le travail incessant d'une civilisation qu'il ne connaît point?

Vous supposez que l'ignorant sait écarter de lui les erreurs et n'admettre pour son usage qu'un petit choix excellent d'idées claires, d'observations justes, de jugements sains! Quel homme! quel ignorant! c'est tout simplement le génie à sa plus haute puissance. Qui se voudrait lui ressembler!! Mais où est-il? C'est un être chimérique!

Non, l'ignorance ne fait pas le vide dans l'intelligence humaine : elle l'emplit d'erreurs; — c'est la nuit, elle peuple l'imagination de fantômes.

[1] Voy. le Voyage de l'océan Atlantique à l'océan Pacifique à travers l'Amérique du Sud, par M. Paul Marcoy.

IDYLLE BRETONNE.

Salon de 1864; Peinture. — Idylle bretonne, par Yan' Dargent. — Dessin de Yan' Dargent.

Qu'elle nous soit présentée par la réalité ou par l'art, l'idylle nous plaît et nous plaira toujours : elle répond à cet idéal de paix et de bonheur innocent auquel notre cœur ne renonce jamais.

Si, par exemple, tandis que la vapeur nous emporte à toute vitesse à travers les campagnes, notre regard saisit au passage quelque joli coin de paysage, quelque scène champêtre semblable à celle que M. Yan' Dargent nous met sous les yeux, — sous l'ombrage d'un beau groupe d'arbres, une jeune femme s'apprêtant à laver dans l'eau limpide d'une source, à côté d'elle un enfant occupé à faire voguer un esquif de sa façon, et, près de là, un pâtre qui regarde, appuyé contre un tronc d'arbre, tandis que son troupeau paît tranquillement dans la prairie voisine, — aussitôt nous voilà charmés, séduits. Ah! c'est là qu'est le bonheur, pensons-nous; c'est là, dans ce bel endroit, au milieu d'occupations simples et saines, qui sont des plaisirs plutôt que des travaux, c'est là qu'il faudrait fixer sa vie! Et nous répétons à notre manière les vers si connus de Virgile : « Bienheureux les cultivateurs, s'ils apprécient les biens dont ils sont comblés!... »

Mais, hélas! si nous approchons trop près de notre idylle, nous ne tardons pas à reconnaître qu'elle n'est qu'une image trompeuse, et notre illusion s'évanouit. Entrons dans cette chaumière qui nous tente, pénétrons dans ce village enfoui sous la verdure et dont le riant aspect nous attire : là aussi, dès les premiers pas, nous nous trouvons face à face avec les tristesses humaines; là aussi l'enfant pleure, la femme gémit, l'homme s'irrite ou se plaint; sous le gai soleil, parmi l'herbe et les fleurs, nous rencontrons de tous côtés les lamentables vestiges de la souffrance et du mal. Non, ce n'est pas la douce idylle de Virgile que nous entendions sortir des lèvres de ce laboureur dont nous envions le sort; c'est plutôt la triste complainte dont le paysan breton fait retentir ses belles vallées et que, sous des formes moins poétiques, répètent les paysans de tous pays :

« Le laboureur se lève avant que les petits oiseaux soient éveillés dans les bois, et il travaille jusqu'au soir. Il se bat avec la terre sans paix ni trêve, jusqu'à ce que ses membres soient engourdis, et il laisse une goutte de sueur sur chaque brin d'herbe.

» Pluie ou neige, grêle ou soleil, les petits oiseaux sont heureux, le bon Dieu donne une feuille à chacun d'eux pour se garantir; mais le laboureur, lui, n'a pas d'abri : sa tête nue est son toit, sa chair est sa maison...

» Sa femme aussi est bien malheureuse : elle passe la nuit à bercer les enfants qui crient, le jour à remuer la terre près de son mari; elle n'a pas même le temps de consoler sa peine; elle n'a pas le temps de prier pour apaiser son cœur. Son corps est comme la roue du moulin banal : il faut qu'il aille toujours pour moudre du pain à ses petits...

» O laboureurs, vous menez une vie dure dans le monde. Vous êtes pauvres, et vous enrichissez les autres; on vous méprise, et vous honorez; on vous persécute, et vous vous soumettez; vous avez froid et vous avez faim. O laboureurs, vous souffrez dans la vie; laboureurs, vous êtes bien heureux!

» Car Dieu a dit que la porte charretière de son paradis serait ouverte pour ceux qui auront pleuré sur la terre. Quand vous arriverez au ciel, les saints vous reconnaîtront pour leurs frères à vos blessures.

» Les saints vous diront : — Frères, il ne fait pas bon vivre; frères, la vie est triste et l'on est heureux de mourir.

— Et ils vous recevront dans la gloire et dans la joie. »

Ils ont raison, ces derniers mots de la chanson bretonne; ce sont eux qui nous donnent le droit de croire en-

core à l'idylle et de l'espérer, malgré toutes nos déceptions et nos douleurs. Si elle nous échappe ici-bas, c'est au delà de la terre que nous la retrouverons, non plus à l'état d'image fugitive, mais réelle, mais durable, et cent fois plus belle que nos plus grands poètes et nos meilleurs artistes n'ont pu la concevoir.

_____

HISTOIRE DE LA SCULPTURE EN FRANCE.

Suite. — Voy. p. 168.

La sculpture contribua peu, comme on l'a vu, à la décoration des églises construites sur le territoire des Gaules pendant les premiers siècles de notre histoire, et elle y eut peu de part; non-seulement parce que l'art de tailler des figures dans le bois ou la pierre était tombé dans une profonde barbarie, mais aussi parce que les dispositions adoptées par les architectes et l'emploi de modes différents d'ornementation lui laissaient peu de place.

Il nous reste à examiner, en poursuivant l'exploration que nous avons commencée, si la sculpture trouvait son application soit dans quelques parties de mobilier, soit dans certaines constructions secondaires placées à l'intérieur ou à l'extérieur de la basilique : constructions accessoires, cela va sans dire, par rapport à l'édifice dont elles dépendaient; car quelques-unes avaient la première place dans la richesse des églises comme dans l'admiration et la vénération des fidèles. De nombreuses descriptions, à défaut des monuments détruits, témoignent de la magnificence avec laquelle les autels, par exemple, ou les baptistères, étaient ornés par la faste ou par la piété des riches et des puissants qui espéraient, à force de présents, se mettre en paix avec le ciel.

Nous commencerons par une construction extérieure, le baptistère, qui fut d'abord un édifice distinct, séparé de la basilique, quoique situé à proximité, puis rapproché peu à peu, pour plus de commodité, au point d'y adhérer; enfin les fonts de baptême furent introduits sous le porche, dans une des nefs latérales, ou même au milieu de la nef principale, comme on le voit par le plan du monastère de Saint-Gall, qui nous a été conservé et qui est du neuvième siècle. Les baptistères furent une dépendance des églises cathédrales tant que les évêques gardèrent le privilège de conférer le baptême, c'est-à-dire jusque vers la fin des temps mérovingiens. A cette époque, on ne bâtit plus dans les Gaules d'édifices spéciaux à cette destination, si ce n'est en Provence et dans les provinces voisines du Rhône et du Rhin. Il est aisé de se figurer, d'après ce que nous avons dit précédemment, quel était le caractère de la sculpture qui décorait quelques parties des murs (nous avons eu l'occasion de mentionner le baptistère de Saint-Jean, à Poitiers, et celui des chapiteaux des colonnes qui formaient à l'intérieur de ces édifices de forme ronde ou polygonale une enceinte circulaire. Mais c'est d'après les descriptions que nous ont laissées quelques auteurs des anciens baptistères de l'Italie que l'on pourra se faire une idée de la somptuosité avec laquelle ils étaient parfois ornés. Divers ouvrages de sculpture sont mentionnés dans ces descriptions. Ainsi, dans le baptistère de Latran, à Rome, on voyait, sur le bord du bassin placé au centre de l'édifice, un agneau en or et sept cerfs en argent qui y versaient l'eau baptismale. A droite de l'agneau était placée une statue de Jésus-Christ en argent, et à gauche celle de saint Jean-Baptiste de même métal. Des colombes suspendues au-dessus de la piscine contenaient l'huile pour les onctions. Les baptistères, dans les Gaules, durent être décorés d'une manière analogue [1]; on y voyait de

[1] Mabillon, *Liturgia gallicana*, p. 90.

même des colombes suspendues, probablement aussi des images de Jésus-Christ et de saint Jean-Baptiste; enfin il est certain, d'après le témoignage de Grégoire de Tours, que plusieurs renfermaient des reliques et des autels dont la richesse était sans doute égale à celle des autels de la basilique. Il est probable que dès le sixième siècle, dans les Gaules, le baptême étant administré aux enfants peu de temps après leur naissance, on remplaça les anciennes piscines, où les adultes descendaient par des degrés et avaient de l'eau jusqu'à mi-jambe, par des cuves s'élevant au-dessus du sol, formées de tablettes de pierre ou de marbre assemblées, dont la sculpture décorait parfois la face extérieure. Malheureusement, si l'on peut se représenter les fonts primitifs, ce n'est qu'imparfaitement, d'après quelques miniatures de l'époque carlovingienne; dans quelques-unes on voit au-dessus de la cuve un dais ou baldaquin soutenu par des colonnes.

On se rappelle que les basiliques primitives étaient précédées d'une cour, ou atrium entouré de divers bâtiments et de portiques. Dans cette cour étaient une ou deux fontaines où les fidèles se lavaient les mains et le visage avant d'entrer dans le temple. Quand les églises furent pour la plupart desservies par des communautés de moines, c'est-à-dire depuis le règne des fils de Clovis, l'atrium fut transporté avec toutes les constructions du monastère sur l'un des flancs de la basilique. Les fontaines y furent conservées. L'ancien enclos subsista néanmoins, dépourvu de portiques, devant les églises; mais il se restreignit peu à peu; quand il fut, à la fin, réduit à n'être plus que le parvis qui précédait le porche, on plaça vraisemblablement près de l'entrée une fontaine ou un vase destiné aux ablutions : de là les bénitiers, dont l'usage a persisté. Il ne reste aucun débris qui puisse nous faire juger comment la sculpture pouvait servir à décorer les anciennes fontaines; une mosaïque de Ravenne, du septième siècle, représente l'impératrice Théodora au moment d'entrer dans l'église, trempant ses doigts dans l'eau qui jaillit d'un vase, élégant cratère posé sur une colonne cannelée et surmontée d'un chapiteau à feuillage. Quant aux bénitiers, les plus anciens que l'on possède en France ne sont autre chose que des chapiteaux antiques creusés à leur sommet et placés sur un fût de colonne. Ils ne portent donc en eux-mêmes aucun caractère qui aide à préciser l'époque où on leur donna cet emploi.

Les monuments funéraires doivent être rangés tout à la fois parmi les constructions extérieures et parmi les constructions intérieures de l'église. L'usage commun était d'enterrer les morts dans l'un terrain consacré, aux environs de la basilique, le plus souvent dans l'ancien atrium converti en cimetière, quelquefois en pleine campagne, dans un enclos béni par le diocésain. Le plus bel exemple que l'on puisse citer d'un ancien cimetière est celui des Aliscamps, à Arles, qui avait d'abord servi aux sépultures des païens, et qui fut de bonne heure acquis par les chrétiens pour leur propre usage. Ce cimetière, quoique dévasté, est encore aujourd'hui rempli de ruines intéressantes. Mais c'est dans le temple même que l'on inhuma les personnages d'importance, les dignitaires de l'Église d'abord, à qui était accordé l'honneur de reposer à côté de l'autel, auprès des reliques des martyrs et des confesseurs; puis les magistrats municipaux, les princes qui avaient mérité le même privilège par leurs œuvres pieuses, et particulièrement pour la fondation de nouvelles basiliques; en un mot, à peu près tous ceux qui eurent pour sépulture des monuments apparents au-dessus du sol. Ces monuments sont les seuls dont nous ayons à nous occuper, à cause des sculptures qui les décoraient.

Jusqu'au neuvième siècle on imita, dans la forme, sinon dans l'ornement des tombeaux, les modèles si nombreux laissés par les Romains; c'est-à-dire que ces tombeaux consistaient, comme les sarcophages antiques, en un coffre de pierre ou de marbre à couvercle plat, convexe ou prismatique; les faces étaient décorées le plus souvent de bas-reliefs.

Les exemples seraient nombreux si l'on remontait jusqu'au quatrième ou seulement jusqu'au cinquième siècle. Les musées d'Arles, d'Aix, de Narbonne, de Toulouse, de Lyon, de Marseille, de Paris, etc., renferment un grand nombre de tombeaux précieux pour l'étude de l'art. On peut suivre, en les comparant, la transformation des types fournis par la tradition antique aux premiers chrétiens, qui les adaptèrent d'abord timidement et avec peu de changements aux nouvelles croyances, et qui finirent par constituer toute une symbolique nouvelle.

Les plus anciens et les plus beaux, s'ils n'ont pas été apportés d'Italie, appartiennent à une époque où l'art gallo-romain était encore florissant : on ne saurait reprocher à leur décoration que la surabondance des ornements dont ils sont parfois chargés, la monotonie dans le type et dans l'arrangement des figures, la sécheresse ou la mollesse du travail. Bientôt ces figures deviennent de plus en plus semblables les unes aux autres, tout caractère disparaît, le style, jusque-là soutenu par de longues traditions, s'alourdit, puis s'efface entièrement; enfin, les mains inhabiles qui essayent encore de copier les anciens modèles sont désormais incapables de les imiter sans les dégrader; les figures ne sont plus dessinées et paraissent des ouvrages d'écoliers. Dans la sculpture des ornements on retrouve les mêmes altérations successives que nous avons signalées dans celle des frises et des chapiteaux.

Les sujets que l'on rencontre le plus fréquemment sur les tombeaux des premiers siècles sont tirés, comme ceux que nous venons d'indiquer, de l'Ancien et du Nouveau Testament : ainsi l'on y voit Moïse frappant de sa verge le rocher, Daniel dans la fosse aux lions, Jonas englouti par la baleine et revomi par elle; ou bien les miracles de Jésus-Christ et divers traits de sa vie et de sa passion, de l'histoire des apôtres, de la légende des saints; d'autres fois les bas-reliefs, représentant la moisson, la vendange, la cueillette des olives, d'ingénieuses allégories aux récompenses qui attendent dans le ciel ceux qui auront semé et labouré ici-bas. Les figures sont ordinairement placées sous de petites arcades supportées par des colonnes ioniques, doriques, corinthiennes, d'autres fois rangées, sans autre division, des deux côtés de la croix ou du monogramme du Christ placé au centre. Nous avons un exemple de cette dernière disposition dans le sarcophage trouvé à Manosque, dont le dessin a été publié dans le *Magasin pittoresque* (voy. t. XXVII, 1859, p. 72) : il suffit de rappeler brièvement que la croix est au centre, portant sur ses barres deux colombes et surmontée d'une couronne; au pied se tiennent deux soldats, et de chaque côté sont figurés six apôtres; sur les parois latérales sont sculptés, à droite, les enfants dans la fournaise, à gauche, Adam et Ève tentés par le serpent. Sur un autre tombeau conservé à Clermont, dont les bas-reliefs représentent la résurrection de Lazare et d'autres miracles opérés par Jésus-Christ, rien ne sépare les groupes qui appartiennent aux différentes scènes. Au contraire, au Musée d'Arles, riche en beaux tombeaux chrétiens, on en voit un, entre autres, qui est divisé en cinq parties par de petites arcades. Au centre, sous un entablement chargé d'ornements, on voit le Christ annonçant l'Évangile sur la montagne sainte d'où sortent les quatre fleuves qui vont se distribuer à toutes les parties du monde : à leurs eaux viennent se désaltérer les chrétiens sous la figure d'agneaux. Jésus remet un rouleau à moitié déplié, qui contient la bonne nouvelle, entre les mains de saint Paul, placé avec saint Jean sous l'arcade qui est à sa gauche; saint Pierre et saint Jacques sont debout sous celle qui est à droite; aux extrémités, on voit, d'un côté Jésus s'apprêtant à laver les pieds de Pierre et de Simon, de l'autre Jésus devant Pilate. Sur un autre sarcophage, dont la sculpture est beaucoup moins belle, au Musée de Marseille, des arbres tiennent lieu de colonnes, et leurs branches, en se repliant, dessinent les arcades sous lesquelles les sujets sont placés.

D'autres tombeaux enfin, dépourvus de sujets, sont décorés de simples moulures, ou de pilastres, d'arcatures, de rinceaux de feuillage, et quelques-uns des symboles obrétiens les plus ordinaires, tels que la croix, le monogramme du Christ, les lettres grecques *alpha* et *omega*, la palme, le calice, l'agneau, les colombes, etc. On trouvera deux exemples de ce genre de tombeaux dans les *Études d'architecture en France*, publiées par le *Magasin pittoresque* (voy. t. VIII, 1840, p. 268). L'un sert d'autel dans l'église abbatiale de Saint-Denis : il est décoré de pilastres et de cannelures ondulées; au centre est un calice surmonté d'une croix et entouré de branches de vigne d'un dessin élégant. L'autre se trouve dans l'ancienne abbaye de Moissac : ses faces principales sont divisées par des pilastres en compartiments remplis par des feuillages et des rinceaux de vigne; au milieu, on voit le monogramme accolé de l'*alpha* et de l'*omega*, et au-dessous deux colombes buvant dans un calice; le couvercle est orné aussi de rameaux de vigne et d'autres feuillages en forme de cœur. On remarquera l'évasement du coffre, de sa base à son ouverture, et le couvercle prismatique posé au-dessus; ces caractères sont communs à beaucoup de tombeaux, on les retrouve notamment dans un beau sarcophage qui fut découvert dans les cryptes de l'église Saint-Seurin, à Bordeaux, et qui est actuellement au Musée de cette ville : des pilastres divisent sa face principale en trois panneaux; ceux des extrémités sont ornés chacun de deux rangs de cannelures en arête de poisson et séparés par une bordure; au milieu du panneau central; on voit le monogramme entouré de pampres chargés de fruits, et dont les tiges principales sortent de deux calices; le monogramme est répété sur le couvercle, et de chaque côté s'enroulent les mêmes feuillages en forme de cœur que l'on observe sur le sarcophage de Moissac; l'autre côté du toit, qui ne devait pas être en vue, est couvert d'imbrications. Le tombeau de saint Drauzin, évêque de Soissons, qui était autrefois dans l'église Notre-Dame de cette ville, et qui a été transporté au Musée du Louvre, est encore un bel exemple de dispositions analogues : des colonnes sont placées aux angles; au centre et sur l'un des côtés, le monogramme entouré de branches de vigne et d'épis enlacés; sur l'autre côté, un fleuron encadré de la même manière. Le tombeau de saint Vodoal, qui a la même provenance et qui est aussi au Louvre actuellement, est décoré de sujets tirés de l'Ancien et du Nouveau Testament, disposés sous des arcades. Ces deux tombeaux ont été sculptés longtemps avant de servir à la sépulture de ces saints personnages.

Il arriva, en effet, pour les tombeaux ce qui est arrivé pour les autres monuments antiques : de même qu'on puisait dans les temples détruits des colonnes ou des revêtements, on se servit aussi des sarcophages antiques quand on ne sut plus même les copier grossièrement, et lorsque les tombeaux chrétiens vinrent à manquer, on eut recours aux païens, en y ajoutant seulement la croix, le monogramme du Christ et les autres symboles chrétiens les plus simples. Quelquefois on ne prenait pas la peine d'en marquer ainsi la nouvelle destination, et sur

quelques-uns on lit encore la formule de consécration aux dieux mânes (*diis manibus*). Ces appropriations furent longtemps en usage; il semble même que pour la sépulture des morts illustres ou vénérés on choisit de préférence les plus anciens tombeaux. On sait que lorsque Charlemagne mourut, on fit venir d'Italie un sarcophage antique que l'on peut voir encore dans l'église d'Aix-la-Chapelle. Ce sarcophage ne porte aucun attribut chrétien, et ses bas-reliefs représentent un sujet de la mythologie grecque, l'Enlèvement de Proserpine. L'empereur y fut non pas couché, mais assis sur une chaise de pierre, et comme le corps dépassait la hauteur du coffre, au lieu d'y placer un couvercle, on bâtit sur l'orifice une pyramide en maçonnerie.

Tel était, du reste, l'empire des pratiques anciennes que, lors même qu'on taillait encore de nouveaux sépulcres, malgré l'opposition des croyances, on reproduisait fréquemment sur ceux-ci les sujets affectionnés par le paganisme, dont le sens n'était pas compris, comme ces chasses, par exemple, dont les représentations sont si nombreuses. Les artistes anciens trouvaient dans quelques fables, comme celles du sanglier d'Érymanthe et du sanglier de Calydon, de la mort de Méléagre ou d'Adonis, une donnée favorable à la sculpture : on y vit, quand la signification du mythe fut perdue, une allusion à la qualité des personnages défunts. La chasse fut toujours un plaisir privilégié des classes nobles, et ces sujets durent plaire aux Barbares comme ils plaisaient avant eux aux hommes de haute naissance de la Gaule romaine; aussi les fabricants les faisaient-ils figurer sur leurs tombeaux qu'ils préparaient à l'avance. Nous en avons un exemple dans le sarcophage de Déols (Indre), ouvrage gallo-remain de bas temps sur lequel une chasse est figurée (voy. t. XIX, 1851, p. 212). Il est couronné par une frise dont les figures sont plus petites et représentent un sujet différent : de semblables superpositions annoncent généralement la réunion de deux ouvrages qui n'avaient pas été faits pour être associés; et, en effet, la frise du tombeau de Déols paraît d'une autre main et d'une époque plus récente que le bas-relief qu'on voit au-dessous. Enfin le cartouche placé au milieu et resté sans inscription est peut-être encore une preuve que cette frise avait été sculptée longtemps avant le jour où un mort fut déposé dans le tombeau qu'elle décorait.

Quelle que fût la barbarie où l'art était tombé, on ne peut nier que des tentatives furent faites encore çà et là pour orner les tombeaux de sculptures, aussi bien que pour décorer quelques parties des basiliques. La crypte de Jouarre, déjà plusieurs fois mentionnée, renferme des tombeaux du septième siècle. L'un, celui de l'abbesse Telchide, est décoré de deux rangs de coquilles assez semblables à celles que l'on rencontre sur tant de sarcophages antiques, séparées par des tiges végétales. Sur le couvercle prismatique, ont des enroulements de feuillage presque effacés par un long frottement. Le tombeau de saint Agilbert est encore plus intéressant; une dizaine de personnages y sont figurés. L'un d'eux, au centre, est assis sur un siège à dossier; c'est peut-être Jésus-Christ. Les autres sont ailés et tiennent les bras levés dans l'attitude de l'adoration. Il est regrettable que toutes ces figures soient si frustes qu'on les distingue à peine.

LES CAVALIERS SAHARIENS.

Ces deux cavaliers faisant halte et scrutant autour d'eux le désert, l'un se penchant de côté et tendant l'oreille pour saisir le moindre bruit apporté par le vent, l'autre dressé sur ses étriers, s'exhaussant de ses deux bras roidis sur sa selle, allongeant le plus possible sa haute taille et levant la tête pour atteindre de son regard perçant les dernières limites de l'horizon, expriment un des traits les plus caractéristiques de la vie des nomades sahariens.

L'Arabe nomade du Sahara est presque toujours à cheval; il se promène, il surveille ses nombreux troupeaux, il chasse l'autruche et l'antilope, il fait la guerre et il

Salon de 1864; Peinture. — Cavaliers sahariens, par G. Doulanger. — Dessin de Bocourt.

prie. Travailler lui semble indigne de lui; il laisse l'agriculture et le commerce aux habitants sédentaires des villages, qu'il traite ironiquement d'*éleveurs de poules*, de *marchands de poivre*.

Il est généralement grand, maigre, robuste, agile, courageux; son teint, bruni par le soleil, a la couleur du bronze; sa vue, sans cesse exercée, est d'une portée étonnante : il prétend distinguer à deux ou trois lieues de distance un homme d'une femme, et à cinq ou six un troupeau de chameaux d'un troupeau de moutons.

Dans l'été, il émigre vers le Tell, où il achète sa provision de grains; puis il retourne au désert, sa vraie patrie. Tous les quinze ou vingt jours, il change de campement ; quand il n'est pas en selle, il est assis en plein air, à la porte de sa tente, causant de ses exploits de chasse et de guerre, de sa religion et de ses chevaux : ces derniers surtout, chéris et soignés comme des membres de la famille, sont le sujet d'inépuisables conversations.

Les Arabes nomades sont fiers de ce genre de vie, et ils ne l'échangeraient pas contre les douceurs de la civilisation la plus raffinée. M. le général Daumas rapporte l'opinion d'un de ces Sahariens venu à Paris, et dont la vive intelligence avait été très-frappée du merveilleux spectacle offert à ses yeux : « Il y a dans votre pays, dit-il, un commandement sévère. Un homme peut y voyager jour et nuit sans inquiétude. Vos constructions sont belles, votre éclairage est admirable, vos voitures sont commodes, vos bateaux à fumée et vos chemins de fer n'ont rien qui leur soit comparable dans le monde. On trouve chez vous des aliments et des plaisirs pour tous les âges et pour toutes les bourses. Vous avez une armée organisée comme des degrés, celui-ci au-dessus de celui-là. Le fer de vos soldats brille comme de l'argent. Vous avez de l'eau et des ponts en abondance. Vos cultures sont bien entendues ; vous en avez pour chaque saison. L'œil ne se lasse pas, plus de voir vos légumes et vos fruits que votre sol ne se lasse de les fournir. Vous avez de quoi contenter l'univers entier en soie, en velours, en étoffes précieuses, en pierreries. Enfin, ce qui nous étonne le plus, c'est la promptitude avec laquelle vous savez ce qui se passe sur les points les plus éloignés. »

Après avoir rendu justice à notre pays, il fit l'éloge de l'Afrique en ces termes : « Tandis que votre ciel est sans cesse brumeux, que votre soleil est celui d'un jour ou deux, nous avons un soleil constant et un magnifique climat. Si, par hasard, le ciel vient à s'ouvrir sur nous, un instant après il se referme, le beau temps reparaît et la chaleur nous est rendue. Tandis que vous êtes fixés au sol par ces maisons que vous aimez et que vous détestons, nous voyons sans cesse un pays nouveau. Dans ces migrations, nous avons pour cortége la guerre, la chasse, les jeunes filles qui poussent des cris de joie, les troupeaux de chamelles et de moutons se promenant sous nos regards, les juments suivies de leurs poulains qui bondissent autour de nous.

» Vous travaillez comme des malheureux ; nous ne faisons rien. Nos troupeaux sont notre fortune, vivent sur le domaine de Dieu ; nous n'avons besoin ni de piocher, ni de cultiver, ni de récolter. Quand nous le jugeons nécessaire, nous vendons des chameaux, des moutons, des chevaux ou de la laine ; puis nous achetons et les grains que réclame notre subsistance et les plus riches de ces marchandises que les chrétiens prennent tant de peine à fabriquer.

» Nos femmes, quand elles nous aiment, sellent elles-mêmes nos chevaux, et quand nous montons à cheval, elles viennent nous dire en nous présentant notre fusil : — O mon seigneur, s'il plaît à Dieu, tu pars avec le bien, tu reviendras avec le bien.

» Notre pays, au printemps, en hiver, dans toutes les saisons, ressemble à un tapis de fleurs d'où s'exhalent les plus douces odeurs. Nous avons des truffes et le *danoum* qui vaut le navet ; le *drin* nous fournit un aliment précieux. Nous chassons la gazelle, l'autruche, le lynx, le lièvre, le lapin, le dol, le renard, le chacal, l'antilope. Personne ne nous fait payer d'impôts ; aucun sultan ne nous commande.

» Chez vous, on donne l'hospitalité pour de l'argent. Chez nous, quand tu as dit : « Je suis un invité de Dieu », on te répond : « Rassasie-toi », et l'on se précipite pour te servir. »

Les vers suivants, composés par un marabout, peignent fidèlement et célèbrent la vie arabe :

L'Arabe nomade est campé dans une vaste plaine ;
Autour de lui rien ne trouble le silence,
Le jour, que le beuglement des chameaux,
La nuit, que le cri des chacals et de l'ange de la mort.
Sa maison est une pièce d'étoffe tendue
Avec des os piqués dans le sable.
Est-il malade, son remède est le mouvement.
Veut-il se régaler et régaler ses hôtes,
Il va chasser l'autruche et la gazelle.
Les herbages que Dieu fait croître dans les champs
Sont les herbages de ses troupeaux.
Sous sa tente, il a près de lui son chien
Qui l'avertit si le voleur approche.
Aussi ce musulman est heureux ;
Il glorifie son sort et bénit le Créateur.
Le soleil est le foyer où je me chauffe ;
Le clair de lune est mon flambeau,
Les herbes de la terre sont mes richesses,
Le lait de mes chamelles est mon aliment,
La laine de mes moutons mon vêtement.
Je me couche où me surprend la nuit ;
Ma maison ne peut pas crouler,
Et je suis à l'abri du caprice du sultan.
Les sultans ont les caprices des enfants,
Et les griffes du lion ! défiez-vous-en.
Je suis l'oiseau aux traces passagères ;
Il ne porte avec lui nulles provisions ;
Il n'ensemence pas, il ne récolte pas ;
Dieu pourvoit à sa subsistance. (¹)

UN OUVRIER INSTRUIT
TRAVAILLE MIEUX QU'UN OUVRIER IGNORANT.

L'ignorance populaire, au degré où elle existe en France, affecte, dans la source même de leurs progrès, le travail industriel et agricole. S'il est un fait constamment observé par les chefs d'industrie, c'est qu'en dépit de la division du travail qui semble condamner chaque ouvrier à un labeur purement matériel, le développement général de l'intelligence a toujours été suivi, dans les populations ouvrières, d'une amélioration sensible des aptitudes professionnelles. Les industriels ne s'y trompent pas. En fondant des écoles dans leurs usines, ils font ce que leur conseillerait l'intérêt personnel, si les sentiments généreux qui honorent un grand nombre d'entre eux ne suffisaient pas pour les y déterminer. C'est qu'en effet on voit se produire dans un atelier mille circonstances dans lesquelles l'initiative de l'ouvrier peut jouer un rôle utile et même important. C'est de lui souvent que vint la première idée d'une simplification ou d'un perfectionnement. Abstraction faite d'ailleurs de l'avantage, l'instruction primaire et l'éducation religieuse, en moralisant l'ouvrier, donnent de la régularité à son travail, préviennent la débauche et la misère, et font économiser au patron sur les fonds d'assistance plus d'argent que n'ont pu lui en coûter l'école et l'instituteur.

Beaucoup de manufacturiers français sont partisans de l'enseignement obligatoire, en tant qu'industriels, parce qu'ils savent qu'en peu d'années le développement de l'instruction primaire formerait pour leurs usines une pépinière de bons ouvriers. Cette vérité n'est pas sentie par eux seuls. Elle a été présentée d'une manière saisissante, en 1855, à la législature de l'État de New-York, par M. Victor Rice, surintendant de l'instruction publique de cet État, dans un rapport où il justifie la loi récente qui pourvoit à l'entretien des écoles primaires gratuites par un impôt direct annuel de 4 millions de francs, proportionnel à la propriété de chaque citoyen. Nous citerons en entier le passage suivant :

(¹) Ces vers sont cités dans l'ouvrage du général Daumas : *Mœurs et coutumes de l'Algérie.*

« Des considérations de l'ordre le moins élevé, tirées uniquement de l'intérêt matériel, commandent à l'État de ne pas laisser grandir les enfants du peuple dans l'ignorance. Leur aptitude comme futurs producteurs de richesse, comme travailleurs dans une branche quelconque de l'industrie, dépend principalement de leur intelligence. C'est grâce à la culture relativement supérieure de notre peuple que nos manufacturiers peuvent maintenir de hauts salaires, tout en produisant à meilleur marché qu'en Europe, où le salaire suffit à peine pour assurer une chétive subsistance ; ce qui peut manquer aux ouvriers américains sous le rapport de l'apprentissage professionnel est en effet compensé et bien au delà par l'habileté qu'ils doivent à leur éducation générale. Ce qui est bon pour chaque individu l'est évidemment pour toute la communauté. Toute richesse privée dépend de la richesse générale... Chaque citoyen doit donc désirer que la force industrielle de tous ses compatriotes soit aussi productive que possible, d'où il suit qu'il est intéressé, proportionnellement au chiffre même de sa fortune, au progrès de leur instruction. » (*Report of the Superintendent of Public Instruction to the Legislature of the State of New-York*, 31 décembre 1855, p. 15.)

ÉTUDE DE L'HISTOIRE.

— APOLOGUE.

— Voulez-vous savoir, disait un Hindou à un Européen, comment je voudrais qu'on initiât les enfants à l'histoire des hommes ?

Regardez cette poignée de limon prise dans le lit de l'Aracara aux flots dorés. Quel nombre infini de molécules, et cependant combien peu de parcelles du métal précieux que nous cherchons ! Quel long et difficile labeur ne faudra-t-il pas pour les découvrir et les dégager de la masse de fange où elles sont enfouies !

Eh bien, il en est de même de l'histoire des générations qui se sont succédé depuis la création du monde. Il s'est passé plus d'événements qu'aucune langue n'en peut nombrer ; mais ceux vraiment dignes de mémoire, qui jettent du jour sur la nature de l'homme, sur sa mission ici-bas, qui lui offrent de nobles exemples à suivre, qui développent son cœur et son intelligence, ceux-là sont rares et l'œil du sage peut seul les discerner.

N'enseignez aux enfants que des faits peu nombreux et choisis. Épargnez-leur la fatigue de remuer de fond en comble la montagne de débris poudreux entassés par le temps pour y chercher quelques rares parcelles d'or. Guidez-les de suite aux sources du vrai savoir, au trésor que la philosophie a tiré de l'expérience de milliers de générations éteintes.

LE SOLEIL

N'EST PAS OU IL PARAIT ÊTRE.

Vous prenez souvent le soleil à témoin de la vérité de vos assertions. Vous dites : « Je suis sûr de telle chose, je puis affirmer l'avoir vue aussi bien que j'affirme que le soleil est là. »

En parlant ainsi, vous ne mettez pas en doute l'évidence de votre dernière affirmation, sur laquelle vous faites reposer la première ; vous croyez avec certitude que le soleil est incontestablement là où vous le voyez.

Pourtant il n'en est rien. L'astre éclatant n'est point là où vous le voyez. A quelque instant que vous le considé-

riez, il n'est jamais là où il paraît être : il on est à l'occident de plus de quatre fois sa largeur.

Ce n'est pas un paradoxe. Réfléchissez un instant, et vous en serez convaincu. Si nous voyons le soleil, c'est par la lumière qu'il nous envoie. Or, à la distance qui nous sépare de lui, le rayon lumineux emploie huit minutes et treize secondes à nous venir de cet astre. En quelque moment que nous le regardions, nous le voyons donc, non où il est en réalité, mais où il était huit minutes et treize secondes auparavant ; et il précède toujours de ce même intervalle l'image que nous avons de lui. Comme cet astre parcourt la circonférence entière, ou 360 degrés, en 24 heures, il parcourt 15 degrés par heure et 2 degrés environ en 8 minutes. Son diamètre étant d'un demi-degré environ, il est toujours de quatre fois ce diamètre en avant du point du ciel qu'il paraît occuper.

Il en est de même, à plus forte raison, des planètes, dont la lumière met des heures entières à nous parvenir ; à plus forte raison encore des étoiles fixes, dont le rayon lumineux emploie des années à franchir l'immense distance qui nous en sépare.

Il est donc sage de ne pas exalter inconsidérément la certitude donnée par les sens, et de tenir toute chose selon son poids et selon sa mesure.

LE TISSERAND

DANS LE DÉPARTEMENT DE LA SARTHE.

En passant à l'heure du repas dans les pays de fabrique de toile, l'étranger est péniblement impressionné de voir assis près de leurs portes des hommes pâles, aux yeux clignotants, au dos voûté ; on croirait une réunion de convalescents : ce sont tout simplement des tisserands ; la privation d'air et de lumière, car le *métier* est toujours dans un endroit frais et un peu sombre, a produit ce triste étiolement. Quelques détails sur cette industrie complèteront l'article sur le chanvre (voy. p. 143).

Le fil est confié à une femme qui place l'écheveau sur le *guinde* ou *dévidoir* (fig. 1) ; à l'aide du rouet, elle l'enroule sur de grosses bobines de 20 centimètres de long, lesquelles sont destinées à ourdir la chaîne. D'autre fil est également dévidé sur de petits brins de sureau longs de 8 centimètres : ceux-ci serviront pour la trame ; une broche qui les traverse s'adapte à la *navette* (fig. 2), qui fera courir le fil sur la chaîne.

Voyons d'abord l'usage des grosses bobines : elles seront enfilées au nombre de dix dans des baguettes rangées un un cadre de bois (fig. 3) ; ces dix fils, réunis dans un faisceau, prendront le nom de portées, iront s'enrouler sur l'*ourdissoir* (fig. 4), et formeront un écheveau de la longueur que devra avoir la pièce de toile, environ de 70 à 80 mètres. Cet écheveau monstre se nomme *chaîne*, parce que pour éviter de le brouiller on le tresse avec la main en forme de chaînons.

La chaîne montée sur le métier (fig. 5) est attachée à l'*ensuple* (fig. 6) ; les portées sont passées dans les lames, barres de bois de 2 centimètres carrés, garnies de fils formant boucles ; puis, brin à brin, on l'enfile dans le *ro* ou *roseau* (fig. 7) placé dans la *châsse* (fig. 8) ; puis la chaîne va se fixer à l'autre extrémité du métier sur l'*ensupleau* (fig. 9), où la toile s'enroulera à mesure qu'elle sera fabriquée. Les fils ainsi étendus sont enduits de colle de farine à l'aide de brosses ; cela se nomme parer.

Pour que le tissu conserve sa largeur, il est tenu écarté par le *temple* (fig. 10). Deux marches élèvent et abaissent successivement la moitié de la chaîne pour donner passage à la trame lancée par la navette ; ce fil est frappé un ou

deux coups par la châsse, afin de le serrer contre le précédent. Des copeaux enflammés brûlent les fils qui dépassent en dessous.

Dans les nouveaux métiers nommés *caribari*, la navette
parcourt une gouttière ménagée dans la chasse; elle est
renvoyée par un taquet qui correspond à une corde que

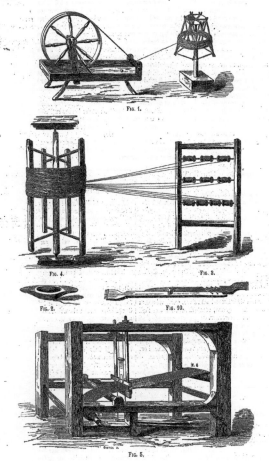

FIG. 1.

FIG. 4.   FIG. 3.

FIG. 2.   FIG. 10.

N. 6

FIG. 5.

l'ouvrier tient dans sa main : ce moyen plus prompt permet de faire des toiles d'une grande largeur.

La Sarthe produit de belles toiles fines et des toiles à
voile d'une grande solidité; celles qui sont faites avec le

gros du chanvre prennent le nom de *canevas*; le *commun*
est moitié brin et moitié gros. Un ouvrier tisserand peut
gagner de 1 fr. 50 cent. à 2 francs en fabriquant des toiles
ordinaires.

Typographie de J. Best, rue Saint-Maur-Saint-Germain, 15.

LA FAUCONNERIE.

Voy. la Table des trente premières années.

Salon de 1864; Peinture. — Après la chasse, tableau de Monginot. — Dessin de Morin.

Un chevreuil et des oiseaux morts sont jetés pêle-mêle sur les dernières marches d'un escalier seigneurial, et deux | pages, regardés par un fort lévrier, présentent aux gerfants et aux éperviers, sur un large plat, le past, composé de lanières minces de viande dont on a retiré la graisse et les tendons : c'est du bœuf, du mouton, du porc, jamais de veau ; parfois ces oiseaux chasseurs sont nourris de poulet et de pigeon. Nos pages s'acquittent de leurs fonctions avec une gravité tempérée par la grâce ; on voit qu'ils sont bien pénétrés de la noblesse des faucons et de leur propre importance. Jeunes tous deux, et encore dans l'âge de la croissance, ils aspirent à des charges qui donnent accès près des rois et des princes du sang.

Bientôt peut-être, bien notés pour leur zèle, de simples « fauconniers du cabinet », ils passeront « chefs de vol pour milan, pour héron, pour corneille, pour les champs, pour rivière, pour la pie, ou pour le lièvre.» Ce sont là de belles places auxquelles ils ont droit ; ils ont déjà franchi tant de degrés intermédiaires, depuis l'emploi de « porte-duc » (porteur de hibou) jusqu'au titre de « gentilhomme de la fauconnerie.» Ils arriveront même, s'ils savent plaire, à la « grande fauconnerie de France », ou au moins à la « capitainerie générale des fauconniers des cabinets du roi. » Plus tard, avec un peu de bonheur, ils seront maréchaux de France et connétables : la fauconnerie mène à tout.

On est vraiment stupéfait de l'importance que prenaient les plaisirs des grands. Et si l'on ne savait, de science certaine, que de pareilles misères ont été choses sérieuses, on serait tenté de ne voir qu'une mauvaise plaisanterie dans toute la nomenclature des offices de chasse. «Sous Louis XIV, dit un auteur compétent, le grand fauconnier prêtait serment entre les mains du roi. Il nommait à toutes les charges de chefs de vol vacantes par la mort, à la réserve de celles de chefs des oiseaux de la chambre et du cabinet du roi ; il nommait aussi aux « gardes des aies » de toutes les forêts royales, et commettait telles personnes que bon lui semblait pour vendre et prendre les oiseaux de proie en tous lieux du domaine. Tous les marchands fauconniers étaient obligés, à peine de confiscation de leurs oiseaux, de les lui présenter, afin qu'il pût choisir et retenir ceux qui étaient nécessaires aux plaisirs du roi. Il était chargé (quelle grosse affaire !) d'envoyer tous les ans sept oiseaux au roi d'Espagne, au lieu d'un épervier que l'ordre de Malte devait à Sa Majesté Catholique ; il faisait payer les frais de voyage au chevalier que le grand maître de Malte chargeait tous les ans de porter douze oiseaux au roi, et recevait ceux que le roi de Danemark et le prince de Courlande envoyaient aussi chaque année. Il avait enfin le privilège de mettre l'oiseau sur le poing du roi, quand Sa Majesté voulait le jeter elle-même, et de lui présenter la tête de la proie. »

L'institution de la fauconnerie (ce mot n'est pas trop ambitieux) date au moins de la dynastie carlovingienne ; et l'on voit, par le roman de Garin le Lohérain, que le roi Pépin avait un « maître de ses oiseaux. » Jusqu'au treizième siècle, le soin des faucons dépendit de la grande vénerie ; mais, vers 1250, la fauconnerie fut délivrée de cette subordination fâcheuse, et vola de ses propres ailes vers les honneurs et les gros traitements. Le dix-septième siècle fut son apogée ; car Louis XIV eût hérité des goûts puérils de son père, mais tout ce qui pouvait accroître la pompe de sa couronne et la noblesse de ses domestiques brodés d'or lui était particulièrement cher. Le siècle suivant fit de la fauconnerie une véritable sinécure que balaya la révolution de 1789.

Quels étaient donc ces oiseaux dont les nobles seuls pouvaient faire usage, et qui ont tenu tant de place dans le high life du moyen âge ? ces meutes aériennes qui occupaient tant d'hommes aux bras vigoureux ? Leur dressage constituait une science presque aussi noble et au moins aussi utile que le blason. Tous les termes qui les concer-

naient formaient une langue à part, inconnue du profane, plus compliquée que l'idiome chevalin de nos modernes sportsmen, et que la philologie comparée rangera auprès des argots divers mis en pratique par l'escrime, la savate et les jeux d'adresse. On distinguait d'abord les oiseaux de « haute volerie », de « leurre », tels que les faucons, et l'aigle ; les oiseaux de « basse volerie » ou du poing, comme l'autour ou l'épervier ; et les oiseaux qui servaient d'appât, comme le grand duc. Tous étaient dits niais lorsqu'ils avaient été pris au nid, sors avant la mue, hagards après une ou plusieurs mues. Les femelles étaient nommées tiercelets.

Les oiseaux nobles, aux ailes minces, déliées, volent contre le vent, la tête haute, et s'élèvent jusqu'aux nues. Leur main ou serre est composée de doigts longs, souples, forts, garnis d'ongles courbés et tranchants ; leur bec, arqué dès son origine, acéré, porte de chaque côté une sorte de dent. Ils attaquent résolûment, et ne quittent pas le combat qu'ils ne soient vainqueurs ; leurs proies sont le héron, le milan, le lièvre, quelquefois le renard et la gazelle. Les oiseaux de bas vol restent loin de ce type élégant et courageux ; ils ont besoin d'être portés par le vent ; ils ne fondent pas de haut, comme un trait, sur le gibier. On les reconnaît à leur aile épaisse, échancrée, à leur serre moins agile et plus massive ; à la pointe moins recourbée de leur bec. Ils n'ont pas l'œil noir du gerfaut, et leurs prunelles jaunes les rapprochent du hibou.

Il s'en faut que l'éducation des faucons fût une besogne aisée. On devait les élever en pleine liberté, les dompter par l'habitude d'une nourriture régulière ; parvenus à l'âge du dressage, ils étaient repris soit à l'aide de filets, de nœuds coulants, soit par l'appât d'un pigeon ou l'appel fallacieux du grand duc. Alors commençait pour eux un rude apprentissage : portés sur le poing garni d'un gant, ils sont privés de nourriture et de sommeil, aspergés d'eau froide, purgés même, et enfin chaperonnés. Le chaperon appartient aux oiseaux de haut vol ; c'est un puissant moyen de domestication. On couvre d'abord toute la tête et le bec ; puis on dégage soit un œil, soit tous les deux à la fois, selon le caractère de l'élève. Une fois dompté, on l'exerce, sans le détacher encore. On l'habitue à sauter sur le poing, à courir sur un leurre, qui est un assemblage de pieds et d'ailes de gibier. Plus il mord à la leçon, plus on lui allonge la corde, plus on lui offre de becquées de viande. Bientôt on lui montre le gibier lui-même ; enfin, on lui donne l'escap et on lui permet de voler pour bon. Et c'est un beau spectacle. Sans rire, le divertissement était agréable ; mais valait-il tant de temps perdu ? Le faucon s'élève et s'abat comme la foudre sur le héron que les lévriers ont fait lever ; il le lie avec ses mains et lui ouvre le crâne. Le combat n'est pas sans danger pour lui, car le héron possède un bec long et pointu dont il embroche parfois l'assaillant. La tête de l'oiseau poursuivi, s'enfonçant entre les deux ailes levées comme deux boucliers, ne présente plus qu'une pointe effilée qui se dresse vers le ciel ; si le faucon ne peut s'arrêter à temps dans sa chute, il est perdu.

L'émerillon, le plus petit des faucons et de tous les oiseaux de proie, était fort estimé par les rois pour la chasse aux perdreaux, aux alouettes et autres petits oiseaux. «Il brillait surtout dans « le vol du pigeon cillé. » Après avoir passé deux fils dans les paupières inférieures d'un pigeon et lié ces fils sur sa tête, de manière que l'animal ne puisse absolument voir en l'air, on le jette avec la main le plus haut qu'on peut, et, comme il ne voit clair qu'au regardant le ciel, il se trouve obligé de monter toujours. Lorsqu'il est suffisamment élevé, on l'attaque avec les émerillons, qui vont le gagner et le combattre jusqu'à ce qu'ils l'aient reconduit à terre, ce qui dure souvent très-longtemps.

Nous ne pouvons nous empêcher de trouver cruelles ces tortures inutiles infligées à de pauvres êtres qui sont à notre merci. Si la chasse a eu sa raison d'être lorsque l'homme en vivait, si elle est encore justifiable par notre gourmandise naturelle et le besoin de variété dans la nourriture, si même on peut la recommander à la jeunesse comme un exercice de force et d'adresse, elle doit être sévèrement blâmée dès qu'elle devient une tuerie à coup sûr ou une souffrance gratuite imposée aux animaux par le caprice du désœuvrement.

On ne pensait pas ainsi sous l'ancien régime, et beaucoup de chasseurs du nouveau nous accuseront de sensiblerie. Mais la compassion pour les animaux n'est pas l'unique motif de notre jugement : elle supprimerait complétement la chasse, et nous ne sommes pas si radicaux. Seulement, les pauvres cerveaux des fauconniers et des veneurs d'autrefois nous font plus pitié encore que les hérons et les pigeons cillés. C'est plus l'intérêt de l'homme que celui des animaux qui nous guide. Sans doute la vénerie, exigeant de longues études préliminaires, exerce la sagacité; mais elle la détourne d'objets plus importants et plus dignes de l'homme. Forcer le cerf, c'est tout simplement rivaliser avec les animaux de proie. Nous nous contentons de cet aveu enthousiaste de M. Elzéar Blaze : « Pour faire un bon veneur, à peine si la vie d'un homme est suffisante! » Voilà de quoi renoncer de bon cœur à la vénerie. « Pour Louis XIII, dit le même auteur, un fauconnier, un veneur, valaient mieux qu'un général.» Aussi Louis XIII fut-il un pauvre roi.

En somme, la vénerie et la fauconnerie nous plaisent plus en peinture qu'en réalité ; nous reconnaîtrons volontiers qu'elles ont offert au pinceau brillant de M. Monginot un très-agréable motif.

LA VALLÉE D'AOSTE.

Entre les Alpes Pennines et les Alpes Grecques (en celte, *kraig* signifie rocher), dominée au nord par le mont Rose, à l'ouest par le petit Saint-Bernard et le mont Blanc, s'ouvre la vallée de la Doire, divisée par les torrents en vallons et en ravines verdoyantes « qui semblent les rameaux d'un arbre magnifique. » C'est là le petit duché et le val fameux d'Aoste, qui tient, par sa situation, son aspect et ses mœurs, de la Suisse, de la Savoie et de l'Italie ; l'élément de la population en est gaulois et romain à la fois.

« Le pays d'Aoste, dit M. de Mercey, fut habité dans le principe par une peuplade gauloise que les Romains nommèrent les Salasses. Lorsqu'ils eurent reconnu que cette grande vallée ouvrait le chemin du pays des Sabaudes (Savoisiens) et des autres tribus gauloises voisines des Alpes, ils comprirent l'importance de ce passage, et, dès l'an de Rome 610 (142 av. J.-C.), sous le consul Appius Claudius, ils firent de sérieuses tentatives pour s'en emparer. Les Salasses, vaincus à plusieurs reprises et dépouillés des mines d'or et de fer qui faisaient leur richesse, furent soumis vers l'an de Rome 720 (32 avant J.-C.); mais leur soumission ne fut pas complète. Une fois, ils pillaient le trésor impérial qui passait dans le voisinage; une autre fois, sous prétexte d'aider une des légions à réparer une chaussée, ils faisaient rouler sur elle tout un quartier de montagne. Les Romains, obligés de lutter sans cesse contre un ennemi qui ne déposait les armes que pour reprendre haleine et le combattre plus tard avec un nouvel acharnement, se décidèrent à détruire ces tribus remuantes. L'extermination fut complète; toute la nation

passa par le fer, et le petit nombre des Salasses qui furent pris, trente mille environ, furent envoyés à Ivrée (*Ippo-redia*), vendus comme des bêtes de somme ou incorporés dans les légions romaines. Une colonie de prétoriens les remplaça et s'établit dans la vallée. Ce sont ces prétoriens qui ont fondé Aoste (*Augusta-Prætoria* ou *Salassiorum*), lui donnant ce nom en mémoire d'Auguste, leur général.

» Quand les Barbares envahirent l'Empire, les Goths et les Lombards succédèrent aux Romains dans le val d'Aoste », que Charlemagne réunit au royaume de Bourgogne. « Plus tard, ce petit pays profita de sa position pour s'émanciper. En 1204, nous le retrouvons sous la domination d'Humbert de Savoie, qui prend le titre de comte d'Aoste. Dans le quinzième siècle, le comté est converti en duché », et forme l'apanage de l'un des frères du prince régnant de Savoie. Maintenant, le pays d'Aoste fait partie du royaume d'Italie, qui lui laisse une certaine indépendance et en tire de fort minces revenus. » La population est bien faible aujourd'hui eu égard à l'étendue de la cité. Elle paraît en outre assez misérable », quoique des montagnes peu éloignées aient renfermé des mines et qu'un torrent voisin roule ou ait roulé des paillettes et des morceaux d'or natif.

La terre végétale, restreinte par la montagne, ne nourrit pas les habitants, et la misère est cause qu'ils émigrent et voyagent durant six mois de l'année, cherchant leur pain dans le Piémont et la Lombardie. La moisson faite et les semailles achevées, toute la population mâle des villages exerce au dehors les professions de maçon, de chaudronnier et de ramoneur. « Le voyageur qui arriverait à Cormayeur d'octobre à avril pourrait croire à l'existence d'une de ces tribus d'amazones que les anciens ont célébrées. » Mais les femmes, demeurées seules au logis, ne s'entaillent point la poitrine pour élargir la place du baudrier; elles n'ont ni arc, ni lance, ni cavalerie. L'éducation des enfants les occupe assez. En mai, les émigrés rentrent au logis, qui avec cinquante, qui avec soixante francs; on peut évaluer à vingt mille francs, chiffre considérable, le numéraire que verse annuellement dans la vallée la vie nomade de ses habitants.

Les seuls hommes qui demeurent à la maison sont les vieillards, les enfants et les *crétins* ou *goitreux*. Ces pauvres idiots sont en grand nombre, même dans certains quartiers de la ville; on les appelle *marons*. Saussure fut épouvanté de leur nombre à Villeneuve. « Là première fois, dit-il, que je passai à Villeneuve, tous les gens raisonnables du village en étaient sortis pour les travaux de la campagne; il ne restait ou du moins on ne voyait dans les rues que des *imbéciles*. Je ne connaissais pas encore les signes extérieurs de cette maladie : je m'adressai au premier que je rencontrai pour lui demander le nom du village, et, comme il ne me répondait point, je m'adressai à un second, puis à un troisième; mais une morne silence ou quelques sons articulés étaient leur unique réponse; et l'étonnement stupide avec lequel ils me regardaient, leurs goitres énormes, leurs grosses lèvres entr'ouvertes, leur teint basané, avaient quelque chose de tout à fait effrayant. On aurait dit qu'un mauvais génie avait changé en animaux stupides tous les habitants de ce malheureux village, en ne leur laissant de la figure humaine que ce qu'il en fallait pour qu'on pût reconnaître qu'ils avaient été des hommes. »

Les occupations des habitants sédentaires consistent dans le soin des nombreux moutons qui paissent sur les flancs abrupts des collines couvertes de sapins. Des carrières d'ardoise et des affineries de cuivre, des fabriques de goudron, de térébenthine et de poix, des eaux thermales, d'assez riches filons de fer estimé, de cuivre, de plomb et d'argent, de manganèse et de sel gemme, constituent la richesse du pays. La montagne du Labyrinthe, près de Cormayeur, témoigne encore d'une antique exploitation minière. Il y a là « des galeries creusées dans la roche et soutenues de distance en distance par des piliers; elles se bifurquent, fouillent le mont dans toutes les directions, et aboutissent, les unes à des salles plus spacieuses, également soutenues par des piliers, les autres à des couloirs sans issue. Les fragments de minerai qu'on recueille sur le sol indiquent une mine d'argent. »; la tradition en fait remonter l'exploitation aux Romains, et donne aux galeries le nom de *trous des Romains*. Peut-être faut-il y voir ces mines des Salasses dont parle Strabon, et qui furent la véritable cause de la conquête romaine. Quoi qu'il en soit, ces souterrains, qu'on ne pourrait parcourir en un jour, ont été creusés il y a bien des siècles. Une couche épaisse de calcaire grossièrement cristallisé forme sur les parois, de distance en distance, des nœuds et des protubérances anguleuses qui ressemblent à des stalactites.

L'aspect de cette vallée, depuis Cormayeur jusqu'au rocher et au fort de Bard, qui arrêta quelques jours le premier consul lors de la campagne de Marengo, est pittoresque que l'on y fait détestable. Ce ne soit que rochers énormes, châteaux ruinés au bord des abîmes, villages jetés sur le flanc de la montagne comme des écharpes multicolores, avec leurs toitures moussues, noires ou brunes, leurs champs de seigle et leurs plantations de noyers. Non loin du village de la Salle, de profondes crevasses découpent la vallée comme autant d'immenses sillons. Enlevez quelques planches qui joignent les deux bords de ces effroyables fentes, et toute communication est

Vallée d'Aoste. — Ancien pilier en pierre taillée. — Dessin de Pérotti.

interrompue entre Aoste et les Alpes. Au delà de la cité, « la vallée se resserre et le passage prend un aspect âpre et désolé. Des rocs à pic pendent sur le ravin au fond duquel la Doire écumante bondit de roche en roche. » On dirait la route de Baréges ou de Cauterets qui serpente au-dessus des gaves. « Le chemin, taillé dans la pierre même, pénètre bientôt dans les rues d'une petite ville noire et misérable située au pied d'un rocher de forme conique, dont le sommet est couronné de murs et de bastions. Ces hauteurs de Bard ferment la vallée. »

A peu près au centre de ce bassin montagneux s'étale une jolie ville peuplée de six mille habitants qui parlent un savoyard mitigé de piémontais, le plus abominable patois de tout le royaume italien. C'est la cité d'Aoste. « La saleté des hôtels, dit M. de Mercey, y est excessive, et la chère que l'on y fait détestable. Les *grissini* remplacent le pain; on mange la soupe au dessert. Les viandes salées, le *vitello* (veau) pané et grillé, les fritures de foie et de poumon, composent le menu de chaque repas. Quant aux fruits et aux raisins, si célébrés par les voyageurs, un propriétaire de bonne foi m'assurait que la qualité en était des plus secondaires. Pour ma part, et d'après ma propre expérience, je puis assurer qu'en fait de vin du cru le vin d'Aoste est plus à redouter qu'aucun autre. C'est une boisson aigre-douce des plus singulières; on dirait un composé de vin de Suresne et de mélasse. Le voisinage des montagnes, qui permet toutefois à la cigale de chanter et aux mantes et aux *lucioli* de déployer leurs ailes, s'oppose assez fréquemment à la complète maturité de la vigne. » Il faut même dire que ces passages brusques du

chaud au froid « ébranlent singulièrement le systéme nerveux, et vous livrent à un état fébrile qui n'est pas sans
charme, mais qui doit épuiser à la longue. »

Il y a dans l'enceinte d'Aoste beaucoup de jardins, et
aux environs, surtout vers le sud-est, de ces paysages
tourmentés et charmants que reproduisent nos deux dessins, avec des profils bizarres sur un horizon bleu, d'é-
troites zones de verdure, de gros châtaigniers roux où
s'abritent les pâtres, et les ruines de quelque vieux château. Le *Lépreux* (de Xavier de Maistre) saluait tous les
soirs « les glaciers de Ruitorts, les bois sombres du Saint-
Bernard et les pointes singulières, qui dominent la vallée
de Rhême. » En somme, on retrouve autour de soi, sans
trop de peine, les éléments de cette description que nous
empruntons encore à Xavier de Maistre : « La partie mé-

ridionale de la cité d'Aoste est presque déserte et paraît
n'avoir jamais été fort habitée. On y voit des champs la-
bourés et des prairies terminées d'un côté par les remparts
antiques que les Romains élevèrent pour lui servir d'enceinte, et de l'autre par les murailles de quelques jardins.
Cet emplacement solitaire peut cependant intéresser les
voyageurs. Auprès de la porte de la ville, on voit les ruines
de l'ancien château dans lequel, si l'on en croit la tradition
populaire, le comte René de Chalans, poussé par les fureurs de la jalousie, laissa mourir de faim, dans le quinzième siècle, la princesse Marie de Bragance, son épouse :
de là le nom de Bramafan (qui signifie *cri de la faim*)
donné à ce château par les gens du pays. »

Des monuments plus authentiques et plus anciens assurent à la cité d'Aoste l'attention des archéologues. Ce

Vallée d'Aoste. — Ruines du château d'Ussel. — Dessin de Perotti.

sont les débris des édifices élevés par la colonie romaine
sous le règne de l'empereur Auguste. De ce nombre sont
les fortes murailles flanquées de tours, indiquées dans la
citation précédente, une porte à demi ensouie, dans la direction de Cormayeur, deux ponts, un amphithéâtre et un
arc de triomphe.

Les deux ponts sont d'une seule arche. L'un, « enseveli
sous un faubourg de la ville, est d'une telle solidité,
qu'outre le pavé de la route romaine et d'une route plus
moderne, il porte encore le poids de plusieurs maisons. »
L'autre, qui sert à la fois de pont et d'aqueduc, sur la
Doire, a été bâti par Caïus Avilius. La hauteur de l'arcade
est prodigieuse. L'amphithéâtre, comme les murailles, est
dispersé dans les propriétés particulières. L'arène est une
belle prairie où paissent les troupeaux de bœufs. « Alen-

tour, on découvre des arcs décorés de pilastres, enterrés
aux trois quarts, et quelques fragments de colonnes corinthiennes. A peu de distance de là, dans un monastère
d'augustins, on voit de belles caves circulaires, voûtées
solidement, et correspondant à l'arène par chaque bout.
C'était là qu'on renfermait les animaux et les prisonniers
qui devaient combattre dans le cirque. »

L'arc de triomphe, seul reste dont on puisse apprécier
les proportions, a été construit en l'honneur d'Auguste; il
est donc parmi les plus anciens que l'on possède. « Les
colonnes d'ordre corinthien qui le décorent du côté de la
campagne sont d'une belle conservation », et annoncent bien
la ville du côté de la route d'Italie. Mais tous les bas-reliefs, tous les ornements de bronze ont disparu. L'arcade
unique, couverte d'une sorte de toit qui la préserve de la

destruction, semble par elle-même assez solide pour braver le temps. Elle est formée de blocs énormes superposés sans ciment. Saussure a retrouvé sur la route d'Ivrée le gisement de poudingue qui en a fourni les matériaux. La voûte a près de 17 mètres de haut sur 10 de large.

Tels sont, en résumé, le passé et le présent du val et de la cité d'Aoste, les caractères qu'ils ont reçus de la nature et du travail de l'homme.

GUILLAUME TELL ET SCHILLER.

Au quatorzième siècle, dans le canton d'Uri, en Suisse, un gouverneur autrichien du nom de Gessler a-t-il fait mettre son chapeau sur une perche, au milieu de la ville d'Altorf, et forcé tous les passants à le saluer, sous peine de prison? Ce même personnage a-t-il obligé ensuite un paysan qui s'appelait Guillaume Tell, et qui n'avait pas voulu obtempérer à ses ordres, à percer d'un trait de son arbalète une pomme placée sur la tête de son jeune fils, acte abominable qui, remplissant le cœur de ce dernier d'un sentiment légitime de vengeance, l'aurait porté à, relève despote d'un coup de flèche, et à donner avec ce meurtre le signal de l'affranchissement de la contrée? Telles sont les questions qui ont attiré sur elles l'examen d'un grand nombre d'historiens et de critiques célèbres.

Jean de Müller pense que ce chapeau élevé au bout d'une perche n'était pas celui du gouverneur, mais le chapeau ducal d'Autriche, placé là pour rallier tous ceux qui étaient attachés aux intérêts de cette maison. On ne reconnaissait par l'hommage qu'ils lui rendaient. La mort de Gessler par la main de Tell n'est pas certaine. Quant au fait de la pomme, il est encore moins probable. Le silence des contemporains, l'analogie d'un événement semblable raconté par des historiens danois du douzième siècle, ont fait naître des doutes sur cette histoire. Voltaire, Rahn, Iselin et d'autres la regardaient comme fabuleuse. Cependant Zürlauben, Balthazar de Lucerne et Haller de Berne ont recueilli les preuves historiques qui établissent sa vérité.

Pour nous, d'abord, il n'est guère douteux que l'archer du nom de Tell n'ait rendu de grands services à son pays au temps de l'affranchissement. Des chapelles consacrées à sa mémoire dès le quatorzième siècle, tant sur la plate-forme située près de Fluëlen que dans le chemin creux qui conduit à Kusnacht, semblent l'attester. Nous croyons ensuite que l'orgueil insensé d'un despote subalterne peut fort bien lui avoir inspiré l'idée de faire courber une population de pauvres montagnards devant sa toque, et, enfin, que la perversité du cœur humain est malheureusement si féconde en inventions cruelles qu'elle peut aussi, à deux siècles de distance, et dans deux contrées différentes, avoir forcé un père de famille à jouer la vie de son enfant au tir de l'arc et de l'arbalète.

Le poëte Schiller a été de cet avis. Il a accepté tous les faits de la vie de Guillaume Tell, et s'est servi de cette figure rustique pour composer avec elle le poëme dramatique de la résistance au despotisme de l'étranger; ouvrage magnifique, un des plus purs sortis de sa plume, et dans lequel le grand savoir de l'historien se combine heureusement avec l'habileté du dramaturge.

Nous n'entrerons pas dans le détail de cette tragédie; nous dirons seulement que les auteurs primitifs du complot de la résistance furent trois braves citoyens d'Uri, Unterwald et Schwitz, qui prêtèrent le fameux serment du Grütli, et qui se nommaient Arnold de Melchtal, Werner Stauffacher et Walter Furst. Guillaume Tell ne fut que le héros accidentel de la délivrance; mais son action mit,

pour ainsi dire, le feu aux poudres, et commença la ruine du pouvoir autrichien. Schiller ne l'a point oublié, et c'est cette individualité remarquable qu'il s'est plu à faire ressortir dans toute l'étendue de son poëme. Déjà il avait, sous les traits du marquis de Posa, exprimé les ardeurs philanthropiques d'un homme des hautes classes, les rusés d'un théoricien de la liberté cherchant à convertir le sceptre lui-même en instrument de régénération. Avec le personnage de Guillaume Tell il donne un corps aux sentiments généreux de l'homme du peuple; il peint le citoyen des rangs inférieurs, peu instruit mais énergique, qui sent plus qu'il ne conçoit, et qui agit plus qu'il ne rêve. A la mauvaise foi, l'orgueil brutal et la cruauté, il oppose l'instinct d'un cœur franc et honnête qui ne revendique ses droits naturels par l'action que lorsqu'il est blessé dans ses intérêts les plus chers, menacé dans sa vie et celle des siens. Il y a encore bien de l'idéal dans cette figure de paysan suisse; cependant le poëte, en la modelant, s'est rapproché de la nature; et, en général, elle se montre avec une telle simplicité de langage et une si grande force de sentiment, que, de toutes les conceptions du même genre, elle est certainement celle qui offre le plus de vie et de réalité.

Dès sa première apparition, Guillaume Tell dévoile tout ce qu'il y a de bon et de brave en lui. Il s'agit de sauver un pauvre homme poursuivi par les satellites du gouverneur; il faut au plus vite lui faire traverser le lac, malgré la tempête. Plusieurs reculent; mais Tell s'avance et dit : « L'homme généreux ne pense point à lui-même; fiez-vous » en Dieu et sauvez l'opprimé. » Personne n'osant se risquer, il monte dans une barque et entraîne sur les flots le malheureux fugitif. Son action courageuse mène les assistants, et le doigt populaire le désigne déjà, quoique vaguement, comme un des libérateurs du pays. Une autre scène le représente en conversation avec un des citoyens les plus considérables du canton de Schwitz, Verner Stauffacher. Celui-ci l'entretient du despotisme intolérable de Gessler, de la nécessité de mettre un terme à un pareil état de choses, et cherche à faire entrer l'honnête paysan dans la ligue que lui et plusieurs de ses amis ont tramée contre l'odieux officier. Mais Tell est un homme simple qui a charge de femme et d'enfants, et qui, étant leur unique gagne-pain, ne peut s'aventurer dans des tentatives inutiles. Pressé cependant par les paroles de Stauffacher, qui lui demande si la patrie pourrait compter sur lui dans un jour où aurait recours aux armes, il répond : « Tell » va jusqu'au fond d'un abîme pour secourir un agneau, et » il délaisserait ses amis!... Quelque entreprise que vous » formiez, ne m'appelez pas dans vos conseils; je ne sais » ni méditer, ni rester longtemps indécis; mais si vous » avez besoin de moi pour une action résolue, alors appelez » Tell, et il ne vous manquera pas. » C'est bien parler selon sa nature et sa condition; et l'intelligence des meneurs du mouvement de résistance, comprenant cette âme fière et naïve, lui laisse sa liberté d'action, certaine de sa vigoureuse coopération au moment décisif.

Tandis que le complot de la délivrance s'ourdit secrètement, en vue du jour de l'explosion, jour que doivent amener les excès de Gessler, Tell vaque à ses affaires et aux soins de sa famille. Durant le peu d'instants qu'il leur consacre au fond de sa chaumière, son travail de menuiserie et ses réponses alternatives à sa femme et à ses enfants forment un tableau d'intérieur rustique des plus charmants. C'est un père qui, aime ses enfants, mais qui ne va point, dans sa tendresse, jusqu'à leur gâter l'âme et en amollir la trempe; c'est un mari qui chérit sa femme, mais non au point de perdre, par amour pour elle, le sentiment des souffrances de ses semblables, et d'oublier les misères de la patrie. Quand son épouse, inquiète à l'égard de cette bonté d'âme qui lui fait affronter tant de dangers, s'écrie : « Hélas! tous les miens fuiront donc la paix du » foyer ! » Tell répond : « Ce n'est pas pour n'être qu'un » berger que m'a créé la nature... Je ne jouis vraiment de » la vie que lorsque chaque jour j'ai lutté contre un nou- » veau danger. » Et, malgré les instances d'Hedwige, ayant besoin d'aller à Altorf, résidence du gouverneur, il se décide à s'y rendre en emmenant avec lui un de ses fils.

La fin à la prochaine livraison.

LE TRAVAIL DES ENFANTS.

Voy. t. XI, 1843, p. 14.

LES PETITS PIQUEURS DE CHAUDIÈRE.

« Il faut nettoyer une chaudière à vapeur : les incrustations calcaires y sont dures et adhérentes; l'espace intérieur est trop étroit pour qu'un homme y puisse entrer : on choisit un enfant de dimension convenable; on l'introduit dans les flancs encore tièdes de la chaudière à peine vidée. Couché dans le bouilleur qu'il obstrue de son corps, armé d'un marteau, muni d'une lampe fumeuse, le pauvre petit pioche péniblement le dépôt qui tombe peu à peu en poussière.

» Quelle atmosphère pour ces jeunes poumons! vapeur d'eau, produits de combustion de la lampe, parcelles anguleuses de calcaire : voilà ce que respirent ces organes si délicats à peine formés, au lieu de l'air pur qui leur serait indispensable!

» Et ce même enfant, de onze à douze ans à peine, déjà étiolé, travaille ainsi de deux jours l'un tout au moins, et toujours sans trêve, sans repos du dimanche, sans instruction d'aucune sorte : on tue à la fois son esprit et son corps... »

Voilà ce qu'on nous écrit. De pareils faits sont-ils vrais, sont-ils possibles? Notre correspondant nous affirme qu'il peut en citer de nombreux exemples : nous ne saurions douter de sa parole; un seul de ces abus suffirait d'ailleurs pour rendre utile un appel à l'opinion publique.

Ingénieurs, que l'un d'entre vous se hâte, par quelque procédé, qu'il répugne absolument de croire impossible, d'affranchir les enfants d'un si odieux supplice. Il y va de l'honneur de l'industrie. Combien de prix proposés par nos sociétés savantes, pour des services qui sont loin d'être aussi urgents que celui-là! Mais qu'est-il besoin de prix, de récompenses? Écoutez vos instincts, votre conscience, votre cœur, et, en même temps qu'aux souffrances des enfants, pensez aux douleurs des mères!

INCANDESCENCE

DE L'INTÉRIEUR DU GLOBE TERRESTRE. (¹)

La question de la terre nous touche de trop près pour que nous ne soyons pas curieux de savoir ce que c'est que cette terre, et sur quels faits positifs se basent les enseignements que l'on donne à son égard dans les divers traités scientifiques. On parle chaque jour de la chaleur centrale du globe, de l'incandescence de son noyau, du feu qui brûle sous nos pieds dans ce gigantesque foyer; il importe de

(¹) Ces lignes ont été écrites, en réponse à l'un de nos lecteurs, par M. Camille Flammarion, auteur de l'ingénieux et savant ouvrage intitulé : *la Pluralité des mondes habités*. Il nous a paru utile de les publier, bien que le même sujet ait déjà été traité amplement par Jean Reynaud dans plusieurs articles de ce recueil. — Voy. dans les Tables : *Écorce de la terre, Terre,* etc.

faire connaître ce qu'il y a de vrai et de positif à ce propos et de rappeler sommairement les faits observés, sur lesquels s'appuie la théorie de la terre.

Le premier, c'est l'accroissement graduel de la température à mesure que l'on s'enfonce dans l'intérieur du globe.

Dans toutes les mines du monde où des observations météorologiques ont été faites, notamment en Saxe par M. Trebra, ailleurs par M. Cordier, dans les puits artésiens par M. Arago, etc., on a universellement reconnu l'accroissement de la température avec la profondeur. Les résultats sont unanimes à cet égard. Les premières expériences avaient accusé une augmentation régulière d'un degré par 100 pieds; plus tard, en d'autres localités, on ne trouva plus qu'une augmentation d'un degré par 22 mètres, ou 70 pieds environ; ailleurs, les résultats oscillaient entre ces deux limites. Ces différences, comme on le reconnut dans la suite, tout en proclamant l'accroissement de la température, montraient qu'il ne s'effectue pas partout de la même manière, et que, dans certains cas, des influences locales l'altèrent en plus ou en moins. Mais on put bientôt constater, par la comparaison d'un grand nombre d'observations, que l'accroissement moyen de la température est d'un degré par chaque 33 mètres de profondeur au-dessous du sol.

Cet accroissement ne peut avoir sa source dans la quantité de chaleur émise par le soleil. L'observation et la théorie démontrent que les variations de température produites par les saisons, les climats et les jours, cessent de se faire sentir à une faible distance dans l'intérieur de la terre. A cette distance, variable selon les lieux (elle est égale à 25 mètres pour Paris), la température du sol reste constante et indépendante de l'action du soleil. La chaleur intérieure du globe appartient donc au globe même.

Il résulte de l'accroissement exposé plus haut qu'à la distance de 3 kilomètres la température du sol doit être de 100 degrés, et que si la loi se continue régulièrement, on trouverait à une profondeur de 100 kilomètres plus de 3 000 degrés, température suffisante pour fondre tous les corps que nous connaissons. Il est certain que ces corps sont en fusion; mais on ne saurait pourtant affirmer que ce soit dès cette profondeur. De même nous nous garderons d'affirmer, comme on l'a fait récemment, que la progression de la chaleur soit régulière jusqu'au centre du globe et que ce centre soit porté à une température de 195 000 degrés. On est là dans l'hypothèse, car nous n'avons pu pénétrer que la couche superficielle du globe, et nous sommes dans l'ignorance complète de la nature de sa masse interne. Il faudrait pour cela suivre l'idée de Maupertuis : creuser un trou jusqu'au centre de la terre. C'est dommage que l'entreprise en soit impraticable.

Ce que les observations métallurgiques démontrent d'un côté, des faits d'un autre genre le confirment. La figure, la densité, la consistance du globe, sont solidaires; il n'est rien d'isolé dans l'étude de la nature : un phénomène complète l'autre; tout s'enchaîne et se lie entre eux. Ainsi la force centrifuge a déterminé l'aplatissement du globe, et celui-ci dénote la fluidité primitive de notre planète. Or cette chaleur primitive a laissé des traces; de plus, elle n'est pas éteinte et se manifeste par divers phénomènes, autres que ceux dont nous avons parlé. Ces phénomènes, qui établissent, chacun pour sa part et d'une manière irrécusable, l'accroissement graduel de la chaleur, sont : la température des eaux qui jaillissent des puits artésiens, celle des sources thermales répandues sur divers points du globe, enfin l'activité intérieure qui se manifeste par les tremblements de terre, et les éruptions volcaniques qui lancent dans l'espace leurs laves liquéfiées.

Les sources artésiennes, d'après la loi de l'équilibre de la chaleur, possèdent la même température que les couches intérieures dans lesquelles elles ont séjourné. On sait que les sources artésiennes [1] ont pour origine les eaux de pluie qui filtrent dans le sol, descendent jusqu'à ce qu'elles rencontrent une couche imperméable, un lit d'argile par exemple, et forment alors des nappes souterraines d'une grande étendue, qui suivent toutes les inflexions du terrain sur lequel elles reposent. Si l'on creuse un puits sur un sol moins élevé que le terrain d'infiltration où la nappe d'eau prend naissance, le liquide jaillira à l'orifice, comme dans les vases communiquants. Or les expériences des physiciens qui se sont livrés à ces études ont mis hors de doute le degré d'élévation de la température de l'eau proportionnellement à la profondeur de la couche où l'eau gisait.

Les sources thermales viennent des profondeurs de la terre, où elles ont acquis la haute température qu'elles manifestent. Cette température est également celle des terrains qu'elles traversent. Au nombre des sources d'eau bouillante, nous citerons les *geysers* d'Islande, qui jaillissent sans cesse et remplissent l'air de vapeur, et dont quelques-uns s'élancent à des hauteurs considérables. Quelques-unes de ces sources ont une température de 100 degrés.

Mais les faits qui mettent le mieux en évidence l'état de fluidité intérieure du globe, ce sont les tremblements de terre et les volcans. Les tremblements de terre ne sont explicables que par la réaction des liquides et des gaz intérieurs contre la croûte extérieure ; les phénomènes généraux qui les caractérisent en sont, du reste, le témoignage irrévocable. Ils se font souvent ressentir à la fois sur une étendue considérable, et la même secousse agite le sol à plusieurs centaines de lieues de distance. On croirait voir en eux les convulsions du globe. Le mémorable tremblement de terre qui détruisit Lisbonne, en 1755, se prolongea à des distances immenses, et l'on observa en Angleterre une agitation extrême des eaux. Ces secousses se manifestent sous la forme d'ondulations, comme si elles étaient le résultat d'un ébranlement lointain dans les couches inférieures du globe ; l'intensité, la durée, la rapidité et la nature de ces secousses sont très-variables. Tantôt une secousse violente renverse en un clin d'œil de vastes cités, transforme l'aspect de la nature, précipite les hautes montagnes sur les plaines qu'elles dominaient, suspend le cours des fleuves ou soulève les flots de la mer à des hauteurs effrayantes, comme il arriva, en 1586, à Lima, où la mer monta de 14 brasses sur une étendue de 170 lieues. Tantôt ces secousses sont si faibles que, lorsqu'elles surviennent au milieu de la nuit, on ne s'en aperçoit qu'au bruit des objets légers suspendus dans l'intérieur des maisons. A. de Humboldt, en observation sur le Vésuve, ressentait à peine les secousses qui se succédaient de vingt en vingt secondes avant l'éruption des scories incandescentes. Tantôt encore les tremblements sont accompagnés d'éruptions d'eau chaude, comme à Catane en 1818, de vapeurs aqueuses, comme au Mississipi en 1812, de mofettes empoisonnées, de tourbillons de boue, de fumée noire et même de flammes, comme à Cumana en 1797. Dans le tremblement de terre de la Nouvelle-Grenade, en 1827, la quantité d'acide carbonique qui sortit des crevasses asphyxia une multitude de serpents, de rats et d'autres animaux qui vivent dans les cavernes. Ainsi diffèrent les effets physiques qui accompagnent ces secousses terrestres ; mais, quelle que soit leur nature, ils révèlent unanimement l'existence du foyer calorifique intérieur.

[1] Ce mot vient d'*Artois*, province où les premiers puits ont été *creusés*.

Les volcans peuvent être regardés comme autant de cheminées ou conduits souterrains qui établissent une communication temporaire ou permanente de l'intérieur avec la surface. On peut encore dire, selon l'expression de Humboldt, que ce sont des *soupapes de sûreté* pratiquées dans la vaste chaudière du foyer interne. La température sans égale des substances vomies par les bouches volcaniques, l'analogie chimique des laves de tous les volcans de la terre, leur rapport avec les anciens minéraux du sol primordial, les phénomènes de convulsions étranges qui les accompagnent en tous lieux du globe : tels sont les faits qui montrent que les éruptions volcaniques ont leur source dans les substances incandescentes qui forment encore actuellement le noyau fluide de la terre.

Ce noyau fluide immense est recouvert d'une enveloppe extrêmement légère, mince pellicule à peine épaisse de 10 lieues, sur laquelle nous nous croyons en sûreté. En fait, si l'on pouvait avoir des nouvelles journalières de

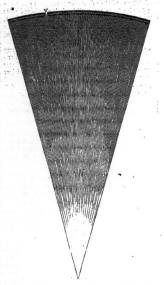

Coupe montrant à peu près les volumes relatifs de l'écorce solide et de la masse liquide du globe. — V, volcan.

l'état de cette surface, on la trouverait perpétuellement agitée, tantôt sous une latitude, tantôt sous une autre. Mais si nous considérons, d'un côté l'exiguïté de la place que nous occupons sur le globe et la rapidité de notre vie, d'un autre côté la lenteur des grandes révolutions géologiques dont ces phénomènes ne sont plus que de pâles vestiges, on conçoit que, grâce à notre infinité, nous puissions reposer avec confiance sur ce globe, comme le petit oiseau que le vent n'atteint pas sur le grand chêne.

L'ORDRE TEUTONIQUE.

Le château des Chevaliers de l'ordre Teutonique, à Marienbourg (Prusse). — Dessin de Grandsire.

La première fois que je voyageai en Allemagne, je me trouvai en tête-à-tête tout un jour, dans un coupé de diligence, avec un habitant de Marienbourg-sur-Nogath. Il ne me parla, pendant plusieurs heures, de rien autre chose que de l'ordre Teutonique : je ne lui donnais guère la réplique; je savais très-peu de chose sur cet ordre, et je vis bien qu'il était confondu et presque scandalisé de mon ignorance : j'ai dû faire grand tort dans son opinion à l'esprit français. Nous sommes tous ainsi. Que dirait un bourgeois de Nancy d'un étranger qui ne paraîtrait pas bien connaître l'histoire des ducs de Lorraine, ou un Dijonnais d'un individu qui resterait bouche close dans une conversation sur les ducs de Bourgogne? Comment un Marienbourgeois supporterait-il même l'indifférence pour ces chevaliers teutoniques? D'abord il est lui-même une manière de fils de ces chevaliers. C'est par eux, pour ainsi dire, que sa ville natale, Marienbourg, fut construite (¹). Il a sans cesse sous les yeux le somptueux palais des grands maîtres, bâti vers 1267, rebâti depuis, restauré, en 1815, par le prince couronné depuis sous le nom de Frédéric-Guillaume IV. Pourrait-il supposer un instant que vous ne comptez point parmi les merveilles de l'Europe la colonne de granit qui supporte seule toute la voûte de la salle du chapitre, le « Grosseremter »? Quel enfant ne raconterait l'histoire du boulet lancé contre cette colonne, en 1410, par les Polonais, sur l'indication d'un traître? Peu s'en fallut que du coup la voûte n'écrasât le grand maître et son conseil. Mais le boulet ne fit qu'effleurer la colonne et alla se perdre dans un angle de la cheminée, où il est encore captif. — Et les tombeaux, et les cellules, et les cachots des chevaliers! Que de légendes populaires y font revivre des spectres sombres! Çà et là, le

(¹) Marienbourg, ville industrielle, située sur la route de Berlin et de Dantzick à Kœnigsberg, sur un bras de la Vistule qu'on nomme le Nogath, contient environ 5 600 habitants.

pied ne recule-t-il pas devant quelques taches de sang que le temps n'a pas effacées! Est-il sûr que les annales de Venise soient plus poétiques? Quand on voudra, on fera sortir de l'histoire de l'ordre Teutonique tout un cycle d'épopées, de drames et de tableaux. — C'était à peu près là ce que me disait, avec la chaleur de la conviction, mon compagnon de voyage, il y a quelque vingt ans. Depuis, j'ai lu l'histoire de cet ordre des frères hospitaliers teutoniques de Notre-Dame de Sion. Ce n'est pas, en effet, peu de chose. L'ordre fut fondé en 1190, devant Saint-Jean-d'Acre, par quelques citoyens de Lubeck et de Brême. Les membres n'étaient d'abord qu'hospitaliers et dévoués uniquement à secourir les blessés et les malades. Bientôt ils devinrent militaires et chevaliers, comme ceux des deux autres ordres de Saint-Jean et du Temple. Ils portaient une croix noire sur un manteau blanc, et vivaient sous la règle de Saint-Augustin. En Europe, ces anciens hospitaliers devinrent de terribles batailleurs. Au treizième siècle, leur ardeur barbare versa en Allemagne bien plus de sang chrétien que leur piété n'en avait jamais étanché aux blessures de leurs frères, les croisés, en terre sainte. Ils asservirent la vieille Prusse orientale et occidentale pour la convertir à leur foi, puis la Pomérellie, la nouvelle Marche et la Poméranie. Plus tard, l'ordre guerroya contre la Pologne et la Lithuanie. Il absorba en Livonie l'ordre des chevaliers du Christ. Ces célibataires ambitieux ou porte-glaive ne tendaient à rien moins qu'à conquérir l'Allemagne entière. Riches, puissants, redoutés, en temps de paix ils fondaient des villes (Kœnigsberg, Marienbourg, etc.), achetaient des pays entiers (en Brandebourg, en Esthonie, en Samogitie, etc.). Mais, vers le milieu du quinzième siècle, quelques nuages commencèrent à s'amonceler et à menacer cette fortune inouïe. En 1441, les villes d'Elbing, Thorn, Kœnigsberg et Dantzick secouèrent le joug que l'ordre faisait peser sur elles. En 1466, la Prusse occidentale échappa à leur domination. La moralité des chevaliers se relâchait de plus en plus. La réforme vint, et jeta parmi eux la discorde. Le grand maître Albert, margrave de Brandebourg, rompit ses vœux, se fit luthérien, et, en 1526, épousa la fille du roi de Danemark. Son exemple fut suivi par un grand nombre de chevaliers. Un chapitre général élut grand maître à sa place Walther Plettenberg; mais la décadence ne s'arrêta plus. Vers 1550, l'ordre perdit la Livonie. Les grands maîtres ne furent plus que les protégés ou les représentants des souverainetés germaniques. En 1805, l'empereur d'Autriche prit le titre de grand maître, et en 1809, Napoléon supprima l'ordre.

S'ennuyer est quelque chose de méprisable.

Mᵐᵉ DE COIGNY.

LES ŒUFS ET LES CHEVAUX.

CONTE DANOIS (¹).

Il y avait une fois un homme qui parcourait les villes et les campagnes avec une voiture pleine d'œufs et une troupe de chevaux. Il donnait des œufs aux ménages où la femme était la maîtresse, et des chevaux à ceux où le mari commandait. Il distribuait ainsi beaucoup d'œufs, mais presque tous ses chevaux lui restaient.

Un jour, il arriva dans une maison où tout paraissait indiquer que l'homme était le maître. Il résolut d'y passer la nuit, et le lendemain matin, au moment de faire ses adieux, il pria le mari de choisir entre deux chevaux, l'un brun, l'autre noir.

— Je prends le brun, dit l'homme.

— Non, s'écria la femme, tu n'es qu'un sot; le noir est le meilleur.

— Bien, reprit le mari; puisque tu penses ainsi, petite mère, je choisirai le noir.

Mais ils furent bien penauds lorsqu'ils virent l'étranger emmener ses chevaux, et ne leur laisser qu'un œuf à la place.

GUILLAUME TELL ET SCHILLER.

Fin. — Voy. p. 318.

Durant la course, le père et l'enfant conversent ensemble, et, à propos de quelques interrogations du jeune Walther, le bon citoyen d'Uri lui expose en peu de mots sa politique.

WALTHER.

Mon père, existe-t-il des pays où il ne se trouve pas de montagnes?

TELL.

Lorsque, suivant le cours de nos rivières, on descend de nos montagnes, on arrive dans de vastes plaines où les regards, sans que rien les arrête, embrassent l'immensité de l'espace. Les moissons y verdissent comme de riches prairies, et la contrée offre l'aspect d'un jardin bien cultivé.

WALTHER.

Pourquoi donc, mon père, ne descendons-nous pas bien vite dans ce beau pays, au lieu de rester ici dans un étroit espace?

TELL.

Cette terre dont je te parle est fertile et riante comme

(¹) Tiré de *Gamle danske Minder i Folkemunde*: Vieux souvenirs recueillis de la bouche du peuple danois, édités par Svend Grundtvig. Nouv. série. Copenhague, 1857, p. 125.

le ciel lui-même; mais ceux qui la cultivent ne recueillent pas les richesses qu'ils y déposent.

WALTHER.

Quoi! ne possèdent-ils pas librement leur propre héritage?

TELL.

Non; les champs appartiennent à un évêque ou à un roi.

WALTHER.

Ils peuvent cependant chasser à leur gré dans leurs forêts?

TELL.

Les oiseaux et le gibier, tout appartient au seigneur.

WALTHER.

Ne peuvent-ils pas pêcher dans leurs rivières?

TELL.

Les rivières, le vaste océan, le sel, sont la propriété du roi.

WALTHER.

Quel est donc ce roi que tous doivent craindre?

TELL.

C'est celui qui les nourrit et les protège.

WALTHER.

Ne peuvent-ils pas trouver dans leurs forces de quoi se protéger?

TELL.

Ils n'osent se confier l'un à l'autre les sentiments de leur cœur.

WALTHER.

Ah! mon père, on doit être à la gêne dans ce grand pays. Je préfère rester ici, au-dessous des avalanches.

TELL.

Oui, mon fils, ces montagnes de glace sont moins à craindre que les méchants!...

Quelle préparation pour le père à sa lutte terrible avec Gessler! et, pour l'enfant, quelle leçon de courage et de liberté! Quelle satire sanglante des vices du régime féodal et des abus de la royauté! Enfin, comme la dignité de l'âme, préférée aux mollesses de la vie, se fait déjà sentir dans les réponses du jeune garçon! C'est ainsi que se forment les hommes vraiment forts, qu'ils s'élèvent à la direction de leurs propres affaires et à l'intelligence de la chose publique! C'est la politique toute simple de la justice et de l'effort individuel, la bonne, à notre avis.

Guillaume et son fils sont bientôt à Altorf et passent devant le chapeau du gouverneur. Ici le poète a marqué le caractère de son héros d'une nuance sur laquelle il convient d'arrêter l'attention du lecteur. Quoique Tell ait l'esprit républicain, il n'est pas homme porté, de parti pris, au renversement des lois établies et à la rébellion. Sa nature n'est point agressive. Il passe donc devant le chapeau sans le saluer; mais s'il agit ainsi, c'est par inadvertance et préoccupé d'autre chose, et il l'avouera en toute sincérité au gouverneur lui-même. Cependant, cette omission étant regardée par les sbires comme mauvaise intention de sa part, il est arrêté par eux et entraîné vers la prison. Alors a lieu la fameuse scène de la prison. Cette scène est certainement une des plus belles de la pièce, et une des plus pathétiques du théâtre allemand. On y voit le cœur d'un père déchiré dans ses fibres les plus sensibles, la tyrannie dépassant les forces de l'humanité. Point de déclamation, pas de trop. Dans cet horrible duel, chaque mot qui s'échappe de la bouche des deux adversaires porte coup et vous émeut profondément. Tell est un cœur énergique, mais bon : il fait tout ce qu'il est possible de faire pour détourner l'homme inique de son action ; il le supplie, le conjure, par tout ce qu'il y a de plus sacré au monde, de renoncer à son dessein ; puis, quand il perd toute espérance de changer ce cœur barbare, il prend sa résolution et invoque l'aide de Dieu, tout en s'aidant lui-même. Enfin le courage et l'innocence triomphent; mais la perversité n'est point désarmée: Elle persiste à accabler sa victime. Alors le pauvre m n agna d, sentant que le combat est mortel, se décide à profiter de la première occasion favorable pour en finir avec son bourreau et pour lui ôter la vie. Le vœu qu'il a fait de tuer l'homme qui l'exposait à immoler son fils, vœu tout spontané et arraché à l'excès de sa souffrance, il le médite et réfléchit dessus tandis qu'il attend le passage de l'oppresseur. « Je » vivais, dit-il, tranquille et innocent; cette arme n'était » dirigée que contre les hôtes des forêts, et l'idée d'un » meurtre n'avait jamais souillé ma pensée. O gouverneur, » tu as anéanti cette paix fortunée, tu m'as accoutumé à » des actions dont frémit la nature!... Gouverneur, les » jeunes et faibles enfants, les tendres épouses, il faut que » je les sauve de ta fureur!... » Et de ce sentiment général, il revient aux souffrances particulières qu'il a endurées en dirigeant une flèche sur la tête de son fils. L'image de ses enfants repasse devant ses yeux; il songe à ses jeux avec eux, il pense au bonheur qu'il leur causait lorsqu'il leur rapportait quelque chose de sa chasse. Et maintenant c'est une autre proie qu'il poursuit; et il jette ce dernier cri : « C'est vous, mes chers enfants, c'est vous seuls que » j'ai dans ma pensée; et si je tends mon arc, c'est pour » protéger votre timide innocence ! »

Schiller était père de famille à l'époque où il a composé son drame. Il fallait qu'il le fût pour avoir si profondément senti et si justement décrit les angoisses de la tendresse paternelle écrasée par la main de fer d'un pouvoir impitoyable.

Le méchant est tué. Aussitôt après l'avoir vu tomber sous sa flèche, Tell retourne à sa chaumière, et, en y entrant, ses premiers mots sont une explosion de bonheur conjugal et d'ivresse paternelle. « O Hedwige, Hedwige, » mère de mes enfants, Dieu a été avec nous; aucun tyran » ne nous séparera plus!... » Et il embrasse sa femme et ses enfants. Cependant la douce femme tremble que son mari n'ait commis un meurtre : « Cette main, dit-elle, » puis-je encore la presser? — Cette main, répond Guil- » laume avec énergie, cette main nous a délivrés; elle » a sauvé la patrie, et je l'élève libre vers le ciel ! » Ces derniers mots apaisent la conscience inquiète d'Hedwige, en montrant la tranquillité de celle son époux. Si Tell se sentait coupable, élèverait-il sa main sanglante vers le ciel ?

Cette réponse, cependant, n'a point suffi au poète. Voulant mettre son héros à l'abri de tout reproche, il a imaginé une rencontre entre lui et Jean le parricide, duc de Souabe. Ce prince, assassin de l'empereur d'Allemagne, son oncle, parce que ce dernier voulait lui ravir ses biens, proscrit et fugitif dans les montagnes de la Suisse, vient demander l'hospitalité à la demeure du brave archer juste au moment où celui-ci rentre auprès d'elle. Il résulte du contact de ces deux hommes un colloque dans lequel Schiller marque nettement la différence qu'il y a entre l'homme qui tue dans un intérêt privé, même son ennemi, et celui qui, prenant les armes pour sa propre défense, celle de ses enfants et de son pays, n'agit qu'en vue de la justice et des intérêts généraux.

TELL.

Dégouttant du sang de ton père et de ton empereur, comment oses-tu pénétrer dans cet innocent asile? comment oses-tu envisager un honnête homme et réclamer les droits de l'hospitalité?

JEAN LE PARRICIDE.

J'espérais trouver dans votre cœur quelque compassion

pour mon infortune. Et vous aussi, vous avez tiré vengeance de l'ennemi qui vous opprimait.

TELL.

Malheureux ! oses-tu bien confondre le crime sanglant de l'ambition avec la légitime défense d'un père? Avais-tu donc à sauver la tête d'un enfant chéri, la sainteté des foyers domestiques à défendre? As-tu cherché à arracher les tiens au malheur qui s'appesantissait sur eux? J'élève vers le ciel mes mains innocentes, et je te maudis, toi et ton attentat! J'ai vengé les saintes lois de la nature; mais toi, tu les as violées. Il n'y a rien de commun entre nous, Tu as assassiné ceux que tu devais respecter; et moi, j'ai défendu ce que j'avais de plus cher.

Tell, tout en séparant sa cause de celle de Jean, ne ferme pas son cœur à la pitié. Il relève le courage du malheureux prince, en proie au désespoir, et lui donne le conseil d'aller en Italie se jeter aux pieds du souverain pontife, de lui confesser son crime, et de racheter ainsi son âme.

La scène est ingénieuse, le dialogue en est juste d'idées et beau d'expression; mais, au point de vue dramatique, nous la trouvons froide et peu naturelle. On sent trop qu'elle n'est qu'un plaidoyer du poète en faveur de son principal personnage. Il n'en avait pas besoin; les quelques mots répondus par lui à sa femme suffisaient, Schiller, nous l'avons déjà dit, ne considérait pas l'art, et surtout l'art théâtral, comme un simple amusement de l'esprit, un objet d'émotions ardentes et passagères; il voulait qu'il fût un enseignement durable et profond, et que le spectateur d'une pièce de théâtre sortît de sa contemplation meilleur et plus sérieux; il voulait, quant à lui, ne laisser dans l'âme du public que les hautes inspirations du bien. C'est donc à l'extrême délicatesse de son sens moral que l'on doit cette scène finale, qui n'est qu'une superfétation, et que l'on supprime ordinairement à la représentation.

En somme, cette figure héroïque de la Suisse au quatorzième siècle, reproduite par Schiller, fait le plus grand honneur à son pinceau. Elle est, de celles qui, comme Lucrèce et Virginie, disent à la tyrannie, en découvrant les sentiments profonds du cœur paternel, les pudeurs de la vierge et l'honneur de l'épouse : Tu n'iras pas jusque-là ou si tu oses, là, porter l'insulte, tu y trouveras certainement ta ruine.

Guillaume Tell fut le dernier ouvrage important du grand poète; un chant de liberté honnête et populaire termina sa belle carrière dramatique. Il l'avait commencée en composant le drame des Brigands, œuvre dans laquelle la passion du droit et la haine de l'injustice s'étaient manifestées sous les formes exubérantes de la révolte et du bouleversement. Ces sentiments s'étaient maintenus, mais épurés dans le rêve sublime du marquis de Posa, et, une dernière fois, ils s'exprimaient moderés et virilement par l'organe simple et franc d'un pauvre enfant de l'Helvétie, ne demandant pour lui et les siens que le moyen de se mouvoir avec liberté, dignité et sécurité, dans le petit cercle de vie où ils ont été placés par la Providence. C'était on ne peut mieux finir.

S'il est un écrivain qui, dans les temps modernes, ait bien mérité non-seulement de la patrie, mais de l'humanité, c'est assurément Schiller. A cet égard, il devait obtenir les sympathies de la France, qui, jalouse de le compter au nombre de ses enfants, lui décerna en 1792, par un décret de l'Assemblée nationale, le titre de citoyen français; il était aussi bien digne des honneurs qu'en 1859, à l'occasion des cent ans écoulés depuis sa naissance, presque toutes les grandes villes de l'Allemagne et les capitales de l'Europe ont, d'un accord unanime, rendus à sa mémoire.

L'ARCHIPEL DES MARQUISES
(POLYNÉSIE).

Le petit archipel des îles Marquises ou de Mendana, dans l'océan Pacifique, fut découvert, en 1595, par un gentilhomme espagnol, Alvaro Mendana de Neyra, neveu du marquis de Caneta, vice-roi du Pérou. Il avait emmené avec lui sa femme, doña Ysabel de Barretos, et ses trois beaux-frères. Sa flotte, composée de quatre vaisseaux montés par quatre cents hommes, était partie du Callao (port de Lima) le 11 avril 1595. Le 21 juillet, on aperçut une île inconnue, qu'on nomma Madeleine, en l'honneur de la sainte du jour. C'est l'île qu'on appelle aujourd'hui Fatou-Hiva. On découvrit ensuite successivement les trois îles San-Pedro (*Motane*), Dominica (*Hiva-Oa*) et Santa-Christina (*Taouata*). On donna à ces quatre îles le nom de las *Marquesas de Mendoça*. Les autres îles, Houa-Poou, Houa-Houna, Nouka-Hiva, Hiaou, Fatou-Houhou, et l'île de Corail, furent plus tard comprises dans le même groupe. Visitées, en 1774, par Cook, elles ont été occupées, en 1842, pour la France, par l'amiral Dupetit-Thouars. On désigne aussi quelquefois cet archipel sous le nom de Nouka-Hiva, l'île principale, située par 142° 45' long. O., et 8° 59' lat. S. Les indigènes sont bien faits, d'une belle taille, et ont l'attitude fière. Ils se couvrent le corps de tatouages très-ingénieusement dessinés, et qui, à première vue, pourraient donner l'idée d'une riche et brillante armure. « Les femmes, dit Mendana, sont vêtues, depuis la poitrine jusqu'aux pieds, d'un fin tissu d'écorce : elles ont le visage et les mains très-jolis, la taille fine, le corsage bien fait, le teint passablement blanc ; en un mot, elles sont mieux que nos plus jolies femmes de Lima. Les pi-

Sanctuaire religieux à Nouka-Hiva. — Dessin de Freeman.

rogues sont construites avec art. Nous vîmes près d'une bourgade une espèce de sanctuaire religieux, formé d'une enceinte de palissades, où étaient quelques figures de bois mal travaillées, auxquelles les insulaires présentent pour offrandes diverses choses comestibles. » Les relations modernes ne sont plus aussi favorables aux Nouka-Hiviens que celles des premiers explorateurs. Il est triste de constater que le contact des Européens a presque toujours été plus funeste que favorable à ces races primitives [1].

LES MŒURS DE L'OURS.

L'ours, malgré ses membres puissants, malgré la vigueur de ses muscles, n'est encore que l'ébauche d'un carnassier. Ses armes, redoutables sans doute, sont cependant moins terribles qu'elles n'en ont l'air ; d'ailleurs il ne s'en sert pas, si ce n'est dans des circonstances exceptionnelles. Ouvrez cette gueule effroyable, et vous y trouverez des dents, non pas tranchantes et aiguës, mais larges et aplaties, plus propres à broyer qu'à couper et à déchirer : aussi des racines, de jeunes pousses, des fruits, suffisent-ils à contenter cet énorme appétit ; son mets favori, son grand régal, — qui le croirait ? — c'est du miel. Voyez ces pieds, dont la large plante s'appuie lourdement sur le sol : qu'en résulte-t-il ? ni bonds soudains, ni course rapide ; une marche lente, pacifique : l'animal se traîne à pas comptés sur le sol, ou bien se hisse tranquillement, grimpe de branche en branche aux arbres. Il semble que les ours soient une transition des quadrumanes aux carnassiers. On dirait de gros singes, honteux de voir leur visage s'allonger en museau, leurs mains devenir des pattes, leurs doigts tourner en griffes ; et qui ne songent qu'à se cacher. En captivité, quand leur sauvagerie s'est adoucie, ne les voyons-nous pas faire preuve de finesse et de malice, se plaire à parader devant nous, se tenir et marcher debout sur leurs jambes, courir les bras, danser, quoique un peu lourdement, saluer, avec un reste de grâce, pour un morceau de pain ou de gâteau ?

N'étant point chasseur, ayant presque toujours sa nourriture à sa portée, l'ours est indolent, sédentaire, taciturne. Il vit en ermite dans les montagnes inaccessibles,

[1] Voy. notre tome III des *Voyageurs anciens et modernes*.

au fond des plus sombres forêts. Il y passe son temps à se promener, à paître, à dormir. L'ours dort beaucoup, la plus grande partie du jour en été, presque continuellement en hiver ; il est si gras qu'il peut jeûner longtemps sans pâtir. Ainsi ce monstre, presque aussi grand que le lion, a presque les mœurs de la marmotte.

On conçoit maintenant qu'avec de tels goûts l'ours soit casanier et ait besoin d'une demeure. S'il trouve dans son domaine une caverne naturelle, un tronc d'arbre creux, il s'en accommode ; sinon, il s'ingénie, il se met à l'œuvre : il apporte des branches, des feuillages, les entasse, les ar-

range, s'en fait un gîte ; il va, dit-on, jusqu'à le garnir de mousse, pour qu'il soit plus chaud. Là, il s'établit seul, loin de ses pareils ; il ne consent même pas à vivre en famille. Un moment unis, le mâle et la femelle se séparent bientôt ; la mère s'en va nourrir ses petits ailleurs ; si elle ne les emportait pas plus loin, le mâle, bourru jusqu'à la brutalité, pourrait les tuer.

On nous accusera peut-être d'avoir accordé à l'ours trop de bénignité dans ses appétits, et l'on nous citera des exemples de chevaux ou de taureaux dévorés par lui, et même de voyageurs, de chasseurs qui de sa rencontre

Une des habitations de l'ours. — Dessin de Freeman.

ne sont pas revenus. Nous ne contestons pas ces faits ; nous ne nions pas qu'après un rude hiver, quand il est pressé par la faim, toute proie lui soit bonne, même l'homme, qu'en temps normal il n'inquiète jamais. Il nous paraît également vraisemblable que, poursuivi jusque dans sa tanière, quand il se sent percé d'une balle, frappé d'un épieu ou d'un couteau, il se souvienne qu'il a des griffes, se défende et se venge s'il le peut.

Ce que nous venons de dire s'applique particulièrement à l'ours brun d'Europe. L'ours noir d'Amérique est encore moins carnassier ; on l'a vu, dans la Louisiane, affamé par un long jeûne, pénétrer dans les cours des habitations, ne pas toucher aux viandes qui s'y trouvaient à sa portée, et

manger seulement les grains qu'il pouvait rencontrer. Il se loge souvent dans les arbres creux, surtout dans les vieux sapins, et quelquefois à une hauteur considérable ; on reconnaît son repaire à la trace de ses griffes sur l'écorce égratignée et aux petites branches brisées autour de l'ouverture.

Si l'ours brun est le souverain pacifique des montagnes et des forêts de l'Europe, l'ours polaire est le roi plus belliqueux des régions arctiques. Ce n'est pas qu'il ne soit susceptible de s'apprivoiser aussi, et qu'en captivité il ne vive plusieurs années avec du pain pour toute nourriture ; mais à l'état sauvage, sur les bords des mers glaciales, s'il n'avait d'autre pâture que les maigres lichens qui tapissent ce sol désolé, il mourrait bientôt de faim, et son espèce disparaîtrait du globe. Force lui est donc de faire la guerre aux phoques et aux morses qui l'entourent, à moins que la Providence, se souvenant de lui, n'envoie échouer parmi ses glaces quelque cadavre de baleine. Plus chasseur, plus nomade, il se met moins en peine de s'assurer un domicile, bien qu'il passe aussi, dit-on, deux mois en léthargie : le plus souvent il se blottit entre deux glaçons et s'endort sous un linceul de neige qu'il laisse tomber et s'accumuler sur lui. Si la beauté de l'ours blanc, ou du moins si l'admirable harmonie de sa couleur, de ses formes et de ses mœurs avec le milieu sauvage et grandiose qui l'environne ne suffit pas à lui concilier votre intérêt, ajoutons que ces glaces et ces neiges ne parviennent pas à refroidir le vif attachement, on peut dire l'amour, que le mâle et sa femelle, mais surtout celle-ci, portent à leurs petits. Nous en citerons un exemple qui nous a paru touchant.

Le vaisseau la Carcasse, chargé au siècle dernier d'un voyage d'exploration au pôle nord, se trouva pris dans les glaces, et l'équipage n'avait d'autre exercice, d'autre passe-temps que la chasse. Un jour une ourse et ses deux oursons s'approchèrent du navire. Les matelots les attirèrent en jetant sur la glace des morceaux de chair de morse. L'ourse ramassait, les partageait et les déposait devant ses petits, ne se réservant pour elle-même qu'une faible portion. Au moment où elle allait s'emparer du dernier morceau, les hommes du bord virèrent les oursons, qui tombèrent frappés à mort. Ils tirèrent aussi sur la mère, mais elle ne fut que blessée. « C'était un spectacle à faire verser des larmes aux plus endurcis, dit un des témoins de cette scène, dont le récit a été rapporté dans la Revue britannique, que de voir le tendre empressement de cette pauvre bête autour de ses petits, au moment où ils rendaient le dernier soupir. Quoique grièvement blessée, et pouvant à peine se traîner jusqu'à l'endroit où ils étaient étendus, elle emporta le morceau de chair qu'elle était venue chercher comme elle avait fait des autres, puis elle le déchira en lambeaux qu'elle mit devant eux. Quand elle vit qu'ils ne mangeaient pas, elle posa une patte d'abord sur l'un, ensuite sur l'autre, essayant de les relever et poussant des gémissements lamentables. Comprenant qu'elle ne pouvait les remuer, elle partit; mais au bout de quelques pas, elle se retourna et les appela avec des cris plaintifs; puis, voyant que cette manœuvre ne réussissait pas à les décider, elle revint sur ses pas, tourna autour d'eux, les flaira et se mit à lécher leurs blessures. Elle s'éloigna une seconde fois, se traîna à quelque distance, regarda encore derrière elle et s'arrêta en continuant de se plaindre; mais, pas plus qu'avant, les oursons ne se relevèrent pour la suivre. Alors elle revint avec toutes les démonstrations d'une inexprimable tendresse; elle alla de l'un à l'autre, les caressant avec ses pattes et poussant de douloureux soupirs. Enfin, les trouvant froids et sans vie, elle leva la tête vers le vaisseau, en adressant des hurlements de malédiction aux meurtriers, qui y répondirent par une décharge générale... La pauvre mère tomba entre ses deux oursons, et mourut en léchant leurs blessures. »

SUR LE GARDE-VIGNES DE STEINLE.

Un de nos lecteurs veut bien nous écrire qu'il a vu aux environs de Méran, dans le Tyrol italien, un garde coiffé d'un chapeau semblable à celui que porte le personnage dessiné par Steinle et reproduit par notre gravure de la page 113. Les paysans tyroliens ont aussi coutume de se parer, les jours de fête, d'une large plaque pareille à celle qui sert de ceinture au même personnage. « Il n'est donc pas impossible, ajoute notre correspondant, que les ma-

lades ou les curieux qui vont faire une cure de raisins dans la vallée de l'Adige aient l'occasion de rencontrer notre garde-vignes vivant dans l'exercice de ses fonctions. »

LES TIMBRES-POSTE.

Suite. — Voy. p. 59, 87, 120, 131, 159, 183, 215, 263, 294.

DUCHÉS DE PARME ET DE PLAISANCE.

(20 timbres, 4 types.)

L'usage des timbres-poste a été introduit dans les duchés de Parme et de Plaisance, en vertu de l'article 41 de la convention postale austro-italique.

Les timbres devaient être émis cinq mois après l'échange des ratifications; ils parurent en avril 1852 [1].

Règnes des ducs Charles III et Robert Ier.

Les timbres sont rectangulaires, ils ont 22ᵐᵐ.5 sur 18ᵐᵐ. Ils portent une fleur de lis d'argent dans un écu d'azur qui est rond et surmonté de la couronne royale. Les mots *Stati Parm.* (*Parmensi*) sont écrits en haut, et la valeur est en bas.

Il existe deux séries de ces timbres :

La première, qui a été en usage depuis le 1er avril 1852 jusqu'en avril 1857, se compose de trois timbres gravés, imprimés en couleur sur papier blanc.

5 centesimi,	— jaune de chrome.	
15	— vermillon foncé.	
25	— rouge-brun.	

Les timbres de la seconde série ont été émis en avril 1857 et ont servi jusqu'en 1859. Ils sont gravés et imprimés en noir sur papier de couleur.

5 centesimi,	— jaune vif.	
10	— blanc.	
15	— rose.	
25	— violet (no 166).	
40	— bleu foncé.	

No 166.　　Parme et Plaisance.　　No 167.

Le timbre de 25 centesimi a été imprimé en noir sur papier blanc : on ignore si c'est un timbre d'essai ou une réimpression faite avec la planche originale.

On a créé, en 1854, un timbre mobile pour l'acquittement du droit de timbre sur les journaux étrangers, qui étaient jusqu'alors timbrés à la main. Il a le même usage que les timbres de journaux autrichiens et lombardo-vénitiens, et, comme ceux-ci, n'est pas un timbre-poste. Néanmoins, il est placé dans les collections.

Ce timbre était d'abord de 9 centesimi; le droit ayant été réduit, on émit, le 1er novembre 1854, un timbre semblable de 6 centesimi.

Il est gravé et imprimé à la presse typographique, en noir sur papier de couleur. Il est rectangulaire et a 21ᵐᵐ sur 18. Les mots *Stati Parmensi* et la valeur sont dans un cadre octogone.

9 centesimi,	— papier bleu (no 167).	
6	— papier rose.	

Le droit de timbre sur les journaux étrangers fut supprimé, dit-on, en 1858.

[1] Le journal *le Timbre-Poste*, no 12.

C'est en 1857 qu'a eu lieu l'émission de timbres d'un dessin différent qui ont servi en même temps que ceux dont le n° 166 présente le type. Ces timbres sont rectangulaires et ont 22ᵐᵐ sur 18. Il sont gravés et imprimés en couleur sur papier blanc. L'écu de Parme est dans un cartouche surmonté de la couronne royale et accoté de rameaux de chêne et d'olivier. En haut : *Duc. di Parma Piac ecc.* (Duchés de Parme, Plaisance et États annexes) ; en bas, la valeur.

25 centesimi, — brun-chocolat clair, brun-rouge ou marron (n° 168).
40 — bleu clair.

Il a été ajouté, en 1859, à cette série, un timbre de 15 centesimi, imprimé en vermillon sur papier blanc.

15 centesimi, — vermillon.

Un timbre de 25 centesimi, de ce dessin, est imprimé en vert bleuâtre sur papier blanc. Il est probable que c'est une réimpression faite, en 1861 ou 1862, avec la planche originale et l'autorisation ministérielle.

N° 168.   Parme et Plaisance.   N° 169.

Règne de Victor-Emmanuel II.

La duchesse régente quitta Parme avec son fils le duc Robert, le 30 avril 1859 ; un gouvernement provisoire fut institué qui proclama l'annexion au Piémont et gouverna au nom de Victor-Emmanuel. L'autorité du duc fut rétablie le 3 mai 1859 ; la duchesse rentra le 4 mai à Parme, qu'elle quitta définitivement le 9 juin. Le peuple vota, le 2 septembre, l'annexion au Piémont ; l'assemblée nationale se réunit le 6 et prononça, le 10, la déchéance de la dynastie de Bourbon et l'annexion. Les duchés formèrent, à partir du 1ᵉʳ janvier 1860, avec le duché de Modène et la Romagne, un État particulier appelé *provinces royales de l'Émilie*. Le peuple vota, pour la seconde fois, le 11 mars 1860, l'annexion aux États sardes, qui fut confirmée par le parlement sarde le 13 avril. Les timbres fleurdelisés furent supprimés le 1ᵉʳ août 1859 ; mais, en fait, jusqu'en septembre, ils furent livrés au public, dans les bureaux de poste, en même temps que les timbres sardes.

Les timbres du gouvernement provisoire parurent en septembre 1859 : ils sont rectangulaires et ont 21ᵐᵐ sur 18 ; ils sont gravés et imprimés en couleur sur papier blanc. Ils ne sont pas piqués. Les mots *Stati Parmensi* et la valeur sont tracés dans un cadre octogone.

5 centesimi, — vert jaunâtre clair, vert bleuâtre foncé.
10 — brun.
40 — bleu.
40 — vermillon (n° 169).
80 — jaune.

Ces timbres ont servi jusqu'en avril 1860. L'usage des timbres-poste sardes a été introduit dans les duchés, le 1ᵉʳ février 1860, par un décret du gouverneur des provinces de l'Émilie en date du 12 janvier 1860.

Contrefaçons.

On a contrefait les timbres fleurdelisés de Parme, tant ceux qui portent le grand écu rond que ceux avec le petit écu ovale (Parme et Plaisance). Il est difficile d'indiquer à quels signes on reconnaît les contrefaçons.

Les timbres du gouvernement provisoire ont été égale-

ment contrefaits ; ils ont été lithographiés. Il y a des timbres anciens, de 6 et 9 centesimi, faux, qui sont imprimés à la presse typographique ; mais, comme dans les précédents, les quatre pans coupés sont en ligne droite, au lieu de présenter une petite courbure.

ROYAUME LOMBARDO-VÉNITIEN.

(32 timbres, 13 types ; — 16 enveloppes, 2 types.)

L'affranchissement des lettres au moyen de timbres-poste a commencé le 1ᵉʳ juin 1850 dans le royaume Lombarde-Vénitien, en vertu d'une ordonnance du ministre du commerce d'Autriche en date du 26 mars 1850.

Le nombre de lettres particulières remises aux bureaux de poste a été de 9 111 000 en 1855 et de 10 414 256 en 1858 ; augmentation, 14 pour 100. Il a été délivré par les postes 8 600 904 lettres particulières en 1859, et 8 759 641 en 1862 ; augmentation, 2 pour 100.

La population du royaume Lombardo-Vénitien étant de 2 547 825 habitants en 1862, le nombre moyen de lettres par habitant a été de 3 ¹/₂ dans cette année.

2 280 944 lettres officielles ont été distribuées dans le royaume en 1862 ; c'est le cinquième du total des lettres délivrées. Il y a eu quatre émissions de timbres-poste.

Timbres.

Émission du 1ᵉʳ juin 1850. — Le timbre est rectangulaire et a 21ᵐᵐ 5 sur 18ᵐᵐ. Il est gravé, imprimé en couleur sur papier à la main blanc. Il porte l'écu aux armes de l'empire d'Autriche, surmonté de la couronne impériale et accompagné de palmes et de rameaux de chêne et de laurier. On lit en haut : *K. K. Post-Stempel*, et en bas la valeur du timbre. Ce timbre n'est pas piqué.

5 centesimi (0ᶠ.0435) (¹), jaune (jaune-citron, jaune de chrome, orangé).
10 (0ᶠ.0870), noir (n° 170).
15 (0ᶠ.1305), vermillon.
30 (0ᶠ.2610), chocolat, brun rougeâtre.
45 (0ᶠ.3915), bleu clair.

Le tirage a été fait par feuilles, chacune de 240 timbres,

N° 170.   Lombardo-Vénétie.   N° 171.

Émission du 1ᵉʳ novembre 1858. — Cette émission a eu lieu après la réforme du système monétaire de l'empire.

Le timbre de la création de 1858 est rectangulaire. Les timbres de 2 et 3 soldi ont 20ᵐᵐ sur 17, et ceux de 5, 10 et 15 soldi ont 21ᵐᵐ sur 18.

Le timbre est gravé, imprimé en relief et en couleur sur papier blanc ; le dessin ressort en blanc et en relief sur le fond de couleur. L'effigie de l'empereur François-Joseph Iᵉʳ, la tête couronnée de laurier et tournée à gauche, est dans un encadrement qui est différent pour chaque valeur. Il y a donc cinq dessins pour les timbres de cette émission. La valeur est inscrite au bas. Ces timbres sont piqués.

2 soldi (0ᶠ.050) (²), jaune, jaune orangé.
3 (0ᶠ.075), 1° (1858) noir, 2° (1859) vert clair (n° 171).
5 (0ᶠ.125), vermillon.
10 (0ᶠ.250), brun rougeâtre.
15 (0ᶠ.375), bleu clair.

(¹) 1 lira austriaca (lire autrichienne) = ¹/₅ de florin argent de convention = 100 centesimi = 0ᶠ. 87.
(²) Le nouveau florin d'Autriche = 100 soldi = 2ᶠ.50.

Le timbre-poste de 3 soldi a été imprimé en vert clair en vertu d'une ordonnance du 16 mars 1859.

Les timbres de 2, 3 et 15 soldi étaient encore en usage dans la Vénétie en 1863.

Le tirage de ces timbres a eu lieu en feuilles contenant chacune 60 timbres.

Marques dites timbres complémentaires. — Les timbres lombardo-vénitiens des émissions de 1850 et de 1858 ont des marques complémentaires comme les timbres autrichiens des mêmes émissions. Nous renvoyons à la notice des timbres autrichiens pour l'énumération, la description et l'explication de ces marques, qui sont les mêmes et en même nombre dans les feuilles de timbres du royaume Lombardo-Vénitien.

Royaume Lombardo-Vénitien actuel. — Le 29 avril 1859, l'armée autrichienne passa le Tessin; l'armée franco-sarde gagna, le 4 juin, la bataille de Magenta, et, le 24 juin, la bataille de Solferino. Une entrevue de l'empereur des Français et de l'empereur d'Autriche eut lieu le 11 juillet à Villafranca, et les préliminaires de la paix furent signés le lendemain. L'Autriche céda la Lombardie à la France, qui la remit à la Sardaigne. L'empereur d'Autriche garda la Vénétie. Les traités de cession et de paix furent signés à Zurich, le 10 novembre 1859.

Émission du 15 janvier 1861. — Une émission nouvelle de timbres-poste a été prescrite par une ordonnance du 21 décembre 1860.

Le timbre est rectangulaire; il a 25ᵐᵐ sur 21, mais le timbre gravé, qui est ovale, a 22ᵐᵐ sur 19. Il est gravé, imprimé en couleur sur papier blanc; le dessin ressort en blanc et en relief sur le fond de couleur. Il présente l'effigie de François-Joseph 1ᵉʳ dans un cadre guilloché; la tête de l'empereur est couronnée et tournée à droite. Le mot *soldi* est en haut et le chiffre de la valeur en bas. Ces timbres sont piqués.

    2 soldi (0ᶠ.050), jaune.
      5   (0ᶠ.125), vermillon ou rouge pâle.
     10   (0ᶠ.250), brun rougeâtre.
     15   (0ᶠ.375), bleu clair.

Les timbres de 2 et de 15 soldi n'ont été émis que dans les premiers mois de 1863. Le timbre de 3 soldi de l'émission précédente est resté en usage, et l'on employait également dans la Vénétie les timbres autrichiens de 2 et de 3 kreutzers de l'émission de 1861. Tous ces timbres devaient n'avoir plus cours à partir du 1ᵉʳ décembre 1863.

Émission du 1ᵉʳ juillet 1863. — La dernière émission a eu lieu en vertu d'une ordonnance du ministre du commerce du 15 mai 1863.

Le timbre est rectangulaire et a 25ᵐᵐ sur 21, mais le timbre gravé, qui est ovale, a 23ᵐᵐ sur 19. Il est gravé et imprimé en couleur sur papier blanc; le dessin ressort en blanc et en relief sur le fond de couleur. Il porte l'aigle impériale entourée d'un cadre guilloché sur lequel on lit en haut le mot *soldi* et en bas le chiffre de la valeur.

Ce timbre est piqué.

    2 soldi (0ᶠ.050), jaune.
      3   (0ᶠ.075), vert clair.
      5   (0ᶠ.125), rose.
     10   (0ᶠ.250), bleu clair.
     15   (0ᶠ.375), brun clair.

Enveloppes.

L'émission d'enveloppes portant un timbre-poste fixe a été autorisée, à partir du 15 janvier 1861, par l'ordonnance du 21 décembre 1860.

Les enveloppes sont vendues ¹/₄ soldo (1 centime ¹/₄) en sus de la valeur du timbre.

Émission du 15 janvier 1861. — Ces enveloppes sont de deux grandeurs; les unes ont 85ᵐᵐ sur 147, les autres 117ᵐᵐ sur 148.

L'empreinte ovale à l'angle gauche supérieur est la même que celle du timbre mobile de l'émission de 1861 : même couleur que pour les timbres de 3 à 15 kreutzers.

    3 soldi (0ᶠ.075), vert clair.
      5   (0ᶠ.125), vermillon vif.
     10   (0ᶠ.250), brun rougeâtre, chocolat.
     15   (0ᶠ.375), bleu clair.
     20   (0ᶠ.500), orange.
     25   (0ᶠ.625), brun foncé.
     30   (0ᶠ.750), violet (nᵒ 172).
     35   (0ᶠ.875), brun clair.

Il existe des épreuves d'essai des timbres de cette émission tirées en noir sur papier blanc, avec reliefs d'une grande finesse.

Émission du 1ᵉʳ juillet 1863. — Le ministre du commerce a prescrit, par son ordonnance du 15 mai 1863, l'émission de nouvelles enveloppes marquées du timbre à l'aigle impériale pareil au timbre-poste mobile, émission coïncidant avec celle des timbres mobiles du même type.

Ces enveloppes ont 85ᵐᵐ sur 147.

    3 soldi (0ᶠ.075), vert clair.
      5   (0ᶠ.125), carmin.
     10   (0ᶠ.250), bleu clair.
     15   (0ᶠ.375), brun clair.
     25   (0ᶠ.625), violet.

Nᵒ 172.   Vénétie.   Nᵒ 173.

Timbres pour les journaux.

Timbres du ministère du commerce. — Ce sont des timbres-poste créés par l'ordonnance du 12 septembre 1850, et dont il y a plusieurs émissions. Ces timbres ont toujours été et sont les mêmes pour l'Autriche et le royaume Lombardo-Vénitien. On trouvera tout ce qui les concerne à la notice des timbres autrichiens.

Timbres des finances. — Nous avons donné, dans la notice des timbres autrichiens, des renseignements précis sur la nature et l'usage de ces timbres.

Ils sont carrés et ont 21ᵐᵐ de côté. Ils sont gravés, imprimés en couleur sur papier blanc, et ne sont pas piqués. L'aigle d'Autriche, surmontée de la couronne impériale, est dans un cadre très-simple, dans lequel on lit : *Kais. Kon. Zeitungs-Stämpel.*

    1 kreutzer (0ᶠ.025), noir (nᵒ 173).
    2 kreutzers (0ᶠ.050), vermillon.
    4   (0ᶠ.100), marron clair.

Les mêmes timbres, qui ont cours en Autriche, sont de couleur différente : 1 kreutzer, bleu clair; 2 kreutzers, marron clair; 4 kreutzers, vermillon.

Les timbres et les enveloppes timbrées sont fabriqués à l'imprimerie impériale et royale à Vienne.

Le timbre de 1 kreutzer a été contrefait; les contrefaçons sont lithographiées.

LOMBARDIE.

Le régime postal et les timbres-poste sardes ont été introduits en Lombardie après le traité de Villafranca, en juillet 1859.   *La suite à une autre livraison.*

LA CHASSE DE SAINTE GERTRUDE,

DANS L'ÉGLISE DE NIVELLES

(BELGIQUE).

La Châsse de sainte Gertrude, dans l'église de Nivelles. — Dessin de Yan' Dargent.

La châsse de sainte Gertrude, l'un des plus riches ornements de l'ancienne collégiale de Nivelles, en Belgique, représente une église gothique, terminée aux deux extrémités par un mur plat avec portail. Au milieu de chaque face latérale, on voit un autre portail rappelant un bras de transept, mais d'une très-faible saillie. La toiture indique trois nefs intérieures; le vaisseau principal est recouvert d'un toit à deux égouts, dont le faîtage est orné d'une crête enrichie de pierceries. Ses murs latéraux sont garnis de nombreuses arcades ogivales simulant la clairevoie; les collatéraux ont des combles en appentis; chacun d'eux est creusé, à l'extérieur, de huit niches où sont des statuettes. La châsse a 1m.80 de longueur, 0m.54 de largeur, et 0m.68 de hauteur, non compris les fleurons qui la surmontent. Le tout est en argent, dont la plus grande partie est dorée, repoussée ou ciselée, et chargée d'émaux, de pierres fines et de camées antiques. Le toit de la grande nef est couvert de bas-reliefs retraçant une douzaine d'épisodes de la vie de sainte Gertrude; celui des basses nefs est revêtu d'ornements réguliers alternants, qui représentent, l'on un lis enfermé dans une losange, l'autre l'ancien portail occidental de l'église. Nous n'essayerons pas d'énumérer les colonnettes, les roses, les pinacles, les festons, les mille détails, en un mot, qui enrichissent cet admirable reliquaire. Au portail occidental, dans la position que la châsse occupe habituellement au-dessus de l'autel, est un Christ en croix, ayant à sa droite sainte Agnès et trois apôtres, à sa gauche sainte Marthe et trois apôtres; le portail oriental, sainte Gertrude, ayant de chaque côté quatre apôtres; le portail méridional, la Vierge avec l'Enfant Jésus; le portail septentrional, le Père éternel. Indépendamment de quatre séraphins qui dominent les portails latéraux, seize anges sont disséminés autour de l'édicule.

Depuis sa récente restauration, la châsse de sainte Gertrude est recouverte d'une enveloppe en glace; elle renferme, dans un coffre en bois, les ossements de la sainte, qui sont fort délicats, avec un voile blanc et noir. Ces ossements furent visités le 8 juillet 1292; mais l'abbesse qui vivait alors étant morte l'année suivante, les dames qui lui succédèrent, craignant qu'une cérémonie semblable ne provoquât la demande d'une partie des restes de la sainte, y mirent constamment opposition. La reine régente d'Espagne, ayant fait demander un fragment de ces reliques par l'intermédiaire du gouverneur général, marquis de Caracena, n'obtint qu'un refus du chapitre (11 mai 1662). Les chanoines conservaient aussi le peigne de la sainte; ils ne consentirent, le 19 novembre 1705, à en concéder une dent que sous promesse de fonder une grand'messe hebdomadaire en l'honneur de sainte Gertrude. En 1794, le corps saint fut transporté en Allemagne, à l'approche des troupes françaises; ce ne que onze à douze ans plus tard que Nivelles en récupéra la possession, par acte passé, le 27 germinal an 13, entre les chanoinesses existantes d'une part, le maire, le curé primaire et les marguilliers d'autre part. Les reliques se trouvaient alors à Berg - op - Zoom, d'où elles arrivèrent le 6 vendémiaire an 14 (27 septembre 1805). On les déposa à l'église du Saint-Sépulcre, et le lendemain, jour de la Saint-Michel, le clergé les conduisit processionnellement à l'antique collégiale, au milieu d'un immense concours de monde. Quatre anciens chanoines portaient le cercueil vénéré de la fille de Pépin.

Le coffre actuel en bois en a remplacé, en 1793, un autre qui était entièrement pourri et servait à cet usage depuis le 24 septembre 1574. De la fin du treizième siècle date la châsse, qui constitue un des plus beaux spécimens d'orfévrerie du moyen âge. La convention qui fut

conclue à cette occasion, le dimanche avant la Saint-Mathien 1272, entre le chapitre et les orfèvres Colard, de Douai, et Jacquemon, de Nivelles, présente des détails très-intéressants : La châsse doit être au moins aussi longue que l'ancienne, avoir une largeur et une hauteur proportionnées, et reproduire « la pourtraiture » ou le modèle exécuté par maître Jacques, moine d'Anchin. Il ne peut s'y trouver que de l'or, de l'argent, et les pierres qui seront remises aux deux orfèvres. L'affinage a lieu aux frais de ceux-ci, sauf que le plomb nécessaire pour cette opération est fourni par le chapitre. Le déchet résultant de l'affinage est supporté par le chapitre, à qui doit être rendue la cendrée qui en résulte. Le chapitre prend aussi à sa charge la fourniture du métal et le payement des ouvriers. L'œuvre entière peut contenir 350 marcs d'argent, avec une tolérance de 20 marcs en moins ou en plus; pour la mise en œuvre de chaque marc, évalué à 13 sous et 4 deniers esterlings, les orfèvres reçoivent 20 sous parisis. Avant de procéder à la dorure, chaque partie d'argent est pesée; plus tard on la pèse de nouveau, afin de déterminer la quantité d'or employée. A la demande de Colard et de Jacquemon, Jacques apposa également son sceau à cet accord, qui a été publié par M. Van-Hasselt dans les Annales de l'Académie d'archéologie de Belgique, et sur lequel Émile Gachet a écrit un bon commentaire. D'après Molanus, la translation des reliques dans la nouvelle châsse s'opéra le 31 mai 1298, date qui est dénaturée en celle du 31 mai 1208 dans Kyckel et quelques chroniques locales. La piété des derniers siècles décora la châsse d'une foule de bagues et d'autres objets de prix, qui, dans la suite, furent aliénés pour payer des dépenses urgentes.

Les nombreux voyages exécutés par la châsse ont exigé des réparations fréquentes. Le 7 avril 1639, on l'orna d'anges d'argent, pour lesquels on avait donné cent patagons et un chêne. On y travailla probablement à la fin du dix-huitième siècle, car il y avait, quelques années, on y voyait deux médailles, l'une de Marie-Thérèse, l'autre de Léopold II, que l'on a enlevées lors de la restauration, faite avec succès par M. Varigar, de Bruxelles. [1]

_____

En tout, la vérité est une et l'erreur multiple, comme il y n'y a qu'une manière d'être bien portant et mille d'être malade. — J.-B. PETIT-SENN.

_____

LA MALLOTTE DU PÈRE RASTOUL.

NOUVELLE.

> Chacun a sa part de biens dans ce monde; donc je voudrais savoir ce qui est positivement à moi. — RIEN! Ta vie appartient à Dieu; tes épargnes, à tes enfants; ce que tu trouves chemin faisant, au passant qui t'a précédé sur la route. — Mais ce dépôt qu'on m'a confié, si on ne vient le réclamer, quand m'appartiendra-t-il? — JAMAIS! Devant la conscience, le temps ne crée pas un droit; ce qui n'était pas à toi hier, si tu ne l'as pas loyalement gagné ou payé aujourd'hui, tu ne pourras pas dire demain : C'est à moi. MICHEL MASSON.

I. — _Cambajou et son voisin d'en haut._

Si vous aimez le pittoresque, non pas décrit, mais en nature, je puis vous montrer, dans un coin de l'espace, l'un de ces merveilleux paysages, aux dimensions en apparence modestes, qui, tout en gardant leur sereine immobilité, se développent peu à peu et grandissent harmonieu-

[1] Nous devons ces renseignements à l'obligeance de M. Cuisenaire, libraire à Nivelles.

sement à vue d'œil, en même temps qu'ils élèvent la pensée qui les mesure.

Pour le bien voir, ce tableau, il suffit d'aller vous adosser, face au levant, contre le mur en retour du bâtiment, proche voisin de l'ancien palais épiscopal, où se lit cette inscription qui affirme la civilisation moderne : *Direction générale de l'octroi.*

Mais avant de poster là le lecteur, peut-être est-il indispensable de convenir avec lui qu'on le suppose transporté à Castres-sur-l'Agout, l'un de ces beaux et hospitaliers jardins du midi de la France où l'étranger qu'un hasard de la bonne fortune y conduit trouve en toute saison la bienveillance toujours en fruit, la poésie partout en fleur.

Au point de vue où s'est posé l'observateur, il a devant lui, à trente pas, une tentative de quai brusquement interrompue, que bordent quelques mètres d'un parapet fort endommagé ; mais qu'il plonge son regard vers la droite, et, comme entraîné par un doux ravissement, il gravira, de mamelon en mamelon, les pentes, ici abruptes, là sinueuses, de la Montagne-Noire, limite de l'horizon. Qu'ensuite son coup d'œil, obliquant vers la gauche, prenne en écharpe la ligne de vieilles et sordides constructions en pans de bois, éventrées, effondrées, qui longe la rive gauche de l'Agout, il s'arrêtera nécessairement sur le théâtre des événements que nous voulons raconter ; car il est là, parmi ces masures pour ainsi dire pantelantes au-dessus de l'eau, dont le mirage en mouvement fait danser une perpétuelle farandole aux balcons qui penchent et aux murs de planches vermoulues qui inclinent vers la chute leurs toits percés à jour.

La masure que nous voulons désigner a, ainsi que les autres riveraines ses voisines, double entrée, par conséquent deux issues : l'une, ouverte sur l'Agout, presque de niveau avec la rivière ; l'autre en terre ferme, c'est-à-dire de plain-pied avec le cailloutis de la voie publique parallèle à l'Agout, et qui a nom rue de la Fagerie.

Il y aurait grand péril à s'aventurer étourdiment dans l'allée obscure qui mène de la porte de la rue aux montées, assez périlleuses aussi, mais où du moins les degrés, çà et là disjoints par l'âge et par l'usage, crient : « Casse-cou ! » sous le pas qui les fait vaciller. En bas, point d'avertissement salutaire.

La lumière du jour ne pénétrant dans l'allée, même à l'heure de midi, que sous voile de pénombre, il importe à la conservation personnelle de ne s'y engager qu'avec défiance, le dos frôlant le mur, de façon à n'occuper que le moins d'espace possible, et, même se glissant ainsi, encore faut-il toujours, avant de risquer un pas de plus, interroger prudemment le sol en le tâtant d'un pied craintif ; car, alors même qu'il se pose d'aplomb sur le plein, on doit toujours s'attendre, un pas plus loin, à rencontrer le vide.

C'est qu'en effet le vide est là, ou béant, ou caché sous une planche mobile. Cette planche est à la fois porte et plafond pour les habitants du sous-sol, pauvres gens qui vivent à fleur d'eau avec les rats, dans la moisissure produite par les infiltrations, jusqu'à ce que les grandes crues de l'Agout ébranlant et déchirant leurs portes de communication avec la rivière, et que l'inondation envahissant leurs demeures souterraines, les obligent tous, hommes et rats, à se réfugier sur la hauteur, nous voulons dire dans la rue.

Plus tard nous redescendrons sous ces voûtes humides où, — justice vent qu'on le reconnaisse, — la misère qui végète a pour proche voisine l'industrie florissante. L'eau de l'Agout, que le pauvre trouve à portée de sa main pour cuire son maïs et laver ses guenilles, alimente les chau-

diéres du teinturier et les cuves du foulon ; le tanneur de cuirs et le laveur de laines ont établi dans ces substructions d'importants ateliers : ainsi l'Agout, favorable à tous ses riverains, est la dernière ressource de la pauvreté et la source première de la richesse.

Donc, dans une maison de la rue de la Fagerie, à son plus haut étage, sous un toit crevant de vétusté, habitait, il y a quelque cinquante ans, un vieux bonhomme nommé Rastoul. Il avait dit son nom, ses rides disaient à peu près son âge ; mais c'est tout ce qu'on savait de lui : il n'était pas du pays, on ne lui connaissait point de famille.

Comment vivait-il là-haut ? De quoi se composait l'ameublement de son logis ? Ce sont là deux questions auxquelles les mieux informés du voisinage n'auraient pu répondre. Hors de chez lui, le père Rastoul ne parlait à personne, et il n'admettait aucun visiteur dans son galetas. — « Qu'importe ? » — Il était, ou du moins il semblait être d'un monde où d'ordinaire on se préoccupe peu les uns des autres. Cela se conçoit : les nécessiteux ont des motifs si fréquents et si légitimes de ne penser qu'à eux-mêmes qu'on doit leur pardonner l'indifférence à l'endroit de leurs semblables : aussi la charité du pauvre envers le pauvre est-elle la plus haute vertu chrétienne. Exemple, l'obole de la veuve.

Vêtu comme un mendiant, ce qui revient à dire à peine couvert, comme le père Rastoul ne disputait pas l'aumône aux autres misérables, ses pareils en apparence, il n'était le prétexte d'aucune querelle, l'objet d'aucune médisance. L'insuffisance de son costume ne pouvait non plus donner lieu à aucune remarque ; il vivait dans un milieu et nous parlons d'un temps où moins encore n'eût pas semblé trop peu. Aujourd'hui que le luxe a pénétré partout et progressé, même en Albigeois, jusqu'à l'extravagance, les élégantes non-seulement de la ville, mais des environs, se permettent enfin cette folie de porter des bas et des souliers. Toutefois, ces dernières, par mesure d'économie, portent les souliers à la main et leurs bas dans la poche.

Une seule particularité aurait pu faire jaser sur le compte du père Rastoul. Le bonhomme, qui ne demandait pas l'aumône, qui n'était signalé ni comme braconnier, ni comme fraudeur de l'octroi, payait exactement au propriétaire les termes de son loyer : 4 livres 10 sous par trimestre, 18 francs par an !

L'habitude invariablement prise par le père Rastoul de payer, à la date précise de son échéance, la dette qui grossit d'heure en heure, et qui pour beaucoup devient écrasante parce que l'on s'avisent de lui réserver chaque jour sa part, l'avait fait prendre en très-haute estime par son propriétaire : aussi ce dernier ne manquait-il jamais, à l'approche des recouvrements trimestriels, de proposer comme modèle ce locataire exact, aux locataires embarrassés qui laissaient percer l'intention de demander grâce ou délai.

— Ah ! soupirait-il, mettant dans son soupir toute la ferveur d'un vœu et fixant son regard attristé sur la perspective d'un mécompte, si chacun ressemblait au père Rastoul, la vie serait commode et l'argent viendrait de lui-même dans ma poche ; car je ne cours pas de risque avec lui : il me payera au jour convenu, à l'heure dite ; il paye toujours, le père Rastoul !

A cela, l'impuissant à payer, irrité, humilié d'une comparaison tout à l'avantage de l'habitant du galetas, répliquait avec colère :

— S'il paye, c'est qu'il a de quoi, le vieux gueux !

Loyal père Rastoul, plus pauvre que lui l'appelait gueux parce qu'il payait son terme !

L'éloge soupiré par le propriétaire, inquiet sur le sort de ses rentrées, avait ce déplorable résultat pour le père

Rastoul, qu'il lui créait, à époques fixes, autant d'ennemis que la maison comptait de pauvres diables chez qui l'oisiveté forcée du chômage, les ravages de la maladie, et aussi parfois les torts de l'inconduite, avaient bouleversé les calculs de la prévoyance et épuisé jusqu'aux dernières ressources.   *La suite à la prochaine livraison.*

HISTOIRE DU COSTUME EN FRANCE.

Suite. — Voy. p. 19, 48, 251.

SUITE DU RÈGNE DE LOUIS XV.

Habillement des hommes depuis 1750. — Nous parlerons d'abord des perruques, dont la variété fut infinie, par les façons diverses qui s'introduisaient à chaque saison dans les frisures : de là les perruques *en béquilles, en grains d'épinards, à bâtons rompus, à marteaux, à la débâcle,* etc. Les toupets *grecs*, relevés de cinq ou six pouces sur le front, régnèrent concurremment avec les hautes coiffures des femmes. L'art du perruquier consistait à multiplier les boucles et à leur donner du maintien par l'application du fer chaud, puis par le masticage au moyen d'une pâte de pommade et de poudre qu'on appelait *collure*. On mettait la dernière main à l'ouvrage en faisant voler dessus, avec le secours de la houppe, un fin nuage de poudre. Quelques-uns, ennuyés de la poudre blanche, essayèrent d'y substituer de la poudre grise, puis de la poudre blonde : la tentative n'eut pas de succès.

La bourse fut, dans les dernières années du règne, l'ornement préféré pour le derrière des perruques. Elle resta vouée au noir, mais on lui donna son œil de poudre. Les

Famille de la haute bourgeoisie en tenue de promenade ; ancien militaire en habit de ville, vers 1760, d'après Joseph Vernet.
Dessin de Chevignard.

crapauds furent des extraits de bourse, taillés en rond et cachés sous une rosette.

Sur les toupets relevés, le chapeau en *castor* se serait placé difficilement. C'est pourquoi il fut généralement porté sous le bras, et on lui donna la façon qui convenait le mieux à cet usage en faisant la forme aplatie et en couchant les bords. Depuis 1760, il y eut une manière de chapeau toute différente, qui eut sa place sur la tête, lorsqu'on se coiffait de la perruque négligée de chasse ou de campagne. Ce chapeau consistait en une forme brisée, avec une visière carrée sur le devant. Il était de feutre gris, brun ou vert. Pour la campagne, on avait aussi des tricornes de paille, bordés de faveur.

L'habit fut de moins en moins étoffé, plus court de basques qu'il n'avait jamais été, échancré se devant au point de ne pouvoir plus se fermer. Les boutons ne figurant plus que pour l'ornement, on se dispensa de faire des boutonnières. Souvent on mit à la place des boutons, des garnitures d'olives et de ganses. Les manches, tout naturellement, perdirent de leur ampleur, mais elles devinrent plus longues. Les parements descendirent jusqu'aux poignets.

L'habit de cour fut le seul où se conserva la broderie. On faisait en ce genre des ouvrages très-compliqués, avec mélange de paillettes, de paillons de couleur et de pierreries fausses.

Frac est un mot polonais qui fut introduit dans la langue pour désigner une sorte d'habit encore plus dégagé, privé tout à fait de boutons et qui n'avait ni poches ni pattes sur les côtés. En revanche, le frac était muni d'un petit collet rabattu, analogue à celui de la redingote. On appelait cela une *rotonne* ou rotonde.

La redingote, comme tout le reste, devint étriquée. Sa rotonne ne couvrit plus que la moitié des épaules.

Une *roquèlaure* était à surtout à collet, qui se boutonnait par le haut. Cette mode fut remplacée par celle des *volants*, habits de dessus qui ne différaient des autres que parce qu'ils étaient un peu plus larges et sans doublure.

La veste n'éprouva de changement que dans la forme de ses manches, qui furent en *amadis*, c'est-à-dire plates et sans parements. Ce nom vient de ce que les acteurs qui représentèrent l'opéra d'*Amadis* se montrèrent avec des habits dont les manches étaient ainsi faites. On fit, après 1760, des vestes croisées, avec boutons et boutonnières de chaque côté. Les termes de *gilet* et *veston* furent introduits ensuite pour désigner des vestes qui n'avaient ni basques ni poches.

La veste et ses analogues furent tenus boutonnés depuis le bas jusqu'au creux de l'estomac. A partir de là, le vêtement restait ouvert pour laisser passer le jabot de la chemise. Le cou était serré par le *col* ou *tour de col*, cravate de mousseline montée sur deux pattes qui se bouclaient par derrière.

Aux culottes fendues par devant dans toute la hauteur succédèrent les culottes *à pont* ou *à la bavaroise*, système qui s'adapta plus tard aux pantalons : nous l'avons vu subsister jusque vers 1830. La culotte était bouclée sous les genoux par le moyen de pattes appelées jarretières. Elle était munie à la ceinture de quatre poches, deux grandes et deux petites, que les tailleurs avaient seulement la peine de monter, car elles étaient en peau de mouton et vendues toutes faites par les chamoiseurs.

Les étoffes d'été pour habit, culotte et veste, étaient la soie, le bouracan, le bougran, le nankin. L'hiver, on ne portait que du drap. Les draps de Hollande avaient alors le pas sur tous les autres.

Des bas blancs ou chinés et des souliers à boucles com-

Costumes de bal en 1762, d'après Saint-Aubin. — Dessin de Chovignard.

piétaient la mise des hommes, beaucoup plus simple dans son ensemble que celle des femmes, beaucoup moins lancée à la recherche du nouveau, moins exposée par conséquent à donner dans toutes les extravagances.

LES TIMBRES-POSTE.

Suite. — Voy. p. 59, 87, 120, 131, 159, 186, 215, 263, 294, 336.

ÉTATS SARDES.
(27 timbres, 5 types.)

C'est le duc de Savoie Emmanuel-Philibert qui a organisé le service des postes en Piémont; il nomma, par des lettres patentes du 10 juin 1561, Scaramuccia maître général des postes.

Le système de l'affranchissement des lettres au moyen de timbres-poste a été introduit dans les États sardes par la loi de la réforme postale du 18 novembre 1850, qui a été mise à exécution le 1er janvier 1851. L'usage des timbres-poste n'est obligatoire que depuis le 1er février 1857; auparavant, le public avait la faculté d'affranchir les lettres soit avec des timbres, soit en payant le montant de la taxe en numéraire.

La loi sarde n'accordait aucune prime à l'affranchissement; la taxe uniforme de 20 centimes était applicable aux lettres affranchies et aux lettres non affranchies.

Le nombre de lettres circulant dans les États sardes était de 7 024 625 en 1849, de 14 121 505 en 1855, et de 17 429 942 en 1859.

L'augmentation a été de 148 pour 100 en dix ans, de 1859 sur 1849, et de 13 ¹/₂ pour 100 de la période triennale de 1857-59 sur celle de 1854-56.

Le nombre des lettres dans la haute Italie (États sardes, Lombardie, Émilie et Toscane) a été, en 1860, de 33 236 256.

Les lettres provenant des pays étrangers et les lettres circulant en franchise dans le royaume ne sont pas comprises dans les chiffres précédents; on estime le nombre des premières à 2 millions pour 1859.

La population des États sardes était de 5 194 807 habitants en 1858; le nombre des lettres est donc pour cette année de 3 ¹/₂ en moyenne par habitant.

Le nombre des imprimés dans les États sardes était de 2 260 880 en 1849, de 7 335 800 en 1855, et de 13 014 588 en 1859; il était, en 1860, de 20 448 490 dans la haute Italie.

L'administration des postes sardes a vendu 204 280 timbres en 1851, 740 547 en 1854, 4 140 653 en 1857, et 4 907 328 en 1859. Elle estimait, en janvier 1861, que le nombre des lettres affranchies forme à peine le quart de toutes les lettres expédiées.

Il y a eu quatre émissions de timbres-poste sardes.

1re émission. — 1er janvier 1851.

Cette émission a été prescrite par le décret royal du 3 décembre 1850.

Le timbre est rectangulaire et a 22ᵐᵐ sur 19ᵐᵐ.5. Il est lithographié et imprimé en couleur sur papier blanc.

L'effigie du roi Victor-Emmanuel II, la tête tournée à droite, est placée dans un cadre ovale. En haut : *C.* (centesimi) *Poste,* et le chiffre de la valeur; en bas, la valeur en lettres; à gauche et à droite : *Franco bollo.*

  5 centesimi, — noir.
  20   — bleu clair (nᵒ 174).
  40   — rose (rose foncé, rose-hortensia).

Il paraît que des timbres de 40 centesimi ont été imprimés sur papier teinté.

Nᵒ 174.   Sardaigne.   Nᵒ 175.

2e émission. — 1er juillet 1853.

Cette émission a été faite en vertu du décret royal du 7 mai 1853.

Le timbre est rectangulaire et a 21ᵐᵐ.5 sur 19ᵐᵐ. Il est gravé et imprimé en relief sur papier de couleur.

Le dessin est le même que celui du timbre précédent : la tête du roi tournée à droite et placée dans un cadre ovale. Les inscriptions sont les mêmes. Le dessin, les lettres et les chiffres sont en relief et de la couleur du papier.

  5 centesimi, — vert.
  20   — bleu-ciel.
  40   — rose (rose pâle, chair, rose clair) (nᵒ 175).

Il y a des épreuves d'essai du timbre de 5 centesimi imprimées sur papier bleu clair, et du timbre de 20 centesimi imprimées sur papier vert.

3e émission. — 1er janvier 1855.

Le timbre est rectangulaire et a 22ᵐᵐ sur 18ᵐᵐ.5 à 20. Il est gravé, imprimé en relief et en couleur sur papier blanc. Il ne diffère du précédent qu'en ce que le médaillon qui contient le portrait du roi est blanc. La tête du roi est en relief et en blanc; tout le reste (fond, lettres, ornements) est de couleur, et les lettres, les chiffres et les ornements sont en relief.

---

  5 centesimi, — vert clair (vert bleuâtre, vert jaunâtre).
  20   — bleu foncé (nᵒ 176).
  40   — rose (rose clair, rose foncé, cramoisi).

Il existe des épreuves d'essai du timbre de 20 centesimi qui sont imprimées en vert, comme l'est le timbre de 5 centesimi.

Nᵒ 176.   Sardaigne.   Nᵒ 177.

4e émission. — 1er janvier 1858.

Le décret royal du 29 novembre 1857 a ordonné une émission nouvelle, et a créé les timbres de 10 et de 80 centesimi. Un décret royal du 26 septembre 1860 a créé le timbre-poste de 3 lire.

Le timbre est rectangulaire et a 21ᵐᵐ.5 sur 19ᵐᵐ. Il est gravé et imprimé en couleur sur papier blanc.

Il présente le même dessin que les timbres précédents. La tête du roi, toujours tournée à droite, est seule en relief, et ressort en blanc dans le médaillon blanc. Les lettres et les chiffres sont blancs sur le fond de couleur, mais ne sont pas en relief; les autres parties du dessin sont de couleur et non en relief.

  5 centesimi, — vert (vert clair, vert foncé).
  10   — brun (brun clair, brun foncé, chocolat).
  20   — bleu (bleu clair, bleu foncé).
  40   — vermillon (vermillon pâle, rouge vif, groseille).
  80   — jaune bouton-d'or (nᵒ 177).
  3 lire   — bronze doré, aventurine.

Il a été tiré des épreuves d'essai sur papier blanc et sur papier bleu :

  10 centesimi, — noir.
  40   — noir.
  80   — noir.

On remarque, parmi ces épreuves, des timbres de 80 centesimi, en noir sur papier bleu, sur lesquels l'effigie en relief du roi a été imprimée à rebours.

Timbres de journaux.

Le décret royal du 26 septembre a prescrit la création de timbres-poste pour l'affranchissement des journaux et des imprimés.

Ces timbres ont été émis le 1er janvier 1861.

Ils sont rectangulaires et ont 20ᵐᵐ sur 18. Ils sont gravés, imprimés en noir sur papier blanc. Le chiffre de la valeur est imprimé en relief dans un médaillon ovale. L'encadrement rectangulaire porte les inscriptions suivantes : en haut, *Franco bollo*; à gauche et à droite, *Giornali stampe*; en bas, la valeur en lettres. La croix de Savoie dans les petits carrés d'angle.

Nᵒ 178. Sard.

  1 centesimo, — noir.
  2 centesimi, — noir (nᵒ 178).

Aucun timbre-poste sarde n'est piqué.

Les timbres-poste étaient fabriqués pour le compte de l'État, par un imprimeur, dans l'hôtel du ministère des travaux publics.

La suite à une autre livraison.

FRAGMENTS [1].

LE FERMIER.

C'était un samedi soir : le fermier Simon venait de rentrer un chariot de foin; il avait lui-même dételé les chevaux et les avait conduits à l'écurie; ses petits enfants, accourus au-devant de lui, avaient saisi son fouet, et portaient la blouse et le chapeau qu'il venait d'ôter. Précédé de cette troupe joyeuse, il s'était assis sur un banc de pierre, près d'une table placée à l'ombre d'un vieux hêtre qui étendait ses branches sur la porte de la cour. La bonne Marguerite, sa femme, avait posé sur la table un pot de cidre bien frais et une miche de pain cuit par elle. Le père, la mère, les enfants, formaient un groupe animé, plein de vie, de joie et de santé.

Un étranger vint à passer; il s'arrêta, et saluant Simon, il lui demanda la permission de s'asseoir près de lui pour se reposer pendant quelques instants. La place lui fut offerte de bon cœur, avec sa part au modeste repas de la famille.

— Votre gaieté m'étonne, dit l'étranger; vous avez des journées fatigantes, des récoltes incertaines, de gros fermages à payer, des enfants à nourrir et à élever.

— C'est vrai, répondit Simon; mais quand j'ai employé mes heures et mes forces au travail, quand j'ai fait aussi bien que je peux, quand je trouve, en revenant des champs, les soins de ma femme et les caresses de mes enfants, comment donc ne serais-je pas content?

LE SAGE VOYAGEUR.

Un sage visitait les villes et les campagnes de son pays et des pays voisins; il voulait voir les souffrances des hommes, afin de chercher des moyens pour les soulager. Les maux des riches, des puissants, des savants, il les connaissait par sa propre expérience; sur cela, les nations étrangères n'avaient rien à lui apprendre, et comme il savait la cause des douleurs innombrables qui désolent ces classes enviées, il ne l'occupait guère. Il entrait de préférence dans les asiles du travail et de la pauvreté.

Au sein des villes, l'ouvrier lui faisait la confidence de ses fatigues sans fin, de son salaire insuffisant.

Le paysan lui montrait sa chaumière délabrée, sa moisson détruite, ses troupeaux ravagés par la maladie, sa famille mal nourrie, mal vêtue.

Sur les bords de la mer, il voyait le pêcheur, occupé pendant une partie du jour à réparer ses filets déchirés, affronter, sur une frêle barque, les périls et la mort, perdre souvent ses peines et ses moyens d'existence.

— Hélas! dit le sage voyageur, partout il y a des douleurs; l'égalité est dans la souffrance. Hommes, ne vous enviez pas les uns les autres : frères, ne pensez à vos maux que pour vous entr'aider.

La meilleure profession, le meilleur emploi, enfin la meilleure vie et la plus heureuse est celle qui nous donne le moyen de mieux considérer et connaître Dieu. Et, au contraire, ce qui empêche de connaître et servir Dieu est mauvais.   ARISTOTE.

VUE DU BOURENDO-GHAUT.

RENCONTRE DE VICTOR JACQUEMONT ET DE CSOMA DE KOROS.

Jacquemont était-il déjà sous l'influence de la triste maladie qui l'enleva si prématurément à la science, lorsqu'il

(1) *Pensées des divers âges de la vie*, par Alphonse Grün.

traversa une partie du Thibet pour se rendre dans le Cachemire? Vit-il l'Himalaya avec des yeux désenchantés? Il est certain que le tableau qu'il en trace ne donne qu'un médiocre désir de visiter ces tristes montagnes. Sans cesse le voyageur revient sur la monotonie du paysage, de même qu'il insiste en toute occasion sur la torpeur parfois intelligente des habitants.

« Un des traits qui distinguent surtout ces montagnes, dit-il dans son grand ouvrage, c'est l'absence également absolue de plateaux sur les cimes et de vallées à fond plat. Les vallées les plus longues ne sont que d'étroites ravines; on dirait qu'elles ont servi de moules aux montagnes qui les enferment. Les lignes horizontales que l'œil aperçoit çà et là dans le profil des montagnes ne sont que des crêtes étroites et émoussées, qui se soutiennent quelquefois sur d'assez grandes hauteurs à un niveau égal. Des escarpements verticaux, d'une hauteur considérable, n'y manquent pas moins absolument. La même ligne pourrait servir à représenter la section transversale de toutes les vallées.

» L'Himalaya n'a donc pour lui que la grandeur de ses dimensions; mais bientôt l'œil s'accoutume à cet horizon de montagnes, et alors il n'y trouve plus, comme dans les plaines, qu'une uniformité continuelle d'un autre genre. Il n'y a pas plus de vallées verdoyantes que de cimes nues et déchirées; les escarpements inaccessibles manquent comme les sommets en a qui couronnent si souvent dans les Alpes.

» Voilà pour les formes. La végétation qui les couvre est monotone comme elles; comment en serait-il autrement, puisque c'est la diversité des sites qui produit celle des plantes, et qu'ici tous les sites se ressemblent?... » [1]

Le 13 juillet 1830, Jacquemont découvrit le col de Bourendo, qui s'élève entre Mirou et Rogny, à 3 000 mètres au-dessus du niveau de la mer. A cette époque, le passage se trouvait obstrué par une immense quantité de neige, et devint quelques jours cependant il était devenu praticable. Le spirituel voyageur fut tellement frappé du grand aspect des monts qui se dressaient de chaque côté du col, qu'il semble se repentir des expressions un peu dédaigneuses prononcées au début de son exploration sur l'ensemble du paysage de l'Himalaya.

« Cette vue est belle, dit-il; divers gradins, chargés de forêts épaisses, s'élèvent les uns au-dessus des autres, des bords du Setludje jusqu'aux cimes couvertes de neiges éternelles. Çà et là d'immenses déchirures de terrain opposent les teintes grisâtres de leurs roches nues à la sombre verdure des pentes dont la végétation s'est emparée. De profondes ravines sillonnent les montagnes, et les neiges qui s'y sont accumulées descendent jusque bien au-dessous de la limite des forêts. » [2]

Ce fut à peu de distance du Bourendo-Ghaut, dans le voisinage d'un couvent de moines bouddhistes, célèbre par sa bibliothèque, et désigné sous le nom de *Kanam*, que Victor Jacquemont vit pour la première fois ce personnage mystérieux qui a si longtemps préoccupé les orientalistes de tous les pays, et qui, en échange des conjectures plus ou moins justes, plus ou moins charitables, par lesquelles on cherchait à expliquer sa présence en ces lieux, a doté l'Europe de deux livres admirables, le Dictionnaire et la Grammaire de la langue thibétaine. Csoma de Koros, c'est le nom de ce personnage, bien connu aujourd'hui, s'empressa de se rendre auprès du sceptique et spirituel Jacquemont; mais, fidèle à ses habitudes d'humi-

(1) *Voyage dans l'Inde*, par Victor Jacquemont, pendant les années 1828 et suivantes, jusqu'à l'année 1832. Paris, 1841, in-fol., tome II.
(2) Journal du voyage, t. II, p. 209.

lité exagérée, jamais il ne voulut s'asseoir devant notre compatriote, et cela, il faut le dire, ne contribua pas peu à l'espèce de dédain qu'il inspira à celui-ci, dédain qu'augmentait encore, s'il se peut, son apparence plus que modeste. Cependant ce pauvre Transylvain, à la barbe inculte, au costume semblable en tout à celui des bergers montagnards, né tarda pas à reconquérir dans l'esprit du jeune voyageur l'estime que doivent toujours inspirer, même aux plus superficiels, les grands travaux de l'intelligence. Victor Jacquemont rendit, dès le lendemain, à Csoma de Koros sa visite, et toute misérable qu'elle était en apparence, la pauvre cabane dressée dans la montagne donna au naturaliste une meilleure idée du savant hongrois que la façon dont il se présentait. Rien de ce qui constitue le modeste confort d'un cabinet européen ne manquait dans cette demeure, un peu basse seulement pour la haute taille de Victor Jacquemont. Loin d'y être

en désordre, les livres, les papiers s'y trouvaient rangés sur une table de travail avec une minatieuse symétrie ; le méthodique philologue (et en philologie la méthode parfois est la grandeur), le savant digne des respects de ce monde devant lequel il s'abaissait, venait tout à coup de se révéler. Avec sa sagacité pénétrante, Jacquemont le devina, et sans le contraindre à s'asseoir, il sut mettre à profit son entretien.

Nous avons déjà raconté sommairement la curieuse histoire d'Alexandre Csoma, né en 1791, à Koros, ville de la Transylvanie[1]. Il était venu d'Allemagne au Thibet en vivant de ce qu'on voulait bien lui donner en route, et partois de la modeste rémunération que lui valaient ses soins comme médecin. Arrivé, dès 1822, dans le froid district de Kanoum ou Konoum, il y resta encore plus d'un an après le passage de Victor Jacquemont, toujours occupé de ses études. La Société asiatique de Calcutta sut comprendre

Vue du Bourendo-Ghaut. — Dessin de Freeman, d'après Victor Jacquemont.

sa valeur comme homme et ses généreux efforts comme savant : elle le mit à la tête de sa riche bibliothèque. Après avoir demeuré plus de quatre ans dans une pauvre vallée, où s'échelonnent quelques cabanes dont l'assemblage ne mérite pas même le nom de bourgade, ce fut dans la ville dés palais qu'il publia sa Grammaire et son Dictionnaire de la langue thibétaine[1]. Il demeura neuf ans loin du monastère où il avait acquis sa science, aussi simple dans la splendide cité qu'il l'était dans sa hutte perchée au sommet d'une froide montagne. Il avait seulement changé la nature de ses études ; et cet homme, que le voyageur français jugeait incapable d'un travail historique ou simplement littéraire, abordait résolûment l'analyse abstraite du Kandjour, la grande encyclopédie religieuse du Thibet,

qui n'a pas moins de cent volumes, et qui expose le rituel proprement dit de la religion de Bouddha. Il se fatigua de la vie comparativement opulente qu'il menait à Calcutta ; il voulut revoir sa pauvre montagne, et s'éclairer peut-être de nouveau aux sources où il avait puisé son savoir : il ne devait revoir ni Bourendo-Ghaut, ni le monastère de Kanoum ; la mort le frappa, en 1842, sur la route du Thibet.

On l'a dit, d'après un juge excellent en ces sortes de matières, M. Pavie, « Csoma s'était livré à l'étude des langues et des croyances ; il l'avait fait avec une application éclairée, avec un soin minutieux, et il a, le premier, ouvert la voie à la connaissance d'un idiome et d'une religion qu'on savait à peine de nom. »

(¹) Dictionary thibetan and english prepared with the assistance of the Bande Sanga-Rgyas Phun-Tshogs a learned Lama of Zangskar, by A. Csoma de Koros. Calcutta, 1834, in-4°. — Grammar of the thibetan language, prepared under the patronage of the indian Government. Calcutta, 1834, in-4°.

(¹) Voy. t. XXI, 1853, p. 279.
(²) Biographie générale ; — Revue des Deux Mondes, 1er juillet 1847.

LE GROS-BEC PADDA.

Le Gros-Béc Padda (*Loxia oryzivora*). — Dessin de Freeman.

Un seul coup d'œil jeté sur le padda suffit pour faire reconnaître en lui un gros-bec; il pourrait servir de type à ce genre de granivores, tant le caractère particulier qui distingue ces oiseaux est accentué chez lui, tant il a le bec court, gros, bombé, conique en tous sens, avec la mandibule supérieure renflée et légèrement recourbée à sa pointe : c'est bien là un proche parent du moineau, du verdier, du chardonneret, du pinson.

Le gros-bec padda habite l'Inde et la Chine; il y vit en troupes nombreuses, et il fait dans les plantations de riz les mêmes ravages que nos voraces moineaux dans les champs de blé. Le mot *padda* désigne en Chine le riz qui est encore en gousse.

Le plumage de cet oiseau est remarquable par ses couleurs fines et harmonieusement disposées. La tête est noire, avec les joues et les tempes d'un blanc pur; le corps, d'un joli gris cendré, violâtre sur le dos, légèrement rosé sous le ventre; le bec et les pieds sont d'un rose vif. Outre l'agrément des couleurs, ce plumage a je ne sais quel poli, une sorte de duveté, de *fleur* comparable à celle de certains fruits, et qui lui donne de charmants reflets.

Tout le monde peut se donner le plaisir de voir le padda, car il abonde maintenant dans les cages de nos marchands d'oiseaux. On reconnaîtra en lui les formes épaisses, un peu lourdes, l'attitude ramassée de notre bouvreuil.

LA MALLOTTE DU PÈRE RASTOUL.

NOUVELLE.

Suite. — Voy. p. 330.

Mais si menaçante que fût tout d'abord cette colère pour le bonhomme, cause innocente de l'irritation excitée contre lui, la rancune durait peu, et, d'ordinaire, dès le lendemain elle était. oubliée. Cependant, parmi les ennemis suscités trimestriellement au vieux voisin d'en haut, il y en eut un en qui la rancune persista. Elle avait trouvé, il faut en convenir, un milieu merveilleusement préparé par le malheur à recevoir, à garder, à nourrir et à faire fructifier les pensées mauvaises et les sentiments hostiles.

Cet ennemi persistant du père Rastoul, c'était le locataire du sous-sol.

On le nommait Magloire Cambajou. Resté veuf avec trois enfants, les fièvres l'avaient dernièrement encore retenu cinq mois durant à l'hôpital général. Après son retour chez lui, il fallut quelque temps au pauvre homme pour recouvrer la force nécessaire au maniement de son lourd métier de tisserand. A la réalité d'une profonde misère se joignait, chez Magloire Cambajou, le rêve d'un orgueil excessif. Il eût dédaigné de recevoir son salaire de la main d'un maître, et s'intitulait fièrement ouvrier libre, fabricant en chambre, depuis qu'à titre d'héritier du père de sa femme, — dont il avait été l'apprenti, — il possédait un métier dans la fange de sa cave. Métier devant lequel il aurait eu le droit, il est vrai, de ne venir s'asseoir qu'à ses heures de bonne volonté, mais où la nécessité le ramenait chaque matin avant le jour, et le tenait cloué longtemps après la nuit close.

Tant que les enfants des pauvres ne peuvent pas être pour leurs parents d'utiles auxiliaires, ce sont de terribles gêneurs. Tels étaient ceux de Magloire.

L'aînée de ces enfants, une fille, Élisabeth, comme on l'avait nommée au baptême, la Belou, comme on appelle en pays castrais toutes les filles de ce nom, avait un peu plus de dix ans. Elle remplaçait la mère de famille auprès de ses deux frères, venus successivement, le cadet, trois ans après la Belou, et le plus jeune des enfants de Magloire, deux ans après son frère cadet.

La charge du ménage était lourde pour le pauvre tisserand, même quand il pouvait travailler sans relâche; mais quand l'ouvrage venait à lui manquer, ses forces n'y suffisaient plus, et il se sentait comme écrasé sous le poids du fardeau. De là les dures privations, et la si longue maladie, de là enfin l'arriéré avec le propriétaire.

Depuis sa sortie de l'hôpital, Magloire Cambajou recevait au moins une fois chaque jour, dans son sous-sol, la visite de cet impatient et impitoyable créancier, lequel, après maints reproches amers, blessants autant qu'immérités, concluait toujours par cet agaçant refrain :

— Le père Rastoul a payé, lui!

Cette persistance du propriétaire à réclamer ainsi son dû explique comment la haine pour le locataire du galetas d'en haut avait pris naissance et s'était envenimée dans le cœur du locataire de la bauge d'en bas.

Quels mauvais desseins cette haine pouvait-elle inspirer à Cambajou? Il n'est pas besoin de s'arrêter dans la voie des suppositions, on peut aller au pire sans risquer d'aller trop loin. Magloire Cambajou était un enfant de la Montagne-Noire; et voici, par exemple, l'un des prétextes qui justifient, entre gens des hautes terres, la colère montant jusqu'au meurtre.

Que d'un sommet à l'autre, ou que de la limite inférieure du versant d'une colline à son point le plus élevé, un gars s'avise, sans mauvaise intention d'ailleurs, de répéter à pleine voix la chanson que vient de chanter un autre gars isolé, posté hors de sa vue, sur la hauteur de la plaine, soudain le premier chanteur, pris de vertige mais guidé par la voix de celui qui lui fait écho, prend sa course vers ce dernier, et dès qu'il l'a rejoint, il lui crie, brandissant le couteau :

— Tu m'as coupé mon air, il faut que je te coupe le cou!

Autrefois c'était rarement une vaine menace; mais grâce à la civilisation qui, même dans la Montagne-Noire, adoucit les mœurs, met l'apaisement sur toute violence et tourne vers les sentiments bienveillants le naturel enclin aux procédés hostiles, les choses se passent autrement qu'alors. Ainsi, maintenant, faire de loin écho à la chanson de quelqu'un, c'est bien encore risquer d'exciter sa colère, mais du moins l'un des deux chanteurs n'égorge plus l'autre : il se contente de l'assommer.

On n'était pas encore parvenu à ce degré de modération il y a cinquante ans.

Donc la haine du tisserand à l'endroit de son voisin d'en haut avait sa raison d'être, sinon dans sa raison elle-même, du moins dans l'influence de l'air natal. Cette haine allait au-devant de tout prétexte et saisissait toute occasion pour se manifester. En mainte rencontre, soit au milieu de la rue, soit dans l'allée obscure, la secousse d'un heurt intentendu, la douleur d'un choc violent, apprenaient au père Rastoul que, cette fois encore, il n'avait pas assez pris soin de se tenir prudemment à distance de son ennemi. En vain, pour éviter un dangereux contact, le vieux bonhomme s'efforçait-il de se coller au mur, de s'aplatir, de s'effacer quand il lui fallait absolument passer près du rancunier tisserand, la colère croissante de Cambajou trouvait toujours prise et relief pour se heurter à son voisin d'en haut et l'envoyer pirouetter au loin ou le faire choir sur place.

Ailleurs qu'au pays où nous sommes, on se serait dit : « Magloire Cambajou est un méchant homme. » Se dire cela, c'eût été singulièrement se tromper. Cambajou, on le prouvera, avait un brave cœur; mais le sang montagnard lui bouillait dans les veines, et le vent d'autan, ce ravageur des champs, qui donne le vertige aux hommes, l'avait frappé au front.

A la fin, cependant, le père Rastoul, fatigué de tant de brutalités et secousses, de plus, inquiet, pour l'avenir, des brutalités de ce voisin envers qui il ne se connaissait aucun tort, se décida un jour à aller porter ses doléances à son propriétaire.

Pour que le solitaire habitant du galetas prît ce violent parti de frapper à une porte et de demander un moment d'entretien à quelqu'un, il ne fallait pas moins que la grande terreur qui le poussait à cette extrémité.

Ce jour-là, il faut le dire, le père Rastoul avait involontairement justifié l'emportement et la violence de Cambajou.

Comme le vieux bonhomme, toujours préoccupé de son ennemi, et troublé, tremblant, ahuri par la crainte d'une mauvaise rencontre, sortait furtivement de la maison, il n'aperçut pas la Belou qui se disposait à rentrer dans l'allée, tenant son plus jeune frère par la main. Lorsque son empressement à gagner le milieu de la chaussée, où l'espace plus grand lui garantissait le moindre danger, le père Rastoul heurta la Belou et le fit trébucher. En ce même instant passait l'un de ces lourds attelages de bœufs liés au joug, qui, du matin au soir, circulent dans les rues de Castres. La Belou mesura le péril et sentit qu'elle allait perdre l'équilibre. Toutefois elle conserva assez de présence d'esprit pour éviter d'entraîner son jeune frère avec elle. D'un mouvement rapide elle repoussa l'enfant du côté des maisons, en lui criant :

— Baïten, pitsou! (Va-t'en, petit!)

Puis, s'abandonnant à l'impulsion reçue, elle s'en allait tomber sous la roue du chariot, quand deux bras la retinrent : c'étaient ceux de son père.

La Belou n'eut aucun mal, ce qui n'empêcha pas Cambajou de lancer au père Rastoul un mauvais regard, et de lui dire, à travers ses dents grinçantes :

— Tu as voulu tuer mes enfants; je m'en souviendrai!

Le mal chanceux bonhomme comprit que c'était là une menace de mort : aussi ne perdit-il pas son temps à balbutier d'inutiles excuses. Un moment après l'événement, il était chez son propriétaire, et là, grelottant sous la sueur froide qui l'inondait, le regard effaré, l'oreille tendue aux bruits du dehors, il formulait ainsi, d'une voix étranglée, son ultimatum :

— Magloire Cambajou en veut à mes jours; donc, lui et moi, nous ne pouvons plus vivre sous le même toit. Il faut ou que le galetas ou que le sous-sol perde son locataire. Je ne tiens pas à déménager, mais je tiens par-dessus toutes choses à ne pas être assassiné. Choisissez donc entre nous; mais choisissez vite, car si mon ennemi est encore ici ce matin, moi je n'y serai plus.

Cela dit, le père Rastoul gravit à bas bruit les trois étages qui menaient à son gîte, où il ne se crut en sûreté qu'après avoir pris soin de donner double tour de clef à la serrure et de pousser contre la porte tout ce qui, dans son sordide mobilier, pouvait faire barricade.

Bien qu'il fût sorti tout exprès pour aller chercher la provision du souper, il se résigna à faire attendre jusqu'au déjeuner du lendemain son appétit, d'ailleurs fort calmé par ce grave incident.

Le propriétaire, qui n'avait plus qu'à opter entre un locataire exact aux échéances et un débiteur qu'il pouvait, sans l'offenser, considérer comme insolvable, ne se prit point à réfléchir longtemps pour savoir duquel des deux son intérêt exigeait le sacrifice, et immédiatement il se dirigea vers la tanière du tisserand.

C'était pour la seconde fois dans la même journée qu'il faisait ce voyage.

Parvenu dans l'allée obscure, il frappa du pied sur la trappe en criant :

— Ouvrez, Cambajou; c'est moi!

Il ne reçut point de réponse.

Après qu'il eut attendu un temps convenable, il se baissa pour saisir l'anneau du plancher mobile, mais sans espoir de le soulever; car il supposa que son locataire, s'il n'était sorti, se tiendrait obstinément enfermé chez lui pour se priver d'une visite qu'il devait prévoir.

Le visiteur se trompait : la planche céda, et en même temps qu'il la soulevait il vit, de la jointure entr'ouverte, s'échapper une pièce de monnaie. L'enduit visqueux qui suintait de l'escalier du caveau l'empêcha de rouler au delà de la troisième marche.

— Il paraît que quelqu'un dans la maison a dès sous de trop, puisqu'il les sème, se dit le propriétaire ramassant la pièce de monnaie.

Il remonta prestement vers la rue pour s'assurer à la lumière du jour de la valeur précise de sa trouvaille, ce qu'il n'avait pu faire tout d'abord, attendu l'obscurité du lieu.

La trouvaille, estimée à l'aveuglette un sou, était une pièce d'or de vingt francs.

— Si elle est à quelqu'un, se dit le propriétaire, qu'il vienne la réclamer, je n'ai pas l'intention de lui en faire tort.

Sans se demander si, pour être en règle avec sa conscience, il ne devait pas joindre, à la louable intention de rendre à qui de droit la pièce ainsi trouvée, la ferme résolution de chercher celui qui l'avait perdue, la ferma soigneusement dans son gousset de montre, et reprit le chemin du caveau.

Quand il se trouva enfin en présence de Magloire Cambajou, qui ne l'avait ni entendu descendre l'escalier, ni vu entrer dans sa logette, le tisserand était seul; voici pourquoi :

Bien que la Belou, retenue par son père au moment de

la chute, n'eût pas même éprouvé le mal de la peur, son sauveur, en bon père qu'il était, ayant vu de trop loin le danger pour le mesurer, n'avait eu que le temps de se l'exagérer. Il s'était senti si rudement atteint du coup que l'enfant aurait pu recevoir que, longtemps après l'événement, le cœur lui tremblait encore. Telle était en lui la persistance de l'angoisse que, de retour au logis avec la Belou, redevenue comme toujours allègre et alerte, il ne pouvait se décider à la croire, quand, interrogée par lui sur une blessure imaginaire et sur la souffrance qu'elle n'avait pas, l'enfant lui répondait gaiement, dans son doux patois castrais :

— Yeu dé mal, papa? pas brico. (Moi du mal, papa? pas du tout.)

Voyant bien que ses affirmations les plus énergiques ne suffiraient pas pour rassurer son père, la Belou s'avisa d'un expédient, afin de le convaincre que la secousse éprouvée ne lui avait fait rien perdre de ses forces et de son agilité. Elle souleva de terre le plus jeune des enfants, l'installa solidement sur un de ses bras, et de l'autre main entraînant son frère cadet, elle arpenta les montées en chantant de sa pleine voix la mélodie populaire :

L'agnel qué m'as dounat
S'en es anat
Païssé dins la prado
L'agnel qué m'as doufat
S'en es anat
Païssé dins lou prat.

Le cœur raffermi par cette preuve incontestable que l'état physique de la Belou n'avait souffert aucun dommage, Cambajou s'était remis à manœuvrer son bruyant métier, et le grincement des dents qui mordent le fil ne lui avait pas permis d'entendre venir à lui son propriétaire, lequel, cependant, avait eu soin de tousser plusieurs fois, autant pour annoncer sa visite que pour se donner de l'assurance. Il en avait besoin.

Cambajou n'était pas de ceux que l'habitude du mauvais sort rend d'avance résignés à apprendre les plus fâcheuses nouvelles et à accepter les propositions qui peuvent leur être le plus désagréables. Le brave homme qui, ayant déjà tant souffert, devait naturellement s'attendre à tout souffrir, n'était préparé à rien, sinon à accueillir rudement quiconque apporterait un surcroît à ses peines. Gare au messager de malheur! En pareil cas, avec Cambajou, il était important de bien peser, de bien mesurer la première parole, de peur de son premier mouvement. Il pouvait être terrible, surtout dans ce sous-sol situé au ras de l'Agout. L'homme, brusquement soulevé de terre par un coup d'emportement, courait risque de ne plus retrouver pied qu'au fond de la rivière.

Le propriétaire ne se dissimulait pas le péril de la situation. Maintes fois il avait pu juger, à la façon dont le tisserand recevait même ses plus courtes visites, combien un locataire qui souffrait si impatiemment qu'on le dérangeât chez lui, ne fût-ce qu'un moment, devait avoir le déménagement difficile. Et il s'agissait de le décider à déguerpir au plus tard le lendemain!

La suite à la prochaine livraison.

<hr>

LE ROMAN COMIQUE.

Voy. p. 212, et la Table des trente premières années.

L'OPÉRATEUR.

« . . . Un peu avant le souper, la bonne compagnie qui était déjà dans l'hôtellerie s'augmenta d'un opérateur et de son train, qui était composé de sa femme, d'une vieille servante more, d'un singe et de deux valets. La Rancune le connaissait il y avait longtemps : ils se firent force caresses; et le poëte, qui faisait aisément connaissance, ne quitta point l'opérateur et sa femme, qu'à force de compliments pompeux et qui ne disaient pourtant pas grand'chose, il ne leur eût fait promettre qu'ils lui feraient l'honneur de souper avec lui. On soupa : il ne s'y passa rien de remarquable; on y but beaucoup et on n'y mangea pas moins. »

Voilà tout ce que dit Scarron de l'opérateur, dans le chapitre xv du premier livre de son Roman comique. Le rôle qu'il fait jouer ensuite à ce personnage n'est que celui d'un charlatan fourbe et ridicule, sans aucun intérêt.

Scènes du Roman comique. — Arrivée d'un opérateur dans l'hôtellerie. — Dessin de Pauquet, d'après Oudry.

Oudry a trouvé, dans ce peu de lignes, le sujet d'une assez jolie composition. Ce peintre était né en 1686, et Scarron était mort en 1660. La distance entre l'écrivain et l'artiste n'est pas telle que le second n'ait pu trouver encore trace, au commencement du dix-huitième siècle, de quelques originaux du Roman comique. Nous nous reprochons presque d'avoir jugé trop sévèrement cette suite de dessins d'Oudry (t. XIX, 1851, p. 115). Il y amuse; c'est beaucoup, et comme ses costumes ne sont pas de pure invention, ils ne sont pas inutiles à consulter. Nous croyons avoir été plus justes dans ce que nous avons écrit sur le Roman comique (t. XVIII, 1850, p. 49), ouvrage qui, sans doute, n'est plus aujourd'hui qu'une lecture ennuyeuse, pour ne rien dire de pis, mais qu'on peut trouver plaisir à voir de temps à autre à travers Oudry, comme on regarde quelques scènes des rues par une fenêtre.

LA SCÈNE DE L'ESCALIER.

« .. » Ragotin s'étant trouvé auprès de Mme de la Caverne, dans le temps qu'elle sortait du jeu de paume, lui présenta la main pour la ramener. Il en fit autant à Mlle Angélique, tellement qu'il se trouva écuyer à droite et à gauche. Cette double civilité fut cause de beaucoup d'incommodités. Le petit homme, qui ne venait qu'à la ceinture de l'une et de l'autre, tirait si fort leurs mains en bas qu'elles avaient bien de la peine à s'empêcher de tomber sur lui. Elles essayèrent souvent de se dégager; mais il tint toujours si ferme qu'elles eussent autant aimé avoir les osselets (¹).

La scène de l'escalier. — Dessin de Pauquet, d'après Oudry.

Elles le prièrent cent fois de ne pas prendre tant de peine. Il leur répondit seulement : «Serviteur» (c'était son compliment ordinaire), et il leur serra les mains encore plus fort. Il fallut donc prendre courage jusqu'à l'escalier de leur chambre, où elles espérèrent être mises en liberté; mais Ragotin n'était pas homme à cela. En disant toujours : «Serviteur, serviteur!» à tout ce qu'elles purent lui dire, il essaya premièrement de monter de front avec elles, ce qui s'étant trouvé impossible, parce que l'escalier était trop étroit, Mme de la Caverne se mit le dos contre la mu-raillé, et monta la première, tirant après soi Ragotin, qui tirait après soi Angélique, qui ne tirait bien et riait comme une folle. Pour nouvelle incommodité, à quatre ou cinq degrés de leur chambre, ils trouvèrent un valet de l'hôte, chargé d'un sac d'avoine d'une pesanteur excessive, qui leur dit à grand'peine, tant il était accablé de son fardeau, qu'ils eussent à descendre, parce qu'il ne pouvait remonter chargé comme il était. Ragotin voulut répliquer; le valet jura tout net qu'il laisserait tomber son sac sur eux. Ils

(¹) Petit instrument de torture.

défirent donc avec précipitation ce qu'ils avaient fait fort posément, sans que Ragotin voulût encore lâcher les mains des dames. Le valet, chargé d'avoine, les pressait étrangement, ce qui fut cause que Ragotin fit un faux pas, qui ne l'eût pas pourtant fait tomber, se tenant, comme il faisait, aux mains des dames; mais il s'attira sur le corps Mme de la Caverne, laquelle se soutenait mieux que sa fille, à cause de l'avantage du lieu. Elle tomba donc sur lui, et donna de la tête contre celle de sa fille si rudement qu'elles en tombèrent l'une et l'autre. Le valet, qui crut que tant de monde ne se relèverait pas de sitôt, et qui ne pouvait plus supporter la pesanteur de son sac d'avoine, le déchargea enfin sur les degrés, jurant comme un valet d'hôtellerie. Le sac se délia ou se rompit... »

On peut faire toute sa vie avec dégoût et sans succès un métier qu'on fait mollement et à moitié; mais il est sans exemple qu'on ne finisse pas par trouver le succès et même le plaisir dans un métier auquel on se livre tout entier. On s'attache à tout ce qu'on fait, quelque pénible que la chose ait paru d'abord, quand on la fait pendant un certain temps avec continuité d'efforts.

A. DE TOCQUEVILLE.

SUR LE BATTEMENT DE CŒUR. [1]

Le cœur est le centre des mouvements vitaux qui entretiennent en nous la chaleur et la vie. A chaque pulsation, des flots de sang sont lancés dans les artères et se disséminent jusqu'aux dernières ramifications du système, tandis que le sang des veines retourne au cœur, venant subir l'élaboration chimique qui le régénère et le transforme en sang artériel. Or, les principes de la mécanique rationnelle ne permettent pas de douter qu'à chaque pulsation le cœur éprouve un mouvement de recul. Toutes les fois que, par suite de l'action de forces intérieures, une partie du système matériel en repos se meut nécessairement dans un sens, il se produit nécessairement, dans d'autres parties du système, un mouvement égal et en sens contraire, de telle sorte que les quantités de mouvement projetées des deux parts sont équivalentes. C'est là un principe incontestable de mécanique. Il suit de là qu'au moment où les ventricules du cœur, remplis de sang, se contractent pour lancer le sang dans les artères, le double jet liquide qui se produit ainsi, par deux orifices situés d'un même côté du cœur, détermine nécessairement un mouvement de la masse du cœur lui-même dans un sens opposé, en d'autres termes, un mouvement de recul de son centre de gravité. Si le cœur conserve constamment la même position à l'intérieur du corps, c'est que ce mouvement de recul est aussitôt contre-balancé par la réaction des organes élastiques auxquels le cœur est adhérent.

Un savant physiologiste a récemment émis devant l'Académie des sciences la proposition que le battement du cœur était dû à ce mouvement de recul. Nous devons dire que si le fait mécanique décrit plus haut est mathématiquement vrai, il n'en est pas de même de cette conclusion. Elle ne doit encore être considérée qu'à titre d'hypothèse.

JOHN HARISSON.

DE LA DÉCOUVERTE DES LONGITUDES EN MER.

Avant l'invention des chronomètres, les navigateurs pouvaient facilement, au moyen de la boussole, se diriger

[1] Voy. ce qu'est une larme, t. VII, 1839, p. 272.

au nord ou au midi, à l'est ou à l'ouest; mais ils étaient dans l'impossibilité de se rendre compte d'une manière précise des distances qu'ils avaient parcourues, ce qui les exposait à de graves accidents ou à des pertes de temps préjudiciables aux hommes comme aux marchandises.

Philippe III, roi d'Espagne, convaincu de l'importance des longitudes en mer, promit une récompense de cent mille écus à celui qui en ferait la découverte. Les États de Hollande imitèrent bientôt l'exemple de ce prince, et ils proposèrent un prix de trente mille florins pour cet objet.

Les Anglais, devenus au commencement du dix-huitième siècle les premiers navigateurs de la terre, devaient naturellement se préoccuper de la science des longitudes: aussi, le 30 juin 1714, le parlement nomma un comité pour l'examen de cette grave question. Newton, Clarke et Wishton y assistèrent. Newton présenta un mémoire dans lequel il exposa différentes méthodes propres à trouver la longitude en mer, et les difficultés de chacune. Pour l'honneur de l'horlogerie, le premier moyen proposé par le plus grand homme qui ait paru dans la carrière des sciences fut celui de la mesure exacte du temps. Plusieurs conférences eurent lieu entre les commissaires, et, sur leur avis, il fut présenté un bill aux Communes, par lequel la reine Anne promettait vingt mille livres sterling à celui qui remplirait les conditions du programme. Ce bill fut adopté à l'unanimité; et, à compter de ce moment, un grand nombre de savants de toutes les nations européennes se mirent à l'œuvre avec l'espoir de réussir.

L'horloger Sully, soutenu par la puissante protection du régent, fut le premier en France qui, entrant hardiment en lice, se fit remarquer par l'invention d'une horloge dont la marche parut d'abord très-régulière; mais, malheureusement, cette horloge n'était pas sans défauts : elle se dérangea, et l'artiste ne se présenta pas au concours.

A cette époque, Londres possédait plusieurs horlogers justement renommés; tels étaient Parlow, Ellicott, Graham, Thomas Modge, etc.: chacun d'eux fit des tentatives, qui n'eurent pas précisément le résultat qu'ils en attendaient; mais elles eurent pour effet d'enrichir l'horlogerie de plusieurs inventions utiles.

L'honneur de la découverte de la longitude en mer était réservé à John Harisson, dont les travaux vont nous occuper tout à l'heure; mais il convient d'abord de dire quelques mots sur la manière dont on opère, depuis l'invention des chronomètres, pour trouver la longitude à bord des navires.

On sait qu'en partant de l'équateur, si l'on se dirige constamment et directement vers le nord ou vers le midi, on ne change pas de méridien, et que tous les lieux où l'on se trouve ont le midi au même instant. Il en est autrement lorsqu'on se dirige vers l'occident ou vers l'orient, car alors on change à chaque instant de longitude ou de méridien, et l'on serait dans l'impossibilité d'apprécier les distances si l'on était privé, comme autrefois, d'une montre marine.

Aujourd'hui, lorsque l'on a constaté l'heure du lieu où l'on navigue en prenant la hauteur du soleil ou d'une étoile à l'aide du sextant, ce qui donne la latitude, il suffit, pour avoir la longitude, de connaître exactement l'heure qu'il est au lieu dont on est parti. Supposons que ce lieu soit Paris, et que le navire ait été dirigé vers la Martinique : on sera en vue de ce port de mer quand, le chronomètre marquant 4 heures 13 minutes du soir, il ne sera que midi au lieu de l'observation; car alors on aura parcouru un arc de 63° 15' vers l'occident, ce qui donnera la longitude, si le chronomètre n'a pas varié ; c'est là le point capital.

John Harisson, dont le nom est attaché à cette belle découverte, naquit à Barrow, canton de Lincoln, en 1694. Il exerça la profession de menuisier jusqu'à l'âge de dix-huit ans ; mais déjà il avait senti naître en lui un goût très-prononcé pour la mécanique, et les biographes anglais assurent que, dès l'âge de seize ans, sans maître et sans le secours d'aucun livre, il avait construit une horloge en bois d'un travail admirable : l'échappement, qui était de son invention, marchait sans huile et sans produire aucun frottement.

A vingt ans, ayant tout à fait la conscience de ses heureuses dispositions pour l'horlogerie, Harisson vint à Londres pour y exercer sa nouvelle profession et pour y acquérir, par l'étude et la fréquentation des meilleurs artistes, les connaissances qui lui manquaient. Dès 1726, il s'était déjà fait un beau nom à Londres par l'excellence de sa main-d'œuvre, et surtout par sa belle découverte du pendule à compensation, dit balancier à gril, dont on fait encore usage aujourd'hui.

Ce fut par suite de ces divers succès que Harisson entreprit la construction d'une horloge propre à trouver la longitude en mer. Il y travailla pendant plusieurs années avec un courage et une persévérance qui ne se démentirent pas un seul instant ; et il eut tout lieu de croire qu'il avait réussi, car son horloge ayant été soumise à l'approbation de la Société royale de Londres, en 1749, Folkes, président de cette Société, lui remit la grande médaille d'or que l'illustre compagnie décernait publiquement chaque année à celui qui avait fait la découverte la plus curieuse et la plus utile dans les arts industriels.

Harisson jugea cependant que son horloge était susceptible de perfectionnement ; il voulut surtout en diminuer le volume ; bref, après avoir exécuté successivement quatre horloges, et ayant donné la préférence à la troisième, laquelle n'occupait pas plus d'un pied carré avec tous ses accessoires, il crut devoir s'adresser à la commission des longitudes, qui, après divers délais, consentit à ce que l'épreuve de la montre de Harisson fût faite conformément à l'acte du parlement. Harisson le fils fut désigné, sur la demande de son père, pour faire le voyage de la Jamaïque. Cette destination fut choisie parce que, pour y arriver, la machine est dans le cas d'éprouver des températures fort différentes.

L'horloge fut embarquée sur le navire le Deptford, lequel partit de Portsmouth le 18 novembre 1761. Les détails de la traversée sont fort intéressants. Après dix-huit jours de marche, le 6 décembre de la même année, les pilotes du vaisseau se faisaient par 13° 50' de longitude est à l'égard de Portsmouth, tandis que la montre donnait 15° 19' ; ainsi la différence était d'un degré et demi, de sorte que déjà on la condamnait comme inutile et mauvaise. Mais Harisson ayant dit qu'il se tenait pour assuré que si l'île de Portland était bien marquée sur la carte on la verrait le lendemain, le capitaine tint ferme pour ne pas changer de route ; et, en effet, le lendemain, à sept heures du matin, on découvrit cette île, ce qui rétablit Harisson et son instrument dans l'estime de tout l'équipage du Deptford, qui, sans l'exactitude de la montre, n'eût pas abordé l'île de Portland, et par là eût manqué, pendant toute la traversée, des rafraîchissements dont il avait besoin.

La reconnaissance de la Désirade, l'une des Antilles, fut pour Harisson un nouveau sujet de triomphe ; car, au moyen de sa montre, il annonça cette île, ainsi que toutes celles que l'on rencontre de là jusqu'à la Jamaïque. Le navire toucha enfin le Port-Royal.

Le retour de Harisson à Portsmouth ne fut pas moins favorable à son instrument. Dès qu'il eut obtenu les certificats nécessaires des vérifications faites à la Jamaïque, il se rembarqua sur un très-petit bâtiment pour l'Europe. Harisson entra à Portsmouth après cent soixante et un jours depuis son départ. On fit alors les observations nécessaires pour constater l'heure que marquait la montre, après un intervalle de temps si considérable, et l'on trouva qu'elle l'avait conservée à 1' 5" près, ce qui ne donne qu'une erreur de 18 milles anglais, ou moins d'un tiers de degré, dans les deux traversées. On ne laissa pas, dans le bureau des longitudes, d'élever des difficultés tendant à affaiblir ces avantages. Harisson répondit à ces difficultés d'une manière satisfaisante ; mais le bureau, entraîné par des suggestions dont l'artiste s'est plaint, ou dans le but de mieux constater la découverte, déclara que ce premier voyage n'était pas suffisant, et il en exigea un second plus décisif. Harisson consentit à faire cette seconde épreuve de sa montre ; mais, désirant y changer quelques pièces, il demanda un délai de quatre à cinq mois qui lui fut accordé. Le bureau des longitudes lui donna alors, comme à-compte, une somme de 61 500 francs, lui promettant le surplus de la récompense si le second voyage avait un plein succès.

Harisson fils partit donc une seconde fois pour l'Amérique, le 28 mars 1764 : le terme de son voyage fut la Barbade, où il arriva le 13 mai ; le 18 septembre de la même année il était de retour en Angleterre. Muni des pièces qui constataient sa réussite, il se présenta devant les commissaires, qui reconnurent unanimement qu'il avait déterminé la longitude de la Barbade, même en deçà des limites prescrites par l'acte de la reine Anne pour la récompense entière.

5 000 livres sterling (225 000 francs) lui furent accordées ; le surplus devait lui être payé lorsqu'il aurait dévoilé la construction de sa montre et mis les artistes à portée d'en faire de semblables. Harisson satisfit à ces dernières conditions ; mais on parlait encore, avant de le payer complétement, de lui en imposer de nouvelles : l'artiste réclama, les commissaires n'insistèrent pas. Harisson reçut enfin la totalité de la récompense promise : il avait alors soixante-quinze ans. Quatre ans plus tard, il écrivit les principes de sa montre dans un mémoire qui produisit à Londres une profonde sensation.

Ce grand artiste, dont s'honore encore aujourd'hui l'Angleterre, mourut en 1776, à l'âge de quatre-vingt-deux ans.

VÉGÉTATION DU CORAIL.

Voy., sur le corail, la Table des trente premières années.

Lorsque Persée voulut purifier dans les flots de la mer ses mains souillées par le meurtre de la Gorgone, il posa pendant quelques instants son trophée sur le rivage. Le sang qui coulait encore de la tête que le héros venait de trancher rongit une plante voisine, et la changea en rocher.

Voilà, suivant la Fable, l'origine du corail, la pierre de sang des poètes arabes, la demeure d'un animal qui a perdu jusqu'au don de se mouvoir. Car le corail n'est pas seulement, comme l'huitre, fixé sur un rocher, il est rocher lui-même.

Cependant la nature ne lui a pas mesuré trop avarement sa part de la beauté répandue sur toute la création.

Lorsque quelques gouttes d'un blanc laiteux viennent humecter ses pores, arrêtez-vous pour contempler ces rameaux d'un beau rouge vermillon. Bientôt vous verrez sortir du calice une espèce de corolle transparente et blanchâtre, aussi douce que la coupe d'un lis. Rien de plus varié que la forme qu'elle peut revêtir. Tantôt l'animal apparaît comme un tube cylindrique uniforme; tantôt on aperçoit une espèce de dépression formant un col à la partie supérieure, et de ce col sortent des bras offrant une série prodigieuse d'attitudes différentes : lorsque ces bras sont épanouis, on en compte jusqu'à huit s'agitant indépendamment les uns des autres et groupés autour d'un orifice commun à tous les besoins de la vie animée. Chacun d'eux est garni de barbules qui sont douées d'une exquise sensibilité. Touchez la plus petite d'entre elles, elle commence par se replier sur elle-même; touchez-la encore, c'est le bras qui se contourne. Persistez, et la fleur va rentrer dans l'épaisseur de sa coquille.

Sur une des tiges que nous avons dessinées, on voit une fleur à peine entr'ouverte : les blancs pétales finement frangés sortent d'un calice écarlate; mais les blancs et les ombres ne peuvent donner qu'une faible idée de l'harmonie des couleurs animées par un rayon de soleil sous-marin. Un peu plus loin, la corolle vivante prend la forme d'une urne élégamment ciselée. A côté, l'animal se montre sous la forme d'une espèce de roue. Quelquefois les bras se courbent en arrière et se cambrent comme les pétales d'un lis épanoui.

Le corail n'a pas toujours été fixé par la base à un mobile rocher. Embryon d'abord, puis être vivant doué d'une assez grande mobilité, c'est une espèce de ver hérissé de cils vibratiles, ne pouvant jamais marcher qu'à reculons. Mais bientôt, comme fatigué de cette existence active pour laquelle il n'a pas été fait, il se jette sur un rocher, où il s'établit pour former une colonie nouvelle. L'ancien

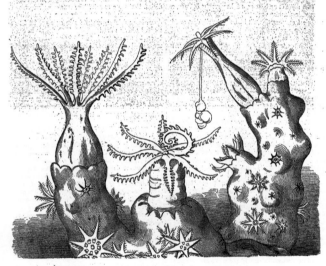

Végétations du corail.

animal n'est plus alors qu'un obscur polypier; il travaille pour se fonder une demeure.

Le premier acte de cette propagation par bourgeonnement est la formation d'une espèce d'abcès produit par la concentration d'une certaine quantité de tissu vivant. Cette plaie se creuse; elle finit par produire un véritable orifice qu'un bourrelet ne tarde point à garnir. Les huit bourgeons qui en sortent deviennent huit tentacules bientôt garnis de barbules : voilà un second individu créé. Ce nouveau-né travaille à son tour à la conservation et à la multiplication de l'espèce. Il n'y a pas, en effet, de temps à perdre quand on n'est qu'un atome et que l'on veut créer un monde. Aussi le besoin de se propager, de croître, est-il impitoyable. Quand deux colonies voisines de poly-

piers viennent à se rencontrer dans ce pêle-mêle qui règne au fond des mers, il se produit une lutte d'un acharnement étrange, et chacune ne semble devoir ressentir de satisfaction qu'en étouffant sa rivale. Si elles sont de même force, elles s'adossent l'une contre l'autre et s'élèvent verticalement, sans se nuire.

Quoi qu'il arrive, jamais une colonie vaincue ne se tient pour battue. La force d'expansion des vainqueurs s'épuise par le triomphe même, tandis que l'énergie des vaincus s'exalte en se concentrant. Après un intervalle souvent immense, ceux qui avaient succombé se raniment miraculeusement et se manifestent par des constructions qui se superposent d'âge en âge.

LA CONVOITISE.

Salon de 1864; Peinture. — Convoitise; par E. Marc. — Dessin de E. Marc.

La fenêtre du cellier ouvrait sur le jardin, et tout contre cette fenêtre se trouvait une table sur laquelle on déposait, avec d'autres provisions, les fruits cueillis pour le dessert.

Or c'était précisément de ce côté du jardin que Juliette aimait à venir jouer. Pourquoi? A cause de l'ombre qu'y répandait un bel arbre touffu, ou bien à cause de la fenêtre du cellier, par laquelle une petite fille de sept ans pouvait aisément regarder, pour peu qu'elle eût l'idée de monter sur une pierre, et qu'elle se haussât sur la pointe des pieds? Je n'en sais vraiment rien; ce qu'il y a de sûr, c'est que, ce jour-là, Juliette était postée à cette croisée, la tête à demi passée entre deux barreaux de bois qu'elle tenait des deux mains. Elle ne bougeait pas : évidemment elle était plongée dans une profonde contemplation; et le fait est que le spectacle en valait la peine : jamais le cellier n'avait été garni de tant de fruits, et quels fruits ! melon, raisins, figues, pêches, poires, débordant, ruisselant d'un grand panier comme d'une corne d'abondance, tous jaunes, dorés, pourpres, mûrs à point et odorants ! C'était à qui répandrait le parfum le plus délicieux.

Juliette n'aurait pas eu besoin d'étendre beaucoup la main pour saisir quelqu'un de ces fruits, et particulièrement certaine pêche qui avait roulé en avant des autres, ou telle grappe de raisin qui avait l'air de s'offrir elle-même. Fut-elle tentée de le faire? Je ne dirais pas non ; il est certain que ses yeux brillaient de convoitise; mais je vous affirme que ses petites mains restèrent cramponnées aux barreaux qu'elles serraient : elle se contenta du plaisir innocent de regarder ; elle ne prit rien, pas même un seul grain de raisin, dont assurément personne n'aurait pu remarquer l'absence.

Pour moi, qui crois naïvement à l'influence de la littérature sur les passions, j'incline à penser que Juliette

n'aurait peut-être pas été si scrupuleuse si elle n'avait eu présente encore à l'esprit l'historiette suivante, que sa mère lui avait fait apprendre par cœur le matin même dans son petit livre de vers :

Rose et Julien jouaient dans la salle à manger.
    Leur mère venait d'y ranger
      Des biscuits sur une assiette.
Julien les aperçut. — Regarde donc, Rosette,
Comme ils sont beaux! dit-il en s'avançant la main;
    Et ce grand plat, comme il est plein!
      Maman, je suppose,
   Ne les a pas comptés; nous pouvons bien
En prendre deux ou trois, elle n'en saura rien...
— Mais peut-être que Dieu les a comptés, dit Rose.

Et Rose avait raison : Dieu compte toute chose,
   Rien n'est trop petit pour ses yeux.
      De nos plus fins cheveux,
Tout comme des soleils qui roulent dans les cieux,
    Il sait exactement le nombre.
Aussi bien qu'en plein jour il voit dans la nuit sombre,
    Il connaît tous les sentiments
    Cachés dans le cœur des enfants.
Vous pouvez bien tromper la mère qui vous aime;
Vous pouvez réussir à vous tromper vous-même,
En étouffant la voix qui vous parle tout bas;
Mais quant à tromper Dieu, vous ne le pouvez pas.

LA MALLOTTE DU PÈRE RASTOUL.

NOUVELLE.

Suite. — Voy. p. 330, 337.

Donc la peur du visiteur était grande; mais l'intérêt du produit net de sa maison était lié au succès de la négociation qu'il allait entreprendre auprès de son dangereux locataire : il surmonta sa peur et se prépara à opposer à la violence ce calme imperturbable qui, presque toujours, finit par la désarmer.

— Encore vous! lui dit Cambajou, quand il l'eut enfin aperçu.

Puis, tour à tour le toisant et jetant vers la rivière un regard inquiétant, il ajouta :

— Le diable vous en veut donc bien qu'il vous pousse si souvent ici?

Souriant benoîtement au terrible homme, mais en même temps promenant la vue autour de lui afin de s'assurer où il lui faudrait s'adresser, en cas d'attaque, pour mettre la main sur une arme défensive, le propriétaire répliqua :

— Je viens pour causer d'amitié avec toi, mon petit Cambajou.

— Je ne suis le petit à personne, repartit l'autre. Gardez votre amitié pour vous-même, je ne saurais qu'en faire. Si vous avez la démangeaison de jaser, allez vous gratter ailleurs, et laissez-moi travailler à ma guise, si vous voulez que je vous paye un jour à venir.

Cette date incertaine d'un payement douteux n'offrait pas au propriétaire de la masure une perspective assez attrayante pour lui ôter le désir de se séparer de Cambajou. Il arriva par un détour au motif de sa visite :

— Mais pour travailler agréablement, objecta-t-il, il faut être au moins à peu près bien chez soi, et je crois que tu te trouves très-mal ici.

— Bah! on s'y fait; mais, au surplus, si vous avez mieux à m'offrir pour le même prix, je m'en arrangerai.

— Mieux à t'offrir? je le voudrais, mon bon Cambajou; foi d'homme, je le voudrais; mais, par malheur, je n'ai rien de libre dans ma maison. Tout est pris par des locataires qu'il m'est impossible de mettre à la porte, même en ta faveur... ils payent si exactement leur loyer!

Cela dit par allusion à la mauvaise créance qui lui restait au cœur, il s'empressa d'ajouter, pour atténuer ce reproche indirect :

— Après tout, s'ils payent, c'est parce qu'ils peuvent payer; toi, tu ne le peux pas. Mais pour en revenir à ton logement, vois-tu, Cambajou, insinua-t-il avec douceur, il ne suffit pas de se plaire chez soi : quand on est, comme toi, un bon père, et lorsqu'on s'aperçoit que les enfants ont besoin de changer d'air, ce qui serait très-nécessaire aux tiens, je t'assure, dans ce cas-là, mon bon ami, il faut prendre son parti et faire le sacrifice de ses petites habitudes.

Cambajou avait arrêté son métier pour écouter le propriétaire aussitôt que celui-ci s'était avisé de lui parler de ses enfants. Comme le tisserand n'était rien moins que doué de la perspicacité qui permet de voir au delà de ce qu'on dit ce que précisément on a voulu faire entendre, il crut que le propriétaire s'intéressait vraiment à ses bambins, et si cette sollicitude l'étonna fort, elle le toucha encore plus.

— S'il ne s'agit que des petits, tranquillisez-vous, répondit Cambajou, cette fois avec toute la bonhomie que pouvait comporter sa rudesse. Nous demeurons en bas, il est vrai, mais, tout le long de la rivière, il y en a beaucoup qui sont logés au même niveau que moi; leurs enfants n'en sont pas plus malades pour ça, et je n'en connais pas, dans le quartier, qui se portent mieux que les miens. La preuve, c'est que le médecin, que j'ai souvent rencontré comme il montait en haut, n'a jamais eu besoin de descendre ici pour eux.

— C'est possible, repartit le visiteur, louvoyant encore, c'est-à-dire allant vers son but par des détours à la façon des loups; c'est possible, mais cela n'empêche pas que tu feras bien de chercher au plus vite à te loger ailleurs.

— Mais ne vous inquiétez donc pas! riposta Cambajou,

continuant à se tromper sur la véritable intention de ce conseil; les enfants n'ont jamais été malades ici, moi je ne le suis plus : donc le changement d'air est aussi inutile pour eux que pour moi.

— Soit; mais pour moi il est indispensable que vous changiez d'air pas plus tard que demain, dit cette fois le propriétaire à bout de diplomatie. Puisque je n'ai pas su me faire comprendre à demi-mot, ajouta-t-il, je te le déclare carrément, Cambajou, non, je ne peux plus te garder ici; j'ai besoin de ma cave, il me la faut demain.

C'était en reculant toujours, afin de se tenir hors de la portée de Cambajou, qu'il avait osé lui donner cet audacieux congé. Comme il achevait de parler, son pied heurta la première marche du sous-sol, les jambes lui manquèrent, il se laissa choir.

Le malencontreux propriétaire n'avait pas encore eu le temps de se remettre sur pieds, que déjà Cambajou s'était élancé sur lui, mais pour le relever.

— Ce n'est pas à vous que j'en veux, lui dit-il en le ramassant à bras le corps et en le maintenant debout jusqu'à ce que le bonhomme eût repris son aplomb. Je vous connais, poursuivit Cambajou, vous n'auriez jamais été capable de trouver tout seul ce que vous êtes venu me dire. C'est un autre qui vous a soufflé votre leçon. Il en a besoin d'une à son tour; je me charge de la lui enfoncer dans la tête.

Et, lâchant le propriétaire qui se tenait à peu près droit, mais fort tremblant, Cambajou leva son poing fermé pour indiquer par quel procédé il entendait faire pénétrer dans la cervelle de cet autre la leçon dont il le menaçait.

— Mais à qui en as-tu? où vas-tu, Cambajou? demanda en balbutiant le propriétaire, voyant celui-ci se diriger vers le haut de l'escalier du caveau.

Ce fut seulement quand il eut atteint la dernière marche que l'ennemi du père Rastoul lui répondit :

— Je ne vous ai pas demandé le nom de celui qui veut me faire déménager de force; c'est inutile, je le connais. Vous êtes venu jaser de l'affaire avec votre locataire d'en bas, moi je vais en causer avec le locataire d'en haut. Gare là-dessous! cria-t-il au propriétaire qui le suivait dans l'escalier souterrain; et il fit retomber la trappe qui donnait issue au dehors.

Pour surcroît d'obstacle aux efforts que ne manquerait pas de faire son prisonnier pour sortir du sous-sol, Cambajou roula une grosse pierre sur la trappe; puis, reprenant son élan, il gravit avec rapidité les trois étages qui menaient au galetas du père Rastoul.

Cependant, après mainte tentative inutile, le propriétaire, réunissant dans un mouvement énergique, les forces combinées de la tête, des bras et du dos, parvint à soulever la trappe, non pas assez pour se retrouver en pleine liberté, mais autant qu'il en fallait pour donner passage à sa voix. Il appela à son aide; quelques voisins l'entendirent; on vint le délivrer.

En quelques mots il informa ses libérateurs du péril qui menaçait le père Rastoul. On s'intéressait peu à celui-ci dans la rue de la Fagerie; aussi ce fut moins pour lui prêter main-forte que par curiosité qu'on se décida à suivre le propriétaire dans l'escalier du père Rastoul.

On s'arrêtait à chaque étage pour se rendre compte de ce qui se passait en haut; et comme aucun bruit ne venait de là, déjà on se disait :

— C'est fini, Magloire Cambajou a tué le père Rastoul!

Voyez quelle est, chez les hommes, la passion pour la justice : maintenant qu'on supposait mort ce vieillard dont on se souciait si peu de son vivant, chacun pensait à le

venger; et c'était le long de l'escalier un bourdonnement
de voix semblable à l'orage qui gronle.

Ceux qui arrivèrent les premiers à l'étage supérieur
s'arrêtèrent tout à coup dans l'attitude de la surprise, à
l'aspect du soi-disant meurtrier, et ils invitèrent les autres
à faire silence. .

Silence! à quoi bon? Aucun bruit n'aurait pu distraire
Cambajou de ce qui l'occupait en ce moment.

Il n'était pas encore entré chez son ennemi; mais, arrêté
devant la porte du galetas, le dos courbé, l'oreille tendue,
il mettait toute sa puissance d'attention à recueillir mot à
mot la conversation qui avait lieu dans la chambre du
vieillard entre celui-ci et la Belou.

Par moment les guetteurs l'entendaient murmurer, haletant d'émotion :

— Bien dit! c'est cela, brave enfant! Oh! oui, brave
enfant!

Un mouvement des voisins qui se groupaient sur l'escalier pour mieux voir Cambajou le fit se relever soudain
et se tourner vers eux; mais il ne les entrevit qu'à travers
un brouillard. L'attendrissement avait mis un voile d'humidité sur ses yeux.

S'apercevant seulement alors qu'il pleurait, et honteux
d'avoir été surpris pleurant, Cambajou lança un gros juron
aux curieux, et, des deux poings se pressant les paupières, il renfonça ses larmes.

II. — La trouvaille du cadet.

Donc, entre la Belou et le père Rastoul, il y avait, en
ce moment, conversation très animée, ou, pour mieux
dire, vif débat dans lequel la petite disait au vieillard des
paroles si émouvantes qu'en les recueillant le rude ouvrier
tisserand, posté comme on sait aux écoutes, sentit son
cœur paternel se gonfler d'orgueil, puis se fondre d'attendrissement.

Mais avant de les rapporter, ces paroles, il est nécessaire d'expliquer pourquoi la fille de Magloire Cambajou
se trouvait alors chez le voisin d'en haut, et comment elle
avait pu pénétrer dans ce mystérieux galetas dont le locataire, justement effrayé, avait, une heure auparavant, pris
si grand soin de barricader la porte.

Après l'événement de la rue, afin de témoigner aussi
énergiquement que possible, devant son père, de sa force
et de sa bonne santé, la vaillante enfant, portant l'un de
ses frères et tirant l'autre après elle, avait, en chantant,
remonté d'un pied ferme les degrés du sous-sol. Quand
elle fut là-haut, au niveau de la rue, s'entend, la Belou
lâcha le frère cadet pour qu'il pût, à son gré, courir, rouler, se bouler dans la poussière, et, posant à terre le pitzou
(le tout petit), elle s'en alla avec lui, comme à l'accoutumée, devers Saint-Jacques de Villegoudou, sa paroisse,
pour se joindre aux enfants du voisinage, qui, le soir, animent de leurs jeux et remplissent de leurs cris les allées
ordinairement silencieuses et désertes du boulevard Hôtel-
Dieu.

Tant que la Belou suivit tout droit la rue de la Fagerie,
elle crut, ne voyant pas son frère cadet courir devant elle,
qu'il s'attardait à jouer en arrière, ce qui ne l'étonna ni
ne l'inquiéta point. Mais, arrivée à l'endroit où les rues se
croisent et le chemin fait coude, elle s'arrêta et appela
l'enfant, sachant, par expérience journalière, qu'il y avait
danger à le perdre trop longtemps de vue. L'enfant ne répondit pas. La Belou se retourna, afin de donner meilleure
portée à sa voix, et alors l'étonnement lui vint, l'inquiétude la saisit. Aussi loin que son regard put plonger dans
la direction qu'elle venait de suivre, la fille de Cambajou
n'aperçut pas son frère, qu'elle avait supposé s'amusant
derrière elle, à la distance de quelques pas seulement.

— Qué la rougna t'enfarfago! grommela la Belou, empruntant, dans la vivacité de son émotion, le juron le plus
familier à son père. Et, soudain, reprenant la route du
logis, elle alla de porte en porte demander à chacun des
nouvelles de l'enfant disparu.

Il n'était entré chez aucun de leurs voisins; personne,
aux environs, ne l'avait vu.

La recherche scrupuleusement continuée, à droite et à
gauche, dans la rue, ramena, sans plus de succès, la Belou
jusqu'à la maison d'où elle était partie, preste et allègre,
avec les deux enfants. Revenue là, elle s'assura positivement que son frère cadet n'était pas redescendu auprès du
père, dans leur caveau. Pour cela faire, il lui aurait fallu
soulever le plancher mobile qu'en partant elle avait laissé
retomber, et les forces du bambin ne suffisaient pas encore
à cette lourde tâche. Mais s'il n'était pas là non plus, où
donc était-il?

La Belou s'assit sur le seuil de l'allée; puis, sans quitter
des yeux le pitzou, qui essayait de se dédommager de la
promenade interrompue en se vautrant aux pieds de sa
sœur, elle se prit le front à deux mains et se mit à songer
un moment.

Ce n'était pas naturellement une songeuse; c'était déjà,
ce qui vaut mieux, une de ces têtes fortes que l'imprévu,
si troublant qu'il puisse être, ne met jamais en désarroi :
aussi elle n'eut pas plutôt accroché deux réflexions l'une à
l'autre que, relevant tout à coup la tête et frappant des
mains, elle se dit avec conviction :

— Pour sûr, le cadet a trouvé quelque chose, et il est
allé le fourrer dans une cache. Debout, le pitzou! allons
un peu voir ça.

La fille de Magloire Cambajou connaissait trop bien son
frère pour qu'il y eût erreur dans sa supposition. Quand on
ne voyait pas le cadet polissonner dans la rue ou se rouler
dans la cave, on pouvait affirmer, sans craindre de se tromper, qu'il était occupé à enfouir dans quelque trou une
trouvaille, quelle qu'elle fût, dont il avait grand soin de ne
parler à personne.

On retrouve toujours l'instinct inné de tel ou tel animal
dans les penchants naturels de l'enfance. Ces penchants, il
est vrai, plus tard, Dieu aidant, l'éducation les atténue, les
modifie et les transforme parfois de telle sorte que, parfois,
elle tire une force de ce qui était une faiblesse, une vertu
de ce qui menaçait d'être un vice. Mais l'éducation, cette
culture morale qui change du mal au bien nos inclinations
natives, était alors peu pratiquée dans la rue de la Fagerie.
Elle n'y florissait guère que çà et là, comme tradition de
famille et seulement à hauteur d'étage honorable. Or,
comme elle n'était pas encore descendue chez les habitants
des sous-sol, ceux-ci, même avec l'âge, ne perdaient du
tranchant et des aspérités de l'instinct brutal que ce qui,
forcément, s'émousse et s'effeurit au contact des hommes.
Quant aux enfants, rien ne gênait en eux l'épanouissement
de la bête, et le moi humain, trop peu résistant, éclatait
violemment sous la vigoureuse poussée du lui animal, qui
prenait décidément le dessus. De là l'enfant-loup, l'enfant-
singe et aussi l'enfant-agneau; de là le malfaisant et l'inoffensif, le caressant et le stupide. Et pour en revenir au
bambin qui, depuis un moment, mettait la Belou en peine,
de même que parmi les rongeurs l'économe du Nil, de
même que dans l'ordre des passereaux notre pie d'Europe,
le fils cadet de Magloire Cambajou était né animal cacheur.

Certes, il n'eût rien dérobé pour se l'approprier; ainsi
l'objet soigneusement serré ou seulement mis en place, il
le respectait; mais tout ce qu'on avait laissé tomber, soit
volontairement, soit par mégarde, bout de ruban, tête de
clou, pièce ou fragment, étoffe ou métal, il le ramassait,
le faisait sien, et n'avait plus qu'un souci, celui de l'em-

magasiner secrétement. Ce souci, d'ailleurs, lui durait peu dans cette masure où le temps, trottant le bois, lézardant la pierre, avait comme pris à tâche de lui multiplier les réserves. Elles étaient si nombreuses qu'on ne pouvait manquer d'en rencontrer bientôt une, sur quelque point qu'à hauteur d'enfant on s'avisât de sonder les murs du caveau, ceux de l'escalier souterrain ou de l'allée obscure. Cette multiplicité de trous et de lézardes avait permis à l'enfant cacheur d'éviter la confusion; le pêle-mêle, et d'établir, par ordre distributif des choses à peu près semblables, l'emmagasinement des richesses dont se composait ce singulier bazar approvisionné brin à brin, de jour en jour, par toutes les rencontres du hasard.

La suite à la prochaine livraison.

COSTEBELLE

PRÈS D'HYÈRES (VAR).

Nous avons maintes fois parlé déjà (¹) de ce rivage de la Méditerranée, si renommé par la merveilleuse douceur de son ciel, qui, depuis Toulon et Hyères, extré-

Vue prise à Costebelle (Var). — Dessin de Camille Saglio.

mité méridionale de la Provence, remonte, par Saint-Tropez, Fréjus, Antibos, Nice, Monaco, Menton, jusqu'au golfe de Gênes. Les Alpes maritimes, en prolongeant jusque dans la mer leurs derniers sommets, forment une suite de promontoires et de baies ou de vallées dont l'aspect rappelle, au dire des voyageurs, certaines parties des côtes de l'Italie, de la Grèce ou de la Syrie; aucun autre point des nôtres ne pourrait en donner une juste idée. Des arbres qui gardent toute l'année leur verdure descendent le long des pentes jusqu'au milieu des eaux; l'olivier y croît en hautes futaies; le palmier dattier y porte des fruits; toutes les plantes des tropiques s'acclimatent sans peine dans les jardins; l'oranger, cultivé pour ses fleurs et ses fruits, forme d'épais bosquets; le rosier, le jasmin, le cassier, la violette, des champs qui alimentent un commerce immense. Mais c'est surtout la pureté de l'air, l'égalité de la température, qui attirent et retiennent tant d'étrangers dans cette contrée privilégiée. On y éprouve, en effet, à respirer, une douceur ailleurs inconnue; on s'y sent à vivre une facilité nouvelle; il semble même que l'esprit s'y ouvre au sentiment de beautés jusqu'alors imparfaitement goûtées: certes, un Français, un Anglais, un Allemand, comprendront mieux, par exemple, le style des paysages du Poussin, ils sentiront mieux le charme des idylles de Théocrite et des églogues de Virgile, après avoir quelque temps vécu au sein de cette perpétuelle verdure, en face de cette mer d'un bleu si intense, de ces montagnes dont la ligne découpée termine si majestueusement l'horizon, sous ce ciel qui baigne tous les objets d'une lumière si limpide et si éclatante. Qui pourrait s'étonner que beaucoup de personnes, venues dans ce pays pour y passer une saison, y aient acquis des propriétés, fait bâtir des maisons, et que quelques-unes s'y soient fixées pour toujours? Aujourd'hui ce ne sont plus les principales villes seulement qui se disputent les visiteurs de toutes nations; ils commencent à connaître les moindres villages situés dans le voisinage, et à apprécier les avantages particuliers que tel coteau mieux exposé aux rayons du soleil, tel vallon mieux protégé contre le vent, offre aux personnes affaiblies ou malades qui viennent y chercher la santé.

Pour ces personnes, le choix d'une station d'hiver, même sous cet heureux climat, n'est pas sans importance. Si la température moyenne est partout à peu près la même, on comprend néanmoins que l'air plus vif, plus excitant des bords de la mer ne convienne pas aux mêmes affections que

(¹) Voy. la Table de trente années.

l'air plus mou, imprégné d'une certaine humidité, que l'on respire dans les replis des collines situées à quelque distance du littoral. Cette distinction de deux zones est formellement établie dans un rapport médical que nous avons sous les yeux [1] : « Il n'est pas besoin de nombreux arguments, y est-il dit, pour reconnaître que les conditions toniques, stimulantes, se trouvent à proximité de la mer, dans la zone que j'appellerai marine ou du littoral ; tandis que les conditions tempérées, sédatives, se rencontrent de préférence en s'internant dans les terres, dans la zone dite des collines. Si de l'étude des maladies de poitrine l'on rapproche celle des personnes fatiguées de maux, de nerfs, l'on se trouve en présence des mêmes types, des mêmes besoins. La zone marine conviendra dans les névroses, où le système nerveux est déprimé, engourdi, frappé pour ainsi dire de stupeur. La zone des collines sera utile chez les sujets dont le système nerveux est irritable, surexcité... Les types de la zone du littoral sont représentés par Hyères (Costebelle), Cannes, Nice (quartiers des Ponchettes, de la Promenade des Anglais), Menton, Alger (Saint-Eugène). Les types de la deuxième zone se rencontrent à Hyères, au Cannet, dans la campagne de Nice. Il suit de là qu'une

ROLANT. SERGENT.

Vue prise à Costebelle (Var). — Dessin de Camille Saglio.

même station offre réellement les deux types principaux des climats correspondant aux deux catégories distinctes de maladies. » Et, en effet, quelquefois ces types se trouvent si rapprochés qu'ils sont presque réunis dans la même localité, comme dans le territoire compris à Hyères entre les collines et la plage. « L'un des quartiers les mieux situés de la station, lisons-nous encore dans le même rapport, et qui mérite par son avenir une mention spéciale, se trouve constitué par le versant méridional des collines de Costebelle, Saint-Pierre des Horts, Sylvabelle et l'Almanar. Ce quartier, distant de quatre kilomètres de la ville et d'un kilomètre environ de la mer, présente une situation ravissante. Les villas qu'il renferme sont plus abritées que toutes les autres par une ceinture de collines boisées : la température y est plus élevée de un à deux degrés, et l'air qu'on respire est parfumé par les émanations résineuses des pins d'Alep et les senteurs des plantes aromatiques les plus variées. » Un autre médecin distingué, le docteur Barth, dans sa Notice topographique et médicale sur la ville d'Hyères, parle en particulier de Costebelle avec les mêmes éloges. « Cette campagne, dit-il,

[1] Les Climats du midi de la France, rapport au ministre d'État, par le docteur de Pietra-Santa ; 1862.

n'est éloignée de la ville que d'une demi-lieue vers le sud ; mais comme elle est située sur le versant méridional des collines qui bornent de ce côté le vallon d'Hyères, elle se trouve ainsi doublement abritée contre les vents du nord... La température de l'hiver est extrêmement douce ; et l'été n'est point aussi brûlant qu'on pourrait le penser. La chaleur reste modérée en mars, s'accroît légèrement en avril, s'élève davantage en mai, et se soutient ensuite longtemps d'une manière continue ; mais elle est adoucie à Costebelle par une brise de mer qui répand une fraîcheur agréable, et le thermomètre ne dépasse guère 28 à 30 degrés centigrades... Pendant les mois les plus froids de l'année, décembre, janvier et février, la chaleur moyenne varie de 10 à 15 degrés à l'ombre et de 25 à 30 au soleil... »

SOUVENIRS D'UN AMI.

JEAN REYNAUD.

Suite. — Voy. p. 135, 194, 238.

Certaines âmes, une fois qu'elles se sont penchées sur les grands mystères de la vie, ne peuvent plus s'en distraire : c'était une de ces âmes-là. Ses deux années de solitude en Corse lui avaient révélé sa vocation. Il quitta l'île, et de retour en France, après la révolution de juillet, il renonça à ses fonctions d'ingénieur pour « se mettre entièrement au service des idées. » Ces dernières expressions sont de lui [1] : sa vie et ses œuvres les expliquent. Aucun de nos contemporains ne s'est voué à la philosophie avec une plus grande sincérité de cœur, une vigueur plus vaillante de l'esprit, une ardeur plus constante et plus soutenue.

Cette décision hardie, après des études ardues, et à l'entrée d'une carrière si enviée, n'inquiéta sérieusement ni sa famille, ni ses amis : on avait la confiance que quelle que fût la direction où il lui conviendrait de s'engager, il s'y montrerait supérieur et saurait s'y rendre utile. On n'avait pas à craindre, d'ailleurs, qu'il perdît pied dans le vide. Initié aux sciences et à leurs applications plus que dans une mesure ordinaire, il en avait naturellement le goût : il lui eût été impossible de se désintéresser d'elles et de leurs progrès; il les considérait comme des éléments indispensables à la recherche de la vérité. Isoler l'étude de l'homme de celles de la vie sociale et de l'univers, c'é-tait, à son sens, sortir de la large voie de l'observation et réduire la philosophie, qui doit être la plus générale des sciences, aux proportions d'une spécialité littéraire. Je sais qu'on lui a fait surtout le reproche de ne pas avoir assez tenu compte des limites qu'on veut établir de nos jours entre la philosophie et la théologie : ce n'était pas son avis qu'elles dussent être aussi séparées l'une de l'autre.

J'ai dit qu'il était alors absolument sans fortune. Sur ce point secondaire, il n'y avait pas même de question à se poser : sa force, calme et fière, répondait visiblement à tout. Sobre, dur à lui-même, indifférent au luxe, plein de mépris pour le désir puéril de « paraître », il n'avait besoin que du strict nécessaire, et il eût été homme à le demander, s'il l'eût fallu, pour se ménager la liberté de la pensée, à un travail matériel quelconque, étant l'esprit du monde le plus dégagé de tout sot préjugé sur les professions [2]. Il n'eût pas aimé, j'imagine, à polir sans cesse des verres de lunettes comme Spinosa, ou à mal copier de la musique comme J.-J. Rousseau ; mais je vois vingt états où il ne lui aurait pas déplu, tout en se réservant ses heures de méditation, d'exercer son goût et ses forces. Que l'on relise une de ses plus charmantes pages, intitulée : *Jardinier !* [3] Il y a là autre chose qu'un jeu de son esprit, et sous le doux enjouement du style on sent une conviction [4].

Je l'ai connu tour à tour pauvre et riche, et je ne saurais presque dire quelle est celle des deux conditions qui lui convenait le mieux. Pauvre, c'était un bien noble et salutaire exemple de dignité à proposer aux âmes faibles : il entretenait autour de lui, parmi les jeunes écrivains et les Jeunes savants dénués comme lui de patrimoine, l'entrain, le courage, la confiance, l'amour du travail, et, pour récompense, les plaisirs variés et vivifiants de la nature qui ne les vend pas. En sa présence, on aurait eu honte de se plaindre d'un régime trop frugal ou d'une chambre trop étroite. Qu'importait, pourvu que la nourriture fût saine, assaisonnée des agréables entretiens de l'amitié, et que la fenêtre s'ouvrît sur la campagne ou seulement sur le ciel ! Je l'ai vu, pendant un dur hiver, à pied, portant sous ses bras ou sur son épaule d'énormes

[1] Notice inédite sur sa vie.
[2] « Il n'y a pas une seule industrie utile qui ne soit rehaussée par un certain côté de grandeur. » (*Encyclopédie nouvelle.*)
[3] T. XX, 1852, p. 46.
[4] Il a, d'ailleurs, donné des preuves positives de son aptitude en horticulture. Deux jardins qu'il a créés et en grande partie faits de sa main, à Paris aux Champs-Élysées et à Cannes, ont été acquis à des prix élevés, l'un par la ville de Paris, l'autre par lady H...

in-folio, saint Augustin ou saint Thomas, depuis les bibliothèques de Paris jusqu'à une maisonnette bien humble qu'il avait louée au fond d'une gorge, entre Fontenay et Sceaux. Le front levé contre les âpres souffles du vent, riant de l'intempérie, marchant d'un pas sonore, il récitait de beaux vers pour nous réconforter le cœur ou s'amusait à improviser gaiement de fières harangues en l'honneur de la patrie, de quelqu'une des grandes causes humaines ou de nos espérances de l'avenir. L'avantage le plus marqué de la fortune a été pour lui, me semble, de le dégager d'une sorte d'attitude un peu haute et froide qu'il ne pouvait se défendre d'opposer à l'orgueil naïf de certains riches, de même qu'à la familiarité non moins déplaisante de sottes gens qui s'imaginent pas qu'on puisse leur être supérieur dès que l'on est assez pauvre qu'eux. Quand il fut arrivé, dans la dernière période de sa vie, à quelque chose de plus que l'aisance, il lui devint très-facile de se détendre et de laisser son âme s'épanouir librement dans sa bienveillance naturelle, qu'aucune des personnes plus jeunes qui l'ont alors connu dans ses diverses retraites ne peut se rappeler sans un sentiment de respect attendri.

La suite à une autre livraison.

ORIGINE

D'UN SERVICE RÉGULIER POUR ÉTEINDRE LES INCENDIES DANS LA VILLE DE PARIS.

L'Allemagne et les villes de la Flandre nous avaient précédés dans l'utile institution des pompiers que tout le monde apprécie aujourd'hui, lorsque l'inventeur ingénieux d'un système de seaux fabriqués en cuir, lequel est désigné sous le nom de Pierre Lehrun, présenta à l'édilité parisienne un projet pour éteindre les incendies : il avait fait fabriquer à ce sujet des échelles d'une construction particulière, qu'il voulait qu'on tint toujours appendues dans les cloîtres de la capitale et sous les porches des édifices publics pour s'en servir au premier signal du danger. Ce projet, présenté dès le 5 mars 1619, fut approuvé « par le prévost des marchands et les eschevins le 5 janvier 1620. » Les échelles construites par Pierre Lebrun ne dépassaient la demi-douzaine, et le promoteur de cet utile projet dut se contenter d'abord, pour récompense de ses efforts, de ce que lui rapportait la vente des seaux en cuir. Ces seaux à incendie devaient être, comme il le dit lui-même, « enf022 d'ordre dans un baston, pour les prendre plus facilement au besoing. » La chose une fois adoptée, l'usage persista plus de deux siècles ; car, avant l'admirable organisation du service des pompiers, on voyait encore à Paris, sous les porches des ministères et de quelques édifices, de longues files de seaux à incendie, que l'action atmosphérique et la poussière ne tardaient pas à détériorer. Pierre Lebrun voulait que l'on eût dans les maisons autant de seaux qu'il y avait de cheminées, et il avait proposé, dans l'origine, de les faire peindre aux armes et devises de chaque propriétaire. (Voy. Cimber et Danjou, *Archives curieuses de l'histoire de France*, 2ᵉ série, t. II.)

FOURMIS A MIEL.

Ces curieux insectes vivent sur le beau territoire d'Oaxaca, que Fernand Cortez avait obtenu de Charles-Quint pour en former son apanage.

« C'est dans la bourgade de Tecomatlan, qui fait partie de la juridiction de Nochistlan, que l'on rencontre cette espèce particulière de fourmi; on la désigne dans le pays sous le nom de *ticodudo*, ou fourmi à miel. Sa tête est menue, mais ses pattes sont surtout démesurément petites. Le ticodudo construit sa fourmilière en lui donnant l'aspect d'une voûte.

» C'est la chose du monde la plus curieuse que de voir pendre par milliers des fourmis de toutes les couleurs, qui sont là comme de petites bouteilles suspendues à la voûte en question. Le miel fait récemment est d'un jaune clair, qui ensuite prend un ton plus foncé et paraît parfois d'une couleur vineuse ; toutes ces nuances réunies font un fort joli effet. Ceux qui ont mangé du miel fabriqué par le ticodudo l'ont trouvé pénétrant et d'un goût agréable. » (J.-B. Carriedo, *Estudios históricos y estadísticos del Estado Baxáqueño*. Baxaca, 1850, petit in-4°.)

Ni les sociétés, ni les individus n'oublient impunément les principes éternels de la morale ; que s'ils opposent à ces principes les vils conseils de l'intérêt, ils périssent tôt ou tard dans leurs propres combinaisons. L'intérêt que l'on érige en idole ne tarde pas à devenir victime à son tour : l'expérience est là pour l'attester. Cette vérité se trouve écrite à toutes les pages de l'histoire en caractères de sang.   J. BALMÈS.

DERNIER MOT D'UN IVROGNE.

En visitant une pauvre famille, un docteur apprend qu'à l'étage au-dessus git un malheureux malade et sans secours. Il se rend à l'endroit indiqué, et, dans un angle d'une mansarde, aperçoit une forme humaine étendue sur quelques restes de vêtements disposés en guise de lit. Il n'y a pas un meuble; seul, un vieux coffre sert de table et de chaise. Le médecin s'y assied et examine le malade, qui d'abord ne paraît pas remarquer sa présence, et reste comme hébété, l'œil hagard, le corps agité d'un tremblement continuel. A force de questions, le docteur arrive à reconnaître que cet homme, âgé de quarante-cinq ans à peine, est épuisé par la misère et surtout par l'abus des boissons enivrantes. Peu à peu ce malheureux paraît plus attentif. Il fixe son visiteur d'un regard animé ; puis, tout à coup :

— C'est donc toi, Philippe? s'écrie-t-il.

— Quoi ! Gustave ! répond le docteur, saisi d'une surprise douloureuse.

Ce Gustave qui périssait dans le dénûment avait été son compagnon au lycée, et donnait alors de grandes espérances.

— Pauvre Gustave ! En quel état !...

— Que veux-tu ! j'ai trop usé de la vie, et, pour tout dire, car on dit tout au médecin, c'est moi qui me suis mis dans cette position.

— Et ton petit avoir?

— J'ai tout *liquidé*.

— Et ta place dans la fabrique de MM. X...?

— Perdue ! et bien d'autres encore, parbleu ! et chacune parce que... le vin, toujours le vin ! J'ai une femme et deux fils...

— Où sont-ils?

— Dispersés, malheureux. J'ai été leur ruine, leur fléau ; ils me craignent, ils me détestent et me méprisent.

— Qui prend soin de toi, maintenant?

— Personne. Une voisine vient quelquefois le soir après son travail, et m'apporte...

— A manger?

— Manger? Mon estomac ne supporte plus rien que... Tu devines?

— De l'eau-de-vie, n'est-ce pas? Malheureux, c'est précisément ce poison qui énerve ton estomac. Si tu as quelque chance de guérir, il faut y renoncer absolument.

— Renoncer ! Y penses-tu? Impossible ! Cela me tue peut-être ; eh bien, je préfère mourir.

Mourir ! Il n'en était pas loin, l'infortuné.

Philippe lui ordonna quelques remèdes.

— C'est moi qui te les enverrai, dit-il.

— A quoi bon? Il est trop tard ! reprend Gustave. Il fallait y penser plus tôt.

Puis il parut plongé dans de sombres réflexions. Il jetait un long regard sur le passé.

— Philippe, dit-il enfin, je meurs misérable, incorrigible, repoussant, et pourtant alors je valais autant que toi... Si à vingt ans j'avais eu...

— Quoi? Un père plus énergique?

— Non. L'influence du meilleur père n'est pas tout. Si j'avais eu des relations honnêtes, une société d'amis, de mes pareils, qui, au lieu de m'exciter à boire et à payer, m'eussent donné l'exemple de la sobriété et de l'économie, j'étais sauvé. Comment voulez-vous que l'ouvrier soit sobre, quand, après le travail, il ne sait où aller se récréer, si ce n'est au cabaret? quand, au jour des payements, la poche un peu garnie, il n'a aucune facilité pour placer cent sous à un intérêt un peu élevé, et ne trouve que des occasions de vider sa bourse? Sais-tu ce que c'est que n'avoir pour relations que des jeunes gens dont les prévenances se traduisent toujours en ces mots : « Je paye chopine », ou bien : « Payes-tu chopine? »

Il y eut un instant de silence pendant lequel le visage flétri de l'ivrogne parut s'illuminer sous l'empire d'une bonne pensée.

— Docteur, dit-il, c'est fini de moi. Eh bien, avant de mourir, je veux du moins faire une bonne œuvre. Je te charge, toi qui restes dans ce pauvre monde et qui vois toutes sortes de gens, de raconter à tous mon histoire pour les faire réfléchir. Raconte-la aux jeunes ouvriers, en leur conseillant, de la part d'un mourant, de s'associer entre eux pour employer leur temps et leur argent à quelque chose de mieux que la consommation des liquides. Raconte-la aux riches, en leur disant le bien qu'il leur serait facile de faire s'ils voulaient offrir aux ouvriers quelques ressources de récréation et d'instruction pour l'emploi de leurs soirées; et aux financiers pour les presser de fournir aux petites économies du pauvre des placements faciles et avantageux. Personne ne corrigera un vieil ivrogne comme moi. Mais honneur et succès à qui fera un sacrifice de temps et d'argent pour préserver l'ouvrier du vice et de la misère.

Le docteur a promis à Gustave de se conformer à sa dernière volonté, et il a tenu parole.

Il nous a fait ce triste récit, qu'il a terminé en disant :

— L'expérience de ce malheureux et de cent autres pareils doit-elle être perdue ? On méprise l'ivrognerie et l'on déplore ses ravages ; mais a-t-on tout essayé pour en prévenir le développement? Les écueils où se brise la vertu de l'ouvrier ne sont-ils pas les heures de repos mal remplies et l'argent de poche mal employé ? En procurant à ces heures et à cet argent un emploi utile, agréable et facile, ne préserverait-on pas bien des individus et des familles de l'avilissement et de la pauvreté?

Ces idées fécondes ne peuvent être sans résultat. Déjà nous apprenons qu'une société de jeunes gens s'est fondée récemment sur les principes suivants : *instruction, épargne, sobriété*. Nous faisons des vœux pour que cette institution ait du succès et ne reste pas la seule de son espèce.

LES PANS.

Pan et Ours, tel est le nom qué M. Fremiet a donné à un charmant groupe exposé au Salon de cette année. Un jeune pan au malin regard, à la bouche rieuse, s'amuse à partager entre deux petits oursons des rayons de miel. On connaît le talent particulier de M. Frémiet comme sculpteur d'animaux; on sait avec quelle finesse il observe ses modèles, avec quelle justesse il saisit et reproduit leurs mouvements, leur caractère, leur physionomie; la vie abonde dans ses ouvrages. Cette fois, l'artiste s'était donné pour tâche le mélange de la nature humaine et de la nature animale dans un de ces êtres fantastiques, moitié boucs et moitié humains, dont une crainte superstitieuse fournit les premiers traits à l'imagination frappée des pâtres grossiers de l'Arcadie; ces traits se déterminèrent ensuite avec plus de précision dans les fictions des poëtes, et reçurent enfin une beauté accomplie de la main des artistes : les sculpteurs de l'école de Praxitèle en particulier en donnèrent des modèles dignes d'être placés à côté des plus pures créations de l'art grec.

« Un grand nombre de populations primitives, établies sur la lisière des forêts ou campant avec leurs troupeaux dans de solitaires vallées, ont conçu, sous des traits analogues, dit M. Alfred Maury (1), les dieux dont ils se croyaient protégés. Le silence des clairières, l'épaisseur des fourrés, le jeu des ombres et des lumières dans les bocages et sur le penchant des montagnes boisées, le bruit des cascades et le retentissement de l'écho, entretiennent dans l'âme simple et crédule des pâtres et des bûcherons mille craintes superstitieuses. A la tombée de la nuit, ils s'imaginent sans cesse apercevoir les esprits malfaisants ou les dieux mystérieux dont ils peuplent les lieux qu'ils habitent. C'est ainsi que le paysan arcadien, à la moindre apparence insolite, croyait distinguer la figure bizarre du dieu de ses troupeaux, et, sous l'empire de cette imagination, était saisi du plus vif effroi, la *terreur panique*. Il prêtait à cette divinité rustique toutes les occupations auxquelles il se livrait lui-même, la chasse, la pêche, l'élève des bestiaux, la musique champêtre : voilà comment Pan devint le protecteur de tous ces arts. »

Il y eut en effet un dieu Pan par excellence, dont la figure se détacha peu à peu de la famille confuse des pans ou panisques et en concentra les formes et les attributs. C'est le dieu qui est peint déjà avec tant de charme dans l'hymne homérique : « Pan, aux pieds de chèvre, au front armé de deux cornes, aux accents retentissants, qui, sous la fraîcheur du bocage, se mêle aux chœurs des nymphes : celles-ci, franchissant les hautes montagnes, adressent leurs prières à Pan, dieu champêtre, à la chevelure superbe et désordonnée. Il reçut en partage les monts couverts de neige et les sentiers rocailleux; il marche de tous côtés à travers

Salon de 1864; Sculpture. — Pan et Ours, groupe par Frémiet. — Dessin de Chévignard.

les épaisses broussailles; tantôt il gravit les roches escarpées, et de leurs cimes élancées il se plaît à contempler les troupeaux. Souvent il s'élance sur les montagnes couronnées de blanches vapeurs; souvent, dans les vallons, il poursuit et immole les bêtes sauvages qui ne peuvent se dérober à ses regards perçants; d'autres fois, lorsque la nuit approche, seul, revenant de la chasse, il souffle dans ses chalumeaux un air mélodieux. L'oiseau qui, sous la feuillée du printemps fleuri, répète d'une voix plaintive sa douce chanson, ne l'emporte point sur cette divinité. Alors se réunissent auprès de lui, à pas pressés, à côté d'une fontaine profonde, les nymphes des montagnes à la voix éclatante. Écho fait résonner le sommet des monts; le dieu se mêle au hasard au chœur des danses, et, sans les rompre, les pénètre d'un pas léger; ses épaules sont couvertes d'une peau de lynx; son cœur est réjoui par les accents mélodieux... »

Cette danse de Pan qui entre dans le cercle et en sort tour à tour est celle des bergers de la Grèce, encore aujourd'hui en usage. Comme les pasteurs, le dieu portait la houlette et la flûte de roseau qui a gardé son nom ; les sons qu'il en tirait animaient d'une vie mystérieuse les retraites (ou panées) qui lui étaient consacrées. Des traits, des attributs, des caractères semblables furent donnés à toute la famille des pans légers et folâtres, que la mythologie a placés à côté des satyres et des nymphes dans la solitude des rochers et des bois. Ils avaient le dernier rang dans ce monde imaginaire où la poésie et l'art se sont plu à réaliser, comme dans autant de types supérieurs, les instincts, les impressions, l'attrait persistant de la nature jeune et sauvage.

(1) *Religions de la Grèce antique*, t. 1er, p. 112.

Typographie de J. Best, rue Saint-Maur-Saint-Germain, 15.

HORACE VERNET.

Horace Vernet. — Dessin de H. Rousseau, d'après une photographie de Tournachon jeune.

Horace Vernet a été le plus populaire des peintres. On l'a appelé, de son vivant, « le peintre national » ; et, en effet, aucun artiste ne fut plus Français par les meilleures qualités de l'esprit, du caractère et du talent. Fils du gai et spirituel Carle Vernet, qui saisissait au vif les chevaux, les chasses, les élégances et les ridicules du directoire et de l'empire; petit-fils de Joseph Vernet, le cé-

lèbre peintre de marine, et de Moreau le jeune, le fin dessinateur, qui a orné et, comme on dirait aujourd'hui, *illustré* tant de livres au siècle dernier, on peut dire que, chez Horace Vernet, la promptitude de l'observation, la netteté du coup d'œil, l'adresse et la sûreté de main, la facilité, la bonne humeur, la verve intarissable, étaient des dons de race et des vertus de famille.

Il naquit, le 30 juin 1789, aux galeries du Louvre, où les Vernet avaient un logement depuis plus de vingt ans. Son éducation, comme celle de beaucoup de ses contemporains, fut très-incomplète. Il ne reçut pas de première instruction littéraire, et apprit même le dessin et la peinture sans règle et sans discipline. Son père, ravi de ses précoces essais, le laissait produire avant de s'instruire. On raconte qu'à onze ans il avait fait, pour Mme de Périgord, une *Tulipe* qui lui fut payée vingt-quatre sous; à treize ans, il avait ses commandes, sa clientèle; il faisait des dessins à six francs et des tableaux à vingt. Il jouait avec le crayon et avec le pinceau. Cependant il passa quelque temps dans l'atelier de Vincent, et sous ce maître de tant d'artistes distingués il apprit la correction du dessin, qui est l'orthographe de l'art. Il concourut même pour le prix de Rome, conformément au désir de son père; mais il échoua et ne se présenta plus. Aussitôt il prit sa revanche en composant son premier tableau militaire, la *Prise d'une redoute*.

Son père, qui déjà l'avait fait réformer comme impropre au service militaire, craignait-il néanmoins l'entraînement d'une autre vocation que celle de l'art et voulut-il couper court à toute velléité guerrière? Dès vingt ans, il le maria. Peu de temps après, il obtint pour lui le titre de dessinateur du dépôt de la guerre, dont il était le peintre attitré. Horace suivait ainsi partout la trace de Carle; il l'imitait encore en composant les amusantes caricatures des *Incroyables* et des *Merveilleuses*, puis les *Uniformes anglais et prussiens* qui parurent, de 1811 à 1815, dans le *Journal des modes*. L'invention de la lithographie lui fournit bientôt un moyen plus direct de communiquer avec le public. Il le saisit avec empressement: son premier ouvrage en ce genre est de 1816, c'est-à-dire de l'année même où Engelmann présenta à l'Académie ses premiers essais, et tout de suite il y fut maître. Chaque année, à partir de cette époque, on vit paraître quelques-uns de ces croquis militaires si connus qu'il suffit encore aujourd'hui d'en citer la légende pour que chacun revoie la scène entière: le *Général Gérard à Kowno*, — *Tiens ferme!* — *Coquin de temps!* — *Mon lieutenant, c'est un conscrit!* — *Mon caporal, je n'ai pu avoir que ça!* — *Qui dort dîne!* — *Soldats jouant au jeu de la drogue*, etc., etc. Il fit aussi en lithographie plusieurs portraits très-vivants, dessinés d'une main habile et légère.

Mais il ne s'en tenait pas aux dessins. En 1812, à vingt-trois ans, il avait débuté au Salon par un tableau, la *Prise du camp retranché de Glatz en Silésie par le roi de Westphalie*, qui avait obtenu une médaille d'or. L'année suivante, il reçut du prince qu'il y avait peint une nouvelle commande, et une autre de l'impératrice Marie-Louise. Cependant il n'était alors rien moins qu'un peintre impérial; ce furent les revers et l'héroïsme des dernières années de l'empire qui l'attachèrent de cœur aux souvenirs de cette douloureuse époque. En 1814, il reçut des mains de Napoléon la croix d'honneur. Et ce n'était pas par sa peinture qu'il avait mérité cette récompense, alors peu prodiguée, mais par sa conduite devant l'ennemi, et en prenant part à la défense de la barrière de Clichy, qu'il devait peindre quelques années plus tard dans un de ses meilleurs tableaux.

La restauration acheva de le rendre bonapartiste; plus que personne il contribua, par une foule de compositions devenues aussitôt populaires, à perpétuer et à colorer les souvenirs de Napoléon et de la grande armée: le *Soldat laboureur*, la *Mort de Poniatowski*, la *Dernière cartouche*, les *Adieux de Fontainebleau*, *Napoléon le soir de Waterloo*, tous ces sujets qui faisaient vibrer la fibre patriotique se répandaient, reproduits par la gravure, dans la France entière. On les voyait, cloués sur les murailles, jusque dans les chaumières. Le gouvernement essaya de désarmer cet adversaire plus dangereux avec son crayon que tel autre avec ses discours, son journal ou ses changes. Il n'y put parvenir, ni par ses avances ni par ses rigueurs. Le duc de Berry lui ayant demandé deux tableaux, payés ensemble cinq mille francs, Vernet fit deux petits chefs-d'œuvre de sensibilité, d'esprit, d'observation; mais les sujets du *Chien du régiment* et du *Trompette blessé* ramenaient indirectement l'intérêt sur les soldats de la cause proscrite. Le mécontentement du pouvoir lui valut la protection et les commandes des chefs de l'opposition libérale, et en première ligne celle du duc d'Orléans. Au Salon de 1819, il envoya seize ou dix-huit tableaux; dix appartenaient à ce prince, et plusieurs représentaient des épisodes de sa vie.

En 1822, on essaya de fermer les portes du Salon au peintre qui n'avait pas voulu remplacer dans ses tableaux la cocarde tricolore par la cocarde blanche. Horace Vernet avait surtout compté à ce Salon sur le succès de la *Défense de la barrière de Clichy* et de la *Bataille de Jemmapes*. Il présentait ces deux tableaux en compagnie du *Soldat de Waterloo*, du *Soldat laboureur*, du *Capucin en méditation devant un poignard*, d'une *Scène de fanatisme espagnol*, de la *Vue de Boulogne pendant les préparatifs de la descente en Angleterre*, etc.; des *Portraits* du duc d'Orléans et du duc de Chartres, du général Drouot, de M. Dupin, des deux Madier de Montjau, de Chauvelin. Le jury laissa passer une partie de ces peintures, peu faites assurément pour plaire au pouvoir; mais il eut le malheur d'exclure les deux meilleures, *Jemmapes* et *Clichy*, en alléguant les cocardes dont les couleurs blessaient les yeux. Le peintre retira tout le reste; il ne laissa qu'un seul tableau représentant son grand-père Joseph se faisant attacher à un mât pendant la tempête, tableau dont il avait choisi le sujet, mais qui était une commande de la maison du roi. Puis il ouvrit son atelier de la rue de la Tour-des-Dames, où il avait exposé quarante-cinq tableaux. Le public s'y rendit en foule. Deux écrivains en vogue firent le compte rendu du *Salon d'Horace Vernet*, et eurent eux-mêmes un prodigieux succès. Il faut consulter cette brochure si l'on veut se reporter au milieu des luttes et des passions du temps et se faire une idée de la popularité extraordinaire dont jouissait le peintre de l'opposition; mais cet enthousiasme était un peu trop politique pour enivrer un homme d'un bon sens aussi clairvoyant que celui d'Horace Vernet.

Il y avait à cette exposition un tableau qui attirait tous les regards: c'est celui qui représentait l'atelier du peintre, où il s'était plu à grouper avec quelques-uns des artistes ses amis les soldats de l'empire et les libéraux qui le visitaient. A défaut du tableau, on peut reproduire la description d'un feuilletoniste du temps: «... Une foule de jeunes gens occupaient, dans les attitudes les plus diverses, tous les coins de la salle, et paraissaient, comme dans les classes où les écoliers sont mis en retenue, livrés à tout le désordre des amusements les plus bizarres. Deux des assistants faisaient des armes, l'un la pipe à la bouche, l'autre vêtu d'un grand sarrau de toile bleue. Celui-ci donnait du cor, et ses joues, énormément gonflées, m'eussent averti de la quantité d'air qui s'en échappait, si mes oreilles, déchirées par d'effroyables sons, n'avaient rendu tout autre avertissement inutile; celui-là soupirait une romance; cet autre battait la générale; il y en avait d'assis, de levés, d'accroupis, dans toutes les situations et dans toutes les poses. Un jeune homme lisait à haute voix un journal au milieu de ce chaos, un autre peignait, un autre dessinait. Parmi les acteurs de cette scène tumultueuse se trouvaient des militaires de tout grade, des artistes, des virtuoses, une chèvre, un chien, un chat, un singe et un superbe cheval. ». Ce pittoresque désordre, cet atelier plein de bruit, de vie et de gaieté, où s'étaient donné rendez-vous des artistes, des écrivains, des hommes politiques que tout le monde nommait, répondaient bien, même où l'étonnant un peu, à l'idée que le public se faisait du peintre qu'il applaudissait. Vernet se laissait applaudir et disait, peut-être en riant, que c'était ainsi que se passaient « les heures de sa vie les plus laborieuses. » — « Mais, disait naguère M. Sainte-Beuve en citant ce mot, l'étude a des lois invariables, et, si prodigieuses que soient la mémoire, la facilité, la dextérité, la verve, rien ne saurait suppléer à l'observation et à un premier recueillement si court qu'on le suppose. Aussi Horace Vernet n'y échappait pas: Il avait de grand matin, et avant l'invasion des visites, des heures à lui de travail, de secret, des heures non banales et, à leur manière, sacrées; et ce n'est qu'ensuite qu'arrivaient les amis, les camarades, les brillants colonels; il continuait avec sa merveilleuse facilité de main à exécuter ce qu'il avait posé auparavant... En un mot, son improvisation, comme toutes les belles et bonnes improvisations, était très-méditée. Il était le premier en d'autres moments à en convenir : « On me loue de ma facilité, disait-il, mais » on ne sait pas que j'ai été douze et quinze nuits sans » dormir et en ne pensant à autre chose, qu'à ce que je veux » faire; quand je me mets en face de ma toile blanche, » mon tableau est achevé. » Et Charlet disait également d'Horace, avec ce tour narquois qui était le sien : « On se figure qu'il est toujours à faire de l'escrime d'une main, de la peinture de l'autre; on donne du cor par ici, on joue de la savate par là. Bast! il sait très-bien s'enfermer pour écrire ses lettres, et c'est quand il y a du monde qu'il met les enveloppes. »

L'exposition de 1822 mit le comble à la faveur du peintre. Poussé, vanté, fêté par les amis de son talent et par ceux qui se donnaient le plaisir en le soutenant de faire acte d'opposition politique, il ne pouvait désormais, quelles que fussent son abondance et sa promptitude, produire assez pour satisfaire les demandes de tous ceux qui voulaient avoir une bataille, une chasse, un sujet de genre, un portrait de sa main. Beaucoup de ces ouvrages, qui sortaient de la vraie ligne de son talent, sont oubliés aujourd'hui ou méritent de l'être. Laissons-les dans l'oubli; mais rappelons ceux qui restent ses vrais titres à la renommée et qui justifient encore le bruit qui se faisait autour de son nom; comme les batailles de Hanau, de Montmirail, de Valmy, que lui commanda le duc d'Orléans pour faire suite à celle de Jemmapes, comme le Passage du pont d'Arcole, qu'il peignit pour M. Laffitte. A côté des sujets anecdotiques et des épisodes militaires dont il avait fait un genre à lui, par un mélange nouveau d'esprit et de sensibilité, par l'intelligence de la mise en scène, le choix fin des détails, la vivacité et la précision du dessin, Vernet, dans la peinture des batailles, prenait dès lors une place à part. Non pas qu'il ait, le premier, comme on l'a donné à entendre, remplacé par des représentations complètes et fidèles ces fictions qui reléguaient au loin les véritables combattants, en faisant figurer au premier plan les princes, les généraux, à qui seuls on attribuait l'honneur de la victoire; ou encore ces mêlées où quelques groupes à peine se distinguent au milieu de la fumée ou de la poussière qui enveloppent tout le reste. Il ne faut pas oublier ce qu'avaient fait avant lui et Carle Vernet son père, et Gros, et Van der Meulen même, à qui on l'oppose; car dans les ouvrages de ce dernier se trouvaient déjà la stratégie unie au pittoresque, l'exactitude de l'historiographe avec la couleur et le dessin d'un peintre. Horace Vernet n'avait

pas renoncé d'ailleurs aux petites scènes particulières se détachant dans le grand drame, ni aux portraits de l'état-major au premier plan; mais, en effet, il savait mieux subordonner l'intérêt des épisodes à l'action générale; il rendait aux véritables acteurs, aux bataillons, aux escadrons, à l'artillerie, les rôles principaux, et sans faire de ses batailles des bulletins officiels, il rendait à chacune son terrain, son ciel, son mouvement, son caractère, sa physionomie.

La suite à une autre livraison.

IMMENSITÉ !

Ah ! si notre vue était assez perçante pour découvrir, là où nous ne distinguons que des points brillants sur le fond noir du ciel, les soleils resplendissants qui gravitent dans l'étendue et les mondes habités qui les suivent dans leurs cours ; — s'il nous était donné d'embrasser sous un coup d'œil général ces myriades de systèmes solaires ; — si, nous avançant avec la vitesse de la lumière, nous traversions pendant des siècles de siècles ce nombre illimité de soleils et de sphères, sans jamais rencontrer nul terme à cette immensité prodigieuse où Dieu fit germer les mondes et les êtres; — retournant nos regards en arrière, mais ne sachant plus dans quel point de l'infini retrouver ce grain de poussière que l'on nomme la Terre, nous nous arrêterions fascinés et confondus par un tel spectacle, et, unissant notre voix au concert de la nature universelle, nous dirions du fond de notre âme : « Dieu puissant ! que nous étions insensés de croire qu'il n'y avait rien au delà de la Terre, et que notre pauvre séjour avait seul le privilège de refléter ta grandeur et ta puissance ! » (Camille Flammarion, *la Pluralité des mondes habités.*)

LA CHEMINÉE.

Il ne faut pas trop se hâter de condamner la cheminée : elle consomme plus de combustible, sans doute, que le poêle et le calorifère; mais quel excellent ventilateur ! Elle attire sans cesse, par les joints des portes et des fenêtres même les mieux fermées, l'air frais et pur du dehors. Si cet air restait stagnant dans la chambre, il ne tarderait pas à s'y vicier; mais elle ne lui permet pas de s'y reposer : elle l'aspire et l'emporte par-dessus les toits. Un feu actif peut faire écouler, dans une cheminée ordinaire, de 600 à 800 mètres cubes d'air par heure. Le poêle et surtout le calorifère introduisent dans la chambre de l'air nouveau et chaud; mais, à moins de dispositions spéciales, ils ne retirent point l'air vicié : de là une gêne sensible dans la respiration, des maux de tête, une sécheresse sensible de la peau, l'absence d'appétit, la somnolence. Rien n'est plus funeste aux enfants qu'un séjour prolongé dans une chambre où l'air n'est pas incessamment renouvelé. Il faut de toute nécessité ouvrir de temps à autre, non la porte, mais la fenêtre, pour éviter ces influences insalubres des chambres sans cheminée ; or, c'est là même un expédient dangereux : ces alternatives de chaleur suffocante et d'invasion subite d'une grande masse d'air froid peuvent faire beaucoup de mal. Si, par motif d'économie, on est obligé de se servir d'un poêle, il est prudent du moins de ne pas boucher complétement la cheminée. Il vaut mieux se contenter d'un moindre degré de chaleur et ne pas s'exposer aux conséquences funestes de l'air vicié non renouvelé : tout au moins est-il indispensable d'adapter à une fenêtre une de ces petites roues de fer-blanc qui facilitent l'entrée de l'air dans une mesure modérée. Le mieux serait que les propriétaires eussent soin, lors de la construction des maisons, de veiller à l'établissement des poêles et des calorifères selon les règles et méthodes recommandées par les hommes spéciaux. Combien d'affaiblissements de la santé et de maladies n'ont pas d'autre cause que l'inobservation des principes d'hygiène les plus élémentaires! [1]

LES ARAUCANIENS

(AMÉRIQUE DU SUD.)

Le pays des Araucaniens ou *Araucanos* est borné au nord et au sud-ouest par le Chili, à l'ouest par l'océan Pacifique, à l'est et au sud-est par la Patagonie. Sa population totale est d'environ vingt-cinq mille âmes.

On évalue que, sur ce nombre, deux mille cinq cents hommes au plus sont en état de prendre les armes. Les Araucaniens sont divisés en très-petits groupes, commandés par des chefs nommés caciques.

Ils ne dépassent point la Cordillère; leurs plus proches voisins sont les Peguenches, au nord, les Huilliches au sud-est.

On peut citer les Araucaniens parmi les rares peuplades sauvages de l'Amérique qui se sont élevées, sous l'influence des Européens, à un certain degré de civilisation. Ils ne sont plus dans l'état de barbarie où les avaient trouvés les conquérants espagnols. Ils ne mènent plus une vie nomade, et il ne leur faut point d'immenses espaces pour se procurer leur nourriture. Ils sont agriculteurs; ils pos-

Une Famille de caciques araucaniens. — Dessin de Yan' Dargent.

sèdent des maisons, et des champs où ils cultivent surtout le blé et le maïs.

Ils ne se servent point d'arc et de flèches. Leurs armes sont de longues lances fabriquées avec une espèce de roseau, armées d'une pointe de fer, et des *botas*, boules de pierre ou de métal réunies par une courroie.

Ils ne pratiquent pas le tatouage et ne connaissent pas l'usage du tabou.

On croit qu'on les convertirait au christianisme, si les prêtres chargés de cette mission étaient plus éclairés et d'une vie plus édifiante. Toutefois ils paraissent très-attachés à

leur ancienne religion. Ils adorent un dieu bon, *Pillan*, et un dieu méchant, *Gueou* ou *Goukoubon*; ils leur offrent en sacrifice des fruits et quelquefois des animaux. Ils honorent aussi et prient les montagnes, les arbres, les rivières. Leur culte consiste à se réunir devant leurs divinités, en poussant de grands cris et en pleurant. Leurs prêtres et leurs prêtresses sont désignés sous le nom de *machi*.

Il faut bien que ces pauvres gens aient de bonnes qualités; plusieurs Européens ont aimé à vivre parmi eux. Ainsi, don Simon Rodrigues, précepteur de Bolivar, habitait avec sa famille, vers 1840, une ferme sur leurs frontières; M. Loriel, ancien élève de l'École polytechnique, s'était établi au milieu des Araucanos vers la même époque, et, il assurait que la société des Araucanos était

[1] Parmi les ouvrages récents sur ce sujet, le plus complet est celui de M. le général Arthur Morin, *Études sur la ventilation*, 2 vol. Hachette, 1863.

préférable à celle des nations prétendues civilisées de l'Amérique du Sud.

L'attention publique a été appelée récemment sur un autre Français qui avait tenté de réunir les Araucaniens et les indigènes voisins sous sa souveraineté, Orélie-Antoine Ier, roi d'Araucanie et de Patagonie. Le Chili, qui a eu plus d'une fois à redouter les invasions de ces peuplades, n'a nullement goûté ce projet; et a fait arrêter notre ambitieux compatriote. La sécurité de cette république veut, en effet, que les tribus indiennes ses voisines restent divisées; ce serait, d'ailleurs, plus naturellement à elle qu'il appartiendrait de les civiliser et de se les incorporer si la chose était possible.

Le territoire des Araucanos est fertile et d'une beauté remarquable. Dumont d'Urville parle avec une sorte d'enthousiasme de tout ce qu'il y a vu : « Des montagnes couvertes d'arbres immenses, de jolis vallons au milieu desquels se promène lentement une rivière capricieuse, des bois de pommiers surchargés de fruits, de riches pâturages, de gras animaux. »

Ce célèbre marin a rendu compte d'une curieuse conférence qu'il eut avec les caciques araucanos, où il entendit parler avec faconde et volubilité les caciques Courpumilla (or noir) et Traûgaïl-Lânec (ravin profond). On s'accorde à dire qu'en général les discours araucaniens sont interminables; mais la raison principale paraît en être que leur langue est très-pauvre et qu'ils sont obligés de répéter très-souvent les mêmes mots. Ils ont un grand

d'après des photographies envoyées du Chili par M. Ernest Charton.

respect pour les vieillards; ils sont de bonne foi dans les transactions. Par malheur, aux vices de leurs anciennes traditions, superstition, polygamie, oppression des femmes, ils ajoutent quelques-uns de ceux que viennent leur inoculer les étrangers chrétiens qui cherchent à les exploiter, et, avant tout, celui qui dégrade le plus les hommes, l'ivrognerie.

LA MALLOTTE DU PÈRE RASTOUL.
NOUVELLE.
Suite. — Voy. p. 330, 337, 345.

Bien en avait pris à la sœur du cadet de suivre quelquefois de l'œil le manège de son frère procédant à la distribution méthodique de ses trouvailles. La Belou, chargée, bien que toute jeune encore, de la surintendance des guenilles de la maison, où autrement les fournitures de mercerie nécessaires aux menus raccommodages auraient fait souvent défaut, savait, quand besoin était, dans quelle fente du mur glisser la main pour remplacer le bouton absent ou l'aiguille qui venait de se casser dans ses doigts. L'indiscrète, en s'attachant à guetter son frère cadet, avait appris que, parmi toutes ces cachettes qu'il croyait si bien ignorées, il y en avait une destinée particulièrement aux objets précieux, c'est-à-dire aux choses qui brillent : éclats de miroir, éclisses de bois doré, rognures de papier métallique et grains de verroterie. Jusqu'à ce jour, les principaux joyaux de cet écrin avaient été la moitié d'un bouchón de carafe taillé à facettes et l'un de ces grélots de la sonnaille qui tinte aux colliers des bœufs.

Pour assurer contre le danger d'un coup de main cette partie notable de son trésor, l'enfant cacheur avait dû, nécessairement lui choisir un lieu de sûreté moins chanceux que le caveau où vivait la famille, ou que l'allée ouverte à tous les passants. Ce lieu de sûreté, le cadet l'avait trouvé au pied même de l'escalier, sous la pente des premières marches. D'abord c'était une ouverture étroite et basse, une sorte de chatière, puis une cavité tout au plus assez grande pour contenir l'enfant et lui permettre de se retourner afin de sortir du réduit comme il y était entré, en rampant. Malgré la sécurité que devait lui inspirer cette merveilleuse cachette, sa confiance en elle n'était pas tellement solide qu'il ne ,u ,A, prudent de la raffermir par de fréquentes visites à son trésor. Mais, de peur d'une surprise préméditée ou d'une rencontre fortuite, également dangereuse pour le secret, il avait soin de saisir le moment favorable à sa mystérieuse inspection; et quand il jugeait que ce moment était venu, avant de se glisser par la chatière, il s'avançait jusque sur le seuil de l'allée pour s'informer, d'un coup d'œil, si personne dans la rue ne se dirigeait vers la maison; puis, du bas de la rampe, prétant l'oreille, il écoutait si quelqu'un ne descendrait pas, ce qu'il n'aurait point manqué d'entendre dans cet escalier, dont les marches, fatiguées du service, se plaignaient bruyamment sous le poids du pas le plus léger. Ces précautions prises, le prudent cadet se couchait à plat ventre, se faisait mince, serrait les épaules; et, au risque des écorchures du nez et du menton labourant le sol, il pénétrait furtivement dans la cavité comme le lièvre qui rentre au terrier. Là, il avait toute liberté pour compter, pour inventorier ses richesses, mais rien qu'au toucher, à l'aveuglette. Or, se rendre compte ainsi de ce qu'on a, c'est tout au plus le posséder à demi. C'est l'affirmation par les yeux qui fait la possession complète. Le poëte l'a dit : voir, c'est avoir. Mais dans ce trou, sous l'escalier, voir était précisément la chose impossible, et, précisément aussi, l'enfant cacheur, s'irritant de l'obstacle, sentait plus forte la tentation de palper du regard ce qu'il ne pouvait regarder que du bout des doigts. Quand cette tentation devenait invincible, il fallait bien y céder. Surcroît de précautions alors. Il glissait peu à peu sa tête hors du trou, se tenant prêt à répondre : « Je dormais », à qui lui eût demandé : « Que faisais-tu là? » Remis en communication avec la pénombre de l'allée, lumière suffisante pour lui qui venait de plonger dans l'obscurité profonde, il tirait à lui un de ses bras, et enfin sortait de la cavité sa main pleine, mais qu'il ne se hasardait à ouvrir qu'après avoir, autant que possible, acquis la certitude qu'aucun guetteur ne prendrait part à la fête qu'il voulait donner à ses yeux.

Ce n'était pas seulement le désir d'une fête semblable qui avait ramené le cadet sur ses pas, tandis que sa sœur s'en allait prendre le pitzou du côté du boulevard Hôtel-Dieu. Un motif plus important le rappelait dans sa cachette : il avait à l'enrichir d'une nouvelle trouvaille dont, certes, il n'appréciait pas exactement la valeur, mais qu'instinctivement il estimait chose plus précieuse encore qu'un bouchon de cristal à facettes et même que le grelot tombé d'une sonnaille.

La Belou, on le sait maintenant, ne s'était pas trompée sur la cause de la disparition subite de son frère. A peine venait-elle de se lever pour se renseigner sur la bonne aubaine que, tout à l'heure, la fortune avait fait rencontrer au cadet, qu'un bruit de frôlement dans la cavité lui fit se dire tout bas :

— Ne cherchons pas ailleurs, il est là !

Aussitôt d'une main fermant la bouche au pitzou pour

le forcer au silence et lui disant à l'oreille son dessein, elle le posa sans bruit sur une marche de l'escalier, se mit à genoux près de lui, et tous deux la tête passée entre les montants de la rampe, juste au-dessus du trou de la chatière, ils guettèrent la sortie du cacheur.

Celui-ci, avant de se montrer hors du trou, demeura longtemps hésitant, indécis; tant il avait peine, cette fois, à se dessaisir de l'objet trouvé, même pour le confier à sa cachette, tant il était désireux de le contempler encore avant de se séparer de lui. Enfin la tête du cadet parut au dehors, puis sa main fermée.

Du poste d'observation où se tenaient attentifs la sœur aînée et le pitzou, leur frère ne pouvait les voir; d'ailleurs il les croyait bien loin, et, n'entendant personne, il se croyait bien seul, alors qu'à quelques centimètres seulement au-dessus de lui deux paires d'yeux braquaient avidement leurs regards sur sa main qui allait s'ouvrir. Elle s'ouvrit, et laissa voir enfin la précieuse trouvaille.

C'était un petit disque d'un métal jaune et brillant, moins grand que les sous-que, par hasard, on rencontrait chez Magloire Cambajou, mais qui portait, comme ceux-ci, l'empreinte d'une image sur l'une de ses faces.

Dès que la main du cadet se fut ouverte, un cri de surprise retentit au-dessus de sa tête; au même instant un bras s'allongea vers lui de haut en bas, et deux doigts agiles saisirent dans sa main, qu'il n'eut pas le temps de refermer, le petit disque de métal jaune et brillant.

Abasourdi, stupéfié par ce cri poussé presque à ses oreilles, et par la saisie au vol de sa trouvaille, il demeura un moment muet et immobile, la bouche béante, l'œil hagard, comme si la baguette d'une fée, soudain le touchant, l'eût instantanément pétrifié dans l'attitude et avec l'expression de la surprise effarée. Le bruit d'une voix connue lui rendit bientôt la liberté de la pensée et du mouvement. La Belou disait à son jeune frère, qu'émerveillait l'éclat du métal :

— Ça, vois-tu, c'est de l'or, mon pitzou; c'est du vrai or, je le reconnais.

Ainsi donc la fille de Cambajou savait ce que c'est que l'or. Oui, elle en avait vu, elle en avait même touché, et, le croirait-on? chez son père! Mais rien qu'une fois, par exemple; à peine est-il nécessaire d'ajouter que cet or n'était venu là que par erreur.

Un jour, le tisserand ayant été livrer son ouvrage au marchand qui lui fournissait du travail, trouva, de retour chez lui, en vérifiant le salaire reçu, un napoléon de vingt francs qui s'était fourvoyé dans la monnaie de billon dont se composait sa paye. L'intention de profiter de l'étourderie du marchand n'effleura même pas la conscience d'honnête homme. Mettant la pièce d'or dans la main de la Belou, il lui dit :

— Va-t'en bien vite reporter ça à ma bestiasse de patron; tu lui diras que je n'ai pas mon compte, santo bido ! il me manque un sou.

Elle eut, cela va sans dire, le sou qui manquait à la paye de son père, par suite de la restitution du napoléon, et, de plus, elle rapporta de chez le marchand, comme prix de son message, un si beau ruban que pour nouer son opulente chevelure blonde; qu'elle conçut, à partir de ce jour, la plus haute estime pour cet or qui, fidèlement rendu, pouvait valoir, en échange, de si magnifiques cadeaux.

Quand le cadet eut quitté sa cachette, la discussion fut vive entre lui et sa sœur à propos de cette pièce d'or, que l'un réclamait comme étant son bien, et que l'autre s'obstinait à retenir, non pour la garder, mais, au contraire, pour la restituer à quiconque établirait mieux que le cacheur son droit à la possession.

— C'est à moi, disait-il avec colère, usant ses forces pour obliger sa sœur à desserrer les doigts.

— Prouve-le, répondait-elle, fermant plus fort sa main ; l'as-tu gagné ?

— C'est tout comme, vu que je l'ai trouvé.

— Oui, parce qu'un autre l'avait perdu, objectait la Belou ; donc c'est à celui-là.

— Ça n'est plus à lui, riposta l'enfant, puisque je l'ai ramassé.

Ses données sur le tien et le mien n'allaient pas au delà, on le voit, de cette détestable argumentation qui n'a pas encore perdu tout crédit dans ce monde :

« Ce que tu prends soin de garder est à toi ; ce que tu as la maladresse de perdre m'appartient si je le trouve. »

Pour appuyer sa revendication d'une démonstration qu'il croyait victorieuse, le cadet, tirant sa sœur par la robe, la conduisit dans la rue, et lui indiquant du pied une place sur la chaussée, à trois pas de la maison, il s'écria :

— Je te dis que c'est là, là dans la poussière, que j'ai fait ma trouvaille.

L'endroit qu'il désignait en piétinant dessus était précisément celui où, une heure plus tôt, Cambajou, arrivant au secours de sa fille, avait fait pirouetter le père Rastoul.

Un homme qui passait au moment où le cadet prononçait ces deux mots : « ma trouvaille », s'arrêta soudain. Excepté le groupe, qui se composait alors de ce passant et des trois enfants de Magloire Cambajou, on ne voyait personne d'un bout à l'autre de la rue de la Fagerie. La Belou éprouva une certaine inquiétude quand le nouveau venu s'approcha d'elle. On le connaissait dans ce quartier, ce qui n'était pas, tant s'en faut, un motif suffisant pour se sentir rassuré par sa présence. Son nom de guerre disait de quels méfaits l'opinion populaire, sinon l'accusait ouvertement, du moins le jugeait capable. On l'avait surnommé la Faïno, — la Fouine, — et s'il est vraiment des mots qui peignent, on peut assurer que celui-ci valait un portrait du quidam aussi bien au physique qu'au moral.

S'immisçant dans le débat du frère et de la sœur, il essaya de le tourner à son profit.

— Comme ça tu as trouvé quelque chose, marmaillous ? demanda-t-il, s'adressant au cadet.

— Mais oui que j'ai trouvé, et quelque chose de beau encore, répondit imprudemment l'enfant, en dépit de la Belou qui lui pressa et secoua le bras, n'osant lui dire tout haut de se taire.

— Beau ou laid, continua la Fouine, ça pourrait bien être à moi, attendu que j'ai déjà passé par ici aujourd'hui.

— A vous ? répliqua la sœur du cadet, tout à coup enhardie ; et quoi donc auriez-vous à perdre ?

Ce qui lui donnait maintenant l'audace d'interpeller ainsi ce réclamant suspect, c'était la présence inopinée d'un autre passant qu'elle seule avait vu venir et qui s'était arrêté à quelques pas en arrière de la Fouine. L'aspect de cet autre passant suffisait pour rassurer complétement la jeune fille. Il était taillé en force, vêtu comme un riche monsieur de la ville, et son regard semblait dire :

— Parle sans crainte, et, au besoin, compte sur moi pour te défendre.

Ainsi encouragée, elle renouvela sa question :

— Mais dites donc ce que vous pouviez avoir à perdre ?

— On ne sait pas, répondit effrontément le vaurien ; j'ai changé de veste tout à l'heure sans penser à visiter les poches : fais toujours voir ce que le marmaillous a trouvé, je saurai bien si c'est à moi.

— Allons donc ! repartit la fille de Cambajou, haussant les épaules en signe de pitié ; est-ce que vous avez jamais promené la pareille de celle-là dans nos rues de Villegoudou !

Puis, serrant de toutes ses forces le napoléon entre le pouce et l'index, elle le fit miroiter au soleil. Comme au foyer d'un miroir ardent, les regards de la Fouine s'allumèrent : avançant la main, il semblait prêt à se précipiter sur la pièce d'or ; mais déjà l'autre passant s'était interposé dans la lutte imminente et avait changé, par son attitude sévère, l'élan du vaurien vers la Belou en un mouvement de recul. Et tout en reculant, la Fouine, intimidé par une intervention qu'il savait dangereuse pour lui, balbutiait comme excuse :

— On ne lui veut pas de mal à cette fillette, moussu lou commisari ; elle montrait quelque chose, on voulait voir ce que c'est, voilà tout.

— Tu peux regarder, reprit le commissaire, après avoir d'un geste demandé la pièce d'or à la Belou, qui s'empressa de la lui donner. C'est un napoléon de vingt francs. Tu dois savoir qu'il n'a jamais été à toi ; moi, j'en suis d'autant plus certain, ajouta-t-il en examinant la pièce, face et revers, que je puis dire à qui elle appartient.

— En ce cas, interrompit vivement la fille de Cambajou, dites-moi où il faut aller le reporter, pour que j'y conduise le cadet : ça lui apprendra à rendre ce qu'il trouve.

La Fouine, qui ne prévoyait aucun bénéfice à retirer de l'entretien, se disposait à s'éloigner.

— Reste, lui dit le commissaire ; tu n'es pas de trop, et je prends mes sûretés de la main, tu te rappelleras que j'ai dit à cette enfant qu'il fallait aller le reporter à un vieux bonhomme du dernier étage de cette maison. En finissant, le commissaire désigna la masure où logeait la famille Cambajou.

— Ce serait au père Rastoul ! s'écria la Belou.

Et sans attendre d'autre réponse qu'un signe de tête affirmatif, elle reprit la pièce d'or de la main du commissaire, après quoi, entraînant à la course le cadet, elle disparut dans l'allée de leur maison, et, le pitzen sur le bras, gravit rapidement les quatre étages qui menaient chez le voisin d'en haut.

Le commissaire, qui avait compris l'intention de l'honnête enfant, trouva ce départ précipité si naturel et si louable qu'il ne s'en occupa que pour le protéger ; c'est dans ce but que, quittant la place, il invita formellement la Fouine à marcher devant lui. Et, chemin faisant, il lui dit :

— Tu sais qu'il ne doit pas arriver de mal ni à cette petite ni au vieux bonhomme.

— Mais si le mal leur tombe sans que je m'en mêle, on ne pourra pas dire que c'est de ma faute.

— D'où qu'il leur vienne, pour moi ce sera toujours par ta faute ; tu m'entends ?

— Autant dire alors que vous me les donnez en garde pour que je les protège.

— Tu as parfaitement compris ; j'entends que tu les protéges de loin, par ton absence.

Comme en discourant ils étaient arrivés à leur point de séparation, le commissaire ajouta :

— A partir de ce jour, tu n'auras plus affaire dans la rue de la Fagerie ; si l'on t'y rencontre, on viendra me le diré, et alors nous causerons une dernière fois ensemble. C'est dit, continue ton chemin.

La Fouine ne se fit pas répéter cet ordre; il fila tout droit devant lui, tête basse et le dos courbé sous le poids de la menace; mais quand il jugea que la distance parcourue le mettait à l'abri des regards du commissaire, il se redressa insolemment, exhala sa colère dans un épouvantable juron, et menaça du poing celui qui, lui montrant la fortune dans la rue de la Fagerie, venait de lui interdire le droit de rôder de ce côté-là.

— Patience! murmura-t-il, les hommes ne se rencontrent pas seulement en plein jour, et je ne dors pas toutes les nuits. Tu l'as dit : nous causerons une dernière fois ensemble. — *La suite à la prochaine livraison.*

Toutes les saintes pensées se tiennent par la main; lorsque l'une d'elles s'est emparée de notre conscience, elle appelle ses sœurs d'un signe mystérieux, et leur ouvre la porte de son nouveau domaine.   SANDEAU.

JUSTICE ET CHARITÉ.

Il y a une société éternelle, sous des formes qui se renouvellent sans cesse. De toutes parts on se demande où va l'humanité. Tâchons plutôt de reconnaître le but sacré qu'elle doit poursuivre. Ce qui sera peut nous être obscur; grâce à Dieu, ce que nous devons faire ne l'est point. Il est des principes qui subsistent et suffisent à nous guider parmi toutes les épreuves de la vie et dans la perpétuelle mobilité des affaires humaines.

Ces principes sont à la fois très-simples et d'une immense portée. Le plus pauvre d'esprit, s'il a en lui un cœur humain, peut les comprendre et les pratiquer; et ils contiennent toutes les obligations que peuvent rencontrer, dans leur développement le plus élevé, les individus et les États.

C'est d'abord la *justice*, le respect inviolable que la liberté d'un homme doit avoir pour celle d'un autre homme; c'est ensuite la *charité*, dont les inspirations vivifient les rigides enseignements de la justice, sans les altérer.

La justice est le frein de l'humanité; la charité en est l'aiguillon. Otez l'une ou l'autre, l'homme s'arrête ou se précipite. Conduit par la charité, appuyé sur la justice, il marche à sa destinée d'un pas réglé et soutenu. Voilà l'idéal qu'il s'agit de réaliser dans les lois, dans les mœurs, et avant tout dans la pensée et dans la philosophie. L'antiquité, sans méconnaître la charité, recommandait surtout la justice, si nécessaire aux démocraties. La gloire du christianisme est d'avoir proclamé et répandu la charité, cette lumière du moyen âge, cette consolation de la servitude, et qui apprend à en sortir. Il appartient aux temps nouveaux de recueillir le double legs de l'antiquité et du moyen âge, et d'accroître ainsi le trésor de l'humanité.

                                    VICTOR COUSIN.

CONSTRUCTION DES CONES VOLCANIQUES.

La Nouvelle-Zélande n'est pas moins remarquable par ses curiosités naturelles que par les hommes et les ani-

Coupe fictive montrant la formation d'un des cônes volcaniques de la Nouvelle-Zélande.

maux étranges qui vivent sur ses rivages ou dans les profondeurs de ses bois. On comprend facilement qu'une île longue, étroite et coupée par une haute chaîne de montagnes, puisse être le siége de réactions volcaniques incessantes; la terre zélandaise a dû successivement éprouver un nombre prodigieux de submersions et d'exhaussements alternés.

Comme partout, les couches des terrains stratifiés ont été

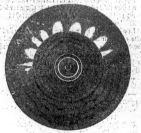

Un cône volcanique de la Nouvelle-Zélande.

bouleversées par une coulée de laves venant de l'intérieur du globe et soulevées par une force énergique les amenant d'une grande profondeur. On voit facilement, à la disposition de ces remarquables éminences, que la lave qui les a constituées a commencé par remplir la crevasse que le soulèvement brusque des terrains de sédiment a produite dans le sol. L'afflux des matières liquides continuant à se produire, les matières volcaniques ont débordé de partout comme d'un vase trop plein. Cette seconde partie du phénomène a produit une seconde montagne, dont la constitution géologique est tout à fait différente de la première, et qui est venue la surmonter. Nos deux figures permettent de se rendre compte de cette disposition, qu'il est facile de concevoir. Mais cette seconde montagne se termine elle-même par une cavité; or cette cavité n'est autre que l'orifice du conduit par lequel s'accumulent une foule de détritus des éruptions postérieures à l'établissement de cette espèce d'exutoire. C'est à la suite de beaucoup d'éruptions dont très-peu certainement ont amené la lave jusqu'au niveau du cratère que le volcan a fini par se boucher. Quant à la partie extérieure, qui se compose des couches du terrain ordinaire soulevé, elle porte toutes les traces de l'action du feu par laquelle elle a été modifiée, comme si elle avait subi sur place une espèce de cuisson.

La Nouvelle-Zélande offre un nombre considérable de volcans parfaits; aussi avons-nous cru inutile d'indiquer la situation précise de celui que nous avons dessiné.

LE PALAIS IMPÉRIAL D'HIVER,

À SAINT-PÉTERSBOURG.

Le Palais impérial d'hiver, à Saint-Pétersbourg. — Dessin de Ph. Blanchard.

Le palais impérial d'hiver, à Saint-Pétersbourg, construit sous le règne de Catherine II par l'architecte italien Rastrelli, est borné au nord par la Néva, dont le sépare un large quai, promenade du monde élégant pendant la saison rigoureuse ; au sud s'étend une place demi-circulaire, où s'élève la colonne dédiée à l'empereur Alexandre Ier ; à l'ouest sont les bâtiments de l'Amirauté, et à l'est ceux de l'Ermitage, de l'autre côté d'un canal qui vient se jeter dans la Néva : l'Ermitage se relie au palais par un pont d'une seule arcade d'un effet monumental.

Le palais est de forme carrée, mais ses faces latérales ont moins d'étendue que les deux autres. Ce qu'il renferme de richesses est, dit-on, au-dessus de ce qu'on peut supposer, malgré les ravages du grand incendie de 1838. Les étrangers n'en connaissent guère que les magnifiques services d'argenterie, d'or massif et de porcelaine de vieux Sèvres qui ornent les tables lors des grandes agapes impériales, assez fréquentes pendant le séjour de la cour à Saint-Pétersbourg.

Les salles et les salons qui composent ce que l'on nomme « la grande réception » sont vastes et splendides. Quelque prodigieux que soit le nombre des invités, l'espace ne manque jamais ; on a le bon esprit, en Russie, de ne pas s'étouffer sous prétexte de s'amuser. Des centaines de domestiques, revêtus de livrées d'un luxe éblouissant, circulent sans cesse au milieu de la foule des invités pour leur offrir des rafraîchissements, et lorsque, dans la salle Saint-Nicolas, on se réunit autour des tables couvertes de tout ce que l'art des Vatel peut ajouter à la nature, le nombre des serviteurs est presque aussi considérable que celui des convives.

C'est dans ce palais que sont conservés les diamants de la couronne : le plus célèbre est connu sous le nom d'Orloff.

Dans une petite chambre située au rez-de-chaussée, du côté de l'ouest, on voit un lit de fer sur lequel est repliée une capote militaire, deux tables et quelques chaises ; sur les murs des aquarelles, de peu de valeur. C'est dans ce réduit qu'un homme qui a pesé longtemps sur les destinées de l'Europe, l'empereur Nicolas Ier, a rendu le dernier soupir. C'était là sa chambre à coucher et son cabinet de travail.

Le palais est bâti en briques ; toute l'ornementation est en revêtement de stuc. Le granit et la brique sont les seuls matériaux dont l'architecture dispose à Saint-Pétersbourg. Le granit n'est pas d'un emploi commode pour la décoration ; il se chaufforait difficilement à l'intérieur, et d'ailleurs, quand on a pu voir sur les quais de la Néva le magnifique granit de la Finlande se fendre et se lézarder sous l'influence du froid et de la pluie, on comprend qu'on lui préfère la brique, plus modeste, mais qui a l'avantage de défendre l'intérieur contre toute humidité et de résister aux froids les plus intenses.

LA MALLOTTE DU PÈRE RASTOUL.

NOUVELLE.

Suite. — Voy. p. 330, 337, 345, 358.

Cependant la Belou et ses frères étaient arrivés devant la porte de leur vieux voisin ; mais en vain elle appela, en vain ils frappèrent, rien ne bougea à l'intérieur, personne ne répondit. Le cadet, suivant le conseil que lui donna sa sœur, se coucha par terre et glissa son regard sous la porte, qui ne joignait pas exactement avec le sol :

— Le père Rastoul est là, dit-il ; je vois ses pieds.

— Alors, reprit la Belou, après qu'elle eut inutilement redoublé ses coups à la porte, c'est donc qu'il se sera endormi.

Non, le père Rastoul ne dormait pas ; mais la menace de Cambajou, qui bourdonnait encore à ses oreilles, le tenait en si grande défiance de son ennemi que tout bruit du dehors lui semblait l'indice d'une tentative de meurtre. Aussi, dès qu'il entendit les enfants, il crut deviner un piège dont ceux-ci, suivant lui, devaient être complices, et sa terreur, créant un fantôme, lui montra son sinistre voisin se dressant tout à coup devant eux pour le frapper. Ceci le décida, par quelque ruse, par quelque tapage qu'on essayât de le faire sortir de chez lui, à demeurer obstinément silencieux derrière sa porte barricadée. Faible rempart, sans doute, contre l'effort puissant d'une violente résolution ; mais, pour le péril extrême, le père Rastoul tenait en réserve un suprême moyen de défense.

Dans la ruelle du grabat qui lui servait de lit, il y avait un vieux fusil, toujours chargé, dont le canon reposait sur une petite malle de cuir, comme pour indiquer que c'était uniquement celle-ci qu'il gardait.

Tant que le bruit continua à la porte, l'habitant du galetas, qui craignait à tout moment de la voir céder sous l'attaque d'un robuste assiégeant, resta debout, à demi courbé, les regards fixés sur sa barricade et le bras tendu vers son fusil ; mais les coups et les appels cessèrent, et le père Rastoul, que suffoquait le besoin de respiration trop longtemps contenu, eut enfin un soupir de soulagement.

Le silence qui succéda au dehors à ce grand tapage n'indiquait pas, comme on l'aurait pu croire, que la Belou avait renoncé à son projet de restitution ; ce n'était pas un de ces esprits faibles et lâches que les obstacles découragent. Élevée dans ce champ de luttes qu'on nomme un ménage de pauvres, l'expérience lui avait appris déjà que devant la volonté aucune difficulté n'est une barrière sans issue, et que si l'on ne peut pas toujours en forcer le passage, toujours, du moins, on peut ou la franchir ou la tourner.

C'est donc pour prendre le détour qui devait la ramener à son but que la fille de Magloire Cambajou s'était éloignée ; ses deux frères de la petite maille avait si longtemps appelé et heurté en vain. A côté de cette porte s'ouvrait un long corridor tournant qui, à l'autre extrémité, devait mettre jour par une lucarne située directement en face de la fenêtre du galetas. L'intervalle d'une cour séparait cette fenêtre de la lucarne. Vide profond, mais si étroit que, de celle-ci à celle-là, deux hommes de haute taille, se penchant l'un vers l'autre, auraient pu se toucher la main. A une si faible distance, il aurait donc été facile d'entrer en pourparler avec le père Rastoul si, en ce moment, sa fenêtre eût été ouverte, ou si seulement, comme les autres croisées ses voisines, elle avait reçu la lumière du ciel par des carreaux de vitre ; mais ce n'était qu'à travers des appliques d'un papier huileux, bruni par le soleil et voilé d'une épaisse couche de poussière, que le jour pénétrait chez le voisin d'en face. La Belou, postée à cette lucarne, se garda bien d'appeler de nouveau celui qui ne voulait pas répondre. Ce qu'elle se demandait maintenant, c'était un moyen d'obliger le défiant à se montrer ; le succès obtenu, elle saurait bien lui prouver, par un signal intelligent, confirmé d'un seul mot, son pacifique et loyal dessein. Et tandis qu'elle rêvait à ce moyen, le cadet, peu convaincu de la nécessité de se donner tant de peine pour en arriver à la restitution de la pièce d'or, qu'il persistait à trouver infiniment mieux placée dans ses mains que chez le père Rastoul, le cadet, qui n'avait suivi sa sœur avec tant d'empressement dans le corridor que parce qu'en même temps il suivait sa trouvaille, prenait un si médiocre intérêt à l'embarras de l'honnête enfant, qu'au lieu de penser à lui venir en aide il s'amusait à dégrader le mur et comptait les bonnes cachettes que lui découvraient les plâtras qu'il faisait tomber. Au bruit de ces plâtras frappant le sol, la Belou cessa de réfléchir; son moyen de forcer le vieux voisin à se mettre en rapport avec elle était enfin trouvé.

— Ramasse et apporte, pitzeu, dit-elle au petit frère en lui désignant les menus morceaux de plâtre que le cadet semait autour de lui.

L'enfant obéit, et aussitôt une volée de projectiles lancés par la jeune fille traversa les carreaux de papier qui garnissaient la fenêtre du galetas. A cette attaque inattendue, venue du côté même où il se croyait le plus en sûreté, l'étonnement du père Rastoul fut tel qu'il demeura sans voix, sans mouvement, les yeux ouverts mais n'y voyant plus, et la pensée en si grand désordre que, durant quelques secondes, il ne put se dire s'il était mort ou vivant. Cependant la Belou, ne voyant pas encore paraître celui qu'elle attendait, s'arma de nouveau pour recommencer l'attaque; le pitzeu et le cadet, excités par son exemple, l'imitèrent, et une triple volée de plâtras acheva de mettre en lambeaux les carreaux de papier. Cette seconde décharge d'artillerie, encore plus dommageable que l'autre, — elle perçait à jour le mystérieux galetas, — cette seconde attaque, disons-nous, rendit le père Rastoul à la conscience de lui-même; mais aussi elle lui fit s'exagérer le danger jusqu'à supposer que sa vie était menacée. Se croyant donc dans la nécessité d'une légitime défense, il saisit furieusement son fusil, l'arma avec précipitation, ouvrit le châssis de la croisée pour mieux viser au but, et coucha en joue l'ennemi, qu'il croyait déjà voir devant lui. Il ne vit que trois petites têtes blondes, trois frais visages d'enfants qui riaient de sa frayeur, et, parmi ces enfants, la Belou, dont le bras tendu de son côté lui montrait la pièce d'or.

— Elle a la croix, criait-elle; regardez bien, père Rastoul, elle est marquée de votre croix.

A ces mots, il releva le canon de son fusil, posa la crosse à terre, et se penchant à mi-corps sur le bord de sa fenêtre, il fit clignoter ses petits yeux gris afin de se rendre compte de ce que la fille de Cambajou lui montrait. Mais, de cette fenêtre à la lucarne, il ne pouvait que voir briller l'or, et non vérifier l'identité de la pièce : aussi, au risque de rencontrer sur son chemin le terrible locataire du sous-sol, il se hâta de quitter sa croisée, d'ouvrir sa porte, en un tour de main débarricadée, et d'arpenter le corridor, d'où il ramena chez lui la Belou, tout en maugréant contre le sort qui l'obligeait à introduire enfin quelqu'un dans son galetas. C'était une exigence de la jeune fille qui la réduisait à cette pénible extrémité. Défiante à son tour, elle lui avait dit, retenant le napoléon dans sa main solidement fermée :

— Ah! mais j'y pense, père Rastoul : peut-être le commissaire se trompe-t-il, ou encore peut-être l'avez-vous trompé; faites-moi voir les autres pièces d'or marquées de même, pour que je sois sûre que celle-là est bien à vous.

— Allons, viens comparer, reprit avec un soupir douloureux le bonhomme; mais rien que toi, par exemple, ajouta-t-il en l'entraînant; je ne veux que toi seule chez moi.

Il avait parlé trop tard. Au détour du corridor, le cadet et le pitzeu, s'étant glissés entre la muraille et leur sœur, avaient pris les devants, si bien que lorsque le père Rastoul eut fait entrer la Belou et fermé derrière lui sa porte, il aperçut, en se retournant, les deux bambins installés dans les galetas. A son sourcillement, à son geste, qui tra-

hissaient une intention facile à comprendre, la jeune fille répondit résolûment :

— Tant que je serai ici, il faudra qu'ils y restent. C'est la volonté du père. Il les a mis sous ma garde. Ailleurs que chez nous, je ne dois pas les perdre de vue, et il leur est défendu de me quitter. Voyez si vous voulez nous garder tous les trois, ou si vous aimez mieux venir, avec des preuves convaincantes, réclamer votre pièce d'or au père.

— Soit, qu'ils restent; répondit le bonhomme épouvanté de la proposition. Mais, pour l'amour de Dieu, poursuivit-il, que le cadet se tienne en repos, et qu'il cesse surtout de tourmenter ce fusil, où il va nous arriver malheur, car il est chargé.

— Ah! fit la Belou, pâlissant un peu et repoussant vivement son frère après lui avoir arraché l'arme des mains. Ainsi c'est donc pour tout de bon que, tout à l'heure, vous étiez prêt à tirer sur nous? Alors le père avait raison de dire que vous vouliez nous tuer.

Honteux de l'intention de meurtre qu'avait pu lui inspirer l'exagération de la peur, le père Rastoul courba la tête devant le regard de cette brave enfant: à son tour, il s'empara du fusil, le désarma avec précaution, puis il alla silencieusement le cacher dans la ruelle du grabat, d'où il souleva avec effort la petite malle de cuir que gardait le fusil chargé. Il la posa à terre : c'était son siège; ensuite il plaça une planchette sur son lit : c'était sa table. Cela fait, il s'assit sur la mallette, — ou vulgairement la mallotte; pour parler comme au pays, — et ainsi placé devant sa table improvisée, il plongea les deux mains dans les poches de son pantalon.

— Tu vas tout voir, dit-il à la Belou, se résignant par intérêt, à la confiance forcée envers elle.

De ses deux poches il tira deux petites bourses de cuir; mais d'abord il n'en ouvrit qu'une, d'où il fit sortir sans bruit, l'une après l'autre, jusqu'à cinquante pièces de vingt francs.

Chacune d'elles portait, tracée à la pointe de l'acier, une croix semblable à celle qui avait permis au commissaire de désigner, sans hésitation, le propriétaire du napoléon trouvé par le cadet.

— Bon, dit le père Rastoul, dans celle-ci il y a bien le compte; voyons l'autre à présent.

Il la prit; mais, pour vider celle-là, il n'eut pas besoin de dénouer le cordon qui la fermait. A peine l'eut-il soulevée que les pièces d'or, s'échappant à une du fond de la bourse trouée, tombèrent toutes, qui sur le grabat, qui par terre, où elles roulèrent çà et là.

— Ne bougez pas! cria le bonhomme aux enfants.

Et du geste autant que de la voix il les retint immobiles. Par mesure de précaution, il remit dans sa poche la bourse pleine, réunit en un tas les napoléons épars sur son lit, et, veillant d'un œil sur le petit monceau d'or, de l'autre cherchant à terre, il ramassa les pièces tombées. Durant ce travail, il ne cessait de répéter à la Belou et à ses frères qui, à chaque instant, se baissaient pour lui venir en aide :

— Dites-moi où vous en voyez encore; mais, pour Dieu, mes enfants, ne bougez pas!

L'absence du nécessaire faisait tant de places vides dans ce logis qu'elle y rendait les recherches promptes et faciles; aussi le père Rastoul eut-il bientôt terminé les siennes. Quand il fut bien certain d'avoir ramassé jusqu'au dernier des napoléons qui venaient de rouler dans la poussière de son taudis, il revint s'asseoir sur sa mallotte, puis compta ce qu'il avait recueilli de sa bourse trouée. Arrivé à la dernière pièce d'or, sa vue se troubla, un frisson le saisit.

— Il en manque deux! murmura-t-il.

Supposant une erreur de sa part, il compta de nouveau. La contre-épreuve lui donna pour résultat le même déficit. Le frisson redoubla, la sueur lui monta au front ; mais presque aussitôt une pensée rassurante lui vint à l'esprit. Il posa la main sur les pièces d'or, et se tournant vers la Belou, il lui dit :

— Tu ne m'en as montré qu'une ; mais c'en est deux que tu me rapportes, n'est-il pas vrai, petite?

— Ah! mais non, fit-elle : je n'ai que celle-là à vous donner. *La suite à la prochaine livraison.*

LES ILES DE CORAIL DE L'AUSTRALIE.

Le navigateur qui suit le contour de l'Australie entre l'île de Sable et le détroit de Torrès est surpris du nombre considérable de récifs et d'îlots dont cette côte dangereuse est semée. En les observant avec attention, — et il est difficile au marin soucieux de son existence de rester inattentif, — on remarque que ces récifs, rochers ou îlots, ont généralement une forme ovale et irrégulière ; « leurs bords, qui découvrent à mer basse, dit le commandant Yule dans son *Australia directory,* sont for-

L'île de Lady-Elliot. (Australie.) — Dessin de Van Dargent.

més d'une substance molle, spongieuse, composée de débris de coraux ; sur laquelle sont répandus çà et là quelques blocs de rochers de corail que leur aspect bizarre, à différentes époques de la marée, a fait appeler *Têtes de nègres.* Par leur disposition, ces récifs forment souvent des lagunes à petit fond, au milieu desquelles surgissent de loin en loin quelques plateaux de sable. Lorsque ces plateaux se sont accumulés en masse suffisante pour résister à l'action de la lame, ils deviennent le refuge des oiseaux de mer ; les graines que ces hôtes emplumés y déposent et celles qui y sont probablement apportées par les courants de l'Océan y germent, poussent, et finissent par produire une épaisse végétation qui de récifs en fait des îlots. »

Cette production pour ainsi dire spontanée d'îlots a longtemps préoccupé les vieux navigateurs ; elle cessa de paraître mystérieuse lorsqu'on fut obligé de reconnaître que ces formations imprévues étaient le fait du travail d'une quantité prodigieuse de petits animaux zoophytaires vulgairement nommés coraux, bien connus de nos lecteurs [1].

L'île de Lady-Elliot, que représente un de nos dessins, est une de ces productions coralliées qui abondent sur la côte nord-est d'Australie. D'après le rapport des

(¹) Voy., dans les Tables, l'indication des articles sur le corail et sur les îles madréporiques, et dans ce volume, p. 243.

officiers du navire de S. M. Britannique *the Fly,* qui la relevèrent en 1843, elle fait partie du groupe dit du Capricorne, et est située par 24° 7′ latitude sud, 150° 25′ 21″ longitude est ; et à 45 milles dans le nord-ouest quart nord du cap Sandy ; elle a environ un mille de circonférence, et elle est couverte de broussailles et d'arbres rabougris qui atteignent une élévation de 15 mètres au-dessus de la haute mer. Elle diffère peu, en résumé, des îlots qui l'entourent, tous de même origine qu'elle, et qui, eux aussi, formeront des îles dans un avenir prochain.

Le groupe du Capricorne n'offre pas assez de ressources pour être habité ; il sert d'asile à une multitude d'oiseaux de mer : colombes marines, fous, râles de terre, mouettes, hérons, courlieux, huîtriers, etc. Les marins les plus habitués à la navigation périlleuse de ces mers de corail ont remarqué qu'un grand nombre de ces armées d'oiseaux annoncent souvent le voisinage d'un danger. Les voyageurs ajoutent qu'un grand nombre de tortues viennent déposer leurs œufs sur les plages de sable de ces îlots, tortues vertes et tortues bec d'épervier. L'écaille de ces dernières et la grande quantité de trépangs que l'on peut ramasser sur les récifs suffiraient, dit le commandant Yule, pour appeler l'attention du commerce, maintenant surtout que la colonisation de l'Australie s'est étendue vers le nord jusqu'à Port-Curtis : on sait que les Chinois sont très-friands de trépangs, et qu'ils les achètent volontiers à des prix élevés.

L'île Raine, également située sur la côte orientale d'Australie, mais plus au nord (11° 35' 50" latitude, et 141° 42' 11" longitude est), a une origine analogue à celle de l'île Elliot : elle a un tiers de mille de longueur, un quart de mille de largeur, et environ six mètres d'élévation au-dessus du niveau de la mer, à marée basse. La partie inférieure de l'île est un rocher formé de gros coraux et couvert d'une légère couche de sol très-riche et de guano; elle est entourée d'une ceinture de corail qui s'étend à un mille et quart au large. Les instructions nautiques, seuls documents où l'on trouve des renseignements sur cette île, la recommandent comme un des points les plus sûrs où les navires qui vont des colonies au détroit de Terrés puissent atterrir. Aussi y a-t-on placé une balise en 1844. C'est une tour ronde en pierre, surmontée d'un dôme en bois terminé par une boule, et divisée en plusieurs chambres superposées et communiquant ensemble par des échelles. De temps en temps, le gouvernement anglais y fait déposer de grands approvisionnements qui sont une ressource précieuse pour les naufragés et pour les navires manquant de vivres; en outre, une caisse en fer, pouvant contenir cinq tonneaux

L'île Raine (Australie). — Dessin de Yan' Dargent.

d'eau, a été placée à la base de la balise pour recevoir et conserver les eaux de la pluie qui tombe sur le toit.

L'île Raine produit une espèce d'arbuste, une herbe très-épaisse, et enfin un légume qui ressemble aux épinards et les remplace même avec avantage. Les hirondelles de mer y déposent une quantité considérable d'œufs auxquels les marins, qui ne sont pas, il est vrai, des gourmets, trouvent le goût des œufs de poules.

LA PHOTOGRAPHIE.

Fin. — Voy. p. 92, 107, 151, 218, 275.

PAR LES SUBSTANCES INERTES.

Positifs au charbon. — La difficulté d'obtenir par les sels d'argent et d'urane des épreuves positives *absolument fixes* et comparables, pour la durée, aux images produites par la gravure et la lithographie, a fait chercher à les obtenir au moyen d'une substance inerte et parfaitement indélébile. Le charbon et ses composés ont été expérimentés avec un certain succès. Il serait imprudent de se prononcer dès à présent sur la fixité de ces épreuves, car les corps au moyen desquels on obtient l'adhérence au papier des substances inertes sont certainement très-accessibles à la décomposition. Voici l'un des procédés les plus simples.

Dans 100 grammes d'eau bouillante, dissolvez à satu-ration du bichromate de potasse, et ajoutez 10 grammes de gélatine blanche; les feuilles de papier bien satinées seront mises à flotter quelques secondes seulement sur la surface de ce bain tiède, enlevées d'un mouvement uniforme et suspendues à sécher. Quoique préservé de la lumière, ce papier ne conserve que peu de jours ses propriétés photographiques. Lorsqu'il est sec, on l'expose comme le papier positif ordinaire, environ un temps quatre fois moindre. A ce moment, les grandes ombres ont produit sur le papier, teint en jaune, une coloration un peu rougeâtre. Rapportant la feuille dans le cabinet obscur où l'imprégnation a eu lieu, on la fixe, avec un peu de gomme aux angles, sur une glace, l'épreuve en dessus. On étend alors sur toute la surface de l'image de la poudre de charbon d'une ténuité extrême, du noir de fumée, par exemple, dont on obtient l'adhérence au papier en estompant sa surface avec un tampon de coton.

On place alors la feuille, le côté noirci en dessus, au fond d'une cuvette, et l'on verse dessus une couche d'eau bouillante, qui dissout la plus grande partie du bichromate de potasse; on agite un moment, on jette cette eau; on verse de nouvelle eau chaude, et, au moyen d'un pinceau très-doux, on procède au dépouillement du dessin. C'est en promenant ce pinceau sur toutes les parties de l'épreuve que l'on découvre celles que la lumière n'a pas impressionnées, et où la couche de gélatine, étant restée soluble, se détaché et entraîne avec elle la poudre noire qui la couvre.

L'action d'un ciel voilé mais lumineux est préférable, pour obtenir les demi-teintes, à l'éclat d'un soleil vif, qui attaque trop rapidement la couche sensible.

SUR COLLODION DIRECT.

Composition du collodion. — Les images positives sur collodion direct ont l'avantage de pouvoir être obtenues par une pose excessivement courte; mais les blancs sont difficilement vifs, et les épreuves d'une teinte généralement jaune ou grise peu agréable.

Le collodion que l'on emploie doit être beaucoup plus fluide que celui dont on se sert pour les négatifs. Il faut qu'il contienne le plus d'éther possible, et, en même temps, une ioduration faible, parce que l'épreuve doit être formée à la surface.

Collodion pharmaceutique normal à 3 %. . 100 grammes.
Éther sulfurique 150
Liqueur sensibilisatrice 10

Cette liqueur se compose de :

Iodure de cadmium 7gr.50
Bromure de cadmium 1gr.25
Chlorure de cadmium 0gr.25
Alcool à 40 degrés 100gr.00

Bain d'argent. — Puisque la couche doit être fort mince et peu iodurée, il faut que le bain d'argent soit peu riche et assez fortement acide.

Prenez :

Eau distillée . . . . 100 grammes.
Azotate d'argent cristallisé 4
Liqueur sensibilisatrice . . . . quelques gouttes.

Pose. — L'exposition est environ quatre fois moindre que celle qui sert à l'obtention des négatifs. On ne doit pas craindre de la faire trop courte; c'est le seul moyen d'avoir des noirs et des blancs purs. Si l'on pose trop longtemps, les blancs, offrant des détails inutiles en transparence, ne les laissent plus voir par réflexion; souvent même l'épreuve est voilée en partie ou en totalité.

Si, avec une pose juste, les blancs n'offrent pas les détails qu'ils doivent comporter, c'est que la couche de collodion est trop iodurée. Le remède est facile : il suffit d'ajouter du collodion pharmaceptique et de l'éther dans les proportions indiquées. Entre deux écueils il faut la réussite.

Développement. — La liqueur au protosulfate de fer indiquée au chapitre des négatives est parfaite pour développer les épreuves dont nous nous occupons. L'image, sous ce développement, doit être à peine visible, et l'impression des parties blanches tout à fait superficielle; elle ne doit apparaître que lors du dépouillement par l'agent fixateur.

Fixage. — On dissout les sels solubles contenus dans la couche de collodion, et on dépouille l'image en même temps, en versant à sa surface une solution de cyanure de potassium à 1 pour 100; on lave abondamment, et l'on met à sécher sur du buvard, le long d'un mur, verticalement.

Vernis. — L'épreuve positive sur collodion devant se voir à travers le verre qui la porte, il faut, pour donner de l'intensité aux noirs, placer sur le collodion ou un velours noir, ou une couche du vernis suivant :

Essence de térébenthine . . . . 100 grammes.
Bitume de Judée pulvérisé 20
Noir d'ivoire 2
Cire blanche 5

On peut encore se servir du vernis noir épais du commerce; mais il est long à sécher.

Ces épreuves se montent nécessairement dans un passe-partout, leur fragilité imposant ce mode de conservation.

LES TIMBRES-POSTE.

Suite. — Voy. p. 59, 87, 120, 131, 159, 186, 215, 263, 294, 326, 333.

ROYAUME D'ITALIE.

(87 timbres, 25 types.)

La loi en vertu de laquelle Victor-Emmanuel II a pris, pour lui et ses successeurs, le titre de roi d'Italie, a été promulguée le 17 mars 1861.

La loi du 5 mai 1862 a établi un régime postal uniforme dans tout le royaume d'Italie; elle a été mise en vigueur le 1er janvier 1863. Cette loi a donné au gouvernement le monopole du transport des correspondances; l'État n'avait pas auparavant ce privilége en Toscane.

Avant la loi du 5 mai 1862, une ordonnance ministérielle avait déjà rendu obligatoire l'usage des ti bres-poste pour l'affranchissement.

Le port des lettres est uniforme pour tout le royaume et réglé d'après le poids. Le poids de la lettre simple est de 10 grammes.

Les lettres non affranchies payent double port.

Sur 100 lettres, il n'y en avait que 45 affranchies en 1862; mais depuis la nouvelle loi postale, qui a donné une forte prime à l'affranchissement, le nombre des lettres affranchies s'est élevé à 80 sur 100.

L'affranchissement des journaux et des imprimés sous bande est obligatoire.

Le nombre des lettres circulant dans le royaume d'Italie a été de 60 655 200 en 1861; et de 71 502 779 en 1862. Les lettres étrangères et les lettres officielles ne sont pas comprises dans ces chiffres.

La population du royaume étant de 21 776 953 habitants au 1er janvier 1862, la moyenne est de 3 lettres par habitant pour 1861.

Le nombre des imprimés circulant dans le royaume a été de 28 721 000 en 1861, et de 40 930 530 en 1862, non compris les imprimés venant de l'étranger.

Il a été vendu, en 1862, 40 886 530 timbres-poste, dont un peu plus des trois quarts en timbres de 1, 10 et 20 centesimi, à peu près également.

Le gouvernement italien a commencé par adopter les timbres-poste sardes et par étendre leur usage à toutes les provinces du royaume. Ces timbres avaient été déjà introduits en Lombardie après le traité de Villafranca, en juillet 1859, et dans les provinces de l'Émilie par un décret du gouverneur en date du 12 janvier 1860.

Les timbres suivants sont donc tout à fait semblables aux timbres sardes.

5 centesimi,   — vert (vert-émeraude, vert foncé, vert-olive).
10   — brun (gris cendré, brun clair, brun rougeâtre, brun foncé, chocolat).
20   — bleu clair, bleu foncé.
40   — rouge (vermillon, rouge pâle, rouge vif, rouge-brun, carmin, groseille).
80   — jaune bouton-d'or, jaune brunâtre (n° 179).
3 lire,   — bronze doré, aventurine.

Le timbre-poste de 15 centesimi a été créé par le décret royal du 30 novembre 1862, et émis le 1er janvier 1863. Il est du même dessin que les timbres précédents.

15 centesimi, — bleu clair.

Les timbres sardes n'étaient pas piqués. La direction générale des postes a fait piquer, en 1862, à titre d'essai, une certaine quantité de timbres-poste. Cet essai ne répondit pas aux désirs de l'administration, qui remit en vente des timbres non piqués, et ce sont ceux dont on s'est servi jusqu'à l'émission de 1863.

L'essai des timbres piqués a été fait en juillet ou août

1862, et ces timbres ont été employés de septembre 1862 à janvier 1863.

Nº 179.   Italie.   Nº 180.

Un nouveau type de timbre a été adopté par un décret royal du 11 janvier 1863, et il a été fait, le 1er mars 1863, une émission de timbres de 15 centesimi de ce type.

Le timbre est rectangulaire; il a 21mm sur 19. Il est gravé et imprimé en couleur sur papier blanc. Il n'est pas piqué.

L'effigie de Victor-Emmanuel est dans un médaillon ovale; la tête est tournée à gauche. On lit dans l'encadrement rectangulaire : *Franco bollo postale italiano*. La valeur est en chiffres aux angles et en lettres au bas du timbre.

    15 centesimi, — bleu clair (nº 180).

Il a été tiré des épreuves d'artiste de ce timbre; elles sont imprimées en rouge sur carte glacée, et avant la lettre, c'est-à-dire avant que l'on ait gravé l'inscription. On remarque une différence dans le dessin des petits cartouches d'angle, qui est plus élégant dans l'épreuve d'essai. L'impression en a été faite avec beaucoup de soin.

Les timbres de journaux sardes ont été conservés; mais comme le timbre de 1 centesimo et celui de 2 centesimi étaient de même couleur et souvent confondus pour cette raison, une ordonnance ministérielle du 1er mai 1862 a prescrit l'impression des timbres de 2 centesimi en bistre ou jaune brunâtre. En comparant les timbres de journaux de 1861 et du commencement de 1862 avec ceux qui ont été tirés dans les derniers mois de 1862 et en 1863, on peut constater que, tandis que les premiers sont imprimés en noir, les autres le sont en noir très-pâle et plutôt en gris noirâtre.

Les timbres de journaux ne sont pas piqués.

    1 centesimo, — (1861-1862) noir; (1862-1863) gris noirâtre.
    2 centesimi, — (1861-1862) noir; (1862) gris noirâtre; (1862-1863) bistre ou jaune brunâtre (nº 181).

Tous les timbres ont eu cours jusqu'au 1er janvier 1864, aux termes du décret du 29 octobre 1863.

Le gouvernement italien a décidé que toute lettre non affranchie, écrite et distribuée dans la circonscription d'un bureau de poste, doit être revêtue d'étiquettes imprimées d'une valeur uniforme de 10 centesimi, représentant ensemble la taxe exigible (règlement pour l'exécution de la loi du 5 mai 1862). Les chiffres-taxes sont toujours apposés sur les lettres par les agents des postes.

Nº 181.   Italie.   Nº 182.

Cette étiquette est rectangulaire et a 21mm sur 24. Elle est lithographiée, imprimée en bistre ou jaune brunâtre sur papier blanc; elle n'est pas piquée. Elle porte un timbre ovale; les mots *10 c.* et *Segna tassa* sont dessinés dans un cartouche.

    10 centesimi, — bistre ou jaune brunâtre (nº 182).

L'usage de cette étiquette a commencé le 1er janvier 1863.

Tous les timbres-poste qui précèdent ont été fabriqués dans l'hôtel du ministère des travaux publics, à Turin.

La loi du 5 mai 1862 avait laissé au gouvernement le soin de fixer par décret la forme et la valeur des timbres italiens, dont la fabrication est réservée à l'État.

On dit que ce décret a été rendu en 1862, et qu'il annonçait que les timbres porteraient les armes du royaume et seraient de huit valeurs.

Quoi qu'il en soit, plusieurs projets ont été soumis au gouvernement italien.

Le premier timbre proposé est même antérieur à la loi de 1862; il a été fait, en 1861, par MM. Bradbury, Wilkinson et Cie, graveurs à Londres, qui l'ont placé à l'Exposition universelle de 1862. Ce timbre est rectangulaire et a 31mm sur 27. Il est gravé en taille-douce et imprimé en couleur sur carte blanche. Il porte l'effigie du roi d'Italie, la tête vue de trois quarts et tournée vers la gauche. Il a été gravé deux valeurs : 10 et 20 centesimi; le dessin est différent. Dans le timbre de 10 centesimi, la tête du roi est dans un cadre rectangulaire fermé à la partie supérieure par une ogive en trèfle; en haut, *C. posta. 10*; à gauche, *Franco*; à droite, *Bollo*; en bas, *C. dezi*. Dans le timbre de 20 centesimi, la tête est dans un médaillon rond; en haut, *Poste*; à gauche, *Bollo*; à droite, *Franco*; en bas, *Venti*.

    10 centesimi, — noir rougeâtre, vermillon vif, bleu clair.
    20   — noir rougeâtre, vermillon vif, bleu clair, vert clair (nº 183).

Nº 183. Italie.

Le second timbre proposé est rectangulaire et a 22mm,5 sur 19mm,5. Il est gravé, imprimé en couleur sur papier blanc; il est piqué. Le dessin représente un écu aux armes du royaume, surmonté de la couronne royale et entouré du collier de l'Annonciade. On lit sur *Italia*; aux angles supérieurs, dans de petits cartouches, la valeur en chiffres; en bas la valeur en lettres sur une banderole, et au-dessous le mot *Poste*; enfin, à gauche, *Franco*, et à droite, *Bollo*. Ce timbre est signé : *A. Sparre sculpt.*

    3 centesimi, — noir sur papier mi-blanc.
    15   — vert sur papier blanc verdâtre (nº 184).
    15   — marron sur papier teinté.
    15   — bistre sur papier teinté.
    30   — noir sur papier mi-blanc.
    40   — noir sur papier mi-blanc.
    80   — noir sur papier mi-blanc.

On peut assigner à ce timbre la date de novembre 1862; il ne fut pas accepté.

Nº 184.   Italie.   Nº 185.   Italie.   Nº 186.

Un autre modèle, qui avait été fait antérieurement pour

le gouvernement des Deux-Siciles, fut proposé. Il porte la tête de Mars, couverte d'un casque et couronnée de lauriers. Il a été décrit dans la notice des timbres des Deux-Siciles. Dans le timbre proposé au gouvernement napolitain, il n'y a que les mots *Franco bollo;* dans celui qui a été proposé au gouvernement italien, on a ajouté en haut et en bas *Saggio C. Perrin.* Ce timbre est gravé, imprimé en relief et en bleu-lapis sur papier blanc (n° 185) (¹).

A la fin de 1862, d'habiles graveurs de Gênes, MM. Perlas frères, se mirent sur les rangs; ils présentèrent un timbre gravé sur pierre et imprimé à la presse lithographique, offrant d'ailleurs de graver sur métal le type définitif et de l'imprimer à la presse typographique. Il est rectangulaire et a 25ᵐᵐ sur 21ᵐᵐ.5. Il est imprimé en couleur sur papier glacé. La tête de Victor-Emmanuel II, tournée à gauche, est dans un cadre ovale. On lit en haut *Poste italiane,* en bas la valeur en lettres, et le chiffre de la valeur est répété aux quatre coins. La tête du roi, dessinée avec finesse, paraît en relief, par le travail de la gravure, comme sur un camée. L'idée est ingénieuse, et les épreuves d'essai dans les couleurs foncées sont jolies.

2 centesimi, — (n° 186).

Ce timbre a été imprimé en quinze couleurs : noir, brun, bleu foncé, bleu-saphir, bleu-ciel, vert bleuâtre foncé, vert-émeraude, violet, pourpre, rouge-amaranté, carmin, vermillon, orange, jaune bouton-d'or, jaune-soufre. Cet essai a été tiré en petites feuilles de 11 centimètres sur 5, contenant 8 timbres, et le nom de *Perlas* est au bas de chaque rangée de 4 timbres.

C'est le 19 mai 1863 qu'a été signée l'ordonnance ministérielle qui adoptait le type proposé par MM. Thomas de la Rue et Cⁱᵉ, de Londres, et leur concédait la fabrication des timbres-poste italiens.

Ces timbres ont été émis à la date du 1ᵉʳ décembre 1863, en vertu du décret royal du 29 octobre 1863.

Ils sont rectangulaires et ont 22ᵐᵐ sur 19. Ils sont gravés sur acier, imprimés à la presse typographique, en couleur sur papier blanc glacé. Ils sont piqués. Le timbre de 1 centesimo porte le chiffre 1 entouré de fleurons et de méandres. Les autres timbres présentent l'effigie du roi tournée à gauche et placée dans un cadre ovale. Les ornements des angles, d'un dessin élégant, sont différents suivant la valeur. On lit sur le cadre ovale, en haut, *Poste italiane,* et en bas la valeur en lettres.

MM. de la Rue ont imprimé pour le gouvernement deux séries d'épreuves d'essai pour juger des couleurs :

	1ʳᵉ série.	2ᵉ série.
1 centesimo,	— brun.	Orange.
5 centesimi,	— vert.	*Gris verdâtre foncé* (²).
10	— violet.	Vert-olive.
15	— bleu clair.	Brun rougeâtre.
30	— jaune.	
40	— carmin.	*Carmin.*
60	— violet-pourpre.	*Violet clair.*
2 lire,	— vermillon.	*Vermillon.*

Il y a eu d'autres épreuves d'essai; on cite les suivantes :

1 centesimo, — roux.
5 centesimi, — gris-bleu foncé.
10 — brun violacé.
10 — carmin.
10 — bleu-ciel.
2 lire, — vert clair.

Il reste à donner les couleurs des timbres qui sont en usage.

(¹) Le dessin reproduit le modèle napolitain.
(²) les noms en italique marquent les couleurs qui ont été adoptées pour ces valeurs.

1 centesimo, — vert de mer (n° 187).
5 centesimi, — gris verdâtre foncé.
10 — roux.
15 — bleu clair.
30 — brun (n° 188).
40 — carmin.
60 — violet clair ou lilas.
2 lire, — vermillon.

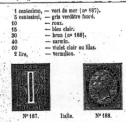

N° 187. — Italie. — N° 188.

Ces 8 timbres, sur lesquels le mot *Saggio* (essai) a été imprimé en noir, ont été annexés au numéro du recueil officiel des lois et décrets qui contient le décret du 29 octobre 1862. Les collectionneurs placent dans leurs albums la série des timbres frappés du mot *Saggio* avant la série des timbres non estampillés. Ces timbres ont été imprimés chez MM. Thomas de la Rue et Cⁱᵉ, à Londres, sous la surveillance d'un commissaire du gouvernement italien.

Dans les premiers mois de 1864, il a été fait une nouvelle série de timbres proposés, sur l'origine de laquelle nous n'avons aucun renseignement certain, et qui paraît ne devoir pas être adoptée par le gouvernement.

Les timbres sont rectangulaires. Le timbre de 15 centesimi a 22ᵐᵐ.5 sur 20ᵐᵐ; celui de 60 centesimi a 22ᵐᵐ sur 19ᵐᵐ.5; les autres ont 23ᵐᵐ sur 20ᵐᵐ.5. Ils sont gravés en taille-douce, imprimés en couleur sur papier blanc, et ne sont pas piqués. Le timbre de 1 centesimo a un grand chiffre 1 sur un fond guilloché, et le chiffre est répété à chaque angle. Les autres timbres sont à l'effigie du roi, dont la tête est tournée à gauche. Elle est dans un cadre rond sur les timbres de 5, 30, 40 centesimi et 2 lire, dans un cadre octogone sur le timbre de 10 centesimi, dans un cadre ovale sur celui de 15 centesimi, dans un cadre rectangulaire irrégulier sur celui de 60 centesimi. Le cadre est surmonté de la couronne royale sur le timbre de 2 lire. On lit en haut *Poste italiane,* et en bas la valeur en lettres; la valeur en chiffres est répétée, soit aux quatre angles, soit à deux, soit sur les côtés. Chaque timbre a deux épreuves d'essai, chacune de couleur différente.

	1ʳᵉ série.	2ᵉ série.
1 centesimo,	— noir.	Jaune brunâtre (n° 189).
5 centesimi,	— vert jaunâtre clair.	Bleu clair.
10	— orange.	Marron clair.
15	— violet.	Noir (n° 190).
30	— brun.	Violet.
40	— marron clair ou brun rougeâtre.	Noir.
60	— bleu clair.	Lie-de-vin.
2 lire,	— brun foncé.	Vert jaunâtre clair (n° 191).

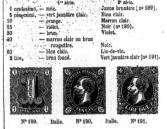

N° 189. — Italie. — N° 190. — Italie. — N° 191.

Contrefaçons.

Les timbres-poste italiens ont été contrefaits en 1861 et en 1862. On a arrêté à Naples, en septembre 1862, des faussaires qui n'avaient encore mis en circulation de faux timbres-poste que pour une centaine de ducats.

La suite à une autre livraison.

UN PORTRAIT DE MOLIÈRE

EN COSTUME DE THÉÂTRE (¹)

Voy., sur Molière, la Table des trente premières années.

Molière, d'après un tableau du foyer des artistes de la Comédie française. — Dessin d'Eustache Lorsay.

On remarque au foyer des artistes de la Comédie française un tableau qui a longtemps appartenu à un prince de l'Église, au cardinal de Luynes, archevêque de Sens, homme de savoir, homme d'esprit, membre de l'Académie des sciences et de l'Académie française, où il eut Florian pour successeur. De la galerie du prélat le tableau, après avoir passé sans doute dans plusieurs mains, devint la propriété d'un amateur de Sens, M. Lorme, qui en fit présent, il y a vingt-cinq ans, aux sociétaires du Théâtre-Français.

Ce tableau représente la scène d'un théâtre qu'éclairent quelques lampions fumeux et six lustres de cristal garnis de chandelles; on y voit un certain nombre de personnages en costume de théâtre, diversement représentés, mais n'ayant entre eux aucun rapport qui indique que l'auteur ait voulu figurer autre chose que des portraits; dans le haut de la toile se déroule une banderole sur laquelle on lit : FARCEURS FRANÇOIS ET ITALIENS DEPUIS 60 ANS JUSQU'EN 1670.

(¹) Ce portrait n'avait pas encore été gravé. Il serait peut-être utile de faire la même indication à propos de beaucoup de nos gravures.

Comme peinture, ce tableau a peu de valeur, mais il est curieux à titre de renseignement. C'est trois ans avant la mort de Molière, décédé le 17 février 1673, qu'il a été peint; il n'est, en grande partie, que la reproduction de quelques gravures connues de Callot et d'Abraham Besse, représentant Jodelet, Scaramouche, Gaultier-Garguille, Trivolin, Gros-Guillaume, Guillot-Gorju, le Matamore, Pantalon, Mezzetin et autres, tous acteurs anciens de l'hôtel de Bourgogne ou de la Comédie italienne; mais deux d'entre eux vivaient encore, ou appartenaient du moins à la scène, à la date indiquée sur la toile, et ce sont ceux que l'artiste a représentés à la droite de son tableau, Molière le premier, et Raymond Poisson le second.

La figure de Poisson nous est bien connue; Edelinck en a laissé un portrait gravé d'après Netscher, dont le tableau original est au foyer de la Comédie française, à quatre pas de celui qui nous occupe. La comparaison est facile; la figure de la peinture de Netscher est plus gale, mais les deux portraits se rapportent bien l'un à l'autre, et la ressemblance de Poisson nous paraît une présomption en faveur de celle de Molière.

Pour qu'on ne doutât pas, d'ailleurs, de l'identité de ses personnages, le peintre a pris la précaution d'inscrire leurs noms au-dessous de chacune des figures qui les représentent; mais il est juste de reconnaître que les deux portraits de Molière et de Poisson se recommandent par une exécution plus ferme, par un dessin qui a plus de correction, et que, comparés aux autres figures, ces deux portraits témoignent de plus d'étude et d'un pinceau qui a même quelque finesse.

Faut-il donc, dans la figure très-fidèlement copiée par notre dessinateur, reconnaître l'auteur du Misanthrope? Avons-nous sous les yeux un portrait costumé et exact de ce grand comédien, rangé par son peintre inconnu, ainsi que Poisson, un autre célèbre et véritable artiste, dans le groupe des farceurs que son tableau représente? Nous n'hésitons pas à l'affirmer.

Assurément cette physionomie si joyeuse n'est pas celle du visage méditatif popularisé par le ciseau de Houdon, et que la postérité s'obstinera à considérer comme la ressemblance la plus exacte de la figure de Molière, parce qu'elle est l'expression la plus juste de son génie. Mais le portrait que nous a laissé de lui la fille de son camarade Ducroisy (Mme Paul Poisson) ne s'accorde-t-il pas bien d'abord avec notre gravure?

« Il n'était ni trop gras ni trop maigre, dit-elle. Il avait la taille plus grande que petite, le port noble, la jambe belle. Il marchait gravement, avait l'air très-sérieux, le nez gros, la bouche très-grande, les lèvres épaisses, le teint brun, les sourcils noirs et forts, et les divers mouvements qu'il leur donnait lui rendaient la physionomie extrêmement comique. »

Plus heureuse que l'Angleterre, qui n'a de Shakspeare que quelques portraits douteux, sinon apocryphes, la France, outre le portrait que l'on voit au Musée du Louvre, doit à Mignard deux portraits de Molière peints à différents âges, et gravés, le premier par Audran, le second, avec un grand caractère de vérité, par Nolin; si les deux peintures de Mignard ont disparu, il nous reste l'œuvre des graveurs, qui, on le sait, furent les contemporains de Molière. Sur le portrait de Nolin, c'est à peine si l'on aperçoit la moustache si fortement accentuée de notre gravure, mais c'est là une moustache de théâtre, et Molière, à en juger par différents passages de ses pièces, aimait à l'y porter ainsi exagérée.

Quoi! se peut-il, Monsieur, qu'avec l'air d'homme sage,
Et cette large barbe au milieu du visage...?
(Tartufe, acte Ier.)

Il s'appelle Sganarelle; mais il est aisé à connaître : c'est un homme qui a une large barbe noire et qui porte une fraise.
(Le Médecin malgré lui, acte Ier.)

Mais ce qui constate le mieux l'irrécusable ressemblance de notre portrait, c'est l'inventaire des biens et du mobilier de Molière, fait après sa mort; document si curieux, et dont l'inespérée découverte est due à la sagacité patiente de l'auteur des Recherches sur Molière et sur sa famille, M. Eud. Soulié : on trouve dans cet inventaire l'état des costumes de théâtre de Molière, et l'habit de Sganarelle, de l'École des maris, y est ainsi décrit :

« Un habit, consistant en haut-de-chausses, pourpoint, manteau, col, escarcelle et ceinture, le tout de satin couleur de musc. »

Or, cette couleur de musc, espèce de couleur brune (Dict. de l'Acad.) d'un ton jaunâtre, très en usage au temps de Molière, est celle du portrait peint; en outre, la description de l'huissier priseur répond de point en point à ces vers de Molière, ou plutôt de Sganarelle, dans l'École des maris :

Quoi qu'il en soit, je suis attaché fortement
A ne démordre point de mon habillement;
Je veux une coiffure, en dépit de la mode,
Sous qui toute ma tête ait un abri commode;
Un bon pourpoint bien long, et fermé comme il faut,
Qui, pour bien digérer, tienne l'estomac chaud;
Un haut-de-chausses fait justement pour ma cuisse;
Des souliers où mes pieds ne soient point au supplice,
Ainsi qu'en ont usé sagement nos aïeux.
Et qui me trouve mal à ça qu'à fermer les yeux.

Ajoutons enfin que, sauf un changement insignifiant dans la coiffure, le costume de notre portrait est identiquement semblable à celui de Sganarelle gravé en tête de l'édition princeps de l'École des maris, et qu'ainsi, après avoir donné (t. XXVIII, 1860, p. 280) un costume de Molière dans le rôle de Mascarille des Précieuses ridicules, nous pouvons encore aujourd'hui offrir avec certitude à nos lecteurs, comme aux futurs éditeurs des œuvres de Molière, un portrait qui se recommande à leur attention par une authenticité non moins bien établie.

COMBIEN VAUT-ELLE?

Il y a de bonnes et de mauvaises habitudes en Angleterre comme en tout autre pays. L'une des plus blâmables, à mon gré, est celle-ci. La plupart des Anglais (et aussi des Américains du Nord), lorsqu'il s'agit d'une personne qui leur est inconnue, font tout d'abord cette question : « Combien vaut-elle? » c'est-à-dire : « Quelle est sa fortune? » Préjugé pour préjugé, il semble qu'on ne répugnerait pas autant à l'ancienne question française : « Est-elle de qualité? » Il n'est pas déraisonnable de supposer que l'héritage de la noblesse devait obliger à un certain respect de soi-même et à la recherche de quelque degré de vraie distinction, tandis qu'on ne voit pas que la seule possession des biens matériels, qui s'acquièrent de tant de manières différentes, autorise une prévention aussi favorable. Le mieux est encore de s'enquérir directement de la valeur morale et intellectuelle des gens, puisque ce sont là, incontestablement, les véritables supériorités. « Pourquoi, dit Montaigne, estimant un homme, l'estimez-vous tout enveloppé et empaqueté?... Il le faut juger par lui-même, non par ses atours. Mesurez-le sans ses échasses. Quelle âme a-t-il? Est-elle belle et capable? »

LE BOUT DE LA ROUTE.

Jean le charpentier et Pierre le serrurier, ouvriers laborieux, instruits, étaient partis ensemble pour faire leur tour de France. Ils comprenaient qu'on apprend beaucoup par les voyages; mais ils ne cherchaient pas la vie errante : c'est au pays natal qu'ils voulaient rapporter les fruits de leur expérience, et ils n'avaient salué de leurs adieux le clocher de leur village qu'avec la ferme intention de revenir pour aider la vieillesse de leurs parents, exercer loyalement leur état, et dormir en paix dans le cimetière de leurs ancêtres.

Ils cheminèrent d'abord à travers des plaines vastes et fertiles; les champs bien cultivés, les habitations élégantes, les ombrages et les fleurs, semblaient sourire à leur passage; ils marchaient sans fatigue. Bientôt ils s'engagèrent dans les vallées, arrivèrent au pied des hautes montagnes, et durent gravir les rampes les plus rudes. Parvenus à un plateau, ils voyaient sans cesse de nouvelles cimes se dresser sur leurs têtes. Ils ne se décourageaient pas.

— Jean, dit Pierre à son compagnon, ceci est comme notre vie : dans notre enfance, tout nous était gai et facile; aujourd'hui, le travail pénible; demain aussi, et longtemps encore, le travail. Mais persévérons, et au bout de notre route Dieu nous donnera son repos.[1]

LES ANIMAUX DOMESTIQUES. [2]

Septième article. — Voy. p. 122, 155.

La quantité d'espèces d'oiseaux que l'homme pourrait s'approprier est presque illimitée. Mais c'est surtout sur ce terrain qu'il importe de se mettre en garde contre le prestige des conquêtes. Le point de vue de l'agriculture diffère essentiellement de celui de la zoologie, car ce qui compte à son égard n'est pas le nombre des espèces, mais le nombre des services. Aussi, sans nier le plaisir que trouveraient les yeux à se promener sur une plus grande variété d'animaux que celle dont ils ont eu jusqu'à présent jouissance, convient-il de faire une sérieuse différence entre l'acquisition d'une simple nouveauté de forme, de couleur, de plumage, et celle d'une race domestique réellement supérieure sous le rapport du bon marché, de la qualité, et surtout de l'originalité de l'emploi. Si même, en ce qui concerne les mammifères, cette observation mérite d'être bien pesée, à plus forte raison doit-on en tenir un compte sérieux pour la classe des oiseaux. Quel que soit le nombre d'espèces que cette classe nous a déjà données, et le nombre au moins aussi grand que nous pouvons en attendre encore, le nombre de services ne demeure pas moins limité, puisqu'il n'y a guère à en tirer que des aliments de luxe et des animaux d'ornement.

Dans le sens le plus strictement économique, on peut dire que la classe des oiseaux ne nous fournit que de la viande, et seulement par cinq producteurs bien caractérisés : la poule, qui se nourrit des débris de basse-cour; le dindon et le pigeon, qui vivent aux champs; l'oie, qui pâture; le canard, qui cherche sa subsistance dans les eaux. Tout le reste n'est que variation et fantaisie.

La poule est hors ligne : outre sa chair, qui, dans certaines races et moyennant certaines conditions de nourriture, est d'une nature exquise, elle donne ses œufs, qui, par leur bas prix et leur utilité, peuvent être rangés de pair avec le lait. Elle pond presque toute l'année, couve facilement et élève elle-même ses petits, sans demander pour eux aucun soin particulier. Elle est sobre, docile, sédentaire, et épluche, sans se lasser, tous les débris; bref, elle est le modèle de l'oiseau de basse-cour, qu'elle égaye encore par la gentillesse de son allure et son caquetage. Ses couleurs sont variées et agréables, et celles du mâle sont telle-

[1] *Pensées des divers âges de la vie*, par Alphonse Grün.
[2] Article inédit de Jean Reynaud.

ment éclatantes, que la trop grande habitude que nous en avons nous empêche seule de reconnaître dans cet animal un des plus beaux types de la création.

Le coq est originaire d'Asie; il vit à l'état sauvage dans les îles de la Sonde et dans plusieurs parties du continent. Les naturalistes le désignent sous le nom de *Bankiva*, et très-souvent, malgré les influences séculaires de la domination de l'homme, nous voyons reparaître exactement le même type dans nos basses-cours. Sa domestication est fort ancienne, et il offre tant de qualités qu'il n'était pas possible de choisir un meilleur commensal. Aucun peuple ne l'a tenu en plus grand honneur que les Perses, qui en avaient fait leur oiseau sacré. Les institutions de Zoroastre ordonnaient à chaque fidèle d'en entretenir au moins un, comme symbole de la vigilance et du salut matinal au soleil. C'est par la Perse qu'il est arrivé en Occident. Il n'a cependant été connu des Grecs que postérieurement à Homère, et l'Italie ne l'a reçu que plusieurs siècles après la Grèce. Il serait intéressant de rechercher si la Gaule, qui avait tant de rapports avec la Perse, et dont le nom a été appliqué par les Romains à la désignation de la race galline, ne l'aurait pas possédé avant les péninsules. Il se peut que le nom de *gallus persicus*, que l'on rencontre quelquefois dans les auteurs latins, ne se soit appliqué qu'à une variété particulière importée d'Orient.

Les présomptions tirées du nom de *gallus*, coq, dans lequel il paraît difficile de ne voir qu'une coïncidence fortuite, inexplicable d'ailleurs, avec le nom de *Gallus*, Gaulois, trouvent une confirmation que l'on peut regarder comme décisive dans une ancienne tradition conservée par les bardes, et d'après laquelle la poule avait un rôle important dans la cosmogonie celtique. Il fallait que l'espèce remontât bien haut dans l'histoire de la Gaule pour que la mythologie pût imaginer de la faire contemporaine de l'origine du monde. Quoi qu'il en soit de la justesse de ce point de vue, que nous soumettons à qui de droit, il est de fait que la révolution française, en relevant l'esprit de la Gaule, a relevé aussi l'emblème du coq, et le peuple, devançant l'histoire, a salué le coq gaulois.

Le dindon est originaire de l'Amérique septentrionale. On le trouve encore aujourd'hui en troupes immenses dans les plaines de l'Ohio et du Mississipi, où il se nourrit de graines et de baies qu'il ramasse dans les bois. Il se familiarise si aisément que des individus sauvages rejoignent quelquefois dans les fermes les individus domestiques qui s'y trouvent, et aussi la domestication de cette espèce n'a-t-elle pas dû demander beaucoup de peine. Elle a été introduite en Europe par les Espagnols, au plus tard au commencement du seizième siècle, car on la connaissait en France dès le règne de Louis XII, et Belin nous apprend que vers 1550 elle était déjà commune dans nos métairies. Bien que le dindon ne soit pas aussi facile à élever dans le jeune âge que la poule, bien qu'il demande plus de surveillance et qu'il ne produise des œufs qu'en petite quantité, la facilité qu'il y a de le nourrir pendant une partie de l'année, en le menant picorer dans les champs, fait que, pour le prix de revient de sa chair, il demeure à peu près au niveau de la poule, et comme en même temps il est préférable, sinon par la délicatesse du moins pour le volume des pièces d'apparat, il se vend bien sur le marché, et les agriculteurs trouvent, dans beaucoup de localités, de l'avantage à en entretenir des troupeaux.

Le pigeon peut à peine se nommer un animal domestique. Il habite à côté de nous plutôt que chez nous, et ce long voisinage n'a modifié que très-légèrement ses habitudes naturelles. Il est vrai de dire que presque toute l'année il est libre tout le jour, vit à sa guise, et ne vient chercher que le soir l'abri que nous lui avons préparé.

C'est là qu'il niche, et le profit vient de ses petits que nous lui enlevons. Bien que sa ponte ne soit ordinairement que de deux œufs, comme il se remet à pondre avant même d'avoir élevé sa couvée, il jouit en somme, surtout quand il est convenablement nourri, d'une grande fécondité. La détermination de son origine ne fait pas question, tant le type domestique s'est peu écarté du type primitif. On trouve même très-souvent, parmi nos volées de bisets, des indi-

Le Coq (*Gallus bankiva*) et la Poule.

Le Dindon (*Meleagris gallo pavo*).

vidus complétement identiques jusqu'aux moindres accidents de coloration avec l'espèce sauvage, la *colombe livia* des naturalistes. Aussi arrive-t-il à celle-ci de se joindre à nos bisets et de se ranger d'elle-même à la vie, semée de temps en temps de quelques largesses, que nous leur faisons; d'autre part, il arrive à ceux-ci de quitter nos colombiers pour rentrer dans la vie d'indépendance. Malgré cette persistance remarquable dans sa première condition, le pigeon est susceptible de se modifier beaucoup quand il est tenu de plus près, et c'est à cette facilité de variation que sont dues les nombreuses races caractérisées, sous le rapport de leur origine comme de leur régime, sous le nom de pigeons de volière. Il n'est pas rare de rencontrer dans les produits de ces races, même les plus singulières, des individus qui répètent, au moins par quelques traits, l'image de leurs ancêtres, complétement effacée dans les générations précédentes. On ne connaît ni

Le Pigeon biset (*Columba livia*).

l'époque ni le lieu de la première domestication du pigeon. On sait seulement qu'il n'a paru chez les Grecs que pos-

térieurement aux temps d'Homère, et qu'au cinquième siècle avant notre ère la variété blanche, importée selon toute apparence de Perse, était chez eux une nouveauté. Comme l'espèce sauvage existe dans la plus grande partie de l'Asie, il semble permis de conjecturer, dans le silence des monuments, que c'est dans ces contrées, où nous le voyons possédé par l'homme dès l'antiquité, qu'il a dû être conquis pour la première fois, à moins qu'il ne doive être disputé à l'Orient par l'Égypte, qui l'a possédé également.

On peut s'étonner que la pintade n'ait pas réussi jusqu'à présent à se faire admettre d'une manière normale dans le domaine agricole. Par la spécialité de sa chair, comparable à celle d'un gibier, elle y aurait une place à part. Il faut en accuser le goût du public, toujours lent à se former en faveur des nouveaux aliments, et aussi le naturel de l'oiseau, demeuré toujours un peu sauvage et se prêtant mal à la vie régulière et casanière des basses-cours. Son élégance suffirait peut-être pour lui donner accès dans les parcs, si l'incommode sonorité de son cri ne forçait à le tenir loin des oreilles délicates. Il y en a deux espèces, l'une à caroncules bleues, originaire des parties occidentales de l'Afrique, l'autre, plus rare, à caroncules rouges, originaire des parties orientales. Les Romains, qui faisaient grand cas de la chair de ce volatile et qui en élevaient de grandes quantités, connaissaient les deux espèces. On ne sait si les Grecs étaient aussi avancés à cet égard, mais il est certain, d'après le témoignage d'Athénée, qu'ils connaissaient l'espèce à caroncules rouges. Dès le temps d'Aristote, on entretenait une troupe de ces oiseaux auprès du temple de Minerve dans l'île de Leros. Mais c'est seulement sous la domination romaine, par l'influence de la gastronomie, que la pintade est devenue commune dans les métairies. Le moyen âge, moins recherché dans ses goûts, l'avait laissé disparaître, et ce n'est qu'à l'époque de la renaissance qu'elle a reparu parmi nous, rapportée de la côte d'Afrique par les Portugais, et domestiquée de nouveau, si tant est que ce nom puisse convenir à un serviteur d'humeur aussi sauvage.

C'est également aux Grecs que l'Europe doit le paon,

le plus beau, sans contredit, de ses oiseaux. On en avait vu en Grèce dès l'époque de Périclès, mais c'est seulement à partir de l'époque d'Alexandre qu'il y est devenu commun. On peut donc le considérer avec raison comme un des trophées de l'expédition de ce conquérant, qui pénétra en Asie jusqu'aux contrées où vivait à l'état sauvage ce magnifique oiseau. Son cri, plus désagréable encore que celui de la pintade, nuit à sa propagation dans nos parcs, où par la vivacité de son plumage il s'harmonise si bien avec les fleurs. Au moyen âge, on avait l'habitude de le faire figurer sur la table dans les festins d'apparat; mais, quoique sa chair soit assez estimable, son usage n'a point prévalu, peut-être par un sentiment involontaire de respect pour sa beauté.

Nulle part peut-être il ne nous reste à réaliser plus d'acquisitions que dans l'ordre si riche des gallinacés, auquel nous devons déjà tant, sans parler des diverses espèces de faisans, que l'on peut regarder comme à demi domestiques, puisqu'elles vivent en partie par nos soins et y vivraient tout à fait si nous le voulions; nous sommes maîtres d'adjoindre à notre paon, le paon japonais, le lophophore, le napaul, les euplocomes; à notre dindon, le magnifique dindon de Honduras, le hocco, le marail, et, plus près de nous, le coq de bruyère et la gelinotte; à nos pigeons, le goura et tout ce qu'il nous plaira de choisir dans la nombreuse famille des colombes. Mais toutes ces espèces, si précieuses qu'elles soient, se rapportent bien plutôt à la classe des oiseaux d'ornement qu'à celle des

Le Coq de bruyère (*Tetrao urogallus*).　　　La Gelinotte (*Tetrao bonasia*).

oiseaux utiles, et ne paraissent pas destinées à causer jamais une augmentation véritable dans la richesse agricole.

LA MALLOTTE DU PÈRE RASTOUL.

NOUVELLE.

Suite. — Voy. p. 330, 337, 345, 357, 362.

Il supporta le choc en homme qui a fait provision de force pour le combat; un léger sourcillement trahit seul la commotion produite par la réponse de la fille du tisserand, et, essayant de sourire, il poursuivit avec une sorte de bonhomie que démentait son regard tout empreint de défiance :

— Sans doute, mon enfant, sans doute, tu crois n'avoir que celle-là à me donner parce que tu as voulu te payer toi-même la commission; mais tu n'es pas raisonnable, la petite; tu prends trop cher.

La Belou comprit l'injuste supposition que le père Rastoul enveloppait de ses mielleuses paroles; elle lança à celui-ci un foudroyant coup d'œil, et jetant la pièce d'or sur le grabat, elle riposta, pourpre d'indignation :

— Pour me croire une si mauvaise pensée, il faut que vous soyez un bien mauvais homme!

Elle fit aussitôt quelques pas vers la porte; ses frères la suivirent; mais le vieux voisin, dominé par l'idée que la fille de Cambajou retenait par devers elle l'autre moitié de ce qu'il avait perdu, s'empressa de lui barrer le chemin et insista, mais avec douceur, mettant dans sa voix le ton le plus caressant, dans ses yeux le regard le plus velouté, pour l'amener à restitution complète.

— Tu comprends bien, la Belou, que je n'ai pas voulu te fâcher. J'ai eu tort, j'en conviens, de croire un moment que l'idée de garder l'autre pièce était venue de toi. Non, tu n'y es pour rien; c'est quelqu'un qui t'a conseillé cela, quelqu'un que je connais. Certes, je ne lui en veux pas; au contraire, je trouve même qu'il est très-beau de la part d'un pauvre homme comme lui de faire rendre par ses enfants la moitié de ce qu'ils ramassent, surtout quand c'est de l'or; oui, c'est beau, c'est superbe pour lui; mais pour toi, qui es une honnête enfant, insinua le père Rastoul, tu dois te dire que garder la moitié quand on n'a droit à rien, ce n'est pas rendre assez.

Cela dit, il attendit, la main ouverte, l'effet de son insinuation.

Ce qui lui faisait croire au succès de son éloquence, c'était l'attitude de la Belou : elle semblait réfléchir et hésiter. En effet, elle réfléchissait à ce discours qu'elle croyait avoir mal entendu, mal compris, tant il lui semblait blessant pour son père; elle hésitait à reconnaître celui-ci dans ce quelqu'un qu'on supposait capable de conseiller le mal :

— A la fin des fins, dit-elle, coupant court à ses réflexions, laissez-nous partir : le père ne sait pas que nous sommes ici, il nous croit au boulevard Hôtel-Dieu; il peut venir nous y chercher, et s'il ne nous y trouvait pas, bien sûr, ça lui retournerait le sang.

— Comment! c'est de toi-même que tu es montée ici? ce n'est pas par ordre de ton père?

— Est-ce qu'il peut se douter que j'ai eu affaire chez vous, puisqu'il ne sait rien de la trouvaille du cadet?

— Ah! il ignore cela? riposta vivement le père Ras-

'toul. Et, saisissant au vol cette occasion de viser une dernière fois à son but, il continua : Raison de plus, mon enfant, pour me rendre l'autre pièce d'or. Si tu crains que ton père ne se fâche en apprenant que tu m'as tout rendu, ne lui parle de rien, entends-tu? quant à moi, je t'en réponds, je n'ai envie de causer avec lui ni de cela ni d'autre chose. Te voilà rassurée, j'espère ; à présent tu peux me donner ce que tu dois avoir encore dans ta pochette : donne tout, chère petite.

La Belou retourna fièrement sa poche ; il n'en tomba qu'un petit couteau que le cadet s'empressa de ramasser et de cacher sur lui, tandis que sa sœur, attachant son limpide et tranquille regard sur le vieux voisin, répondait ainsi à son geste de surprise :

— Mais oui, père Rastoul, je n'avais que cette pièce d'or à vous rendre quand j'ai crevé votre fenêtre ; il faut me croire : pourquoi, d'ailleurs, en garderais-je une autre? est-ce qu'elle pourrait nous servir, puisqu'elle n'est pas à nous? Pour ce qui est du père, poursuivit-elle, oh! non, je n'ai pas peur que quelqu'un lui dise ce que moi et mes frères nous sommes venus faire ici, car j'irai lui en parler moi-même aussitôt que vous aurez ouvert cette porte et que nous serons descendus chez nous.

— A quoi bon lui en parler? demanda le père Rastoul, effrayé de cette réponse comme d'une menace.

— A quoi bon! répéta la Belou; on voit bien que vous ne savez pas comment ça se passe à la maison. Le père n'est pas méchant, mais il entend que je lui rende compte des commissions qu'il me donne.

— Je te prends à mentir, la Belou, observa le bonhomme. Ton père n'a pas pu t'envoyer chez moi, puisque tu me disais tout à l'heure qu'il ne te savait pas ici.

— C'est vrai, répliqua-t-elle, il ne le sait pas; mais c'est lui tout de même qui m'envoie.

Un esprit délicat eût été touché de ce qu'il y avait de soumission filiale et d'honnêteté chrétienne dans cette naïve réponse :

« Je viens remplir ici un devoir de probité; mon père n'en sait rien, et cependant c'est lui qui m'envoie. »

Mais la délicatesse d'esprit, cette sensibilité exquise du tact moral qu'impressionne le sentiment qui vibre sous des paroles voilées, n'était pas, il s'en faut du tout, la faculté maîtresse du père Rastoul. Pour s'émouvoir, il faut comprendre : le bonhomme n'avait pas compris. Et comme, excepté ce qui l'intéressait personnellement, rien n'était intéressant pour lui, il ne se fût pas donné la fatigue de chercher à deviner l'espèce d'énigme que la Belou semblait lui proposer, si celle-ci ne lui eût épargné ce rude travail en poursuivant d'abondance et avec chaleur :

— Mais certainement que je viens de la part du père vous rapporter votre pièce d'or : Il ne m'a pas dit ce soir : « Tu vas monter chez le voisin d'en haut », puisqu'il n'y a, chez nous, que le pitzou et moi qui sachions la trouvaille; mais un jour, il y a longtemps, ça se trouvait être la fête du père, et il était à l'hôpital à cause de ses fièvres; la voisine qui nous faisait la soupe nous avait donné à chacun une fleur, et nous étions partis pour l'hôpital, moi et mes frères. Pendant que nous traversions le marché, le cadet, qui ramasse tout, avait perdu sa fleur en ramassant quelque chose. De sorte que ça lui fit le cœur gros de n'avoir rien à donner quand il vit le contentement du père en recevant nos fleurs. Il en avait tant de larmes dans les yeux que cela mettait en peine le malade ; voyant que ce chagrin-là ajoutait au mal, pour en finir, je dis au cadet : « Donne au père ce que tu as trouvé, ce sera comme si tu n'avais rien perdu. » Aussitôt dit, je lui ouvre la main qu'il serrait ferme, et nous voyons une petite clef de montre en argent. Le père, qui était trop faible pour se

soulever, se trouva assez fort pour se lever tout à fait dès qu'il eut vu la trouvaille du cadet. Le père, qui n'avait plus de voix pour autant dire, cria à faire trembler les vitres : « Où as-tu pris cela, gredin? » Il avait les lèvres violettes, le sang dans les yeux, et tout son corps tremblait de colère. Ah ! c'est qu'il est honnête, le père, bonnêté et bon, voyez-vous. Il se saignerait pour nous donner ce qu'il nous faut ; il nous tuerait pour une épingle prise à un autre. Quand il sut comment la clef de montre était venue dans la main du cadet, il nous renvoya en nous disant : « Retournez-vous-en au marché, demandez à un chacun s'il n'a pas perdu quelque chose ; questionnez, cherchez jusqu'à ce que vous trouviez l'homme qui a perdu sa clef de montre, et quand vous l'aurez trouvé, rendez-lui ce qui lui appartient. Souvenez-vous bien qu'il ne vous devra rien pour ça ; mais s'il ne vous donne pas quelque chose, vous pourrez lui dire de ma part qu'il n'est qu'un vrai tessou (un pourceau). » Et nous avons laissé le père et nous sommes revenus au marché, où nous avons bientôt rencontré l'homme qui cherchait encore sa petite clef d'argent. Il ne nous a rien donné pour notre peine ; mais ce n'est pas moi pourtant qui l'ai appelé tessou ; c'est une bonne femme du marché. Voyant que pour toute récompense il se contentait de nous demander notre nom et notre adresse, et puis qu'il s'en était allé en nous disant : « Je m'en souviendrai », cette bonne femme, à qui pourtant nous n'avions eu rien à rendre, nous mit à chacun trois grosses figues dans la main. Fallait voir comme le père était content de nous quand il a vu que nous revenions à l'hôpital sans la clef d'argent ! Il a eu un beau moment ce jour-là : notre soupée au pied de son lit, avec nos figues, ça lui a fait une vraie fête. Et puis quand est venu le moment de nous en retourner à la maison, le père nous a dit : « N'oubliez pas le jour d'aujourd'hui, mes enfants. Ramassez, ramassez toujours ce qu'on aura perdu dans la rue ; c'est très-bien ; mais ne l'apportez jamais chez nous tant que vous ne pourrez pas me dire, la main devant Dieu : J'ai cherché celui à qui la chose appartient, et je ne l'ai pas trouvé. » Voilà ses paroles, père Rastoul ; voilà pourquoi je vous disais tout à l'heure : le père a beau ne pas savoir que le cadet a trouvé votre pièce d'or, c'est lui tout de même qui m'envoie vous la rapporter.

C'est ce récit que Magloire Cambajou venait d'entendre du dehors, à travers la porte fermée, et qui l'avait attendri jusqu'aux larmes. A l'aspect des voisins groupés, comme on sait, au plus haut de l'escalier, la fausse honte attiédit un moment son enthousiasme paternel ; mais il se raviva soudain à la voix de sa fille. Cette fois, la Belou, s'adressant à ses frères, leur disait :

— Sortons d'ici ; je n'ai assez de parler à un sourd qui ne nous donnera rien non plus pour notre récompense : c'est égal, nous serons tout de même payés ; c'est le père qui nous dira merci.

Comme la Belou finissait de parler, une vigoureuse attaque du pied et du poing jeta en dedans la porte, d'ailleurs peu résistante, et Magloire Cambajou s'élança dans le galetas. A cette soudaine arrivée de l'habitant du sous-sol, le père Rastoul se précipita sur son or à corps perdu, c'est le mot exact, car, la face sur son grabat, les yeux fermés, le dos tendu, et recommandant son âme à Dieu, il n'attendait plus que le coup de la mort. Presque au même instant, le propriétaire et les voisins avaient fait irruption chez le bonhomme, se disposant à lui arracher des mains de son ennemi. Pouvaient-ils douter du massacre? ils venaient d'entendre un cri d'angoisse. Mais Cambajou ne songeait guère en ce moment à maltraiter le père Rastoul. C'est lui-même qu'il injuriait, qu'il maudissait ; c'est à lui-même qu'il eût voulu du mal comme châtiment de celui qu'il avait fait. En forçant, par un coup de violence, la porte du galetas à s'ouvrir, il n'avait pas pris le temps de penser que quelqu'un pouvait se trouver derrière cette porte, recevoir le choc, en être blessé, et cependant ses enfants étaient là ! L'un d'eux se trouva à portée du coup : ce fut la Belou. Un angle de la serrure, qui faisait saillie au dedans, la frappa au front et y creusa une entaille d'où le sang coula. Pourtant ce n'était pas la fillette qui avait poussé ce cri d'angoisse dont les voisins s'étaient émus, mais le père, quand il vit la blessure saignante. Sans se préoccuper du lieu où il se trouvait, des curieux qui avaient les yeux sur lui, il prit la Belou dans ses bras, examina avec effroi cette blessure, étancha le sang avec un lambeau de toile arraché à l'une des manches de sa chemise, et de la loque qui pendait alors à son bras nu il fit un bandeau pour la blessée. Et pendant cette opération du pansement, l'émotion que Cambajou s'efforçait de contenir se trahissait brusquement par des fusées de colère :

— Gueuse de porte ! disait-il ; et de son poing fermé il menaçait la serrure.

— Elle ne s'est pas ouverte toute seule, observait la Belou, qui, naturellement dure à elle-même, ne se plaignait pas de son mal et gardait dans la souffrance toute sa présence d'esprit.

— Gredin de père Rastoul ! reprenait Cambajou, dirigeant alors son poing vers le bonhomme encore affaissé sur son grabat ; c'est lui qui est cause de tout !

— Excepté de mon mal, observait encore la Belou ; car ce n'est pas lui qui m'a blessée.

— Oui, ce sont mes malheureux poings ; j'aurais dû me les briser contre la porte pour me punir.

— C'est moi et mes frères qui serions punis, dit la Belou, sourcillant moins de sa douleur que d'impatience à ces dernières paroles de son père. Mais si, par malheur, tu avais brisé tes mains, est-ce que tu pourrais me panser maintenant, et après, qui est-ce qui gagnerait du pain à la maison ?

Ainsi, grâce à la raison précoce de l'enfant, qui saisissait toujours l'à-propos d'une objection sensée pour l'opposer comme calmant aux emportements de son père, l'apaisement se fit peu à peu dans cette nature violente, et quand le pansement fut terminé on put s'expliquer et s'entendre.

Le père Rastoul, à peu près rassuré, quitta son attitude de victime courbée et tremblante sous le couteau du sacrificateur, et comme en se relevant il laissait voir, bien malgré lui, les pièces d'or que tout à l'heure il couvrait de son corps; la Belou répondit au cri de surprise des assistants par un bref récit de la trouvaille du cadet et de sa rencontre avec le commissaire, laquelle motivait la présence des enfants de Cambajou chez leur voisin d'en haut. Les éloges qu'on donna à la blessée furent si vifs, si chaleureux, que l'enthousiasme gagna même le père Rastoul.

— Oui, c'est bien, c'est beau ce qu'elle a fait, dit-il ; aussi elle en sera récompensée. J'avais perdu deux pièces de vingt francs ce soir : elle vient déjà de m'en rapporter une ; eh bien, l'autre est pour elle si on la retrouve.

— Elle est retrouvée, reprit le propriétaire, la tirant de son gousset de montre.

Et pour prévenir les récriminations, il se hâta d'ajouter :

— Je ne la rapportais pas parce que je n'ai pas rencontré le commissaire, moi ; et si je m'étais adressé au premier venu, il n'aurait pas manqué de me dire : « C'est à moi. »

Qu'il se repentît ou non de son élan de générosité, le bonhomme Rastoul avait lui-même trop positivement taxé sa reconnaissance pour essayer de revenir sur sa parole quand il vit la pièce d'or près de passer de la main du propriétaire dans celle de la Belou. Nous disons qu'elle fut près d'y passer, mais non qu'elle y passa ; car au moment de s'en dessaisir, le propriétaire hasarda cette réflexion :

— Si Cambajou me la laissait, il ne me devrait plus qu'une demi-pistole.

Le père de la Belou se montra d'autant plus accommodant sur ce point que le bonhomme aux pièces d'or déclara qu'il s'estimerait heureux de continuer à avoir pour voisin un homme qui inspirait à ses enfants un si grand respect pour l'argent des autres. Ainsi, pour quelque temps du moins, le sous-sol et le galetas conservèrent leurs locataires. *La suite à la prochaine livraison.*

TAGÉS.

Ce génie dont les patriciens, les membres de la caste dominante et sacerdotale en Étrurie, gardaient les doctrines, était sorti du sillon tracé par un laboureur, avait la sagesse des vieillards, sous la figure d'un enfant. On recueillit ses discours, qui furent le fondement de la science des auspices.

VIEILLES MAISONS DE ROUEN.

« Les maisons en bois du quatorzième siècle se rencontrent assez fréquemment encore. Elles se terminent par un pignon en angle aigu, dont la saillie, supportée par deux pièces de bois formant ogive, abrite les étages inférieurs, dans lesquels la charpente apparente constitue le seul motif de décoration. Ces pièces de bois étaient ordinairement peintes et souvent recouvertes d'ardoises ou de petites planches de bois appelées *essentes*, simulant l'ardoise, afin d'assurer leur conservation : le seul ornement qu'on y trouve quelquefois consiste dans la sculpture des poteaux corniers et de quelques autres parties des pans de bois. Le rez-de-chaussée est occupé par des boutiques, et une étroite entrée donne accès dans l'intérieur. » (De Laquerrière, *Anciennes maisons de Rouen.*)

Au quinzième siècle, l'aspect et la construction demeurent à peu près les mêmes ; seulement les étages sont le plus souvent établis en encorbellement, de telle sorte que les pièces du premier débordent et surplombent celles du rez-de-chaussée, et ainsi de suite. « Les rues étroites se trouvaient, pour ainsi dire, à couvert sous les maisons, dont les façades se touchaient presque par le haut » ; disposition adoptée en Orient contre le soleil et en France contre la pluie. À chaque étage, au-dessous de l'appui des croisées, courait un larmier couvert d'ardoises et destiné à garantir les pans de bois. Ces étroites et hautes façades, fort communes encore à Reims et dans beaucoup de villes de province, présentent un ensemble de décoration rationnel et harmonieux. « En laissant franchement apparaître les membrures, en manifestant au dehors les exigences des besoins intérieurs, et en acceptant les conséquences des conditions préexistantes, n'a-t-on pas le double avantage d'éviter la nudité des surfaces et de laisser à l'air le bois qui se pourrit promptement quand on l'en prive? Comme complément de cette décoration, outre la brique, des émaux colorés, de formes et de dessins variés, s'établissent dans les intervalles, comme on en voit un exemple bien conservé à Beauvais, rue Saint-Thomas ; ou bien du plâtre couvert d'ornements en creux, puis rempli de mastic de diverses couleurs, comme rue Saint-Pierre, à Caen ; ou bien de jolies figures de bas-relief en terre cuite et peintes, comme dans la rue de la Grosse-Horloge, à Rouen. Pour mettre la sculpture sur bois en harmonie avec ces surfaces colorées, on y appliquait ailleurs des peintures brillantes et même de la dorure. C'est ainsi qu'avec les éléments les plus simples on arrivait à produire un ensemble séduisant et d'un effet très-agréable. »

Le système des encorbellements fut accepté et enjolivé par la renaissance; mais des mesures administratives l'interdirent, et il ne survécut guère à l'année 1520. Il brille à Rouen dans un certain nombre de maisons remarquables et bien conservées : rues de la Savonnerie et de la Tuile (maison Caradas); rue Herbière, n°s 90 et 92 : celle-ci a failli perdre, en 1819, ses petits bas-reliefs et des figures de saints échappées aux destructeurs de l'an 2; le propriétaire avait reçu l'injonction municipale de rendre la façade unie ! Des façades du seizième siècle, rues des Charrettes et de Damiette, n'ont pas été aussi heureuses: l'une est entièrement rasée et revêtue de plâtre; le propriétaire de l'autre avoue lui-même avoir détruit « les petites statues dont la façade de sa maison était décorée jusqu'à trois pieds de terre, par ce singulier motif que la poussière s'y amassait. » Du temps de Louis XIII, il reste, rue Malpalu, n° 12, un second étage couvert de riches médaillons et d'arabesques, et rue des Arpents, une façade où l'on aperçoit encore la place de figures détruites. Plus loin, même rue, une archivolte surbaissée porte ce sage distique latin :

« Cui domus est victusque decens, et patria dulcis
« Sunt satis hæc. vitæ; cætera cura, labor. »

(Douce patrie, aisance et demeure modeste
Suffisent à la vie. Ennuis que tout le reste !)

Mais la plus belle maison antérieure à 1520 est certainement située rue de la Grosse-Horloge, n°s 129-131. Elle est revêtue d'arabesques et de figures en relief; les montants du premier étage sont formés de figures grotesques, et les belles corniches du pignon sont enrichies de sculptures.

Quelques édifices voisins, presque du même temps (1523 environ), présentent les plus riches spécimens de la renaissance. Telle est la maison Détencourt, même rue, 73 : L'intérieur présente, dans une cour assez vaste, trois parties de bâtiments en bois »; le côté de l'est, très-bien conservé, se fait remarquer par ses colonnes corinthiennes engagées, ses pilastres et les entrelacs de sa frise; à l'intérieur, une superbe galerie de 45 pieds de long, détruite et rabotée par son propriétaire, contenait de précieuses peintures; les murailles étaient tendues en or basané (basane dorée). C'est aux n°s 115-117 de la même rue, qu'on peut admirer encore dans toute sa beauté première le véritable joyau de Rouen; une grande maison ornée de pilastres, statues et bas-reliefs; elle a deux étages : sous l'appui des fenêtres, une suite de losanges séparées par des balustres contiennent des figures finement sculptées dans

La vieille rue du Battoir, à Rouen. — Dessin de Catenacci.

des poses diverses; la grande frise de l'entablement est décorée de trois bustes en médaillons soutenus par des figures de fantaisie.

Après cette merveille, on ne peut guère citer une à une toutes les maisons du même temps où se développent des rinceaux élégants, des bas-reliefs à légendes, épisodes de la Bible, sujets allégoriques ou pastoraux. Un marchand de laine commandait à l'artiste un troupeau de moutons; un poissonnier se réjouissait de voir sur sa porte la Pêche miraculeuse; une Espérance tenant une ancre était l'attribut d'un armateur retiré. Pour quelque pieux personnage, la

Trinité était la meilleure enseigne, et le sculpteur naïf plaçait le Fils en croix entre les genoux du Père, et le Saint-Esprit, sous forme de colombe, au sommet de la croix. Enfin, la plupart des bourgeois de Rouen faisaient représenter leurs patrons, sortes de pénates protecteurs. Les maisons où naquirent les deux Corneille, rue de la Pie, n° 4, Jouvenet, rue aux Juifs, n° 9, et Boïeldieu, rue aux Ours, n° 64, sont peut-être les moins ornées de toutes; mais les plus sûres de durer, grâce à leurs illustres enfants.

Le règne de Louis XIII semble avoir mis fin à l'usage des pans de bois apparents.

LES FRANCISCAINS.

Cuisine du couvent des Franciscains de Sassuolo (Italie), tableau par Armand Leleux. — Dessin de Boçourt.

L'ordre des Franciscains remonte au commencement du treizième siècle. Saint François d'Assise, son fondateur, est né en 1182; il appartenait à une famille riche, et il commença par vivre dans le monde. Mais, à l'âge de vingt-quatre ans, il fut saisi d'un ardent désir de perfection morale, et il songea à se consacrer à la vie spirituelle. Il renonça à l'héritage de son père et fit vœu de vivre dans la pauvreté. Dès lors, il ne s'occupa plus que d'œuvres de charité, secourant tous les pauvrés qu'il rencontrait, échangeant ses habits contre leurs haillons et les consolant en leur parlant du ciel. Sa vie extraordinaire enflamma d'une sainte émulation plusieurs de ceux qui en étaient témoins. Bernard de Quintavalle, un des principaux citoyens d'Assise, et Pierre de Catane, chanoine de la cathédrale, se joignirent à lui et furent ses premiers disciples. Il leur donna son habit en 1209, et, après avoir obtenu l'approbation verbale du pape Innocent III, il alla vivre avec eux dans une petite cabane, près d'un ruisseau nommé Rivo-Torto, aux environs d'Assise. La réputation de François s'étendit, et bientôt il eut cent vingt disciples. Le saint leur composa une règle, sorte de recueil de maximes évangéliques; il y ajouta quelques observances particulières pour entretenir l'uniformité dans la manière de vivre : il y exhorte ses frères au travail des mains, mais il ne veut pas qu'ils reçoivent d'argent; il leur permet seulement de recevoir les choses indispensables pour leur sub-

sistance. Dans les enseignements qu'il leur donnait, nous trouvons des pensées aussi sages qu'élevées. En voici quelques-unes :

« L'homme n'est en réalité que ce qu'il est aux yeux de Dieu.

» Quand les hommes honorent Dieu dans ses créatures, et même en moi qui suis la dernière de toutes, je ne considère que lui seul.

» Un homme ne doit pas se glorifier parce qu'il jeûne, qu'il pleure, qu'il châtie son corps, toutes choses que peut faire un pécheur; il n'y a qu'une chose qu'un pécheur ne fait point, c'est de servir Dieu fidèlement et de lui attribuer purement ce qu'il nous donne.

» Gardez-vous de mépriser ceux qui vivent autrement que vous : Dieu est leur maître comme il est le vôtre, et il peut les appeler à lui par d'autres voies. »

François vit se former, en moins de trois ans, soixante maisons de religieux attachés à ses principes. Il leur donna le nom de *Frères mineurs*, afin qu'ils se rappelassent sans cesse qu'ils devaient se regarder comme les derniers des hommes.

Mais il ne se contenta pas de travailler à son propre salut et à celui des siens. Il se sentit appelé à prêcher la pénitence au monde par la parole et par l'exemple. Il envoya des missionnaires en Grèce, en Afrique, en France, en Espagne et en Angleterre, et ils furent reçus partout comme de vrais serviteurs de Dieu. Il se réserva à lui-même la mission de Syrie et d'Égypte. En Syrie, il ne craignit pas de passer du camp des croisés, qui assiégeaient Damiette, dans celui des Sarrasins, dans le but de convertir le soudan. Celui-ci le traita avec respect.

Après une vie toute remplie d'activité, de travail, aussi bien que de pénitences excessives, d'extases et de visions, François d'Assise mourut en 1226, à l'âge de quarante-cinq ans. Il fut canonisé deux ans après par le pape Grégoire IX.

L'ordre de Saint-François se divisa en religieux *conventuels* et en religieux de l'*observance*. Les premiers, qui remontent au temps même du saint, obtinrent le droit de vivre dans de grands couvents et de recevoir des rentes et des fondations. Les *Observantins* ou *Pères de l'observance régulière* suivirent la règle dans toute sa pureté, demeurant dans des ermitages ou dans des maisons basses et pauvres. Ceux de France ont été nommés *Cordeliers*, à cause de la corde qui leur servait de ceinture.

La réforme dite des *Récollets* (*recollecti*, recueillis) fut établie en Espagne, dans l'année 1500, par le père Jean de la Guadalupe; elle fut bientôt reçue en Italie, puis en France.

Les *Capucins* sont encore une branche particulière de ce premier ordre. Établis en Toscane, l'an 1525, par Matthieu Baschi d'Urbin, ils se distinguaient par leur longue barbe et par le capuchon pointu de leur froc brun.

Le second ordre de Saint-François est celui des *Clarisses* (du nom de sainte Claire). Les unes, installées à Longchamps, près de Paris, par sainte Isabelle, sœur de saint Louis, en 1260, et confirmées par le pape Urbain IV, prirent le nom d'*Urbanistes*. Les autres furent appelées *Pauvres Clarisses*. La réforme des *Capucines* fut commencée à Naples en 1538, et introduite à Paris, en 1602, par la duchesse de Mercœur.

En 1221, saint François avait aussi fondé lui-même un *tiers ordre* pour les personnes de l'un et de l'autre sexe engagées dans le monde, qui s'assujettissaient à certaines pratiques de piété compatibles avec leur état. Plus tard, plusieurs personnes de ce troisième ordre se sont réunies en communauté et, gardant la clôture, ont prononcé les vœux de pauvreté, de chasteté et d'obéissance. C'est de cet ordre que sortirent les *Béguins* (du mot allemand *beggen*, demander, prier) ou *Fraticelli*, et les *Picpures*, ainsi appelés du monastère de Picpus, qui se trouve maintenant compris dans le faubourg Saint-Antoine, à Paris.

ÎLES DE GLACE.

On rencontre des îles de glace flottante de 3 à 8 kilomètres de longueur et de 30 à 60 mètres de hauteur. La partie qui baigne dans la mer doit être (d'après les densités relatives de la glace et de l'eau de mer) six ou huit fois plus considérable que la partie visible. L'épaisseur totale peut donc être de 500 à 600 mètres.

LA MALLOTTE DU PÈRE RASTOUL.

NOUVELLE.

Suite. — Voy. p. 330, 337, 345, 357, 362, 373.

III. — *Le 8 juillet et jours suivants.*

Le soir même de la tumultueuse visite au galetas du père Rastoul, la nouvelle du trésor découvert chez le vieux bonhomme avait marché si rapidement, grâce aux commères du quartier, que, de Villegoudou passant par le pont Neuf, où devisent les bonnes langues, elle défrayait l'entretien de l'après-souper jusque dans les ménages de la glace de l'Albiasque, située, comme chacun le sait, à l'autre extrémité de Castres.

L'imagination, prodigue envers les riches, s'évertua naturellement à broder l'aventure, et si magnifique devint la broderie qu'elle donnait des éblouissements aux brodeurs eux-mêmes. Ainsi, les deux napoléons trouvés, celui-ci par le propriétaire, celui-là par le cadet, ne furent plus que les deux premières gouttes d'une pluie d'or ruisselant par toutes les poches du financier de la rue de la Fagerie. Au lieu de se borner à conjecturer sur les deux bourses de cuir, d'ailleurs honorablement garnies, c'était, disait-on, à pleins sacs à farine, à pleine paillasse du lit que se pouvaient compter les pièces de vingt francs logées sous l'enseigne du misère, dans le mystérieux galetas. Quant à cette mallotte gardée par un fusil chargé, elle avait été si complètement ensevelie sous les fantaisies de l'exagération que personne ne songeait à parler d'elle, alors qu'elle était cependant le seul contenant solide et réel offert aux conjectures raisonnables.

Il résulta de ces dires fabuleux une grande gêne pour le père Rastoul quand, le lendemain de l'invasion qu'il avait subie, il essaya d'aller enfin renouveler ses provisions de bouche, épuisées depuis le déjeuner de la veille.

Le bruit de la merveilleuse découverte avait féru d'une rage de curiosité les habitants des deux rives de l'Agout, si bien que, dans la rue de la Fagerie, ce n'était que processions de gens venant de toute part se grouper et faire foule devant la maison du bonhomme, qui, disaient quelques-uns, semait l'or en marchant.

A la vue de tant de regards braqués sur lui, au brouhaha du populaire, la surprise arrêta le timide vieillard qui se disposait à sortir; la frayeur lui vint, à tort, augurant mal pour lui de l'émotion causée par sa présence; il recula dans l'allée obscure et en ferma brusquement la porte, afin de se dérober à la curiosité publique.

La clameur qui s'éleva soudain devant cette porte fermée lui fit prendre la résolution de ne pas se montrer au dehors avant la chute du jour. Ainsi il s'était couché sans souper et le déjeuner allait lui faire faute.

Le père Rastoul soupira douloureusement; puis, résigné, il reprit à pas lents le chemin des montées.

A peine avait-il gravi quatre ou cinq marches que tout à coup il s'arrêta, se pencha sur la rampe de l'escalier, et, le nez au vent, il huma, dans une aspiration profonde, une savoureuse vapeur qui filtrait à travers les interstices de la porte du sous-sol.

— Ça sent la soupe au lard! se dit-il avec une sorte d'attendrissement.

Et comme attiré par l'appétissant fumet, après un moment d'hésitation, il descendit une marche, aspira et huma de nouveau les molécules onctueuses qui montaient jusqu'à lui. La double analyse de cette vapeur, recueillie dans les deux éprouvettes de l'odorat et du goût, lui donna, comme au premier jugé, soupe au lard! ce qui lui fit descendre une seconde marche.

— Ces gens-là, reprit le bonhomme d'un ton d'amertume, se plaignent de leur misère, et ils font bombance!

Son accès d'indignation céda à cette réflexion qui lui vint :

— Ils sont quatre en bas; ils ont dû faire de la soupe au moins pour cinq. Peut-être seraient-ils disposés à m'en donner, ou du moins ne refuseraient-ils pas de m'en vendre.

Cette supposition l'amena sur l'avant-dernière marche, mais il ne put se décider encore à aller plus loin. Bien que les péripéties de la scène du galetas eussent amené une

apparence de pacification entre lui et son voisin du sous-
sol, qu'elle ne les avait pas laissés sur un tel pied d'intimité
qu'il n'eût qu'à se présenter à l'heure du repas, chez le
père de la Belou, pour avoir aussitôt place à sa table. Donc,
l'hésitation le reprit.

Mais les succulents effluves qui venaient d'en bas continuaient d'envahir son cerveau ; bientôt ils surexcitè-
rent jusqu'à l'exaspération les impérieux désirs de son
estomac, et, la folie de la faim le poussant, il se dit :

— Quand je devrais à moi seul payer la part de tous les
quatre, j'aurai ma portion de soupe au lard !

Quelques minutes après, l'affamé locataire du galetas,
assis chez Magloire Cambajou devant une écuelle copieusement servie, avait pour vis-à-vis la Belou, qui, sous le
bandeau cachant sa cicatrice, riait aux éclats de la prodigieuse activité que mettait ce convive inattendu à dépêcher
son potage.

On pourrait dire que la Providence voulait du bien au
père Rastoul, puisqu'elle avait permis que le jour où il
avait si grand faim fût justement jour de grasse cuisine
chez le pauvre tisserand, dont le menu quotidien n'était
rien moins que bonne chère. Mais quels que fussent les
obstacles de la misère, il y avait une date dans l'année qui
marquait invariablement fête chômée pour la famille Cambajou. C'était le 8 juillet, — jour de la Sainte-Élisabeth
d'été, — autrefois double anniversaire quand le ménage
était au complet : on y célébrait en même temps et le jour
de naissance de Bénédicte Cambajou, la femme de Magloire, et celui de leur mariage. Par suite de sa religieuse confiance dans cette date, confiance que justifiaient
d'heureux événements dans la famille, Bénédicte avait
voulu que sa fille aînée fût placée sous l'invocation de
la patronne honorée ce jour-là : de là le nom donné à
la sœur des deux bambins ; de là l'observance de ce
même jour férié survivant à celle qui en avait été la
reine.

Cette pieuse tradition de famille, la mort n'avait pu la
briser, grâce à ce nom d'Élisabeth, qui permettait de confondre la fête du baptême de l'enfant avec la double fête
de la naissance et du mariage de sa mère. La défunte,
quand ce jour revenait, était moins absente : on buvait à la
Belou en mémoire de Bénédicte.

Donc, qu'elle fût plus ou moins bien fournie, la table,
chez le pauvre tisserand, l'était toujours mieux, à pareille
date, qu'en aucun autre temps de l'année. Toutes les
épargnes, toutes les privations allaient à ce but ; et plus
d'une fois on jeûna la veille pour dîner complètement ce
jour-là.

Bien qu'on ne sortît pas d'une passe aussi difficile, cependant, lorsque, le matin du ce 8 juillet, Magloire Cambajou annonça à ses enfants qu'on dînerait à midi d'une
soupe au lard, les cris de joie et les folles gambades du cadet et du pitzen à cette importante nouvelle auraient pu
faire croire à des convives menacés d'être soumis à la rude épreuve
du repas ajourné, si la tartine de razimat n'eût déjà écrit
sur leurs joues le démenti du jeûne forcé.

Quant à la Belou, consultée par son père sur son goût
personnel, elle répondit :

— Votre idée est bonne, papa : les petits sont contents ; ça ferait plaisir à la mère.

Ce n'était pas par indifférence, mais comme sincère approbation qu'elle disait cela ; elle se rappelait que, de son
vivant, Bénédicte voulait que sa fête fût, avant tout, celle
de ses enfants.

Dans les honnêtes familles, le souvenir de ceux qui ne
sont plus protège ceux qui restent.

Malgré cette approbation, Cambajou, que sa conscience
tourmentait, insista auprès de sa fille

— Tu trouves que c'est bien, la Belou ; c'est déjà bon,
reprit-il ; mais si pourtant tu as une meilleure idée, il
faudrait la dire : je dois de ta fête ; c'est ton vouloir qui
est le maître ici ; ça a toujours été comme ça, tu le sais
bien, et, nonobstant, je n'entends pas que ça change !

En parlant du passé, le père de la Belou altérait un peu
la vérité ; jamais, même lorsqu'il laissait le plus de liberté
à sa fille, il ne lui avait dit :

— Je cesse, pour un moment, d'être le maître chez moi.

Mais jamais non plus il ne l'avait vu, dans un pareil jour,
au front de la pauvre enfant, un bandeau voilant une
blessure faite par lui à sa fille. La nuit passée sur ce malheureux coup de vivacité n'avait pas apaisé son remords.
A peine le sommeil l'emportait-il au pays des rêves, qu'il
se voyait, dans un accès de folie, assommant ou égorgeant
la Belou ; n'osant dormir, il se mit à chercher dans son
imaginative quel bouquet assez beau il pourrait donner à
la blessée comme dédommagement, et pour se consoler
lui-même de l'accident de la veille.

Son goût particulier aidant, il finit par trouver cette
soupe au lard.

— C'est bien, avait dit la Belou.

Mais, pour son père, ce n'était pas assez. Il eût voulu
trouver pour elle quelque chose qui fût pour lui un sacrifice, et, s'il était possible, une sorte de châtiment. A
force d'y penser, il le trouva. Cambajou se souvient qu'un
jour la Belou, empêchée dans une de ses volontés d'enfant,
avait dit :

— Ah ! si j'étais la maîtresse !

Or, comme son autorité souveraine chez lui était le
bien auquel son orgueil tenait le plus, il résolut de l'abdiquer au moins pour un jour en faveur de sa fille. Seulement, quand il s'agit d'expliquer à celle-ci que c'était
comme réparation du mal dont elle souffrait encore qu'il
lui cédait ce pouvoir duquel il était si jaloux, la fausse
honte lui vint ; et, taisant le passé, il mit sur le compte
d'un usage qui n'existait point l'expiation qu'il s'imposait.
Voilà pourquoi il lui dit :

— Le jour de ta fête, c'est toujours ton vouloir qui est
le maître ici.

Et, à l'appui de ses paroles, voilà pourquoi, sur la
seule invitation de la Belou, le voisin d'en haut put, sans
conteste, prendre place à la table de Magloire Cambajou.

La journée fut bonne pour le père Rastoul, par cette
raison que le locataire du sous-sol fut à peu près excellent. Il n'oublia pas plus de cinq ou six fois que, pour
quelques heures, il avait cessé d'être le maître chez lui, et
encore, quand sa nature violente le poussait à cet oubli, la
Belou, sans cesser de plaisanter avec les autres et de lui
sourire, le rappelait au respect de l'autorité. Elle avait lu
dans la pensée de son père et devina que le pouvoir qu'il
lui avait cédé sur toute la famille, même en le comptant,
elle le devait bien moins à la fête du jour qu'à sa blessure de la veille. Aussi, dès que l'irritable Cambajou
commençait à sourciller et que l'éclair de son regard
annonçait un subit éclat de colère, la blessée, par un
mouvement naturel, portait la main à son front comme
pour rajuster le bandeau prêt à se détacher. Elle n'allait
jamais jusqu'à montrer sa blessure. A quoi bon, d'ailleurs ?
Sans qu'elle la découvrît, son père l'avait vue : il la voyait
toujours ! Et ce simple geste suffisait pour le rendre
calme et soumis comme un enfant, devant l'enfant investi
pour un jour de l'autorité du chef de famille.

L'habitant du galetas retrouva le lendemain, devant la
porte de la rue, ce même obstacle à son passage qui, la
veille, l'avait fait rétrograder dans l'allée, puis descendre
chez son voisin le tisserand, ce qui valut à celui-ci une

nouvelle visite du bonhomme. Le dîner de fête avait non-seulement familiarisé le père Rastoul avec les enfants, mais encore il s'était enhardi de telle sorte auprès de Cambajou qu'il n'hésita pas à lui faire part d'un projet qu'il venait de concevoir pour se dérober, aussi longtemps que besoin serait, à l'inquiétante curiosité de la foule. C'était, au lieu d'aller chaque jour aux provisions pour sa subsistance, de venir à l'heure des repas s'asseoir, en qualité de pensionnaire, à la table où, déjà une fois bien accueilli, il avait été gratuitement si bien traité.

Un jour plus tôt, la Belou, maîtresse du logis, eût dit :
— Je veux que cela soit ainsi.

Et c'eût été chose convenue ; mais, au lendemain de la fête, le père avait repris à peu près toute son autorité. Oui, seulement à peu près, car désormais il en abandonna une part à sa fille, d'abord comme indemnité de la blessure, et, depuis, comme regret de l'ineffaçable cicatrice. La proposition du père Rastoul ne souriait guère à Cambajou. Il avait, sans trop d'impatience, souffert ce convive

un jour de gala ; mais il pensait à la venue probable des jours d'insuffisance, même de privations, et autant le richard prenait souci de cacher son or, autant le pauvre artisan se souciait peu de montrer sa misère. Cependant diverses considérations que firent valoir le père Rastoul et la Belou, qui se donna voix au chapitre, déterminèrent le consentement de Cambajou : le pensionnaire vivait de peu, et si tant est qu'il dût être gênant pour son voisin d'en bas, la gêne ne pouvait être de longue durée ; les curieux se lasseraient de faire en vain le pied de grue, et la rue deviendrait libre pour lui ; enfin, grâce à lui, on ne devait plus qu'une demi-pistole au propriétaire !

La suite à la prochaine livraison.

PEINTURE SUR FAÏENCE.

La manufacture de Sèvres a exposé à Londres, dans le palais de la dernière Exposition universelle, à côté des spé-

La Mare aux Vaches, en Bretagne. — Peinture sur faïence de M. Michel Bouquet. — Dessin de Lancelot.

cimens de ses plus beaux produits, quelques échantillons de faïence émaillée, parmi lesquels étaient deux plats peints par M. Michel Bouquet. Notre planche qui donne l'esquisse d'une de ces deux peintures ne peut évidemment reproduire l'aspect particulier de la faïence peinte : ce sont de ces effets que la gravure réussit à peine à imiter avec l'aide des couleurs ; mais la composition est agréable en elle-même, et nous donne l'occasion d'exprimer le regret que les architectes ne fassent pas plus souvent emploi, dans la décoration des édifices publics et privés, de ce genre de peinture qui, aux qualités de l'éclat et de la vigueur, unit celle d'une résistance presque invincible à toutes les influences qui rendent si précaire la durée de la peinture à l'huile.

LE COLLÉGE ARABE-FRANÇAIS,
A ALGER.

Le Collège impérial arabe-français est situé dans le quartier Bugeaud, le plus beau d'Alger. Avec ses sept portiques percés d'arcades cintrées, il peut passer pour une des œuvres architecturales les plus remarquables de la ville. Les cours sont spacieuses ; les réfectoires, les classes, les dortoirs, sont bien aérés ; la mosquée, la salle des ablutions, le gymnase, ont des proportions convenables.

« L'un des moyens les plus propres à assurer notre influence sur la race arabe est, sans contredit, l'instruction, car l'instruction, en développant l'intelligence, a pour effet d'abaisser les barrières élevées par la différence des mœurs et des croyances. » (Rapport du gouverneur, 14 mars 1857.)

Le Collège marche progressivement vers ce but utile; les jeunes Arabes, mêlés avec les élèves européens qui fréquentent le Collège, dans les récréations, les classes et tous les enseignements, adoptent promptement les mêmes habitudes de vie et de langage, les mêmes principes de moralité, fraternisent en toutes circonstances, et préparent ainsi les bases du rapprochement et de l'association des deux races.

La plus grande difficulté consistait à gagner la confiance des familles indigènes qui, soupçonneuses et défiantes, surtout en matière de religion, et craignant d'ailleurs quelque tentative de prosélytisme, pouvaient refuser d'envoyer leurs enfants au Collège. Il fallait donc leur donner une garantie certaine à cet égard : il fallait instruire leurs enfants dans les pratiques de leur culte, leur faire apprendre le Coran, leur assigner un iman ou directeur religieux. Tout cela a été fait. Il a suffi pour arriver à ces résultats de ne pas admettre comme pensionnaires des élèves européens pour lesquels il eût fallu un enseignement catholique.

Les Arabes, étant les véritables hôtes du Collège, se voient tenus en une sorte de considération qui les relève à leurs propres yeux. Ils sont comme chez eux; rien ne les inquiète au point de vue de leur foi.

Aujourd'hui, le Collège compte plus de cent élèves indigènes et un nombre presque égal d'externes européens.

Le Collège arabe-français d'Alger. — Dessin de Lancelot, d'après une photographie.

Déjà cinquante élèves indigènes environ sont sortis du Collège soit pour rentrer dans leurs tribus, où ils ont apporté des idées nouvelles et l'estime de la France, soit pour aller acquérir dans d'autres écoles, à l'École de Saumur, à l'École normale de Versailles, à l'École de médecine d'Alger, les connaissances spéciales qu'exige la carrière qu'ils désirent embrasser, soit pour entrer dans l'interprétat après des examens subis avec succès, soit pour entrer dans les administrations françaises, soit enfin, quoique jeunes encore, pour diriger des tribus sous le titre de caïds.

Le Collège a eu, dans le principe, pour directeur, M. Perron, orientaliste. Ce savant, aujourd'hui inspecteur des établissements d'instruction publique ouverts aux indigènes, a été remplacé par l'excellent humaniste M. Cherbonneau, ex-professeur de langue arabe à la chaire de Constantine, qui a vécu pendant dix-huit ans en Algérie, au milieu des Arabes, et parle leur langue avec facilité.

SOUVENIRS D'UN AMI.

JEAN REYNAUD.

Suite. — Voy. p. 135, 194, 238, 349.

Depuis plusieurs années déjà, la France offrait, à ceux qui regardent avec les yeux de l'esprit, un spectacle étrange. Le monde intellectuel et moral paraissait envahi et agité par des tourbillons. Les jeunes générations, enflammées d'une passion extraordinaire de réforme et de renouvellement, s'élançaient vers tous les points de l'horizon : c'était comme une armée en marche, non pas, il est vrai, avec l'ensemble et l'union qui avaient assuré le succès de mouvements semblables à certaines grandes époques de l'histoire, mais par groupes indépendants et, à première vue, disparates. Le romantisme, le plus nombreux et le moins profondément novateur en apparence, n'en était déjà plus à se frayer tumultueusement une route, il avait des cris de victoire; un autre groupe, austère, presque sombre, avait envoyé trois des siens à Rome pour l'inviter à tenir plus de compte des tendances libérales du siècle; un troisième, faisant irruption dans la politique avec une ardeur prématurée, répandait l'alarme et suscitait des défiances qu'on était trop porté à imputer seulement à la classe moyenne. Entre ces extrêmes s'étaient formées des associations d'un caractère plus indéterminé, où l'on agitait à outrance des questions de toute nature, philosophiques, historiques, économiques, sociales : elles n'avaient d'abord excité que la curiosité, la surprise ou l'intérêt; mais, étant arrivées à porter la main à ce qu'on est habitué à considérer comme les assises mêmes de la société, l'opinion commençait à s'en inquiéter et à hésiter entre deux partis : rire de ces tentatives comme de folles entreprises, ou s'en irriter comme d'une conspiration sérieuse ou tout au moins d'un scandale. Jean Reynaud avait été affilié à la plus célèbre de ces associations, lorsqu'il n'était encore qu'aux bancs de l'école et en pleine étude des sciences exactes : elle ne se composait guère, avant son départ, que d'une vingtaine de jeunes gens, presque tous élèves de l'École polytechnique, et qui, pour la plupart, ont compté dans la suite parmi les hommes les plus influents du pays; il avait entretenu avec quelques-uns d'entre eux une correspondance du haut de son île, mais sans avoir pu bien juger, à cette distance, des développements rapides de la société et surtout de ses secrètes directions. A son retour, en 1831, il la trouva considérablement agrandie, presque transformée et ne se satisfaisant plus de théories. Ses anciens condisciples, plus ardents, plus actifs, s'étaient engagés avec une conviction de plus en plus intrépide et confiante dans l'enseignement public de quelques-uns des principes qu'il avait adoptés dès l'origine, deux surtout auxquels il resta toute sa vie fidèle : le premier, qui affirme comme loi fondamentale la perfectibilité humaine; le second, qui assigne pour but supérieur à toutes les institutions l'amélioration morale, intellectuelle et physique de la classe la plus nombreuse. On a vu qu'il était libre, prêt à tout sacrifice, et, comme il l'avait déclaré à se mettre « au service des idées », c'est-à-dire des forces invisibles qui soulèvent les hommes au-dessus de l'oppression de l'ignorance et de la misère, et les portent des ténèbres à la lumière, des erreurs à la vérité. Il fit la violence nécessaire aux instincts de sa vigoureuse individualité qui lui conseillaient plutôt un travail isolé, et se donna provisoirement à la Société saint - simonienne, toute mélangée de bien et de mal qu'elle lui parût, dès cette époque. Malheureusement (et j'emploie ici à peu près les termes mêmes [1]), il ne tarda pas à s'apercevoir de tendances funestes qui menaçaient de compromettre de plus en plus les aspirations philosophiques dont la générosité l'avait séduit; il voulut, il espéra conjurer le péril; il avertit, conseilla, puis protesta énergiquement. Ce fut peine perdue. Vaincu, il s'éloigna avec quelques amis, et à la fin de 1831, l'année même où il était revenu de Corse, il avait rompu à jamais avec cette association, la seule à laquelle il ait jamais appartenu. Ses espérances avaient été extrêmes; sa déception fut cruelle, sa tristesse proportionnée à sa force, c'est-à-dire terrible : elle faillit, à plusieurs autres, lui coûter la vie. Cependant il avait vingt-six ans à peine, et ce dénoûment

[1] Notice inédite déjà citée.

fatal de ce que j'ai entendu appeler dans sa famille « la grande aventure de sa jeunesse », n'eut pas le pouvoir de porter atteinte à son courage et à son inébranlable volonté de se dévouer. « No le savions-nous pas, me disait-il, qu'il » y a d'autres champs de bataille que ceux où s'entre-cho- » quent les armes et les corps, d'autres héroïsmes que ceux » de l'épée, d'autres sacrifices que ceux du sang et de la » vie! » Il sortit, d'ailleurs, de cette épreuve de quelques mois avec plus d'expérience que d'autres hommes n'en savent tirer des leçons d'un demi-siècle. Laissant derrière lui ce qu'il avait condamné comme contraire à la raison, à la dignité et à la liberté humaines, il rentra dans l'entière possession de lui-même et de ce qui avait toujours été le fond de sa foi. Il emportait d'ailleurs, avec des aperçus nouveaux, nés du contact et du labeur de toutes ces jeunes intelligences inspirées de l'amour du bien, un sentiment plus net des écueils à éviter et des chimères à effacer de son horizon, ainsi que la conviction qu'il devait désormais assez compter sur sa valeur et sa puissance personnelles pour ne plus partager la responsabilité des opinions d'autrui et laisser à qui que ce soit le droit d' « entamer son indépendance. » [1] Il ne permit pas à la douleur de l'arrêter longtemps dans l'inertie. Il continua ses travaux, et exposa successivement ce que lui persuadèrent ses études et ses méditations dans la Revue encyclopédique (1832-1833) et dans l'Encyclopédie nouvelle (1834-1847). Ce fut pendant ces années laborieuses que, sans souci de fortune, satisfait de la très-modeste rémunération qui devait à son esprit, inaccessible et indifférent à toutes les séductions vulgaires du monde, ne cherchant le délassement et la réparation de ses forces que dans les jouissances les plus pures et les plus élevées de la nature et des arts, il acheva de fonder, sur des bases qui ne chancelèrent jamais dans sa conscience, l'unité de sa doctrine de la vie.

La suite à une autre livraison.

PROMENADES D'ÉTÉ.

Voy. p. 144, 179, 247, 271, 270.

RÉFLEXIONS D'UN BOTANISTE.

... Le nom commun étant connu, il est facile de déterminer la plante. Mais lorsque cet élément est lui-même inconnu, comment peut-on arriver à résoudre le problème, à déterminer le genre et l'espèce de la plante qu'on a sous les yeux?

— On y arrive en suivant la classification linnéenne, fondée principalement sur le nombre des étamines et des pistils : vous n'avez qu'à compter les étamines pour savoir immédiatement à quelle classe de végétaux vous avez affaire.

— C'est, en effet, ce que j'avais lu dans les livres, et je me promettais bien de me conformer à cette règle. Tenez, voici justement la plante sur laquelle j'en fis la première application. Elle croît dans cet endroit un peu marécageux, à côté de notre chemin; je vais aller la cueillir. Je n'y compte que deux étamines. Elle appartient donc à la diandrie ou à la deuxième classe de Linné; et comme son pistil est simple, elle est du la monogynie ou du premier ordre de Linné. Ces caractères étant identiques avec ceux du troëne, du lilas et du jasmin, rien ne me semblait plus naturel que de la ranger, à côté de ces arbrisseaux, dans la même classe et dans le même ordre.

— Est-ce que vous n'éprouviez pas d'abord quelque ré-

[1] Expression de M. Charles de Rémusat, *Journal des Débats*, 20 août 1864 : « L'écrivain, le penseur, etc. valait pour tout cela, l'homme, était du premier ordre... Jamais ceux auxquels il (Jean Reynaud) s'est uni n'ont entamé son indépendance. »

pugnance à placer sur le même rang une plante herbacée et un arbrisseau?

— Je n'y trouvai rien de choquant, depuis que j'avais vu le robinier ou faux acacia porter des fleurs et des gousses exactement semblables à celles du haricot. Mais, dans mon manuel, toutes les plantes sont classées d'après la méthode de Jussieu. Et c'est là surtout que commençait mon embarras. Comme cette méthode consiste dans le groupement des végétaux par *familles naturelles*, quoi de plus *naturel*, me disais-je en moi-même, que de ranger dans la même famille les plantes qui ont deux étamines et un style unique? Je m'attendais donc à rencontrer sûrement la plante que je venais de cueillir, mon espèce palustre, dans la famille naturelle des *oléacées*; tout à côté de l'olivier, du frêne, du troène, etc. Mais j'eus beau interroger tous les arbres et arbrisseaux de cette famille, ils l'excluaient obstinément de leur parenté. Comment faire? Je voyais bien que les feuilles de ma plante palustre, feuilles à larges dents, profondément incisées, différaient complétement de celles des oléacées, qui sont presque toutes entières, non divisées; mais je savais aussi que Jussieu et Linné n'avaient attaché aucune valeur, comme moyen de classification, à la forme des feuilles. Je fus donc obligé de tourner mes regards d'un autre côté. La tige fixa bientôt mon attention : je vis qu'elle était carrée, et je pus m'assurer que la tige d'aucune de nos oléacées, peu nombreuses d'ailleurs en genres et en espèces, n'est de forme quadrangulaire. Cette vérification fit d'abord naître le doute; puis ce doute se changea en certitude par l'examen de la fleur et du fruit. Dans les oléacées, telles que le troène et le lilas, la corolle est régulière, divisée en quatre lobes égaux; les fleurs sont disposées, à l'extrémité des rameaux, en panicules pyramidales; les fruits sont tantôt une baie, tantôt une capsule à deux loges. Rien de tout cela dans ma plante palustre. Là, la corolle est, au contraire, sensiblement irrégulière, divisée en quatre lobes, dont le supérieur est un peu plus large que les inférieurs; les fleurs, assez petites, à pédoncules très-courts, sont serrées les unes contre les autres à l'aisselle des feuilles, de manière à donner l'apparence de verticilles étagés; le fruit se compose de quatre graines contenues au fond d'un calice entr'ouvert et persistant. Tous ces caractères réunis, leur comparaison et leurs différences me décidèrent à retrancher définitivement mon inconnue de la famille des oléacées. Enfin, son mode d'inflorescence, la disposition de ses fleurs, le caractère de son fruit, me conduisirent, à force de recherches, à la famille des *labiées*. Mais, à mon grand désespoir, le caractère le plus saillant me manquait : la corolle de mon inconnue, dépassant à peine le tube du calice, n'offrait pas franchement la forme bilabiée, les deux lèvres propres aux fleurs de cette famille. La lèvre plus large pouvait, à la rigueur, passer pour une lèvre supérieure; mais celui-là, avec les trois autres lobes, ne faisait, bien compté, que quatre divisions de la corolle; et il m'en fallait cinq, à en juger du moins par les labiées que j'avais prises pour termes de comparaison. J'avais sous les yeux la mélisse, l'origan, le lierre terrestre : je voyais avec désappointement que leurs corelles étaient à deux lèvres bien saillantes, dont l'inférieure à trois lobes bien distincts, et la supérieure à deux lobes moins marqués. Heureusement je ne tardai pas à me procurer une labiée où la lèvre supérieure ne formait qu'un seul lobe, ce qui, avec les trois lobes de la lèvre inférieure, faisait exactement mon compte. Cette labiée, c'était la menthe : les quatre lobes de la corolle y sont presque égaux; le supérieur seul est un peu plus large et légèrement bifide. Enfin, à côté des menthes se trouvait; dans le livre, un genre

de plantes appelé *Lycopus*, qui ne renfermait qu'une seule espèce, le *Lycopus europæus* : j'en comparai le signalement avec la physionomie de mon inconnue. Cette fois, je tenais le mot de l'énigme : la plante palustre que j'avais devant moi, c'était le *Lycopus europæus* (fig. t). Je sautais de joie. Quel plaisir de trouver ce qu'on cherche!

— Vous étiez, je le vois, aussi content qu'Archimède quand il eut résolu le problème que lui avait soumis Hiéron.

— Sans doute, j'étais content de pouvoir étiqueter de son nom scientifique une plante qui m'était inconnue. Seulement ma découverte n'a rien de commun avec celle que fit Archimède en comparant le poids et le volume d'un corps avec le poids et le volume de l'eau déplacée par son corps. Un nom, c'est bien peu de chose. D'ailleurs je n'ai jamais pu m'expliquer pourquoi ma plante s'appelait *Lycopus*, qui, vérification faite avec mon dictionnaire grec, signifie *pied de loup*.

— On a voulu voir quelque ressemblance entre les pattes du loup et les incisions des feuilles du *Lycopus europæus*. Mais il ne faut pas y regarder de si près quand il s'agit de l'explication de noms auxquels leurs auteurs eux-mêmes n'attachaient souvent aucune signification. La plupart de ces noms ont été empruntés par Linné aux écrivains classiques, tels que Théophraste, Dioscoride et Pline. Les plantes auxquelles les rapportaient ces naturalistes ne croissent pas toujours dans nos climats et sont rarement les mêmes que celles que décrivent nos livres. Voilà pourquoi il ne faut pas accorder aux noms plus de valeur qu'ils ne méritent. Mais continuez le récit de vos tribulations.

— Le même labeur se renouvelant à chaque plante que je rencontrais, je n'eus bientôt plus aucun plaisir à poursuivre l'étude de la botanique. Je m'en dégoûtai d'autant plus vite que je me comprenais mal la nécessité de ces fatigantes nomenclatures. Est-ce qu'il ne vaudrait pas mieux classer les végétaux suivant les localités qu'ils habitent?

— On l'a fait. Ainsi, les végétaux qui habitent les endroits humides, marécageux, s'appellent *palustres*, expression dont vous vous êtes déjà servi. On pourrait les ranger à côté de ceux qui croissent aux bords des rivières ou des fleuves. Tous ces végétaux, palustres et fluviatiles, ont, en effet, le même air de famille : leur vigueur contraste avec l'air malingre, chétif, des plantes qui se plaisent sur les collines arides, broutées par les moutons. Il y a même des plantes qui vivent tout à fait dans l'eau; les unes n'en quittent jamais le fond, tandis que les autres viennent fleurir et fructifier à la surface. Vous connaissez les nénuphars blanc et jaune de la Seine et de quelques étangs de nos environs. A cette occasion, je vais vous apprendre une particularité que vous ne trouverez pas dans les livres. Vous pourrez la découvrir vous-même par l'expérience suivante. Arrachez une de ces fleurs aquatiques avec son long pédoncule, et mettez, dans un vase rempli d'eau, seulement l'extrémité inférieure du pédoncule qui porte la fleur. Mettez ensuite, dans le même vase, également l'extrémité inférieure du pédoncule d'une plante non aquatique, telle que la primevère, le narcisse, la jacinthe, etc. Au bout de quelques jours, la fleur du nénuphar sera complétement fanée, pendant que la fleur de la plante non aquatique aura conservé toute sa fraîcheur. A quoi tient cette différence? Voyez la portion de la tige ou du pédoncule du nénuphar qui est restée plongée dans l'eau : elle est saine, turgescente, gonflée d'eau; mais l'eau ainsi absorbée s'arrête brusquement là où la tige commence à s'élever au-dessus de la surface du liquide. Rien de pareil n'existe pour la plante non aquatique : là, l'eau absorbée parcourt toute la tige et s'élève de proche en proche jusqu'aux organes de la fleur, qui continue de se développer. Que conclure de là? C'est que l'organisation de la tige de la plante aquatique diffère de celle de la plante terrestre : dans la dernière, l'eau peut s'élever verticalement, tandis que cela est impossible pour la première. En variant l'expérience, on arrive à démontrer que l'eau n'y pénètre que latéralement. Si, par exemple, vous tenez plongées dans l'eau les deux extrémités opposées de la tige du nénuphar, pendant que la partie moyenne reste en dehors, vous remarquerez que cette partie seule se dessèche, et que les deux extrémités, malgré leur séparation, conservent leur turgescence (fig. 2).

— Ce caractère ne suffit-il pas pour réunir toutes les plantes aquatiques en une seule et même famille naturelle?

— Non pas : pour former une famille naturelle, il faut la réunion de plusieurs caractères ; et les plantes qui la composent peuvent croître dans des lieux et des climats très-différents.

— C'est là précisément, hélas ! ce qui rend l'étude de la botanique si difficile pour un commençant. Aussi, dussé-je passer pour un obstiné, continuerai-je à étudier les plantes suivant les localités qu'elles habitent.

— Je n'y trouve rien à redire; au contraire, je vous y encourage. Étudier les plantes suivant leur *habitat*, c'est adopter la classification que la nature nous a tracée elle-même. D'ailleurs, la classification des plantes en *palus-*

FIG. 1.

tres, aquatiques, sylvatiques, campestres, prairiales, etc., nous est imposée, que nous veuillions ou non l'adopter.

— Voilà ce que je ne comprends pas : l'homme n'est-il pas libre de suivre ses goûts, ses idées, en dépit de la nature, au risque même de se tromper ?

— Si fait : en face de la nature, l'homme est libre de faire ce que bon lui semble. Mais s'il n'y trouve pas son avantage, s'il perd son temps à suivre sa volonté, il ne tardera pas à changer de sentiment et à reconnaître lui-même qu'il s'est trompé. Ainsi, vous ne réussirez jamais, par exemple, à faire pousser dans des plaines les plantes qui ne croissent que dans les bois, et réciproquement. Il y a des plantes alpestres qui ne réussiront jamais dans nos jardins. Beaucoup de graines qui viennent des pays lointains ne lèvent pas même dans nos serres, parce qu'on ne tient pas compte de leur milieu naturel. A cette occasion, je vais vous raconter une curieuse histoire. Vous avez certainement remarqué, au jardin des Plantes, le beau *Paulownia imperialis*, qui croît en pleine terre au bas de la grande serre, en face de la galerie de minéralogie. Bien qu'il n'ait que trente ans, c'est l'aîné de tous les *Paulownia* que l'on rencontre aujourd'hui en Europe. On aime ces arbres à cause de leurs grandes et belles fleurs bleues, d'une odeur suave, et ayant la forme de la digitale. Ils sont originaires du Japon. Le Muséum en avait reçu quelques graines en 1830. Or, il est de tradition de cultiver en serre chaude tout ce qui vient de loin. La graine du *Pau-*

lownia fut donc semée en serre chaude et soignée comme une plante tropicale : elle ne leva point. L'année suivante, on essaya de la serre tempérée : la graine leva, mais la plante devint rachitique; elle s'étiola, et finit par mourir. Ce fut alors qu'on eut l'idée de la faire venir en pleine

FIG. 2.

terre. La plante est aujourd'hui un bel arbre qui date seulement de 1834, comme l'indique l'étiquette qu'il porte. On n'aurait pas passé par tous ces tâtonnements si l'on eût songé que les conditions climatériques du Japon diffèrent bien moins qu'on ne se l'imagine de celles de plusieurs de nos contrées d'Europe.   *La suite à une autre livraison.*

LA GLANDÉE ([1]).

La Glandée. — Dessin de Charles Jacque.

« Minerve dit à Ulysse : « Rends-toi d'abord chez le gardien de tes porcs. Plein d'amour pour toi, il chérit également ton fils et la prudente Pénélope. Tu le trouveras près de ses troupeaux, qui, non loin de la roche du Corbeau et de la fontaine Aréthuse, s'engraissent en paissant les glands dont ils se délectent, et en buvant une eau bourbeuse. Reste auprès de lui, et interroge-le avec détail... »

([1]) Voy., pour l'origine et les caractères du porc, t. XXXI, 1863, *Animaux domestiques*, deuxième article.

» Cependant Ulysse s'éloigne du port et monte par un âpre sentier, à travers les forêts et les collines, où lui a dit Minerve, chez son pâtre divin, le plus diligent des serviteurs qu'il a jadis achetés et qui veillent sur ses domaines.

» Il le trouva assis sous le portique, au lieu où, dans une clairière, il a bâti de grandes étables isolées. Le pâtre lui-même, en l'absence du roi, sans le secours de sa maîtresse ni du vénérable Laërte, les a construites en pierres brutes et les a encloses d'une haie d'épines. L'extérieur est fortifié par des palissades de cœur de chêne solides et serrées. Dans l'intérieur de la cour s'élèvent, les unes près des autres, douze étables où couchent les pores. Chacune d'elles renferme cinquante femelles pleines qui s'étendent sur le sol. Les mâles dorment en plein air. Ils sont moins nombreux, car les divins prétendants les dévorent, et, chaque jour, le pâtre leur envoie le meilleur de tous ceux qui sont robustes et gras. Il n'en reste que trois cent soixante. Alentour veillent quatre chiens semblables à des bêtes fauves, nourris par la main d'Eumée, chef des pasteurs. Celui-ci, à ce moment, taille des sandales autour de ses pieds, dans une peau de bœuf bien teinte. Les autres serviteurs sont dispersés dans l'île avec leurs troupeaux. Ils sont trois; le quatrième, contraint par la nécessité, est allé à la ville conduire aux superbes prétendants le porc le plus beau, pour qu'ils le sacrifient et rassasient leur âme de ses chairs délicates...

» Eumée relève sa tunique, qu'il passe dans sa ceinture; puis il va à l'étable où est le troupeau de jeunes pores; en prend deux, les apporte et les sacrifie. Il brûle ensuite leurs soies, divise les chairs et les traverse de broches. Lorsqu'elles sont rôties, sans les retirer des broches, il les pose brûlantes devant Ulysse, les saupoudre de blanche farine, mélange dans un vase de bois du vin doux comme le miel, et s'asseyant vis-à-vis le héros, il l'excite par ces paroles:

« Rassasie-toi, ô mon hôte, de ce mets abandonné aux » serviteurs; les prétendants se réservent les porcs les plus » gras... Que de richesses avait mon maître! Nul roi n'en » possède autant, ni sur le continent ni dans Ithaque elle-» même. Vingt hommes réunis ne rassembleraient pas de » tels biens. Je vais te le détailler : sur le continent, » douze grands troupeaux de bœufs, autant de bergeries, » autant d'étables à porcs, autant de larges étables à chè-» vres, sont surveillés par des étrangers ou par ses propres » pâtres... Moi, j'ai soin de ces porcs... »

» Comme ils achèvent cet entretien, les troupeaux et les pâtres approchent. Ceux-ci renferment les porcs dans les étables où ils passent la nuit; l'air retentit de l'immense rumeur de ces nombreux troupeaux. Cependant le divin Eumée donne ses ordres à ses compagnons : « Conduisez-» moi un porc des plus succulents, afin que je le sacrifie » pour cet hôte qui vient de contrées lointaines. Nous-» mêmes nous nous délecterons à ce repas. » A ces mots, il fend du bois avec l'airain tranchant; ses compagnons amènent un porc de cinq ans, florissant de graisse, qu'ils étendent devant le foyer. Mais Eumée n'oublie point les immortels, car il est plein de bons sentiments. Pour les prémices, il enlève les soies de la tête de la victime et les jette dans la flamme en suppliant tous les dieux de ramener dans sa demeure le prudent Ulysse. Ensuite, il soulève un éclat de chêne qu'il s'est réservé quand il a fendu le bois, et en frappe la victime, que la vie abandonne à l'instant. Les pâtres, soudain, la font saigner, la brûlent, et ouvrent ses flancs. Eumée, pour en faire l'offrande, prend des morceaux crus de tous les membres, les couvre de graisse, et les jette dans l'ardent foyer en les saupoudrant d'orge sacrée. Alors ils divisent les chairs, les tra-

versent de broches, les rôtissent avec soin, les retirent du feu et les placent sur la table. Eumée, debout, les distribue, car son esprit n'ignore rien de ce qui est équitable; il fait d'abord sept parts en priant: il consacre la première aux nymphes et à Mercure, fils de Maïa, en leur faisant des vœux; il donne chacune des autres à chaque convive, et honore Ulysse en lui offrant le dos entier du porc aux dents blanches.

» Il dresse près du feu un lit qu'il recouvre de peaux. Ulysse s'y étend, et le pâtre jette sur lui un épais et vaste manteau qui lui sert à changer, et dont il se revêt lorsqu'une pluie violente inonde les champs. Ainsi repose Ulysse; les jeunes pâtres se couchent auprès de lui. Mais Eumée ne peut se résoudre à dormir loin de ses troupeaux; il sort avec ses armes. Ulysse se réjouit du soin qu'en son absence il prend de ses richesses. D'abord le serviteur, autour de ses fortes épaules, jette un glaive aœré; il s'enveloppe de la peau velue d'une grande chèvre, et saisit une javeline aiguë pour se défendre des chiens et des voleurs. C'est ainsi qu'Eumée, près de ses troupeaux, va chercher le sommeil dans une grotte profonde, où dorment ses porcs, à l'abri du souffle de Borée. » [1]

On ne se lasserait pas de citer le divin Homère. Il sait tout, il dit tout, et avec un charme infini. Que nous reste-t-il à apprendre sur la simplicité des héros antiques et leur appétit naïf? Ne savons-nous pas maintenant nourrir les porcs, leur construire des étables, les dépecer et les rôtir? Homère n'a même pas oublié l'âge où il est bon de les tuer.

Quelle noblesse et quelle fidélité dans le divin Eumée! et comme elle est dignement reconnue par ses maîtres! Il embrasse Télémaque en sanglotant, et lorsque Ulysse s'est révélé à lui, il combat à ses côtés contre les prétendants. Walter Scott a certainement imité Homère, et avec bonheur, lorsqu'il donne à Ivanhoe, pour serviteur et pour écuyer, le porcher saxon Gurth.

Eumée, fils d'un riche Crétois, trahi par la fortune et la tempête, ne perd rien de sa grandeur et de sa bonté native dans l'étable où le sort l'a jeté. Au lieu de lui paraître, comme à un autre Enfant prodigue, le comble de l'abjection, le gouvernement des porcs devient par lui une fonction utile et noble. Prenez-le pour modèle, vous qui, dans les Pyrénées, conduisez au pâturage, à l'école, dites-vous, les porcs des métairies voisines; n'objectez pas votre pauvreté : quant à votre ignorance, il ne tient qu'à vous d'en savoir plus qu'Eumée, tout fils de prince qu'il était. Bien certainement il ne lisait ni n'écrivait; mais en lui respiraient la fidélité, la sagesse et la grandeur morale.

Les porcs, comme les autres animaux, cessèrent bientôt de constituer la grande richesse des hommes. Les fonctions de porcher perdirent donc leur importance. Mais « les animaux aux dents blanches » continuèrent à paraître sur les autels des lares et des sylvains, de Bacchus, de Cérès, d'Hercule, et sur la table du riche comme du pauvre. La préparation de leur chair en arriva à constituer une profession distincte. Aujourd'hui des usines américaines reçoivent le porc vivant et le rendent, vingt-quatre heures après, en lard, en salé, en jambons et en saucisses.

Les Romains, à là fois gloutons et gourmets, semblent n'avoir pas été surpassés dans l'art d'assaisonner et de servir le porc. La cuisine latine différait autant de la cuisine d'Homère que le banquet de Trimalcion de celui d'Eumée. Qu'on en juge :

« On venait de desservir le premier service au son des instruments, lorsqu'on vit arriver dans la salle trois porcs

(1) Homère, Odyssée, chants XIII, XIV, XVI (trad. de P. Giguet).

blancs (vivants) ornés de clochettes et de riches muse-
lières. Et Trimalcion : « Lequel des trois souhaitéz-vous
» qu'on nous serve à l'instant? Un poulet, un faisan, sont
» chère de rustres! Mes cuisiniers ont coutume de mettre
» cuire un veau entier dans un bassin. » Incontinent, il fit
appeler le maître d'hôtel, et, sans attendre notre choix,
ordonna de tuer le plus vieux des porcs... Trimalcion
n'avait pas débité encore toutes ses sottises que le porc
apparut sur un vaste *reposoir*. La compagnie aussitôt
d'admirer tant de rapidité, et tous de s'écrier qu'un poulet
même n'eût pu être rôti si vite ; ce qui doublait l'étonnement, c'est que le porc paraissait plus gros même que le
sanglier servi tout à l'heure. De son côté, Trimalcion regardait, regardait. « Eh! quoi, dit-il, ce porc n'est-il pas
» vidé? Vraiment non! Que veut dire?, Faites venir le
» chef. » Le cuisinier, tout confus, avoue qu'il a oublié.
« Comment! oublié? s'écrie le maître. Passe encore si tu
» n'avais oublié qu'un peu de poivre ou de cumin! Qu'on
» le dépouille! » Ce ne fut pas long ; et le pauvre diable
avait l'air si triste que tout le monde demanda sa grâce...
» Bientôt l'air sévère de Trimalcion se détendit en hilarité : « Allons, dit-il, puisque ta mémoire est si mau-
» vaise, vide ce porc devant nous. » Aussitôt le cuisinier,
ayant remis sa camisole, prit son couteau, et, d'une main
qui semblait tremblante, coupa çà et là le ventre de l'animal ; et, des blessures élargies par le poids intérieur,
quantité de saucisses et de boudins s'échappèrent alentour. On applaudit l'amphitryon et le cuisinier. »

FARINE ET PAIN.

Les farines commerciales contiennent plus d'eau et
moins d'azote que les blés ; la diminution de la proportion d'azote est de plus du quart ; et comme on ne retire en
France que 70 de farine pour 100 de blé, la moitié des
principes nutritifs est perdue pour l'alimentation dans le
système de fabrication du pain blanc.

Le rapport moyen de la croûte à la mie est de 24 à 76
pour 100 de pain ; les pains de fantaisie ont, en général,
près de 36 pour 100 d'eau ; les autres pains en contiennent près de 40 et quelques-uns jusqu'à 45 pour 100.

La croûte est plus riche en matières azotées que la mie ;
le rapport est souvent celui de 2 à 1 et s'élève quelquefois
à 2,5 ; en même temps la croûte est plus soluble dans
l'eau que la mie. Ainsi s'explique la préférence que l'on
doit donner au pain bien cuit sur le pain qui a subi une
cuisson insuffisante.

LE CHÊNE DU TASSE
ET L'HÉMICYCLE DE PHILIPPE DE NERI,
AU MONASTÈRE DE SANT-ONOFRIO, A ROME.

Non loin de Saint-Pierre de Rome, à l'entrée de cette
longue rue de la Longara qui traverse le Transtévère d'un
bout à l'autre et qui a retenti jadis la dernière des pas du
divin Raphaël, on trouve, sur la gauche, une ruelle étroite
et montante : elle conduit au monastère de Sant-Onofrio.
C'est là que, le 1er avril 1595, le Tasse, déjà mourant, vint chercher un refuge auprès des moines oratoriens (1).

Après avoir traversé l'église à l'aspect sombre et vénérable qui renferme la tombe du poëte, on entre, par une
petite porte latérale, dans un cloître solitaire, décoré de

(1) Voy. t. XXVIII, 1860, p. 258.

fresques à demi effacées, et de là dans le jardin du couvent.

« Ce jardin, d'une médiocre étendue, dit M. V. Cherbuliez (1), est situé sur la crête même du Janicule. Le
sentier que l'on suit court entre un potager et une vigne
en pente qui enlace ses pampres à de longs roseaux. Rien
de plus simple que cet agreste décor : un champ de to-
mates, des fèves, des figuiers, un bassin de fontaine aux
marges moussues et ombragé de lauriers-roses, le bruit
léger d'un ruisseau qu'on ne voit point, des saules qui se
penchent pour écouter la plainte de cette eau fugitive qui
s'échappe en se dérobant sous leurs pâles feuillages. A
quelques pas plus loin, le terrain se relève brusquement
et l'enclos se termine par un tertre de gazon. Du côté du
couvent, ce tertre présente aux regards une grotte dont
l'entrée est obstruée par des gravois et des ronces, et que
surmonte une niche décorée d'une urne brisée. Là, tout est
laissé à l'abandon ; là foisonnent à l'envi les folles herbes,
le lierre, l'ortie, la laitue et les mille jets fantasques d'une
vigne sauvage qui s'entortille à des buissons et à des
osiers ; mais sur la pente du petit monticule qui regarde
Rome a été pratiqué un petit hémicycle dont les gradins
en brique sont dominés par une rangée de cyprès. C'est
là que Philippe de Neri (2) rassemblait ses jeunes élèves
et leur enseignait une musique d'église toute nouvelle ;
c'est sur ces gradins que sont nés, avec les harmonies du
drame chanté, ces opéras sacrés qu'on appelle des *ora-
torios*.

» Au bas de l'hémicycle, une étroite terrasse est bordée par un petit mur en ruine ; à main gauche s'élève
l'énorme tronc du chêne du Tasse, dont une branche maîtresse a été fracassée par la foudre... C'est à l'ombre de
cet arbre séculaire que le poëte aimait à s'asseoir dans les
derniers jours de sa déplorable vie. Est-ce une légende?
Est-il vrai que le véritable chêne du Tasse a été abattu
par la foudre il y a quelques années? Peu importe ; ces
jardins ont vu le poëte, la mort sur les lèvres, se promener d'un pas chancelant parmi leurs ombrages, et c'est
de cette terrasse que ses regards, près de s'éteindre,
ont contemplé pour la dernière fois la ville éternelle.

» Ah! quel tableau embrassaient de là les regards du
divin poëte! A droite, le prolongement en courbe du Janicule avec son Transtévère à ses pieds, avec ses bosquets,
ses vergers, ses terrasses couronnées d'églises, jusqu'à ce
qu'en face de l'Aventin il dévale brusquement dans le
Tibre, rosserré à sa sortie de Rome par ces deux hauteurs
rivales ; de l'autre côté, s'abaissant en pente rapide, un
bois d'yeuses, de noirs cyprès et de pins d'un vert velouté ;
en bas, le Tibre qu'on voit à peine, mais dont le cours
se fait reconnaître à la longue rangée de maisons sur
pilotis qui l'accompagnent, hautes masures lézardées,
ébréchées, jaunes comme les eaux qui en baignent le
pied, et percées d'étroites fenêtres où pendent des guenilles.

» Au delà s'étend Rome tout entière, Rome immense,
depuis la place du Peuple jusqu'à la pyramide de Cestius ;
Rome avec ses toits rustiques recouverts d'une mousse
flétrie et jaunâtre ; Rome avec ses splendeurs que rien n'é-
gale, et qu'annoncent dans un langage superbe ses dômes
et ses coupoles. Au loin, on aperçoit les ombrages du
Pincio, les jardins de Salluste, leur sombre verdoyant
qui sépare le Quirinal de l'Esquilin et que domine Sainte-
Marie Majeure ; plus près, la tour du Capitole, le Palatin
avec ses cyprès, ses myrtes et ses grenadiers entremêlant

(1) Le prince Vitale. — *Essai et récit à propos de la folie du Tasse*, par M. Victor Cherbuliez (Revue des Deux Mondes du 1er août 1863).
(2) Fondateur de l'ordre des Oratoriens, né à Florence en 1515, mort en 1595.

leurs feuillages aux immenses arcades ruinées du palais des Césars, l'Aventin désert et ses églises solitaires environnées de cultures, le Cælius à la croupe allongée qui se termine par la sublime basilique de Saint-Jean de Latran. Plus loin, la plaine onduleuse et nue; plus loin encore, les monts Albains baignés d'une lumière violette; plus les plans fuyants des montagnes de la Sabine, qui noient leurs cimes dans de fauves nuées, et dont la teinte purpurine va se dégradant, par des nuances insensibles, jusqu'au gris cendré des lointains aériens.

» En retournant la tête, on aperçoit le mont Vatican, Saint-Pierre, une ligne de pins se dessinant sur l'horizon étincelant, des figuiers et des broussailles imprégnées d'une poussière d'or. On aperçoit aussi ce long corridor aérien qui, passant au-dessus des toits de tuiles brunies, relie le Vatican au fort Saint-Ange, ce mausolée devenu

citadelle, qui tour à tour servit aux papes de prison et de refuge dans les cas de danger pressant. Sa masse imposante, qui commande le cours du fleuve, est là comme le seuil majestueux et terrible qui donne accès dans l'enceinte du quartier pontifical.

Quel spectacle et quels souvenirs prestigieux au haut de cette colline du Janicule! N'entendez-vous pas s'élever encore sous les rameaux de ce vieux chêne les admirables chants du seizième siècle entrecoupés par les lamentations du Tasse? et du fond de la cité mystérieuse qui s'endort à vos pieds, monter vers vous une rumeur étrange, où l'on croit distinguer des mugissements de bêtes fauves et des bacchanales, des cantiques, des cris de détresse et des chants de triomphe? Mais, en s'élevant, tout s'épure, se fond et s'harmonise. Entendez, bien haut dans les airs, cette harmonie lointaine et sublime qui s'étend comme un

Le Chêne du Tasse et l'Hémicycle de Philippe de Néri. — Dessin de de Bar, d'après une photographie.

dôme diaphane au-dessus de la ville éternelle; elle nous dit ce qu'elle disait au Tasse la veille de sa mort : « Le passé est l'ombre de l'avenir que nous ne saurions voir encore, et l'avenir est une chaîne immense qui va s'élevant toujours, et dont l'un des premiers chaînons est cette terre où nous apprenons à vivre. »

STATUE DE SAINT-JEAN-BAPTISTE,

PAR M. DUBOIS.

L'art a consacré par d'admirables chefs-d'œuvre deux manières de représenter saint Jean-Baptiste. Tantôt il nous le montre enfant, à côté de l'Enfant Jésus, dans le groupe de la sainte famille, et déjà dans ses jeux rendant

hommage au Fils de Dieu; tantôt il le figure dans la force de l'âge, au temps de sa mission et de sa mort. M. Dubois a en quelque sorte réuni les deux manières dans l'élégante statue dont il avait exposé un plâtre au Salon de 1862, et qu'il a exécutée en bronze pour le Salon de cette année. Il a usé à son tour du privilège de l'art et s'est appuyé, après tous ceux qui ont représenté l'enfance de saint Jean, sur le premier chapitre de l'évangile selon saint Luc. Cet évangile est le seul qui révèle les liens de parenté unissant la mère du Précurseur et la mère du Sauveur; il renferme aussi la prophétie de Zacharie, père de Jean-Baptiste : « Petit enfant, vous serez appelé le prophète du Très-Haut, car vous marcherez devant la face du Seigneur pour lui préparer ses voies. » Les autres évangélistes ne parlent pas de l'enfance de saint Jean, mais seulement de sa prédication dans le désert, où il vivait de sauterelles et de miel sauvage, vêtu de peaux, attirant de toutes parts des disciples qu'il baptisait dans les eaux du Jourdain. Leur récit, et les paroles qui terminent le pre-

Salon de 1864. Sculpture. — Saint Jean-Baptiste, statue en bronze par M. Dubois. — Dessin de Chevignard.

mier chapitre de saint Luc : « Or, l'enfant croissait et se fortifiait en esprit ; et il demeurait dans le désert jusqu'au jour où il devait paraître devant Israël », laissent l'artiste entièrement libre de déterminer l'âge où saint Jean-Baptiste commença sa prédication.

La statue de M. Dubois, œuvre d'une conception élevée, d'une exécution délicate et sobre, réunit avec bonheur les caractères qui conviennent au sujet et ceux qui appartiennent en général à la statuaire. L'ardeur qui anime le prophète, l'enthousiasme qui se peint sur son visage, n'ôtent rien à la simplicité de la figure entière : elle a du mouvement sans agitation ; et, de même, la grâce un peu grêle de ce corps adolescent, habitué aux austérités et au jeûne, a sa beauté saisie et rendue avec un sentiment très-fin et d'une grande justesse d'accent.

LA MÁLLOTTE DU PÈRE RASTOUL.

NOUVELLE.

Suite. — Voy. p. 330, 337, 345, 357, 362, 373, 376.

Trois jours durant, les choses se continuèrent selon qu'il avait été dit ; mais le quatrième jour, l'heure du repas en commun avait depuis longtemps sonné, et le père Rastoul, jusqu'alors si exact, n'arrivait pas. Le dîner refroidissait ; les deux frères grognaient devant la table dressée ; enfin, l'ouvrier tisserand, que la faim pressait, commençait à défiler son chapelet de gros jurons, quand la Belou, l'interrompant, lui fit observer qu'il se pourrait bien que leur pensionnaire se fût trouvé malade chez lui.

— Vas-y voir, dit le père.

Elle arpenta lestement les étages, puis frappa à petits coups à la porte du bonhomme. Celui-ci hésita si longtemps avant de lui répondre qu'elle crut qu'il lui faudrait recommencer le siège du galetas.

— Monte-moi ma soupe et le reste, lui dit-il, quand il se fut bien assuré que c'était elle qui avait frappé et qu'aucun étranger ne la suivait dans l'escalier.

La Belou le regarda avec surprise.

— Monte ici mon dîner, te dis-je, reprit-il.

Et, confidentiellement, il ajouta à demi-voix, comme s'il avait craint les écouteurs :

— Il n'y a pas que les curieux qui me guettent, il y a aussi les voleurs. On ne se contente plus de m'attendre dans la rue, on se faufile dans la maison. Hier, en revenant de chez ton père, j'ai rencontré du monde sur l'escalier ; deux gas que je ne connais pas : peut-être ne voulaient-ils que me voir ; mais il y en avait un troisième, plus haut, qui venait ici pour autre chose, j'en suis sûr : il est connu, celui-là ; on l'appelle la Fouine ! S'il n'a pas été plus loin que le dernier étage, c'est qu'il aura eu peur des deux autres ; mais tôt ou tard il reviendra : aussi, quand je devrais crever de faim dans le galetas, je n'en sortirai plus !

En effet, si la Belou n'eût pris soin de lui apporter chaque jour sa pitance, l'opulent misérable, prisonnier de son or, aurait été trouvé mort d'inanition sur le plancher de son taudis. C'est là qu'il couchait maintenant, tout habillé, la tête sur sa mallette, une main sur son fusil. Il avait démoli son grabat, sous lequel un voleur aurait pu se cacher. Il voulait, en cas de surprise, que l'ennemi, à quelque heure qu'il dût se présenter, le trouvât debout, armé et sur la défensive. Si, dans le sous-sol, la misère faisait les jours difficiles, elle n'empêchait pas du moins les nuits d'être bonnes. Mais là-haut, rien que de mauvais jours suivis de nuits plus mauvaises encore.

Le père Rastoul avait dit :

— Que je persiste à ne pas me montrer, les curieux se lasseront de s'obstiner à m'attendre.

Erreur ! la curiosité publique ne connaît pas la lassitude ; pour qu'elle se détourne d'un objet, il faut qu'on lui en signale un autre. Sa soi-disant variabilité n'est que la mesure de son insatiable appétit ; on la suppose inconstante, elle est affamée ; et, faute d'un aliment nouveau, elle continue à se nourrir de l'ancien produit de sa chasse aux faits scandaleux et aux découvertes étranges. Or, comme à Castres l'étrange et le scandaleux sont choses rares, la rue de la Fagerie continuait, même après une semaine d'attente inutile, à être le point de mire de la curiosité et le rendez-vous des curieux.

Un incident qui partout ailleurs eût glissé inaperçu, mais qui se passant là prenait l'importance d'un grand événement, surexcita encore l'émotion publique. Les groupes qui obstruaient l'entrée de la maison eurent, un soir, à livrer passage au facteur. Celui-ci, après qu'il eut frappé trois coups avec le marteau de la porte, cria :

— Pour M. Joseph Rastoul, une lettre; vingt-quatre sous, s'il vous plaît !

Tous les regards se dirigèrent vers la lettre que le facteur tenait à la main. Elle était de grande dimension et paraissait fort pesante. Le bonhomme ne répondit pas à l'appel de son nom, mais la Belou se montra. Après quelques paroles échangées avec le facteur, elle lui dit : « Attendez ! » et grimpa au galetas.

Et pendant les quelques minutes d'attente l'homme de la poste eut fort à faire pour maintenir à distance la foule qui se pressait autour de lui. La taxe connue de cette lettre, son poids jugé à l'estime, donnaient beaucoup à penser aux assistants; le plus hardi de tous s'informa du timbre qui indiquait son point de départ; peu s'en fallut même qu'il ne demandât le contenu de la lettre. La Belou reparut, donna les vingt-quatre sous au facteur, prit la lettre, et, avant de rentrer dans la maison, jeta ces mots aux curieux en façon de bonsoir moqueur :

— Si vous voulez voir encore une fois le père Rastoul, il ne s'agit pas de vous coucher tard, mais il faudra vous lever de bonne heure.

Ceci avait trait à quelques paroles dites par le bonhomme quand la fille de Cambajou lui eut annoncé la visite du facteur.

— Une lettre de là-bas! s'écria le prisonnier volontaire comme à l'annonce de sa délivrance; il est temps qu'elle arrive! Je n'attendais qu'elle pour partir; demain, j'aurai quitté Castres.

Et quand il eut parcouru cette lettre qui renfermait divers papiers, il répéta :

— Je pars demain matin.

Après un instant de réflexion, pendant lequel il demeura les yeux fixés sur sa mallotte, le père Rastoul dit à la Belou :

— J'ai besoin de parler à Cambajou; dès qu'il ne verra plus clair à remuer son métier, dis-lui que je l'attends ici; mais qu'il apporte sa chandelle, il n'y en a pas chez moi, je n'en allume jamais.

La nuit étant venue, Magloire Cambajou quitta son métier, et précédé de la Belou, qui portait magistralement la chandelle allumée, suivi du cadet et du pitzou, l'un cherchant à terre le long de l'escalier, l'autre jouant avec son ombre, il monta chez le vieux voisin, lequel parut surpris, mais non mécontent, de voir, avec le tisserand, arriver sa famille.

— Nous venons tous, dit celui-ci, attendu que je n'ai pas le moyen de brûler en même temps deux chandelles, et que les enfants n'aimeraient pas à se coucher sans lumière; il y a bien la rue où ils auraient pu jouer autrefois en m'attendant; mais, à présent, elle est bouchée par vos histoires. Enfin, c'est à nous prendre ensemble ce soir, ou, si ça ne vous va pas, je reviendrai seul demain matin.

— Non pas! restez, reprit le bonhomme les retenant du geste. Vos enfants sont les bienvenus, pourvu qu'ils ne touchent à rien et qu'ils ne nous empêchent pas de causer. D'ailleurs, ajouta-t-il, au lieu de nous gêner, leur présence donnera plus de poids à la chose; ça nous fait des

témoins tout trouvés, quoique les témoins ne soient pas nécessaires avec un honnête homme comme vous.

Cambajou, qui ne pouvait deviner où il voulait en venir, eut un mouvement d'impatience.

— Tout beau, voisin! poursuivit le père Rastoul, nous allons nous entendre. Oui ; vous êtes le plus honnête homme que je connaisse, et je vais bien vous prouver l'estime que j'ai pour vous. Il y a ici quelque chose de si précieux que, pour le garder, j'ai presque perdu l'appétit le jour et tout à fait le sommeil la nuit. J'ai de graves raisons pour ne pas l'emporter avec moi où je vais, et cependant il faut que je parte. Mon embarras était grand; je me disais : « Il n'y a à Castres personne d'assez sûr pour que je me risque à le lui confier. » Je me trompais, mon brave Cambajou; l'homme sûr, à qui on pourrait donner sans crainte des millions à garder, il existe, je l'ai devant les yeux : c'est vous. Aussi que je n'aurais pas voulu mettre sous la garde de mon père, s'il vivait, je vous le confie sans peur. Voici l'objet, conclut-il en désignant la mallette.

Jamais le bonhomme n'en avait tant dit tout d'une haleine ; jamais, surtout, il n'avait parlé avec cette animation, due sans doute au parti violent qu'il venait de prendre : se séparer de son trésor! Pour Cambajou, étourdi de tant de paroles, flatté dans son seul orgueil, — orgueil bien légitime, sa réputation d'honnête homme, — positivement enivré du témoignage de confiance qu'il recevait de son voisin, il répondit :

— Quand il y aurait là dedans tous les diamants de la couronne de France, vous pouvez me donner la chose en garde : telle je l'aurai reçue, telle je vous la rendrai.

— Encore faut-il que vous sachiez ce qu'elle renferme, répondit le père Rastoul, s'agenouillant auprès de la mallotte pour la déboucler. Baisse un peu la lumière, petite, dit-il à la Belou ; mais prends bien garde au feu!

La mallette ouverte, le bonhomme enleva successivement trois couches de foin, de laine et de baillons qui recouvraient plusieurs piles de pièces de cinq francs alternant avec quelques rouleaux d'or. Piles et rouleaux étaient fortement serrés pour éviter le bruit d'un choc durant le transport de la mallotte, et le tout reposait sur un lit non moins épais que la triple couverture.

— Il y a cinq mille francs d'or et d'argent, dit le père Rastoul; en y joignant les deux bourses pleines, cela ne fait que six mille neuf cent quatre-vingts au lieu de sept mille, puisque...

Il soupira.

— Enfin, reprit-il, si vous le voulez, nous allons compter ensemble.

— C'est inutile, répliqua Cambajou. Il y a ce qu'il y a, et il n'y en aura ni plus ni moins quand je vous rendrai votre dépôt. Renfermez tout cela, voisin; serrez, bouclez votre satanée mallette, chargez-la moi sur l'épaule, et puis la bonne nuit. Il est assez tard, et on se lève avec le jour chez nous. Il faut bien profiter de ce que l'ouvrage donne un peu quand on n'a que ça pour vivre.

En parlant, il s'était empressé d'aider le père Rastoul à recouvrir de haillons, de laine et de foin les rouleaux d'or et les piles d'argent.

Les deux bourses de cuir avaient été vidées dans la mallote, que Cambajou se disposait à descendre chez lui, quand son voisin se ravisa.

— Je voudrais ne vous quitter qu'au dernier moment, dit-il ; et comme j'ai encore une nuit à passer ici, autant vaut que vous ne vous en embarrassiez que demain. Mais laissez-moi votre lumière ; je payerai ce qu'il faudra, et vous trouverez une autre chandelle à allumer chez vous. Je tiens à voir le plus longtemps possible ce que je ne verrai peut-être plus de longtemps.

La famille Cambajou regagna à l'aveuglette le sous-sol. Aux premières lueurs de l'aube, le tisserand frappait à la porte de son voisin d'en haut. Il le trouva prêt à partir. La mallette, toujours solidement fermée, était à la même place, et le fusil reposait par terre auprès d'elle. Quand le père Rastoul eut ouvert sa porte à Cambajou, il se hâta de soulever et de se charger sur le dos un sac formant besace, dont il dissimula du mieux qu'il put la pesanteur.

— Ce sont, dit-il vivement pour prévenir les questions de son voisin, des vieilleries auxquelles je tiens par habitude. Quant au reste du ménage, je vous le laisse comme prix du loyer de ma mallette, de même que ce fusil qui vous sera peut-être nécessaire pour la défendre. Prenez-les tous deux et passez devant, je fermerai la porte.

— San Dious ! dit Cambajou fléchissant sous le poids de la mallette ; elle ne me semblait pas si lourde que ça lier.

Il fut longtemps à descendre ; le père Rastoul, qui le suivait, descendit plus péniblement encore. La Belou et ses frères se tenaient sur le pas de l'allée pour dire adieu au bonhomme. Une indiscrétion du cadet, qui s'en était allé jusqu'à la maison voisine, déjà ouverte malgré l'heure matinale, avait ébruité le départ du père Rastoul. Cette nouvelle, aussitôt répandue de proche en proche, amena, sinon la foule, du moins un assez grand nombre d'assistants devant la maison que l'homme au trésor allait quitter. Il ne parut pas mécontent, cette fois, de la curiosité qu'il excitait. Et au moment de se séparer de Cambajou, chargé de la mallette et armé du fusil, bien loin de le prendre sur un ton mystérieux, c'est à haute voix et de façon à être entendu des curieux qu'il lui dit :

— Je n'ai pas peur qu'on me vole en route ; je vous laisse le magot : il sera bien gardé, j'en réponds.

Il partit. Les enfants l'accompagnèrent jusqu'à la place du Mail, où il monta avec sa besace sur un fourgon prêt à faire route dans la direction de Revel. Quand la Belou et ses frères revinrent près de Cambajou, celui-ci leur montra d'abord la mallette poussée sous le lit, puis le fusil accroché sous le manteau de la cheminée :

— Le premier qui touchera à celle-là pour l'ouvrir aura affaire à celui-ci. Ce n'est pas que l'argent du voisin qui est là dedans, c'est l'honneur de la famille ; vous et moi, nous sommes tous les gardiens de la mallette.

IV. — La Fouine et la Belou.

En acceptant l'important dépôt que son voisin d'en haut n'eût voulu, disait-il, confier à aucun autre, Magloire Cambajou ne s'était pas dissimulé qu'il avait accepté, en même temps, l'inquiétude continuelle et le péril toujours menaçant. Mais ce dont il tenait compte, avant tout, c'était du régal qu'un pareil témoignage de confiance donnait à son orgueil.

Cette confiance, il se reconnaissait la mériter si complétement que, venant de toute autre part, il ne l'aurait peut-être accueillie que comme le juste hommage dû à sa probité. De la part du père Rastoul, c'est-à-dire de la défiance en personne, il le était bien autrement flatteuse, vraiment ! Le dépôt devenait un fait si étrange, si invraisemblable, partant si glorieux pour le dépositaire, qu'il devait ajouter, — chose presque impossible, — à la haute estime que l'ouvrier tisserand avait pour lui-même.

Elles sont rares partout les saines et robustes natures qui portent légèrement le poids du devoir et qui n'ont pas besoin, pour accomplir la tâche qu'il impose, de s'exagérer leur propre mérite. Mais, au pays de Magloire Cambajou, où la chaleur et la générosité du sang produisent l'aberration qui surélève du grand au gigantesque les proportions de toute chose et ne permet pas d'admettre que l'exagération ne soit point la mesure exacte du vrai, les natures qui conçoivent simplement ce qui est simple sont plus qu'une rareté. Or le voisin du père Rastoul était trop bien de son pays par la tête et par le cœur, par les soubresauts de la bonté et de la colère, pour faire exception dans Villegoudou.

Donc ce fut bruyamment et, pour ainsi dire, son orgueil sonnant la trompette aux quatre coins de la ville, que Cambajou entra dans son rôle de dépositaire. Au départ, le locataire du galetas n'avait pas exigé de lui une reconnaissance écrite, laquelle aurait pu se perdre ou lui être volée ; mieux avisé, le bonhomme, dans ses paroles d'adieu aux voisins attroupés, les avait indirectement pris pour témoins du dépôt de la mallette. Il oublia, il est vrai, de leur en faire connaître le contenu ; mais la jactance de Cambajou eut bientôt réparé cet oubli.

Quand on sut, à Castres, que le soi-disant millionnaire n'avait eu à confier à son voisin le tisserand qu'une somme de sept mille francs environ, le trésor, tant gonflé par la crédulité du vulgaire qui s'évertue à créer ce qui l'abuse, ne fut plus considéré que comme une misère à qui l'attention publique avait fait trop d'honneur en s'y arrêtant quelques jours. La réaction suivant son cours naturel, on passa brusquement de l'admiration au mépris, pour aboutir enfin à l'indifférence complète. Ainsi, le rêve d'or, ramené à la réalité, fut relégué parmi les vieilles fables dont on ne parle plus. Quelques entêtés cependant, ne voulant pas se résigner à s'avouer qu'ils avaient été leur propre dupe, firent cette réflexion, qui ne manquait pas absolument de justesse :

— On sait ce que le père Rastoul a laissé chez Magloire Cambajou ; mais, au départ, les poches du bonhomme étaient pleines et sa besace était lourde, et il n'a pas dit ce qu'il emportait dans ses poches et dans sa besace.

On pourrait dire que la mallotte ne préoccupait plus maintenant que celui qui l'avait sous sa garde, si, parfois, on n'eût aperçu, rôdant aux environs, quelqu'un qui ne trouvait pas assez méprisable le trésor ainsi réduit pour s'aventurer à se l'approprier.

Il s'agit ici du vaurien à qui la rue de la Fagerie avait été interdite. Déjà, bravant les ordres du commissaire, il était parvenu si près de l'objet de sa convoitise, qu'un jour le père Rastoul l'avait rencontré à quelques pas de la porte du galetas. Et, depuis le départ du bonhomme, celui qu'on avait surnommé la Fouine, surveillé, traqué sans cesse, mais échappant toujours à la vigilance de ses guetteurs, attendait le moment favorable pour se glisser furtivement dans le sous-sol. Il eut le prix de sa persévérance ; le moment attendu arriva.

C'était un samedi, vers la chute du jour. L'ouvrier tisserand détacha de son métier la pièce qu'il venait de terminer, — sa tâche de la semaine ; — il la roula, l'enveloppa avec soin dans une serpillère, et, laissant au logis la Belou avec ses deux frères, il sortit pour aller porter son ouvrage au fabricant et recevoir sa paye.

Le cadet, assis sur l'une des marches qui descendent à la rivière, découpait une image trouvée par lui, et que, vraisemblablement, il destinait à l'une de ses cachettes, tandis que sa sœur, occupée à recoudre un bouton au pantalon du pitzou, contait une histoire à l'enfant, seul moyen de l'obliger à demeurer en repos.

Le fil se cassa ; la Belou interrompit son récit pour ramasser l'écheveau qui était tombé au pied de la chaise. Quand elle se releva, l'aiguille tremblait dans ses doigts, son cœur battait avec une violence à la faire crier, et qui l'eût vue en ce moment aurait été effrayé de sa pâleur livide.

— Eh bien, après? demanda le pitzou sans regarder sa sœur.

L'histoire l'intéressait; il en voulait la suite; mais la pauvre enfant, saisie de terreur, ne recouvrait point la parole.

Comme on a pu précédemment en juger, la Belou était peu accessible aux émotions qui vont jusqu'à troubler la raison; il fallait donc que le péril fût bien grand pour que la voix lui manquât, et que, soudain, son sang-froid l'eût abandonnée.

Bientôt, pourtant, elle rappela sa force d'esprit. Celle-ci revint, même avec une vigueur nouvelle, grâce à cette rapide réflexion :

— Si la mère vivait, elle n'aurait peur pour elle qu'après avoir sauvé les petits.

Au pitzou, qui réclamait avec impatience la fin du récit, elle répondit enfin :

— Tu sauras le reste quand toi et ton frère vous serez revenus; le plus pressé, d'abord, c'est de porter la clef au père : vous le trouverez chez son patron.

Puis, malgré la surprise et la mauvaise volonté que les deux enfants témoignaient, elle leur persuada que le père, devant rentrer très-tard dans la soirée, leur avait ordonné de se coucher avant son retour, ce qu'ils ne pourraient faire, puisqu'il avait oublié en partant d'emporter la clef du sous-sol.

Pressés, poussés par la Belou, les deux bambins, beaucoup plus soumis en réalité qu'ils ne voulaient le laisser paraître, grognèrent un peu, mais cédèrent enfin à la brave enfant qui, durant l'absence du père, représentait pour eux celui qu'en patois castrais on nomme avec respect *lou cap-d'oustal* (le chef de la maison).

Là Belou resta seule, seule pour se défendre; car ce n'était pas d'une vision imaginaire qu'elle s'était tout à coup et si fort effrayée. Une hallucination ne l'avait pas trompée lorsque, se baissant pour ramasser l'écheveau de fil, son regard s'était arrêté sur deux pieds nus, les deux pieds d'un homme de trop haute taille pour pouvoir se tenir entièrement caché sous le lit. Les dernières lueurs du jour, que la réverbération de l'eau renvoyait alors dans ce coin du taudis, lui avaient appris à quel ennemi elle avait affaire. A la nuance rougeâtre du pantalon déchiqueté en frange au bas des jambes, elle s'était dit :

— C'est la Fouine!

La suite à la prochaine livraison.

RETOMBERA-T-IL?

Varignon paraît avoir signalé le premier, en 1707, la contradiction géométrique des lois de Galilée sur la chute des corps avec l'hypothèse de la rotation de la terre et celle d'une pesanteur constante. Il se borne à montrer que la réunion de ces trois hypothèses implique contradiction, sans oser décider celle qui doit être modifiée et sans indiquer même ses conjectures : il est à croire, d'ailleurs, que s'il se fût prononcé, il n'eût pas bien choisi; son ouvrage sur la cause de la pesanteur le montre fort mal préparé à traiter de telles questions. On voit, sur le frontispice, une petite vignette fort élégante représentant deux personnages, un militaire et un religieux; auprès d'un canon braqué vers le zénith; ils regardent en l'air comme pour suivre le boulet qui vient d'être lancé. Sur la gravure même, on lit ces mots : « Retombera-t-il ? » Le religieux est le célèbre père Mersenne, et son compagnon est M. Petit, intendant des fortifications. Ils ont répété plusieurs fois cette dangereuse expérience, et comme ils ne furent pas assez adroits pour faire retomber le boulet sur leur tête, ils crurent pouvoir en conclure qu'il était resté en l'air, où sans doute il demeurerait longtemps. Varignon ne conteste pas le fait, mais il s'en étonne : « Un boulet suspendu au-dessus de nos têtes! en vérité, dit-il, cela doit surprendre. » Les deux expérimentateurs, s'il est permis de les nommer ainsi, firent part à Des-

Vignette-Frontispice du livre de Varignon intitulé : *Nouvelles conjectures sur la pesanteur* (Paris, 1650).

cartes de leurs essais et du résultat obtenu. Descartes ne vit dans le fait supposé exact qu'une confirmation de ses subtiles rêveries sur la pesanteur.

Plus d'un siècle après, d'Alembert, qui analysa très-nettement le phénomène, calcula la déviation du boulet, en faisant abstraction de la résistance de l'air. Un projectile lancé verticalement de bas en haut, avec une vitesse de 1 800 pieds par seconde, doit être dévié vers l'est et retomber à 600 pieds de son point de départ; et c'est, suivant lui, pour l'avoir cherché trop près que Mersenne et Petit n'ont pas retrouvé leur boulet. Mais cette explication n'est pas admissible : la résistance de l'air, négligée par d'Alembert, exerce une très-grande influence. D'après les calculs de Poisson, une balle de fusil, lancée avec une vitesse de 400 mètres par seconde, qui dans le vide re-

tomberait à 50 mètres de son point de départ, ne serait déviée dans l'air que de quelques centimètres. Et l'expérience de Mersenne prouve donc seulement la difficulté de lancer un boulet dans une direction rigoureusement verticale : une balle de fusil serait plus facile à diriger, mais l'erreur de pointage, ajoutée à l'influence des courants d'air, produirait certainement des déviations plus considérables encore que celles qu'il faut mesurer.

D'après Poisson, les déviations sont toujours fort petites et exigeraient, pour être constatées, des expériences minutieuses presque toujours irréalisables. [1]

[1] Ces lignes sont empruntées à l'un de nos savants les plus estimés, M. Joseph Bertrand (article *sur les Progrès récents de la mécanique*, Revue des Deux Mondes; mai 1864).

LE LOISIR.

Salon de 1864; Peinture. — La Partie d'échecs, par M. Armand Leleux. — Dessin d'Eustache Lorsay.

Ce joli tableau, que M. Leleux a peint avec sa finesse habituelle et exposé au Salon de cette année, a pour titre la *Partie d'échecs*; il pourrait aussi bien s'appeler *un Jour de repos*, ou les *Plaisirs délicats*. La partie d'échecs est en ce moment engagée, mais les cahiers de musique sont encore ouverts; le violon et l'archet, un instant déposés, vont être repris tout à l'heure. Le meuble sur lequel ils se trouvent placés paraît être un de ces élégants cabinets anciens, précieusement incrustés, dont les tiroirs recèlent d'ordinaire les confidences de toute espèce : correspondances intimes, essais littéraires, notes soigneusement recueillies, bijoux et souvenirs aimés; ou encore les médailles, les pierres gravées, les empreintes, tous les menus objets, parfois d'un prix inestimable, qui font la joie de l'antiquaire ou de l'amateur. Des tableaux sont suspendus aux murailles; nous ne les voyons pas toutes : sans doute les livres ne sont pas

loin. S'il faut, enfin, en juger par l'apparence et le costume des personnages, nous avons sous les yeux deux abbés italiens, de ceux qui se sont fait un nom illustre par la culture des arts ou la science de l'antiquité.

Tout respire, dans cet intérieur, le calme, la sérénité; tout témoigne que ceux qui l'habitent sont des esprits éclairés, délicats, sensibles aux belles choses, et qui savent employer leurs loisirs d'une manière encore profitable à l'âme. Il faut au corps du repos après le travail, et il faut à l'esprit qui a longtemps été tendu un peu de relâchement. Mais ne peut-on se délasser que dans le désœuvrement? Après avoir beaucoup fait, est-il nécessaire de ne rien faire? L'ennui ne tardera pas à nous prendre si nous restons quelque temps dans cette inertie. Au contraire, nous ne connaîtrions jamais l'ennui si nous savions varier nos travaux, nos plaisirs, prendre part à ce qui fait l'étude ou le bonheur des autres, élargir dans ce qui nous entoure le cercle des choses où nous avons notre part. Que ne songeons-nous aussi, dans ces heures de loisir où il nous est permis de penser à nous-mêmes, à donner à la pensée ou au corps l'exercice dont ils ont besoin et dont l'un ou l'autre a été longtemps privé? L'oisiveté, quand elle n'a pas la paresse uniquement pour cause, et la langueur qui en est la suite, sont ordinairement les signes de l'indigence d'un esprit négligé ou des mauvaises habitudes que nous lui avons laissé prendre, Excepté pendant les heures qui ne peuvent être refusées au sommeil, nous ne devrions pas rester un seul moment inoccupés; car, hors de ce temps qui nous échappe, il ne nous est pas permis d'abdiquer le gouvernement de nous-mêmes, et tout esprit qui se gouverne doit agir pour s'entretenir en santé, pour s'avancer et pour s'élever.

LA MALLOTTE DU PÈRE RASTOUL.

NOUVELLE.

Suite. — Voy. p. 330, 337, 345, 357, 362, 373, 378, 389.

Aussitôt que, par son énergie naturelle, elle eut dominé le saisissement de la peur, sa première pensée fut de prendre ses deux frères par la main et de monter avec eux si rapidement l'escalier que le voleur n'aurait pas eu le temps de sortir de sa cachette et de les atteindre. Mais la maison avait deux issues; mais le courant de l'Agout n'était point un obstacle pour la Fouine; il savait nager; une fois déjà il l'avait victorieusement prouvé en échappant à la poursuite d'un valet de ville. La Belou se sauvant avec ses frères livrait le dépôt confié non-seulement à Cambajou, mais encore remis par celui-ci à la garde de toute la famille. Un grand danger était là : elle préserva ses frères de ce danger, et resta où le devoir la retenait; héroïque en cela, à la façon des grands cœurs qui le sont simplement et sans savoir ce que c'est que l'héroïsme.

Le misérable, blotti sous le lit, tout près de la mallotte, demeura longtemps sans bouger; il avait ramené à lui ses pieds nus, et la Belou aurait pu douter de ce qu'elle avait vu, si parfois le souffle mal étouffé de la Fouine, trahissant la gêne dont il souffrait dans sa cachette, n'eût empêché la fille de Cambajou d'oublier qu'elle était à la merci d'un voleur.

Le jour continuait à tomber. La Fouine attendait sans doute que l'obscurité fût assez profonde pour que les promeneurs qui passaient sur le pont voisin ne pussent distinguer de quelle mesure de la rue venaient les cris de détresse, si toutefois, dans sa lutte probable avec la Belou, il était assez maladroit pour la laisser crier.

Quant à la courageuse fille, ne sachant par quels signaux intelligents, prudents surtout, elle pourrait parvenir à s'attirer un secours du dehors, sans risquer d'éveiller le soupçon du malfaiteur qui, vraisemblablement, ne la quittait pas des yeux, elle se résigna à demeurer assise près de la porte ouverte sur la rivière, et, l'oreille tendue dans la direction du lit, d'où le plus léger bruit la faisait frissonner, elle feignit de dormir.

— Il doit vouloir partir, se dit-elle, avant le retour du père avec les petits. Quand il me croira en plein sommeil, il sortira de sa cachette et pensera qu'à s'en aller au plus vite avec la mallette sans me réveiller. Il vole, c'est connu, mais personne ne dit qu'il ait jamais tué; d'ailleurs, on ne tue pas un enfant qui dort. Que la Fouine gagne l'escalier et même la porte de l'allée, il n'emportera pas bien loin le trésor du père Rastoul. Dieu permettra que je me glisse derrière lui, pas à pas, de marche en marche. Une fois dans la rue, mes cris attireront plus de braves gens qu'il n'en faut pour arrêter un voleur.

Ainsi s'était parlé la Belou; et presque tout ce que la prévision venait de lui montrer arriva comme elle l'avait dit. La Fouine sortit de dessous le lit, tirant après lui la mallotte ; mais, avant de se diriger du côté de l'escalier, il s'avança vers la dormeuse comme s'il eût douté de la sincérité de son sommeil. Elle entendit les pieds nus s'appuyer légèrement sur le sol, et elle resta immobile. À travers ses paupières baissées, elle vit les yeux du bandit qui s'efforçaient de la voir, tant la nuit était noire. La Fouine pencha son visage si près de celui de la Belou, qu'elle sentit le contact, et fut comme baignée de son haleine. Cependant elle soutint bravement la terrible épreuve. Ni l'épouvante, ni le dégoût ne troublèrent le mouvement mesuré de sa respiration qui simulait le sommeil paisible. Bien convaincu que la fille de Cambajou était profondément endormie, la Fouine murmura : « C'est heureux pour elle ! » et se décida à partir avec la précieuse mallotte.

Déjà il allait atteindre l'extrémité supérieure de l'escalier et soulever la planche mobile, déjà la Belou, sortie de son apparente immobilité, le suivait en rampant, lorsque, se ravisant, le bandit s'arrêta pour regarder du côté de la rivière. L'épaisse obscurité du taudis mettait, pourrait-on dire, en lumière les objets placés dans l'encadrement de la porte-fenêtre. Il vit distinctement la chaise et put compter les barres transversales du dossier où, tout à l'heure, la Belou s'appuyait en dormant. Donc elle n'était plus là, donc elle ne dormait pas! La Fouine redescendit si précipitamment pour ou punir ou se venger de celle qui l'avait trompé et pour la mettre hors d'état de le signaler à la justice, qu'il fallut un hasard providentiel pour que la pauvre enfant ne fût pas meurtrie ou même broyée sous les pieds de son ennemi. Alors commença dans l'ombre la lutte entre la fureur sanguinaire qui poursuit aveuglément sa proie, et la confiance en Dieu qui laisse à l'esprit la liberté et la clairvoyance nécessaires pour profiter de tous moyens d'échapper au danger. Cependant, poursuivie de coin en recoin, la Belou ne pouvait se réfugier près de l'escalier sans entendre aussitôt, de ce côté, la voix menaçante de la Fouine; elle ne pouvait s'aventurer vers la porte de la rivière sans le voir tôt à coup se dresser devant elle. Après une dernière feinte, favorisée par les ténèbres qui les environnaient, c'est là que le misérable attendait sa victime. Elle accourait désespérée, il s'élançait au-devant d'elle pour lui barrer le passage, lorsque deux vigoureux poignets pesant sur ses épaules le firent trébucher, et le choc d'un bâton dans les jambes l'étendit par terre.

C'est, on l'a compris, en bateau, par la porte de la rivière, que survenaient, avec tant d'à-propos, les sauveurs de la Belou; ils étaient deux : Magloire Cambajou et un valet de ville.

L'ouvrier tisserand, rencontré par les bambins chez le fabricant dont le cadet connaissait la demeure, devina, en voyant cette clef qui ne lui était point nécessaire; que celle qui la lui envoyait avait saisi le premier prétexte pour le rappeler au plus tôt à la maison. Il interrogea les enfants, et il s'effraya d'autant plus que ceux-ci ne pouvaient rien lui apprendre.

L'instinct paternel donna le second avis.

— Il y a un assassin chez nous! s'écria-t-il; la Belou ne m'aurait envoyé qu'un de ses frères si le danger n'était pas le même pour tous les deux.

Père et fille, ces braves cœurs-là se connaissaient.

Sans se donner le temps de recevoir sa paye, Cambajou s'élança dans la rue, laissant le cadet et le pitzeau derrière lui : ils sauraient bien retourner d'où ils étaient venus.

Chemin faisant, il s'assura d'un renfort, et tandis qu'avec le valet de ville il prenait le chemin le plus périlleux, mais aussi celui qui le menait le plus vite et de plain-pied chez lui, des passants, lancés comme messagers du côté de la rue de la Fagerie, allaient rassembler les voisins et fermer au voleur l'autre issue de la maison.

Cambajou avait, le premier, sauté du bateau en terre ferme. Ce sont ses poings robustes qui firent trébucher la Fouine, mais c'est le bâton du valet de ville qui le coucha sur le sol.

— Si nous le jetions à l'eau! dit le père de la Belou, quand il vit terrassé le misérable voleur qui lui demandait grâce.

Il hésita un moment; puis, une réflexion l'empêcha de donner suite à son idée.

— Au fait, non, reprit-il, ça gâterait la rivière.

Et il remit son prisonnier aux mains de la force publique qui pénétrait dans le sous-sol, avec nombre de voisins, par l'escalier de la rue.

— Gredin de père Rasteul! Gueuse de mallotte! ne cessait de répéter Cambajou, quand sa fille lui eut redit, comme il le voulait, pour lui-même, l'histoire de cette heure d'angoisse qu'elle venait de raconter à la foule. Quand donc le voleur d'or haut viendra-t-il me réclamer son dépôt? Il y a quinze mois que nous l'attendons, c'est bien assez.

Ils l'attendirent encore douze ans.

La suite à la prochaine livraison.

LES ANIMAUX DOMESTIQUES [1].

Huitième et dernier article. — Voy. p. 123, 155, 371.

L'oie est, après la poule, le plus important de nos oiseaux de basse-cour. Sa rusticité, la facilité avec laquelle elle s'élève et s'engraisse, le supplément de profit que l'on retire de son duvet, enfin une certaine popularité qui fait de sa consommation un sujet de fête dans les classes moyennes et lui assure toujours ainsi un grand débit, la recommandent à l'agriculture. Certaines provinces en produisent en quantité, et d'autant mieux que son élève, étant peu dispendieuse, convient aux ménages ruraux qui disposent de trop peu de ressources pour produire de la viande autrement que par petites masses.

L'oie sauvage, qui vit dans les contrées orientales de l'Europe, d'où elle se répand durant l'hiver dans les contrées centrales et méridionales, est la souche primitive de l'oie domestique. Sa domestication remonte au moins au temps d'Homère, qui en parle dans l'*Odyssée* comme de l'un des oiseaux que l'on était dans l'habitude d'élever dans les maisons. Mais est-ce en Grèce que ce résultat a été obtenu pour la première fois? Certains indices philologiques porteraient à croire que l'Orient avait déjà captivé cet oiseau à une époque bien plus reculée.

Outre l'oie commune, nous possédons quelques autres espèces de la même famille, telles que l'oie de Guinée, importée probablement de la Chine à une époque comparativement moderne, qui en parle la même que l'on ne saurait fixer; l'oie du Canada, introduite vers le milieu du dix-huitième siècle; l'oie d'Égypte, fruit de notre célèbre expédition dans ce pays; l'oie de Sandwich, l'oie de Magellan, la bernache ordinaire. Mais il est dès à présent certain qu'aucune de ces espèces n'offre, au point de vue économique, les mêmes avantages que la première, et, par conséquent, il n'y a là que des oiseaux d'ornement et pour la plupart peu élégants.

Le canard coûte encore moins que l'oie, à condition toutefois qu'on puisse lui livrer l'exploitation d'une rivière ou d'un étang. Il ne quitte pas l'eau de la journée et s'y nourrit de plantes, d'insectes, de mollusques, même de petits poissons. On l'engraisse pour la table à l'âge de sept à huit mois, et il forme un mets assez recherché. Il est issu du canard sauvage, qui nous vient du Nord à l'automne et qui demeure même en petit nombre toute l'année dans nos pays. On n'en trouve aucune mention dans les auteurs grecs, et il est probable que c'est aux Romains qu'appartient le mérite de sa domestication. Le type primitif était de ce temps si peu modifié que Varron nous apprend que l'on couvrait de filets les enclos où l'on élevait ces oiseaux, pour les empêcher de s'envoler.

Dans le cours du seizième siècle s'est ajoutée au canard commun une espèce du même genre, mais plus volumineuse, et désignée sous les noms de canard de Barbarie ou de Guinée, bien que réellement originaire de l'Amérique méridionale. Le nom de canard musqué, sous lequel elle est également connue, est préférable, car il indique la particularité qui distingue sa chair et qui a nui jusqu'ici au développement de sa consommation. On le croise quelquefois avec l'espèce commune, et les métis sont assez recherchés. Diverses autres espèces, telles que le canard de la Caroline, le canard de la Chine, le canard rouge, la tadorne, le siffleur, offrent des colorations agréables, semblent faites pour enrichir nos pièces d'eau, mais ne seront sans doute jamais préférées pour la table au canard commun.

Malgré la présence de ces brillants oiseaux, le roi des eaux serait toujours le cygne. Il est sans rival pour la taille, non plus que pour la grâce et pour la majesté. On voit par mille témoignages qu'il était en possession dès l'antiquité de l'admiration générale; mais il ne paraît pas que l'on se fût encore avisé de le réduire à l'état domestique. Il est vraisemblable que ce changement de condition s'est opéré dans le commencement du moyen âge, et sans doute en vue d'animer les fossés remplis d'eau qui entouraient alors les châteaux. C'est une élégante conquête. Il est remarquable qu'elle se soit faite non sur l'espèce sauvage à bec noir, qui vient le plus fréquemment nous visiter en hiver, mais sur l'espèce sauvage à bec rouge, qui est surtout commune dans les parties orientales de l'Europe. Peut-être est-il permis de déduire de là une conjecture touchant la région à partir de laquelle le cygne s'est propagé peu à peu dans toute l'Europe. A cet oiseau, renommé si longtemps comme le type de la blancheur, s'est adjoint depuis peu un autre cygne un peu plus petit, de couleur noire, emprunté à la Nouvelle-Hollande; et l'on a déjà commencé les essais relatifs à l'introduction d'une troisième espèce, tirée de l'Amérique méridionale, et présentant la singularité d'un col noir sur un corps parfaitement blanc.

Une nouveauté plus considérable, si elle se réalisait, serait l'introduction dans notre économie rurale des oiseaux de grande taille : l'autruche, le nandou, le casoar, que l'on a déjà surnommés, par une anticipation peut-être aventureuse, oiseaux de boucherie. Que ces espèces, même la première, soient susceptibles de s'acclimater jusque dans la zone septentrionale, de s'y reproduire, d'y constituer des races domestiques, il y a dès aujourd'hui à cet égard des essais assez concluants pour qu'on puisse le croire; mais pour qu'une race domestique sorte de l'enceinte des ménageries et se fasse adopter par les agriculteurs, il faut qu'à la suite de la question zoologique la question économique reçoive à son tour une solution satisfaisante. L'animal a beau être de fortes dimensions, s'il consomme à proportion, l'avantage s'en va. Quelles sont les qualités spéciales par lesquelles se recommanderont au goût ces nouvelles viandes? Quel sera leur prix de revient? Y aura-t-il équilibre

[1] Article inédit de Jean Reynaud.

entre ce prix et le degré de faveur de l'objet? Tels sont les trois éléments du problème, et l'expérience seule peut les fixer. Mais, sans aller jusqu'à ces acquisitions ambitieuses, la famille des échassiers ne saurait pas moins être mise à profit tout autrement qu'elle ne l'a été jusqu'ici. Elle renferme des espèces précieuses, telles que les outardes, les grues, l'agami, quelques autres encore, et il ne serait pas impossible que ces espèces, inférieures aux précédentes quant à la singularité de la taille, reprissent sur elles l'avantage quant à l'utilité.

L'Oie sauvage (*Anas anser segetum*).

Aucune catégorie n'offre un cercle plus étendu que celle des oiseaux de volière. Comme presque tous les animaux emplumés sont d'aspect agréable, et plus encore peut-être que tous les autres les plus petits, il est naturel de se plaire à en avoir chez soi sous ses yeux; et pour les personnes qui ne sont rebutées ni par les soins minutieux qu'ils exigent, ni par le spectacle de leur captivité, la possession d'une cage bien lotie est une jouissance. C'est, en quelque sorte, un vase rempli de fleurs vivantes. On peut, à la vérité, s'enrichir d'oiseaux sauvages que l'on élève ou que l'on apprivoise; mais d'assister aux amours de ces êtres

Le Canard sauvage (*Anas boschas*).

charmants, à leurs couvaisons, à leurs éclosions, offre sans contredit une distraction de plus, et c'est ce qui donne quelque valeur à la création des races à proprement dire domestiques.

C'est au serin, pauvre oiseau bien déchu, mais dont la gaieté délecte encore plus d'un ménage pauvré, qu'il faut accorder dans cette direction le premier rang. C'est par lui que la mode a commencé. Apporté, par les navigateurs du seizième siècle, des Canaries où il vit en liberté sous une

livrée gris verdâtre qu'il retrouve parfois dans sa captivité héréditaire, il eut dès l'abord grande faveur. On le nourrit, nous dit un naturaliste contemporain, dans les domaines des grands: Devenu aujourd'hui trop commun et de trop vil prix pour de tels honneurs, il a fait place à des oiseaux plus recherchés et de couleurs plus riches. On s'est borné pendant longtemps à nous les apporter des pays où la nature les fait naître; mais depuis peu quelques amateurs se sont appliqués avec soin à nous les approprier tout à fait. Tels sont, pour ne citer que les principaux, les sénégalis, les bengalis, les paroares, les aras, les perruches. La carrière est ouverte, et il s'y accomplira encore bien des conquêtes du même genre si la même passion persévère.

Il nous resterait, pour achever le cercle, à toucher à l'histoire des abeilles, des vers à soie, de quelques poissons de vivier; mais c'est à peine si ces animaux peuvent être appelés domestiques, tant nous avons peu modifié leur organisation et leurs instincts et tant ils sont encore voisins des races qui vivent en liberté. Ils composent un fonds qui forme une sorte de transition entre le domaine de l'homme et celui de la nature, et il suffit à notre objet d'en avoir fait mention.

Tel est, en résumé, le bilan de la richesse que nous fournit notre globe en fait d'animaux domestiques et des suppléments que nous sommes en mesure de lui demander encore. Il est impossible de ne pas ressentir, après l'avoir examiné, la plus vive admiration pour la haute antiquité, qui a, du premier coup, si bien choisi que nous n'avons rien à rectifier dans ce qu'elle a fait, aucun des types si multipliés que nous connaissons aujourd'hui ne méritant d'être substitué à ceux que nous avons reçus de ses mains. S'ils ne sont pas plus nombreux, c'est que les services essentiels que nous avons à retirer du règne animal ne le sont pas davantage. Mais, tout en reconnaissant avec les naturalistes l'exiguïté du nombre des espèces, il importe, pour demeurer dans l'exacte appréciation du fond des choses, de tenir compte, avec les agriculteurs, de la multitude des variétés qui, par l'action des siècles et le changement des lieux d'habitation et du régime, en sont issues. Considérée à ce point de vue, la série des animaux domestiques augmente d'une manière notable, et son étendue fait comprendre comment il reste si peu de place pour les domestications nouvelles à tenter. Il y a sans contredit des espèces que nos pères ont laissées libres et que l'intérêt d'une civilisation plus complexe et plus raffinée que la leur nous invite à soumettre désormais à nos lois; mais l'on voit par le relevé que nous venons d'en faire combien la quantité en est restreinte. Sur plus de cent mille espèces que nous présente la nature, à peine y a-t-il à en enregistrer deux douzaines, et encore aucune d'elles ne nous ouvre-t-elle la perspective d'un service entièrement nouveau. Toutes nos recherches n'aboutissent qu'à introduire un peu plus de variété dans l'ancien fonds. Mais le plus léger bien, lorsqu'il est susceptible de s'étendre à tout le genre humain, devient immense en se propageant; et c'est là ce qui confère une incontestable grandeur aux efforts qui commencent à se faire dans cette direction pour des objets en apparence minimes. Si minimes qu'ils soient, leur acquisition n'en constituera pas moins un progrès dans la condition générale de ce monde. Mais plus les résultats que l'on est en droit d'en attendre, tant désirables qu'ils puissent être, sont loin d'équivaloir à ceux qui ont couronné les efforts de l'humanité naissante, plus il est à propos de faire justice, dès le principe, des espérances exagérées, plus nuisibles souvent à la réussite des bonnes entreprises que les hostilités les plus tenaces; et tel est l'esprit dans lequel ont été conçues les pages qui précèdent.

HORACE VERNET.

Suite. — Voy. p. 353.

Musée de Versailles. — La Prise de Constantine, tableau d'Horace Vernet. — Dessin de Janet Lange.

Horace Vernet ne peignit aucun fait d'armes de la guerre d'Espagne de 1823, que les libéraux ne pouvaient voir avec faveur. Il n'y reconnaissait pas, disait-il, ses soldats. Mais il n'était pas dans la destinée du « peintre ordinaire de l'armée française » d'être longtemps séparé, sous aucun régime, de ceux qui la commandaient. En 1824, la paix fut faite. Vernet peignit le portrait du duc d'Angoulême et aussitôt après celui du roi Charles X, représenté à cheval, entouré de son état-major, dans lequel on distingue particulièrement le duc d'Orléans en uniforme de colonel de hussards. Cette réunion de portraits équestres, groupés avec autant de goût que d'habileté, exécutés avec une vigueur et une franchise remarquables, est un de ses meilleurs tableaux. Les têtes sont pleines de vie et d'une ressemblance frappante ; les chevaux ont cette vérité étonnante de tous les chevaux d'Horace Vernet, avec une couleur qu'ils n'ont pas toujours. Jamais il n'avait davantage fait œuvre de peintre. La croix d'officier de la Légion d'honneur, qui lui fut donnée en 1825, mit le sceau à la réconciliation. L'année suivante, une place étant devenue vacante à l'Institut, il se présenta et fut admis.

Il semble que les grâces qui venaient le chercher, et

peut-être la faveur même de ses collègues de l'Académie, dont il savait bien qu'un petit nombre seulement lui étaient sincèrement sympathiques, aient fait hésiter Vernet dans la route où il avait marché jusqu'alors si résolûment. Pendant plusieurs années, il parut chercher de nouvelles voies et ne fit plus de batailles ; car on ne peut précisément appeler de ce nom les deux grands tableaux qui portent, au Musée de Versailles, les noms de *Bataille de Bouvines* et de *Bataille de Fontenoy*, où il n'y a pas d'action engagée, pas d'armées en présence. Le premier de ces tableaux représente le moment où Philippe-Auguste adresse à ses feudataires la belle harangue qui a été si souvent défigurée par les historiens : il était destiné à décorer une des salles du conseil d'État. La toile, peinte en trois mois, dépasse neuf mètres en longueur et cinq en hauteur ; mais elle est vide d'intérêt. Quelques détails heureux ne rachètent pas l'absence de qualités pittoresques, et, s'il faut tout dire, l'ennui, qu'on est surpris de rencontrer dans un ouvrage d'Horace Vernet. Le tableau de *Fontenoy* est incomparablement meilleur ; mais ses mérites mêmes ne sont pas ceux que l'artiste avait paru chercher jusqu'alors. Dans cette ingénieuse et brillante composition, où un certain nombre de personnages heureusement choisis, distribués habilement autour d'un groupe central, symbolisent la victoire avec ses joies et les douleurs inévitables dont il faut la payer, je ne reconnais pas la bataille moderne dont Vernet avait déjà donné des modèles, mais plutôt l'ancienne bataille classique qui remplaçait par quelques figures expressives, disposées pour l'effet pittoresque, le sujet véritable, le combat laissé dans le lointain. Même dans le groupe principal, l'étiquette a sacrifié aux convenances officielles le véritable vainqueur : le maréchal de Saxe s'efface devant le roi et le Dauphin, à qui il présente à pied et la tête nue les trophées de la victoire. Dans d'autres tableaux, moins admirés aujourd'hui qu'en 1827, Edith cherchant le corps d'Harold, le plafond de Jules II au Louvre, le Giaour, Mazeppa, etc., Horace Vernet, suivant le mouvement des idées du temps, semblait à son tour préoccupé de faire de la peinture romantique, sans mieux la définir, à vrai dire, que les critiques qui déclaraient que d'emblée il l'avait trouvée.

En 1828, il fut nommé directeur de l'École de Rome, où il alla remplacer Guérin, et où il devait avoir, cinq ans plus tard, M. Ingres pour successeur. Entre ces deux maîtres si différents de lui, quelle influence exerça-t-il sur l'École? Il la gouverna aussi peu que possible, et il directement peu d'action sur ses élèves; mais il renouvela l'esprit de l'Académie, y donna l'exemple de la liberté, de l'initiative et de la gaieté. Les salons du directeur de l'Académie devinrent le rendez-vous de la société romaine et des étrangers de distinction; tous les Français de passage, les savants, les artistes les plus renommés de tous les pays, tinrent à honneur de s'y montrer. Le passage d'Horace Vernet à Rome y a laissé des traces qui ne sont pas encore effacées. Quant à lui-même, s'il ressentit l'influence de Rome, de sa nature et de ses chefs-d'œuvre, ce ne fut que très-superficiellement. Il peignit quelques types populaires, quelques scènes d'Italie, comme la Paysanne de l'Ariccia, Vittoria d'Albano, le Combat des brigands et des carabiniers, la Confession du brigand, la Chasse dans les marais Pontins, quelques tableaux de genre historique, comme la Rencontre de Raphaël et de Michel-Ange, le Pape porté dans la basilique de Saint-Pierre. Mais tous ces tableaux, improvisés et exécutés avec la même facilité qui l'emportait presque sans choix de côté et d'autre, n'étaient empreints que bien légèrement du caractère de la beauté italienne. Vernet était dépaysé, il l'avouait lui-même quand il disait plus tard : « J'étais à la villa Médicis peignant un costume ou une madone; mais le moindre tambour me faisait courir à la fenêtre. »

On se figure aisément qu'il dut ressentir lorsque le bruit de la révolution de juillet 1830 arriva jusqu'à Rome. Il aurait bien voulu retourner à Paris, au moins pour quelques jours; mais la direction de l'Académie était devenue un poste d'honneur qu'il ne pouvait abandonner en l'absence d'un chargé d'affaires régulièrement constitué. Le directeur se trouvait investi d'une sorte de mandat politique. Certes, le gouvernement de juillet n'eût pu choisir parmi les artistes un représentant plus actif, plus intelligent et plus dévoué que le directeur nommé par le gouvernement déchu. « La haine de la populace romaine tout entière, écrivait le musicien Mendelssohn à sa famille, s'est d'une manière assez étrange tournée contre les pensionnaires français, parce qu'on croit que leur influence seule pourrait facilement amener une révolution. Des lettres anonymes pleines de menaces ont été à plusieurs reprises adressées à Vernet. Un jour même il a trouvé un Transtévérin armé, posté en face des fenêtres de son atelier. Cet homme prit la fuite quand il vit Vernet aller chercher un fusil. »

C'est seulement en 1833 qu'Horace Vernet fut relevé de ses fonctions. Il n'avait pas attendu jusque-là pour redevenir, selon ses propres expressions, le peintre de la cocarde tricolore. Il avait peint d'abord Camille Desmoulins arborant pour la première fois cette cocarde dans le jardin du Palais-Royal; puis il avait essayé de réunir dans un vaste tableau (Louis-Philippe quittant le Palais-Royal pour se rendre à l'Hôtel de ville) les traits les plus caractéristiques de la révolution dont il n'avait pas été témoin.

La guerre d'Algérie lui faisait aussi battre le cœur. Enfermé à Rome, il rêvait de ce nouveau champ pittoresque ouvert aux artistes, et pensait y trouver non-seulement des sujets de bataille, mais les vieux sujets bibliques rajeunis par la vérité des figures, des costumes et des paysages qu'il croyait possible d'y observer directement. Aussitôt qu'il fut libre, il fit ce voyage, d'où il rapporta plusieurs tableaux de mœurs arabes : des Chasses au lion, au sanglier, les Arabes conversant sous un figuier, et la Rébecca à la fontaine, peinture prise sur nature où il voyait la confirmation de ses idées. « Un jour, écrivait-il plus tard, je lisais dans le fond de ma tente le sujet de Rébecca à la fontaine, portant sa cruche sur son épaule gauche, et la laissant glisser sur son bras droit pour donner à boire à Éliézer. Ce mouvement me parut assez difficile à comprendre. Je levai les yeux, et que vis-je?... Une jeune femme donnant à boire à un soldat et reproduisant exactement l'acte dont je cherchais à me rendre compte. »

Cette année même 1833, une ordonnance royale donnait au palais de Versailles sa nouvelle destination. Ce musée, consacré « à toutes les gloires de la France », Horace Vernet devait être le peintre privilégié des gloires du règne actuel. Toutefois ce ne fut qu'en 1837 que commença, à bien dire, la grande tâche de sa vie, celle qui lui a donné les meilleurs titres à la renommée. Un dépit, une mésintelligence passagère avec le roi, causée par la parole maladroite d'un tiers, faillit lui fermer le bel avenir qui s'ouvrait devant lui. Parmi les tableaux destinés au nouveau musée se trouvait le Siège de Valenciennes, où le roi Louis XIV devait être représenté montant en personne à l'assaut. « Vérification faite, il se trouva que l'histoire, une fois de plus, démentait l'anecdote. Pendant l'assaut de Valenciennes, Louis XIV était resté avec Mᵐᵉ de Maintenon dans un moulin, d'où ils suivaient ensemble les péripéties du combat. Horace se refusa à peindre un fait controuvé. « Mais c'est une tradition de famille », lui dit le roi. Et comme l'artiste demeurait inébranlable, on lui dépêcha je ne sais quel personnage. « Le roi vous paye, il faut obéir. » La réponse d'Horace fut qu'il renonçait au tableau, et quelques jours après il partait pour la Russie. » [1]

Ce premier voyage en Russie fut court. A peine de retour, Vernet partait pour l'Afrique. Il était chargé de peindre le siége et la prise d'assaut de Constantine. Cette fois, il faisait le voyage non en touriste, mais en peintre officiel. Il fut accueilli comme un haut personnage de l'armée. On lui donna deux bataillons pour escorte, quoique de telles précautions fussent devenues inutiles, à son grand regret. Il jouissait vivement de tout ce qu'il voyait, du pays, des types, des costumes, si tranchés et si variés; il amassait de toutes parts des matériaux pour les tableaux qui s'emparaient de son imagination. Mais ce qui le frappait plus que tout le reste, c'était le spectacle de l'armée. Toute sa vie il aima les soldats à l'égal de la peinture même. Il écrivait de Constantine : « J'ai recueilli ici pour faire un portrait et dessiné de l'autre

[1] Nous empruntons ce trait, avec beaucoup d'autres utiles renseignements, à M. Léon Lagrange, l'historien des Vernet, qui entreprend de faire pour Carle et pour Horace ce qu'il a fait avec tant de zèle et de talent pour Joseph.

tout ce dont j'aurai besoin pour mon grand tableau. Jamais je n'ai eu occasion de faire un ouvrage aussi intéressant et aussi pittoresque; mais aussi fallait-il voir les lieux, car il n'y a pas de description, de dessin, de croquis, qui puisse donner une idée de l'originalité de la scène. Ça ne ressemblera à rien de ce qui a été peint, et ça ne sera que vrai. Il faut avoir vu l'armée d'Afrique : ce n'est plus ni la république, ni l'empire; c'est l'armée d'Afrique. »

Les trois tableaux de la *Prise de Constantine*, qui se complètent l'un l'autre, sont, parmi tous les ouvrages d'Horace Vernet, ceux que nous prisons le plus haut. Nulle part il n'a eu toutes ses qualités plus présentes et plus éclatantes et ne s'est mieux préservé de ses défauts. C'est qu'il avait tout noté, tout saisi, comme il le disait, à l'aide du crayon ou à l'aide de cette vue perçante et nette qui ne laissait échapper aucun détail, et de cette mémoire qui gardait tout avec la fidélité de la plaque daguerrienne, mais aussi c'est qu'il avait préparé et mûri ces tableaux, avant de commencer à peindre, avec une patience et une application qui ne lui étaient pas habituelles. Une chute de cheval lui fit garder longtemps le lit. « Pendant les longs jours de la maladie, dit M. Lagrange, il fut forcé de revenir sur ses impressions, de les contrôler l'une par l'autre, d'en combiner les divers éléments, de composer, en un mot; avec réflexion et attention les trois tableaux dont il était chargé. Bien plus, dès qu'il eut la liberté de faire un mouvement, comme il ne pouvait songer à peindre, il demanda du papier et des crayons, et, couché sur le dos, il dessina. Or c'est ce qui ne lui arrivait jamais : pour aucun de ses tableaux Horace n'a fait un dessin préparatoire, une étude. Les trois dessins du siège de Constantine sont uniques dans son œuvre; et voyez le résultat : les trois tableaux de Constantine sont les meilleurs qu'il ait peints.» Le choix peut hésiter entre ces tableaux, entre les deux surtout qui représentent, l'un les colonnes d'attaque se massant ayant de donner l'assaut, l'autre les soldats s'élançant sur la brèche : le premier, calme, recueilli, de ce recueillement qui précède l'explosion du danger; le second, prodigieux d'élan et de furie française; tous les deux dessinés et peints avec une vigueur, une fermeté que l'intérêt saisissant du sujet fait d'abord oublier, mais que l'on remarque ensuite et qu'il faut admirer. Dans le *Siège et la prise de Constantine*, Horace Vernet a touché à sa manière à l'idéal, à cet idéal d'artiste militaire dans lequel se résume sa vie. Il n'y a cherché, comme toujours, qu'à être exact et vrai; la sincérité, quand le talent est réel et que l'artiste est ému, ne manque jamais de produire des œuvres supérieures. *La suite à une autre livraison.*

SOUVENIRS D'UN AMI.
JEAN REYNAUD.
Suite. — Voy. p 135, 194, 238, 349, 381.

Jean Reynaud croyait à Dieu et à l'immortalité, sans réserves aucunes, avec tout son cœur et tout son esprit. Il n'admettait pas qu'il y eût nécessité de démontrer ces deux principes premiers écrits dans toute conscience humaine. La « superbe raison » (comme il l'appelait quelquefois) n'a pas à intervenir dans ces profondeurs. L'homme, par une propriété fondamentale de sa nature, affirme la certitude de l'existence de Dieu et de la vie future aussi bien qu'il affirme la réalité du monde qu'il aperçoit autour de lui dans l'espace, sans qu'il ait besoin d'aucun des artifices de la logique pour confirmer sa foi.

« Celui, dit-il, qui, à l'apparition de Dieu dans sa pensée, ne sent pas son cœur se troubler et ne se prosterne pas en adorant et en aimant, celui-là ne possédera jamais Dieu. En vain fait-il appel à sa raison sur la réalité de l'idée qui s'offre à lui : sa raison, incapable d'aller à l'infini, est inhabile à lui répondre; mais plutôt que d'avouer sa faiblesse, elle outre-passe ses droits et lui persuade que l'être primordial ne saurait avoir d'autres propriétés que celle qu'il y aperçoit. Aussi faut-il admirer ici la loi hébraïque, à laquelle le monde ne cessera jamais d'avoir recours comme au fondement même de l'histoire de Dieu. Elle ne dit pas : cherche Dieu. Elle dit : aime Dieu. Et, en effet, celui qui aime l'idée de Dieu n'est plus en état de douter de la réalité de Dieu lui-même. » (¹)

Je veux écarter jusqu'à la moindre ambiguïté sur ce qu'était pour Jean Reynaud l'idée de Dieu; il me suffira d'une parole : il priait.

J'ai connu beaucoup d'hommes religieux, aucun dont la pensée ait été plus constamment tournée vers le Modèle divin. C'était uniquement sur cette lumière qu'il réglait la direction de sa vie. Il rapportait tout à Dieu.

« Notre âme est comme l'aiguille de la boussole : elle n'est en repos que dirigée sur le pôle. Si elle se met sur une autre direction, cette direction n'a pas la force de la retenir, et elle oscille, elle s'agite jusqu'à ce qu'elle se fixe sur Dieu seul. » (²)

Dieu est le but; notre perfectionnement le moyen. Tout ce qui sert à nous perfectionner est bon, et c'est à nous y aider que doivent tendre les modes divers de notre éducation, famille, écoles, législation, formes politiques, relations des divers groupes du genre humain, philosophie, religion.

Tous les ouvrages de Jean Reynaud sont empreints, comme l'étaient ses entretiens familiers, de ce profond sentiment religieux que j'ai vu sans cesse se fortifier et s'agrandir en lui avec son énergie intellectuelle, avec sa science, sa bonté et son amour de ses semblables.

A-t-elle passé inaperçue, la belle définition de Dieu qu'il a écrite dans ce recueil même?

« Assis en paix depuis une heure (au Duomo de Trente), je me suis prosterné en pensée devant le Dieu incompréhensible : j'ai adoré, sous les voiles dont il lui plaît de s'envelopper, celui qui a fait l'homme pour l'aimer et le servir, et qui a mis entre l'homme et lui l'obscurité; celui dont les lueurs brillent partout et dans la personne ne s'aperçoit nulle part; qui est tout entier en dehors de l'univers et tout entier dans chacune de ses parcelles; qui régit les âmes et les laisse libres; qui a fixé, dès le principe, l'avenir de la terre, et qui l'abandonne au caprice des hommes; qui est immuable, et qui s'affecte de nos moindres variations; qui n'aime que la justice, et qui permet à l'iniquité de régner; dont la bonté est infinie, et dont la volonté laisse carrière au mal; qui anime la raison, et qui la confond; qui est mobile et immobile; souverainement libre et souverainement déterminé; antithèse éternelle, qui n'a de solution qu'en elle-même! J'ai ouvert mon cœur aux effluves qui nous arrivent du fond de son infini, dès que nous lui faisons appel du fond du nôtre; j'ai retrempé ma vitalité dans la pensée que si je suis incapable d'entrer dans le mystère de sa vie, il n'entre pas moins incessamment dans le mystère de la mienne, et qu'il suffit que je le veuille pour qu'il me conduise dans les voies de sa perfection. Qu'il m'accepte donc parmi les siens! qu'il efface mes fautes, répare mes torts, corrige mes infirmités! Son nom seul, sous quelque forme que ce soit, pourvu qu'elle soit digne de lui, m'élève dès que je l'entends. Voûtes sévères, vous faites encore retentir celui que lui donnaient nos pères, il y a six cents ans, et ce nom me

(¹) Note inédite.
(²) Note inédite.

remplit; mais ma pensée ne vous invoque pas moins, cimes des Alpes, étoiles de la nuit, mers, tempêtes, qui me dites celui qu'il porte dans les profondeurs de l'ineffable nature! » (¹)

C'est aussi pour vous, nos lecteurs, qu'il a écrit les *Élévations vers Dieu par la nature* (²), dont les premières lignes marquent si nettement l'intention :

« Aucun exercice ne donne à l'âme plus de vigueur et de fermeté que ses efforts pour s'élever à la contemplation de Dieu. Plus l'âme est enchaînée par les travaux et les obligations de cette vie, plus elle a besoin de s'en délivrer de temps en temps pour se rafraîchir en recherchant les choses du ciel. Cette occupation, si différente de ses occupations ordinaires, devient une sorte de repos de celles-ci; et, assurément, bien des hommes, fatigués par les tourments

quotidiens de leur existence, se soulageraient et se revivifieraient aisément, si de tels élans vers les horizons supérieurs entraient plus régulièrement dans les habitudes de leur existence. »

Il a dit ailleurs :

« Avant tout, il faut s'appliquer de toute son âme à Dieu et à l'immortalité...

» Développer l'amour de Dieu dans le cœur des hommes, c'est amener sur la terre le règne de tout ce qui est vrai, de tout ce qui est bon, car ce sont là les seules manifestations possibles de la nature divine, et ces mêmes manifestations, sous l'infinie variété de leurs formes, gouvernent la morale dans la totalité de l'univers. » (¹)

» L'amour de Dieu est l'unique mobile de tous les sentiments comme de tous les actes réellement utiles à notre

Jean Reynaud. — Dessin de Mᵐᵉ Jean Reynaud (1863).

développement. Nous y trouvons notre règle dans le ciel aussi bien que sur la terre. Nous ne pouvons ni l'aimer sans chercher à le connaître de plus en plus, ni l'aimer sans chercher à nous rendre dignes de lui et à le servir. Et qu'est-ce que chercher à le connaître, sinon appliquer notre intelligence à la poursuite de toutes les sciences, puisqu'elles ont toutes pour objet ou lui-même ou ce qui procède de lui? Qu'est-ce que nous rendre dignes de lui, sinon nous efforcer de nous conformer à lui? Et qu'est-ce que le servir, sinon nous employer activement à toute œuvre de bien? » (²)

La suite à une autre livraison.

(¹) *Promenades alpestres*, t. XXIX, 1861, p. 282.
(²) Voy. t. XXVII, 1859, p. 69, 75, 107, 286, 371, 389; — t. XXX, 1862, p. 86.
(³) *Esprit de la Gaule*, p. 88, 89.

TYPE IDÉAL DES VÉGÉTAUX.

Cette figure représente la coupe verticale d'un *végétal type idéal*, destiné à montrer l'unité de composition organique, l'évolution rayonnante ou centrifuge, l'identité originelle de tous les organes appendiculaires, foliacés et latéraux; leurs métamorphoses incessantes, mutuelles, graduées et insensibles; l'ordre constant de leur situation relative sur la tige, et enfin la grande différence qu'offre le dénûment du système souterrain comparé à la richesse du système aérien.

Ce dessin fut imaginé et composé par M. Turpin, de l'Institut, en 1804, à son retour de Saint-Domingue, où, en 1796, il s'était livré avec une persévérante ardeur à l'étude des évolutions de la plante. La nature luxuriante

(¹) *Esprit de la Gaule*, édit. de 1864, p. 51, 89.

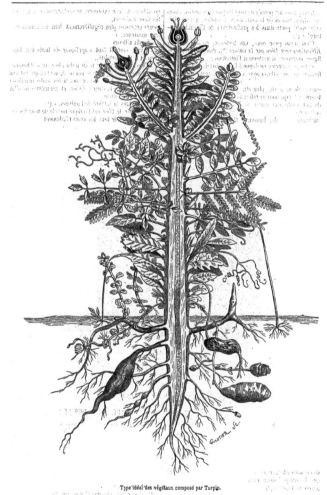

Type idéal des végétaux composé par Turpin.

de ces magnifiques contrées était ; à coup sûr, la scène la plus favorable pour l'inspiration du jeune observateur.

Alors il ne connaissait pas un mot de botanique ; il ne savait même pas que la science du monde végétal existât,

et ses études s'étaient bornées à l'observation directe des phénomènes de la nature. C'était là certainement un maître supérieur à tous les livres du monde. Plus tard, lisant le célèbre ouvrage de Gœthe sur les *Phénomènes des plantes*, il s'aperçut que le dessin qu'il avait imaginé était en harmonie parfaite avec les idées de l'illustre Allemand sur la mobilité incessante des formes végétales.

Cette esquisse d'organographie végétale peut donc être considérée comme fondée sur le principe de l'*unité de composition évolutive*, unité d'où découlent successivement tous les organes qui constituent la plante complète.

Nous dirons avec l'auteur que s'il est vrai qu'il y a plus de profit à bien connaître une seule chose que dix mots, cela s'applique surtout à la science des végétaux : la connaissance complète et approfondie d'une seule plante sert plus et satisfait bien mieux l'esprit que celle de dix mille plantes simplement connues par leurs noms ou par quelques-uns de leurs organes, la plupart du temps méconnus dans ce qu'ils sont en réalité. Lorsque cette unité de composition évolutive sera bien connue dans ce qu'elle a de simple, de grand et de philosophique, elle deviendra, pour tous ceux qui voudront se livrer à l'étude de la physiologie végétale, un véritable fil d'Ariane, à l'aide duquel il ne sera plus possible de s'égarer dans cet immense labyrinthe qu'offrent les innombrables modifications des diverses parties des végétaux. Ce fil conducteur ramènera toutes les formes si variées, souvent si bizarres, des mêmes organes, à un type qui les expliquera toutes du petit au grand, du simple au composé, en même temps qu'il démasquera les anomalies et les monstruosités, en les symétrisant et en les obligeant à rentrer sous l'empire de la régularité de forme et de nombre. — Dans l'étude de la botanique, dit encore M. Turpin, il serait préférable d'observer une seule plante depuis le premier instant de son existence à l'état d'embryon jusqu'à celui où elle a achevé son entier développement par reproduction d'un corps reproducteur semblable, plutôt que de se contenter d'observer les plantes toutes venues, alors inexplicables dans l'identité de leurs parties et dans l'évolution de leur structure intime.

On remarquera dans notre figure la ligne terrestre, qui établit un disconisme dans le végétal entier. Un arbre réfléchi dans l'eau reproduirait assez bien ce type. Un chou pommé, coupé verticalement dans son entier, serait le végétal qui représenterait le mieux dans son principe notre forme typique idéale. La distinction fondamentale à établir entre l'hémisphère supérieur et l'hémisphère inférieur, c'est l'immense richesse de la tige aérienne et la pauvreté de la racine terrestre. Le caractère essentiel de la tige, c'est d'être pourvue de nœuds vitaux symétriquement disposés, protégés par un organe appendiculaire foliacé; le caractère essentiel de la racine, c'est d'être toujours dépourvue de nœuds vitaux, de bourgeons et de feuilles.

Unité de composition et d'évolution graduée, telle est la grande idée philosophique qui animait Gœthe dans ses recherches sur les métamorphoses des plantes. C'est la loi de la nature : variété dans l'unité. Suivant cette loi, nous devons observer sans cesse sous le double point de vue de l'*unité*, qui est la synthèse ; de la *variété*, qui est l'analyse.

TROIS VOLEURS.

Trois voleurs ayant pillé une malle-poste et se trouvant en possession d'une somme considérable, résolurent de se partager cet argent et de renoncer à leur criminelle profession. Mais, avant de se séparer, ils voulurent faire ensemble un bon repas. L'un d'eux alla chercher des provisions à la ville voisine. Les deux autres, pendant son absence, se dirent qu'il serait plus agréable de diviser la somme en deux parts qu'en trois, et lorsque leur compagnon arriva, ils le tuèrent ; mais celui-ci, ayant eu la même pensée qu'eux, avait empoisonné les provisions : ils les mangèrent sans défiance, et le lendemain on trouva les trois misérables étendus à terre inanimés. — Entre méchants, aucune confiance n'est possible.

AVIS AUX JEUNES GENS.

Si j'avais des enfants, je leur dirais tous les jours que nous sommes dans un temps et dans une société où il faut se rendre propre à tout et se préparer à tout; car nul n'y est sûr de sa destinée. Et j'ajouterais ceci, surtout, que c'est bien dans ce pays qu'il convient de ne compter sur quoi que ce soit qu'on puisse vous enlever, mais de songer seulement à acquérir ce qu'on ne peut perdre qu'en cessant de vivre : l'énergie, le courage, la science, l'esprit de conduite.   A. DE TOCQUEVILLE.

LA MALLOTTE DU PÈRE RASTOUL.

NOUVELLE.

Suite. — Voyez p. 330, 337, 345, 357, 362, 378, 378, 389, 394.

V. — *Le fond de la mallotte.*

Après douze ans, le fusil du père Rastoul reposait encore accroché au manteau de la cheminée de son ancien voisin, et la mallotte était toujours cachée sous le lit. L'épaisse couche de poussière qui la recouvrait témoignait, mieux que serment en justice, de la sévère probité de ses gardiens, même dans les plus mauvais jours de la misère. Rien n'était changé chez Magloire Cambajou quant à l'apparence chétive du ménage. Celui-ci, insuffisant autrefois, se trouvait cependant, douze ans plus tard, pourvu au delà des besoins journaliers, bien qu'on ne l'eût enrichi que d'un second métier de tisserand, monté pour le cadet, apprenti de son père, quand on jugea qu'il était de force à travailler pour la fabrique. Le trop-plein du ménage venait de son dépeuplement. Dans ce qui, pour quatre, n'est pas même le strict nécessaire, il peut y avoir, pour deux, du superflu. Or, à l'époque où l'on est arrivé dans ce récit, la famille de l'ouvrier tisserand était réduite de moitié ; le sous-sol avait successivement perdu deux de ses habitants.

Ce fut d'abord le pitzou qui partit. Si la Belou ne fit aucune objection quand elle vit le père décidé à donner à son frère cadet une profession qui les aidait si mal à vivre, c'est parce qu'elle se dit alors :

— C'est dans l'ordre, nous partageons. L'aîné des garçons revient de droit au chef de la famille ; mais le plus jeune m'appartient. En temps et heure, je réclamerai mon bien, et il faudra, mordi ! que le père me le cède.

Le temps arriva où il devait être question de l'avenir du pitzou. La Belou, voulant pour lui un gagne-pain plus constant et surtout plus fructueux que la tisseranderie, le plaça, à treize ans, chez le maître bourrelier de la place de Fusiès, presque un voisin. Son patron promit de le faire compagnon après six ans d'apprentissage. Cet enfant-là, du moins, on le voyait souvent, presque tous les soirs après la journée de travail, et, chaque dimanche, il venait reprendre sa place à la table où il s'était assis tout petit. Mais l'absence du cadet était complète. Depuis deux ans, le recrutement militaire l'avait pris à son métier, où sa tâche de la semaine était si nécessaire à la vie du ménage que, lui manquant, l'avenir faisait peur.

Il y eut une grande tristesse dans le sous-sol le jour de son départ. Cambajou, qui d'ordinaire ne se laissait pas aller à la mélancolie, fut rêveur et abattu ce jour-là. Il lui fallut longtemps réfléchir avant de pouvoir admettre que la loi eût le droit de lui enlever ce fils qui ne l'avait jamais quitté. Il ne se pardonnait pas de l'avoir exposé à prendre un mauvais numéro, quand lui, le père, pouvait tirer au sort à la place de son fils et l'exempter du service militaire par une chance heureuse. Le pauvre homme avait l'âme si navrée de douleur qu'un moment sa solide conscience faiblit, et, pour la première fois depuis que la confiance du père Rastoul l'avait rendu dépositaire d'un trésor, ce fut avec une mauvaise intention que son regard se dirigea du côté de la mallotte. Et aussitôt la main suivit le chemin du regard.

Il était seul. Fâcheuse circonstance. La présence de nos proches, même quand nous leur taisons ce qui se passe en nous, est encore ce qui nous défend le mieux contre l'envahissement des idées malsaines. Enfin, il était seul. L'apprenti bourrelier avait obtenu congé de son maître, et, avec sa sœur, il était allé accompagner le conscrit dans ses visites d'adieu aux nombreux amis du voisinage.

Cambajou, courbé devant le lit pour tirer le dépôt de sa cachette, se donnait toutes les raisons imaginables afin de se persuader qu'il n'y a pas toujours du mal à mal faire. Par exemple, il se disait :

— Sait-on s'il reviendra jamais ce père Rastoul? Et, s'il ne doit pas revenir, qu'importe qu'il y ait là dedans, pendant dix ou quinze ans, quelques centaines de francs de moins? Car la somme nécessaire pour racheter mon garçon, je ne veux que l'emprunter. Ça se rendra tôt ou tard. Oui, à force d'économie, à force de privations, ça se rendra... Du moment que je le dis, c'est comme fait... On peut avoir confiance en moi... Est-ce que je ne suis pas un honnête homme?...

Il s'arrêta à ces mots. La vue de la mallotte qu'il venait d'exposer au plein jour lui coupa la parole. Devant le dépôt du voisin amené à cette place, avec certaine intention, il ne se sentit plus le droit de répondre affirmativement à cette question adressée par lui à lui-même : « Est-ce que je ne suis pas un honnête homme? » Dans l'empreinte de ses doigts tachant le lit de poussière qui couvrait la mallotte, il lui sembla qu'il lisait son acte d'accusation écrit de sa main. Le tremblement le prit, la sueur lui roula sur le front, ses yeux se troublèrent. Il crut que sa raison l'abandonnait. Enfin, surmontant sa faiblesse, il lança un coup de pied à la mallotte et la fit rentrer sous le lit.

— Va te coucher ! lui dit-il, tu ne feras pas de moi un gredin !

Le cadet partit. L'apprenti bourrelier, après lui avoir fait la conduite jusqu'à la hauteur de Carbes, sur la route de Toulouse, rapporta à la maison le dernier adieu de l'absent, puis retourna chez son maître, et la Belou resta seule avec le père.

La vie rien qu'à deux, chez le pauvre ouvrier tisserand, menaçait d'être encore plus difficile que par le passé. Le travail du cadet avait été depuis longtemps la principale ressource du ménage : c'était un rude ouvrier qui mettait dans la bourse commune plus qu'il ne lui demandait pour sa dépense personnelle, et le cadet n'était plus là ! Les forces du père diminuaient sensiblement, et la Belou, maintenant grande et belle fille de vingt-deux ans, n'avait pas de profession. Chargée, dès l'âge de huit ans, des détails de la maison et de l'entretien de la famille, le temps suffisait à peine à ses devoirs de ménagère.

Déjà, depuis l'entrée en apprentissage de son plus jeune frère, elle restait moins occupée ; l'absence du cadet allait lui faire de longues heures de loisir : elle songea à en faire ses heures le plus utilement employées. Elle avait de l'énergie, de l'intelligence, et puis elle avait tant et tant vu attacher les fils aux cadres du métier, pousser la navette, mouvoir les châssis, elle avait si bien écouté les leçons du père à son apprenti, enfin elle avait tant de fois, aux instants du repos, pris la place de son frère et continué,

en manière de jeu, la besogne qu'il avait commencée, que, sans excès d'orgueil, elle put penser à le remplacer sérieusement. Un matin, Cambajou fut réveillé par le bruit du métier qui battait sa cadence. Il s'étonna, interrogea.

— C'est pour que vous sachiez, lui dit la Belou, que vous pouvez toujours demander de l'ouvrage pour deux.

Pendant plusieurs semaines, en eff t, les deux métiers battirent à l'unisson, puis on n'en entendit plus qu'un dans le sous-sol.

Ce n'était pas que l'ouvrage manquât, non ; mais la maladie était venue interrompre le duo religieux du travail, et les soins assidus qu'elle exigeait forçaient souvent la Belou à laisser sa tâche en suspens pour aller s'établir au chevet du malade.

C'était un terrible mal que celui qui clouait Magloire Cambajou dans son lit. Le mouvement voulu ne répondait plus à la volonté ; et comme s'il y avait eu divorce entre l'esprit et la matière, solution de continuité dans la distance du cerveau à la région inférieure du corps, l'activité de l'un demeurait sans puissance sur l'autre ; celui-là était bien vivant, celle-ci semblait morte.

La science, qui a des noms pour toutes nos misères corporelles, nomme celle-ci paraplégie (paralysie des membres inférieurs).

Cambajou avait peur qu'on ne le portât à l'hôpital. La Belou le rassura. Sur ce point, tous deux étaient d'accord. Il se demandait : « Si je quitte la maison, n'y aura-t-il pas du danger pour ma fille à garder toute seule la mallette? » Elle se disait : « Si je le laisse partir, il ne trouvera personne pour le soigner comme je le soignerai ici. »

Le malade fut gardé chez lui ; mais, malgré les soins et les veilles de la Belou, malgré le savoir et le dévouement du médecin, la paralysie persista et, de jour en jour, l'ouvrier tisserand arriva à un tel état de dépérissement qu'il en fut réduit au seul mouvement de la tête. Tout ce qu'en lui le mal avait épargné, l'anéantissement des forces le frappait d'immobilité.

Alors commença pour le patient l'inépuisable série des remèdes de bonne femme. La Belou, qui ne croyait qu'au pouvoir de la science sanctionné par la volonté de Dieu, recevait de toute part des avis, des conseils ; mais elle ne profitait que de ceux dont la prudence pouvait lui dire : « On ne risque rien à en essayer ; si c'est inutile, du moins c'est inoffensif. »

Un soir, l'apprenti bourrelier arriva triomphant dans le sous-sol ; il amenait avec lui une vieille femme, une mendiante, qu'il avait dû aller chercher du côté de Burlats, dans les roches, où elle avait élu domicile. Les enfants du pays l'avaient surnommée la Fileuse, à cause du mouvement continuel de ses doigts. D'une main elle semblait effiler la quenouille, et de l'autre tourner le fuseau. On en disait grand mal, on en avait grand'peur ; mais beaucoup assuraient qu'en suivant ses singulières prescriptions on avait obtenu des cures merveilleuses. Elle était la dernière ressource des cas désespérés.

— Éclaire l'escalier, sœur, dit André, — c'était le vrai nom du pitzou ; — je t'annonce une providence. Il ne faut pas exposer à se casser le cou celle qui vient pour guérir notre père.

La Fileuse n'inspira pas d'abord beaucoup de confiance à la Belou ; cependant elle laissa celle-ci examiner les mains et le visage du malade, examen suffisant, dit-elle, dans toutes ses consultations. Quand elle crut avoir assez réfléchi, la vieille empirique tira de sa poche un clou et un marteau. Au clou, qu'elle fixa dans la muraille, elle suspendit un petit paquet d'herbes sauvages ; puis, s'étant agenouillée, elle dit tout bas une prière. En ce moment, la Belou ne laissa pas de se sentir émue : elle eut une lueur d'espérance. André, qui avait suivi des yeux avec une respectueuse attention tous les mouvements de la vieille, regarda son père : il dormait. Supposant au calme du visage dans le sommeil que le charme agissait déjà, André dit à demi-voix à sa sœur :

— Tout ce qu'elle ordonnera nous devons le faire ; car, j'en suis sûr, elle le sauvera !

Sa prière dite, la vieille se releva ; elle attira loin du lit les deux enfants de Cambajou, et, parlant si bas qu'elle ne pouvait être entendue que d'eux seuls, elle leur dit :

— Dans trois jours, le malade sera sur pied ; mais c'est à la condition que vous ferez exactement, et surtout sans en parler à personne, ce que je vais ordonner.

André l'interrompit pour s'engager par serment à exécuter de point en point l'ordonnance. La Belou se borna à répondre par un signe de tête, et fit tout bas ses réserves.

— A compter d'aujourd'hui, reprit la vieille, vous aurez trois stations à faire devant le porche de trois églises, une chaque jour, à dix heures du soir. Aujourd'hui donc vous irez enterrer trois pièces de cuivre à la droite du portail de Saint-Jacques, votre paroisse ; demain, trois pièces d'argent à la gauche du portail de Saint-Benoît, la cathédrale de Castres, et, le troisième jour, c'est trois pièces d'or qu'il vous faudra enterrer juste au milieu et le plus près possible du portail de Notre-Dame de la Platé.

— J'aurai ce soir les trois pièces de cuivre, dit André après qu'il eut un moment réfléchi.

— On me prêtera bien les trois pièces d'argent, reprit la Belou ; mais les pièces d'or ?...

— Vous les trouverez, dit la vieille, si vous tenez à ce que votre père soit guéri dans trois jours.

— Et si nous ne faisons pas tout ce que vous dites ? demanda avec inquiétude la Belou.

— Alors rappelez le médecin, pour qu'il achève de tuer le malade ; vous aurez sa mort sur la conscience.

Cela dit, la vieille jeta un dernier coup d'œil sur le malade, puis s'en alla regagner son lit dans les roches.

La fin à la prochaine livraison.

LA NÉBULEUSE DU CHIEN DE CHASSE.

Si vous dirigez une bonne lunette vers la dernière étoile de la queue de la Grande-Ourse, marquée η sur les catalogues, vous trouverez, un peu au-dessous, l'une des nébuleuses les plus remarquables du ciel. Cette nébuleuse

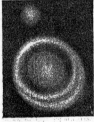

Nébuleuse du Chien de chasse septentrional, d'après J. Herschel.

n'appartient pas, en réalité, à la constellation de la Grande-Ourse, mais à celle des Lévriers. Elle est située dans l'oreille gauche d'Astérion, Chien de chasse septentrional.

Mais cette constellation des Chiens de chasse n'étant marquée par aucune étoile brillante, il est plus facile, pour trouver la nébuleuse, de se servir de la Grande-Ourse. (¹)

Elle a été découverte par Messier en 1773, et elle est indiquée sous le numéro 51 dans son catalogue de la Connaissance des temps. A cette époque, l'astronomie stellaire commençait seulement l'ère brillante des progrès qu'elle a accomplis depuis un siècle, et l'on était loin de connaître la nature et la grandeur de cette nébuleuse. William Herschel, qui découvrit à lui seul deux mille cinq cents nébuleuses nouvelles, et, plus tard, son fils sir John Herschel, étudièrent en particulier la nébuleuse du Chien de chasse, et la décrivirent telle qu'elle est encore représentée dans la plupart des traités d'astronomie, sous la première forme que nous reproduisons.

Elle se présente ainsi sous l'apparence d'une large et brillante nébuleuse globulaire entourée, à une grande distance, d'une bande circulaire qui se divise en deux parties sur la moitié de la circonférence. En voyant cette forme de nébuleuse, on ne peut s'empêcher de lui comparer la nébuleuse dont nous faisons partie nous-mêmes, la Voie lactée, dont le Soleil est une des étoiles composantes. Il y a une analogie frappante entre les deux. Si nous pouvions nous transporter à une grande distance de la Voie lactée, de manière à la voir de face, elle nous paraîtrait sous cette forme annulaire, se projetant en blanc sur le fond noir du ciel ; la bifurcation n'y manquerait même pas, car on sait que notre Voie lactée se bifurque

La même nébuleuse vue au télescope de lord Rosse.

en deux parties sur une grande étendue de sa circonférence. Peut-être cette nébuleuse lointaine est-elle composée, comme la nôtre, de plusieurs millions de soleils.

Si vous aviez un très-grand télescope à votre disposition, la nébuleuse du Chien de chasse ne vous offrirait plus cette apparence. Ce n'est là, en effet, qu'une apparence causée par le grand éloignement qui nous en sépare ; la réalité est bien différente. Cette création merveilleuse est une immense agglomération d'étoiles, distribuées en spirale aux replis inégaux, et dont les extrémités paraissent terminées en nœud. Nous la reproduisons telle que la résout le télescope puissant de lord Rosse.

Si cette nébuleuse est (comme il y en a de hautes probabilités) un immense système de soleils gravitant ensemble sous la loi d'attraction universelle, ce qu'il a fallu de siècles pour amener ce système à prendre une pareille forme est impossible à dénombrer et même à concevoir.

Située dans le cercle de l'horizon perpétuellement visible à la latitude de Paris, elle peut être observée à quelque époque de l'année que ce soit.

(¹) Voy. les Cartes célestes publiées dans notre précédent volume.

HISTOIRES DE SERPENTS.

Le Sucuruyuba ou Boa aquatique (*Eunectis murinus*). — Dessin de Freeman.

Le lac charmant dont les contours enveloppent pour ainsi dire la ville de Bahia n'avait pas, au seizième siècle, l'étendue que les Hollandais lui donnèrent en le creusant lorsqu'ils furent maîtres du Brésil, mais il existait. Sous le gouvernement de Mem de Sá, on avait bâti dans la solitude une chapelle connue aujourd'hui sous le nom do *Desterro*. A cette époque de l'histoire de Bahia, les caïmans qui s'y montrent encore, et les boas qu'on n'y rencontre plus, s'étaient multipliés d'une façon si terrifiante qu'on s'aventurait rarement dans ce lieu de désolation.

En 1567, un homme, moins préoccupé sans doute que bien d'autres du danger qu'on y pouvait courir, était venu de Bahia à la chapelle du Desterro. Après y avoir fait ses dévotions à l'autel qui tombait en ruine, il sortit du petit édifice, et avant de remonter à cheval, la fraîcheur admirable du lieu lui plaisant, il eut fantaisie de prendre quelques moments de repos à la porte de la petite église : il s'appuya contre le mur et s'endormit. Bientôt une vive douleur le réveilla. Quel ne fut pas son effroi, quand il se vit enlacé par le milieu du corps dans les replis d'un énorme serpent! Il ne perdit pas son sang-froid : saisissant un couteau qu'il portait sur lui, il en porta un coup terrible à la gorge du formidable reptile et lui fit lâcher prise. Le gigantesque ophidien n'étant plus à craindre, il l'acheva avec son arme, et, le chargeant sur son cheval, entra ainsi triomphant dans la ville.

Le P. Antonio de Santa Maria Jaboatam, qui raconte ce fait (¹), ajoute que notre pieux campagnard eût été mieux avisé s'il eût tranché vivement l'épine dorsale du monstre. Dès que le giboya s'est distendu en enlaçant avec force un être animé quelconque, la moindre incision peut pénétrer sa peau et priver de la vie subitement le monstre.

Un homme de l'intérieur, dans la province de Pernambuco, s'était aperçu qu'un des bœufs confiés à sa garde ne se montrait plus : il pensa que si l'animal n'avait pas été volé il viendrait boire à une lagune rendez-vous des autres animaux errant aux alentours; c'était d'ailleurs, dans ces campagnes, le seul abreuvoir connu. Notre pasteur alla donc se mettre en embuscade à l'heure où les troupeaux devaient arriver pour étancher leur soif. Les animaux voisins du lac accoururent en effet, et ils ne furent pas plutôt désaltérés que notre homme en vit plusieurs qui donnaient des marques d'effroi et se mettaient à courir : un seul d'entre eux restait, comme retenu à la même place; après avoir fait quelques bonds, il demeurait là comme cloué; il faisait toutefois divers mouvements étranges, et parfois il semblait qu'une puissance invisible le poussât par derrière. Mais presque aussitôt le mystère s'expliqua de lui-même : le vaqueiro distingua un grand serpent sucuruyuba dont la gueule s'appuyait sur l'épine dorsale de l'animal. En examinant les choses plus attentivement, il vit que le reptile avait fixé la pointe de sa queue à un petit arbre fort résistant; il s'en servait évidemment comme de point d'appui pour attirer à lui le jeune bœuf. Notre homme remarqua aussi que la pauvre bête faisait bien des efforts pour courir et échapper à cette cruelle étreinte; mais qu'alors le serpent, se détirant, ne présentait plus que la dimension d'un câble de bonne grosseur; quand le reptile cessait de se détendre ainsi, il fallait bien que le jeune bœuf s'arrêtât : force lui était de rester fixé au même endroit. Ce moment d'un répit apparent n'eut pas de durée. Le cauteleux reptile se distendait de nouveau; le bœuf paraissait avoir recouvré une apparence de liberté dans ses mouvements, il en profitait pour s'éloigner; mais bientôt il était ramené vers l'arbre par une force irrésistible. Ce mouvement de va-et-vient avait évidemment épuisé le reste de vigueur qu'il montrait encore. Lorsque le pauvre animal se trouva rapproché du tronc d'arbre qui servait de point d'appui au formidable reptile, celui-ci en détacha subitement sa queue, et, la jetant à l'improviste sous la panse de l'autre, il l'enlaça par un côté, pour répéter la même opération sur l'autre. Dans ce rapide et double mouvement, le bœuf perdit l'équilibre et tomba sur le sol fangeux : alors le serpent, s'étirant de plus en plus, l'enveloppa de ses orbes; mais le vaqueiro, s'élançant de l'embuscade où il se tenait en observation, tira la faca, c'est-à-dire le long couteau qu'il portait et sans lequel ne sortent jamais ses pareils quand ils parcourent ces campagnes solitaires; il lui suffit d'en donner un coup bien asséné sur le corps distendu du sucuruyuba pour le faire mourir et délivrer sa victime.

LA MALLOTTE DU PÈRE RASTOUL.

NOUVELLE.

Fin. — Voy. p. 330, 337, 345, 357, 362, 373, 378, 389, 394, 402.

Le soir même, à dix heures, André creusait le sol à la droite du portail de Saint-Jacques, et il y enterrait trois petits sous, sa gratification de trois semaines demandée,

(¹) Novo orbe serafico brasileio, ou Chronica dos Frades menores da provincia do Brasil, por Fr. Antonio de Santa Maria Jaboatam; Rio de Janeiro, 1862, t. III.

par anticipation, à son maître pour cette pieuse offrande. La journée du lendemain fut meilleure que les précédentes pour le malade. La Belou prit confiance. Le soir venu, elle donna à son frère trois pièces de dix sous empruntées dans le voisinage pour que, sur le coup de dix heures, il allât les enfouir à la gauche du portail de Saint-Benoît.

En les recevant, André lui dit :

— Tu sais que demain il nous faudra les pièces d'or?

La réponse de sa sœur fut un haussement d'épaules. Il signifiait clairement :

— Où veux-tu que je les trouve?

— La Fileuse l'a dit : tu les trouveras, répliqua André. Et, sans hésiter, il montra du doigt le dessous du lit où tous deux se souvenaient que la mallette était cachée.

— Non! reprit-elle avec l'accent d'une ferme résolution :

Cette fois, ce fut le père d'André lui désigna :

— Tu sais aussi, lui dit-il, après-demain, guéri ou mort, et cela dépend de toi seule; car moi, je suis décidé à tout.

La Belou, baissant les yeux et détournant la tête, répondit encore, mais d'une voix presque éteinte :

— Non, mon frère; non! non!

En lutte avec son cœur, la pauvre enfant n'eut pas cette nuit un moment de sommeil; elle tortura son esprit pour parvenir à se persuader qu'après le silence de tant d'années, elle devait considérer le dépôt du père Rastoul comme n'ayant plus de maître. Elle s'ingénia à se prouver qu'il fallait être une mauvaise fille pour hésiter entre la dernière ressource pour sauver la vie de son père et le respect inutile à l'égard d'un trésor que personne, peut-être, ne viendrait jamais réclamer; mais au bout de tous ces faux raisonnements, de toutes ces luttes de la nécessité contre la conscience, la loyale fille finissait toujours par se dire :

— Mais cet argent-là, nous ne l'avons sous la main que parce qu'on nous l'a donné à garder. Si l'on était venu nous le reprendre hier, certes, pour avoir demain ces pièces d'or qu'on exige et que monsieur ne me pressera pas, je ne demanderais pas si j'ai ou non le droit de les voler à quelqu'un. Eh bien, si je les prends dans la mallotte, c'est que ce ne sera pas comme si je les volais à un autre? Le père n'y aurait pas touché pour nous, nous ne devons pas y toucher pour lui.

A cette nuit sans repos succéda une terrible journée; le mal empira, et les crises se renouvelèrent fréquemment. Le médecin vint deux fois. En terminant sa seconde visite, qui fut courte et peu rassurante, car il n'ordonna rien pour le malade, il dit :

— Je ne viendrai demain que si vous me faites appeler.

C'était dire à la Belou : — N'espérez plus rien de moi, il n'y a que Dieu qui puisse sauver votre père.

Le jour finit. La Belou tressaillit quand, à l'heure accoutumée du soir, elle entendit dans l'escalier le bruit connu du pas de son frère. André n'était pas seul.

— Nous serons deux aujourd'hui contre toi, dit-il à sa sœur; et il se rangea du côté du mur pour laisser entrer le cadet qui le suivait.

Le jeune soldat venait de passer deux ans au corps. Classé dans la réserve, il avait, à ce titre, obtenu un congé limité seulement à l'époque incertaine du rappel, rappel peu probable. Il ne devait avoir lieu qu'en cas de guerre, et l'on était en 1820!

Instruit, par les lettres d'André, de l'état désespéré du père, le cadet avait voyagé à marche forcée. Son premier soin en arrivant à Castres fut de se rendre près de son frère. Il sut par lui les prescriptions de la Fileuse et la résistance de la Belou. Si la vie de caserne avait un peu éteint sa ferveur superstitieuse; le danger du père la raviva, et le jeune soldat donna si bien de tout cœur dans le sentiment d'André que ce dernier put dire en abordant la Belou : « Nous serons deux contre toi. »

Il ne s'agissait point, au bout de cette menace, d'une lutte corps à corps où la force brutale s'impose comme un droit. Même dans les entraînements de la colère, aucun des deux frères n'aurait osé porter la main sur la sœur qui les avait veillés, aimés tout petits, comme nous veille et nous aime une mère. Mais bien que la Belou dût être protégée par ses adversaires eux-mêmes contre leur propre violence, il ne lui fallait pas moins de courage pour accepter un combat où il semblait que cette question dût se décider :

« Qui des deux frères ou de la sœur tenait le plus à la vie de leur père? »

Devant le malade presque agonisant, et dont la mémoire était complétement absente, car il n'avait pas même reconnu le jeune soldat, les fils de Cambajou se sentirent plus résolus que jamais, quelles que fussent les objections de la Belou, à n'en peint tenir compte. Elle, voyant son impuissance à les dissuader d'un dessein dont l'intention pieuse n'excusait pas, devant sa conscience, la criminalité, elle, disons-nous, s'était, de guerre lasse, assise sur un escabeau, et, de ses mains se·couvrant les yeux pour ne pas voir les complices. commettre le vol, elle invoquait Dieu. Dieu l'entendit.

L'apprenti et le soldat avaient amené la matlette au milieu du taudis. Tous deux, penchés vers elle, se disposaient à l'ouvrir, quand un cri rauque et menaçant venu de la direction du lit les arrêta. La Belou releva la tête.

Le malade, qui tout à l'heure semblait prés d'expirer, s'était soulevé à demi sur son séant; ses regards foudroyaient les deux voleurs qu'il ne reconnaissait pas encore. Par un effort suprême, il dirigea sa main tremblante vers la cheminée qu'il ne pouvait atteindre, et on entendit crier dans sa gorge ces deux mots qu'il n'articulait pas :

— Le fusil! le fusil!

Les deux frères, vaincus enfin par ce cri du gardien fidèle triomphant de la mort pour défendre son dépôt, tombèrent à genoux et se cachèrent honteusement le visage, en se demandant avec terreur : « Maintenant, le père nous a-t-il donc reconnus? »

Cambajou, épuisé par cette rude secousse, était retombé sur l'oreiller.

Deux heures après cette scène de famille, — c'est-à-dire de onze heures à minuit, — le valet de ville suivit une femme qui, munie d'une lanterne de corne, parcourait les rues de Villegoudou. Elle s'arrêta devant Saint-Jacques, inspecta le sol à la droite du portail, remua un peu la terre; puis, ayant trouvé ce qu'elle cherchait, elle prit le chemin du pont et se dirigea vers Saint-Benoît, où elle fit une seconde pause, pour une semblable recherche, à la gauche du porche de la cathédrale.

— A la Platé! dit-elle, laissant un vide à l'endroit où elle venait de fouiller.

Cette femme, c'était la Fileuse qui allait en recette. Afin de ne point multiplier ses voyages de Burlats à Castres, elle avait remis à la même nuit sa visite aux trois paroisses. Le valet de ville, qui ne la perdait pas de vue, l'arrêta au moment où, continuant à piocher la terre avec son couteau, elle creusait un sixième trou devant Notre-Dame de la Platé, sans pouvoir rencontrer sous la lame les pièces d'or que sa fourberie se promettait de la pieuse crédulité des enfants du moribond. Ces feuilles çà et là sur la voie publique ne constituaient pas un grave délit, et la vieille empirique eût été bientôt rendue à la liberté si on n'avait eu à lui demander compte de plus grands méfaits. L'arrestation fut maintenue.

La commotion qui pouvait tuer le malade fut, au con-

traire, son salut. Lorsque, après une nuit d'accablement qui avait été une nuit d'anxiété pour ses trois veilleurs, il trouva en rouvrant les yeux tous ses enfants réunis à son chevet, on devina qu'il était tourmenté d'un vague souvenir de ce qui s'était passé la veille. Ce souvenir, un généreux mensonge de la Belou l'atténua.

— Vous avez été trés-agité cette nuit, lui dit-elle; vous avez dû faire de bien mauvais rêves.

Le même jour, un étranger se présenta chez l'ouvrier tisserand; il s'annonça comme l'exécuteur testamentaire de feu Joseph Rastoul. Le bonhomme était mort dernièrement dans une propriété de famille dont il avait été prendre possession, il y avait douze ans, en qualité d'héritier, au reçu de la lettre coûtant vingt-quatre sous de port. L'ancien voisin d'en haut léguait, au dépositaire de la mallotte la somme de six mille neuf cent quatre-vingts francs, somme égale au dépôt lui-même. Une seule condition était mise à la délivrance de ce legs : c'est que la mallotte n'eût point été ouverte par Magloire Cambajou ou par quelqu'un des siens. L'exécuteur testamentaire pouvait s'assurer de la fidélité des gardiens à certaine indication signalée dans le testament.

L'envoyé de feu Joseph Rastoul procéda aussitôt à l'épreuve, que la famille Cambajou pouvait soutenir sans crainte et sans remords. Il souleva le dessus de la mallotte, mais si lentement et avec tant de précaution qu'un fil retenu seulement par deux épingles, de haut en bas à l'intérieur, se développa sans se briser.

— C'est bien, dit-il; vous pouvez aller toucher demain les six mille neuf cent quatre-vingts francs dans l'étude du notaire de la rue du Temple.

— Il est inutile de passer le pont Neuf pour avoir cette somme, observa le jeune soldat, puisqu'elle est là dedans.

— Vous le croyez? riposta l'exécuteur testamentaire. En ce cas, payez-vous tout de suite; nous verrons si vous vous contentez du contenu de la mallotte.

Les trois lits de laine de foin et de guenilles étaient toujours à leur place, mais ils ne cachaient que des pierres! En partant, le père Rastoul ne s'était pas séparé de son or et de son argent; il n'avait simulé le dépôt du trésor que par peur d'être dévalisé ou assassiné en route.

Cambajou guérit, mais il demeura impotent. Dès qu'il put être transporté en un logis meilleur, on quitta la maison de la rue de la Fagerie. Le cadet ne fut pas rappelé, André devint compagnon; les deux frères se marièrent: quant à la Belou, elle resta fille pour soigner son père et élever ses petits neveux.

Dans cette famille réunie sous le même toit, on comptait trois ménages : Magloire Cambajou était le père, vénéré de tous; mais par l'autorité de la sagesse, par le droit du dévouement, le véritable *cap-d'oustal*, ce fut toujours la Belou.

N'ayons pas de honte de devoir à autrui la pensée d'une bonne action, et laissons toutes les avenues libres à ceux qui nous conseillent de bien faire.   SAINT-ÉVREMOND.

DANS L'ÉGLISE DE SAINT-PIERRE DE ROME.

Un jour que j'étais entré dans la fameuse église de Saint-Pierre à Rome, deux autres voyageurs français la visitaient également, soit par hasard, soit par l'effet de cet attrait naturel qui pousse l'homme isolé vers les autres hommes et surtout vers des compatriotes, il arrivait que, sans dessein prémédité, je me retrouvais souvent auprès d'eux. C'est dans un de ces fréquents rapprochements que

J'entendis et notai dans ma mémoire le fragment de conversation suivant :

— « Que c'est admirable ! disait le plus jeune des deux
voyageurs à son compagnon. Voyez cette immense nef,
ces arcades gigantesques, cette coupole qui s'abîme dans
le ciel et dont la hauteur donne le vertige, et ces prodigieux piliers qui semblent bâtis par des géants, et ces statues, ces belles mosaïques. Quand on pense que l'homme
a fait tout cela, qu'il a entassé toutes ces richesses et tous
ces chefs-d'œuvre, qu'il a dépensé deux cents millions,
dit-on, et deux siècles d'efforts dans un but absolument
désintéressé, seulement pour faire une belle chose, pour
réaliser l'idée du beau qu'il porte en lui ! C'est là ce qui
m'émerveille, ce qui m'enthousiasme. Que l'on bâtisse
des maisons vastes et commodes, que l'on invente même
de ces prodiges de l'industrie et de la science modernes
tels que la locomotive et le télégraphe électrique, certes,
je rendrai volontiers hommage au génie de l'homme, j'ad-
mirerai sa volonté et son travail; mais nous ne sortons
pas là du domaine de l'utile : c'est le fait, — passez-moi
le mot, — c'est le fait d'un animal très-intelligent, très-
supérieur à l'abeille et à la fourmi. Tandis qu'un monument comme celui-ci, un musée, cela ne sert à rien, c'est

s'élever au-dessus de la terre, de s'humilier, de rougir du
peu qu'il est en comparaison de ce qu'il voudrait être,
d'entrer en communion par l'amour avec l'Être infini et
parfait. Tous les autres sentiments, les meilleurs, l'attachement de créature à créature, l'affection la plus désin-
téressée, celle de la mère pour l'enfant, se retrouvent
à quelque degré autre part chez des races inférieures ;
mais l'aspiration de l'âme vers le ciel est notre privilège
exclusif. Je ne conteste pas votre définition, elle est vraie;
mais je crois celle-ci plus large et plus juste encore,
parce qu'elle absorbe la vôtre : l'homme est un être religieux, et c'est par là qu'il est le roi de la terre, qu'il a
l'honneur d'être, dès ici-bas, un citoyen du monde spiri-

sans application positive, cela n'a d'autre but que d'être
grand, d'être magnifique ; destination sublime, d'un ordre
à part, que nous ne voyons poursuivie par aucun autre
des êtres connus dans aucun de leurs ouvrages. Décidément, le caractère distinctif de l'homme, c'est le besoin,
l'amour du beau; l'homme est un artiste : telle est sa définition la plus juste, tel est son nom et son titre de gloire
dans l'univers.

— Vous avez raison, repartit son compagnon, mais vous
n'avez pas tout dit. Voyez là-bas, au dernier pilastre de
la nef, ces pauvres femmes agenouillées aux pieds de la
statue de saint Pierre. Que font-elles là, les mains jointes,
les yeux baissés? Elles se recueillent, elles prient, elles
se repentent, elles adorent. Le baiser mouillé de larmes
qu'elles vont déposer sur le pied du saint de bronze, ce
n'est pas, après tout, à cette image, là ce métal qu'il s'a-
dresse. Il monte plus haut, il monte jusqu'à un type idéal
de vertu, de sainteté, jusqu'à l'idée de la perfection morale, jusqu'à Dieu. La piété très-naïve, superstitieuse
peut-être, de ces humbles femmes, n'est pas pour moi une
marque moins frappante de la grandeur humaine que ce
magnifique édifice. Rien n'appartient plus en propre à
l'homme, rien ne le relève davantage que ce besoin de

Pèlerins aux pieds de la statue de saint Pierre, à Rome, tableau de M. Bonnat. — Dessin de Bocourt.

tuel; qu'il est, ainsi que l'a dit saint Paul avec une sublime
hardiesse, de la race même de Dieu.

ERRATA.

Page 55, colonne 1, sous le titre de l'article, et page 56, sous la pre-
mière gravure.— *Au lieu de :* Suisse; *lisez :* France.
Page 109, sous la gravure.— *Au lieu de :* Norvège; *lisez :* Allemagne.
Page 143, colonne 2, ligne 34. — *Au lieu de :* les angles d'inci-
dence et de réflexion; *lisez :* les sinus des angles d'incidence, etc.
Page 143, colonne 2, ligne 42. — *Voy. l'erratum* publié page 248.
Page 264, colonne 1, ligne 17. — *Au lieu de :* d'azur à la croix
d'argent; *lisez :* de gueules à la croix d'argent.
Page 382, colonne 1, ligne 23. — *Au lieu de :* affilié à; *lisez :* mis
en rapport avec.

TABLE PAR ORDRE DE MATIÈRES.